明清傳奇鑒賞辭典

趙樸初題

上

新一版

上海辞书出版社文学鉴赏辞典编纂中心编

蒋星煜　齐森华　赵山林主编

上海辞书出版社

《明清传奇鉴赏辞典》

撰稿人（以姓氏笔画为序）：

丁　波　马祖熙　马美信　王　平　王永宽　王军明　王国彬
王意如　方家骥　艾立中　左鹏军　石艳梅　龙文玲　叶长海
史良昭　史美圣　包郑虹　冯俊杰　吉明周　回达强　朱万曙
朱恒夫　任淑红　齐森华　刘汉光　刘召明　刘厚生　江巨荣
许金榜　许莉莉　农作丰　孙崇涛　杨　帆　杨景龙　李季箴
李　晓　吴书荫　吴国钦　吴春彦　吴　敢　吴新雷　余　意
宋光祖　张世宏　张玉奇　张涤云　张　溦　张　静　陆　林
陆　炜　陆萼庭　陈　多　林　笛　周　秦　周锡山　庞　坚
郑传寅　赵山林　胡雪冈　胡淑芳　段启明　俞为民　祝振玉
姚品文　骆　兵　耿百鸣　耿传友　徐顺平　徐振贵　翁敏华
郭　梅　唐葆祥　黄竹三　盛志梅　彭莉芝　董玉洪　蒋星煜
程华平　程　芸　谢柏梁　鄢化志　虞卓娅　解玉峰　蔡永明
潘华云　戴元初

附录编写（以附录排列先后为序）：

黄　飚　赵山林　程华平　车文明　李　晓　蒋星煜　郑振铎

2004 年版

责任编辑：庞　坚

2019 年新一版

修 订 者：祝振玉

目　录

出版说明

本书是我社中国文学鉴赏辞典系列之一。初版于2004年。随着该辞典系列修订改版工作在多年前发轫展开、渐次推进，本书的升级换代也顺理成章。

明清传奇是指无奇不传、为市民百姓喜闻乐见的明清南曲戏文。是宋元南戏的进一步发展。从其产生到繁荣几乎贯穿明清两代，明嘉靖到清乾隆年间最为盛行，名家名作汗牛充栋。它以渟蓄醇厚的思想情操、优美的曲词、精彩的科白、引人入胜的情节，给人以美的愉悦和享受。直至今天，这些名家名作，还在不同的戏剧舞台不断上演，显示出明清传奇强大而恒久的生命力。为此，我们精选了其中部分名作的精彩折子，请戏剧方面的专家学者对其戏剧文本进行专门的鉴赏导读。通过他们厚积薄发、深入浅出的文字解说，在古代剧作家和现代读者（或观众）间架起艺术沟通和心灵交流的津梁；使我们不仅能更好地欣赏其戏文曲词和情节，也有助于戏剧爱好者洞悉舞台艺术和戏剧表演的堂奥。

本次修订改版，主要是改正了个别讹误。规范了体例，增加了有关的新资料新信息，基本篇目和附录仍维持原貌；其次是调整版面和字体，扩大开本，重新装帧，以切合当今读者日益增长的文化需求。不当之处，尚祈指正。

上海辞书出版社

二〇一九年五月

凡　例

一、本书收录传奇剧作168种281出(折),考虑到历史传承,除明清作品外,酌收个别今存的明代以前南戏。

二、本书正文曲家、曲目的排序大致从庄一拂《古典戏曲存目汇考》,又据今人的研究成果略加调整。

三、本书所收传奇,以《六十种曲》,《暖红室汇刻传奇》,《奢摩他室曲丛》,《古本戏曲丛刊》初集、二集、三集、五集,《古代戏曲丛书》(上海古籍出版社),《明清传奇选刊》(中华书局)等丛书,《缀白裘》等戏曲选本,以及有关的单行刊本、点校排印本为底本。

四、本书原则上一出(折)传奇配一篇鉴赏文章,为便于解说,有时或两出(折)合在一起鉴赏。

五、本书使用简体字,在使用简体字可能产生歧义时,酌用繁体字、异体字。

六、本书所收各出(折)传奇,僻字典故都有注释,置于原剧之下,以便读者。

七、本书附录有:读曲常识(南戏、传奇部分)、明清传奇编年、明清传奇书目、明清南曲曲谱简编、明末书林戏曲选本九种折子戏表、清乾隆以来戏曲选本五种折子戏表。

序

蒋星煜

一部中国戏曲史，各有各的写法，但是学者们基本上都认为中国戏曲发展到了元代，在体制上已显得相当完整，作为综合艺术，其形式也较以前更为丰富多彩。王国维是奠定戏曲研究的学术地位的大师，有关论述详见他的《宋元戏曲史》。

当然，宋代已有南戏，南戏的本子《张协状元》被辑入《永乐大典戏文三种》而保存了下来，另外两种《宦门子弟错立身》与《小孙屠》则是元代的本子。其他宋元南戏的本子颇多单出，散见于各种选辑本，完整的比较少见。

在古典戏曲领域中，我们今天所能见到的明清传奇浩如烟海，其数量远远超过元杂剧，至于明清两代的杂剧不仅在数量上远不及传奇，就质量而言，佳作亦较少。

有鉴于此，我们遂接受上海辞书出版社的邀请，继《元曲鉴赏辞典》之后，再编纂《明清传奇鉴赏辞典》。明清两代的诗、词、散文、小说均已有鉴赏辞典出版，《明清传奇鉴赏辞典》的编写出版，正好填补了古典文学鉴赏辞典系列明清文学的空白点。

一

一代有一代之文学。焦循、王国维等均主此说，我们对之也具有共识。明清两代，古典文学最丰硕的成果乃是小说与传奇，而不是诗词或散文。小说渊源于说话人（或说书人）的脚本，原是茶楼酒肆的口头文学。传奇是舞台上戏曲表演的脚本，也是一种口头文学。在这一方面，两者有其共同之处。

在这里，需要特别强调的一点是绝对不能把口头文学和文本对立起来，一开始口头文学也有可能真的仅仅停留在口头，但是随着教习、传承工作的展开，不可避免地出现记录口头文学的文本。口头文学的繁荣也必然会促使表演的丰富和发展，则记录的文本也必然同步地丰富和发展。从《三国志评话》到《三国演义》章回小说是一个例子，从元人杂剧《窦娥冤》到明人传奇《金锁记》也是一个例子。如果因为有了文本，便否定作品不是口头文学，那是站不住脚的。

应该承认有许多文人是为了提供舞台表演的脚本而自行创作的，搬上舞台，乃成了口头文学。以汤显祖为例，他在创作传奇的过程中，从未忘记艺术实践，不仅和当时的著名表演艺术家相互探讨，而且亲自在自己的家庭戏班中排练，通过种种途径，不断提高这些传奇作品的水平，使之更适合于舞台。

明清两代的笔记、诗词、书信大量保存了传奇演出的记载、记录，周晖《金陵琐事》、何良俊《四友斋丛说》、潘之恒《亘史》、潘允端《玉华堂日记》、张岱《陶庵梦忆》、焦循《剧说》诸书都是十分可靠的实录。清代的金德瑛写有《观剧诗》，堪称观剧诗的代表作。

然而这些文字绝对不可能将明清传奇的演出全部记录了下来，这些书的作者只是限于他本人的所见所闻，挂一漏万，在所难免。明代前期丘濬《五伦全备记》一直被认为是思想陈腐、文字古奥的案头之曲，最近却发现了韩国学者对《五伦全备记》曾作深入的研究，而且证实朝鲜古代一度广泛流行《五伦全备记》，还有人则认为《五伦全备记》原作可能不出于丘濬之手，丘濬仅是加工改编者。稍后于《五伦全备记》，邵璨所作《香囊记》，更被许多研究者视为典型的案头之曲，殊不知《八能奏锦》收了《琼林赴宴》，《玉谷新簧》收了《舍生待友》，《尧天乐》收了《忆子平胡》，这三部明末戏曲选集各自收了《香囊记》的三个单出，足见在舞台上还是相当流行的。根据明末朱英所作传奇《倒鸳鸯》，当时上海还出现过以演出《香囊记》而称著的戏班，即名为香囊班。

我的意思是说《曲品》、《新传奇品》、《曲录》诸书所列的传奇作品，即使有的到目前为止，我们暂时还未发现演出的记载，也不必急于认为一定就是案头之曲。真实的案头之曲当然也是有的，因为古代的戏曲始终没有在古典文学中占有与诗文并起并坐的地位，比较保守的人则视之为雕虫小技。明初皇室成员朱权、朱有燉也参加了戏曲创作之行列，不能说对社会的轻视戏曲创作没有起到任何抑制作用，但作用微乎其微。因此有的作者刊印时不愿用真实姓名，有的人写成之后，又有了其他顾虑，一直没有刊印或排练，这种作品的确成了案头之曲，原因并不一定是作品不能上演。真正不能上演的作品只是极少数。

二

过去有较长一个时期，认为元人杂剧的作者大多生平事迹不显赫，社会地位不高，有的甚至是在勾栏中打杂的，与倡优为伍，所以对社会下层的生活比较熟悉，并能为社会下层的群体诉说其痛苦，这有一定的道理。长久不举行科举考试，汉族的知识分子多仕进无门，常是满腹牢骚，有的就用杂剧的形式发泄这种不满情绪，这种情况也是存在的。但是，问题不能简单化，更不能走向极端。试以《窦娥冤》为例，过分抬高其思想性也与事实相悖。窦娥的阴魂不散，一直没有申诉的机会。等到她的父亲窦天章来做县令了，她才告父亲申诉，于是冤情大白。戏中并不是人民群众起来平反冤案的。我所以提出这个问题，并不想否定元杂剧的思想性，而是反对有人根据明清传奇的作者社会地位比元代高出许多这一点，就认为明清传奇基本上是为封建统治阶级服务。我认为这是缺乏具体分析的偏颇之论，实不足取。

我们前面谈到朱权、朱有燉都是皇室成员，在靖难战役之初，朱权的势力、地位仅稍逊于朱棣，可谓一人之下，万人之上。后来，朱棣即位，改元永乐，朱权俯首称臣，在朱棣的猜忌、监视之下苟安，他的许多著作有的只能"淡泊明志"，有的也会曲折地流露其内心的痛苦。当然他是杂剧的作者，未写传奇，但此例也能说明某些问题。

明清传奇作者做高官的不少，《五伦全备记》、《投笔记》的作者丘濬，做到内阁大学士，相当于宰相。又如《鸣凤记》，一说王世贞所作，一说王世贞门客所作。王世贞何许人也？他是明代嘉靖、隆庆时的文坛领袖，官至南刑部尚书。他的父亲王忬为奸相严嵩陷害而死。《鸣凤记》对严嵩奸恶的揭露入木三分，对其迫害诤臣杨继盛的全过程都有历历如绘的描写。如果王世贞不是统治阶级中的一员，他根本不可能掌握如此众多而翔实的史料。《鸣凤记》所写事件，十之八九是他的亲身经历或见闻，绝非三家村塾师所能措手。

明代影响最大的传奇作者是汤显祖，会试中式后，供职南都太常寺，论级别是中级官员，得罪了申时行他们才降为徐闻典史、遂昌知县等基层官员。他的《牡丹亭》却对封建礼教作出了巨大的冲击，提出了"梦中之情，何必非真"的观点。当时思想界展开了"情"与"理"的广泛的辩论，汤显祖没有直接参与，但他的《牡丹亭》等剧作在舞台上用艺术形象影响着观众、读者及专业或业余的戏曲创作、演出人员，比讲学等形式所起的作用更大。《牡丹亭》中杜丽娘的老师取名陈最良，有人认为影射了陈继儒，这是肤浅的看法。"陈最良"其实概括了一切顽固、偏执、腐朽的人物，所以此人与杜宝同为汤显祖批判、讽刺的主要对象。

除了《牡丹亭》之外，汤显祖的《邯郸记》、《南柯记》、《紫钗记》也都有积极鲜明的主题、美丽的文采，受到不同阶级、不同层次的人们的欢迎。

汤显祖的剧作也许夹杂些许“浮生若梦”的消极因素，这是时代的局限性，未可厚非。实际上由于折子戏出现于舞台的多于整本演出，优选的结果当然都是《游园》、《惊梦》、《花根》、《瑶台》、《折柳》、《阳关》等精华了。

再如孔尚任，在清康熙初捐资为国子监生，后遇康熙帝祭孔，他这位孔子嫡传六十四代孙在御前讲经称旨，使龙颜大悦，擢为国子监博士，后官至户部员外郎。但他后来又写了“以女儿之情，写兴亡之感”的《桃花扇》。在逻辑上，似乎不大说得通，但事实确是如此，这是客观存在的历史，任何人也无法改变。

还有一些人，在历史上是宵小恶人，如阮大铖，原是阉党，后来在南明弘光朝，又与马士英狼狈为奸，迫害复社人士，很快断送了小朝廷的前途。但他作《春灯谜》、《燕子笺》诸剧时，劣迹尚未大显，其作品富于喜剧氛围，在风格上、手法上不无可取之处。

至于李渔，曾被讥为“理论的巨人，创作的矮子”，又有人指责他奔走权贵之门，而且他的家班中的女优事实上又往往是他的侍妾。总之，无论对他的为人，还是对他的作品评价都偏低。但他在编剧方面颇多长处，尤其《风筝误》多年上演不衰，我们视而不见，岂非自欺欺人。

我们认为对待一部剧作，当然可以联系作者的生平进行评价、分析、研究、欣赏，但如何联系却不能简单化，不能根据作者的社会地位分优劣，定取舍。最主要的是看作品本身，作者的生平事迹应该注意，但决不能取代作品。

三

我们现在所研究、分析、欣赏的是明清传奇的文本，而不是录音或曲谱，这些文本之所以产生并流传下来，一个重要原因是应用于舞台演出。由于传唱不衰，因此保存了充沛的生命力。

在明代，流行着各种戏曲声腔，昆山腔声势最浩大，一般认为梁辰鱼创作、魏良辅定谱的《浣纱记》是当时昆山腔的范本。昆山是苏州府的一个县，苏州又是当时生活水平最高而且最讲究休闲娱乐的地区，演出频繁，因此也是传奇作者最集中的地区。清初甚至出现了一个庞大的昆山腔文本的创作群体，包括李玉、朱皠、朱佐朝、叶时章、丘园等等一大批人。

除昆山腔之外，还有海盐腔，传说渊源于南宋。明代巨奸严嵩之子严东楼所宠爱的优伶金凤就是演唱海盐腔的艺人。

见于祝允明、汤显祖、王骥德诸人记载的声腔还有余姚腔、弋阳腔、青阳腔、宜黄腔、乐平腔、徽州腔、太平腔等等。见于书林刊本的称谓尤为纷纭，有时调青昆、徽池雅调等等。究竟是声腔类别？抑或广告用语？迄无定论。前些年，戏曲界曾展开论争，研讨汤显祖的传奇是否是为宜黄腔班社而编写的，也难以获得一致的意见。

我们认为戏曲声腔的形成，主要由于古代交通十分不便，由于深山大泽的阻隔，各地方言不同，民歌民谣民间器乐也都不同，演出传奇时曲调与音色当然会呈现各自的特色。

明清传奇创作的繁荣和各地戏曲声腔的蓬勃发展互为因果，互相推动；戏曲演出不能离开传奇的文本，有人片面强调口头文学而一笔抹煞文本，那是钻进了牛角尖。但是有一个现象确实存在，那就是一个文本在演出过程中，由于演员水准不同等关系，脚色的比重往往会起变化。唱词与说白也会有所增减。不同声腔、不同班社，演出同一文本时，往往产生极大的差异。一般的变化往往是唱词少了几支曲子，而说白则任意临场发挥，增加了许多。

对于改编本，更应慎重对待。除非原作已散失，否则在欣赏、研究时当以原本为准。试以《牡丹亭》为例，冯梦龙的《风流梦》、沈璟的《同梦记》以及吕玉绳、臧晋叔、徐日曦的改本都是无法取代汤显祖原作的。在这个问题上，西方剧坛早为我们提供了借鉴。莎士比亚剧作，几乎时时刻刻都有忠实于原作或自为诠释的演出本，但作为经典的《莎士比亚全集》决不受此影响，一直按照经学者审订的标准文本出版。

四

蒙古贵族建立的元代的衰亡与元杂剧的衰落并无必然的关系，一本四折、一人主唱的元杂剧固然是中国戏剧趋向成熟、完整的标志，但是其局限性也日渐暴露。因为这种形式无法表现比较复杂的情节，更难以跨越比较漫长的时空过程。要同时处理分量相同的两个主角，充分展开剧情，决不可能。影响最深远最广泛的元杂剧《西厢记》，事实上已经突破了这种体例，篇幅达五本之多，某几折是两人对唱，有的折子是张生、莺莺、红娘三人轮唱的，就体例来说，是接近南戏、传奇的。

元杂剧的折子至今还能在舞台演唱的，主要是《刀会》和《斩娥》。《刀会》由关羽一人主唱，《斩娥》由窦娥一人主唱，都是主宰舞台的绝对的主角，所以人们在欣赏时没有感觉到这种局限性的存在。其他单折就绝少流行了。而《刀会》、《斩娥》等单折也不是直接流传下来的，它们是靠被传奇吸收成为其中一出，而间接地流传至今的。

传奇的篇幅从二十余出到四五十出不等，明代张岱《陶庵梦忆》曾有几种传奇全本演出的记载，而明清两代民间迎神赛会时演出的目连戏，往往两昼夜或一昼夜演完，尽管所演脚本不一定相同。最简短的全本也要从夕阳西下演到旭日东升，我在儿童时代（1930 年前后），曾看过故乡溧阳的这种所谓“两头红”的演出，是在一年一度的“牛场”（民间自发形成的大规模的耕牛交易年会）上看的。

明清传奇在戏曲文学发展史上起了非常关键的承前启后的作用，周贻白先生在三卷本《中国戏曲史》的下卷附了一张表格（亦见于《中国戏剧史长编》），就同一题材同一故事的元杂剧、明清传奇杂剧、皮黄剧分门别类把剧目排列了一下，很能说明问题。现在试举我所熟悉的几个剧目，也许更有说服力。

《古城记》是颇为知名的传奇，最早是为昆腔所作（演）还是为弋阳腔所作（演），尚难断言。与元杂剧《关云长千里独行》有些关系，这一点很难排除。但是，京剧的《灞桥挑袍》、《过五关斩六将》、《古城会》都渊源于《古城记》，则无可怀疑。

再如汉剧有《织黄绫》，婺剧有《槐荫树》，黄梅戏有《天仙配》，其他剧种也有写董永与七仙女的爱情的剧目，与顾觉宇的传奇《织锦记》有直接或间接的关系也是可以肯定的。

明清传奇对现代戏剧的影响决不仅仅在戏曲领域，更影响到话剧，欧阳予倩的《桃花扇》尽可能忠实于孔尚任原作，但由于他当时所处的时代，特别强调了民族气节。周贻白为中国旅行剧团所编《李香君》，实际上也是改编的《桃花扇》。

现在再来谈一谈折子戏的问题。传奇既然可以长达四五十出之多，当然不可能每出都情节紧凑，矛盾冲突也不可能随时随地都充分展开，某几出仅仅作些交代，某几出则是过场，甚至还有些可有可无的插曲。至于演出，也只有在特定场合化一昼夜以上的时间演出全本。无论在宫廷、在豪门、在民间，一般都是选择几部传奇中的若干比较精彩的单出，组成一场演出。这一事实，从明清两代人的笔记、日记、书信、诗词中都可以找到证明。甚至时令佳节演哪些剧目，寿宴婚礼演哪些剧目，也都沿袭成为风俗了。至于专门为欣赏表演艺术而组织的演出，绝大部分都有其主题，文采都不乏可取之处，否则表演艺术也难以充分发挥的。

我曾将明末弋阳腔、青阳腔等声腔所演唱的传奇中的单出列成一表，发现《大明春》、《玉谷新簧》、《八能奏锦》等九种选集所选《玉簪记》、《琵琶记》、《金印记》诸剧之单出颇多雷同。举例言之，选《姑阻》者五种，选《秋江》者亦有五种，《琵琶记》选《描容》者四种。《金印记》选《拜月》者五种，选《卖钗》者三种。这很值得注意、研究。

郑振铎先生也曾将《纳书楹曲谱》、《缀白裘》、《审音鉴古录》、《六也曲谱》、《集成曲谱》所选传奇出目列表，从中可以看出清代乾隆、嘉庆以来传奇单出的流行情况，十分有趣的是选《桃花扇》者仅三种，都是《访翠》、《眠香》和《却奁》。由此可见《桃花扇》原著因是“以女儿之情写兴亡之感”，在清廷统治之下，人们不得不有所顾忌，都不愿冒政治风险，就单独选演写儿女之情的几出戏了。

这两份表格，对我们有一定的参考作用，使我们知道这些单出基本上应该是全剧的精华，我们在议定选入本书的明清传奇的单出时，在一定程度上参考了这两份表格。当然，所选传奇的文本，我们基本上还是取用原作的单行本，在前面已说过，演出本往往任意删掉唱词而增加说白，而且各不相同，容易顾此失彼。尊重原作是最妥当的，也是唯一的办法。

五

明清传奇，是一个中国戏曲史论中被经常引用的名词。但明清两代的戏曲理论似未受到学术界的重视，数量和质量两方面均无法与论述唐诗宋词的著作相比较，研究者似亦缺少交流与沟通，所见所闻，不免都带有一定的局限性。在这种情况之下，各人笔下的“传奇”，名词虽相同，其内涵却往往有些出入。

吴新雷先生《论宋元南戏与明清传奇的界说》是对明清传奇的来龙去脉及其流变讲得最清楚的一篇论文，对这一问题作了细密的梳理，基本上把前人的论点全都作了系统性的归纳。他指出事实上存在着两种不同的理解：“我认为明清传奇的狭义概念是指从《浣纱记》开始的昆曲剧本，广义概念则指明代开国以后包括明清两代南曲系统各种声腔的长篇剧本（但不包括元本南戏）。”他的归纳比较客观，应该说是实事求是的。

吴新雷此文问世在 1992 年，到了 1997 年，齐森华等主编的《中国曲学大辞典》出版，其中有“传奇”词目，撰稿者也花了艰巨的劳动，词目释文长达三千字，内容面面俱到。指出“今人据现存文献、目录著录，考知传世作者有八百余人，作品存目二千五百九十种左右”。基本上符合实际情况。至于“所以宽泛而言，传奇可以说是南曲系统多剧种的剧本的总称”的提法，也就是吴新雷论文中对传奇所作的广义的定义，两者的内涵是完全一致的。

古代戏曲理论家对传奇所作界定由于治学方法之不同，由于所见所闻不广，产生差异，原是难以避免的。但是，也有人地域观念、门户观念较重，因此不无偏见。在古人，这也无可厚非。但是，今天的学者专家如果坚持那些偏颇的看法，就很值得商榷了。因为我们现在已经进入了二十一世纪，上距清代的结束已将近百年,我们已经能够看清楚明清传奇发展、演变的全过程,所掌握的材料比祝允明、徐渭、王骥德、吕天成、焦循、李调元、黄文旸等要丰富而精确得多,也就是说,对传奇作一科学的界定的条件已经具备,如果我们能冷静而客观地处理这些材料,偏颇应该是可以避免的。

现在约定俗成的办法是把南戏《琵琶记》视为传奇的开山之作,我是赞成的。对于《荆》、《刘》、《拜》、《杀》,大家的看法就比较分歧了。

问题出在"宋元南戏"与"明清传奇"的区别上,宋、元是两个王朝,明、清是宋元之后的两个王朝,当然不会混淆。但是"南戏"与"传奇"究竟有什么不同呢?"南戏"与"传奇"既然缺乏大家公认的定义,要研究其不同之处,必然走进了怪圈,冥思苦想,不一定有多少收获。因为"南戏"指用南曲编写之戏曲,仅从戏曲音乐的视角出发而得名,从今天的戏曲理论衡量,属于声腔剧种一类名词。"传奇"固然一词多义,但始终离不开"无奇不传"的内涵,鲁迅辑《唐宋传奇集》,所收为短篇小说,元人用北曲编写之杂剧与用南曲编写之南戏均曾被称为元传奇,还有明清传奇一词,则运用得更广泛。凡此种种,足以说明传奇均以情节取胜,完全符合"无奇不传"之原则。从今天的戏曲理论衡量,显然属于题材或风格方面的名词。两者不属同一范畴,如何比较其相异之处呢?

把问题弄得更复杂的是"南戏"的命名。固然,祝允明《猥谈》与徐渭《南词叙录》均有关于"南戏"之记载,于是钱南扬先生乃有《宋元南戏百一录》辑本,冯沅君、赵景深先生亦均发表过关于南戏的考证著作。后来,发现了《永乐大典》所收"戏文"三十三本之《张协状元》等三本,而且影印出版了《永乐大典戏文三种》,于是又改称"南戏"为"戏文"。钱南扬所著《戏文概论》一种,论述均称"戏文",引文基本上为"南戏",读起来颇不通畅。

"南戏"之所以被改称为"戏文",很可能是因为《永乐大典》之时代早于《猥谈》与《南词叙录》,于是钱南扬作出了这样的选择,造成了一些不必要的混淆。其实,有一种时代最早、含义也最清晰最完整的名称,见《录鬼簿》卷下"萧德祥"条:"凡古人俱概括有南曲,街市盛行;又有南戏文。"我觉得"南戏文"的称谓比较明确,用以和北杂剧或北院本作为对称,也是非常合情合理的。

当然,我们不主张把问题弄得更复杂,同时使用"南戏"、"戏文"、"南戏文"三个名词,而是认为所谓"南戏"、"戏文"与"传奇",并不存在体制上的根本差异。《琵琶记》就是最有说服力的例子,既是"南戏",也是"传奇"。如果说南戏的特点是不分出,那么陆贻典抄本《琵琶记》也是不分出的。

同一事物,由于时空之不同,命名各异,这是十分普遍的现象,并非戏曲领域独有。我们把《张协状元》、《荆钗记》、《白兔记》、《拜月记》、《杀狗记》的若干精华部分也收进本书，予以赏析，并不是主张把《张协状元》也称之为传奇，希望不要引起误会。

六

上海辞书出版社的文学鉴赏辞典系列是一项学术性很强的巨大工程，我们承担《明清传奇鉴赏辞典》的主编工作，既感到光荣，也觉得要把工作做好决非易事，尽管我们作了最大的努力，是否能达到出版社的要求，是否能满足读者的期望，把握不是很大。好在国内各大专院校、各研究机构的专家学者都鼎力相助，拨冗撰稿，使全书能够在较短的时间之内完成，如果说有成果，主要应该是他们的。

此书由齐森华教授、赵山林教授和我三人负主编之责，他们两位都忙于博导工作，稿件的组织和审阅已经占用了他们许多时间，而我八十岁以后，各方面都较少分配任务，相对来说，比较清闲，故勉为其难，草拟此序文的初稿。

2001 年 5 月 18 日联合国教科文组织宣布昆曲艺术为人类口头和非物质遗产代表作，这一喜讯非常令人振奋。众所周知，昆曲与明清传奇关系至为密切，也可以说彼此之间是互为载体的。

我们深信《明清传奇鉴赏辞典》的出版对于昆曲的保存与发展，对于世界各国对中国古典戏曲的了解与欣赏，对于中外文化的交流，都会起到一定的影响和作用。

篇目表

明以前南戏与明传奇

明以前南戏与明传奇

张协状元　　佚　名

第十出　张协古庙避难

（净佐神出唱[1]）

【出队子】特降祥云，为强人劫那路人。路人是张协有佳名，桂籍之中有姓名[2]。今宵定没宿处来扣门。

（白）吾住五鸡山下，远近俱闻声价。显圣八百余年，三度有些纸钱来烧化。专管虎豹豺狼，又掌豆麦禾稼。鸡气味知它如何？猪羊肉那曾系挂。祭吾时多是豆粽糍糕，阴空里一个乡霸。似泥神又似生神，唱得曲说得些话。张协运蹇被贼来惊吒，当山土地无可奈何，借此之处与它宿过一夜。贫女回来必不容它，凭小圣说教希吒。吾殿下善恶判官，显一员到吾部下。（末作判官出唱）

【五方鬼】呼喝一声，悄如雷鸣。听得元来，是吾尊神。未知说着缘底事，召语直恁恶狰狞。有何事殢人惊[3]？

【同前】（净）五鸡山下，有一强人。把张协尽劫，更没分文。又打一查皮肉破[4]，此人有一举登科分，科汝辈怎安稳[5]！

（末白）告尊神，如何商量？（净）移我供床与它打睡。（末）又道锦被堆。（净）教它与贫女睡，极弗稳便。（末）也骨自晓人事。（净）纸炉里又腌臜，它来供床下睡。小神思量：外面门破弗好看，叫小鬼来，你两个权化作两片门。（末）判官如何做门？（净）且叫小鬼来商量。（末）小鬼在？疾速过来！（丑做小鬼出唱）

【同前】吾是值日，小鬼甲头。也弗识肉，也弗识酒。（净）唯，汝口应是没量斗。（末白）它吃了甚么？（净连唱）满殿里个个都是口臭。（末）告你莫说自家丑。

（净白）状元张协，因被贼劫。忽到此来，我心怏怏。外面门儿，破得跷蹊。差你变作，不得稽迟！（丑）独自只作得一片门，那一片教谁做？（净）判官在左汝在右，各家缚了一只手。有人到此忽扣门，两人不得要开口。（末）好似呆底。（丑）告尊神，做殿门由闲，只怕人掇去做东司门[6]。（末）甚般薰头！（净）来依贫女，缚住庙门。开时要响，闭时要迷[7]。稍稍有违，各人十下铁槌！（丑）单是铁槌，又着打钉。（末）钉杀了你！（净）演一番看。（末、丑做门）（有

介）（生出唱）

【五供养】五鸡山下，更没人知我行藏。衣裳剥去，露痕伤。雪儿又下，朱户闭景物惭惶。来古庙试开取，投宿又何妨。（又唱）

【同前】尊神凭试听：念是成都府里才人。张协径往宸京，取功名。经过此山，强人把我金珠都劫尽。又被伤皮肉欲投眠，是故特特启朱门。

【同前】（净）张丈我最灵。（末）会话如何不灵！（生揍）谢得尊神，特显聪明！（丑）朱门两扇，开了又还扃。（末）门如何便会作声？（净白）张丈，你胡乱去供床下睡一宵。（生接唱）谢得尊神！

（生白）幸然解得庙门开，痛苦饥寒塞满怀。今夜闭门屋里坐，应没祸从天上来。（生下）（丑）你到无事，我到祸从天上来。（净）低声！门也会说话。（丑）低声！神也会唱曲。（末）两个都合着口！（丑）两个和你，莫是三人？（末）必有我师[8]。（净）怕贫女归来，才说话贫女便惊了。若还转去李大公家，又成利害！都与我闭口深藏舌，安身处处牢。（末）贫女归来雅静着。（净）拄了门，待贫女归来自敲嬉。（末）低言！（丑）都低声！（旦上唱）

【新水令】朔风凛冽云垂地，见长空六花飞坠。踏雪归来也，仗一点灯儿，伴岑寂。

（白）作事不取知，必定没前程。甚人来擅开我庙门？今日不是牙盘日[9]，里头都拄了。（叫）开门！（打丑背）（丑）蓬，蓬，蓬！（末）恰好打着二更。（旦叫）开门！（重打丑背）（丑叫）换手打那一边也得！（末）合口！（旦唱）

【江儿水】甚人入奴庙里，把门到拄？（丑白）弗大过拄。（末）想你夫主倒拄。（旦连唱）教奴独立在雪儿里，淅淅朔风似刀割体，浑身如脱在那江儿水。甚人来投此处？早早开门，莫教奴家立地。

（旦打丑背叫）开门，开门！（丑唤声）（末）如何甚地响？（丑）门唤腔。（生上唱）

【同前】路人无眠也，投此处宿。开门怕风透了人难睡。（移拄门开)(丑)泓!(末)又来。(丑揍)此是劫贼劫它去。(末)不干你事!(丑)道我是门神也不知。(生凑)衣裳剥尽身如水。(净)判官和着小鬼,收拾威光,且来此处立地。

(末白)都由你。(丑)大王晓事,外面寒冷,教来里面立地。(末)不似暖阁。(旦)告尊神:奴家要问它仔细,望收拾威光。(净)上头便不要我在它面前立地。(末)且尊重歇子。(丑)今夜弓人一边使竹拄,一边大拳槌[10]。(末)强似去争交。(净)两片门儿入庙堂,(丑)问它仔细不相妨。(末)劝君自扫门前雪,(合)休管它人屋上霜。(末、净、丑下)(旦唱)

【捣练子】君还是,往何方?不知怎地有痕伤?见着伊妾断肠。(生唱)

【锁南枝】张协本,是秀才,成都府人因乡荐。赍裹足欲往宸京,奈何程途远。(旦)莫是登,此处山,号五矶,被人骗?

【同前换头】(生)因登此山上,强人衣虎皮。把协劫掠薄贱,一查打得皮肉,破损鲜血满。今到此,忽遇伊。未审谁,望怜念!

【同前】(旦)奴家世,本富室,只因水火家不易。年幼间父母俱亡,又没兄和弟。居此庙,五七年。又遇君,恁狼狈。

【同前换头】(生)平日在家里,须读古圣书。这般雪儿才下,多是饮着羊羔,浅浅斟绿蚁。或赋诗,或探梅。又怎知,这滋味!

【同前】(旦)君休要,举那时,目前是物不如意。衣又没被席全无,尽出不得已。君口食,奴自供。要睡时,先自睡。

【同前换头】(生)张协且安置,明朝定未起。遍身虚浮赤肿,今夜纸炉里弯跧[11],辨它风雨至[12]。(旦)奴进君,些子粥。更与君,旧纸被。

(生)衣食全无眼下忧,　　谁知今日祸临头。

(旦)愁人莫向愁人说,(合)说与愁人辗转愁。(并下)

〔注〕 ① 佐:做。 ② 桂籍:参加科举考试及第者的名籍。 ③ 殢(tì):使。 ④ 查(zhā):棍杖之类,从剧中可知当为铁棍。 ⑤ 科:温州方言,“科”、“估”音同义通,读如 kū。猜度,估量之意。 ⑥ 东司:厕所。寺院常于堂东建厕,故有此称。 ⑦ 迷:紧密。温州方言。读如 mèi,又写作“弥”。 ⑧ 必有我师:这句谚语是对“三人”而发。《论语·述而》:“三人行必有我师焉。” ⑨ 牙盘日:祭神日。牙盘,雕饰精美的盘子,也代指这种盘子所盛的珍馐、

祭品。 ⑩“今夜”二句：弓人，疑是“弓长”之误；“弓长”为“张”，指张协。“一边”云云，疑是猥亵的诨语。 ⑪ 弯跧(quán)：身体蜷曲，温州方言。 ⑫ 亸(duǒ)：借为躲，躲避。

今传《张协状元》收于明《永乐大典》卷一三九九一，是《大典》抄录戏文二十七卷中，目前仅存的最末一卷所收戏文三种之一。温州“九山书会”编撰。编定年代约为南宋中期偏后；是我国现存最早的较为成熟的戏曲剧本，也是唯一保存的南宋戏文作品。

其故事梗概是：书生张协进京赴试，在五矶山遇盗，得到贫女的慷慨救助。后经李大公夫妇撺掇，促成二人婚姻。贫女剪发资助张协上京。张协中状元后，拒绝了枢密使王德用的招赘，致使王女胜花羞怨而死。贫女上京寻夫，张协不肯相认，赴任途中，在五矶山剑砍贫女，贫女伤臂未死，王德用将她收为义女，再次向张协招赘，二人破镜重圆。

经过“九山书会”改编之后的这个“大团圆”结局未免牵强，使人感觉作品忽视了原有题材的完整性，也忽视了读者、观众在阅读、欣赏过程中的情感抒写。这种改编，当是出于一种演出的需要。它在一定程度上反映了当时的社会文化心理，展现了人们的思想观念和审美态度。

在《张协古庙避难》一出中，作者为全剧营造了内在的戏剧氛围，初步表现了男女主人公的内心情感。故事情节也在这里转向深入。全出的结构安排并不紧凑，作者只是慢慢展开情节，让观众在融融的气氛里体味。整出戏的曲词朴质洗炼，舞台表演方法也非常朴素，但却饱含意韵，与一种怀古的风尚、纯朴的民风相默契。

张协被劫落魄，神灵特意显圣来到古庙。因为“路人是张协有佳名，桂籍之中有姓名”，于是“当山土地无可奈何，借此之处与它宿过一夜”。作者对剧中主人公的生活和痛苦经历，只是平实地娓娓道来，这种叙述态度和净、末、丑表演中的科诨调笑，对自身的调侃，都传达出一种潜在于时代和人的心灵深处的存在观念。

张协是一个在特定历史时代的现实生活中求生存的文人，灵魂不自由。为追逐功名、富贵，他不惜代价。他跋山涉水，历尽艰辛，在五鸡山遇盗，险些丧命，逃至古庙栖身，心力交瘁，狼狈不堪。他虽有才华，却懦弱，爱虚荣。张协自身的悲剧是时代造成的，而这也是贫女悲剧命运的根源。

大雪纷飞，张协投至古庙，“五鸡山下，更没人知我行藏。衣裳剥去，露痕伤。雪儿又下，朱户闭景物惭惶。”一曲【五供养】是他此刻心灵的自白。叫开庙门，他万分感谢神灵显圣相助。当净白：“张丈，你胡乱去供床下睡一宵。”张协马上接唱:“谢得尊神。”其间神色,一定是喜剧性的。虽然有了安身之处,却还惊魂未定,“幸然解得庙门开,痛苦饥寒塞满怀。今夜闭门屋里坐,应没祸从天上来”。这些曲白准确地勾勒出张协的懦弱、愁苦,和命运不济时那种文人的悲哀和无奈。

与贫女见面后,张协自我介绍:“赍裹足欲往宸京,奈何程途远”,“今到此,忽遇伊,未审谁,望怜念!”把自己的无能为力,前途渺茫,都毫不加掩饰地披露了。但当他缅念起过去“平日在家里,须读古圣书。这般雪儿才下,多是饮着羊羔,浅浅斟绿蚁。或赋诗,或探梅”时,便又趾高气扬,自鸣得意。直到最后叹息“又怎知,这滋味”,才不得不面对眼前的现实。这一连串富有跌宕意趣的曲词,表现了张协的性格和心理,使人感到这个人物既可怜,又可笑。如果联系他后来考中状元便驱逐贫女,剑砍贫女,那就会惊骇于他内心的另一面。张协是当时某些士子的缩影,是一个在封建仕宦制度桎梏下迷失了自我、泯灭了良知的文人形象。

“朔风凛冽云垂地,见长空六花飞坠。踏雪归来也,仗一点灯儿,伴岑寂。”贫女出场的唱词,与前文净、末、丑的科诨和张协所表现的混沌个性相比,多了一点清旷与悲凉,曲词中抒写的悲壮景色,让读者为之动情。可以想见,雪夜尽头的那一点寥落的灯光,那一种寥落的心境。这一支曲其实就是剧作者对贫女这一悲剧人物形象的主观渲染,也是对全剧女主人公命运的形象烘托。“淅淅朔风似刀割体,浑身如脱在那江儿水。”贫女处境艰难,久历悲苦,但见到张协,还是很关心:“君还是,往何方?不知怎地有痕伤?见着伊妾断肠。”这是她的善良天性。贫女衣食无着,与张协在家时的富有生活相比,她是“年幼间父母双亡,又没兄和弟,居此庙,五七年”,但她仍然安慰张协:虽然“目前是物不如意”,“尽出不得已”,但不会没人照顾,“君口食,奴自供”。这字里行间,有一种惯于无奈的旷达,也体现了生命的内在力量。看似简单,实则深沉。贫女自己身处悲剧境地却慷慨帮助张协,而又正因为张协,贫女才不断陷入更深的悲剧境地……

剧中净、末、丑扮演的土地神、判官、小鬼的滑稽表演,非常风趣,别具一格。它是早期南戏受宋杂剧“以故事世务为滑稽”“副净色发齐、副末色打诨”影响的结果。剧中“装门”的表演,自然让人联想到宋“官本杂剧段数”中的《门儿爨》。这一表演形式也说明了当时舞台表演,戏剧结构相对灵活、自由的形态。

剧中的语言,有俚俗的,有诗意的,有铺陈的,也有抒情的,虽并不艰深繁复,却展现了不同人物的性格,烘托了戏剧气氛,推动了戏剧情节的发展。剧中贫女的那支【新水令】"朔风凛冽云垂地,见长空六花飞坠。踏雪归来也,仗一点灯儿,伴岑寂",意味深远,是本剧中难得的好词。周贻白先生在《中国戏曲史长编》中说:"全剧因事拟词,颇有些可读的曲子,……也许便是所谓'益以宋人词'的这一部分吧。"这一支曲子,足以令读者在掩卷之后还久久不能忘怀。 (孙崇涛)

张 协 状 元　　　　佚 名

第四十一出　张协杀贫女未遂

(旦出唱)

【天下乐】春到郊原日迟迟[①],枪旗展山谷里[②]。幽居古庙浑无侣,采些茶为活计。

(白)郊原春到不知时,霹雳一声惊晓枝。枝头蓓蕾吐雀舌[③],带雾和烟折取归。幽居古庙无人管,倩取大婆来厮伴。奴家此道不辞劳,小篮不觉春风满。奴家缉麻才罢,采桑稍闲,不免唤过大婆,厮伴去采茶。(叫)婆婆。(净在戏房内应)谁?谁?(旦)相伴去采茶。(净上)张小娘子,我忙!我忙!(旦)甚底忙?(净)我扎脚忙。(旦)扎脚片时间,奴家相等。(净)你先去,我吃饭了来。(旦)婆婆:早来采取社前春,(净)昨日婆婆采一斤。(旦)有客莫教容易点[④],(合)点茶须是吃茶人。(净下)(旦唱)

【秋江送别[⑤]】徐徐步野径,晓痕青柳弄金。东风尚料峭,丽日升寒渐轻。(生出)记得年时投上国[⑥],早一年珠泪泠。此山又登,此身渐亨,是你否极还泰生。

【同前】(旦)山高处个人,好似奴家张解元。(生)山脚下个人,似贫女衣恁单。(旦)天愿得儿夫厮撞见,问冤家心恁底偏。(生)是贫女来。(旦)是张解元,我今日会重见面!

(旦白)张状元,莫是寻思旧念,再睹仙乡?(生)唯!贫女,大厦既焚,不可洒之以泪;黄河既决,不可障之以手。吾今与汝不是因缘。(旦)如何不是因缘?(生)还是因缘,何故到京骂吾?(旦唱)

【刮鼓令】君恩怒少停,且容奴说与你听:大雪下被强人劫去,到古庙奴救你,我为你几艰辛。登科到喜欢奴到京,(合)缘何一向便生嗔?你门直是没前程。

【同前】(生)伊前日到京,我不成留住你。敢说道我浑家来至,

我荣贵伊恁贫。我不道你痴心，别寻个计结来闭门。（合同前）

【同前】（旦）同连理至诚，我许多恩情陪伴你。卖头发得钱为盘费，雁塔上题姓名。跋涉到宸京，教门子打得身上疼。（合同前）

【同前】（生）一心要离京，是州城不暂停。我与伊家欢笑，骂得我恶气生。说一和你惺惺，才相见剪头来骂人。（合同前）

（生白）贫女，你自采茶，有谁厮伴？（旦）大婆吃饭随后来。（生）看剑！（旦倒）（生）一剑教伊死了休，黄泉路上必知羞。是非只为多开口，烦恼皆因强出头。（生下）（净出唱）

【步步娇】仙卉丛丛春来早，蓓蕾在枝头少。公公去采樵，小二往田头，看秧苗。见说嫩茶偏好，每日还婆一到⑦。

（白）老鸦未着裩袴⑧，被着张小娘子来叫，厮伴去采茶。且不知它在那里去？（叫）张小娘子！（旦）婆婆相救！（净）你在那里？（旦）奴家跌在深坑里。（净看，有介）苦！苦！我老人怎奈何得你？公公快来！喂！（末出）人平不语，水平不流。婆婆，你则甚底？（净）亚公⑨，张小娘子跌在深坑里。（末）甚么坑里？（净）在都坑里⑩。（末）好惹一场臭！我与你扶它起来。（末、净唱）

【打球场】论娘行，见茶便折，缘何到翻了吃跌？莫是有人来阴害你，浑身尽都是鲜血。（旦唱）

【香遍满】公婆且住，待奴家款款松口气说：独立岩头攀茶来折，岂知道失脚，似刀斫臂折。（合）遭一跌，寸肠千百结。

【同前】（末）伊回京阙，没一日暂时得少歇，织素织缣不宁贴。这般时运，这般恶岁月。（合同前）

【同前】（净）伊才跌下，那得遍身都是血，宁可将伊脚骨跌折⑪。采茶人无数，你门直是拙。（合同前）

（净白）亚公，亚公，讨门扇来扛将归去。（末）它不验伤⑫。（旦）烦公婆扶奴家款款归去。（末、净、旦行）（净唱）

【金牌郎】我扶你门归去。（合）我扶你门归去，勉强且行着山路。（旦）我门直是孤苦。（合）先是被人欺负，你下得直是淋漉⑬。

【同前】(旦)我门几时得好?(合)我门几时得好?只得去寻些药草。(净)我儿休要烦恼。(合)款款回归古庙,只得靠着神道。

(旦)半载常常泪满腮,(净)思之是你五行乖⑭。

(末)算来莫怪君无礼,(合)这跌分明是你灾。(并下)

〔注〕 ① 迟迟:阳光温暖,和煦的样子。《诗经·豳风·七月》:"春日迟迟,采蘩祁祁。" ② 枪旗:茶名。茶叶初生,嫩芽如枪,小叶如旗,故名。今称"旗枪"。 ③ 雀舌:茶名,又作"鹊舌",以嫩芽焙制。 ④ 点:指冲茶,泡茶。 ⑤ 秋江送别:《九宫正始》册三〔仙吕〕【一封书】下注:"又名秋江送别"。可能是【一封书】的本名,而此外从未见过用此曲牌名。 ⑥ 上国:京师。 ⑦ 还婆:应是"婆还",倒装句法。 ⑧"老鸦"句:应是扣"乌光"的谜语,谓黎明。裩袴(kūn kù),裤子。 ⑨ 亚公:"亚"同"阿",温州方言。 ⑩ 都坑:公厕的粪坑,或作"都厕"。这里是诨语。 ⑪"宁可"句:意指脚骨跌折,两手尚可工作过活。 ⑫ 它不验伤:旧时被打伤而起诉,就是可以行动,也让人用门板抬去验伤,显示伤重。 ⑬ 下得:忍得。淋漉:指贫女鲜血淋漓。 ⑭ 五行:中国传统文化以水、火、金、木、土为五行。五行相生相克,"五行乖"则命不好。

《张协杀贫女未遂》一出写张协赴任路过五鸡山,剑砍贫女。它把全剧推向高潮,锁定了贫女的悲惨命运。作为改编本的《张协状元》这部戏,虽已将结局改为"大团圆",但贫女的悲惨命运却是无法冲淡的。这一出中,张协的冷漠和贫女的隐忍形成鲜明对比。在心底,贫女还对张协存有最后一丝幻想,而张协此次经过五鸡山,却决意要杀害贫女,把往日恩情,全都抛到九霄云外。通过这种对比,我们看到他们之间无法跨越的社会鸿沟,难以穿透的人生隔膜。贫女的命运诚然是悲剧性的。而张协的命运,迷失在封建社会统治者编织的人生法则的网里,又何尝不是另一种人生的悲哀?

"春到郊原日迟迟,枪旗展山谷里","徐徐步野径,晓痕青柳弄金。东风尚料峭,丽日升寒渐轻",茶香飘满山谷,满目青翠,轻寒的风里有无限生机和适意。寥寥几句曲词,暂时让读者忘却本剧的悲剧基调。而二者之间所形成的反差,又不免让人心下黯然。

在如此的早春里,贫女"幽居古庙浑无侣,采些茶为活计"。她拥有的已不再是戏剧刚开始时的那种无倚无靠的生活,她已经历了一次痛苦的婚姻。她一心扶助张协中了状元,上京寻夫却遭驱逐,鞭打。被人抛弃,乞讨回乡,也只能推说,"寻不见状元"。这种不可诉说,也无人可以诉说的愁绪里有多少自尊、坚韧和无奈?此时采茶既是为了谋生,更是为了暂时消解愁闷。然而"缉麻才罢,采桑稍闲,不免唤过大婆,厮伴去采茶"。其实终日劳作,也没法忘掉悲苦。"有茶莫教容易点"，"点茶须是吃茶人"，这一唱一合，意在点醒观众，也是贫女自身的反省，感情是不可以轻易付出的。

贫女在这个明朗的春天，苦捱自己落寞的生涯。收起悲伤，隐藏伤口，让心情回归平静。但张协却又一次出现在她的面前。张协的出现，打破了山间的和谐宁静，触动了贫女的情思。

贫女先是带着一点希望询问张协："张状元，莫是寻思旧念，再睹仙乡？"而张协此来，早已下了决心要杀贫女。故地重游，他已不愿再忆往事，而是得意于"此身渐亨，是你否极还泰生"。但初见贫女，他还是自然流露了一点同情心："山脚下个人，似贫女衣恁单。"这一句话看似无足轻重，却使张协这个人物形象更有骨肉，更有立体感。但闻听贫女问自己是不是寻思旧念，张协马上否认说："唯，贫女，大厦既焚，不可洒之以泪；黄河既决，不可障之以手。吾今与汝不是因缘。"并说："还是因缘，何故到京来骂吾？"其实张协只是在意贫女地位低贱，更不愿让人知悉自己曾落魄如此，影响前程。所以当贫女在道义上规劝他时，张协便直说："我荣贵伊恁贫，我不道你痴心，别寻个计结来闭门。"此时合唱重复了二遍："缘何一向便生嗔，你门直是没前程。"作者借此表达了自己的道德评判。贫女最后又向张协提起自己的恩情："我许多恩情陪伴你。卖头发得钱为盘费，雁塔上题姓名"，以唤起张协的同情心，而这正是张协不愿听到的，这时他所想的只是看周围无人，尽快置贫女于死地。就这样，张协在自己曾落难的五鸡山，剑砍了当年救助自己的贫女。为了个人的"前途"，张协不仅背叛了贫女，也背叛了自己，背叛了最起码的人生道德。

虽然只伤臂未死，但这一回贫女完全明白了张协的为人和自己的处境。可她还是用而且必须用一点卑微的自尊来掩盖自己的苦痛。当时，一个遭人遗弃的妇女处境是多么的可悲。她对大公、大婆谎称："独立岩头攀茶来折，岂知道失脚，似刀斫臂折。"场下合唱："遭一跌，寸肠千百结。"其间意味，百感凄凉。这时，贫女所有的慨叹只是："我门直是孤苦。"而面对这样的现实，也只能如合唱所言："这跌分明是你灾。"而未来也"只得靠着神道"。这种宿命的感慨我们已见得很多，但它在本出戏中却包含着更辛酸的意味。

本出开始，作者创造了明朗的意境，用一点亮景对戏剧环境作了诗意的抒写，延宕了读者、观众的感情，也使全剧结构上产生一种有韵律的顿挫。另外，人物塑造也很细致，如对贫女的处境、心理作了全面的展示，贫女见到张协后的心理发展脉络也很清晰。张协初见贫女时唱："似贫女衣恁单。"一个"恁"字，也反映出张协的另一个侧面，从而表现了人物的完整的精神面貌。本出合唱运用得恰到好处，它对渲染气氛，评价人物，抒发情感等都起到画龙点睛的作用。

（孙崇涛）

【戏曲家小传】

高 明

(1305—1370?)　字则诚，一字晦叔，号菜根道人，人称东嘉先生。瑞安（今属浙江）人，瑞安古属永嘉郡，故亦曰永嘉（别名东嘉）人。出身世代书香门第，元至正五年(1345)进士。历官处州录事、江浙行省属掾、浙东阃幕都事、庆元路推官、江南行台掾等职，久抑下僚，数忤权贵，遂牢骚不平，渐萌归隐之念。至正十七年，方国珍再度起事，受招安后，曾欲招其入幕，力辞之，弃官隐居宁波栎社沈氏楼，广交文友。后十数年，于此精心结撰名剧《琵琶记》，甫行世即风行海内。传明太祖朱元璋甚喜此剧，洪武初，曾征召高明，佯狂不就。文名盛一时。诗文集有《柔克斋集》二十卷，已佚；冒广生《柔克斋诗葺》辑其佚诗四十九首、词一首。另有佚文多篇，散见各书。以词曲知名，作有南戏《琵琶记》、《闵子骞单衣记》二种，后一种已佚，《琵琶记》则传本很多，对后世戏曲创作影响深远。《全元散曲》辑其散曲三首，傅芸子《乐府南音》辑二首。

琵 琶 记

高 明

第四出　太公逼伯喈赴试

(生上唱)

【一剪梅】浪暖桃香欲化鱼，期逼春闱，诏赴春闱。郡中空有辟贤书，心恋亲闱，难舍亲闱。

(白)世间好物不坚牢，彩云易散琉璃脆。蔡邕本欲甘守清贫，力行孝道，谁知朝廷黄榜招贤，郡中把自家保申上司去了。一壁厢来辟召，自家力以亲老为辞。这吏人虽则已去，只怕明日又来，我只得力辞。正是：人爵不如天爵贵[1]，功名争似孝名高？(生唱)

【宜春令】虽然读，万卷书，论功名非吾意儿。只愁亲老，梦魂不到春闱里。便教我做到九棘三槐[2]，怎撇得萱花椿树？我这衷肠，一点孝心对谁人语？(末扮张大公上唱)

【前腔】相邻并，相依倚，往常间有事来相报知。(生白)来的却是张大公。公公拜揖。(末)解元拜揖。解元，(唱)试期逼矣，早办行装前途去。(生白)双亲老了，不敢去。(末笑介)(唱)子虽念亲老孤单，亲须望孩儿荣贵。解元，趁此青春，不去更待何日？

(末白)解元既不肯去，更待老员外和大娘子出来，看如何说？也只是劝解元去分晓。道由未了，兀的便是老员外来。(外上唱)

【前腔】时光短，雪鬓垂，守清贫不图着甚的。有儿聪慧，但得他为官吾足矣。(外末相见介)(外唱)孩儿，天子诏招取贤良，秀才每都求着科试。快赴春闱，急急整着行李。

(外白)孩儿，如今黄榜招贤，郡中既然辟召你，你如何不去赴选？(末白)兀的大娘子也出来了。(净上唱)

【吴小四】眼又昏，耳又聋，家私空又空。只有孩儿肚内聪。他若做得官时运通，我两人不怕穷。

(净白)我到不合娶媳妇与孩儿，只得六十日，便把我孩儿都瘦了；若更过三年，怕不做一个骷髅。(末白)只要他不谐。(外白)孩儿，如今黄榜招贤，试期已迫，你这般人才，如何不去赴选？(末白)老员外和大娘子，不可不作成秀才走一遭。(生白)告爹爹：孩儿非不要去，争奈爹妈年老，家中无人侍奉。(净白)苦么！你又没七子八婿，只有一个孩儿。老贼！你眼又昏，耳又聋，又走动不得，教孩儿出去，万一有些差池，教兀谁管来？你真个没饭吃便着饿死，没衣穿便着冻死。(外白)你理会得甚么？孩儿做官，也改换门闾，如何不教他去？(生白)孩儿难去。(唱)

【绣带儿】亲年老光阴有几？行孝正是今日。终不然为着一领蓝袍[③]，却落后了戏彩斑衣[④]。思之，此行荣贵虽可拟，怕亲老等不得荣贵。(外唱)春闱里纷纷大儒，难道是没爹娘的孩儿方去？(末唱)

【前腔换头】休迷！男儿汉凌云志气，何必苦恁淹滞？可不干费了十载青灯，枉捱半世黄齑？须知，此行是亲志休故拒。秀才，你那些个养亲之志？(净唱)百年事只有此儿，老贼！难道是庭前森森丹桂[⑤]？(外唱)

【太师引】他意儿难提起，这其间就里我自知。(末白)他为甚么？(外唱)他恋着被窝中恩爱，舍不得离海角天涯。(白)你是读书人，说个比仿与你：(唱)涂山四日离大禹[6]，你直恁地舍不得分离。(末白)敢是如此。秀才，你贪鸳侣守着凤帏，多误了鹏程鹗荐的消息[7]。(净唱)

【前腔】他意里只要供甘旨，又何曾贪欢恋妻。自古道曾参纯孝[8]，何曾去应举及第？功名富贵天付与，天若与不求须来至。(生唱)娘行是望爹行听取。(生白)孩儿恋媳妇不肯去呵，(唱)天须鉴孩儿不孝的情罪。

(生白)告爹爹：教孩儿出去，把爹爹妈妈独自在家，万一有些差池，一来别人道孩儿不孝，撇了爹娘去取功名；二来道爹娘所见不达，只有一子，教他远离；以此上不相从。(外白)不从我的言语也由你，但说如何唤做孝？(净白)老贼！你年七八十岁，也不识做孝。披麻带索便是孝。(末收介)(生白)告爹爹：凡为人子者，冬温而夏凊，昏定而晨省，问其寒燠，搔其疴痒，出入则扶持之，问所欲则敬进之。是以父母在，不远游；出不易方，复不过时。古人的大孝，也只如此。(外白)孩儿，你说的都是小节，不曾说那大孝。(净白)老贼！你又不死，只管教他做大孝，赶出去赴选不得。(末白)这话有些个不祥。(外白)孩儿，你听我说：夫孝始于事亲，中于事君，终于立身。身体发肤，受之父母，不敢毁伤，孝之始也。立身行道，扬名于后世，以显父母，孝之终也。是以家贫亲老，不为禄仕，所以为不孝。你去做官时节，也显得父母好处，不是大孝，却是甚么？(生白)爹爹说得自是。知他是去做官不做官？若还不中时节，又不能勾事君，又不能勾事亲，可谓两耽阁了。(末白)秀才，说话错了。老汉常听得秀才每说道：幼而学，壮而行；怀宝迷邦，谓之不仁。孔席不暇暖，墨突不得黔[9]，伊尹负鼎俎以干汤，百里奚把五羊之皮自鬻，也只要顺时行道，济世安民。秀才，这个正是学成文武艺，合当货与帝王家。秀才，你这般人才，如何不去做官，济世安民？(净白)你都有言语劝我儿，我有个故事说与你听：在先东村有个李员外孩儿，他爹爹每日只闲炒，只是教孩儿去做官。他吃不过爹爹闲炒，去到长安，那里无人抬举他，流落教化，见平章宰相,疾忙田地上拜着。丞相可怜见他,道:我与你个养济院头目,去管你爹娘。这个人道:做养济院头目,如何去管得爹娘?比及他回来,爹娘果在养济院里。他爹问他娘道:我教孩儿去的是?今日我孩儿做头目,人也不敢欺负我。你今日去,千万取个养济院头目、卑田院大使回来[10],也休教人欺负我。(末白)只有乞丐相,教我听了半日。(外白)孩儿,你便去。(生介)孩儿去则不妨,爹妈教谁看管?(末白)秀才,自古道:千钱买邻,八百买舍。老汉既忝在邻舍,秀才但放心前去,不拣有甚欠缺,或是大员外老安人有些疾病,老汉自当早晚应承。(生白)如此,谢得公公!凡事专托公公周济。如此,卑人没奈何,只得收拾行李便去。(生唱)

【三学士】谢得公公意甚美,凡事仗托维持。假饶一举登科日,难道是双亲未老时。只恐锦衣归故里,双亲的怕不见儿。(外唱)

【前腔】萱室椿庭衰老矣[11],指望你换了门闾。你休道无人供奉,你做得官呵,三牲五鼎供朝夕[12],须胜似啜菽并饮水[13]。你若锦衣归故里,我便死呵,一灵儿终是喜。(末唱)

【前腔】托在邻家相倚依,专当效些区区。秀才,你为甚在十年窗下无人问?只图个一举成名天下知。你若不锦衣归故里,谁知你读万卷书?(净唱)

【前腔】一旦分离掌上珠,我这老景凭谁?忍将父母饥寒死,博换得孩儿名利归。你纵然衣锦归故里,补不得你名行亏。

(外白)孩儿,急办行装赴试闱。(生)父亲严命怎生违?

(合)一举首登龙虎榜,十年身到凤凰池[14]。(并下)

〔注〕 ①"人爵"句:《孟子·告子上》:"仁义忠信,乐善不倦,此天爵也;公卿大夫,此人爵也。" ②九棘三槐:三公九卿的代称。九棘,古代群臣外朝之位,树九棘为标识。三槐,相传周代宫廷外有三株槐树,三公朝拜天子时,面向三槐而立。 ③蓝袍:即蓝衫。八品、九品的官员穿着的衣服。这里意谓及第、做官。 ④戏彩斑衣:春秋末楚国老莱子穿五色斑斓之衣,扮小儿之状以娱双亲。后世以为孝养父母之典。 ⑤丹桂:比喻子息。旧时称人子曰桂子。⑥涂山:指涂山氏,大禹的妻子。《华阳国志·巴志》:"禹娶于涂山,辛壬癸甲而去,生子启呱呱啼不及视,三过其门而不入室,务在救时。" ⑦鹗荐:谓举荐贤才。汉孔融《荐祢衡表》:"鸷鸟累百,不如一鹗,使衡立朝,必有可观。" ⑧曾参:春秋鲁人,字子舆,孔子的弟子,以孝著称。 ⑨"孔席"二句:孔子周游列国忙得席子未坐暖就离去;墨子东奔西走,每到一地,烟囱

未熏黑又去别处了。典出汉班固《答宾戏》:"孔席不暖,墨突不黔。" ⑩ 卑田院:即养济院,养鳏寡孤独穷老之人。 ⑪ 萱室椿庭:指母亲、父亲。古以萱草喻指母亲,以椿树喻指父亲。⑫ 三牲五鼎:盛馔佳肴。 ⑬ 啜菽并饮水:谓贫家孝子事亲。菽,豆类的总称。《礼记·檀弓下》:"子路曰:'伤哉贫也!生无以为养,死无以为礼也。'子曰:'啜菽饮水,尽其欢,斯之谓孝。'" ⑭ 凤凰池:晋荀勖由中书监迁官尚书令,人贺之,勖恨曰:"夺我凤凰池,卿诸人贺我耶!"凤凰池为中书省所在地,后常代指宰相。

《琵琶记》是高则诚根据《赵贞女蔡二郎》民间旧本戏文故事改编的南戏作品,是我国第一部由文人完成的南戏创作,享有"南曲之祖"的美誉。其故事梗概是:书生蔡伯喈聪敏博学,有经世济时之才,但无意功名,向往"真乐在田园",愿和妻子在父母身边行孝,过散淡安闲的生活。逢朝廷辟召,曾决意力辞。无奈其父蔡公苦苦逼试,进京赴试,得中状元。牛丞相奉诏招他为婿,蔡伯喈金殿辞官、辞婚不允,只得重婚牛府,而心情抑郁苦闷。此时家乡陈留连遭荒旱,其妻赵五娘独力支持生活,蔡公、蔡婆病饿交加,相继去世。赵五娘罗裙包土埋葬公婆,身背公婆遗像,琵琶卖唱,沿街乞讨,进京寻夫。牛氏贤德,通情达理,助赵五娘与蔡伯喈夫妻重聚。最后,蔡伯喈夫妇归家庐墓,克尽孝义,蒙皇恩一门旌表,一夫二妻大团圆。《琵琶记》版本很多,近人钱南扬《元本琵琶记校注》(上海古籍出版社 1980 年版)是最通行的整理本。

《蔡公逼伯喈赴试》一出是《琵琶记》全剧主要戏剧矛盾的基点,也是敷演本剧人物命运波折的缘起。"世间好物不坚牢,彩云易散琉璃脆。"第二出蔡家"祝寿"那种似彩笔描绘的"满目花开似绣"的"春光佳景",那种用简约笔触勾勒的"父母共夫妻相劝酬"的合家团聚、其乐融融的幸福生活气氛,在这一出中都已终结。倘能静心读罢全剧,不知读者会否生出如唐人传奇《枕中记》中卢生被诬下狱、引刀求死前的那番感慨:"吾家山东,有良田五顷,足以御寒馁,何苦求禄?而今及此,思衣短褐,乘青驹,行邯郸道中,不可得也。"在本出,蔡伯喈曾预感:"此行荣贵虽可拟,怕亲老等不得荣贵","假饶一举登科日,难道是双亲未老时。只恐锦衣归故里,双亲的怕不见儿。"果然,蔡伯喈登程赴试之日,也就是他与父母生离死别之时;蔡伯喈黄榜题名,蔡家恬淡安闲的生活与天伦之乐也随之云散。在本出中,蔡公曾道:"你若锦衣归故里,我便死呵,一灵儿终是喜。"为了得偿改换门闾,光显祖宗的夙愿,可以用生命作为代价。《琵琶记》作者高则诚以文人的立场和视角,审视了在中国古代科举制度背景下"人"的生存状态与价值取向,如实地传达出了他所熟悉的社会精神氛围的一个层面。"逼试"一出,展现了蔡家不同人物的观念冲突,同时也展开了作者自己的内在心灵冲突。"知音君子,这般另做眼儿看"(第一出【水调歌头】),这是高则诚对读者的期待。

与其说改编、创作《琵琶记》的用意是高则诚刻意为旧本戏文《赵贞女蔡二郎》中的蔡伯喈(明徐渭《南词叙录》"宋元旧篇":"伯喈弃亲背妇为暴雷震死,里俗妄作也。")"翻案",不如说是作者借此题材来书写自己全部的人生况味。高则诚生于浙江瑞安乡下的一户书香人家。少年博学,热心功名,希望通过入仕以实现其经世济时的抱负。至正五年(1345)中进士后,在浙江一带任各种地方小官,"学道爱人,治教具修","儒生称其才华,法吏推其练达"(元赵汸《送高则诚归永嘉序》,《东山存稿》卷二),但为人耿介,难免触忤权贵。在元末吏治腐败的社会,他尝尽仕途风波中的种种苦涩,经历了从用世到失意终于避世的人生旅途,最后解官退隐,以词曲自娱,创作了《琵琶记》以及《柔克斋集》(已佚)中的大量诗文。

"虽然读,万卷书,论功名非吾意儿。只愁亲老,梦魂不到春闱里。便叫我做到九棘三槐,怎撇得萱花椿树?我这衷肠,一点孝心对谁人语?"作品中,蔡伯喈一开始显露的就是一个寂寞的灵魂。在与蔡公对话中,他认为古人的"大孝"是:"凡为人子者,冬温而夏凊,昏定而晨省,问其寒燠,搔其疴痒,出入则扶持之,问所欲则敬进之。是以父母在,不远游;出不易方,复不过时。"即便"荣贵虽可拟",也不能"为着一领蓝袍,却落后了戏彩斑衣"。而蔡公则认为:"夫孝始于事亲,中于事君,终于立身。身体发肤,受之父母,不敢毁伤,孝之始也。立身行道,扬名于后世,以显父母,孝之终也。是以家贫亲老,不为禄仕,所以为不孝。"两人对"大孝"的不同解说,展示了蔡家父子的情感距离,正所谓"子虽念亲老孤单,亲须望孩儿荣贵"。"孩儿做官,也改换门闾,如何不教他去?""你若锦衣归故里,我便死呵,一灵儿终是喜。"寥寥数语揭示了蔡公固守着的人生信条及他为此信条不惜牺牲一切的精神。这里,高则诚用不多的笔墨为我们塑造了一位中国古代仕宦社会里的"严父"形象。

蔡婆这一形象由南戏常带喜剧因素的净角扮演。作者用不多的语言和心理活动刻画,描绘出一个我们日常生活中似曾相识的普通老妪形象。开始她也曾想到自己"眼又昏,耳又聋,家私空又空。只有孩儿肚内聪",儿子"若做得官时运通,我两人不怕穷"。但当她一旦意识到孩儿去后,家中无人侍奉,每日再不得相见时,她便对蔡公嚷道:"老贼,教孩儿出去,万一有些差池,教兀谁管来?"这里作者展示了一位年迈母亲的真实心理:虽有未来繁华富贵的诱惑,但毕竟无法取代眼下对爱子的牵挂和对自身晚境凄凉的忧虑。蔡家父子关于"大孝"的争论,蔡婆、蔡公对是否让儿子赴试的争吵,都在表明:原来追求功名利禄与享受家庭幸福,是如此的对立矛盾;仕进与养亲、"事君"与"事亲",是如此的水火不可相容。《琵琶记》描写封建科举制度制造人生悲剧与怀疑这种制度存在合理性的主题，已在这一出中初步揭示。

“你若不锦衣归故里，谁知你读万卷书？”张大公在本出戏里的这句唱词，也是高则诚年轻时曾有过的思想写照。“人不明一经取第，虽博奚为？”（明嘉靖《瑞安县志》卷八高明本传）本出中，张大公也力劝蔡伯喈赴试，但用意与蔡公略有不同：“幼而学，壮而行；怀宝迷邦，谓之不仁。孔席不暇暖，墨突不得黔，伊尹负鼎俎以干汤，百里奚把五羊之皮自鬻，也只要顺时行道，济世安民。”高则诚在他生命的最后时光，怀抱一生的无奈和感慨，用这一形象书写了自己仍藏心底的豪迈。“千钱买邻，八百买舍。老汉既忝在邻舍，秀才但放心前去”数语，具见其古道热肠。剧中作者处处赋予这位急公好义、助人为乐的张大公独具的人格魅力。

本出运用大段曲、白，为剧中人物思想交流设置足够的空间，确立了蔡伯喈、蔡公、蔡婆、张大公诸人物形象的性格基调。形象个性鲜明，语言准确到位，情节简洁紧凑。明人王世贞评《琵琶记》“所以冠绝诸剧者，不唯其琢句之工、使事之美而已，其体贴人情，委曲必尽；描写物态，仿佛如生；问答之际，了不见扭造，所以佳耳”（《曲藻》）。本出中，蔡婆道：“老贼！你又不死，只管教他做大孝，赶出去赴选不得。”张大公接道：“这话有些个不祥。”呼应了下文。结尾处蔡婆所唱的最后一支【三学士】：“一旦分离掌上珠，我这老景凭谁？忍将父母饥寒死，博换得孩儿名利归。你纵然衣锦归故里，补不得你名行亏。”预示了蔡家的悲剧结局，为最后“一门旌表”的“大团圆”作出了意味深长的情感评判。所以从戏剧结构角度而言，本出实际也起着提示主脑、提挈全篇的作用。

（孙崇涛 李季箴）

琵 琶 记　　高明

第十五出 伯喈辞官辞婚不准

（末扮小黄门上）（唱）

【北点绛唇】夜色将阑，晨光欲散。把珠帘卷，移步丹墀，摆列着金龙案。（又唱）

【北混江龙】官居宫苑，谩道是天威咫尺近龙颜。每日价亲随车驾，只听鸣鞭。去螭头上拜跪①，随着那豹尾盘旋。朝朝宿卫，早早随班。做不得卿相当朝一品贵，到先做他朝臣待漏五更寒。休嗟叹，山寺日高僧未起，算来兀的名利不如闲。

（白）自家是汉朝一个小黄门。往来紫禁，侍奉丹墀。领百官之奏章，传一人之命令。正是：主德无瑕因宦习，天颜有喜近臣知。如今天色渐明，正是早朝时分，官里升殿，怕有百官奏事，只得在此祇候。怎见得早朝？但见银河清浅，珠斗斓斑。数声角吹落残星，三通鼓报传清曙。银箭铜壶，点点滴滴，尚有九门寒漏；琼楼玉宇，声声隐隐，已闻万井晨钟。曈曈曚曚，苍茫初日映楼台；拂拂霏霏，葱蒨瑞烟浮禁苑。袅袅巍巍，千寻玉掌[②]，几点瀼瀼露未晞；澄澄湛湛，万里璇穹[③]，一片团团月初坠。三唱天鸡，咿咿喔喔，共传紫陌更阑；百啭流莺，间间关关，报道上林春晓。五门外碌碌剌剌，车儿碾得尘飞；六宫里呕呕哑哑，乐声奏如鼎沸。只见那建章宫、甘泉宫、未央宫、长杨宫、五柞宫、长楸宫、长信宫、长乐宫，重重迭迭，万万千千，尽开了玉关金锁；昭阳殿、金华殿、长生殿、披香殿、长门殿、麒麟殿、鹓鸾殿、太极殿、白虎殿，隐隐约约，三三两两，都卷上绣箔珠帘。半空中忽听得一声轰轰划划，如雷如霆，震耳的鸣梢响，合殿里只闻得一阵氤氤氲氲，非烟非雾，扑鼻的御炉香。缥缥缈缈，红云里雉尾扇遮着赭黄袍；深深沉沉，丹墀间龙鳞座复着彤芝盖。左列着森森严严，前前后后的羽林军、旗门军、控鹤军、神策军、虎贲军，花迎剑佩星初落；右列着济济锵锵，高高下下的金吾卫、龙虎卫、拱日卫、千牛卫、骠骑卫，柳拂旌旗露未干。金间玉，玉间金，炯炯烁烁，灿灿烂烂的神仙仪从；紫映绯，绯映紫，行行列列，整整齐齐的文武官僚。螭头陛下，立着一对妖妖娆娆，花容月貌，绣鸾袍鸳鸯靴的奉引昭容[④]；豹尾班中，摆着一对端端正正，铁胆铜肝，白象简獬豸冠的纠弹御史[⑤]。拜的拜，跪的跪，那一个敢挨挨挜挜纵喧哗？升的升，下的下，那一个不钦钦敬敬依法礼？但愿常瞻仙仗，圣德日新日新日日新；与群臣共拜天颜，圣寿万岁万岁万万岁。从来不信叔孙礼[⑥]，今日方知天子尊。道犹未了，一个奏事官人早来。（生巾裹上）（唱）

【点绛唇】月淡星稀，建章宫里千门晓。御炉烟袅，隐隐鸣梢杳。忽忆年时，问寝高堂早。鸡鸣了，闷萦怀抱，此际愁多少！（白）不寝听金钥，因风想玉珂。明朝有封事，数问夜如何？自家只为父母在堂，今日上表辞官，家去侍奉。天色已明，这是五门外厢，进入去咱。（介）（唱）

【神仗儿】扬尘舞蹈，扬尘舞蹈，遥瞻天表，见龙鳞日耀。（黄门

花迎劍佩星初落
柳拂旌旂露未乾

白)不得升殿。(生又唱)咫尺重瞳高照[7]。(末)何文字,只须在此,一一分剖。(生)遥拜著赭黄袍,遥拜著赭黄袍。(生唱)

【滴溜子】臣邕的,臣邕的,荷蒙圣朝。臣邕的,臣邕的,拜还紫诰。念邕非嫌官小,那家乡万里遥,双亲又老。干渎天威,万乞恕饶。

(黄门白)吾乃黄门,职掌章奏。有何文表,在此披宣。(生跪唱)

【入破第一】议郎臣蔡邕启:今日蒙恩旨。除臣为郎官职,重蒙婚赐牛氏。干渎天威,臣谨诚惶诚恐,顿首顿首:伏念微臣,初来有志,诵诗书,力学躬耕修己,不复贪荣利。事父母,乐田里,初心愿如此而已。不想州司,谬取臣邕充试。到京畿,岂料愚蒙,叨居上第。(又唱)

【破第二】重蒙圣恩,婚以牛公女。草茅疏贱,如何当此隆遇?但臣亲老,一从别后,光阴又几。庐舍田园,荒芜久矣。(又唱)

【衮第三】那更老亲鬓垂白,筋力皆癯瘁。形只影单,无弟兄,谁奉侍?况隔千山万水,生死存亡,虽有音书难寄。最可悲,他甘旨不供,我食禄有愧。(又唱)

【歇拍】不告父母,怎谐匹配?臣又听得,家乡里,遭水旱,遇荒饥。多想臣亲,必做沟渠之鬼,未可知。怎不教臣,悲伤泪垂?

(黄门白)此非哭泣之处,不得惊动天听。(生唱)

【中衮第四】臣享厚禄,纡朱紫,出入承明地。独念二亲,寒无衣,饥无食,丧沟渠。忆昔先朝,买臣出,守会稽;司马相如,持节锦归[8]。

【煞尾】他遭遇圣时,皆得回乡里。臣何故,别父母,远乡闾?没音书,此心违。伏惟陛下,特悯微臣之志。遣臣归,得事双亲,隆恩怎比!

【出破】若还念臣有微能,乡郡望安置。庶使臣,忠心孝意得全美。臣无任瞻天望圣,激切屏营之至!

(黄门白)原来如此。吾当与汝转达天听,汝只在五门外厢,伺候圣旨。正是:眼望旌捷旗,耳听好消息。(黄门下)(生唱)

【神仗儿】扬尘舞蹈,扬尘舞蹈。见祥云缥缈,想黄门已到。料应重瞳看了，多应是哀念我私情乌鸟[9]。颙望断九重霄，颙望断九重霄。

【滴溜子】天应念，天应念，蔡邕拜祷：双亲的，双亲的，死生未保，可怜恩深难报。一封奏九重，知他听否？会合分离，都在这遭。

(白)怎的黄门不见回报？想必是官里准了。天天，若能勾回乡见父母，何消做官！(黄门捧圣旨上)(唱)

【前腔】今日里，今日里，议郎进表。传达上，传达上，圣目看了。道太师昨日先奏，把乘龙女婿招，多少是好！见有玉音，临降听剖。

(白)圣旨已到，跪听宣读。(生跪)(黄门白)孝道虽大，终于事君；王事多艰，岂遑报父！朕以凉德，嗣续丕基。眷兹警动之风，未遂雍熙之化。爰招俊髦，以辅不逮。咨尔才学，允惬舆情。是用擢居议论之司，以求绳纠之益[10]。尔当恪守乃职，勿有固辞。其所议姻事，可曲从师相之请，以成《桃夭》之化[11]。钦予特命，裕汝乃心。谢恩。(生拜起)(白)黄门哥，你与我官里跟前再奏咱，我情愿不做官。(黄门白)这秀才好不晓事，圣旨谁敢别，这里不是闹炒去处。(生荒介)(白)我自去拜还圣旨，如何？(黄门扯介)做甚么？这秀才好怪么，你去不得。(生哭介)(唱)

【啄木儿】苦！我亲衰老，妻幼娇，万里关山音信杳。他那里举目凄凄，我这里回首迢迢。他那里望得眼穿儿不到，俺这里哭得泪干亲难保。闪杀人么一封丹凤诏。(黄门唱)

【前腔】何须虑，不用焦，人世上离多欢会少。大丈夫当万里封侯，肯守着故园空老？毕竟事君事亲一般道，人生怎全得忠和孝？却不见母死王陵归汉朝[12]？(生唱)

【三段子】这怀怎剖？望丹墀天高听高。这苦怎逃？望白云山遥路遥。(黄门唱)你做官与亲添荣耀，高堂管取加封号，与你改换门闾偏不好？(生唱)

【归朝欢】冤家的，冤家的，苦苦见招。俺媳妇埋冤怎了？饥荒岁，饥荒岁，怕他怎熬？俺爹娘怕不做沟渠中饿殍？(黄门唱)

譬如四方战争多征调，从军远戍沙场草，也只为国忘家怎惮劳？

(生白)家乡万里信难通。(黄门)争奈君王不肯从？

(合)情到不堪回首处，一齐分付与东风。

〔注〕 ① 螭(chī)头：古代传说中无角的龙。这里指殿前雕有螭头形的石阶。 ② 千寻玉掌：据《汉书·郊祀志上》记载，汉武帝用铜制承露盘，高二十丈，上有仙人掌承接露水。③ 璇穹：天。璇，言其色如苍玉；穹，言其形中央高而四边下。 ④ 昭容：古女官名。汉始置。⑤ 獬豸(xiè zhì)冠：古代御史等执法官吏的帽子。獬豸，传说中的怪兽。一角，能辨曲直，见人相斗，则以角触邪恶无理者。故以为冠。 ⑥ 叔孙：叔孙通。汉初朝庙典礼，都由他订定。⑦ 重瞳：《史记·项羽本纪》："舜目盖重瞳子。"这里把皇帝比作舜。 ⑧ "买臣"四句：买臣，西汉朱买臣，出身贫穷，早年曾做过樵夫，后做到会稽太守。司马相如，西汉著名辞赋家，也曾家徒四壁立，后被任为中郎将，出使巴蜀。此处谓古时贫者得官能归耀乡里，而自己却不能。⑨ 私情乌鸟：指回家养亲。典出晋李密《陈情表》："乌鸟私情，愿乞终养。"乌鸦能反哺母鸟。⑩ 绳纠：纠正过失。 ⑪ 桃夭：指婚嫁。《诗经·召南》有《桃夭》篇，赞美男女婚姻以时、室家之好。 ⑫ 王陵归汉朝：项羽部下王陵率领人马归附刘邦，项羽取陵母置军中以为人质，陵母为使王陵安心事汉，乃自刎而死。

牛太师奉圣旨招新科状元为婿。蔡伯喈惦念八旬父母和新婚两月的妻子赵五娘，期望辞官、辞婚回家，因此触怒牛太师，上奏朝廷，皇帝拒绝了蔡伯喈的上表陈情请求。《伯喈辞官辞婚不准》一出，在《琵琶记》全剧中是作者表现人物情感很重要的关目。本出直接、正面地描叙了蔡伯喈与君主、牛太师所代表的皇权、官权间的矛盾，字里行间也流露了作者对中国古代科举制度的评判。

剧本以一曲清新绵邈的北曲仙吕宫【点绛唇】开始："夜色将阑，晨光欲散。把珠帘卷，移步丹墀，摆列着金龙案。"营造了皇家氛围和宫廷气度。然后借小黄门之口，用数十句对仗工整的骈体语道白，极尽铺排："银箭铜壶，点点滴滴，尚有九门寒漏；琼楼玉宇，声声隐隐，已闻万井晨钟。曈曈曚曚，苍茫初日映楼台；拂拂霏霏，葱蒨瑞烟浮禁苑。……五门外碌碌剌剌，车儿碾得尘飞；六宫里呕呕哑哑，乐声奏如鼎沸。……半空中忽听得一声轰轰划划，如雷如霆，震耳的鸣梢响；合殿里只闻得一阵氤氤氲氲，非烟非雾，扑鼻的御炉香。缥缥缈缈，红云里雉尾扇遮着赭黄袍；深深沉沉，丹墀间龙鳞座复着彤芝盖。左列着森森严严，前前后后的羽林军……；右列着济济锵锵，高高下下的金吾卫……。金间玉，玉间金，炯炯烁烁，灿灿烂烂的神仙仪从；紫映绯，绯映紫，行行列列，整整齐齐的文武官僚。……"在清晨"天色渐明"时候，皇权的浩大与威严被笼罩在一片神秘、震慑之中。蔡伯喈这时上场，就更显出文士力量的微薄，与他一样微薄的，还有他的个人抱负和情感。

蔡伯喈立身五门外厢,“天威咫尺近龙颜”。他感受到的是“扬尘舞蹈,扬尘舞蹈,遥瞻天表,见龙鳞日耀”的令人窒息的肃穆。黄门官戒令他:“不得升殿。……何文字,只须在此,一一分剖。”他只能“遥拜著赭黄袍,遥拜著赭黄袍”,战战兢兢地递上辞官辞婚奏表。他申求:“伏惟陛下,特悯微臣之志。遣臣归,得事双亲,隆恩怎比!”他企盼:“若还念臣有微能,乡郡望安置,庶使臣,忠心孝意得全美。”黄门令他“只在五门外厢,伺候圣旨”。蔡伯喈只得耐心等候。情急意乱之间,心里只想:“怎的黄门不见回报?”焦急中,仍心存侥幸:“想必是官里准了。”这段文字,曲折而细致地表现出横亘在蔡伯喈和皇权之间的距离,再一次使帝王的威严与蔡伯喈的孱弱形成鲜明的对比。

宫殿富丽豪华,但蔡伯喈只感到冷漠与疏离,他只能在记忆中去寻求亲情的些许慰藉:“月淡星稀,建章宫里,千门晓。御炉烟袅,隐隐鸣梢杳。忽忆年时,问寝高堂早。鸡鸣了,闷萦怀抱,此际愁多少!”蔡伯喈的辞官、辞婚请求,结果不被皇帝批准是可想而知的。“何须虑,不用焦,人世上离多欢会少。大丈夫当万里封侯,肯守着故园空老?毕竟事君事亲一般道,人生怎全得忠和孝?”“你做官与亲添荣耀,高堂管取加封号,与你改换门闾偏不好?”拒绝理由多么冠冕堂皇!皇权的羁縻与禁锢,这里被披上“事君事亲一般道”的华丽外衣。忠即孝,孝又得依附忠,当忠孝不可能两全时,请问哪里还有“孝”?所谓“全忠全孝”,实在是欺人之谈。正是这种“忠孝两全”的骗局,才注定《琵琶记》里蔡伯喈处处进退维谷的悲剧命运。他跪在坚硬而冰冷的丹墀下,喋喋的申诉无济于事,苦苦的哀求不能换取丝毫怜悯,他只能呼天求地:“苦!我亲衰老,妻幼娇,万里关山音信杳。他那里举目凄凄,我这里回首迢迢。他那里望得眼穿儿不到,俺这里哭得泪干亲难保。闪杀人么一封丹凤诏。”“天天,若能勾回乡见父母,何消做官!”这些曲辞令人读之动情。《陈眉公批评琵琶记》总评写道:“《西厢》、《琵琶》俱是传神文字,然读《西厢》令人解颐,读《琵琶》令人酸鼻,从头到尾,无一句快乐语。”高则诚不愧是一位书写悲情的高手。

蔡伯喈在这一出流露的退隐感慨,也是作者经历宦海浮沉之后的省悟;剧中蔡伯喈所表露的冲淡、孱弱、无奈,都是作者晚年心境的投射。“前辈谓士子抱腹笥,起乡里,达朝廷,取爵位,如拾地芥,其荣至矣。孰知为忧患之始乎!余昔卑其言。”(元赵汸《送高则诚归永嘉序》,《东山存稿》卷二),高则诚青年时立意仕进,实现“几回欲挽天河水,好与苍生洗汗颜”(高则诚《游宝积寺》,《柔克斋诗辑》)的雄心壮志,经历岁月,最终彻底破灭。这番心情经历,在他的剧本创作中留下印记。

作为文士,蔡伯喈的孱弱,不完全来源于他的个人性格,而主要决定于中国古代科举制度下"士"阶层的属性。钱穆先生在《中国文化传统中之士》一文(《宋代理学三书随劄》)中说:"士可以用,可以不用。可以仕,可以不仕。"隋唐以后,"科举制兴,门第渐衰。为士者,乃群趋于应举从政之一途。就政治言,乃一大进步。而就社会言,为士而不从政,乃群趋于释道两家,为异端。"因此,文士的行与藏、进与退之间,只不过是一步之遥。科举制度下,皇权权威是绝对的,文士只能是附庸,生死荣辱皆系之于皇权;文士的行藏进退,不决定于文士本身。《琵琶记》里蔡伯喈曾感叹道:"毕竟是文章误我,我误爹娘。""毕竟是文章误我,我误妻房。"(第三十六出《伯喈五娘相会》)他对爹娘生不能事,死不能葬,葬不能祭,"三不孝逆天罪大",原因是他辞试老父不从、辞官朝廷不从、辞婚牛相不从的"三不从"。"只为君亲三不从,致令骨肉两分离","三不从"才是造成蔡家悲剧的直接原因,也是蔡伯喈所以"三不孝"的现实根源。正如剧中张大公所道:"这是三不从把他厮禁害。恁的呵,三不孝亦非其罪。"(第三十七出《张大公扫墓遇使》)这就是本剧尤其是本出传递给我们的真实信息:一切祸害的根源在于皇权统治以及维护这种统治的封建科举制度。

(孙崇涛　李季箴)

琵　琶　记　　　　高　明

第二十出　五　娘　吃　糠

(旦上唱)

【山坡羊】乱荒荒不丰稔的年岁,远迢迢不回来的夫婿。急煎煎不耐烦的二亲,软怯怯不济事的孤身己。衣尽典,寸丝不挂体。几番要卖了奴身己,争奈没主公婆教谁看取?(合)思之,虚飘飘命怎期?难捱,实丕丕灾共危。

【前腔】滴溜溜难穷尽的珠泪,乱纷纷难宽解的愁绪。骨崖崖难扶持的病体,战钦钦难捱过的时和岁。这糠呵,我待不吃你,教奴怎忍饥?我待吃呵,怎吃得?(介)苦!思量起来不如奴先死,图得不知他亲死时。(合前)

(白)奴家早上安排些饭与公婆,非不欲买些鲑菜,争奈无钱可买。不想婆婆抵死埋冤,只道奴家背地吃了甚么。不知奴家吃的却是细米皮糠,吃时不敢教他知道,只得回避。便埋冤杀了,也不敢分

说。苦！真实这糠怎的吃得。(吃介)(唱)

【孝顺歌】呕得我肝肠痛，珠泪垂，喉咙尚兀自牢嗄住。糠！遭砻被舂杵，筛你簸扬你，吃尽控持。悄似奴家身狼狈[①]，千辛万苦皆经历。苦人吃着苦味，两苦相逢，可知道欲吞不去。(吃吐介)(唱)

【前腔】糠和米，本是两倚依，谁人簸扬你作两处飞？一贱与一贵，好似奴家共夫婿，终无见期。丈夫，你便是米么，米在他方没寻处。奴便是糠么，怎的把糠救得人饥馁？好似儿夫出去，怎的教奴，供给得公婆甘旨？(不吃放碗介)(唱)

【前腔】思量我生无益，死又值甚的！不如忍饥为怨鬼。公婆年纪老，靠着奴家相依倚，只得苟活片时。片时苟活虽容易，到底日久也难相聚。谩把糠来相比，这糠尚兀自有人吃，奴家骨头，知他埋在何处？

(外、净上探)(白)媳妇，你在这里说甚么？(旦遮糠介)(净搜出打旦介)(白)公公，你看么？真个背后自逼逻东西吃，这贱人好打！(外白)你把他吃了，看是什么物事？(净荒吃介)(吐介)(外白)媳妇，你逼逻的是甚么东西？(旦介)(唱)

【前腔】这是谷中膜，米上皮，将来逼逻堪疗饥。(外净白)这是糠，你却怎的吃得？(旦唱)尝闻古贤书，狗彘食人食[②]，公公，婆婆，须强如草根树皮。(外、净白)这的不嗄杀了你？(旦唱)嚼雪餐毡苏卿犹健，餐松食柏到做得神仙侣[③]，纵然吃些何虑？(白)公公，婆婆，别人吃不得，奴家须是吃得。(外、净白)胡说！偏你如何吃得？(旦唱)爹妈休疑，奴须是你孩儿的糟糠妻室[④]！

(外、净哭介)(白)原来错埋冤了人，兀的不痛杀了我！(倒介)(旦叫介)(唱)

【雁过沙】他沉沉向迷途，空教我耳边呼。公公，婆婆，我不能尽心相奉事，番教你为我归黄土。公公，婆婆，人道你死缘何故？公公，婆婆，你怎生割舍抛弃了奴？

(白)公公，婆婆。(外醒介)(唱)

【前腔】媳妇，你耽饥事公姑，媳妇，你耽饥怎生度？错埋冤你也

不肯辞，我如今始信有糟糠妇。媳妇，我料应不久归阴府，媳妇，你休便为我死的把生的受苦。(旦叫婆婆介)(唱)

【前腔】婆婆，你还死教奴家怎支吾？你若死教我怎生度？我千辛万苦回护丈夫，如今到此难回护。我只愁母死难留父，况衣衫尽解囊箧又无。(外叫净介)(唱)

【前腔】婆婆，我当初不寻思，教孩儿往皇都。把媳妇闪得苦又孤，把婆婆送入黄泉路。只怨是我相耽误，我骨头未知埋在何处所？

(旦白)婆婆都不省人事了，且扶入里面去。正是：青龙共白虎同行，吉凶事全然未保。(并下)(末上白)福无双至犹难信，祸不单行却是真。自家为甚说这两句？为邻家蔡伯喈妻房，名唤做赵氏五娘子，嫁得伯喈秀才，方才两月，丈夫便出去赴选。自去之后，连年饥荒，家里只有公婆两口，年纪八十之上，甘旨之奉，亏杀这赵五娘子，把些衣服首饰之类尽皆典卖，籴些粮米做饭与公婆吃，他却背地里把些细米皮糠逼逻充饥。唧唧，这般荒年饥岁，少什么有三五个孩儿的人家，供膳不得爹娘。这个小娘子，真个今人中少有，古人中难得。那公婆不知道，颠倒把他埋冤；今来听得他公婆知道，却又痛心都害了病。俺如今去他家里探取消息则个。(看介)这个来的却是蔡小娘子，怎生恁地走得慌？(旦慌走上介)(白)天有不测风云，人有旦夕祸福。(见末介)公公，我的婆婆死了。(末介)我却要来。(旦白)公公，我衣衫首饰尽行典卖，今日婆婆又死，教我如何区处？公公可怜见，相济则个。(末白)不妨，婆婆衣衾棺椁之费皆出于我，你但尽心承值公公便了。(旦哭介)(唱)

【玉包肚】千般生受，教奴家如何措手？终不然把他骸骨，没棺椁送在荒丘？(合)相看到此，不由人不珠泪流，正是不是冤家不聚头。(末唱)

【前腔】不须多忧，送婆婆是我身上有。你但小心承直公公，莫教又成不救。(合前)

(旦白)如此，谢得公公！只为无钱送老娘。(末白)娘子放心，须知此事有商量。

(合)正是:归家不敢高声哭,只恐人闻也断肠。(并下)

〔注〕 ① 悄:犹云“浑”、“直”。 ② 狗彘食人食:《孟子·梁惠王》:“狗彘食人食而不知检。”原意为狗猪吃人的粮食而(当政者)不知去制止。此处断章取义,意谓人吃狗猪的食物。③ 餐松食柏:相传神仙不吃烟火食,以松柏果实为粮。 ④ 糟糠妻室:《后汉书·宋弘传》:“时帝(光武帝)姊湖阳公主新寡,帝与共论朝臣,微观其意。主曰:‘宋公威容德器,群臣莫及。’帝曰:‘方且图之。’后弘被引见,帝令主坐屏风后,因谓弘曰:‘谚言贵易交,富易妻,人情乎?’弘曰:‘臣闻贫贱之知不可忘,糟糠之妻不下堂。’帝顾谓主曰:‘事不谐矣。’”

《五娘吃糠》是《琵琶记》描写赵五娘形象最重要的一出戏。本出着力铺排哀怨、悲凉的曲词,陈说蔡伯喈赴选后蔡家苦度饥荒岁月的命运,叙写了五娘吃糠度日、蔡公病倒、蔡婆死去的悲惨遭遇。中间加入蔡婆从误解到理解五娘吃糠的关目插曲。通过其间角色的每一言行细节,深入展示了剧中人物人格的朴素的美与他们在灾难当头时的脆弱和坚强。整出戏剧情激荡人心,唱词凄怆感人,给读者以强烈的情感冲击和浓烈的艺术品味。

悲歌可以当泣。“乱荒荒不丰稔的年岁,远迢迢不回来的夫婿。急煎煎不耐烦的二亲,软怯怯不济事的孤身己。”开篇一曲【山坡羊】,短短五句,完整述说了赵五娘的现实处境——面临灾荒饥馑的焦虑,丈夫远去不回的无助,对烦躁、难以侍奉的公婆的无奈,还有自身的心力交瘁。然后作者宕开笔锋,书写赵五娘的情感世界:“滴溜溜难穷尽的珠泪,乱纷纷难宽解的愁绪。骨崖崖难扶持的病体,战钦钦难捱过的时和岁。”作品没有回避赵五娘作为女性在面临一连串生活磨难时必然产生的软弱。赵五娘吃糠时,曾感到苦不欲生:“这糠呵,我待不吃你,教奴怎忍饥?我待吃呵,怎吃得?苦!思量起来不如奴先死,图得不知他亲死时。”她还以糠自比,感叹身世:“糠!遭砻被舂杵,筛你簸扬你,吃尽控持。悄似奴家身狼狈,千辛万苦皆经历。”这是赵五娘生活的真实写照,新婚两月,一旦分离,“六十日夫妻恩情断,八十岁父母如何展?教我如何不怨?”“我的埋怨怎尽言?我的一身难上难。”(第五出《伯喈夫妻分别》)确是“苦人吃着苦味,两苦相逢,可知道欲吞不去”。在此情形下,她哪能不埋怨远在他乡为功名奔波的丈夫蔡伯喈!“糠和米,本是两依倚,谁人簸扬你作两处飞?一贱与一贵,好似奴家共夫婿,终无见期。丈夫,你便是米么,米在他方没寻处。奴便是糠么,怎的把糠救得人饥馁?好似儿夫出去,怎的教奴,供给得公婆甘旨?”如怨如泣的心灵独白,因境生情的引譬取喻,是她作为弱势个体生命对不公正的现实重压的悲愤的责问,凸现了赵五娘与社会严酷的生活环境之间无法缓解的矛盾。

赵五娘力竭计穷,独立支持全家生活,衣衫首饰尽皆典卖,仍朝夕无甘旨之奉,只好自己暗地强咽米糠充饥。因怕公婆再添烦恼,“只得回避”,不让得知。婆婆见五娘回避公婆,自吃饭食,怀疑媳妇“背后自逼逻东西吃”。而赵五娘却“便埋怨杀了,也不敢分说”。待到真情大白,赵五娘仍然强作欢颜,安慰公婆:“嚼雪餐毡苏卿犹健,餐松食柏到做得神仙侣,纵然吃些何虑?公公,婆婆,别人吃不得,奴家须是吃得。”“爹妈休疑,奴须是你孩儿的糟糠妻室!”这段描写细致地刻画了赵五娘的忘我尽责的牺牲精神,展现了中国平凡妇女高尚的道德风貌。

虽然由于脚色职能决定,剧中对净角扮演的蔡婆描写有点揶揄意味,但高则诚笔下的蔡婆,本质却是善良的。当她发觉自己“原来错埋怨了人”时,便“兀的不痛杀了我”,竟致当场痛心害病而死,使人不免为之深感同情。从逼伯喈赴试到饥荒没了生计,从生离到死别,蔡公也终于醒悟过来。“婆婆,我当初不寻思,教孩儿往皇都。把媳妇闪得苦又孤,把婆婆送入黄泉路,只怨是我相耽误。”“媳妇,你耽饥事公姑。媳妇,你耽饥怎生度?错埋冤你也不肯辞,我如今始信有糟糠妇。……媳妇,你休便为我死的把生的受苦。”蔡公的翻悔,既体现了他的淳厚真诚,也起到揭示本剧否定仕宦道路、批判科举制度主题的作用。剧中张大公对赵五娘的赞美,进一步衬托了勤劳、善良、坚韧、尽责的赵五娘的优秀品格:“这般荒年饥岁,少什么有三五个孩儿的人家,供膳不得爹娘。这个小娘子,真个今人中少有,古人中难得。”它代表了作者、读者与观众对赵五娘的客观评价,也是高则诚在剧首【水调歌头】中标举的“不关风化体,纵好也徒然”的创作理念的体现。高则诚高扬的不是居高临下的中国古代伦理道德,而是普遍的人类美德和人格力量。

“论传奇,乐人易,动人难。”“动人”是高则诚追求的艺术创作的情感境界,在本出中被他发挥到极致。无论剧情关目设置,人物心理刻画,曲白语言运用,处处体现出作者努力在营造“动人”效果。其中历来尤为公认与称道的是本出赵五娘吃糠时所唱的【山坡羊】、【孝顺歌】等曲词。如【山坡羊】二曲,一连串的叠词使用,情文相生,犹似鼓点,点点敲击人心。【孝顺歌】四曲,赵五娘由糠的难咽、遭砻舂,而联想到自己备受生活折磨、颠簸的遭遇;由糠与米的一贵一贱、分扬两处,而想到自己与丈夫分离后的不同际遇;再由糠的不可疗饥,引申到自己一个妇道人家无力供养公婆的艰难处境。千难万难之下,她只好想到一死了之,但想死却又撇不下公婆,只好暂且苟活。触物伤情,情境相融,想象丰富,比喻恰当,赵五娘一腔哀怨被抒写得十分细致、深刻而动人。

王国维在《宋元戏曲考·元南戏之文章》中说:“《拜月亭》南戏,前有所因;至《琵琶》则独铸伟词,其佳处殆兼南北之胜。今录其《吃糠》一节,可窥其一斑。”可见其对本出文学成就的看重。他又说:"此一出实为一篇之警策,竹垞(朱彝尊)《静志居诗话》,谓闻则诚填词,夜案烧双烛,填至《吃糠》一出,句云'糠和米本一处飞',双烛花交为一。吴舒凫《长生殿传奇序》,亦谓则诚居栎社沈氏楼,清夜案歌,几上蜡烛二枚,光交为一,因名其楼曰瑞光。此事固属附会,可知自昔皆以此出为神来之作。此种笔墨,明以后人全无能为役。"双烛交辉固然是附会传说,但《吃糠》一出的艺术成就,却是为人们所公认。(孙崇涛　李季箴)

琵　琶　记　　高　明

第二十四出　五娘剪发卖发

(旦上唱)

【金珑璁】饥荒先自窘,那堪连丧双亲,身独自怎支分[①]?衣衫都典尽,首饰并没分文,无计策剪香云。

(白)〔蝶恋花〕万苦千辛难摆拨,力尽心穷,两泪空流血。裙布钗荆今已竭,萱花椿树连摧折。　金剪盈盈明素雪,空照乌云,远映愁眉月。一片孝心难尽说,一齐分付青丝发。　奴家在先婆婆没了,却是张大公周济。如今公公又亡过了,无钱资送,难再去求张大公,寻思起没奈何,只得剪下青丝细发,卖几贯钱为送终之用。虽然这头发值不得惹多钱,也只把做些意儿,一似教化一般。正是:不幸丧双亲,求人不可频。聊将青鬓发,断送白头人[②]。

(旦唱)

【香罗带】一从鸾凤分,谁梳鬓云?妆台不临生暗尘。那更钗梳首饰典无存也,头发,是我耽阁你,度青春。如今又剪你资送老亲。剪发伤情也,只怨着结发的薄幸人。(剪又放介)(唱)

【前腔】思量薄幸人,辜奴此身,欲剪未剪教我珠泪零。我当初早披剃入空门也,做个尼姑去,今日免艰辛。只一件,只有我的头发恁的,少什么嫁人的,珠围翠簇兰麝熏。呀!似这般光景,我的身死骨自无埋处,说什么头发愚妇人!(介)

【前腔】堪怜愚妇人,单身又贫。我待不剪你头发卖呵,开口告人羞怎忍。我待剪呵,金刀下处应心疼也。休休,却将堆鸦髻舞鸾鬓,与乌鸟报答白发的亲。教人道雾鬓云鬟女,断送他霜鬟雪鬓人。(剪介)(哭唱)

【临江仙】连丧双亲无计策，只得剪下香云，非奴苦要孝名传。正是上山擒虎易，开口告人难。

(白)头发既已剪下，免不得将去街上货卖。穿长街，抹短巷，叫几声卖头发咱。(叫介)(唱)

【梅花塘】卖头发，买的休论价。念我受饥荒，囊箧无些个。丈夫出去，那更连丧了公婆，没奈何，只得卖头发资送他。

(白)怎的都没人问买？(介)(唱)

【香柳娘】看青丝细发，剪来堪爱，如何卖也没人买？若论这饥荒死丧，怎教我女裙钗，当得这狼狈？况我连朝受馁，我的脚儿怎抬？其实难挨。(倒介)(再起唱)

【前腔】望前街后街，并无人在。我待再叫呵，咽喉气噎，无如之奈。苦！我如今便死，暴露我尸骸，谁人与遮盖？天天！我到底也只是个死。待我将头发去卖，卖了把公婆葬埋，奴便死何害？

(末上)(白)慈悲胜念千声佛，造恶徒烧万炷香。呀！兀的不是蔡小娘子？缘何倒在街上？(旦)公公，救我则个！(末扶介)小娘子，你手里拿着头发做什么？(旦)奴家公公没了，将这头发资送他。(末哭介)原来你公公也死了，你怎的不来和我商量？把这头发剪下做什么？(旦)奴家多番来定害公公了③，不敢来相恼。(末)说那里话！(唱)

【前曲】你儿夫曾付托，我怎生违背？你无钱使用，我须当代④。交你把头发剪了，又跌倒在长街，都缘是我之罪。(合)叹一家破坏，否极何时泰来？各出着泪。(旦唱)

【前腔】谢公公可怜，把钱相贷，我公婆在地下相感戴。只恐奴此身，死也没人埋，公公，谁还你恩债？(合前)

(末白)小娘子，你先到家，我便令小二送些布帛钱米之类与你。

(旦)公公收了这头发。(末)我要这头发做什么？

(旦)谢得公公救妾身，　(末)你儿夫曾托我亲邻。

(合)正是：从空伸出拿云手，　提起天罗地网人。(并下)

〔注〕 ① 支分：应付。 ② 断送：送，此指葬送。 ③ 定害：烦扰。 ④ 代：此为“贷”字省写。下文“把钱相贷”可证。

蔡公蔡婆相继去世，赵五娘为安葬公婆，剪发卖发。《五娘剪发卖发》是《琵琶记》精心设置的戏剧情节。作品于女主人公生活处于绝境，连安葬公婆也无计可施的时刻，设置这个关目，细致描写了赵五娘的悲苦、焦虑、怨怼但仍不丧失善良与责任感的曲折而复杂的内心世界，使女主人公的形象更加丰满动人。全出由五娘剪发、卖发和太公救助三个基本段落构成，结构并不复杂，但构思精巧，寓意深刻，是《琵琶记》的名段之一。

赵五娘上场唱引子【金珑璁】后，自白〔蝶恋花〕词调。首句“万苦千辛难摆拨，力尽心穷，两泪空流血”。古人常以“泣血”一词来表达痛苦流泪。泪凝如血！这里一个鲜红的“血”字，具有强烈的视觉冲击力，以猩红点染情绪色调，起着营造本出悲剧氛围的作用。“饥荒先自窘，那堪连丧双亲。身独自怎支分？衣衫都典尽，首饰并没分文，无计策剪香云。”古人认为，身体发肤受之父母，毁之就是不孝；赵五娘剪发、卖发，实在是出之于万般无奈。她在生活处于穷途末路之际，置个人生死、毁誉于度外，考虑的只是亡故的公婆和一去不回头的丈夫，因为她需要对两者都有个“了断”。“一片孝心难尽说，一齐分付青丝发。”这里可以见出赵五娘的善良、执著和真诚。

赵五娘剪发时，凝聚着她极其复杂的情感。先是她见发生情：“头发，是我耽阁你，度青春。如今又剪你，资送老亲。”在饥荒岁月，在公婆双双亡故，丈夫一去杳无音信，自己茕茕孑立，妆台生尘，首饰尽皆典卖，青春不再靓丽的时刻，她还要剪去自己一头青发，卖钱“断送白发人”，这是多么孤独、凄惨的人生！“剪发伤情也，只怨着结发的薄幸人”，赵五娘归结身世遭遇，自然会埋怨起弃她而去的“结发人”蔡伯喈。这里，由见发到生情、再到怨人，整个过程，自然、恰当而贴切。次写赵五娘剪发时的矛盾心理：“思量薄幸人，辜奴此身，欲剪未剪教我珠泪零”，“我待不剪你头发卖呵，开口告人羞怎忍。我待剪呵，金刀下处应心疼也。”两次欲剪又止，表达了她内心的犹豫与痛苦。最后写她剪发的决心：“休休，却将堆鸦髻舞鸾鬓，与乌鸟报答白发的亲。”当赵五娘想到自己目前处境之难与责任之重时，她感到即使有再大的痛苦、再深的委屈也得忍受：“连丧双亲无计策，只得剪下香云去，非奴苦要孝名传。正是上山擒虎易，开口告人难。”整个剪发过程，被写得委婉曲折，层层递进，成为刻画赵五娘内心世界的一段绝妙文字。诚如明人李卓吾所评：“如《剪发》这样题目，真是无中生有，妙绝千古，故做出多少好文字来。有好题目自有好文字也。”（《李卓吾先生批评琵琶记》）

卖发与救助两个段落，由于已有前头剪发的情节与人物情感铺垫，就可以顺流而下，比较容易地铺陈关目，直书其事。但值得注意的是，作品在写赵五娘卖发与被救两个关目时，仍然紧扣主人公悲苦命运的主线，始终贯穿着全出的悲剧情感主调。“卖头发，买的休论价。念我受饥荒，囊箧无些个。丈夫出去，那更连丧了公婆，没奈何，只得卖头发资送他。”“看青丝细发，剪来堪爱，如何卖也没人买？若论这饥荒死丧，怎教我女裙钗，当得这狼狈？况我连朝受馁，我的脚儿怎抬？其实难捱。”“望前街后街，并无人在。我待叫呵，咽喉气噎，无如之奈。苦！我如今便死，暴露我尸骸，谁人与遮盖？天天！我到底也只是个死。待我将头发去卖，卖了把公婆葬埋，奴便死何害？”【梅花塘】、【香柳娘】这些朴素无华的唱词，既是赵五娘卖发时狼狈叫卖，哀求买主，无人理睬，直至体虚倒地的情景交代，又是赵五娘无奈、矛盾、悲哀及她情愿舍身为人的种种复杂的内心自白。“戏剧之道，出之贵实，而用之贵虚”（明王骥德《曲律》）。情因境生，情随事出，情境交融，情事相生。这是戏曲艺术家们追求的目标，也正是包括这出“剪发卖发”在内的《琵琶记》的魅力所在。

蔡婆亡过，蔡家全赖张大公周济。如今公公去世，赵五娘思量，饥荒年月“多番来定害公公了”，“难再去求张大公”，只好隐忍沿街叫卖头发，直至饥馁难捱，昏倒在长街上被张大公救起。张大公见状，对赵五娘道：“原来你公公也死了，你怎的不来和我商量？”还说赵五娘的卖发遭遇“都缘是我之罪”。并赶紧交代五娘：“你先到家，我便令小二送些布帛钱米之类与你。”五娘要将自己剪下的头发送给大公作为回报，大公当即责问道：“我要这头发做什么？”张大公急公好义的品格，他的古道热肠、助人为乐的性格，跃然纸上。前人曾言《琵琶记》都在性情上着功夫。《琵琶记》所以感人，也在于它很善于运用细节来刻画人物的真性情，使读者、观众为之产生情感共鸣，从而加深对剧中人物的认识和理解。上述张大公救助赵五娘的细节描写，正是这方面的典型例子。

全出从见发、叹发、剪发，到埋怨结发（蔡伯喈）、哀怜白发（公婆）、悲叹青发“雾鬓云鬟女”断送白发“霜鬓雪鬓人”，再到哭发、卖发，至最后送发、拒发，始终都着眼于一个“发”字，而且层层相扣，件件生发，过渡自然，一气呵成。由此可见作品构思的精巧、独到与作者驾驭语言的高度才能、技巧。（孙崇涛）

琵　琶　记　　　高　明

第二十六出　五娘葬公婆

（旦上唱）

【挂真儿】四顾青山静悄悄，思量起暗里魂消。黄土伤心，丹枫染泪，谩把孤坟自造。

(白)〔菩萨蛮〕白杨萧瑟悲风起，天寒日淡空山里。虎啸与猿啼，愁人添惨凄。　穷泉深杳杳，长夜何由晓[①]。洒泪泣双亲，双亲闻不闻？　奴家自丧了公婆，谁相扶助？到如今免不得造一所坟，把公婆葬了。又无钱雇人，又无人得央靠，只得独自搬泥运土。(罗裙包土介)(唱)

【五更转】把土泥独抱，罗裙裹来难打熬。空山静寂无人吊，但我情真实切，到此不惮劳。苦！何曾见葬亲儿不到？又道是三匝围丧[②]，那些个卜其宅兆[③]？思量起，是老亲合颠倒[④]。公公，你图他折桂看花早，不道自把一身，送在白杨衰草。谩自苦，(介)这苦凭谁告？(介)

【前腔】我只凭十爪，如何能勾坟土高？(介)只见鲜血淋漓湿衣袄，苦！我形衰力倦，死也只这遭。休休！骨头葬处任他流血好，此唤作骨血之亲，也教人称道。教人道：赵五娘亲行孝。苦！心穷力尽形枯槁，只有这鲜血，到如今也出了。这坟成后，只怕我的身难保。

(白)呀，使得我力都乏了，免不得就此歇息，睡一觉则个。(唱)

【卜算先】坟土未曾高，筋力还先倦。(睡介)(外扮山神上唱)

【粉蝶儿】赵女堪悲，天教小神相济。

(白)善哉！善哉！小神乃当山土地。昨奉玉帝敕旨：为赵五娘行孝，特令差拨阴兵，与他并力筑造坟台，免不得叫出南山白猿使者、黑虎将军，交他向前则个。猿虎二将何在？疾速过来！(丑扮猿、净扮虎上介)(外)唯，吾奉上帝敕旨：为赵五娘行孝，交与他添力，筑造坟台。汝等可变化人形，与他摄化土石，便成坟冢。(净、丑)领神旨。(外)唯，不得惊动孝妇！(净、丑做坟介)告大圣：坟台已成了。(外)赵五娘，略抬起头来，听我嘱付。(外唱)

【好姐姐】五娘听分付与：吾特奉玉皇敕旨，怜伊孝心故遣我来助你。(净、丑合唱)坟成矣，葬了二亲寻夫婿，改换衣装往帝畿[⑤]。

(外白)赵五娘，你理会得？正是：大抵乾坤都一照，(合)免教人在暗中行。(外、净、丑并下)(旦醒来介)(唱)

【卜算后】梦里分明有鬼神，想是天怜念。

(白)怪哉！我睡间恍惚之中，似梦非梦，闻人有祝付之语：道坟成了，教去京畿寻取丈夫。但我全凭独自一身，几时能勾得坟成？(介)呀，怎地这坟台都成了？谢天地，分明是神通变化。(唱)

【五更转】怨苦知多少？两三人只道同做饿莩。公公，婆婆，我待不葬了你，又不了；待葬了你，穷泉一闭无日晓，叹从今永别，再无由相倚靠。我死和你做一处埋呵，也得相伏事。只愁我死在他途道，我的骨头，何由来到？从今去，这坟呵，只愿得中干燥，福孙荫子也都难料；便荫得个三公，也济不得亲老。泪暗滴，把苍天祷。(末同丑带锄器上)(唱)

【铧锹儿】悲风四起吹松柏，山云惨淡日无色。猿啼与虎啸，怎不惨戚！趱步行来到峭壁，都与孝妇添助力。

(末白)自家是蔡员外的邻家张大公的便是。只为他两个老的死了，亏杀他那媳妇赵五娘子，把罗裙包土，筑造坟台。但人家里造一所坟，不着千百工造不成。他独自一个女流，如何成得此事？免不得带将小二，与他添助力气则个。呀！好怪么，如何坟都成了。只见：松柏森森绕四围，孤坟新土掩泉扉。娘子，你空山独自无人问，为筑坟台有阿谁？(旦)梦里有神真怪异，阴兵运土与搬泥。筑成坟了亲分付，教寻取儿夫往帝畿。(丑)公公，自古流传多有此，毕竟感格上天知。长城哭倒称姜女，娘子，他日芳名一处题。(合)正是：善恶到头终有报，只争来速与来迟。(旦唱)

【好姐姐】念奴流血满指，奈独自要坟成无计，深感老天暗中相护持。(合)坟成矣，葬了二亲寻夫婿，改换衣装往帝畿。(末唱)

【前腔】我每方将小二，待欲与你添助些力气，谁知有神暗中相救济。(合前)(丑唱)

【前腔】你每真个见鬼，这松柏孤坟在何处？恰才小鬼是我妆做的。(合前)

(末白)娘子，你孝心感格动阴兵，(旦)不是阴兵坟怎成？

(丑)万事劝人休碌碌，(合)举头三尺有神明。(并下)

〔注〕①长夜：谓人死以后，埋于地下。永处黑暗之中，如漫漫长夜。　②三匝围丧：温

州风俗，棺材出门，家族携手围绕棺木，称为"围丧"。三匝，三圈，三层，言人之多。③宅兆：宅，阴宅，即墓穴，坟冢的内部；兆，即茔域，墓地环境。④颠倒：命运乖蹇。⑤帝畿：即京畿，国都附近的地区，此代指京城。

如果说第二十出《五娘吃糠》、第二十四出《五娘剪发卖发》均重在以典型事件为切入点，基于外在、内在的戏剧冲突，通过赵五娘的思想、言行，浓墨重彩地刻画女主人公极端痛苦、悲怨的心理和感情，把《琵琶记》戏剧情节推向高潮，那么《五娘葬公婆》一出，则是作者对赵五娘罗裙包土，筑造坟台这一情节的近乎诗意的抒写。在这一出，剧情撼人心魄，场面鲜血淋漓，描写情景交融，气氛萧肃寥落，作品营造的舞台情绪，点染了主角赵五娘形象的悲剧色彩，也深深地震撼着读者与观众的情感。

"四顾青山静悄悄，思量起暗里魂消。"郭外青山，四下肃然。俯仰之间，"黄土伤心，丹枫染泪"。在这样的氛围里，女主人公赵五娘出场，"谩把孤坟自造"。"白杨萧瑟悲风起，天寒日淡空山里。虎啸与猿啼，愁人添惨凄。"正如陶潜诗中所写："荒草何茫茫，白杨亦萧萧。"（《挽歌诗》）也如范仲淹文中所记："薄暮冥冥，虎啸猿啼，……满目萧然，感极而悲者矣。"（《岳阳楼记》）作者同样取用了白杨萧瑟、薄暮悲风、虎啸猿啼等这些习用意象，状写赵五娘在独力筑坟情景中的恐怖、凄凉和无助。"奴家自丧了公婆，谁相扶助？"作品直白地道出赵五娘情感上的无依无靠："又无钱雇人，又无人得央靠，只得独自搬运泥土。""我只凭十爪，如何能勾坟土高？""只见鲜血淋漓湿衣袄。"赵五娘的脆弱与坚忍，孤苦与自强，在这里又一次达成默契。赵五娘梦境中遇鬼神，"深感老天暗中相护持"。玉帝敕旨："赵女堪悲，天教小神相济。"帮助赵五娘行孝，完成筑造坟台。这些超现实的情节构想，不要理解为是作品在宣扬怪力乱神，真的要人们去相信神鬼力量，或者是作者处理关目的落入窠臼，实际更重要的是作者着意在表现赵五娘那种感天地、泣鬼神的人格力量，是作者有意而为的一种浪漫想象。正如剧中小二所说："自古流传多有此，毕竟感格上天知。"所谓"精诚所至，金石为开"，作者想要表达的正是这层意思。

本出戏剧结构，可分作三个部分，第一部分写开场旦扮赵五娘上场及她筑坟时的情景交融的场面；第二部分写赵五娘的梦境：外扮山神，净扮猿，丑扮虎，筑成坟台；第三部分，写末扮张大公，丑扮小二赶来协助旦扮赵五娘的情景。在赵五娘梦境前，【卜算先】的两句唱词"坟土未曾高，筋力还先倦"，为第一部分的尾声。梦境之后，【卜算后】的两句旦唱唱词"梦里分明有鬼神，想是天怜念"，是第三部分的引子，引起下文。三段戏剧情节，分别以三首引子（【挂真儿】、【粉蝶儿】、【卜算后】)开首，首段借【卜算先】作尾声，整出戏的音乐结构十分清楚分明，与剧情段落层次紧密相配。

这一出也是《琵琶记》全剧承前启后的关节，承起全剧蔡伯喈、赵五娘两条情节线索。第二十出《五娘吃糠》中蔡婆因错怨赵五娘，“痛杀”亡故。第二十四出《五娘剪发卖发》中又经由赵五娘之口，道出“奴家公公没了”，本出起首赵五娘道白：“到如今免不得造一所坟，把公婆葬了。”很好地衔接、照应了上文。此外，第二十五出《拐儿脱骗》中，在父母双亡后，拐儿假写平安家信，交与蔡伯喈，蔡伯喈也托拐儿寄书陈留，然后接续本出《五娘葬公婆》。前后戏剧结构紧凑而曲尽波折。

最后还需特别说明的一点，是本出结尾丑扮小二唱词中说：“你每真个见鬼，这松柏孤坟在何处？恰才小鬼是我妆做的。”宋元南戏演出，有生、旦、净、末、丑、外、贴七种脚色，采用演员一人一脚承包制，即凡同一脚色的剧中所有人物，均由一个演员承担表演。本出中，丑脚前扮猿猴小鬼，后改扮小二，所以他才说“恰才小鬼是我妆做的”。这里既是追求舞台喜剧效果的脚色插科打诨，也是南戏演出脚色编配情形的真实反映。在五娘筑坟这种大苦大悲的情节结尾，穿插丑脚人物的游戏态度，目的还在于调节、舒缓观众压抑太久的精神状态，以实现“乐而不淫，哀而不伤”的审美效果，这也是中国戏曲尤其是南戏惯用的一种传统手法。

(孙崇涛　李季箴)

琵　琶　记　　　高　明

第二十七出　伯喈牛小姐赏月

(贴上唱)

【念奴娇】楚天过雨，正波澄木落，秋容光净。谁驾玉轮来海底[①]，碾破琉璃千顷[②]。环珮风清，笙歌露冷，人在清虚境[③]。(净丑合唱)真珠帘卷，小楼无限佳兴。

(白)〔临江仙〕玉作人间秋万顷，银葩点破琉璃。(贴)瑶台风露冷仙衣，天香飘下处，此景有谁知？　(净、丑)未审明年明夜月，此时此景何如？(贴)珠帘高卷醉琼卮。(合)正是：莫辞终夕看，动是隔年期。　(贴)老姥姥，惜春，今夜中秋，月色澄霁，你与我请相公出来，玩赏则个。(丑)请请，夫人请相公玩月。(生房内应)我睡了，不来。(净)你可知道不请得相公出来，你甚么脸儿了，相公见了好？我去请。(介)(生上唱)

【生查子】逢人曾寄书，书去神亦去。今夜好清光，可惜人千里。

(贴白)相公，今夜中秋，月色可爱。我请你玩赏一番，你没事，推阻做什么？(生)月有甚好处？(贴)怎地不好！你看：〔酹江月〕玉楼绛气，卷霞绡云浪，寒光澄澈。丹桂飘香清思爽，人在瑶台银阙。(生)影透空帏，光窥罗帐，露冷蛩声切。关山今夜，照人几处离别？ (净)须信离合悲欢，还如玉兔，有阴晴圆缺。便做人生长宴会，几见冰轮皎洁？(丑)此夜明多，隔年期远，莫放金樽歇。(合)但愿人长久，年年同赏明月。(贴唱)

【本序】长空万里，见婵娟可爱，全无一点纤凝。十二栏杆光满处，凉浸珠箔银屏。偏称，身在瑶台，笑斟玉斝[4]，人生几见此佳景？(合)惟愿取，年年此夜，人月双清。(生唱)

【前腔换头】孤影，南枝乍冷[5]。见乌鹊缥缈，惊飞栖止不定。万点苍山何处是，修竹吾庐三径[6]？追省，丹桂曾扳，嫦娥相爱，故人千里谩同情。(合前)(贴唱)

【前腔换头】光莹，我欲吹断玉箫，骖鸾归去，不知风露冷瑶京？环珮湿，似月下归来飞琼[7]。那更，香鬓云鬟，清辉玉臂，广寒仙子也堪并[8]。(合前)(生唱)

【前腔换头】愁听，吹笛《关山》[9]，敲砧门巷，月中都是断肠声。人去远，几见明月亏盈。惟应，边塞征人，深闺思妇，怪他偏向别离明。(合前)(净、丑合唱)

【古轮台】峭寒生，鸳甃瓦冷玉壶冰。阑干露湿人犹凭，贪看玉镜。况万里清冥，皓彩十分端正。三五良宵，此时独胜。(丑)把清光都付与酒杯倾，从教酩酊，拚夜深沉醉还醒。酒阑绮席，漏催银箭，香消金鼎。斗转与参横，银河耿，辘轳声已断金井。(净唱)

【前腔换头】闲评，月有圆缺与阴晴，人世有离合悲欢，从来不定。深院闲庭，处处清光相映。也有得意人人，两情畅咏；也有独守长门伴孤冷[10]，君恩不幸。(丑)有广寒仙子娉婷，孤眠长夜，如何捱得，更阑寂静？此事果无凭，但愿人长永，小楼看

月共同登。(合)

【余文】声哀诉促织鸣,(贴)俺这里欢娱未听。(生)却笑他几处寒衣织未成。

(贴白)今宵明月最团圆。(生)几处凄凉几处喧。

(合)但愿人生得长久,年年千里共婵娟。(并下)

〔注〕 ① 玉轮:与下文银葩、冰轮、玉镜等同指月。 ② 琉璃:指水。 ③ 清虚境:指仙境。下文的瑶台银阙也是指仙境。 ④ 斝(jiǎ):古代酒器,圆口,三足。 ⑤ 南枝:《古诗十九首》有"胡马依北风,越鸟栖南枝"句,这里引古诗有怀乡之思。 ⑥ 吾庐三径:吾庐,用晋陶渊明《读山海经》"吾亦爱吾庐"诗意,三径,用东汉赵岐《三辅决录》所记蒋诩逃名归里,"荆棘塞门,舍中有三径,不出,唯求仲、羊仲从之游"的典故。晋陶渊明《归去来辞》:"三径就荒,松菊犹存。" ⑦ 飞琼:许飞琼,传说中的仙女名。据说唐代进士许瀍梦入瑶台,曾与她相见。 ⑧ 广寒:广寒宫,即月宫。 ⑨ 关山:即笛曲《关山月》。 ⑩ 长门:汉长门宫,汉武帝陈皇后失宠后居此。相传她听说司马相如辞赋甚美,乃请其为作《长门赋》,令武帝感悟,遂又得幸。

《琵琶记》剧情采用双线交叉展开描写。其一是《蔡公逼伯喈赴试》、《五娘吃糠》、《五娘剪发卖发》、《五娘葬公婆》等出构成的陈留蔡家一线;其二是《伯喈辞官辞婚不准》、《伯喈牛小姐赏月》等出构成的京都一线。赵五娘在家乡苦度饥荒,悬望夫君,度日如年;蔡伯喈在京都羁留宦途,身不自主,忧心如焚。两条线索交叉递现,相互映衬,合奏出男女主人公蔡伯喈、赵五娘人生命运的交响曲。《伯喈牛小姐赏月》与《五娘葬公婆》一样,它们分别是上述两条剧情线索发展的重要情节,是承上启下的关节。本出通过中秋赏月,渲染了蔡伯喈无法排解的内心苦闷,婉转传达出他与牛小姐间的情感隔膜。它与第二十一出《伯喈弹琴诉怨》、第二十三出《伯喈思家》等出,浓墨重彩地描写了蔡伯喈的痛苦、矛盾、徘徊,与吃糠、卖发、筑坟等描写赵五娘的含辛茹苦的场出,一起营造了《琵琶记》全剧的浓烈的悲剧气氛。

明月可以寄托深情,圆月就是团圆的象征。月圆、月缺隐喻着悲欢离合。"楚天过雨,正波澄木落,秋容光净。谁驾玉轮来海底?碾破琉璃千顷。环珮风清,笙歌露冷,人在清虚境。"高则诚选择"赏月"这一特定场景,意在明月清辉、赏心乐事的特殊环境里,可以更好挥洒人物此时此刻的个性情绪。

"逢人曾寄书,书去神亦去。今夜好清光,可惜人千里。"蔡伯喈此刻无意赏月,他更加缅念的是家乡的父母妻子。牛小姐见蔡伯喈眼中黯然神伤,问道:"相公,今夜中秋,月色可爱。我请你玩赏一番,你没事,推阻做什么?"蔡伯喈的回答是:"月有甚好处?""影透空帏,光窥罗帐,露冷蛩声切。关山今夜,照人几处离别。"确实,明月带给蔡伯喈的只是感慨多,喜悦少,愁情多,欢颜少。皎皎月光照人,往往会勾起人的悲伤。“明月何皎皎,照我罗床帏。忧愁不能寐,揽衣起徘徊。客行虽云乐,不如早旋归。出户独彷徨,愁思当告谁?引领还入房,泪下沾裳衣。”(《古诗十九首·明月何皎皎》)有人说这首诗写的是久客游子,也有人说写的是闺中思妇,而借它来形容蔡伯喈此刻的心境,则最熨帖不过。

本出用【本序】(念奴娇序)和三支【前腔换头】四曲唱词,对比了蔡伯喈、牛小姐在赏月时迥然不同的心境,展示他们情感的隔膜。牛小姐见月、赏月时的心境是:“长空万里,见婵娟可爱,全无一点纤凝。十二栏杆光满处,凉浸珠箔银屏。偏称,身在瑶台,笑斟玉斝,人生几见此佳景?”“光莹,我欲吹断玉箫,骖鸾归去,不知风露冷瑶京?环佩湿,似月下归来飞琼。那更,香鬟云鬓,清辉玉臂,广寒仙子也堪并。”月亮明净可爱,令她心旷神怡,翩翩欲仙。而蔡伯喈见月时的联想,则是:“孤影,南枝乍冷。见乌鹊缥缈,惊飞栖止不定。万点苍山何处是,修竹吾庐三径?追省,丹桂曾扳,嫦娥相爱,故人千里谩同情。”“愁听,吹笛关山,敲砧门巷,月中都是断肠声。人去远,几见明月亏盈?惟应,边塞征人,深闺思妇,怪他偏向别离明。”冷月孤影,乌鹊惊飞,关山失色,哀笛愁听,砧声断肠,月亏人离,……好一派凄凉的情景!同样的月亮,在两人心目中竟是如此的不同。正如清代戏曲理论家李渔所说:“同一月也,牛氏有牛氏之月,伯喈有伯喈之月。所言者月,所寓者心。出于牛氏之口者,言言欢悦;出于伯喈之口者,字字凄凉。一座两情,两情一事。”(《闲情偶记·结构第一》)这里,用“各有各的月”的写法,让自然景色涂上生命色彩,使景物描写与人的心态刻画融为一体,是相当成功的描写。它也是本出一向为人们交口称赞的主要特色。 (孙崇涛 李季箴)

琵琶记 高明

第二十八出 五娘寻夫上路

(旦上唱)

【胡捣练】辞别去,到荒丘,只愁出路煞生受。画取真容聊藉手,逢人将此免哀求。

(白)鬼神之道,虽则难明;感应之理,不可不信。奴家昨日,独自在山筑坟,正睡间,忽梦中有神人自称当山土地,带领阴兵,与奴家助力;却又祝付,教奴家改换衣装,去长安寻取丈夫。待觉来果见坟台并已完备,分明是神道护持。正是:能可信其有,不可信其无。今则二亲既已葬了,只得改换衣装,将着琵琶做行头,沿街上弹几只劝行孝的曲儿,教化将去。只是一件,我几年间和公婆厮守,一旦撇了去，如何下得？奴家从来薄晓得些丹青，何似想象画取公婆两个真容，背着一路去，也似相亲傍的一般。但过小祥忌辰[1]，展开与他烧些香纸，奠些凉浆水饭，也是奴家心素。（介）免不得就此描模真容则个。（唱）

【三仙桥】一从他每死后，要相逢不能勾。除非梦里，暂时略聚首。若要描，描不就，暗想象，教我未写先泪流。写，写不得他苦心头；描，描不出他饥证候；画，画不出他望孩儿的睁睁两眸。只画得他发飕飕，和那衣衫敝垢。休休，若画做好容颜，须不是赵五娘的姑舅。

【前腔】我待画你个庞儿带厚，你可又饥荒消瘦。我待画你个庞儿展舒，你自来长恁皱。若写出来真是丑，那更我心忧，也做不出他欢容笑口。不是我不画着好的，我从嫁来他家，只见两月稍优游，他其余都是愁。那两月稍优游，可又忘了。这三四年间，我只记得他形衰貌朽。这画呵，便做他孩儿收，也认不得是当初父母。休休，纵认不得是蔡伯喈当初爹娘，须认得是赵五娘近日来的姑舅。

（白）真容已描就了，只就这里烧香纸，奠些水饭，拜辞了二亲出去。（唱）

【前腔】公公，婆婆，非是我寻夫远游，只怕你公婆绝后。奴见夫便回，此行安敢久。苦！路途中奴怎走？望公婆相保佑，我出外州。（介）苦！他骨肉自没人倚恃，他如何来相保佑？这坟呵，只怕奴家去后，冷清清有谁来拜扫？纵使遇春秋[2]，一陌银钱怎有？休休，生是受冻馁的公婆，死做个绝祭祀的孤魂么姑舅。

（白）既辞了二亲，拜了真容，便索去辞张大公。如何的张大公恰好也来到？（末上）（白）衰柳寒蝉不可闻，西风败叶正纷纷。长安古道休回首，西出阳关无故人。（旦）奴家正要到宅上来。（末）如今便去那？（旦）奴家便行。（末）你画的是什么？（旦）奴家自画着公婆真容，一路上将去借手教化，早晚与他烧香化纸。（末看介）〔鹧鸪天〕娘子，死别多应梦里逢，谩劳孝妇写遗踪。可怜不得图家庆，辜负丹青泣画工。　衣破损，鬓蓬松，千愁万恨在眉峰。蔡郎不识年来面，赵女空描别后容。 我听得你远行，有几贯钱与你添做盘缠。(旦)多多的定害公公了，又教公公生受做什么？只一件，奴家又有不识进退之恳：奴家去后，坟所早晚，公公可怜见，看这两个老亲在日的面，与我看管则个。(末)这个不妨。你去自去，我更有几句言语祝付你：小娘子，你少长闺房，岂识途路？你当原蔡郎未别去时节，你青春娇媚；你如今遭这饥年荒岁，貌短身卑。正是：桃花一岁岁相似，人面一年年不同。蔡郎当初临别之时，可不道来：若有寸进，即便回来。如今年荒亲死，一竟不归，你知他心腹事如何？正是：画虎画皮难画骨，知人知面不知心。蔡郎原是读书人，一举成名天下闻。久留不知因个甚？年荒亲死不回门。小娘子，你去京城须子细，逢人下礼问虚真。见郎谩说千般苦，只把琵琶语句诉原因。未可便说是他妻子，未可便说死双亲。若得蔡郎思故旧，可怜张老一亲邻。我已如今七十岁，比你公婆少一旬。你去时犹有张老送，你回来未知张老死和存。我送你去呵，正是和泪眼观和泪眼，断肠人送断肠人。(旦唱)

【忆多娇】他魂渺漠，我身没倚着。程途万里，教我怀夜壑[3]。此去孤坟，望公公看着。(合)举目消索，满眼盈盈泪落。(末唱)

【前腔】承委托，当领略。孤坟我自看守，决不爽约。只愿你途中身安乐。(合前)(旦唱)

【斗黑麻】奴深谢公公，便辱许诺。从来的深恩，怎敢忘却！只怕途路远，体怯弱。病染孤身，力衰倦脚。(合)孤坟寂寞，路途滋味恶。两处堪悲，万愁怎摸[4]？(末唱)

【前腔】伊夫婿多应是，贵官显爵。伊家去，须当审个好恶。只怕你这般乔打扮，他怎知觉？一贵一贫，怕他将错就错。(合前)

(旦白)为寻夫婿别孤坟，(末)只怕你儿夫不认真。

(合)流泪眼观流泪眼，断肠人送断肠人。(并下)

〔注〕 ① 小祥：祭名。死后一周年之祭。 ② 春秋：《孝经·丧亲章》："春秋祭祀以时思之。"注："寒暑变异，益用增感。以时祭祀，展其孝思也。"所以祭祀父母，在春秋二季。 ③ 夜壑：钱南扬《元本琵琶记校注》疑当作"幽壑"，"幽"、"夜"意近，即坟墓。 ④ 摸：同"摹"。描摹，摹写。

《五娘寻夫上路》一出，包含五娘描容和大公送别两个主要情节。赵五娘埋葬公婆之后，遵照梦中鬼神祝付，决定到京城寻找丈夫蔡伯喈。临行之前，赵五娘惦念曾经与她艰难厮守的公婆，描画两位老人生前真容，带在身边，好与自己一路作陪。其中"描容"一段文字，生动传神，脍炙人口。它和"吃糠"、"剪发卖发"、"罗裙包土筑坟台"一样，都是作者精心设置的一个"事象"。作品以此"事象"入手，借"事"传情，以"象"取神，描摹出蔡家人亡业败的悲惨遭遇和女主人公的凄凉苦楚，堪称妙绝。

赵五娘、蔡伯喈新婚两月即告分离，之后三四年间，都是饥荒岁月，赵五娘含辛茹苦，能聊以慰藉的，是她与公婆间相依为命的朴素情感。而今公婆去世，"要相逢不能勾。除非梦里，暂时略聚首"。落得赵五娘孤身一人，还要离乡背井，远行寻夫，其内心的凄凉程度可想而知。可是此时赵五娘对于和她曾经相濡以沫的亡故公婆仍难于抛舍。"奴家从来薄晓得些丹青，何似想象画取公婆两个真容，背着一路去，也似相亲傍的一般。但过小祥忌辰，展开与他烧些香纸，奠些凉浆水饭，也是奴家心素。"这里，读者、观众可以体味到"人"生命中最深刻的悲意和最真挚的温情往往同时依存，这也是《琵琶记》所写赵五娘这一人物的感人之处。

"若要描，描不就，暗想象，教我未写先泪流。"赵五娘甫一提笔，往事填满心头，悲意无限。"写，写不得他苦心头；描，描不出他饥证候；画，画不出他望孩儿的睁睁两眸。只画得他发飕飕，和那衣衫敝垢。""我待画你个庞儿带厚，你可又饥荒消瘦。我待画你个庞儿展舒，你自来长恁皱。""那更我心忧，也做不出他欢容笑口。""这三四年间，我只记得他形衰貌朽。"这一段曲词，写意传情，淋漓酣畅，借赵五娘给公婆画像时所思所想，写尽了儿子离家之后蔡家双亲数年来历尽的苦难。"苦"、"愁"满面，"饥"容"消瘦"，"睁睁两眸"，白发"飕飕"，"衣衫敝垢"，"形衰貌朽"，……这些既是赵五娘画笔下蔡公、蔡婆生活状况的真实写照，出之赵五娘之口，又是赵五娘本人悲哀、同情、感叹、怅惘等复杂情绪的曲折表露。赵五娘画的不仅仅是她公婆的人物形象，而且还是她个人的一幅"心象"。寓情于境，情境相生，这就是《琵琶记》情节描写与人物塑造的精到之处。

"描容"还极写赵五娘画像时的矛盾、复杂的心理。"若画做好容颜，须不是赵五娘的姑舅。""这画呵，便做他孩儿收，也认不得是当初父母。休休，纵认不得是蔡伯喈当初爹娘，须认得是赵五娘近日来的姑舅。"公婆容颜画得好与不好、像与不像，都使赵五娘左右为难。明人王世贞曾评价这段文字说："苦口苦心，凭三寸笔尖，写来自是碎人心肠。予尝闷坐斋头，极想此二句，欲翻案作数语，毕竟他情到词到，不容人再着笔。"（天隐阁丛书本《琵琶记》"前贤评语"）

张大公辞送赵五娘一段，重点写了大公对五娘的嘱咐和告诫。大公道："蔡郎原是读书人，一举成名天下闻。久留不知因个甚？年荒亲死不回门。"高中后的蔡伯喈久无音信，此时他与赵五娘的地位悬殊，这些都使张大公变得清醒，感到五娘此番上京寻夫前途叵测。因而他告诫五娘要作好思想准备，面对可能出现的不测："伊夫婿多应是，贵官现爵。伊家去，须当审个好恶。只怕你这般乔打扮，他怎知觉？一贵一贫，怕他将错就错。"嘱咐五娘："你去京城须子细，逢人下礼问虚真。见郎谩说千般苦，只把琵琶语句诉原因。未可便说是他妻子，未可便说死双亲。若得蔡郎思故旧，可怜张老一亲邻。"这与前头"逼试"、"卖发"等出里的张太公，已大不相同。科举制度的弊端，士子一举成名，六亲不认的现实，以及蔡家妻离子散、家破人亡的事实教训，使对蔡伯喈一向充满期望和信心的张大公，此时也不得不另作他想。这里既写出了张大公这个人物前后性格的发展变化，同时也从次要人物的侧面描写起到发挥、深化本剧主题的作用。

李渔《闲情偶记·结构第一》说："（蔡伯喈）身赘相府，享尽荣华，不能自遣一仆，而附家报于路人；赵五娘千里寻夫，只身无伴，未审果能全节与否，其谁证之？"臧懋循《玉茗堂传奇引》道："陈留、洛阳相距不三舍，而动称万里关山；中郎寄书高堂，直为拐儿给误，何缪戾之甚也。"李卓吾评本也对儿子新婚而父母年过八旬，蔡伯喈见拐儿假书竟不辨父亲笔迹等提出质疑。诸如此类批评，还有很多。其实，元代戏剧创作自然洒脱，注重意味而往往不死板刻录生活细节，有时甚至还置"生活逻辑"于不顾。元代杂剧、南戏创作，多用"诗笔"，取重意境。王国维在《宋元戏曲考·元剧之文章》一节中提到："明以后其思想结构，尽有胜于前人者，唯意境则为元人所独擅。"又在同书《元南戏之文章》一节中说："元南戏之佳处，亦一言以蔽之，曰：自然而已矣。申言之，则亦不过一言，曰：有意境而已矣。故元代南北二戏，佳处略同。"高则诚作《琵琶记》亦正如此。作者的主要目的是借题发挥，借蔡、赵故事，营造悲剧"意境"，以诉平生感慨。故其布景写事、状物写人，极言其艰辛，极言其无奈，极言其凄苦，至于是否言过其实、其甚，则不在主要考虑之列。"论传奇，乐人易，动人难"，读者、观众止需取其戏之足以动人可也。

（孙崇涛　李季箴）

琵　琶　记　　高　明

第三十出　牛小姐谏父

（外上唱）

【西地锦】好怪吾家门婿，镇日不展愁眉。教人心下常萦系，也只为着门楣。

(白)入门休问荣枯事,观着容颜便得知。自家招蔡伯喈为婿,可为得人。只一件,自从到此,眉头不展,面带忧容,为着甚么,必有其故。等俺女孩儿出来,问他则个。(贴上唱)

【前腔】只道儿夫何意,如今事理方知。万里家山要同归去,不审爹意何如?

(外白)孩儿,吾老入衣冠[①],自叹吾之皓首;汝声乖琴瑟[②],每为汝而懊怀。夫婿何故忧愁?孩儿必知端的。(贴)告爹爹:他娶妻六十日,即赴科场;别亲三五年,竟无消息。温清之礼既缺,伉俪之情何堪!今欲归故里,辞至尊家尊而同行;待共事高堂,执子道妇道以尽礼。(外)唯,吾乃紫阁名公,汝乃香闺艳质。何必顾彼糟糠妇?岂肯事此田舍翁?彼久别双亲,何不寄一封之音信?汝从来娇眷,安能涉万里之程途?休惑夫言,当从父命。(贴)爹爹,曾观典籍,未闻妇道而不拜姑嫜;试论纲常,岂有子职而不事父母?若重思唱随之义,当同尽定省之仪。彼荆钗布裙,既以独奉亲帏之甘旨;顾金屏绣褥,岂可久恋监宅之欢娱[③]?爹爹高居相位,坐理朝纲。岂可断他人父子之恩,绝他人夫妇之义?使伯喈有贪妻之爱,不顾父母之愆;使孩儿坐违夫之命,不事姑嫜之罪。望爹爹容恕,特赐矜怜。(外)胡说!他既有媳妇在家里了,你去做甚么?(贴唱)

【狮子序】他媳妇,须有之,念奴须是他孩儿的妻。那曾有媳妇不事亲帏?(外)你去有甚么勾当?(贴)若论做媳妇的道理,须当奉饮食,问寒暄,相扶持,蘋蘩中馈[④]。(外)便做有许多勾当,既有媳妇在家里了,他孩儿不去也不妨。(贴)爹爹,正是养儿代老,积谷防饥。

(外)既道是养儿代老,何似当原休教来赴举不好?(贴唱)

【太平歌】他求科举,指望锦衣归,不想道你留他为女婿。(外)有缘千里能相会,须强他不得。(贴)他埋冤洞房花烛夜,那些个千里能相会?只要保全金榜挂名时,事急且相随。

(外)不听我说由他。蔡伯喈自闷,交我如何?(贴唱)

【赏宫花】他终朝惨凄,我如何忍见之?(外)他自伤悲,你须不曾。

(贴)若论为夫妇,须是共欢娱。(外)不妨,他若在这里,教他做个大官人,也由得我。(贴)爹爹,他数载不通鱼雁信,枉了十年身在凤凰池。

(外)你听着丈夫的言语,却不听我说,这妮子好痴迷。(贴唱)

【降黄龙】须知,非是奴痴迷,已嫁从夫,怎违公议?(外)你去不妨,只是我没亲的人,如何放你去得?(贴)爹犹念女,怎教他爹娘不念孩儿?(外)不是我不放你去,既道有媳妇在家里,你去时节,只恐怕担阁了你。(贴)休提,纵把奴担阁,比担阁他的爹娘何如?(外)恁地,教伯喈自去便了。(贴)爹爹,那些个,夫唱妇随,嫁鸡逐鸡飞?

(外)孩儿,他是贫贱之家,你如何伏事他家?(贴唱)

【大圣乐】婚姻事难论高低,论高低何如休嫁与。假如亲贱孩儿贵,终不然便抛弃?(外)他的孩儿撇不得,你怕甚么?(贴)奴是他亲生儿子亲媳妇,难道他是何人我是谁?(外)你怎地只管把言语来冲撞我?(贴)爹居相位,怎说着伤风败俗非理的言语?

(外怒白)这妮子无礼!到将言语来挺撞我。我的言语不中听?孩儿,夫言中听我言违,料想孩儿见识迷。本是将心托明月,谁知明月照沟渠!(外先下)(贴白)酒逢知己千钟少,话不投机半句多。我爹好不顾仁义,到说道奴家把言语冲撞他。当原蔡伯喈教我休说的是,如今何颜见他?免不得在此坐一回,寻思个道理,去回他话咱。(贴介)(生上)(唱)

【称人心】撇呆打堕[5],早被那人瞧破。要同归知爹肯么?料他每不见许。(介)夫人,你缘何独坐?想你爹爹不肯么?伊家道俐齿伶牙,争奈你爹行不可。(贴唱)

【前腔换头】我爹爹全不怕人笑呵,这其间只是见差。祸根芽从此起,灾来怎躲?他只道我从着夫言,骂我不听亲话。(生唱)

【红衫儿】你不信我,教伊休说破,到此如何?算你爹心性,我岂不料过。我为甚胡掩胡遮?只为着这些,你直待要打破了砂锅,是你招灾揽祸。(贴唱)

【前腔换头】不想道相挜把[6]，这做作难禁架。我见你每每咨嗟要调和，谁知道好事多磨？起风波，把你陷在地网天罗，如何不怨我？（介）懊恨只为我一个，却担阁你两下。（生唱）

【醉太平】蹉跎，光阴易谢。纵归来已晚，归计无暇。名牵利锁，奔走在海角天涯。知么？多应我老死在京华，孝情事一笔都勾罢。这般摧锉，伤情万感，泪珠偷堕。（贴唱）

【前腔】非诈，奴甘死也。纵奴不死时，君去须不可。奴身值甚么？只因奴误你一家。差讹，假饶做夫妇也难和，我心怨你心萦挂。奴此身拚舍，成伊孝名，救伊爹妈。

（贴白）相公，妾当初勉奉父命，遣事君子。不想君家有垂白之父母，年少之妻房。致使君家衷肠不满，名行有亏。如今思之：误君之父母者，妾也；误君之妻房者，妾也；使君为不孝薄幸人者，亦妾也。妾之罪大矣！纵偷生于今世，亦公议所不容。昔聂政姊倚死尸以成弟之名，王陵母死伏剑下以全子之节，妾岂爱一身，误君百行。妾当死于地下，以谢君家，小则可以解君之萦挂，大则可以救君之父母，近则可以成孝子之全名，远则可以遗后世之公议，妾死何憾焉？（生）夫人，你知其一，不知其二。身体发肤，受之父母，不敢毁伤；岂可陷亲于不义？那时节人知，只道你从夫言而弃亲命。此事不可。（贴）也说得是。（生）且慢着，怕你爹爹也有回心转意时节。且更宁耐看如何？（贴）他虽不从我，也只索说与他人，难道我不是？

正是：大家截了梧桐树，（合）自有旁人说短长。（并下）

〔注〕 ① 老：历时长久。衣冠：指士大夫阶层。《后汉书·党锢传》："（羊陟）家世衣冠族。" ② 琴瑟：喻夫妻。 ③ 监宅：杜甫有《李监宅》诗。据传李监即李令问，开元中为秘书监。好美服珍馔，以奢侈闻名。后世用"监宅"喻豪门。 ④ 馈：进食于尊长谓"馈"。《颜氏家训》："妇主中馈，唯事酒食衣服之礼。" ⑤ 撒呆打堕：装呆作痴。撒，即装。打，亦谓装。堕，痴呆。 ⑥ 挜把：把持。

第二十九出叙牛小姐盘夫，写她了解到蔡伯喈想念家乡父母妻子的苦衷；接着本出写牛小姐谏父，写牛小姐劝父亲牛太师放她夫妻回归故里，共事高堂。两出戏的重点都在写牛小姐的贤德与大度，是《琵琶记》塑造牛小姐形象的主要场次。牛小姐与牛太师父女虽然不是全剧中的主要脚色，但他们的行为，都关乎男女主人公蔡伯喈与赵五娘的命运。阅读、品赏《琵琶记》，亦需用心解读这两个形象，它有助于我们对《琵琶记》故事背景的理解，更好叩开剧中人物的心扉。

“珠翠丛中长大，倒欣着淡雅梳妆；绮罗阵里生来，却厌他繁华气象。怪听笙歌声韵，惟贪针指功夫。”“决非慕司马的文君，肯学选伯鸾的德耀。更羡他知书知礼，是一个不趋蹡的秀才；若论他有德有行，好一个戴冠儿的君子。”（第三出《牛小姐规劝侍婢》）牛小姐是个典型的封建贵族家庭中的“淑女”，她与《牡丹亭》女主人公杜丽娘有着近似的生活环境，但她没有杜丽娘一样对爱情自由执着、坚定的渴求。她性格内敛，有点像《西厢记》里的崔莺莺：“要知他半点真心，惟有穿琐窗皓月。”然而她知书知礼，深明大义，顾全大体，通情达理，……作者高则诚几乎把所有封建妇女的高尚的道德情操全都加诸她的身上，而这一切又几乎都是通过牛小姐的口头言论加以演绎，因此给人的感觉这个人物未免有点说教和图解概念。尽管如此，《琵琶记》还是写出了牛小姐的善良真诚的品性，写出了她的人格光彩。本出中，她与父亲牛太师鲜明的观念对立，她在怡色柔声谏劝父亲时的言辞锋芒，她在回乡侍亲问题上的据理以争、决不退却的精神等，都较好地表现了这一点。

牛小姐是善良的。她盘夫、谏父，帮助赵五娘与蔡伯喈重逢，陪伴夫婿归乡庐墓三年。在“谏父”一出中，她处处为他人（伯喈、公婆、五娘及父亲）着想，而不考虑个人得失。当她的请求遭到父亲拒绝时，她严词反驳，甚至近乎冲撞：“爹爹高居相位，坐理朝纲。岂可断他人父子之恩，绝他人夫妇之义？使伯喈有贪妻之爱，不顾父母之愆；使孩儿坐违夫之命，不事姑嫜之罪。”“爹犹念女，怎教他爹娘不念孩儿？”“爹居相位，怎说着伤风败俗非理的言语？”话语中显示了她的“人格”原则，展露了她善良、正直、通达的襟怀。

在本出中，牛太师的自私跋扈与牛小姐的善良贤惠，形成鲜明对照。牛太师固执、冷漠，不把别人的悲欢死活放在心上，尽管女儿劝谏句句在理，他都强词夺理，将它一一驳回。他的刚愎自用、专横独断，当然主要决定于他身居“紫阁名公”、一言九鼎的丞相地位和封建家长身份，但也与他的爱女心切不无关系。由于夫人早逝，膝下无男，牛太师自然将女儿视同掌上明珠，事事加以呵护，处处关爱。本出中，他对女儿说：“汝从来娇眷，安能涉万里之程途？”“孩儿，他是贫贱之家，你如何伏事他家？”“不是我不放你去，既道有媳妇在家里，你去时节，只恐怕担阁了你。”“你去不妨。只是我没亲的人，如何放你去得？”句句道出了他的恋女、爱女情结。牛太师的威权包裹不住他的脆弱和悲哀。

王世贞曾道：“《琵琶记》四十二出，各色的人，各色的话头、拳脚、眉眼，各肖其人。好丑浓淡，毫不出入。中间抑扬映带，句白问答，包涵万古之才，太史公全身现出。以当词曲中第一品无愧也。”（天隐阁丛书本《琵琶记》“前贤评语”）所言甚是。蔡公逼试，致令蔡公、蔡婆双亡，五娘历尽艰辛；牛太师逼婚，“可为得人”，然而蔡伯喈从此“眉头不展，面带忧容”；牛小姐的善良，衬托出她情感不能自主的阴郁；爱女心切的牛太师，未能让女儿真心快乐；“一门旌表”的大团圆结局，却照映出蔡家在一束惨淡灯光下的阴影……凡此种种，无不表明高则诚的创作，书写了作者无法释怀的苦闷，客观展示了中国古代科举制度下的“人”的精神世界和生存状态，引发了我们对社会人生的诸多思考。（孙崇涛　李季箴）

【戏曲家小传】

柯丹邱

元代人。年里事迹不详。据张大复《寒山堂曲谱》载，柯丹邱为“吴门学究敬仙(先)书会才人”。一般认为，柯丹邱即是《荆钗记》的作者。但此剧一说是朱权作，另有其他多种说法。《荆钗记》被誉为元代“四大南戏”或“四大传奇”之一。今存多种版本，以明人改本为多见，其中《六十种曲》本较通行。

荆　钗　记

柯丹邱

第六出　议　　亲

（老旦上）

【绕池游】桑榆暮景①，将往事空思省。家贫窘，闷怀耿耿。共姜誓盟②，慕贞洁甘守孤零，喜一子学问有成。

老身柏舟誓守，自甘半世居孀；榆景身安，惟爱一经教子。锥有破茅之地③，仅可容身；囊无挑药之资，旋谋糊口。剪发常思侃母④，断机每念轲亲⑤。正是不求金玉贵，惟愿子孙贤。老身张氏，少适王门⑥，自从丈夫亡后，不幸祖业凋零。止生一子，名十朋，虽喜聪慧，才学有成，奈缘时乖运蹇，功名未遂。今乃大比之年⑦，且训诲一番。十朋那里？

【风入松】（生上）青霄万里未鹏抟，淹我儒冠⑧。布袍虽拟蓝袍换，荣枯事皆由天断。且自存心奉母，何须着意求官？

母亲拜揖！(老旦)春榜动[9]，选场开，收拾行李，上京科举。(生)母亲，事业要当穷万卷，人生须是惜分阴。正是：学成文武艺，货与帝王家。孩儿只为家贫亲老，不敢远离。(老旦)孩儿，岂不闻《孝经》云："始于事亲，终于事君。"君亲一体，若得你一官半职回来，也显做娘的训子之功。(生)敢不遵命。(老旦)儿，还有一件事，前日双门巷钱贡元央许将仕议亲，无物为聘，以此不敢应承。只恐今日又来，如何是好？(生)母亲，岂不闻古人云："娶妻莫恨无良媒，书中有女颜如玉"。孩儿只虑功名未遂，何虑无妻？(老旦)儿，你也说得有理。自从你父亲亡后，做娘的呵！

【黄莺儿】半世孤灯，镇朝昏几泪零[10]。到今犹在凄凉景，寒门似冰，衰鬓似星。(生)母亲为何掉泪？(老旦)为只为早年不幸鸾分影[11]。(合)细评论，黄金满籝，不如教子一经[12]。

【前腔】(生)父丧母劳形，论孩儿当报恩。奈何人事不相称。(老旦)只怕你学未成。(生)非学未成。(老旦)只怕你己未能。(生)非己未能，为只为五行不顺男儿命[13]。(合前)

【簇御林】(老旦)亲师范，近友朋，把诗书勤讲明。聚萤凿壁真堪敬[14]，他们都显父母，扬名姓。(合)奋鹏程，名题雁塔[15]，白屋显公卿[16]。

【前腔】(生)亲年迈，家势倾，恨腴甘缺奉承[17]。卧冰泣竹真堪并[18]，他们都感天地，登台省[19]。(合前)

(末上)受人之托，必当终人之事。钱贡元央老夫到王宅议亲，此间有人么？(老旦)儿，有人在外，你去看。(生)待孩儿去看。呀！老将仕，失迎了！(末)令堂在么？(生)家母有。(末)老夫求见。(生)少待。母亲，许将仕在外。(老旦)请进来。(见介)许大人请。重蒙贵步到寒家，有何见谕？(末)老夫非为别事，只因钱贡元前番央老夫来说令郎亲事，老安人不允。近闻得贤郎堂试魁名，贡元不胜之喜，今着老夫送吉帖到宅[20]，望乞安人允就，不必推辞。(老旦)多蒙贡元见爱，又蒙将仕周全。只是家窘，不敢应承。(末)贡元说道，不问人家贫富，只要女婿贤良。聘礼不拘轻重，随意下些，便可成亲。(老旦)贡元乃丰衣足食之家，老身乃裙布荆钗之妇，惟恐见诮。(末)安人何必太谦！

【桂枝香】(老旦)年华衰迈,家私穷败。要成就这段姻亲,全赖高贤担带。论才难布摆[21],论才难布摆,钱难揭债,物无借贷。(拔钗介)儿,自你父亲亡后,再无所遗,止有这荆钗,权把他为财礼,只愁事不谐。

【前腔】(生)萱亲宁耐[22],冰人休怪[23]。小生呵!贫居陋室多年,惟苦志寒窗十载。倘时运到来,倘时运到来,功名可待,姻亲还在。母亲,这荆钗又不是金银造,如何做得聘财?

【前腔】(末)安人容拜,秀才听解。那贡元呵!不嫌你礼物轻微,偏喜爱熟油苦菜[24]。但心无忌猜,但心无忌猜,物无妨碍,人无杂坏。方才聘礼取过来一观。(生)请观。(末)昔日汉梁鸿聘孟光[25],荆钗遗下,岂不是达古之家?这荆钗虽不是金银造,非是老夫面奉,管取门阑喜事谐。

(老旦)将仕回见贡元,只说礼物轻微,表情而已。(末)谨领,谨领。

(生)寒家乏聘自伤情,(老)权把荆钗表寸心。

(末)着意种花花不发,(合)等闲插柳柳成阴。

〔注〕 ① 桑榆暮景:桑榆为日落之处,因以喻指人之晚年。 ② 共姜誓盟:《诗经·鄘风》有《柏舟》篇,《诗序》谓:"卫世子共伯早死,其妻守义,父母欲夺而嫁之,誓而弗许,故作是诗以绝之。"后因以"共姜誓盟"或"柏舟自守"代称守寡。 ③"锥有"句:比喻占有极少。 ④"剪发"句:晋陶侃早年孤贫,因无钱宴客,其母剪发以换酒肴,供子宴客。见《晋书·陶侃传》。 ⑤"断机"句:战国孟子中途辍学而归,孟母正在织布,见之,便以刀割断机上尚未织完的布,并对孟子说:"子之废学,若吾断斯织也。"见《列女传》。 ⑥ 适:女子出嫁。 ⑦ 大比之年:开科取士之年。 ⑧"青霄"二句:意谓不能像大鹏那样,乘风直上,取得功名。 ⑨ 春榜:指春试。宋时礼部试士一般在二月,殿试则在四月。 ⑩ 镇:整。 ⑪ 鸾分影:比喻夫妻分离。 ⑫"黄金"二句:语本《汉书·韦贤传》:"遗子黄金满籝,不如一经。"籝,竹制的盛器。 ⑬ 五行:木、火、土、金、水,旧时阴阳家谓五行相生为顺利,五行相克即为不顺。 ⑭"聚萤"句:晋车胤家贫无灯油,夏日以练囊盛萤火虫照书夜读。见《晋书》本传。汉代匡衡勤学而家贫无烛,见邻居有烛,乃凿壁引其光而照书苦读。见《西京杂记》。 ⑮ 名题雁塔:指进士及第。雁塔,即大雁塔,在今陕西西安市慈恩寺内。唐代新进士在曲江宴会后,即题名于雁塔之上。 ⑯ 白屋:犹茅屋,贫者所居。 ⑰ 腴甘:肥美甘甜的食物。 ⑱ 卧冰泣竹:卧冰,晋王祥事继母甚孝,继母欲食鱼,时天寒冰冻,王祥解衣卧冰上,冰自解,有双鲤跃出。见《搜神记》卷十一。泣竹,三国吴孟宗母嗜笋,时为冬天无笋,孟宗入竹林悲泣哀歌,笋为之出。见《三国志·吴书·孙皓传》注引《楚国先贤传》。 ⑲ 台省:原指尚书台、中书省,为古时朝廷的行政中枢。后世多以之代指政府的中央机构。 ⑳ 吉帖:旧俗订婚时男女双方互换的帖子,上写订婚人的姓名、生辰八字等。 ㉑ 布摆:安排。 ㉒ 萱亲:母亲。 ㉓ 冰人:《晋

书·索统传》:"孝廉令狐策梦立冰上,与冰下人语。统曰:'冰上为阳,冰下为阴,阴阳事也。士如归妻,冰泮,婚姻事也。君在冰上与冰下人语,为阳语阴,媒介事也。君当为人作媒,冰泮而婚成。'"后因称媒人为冰人。 ㉔ 熟油苦菜:歇后语,意谓由人心爱。 ㉕"昔日"句:东汉梁鸿家贫,娶孟光为妻,因避祸隐于吴地,为人舂米,归来,孟光为之备食,举案齐眉,相敬如宾。见《后汉书·逸民传·梁鸿传》。

《荆钗记》是古代戏曲史上享有盛誉的宋元四大南戏之一,写的是王十朋与钱玉莲的爱情故事。宋书生王十朋家境贫寒,以荆钗为聘,娶钱玉莲为妻。后王十朋上京应试,状元及第,任饶州佥判,因不从当朝宰相万俟的招赘,被改调潮阳,并不准回乡。豪绅孙汝权欲娶玉莲为妻,偷换王十朋的家书,诡称王十朋已入赘相府,让玉莲改嫁。而玉莲继母嫌贫爱富,逼玉莲改嫁孙汝权。玉莲誓死不从,投江殉节。恰被福建安抚钱载和救起,收为养女。后王十朋升任吉安知府,钱载和也巡抚两广,携玉莲路过吉安,遂使十朋与玉莲夫妻团圆。

《议亲》为原剧第六出,钱流行见王十朋品貌端正,才学有成,欲将女儿玉莲许给十朋,前次曾托人到王家提亲,十朋母亲因家中贫困而不允。近日又闻十朋堂试得第一,于是又托友人许文通到王家提亲,送上玉莲的庚帖。全出戏可分为两个部分,从【绕池游】至【簇御林】(【前腔】)六曲为第一部分:训子。十朋之母张氏,丈夫早亡,家业凋零,止生十朋一子,孤儿寡母度日艰难,而张氏誓效孟轲、陶侃之母,甘守清贫,辛勤教子。在【绕池游】曲中,张氏抒发了自己的情操,虽然家境贫困,但她所追求的不是"金玉贵",而是"子孙贤"。所幸的是儿子十朋没有辜负她的辛勤教诲和期望,天资聪慧,学业有成。只是由于时运不济,尚未取得功名。眼下又是朝廷开科取士之年,张氏怕儿子有所懈怠,因此,又将他叫到跟前,训诲一番。

王十朋虽有科举入仕的志向,而且也为此勤奋苦读,然而因时乖运蹇,一直未能如愿。故只好听天由命,暂且在家中侍奉母亲。当母亲要他收拾行李,准备上京应试时,他却不愿离家,道:"孩儿只为家贫亲老,不敢远离。"张氏见儿子不愿上京应试,便以《孝经》"始于事亲,终于事君"之言来教训十朋。经过母亲的训诲,十朋明白了在家事亲与出仕事君之理,愿意遵从母亲之命,上京应试。接着张氏又向十朋诉说了家境的艰难,并再次教导儿子,要"亲师范,近友朋",仿效囊萤苦读的车胤、凿壁借光的匡衡,勤奋苦学,早日金榜题名,光宗耀祖。

从末扮许文通上场至结束,是这出戏的第二部分:议亲,也是这出戏的主要内容。许文通受钱流行之托,来到王家提亲,他说明来意后,呈上了玉莲的庚帖。然而张氏还是以家境贫寒而不敢应承,钱家乃丰衣足食之家,而自己为裙布荆钗之妇,若是应承了这门亲事,恐自家拿不出聘礼,不但亲事不成,反而会遭人笑话。许文通见张氏因家境贫寒而不敢应承，便向十朋母子转达了钱流行的意思："不问人家贫富，只要女婿贤良，聘礼不拘轻重，随意下些，便可成亲。"经过许文通的再三劝说，张氏才答应了这门亲事。但因家境贫寒，拿不出聘礼，只好从自己头上拔下一枚荆钗，权作聘礼。当她将这枚荆钗交给许文通时，心里还在担心对方会因这样轻微的聘礼而笑话，"只愁事不谐"。这时十朋在旁见母亲以一枚荆钗作聘礼，便对母亲说道："这荆钗又不是金银造，如何做得聘财？"并劝母亲不要答应这门亲事，只要时来运转，自己定能应试及第，获得功名，到那时婚事自然也会成功。然而许文通接过荆钗后，再次向十朋母子表明钱家的态度，只要女婿人品好，不问钱财多少，这枚荆钗虽不是金银造，但礼轻义重，定能成就这门亲事。

荆钗是《荆钗记》中的一个关键性道具，剧作也因此而得名，它贯串全剧剧情发展的始终，是王十朋与钱玉莲两人爱情的见证，两人以荆钗合，中间又以荆钗分，最后又以荆钗合。在《议亲》出中，这枚荆钗是首次出现，因此剧作者在这出戏中对这枚荆钗作了竭力渲染，将它作为王十朋与钱玉莲婚姻的定情之物，对于男方来说，这枚荆钗表示家境虽然贫寒，但人品高洁；对于女方来说，也显出不嫌贫爱富，重视人品的态度。王、钱两人的婚姻就建立在这一基础之上，因此，在以后的剧情发展中，一方面两人的婚姻要经受为富不仁的孙汝权、嫌贫爱富的玉莲继母、姑母等小人的破坏和阻挠，另一方面，更显示出王十朋与钱玉莲两人爱情的真诚牢固。

整出戏虽分为前后两个部分，但两者不是截然分开的，而是有机地联系在一起，前面的训子，以突出十朋母子家境贫寒而人品高洁，为后一部分议亲作铺垫，而后面的议亲，又映衬出十朋母子的高洁人品。 （俞为民）

荆　钗　记　　柯丹邱

第十出　逼　　嫁

（净上）

【福青歌】只因我女娇媚，富家郎要结姻契。姑娘在此作良媒，寻思道理，强如嫁着穷鬼。

常言道：会嫁嫁田庄，不会嫁嫁才郎。好笑我老儿将女儿许嫁王十朋，姑娘来说的温州城内第一个财主孙汝权。如今姑娘绣房中与女儿议亲，待姑娘来便知端的。

【前腔】（丑上）玉莲贼人无理，激得我怒从心起。腌臜蠢物太无知[①]，千推万阻，枉教我受了这场呕气。

(净)姑娘为何这般气？(丑)嫂嫂，只说人家养女儿，你当初把他如金宝，如今把你当蒿草。我便领你的命到绣房中去，他便闭着门儿。我便叫开门，他便不该就是拦门拜。我该奉承他一分便好，我不合教道他，他便怪我抢白了，心里有些不自在我。我便说特来与你做媒，他到嗞了这张嘴[②]，说道："姑娘，莫不是爹爹说王……"我就说，不出闺门的女儿，晓得什么王、白，好歹等姑娘说出来。又说："爹爹是亲的，娘是继母，不知是那一个养汉老淫妇，不知他是那里来的？便是这等跟我爹的。还要拿他到税课司去税他一税[③]，羞也羞杀了他。"(净)他是这等无理！七岁无了母，是我扶养长成。说我做主不得，我且唤他出来，肯嫁孙家，我有一处；要嫁王家，也有一处。(丑)嫂嫂不要说我说的。(净)玉莲那里！

【七娘子】(旦上)芳心未许春搬弄，傍纱窗绣鸾刺凤。(净)玉莲！(旦)母命传呼，奴当趋奉，金莲轻举湘裙动。

母亲。(净)撒开，不是你娘。(旦)姑娘。(丑)不是你姑娘。(净)你好欺心！虽无十月怀胎，且有三年乳哺，怎么得你长大嫁老公？姑娘与你说亲，肯不肯好好回他，怎么说爹是亲的，娘是继母，做主不得，骂我许多？(旦)是那个来说的？(净)姑娘说的。(旦)姑娘曾在那里骂？(丑)你骂来。(净)贱人骂得好！

【锁南枝】(旦)休发怒，免性焦，一言望乞听奴告。这聘礼荆钗，休恁看得小，(净)是金的？(旦)非是金。(丑)敢是宝？(旦)非是宝。(净)非金非宝，要他何用！(旦)将来聘奴家，一似孟德耀。

【前腔】(净、丑)听他道，越气恼，无知贱人不听教。因甚苦死执迷，惹得娘焦躁？他礼物有甚好？比着玉镜台，羞杀晋温峤[④]。

(旦)母亲，岂不闻商相埋名，版筑岩前曾避世[⑤]；阿衡遁迹，躬耕莘野未逢时[⑥]。买臣见弃于其妻[⑦]，季子不礼于其嫂[⑧]。先朝蒙正运未通，破窑困苦[⑨]；昔日韩信时未遇，当道饥寒[⑩]。王秀才虽窘，乃才学之士；孙汝权纵富，乃奸诈之徒。才学之徒，不难于富贵；奸诈之徒，必易于贫穷。王秀才一朝风云际会，发迹何难？(净)姑娘，丫头虽小，且是识人多矣。不知那里寻许多苦堆一处？

【四换头】贼泼贱闭嘴，数黑论黄讲甚的[⑪]？我是你什么人？(旦)

是娘。(净)恰又来,娘言语怎违逆?顺父母颜情却是礼。(旦)顺父母颜情,人之大礼。话不投机,教人怎随?富豪贪恋,贫穷见弃,惹得傍人讲是非。

【前腔】(丑)呆蠢丫头,出语污人耳。恁推三阻四,话不投机。豪家求汝效于飞[12],他有甚相亏?出言抵撞,你好没尊卑。

【前腔】(旦)非奴失礼仪,望停嗔,听拜启。婚姻事有之,恐误了终身难改移。(净)嫁去好,多住几日,不好,回来再嫁。(旦)怕一时贪富侈,恐船到江心补漏迟。

【前腔】(净、丑)好言劝你,再三阻推。娘是何人你是谁?(旦)母亲暂息雷电威,休恁自差池[13]。今日里缘何将我苦禁持[14]?(净)自今和你做头敌[15]。(旦)谩威逼,断然不与孙氏做夫妻。

(旦下)(外上)自不整衣毛,何须夜夜嚎。为何在此喧嚷?(净)老贼养得好女儿,把我一顿打。若无姑娘劝,几乎打死。(外)妈妈,玉莲最孝顺,敢不是他?(净)且住!待我思想。我扯住他衣服,他洒掉跑了去,方才打。姑娘,是你打的。(外)妹子回来一次,惹得他母子闹吵,今后再不要回来。(丑)我为你女儿亲事,今后再不回来了。(净哭)我的姑娘!(丑哭)我的嫂嫂!(外)呸!好人好家,哭怎么的?(丑)要戏有哭有笑。(净)依我嫁孙家,多与他些房奁首饰。若不肯嫁孙家,剥得赤条条,拣个十恶大败日,一乘破轿子,送到王家。房奁首饰一些没有,再不管他。(外)将机就机,明日乃是一好日,只说不好。妈妈。十恶大败之日,就是明日送去。(净)也罢,就是明日。(外)妈妈,你送去。(净)我不去。(外)妹子,你送去。(丑)嫂嫂,一个泥人送到庙里去,看个下落,就是我去。

(外)不贪富贵自甘贫,(净)叵耐无知小贱人[16]。

(丑)惟有感恩并积恨,(合)万年千载不成尘。

〔注〕 ① 腌臜:肮脏。 ② 嗞:同吡。 ③ 税课司:宋代设于各州府以征收各种杂税的官署。 ④“比着”二句:温峤,字太真,晋太原祁县人,官至骠骑大将军。丧妇,其姑母有一女,托其作媒。温峤以玉镜台为聘礼,自娶之。见《世说新语·假谲》。 ⑤“岂不闻”二句:商朝傅说原在傅岩为人筑墙,后为商王武丁所用,治理国政。 ⑥“阿衡”二句:阿衡,商代官名,此指伊尹。伊尹本为奴隶,耕于莘野,汤任以国政。莘,古国名,在今山东曹县西北。 ⑦“买臣”句:汉代朱买臣家贫,好读书,屡试不中,其妻崔氏嫌其贫穷而离去。后终发迹,任会稽太守。 ⑧“季子”句:战国苏秦(字季子)外出求仕未得,裘敝金尽而归,受到家人的蔑视,妻不

下机，嫂不为炊。后终任齐国宰相，衣锦还乡。⑨“先朝”二句：宋代吕蒙正贫穷落魄，栖身破窑，后进士及第，三任宰相。⑩“昔日”二句：秦末韩信少时贫困落魄，因饥饿常钓于淮阴城下。后被刘邦拜为大将。⑪数黑论黄：说长道短。⑫于飞：《左传·庄公二十二年》：“懿氏卜妻敬仲，其妻占之曰：吉。是谓凤凰于飞，和鸣锵锵，有妫之后，将育于姜。”本指凤和凰相偕而飞，喻指夫妻和谐。⑬差池：长短不齐貌，引申为差错。⑭禁持：拘系，折磨。⑮头敌：冤家，对头。⑯叵耐：不可忍受。

《逼嫁》为原剧第十出，钱流行因看重王十朋人品端正，才学有成，便不嫌其家境贫寒，决定将女儿许配给王十朋。钱玉莲对父亲的这一决定也十分高兴。然而势利的玉莲姑母（丑）受豪绅孙汝权之托，欲说服其兄将玉莲嫁给孙汝权，玉莲继母（净）嫌贫爱富，逼勒玉莲退掉王家的婚事，改许孙汝权。在前面的《绣房》这场戏中，玉莲姑母因说服不了哥哥，便独自来到玉莲的闺房中，企图说服玉莲改许孙汝权。但遭到了玉莲的拒绝，致使她恼羞成怒。在这一出戏中，玉莲姑母与玉莲继母一起威逼玉莲听从她们的安排，退掉王家，改许孙家。于是以钱流行、钱玉莲、王十朋为代表的正的一方与以玉莲继母、姑母、孙汝权为代表的邪的一方展开了较量，矛盾冲突在前一出的基础上，更趋激烈。

作者为了突出这场矛盾冲突的激烈程度，在戏的一开头就进行了蓄势，即不让冲突双方立即同时登场，只是让玉莲继母与姑母先上场。玉莲继母因无法说服丈夫将女儿改许孙汝权，便把希望寄托在女儿身上，以为玉莲也会像她那样贪图富贵，孙汝权是“温州城内第一个财主”，家产万贯，若是女儿嫁到这样的人家，吃穿就不用愁了。而王十朋家境贫寒，是以一枚荆钗为聘礼，一富一穷，玉莲肯定会听从其姑母的话，退掉王家，改许孙家。然而正当她充满希望，满以为事情必定成功之时，只见玉莲姑母气急败坏地跑来告诉她玉莲不肯听从自己的劝说，坚持要嫁给王十朋，并且搬弄是非，添油加醋地编造了许多谎言，谓玉莲在背后说她的坏话，企图激怒玉莲继母，对玉莲加以报复。玉莲继母果然被她的一番谎话所激怒，立即把玉莲喊了出来，亲自加以威逼。于是玉莲与其继母、姑母之间展开了激烈的冲突。

玉莲面对继母的责骂和威逼，既坚持自己的信念，宁愿嫁给家境贫寒而人品端正的王十朋，决不改许孙汝权，同时她又尊重继母，她先是劝继母“休发怒，免性焦”，然后给继母讲道理。王十朋虽然家境贫寒，但他是才学之士，孙汝权虽然家产万贯，但人品奸诈。才学之士只要时来运转，一定会有富贵之日；反之，那奸诈之徒纵使一时富贵，到头来终究会败落。王十朋眼下虽然贫穷，一朝风云际会，定会发迹变泰。她还举商朝的傅说、伊尹，汉代的朱买臣，战国时的苏秦，宋代的吕蒙正，秦汉之际的韩信为例，说明贫穷者如发迹变泰，也能得享富贵。玉莲的这番话句句在理，说得继母理屈词穷，只好以势压人，企图以长辈的身份来压服玉莲，道："娘言语怎违逆？顺父母颜情却是礼！"玉莲仍是据理力争，虽然孝顺父母，听从父母之言，这是人之大礼，然而"话不投机，教人怎随"？母亲要自己嫌弃贫困，贪恋富贵，若是听从母亲之言，必然会遭到旁人的讪笑与指责，因此，这样的事怎能听从呢？

这时姑母又在一旁煽风点火，指斥玉莲没有尊卑，不想母亲为她好，反而推三阻四，出言抵撞。玉莲辩解道：非是我失礼仪，只是怕从了母亲之言，嫁到孙家，将来会误了自己的终身。尽管继母与姑母一再威逼，玉莲始终坚持自己的信念："断然不与孙氏做夫妻！"

作者在安排矛盾冲突时，先是采用了欲扬先抑的手法，即让玉莲继母先上场，在她所唱的【福青歌】曲与一段念白中，一是表达了对孙汝权来向女儿求婚的得意之情，"只因我女娇媚，富家郎要结姻契"。二是对玉莲姑母去说服玉莲退掉王家之亲，改许孙家充满希望。因此，在戏的开头，故意造成一种平和的气氛，为后面矛盾冲突的到来蓄势。等到玉莲姑母上场，经她一番搬弄后，矛盾冲突便陡然而起，这样一下子就把观众的注意力深深地吸引住了。

同时作者采用了对比的手法来刻画人物形象，玉莲继母和姑母虽然都是嫌贫爱富的人，但作者将两人安排在同一出戏里，并为她们设计了不同的语言，这就凸现出各自的性格特征，产生了颇具戏剧性的对比效果。玉莲姑母工于心计，奸诈虚伪，她表面上是替侄女着想，实际上是想得到孙汝权的好处；而玉莲继母虽然对玉莲加以威逼，但她倒的确是替女儿着想，嫁到孙家，吃穿不愁。通过对比，两人的性格特征就十分鲜明地呈现出来，而这也从反面衬托了玉莲重义轻财的人物形象。

（俞为民）

荆　钗　记

柯丹邱

第二十四出　大　　逼

（净上）

【字字双】试官没眼他及第，得志。恋着相府多荣贵，入赘。不思贫窘弃前妻，忘义。叵耐穷酸太无知，呕气。

黄柏肚皮甘草口[①]，才人相貌畜生心。叵耐忘恩负义贼，弃旧怜新，入赘万俟丞相府中了。前日寄书回来，教母亲离了媳妇。这气如何忍得？我家老贼儿今早出去，体问消息[②]，未知若何？待他回来，便知分晓。

【玉胞肚】(外上)读书豪俊,忍撇下瓯城故人。(丑上)负心贼有才实无信,才及第,弃旧怜新。(合)他贪奢恋侈,实丕丕使不仁[3],行短天教一世贫。

(外)只因差一着,满盘都是空。(净)老儿,体问消息如何了?(外)一言难尽!(净)怎么说?(丑)好教嫂嫂知道,方才哥哥到我家中,说那王秀才的情节未尽,恰好孙官人近日在京回来,正好到我家中探望。我将此事问他,真个赘在万俟丞相府中了。言语并不差池。(净)实也不实?(丑)怎么不实!(净)我说道,老贼不听我说,你做得好事!

【浆水令】你当初不由我们,却元来被他负恩。(外)世间谁是预知人,何须斗口与我相争?(丑)都忍耐,莫解分,家必自毁令人哂[4]。(合)寻思起,寻思起教人气忿,谁知道,谁知道恁般不仁!

【前腔】(丑)那孙官人来说事因,他依然要愿续此亲。(净)那人果不弃寒门,教他选日下定成亲。(外)听伊言,心自忖,只恐我儿不从顺。(合前)

(净)姑娘,既然孙官人果有此心,事不宜迟。(丑)便是。他今日送财礼,明日就成亲。(净)若如此甚好。(丑)我便去报与他知道,教哥哥便去对玉莲说,教他准备成亲。(外)我难对他说,你们自去与他说。(净)姑娘,待我自与玉莲说,你二人自回去。(介)情到不堪回首处,一齐分付与东风。(外、丑先下)(净)且叫玉莲与他说,肯嫁孙家,房奁首饰,件件与他。若不肯时,头上剥到脚下,打他半死,不怕不从。玉莲!

【金蕉叶】(旦上)奈何奈何,信谗言母亲怪我,尺水翻成一丈波。天哪!是何人暗地里调唆?

(见介)(净)孩儿,早知今日,悔不当初。早依我说,不见如此。你爹爹出去体问你丈夫消息,委实赘在万俟丞相府中了。你爹爹说道:他那里重婚,我这里改嫁。因此将你许了孙家了。你可梳妆准备。(旦)母亲差矣,王秀才是贤良儒士,未必辜恩负义。玉莲是贞洁妇人,焉敢再嫁?他果然重婚相府,奴家情愿在家守节。(净)什么守节?要知山下路,须问过来人。我当时若守得定时,为何又嫁你老子？"守节"二字，只好口说，一个时辰也熬不得的。(旦)母亲，此乃伤风化之言，不须提起。(净)我儿，今番断不由你了！依了娘说，我与你母子相亲。再若不从，朝一顿，暮一顿，打得你黄肿成病。教你汤不得吃，水不得进。嫁不嫁？今日还我个明白！

【孝顺歌】孙员外家富足，他们有的是金共玉。你一心嫁寒儒，缘何弃撇汝？(旦)容奴禀覆，未必儿夫将奴辜负。那一个横死贼徒，忒兀自生嫉妒[5]？(净)这纸书你重看取，明写着赘相府！

【前腔】(旦)书中句都是虚，没来由认真闲气蛊[6]。他曾读圣贤书，如何损名誉？(净)你这腌臜蠢物，他弃旧怜新，情如朝露。你兀自不改前非，又敢来胡推阻！(旦)富与贵人所欲，论人伦焉敢把名污？

【前腔】(净)他登高第身挂绿，侯门赘居谐凤侣。(旦)他为官理民庶，必然守法度，岂肯停妻再娶？(净)他负义辜恩，一筹不数[7]。你因甚苦死执迷，不听娘言语？(旦)空自说要改嫁奴，宁可剪下发做尼姑！(净打旦介)

【前腔】贼泼贱敢抵触，告官司拷打你不孝妇。(旦)官司要厚风俗，终不然勒奴再嫁夫。(净)抵触得我好！(旦)非奴抵触。(净)恼得娘心头腾腾发怒，便打死你这丫头，罪不及重婚母。(旦)打死了奴，做个节孝妇。若要奴再招夫，直待石烂与江枯！

(净)贱人？石头怎得烂？江水怎得枯？你敢说三个不嫁么？(旦)不嫁，不嫁，只是不嫁！(净)好回得停当！我要你嫁孙家，一片好心，你到反为不美。罢！罢！自从今日，脱下衣服首饰还我，与你三条门路：刀上死也得，水里死也得，绳上死也得，只凭你。肯嫁孙家，进我门来；不肯嫁，好好走出去。

(旦)萱亲息怒且相容，(净)母命如何不听从？
(旦)休想门阑多喜庆，(净)管教女婿近乘龙[8]。

(净下)(旦吊场[9])自古道，忠臣不事二君，烈女不更二夫。焉肯再事他人？母亲逼奴改嫁，不容推阻，如之奈何？千休万休，不如死休。倘若落在他圈套，不如将身丧溺江中，免得被他凌辱，以表贞洁。

【五更转】心痛苦，难分诉。丈夫，一从往帝都，终朝望你谐夫妇。谁想今朝,拆散中途!我母亲信谗言,将奴误。娘呵!你一心贪恋,贪恋他豪富,把礼义纲常全然不顾。

母亲,你今日听信假书,逼奴改嫁,此事决然不可!

【前腔】奴哽咽,难移步,不想堂前有老姑。婆婆,奴家今日撇了你去。千愁万怨,休怨儿媳妇。也不是你孩儿将奴辜负。婆婆,奴家若不改嫁,又不投江,恐母亲逼勒奴,生嗔怒。罢!罢!贤愚寿夭天之数,拚死黄泉,丈夫,不把你清名辱污。

【满江红】拚此身来,早去跳江心,捞明月。(下)

〔注〕 ① 黄柏肚皮甘草口:犹云口蜜腹剑。黄柏,中药名,味苦。甘草,根可入药,味甘。 ② 体问:亲自打听。 ③ 实丕丕:实实在在。 ④ 哂:嘲笑。 ⑤ 忒兀自:忒,太。兀自,尚,还。 ⑥ 蛊:惑乱。 ⑦ 一筹不数:一点儿也不记着。 ⑧"休想"二句:语本唐杜甫《李监宅》诗:"门阑多喜色,女婿近乘龙。" ⑨ 吊场:戏曲术语,当剧情告一段落时,场上只留一个脚色作简短表演,以引出后面的情节,吊住场子,不使演出中断。

《大逼》为原剧第二十四出,王十朋与钱玉莲成亲后不久,便上京应试,状元及第后,因不从万俟丞相的招赘,被改调潮阳,并不准回乡。而同到京城应试的孙汝权名落孙山后,套改王十朋的家书,假称王十朋已入赘相府,要玉莲另嫁他人。回到温州后,他又托玉莲姑母去钱家说亲。于是玉莲继母又逼勒玉莲改嫁孙汝权,然而钱玉莲誓死不从,最后投江殉节。从全剧情节的发展来看,这出戏是全剧矛盾冲突的高潮,即李渔所说的"小收煞"。

全出戏以旦上场所唱的【金蕉叶】曲为界,可分为前后两个部分。前一部分是为后一部分的"大逼"营造气氛。在前面几出戏中,面对继母和姑母的逼嫁,玉莲因得到了父亲(外)的支持,终于战胜了继母和姑母的威逼,得与王十朋结成夫妻。而在这一出戏中,玉莲继母和姑母先要把钱流行说服,要其相信王十朋已入赘相府,使玉莲失去支持,然后再去逼勒玉莲改嫁。钱流行在接到王十朋的家书时,开始也是半信半疑,后去打探虚实时,正遇上从京城赶回来的孙汝权,诡称王十朋确已入赘相府,是他亲眼所见。至此,钱流行对王十朋入赘相府的事也信以为真了,因此,面对玉莲继母与姑母的指责,他无言以对。当她们要去劝说玉莲改嫁孙汝权时,尽管他内心也不愿意将玉莲改嫁孙汝权,也知道玉莲不会顺从,但他并没有加以制止和反对,而是采取了回避的态度,对二人说:"我难对他说,你们自去与他说。"这样经过第一个回合的较量,玉莲继母与姑母终于说服了钱流行,削弱了玉莲一方的力量,也使得矛盾冲突更为尖锐激烈,玉莲的抗争也更为艰难。

玉莲继母见此时玉莲已失去了钱流行的支持,因此,她对说服玉莲改嫁十分自信，一副胜券在握的样子，叫钱流行与玉莲姑母下去，自己一人来威逼玉莲改嫁。然而玉莲深知王十朋的人品，坚信他决不会做出这种忘恩负义的事来。当她看到假家书后，就知道其中有假，“书中句都是虚”，是“那一个横死贼徒，忒兀自生嫉妒”，写了这封假家书。因此，面对继母的威逼，她始终不从。首先，她一再向继母说明，十朋是“贤良儒士，未必辜恩负义”，“他为官理民庶，必然守法度，岂肯停妻再娶”。即使他确实重婚相府，自己乃是“贞洁妇人”，情愿在家守节，岂可改嫁他人！

当继母以自己改嫁的经历来劝说她不要守节时，玉莲当即指出：“母亲此乃伤风化之言，不须提起。”继母顿时恼羞成怒，凶相毕露，说道：“今番断不由你了！”并以打骂相威胁，“朝一顿，暮一顿，打得你黄肿成病。教你汤不得吃，水不得进。”然而玉莲依然不从，表示：“若要改嫁奴，宁可剪下发做尼姑！”继母又以告到官府相威胁，玉莲则道：“官司要厚风俗，终不然勒奴再嫁夫?”说得继母无言以对，“心头腾腾发怒”，扬言要打死她。但这并不能吓倒玉莲，她表示“打死了奴，做个节孝妇，若要奴再招夫，直待石烂与江枯！”继母见不能使玉莲屈服，最后给了玉莲三条路：“刀上死也得，水里死也得，绳上死也得，只凭你。肯嫁孙家，进我门来；不肯嫁，好好走出去！”玉莲知道自己不改嫁，继母是不会轻易放过她的，还会再来逼勒。而此时又失去了父亲的支持，与其活着受辱，不如投江自尽，以保贞洁，她下定决心以死来抗争。

作者在展现矛盾冲突时，采用了层层递进的手法，在旦与净直接交锋之前，先安排了净与外的一场冲突，为后面旦与净的直接冲突作铺垫。在描写净与旦的直接冲突时，又层层铺写，逐步将冲突引向高潮处。　（俞为民）

荆　钗　记　　柯丹邱

第三十一出　见　　母

（生上）

【夜行船】一幅鸾笺飞报喜，垂白母料已知之。日渐过期，人何不至？心下转添萦系。

雁塔题名感圣恩，便鸿昨已寄佳音。思亲目断云山外，缥缈乡关多白云[①]。下官前日修书，附承局带回[②]，请取家小，同临任所。一去许久，不见到来，使我常怀忧念。正是：虽无千丈线，万里系人心。

【前引】（老旦上）死别生离辞故里，经历尽万种孤恓。（末上）昨过村庄，今入城市，深感老天垂庇。

(老旦)这里是那里了？(末)京师地面了。(老旦)闻说京师锦绣邦，果然风景异他乡。(末)红楼翠馆笙歌沸，柳陌花街兰麝香。(老旦)李成舅，你晓得状元行寓在何处？(末)小人一路打听，行馆就在四牌坊。老安人把孝头髻藏了，慢慢说也未迟。(老旦)这也说得有理。(末)牌子[③]，这里可是王状元行馆么？(净上)这里就是。(末)通报家里有人在此。(净)禀老爷，家里有人在外。(生)着他进来。(末)老爷，李成磕头。(生)起来，老安人、小姐来了？(末)来了。(生接)(背问末介)小姐为何不见？(末)后面来了。(生)母亲请坐，孩儿拜见。一路风霜，久缺甘旨，恕孩儿不孝之罪。(老旦)儿，你在此一向好么？(生)母亲听禀。

【刮鼓令】从别后到京，虑萱亲当暮景。幸喜得今朝重会，娘，又缘何愁闷萦？李成舅，莫不是我家荆[④]，看承母亲不志诚？(末)小姐且是尽心侍奉。(生)我的娘，分明说与恁儿听，你媳妇呵，怎生不与共登程？

【前腔】(老旦)心中自三省，转教人愁闷增。你媳妇多灾多病，况亲家两鬓星。家务事要支撑，教他怎生离乡背井？为你饶州之任恐留停，儿，你岳丈先令人送我到京城。

(生)母亲言语不明。李成舅，你备细说与我知道。

【前腔】(末)当初待起程，(生)正要问你起程，小姐怎么不来？(末)到临期成画饼。(生)母亲，李成舅说什么画饼？(末背)若说起投江一事，恐唬得恩官心战惊。(生)李成舅，说什么惊字？(末)是个经字，小姐呵！路途上少曾经，当不得许多高山峻岭，餐风宿水怕劳形。(生)老安人也来了，他到来不得？(末)便是小姐有些病体，老员外呵，因此上留住在家庭。

【前腔】(生)端详那李成，语言中犹未明。娘，把就儿里分明说破，免孩儿疑虑生。(老旦背)(生)呵，母亲因甚的变颜情，长吁短叹珠泪零？(老旦袖出孝头髻介)(生)袖儿里脱下孝头绳，莫不是恁儿媳妇丧幽冥？

(生)我的娘，孝头绳那里来的？(老旦)儿！千不是万不是，都是你不是！(生)娘，怎么到是儿不是？(老旦)哇！还说你的是！当初承局书亲附，拆开仔细从头睹，道你状元佥判任饶州。儿，这下一句不该写。(生)那一句？(老旦)休妻再赘万俟府。(生)母亲，语句都差了。(老旦)语句虽差字迹同，岳翁见了心生怒。(生)岳母没有话说？(老旦)岳母即时起毒心，逼妻改嫁孙郎妇。(生)我妻从么？(老旦)汝妻守节不相从，苦，这一句难说了。(生悲介)娘，一发说了罢。(老旦)将身跳入江心渡。(生)呀！浑家为我守节而亡，兀的不是痛杀我也！[⑤](跌倒介)

【江儿水】(老旦)吓得我心惊怖，身战簌，虚飘飘一似风中絮。争知你先赴黄泉路[⑥]，我孤身流落知何处？不念我年华衰暮，风烛不定，死也不着一所坟墓。

【前腔】(生)一纸书亲附，我那妻，指望同临任所。是何人写套书中句？改调潮阳应知去，迎头先做河伯妇[⑦]。指望百年完聚，半载夫妻，也算做春风一度。

【前腔】(末)状元休忧虑，且把情怀暂舒。夫妻聚散前生注，这离别虽说离别苦，想姻缘不入姻缘簿。听取一言伸覆，须信人生万事，莫逃天数。

(老旦)孩儿，你且省愁烦。(生)孩儿只为不就万俟丞相亲事，却将我改调潮阳，害我身命，我肯辜负他？(老旦)孩儿，他既死了，无可奈何，且到任所，做些功果追荐他。(生)这个少不得如此。(末)小人告状元，老安人起程之时，老员外曾分付小人，送老安人面会状元，你就赶回来。如今禀状元，小人告回。(生)李成舅，我身伴无人，同到了任所，那时我修书与你去。(末)既如此，小人愿随状元去。

(老)追想仪容转痛悲，(生)岂期中道两分离？
(末)夫妻本是同林鸟，(合)大限来时各自飞。

〔注〕 ①“思亲”二句：唐狄仁杰为并州法曹，离家赴任，登太行山，南望白云缥缈，谓左右曰：“吾亲所居，近此云下。”后用以“白云行处”、“白云孤飞”等表示客中对父母的思念。见《新唐书》本传。 ② 承局：递送公文的公差。 ③ 牌子：皂隶，衙役。 ④ 家荆：谦称自己的妻子。 ⑤ 兀的：这。 ⑥ 争知：怎知。 ⑦ 河伯：传说中的河神。据《庄子·大宗师》说，华阴潼乡人冯夷溺死后，遂为河伯。

《见母》为原剧第三十一出，王十朋因拒绝入赘相府，被万俟丞相改调潮阳，并滞留京城，不得回乡。王十朋只得修书回家，让母亲与妻子来京，然后一起赴潮阳就任。这出戏演的便是十朋母亲在钱家仆人李成的护送下，来到京城后，母子相见时的情形。

王十朋上场后，就表明了自己的焦急心情，虽然早就托承局带去了家书，但久久不见母亲与妻子到来，令他心中忧念不安。然而正当他焦急盼望之际，盼来的只有母亲与李成，未见玉莲同来。而十朋母亲在见到儿子之前，恐怕十朋知道了玉莲投江自尽的消息，一时承受不了，便将孝头绳藏了起来。但即使如此，王十朋未见玉莲同来，还是产生了疑虑，一再追问玉莲为何未能同来。十朋母亲先是找借口相瞒，谓玉莲有病在身，经不得路途艰辛，故被其父母留在家中。十朋见母亲话语不明，又问李成，李成也是支吾应对。这就更增加了他心中的疑虑，莫非玉莲出事了？于是他恳求母亲实话相告，免得他心中不安。在十朋的一再追问下，十朋母亲只得拿出孝头绳，并将收到十朋的家书后，继母逼迫玉莲改嫁孙汝权，玉莲不从，投江殉节等事都告诉了十朋。王十朋听说玉莲已投江而亡，经受不住这一噩耗的打击，突然晕倒在地，昏死过去。待他醒过来后，内心的悲痛便如决堤的江水，奔涌而出，在【江儿水】(【前腔】)一曲中，淋漓尽致地抒发了自己对妻子投江而亡的悲痛心情。本来急切盼望妻子能同母亲一起来到京城，夫妻团聚，然而等到的却是妻子投江而亡的凶信！原指望夫妻恩爱，白头到老，然而现在这一美好的愿望却成了不可实现的梦幻，自己与玉莲只做得半载夫妻，就像春风一度那样短暂，面对这一严酷的事实，又怎能不让人痛断肝肠呢？

中国古典戏曲具有写意性的特征，善于表现剧中人物的心理活动和情感高潮。《见母》正是细腻生动地揭示剧中人物情感高潮的一出戏。作者在具体描写时，层次分明，在一开头，就极力铺写王十朋对母亲与妻子的急切盼望之情，为下面情感高潮的出现作铺垫，以增强情感发展的起伏之势。接着用了很长的篇幅来描写王十朋的忧虑与十朋母亲、李成说出玉莲投江而亡的过程，故意延宕，为后面情感高潮的出现蓄势。最后当李成说出玉莲投江而亡的真相后，遂将情感推向高潮。

（俞为民）

荆　钗　记　　　　柯丹邱

第三十五出　时　　祀

（老旦上）

【一枝花】细雨霏霏时候，柳眉烟锁常愁。（生、末上）昨夜东风蓦吹透，报道桃花逐水流。(合)新愁惹旧愁。

(老旦)极目家乡远，白云天际头。(生)五年离故里，洒泪湿征裘。告母亲知道，孩儿夜来梦见浑家扯住儿衣袂[1]，说："十朋只与你同忧，不与你同乐。"觉来却是一梦。(老旦)敢是与你讨祭？(末)祭礼俱已完备，请老夫人主祭。(老旦)非是儿夫负你情，只因奸相妒良姻。生前淑性甘贞洁，死后英魂脱世尘。餐玉馔，饮瑶樽，水晶宫里伴仙人。你儿夫任满朝金阙，与汝伸冤奏紫宸[2]。

【新水令】(生)一从科第凤鸾飞，被奸谋有书空寄。幸萱堂无祸危，痛兰房受岑寂。挨不过凌逼，身沉在浪涛里。

【步步娇】(老旦)将往事今朝重提起，越恼得我肝肠碎。清明祭扫时，省却愁烦，且自酬礼。须记得圣贤书，看酒！(生)儿女何劳母亲递酒？(老旦)道"吾不与祭如不祭"[3]。

(生)看香来！

【折桂令】爇沉檀香喷金猊[4]，昭告灵魂，听剖因依[5]。自从俺宴罢瑶池，宫袍宠赐，相府勒赘。俺只为撇不下糟糠旧妻，苦推辞桃杏新室。致受磨折，改调俺在潮阳，妻！因此上耽误了恁的归期。

【江儿水】(老旦)听说罢衷肠事只为伊，却元来不从招赘生奸计。恼恨娘行生恶意，凌逼你好没存济[6]。母子虔诚遥祭，望鉴微忱，早赐灵魂来至。

看酒来！

【雁儿落】(生)徒捧着泪盈盈一酒卮，空摆着香馥馥八珍味。慕音容，不见你，诉衷曲，无回对。俺这里再拜自追思，重相会是何时？揾不住双垂泪，舒不开咱两道眉。先室，俺只为套书信的贼施计。贤妻，俺若是昧诚心，自有天鉴知。

【收江南】(生)呀，早知道这般样拆散呵，谁待要赴春闱？便做到腰金衣紫待何如[7]？说来又恐外人知，端的是不如布衣，端的是不如布衣！俺只索要低声啼哭自伤悲[8]。

【园林好】(老旦)免愁烦回辞奠仪，拜冯夷多加护持。早早向波心中脱离，惟愿取免沉溺，惟愿取免沉溺。

(生读祝文介)维大宋熙宁七年吉月辛卯朔日己酉,赐进士及第任潮阳浙江温州府永嘉县孝夫王十朋,谨以清酌素馔之奠,致祭于亡过妻玉莲钱氏夫人前而言曰:惟灵之生,抱义而归;惟灵之死,抱节而归。义也!呜呼噫嘻!昔受荆钗为聘,同甘苦于茅庐。春闱一赴,鸾凤分飞。诈书一到,骨肉分离。姑娘为夺婚之媒,继母为逼嫁之威。挨不过连朝折挫,抵不过昼夜禁持。拜辞睡昏昏之老姑,哭出冷清清之绣帏。江津渡口,月淡星稀,脱鞋遗迹于岸边,抱石投江于海底。江流哽咽,风木凄惨。波滚滚而洪涛逐魄,浪层层而水泛香肌。哭一声妻,寒蛩应猿啼。叫一声妻,云愁雨怨天地悲。妻魂不寐,默而鉴之。於戏哀哉!尚飨!

【沽美酒】(生)纸钱飘,蝴蝶飞。纸钱飘,蝴蝶飞。血泪染,杜鹃啼[⑨],睹物伤情越惨凄。灵魂恁自知,灵魂恁自知,俺不是负心的,负心的随着灯灭。花谢有芳菲时节,月缺有团圆之夜。我呵!徒然间早起夜寐,想伊念伊。妻,要相逢除非是梦儿里再成姻契。

【尾】昏昏默默归何处?哽哽咽咽思念你,直上嫦娥宫殿里。

(老旦)年年此日须当祭,(生)岁岁今朝不可违。

(老旦)天长地久有时尽,(末)此恨绵绵无绝期[⑩]。

〔注〕 ① 浑家:旧称妻子。 ②"你儿夫"二句:金阙、紫宸,谓皇宫,代指皇帝。 ③ 吾不与祭如不祭:语见《论语·八佾》。意谓我若不能亲自参加祭祀,是不请别人代祭的。与,参加。 ④"爇沉檀"句:爇(ruò),点燃。金猊,香炉名,炉盖涂金作狻猊形,腹中焚香,烟从口出。相传狻猊性好烟火,故为之。 ⑤ 因依:原因。 ⑥ 存济:生存,安顿。 ⑦ 腰金衣紫:腰束金带,身穿紫袍。喻指高官。 ⑧ 只索:只得。 ⑨"血泪染"二句:相传古蜀国国王杜宇亡后,其魂化为杜鹃,终日哀啼,至口中流血。见晋常璩《华阳国志·蜀志》。 ⑩"天长"二句:语见唐白居易《长恨歌》。绝,原文作尽。

《时祀》为原剧第三十五出,王十朋得知玉莲不从继母逼勒改嫁、投江而亡的消息,十分悲痛。清明节这天,他与母亲一起,祭奠亡妻。由于第三十出《祭江》是十朋母亲祭奠玉莲,而这一出是由王十朋祭奠玉莲,故明清以来昆曲舞台上将第三十出《祭江》称作《女祭》,此出称作《男祭》,这两出戏皆是昆曲舞台上常演的折子戏。

首曲【一枝花】既是点明时令,又是借景抒情。清明时节,细雨霏霏,无情的东风,将鲜艳的桃花吹落江中,这一凄清的景色,更增加了王十朋对妻子的怀念与追思。他在晚上睡梦中，也梦见了妻子，内心仿佛也被这霏霏的烟雨所笼罩，“新愁惹旧愁”。为了表达对妻子的怀念，十朋备下祭物，撰写了祭文，与母亲一起祭奠玉莲。在下面的几支曲文中，王十朋倾诉了对亡妻的哀思，手捧着盈盈如泪的祭酒，想看一下妻子的芳容，但想见而见不到，想对她“诉衷曲”，也听不见她的回应。夫妻重会，只能在梦中，想到此，心里顿如刀绞，“揾不住双垂泪，舒不开咱两道眉”。在抒发对玉莲的思念的同时，王十朋也表达了对孙汝权套改家书谋娶玉莲、玉莲继母逼勒玉莲改嫁与万俟丞相逼勒自己入赘等导致玉莲投江而亡的丑恶之事的愤恨之情。另外，他也表达了自己的悔恨，只是因为自己上京应试，才引出了孙汝权的套改家书、权相的逼赘与玉莲继母的逼嫁，最终导致了玉莲的投江而亡，他痛呼：“早知道这般样拆散呵，谁待要赴春闱？便做到腰金衣紫待何如？说来又恐外人知，端的是不如布衣！”在宣读祭文时，王十朋更是如泣如诉，“哭一声妻，寒猩应猿啼。叫一声妻，云愁雨天地悲”，情真意切，十分感人。

祭奠结束了，然而王十朋对妻子的思念非但没有结束，反而达到了高潮。眼望着如蝴蝶样纷飞的纸钱，满山如血泪染红的杜鹃花，睹物伤情，使人黯然魂消。花谢还有再开之时，月缺尚有团圆之夜，而如今自己与玉莲，一生一死，“要相逢除非是梦儿里再成姻契”！

全出戏语言精练生动，情意真切，而且安排了八支宜于抒情的剧曲，使凄凉悲哀的剧情通过缠绵悱恻的声情完美地表达出来。故明代戏曲理论家吕天成在《曲品》中赞扬《荆钗记》“以真切之调，写真切之情，情文相生，最不易及”。

（俞为民）

白　兔　记　　　　佚　名

第十六出　强　　逼

【庆青春】（旦上）冷清清，闷怀戚戚伤情，好梦难成。明月穿窗，偏照奴独守孤零。

一种黄连分两下，那边受苦这边愁。自从丈夫去后，被兄嫂凌逼。儿夫杳无音信回来，好苦！

【集贤宾】当初指望谐老年，和你厮守百年。谁想我哥哥心改变，把骨肉顿成抛闪。凝望眼穿，空自把栏杆倚遍。儿夫去远，悄没个音书回转。常思念，何日里再得团圆？

（丑上）长江后浪催前浪，世上新人趱后人。姑娘为何啼哭？（旦）

嫂嫂,奴家丈夫不在,腹中有孕,因此愁闷。(丑)姑娘,你哥哥说道,刘郎去后,杳无音信回来,未知死活存亡。不如嫁个门当户对的,也是了当。

【搅群羊】(旦)嫂嫂话难听,激得我心儿闷。一马一鞍,再嫁傍人论。夫去投军,谁敢为媒证?那有休书?谁敢来询问?你如何交奴交奴再嫁人?

【前腔】(丑)姑姑你试听,日夜里成孤零。寻个良媒,嫁个多聪俊。虚度青春,白发来侵鬓,你如何如何不改嫁人?

姑娘,嫁得好,多住几日,嫁得不好的,就回来也不难。(旦)说那里话!(净上)恨小非君子,无毒不丈夫。娘子,着你去叫妹子嫁人,如何?(丑)他千不肯,万不肯。(净)他是这般说?叫他过来!(丑)姑娘,你哥哥叫你!(旦)哥哥有何说话?(净)嫂嫂着你嫁人!如何不肯?

【前腔】(旦)哥哥共乳同胞一母生,今日如何反面嗔?休听枕边言语,且自宁心。亲旧情亲,姊妹莫相争。待奴身孕始倾,若得后来重复事,金瓯再覆李门庭①。

(净)若不嫁人,依我四条门路。(旦)那四条门路?(净)一条:三十三天,玉皇殿上捉漏②。(旦)交我上天无路。(净)二条门路:去十八层地狱,阎王殿前去淘井③。(旦)这是入地无门。(净)这三条:早早嫁人。(旦)决不改嫁。(净)第四条:日间挑水三百担,夜间挨磨到天明。(旦)奴家愿从第四条门路。

【三学士】(净)堪笑非亲却是亲,把你做乞丐看承。刘郎去了无音信,何不改嫁别人?你若不依兄嫂说,打交身躯不值半分。(合)从今后挨磨到四更,挑水到黄昏。

【前腔】(丑)一世为人只要勤,那得闲衣闲饭养闲人?(旦)爹娘产业都有分,何故苦乐不均平?(丑)丈夫言语须当听,有眼何曾识好人?(合前)

【前腔】(旦)好笑哥哥人不仁,不念同胞兄妹情。刘郎去了无音信,何故改嫁别人?况兼奴有身怀孕,再嫁傍人作话文。(合)奴情愿挨磨到四更,挑水到黄昏。

【尾声】哥哥嫂嫂没前程，苦逼奴家再嫁人。日间挑水三百担，夜间挨磨到天明。

(旦下)(净、丑吊场)(净)老婆，叵奈贱人执性不肯，情愿挑水挨磨。我如今使个计策，做一双水桶，两头尖的橄榄样，交歇又歇不得，一肩直挑在厨下去。你便管他挨磨。(丑)水缸钻些眼，水流了出来，越挑越不满。(净)你便打他不挨磨。如今贱人身上将要分娩，你在荷花池边，造一所磨房，五尺五寸长，罚这贱人进里面磨麦，交他头也抬不起。待他分娩，或男或女，不要留他。这是刘穷的骨血，过了三朝满月，你把花言巧语，哄那小厮，抱在手中，把他撇在荷花池内淹死了，绝其后患。削草若除根，萌芽再不发。好计！好计！

计就月中擒玉兔，谋成日里捉金乌。

〔注〕 ① 金瓯再覆：唐李德裕《明皇十七事》："上命相，先以八分书书姓名，以金瓯覆之。"后因以覆金瓯称命相，此喻指显贵、发迹。瓯，没把手的杯子。 ②"玉皇"句：歇后语，意谓上天无路。 ③"阎王"句：歇后语，意谓入地无门。

《白兔记》为宋元四大南戏之一，写的是五代时，刘知远贫困潦倒，栖身破庙，后为李太公收留，并将女儿三娘许配给他。三娘兄嫂恐刘知远夺了他的家产，等到父母死后，便逼迫刘知远离家去并州投军。刘知远来到并州后，初为更夫，后做了九州安抚，并另娶节度使之女岳绣英为妻。而李三娘自刘知远离家后，受尽兄嫂的折磨，白天挑水，晚上推磨。在磨房中产下婴儿，因无剪刀只好用嘴咬断儿脐，故取名咬脐，恐被兄嫂所害，托人送到刘知远处抚养。十五年后，刘咬脐因打猎追赶一只白兔，与生母李三娘相遇，便回去告诉刘知远，刘知远即率领兵马回到沙陀村，与三娘团聚。

《强逼》为原剧第十六出，自刘知远被逼离家后，李三娘在家受尽兄嫂的折磨，不管其已有半年身孕，逼其改嫁。全出戏分为两个部分，李三娘上场所唱的【庆青春】、【集贤宾】二曲为第一部分，展现李三娘因丈夫离去后的孤独凄凉的心情。自从丈夫被逼离去后，三娘日夜思念着丈夫的安危，就是晚上想做一个与丈夫团圆的美梦，也因戚戚闷怀而"好梦难成"。此时只见明亮的月光穿过窗户照进屋内，人们常把圆圆的月亮比作夫妻团圆的象征，然而眼下是月圆而人未圆，"偏照奴独守孤零"。因此，眼望着这明亮的月光，更激起了三娘心头对丈夫的思念之情，"一种黄连分两下，那边受苦这边愁"。父亲将自己许配给刘知远，本来指望能够夫妻恩爱，白头偕老，不料父亲死后，兄嫂为夺家产，硬逼刘知远离家而去，将夫妻拆散。丈夫离去后，便杳无音信，她整天"凝望眼穿"，盼望着丈夫的归来，然而始终未见丈夫的音信，“空自把栏杆倚遍”。

从丑扮李洪一之妻上场到结束，是这出戏的第二部分，也是这出戏的主要内容，即李洪一夫妇威逼三娘改嫁。李洪一夫妇欲独占家产，先是将刘知远赶了出去，接着又想逼三娘改嫁。先是李洪一之妻出场，劝诱三娘改嫁，对三娘说：既然刘知远一去不回，也没有音信，不如改嫁一个门当户对的人，一生也有了依靠。三娘一听这话，立即加以驳斥：嫁夫从夫，“一马一鞍”，丈夫并没有把自己休掉，既然是刘郎妻，岂能再嫁他人！“再嫁傍人论”。其嫂嫂又劝诱道：虽然你现在还是刘知远之妻，但刘知远一去不回，“日夜里成孤零”，其实是“虚度青春，白发来侵鬓”，还不如“寻个良媒，嫁个多聪俊”。但同样遭到三娘的拒绝。接着净扮李洪一上场，见三娘不肯改嫁，便加以威逼。三娘面对哥哥的威逼，先是劝哥哥不要逼自己改嫁，两人本是“共乳同胞一母生，今日如何反面嗔”？“亲旧情亲，姊妹莫相争”。并劝哥哥不要听嫂嫂的谗言，对自己的亲妹妹加以凌逼。然而李洪一并没有念及兄妹手足之情，还是逼三娘改嫁，若是三娘不从，就要她“日间挑水三百担，夜间挨磨到天明”，企图逼三娘就范。尽管李洪一夫妇对三娘一再威逼，三娘决不屈从，她宁可“挨磨到四更，挑水到黄昏”，也决不“改嫁别人”，被“傍人作话文”。待三娘下去后，李洪一夫妇又设下计策，欲对三娘再加折磨，逼其改嫁，还准备待三娘分娩后，将所生之子撇在荷池内淹死，以斩草除根，绝其后患。

全出戏的情节发展很有层次，前一部分，让三娘一人上场，抒发孤独凄清的心情和对丈夫的思念，为后一部分的强逼作铺垫，增强强逼的悲剧气氛。在后一部分，也是逐层展开李洪一夫妇对三娘的强逼过程，先是劝诱，再是强逼，最后是设计，层次分明，井然有序。

（俞为民）

白　兔　记　　　佚　名

第十九出　挨　　磨

【于飞乐】(旦上)无计解开眉上锁，恶冤家要躲怎生躲？怨我爹娘，招灾惹祸。

梁上挂木鱼，吃打无休歇。哑子吃黄连，有口对谁说？自从丈夫去后，哥嫂逼奴改嫁不从，罚我在日间挑水，夜间挨磨。一不怨哥嫂，二不怨爹娘，三不怨丈夫。只是我十月满足，行走尚且艰难，如何挨得磨？

【五更转】恨命乖，遭折挫，爹娘知苦么？哥哥嫂嫂你好横心做，赶出刘郎，罚奴挨磨。叫天不应，地不闻，如何过？(合)奴家那曾，那曾识挨磨？挑水辛勤，只为刘大。

【前腔】向磨房，愁眉锁，受劳碌也是没奈何。爹娘在日把奴如花朵，死了双亲，被哥嫂凌辱。爹娘死，我孤单，如何过？(合前)

【前腔】挨几肩，头晕转，腹胁遍疼腿又酸。神思困倦挨不转，欲待缢死在房中，恐怕耽阁知远。寻思起，泪满腮，如何过？(合前)

【前腔】腹内疼，欲分娩，有谁人来看管？阴空保祐，保祐奴分娩。但愿无虞，早得夫妻相见。思量起，我孤单，如何过？(合前)

奴家神思困倦，不免就在磨房打睡片时。(丑上)好人不肯做，只要嫁刘大。刘大不回来，情愿去挨磨。(叫介)姑娘那里？叫他不应，打他一顿。磨到不挨，睡得好！(旦)磨子重，挨不动。(丑)这样磨子叫重？(旦)嫂嫂，奴家腹中一阵阵疼痛，挨不动了。(丑诨介)(旦)嫂嫂请歇息。(丑)歇息歇息，庄上人要面吃，如何迟误了，准准打八十。南无阿弥陀佛，弥陀佛。(旦)嫂嫂，你也是妇人家，不晓得妇人家疼痛。谯楼上几更时分了[①]？

【锁南枝】星月朗，傍四更，窗前犬吠鸡又鸣。哥嫂太无情，罚奴磨麦到天明。想刘郎去也，可也不辜负年少人。磨房中冷清清，风儿吹得冷冰冰。

【前腔】叫天不应，地不闻，腹中遍身疼怎忍？料想分娩在今宵，没个人来问。望祖宗显应，保母子两身轻。

天那，好苦！(生儿介)嫂嫂，借脚盆来使一使。(丑)散了，不曾箍得。(旦)把身上衣服展干了罢。嫂嫂，剪刀借来使一使。(丑)小厮偷去换糖吃了。(旦)我那儿，做娘的瓦片不曾准备得，就把口来咬断脐腹。有命活了，无命死了。

正是：青龙共白虎同行，吉凶事全然未保[②]。

第二十出 分 娩

(净扮窦公上)青竹蛇儿口，黄蜂尾上针。两般皆未毒，最毒是妇人心。我是李太公家火公窦老儿便是。我家老员外在时，何等看承我。前村三老官人收留我在家，三阿妈交我去看三小娘分娩，不知是男是女。此间已是磨房，三小娘开门。(旦)是那个？(净)我是窦老。(旦)你来做什么？(净)三阿妈着我来看你，分娩怎么了？(旦)夜来生下一个小厮。(净)虱来押杀了。(旦)是个男儿。(净)好好，爷去投军，家里添个余丁，谢个青天白天，三小娘。(旦)怎么？(净)小官人身上，怎么干净了？(旦)我与嫂嫂借脚盆，不肯，将身上衣服展干净了。(净)好苦恼！浴也不曾洗，大起来生狗癣疥，怎么好？三小娘！(旦)怎么说？(净)小官人脐肠怎么断了？(旦)问嫂嫂借剪刀，他回我小厮偷去换糖吃了。(净)怎么断了？(旦)奴把口来咬断了。(净)咬了瘦的还好，咬了壮的，就是一段肝白肠。明日怎么念个佛？(旦)窦公，你去了罢，起动你。(下)

(净)李洪一你好不思惟，却将亲妹受孤凄。

常将冷眼看螃蟹，看你横行得几时？

〔注〕 ① 谯楼：设于城门上的望楼。亦称鼓楼。 ②“青龙”二句：旧时迷信以青龙为吉神，白虎为凶神。青龙与白虎同行，故吉凶难辨。

《挨磨·分娩》，富春堂本《白兔记》合为一出，汲古阁本为第十九、二十两出。李三娘因不从李洪一夫妇的逼嫁，受到其兄嫂的折磨，白日挑水，晚上推磨，即使到了分娩之际，李洪一夫妇仍逼其挑水推磨。戏分为挨磨、分娩两部分，在挨磨部分，一边描写三娘推磨的艰难情形，一边让其抒发受到兄嫂折磨的痛苦之情。三娘拖着身孕，推着沉重的石磨，十分艰难痛苦。想起丈夫被兄嫂逼走后，自己茕茕孑立形影相吊，受尽折磨，叫天天不应，叫地地不闻。又想起父母在世时，把自己当作花朵那样疼爱，不料父母死后，哥哥不念骨肉之情，对自己百般凌辱。这样的苦日子，叫人“如何过”？“欲待缢死在房中”，又“恐怕耽阁知远”。这时腹内疼痛，眼看就要分娩了，但在这空空荡荡的磨房内，既没有接生用具，也没有人来帮助接生，如何能保母子平安呢？三娘只得向“阴空”祈祷，祈祷上天能保佑自己顺利分娩，母子平安。

从丑扮李洪一之妻上场起，写李三娘分娩的情形。就在三娘肚痛难忍，将要分娩之际，其嫂嫂又来到磨房中，逼其推磨。这时已是四更时分，屋外是星月明亮，寒风呼呼，磨房内是冷冷清清，从窗户中吹进来的寒风把整个磨房吹得冷如冰窟。三娘忽然感到腹疼难忍,“分娩在即”,然而磨房中既无接胎儿的脚盆,又无用来剪断胎儿脐带的剪刀。向其嫂嫂借,又遭拒绝。无奈只能“望祖宗显应,保母子两身轻”。当胎儿降生后,因没有剪刀,三娘只好用自己的嘴巴来咬断脐带,胎儿是死是活,也只得听天由命了。

《挨磨·分娩》是昆曲舞台上常演的折子戏,以唱工见长。戏由李三娘一人主唱,作者为了充分揭示三娘的哀怨与痛苦之情,为她安排了七支曲调,尤其是四支【五更转】曲。【五更转】曲本为北方民歌,在唐代十分流行,常由五曲串联成一组曲,从一更起到五更,声情哀怨凄戚。作者在这里为三娘安排了四支【五更转】曲,使其哀怨痛苦之情与曲调的声情相应,更是动人。　(俞为民)

白　兔　记　　佚　名

第三十出　诉　　猎

(旦挑水桶上)

【绵搭絮】别人家兄嫂有亲情,唯有我的哥哥下得歹心肠恶面皮。罚奴夜磨麦,晓要挑水。每夜搒拳独睡[①],未晓要先起。那些个手足之亲,想我爹娘知未知?

【前腔】井深干旱,水又难提。一井水都被我吊干了。井有荣枯,眼泪何曾得住止?(介)奴是富家儿,颠倒做了驱使[②]。莫怪伊家无礼,是我命该如是。倘有时刻差迟,乱棒打来不顾体。

【前腔】寻思情苦泪双垂,夫在边廷,想我孩儿倚靠谁?吃淡饭黄齑[③],强要充饥。哥嫂每夜里巡更不睡,讨是寻非。哥嫂他那里昧己瞒心,料想苍天不负亏。

前面一簇人马来了,我神思疲倦,且在井边少睡片时。(小生引众卒上)

【窣地锦裆】连朝不惮路崎岖,走尽了千山并万水。擒鹰捉鹄走如飞,远望山凹追兔儿。

叫老郎军士[④],这里是那里所在?(净应介)这里是沙陀村。(小生)怎么来得这等快?(左右应介)就如腾云驾雾来了。(小生)一个白兔儿,在前面井边妇人身边去了。(众介)(小生)那妇人可见白兔儿么?(旦)奴家是受苦妇人。(众)曾见我白兔儿?(旦)不见。(小生)叫他过来,待我问他。(众叫旦介)白兔儿不打紧,上有金皮玉箭在上。(旦)有了白兔,就有了金皮玉箭。奴家实是不见。(小生)那妇人好人家宅眷,为何跣足蓬头,有甚情怀?

【雁过沙】(旦)衙内问我甚情怀?(小生)为何鞋不穿?(旦)也曾穿着绣鞋。(小生)敢是挑水卖的?(旦)不曾挑水街头卖。(众)敢是作歹事?(旦)贞洁妇女怎肯作歹事?(小生)被甚人凌贱你?(旦)被无知兄嫂忒毒害。(小生)有父母么?(旦)双亲早丧十六载。(小生)曾有丈夫么?(旦)东床也曾入门来。(小生)他在家出外?(旦)九州安抚投军去。(小生)有甚本事?(旦)十八般武艺皆能会。(小生)你丈夫姓甚名谁?(旦)嫁得个刘知远泼乔才[⑤]。(众诨介)天下有同名同姓者多,羞他羞他!(小生)你丈夫曾有所出?(旦)怀抱养子方三日。(小生)三日孩儿可在家么?(旦)被火公窦老送到爹行去。

(小生)去几年了?(旦)小小花蛇腹内藏,爹娘见他异相配鸾凰。一别今经十六载,亲生一子叫做咬脐郎。(丑诨介)(小生)也羞他一羞。妇人,吾乃九州安抚之子,你丈夫在俺爹爹麾下从军,我回去与爹爹说知,军中帖出告示,捱查你丈夫取你去。意下何如?

【香罗带】(旦)衙内听拜禀,(拜介)(小生作倒介)不要拜了。(旦)容奴说事因。一从间别鸾凤两处分,被哥哥嫂嫂苦逼分离也,朝朝挑水,夜夜辛勤。日日泪珠暗零。(合)异日说冤,恨取薄幸人。苦也天天!甚日得母子团圆说事因?

【前腔】(小生)娘行免泪零[⑥],听吾说事因。俺爹爹管军兼管民,我去与爹爹说了,军中捱问姓刘人也,教他取你,免伊家泪零。(众介)多只数日少半旬。(合前)

多谢衙内问信音,有苦何须问的真?

若还再得重相见,犹如枯木再逢春。

(小生)叫左右,可挑水桶送他回去。(净扮李洪一上)(打丑介)(小生)怎么哭?(丑)他家花嘴花脸一个人,把我一顿打。(小生)就说我是军。(丑)他说打断筋。(小生)什么时候?(众)黄昏快了。

黄昏将傍赴城门，隐隐钟声隔岸闻。

渔人罢钓归竹径，牧童遥指杏花村。

〔注〕 ① 搒拳：拳曲身体。 ② 驱使：奴仆。 ③ 黄齑：腌菜。 ④ 老郎：对老年人的尊称，犹老前辈。 ⑤ 乔才：坏蛋，无赖。 ⑥ 娘行：女性的通称。

《诉猎》为原剧第三十出，李三娘托家人窦公将刘咬脐送到并州，交给刘知远抚养。十六年来，杳无音信。一日，刘咬脐率领军士外出打猎，因追赶一只白兔，与正在井边挑水的生母李三娘相遇。刘咬脐问明真情后，回去告诉父亲，来接三娘。

在这出戏的开头，三娘一上场，作者就给她安排了三支【绵搭絮】曲，让她抒发内心的痛苦与怨恨。自从她不肯顺从兄嫂的威逼，决不改嫁后，就遭到兄嫂的责罚，白天挑水，晚上挨磨。兄嫂不念同胞兄妹之情，"下得歹心肠恶面皮"，对自己的亲妹妹横加折磨，"讨是寻非"，"倘有时刻差迟，乱棒打来不顾体"，哪里还有一点手足之情！想到爹娘在世时，自己是富家小姐，衣来伸手，饭来张口，有人服侍，而如今却"颠倒做了驱使"，挑水推磨服侍人。而且丈夫远在边廷，送去的孩儿也杳无音信。想到这些，心苦如黄连，不禁"泪双垂"。接着在遇到刘咬脐后，她又向刘咬脐诉说了自己的不幸遭遇，将丈夫被逼离家，自己在家受尽兄嫂折磨的痛苦经历一一告诉了刘咬脐。

从全剧的剧情发展来看，《诉猎》是全剧的关键性场次，在全剧的结构中，起到枢纽的作用。自从刘知远受李洪一夫妇迫害，被逼离开三娘，去并州投军后，剧情就分为两条线索敷演，一条演刘知远到了并州投军，为岳节使招赘，直做到九州安抚，一条演李三娘在家受到兄嫂的欺凌威逼，挑水推磨，磨房产子，受尽折磨。到了《诉猎》这场戏，通过刘咬脐追赶白兔与生母相遇的情节，便将前面分头演进的两条线索串联起来，引出了后面刘知远与李三娘在磨房私会、最后大团圆的结局。也正因为这出戏所敷演的情节在全剧剧情发展中具有重要的作用，因以"白兔"作为剧名，称《白兔记》。

（俞为民）

白 兔 记　　　佚 名

第三十二出 私 会

（旦挑水上）

【八声甘州】恹恹闷损，怎消遣心上横愁？儿夫别后，泪泣楚声无投①。伤情最苦人易老，那更西风吹暮秋。休休，猛然间小鹿儿撞我心头[2]。

【前腔】今后洁可奈守，算古往今来似奴稀有。孩儿一去，到如今杳不回头。十六年来音信杳莫有，父子同欢不念母。休休，猛听得孤雁叫过南楼。

神思困倦，就在井栏边少睡片时则个[3]。（旦作睡介）

【山歌】（丑上）牧童儿，牧童儿骑上黄牛短笛吹。春游芳草地，夏赏绿荷池。秋饮黄花酒，冬吟白雪诗。爹娘养我能快活，谁知此地受孤恓。

爹娘养我如金宝，如今不值半分钱。自家李家庄上看牛的牧童是也。今朝放十三头牛，出来不见了一头，想是风大吹了一头去了。待我叫他一声，黄牛呀！（内应介）（丑）呀，原来棒杌三丫头在此睡着了。待我藏过了他水桶。我不见牛，他不见水桶，要打与他一同打。（旦醒介）

【粉蝶儿】睡思朦胧，觉来时却是牧童在此。

牧童，我的水桶在那里？（丑）你可见我黄牛么？（旦）我不曾见你黄牛。（丑）我也不曾见你水桶。（旦）小厮。你去寻将来，与你两个钱。（丑）你把钱与我么，待我寻将来。（旦）小厮还我。（丑）三小娘，水桶在此，把钱与我。（旦打丑介）畜生！你见我哥嫂磨灭我，你也来戏弄我。自古道得好，势败奴欺主，时乖鬼弄人。（旦下）（丑哭介）（生上）路途不平，傍人减削。牧童。（丑）甘草木通[4]。那个打了你哭？（丑）走路便走路，管什么闲事！（生）牧童，方才挑水的妇人是谁？（丑）你问他怎么？（生）你说了把钱与你。（丑）钱不利市，银子罢。（生）就是银子。（丑）坐着说，话长。我这里叫做李家庄，有个李太公太婆，养两个儿子，一个女儿。大儿子叫李洪一，小儿子叫李洪信，女儿叫三娘。李太公在马鸣王庙中赛愿[5]，收留一个刘穷在家，也不晓得锄田耕地，只会牧牛放马。有一匹乌骓马，诸人降他不伏，被蛮子一降一伏。李太公见他异相，因此把女儿招他为婿。成亲之后，不想太公与太婆俱亡，那蛮子去九州安抚投军去，十六年一竟不回。那妇人被哥嫂罚他挑水挨磨，又要逼他改嫁，不从，日夜磨折他。是受苦的，你问他怎么？（生）原来如此，多谢你了。银子在此，可收去。（丑诨下）（生叫介）（旦上)魆风骤雨,不入寡妇之门。(生叫介)三姐!(旦)什么人叫我三姐?哥嫂得知,决不干休,你快去。(生)是刘知远回来在此。(旦)那个不晓得刘知远是我丈夫?(生)三姐,分别之时,我说三不回。(旦)那三不回?(生)不发迹不回,不做官不回,不报得李洪一冤仇不回。(旦)这话与丈夫在花园中说的,闲人那个晓得?待奴看来。呀!(见介)

【临江仙】(生、旦)一十六年不见面,今朝又得再相逢。

【锁南枝】(旦)从伊去后受禁持,不从改嫁生恶意。因此骨肉参商⑥,罚奴磨麦并挑水。止望你身显迹,又谁知恁狼狈?

【前腔】(生)一从散鸳侣,鸾凰两处飞。受尽奔波劳役,只为苦取功名,此身不由己。身逗留无所依,那知你受狼狈?

【前腔】(旦)奴分娩产下儿,嫉妒嫂嫂撇在水。幸得窦老辛勤,寄取来还你。十六年杳无音信归,日夜里受孤恓。

【前腔】(生)娘行听咨启,我把真情诉与伊。对面娘儿不识,那日井边相逢打猎一衙内寻兔的⑦。你道是谁?(旦)是那个?(生)名咬脐是你孩儿。

【前腔】(旦)思前日有个打猎的,他说九州安抚儿。见他气宇轩昂,谁想是吾嫡子?心下疑难信,你莫不是没见识,卖与官家做奴婢?

【前腔】(生)出语太相欺,九州安抚是我为品级。都堂爵位掌管一十五万官兵,权显达还乡里。我装旧时私探你,休泄漏莫与外人知。

三姐,前日在瓜园分别,今日磨地相逢,大家把苦来说一说。(旦)你的也说与我知道,我的苦也说与你知道。(生)三姐,自从瓜园分别,径到并州。岳节度使招军买马,命苦,到那里军完马足,不用了。被我苦苦哀告,收我在长行队,日间押马草,夜间提铃喝号。那一晚腊月二十,雪又大,风又大,正该我巡更,巡到跨街楼底下躲避风雪。岳府小姐在层楼做女工针指,见我身上寒冷,将一件旧衣服与我遮寒,拿错了他父亲身上红锦战袍。次日他父亲要入朝赏雪观梅,遍寻不见。查问起,到是我穿在身上。拿我去要打打不得,要杀又杀不得。他见我有异相,他就把绣英小姐与我为妻。在彼朝朝寒食,夜夜元宵。拿你苦说与我听。(旦)我的受用,不比你的受用。来这里看,这是磨房,这是水桶,(丢桶介)(旦倒生扶介)

【孝南枝】(旦)听伊说转痛心,思之你是个薄幸人。伊家恋新婚,交奴家守孤灯。我真心待等,你享荣华,奴遭薄幸。上有苍天,鉴察我年少人。

【前腔】(生)告娘行听咨启,望娘行免泪零。若不娶绣英,怎得我身荣?将彩凤冠来取你,取你到京中做一品夫人。

三姐,我有三台金印在此,你可收下。三日后来取你,还我金印。如不来取你,就把他撇在万丈深潭。他不能出世,我不能做官。(旦)官人,如今哥嫂知道了,怎么好?(生)你如今往三叔家住下。(旦)晓得哥哥使心机,(生)明日叫他化作灰。善恶到头终有报,只争来早与来迟。(旦取水桶生踢介)(同下)(净上)事不关心,关心者乱。我家牧童回来说,刘穷回来偷老婆。这入娘的!想梦指望偷老婆,我见他打得他稀烂!(生暗上)(听见介)(净)请了,你回来了?(生)回来了。(净)修网巾的出牌额,照旧。去时穿这件衣服,如今原是这件衣服,李家庄上养得人的?(生)你方才要打我么?(净)前日在瓜园里受了你的亏,如今请两个教师教会了拳头。随你文打也得,武打也得。(生)文打便怎么?武打便怎么?(净)文打四抱腰,武打不要扯我鬓脚毛。(生)随你怎么打。(净)且不要忙,先走一个势与你看看。(生打介)(净倒介)(生下)(丑上)那个打我的老公?(净、丑诨打介)(丑)是我是我!(净)那个?早说便好。早是你说了,鹅鸡嘴都打尖了。(丑)今日也请教师,明日也学拳,可买些肉与他吃便好。今日也豆腐,明日也豆腐,学这豆腐拳来打老婆。(净)如今且计较起来,到沙陀村寺里劝农老爹那里告他⑧。(丑)告他什么来?(净)妹丈打大舅,首告逃军事。(丑)有理。先演一演。(净)你做了官,我来告。(丑介)(净)我叫告状,你便叫屈。(丑叫屈介)(净)告什么状?(丑)老爷,告妹丈打大舅逃军事。(净)拿状子上来。(丑递介)(净念介)告状人李洪一,年三十六岁。爹是李太公,娘是李太婆。马鸣王庙赛愿,拾得刘穷,把阿妹三娘做老公。十六年不见面,今日回来打舅公。头发打得粉

粉碎,牙齿打佐一把骨[9],鼻子打做两个窟衕[10]。老爷墙头上施行。(诨介)(下)

〔注〕 ① 楚声:本指楚地歌曲,古人常以楚声为悲声,如唐孟郊《同从叔简酬卢殷少府》:"梅尉吟楚声,竹风为凄清。"此即指悲声。 ② 小鹿儿撞心头:形容心剧烈跳动。 ③ 则个:语尾助词,含有期望的语气。 ④ 木通:中药名,此为打诨语,"木通"与"牧童"谐音。 ⑤"李太公"句:马鸣王,蚕神。赛愿,酬神还愿。 ⑥ 参商:二星名,参在西,商在东,此出彼没,永不相见,比喻夫妻、亲人分离。 ⑦ 衙内:旧时称贵家子弟。 ⑧ 劝农老爹:古时地方官在春天下乡巡视,鼓励并督促农民耕作。 ⑨ 佐:同做。 ⑩ 窟衕:犹窟窿。

《私会》为原剧第三十二出,刘咬脐打猎追赶一只白兔,与正在井边挑水的三娘相遇。刘咬脐问明情况,回去告诉了刘知远。刘知远便率领兵马来到沙陀村接三娘。他先将兵马屯驻在村外,自己打扮成旧时装束,进村探望三娘,在磨房内与三娘相会。

刘知远十六年前离开三娘,到并州投军,显贵后,便忘掉了在家乡仍受到兄嫂折磨的三娘,另娶节度使之女岳绣英为妻。当三娘托窦公将刘咬脐送到并州交给他抚养时,他竟不敢收下,要问新夫人是否肯收下,"夫人肯收,着他进来;夫人不肯收,早早打发他回去"(《见儿》出)。因此,刘知远早已将李三娘抛弃了。他这次回来探望李三娘,只是因为刘咬脐追白兔遇到了李三娘,回去告诉了他,在得到新夫人岳绣英的同意后,才带领兵马回来接三娘。若是没有刘咬脐追白兔遇见三娘,他是不会回来见三娘的,故他来接三娘实是出于偶然,而非必然。由此也说明,刘知远在剧中是一个忘恩负义的形象。与刘知远的负心行为相反,李三娘则始终如一,坚守贞节,自从刘知远离去后,她宁愿受到兄嫂的责罚,挑水推磨,而不肯改嫁,一心等待着丈夫回来,夫妻团圆。作者在这出戏里,正是通过对比的手法,刻画了刘知远与李三娘不同的性格特征。在开头,作者先让三娘上场,为她安排了两支【八声甘州】曲,抒发对丈夫与儿子的思念之情,与下面刘知远的出场及其负心的言行形成强烈的对比。而刘知远见到三娘后,他先向三娘诉说自己在外面所受的苦,企图以此来掩盖自己的负心行为,并为自己停妻再娶的负心行为辩解道:"若不娶绣英,怎得我身荣?将彩凤冠来取你,取你到京中做一品夫人。"谓他另娶岳绣英,实是为三娘着想。然而无论他怎样辩解,也掩盖不了忘恩负义的行为。因此,遭到了三娘的谴责:"思之你是个薄幸人,伊家恋新婚,交奴家守孤灯。我真心待等,你享荣华,奴遭薄幸。"作者为了突出两人不同的性格特征,还为两人设计了个性化的语言,如刘知远的语言高傲虚伪,李三娘的语言则情意真切。

(俞为民)

【戏曲家小传】

施　惠

字君美，一作均美，又作君承。杭州(今属浙江)人。钟嗣成与其相知，《录鬼簿》称其居杭州吴山城隍庙前，以坐贾为业，好谈笑，与范居中、赵君卿、陈彦实、颜君常等相交，诗酒之暇，唯以填词和作曲为事。一般认为施惠即系南戏《拜月亭》的作者，此剧今存。另曾与范居中合撰《鹔鹴裘》杂剧，已佚。又《传奇汇考标目》别本载，尚作有《芙蓉城》、《周小郎月夜戏小乔》，未知何据，两剧今亦不存。散曲存有套数【一枝花·咏剑】。《传奇汇考标目》别本谓施惠即施耐庵。

拜　月　亭　　施　惠

第十七出　旷　野　奇　逢

【金莲子】(旦上)古今愁，古今愁，谁似我目下这样愁？听军马骤，听军马骤，人乱语稠。向深林中逃难，恐有人搜。(下)

【前腔】(生上)百忙里散失了，差了路头，寻妹子不见，教我怎措手？瑞莲！(旦内应科)(生)神天佑，神天佑，这答儿是有亲骨肉①，见了向前走。

瑞莲！瑞莲！

【菊花新】(旦应上)你是何人我是谁？(生)应了还应，呀！见又非。(旦)将咱小名提，进前去问他端的。

我只道是我母亲，元来是个秀才。(生)我只道是我妹子，元来是一位娘子。(旦)呀！你不是我母亲，如何叫我？(生)我自叫我妹子瑞莲，谁来叫你？

【古轮台】(旦)自惊疑，相呼厮唤两相回，瑞兰和先辈不曾相识。(生)瑞莲名儿本是卑人亲妹。不知娘子因甚到此？(旦)妾因兵火急，离乡故。(生)娘子如何独行？(旦)母子随迁往南避，中途相失。秀才在何处不见了令妹？(生)喊杀声，各各逃生，电奔星驰中路里差池。因循寻至，应声错，偶逢伊。娘子不见了母亲，小生不见了妹子，正是俱错意，一般烦恼两心知。

【前腔】(生)名儿应错了自先回，(旦)秀才那里去？(生)急急便往

跟寻,岂容迟滞。(旦)事到如今,事到头来,怎生惜得羞耻?(拜科)秀才念苦怜孤,救奴残喘,带奴离此免灾危。我也不忘你的恩义。(生)娘子,你方才说,不见了令堂,远远望见一位妈妈来了。(旦回头科)在那里?(生近看科)旷野间,旷野间,见独自一个佳人,生得千娇百媚。况又无夫无婿,眼见得落便宜。且待我唬他一唬。娘子,如何是,天色昏惨暮云迷。

(旦慌科)秀才,带奴同行则个。(生)娘子差矣,我自家妹子尚且顾不得,怎带得你?

【扑灯蛾】自亲妹不见影,自亲妹不见影,他人怎相庇?(旦)秀才,你读书也不曾?(生)秀才家何书不读览?(旦)书上说道,恻隐之心,人皆有之。既然读诗书,恻隐心怎不周急也?(生)你只晓得有恻隐之心,那晓得有别嫌之礼?我是个孤男,你是寡女,厮赶着教人猜疑。(旦)乱军中,乱军中,有谁来问你?(生)缓急间,语言须是要支持。

【前腔】(旦)路中不挡拦,(生)路中若挡拦?(旦)路中若挡拦,可怜奴做兄妹。(生)兄妹固好,只是面貌不同,语言各别。有人厮盘问,教咱把甚言抵对也?(旦)没个道理。(生)既没道理,小生自去。(旦)有一个道理。(生)怕问时却怎么?(旦)奴家害羞,说不出来。(生)娘子,没人在此,便说有何害?(旦)怕问时,权……(生)怎么又不说了?权什么?(旦)权说是夫妻。(生)恁的说方才可矣,便同行,访踪穷迹去寻觅。

【尾】(旦)今日得君提掇起,免使一身在污泥。(生)久后常思受苦时。

(生)半路兄寻妹,(旦)中途母失儿。

(合)情知不是伴,事急且相随。

〔注〕 ① 这答儿:这里。

《拜月亭》是根据关汉卿的杂剧《闺怨佳人拜月亭》改写的,一名《幽闺记》。其故事梗概是:金末,番兵入侵,主战派大臣陀满海牙遭奸臣陷害,全家被杀,只剩其子陀满兴福,在逃亡中为秀才蒋世隆搭救,兴福暂在山寨安身。在兵乱中,蒋世隆与其妹瑞莲，尚书王夫人与其女瑞兰分别走散。瑞兰在患难中得世隆相助，二人结为夫妇；瑞莲则被王夫人认作义女。王镇在客店遇见瑞兰，不认世隆为婿，亦不顾世隆正在病中，强行将女儿带走。战事平息后，王镇一家团聚。瑞兰在后花园焚香拜月，表露了对蒋世隆的深切思念。瑞莲在旁窃听，明白了她与瑞兰的姑嫂关系。不久，世隆、兴福分别得中文武状元，王镇奉旨招二人为婿，夫妻兄妹大团圆。

《旷野奇逢》为本剧主人公王瑞兰、蒋世隆在乱军追赶下各自失散亲人后，旷野巧遇相逢，"权为夫妻"名义结伴同行逃难的一出戏。

此出内容上可分为四个层次。

开头【金莲子】二曲为第一层次。写王瑞兰与母亲、蒋世隆与妹妹瑞莲在乱军追逐下失散。"听军马骤，听军马骤，人乱语稠。向森林中逃难，恐有人搜。"用通俗精练的语言，形象生动地描述了乱军奔突追逐，难民惊慌奔逃，人声杂沓，一片混乱。身为闺阁小姐的王瑞兰与母亲失散，隐匿深林。秀才蒋世隆与妹妹瑞莲"百忙里散失，差了路头"，他叹道："寻妹不见，教我怎措手？"一个失散了母亲，一个不见了妹子，惊恐万状。

【菊花新】、【古轮台】二曲为第二层次。写王瑞兰与蒋世隆旷野错认相逢。蒋世隆寻唤妹妹："瑞莲！"瑞兰误为母亲唤己，从树林中出来频频答应。瑞兰的误会一方面是由于"瑞莲"与"瑞兰"声音相类，一时难以分辨；另一方面瑞兰孤身处于险境盼母心切，未暇细加分辨。她于是急匆匆前往，待相见时却不是母亲，而是一个秀才，甚感疑惑："你是何人我是谁？"为什么"将咱小名提"？且"进前处问个端的"。世隆也是同样地疑惑，自家唤叫妹子，这个不认识的女子为什么频频相应："我只道我妹子，元来是一位娘子。"按一般常理认错了人彼此走开便了事，那样就没了下文，有巧不成戏了。而戏剧往往以"巧合"作为艺术手段，将故事情节连接、伸延、发展，两人面对错认的尴尬情景，相互质问而交谈起来了。瑞兰说："呀，你不是我母亲，如何叫我？"世隆说："我自叫我妹子瑞莲，谁来叫你？"两人通过问答谈话，方知因名字音相近而误，亦知彼此都在兵火中逃离故乡，在乱军中失散了亲人，有着共同的不幸遭遇。世隆说："娘子不见了母亲，小生不见了妹子，正是俱错意，一般烦恼两心知。"

第五支曲子为第三层次。写王瑞兰请求蒋世隆带护同行见拒。两人知道错认后，对蒋世隆来说甚好处理，他招呼瑞兰说："名儿应错了自先回。"说着自己便要去寻找妹妹了："急急便往跟寻，岂容迟滞。"而这也是符合常理的事。可是瑞兰情况却不一样，作为一个孤身的年轻女子，在此兵荒马乱的特殊环境中，如无人带护孤身独行，将是不堪设想的。在此艰危时刻，她迅速作出抉择。封建礼教规定的男女有别要回避，在瑞兰看来，太平时期犹可遵行，但在此离乱危难之时已难以顾及了："事到如今，事到头来，怎生惜得羞耻。"她请求秀才："念苦怜孤，救奴残喘，带奴离此免灾危。"并表示"不忘你的恩义"。面对瑞兰的请求，世隆当时的思想，一是对眼前这位孤身女子处境非常同情，二是出于对这位"千娇百媚"美貌女子的喜爱，内心也有欲乘机带护亲近之意。但他却故作矜持，甚至假意推辞："我自家妹子尚且顾不得，怎带得你？"致使瑞兰欲随不得、欲去不能，十分惶恐难堪。

六、七两曲为第四层次。写蒋世隆有意托词，步步诱导，王瑞兰无奈只得自己提出作假夫妻结伴同行。从瑞兰的"请带"到答应"权说是夫妻"名义同行确是颇费一番周折的。蒋世隆虽然心里极想带护瑞兰，但又顾虑男女同行如无正当名义与理由将会遇到麻烦，他希望瑞兰同意以"夫妻"名义伴行。然而他自己不主动提出，而是通过一次次托词与步步诱逼让瑞兰自己说出，以遂其所愿。可是本为闺阁小姐的王瑞兰，她请求蒋世隆带护的目的仅仅是为了度过当前的这场危难，此外便无其他想法。当她听到蒋世隆不愿携她同行时，便举儒家道统上的"恻隐之心"来再次请求："既然读诗书，恻隐心怎不周急也？"没想到世隆却反诘说："你晓得有恻隐之心，那晓得有别嫌之礼？"并且说："我是个孤男，你是寡女，厮赶着教人猜疑。"瑞兰思想很纯洁、很简单，她说乱军中是不会有人阻拦盘问的。世隆却很认真，他反问瑞兰说假如有人阻拦盘问却如何？瑞兰无言以对，无奈只得说："路中若当拦，可怜奴做兄妹。"她以为这样说总该可以了吧，哪知世隆还是说不行，"兄妹固好，只是相貌不同，语言有别"，路人难以相信。瑞兰想，既然权"做兄妹"还是不妥，接下去自然只有"权说是夫妻"了。这对瑞兰来说确是个难以启齿的难题。但事出无奈，为脱离眼前危难，只得羞羞答答地说出了："相问时，权说是夫妻。"至此问题总算解决了。世隆高兴地说："恁的说方才可矣！"

本出戏在结构内容上层层推进，波澜起伏，意趣横生。作者采用"巧合"的戏剧艺术手法展开主要故事情节不平常的开端，为整个戏剧的情节发展和人物思想性格的塑造打下了良好的基础。蒋、王两个主要角色同时出场，整出戏：有动乱中亲人失散的惊恐伤怀，有错认相遇的惊异尴尬，有身处险境而萌生希望与反抗封建礼教的勇气，有略施心计进行步步诱逼的风趣，有权以假夫妻结伴避难的喜剧结果，悲喜交融，喜剧以终。变化发展，引人入胜！

在这里，王瑞兰的思想性格已显露风采。她本为官宦小姐，父亲为兵部尚书，生居画阁兰堂，青春娇美。平时有丫鬟服侍照顾，身处欢娱而不识忧愁滋味。但风云突变，番军南侵，天子迁都，父亲奉诏辞家赴边。不久中都陷落，仓皇中她随母亲离城南奔。在风雨交加的旷野中母女失散。隐匿树林间惊恐万状之际，因误听而与秀才蒋世隆巧遇。面对本不认识的青年男子，她在环境逼迫下，毅然作出反抗封建礼教的抉择，请求秀才带护，同意与秀才作假夫妻结伴同行，这是了不起的勇敢表现。她在不损害自身纯洁与尊严的前提下，表现了对秀才的热情主动，再三请求蒋世隆带自己同行，以度过这场危难。由于把故事放置于战乱的特殊背景之下，不仅显示了瑞兰机智勇敢反抗礼教的新型风采，而且又使人感到符合情理与生活真实，内涵丰富。相比之下，蒋世隆的形象略显逊色。他与瑞兰有着同遭乱离患难之悲，对瑞兰母女失散、孤女狭路抱有同情，见瑞兰年青貌美而产生爱慕，产生极思乘带护之机与她接近的复杂心态。通过托词，有意步步诱导瑞兰说出"权说是夫妻"的愿望，颇有一些心机。当然，男女间的这些复杂心态与言行，亦是正常生活的反映，亦无可非议。也正由于此，使戏剧情节更具有喜剧性。

这出戏对瑞兰首次出场的描述是成功的。但不同版本在表现上亦有差异。《六十种曲》本与容与堂刊本对瑞兰的描写已见上述。写了她在身处险境的情况下不顾羞耻，大胆作出请求秀才带护的抉择，打破封建礼教的束缚。写得比较委婉而又十分清晰，符合一个未谙世道的闺阁小姐的身份与思想变化的真实。这与关汉卿《闺怨佳人拜月亭》杂剧第一折中瑞兰自身所说的"如今索强支持，如何回避，籍不得那羞共耻"，并主动对世隆说"不问时权做弟兄（兄妹），问着后道做夫妻"，情节口吻亦相一致。但关剧只用了【后庭花】、【金盏儿】二支曲，过于简略，不如南戏剧本扩展为有情节有层次的一出，显得较为翔实曲折，能比较深入细致地刻画人物思想性格。世德堂本和《词林一枝》中对王瑞兰有更为主动勇敢的描写。如王瑞兰怕蒋世隆不肯带庇，竟诵《诗经·关雎》中"窈窕淑女，君子好逑"的诗句来请求，待世隆要走时，瑞兰甚至上前抢伞扯拦，虽然更能表现瑞兰的主动与反抗精神，在舞台表演上更富于喜剧趣味，吸引观众；但与瑞兰的身份及与后面的情节发展变化情况相对照，似显得有些过分夸张了。

本出在语言上显示"本色"特点，不论"曲"或"白"都非常通俗朴实，交接自然。吕天成说："天然本色之句，往往见宝。"（《曲品》）李贽对此也有很高评价："曲白都近自然，委疑天造，岂曰人工！"（《李卓吾批评幽闺记》） （徐顺平）

拜 月 亭　　施 惠

第二十二出 招 商 谐 偶

（末上）〔临江仙〕调和面糵多加料，酿成上等香醪。篱边风旆似相招。三杯倾竹叶[1],两脸晕红桃。　　不饮傍人应笑,百钱斗酒非高。莫言村店客难邀,神仙留玉珮,卿相解金貂[2]。　且喜兵火已平,民安盗息。不免叫货卖出来,分付他仍旧开张铺面,迎接客商,多少是好。货卖那里?(丑上)忙把店门开,安排待客来。不将辛苦艺,难近世间财。家长老官儿有何分付?(末)货卖,如今且喜兵火已平,民安盗息,你可与我开张铺面,迎接客商。你在外面发卖,我在里面会钞记帐。(丑)说得是。我在外面发卖,你在里面会钞记帐。我一卖还他一卖,两卖还他成双。(末)说得是。奉饶加一二,自有客人来。(下)(丑)好招商店,前临官道,后靠野溪。几株杨柳绿阴浓,一架蔷薇清影乱。古壁上绘刘伶裸卧[3],小窗前画李白醉眠。知味停舟,果是开埕香十里[4];闻香驻马,真个隔壁醉三家。但有南北二京、福建、江西、湖广、襄阳、山东、山西、云南、贵州、广东、广西客商,都来买好酒。自古道:"牙关不开,利市不来。"不免把酒来尝一尝。好酒!一生吃不惯闷酒,得个朋友来同酌一杯才好。

【驻马听】(生、旦上)一路里奔驰,多少艰辛,来到这里。且喜路途肃静,渐次平安,稍尔宁息。恨悠悠千里旅情悲,苦恹恹一片乡心碎。感叹咨嗟,伤情满眼关山泪。

【前腔】(丑)草舍茅檐,门面不装酒味美。真个杯浮绿蚁[5],榨滴珍珠,瓮泼新醅。(生、旦)酒旗斜挂小窗西,布帘儿招飐在疏篱际。和你共饮三杯,今朝有酒今朝醉。

(生)娘子,此间是广阳镇招商店,且沽一壶,少解旅况再行,如何?(旦)但凭秀才。(生叫酒保)(丑)官儿买酒吃的?(生)是买酒吃的。(丑)请坐!(生)还有浑家在外面。(丑)浑家请!(生)咄!你这酒保好野。(丑)我小人不野。(生)夫妻才称得浑家,你怎么也叫浑家?(丑)官儿,我闻古人云:"人之父母,就是我之父母。"官儿的浑家,也就是我的浑家。一般大家浑一浑。(生)胡说,称娘子才是。(丑)便是娘子请,如何?(叫科)两杯茶来。(生)酒保,你家有甚么好酒?(丑)有好酒。(生)有甚么好下饭?(丑)有好下饭。(生)只把好的拿来,吃了算帐。(丑叫科)那官儿脚上带黄泥,必定远来的。多着抛尸露,少着父娘皮。一卖当两卖,不要少他的。

(生)酒保,你说"多着抛尸露,少着父娘皮"。父娘皮是甚么?(丑)父娘皮是骨。(生)抛尸露是骨。(丑)抛尸露是肉。(生)父娘皮是肉,你怎么哄我?(丑叫科)这官儿是老江湖,不要哄他。抛尸露少放些,画眉青多放些。(生)酒保,画眉青是什么?(丑)画眉青是肉。(生)画眉青是菜。(丑叫科)不要哄他了。一卖肉,一卖鸡,一卖烧鹅,一卖匾食。快着呵!(生)看酒过来!(丑)好酒在此。(生)这是新笃[⑥],可有窨下[⑦]?(丑)我这里来往人多,没有窨下,只是新笃。(生)也罢。酒保与我斟一斟。(丑)不要说一针,八针也会。(生)休闲说。娘子请酒。

【驻云飞】村酿新笃,要解愁肠须是酒。壶内馨香透,盏内清光溜。(旦作羞不饮科)(生)嗏,何必恁多羞?(旦)非是奴家害羞,天性不会饮。(生)但略沾口,勉意休推,莫把眉儿皱。一醉能消心上愁。

娘子不曾饮得一杯,为何脸就红了?

【前腔】(旦)盏落归台,却早两朵桃花上脸来。酒保将酒过来,待我也回那秀才一杯。(丑背云)跷蹊,待我问他。官儿,方才娘子说:酒保看酒过来,待我也回那秀才一杯。"那"者是怎么说?(生)这是我那里乡音,"那"者是好也。(丑背云)待我也打腔儿哄他。(叫科)伙计看那酒来,那下饭来。(生)酒保,甚么那酒、那下饭?(丑)官儿就不记得了,我这里也是"那者,好也"。(生)休取笑。(旦把酒科)多感君相带。(生)多谢心相爱。(旦)嗏,擎樽奉多才。(生)小生也不会饮。(旦)你量如沧海。(生)酒保减一减我吃。(丑)什么说话,吃一个满面杯。(旦)满饮一杯,暂把愁怀解,乐以忘忧须放怀。

(生)酒保,我与娘子一路来,因有几句言语,不肯吃酒。你若劝得娘子吃一杯酒,我就与你一钱银子。(丑)官儿,我劝娘子吃一杯酒,就是一钱银子,若吃十杯?(生)就是一两。(丑)若吃了一百杯,就是十两。待我去奉娘子请酒。(作掩须科)

【前腔】(丑)潋滟流霞。(生)酒保,你怎么把脸儿遮了?(丑)小人脸儿不那个,恐娘子见了不肯吃酒。不比寻常卖酒家。娘子请一杯。(旦)我不会吃。(丑)小人跪了。(旦)请起,我吃。(丑)娘子出路人,不要吃单杯,吃一个双杯。(把酒科)村店多潇洒,坐起极幽雅。(旦)

我再吃不得了。(丑)没奈何,小人又跪下。(旦)也罢,起来,我再吃一杯。(丑)嗏,何必论杯斝,试尝酬价。爱饮神仙,玉珮曾留下,今后逢人吃甚茶?

【前腔】(生)闷可消除,只怕醉倒黄公旧酒垆[8]。(旦)秀才,天色晚了,去罢。(生)天晚催人去。(丑)好热酒在此。(生)好酒留人住。嗏,香醪岂寻俗,味若醍醐[9]。曾向江心,点滴在波深处,慢橹摇船捉醉鱼。

(旦)秀才,我猜着你了。(生)你猜着我甚么?(旦)你哄我吃醉了,要捉那醉鱼,只怕你"满船空载月明归"。(生)娘子,这是唐明皇与杨贵妃在采石江边饮宴的故事。(丑)着了,正是那唐明皇与杨贵妃在采石江边饮宴的故事。我小人亲眼见的,也是我斟酒劝他。(生)酒保,你多少年纪?(丑)我四十岁了。(生)唐明皇开元到今,有四百余年,你怎么说亲眼见?(丑)自不曾说谎,略谎得一谎,就露出马脚来。(旦)秀才,天色晚了,去罢。(生)酒保,天色晚了,会钞罢。(丑叫科)官儿,娘子不吃酒了,会钞。(生)酒保,这里到宿客馆中还有多少路?(丑)还有三十里,你问他怎么?(生)我要去借宿。(丑)这等去不到了。官儿,我这里广阳镇招商店,前面吃酒,后面宿客。这里不歇往那里歇?(生)娘子,方才酒保说,到旅馆中还有三十里路,去不到了,就在此安歇了罢。(旦)但凭秀才。(生)酒保,一发明日会钞罢。与我打扫一间房,铺下一张床。(丑叫科)那官儿不去了,一发明日会钞。打扫一间房。铺下一张床,一个联二枕头,一个大马子。(旦)酒保,那秀才与你说什么?(丑)那官儿叫我打扫一间房,铺下一张床。(旦)不要依他,只依我。与我打扫两间房,铺下两张床。(丑叫科)不依前头了。打扫两间房,铺下两张床,两个短枕头,一个马子[10],一个尿鳖。(生)酒保,娘子叫你怎么?(丑)叫我打扫两间房,铺下两张床。(生)酒钱饭钱都是我还,你怎么不听我说?还只是打扫一间房,铺下一张床。(丑)是。酒钱饭钱都是官儿还,只依官儿。(叫科)不依后头了,照旧依前。打扫一间房,铺下一张床,一个联二枕头,一个大马子。(旦)酒保,那秀才又与你说甚么?(丑)那官儿还叫我打扫一间房,铺下一张床。(旦)你这酒保只依我就罢了,有这许多更变!(丑)你两个只管咭力骨碌，骨碌咭力。（末上，打丑科）狗东西，成甚么规矩，一张又是两张，两张又是一张，叫我老人家，端到东，端到西，费许多气力。走出去！不用你了。（丑）咦，老官儿，我在此也是好的。畚灰刮镬，担柴挑水，门前招接，店中货卖。不用我，我往江西人馄饨店中去。（末指丑欲下）（丑）老不死。（末转身上）你骂我老不死？（丑）我说你牛一般健，老了不死的。（末下）（丑）你两个果来得跷蹊，怪不得那老儿，如今也不依官儿，也不依娘子，依了我罢。（生）怎么依你？（丑）依我便打扫一间房，依着官儿，铺下两张床……（生）一张！（丑）也依娘子一半，床却丁字铺了。（生）怎么丁字铺？（丑）官儿的床铺在这里，娘子的床铺在这里，上了床，吹灭了灯，一个筋斗就过了。（生）休取笑，张灯来。（丑叫科）看灯来，看洗脚水来。（下）（生）娘子，请睡了罢。（旦）你自请睡。（生）请睡了罢。（旦）秀才，你自睡，我自睡，只管问我怎么？

【绛都春】（生）担烦受恼，岂容易，共伊得到今朝？有分忧愁，无缘恩爱，何时了？（旦）长吁短叹，我心自晓。（生）娘子，你晓得我甚么？（旦）有甚的真情深奥？（生）正要娘子晓得。（旦）礼法所制，人非土木，待说也难道。

（生）寻踪访迹遇林中，（旦）受苦扶危出祸丛。（生）我和你有缘千里能相会，（旦）我只是无缘对面不相逢。（生）娘子，你怎么把言语都说远了，你敢是忘了？（旦）奴家不曾忘了甚么。（生）既不曾忘，可记得林榔中的言语来？（旦）林榔中曾与秀才说兄妹同行。（生）这也有来。我说面貌不同，语言各别，娘子又怎么说？（旦）奴家再不曾说甚么。（生）正是贵人多忘事。娘子再想。（旦）奴家想起来了，说怕有人盘问，权说做夫妻。（生）却又来，别的便好权，做夫妻可是权得的？我也不问娘子别的，可晓得仁、义、礼、智、信？不要说仁、义、礼、智，只说一个“信”字。（旦）“信”字怎么说？（生）天若爽信，云雾不生；地若爽信，草木不长。为人可失得信么？（旦）奴家也不曾失信与秀才。（生）既不失信，如何不依林榔中的言语？（旦）秀才，你送我回去，多多将些金银谢你吧。（生）岂不闻“书中自有黄金屋”，要你那金银何用？（旦）也罢，你送我回去，我与爹爹说，与你个官儿做罢。（生）呀！官是朝廷的，是你家的？我一路来，倒不曾问得娘子，不知娘子是何等人家？（旦）秀才，你不问起也罢,若问我家中事情,不要说与你同行同坐,就是立站的去处,也没有你的去处。(生)韩景阳大来头,你却是何等人家?愿闻。(旦)奴家祖公是王和,父亲见任兵部王镇尚书,母亲是王太国夫人,奴家是守节操的千金小姐。(生)既是千金小姐,怎么随着个穷秀才走?(旦)不知你妹子随着那个哩。(生)你自身顾不得,那管得别人?且住。不要与他硬,若硬,两下里就硬开了,还要放软些。娘子元来是宦家之女,我蒋世隆低眼觑画堂,尚然消受不起,倒与娘子同行同坐,望娘子高抬贵手,饶恕蒋世隆之罪。(跪科)(旦亦跪科)大恩人请起。(生)咳,你既知我是大恩人,

【降黄龙】说甚么宦室门楣,寒士寻常,望若云霄。时移事迁,为地覆天翻,君去民逃。多娇,此时相遇,料应我和你姻缘非小。做夫妻相呼厮唤,怎生忘了?

【前腔】(旦)秀才,何劳,奖誉过高。昔日荣华,眼前穷暴。身无所倚,幸然遇君家,危途相保。(拜科)英豪,念孤恤寡,再生之恩难报。久以后衔环结草[11],敢忘分毫。

【前腔】(生)听告。你身到行朝,与父母团圆,再同欢笑。那时节呵,你在深沉院宇,要见你除非是梦魂来到。(旦)我禀过父亲,那时与你成亲也未迟。(生)那时节你还要我?攀高,选择佳婿,卑人呵,命蹇时乖,实是难招。我与娘子一路同行到此,便是三岁孩童,也说一对好夫妻。这虚名人前自说,听着偏好。

【前腔】(旦)休焦,所许前词,侍枕之私,敢惜微眇。(生)既如此,却又推三阻四怎么?(旦唱)怕仁人累德,娶而不告,朋友相嘲。(生)娘子,你晓得"瓜田不纳履,李下不整冠"么?(旦)"瓜田不纳履"怎么说?(生)假如人家一园瓜正熟,有人打从瓜园中经过,曲腰纳其履,隔远人望见,只说偷其瓜。(旦)"李下不整冠"怎么说?(生)假如人家一园李子正熟,有人打从他李树下过,欲待伸手整其冠,人见只说盗其李。从教整冠李下,此嫌疑实亦难逃。(旦)秀才,你送我到行朝,与爹爹说知,教个媒人说合成亲,却不全了奴家的节操?(生怒击桌科)你前日在虎头寨上,若没有蒋世隆呵,乱军中遭驱被虏,怎全节操?

(净内叫)老儿起来,盘儿碗儿都打碎了。(末、净上)

【太平令】曲径非遥，深夜柴门带月敲。邮亭一宿姻缘好，又何故语叨叨？(生、旦见科)

【前腔】(生)旅邸萧条，回首乡关路转遥。寒灯照影伤怀抱，因此上话通宵。

(末)官人，娘子，我两口在隔壁听得许久，颇知一二，你也不要瞒我了。(生)既如此，瞒不得公公、婆婆了。(末)秀才官人，他是宦族名流，深闺处子，自非桑间之约，濮上之期[12]，焉肯钻穴相窥，逾墙相从。秀才官人，你是读书之人，岂不闻柳下惠之事？(生)惶恐，惶恐。(末)秀才官人莫怪，请到前楼去坐一坐，老夫别有话说。(生)是如此。(下)(末)小姐在上，老夫有一言相告："男女授受不亲，礼也。嫂溺援之以手，权也。"权者反经合理之谓。且如小姐处于深闺，衣不见里，言不及外，事之常也。今日奔驰道途，风餐水宿，事之变也。况急遽苟且之时，倾覆流离之际，失母从人二百余里。虽小姐冰清玉洁，惟天可表，清白谁人肯信？是非谁人与辨？正所谓：崑冈失火，玉石俱焚。今小姐坚执不从，那秀才被我道了几句言语，两下出门，各不相顾，倘遇不良之人，无赖之辈，强逼为婚，非惟玷污了身子，抑且所配非人。不若反经行权，成就了好事罢。(旦)望公公、婆婆收留奴家在此。倘或父母有相见之日，那时重重相谢，决不虚言。(末)呀，收留人家迷失子女，律有明条。况小店中来往人多，不当稳便。既然不从，小姐，请出去罢。(旦悲科)(净)老儿，他只因无父母之命，又无媒妁之言，我两人年纪高大，权做主婚之人，安排一樽薄酒，权为合卺之杯。所谓礼由义起，不为苟从。我两老口主张不差，小姐依顺了罢。(旦)我如今没奈何了，但凭公公、婆婆主张。(净)老儿，小姐也是看上这秀才的，他也要拿些班儿。(末)你去看酒来，待我请那秀才官人来。秀才官人，有请。(生上)(末)被老夫劝从了。(生揖科)多谢公公。(净上)老儿，酒在此了。(末把酒科)

【扑灯蛾】(末、净)才郎殊美好，佳人正年少。相逢邂逅间，姻缘会合非小也。天然凑巧，把招商店权做个蓝桥。翠帷中风清月皎，算欢娱，千金难买是今宵。

【前腔】(旦)礼仪谨化源，《关雎》始风教[13]。一时见君子，匆匆遽成人道也。(生)我是山鸡野鸟,配青鸾无福难消。仗冰人一言已定[14],此生此德,何以报琼瑶?

(末、净)官人,娘子,请稳便罢。夜深了,明日再取一樽酒,与你暖房。姻缘本无意,天遣偶相逢。剩把银釭照,犹疑是梦中。(下)

【衮遍】(旦)不肯负情薄,不肯赋情薄,随顺教人笑。空使我意沉吟,眉留目乱羞难道。(生)看他喜时模样,愁时容貌,灯儿下,越看着越波俏[15]。

【前腔】(旦)才郎意坚牢,才郎意坚牢,贱妾难推调。只恐容易间,把恩情心事都忘了。(生)蒋世隆若有此心,与你星前月下去罚下誓来。(旦)你自去罚。(生)蒋世隆若忘了小姐厚恩,永远前程不吉。海誓山盟,神天须表。办至诚,图久远同谐老。

【尾声】(旦)恩情岂比闲花草?(生)往常恨更长寂寥,今夜只愁天易晓。

(生)野外芳葩并蒂开,(旦)村边连理共枝栽。

(合)百年夫妇途中合,一段姻缘天上来。

〔注〕 ① 竹叶:酒名,即竹叶青。唐白居易《蔷薇正开春酒初熟……》:"瓮头竹叶经春熟,阶底蔷薇入夏开。" ② 解金貂:谓以金貂换酒。金貂,达官显贵所戴的冠饰。 ③ 刘伶:晋竹林七贤之一,不拘礼法,沉酣于酒,据《世说新语·任诞》记载,他"或脱衣裸形在屋中。人见讥之,伶曰:'我以天地为栋宇,屋室为幝衣,诸君何为入我幝中?'" ④ 埕:酒坛。 ⑤ 绿蚁:酒面上的浮沫,也常代指酒。 ⑥ 新篘(chōu):新漉的酒。 ⑦ 窨下:指窖藏之酒。 ⑧ 黄公旧酒垆:晋王戎曾与阮籍、嵇康同饮于黄公酒垆,阮、嵇死后,他再经旧地,十分感伤。 ⑨ 醍醐:牛乳中提炼出来的精华。 ⑩ 马子:便器。下文"尿鳖"是溺器。 ⑪ 衔环:东汉杨宝曾从鸷鸟爪下救出一黄雀,夜有一黄衣童子自称西王母使者,以白环四枚相赠,谓将令其子孙洁白、位登三公,有如此环。后杨氏一门果贵显。见《后汉书·杨震传》。结草:春秋晋魏武子有一爱妾,命其子魏颗己死则嫁之,临死又改命己死则以妾殉葬。魏武子死后,魏颗认为父亲病重时神智已乱,遂根据他起初的意愿将那个爱妾改嫁了。后在辅氏之战中,有老人结草绊倒敌将,使之被擒。魏颗夜梦老人自称是那个爱妾的父亲,因报恩而为此。事见《左传·宣公十五年》。 ⑫ "自非"二句:桑间濮上,指男女幽会之所。《汉书·地理志》:"卫地有桑间濮之上,男女亦亟聚会,声色生焉。"桑间为古卫国地,在濮水之滨。 ⑬ "关雎"句:《关雎》为《诗经·国风·周南》篇名,《毛诗序》称其为"《风》之始也,所以风天下而正夫妇也。故用之乡人焉,用之邦国焉。" ⑭ 冰人:媒人。 ⑮ 波俏:漂亮。

《招商偕偶》是蒋世隆与王瑞兰在旅舍自主成婚的一出戏。一个是贫寒书生,一个是官宦小姐,虽门第悬殊,但两人在共患难中建立了深挚的爱情。在无

"父母之命,媒妁之言"的情况下,自主结成夫妻。表现了青年男女反抗封建礼教,追求婚姻自主的斗争精神。

蒋、王二人旷野奇逢结伴而行,在乱军追逐下,跟随难民四处奔逃。宿水餐风,历尽艰辛:"风传军喊急,雨送哭声频。"中间还经虎头山遇盗,幸亏寨主陀满兴福恰为世隆结义兄弟,才得化险为夷。俩人相随奔波数月,行程数百里,局势方得渐渐平息。但回顾往事,仍是痛定思痛:"恨悠悠千里旅情悲,苦恹恹一片乡心碎,感叹咨嗟,伤情满眼关山泪。"

蒋、王两人在共患难中相互了解,建立了深挚的爱情。这时来到了广阳镇招商馆,两人在感情上已彼此难舍难分,但在是否马上成婚问题上却又各有着复杂的心理。对蒋世隆来说,早在旷野相逢时就对瑞兰怀有爱意,在既以兄妹相待、又权称"夫妻"名义的患难途中,与瑞兰建立了爱情。现在烽火渐平,两人一旦分别,美好的姻缘将会化为泡影。为了追求幸福的爱情,他感到使这"假夫妻"成为真夫妻已刻不容缓。当日到了旅舍,就坚意要求瑞兰当晚成婚。可是瑞兰的思想却比世隆复杂,处境艰难得多。她是个官宦小姐,遭离乱母女失散,当日与世隆旷野相逢,只是在万不得已的情况下恳求世隆带她同行。她的目的只是为了度过眼前的危难,此外没有其他思想。她只将世隆作为怜悯帮助自己的恩人看待。"权称夫妻"是在世隆表示须有个合理的称呼才方便带她同行时不得已的表态。可是后来她与世隆朝夕相随患难与共的旅途中,逐渐了解世隆,萌生了爱情。但要在招商馆当晚私自成婚,这是瑞兰难以接受的。她这时已经了解到世隆这一思想意图,所以她一到旅舍就非常警惕,处处回避防范。先是拒绝饮酒,以防"哄我吃醉了,要捉那醉鱼"。其次是旅舍住宿时又提防世隆安排一个房间、一张床成就事实的意图,坚持要两人分居。三是一任世隆对她动之以情、申之以理的恳求劝说,瑞兰始终坚持不答应。她为什么这样再三回避防范不肯答应世隆的要求呢?不是她对世隆不够了解或没有感情。她当着世隆的面表白说:"侍枕之私,敢惜微眇?"她顾虑的是"没有父母之命,媒妁之言",连平民百姓都不得不遵从封建婚姻礼教规矩,何况她还是当朝尚书之女呢?所以她向世隆要求先让她回家禀告父母,请媒人说合成婚。否则,她怕"仁人累德,娶而不告,朋友相嘲"。瑞兰的这一思想顾虑在当时是十分自然的,所以尽管世隆对她软求、硬说,甚至指责她"言而不信",并举虎头山遇盗之例,称如无世隆庇护,早就保不住节操了,她都没有动摇。瑞兰这时虽也有激烈的思想斗争,但仍然坚决不愿答应,致使世隆拍案而怒。这对矛盾的最后解决,是由店主公婆出来劝说撮合,并权做主婚人,安排酒席为之合卺,瑞兰方才勉强答应,终于在旅舍成就了自主婚姻。

这出戏在内容上使蒋、王爱情故事情节推向高潮，对人物思想性格的刻画极其深刻细致。蒋世隆为了达到当晚旅舍成婚，也颇费一番心机：先是劝之以酒，欲使之酒醉就范；次是安排同房住宿，欲使之既成事实；三是动之以情、申之以理，欲使之同意。瑞兰虽处处防范并加以拒绝，但内心也是很不平静的。生、旦对唱【降黄龙】四曲，正反映了两人同样心情与两种不同处境的复杂心理。所谓同样心情是指两人共有着难舍难分深挚的爱。两种处境的复杂心理是指：瑞兰身为闺阁小姐，怕不告而婚损了节操，被人耻笑；蒋世隆则顾虑瑞兰为尚书之女，门第高深，此时如不成婚，怕别后"你在深沉院宇，要见你除非是梦魂来到"。两者想法都各有其现实之理。这对矛盾一时难以解决。世隆举"瓜田不纳履"、"李下不整冠"的典故反复劝说瑞兰，瑞兰却始终坚持："送我到行朝，与爹爹说知，教媒人说合成亲，却不全了奴家节操?"最后由店主公婆出来撮合，举"嫂溺援之以手"之例，说这是反经合理之事，从而比照瑞兰身处乱离之时，母女失散，跟随世隆二百余里，亦是环境特殊的反经合理之事。然而两人长途伴行，虽冰清玉洁，但旁人岂能都相信？况且两人此刻不婚而散，倘然遇上不良之人，诱逼为婚，玷污身子，后果更不堪设想，不若反经行权成就好事为上策。瑞兰听后很是惶恐。这时店主婆又帮助瑞兰解开"无父母之命，媒妁之言"的疑虑，设策由店主公婆两位高年人主婚，安排酒席以成礼，并说这是"礼由义起，不为苟合"，通过这样内外因相结合的说服撮合，致使瑞兰最后表态："我如今没奈何了，但凭公公婆婆主张。"这对矛盾至此终于解决了。

事情并不就此结束，当瑞兰以身相委同意成婚之时，她内心仍感矛盾烦乱："不肯赋情薄，不肯赋情薄，随顺教人笑。空使我意沉吟，眉留目乱羞难道。"表述了感情上难以推拒，情理上却是勉强屈从。在此同时瑞兰还产生了新的思想疑虑："才郎意坚牢，贱妾难推调。只恐容易间，把恩情心事都忘了。"怕世隆得之太易日后负心。最后由世隆海誓山盟，表示永不变心，才终成喜剧结束。

上述对瑞兰、世隆思想心理的细致刻画，具体生动，波澜起伏，合情合理，令人叹服。

这出戏对全剧故事情节发展与人物形象的塑造有着十分重要的意义。在结构上起着承前启后的作用。既承旷野奇遇，于患难相依中建立了爱情；也为以后瑞兰拜月、夫妻团圆起了先导作用。关汉卿《闺怨佳人拜月亭》杂剧无这出戏的内容情节，南戏《拜月亭》根据前后故事情节进行了创作，使之故事情节更完整、人物思想面貌更为深刻鲜明。

（徐顺平）

拜 月 亭　　施惠

第二十五出 抱恙离鸾

(旦扶生上)

【三登乐】世乱人荒,幸脱离天罗地网,不堤防病染这场。事不宁,身未稳,天降灾殃。淹留旅邸,望河南怎往?

(旦)官人,你今日病体如何?(生)十分沉重。(旦)待我央店主人去请个太医来看一看。店主人有请。(末上)贫无达士将金赠,病有良医说药方。小姐拜揖。(旦)店主人万福。(末)小姐,官人贵体若何?(旦)官人病体,十分沉重,烦你请个太医来看一看。(末)这个当得。不曾三五步,咫尺是他家。翁太医在么?(净内问)是那个?(末)请你看病的。(净)有几个人在外面?(末)只我一个。(净)得两个拿扇板门来,抬我去方好。(末)为什么?(净)犯了些腰头病。(末)你何不自医?(净)自古道:卢医不自医[①]。(末)快些出来。(净)不要慌,待我分付了着。(净半上,向内科)分付丁香奴、刘寄奴[②],你每好生看着天门、麦门,我去探白头翁、蔓荆子,趁些郁金,水银才当归。倘有使君子来看大麦、小麦,可回他说是张将军、李国老家请去了。你苁蓉把破故纸包那没药与他去。前者,因为你每不细辛防风,却被那伙木贼爬过天花粉墙,上了金线重楼,打开青箱,偷去珍珠、琥珀、金银花子、丹砂裰子、茯苓裙子、昆布袜子、青皮靴子;那一个豆蔻又起狠毒之心,走入莲房,搂定我的红娘子,扯下裩裆。直弄得川芎血结。咳!苦脑子!苦脑子!如今可牵海马到常山下吃些莽草,薄荷边饮些无根水。傍晚看天南星出,即挂上马兜铃,将红灯笼点着白蜡烛,往人中白家来接我。你若懒薏苡来迟了,叫我黑牵牛茴香,惹得我急性子起,将玄剖索吊你在甘松树上,四十蒺藜棍,打断你的狗脊骨,碎补屁孛孛出荜拨,饶你半夏,分附子了王不留行。

【水底鱼】(净上)三世行医,四方人尽知。不论贵贱,请着的即便医。卢医扁鹊,料他值甚的?人人道我,道我是个催命鬼。

我做郎中真久惯,下药且是不懒慢。热病与他柴胡汤,冷病与他五灵散。医得东边才出丧,医得西边已入殓。南边流水买棺材,北边打点又气断。祖宗三代做郎中,十个医死九个半。你若有病请我医,想你也是该死汉。小子姓翁,祖居山东,药性医书看过,《难经》、《脉诀》未通。做土工的是我姐夫,卖棺材的是我外公。我若一日不医死几个,叫我外婆姐姐在家里喝风。你是那个?(末)是我。我店中有个秀才,得了病,请你去医。(净)他是甚么病?(末)去看脉便知道,怎么问我?(净)你不晓得,明医暗卜,问得明白了去,方才看脉也对科,下药也对病。(末)也说得有理。我说便说,你不要对那秀才说。(净)你是好意,我怎么就说?(末)那秀才因离乱,不见了妹子,忧烦得病。(净)这等便是忧疑惊恐上来的。不打紧,一帖药就好。(末)先生略待,我进去说了来请你。小姐,太医到了。(旦)公公,他是病虚的人,叫他悄悄的进来,不要惊唬了他。(末)先生,那秀才是病虚的,你可悄悄些进去。(净)我晓得,我晓得。(净进看)(击桌大叫)(诨科)(生作惊科)(旦抱生科)(旦)这太医好没分晓,病虚的人,为何这般大惊小怪。(净)这是我医人的入门诀。(末)怎么说?(净)惊一惊,惊出他一身冷汗,病好了也不见得。(旦)倘或不好。(净)惊死了也罢了,这个叫个活惊杀。(末)先生且看脉。(净)伸出脚来待我看。(末)还是手,怎么说脚?(净)你不晓得,病从跟脚起。(净看脉科)(旦)先生,用心看一看,是甚么症候?(净)这个病症,是乱军中不见了亲人,忧疑惊恐,七情所伤的症候。(旦)好太医,就如见的。(净)我实不曾见,是王公才方与我说的。(末)呀,我教你不要说。(净)我不说,不表你的好意思。(旦)烦太医再看分晓。

【柰子花】(净)他犯着产后惊风,(旦)不是。(净)莫不是月数不通?

(旦)这太医胡说。(末)他是男子汉,怎么倒说了女人的病症。(净)我手便拿着官人的,眼却看着这娘子,故此说到女科去了。待我再看。呀,不好了!

【驻马听】这脉息昏沉,两手如冰骇死人。叫几个尼姑和尚,做些功果,送出南门,鬼门关上去招魂。叫些木匠,𠃌𠃌𠃍𠃍早把棺材钉。(旦哭科)(净)我的人儿,连哭两三声。呀!你不曾动。(末)不曾动。(净)这等不妨,是我差拿了手背,你谎则甚?

(旦)如今怎么?(净)如今下针。(旦)怎么这等大针?(净)待我换。(旦)一发大了。(净)这等我有药在这里。(末)甚么药?(净)是飞龙夺命丹,拿去与秀才吃。(生吃吐科)(旦)怎么吃了就吐?(净)虚弱得紧,胃口倒了。老官儿,你也吃一服。(末)我没有甚么病。(净)你吃了发白再黑,牙落再生。(末)这等好,拿来我吃。(作吐科)(净)二三十两银子合的药,都吐了。你们不会吃,待我吃与你看。(作吐科)(末)先生,这是甚么药?吃的都吐了。(净作看科)阿呀!连我也拿差了。这是医痔疮的药,上下不对科了。(末)翁太医,你还要看症真仔细下药。(净)这等待我再望闻问切。

【剔银灯】他浑身上如汤似火烧?(旦)不热。(净)口儿里常常干燥?(旦)也不。(净)终朝饭食都不要?(旦)也还吃些。(净)耳闻得蝉鸣声噪?(旦)也不。(净)心焦?(旦)也不。(净)莫不是害劳?(旦)这先生说的一些也不是。(净)都不是,不医便了。(下)

(末)这先生去了,小姐可劝官人且宁耐,老夫去去再来看。正是药医不死病,果然佛度有缘人。(下)(生)娘子,太医说我病体如何?(旦)官人,太医说了没事。且自宁耐则个。

【山坡羊】(生)娘子,我病体难医难治,你这苦如何存济?(旦)愿流恩降福,降福灾星退。(生)势渐危,料应我不久矣!若还我死,你必选个高门配。我便死向黄泉,一心只念你。(旦)休提。不由人泪暗垂。伤悲,何时得归故里?(外、丑引众上)

【三棒鼓】(外)君臣迁徙去如星,只怕土产凋零也,人不见影。(众)一程两程,长亭短亭,不住行。如今海晏河清也,重逢太平,重乐太平。

(外)六儿,这是那里了?(丑)是广阳镇了。(外)可有驻节的所在?(丑)这里没有。(外)我要写个报子③,打到孟津驿去,那里好暂歇。(丑)这里有个招商客店,倒洁净,好暂歇。(外)既如此,好洁净房儿看一间,我进去。(丑)叫几个皂隶随我进来。有甚么人在这里?(末上)是谁呀?牌子,买饭吃的?(丑)这个彘子孩儿,人也不识,买饭吃的!(众)这是六爷。(末)是六爷?小人不识得。(丑)且饶你,你去打扫一间好房,我每老爷要进来。快些!(末)小店中窄小,住不得。(丑)不在此住,只要写个报子就行。(末)请六爷去看，中意便请老爷进来。(丑看科)(末)这一间？(丑)不好。(末)那一间？(丑)不洁净。(末)只有里面一间，甚是洁净，只是有个秀才染病在里头。(丑)教他出去一会儿，待老爷写了报子再进去。(旦)呀！倒象我家六儿，待我叫他一声。六儿。(丑)谁叫六儿？(旦)六儿。(丑)呀！姐姐，爹爹；爹爹，姐姐。爹爹，姐姐在此！姐姐，爹爹在此！(旦)爹爹在那里？(外)女孩儿在那里？(见科)

【五供养】(旦)别来久矣，自离朝尊体无恙。骨肉重再睹，喜非常。(外)孩儿，屈指数月，折倒尽昔时模样。思故里，念家乡，多少鬓边霜。

(旦)〔鹧鸪天〕爹爹，目断魂消信息沉，沿途穷迹问踪寻。(外)孩儿，亲情再见诚无意，子父重逢岂有心！　(丑)言往昔，话如今，店中权歇问家音。(合)正是着意种花花不发，等闲插柳柳成阴。　(外)孩儿，你怎么在这里，说个备细与我知道。

【园林好】(旦)才说起迁都汴梁，闹吵吵哀声四方。不忍诉凄凉情况。家所有，尽撇漾；家使奴，尽逃亡。

【嘉庆子】(外)你一双子母何所傍？(旦)更雨紧风寒势怎当？心急行程不上。人乱乱，世慌慌，愁戚戚，泪汪汪。

【尹令】那时又无倚仗，那时有谁亲傍？那时有家难向。他东我西，地乱天慌，事怎防？

(外)你母亲如今在那里？

【品令】(旦)逃生士民，在官道驿程傍。天色渐晚，阴云黯穹苍。匆匆正往，喊声如雷响。各各奔走，都向树林中伉。偷生苟免，瓦解星飞，子离了娘。

【豆叶黄】(外)我儿，你一身现在谁行？(旦)我随着个秀……(外)甚么秀？(旦)我随着个秀才栖身。(外)呀，他是甚么人？你随着他？(旦)他是我的家长④。(外怒科)谁为媒妁？甚人主张？(旦)爹爹，人在那乱、人在那乱离时节，怎选得高门厮对厮当？

(外)六儿，那秀才在那里？(旦)在这里，还不走过来！(生见科)

【月上海棠】(外)你自想，甚年发迹穷形状？(生)怎把凡人貌相,海水斗升量?(旦)非奖,陋巷十年黄卷苦[⑤],那时禹门三月桃花浪[⑥]。一跃龙门便把名扬,管取姓字标金榜。

(外)孩儿,随我回去罢。

【五韵美】(旦)意儿里想,眼儿里望,望求取东君艳阳[⑦],与花柳增芳。(生)全没些可伤,身凛凛如雪上加霜。(外)孩儿,你快随我去。(生、旦)更没些和气一味莽,铁胆铜心,打开凤凰。

【二犯幺令】(外)你是娘生父养,为何逆亲言,心向情郎?(生)虽是你的女儿,我向地、我向地狱相救到这天堂。怎下得将他撇在没人的店房。(合)若是两分张,管取拚残生命亡。

(丑)去罢,去罢。(旦)官人,和你同去哀告。

【玉交枝】(生)哀告慈悲岳丈,(外)唗,谁是你岳丈?(生)可怜我伏枕在床。(外)就死有谁来怜你!(生)我必定是死了!煎药煮粥无人管,等待我三五日时光。(外)去,去!一时也等不得。(生)全没些好言劈面抢,恶狠狠怒气三千丈。(外)六儿,扯上马去!(生)只倚着官高势强,只倚着官高势强。(丑扯旦科)

【江儿水】(旦)眼见得今朝去,直恁忙。相随百步,尚且情悒怏。何况我夫妻月余上,怎下得霎时间如天样?(外、丑)若要成双,休指望。(生、旦)一对鸳鸯,生被跌天风浪。

(外)六儿,快扯上马去。(丑扯科)

【川拨棹】(生)心相诳,更不将恩义想。(旦)无奈何事,无奈何事有参商。父逼女,夫言妇伤。(合)苦别离,愁断肠;两分离,愁断肠。

【前腔】(旦)男儿赎药,把衣衫典当偿。我不能够觑,我不能够觑得你身体康。(生)我和你再,我和你再得成双,怕死后一灵儿到你行。(合前)

【前腔】(旦)你休为我相思损天常,紧攻书,临选场。(生)我不道再、我不道再娶重婚,你焉肯终身守孀?(合前)

(外)六儿,快扯上马去。(丑扯科)

【哭相思】(生、旦)怎下得将人离别,愁万缕,肠千结。

(丑扯旦科)(生夺旦)(外推倒生科)(外)咄!早知今日事如此,何

不当初莫用心。(下)(生哭作不能起科)

【卜算子】(生)病弱身着地,(末上扶生科)(生)气咽魂离体,拆散鸳鸯两处飞。天那,多少衔冤气!

店主人放手,我拚命去赶他转来。(末劝科)已去远了!

【金梧桐】(生)这厮忒倚官,忒挟势。便死待何如,欺侮俺是穷儒辈。俺这里病愈深,他那里愁无际。旅店邮亭,两下里,人应憔悴。我那妻,怎教我忍得住恓惶泪?

(末)秀才官人休要短见,且自安息,保重贵体。

(生)天涯海角有穷时,(末)人岂终无相见日?

(合)但愿病痊无个事,免教心下常忧郁。(并下)

〔注〕 ① 卢医:即战国时名医扁鹊,本名秦越人,家于卢国,故世又称"卢医"。 ② 丁香奴、刘寄奴:中药名。这段念白中,下面的天门、麦门、白头翁、蔓荆子、郁金、水银、当归、使君子、大麦、小麦、苁蓉、破故纸、没药、细辛、防风、木贼、天花粉、金线、青箱、珍珠、琥珀、金银花、丹砂、茯苓、昆布、青皮、豆蔻、莲房、红娘子、川芎、血结、苦脑子、海马、常山、莽草、薄荷、天南星、马兜铃、人中白、薏苡、黑牵牛、茴香、急性子、玄剖索、甘松树、蒺藜、狗脊骨、碎补、荜拨、半夏、附子、王不留行都是中药名。 ③ 报子:通知。 ④ 家长:此指丈夫。 ⑤ 黄卷:指书籍,古人用黄蘖汁染纸防蠹,故称。 ⑥ 禹门:即龙门,在今山西河津市西北、陕西韩城市东北,传为大禹治水所凿,故名。旧有鲤鱼跳过龙门即化而为龙之说。桃花浪:即桃花汛,仲春冰解雨落,江河潮水暴涨,时值桃花盛开,故称。唐杜甫《春水》:"三月桃花浪,江流复旧痕。" ⑦ 东君:太阳。也可指司春之神。

《抱恙离鸾》叙蒋、王自成婚后,世隆患病滞留旅邸,被王父途经巧遇发现,强行拆散。此出戏深刻揭露并批判了王镇作为封建婚姻卫道者的专横、自私与残忍的本质,表现了蒋、王爱情的深挚与反抗强横势力的斗争精神。

戏里描写王镇的笔墨并不多,但他那自居卫道者的思想面貌与强横残忍的手段已暴露无遗。当他得知女儿瑞兰已与穷秀才蒋世隆私结婚姻后,即勃然大怒,谴责女儿瑞兰违反纲常:"谁为媒妁?甚人主张?"瑞兰向他解释说明:"爹爹,人在那乱、人在那乱离时节,怎选得高门厮对厮当?"当世隆以女婿身份向他拜见时,他不仅不予承认,说:"哇,谁是你岳丈?"而且加以训斥。他不听女儿的再三说明与恳求,不理世隆在乱离中对女儿的救助之恩,不顾世隆重病缠身处于生死之际的艰难情况,恶狠狠地对世隆说:"就死有谁来怜你!"后来世隆与瑞兰向他恳求暂留三五日,他也坚决不答应,甚至说"一时也等不得",接二连三地逼命六儿将瑞兰:"扯上马去!""快扯上马去!"当世隆舍不得瑞兰将被扯走,带病上前牵住瑞兰时,王镇竟亲自动手将世隆推倒在地,还讥刺说:"早知今日事如此,何不当初莫用心。”然后扬长而去。他凭着自己的权势与淫威拆散了这对鸾凤。他在戏中是个依仗权势、极其自私残忍的反面人物。

蒋世隆在戏中表现了不屈于强权淫威的斗争精神。他揭露批判王镇是“铁胆铜心,打开凤凰”。当王镇对女儿说:“你是娘生父养,为何逆亲言,心向情郎?”世隆愤愤驳斥说:“虽是你的女儿,我向地、我向地狱相救到这天堂。”当世隆在瑞兰劝说下向王父哀告恳留三五日也不肯时,世隆愤懑填膺,当面抨击他“只倚着官高势强,只倚着官高势强”,表现了蒋世隆对恶势力拆散恩爱夫妻的强烈愤恨与反抗。

王瑞兰一方面表现了忠于爱情、反对父亲以无情残忍的手段拆散他俩的自主婚姻;另一方面由于她的出身与教养的影响,又屈从于对父亲的孝道与强横。在这出戏里,她先是向父亲倾诉乱离苦况与世隆的自主婚姻情况:乱离起,家破人亡,与母亲在逃难途中失散,只得跟随秀才,共患难,得庇护,结为夫妻,等等。在这里,瑞兰强调了在特殊环境与情况下,与世隆结成了婚姻。这实际上是对“父母之命,媒妁之言”,“门当户对”的封建婚姻礼教的反抗,故使其父王镇勃然大怒,不同意这桩婚姻,并指责世隆穷酸模样,说:“你自想,甚年发迹穷形状?”瑞兰不同意父亲的见解,为世隆进行辩护说:“陋巷十年黄卷苦,那时禹门三年桃花浪,一跃龙门便把名扬,管取姓字标金榜。”父亲不理她的辩护,要她抛下世隆立即跟他回去。瑞兰对父亲如此绝情的思想行为十分不满,这与她原来的愿望完全背道而驰:“意儿里想,眼儿里望,望求取东君艳阳,与花柳增芳。”可如今父亲却是如此无情残忍,使之雪上加霜。她说父亲是铁石心肠,表现了对父亲的不满与反抗。可是,父亲以“娘生父养”的孝道责备瑞兰,并催逼她上马离去。在父亲的专横下,她出于无奈只得向父亲作恳求哀告;但父亲仍然不允,并立即将她强扯上马,拆散鸳鸯。在此同时,世隆又埋怨她:“心相诳,更不将恩义想。”她千般委曲,万般怨愤忧伤,她无力阻止父亲的强横,只得对世隆说:“无奈何事,无奈何事有参商。父逼女,夫言妇伤。”说出了她此时万分苦楚与忧伤。临别之际,她怀着“破镜重圆”之愿劝勉丈夫:一劝好好保养病体:“男儿赎药,把衣衫典当偿。我不能够觑,我不能够觑得你身体康。”说得既伤痛欲绝,又体贴入微。二劝好好攻书进取:“你休为我相思损天常,紧攻书,临选场。”这二劝之意还表明了她对爱情的忠诚,表示了终身相守之志。这早在关汉卿《闺怨佳人拜月亭》杂剧中另有更明确的表述:“我宁可独自孤孀,怕他大抑勒我再找个家长,那话儿便休想。”还说:“那玉砌朱帘与画堂,我可也觑得寻常。”并请世隆坚信她的诺言:“咱兀的做夫妻三个月时光,你莫不曾见你这歹浑家说个谎。”

上述情况说明，王镇是个封建婚姻和门第观念的维护者，顽固残忍；蒋世隆不屈强权淫威，敢于反抗；王瑞兰忠于爱情，反对父亲无情残忍，却又屈于父亲的专横，怨愤忧伤。三个人物的思想性格很是鲜明突出。

“巧合”是戏剧表现艺术的一种手法。蒋世隆、王瑞兰因“巧合”而相识结合。这出戏里蒋、王于招商舍与王镇“巧合”相遇而被拆散鸾凤。前者先悲后喜，后者由喜而悲，都与“巧合”有关。“巧合”伸展变化了戏剧情节，强化了舞台艺术效果。

戏的语言本色通俗，形象生动。如广阳旅邸六儿巧遇瑞兰时，六儿惊喜万状，向店内外的姐姐、父亲叫唤：“呀，姐姐，爹爹；爹爹，姐姐。爹爹，姐姐在此！姐姐，爹爹在此！”结合舞台表演，使人物语言与场景结合，生动传神。

本出开头世隆求医那段，通过庸医的插科打诨滑稽表演，达到逗乐观众的喜剧效果，是南戏传统表演艺术的特色之一。这是一出悲剧戏，世隆重病及自主婚姻被强行拆散。这种逗乐观众的科诨，实际上也起了悲喜交错、相互映衬对比作用，不仅不会冲淡悲剧气氛，相反地会加强深化艺术效果。（徐顺平）

拜月亭　　施惠

第三十二出　幽闺拜月

【齐天乐】(旦上)恹恹挨过残春也，又是困人时节。景色供愁，天气倦人，针指何曾拈刺。(小旦上)闲庭静悄，琐窗潇洒，小池澄澈。(合)迭青钱[①]，泛水圆小嫩荷叶。

(小旦)〔浣溪沙〕阶前萱草簇深黄，槛外榴花迭绛囊。清和天气日初长。　(旦)懒去梳妆临宝镜，慵拈针指向纱窗。晚来移步出兰房。　(小旦)姐姐，当此良辰美景正好快乐，你反眉头不展，面带忧容，为甚么来？

【青衲袄】(旦)我几时得烦恼绝，几时得离恨彻？本待散闷闲行到台榭，伤情对景肠寸结。(小旦)姐姐，撇下些罢。(旦)闷怀些儿，待撇下怎忍撇，待割舍难割舍。倚遍阑干，万感情切，都分咐长叹嗟。

【红衲袄】(小旦)姐姐，你绣裙儿宽褪了褶，为伤春憔悴些。近日庞儿瘦成劳怯，莫不是又伤夏月？姊妹每休见撇，斟量着你非为别。(旦)你量着我甚么？(小旦)多应把姐夫来萦牵，别无些话说。

【青衲袄】(旦怒科)你把滥名儿将咱引惹,直恁的情性乖,心意劣。女孩儿家多口共饶舌,爹娘行快活,要他做甚的? 要妆衣满箧,要食珍羞则盛设。和你宽打周折。(走科)(小旦)姐姐,到那里去?(旦)到父亲行先去说。(小旦)说些甚么?(旦)说你小鬼头春心动也。

【红衲袄】(小旦)我特地当要说,(跪科)姐姐,望高抬贵手饶过些。一句话儿伤了俺贤姐姐。(旦)起来,且饶你这次,今后再不可如此。(小旦)若再如此呵,瑞莲甘痛决。姐姐闲要歇,小的每先去也。(旦)你那里去?(小旦)只管在此闲行,忘收了针线帖。

(旦)也罢,你先去。(小旦)推些缘故归家早,花阴深处遮藏了;热心闲管是非多,冷眼觑人烦恼少。(下)(旦)这丫头去了。天色已晚,只见半弯新月,斜挂柳梢;几队花阴,平铺锦砌。不免安排香案,对月祷告一番。〔卜算子〕款把桌儿抬,轻揭香炉盖。一炷心香诉怨怀,对月深深拜。(拜科)

【二郎神】(旦)拜新月,宝鼎中明香满爇[②]。(小旦潜上听科)(旦)上苍,这一炷香呵,愿我抛闪下男儿疾较些,得再睹同欢同悦。(小旦)悄悄轻将衣袂拽,姐姐,却不道小鬼头春心动也。(走科)(旦)妹子到那里去?(小旦)我也到父亲行去说。(旦扯科)(小旦)放手,我这回定要去。(旦跪科)妹子,饶过了姐姐!(小旦)姐姐请起。那乔怯,无言俯首,红晕满腮颊。

【莺集御林春】(小旦)恰才的乱掩胡遮,事到如今漏泄。姊妹每心肠休见别,夫妻每是有些周折。(旦)教我难推怎阻,罢罢,妹子,我一星星对伊仔细从头说。(小旦)姐姐,他姓甚么?(旦)姓蒋。(小旦)他也姓蒋,叫甚么名字?(旦)世隆名。(小旦)呀!他家住在那里?(旦)中都路是家。(小旦)姐姐,你怎么认得他?他是甚么样人?(旦)是我男儿受儒业。

【前腔】(小旦悲介)听说罢姓名家乡,这情苦意切。闷海愁山将我心上撇,不由人不泪珠流血!(旦)我恓惶是正理,只合此愁休对愁人说。妹子,你啼哭为何因,莫非是我男儿旧妻妾?

【前腔】(小旦)他须是瑞莲亲兄,(旦)呀,原来是令兄。为何散失了?(小旦)为军马犯阙。(旦)是,我晓得了,散失忙寻相应者,那时节只争个字儿差迭。妹子,和你比先前又亲,自今越更着疼热。你休随着我跟脚,久以后是我男儿那枝叶。

【前腔】(小旦)我须是你妹妹姑姑,你是我的嫂嫂又是姐姐。未审家兄和你因甚别,两分离是何时节?(旦)正遇寒冬冷月,恨爹爹把奴拆散在招商舍。(小旦)如今还思量着我哥哥么?(旦)思量起痛辛酸,那其间他染病耽疾。(小旦)那时怎割舍得他?(旦)是我男儿,教我怎割舍?

【四犯黄莺儿】(小旦)他直恁太情切,你十分忒软怯,眼睁睁怎忍相抛撇?(旦)枉自怨嗟,无可计设,当不过他抢来推去望前扯。(合)意似虺蛇[③],性似蝎螫,一言如何诉说!

【前腔】(小旦)流水一似马和车,顷刻间途路赊。他在穷途逆旅应难舍。(旦)那时节呵,囊箧又竭,药饵又缺,他那里闷恹恹难捱过如年夜。(合)宝镜分破,玉簪跌折,甚日重圆再接?

【尾声】(旦)自从别后音书绝,这些时魂惊梦怯,莫不是烦恼忧愁将人断送也。

(旦)往时烦恼一人悲,(小旦)从此凄凉两下知。

世上万般哀苦事,无过死别共生离。

〔注〕 ① 青钱:指萍叶。宋张先《木兰花·郊州作》:"青钱贴水萍无数,临晓西湖春涨雨。" ② 爇(ruò):点香。 ③ 虺(huǐ)蛇:毒蛇。

《拜月亭》是根据关汉卿的杂剧《闺怨佳人拜月亭》改写的,《幽闺拜月》是其中最精彩的一出戏。这一出戏的矛盾冲突有两条线:一条是瑞兰与王镇的思想冲突,这是通过瑞兰的离愁、幽怨的抒写,侧面得到表现的,带有悲剧的因素;另一条是瑞兰与瑞莲的性格冲突,这是通过姊妹调笑展开的,染有喜剧色彩。由于瑞兰的爱情不是没有希望的,特别是由于瑞莲有着机智伶俐的性格,在这一出戏悲喜交融的色调中,喜剧色彩就占了主导的地位。

这是一个初夏之夜,瑞兰、瑞莲姊妹俩携手来到后花园。闲庭静悄,榴花吐红,小池澄澈,嫩荷清圆。一派良辰美景,而瑞兰反而愁眉不展,面带忧容:"恹恹捱过残春也,又是困人时节。景色供愁,天气倦人,针指何曾拈刺。"作为义妹,瑞莲对瑞兰十分体贴关心，不仅注意到她的形容消瘦，而且凭着女性的敏感，猜想到她一定有心事。于是乘着花园无人，主动进行试探："姐姐，你绣裙儿宽褪了褶，为伤春憔悴些。近日庞儿瘦成劳怯，莫不是又伤夏月？姊妹每休见撇，斟量着你非为别。"瑞兰闻言，吃了一惊，连忙反问："你量着我甚么？"瑞莲这才不慌不忙地说出："多应把姐夫来萦牵。"瑞兰听了，佯装嗔怒，责道："你把滥名儿将咱引惹，直恁的情性乖，心意劣。"她拉着瑞莲，扬言要"到父亲行先去说，说你小鬼头春心动也"。瑞莲赶紧分辩："我特地当耍说。"并跪下再三哀求，瑞兰才答应饶了她这次。这里的喜剧性来自对比，来自不协调。姐姐心事重重，却还尽力装出若无其事的样子；妹妹天真无邪，偏要打破砂锅问到底。这是一层对比，是人与人之间性格上的对比，也可以说是人与人不同性格的不协调。瑞兰明明自己"春心动"，却还要反咬一口，说瑞莲"小鬼头春心动也"，还煞有介事地要拉她"到父亲行先去说"。瑞莲对瑞兰的心事，早已有七分把握，却还要假装服输，连连讨饶。这又是一层对比，是一个人的内心和外表的对比，或者说内心与外表的不协调。黑格尔在《美学》中也说过："任何一个本质与现象的对比，任何一个目的因为与手段的对比，如果显出矛盾或不相称，因而导致这种现象的自否定，或是使对立在实现之中落了空，这样的情况就可以成为可笑的。"正是在这一点上，瑞兰、瑞莲的言行都产生了浓烈的喜剧性。

瑞兰高兴得过早了。她暗笑瑞莲"上当"，殊不知瑞莲也在那里暗笑她"上当"呢。她以为自己支走了瑞莲，于是安排香案，对着斜挂柳梢的半弯新月，深深下拜："愿我抛闪下男儿疾较些，得再睹同欢同悦。"躲在花荫深处偷听瑞兰心中秘密的瑞莲，这时又出现了，她调侃瑞兰："姐姐，却不道小鬼头春心动也。"并扬言："我也到父亲行去说。"吓得瑞兰跪下哀求："妹子，饶过了姐姐！"这里的语言和动作都是前面的重复，不过前面是瑞兰吓唬瑞莲，这里却是瑞莲调侃瑞兰。重复也是一种喜剧手法。它使人产生联想，想起瑞兰曾经表演过的"假撇清"，想起"请君入瓮"，想起"即以其人之道，还治其人之身"。这里推动喜剧情节向前发展的动力是瑞莲的机智。因为机智就是"以突然或意外的方式揭示事物之间的雷同或对立"（英国哈兹列特语），瑞莲就是以"突然或意外的方式"揭示了瑞兰自己"春心动"、却反咬别人"春心动"这一本质与假象之间的"对立"，因而造成强烈的喜剧效果。

事已至此，瑞兰不得不对瑞莲倾诉衷肠。当她说出自己的心上人姓蒋，名世隆，中都人氏的时候，瑞莲立刻转喜为悲，哭出声来。这倒使瑞兰有点莫名其妙了："我恓惶是正理，只合此愁休对愁人说。妹子，你啼哭为何因，莫非是我男儿旧妻妾?”这里用的是误会的喜剧手法。柏格森《笑》一书在谈到误会时说过:“当一个情景同时属于两组绝不相干的事件,并可以用两个完全不同的意思来解释的时候,这个情景就必然是滑稽的”。瑞兰企图对瑞莲啼哭的原因作出解释,结果却闹了笑话。这真是“大水淹了龙王庙,一家人认不得一家人”。这就在这一出戏的喜剧色调上又添加了精彩的一笔。当瑞莲说出“他须是瑞莲亲兄”以后,瑞兰和她觉得格外亲热:“妹子,和你比先前又亲,自今越更着疼热。”而瑞莲的话仍然是俏皮的:“我须是你妹妹姑姑,你是我的嫂嫂又是姐姐。”这时姐妹二人已经心心相印,她们共同怀念“囊箧又竭,药饵又缺”的蒋世隆,也共同诅咒造成这一悲剧的“意似虺蛇,性似蝎螯”的王镇。剧情从此有了大的转折,而这出戏也就结束了。

《幽闺拜月》这出戏,舞台上虽只有两个人物,但戏剧关目的安排颇具匠心,可以说是起伏跌宕,摇曳生姿。剧作家灵活地运用对比、重复、误会等多种喜剧手法,新意迭出,妙趣横生。人物心理的刻画,玲珑剔透,细腻传神。如果说关汉卿杂剧的第三折限于北曲体制,只能由瑞兰一人主唱,对于瑞莲机灵乖巧的性格展现不够的话,那么本出自【青衲袄】以下各曲,均由瑞兰、瑞莲二人分唱,真如珠联璧合,星月交辉,两个人物形象各具特色,但又都丰满而鲜明。曲词、宾白自然本色而又不乏文采,情景交融,富有诗味。李贽评《拜月记》“关目极好,说白好,曲亦好,真元人手笔也”,作为全剧的精华之一,《幽闺拜月》一出更是脍炙人口,有着历久不衰的舞台生命力。而从根本上来说,其魅力仍是来自它的带有喜剧性的诗意。这是一首爱情的诗,也是一首亲情的诗,诗意隽永,让人久久回味。

(赵山林)

拜　月　亭　　　施　惠

第三十六出　推　就　红　丝

【风入松】(生上)同声相应气相求,同占鳌头。(小生上)追思往事皆成谬,伤情处不堪回首。(合)幸喜声名贵显,相期黼黻皇猷[①]。

(小生)哥哥,且喜双桂联芳,已遂凌云之志。行看两葵并秀,同倾向日之诚。(生)兄弟,所喜者志得意满,身显名扬;所悲者家园荡废,琴瑟凄凉。(小生)哥哥,这几件都不打紧。兄弟一门良贱,三百余口,尽被聂贾列无辜杀戮,止逃得兄弟一身。幸得恩兄搭救,戴天之仇未报,再生之恩未酬。哥哥这些小事,何足挂齿?

【胜葫芦】(末、丑上)圣主忧虞及大臣,因无子继家门。二女如花,未曾谐秦晋。特来说合,两两仙郎共成亲。

此间正是文武状元寓所,不免径入。二位老爷,官媒婆、院子叩头。(生、小生)你两个从何而来?有何说话?(末、丑)我两人是王尚书府中差来的。一来奉天子洪恩,二来领尚书严命,特来递送丝鞭,请二位老爷同谐佳偶。(小生收科)(末、丑)二位小姐真容在此,状元请看。(生看沉吟悲科)(小生)哥哥,今日递送丝鞭,是个喜事,为何堕下泪来?(生)兄弟,你自受了丝鞭,我断然不受。(小生)请问哥哥,为何不受?

【集贤宾】(生)那时挈家逃难走,正鬼哭神愁。喊杀声如雷军马骤,乱荒荒过壑经丘。妹子瑞莲呵,相失在后,寻讨处不知所有,难措手。忽有人同声相应,同气相求。

(小生)向日山寨中见的嫂嫂,想就是了?

【前腔】(生)途中见时虽厮守,犹觉满面娇羞,到得磁州广阳镇招商店中呵,直待媒妁之言成配偶。不意他父亲王尚书,缉探虎狼军,回到招商店中,遇见是他女儿,竟自夺回去了。(小生)哥哥,你那时怎割舍得他去?(生)病恹恹无计相留。(小生)若是小弟,一定与他厮闹一场。(生)他是尚书,我是穷儒,怎敢与他龙争虎斗?(小生)别后曾有音信么?(生)分别后知他安否?(小生)如今圣旨议亲,怎辞得他?(生)恩德厚,有何颜再配鸾俦?

【琥珀猫儿坠】(小生)听哥说罢,方识此根由。这是王尚书,招商店也是王尚书,事有可疑。哥哥,破镜重圆从古有,何须疑虑反生愁?(生)兄弟,断无此事,不可错疑了。(小生)不谬,重整备乘龙花烛风流[②]。

(末、丑背科)好怪好怪!小姐又说招商店有了丈夫,不肯再嫁;状元又说招商店有了妻室,不肯重婚。

【前腔】(末、丑)正是义夫节妇,语意两相投,多应是有分姻缘当辏偶[③]。状元老爷,此情分付与东流,休休,把旧恨新愁一笔都勾。

(生)媒婆、院公,烦你多多拜上老爷,断然不敢奉命。

(末)事迹相同说不差,(丑)这般异事实堪夸。

(小生)落花有意随流水,(生)流水无情恋落花。

〔注〕①黼黻(fǔ fú):辅佐。唐柳宗元《乞巧文》:“黼黻帝躬,以临下民。”按黼黻本为礼服上绣的华美花纹,也可用作动词,表示使华美,辅佐之义即由此引申而来。黼黻皇猷,指辅佐朝廷。②乘龙:东汉李膺与孙儁“俱娶太尉桓焉女,时人谓桓叔元两女俱乘龙,言得婿如龙也”,见《艺文类聚》引《楚国先贤传》。③辏偶:聚集。辏,车轮的辐条集中于车毂。

《推就红丝》叙蒋世隆、陀满兴福分别考取文、武状元后,王尚书二女奉旨招亲。世隆思念与瑞兰夫妻深情拒接丝鞭,瑞兰亦守贞拒不再嫁,充分表现了蒋、王坚决反抗封建包办婚姻,对患难中建立起来的深挚爱情无限坚贞的精神。

此时,蒋世隆一方面为自己考取状元而高兴,称“志得意满,身显名扬”,另一方面却为“家园荡废,琴瑟凄凉”而悲伤。这里的“琴瑟凄凉”就是指与瑞兰患难中结成的夫妻被活活拆散,至今音息杳无,悲凄万分。当官媒婆奉圣意与王尚书之命特来为王府二位小姐递送丝鞭时,义弟陀满兴福接受了。可是世隆却为此而引起沉吟悲伤,断然拒受丝鞭。这是为什么呢?他想起了自己与瑞兰从相逢结伴同行,历尽艰险,结成患难夫妻。后被王父遇见,强行拆散鸳鸾,至今数年不知音息,日夜思念。他不知如今遣媒送红丝的王尚书就是当年在招商馆仗势拆散他们夫妻的王镇,也不知他的女儿就是他日夜思念的王瑞兰。他不会忘记招商馆成婚时瑞兰怕他得之太易日后变心,他当着瑞兰面海誓山盟表示了永不负心。如今若接了丝鞭岂不负了瑞兰的恩情与自己的诺言?自己“有何颜再配鸾俦?”故此他非常明确坚决地对官媒婆说,接受丝鞭之事,“断然不敢奉命”。这“断然”两字正表示了他对爱情的忠诚与拒受丝鞭态度之坚决。后来他还一再表示:“石可转,吾心到底坚”,“贪豪恋富,怎把人伦变”。联系前前后后,说明了蒋世隆虽身为秀才,但在战争动乱的特殊环境中,在爱情强力的推动下,能大胆冲破封建礼教的束缚,强烈追求男女自由婚姻,有着勇敢的反抗斗争精神。尤为难得的是他中了状元之后,不攀龙附凤,敢于抗拒圣意与王尚书之命,这就等于他把日后的荣华富贵与种种严重后果丢在一边,忠于患难中建立起来的深挚爱情。这个人物至此便充分显示了他的高尚品格与风神。

王瑞兰在这出戏里没有出场,但通过官媒婆短短的几句话,从侧面反映了她忠于爱情的高尚品德:“好怪好怪!小姐又说招商店有了丈夫,不肯再嫁;状元又说招商店有了妻室,不肯重婚。”他俩心心相印,对爱情坚贞不移。根据剧本前后记述,瑞兰从招商店被父亲拆散夫妻后,对世隆日夜思念。至孟津驿路上,她“一步一回头,教我伤心悄意,衫儿上泪珠儿任淹湿”。她担心世隆药食调理,吉凶未知。后来到京全家团聚,她重入珠围翠绕的闺阁,依然思念着世隆。她瘦减香肌，烦恨终日终年。她深夜拜月祝愿，被瑞莲偷听到秘密。她常“泪滴眉颦”、“撇不下心上人”。后来父亲奉旨招婿要将她许配新科状元，她明确表白：“上告爹爹、母亲得知，孩儿已有丈夫，不敢从命。”她爱的不是富贵荣华，而是患难中与之产生感情的蒋世隆。为此，她在皇命和父母面前毫无屈服与软弱表现。她还说：“止有守贞守节之道，哪有重婚重嫁之理？”她利用了封建礼教的条规为反对封建礼教服务。她还将自己在招商店已与世隆成婚的情况告诉了官媒婆，叫官媒婆“休要递丝鞭”。可见瑞兰忠于爱情不肯再嫁的决心之大、意志之坚。在王瑞兰这个人物身上，始终闪耀着反抗封建礼教并充满希望与信心的奇光异彩。

蒋世隆拒接丝鞭与王瑞兰不肯再嫁。两人在回忆叙说乱离中相逢相伴结成夫妻与被拆散的前前后后情节相同，引起了瑞兰父母的疑惑，怀疑新科文状元是否真的就是在招商店被拆散的那个秀才，是否他真的就是义女瑞莲失散的哥哥？为了搞清这个问题，王尚书通过宴请状元，让瑞莲幕后辨认。瑞莲认出确是自己失散的哥哥，世隆与瑞莲兄妹相见。通过这个“巧合”，世隆与瑞兰喜得团圆。在本出戏里，世隆与瑞兰都肯定了招商店里的自主婚姻，抗拒圣意不再他婚，并取得了斗争的胜利。最后，连皇帝的圣旨也不得不肯定承认他俩的自主婚姻：“文科状元蒋世隆讲婚礼于急遽之时，从容不苟；妻王瑞兰待媒妁于流离之际，贞节自持。”表彰他俩“夫不重婚”、“妇不再嫁”。蒋、王的自主婚姻，历经艰难曲折终于取得胜利。这实质上标志着以王镇为代表的封建婚姻礼制维护者的失败。这对在封建制度下追求婚姻自主的青年男女有着深刻的教育与启示意义。

陀满兴福，这个惨遭满门抄斩的忠良之后，剧本用另一条线索对他进行叙述。他逃出中都，在虎头山落草，做了寨主。遇赦后与世隆一起进京应举，考取了武状元。这时，他在高兴之余，仍为自己“一门良贱，三百余口，尽被聂贾列无辜杀戮”而深感悲愤。他之所以能一人虎口脱身捱至今日，完全靠恩兄蒋世隆搭救。因此他说：“戴天之仇未报，再生之恩未酬。”他很讲恩义，虎头山赠银助世隆逃难，一遇赦立即到广阳镇招商店寻找患难中的兄长世隆，代付房钱并助川资，两人一起赴京应试。他与蒋世隆有着深厚而崇高的友谊。陀满兴福在剧中虽是一个配角人物，但通过他全家三百余口被杀戮这一重大政治事件，将皇朝的忠奸斗争，战乱带给人民灾难的特殊社会背景，与世隆、瑞兰的爱情婚姻紧紧结合起来，将蒋、王爱情放置在战乱的广阔社会背景中，打破了“才子佳人”戏的窠臼，使之具有更复杂深厚的社会生活内涵与新的色彩。

蒋世隆这个人物，不同的戏曲版本有着不同的情节记述。主要是《拜月》以后的情节有较大的出入。明凌濛初《南音三籁》中录有古本《拜月亭》逸曲一套与二引子，写蒋世隆及第后在不明对方是王瑞兰的情况下接受了官媒婆递送的丝鞭，王瑞兰也屈于父命而改嫁。在婚筵上两人相见相互指摘对方变心逾盟。《九宫近始》引元传奇《拜月亭》逸曲《二犯排歌》，与关汉卿《闺怨佳人拜月亭》杂剧，这部分的情节也大致相同。世德堂刊本则已改王瑞兰为坚决抗婚。根据上述情况，蒋世隆原也是一个忘记旧情的负心郎，因此有人认为世隆与瑞兰旷野相遇时就怀有不良心机，招商店中又诱逼瑞兰成婚，说蒋世隆是个乘人之危的好色之徒。看来古本确是将世隆作为负心状元进行鞭挞的。这也是早期南戏的重要题材和主旨。从这里我们可以知道这个剧本的渊源之古。明容与堂刊本与《六十种曲》本，对这一情节进行了修改，变为世隆拒接丝鞭，瑞兰自守贞节不肯再嫁，使两个人物都对爱情表现出了坚贞的意志，使剧本内容前后贯通，人物形象鲜明突出。其实，蒋世隆的高尚品质，早在他冒着生命危险搭救忠良之后陀满兴福时就有所表现。后来他携带瑞兰逃难数百里而无非礼之举也是证明。对古本的这一情节的修改，不仅写出了蒋世隆大胆反抗封建礼教的压力，更突出了这个人物对爱情坚贞不移的光辉形象。钱南扬在《戏文概论》中评说："明人往往把戏文改坏，惟《拜月亭》却是例外。"这是符合实际的。　（徐顺平）

杀　狗　记　　佚　名

第三十一出　夫　妇　叩　窑

【菊花新】（小生上）自恨生来时不利，遭此孤穷，十分惭愧。未知何日上云梯[1]，那时节才显得英雄豪气。

懊恨家兄忒薄情，将吾赶出受艰辛。未知何日身荣贵，撇去窑中方称心。今晚夜深人静，不免将窑门开看则个。

【粉蝶儿】只见玉兔东生，寂寂夜深人静，冷清清掩上窑门。纸衾单[2]，芦席冷，孤眠独醒对寒灯，知他是甚般情兴？

不免将窑门闭上，看书消遣。

【石榴花】关上破窑，举目又无亲，回头只有影随身。仰观疏疏刺刺半天星，飕律律地冷风刮起灰尘。书，我待不看你，无可散闷；待看你，这风色又紧，怎么好？将他误人书越越的问几声，你直恁地误得索性，守着你卖不得，吃不得，那些一字直千金？

（生、旦上）心忙来路远，事急出家门，只因差一念，现出万般形。

（旦）官人，这里想是叔叔窑里，你去叫一声看。（生）娘子，还是你叫。(旦)开门,开门。

【红芍药】(小生)蓦听得甚人敲门,莫不是巡捕军兵?(旦)开门。(小生)仔细听来,却是妇人声。且住,记得金精曾戏窦仪[③],你是何方兴妖鬼精?(旦)我是良人。(小生)既是良人,因何夜扣门,莫非是见情思景?待我把这门再紧拴上。劝伊家及早回心,莫教恼乱春心。

(旦)我不是别人,是你嫂嫂。(小生)嫂嫂,你在家行不动尘,笑不露齿。半夜三更,擅离夫主,私扣小叔之门,是何道理?每常十分贤慧,今日如何这般颠倒?(旦)叔叔,你开了门,我自有话和你说。

【大影戏】(小生)嫂嫂行不由径,(旦)开门。(小生)我应是不开门。自来嫂叔不通问,休教说上梁不正。(旦)你哥哥也在这里。(小生慌介)呀,忽听得一声唬了我魂,战战兢兢,进退无门,心儿里好闷。我便猛开了门,任兄长打一顿。

(生)兄弟开门。(小生)我待不开,又道我不敬其兄;待开门,这一顿打骂不小。且住,就打,有贤达嫂嫂在旁解劝,也说不得了,只得拚兄长打一顿罢。(开门见生慌介)(生见小生跪介)(小生亦跪,扶生介)

【念佛子】(小生)往日哥打骂人生怒嗔,今日缘何战兢跪咱每?请兄起来休还礼,男儿膝下有黄金。(生)兄弟,你如今是我的哥哥了。(小生)反把兄为弟,弟为兄,休失了尊卑名分。莫坏了家法,败乱人伦。

(背介)平日哥哥见了我,不是打,便是骂。今日为何这般相待?必有缘故,不免问嫂嫂。(转介)请问嫂嫂,哥哥今夜为何这等慌张,却为甚事来?(旦)官人,叔叔是自家人,就说与他知道。(生)好教兄弟得知,我后门首杀死一个人,今夜特央兄弟去抬一抬尸首。(小生)元来哥哥杀了人,要我去抬尸,我且试他一试,只说不肯去,看他如何?哥哥,

【缕缕金】你平白地将咱赶出门,杀人来唤我去埋形。你今有些不干净,须要对证。(生、旦作慌介)(小生)唬得他夫妇战兢兢,一个个胆丧心惊。

(旦)休恁的说,叔叔是读书之人,君子不念旧恶。(小生)我方才是

假意试你，休得惊慌，请问哥哥杀了几人？（生）兄弟，只是一个。（小生）哥哥嫂嫂放心，便杀了十个，兄弟替哥哥承当，不必忧心。（旦）官人，今日可见亲疏。（生）是我不是，不要说起了。（旦）官人，你有钱有酒多兄弟，上阵无过父子兵。

【越恁好】（小生）与君同气，与君同气，一个父娘生。难忘了这些恩和义，手足亲，从今休得再讲论。倘或事生发，哥哥，你莫胡招认，兄弟替着哥哥认。

【尾声】打虎须还亲兄弟，上阵无过父子兵，自今莫把亲为陌路人。

（末上）受人之托，必当终人之事。大员外教我来杀了小官人，这里已是窑边，门儿半开半掩在此。（作听介）且住，怎么员外院君都在里面？想必是院君劝员外回心转意了。今日和顺，我不免假意赶进去，只说杀人，看他每如何？（赶进介）杀人。（生扯末私语介）吴忠，你藏过了刀，我与二官人和顺了。（末）可喜可喜。（进见介）（小生）你是吴忠，来做什么？（生）我今早着他送些盘缠与你，不道他这时候才到。（末）正是，早上蒙员外教小人送一锭钞与小官人做盘缠，小人因去讨帐，故此来迟了，望恕小人之罪。（生）吴忠，我如今迎取二官人在家同住，这锭钞你将去备些酒席，我与二官人回来饮宴。（末）小人理会得。

【四边静】（生）思之两个忘恩的，教人恨切齿。错认定盘星④，都缘我不是。（合）把从前是非，再休提起，从此永团圆，骨肉再和美。

【前腔】（旦）当初你共他结义，效关张胜刘备，死事替承当，抬尸怎不去？（合前）

【前腔】（小生）不拣甚事都休理，交付与小兄弟。都莫管尸骸，孙荣背将去。（合前）

【前腔】（末）思亲念旧回心意，吴忠甚欢喜。人道院君贤，今日果如是。（合前）

当初错认定盘星，今日方知亲是亲。
自古路遥知马力，果然日久见人心。

〔注〕①云梯：本为古代攻城攀登城墙的长梯，这里是比喻科举登第，直上青云。②纸

衾：即纸被，古时用藤纤维纸制成的被子。　③ 窦仪：五代后晋时进士。历后汉、后周，宋初任工部尚书，判大理寺事，曾奉命主撰《建隆重定刑统》四卷，传说他曾经受到妖魔金精戏弄。④ 定盘星：秤杆上的第一个星点，也就是零位。借以比喻做事的准绳或者目的物。

《南词叙录·宋元旧篇》著录有《杀狗劝夫》，元萧德祥亦有同名杂剧，二者不知孰先孰后。今天我们看到的《杀狗记》为《六十种曲》本，题"明徐畛撰，龙子犹订定"。全剧三十六出，写东京富豪孙华，同市井无赖柳龙卿、胡子传"结义"，在柳、胡挑唆下，将嫡亲兄弟孙荣驱赶出门，致其流落破窑，沦为乞儿。孙华之妻杨氏苦劝无效，遂设计相救：杀死一犬，披以衣衫，饰一人形，夜间放置自家门口。孙华深夜醉归，见尸大恐，央求柳、胡移尸掩埋，二人借故回绝。孙华无奈，只得听从杨氏劝告，请兄弟帮助掩埋。柳、胡二人借机讹诈不成，出首告官。孙荣出于手足之情，自认杀人，舍身救兄。杨氏当堂说明真相，经清官王修然验明，惩办柳、胡，旌表杨氏和孙荣兄弟。

《杀狗记》是一部家庭伦理剧，照元人夏庭芝《青楼集志》的话说，写的是"家长里短"。全剧大要，正如第三十六出《孝友褒封》【羽调排歌】所概括的："愚蠢孙华，情偏意迷，全亏家有贤妻。今朝兄弟共怡怡，堪笑乔人枉用机。"这一故事，围绕一个家庭的恩恩怨怨，透视社会众生相，富有生活气息。与帝王将相的题材相比，这种日常生活的题材其实是更加值得重视的。

《夫妇叩窑》这一出，写孙华夫妇连夜上门央求孙荣帮助。来到破窑前，杨氏让孙华叫门，孙华却让杨氏先叫。孙荣夜间突然听见扣门声，先怀疑是"巡捕军兵"，继而又怀疑是"兴妖鬼精"，一再追问之下，杨氏回答说："我是良人。"既然是良人，为何半夜扣门？孙荣非但不开，反而将门再闩闩紧。杨氏又说："我不是别人，是你嫂嫂。"照说孙荣应当消除疑虑了，但他一想不对，反问嫂嫂为何半夜来此，并对嫂嫂"每常十分贤慧，今日如何这般颠倒"深表惊讶。杨氏再三催促，孙荣就是不开，抱定一个主意："自来叔嫂不通问，休教说上梁不正。"这里孙荣将平日十分关心他的嫂嫂拒之门外，绝非不通人情，恰恰表现他品行端正，无论何时何地都经得起考验。从戏剧技巧来说，这一段运用了误会手法，有意造成延宕，增强了戏剧性。

杨氏见小叔执意不肯开门，只得说："你哥哥也在这里。"这一意外情况，把孙荣吓得魂飞魄散。剧本对孙荣的恐惧心理着意渲染，一方面是与前面的情节呼应，另一方面是与孙华进门之后一反常态给兄弟下跪形成鲜明对比。孙荣先是"丈二和尚摸不着头脑"，等到问明就里，内心同意为哥哥承担灾难，口头上却说"你平白地将咱赶出门，杀人来唤我去埋形"，把哥哥、嫂嫂着实吓了一顿。这一番试探，既使孙荣的反应显得更为自然，也使剧情的发展跌宕有致。

在杨氏促成下，兄弟二人和好如初，沉浸在“一个父娘生，难忘了这些恩和义”的亲情之中。不料剧情又起波澜，原来孙华前日派来刺杀孙荣的吴忠早不到，晚不到，偏在此时闯上门来。其实吴忠受命之后，内心大为不满，早就准备将孙华给自己的一锭银子送与孙荣，放他逃生。此刻他在门外听到兄弟已经和解，心中欢喜，却仍然持刀闯入，佯作杀人之状。孙华急中生智，马上拉住吴忠，叫他藏过了刀，只说是受自己之命来送银子的。于是兄弟、主仆皆大欢喜，齐心协力去应付突发事件。这又是一番试探，场面的安排极富戏剧性。从结构来说，第二十四出《谋杀孙荣》写孙华向吴忠授命，第三十出《吴忠仗义》写吴忠不满孙华之命，另作打算，至此两条线索一并绾合收束，处理手法极为干净利落。

《杀狗记》是“荆刘拜杀”四大南戏之一，长期以来脍炙人口。在四大南戏当中，它的成就相对逊色些，但亦自有特点。明吕天成《曲品》将之归为“能品”说：“《杀狗》事俚，词质。旧存恶本，予以校正，词多有味。此真写事透彻，不落恶腐，所以为佳。”由《夫妇叩窑》一出看来，这一评价是公允的。又如上所述，这一出情节结构的安排极具匠心，这也是本剧“本色当行”的一个有力证明。　（赵山林）

【戏曲家小传】

丘　濬

(1421—1495)　字仲深，号琼台，又号琼山，别署赤玉峰道人。谥文庄。琼山(今海南海口)人。明景泰五年(1454)进士，历官编修、侍讲、翰林学士、国子监祭酒、礼部侍郎、礼部尚书、文渊阁大学士、武英殿大学士。系理学名儒，有关著作有《朱子学的》、《大学衍义补》、《家礼仪节》等。参加过《英宗实录》、《宪宗实录》、《续通鉴纲目》等史籍的编写。早年有笔记《钟情丽集》，道男女私期密约事。而所作传奇《五伦全备忠孝记》、《投笔记》、《罗囊记》、《举鼎记》四种，竭力主张以戏剧卫道，推行纲常教化，尤以《五伦全备忠孝记》为典型。尚著有《丘文庄集》、《琼台集》等。

五伦全备忠孝记　　丘　濬

第二十三出　割肝救姑

【高阳台】(旦)夫在龙荒[①]，身在虎口，恨无两翅堪飞。亲在高堂，倚门终日伤悲。(贴)伤悲已成痼疾，神无效药也难医。(净合)痛伤心,苦有谁知?恨有谁知?

(占[②])姆姆万福[③]。(旦)婶婶万福[④]。婆婆自从儿夫为胡人所虏,着一口气逆成痼疾。祈神求医,那一件不佐了,病势日甚,怎生是好?(占)姆姆又遇这等荒年,家中盘费皆用尽了。(旦)也管不得,只要救得婆婆病好,便是奴身卖了也罢。(净)娘子有老公,没人要,卖媚春也。(旦)昔孔圣人有病,弟子祷于神祇;又庾黔娄父病[⑤],每夜祷告北斗,后身果获奇效。俺两个媳妇每夜焚香祷告,天可怜见,救得婆婆病好,也是一点好心。(贴)正合奴意,丫头摆香案过来。(净)好没来由,天公是你老子?他要你酒肉吃,要你钱用,你家婆婆病去央及他。(占)这丫头多嘴。(净)我不多嘴,老人家死了罢,与你妯娌好去寻个官人。(旦)你这丫头好打。(净)不要打,香案在此。

【二郎神】(旦)虔诚启,启告天知地知。这一柱香啊,只为我婆婆病势危,记得夫主,临行再三嘱记。妾既应承,怎敢违,妾情愿将身替死。(合)天垂鉴,减媳妇年生,添婆婆寿纪。

【前腔】(占)虔诚启,启告天神地祇,这一柱香啊,要借香烟达意。我婆婆哭子伤心,伤心成疾,妙药神医不可医。无处诉,愿天救济。(合前)

(净)二位娘子都告天救奶奶,我不会祷祝,只俗说罢:烧香告典天公公,保佑婆婆耳莫聋。等得官人回来日,那时随你打丁东。(贴)"丁东"是么话说来?(净)打鼓送丧。(旦)丫头,老夫人这等张志,婶婶你先回伏侍婆婆,等我后头来。(贴)姆姆早来,恐婆婆唤你。才说庭院闲祈祷,又恐尊堂有唤呼。(旦跪)妾的婆婆万氏,丧子成病,医药无效。古来相传以人补人,庶几可救。妾情愿剖开肚皮,取出肝片,奉典婆婆,伏愿老天默取老人言,将割肝的人,先将刀祝得动,方可下手。等我祝看。丫头取一碗水来。

【集贤宾】宝刀儿听我祝告你,你知也不知?我今日里要借你行孝义,用锋芒剖开肚皮。手探腹内,取出肝儿一味。和成剂,要把婆婆救济。媚春,你看刀动不曾?(净)不曾。

【前腔】(旦)看来是奴诚未至,未能感神祇,未能得神明垂庇。媚春,你看刀动不曾?(净)不曾。(旦)拜多时全无灵应,再三祝愿，愿神天感奴诚意。暗中使，使刀儿连连跳起。(净)我手刀儿跳起。

【前腔】(旦)谢神天鉴我真实意，暗中动刀儿，仿佛有人来主使。刀死物岂能动起，想婆病吃这肝，一定定痊无事。感神庇，就里欢忻无比。

【黄莺儿】拂拭宝刀儿，取将来手内持。刀儿今日借你行孝义，把刀尖剖皮用探里，割将一片碎肝儿要碾末为汤剂。(合)望神祇，怜人诚意，暗中保庇救灾危。

(净)我看一看。(旦)你不要看。

【前腔】细看这肝儿，他生隔肚皮。自家脏肺何曾识，为心里孝思。用肝儿作剂，心肝相合行仁义。(合前)

(贴)夜静人皆睡，更深独自眠。姆姆你还在此，我正要来做些勾当，姆姆还在。(旦)你要做什么？(贴)不瞒姆姆说，我见老人说病弱来医药无效，须是用人补人。我思量起来，娘病已亟，须用割些身上肉与娘吃，看如何。(旦)婶婶如何不早说。(占)这等事不好说，说了用也无效。(旦)婶婶不必佐，我已割肝了。(占)这等，奴家割股肉罢。(拜介)

【集贤宾】婆婆病势危已急，百药不能医，纵有百身难替。闻人说人的肉补人最美。对天祷告，割块肉来为剂。托神庇，早使婆婆康吉。

【黄莺儿】手执宝刀儿，掀裙儿将肉披，连皮带肉为汤剂。心诚为母慈，肉疼都不知，由来肉痛归心里。(合)托神祇，鉴人诚意，暗中保庇救灾危。

(旦)谢得婶婶如此用心。(净)你那两个心狠似刽子手，老奶奶疼你一个是老奶奶的心肝，一个是老奶奶肉。媚春看人家媳妇谁似娘子孝顺，割自己肉养爹娘。忤逆的且有割他肉来喂狗。

【尾声】(旦)我肝送入娘肝肺，(贴)我的肉送入肚里。共看取，人肉补人早晚平安矣。

【小算子】(夫[6])人病在身体，我病在心里，纵你有灵丹也怎医。只待时来死。

(旦、占)婆婆万福,娘病好些?

【金梧桐】(夫)我病无好时。(贴)娘病轻些?(夫)我病无轻日。(贴)有些汤药娘吃。(夫)谢你好心肠,辜负你劳心志。(旦)娘勉强吃一口。(夫)非是我不爱食,只是病不能吃。媳妇,亏你两人朝夕里,我死下黄泉也不忘你。

(旦、贴跪介)娘吃了这汤,管取病好。(夫)媳妇我不济了,有出气没入气。(旦)娘不吃,两个媳妇死也不起来。(夫)媳妇,你孝顺心我知了,莫说是汤,便是你心肝的肉我也吃不得了。(净)正是二位娘子的心肝肉。(夫)自己孩儿不曾得力,今日伏事我的,却是别人养的,我没奈何强吞一口。媳妇,吞了这汤,觉得心中宽快些。想起来昨夜梦你公公与我说,上帝感你两个媳妇孝心。奈何我阳寿已尽,孝顺媳妇世间罕有,我也没什么报答你,只愿你生儿讨媳妇来,也孝顺你,我去了。(旦)娘,你去,不留一句话便去?(夫)媳妇你看我亦囫囵回去,我死亦不枉了。你每为媳妇的,似我也好待一一诉与你听。

【七贤过关】我年却十七,便早归伍氏。只得七年夫,你那公公死。自是用心守己,自是用心教子。家私儿用得,用得净净的。内外里公私事,那一件不关心意?我常是晏眠早起,趱食催衣,只为他两个儿要得成人继祖基。幸得他两个儿都成器,一举成名天下知。都肯尽心职事,为娘争气。我今朝撒手归休去,觉得我心中无所愧。

(旦)娘都没一句话留与你儿?(夫)你说与伍伦全?交他尽心报国,莫要想娘。(贴)还有甚话留与小儿?(夫)叫伍伦备赤心报国,我去时节,幽冥殊途,休念母亲了,莫负我。妇人不死于男子之手,你看这里有男子?出去等我去了,这里是那里?(旦)是娘卧房。(夫)你移我到正厅上,等我去。(旦、占扶下介)

人生自古皆有死,于今我死胜如生。

〔注〕 ① 龙荒:漠北。典出《汉书·叙传下》:"龙荒幕朔,莫不来庭。"龙,指匈奴祭天之地龙城。荒,指荒服。 ② 占:占,戏曲脚色名,贴旦的"贴"字的省写。此出中有时又写作"贴"。本剧旦角饰长媳伍伦全之妻淑清,贴饰次媳伍伦备之妻淑秀。 ③ 姆姆:弟妻对兄妻的称呼。④ 婶婶:此为兄妻对弟妻的称呼。 ⑤ 庾黔娄:南朝梁人,字子贞,新野人。《梁书·孝行

传·庾黔娄传》:"黔娄少好学,多讲诵《孝经》……齐永元初,除孱陵令,到县未旬,易(其父庾易)在家遘疾,黔娄忽然心惊,举身流汗,即日弃官归家,家人悉惊其忽至。时易疾始二日,医云:'欲知差剧,但尝粪甜苦。'易泄痢,黔娄辄取尝之,味转甜滑,心逾忧苦。至夕,每稽颡北辰,求以身代。俄闻空中有声曰:'征君寿命尽,不复可延。汝诚祷既至,止得申至月末。'及晦而易亡,黔娄居丧过礼,庐于冢侧。'" ⑥ 夫:戏曲脚色名,饰老年妇女。

中国的传统文学,从诗歌到小说戏曲,原本都产生于民间,以吟咏性情、泄导人心为其任,但后来为统治者所染指,便往往成了封建教化的传声筒。这部《伍伦全备忠孝记》,便是登峰造极的一例。

本书选的是这部戏剧的第二十三出,《割肝救姑》的题目,很容易使我们想起《二十四孝图》中老莱娱亲、割股奉亲等情节,而作者也并不讳言它的杜撰性,因为在他看来,剧情的真实性并不重要,重要的乃是它的宣传目的、教化作用。"虽是一场假托之言,实万世纲常之理"(《五伦全备记·副末开场》)这最明白不过的开场白,决定了这部戏剧的情节,不干风花雪月、不涉离情闺怨,赤裸裸的一个"理"字,便是全剧的主干。

在儒家看来,孝为人伦之始,是维系以血缘为基础的宗法制社会的精神纽带,要巩固封建统治,维持社会稳定,先要从稳定社会最基本的细胞——家庭入手,从宣扬孝道,达到长幼有序、婆媳和睦的训导目的。在作者看来,婆媳关系,自古以来是家庭不和睦的因素,因此,重振家庭纲常,也要从媳妇克尽孝道,敬奉姑嫜入手。"孝顺媳妇世间罕有",作者的创作针对性是很鲜明的。当然,作者志存远大,他要敷演的是万世纲常之理,并不是家庭伦理的细节,因此,作者煞费苦心地杜撰了这样一个故事:

寡妇范氏抚养三子:长子伍伦全为元配夫人所生,次子伍伦备为已出,另有养子安克和为其夫同僚遗孤。安克和误杀醉汉,范氏让自己亲子伍伦备去偿命,感动官府遭赦免。伍伦全身陷敌营,伍伦备、安克和为救兄赴敌,愿以身相替。范氏在家惊忧成疾,一病不起,伍伦全、伍伦备之妻在家侍奉婆婆,不惜割肝割股做成汤药竭力救治。

如果说这部戏的其他几出,是宣扬忠、义、节、烈的话,那么这出戏的重点就在于渲染一个"孝"字,而且在非常敏感的婆媳关系上展开。在家庭的危急关头,婆婆重病,丈夫身陷敌营,两位媳妇义无反顾地担当起家庭的重任,她们急婆婆所急,想婆婆所想,又焚香祷告,愿以自身的肝脏、股肉为其婆婆治病。而她们的诚心终于感动了神明,眼前的刀子连连跳起,她们操刀自戕,剖肝割股,煎成汤药,成全了她们的孝心,而婆婆虽然终不免一死,但心满意足,死而无憾了。在这个异想天开的血淋淋的情节中,作者表现出他对理想孝道的极度赞美。

这出戏在艺术上是让人不敢恭维的，即便在明代，也遭到专业人士的非议。文坛领袖王世贞认为"《五伦全备》是文庄元老大儒之作，不免腐烂。"(《曲藻》)它的冬烘气、陈腐气一直为同时代人所不满。然而，它的出现又有一定的必然性、合理性，通过其舞台的折光，我们可以窥见社会文化发展的背景以及明传奇本身的流变轨迹。

程、朱理学至元末明初成为封建统治的思想基础，儒家的伦理纲常思想得到了空前的强化，对于文化思想的牢笼，亦为前代所无。封建统治者直接干预老百姓的文化娱乐生活，倡导多演"义夫节妇，孝子顺孙"的戏，并在《大明律》中规定不准在舞台上装扮历代帝王后妃、先圣先贤的形象。这在以往各朝代是没有的，反映了封建思想对当时社会文化领域的全方位占领。

封建统治者对戏剧教化作用的重视，本身也反映了戏剧地位的提高。戏剧本来搬演于勾栏瓦舍，艺人遭人歧视。剧作家为儒林所轻，所作常被骂作"淫词艳曲"，制曲被认为只是文人露才扬己遣兴娱情的小技。封建统治者及其御用文人原本是不屑一顾的。然而到了明代，统治者意识到艺术的功能不在于形式而在于内容，于是对于它采取一种肯定与鼓励的态度。在这种背景下，一些达官贵人、硕学鸿儒也义无反顾地从事传奇创作。本戏的作者即是明代的大儒，曾任内阁辅臣，这样的人也写作传奇，正说明戏剧已不再是壮夫不为的末技小道，而是传统礼教的有效载体，受到封建士大夫的重视。

这出戏也开了以"理"入曲的先河，宋人喜欢以理入诗，有时不免味同嚼蜡。明人之以戏曲载道，丘濬可谓首开其端。本戏的第三出中的【金字经】曲，全用《论语》的句子写成。戏中的妯娌二人虽有科白、有舞台形象，但充其量是《二十四孝图》式的翻版(相传元郭守正辑《二十四孝》一书，可能对其有影响)。其中也有超乎现实的情节，如她们精诚所至，感动神明，至使刀头跳起，成全孝心。但这与《窦娥冤》中的窦娥蒙冤而发的三桩誓愿相比，则相去不可以道里计。窦娥遭冤杀后，六月飞霜，血溅白练，楚州大旱三年，既极富浪漫主义色彩，又具有现实主义的精髓，是窦娥不屈精神的胜利。本戏中妯娌祝刀的细节，旨在说明天人感应。她们念念有词之后，虽果然事从人愿，但情节实在有些牵强可笑。所谓孝妇形象不过是儒家理念的化身。而她们各自的丈夫伍伦全、伍伦备，合起来就是"五伦全备"，作者杜撰此剧的用心，是毫不"真事隐去，假语村言"的。赤裸裸地宣扬儒家的伦常思想，这是明代前期理学兴盛、文化专制背景下的产物，是戏剧发展史上的一段背离艺术法则的弯路，随着明代后期王学左派的兴起，以汤显祖《牡丹亭》为代表的崇尚性情之真的传奇一扫理学之浓雾，才迎来了一个姹紫嫣

红的戏剧发展的新局面。（祝振玉）

【戏曲家小传】

苏复之

一作苏复。明初人。年里事迹不详。作有传奇《金印记》，一名《合纵记》、《金印合纵记》、《黑貂裘》，有明刊本。吕天成《曲品·旧传奇》归为“妙品”。

金　印　记　　苏复之

第十二出　金 钗 典 卖

【忆秦娥】（旦上）从别后，思君渐觉纤腰瘦。两凝眸，珠泪满怀红透[①]。岁华容易相驰骤，年年离恨长依旧。长依旧，利名两字，未知成否？

〔古风〕一自儿夫去，恹恹意惨伤。金钗已零落，膏沐愧新妆。明月照倩影，流尘暗绮窗。罗帏春不暖，翠被夜生寒。听琴惊别鹤，对镜叹孤鸾。音沉千里雁，恼断九回肠。家贫缺甘旨，解当奉姑嫜[②]。人在天涯远，何时还故乡？自从儿夫去后，杳无音信。心意去匆匆，君西妾在东。君身如皓月，妾似镜尘蒙。

【水仙子半插玉芙蓉[③]】尘蒙镜里鸾，云阻天边雁。几回遥望秦关路，阻隔云山千万重。举目秦关，万里云山远。人在天涯，俏一似风筝断[④]，倚定门儿眼望穿。雁飞不到处，人被利名牵。季子夫，你在京城，妻在家里，倘有吉凶时节呵，他那里吉凶，俺这里难见。吉凶难见，枉教奴卜尽金钱不见还。夫自与三叔公推命回来[⑤]，逼奴家典卖钗梳呵，你一心在名利间，婆婆责奴家不肯谏阻他的孩儿。婆，他是高堂父母谏阻不从，手足兄弟谏阻不听，最苦是行色匆匆，那肯受裙钗劝？

才到秋来举子忙，夫君一去望名扬。禹门三级桃花浪，月阙九秋丹桂芳。

【前腔】九秋丹桂芳，三月桃花浪。夫，今乃大比之年，天下举子三千，策试英雄五百。少甚么英雄，一跳龙门上。伯伯、姆姆取笑我儿夫心高望外，岂不闻书云：家贫亲老，不为禄仕，大不孝也。他只为亲老家贫，图寸禄来供养，枉被旁人说短长。古人云：朱门生饿莩，白屋出公卿。常言道白屋出朝郎，公婆、伯姆，休把人轻相，人轻逆相。古云：人不可以貌相，水不可以斗量。焉知我夫今日之贫贱，异日之不富贵乎？海水难将升斗量。自古道：人有善愿，天必从之。天怜念，名显扬，管取改换门闾，衣锦还乡党。

梳妆已罢。明日公婆该奴供膳，米粮又无，怎生是好？寻思无计，不免将这股金钗与姆姆当些钱米，供奉公婆，又作道理。(行科)钗梳典卖赴京畿，公婆甘旨怎支持？古言勤乃立身本，果然俭用胜求人。

【前腔】人间做媳妇，谁似奴受苦？夫，你滔滔去了，不顾公婆暮景，家道贫穷，怎生布摆？亲老家贫，甘旨应难措。典尽金钗，吃早膳还愁暮。夫，奴家为你吃尽子万苦千辛，你在天涯知也无？试把菱花照，容颜已非初。枉被儿夫耽误(重)。季子夫，今日为妻的拿这股金钗与姆姆当钱。正是开口告人羞怎顾？到他家中，若念妯娌之情，慨然肯了也罢；倘若推故，岂不汗颜？未知他肯否，意踌躇。奴家欲待不去，公婆甘旨无措，正是羝羊触藩[⑥]，进退两难。好一似触藩羝羊，进退难移步。

来此是姆姆门首，不免相叫一声：姆姆有请！

【一江风】(贴上)听得语匆匆，忙步金莲动。天晴人意浓，桃花映水红。(旦)姆姆快来。(贴)忽听得叫姆姆，待奴家整衣衫，向堂前相陪奉。

(旦)可笑苏郎痴又痴，那得云开见日时？(贴)叔叔成名归画锦，婶婶封赠做夫人。(旦)休得取笑。(贴)婶婶，自你叔叔去后，容颜消瘦，意欲相邀婶婶，同到花亭玩赏一番，宽解愁闷，未知婶意如何？(旦)既蒙厚爱，当得陪伴。(贴)请婶婶同行。转弯抹角，来此便是。(旦)姆姆，果然是好花。(贴)百花开放满园红，松柏长青四季同。桃花乱落如红雨，海棠不比旧时容。

【二犯傍妆台】海棠不比旧时容，娇羞无语，寂寞倚东风。婶婶，桃花岁岁皆相似，人面年年大不同。叹人生浮世多错误，瞬息间便不同。婶婶，往日叔叔在家，你也不是这般妆束。钗头鸾凤归何处？衣上花枝失故丛。婶婶，莫说别的呵，你娥眉减翠，杏脸褪红。婶婶，我看你欢无半点，愁有万般，缘何戚戚少情悰？

(旦)凤凰台上凤凰游，凤去台空江自流。吴宫花草埋幽径，玉箫声断凤楼空。

【前腔】玉箫声断凤楼空。姆姆，自你叔叔去后，那件事不是奴家支持？无端情绪，尽付与疏慵。姆姆，你说我这愁闷不为别的，一来为公婆年老，二来为家道贫穷。愁锁在眉尖上，闷堆积我心中。因此上罄将胭粉藏深箧，懒向妆台理旧容。(背科)自古道：贫穷无种，富贵无根。奴家今日看你呵，自矜豪富，每凌困穷。季子夫，羞得奴脸儿黄瘦眊双瞳[7]。

奴家受此羞辱，此钗如何将出去？不免托些事情，告辞回去。姆姆，为婶的适才来得忙促，未曾收拾，就此拜辞，明日再来相看。(贴扯科)

【刮鼓令】一言犹未终，暂淹留顷刻中。婶婶，你意皇皇便要辞归去，我知道了，莫不是为姆的疏违礼欠恭？(旦)姆姆言及至此，奴家多多得罪。家中事纵有天来大、海样深，一旦都丢罢，我和你闲坐话从容。(贴)有劳贵步来此，必有所为。(旦)有一事相浼[8]，不敢启齿。(贴)婶婶说那里话？奴本是嫡亲妯娌，又不比陌路外人同。婶婶，你为何欲言不言，欲说不说？是怎的，也不须半吞半吐话朦胧。(重)

(旦)姆姆，自你叔叔去后，杳无音信回来。

【前腔】云山隔万重，历星霜绝雁鸿。姆姆，你叔叔呵，他为功名相担阻，闪得家中物物空[9]。实不相瞒，明日公婆该奴供膳。甘旨事难供，奴将金钗一股，典些贯朽与陈红[10]。(贴)婶婶，我家中那有闲钱？(旦)姆姆，自古道：济人须济急时无。望姆姆周全急难中。(重)

(贴)小莲，拿前日王婆卖的那钗子过来。(丑)钗子现在。(贴)婶婶，只道你有一股金钗，为姆的也有一股。

【终滚】奴有金钗一股，这钗当初拆散不成对，今日有了婶婶这一股，一样双飞凤。古语道得好：金银不入贫人手，珍宝多藏富贵家。钗，正是：万物也有缘，今日还来共。婶婶，这钗原共一个匠人打的呵，羽毛无异，巧妙相同，莫非往日遭人哄？

【前腔】(旦)今朝见此钗，使我心先痛。老乞婆，那日千般嘱付不要到他家去卖。恨杀那王婆，口嘴全没用。言南语北，指西话东，被你将奴误，今日遭讥讽。

姆姆，实不相瞒，这钗是我的。因为你叔叔去求功名，缺少盘费，托王婆来买你家。(贴)婶婶，昔日楚人失弓，楚人得之[11]。

【四犯黄莺儿】喜楚得楚弓，免被旁人笑我苏氏穷。家丑休教与外通。(旦)姆姆，奴把金钗解当，只为窘中。(贴)家中实无，难以从命。此情正与前情共。(旦)姆姆，念是妯娌之情，当与奴家去罢。(贴)怎奈我一时乏空，怎生强从？(旦跪科)正是礼下于人，无任哀控。望姆姆周全我困穷。(重)

(贴)婶婶请起。不知这钗子多少重？(旦)三钱重。(贴)小莲，衣箧中取三七二两一钱银子过来。(丑)这块头有二两五钱。(贴)剪下四钱。(旦)不要剪，都与我去，明日你叔叔回来，加利奉还。(贴)妯娌之情，何须利息。(旦)如此多谢。就此拜辞。(贴)多慢你，不及远送。(旦)姆姆请转。(贴)呀，他果去了，不免叫他转来，羞他一场。婶婶转来，吃午饭去。(旦)不劳起动。(贴)妯娌之情，何须苦辞？(旦)既如此，待我转来。(贴)婶婶，非是叫你吃午饭，我问你怎么这等要做夫人得紧？(旦)我夫人终有日。(贴)你要做夫人极是难。(旦)眼前贫困实羞惭。(贴)婶婶，你怎学得我满头珠翠身罗绮？何用儿夫去做官？(旦)呸！

【驻云飞】语语相欺，全不念同胞共乳亲。只倚着富豪势，不顾恩和义。嗏，提起泪珠倾。你道我坏了家私，卖了钗梳，也只为名和利。夫，羞杀家中周氏妻。

【余文】纵有富贵成何用？夫妻子遭人讥讽，莫不是闷压巫山十二峰？

〔注〕 ① 珠泪满怀红透：红泪指美人泪。王嘉《拾遗记》："文帝所爱美人，姓薛名灵芸，常

山人也……灵芸闻别父母,歔欷累日,泪下沾衣。至升车就路之时,以玉壶承泪,壶则红色。既发常山,及至京师,壶中泪凝如血。” ② 解当(jiè dàng):典质,抵押。 ③ 水仙子半插玉芙蓉:《南曲九宫正始》引作【二仙插芙蓉】。 ④ 俏:简直,全然。 ⑤ 推命:推算命运,算命。⑥ 羝羊触藩:公羊角钩在篱笆上。喻进退两难。《周易·大壮》:“羝羊触藩,不能退,不能遂。”⑦ 眊(mào):眼睛失神,视物不清。 ⑧ 浼(měi):请求,央求。 ⑨ 闪:抛,丢下。 ⑩ 贯朽:穿钱的绳子朽断,形容积钱很多而长期不用。此指钱。陈红:陈年的谷类。长期积存的粮食红腐不可食。 ⑪ “楚人失弓”二句:《公孙龙子·迹府》载楚王失弓,左右欲寻之,王曰:“止,楚王遗之,楚人得之,又何求乎?”后用以比喻失而复得,表达对得失的达观态度。

《金印记》是写战国苏秦发迹变泰故事。原是“宋元旧篇”南戏,现存多种明人改本戏文,一些论者也把它们归作明传奇。故事本于《战国策》和《史记·苏秦列传》。剧中描写苏秦朝经暮史,苦读诗书,生活寒素。在用意于“治产业力工商”的家庭显得格格不入,与兄苏厉的生活形成鲜明对比。父母兄嫂重富轻贫,取笑苏秦志大心高,不图实利,自取烦恼。时逢秦国招贤,苏秦劝妻子典卖金钗,又得大叔赠银五十两,凑足路费,琴剑西行。秦相公孙鞅嫉贤妒能,扣下苏秦万言长策,苏秦遂落魄而归。回到家中,父不同言,母嗔骂詈,兄憎嫌弃,嫂不为炊,妻不下机。他感到亲情淡漠,志不获展,欲投井寻死,幸遇大叔劝告,留在家中刺股读书。此后魏邦纳贤,苏秦献计,终于六国拜相,腰悬金印,衣锦还乡。

全剧以苏秦行迹为主线,写他发愤读书,屡遭挫折而不气馁,终于发迹。而作为现存最早版本的明刊《重校金印记》,具有宋元戏文取材的传统特色,即使描写历史人物,也侧重表现他的家庭冲突和恋爱婚姻纠葛。这一出《金钗典卖》就是写苏秦西行之后,周氏为了奉养双亲,向姆姆(弟妻对兄妻的称呼)典卖金钗,剧中描写周氏的内心矛盾和周氏与姆姆王氏的冲突,凸现了周氏的性格、心理和在家庭中的尴尬处境。

苏秦远行引出的思念,对苏秦远游的埋怨,因为贫贱而不可回避的家人的耻笑,还有无端的指责,以及生活的压力,凡此种种,都成为苏秦妻子周氏最实在、最具体的痛苦。整出戏中周氏这一人物形象都是忧郁的。从周氏的处境我们看到了构成苏秦发迹变泰故事的另一面。

本出一开始,是周氏对苏秦的真情思念,“思君渐觉纤腰瘦”,“珠泪满怀红透”,由于在中国古代社会、家庭中的地位,使得女性在这样的离别之后有更多思念,有“君身如皓月,妾似镜尘蒙”的感叹。在周氏看来,倘若苏秦肯于“安分”生活,夫妻本可幸福美满。但苏秦心在名利之间,一去三年,家中全由她一人支撑,奉养公婆,生活困窘,于是难免心生埋怨。困难重重,又无人可以求助,周氏只好将剩下的一股金钗当与姆姆,想到姆姆如果不肯,岂不汗颜?又自觉进退两难,心中不禁有“你在天涯知也无？试把菱花照，容颜已非初”的感慨，但即便如此，周氏还是更多挂念苏秦。“他那里吉凶，俺这里难见……枉教奴卜尽金钱不见还”，这是周氏真实的心境。而家人用世俗的眼光认为她一心想做夫人，不肯谏阻夫婿，这就为周氏更添一层愁怀，加之心事无人了解，更是倍感孤独。另一方面，在心底，周氏也能理解苏秦，“岂不闻书云：家贫亲老，不为禄仕，大不孝也。他只为亲老家贫，图寸禄来供养，枉被旁人说短长”，“朱门生饿莩，白屋出公卿”。所以她祈望苏秦衣锦还乡，何况这还是对他人的轻视与嘲弄的最好回击。

可以说上半出作者是通过写心理活动来表现人物，下半出则是直接通过戏剧冲突来塑造性格。周氏去姆姆处当钗，先陪了十分小心，不待姆姆奚落，先说：“可笑苏郎痴又痴，那得云开见日时。”而姆姆王氏表面奉承，实是嘲讽：“叔叔（小叔子）成名归画锦，婶婶（兄妻对弟妻的称呼）封赠作夫人。”这四句唱词，把二人的关系已勾勒清楚。周氏此刻心急如焚，而王氏却故意邀她去赏花，周氏又一次陪笑道：“姆姆，果然是好花。”但对景伤情，心中想到的是“桃花岁岁皆相似，人面年年大不同”。此时，心口间的对比、反差，凄凉与苦涩，毋庸赘言。王氏却又明知故问：“我看你欢无半点，愁有百般，缘何戚戚少情悰？”周氏只得如实相告，自知受人侮辱，更无颜当钗，正欲告辞快去，哪知王氏还不满足，一把扯住她，假意道：“莫不是为姆的疏违礼欠恭”，她知此话出口，周氏便脱身不成。王氏料知周氏此来必有所求，正好羞辱，哪肯轻易放过。当周氏求她买钗，王氏随即推说：“我家中那有闲钱。”然后又特意拿出先前周氏托王婆当的另一支金钗。这是周氏为苏秦赴试典卖的，当日还特意嘱咐王婆不要当与姆姆，而今日见到此钗，虽无地自容，也只好如实讲诉原委。最终王氏答应典卖二两一钱银子，多了四钱，还硬要剪下，极是刻薄，然后又挽留周氏，待周氏回来，道：“婶婶，非是叫你吃午饭，我问你怎么这等要做夫人得紧？”至此二人对立关系表面化，周氏再没法忍让，横下心，说：“我夫人终有日。”可是心中暗自委屈：“你道我坏了家私，卖了钗梳，也只为名和利。夫，羞杀家中周氏妻。”本出结束，周氏羞愤难当，痛道：“纵有富贵成何用，夫，妻子遭人讥讽。”戏剧情节到此戛然而止，给观众留下强烈震撼，也对周氏的命运有了充分的了解和同情。

纵观全出，可见背乡求仕，追逐功名利禄在客观上对家庭生活的影响和冲击，以及由是而加诸妇女的生活压力与精神重负。同时，本出通过周氏与姆姆王氏的矛盾，也在客观上表现出欺寒嫌贫的丑恶世风。

《金钗典卖》这出戏，前半部分对周氏的心理描写准确细致，全面传达了周氏的心理活动。后半部分则通过关目的安排，语言、科范的巧妙运用，把二人的性格和她们之间的微妙关系作了传神刻画，人物形象跃然纸上。赏花之后，王氏为羞侮周氏而强留周氏的“贴扯科”，把王氏的卑劣、刻薄展现得淋漓尽致。《金钗典卖》一出一直是《金印记》中的重点出目，自明以来，《八能奏锦》、《歌林拾翠》、《尧天乐》、《大明春》等戏曲选本都有收录。 （孙崇涛）

金 印 记 苏复之

第十六出 一 家 耻 笑

【转仙子】[1]（旦）一别年华似飞箭，奈阻隔关山。空卜尽喜鹊传音信，枉屡有灯花吐焰，把闲愁向心中系绾。

春去又还来，辛勤供蚕事。但看绮罗人，不是养蚕妇。旧恨并新愁，结就肠千缕。纵有并州快剪刀[2]，剪不断奴愁情绪。奴家自丈夫去后，家中日食难度，破费家资，只得勤于纺织，以习女工，聊备公姑甘旨之奉。不免入机房，织成几丈绢子，多少是好。

【解三酲】凤帏里整顿机织，一别后梭掷华年。奈程途胜似缫车紧，怎得似轴儿转？惹得奴心绪如麻乱。他指望后变成龙身贵显。空思念，怕不如断机羊子妻贤[3]。

【转仙子】（净上）贫富随缘算非偶，谩用尽机谋。（贴上）空有满腹文章，叔叔呵，笑伊行，双足向红尘空走。

（净）一嫂，闻知二嫂在西廊下织绢，我与你前去哄他，看他如何？（贴）请婆婆先行，奴家随后。（旦）婆婆、姆姆到我家来，未审何意，且自下机相见。（净）二嫂，闻得西廊机声响，料你在织绢子儿，正是如此。自古道：男要勤，女要勤，三时茶饭不求人。你自去织机，不消陪。（旦）婆婆、姆姆恕奴家不陪。（旦上机科）（净）二嫂，你丈夫得官回来了，不消织机，快去迎接他。

【绣带儿】（旦）闻说道儿夫信息，停梭试问来由。（净）秦邦内音信回来，休得要皱破眉头。（旦）推究，莫非是途路上生受[4]？莫非是有些灾咎？（贴）前程有决定是有，休笑他过虑贪求。

【前腔】（净）二嫂，他此去功名唾手，巍然首占鳌头。（旦）路途遥真伪谁知？（净）唐二已回至。（旦）既是唐二回来，果是真了。请婆婆、姆姆同去接他。（净）自古道：君不接臣，父不接子。你自去接他。（旦）婆婆、姆姆恕罪了。听道，安排远接休得落后。（旦行科）

(净打科)且机织休得要胡走！(旦)天,特地里将人取笑,季子夫,这场气教奴怎生禁受？

(小生)心忙来路远,事急出家门。告母亲知道：望见兄弟衣衫褴褛,相似乞丐一般回家来。(净)这个败子,想真不曾得中。

【玩仙灯】(生上)奈何奈何,苦被苍天困我。

路逢险处难回避,事到头来不自由。我苏秦时乖运蹇,不遇而归,有何面目见我父母兄嫂？不免悄地回家,见我妻子一面,又作区处。

【不是路】掩耻包羞,自惭迍邅不唧噌[5]。到家庭,进前几步还退后。呀,是甚么人在我家里？原来是我母亲、哥嫂。谢天谢地,今日喜得爹爹不在我家,不免撞将进去。便低头,母亲跟前忙顿首。哥哥嫂嫂间别久！(净)做得好官！黑貂裘破损,衣衫褴褛,好似丧家之狗,丧家之狗。

【前腔】(生)听儿分剖,一心指望功名就。(净)你那万言书如今在那里了？(生)万言书,被奸相挡住不肯奏。(净)那百两金子？(生)枉逗留,咸阳旅邸岁月久,金尽回来空素手。(净)罢了,天,气杀我也！(生)教人讯齿嗟呀[6],囊箧尽皆罄无有,只落得这般生受,这般生受。

(小)恭喜,贺喜,做得好官！(生)哥哥休要取笑。(净)畜生,我当初叫你不要去,今日如何？(生)告禀母亲得知：非是孩儿无才,奈我时乖运蹇,遭逢奸相。(净)你做出来还要强口！(生)娘,爹爹在那里去了？(净)在庄子上去了,少时就回。(生)爹爹回来,望母亲、哥哥方便一二。(小)兄弟,我当初也曾劝你来。

【浆水令】去时节不由人止遏,今日里翻成何若？(贴)叔叔,时乖运蹇多颠倒,却无烦恼寻烦恼。(净)儿,非是我所待厚薄,自是你所为差错。儿,自今以后,再不要读书了。从今后便须改过。

【前腔】(生)娘,非是我所见不多,非是我所学不博。却教阴盛阳衰剥[7],又逢初九行噬嗑[8]。谁知道天地不交[9]？终有日风云会合,望哥嫂休要量我。

【前腔】(旦)气得我无言可道,恼得我神魂离壳。(旦做下机科)

(净)皆是这个贱人,爱带凤冠霞帔,以致如此。(旦)本待要下机相叫呵,怎当得婆婆摧挫?却教我怎生奈何?且自个停机闷坐,只落得珠泪偷堕。

(生)一家人皆在此,单不见我妻子。听得西廊下机声响,待我看取。妻,你吊下梭子。(捡科)周氏妻,你丈夫回来,且下机相叫一声。(旦)工夫各自忙。(生)哇,这等忙得紧!(打机科)(净)坏了,打破我家伙!畜生,别人做官打百姓,你做官会打老婆。(打生科)也是这个贱人,眼上一点黑,没有老公过不得。(打旦科)(生)哥哥拜揖。(小)方才见礼了,读书人多礼数。(生)非是兄弟多礼,奈我身上褴褛,少时学中朋友相望,不好观瞻,望哥哥穿不尽的衣服将一件与我遮寒。(小)衣服广有,不中为官的人穿。(生)胡乱儿穿罢。(小)衣服没有,佛前有盏灯,你去向。(生)我岂是向灯的人?冻死不向佛前灯。(小)连灯也不与你。(生)身上单寒犹尚可,腹中饥饿最难当。嫂嫂拜揖。(贴)方才见礼了,拜甚么年?(生)小叔非是拜年,因为行路辛苦,问嫂嫂有饭借一碗充饥。(贴)早膳已过,中饭未来,厨下有碗猫儿饭拿去吃。(生)且住口!我腹中饱矣。我苏秦不遇而归,妻不下机,嫂不为炊,母不共语:一家如此!常记得太公八十而遇文王,何况我乎?天书云:"死生有命,富贵在天。"

【余文】功名富贵皆分有,恁得自心胡计较,兀的不是"山掩诸公富贵羞"[10]。

罢罢,我苏秦今日如此,在家难以安身,不如暂时出去,又作区处。一心望天天不超,回来绿柳间红桃。此花尚有重开日,我身必定学红桃。(生欲下)(撞外上转科)

【鹊桥仙】(老外)富贵荣华,从天付与,岂是由人强取?

老安人,今日人说道:苏二没官回来。怎生是好?方才来至门首,听得一家啰唣[11],为着甚的?(小)告爹爹得知:今日苏秦不第回来,因此大家啰唣。(外)果然没官回来,怎生了得!你叫他来见我。(生跪见科)(外)做得好官!畜生,我当初叫你务农,你执性不听我说,要去攻书。今把家私坏了,功名不能成就。苏一,与我拿棍子过来,把这不肖子脚跟也打断他的!(小)爹爹暂息雷霆之怒,兄弟今番虽然未遇,自今以后,改过前非,务吾商农则个。(净)员外,方才被我打上一顿,这番饶过他也罢。(外)懊恨苏秦心忒高,空向秦邦走一遭。不想命薄该如此,妄想貂蝉挂紫袍[12]。畜生!

【红衲袄】你要去戴貂蝉挂紫袍,做高官人喝道。正是:万般皆由命,半点不由人。万事不由人计较,都是前生注定了。畜生,那日花下饮酒,你道"万般皆下品,惟有读书高"。笑你们心忒高。看你的哥哥呵,他本分无烦恼。你痴心指望封侯也,天堂有路终不去,祸福无门人自招。

老安人,叫苏一好生看他,再不要去骂他了。(净)儿,你爹爹叫你不要读书,若再读书,赶你出去。(生)娘,孩儿读尽孔圣之书,不指望一举成名?今日叫我弃了,断然不肯!(净)儿,你爹爹说的是好话,怒吽吽待如何?叵耐孩儿不忖量,痴心指望坐朝堂。今朝马死黄金尽,何须空自气昂昂?

【前腔】气昂昂冲斗牛。儿,你官在那里?(生)我终久少不得。(净)嘴喳喳常诳口。儿,自古道:未量他人,先量自己。不羡你满腹文章不疗饥,亏你脸皮生得厚。娘不偢谁保偢[13]?笑孩儿枉用心。任你掬尽湘江水,难洗今朝一面羞。

苏一,你爹爹教你把衣服与他件穿,将些好言语安慰他。一嫂,讨些饭与他吃。(下)(生扯科)娘,你那去?(净)儿,你爹爹性子如火,我也顾不得你了。(重唱)(下)(小)可笑兄弟太不才,痴心指望步金阶。十年窗下成何用?夜间失寐昼忘餐。

【前腔】昼忘餐夜失寐,你待要做高官求显迹。你去到糖州回来知些甜滋味。兄弟,你说朝廷官员容易做得。穷骨头怎做得?兀的笑你们心太痴,枉惹人说是非。(生)哥,登科自是男儿事,际会风云未可期。我苏秦明日终不然不做官不成。(小)痴心指望登科也,争奈你满腹文章不疗饥。

(贴)官人且回去,说他怎的?(小生下)(生)一家人都说了,只有嫂嫂不曾说,有话请讲了去。(贴)我好意劝你哥哥回去,你倒反来惹我,为嫂的就说你几句待如何?山东将相未能量,衣衫褴褛面皮黄。朽木不堪梁栋柱,痴心指望做皇堂。(生)休把苏秦当朽木,此科不中心未足。有朝一日时运来,定取书中黄金屋。

【前腔】(贴)黄金屋谁不愿？粟千钟谁不羡[14]？只怕你五行有些乖和蹇。叔叔，你往日在家穿靴顶帽，今日呵，只落得草鞋儿脚下穿。(生)走长路不穿草鞋，穿靴不成？(贴)苏家好门风！为嫂的在下面站立，为叔的端然上坐。(生)我走路辛苦，歇息片时，吃甚么筵席不成？嫂，你要坐，我就起身让你坐便了。(贴)你读书人有甚高远见？(生)尊嫂，你放贤慧些。(贴)反道我嫂不贤。叔叔，"功名"有几个字？(生)"功名"两个字。(贴)可知别人求功名容易，你求功名这等好难。你一心指望功名也，却不道两字功名一字天。(做取银下)

(旦)官人万福。(生)莫怪今日被一家人说，如今再有人说我，不是他，便是我。(生怒科)(旦)你这假威风，只好唬你妻子。且问你：公婆讲论，天堂父母，理之当然；伯姆乃兄弟行列，缘何不回他半句？(生)教我与他厮打？(旦)那闲话也罢。且问你：有官回来没有？(生)我不问你讨官便好，你反来问我讨官！(旦)冤家，这话是怎的说？(生)我当初起程，叫你卖钗，你千不肯、万不肯，阻了我的彩头。冤家，都被你坑陷我！(旦)自古儒冠多误身，痴心指望拜枫宸[15]。"饥寒"二字不堪忍，谁道儒为席上珍？

【前腔】你常道儒为席上珍，谁知你满腹文章不济贫。夫，你那百两金子在那里去了？(生)淹留三载，都皆使尽。(旦)百两黄金都使尽，要你空手回来作甚情？(背科)早知君误人，何不当初莫嫁君。(生)贱人，你背地说甚么？(旦)早知道书误人，悔不当初莫用心。洛阳多少读书子，谁似冤家坑陷人？自古道儒冠多误身。(生)妻，你那里去？念在一夜夫妻百夜恩。(旦)夫，自古道：茶酒兄弟，盐米夫妻。一朝无食，父子无情。做不得一夜夫妻百夜恩！(走下)

(生)呸！贱人走了，罢罢，我苏秦未遇回来，一家人如此相待。术人道我有三公，两字功名一旦空。自家骨肉谁偢倸？思量教我气吽吽。

【前腔】气吽吽怒满胸，眼睁睁遭困穷。骂得我羞脸难藏万千惶恐，似龙游浅水遭虾弄。枉教我诗书万卷通，争奈时乖运未通。我思想起来，大叔门首有口古井，不如寻个自尽罢了。倒不如丧却残躯也，都做了一旦无常万事休[16]！(虚下)

【醋葫芦】(旦上赶科)疾忙赶上者,他去得一似赴壑蛇。我鞋弓袜小步难蹑。前面大哥,替我扯住一回。恨不得再赶上把他衣袂拽。(跌科)滑苍苔闪教我一跌,喘得奴两气不相接。

天,他怒吽吽走将出去。

【前腔】我看他脚步儿不妥贴,言词儿不清切。未知他此去吉凶是何说?他道父母生嗔尚可些,当不得兄嫂忒欺灭。伯伯、姆姆呵,好一似火里添油冰上更加雪!

【前腔】望得奴眼欲穿心欲折,想得奴意似痴肠欲裂,忽觉我点滴泪成血。纵然是归去也,怎挨得如年夜?似这般冷清清独自个好伤嗟!

如今将次更尽时候,不免回家点些灯火,前去寻取消息,多少是好?

不听当初奴劝他,等待三年空回家。

红颜胜人多薄命,莫怨春风当自嗟。

〔注〕 ① 转仙子:此曲牌不见于曲谱。查南吕引子有【转山子】一调,格律与此曲大体相合,“仙”似为“山”之误。下同。 ② 并州快剪刀:古时并州出产剪刀,以锋利著称于世。唐杜甫《戏题画山水图歌》“焉得并州快剪刀,剪取吴松半江水。” ③ 羊子妻贤:《后汉书·列女传》载东汉乐羊子远出求学,以久行怀思,一年即归,妻子引刀趋机曰:“夫子积学,当日知其所亡,以就懿德,若中道而归,何异断斯织乎?” ④ 生受:指受苦。 ⑤ 迍邅(zhūn zhān):处境不利,困顿不得志。 ⑥ 讯齿:问到,提及。 ⑦ 剥:《周易》卦名,剥落,浸蚀。这一卦,阴由下面生成,一连五个,残余的一个阳,也到了尽头,不可保。代表阴盛阳衰,即小人得势,君子困顿。 ⑧ 初九行噬嗑(shì hé):初九,《周易》每卦六爻,第一爻为阳爻者,称为“初九”,表明事物正处于发展的初期。噬嗑,《周易》卦名,“噬”是咬,“嗑”是上颚与下颚合拢,凡事不能亨通,必然中间有障碍,这一卦,言将中间的障碍咬碎,就可以亨通了。 ⑨ 天地不交:天地相交,万物生长,吉祥、亨通。天地不交,正与此相反。这一句来源于《周易》“泰”卦。 ⑩ 山掩诸公富贵羞:此句出宋刘过《登多景楼》诗,谓群山为享富贵而误国的权臣遮掩羞辱。 ⑪ 啰唣(zào):吵闹寻事。 ⑫ 貂蝉:貂尾和附蝉,古时显贵之臣的冠饰。紫袍:达官贵人穿着的紫色朝服。 ⑬ 保俅(chǒu):即理睬。 ⑭ 千钟:指丰厚的俸禄。 ⑮ 枫宸:宫殿。宸,北辰所居,为帝王的宫殿。 ⑯ 无常:形容人死。

《一家耻笑》写苏秦不遇归来,与家人之间发生的矛盾冲突。作者通过描写苏秦与父母、兄嫂的思想隔膜和苏秦与妻子周氏的感情纠葛,为我们多侧面,多角度地揭示了剧中人物的思想、性格,也为我们展现了一个真实、生动的民间生活场景,反映了剧中人物所处的时代风貌。

苏秦与父母、兄嫂之间的隔膜有复杂的思想背景。本出苏母、苏嫂出场有一段唱词:“贫富随缘算非偶,谩用尽机谋。”“空有满腹文章,叔叔呵,笑伊行,双足向红尘空走。”在第十出也有一段王氏的唱词:“想争名夺利,不为稳当,清闲为上,利锁名缰。少甚公侯宰相?早起受恩光,晚些时贬在一方。”这样的曲词虽然与剧中具体人物性格有些游离,但剧作者通过它传达了自己的生活感触,即表现对现实人生的困惑与思索和对功名富贵的淡漠和保留态度。作者在整部作品中对苏秦是肯定的,主旨是写苏秦的发迹变泰,写他的奋发有为,写读书必致否极泰来。但作者也未因此隐藏思想的矛盾,也正因此,作品在不经意间让我们感觉到社会、历史、人生种种的复杂和深沉。

本出父母、兄嫂对苏秦嘲讽、奚落、耻笑,但并没有掩饰他们自己对功名的渴望。“黄金屋谁不愿,粟千钟谁不羡,只怕你五行有些乖和蹇。”恰恰是这种可望不可及使他们安于自身所处地位,而对不“安分守己”的苏秦不能容忍。苏厉把苏秦不第的消息报知母亲,“望见兄弟衣衫褴褛,相似乞丐一般回家来”。苏母说:“这个败子,想真不曾得中。”苏父得到消息后也说:“果然没官回来,怎生了得。”口气中都流露出对“得中”的期望,和对“不第”的失望,于是他们把苏秦的一味追求“功名”归结为一种虚妄。苏秦刚一回家,苏母厉色道:“做得好官,黑貂裘破损,衣衫褴褛,好似丧家之狗。”“你那万言书如今在那里了?”苏厉也奚落苏秦:“恭喜,恭喜,做得好官。”正是出于对这种“虚妄”的否定,和对力所能及的安定平静的幸福的依赖,面对苏秦用百两黄金换来的“金尽回来空素手”,苏母的反应是:“罢了,天,气杀我也。”“畜生,我当初叫你不要去,今日如何?”苏父也说:“做得好官,畜生,我当初叫你务农,你执性不听我说,要去攻书,今把家私坏了,功名不能成就。”“懊恨苏秦心忒高,空向秦邦走一遭。不想命薄该如此,妄想貂蝉挂紫袍。”“看你的哥哥呵,他本分无烦恼。”苏秦落第归家,父不同言,母嗔骂詈,兄憎嫌弃,嫂不为炊。苏母的解释是:“非是我所待厚薄,自是你所为差错。儿,自今以后,再不要读书了。”“若再读书,赶你出去。”从这个角度看,一切奚落、耻笑,是对“虚妄”的惩罚,目的是要“浪子回头”。其实嘲讽之余,作品也描写了家人的善意,当苏父欲打苏秦时,苏厉说:“爹爹暂息雷霆之怒,兄弟今番虽然未遇,自今以后,改过前非,务吾农商则个。”苏母也道:“这番饶过他也罢。”事后,又叫:“苏一,你爹爹教你把衣服与他件穿,将些好言语安慰他。一嫂,讨些饭与他吃。”然而全家的嘲讽、规劝也未能使苏秦放弃对功名的追求,“登科自是男儿事,际会风云未可期。我苏秦明日终不然不做官不成”。

从本出戏来看,作品用意在细致刻画一幕平常的世俗生活,其中不同的人处在不同的社会地位,信奉自己的生活原则。严格意义上讲,这是对生活的直观展示,并无褒贬,这只是一场很具体、很客观的民间的家庭冲突,展示了一个时代氛围笼罩下的人的思想状态。

本出对于周氏与家人关系的描写也是如此。

由于苏秦一心在名利之间,夫妻二人在家中被人嘲讽、轻贱。但周氏也只有希望苏秦仕途得意,改换门闾。唯其如此,才能改变二人的处境和家人对她的态度,故而周氏也把心思放在苏秦西行的成败上,"空卜尽喜鹊传音信,枉屡有灯火吐焰"。而每当念及苏秦"他指望后变成龙身显贵",也担心自己"空思念,怕不如断机羊子妻贤"。苏秦走后,她独立支撑家庭,"奴家自丈夫去后,家中日食难度,破费家资,只得勤于纺织,以习女工,聊备公姑之甘旨奉"。更何况,本出一开始,婆婆和姆姆又用苏秦得中来哄骗她,又是一场羞辱,这些都为苏秦与周氏见面后的误会、矛盾冲突作了铺垫,酝酿了气氛。

苏秦不第归来,被父母、兄嫂取笑,周氏看在眼里,恼在心头,三年的等待终无所获,未来仍然渺茫。刚要下机与丈夫相见,又被婆婆说成:"皆是这个贱人,爱带凤冠霞帔,以致如此。"此时周氏百感交集,只得"自个停机闷坐,只落得珠泪偷堕"。而苏秦归来心中郁闷,本无面目见父母、兄嫂,只想见妻子一面,再作打算,可妻子竟不下机相见,不禁痛心,也不去想周氏的处境,只恨人情淡薄。

家人都下场以后,是苏秦与周氏两人的一段冲突。苏秦所有的怨气只能向周氏发泄,而周氏三年来郁结在心中的情感也只有面对苏秦才能稍微申诉。周氏道:"官人万福。"苏秦害怕再被嘲讽,不待周氏开口,抢先说:"莫怪今日被一家人说,如今再有人说我,不是他,便是我。"言语之中有书生的迂腐与无奈。夫妻二人的言语冲撞,为本出平添了一层喜剧色彩。周氏见苏秦对自己发怒,情急道:"你这假威风,只好唬你妻子……公婆讲论,天堂父母,理之当然,伯姆乃兄弟行列,缘何不回他半句?"又问:"有官回来没有?"苏秦强词夺理:"我当初起程,叫你卖钗,你千不肯、万不肯,阻了我的彩头。"周氏背后说:"早知君误人,何不当初莫嫁君。"待到苏秦追问,又改口道:"早知道书误人,悔不当初莫用心。"又怨:"洛阳多少读书子,谁似冤家坑陷人?"随即欲走,苏秦拦挡不住,悲愤难当,欲投井寻死。周氏又急忙追赶,叫道:"我鞋弓袜小步难蹑,前面大哥,替我扯住一回。"又叹:"滑苍苔闪教我一跌,喘得奴两气不相接。"……正如吕天成《曲品》所评:"近佳处,俱见古态。"本出就似一小幅情调浓郁的民间风情画,散发着纯朴的生活气息。

剧中苏秦与兄嫂的思想隔阂,苏秦对自己走后周氏所历痛苦的忽视,周氏对苏秦的因爱与依赖而生的"怨",还有苏秦的"悲",包含着深刻的社会内容。作品没有刻意追求结构、思想、立意，却为我们演出了真实、生动而可信的“生活”，读者可以从中感受到中国古代戏曲作品的那种挥洒自如，绝少自我束缚的创作精神。这种潇洒的创作精神让整个戏剧作品平易流畅，没有造作的痕迹，并使我们真切感觉到古代民间戏剧作家思想、情感的诗意表现。（孙崇涛）

【戏曲家小传】

姚茂良

字静山。武康（今浙江德清）人。约生活在明代成化年间。生平事迹不详。作有传奇《双忠记》、《金丸记》、《精忠记》。另据《传奇汇考标目》别本著录，谓传奇《合璧记》亦为其所撰，与王恒之作同目。《双忠记》、《精忠记》今存，《金丸记》仅存散出，别题《妆合记》。

金　丸　记　　姚茂良

第二十八出　拷　　寇

【引】（众）（老上）数载沉埋心事，丢开放下心思。谁想今朝尚如此，空使防机刺。

（白）须知容易事难知，始信今朝鲜克初[①]。我本将心托明月，谁知明月照沟渠。我宫中心腹之人只有寇承御，我向年托他诓害李妃之子，谁想这贱婢不从我旨，反送到楚王府中收养，今已十岁矣。圣上宣他与我为子，昨日朝见，看他举止动静，俨然李妃一般。及至问他生母，又云不知。我想起来，岂有为子者不知生母之理？我为此悄悄差宫人随太子往冷宫中，看那太子与李妃如何光景。且待宫人回报，便知端的。（丑上）特将奇异事，前来报覆知。娘娘，奴婢叩头。（老）你打听事情如何了？（丑）奴婢奉旨悄随太子到冷宫中去，那太子与李娘娘呵……（老）起来说。（丑）吓，他一见时不言不语，两下里各自沉吟。李娘娘睁睛观看，忽然间两泪交倾。（老）吓，两下啼哭，事有元故了。（丑）那殿下低头暗想，李娘娘道：与我亡儿年月同庚。两下抱头而哭，不知为甚元因。娘娘，不信非亲却是亲，瞒天雾散起愁云。其中必有冤情事，便向黄河洗不清。（老）我知道了。（丑）是。（老）这桩事使我何颜见圣上，我如今一不做二不休，且拿那贱人来问个明白，就死也说不得了。宫人每，唤寇承御过来！（丑）是，寇承御，娘娘唤。（占上）来了。日间不作亏心事，吓，何事心慌自吃惊？娘娘，寇承御叩头。（老）贱人你可知罪么？（占）奴婢不知罪。（老）你可知死？（占）奴婢不知死。（老）哇！你死在头上，还要掉舌[②]。（占）奴婢在宫伏侍娘娘，不离左右，又不曾干犯法之事，不知为何该死？（老）我十年前着你干的事，可还记得么？（占）吓，十年前奴婢不曾干什么事。（老）十年前的事难道就忘了？（占）十年前事，吓，是了。娘娘，宫人退后才敢说。（老）你每退后。（众应）（老）讲上来。（占）可是十年前命奴婢往冷宫诓害太子？当时将裙刀刺死，撇在金水桥河内去了。如今事已年远，又问他怎么？倘宫人知道，未免泄漏，奴婢就该万死，就是娘娘也不稳便。（老）胡说，我且问你，昨日来朝见我的是谁？（占）这是楚王三殿下。（老）哇！你还说是楚王三殿下么？宫人每，与我跳剥了[③]，吊打一百。（众）是。数着：一十、二十、三十、四十、五十。（老）叫他快快招来！（众）喃，快快招来！（占）教奴婢招什么？（老）与我再打！（众）是。六十、七十、八十、九十、一百，打完。（老）贱人快快招上来！（占）阿呀，娘娘吓！就打死也不知道。奴婢是个女流，怎出得许多禁门？实是丢在河内了。（老）唔，宫人每，把他撩在丹墀下。（众应介）（老）且住，我想那年在御花园中撞见陈琳，抱着个盒子。我正在盘问之间，又是你这贱人来报驾幸正宫。我及至回宫接驾，驾又不至。明明是你与陈琳同盗太子出去的。（占）娘娘吓，那太子生得五六日，放在盒内，就不闷死，也要啼哭。望娘娘细察。（老）我那听你花言巧语，叫宫人快宣陈琳过来！（丑）领旨。陈公公，娘娘有宣。（生内云）娘娘宣俺怎的？（丑）不知为甚把寇承御打上一百皮鞭，撩在丹墀下，有旨特宣公公哩。（生）你先去覆旨，咱就来也。（丑）是，陈琳宣了。（生上）平生仗忠义，今日任风波。吓，我知道了，想为昨日朝见事发，故此勘问那寇承御。咳，刘娘娘吓刘娘娘！此事已经十年，你得休且休，苦苦待要怎的？（老）贱人快快招来！（占）阿呀，娘娘吓！（生）呀！

【新水令】则听得后宫中勘问女娇姿，莫不是十年前那桩公事？这其间寇宫人心胆寒，那一个刘皇后他也不心慈，恰便似吕太后当时[④]。（老）贱人快快招上来，我便饶你的死。（占）教奴婢招什么来？(生唱)直待要酖了如意，匙了戚氏[⑤]。

(白)娘娘，奴婢陈琳叩见。(老)陈琳你来了么？(生)宣召奴婢，不知有何懿旨？(老)我有事问你。(生)不知娘娘有何事问奴婢？

【步步娇】(老)昨日来朝是谁人子？(生)是楚王三殿下。(老)哇！(众喝老)吓，你也说是楚王三殿下么？(唱)我想起十年事，教人苦三思。展转踌躕，索求来自。陈琳，我今日与你辨雄雌。(生)奴婢怎敢与娘娘辨雄雌。(老)吓！(唱)你这般奸诈因何使？

(生)娘娘，奴婢有什么犯法的事？(老)还要辨！

【折桂令】(生)六宫中桃李参差[⑥]，只碗之中怎放双匙？为君王乏嗣，终日嗟咨，搜寻得玉美人来至。因猜忌两宫中分了彼此，那李娘娘呵，致令他在冷院趄趑[⑦]，受尽禁持[⑧]，苦况难辞。(老)这是圣上旨意，与我何干？(生唱)他当时养了孩儿。(老)住了，我正要问你养孩儿的事情。(生)阿呀，娘娘！(唱)与陈琳有甚么情词？

(白)此事没有奴婢的勾当。圣上不时宣召，奴婢告退。(老)住了，你道此事没有你的勾当么！有人在我跟前攀扯你同盗太子出宫的。(生)娘娘，这是谁说来？(老)是寇承御。(生)吓，是寇承御这等讲？待奴婢去问他。(老)容你去问来。(生)是。哟，寇承御！当初盗太子有你没有我，有我没有你吓？(老)吓，陈琳，你怎么说有你没有我、有我没有你呢？(生)娘娘，奴婢是这等问他，是这等问他。(老)哇！(众云)(老唱)

【江儿水】你莫把花言掉，休将巧语支，陈琳，你把事情仔细言终始。(白)揣那贱人起来！(众应)(老)阿呀，贱人吓！(唱)当初是你承吾旨，你这两个狗才，(唱)装成圈套，你来回示。(白)放下。我记得那年在御园曾撞见你这狗才，(唱)抱着个皇封盒子。(生)这是果品妆盒。(老)我正盘问之际，又是你这贱人来报驾幸正宫。我就回宫接驾，驾又不至。到得今日里呵，(唱)两下推辞，把就里机关行止。

(生)恐圣上不时宣召，奴婢去也。(老)拿转来！(众应)(老)既无你勾当，要你在此勘问寇承御。(生)阿呀，娘娘！奴婢从来不会行杖,这个咱处呢?(老)吓,你不会行杖么?(生)是。(老)我这里有会行杖的。宫人每,把他跣剥了!(众应)(生)娘娘,奴婢会行杖介。(老)既会行杖,为何又推阻?(生)怎敢推阻?娘娘若要奴婢勘问,须用大样刑法,他才肯招认。(老)宫人取大样宫刑与他!(丑)领旨,宫刑有了。(生)请娘娘靠后些。(老)为何要靠后?(生)奴婢的刑法利害,恐惊了娘娘,不当稳便。(老)宫人每,把椅儿靠后些!(众应)(生)吓,孩子每,你每几十名在此伺候?(丑)四十名。(生)你每多在两旁伺候着,待我唤你数着,才可上来。(丑)是。(生)哟,寇承御!莫若待我招认了,出脱了你罢?(占)吓,陈琳哥,我是个女流,一死何惜。莫若一棍打死了我,倒也干净。(生)咳吓,孩子每!与我数着!(丑)是。一十、二十、三十。(生)住了!

【雁儿落】俺待要重打呵,恐口中出瑕疵。俺待要轻打呵,又恐怕违了懿旨。数着!(丑)四十、五十、六十。(生唱)我恨不得打断你的口内词,诉不出俺心间事。呀,你休得要隔靴搔痒,把话儿支。哟,寇承御吓!你得推辞且推辞。当初盗太子有我陈琳没有我陈琳?你在娘娘面前就实说,你就实讲吓!(唱)俺假意儿问他行有十余次,俺怎肯轻汤着一一棍儿?俺这里嗟咨。(老)陈琳!(生)有。(老)你怎么不用刑?(生)奴婢着实在此用刑。(老)若是打轻了,决不饶你!(生)吓,阿呀,俺本待要容情,(唱)那娘娘不转睛的将咱视。哟,寇承御!你要自寻思,你当初曾有言道,今日里呵,打你个忠臣不怕死,怕死不忠臣。

(老)揣那贱人起来,问他可有陈琳在内?(丑)是。哟!可有陈琳在内?

【侥侥令】(占)苦杀奴身恶痛悲,呵哟!皮肤上遍青紫。神思昏迷,多应是死。怎肯把陈琳名字指。

(丑)没有陈琳。(老)与我再打!(生)吓,阿呀!

【收江南】呀,俺心里如刀刺,伊身上着棍儿,便是那铁石人见了也伤悲。(起棍住了)教人举手行杖泪如斯。(老)再问他,可有陈琳?(丑)哟!娘娘问你,可有陈琳?(占唱)我如今转思,我如今再思,(丑)可有陈琳?(占)罢了!(唱)只得把陈琳名字指。

(丑)有陈琳。(生)吓,与我什么相干?(老)我说是有陈琳,把他绑了!(生)阿呀,娘娘!他道奴婢打重了,故此攀扯在内。待奴婢再去问他。(老)你去问来。(生)啲,寇承御,这是你的勾当。娘娘面前是胡讲的么?吓!

【园林好】(占)我到了如今,雪消了见尸。(生)没有我你就讲吓!(占唱)我如今不必要对词。(生)快讲!(占)阿呀,陈琳哥吓!(生)呀呸!(占唱)把你做证明公纸,怎带累玉叶与金枝。

(白)是他。(生)是谁吓?(占)是你。(丑)呀呸!启上娘娘,寇承御打晕了,连娘娘也攀扯在里头。(生)可是与奴婢无涉。(老)吓,连我也指在内?(丑)是。(老)放了陈琳,你如今不要数,竟乱敲死了这贱人罢!(生)是。啲,寇承御!你今番休想活也。

【沽美酒】我打得你活不活死不死,活不活死不死,只要恁一则一二则二。你是个保祐潜龙掌命司⑨,只要恁忠言逆耳,不要恁差三错四。可怜见当今乏嗣,玉美人生下了孩儿。这不是丁一卯二,俺呵瞒不此时那时,又何必要对词。呀,只说是金水桥边渰死太子那桩的公事。

(内云)圣上宣陈琳。(丑云了)(老)圣上宣你,去罢。(生)我就去也。

【尾】(占)今朝喜得明白死,九族全除方免耳。(下)(丑)寇承御撞死了。(老)这贱人死了么?(生)阿呀,寇宫人吓!(唱)只落得墓顶褒封,全凭半张纸。

(白)启上娘娘,寇承御已死,甚是可怜。请娘娘见圣上面责奴婢一番,让楚王之子入宫为嗣,以免后日之患。今番大张其事,更为不美。请娘娘三思。(老)哇!谁要你多管?你这狗才,少不得死在后边,还不走!(生)吓咳,娘娘吓!你休将好意为恶意,莫把忠言当恶言。(下)(老)宫人每!(众)有。(老)与我把寇承御尸首撇在金水桥河内。(众)是。(老)从来国法当如此,任他何处去伸冤。(下)

〔注〕 ① 鲜克初:反用《诗经·大雅·荡》:"靡不有初,鲜克有终。"指很多事情开头往往不错,却难有好的结果。鲜,少。克,能。此处反过来说,谓造成不好的结果,是因为起初没有处理好。 ② 掉舌:逞口舌,此指辩解。 ③ 跣(xiǎn)剥:将人的衣服鞋袜剥光。跣,赤脚。

④ 吕太后：指汉高祖刘邦的皇后吕雉。 ⑤“直待”二句：酖（zhèn）了如意，指吕后在刘邦死后用毒酒害死戚夫人生的赵王如意。彘（zhì）了戚氏，指吕后将刘邦晚年最宠爱的戚夫人砍去手脚并令其眼盲耳聋口哑，置之厕中，名曰“人彘”之事。彘，猪。 ⑥ 六宫：指古代皇后的寝宫，以正寝有一，燕寝有五，故称。 ⑦ 冷院：犹冷宫。 ⑧ 禁持：折磨。 ⑨ 潜龙：此指未来的皇帝，即太子。潜，谓隐而未显。

在封建皇帝的后宫里，众多嫔妃往往围绕着立嗣展开你死我活的斗争。在这惨烈的后宫争斗面前，所谓“忠孝仁爱”、“礼义廉耻”之类的伦理纲常显得极其苍白和虚伪。明人传奇《金丸记》便是一部以后宫斗争为题材的戏剧作品。许之衡、谭正璧、庄一拂据明吕天成《曲品》小注认为作者是明人姚茂良，傅惜华则认为作者佚名，另清黄宗羲《思旧录》曾记此剧为明人史磐作。今姑且视为姚茂良之作。此剧《词林一枝》、《万壑清音》题名作“妆合记”，《赛征歌集》题名作“金弹记”。

《金丸记》的故事背景是北宋真宗朝。真宗皇帝乏嗣，下诏选妃。河南刺史李佐之女“玉美人”被征选入宫，遭到正宫刘皇后嫉妒谗毁，暂置于“不游宫”。三月初三午时三刻，真宗按司天台官员王弘所奏，向御花园射出金弹一丸，命合宫后妃游园，得此丸者即是太子之母。金弹恰为“玉美人”拾得，于是召幸有孕。辽兵入侵，寇准奏请御驾亲征，真宗准奏。李妃谏阻，被再次打入冷宫，不久，在冷宫生下一子。这当然更引起刘皇后的嫉恨，于是遣心腹寇承御前往冷宫，令其骗出小太子，用裙刀杀死后抛入金水桥下河中，以绝后患。寇承御不忍心皇室绝嗣，便与穿宫内使陈琳合谋，将小太子藏在妆盒内，送往楚王府中收养。刘皇后向真宗谎称李美人生下死婴，真宗决定选楚王次子进宫为嗣。十年后，楚王打发太子进宫，刘皇后顿生疑心，吊打寇承御，追问原太子下落。寇承御被逼死，陈琳将此事面奏皇上，于是真相大白。真宗降旨，封李妃为正宫皇后，将刘皇后打入冷宫，尊寇承御为圣母夫人，立庙祭祀，陈琳升为司礼监太监，善恶各得其报。

《金丸记》全剧二十九出，《拷寇》为第二十八出，接近结局，是历来为人称道并经常搬演的一出。本出情节紧承《谒后》、《逢母》两出。心中有鬼的刘皇后见到太子冠系金丸，且“举止动静俨然李妃一般”，马上明白了是怎么回事。她怒不可遏，痛感“当初悔不亲身”，“用人差矣”。为了证实这一判断，她暗地派人随同太子前往冷宫，窥测太子与李妃相见时“如何光景”。接着，《拷寇》一出便开始了。

丑扮宫人向刘皇后禀报，太子和李妃“一见时不言不语，两下里各自沉吟。李娘娘睁睛观看，忽然间两泪交倾”，“那殿下低头暗想，李娘娘道：与我亡儿年月同庚。两下抱头而哭，不知为甚元因”。果然两人举止言行均有异常！这使刘皇后确信寇承御当年背叛了她,并进而认识到事态的严重性:“这桩事使我何颜见圣上?”于是决定“一不做二不休,且拿那贱人来问个明白,就死也说不得了”。

在刘皇后的厉声追问下,寇承御镇静自若,一口咬定她当年诓出太子后,“当时将裙刀刺死,撇在金水桥河内去了”。刘皇后见问不出真情,便下令严刑拷打,逼其招供。但寇承御“就打死也不知道”,抵死不承认自己救了太子。这时刘皇后突然想起了另一个人——穿宫内使陈琳。“那年在御花园中撞见陈琳”,慌慌张张地“抱着个盒子”,此中必定有鬼。于是又宣召陈琳,要与他“辨雄雌”。陈琳也一口咬定“此事没有奴婢的勾当”。这时,刘皇后使出了最毒辣的一招——命令陈琳拷问寇承御,以便从中发现破绽。

陈琳虽不敢不从,心里却异常恐慌、异常痛苦:若打重了,害怕寇承御“口中出瑕疵”,不遵守当年“忠臣不怕死,怕死不忠臣”的承诺,把自己给供出来;若打轻了,“又恐怕违了懿旨”,被皇后看出破绽。幸得寇承御任“皮肤上遍青紫。深思昏迷,多应是死”,“怎肯把陈琳名字指”,宁死不招。恰在此时,圣上召见陈琳,陈琳趁机得以解脱。寇承御随即高唱“今朝喜得明白死,九族全除方免耳”,一头碰死在御阶上。暴跳如雷的刘皇后下令“把寇承御尸首撇在金水桥河内”,一出好戏到此结束。最后一出《酬忠》交待善恶报应,则不过是中国传统戏曲所共有的“光明的尾巴”罢了。

《拷寇》一出是全剧矛盾冲突的高潮,也是人物形象塑造的最后完成。剧中通过拷打寇承御一事,将刘皇后的阴险毒辣,寇承御的舍生取义,陈琳的应对自如表现得淋漓尽致。尤其值得注意的是戏中对小人物的塑造。太监与宫女本是后宫中地位最为卑下的人,在传统文学作品中,他们通常是被丑化的对象。《金丸记》传奇却打破常规,塑造了两个令人肃然起敬的小人物形象。面对杀死太子获取个人荣华富贵还是拯救太子保存大宋一点血脉的抉择,宫女寇承御毅然决然地选择了后者。她告诉陈琳,“忠臣不怕死,怕死不忠臣”,可见早就抱定了舍生取义的决心。太监陈琳亦是如此,本来他可以过他的优渥得宠的生活,但在寇承御的请求与“义”的观念的召唤下,他最终选择了保护太子这条布满荆棘的危途险径。他们将自己的行为看成是对国家的忠诚,看成是一个臣民在国家危难之际应尽的义务。在这里,地位卑下却能顾全国家大局的太监、婢女恰与地位崇高却为了一己私利而不择手段、不顾国家社稷的刘皇后形成了鲜明对比。

此外,作者在塑造同为小人物的寇、陈二人形象时,又注意到他们性格的差异,避免雷同。虽然陈琳与寇承御一样忠于国家社稷,但他远不如寇承御那么勇敢坚毅。在第二十出《合隐》中,他邂逅正为拯救太子而犯难的寇承御,当寇承御向他求助时,他回答说:"我自有差遣。"又道:"各人自扫门前雪,莫管他人瓦上霜。"屡加拒绝。直到寇承御用程婴救赵氏孤儿来激将,用日后太子继位惩罚来威胁,还答应若日后事情败露决不扳扯他一毫,他才决定出手相助。在《拷寇》出中,陈琳怯懦的性格表现得更加明显。当刘皇后命他拷问寇承御时,他左右为难:"俺待要重打呵,恐口中出瑕疵。俺待要轻打呵,又恐怕违了懿旨。"归根结底是考虑如何保全自己。当然,陈琳的性格缺陷颇具普遍意义,也许不那么高大完美的陈琳形象反而更加符合生活真实。

《金丸记》传奇在吕天成《曲品》、祁彪佳《远山堂曲品》中都被列为"能品",是以情节关目见长的作品。《拷寇》当全剧矛盾冲突最集中最激烈之处,气氛至为紧张压抑,因而剧中时常穿插一些"黑色幽默"式的科介,使观众情绪得以舒缓,颇见匠心。如陈琳面对咄咄逼人的刘皇后,装痴卖呆、屡欲逃跑,引人发噱。在曲词方面,《金丸记》总体上显得较为俚朴粗糙,唯《拷寇》出"南北曲协支思一韵,古雅绝伦",曾得到明末戏曲学家祁彪佳的褒扬。

(周　秦　王国彬)

双　忠　记

姚茂良

第二十九出　杀　　妾

【西地锦】(生上唱)孔子适乎陈蔡,匡人何事图之[①]?天生此德吾何惧,生来不怕桓魋[②]。

自家来此协守睢阳,今被逆胡作乱,连日军士缺欠粮米,军马饿死大半。牛羊茶纸煮食已尽,又令罗雀掘鼠,济得甚事。惟恐军心有变,意欲将我爱妾烹来饷军,夫妻之情难以启齿。若是娘子肯舍生就义,则诸军心威可振,孤城可保无虞。不免唤娘子与他商议,看他的意下如何。娘子那里?

【前腔】(贴上唱)自料空城无备,致令枵腹无资[③]。军中有旨频频唤,未知他意何如。

相公呼唤奴家出来,有何话说?(生长叹介)(贴云)今日为何昏昏闷闷,欲言不言,有甚意思?(生云)我有一句话要与你说,只是说不出来。(贴云)夫妻之情,但说不妨。(生又叹介)其实不好说得。(贴云)我晓得了,城中老弱都尽烹饷军了,莫非要烹贱妾!(生云)猜着了,正是汝之心我之心也。(贴云)相公既是此话,但说不妨,何故如此沉吟?

【江头金桂】(生唱)十载青灯寒雨,心探孔孟书。一旦文场鏖战,忝登甲第,做郎官,登仕籍。谁想命运乖违,事出不意,四海干戈载戢[4]。国步艰危,遭逢此身难退避。奈高堂母老,奈高堂母老,常怀念虑。自寻思,国与家同理,忠因孝上推。

【前腔】(贴唱)男子立身天地,纲常不可亏。自古受君之职,尽臣之礼,寸心毋自欺。你既食禄天朝,怎图家计?幸喜婆婆康健,有姐姐在彼朝暮扶持,归来百年终会期。须一心到底,须一心到底,再无他志莫迁移。你自向日葵花赤,一任随风柳絮飞。

【前腔】(生唱)一鹗横秋高志,岂寻常燕雀知。我故持义剑,竖起忠旗,披龙鳞,踏虎尾。与他素不相识,又无仇隙。只为忠君二字,抵死撑持。亡家丧身何足辞,奈外无兵援,外无兵援,内乏粮食,力难支。眼前六尺睢阳地,是我收成结果时。

【前腔】(贴唱)君既为王家死义,妾身敢故推。要我上天入地,只索投去,听其言随所之。既受了夫恩,要成夫志。任你将身作醢,煮肉成虀[5],因夫丧身何所愧。叹人生百岁,人生百岁,终须有死。两分离,剖破同心结,分开连理枝。

(生云)娘子,我看你这等从容就义,莫非埋怨寡情乎?(贴云)相公受朝廷大恩,任朝廷大事。奴家一身便死,犹恐答报不尽,岂敢埋怨相公。奴家受制于夫,惟夫所命,不当死于他人之手。愿请相公腰间宝剑,与奴家自尽。(生云)娘子说得甚有道理。(拔剑又住介)

【忆多娇】心惨切,情哽咽,不因王事何忍别?(拔剑与贴介)无情三尺昆吾铁[6],三载夫妻,三载夫妻,与你今朝永诀。

(贴云)相公,只有一件:婆婆姐姐恩义不曾报得。你明日回家相见时,多多与我拜上几声。

【前腔】(贴唱)寸肠裂,泪滴血。婆婆自来甘旨缺[7],姐姐恩情今断绝。我那婆婆姐姐,再不得相见了!满腹离愁,满腹离愁,除是梦里相逢,与他细说。

【哭相思】(生唱)一夜夫妻百夜恩,谁知中途两离分。伤心不敢高声哭,只恐猿闻也断魂。

愁见东风吹落花，落花无主惜年华。（下介）（贴吊场）红颜胜人多薄命，莫怨东风当自嗟。妾身本是贫家女，生长何曾识邻比[8]？一从奉枕事他人，跋涉相随万余里。夫因兵乱守睢阳，仓廪无储岁月长。城中军卒死殆尽，欲烹贱妾充饥肠。夫命乖，妾命薄，遭此年月何太恶？暮云朝雨总成愁，春花秋月那能托。妾不学无义人，东飘西荡如浮云。夫身尚在衾裯别，夫骨未寒罗绮新。宝剑光茫凛霜雪，仗此坚刚立名节。五色香魂化彩云，一片真心嘱明月。臣死君，妾死夫，理甚当，情何辜。嗟哉一命鸿毛擿，百滚汤中声沸泣。莫将艳骨委尘埃，留作娲皇补天石。

【香罗带】非君不见怜，把我做花枝样看。丈夫为着朝廷大事，出乎不得已也。爱刀割断琴上弦，只因王事要周全也，生折连理树并头莲。今生未了又结来世缘。殷勤嘱付东流水，伴送我的游魂到故园。（自刎剑）（倒介）

（丑上）老媳妇是老爷厨下一个烧火的婆子。闻知老爷将二夫人杀了，烹来饷军。不许男子汉动手，着我一人来。（见介）天哪！果然杀死在此。世上有这等铁心肠的丈夫，又有这等不怕死的娘子，要成丈夫名节。若把死来与我老的，地洞也掘一个躲了。

玉肌花貌一红颜，一死须知轻泰山。

君义夫恩俱两尽，芳名千古在人间。

〔注〕 ①“孔子”二句：《论语·卫灵公》载孔子在陈绝粮，同书《宪问》篇及《史记·孔子世家》又提到孔子被匡人囚禁一事。此处用这两个典故来暗指张巡眼前所处的困境。 ②桓魋(tuí)：春秋时宋国司马。孔子适宋，与弟子习礼于大树之下，桓魋欲杀孔子，拔其树。孔子去，曰：“天生德于予，桓魋其如予何！” ③枵腹：即空腹。枵，大树中空的样子，此处引申为空虚。 ④载戢：收藏兵器。《诗经·周颂·时迈》：“载戢干戈，载橐弓矢。” ⑤臡(ní)：带骨的肉酱。《周礼·天官·醢人》：“醢人拿四豆之实。朝事之豆，其实韭菹、醓醢、昌本、麋臡。”郑玄注云：“麋臡，酱也，有骨为臡，无骨为醢。” ⑥昆吾铁：用昆吾石冶炼成铁制作的刀剑。《云笈七签》卷二六：“上多山川积石，名为昆吾。冶其石成铁作剑，光明洞照如水精壮，割玉如泥。” ⑦甘旨：甘美的食品。白居易《奏陈情状》：“臣母多病，臣家素贫，甘旨或亏，无以为养。” ⑧邻比：即邻居。

《双忠记》，全称《张巡许远双忠记》，是明代成化年间浙江武康落魄士子姚茂良撰写的一部历史剧。此剧凡二卷三十六折，取材于《旧唐书》、《新唐书》张巡本传以及韩愈《张中丞传后记》，再现了安史之乱期间，张巡、许远抗击叛军、死守睢阳、英勇就义的历史故事。该剧故事梗概如下：张巡由清河令改调为真源令，带妾吴爱卿前往任所，他把真源县治理得井井有条，深得民心。不料安禄山发动叛乱，潼关失守，列郡望风投降。河南节度使李随急派人向张巡寻求良策，张巡建议守住睢阳。为了更有效地抗敌，张巡移师与许远会合，协守睢阳，并多次用奇计挫败敌人的进攻。之后敌将尹子奇采取了对睢阳的围困战术，张巡派南霁云去临淮许叔冀和贺兰进明两处借兵，却遭拒绝。被围日久，睢阳食尽，军士饿死大半。为固守孤城，阻遏叛军南下江淮，张巡杀妾、许远烹僮，城中老弱也尽烹饷军，情景惨烈之至！在外无援军、饥疲交困之下，敌军攻破睢阳，张巡、许远等三十六人英勇就义。

《杀妾》为这部传奇的第二十九出。在睢阳城被围、城中食尽、军士连日饥饿的情况下，这出戏开始了。

作为军中主帅，张巡深为城中粮尽的危急情况而忧虑，他一出场就说："连日军士缺欠粮米，军马饿死大半。牛羊茶纸煮食已尽，又令罗雀掘鼠，济得甚事。"这一出场白，实际上是当时历史的真实再现。据《新唐书·张巡传》记载："初，睢阳谷六万斛，可支一岁，而巨（即李巨）发其半餫（运粮赠人）濮阳、济阴，（许）远固争，不听。济阴得粮即叛。至是食尽，士日赋米一勺，龁（咬）木皮、煮纸而食，才千余人，皆癯劣不能彀（张弓），救兵不至。"由史书记载和张巡的出场叙述，一可见出当时的形势极其危急，二可见出高层统治者对这一危急形势的造成有着不可推卸的责任。在万般无奈之下，为稳定军心，张巡"意欲将我爱妾烹来饷军"，而这一想法要真正付诸实践，却是不易。虽然吴爱卿是妾，地位卑微，可她毕竟与张巡有三年的夫妻之情。因此，张巡尽管心中有了"烹妾饷军"的想法，却仍是"难以启齿"。这就透露出了他在私情与公义中徘徊矛盾的心情。但最终公义压倒了私情："若是娘子肯舍生就义，则诸军心威可振，孤城可保无虞。"然无论如何，他都企盼自己能得到吴爱卿的支持，于是唤她出来商议。

在张巡的呼唤声中，吴爱卿上场了。面对爱妾，张巡欲言又止，唯有长叹，在吴爱卿的追问之下，他吞吞吐吐："其实不好说得。"正如李商隐所说的"心有灵犀一点通"，吴爱卿虽处妾位，但对睢阳被围困的情况却非常关心，她知道城中绝粮，也知道"城中老弱都尽烹饷军了"，此时见丈夫此态，已然心中有数。果不其然，她一说出"莫非要烹贱妾"的猜想，就得到张巡的承认。张巡虽感到尴尬，但从他"正是汝之心我之心也"的言语中，读者不难领会到他对吴爱卿堪为知音的欣慰。面对深解己意的爱妾，张巡万般心酸涌上心头，紧接着，剧中通过张巡【江头金桂】一段唱词，回顾了他前半生的人生经历：十年寒窗登上仕途，却遭逢安史之乱，"国步艰危"，自己上有老母，却未能尽孝，想当初辞家赴任，母亲殷殷嘱托他要“生得一个男孙，也不绝了张门宗祀”，令他携爱妾同往，而今母亲心愿未了，反要将爱妾烹杀，夫妻情、母子情、家国情，种种情感交织在一起，令人情何以堪！经过权衡之后，张巡终于作出了痛苦的抉择：“国与家同理，忠因孝上推。”至此，戏曲通过张巡的内心独白和夫妻对话，把张巡以国家利益为重、舍小家保大家的艺术形象展现出来了。

聆听了丈夫的心声，吴爱卿不但没有怨言，反而安慰丈夫。她首先以君臣大义来肯定丈夫所想：“自古受君之职，尽臣之礼，……你既食禄天朝，怎图家计？”其次又以家尚安宁来坚定丈夫之志：“幸喜婆婆康健，有姐姐在彼朝暮扶持，归来百年终会期。”最后又叮嘱丈夫“再无他志莫迁移”。这段唱词虽然颇具封建伦理教化之气，但客观上却赋予了这位地位卑微的女性以善良忠厚、深明大义、为国家利益而勇于自我牺牲的宝贵品质。

在得到爱妾的支持之后，张巡再次表白心迹：“一鹗横秋高志，岂寻常燕雀知。我故持义剑，竖起忠旗，披龙鳞，踏虎尾。”这里，分别用了《汉书·邹阳传》“臣闻鸷鸟累百，不如一鹗”、《史记·陈涉世家》“燕雀安知鸿鹄之志哉”、《韩非子·说难》：“夫龙之为虫也，柔可狎而骑也，然其喉下有逆鳞径尺，若人有婴之者，则必杀人”、《尚书·君牙》“心之忧危，若蹈虎尾”四个典故，表明自己志存高远、要与叛军作生死较量的决心。并且声明自己这样做非为个人恩怨：“与他素不相识，又无仇隙。只为忠君二字，抵死撑持。”但面对敌强我弱、外无援兵、军士绝粮的严峻现实，张巡深知自己身处险境，“眼前六尺睢阳地，是我收成结果时”。明知前路危险，却义无反顾，明知杀一妾而不能挽回败局，却未尝动摇，这种将身家性命交付与国家的壮举，足可以惊天地、泣鬼神。张巡这番表白，也深深打动了吴爱卿，使她对丈夫更加了解，更加敬佩，同时也更义无反顾地成全夫志。“君既为王家死义，妾身敢故推。要我上天入地，只索投去，……任你将身作醢，煮肉成羹，因夫丧身何所愧”，这番话语，道出了这位弱女子不让须眉的万千豪情。但死亡毕竟意味着一个人生命的终结，意味着她与丈夫的黄泉相隔，紧接着的“两分离，剖破同心结，分开连理枝”，正说出了她对被迫与丈夫作死别的无限心酸。

面对爱妾的慷慨就死，张巡在欣慰之余，又心生疑虑：“莫非埋怨寡情乎？”当他听到她“惟夫所命，不当死于他人之手”的慷慨陈辞后，疑虑顿消，但面对爱妾“愿请相公腰间宝剑，与奴家自尽”的请求，他却欲拔剑又不忍。心生疑虑、“拔剑又住”的心理与动作的描写，传神地表达出张巡对吴爱卿的深爱。而后面【哭相思】一曲，更是把张巡的儿女柔肠表现得淋漓尽致：“一夜夫妻百夜恩，谁知中途两离分。伤心不敢高声哭，只恐猿闻也断魂。”这段唱词，明白如话，体现了张巡面对爱妾死别的极度痛苦。郦道元《水经注·三峡》引谣谚说“巴东三峡巫峡长，猿鸣三声泪沾裳”，而此处却是“只恐猿闻也断魂”，可见这死别哭声凄切远甚猿啼！以上这一系列对张巡语言动作的描写，进一步突出了张巡既忠于君国又笃于情义的形象特征，使之颇具人情味，而这正是作者对张巡形象的再创造。《新唐书》对张巡杀妾的记载是：“巡出爱妾曰：‘诸君经年乏食，而忠义不少衰，吾恨不能割肌以啖众，宁惜一妾而坐视士饥？’乃杀以大飨，坐者皆泣。”这段记载固然是突出了张巡对国家的忠义、对士卒的爱护，却显得人情味不足，而剧作者这里的再创造恰恰弥补了这一缺憾。

在张巡那儿是不忍杀妾而迫于情势不得不杀妾，在吴爱卿那儿则是不忍就死而不得不就死。她的不忍就死，是因有着对婆婆、姐姐（张巡正妻）的亲情留恋，更因有着对丈夫的深情眷恋。在张巡不忍睹其死而避开之后，作者安排吴爱卿吊场一节，诉说了她坎坷的一生：出身贫寒，嫁给张巡后便随夫跋涉万里，不幸遭遇叛乱，被围睢阳。但尽管有万般不忍和哀叹，面对烹煮饷军的悲惨命运，她却坦然接受。由她发出的“莫将艳骨委尘埃，留作娲皇补天石”的临终遗愿中，不难发现她虽是一位弱女子，却也有着扫除乱军的宏愿。就这样，作者通过剧中人物的对话、独白，把一位命运坎坷、地位卑微而又热爱丈夫、勇于为国捐躯的女性形象栩栩如生地呈现在读者面前。

姚茂良写作这部戏曲的本意在于使“阎闾之间，男子效其才良；闺门之内，女子慕其贞烈。将见四海同风，咸归尊君亲上之俗”，从而使全剧染上了一层浓厚的封建伦理教化色彩，但由于他在忠于史实的基础上，塑造了张巡、吴爱卿等光辉感人的艺术形象，使读者在为其最终殒身而扼腕叹息的同时，也为其忠勇为国的高尚品格所震撼，由此达到了“把有价值的东西毁灭给人看”的悲剧效果。另外，此剧在语言风格上追求典雅华美，喜用典故，体现了明代中期戏曲文人化的趋势，却也因此而造成了表演性不强、通俗性不足的弊端。然而由于它反映了张巡、许远死守睢阳，遏制叛军攻势，使唐“全得江淮财用，以济中兴”（《新唐书·张巡传赞》）的重大历史事件，足以激励后人，因此在戏曲史上也自有其不可忽视的地位。明吕天成《曲品》列此剧入“能品”，评曰：“笔能写义烈之刚肠，词亦达事情之悲愤，求之于古，足重于今。”所言能得其实。

（龙文玲）

精　忠　记　　姚茂良

第二十一出　赴　难

【新水令】（生上）建功立业遭刑宪，冤枉事自有天知见。这苦怎生言，教人无语，仰天长叹。

可恨万俟卨这厮，将我百般拷问，不知我得何罪于朝廷。此等冤屈，何由控诉？罢罢，惟付之长叹而已。前日我修书去取两个孩儿，不知何故，还不见到。正是：虽无千丈线，万里系人心。（杂上）有事忙传报，无因莫乱传。禀爷，二位小将到了。（生介）（小生、小外上）

【临江仙】一旦英雄都逝矣，今朝反受灾殃。

爹爹在那里？（生）孩儿你来了。（相抱哭介）

【哭相思】百战功劳空盖世，英雄番作是和非。父子三人遭屈死，满怀冤恨有谁知？

【前腔】（小生、小外）幼年为将统貔貅，博得个紫绶金章做列侯。谁想今朝谗巧妒，满怀怨恨自含羞。

爹爹当初听了孩儿，杀到黄龙府，迎取二圣还朝，将功折罪；不听孩儿言语，故见如此。（生）不要说了，我死为忠，你死为孝。

【五更转】自那日在朱仙镇，把奇谋曾诉。恁金牌屡至，屡至班师旅。（小生、小外）且整肃军威，把金酋杀取。抵黄龙府，迎二圣将蒙尘洗。如今到此，到此成何济？（合）仰面长吁，泪珠空滴。

【前腔】（生）百战功谁能及？指望封侯受显职。争知到此，到此成虚废。身系缧绁，抱不明冤屈。父子每都被囚，老母在天涯隔，交人忿怒，忿怒填胸臆。（合）

【前腔】（生）自古来兴亡事，其中当自识。赤心直待扶红日，南渡君臣何轻社稷。陷此身甘受死，愿流芳册。皇天在上，在上垂昭格。（合）

（丑扮张保上）家贫显孝子，世乱识忠臣。我是岳爷爷手下马头张保，随俺爷到此，将他发在大理寺收监。这两日不曾进去，今日将这碗饭送去与他充饥。野老献芹[①]，聊表微意。只有门上紧急，怎生得进？前日俺有势时节，打进去，骂进去，那个不让我？苦恼，如今怎么敢，不免前去跪在那里，其中也有慈悲好善的。言话之间，此处已是牢门首，只得跪在此间。（哭叫介）（净）咄！你在此怎么？

(丑)爷,小人是岳爷马头张保,两日不曾看得主人,望老爷方便。(哭介)(净)狱不通风,又是秦爷对头。你是何人?要进去。(丑)老爷,人道公门不可入,我道公门好修行。岳将军被人诬陷,望老爷方便。(净)你既是这等说,我做个方便,放你进去,不要嚷。秦爷不时差人打听,不要连累我们。(丑)多谢老爷。(净)朝廷为你主人,新造一所监房。雷霆发号令,星斗焕文章。你主人父子都在章字号。又一件,那汤饭你可先吃些与我看。(丑尝介)爷,小的怎么敢?(入介)我那主人在那里?(生)张保。(丑哭介)

【山坡羊】主人,你秉赤心赤心忠胆,杀金酋金酋百万。捉杨么在湖水中,破拐子马真神算。今被陷这冤屈事怎甘?何曾把兵沿途缓!都是误国奸臣将巧计谗。(合)今番,今番要见难。

【前腔】(生)我哀号呼天呼地,性刚不分一个彼此。哭啼啼元来是张保,恍惚恍惚如天至。张保,你将耳过来。(低唱介)试问伊,夫人小姐知未知?(丑)小的在这里,尚且不知内外,夫人小姐隔了千山万水,那里知道。(生)苦!我那夫人呵,指望百年厮守,到此成何事。我是个好男子,缘何想起家事来?圣上,我生不能报陛下,身死后须当作厉鬼。(合)思之,二圣蒙尘谁报取?思之,中原父老盼望谁?

(丑)老爷,你可吃一口。问官来时,也好与他对理。(生)我儿,我两胁胀痛,吃不下。(丑)二位小主人请吃一口。(小生、小外)我一发吃不下了。(丑哭介)主人,

【前腔】你略餐一口素饭,聊表献芹之念。你当初身为主帅,便是御馔也何希罕。今在患难间,休嫌品物悭。前程万里,自有天知鉴。主人,你有甚么门路,可说与张保知道,张保当与主人出力。(生)我的儿,待死而已,有甚门路?(丑)教我救主无门珠泪涟。(合)今番,今番再见难。

(净作催介)快出去,倘有官府下来,不当稳便。

【江儿水】(生、小生、小外)自那日承恩去,父子每赤心报国坚,把金酋杀取皆逃遁。岂料奸臣生恶意,金牌召我回京地。今作囚徒狼狈,便死何妨,也得名扬于世。

(净)快出去！万俟爷来了。(丑)主人,我小人去,再来看主人。(生)再来看我怎么,你看我一个下落,急急回去报与夫人小姐知道。去罢。(丑)领命就去,苦呵！(大哭下)(杂)万俟爷执事远远来了,只得在此迎接。(丑领众上)

【红绣鞋】今日推问岳飞,岳飞。今番必定招罪,招罪。绷扒吊拷受禁持[2],怎当拶指与竹箆。

左右带岳飞过来！(生)你道今日问官是那个,就是解粮来迟,被我打他四十。如今落在他人手里,你每上前只把功劳与他讲,不要性躁。(小生、小外)谨依爹爹严命。(生)两个孩儿取在此了,他的性格与我不同。(丑)哇！他就是一块生铁,下了炉也打软了。带他过来！(小生、小外)大人在上,家父在此,有劳看顾。小生不得施礼了。(丑)哇！你部下军人王俊告你按兵不举,虚运粮草,与金国同谋。我不是请你吃酒,可是当要,谁与你施礼。(小生、小外)既有告人,带过来与他面证,有罪就认。(丑)告人前日有一角文书,差他边上去了。吃多了海蜇,停食死了。(小生、小外)哇,我就一造打死你这一起奸臣。(生)我儿不要性躁,只将功劳慢慢与他讲。(丑)还是老将军说得有理,二位怎么这等气质。请退些,逐个上来问,不必粗躁。老将军你招了罢。

【楚江秋】(生)想我三人有盖世功,今日落伊套中,犹如虎落深阱中。领兵为帅静边戎,使我怒气冲霄,恨秦桧专权宠。(合)安邦的也是空,勤劳的也是空,都做了一枕华胥梦[3]。

(丑)退后,岳云上来！你招了罢。

【前腔】(小生)我功劳足可矜,英雄猛勇。赤心报国每尽忠,诬我按兵不举受非刑也,终日里世事匆匆,真个是成虚哄。(合)功多的也是空,名高的也是空,都做了一枕庄周梦[4]。

(丑)退后,张宪你上来！你这样小小年纪,不与朝廷出力,也随着父兄干这般大逆事,可恶！

【前腔】(小外)疆场建大功,安边太平,忠心为国能尽诚。做了郊原鸟尽弓藏也[5],谁知在牢狱遭刑,只落得身命倾。(合)功高的也是空,名高的也是空,都做了一枕南柯梦[6]。

(丑)人人说你三人是好汉,不见得。(生)杀金酋望风而走,怎么不是好汉？（丑）既是好汉，这等轻轻的一个死罪，如何就认不起。（生）哇，奸贼好生无理！

【前腔】（生、小生、小外合）怀奸通大金，人极计生，金牌召我来到京。我只道封官受赏显功能也，何曾与金国通谋？冤屈事如山重。（合）忠贞也是空，怀奸的也是空，都做了一枕蕉鹿梦⑦。

（丑）请了，我也不问了。（生）你也问不得这桩事，回了圣旨罢。（丑）请，我晓得了。（二生、小外下）（丑）进牢中去了。方才他不动手，若动手，你这几个人个个被他打死。众人过来，早上秦丞相钧旨。分付我着你众人今晚带他风波亭上，一齐绷扒吊死结果了，明日衙门里来回话有赏。（众介）

父子三人命，今朝一旦亡。

任他功盖世，一命见阎王。

〔注〕①献芹：谓所赠菲薄。典出《列子·杨朱》："昔人有美戎菽、甘枲茎芹萍子者，对乡豪称之。乡豪取而尝之，蜇于口，惨于腹，众哂而怨之，其人大惭。"　②绷扒：把人剥掉衣服，并用绳索捆绑起来。　③华胥梦：《列子·黄帝》载黄帝"昼寝，而梦游于华胥氏之国"，"既寤，怡而自得"。　④庄周梦：《庄子·齐物论》："昔者庄周梦为胡蝶，栩栩然胡蝶也，自喻适志与，不知周也。俄然觉，则蘧蘧然周也。不知周之梦为胡蝶与，胡蝶之梦为周与？"　⑤鸟尽弓藏：《史记·越王句践世家》："范蠡遂去，自齐遗大夫种书曰：'蜚鸟尽，良弓藏；狡兔死，走狗烹。越王为人长颈鸟喙，可与共患难，不可与共乐。子何不去？'"　⑥南柯梦：唐李公佐《南柯太守传》记书生淳于棼梦中在大槐安国任南柯太守，尚公主，享尽富贵荣华，醒后发觉所谓大槐安国即宅南大槐树下之大蚁穴，南柯郡即南枝下之小蚁穴。后因以"南柯梦"泛指梦境。　⑦蕉鹿梦：《列子·周穆王》："郑人有薪于野者，遇骇鹿，御而击之，毙之。恐人见之也，遽而藏诸隍中，覆之以蕉，不胜其喜。俄而遗其所藏之处，遂以为梦焉。"

岳飞，一个光辉而伟大的名字，一个万古不朽的名字。它已经成了一个象征，象征着中华民族不畏强暴、不屈不挠的精神，象征着中华民族的成员对祖国那一份至死不渝的感情；它已经成了一份宝贵的文化遗产，一代一代的中国人从这份遗产中受益，从中了解到了自己对祖国的责任。

传播岳飞事迹的有史传、笔记、诗词、小说、戏曲等，戏曲作品有元金仁杰的杂剧《秦太师东窗事犯》、元明无名氏的杂剧《岳飞大破太行山》、《岳飞三箭吓金营》与明旧题姚茂良所作的传奇《精忠记》等。在诸部戏曲中，当以《精忠记》影响最广，感染力最大。清焦循在《剧说》中对该剧的演出效果作了这样的记载："相传周忠介蓼洲先生初释褐，选杭州司理，杭人在都者置酒相贺，演岳武穆事，至奸相东窗设计，先生不甚愤怒，将优人捶打而退。举座惊骇，疑有开罪。明日托友人问故,先生曰:'昨偶不平打秦桧耳。'"因观众对秦桧无比愤恨而发生情绪失控捶击演员之事,可见其剧情的感染作用,何其巨大。

《精忠记》描写岳飞忠勇报国,在抗金斗争中立下了汗马功劳。正当他将金兵打得节节败退,胜利在望时,早已投降金人的当朝宰相秦桧受金人指令,设计用十二道金牌将岳飞调回,关入大理寺狱中,诬陷他靡费粮草,按兵不动,让曾因过失而受岳飞惩处的万俟卨拷问岳飞,令岳飞饱受捶挞之苦。最后将岳飞父子三人缢杀于风波亭中。岳女银瓶小姐闻讯后,痛不欲生,投井而死。秦桧心虚,怕遭天谴,到灵隐寺做佛事,遇"疯僧"叶守一,痛斥其弄权卖国、残害忠良的罪恶。后岳飞一门受天帝褒奖,朝廷亦为其平反昭雪,而秦桧夫妇及其他奸臣,都受到了应有的惩罚。

第二十一出《赴难》,集中表现了岳飞迷惘而愤怒的心情:"百战功劳空盖世,英雄番作是和非。父子三人遭屈死,满怀冤恨有谁知?"(【哭相思】)"百战功谁能及?指望封侯受显职。争知到此,到此成虚废。身系缧绁,抱不明冤屈。父子每都被囚,老母在天涯隔,交人忿怒,忿怒填胸臆。"(【五更转】第二支)处于狱中的岳飞,心中一定产生出若干个"为什么我奋勇报国,却身系大牢","为什么我忠心耿耿,却被人诬为不忠"的疑问,这些疑问,不仅岳飞提出过,时人提出过,后来人也一直不断地思考着。戏曲、小说、说唱等通俗文艺形式,将其简单地归结为秦桧行奸卖国,并虚构出他在被俘后与敌人结盟的情节。

从历史的角度讲,赵宋王朝接受了唐王朝藩镇割据的教训,始终对武将持以高度的戒心,怕他们拥兵自重,背叛朝廷。所以,在北宋年间,实行将兵分离的政策,没有战事的时候,将军不能带兵,只有到了出兵的日子,才派将军统帅自己不熟悉的军队。而宋金战争爆发后,这种状况被迫改变。许多将军在连年的战争中,招收兵员,提携后进,带出了一支绝对服从自己的军队。这样的军队,由于首长具有无可置疑的权威,一般来说,军纪严明,战斗力也比较强。虽然,他们在抗金的斗争中,作出过巨大的贡献,但同时也增加了朝廷的疑虑。朝廷怕他们尾大不掉,难以驾驭,一旦君臣之间发生了矛盾,就会有哗变的可能。因此,南宋朝廷往往会不顾民族的存亡和大敌当前的严峻形势,经常做出削夺兵权的事情来。如绍兴十一年(1141),赵构与秦桧就削夺了韩世忠、张俊、岳飞的兵权,让三大将脱离军队,调入朝内,改任枢密使和副使,废除宣抚司,明升其官,暗夺其权。此举严重损害了南宋的国防力量,但赵构、秦桧等人在所不惜,只要能消除他们自己猜度的隐患,即使"长城"崩塌了,也全然不顾,因为在他们看来,"安内"应先于"攘外"。

高宗赵构是一个在宋金战争中被吓破了胆的皇帝，虽然在民众抗金舆论的要求下，有时也下过反击的诏令，但总体上说，是主张议和的。他惧怕持续地打下去，不但收复不了沦陷区，连赖以生存的江南也弄丢了，他考虑得最多的就是如何保住皇帝的宝座，而不是民族的利益。因而，他常常不顾一国之君与汉民族的尊严，卑颜屈膝，对敌人做出种种令人不齿的媚态。如绍兴十一年(1141)，赵构收到了兀术的一封招降书，他喜出望外，立即答复，其辞之卑微，让人难以想象，书曰："伏蒙训谕，令敷陈画一，窃惟上令下从，乃分之常，岂敢辄有指述，重蹈僭越之罪！专令良臣等听取钧诲，顾力可遵禀者，敢不罄竭以答再造！仰祈钧慈特赐敷奏：乞先敛士兵，许敝邑遣使拜表阙下，恭听圣训。"(《三朝北盟会编》卷二〇六，《魏良臣、王公亮使于金国》条)南宋君臣上演一幕幕损害国格人格丑剧的结果，是签订了丧权辱国的"绍兴和议"。

岳飞与赵构、秦桧矛盾的焦点在于岳飞反对和议，并且岳飞手中握有一支被赞为"撼山易，撼岳家军难"的军队。岳飞的词作《满江红》与若干奏表书信、文章都表现了收复失地、消灭敌人的决心，如绍兴九年(1139)正月的上表中说："臣愿定谋于全胜，期收地于两河。唾手燕云，终欲复仇而报国；誓心天地，当令稽颡以称藩！"他多次批评朝廷一味求和的行为，提醒他们不要妄信金人，说："北虏自靖康以来，以和疑我者十余年矣，不悟其奸，受祸至此。今复无事请和，此殆必有肘腋之虞，未能攻犯边境；又刘豫初废，藩篱空虚，故诡为此耳。"赵构、秦桧见岳飞与他们的意愿相左，先以利拉拢，加官进爵，希望他支持和议的政策，但岳飞不吃这一套，多次上表表示辞去所加之官，坚决不愿意把自身和岳家军全体人员裹入赵构、秦桧卖国降敌的罪恶勾当之中。他在一次上表中这样写道："夫爵赏者人君所以为厉世磨钝之具，人臣得之，所以荣耀乡里而显贲宗族也，谁不欲贪多而务得哉！然得所当得，固以为荣；受所非受，反足为辱。伏念臣奋迹羁单，被恩优腆，使臣终身只守此官，已逾涯量；岂可分外更冒显荣，遂速颠隮！虽陛下推天地至宽之量，在所兼容；而微臣抱金石图报之心，宁无自愧！"(《金陀粹编》卷十四，《辞免开府第三札子》)赵构、秦桧等人见岳飞不为利诱，主张坚决抗金，十分恐慌，为了达到议和的目的，他们便下毒手害死了岳飞。

上文已讲过，《赴难》一出，突出地表现了岳飞内心的疑问和愤懑，那么，他在痛苦中的思考有没有答案呢？无人得知，或许他已经寻找到了其中的原因，但是他不敢往深处想，因为多年的忠君教育已经在他的内心深处植入了这样的一种观念：君王都是无私无己、一心为民的。岳飞即使有一点君王坚持和议，目的是保住自己帝位的朦胧念头，他也会很快坚决地否定，他会为自己产生这样的念头而有一种罪恶感。于是,他便将这一切归罪于秦桧等人,是他们播弄是非,欺君罔上,蒙蔽圣听,才让他有这样的遭遇。他并且相信,奸臣只能得逞于一时,而不可能嚣张永久,自己的耿耿丹心一定能被世人、帝王所了解。因此,他决定不能因为奸臣对自己迫害,就做出不忠之事,以损害自己一世的清名,即使是自己的亲人、部属,甚至打抱不平的百姓,也不能做。为了防止不测的事情发生,他明知其结果,也决然地将亲子岳云与义子张宪召来临安,与他一起赴难。两个儿子知道后,稍有非议,便遭到岳飞的斥责:“不要说了!我死为忠,你死为孝。”

对于岳飞这样的做法,许多人视为愚忠,这样的评价有一定的道理。因为他理解的忠的对象,仅是君王个人,而不是整个民族。正确的态度,应该是忠于整个民族。此时的民族正面临着被征服的危险,北方沦陷区的人民正处于水深火热之中,盼望着朝廷的军队去解救他们。但岳飞却没有从民族的根本利益出发,只是怕损害自己的清名,被责为不忠不孝之人,于是,他让两个非常有为的儿子也作了牺牲品。若岳飞不持“陷此身甘受死,愿流芳册”的态度,与昏君奸臣作一定程度的斗争,即使自身被捕入狱,但让儿子、部属仍掌握军队,摆出“清君侧”的姿态,可能就不至于被奸臣肆无忌惮地害死。若岳飞不死,历史或许就会重写,民族就可能避免日后更为深重的灾难。

当然,我们也可以作这样的理解,岳飞这样的做法,体现出一种高尚的人格境界与常人难有的民族责任感。如若他不委曲求全,而与朝廷对抗,必然会发生一场内讧的战争,以岳家军的战斗力,朝廷镇压不易。但由于在那个时代,人们的皇权正统观念很重,岳家军也很难说就能得到南宋军民一致的支持,而此时金人正虎视眈眈,窥视淮河以南的半壁江山,在南宋内部分裂的情况下,金人将乘隙而入,后果不堪设想;而对于这样的结局,作为对民族有深厚感情的岳飞,是绝对不愿意见到的。于是,他为大局、为民族作出了牺牲。 (朱恒夫)

精 忠 记 姚茂良

第二十八出 诛 心

【光光乍】(丑上)做长老,事头多,遇花酒,不空过。夜来抱着沙弥睡①,这场快活谁似我。

松下山门日昼长,竹间僧舍午风凉。谁能似我无尘虑?一炷清香答上苍。小僧是灵隐寺中住持和尚是也。今早丞相秦爷,发下香金,来我寺中做超生法事。不免净扫法堂,伺候则个。(净、众随上)

【出队子】三公之位[2]，三公之位，自小登科占上魁。只因前日杀岳飞，使我心中如醉痴，灵隐寺修斋忏悔。

(丑)和尚接爷。(净)和尚，我送下香金，烦着你修斋法事，完备未曾？(丑)完了，只等老爷拈香。(净)行香，我先要看佛，然后行香。这是什么殿？(丑)这是大雄殿。(净)愿岳家父子早早超升。(丑)这是弥陀殿。这是枯木堂。(净)这是那里？(丑)这是香积厨[3]。(净看诗介)缚虎容易纵虎难，无言终日倚阑干。男儿两眼英雄泪，流入胸襟透胆寒。这诗我与夫人在东窗下商量作，此诗如何倒写在这里？叫和尚。(丑应介)(净)这壁间诗是谁写的？(丑)这诗是一个游僧写的。(净)那游僧还在么？(丑)还在。(净)既在，可唤他出来。(丑)禀老爷，这游僧是犯风疾的[4]，倘他出来，有言语冒犯，不当稳便。(净)既是风疾的，不计较。教他出来。(丑应介)叶守一，你且出来。(风)谁叫？(丑)秦丞相在此唤你，快出来！(风)我在此忙哩。(丑)什么忙？(风)我在念佛忙。(丑)你念的是什么佛？(风)我念的是普天下人不理会的佛。(丑)你念一声与我听。(风)我念与你听：南无阿弥陀佛。(丑)这佛三岁孩童也晓得念的，你且出来。(风上)我来，我来。若人破了知，三世一切佛。印官法戒性，一切惟心造。贫僧叶守一是也，师父呼唤，上前相见。呵呵，师父。(丑)叶守一，你终日拿了一枝笔，东也写，西也写，如今写出事来了。(风)写出什么事来？(丑)你写什么诗在香积厨下，秦丞相见了，甚是发怒。你且去见他。(风)就是那秦桧么？(丑)正是。(风)我正要见他。呀，果是秦桧。(净)果是风疾的和尚。壁间的诗，是何人写的？(风)这诗么，是你做的，是我写的。(净)为何这“胆”字写得这样小？(风)秦桧，你的胆大，做出事来。我的胆小，不做出事来。(众喝介)(净)咄！胡说。你手中拿的是什么东西？(风)是一把苕帚。(净)这苕帚要他何用？(风)我有用处，要扫殿上这些奸臣。(净)怎么不去放了？(风)放他不得。(净)为何？(风)放了他就要弄权。(净喝介)(风)秦桧，待我把这苕帚从头至尾，说与你听着：

【忒忒令】起初时不知下稍，把公事做得颠倒，使我心下吃场烦恼。(净)好高寺。(风)秦桧，休管寺低高，不平处把丘山冤尽扫。

(净)丘山是个“岳”字，你称岳家姓怎么？(风)我称他姓不打紧，你如何害他的性命？呵呵。(净)休胡说！你既知我姓秦，这“秦”字怎么写？(风)你晓得大金三人示么？(净)咄！胡说。(背介)好怪，他怎么知道？你这蠢东西，休得胡说！

【园林好】(风)你笑我风魔蠢痴，我知你其中见识。参不透吾心主意，不解我这禅机，试听我说端的。

(净)和尚，你负袋儿，要他何用？(风)我自有用他处。

【嘉庆子】这执袋随身系，他里面包含着损亏。有一件东西在里头，我与你看。(净)甚么东西？(风)掏空的黄柑在里头，暗藏着不平之气。长随我住香积，无一日敢相离。

(净)你既出家，为何不剃头？(风)你做歹事，倒交我剃头。

【尹令】做歹事交咱替你，正是本心不知道理，空教我有言难支对。想着此事难瞒昧，向日在东窗下人怎知？

(净)你说甚么东窗？风和尚，我今日来此礼佛，怎么将言语挺撞着我？(风)秦桧，

【品令】你今来寺中，听我说详细，非为礼佛，你来释冤罪。不须乱言，参透其中意。从头至尾，你须索牢记。若听吾言，昔日休听大贤妻。

(净)天下人民，都说我清廉正直。(风)秦桧，

【豆叶黄】你瞒心昧己，全凭着巧语支持。你心事，我须知。来来，上面是甚么东西？(净)天。(风)我只道是地，湛湛青天不可欺。(净)你来，我就害了岳家，那个知道？(风)言说道那一个得知，那一个得知，做的事藏头露尾。

(净)叫和尚说了这一会，好不奈听，赏他一分斋吃去罢。(风介)我不吃，我不吃。(净)你不吃便罢，怎么把馅来倾坏了。(风)呵呵，别人吃你馅，我怎么吃你馅？

【月上海棠】你自想今朝与你同相对，你为官终日虚请了堂食。你所为免劳，今日方才悔，自取犯法违条罪。坐全不觉立而饥，苦将良言我索劝你。

(净)叫和尚，他说饥了，再与他一分斋。(丑与介)(风介)我不吃，我不吃。(净)哇，这和尚坏了我一分斋便罢了，怎么又坏我一分

斋？可恼！（风）我坏了两个馒头，便恼起来，你怎么坏他三个不说起！

【五韵美】因我饥有谁怜济，你坏他推托与谁？杀他三个。（净）我是朝廷宰职，就害了他何妨？（风）可知你朝廷宰职，来灵隐寺做斋设祭，这里头包含着气，人尽知。两边对面，是你自家做的。

（净）风和尚，你这病那里得来的？（风）我这病东窗下得来的。（净）为何不医？（风）只因少了一味药。（净）少了那一味？（风）少了岳家父子。

【六么令】想着你于家为国，听我从头分明说破，泄漏天机：你今日里悔之何及，你来求忏悔。当初这胡为，休得要瞒神唬鬼。

（净）风和尚，这里不好讲话，冷泉亭上去。（风）冷泉上不好，还到风波亭上好了事。（净喝介）

【玉交枝】（风）他慌张乔势⑤，到如今悔之自迟。（净）去西廊下再斋你。（风）西廊下斋我全不济，少不得东窗事犯须臾。（净）黎民与我立德政碑哩。（风）黎民与你立德政碑，全然不晓其中意。这冤苦天知地知，这冤苦你知我知。

（净）和尚，你这样嘴舌利便，敢晓得甚么本事么？（风）我呼得风，唤得雨。（净）和尚好夸口，我如今要风。（风）如来佛与奸臣一阵风。（内介）（净）好大风。我如今要雨。（风）如来佛与奸臣一阵雨。（内介）（净）果然好雨。和尚，风雨怎么来得能速？（风）这是一日连发十二道金牌来的。

【江儿水】要风风疾至，（净）果然好风。（风）这不是风，这是朱仙镇上黎民怨气。要雨雨便随，（净）果然好雨。（风）不是雨，这是屈杀了岳家父子天垂泪。呵呵，我只得忍辱波罗蜜⑥，这的是念彼观音力。你平白地害了他三个，如今还着于本人了。我的言词你须记，举头三尺⑦，自有神明难昧。

（净背介）被这和尚说得我毛骨耸然，不免回去罢，叫左右打轿。（风）秦桧，来来来，你当初做四句诗，我如今赠你八句，可拿去看。（掷介）（净）左右拿上来看。（杂介）（净）怎么这纸是皱的？（风）这纸是蜡丸内取出来的。（净）休胡说，待我看来：久闻丞相理乾坤，占断朝纲第一人。都下庶民嗟怨重，堂中埋没老功勋。蔽邪陈善谋皆死，塞上欺君罔万民。贤相一心归正道，路上行人说……怎么诗不全？（风）若见诗全，你就要死哩。呵呵，你再横看。（净）久占都堂，蔽塞贤路。胡说！好不奈烦，去罢。与君一夕话，胜读十年书。（下）（风）去了。

【川拨棹】能听我说就里，唬得他战兢兢魂魄飞。他今日不辞而回，他今日不辞而回，尽知你坑人所为。到今日悔自迟，到今日悔自迟。

秦桧今朝会，胸中发尽言。

祥云生足下，咫尺到西天。

〔注〕 ① 沙弥：刚出家的年轻和尚。 ② 三公：宋时初承唐制，以太师、太傅、太保为三师，太尉、司徒、司空为三公，一般为宰相等的加官，政和二年（1112），以太师、太傅、太保为三公，废太尉、司徒、司空。南宋三公亦为加官。 ③ 香积厨：寺院僧人的厨房。 ④ 风疾：疯病。 ⑤ 乔势：装模作样。 ⑥ 波罗蜜：梵语音译，意为到彼岸，即由生死岸度人到涅槃。《大智度论》卷十二："能令人渡悭贪等烦恼染着大海，到于彼岸，以是故名波罗蜜。" ⑦ 三尺：指法律。《史记·酷吏列传·杜周传》："客有让周曰：'君为天子决平，不循三尺法，专以人主意指为狱，狱者固如是乎？'"裴骃集解引《汉书音义》云："以三尺竹简书法律也。"

这出戏的关目设计，可谓匠心独运，体现出很高的艺术技巧。作者希望该剧能在秦桧活着的时候，有一个人代表千千万万的民众痛斥他倒行逆施、卖国行奸的种种罪恶，让台下所有的观众出一出憋在心里的恶气，并以此弘扬民族的正气。但是，秦桧身为宰相，权倾天下，对岳飞这样的大将都有生杀之权，更不要说对普通的臣民了。无论是在朝中，还是在秦桧的相府，除了皇帝，还有哪一个人敢当面斥骂他呢？而皇帝是秦桧的支持者，决不会斥责他。作者为了让这样大快人心的场面出现，构思了这样的情节：秦桧杀了岳飞后，心虚理亏，终日不得安宁，便到灵隐寺修斋忏悔，而寺里有一个形疯而心明的和尚，说些令人费解的话，写了与秦桧所作相同的诗，引起了秦桧的注意，便让他到面前来，问一些问题。并对众和尚保证，不计较他言语上的差池与冒犯。于是这个名叫"叶守一"的和尚，便对当朝宰相秦桧嬉笑怒骂，冷嘲热讽，说他"瞒心昧己，全凭着巧语支持"（【豆叶黄】），"你今日里悔之何及，你来求忏悔。当初这胡为，休得要瞒神唬鬼"（【六么令】），弄得秦桧战战兢兢，魂飞魄散，赶紧逃回家去。让秦桧在特定的场合被特定的人斥骂，这样的情节表现了艺术的真实性，而真实性是产生艺术感染力的基础，当观众接受了这样的情节后，就会从奸臣的狼狈与窘迫中得到快感。

这出戏让一个普通的和尚来评论是非，内含着作者的历史观。作者认为：谁是历史的评判者，谁能对历史舞台上的人物作出优劣的评价，不是帝王将相，不是史官鸿儒，而是普通的民众。虽然，他们缺少文化素养，也不了解上层人物的决策过程，但是他们凭着直觉，就能够判断出谁是历史的推动者，谁是阻碍历史进步的反动者，自我粉饰与他人的贬抑，都改变不了芸芸众生的评价。"疯"和尚对秦桧的斥骂，代表着千千万万普通民众的态度，表现出他们对屈膝投降者的强烈不满与对岳飞这样奋勇抗金者的赞美。岳飞虽然被屈杀了，但他在人民的心中永远地活着，他的精神旗帜也会永远地在人民中间飘扬着。

这出戏还表现了王阳明的"良知"思想。在王阳明看来，良知是人与生俱来的，是一种客观的存在。它是心中的一把尺子或一杆秤，帮助你度量是非。有些人借助于"良知"，把握人生的方向，决定自己的言语行为，使得所作所为符合天理人性。也有一些人则不顾良知，肆意地放纵私欲，所作所为伤天害理。但因为心中仍有良知这一概念存在，他还是晓得什么为是，什么为非，知道自己所干的勾当是罪恶的，所以，他在干了坏事后，心里常常受到良知的谴责，常常被弄得心神不宁，寝食难安。秦桧在杀了岳飞后，其精神状态就是这样的，"只因前日杀岳飞，使我心中如醉痴，灵隐寺修斋忏悔"。他到了大雄殿后，祷告上苍，愿让岳家父子早早超生。当然，像他这样的人，绝对不会由此认识到自己的罪恶，从此改邪归正，而是只想通过修斋祷告的方式，求得上天的宽恕，免于下地狱的惩罚。但是，作者通过"疯"和尚的口，明确地告诉秦桧这类人："湛湛青天不可欺"，做了伤天害理的事，一定会得到惩罚的。该剧通过这样的情节还对人们作了这样的暗示：与其违逆良知，弄得心疲神劳，不如顺着良知，尽忠报国，为民谋利，博得流芳百世的美名。

（朱恒夫）

【戏曲家小传】

王　济

(1474—1540)　字伯禹，一作伯雨，号雨舟，又号紫髯仙伯、白铁道人。桐乡（今属浙江）人。出身豪富，弱冠补郡学生，乡试屡蹶，乃捐资为横州通判，后以母老乞归。自奉俭薄，性喜宾客，又喜收藏图籍古玩，为人称道。曾作《碧梧馆传奇》三种，仅《连环记》一种存世，吕天成《曲品》赞其"词多佳句，事亦可喜"。另有《白铁山人诗集》、《和花蕊夫人宫词》、《君子堂日询手镜》等。

连 环 记 王 济

第二十五出 梳 妆

(旦专房上)红英带雨湿胭脂,袅娜凭栏映日辉。小鸟怕惊香阁梦,多情不向琐窗啼。奴家是董府中一个专房是也[①]。太师夜来纳了一个新宠,午时尚未起身。不免分付这些女使,安排早膳,侍奉巾栉[②]。正是:有福之人人伏侍,无福之人伏侍人。(下)(小生吕布上)恨小非君子,无毒不丈夫。可恨这老贼,不念父子之情,夺我夫妻之爱,不胜焦忿。夜来司徒之言,未可遽信。我如今不免潜入后堂,打听貂蝉动静则个。

【仙吕犯曲醉罗歌】【醉扶归】转过转过雕阑去,花辨花辨露华滋。宿花蝴蝶梦犹迷,惹起人愁思。【皂罗袍】未审玉人留意,为东为西?他把连环为记,念兹在兹。【排歌】教人空叹英雄气。华堂后,翠幕里,相看试探意何如?

(旦上)花间粉蝶迷香梦,楼上铜龙促午筹[③]。(见介)呀,温侯爷那里来?(小生)虎牢关上回来[④]。(旦)敢是要见太师么?(小生)太师在何处?(旦)太师还睡著。(小生)嗄,门外挂了午时牌了,为何还不起身?(旦)嗄,你还不知道,太师夜来纳了一个新宠,正好睡哩。(小生)是谁家女子?(旦)是王司徒家貂蝉小姐。他也方才起来。(小生)嗄,如今在那里?(旦)在梳妆楼。(小生)他生得如何?(旦)生得停当,且是好个性儿。你且听我道:

【前腔】娇媚娇媚真无比,柔润柔润解欢娱。只是错配了对头,可惜老藤缠着嫩花枝,早已红香褪。情深力怯,侍儿扶起,脂憔粉悴。鬓云半欹,妆台对镜羞无语。三竿日,花影移,刚刚淡扫远山眉[⑤]。

(净内)专房,取补阴丸与我吃。(旦)晓得。太师要补阴丸吃,我要进去了。阴柔制阳健,假药补阴丸。(下)(小生)老贼,老贼!你要吃补阴丸,我有绝命丹在此与你吃!

【南吕过曲懒画眉】只因淹滞虎牢关,失却明珠泪暗弹。好姻缘反做恶姻缘。潜身掩入雕阑畔,探取貂蝉有甚言。(虚下)

【前腔】(小旦、貂蝉上)轻移莲步出闺房,见红日曈曈上琐窗。昨宵云雨会襄王[⑥]，娇姿无奈腰肢怯，瘦损庞儿浅淡妆。

【前腔】（小生上）日移花影上纱窗，一阵风来粉黛香。呀，那人在窗下试新妆。分明是一枝红杏在墙头上，惹得游蜂特地忙。

【前腔】（小旦）锦云拂镜整残妆，只见鬓乱钗横分开双凤凰，香消色褪减容光。呀，是谁窗外行踪响？（小生）小将吕布在此。（小旦）阿呀，天嗄！不觉满面羞惭难躲藏。

（净内）貂蝉，梳洗完了，随我前厅吃早膳。（小旦应介）（小生躲下）

【二犯朝天子】（净董卓上）殢雨尤云一梦回[⑦]，日转瑶阶去，始起来。漫携仙子下阳台[⑧]。觑香腮，犹思枕上情怀。貂蝉。（小旦）太师。（净坐）（笑介）好风流快哉！好风流快哉！

（小生上）尽日觅不得，有时还自来。（净见小生介）（净）回避了。（看小旦下）（净）吕布，你回来了么？（小生）嗯，回来了。（净）你几时去的？（小生）是十三去的。（净）十三去的？（小生）嗯。（净）待我轮一轮，十三、十四、十五。那十五日，该你值禁。因你不在，我差李肃替了你了。（小生）咳，禁中岂宜替宿？（净）不是嗄。因你不在，差李肃替了你，也不妨嗄。（小生）咳，他那里晓得我的行事嗄？（净）嗄、嗄、嗄，我好意叫李肃替了你，怎么倒来挺撞我，谁干坏了你的事？就是干坏了你的事，自己就弥缝了[⑨]。做老子的，是你使性得的么？嗯，正是：酒逢知己千杯少。走来，就是他干……（住口介）咳，话不投机半句多。（小旦上）太师。（净搂小旦下）（小生欲将戟刺净）（小旦摇手介）（下）（小生）老贼，老贼！

【前腔】你说什么话不投机半句多。肆意胡为事，奈若何。帘间隐约露姮娥，转秋波。甚时再得便相过，把心儿试他，把心儿试他。

一段姻缘不得成，可怜美女侍奸臣。

侯门一入深如海，从此萧郎是路人[⑩]。（下）

〔注〕 ① 专房：名义上是婢女，实际上是小妾的女子。 ② 巾栉（zhì）：盥洗所用手巾与梳子，亦代指盥洗。 ③ 铜龙：古代计时器漏壶的龙形吐水口，多为铜制。 ④ 虎牢关：即虎牢城。故址在今河南荥阳西北汜水镇西。虎牢为古邑名，春秋时属郑，后归晋，有城筑于大伾山上，形势险要，历代为军事重镇。 ⑤ 远山眉：相传汉卓文君脸如芙蓉，眉如远山，后世遂称女子姣好之眉为“远山眉”。 ⑥ 云雨：战国楚宋玉《高唐赋序》：“昔者先王尝游高唐，怠而昼

寝,梦见一妇人曰:'妾巫山之女也,……愿荐枕席。'王因幸之。去而辞曰:'妾在巫山之阳、高丘之阻,旦为朝云,暮为行雨,朝朝暮暮,阳台之下。'"后因以"云雨"、"阳台"指代男女性爱。按:宋玉赋序文中之"先王"当为楚怀王,赋正文中之楚王则为楚襄王,后世常混为一谈。⑦、⑧:见注⑥。 ⑨ 弥缝:掩饰到不留痕迹。 ⑩ 萧郎:泛指情郎。

《连环记》的作者是明代的王济。其戏曲作品有《碧梧馆传奇》三种,今仅有《连环记》传世。

王济的南戏(在昆山腔流行之前的早期传奇)作品《连环记》约作于明代成化、弘治年间(1465—1505)(据《顾曲杂言》)。今仅存三种抄本,即《古本戏曲丛刊》初集所收清代演出本和竹林、乙丑本,都是舞台演出本,显然经后人改动过。其中竹林本年代较早。

《连环记》共三十出,描写东汉末年司徒王允用连环计除灭权奸董卓的故事。其本事见《后汉书》、《三国志·魏书》和元佚名《连环记》杂剧、《三国志平话》、罗贯中《三国演义》。吕天成《曲品》称誉道:"《连环》,词多佳句,事亦可喜。"

今昆剧尚能演《起布》、《问探》、《试闺》、《拜月》、《议剑》、《献剑》、《三战》、《回军》、《送冠》、《小宴》、《大宴》、《梳妆》、《掷戟》等出。京剧、汉剧、湘剧、川剧等皆有《连环记》,剧名则改为《全本貂蝉》、《凤仪亭》或《吕布与貂蝉》。可见《连环记》是一部很有影响的明代传奇名作。

《连环记》的主要情节为:东汉末年,奸臣董卓专权,把皇帝从洛阳劫持到长安。百官随从去长安时,相国司徒王允收拾图书秘典,以免散失,他明修国史,暗中思计翦灭董卓。并州刺史丁建阳会合诸侯起兵征讨董卓,兵临城下,他的义子吕布惯使方天画戟,有万夫不当之勇,无人敢于抵敌。中郎将李肃与吕布是同乡,他向董卓献计:吕布勇而无谋,贪而无义,可凭其三寸不烂之舌,说他拱手来降。于是董卓派他携带厚礼去见吕布。李肃先赠吕布赤兔马,再吹捧他一番,又代董卓奉上玉带、金珠,劝说他投向董卓。吕布果然见利忘义,杀了丁建阳,带兵投奔董卓。董卓封他为温侯,并认他为义子。

王允指使曹操带宝剑去刺杀董卓,曹操正要动手,吕布牵马而来,曹操只好假装献剑,仓皇出逃,回到故里,会合各路诸侯讨伐董卓,刘备、关羽、张飞也归附曹操。董卓命吕布前去交战,在虎牢关,刘、关、张大败吕布,张飞用丈八蛇矛还将吕布的紫金冠挑落。吕布却向董卓虚报战绩,董卓问他平日喜带的紫金冠为何不见,将他抢白一顿。

王允用明珠数颗嵌一金冠,派人送去。他料定吕布会上门感谢,与义女貂蝉定计,在设宴招待吕布时,自己中途借故离开,让貂蝉一人陪酒。吕布见貂蝉美貌，又能舞善歌，要娶她为妻，并赠凤头簪为聘，貂蝉回赠他玉连环。两人当场海誓山盟，互拜为礼。王允此时进来撞见，他假意责怪吕布，然后慷慨允婚，并商定后日十五团圆之夜，亲送貂蝉前去成亲。

第二天，王允又宴请董卓，让貂蝉与众女献上歌舞。董卓被她的美貌所倾倒，独要貂蝉奉酒，神魂飘荡，当即提出要纳貂蝉为妾，王允答应明日中秋，即送至府上。

王允将貂蝉先许吕布再许董卓，让他们两人争风吃醋，自相残杀，利用吕布的力量成功地翦灭了董卓，为国家除了大害。

《连环记》的女主角是号称古代四大美人之一的貂蝉。今传所谓古代四大美人，依次为西施、王昭君、貂蝉和杨玉环(杨贵妃)。其中三人在历史上实有其人，只有貂蝉是虚构人物。

四大美人都是政治和军事斗争中的悲剧人物。杨贵妃因安史之乱而随唐玄宗逃出长安，避难西南，途中又因忠奸政治斗争的牵连，成为牺牲品，死于非命。西施、王昭君和貂蝉则都因政治兼军事原因被君王或主人作为礼品奉献给对方。西施和王昭君被奉献给吴王夫差和匈奴单于，她们的命运虽然悲惨，但所配之人还是两个富有阳刚之气的男子汉。最窝囊的是貂蝉了，占有她的是老迈腐朽的董卓(？—192)，残暴专横，人格卑下，可以说一无是处。

剧中的貂蝉本是王允家中的一个歌舞妓，地位卑下，因年轻貌美、聪明伶俐和技艺出众，被王允收为义女。貂蝉本以为王允抬举她是因为王允本人喜欢她，她也敬重王允是忧国忧民的朝廷重臣和忠臣，心中也颇愿意追随王允，了却一生。第十三出《赐环》描写王允听貂蝉歌唱新上的妙曲后，赏她玉连环。戏中此时两人各唱一曲："【集贤宾】(生)这无暇白璧真罕有，冰肌润泽温柔。宛转连环双扣钮，这圈套谁能分剖。也是姻缘辐辏，真个是阴阳交媾。(合)你去东西就，圆活处两通情窦。【前腔】(小旦)连环细玩难释手，教人背地含羞。此话分明求配偶，奴家若与老爷成就了此事呵，乐琴瑟便抛箕帚。(生)貂蝉，你沉吟差谬，留此物，他日自有应验，久以后自知机彀。(合前)"

王允赠她玉连环，实是醉翁之意不在酒，暗寓将她作为"肉弹"使用的连环计而已。貂蝉则自作多情地错以为王允看上了她。作为舞榭歌女，貂蝉深知自己只是老爷们的玩物，她本不指望以"义女"的身份，让王允给她嫁一个年轻有才华和地位的丈夫，所以她会误会王允的赠环之意。而像她这样的女子嫁一个忠诚正派的官吏，尽管他的年龄已可当她的父亲，已经算是不幸中的大幸了。

可怜她没有想到的是，王允送她此环，其用意依旧是让她去当玩物，而且是给年龄可以做她祖父、人又俗不可耐的董卓这样的老贼去当玩物。但貂蝉深明大义，毅然应允给董卓老贼当小妾，起到挑拨董卓与吕布的作用，然后利用吕布的武力，为国除害。处在封建社会，貂蝉作为少女，一无所有，只有最珍贵的青春和贞操才是属于自己的。而为了国家的利益，貂蝉正是以自己的青春和贞操做代价，来为国除害，可见貂蝉是作了最大的牺牲的。对此，古今有良知的读者观众都满怀同情和敬意，来欣赏此剧。

《梳妆》一出描写貂蝉被迫给董卓作妾，度过“新婚”之夜之后的次日情景。怎么来描写貂蝉此夜刻骨铭心的痛苦而又必须强颜欢笑的复杂辛酸的感受的呢？作者高明地通过吕布痛感“义父”横刀夺爱，不胜焦愤，潜入后堂打听貂蝉的动静这个细节巧妙地入戏。他满怀妒忌和愤恨，一面想到貂蝉她曾对自己情意绵绵，“把连环为记，念兹在兹。”但眼睁睁看着美人、情人落入歹人之手，自己竟束手无策，只能“教人空叹英雄气。华堂后，翠幕里，相看试探意何如”。另一方面，他亲耳听到侍娘对他说，貂蝉昨夜“娇媚娇媚真无比，柔润柔润解欢娱。只是错配了对头，可惜老藤缠着嫩花枝，早已红香褪。情深力怯，侍儿扶起，脂憔粉悴。鬓云半欹，妆台对镜羞无语。三竿日，花影移，刚刚淡扫远山眉”。用诗的华美语言，含蓄却又有力地揭示了貂蝉一夜饱受老贼蹂躏的惨状，尤其是“老藤缠着嫩花枝”一语，极其确切而传神，不仅吕布听了要妒火冲天，多情的读者观众也不免义愤填膺。

更妙的是，侍娘的这番话刚说完（此曲刚唱完），董卓正好在里面呼唤她：“取补阴丸与我吃。”“补阴丸”可以说是中国古代用中药做的“伟哥”，那侍娘当着吕布的面也不避嫌疑地调侃说：“阴柔制阳健，假药补阴丸。”堂堂太师为了对付豆蔻少女，要吃补阴丸，犹如秦始皇要吃长生不老药一般，天下哪有这种仙丹？只是吃了一大堆假药而已。所以她一面对董卓毕恭毕敬地答应着去伺候，一面对吕布拆穿真相说：“假药补阴丸。”此语在剧场中必会引起哄堂大笑，而更会引起观众捧腹大笑的是吕布紧接着补了一句：“老贼！老贼！你要补阴丸吃，我有绝命丹在此与你吃！”

王允的计谋立即生效了。接着吕布哀叹自己与貂蝉的“好姻缘反做恶姻缘”，一个“恶”字，吐出吕布满腔恶气，读者观众都知道下面有好戏可看了。

这出戏本身就是悲剧和闹剧紧密结合的一场好戏。吕布失爱，貂蝉失身，两人都痛苦万分，观众也同情他们，更痛恨权奸的生活骄逸腐朽。这本是一场悲剧，但这么一个严肃的主题，作者却能举重若轻地将戏写得热闹好笑，讽刺性强，显示了作者善于构思曲折情节，强化戏剧冲突，和挖掘喜剧因素、提炼讽刺内涵的高明手段。曲辞颇为优美，口语生动活泼，也甚见功力。这些艺术因素互相生发，增强了全剧的魅力。

（周锡山）

连　环　记　　王　济

第二十六出　掷　　戟

【仙吕引子探春令】（小旦貂蝉上）一颦一笑总关情，暗自伤神。

这两日太师身子劳倦，不时高卧。适喜他又睡了，且往后园一步，少展闷怀，多少是好。此间已是凤仪亭，待奴家口占一词：嗟哉凤仪亭，四绕梧桐树。凤凰不见来，乌鸦日成队。（小生内嗽介）（小旦）呀，来的好似温侯。我且躲在一边，待他来时，将言语打动他便了。（小生吕布上）偶来凤仪亭，闷把阑干倚。欲采芙蓉花，可怜隔秋水。那边好似貂蝉模样，不免躲过一边，听他说些什么。

【双调过曲锁南枝】（小旦）妾命薄，泪暗流，无媒径路差错走。勉强侍衾裯，见人还自丑。叹沉溺，谁援救？我欲见温侯，温侯嗄，怎能够？

【前腔】（小生）青青柳，娇又柔，一枝已折他人手。把往事付东流，良缘叹非偶。簪可惜，双凤头。这玉连环，空在手。

（小旦）温侯嗄，你好负心也！（小生）是你爹爹失信，送与太师，如何倒说我负心？（小旦）天嗄，中秋夜，是我爹爹送奴与温侯成亲，不知你那里去了，乃见狂且[①]。（小生）狂且是谁？（小旦）就是太师。（小生）太师便怎么？（小旦）他起不仁之心，将奴邀入府中淫污，恨不得一死。今日得见温侯，死也瞑目矣。（小生）嗄，王司徒之言[②]，与小姐无二。小姐，你意怎么？（小旦）有死而已，愿从温侯。（小生）咳，罢，只恨我关上来迟了。

【南吕过曲红衲袄】只指望上秦楼吹凤箫[③]，却缘何抱琵琶弹别调。香褪了含宿雨梨花貌，带宽了舞东风杨柳腰。不能够画春山眉黛巧[④]，羞见你转秋波颜色娇。早知道相见难为情思也，何似当初不见高。

【前腔】（小旦）你只图虎牢关功业高，顿忘了凤头簪恩爱好。同心带被他急攘攘扯断了，玉连环屹峥峥想已捶碎了。（小生）你好生伏侍太师去罢。（小旦）若不与温侯同偕到老，就死在池中恨怎消！（作跳）（小生抱住介）（小生）我今生不得你为妻，非世之英雄也。（小旦）温侯请上，受奴一拜。（小生）小将亦有一拜。（小旦）你若念夫妻情意也，把我尸骸覆草茅。

（净内）貂蝉。（小旦急下）（净董卓上看介）不要跑，慢慢走。（见小生介）嗄，你、你、你是吕布？（小生）是吕布。（净）你不在虎牢关理正事，反在凤仪亭上戏吾爱姬，是何道理？反了！反了！（小生）反了？王司徒已将貂蝉许我为妻，被你占夺为妾，反说我戏你的爱姬！（净）嗄，我把你这畜生！（小生）老贼！（净）呀呸！

【中吕过曲扑灯蛾】你潜身凤仪亭，潜身凤仪亭，将我爱姬来调引。巧弄如簧舌，礼义全不思忖也，做出这般行径。畜生，我与你什么相称？（小生）不过是父子罢了。（净）阿呀，可又来！你既称父子昧彝伦⑤，顿教人心中发愤，把方天戟掷下了残生。（掷戟）（小生避介）

【前腔】（小生）你锦屏多玉人，锦屏多玉人，珠翠相辉映。琐琐裙钗女，何必欺心谋占也！（净）嗄，倒说我谋占！（笑介）（小生）老贼，休得要笑中藏刀，使我百年夫妇割恩情。（净）顿教人心中发愤，把方天戟掷下了残生。（净又掷戟）（小生夺戟）（净跌介）

（外李儒急上）不要动手！（小生下）（净打外介）李儒，拿刀来！拿刀来！（外）主公，我是李儒。（净）就是李儒，拿刀来！（外）阿呀，不要打，我是李儒嗄。（净看介）罢了，罢了！反了，反了！（外）主公为何这等大怒？（净）就是那吕……（外）主公，吕什么？（净）就是那吕布。（外）那吕布怎么触犯主公，这等大怒？（净）他不在虎牢关上理正事，反在凤仪亭上戏我的爱姬，是何道理！（外）原来如此。主公请息怒，有一言告禀。天下诸侯不敢犯者，非惧太师之威，乃惧吕布之勇。主公富贵已极，何惜一女子。既吕布所爱，何不赐之？彼必倾心从事。（净）哇，放你娘的屁！你的老婆，肯让与人么？（外）这个使不得。（净）快唤李肃过来！（外）嗄，晓得。李肃，主公唤。（下）（末李肃上）来了。劝君行正道，莫使念头差。主公有何分付？（净踢打介）（末）阿哟，阿哟！主公为何如此大怒？（净）你荐得好人嗄！（末）没有荐什么人嗄。（净）那吕布可是你荐的？（末）那吕布荐得不差。（净）他不在虎牢关上干正事，反在凤仪亭上戏我的爱姬，是何道理？（末）既有此事，何不杀之？（净）著，著，著！我的儿，你可顶盔贯甲，去问王允这老儿，说貂蝉送与我，就说送与我，说送与吕布，就说送与吕布。一个人送得来不明不白，使我父子在家吃醋拈酸，是何道理？讲得是，罢了；讲得不是，抓头回话。（末）是。领著太师命，去问王司徒。（下）

【赚】（小旦上）掩袂悲啼，旧恨新愁眉锁翠。阿呀，太师嗄。（净）看你泪珠垂，似梨花一枝轻带雨，貂蝉，为何的，低头倒入在人怀里？（小旦）太师爷嗄。（净）唔，全不顾礼义纲常是与非。（小旦）太师爷嗄，妾将谓温侯乃太师之子，甚相敬重。谁想今日乘太师高卧，持戟入后堂戏妾。妾逃于凤仪亭，他又赶来；妾欲投水，他又抱住。正在生死之际，幸得太师救了性命。（净）阿哟，阿哟！性狂且，敢探虎穴寻鸳侣，使人惊愧。（小旦）不须惊愧。

（净）你那老子好没分晓，如何又把你许了吕布？把你送与我就送与我，送与吕布就送与吕布，如何送的不明不白？（小旦）我爹爹只教奴家伏侍太师，并不曾许吕布。（哭介）

【仙吕过曲长拍】（净）嗨，拂拭啼痕，拂拭啼痕，重施脂粉，新郎再嫁休辞。改弦再续，怜新弃旧，把恩爱付与天涯。（小旦）此话不须提，我终身愿托，誓无他意。此心今日惟有死，妾岂肯暂相离。一马一鞍立志，愿鸟同比翼，树效连枝。

（净）罢，罢，罢！你伏侍吕布去罢！（小旦跪介）太师爷嗄。（净）起来，后不为例嗄。（小旦起介）（净）早是你立志坚贞，不然被他淫媾了，可不玷辱了我。（小旦）但恐此地不宜久居，必受吕布之害。（净）也说得有理，我和你往郿坞中去罢[⑥]。（小旦）郿坞中可居得否？（净）那郿坞中有三十年粮储，门外有数十万军兵。事成之后，汝为贵妃，慎勿忧虑。

【短拍】郿坞繁华，郿坞繁华，妆成金屋[⑦]，贮玉人翠绕珠围。花木总芳菲，长春景，另是一壶天地[⑧]。（众军暗上）（净）左右与我排驾往郿坞中去。（众应介）仪从随行前去，看搴帷欢笑漫同车。

【尾声】百花裳，香旖旎，游蜂偏近好花枝，空逐东风上下飞。（下）

〔注〕 ① 狂且(jū)：行为轻狂的男人。典出《诗经·郑风·山有扶苏》："不见子都，乃见狂且。" ② 王司徒：定下连环记欲除董卓的司徒王允。 ③ 秦楼：指传说中秦穆公为其女弄玉、其婿萧史所造的凤楼。弄玉好音乐，嫁与善吹箫的萧史，居凤楼，一日夫妇吹箫引凤，乘之仙去。 ④ 春山：形容女子姣好的眉样。传汉卓文君脸如芙蓉，眉似远山。 ⑤ 彝伦：人伦。⑥ 郿(méi)坞：东汉献帝初平三年(192)董卓所筑之坞，高厚七丈，与长安城埒，号"万岁坞"。董卓自云："事成，雄据天下；不成，守此足以终老。"卓败，坞亦毁，故址在今陕西眉县东北。⑦ 金屋：汉武帝刘彻幼时，其姑母长公主嫖抱着他问："儿欲得妇不?"他说："欲得妇。"长公主指己女阿娇问："阿娇好不?"他笑道："好，若得阿娇作妇，当作金屋贮之也。"见旧题汉班固《汉武帝故事》。 ⑧ 一壶天地：《云笈七签》引《云台治中录》："施存，鲁人，夫子弟子，学大丹之道，……常悬一壶如五升器大，变化为天地，中有日月，如世间，夜宿其内，自号'壶天'，人谓曰'壶公'。"

此出紧接上出，进一步将戏剧冲突激化，在全剧三十出戏中，作为第二十六出的《掷戟》已进入全戏的高潮。

本出的语言也颇为生动优美，如貂蝉来到凤仪亭时感叹："嗟哉凤仪亭，四绕梧桐树。凤凰不见来，乌鸦日成队。"梧桐虽茂，可是凤仪亭上却不见凤凰，满眼尽是乌鸦，以景色妙比自己的恶浊处境，短短四句二十字，将貂蝉的恶劣心境刻画得入木三分。又如吕布来到凤仪亭时的上场曲【锁南枝】："青青柳，娇又柔，一枝已折他人手。把往事付东流，良缘叹非偶。簪可惜，双凤头。这玉连环，空在手。"通篇全用比兴，而将主人公的情爱、恼恨、惋惜、无奈，种种心理感受编织在内，又能曲折而充分地传达出来，让读者、观众充分领略其复杂的心情。

凤仪亭风波之后，王允即谋划和挑动吕布、李肃诛杀董卓，为国除了大害。事后，吕布如愿以偿，娶貂蝉为妻。照理，貂蝉嫁了吕布这个丈夫，尽管吕布可能原已有发妻，以她的出身，她的身份依旧只能是个小妾，但丈夫毕竟是个年轻英俊、武艺超群的将领，可谓是如意郎君了。可是吕布仅有匹夫之勇，又是个见利忘义、毫无识见的小人，在东汉末年的乱世中，他无所适从，终于被曹操翦灭，貂蝉虽可能已与他生儿育女，最终还是遇害，全家覆没。

吕布诛杀董卓，本是国家大事，但他的动因却纯粹是为了一个女子，为了报董卓横刀夺爱之仇，夺回本应属于自己的美人。王允则利用他的这个心理歼灭乱国奸臣。对此，评论家多给以很高的评价，尤其对貂蝉，更是赞美有加。《三国演义》的李卓吾评本的第八回《王司徒巧使连环计　董太师大闹凤仪亭》总评说："王司徒是老手，董卓、吕布酒色小人耳。""余尝谓：'十八路诸侯到底不如一女子也。'虽然，今人但知畏十八路诸侯，岂知畏女子哉！真是个：至险伏于至顺，至刚伏于至柔也。世上有几人悟此哉！世上有几人悟此哉！"此言极有警世作用。毛宗岗的此回回前总评也说："十八路诸侯不能杀董卓，而一貂蝉足以杀之；刘、关、张三人不能胜吕布，而貂蝉一女子能胜之。以衽席为战场，以脂粉为甲胄，以盼睐为戈矛，以颦笑为弓矢，以甘言卑词为运奇设伏，女将军真可畏哉！当为之语曰：司徒妙计高天下，只用美人不用兵。”又说：“为西施易，为貂蝉难。西施只要哄得一个吴王，貂蝉一面要哄董卓，一面又要哄吕布，使出两副心肠，装出两副面孔，大是不易。我谓貂蝉之功可书竹帛。”“最恨今人讹传关公斩貂蝉之事，夫貂蝉无可斩之罪，而有可嘉之绩，特为表而出之。”毛批此语也适用于此剧。

但前已言及，貂蝉本非历史上的真人，是艺术虚构的产物。关公虽是小说戏曲中的名人，倒是历史上的真实人物。而关公斩貂蝉的传说却并非空穴来风和捕风捉影，竟是事出有因。《三国志·蜀书·关羽传》裴松之注引《蜀记》：“曹公（指曹操）与刘备围吕布于下邳，关羽启公，布使秦宜禄行求救，乞娶其妻，公许之。临破，又屡启公。公疑其有异色，先遣迎看，因自留之，羽心不自安。”并说：“此与《魏氏春秋》所说无异也。”关羽预知吕布妻极美，预先多次向曹操要求，结果反而引起曹操对此女的兴趣，曹操捷足先登地将这个美人夺走。于是读书不多或没有文化的读者、观众很自然地将吕布此妻误认为是小说戏曲中的貂蝉了。

《三国志》和《后汉书》的《吕布传》都记载“（董）卓自知凶恣，每怀猜畏，行止常以布自卫。尝小失卓意，卓拔手戟掷之。布拳（勇武有力）捷得免，而改容顾谢，卓意亦解。布由是阴怨于卓。卓又常使布守中阁，而私于傅婢情通，恐事发觉，益不自安”。这个傅婢即被小说戏曲改编为貂蝉了，并将掷戟一事与吕布、貂蝉相见联系起来，在艺术构思上是颇为巧妙的。

钱穆先生指出：中国的传统戏曲包括昆剧和京剧，“一切严重的剧情，则如飞鸟掠空，不留痕迹，实则其感人深处，仍会常留心坎，这真可谓是存神过化，正是中国文学艺术之最高境界所企。若看西方戏，因其太逼真，有时会使人失眠，看了不能化。在中国则能人生而戏剧化。其戏剧中之忠孝节义感人之深，却深深地存在，这正是中国艺术之精妙处”（《中国京剧之文学意味》，见《中国文学论丛》）。

钱穆先生所说的“人生而戏剧化”，即布莱希特盛赞中国戏曲的所谓的“陌生化效果”。观众看戏时颇受感动，看了戏回家不会激动得睡不着觉。至于忠孝节义本是中国优秀的传统道德（当然，自孔子始，优秀的思想家从未赞成过愚忠昏君之类的蠢事），是很能打动中国读者、观众的心弦的，所以钱穆先生特作强调，良有以也。

既然貂蝉是戏曲、小说中的虚构人物，历史上的吕布当然不是为了这位美女而杀董卓。史实是丁原的并州军对董卓及其率领的凉州军威胁很大,董卓设计了两条计策:第一是疑兵之计,白天他命令凉州军浩浩荡荡地开进洛阳,半夜则率军潜出;第二天,故伎重演,如是者三,使各方势力错以为凉州军兵力最大,产生畏惧之心。第二是离间之计,对吕布许以重金和高官。吕布在这样的威逼利诱之下,既为自保,又经不起诱惑,才杀丁降董。事后吕布了解到凉州兵的实力的真相,感到上当,必然少了畏惧之心。而吕布受到董卓的戟掷,心里必已埋下了仇恨,兼之与其美婢私通,怕东窗事发,他本是不讲信义的小人,在王允的鼓动下,索性公报私仇,岂不美哉?戏曲、小说写出了吕布的这个心理,深刻地揭示了除奸斗争的复杂性。至于塑造一个美女掺乎期间,增加情节的波澜,效果之好,已不容置疑。 (周锡山)

【戏曲家小传】

沈 采

字练川。嘉定(今属上海)人。约明弘治、正德间在世。传有传奇《千金记》、《还带记》、《四节记》等。《四节记》系为杨一清庆寿作。《千金记》写韩信故事,最有名,剧中有关项羽的戏,为后来《霸王别姬》之滥觞。吕天成《曲品》称其人"名重五陵,才倾万斛"。另据《传奇汇考标目》别本著录,尚有传奇《临潼记》。

千 金 记 沈 采

第二十二出 北 追

【天下乐】(生上)功名未遂令人笑,思量起暗里魂消。辛勤苦尽枉徒劳,终须埋没荒郊草。

(生)世上万般皆是命,果然半点不由人。我韩信投楚以来,自为官卑职小,不称吾才,为此弃楚投汉。又着我做连廒典官①,才管得三朝职事,被楚军烧了仓廪。同事十二人管仓的都问死罪,若非滕公放免②,我韩信几乎一命难逃。又蒙萧丞相举荐我为治粟都尉③。自想起来,瓦罐不离井上破,将军不脱阵中亡。倘或再有过犯,决不饶我了。不如弃此卑职,逃回家去,见我妻子一面。罢罢。正是:命运不该金紫贵④,终归林下作闲人。如今月朗风清,正好行路。诚恐后面又赶来，不免打从山边一路逃出函关，再作区处也。

【金索挂梧桐】风尘古道昏，星月空临照。跋涉崎岖，举足多颠倒。我韩信越行不上了。叹今生命薄，命薄何年好？一事无成，两鬓空垂老。向前途盼望函关到[5]。

(生)若得出函关，我就好行了。正是：鳌鱼脱却金钩钓，摆尾摇头再不来。

【随事兴】(外扮萧何上)朝罢已回来，衣惹天香在。

事不关心，关心者乱。下官只为韩信，不知日夜废了多少心机。不想他做连廒典客，又被楚军劫烧了仓廪。十三人管粮官都问了死罪，又是老夫启奏汉王，独饶得韩信。如今在我西书院安下，今日有事，与他商议。书童那里？(丑上)来了。我正好睡，叫我怎么？(外)请韩老爹出来讲话。(丑)那个韩老爹？(外)就是你伏事的。(丑)他去了。(外)那里去了？(丑)昨晚骑了爷的白马去了。(外)怎么不来禀我？(丑)爷在朝里，我在家里。教我对那个说？(外)他去时曾说什么？(丑)他在书房中自言自语，说了一回，留下一个帖儿径去了。(外)罢了罢了！他回去了，汉天子已定江山失了。快备马来，待我连夜追赶。(丑提灯笼)

【双胜子】(外上)急追去急追去，跨马扬鞭袅。月色朦胧，程途分晓。(众)禀老爹：那韩信不是强盗，又不是贼，他是个好人，追他怎么？(外)你都不晓得，此人却有大将之才。追取此人回，山河可保。为国求贤，苦谁知道？(众下)

【双调新水令】(生上)恨天涯流落客孤寒，叹英雄谁似俺？半生虚幻。坐下马空踏遍山色雄，背上剑光射的斗牛寒[6]，恨塞满天地之间。云遮断玉砌雕栏，按不住浩然气冲霄汉。

【驻马听】回首青山，拍拍离愁满战鞍。举头新雁，呀呀哀怨半天寒。俺指望龙投大海驾天关，谁承望君骑勒马连云栈。觑功名如等闲，堪恨无端四海苍生眼。(下)

【双胜子】(外上)再追去，再追去，不顾程途杳。(众)老爹，诸将亡者多少不追，怎么独追韩信？(外)你听我道来：诸将易得，韩信难

蕭何月下追韓信

讨。可作大将军，镇国奇宝。世上无双，人间绝少。(下)

【川拨棹】(生上)干功名千难万难，求荣显两次三番。想前日离了项羽，今日别了炎汉，不觉的皓首苍颜。对着这月朗回头把剑弹，百忙里揾不住英雄泪眼。(内作锣鼓)(生惊介)

【双胜子】镇闻得，镇闻得，锣鼓喧天闹。可是军中，追吾啰唣[7]？何处可潜踪？身埋芳草。(众上)赶得心忙，刚刚凑巧。

(外)叫军校速速见一骑一人，莫非是韩老爹？赶上赶上。(生)是谁？(外)韩先生，是我老夫，住了马。

【雁儿落】(生)老丞相你将咱不住赶，俺韩信则索把程途盼。(外)韩先生，请下马，与你说话。(生)老丞相噤声。(外)韩先生，怎么教我噤声？(生)为甚么恰相逢便噤声？非是俺不言语将轻慢。

【得胜令】我则怕叉手告人难，因此上懒下宝雕鞍。(外)我奉汉天子的命来请你。(生)你说着那汉天子犹心困，(外)先生若如此说，你又有投楚之意？(生)量着那楚重瞳怎挂眼[8]。乘骏马雕鞍，向落日斜阳岸，伴蓑笠纶竿。我只待钓西风渭水寒，钓西风渭水寒。(见介)

(外)先生请下马来，我有话要与你商议。汉天子有用你的好意。先生，你一事无成，往那里去？(生)丞相听我道。

【挂玉钩】(生)我怎肯一事无成两鬓斑。(外)先生，你与我说。(生)既然你不用俺英雄汉，(外)先生为什么不别而行，连夜而走？(生)因此上铁甲将军夜渡关。老丞相，你莫是为马来将人盼？(外)马值得多少？老夫自来。(生)你既不为马来有甚别公干？(外)先生，老夫特来请你转骑，要扶助汉王保江山。(生)你着俺扶助江山，保奏得俺挂印登坛，保奏得挂印登坛。

(外)先生，这都在老夫身上。先生请回去。(生)是。(外)小校，可有船么？(末)有个渔翁有船在那里。(外)唤他撑过来。(叫船介)(丑扮渔翁上)来了来了。系了船，系了船。请上来。(生)小校，多少时分了？(外)半夜了。

【七兄弟】(生)半夜里恰回还，抵多少夕阳归去晚。涧水潺潺，环珮珊珊。冷清清夜静水寒,这的是渔翁江上晚。

老丞相,想我来时节,溪涧水浅,如今满了,怎么过去?(外)请先生上船来,过去便了。(生上船介)

【收江南】脚踏着跳板,手执着竹竿,不住的把船湾。又只见沙鸥惊起芦花岸,见忒楞楞飞过了蓼花滩,似禹门浪激桃花泛。呀,

【梅花酒】虽然是暮景残,虽然是暮景残。(外)先生,好夜景。(生)恰夜静更阑,对绿水青山,正天淡云闲。明滴溜银蟾出海山[⑨],光灿烂玉兔照天关。呀,撑开船,挂起帆,撑开船,挂起帆。俺红尘中受涂炭,恁绿波中觅衣饭。俺乘骏马去登山,恁驾孤舟怯风寒。俺锦征袍怯衣单,恁绿蓑衣不能干。俺空熬得两鬓斑,一恁把守定水潺潺。俺不能勾紫罗襕[⑩],恁空执定钓鱼竿。俺都不到这其间。呀,这是烟波名利大家难,(上介)抵多少五更朝外马嘶寒,对着一天星斗跨征鞍。非是我倦谈,这的是算来名利不如闲。(外)先生,请乘骑了。(生)俺想这男儿受苦遭磨障,恰便似蛟龙未济逢干旱。尘蒙了战策兵书,消磨了杖剑瑶环。畅道周帐秦营功太晚,似这般涉水登山,休休,可着我便空长叹。(外)先生请了。(生)谢丞相执手相看。我此一去,你看我赤心报国,辟土开疆。若不用我时,待钓一纶香饵,明月清风。笑你个能举荐的萧何,你便可再休来赶。

【奈子花】(外)先生,刘沛公附耳低言,指日间拜将筑坛。方归私室,正欲接谈。我老夫回舍去问书童,请韩老爹出来,我要与他说话。书童回我韩老爹骑了白马去了,教我寻不见如冰投炭。想道罢了罢了,韩先生一去,我汉天下已定失矣。老夫朝衣也不卸,急跨雕鞍也,电奔星驰,月下追赶回还。

【前腔】(生)感丞相吹嘘微贱,料韩信福薄缘悭。三朝典客[⑪],便遭刑宪。(外)先生此一回去,就要筑坛拜将了。当不得兴刘之念。我老夫决无虚话。(生)老丞相言之当也。倘时来运至,一朝荣显。

(外)带马过来,请韩老爹上去。(生)老丞相,小生倘或回去,汉王

再不能重用，那时老丞相何如处之？（外）汉王再不听老夫言，即时解袍纳印，触金阶而死。（生）如此还有一事。（外）怎么说？（生）子房与小生一角文书在此。（取书介）（外）韩先生，是我老夫与沛公、子房三人议定，先发一个兴刘灭楚的文书。先生缘何一向不拿出来？（生）将书出来，又道小生干豫老丞相了。（外）韩先生，快请到寒家去住几日，就有分晓。请上马。（生）老丞相请。

月下相追意甚浓[12]，勒马扬鞭转蜀中。

只凭一纸兴刘表，早向辕门奏沛公。

〔注〕 ① 连廒：当为连敖。韩信归汉，初任连敖。连敖，《史记》裴骃集解引徐广云："典客也。"司马贞索隐引张晏云："司马也。" ② 滕公：即夏侯婴，少与刘邦善，从其起兵反秦，多战功，授太仆。以曾为滕令奉车，时称"滕公"。天下定，封汝阴侯。据《史记》记载，汉王刘邦将斩韩信时，"信乃仰视，适见滕公，曰：'上不欲就天下乎？何为斩壮士！'滕公奇其言，壮其貌，释而不斩。与语，大说之。言于上，上拜以为治粟都尉，上未之奇也"。 ③ 治粟都尉：管军粮的官。 ④ 金紫：金印紫绶，此指大官。 ⑤ 函关：函谷关。此应为古函谷关，在河南灵宝东北，战国秦置，因关在谷中，深险如函，故名。公元前206年，刘邦西入咸阳，曾屯兵于此御诸侯军。 ⑥ 斗牛：二星宿名。据《晋书·张华传》载，张华见天上斗牛间有紫气，遂问之于雷焕，雷焕言此为宝剑之精上彻于天，其地当在丰城。张华因补雷焕为丰城县令，前去寻找。后他果然在那里掘得匣藏的龙泉、太阿二宝剑。 ⑦ 啰唣（zào）：吵闹寻事。 ⑧ 重瞳：一个眼睛里有两个瞳仁。传说舜为重瞳，项羽也是重瞳。 ⑨ 银蟾：与下文之"玉兔"皆为月之代称。⑩ 勾：够。紫罗襕：用紫色罗缎做成的官服，为贵官的服饰。 ⑪ 典客：见注①。典，掌管。⑫ 刘表：东汉末山阳高平人，任荆州牧，此处应是借指刘邦。古杂剧传奇中有以后世的人物典故入曲的习惯。

沈采著有传奇《四节记》、《还带记》和《千金记》三种，以《千金记》的成就最高。吕天成《曲品》赞誉他"名重五陵，才倾万斛"。

《千金记》本事的最早来源是《史记·淮阴侯列传》和《汉书·韩信传》，又据民间传说予以艺术加工。本剧最通行的是《六十种曲》本，此本分上下两卷，共五十出。全剧情节呈双线结构：以韩信一生成功的机遇为主线，从韩信得到宝剑兵书、胯下受辱、漂母赠食、别妻投军、张良荐信、萧何追信、登坛拜将、十面埋伏，直到大败项羽，封王荣归而止；以项羽兴败为副线，从励兵、入关、会宴、别姬、鏖战，至乌江自刎结束。

吕天成《曲品》评论此剧云："韩信事佳，写得豪畅。内插用北剧。但事业有余，闺阃处大寥落，且旦是增出。只入虞姬、漂母，亦何不可？"祁彪佳《曲品》所言，意亦相近。《千金记》是明清两代的常演剧目，长篇小说《金瓶梅》、祁彪佳《日记》、《枣林杂俎》、《留溪外传》、《谐铎》、《两般秋雨盦随笔》、《消夏闲记摘抄》、《花村谈往》、《菊庄新话》等书，都有此剧演出的记载。然而当时常演于舞台的多为项羽之戏，如《缀白裘》所选八出，除《追信》(原剧第二十二出，即《北追》，系全部借用元杂剧《追韩信》第二折)外，都为项羽的出目。

今昆剧尚能演《鸿门》、《撇斗》、《追信》、《拜将》、《别姬》、《乌江》。据此剧改编的京剧有《乞食漂母》、《鸿门宴》、《追韩信》、《霸王别姬》等。徽戏、川剧、滇剧、粤剧等地方戏都有此剧目，剧名则为《楚汉争》、《九里山》或《亡乌江》等。

本出《北追》演萧何月下追韩信，其所据之《史记·淮阴侯列传》的原文为："至南郑，诸将行道亡者数十人，信度何等已数言上，上不我用，即亡。何闻信亡，不及以闻，自追之。人有言上曰：'丞相何亡。'上大怒，如失左右手。居一二日，何来谒上，上且怒且喜，骂何曰：'若亡，何也？'何曰：'臣不敢亡也，臣追亡者。'上曰：'若所追者谁何？'曰：'韩信也。'上复骂曰：'诸将亡者以十数，公无所追；追信，诈也。'何曰：'诸将易得耳。至如信者，国士无双。'"韩信最初在项梁、项羽麾下效力，未得重用，他改投刘邦。在汉营，又不得重用，虽经滕公、萧何的再三举荐，他仍屈居治粟都尉这样的低职。韩信自感怀才不遇，难展宏图，决定离去。其他数十人逃跑是因为刘邦势力弱小，感到刘邦没有希望得胜；韩信离开汉营，是因为未得到重用，他自认为刘邦只要用他带兵，他一定能获胜，他对自己的军事才华和能力充满着信心。

《史记》和《汉书》记载韩信当时的曲折遭遇和萧何爱惜韩信的事迹，都是为歌颂刘邦重才爱才，豁达大度的目的服务。司马迁和班固都认为刘邦的善于使用人才是获取楚汉战争胜利的重要原因之一；又高度肯定萧何、张良等人的时代责任感、历史使命感和主动热情为刘邦筹划的积极精神。元杂剧《萧何月下追韩信》和明传奇《千金记》的作者则与《史》、《汉》的立意不同，他们是借古人之酒杯，浇自己胸中之块垒，也即借韩信的命运抒发自己怀才不遇的感慨，批评封建君主的埋没人才，反映出元明知识分子对当时统治者的不满。所以剧本有大量的虚构，描写的人物也并非完全是历史的真实人物。天下之事无比复杂，历史上的刘邦善用人，但因对韩信不了解，而且他也无法做到对部下每个人都很了解，所以韩信就得不到重用。韩信怨恨自己不得重用，但他幸而获得了机遇，这就是萧何赏识他。此前他还得到张良的赏识，并已给了他荐举信，韩信出于自尊和自信，不肯出示张良之信，这一点颇受古今读者的赞赏。韩信得不到刘邦的重用而悄悄离开，对兴汉事业具有强烈责任心的萧何全力追赶，又尽力劝说韩信回汉营，并极力奉劝刘邦重用韩信。韩信的这种极受张良、萧何赏识的遭际本已不同寻常，而刘邦竟听从萧何的劝谏和张良的举荐，在韩信的昔日作为并未证明他有统军之才的情况下，真拜韩信为大将，这种机遇更是千古罕见。而韩信也抓住机会展现出他的军事才能，帮助刘邦赢得楚汉战争的最终胜利，成为汉开国的三杰之一。

封建时代的文学家尤其是创作通俗文学的戏曲家和小说家，他们中有不少人胸怀大志，颇想为国为民从政为官，有所作为，可是他们中的绝大多数人却成为科举不利或不得重用的中下层知识分子，于是自伤怀才不遇，痛感命运不公，所以常同情历史上有同样遭遇的人物，本剧作者也是如此。本出即同情韩信初投刘邦时未得重用屈居下位的遭遇，实际上也是借前人的故事，抒发自己壮志未酬的感慨。

本出开首和结尾都是作者自己写的曲文，中间从【双调新水令】到【梅花酒】则基本借用元代金仁杰《萧何月下追韩信》(《追韩信》)杂剧第二折的几乎全套的曲文，不过，其中也有个别北曲调成自己的南曲，对借用的北曲也略作修改或调整。有的改得比原作好，如元曲【川拨棹】(本出将曲牌改作【七兄弟】)中间"烟烟湾湾，珂佩珊珊"两句改为"涧水潺潺，环珮珊珊"即显然更佳。金仁杰《萧何月下追韩信》(《追韩信》)杂剧第二折以《史记》的原文内容为骨干，创作全套曲文，并虚构了具体的细节，但说白今仅有少数留存。《千金记》此出除在曲词上再略作增添外，又增补了说白。有的说白写得相当精彩，如萧何发现韩信出走时，询问韩信的书童，书童说："他在书房中自言自语，说了一回，留下一个帖儿径去了。"此类说白更进一步丰富了具体的细节。接着，萧何唱【双胜子】"急追去，急追去，跨马扬鞭袅。月色朦胧，程途分晓。"表示要追回韩信，众属下对萧何此言都感到大惑不解，问道："禀老爹，那韩信不是强盗，又不是贼，他是个好人。追他怎么？"问得似是而非，插科打诨，令人发噱。当时逃走的人多，从来没有人去挽留和追回他们，但韩信是个能起到决定作用的高级人才，所以萧何必须去追，而萧何的属下认为韩信也不过是一个不起眼的普通小吏，所以提出这样的问题，这倒是非常自然的。连刘邦也不认为萧何是去追人，他还以为萧何自己逃走了呢。所以这样的问句是作者体会当时的情景，匠心独具地写出的妙句。

本出所借用的金仁杰杂剧《追韩信》诸曲都是清新优美、情景交融的上佳文字。此出借用原作诸曲，以苍茫夜色和荒凉路途写出实景，景色幽美，同时也象征着韩信前程渺茫，悲凉灰暗的心境。又如韩信在逃亡路上所唱："恨天涯流落客孤寒"，"坐下马空踏遍山色雄，背上剑射的斗牛寒。恨塞满天地之间，云遮断玉砌雕栏，按不住浩然气冲霄汉。"刻画英雄失路、单骑远奔的凄凉悲怆，但韩信的愤懑感慨的语言依旧掩盖不了他那孤傲不群、壮怀激烈的心志和英迈豪放、顶天立地的气势，曲文能写得两全其美，极为不易。接着又表达他在无奈中决定“乘骏马雕鞍，向落日斜阳岸，伴簑笠纶竿。我只待钓西风渭水寒，钓西风渭水寒”。既不能达则兼治天下，就只能归隐林下，独善其身，曲文在孤寂落寞之景中传达他不屈人下的慷慨悲凉之情。原作曲文的表现力极强，文字优美，意境高远，所以沈采全套引用，自己不作徒劳的重新创作了。（周锡山）

千 金 记　　沈 采

第三十七出 别 姬

【虞美人】（占上）一身曾沐君恩宠，暖帐亲承奉。香云如鬓拥，晓妆尤倦，珮环声细，绛裙风动。

玉容未必倾人国，椒房宠爱君恩极[1]。海棠睡起春正娇，莫把金珠污颜色。金珠虽艳美未匀，如何颜色从来嗔。但愁春去颜色改，不得君恩常顾身。妾乃西楚霸王之妃，连日我君王看他眉头不展，未审何如。待他出来，问取端的。（净扮霸王上）

【前腔】盖世英雄，始信短如春梦。

力拔山兮气盖世，时不利兮骓不逝。骓不逝兮怎奈何，虞兮虞兮奈若何[2]。（占）大王为何发此言语？（净）你尚未晓得，自家兴兵五载，身经七十余战，未尝有败。今日天欲亡我，岂不可叹！（占）原来这等，如何是好？

【泣颜回】（净）霸业已成灰，论英雄盖世无敌。时遭折挫，到今枉自迟疑。思之就里，夫人，谁知有今日！叹当初早不用鸿门计[3]。把孤身冒镝当锋[4]，时不利岂知今日。

【青天歌】（生、众）金鼓要分明，金鼓要分明。人望旌旗，马听锣声。把都每，把都每，势摆个合罗阵。

【前腔】（生）一鼓便兴师，一鼓便兴师，二鼓往前征。鼓擂三通，炮发连声。把都每，把都每，势摆个黄龙阵。

【前腔】头戴茜红缨，头戴茜红缨。挽上长弓，箭射流星。把都每，把都每，势摆个分冲阵。

（占）大王，这是什么响？（净）这是楚歌之声响。（占）怎么四围都是？（净）你不晓得，风色一正，却四面周围都是响的。

【前腔】（生、众）前队两边分，前队两边分。中队盘桓，后队绝奔。把都每，把都每，势摆个长蛇阵。

(生、众下)(净)夫人，不好了，不好了！外面歌声尽是汉家之兵，今已得楚矣。

【泣颜回】腰间仗剑吐虹霓，空自有拔山之力。罢，罢！只是我该如此了。夫人，过江东来时节四十五万人马，如今只剩得这些了。天亡吾楚，看看食尽兵疲。闻歌四起，汉军围冲散了三千队。夫人呵，(合)我和伊，难忍分离，禁不住两行情泪。

【前腔】(占)嫁鸡怎不逐鸡飞，教妾身如何存济？心灰肠断，云山翠压愁眉。喧天鼓鼙，汉军围，四下里重重至。(合前)(末上报介)

【赚】垓下重围，帐里将军知也未？(净)你为何的？(末)看四下里腾腾横杀气。(净)英雄志，当初指望造鸿基，如今一旦成虚费。(净)美人，我死也罢，只是舍不得你。你到那里去？(占)告大王知道，忠臣不事二君，烈女不更二夫。大王倘有不幸，奴家岂肯存着异心。(净)罢，罢，你去好生伏事汉王罢。我与你别了，再不得相会了。(占)大王，你不须疑，赐与我三尺青锋先刎死。(净)虞美人，果是这般贞烈呵，我就把青锋付与伊。(占)大王，和你分别去，除非梦里重相会。放心前去，(占自刎介)粉憔玉碎。

【扑灯蛾】(净)可怜一妇人，可怜一妇人，激烈男儿志。甘自把身躯须臾丧吾龙泉也[5]，魂飞魄散，好教我一身无计。到如今怎生区处？只恐汉兵又来至。

【前腔】(末)大王休迟滞，顷刻汉兵至。及早须宜回避也。(净)将伊首级，且将来马上悬之。愿生死同归一处，管教伊名登青史，留取个好名儿。

【尾声】仰天大哭长吁气，回望山河黑雾迷，不料虞姬先刎死。

百战徒劳霸业空，万千辛苦不成功。

从来多少兴亡事，生死如同一梦中。

〔注〕 ① 椒房：宫中后妃的住处。以椒和泥涂壁，故称。 ②“力拔”四句：这是项羽著名的《垓下歌》，见《史记·项羽本纪》。骓，指他的宝马乌骓。 ③ 鸿门：古地名，在今陕西西安东北，东接戏水，南临高原，北依渭河，因形如鸿沟，北端出口如门，故称。公元前 206 年项羽

在此设宴，依其谋士范增之计，欲除去刘邦。在项羽一方的项伯和刘邦一方的谋士张良、武将樊哙的帮助之下，刘邦终脱险境。　④ 冒镝(dí)：冒着敌方射来的箭矢。　⑤ 龙泉：晋张华命雷焕在丰城挖得的两柄宝剑之一，古时常作为宝剑的代称。

《别姬》是极为有名的折子戏，尤其是改编成京剧《霸王别姬》并由梅兰芳(扮演虞姬)演出后，更成为20世纪最有名的剧目之一。和梅兰芳合作，扮演项羽的京剧净角(俗称“大花脸”)先后有著名表演艺术家金少山和袁世海等。

霸王别姬的场面，是司马迁《史记·项羽本纪》中的经典片断之一，原文为：“(楚军被围垓下，闻楚歌四起)项羽则夜起，饮帐中。有美人名虞，常幸从；骏马名骓，常骑之。于是项王乃悲歌忼慨，自为诗曰：‘力拔山兮气盖世，时不利兮骓不逝。骓不逝兮可奈何，虞兮虞兮乃若何！’歌数阕，美人和之。项王泣数行下，左右皆泣，莫能仰视。”

司马迁以饱含同情的笔调，将叱咤风云的千古英雄项羽的英雄末路描绘得栩栩如生，极为动人。本出即据此铺排成戏。项羽在此出中，被汉兵团团包围，“四下里腾腾横杀气”，在兵败如山倒之时，向虞姬哀叹：“夫人呵，我和伊，难忍分离，禁不住两行情泪。”虞姬听到霸王的这声哀叹，同时又听到“喧天鼓鼙，汉军围四下里重重至”，真是“心灰肠断，云山翠压愁眉”。作者用优美的诗句描绘出战败时忧惧恐怖的气氛。在这样压抑的气氛中，虞姬决定自杀，免得落入敌手。需要指出的是，本出第十曲【赚】中，自“如今一旦成虚费”之后，至“放心前去”为止，这段描写项羽与虞姬的诀别和虞姬的自杀的曲文和说白，《集成曲谱》玉集所载与此本不同，其文字为：“(贴)汉兵势大，如何是好？(净)美人，那韩信虽有十万之众，何足惧哉！只是行兵之际，不便带你行走，如何是好？也罢，吾闻汉王贪财好色，你去伏侍他罢。(贴)嗳，大王，自古忠臣不事二君，烈女不更二夫。岂可为妾一身，有累天下大事。幸愿以此身报答大王便了。(净介)呀哈，哈哈哈！好个老亚夫。(贴唱)你不须疑，赐我三尺青锋先刎死。吓！大王。(净)美人，你果有此心？(贴)果有此心！(净)实有此意？(贴)实有此意！(净)好，我项羽就是死在九泉之下也得瞑目，只是孤家舍不得你。(贴)舍了罢。(净)舍不得！(贴)舍了罢！(净)罢，我就把青锋付于伊。(贴)大王请上，受奴一拜。(净)阿呀，美人吓！嘿嘿嘿。(贴唱)分别去，除非梦里相会。阿呀，罢！(刎下)(末)启大王，虞娘娘自刎了！(净)怎么讲？(末)虞娘娘自刎了！(净)嗐呀呀呀！”

《缀白裘》八集卷四所载文字与《集成曲谱》大致相同，些微的不同处，如末句“(净)嗐呀呀呀”改成：“呀！(围场三跳介)阿呀！阿呀！”神态和声口似更传神。可见清代的曲谱将艺人在演出中的改动记录下来，非常珍贵。总之，这段文字已将原作做了修订补充，描写得更为细腻、具体和生动，将项羽与虞姬英雄气短、儿女情长的悲怆场面，历历如绘地表现出来。刚烈坚贞的虞姬因得项羽的真爱，其生命的意义全系于项羽一身，故作者将她描绘成为知己者死，不肯落入敌手，带有浓郁的视死如归殉情味道。

自称西楚霸王的项羽与汉军对阵，身经七十余战，未尝败绩，至垓下被围，其军竟被一举消灭，原因何在？细析之，项羽之勇虽举世无双，曾破釜沉舟，一战而歼秦军主力，立下不朽之功，从而威震天下；但他滥施暴力，屠城杀降，焚宫室，掠宝货，掳妇女，无所不用其极，又大搞分封，走历史倒退之路，为人刚愎自用，不听劝谏，器量狭窄，不用人才，终于将自己一步步逼向绝路。临灭亡，还不知己过，哀叹"天欲亡我"。在剧中作者让他哀叹"霸业已成灰"，并说："盖世英雄，始信短如春梦。"表明他到死犹在梦中，根本未弄清自己失败的根由。司马迁虽以惋惜同情的笔调描写项羽霸王别姬和乌江自刎的场面，但在《项羽本纪》的最后则总结项羽灭亡的原因，给以严厉批评，并做出公正的历史结论。本出结尾的下场诗"百战徒劳霸业空，万千辛苦不成功。从来多少兴旺事，生死如同一梦中"，虽有虚无主义的色彩，但也恰切点出了项羽式的人物不明人心向背、不知重用人才、不肯吸取历史经验，从而自取败亡还不自省，生死都如梦中的可悲下场。

本出用戏剧手法，将《史记·项羽本纪》中霸王别姬的场面以生动简洁的手法搬到舞台上，让观众欣赏到英雄末路的动人场景；又以本色当行的曲辞，让演员能够唱舞结合地表现项羽这样的悲剧英雄"仰天大哭长吁气，回望山河黑雾迷"的生离死别场景，写出了项羽和虞姬典型环境中的典型性格。　（周锡山）

千　金　记　　　沈　采

第四十八出　释　　怨

【望远行】(生上)家乡何处？又早离邮亭几许[1]。程途迢递，任尘土尚染征衣。

来路无辞去路赊[2]，春风芳草一天涯。回时村落人十一，五里以上三四家。此间是乡里了。(末)告老爹，此处往南去，便是淮阴城了。(生)在此去城不远，不免分付水手，快快趱行前去。(众)

【排歌】故道依依，行行渐近。东风暖送芳尘，红香软土逐征轮。一破青青草似茵。(合)邮亭畔，淮水滨，忘机独坐执丝纶。

关山恨，今已伸，归来犹念去时贫。

(生)这是谁人墓？呀，乃是夏侯滕公之墓[3]。公是我的恩人，我正欲报他恩，他辞世去了。好苦好苦！左右，且不要行，快可与我备些纸钱酒礼，待我奠他一杯酒，以尽我报本之意。(末)告老爹，酒牲纸钱，都完备了。(生)既完了，取酒过来。

【前腔】荣归故乡，惊闻讣音，令人暗里消魂。深蒙救死敢忘恩，欲报君恩不见形。(合)陈樽俎[4]，拜上坟，空将衫袖拭啼痕。青山冷，白日昏，看汉江为我起愁云。

左右，收拾了祭礼，径到淮阴城。还有几日路程？(末)老爹，就是淮阴地方了。(生)既是淮阴地方，人马都不要散了。

【前腔】微雨初收，阴风几阵，时光正是新春。隔林啼鸟唤声频，道不如归，似唤人。(合)皇恩重，喜气盈，一朝天下尽闻名。心间事，谁与论？还乡端的胜苏秦[5]。

(生)那跪的是什么官？(外)淮阴州州官接老爹。(生)郡官起去。(外)不敢。(生)郡官请起。下官今日虽居宠位，还是治下。(外浑介)(净、丑跪介)(生)郡官，后面是什么人？(外)是本州差来接老爹的人夫。(生)父母之邦，如何使得？都回去作息罢。(净、丑)嗄。(走跌倒介)(生)前面两个汉子，如何这等慌张？他是那里人？(净、丑)韩爷爷，小人该死，就是淮阴市上人。(生)你两个人可是认得我么？左右，着他抬起头来。(净、丑浑介)韩爷爷，貌面可是我的，身子不是我的了。(生)郡官，你好没分晓，怎么差这两个人接我？(外)下官有罪。(生)你不知道我当初未遇之时，曾受他两个跨下之辱。若与这厮争气，不肯宁耐，殒灭其身久矣，安能至于今日。(外)下官初任在此，不知其故。容俟绑送元帅府中治惩。左右的绑了。(净、丑绑介)(生)郡官起来。我也不能以德报怨，便杀了这两个小人，成何名望？郡官，且放了罢。(释放介)元帅有容人海量。(净、丑)谢老爹，下次再不敢。

【皂罗袍】(生)你且不须畏避。我当初贫困，未遇之时。他在途中党住太无知，炎凉世态真无义。(合)我今日功成名就，荣封赐归。权专征伐，炽宣武威，今能刺汝番成你。

【前腔】(外)元帅宽洪仁恕，把当初宿怨，一笔休题。思之情理

怎饶伊？不应争取狂夫气。（合前）

【前腔】（净丑）今日多蒙饶恕，有何颜相见把头低。钝刀割去面间皮，尚难赎我前番愧。谁知今日，官封赐归。心宽量大，忘仇雪耻。为人不可把人欺。

（生）郡官，这两人你带回去。倘我手下壮士缺少，还要用他。郡官请回治政，我还要到城南钓鱼台望一故人。（外）是，小官告退了。

一朝荣贵耀门庭，往事凄凉不忍闻。

得放手时须放手，可饶人处且饶人。

〔注〕 ① 邮亭：古时供信使和行客住宿的屋舍。 ② 赊（shē）：远。 ③ 夏侯滕公：夏侯婴，以曾为滕令奉车，时称“滕公”。初与刘邦游，刘邦起兵反秦，从之，力战有功，授太仆，封汝阴侯。韩信犯军中法，当斩，夏侯婴奇其言，壮其貌；释之。 ④ 樽俎：古代盛酒和盛肉的器皿，日常生活用之，祭祀时也常用之。 ⑤ 苏秦：战国纵横家，字季子，以其六国联合抗秦的合纵之说游说诸侯，被齐王任为相国，后又被赵国封为武安君。据《战国策·秦策一》载，苏秦初游说秦王，不用，“归至家，妻不下纴，嫂不为炊，父母不与言”。后得富贵，“路过洛阳，父母闻之，清官除道，张乐设饮，郊迎三十里；妻侧目而视；嫂蛇行匍伏，四拜自跪而谢”。

此出也是据《史记》原作改编的，《史记·淮阴侯列传》曾记载韩信当年受辱的经过：“淮阴屠中少年有侮信者，曰：‘若（你）虽长大，好带刀剑，中情（内心）怯耳。’众（当众）辱之曰：‘信能死，刺我；不能死，出我袴下。’于是信孰视之，俛出袴下，蒲伏。一市人皆笑信，以为怯。”

这便是千古有名的“胯下之辱”的典故。此戏第八出《受辱》据《史记·淮阴侯列传》记载的韩信早年受辱的经历改编，第四十八出《释怨》则遥应此出，描写韩信飞黄腾达之后对当年这次受辱经历的回应。此出《释怨》，据《史记·淮阴侯列传》有关记载，也有其本事：“（韩）信至国（他的封国，在下邳）……召辱己之少年令出胯下者以为楚中尉。告诸将曰：‘此壮士也。方辱我时，我宁不能杀之邪？杀之无名，故忍而就于此。’”

史传言韩信衣锦还乡时，特地找来这个侮辱过自己的无赖少年，别人以为他要报仇了，没有想到，他宽宏大量地饶恕了他，不仅不惩治他，还封他一个小官做做。剧中则改为韩信意外地与这两个歹徒（《史记》所记为一个“侮信者”，剧中变为两个歹徒）相遇，毫无思想准备，当即怒火中烧，喝道：“你两个人可是认得我么？”但他毕竟在多年的出生入死中有了丰富的阅历和透彻的感悟，所以理智马上战胜了感情，遂从容地处理了此事，不失身份地宽恕了对方。应当说，此剧改动史实并做这样的虚构是颇为恰当的。

本出所演的本事，颇有人生教育的意义：其一，不能恃强凌弱，任意欺辱他人。少年人血气方刚，喜欢表现自己，本无可厚非，但某些人好勇斗狠，恣意妄为，不知检束，以虐人为乐，品德就有了缺陷。有的青少年沾染上流氓习气，有严重的暴力倾向，极易走向犯罪，更不可效法。当年欺侮过韩信的无赖少年，便是市井中流氓习气很重的歹徒，他们最终在感激韩信的饶恕之后，感慨“有何颜相见把头低。钝刀割去面间皮，尚难赎我前番愧”，自责：“为人不可把人欺。”这是少年人的一个人生教训，很有警世意义。其二，小不忍则乱大谋，智者即使在忍无可忍的情况下，有时也只能忍气吞声，因为不能因小人的干扰而耽误自己的大事或大志。在第八出《受辱》中，韩信说：“罢！罢！正是命蹇受人欺，时衰鬼弄人。我韩生今日到被那两个恶少年辱了一场。我岂不能杀他？只恐自伤其身。古人云：千金之躯，不可死于盗贼之手。只得忍耐回去罢。”史传和此剧中的韩信能忍胯下之辱，得到千古读者观众和专家学者的认同。像《水浒传》中青面兽杨志在送生辰纲的路上，面对奶公之流的掣肘，他颇能忍耐，这是他理智的表现；遇到牛二上前撒无赖，他盛怒之下将其一刀砍了，虽一时痛快，却身犯命案，不仅宝刀依旧不保，还落得身陷囹圄，这是他不理智的后果。苏轼有一篇著名的《留侯论》，专门以张良为例，论述“忍”之必要：“古之所谓豪杰之士，必有过人之节。人情有所不能忍者，匹夫见辱，拔剑而起，挺身而斗，此不足为勇也。天下有大勇者，卒然临之而不惊，无故加之而不怒。此其所挟持者甚大，而其志甚远也。”与韩信相比，张良的忍耐精神更得到后人的称颂和赞美。但《史记·淮阴侯列传》和本剧中韩信的表白，与苏轼此文的观点是完全一致的。古人常言：“好汉不吃眼前亏。”“大丈夫报仇十年不晚。”这也是一种忍，韩信能做到这种忍，是他性格和心理高度成熟的表现。其三，韩信“心宽量大，忘仇雪耻”，“得放手时须放手，可饶人处且饶人”，也是一个值得重视的人生经验。中国古代既有报仇雪耻的传统，也有宥过恕人的传统。两者当根据具体情况作具体分析，有的是仇人罪大恶极，仇自非报不可，有的则是可以相饶的小怨，就以宽容为贵。

但韩信不仅宽恕此人还封他一个小官做，这就有些过分了。这也可以说是“作秀”，因为这类无赖之徒品质恶劣，韩信本人已有过领教，而其人缺乏领兵的才能也是可以断定的。韩信这样做，某种程度上也让人有沽名钓誉之感。而且官位与俸禄是国家的，不是韩信自己的囊中之物，所以韩信这样做，也可说是慷国家之慨。而本剧则无韩信封此人为官的情节，只是说：“倘我手下壮士缺少，还要用他。”仅仅是作一个姿态，似更妥帖。

本出曲文写得优美，尤其是开首四曲，写韩信回乡路上借景抒情，是“程途迢递，任尘土尚染征衣”；写韩信荣归故里时的感慨，是“故道依依，行行渐近。东风暖送芳尘，红香软土逐征轮。一破青青草似茵。……关山恨，今已伸，归来犹念去时贫”。皆能情景交融。而路见恩人滕公之墓，他祭奠所唱的“深蒙救死敢忘恩，欲报君恩不见形。……空将衫袖拭啼痕。青山冷，白日昏，看汉江为我起愁云”，也是情真意切、生动感人的佳句。（周锡山）

【戏曲家小传】

沈　龄

字寿卿，一字元寿，或谓其名受先。嘉定（今属上海）人。明弘治、正德间在世。精乐律，慕宋柳永之为人，撰歌曲教童奴为俳优。亦工书画，善诗。明武宗召见行在，钦官之，不受而归。作有传奇《三元记》、《娇红记》、《银瓶记》、《龙泉记》，前一种今存。另有《练塘吟草》、《南游草》、《春蚓遗音》。

三　元　记　　沈　龄

第十出　遣　　妾

【如梦令】（生上）曾记寻常俗谚，说道人离乡贱。匹马走风烟，吹得京尘满面。开筵宴，逆旅议成姻眷。

卑人且喜到京，投下媒主家，说娶妾一事。适有张氏之女，将欲嫁人，我已央媒主婆去了，如何不见他回话？

【洞房春】（丑上）花烛荧煌，洞房今夜开筵宴。冯官人，新人已到门首，你可出去迎接。（生）起动起动。（贴上）玉笙低按，伉俪非吾愿。（生）老大新婚，灯下羞相见。（贴）心怀怨，泪痕如线，界破残妆面。

（丑云）新人已到，筵席已完，你两人当自酬酢一杯，请安置。老身辛苦，也要去安歇。（生）妈妈请坐，待我酬谢一杯。（丑）我不坐了，明日来与你暖房。正是：天上人间，方便第一。（生）妈妈且再坐一坐。

【桂枝香】匆匆开宴，重将烛剪。安排着合卺春杯①，灯下交相酬劝。呀，看他闷思郁然，闷思郁然，莫不是聘财轻鲜，礼仪疏简？小娘子，你且从权，莫道我山妻妒，我的山妻且是贤。

【前腔】(贴)财非轻鲜，礼非疏简。只因有事关心，闷思实难排遣。(丑)小姐，你且莫怨天，且莫怨天，怨天天远，况你的事难展转。(贴)这其间，欲诉衷肠事，伤心不可言。

(丑)小姐，如今生米做成熟饭了，冯官人，那小姐是个闺门之女，你须酬劝，我自回搬硬套避了罢。(生)岂不闻男子生而愿为之有室，女子生而愿为之有家。当此新婚，此乃人生一乐也，何必挂怀。(贴)奴家虽系新婚，实衔旧恨。忡忡之气，郁郁之怀，何能已已。(生)问小娘子，有何心事，可与卑人一说。

【前腔】(贴)言之惭赧，只恐逆流难挽。痛双亲衰老无儿，我去了何人为伴？我的爹娘，从今别后，从今别后，山遥水远。抱负终天之怨，好心酸。我的爹娘，若要重相见，三更梦里旋。

【前腔】(生)与你红丝新绾[②]，期为姻眷。缘何不念新婚，愁锁双眉不转？你有事尽言，有事尽言，与伊分辨。不须愁怨，这姻缘。想他就里非无屈，其间必有冤。

【前腔】(贴)严君游宦[③]，时乖多难。(生)你原来是宦家之女，令尊做甚么官来？(贴)只因纲运他方，欠折官粮一半。(生)运折了官粮，如何处置？(贴)说也惶恐。却卖妾抵偿，卖妾抵偿，非吾之愿，教我如何不怨！有谁怜？我的爹娘，儿去亲无倚，心旌两地悬。

【前腔】(生)听他哀情凄惨，使我勃然色变。你双亲衰老无儿，何忍把你天伦离间。小娘子，不须泪涟，不须泪涟，把你送归庭院。(贴)想我家父，必将银子完官去了，奴家情愿随官人去也。(生)你也不须留恋，请回旋。教你骨肉重完聚，别选姻缘遂百年。

待我唤媒婆出来。妈妈有请。(丑上)自不整衣毛，何须夜夜嚎。呀，官人，你两个为何不睡，只管在此絮絮叨叨说什么？(生)妈妈，原来这小娘子是宦家之女，岂可与人为妾？况他父亲再无儿女，我的家乡又远，是绝他后嗣，于心何安。你可快送他回去。(丑)这有何难。一物不成，两物见在。你还他人，他还你银。小姐，你只管哭哭啼啼，如今冯官人要送你回去，这聘财银子，必定是要还他。

(贴)这聘礼银,必定纳官用了。(生)妈妈你又差了,如今我情愿送他回去,怎么说起财礼银来,我一分一厘也不要了。(丑)官人,我如今送他回去,你且收下文券在身边,不怕他不还你的银子。(生)妈妈,我不是这样人。自古道,周急不继富,他父亲在患难之中,我当助之,如何说这等话。娘子,收下文券去。(丑)难得这好人。小姐,你可拜谢了冯官人去罢。(贴)官人请上,待奴拜谢。

【忆莺儿】君最贤,怜妾艰,遣妾还家不索钱,仁义于君得两全。德深似渊,量宏似天,阴功最大行方便④。(合)望苍天,与他前程远大,瓜瓞绵绵⑤。

【前腔】(生)你且休叹嗟,免泪涟。我要娶妾呵,本求子嗣得两全,忍教你父子分两边。如今遣还你父亲呵,去珠复还,缺月再圆,一家骨肉重相见。请回旋,从今如愿,别择个好姻缘。

【前腔】(丑)你把聘财,轻弃捐,济人急难胜结缘,阴德从来感动天。位登寿山,广种福田,何愁眼下无姻眷。似君贤,麟儿早赐⑥,庆泽永流传。

子嗣从来不可无,全凭阴骘去相扶⑦。
若还阴德无儿子,到老终为一独夫。

〔注〕 ① 合卺(jǐn):古时婚礼的一个仪式,新郎新娘各取一瓢饮酒。后以之为结婚的代称。 ② 红丝:五代王仁裕《开元天宝遗事》:"郭元振少时,美风姿,有才艺。宰相张嘉贞欲纳为婿。元振曰:'知公门下有女五人,未知孰陋,事不以仓卒,更待忖之。'张曰:'吾女各有姿色,即不知谁是匹偶,以子风骨奇秀,非常人也。吾欲令五女各持一丝,幔前使子取便牵之,得者为婿。'元振欣然从命。遂牵一红丝线,得第三女,大有姿色。"后遂以之为婚姻的代称。 ③ 严君:父亲。 ④ 阴功:古谓在阳世所做而在阴间可以记功的好事、善事。唐吴筠《游仙》诗之五:"岂非阴功著,乃致白日升。" ⑤ 瓜瓞(dié)绵绵:喻子孙昌盛。典出《诗经·大雅·绵》:"绵绵瓜瓞,民之初生,自土沮漆。"朱熹《诗集传》注曰:"大曰瓜,小曰瓞,瓜之近本初生者常小,其蔓不绝,至末而后大。" ⑥ 麟儿:麒麟儿的省称,颖异的小孩。唐杜甫《徐卿二子歌》:"孔子释氏亲抱送,并是天上麒麟儿。" ⑦ 阴骘(zhì):阴德。

沈龄的《三元记》取材于宋朝罗大经《鹤林玉露》中冯京连中三元的故事,又加上其他几件积德行善之事,敷演成剧,宣扬了阴骘果报的迷信思想,不过客观上也反映了平民的惩恶扬善的审美趣味。故事梗概是:宋朝湖广江夏人冯商,平时好积德行善。当他得知王以德被人陷害关在狱中,其妻欲卖身救夫,便急人之难,立即出金予其妻以救王以德出狱,并资助王以德夫妇旅费,令其去河南谋生。已到中年的冯商膝下无子，妻子要他趁去汴京经营商务之机，买一小妾以续后。冯商至京，托媒婆买得张氏之女。其父张祖为运使，因运粮过失而系狱，为偿还官粮只得卖女给人为妾。旅店合卺之夜，冯商得知张父之事，立即送女归还其父，不取聘银、文券。冯商归家途经河南，投宿旅店，发现店主即王以德。王以德感冯商之恩，热情款待。后经祥符县，夜宿客店时，发现枕下有前夜宿客药商赵甲所遗之银包。冯商坐待数日，无偿将银包归还赵甲。过襄阳，有人走失马匹，误认冯商之马为己马，诬冯商盗马，冯商处之泰然，不与辩解，步行返家。冯商积德行善，感动了玉帝。玉帝命文曲星降生为冯商子。数月后，冯妻金氏生子，取名京，年十八，连中三元，娶丞相富弼之女碧云为妻，其岳母为富弼之续弦，实乃张祖之女。

《遣妾》这出戏，在明代上演时大概是颇为卖座的，据说“吴优多肯演行”（吕天成《曲品》）。这出戏的舞台场景是京师旅店的客房。上场的共有三个人物：富人冯商、运使张祖之女和媒婆。冯商一出场就表明：此次离家来汴京，依着妻子金氏的嘱咐，准备娶一房小妾传宗接代，已托媒婆物色到一位张氏之女。俗话说：“洞房花烛夜，金榜题名时。”对冯商来说，娶妾之目的虽然只是为了得子，但“开筵宴，逆旅议成姻眷”，心情自然是高兴的。他期待的是“匆匆开宴，重将烛剪。安排着合卺春杯，灯下交相酬劝”。可是，跟在媒婆后面上场的张氏之女却是另外一番景象，她是“心怀怨，泪痕如线，界破残妆面”，因为“伉俪非吾愿”。一个喜气洋洋，一个悲悲泣泣，这就形成极其强烈的戏剧效果，自然会引起场内观众关注剧情的发展。

对于张女“闷思郁然”的悲切神情，冯商是按照常例进行分析的，其一是表明自己的态度：“莫不是聘财轻鲜，礼仪疏简？”其潜台词是：娶你为妾，我是隆重对待的。我家境富有，因此在聘财、礼仪上我是考虑周全的。其二是代妻子表明态度：“你且从权，莫道我山妻妒，我的山妻且是贤。”其潜台词是：虽然你的名分是妾，你只得顺从，但娶你为妾还是我妻的主意，她是不会为难你的。他以为张女经他这番表白，不该再有沉重的心情了，却不知道张女有难言之隐：“欲诉衷肠事，伤心不可言。”这就让旁观者媒婆不得不插嘴了。那位媒婆，说合亲事是她的职业，她只考虑撮合一对男女成其好事，从中获得酬谢，至于当事人心里的繁难事，即使她知道得一清二楚，也是与己无关。所以，她出来劝解张女：“小姐，你且莫怨天，且莫怨天，怨天天远，况你的事难展转。”并说：“如今生米做成熟饭了。”作者把媒婆这种局外人的神情，刻画得入木三分。说完，媒婆就下场去了。媒婆的话，也正是张女心里所想的，既然是“事难展转”，所以一直不肯说，因为说了也没用!

接下来,张女有一段背唱,是极能使在场观众为之动容的:“言之惭赧,只恐逆流难挽。痛双亲衰老无儿,我去了何人为伴?我的爹娘,从今别后,从今别后,山遥水远。抱负终天之怨,好心酸。我的爹娘,若要重相见,三更梦里旋。”为人忠厚的冯商心想,要了解到真情,只能动之以情,他深情地唱道:“与你红丝新绾,期为姻眷。缘何不念新婚,愁锁双眉不转?你有事尽言,有事尽言,与伊分辨。不须愁怨,这姻缘。想他就里非无屈,其间必有冤。”在冯商再三询问后,终于峰回路转,张女说出了卖身救父的事实真相:父亲因运折了官粮,只得把女儿卖了来抵偿。如今是“儿去亲无倚,心旌两地悬”。张女这句话深深地感动了冯商,他唱道:“听他哀情凄惨,使我勃然色变。你双亲衰老无儿,何忍把你天伦离间。”冯商因无儿,才想到娶妾,而他娶了张祖之女,却造成他人失女!他于心不忍,决心让张家父女“骨肉重完聚”。这一突变,太出乎张女的意外。再一想,卖身银肯定已经交给官府了,只得违心地说:“奴家情愿随官人去也。”但冯商却不管深更半夜,马上把在隔壁客房安歇的媒婆叫来,要她把张女送走。媒婆自然也是感到意外,但出于媒婆的职业特点,提出:“这有何难。一物不成,两物见在。你还他人,他还你银。”经她操作的婚姻大事,在她眼里,无一不是买卖。媒婆先提起要张女归还聘财银子,又提起冯商应留下卖身文券。波澜迭起,难住了张女,激怒了冯商。冯商当即决定既不要还聘银,又不留文券,立即把张女遣还,“去珠复还,缺月再圆,一家骨肉重相见。请回旋,从今如愿,别择个好姻缘”。冯商的善行引出张女和媒婆的称颂:“似君贤,麟儿早赐,庆泽永流传。”为以后剧情的发展埋下伏笔。至此,作者完成了冯商形象的刻画:这是个极其难得的积德行善的大好人。

明代吕天成《曲品》评《三元记》云:“冯商远妾一事尽有致。近插入三事,改为四德,失其故矣。”据此赵景深先生认为“此剧原本只有远妾一事”,“原作恐怕是很短的戏”,并疑心沈氏“也只是改编的人,并非原作者”(《中国戏曲初考·沈受先的〈三元记〉》)。明代徐渭《南词叙录》中的“宋元旧篇”的南戏剧目中,已经有《冯京三元记》的记载;在“本朝”所作的传奇剧目中,也有《冯京三元记》的记载,并注明“多市井语”。现在我们看到的《遣妾》这出戏,在塑造人物性格方面还是较为成功的,剧情的发展,时出波澜,也较为符合情理。在语言运用方面的确吸收了不少“市井语”,如“人离乡贱”、“天上人间,方便第一”、“生米做成熟饭”、“自不整衣毛,何须夜夜嚎”、“一物不成,两物见在”、“周急不继富”等。这些“市井语”,出自像媒婆这等三教九流之辈的口中,真似颊上添毫,极其生动。

（史美圣）

李开先

(1502—1568) 字伯华，号中麓。章丘(今属山东)人。明嘉靖八年(1529)进士，历官户部主事，吏部主事、员外郎、郎中，官至太常寺少卿，提督四夷馆。嘉靖二十年被解职返乡，其后流连放浪于亭园诗酒间。以诗文名世，为“嘉靖八才子”之一，不受制于拟古流风，注意以文学表达真情实感及向民间文学学习。有诗文集《闲居集》。曾搜集民歌俗曲，编为《市井艳词》。家藏元剧千余种，有“词山曲海”之称，尝精选元剧十六种刊为《改定元贤传奇》。作有杂剧(一种院本)集《一笑散》，含《园林午梦》、《打哑禅》、《搅道场》、《乔坐衙》、《昏厮迷》及《三枝花大闹土地堂》六种，皆是短小的喜剧、闹剧，今仅存前两种。杂剧还有《皮匠参禅》一种，佚。传奇有《宝剑记》、《断发记》、《登坛记》，存前两种。《宝剑记》写林冲逼上梁山事，最有名。散曲集有《中麓小令》、《卧病江皋》、《四时悼内》等。其中《中麓小令》又名《南曲次韵》或《傍妆台百曲》，系仿民歌，风格清新。《全明散曲》辑录其小令二百二十六首，套数七套。另有曲学著作《词谑》。今人辑有《李开先全集》。

宝 剑 记

李开先

第十五出

【山坡羊】(旦上唱)这冤情苍天难告，想儿夫灾星相照。他如今身遭罪谴，俺一家儿将谁靠？倚势豪，把人坑陷倒。南牢受苦，只恐怕亲知道。我将闷海愁山一担挑。难熬，饭似寒冰，吃着不饱；难逃，命若游丝，烫着便了。

(白)夜泪纷难已，所忧在君子[①]。鸡鸣着衣裳，问母向高堂。母忧常不食，有子在颠沛。所赖妾一身，形影实狼狈。我今问郎去，忍见郎身苦？疮痍尚可痊，死生应难卜！妾身张氏。儿夫林冲被高太尉陷害，在南牢中受尽千般苦楚。如今高衙分付：不许家人见面。婆婆有病在身，终朝垂泪，妾身何忍！将了这碗汤饭，抵死求见儿夫一面。早到南牢门首。奴家是林冲妻室，望大哥容我入去，见他一面。(丑白)送饭的将饭来，打进去。(旦白)望大哥容进去送饭。(丑白)胡说！他是该死的人，谁敢放你进去！(旦白)奴家这一根银钗，与二位置茶吃，可怜奴家，进去看一看！（丑白）娘子进去急回。唤林冲，你娘子来看你！（生白）不知是何人叫？呀，娘子从那里来？（哭介）（旦唱）

【前腔】看了你形躯羸弱，唬的我神魂飞落。只为着披枷带锁，改变了堂堂貌。苦命招，无根由起祸苗。英雄盖世，走不出漫天套。这的是枯树遭风，有上梢无下梢。权豪，你做权豪的情性儿恶；英豪，俺做英豪的名姓儿高。（生白）娘子，我死一身不打紧，只虑一件。（旦白）官人你忧虑那一件？（生唱）

【前腔】虑只虑萱亲无靠[②]，苦只苦娇妻年少。恨只恨半生命蹇，悔只悔争名利无着落，枉自劳。死生事最小，但只念君亲恩重，未尽忠和孝。说甚么祸福无门人自招？煎熬，巨锁沉枷卸不了；号咷，峻拷严刑誓不饶。

（旦白）官人少的烦恼，吃些汤饭。（生白）娘子，我怎生咽得下去！（旦白）官人，你闸挣着吃些儿[③]。奴家出去，自有分辨。（生白）娘子，如今高太尉那里，如同泰山般倒下来，你往那里分诉？外边打听着，我有些好歹，买一个棺椁，抬在荒郊，将我这苦死的尸骸埋在土底，便是夫妇之情。上有老母无主，看我林冲薄面，侍养一年半载，归世之后，娘子你年幼，那时节改嫁未迟。（旦白）官人，你放心。倘或有些吉凶之事，奴岂有再嫁之理，只是竭力养母。贞一无二之心，有一无二之言，官人不足挂念。（生唱）

【孝顺歌】我无缘分，你命薄，和你夫妇恩情休忘了。老母况年高，须把贤妻靠，朝夕不保。我有此身，尚忧强暴。你每孤苦伶仃，何能忖料。（合）生死别，两泪抛。这冤屈，向谁告？（丑白）你只哭啼怎的？娘子出去罢。（旦白）大哥且容片时，俺叙几句夫妻情话。（唱）

【前腔】你休多虑，少要焦，奴家比不得闲花草。假若你命难逃，妾自有方略。你且将身自保，莫虑萱堂，景衰年老。但俯仰无亏，自有神明照。（合前）（生唱）娘子，我也顾不的你了！（丑采生下）（旦唱）

【前腔】我言无尽，他去了，一寸柔肠刺万刀。倾刻间不相饶，

依旧入南牢。离多会少，到此令人怎不烦恼！两脚荒忙，顾不的傍人笑。（合前）

邂逅相逢薄命郎，西风吹散两鸳鸯。
归家不敢高声哭，只恐猿闻也断肠。

〔注〕 ① 君子：指丈夫。 ② 萱亲：母亲。古人以萱草比喻母亲，以椿树比喻父亲。③ 闸挣：挣扎，此指勉强。

李开先的《宝剑记》是明传奇中一部重要的作品，对后世戏曲发展有着重大的影响。这部作品写的是林冲被逼上梁山的故事，剧中情节与明代长篇小说《水浒传》中的林冲故事有相同之处，但更有许多不同之处。其故事梗概为：宋朝出身仕宦之家的林冲原任征西统制，平生为官正直，最恨朝中小人弄权。因弹劾权奸而被贬为巡边总旗，蒙张叔夜提拔，才做了禁军教师、提辖军务。眼见童贯、高俅在朝中倒行逆施，祸害国家，为救苍生林冲再次上奏朝廷劾奸，从而触怒权奸，被视作眼中钉必欲除之。高俅以看林冲祖传宝剑为由，将林冲赚入白虎节堂，送军司严刑逼供，屈打成招，发配沧州，并密令解差在途中结果其性命。幸而有好友鲁智深暗中保护，在野猪林林冲大难不死。林冲受高俅迫害后，其妻张真娘到东岳庙烧香，求神明保佑婆婆、丈夫。在庙中高衙内见真娘美貌当众调戏，意欲霸占。高俅指使陆谦、傅安赴沧州火烧林冲看管的草料场，阴谋杀害林冲。在山神庙，林冲雪夜杀死陆谦、傅安，急投柴进庄院，随即反上梁山。高衙内强逼真娘成婚，侍女锦儿仗义代嫁，洞房之夜，毅然自尽，真娘则逃往白云庵出家。梁山义军头领林冲、李逵奉命领兵开赴汴京捉拿高俅。朝廷派洪太尉招安梁山义军。林冲处死高俅父子后，在白云庵重见宝剑，最后与真娘相认团圆。

这出戏是《宝剑记》中的第十五出，写林冲中计误入白虎节堂，被高俅诬以带剑行刺上官，判处死罪，真娘闻讯后痛不欲生，急赴南牢探监。在监中，林冲、真娘夫妻互诉衷肠，“相呴以湿，相濡以沫”，共同的政治理想，把他们紧紧地联在一起。剧中作者热情歌颂林冲夫妇患难与共的节操、坚贞不渝的爱情和与权奸作坚决斗争的决心。

一开场，就听到真娘抢天呼地的悲嚎，丈夫受恶人陷害，死生未卜；有病在身的婆婆，终日垂泪。作为生活在深闺的一个弱女子，她将如何应对？真娘唱的第一曲【山坡羊】，生动、细腻地刻画了她当时的内心活动：在一家儿无依无靠的危难时刻，她毅然决然地要“将闷海愁山一担挑”，充分显示了她刚毅的性格特点。

在到南牢探监送饭的路上，真娘是作了最坏的思想准备的。虽然作恶多端的高衙内有话，不许家人与林冲见面。但她置生死于度外，“将了这碗汤饭，抵死求见儿夫一面”。即使死也要见丈夫！结果她用一根银钗，买通了狱卒，总算允许她与林冲见面。未见面时盼见面，真见了面，却使她更是痛彻心扉：“看了你形躯羸弱，唬的我神魂飞落。只为着披枷带锁，改变了堂堂貌。”林冲被严刑拷打，使她痛心，她痛骂高俅、童贯一伙：“你做权豪的情性儿恶！”她安慰丈夫：“俺做英豪的名姓儿高！”

一对患难夫妻在阴森森的牢中相逢，各自都有许多话要向对方倾诉。对志向高尚忠君爱国，因而主动向飞扬跋扈、胡作非为的权奸出击的林冲来说，最大的遗憾是：“死生事最小，但只念君亲恩重，未尽忠和孝。”作为封建时代的士大夫，林冲带有浓厚的忠君思想，毋庸讳言，这是林冲身上的时代和阶级的局限，也正是忠君思想促使他以后即使走上了造反的路，最终也要选择招安，这与《水浒传》中的林冲大不一样。之所以有如此不同，原因是林冲的形象其实是作者李开先的化身。而对一向支持丈夫与权奸作斗争的真娘来说，她想的最多的是要千方百计地拯救丈夫的生命。她深情地劝丈夫：“官人少的烦恼，吃些汤饭。”“官人，你闸挣着吃些儿。奴家出去，自有分辨。”林冲听说娘子要出去“分诉”，认为希望十分渺茫。他知道自己生命的路程已经走到尽头了，现在该是向妻子交代“后事”的时候了。

俗话说：“夫妻本是同林鸟，大难到时各分飞。”林冲和真娘则是一对不同凡俗的恩爱夫妻，当突如其来的灾难从天而降的时候，林冲确实希望真娘今后能更好地活下去，唯一放心不下的是体弱多病的老母，只能委屈娘子服侍一年半载，然后改嫁。而对一向支持丈夫与朝中奸佞之徒作斗争、在家孝顺婆婆的真娘来说，通过磨难更激发了她对受冤屈的丈夫的无限深情，她胸有成竹地回答说：“官人，你放心。倘或有些吉凶之事，奴岂有再嫁之理，只是竭力养母。贞一无二之心，有一无二之言，官人不足挂念。”这是个和《水浒传》中所塑造的具有不同性格特点的真娘。她对邪恶势力无所畏惧，坚贞刚烈，对丈夫一片赤诚，无限温柔。

戏的下半出通过三支【孝顺歌】，情真意切、声情并茂地将林冲与真娘之间生离死别之情渲染得淋漓尽致。前两支【孝顺歌】曲子，抒发了林冲满腔的悲愤之情和真娘对丈夫的宽慰之意。林冲非常担心真娘也要受奸佞的暗算，而真娘则嘱咐丈夫万事休要焦虑，她自有办法，为下一出到金銮殿冤鼓楼代夫击鼓鸣冤埋下伏笔。当狱卒把林冲拖走后，第三支【孝顺歌】她才唱出自己内心深深的痛楚：“一寸柔肠刺万刀。”当舞台上第三次响起幕后的林冲和台上的真娘的合唱“生死别,两泪抛。这冤屈,向谁告"时,戏剧矛盾已推到了高潮,并给观众留下了一个巨大的悬念:林冲与真娘将有着怎样的生死情缘?林冲和高俅忠奸之间的斗争,将会有怎样的结局?

李开先的《宝剑记》通过林冲故事抒写了作者对明代中叶社会现实的不满,颇有借他人之酒杯浇自己之块垒之意。正如雪蓑渔者在《宝剑记序》中所说:"有所托焉,以发其悲涕慷慨、抑郁不平之衷。"吕天成《曲品》评价李开先:"才原敏赡,写怨愤而如生;志亦飞扬,赋逋囚而自畅。此词坛之飞将,曲部之美才也。"李开先的剧作在艺术风格上,也有其独特之处。曲词典雅绮丽,颇为时人称道,如雪蓑渔者《宝剑记序》称此剧云:"是记则苍老浑成,流丽款曲,人之异态隐情,描写殆尽,音韵谐和,言辞俊美,终篇一律,有难于去取者。"虽不无溢美,还是有一定道理。本出戏在塑造林冲和真娘这两个人物形象时,作者成功地通过唱词描写人物的内心活动,揭示人物的思想品质。如林冲唱的第一首【孝顺歌】:"我无缘分,你命薄,和你夫妇恩情休忘了。老母况年高,须把贤妻靠,朝夕不保。我有此身,尚忧强暴。你每孤苦伶仃,何能忖料……"这是对真娘的嘱咐,先提到患难夫妻恩情难忘,又提到老母亲日后的侍养只能靠贤惠的妻子了,再由己及人,为一家人今后的凄苦生活而深感焦虑。把身陷囹圄的林冲对妻子的爱,对母亲的孝,对前途的无望的心情描写得极其生动。而真娘唱的第三支【孝顺歌】:"我言无尽,他去了,一寸柔肠刺万刀。倾刻间不相饶,依旧入南牢。离多会少,到此令人怎不烦恼!两脚荒忙,顾不的傍人笑……"这是真娘的内心独白,把离开丈夫走出南牢时的无限悲痛,如河水决堤似的倾泻出来,感人肺腑。这充分显示了作者出众的创作才华。

(史美圣)

宝　剑　记

李开先

第二十出

【贺圣朝】(僧上唱)俺本是披袍贯甲将军,翻做披缁削发僧人[①]。不平事斗起杀人心,因此上不避风尘。

(白)念我鲁达是也。今日兄弟林冲解配沧州,必从野猪林经过。此处乃是个险要的去处,高俅必遣奸细人来害我兄弟性命。不免在此林中隐藏,若有奸细陷害时,我断然有个方略。(净、末同生上)(唱)

【山坡羊】举目云山无数,回首家乡何处?只见山危水险,急煎煎跳不出羊肠路。鸟乱呼,林深过客疏。形骸瘦尽,眼睁睁生难度。撇下白发萱亲正倚闾②。音书，千里关山半字无；嗟吁，两地思量一样苦。

〔鹧鸪天〕(白)一别慈亲出汴京，相思日夜泪盈盈。故乡回首知何处？游子怀归梦未醒。　　愁野渡，苦山行，几声哀雁旅魂惊。白云流水青山外，好景流连倦客情。　　二位大哥，行过这山来，半日不曾见一个人。你看那青山绿水，白云红叶，好伤感人也！(唱)

【一封书】山幽静鸟啼，助离人添惨凄。路弯曲客迷，动乡情偏痛悲。白云似水流将去，黄叶无情只自飞。想亲帏，盼亲帏，回首家园何日归？

(白)二位，前边是野猪林，和你进去歇息歇息再走。(净、末背白)临行时，高老爹着陆谦、傅安，与了你我白银十两，再三嘱付，教咱两个在途中杀死林冲，揭取面上金印为号。他岂不知咱两个是董超、薛霸。此间是人迹罕到的去处，正好下手。我将此剑出鞘三寸为号，就下手罢。(净白)董大哥说的是。中下手了。(生白)二位大哥慢些，长途何必太紧？过到前边酒店中，买些酒饭，吃了再行。(净、末白)你还想前行？此间是你尽头的去处了。(生白)薛大哥、董大哥说那里话？(末白)你犯了朝廷法度，该当受苦，我们着甚么来由？(生白)二位大哥乃是官差，岂是林冲负累？容的两三日到了沧州，讨了批回，好见官府。(净白)只管和他说甚么！无人知道，杀死便了。(生白)二位大哥可怜见！林冲与二位原无怨仇，杀我为何？(末白)不干我事，你只怪高太尉。俺不杀你，怎敢回去见他？叫开刀罢！(生白)我林冲命终不能脱汝之手！不想死在此地！(生唱)

【玉交枝】平生豪气，为皇家争南战北。做英雄死在无名地，不由我感叹伤悲。白头母死无所归，黄泉路上才相觅。(合)这怨屈何年尽洗？

(白)二位大哥！我林冲走不了。松放我一只手，拜告天地，知我林冲屈死。愿受一刀。(净白)我们不痴，岂不知你寸铁在手，杀万将无敌？俺怎敢放开你这手！(末白)也罢！且不杀你，容你拜谢天地。天，不干俺两个事，高俅杀他哩！(生跪哭唱)

【前腔】苍天听启：愿林冲死为厉鬼，森罗殿上诛奸辈③。那时节去报亲帏。千里英魂不复归，数茎残骨终抛弃。(合前)

(白)二位与我个快性！(僧上喝)(白)甚么人在此害人？吃我一刀！(净、末跪白)师父，不干我事。是那一个来。(末白)师父饶命，不干我事。(僧白)都不干你两个事，却是谁？(末白)都是高殿帅命令，教小人中途杀害林将军，因此不敢违令。师父发慈悲，饶俺一命！(生白)哥哥你在那里来？救我性命，休杀解人。有妻母在家，必然连累。到了沧州，再做商议。他日倘蒙赦宥，尚有还乡之期。(僧白)我且饶你两个。(净、末起身介)(生唱)

【前腔】流离颠沛，自别来全无信息。路途一命将倾逝，赖仁兄解救艰危。鬼门关上忽唤回，南柯梦里重相会④。(合前)(僧唱)

【前腔】风尘不避，两三朝专心盼你，只为交结亲兄弟。(生白)哥哥，你来时见我母亲不曾？(僧唱)老安人苦苦悲啼，中途只恐遇奸贼，果然中了拖刀计。(合前)

(白)且饶你不死。你两个前边雇一辆小车，将我兄弟推到沧州。放你回去，说与奸贼高俅，我智深不久来要你这颗头里！

中途一旦遇非灾，贼子谋成我怎猜？

万事不由人计较，一生都是命安排。

〔注〕 ① 披缁(zī)：身披缁衣，指做和尚。缁，黑色，僧衣多染黑。 ② 萱亲：母亲。古人以萱草比喻母亲，以椿树比喻父亲。倚间：犹倚门，谓老母倚门盼望儿归。 ③ 森罗殿：阴间阎王的宫殿。 ④ 南柯梦：唐李公佐传奇小说《南柯太守传》记淳于棼梦中在槐安国为驸马，享尽荣华富贵，后势蹙遭遣，遂醒，见槐树南枝下有一蚁穴，因悟梦中所历为蚁国。后遂用作梦境之常典。

《宝剑记》第二十出，写的是花和尚鲁智深在野猪林中搭救好友林冲性命的故事，这则故事几百年来可以说已经是家喻户晓的了。在小说《水浒传》第八回"鲁智深大闹野猪林"中，说到林冲被解差董超、薛霸一路折磨，来到了野猪林，这时，说书人曾经有一段这样的交代："这座猛恶林子，有名唤做'野猪林'，此是东京去沧州路上第一个险峻去处。宋时，这座林子内，但有些怨仇的，使用些钱与公人，带到这里，不知结果了多少好汉在此处。"由说书人出面向读者暗示以后可能发生的情况，这是小说的通常写法。而作为代言体的戏剧，其写法就绝对不同于小说。当作者把这个情节进行改编搬上舞台的时候，他必须通过人物唱词或宾白来表述，这样才符合戏曲艺术的特点。于是，在这出戏的一开始，安排出场的不是由两个如狼似虎般的解差押解着、身着罪衣罪裙的落难英雄林冲，而是在第八出、第十三出曾经出场过的当年征土番时“军中与林冲八拜为交”的出家僧人鲁智深，不同于小说在两个解差准备加害林冲时才“跳出一个胖大和尚来”的写法。作者这样做，有着怎样的考虑呢？让我们回头看上一出戏。

第十九出那场戏写的是林冲发配沧州，凄凄惨惨地和母亲、妻子在长亭哭别。上路时林冲悲悲戚戚地唱着：“恨别离，心最苦。割恩情，奔路途。不愁鬼门关上生难度，……则怕回首家园，早已亲归黄土。”到了野猪林，如果一开场，上场的还是林冲，观众再听他悲戚、凄惨地唱那充满离情别绪的曲子，就显得过于单调、平淡了。现在换成鲁智深先上场，就给观众强烈的视觉冲击。试想当那个胖大和尚身披袈裟，胸前挂一串大佛珠，手执铁禅杖，伴着乐队敲起的大锣大鼓，高唱【贺圣朝】：“俺本是披袍贯甲将军，翻做披缁削发僧人。不平事斗起杀人心，因此上不避风尘。”那时剧场里出现的是什么气氛！然后鲁智深再向观众交代一番：“今日兄弟林冲解配沧州，必从野猪林经过。此处乃是个险要的去处，高俅必遣奸细人来害我兄弟性命。不免在此林中隐藏，若有奸细陷害时，我断然有个方略。”作者将小说中说书人向读者交代的情况，通过鲁智深之口，十分自然地向观众说出，观众就会觉得接下来有好戏看了，精神将为之一振。作者这样改编，既有暗示，又有悬念，场面的冷热调剂，使情节跌宕起伏，也调动了在场观众的情绪，这样做显得十分高明。

在野猪林这出戏中，作者充分发挥了戏曲唱词具有极强抒情性的特点，用来渲染环境气氛，抒发内心思想活动，取得极好的舞台效果。请看林冲上场时唱的【山坡羊】、【一封书】两支曲子中，有不少曲词用来描写野猪林这座“猛恶林子”的险要景色，而这里的景物描写，无不染上林冲离母别妻的悲凉凄惨的感情色彩。把景色和人物感情两者结合起来进行描述，起到了情景交融的效果，十分动人。被董超、薛霸两个解差押解着的林冲，一走进野猪林的羊肠路上，只听到林木深密处，传来山鸟凄厉的啼叫声；一眼望去，就见白云在空中翻卷，黄叶在秋风中飘飞，想到自己被奸贼残酷迫害的悲惨遭遇，触景而生情，“白云”、“黄叶”岂不是自己无依无靠、天涯飘泊的写照？从而生发出对家乡、对亲人的浓浓思念：“想亲帏，盼亲帏，回首家园何日归？”一个身处逆境的英雄好汉，这种内心深处的长歌当哭，深深地打动了观众。

特别应该提出的一点是，当董超、薛霸奉高俅门下爪牙陆谦、傅安之命，准备在野猪林中结果林冲性命的危急关头，戏曲作者一改小说中林冲“泪如雨下”向解差苦苦哀求的形象，强化了他与权奸坚决斗争到底的性格特点，使英雄形象更加光彩夺目。林冲所唱的第一、第二两支【玉交枝】，抒发了满腔的悲愤。他回顾自己的一生，慨叹“平生豪气，为皇家争南战北”，曾经将方腊“生擒斩首”（与小说有很大不同），为朝廷立下汗马功劳，如今居然落得将“死在无名地”的悲惨下场！但他是个性格坚强的人，明知自己将屈死在解差的刀下，却不说：“上下！我与二位，往日无仇，近日无怨。你二位如何救得小人，生死不忘。”而是通过拜告天地，表达他决不向邪恶势力屈服，死也要报仇的心愿：“苍天听启：愿林冲死为厉鬼，森罗殿上诛奸辈。”正因为他有如此刚烈的性格特点，他后来反上梁山也就毫不意外了。

鲁智深的突然出现，拔刀相助，使命在旦夕的林冲终于逃过一劫，转危为安。在后两支【玉交枝】曲中，林冲和鲁智深互诉衷肠，情深意切。林冲唱：“路途一命将倾逝，赖仁兄解救艰危。”鲁智深唱：“风尘不避，两三朝专心盼你，只为交结亲兄弟。”在黑暗的现实社会中，为反抗残暴的封建统治者的迫害，人们多么向往林冲、鲁智深二人之间那种肝胆相照的无私的人间真情！在《宝剑记》中野猪林是极为精彩的一出戏，对后世有极大的影响，至今我们还能在京剧舞台上看到据此改编的《野猪林》。

（史美圣）

宝 剑 记　　李开先

第三十七出

【点绛唇】（生上唱）数尽更筹，听残银漏。逃秦寇[①]，好教我有国难投，那搭儿相求救？

(白)欲送登高千里目，愁云低锁衡阳路。鱼书不至雁无凭，几番欲作悲秋赋。回首西山日又斜，天涯孤客真难渡。丈夫有泪不轻弹，只因未到伤心处。念我一时忿怒，杀死奸细，幸得深夜无人知觉，密投柴大官人庄上隐藏。昨闻故人公孙胜使人报知：今遣指挥徐宁领兵，沧州地界捉拿。亏承柴大官人，怜我孤穷，写书荐达，径往梁山逃命。日里不敢前行，今夜路经济州地界。恰才天明月朗，霎时雾暗云迷，况山路崎岖，高低不辨，教我怎生行蓦。那前边黑洞洞的，想是村店，只得紧行几步。呀，原来是一座禅林。夜深无人，我向伽蓝殿前暂憩片时。（生作睡介）（净扮神上白）生前能护国，没世号伽蓝。眼观十万里，日赴九千坛。吾乃本庙护法之神。今有上界武曲星受难，官兵追急，恐伤他性命。兀那林冲，休推睡梦，今有官兵过了黄河,咫尺赶上,急急起来逃命去罢!吾神去也。凡人心不昧,处处有灵神。但愿人行早,神天不负人。(生醒白)吓死我也!刚才合眼,忽见神像指着道:"林冲急急起来,官兵到了!"想是伽蓝神圣指引迷途。我林冲若得一步之地,重修宝殿,再塑金身。撒开脚步去也!(唱)

【新水令】按龙泉血泪洒征袍②,恨天涯一身流落。专心投水浒,回首望天朝。急走忙逃,顾不的忠和孝。

【驻马听】良夜迢迢,投宿休将门户敲。遥瞻残月,暗度重关,急步荒郊。身轻不惮路迢遥,心忙只恐人惊觉。魄散魂消,魄散魂消,红尘误了武陵年少③。

【水仙子】一朝谏诤触权豪,百战勋名做草茅。半生勤苦无功效,名不将青史标,为家国总是徒劳。再不得倒金樽杯盘欢笑,再不得歌《金缕》筝琶络索④,再不得谒金门环珮逍遥⑤。

【折桂令】封侯万里班超,生逼做叛国的红巾⑥,背主的黄巢⑦。恰便似脱扣苍鹰,离笼狡兔,摘网腾蛟。救急难谁诛正卯⑧?掌刑罚难得皋陶⑨。鬓发萧骚,行李萧条。这一去,博得个斗转天回,须教他海沸山摇。

【雁儿落】望家乡去路遥,想妻母将谁靠?我这里吉凶未可知,他那里生死应难料。

【得胜令】呀,吓的我汗浸浸身上似汤浇,急煎煎心内类油调。幼妻室今何在?老尊堂恐丧了!劬劳,父母恩难报;悲嚎,英雄气怎消?

【沽美酒】怀揣着雪刃刀,行一步哭号咷。拽长裾急急蓦羊肠路遥,且喜这灿灿明星下照。忽然间昏惨惨云迷雾罩⑩,疎喇喇风吹叶落。振山林声声虎啸,绕溪涧哀哀猿叫。吓的我魂飘胆消,百忙里走不出山前古庙。

【收江南】呀!又只见乌鸦阵阵起松梢,数声残角断渔樵。忙投村店伴寂寥。想亲帏梦杳,空随风雨度良宵。

故国徒劳梦,思归未得归。

此身无所托,空有泪沾衣。

〔注〕 ① 秦寇：原指秦国的追兵，这里借指追杀林冲的高俅奸党。 ② 龙泉：指宝剑。传说晋张华发现斗、牛二星之间有紫气，派雷焕在江西丰城县狱地下掘得两把古剑，一名龙泉，一名太阿。 ③ 武陵年少：林冲自喻。"武陵"应为五陵，指西汉高帝、惠帝、景帝、武帝、昭帝五位皇帝的陵墓，为当时豪族聚居之处。 ④ 金缕：曲调的名称。络索：乐器上的装饰。 ⑤ 金门：汉朝官门名，因官门前有铜马，又叫金马门。此指朝廷。 ⑥ 红巾：元朝的农民起义军。水浒故事发生在北宋时期，因此，有人认为"红巾"可能为"黄巾"之误，如明代戏曲家陈与郊将《宝剑记》改编为《灵宝刀》，本出即改编本之二十七出"窘迫投山"，在相同的【折桂令】曲中，"红巾"就改为了"黄巾"。 ⑦ 黄巢：唐末农民起义领袖。 ⑧ 正卯：即少正卯，据说他"心逆而险，行僻而坚，言伪而辨，记丑而情，顺非而泽"。后为孔子所诛。此指林冲希望有孔子那样的人来拯救他于危难之中，诛杀高俅那样的奸臣。 ⑨ 皋陶(yáo)：传说中帝舜时断事正直的法官。此指林冲无法盼到有正直的官吏能将他的冤狱平反昭雪。 ⑩"忽然间"句：此句以下，应为【太平令】。

《宝剑记》第三十七出，在后来昆曲舞台上演出时通常称作《夜奔》，是根据昆曲集叶堂《纳书楹曲谱》的标目。长期来这出戏在京、昆舞台上盛演不衰。

《夜奔》这出戏的特点是没有什么戏剧情节，剧中除了林冲梦中短暂出现的伽蓝神外(可能因为涉及迷信，建国以后的演出本均取消了伽蓝托梦这个过场)，只有林冲一个人物在舞台上载歌载舞，表现其得知高俅奸党追杀他的消息后，从柴进庄院逃往梁山，参加宋江为首的水浒义军路上的复杂心态和感情波澜，抒发其"丈夫有泪不轻弹，只因未到伤心处"的悲愤情怀。因此也可以说，整出戏就是林冲一个人的内心独白，慷慨悲壮，真切动人，催人泪下，实为《宝剑记》最精彩的一个片断。

经过和高俅一伙误国奸贼之间忠与奸、善与恶的多次较量，惨遭迫害的林冲，除了逃往梁山，已经没有一处立足之地，也没有人再能像柴进那样庇护他了。林冲上场时唱的【点绛唇】"数尽更筹，听残银漏。逃秦寇，好教我有国难投，那搭儿相求救"，点出了一个"逃"字。长夜漫漫，当人们安逸地睡在家中，听着房中计时的银漏的水滴声或屋外传来的打更人的梆子声的时候，忧国伤时的英雄豪杰林冲，却为了逃脱权奸爪牙的追捕，无可奈何地慌不择路连夜逃往水泊梁山。林冲的悲剧命运引起观众深切的同情。

他是个在朝忠于天子、在家孝顺父母的忠臣孝子，即使到了走投无路的地步，即使他无奈走上造反这条路的时候，他的内心仍充满着矛盾。冷酷的现实逼得他"专心投水浒"，可是对皇帝的忠心又未免要忍不住"回首望天朝"。忠和孝是他立身之本，如今却"顾不的忠和孝"，真是出于万不得已。确实，他是带着沉重的精神枷锁在奔向梁山，反权奸不反皇帝的忠君观念，仍然在支配他的行动。

在上梁山的路上，他顾前思后，想起自己“一朝谏诤触权豪，百战勋名做草茅。半生勤苦无功效，名不将青史标，为家国总是徒劳”，感到极度的悲愤！一个深受儒家思想浸淫的封建士大夫，他的理想是建功立业，名标青史。他勤勤恳恳地为皇帝效力，南征北战竭尽犬马之劳，就因得罪了高俅、童贯等权奸，他的前途从此被断送了。靠自己的努力争取到的安乐的家庭生活和受人崇敬的仕宦生涯，如今都成了过眼烟云！林冲的思想其实寄托了剧作者自己从政的体验，当然也带有其浓厚的忠君思想的时代、阶级的局限。

其实很明显，林冲对水浒义军始终存着统治阶级的偏见，在他看来，参加义军就意味着“叛国”、“背主”。自己遭了那么大的“急难”，他仍然寄希望于有执法公正的官吏能为他平反，诛杀奸臣。即使他投奔水浒，也是想借义军之力来消灭奸党，维护皇权。“斗转天回”也好，“海沸山摇”也好，意不在于动摇封建统治的根本。在本剧的结尾，林冲等水浒头领接受朝廷招安，就是这种忠君思想发展的必然结果。但从另一个角度来看，连林冲这样一个忠君忧国的士大夫都走上了叛逆朝廷的造反之路，可见这个皇朝已经多么的腐朽黑暗，已经到不可救药的地步了。

在逃往梁山的路上，林冲除了抒发其英雄失路的悲慨之外，自然还情不自禁地想念自己的母亲和妻子。他真切地担心她们的命运：“幼妻室今何在？老尊堂恐丧了！”他为之“悲嚎”，为之“哭号咷”，悲情难抑。英雄也有七情六欲，唯其如此，林冲的悲剧命运便更能打动观众的心。据雪蓑渔者《宝剑记序》记载，李开先曾联系一帮朋友款待他，席间“搬演此戏，坐客无不泣下沾襟”。可见其艺术感染力之强。

李开先的剧中的曲词具有极高的审美价值，在当时就备受赞誉，如李开先的前辈戏剧家王九思在《书〈宝剑记〉后》中就称赞他的作品：“至圆不能加规，至方不能加矩，一代之奇才，古今之绝唱也。”就以《夜奔》这出戏为例，最后三支曲子【沽美酒】、【太平令】、【收江南】，描写林冲荒山夜行的情景极其生动。山上的羊肠小道是出奇的难走，再加上天公不作美，本是有“残月”，有“明星”的夜空，“忽然间昏惨惨云迷雾罩，疎喇喇风吹叶落”，还有那“振山林声声虎啸，绕溪涧哀哀猿叫”，林冲摸着黑艰难行进，感到一切都令人“魂飘胆消”。忽然松林中又响起乌鸦凄厉的啼声，远处则传来数声呜咽的号角，深深触发孤独之感的夜行人不能不想念家中的老母和娇妻，而她们肯定也将在凄风苦雨中度过不眠的长夜。剧中景物描写和人物的思想情绪达到水乳交融的地步。特别是气氛的渲染用以烘托人物情绪的复杂变化，极其生动真切，感人肺腑。　　（史美圣）

断 发 记

李开先

第三十四出 淑 英 走 雪

(净、丑扮更夫上)长安三尺雪,人道十年丰。我们是东都守城的军人。夜来城外柳秀才,因到裴府里娶亲,送我些酒钱,教我留下城门莫关。待他好来往,遇着这大雪,怎么好?(丑)老哥,谯楼上已四鼓了[①],冷巴巴守甚么?将城门开在这里,冷铺里睡去,管他!(净)说得是!今夜不须守冷铺,有钱买得鬼上厨。这等大雪冷飕飕,不如铺中且睡去。(下)(旦走上)

【步步娇】妇女宵行羞难顾,急走多颠仆,仓皇喘未苏。四下里寥寥,绝无人语。却教我泪如珠,洒遍来时路。

【前腔】(小旦上)夜色朦胧如银雾,城郭重云护,夜行烛又无。到处里惊惶,寸心无主。赚得我向迷途,此恨堪谁诉?

【前腔】(奶上)姑嫂中宵相逃去,强放金莲步[②],行行怯路衢。猛可的谁知,故家儿女?忽闻得哨声呼,恐怕遭巡捕。

〔忆秦娥〕(旦)云垂幕,长安古道风如削。(小旦)风如削,彤云黯淡,六花零落[③]。 (奶)冥冥夜色迷城郭,天寒苦恨衣衫薄。(旦)衣衫薄,不禁揾泪,愍然弹却[④]。 (奶)来到城边,已传四鼓,且喜城门已开,可出矣。(众出城介)(奶)小姐,这里有两条路,从那里去?(旦)奶娘,若从大路去,恐我府中有人赶来,只从小路去罢。不知奶娘知道这条路么?(奶)我先年常到你家来,晓得,只是崎岖不好行。(旦)没奈何。(众行介)积雪杳漫漫,长风吹鬓寒。在家千日好,出路半朝难。

【渔父第一】(旦)是则是路途中萧索,满江山六花布绕。疏林外阴风恶,只听得戍楼中数声晓角。扑簌簌吹落《梅花调》,翻与愁人添寂寞。遮不得扑头扑面纷纷落,满地琼瑶人不扫。(奶)好了!天色已明,趱行几步。(众行介)(合)我只见洒玉尘,滚银沙,满空鸾鹤,倾刻里青山已老。(奶)呀!错走了路,快转去。(合)最苦是途迷,故把人担阁。虚怯怯,行来身软弱。(旦)奶娘,我腹中饥饿,行不得了,怎么好?(奶)你夜来只顾啼哭,不肯吃饭,这是旷野之中,没计较。(小旦)曾闻汉苏武,餐毡食雪[⑤],可充饥,此间有冰,你须索吃些[6]。(奶取冰介)(旦)我受冷担饥,神衰力少,(吃介)把寒冰口嚼。(呕介)透饥肠,痛煞煞转如刀割。(下介)那个是:溪流冻断层冰合,野渡无人空自恼。

(奶)这条小河,常有渡船来往。而今冻了,怎生是好?(旦)曾闻汉光武到滹沱,冰坚可渡[7],我们就在冰上行去罢。(奶)且缓着,我踹一下看来。(踹跌介)(众惊介)(奶)没事,冰坚可渡。(过介)(旦、小旦行介)

【前腔】(旦)战兢兢临深履薄[8],滑剌剌冰儿上难移小脚。(旦跌介)不觉弓鞋跌绽了,(坐介)我猛地里,愁魂渺漠。怎禁受江空野旷无停泊?冒雪冲寒途路杳,为只为我爹爹不谅人,逼偕窕窈。裴淑英,裴淑英,顾不得死填沟壑。(小旦)你本欲尽孝情,来承顾托。都变做长吁短叹,愁眉怨貌。悔不尽,悔不尽,此来差错。(奶)奉劝你姑姑嫂嫂,又何必哭啼啼把脸儿朦着?我只怕,我只怕傍人知觉。

【煞】岁寒松柏几曾凋,甘做沟渠一饿莩[9]。冒风冲寒岂惮劳。

(奶)前面有条小岭,你们趱些上去。(旦)奶娘,这里没人,我和姑姑略坐一会。(奶)也罢。(旦)路程来了多少?(奶)来了一半,还有五十里,且比前不好行。而今下午过了,大家去罢。(旦推介)(奶)少刻天晚,林深路黑怎么行?你真个恼杀人呵!

【二犯皂罗袍】(旦)非我不行坐倒,奈饥寒到此,半步难熬。(望介)岭头一望路迢迢,不由人不心焦躁。鞋弓袜小,脚儿怎跻?耽惊受怕,雪儿又渺,千辛万苦堪谁告?(奶)前面有个酒店,不免把首饰换些东西吃去。(旦)使不得!我们是个寡妇,纵然我死,也不入酒店里去。(小旦)嫂嫂言之有理。(奶)我买来,送与你们吃罢?(旦)也不可。(合)前村里,酒旆摇,断魂从此不须招。饥寒际,节义牢,节和酒价定谁高?

【前腔】(小旦)我辈幸全节操,赖奶娘救护不惮烦劳。空夸积雪胜琼瑶,妾家那得琼瑶报?(奶)老身不打紧,只是苦了你们。(小旦)膏明自熬,兰馨自烧。亲家心险梅香巧,教人落在他圈套。(合)忙行处,独木桥,过时须挽柳枝条。心惊战,气怎消?魂随流水去滔滔。

【前腔】(奶)思我相公堪笑,把娘行赚得痛苦无聊。长空万里洒鹅毛,中途姑嫂伤怀抱。冰容雪态,丹青怎描?霓裳波袜,孤贞自保,此行真把冰霜傲!(合)孤村外,隐白茅,遥随虎迹度荒郊。人烟少,狐兔骄,妇人到此亦雄豪。(内作樵歌介)(旦惊介)

【二犯驻云飞】蓦地魂飘,奶娘,是甚么人嚷?(奶)是采柴的唱歌,你慌甚么?(旦)呀!我只说是相公有人赶来。听得歌声闹采樵,恐遇人强暴,使我心惊跳。嗏,薄命倘逢遭,把咱围绕。众口诜诜,半路相邀。插翅难逃,怎得开交?我甘作赴水投崖,姑姑呵,你把谁来靠?(合)猛地思量珠泪抛。

【前腔】(小旦)数阵狂飚,冻得浑身似水浇。岸火明渔棹,罢却寒江钓。嗏,山路越岧峣,石门深峭。雪满林皋,鹤怨猿号。薄暮清宵,寂寂寥寥。真个是地僻人稀,形影空相吊。(合)冷地相思心下焦。(奶)天已晚了。

【前腔】野寺钟敲,宝刹悬灯照九霄。独鸟栖寒条,山犬迎人叫。嗏,坠雪响芭蕉,乱鸦喧闹。寒影潇潇,飞绕林梢。枯树危巢,絮絮叨叨。怎知道我路远人愁,偏向愁人噪。(合)暗地思量容鬓消。

【清江引煞】忙行数里人静悄,回顾山林杳。谁道我家遥?昏黑应须到。到家时,向灵前哭到晓。

雪夜潜身到洞房,此行端是傲冰霜。
归家不敢高声哭,只恐猿闻也断肠。

〔注〕 ① 谯(qiáo)楼:城门上的瞭望楼,设更鼓以报时。 ② 金莲步:宋胡继宗《书言故事·豪奢》:"称妇人行曰金莲步。"按:典出《南史·齐纪下》:"(东昏侯)凿金为莲华(花)以贴地,令潘妃行其上,曰:'此步步生莲华也。'" ③ 六花:指雪花,因雪花六出,故云。 ④ 慇(yīn)然:忧伤的样子。 ⑤ 餐毡食雪:《汉书·苏武传》载汉苏武出使匈奴被扣,坚持气节,匈奴单于"欲降之,乃幽武,置大窖中,绝不饮食。天雨雪,武卧啮雪,与旃(毡)毛并咽之,数日不死"。 ⑥ 须索:必须。 ⑦ 冰坚可渡:《后汉书·光武帝纪上》记汉光武帝刘秀早年曾遇困境,为避敌,"晨夜兼行,蒙犯霜雪,天时寒,面皆破裂。至呼沱(即滹沱)河,无船,适偶冰合,得过,未毕数车而陷"。 ⑧"战兢兢"句:《诗经·小雅·小宛》:"惴惴小心,如临于谷。战战兢

兢，如履薄冰。” ⑨ 饿莩：同饿殍，饿死的人。

《断发记》传奇，全名《裴淑英断发记》，明吕天成《曲品》卷下著录，未题撰者。阙名《古人传奇总目》始标为“李开先作”，后人皆沿此说。日本岩城秀夫《中国戏曲善本三种》卷首《解说》比较该剧与李开先《宝剑记》的用韵特点，认为二剧应出自“同一人之手”。

《断发记》全剧三十九出，叙隋朝绛州闻喜人李德武与妻裴淑英事迹。东都雍丘县令丘君明藏匿钦犯李密。事发后，李德武以知情不报获罪，充军幽州。裴淑英之父裴矩逼女改嫁，淑英欲割耳明志，誓不再嫁，被李德武、裴矩救下。后家仆老王误传李德武死讯，李母染病身亡。裴矩以李德武已死，又逼迫裴淑英改嫁。裴淑英雪夜潜逃，为表死志，断发不食。适李德武功成回乡，夫妻团圆。事本《旧唐书》卷一九三及《新唐书》卷二〇五，稍加缘饰。剧中《走雪》、《剪发》、《自誓》等出摹写裴淑英思夫情怀，凄恻哀婉，感人至深。但是因受生长期“教化”传奇的影响，全剧谈忠说孝的色彩过于浓厚。作者借卷末【余文】自述作意云：“五伦全处蒙旌表，绝发宝剑记世少。管教万古名同天地老。”这就不可避免地削弱了情感力度。

《走雪》为剧中第三十四出，演述裴淑英风雪之夜逃婚全节情景，是全剧的重要关目所在。场上除主角裴淑英外，还有两个值得注意的人物：裴淑英的小姑李玉卿和裴府的家仆老奶。在本出中，裴淑英是剧作家着力塑造的正面形象，李玉卿的性格遭遇和裴淑英极为相似，可以看作是裴淑英形象的补充或陪衬，而老奶则常以第三者的身份插话评论。同一个曲牌，往往由三个角色各唱一遍，从而构成了一种相得益彰的立体结构，使舞台场景显得较为丰富而生动。如开场的三支【步步娇】，先是旦扮淑英上场，唱第一支：“妇女宵行羞难顾、急走多颠仆，仓皇喘未苏。四下里寥寥，绝无人语。却叫我泪如珠，洒遍来时路。”作为本出的第一支曲，对特定的戏剧场景的介绍是必要的，对特定的戏剧人物的描写也是必要的。剧作者力图突出裴淑英“仓皇”“宵行”，惶恐悲伤的情态，就把她的主体表现放在了首要地位。至于场景的介绍，则主要由小旦扮李玉卿的唱词来承担。于是“宵行”在第二支【步步娇】中展开为“夜色朦胧如银雾，城郭重云护，夜行烛又无”，恰好对第一支曲子作了补充。到第三支曲，老奶接着唱道：“姑嫂中宵相逃去，强放金莲步，行行怯路衢。猛可的谁知，故家儿女?”以第三者的口吻对此情此景加以评说，使事情经过和人物形象显得更加真实丰满。兹后【二犯皂罗袍】、【二犯驻云飞】等曲牌的叠用都是同样的结构安排。

为了凸显裴淑英坚贞不屈的性格，剧作者在本出中花费大量笔墨渲染了雪夜潜逃的危途困境。先是净、丑扮更夫上场，一番看似寻常的插科打诨，不但交代了时间、地点、气候、人物等故事背景，还解释了四更大雪“城门莫关”的原因，并巧妙地以“这等大雪冷飕飕，不如铺中且睡去”与裴淑英踏雪宵行作了对比，可谓匠心独运。随后旦、小旦、奶相继上场，她们既经受着古代妇女夜行“羞难顾”、“多颠仆”、“强放金莲步”的一般困难，又面临雪夜逃婚“夜行烛又无”、“恐怕遭巡捕”、“风如削”、“六花零落”、“衣衫薄”的特殊困难。接着以时间为序展开对裴淑英此番遭遇的具体描述：四鼓过后，摆在她们面前的是“两条路”，何去何从？考虑到“若从大路去，恐我府中有人赶来”，于是她们毅然选择了“崎岖不好行”的小路，这就为以后的艰险历程作了铺垫。经过一夜的困苦挣扎，当老奶说“天色已明”时，观者不免稍稍松了一口气。可就在这时，作者又安插进迷途的情节，“最苦是途迷，故把人担搁”，紧接着淑英“腹中饥饿，行不得了”，又遇上溪流结冰，无人摆渡，真是难上加难，一波未平一波又起，使观者的神经重新紧张起来。裴淑英吃冰充饥的情节令人同情，但未免带着几分矫情。渡冰河的情节则要生动得多，这里出现了一系列的科介：“踹跌介”、“众惊介”、“过介”、“旦、小旦行介”、“旦跌介”、“坐介”，如此密集的动作恰如其分地表现了穿越冰河的艰难。人到此时，已是“不行坐倒”，“半步难熬”，而“岭头一望路迢迢”，前程遥远，时已过午，雪越下越大，这“千辛万苦堪谁告”？作者非常善于控制剧情，既不使之发展过于迟缓而失去对观众的吸引力，也不把它推向极限而绷断观众的神经。情节发展总是保持在缓疾得当、张弛有序的原则指导之下。因此，当困难纠结难解、主人公濒临绝境的时候，一个小酒店出现了，于是剧情又稍趋平缓。然而这只是片刻喘息，裴淑英高唱着“饥寒际，节义牢，节和酒价定谁高”，宣称“我们是个寡妇，纵然我死，也不入酒店里去”，表现出她性格中迂腐的一面。这时，天色已晚，“薄暮清宵”，“雪满林皋”，“地僻人稀”，“乱鸦喧闹”，绛幕在全场观众对裴淑英一行前途命运的担忧悬念中徐徐降落。

丈夫已死，婆母亦亡，父亲再三相逼，甚至奏请皇帝恩准解除裴李婚约，加上柳秀才“仪容举止，不下李生”，这一切已使寡妇改嫁具备了充足的理由。裴淑英却偏偏选择了誓死守节、雪夜逃婚的艰辛之路，其原因何在，其出路又何在呢？第三十二出《裴矩逼嫁》中有这样一段对白：“（外）孩儿，你夫家凋丧已尽，守此欲谁为哉？（旦）妾闻仁者不以盛衰改节，义者不以存亡易心。今夫卒姑殁，遽欲弃之，遂致丧柩暴露，祭祀蔑绝，非人所为也。望爹爹体天地之心，成孩儿之志，使得与陈之孝妇、夏侯之令女同游地下足矣。”看来支持她这样做的主要是仁义节孝的封建理念。她在履行这一套封建理念时并非迫于外来压力，相反，仁义节孝的道德观已经内化为她的自觉需求。剧中描写她在读《列女传》时,竟认为“不践二庭,妇人常理,何为以此载于记传乎?谁图苟免?又何必记于书传?”但也必须看到,裴淑英的拼死抗争背后确实还有她和李德武的夫妻感情作为支撑。在《家忆德武》一出中,她“强凭栏涕泗流”,“对东风人似梨花瘦”;在《寄博征衣》一出中,她“泪痕如线,望眼欲穿。素指密密缝来,针迹犹如虬子连。意拳拳,为寄幽燕”,“赤紧的心念征夫,纵得金针又倒拈。刺春尖血污衣衫,怎禁啼痕千点,血泪相兼”;在《淑英忆夫》一出中,她“犹记新婚燕尔排。幽室闻郎唤,不一回,羞颜向壁未尝开。及和偕,语笑愿同尘与灰”。她和丈夫有纯真的爱情,这才是她感情深处最坚实可贵之处。因此,“淑英走雪”似不应单纯地理解为是封建道德的驱使,“一女不事二夫”的信念中也包含有坚守忠贞爱情的闪光点。

吕天成《曲品》卷下评《断发记》传奇有云:“事重节烈。词亦佳,非草草者。且多能守韵,尤不易得。”祁彪佳《远山堂曲品》则评谓:“惜作记者犹不脱寒酸态耳。词甚工整,且能守律。当非近日词人手笔。”此剧文词雅正、音律和谐,在明人传奇中堪称上乘,但是思想内容的迂腐却是此剧毋庸讳言的缺陷。而这两方面的特点在《走雪》一出中都表现得较为典型。　（周　秦　杨　帆）

【戏曲家小传】

陈罴斋

年里事迹不详。罴斋或系其别号,《传奇汇考标目》卷上又称之为“陈学究”。约明正德前后在世,似是塾师一类的下层文人。作有传奇《风云记》、《姜诗跃鲤记》。《姜诗跃鲤记》有明万历间刊本。顾觉宇之《跃鲤记》可能据此剧改编。《风云记》已佚。

跃　鲤　记　　陈罴斋

第二十六折　芦　林　相　会

【步步娇】(旦唱)买鱼作鲙供甘旨①,来到芦林里,检取这枯枝。遥望前村,有个人来此。待奴家仔细看分明,却原来是姜郎至。但不知姜郎来此何干?不免立地等他,问取婆婆的病体若何。且站在一边,等待他问取因依,便见真来历。

【前腔】(生唱)驱驰不惮多迢递,自古道父母有疾,子意何安。使我心忧虑，前去觅良医。偶见一佳人，立在芦林里。远观未审，近睹分明，却是吾不孝之妻。未审他有何因依。我欲回去，老母患重，如之奈何？欲待要过去呵，只恐怕相羁滞。（旦见生）姜郎，我和你夫妻之情，今日相逢，相叫一声也无妨，为何望望然而去？（生）三娘，我和你恩断义绝之人，路途相逢，不须施礼。咱和你各自奔前程。（旦）岂不念夫妇恩情？（生）三娘，撒手！难顾恩和义。

（旦）姜郎，我冤遭责遣，未犯律条，衾枕盟誓未寒，儿女恩情尚在。素来重义，何出轻言？（生）三娘，我和你覆水难收，断弦难续。天伦既已义绝，夫妇必竟礼无。歧路相逢，不须询问。（旦）亲在儿不远游。况且婆婆患病，为子者药必亲尝，寝不解带，才是子道。何故擅离膝下？（生）呀，妇人家昼不游庭，何事乱走芦林？若无濮上之期，定有桑间之约[②]。（旦）姜郎，任你纵起秋胡之疑，难败我罗敷之德[③]。百年终望，一旦成虚。（诗）忆昔当年适嫁君，中途见弃为何因？妾身未必违条例，抵甚相看陌路人？

【降黄龙】（旦）我为伊执釜操觚，指望举案齐眉[④]，百年相逐。姜郎，当日婆婆逐我出来，未审有何缘故。今日幸得相逢，细说明白，使奴终心无怨。那一日朦胧见弃，今日里偶尔奇逢，望姜郎倾心剖腹。（生）谁教你逆理乱常，有乖妇道！（旦）姜郎，弃妻有七去之条[⑤]，念奴家未犯七去条目，缘何将咱做一个叱狗鲍宣，蒸黎鲁妇[⑥]？（生）贱人，今日依你讲起来，道丈夫无故弃妻，你可知罪莫大于不孝？你不孝亲姑，焉得无罪？（旦）糊涂，你道奴不孝于姑，有甚么行藏暴露？

（生）娶妇从来为养亲，养亲何故起亏心。从夫不把亲姑孝，不孝亲姑孝甚人？

【前腔】（生）当初，我与你结发情孚。父母养儿子，娶媳妇，望他那一件？只为寒则进衣，饥则加食。指望你将甘旨供调，谁知你把我门风玷辱。（旦）自适姜门，户庭未出，蘋蘩中馈[⑦]，未尝有缺，怎见玷辱门风哩？（生）好恶，你瞒昧欺姑，全不想有乖法度。（背云）我今日要往飞云洞甚急，不期芦林遇这贱人，延阻去路。欲待回去，母病难痊，怎么是好？踌躇，三娘快站开，念姜诗有事关心，休得将人耽误。(旦)姜郎,夫妻乃五伦之一[8],义不可绝,岂可中道而废,以致妻子孤贫失所?(生)谩说道受孤贫,岂不闻覆水难收会稽愚妇?【前腔】(旦)虚诬,只落得负屈含冤,无门控诉。天,不知那个天杀的唆斗婆婆,将奴赶出,玉石难分。奴本是洁玉无瑕,却被青蝇点污。(生)三娘,你今日枉自嗟叹,当日婆婆赶你出来,只为你汲水归迟,因此性发难容。休怨傍人道论。(旦)姜郎,你不说起水来也自罢了,说起水来呵,危途,那一日风狂浪阻。姜郎,不得一个白须公公相救,莫说是一个妻子,就是十个也不得见你了。险些儿一命归泉路。(生)不孝之妇,死何足惜。(旦)呸,人非尧舜,焉能无过?只为汲江水这些事,你就出得妻子在外哩!好似哑子吃茶毒,俺这里有口难分,他那里迷而不悮[9]。

(生)三娘,虽则夫妇之道,不可不亲,奈先王之法,亦不可以不尊。【前腔】姜诗,非迷而不悮。但只要承顺堂上怡颜,难顾得枕边私欲。(旦)姜郎,我被婆婆赶出外,衣不遮体,食不充口,为何全不见怜?(生)既道是衣食无措,何不转回乡故?(旦)姜郎,奴家岂没有娘家不成!妾承父母之命,遣事君子,临行之时,母亲在厅堂之上,递我一杯酒,他道:儿,你到人家作媳妇,一要孝顺公姑,二要承顺丈夫。今日无故被遣而回,见吾亲族,岂不汗颜?(生唱)既无颜再转江东,何不去别选个豪富?(旦)差矣。自古道:一与之醮[10],终身不改。我到你家,生下安安七岁,还叫我嫁人,辱身丧节,夫,亏你说得出口!(生)既不嫁人,终身靠谁?(旦)宁死于邻母之家,决无他适。(生)痴愚,他守寡孀居。况且窘迫贫孤,怎倚他朝餐暮宿?

(旦作悲吁)好苦!天!(生)三娘,不须啼哭。你有三罪得于婆婆,方才赶你出来。(旦)姜郎,第一件如何?(生)街坊私去买肉鸡,称说婆婆庆寿时。临期那见鸡肉面,私造口福太心亏。(旦)第二罪?(生)私买梭布做汗衫,絮言庆寿我萱堂[11]。临期那见衣衫面,私置衣穿意不良。(旦)第三罪?(生)背地焚香在后园,三言四语祝苍天。三张桌子高层起,咒骂婆婆你不贤。(旦)姜郎,你说奴一不孝,私造口腹,你家又没三厨五灶,瞒得过婆婆与你,瞒不得七岁安安。(生)安安是个娃子,你将一片肉、一个鸡肘与他吃了,再也不

芦林相會

肯说了。(旦)夫,你回去,手拿一根荆条,叫安安跪下,打他几下,必然就说。(生)可见妇人心歹,你倒吃鸡肉,反叫我打孩儿。(旦)夫,奴家认去罢。(生)不愁你不认。(旦)你说二不孝,私置衣穿,你家又没有大箱小箦,你回去拿钥匙开看,若有新衣服,奴家死也瞑目。(生)未起此心,先有此意。寄在邻家,谁管你不成?(旦)夫,奴家也认去罢。(生)一是真,百是真,不愁你不认。(旦)夫,说三不孝,在后花园中层起三张桌子,焚香咒骂婆婆,姜郎,一张桌子有几尺高?(生)一张桌子有二尺五寸高。(旦)既是一张桌子有二尺五高,三张桌子共有七尺五高,夫,如何层得上去?(生)你下面把条凳子站了足,一层层扶上去。(旦)且问你后园墙有几高?(生)有五尺高。(旦)既是三张桌子有七尺五高,墙有五尺高,岂无人看见?(生)外面是秋娘看见,里面是母亲见。(旦)既是婆婆亲眼见,何不一把扯住奴家,问个死罪也罢。(生)那时婆婆扯住你,你是个不孝恶妇,把他一交推倒,怎么了得?(旦)夫,皆是冤枉,奴家也认去罢。(做哭介)好苦!天!(生)

谩长吁,你有三逆亲姑:一不合私造口腹,二不合私置衣穿,三不合咒骂亲姑。你犯法违条,今日里休想做姜门中媳妇。

(旦跪介)奴家今日跪在你跟前。姜郎,念夫妇之情,务要劝解婆婆收留奴家回去。(生)起来站退。待我好去。

【水红花】(生)只合偷生远遁,又何须絮叨叨拦阻我程途。(旦起唱)非是奴絮叨叨拦阻你程途,怎奈我撇不下冷清清年老的姑,难割舍安安年幼的苦。到于今眼睁睁分散凤鸾孤。他那里,他那里一桩桩诬奴罪奴,俺这里一天愁冤无剖诉。望夫君说与分明,奴死向黄泉,甘心瞑目。

(生[12])贱人,你不思婆婆养孩儿娶媳妇,望他那一件?

【一枝花】他当初指望百年图,养孩儿终身思报补,娶媳妇指望供朝暮。谁知你为己私身,我须念劬劳养育。慈乌尚有反哺维[13],却被你做了伤风败俗。

【前腔】(旦)听伊言心惊胆战珠泪簌,他那里怒吽吽,信谗言抵死罪奴。俺这里恨匆匆,被谗言抵死怨夫。这冤苦凭谁分诉?姜郎,你罪奴家忤逆亲姑,不免对天发下誓来:天地神明,我庞氏若有此心,四体不得周全。我若有瞒姑咒姑,老天鉴察庞氏妇,果有亏心,神明洞烛。

(生)贱人站开,待我好趱路。

【二犯江儿水】(旦)枉读圣贤书,空在黉门里[14],你好狠心狠毒。既道是婆婆病卧少支吾,姜郎,你为人子怎不在家看视婆婆?为何因在此闲游?不念他身伴无人,菽水荒疏,独自冷清清,有谁看顾?

(生)贱人,你说我母亲病卧,为着何来?

【前腔】(生)我娘须是受涂痡[15],却不道为伊抵触。我今日不惮路驰驱,竟往飞云,特求医卜。贱人,虽则是婆婆赶你出来,你可遵守妇道,方才是理。贱人,此乃是芦林幽僻人影疏,岂可在此单行独步?

贱人,你今日到把父母夫家名节一旦不顾,岂不自耻?(旦)冤家,你且站在傍,听我道来。(生)快讲来,我要行速。〔西江月〕(旦云)本是夫妻结发,只因搬斗分居,不容分诉付休书,致使参商两处[16]。　只为婆婆患病,心中爱吃江鱼。绩麻已换在邻厨,特检芦柴炊煮。　(生)你怎知道婆婆爱吃江鱼?(旦)前日邻姑姑,到我家里来看婆婆,方知婆婆患病,爱吃江鱼。(生)既然如此,见你芦柴就是真了。(旦指介)这些也是。那这也是。(生)三娘,你今日情极至此,始见真心。〔西江月〕(生云)夫妇相随半世,孩儿抚养成人。焉能一旦逆萱亲,必有傍人谗佞。　妻,宁耐暂居邻母,待吾回劝娘亲。从头诉说这原因,转怒回嗔未定。　老娘,我听他今日之言,你桩桩皆假意,件件是虚情。三娘,

【忒忒令】(生)你信着何人谗妒,致令我参商骨肉。妻,你今日里诉衷曲,本是个贤孝之妻,反做了忤逆之妇。(旦)姜郎,你心下既已明白,何不带奴回去,怎的这等情辜意薄!(生)三娘,非是我情辜,又恐怕萱亲嗔怒。不信伊能事亲敬姑,反道我私妻背母。妻,你婆婆若回心转意,我夫妇必有完聚之日。倘若不从呵,从此后恩情两途。妻,可怜你作漂萍飞絮他乡妇,我作个行缺名亏薄幸徒。(旦)但愿婆婆回嗔怒,使我破镜重圆,断弦再续。

(生作悲介)妻,你居邻母家中,我回去劝解婆婆,就着安安来接你。

【忆多娇】(旦)姜郎忍将情意绝,只落得肝肠裂。百年恩爱遭磨折,欲语未言心已结。(合)芦林话别,痛杀杀泪珠流血。

【前腔】(生)听伊说心惨切,负屈含冤遭此孽,恨只恨搬斗心狠蝎⑰。(合前)

【斗黑麻】(旦)虑只虑年老婆婆有谁抬贴,苦只苦幼小安安有谁提挈。结发情成差迭,两眼相看,喉咙哽咽。(合)匆匆话别,徒将衣袂拽,谁挽天河把冤情洗泄。

【前腔】(生)非是我薄恩情将伊抛别,怎奈我老萱堂不由人分说。三娘,你贤哉我已决,谁承望誓海盟山,反遭磨灭。(合前)

【尾声】(生唱)恩情俏似汤浇雪,(旦)两眼睁睁怎忍别?(合)就是铁石人闻也痛裂。(并下)

〔注〕 ① 甘旨:指甘美的食物。 ②“若无”二句:濮上,濮水之滨。桑间,古卫国地,在濮水之滨。《汉书·地理志》:“卫地有桑间濮上之阻,男女亦亟聚会,声色生焉。”后“桑间濮上”常用于指代男女幽会之所。 ③“任你”二句:秋胡,春秋时鲁国人,婚后五日外出游宦,五年后方归,见路旁采桑美妇,乃赠金戏之,为妇所拒。及至家,方知其妇即采桑女。妇因斥其不孝好色,愤而投河死。见汉刘向《列女传》。罗敷,汉乐府诗《陌上桑》中的女主人公,乃秦氏之女,为“使君”(太守一类官员)所慕,问其“宁可共载不”,她答道:“使君一何愚!使君自有妇,罗敷自有夫。” ④ 举案齐眉:《后汉书·梁鸿传》记梁鸿之妻对梁鸿非常尊敬,“每归,妻为具食,不敢于鸿前仰视,举案齐眉”。后世用为夫妻相敬相爱的典故。 ⑤ 七出:古代妇女嫁后被休的七种理由,即不顺父母(公婆)、无子、淫、妒、有恶疾、多言、窃盗。 ⑥“缘何”二句:叱狗,东汉鲍永事后母至孝,妻于母前叱狗,永即出之。见《东观汉记》。此谓鲍宣(西汉人),实误。蒸藜,蒸煮野菜。古传孔子的弟子曾参因妻蒸藜不熟而出之。后世多用作出妻的典故。 ⑦ 蘋蘩:两种水草,可食用,古代常用于祭祀。《诗经·召南》有《采蘋》、《采蘩》二诗,《毛诗序》云:“《采蘩》,夫人不失职也。夫人可以奉祭祀,则不失职矣。”后常用作尽能妇职之典。中馈:妇女在家主持饮食等家务。《周易·家人》:“无攸遂,在中馈。” ⑧ 五伦:君臣、父子、夫妇、兄弟、朋友。 ⑨ 悮:当作悟。 ⑩ 醮(jiào):古代结婚时所行以酒祭神之礼。 ⑪ 萱堂:指母亲。 ⑫ 生:原无此字,据文意补。原版“生”字在曲牌【一枝花】后,非。 ⑬ 慈乌:乌鸦的一种,古人认为其后代能反哺母鸟,故称。 ⑭ 黉(hóng)门:学校之门。 ⑮ 痡(pū):病。 ⑯ 参商:天上二十八宿中的参星与商星,两者不会同时在天空中出现。比喻人之不能相见。 ⑰ 狠:疑当作狼。

《跃鲤记》,或名《姜诗得鲤》,凡四十二出,剧情如下:汉朝广江人姜诗与妻庞氏三娘,事母至孝。然邻居秋娘与庞氏有隙,时常挑拨,早已埋下婆媳失和的种子。姜母得病,需饮江心之水以畅血气,三娘独往汲之,遇风浪大作,差点淹死,久未归。姜母甚渴,大愤,遂命姜诗将其休弃。三娘只得寄居邻里王媪家中,仍不忘孝养婆婆。她知道姜母喜食江水中的鲤鱼,故日夜纺织,换取江鲤,暗底托王媪转奉姜母。如此者多次,姜母大为奇怪,追问王媪,始知三娘的一片孝心,遂遣孙儿安安迎回儿媳,合家团圆。三娘的孝行感动上苍,玉帝下旨,令姜宅旁边忽然涌出一股清泉,甘美如同江心水,每日还跃出两条鲤鱼,以助姜诗夫妇的孝养之心。

《跃鲤记》本事出自《后汉书》卷八四《姜诗妻传》,然多有增益、改写。如有关邻居秋娘撮弄、作坏的内容,便为作者所添加,由于有了这样一个矛盾的第三方,三娘见弃的原因既显得合情合理,也起到了增强剧情曲折性的作用。至于全剧的写作宗旨,很明显是以彰扬孝道、褒奖孝行为基本意图的。这一思想倾向不但洋溢于字里行间,作者在第四十二出还特意加以强调:"纷纷乐府争超迈,风化无关浪逞才,惟有孝义贞忠果美哉。"元末人高则诚的著名南戏《琵琶记》早就标举过"不关风化体,纵好也徒然"的教化论旗帜,显然,陈罴斋是以有意识地承继《琵琶记》写作精神为圭臬的。而且与《琵琶记》精心塑造了一个历经磨难、忍辱负重,依然尽心尽力赡养公婆的"好媳妇"形象——赵五娘——相类似,《跃鲤记》也将颂扬的笔墨聚焦于姜诗之妻庞三娘身上,通过对婆媳二人之间矛盾的叙写,来体现上述意图。

中国古典文学中反映婆媳关系的作品非常丰富,而且往往刻意强调媳妇对公婆无条件的尊从,即便受了委屈也应不改其奉养之志,这是农耕时代社会经济结构和文化传统的产物,与作为封建社会主流意识形态的儒家思想在所有社会阶层中的广泛渗透有密切关联。儒家认为,孝道是人伦礼仪的基础,是"修身、齐家、治国、平天下"政治理想的第一块基石:子孝妇贤是古人最基本的家庭理想,那么,与公婆没有血缘关系的作为"外来者"的媳妇的表率行为就相当地重要了。今日看来,这些带有明显道德说教意味的作品,就思想主旨而言,大多已显得过于陈腐、落后,但某些作品在传达上述思想倾向时,往往也客观地反映出封建礼教对人性的压抑,特别是往往真实地反映了礼教桎梏下作为个体的人的无奈和扭曲。这里所选的第二十六出《芦林相会》就具有相当的典型性。

这一出写庞氏独自到芦林中拾取柴火,与出门寻觅良医的丈夫姜诗偶遇,虽终于辩明了冤情,却依然不能回到夫家。姜诗为了汲水这样一件小事,就轻易地将结发之妻休弃,他原本并非没有过犹豫与疑惑,但母命难违,他绝不能在这一问题上反抗母亲的意旨,因维护儿女之情而作个忤逆之子,其人不可不谓可怜;但事实上,在"夫妇之道,不可不亲,奈先王之法,亦不可不尊"信条的指导下,他宁肯坚信母亲对妻子“三大罪”的指控，也不愿意慎重考虑妻子的申辩，还一再加以叱责与羞辱，其人不可谓不可恨；当他听到三娘说要为婆婆吹煮鱼羹，又亲眼看到三娘所拾取的芦柴时，始知妻子“情极”、“真心”，却又怕背个“私妻背母”的骂名，只得无奈地表示“可怜你作飘萍飞絮他乡妇，我作个行缺名亏薄幸徒”，其人不可谓不可悲。在人伦秩序与真情、良知的矛盾、斗争之中，姜诗毫无选择地倾向前者，礼教对人性的压抑于此可见一斑。

至于庞氏，尽管她时刻牢记出嫁之时母亲的叮嘱（“你到人家作媳妇，一要孝顺公姑，二要承顺丈夫”），立志作个贤孝之妻，却依然招来谗嫉，以至成为弃妇；尽管她抓住这次夫妻相逢的难得机遇，一而再、再而三地表白心迹，辩明是非，其间既有声泪俱下的哀求，也有苦口婆心的说服，甚至还有立足于礼教规范的反戈相击（“夫妻乃五伦之一，义不可绝，岂可中道而废，以致妻子孤贫失所”），但终究没有能改变丈夫的决心。古代妇女地位的卑微，其命运的不自由，以及礼教思想对人性的束缚之严，于此出皆有所反映。

与《琵琶记》的《糟糠自厌》出相比，《跃鲤记》的《芦林相会》一出教化的色彩要浓重得多，然就艺术效果而言，《芦林相会》也颇有可圈可点之处。首先，其语言平实、质朴，有明显的生活气息，入口浅切，入耳能化，较少明清文人传奇堆砌典故、雕琢词藻的毛病。其次，剧情层层递进，一波三折，对话、动作都透露出较多的戏剧性，为脚色的舞台扮演提供了丰富的空间。祁彪佳《远山堂曲品》评价说：“任质之词，词句恰好。即一节生情，能展转写出。”可称的评。因此，晚明以后的不少曲选都收录了此出，后世昆曲和其他地方戏也常爱搬演，是戏曲舞台上较受欢迎的一个折子戏剧目。

（程　芸）

古　城　记　　　佚　名

第二十九出　团　　圆

（生上唱）

【中吕引】结义桃园，徐州分散，古城中又得团圆。夫妻会合，弟兄重见。

叫军校开了城门，迎接二位皇夫人进城。（卒应科）（旦、贴上唱）

【二犯令】移莲步，整弓鞋，迢遥千里而来。（相见哭、拜科）夫妻幸喜重相会，犹如枯木逢春花再开。

（生）孤穷不利，多亏二位夫人耽惊受怕。今日相逢，实出望外。

(旦、贴)夫身流落,姊妹自分无生,赖得神天护祐,相逢犹如梦寐。只是一路而来,多多亏了二叔,若非他义勇忠心,夫妻焉有今日。皇叔不思报德,反把城门紧闭,不容进见,此何意也?(生)孤审军士[1],已得其详。昨闭城门,乃三弟张飞之罪。今见二弟,自当表白。(张飞上科)(唱)

【生查引】当初只道无情汉,今日方知义勇忠。

(相见揖科)二位皇嫂拜揖,小叔失于远迎,望勿介意。(旦、贴)你为何这等莽撞?不加详察,妄怪他人。(张)小叔知罪了。(旦、贴)三叔,少刻二叔来时,须当陪个小心。(张)劣弟晓得。大哥,俺昨日触犯二哥,望大哥方便方便。(生)你若要他欢喜,须分付满城大排香烛,远接进城,陪个小心。他乃知礼之人,宽洪大度,不念旧恶。(张)小校,分付满城大排香案,整齐队伍,迎接二爷入城。(众应科)(众扶羽上科)桃园结义誓难忘,千里单刀出许昌。寻归真主完名节,不愧烈日与秋霜。关某别了曹操,一路而来,指望与大哥相会,谁想昨日来到古城,反被三弟疑猜,道咱降了曹操,不容进城。又谁知蔡阳追兵来到,激得我怒满胸膛,把他斩了。此乃是我云长命不当绝,倘遭他人之手,焉有今日之会。正是:西风百战起尘埃,千里寻兄到此来。今朝才得干戈静,我想昨日呵,(唱)

【双调新水令】征夫塞满了太平街。小校,二位皇夫人可进城否?(丑)先进城了。(羽)众军可曾卸甲否?(丑)二爷不曾卸甲,众军不敢擅解。(羽)传令叫众军卸甲。(丑)得令。(羽)关某自离许昌,今日里才得卸戎衣,换了这紫袍金带。(内作喊科)(羽惊科)小校,是那里呐喊?快看马取刀来。(丑)是蔡阳领来军士,无主可归。(羽)既然如此,你将我令旗一面,招他投入在我部下。若不愿者,教他各自归农。(众应科)(羽)你教他把旌旗云外卷,(内长号科)(羽)小校,是那里吹打长号?(丑)禀二爷,是三爷摆队伍出城迎接。(羽)昨日不须厮杀,今日也不劳他迎接。小校,你与我传令说:二爷心下恼,叫他不要摆。(丑分付科)(羽)分付他戈戟不须排,不念咱千里而来。(内鸟鸣科)(羽)小校,甚么鸟儿叫?(丑)是一只孤雁。(羽)一路而来,皇嫂愁苦无聊,你又哀叫;今日俺兄弟相逢,你又叫甚么?差矣!自古道征雁失群,哀鸣凄惨。想俺兄弟常在一处,今被曹操设计分散东西,俺关某一人在此，就如此雁一般。咱关某就如这失伴孤鸿，流落在碧天云外。

【驻马听】拂尽尘埃，（内又作鸟鸣科）（羽）小校，又是甚么鸟儿叫？（丑）是催归杜鹃。（羽）此鸟尚怀归计，何况人乎？俺云长一天愁闷，却被此鸟解去一半了。听啼鹃遣闷怀，徐步进城来。自下许昌将近一载，蒙曹操待吾甚厚，莫说大哥、三弟疑我降曹，就是外人，那一个不道我真心降了曹操？难怪大哥三弟不疑猜，且做个朦胧佯不倸[②]。（张上跪接羽科）（羽见作不理科）叫小校，我那马可曾卸鞍么？（丑）卸了鞍。（羽）既解了鞍，把些好料与他吃。我此来亏了这一骑马，出许昌，过五关，诛六将，古城边斩蔡阳，受了多少的苦楚。我想今世的人，还不如此马有义，好生看守此马。大爷如今在那里？（丑）在中堂立地而等。（羽急行科）（张自起科）二哥恼，全不看在我身上来，反把马来讥诮我。没奈何，是我做得不是些，还要陪个小心，跪在那阶下，去要他认了我才好。（生、羽相见同下跪）（哭科）（张复跪科）（羽）见哥哥就跪在阶，参兄长恭身拜。

【乔木查】哥，一自徐州失散两分开，喜今日古城中你我依然在。大哥，关羽乃铁甲征夫，何愁千里？只亏了二位皇嫂，幼长深闺，那识路途之苦，受了多少风霜，耽了多少惊恐。今到古城，不容进见，全不念皇嫂与你结发恩和爱，你也把城门儿不放开。你道小弟真心降曹了，哥，怎知俺汉云长，一点丹心不改？

大哥端坐，容关某把昔日分散事情说与大哥知道。（生）二弟同坐，试说一番与我听着。（羽）当初曹操领兵百万之众，打战书到徐州，大哥与三弟商议去偷营劫寨，着某保守家眷。谁想三弟去到那边，不探虚实，只管高声呐喊，曹兵四散杀出，兄弟各自逃生。探子报道，大哥二弟俱被曹兵所害。二位皇嫂闻得此言，闷倒在地。彼时关某披挂出城，要与曹兵决一死战。去到半路之间，想曹操那贼多用诡诈之计，恐赚吾出城，以绝归路。那时又叫探子来，仔细问他。他说不曾亲眼看见，只在五里之外，传来消息。慌忙带转马，复入下邳城去宽慰二位嫂嫂[③]，谁想张辽即来说我降曹。彼时不降于他，关某一人一骑，料无阻碍，只恐二位嫂嫂难脱虎口。以此假说降他，一边打听哥弟消息，又作道理。因此上去许昌。蒙曹公待我甚厚，上马提金，下马提银，三日小宴，五日大宴，黄金百镒[4]，美女十人，封为寿亭侯之职[5]。后不知大哥在袁绍驾下，借得颜良、文丑，前来报仇。却被张辽用激将之计，赚我出军，误杀了此二将。彼时阵上才知大哥消息，就要辞曹归汉。谁知曹操意欲拘留，不容面别。故此挂印封金，留书作别，过关斩将而来。来到古城下，呀，遇着猛弟张飞。（张）小弟在此请罪。（生）二弟看我薄面，叫三弟起来罢！（羽唱）

【梅花酒】大哥，张飞自疑猜，全不想月明千里故人来。只教我单身独自把曹兵败。堪笑三弟心量窄，险些把桃园结义声名坏。三弟，你道我受曹的恩惠，这都是真的。比如你受了他的，还肯想大哥和我，辞曹来寻否？想一想你二哥是什么样人？俺本是英雄猛烈栋梁材，怎肯贪淫恋酒色？

我前日在黄河渡，杀了蔡阳的外甥秦琪，谁想蔡阳起兵赶来报仇。你把城门紧闭，不容我进来，要我斩了蔡阳首级，方许相见。教你助我些人马，你说半个也没有，只在城上助我三通鼓，十面小旗。大哥，还是鼓杀得人？还是旗杀得人？三弟，莫说你我结义兄弟，就是一面之交，见蔡阳兵来，也有恻隐之心，开门与我进来。幸喜昨日蔡阳被吾所害，若是失手于他人，三弟，你今日还去跪那一个？

【水仙子】谁似你狠心肠，没见识，将咱怪。紧闭城门不放开，怎提防蔡阳兵赶来？若不是俺关云长有气概，施英勇，展奇才，滑喇喇把蔡阳头斩在尘埃，怎能够弟兄相会？他夫妇团圆，喜笑颜开。

大哥，我想当初桃园结义，日子不利，时落空亡[6]，以致兄弟如此。（唱）

【得胜令】想是桃园结义罹兵灾，东西南北两分开。提将起揾不住英雄泪，舒不开愁闷怀。哀哉嗟叹杀愁无奈，伤也么怀，伤也么怀，也是俺兄和弟时运乖。

（生）二弟，三弟自知其罪，你与他相认才是。（羽）大哥尊坐，待我请他起来。我想三弟平日上不跪天，下不跪地，今日跪在阶前，任我讲说，他低头半声不应。三弟请起。（同下跪科）莫怪君无理，缘因我命招。（唱）

【搅筝琶】这场鏖战乃是天差，三兄弟你请起来。(张)二哥你不怪我了，请笑一笑才是。(羽笑科)这足见桃园生死交，方显得汉云长大节精忠在。想大哥泪滴江淮，思翼德恨低眉黛，因此上不避关山独自前来。贤弟，正是不受苦中苦，难为人上人。受尽了千般苦，苦尽甘来。(张唱)

【滚煞】古城聚义把筵排，准备着破曹瞒，大会垓⑦。平空踹破中原地，把长安城攻战开，将曹操一家儿扫作尘埃。

(众)今喜兄弟相会，夫妇团圆，就此古城之中，招军买马，积草屯粮，相时而动，以报前仇。这是：两片菱花重会合，一轮明月再团圆。

兄弟喜相逢，浑如一梦中；

古城重聚义，方显是英雄。(并下)

〔注〕 ① 孤：刘备自称。古时帝王常自称孤家寡人。 ② 保：同睬。 ③ 下邳(pī)：旧县名，在今江苏邳州东。 ④ 镒：重量单位，一镒等于二十四两。 ⑤ 寿亭侯：按关羽的封爵是汉寿亭侯，汉寿为地名，亭侯为封爵的等级，汉寿亭侯不是汉朝寿亭侯之义，后世不察，每有误用。 ⑥ 空亡：又作空罔，为星象家术语，指不吉利的时辰。 ⑦ 大会垓：大会战。垓，垓下(遗址在今安徽灵璧境内)。刘邦、项羽曾在此进行决战。

以三国时期的传奇性历史人物为表现对象的文艺作品，自宋代以来一直绵延不绝。据记载，宋代说书中已有专门擅长"说三分"的一类艺人，到了元、明时期，三国故事更为各个社会阶层所喜闻乐道了。不但出现有《三国志平话》、《三国志通俗演义》这样著名的长篇白话小说，戏曲舞台上所上演的三国戏也逐渐多了起来，仅就现存的元杂剧而言，就有《单刀会》、《三战吕布》、《隔江斗智》、《千里独行》、《博望烧屯》等多种剧目。

《古城记》则是明代传奇戏曲中敷演三国人物故事的名篇，作者不详，今存明万历年间刻本，共二十九出。剧情梗概是：曹操率大军攻打徐州，刘备、张飞二人趁夜偷袭曹营，曹军有备，刘、张大败，只得各自逃生。刘备投靠河北袁绍，张飞则占据古城。关羽为保全刘备家眷，权且降了曹操。曹操赠以美女、黄金和宝马，封其为汉寿亭侯，试图收服关羽之心，不能如愿。袁绍领军讨伐曹操，两军会于官渡。袁军锐不可当，关羽出战，于千军万马之中斩杀颜良、文丑，尽显神勇。刘备以为关羽已经背叛了自己，趁乱潜逃，途中遇到赵云，遂同往古城会合张飞。关羽得知消息后，毅然辞别曹操，单刀匹马保护两位嫂嫂去寻找刘备。一路上过五关、斩六将，又于瓦岗山收服周仓。到了古城，曹将蔡阳领军蜂拥而至，张飞认定关羽贪图富贵，闭门不纳，只在城上助其三通鼓、十面小旗。关羽力斩蔡阳，方得入城，兄弟三人终于相会。

本剧既吸收了前代戏曲文本和通俗小说的主要内容，以关羽为中心人物，通过秉烛达旦、挂印封金、千里独行、过关斩将等情节的描写，渲染了他忠义坚贞、沉毅神勇的英雄主义气概；也有不少与《三国演义》不同的细节，某些部分还颇能显示出民间戏曲朴质自然、生机勃勃的艺术气息。如第二十八出写关羽与蔡阳比斗刀法，蔡阳横砍柳树，刀嵌木中，关羽挥刀斜砍，刀过树倒，这一描写显然折射出下层劳动者的生活体验。

晚明文人祁彪佳在他的《远山堂曲品》中评论说："《三国传》散为诸传奇，无一不是鄙俚。如此记通本不脱【新水令】数调，调不复伦，真村儿信口胡嘲者。"其实，这完全是出于士大夫的文化偏见。本剧常出现青阳腔的【滚】，还运用了【闹更歌】、【棱登歌】等民间歌谣，恰好说明它不同于当时已成为文人士大夫时尚的以典雅、文丽、柔婉见长的昆腔传奇，依然保留了民间戏曲的朴质、通俗、粗犷的本色。

这里选的《团圆》，虽然已是《古城记》最后一出，却仿佛一"豹尾"，令人印象深刻。近代著名学者王国维在《红楼梦评论》中对中国古典小说、戏曲的结构模式有一段著名的概括："始于悲者终于欢，始于离者终于合，始于困者终于亨。"大体而言，明清传奇戏曲最后一出通常都是以喜庆、圆满的方式来收尾的：不管此前经历了多少波折、磨砺或苦难、委屈，最后主要正面人物必须同时全部登场，以示"当场团圆"。数百年来，观众习惯了这种模式化、程式化的剧情结构，某些剧作家们也就迎合舞台风习，从容行文却草率煞尾，使得无数戏曲作品在最后一出流露出思想内容的平庸、肤浅或舞台情趣的俗滥、雷同。清代戏曲家李渔敏锐地注意到这一弊病，《闲情偶寄·词曲部》说："全本收场，名为'大收煞'。此折之难，在无包括之痕，而有团圆之趣。"他提出，主要脚色的最后会合应做到"自然而然，水到渠成"，切忌"勉强生情，拉成一处"；骨肉团聚之时，当然要凸显喜庆氛围，但欢笑一场之后就收锣罢鼓，全无趣味，不如"突起波澜，或先惊而后喜，或始疑而终信，或喜极、信极而反致惊疑，务使一折之中，七情俱备，始为到底不懈之笔，愈远愈大之才，所谓有团圆之趣也"，如此方能产生"临去秋波那一转"的摄人心魄的效果。《古城记》之《团圆》一出，或可谓正是"无包括之痕，有团圆之趣"之作的一个典范。

关羽单刀匹马，过五关、斩六将前来寻找兄弟，其间的千辛万苦，张飞未能亲眼证实，只是相信传闻，误以为关羽已经叛降，当然要将他挡于古城之外，观众也能谅解张飞的莽撞；关羽刀劈蔡阳，则是在张飞的眼皮底下，此时若再闭门不纳，就显示出张飞的固执与不义了，于情于理皆有所不通。因此，兄弟三人的古城重聚实在是再自然不过的了，剧情发展至此完全可以划上句号，并无"包括之痕"，而且人物形象最基本的性格特征大体也已经得到了体现。但作者通过两位皇嫂之口来表彰关羽的"义勇忠心"之后，却突起波澜，费了不少笔墨来铺陈关羽与张飞的再一次冲突。

这时的关羽完全占据了主动，先是借题发挥，以孤雁、啼鹃为喻，来疏泄积压已久的委屈和苦闷，又写关羽向两位兄弟述说离散之后的坎坷经历。表面看，让关羽难以释怀的是张飞的莽撞，"堪笑三弟心量窄，险些把桃园结义声名坏"，其实针砭的锋芒何尝没有指向作为大哥的刘备！剧作者如此苦心经营最后一出，一方面既使终场之曲也能一波三折，充篇洋溢着"团圆之趣"，而另一方面，人物形象的性格特征也得到了进一步的强化：张飞长跪不起，陪着小心，于诚挚、刚猛之中透露出天真；关羽满腔愤懑，申诉苦衷，精忠赤诚之余多少显出他的自傲、不谦。

就文辞而言，本出也有一定特色。首先，宾白通俗，几乎全用口语，充满了生活气息，没有明人传奇常见的那种追求骈俪典雅的弊病。其次，曲辞写作中擅用比拟，以孤雁哀鸣、啼鹃催归来触引关羽的情绪，既自然贴切，合乎情理，又情景交融，令人回味。近世地方戏如京剧、秦腔、川剧、徽剧等均有《古城会》，大体保留了《团圆》一出的格局，足见其影响之深。

（程　芸）

破　窑　记　　　　佚　名

第十五出　逻　斋　空　回

【驻云飞】（旦）自恨时乖，蒙正儿夫穷秀才。衣破衫无带，比范丹穷无奈[①]。嗏，我夫终日去逻斋[②]，饥寒无赖，苦楚难捱。我晓得了，想前生欠少贫穷债，只落得倚定窑门手托腮，只落得倚定窑门手托腮。

待奴家将梅香送来的米，煨碗粥汤，在此等我官人回来充饥，多少是好。（煮粥介）

【前腔】（生）冒雪归窑，正是：雾重不知天早晚，雪深难辨路高低。老天呵！你既要下雪，不要起风；既要起风，何须下雪？似这等瑞雪纷纷，冻得我浑身似水浇。妻在窑中无依靠，归家漫自伤怀抱。嗏，提起阇黎恨怎消[③]？饭后鸣钟不与斋粮，哄我数了罗汉，又将咱推倒。在云堂上[④]，只得举笔题诗冻紫毫。素手空回转破窑。雪呵，富贵之家，喜你赏你，我吕蒙正这等贫穷，恼你恨你。埋怨你这般样满空飘，好一似细剪鹅毛使人焦。无米无柴素手回来，清泠伤怀抱。正是地冻天寒难打熬，正是地冻天寒难打熬。

【前腔】事有可疑，辗转教人心下猜。举目无依靠，有谁相看待？嗏，顿觉怒心怀，转疑猜。为甚的左有男踪右有女迹？男踪女迹，往来相交。吕蒙正在此荒村，住一所破瓦窑，上无亲朋，下无邻居依靠，荒村寂寞凄惨，怎得个男人到？想是妻儿弄丑乖，顿起疑心似火烧，顿起疑心似火烧。

我晓得了，想是岳丈接我妻子回去了，不免进窑中看取便见。

【前腔】回入窑中，呀，娘子，你原来倦睡去了。忽睹娇妻，忽睹娇妻睡正浓。欲待要叫一声，又恐怕惊吓了他，本待相呼动，惊醒沉沉梦。嗏，你不厌贫穷，甘心陪奉。我有日成名，你的贤能四海人传诵。妻呵！你苦也只在今冬苦，富也只在来春富。呵，耐烦捱过残冬苦，专听春雷起卧龙。

还不醒，这等好睡。不免将芦柴烧些火来向。呀！炉中还有火在，待我炊起来。（吹介）咳！吕蒙正时运不济，就是这火欺负我，不免将此为题，吟诗一首：十谒朱门九不开，满头风雪却回来。归家羞睹妻儿面，拨尽寒炉一夜灰。

【步步娇】冒雪冲寒街头转，雪紧风如箭。朱门九不开，似这等素手空回，怎不哀怨？拨尽地炉灰，羞睹妻儿面。

【前腔】（旦）踏雪归来多劳倦，扑簌簌身惊战。多想他钱无米又无，若不是梅香至此，教我怎支持？有粥在此，你吃些。拨粥两三匙，聊与儿夫充饥馁。

（生）这粥有些污气，我不吃。（旦）清水煮白米，有甚污气？（生）既没污气，且问你：为丈夫的早去晚回，半颗米儿也不能够，只得素手空回。向且家中又没柴米，粥从何至？（旦）人能祈天永命，天岂绝人之粮？（生）终不然天降这粥与你吃不成？（旦）自古以来，没有天降粥之理。（生）既不是天降的，说个来历与我听着。（旦）饥者易为食，何须问来历！（生）既不说来历，教我如何吃？（旦）你吃就说。（生）你不说，断然不吃。

【江儿水】（生）谒尽朱门遍，只落得素手回。漫空大雪纷纷地，寂寞孤村，又无邻里，这些粥食从何至？问取娘行来历，说与我知详细。

（背云）自古道，妇人家水性杨花。他见我为丈夫的这等贫穷，出外逻斋，就做出这等勾当。不免哄他出窑去，看那脚踪，羞他一场。娘子，我有些柴米在窑外，同你去拿进来。（旦）如此，官人先行。（生）雪拥山溪云自横，荒村寂寞少人行。（旦）两边粉壁银世界，四围玉砌锦乾坤。（生）你看地下好景致。（旦）还是天上好景致。（生）路上好景致。（旦）山上好景致。（生）我说地，你就说天；我说路，你就说山。你看地下是甚么？（旦）是雪。（生）雪上是甚么？（旦）是脚踪。（生）你也认得是脚踪！（旦）你看这雪花飘送，如细剪鹅毛。（生）顾左右而言他，是何道理？（旦）睹道路而细察，有甚狐疑？（生）为人在世，要尽得富贵不能淫，贫贱不能移，威武不能屈，才是个好人。（旦）这几句别人不能全得，唯有我刘氏可全得。（生）你敢也难全？（旦）我怎么难全？爹爹当初命我自选佳婿，彩楼下有多少王孙公子，偏不招他。别富贵而配寒儒，这是富贵不能淫了。贫贱不能移：我本千金之体，适与你一介穷儒，贫守破窑，全无嗟怨，这不是贫贱不能移？威武不能屈：当日同你到我家，爹爹见你衣衫褴褛，怒发如雷，将你与我赶出门来，奴家即便前来，全无畏惧，这不是威武不能屈？（生）讲倒也讲得来，只是有辱你潭府⑤，玷污我斯文。倘我后日成名，有愧诰命。（旦）依我之言，潭府也无辱，斯文也无玷；你有能做得官来，诰命也无愧。（生）既然如此，就请千金小姐，把这脚踪来评一评。（旦）这个容易。瑞雪濛濛积满空，太阳一出便无踪。（生）依你这等说，那日出雪消，这脚踪就没有了？你今日评得脚踪明白就罢，若评不明白，从此以后，休得进我窑内来。（生进窑介）（旦）看起来，非我刘氏千金，岂能做得他妻子？只为这些脚踪不明，懊恨了他许多豪气，真乃是我丈夫也！不免进去说明，免使他忧闷。（入窑介）

【前腔】(旦)我夫听奴语，不必太多疑。听得伊口口声声，道是男子汉不吃嗟来食。我在此饥寒无所倚，冲寒蓦见梅香至。(生)终不然这粥是梅香送来的？(旦)非是梅香送此粥来，是我爹娘在家赏雪，见我不在，有思念之心，叫院子与梅香送些钱米，周济于我。送些钱米问因依，探取奴行端的。你今日回来，见此脚踪就起疑心，你把我妻子做甚么人看待？你枉为个男子汉大丈夫，读书辈君子儒，说出话来没巴没臂[6]。爹娘！谁叫你送些钱米来？反与女孩儿添恼也呵！只为这些钱和米，教儿受场呕气，受场呕气。

(生背云)倒是我差矣！原来是院子与梅香的脚踪，我心下疑他干出甚么丑事，如今反惹他吃恼。不免近前，陪个不是。(向旦云)娘子，适间言语冲撞，望勿介怀。(旦不动)(生)娘子差矣，我为丈夫的，在你跟前深深唱个喏，你身子也不动，是何道理？我晓得了，你说令尊家送些钱和米来，你就做出这等威势。一杯之水，焉能救我车薪之火？娘子还是命好，遇着我有事回来，缓缓问你。比如那一等愚蠢之人，有事回来，不问情由，一顿乱打，你如何处置？(旦)你今日回来，言语都讲尽了，只是不曾打。你于今打就是。(生)说便是这等说，于今讲明白了就是。可将粥来我吃。(旦与粥介)我且问你，往日回来得早，今日为何回来得迟？(生)娘子，我今日回来得迟，有个原故。往日到那木兰寺，有斋就吃斋，无斋就向火。今日到那里，斋又不见，叵耐那秃驴又哄我数了罗汉，教我在云堂上等他拿斋来。卑人到云堂上，只见经桌下有一炉火，卑人彼时身上正寒冷，竟在那里端然向火，那些秃驴们甚是可恶，就把那经桌上一碗净水，将火一倾。(倾粥介)

【香柳娘】(生)柰缘悭分浅，柰缘悭分浅，有许多不遂。思量饭食非容易。苦肝肠寸断，肝肠寸断，欲待要充饥，谁知倾落地。想苍天困我，苍天困我，直恁的空流珠泪。

娘子，卑人昨夜三更时分，梦见窑外起个大旗竿，挂面大红旗，写个穷字在上，我彼时也吟诗一首：昨夜三更梦见穷，空字盖头身背弓……后来一下惊醒，不曾凑得下韵。(旦)待我替你凑起下韵：腰间拔出昆吾剑[7]，斩断穷根永不穷。(末上)小人乃是学里一个斋夫，蒙老爹分付我送些盘缠与吕先生应举。来此便是。(见生介)(生)呀,原来是斋夫,到此有何话说?(末)老爹着我送些盘缠来与相公上京应举。(生)这等多谢你老爹了。(末)暂时相别去,久后又相逢。(末下)(生进窑云)娘子,卑人前日在天津桥上觅瓜,闻说黄榜招贤,意欲前去求取功名,争奈缺少盘缠。今蒙令尊怜悯,着人送钱米来,又蒙学里师父相赠。如今卑人不虑没有盘缠,只虑娘子在家,孤身独自。卑人岂忍一旦割舍而去?(旦)官人,你去求取功名是好事,务要用心与奴争气。离别之情,何足叹也?待奴家略赞几句口词,以表今日离别之情:良人奋志在春闱,何必匆匆叹别离。鸾凤飞腾宜及早,鱼龙变化正当时。(生)若依我蒙正的文章,夺青紫如拾草芥,有何难处?待我也回诗一首:桃浪暖时催客兴,柳丝垂处系人心。尊怀若许微生去,定见承恩入翰林。卑人此去,若天不见怜,不能一举成名,正是有兴而去,无兴而归了。(旦)官人,但愿马前唱道状元来,这回方显风流婿。

【七贤过关】(生)皇都三月时,闻道开科试。天下英才尽赴文场内,好一似浪暖鱼龙趁此风云会。即便登程往帝京,那时丹墀对策,雁塔题名。琼林宴罢醉扶归[8],蓝袍脱却换朱衣[9]。那时方遂男儿志,那时方遂男儿志。

(旦)待奴家掩上窑门,略送一程。(掩窑门介)

【前腔】(旦)掩上柴扉,轻移莲步,莲步轻移。远送儿夫,竟往长安去,宝镜鸾俦暂别离。待奴家折柳赠君行。折却一枝河畔,须当赠与我夫君。阳关送别言难尽,聊表离情一片心。略表奴芹意[10],君今此去求名利,须念糟糠刘氏妻。十里红楼休迷恋,谨记十载困书帏,百结旧鹑衣[11]。奴只愿我夫此去扳仙桂,十年身到凤凰池[12]。千锺粟荣华贵。

(生)娘子请回,卑人就此拜别。

【驻云飞】(旦)拜别贤妻,夫妇恩情且暂离。不为功名事,怎忍分鸾镜?嗏,此去往京畿,奴在冷落荒村,谁来俶问?惟愿你金榜题名及早归。

娘子请了。

儿夫今喜赴科场,惟愿此去姓名扬。

桃花浪暖鱼龙化[13],方显男儿当自强。

〔注〕 ① 范丹：东汉时人，不愿为官，以卖卜为生，非常穷困。 ② 逻斋：讨取斋饭。 ③ 阇(shé)黎：和尚。 ④ 云堂：僧众设斋吃饭和议事的地方。 ⑤ 潭府：对别人住宅的美称。 ⑥ 没巴没臂：也作没巴没鼻，或作没巴臂、没巴鼻，谓没来由、没根据。 ⑦ 昆吾剑：用昆吾山石炼铁铸成的剑，古时常用作宝剑的代称。 ⑧ 琼林宴：指古代为新科进士举行的酒宴。以宋时曾宴新科进士于汴京城西的琼林苑而得名。 ⑨ 蓝袍：指寒儒的身份，古时儒生所着衫袍称襕衫，亦作褴衣或蓝衫。朱衣：指做官的身份，因古时高官多着红色朝衣。 ⑩ 芹意：谦词，指微薄的情意。 ⑪ 鹑衣：破敝短小的衣服，因鹌鹑尾秃，故称。 ⑫ 凤凰池：古代官署中书省的别称。原为古代禁苑中池沼，魏晋南北朝设中书省于禁苑，故有此称。此代指身份显贵。 ⑬ 桃花浪：即桃花汛，春汛之时桃花盛开，故称。

《破窑记》传奇是敷演书生变泰发迹题材的古代戏曲名篇，全名《吕蒙正风雪破窑记》，简称《吕蒙正》或《破窑记》。作者佚名。原为南戏，曾为《永乐大典》收录，现存明万历年间刻本《李九我先生批评破窑记》，共二十九出，当系根据南戏改编而来。

剧作叙宋朝时书生吕蒙正，博学多才，然家道贫寒，潦倒不得志。刘丞相为其女高结彩楼，招选女婿。刘千金见吕蒙正器宇不凡，心有所动，遂抛彩球击中蒙正，且不顾父亲反对，执意相从。刘丞相担心蒙正沉溺荣华，舍弃追求功名富贵的兴趣，以至耽搁女儿终身，遂心生一计，假装嫌弃，将二人赶出相府。蒙正夫妻只好栖身于破窑之中，忍饥挨饿，受尽羞辱。一日往木兰寺吃斋饭，僧人们故意吃过之后才敲钟，以示厌恶，蒙正遂于粉墙上题诗二句："十度逻斋九度空，恼恨阇黎饭后钟。"后来吕蒙正上京赴试，高中状元。荣归后，蒙正祭谢破窑，重游木兰寺，发现僧人竟用红纱罩着他的旧诗，于是又续写了两句："二十年来尘壁土，今朝方显碧纱笼。"夫妻俩终于扬眉吐气，回到相府，合家团圆。

吕蒙正是真实的历史人物，《宋史》卷二六五有传。他于北宋太宗太平兴国二年(977)中状元，后官至参知政事(相当于宰相)，但年轻时并无招赘相府、困居破窑的经历，当系市井里巷间的杜撰。至于"饭后钟"的遭遇，则是移用唐人王播的故事。事实上，元代舞台上已经出现了敷演吕蒙正发迹的戏曲作品，如关汉卿有《吕蒙正风雪破窑记》(已佚)、马致远有《吕蒙正风雪斋后钟》(已佚)、王实甫有《吕蒙正风雪破窑记》(现存明脉望馆抄校本)，足见这一题材影响之广泛。元代曾长期废弃科举，汉族士子仕进无门，社会地位一落千丈，以至有"八娼、九儒、十丐"之说。因此，元代文学作品中肯定读书人的价值、为书生困窘遭遇鸣不平的篇章尤其丰富，而为杂剧舞台所改造过的吕蒙正变泰发迹故事，或可谓是这一"时代心声"的集中反映。

吕蒙正变泰发迹的故事之所以世代相传，在南戏、传奇中皆有所丰富、发展，则是因为它相当典型地反映出封建社会下层文人最普遍的人生理想和价值标准。本剧明确标榜说:“读书之人不可欺,果然平步上云梯。”在科举取士的时代,读一读“穷儒”吕蒙正始困终达的故事,感受其屈辱与荣耀、落魄与发达,这对于无数正做着“十年寒窗苦,一朝天下闻”梦想的读书人而言,无疑是一针非常有效的强心剂!“穷儒”吕蒙正这一人物形象,既体现出古代下层文人的卑微、可怜亦可笑的处境,也有不屈于权贵与世俗偏见的傲骨,以及实现自我价值、维护自我尊严的执著。

这里所选的《逻斋空回》,为《破窑记》第十五出,非常细腻、生动地描写了吕蒙正受到寺僧的羞辱,回到破窑后心理情绪的变化,充满了戏剧性。

漫天飘舞的大雪,既加剧了主人公生计上的艰难,也映衬了他此时孤寂、无助、惨然的心境。满腔悲愤无从诉说,只有向老天爷宣泄:“埋怨你这般样满空飘,好一似细剪鹅毛使人焦。”突然间,他发现这荒村破窑边竟然有男子来过的脚印,于是迅速闪过一丝疑问:难道是妻子做了什么丢人的事情?进了窑洞,看见妻子正在熟睡,想起她舍弃富贵,甘心奉陪,不免又升起几许愧意、爱怜与感激。然而,当妻子端上白米粥时,他的疑心更重了,坚决要求妻子说明其来历。知道是丈人差仆役送来了钱和米,蒙正只好赔不是,却又不能完全放下男子汉、大丈夫的架子;转而又想到逻斋时受到的羞辱,心情更加烦躁,于是顺手将粥一泼。这一泼,虽然就势排遣了积压有时的羞愤,但眼前生计的艰难又如何能回避呢?再说肚子正饿着!如此一想,不免更加伤心,只有痛恨老天爷的不公正了:“苦肝肠寸断,肝肠寸断,欲待要充饥,谁知倾落地。想苍天困我,苍天困我,直恁的空流珠泪。”真可谓是“贫贱夫妻百事哀”,此情此境,怎能不让读者心碎?一个失意落魄,然而心中始终燃烧着希望之火的读书人形象,跃然纸上。

科举是古代文人特别是下层文人改变自身命运的首选途径,一方面它固然为无数知识分子套上了一个厚重的精神枷锁,而另一方面,它毕竟在历史所能允许的尺度内为下层阶级提供了改变自身命运的公平的机会。受到寺僧的羞辱后,吕蒙正其实是在以一种近乎扭曲的悲愤心态来维护自己的尊严,于是,其志愈坚,其心愈疑,其行为就愈加迂阔、可笑。读者为之而悲,为之而喜,亦为之而庆幸。最后,他终于决定要通过自己的努力来摆脱贫困,那就是上京应试、博取功名。对此他充满了信心:“若依我蒙正的文章,夺青紫如拾草芥,有何难处?”一想到能与天下英才一较短长,先前低落、郁闷的情绪荡然无存,心理变化的曲线陡然冲上了另一个高峰。

《逻斋空回》一出,在艺术上颇有可圈可点之处。曲辞晓畅、直白,又始终洋溢着浓郁的个性化的情绪，这是本出最明显的语言特点。就戏剧性而言，本出的矛盾冲突主要发生于生、旦之间，属于古典戏曲以“误会”构建矛盾的老套路，但人物心理与环境的冲突、人物内在心理的冲突，却也能刻画得极其细腻、传神，给读者留下更深刻的印象。就舞台氛围而言，虽然场面上更多地笼罩着那种浓郁得足以让人酸鼻的悲剧性，然而也不乏某些令人解颐的喜剧性。那些淡淡的幽默感，非常有代表性地反映出中国古典戏曲“悲喜沓见”、“哀乐相随”的风格。

晚明文人王錂改《破窑记》为《彩楼记》，内容大抵相同，但删除了《桥上觅瓜》、《梅香劝归》、《状元游街》、《夫人看女》、《拜谒相公》、《夫妇荣谐》六出，合并《暂投旅店》、《店起奸心》为《投店成亲》，《送米破窑》、《逻斋空回》为《辨踪泼粥》，《相府相迎》、《团圆封赠》为《喜得功名》，共二十出，情节更为集中、紧凑，人物形象、思想倾向亦更加鲜明。

（程　芸）

同 窗 记　　佚 名

折子　山伯千里期约

（生、丑上）

【驻云飞】（生）莫惮艰心，千里前来访故人。行到他乡郡，只见竹密松林境。嗏，遥望杏花村，见个牧童，问取原因，讨个真实信。事久，前去问他，祝九家庄是那个门？祝九家庄是那个门？牧童哥，问你个路程，那祝九郎家，住在那里？

【滚遍】（内）小哥听原因，教导你的路程。转个弯儿下个岭，前面一座高房子，门前粉壁画麒麟。祝员外年登六旬，祝小姐不出闺门。看看不远他乡郡，祝九家中是那门。（丑）承教了。（生唱）祝九郎是那门？

（丑）东人，来此便是。你在此站住，待我先进去看取，这里有“止步扬声”[①]，不免叫一声。（贴上）是谁叫？（相见介）这个人，我在那里与他相会过？好似杭城伏事山伯官人那事久一般。（丑）这个女子，我与她面熟得紧，好似杭城伏事祝九官人那人心一般。怎么又是个女子？我且问你，你是人心吆？（贴）崔莺莺的母亲——正是[②]。你敢是事久？（丑）袖里发火——着手[③]。（贴）正是：路遥知马力，（丑）事久弄人心。（贴）事久见人心。（丑）你去对祝九官人说，杭州同窗读书山伯官人来访他。（贴）晓得。姐姐，朋友来访你。（旦上）丫头，窗友，说什么朋友！

【驻云飞】闻说兄来，展转教人泪满腮。昔日是书生辈，今改作蛾眉态。嗏，向前步懒抬，进前退后，漫自疑猜。争奈我赤颊香腮，羞答答怎与兄相拜？（贴）梁官人见礼。（旦）久别梁兄常挂怀，久别梁兄常挂怀。

梁兄，令尊令堂安否？（生）承问，粗安。（旦）师尊安否？（生）平安。（旦）窗友好么？（生）皆好。敢问祝九郎还是令兄是令弟？（旦）梁兄，你怎么这等眼大？就认不得。（生）我与他同窗三载，岂认他不得？（旦）当初杭城读书，就是奴家。（生）那时杭城攻书，不是女子，是个男子汉。（旦）女扮男装，从师远游。（生）既是如此，待我近前仔细看取。果是贤弟，久别又相逢，喜从天上降。（旦）呼童且换茶，漫把情怀畅。（生）自别贤弟，心常想念。今朝一见，三生有幸。（丑）咳！东人，可惜一碗白米饭，半个不曾得尝。（生）啐！胡说！（旦）有劳哥哥光降。这厅上有人来往不便，请哥哥到小妹书馆中去。（生）贤弟先行。看此书馆，到也幽雅。（丑）东人，那里有两个鸡争饼。（生）那是“双凤朝阳”。（丑）这等，我装村了④。（生）原来题得有诗在此：金针透破纸纱窗，偷引东风一线长。蝼蚁也知春意好，倒拖花片过东墙。贤弟，此诗是谁题的？（旦）小妹题的。（生）是贤弟题的，人来不好观瞻。（旦）哥，若是男子，不到我书馆来。若是妇人来此，她也不晓得字迹。（生）这倒也说得是。（旦）人心，看酒肴来！（贴）酒肴并备了。（旦）如此，斟上酒来！哥哥，酒到。奉劝梁兄酒一巡，敬陈薄酌表殷勤。同窗三载恩情重，自从那日别书林。

【降黄龙】自别书林，自从河梁别后，回家时节呵，寝食间切切思思，杳无音信。哥，今日到此之时，幸逢千里命驾，（生）今日轻造贵府呵，（旦）降临咱蓬荜寒门，使我雀跃不胜。降临咱蓬荜寒门，使我雀跃不胜。（生）贤弟何劳如此厚设，只好鸡黍相留便是。（旦）今日不知哥哥光降，未曾整备。既非烹宰之仪，岂是待宾之礼。哥，休哂未曾馔玉炊金⑤，聊具些白饭青刍，非为雅敬，非为雅敬，表殷勤。（生）愚兄酒量不加。（旦）哥，得宽怀处且宽怀，且把眉头展敞开。望尊兄开怀畅饮，甚勿责吝，甚勿责吝。（生）事久，斟上酒，待我回敬一杯。贤弟，酒到。

【前腔】思省，（旦）哥哥，思想甚的？（生）昔日邂逅相逢之际，萍水相逢，愚兄要往杭城读书，不期贤弟也去投师。二人来至中途相遇，荷蒙贤弟不弃，结为八拜之交，与我结为胶漆雷陈[⑥]。同气相求，同声相应。那日里，鸳池玩景，你道："梅不酸，姜不辣。"我识破你是妇人家。霎时间滑喇喇拆袂分襟，要图家庆，要图家庆。那日贤弟遽然归家，愚兄心中岂忍割舍？不忍，难舍刎颈。愚兄此来非为别的，一来叙间阔之情，二来听贤弟已许姻盟，敢受此厚款佳庆，敢受此厚款佳庆。

【前腔】（旦）欢忻，低唱浅斟。（生）贤弟，酒多了，告收罢。（旦）哥，说那里话！饮得月落灯残，瓮干杯罄。（生）我实饮不得了。（旦）我晓得了。哥哥平日不吃哑酒，人心，看骰子来。（生）愚兄不会行令，贤弟行来，我遵令就是。（旦）哥哥，说那里话！自古道东君置酒客置令。承蒙哥哥远来是客，还要尊兄，请见教。（生）贤弟，我和你同窗三载，岂不晓得我心性，那晓行令？请贤弟自行。（旦）既是小妹行令，可令事久、人心看令。尊兄心下如何？（生）凭贤弟就是。（旦）一个骰子上下共数，若是成双，我与哥哥同饮。若是单点，哥哥自己饮。（生）领命。（旦）哥，令是我道，请哥哥先行。（生）还是贤弟行。（旦）占先了。（掷介）成双。事久、人心看令。（丑）上面两点成双，是东人与小姐同饮。（贴）上面两点，下面五点，共是七点，该梁官人自饮。（丑）二五一十，也是成双。（生）上二、下五，果是七点，该我自己饮。（旦）人心，斟上酒来。（生）令酒干。（旦）如今该哥哥行。（生）卑人远来愿成双。（掷介）事久、人心看令。（丑）上面四点成双，东人与小姐同饮。（贴）上面四点，下面三点，也是七点，又该梁官人吃酒。（丑）三四一十二，也是成双。（生）事久，这里来！怎么这个骰子，只管是我饮酒，你去拿过，看是如何？（丑）正是。（生看介）幺六，二五，三四，皆是七点。（丑）东人，色不离七。（生）色不离七。（丑）色不离七，你只管吃，和你两个男子，却被两个妇人弄了。（生）为何把骰子弄愚兄？酒多了，告收。（旦）哥，无非爱你吃杯酒，休得要佯推故醉，必须遣兴陶情。表吾芹意，望哥哥休罪，肯受提诲恩深。但满饮此杯，自古道酒令严如军令。

【前腔】(生)衷情，非我推饮。奈我神思不爽，酒力不胜，实难吞香醪美酝。领敬，领敬，当不过贤弟情浓，亦非是愚兄谦逊。我这里谢殷勤，忧愁郁郁在吾怀，怎把眉头展放开！望贤弟免斟此香醪美酝，感戴不尽，感戴不尽！

(背云)我有许多心事对他说，怎奈事久、人心在旁，不免说我口渴要茶吃，使开人心。贤弟，我口渴，有茶见赐一杯。(旦)人心看茶来，与梁官人吃。(生)人心，且住。我这茶有些难为。(贴)怎么难为？(生)若热，放凉些。若是凉，暖热些儿。(贴)梁官人，好难为人！(生背云)人心倒去了，待我吩咐事久也去。事久！(丑)东人，叫怎么？(生)你去打草与马吃。(丑)东人，我晓得，你是三月芥菜要起心。(生)哇！(丑)眼睛光焰焰，各人讨方便。(下)(生)贤弟，且喜事久、人心去了。坐向前来，我有句话对你讲。当初杭州攻书，分明是个男子，今日就是个妇人。贤弟，你倒会变化。自古道：贫而泰，否而通⑦，鲲化鹏，鱼化龙。只有我梁山伯不能变化。兄弟，你当初与我同床而睡，接脚而眠，那知你是女扮男装？后来梅不酸，姜不辣，说你立地解手。我问你，你又道，怕玷污日月三光。这就里的事情，我怎晓得？(旦)女扮男装是我差，同窗三载共君家。落花有意随流水，流水无情恋落花。(生)三载同窗意颇深，为何半语不言真？且喜事久、人心俱不在，我低声悄口问原因。

【一枝花】我这里悄悄问原因，我这里悄悄问原因。(贴)茶到了。(丑)马饱了。(生念诗)倒拖花片过东墙。(贴)东墙东墙，我若不来，险做西厢。(丑)西厢西厢，我做琴童，你做红娘。(生)贤弟，昔日里是白面书生，今缘何改作朱颜绿鬓？(旦)只是我不好讲得。(生)为甚的欲言又忍，半吞半吐，话不分明？贤弟呵，真个是亏心短幸，真个是亏心短幸。

【前腔】(旦)非我欲言又忍，半吞半吐，话不分明。争奈我，上上有老萱堂⑧，下下有小梅香，伏侍又勤，四下里眼睁睁难诉我衷情。(生)贤弟，你当初怎的不说半句真话？(旦)哥，你不知其故。我当初往杭城攻书，嫂嫂笑我。我将红罗七尺埋在牡丹花下。我此去攻书，若有玷辱名节，牡丹花死，红罗朽烂。因此上不敢吐真情，紧把声名守定。欲许下燕约莺期，又恐怕蜂喧蝶嚷，伤残风化，有乖奴家德行，有乖奴家德行。

(生)已往事，不要讲他。我且问你，那日在江边拜别，不忍分离，亏你下得狠心，也不讲半句真话。(旦)哥，我也曾讲来。我道：墙角石榴庙里神，青松白鹤吐真情。池内鸳鸯交颈语，天台采药问虚真。红莲并蒂言多味，诗举《关雎》论圣经。谁知就里全不晓，辜负文君一片心。(生)你讲哑谜，我怎么解意？

【前腔】(旦)一路上见景生情，托物比兴，谁知你不解文君意，那识伯牙心！(生)我特为令妹婚事来，怎么说？(旦)我那有妹子！只是舍不得与你三载同窗八拜之交，约你前来结下丝罗。谁知你失信不来，反道我不是！(生)我何曾失信！你教我三七、四六、二八日来，共成一个月日。到如今，只多了两日，也不是来迟。(旦)冤家！我叫你三七日来，也是十日。四六、二八日俱是十日。如今一月有余，还说不迟！终朝颙望结朱陈[9]，今日望，望不见青鸾信；明日盼，盼不见黄犬音。我曾把银河肃整，鹊桥架定，那曾见牛郎来会织女星！因此上俺爹爹受了马……嗳！(下)

(生)事久，小姐分明说个"马"字，就不讲，走将进去了。想其中必有缘故，你问取人心，她必知端的。(丑应介)人心姐，我的东人说，姐姐说了一个"马"字，不说就进去了。叫我来问你一个仔细。

【催拍】(贴)事久哥，且听咱，我与你悄悄说了几句知情话。俺姐姐与嫂嫂，情不和来意不嘉，红罗缠住牡丹花。姐姐若不守贞节，红罗朽烂，牡丹不开花。姐姐杭州三载转回家，红罗不曾烂，牡丹色更佳。马家闻知守贞节，央他红叶冰人来聘她[10]。(丑)几时来？(贴)旧年冬月，腊月初八。有个人儿，头戴两朵金花，身披一领红衫，骑着一匹高头骏马。带了一簇人来，挑着一担麦饼粑粑。两个金丝果盒，里面是金银和着细茶。来到我家，在厅前放下。因此上，我员外唤安童，把地儿洒扫，又将画儿高挂。令着乐人吹打，点起蜡烛与香花。只见鼓儿打得冬冬，板儿打得咭咭呷呷，锁呐儿吹得的的打打，喇叭儿吹得嘻嘻戛戛，笛儿吹得尺尺查查。先拜公公，后拜妈妈。谢那媒人，一朵金花，一朵银花，我员外将姐姐许了什么牛家。(丑)敢是马家？（占）既晓马家，何须问咱！劝你东人，从今后，要想她，休得恋她！这段姻缘，一笔都勾罢！

　　因此上，俺员外受了马家聘定。（丑复对生说介）（旦上）（生）贤弟，与你只相别一个月，你就许嫁与马家。

【一枝花】枉自与你同床共寝，又不知你是河洲淑女身。你倒做了落花有意，我反做流水无情。你本是贤德孟光，一心心要遂梁鸿案[11]。念卑人肉眼相如，那识卓文君！贤弟，亲事不谐，就此告辞。

【前腔】百拜谢芳卿，百拜谢芳卿。辞却宝厅，急转家庭。（旦）哥，有慢了你。（生）贤弟，我和你终不然就罢休不成！前去寻一个月老冰人，定要把赤绳绾定，定要把赤绳绾定。（贴）梁官人，今生料不能够了。我劝你休想也罢了。（生）谁知你是铁石心来铁石人！你好亏心短幸！你好负义忘恩！你好狠心！你好歹情！只图马家谐白发，全不想断送我青春！一来恨贤妹言而无信，二来恨卑人薄命，三来恨月老注得不均平。本是同林鸟，又被狂风散，比目鱼又被猛浪分。本是个鸾凤交友，到做了参商两星[12]。咫尺天涯，不得和你亲，不由人将伊怨恨，不由人将伊怨恨。

　　（旦）人心，斟上酒来奉梁官人。

【前腔】杯酒表殷勤。（丑）东人，真个没志气！亲事不成，合当亲敬你一杯酒才是。缘何只叫姨婢递酒？终不然只有他家姨婢会递酒。好轻薄！你与他是兄弟之间，不好说得，待我作色，说他几句。二官，地北天南陌路人，萍水相逢意更亲。当初遂结金兰契，似漆如胶两意真。莫说我东人待你情意厚，就是事久待你也非轻。你把人心打发转，我每伏侍二东人。早晨起来汤洗脸，三餐茶饭又点心。一年三百六十日，三年千日有余零。那个时辰不钦敬，那个时辰不奉承？若有些儿不到处，东人打骂怒生嗔。买柴籴米都是我，开床叠被再何人。既是闺门贞洁女，何须打扮作男人？早知今日分内外，何不当初莫远行。你这样的事情，只是瞒得东人过，瞒我事久瞒不成。谁家鹅儿不吃菜，那个猫儿不吃腥？你似一匹白布吊在染缸里，拿在急水滩头洗不清。当初只说你是有仁有义真君子，今日见你是个歹心薄幸人。（旦）人心，斟上酒，待我亲奉梁兄一杯。我这里满怀心腹事，尽付此杯倾。俺这里揾着相思泪，勉强奉君。你那里揾着相思泪，勉强相吞。哥，这杯酒权当媒证。（生）贤弟，既说为媒证，敢问亲事还成否？（旦）哥，今生不和你谐凤侣，来生定要和你结姻亲。梁兄，我将此酒对天滴地盟下誓来。祝英台若果是亏心负义，七孔皆流鲜血，望天天鉴此情！（生）贤弟，此来非图馎馁而至[13]，

【前腔】特来桃源忆故人。贤弟，今日造府，多多相扰。多蒙厚爱，荷感盛情。争奈我喉咙哽咽，不由人珠泪如倾。常言道藕断丝不断，情泯意不泯。闷恹恹难舍分比翼，眼睁睁怎忍割同心？你去马家呵，绣屏锦褥销金帐，我此去孤月残灯翡翠衾。只因这些事情，好教我坐也不安，睡也不宁，捣枕捶床梦不成。到如今又没个得意人儿勤访问，又没个得意人儿勤访问。

贤弟，我就此告辞。（旦）哥哥决意要回，小妹不敢苦留，待奴短送一程。

【下山虎】（生）须臾对面，须臾对面，顷刻离分。送别阳关道，难觅知音。巫山锁翠云，湘江泪盈盈。黄花瘦影，坠落纷纷。满眼飘红叶，都是相思泪染成。（合）欲别又难忍，欲别又难忍，止不住汪汪泪盈。正是难舍难分，嗳呀！和你恩爱情，和你恩爱情。

【前腔】（旦）风筝线断，风筝线断，银瓶坠井。难作阳台梦，祆庙火焚[14]。（生）贤弟，这亲事不成，使我转家庭，独自个冷冷清清。（旦）人心，你看梁官人讲起这些事情呵！切切教我心何忍！人心，你与我开了箱子，取过罗帕一方、戒指一对，到这里来。哥，我这里权将罗帕戒指表殷勤，你异日相逢如见故人。（合）欲别又难忍，欲别又难忍，止不住汪汪泪盈。正是难舍难分，嗳呀，和你恩爱情，和你恩爱情。（生）贤弟呵，

【前腔】这罗帕戒指，非表你殷勤。好一似和针吞却线，刺人肠肚系人心。情沾肺腑，意惹芳心。贤弟，蒙你赐我罗帕戒指呵！

好教我见鞍思马，睹物伤情！反惹得相思两泪零，(合)欲别又难忍，欲别又难忍，止不住汪汪泪盈。正是难舍难分，嗳呀，和你恩爱情，和你恩爱情。

【斗黑麻】(旦)金乌西坠，玉兔东升。只见宿鸟投林，昏鸦归阵。恨不得倩疏林挂住红轮，把衷曲愁肠尽洗清。(合)从此去人居两地，天各一方，相思两处，一般泪零。

【前腔】(生)伯劳飞燕，东西离分。衡阳雁断，湘浦鱼沉。正是鱼不吞饵，罢卷丝纶。野渡无人，空载月明。(合)从此去人居两地，天各一方，相思两处，一般泪零。

【尾声】(生、旦合)今生未得同鸳枕，南柯梦里握雨携云。九泉终久重相会，再世相逢议此亲。(同下)

〔注〕 ① 止步扬声：此四字旧时贴于某些人家的大门上，告知来人，需到门停步，高声通报。 ②"崔莺莺"句：歇后双关语。以"正是"谐音"郑氏"(莺莺之母)。 ③"袖里"句：歇后双关语。"着手"谐音"作手"，寓得手之意。这里与上文对举，也即"正是"之意。 ④ 村：粗俗、傻气。 ⑤ 馔玉炊金：这里指美味佳肴。 ⑥ 胶漆雷陈：东汉雷义和陈重情义笃厚，乡人谚云："胶漆自谓坚，不如雷与陈。"见《后汉书·独行传》。 ⑦"贫而"二句：泰、否(pǐ)为《周易》二卦名。天地相交，万物通畅谓之泰；不交而闭塞谓之否。此句指世事万物可以转换变化。 ⑧ 萱堂：母亲。 ⑨ 朱陈：指两姓联姻。语出唐白居易《朱陈村》诗。 ⑩ 冰人：媒人。 ⑪ 梁鸿案：东汉梁鸿，娶妻孟光，每食，孟光举案(端食物的盘子)齐眉，夫妻相敬如宾。 ⑫ 参商：天上二十八宿中的二星宿，参星在西，商星在东，此出彼没。这里比喻永远分离，不能相见。 ⑬ 餔餟(zhuì)：吃喝。 ⑭ 袄庙火焚：袄庙，祭祀火神的地方。相传蜀帝的公主与乳母陈氏之子相爱，约定在袄庙相会。她见陈生睡熟，遂解玉环置于生怀而去。陈醒，知恋人远去，怨气化火，与庙俱焚。见《渊鉴类函》卷五八引《蜀志》。后用来指婚姻不遂。

《同窗记》是演梁山伯和祝英台故事的传奇剧本。全剧已佚，今存《山伯千里期约》(见明龚正我辑《新刊徽板合像滚调乐府官腔摘锦奇音》卷六)、《河梁分袂》(明末殷启圣选辑《精选天下时尚南北徽池雅调》卷一下)，另有《英台自叹》(明黄儒卿汇编《时调青昆》次卷)。《山伯千里期约》也题为《山伯访友》(见《时调青昆》次卷)或《访友》(见明冲和居士编《新镌出像点板缠头百练二集》"共喷罗曲数卷"，内容作了较多删节)。本书所用文本取《摘锦奇音》本。

据唐代梁载言《十道四番志》和张读《宣室志》所载，梁祝的故事从东晋以来就在民间广泛流传。宋词中有【祝英台近】、【祝英台慢】的词调名，可知传唱梁祝的故事在宋代就已经很普遍。搬上戏曲舞台的，宋元南戏有《祝英台》，元杂剧有白朴的《祝英台死嫁梁山伯》。明代传奇中有关梁祝故事的剧目更多，如朱从龙的《牡丹记》、朱少斋的《英台记》(又名《还魂记》)、王紫涛的《两蝶诗》,以及无名氏的《同窗记》(又名《访友记》)等。这些剧目虽然都已散佚,但从明代戏曲选本所保存的佚曲中还可以窥见其风貌。尽管各本曲白的文字有所出入,然而它们都渊源于宋元南戏《祝英台》。梁祝故事的戏曲在许多地方戏中盛演不衰,尤以川剧《柳荫记》和越剧《梁山伯与祝英台》最受人民大众的欢迎。

《山伯千里期约》即“楼台会”,是一场著名的重头戏。描写梁山伯和祝英台同窗三载,朝夕相处,互相关心和尊重,情深谊厚。祝父催女归家,英台趁山伯送行时,见景生情,托物寓意,表达她对山伯的爱慕,而忠厚至诚的山伯,竟未能领会。河梁话别时,英台无奈,只得托言为九妹作伐,叮嘱山伯按期赴约。后来山伯千里相访,由于错过约期,英台已被其父许配马家。两人书馆相见,悲愤不已,表示此情专一不二,在“九泉终久重相会,再世相逢议此亲”的誓言中诀别。

戏一开场,《群音类选》所载“诸腔”卷四《访友记》的《山伯访祝》,有祝员外先接见山伯,同意梁祝相见,忽然庄外来人催他去算账的戏。《山伯千里期约》则将这些无关紧要的情节删去,直接描写梁祝的重逢。当侍女人心禀报有朋友来访,英台立即纠正说:“丫头,窗友,说什么朋友!”她非常珍惜数载同窗的友谊,不仅与梁兄情投意合,而且暗自托付终身大事,这种“窗友”的情谊当然远远超出“朋友”的范围。正因为这种不同于一般的朋友关系,他们才可以不避嫌疑,将相会地点由客厅移至英台的书馆,在这个特定的情境里,演出一场感人肺腑、催人泪下的悲剧。

山伯一是为了探访挚友,二是为了与“九妹”缔结姻盟,“莫惮艰心”,兴冲冲而来,英台则久等梁兄不至,朝思暮想,况且经历了许婚马家的巨变之后,心情抑郁而悲伤。当听说梁兄真的到来,她反而热泪满腮,担心以“朱颜绿鬓”的女儿之身抛头露面,会让梁兄难以接受。因此,举步维艰,疑猜不定。在这种既喜且悲的对比映衬下,两人不同的心境和情态,就构成相见时的戏剧冲突。为了不使一上场就沉浸在悲剧的气氛里,作者紧接着通过相认时的一段对白,既细致地描绘梁兄辨认出女装英台的高兴,突出了山伯的至诚性格,又让事久和人心生动活泼的科诨,给两人相见增添了不少欢乐,使剧情跌宕有致,把久别重逢时的悲喜交集场面渲染得恰如其分。这个开场戏为情节的发展和转折起了铺垫的作用,也是对后面的悲剧场面的一种衬托。

英台不忍心将婚变之事告诉梁兄,便强压内心的悲痛,设宴置酒,殷勤招待,直“饮得月落灯残,瓮干杯罄”,仍不肯罢休,又借行酒令,再频频把盏劝饮,欲让梁兄醉倒,一醉方休。当然,借酒岂能浇愁,内心的矛盾和痛楚难以掩饰。山伯终于从她的举止异常、谈话吞吐中看出破绽，他急于了解事情真相，探明其中就里。于是将事久、人心支开，以便于他们畅叙衷怀。至此，剧情发生了转折，戏剧冲突也由隐蔽而公开化，梁祝的心灵碰撞不可避免地展开了。面对梁兄的一再追问，英台已无法控制自己，也不顾事久、人心去而复返，通过两支【一枝花】曲子将真情一吐为快，把压抑在心头的满腔悲愤宣泄出来。她尽管聪明机智，品格高尚，敢于冲破世俗观念，女扮男装外出读书，但她毕竟是大家小姐，长期受到封建礼教的熏陶，害怕有亏名节，“恐怕蜂喧蝶嚷，伤残风化，有乖奴家德行”。她处处谨小慎微，担心自己的身份被暴露，山伯虽然对其身为女性也有所察觉，但却被英台的聪明机警搪塞过去；她钟情山伯，热切希望早日结连理，可是又不敢直截了当地表达自己对爱情的追求，只能托物比兴，委婉暗示，而一贯忠厚至诚的梁兄却“不解文君意”，从而错过了“燕约莺期”。“终朝颙望结朱陈，今日望，望不见青鸾信；明日盼，盼不见黄犬音。我曾把银河肃整，鹊桥架定，那曾见牛郎来会织女星”！这段唱词把她的望眼欲穿、焦急等待以及埋怨心情倾吐出来，当唱道“因此上俺爹爹受了马……嗳”，一声“嗳”叹，便语不成声，急忙下场，至于许婚马家之事则由人心嘴里说出。作者这样精心安排，既顺应了剧情的发展，也符合人物的性格和感情变化的轨迹，她已经悲痛欲绝，当然更不忍心当着梁兄的面，使他的心灵再受到创痛。同时也可以让紧张的剧情暂时趋于和缓，使场面和气氛得到调剂。这场戏深刻揭露了“父母之命，媒妁之言”的包办婚姻，是造成梁祝悲剧的主要原因。

在山伯了解事情的真相，特别是人心明白相告他们“这段姻缘，一笔都勾罢”后，紧接着就安排了两次告辞的戏，把悲剧的戏剧冲突推向高潮。第一次告辞，山伯虽然知道“亲事不谐”，但他接受不了这个残酷的事实，还心存一线希望，“前去寻一个月老冰人，定要把赤绳绾定”。英台则比较清醒理智，深知“今生料不能够”相偕。人心再次劝山伯“休想也罢了”，力图让他死心，当然也在进一步试探他的态度。岂料一贯忠厚至诚的山伯居然失去了控制，他悲恨交集，怒火顿生，连发出“三恨”：“一来恨贤妹言而无信，二来恨卑人薄命，三来恨月老注得不均平。”“本是同林鸟，又被狂风散，比目鱼又被猛浪分”，声声字字都是对封建婚姻制度的斥责，就是这些“狂风”“猛浪”吞噬了这一对青年的爱情和幸福。事久也为主人忿忿鸣不平，责备英台是“歹心薄幸人”。通过这场面对面的尖锐冲突，终于使这对有情人的误会得到化解。英台虽然无法违背老父的意志，改变既成事实，但决心殉情，以死来抗争，她将相思热泪擦干，执酒对天盟誓：“今生不和你谐凤侣，来生定要和你结姻亲。”“祝英台如果是亏心负义，七孔皆流鲜血，望天天鉴此情。”铮铮誓言，掷地有声。

梁祝二人消除误会，心灵沟通，誓结山盟后，山伯再次提出告辞，在送行这场戏中，作者竭力描绘令人黯然伤神的暮秋景色，将离人置身在这个特定的凄凉环境里；又连用了三支【下山虎】和两支【斗黑麻】曲子，这两种曲牌属于南曲越调过曲，适宜于表现悲伤怨慕的情绪。英台再赠送“罗帕戒指”，聊表衷情，而山伯睹物伤心，声泪俱下，悲痛欲绝。他俩一曲接一曲对唱和合唱，反反复复地咏叹，把诀别时“欲别又难忍，欲别又难忍”的愁肠寸断，“伯劳飞燕，东西离分”，“天各一方，相思两处”的痛苦思念，抒发得缠绵悱恻、声情并茂、凄楚动人，具有强烈的艺术感染力。然后作者再将笔锋轻轻一转，在【尾声】的合唱里，用矢志不移的决心、毫不妥协的积极追求，再一次表达他们对生死不渝爱情的坚定信念：“九泉终久重相会，再世相逢议此亲。”使梁祝的反抗性格得到升华，艺术形象更加光彩照人。

这出戏除了以强烈的感情扣人心弦外，大量运用质朴生动的民间俗词俚语，也取得了良好的效果。特别是事久、人心的演唱，采用青阳腔的【滚遍】、【擸拍】等滚调，曲词活泼流畅，富有个性色彩。而梁祝的曲词则优美清丽，融入和汲取了古典诗词和《西厢记》的养料，更能够揭示人物细腻的心理活动，渲染浓郁的悲剧气氛，显然在流传过程中经过文人的加工，因此与前者的语言形成了鲜明的对比。 （吴书荫）

【戏曲家小传】

梁辰鱼

(1519？—1591？) 字伯龙，号少白或少伯，号仇池外史。昆山(今属江苏)人。出身富绅家族，屡试不售，又见朝政腐败，无心入仕。为人任侠放荡，喜谈兵，好遨游览胜，常交接名流。与王世贞、李攀龙、张凤翼、屠隆等过从甚密。善度曲，与音乐家郑思笠、唐小虞等往来，受教于魏良辅，与魏氏一同改良完善了昆山腔。又撰写了用改良的昆山腔演唱的首部传奇《浣纱记》，大获成功，有力地推动了昆曲发展。另有传奇《鸳鸯记》、杂剧《红线女》、《红绡记》(即《红绡》)，均佚。又曾补陆采《明珠记》一折，标为《无双传补》，附于《江东白苎》。散曲有《江东白苎》、《续江东白苎》。《全明散曲》辑录其小令五十四首，套数四十套，另复出小令五首，套数四套。对其散曲，前人评价较高。另有诗集《梁国子生集》，其他著作如《伯龙诗》、《远游稿》及《江东二十一史弹词》等皆佚。今人辑有《梁辰鱼集》。

浣　纱　记　　　　梁辰鱼

第二十三出　迎　　施

(生扮范蠡同众带女冠服上)

【虞美人】(生)连年江海空奔走，往事休回首。桃源深处结同心[1]，一别匆匆三载到如今。

自家范蠡，向因闲游苎萝山下，得遇西施，不觉三载有余矣。勤劳王事，奔走江关，再无工夫得谐姻契。近寄信去，知未嫁人。昨因主公要选美女，进上吴王，遍国搜求，并不如意。想国家事体重大，岂宜吝一妇人，敬已荐之主公，特遣山中迎取。但有负淑女，更背旧盟，心甚不安，如何是好！今到这里，恐幽僻山村，车马众多，必致惊动。我且再依向年故事，改换衣裳，潜往他家，先见此女，备述我主公访求之意，令其心肯意从，然后将车马奉迎，却不是好？众军士，你们暂住村口，待我呼唤，方可到来。(众应介，同生俱下)

(旦上)

【前腔】秋来春去眉常锁，愁病何年可？灯花昨夜似多情[2]，晨起檐前鹊噪更无凭[3]。

奴家西施，自从与范大夫相别，不觉将及三载。闻他一向逗遛吴庭，近日归来，有信安慰。他既能以身徇国，我岂可将身许人。如今父又远出，母又患病，只得闭门做些针指，待他消息。正是：身无彩凤双飞翼，心有灵犀一点通[4]。(生道服上)独访山家歇还陟，茅屋斜连隔松叶。主人何处未开门，绕篱野菜飞黄蝶。我一路问来，说道：西施家里，门临流水，屋靠青山。数竿修竹，在小桥尽头；一座茅堂，向百花深处。迤逦行来，此间想是他门首了。为何闭上门儿？我不好竟叩。且在此少待，看里头有人出来否？

【一江风】问他家，独自穿山径，趁几曲溪流净。未开门，一带疏篱，见花竹相遮映。沿门嗽一声，里头有人么，怎么再不闻一些影响[5]？沿门嗽一声，待敲还住停。待我再问一声：里头有人么？(旦)是那个？(生)这个娇滴滴声音想是他了，我且不要应他，看他出来么。急忙里未可便通名姓。

【前腔】(旦)万山深，寂寂村庄静。镇日有谁来问？你是何人？

(生)是我。(旦)试把门开,看那个频频应。(做开门介)呀!我道是谁!(做退后介)(生)且喜小娘子在家里。(旦)尊官里头请坐便好,只是我父亲不在家里,如何是好?(生)一定要到堂中奉拜,兼有说话。(旦)既然如此,尊官请。(生)小娘子请。他忙将礼数迎,忙将礼数迎,春风满面生。(旦)尊官,念蜗居窄狭无恭敬。

尊官万福。(生)小娘子拜揖。范蠡为君父有难,拘留异邦,有背深盟,实切惶愧。(旦)尊官拘系,贱妾尽知。但国家事极大,姻亲事极小;岂为一女之微,有负万姓之望。(生)小娘子,我不知进退,有言奉闻。(旦)但说不妨。(生)我与小娘子本图就谐二姓之欢,永期百年之好;岂料家亡国破,君系臣囚,幸用鄙人浅谋,得放主公归国。今吴王荒淫无度,恋酒迷花。主公欲搆求美女,以逞其欲。寻遍国内,再无其人。我想起来,只有小娘子仪容绝世,偶尔称扬,主公遂有访求之心。小娘子尚无见许之意,故敢特造高居,奉询可否,小娘子意下何如?(旦)贱妾不过是田姑村妇,裙布钗荆,岂宜到楚馆秦楼,珠歌翠舞?况当时既将身许,三年遂患心疼。尊官为国,伏望别访他求;贱妾为身,恐难移彼易此。(生)小娘子美意,我岂不知。但社稷废兴,全赖此举。若能飘然一往,则国既可存,我身亦可保。后会有期,未可知也!若执而不行,则国将遂灭,我身亦旋亡。那时节虽结姻亲,小娘子,我和你必同做沟渠之鬼,又何暇求百年之欢乎!(旦)虽然如此,但悬望三年,今得一见,意谓终身可了,岂料又起风波,好苦楚人也!

【金落索】(旦)三年曾结盟,百岁图欢庆。记得溪边,两下亲折证。闻君滞此身,在吴庭,害得心儿彻夜疼。溪纱一缕曾相订,何事儿郎忒短情?我真薄命!天涯海角未曾经,那时节异国飘零,音信无凭,落在深深井。

【前腔】(生)别来岁月更,两下成孤另。我日夜关心,奈人远天涯近。区区负此盟,愧平生。谁料频年国势倾,无端又害出多娇病。羞杀我一事无成两鬓星。今日特到贵宅呵,奉君王命,江东百姓全是赖卿卿⑥。小娘子,你若肯去呵,二国之兴废存亡,更未可知;我两人之再会重逢,亦未可晓。望伊家及早登程,不必留停,婚姻事皆前定。

(旦)既然如此,勉强应承,待我进去,禀过母亲,方可去也。(生)正是。(旦下)(生)众军士那里?快取冠带过来。(众上请旦)(诨介)(小净、丑、旦同上)(小净、丑)妹子,你父亲又不在家里,母亲又病在床上,我两个在村中知道,特来相送。(做哭介)(生)不要哭,请换了小娘子的衣服。(小净、丑换衣服介)(旦悲介)

【三换头】(旦)孤身只影,未识侯门行径。况天南地北,路途谁惯经?我未往先战兢。这其间只是我不合来溪边独行。羞杀人儿也,浣纱谁问聘?敬谢君家,恐这样姻亲空作成。

(生)小娘子不要烦恼。(小净、丑)西施妹子,你不像我两个店底货[7],你去这桩买卖必定就着手。经过杭州,若想我两个,搽面粉每人买三四担寄来用用。(做哭介)(生)你两个不消送了,去罢。(小净、丑下)(众)就此起程。

【前腔】(众)鸾车奉迎,笙歌迭进。王都近也,看欢声遍城。此去一生欢庆。这壁厢只得把那壁厢暂时承领。况切君王望,紧行莫住停。奉告娘行,想这段姻亲真作成。

(众)禀老爷,已到宫门首了。(生)闻主公在后殿,不免竟入。

【生查子】(小生)日长深殿中,拂拂南风竞。聊抚五弦琴,为解吾民愠。

(生进相见介)主公,奉迎西施,已在宫外。(小生)范大夫就引进来。(旦进)(众喝旦拜介)(小生)美人起来,果然天姿国色,绝世无双。范大夫,皆是尊赐。(生)岂敢。

【东瓯令】(小生)真娇艳,果娉婷,一段风流画不成。美人,念千年家国如悬磬[8],全赖伊平定。若还枯树得重新,合国拜芳卿。

(旦)只恐性质凡庸,容颜粗丑,不足以副君王之望。

【前腔】(旦)嗟薄命,愧无能,念贱妾今还在幼龄。寒微未脱蓬茅性,金屋难相称。(小生)你晓得歌舞么?(旦)看萧萧裙布与钗荆,歌舞更何曾。

【刘泼帽】(生)娘行聪俊还娇倩[9],胜江东万马千兵。你立功异域才堪敬。那时海甸清,眼见烽烟净。

(小生)范大夫传下命令,点选宦官五十名,宫女一百名,宝马香车,旌旄鼓吹,伏侍美人到西土城别馆去居住。目下就请娘娘亲去教

他歌舞。(众应介)(小生、生先下)(众引旦行介)

【前腔】(众)金门火速传君令,点宫娥尽到西城。尽心昼夜来供应。他日法驾临,万姓看行幸。(下)

〔注〕 ①“桃源”句:桃源,本指《桃花源记》中的桃花源。后人又与刘晨、阮肇在天台山采药遇二仙女故事相混,此处即指后者。同心,即同心结。古代用绸带结成连环回文结,相互赠送,表示爱慕之情。梁武帝《有所思》诗:“腰中双绮带,梦为同心结。” ②灯花:灯心余烬结为花形。古人迷信,以灯花为吉兆。 ③鹊噪:汉刘歆《西京杂记》:“千鹊噪而行人至,蜘蛛集而百事喜。”故旧俗谓鹊噪兆喜也。 ④“身无”二句:此为唐李商隐《无题》诗中两句。据说犀牛角中心的髓质像一条白线上下相通,此两句诗意谓男女之间,身份地位虽不相同,心却相连,情意相通。 ⑤影响:消息。 ⑥卿卿:尊敬亲昵的称呼。 ⑦店底货:犹言蹩脚货,指卖不出去的货。 ⑧悬磬:形容空无所有,贫穷已极。《国语·鲁语上》:“室无悬磬,野无青草,何恃而不恐?”韦昭注:“悬磬,言鲁府藏空虚。” ⑨娘行:指西施。娘行,对于普通女性之通称。

《浣纱记》是以春秋时期吴越战争为题材的传奇作品,也是第一次以改革后的昆山腔进行舞台演出的典范之作,在戏曲史上有着很重要的位置。该剧写越国上大夫范蠡游春结识浣纱女西施并定情。彼时吴越交兵,越为吴败,范蠡随国君入吴为奴,三年始归。为雪国耻,越国君臣卧薪尝胆,励精图治,并决定向吴进奉美人以乱其国。范蠡为国割爱,主动推荐自己的未婚妻西施并亲自送之入吴。西施与范蠡析浣纱为证,以待团圆。西施入吴,吴国势渐颓,越乘机发展国力,兴兵伐吴。吴忠臣伍子胥因进谏昏君,获罪自刎,吴失去战斗力,最后为越所灭。越王复仇之后,范蠡功成身退,与西施隐姓埋名,泛舟湖上,乘风远遁。

《迎施》是全剧的高潮之一。范蠡虽然深明大义,认为“国家事体重大,岂宜吝一妇人”,但这“一妇人”毕竟是自己当年一见钟情的未婚妻,内心总是不能很平静的。而西施苦盼三年,以至心疾缠身,万料不到盼来的竟是这么一个结局,她的情绪波动也可想而知。剧中人物内心起伏难定的情感波涛,推动故事情节进入高潮。这一高潮的矛盾集结点在于“国家事”与个人“姻亲事”之间的冲突。

对于范蠡来说,他所面临的矛盾是不仅要克制个人感情,自己说服自己,更要晓之以理,动之以情地去说服西施。在见西施前后,他内心极不平静。走在迎施的路上,想到自己的行为“有负淑女,更背旧盟,心甚不安”。为了不惊动西施,他令车驾停在村口,自己便衣前往。在门口,他踌躇再三,“不好竟叩”,“待敲还住停”。见面时未见其人先识其声:“这个娇滴滴声音想是他了。”略可透露他见意中人的急切心情。但想到自己此行的目的,却又不得不有所压抑与掩饰:“范蠡为君父有难,拘留异邦,有背深盟,实切惶愧。”对意中人的解释和歉意,西施表示理解,她说:“国家事极大,姻亲事极小;岂为一女之微,有负万姓之望。”西施这种顾大局识大体的心胸和胆识与范蠡可谓“英雄所见略同”，也是二人心有灵犀之处。有了这个认识基础，范蠡最后才能说服西施，西施也才能谅解范蠡荐己入宫之举，二人也才能信守旧盟，终结连理。

但西施毕竟只是一位山里的浣纱姑娘，她自小到大从未出过家门，对外面的纷纭世事从未想到要去独力面对，更不用说有朝一日要远离故土，去承担救国救民的历史重任。她最大的愿望就是找个可靠的钟情丈夫，哪怕为此迟了年岁。意中人范蠡为国操劳，推迟婚期，她毫无怨言地等着他，“他既能以身徇国，我岂可将身许人”。这是西施思想所能达到的最高境界了，越出这个界限，再要求她为国移情，就是强人所难了。

偏偏范蠡就给她出了这么个难题。看到西施喜不迭地“忙将礼数迎，春风满面生”，范蠡深感此举“有背深盟”，实难开口。踌躇再三，还是委婉说明了来意，只不过把主动推荐说成了被动奉命，一下子把西施推到了进退两难之境。西施的情绪变化是直接受范蠡影响的。由于范蠡一开始便叙旧情，且告以“本图就谐二姓之欢，永期百年之好”，西施误认为范蠡也是迫于王命，不得不来征求她的意见。因此她先推托自己不宜楚馆秦楼，既而倾诉自己三年来相思成疾之苦，最后热烈真挚地表白对范爱情之忠贞不渝，且明确回绝了将其献入吴宫的请求：“尊官为国，伏望别访他求；贱妾为身，恐难移彼易此。”此时西施尚沉浸在爱情的幸福之中，她满以为范蠡会顺水推舟，别访他求，留下自己永结百年之好。哪料到风流倜傥的范郎这次却铁了心肠，非但没理会自己这个顺水人情，反而讲了一通危巢之下安有完卵的大道理，希望她能以国事为重，摒弃私情，因为“社稷废兴，全赖此举”。

这样一来，西施应也得去，不应也得去，是没有退路了。自己的未婚夫已无意旧盟，三年来所有的希望转眼间化为泡影；精神支柱没有了，心灵一下子无了依赖。这对于“悬望三年”，“意谓终身可了”的西施来说，不啻晴天霹雳，【金落索】唱出她的悲苦心情，既有对往昔旧情的追念，又有对情郎薄幸的埋怨，还有对前途未卜的恐慌。虽然万般无奈勉强应承下来，心情究竟是不平静的。

【三换头】表达了西施对只身入吴的恐惧，想到天遥地远，光是路途颠簸已苦不堪言，再加上“孤身只影，未识侯门行径”，那时节音信无凭，异国飘零，岂不是叫天天不应，唤地地不灵，犹如身陷深井，还谈什么姻亲事成不成！想到此，她不由地悲从中来，后悔当初“不合来溪边独行”，以致惹下三年闲愁，一生离苦。至此，西施的情绪一落千丈，激烈的思想斗争已渐至尾声。

入都见越王君臣，西施情绪低沉。面对君上的殊礼款待，超高要求，她始终没有积极响应。【东瓯令】、【前腔】、【刘泼帽】三支曲子形成了鲜明的对比。对于越王“念千年家国如悬磬，全赖伊平定”的高期待，对于范蠡“娘行聪俊还娇倩，胜江东万马千兵，你立功异域才堪敬”的勉励嘉许，西施并未受宠若惊，壮志凌云。她明白越是如此，自己有去无回的可能性越大，与范蠡重逢也就切切实实地变成了梦想。因此在这里，她干脆避而不言个人私事，只是适当地为自己入吴铺了些许退路，她提醒越王自己不过是个村姑，“只恐性质凡庸……不足以副君王之望”。至此，西施内心的情感波涛似乎已由汹涌澎湃渐至平静无波了。不管怎样，西施最后是顾全大局，为国家利益舍弃个人感情，忍辱负屈地入了吴宫。但心情是不平静的，情绪的暗流依然存在，越是沉默，忍受的痛苦越大，这又为酝酿后面的情节高潮作了铺垫。

（齐森华　盛志梅）

浣　纱　记　　梁辰鱼

第二十六出　寄　　子

（外、小末扮伍员父子上）

【意难忘】（外）岁月驱驰，笑终身未了，志转隳颓。丹心空报主，白首坐抛儿。（小末）爹爹，前路去竟投谁？（外）孩儿，咫尺到东齐。（小末）望故乡云山万叠，目断慈帏[①]。

〔庆宫春〕（小末）云接平岗，山围旷野，路回渐入齐城。（外）衰柳啼鸦，惊风驱雁，动人一片秋声。（小末）倦途休驾，淡烟里、微茫见星。（外）家乡何处？死别生离，说甚恩情。　孩儿，我和你自离家乡，将及一月，不觉又到齐国了。（小末）爹爹，母亲在家悬念，可早完王事，火速同归。不知爹爹为何在途只管愁闷？（外）孩儿，我一向怕你烦恼，不好说得。我亏吴之先王，雪你公公深怨，国家大恩，未曾报得。不料主公近听伯嚭，反放越王；前日又信子贡游说，欲北伐齐国，遣我来请战期。我想起来，吴兵一出，则越乘虚直入吴地。今我回去，誓当谏死以报国恩，只是与你同死，甚是无益。我有一个结义兄弟，唤做鲍牧，见做齐国大夫，今带你来寄与他家，以存伍氏一脉。（悲介）自今以后，我自去干我的事，你自去干你的事，再不要想念我。（小末）爹爹，我只道路上冷静，带孩儿出来，不晓得到是这等，兀的不痛杀我也！（外）孩儿，事已到此，不用伤悲，且速前去，再做道理。

【胜如花】(外)清秋路，黄叶飞，为甚登山涉水？只因他义属君臣，反教人分开父子，又未知何日欢会。(合)料团圆今生已稀，要重逢他生怎期？浪打东西，似浮萍无蒂，禁不住数行珠泪。羡双双旅雁南归，羡双双旅雁南归。(合前)

【前腔】(小末)年还幼，发覆眉[2]，膝下承颜无几。初还认落叶归根，谁道做浮花浪蕊，何日报双亲恩义？(合前)

(外)一入城来，此间已是鲍大夫门首。里头有人么？(末扮鲍大夫、丑扮家童上)

【燕归梁】(末)叵耐强臣欲立威，看社稷垂危。侧闻吴国召戎衣，何日里静邦畿？

小厮，你看外面那个？(丑)此位老爷是何处？(外)你进去说，吴国伍大夫要见。(丑报介)(末)道有请。(外进见末)(小末同拜介)(末)一自别沧洲[3]，相思定几秋。(外)故人惊会面，新恨说从头。(末)哥哥，此位何人？(外)是小儿。(末)别来数年，令郎一发长成了。我陈桓弑逆[4]，致召兵戈，哥哥远来，必有所谕。(外)兄弟，齐欲伐鲁，立威远国，今奉国命，来请战期。(末)哥哥，你报亲之怨，鞭平王于墓间；复君之仇，囚勾践于石室。一生忠孝，四海流传。可敬，可敬！(外)兄弟，你知其一，未知其二。昔父兄为楚平所害，孝道有亏；今主公为伯嚭所欺，忠心不遂。不知防越之策，反兴伐齐之师，眼见姑苏即生荆棘。今承君命来使齐邦，一则预料老朽诛夷，二则不忍宗祀灭绝。以吾弟一日之雅[5]，付伍氏六尺之孤。留作螟蛉，视同豚犬。(末)哥哥是吴之忠臣，小弟亦齐之义士，既蒙分付，敢不尽心。但恐抚养不周，有负重托。(外)兄弟，小儿避难，窃恐人知，可改姓王孙，勿称伍氏。(末)谨领，谨领。(小末)爹爹，你果然就把我撇在这里！(作悲介)

【泣颜回】听说不胜悲，顿教儿血泪交垂。双亲膝下，何曾顷刻分离。爹爹，衷肠怎提，为甚的将父子轻抛弃？当初望永祝椿枝，又谁知顿撇斑衣[6]。

【前腔】(外)堪悲！家国渐倾欹。我身无葬地，汝尚何依？兄弟，特求抚养，须存一脉衰微。(末)哥哥，若国家安辑了，你可就来领令郎去。(外)我存亡未知，料孤臣定做沟渠鬼。我孩儿不用哀伤,望君家委曲提携。

【前腔】(末)三齐,无主国摧危。笑区区株守,庸劣无为。蒙兄相托,敢不竭力扶持。哥哥,你丹心怎移,要念前王须尽忠和义。令郎呵,我看承胜似亲生,放心归不必狐疑。

(外)孩儿,不是我无情就撇了你,事到其间,顾不得了。况报仇大事,我便做得,你做不得。我今日杀身报国,也是没奈何,你后日切不要学我。(小末哭介)爹爹,怎么撇了孩儿就去!(外)孩儿,不要啼哭,或者后日还要相见,你今日就拜鲍叔叔做父亲,要如嫡亲爹爹一般,听他教诲,不可违背。(小末拜末介)爹爹,请转坐,待孩儿拜见。

【摧拍】念孩儿未谙礼仪,望爹爹朝夕训规,岂敢有违,岂敢有违。(拜外介)爹爹,但愿椿庭,寿与山齐。爹归去,拜上母亲,只说孩儿在齐游学,不久就归。传示萱堂,不用凄其。(合)从今去海角天涯,人何处?梦空归。

【前腔】(外)望长空孤云自飞,看寒林夕阳渐低,今生已矣,今生已矣!白首无成,往事依稀,日暮途穷,空挽斜晖。(合前)

【前腔】(末)我哥哥你安心竟归,我侄儿你将身暂依。今当数奇,今当数奇。命蹇时乖,偶尔睽违⑦。他日团圆,父子追随。(合前)

【一撮棹】(小末)爹爹,西风里泪湿旧缝衣。(外)亲骨肉因何事竟生离?(末)长亭远,极目处草萋萋。(合)回头望,欲去更徘徊。今日轻分手,他年会何地?肠断也,回首各东西。

(外)本是同林鸟,(小末)分飞竟失群。

(末)谁怜一片影,(合)相失万重云。

〔注〕 ① 目断慈帏:目断,望断。慈帏,母亲的代称。 ② 发覆眉:古代发式不同,标志着年龄的差异。前额眉上垂短发,为幼儿发式,古代称之为髦,今叫刘海。 ③ 沧洲:水滨,常用以称隐者之地。 ④ 陈桓:当作陈恒,春秋齐大夫,即陈成子。杀齐简公,立平公,自为执政。 ⑤ 一日之雅:一日之交。雅,常也,素也。一日之雅,犹言"一日之旧"。《汉书·谷永传》:"永斗筲之材,质薄学疏,无一日之雅,左右之介。" ⑥ 斑衣:传说春秋时楚人老莱子年七十,作婴儿戏,穿五彩斑斓衣,取水上堂,跌扑卧地,为小儿啼,想要老亲欢喜。事见皇甫谧《高士传》。后因谓人子娱亲为"斑衣""戏彩"。 ⑦ 睽违:别离。何逊《赠诸游旧诗》:"新知虽已乐,旧爱尽睽违。"

《寄子》是舞台上经常搬演的剧目。这一出是写伍子胥看到吴王夫差昏庸误国，重用奸佞，决定“誓当谏死以报国恩”。趁向齐国下战书的机会，把儿子带往齐国寄养。英雄报国无门的悲愤刚烈之气与父子难舍难分的天伦骨肉之情结合起来，刚柔兼济，回肠荡气，感人颇深，塑造了一位有血有肉、侠骨柔肠的舞台艺术形象——伍子胥。

作为吴国相国的伍子胥，对吴国的当前局势和未来命运看得非常清楚，他知道吴国灭亡已是势在必然之事，劝谏亦无益，因此忧心忡忡。他怀着“丹心空报主，白首坐抛儿”的悲怆苍凉的心情离开吴国去向齐国下战书并寄子。沉甸甸的忧国之情与难舍难分的骨肉亲情，使这位铮铮硬汉愁肠百结，苦闷不已。面对年幼无知的爱子，他不忍说、不想说。当儿子催促他“早完王事，火速同归”，免得“母亲在家悬念”时，舞台气氛渐趋高潮。一边是归心似箭，打算共享天伦之乐；一边却已作出为国捐躯、抛妻别子的决定，两相对照，怎不让人寸心如焚。生作死别到了不得不别的最后时刻，悲怆凄美的艺术效果也就产生了。

对伍子胥想以死谏君这件事，儿子和朋友作出的反应截然不同，从中亦可看到作为父亲的伍子胥与作为社会人的伍相国两个不同人生角色的性格特征，合起来，就可对报国忠臣伍子胥作一个比较全面真实的了解了。

作为父亲，他深爱尚在幼龄不谙世事的儿子，对儿子的前途作了尽可能好的安排。怕儿子烦恼，一路上他十分冷静，“不好说得”。怕因自己的事连累儿子，故将他送往齐国鲍大夫之家，临别谆谆教诲，一片慈父眷眷之情充溢言词之间。从儿子对他的依恋劝解亦可看出平时父子之间是如何的情深意切。儿子从小生长在富贵之中，深沐父慈母爱，正想承欢膝下，侍奉双亲。对于父亲要为国死谏这件事，他甚为不解。在他看来，父亲完全不必要杀身报国，“进谏于君，不听便罢了”，何以非要杀身不可？从儿子的不解及伍子胥与儿子话别时所说“报仇大事，我便做得，你做不得”、“杀身报国，也是没奈何，你后日切不要学我”来看，伍子胥平日娇惯儿子几乎可以说是到了溺爱的程度。他从未向儿子讲述自己的政治抱负，也不希望儿子走他这条路。儿子所讲都是未经风雨磨难的童言稚语，他不问世事，只恋天伦，从这里正可反观出伍子胥对儿子的翼护之周到。

在朋友眼中，伍子胥是一位“一生忠孝，四海流传”的可敬大丈夫。因此当他得知寄子原委之后，并未惊诧，亦不劝阻，只是由衷地赞了一句“哥哥，你丹心怎移，要念前王须尽忠和义”，希望他只管去做他应做之事，“放心归不必狐疑”。作为社会人，伍子胥有着当时士人所普遍认同的高洁品行，为报知遇雪仇之恩，不惜杀身报主，即使是至亲骨肉之情也不能改变初衷。这种精神追求在范蠡、西施身上都得到了不同程度的表现，也是作者所要着力高扬的精神境界。

当然，伍子胥并非是精神信条的傀儡。他本人也很清楚，自己所作的一切牺牲是不必要的，却又不得不做。他也是血肉之躯，他也有儿女情长。为国捐躯、割舍骨肉亲情的决定并非一时冲动，而是经过一番痛苦的感情挣扎的。一面是娇儿怨啼，依依不舍；一面又是“家国渐倾欹”，“眼见姑苏即生荆棘”，作为国家栋梁的吴国重臣与作为家庭精神支柱的慈父，这两个角色取舍之中所经历的矛盾斗争是相当激烈的。无情未必真豪杰，当伍子胥不得不向儿子说明原委，并说“孩儿，不是我无情就撇了你，事到其间，顾不得了”时，无限深情关爱，无比悲怆苍凉的复杂心情尽在此寥寥数语之中了。这也是该出戏动人心魂的地方。

作者将伍子胥为国家命运忧心如焚的心情放到《寄子》这出戏中集中表达，把骨肉之间生作死别的痛苦作了为国死谏的大背景、大衬托，可谓悲哉，壮哉！这样深切宽广的胸怀，也只有在如此的矛盾纠结中才可以展现得真切充分，愈是爱子情切，愈见其死国之情真，愈显其人格之高贵。最后下场时父子唱“回头望，欲去更徘徊……肠断也，回首各东西”，声声撕扯肺腑，断人心肠，把伍子胥父子不能割舍却又不得不割舍的心情表现得酣畅淋漓。这对塑造血肉丰满的舞台形象，烘托舞台气氛，起了画龙点睛的作用。

（齐森华　盛志梅）

浣　纱　记　　梁辰鱼

第三十出　采　　莲

（净、丑上）

【丑奴儿令】（净）秋来胜事知多少[①]，别殿风凉。夹岸荷香，拚取今朝醉一场。（丑）姑苏自古繁华地，臣服遐方。贡献相将，谁似江东国势强？

（净、丑相见介）（丑）臣遭圣恩，略无一报，今进薄物，少伸寸心，见在宫门，未敢擅入。（净）老太宰，怎么生受你，是甚么东西？（丑）文笥一百枚。（净）怎么要许多？（丑）狐皮五十双。（净）一发多了。（丑）还有自织的葛布十万匹。（净）太宰调谎，你家里有多少人，织得许多？（丑）臣有一礼帖，求主公一看。（净）谨具文笥一百枚[②]，狐皮五十双，葛布十万匹，东海寡君勾践遣下大夫泄庸敬进上吴国大王引意。伏乞鉴纳。（净）太宰，我道你没有。你就有，平日悭吝，怎么肯？（丑）伯嚭为主公后宫甚多，夏间腥臊，特遣人与越王说。他令合国妇女连夜织就送来的,这就是我送的一般,我若不说,他怎么有。(净)你常把别人的东西作自己的人事。(丑)主公平日晓得伯嚭做人的,是这般风自己之流,慷他人之慨的。(净)休取笑。越王如此孝顺,要作一书增他封地,东至勾甬,西至槜李,南至姑末,北至平原,聊伸谢意,你道何如?(丑)极好,极好。我出去对泄庸说,教他再拿东西进贡。(下)(净)自从西施入宫,妙舞清歌,朝欢暮乐。不多日,算不得尽了上千遭云雨之情,记不起吃了上万钟合欢之酒,不但姿容娇媚,更兼性格温柔,我这几根老骨头,必定断送在他手里。两日魂灵不知飞在那里去了,昨日分付诸女侍到湖上采莲,想是我的魂灵走在湖上,待我今日去寻了他回来。内侍们,后宫请娘娘出来,到湖上采莲去。(众应介)(旦上)

【念奴娇】丹枫叶染,乍湖光清浅,凉生商素[3]。(拜净介)(净)西帝宸游飞翠盖,拥出三千宫女。(众)绛彩娇春,铅华炫昼,占断鸳鸯浦。(旦)若耶缥缈,浣纱溪在何处?

(净)美人,你方才梳洗?(旦)大王爷,晚来乘凉困倦,不觉起来迟了。(净)美人,你记得夜来乘凉的景象么?(旦)记得。〔洞仙歌〕冰肌玉骨,自清凉无汗。水殿风来暗香满。一点明月窥人,人未寝,攲枕钗横鬓乱。

(净)起来庭户悄无声,时见疏星渡河汉。试问夜如何?夜已三更,金波渡、玉绳低转。(众)但屈指西风几时来?又不道,流年暗中偷换。

(净)美人,昨已分付画船箫鼓,同往湖上采莲去。(众)画船整备多时,专待大王爷、娘娘登舟。(众起鼓发舟介)(旦)妾家越溪有采莲二曲,试为大王歌之。(净)美人生受你。

【古歌一】(旦歌)秋江岸边莲子多,采莲女儿棹船歌。花房莲实齐戢戢[4],争前竞折歌绿波。恨逢长茎不得藕,断处丝多刺伤手。何时寻伴归去来?水远山长莫回首!

(净)绝妙!拿酒来,我饮一大觥。

【古歌二】(旦)采莲采莲芙蓉衣,秋风起浪凫雁飞。桂棹兰桡下极浦,罗裙玉腕轻摇橹。叶屿花潭一望平,吴歌越吹相思苦。相思苦,不可攀。江南采莲今已暮,海上征夫犹未还。

(净)更妙,更妙!我再饮一大觥[5]。

【念奴娇序】(净)澄湖万顷,见花攒锦绣,平铺十里红妆。夹岸风来宛转处,微度衣袂生凉。摇飏,百队兰舟,千群画桨,中流争放采莲舫。(合)惟愿取双双缱绻,长学鸳鸯。

【前腔】(旦)堪赏,波平似掌。见深处缭绕歌声,隐隐齐唱。秀面罗裙认不出,绿叶红花一样。空想,藕断难联[6],珠圆却碎[7],无端新刺故牵裳。(合前)

(净)美人,我把荷花比你容貌,那花怎么到得你。

【前腔】相傍,较玉论香,将花方貌,恐花儿惭愧欲深藏。身共影,身共影,谁似根共心双?想像,娇面偎霞,芳心吸露,清波溅处湿裙裆。(合前)(净作醉介)

【前腔】(旦)堪伤,斜日衔山,寒鸦归渡,淹留犹滞水云乡。风露冷,风露冷,怎耐摧颓莲房[8]。凄凉,共簇心多,分开丝挂,浣纱溪伴在何方?(合前)

(净)我为你又醉了。(旦)大王,浦口风回,山头日落,回船去罢。(净)内侍们传令,去教各船宫女,尽执莲花,送娘娘归馆娃宫去[9]。(众宫女执花行介)

【古轮台】(众)日苍黄,兰桡归去遍船香。秋风吹急寒潮涨,莲歌争唱。况十里回塘,正值月儿初上。(净对旦介)冷眼端相,可憎模样,红裙且嫁绿衣郎[10]。顿然心痒,恨不得就上牙床。(净作醉介)(旦背净介)颠鸾倒凤,随蜂趁蝶,怎生拦挡?(众)归路暮云长,听空中响,馆娃高处奏笙簧。

已到馆娃宫了,请大王爷、娘娘入宫。(净)内侍们,连忙引花烛,到洞房中去。(众应介)

【前腔】(众)千行,宛转灯烛辉煌。夹道里罗绮盘旋,笙歌嘹喨。香雾氤氲,处处麝兰飘荡。(净)今夜欢娱,忙投罗帐,看双双被底效鸾凰。肯教轻放,趁良宵恣意颠狂。(做醉)(众扶介)(旦)残香破玉,蹂红践翠,只得支吾勉强。(众)鸳瓦散飞霜,银河朗,娟娟残月下回廊。

【尾声】(净)昏沉醉入洞房,(旦)听野外数声鸡唱,(众)但愿万岁千秋乐未央。

(净)银箭铜壶漏水多,(旦)试看凉月堕红波。

(众)吴歌楚舞欢未毕,(合)东方渐高奈乐何!

〔注〕 ① 胜事:美好的事情。王维《终南别业》诗:"兴来每独往,胜事空自知。" ② 文筲:有纹饰的竹器。 ③ 商素:《初学记》卷三引《梁元帝纂要》:"秋曰素高。"古人把五音、五色、五方等与四季相配,秋主商声、白(素)色、西方。故商素成为秋天的代称。 ④ 齐戢戢:整整齐齐。一说"戢戢"同"濈濈",多而不相碰撞之意,见《诗经·小雅·无羊》:"尔羊来思,其角濈濈。" ⑤ 觥:用犀牛角做的酒杯。 ⑥ 藕断难联:唐孟郊《去妇诗》:"妾心藕中丝,虽断犹连牵。"这里反用其意,暗示西施对范蠡的情意。 ⑦ 珠圆却碎:反用唐杜甫《重江郑监审前湖》诗:"棹拂荷珠碎却圆。" ⑧ "风露"三句:杜甫《秋兴》诗:"露冷莲房坠粉红。"这里是双关意,一是写景,二是暗示西施不堪忍受夫差的蹂躏。 ⑨ 馆娃宫:吴人谓美女为娃,故春秋末年吴王夫差专为安置西施的离宫名馆娃,遗址在今江苏苏州木渎镇西北灵岩山上。 ⑩ 绿衣郎:《绿衣》为《诗经·邶风》篇名,旧说:"卫庄姜伤己也,妾上僭,夫人失位而作是诗也。"(见《毛诗序》)这里"绿衣郎"借指吴王,暗含尊卑失序,以妾(西施)为正之意。

《采莲》一出,借湖上游玩胜事,采用对比和衬托的艺术手法,反映西施入吴后的苦闷心情,概括了西施在吴宫所忍受的精神和肉体煎熬。强烈的艺术感染力即来自西施与其生活环境(包括吴国君臣)的不和谐的戏剧冲突。

西施入吴之后,面对着骄奢不可一世,自矜"臣服遐方,贡献相将",要"拚取今朝醉一场"的吴王夫差,面临着"别殿风凉,夹岸荷香"的江东秀丽风光,她思念范蠡、思念家乡的愁闷心情不得不隐忍掩饰。思郎情切,她借给吴王唱歌侑酒之机一泄离怀索绪。歌词中巧妙地利用谐音、暗喻、双关等手法,表达了自己的处境和心情。"恨逢长茎不得藕,断处丝多刺伤手",藕与偶、丝同思谐音,喻相思情爱之意。既暗寓自己处境的尴尬,又表达了对范蠡思念至极不堪触及的万缕愁丝。"吴歌越吹相思苦。相思苦,不可攀。江南采莲今已暮,海上征夫犹未还",表面上唱的是江南情歌,实际上寄托了自己深深的思乡之情、相思之意。将那"若耶缥缈,浣纱溪在何处"的呼唤深隐曲折地表达了出来。

然而西施这样凄苦的心思,吴王夫差竟一丝未能觉察,连最浅露的思乡之情也不能体贴。这从一个侧面亦可看出西施所受的煎熬和她所付出的代价,看出她在吴宫所过的孤独寂寞的生活。吴王夫差只是一味地狂欢滥饮,文中一连用了四个"作醉科",刻画出了这个骄奢淫逸的独夫形象。在夫差,西施只不过是一个供赏心悦目的玩物而已,他从未想到要去体贴关爱她。这与前面《迎施》一节中范蠡怕惊动西施而轻装便服、小心叩门等的细微体贴判若天壤。这出戏中,一方面是西施愁肠百结,咽泪妆欢;一方面是吴王夫差醉生梦死,一味寻欢作乐。

而背景又是在凉风吹袂、满湖飘香的江南暮秋。面对如此不相关的良辰美景，身随如此不相知的傲主淫君，形只影单的西施怎能不感到凄凉，怎能不变得憔悴。这里通过强烈的环境反衬，令人对西施在吴宫的尴尬处境有了一个深刻的印象。

最难堪的是那颠鸾倒凤、随蜂趁蝶的后妃生活。吴王夫差昏庸荒淫，完全没有把西施当作一个需要安慰体贴的人来看。二人心情之不同，对比最强烈的是【古轮台】、【前腔】两段唱词。一面是夫差色欲弥天，“昏沉醉入洞房”“恨不得就上牙床”，一面是西施愁着这“蹂红践翠”，苦的是“怎生拦挡”，“只得支吾勉强”。没有任何交流的宫中生活形同地狱，这样的日子，捱一日似一年，末一句西施唱“听野外数声鸡唱”，就表达了她盼望早点结束这种生活的心情。过这样的生活，西施所遭受的心理压力、情感创伤是不言而喻的。周围都是吴国人，大家都在心安理得地享受太平安乐的生活，都“但愿万岁千秋乐未央”，只有西施一人“淹留犹滞水云乡”，对着“风露冷”，感觉太“凄凉”。这种心灵、肉体上的双重折磨无人可诉，无法言谈，只有默默忍受了。

《采莲》一出在处理人物与环境的关系时，抓住了人物因情绪、心态不同而对环境的感受不同这一点，利用环境渲染反衬人物心情，塑造人物形象。本来明媚秀丽的水乡景色是能够令人乐而忘返的，西施对此却愁肠郁结，无心赏玩，与吴王夫差乐此不疲的快乐心情形成鲜明的对比。同样的景色，在夫差眼里是“澄湖万顷，见花攒锦绣，平铺十里红妆”，在西施眼里，却成了“斜日衔山，寒鸦归渡”的“堪伤”的景象。两人的感受也明显不同，夫差的心情是惬意快乐的，“夹岸风来宛转处，微度衣袂生凉”，“惟愿取双双缱绻，长学鸳鸯”；西施则望穿双眼，只想早日归乡，触景生情，想起“浣纱溪伴在何方”，就不由得对这陌生的异国水乡产生恐惧感。“风露冷”、“怎耐摧颓”、“凄凉”，都表达了一种格格不入的拒绝情绪。心情与环境的不和谐形成一层反衬，这种不和谐又和他人与环境的交融形成一层对比，作者就是通过这种艺术手法凸现了西施入吴后的痛苦心情与尴尬处境。

（齐森华　盛志梅）

浣　纱　记　　梁辰鱼

第四十五出　泛　　湖

(净、丑扮渔翁唱渔歌上)我两个都是太湖中的渔翁，昨日范老爷分付要几个渔船，泊在胥口，想要到湖上去耍子，怎么这时候还不见到来？只得在此伺候。(生上)功成不受上将军，一艇归来笠泽云。载去西施岂无意，恐留倾国更迷君。自家范蠡，辅我弱越，破彼强吴,名遂功成,国安民乐,平生志愿于此毕矣。正当见机祸福之先,脱履尘埃之外[①],若少留滞,焉知今日之范蠡,不为昔日之伍胥也。向已告过主公,今当远遁。昨日分付渔船,泊在湖口,专等西施美人到来,即便同行。(旦上)双眉颦处恨匆匆,转眼兴亡一霎中。若泛扁舟湖上去,不宜重过馆娃宫。相公万福。(生)美人少礼。美人,我本楚人,久作越客,昔遇倾城于溪路,常遭患难于邻邦。自分宿世难逢,谁料今生复合。兹具舟中之花烛,聊结湖上之姻盟,事出匆匆,莫嫌草草。(旦)妾乃白屋寒娥[②],黄茅下妾[③]。惟冀得配君子,不意苟合吴王。摧残风雨,已破豆蔻之梢;断送韶华,遂折芙蓉之蒂。不堪奉尔中馈[④],未可充君下陈。(生)我实霄殿金童,卿乃天宫玉女,双遭微谴,两谪人间。故鄙人为奴石室,本是宿缘;芳卿作妾吴宫,实由尘劫。今续百年已断之契,要结三生未了之姻。始离迷途,方归正道。(旦)既蒙恩谊,敢不祗承[⑤]。但旧家姊妹,久缺音书;晚景椿萱,素无消耗。欲暂返山中之驾,方相从湖上之舟。未知尊意何如?(生)我已差人前往诸暨,令尊令堂,同载舟航;东施北威,并赐金帛。(旦)相公,你既无仇不雪,无恩不报,但有一故人,尚未相酬,君何忘之也?(生)卿但言之。(旦)当初若无溪纱,我与你那有今日。(生)你那纱在何处?(旦)妾朝夕爱护,佩在心胸,君试观之。(生)我的纱也在此。千丛万结乱如堆,曾系吴宫合卺杯。今日两归溪水上,方知一缕是良媒。美人,我和你早早登舟去罢。渔翁那里?(丑、净)相公有何分付?(生)我要下船,过湖中往海上去。(丑、净)不知相公海上要到那一方?若出了海,北风往广东,西风往日本,南风往齐国,今日恰是南风。(生)既是南风,就往齐国去罢。(丑、净)请相公夫人登舟。

【北新水令】(生)问扁舟何处恰才归?叹飘流常在,万重波里。当日个浪翻千丈急,今日个风息一帆迟。烟景迷离,望不断太湖水。

【南步步娇】(旦)忆昔持纱溪边洗,正遇春初霁。芳心不自持,谁料多才,忽然相值。伫立不多时,急忙里便许成佳配。

【北雁儿落】(生)谢娘行能谐子女姻,羞杀我未有儿夫气。乱丛丛邦家多苦辛,急攘攘军旅常留滞。

【南沉醉东风】(旦)为君家寥寥旦夕,为君家淹淹憔悴。柰彻夜患心疼,奈彻夜患心疼,日高未起,空留下数行珠泪。山深地僻,花飞鸟啼,伤心过处,双双蹙着翠眉。

【北得胜令】(生)呀,非是我冷淡了相识,非是我奚落了新知。只为那国主亲遭辱,只为那夫人尽被羁。奔驰,千里价难相会;栖迟,三年犹未回。

【南忒忒令】(旦)你流落他乡未回,我寂寞深山无倚。莺儿燕子,眼望亲成对。谁知道命飘蓬,谁知道命飘蓬,君恰归,妾又行,做浮花浪蕊。

【北沽美酒】(生)为邦家轻别离,为邦家轻别离。为国主撇夫妻,割爱分恩送与谁?负娘行心痛悲,望姑苏泪沾臆[6],望姑苏泪沾臆!

【南好姐姐】(旦)路岐,城郭半非,去故国云山千里。残香破玉,颜厚有忸怩。藏深计,迷花恋酒捹沉醉,断送苏台只废基。

【北川拨棹】(生)古和今此会稽,古和今此会稽,旧和新一范蠡,谁知道戈挽斜晖[7]。龙起春雷,风卷潮回,地转天随。霎时间驱戎破敌,因此上喜卿北归矣。

【南园林好】(旦)谢君王将前姻再提,谢伊家把初心不移,谢一缕溪纱相系。谐匹配作良媒,谐匹配作良媒。

【北太平令】(生)早离了尘凡浊世,空回首骇弩危机[8]。伴浮鸥溪头沙嘴,学冥鸿寻双逐对。我呵,从今后车儿马儿,好一回辞伊谢伊。呀,趁风帆海天无际。

【南川拨棹】(旦)烟波里,傍汀蘋,依岸苇。任飘飖海北天西,任飘飖海北天西。趁人间贤愚是非,跨鲸游驾鹤飞,跨鲸游驾鹤飞。

【北梅花酒】(生)笑燕秦楚共齐,笑燕秦楚共齐。耀干戈整旌旗,军共马露水泥。兵和将釜中食,酒席间森剑戟,庙堂中坐刀笔。一霎时见凶吉。

【南锦衣香】(旦)你看馆娃宫荆榛蔽,响屟廊莓苔翳。可惜剩水残山，断崖高寺，百花深处一僧归。空遗旧迹，走狗斗鸡，想当年僭祭。望郊台凄凉云树，香水鸳鸯去，酒城倾坠⑨。茫茫练渎，无边秋水。

【北收江南】(生)呀，看满目兴亡真惨凄，笑吴是何人越是谁？功名到手未嫌迟。从今号子皮⑩，从今号子皮，今来古往不许外人知。

【南浆水令】(旦)采莲泾红芳尽死，越来溪吴歌惨凄。宫中鹿走草萋萋，黍离故墟，过客伤悲。离宫废，谁避暑？琼姬墓冷苍烟蔽。空园滴，空园滴梧桐夜雨⑪，台城上，台城上夜乌啼。

【北清江引】(生)人生聚散皆如此，莫论兴和废。富贵似浮云，世事如儿戏。唯愿普天下做夫妻都是咱共你。

尽道梁郎识见无⑫，反编勾践破姑苏。

大明今日归一统，安问当年越与吴。

〔注〕 ① 脱屣：脱鞋，喻看得很轻，不足介意。《汉书·郊祀志上》载汉武帝曰："嗟乎！诚得如黄帝，吾视去妻子如脱屣耳！"屣，鞋子。 ② 白屋寒娥：白屋，古代平民所居之房舍，不施油彩，故称白屋。寒娥，指出身贫寒的女子。 ③ 黄茅下妾：居住在黄草茅屋，地位卑下的女子。 ④ 奉尔中馈：做你的妻子之意。中馈，《周易·家人》："无攸遂，在中馈。"原谓妇女在家主管饮食等事，后专指妻子。 ⑤ 祗承：恭敬地承受。 ⑥ 泪沾臆：臆，胸膛。唐杜甫《哀江头》诗："人生有情泪沾臆。" ⑦ 戈挽斜晖：《淮南子·览冥》："鲁阳公与韩搆难，战酣日暮，援戈而挡之，日为之反三舍。"此指以战争挽回了垂亡的国家。 ⑧ 骇弩危机：弩，古时一种用机械力来发射的弓。机，弩弓的扳机，扣机则箭发。骇弩危机，指弩忽然发射，猝不及防，使人震骇。比喻人世间亦像弩机一样，埋伏着许多危险，猝发的祸难往往防不胜防。 ⑨ 酒城：《吴郡志》卷八："苦酒城在鱼城之西南，有故城。长老云：筑以酿酒。今俗人呼为苦酒城。" ⑩ 子皮：即鸱夷子皮。《史记·越王勾践世家》："范蠡浮海出齐，变姓名，自谓鸱夷子皮。"索隐曰："范蠡自谓也。盖以吴王杀子胥而盛以鸱夷，今蠡自以有罪，故为号也。" ⑪ 梧桐夜雨：《吴郡志》："梧桐园在吴宫，本吴王夫差园也，一名琴川。语曰：'梧宫秋，吴王愁。'" ⑫ 梁郎：作者梁辰鱼自谓。

《泛湖》出是《浣纱记》全剧的大结局。吴亡之后，范蠡辞去高官厚禄，与西施复结百年之好，二人归隐湖上，登舟远遁。

范蠡是作者理想的化身。在剧中，他不仅是一位激流勇退的睿智谋臣，更是一个情深义重的痴情种子。作为谋臣，他对时局有清醒的认识，看到"主公为人，长颈鸟喙，鹰视狼步，可与共患难，不可与共安乐"，更明白"高鸟尽，良弓藏，狡兔死，走狗烹"的道理。因此虽功高勋重，不恋庙堂。只要"名遂功成，国安民乐，平生志愿于此毕矣……若少留滞，焉知今日之范蠡，不为昔日之伍胥也”。其实，他的这种所谓明智之举，说到底，与伍子胥虚邀忠名、杀身报国的行为并无多大区别，实质是一样的。生也罢，死也罢，他们都把尊王定霸作为平生志愿，人生价值所在，只要了却了这桩心愿，也就达到目的了。【北收江南】即点明了范蠡的这种心理：“看满目兴亡真惨凄，笑吴是何人越是谁？功名到手未嫌迟。”这种人生观在今天看来未为可取，但却是中国古代通达之士的人生理想。功成身退，明哲保身，走的是一条中庸之道。

作为一情深义重的痴情书生，范蠡只有在平生大志都已实现之后才露出真情。作者似乎也只有到了最后才记起范、施二人本是一对同命鸳鸯，因此这出戏的笔墨重点自然放在二人倾诉衷肠上。通过【北雁儿落】、【北得胜令】、【北沽美酒】、【北川拨棹】诸曲，范蠡向西施尽情倾吐了自己荐她入宫时的矛盾和痛苦：“为邦家轻别离，为国主撇夫妻，割爱分恩送与谁？负娘行心痛悲。”他对自己未能尽到职责保护好西施深表惭悔，叹“羞杀我未有儿夫气”；对西施归越与自己重证前盟表示由衷的高兴，道“因此上喜卿北归矣”。虽然说范蠡不以西施残香破玉为介，仍旧与她重谐旧好，足以见出他的情深意重，但这其中也还有复杂的内疚、补偿心理，他想以此弥补自己给西施造成的精神痛苦。不管怎样，范蠡都算得上是一个有情人。

剧本总结性地概括了范蠡的为人，既足智多谋，又情深义重，确乎是封建时代的一个完美偶像了。但作者的立意不仅仅是塑造一个理想化身，而是要借此化身寄托他对家国时事、历史沧桑的看法。尽管范、施二人情深义重，最终偕隐五湖，看上去是一场热热闹闹的爱情戏，但其间仍掩饰不住那沉郁的悲怆心情。【南锦衣香】、【北收江南】、【南浆水令】、【北清江引】诸曲，都表达了兴亡更替、聚散难期，“世事如儿戏”的感慨、醒悟。算来只有夫妻真情、天伦之乐才是真实可见的，因此说：“愿普天下做夫妻都是咱共你。”看上去是功名圆满，夫妻恩爱，一切事都随心惬意，实际上寄寓了作者深深的失落感。范蠡原本有“尊王定霸”之才，却中途勇退，伴娇妻，求安逸，时势为之，不得不然尔！在感喟之余，流露出了鲜明的消沉避世倾向。

在结构上，《浣纱记》借离合之情写兴亡之事的创作手法对于后来的戏剧创作有很大的启示意义。后来者如《长生殿》、《桃花扇》，都是开头、结尾构造一个生旦悲欢离合的爱情故事，中间串以家国兴亡或其他重大政治事件，生旦都是时事的局中人或见证者，如《长生殿》中李隆基、杨玉环，《桃花扇》中的侯方域、李香君。这样的戏剧构架将戏剧的表现范围进一步拓宽，使表现内容进一步丰富，不仅有儿女情长，亦有兴亡之感。特别是结局的退隐，打破了原来生旦大团圆，福禄同堂的喜庆旧套，使全剧的气氛陡然一变，萦绕不去的伤感和失落增加了戏剧的艺术感染力。可以说，自《浣纱记》之后，戏剧的写作手法尤其是结局处理为之一新，作者不再仅仅为了迎合大众审美口味而作，而是将戏剧创作作为一项事业，不仅注意顺乎剧情逻辑，而且强调了创作意图。在这方面，《浣纱记》的创新精神是功不可没的。

（齐森华　盛志梅）

鸣　凤　记　　　　佚　名

第六出　二 相 争 朝

（外上）

【凤凰阁】官居台鼎[1]，广集众思同辅政，谩忧朔漠有王庭，还惧朝端添险佞。衷心耿耿，保天府万载无倾。

〔谒金门〕愁脉脉，忍见塞鸿飞北。旁午羽书盈案积，闷怀堆几尺？　不惮汗流终日，岂作中书伴食。朝内奸雄除不得，谁人同着力？　我夏言志存报国，力恢河套。前日差曾铣督兵[2]，幸他纪律严明，谋猷练达，可谓文武全才。争奈仇鸾这厮[3]，按兵负固，不肯相助。曾铣屡请援兵，又被丁汝夔等以固守城池为辞[4]。若再不救援，前功尽弃。想是严嵩怪我老夫执政，又忌曾铣成功，致令边将寝兵，英雄丧气，如何是好？今日特请老成部院商议，且看严嵩议论若何。（副末）礼部李爷、都院周爷来了。（小外、末上）

【窣地锦裆】（小外）边城尘土暗沧溟，勒石燕然未有人[5]。（末）谩劳台阁费经纶，补衮分忧志可矜[6]。

（小外）下官礼部尚书李本是也。（末）下官左都御史周用是也。蒙夏太师相招议事，不免进见。（相见介）（外）救时无善政，（小外）坐镇有清风。（外）愿借匡扶力，（末）同收击楫功。（外）二位请坐。（小外、末）不敢。（副末）严爷到了。（外）请进来。

【菊花新】（净上）亲臣密迩佐明君，顺旨承颜称上心。边塞羽书闻，但幸中原平静。（相见介）

（净）下官有事来迟，仰祈恕罪！（外）介溪公释政而来，足纫盛情。（净）二位劳待了。（小外、末）学生辈礼应伺候长者。（外）三位请坐。（众）告坐了。（净）启太师，兵部丁汝夔，下官委他点盘军器，不得进见，望太师鉴原。(外)今日是他职分之事，也该来议，既是介溪公有所委托，也罢了。(净)请问老太师有何见教?(外)介溪公，你还不知，胡虏犯边，烽烟不息，督臣待救，帷幄无谋，皆我与你两人之罪，如何是好?(净)老太师，丑虏陆梁[7]，自古有之，三皇不能化悔，五帝不能程督。故汉室和亲，唐家纳币；典午当衰[8]，五胡云扰；靖康失计[9]，二帝蒙尘。睹此虎狼之威，终是犬羊之类。今日之祸，必是枭悍守臣，不遵朝命，效甘延寿之开边[10]，蹈冯奉世之生事[11]，致使虏骑长驱，犬戎犯顺。然小丑盗弄潢池，终无能为也。为今之计，不过戒严将士，固守城池为上。若使恋战贪功，必致丧师辱国，何如明先王荒服之道，峻四夷出入之防为长。太师以为何如?(外)介溪公差矣！先王守在四夷，谓彼此各有界限；王者不治夷狄，谓华夷不可相侵。未闻中国沦丧，置而不较者。故石敬瑭献地契丹，骂名万代；金国主捐燕蒙古，遗臭千年。况此河套一方，沃野千里，我祖宗披荆带棘，开创何难！到子孙束手闭门，委弃甚易！赤子苍头，悉为左衽；玉容粉面，尽被腥膻。迢迢古道积横尸，凛凛朔风飘怨血。此诚我臣子所不忍见闻者。秦襄仅春秋之一国，尚欲复九世之仇；贾谊为洛阳之少年，犹思系单于之颈。我和你既事圣朝，忝为宰相，固宜灭此而后朝食。乃甘于丧师失地，天下后世，谓我等为何如人也?介溪请自思省！(净)太师，大抵建功立业，也要度德量力。赵有李牧，匈奴不敢近边；蜀有孔明，南人不敢复反。苟非其人，必难成事。况河套之失，咎在前人，今既没于北虏，即为朔漠之乡，得其人不足臣，得其地不足守。故牛僧孺不受悉怛[12]，贾捐之请弃珠崖[13]。古人所为，必有定见。我国家四海尽属版图，何在弹丸黑子?百万日增户口，那须屑尔苍生?若追逾垣之贼，必引斩关之盗。曾铣白面书生，未闲军旅，前既轻为以取其败，岂可重发而丧其功?以下官处之，先斩曾铣，鞑虏自退。(外怒介)严介溪！你如此说，南朝可谓无人矣！大抵子不能为亲承家，即为不孝；臣不能为君开国，即为不忠。故献纳二字，富弼强争；睢阳一城，张巡死守。忠臣贤将，何代无之?顾用与不用耳。道济若存，胡马岂容南牧；李纲见用，赵家岂至北辕?若中有忌功之臣，则外无建奇之将。卢杞用而怀光叛；秦桧相而岳飞死，岂非孤忠被诬之故与?今曾铣有乐羊子之忠，不免谤书一箧；仇鸾有姚令言之悍，反加锡命三章。忠邪莫辨，用舍不明，时事可知矣！我老臣不能为玉烛于光天，岂忍见铜驼于荆棘？明日奏过圣上，亲总六师，鞠躬尽瘁，死而后已。不必再议！（净）太师且不要发恼。自古道：顺天者存，逆天者亡。皇上久厌兵革，方与邵真人修延熙万寿清醮，太师要兴兵，先已逆天了。（外怒立介）二位，看他言语，就见心迹。正所谓：长君之恶其罪小，逢君之恶其罪大。皇上修真打醮，必自小人导之。你就是个闭门修斋的王钦若了。（净）这是圣意，与我何干？我不打紧，你且不要谤毁圣上。（外怒介）

【北端正好】恁说是俺谤毁明君违了天命。不知是那一个谄佞公卿，把君权侮弄乾纲紊，间沮了忠勋？俺这里兀登登按不住心头忿！（小外）老太师且息怒。（外）効微忱拚死捐生，做不得拂须参政[14]，俺待要对天朝明讯于君听。

（净）我与你同为宰辅，只是未达一间耳，也不要太欺侮人！

【倘秀才】（外）俺这里持身刚正，你说甚么太欺人，谁知是你们作衅？俺和你矢天日辨个忠诚。（末）老太师此心，表表可见。（外）俺待学会澶渊提着过河兵[15]，俺待学擒元济安着淮蔡民[16]。只为那金瓯破损，你不救那曾铣呵，却不道把檀道济坏了长城[17]。（小外）足见老太师忧君为国之心。（外）俺只是一心分破了帝王忧，两条眉锁江山恨。只看俺的雪鬓星星。

（净）你是忠臣，我到是奸臣？（外）还说不奸！

【滚绣球】你辟私门，贿赂行；半朝臣，皆从顺。你狼吞虎噬伤残了万民百姓，害得那有功臣百事无成。你是个老秦丞再生，奸佞。私寝边兵，迎合着君王性，何异那守天雄束手无门？（末）老太师且息怒，严太师必无此心。（外）则教你一时富贵如朝露，万古奸回遗臭名。仔细评论。

（净）罢罢，我自去了，让你忠臣多做几年。要为匿怨求名士，且做吞声忍气人。（下）（外）南渠、白川二公，你看这奸雄竟自去了。我明日亲自面君，先除奸佞，然后行师。（小外）老太师，自古道：去河北贼易，去朝中朋党难。忍耐些罢。（末）老太师，二虎不共斗，相如所以屈廉颇；两贤不相厄，王濬所以让王浑。还是慎重为上。（外）二公晓得我平生刚介，倘有不虞，何惜一死！

【煞尾】我夏言呵，猛拚舍着残生命，不学他腼腆依回苟禄人。接踵奸雄与日增，翘首边尘何日清？怕听嘶风胡马鸣，忍见中原战血腥。谁犯龙颜愿剖心，谁向燕山去勒铭？追想高皇万苦辛，可惜了二百年的基业无人整。呀，将俺赤惺惺的一片丹心化成灰烬。

(外)筹边无计问如何，(小外)忠佞由来是两途。

(末)酒逢知己千钟少，(合)话不投机半句多。

〔注〕 ① 台鼎：此指宰相之位。 ② 曾铣：字子重，号石塘，扬州江都人，嘉靖间成进士，二十五年(1546)擢兵部侍郎，总督陕西三边军务，主张恢复河套，条上方略十八事，得到首辅夏言支持。以忤严嵩意，终被害。 ③ 仇鸾：字伯翔。嘉靖间授平虏大将军，加太子太保，提督京营。为陆炳等所摒，收大将军印，遂忧惧而死。 ④ 丁汝夔：字大章，山东沾化人，正德间成进士，嘉靖间官至兵部尚书，庚戌之变中，秉承严嵩之意，违旨不战，后被严嵩诿过，论罪处死。 ⑤ 勒石燕然：东汉永元元年(89)，窦宪与耿秉击败北匈奴，登燕然山，勒石记功而还。见《后汉书・窦宪传》。勒，刻。燕然，山名，即今蒙古国之杭爱山。 ⑥ 补衮(gǔn)：补救规谏君主的过失。典出《诗经・大雅・烝民》："衮职有阙，维仲山甫补之。" ⑦ 陆梁：奔突貌，引申为猖獗、嚣张。 ⑧ 典午："司马"的隐语。《资治通鉴》卷一七一胡三省注："典，司也；午，马也。"晋帝姓司马氏，后以此代指晋朝。 ⑨ 靖康：宋钦宗年号，靖康元年十一月，宋都汴梁陷于金军，钦宗请降，二年三、四月，金军掳徽、钦二宗北去，北宋亡。 ⑩ 甘延寿：西汉北地郁郅人，字君况。官西域都护、骑都尉，元帝时矫制发城郭诸国兵、车师戊己校尉屯田吏士，进击康居，杀匈奴郅支单于。 ⑪ 冯奉世：西汉上党潞人，字子明。宣帝时以卫侯使持节送大宛诸国客，矫制发西域诸国兵攻莎车，莎车王被迫自杀，西域诸国悉平。 ⑫ "牛僧孺"句：《新唐书・牛僧孺传》："吐蕃请和约弛兵，而大酋悉怛谋举维州入之剑南，于是李德裕上言：'韦皋经略西山，至死恨不能致，今以生羌二千人烧十三桥，捣虏之虚，可以得志。'……僧孺持不可，曰：'吐蕃绵地万里，失一维州无害其强，今修好使者尚未至，遽反其言，……虽得百维州何益。'" ⑬ "贾捐之"句：《汉书・贾捐之传》："元帝初元元年，珠厓又反，发兵击之，诸县更叛，连年不定，上与有司议大发军，捐之建议，以为不当击，……对曰：'……臣愚以为非冠带之国，《禹贡》所及，《春秋》所治，皆可以且无以为。愿遂弃珠厓，专用恤关东为忧。'" ⑭ 拂须参政：北宋时，寇准为相，参政丁谓系其门生，尝会食政事堂，羹污准须，谓起身为准拂须，准曰："参政国之大臣，乃为官长拂须耶?"谓甚愧之。见《宋史・寇准传》。后因以"拂须"为谄事长官之典。 ⑮ 澶渊：即澶州。宋景德元年(1004)，辽军大举南下侵宋，宰相寇准建议宋真宗御驾亲征，与辽军战，辽军不利，而真宗急于求和，遂于澶州订澶渊之盟，宋每年输银十万两、绢二十万匹。 ⑯ 元济：即占据蔡州的唐藩镇吴元济，他屡拒官军，朝廷无如之何。元和十二年(817)，唐将李愬雪夜袭蔡州，将其生擒，解往长安斩首。 ⑰ 檀道济：南朝宋大将。宋武帝时屡建功勋，文帝继位，忌其威名，借故杀之。史载道济见收，脱帻投地曰："乃复坏汝万里之长城。"见《宋书・檀道济传》。

《鸣凤记》一剧凡四十一出，取材于明嘉靖间时事，写夏言、曾铣、杨继盛、邹应龙、林润等忠臣为收复河套以遏制边患，与奸臣严嵩、严世蕃父子及其爪牙进行义无反顾的斗争，夏、曾、杨先后死难，邹应龙、林润连番奏本，历陈严氏父子恶行，终使严嵩倒台，严世蕃被处死刑，被害诸臣均得旌表。

历来注释、研究《鸣凤记》的学者都大量引用《明史》中的夏言、严嵩、徐阶、高拱等当时内阁首辅的传记，其实《明史》中这几篇传记基本上是采用明代万历年间曾任刑部尚书的王世贞所著《嘉靖以来首辅传》（此为原刻书名，清代借月山房刊本将书名窜改为《嘉靖以来内阁首辅传》），清代修《明史》者极少改动。也就是说《鸣凤记》的主要情节与王世贞《嘉靖以来首辅传》是吻合的。从这一角度看，我个人认为《鸣凤记》的作者是王世贞的可能性很大。不过，为了慎重起见，在本书中，我们暂且还是按通常的说法将其视为佚名之作。

我们现在谈到古典剧目中的历史剧时，往往举清初《桃花扇》为例，说此剧几乎无一字无来历。其实明代的《鸣凤记》所写严嵩陷害忠良诸事实也大都有历史记载为依据，而较少纯属虚构的内容。

称《鸣凤记》为名剧，决非夸张之词。明清之际侯方域所著《壮悔堂集》中《马伶传》一文，就是写当时金陵名伶马锦因扮演《鸣凤记》严嵩一角惟妙惟肖而获得盛誉之事。又据清代乾隆年间焦循《剧说》，此剧完成后，王世贞举行家宴时曾演出，知县发现此剧对严嵩父子罪行颇多暴露，不禁脸色大变，急忙要求退席。王世贞“徐出邸抄示之曰：‘嵩父子已败矣。’乃终宴”。

嘉靖中叶，内阁以夏言为首辅，严嵩为次辅，按理说本可和衷共济，因为二人均为江西人，是同乡，严嵩又系夏言引进的，应该报答夏言的赏识与信任，但因为夏言为人耿直，且锋芒毕露，而严嵩贪鄙成性，已经培植了一批爪牙，急欲取夏言而代之，于是矛盾非激化而爆发不可。《鸣凤记》即取材于此史实，写严嵩陷害诸忠良之种种阴谋，最后以身败名裂告终。《二相争朝》一出就是夏言与严嵩的第一次公开较量。

这一出戏有一个特点，唱的曲子不多。夏言上场唱【凤凰阁】，表明了他“衷心耿耿”地为国操劳，但深深担心“朝内奸雄除不得，谁人同着力”。然后礼部尚书李本、左都御史周用相继来到，三个人一起等待严嵩，准备一起讨论收复河套之事。接着严嵩上场，他所唱的【菊花新】，突出了“顺旨承颜称上心”的奸佞嘴脸。嘉靖皇帝一心想靠道士、方士的帮助而白日飞升成仙，严嵩则完全顺着嘉靖皇帝的心意说话，北方的边患和南方的倭寇等重大军情一概瞒着皇帝，不让他知道真相，自己先敛财、夺权再说。

下面夏言、严嵩就展开了唇枪舌剑的辩论：

首先夏言认为：“胡虏犯边，烽烟不息，督臣待救，帷幄无谋，皆我与你两人之罪。”这是勇于负责的一品当朝大臣应有的心态和风度。严嵩的态度与之成为鲜明的对比，他认为外患自古就有，三皇五帝的时代就有，汉唐盛世也有向番邦和亲纳币的记载，不足为怪。又说“今日之祸，必是枭悍守臣，不遵朝命”，妄启边衅轻易用兵引起的结果，把责任全部推到奋勇抵御入侵者的曾铣等文武官员的身上。显然，他断不肯对此事负任何责任。对于夏言提出的“督臣待救”一事，他反对救援被围的曾铣所部，提出：“为今之计，不过戒严将士，固守城池为上。若使恋战贪功，必致丧师辱国。”他不同意发兵前去救援，实是用心险恶，要借敌人之手清除他觉得不顺眼的曾铣等文武官员。这样做，当然是危害国家、陷害忠良的罪恶行为。

夏言忍不住加以驳斥，他指出那些割地辱国的帝王都遗臭万年，国朝祖宗开发河套历尽艰苦，决不能轻易放弃。要求严嵩考虑丧师失地引起的严重后果。

已经铁了心打击忠良的严嵩自然寸步不让，他认为如今没有李牧、诸葛亮那样善于用兵的名将、名臣，无法与番邦较量，而且认为河套在他们尚未主持内阁时已经沦陷，所以现在的内阁首辅、次辅根本没有任何责任。然后，他把话锋一转，干脆提出要先斩忠心守护河套的曾铣。

这番言论充分暴露出严嵩陷害忠良的奸臣面目，引起了夏言的愤怒。他列举历史上许多忠臣良将的感人事迹，得出一个结论：“若中有忌功之臣，则外无建奇之将。”最后，他决定不顾老迈之身，要奏明圣上，亲自统率六军，前往救援曾铣，保住河套。

严嵩理屈词穷，于是把嘉靖皇帝抬出来作为挡箭牌，说皇上“久厌兵革”，正与道士修真打醮，如今要用兵，就是违抗皇上。

夏言指责严嵩逢迎皇上修炼求仙无异宋代的王钦若。严嵩反唇相稽，说夏言诋毁皇上。

这时双方论争已达到白热化，夏言激愤已极。本来站在一旁的李本、周用也深受感动，插话进来，说了两句公正话，认为老太师夏言“忧君为国之心”“表表可见”。

严嵩失道寡助，狼狈之至，悻悻然退出朝堂，径自走了。李本、周用知道严嵩是大奸佞，什么卑劣手段都会使，劝夏言要处处留心。夏言表示：“我平生刚介，倘有不虞，何惜一死！”

这一出戏夏言和严嵩的一番论争，双方都引用了大量史实，可以说如数家珍。严嵩的才气不让夏言，但心术不正，所犯下的祸国殃民的罪行也更为严重。

对严嵩这一角色来说，此出中的言行是他奸恶面貌的大暴露。而后文夏言、曾铣之死，也在本出中埋下了伏笔。

要演好这出戏，扮演夏言或严嵩的演员必须有一定的文化修养和官场斗争的某些感受。在侯方域《马伶传》所记他在南都的见闻中，马伶与李伶都以扮演严嵩而知名，而演出整本《鸣凤记》时，《二相争朝》(《河套》)是最能见演技高下的一出，从表演艺术的角度看，此出也是全剧的重要部分。　(蒋星煜)

鸣　凤　记　　佚　名

第十六出　夫 妇 死 节

【北混江龙】(外上)丹书飞电①，只为那忠言逆耳怒龙颜。三章定典②，一剑横天，看怨气撒成千里雪，愁云卷起万家烟。诉衷情冤深海样宽，望长安日暗天还远。舌吐了六曹兵马③，汗淋了五府牌官④。

执笏垂绅满帝京，谁人能扫宇寰清？权奸未灭身先死，长使英雄泪满襟。下官锦衣卫都指挥使陆炳是也⑤。昨奉皇命，着我会同刑科都给事鲍道明，监斩谏官杨继盛。下官自忖职掌锦衣二十余年，不知拿问了多少官员。群臣虽上奏章，未有如杨椒山之激切；皇上虽尝责问，也未有竟置之于典刑。只为他寻差了对头。今早内监口传圣旨道：如有大小官员奏饶杨继盛者，一同处斩。这便知杨公必无可生之路也。咳！杨椒山，杨椒山！夏太师且不免⑥，何况于汝乎？你到今日呵，正是满身是口不能言，遍骸排牙说不得了。(众报)鲍爷到了。

【粉蝶儿】(末上)朔雪翩翩，看同云四郊飞遍。听金门上命初传，把忠良如草菅，有言难辨。骇得俺毛骨竦然。最堪悲，一封书断送了三生夙愿。

下官刑科都给事鲍道明是也。奉命监斩杨继盛，不免到此法场。呀，陆大人已先在此了。(外)下官已在此伺候。(相见介)(末)十月天飞雪，多为杨公泣。(外)杜宇声悲咽，叫落枝头月。(末)陆大人，今日虽蒙圣旨，敕俺两个监斩，万一杨公有救，亦至幸也。(外)鲍大人还不晓得？今早内监传出圣旨，若有保救者同斩。(末)口传圣旨，未可尽信。(外)总然是假，谁敢再奏？(末)若如此，杨公命尽此刻矣！我和你不惟不能救，且监斩他，于心何忍？(外)皇命使然，无可奈何。（内催介）奉皇爷圣旨，严府钧旨，着监斩官速斩犯人回话。（外）既如此，左右，带杨老爷过来。（众扮旗牌官、刽子押继盛绑上）天作孽，犹可违；自作孽，不可活。老爷，斩罪犯人听候。（外、末悲介）

【耍孩儿】（外）杨先生，你囹圄桎梏皆天谴，把事付东风休叹怨。你铁肝石胆真堪羡，边城万里方遭贬，边城万里方遭贬。叹今日兵曹又受颠，少微月犯多灾变[7]。你本是个王朝柱石，埋没在相府尘烟。

【前腔】（末）椒山兄，羡君家立志坚，为朝廷欲去奸。谠言直犯君王面，号神泣鬼惊谗谄，号神泣鬼惊谗谄。正气漫漫塞两间，贵戚权收敛。你本待要名标青史，先投下没底黄泉。

（小外、小生上）（小外）靴尖踢倒凤凰楼[8]，（小生）怒气冲翻鹦鹉洲[9]。（小外）海天冤忿凭谁诉？（小生）太白旗悬忠义头。（小外）下官礼科给事吴国伦是也。（小生）下官监察御史王遴是也。今日我杨年兄被奸臣诬陷，在此典刑，特来与他永诀。（左右报）两位科道老爷来了。（相见介）（小外、小生）二位大人，生杀在手，可谓有权！（外、末）二位大人，感慨在心，不得已也！请问掌科道长，可曾保救杨先生么？（小外）圣旨既下，谁敢再救？（小生）下官辈不过与他永诀，少尽同年之义耳。（小外、小生见生抱哭介）（生）二兄不必痛伤。

【前腔】（小外）念吾兄节义全，众流中独挺然。岁寒松柏当朝选，忠臣要剖葵心献，忠臣要剖葵心献。折槛无功反受冤[10]，吞却鱼肠剑[11]。俺非是江州司马[12]，也落得泪湿青衫。

（小生）老年兄，你当此大辟[13]，又遇此大雪，一发苦了！

【前腔】叹遭逢命运艰，更临刑遇雪天。囊头三木刑何惨[14]？你足疲指折犹难免，你足疲指折犹难免。须与地下龙逢作比肩[15]，血溅朝阳殿。俺非是苏州刺史，也须知恼乱愁肠[16]。

（小外）老年兄，我和你从此一别，今生再无相会之期矣！小弟有挽诗一首，以备我兄他日青史之助。（出诗诵介）食禄分忧士，怜君独处难。囊头追孟博[17]，断舌继常山[18]。雪映心犹赤，风吹骨愈香。伤心千古恨，挥泪洒斜阳。（小生）小弟次吴年兄韵，也赠一首，聊表吾兄忠烈之气。(出诗诵介)仗节多臣子,从容就死难。忠怀吞瀚海,义气压衡山。魂断关河杳,名存草木香。丈夫无别泪,含笑赴云阳[19]。(生)过蒙谬赞。但死不足以塞责,终无益于朝廷也!天下事尚可为,二兄好为之。(左右报)杨宜人来了[20],二位老爷请方便。(小外、小生)好苦也!左右是一死了,只得去罢。正是:见君且敛湘江泪,恐逼愁人速断魂。(对外、末)二位大人请了。(外、末)刑法所在,不敢送了。(小外、小生下)(旦手携酒帛哭上)

【哭相思】当日封章未上曾频劝,何期此地遭迍难。

【耍孩儿】(放酒壶在地,抱生哭介)我那相公呀!你缨冠束发尘生面,似缧绁俘囚同执挛。奴家今日在此呵,也是鬼门关上空留恋。你一腔忠义惟天鉴,你一腔忠义惟天鉴!叹六尺微躯无计全,千古兴长怨。今日呵,将临刑别酒,断送了合卺前缘。

(内催介)奉皇爷圣旨、严府钧旨,着监斩官速斩犯人,毋得迟误!(末)晓得了。王法固不可留,私情也要少尽。(旦)相公今日死后,奴家存亡未卜,虽有一陌纸钱,无人烧化。今日将一杯别酒,聊尽夫妇之情,望容鉴纳。(递酒介)(外)左右,与他送一送酒。(旦跪读祭文介)奴家自制祭文数句,以表相公平日忠义之心。不免宣读:维皇明嘉靖岁次乙卯十月朔越九日,未亡妻张氏,谨采首阳之薇[21],挽汨罗之水[22],致祭于忠愍夫君奉直大夫椒山杨公之灵曰:於维我夫!两间正气,万古豪杰。忠心慷慨,壮怀激烈。奸回敛手,鬼神号泣。一言犯威,五刑殉裂。关脑比心[23],严头嵇血[24];朱槛段笏[25],张齿颜舌[26]。夫君不愧,含笑永诀。耿耿忠魂,常依北阙。呜呼哀哉!尚飨!(外、末、左右刽子皆悲介)(旦)雪中遭此大戮,真个苦上加苦!

【前腔】看愁云怨满天,痛生离死别间。须臾七魄无从见,牵襟结发今朝断,牵襟结发今朝断!肠裂空山哀月猿,刳不出伤心剑。我那相公,本是个飞黄千里[27],今做了带血啼鹃。

(内催介)奉皇爷圣旨、严府钧旨,犯人不得久留,如迟并罪!(旦)一刻也不容,可不苦杀人也!相公,你有家事欲言,说与奴家知道。(生)哇!妇人好不晓事。我平生那有家事?我浩气还太虚,丹心照千古。平生未了事,留与后人补。(外)杨宜人,你且对天祈祷一祈祷。你丈夫有人救他,未可知也。(旦对天拜介)天那！愿少须臾无死。(刽子作斩)(众推生下)(旦哭倒地介)(外、末惊作悲状介)杨宜人还未苏醒。可怜！可怜！此际不好着人扶你。校尉们且叫声。(众叫)(旦渐醒介)

【江儿水】天那！我魂离体,魄丧泉,痛思鸳侣遭飞箭。我那相公,你一点丹心明素愿,翻成白刃流红茜,祸比史苏尤惨。仇海冤天,对着谁人悲怨?

(外)杨宜人,死者不可复生,请自宽慰罢。(旦)我未亡人还有一言相告。

【前腔】再启吞声愬,重开染血笺,(怀中出本介)粉身犹要将尸谏。大人,此本乃未亡人代夫明志、尸谏感君之本,烦大人转达天听。倘得剪除权奸,我夫妇万剐甘心。(外)咳！杨宜人,椒山且如此,你一女人,济得甚么事?不如息了这个念头罢！(旦)我两两哀鸣如鸟怨,人之将死其言善。(外)你情虽切,此本决不敢与你上。(旦)我苦只苦万里君门难见。大人不肯与未亡人上本,请略观一观情节。(外)既如此,左右接过来。(外看本)(旦出刀痛哭介)我同到乌江,免使亡夫心眷。(自刎介)

(外惊介)呀,杨宜人也自刎了。可怜！可怜！

【前腔】我看他夫为纲常重,妻能节义全。双忠九烈谁能先?光岳千年钟气鲜。君明臣直孤忠显,万古清名不殄。这些碌碌奸庸,顾此独无腼腆。

叫手下抬那尸首,好生成服,与杨爷同厝西城外,后日必有旌其忠节者。朝廷有旨道,杨继盛斩后,即将妻孥流徙居庸关外。今宜人已死,又无人与奏免,只得将他幼子与家奴流去罢。

(末)臣为君亡实可伤,(众)妻因夫丧重纲常。

(外)凭君莫话纠弹事,(合)一个忠臣九族殃。

〔注〕 ① 丹书:古时以朱笔书写的定罪之书。三国魏曹操《度关山》诗:"有燔丹书,得夷平民。" ② 三章:指法律。《汉书·叙传下》:"革命创制,三章是纪。"按:刘邦初入咸阳,与父老约法三章,后因以之代称法律。 ③ 六曹:即吏、户、礼、兵、刑、工六部。 ④ 五府:古代五个官署的合称,各朝代所指不同,后汉时以太傅、太尉、司徒、司空、大将军为五府。此系泛指。⑤ 陆炳:浙江平湖人,嘉靖武进士。授都指挥同知,掌锦衣卫事。交欢夏言、严嵩,官至左都

督。常探人隐私,借端抄其家,敛财数百万。后暴病卒。 ⑥ 夏太师:夏言,字公谨,号桂洲,正德十二年(1517)进士。嘉靖间进武英殿大学士,为首辅,遭严嵩忌恨,陷之以罪,弃市。⑦ 少微:星座名。《史记·天官书》:"少微四星,在太微西,……月、五星犯守,处士忧,宰相易也。" ⑧ 凤凰楼:此指凤凰台,在今江苏南京南。唐李白《登金陵凤凰台》诗:"凤凰台上凤凰游,凤去台空江自流。" ⑨ 鹦鹉洲:在今湖北武汉西南长江中。因东汉末祢衡作《鹦鹉赋》而得名。唐崔颢《黄鹤楼》诗:"晴川历历汉阳树,芳草萋萋鹦鹉洲。" ⑩ 折槛(jiàn):汉槐里令朱云入朝面君,请斩佞臣张禹,触成帝之怒,喝令左右将其拉下斩首,朱云抓住殿上之槛不放,仍继续申说。见《汉书·朱云传》。后因以为直谏之典。槛,栏杆。 ⑪ 鱼肠:古名剑。汉袁康《越绝书·外传记宝剑》:"欧冶乃因天之精神,悉其伎巧,造为大刑三、小刑二。一曰湛芦,二曰纯钩,三曰胜邪,四曰鱼肠,五曰巨阙。" ⑫ 江州司马:指唐白居易,其《琵琶行》诗末云:"座中泣下谁最多?江州司马青衫湿。" ⑬ 大辟:死刑。 ⑭ 囊头:古时的一种酷刑,以物蒙头。三木:古时加于囚犯头颈、双手、双足上的三件刑具。《后汉书·党锢传·范滂》:"桓帝使中常侍王甫以次辨诘,滂等皆三木囊头,暴于阶下。" ⑮ 龙逢:关龙逢,上古时夏桀之臣,见桀荒淫无道,因进谏,为桀囚杀。 ⑯"苏州刺史"二句:用唐刘禹锡《赠李司空妓》诗"司空见惯浑闲事,断尽苏州刺史肠"之典。 ⑰ 孟博:东汉范滂字。滂,汝南征羌人。为汝南太守宗资属吏,得到信任,抑制豪强,反对宦官。党锢狱起,自往投案,死狱中。参见注⑭。 ⑱ 常山:指唐颜杲卿。天宝十四载(755)安禄山反,他被擢为卫尉卿兼御史中丞,传檄河北抗击叛军,扼守常山,安禄山部将史思明攻之,力战不能支,城陷被执,厉声骂贼,被割舌,终从容就义。见《新唐书·忠义传·颜杲卿传》。 ⑲ 云阳:古地名,战国秦邑,在今陕西淳化西北,韩非、李斯均于云阳市中被行刑处死。古典戏曲中常用作刑场的代称。 ⑳ 宜人:古代命妇的封号,明清时丈夫为五品官妻子可封宜人。 ㉑ 首阳之薇:商末孤竹君二子伯夷、叔齐谏周武王伐纣,武王不从。商亡后,二人隐居首阳山,不食周粟,采薇而食,终饿死山中。首阳山,亦名首山、雷首山,在今山西永济蒲州南。 ㉒ 汨(mì)罗:水名,湘江支流,在今湖南东北部,战国楚屈原投此水自尽。 ㉓ 关脑:关谓关龙逢,见注⑮。比心:比干为商纣之叔父,官少师,纣淫虐,他继微子启、箕子之后直言谏之,被纣剖心杀害。 ㉔ 严头:严颜为东汉末益州牧刘璋辖下巴郡太守。刘备入蜀,其大将张飞破江州,擒严颜,张飞劝之降,严颜曰:"本州但有断头将军,无降将军也。"见《三国志·蜀书·张飞传》。嵇血:嵇绍之血。嵇绍,西晋人,官侍中,永兴元年(304)从惠帝讨成都王司马颖,兵败众溃,独以身卫帝,为乱兵击杀,血溅帝衣。后左右欲浣帝血衣,帝曰:"此嵇侍中血,勿浣也。"见《晋书·忠义传·嵇绍传》。 ㉕ 朱槛:朱云所折之槛。见注⑩。段笏:唐段秀实功勋卓著,为宰相杨炎所嫌,解节度使,入为司农卿。朱泚反,以秀实有人望,使骑往迎。秀实戎服至,夺左右象笏,唾骂朱泚,击之中额,遂遇害。见《新唐书·段秀实传》。 ㉖ 张齿:唐张巡扼守睢阳抵抗安禄山、安庆绪叛军,粮尽援绝,城陷被执,贼将尹子琦谓巡曰:"闻公督战,大呼辄眦裂血面,嚼齿皆碎,何至是?"答曰:"吾欲气吞逆贼,顾力屈耳。"子琦以刀抉其口,齿存者仅三四枚。见《新唐书·忠义传·张巡传》。颜舌:见注⑱。 ㉗ 飞黄:传说中的神马名。《淮南子·览冥训》:"青龙进驾,飞黄伏皂。"高诱注:"飞黄,乘黄也,出西方,状如狐,背上有角,寿千岁。"

严嵩所陷害的忠良有一大批,死难的忠良都有十分生动的事迹,而时任兵部员外郎的杨继盛虽然职位不高,但事迹感人至深。《鸣凤记》的第十四出《灯前修本》、第十五出《杨公劾奸》和第十六出《夫妇死节》都是写杨继盛的。

《夫妇死节》一出剧情展开之地是刑场。可以说监斩官一上场，戏剧冲突就展开了。负责监斩的官员之一是锦衣卫都指挥使陆炳，其职位较杨继盛为高，而且是嘉靖皇帝、严嵩面前的大红人，但此人还有一点良心，总想尽可能做一点好事，能够救的人要设法救下来。可是，遇到这一冤案，他十分为难。明明知道杨继盛是“忠言逆耳怒龙颜”，实际上不仅无罪，而且有功。要救他吧，又不可能。因为早上内监已经口传圣旨道：“如有大小官员奏饶杨继盛者，一同处斩。”

另一位监斩官是刑科都给事鲍道明，对杨继盛更为敬仰，更为同情，所以说：“十月天飞雪，多为杨公泣。”十分明确地指出，这是冤案，老天爷下雪就是为杨公哭泣。

陆、鲍二人的心情很痛苦。因为不仅不能相救，“且监斩他，于心何忍”？在这种情况之下，监斩官对“罪犯”杨继盛都表示了由衷的赞扬。陆炳称他“铁肝石胆真堪羡”，鲍道明称他“号神泣鬼惊谗谄，正气漫漫塞两间”。

礼科给事吴国伦、监察御史王遴到刑场来和杨继盛告别，表明杨继盛深得人心，仍旧有官员不怕得罪严嵩，冒了大风险前来，一定要和杨继盛见上一面。另有一个作用，就是通过此二人，再一次对陆炳、鲍道明刺激一下：“二位大人，生杀在手，可谓有权！”陆炳、鲍道明作了一番解释，但监斩赤胆忠心的杨继盛的不安情绪又有了剧烈的波动。

吴国伦、王遴都对杨继盛表示了无限敬佩，且各赠诗一首，以为诀别。

杨继盛忠心耿耿，直可感天地而泣鬼神，但嘉靖皇帝昏聩无道，受其宠幸的严嵩可以为所欲为，杨继盛悟君除奸的愿望终难实现，所以他痛言：“但死不足以塞责，终无益于朝廷也！”这既是反映历史真实，也进一步浓化悲剧气氛。

杨继盛上奏疏纠劾严嵩时，知道嘉靖皇帝很信任严嵩，自己可能因此送掉性命，思想上已作了充分的准备，所以此时此刻他不怨嘉靖皇帝。但他对正义战胜邪恶的信心至死不会动摇，故对吴、王二人说：“天下事尚可为，二兄好为之。”这再一次显示出他性格的忠直刚毅。

此时杨继盛夫人携酒帛上场，向杨继盛敬临刑告别之酒。虽然内旨再催监斩官“速斩犯人，毋得迟误”，监斩官还是让杨夫人跪读了祭文。这点出陆炳、鲍道明虽然无法挽救杨继盛，总算在职权允许的范围内，提供了一点方便。如果他们不准杨夫人致祭，杨夫人也是无可奈何的。

陆炳、鲍道明和两刽子手看到这场面，都不胜悲痛，但此时催迫的圣旨再次下达，而且严嵩居然同时发布所谓“钧旨”：“犯人不得久留，如迟并罪。”也就是说，如果不将杨继盛立即斩首，那么陆炳、鲍道明和两个刽子手也都要受到严厉处置,甚至一同斩首了。

杨夫人还要再问杨继盛对于家事有何吩咐,杨继盛自惟早已以身许国,岂能顾念家事,因斥责道:“我平生那有家事?”言讫,刽子手即行斩刑。眼见杨继盛被害,杨夫人悲痛欲绝,她决心继承丈夫的遗志,以尸谏的方式同奸臣作最后的斗争。她从怀中取出本章,恳求监斩官员转奏圣上,希望丈夫与自己的死能感悟嘉靖皇帝,“剪除权奸”。

他们哪里知道,嘉靖皇帝一心求仙飞升。他与严嵩,你中有我,我中有你,很难分开。后来严氏虽败,仅其子严世蕃处斩,严嵩仍保住了老命。此是铁证。

但是,正如杨继盛所坚信的那样,忠烈的身后是流芳百世,奸佞的下场是遗臭万年。严嵩败后五年,穆宗继位,追恤直谏诸臣,以继盛为最,予谥忠愍,并为之建旌忠祠。至此,杨继盛的忠魂也可以安息了。（蒋星煜）

鸣 凤 记 佚 名

第二十一出 文 华 祭 海

【乔八分】(丑领众上)腰悬金印气英豪,耀日旌旗间宝刀。长驱水陆驾波涛。先声后实,直捣向倭巢。

少壮曾无汗马功,止因权要拜元戎。提兵且玩江南景,那管民财尽劫空。我赵文华素无龙韬豹略之才[①],遽统蚁集蜂屯之众,人皆道我任大责重,不堪其忧;却不知我随机应变,自得其法。我闻得海上倭贼利害,自去厮杀不成,只是调兵遣将,罚罪赏功而已。幸而成功,归功于我;不幸无功,当广求些首级,亦可塞责。况我朝内有人,边功易奏,岂有他虞。众将官,听我号令!(众应介)(丑)队伍务要齐整,器械务要鲜明,粮草务要接济,先声务要惊人。沿途迎接将官,贽礼重者容他相见,轻者发在军前听调。驿中所备供帐铺陈、动用酒器,不整齐者以为不敬论。百姓犯我军令者枭首。起程前去。

【金钱花】貔貅百万雄骁,雄骁。辕门号令声高,声高。金戈铁马出王朝。(合)弓上矢,鞘离刀。魍魉避,鬼神号。魍魉避,鬼神号。

(众)禀老爷,已到苏、松地方了。(丑)且扎住人马,待我行牌到各府州县,吊取金银,先赏三军,然后出兵。(众)禀老爷,官军利于海战，故将官出兵，必先祭东海龙王，自然取胜。老爷到此，也要祭海。(丑)祭海用何礼物？(众)用猪羊四十副，金银酒器一箱，诵经和尚一名。(丑)祭过了，这东西何用？(众)猪羊分赏众军，酒器留在老爷公用。(丑笑介)有理，有理，且到杭州去祭了罢。(众)就要出兵，等不得到杭州。(丑)你不晓得，杭州近我家里，这些猪头羊头好腌回去当菜蔬吃。(众)老爷，这个是小事。不如快祭了，多取得几个倭头，少不得每颗值五十两银子。(丑)说得有理。快备祭礼来。(众)祭礼已备完多时，和尚也在辕门外听候。(丑)唤进来。(二末抬祭礼)(净扮和尚上)送祭礼官告进。(净)祭海诵经僧人见老爷。(丑)起来。既已完备，就此起程到海上去。

【前腔】悠悠旌旆飘摇，飘摇。声声金鼓齐敲，齐敲。艨艟巨舰驾云涛。(合)登海岸，祭龙蛟。星斗战，岳山摇。星斗战，岳山摇。

(众)此处已是海船上，祭桌已摆完了。(丑摆作跌介)(左右扶丑介)(净)请爷爷拈香，小僧祷告。(丑拈香介)(净挽诵子[②])云淡风轻近午天，将军出海驾楼船。胸中不识韬和略，祭告龙神只靠个天。南无东海大龙王，八万金刚佛菩萨。(内吹波锣呐喊介[③])(丑)这是甚么声？(众)倭船上会哨。(丑惊介)好怕人也！(末)请爷爷拈二炷香。(丑拈香揖介)(净挽诵子)三月残花落更开，三军结束出兵来。平生不习得刀枪法，只愿倭头滚得来。南无东海大龙王，八万金刚佛菩萨。(内鸣锣呐喊介)(丑惊掩耳介)这是甚么响？(众)是倭船上杀人。(丑)不杀到这里来么？(众)尚远，在此老爷放心。(净)请爷爷拈第三炷香。(丑特落香介)(净挽诵子)金炉香烬漏声残，听得波罗阵阵寒。来时弗见个倭夷面，只要金银满载还。南无东海大龙王，四万金刚佛菩萨。(众)这和尚方才念八万金刚，如今念四万，如何少了一半？(净)你不晓得，这一半是冒支官粮的虚兵，恐怕爷爷点名，故不敢念。(众)祭告已毕，请老爷回船。(丑)既祭毕了，把那老和尚开刀罢。(众绑介)(净减)爷爷，小僧是有功之人，怎么到把来开刀？(丑)常人有言：未过江要做千僧功德，过了江把和尚就煮来吃。今日海又祭了，不杀了你，要你做甚么？且把你头来充做倭头，也值五十两银子。(净)爷爷饶了小僧，有个大好处。(丑)甚么好处？(净)小僧是戒坛上住持，管下五百云游和尚，待小僧率领前来，充作倭兵，幸而取胜，不要说起；若不胜，那时献首尽作倭头，到有一万五千两银子。（丑）说得有理。快放了！（笑介）（净）爷爷，若把我和尚上下两头算起来，到满了三万两，也不可知！（丑）哇，好无状！（净）好无耻！（下）（丑）众军士听我分付，水兵停泊东海大洋，且待倭寇劫掠满载，那时邀截，可以人财两得。（众应）（丑）陆兵沿路巡哨，遇倭斩倭，若无真倭，就杀几个疲聋残疾、面生可疑的百姓，亦可假充要赏。（众应）（丑）我儿，只是一件，不要杀苏州人。（众）为何？（丑）他有记色④，头发都是空心的，那里像个倭头？且收船入港去。

【前腔】天生当世雄豪，雄豪。提兵不用心劳，心劳。从今一祭息风涛。（合）看夷虏退，唤回朝。金满载，任逍遥。金满载，任逍遥。（内奏军乐）（众齐下）

〔注〕 ① 赵文华：字元质，浙江慈溪人。《明史》卷三〇八有传。嘉靖八年进士。经严嵩保举，累官通政使。后加工部侍郎，赴东南御倭。又进工部尚书兼右副都御史，总督江南军务。因骄横为严嵩所不容，削职为民，旋病死。 ② 诵子：通俗易懂的韵文，一般均有现成的格式，视其用途不同而内容各异。 ③ 波锣：下文又作波罗，一种吹奏乐器。 ④ 记色：即记号。

赵文华和鄢懋卿两人都是严嵩父子的党羽，严嵩父子的许多罪行都有他们的份。赵文华、鄢懋卿为官没有任何功绩，搜刮民财倒是能手，他们对严府上下不仅阿谀奉承，而且经常进献金银与奇珍异宝，所以受宠不衰。至于嘉靖皇帝，一切听从严嵩父子，所以赵文华和鄢懋卿官运亨通，都爬上了很高的位置。

当时赵文华奉严嵩派遣来到江南监督抗倭战事，正好张经、李天宠取得了王江泾大捷，因为张经、李天宠不肯对之奉迎，赵文华怀恨在心，诬陷此二人贻误军机，而将王江泾大捷之功归之于胡宗宪和他本人。张经、李天宠则论斩。

当然，倭患不可能就此平息，而赵文华对军事既一无所知，又胆小怕死，进不能攻，退不能守，无以自处，乃演出了祭海的闹剧。

这出戏中，他上场唱了【乔八分】一曲之后，就念了四句诗："少壮曾无汗马功，止因权要拜元戎。提兵且玩江南景，那管民财尽劫空。"那确是他内心世界的展示。

在祭海的现场，赵文华听到任何声音都会丧魂落魄，真是风声鹤唳、草木皆兵，毫无大军统帅的气概。赵文华希望此行碰不到倭寇，那就上上大吉。

当时要按斩获的倭寇首级论功行赏，为冒功领赏，许多平民被滥杀。赵文华为了想多得五十两银子，打算把在祭海仪式上诵经的和尚也开刀杀掉，冒充是倭寇的首级，看来是荒唐可笑之至，但如此落笔，确有一定的历史根据。

最后赵文华吩咐："陆兵沿路巡哨，遇倭斩倭，若无真倭，就杀几个疲聋残疾、面生可疑的百姓，亦可假充要赏。"竟把这种卑鄙做法正式作为命令，要求部下照此执行了。

接诸史籍，赵文华祭海确有其事，《祭海文》见于《国榷》一书。现在剧本的描写作了一定程度的夸张，笑料不少，但读者和观众很难笑起来。因为严嵩、严世蕃、赵文华等人狼狈为奸，坚持抗倭的将领屡受打击迫害，倭患日益严重，被倭寇杀害的黎民百姓固然不可胜数，被冒为倭寇杀害的黎民百姓又何尝见少。虽然作者用的是喜剧手法，但其实质毋宁说是悲剧性的。通观全剧，可知这一出戏并非闲笔，严党的所谓"抗倭"实际上是怎么一回事，《文华祭海》作了明确的回答。赵文华死在严嵩父子之前，但并不能逃脱遗臭万年的骂名。 （蒋星煜）

【戏曲家小传】

陆　采

(1497—1537)　原名灼，字子元，一作子玄，号天池、天奇，又号清痴叟。长洲(今江苏苏州)人。好学，入太学二十年，学问精进而屡应乡试不中，遂寄情于山水诗酒，郁郁而卒。为人倜傥，诗文亦然，有《天池山人小稿》、《壬辰稿》、《陆子玄诗集》等。亦好故实，广收博采，编著有《国朝史余》。十九岁作传奇《明珠记》(一名《王仙客无双传》)，轰动剧坛。后又曾作传奇《椒觞记》、《存孤记》、《分鞋记》、《怀香记》等，多佚。又将王实甫《西厢记》杂剧改编为《南西厢记》传奇，今存。作品为骈俪派的典型，以学问为剧，文辞雕琢，舞台效果欠佳。另有杂著《天池声儁》、《览胜纪谈》(今佚)、《冶城客论》(今存)。

明　珠　记　　　　陆　采

第二十五出　煎　　茶

(丑上)蓝桥今夜好风光[①]，天上群仙降下方。只恐云英难见面，裴航空自捣玄霜。小人塞鸿，跟随官人在驿中。今夜内臣在此，不免伺候则个。(生上)为托青童传信息，深探月窟见姮娥[②]。塞鸿，有一件事，和你商量。(丑)官人有甚么事？(生)今夜宫女在此，我只怕无双小姐也在其内，你与我探个消息。(丑)官人又来了。掖庭内有三十六宫[3]，七十二院，三千粉黛，八百娇娥。更没得差，直差小姐到来？你休痴心。（生）你省得甚么？凡事不可意料，大海浮萍，也有相逢之日。倘或我与小姐姻缘未断，正差了来，也未可知。你与我装做煎茶童子，在后堂深处等候，暗地瞧小姐在内，我要见他一面。这颗明珠是小姐与俺的，你把与他为信。只等回报。（丑）恁的，官人请出去，小人自有分晓。（生）眼望旌旗捷，耳听好消息。（下）（丑）我官人是个失心风的[4]，天下那有这等事？也罢，我除下帽子，梳个髻儿，撞入中堂去，看他何如。（净上）儿家门户重重闭，春色缘何得入来？你是何人？撞入中堂，有何缘故？（丑）小人是茶童。（净）呸！怕没有妇人，要你男子汉入去。（丑）你不知，驿中常年是俺煮茶，并没有妇人。（净）你驿丞的老婆在那里？（丑）没有老婆。（净笑介）你便是他的老婆了。放你入去，不要则声，老公公法度严紧。在他门下过，怎敢不低头。（下）（丑）好了！吃我漏了进来，只在此间煎茶等候。（煎茶介）

【长相思】（旦上）念奴娇[5]，归国遥。为忆王孙心转焦，楚江秋色饶。月儿高，烛影摇。为忆秦娥梦转迢，汉宫春信消。

街鼓冬冬动戍楼，倚床无寐数更筹[6]。可怜今夜中庭月，一样清光两地愁。奴家在这驿中，看看天气晚来。呀，谯楼上已是二鼓了[7]。独眠孤馆，展转凄惶，怎生睡得去？欲待与姊妹们闲话，一个个都自去睡了。不免剔起残灯，到中堂去闲步一番，以消长夜。你看，

【二郎神】良宵杳，为愁多睡来还觉，手揽寒衾风料峭。徘徊灯侧，下阶闲步无聊。只见惨淡中庭新月小，画屏间余香犹袅。漏声高，正三更，驿庭人静寥寥。

这是中堂，外面是前堂了。待我揭起帘儿看。

【前腔】偷瞧，朱帘轻揭，金铃声小。那一炉宿火，两个铜瓶，敢是煎茶之所？一缕茶烟香缭绕。（丑）帘儿下，有个内家来也。（旦惊退介）呀，原来有人在外边。（进看介）是个煎茶童子，那人我好面善呵。青衣执爨，分明旧识丰标[8]，悄语低声问分晓。塞鸿，塞鸿。（丑）呀，帘内莫非无双小姐么？（旦）你不是塞鸿么？（丑）小人正是。（旦）天呵，果然是萍水相遭。（丑）小姐果然在此。（旦）塞鸿，你怎的也

在这里？(丑)覆小姐，俺官人见做驿官，着小人假做茶童打探，不想果得相遇。(旦)郎年少，自分离，孤身何处飘飖？

(丑)告小姐，一言难尽。官人自分散后，贼平到京，逢着小人。正要同来拜见，不想遭这场横祸。如今官人得金吾将军抬举[9]，与他奏讨得官，见做富平县尹，权知此驿。

【啭林莺】(旦)难中薄禄权倚靠，知他未遂云霄。采蘋如今在那里？(丑)采蘋在王将军家做义女，官人具礼去赎他为妾，见今和官人一处。(旦)他到强似我。鷦鷯已占枝头早，孤鸾拘锁，何日得归巢？檀郎安否[10]？怕相思瘦损潘安貌[11]。(丑)官人虽是折磨，却也志气不衰，容颜如旧。(旦)志气好，千般折挫，风月未全消。

(丑)官人有明珠一颗，着我送还，说是小姐与他为表记的。(旦)明珠何在？(丑)在此。(与珠介)

【前腔】(旦)双珠依旧成对好，我两人还是蓬飘。塞鸿，我今夜要见官人，你唤得来么？(丑)这个使不得。敕使老公公在外，军士们铁桶也似守把，官人怎的来得？(旦)眼前欲见何由到？驿亭咫尺，翻做楚天遥。楚天犹小，着不得一腔烦恼。(丑)小姐有甚说话，说与我传与官人。(旦叹介)枉心焦，芳情自解，怎说与伊曹？

(丑)小姐修一封书，备细写下，小人递与官人看。(旦)也说得是。我房里去修书。(丑)小姐快些，霎时便要天明也。(旦)理会得。

【啄木公子】舒蚕茧，展兔毫，蚊脚蝇头随意扫。只怕我万恨千愁，假饶会面难消，写向鸾笺怎得了？我那满腔哀怨呵，纵有丹青别样巧，毕竟衷肠事怎描？只落得泪痕交。

【前腔】书裁就，灯再挑，锦袋重封花押巧[12]。(将书出与丑介)塞鸿，书已写完了。(丑)有甚言语？(旦)传示他好自支持，休为我长皱眉梢。(丑)别有甚说话？(旦)为说汉宫人未老，怨粉愁香憔悴倒。寂寞园陵岁月遥，云雨隔蓝桥。

(丑)告小姐，小人一时思量不到，外面老公公分付门子，一个个出入都要搜检，小人把这封书出去，被他们搜出，却不利害。其实拿去不得。(旦)呀，我也不想到此。也罢，我把这封书藏在锦褥子底下，待我去后，教官人取来看。(旦藏书介)

【哭相思尾】从此两下分离音信杳，无由再见情人了。

(旦倒介)(丑惊走下)(净、丑上)自不整衣毛，何须夜夜嗥？咱们劳倦，正要睡哩，不知隔房刘家娘子，一夜啾啾唧唧，哭哭啼啼做甚么？老身方才吃他惊觉了，不免去瞧一瞧。(丑)呀，怎么倒在地上？不好了！祖武符[13]，孝顺爹，草头天，七颠八，上天入，十死九，菜重芥，周发殷，手精眼，南去北。(净)老妮子说甚么？(丑)刘娘子倒地，生姜汤快来！(净)好也，人要死哩，你兀自打歇后语哩。有这等慢心肠的？待我叫！(丑)你叫。(净)列位好姐姐，可怜刘泼帽[14]，今朝懒画眉，忽地玉山颓，浑如醉公子，口吐满江红，面皮豆叶黄，请过七娘子，将些江儿水，打碎生姜芽，都来玉抱肚，大家醉扶归，扶去罗帐里坐。(丑)好少话儿！(小旦、贴上)野花不种年年有，烦恼无根日日生。做甚么啰唣？(丑)恰才来看刘娘子，不知因甚，蹶倒在地。(小旦)这是受了辛苦，中恶倒了。(贴)快把水来，喷他几口。姐姐甦醒！

【黄莺儿】(旦)连日受劬劳，怯风霜心胆摇，昨宵不睡捱到晓。(小旦)小姐为何不睡？(旦)思家路遥，思亲寿高，因此上蓦然愁绝懵腾倒。(合)谢多娇，相将救取，免死向荒郊。

【前腔】(小旦、贴)人是水中泡，受皇恩福怎消，何须苦忆家乡好？慈帏乍抛[15]，相逢不遥，宽心莫把闲愁恼。(净、丑)曙光高，马嘶人起，梳洗上星轺[16]。

请列位娘子早梳妆，要赶路程。

愁剧翻成病，宽心免作灾。

这番救得醒，下次抬棺材。

〔注〕 ① 蓝桥：相传为唐裴航遇仙女云英处，在陕西蓝田东南蓝溪上。唐裴铏《传奇》载其事，谓裴航欲娶云英，其祖母言当取玉杵臼捣成灵药乃可。裴航求杵捣药，事遂谐。 ② 姮娥：即嫦娥，月中仙子。 ③ 掖庭：皇宫中的旁舍，嫔妃宫女所居。 ④ 失心风：疯癫痴狂。 ⑤ 念奴娇：与下文之归国遥、忆王孙、楚江秋、月儿高、烛影摇(红)、忆秦娥、汉宫春皆为词调名。 ⑥ 更筹：古时夜里报更用的计时竹签。南朝梁庾肩吾《奉和春夜应令》诗："烧香知夜漏，刻烛验更筹。" ⑦ 谯(qiáo)楼：此指鼓楼。 ⑧ 丰标：风度，仪态。 ⑨ 金吾将军：古官名，掌管宫中及京城昼夜巡警之事。 ⑩ 檀郎：情郎。 ⑪ 潘安：即晋潘岳，字安仁，以美貌著称，外出时常有妇女掷果子给他。 ⑫ 花押：文书契约末尾的草书签名或表示签名的花式符号。 ⑬"祖武"等十句：祖武符歇后刘，孝顺爹歇后娘，草头天歇后子，七颠八歇后倒，上天入歇后地，十死九歇后生，菜重芥歇后姜，周发殷歇后汤，手精眼歇后快，南去北歇后来，是戏剧

中插科打诨的语言。 ⑭ 刘泼帽：与下文之懒画眉、玉山颓、醉公子、满江红、豆叶黄、七娘子、江儿水、生姜芽、玉抱肚、醉扶归、罗帐里坐皆为曲牌名。 ⑮ 慈帏：代指母亲。 ⑯ 星轺(yáo)：使节所用之车。此泛指驿车。

《明珠记》是产生于新声昆山腔兴起前夕的一部较为成功的传奇剧本。作者陆采，长洲(今苏州)人，生活于明正德、嘉靖年间，19 岁作《明珠记》，声动一时。后又陆续创作了《椒觞记》、《存孤记》、《分鞋记》、《怀乡记》等剧，并将元人王实甫的《西厢记》杂剧改编为南戏，在明代曲坛产生重大影响。

《明珠记》是陆采的成名之作，故事情节取材改编自唐人薛调所作的传奇小说《刘无双传》。讲述唐朝书生王仙客，自幼丧父，随母寄居舅父户部尚书刘震家，与表妹刘无双青梅竹马，母亲临终时为二人订婚。王仙客三年孝满，上京应试，顺便向刘家求亲。婚事虽得到刘震应允，却不料遭遇泾原兵变，逃难离散。临别时，刘无双赠明珠一颗，以为信物。乱平之后，王仙客返京师，知刘震被丞相卢杞陷害下狱，舅母与刘无双没入宫廷，侍女采蘋被金吾将军王遂中收为义女。王遂中招王仙客为婿，并荐其为富平县尹，权署长乐驿。适刘无双被征选去皇陵服役，途经长乐驿，寄信诉说思念之情，并让王仙客去寻求古押衙相助。古押衙伪作诏书，派人到皇陵赐刘无双饮鸩自尽，然后赎回尸首，用药救活，使王、刘二人终成夫妻。刘震遇赦后，偕夫人赴四川上任，途中遇王仙客、刘无双夫妇，合家团聚。

《煎茶》是原剧第二十五出，适当全剧关目的转折点。自本出两人相遇之后，命运开始出现转机，并朝着否极泰来的方向发展。剧中述刘无双被征选去皇陵服役，途经长乐驿，暂宿一夜。正巧王仙客此时任长乐驿驿丞，便让书童塞鸿“装做煎茶童子”，混入中堂，伺机为二人传递音信。这出戏不光有引人入胜的剧情，而且有缠绵悱恻的言情；不光有优雅典丽的曲词，而且有滑稽突梯的科诨。动静相生，亦庄亦谐，不仅是优秀的案头作品，演诸场上想来也是极为精彩的。清代曲家叶堂将此出收录于所编《纳书楹曲谱续集》中，可证其在二百多年前曾经受到的广泛关注。至于现在，随着昆曲的衰落，这出戏早已失演于舞台了。

本出先是丑扮书童塞鸿上场。他干念上一首上场诗，只寥寥数语便将场景和身份作了交代：这一夜，“敕使老公公”带领几十个宫女在驿中住下，她们是被征选去皇陵服役的。“内臣在此”，作为驿丞的王仙客必须伺候听命，而塞鸿自然也少不得要跟随主人。他虽未想到这群宫女中会有刘无双，但作者却借他之口慨叹道：“只恐云英难见面，裴航空自捣玄霜。”预示着在这出戏中，王仙客与刘无双并未会面。紧接着生扮王仙客上场了，他无时无刻不在思念自己的未婚妻，见这天来了这么多宫女，便幻想“无双小姐也在其内”，同塞鸿商量，想让他扮作煎茶童子，混入后堂去“探个消息”，若见着刘无双便以明珠为信，约她出来见面。塞鸿一边嘀咕着“我官人是个失心风的，天下那有这等事”，一边还是“除下帽子，梳个髻儿”，装扮成茶童模样，“撞入中堂去”了。迎面碰上净扮的宫奴阻拦，问他道：难道长乐驿中没有妇人吗，还用得着“男子汉入去”？塞鸿回答说，驿中“并没有妇人”。宫奴又问：“驿丞的老婆在那里?”塞鸿回答说驿丞“没有老婆”。于是宫奴取笑一番以后就放他进了中堂。这一段安排得也还自然，然而清人李渔却认为不够妥当，改用采蘋替代塞鸿进去煎茶，并会见刘无双，为王仙客传递音信。这在逻辑上似乎更为合理。然而考虑场上效果，却不能不承认用丑角更具观赏性。这样做可以避免两个旦角同时登场，使场面生动活泼，充满机趣。

塞鸿依计在中堂“煎茶等候”。不一会儿，无双上场了。她满腹心事，辗转反侧，难以入睡，“不免剔起残灯，到中堂去闲步一番，以消长夜”。她所唱的一支【长相思】是用多个词调名连缀而成的巧体，隐约传达出思念故土，思念双亲，牵挂心上人的幽情与闷怀。已是三更时分，“驿庭人静寥寥”，只听得滴漏声声。空中新月惨淡，屏间茶香袅袅。她揭起帘儿“偷瞧”，只见“一炉宿火，两个铜瓶”，原来是“煎茶之所”。这里塞鸿正在凝神等待，尽管刘无双“朱帘轻揭，金铃声小”，他还是马上发觉“帘儿下，有个内家来也”。这时，刘无双也发觉“有人在外边”，先是一惊，再一看，“是个煎茶童子”，而且“好面善呵”。仔细辨认，分明是“旧识”塞鸿，于是“悄语低声”招呼他。塞鸿也惊讶果然遇到了无双小姐，连忙告诉她王仙客“见做驿官”，特派自己假扮茶童潜入中堂打探消息。刘无双迫不及待地询问“自分离”以来的情况，塞鸿一五一十地告诉她：王仙客直到乱平才得以返京，却不想刘家遭此横祸。还好蒙金吾将军相助，“与他奏讨得官，见做富平县尹，权知此驿”。刘无双得知王仙客虽遭受“千般挫折”，而“志气不衰，容颜如旧”，心中稍安。又问起采蘋，听说她早已嫁与王仙客为妾，庆幸之余，不免慨叹“鹪鹩已占枝头早，孤鸾拘锁，何日得归巢”，自怨命途多舛，身为千金小姐，眼下居然还比不上一个奴婢。

塞鸿拿出主人给他的信物交给无双小姐，明珠终于又“成对好”，而王、刘“两人还是蓬飘”分离。刘无双睹物伤情，真想立刻见到朝思暮想的王仙客。怎奈“敕使老公公在外，军士们铁桶也似守把”，警卫森严，咫尺千里，“官人怎的来得”？只能“修一封书，备细写下”，着塞鸿带出，“递与官人看”。眼看“霎时便要天明”，她得赶紧回房写信。可是这“万恨千愁”，“满腔哀怨”，纵然见面也难以诉说，却又如何能在片刻之间抒写得尽？她一边写，一边禁不住珠泪交横。写完之后，格外用心地裁开，折叠，封口，画押，这里凝聚着要交给情郎的整个爱心和性命啊！她把书信交付给塞鸿，又嘱咐了几句，无非是让王仙客“好自支持”，休要为她而“长皱眉梢”，憔悴伤身，以及她有多么思念他，多么期盼着与他早日重逢。

塞鸿突然想到，“外面老公公分付门子，一个个出入都要搜检”，万一这封书信“被他们搜出，却不利害”？刘无双也惊出一身冷汗，于是决定将信“藏在锦褥子底下”，等她走后，再“教官人取来看”。一想到要走，想到“从此两下分离音讯杳，无由再见情人了”，刘无双不禁悲痛伤心，昏厥过去。塞鸿见此情景，不敢久留，“惊走下”场。紧跟着一净一丑两个宫奴闻声而来。一看刘无双晕倒在地，慌忙喊人来救。这两人是戏中的笑料，当这紧要关头，还要诨上几句。一个连打十个歇后语，也没人懂得她说了些什么；另一个排比十二种曲牌名，总算把事情作了个大致交代。剧场中随着剧情发展而越绷越紧的氛围，被这两个角色一逗也就顿时松弛下来。宫女们都被唤来了，一阵忙乱，将刘无双救醒。刘无双万般心事不能明说，只得推说是“连日受劬劳，怯风霜”，加上“思家路遥，思亲年高”，忧愁失眠所致。同是天涯沦落人，大家劝慰一番。这时，天色渐明“曙光高”，驿中“马嘶人起”，宫奴们提请“列位娘子早梳妆，要赶路程”。于是大家纷纷回房，一场好戏到此落下帷幕。

《明珠记》历来被度曲家认为是集故事性与抒情性两长于一身的好戏。与唐人小说相比，传奇增加了许多生动具体的关目，在情节安排方面极具匠心，故清人李调元称其“穿插处颇有巧思”(《雨村曲话》)。在抒情方面也颇具特色，明人吕天成以为“抒情处有境有情”(《曲品》)，王骥德以为“摛词哀怨，远可方瓯越之《琵琶》；吐论嶒嵘，近不让章邱之《宝剑》”(《曲律》)，亦可谓好评如潮。然而在曲辞方面，《明珠记》的文辞、音律都还显现着新声昆山腔兴起前夕的过渡期特点。此前的南戏戏文大多朴实近俗，它虽则较为典雅，却还有许多真率语，不像后来一般的昆腔传奇那样纯用华藻典故。在音律方面，陆采虽“集吴门老教师逐腔更定”，剧中又有如【长相思】这样为《南词新谱》收作例曲以为典范的名曲，但更多受到的则是吕天成、吴梅等人的批评，认为多有不合音律处。这也是过渡期传奇作品的特点。陆采所遵循的只是南曲旧腔格律，而吕天成、吴梅等人用以衡量的则是成熟的新声昆山腔格律。至于《煎茶》一出，李渔尽管有所不满而特为改写，但是改本除因更换人物而改动了部分念白外，曲辞则是基本未动，可见他对陆采原词的认可。

（周 秦 许莉莉）

明 珠 记 陆 采

第三十七出 授 计

【骂玉郎】(生上哭介)心上人儿掌上金,翻做波间月,海底针。红颜皓齿暗消沉,没回音,怨悠悠血染罗襟。怕香骨怎禁,怕香骨怎禁,怎禁雨打霜侵?怕芳魂怎寻,怕芳魂怎寻,度不得万水千岑。猛判弃此身同鸩。早落得一处,早落得一处,化为双蝶,并宿花阴。自甘心,也强如独眠孤枕。断肠处,盼不到蕊宫椒寝[①]。

伤春未已复悲秋,欲采蘋花不自由。人面只今何处在?不胜清怨下高楼。古押衙前日与我借去采蘋、塞鸿、明珠,前往使计。一月有余,并无音信回来。昨日入城打听,朝廷把刘尚书夫妻害了,差高品内官,往皇陵上药鸩其女。天!天!想俺小姐一命难留,古押衙空劳使计,小子也枉用痴心,真个痛杀人也!

【前腔】忆昔嬉游翰墨林[②],暗里抛红豆,打翠禽。双双拍手绕花阴,坠银簪。有时节避暑溪浔,对明月抚琴,对明月抚琴。有时节玩雪微吟,看红颜翠襟,看红颜翠襟。真个是一对儿美玉精金,画堂中往来无禁。你爹怜母惜,你爹怜母惜,当时许下,偕老鸳衾。到如今,用尽了百计千心,只落得,泪珠儿罗衫湿浸。

【北中吕粉蝶儿】(小生上)虎窟龙潭,早归来不将身陷,把娇娥偷下林岚。(生见介)恰正无聊,猛相看,愁心顿减。(小生)管教伊愁上添欢,(摇手介)悄低低怕有人窥瞰。

(生)老丈,且喜回来了。无双的事如何?(小生)好交你欢喜,无双小姐已被俺偷出来了。(生)老丈休哄我。小生昨日,闻得刘尚书与夫人受害,无双药死在皇陵上。你那里取得他来?(小生)你听我道,

【醉春风】则为你蓝桥夜灯月盟[③],汉宫秋云雨担。小心儿荒山迢递来寻俺。引动咱铁石心肠,改抹却英雄气概,都做了偷香俏胆。

（生）是累及老丈了。却怎的用计？

【迎仙客】（小生）打听的神仙客，在茅岩买灵丹[4]，探幽险把香醪相和染。（生）买下仙丹如何？（小生）又写下凤诏鸾缄，把笔尖儿，弄出刀头险。

（生）假诏书已成，着那个送到皇陵上去？

【石榴花】（小生）风流担子倩谁担？把如花少女假装男。（生）采蘋去妆内臣。（小生）说尚书夫妇的并斩，赐佳人宽典，药酒身歼。猛拚生向陵官赎取尸骸殓。（生）怎的取得尸首出来？（小生）仗苏张一味言甜，把明珠美玉同时赚。则俺这瞒天大谎有谁参？

（生）尸首赎出来了，怎的救他活？（小生）三日后便还魂也。

【上小楼】轻开瓠犀牙颔[5]，略把青羊乳点。管取气转丹田，魄返泥丸[6]，唤醒花酣。（生）如今小姐在那里？怎的不送来？（小生）待日落山衔，人到茅庵。请君看验，旧庞儿可曾清减？

【么】销注了婚姻簿，填平了相思坎。重匀粉面，重扫眉尖，重效鹣鹣[7]。你看今夜里呵，卷疏帘，月纤纤。江梅冉冉，则兀的三春佳景一宵儿都占。

（生）俺夫妇同住在此，不妨么？

【小梁州】（小生）你真个色胆如天意态憨，出语腌臜。危机只在眼下未曾谙，休贪滥，形迹早藏潜。（生）小生也要去，只怕行装未备。（小生）老夫今朝替你把行装敛，明日里早上征骖。莫留淹，须果敢。偷生逃命，遇人处凡事要包含。

（生）此去打从潼关过，须要文凭看[8]。（小生）文凭我已做下了，你收着。（与文凭介）

【朝天子】这文凭一函，由他对勘，千人百眼遮教暗。机心用尽方自敛，深恩已报无拖欠。了却冤牵，今宵放胆，睡梦儿也息了心念。拂青衫，掉虬髯，从今去不受尘埃缆。

（小生欲下）（生扯住介）老丈，你撇了我，待投那里去？（小生）秀才，我云海闲人，岂恋恋于此山中者？特以秀才深恩未报，不忍舍去。今日大事已毕，吾愿足矣。只此告辞。（生）老丈去意已决，小生不敢曲留。且少坐片时，有话拜禀。（小生坐）（生跪介）小生伉俪乖离，此生无复相见之理。得老丈万死一生，成就好事。使德言之破镜复合[⑨]，崔护之桃花再开[⑩]。粉骨碎身，何可报答！小生有明珠一颗，昔日老丈借去赎尸之物。今日聊奉左右，以表犬马之私。（小生）秀才是何言也！老夫虽一介武夫，弃世利如浮云，嗜信义如饥渴。所以为郎君出死力者，感知己之恩，少酬其万一。今受此物，乃轻生图利，市井之不若矣。决不敢受。（生）老丈，岂不闻聂政不辞仲子之寿[⑪]，荆轲不却燕丹之金[⑫]。古人虽不为利，其交以道，亦所不辞。况今日之事，乃以德报德，何利之有？（小生）秀才误矣。昔漂母哀王孙而进食[⑬]，尚恶厚报之言；渔父念子胥而引渡[⑭]，犹伏酬恩之剑。老夫何为而反不若二人乎？所重者，郎君一点敬心；所爱者，平生得遇知己。区区夜光之珠，何足道哉！（生）老丈固非谋利之人，在小子可乏报恩之礼？果若不受，岂能自安。倘念久交之义，姑受此珠，以慰寸心，何如？（小生拔剑自刎介）（生抱住介）老丈何故如此？惊死我也！（小生）老夫自伤衰朽，不能使交游明吾此心，不如死之为愈。（生）小生一时感激之言，有犯义士，望乞恕罪。

【煞尾】（小生）当日在茅山，仙子亲留俺。无奈他尘缘掇赚，冷落了云岩。回头猿鹤也羞惭，为君受了多磨劖。寻师去觅丹方好，恋世空劳白发添。此去心无忝，一任他春波拍拍，烟岛尖尖。

（小生下）（生吊场）贤哉！古押衙为小生知己之故，奋不顾身。取出小姐来，又替我做下文凭，整顿衣装车马，摆列门外，着我远去逃命。这恩德分明是再生父母，赠他明珠又不肯受，连自家的田宅也弃下，飘然而去，果然一世之高士也！小姐已送在门外，且叫采蘋扶他在里面去。待我赶上押衙，送他十里再回。正是：感恩不觉言词切，仗义谁如侠士高。（下）

〔注〕 ① 蕊宫：道教所说的仙宫，也即蕊珠宫。此指宫禁。椒寝：皇帝妃嫔的宫寝。此指宫禁。 ② 翰墨林：笔墨之林，借指文坛。 ③ 蓝桥：唐裴铏《传奇》所记书生裴航遇仙女云英之处，地在今陕西蓝田县东南蓝溪上。 ④ 茅岩：即茅山，在今江苏句容市东南，汉茅盈与二弟修道于此，世称三茅真君。此为泛指。 ⑤ 瓠犀：瓠瓜的子。《诗经·卫风·硕人》："手如柔荑，肤如凝脂，领如蝤蛴，齿如瓠犀。"后遂以之比喻美女洁白的牙齿。 ⑥ 泥丸：道教谓

主脑之神名为精根,字泥丸,所居曰泥丸宫。 ⑦ 鹣(jiān)鹣:比翼鸟。 ⑧ 文凭:犹今言证件。 ⑨ 德言:南朝陈将亡,驸马徐德言恐妻子乐昌公主在乱中为人掠走,乃破一铜镜,与之各执其半,约定如夫妻失散则于正月十五在市中卖镜,以求复合。后公主被送入杨素之府,德言依前约卖镜,终使夫妻得以团圆。 ⑩ 崔护:唐诗人崔护曾春游至长安城南一庄户,叩门求饮,有女子出奉杯水,倚桃注目,若意有所属。次年他再至该地,则门闭人无,遂题诗云:"去年今日此门中,人面桃花相映红。人面只今何处去,桃花依旧笑春风。" ⑪ 聂政:战国韩人,韩臣严仲子与韩相侠累有隙,以黄金百镒为聂政母寿,使之行刺侠累。侠累被刺时抱韩哀侯,哀侯亦受伤,聂政乃自刎而死。 ⑫ 荆轲:战国卫人,客游燕国,燕太子丹奉金请其行刺秦王政,事败被杀。 ⑬ 漂母:楚汉战争中立下大功的韩信早年曾潦倒落魄,有一漂母(漂洗衣服的老妇)曾给韩信饭食,韩信感谢她道:"吾必有以重报母。"她发怒说:"大丈夫不能自食,吾哀王孙而进食,岂望报乎!"后韩信被汉高祖封王,召她来赐予千金。 ⑭ 渔父:春秋时楚国伍子胥父兄被楚王杀害,乃逃往吴国谋覆楚。到江边,有一渔父渡他过江,他取出宝剑欲作酬谢,渔父说:"楚国之法,得伍胥者赐粟五万石,爵执圭,岂徒百金剑邪!"不受其剑。

《明珠记》传奇最富戏剧性之处,除了王仙客、刘无双一对恋人的悲欢离合外,还有古押衙仗义救人的奇险经历。第三十七出《授计》讲述的就是古押衙去皇陵要回刘无双的尸体,交与王仙客,告知他如何用起死回生的丹药将她救活,并为他准备好车马行装和通关文凭,劝他带着心上人速速逃离此地,远走高飞。他自己也不再留恋世事,从此飘然而去。

这出戏同《煎茶》一样,除了有精彩的情节以外,还有关于人物个性、思想情感等方面的刻画描写。如果说《煎茶》的主要特点是以缠绵悱恻的儿女柔情动人感人,那么《授计》着重表现的是一诺千金、奋不顾身的铮铮侠士风骨,从而引发出深致的人生哲理,足令人玩味不止。

首先出场的是悲痛欲绝的王仙客。一个多月前,他拜托古押衙带着采蘋、塞鸿进京打点,原指望能救出刘无双,却不想昨日传来噩耗,说刘震夫妇被害,刘无双则被赐鸩酒毒杀。他何曾想到这全是古押衙的布置,只道"小姐一命难留",两支【骂玉郎】唱得伤感淋漓。他那"心上人"已经"翻做波间月,海底针,红颜皓齿暗消沉",再也无法找寻,再也不能重逢了。他想象着她"血染罗襟"的惨死,那该是怀着怎样的怨恨和悲哀啊,她那娇弱的身躯如何经受得起这样凶残的"雨打霜侵"?她的芳魂孤零零地流落在异国他乡,怎能度过"万水千岑",把故土亲人找寻?想到此,王仙客恨不得立即"弃此身同鸩",去寻找刘无双的芳魂,以求同心上人"早落得一处,化为双蝶,并宿花阴"。哪怕是死在一处,也总比独自苟活、伤心断肠要强胜百倍。他脑海里不断浮现出小时候与刘无双"抛红豆,打翠禽","绕花阴,坠银簪",青梅竹马,"往来无禁"的快乐时光。他们本是天生"一对儿美玉精金",早就相许"偕老鸳衾",可是"到如今,用尽了百计千心",只落得生离死别，泪湿衣襟。

王仙客正在那儿叹息伤悲，古押衙回来了。他果然机敏过人，亲入“虎窟龙潭”，不仅安然“归来不将身陷”，还巧妙地将刘无双偷了回来。王仙客忽见古押衙，“愁心顿减”，满心希望事情能有所转机。古押衙知道这好消息一说，定叫王仙客转悲为喜，可又“怕有人窥瞰”，于是强压兴奋，“悄低低”地告诉他：小姐已被“偷出来了”。王仙客不敢相信，还以为古押衙在哄他。古押衙就将事情的经过一五一十告诉他。原来古押衙本是世外高人，隐居荒山，早已不管人间是非短长。王仙客千里迢迢进山寻访他，将他视为知己，并殷切地寄希望于他，这才打动了他的“铁石心肠”，引发了他的“英雄气概”，决心为朋友赴汤蹈火。他先去茅山访求异人，买来续命“仙丹”，接着伪造诏书，又让采蘋假扮内臣，塞鸿假扮随从，将诏书送到皇陵上去，向陵官假称皇上将刘尚书夫妇处斩后，赐药酒令其女刘无双自尽。刘无双“死”后，他亲自假扮刘家旧仆，以明珠“向陵官赎取尸骸”收殓。仗着“苏张”(苏秦、张仪)一样的口才，居然连明珠都未曾动用，就将小姐的尸体赚了出来。而这一切都进行得神不知鬼不觉。他又交代了如何给刘无双服用灵药，只等“三日后便还魂”。王仙客这才恍然大悟，急着追问：“如今小姐在那里？怎的不送来？”古押衙告诉他不要性急，“待日落山衔，人到茅庵”，刘无双一准会送到他身边。王仙客一听说今夜就要和刘无双团圆，喜出望外，一下子沉浸在美丽的期盼和幻想中。他傻乎乎地问道：“俺夫妇同住在此，不妨么？”古押衙马上提醒他，“危机只在眼下”，必须及早逃离险地，将“形迹早藏潜”。他侠肝义胆，智勇双全，一切都为王、刘二人计划周全，连出门的行装和过关的假文凭都早已准备停当。他劝王仙客明日一早就起程，还千叮咛万嘱咐，“遇人处凡事要包含”，切不可暴露身份。

至此，古押衙心事已了，决意入山为道。王仙客欲以明珠为报，古押衙坚拒不受。他当初完全是为了酬报“知己之恩”才推却了茅山道士之邀。他早已看破这尘世，如今了无牵挂，飘然而去。一曲【煞尾】唱得空灵飘渺，意境悠远：“当日在茅山，仙子亲留俺。无奈他尘缘掇赚，冷落了云岩。回头猿鹤也羞惭，为君受了多磨劖。寻师去觅丹方好，恋世空劳白发添。此去心无忝，一任他春波拍拍，烟岛尖尖。”与《虎囊弹·山门》中那支著名的【寄生草】有异曲同工之妙。

《明珠记·授计》体现出作者填词作曲的非凡才具。尤其古押衙所唱的几支曲，真率凝练，意蕴丰富，不仅叙事明了，而且人物个性呼之欲出，极耐把玩。明人凌濛初以为“尖俊宛展处，在当时固为独胜”，祁彪佳则谓不仅有“文人之情，还有才人之致”，推崇备至。

更值得注意的是古押衙这个人物形象。《明珠记》“力图掩过《西厢》花月色”，可是它在描写缠绵爱情的同时，还塑造出了这个颇具特色的侠士形象。他铁面无私，十分仗义，具有超人的智慧和本领，甚至有点高深莫测。他来无影，去无踪，从不受世事的羁绊。他仿佛是上天派来的神仙，一切均在掌握之中。一旦大功告成，他便飘然隐去，决不图报。身陷困境的人们往往爱把最后的一丝希望寄托在幻想的神秘力量上，这就是为什么中国古代戏曲小说家们常常嗜好在悲欢离合的爱情故事中穿插进某个叱咤风云的英雄人物。类似情况尚有《柳氏传》中的许俊、《昆仑奴》中的摩勒、《霍小玉传》中的黄衫客等。他们的出场既丰富了戏剧情节和人物个性色彩，又引入了一种充满理想主义的正义力量来帮助主人公摆脱窘境，走向团圆。

古押衙的侠行义举和高风亮节显然是这出戏的引人入胜之处。清人叶堂《纳书楹曲谱》外集选刊这一出，说明它曾经一度热演于舞台，并且深受观众喜爱。同陆采原作有所不同的是，在曲谱中出名被更改为“侠隐”，开场王仙客哭刘无双的一段被删减，从而使得古押衙在剧中的主导地位更为突出。这应是当时舞台实际搬演情况的反映。

（周　秦　许莉莉）

【戏曲家小传】

李日华

字实甫。吴县(今江苏苏州)人。约明正德、嘉靖间在世。与戏曲家崔时佩为友，共同将王实甫《西厢记》由北曲杂剧改编为南曲传奇。先由崔时佩编集，后经其改定。改编仅从音律上着手，使《西厢记》亦能适于南曲诸声腔演唱，文学上则谨遵原作，从而扩大了该剧的影响。李、崔《南西厢》是将《西厢记》移植改编为传奇的最早一次努力，也是先后出现的多种《南西厢》中影响最大的一种。明徐复祚《三家村老委谈》谓其尚作有传奇《四景记》一种，“亦可观”，但已佚。《全明散曲》辑录其小令四首，套数一套。另复出小令四首，套数一套。

南西厢记

李日华

第九出　唱和东墙

(生上)闲寻丈室高僧话，闷对西厢皓月吟。前日小生与法本借一间空房，已曾移来住下。打听得众和尚每说：莺莺小姐每夜在后花园中烧香。小生今夜先去太湖石畔墙角边立下，待他来时，听他祝告甚么。我且攀住柳梢，饱看一回，却不是好。你看月朗风清，是好景致也。

【素带儿】良宵静，玉宇无尘月满庭，闲阶上一树牡丹花影。思省俺可憎，比月殿嫦娥不恁撑。厮侥幸，那小姐生得齐齐整整，袅袅婷婷。

(贴上介)香烛已完备了，请小姐拈香去。(旦上介)古来好事难成，惟愿天从人意。(贴)小姐，你看月明星朗，其实好景致也。

【升平乐】(旦)分明，楼台掩映。问嫦娥为何常夜孤另？青天碧汉，不知几许心情。(贴)毕竟，是谁还向月中行？料应与此心相等。画栏幽径，潜潜隐隐，俏俏冥冥。

(旦)红娘，将香桌移过太湖石畔去。(贴移桌)(生窥介)料想春娇厌拘束，等闲飞出广寒宫。花生两脸，体露半襟。垂翠袖以无言，展湘裙而不语。似湘陵仙子[①]，斜倚舜庙珠扉；如月殿嫦娥，半现蟾宫金阙。是好女子也！听他祝告甚么？(旦拈香介)此一炷香，愿亡过先人，早升仙界。此一炷香，愿堂上老母，身安无事。此一炷香，但愿……(做不语介)(贴)姐姐，两炷香都祝告了，第三炷香如何不祝告？我替姐姐祝告了罢。(贴跪祝介)老天，愿姐姐早寻一个姐夫，带挈红娘快活一快活。(旦拜)(作长吁介)心中无限伤心事，尽在深深两拜中。

【素带儿】(生)娉婷，百媚生，比那初见呵，庞儿越整。苍苔上料应小脚儿难行，盈盈，体态轻。罗袂生寒心自惊。空觑定，只为他离多会少，有影无形。

小生虽不及司马相如，那小姐颇有文君之意。我且歌一绝，看他何如？(念诗介)月色溶溶夜，花阴寂寂春。如何临皓魄，不见月中人？(旦)红娘，是谁在墙角边吟诗？(贴)这声音便是二十三岁不曾娶妻的涎脸。(旦)好清新之诗，我也依韵和他一首。(贴)你两下里正好做一"首"。(旦)做一首诗。有了。(贴)面也不曾会，就有了！(旦)贱人，诗有了。(贴)我只道那话儿有了。(旦吟诗介)兰闺久寂寞，无事度芳春。料得行吟者，应怜长叹人。(生)是应酬得好快，谢和韵了。

【升平乐】(贴)空庭,香雾冥冥。向西厢曲栏杆外闲凭。竹梢月转,早不觉斗柄云横。(旦)伤情,起来花下拜三星,白日里枉耽愁病。(贴)夫人有命,及早回去了罢。(旦)谨依来命,更长漏永,月朗风清。

正是:酒逢知己饮,诗向会人吟。(旦、贴并下)(生吊场介)

【一翦梅】度柳穿花宿鸟惊,目断芳卿,只教人盼不见芳卿。画堂朱户冷清清,病染张生,怎发付小生。

【簇御林】小姐,你的新诗句忒应声,诉衷肠真可听。一言一字都相应,语句又轻,音律又清,崔莺莺不愧为名姓。他若与小生到天明,隔墙酬和,惺惺的惜惺惺。

【前腔】帘垂下户已扃,颤巍巍花弄影,落红如雨埋芳径。灯儿又不明,梦儿又不成,房儿中寂寞衾儿冷。淅零零,风儿透入,窗儿上纸条鸣。

【琥珀猫儿坠】隔帘斜月偏照短檠灯,便是铁石人心也动情。玉人何是忒聪明。莺莺,多应是你无缘小生薄命。

【前腔】何时能彀锦片美前程[2],柳映花遮云锦屏。巫山云雨夜三更[3]。张生,不知是我无缘那人薄命。

【尾声】一天好事从今定,一首诗分明照证。有一日华堂春自生。

东风袅袅泛崇光,香雾空濛月转廊。
燕子楼头杨柳月,今宵只恐夜深长。

〔注〕 ① 湘陵仙子:指舜妃娥皇、女英,传为湘水女神。 ② 前程:元杂剧中的常用语,多指婚姻。 ③ 巫山云雨:喻指男女欢合,典出战国楚宋玉《高唐赋序》:"昔者先王(楚怀王)尝游高唐,怠而昼寝,梦见一妇人曰:'妾巫山之女也,为高唐之客。闻君游高唐,愿荐枕席。'王因幸之。去而辞曰:'妾在巫山之阳、高丘之阻。旦为朝云,暮为行雨。朝朝暮暮,阳台之下。'"

李日华本《南西厢记》系据元王实甫的杂剧《西厢记》改写的。《南西厢记》今知有五种:宋元南戏《崔莺莺西厢记》(作者不详);明初南戏李景云《莺莺西厢记》,一般称作《古南西厢》,与前一本皆不存,仅有残曲,且难定出自何本;明崔时佩《南西厢》传奇;明李日华据崔本增订之《南调西厢记》;明嘉靖时陆采因不满于李日华本而另写之《陆天池西厢记》。崔本已佚,李、陆两本均存。陆本取《莺莺传》重作，不袭王实甫原文一字，艺术性不强，流传不广。李日华本则收入《六十种曲》，昆剧舞台上皆演此本。

前人对李日华本《南西厢》评价甚高。明张琦《衡曲麈谈》指出："今丽曲之最胜者，以王实甫《西厢》压卷，日华翻之为南，时论颇弗取，不知其翻变之巧，顿能洗尽北习，调协自然，笔墨中之炉冶，非人官所易及也。"

崔时佩，海盐（今属浙江）人。生平不详，所作传奇作品《南西厢记》，据说即今所传李日华《南西厢》之原本。

李日华，字实甫，吴县（一作长洲，今江苏苏州）人。生平不详。梁辰鱼、闵遇五认为李日华本《南西厢记》乃校增崔本而成。又，明万历时另有一李日华，字君实，嘉兴（今属浙江）人。万历壬辰进士，官至太仆寺少卿，著《恬致堂集》、《六砚斋笔记》等，工诗善画。清无名氏《曲海总目提要》、近人王国维《曲录》等皆误将《南西厢》作者归此李日华。

李日华本《南西厢记》，情节与王实甫《西厢记》基本相同，叙张生赴京赶考途中，在普救寺巧遇莺莺，他即以借西厢读书为名追求莺莺。不久，孙飞虎领五千贼兵围寺欲夺莺莺为压寨夫人，危急中老夫人许诺谁能相救便许莺莺为妻。张生修书，请惠明送给白马将军杜确求救，杜确果然率兵前来，剿灭孙飞虎及其叛军。事后，老夫人赖婚，张生气出病来。在红娘的帮助下，莺莺与他私自结合。老夫人知晓后，拷问红娘。在红娘的劝说下，老夫人为防家丑外扬，同意张、崔婚姻，但逼张生上京赶考，科举及第后才可回来完婚。张生果然考中，于是张、崔两个有情人终成眷属。

《南西厢记》为适应明代传奇演出的需要，不仅将曲文由北曲改为南曲，而且将《西厢记》五本二十一折发展至三十六出，增加了篇幅，又基本保存了王实甫原作的精华，故而受到戏曲观众的欢迎。自明清至今，在舞台上常演的有《游殿》、《惠明》、《请宴》、《寄柬》、《跳墙》、《着棋》、《佳期》、《拷红》、《长亭》等九出。

本出《唱和东墙》系据《西厢记》第一本第三折《墙角联吟》改编，情节相同，对白基本相同，唱辞则改变较多，但原作中的精彩词句则尽量保留。

杂剧《西厢记》该折，曲辞优美新警，佳句很多。如形容莺莺走出香闺，在花园中的蹑行之脚步为"悄悄冥冥，潜潜等等"。张生暗候在墙角，盼望能看到莺莺"那齐齐整整，袅袅婷婷"的优美身影。金圣叹评道："止是'等莺莺'三字，却因'莺莺'是叠字，便连用十数叠字倒衬于上，累累然如线贯珠。"【圣药王】描绘莺莺吟诗时银铃般的嗓子如呖呖莺声，恰与她的芳名相应："那语句清，音律轻，小名儿不枉了唤做莺莺。"王骥德指出："莺声清且轻，吟诗如莺之啭，故曰'小名儿不枉了唤做莺莺'。"金圣叹评曰:"欲赞双文之快酬,虽千言不可尽也,仅借双文小名,只于笔尖一点,早已活灵生现,抵过无数拖累笔墨,所谓随手拈得。"这些妙笔,在《南西厢》中都有移植。

杂剧《西厢记》每折的情节,一般都分三段。《墙角联吟》折也如此:第一段写张生等待和莺莺烧香、祝祷;第二段为张生吟诗,莺莺和诗;第三段写莺莺、红娘回房,张生惆怅。《南西厢》情节相同,将原作佳句多组织进自己的曲文中,只是为了适应昆腔的曲牌,作些语句和次序的调整。有的曲文经过改写,语句依旧很美,不比原作减色。如杂剧《西厢记》【麻郎儿】之【么篇】:"颤巍巍花梢弄影,乱纷纷落红满径。"《南西厢》【簇御林】第二曲改作:"颤巍巍花弄影,落红如雨埋芳径。"根据此曲的字数和平仄要求,前句减一"梢"字;后句字数相同,作了改写,既保留了原作的意象,又微微调整了意境。"落红如雨",与"乱纷纷落红"相比,有异曲同工之妙,而"埋芳径"似比"满径"更胜一筹。"埋",在平面上看,相当于"满",但更有一种立体感,因为"埋"字隐含"厚厚一层"的意思,比单纯的铺"满"小径,似乎秋色更浓、繁花似锦的芳径之芬芳味儿更重。也有的曲子完全重写。如张生见到莺莺现身时,原作由张生唱【调笑令】:"我这里甫能,见娉婷,比著那月殿嫦娥也不恁般撑。"意思是月里嫦娥亦不及莺莺之美,仅仅表达赞美之意,而这样的比喻,手法也比较陈旧。《南西厢》将"月殿嫦娥"句从张生的唱词中删去,另撰【升平乐】一曲,让莺莺唱:"分明,楼台掩映。问嫦娥为何常夜孤另?青天碧汉,不知几许心情。"莺莺自感孤零,却将心比心,同情月中嫦娥也常常长夜孤零,表示同病相怜的关怀。既刻画莺莺的善良,又衬得她自伤孤零的悲凉心情更为沉痛。不和月中嫦娥比美,而是和嫦娥比孤零心情的悲凉,又用万里长空和迢迢银河作陪衬,既是写景,景色浩瀚,又是抒情,情怀深远。可见《南西厢》的曲辞颇美,意境颇深,如果不是《董西厢》和《王西厢》珠玉在前,《南西厢》的光芒被掩的话,它原本也可赢得较高评价的。

除了文辞上的某些沿袭之外,《南西厢》此出还忠实地继承了杂剧《西厢记》的以下成功之处。其一,莺莺和红娘不承认封建包办婚姻的进步思想。老相国在世时,莺莺明明已许配给老夫人的侄儿郑恒为妻,但莺莺烧香时,第三炷香由红娘代为祝告:"老天,愿姐姐早寻一个姐夫……"莺莺耳闻此言,边下拜边长吁,并默默暗诉:"心中无限伤心事,尽在深深两拜中。"莺莺深惧自己将来若所嫁非人,一生将陷入无限伤心之中。此语充分表达莺莺对父母包办婚姻的不满。

其二,张生、莺莺联吟酬唱,写出文化修养深厚的才子才女以诗相交的恋爱方式和这种恋爱方式所蕴含的浓郁的诗意。古代男女青年的自由恋爱,无论中西，往往都是一见钟情。如元杂剧中《墙头马上》的裴少俊和李千金，莎士比亚《罗密欧与朱丽叶》中的男女主人公等，都如此。元杂剧《西厢记》描写有才华有文化的男女青年以诗歌来试探、表达情意，引起心灵上的感应和共鸣，从而渐入爱情之佳境，这在中国戏剧史上是有创造性的伟大贡献。《南西厢》在这方面全盘沿用。

其三，通过张、崔的诗歌唱和，和对张、崔所处美景的出色描写，增添了《西厢记》诸多戏剧场面的诗情画意。《西厢》全剧都漾溢着浓郁的诗情画意，其中尤以《墙角联吟》（《唱和东墙》）和《琴心写怀》（《琴心写恨》）、《长亭送别》（《秋暮离怀》）和《草桥惊梦》等折为最，具有夺人心魄的审美效果。

其四，作者为张、崔所拟之诗，切合月夜花丛和吟叹人物的情景，符合张生、莺莺的人物性格，刻画两人心有灵犀的聪颖敏悟，令人、情、景、诗四者妙合无垠；原来远隔天涯的张、崔两人，全靠这两首诗将两颗原本陌生的心灵，从此开始绾结起来，永不分离。这些都表明李日华的改编，确有自己的心得。

《南西厢》此出，为增添笑料，红娘将莺莺说作首诗的"首"谐音为"手"，嘲她与张生"两下里正好"做一手，又对莺莺构思和诗的"有了"故意误会，调侃她和张生"面也不曾会，就有了（指身孕）"。利用双关语，类比确切，生活气息浓郁，极富幽默感，但是唐突佳人，略有不妥。

（周锡山）

南西厢记　　李日华

第十九出　琴心写恨

【卜算子】（生上）月挂柳梢头，漏断人初静。千古风流指下生，付与知音听。

东边日出西边雨，莫道无情却有情。日间红娘说道相如将琴挑动文君之意，不免叫琴童取琴出来。琴童何在？（丑上）夜静瑶琴三五弄，悲风动处月光寒。知音弹与知音听，不是知音不与弹。琴在此。（生）琴童，你与我烧下一炉香，煎下一罐茶，你自回避。（丑应下）（生）爨下焦桐玉琢成[①]，轻勾缓剔凤凰鸣。高山流水千年调，《白雪》《阳春》万古情。松籁响，涧泉清，携来指下韵将成。文君未必能知否，月满池塘夜气清。你这琴呵，小生与足下湖海相随数年，今夜这场大功，都在你这金徽玉轸[②]、蛇腹断纹[③]、绎阳焦尾冰弦之上[④]。怎生借得那一阵顺风，将小生这琴声吹入俺那小姐玉堆成粉捻就知音俊俏的耳朵里去。（生作理琴介）（旦、贴同上）

【满江红】(旦)抛却金针，离绣阁黄昏时节。见碧天如洗，一轮明月。(贴)花影满阶秋露冷，银河万里光澄彻。(合)殷勤同到小园中，把名香爇[5]。

(旦)水沉未爇黄金鼎，花影重过白玉栏。红娘，我和你后花园中烧香。不觉又更深了，快行几步。(行介)(旦)梦断巫山一片云，起来移步款红尘。山禽莫向空林语，怕有幽人重惜春。老母居孀，故园迢递，好伤感人也！将香桌过来。(拈香介)愿祝先考逍遥，母亲康泰。及早还乡存亡均感。(贴)要知小姐幽怀事，尽在深深两拜中。(旦)红娘，你看好晚景也。

【梁州序】晴空云敛，冰轮初涌，风扫残红。无数香阶堆拥，好似闷怀千种。那人呵，只落得心中作念，口内闲题，梦里相和哄。今日华堂开绮席，意朦胧，却教我翠袖殷勤捧玉钟。(合)愁似织，和谁共？双蛾蹙损春愁重。鱼得水，甚时同？

(贴)小姐，你看这般月晕，明日敢有风也。(旦)风月天边有，人间好事无。(贴咳嗽介)(生)那人来了。(生作弹琴介)(旦)是甚么响？(贴)小姐，你试猜一猜。

【渔灯儿】(旦)莫不是步摇得宝髻玲珑？(贴)不是。(旦)莫不是裙拖得环珮叮咚？(贴)不是。(旦)莫不是铁马在檐前骤风？(贴)也不是。(旦)莫不是金钩双控，咭叮噹敲响帘栊？

(贴)姐姐许多般都猜不着，你再猜一猜。

【前腔】(旦)莫不是梵王宫夜撞金钟？(贴)不是。(旦)莫不是疏竹萧萧曲槛中？(贴)也不是。(旦)莫不是牙尺翦刀声相送？(贴)也不是。(旦)莫不是漏声长滴响壶铜？(贴)一发不是了，你且听着。(旦做听介)呀，我只道甚么响。却原来近西厢谁理丝桐。

【锦渔灯】其声壮似铁骑刀枪冗冗，其声轻似落花流水溶溶。其声高似风清月朗鹤唳空，其声低似儿女语小窗中。

(贴)姐姐你听，越弹得好了。

【锦上花】(旦)他那里思不穷，我这里意已通，娇鸾雏凤失雌雄。他那里曲未终，我这里意转浓，争奈伯劳飞燕各西东。(贴)姐姐，满怀心腹事，(旦)尽在不言中。

我且近书房听一听。(贴)姐姐,你在这里听,我去瞧老夫人便来。(贴下)(生)窗儿外有人声,想必是他来了。待我将琴改调其词,另弹一曲,就歌一篇《凤求凰》。昔日司马相如得此曲成事,我虽不及司马相如,那小姐到有文君之意。(歌介)有美人兮见之不忘,一日不见兮思之如狂。凤飞翱翔兮四海求凰,无奈佳人兮不在东墙。将琴代语兮聊写衷肠,何日见许兮慰我彷徨。愿言匹配兮携手相将,不得于飞兮使我沦亡。(旦)是弹得好也!其声哀,其意切,凄凄然如鹤鸣九皋。使妾闻之,不觉泪下。

【锦中拍】这的是令他人耳聪,诉自已情衷。知音者芳心自动,感怀者断肠悲痛。这一篇与本宫,始终,不同。一字字更长漏永,一声声衣宽带松。别恨离愁番做一弄。张生呵,越教人越知重。

(生)便是老夫人忘恩失义,不合小姐也失信于我。(旦)你错埋怨我。(贴上介)老夫人睡醒,寻小姐哩。

【锦后拍】(旦惊介)只见他走将来气冲冲,怎不教人恨匆匆。吓得人怕恐,吓得人怕恐。早是不曾转动,女孩儿直恁响喉咙。谨摩弄,我欲将他拦纵,只恐夫人行把我来厮葬送。

(贴)姐姐,张先生只在这几日上要回去也。(旦)红娘,你留他再住几日。(贴)留他也没有什么好处与他。

【尾声】(旦)只说道夫人时下有些唧哝,好共歹不着他脱空。怎肯轻抛下风流志诚种。

花阴隔断姻缘路,书生枉把幽情诉。
相思争奈粉墙高,狗咬骨头空咽唾。

(旦、贴下)(生吊场介)那壁厢俏然,想是小姐去也。琴童过来,收拾进去。(丑上收介)敢问官人:这件东西板上有索,零零落落。被人盘问,有口难答。官人若不教我,一似梦中摇铎[6]。(生)你原来还不晓得,我说与你知道。这是金徽玉轸,蛇腹断纹,龙池凤沼,仙人背,玉女腰,焦尾雁足。(丑)下面这一块是甚么?(生)这是底板。(丑)上面这几条是甚么?(生)是弦。(丑)底板是树皮锯的,弦是牛脊筋做的。许多零零碎碎,教我如何记得。(生)你若难记,我编成一首诗与你念何如?(丑)这等好记。(生)金徽玉轸伴弦调，焦尾低垂雁足跷。未向龙池寻变化，且临凤沼弄波涛。风流肌骨仙人背，窈窕形躯淑女腰。(生住口介)(丑)官人，再没有了？(生)是没有了，琴上的都做尽了。(丑)怎么只有六句？又不成绝句，又不成律诗。待小人凑上二句。(生)这等到好，你说来我听。(丑)官人把前面六句再念一遍。(生照前念介)(丑)

惹动崔家老底板，害断脊筋自去熬。

〔注〕 ① 爨(cuàn)下：灶下。焦桐：指琴。《后汉书·蔡邕传》："吴人有烧桐以爨者，邕闻火烈之声，知其良木，因请而裁为琴，果有美音，而其尾犹焦，故时人名曰焦尾琴焉。" ② 金徽：金饰的琴徽。玉轸：弦乐器上系弦线调节松紧的小柱。 ③ 蛇腹断纹：琴上有蛇腹花纹一样的断纹，说明此是一具珍贵的古琴。 ④ 峄(yì)阳：峄山(在今山东邹城市东南)之阳产桐，是制琴的良材。冰弦：用冰蚕丝做的琴弦，典出《太真外传》。 ⑤ 爇(ruò)：点燃，放火焚烧。 ⑥ 铎：古代乐器，一种大铃。

此出《琴心写恨》(暖红室本为第二十出，此据《六十种曲》本)全据王实甫《西厢记》第二本第四折《琴心写怀》改编。《西厢记》此折诸曲，用确切的比喻和精美的语言描写琴声之幽美和动人，《南西厢》此出保留了原作的全部精华。其中【梁州序】一曲，檃括原作【斗鹌鹑】和【紫花儿序】的清词丽句，改编唱词很见功力，而【渔灯儿】二曲和【锦渔灯】、【锦上花】、【锦中拍】五曲，基本上保留和移植了《西厢记》【天净沙】、【调笑令】、【秃厮儿】、【圣药王】、【麻郎儿】及【么篇】、【络丝娘】描绘琴曲和莺莺听后感想的七曲之原句，更见功力。

此出戏与《西厢记》原文一样，分为三段：第一段写张生等待莺莺；第二段写莺莺现身后张生奏琴，莺莺听曲；第三段写莺莺走后，张生与琴童的对话。其中第二段即著名的"琴挑"部分，是全剧的精华之一。莺莺出场第一曲，"晴空云敛，冰轮初涌"四句即达情景交融、虚实相生的高妙境界，因此金圣叹评道："只写云，只写月，只写红，只写阶，并不写双文，而双文已现。""有时写人，是人；有时写景，是景；有时写人却是景，有时写景却是人。如此节四句十六字，字字写景，字字是人。"接着琴声悠扬而起，毛奇龄指出：作者通过莺莺所唱"莫不是""二曲，暗写琴声；后一曲明写琴声，至【圣乐王】(《南西厢》为【锦上花】)则又写琴意，此一步近一步法。"金圣叹认为"莫不是"二曲，"此于琴前，故作摇曳，先媚之"。第三曲"正写琴"，而【圣乐王】(【锦上花】)之"'思已穷'，是言日间赖婚；'恨不穷'，是言此时弹琴；'曲未通(终)'，是言琴未入弄；'意已通'，是言听者已先会得也。妙绝"。而"尽在不言中"之"'尽'之为言，你我同也"。他又解【锦中拍】"本宫，始终，不同"曰："此六字，三句，是言闻弦赏者，能识雅曲之故也。'本宫'者，曲各自有其宫也。‘始终’者，曲之自始至终，有变不变也。‘不同’者，辨其何宫，察其正变，则迥不同也。”又评“越教人越知重”曰：“此‘越重’字，则为今夜又知其精于琴理至此，故也。夫双文精于琴理，故能于无文字中，听出文字，而知此曲之为‘别恨离愁’也。而今反云‘越重’张生，从来文人重文人，学人重学人，才人重才人，好人重好人，如子期之于伯牙，匠石之于郢人，其理自然，无足怪也。”“绝世妙文。”“听琴正文，写出真好双文，必如此，方谓之知音识曲人也。”莺莺听琴，正在情浓之时，红娘突然闯来，莺莺受到惊吓，责怪红娘“走将来气冲冲”，金圣叹高度评价此曲“写双文胆小，写双文心虚，写双文娇贵，写双文机变，色色写到。”“写双文又口硬又心虚，全为下文玄杀红娘也。妙绝！”

金圣叹的以上评批，已将此出中作者的匠心和原作隐含的莺莺听琴时的曲折、深邃的心理作出全面深入和精到的剖析。

中国古代自孔子时代起，即重视民族的文化教育，同时也重视素质教育。因此诗、乐的修养成为青少年学习的不可或缺的教育内容。后来在漫长的封建时代，通习琴棋书画反映了知识分子全面的文化艺术修养，显示出他们的高雅气质。有的熟习其中一二种，如书法、围棋，有的则爱好广泛，四种全学全懂。《红楼梦》描写大观园中的贾宝玉和众才女，亦皆如此。《西厢记》中的张生、莺莺，是《红楼梦》中才子才女的艺术“先辈”，当然亦更如此。《南西厢》与《西厢记》一样，红娘出于对张生杰出才华的敬佩和对张、崔真挚爱情的同情，给张、崔以有力帮助。老夫人赖婚之后，在张生的恳请下，红娘建议张生在莺莺月夜烧香之时，用琴声来试探、打动莺莺，用琴曲作为追求莺莺的心灵桥梁。

此出中张生上场第一曲【卜算子】是《南西厢》新增的曲辞，其第三、四句：“千古风流指下生，付与知音听。”和张生独白中新增之“高山流水千年调，《白雪》《阳春》万古情”等语反复呼应，强调异性青年的真诚爱情是人类生活中永恒的美好内容（“千古风流”、“万古情”）。歌颂爱情、互通心曲的优美音乐（琴曲、诗歌）是永远流传的艺术形式（“千年调”），相爱男女是传受恋曲的真正知音，高山流水，心灵相通。知音，有两个层次，一是能欣赏音乐之美，二是能领会音乐中传达的感情信息。第二点更重要，否则便是“知音少，弦断有谁听”（岳飞《小重山》）。

《西厢记》以诗歌互通心曲、以文会友的恋爱方式，富于诗情画意。纵观《西厢》全剧，王实甫描写张、崔之恋中的艺术性心灵交流竟一而再、再而三，共有三次之多，而且互不重复，各有新意，更做到情文相生，美不胜收：《墙角联吟》（《唱和东墙》）描写张、崔的诗歌唱和，《琴心写怀》（《琴心写恨》）妙写琴声的互通心曲，《秋暮离怀》（《长亭送别》）记叙张、崔的临别赠言。三出戏皆有丰富深厚的文化内涵和艺术意蕴，场面悲怆动人，且又富于诗情画意。《南西厢》在改编中皆能忠实于原著，巧妙地将《西厢记》的清词丽句和优美意境移植过来，并为适应传奇体裁的需要，作适当的增补（主要是宾白）。

如果是一见钟情式的“私订终身后花园，落难公子中状元”的才子佳人的恋爱，内容单调：相爱过程简单，相爱原因简单——仅仅相悦于对方的外貌，婚后生活简单——生儿育女，相守度日而已。而像张生、莺莺这样才华卓特的男女之结合，便超越单纯的外貌与性爱的层次，进入较高的艺术、精神交流的境界。一起欣赏诗歌和音乐，兴会所至还自己撰诗赠答，才华相当，知音互赏，便富于情趣，有利于爱情的发展与巩固。这便打破了“郎才女貌”的模式，树立了男女双方才貌相当的性心交融的爱情境界。《西厢记》和《南西厢》之后，只有《玉簪记》（主要是《琴挑》一出）和《红楼梦》等少数杰作才能达到这个境界，做到让读者满口余香，荡气回肠，心醉神往。

（周锡山）

南西厢记　　李日华

第二十七出　月下佳期

【供养引】（生上）伫立闲阶，夜深香霭[①]，黄金界[②]。潇洒书斋，闷杀读书客。

书当快意读易尽，客有可人期不来。小姐着红娘送来的缄帖儿，约今晚成事。这时候不见来，莫非又是说谎了？正是：人间良夜静不静，天上美人来不来？

【临镜序】彩云开，月明如水浸楼台。风弄竹声只道是金珮响，月移花影疑是玉人来。意孜孜双业眼[③]，急攘攘那情怀，倚定着门儿待。只索要呆打孩[④]，青鸾黄犬信音乖[⑤]。

小生一日十二个时辰，无一刻放下小姐。你那里知道呵！

【前腔】昏昏情思眼慵开，梦魂飞入楚阳台。早知道无明无夜因他害，想当初不如不遇倾城色。小姐这早晚不见来，夫人行料应难离侧，多管冤家有些不自在。小姐若这一遭不来呵，安排害，准备抬，异乡身强把茶汤捱。

（旦、贴上）（贴）姐姐，你在这里站着，待我去敲门。张先生，开门，开门！（生）是谁？（贴）是你家前世的娘。（生）小姐来了么？（贴）又不得来。（生）若不来，你就替一替。（贴）呸！放尊重些。休得

生鶯幽會佳期

惊了小姐，且接了衾枕进去。(生)是，不敢。(贴)张先生如何谢我？(生)小生一言难尽，惟天可表，当以犬马报之。(生见旦跪接介)张珙有何德能，敢劳神仙下降。(旦)请起来。

【罗香令】(生)先前见责，谁承望今宵欢爱。着小姐这样留心，张珙合当跪拜。(生跪旦扶起介)(生)小生又无潘安貌，子建才。(生回看旦介)觑着可憎模样，不胜感戴。小姐只是可怜见我是孤身客。

【前腔】(旦)见你多愁多害，其实难捱。只见你废寝忘餐，可怜你十分不快。(贴)亏你真心耐，志诚捱。小姐的心回意转，张生你否极泰来。这其间留得形骸在。

(旦)妾千金之躯，一旦弃之。此身托于君子，勿以他日见弃，使妾有白头之叹[6]。(生)小生焉敢如此。(贴)你两人睡去罢，我去看老夫人醒也未醒。(生、旦携手介)双双携素手，款款入书斋。(下)(贴吊场介)你看张生好歹，他两个公然进去了。径不理着红娘，教我独自在此，好闷杀人也！

【十二红】小姐小姐多丰采，君瑞君瑞济川才。一双才貌世无赛，堪爱，他每两意和谐[7]。花心轻摘，柳腰款摆，露滴枝头牡丹开。香恣蝶蜂采。一个斜欹云鬓，也不管堕却宝钗；一个掀翻锦被，也不管冻却瘦骸。好似襄王神女会阳台[8]。一个半推半就，一个又惊又爱。一个娇羞满面，一个春意满怀。今宵勾却相思债。张生当初许说，事成之后，筑坛拜将谢我[9]。如今两个携手儿竟自去了。更不管红娘在门儿外待，教我无端春兴倩谁排？只得咬定罗衫耐。犹恐夫人睡觉来，将好事番成害。将门扣，叫秀才，莫耽余乐惹非灾。轻轻叫，叫姐姐，忙披衣袂把门开。看看月上粉墙来，莫怪我再三催。(生、旦披衣上)

【节节高】春香抱满怀，畅奇哉，浑身上下都通泰。无聊赖，难摆划，凭谁解？梦魂飞绕青霄外。只疑都是梦中来，愁无奈。(合)今宵相会碧纱幮，何时重解香罗带？

【前腔】(合)花阴下藓阶，楚阳台，襄王云雨今何在？重欢爱，归去来，何时再？乍时相见教人爱，霎时不见教人怪。(合前)

【尾声】风流不用千金买，贱却人间玉帛。

(生)小姐若不弃小生，是必破工夫明夜早些来。(旦)回去也，怕夫人醒来寻我。(贴)张先生，且喜且喜。你如今病医好了么?(生)多谢红娘姐！我十分病已去九分了，还有一分不去。(贴)这一分如何不去?(生)这一分还在红娘姐身上。承你不弃，一发医了小生这一分何如?(贴)呸！(扶旦下)

寄柬传书在用功，听琴联句隔墙东。

今朝剩把银缸照，犹恐相逢是梦中。

〔注〕 ① 香霭：谓香气浓郁。 ② 黄金界：即金界，佛地。 ③ 业眼：即孽眼，满怀情欲的目光。 ④ 呆打孩：呆，痴。打孩，语助词，无义。 ⑤ 青鸾：青鸟，指送信的使者，典出《汉武故事》。黄犬：西晋时陆机在洛阳任职，家乡在吴郡华亭(今上海松江)，音讯断绝。他有犬名黄耳，颈系竹筒，内装书信，来回传递。事见《晋书·陆机传》。 ⑥ 白头之叹：司马相如将娶茂陵女为妾，其妻卓文君作《白头吟》表示决绝。见《西京杂记》。 ⑦ 他每：他们。 ⑧ 襄王神女会阳台：典出宋玉《高唐赋序》："昔者先王尝游高唐，怠而昼寝。梦见一妇人曰：'妾为高唐之客，闻君游高唐，愿荐枕席。'王因幸之。去而辞曰：'妾在巫山之阳、高丘之阻。旦为朝云，暮为行雨，朝朝暮暮，阳台之下。'"后以之喻指男女欢合。按《高唐赋序》中所说的"先王"为楚怀王，但后世常错当成楚襄王。 ⑨ 筑坛拜将：刘邦筑坛拜韩信为大将，是赢得楚汉战争的关键之一，事见《史记·淮阴侯列传》。

此出(暖红室本出名为《重订佳期》，此据《六十种曲》本)据《西厢记》第四本第一折《月下佳期》改编，简称《佳期》。叙张生因思恋莺莺而生病，又因莺莺赖简，张生跳墙赴约，突遭莺莺训斥，又急又气，病更转重，性命难保，莺莺为挽救张生宝贵的性命和挽回自己珍贵的爱情，毅然再约张生，并准时到张生书房赴约幽会，私自结合。

此出共分三段：第一段描写张生等待莺莺前来时的焦急心理，第二段描写张、崔私自结合的过程，第三段则叙张、崔分别时，张生病愈，并约请莺莺明夜再来。

古代青年知识分子津津乐道的是："洞房花烛夜，金榜题名时。"张生更重前者，而且是在经历过艰难过程，才赢得莺莺的芳心，更觉可贵，因此在莺莺到来之前，更是焦急。张生首句即唱"伫立闲阶"，金圣叹认为："张生久待，而此于第一句，先写'伫立'字，便是待已甚久，而下文乃久而又久也。盖下文极写久待固久，而此又先写甚久，使下文久而又久，则久遂至于不可说也。谓之只用一层笔墨，而有两层笔墨，此固文章秘法也。"《南西厢》此段檃括《西厢记》诸唱段，生动刻画了张生的焦急心理，十分传神。

第二段写张、崔的幽会过程。这段描写，大受封建时代正统文人的严厉批评，被指斥为“诲淫”之作。金圣叹于清初首先为之辩护，认为“自古至今，有韵之文，吾见大抵十七皆儿女此事。”“有人谓《西厢》此篇最鄙秽者，此三家村中冬烘先生之言也。夫论此事，则自从盘古，至于今日，谁人家中无此事者乎？若论此文，则亦自盘古，至于今日，谁人手下有此文者乎？”指出《西厢》此出所描写的内容在本剧中的必要性和首创性，又指出：“事妙，故文妙；今文妙，必事妙也。”肯定《西厢》此出的高度艺术成就，并正因艺术高超，所以将张、崔的性爱表现得诗意浓郁、幸福酣畅。《南西厢》此出保留《西厢记》精华，并使之活跃于明清至今的戏曲舞台上，给此戏以第二次生命，功不可没。

莺莺主动大胆地约会并到张生书斋自荐枕席，绝非轻举妄动，更非轻佻放荡。她初闻张生吟诗，赞赏其才华和体会其追求自己的美意，又于斋会和寺警时亲眼目睹张生“外像儿风流”、“身子儿”“俊俏”；更在自己落难时，亲见他挺身而出，热情相救。认识到他书信、吟诗都能立就的“冠世才学”，感叹“若不是张解元识人多，别一个怎退干戈”，赏识其识友交友的交际能力。何况自己与张生的婚约建于患难之中，患难见真情，这有多么可贵！此为莺莺心许张生的第一阶段。第二阶段，莺莺眼见母亲赖婚，张生无一言责怪，连母亲赠他金银也不要；又眼见自己赖简，张生也无一言责怪，受自己和红娘训斥，也不作半句辩解，其性格之忠厚善良和温柔忍让，如何不令莺莺感动；张生因母亲赖婚而生病，又因自己赖简而病重，如此一往情深义无反顾，如何不令莺莺心痛心碎。如果眼见张生病重而死或黯然诀别，自己又要落到无才无德无貌而又生性凶恶的表兄郑恒手中，莺莺毫无退路，只有不顾自己的名誉，救助张生，挽救自己的感情和前程。莺莺慧眼识人，识郑恒之卑劣，识张生之高尚、可靠，是自己理想的配偶。莺莺深沉稳重的性格，决定了她主动有序地操纵自己与张生的恋爱，最后才作出这个主动热情的献身决定。《西厢记》和《南西厢》生动细腻地描绘莺莺在接受张生抚爱的过程中的深沉稳重和落落大方但又不失矜持尊严的性格、心理和行动，令人叹为观止。

（周锡山）

南西厢记 李日华

第三十出 草桥惊梦

【挂真儿】（生、丑同上）望蒲东萧寺暮云遮[①]，惨离情半林黄叶。马迟人意懒，风急雁行斜。愁恨重叠，愁恨重叠，破题儿第一夜[②]。

小生与小姐分手，行来又早二十里之外，前面就是草桥客店。不免安歇一宵，明日早行。我想昨夜受用，今夜凄凉，这马儿百般不肯行。正是：行色一鞭催去马，离愁万斛引新诗[③]。

【步步娇】昨日翠被香浓薰兰麝，欹珊枕把身躯趄[④]。脸儿厮揾者[⑤]，仔细端详，几曾经别。乌云鬓玉钗斜，恰似半吐初生月。

早到店中，店主何在？（净上）请官人就在里面安歇，官人吃酒饭么？（生）酒饭俱不要吃了。琴童你吃饭。（丑）我也不吃了，睡了罢。（生）今夜如何睡得着！

【江儿水】客馆欹单枕，秋蛩鸣四野[⑥]，助人愁纸窗外风儿裂。这孤眠被儿薄衾又怯，冷清清几时温得热？有限姻缘方宁帖，无奈功名，何苦使人离别。

【清河水】呆打孩店房中没话说，闷对如年夜。暮雨催寒蛩，晓风吹残月。今宵酒醒来，玉人儿他在何处也？

不觉睡思将来，且暂歇一宵。（作睡介）（旦上）

【玩仙灯】别却情人，顿觉香消玉减。

奴家在十里长亭，别了张生回去，好放他不下。今喜得老夫人睡了，不免私奔出城。赶上了他，一同去罢。

【香柳娘】走荒郊旷野，走荒郊旷野，把不住心娇怯。喘吁吁难将两气接。瞒过了能拘管夫人，稳住厮齐攒侍妾[⑦]。疾忙赶上者，为恩情怎舍，为恩情怎舍？因此不惮路途赊[⑧]，谁经这磨灭。

【前腔】想临行上马，想临行上马，其实痛嗟。哭得我似呆痴，瘦得我似咔嗻[⑨]。别离刚半晌，却是掩过绣裙儿，宽褪三四褶。看清霜满路，看清霜满路，高下路回折。我这里奔驰，他在何处睡歇？

我看前面想是草桥客店，他必然在内安歇，待我敲门则个。（生问介）是谁？（旦应）是奴家。开门，开门！（生）是个妇人声音，这早晚到此做甚么？

【前腔】是人可分说，是人可分说，是鬼速疾灭。（旦）是我。老夫人睡了，想此去几时得见，特地赶上来与你同去。（生）听罢语言儿将香罗袖儿拽。且停睛看者，且停睛看者，原来是小姐。你为人能为彻，将衣袂不藉，将衣袂不藉。绣鞋儿都被露泥惹，脚跟儿敢踏破也。

(旦)我为你顾不得许多迢递！

【前腔】想着你忘餐废寝，想着你忘餐废寝，放不下些。到如今香消玉减花开花谢。你衾寒枕冷，你衾寒枕冷，凤分与鸾折，月圆被云遮。这牵肠割肚，到如今义断与恩绝，寻思来痛伤嗟。

【前腔】(生)想人生在世，想人生在世，最苦是离别。关山万里独自跋涉。小姐，休道一时，花残与月缺，瓶坠宝簪折[10]。总春娇怎惹，总春娇怎惹，生则愿同衾，死则愿同穴。

(内鸣锣)(旦下)(生抱丑介)小姐，你在这里！(丑)呸！你好见鬼了。怎么把我抱住了叫小姐？(生)呀，原来是一场大梦。开门看时，但见一天露气，满地霜华；晓星初起，残月犹明。正是：无端燕雀枝头闹，一枕鸳鸯梦不成。好凄惨人也！琴童，收拾行李起程。

【傍妆台】绛河斜[11]，绿依依墙高柳半遮，静悄悄门掩清秋夜，昏惨惨云际穿窗月。惊觉了颤巍巍竹影龙蛇走，虚飘飘庄周梦蝴蝶[12]。砧声响，不断绝，急煎煎好梦儿应难舍。

【尾声】柳丝长情牵惹，冷清清独自嗟。娇滴滴玉人儿何处也！

草桥客店梦莺莺，携手交欢叙旧情。

惊觉玉人空一叹，可怜残月照窗棂。

〔注〕 ① 萧寺：据唐李肇《唐国史补》云，梁武帝造寺，令萧子云大书“萧”字于其上，后人因称佛寺为萧寺。 ② 破题儿：唐宋以后考试诗赋或八股文的“破题”，比喻事情的开端或第一次。 ③ 斛(hú)：容量单位。古代以十斗为一斛，南宋末年改为五斗。 ④ 攲(qī)：倾斜。趄(qiè)：不正，倾斜。此处意为斜靠。 ⑤ 脸儿厮揾：脸儿相偎、轻轻擦碰。者：语助词，表提示。此处也可视作无义。 ⑥ 蛩(qióng)：蟋蟀。 ⑦ 厮：这厮，对人表示轻蔑的称呼。齐攒：扰搅的。 ⑧ 赊(shē，旧读 shā)：长，远。 ⑨ 哞嗻(chē zhē)：元时俗语。很，厉害。⑩ 瓶坠宝簪折：白居易《井底引银瓶》诗：“井底引银瓶，银瓶欲上丝绳绝。石上磨玉簪，玉簪欲成终久折。瓶坠簪折似何如？似妾今朝与君别。”元白朴据此创作《墙头马上》杂剧。 ⑪ 绛(jiàng)河：银河。 ⑫ 庄周梦蝴蝶：《庄子·齐物论》：“昔者庄周梦为蝴蝶，栩栩然蝴蝶也。”

此出据《西厢记》第四本第四折《草桥惊梦》改编，无论在思想上和艺术上都取得独到成就。金圣叹指出：“旧时人读《西厢记》，至前十五章既尽，忽见其第十六章乃作《惊梦》之文，便拍案叫绝，以为一篇大文，如此收束，正使烟波渺然无尽。”金圣叹认为《西厢·惊梦》不宁唯是，而且写出“今夫天地，梦境也；众生，梦魂也”这个宇宙人生之至理。

金圣叹此言，看若消极虚无，实则已触及宇宙人生的终极指归，将本出的艺术表现上升到哲学层次，同时又深刻地剖析了此出情节的现实意义：像张生、莺莺这样追求自主的理想婚姻，在封建专制时代是没有可能实现的，这只能是浪漫主义的虚构和梦想，因此《草桥惊梦》一出，才是张、崔之恋的合理结局或实际结局。

此出戏也分为三段。第一段叙张生赶路投店，又因思念莺莺而夜不能寐。第二段写张生梦中见莺莺私奔而来，两人互诉离情。第三段张生梦醒，晨起起程，一路上更感无限惆怅。

此出文辞也极精美。第一段首曲开头两句：“望蒲东萧寺暮云遮，惨离情半林黄叶。”即写出张生留恋莺莺、无限伤痛的沉重心情。金圣叹评道：“只用二句文字，便将上来一部《西厢》一十五篇，若干泪点血点，香痕粉痕，如风迅扫，隔成异域，最是慈悲文字。”精辟指出这两句曲文承上启下，又起转折作用的妙处。后半曲：“马迟人意懒，风急雁行斜。愁恨重叠(南曲【挂真儿】又重唱一句)，破题儿第一夜。”用情景交融的手法，揭示张生入梦之因。接着，张生回忆昨日与莺莺共度良宵的幸福温暖，感叹今日旅店孤独凄凉，对比强烈。

第二段，莺莺出场，自诉放心张生不下，私奔出城，走荒郊旷野，看清霜满路，终于来到草桥旅店。张生见莺莺衣袂不整，鞋底沾泥，独自跋涉而来，与己团聚，感动万分，他正要与莺莺“生则愿同衾，死则愿同穴”，生死不相分离，却戛然梦醒，依旧孤单一身，何来梦中佳人？这段梦境，扑朔迷离，似幻似真，情景十分动人。

张生梦中的莺莺情感执著，性格坚强，行动果断。这个黑夜私奔的莺莺形象，既是张生日有所思夜有所梦，在梦中得到莫大满足的精神产物，又是张生潜意识中对莺莺的精神期待。这个张生梦幻中的莺莺形象，看似空中虚象，却很有真实性，其在张生梦中产生，是莺莺在长亭送别时深表忧虑，怕张生停妻再娶妻，和痛恨“蜗角虚名，蝇头微利，拆鸳鸯在两下里”的心理和性格的逻辑发展。这个莺莺私奔的情节，具有一种真实的戏剧假定性，故而《西厢记》作梦中虚写，董解元《西厢记诸宫调》则在梦中虚写之后又作实写。《西厢记》中莺莺与张生梦中重逢时，她感叹：“想人生最苦离别，可怜见千里关山，独自跋涉。似这般割肚牵肠，到不如恩断义绝。”毛奇龄评曰：“此正自疏其来意，抑扬顿挫，妙不可言。”此指莺莺妙用反话，更见沉痛。而《南西厢》改为："凤分与鸾拆，月圆被云遮。这牵肠割肚，到如今义断与恩绝，寻思来痛伤嗟。"正面悲诉此别实即永诀，虽不似原作蕴藉深沉，但也痛快淋漓，两者可谓异曲同工。

最后，张生梦醒，依旧孤零。王骥德评张生此时所唱之曲，谓："赋旅邸梦回之景，凄绝可念。"尤其是最后之【尾声】："柳丝长情牵惹，冷清清独自嗟。娇滴滴玉人儿何处也！"柳丝之长，将情牵惹，霜晨清冷，独自咨嗟，此即《莺莺传》中莺莺与张生之书所谓"触绪牵情"，难以自已。金圣叹批为："是境，是人，不可复辨。"

中国戏曲，自元杂剧起即多以"惊梦"写离思，如白朴《梧桐雨》、马致远《汉宫秋》等。《西厢》此出《惊梦》，本袭董解元诸宫调，虽非首倡，但青出于蓝，成就卓特，诚如徐复祚所言："《西厢》之妙，正在于草桥一梦，似假疑真，乍离乍合，情尽而意无穷。"对后世影响很大。《南西厢》的改编，也是很成功的。 （周锡山）

【戏曲家小传】

薛近兖

字百昌，一字信余。武进（今江苏常州）人。明万历二十三年（1595）进士，官至浙江、河南布政使。约于万历间作传奇《绣襦记》，系取材于唐传奇《李娃传》，今存，现地方戏仍常搬演。一说《绣襦记》系徐霖所作，或谓薛作系徐作之改本。

绣　襦　记

薛近兖

第九出　逑 叶 良 俦

（小旦上）玉人梳洗故迟迟，斜倚妆台有所思。红日三竿鸟声乱，刚刚淡扫远山眉[①]。俺姐姐昨日在门前站立，偶见一个郎君，十分俊美。他见俺姐姐，故意坠鞭，顾盼多时而去。俺姐姐甚想他，恐他又来，着我伺候。

【锁南枝】（生）莺花市[②]，燕子楼[③]，天生到此百不忧。何处系骅骝？章台有杨柳[④]。（小旦）那来的到像这郎君。（生）见侍姬，举止羞，倚朱门若相候。

（小旦）果是那人来了。（生）敢问小娘子，此是何宅？（小旦）此是李氏宅也。待我去请姐姐出来。姐姐，昨日坠鞭郎君来了。（旦）

在那里？（小旦）在门首。（旦）请进来，叫妈妈陪坐。待我更换衣服，出来相见。（小旦）相公请里面坐，姐姐换了衣服就来。妈妈，有客在此。（贴）来了，来了。

【前腔】年将迈，鬓已秋，下阶出迎礼不周。呀，相公请了。里巷隘梁辀[5]，丰神耀琼玖。相公请里面来。（生）妈妈指引。（贴）银筝，你先引路。（小旦）妈妈，这里坐。（贴）延宾馆，暂款留。（小旦）待奴家看酒来。（贴）先看茶后沽酒。

（小旦）领着妈妈言语，这官人来了，着坐下，叫我先看茶，后看酒。（贴）须索就去，不可迟止。（生）不消酒罢。（贴）银筝，请姐姐出来。（小旦）姐姐有请。（旦）奴家来也。

【孝顺歌】（旦）掀罗幕，荡玉钩，弓鞋裙衬双凤头。（小旦）姐姐快出来罢。（旦）我欲见又含羞，进前还退后。（小旦）昨日见了他，恨不得吃了他下去，今日又做这般张志[6]。（旦）昨来邂逅，柳下停骖，暗通情窦。（贴）我儿过来，见了相公。（旦）敛衽再拜深深，恕妾失迎候。（生）不敢。（旦）重凝睇，定两眸，认仙郎是坠鞭否？（生）小生就是昨日遗鞭者。（贴）相公贵处？（生）荥阳郡，是故丘[7]。（贴）上姓？（生）郑元和忝为儒者流。（贴）令尊在么？（生）老父治常州。（贴）原来是公子。令堂在么？（生）高堂有慈母。（贴）父母既在，不该远游。（生）非干远游。（贴）既非远游，到此贵干？（生）应举求名，试期未偶。（贴）多蒙下顾，有何见谕？（生）欲赁别院攻书，未审相容否？（贴）房屋尽有，只管来住。（生）银百两请暂收，若成名再加厚。

（贴）但小房陋狭，不足以容公子所处，安敢受惠。（生）妈妈，还有粗币四端，奉充贽敬之礼[8]。（贴）这一发不当了。（生）轻渎妈妈，且收了。（贴）如此多谢相公。银筝沽酒来，与相公接风。（生）小生聊奉白金十两，望备一宵之饮。（贴）今日之馔，日常备办，留此以待他日。（生）多谢厚意。（小旦）妈妈，酒完了，请相公西堂坐。（贴）相公请了。（生）小生领命先行。

【锦堂月】金鼎香浮，琼卮酒艳，西堂且开情厚。花底相逢，姻缘幸然辐辏[9]。听鸾箫夜月秦楼[10]，会神女朝云楚岫[11]。（合）风流薮，趁此年少良辰，傍花随柳。

(旦)我看此郎君，容貌不凡。

【前腔】听剖，拙妇如鸠[12]，高巢仰鹊，悬思牖户绸缪。反笑鸿儒，俯寻荜门圭窦[13]。傍纱窗听讲诗书，扫尘榻躬操箕帚。(合前)

【醉翁子】(贴)知否，谯楼上初传玉漏[14]。你行馆何方，归寓休后？(生)小生敝寓在延平城门外，离此有数里之程。俯首，若路远无亲，总画栋云连何处投。(贴)相公行馆既远，就此舍下草榻如何？(生)多谢。(合)重进酒，饮到月转花梢，尽醉方休。

【前腔】(旦)他来由，欲求缔鸾交凤友。托僦屋而居，冀望一宵相留。(贴)你二人呵，情投。我只索相从，任从追随秉烛游。(合前)

(生)小生自见小姐之后，心常在念，虽寝食未尝敢忘。(旦)贱妾之心亦如之。(生)小生在此，非但求屋而已，欲酬仰慕之私。(旦)男女之际，大欲存焉。情苟相得，虽父母之命，不能止也。贱妾固陋，若不弃嫌，须荐君子之枕席。(生)只愁小生没福。(贴)汝二人真所谓郎才女貌，有何不可！

【侥侥令】(生)阶前频顿首，(贴)不要拜。(生)宾馆谢相留。(贴)既做我家女婿，当以郎君目之。(生)愿作厮养家僮从呼唤，携枕抱衾裯，敢自由。

【前腔】(贴)乘龙欢配偶，骑鹤上扬州。管取日日笑时花近眼，舞罢锦缠头，兴未休。

【尾声】玉人鬟靘金钗溜，整顿纤纤呈素手，沉醉东风汗漫游。

锦衾珊枕享奢华，缱绻多情解语花[15]。

不恋故乡生处好，受恩深处便为家。

〔注〕 ① 远山眉：《西京杂记》："(卓)文君姣好，眉色如望远山。"后世因以远山眉形容女子秀丽的眉毛。 ② 莺花市：指青楼或其他歌舞游乐场所。 ③ 燕子楼：故址在今江苏徐州。唐白居易《燕子楼》诗序谓尚书张建封爱妾关盼盼在张死后为之守节，独居此楼至老死。此系泛指。 ④ 章台：汉长安街名，后世常以之泛指烟花卖笑之地。 ⑤ 梁辀：马车上驾辕的曲辕。此指马车。 ⑥ 张志：亦可作张致，模样，样子。 ⑦ 故丘：祖辈坟茔所在，代指原籍。 ⑧ 贽敬：为表敬意送的礼物。 ⑨ 辐辏：原指车轮的辐条集中于车毂，后多用于形容

人、物聚集一处。 ⑩ 秦楼：秦穆公女弄玉好吹箫，嫁给能吹箫作鸾凤之音的萧史，后二人跨凤升天而去。此系泛指。 ⑪ 朝云楚岫：战国楚宋玉《高唐赋序》："昔者先王（楚怀王）尝游高唐，怠而昼寝，梦见一妇人曰：'妾巫山之女也，为高唐之客。闻君游高唐，愿荐枕席。'王因幸之。去而辞曰：'妾在巫山之阳、高丘之阻，旦为朝云，暮为行雨，朝朝暮暮，阳台之下。'" ⑫ 拙妇如鸠：鸠，鸤鸠，即布谷鸟，《禽经》云："鸠拙而安。"张华注引《方言》云："蜀谓之拙鸟，不善营巢，取鸟巢居之，虽拙而安处也。"古人亦以拙妇称雌鸠。 ⑬ 荜门圭窦：竹荆编结的门，穿墙而成的窗，指穷人居住的地方。 ⑭ 谯楼：指鼓楼。玉漏：古时计时器，此代指报时的钟声。 ⑮ 解语花：谓女子灵慧美艳，能以言语生欢。五代王仁裕《开元天宝遗事》："明皇秋八月，太液池有千叶莲数枝盛开，帝与贵戚宴赏焉。左右皆叹羡，久之，帝指贵妃示于左右，曰：'争如我解语花。'"

今存《绣襦记》传奇有明末刊本数种，《古本戏曲丛刊初集》据朱墨本影印。其作者究为何人，有多种记载。周晖《金陵琐事》云："徐霖少年数游狭斜，所填南北词，大有才情，语语入律。……余所见戏文《绣襦》、《三元》、《梅花》、《留鞋》、《枕中》、《种瓜》、《两团圆》各种行于世。"朱彝尊《明诗综》郑若庸小传云："中伯尝填《玉玦》词，以讪妓院，一时白门杨柳，少年无系马者。群妓患之，乃醵金数百，行薛生近兖作《绣襦记》以雪之。"而明吕天成《曲品》、沈德符《顾曲杂言》、沈自晋《南词新谱·南曲总目》则皆不题撰人。清焦循《剧说》认为徐霖、薛近兖各有《绣襦记》。董康等校订《曲海总目提要》、清姚燮《今乐考证》又认为乃郑君庸之作。兹从庄一拂《古典戏曲存目汇考》姑定为薛近兖作。

《绣襦记》描写郑元和与李亚仙充满悲欢离合的爱情故事。事本唐代白行简传奇小说《李娃传》，也参考吸收了宋元戏剧的某些情节，日本学者青木正儿认为"大概可以说是集李娃剧之大成了"。全剧共四十一出，第一出为传奇纲领，介绍全剧概要。第二到第十六出，叙写郑元和到长安应试，于平康里之鸣珂曲偶遇李亚仙，两人彼此倾慕，坠入爱河。第十七到第二十四出，叙写郑元和囊中金尽，被鸨母施行倒宅计生拆鸳鸯，流落凶肆唱挽歌度日，李亚仙痛责鸨母，决心从此结束风尘生涯。第二十五出到第三十二出，写郑元和几乎被上京述职的父亲鞭打至死，后被卑田院乞丐救活，乞讨中遇李亚仙，得到救助。第三十三出到第四十一出，叙李亚仙剔目劝学，郑元和策射头名，父子和好如初，夫妻重谐鱼水，一场爱情悲喜剧以大团圆落下帷幕。

《绣襦记》既曲尽人情世态，又富于传奇色彩，着重刻画正常的人性和扭曲的社会偏见之间的对立与斗争，以人性的胜利终结。郑元和、李亚仙等都是普通的人，有人性的种种优点与弱点；鸨母（也是生母）与郑父的善善恶恶的行为也由其特定的身份、环境所决定。而社会虽然世态炎凉，丑恶不堪，却不缺乏某种温情和亮色。人是具有社会性的人，社会性也是人性的集中体现，两者有感情与理智的对立，又有道义与偏见的交锋。是人类的良知给予李亚仙、郑元和面对生活的勇气，他们以平常的人而有不平常的事，终获得不平常的结果。此戏虽然不免理想化，且有说教意味，但不能掩盖人性美、人格美、人情美的光辉。这也正是《绣襦记》比同类爱情题材的小说、戏剧高出一头之处。

《逑叶良俦》是《绣襦记》的第九出。前出《遗策相挑》，写郑元和遇李亚仙惊其美艳，故意将丝鞭坠落地上，两人眉目传情，心意暗通。这一日，郑元和携重金特去相会李亚仙。

此一出写蹚进爱河中的青年男女初会的神情、心理颇有层次和深度。郑元和在回答鸨儿的一连串询问时，话语皆为短句，简洁明快，既显示了他作为读书人从容得体的气质风度，同时也透露出他急于通过鸨儿的考察而要与李亚仙相会的心情。他献上百金厚礼，说的却是："欲赁别院攻书，未审相容否？"当鸨儿热情邀请他至西厢房，他顿时一改前言："金鼎香浮，琼卮酒艳，西堂且开情厚。花底相逢，姻缘幸然辐辏。"而在与李亚仙"重进酒，饮到月转花梢，尽醉方休"时，他便迫不及待地表达了爱慕之情，把心里话和盘托出："小生在此，非但求屋而已，欲酬仰慕之私。"一个既具书生气、又有猴急相的斯文形象跃然纸上。

李亚仙在突然到来的爱情面前的那份羞怯和执著也令人难忘：久有从良之志的她"欲见又含羞，进前还退后"，"重凝睇，定两眸，认仙郎是坠鞭否"，待郑元和吐出肺腑之言，她便大胆回应："男女之际，大欲存焉。情苟相得，虽父母之命，不能止也。贱妾固陋，若不弃嫌，须荐君子之枕席。"李亚仙虽为风尘中人，但其渴求正常、美好感情的心愿比一般女子更强烈，一旦流露，便不可遏制，化被动为主动。郑元和是迂回进攻，她是直接迎合，两人的行为方式富有对比意味。

而与一对投缘玉人的缠绵相对应，鸨儿的工于心计也让人印象深刻。她坚持"先看茶后沽酒"，为的是探明郑元和的家底。当郑元和奉上百金重礼，她便见钱眼开，顺水推舟道："汝二人真所谓郎才女貌，有何不可！……管取日日笑时花近眼，舞罢锦缠头，兴未休。"漂亮的言词掩饰不住烟花窟即销金窟这样一个事实。

这一出《逑叶良俦》，一对倾情相恋的青年和重利轻义的鸨儿同时出场亮相，实为郑元和金尽被逐的悲剧伏笔，为此后情节波澜迭起奠定了人物性格发展的坚实基础。

（虞卓娅）

绣　襦　记　　　　薛近兖

第三十一出　襦护郎寒

【一江风】（旦上）雪儿飘，四野彤云罩，万径人踪杳。想多才流落何方？天那！应做穷途莩[①]。恩情一旦抛，恩情一旦抛，鳞鸿万里遥[②]。细思量，似把心肠绞。

倦倚绣床愁不寐，缓垂绿带髻鬟低。玉郎一去无消息，一日相思十二时。自从郑郎被赚，不知下落，奴家日夜萦心。前日崔尚书说他在外求乞，银筝，不知此言果否？（小旦）姐姐，崔老爷见你想他，故意哄你，姐姐如何就认真？（旦）银筝，今日大雪，求乞的甚多，倘有叫街的门首过，叫个进来，我问他一声，或得郑郎消息，未可知也。（小旦）姐姐，你听鼓板咚咚，又是一起叫化的来了。（旦）取针线箱来，我做些针指，待他门首过，叫个来我问他。（生同净、丑、众乞丐上）

【沽美酒】（生）鹅毛雪满空飞，破草荐盖着羊皮。残羹剩饭口中吃，李亚仙你怎知？破帽子在头上搭，破布衫露出肩甲。腰间系一条烂丝麻，脚下穿一双歪乌辣[③]，上长街又丢抹[④]。咱便是郑元和，家业使尽待如何，劝郎君休似我。（众合）小乞儿捧定一个瓢，自不曾有顿饱。肚皮中捱饥饿，头顶上瑞雪飘。最苦冷难熬，正遇着严冬严冬天道，凛凛的似水浇，冻得咱来曲折了腰。呀，有那个官人每穿破了的棉袄，戴破了的旧帽，残羹剩饭舍些与小乞儿嚼。因此打上一回哩哩莲花哩哩莲花落也。　一年才过，不觉又是一年春。哩哩莲花，哩哩莲花落也。小乞儿也曾到东岳西庙里赛灵神，哈哈莲花落也。小乞儿摇槌象板不离身。哩哩莲花，哩哩莲花落也。只听锣儿铴铴铴，鼓儿咚咚咚，板儿喳喳喳，笛儿支支支，伙里伙里伙伙里伙里伙，小乞儿便也曾闹过了正阳门。哈哈莲花落也。只见那柳阴之下，香车宝马，高挑着闹竿儿，挨挨拶拶哭哭啼啼[⑤]，都是女妖娆。哩哩莲花，哩哩莲花落也。又见那财主每，荒郊野外，摆着杯盘，列着纸钱，都去上新坟。哈哈莲花落也。

【醉太平】（生）卑田院的下司[⑥]，刘九儿宗枝[⑦]。郑元和当日拜为师，传与俺莲花落的稿儿。抱柱杖走尽了烟花市，挥笔写就了龙蛇字，把摇槌唱一个鹧鸪词[⑧]。这的不是贫虽贫的浪子！　一年春尽，不觉又是一年夏。哩哩莲花，哩哩莲花落也。

只见那财主每，凉亭水阁，散发披襟，手执纨扇，冰盘沉李赏浮瓜[⑨]。哈哈莲花落也。又只见一只小舟儿，轻摇谩棹，短缆孤篷，提着鲜草，穿着鱼鳃，手执莲台赏荷花。哩哩莲花，哩哩莲花落也。惊起那水面上鸳鸯儿，一双双，一对对，忒楞楞腾，忒楞楞腾，飞过了浪淘沙。哈哈莲花落也。镂金的破瓢，碾玉妆成金系腰，这话教人笑。我在莺花市上打围高[⑩]，叫化些马打郎羊背皮通行钞，叫化些赤金白银珍珠玛瑙，叫化些双凤斜飞白玉搔，叫化些八宝妆成镶嵌绦，叫化一个十七十八女妖娆，在怀儿中搂着。因此打上一回哩哩莲花哩哩莲花落也。　一年夏尽，不觉又是一年秋。哩哩莲花，哩哩莲花落也。只见那财主每，插着黄花，簪着红叶饮金瓯。哈哈莲花落也。可怜那小乞儿寂寂寞寞夜间愁，哩哩莲花，哩哩莲花落也。又见那北来的孤雁儿，咿咿哑哑过南楼。哈哈莲花落也。叫着那个官人们，娘子们，有甚么吃不尽的馒头皮儿，包子嘴儿，麻饼屑儿，馓子股儿共馍馍。哩哩莲花，哩哩莲花落也。舍些与小乞儿也，强似南寺烧香，北寺看经，请着和尚，唤着尼姑，洴洴澎澎，叮叮咚咚，打着铙钹，持斋把素念弥陀。哈哈莲花落也。

【醉太平】(生)绕前街后街，高大院深宅。那一个慈悲好善女裙钗，与乞儿一顿饱斋，与乞儿换一床铺盖，与乞儿绣一副合欢带，与乞儿携手上阳台[⑪]。这的不是救贫的奶奶！　一年秋尽，不觉又是一年冬。哩哩莲花，哩哩莲花落也。只见揉绵下絮舞长空，哈哈莲花落也。可怜见小乞儿曲曲深深把身躬。哩哩莲花，哩哩莲花落也。只见头顶上淅淅索索，起了几阵腊梅风。哈哈莲花落也。只见那财主每，红炉暖阁，羊羔美酒拥娇娥。哩哩莲花，哩哩莲花落也。我想有时节，绒毛毯儿，高丽席儿，红绫被儿，那些铺盖睡了好快活。哈哈莲花落也。

【醉太平】(生)贫穷的志高，村杀我俏难学[⑫]，教乞儿苦熬。戴一顶半新不旧乌纱帽，穿一领半长不短黄麻罩，系一条半连不断旧丝绦。这的不是风流每的下梢[⑬]。(净)如今各人分路去。郑元和,你今日往安邑东门去。(众下)(生)老爹、奶奶,好冷!(旦)银筝,你听外面叫街的声音,好似郑郎的。(小旦)待我看来。叫街的转来!(生)奶奶,求讨些。(小旦)看你不像叫化的。(生)娘行每,娘行每听告,叫化的也有些低高。远在山林近市朝,有钱时也曾象板鸾笙间着凤箫。俺也曾月夜花朝,凤友鸾交,结骔帽儿带着,白玉钩儿束着,琥珀珠儿垂着,纻丝袄儿穿着,斜皮靴儿登着,袜子也是绒毛。五花马儿骑着,獬犺狗儿随着,来兴童儿跟着,身边带着宝钞,撞着一个妖娆,他把咱来相招。引入了窝巢,日日花朝,夜夜元宵,乐乐滔滔,快活逍遥。(小旦)既是这般受用,怎么出来叫化?(生)今日里身子嫖得穷了,结骔帽儿坏了,白玉钩儿断了,琥珀珠儿撒了,纻丝袄儿当了,斜皮靴儿绽了,绒毛袜子破了,五花马儿杀了,獬犺狗儿死了,来兴童儿卖了。单单剩得个躯劳。身边没了宝钞,老鸨儿将我絮絮叨叨,把我赶出门来,受了多少苦恼。李亚仙不知那里去了,郑元和不得已了,因此打上一回哩哩莲花哩哩莲花落也。

(小旦)你敢是荥阳郑公子么?(生)我就是郑元和。(小旦)呀,姐姐,郑姐夫在此。(旦)在那里?(小旦)这不是他!(生)奶奶,求讨些。(旦)这就是他,天那!

【香柳娘】(旦)看他似饥鸢叫号,看他似饥鸢叫号,恁般苦恼。(生)皇天,好冷!求讨些。(旦)我闻言不觉心惊跳。你不认得我了?我是李亚仙!(生)原来是大姐。(旦)你怎么这般模样了?看肌肉尽消,看肌肉尽消。(生)皇天,好冷!病骨冷难熬,遮身无破袄。(旦)解绣襦裹包,解绣襦裹包,且扶入西厢暖阁,免教冻倒。

(生)我这般模样,大姐,我不进去。(旦)令你一朝及此,妾之罪也。快进去不妨。(生)只怕累你受气。(旦)今日弄得你这般模样,我就死也无怨恨。请进去。(小旦)姐姐,待我去看些火来。(贴上)甚么人喧嚷?

【前腔】听西厢暖阁,听西厢暖阁,为何闹炒?(小旦)妈妈,郑姐夫在此。(贴)这冤家谁引他来到?(生)妈妈可怜。(贴)你看他枯瘠疥癞，殆非人状。快推出市曹，快推出市曹。遍体臭腥臊，蓬头一饿莩。这般模样呵，想死期将到，想死期将到，若有人知，官司怎了？

快赶那叫化头出去！(旦)娘，听儿告禀：他乃是宦家子也。昔日驱高车，持金装，至孩儿家，不逾年而荡尽。你与贾二妈互设诡计，舍而逐之，殆非人行。令其失志，不得齿于人伦。父子之道，天性也。使其情绝，杀而弃之，又困踬若此。天下之人，尽知为孩儿所害也。况此子亲戚满朝，一旦当权者熟察其本末，祸将及矣。况欺天负人，鬼神不佑，待自贻其殃耳。请细思之。(贴)你待要怎么？(旦)孩儿今年已二十岁矣，计其资，不啻值千金。今娘年六十有余，愿计二十年衣食之用以赎身，当与此子别居。所居非遥，晨昏得以温清，儿愿足矣。(小旦)妈妈，姐姐不接客，立志坚贞，你虽不容他，他也不肯干休。况那郑姐夫呵，

【前腔】他是儒林中俊髦[14]，他是儒林中俊髦，他父亲呵，官居当道。倘一朝事露娘圈套，这罪名怎逃，这罪名怎逃？寻出祸根苗，撰钱树皆倒[15]。愿救他潦倒，愿救他潦倒。从姐所言，不须推调。

(贴)决不容他！(旦)娘若不从，孩儿投金于水，寻个自尽，看你靠谁？(贴)咳，看这丫头行径呵，

【前腔】想立志已牢，想立志已牢，只得凭伊计较。依便依了你，把黄金囊橐须倾倒。丫头，你好痴心！觑他人形貌，觑他人形貌，似蛇虺不成蛟[16]，龙门怎高跳？贱人，你只图旌表[17]，你只图旌表，要做夫人，位高五花官诰。

你既如此，离北隅四五家，有一隙院，可税而居。(旦)谨依尊命。

贫寒冷彻骨，保养愿施恩。

受尽苦中苦，方为人上人。

〔注〕 ① 莩(piáo)：同殍，饿死的人。 ② 鳞鸿：犹鱼雁，指书信。 ③ 歪乌辣：塞外习俗以牛皮制鞋，垫乌拉草以保暖，所以也叫乌拉鞋。歪乌拉即破烂之鞋。乌辣，同乌拉。 ④ 丢抹：害羞之意，最早见于元杂剧。有可能为少数民族语言之音译。 ⑤ 挨挨拶(zǎn)拶：犹言熙熙攘攘，谓十分拥挤。拶，压紧。 ⑥ 卑田院：佛寺收容救济贫民和流浪者的地方。卑本应作悲。 ⑦ 刘九儿宗枝：谓乞丐也有其帮派辈分。 ⑧ 鹧鸪词：乞丐所唱小曲的一种。

⑨ 沉李赏浮瓜：三国魏曹丕《与朝歌令吴质书》："浮甘瓜于清泉，沉朱李于寒水。"后世遂用作消夏解暑的典故。 ⑩ 打围高：本指打猎最后合围时高声呼喊，此指行乞时高声吆喝。 ⑪ 阳台：战国楚宋玉《高唐赋序》："昔者先王（楚怀王）尝游高唐，怠而昼寝，梦见一妇人曰：'巫山之女也，为高唐之客。闻君游高唐，愿荐枕席。'王因幸之。去而辞曰：'妾在巫山之阳、高丘之阻，旦为朝云，暮为行雨，朝朝暮暮，阳台之下。'" ⑫ 村：粗鄙。 ⑬ 下梢：结果、结局。 ⑭ 俊髦：杰出人物。 ⑮ 撰钱树：即摇钱树。 ⑯ 虺（huǐ）：毒蛇。 ⑰ 旌表：古时朝廷或官府用立牌坊或挂匾额的方式表彰坚守礼教的人。

此为《绣襦记》第三十一出。写已经沦为乞丐的郑元和终被李亚仙所救护，一对有情人重又聚首。此一出在整场戏中是情节扭转的重要关目，此前为大落，此后为大起，在大起大落的情节链上展现了人物性格的丰满与复杂。李亚仙一改以前的幼稚与软弱，而变得烈性和刚强。此时她大义凛然地挺身而出，乃性格发展之必然，不仅表现人性的觉醒，还显示出传统人文精神强大的道义力量。当一袭绣襦裹住冻僵的郑元和，冰冷的人世间顿时有了暖意，也温暖了千万观众的心。剧本以《绣襦记》为名，立意正在于此。

首先，自然环境有力地烘托了剧情的展开。冰天雪地具有多重象征，其一象征郑元和的生存环境，其二象征郑元和的绝望心境，其三象征茫茫人世也是风雪交加，何处有温情？哪里有真爱？这一规定的戏剧情景借人物内心悲诉提出悬念，使两颗相爱而误解的心在风雪天气中碰撞，推动了剧情的逆转。戏一开始，面对"雪儿飘，四野彤云罩，万径人踪杳"的冬雪天气，李亚仙按捺不住对情郎的多日悬念和痛惜之情，不禁发出"想多才流落何方？天那！应做穷途莩"的呼喊，随即使舞台上笼罩了一重浓得化不开的凄楚悲怆的气氛。这时候，"破帽子在头上搭，破布衫露出肩甲。腰间系一条烂丝麻，脚下穿一双歪乌辣"的郑元和上场了，他又冷又饿，羞答答唱莲花落乞讨，与昔日的贵公子模样早已判若两人。令人感慨的是，郑元和对李亚仙既有思恋，又有误解："鹅毛大雪满空飞，破草荐盖着羊皮。残羹剩饭口中吃，李亚仙你怎知？"郑元和虽有对过去岁月的悔恨，却没有完全忘情，也许竟是靠昔日的那段温情来抵御不断袭来的寒冷。他在唱了一大段莲花落之后，又发出无奈的悲叹："李亚仙不知那里去了，郑元和不得已了，因此打上一回哩哩莲花哩哩莲花落也。"大雪纷飞，穷途落魄，绝望之中仍不绝回忆，这就令观者不禁为郑元和的痴情重义而动容，坚信苍天无绝人之路。

其次，"襦护郎寒"这一剧情安排，丰富和深化了人物的内心世界，使人性得到了张扬，剧作的主题得到了升华。

李亚仙听人说郑元和每日唱莲花落沿街叫化，就与银筝在门前等候观望。当银筝认出郑元和时，李亚仙心痛似绞："这就是他，天那！"便毫不犹豫地解下自己身上的绣襦,裹住郑元和,把郑元和扶入西厢暖阁。郑元和自惭形秽,李亚仙悲呼:"令你一朝及此,妾之罪也。"鸨母阻挡,李亚仙直斥:"你与贾二妈互设诡计,舍而逐之,殆非人行……天下之人,尽知为孩儿所害也。"并提出要自赎其身,与郑元和同居别处。鸨母气恼之极,说:"决不容他!"李亚仙以命相抗:"娘若不从,孩儿投金于水,寻个自尽。"她的坚决态度,终于赢得了抗争的胜利。"襦护郎寒"这一细节,无疑是塑造李亚仙善良刚烈形象的最出彩的一笔。同时使李亚仙与郑元和的爱情超越郎才女貌的窠臼,而具有一种发自内心的激情与道义力量。

再次,大段的"莲花落"连组成结构宏大、抒情悲凉的套曲,犹如莎士比亚戏剧的内心独白,撼人心魄。

"莲花落"本是乞丐求乞行讨时的演唱,猥琐不足道。提炼为戏曲的歌舞表演,可谓别出心裁。这一出中郑元和与众乞丐演唱的"莲花落",结构宏大,内容丰满,以四季调的民歌形式拓展成长篇套曲,以通俗、深沉、悲凉的语言,描绘了贫富悬殊的不公平世道,表现了乞丐们这些弱势群体的人生渴望。曲词本色当行,抒情挚切委婉,与漫天大雪构成一个独特的审美氛围,既吻合剧中人郑元和的人生处境,与整部戏水乳交融;又可以单独以折子戏形式演出,类似西方的歌舞剧,堪称经典。明代沈德符《顾曲杂言·拜月亭》曾说:"《拜月亭》之外,余最爱《绣襦记》中《鹅毛雪》一折,皆乞儿家常口头话,熔铸浑成,不见斧凿痕迹,可与《孔雀东南飞》、《唧唧复唧唧》并驱。"

沈德符如此肯定这出戏,说明他对通俗文学毫无成见,具有相当高的欣赏水准。郑元和唱的确是乞儿家常口头话,那十分可能是作者身处的明代大城市中底层人物社会生活的真实反映,某些场面情景交融,历历如绘。可以说是一幅幅生动的风俗画。不过其风格与《孔雀东南飞》、《唧唧复唧唧》(《木兰词》)等长篇乐府叙事诗相比,则属于不同的类型,不宜作简单的类比。

明清以来,此出戏常以《鹅雪》为名出现在戏曲舞台上,深受观众欢迎。扮演李亚仙的演员要掌握感情变化的层次,从而展示其钟情不移而又温柔善良的性格。郑元和的唱"莲花落",也伴有一定的舞蹈动作,唱词又全属下里巴人,和一般的曲文成了鲜明对照。现在,《鹅雪》依旧是昆剧、川剧、越剧《绣襦记》中重要的一场。

(虞卓娅)

绣　襦　记　　　薛近兖

第三十三出　剔　目　劝　学

【金珑璁】(旦上)卖钗收古典,劝郎希圣希贤[①],穷理义坐青毡。

倒橐收回万卷书，明窗净几惜居诸[2]。寒灰余烬借吹嘘。三寸舌为安国剑，五言诗作上天梯。愿郎他日锦衣归。奴家自与郑郎沐浴更衣，税一书院另居，且喜数月之间，肌肤稍腴，卒岁平愈如初。奴家劝他斥去百虑，以志于学。俾夜作昼，今已三载。业虽大就，再令精熟，以俟百战，多少是好。说犹未了，郑郎已到。

【前腔】(生上)命途遭偃蹇，鸿鹄暂困林间[3]，毛羽长看孤骞。

(旦)官人，妾闻："天之将降大任于是人也，必先劳其筋骨，饿其体肤。"[4]你贫贱患难，皆已历过，何不奋志于学，以俟百战？(生)卑人声振京闱，名闻天下，海内文籍，莫不该览，亦可以试，书已读尽，无可庸功。(旦)官人，自古书囊无底，那有读得尽的。

【沉醉东风】你且对青灯开着简编，须励志莫辞劳倦。坐待旦，竟忘眠。坐待旦，竟忘眠。乾乾黾勉[5]，如与那圣贤对面。(合)鸢飞戾天，鱼跃在渊[6]。察乎天地，道理只在眼前。

【前腔】看诗书不觉泪涟，(旦)为何哭起来？(生)这手泽非爹批点。(旦)若如此不怨父母，方是个好人。(生)想熊胆苦参丸，想熊胆苦参丸，娘亲曾勉。今日呵，亏杀你再三相劝。(合前)

(生)大姐，夜深了，去睡了罢。(旦)官人，岂不闻古之人悬梁刺股[7]，以志于学？你今懒惰，焉能有成？你且读书，我做些针指。

【江儿水】刺绣拈针线，工夫自勉旃[8]。谩配匀五彩文章炫，似补衮高才将云霞翦，皇猷黼黻丝纶展[9]。若论裙钗下贱，十指无能，羞逞芙蓉娇面。

(生)大姐，你听夜深了。

【前腔】玉漏催银箭，金猊冷篆烟[10]。(旦)你书到不读，敢是要睡？(生)奈睡魔障眼精神倦，你听红楼犹把笙歌按，倒金尊秉烛通宵宴。(旦)你还想红楼翠馆怎么？(生)淹倦情怀撩乱，听声彻檀槽，想是曲罢酒阑人散。

【玉交枝】(旦)你文章不看，口支离一划乱言[11]。读书有三到。(生)那三到？(旦)心到、眼到、口到。你书到不读，为何频顾残妆面，不思继美承前？(生)见你秋波玉溜使我怜，一双俊俏含情眼。(旦)你不用心玩索圣贤，却为妾又垂青盼。

(生)我的娘,谁教你生得这般样好?

【前腔】(旦)且把书来收卷。罢罢!为妾一身,损君百行,何以生为?我拚一命先归九泉。(生)大姐何出此言?(旦)你喜我这一双眼么?(生)端的一双俏眼。(旦)我把鸾钗剔损丹凤眼,羞见不肖迍邅[12]。(生)呀,不好了!涓涓血流如涌泉,潸潸却把衣沾染。今始信望眼果穿,却教人感伤肠断。

呀,大姐苏醒!

【玉胞肚】(旦)我在冥途回转,尚兀自心头火燃。你还只想凤友鸾交,焉得造鹭序鹓班[13]。我好痴!这般不习上的,管他则甚。我向空门落发,伊家休得再胡缠,纸帐梅花独自眠。

(旦)罢罢!我不免自去落发为尼。你若有志读书,做个好人,尚有相见之日。若只如此,我永不见你了。(生)罢罢!他妇人家尚然如此立志,我何苦执迷如此?大姐,你不须烦恼,小生闻得上国开科,如今就此拜别。若得官,回来见你;若不得官,决不见你之面。(旦)如此却好。我有白金十两,赠君为盘费。(生)多谢!

【川拨棹】明日别,朝金殿,把胸中经济展。(旦)论所学达者为先,论所学达者为先,早成名吾心始安。(生)不成名誓不还。

【尾声】(旦)孤帏再把重门掩,不堪离恨寄冰弦,断雨残云思黯然。

才郎快着祖生鞭[14],腾踏飞黄路占先。
从此闺人常侧耳,泥金帖子好音传[15]。

〔注〕 ① 希圣希贤:仰慕圣人贤哲,愿学习效法其德行。 ② 居诸:《诗经·邶风·日月》:"日居月诸,照临下土。"居、诸本为语尾助词,后常用以代指光阴。 ③ 鸿鹄:即天鹅,因其善高飞,常以之比喻有远大志向的人。《吕氏春秋·士容》:"夫骥骜之气,鸿鹄之志,有谕乎人心者诚也。" ④ "天之"三句:此为《孟子·告子下》中之句。 ⑤ 乾乾:自强不息貌。《易·乾》:"君子终日乾乾。"黾勉:勤勉。《诗经·小雅·十月之交》:"黾勉从事,不敢告劳。" ⑥ "鸢飞"二句:此为《诗经·大雅·旱麓》成句。 ⑦ 悬梁刺股:谓勤奋好学。《战国策·秦策一》载苏秦"读书欲睡,引锥自刺股"。《太平御览》引《汉书》(非班固《汉书》)谓孙敬好学,"晨夕不休,及至眠睡疲寝,以绳系头,悬屋梁"。 ⑧ 旃(zhān):"之"与"焉"的合音,助词。 ⑨ 皇猷黼黻(fǔ fú):辅佐君主。 ⑩ 金猊:狮子形的金属香炉。 ⑪ 一刬(chǎn):一味。 ⑫ 迍邅(zhūn zhān):迟滞不进。此指不长进。 ⑬ 鹭序鹓(yuān)班:本谓鸟飞行的队列次序,借指百官上朝的排列次序。 ⑭ 祖生:东晋祖逖北伐中原,临行,"中流击楫而誓曰:'逖不能清中原而复济者,有如大江!'"见《晋书·祖逖传》。后以此典喻志节慷慨。 ⑮ 泥金帖子:

用金箔调胶制成的金色颜料涂饰的笺帖,自唐代开始用于向新及第的进士报喜。

此为《绣襦记》第三十三出。叙写继"襦护郎寒"之后李亚仙的又一惊世骇俗之举。

李亚仙接郑元和赁院别居,悉心呵护,已达三载,郑元和身体已恢复如初,在李亚仙的督促下日夜攻读。这一日,夜深人困,隔墙笙歌喧闹,郑元和无心再读,只是频顾李亚仙,情思荡漾地说:"见你秋波玉溜使我怜,一双俊俏含情眼。"对于李亚仙的责备,郑元和又说:"谁教你生得这般样好?"面对经历磨难今又故态复萌的郑元和,李亚仙见规劝无效,便毅然作出了"剔目"这一惊世骇俗之举。"罢罢!为妾一身,损君百行,何以生为?……我把鸾钗剔损丹凤眼,羞见不肖迍邅。"《诗经·卫风·硕人》云:"巧笑倩兮,美目盼兮。"美目历来是女子容貌美的集中点,也是男女间互通情愫的心灵窗口。杨玉环"回眸一笑百媚生,六宫粉黛无颜色",《西厢记》中张生之所以为爱而狂,是因为"怎当她临去秋波那一转,便是铁石人也意惹情牵"。郑元和初见李亚仙时,惊艳而坠鞭,也是"忽见天仙降,顿使神魂荡。嗏,转盼思悠扬,秋波明朗"。为了激励郑元和专心上进,一个弱质女子竟自毁美目,这需要多大的勇气!"剔目"源于《青楼记》载元代京师名妓樊事真为向情人表白坚贞而以金篦刺目的真事,《绣襦记》中赋以李亚仙这一不寻常的行动,展现了女主人公义烈坚贞、刚柔兼具的美好心灵,使这一形象超越所有的李娃戏而呈现异彩,感人至深。

李亚仙"剔目劝学"并非一时冲动,这在剧情发展中已有多次铺垫。李亚仙曾几番勉励郑元和"乾乾黾勉,如与那圣贤对面",又说:"刺绣拈针线,工夫自勉旃。谩配匀五彩文章炫,似补衮高才将云霞翦,皇猷黼黻丝纶展。"认为读圣贤之书,如同面聆圣贤教诲,当孜孜不倦;郑元和笔底文章好比自己手中刺绣,织成五彩云霞,方可辅佐朝廷。

而郑元和本人,见识反而不如妇人家,竟认为"书已读尽,无可庸功"。李亚仙立刻反驳他:"自古书囊无底,那有读得尽的。"双方的矛盾就此展开。

郑元和面对书卷,还是胡思乱想。分明对不起父母的养育之恩,此时却又想到父母来。他只顾催促李亚仙:"大姐,夜深了,去睡了罢。"是不是真的体恤李亚仙呢?也很难说。李亚仙责之大义:"岂不闻古之人悬梁刺股,以志于学?你今懒惰,焉能有成?"对郑元和来说,李亚仙不仅是红颜知己,而且也是严师畏友了。

尽管李亚仙人品如此之高,爱郑元和如此之深,她却决没有自居于恩人或施舍者的地位,而对郑元和有任何伤害其自尊的言行,而且还为自己的无能为力而内疚。所以唱道:“若论裙钗下贱,十指无能,羞逞芙蓉娇面。”郑元和居然还是把注意力集中到别的地方去了。看到书,他“奈睡魔障眼精神倦”,耳中只听见“红楼犹把笙歌按”,心里念的是“倒金尊秉烛通宵宴”。

李亚仙忍无可忍,责备他“你文章不看,口支离一划乱言”,责备他读书没有“心到、眼到、口到”。郑元和不仅没有立刻端正态度,反而说:“见你秋波玉溜使我怜,一双俊俏含情眼”,“我的娘,谁教你生得这般样好?”这当然是郑元和的真心话,但在客观上却是把自己不肯认真苦读的责任让李亚仙来承担了。

郑元和如此不可理喻,李亚仙几乎绝望了。既然郑元和喜爱这一双俏眼,那么唯一的办法就是把一双俏眼弄残,才可以使郑元和彻底醒悟了。于是,她“把鸾钗剔损丹凤眼”。如果单纯把剔目看成是劝学的最后一招,恐怕也并不全面,事实上,在剔目劝学的行为背后,也渗透着李亚仙对“红颜祸水”的自责之感情,隐藏着她难以言喻的赎罪心理。在这一出末尾,李亚仙唱道:“孤帏再把重门掩,不堪离恨寄冰弦,断雨残云思黯然。”一个重情又被情所累的弱女子的伤痛溢于言表。其实,在这整部戏中,郑元和为情所累,历经苦难,固然是悲剧,李亚仙的经历又何尝不是悲剧?襦护郎寒,剔目劝学,辞却状元姻缘,固是一片深情,更是为了赎罪,为了得到伦理道德、社会舆论的认可,其用心可谓良苦。“女为悦己者容”,这是中国古代的名言,而李亚仙剔目之举则反其道而行之,为悦己者自毁其容,应该说这里面有许多值得我们思索的东西。 (虞卓娅)

【戏曲家小传】

张凤翼

(1527—1613) 字伯起,一字伯子,号灵墟,又号泠然居士。长洲(今江苏苏州)人。与弟献翼、燕翼才名并著,称“三张”。明嘉靖四十三年(1564)举乡试第一名,屡赴会试不中。后半生弃举业,专意治学笔耕,亦刻书贩书以营利。善书法,工诗、古文、曲。知音善度曲,曾帮助魏良辅完善昆山腔。故作品协律动听,系场上之曲,然病在文词秾艳堆砌。有传奇作品集《阳春六集》,包括尚存全本之《红拂记》、《祝发记》、《窃符记》、《虎符记》、《灌园记》与仅存残出之《扊扅记》。另有晚年作品《平播记》,已佚。《传奇汇考标目》别本尚著录有《芦衣记》一种。散曲集有《敲月轩词稿》,不传。《全明散曲》辑录其小令二十首、套数十六套,又复出套数五套。尚著有《处实堂前后集》、《谈辂》、《梦占类考》等。今人辑有《张凤翼戏曲集》。

虎 符 记 张凤翼

第十八折

【浪淘沙】(净、丑)玉露夜初零，云淡江清，孤蓬小艇过沙汀。莫笑我生涯风浪里，世上蓬瀛。

(净云)妈妈，把孩儿放在船上，你我去收了网来。

【前腔】月白与风清，水鸟飞惊，寻巢哺子自经营。不比渔家夫与妇，相对忘情。(净、丑下)(占上)

【驻马听】(占唱)豺虎纵横，甫脱俘囚抱影行。只见半江帆影，几点残星。万籁无声，想芦花深处小舟横，白蘋岸上寻幽径。这船是了，待我唤一声。公公，婆婆，只没有一人在船上。野渡无人，待参消息，似金瓶落井。

且住，虽没人在船上，也要自上去看一看。莫不是我孩儿睡着在船上，也不见得。(见儿哭介)我儿果在风露之下睡。可怜，可怜！

【前腔】(占唱)以泛梗飘萍，那里是骊珠掌上擎[①]。看他面庞黑瘦，体骨零丁，空有头角峥嵘。我儿睡醒了么？他轻舒猿臂睡初醒，睁开凤眼将娘认。我的儿，你的虎符有么？呀，且喜在此。咳！那里是将逐符行，存儿延祀，留符作证。

公公婆婆既不见他回来，我只得抱你回去罢。迤逦行来[②]，又到江边了，不免叫个船去。摇船来，摇船来！(末云)江声日夜愁，江水只东流。才过凤凰台[③]，又到鹦鹉洲[④]。来了，来了，要往何处去的？(占云)听我道来：

【驻云飞】欲往金陵，要借扁舟一叶轻。乘夜堪前进，况遇江潮顺。(末云)小娘子须要我满贯钞，我才与你去得。(占作上船介)(唱科)嗏，贯钞岂辞盈，须防风信。到岸之时，分外有斯须赠。死里逃生已得生，(末)只怕前途有贼兵。(众扮败军上)

【前腔】(众唱)杀气腾腾，风鹤须知尽是兵[⑤]。人众难奔命，船小容不尽。好了，好了，前面一只船来了，不免去夺他的。嗏，并力与齐心，把船摇近。须用撩钩，搭住休教遁。(占作悲介)雨师，水，水。(众)借你的船来救我们，(作推下水介)请你下江心祭水

神。(众下)(占抱子吊场介)

【山坡羊】(占唱)急煎煎无端凌迸[⑥],虚飘飘怎生扎挣。魂摇摇未知死生,昏腾腾似梦方才醒。我知道了,我拚命左右是个死了。我命已倾!呀,我死也罢,只可惜存孤事不成。鼋鼍出没,毕竟遭毒吻。又有吹浪江豚,磨牙如刃。伤情,死比鸿毛一样轻。芳名,谁比湘潭葬屈平[⑦]?

好怪,好怪!身子底下是甚么东西?把我衬将起来一般。

【前腔】莫不是西来的折芦堪凭?莫不是东吴的铁锁横亘?莫不是龟龙效地灵?莫不是泗水浮来磬?喜又惊,莫不是仙槎特地迎?好似凌波仙子,缥缈骖鱼乘。我儿,想你破浪乘风,今番发轫[⑧]。浮生,似大海茫茫一叶萍。余生,难道便随波逐浪行。

呀,早已到了芦苇中,却原来是一枝大木,为何漂流在此?

【前腔】你本是栋梁材翻为漂梗,你本是条乔贡翻同牵荇。想你未遭逢匠石惊[⑨],为甚的生意婆娑尽[⑩]?好把我来比他呵,是女贞心图合抱成,指望桐孙枫子,枝叶扶疏盛。因此乘潦奔潮,江河俄顷。我母子死而复生,全亏了你,依凭,大树由来号反生。我若有还朝之日,定当奏闻,封你官爵。英灵,合拜秦官受汉称。

说话中间,不觉困倦了,且向芦苇深处暂息片时[⑪],又作道理。

诗曰:脱死还逢死,捐生又得生[⑫]。

死生难做主,咫尺有神明。

〔注〕 ① 骊珠:传说中骊龙颔下之珠,指宝物。《庄子·列御寇》:"千金之珠,必在九重之渊,而骊龙颔下。" ② 迤逦(yǐ lǐ):同"迤逦",曲折连绵。 ③ 凤凰台:古台名,旧址在今江苏南京之南。唐李白有《登金陵凤凰台》诗。 ④ 鹦鹉洲:在今湖北武汉西南长江中。因东汉末祢衡在江夏太守黄祖长子于此举行的宴客之会上撰《鹦鹉赋》而得名。今地因江水冲刷,已非古地。 ⑤ 风鹤:风声鹤唳。《晋书·谢玄传》载东晋与前秦的淝水之战中,谢玄等率晋精兵八千渡河击溃秦军,秦兵将"闻风声鹤唳,皆以为王师已至"。 ⑥ 凌迸:欺侮斥逐。 ⑦ 屈平:即战国楚诗人屈原,他忠爱拳拳,却受奸臣谗毁,遭昏君斥逐,眼见楚国趋于危亡,乃自沉于汨罗江。 ⑧ 发轫:取出支住车轮的木块,使车子得以行进。引申为开始。 ⑨ 匠石:古代的巧匠。《庄子·徐无鬼》:"郢人垩慢(用白土涂抹)其鼻端,若蝇翼,使匠石斲之。匠石运斤(斧)成风,听而斲之,尽垩而鼻不伤。"此泛指木匠。 ⑩ 婆娑:此处意为衰微。 ⑪ 且:原误

作向。 ⑫ 捐：原误作涓。

《虎符记》系据元朝末年花云守太平的史事编写而成，情节如下：汉主陈友谅率军向朱元璋军所占的太平城发起攻击。守城的主将名叫花云，是个忠义之士。太平是新造之城，兵食两缺，水陆俱困。花云仓促上任，明知难以固守，便在家中和夫人郜氏商议如何应对眼前的紧急情况。花云表示自己将与太平城同存亡，希望郜氏能带着儿子花炜离去，免得绝了花门之后。郜氏说，你是王臣，我也是命妇，万一城陷，应该夫妻一同死义。这时，花云的妾孙氏挺身而出，愿意担当保孤重任。城陷之时，花云被执。郜氏企图投江自尽，正巧碰上前来探望她的兄长郜士良，士良劝她保重，于是一起逃难。孙氏带着花炜被叛军俘虏。押解途中，有的孩子因为啼哭，被叛军投入江中。孙氏害怕，偷偷将花炜送到一条渔船上。这时，朱元璋部下都督马步水军大元帅常遇春带兵赶来，敌军四散，孙氏乘机逃回到渔船上，带了花炜往京城去。不料又遇叛军，母子都被他们推堕江中。幸好一根浮木将他们托起，总算逃离了虎口。花炜长大，率兵救出牢狱中的父亲，一家团圆。

《虎符记》中，孙氏由"占"扮演，也就是"贴旦"，是旦角中的次要角色，主要的旦角是郜氏，但实际上，无论是孙氏在剧情发展中所起的作用，还是她在观众心目中留下的印象，都远在郜氏之上。身为一妾，孙氏在关键时刻勇担重任，出生入死，表现出其坚毅果敢的精神和善良忠诚的品德，委实可钦可佩。

《虎符记》共四十折，第十八折写常遇春率师击败陈友谅，陈军溃退，孙氏乘乱逃出。"只见半江帆影，几点残星"，万籁无声。孙氏一路寻到芦花深处，果然看见一小舟，叫唤数声，却没人答应。孙氏想："虽没人在船上，也要自上去看一看。莫不是我孩儿睡着在船上，也不见得。"苍天不负有心人，孙氏果然在船上找到了睡在风露之下的花炜。悲喜交集的孙氏忍不住流下了眼泪。昔日"骊珠掌上擎"的花炜，如今已成了"泛梗飘萍"。在一个充满爱心的母亲眼里，儿子"面庞黑瘦，体骨零丁"，叫人心酸。但尽管如此，母亲眼中的爱子仍然是"头角峥嵘"。孩子动，那是"轻舒猿臂"；孩子看，那是"睁开凤眼"。作者通过一支【驻马听】把孙氏对花炜的舐犊之情表现得深切感人。

孙氏抱了花炜，招来一艘渡船，欲往金陵。眼看就要虎口脱险，剧情突然来了个大转折：一群败军赶来，夺走船只，把孙氏和花炜一起推入江中。擅长修饰辞藻的张凤翼在这里用一串叠字，表现了孙氏突遭变故时的焦急而又恍惚的心情："急煎煎无端凌迸，虚飘飘怎生扎挣。魂摇摇未知死生，昏腾腾似梦方才醒。"孙氏历经艰辛，眼看就要成功，忽然又遭此大变，实在是生死难辨，梦醒难分。镇定下来，孙氏明白："我拚命左右是个死了。"然而，就在这生死攸关的时候，她想到的是："我死也罢，只可惜存孤事不成。"哀叹自己"死比鸿毛一样轻"。事实上，纵使孙氏真的就此葬身鱼腹，她也不会让观众感到"死比鸿毛一样轻"了，作者已经把她的美好形象深深地印在了观众的心里。

孙氏和花炜落入江中，不料正好搁在一根从水下浮起的大木上。作者用一连串的猜测来表现孙氏此时又惊又喜的心情："莫不是西来的折芦堪凭？莫不是东吴的铁锁横亘？莫不是龟龙效地灵？莫不是泗水浮来磬？……莫不是仙槎特地迎？"当发现是一根大木头将他们母子浮起时，她百感交集地道："你本是栋梁材翻为漂梗，你本是条乔贡翻同牵荇。想你未遭逢匠石惊，为甚的生意婆娑尽？"作者语含双关，将花炜比作漂木。将门虎子，本来应该是栋梁之材，没想到竟如此飘零；花炜年幼，还是个不经世事的孩子，并不曾碍着什么人，为什么险遭灭顶之灾？又想到自己若与这根木头相比，"是女贞心图合抱成，指望桐孙枫子，枝叶扶疏盛。因此乘潦奔潮，江河俄顷"。作者用"女贞"暗示孙氏这个女子对丈夫和对家庭的忠贞，用树木成材、根深叶茂来表示孙氏对花炜的期望。

这一出戏剧情紧凑，扣人心弦。孙氏只身逃出，观众为之一喜；在无人的渔船上寻着花炜，观众为之二喜；找到去金陵的船只，观众为之三喜。而就在诸事顺当，眼看保孤即将大功告成之时，风波陡起，败军赶上来抢走船只，并把孙氏母子推落江中。随着他们母子坠江，观众的心也猛地一沉。绝望之时，一根漂木将孙氏母子托起，也将观众跌入谷底的心随之托起。场上的气氛喜极而悲、悲极而又喜，再加上文词的耐人咀嚼，确实是一出好戏。（王意如）

红 拂 记 张凤翼

第十出 侠 女 私 奔

（旦紫衣纱帽上）自怜聪慧早知音，瞥见英豪意已深。侠气自能通剑术，春情非是动琴心。奴家自从见那秀才之后，不觉神魂飞动。我想起来，尘埋在此，分明是燕山剑老，沧海珠沉。怎得个出头日子。若得丝萝附乔木[①]，日后夫荣妻贵，也不枉了我这双识英雄的俊眼儿。如今夜阑人静，打扮做打差官员的妆束，私奔他去。早已被我赚出这门儿来也呵，

【北二犯江儿水】重门朱户，恰离了重门朱户。深闺空自锁，正琼楼罢舞。绮席停歌，改新妆，寻鸳侣[②]。西日不挥戈[③]，三星又启途[④]。鸾驭偷过，鹊驾临河，握兵符怕谁行来问取？魏姬

窃符[5],分明是魏姬窃符。鸡鸣潜度,讨得个鸡鸣潜度。听更筹戍楼中漏下玉壶[6]。

(众扮更夫上)(挡路科)此是何人?这般时候,往那里去?

【前腔】(旦)公门将佐,我是个公门将佐,休猜做忘国虏。正怀揣着令旨,手执铜符。戴乌纱,衣挂紫。(众)如今老爷睡也未?(旦)寄语主更夫,何须竟夜呼?老爷呵,自有弦上醍醐[7],灯下氍毹[8],这时节向阳台行云雨[9]。(众)如此说,大人自去,我们就睡也不妨了。正是:各人自扫门前雪,莫管他家瓦上霜。(众下)(旦)你看这一伙人,被我两三句话都哄过了。女中丈夫,不枉了女中丈夫。人中龙虎,正好配人中龙虎。说话间不觉的喜孜孜来到草庐。

乘着这月色,又到了西明巷了。此是第一家。不免敲门则个。(作敲门科)开门!开门!

【懒画眉】(生)夜深谁个扣柴扉,只得颠倒衣裳试觑渠[10]。(开门看科)呀!元来是紫衣年少俊庞儿,戴星何事匆匆至?莫不是月下初回掷果车[11]?

【前腔】(旦)郎君何事太惊疑?(脱衣帽科)那里是纱帽笼头着紫衣。(生)呀!元来是个女子。(旦出红拂科)我本是华堂执拂女孩儿,(生)你缘何到此?(旦)怜君状貌多奇异,愿托终身效唱随。

【前腔】(生)骤然惊见喜难持,百岁良缘顷刻时。侯门如海障重围。君家闺阁非容易,怎出得羊肠免教驷马追?

【前腔】(旦)杨公自是莽男儿,怎会红粉丛中拔异姿?奴今逸出未忙追。我与你呵,正好从容定计他州去,一笑风前别故知。

(生)我有个故人刘文静,乃是智谋之士。见今在太原。我明日与你扮做村中进香的夫妇,同往太原投他,再作区处。正是:

笼里笼前整羽衣,谁知相见即相随。

今宵久旱逢甘雨,来日他乡遇故知。

〔注〕 ① 丝萝:兔丝与女萝,均为蔓生低等植物,缠绕于草木,不易分开。后人常以丝萝附乔木喻夫荣妻贵。 ② 鸳侣:犹言情侣。 ③ 挥戈:《淮南子·览冥训》:"鲁阳公与韩搆难,战酣日暮,援戈而㧑之,日为之反三舍。"不挥戈,谓日已西沉。 ④ 三星:《诗经·唐风·绸缪》:"绸缪束薪,三星在天。"毛传:"三星,参也。"参宿为二十八宿之一,凡三星。 ⑤ 窃符:战国时秦军攻赵,赵国求救于魏,魏国发兵而观望不进,魏公子信陵君使魏王妃如姬窃得兵符,

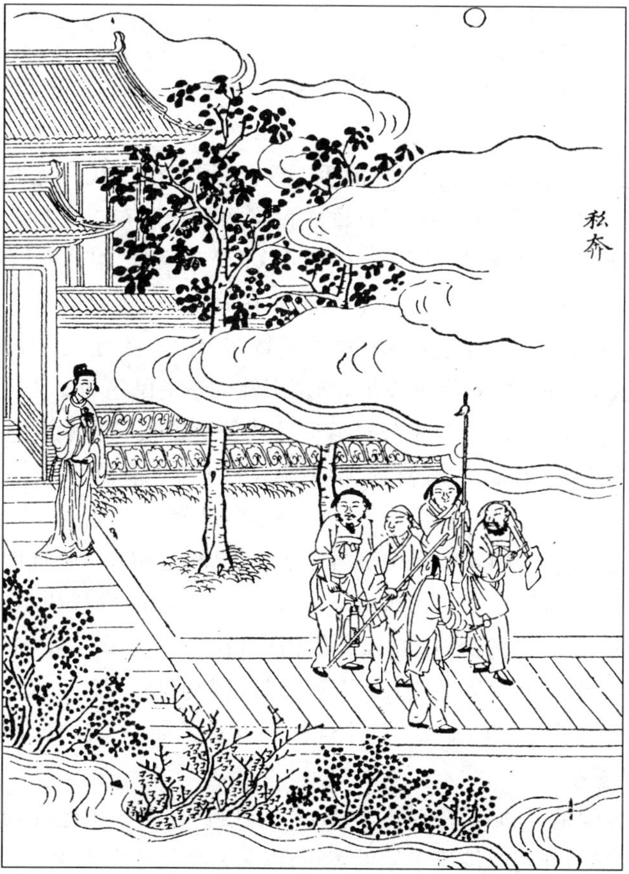
私奔

遂代领魏军击破秦军。 ⑥ 更筹：古代报更计时用的竹签。玉壶：此指玉制的漏壶，一种古代计时器。 ⑦ 醍醐（tí hú）：牛乳中提炼出的精华。弦上醍醐，指美妙的音乐。 ⑧ 氍毹（qú yú）：毛织的地毯。此指在氍毹上表演的歌舞。 ⑨ 阳台行云雨：战国楚宋玉《高唐赋序》："昔者先王（楚怀王）尝游高唐，怠而昼寝，梦见一妇人曰：'妾巫山之女也，为高唐之客。闻君游高唐，愿荐枕席。'王因幸之。去而辞曰：'妾在巫山之阳、高丘之阻，旦为朝云，暮为行雨，朝朝暮暮，阳台之下。'"后世遂用为表示男女之欢的隐语。 ⑩ 颠倒衣裳：匆匆忙忙上下衣服穿错了。语出《诗经·齐风·东方未明》："东方未明，颠倒衣裳。"毛传："上曰衣，下曰裳。" ⑪ 掷果车：《晋书·潘岳传》："岳美姿仪，……少时常挟弹出洛阳道，妇人遇之者，皆连手萦绕，投之以果，遂满载车而归。"

《红拂记》是明代剧作家张凤翼的重要作品，取材于唐代杜光庭（一说张说）的传奇《虬髯客传》。隋朝末年，怀有雄才大略的李靖以布衣之身前去谒见司空杨素。杨素府中一名执红拂的侍妾爱上了这个"言慷慨，貌伟然"的"翩翩美少年"，当晚私奔至李靖寓所，和他一起出走。在旅店中，他们遇见了虬髯客张仲坚。红拂本也姓张，于是与他结为兄妹。虬髯客出山本欲有一番作为，后知太原李世民将成大业，便决定去海外发展，李靖则辅佐李世民建功立业。这个故事中的三位主人公被称为"风尘三侠"，对后世的武侠小说很有影响。它那既表武功又写爱情的模式，差不多成了现代武侠小说永远不变的套路。

《红拂记》共有三十四出，第十出《侠女私奔》是前半部戏的一个高潮。

红拂看到李靖，便料定他是个英雄豪杰，早已私心相许。但此时显然不会有人替她做媒"通缱绻"，于是红拂当机立断，决定用自己的智慧和胆略来"成就这良姻缘"。在李靖离开杨府时，红拂假传杨素指令，让院子打听"李秀才寓所何处"，得知"西明巷口第一家便是"。当晚，红拂易装夜奔。在这一出戏中，红拂的志向和才略得到了充分的表现。这个美丽的女孩犹如一朵玫瑰绽放在舞台上，娇艳挺拔，光彩照人。

红拂的容貌是美的。有"风流绝代姿"的红拂，在这一出里女扮男装、"紫衣纱帽"上场。李靖开门时惊讶于她的美貌，以为是掷果潘郎再生。同样的效果也产生在观众的心里。当扮演红拂的旦角以男装出现在舞台上的时候，妩媚娇柔之外便平添许多英姿飒爽。

红拂的心灵更是美的。杨府"插金披绮，好不富贵"的生活可能是很多女孩子梦寐以求的，但她却心有不甘，觉得自己"尘埋在此，分明是燕山剑老，沧海珠沉"。为了"得个出头日子"，她决定凭自己"这双识英雄的俊眼儿"，另寻一方新天地。在这出戏中，红拂将自己和历史上两位著名的女子作了比较：一个是夜奔的卓文君，另一个是窃符的魏姬。

和卓文君相比，红拂更为主动。她爱上李靖，不是在接受了李靖的爱情暗示之后，而是“瞥见英豪意已深”。她说自己“侠气自能通剑术，春情非是动琴心”。也就是说，她看上李靖，完全是一种自发的行为，而产生这种行为的动因并不纯粹是由于异性间的相互吸引。她是要通过私奔，改变自己被“尘埋”的处境，实现自我价值。所以作者在这里强调的不是红拂的一见钟情，而是她的“侠气”。当然，红拂最终的自我实现还是要通过“丝萝附乔木”——也就是嫁给李靖——来完成，但与当时那些完全无法掌握自己命运的女子相比，红拂自行择偶并主动追求的举动还是让人感到耳目一新，的确称得上是一位侠女。

与魏姬相比，红拂更具智慧。魏姬窃符是受信陵君之托，红拂却完全是自己的主意。在“一腔心事无人识”的情况下，她独自一人策划了完整的逃跑计划。第一步，先把李靖的具体住处打听确实，这是她实行出走计划的前提；第二步，打扮成官员模样，赚出府门。在路上，她被众更夫拦住，受到盘问，她沉着镇定，“两三句话都哄过了”。望着更夫们远去的背影，她高兴地唱道：“女中丈夫，不枉了女中丈夫。人中龙虎，正好配人中龙虎。”她没有把自己的美貌看作是追求李靖的本钱，而更希望自己是个“女中丈夫”，觉得唯其如此，才般配李靖这个“人中龙虎”。这个时候的红拂完全摆脱了郎才女貌的窠臼，更显得英气逼人。

红拂果敢大胆，心思缜密，在某些地方甚至超过了李靖。她来到李靖门首，毫不犹豫地叩开柴扉，大胆说出了自己的来意：“怜君状貌多奇异，愿托终身效唱随。”这直露的表述使李靖又惊又喜。这番毫不忸怩的举动，确实只有侠女才做得出来。李靖在杨素府中也已经感觉到红拂顾盼自己，此时自然是“骤然惊见喜难持”。但他既为“百岁良缘顷刻时”而高兴，又担心“怎出得羊肠免叫驷马追”。相比之下，倒是红拂显得胸有成竹。她早就发现“杨公自是莽男儿”，因而料定“奴今逸出未忙追”。事实证明她是对的。她那长期的细致观察和关键时刻的正确判断，为她争取自由和幸福的举动提供了坚实的基础。

对于她的私奔，李靖万分感慨，说：“侯门如海障重围，君家闺阁非容易。”作为一个女子，红拂毫不眷恋侯门贵族的奢华生活，成功逃离戒备森严的杨府，这的确不是一般人所能做到的。正因为如此，《侠女私奔》所塑造的这个秀外慧中、自尊自爱、敢作敢为的侠女形象才永远地留在了我们的心中。　（王意如）

红　拂　记　　张凤翼

第十九出　破镜重符

【金蕉叶】（小生扮徐德言上）千思万思，我浑家知他怎的？打不破愁城恨围，磨不了山盟海誓。

〔青衫湿[①]〕南朝千古伤心地，还唱《后庭花》[②]。旧时王谢[③]，堂前燕子，飞入人家。　梦中空遇，仙姿莹雪，宫鬓堆鸦[④]。不知游子，貂裘敝尽，流落天涯。　自家乃前朝驸马徐德言便是。自故国丧乱，与公主分别，约以元宵卖镜为记，希图后会。今日及期，出来问个消息。又遇这般大雪。正是：怜卿谩道为卿苦，爱他风雪耐他寒。

【山坡羊】白茫茫六花飞坠[⑤]，乱纷纷如风飞絮。我虚飘飘浮踪似伊，雪花，我既相似你，也合相怜我，如何偏打在我面上来？你看冷飕飕扑面无情绪。我那公主，我展转思，此情诉与谁？近来闻得他，没入在杨越公府中了[⑥]。他侯门一入深无底，陌路萧郎[⑦]，一丝空系。缄书，关河鸿雁稀。魂迷，阳台云雨疑[⑧]。

(丑上云)卖镜，卖镜。受人之托，必当终人之事。老爷差我出来卖此破镜，中间必有缘故。前面有人，不免再叫几声。卖镜，卖镜。(小生向前问科)老人家，你的镜儿值得几文？不等个晴暖天色出来，却在这风雪中卖他。(丑)秀才，你那里知道，我这镜非同小可，一向无人识他。恐怕埋没了这段清光，因此不辞风雪，为他求个售主。(小生)你借与我看看。(丑递镜)(小生看哭科)

【前腔】眼睁睁琼簪敲碎，苦哀哀银瓶刚坠。痛熬煞当时镜分，哭啼啼各自湮红泪。老人家，我且问你：这镜儿谁将付与伊？(丑)你要买就买，不是来历不明的。(小生)分明说与咱详细。(丑)这等看起来，你敢有一半对得着我的么？(小生出镜科)这镜在怀中，那人儿何处？(丑)我实对你说罢，这镜在杨越公府中出来的。你只随我去，自有好处。(小生)多谢你。只是越公府中不是要处，我如何敢进去？(丑)你只随我去，管取不妨。(小生)我待相随，还愁惹是非。待不随，如何得信息？

(丑)来至此间，是府前了。你只住在此，我与你打个消息来回你。眼望旌捷旗，耳听好消息。(下)

【前腔】(小生)急忙忙随他来至，他慌张张将咱留住。战兢兢未知死生，眼巴巴怎望得他来至。我不道这两半面镜儿，也有凑着的时节。这镜儿还有会合时，我如今空手没巴臂[⑨]。半日仓皇，一天憔悴。镜子，我若照你时呵，须知，羞看鬓有丝。他若照你时呵，须知，羞看减玉肌。

此间官府往来，怕有认得我的，不当稳便。不免在耳房内少避一回[⑩]，待他回报。

镜与人俱去，镜归人未归。

无复姮娥影[⑪]，空留明月辉。

〔注〕 ① 青衫湿：词调名，即《人月圆》。按此词文句多与金吴激同调之作同，唯倒数二、三两句大异。 ② 后庭花：全名《玉树后庭花》，南朝陈后主所制曲。唐刘禹锡《金陵五题·台城》诗："万户千门成野草，只缘一曲《后庭花》。" ③ 王谢：东晋时琅琊王氏、陈郡谢氏是当时的名门望族，许多著名的历史人物（如谢安、王羲之）都出自二家。按：此数句化自唐刘禹锡《金陵五题·乌衣巷》诗："旧时王谢堂前燕，飞入寻常百姓家。" ④ 堆鸦：指头发像乌鸦的羽毛一样黑又亮。 ⑤ 六花：指雪花，雪花六出，故言。 ⑥ 杨越公：杨素于隋开皇八年(588)率水军从三峡东下，次年以灭陈之功封越国公。 ⑦ 萧郎：泛指女子所爱恋的男子。唐崔郊《赠去婢》诗："侯门一入深如海，从此萧郎是路人。" ⑧ 阳台云雨：战国楚宋玉《高唐赋序》："昔者先王（楚怀王）尝游高唐，怠而昼寝，梦见一妇人曰：'妾巫山之女也，为高唐之客。闻君游高唐，愿荐枕席。'王因幸之。去而辞曰：'妾在巫山之阳、高丘之阻，旦为朝云，暮为行雨，朝朝暮暮，阳台之下。'" ⑨ 没巴臂：亦作没巴鼻，没来由。 ⑩ 耳房：正房两侧的房屋。 ⑪ 姮(héng)娥：即嫦娥，传说中月亮上的神女。

在唐传奇《虬髯客传》中，司空杨素是一个"奢贵自奉"的人，府中"侍婢罗列"，即使有人私逃，"彼亦不甚逐也"。寥寥数笔，勾勒的是杨素骄奢而又粗疏的形象。《红拂记》在此基础上糅进了乐昌公主破镜重圆的故事，使杨素的形象更加正面化，突出了他重贤轻色的"义士之度，仁人之心"，而乐昌公主的故事本身也演绎得摇曳多姿。

南朝陈将亡之时，乐昌公主自知"国亡之后，必没入侯家"，因此把一面铜镜打破，与丈夫徐德言各执一半，约定元宵之日出来卖镜，希图能互通消息。红拂走后，杨素主动向乐昌公主询问"当初夫妻完聚的风景"，乐昌公主见杨素不追红拂，知道他不是轻贤重色之人，便如实诉说了自己的故事。杨素得知此事，问乐昌公主要了半边铜镜，差一个老苍头到市上卖镜，引出了徐德言，令他们夫妻团圆。

第十九出《破镜重符》，是"破镜重圆"故事中的一段重头戏。

元宵之时，前南朝陈驸马徐德言依照与妻子乐昌公主当时的约定，拿着半边镜子到市上叫卖。漫天雪花飞舞，寒冷的气候与徐德言凄凉的心境适相映照。

这时，杨府中的老苍头拿着另外半边镜子也来叫卖。徐德言看到那半边镜子，百感交集，急切地询问镜子从何处得来。老苍头告诉他，自己从越国公杨素府中来，只要跟他进府，便能知道镜子的底细。徐德言思妻心切，明知侯门难入，还是跟随老苍头进了杨府，为自己赢得了与妻子团聚的机会。

张凤翼写戏，以辞藻华丽著称，在这一出里，他把自己的这一特长发挥得淋漓尽致。

张凤翼善于化用前人诗句和典故。徐德言上场的时候正是元宵佳节，但对于他这个前朝驸马来说，越是好时好日，越容易勾起故国之思。作者引用金吴激化用唐代诗人杜牧和刘禹锡的诗句而写成的《人月圆》词，借"南朝千古伤心地，还唱《后庭花》。旧时王谢，堂前燕子，飞入人家"准确地表现出徐德言感慨家国兴亡、哀叹物是人非的心情。另外，他还化用白居易《琵琶行》中对音乐的描写来形容打破铜镜的声音，化用李商隐的诗句来表达相思之苦，还有"阳台云雨"、"陌路萧郎"、"红泪"等典故的使用，都使整出戏显得文采斐然。

张凤翼还善于借景抒情。为了更好地表现徐德言凄苦的心情和狼狈的处境，他让舞台上下起了纷纷扬扬的大雪，漫天飘舞的雪花成了徐德言最好的抒情对象。

他看雪花，只见"白茫茫六花飞坠，乱纷纷如风飞絮"。被无情的寒风吹得飘来飞去的雪花，看上去是那么纷乱，那么无奈，使徐德言联想到自己国破家亡、妻离子散之后无家可归、漂浮不定的行踪，不由得感叹"我虚飘飘浮踪似伊"。

他想雪花，慨叹："我既相似你，也合相怜我，如何偏打在我面上来?"孤独怜同调，徐德言把雪花看作了自己同伴，然而这种认同却并没有给他带来温暖，相反，冰冷的雪花无情地扑打在他的脸上，浇灭了他心中的希望，让他感到"冷飕飕扑面无情绪"。

利用人和自然物的类比、对比以及情感交流，是我国古代文学中经常采用的手法。比如，李白就写过"相看两不厌，只有敬亭山"的诗句；高明在《琵琶记》中则用米和糠来类比升官的蔡伯喈和受苦的赵五娘。张凤翼在这里把萍踪浪迹的徐德言和漫天纷飞的雪花相类比，并让徐德言移情于彼，对着它抒发孤苦伶仃、无人怜惜的情感，细腻而又生动地表现了徐德言此时此地的凄惨悲切。

张凤翼也善于借物抒情。那一分为二的镜子既是剧中的重要道具，也是乐昌公主与丈夫团圆的关键线索，更是主人公借以抒发感情的传神阿堵。当徐德言在老苍头手里看到那另外半边镜子的时候，当初分手时"痛熬煞当时镜分，哭啼啼各自洒红泪"的情景立刻回放再现。他仿佛又一次"眼睁睁"看到了"琼簪敲碎”的场面，“苦哀哀”听到了“银瓶刚坠”的声音。在杨府中等待的时候，徐德言又对着镜子感慨说：“镜子，我若照你时呵，须知，羞看鬓有丝。他若照你时呵，须知，羞看减玉肌。”各执一半的镜子成了两地相思的最好见证，镜中人的白发频添、相思瘦损，便是他们日后破镜重圆的基础。

张凤翼还善于描写人物心理。当徐德言得知镜子是从越国公杨素府上出来的时候，他的内心活动非常复杂。他知道“越公府中不是要处”，弄不好就会惹是生非。可要是不去，又怎能得到妻子的消息？为了探得究竟，徐德言决定跟老苍头进入杨府。作者在刻画徐德言的心理时，越是表现他“战兢兢未知生死”的恐惧，就越显出他对妻子的忠诚。

就《红拂记》的主要情节线索来说，乐昌公主与丈夫徐德言的故事并不重要，但作者仍是镂金错彩，精心刻画，使这一局部显得非常完美。（王意如）

祝　发　记　　张凤翼

第十七折

〔西江月〕（旦上）暮霭非风自卷，霜林无火常燃。玉容寂寞泪阑干[1]，肠断一声哀雁。　儿处渔歌宛转，谁家砧杵敲残？篱边黄菊渐阑珊[2]，愁对洞房深院。　〔踏莎行〕雾失楼台，风摇竹树，旧林极目无寻处。愁渐远，渐无穷，迢迢不断烟江水。　寸寸柔肠，盈盈粉泪，含悲漫把阑干倚。别时易，见时难，小桥芳草斜阳里。我自从别了婆婆，卖身在此，幸喜那先锋出征，得以苟延性命。婆婆只道我在舅母家里，谁知到在这里。只不知儿夫在家怎生支吾我那婆婆[3]，好生放心不下。好似和针吞却线，系人肠肚刺人心。

【海棠春】（丑唱）绣户卷珠帘，翠釜调珍馔。

夫人，饭在此了，你可请些。（旦云）我身子不好，吃不下。（丑云）夫人，这两日你转觉清瘦了，你须勉强吃些才好。你看，这是鱼，这是熊掌，你可随意请些儿。

【二郎神】（旦唱）时乖蹇，少不得取义舍生难苟免，信熊掌和鱼怎得兼[4]。便有龙肝凤髓，也只合啮雪餐毡[5]。这麟脯驼峰堆满案，总则是卧薪尝胆[6]。转忆我旧齑盐，怎教人努力加餐。

（丑云）夫人，既不用这肴馔，你更进一杯酒儿，也好消愁解闷。

【前腔】（旦唱）羞惭，追思合卺和谁把盏[7]，只索要椎碎金罍并玉碗[8]。除非是中山千日[9]，酣来死去重还。那里是惟酒忘忧忧易遣，料狂药怎破除恩怨。(丑云)请一杯儿。(旦唱)转觉酿愁烦，怎教人中圣中贤[10]。

【集贤宾】(丑唱)你侯门一入天样远，枉终朝泪湿青衫。已去韶华难再返，没来由镜尘妆懒。衣宽带缓，怎禁得粉消红减。空相劝，为甚的鬼病恹恹？

【前腔】(旦唱)慈帏恩爱成抛闪[11]，怎能够菽水承欢[12]。他淡薄饔飧难过遣[13]，纵膝前有儿为伴。止是莼羹蔬饭，几曾有肥甘供膳。况且经离乱，不要说没有这样珍羞，就要买鱼虾那得闲钱。

【黄莺儿】(丑背唱)他孝义实堪怜，为慈亲锁翠尖[14]，晨昏对食常嗟叹。夫人，你既道你婆婆没有这样东西吃，我就与你寄些去也何难。肴分割鲜，醪分醴泉[15]，都将收拾与你通诚款。把盘餐，做梅花春信，暗递到窗前。

【前腔】(旦唱)痛忆北堂萱[16]，烛成灰泪始干，春蚕到死丝难断。你仁慈见怜，把微诚代传。(拜介)千金一诺恩非浅。(丑云)你还有甚么话说来。(旦唱)转悲酸，这衷情欲诉，哽咽不能言。

(丑诨语出房科)门上有谁在这里？开了锁放我出去。(末云)是谁？朱妈妈，那里去？手拿着甚么东西？(丑云)夫人今日身子不快，不吃东西，剩下的我拿回去孙儿吃。(末云)果然是夫人与你的？(丑云)啊呀，难道我偷出来的？我虽在大人家走动，却不是这样人。要便搜一搜放我去。(末云)我问你一句，你就认真起来。(丑诨下)(旦云)呀，我到少叮嘱了一句，朱母不知我瞒过婆婆，卖身在此。倘他见了婆婆，直说出来，怎生是好？叫门上人快请朱妈妈转来嘱付他。(末云)方才被他缠得不奈烦，又去请他，去远了，追不着了。(旦云)怎么好！

【琥珀猫儿坠】(旦唱)匆匆嘱付，语句未周全。只合与儿夫备一餐。姑还知道这冤牵。摧残，怕未曾下口先损慈颜。

【前腔】(又唱)无端锦瑟，拨动旧时弦。引惹春愁泣杜鹃。藏头露尾怎遮拦。他高年，莫须为笼鸟断送啼猿。

可怜不得侍堂前，要表微诚又漫传。
笼鸟槛猿俱未死，人生相见是何年？

〔注〕 ① 阑干：纵横。 ② 阑珊：零落。 ③ 支吾：应付。 ④“信熊掌”句：《孟子·告子上》：“鱼，我所欲也；熊掌，亦我所欲也，二者不可得兼。” ⑤ 啮雪餐毡：《汉书·苏武传》：“天雨雪，武卧啮雪与旃(毡)毛并咽之。”后多用以比喻生活极端艰苦。 ⑥ 卧薪尝胆：春秋末越为吴败，越王勾践卧薪尝胆，不忘复仇，后终灭吴。此只用原典的字面意义，谓美味佳肴亦食之觉苦。 ⑦ 合卺(jǐn)：古时结婚的一种仪式，新郎新娘各取一瓢酒饮之，后因称结婚为合卺。 ⑧ 金罍(léi)：一种金制的酒器，形似今之酒坛。《诗经·周南·卷耳》：“我姑酌彼金罍，维以不永怀。” ⑨ 中山千日：中山人狄希所酿的千日酒，据说饮之能醉千日。 ⑩ 中(zhòng)圣中贤：醉酒。按：古时酒清者曰圣，浊者曰贤。唐李白《赠孟浩然》诗：“醉月频中圣，迷花不事君。” ⑪ 慈帏：母亲的代称。 ⑫ 菽水承欢：指晚辈对长辈的供养。《礼记·檀弓下》：“孔子曰：‘啜菽饮水尽其欢，斯之谓孝。’” ⑬ 饔飧(yōng sūn)：早饭和晚饭。 ⑭ 翠尖：眉头。 ⑮ 醴泉：甘甜的泉水。《礼记·礼运》：“故天降膏露，地出醴泉。” ⑯ 萱：萱草，古人以之代指母亲。

南北朝时梁徐孝克因遭兵乱，家中无米下锅。情急之中，拿了些衣物首饰请隔壁邻居朱母换些米来。朱母昔日的邻居名叫孔景行，如今投降侯景，做了先锋，富贵过人，因此朱母把东西拿到了孔景行处。孔景行听说徐孝克的夫人臧氏貌美，便拒收衣物首饰，要徐孝克将臧氏献给自己作妻子，以人换米。徐孝克为了奉养老母，决定牺牲妻子。臧氏也愿意舍身相助。于是，夫妻俩瞒着老母，答应了孔景行的无礼要求。臧氏原打算到孔府后就自杀以保清白，不料孔景行半道上接到命令，率兵出去打仗，并兵败被杀，臧氏遂得保平安。徐孝克历经磨难，削发为僧，后在大都督王僧辩的帮助下，又重新为官，并和妻子完聚。这就是《祝发记》的剧情。

《祝发记》的主角是徐孝克，但作者想要用来打动观众的易妻养母的孝行，却并不像臧氏的形象那么感人。如果说，在封建社会，一个男子在母亲还是妻子的两难选择中作出舍妻保母的决定还值得歌颂的话，那么，时至今日，这个选择无论如何都只有让人叹惋的份了。值得歌颂的，是主动作出自我牺牲的臧氏。这个温婉、善良、节孝、聪慧和有主见的女性形象，给人留下了深刻的印象。

这里选的是本剧的第十七折，写臧氏卖身换米来到孔景行府中，原来她早就打定主意：既要救母，也要守节。一旦孔景行相逼，立刻自杀，保全自己的清白。她特意关照丈夫给孔景行写了生死文书，说定生死嫁绝，各无反悔。不想孔景行半道上接到大丞相河南王的命令，要他星夜前去迎敌，于是吩咐朱母陪伴臧氏先在孔府住下，等他回来再成亲。孔府“绣户卷珠帘，翠釜调珍馔”，完全没有饥寒之虞，但臧氏的心情却一点儿也不轻松。作者以一首《西江月》词描述了臧氏此时孤独寂寞的处境。深秋季节，枫叶已红得像火一样。暮霭沉沉，在孔府的深宅大院中，孤独的臧氏遥望长空，成队的雁儿往南飞去，留下阵阵哀鸣。远处传来渔歌声声和姑娘媳妇的捣衣的声音。这声音对她来说是多么熟悉，她也曾和她们一样，在秋风中为丈夫准备寒衣。可是如今却身陷洞房深院，身边只有越来越衰败的菊花。这首词抓住"霜林"、"哀雁"、"黄菊"等景物，既形象地再现了秋日特有的环境，又借以暗示了臧氏思念家中婆婆丈夫的心情和在深宅大院中倍感孤独以至"人比黄花瘦"的处境。

接下来是臧氏的直接抒情。眼前的情景使臧氏百感交集。往日诵读的那些词句仿佛都是为自己而写的，一句句都浮上心头："雾失楼台"的迷蒙，如江水般"迢迢不断"的愁绪，肝肠寸断的感觉，以泪洗面的哀伤，阑干独倚的寂寥，别时容易见时难的感慨，芳草斜阳的凄迷。作者把秦观、李煜、欧阳修等人词句都融化在一首《踏莎行》中，来表现臧氏此时的离愁别绪。善良的臧氏即使在这样的时候，还牵挂着婆婆，想"婆婆只道我在舅母家里，谁知到在这里。只不知儿夫在家怎生支吾我那婆婆，好生放心不下"。她用一个极其生活化的比喻，表示了她的内心感受："好似和针吞却线，系人肠肚刺人心。"

臧氏在孔府饮食无心，再精美的菜肴也不能引起她的食欲。痛苦的两难选择在她的心中留下了难以磨灭的伤痕。她并不羡慕富贵生活，宁可像苏武一样"啮雪餐毡"，坚持气节。可是她又不得不屈辱地接受这无可奈何的选择，只能像越王勾践那样忍辱负重，卧薪尝胆。孔府的吃食，是"熊掌和鱼"、"龙肝凤髓"、"麟脯驼峰"；孔府的用具，是"金罍并玉碗"，作者用这些夸张性的词语表示了臧氏不为富贵所动的品格。

面对美酒佳肴，臧氏想到婆婆"淡薄饔飧难过遣"，吃的只是"莼羹蔬饭"，不要说没有这样珍馐，就是买鱼虾哪有闲钱？朱母见臧氏茶饭不思，日渐消瘦，早晚紧锁眉头，对食嗟叹，深深地被她的孝心所感动，说："你既道你婆婆没有这样东西吃，我就与你寄些去也何难？"于是，挑些好酒好菜收拾了，向门上的人推说"夫人今日身子不快，不吃东西，剩下的我拿回去孙儿吃"。

朱母刚走，臧氏突然想起，自己卖身是瞒着婆婆的，要是朱母见了婆婆，直说出来，怎么是好？赶快让人叫朱母回来，朱母已经走了。臧氏哀伤的心上更蒙上了一层阴影，怕婆婆知道了真相，"未曾下口先损慈颜"。送菜这一个细节，既让人为臧氏的孝心而唏嘘感慨，又为后面的情节发展提供了契机。

这出戏以抒情为主，情节并不复杂，但对于塑造臧氏的美好形象却有很重要的作用。她的自我牺牲精神，她的富贵不能淫的品格，尤其是她的善良和孝心，在戏中得到了充分的表现。

这出戏中，臧氏的唱词和念白大多很雅，秦观、李煜、欧阳修、李商隐、白居易等人的词句、诗句，苏武、勾践、“熊掌和鱼”等典故，或隐或显地融化在其中。作为一个读书人的妻子，臧氏用这样的语言是可信的；个别地方用很生活化的比喻，就臧氏这样一个家庭主妇来说，也是可信的，但两者并放在一起，语感上就稍嫌牴牾。

（王意如）

灌　园　记　　张凤翼

第二十六出　迎立世子

【山歌】（丑扮牧童上）牧童路上撞娇娘，撞着子娇娘就无主张[1]。便要替渠树阴下党介一党，荒草地上横他一横。弗道渠全弗睬采[2]，倒捉我来咒骂子介一顿[3]，抢白子介一场。我满肚皮包尽子价恶气[4]，又难替渠数黑论黄啰。羌天有知[5]，幸问起我个簪子，惹动子我个火囤肚肠。我思量个这簪子，倒是渠个实犯真赃。若拿笪来换呷酒吃[6]，不如在家主公面前去请子个风光。我只要燥子我个寡脾胃啰，管打得个丫头满身青膀。我只要博子个笑脸也啰，管气得家主公肚膨。没道是我看牛囝儿像个羊棚里牯牛自觉大[7]，权时且做一只搅棚羊。

我前日拾了簪子，恰好遇着朝英来寻，我就晓得是他偷出来的了。他若在我面上有些好意思，我到把还了他。不道受了他的气，故此要俟候老相公回家，出他的丑。远远望见老相公回来了。（外上）

【六么令】田畴丰穰，喜西成已及收藏。公私逋负有何妨，偿私债上官粮。一家数口都欢畅，一家数口都欢畅。

（丑）老相公，牧童磕头。（外）牧童，牛好么？闲时养来忙时用，不要冻了他。（丑）老相公，这是小人的干己，不消分付。（外）你今日何故在此？（丑）小人拾得一只簪儿，拿去换酒。酒家疑我偷来的，因此将来献与老相公讨赏，只要一件绵袄。（外看惊科）绵袄一定与你。你仔细对我说，是那里拾的？（丑）在花园里拾的。（外）可曾有人寻？（丑）小人拾了这只簪儿，只见就有朝英出来寻。小人躲在树边看他，见他荒荒张张，在王立房里走了一遭，就出来了。

(外)你只在外面俟候。(丑下)(外怒科)老夫人在那里?(占上)

【前腔】缘何喧嚷?想应为家计匆忙。他平时喜怒总相忘,因甚事恁乖张?教人忙里难思想,教人忙里难思想。

老相公,你为甚么这般发怒?(外)前日我买那宝簪儿,原主抵死要取赎,故此着恼。如今簪儿在那里?(占)我与了女孩儿了。(外)你快取来还他。(占入出科)女孩儿一时不知放在那里,待明日寻出来还他罢。(外)呸!在那里?在那里?可不在这里!(占惊科)(外)快唤朝英这贱人出来。(小旦上)是非终日有,不听自然无。(外)朝英,你做得好事!(小旦)做甚事来?(外出簪科)

【绵缠道】细参详,这簪儿何缘出洞房?我家法凛如霜,怎容得宋玉在隔墙[8]!为甚的云髻上点新妆,倒失落在路傍?好教我急煎煎迸断刚肠。快说出这行藏,料应是桑间濮上[9]。(占)那里有这等的事,还要仔细酌量。(外)何必更酌量,眼见得是淫奔伎俩,这丑声儿免不得被人扬。

我且问你,你到王立房里去何干?(小旦)谁见我去来?(外)叫牧童,你曾见他往王立房里去么?(丑)小人亲见的。

【前腔】(小旦)自恓惶,霎时间露出短长。灾祸起萧墙[10],谁知道黄雀窥觑螳螂。(外)我明知是我那不肖女做出来了,你从实说来。(打科)(小旦背哭科)巫山雨已断送神女高唐[11],苍梧云怎遮护帝子英皇[12]。(转身科)老相公不要拷打了,是朝英偷来。要央王立去卖,及至到他房里,摸摸袖里不见了簪儿,明知掉了,再不敢说。岐路叹亡羊[13]。(外)胡说!明明是个私情的勾当,快说出来。(小旦)怎扭做私情勾当?如今已露赃,这生死但凭家长。(外)你可是与不肖女做脚?(小旦)朝英偷了宝簪,就打死也该的。老相公,你亲生的女儿,何忍教使婢去攀害他?又何须牵引到娘行。

【普天乐】(占)拷梅香也难拦当,既招成也难轻放。女孩儿女孩儿有甚猖狂,又何必说短论长。(外)还来主张,不思量,平日里不肯堤防。(怒推倒占科)(旦上)

【古轮台】累萱堂[14],先扶娘起告爹行。(外)你又怎样说?(小旦)我已认了,你不要多说。(旦)朝英认罪俱虚谎,(占)我儿,你不要护他了。(旦)一身做事独自承当。(外)我说,我说,可不羞杀了我!可不气杀了我!养得好女儿,养得好女儿。(旦)爹爹不要恼孩儿。自古道人间天上,野馆空房,怎禁怨旷[15],算来何不早商量?(小旦)小姐说话放和软些。(外)你不取媒而自嫁,非吾种也。(自绑旦科)牧童,与我拿王立过来!(生上)仲尼旅人[16],文王明夷[17]。苟非其时,圣贤低眉。(丑)王立在此。(外)也绑起来。(旦)爹爹,要绑孩儿只管绑,只是王立却绑不得。(生)由他绑罢,不要多说。(外)为何绑不得?(旦)他是齐王世子,田为姓,名唤法章。(丑诨科)(外惊科)他是王立,怎么到是田法章?(旦)他更名异姓,是储君宗子,须存模样。(外)且不要绑,我只自绑这两个贱人,沉在水里去。(占跪科)念我老糟糠,他若死,我孤身晚景转凄凉。

(外背沉吟科)他在这里,也送他不成。待我哄他进去,你去看他其余的首饰有无?若还都在,再处。(占入)(外关门科)我且关你在里头,待我送了这两个来放你。(占内叫科)老相公,可怜可怜!(外)我虽草莽之臣,与他亦有君臣之义。我不惟不该害他,也不好凌辱他,只是容他在此不得了。

【前腔】助衣粮,即时赍发往他方,若留在此遭讪谤。(生)自甘罪状,但凭发放,怜爱女须宽法网。(外)国听君王,家凭家长,况伊家尚未立为王,何得乱吾家法,任私情乔做王章。(旦)分开凤侣,拆散鸳行。前生业障,烧了断头香。惟愿你做少康[18],一旅早腾骧。

【尾声】(外)绑他早去沉波浪,(生)断送芙蓉一夜霜。(外)免教伊玷污门墙。(旦)孩儿死便死,还要见见母亲。(外)他教道得你好,还要去见他怎么?快走,快走,省得又打。(打科)(小生、丑引众上)

【神仗儿】齐开仪仗,齐开仪仗。三军歌唱,尽欢如挟纩[19]。信宿春从天上[20],车马过闹村坊,旌旗展到村庄。

有人么?(生)是谁叫门?(走出看科)(问科)(丑)是我。(生)臧儿,缘何到此?(丑)特引田将军迎立世子为王。(指生科)(众跪)(生引众同入科)(外同旦、小旦下)(小生)

【滴溜子】微臣的,微臣的,田单启王。微臣的,微臣的,与六军稽颡[21]。兆民齐心瞻仰，请吾王登庙堂。早颁功赏，特候衡门[22]，即便束装。

(生)齐国危而复安，亡而复存，皆叔父之功。只怕法章身微德薄，不能当此。臧儿过来，太傅一向好么？(丑)大王还不知，太傅已殉节，不肯仕燕，在树枝上自尽了。(生)如今坟在何处？(丑)在愚公山下。(生)可分付军中，准备祭礼，就使臧儿引一行人到彼陈设，我早晚就同田将军来行礼。(丑)若无渔父引，怎得见波涛。(先下)(生)叔父，寡人流落在此，未免饥寒。解衣推食，多亏他家小姐。我欲烦叔父为媒，聘他为王后。可于军中取黄金百斤，袍带一付为聘。(小生)传令军中，取黄金百斤、袍带一付听用。(生)请问叔父的宅眷在何处？(小生)臣少年不遇，餬口市椽。况经乱离，不曾娶妻。(生)若如此，寡人也与叔父做个媒，此间侍儿朝英，甚有义气，我欲聘他与叔父为妾，意下何如？(小生)既蒙大王赐婚，便当聘以为配。(生)分付军中，再取白金百两、彩段十端来用。请主人夫妇出来相别。(占上)不是一番寒彻骨，争得梅花扑鼻香？老臣太史敫一时病发，不能奉送大王，望乞恕罪。(生)寡人一向在此搅扰，不得面谢，只有一言，方才我劝主人，他道我未立为王，不当乱他的家法。如今我既立为王，已自有国法了。主人说他家小姐不取媒而自嫁，如今已有田将军为媒，聘礼黄金百斤、袍带一付在此，聘他为王后，就烦老夫人收了。余外白金百两、彩段十端，就是寡人为媒，聘朝英来，配与田将军，也烦老夫人收了。待寡人到了临淄，百官朝见过，便差车骑来取。

诗曰：立新王今朝龙驾去，迎贤后明日凤车来。
　　　喜孜孜鞭敲金镫响，笑吟吟同唱凯歌回。

〔注〕 ① 子：苏州方言，了。 ② 睬采：苏州方言，理睬。 ③ 介：苏州方言，这么。 ④ 价：同“介”。 ⑤ 羌天：疑误，当作老天。 ⑥ 拿笪(dá)来：苏州方言，拿来。笪，语助词。 ⑦ 牛囝(nān)：小牛犊。囝，吴方言，通作“囡”或“团”。 ⑧ 宋玉在隔墙：战国楚宋玉《登徒子好色赋》：“楚国之丽者莫若臣里，臣里之美者莫若东家之子，……然此女登墙窥臣三年，至今未许也。” ⑨ 桑间濮上：《汉书·地理志下》：“卫地有桑间濮上之阻，男女亦亟聚会，声色生焉。”后常指男女幽会之地。 ⑩ “灾祸”句：《论语·季氏》：“吾恐季孙之忧，不在颛臾，而在萧墙之内也。”萧，通肃，萧墙，即宫室内作屏障的低墙。 ⑪ “巫山”句：见前文《红拂记》注。 ⑫ “苍梧云”句：苍梧，山名，又名九疑山，在今湖南宁远，相传帝舜死后葬于苍梧之野。帝子，指舜妃娥皇、女英，她们都是帝尧的女儿，故称，《楚辞·九歌·湘夫人》：“帝子降兮北渚，目眇眇兮愁

子。"英皇：女英、娥皇，通常应以娥皇、女英为序，简称皇英，此处为叶韵而倒置。 ⑬"岐路"句：《列子·说符》："杨子之邻人亡羊，既率其党，又请杨子之竖追之。杨子曰：'嘻！亡一羊，何追者之众？邻人曰：'多岐路。'既反，问：'获羊乎？'曰：'亡之矣。'曰：'奚亡之？'曰：'岐路之中又有岐路，吾不知所之，所以反也。'" ⑭萱堂：母亲。 ⑮怨旷：怨女旷夫，即无夫之女，无妻之男。 ⑯仲尼旅人：谓孔子周游列国。语出孔颖达《周易正义》卷一："文王明夷，则主可知矣；仲尼旅人，则国可知矣。" ⑰文王明夷：周文王遭受艰难。明夷，《周易》卦名，《周易·明夷》："明夷，利艰贞。"孙星衍集解引郑玄曰："夷，伤也，日出地上，其明乃光，至其入地，明则伤矣，故谓之明夷。"后多以明夷指代贤者遭受艰难。参注⑯。 ⑱少康：夏代君主，帝相之子。帝相为臣子寒浞所杀，相妻逃生，产下遗腹子少康。少康成年后娶有虞国君之二女，夏旧臣伯靡集合夏人旧部灭寒浞，立少康为君，后少康又灭浇，成为中兴之主。见《左传·襄公四年》、《哀公元年》。 ⑲挟纩(kuàng)：披上绵衣。典出《左传·宣公十二年》："申公巫臣曰：'师人多寒。'王巡三军，拊而勉之，三军之士皆如挟纩。" ⑳信宿：连着歇宿两夜。 ㉑稽颡(sǎng)：古代一种屈膝下拜以额触地，表示极度虔诚的敬礼。 ㉒衡门：横木为门，常指简陋的居处。《诗经·陈风·衡门》："衡门之下，可以栖迟。"

《灌园记》演战国时事，齐王自恃强大，纵情酒色，不理政事。太傅王蠋苦谏被黜，太子田法章也被发往莒州安置。不久，燕将乐毅破齐，齐王被杀。王蠋让太子化名为王立，假说是自己的马夫，因为罢了官，不用养马，送到老朋友太史敫家去灌园。太史敫家的小姐觉得他言谈长相不像是庄稼人，暗中留心。后来终于得知是在逃的太子，与他暗结秦晋之好。太史敫发觉此事，大为震怒。恰在此时，田单破燕复齐，来迎世子为王，法章遂立太史敫之女为后。

第二十六出写小姐与田法章幽会，半路上遗失了母亲给她的宝簪，派丫鬟朝英去寻找。牧童捡到宝簪，见朝英来找，猜想是她偷出来的，于是到老相公跟前告状。太史敫见到簪儿，大吃一惊，连忙打听是哪儿拾来的，有没有人来寻。牧童说朝英来找过，还看见她去了王立房里。太史敫马上想到出了什么事，愤怒地开始追查。在这个震怒的封建家长面前，小姐、丫鬟还有老夫人，这三个女性都表现得性格鲜明、面目生动。

老夫人虽然不知道小姐与王立之间的私情，但她显然不像老相公那么敏感和强硬。太史敫批评她"平日里不肯堤防"，可见她对小姐的管束从来是不严厉的。小姐拿不出簪儿，她也不追究，只说明日寻出来就是。老相公拷打朝英，她上前劝阻，结果被老相公推倒在地。老相公要处死两个女孩儿，她更是跪倒在地苦苦求情。太史敫心里明白，只要她在，就不能把女孩儿怎么样，所以只能骗她进去，才好行事。老夫人的形象着墨虽不多，但一个面慈心软的母亲形象已出现在观众眼前，难怪小姐临死之前不要别的，只要再见见母亲。

丫鬟朝英是个有着忠肝义胆的女孩。太史敫把她叫上来，开口问的就是"桑间濮上”的“淫奔伎俩”，并且料定“是我那不肖女做出来了”。这时候，如果朝英说出事情真相，那也只是被逼使然，而不是出于本意。但她首先考虑的却是“苍梧云怎遮护帝子英皇”，也就是在一开始，她就决心要维护小姐。她果断地把事情揽到自己身上，说是自己偷了簪子。这个聪明伶俐的丫鬟立马编好了一个完整的故事：她偷了簪子想叫王立替她去卖，不想走到王立房里，发现簪子没有了，因此走到花园中寻找。这个故事既解释了牧童看见她去王立房里的事实，又不会给王立带来任何麻烦。不管太史敫如何逼供，她拼死保护着小姐。就在太史敫明明白白地问“你可是与不肖女做脚”的时候，她仍然坚决地说：“朝英偷了宝簪，就打死也是该的。”就像《西厢记》中的红娘、《牡丹亭》中的春香一样，朝英是小姐追求自由爱情的支持者；所不同的是，朝英在这里更表现了一种舍己为人、奋不顾身的精神。田法章在成为齐王后，立刻主动为媒，把朝英嫁给他的叔父——为复齐立下了丰功的大将田单。这是作者所能给予这个女孩子的最好的酬答，说明作者的确是怀着一种喜爱和称颂的心情来塑造这个下层女孩的形象的。

同崔莺莺、杜丽娘一样，小姐也是一个追求自由爱情的女孩，但却表现得更加勇敢和强硬。她上场时，朝英已经把事情完全招揽在自己身上，并关照她：“我已认了，你不要多说。”但她开口的第一句话就是：“朝英认罪俱虚谎。”急得老夫人忙说：“我儿，你不要护他了。”确实，只要小姐愿意，她前面所说的话，完全可以让人理解为她只是想回护这个犯了偷盗罪错的丫鬟罢了，但小姐毫不含糊地表示要“一身做事独自承当”。在声色俱厉的父亲面前，她丝毫也不畏缩，连朝英也劝她“说话放和软些”。这个女孩的强硬，我们或许可以理解为她已经知道田法章的底细，就像她对父亲说的：“要绑孩儿只管绑，只是王立却绑不得。”但田法章彼时已是虎落平阳，前途未卜，小姐的勇敢恐怕更多的还是出于爱情。比起崔莺莺来，小姐为爱情而付出的代价要大得多。放在她面前的，不是像莺莺和张生那样的短暂别离，而是可能要将如花似玉的青春葬送的大祸。但就在这样的时刻，我们也没有看到她有丝毫的恐慌和后悔。

在这三个女性面前，太史敫显得无奈和狼狈。在朝英面前，他先碰了个大钉子。这个使女不仅不肯说出实情，还反唇相讥道：“老相公，你亲生的女儿，何忍教使婢去攀害她?”一句话，勾勒出了太史敫无情无义的嘴脸。在女儿面前，太史敫更是个失败者。这个倔强的女孩子一点也不给他留面子，做了“不取媒而自嫁”的事，非但不后悔，反怪她父亲“算来何不早商量”，气得他只能连连说：“养得好女儿。”就连老妻也不与他配合，多方阻挠，以致他不得不哄开了她，才能执行他那罪恶的杀人计划。更出乎他意料的是,他想要处置的女儿的情人竟然是个世子,这就使他这个忠臣无所适从了。为了维护封建礼教,他可以牺牲自己的亲生女儿,但作为臣子他却不能惩罚他的主子。更为狼狈的是,这个潜在的主子偏在这个时候成了真正的国君,于是这个忠实的老臣就只能“一时病发”,躲起来不见人了。

作者所塑造的这些栩栩如生的人物形象,表面上生活在战国时代,实际上展示的却是作者所处的那个时代中封建礼教与现实生活中的美好理想的冲突。很明显,作者是同情那些争取自由爱情的青年男女的,所以,我们才会看到那个死守着礼教教条的老相公陷入了狼狈不堪的尴尬境地,才会看到有情人终成了眷属。

(王意如)

窃　符　记　　张凤翼

第二出　信陵家宴慕侯生

【瑞鹤仙】(生金束发冠服扮信陵君上)簪绂承先烈[①],正虚怀吐握[②],寸心饥渴。朱门漫掀揭,叹白星西炽[③],翠华东辙[④]。焦劳夙夜,怎做得一匡勋业。算经纶要务,在网罗豪杰。

〔鹧鸪天〕三晋瓜分鼎足成,七雄星列事纵横。匡扶岂乏夷吾略[⑤],观乐空怀季札明[⑥]。　叨国宝,缔宗盟,惭愧身为贵戚卿。但愿霸图磐石固,股肱心膂际升平。　自家魏昭王次子,今魏王异母弟,无忌的便是。今王即位,封我为信陵君。有姊嫁赵国为平原君夫人,阳连姻娅之好,阴固合从之势,颇为得计。争奈嬴秦恃强,侵凌列国,如今又用范雎之计,事专近攻。我想范雎本我中国之人,只因当路过听,为秦所得,坐失奇货,反借寇兵。这也不必说。为今之计,只是内怀忧惧,以切震邻之戒,外示安闲,以慰通国之心便了。目今花事正佳,昨与夫人说准备筵席赏玩,分付侍婢们请夫人出来。(旦扮信陵夫人上)

【宝鼎儿】洗妆菱镜澈,翠笼蝉鬓,香添鸡舌[⑦]。飞紫燕营巢物候,啭黄莺赏花时节。(丑、净扮侍婢持酒肴上)最喜雕阑花事足,玉醴珍羞齐列。(合)正春色三分,一分已过,二分轇轕[⑧]。

(相见生科)(旦)公子,昨蒙分付酒肴赏花,今已完备在此。(生)取酒过来。

【锦堂月】桃李盈门，芳菲满眼，千红万紫森列。棣萼相辉，连枝不惭瓜葛。葵心赤向日常倾，荆花紫遇霜难折。(合)风光别，喜四境无虞，万民乐业。

【前腔】(旦)欢悦。连理枝前，并头花下，丝萝幸联奕叶[⑨]。次第东风，轻衫最宜单夹。珠翠丛舞影缤纷，绮罗筵蕊珠娇怯。(合前)

(小生扮内官捧壶上)秋叶几回落，春蚁未曾开[⑩]。只言千日饮[⑪]，旧逐中山来[⑫]。大王遣唐弟赐葡萄酒在此。(生起接科)分付掌家的陪使者茶饭。赏蜀锦一端与他。取酒来尝。

【醉翁子】曲蘖，倾一盏流霞喷雪。正履舄参横，觥筹告竭。流歠，饱德无涯，饮醇醪心更热。斟酌处，似弟劝兄酬，敢忘衔结。

(末扮内官捧瓶上)燕来枝益软，风飘花转光。氤氲不肯去，还来阶上香。颜恩奉如姬命，送蔷薇露与夫人。(旦起立接科)分付掌家的，陪侍者茶饭，赏吴绫一端与他。

【前腔】冰洁，似仙掌露华莹澈。泻金盆不羡，兰膏飞沫。清冽，这鼻观氤氲，胜百和炉中香夜爇。承嘉惠，喜沐浴恩波，敢忘衔结。

(生)唤家臣敬贤前来听差。(小生冠带扮敬贤上)解骖何必逢知己，拥盖惟夸侍相君。敬贤见，请问公子有何使令？(生)敬贤，我来日开宴赏花，欲延大梁夷门监者侯生为上客。你与我在库上支取黄金一镒、白璧一双，先往为聘，至日我自往迎之。(小生)请问公子，监门贱役，侯生衰朽，何故如此重他？(生)你那里知道，太公八十鼓刀[⑬]，文王载之，卒表东海；百里奚七十饭牛[⑭]，缪公用之，遂霸西戎。士在贤不肖耳，岂在老少哉。快去！(小生下)(生)夫人，

【侥侥令】监门虽贱役，七十总衰耋[⑮]。不见垂钓磻溪为尚父[⑯]，自鬻五羊皮[⑰]，成霸业。

(旦)公子所见极远，奴家还有一言请问公子。平原君诞辰将近，何不遣使往贺？(生)我倒忘了。唤家臣公孙贺前来听差。(丑扮公孙贺上)代舍敢为弹剑客，侯门聊作曳裾人。公孙贺见，请问公子有何使令？(生)公孙贺，你可与我库上支取彩币二端、靴烛一对，

前往赵国与平原君称寿。(旦)方才公子聘士,尚用厚币,今日遣使他国,如何礼物反薄?(生)夫人不知,

【前腔】仪物欲成享,情意贵浃洽。枉有缛礼繁文夸重叠,岂如双鲤殷勤将短札[18]。

(小生上)金玉比纯德,辞受见高风。敬贤回来了。侯生拜上公子,说臣修身洁行数十年,终不以监门困故,而受公子财,俱已返璧在此。(生)既如此,亦不可强。待我来日自去迎他便了。

【尾声】抱关肥遁真高洁[19],来日躬迎折节,虚左还须枉车辙[20]。

满眼繁华伉俪同,翠围珠绕总春风。

若非琼玉山头见,疑是瑶台月下逢。

〔注〕 ① 簪绂(fú):使冠帽固定于发髻的簪子和系印章的丝绳,比喻显贵。 ② 吐握:吐哺握发的省略。吐哺,吐出正在吃的食物。握发,捏住正在洗的头发。典出《韩诗外传》:"(周公曰)吾文王之子,武王之弟,成王之叔父也,又相天下,吾于天下亦不轻矣,然一沐三握发,一饭三吐哺,犹恐失天下之士。" ③ 白星:即太白星。古星象家谓太白星主杀伐,世遂以之喻兵戎。 ④ 翠华:帝王仪仗中以翠羽为饰的旗帜或车盖。汉司马相如《上林赋》:"建华之旗,树灵鼍之鼓。" ⑤ 夷吾:春秋时齐相管仲的字。 ⑥ 季札:春秋时吴公子,吴王寿梦少子。 ⑦ 鸡舌:鸡舌香,即丁香。 ⑧ 轇轕(jiāo gé):交错,杂乱。 ⑨ 奕叶:累世,世世代代。 ⑩ 春蚁:指春酒。蚁,为酒面上所生如蚁之沫。北周庾信《蒲州刺史中山公许乞酒一车未送》诗:"秋桑几过落,春蚁未曾开。" ⑪ 千日饮:千日酒,传说饮之能醉千日的酒。 ⑫ 中山:千日酒为中山人狄希所造。 ⑬ 鼓刀:《楚辞·离骚》:"吕望之鼓刀兮,遭周文而得举。"王逸注:"鼓,鸣也。或言吕望太公,姜姓也,未遇之时,鼓刀屠于朝歌也。" ⑭ 饭牛:《管子·小问》:"百里徯,秦国之饭牛者也,穆公举而相之,遂霸诸侯。" ⑮ 耋(dié):七八十岁的年纪。 ⑯ 磻(pán)溪:在今陕西宝鸡东南,周姜太公吕望未遇文王时垂钓于此。尚父:谓可尊敬的父辈,指周姜太公吕望。《诗经·大雅·大明》:"维师尚父,时维鹰扬。"郑玄笺:"尚父,吕望也。尊称焉。" ⑰ 五羊皮:也作五羖皮,五张公羊的皮。《孟子·万章上》:"百里奚自鬻于秦养牲者五羊之皮,食(饲)牛以要秦穆公。" ⑱ 双鲤:指书信。典出汉乐府《饮马长城窟行》:"客从远方来,遗我双鲤鱼。" ⑲ 肥遁:指退隐。典出《周易·遁》:"上九,肥遁,无不利。" ⑳ 虚左:空着左边的位置,表示对宾客的尊敬。枉车辙:犹言屈驾。

《窃符记》是根据《史记》所载战国时信陵君救赵的故事创作的。信陵君魏无忌是魏昭王的次子,当时魏国国君安釐王的异母弟,战国四君子之一。他好侠仗义,礼贤下士,在他的周围聚集了一批豪杰之士。秦军攻打赵国,赵国向魏国求援。魏王让将军晋鄙带十万人去救援赵国。秦军威胁魏王,魏王害怕,便让晋鄙按兵不动。信陵君的姐姐嫁在赵国,是平原君的夫人。信陵君决意要援救赵国,奋然孤身前往,被义士侯嬴劝阻。侯嬴建议他让魏王宠妃如姬窃取兵符,然后统

领大军救赵。如姬受过信陵君的恩典，为了报恩，她冒死窃取兵符，使信陵君得以率兵救赵。后来秦兵又来进犯魏国国都大梁，如姬建议魏王向客居赵国的信陵君求救。信陵君被意气左右，拒见魏国来使。后经毛、薛二公指点，他幡然醒悟，再破秦军，君臣夫妇大会合。

在《窃符记》中，信陵君虽是个主要人物，但他却并非一贯正确和无所不能，在他遇到困难和产生问题的时候，他的身边总会有一些人直接或间接地为他提供帮助，包括精神上的和物质上的。正是由于这些人的帮助，信陵君才能克服困难，解决问题，取得一个又一个的胜利。而之所以有这样一些愿意为他提供无私帮助的人，关键则在于信陵君的礼贤下士。《窃符记》第二出《信陵家宴慕侯生》，表现的就是信陵君的礼贤下士。

战国时代七雄星列，各图霸业。信陵君素怀大志，“焦劳夙夜”，想的是“怎做得一匡勋业”。面对强秦，他充分认识到，“网罗豪杰”是建功立业的首要条件。因此，他利用一切可能的机会来表现他对人才的渴慕和敬重。除去第一出《副末开场道家门》，第二出《信陵家宴慕侯生》是窃符救赵故事的正式开始。信陵君一上场，就表达了他的这种想法。其时春光明媚，风和日丽，花事正佳，信陵君吩咐准备酒肴赏花。只见“桃李盈门，芳菲满眼”，万紫千红，争妍斗艳。信陵君夫人以及侍婢隐现在花丛中，珠环翠绕，“舞影缤纷”，越见得春光无限。一会儿，魏王遣人来赐葡萄酒；一会儿，如姬让人来送蔷薇露。酒香氤氲伴着莺歌燕舞、欢声笑语，一派欢乐景象。

看看准备得差不多了，信陵君叫上家臣敬贤，对他说：“我来日开宴赏花，欲延大梁夷门监者侯生为上客，你与我在库上支取黄金一镒、白璧一双，先往为聘，至日我自往迎之。”敬贤大惑不解，问信陵君说，看门是个低贱的营生，侯生又是个老朽，为什么要这么看重他？信陵君回答说你哪里知道！姜太公是在八十岁上遇见周文王的，百里奚七十岁的时候还在喂牛呢，但他们后来都建立了重要的功勋。可见，士只有贤与不肖之分，而不在乎年龄大小。

敬贤走后，夫人提醒信陵君，平原君的生日快到了，要送些寿礼。信陵君叫上家臣公孙贺，叫他去库上支取彩币二端、靴烛一对，前往赵国与平原君祝寿。夫人在一旁听了，觉得非常奇怪：侯嬴怎么说，也就是个士而已，为什么聘士要用这么重的礼；而平原君在赵国，为平原君祝寿算得上两国相交，怎么反而礼薄呢？对此，信陵君解释说，人与人的交往贵在感情的融洽，一封情真意切的短信，有时比繁文缛节更为合宜。

正在这时，前去给侯嬴送礼的敬贤回来了。敬贤告诉信陵君，侯嬴拒绝了礼物，说自己修身洁行几十年了，看门的活儿虽不怎么样，我终究不会因为这个而接受您的馈赠的。或许，侯嬴的反应原在信陵君的意料之中，他对此并不在意，说："既如此，亦不可强。待我来日自去迎他罢了。"

这出戏的前半段十分热闹，生扮演的信陵君，旦扮演的信陵君夫人，丑、净扮演的侍婢，小生、末扮演的内官依次上场，既有独唱，也有合唱，舞台气氛很是热烈。唱词也相当华美，除了用很多丽词描写春色外，描写信陵君夫人的"洗妆菱镜澈，翠笼蝉鬓，香添鸡舌"、描写美酒佳酿的"流霞喷雪"，"冰洁，似仙掌露华莹澈。泻金盆不羡，兰膏飞沫"等唱词也都妙如珠玉。作者还善用双关，比如信陵君说"棣萼相辉，连枝不断瓜葛。葵心赤向日常倾，荆花紫遇霜难折"，一方面是赞颂春色，同时也暗示他和魏王兄弟而君臣的关系。再比如，信陵君夫人说"连理枝前，并头花下，丝萝幸联奕叶"，也是用称颂春色来暗示她与信陵君的夫妻关系。又比如，信陵君夫人感谢如姬送来的佳酿，用了结草衔环的典故，既符合当时的情景，更为以后如姬知恩图报、窃符救赵埋下了伏笔。

第二出的后半段相对比较冷清，主要是用对比的手法来表现信陵君对人才的重视。看门的侯嬴得到的礼遇竟然超过了平原君，信陵君的爱才可见一斑。这也为后面信陵君亲迎侯生，以及随侯生前去拜望屠夫朱亥等举动作了铺垫。

（王意如）

【戏曲家小传】

沈　鲸

字涅川，一作涂川。平湖（今属浙江）人。官嘉兴府知事。作有传奇《双珠记》、《分鞋记》、《鲛绡记》、《青琐记》四种，今存前三种，《青琐记》只存残出。《鲛绡记》最著名。所作擅长处理情节关目，吕天成《曲品》谓为"长于炼境"。

易　鞋　记　　沈　鲸

第十八出　锄　园

【前文】（生）淡烟芳草何时了？这恨知多少！小园昨日东风杳。不堪回首处，云尽故乡遥。

我昨日和玉娘在书馆中商议，要去求取功名。被梅香瞧破，说与张大人,把玉娘拷问,威怒严峻,难以冲犯。我今日落在难中,无计脱出,怎得好人相济,如伍员之托渔舟[①],孔融之藏张俭[②]?罢,罢,罢!苍天未必困英雄,几时得际风云会。今日被他使我,锄灌后园。自古道"佐饔得尝,佐斗得伤",我今当为便为,不可违命,且安身忍耐,锄园一会便了。(生做锄园见雨科)才离书馆时候天晴,行到东园,怎的就下雨来。

【懒画眉】(生)满天凉雨过东园,谩自闲锄草蔓缠。这菜是菘芥[③],才经风雨,离披在地,好似我今日在张家门下受孤苦无聊的一般。这些儿风情一种共凄然。我且将这菜扶起,怎么又坠下?无言无语,怎的凄凉。就是我今日要去求取功名,又无盘费,又无童仆,有口难言。可怜他篱下愁无力,似倚东风怨不言。

这菜是兰菜,呵,怎的风雨已过,还在墙下不起?原来枝梗朽烂,颜色不似昨日。便似我今日这等郎当,比前日在爹娘膝下,一贵一贱,自是不同。

【前腔】(生)这残枝烂梗坠西垣,只见蝶妒蜂摧不似前。我自幼读书,常思做个好人,今依张大人门下,能值甚的来!好似个为萤腐草傍疏檐[④]。此是一根杏花,墙外人皆看见。亏了这菜矮矮,在此园中,好一似我落落在人门下,那个晓得我呵。做不得杏花香十里,出墙红影度秋千。

这一种菜多时了,枝叶已老,似我爹娘年老在家。

【前腔】(生)东篱旧种已经年,这一枝好似我,新插寒沙和断烟。这枝老的在这一边,嫩的在那一边,不共一处,好似我别了爹娘一般。菜本是同根共蒂似相怜。(悲科)临风欲作馨香泣,爹娘,今日你东我西,菜安得移来一处妍!

【前腔】这菜呵,一枝一叶共流连。好似我和玉娘共枕同衾一般,月露晨昏意自牵。今我夫妇同受这般苦魔,拨不断风翻雨打落梅天。几回恐怕和莺折,罢罢,我今夫妇虽是如此,有日成名,那时节禄享千钟也不迟。菜晚翠还当别样鲜。

且喜菜已锄完,不免在此石板上歇息片时。(旦上)我昨日被张大人拷问,言语十分威严低压,只得吞声忍气。今令程郎后园锄菜,不免送些水饭与他充饥便了。这就是后园,不免进去相见。(生受饭科)(生)玉娘,张大人家奴婢尽多,你怎的自家送来?(旦)夫那里知道,自从梅香说谎,张大人说奴家唆你逃叛,道我和你两个无情无义,衣食不管。只得自家送来,与你充饥。

【雁过沙】(生)见说泪沾衣,教人越伤悲。感伊推食与充饥,胜似扊扅烹伏鸡[⑤]。张大人怎的听梅香说话,把我这般牢落。他何曾念我飘零未济时。身蓝缕有谁解衣,腹饥馁有谁为炊。(旦)夫,你怎的如此愁闷?奴是伊,连理妻,身衣口食自支持。(生)我今日不是你这般支持,如何安身!我若他时富贵,一饭之报,怎敢无情忘汝为。

不知玉娘昨日见张大人,他有何话说?(旦)夫,张大人威怒之下,只得含忍。

【江头金桂】(旦)我为你门楣荣贵,忍受他乔言相绊欺。道咱是个伶牙,乱语胡为。岂知你是天下奇。(生)自古言:"虽有智慧,不如乘势;虽有镃基,不如待时。"我且少待,看时运何如。(旦)夫,须可及时,陟显登庸[⑥],莫负明时。诗岂不云乎:大鹏一日同风起,扶摇直上九万里[⑦]。夫何不效着那扶摇万里。夫,你终日在张家门下有甚好处,偏守穷危。他那里驾狼威,你肯甘受羁?(生)玉娘,我怎舍得你去。(旦)望君家休虑,休虑奴家无倚。(生)玉娘,你跟我同去,可不好也。(旦)夫,你去求取功名,是好事。世上登科赴选的尽多,那有个夫妇同行之理。说甚么夫唱妇随,可不是丈夫耿耿非无泪,不为相思洒别离。

【前腔】(生)我非不潜身远去,都只为书囊没寸资。那更力只途穷,无处栖迟。(旦)夫,男子汉大丈夫有四方之志,何愁无处安身。(生)听伊说心若飞,便当去献赋长杨[⑧],独对丹墀。妻,又恐怕撇下了糟糠之妇,孤帐寒帏。妻你须不留念,我当还自悲。(生背语科)我爹娘在江南,倘得功名成就,衣锦还乡,玉娘又在江北。人各一天,怎生顾盼。(背唱科)这冤家怎弃,冤家怎弃。只恐别来容易,(旦私瞧科)但不知相见何时。罢,罢!今日我和你是强勉分离。且自道出门天地宽无碍,管取欣逢锦昼归。

燕雀岂知鸿鹄志[⑨],梧桐还听凤凰鸣。

蛟龙不是池中物，风雨还从脚底生。

〔注〕 ① 伍员：即春秋时人伍子胥。他本为楚人，父兄被楚之昏君奸臣杀害，遂投奔吴国以求覆楚，途中曾得渔父之助，乘舟渡水。 ② 张俭：东汉山阳高平人，字元节，初为山阳东部督邮，严劾宦官侯览，党锢祸起，投孔融之兄孔褒，未遇。时孔融年十六，乃代兄留其住宿避难。 ③ 菘芥：白菜与芥菜。 ④ 为萤腐草：古人认为萤火虫是从腐草里化生出来的。 ⑤ 扊扅(yǎn yí)：门闩。北齐颜之推《颜氏家训·书证》引古乐府《百里奚词》："百里奚，五羊皮。忆别时，烹伏雌，吹(炊)扊扅。今日富贵忘我为。" ⑥ 登庸：指登科考中进士。 ⑦ "大鹏"二句：这是唐李白《上李邕》诗的开头两句。 ⑧ 献赋长杨：汉扬雄作《长杨赋》献汉帝，"聊因笔墨之成文章，故藉翰林以为主人，子墨为客卿以风"。长杨，汉宫名，故址在今陕西周至东南。 ⑨ "燕雀"句：《史记·陈涉世家》："陈涉少时，尝与人佣耕，辍耕之垄上，怅恨久之，曰：'苟富贵，毋相忘。'庸者笑而应曰：'若为庸耕，何富贵也？'陈涉太息曰：'嗟乎！燕雀安知鸿鹄之志哉！'"

《易鞋记》首出《提纲》副末开场有云："易鞋双玉案，义夫节妇，烈日秋霜。相逢还又别，空赋《高唐》。犹喜桃源路近，复见仙郎。其间事，有关名教，风化不寻常。""义夫节妇"指的是参政程公辅之子程鹏举与前辽东太守程如珪之女白玉娘。他俩在胡兵侵犯中原的战乱中为兴元武将张万户所救，结为夫妇，但因不甘寄人篱下，商议出走，结果玉娘受到张万户拷打，鹏举也被罚充后园劳役。玉娘以一只绣鞋与鹏举交换作为表记，送丈夫逃出张府，自己严词拒绝张万户的勒逼改嫁，投水尽节。被人救起后，在尼庵修行。鹏举则入京求取功名，数年后升任陕西参政。他富贵不忘糟糠之妻，派人执绣鞋前赴兴元县寻找，终使白玉娘"复见仙郎"。这里所选的一出，即表现了两人于"相逢还又别"的前夕，决议从张府脱身的情景。

本出中由生饰演的程鹏举，受到张万户命令"锄灌后园"的处罚，已失去了人身自由。作为一个无反抗能力的士子，他求取功名的夙愿更加无望，回乡与父母团聚的梦想也成了泡影。前途渺茫无着，往事不堪回首，其心中的痛苦悲愤是可想而知的。但他采取了逆来顺受的态度，"不可违命，且安身忍耐"，至多幻想"苍天未必困英雄"，"怎得好人相济"，将改变命运的希望寄托在听天由命、否极泰来上。剧中的这一段出场白，不仅真实地显示了程鹏举性格软弱的一面，更为下文白玉娘敢作敢为的刚烈坚强，预作了铺垫和反衬。

以下的大段，利用"锄园"的典型场景大肆点染生发，进一步表现了程鹏举的思想感情。这种借物铺陈、开展情节的手法，明显地受到了高则诚《琵琶记》的影响。《琵琶记》第二十一出《糟糠自厌》，赵五娘在食糠时睹物思情，借题发挥，其唱词如"你遭砻被舂杵，筛你簸扬你，吃尽控持。好似奴家身狼狈，千辛万苦皆经历”、“糠和米本是相依倚,被簸扬作两处飞。一贱与一贵,好似奴家与夫婿,终无见期”等,无中生有,以实见虚,历来被曲家奉为作曲家法。本剧也不例外,着意安排男主角在锄园的过程中,就眼前景畅诉心中事。它的效果,一来是虚拟环境景象,充实舞台氛围,二来是充分倾吐内心独白,三来是增加演员的动作表演,可谓一石三鸟。

剧作巧妙地将“锄园”安排在“满天凉雨”的背景下进行。风雨侵袭,小园生长的蔬菜一片狼藉。程鹏举先见到菘芥离披在地,扶起复又坠下,不禁联想到自己“孤苦无聊”,在张家“篱下愁无力”;继而发现兰菜“枝梗朽烂,颜色不似昨日”,又怆然于自身的今不如昔。园中一枝杏花出墙,而群菜落落不为人知,使他慨叹自己在功名上的落寞失意;而当他锄到地上枝叶发黄的老菜时,又产生了“似我爹娘年老在家”的深切怀想。他从畦中老菜嫩菜的不共一处,想到了与父母的天各一方;从几簇菜丛的枝叶流连,联系起与玉娘的共枕同衾;最后,在悲苦之余,雨后残存的翠绿蔬菜,也使他泛生了否极泰来、“晚翠还当别样鲜”的一丝憧憬和期望。这样,一整段锄菜的过程,便淋漓尽致地展示了程鹏举的心灵世界,使读者、观众对他的境遇倍生同情和关注。

旦角白玉娘在这时出场,可谓是水到渠成。她在受到张万户拷问后,已沦落至奴婢的地位,如今正是以这样的身份前来为丈夫送饭的。她的到来使程鹏举得到了慰藉,深切感受到患难夫妻的恩义:“感伊推食与充饥,胜似扊扅烹伏鸡。”“扊扅”用的是春秋百里奚的典故。百里奚离家赴秦时,贫穷的妻子杀了家中唯一的母鸡为他饯行,因为没有柴火,就拆下门闩举炊。玉娘不仅带来充饥的饭食,更为丈夫送上了精神上的支持与开导。她鼓励程鹏举认识自身的价值,敦促他逃离张府的羁绁,“何不效着那扶摇万里”。程鹏举先是表示“我怎舍得你去”,玉娘让他“休虑奴家无倚”;程鹏举继而提出两人同行,玉娘又理智地劝他打消这种不切实际的念头。最后,在程鹏举为行囊羞涩、“力只途穷”等困难迟疑不决时,玉娘更是铿然有声:“男子汉大丈夫有四方之志,何愁无处安身!”作为身处奴役地位的弱女子,白玉娘不会不知道丈夫远行后自己境遇的加倍艰难,从她义无反顾的举动中,可以见出她深明大义、勇敢刚强的可贵品格。《锄园》这一出进一步丰满了人物的舞台形象,也为后出易鞋辞别的一幕设置了前提。

“易鞋”故事本于陶宗仪《南村辍耕录》卷四《贤妻致贵》,在《醒世恒言》中衍有《白玉娘忍苦成夫》的拟话本。只是《南村辍耕录》原记为宋末元初的实事,程、白均为元将张万户战争中掳掠而至的私奴。剧本模糊了时代背景,将男女主角改写为张万户从战乱中救出收容的对象,削弱了“忍苦成夫”的社会意义,不能不说是一个欠缺。不过《锄园》这出戏，还是较成功地反映出乱离时代受奴役者的个人抗争，尤其是白玉娘的形象塑造感人至深，它在后世舞台上流传不衰，并不是偶然的。

（史良昭）

鲛 绡 记

沈 鲸

第十出 谋 害

（丑上）

【菊花新】公门虽好是非多，稳路何如车下坡。我假意念弥陀，那识修行门路。

（白）心为黄金黑，腮因白酒红。休论旧日事，柳絮已随风。自家贾主文是也。笔砚是我买卖，律法是我营生。相交的是六房书吏，使用的是笞杖徒充。外郎称我阿叔，农民叫我公公。有金与我的，真正强盗，改做掏摸；无钱与我的，厮打开口，就要取供。只为生血落口，也顾不得覆嗣绝宗。怕的是当头霹雳，又愁官府搜穷。因此潜踪避迹，只得假做庄农。早上爬起来念几声阿弥陀佛，好似毒蛇叹气；晚间头替人刀笔，浑如鸡见蜈蚣。只因名重，官府又狠，只得潜隐在家，修行念佛，不过是掩人耳目嗄。若有主儿寻我，反要多诈他些钱钞，方才动笔。小厮，若有人来寻我，不要回他，待我见机行事便了。阿弥陀佛，阿弥陀佛。（净上）

【前音】驾空桥上起风波，下钓争如撒网罗。打虎要寻窠，（白）沈必贵这老贼，（唱）方信我勇如冯妇①。

（白）自家刘均玉便是。因为沈必贵不就吾儿亲事，把媒婆痛打一顿，又将我父子比长比短，百般辱骂，思之可恨，思之可恼。闻得有个贾主文，刀笔甚利，我去寻他计议，就费万金也说不得。一定要与他结讼一番，方好做人。只是闻他一向不在衙门走动，不肯与人行事，我晓得多分是掩人耳目吓。为此我袖下二十两银子在此，见了必然动火。正是：将我白老鼠，钓他赤练蛇。一路问来，此间已是，闭门在此。里面有人么？（丑）是那个？（净）是学生。（丑）我在这里念佛忙。（净）“手弄菩提八百珠。”这不是念佛忙。（丑）我在这里拜佛忙。（净）“独坐山中礼六时。”这不是拜佛忙？（丑）我在这里打坐忙。（净）“不知巢燕污袈裟。”这不是打坐忙？（丑）咦，这个人嘴头倒来得快。待我开门看来。呀,失迎了。(净)请。学生特来奉拜。(丑)承顾,承顾。(净)轻造,轻造。(丑)茶来!(净)不消。(丑)动问尊府在何处?

【皂罗袍】(净)家下城居近府。(丑)高姓大名?(净)贱名刘均玉。(丑)呀!原来是刘员外,久仰久仰!(净)惶恐,惶恐。(丑)久慕盛德,无由瞻拜,幸会,幸会!今日老先生下顾,必有见教。(净)有事相求,特此造拜。(丑)老先生有几位令郎?(净)止有一个豚犬。(丑)青春多少?(净唱)正方当弱冠年过[2]。(丑)曾有子室么?(净)不要说起。因为小儿亲事未谐,家边有个沈必贵,他有一女,(唱)我欲求织女下银河。(丑)他肯也不肯?(净唱)被他阻绝蓝桥路[3]。(丑)他不肯,也没奈何。(净)他不肯,学生怎么怪他?可恨他:(唱)倚着官势,欺吾卤夫。(丑)这个不通。(净)把小儿一发说得不好。(丑)说令郎什么?(净唱)道是雷门布鼓[4]。把自己女儿,(唱)比做瑶台素娥[5]。(丑)个便老沈迂子星。公今下顾,待要怎么?(净唱)求君发纵擒狐兔。

【前腔】(丑)劝你不须发怒。论求亲说合,须要下气谦和。(净)他看得学生一低如此,还要谦和?(丑)富豪楼阁拥西湖,岂无一女成夫妇?(净)他便是缙绅,我拚金钞,一定要与他见个手段。(丑)学生也不好相劝:公家虽富,也要惜些毛羽。(唱)那器边有鼠,屋上有乌。(白)他不肯亲事,一定令郎有些不稳当处。(唱)子须教训,玉须琢磨。(白)教令郎读起书来,中了科甲[6],自有贵戚相扳。(唱)却不道书中有女还无数。

(净)我气怒冲冲走来,指望与你商量行事,只管把冷话扫兴!(丑)学生劝公家息讼,也是个美事。况且学生向来修行念佛,久不与人行事了。(净)这也难道。(丑)阿呀,弟子再不敢欺心,望乞慈悲为念,超度众生。(净)你虚空对谁说话?(丑)你不见观世音菩萨在云端里,听见我每说话,恐怕又动欲心,说道:"老道,你今证果已成七八了,上天快了,不可又堕地狱。"(净)阿呀,不干我事,不干我事!(丑)怎么说?(净)黄灵官……(丑)他来怎么?(净)打杀你乱说狗。(丑)阿弥陀佛!一句虚言,折尽平生之福。(净)真个不干了么?(丑)我若再干,狗也不是人养出来的。(净)可惜辜负了我这一片好念头!我说贾先生比众不同,不可轻他,先送他二十两白银,后来再补。既是先生修行念佛,我怎么坏了你的天理。待我再去寻别人罢。(丑)且转来!待我思量思量。你若勿损阴德,个也还有处。(净)罢了,你要上天快了。(丑)我果然要上天个哉,只是没个样长梯。(净)观音菩萨在那里叫你。(丑)等他自叫,我只做勿听得罢了。(净)我说你假修行嗄,你不该说这样客话。(丑)进门就该现具。待我闭上了门,请到里边小房讲话。小厮,若有人来寻我,只说不在家里。拿个梅水炮茶来吃,勿要岭茶,就拿个尧峰和尚送来个两瓶头开子罢。老先生,你且把始末根由说与学生知道。(净)当年有个魏从道,襄阳人氏,曾在我临安府做太守,沈必贵是他同年,有一女许配魏从道之子魏必简。那魏从道休官去了。学生也不知这个缘故,因为小儿未有亲事,央媒去说。就不许我罢了,把我父子千般辱骂,万种低微,又把那媒婆痛打一顿。(丑)打媒婆,就打老先生哉!(净)我父子在临安城中,颇颇有些名望。如今人人晓得,个个知道,教学生怎么做人!为此特来求先生发纵,与学生出口气。(丑)知道了。尊兄见惠的,待学生先领了。(净)且放下。(丑)学生个性极癖个,到子手写也有兴了。(净)看了先生硃语头就奉。(丑)虽是无乱说勿告状,有介一个因头便好。老先生主意便那介行?(净)学生的主意,便告他图赖婚姻如何?(丑)使得使得,原是为求亲上起的。只是一说:那沈公是缙绅,官官相护,未必就赢他。纵使全胜,不过断还你财礼,勿抱稳。须要别寻个枝叶便好。(净)学生是这等说,便凭先生主意。(丑)请问先生,可要他的女儿?(净)就是活观音,也不要他的了。(丑)既不要他的女儿,何须要说在亲事上去?吓吓!学生有个主意在此:当今秦桧弄权,待我写一纸首状与你,管教沈、魏两家有丧身亡家之祸。(净)先生若果有手段摆布得两家,就送先生十个白物、三十挑冬米。(丑)学生个手段有个,只是一生怕领个样虚惠。(净)先生看得学生这样低?(丑)老先生也不是这样人。可曾带纸来?(净)这倒不曾带来。若有,便借用了,买来奉还。(丑)小事务那是介说。——有倒有一张来里。(净)这张倒好。(丑)个是我要画观音个。(净)这等,待学生去买来。(丑)罢罢,省得又去开门打户,就把他写了罢。(净)就劳先生挥一挥罢。(丑)学生从无一字与人。(净)这等说来,待我写。(丑)先生,个样阴鹭事[⑦],久勿做个哉!(净)学生晓得。(丑)状首:"为同谋结党行刺事。"(净)状首为同谋结党行刺事。(丑)个廿两头是好个么?(净)都是细丝。(丑)学生要赎一主当头。(沉吟介)"顷有襄阳魏从道,"(净)顷有襄阳魏从道。(丑)小厮,茶是那亨[⑧]?(沉吟介)"顷有襄阳魏从道,为因失职,怨望朝廷。"(净)这句好。(丑)只消个两句,就直子廿两头哉。(净)也罢,省得只管放心在银子上。(丑沉吟介)那魏必简一向可来么?(净)不要说起。这冤家一向不来。我们去说亲,他也正来。(丑)妙得紧。"暗令其子魏必简,潜隐在沈必贵家,欲刺丞相。"(净)先生,事也弄大了,不是当要的。(丑)他两个缙绅,你敌他不过。个点便是学生心巧,挽个大头目出来,替渠做对,你竟在云头里看相杀便罢。(净)有理,有理。(丑)欲刺丞相,只是你那拍得上嗄。"我乃近邻,恐后事发累及不便,故此出首。"(净)妙!妙!(丑)秦桧见了这首状呵,只教他百万资财化作水,两家骨肉作流民。

【剔银灯】(净)这条计擒龙缚虎,管教他随风逐土。方知养女是赔钱货。漏船到江心难补,看他灾来怎躲?方始信出言是祸。

【前音】(丑)我在家修行打坐,(白)只因见了你几两银子,(唱)辄起我心头宿火。这场阴骘天来大,事成后你还当谢我。看他灾来怎躲?方始信出言是祸。

(净)告别了。(丑)多慢了。(净)学生再来商议。(丑)老先生且转来。好嗄!

机关不密反招殃,烈烈轰轰做一场。
不是汉家能灭楚,须知帷幄有张良。

(丑)蒙许十数,几时见惠?(净)准了状子就送过来。(丑)也罢,冬米就乞见赐子。(下)

〔注〕 ① 冯妇:古代一善搏虎的男子名。《孟子·尽心下》:"晋人有冯妇者,善搏虎,卒为善士。" ② 弱冠:男子年满二十岁。《礼记·曲礼上》:"二十曰弱,冠。" ③ 蓝桥:原址在今陕西蓝田,传为唐裴航遇仙女云英处。蓝桥路,借指亲近美人的机会。 ④ 雷门布鼓:雷门,古会稽(今浙江绍兴)城门,因悬大鼓,击之声如雷鸣,故称。布鼓,以布蒙作鼓面的鼓,击之无

声。典出《汉书·王尊传》:"尊曰:'毋持布鼓过雷门。'" ⑤ 瑶台素娥:仙女。瑶台,传说中神仙的居处。晋王嘉《拾遗记·昆仑山》:"傍有瑶台十二,各广千步,皆五色玉为基。"素女,传说中的神女。《史记·孝武本纪》:"泰帝使素女鼓五十弦瑟,悲。" ⑥ 科甲:指科举,因汉唐取士设甲乙丙等科,故称。 ⑦ 阴骘(zhì):阴德。此指有损阴德。 ⑧ 那亨:苏州方言,怎样。

《鲛绡记》以南宋为时代背景,剧情梗概为:襄阳魏从道与临安沈必贵有儿女婚约,休官后遣子魏必简执鲛绡一幅,赴沈家贽见成婚。临安财主刘均玉因求聘沈女琼英不遂,恼羞成怒,与讼师贾主文设计,诬告魏、沈两家谋刺秦桧,致使魏必简发配淮下,沈必贵远戍崖州,魏从道问成斩刑。幸得大理寺少卿周三畏援救,魏从道才获赦放还。崖州招讨张彪觊觎琼英美貌,逼死沈必贵,驿丞张叔度帮助琼英母女逃离虎口,暂栖尼庵之中。后张叔度在家中庆寿,沈氏母女送鲛绡为贺礼,叔度张挂于庭间,供人赏玩。此时魏必简因在刘锜军下屡立战功,升授元帅,朝廷表为提督军务,恰好巡视至崖州。在张家发现鲛绡旧物,了解了前后始末,于是惩治张彪、刘均玉之罪,从尼庵中迎还琼英,携夫人、岳母回故乡襄阳,一门重行团聚。

吕天成《曲品》列《鲛绡记》为"中中品",可能主要着眼于曲文的评判。《鲛绡记》全本在制曲上不甚经意,但结构曲折,对白生动,尤其擅长于塑造剧中出现的市井人物。这里所选的第十出《谋害》,就是具有代表性的例子。

本出场上的主角,是讼师贾主文。尽管在全本传奇中露面仅此一回,作者用笔却并不苟且。这是一个老奸巨猾的家伙,以刀笔为营生,结交衙门书吏,"只为生血落口,也顾不得覆嗣绝宗"。他自知恶名远播,担心有朝一日罪行败露,暂且潜隐在家,却时时等待着重操旧业的时机。在出场白中,作者还揭示了他的贪婪与虚伪:"心为黄金黑","早上爬起来念几声阿弥陀佛,好似毒蛇叹气;晚间头替人刀笔,浑如鸡见蜈蚣"。勾画出了封建社会状棍讼师的典型形象。

另一名出场角色是财主刘均玉。从他的自白中看,仿佛他是因为在儿子求亲之事上受了侮辱,百般委屈,才来寻讼出气,其实全然不是这回事。原来刘均玉生有一子刘汉老,"终日游荡,非赌即嫖",所以才想到了议亲。而刘均玉自以为财大气粗,"挥金散玉真如土,不怕婵娟不嫁人",指令媒婆张妈前去沈必贵家说媒。张媒婆仗势欺人,要对方"及早退了魏家,许了刘家,还是便宜",沈必贵忍无可忍,才赶走了媒婆,而对刘家父子并无只言片语。张媒婆曾警告沈家"那刘员外好讼的",刘均玉也曾自白"做财主的决无仁义",可见他的寻衅,实是土财主一贯霸道的表现。如今他袖着二十两银子来找贾主文,"将我白老鼠,钓他赤练蛇",其宅心何如,就是不言自明的了。

剧作写两人的狼狈为奸，可谓步步为营。先是相见，贾主文口口声声标榜自己在念佛修行，刘均玉一一点破，素未谋面的他俩对对方的底细实已心知肚明。接着是转入讼告的主题，尽管刘均玉表出来意，且捏词说了沈必贵许多不是，贾主文却按兵不动，反而劝他息讼："不须发怒"，"教令郎读起书来，中了科甲，自有贵戚相扳"。这其实是欲擒故纵，正可见出贾主文的伪善与狡猾。刘均玉起初被激怒了，继而意识到这是对方做戏，于是反客为主。他先是追问贾主文："真个不干了么？"在得到"我若再干，狗也不是人养出来的"答复后，索性以退为进，亮出白银，表示要另请高明。这一来击中了贾主文贪财的要害，他这才赤裸裸撕下了"修行"的伪装，邀刘均玉进密室相谋。求亲的讼争本来就无从打起，刘均玉想出一个"告他图赖婚姻"的主意已是无中生有，殊不料贾主文更为歹毒，落笔就是"为同谋结党行刺事"，诬陷魏从道、魏必简、沈必贵合谋行刺秦桧，置人于必死之地，这就暴露了他"赤练蛇"的讼棍本性。其间前后还穿插了奉茶、索银、用纸、追米等科诨，而整个"谋害"的过程，却令人毛骨悚然。这一出戏，揭露了封建时代财主为富不仁、刀笔吏舞弊弄法的丑恶行径，具有社会生活的典型性。

《谋害》是一出净丑对台戏，在传奇中属于科诨表演性质。科诨在古代戏曲中的作用，诚如李渔《闲情偶寄》所言，为"善驱睡魔"、"使人不倦"，主要着重于点染。然而，优秀的传奇作品，往往能于插科打诨调笑的同时，兼收塑造人物形象、制造矛盾冲突、丰富舞台表演等众多效果。正因如此，本出在后世常作为折子戏演出，改名为《写状》，收入《缀白裘》，成为昆曲舞台传统的保留剧目。（史良昭）

双　珠　记　　　沈　鲸

第十九出　卖　儿　系　珠

（外、末行上）

【满庭芳】（外）歧路峥嵘，长亭苍莽，天涯岁月遨游。商通方物，孤枕一灯秋。（末）谁道陶朱致产[①]，为奔尘两鬓飕飕。追随着，敝裘羸马，今日喜回头。

（外）北去关河远，南来岁月长。（末）所经多旧馆，浪迹重凄凉。（外）老汉姓王，名章，字子循，陕西人氏。因往江西等处买卖，淹留二年。今喜趁些利息，收拾回家，在此荆江道经过。王安，前边公廨是甚么所在[②]？（末）告老员外知道：此间是郧阳驿前了。（外）行了半日，甚觉饥渴。且在此处买些酒饭吃了，再行未迟。（末）驿

西有个酒肆，请即过去。(外)才离走毂奔蹄处，(末)便到当垆涤器家[3]。(并下)(旦抱儿行上)

【月云高】愁城冤薮，坚深与谁剖？最苦分鸾日[4]，屈指应非久。亲老儿孤，凄凉两僝僽[5]。生死虽云命，难道尽遭阳九[6]？事到头来不自由，强步含羞何处投？

奴家丈夫问成绞罪，秋后就要处决。昨日分付我，改嫁叶长官。(悲介)好苦！丈夫，我与你十年夫妇，尚不知我心事？我若有改嫁之心，怎见得害了你的性命！可怜古人从其治命，不从其乱命。他只因刑期将近，神思昏愦，以致言语舛错，故此奴家吞悲含怨，不与深辨罢了。为今之计，丈夫罪既该死，奴家先求个自尽，表我心事，使丈夫九泉之下亦得瞑目。只是我孩儿在怀，没有下落。意欲寻个好善人家，过继与他为子，一则全他性命，二则延王门宗嗣。(哭介)我那儿呵！在我怀中五年，时刻不离，今日事出无奈，不要怨做娘的。抱你出来，为分离之计。街坊市上，不知你遇着那一个有缘的父母！不免再行前去。(行介)

【前腔】风尘奔走，栖栖丧家狗。誓死明初志，抱子先求售。(悲介)我那儿呵！今日娘怀，明朝在谁手？此际情何限，天地同高厚。说到堪伤泪自流。沉痛黄泉兀未休。

(外、末上)身离竹锁桥边地，眼望云横岭外天。作急趱行路程。(外)王安，你看那妇人抱着一个孩子，走来走去，啼啼哭哭，不知为何？(末)要知心内事，但听口中言。待小人去问他，便见分晓。(问介)娘子为何啼哭？(旦)客官，不好说得。奴家丈夫，为事在狱，欲卖这小儿来用。一路行来，没个好主，故此啼哭。(外)可怜，可怜！(见介)我闻娘子是北方声音，因何到在此地？(旦)奴家本贯涿州郭氏，丈夫王楫，抵补军伍到此。(外)在此当军，为甚事在狱？(旦)承问及，容奴家告禀：

【宜春令】吾夫是，合绞囚。(外)因何犯此重罪？(旦)为奸豪攒成寇雠。(外)想未详允，或有可生之路。(旦)青蝇未聚毫端[7]，无计祈天宥。(外)丈夫果有不测，正当育孤守寡，为何把儿弃了？(旦)丈夫死期既近，奴家义不独生。拚舍这弱息螟蛉[8]，要表我终身箕帚[9]。(外)你令郎既要与人，不知肯托老夫么？(旦)若得携归鞠育，感当不朽。

【前腔】(外)听伊语,见虑周,使人闻心伤眉皱。娘子,我老夫呵,暮龄无嗣,希求令子承吾后。(旦)如此甚好。(外)既蒙见允,乞借令郎一看。(旦放儿在地)(外看介)好,好,真英物也!想元是天上麒麟,今做了璞中琼琇。娘子,你家姓王,老夫亦姓王,若论祖先,未必不是同宗。请问令郎何名?(旦)小字九龄。(外)元仍此名,我也不改了。管取气求声应,箕裘胥茂[10]。

老夫陕西商人,在此经过,囊无余钞,聊奉白金三两,少充茶礼。待令郎成立,自有厚报。(放银在地介)(旦)此礼本不当受,但我夫妻处死生之际,不敢虚辞了。(哭介)我那儿呵!此时别去,今生不得相见了!我婆婆临别付我明珠一颗,欲为后会之计。目下我夫妻俱死,此珠终至失所,孤我婆婆之望。不若系在儿颈上,倘长大成人,未免见鞍思马,睹物伤情。虽没处讨你父母,或者婆婆天年未终,犹得还珠合浦[11]。(抱儿介)

【前腔】儿灵慧,睁两眸,似教娘斯须挽留。(珠系颈介)明珠悬项,穷源推本应根究。(放儿在地介)孩儿,你长大成人,图功业志气从新,思骨肉宗支寻旧。(外)娘子且请宽心,不必过于丁宁。(旦)虽是丁宁无数,儿能知否?

(外)娘子,老夫大胆了。(抱儿介)(旦)蒙老员外厚赐,奴家依命了。(取银介)(对末)孩儿此去,全仗总领哥照顾。

【前腔】(末)娘珍重,莫过忧,我东人仁慈罕俦。既蒙付托,提携保护孚盈缶。小官人此去长大成人呵,冀十年异地成身,看一旦故园回首。方信萍归大海,相逢非偶。

哀哉母子泣西东,泪眼彷徨似梦中。

一叶浮萍归大海,人生何处不相逢。

〔注〕 ① 陶朱:陶朱公,春秋时越国大夫范蠡退隐后的别称。他助越王勾践灭吴后,弃官而去,居于陶,称朱公,以经商成为巨富。后世常以陶朱泛指巨富之人。 ② 公廨(xiè):官署,衙门。 ③ 当垆涤器:典出《史记·司马相如列传》:"(卓)文君夜亡奔相如,……相如与俱之临邛,尽卖其车骑,买一酒舍酤酒,而令文君当铲(垆)。相如身自著犊鼻裈,与保庸杂作,涤器于市中。"垆,放酒坛的土墩。 ④ 分鸾:指与爱侣的分离。 ⑤ 僝僽(chán zhòu):折磨。⑥ 阳九:古代术数家的术语,通指灾厄。 ⑦ 青蝇:《诗经·小雅·青蝇》:"营营青蝇,止于

樊。岂弟君子,无信谗言。"后世遂以之比喻造谣进谗的小人。 ⑧ 螟蛉:昆虫稻螟蛉的幼虫,为另一种昆虫蜾蠃捕食,并以产卵管插入其体内产卵,又注射蜂毒使之麻痹,将其放入自己的巢中,卵孵化出的幼虫即以螟蛉之体为食。古人误以为蜾蠃是在收养螟蛉,故以螟蛉为养子的代称。 ⑨ 箕帚:畚箕扫帚,指做妻子操持家务。 ⑩ 箕裘:《礼记·学记》:"良冶之家,必学为裘;良弓之子,必学为箕。"后遂以"箕裘"喻指祖先的事业。 ⑪ 还珠合浦:《后汉书·孟尝传》:"迁合浦太守,郡不产谷实,而海出珠宝,……先时宰守并多贪秽,诡人采求,不知纪极,珠遂渐徙于交趾郡界。……尝到官,革易前弊,求民病利,曾未逾岁,去珠复还。"后遂以此典喻失而复得。

《双珠记》以涿州书生王楫家中的一双明珠为串线,交织演绎了两段悲欢离合的人生故事。一段是王楫携妻儿赴郧阳卫从军,遭营官迫害诬陷,问成死罪。王妻郭小艳为营救丈夫,不得已将幼儿王九龄卖给陕西客商王章为养子,临别时留下一颗明珠以为表记,自己悲愤投渊自尽。后来王楫遇朝廷大赦死里逃生,因军功步步擢升,官至枢密院右佥书。郭小艳被天神救活,与王楫母亲同居京师。王九龄长大赴京,应试中举得官,终因明珠为介先后寻得亲生父母。另一段是王楫之妹慧姬册选入宫,在缝制边军纩衣时题诗寓红叶传情之意,纩衣为王楫友人陈时策所得,奏闻朝廷,慧姬奉旨与陈时策完婚。出嫁时,慧姬所带另一颗明珠不慎失落,却辗转为王九龄见到,最后造就了王家的一门完聚。前一段故事源出于陶宗仪《南村辍耕录》卷十二《贞烈墓》,后一段则化用了孟启《本事诗》开元宫人寄边军纩衣事。这里所选的《卖儿系珠》出,在后世昆曲舞台上以《卖珠》的名目长演不衰。

本出以王楫妻子郭小艳为主角,是一出典型的悲剧。要理解女主角在剧中的思想感情,还得从《贞烈墓》的本事说起。《贞烈墓》记天台某军卒妻郭氏貌美,营官觊觎谋夺不遂,便诬陷她的丈夫,以谋伤长官的罪名送入死牢。牢中有位名叫叶其性的押狱对该军卒十分照顾,在宣判死刑的前夕,要求他把郭氏转让给自己,那军卒也慨然同意。郭氏闻知后,将一子一女忍痛卖给别人抚养,用得来的钱全部交给丈夫,让他酬答叶押狱的恩遇,自己跳入溪中自杀,以誓死不事二夫的行为来作为对丈夫为己蒙难的答报。《双珠记》除了变换人物姓名与改动个别细节外,前半的情节基本上都沿用了《贞烈墓》。于此可知,本出中上场的郭小艳,实为两种感情所支配:一是对幼子难以割舍而又不得不托孤鬻卖的痛苦,二是为忠贞于丈夫而已抱必死之念的惨然。

剧本让陕西客商王章(外)与家人王安(末)先过场,为后文"卖儿"的一节预作铺垫,是一种疾徐有度的处理。随即旦抱儿行上,"强步含羞何处投",舞台的气氛顿时产生了悲剧性的变化。郭小艳的出场白,以及她所唱的两支【月云高】

曲，都是摧人肝肠的文字。“愁城冤薮”，“亲老儿孤”，“最苦分鸾日，屈指应非久”……人间最难承受的惨痛，都集中在这位弱女子身上。而她“吞悲含怨”，一方面对王楫要她改嫁的“乱命”不与深辩，以免让濒死的丈夫伤心，一方面则暗自立下了“求个自尽，表我心事，使丈夫九泉之下亦得瞑目”的守贞誓愿。在明知死期在即的情况下，心心念及的是怀中的幼儿，希望能为他安排好后路，“一则全他性命，二则延王门宗嗣”，这一切，都充分显示了这位悲剧女子的善良。尤其是她对儿子的痛白：“不要怨做娘的抱你出来”，“不知你遇着那一个有缘的父母”，母爱至情，生死诀别，真是字字血泪，摧折人心。

以下外、末再度出场，从“看那妇人抱着一个孩子，走来走去，啼啼哭哭，不知为何”的疑惑中，引出了王章与郭小艳的大段对白，衔接紧凑而自然。从王章对妇人的关心和同情中，显示了他本是个忠厚长者，恰好他“暮龄无嗣，希求令子承吾后”，如此郭小艳的“卖儿”就同时成了托孤，使人对王家幼子的终得其所感到了几分欣慰。在这样的前提下，出目的另一半——“系珠”，也就得到了顺理成章的开展。试看郭小艳的反应：她先是对王章收容鞠育的请求“感当不朽”；继而临分别之际，又觉难舍难分，哭道：“我那儿呵！此时别去，今生不得相见了！”随后她又意识到自己对孩儿日后前程的责任，取出王家家传明珠，系在儿子颈上：“倘长大成人，……虽没处讨你父母，或者婆婆天年未终，犹得还珠合浦。”王章劝慰她，请她宽心，她虽知对方一番好意，忠厚可托，还是止不住无限凄怨：“虽是丁宁无数，儿能知否？”“卖儿系珠”的过程，写得真实细腻，曲折生动，强烈地表现出以情动人的悲剧效果。

明吕天成《曲品》评《双珠记》全剧：“情节极苦，串合最巧，观之惨然。”《卖儿系珠》完全符合这一评语。作为全剧的一出，它也是整本“串合”的重要一环，引出了日后郭小艳投渊获救、王九龄成人得官、王家双珠辗转遇合等情节。又清焦循《剧说》论及《双珠记》，也说：“描摹令人欲泣。”从本出的示例来看，“描摹”较之“串合”，实更能代表全作的艺术特色。

（史良昭）

【戏曲家小传】

张四维

字治卿，号午山。元城（今河北大名）人，侨寓金陵。约生活于明万历初年，与陈所闻为友。作有传奇《双烈记》、《章台柳》、《螭璋记》，唯《双烈记》今存，清抄本题作《麒麟记》，写韩世忠与梁红玉事。散曲集有《溪上闲情》，未见，《全明散曲》辑录其套数一套。

双　烈　记　　张四维

第三十八出　辩　　冤

【画堂春】(生朝衣上)一封朝奏九重天,辩明忠义深冤。须知为国惜豪贤,那避奸权。

下官报国心诚,一点贯日,交游谊笃,其利断金[①]。可怜少保精忠,祸遭秦桧诬陷,令人矢心喷火,怒发冲冠。今早具奏,若得准行,是社稷生民之福,少保父子之幸也。少待秦桧出来,当面与辩,尤为切要。

【前腔】(净朝衣上)朝回紫禁散仙班,衣冠香惹炉烟。职司燮理近尧天[②],独擅威权。

韩枢密拜揖。(生)相国拜揖。(净)先生来省中何早?(生)下官为岳飞被诬事,特问老丞相,那岳飞恢复中原,剩有七八,剿灭酋虏,仅存二三,国家中兴,正在此际,顾乃坏此良将,岂宰衡事乎[③]?(净)是谁诬他?他自悖逆无道,谋为不轨,有他裨将告发,大理审鞫得实,非老夫所得私也。(生怒介)你诬害忠良,真个是贼残心性,有乖和气,那些个燮理阴阳!

【红纳袄】(净怒介)你道是理阴阳在庙堂,我正要为朝廷除逆党。见如今酋肆毒流胥壤,又怎禁大将贪兵逞横强?忧煞我宋家邦几覆亡,苦煞我宋生灵遭杀伤。我只愿两家罢战通和也,看取兵气销为日月光。

(生)咄,你佛口人前说善言,毒蛇常养在心田。

【前腔】你自道掌朝纲佐圣王,我道你假威权丛恶党。全不想未迎二帝蒙尘壤,全不想未复中原祸犬羊。你既欲为生民谋泰康,你就当为皇家植栋梁。如何坏了万里长城也[④]?我会见荆棘铜驼卧夕阳[⑤]。

(净)呀,韩枢密,你全然不知那岳飞了,

【前腔】他持军威甚不臧,滥军功叨上赏,虚申探报资欺罔。他附下要名殊未良,弃淮西住大江,肆奸雄玩庙堂。致书张宪通谋也,他只欲猎猎云旗入建章[⑥]。

(生)岳少保父子忠义,朝野共知。那通谋的事,可保其无。(净)韩枢密,你知人知面不知心,此事莫须有。(生)老相国,你差了也。天下事当有明验,犹恐有疑,说甚么莫须有。“莫须有”三字何以服天下!

【前腔】那岳少保呵,天地间忠义郎,古今稀英杰将,杀得那金酋心胆闻风丧。只俺这家国仇雠尽雪偿,那些个谋不臧?那些个心不良?你那莫须有三字,怎服得天下人心也?说甚么黄阁经纶肃万方!

(净)韩枢密,你道是我等诬也,

【薄媚滚】朝廷上,朝廷上,闻奏台官,龙颜怒难挡。敕司勘详,追寻逆党,已是究出奸谋情状。谁人将他来冤枉?自罹殃,窃柄贪兵,百般欺罔。

(生)老相国,国破家残,不思拯救,锻钳结网[7],毒害忠良,是何心也!

【前腔】全不想,全不想,人有人心,此处难容枉。如何藏祸殃,陷诬名将?愿吾皇准奏,鉴明欺罔。此时追诛奸邪党。这纯钢,不到他行,在奸邪头上。

罪加悖逆理应当,谋害无辜太不良。
大鹏吹在梧桐树,自有旁人说短长。

〔注〕①其利断金:语出《周易·系辞上》:“二人同心,其利断金。”谓同心。②燮理:协和治理。《尚书·周官》:“兹惟三公,论道经邦,燮理阴阳。”尧天:喻太平盛世。③宰衡:宰相。④“如何”句:《宋书·檀道济传》载南朝宋大将檀道济遭谗被捕,“脱帻投地曰:‘乃复坏汝万里之长城。’”剧用此典。⑤荆棘铜驼:《晋书·索靖传》载索靖有远识,知天下将乱,指洛阳宫门外铜驼叹曰:“会见汝在荆棘中耳!”剧用此典。⑥建章:建章宫,南朝宋时据京城建康(今南京)旧建筑改建。此代指京城的皇宫。⑦锻钳:指罗织罪名。

《双烈记》是根据《宋史·韩世忠传》和《女侠传》改编的传奇剧本,敷演韩世忠建功立业,梁红玉助夫勤王,二人知几身退,因而全始全终,最后加爵封王的故事。韩世忠出身寒微,落拓江湖,而风骨伟岸,膂力千斤。其时方腊造反,金兵南侵,正是朝廷用人之际,韩世忠投军于杭州兵马大元帅王渊麾下,掌管铁骑二千。梁红玉出身于教坊官妓之家,有母无父,却教养有素,初长成人,矢志从良。有一次新正元旦,凌晨入府中贺岁,廊上伏着一个人,众人见是一位官人,在她看来却是一只猛虎。她认定此人日后必然拜相封侯。于是主动约会,终身相许。此人便是韩世忠。

剧本主要描述了韩世忠三大战功。第一次是以武节郎掌先锋印,进剿方腊,斩酋立功,凯旋回师。红玉喜添贵子,合家团圆。

第二次是平定宫廷政变。大臣苗傅、刘正彦恃功擅权,废高宗,胁六宫,杀害恩相王渊。韩世忠立即领兵,直赴平江,以清君侧。在梁红玉的协助之下,马到成功,铲平叛逆,论功册封为检校少保武胜昭庆节度使。梁红玉也被加封为梁国夫人。合家欢庆,极尽侯门之富贵排场。

第三次是围困金兵于黄天荡。金兵沿江扎寨,进逼江南。韩世忠料得金兀术必登金山龙王庙观察地势,于是在江边和庙内设伏,打算活捉敌酋。然而却被兀术逃脱。梁红玉请缨从军,助韩世忠作战。兀术退入死港黄天荡,向韩世忠求和未准,隐伏不出。韩世忠料定敌人并无出路,只在早晚受缚。梁红玉则屡屡提醒韩世忠,敌情难测,迟则有变,不宜怠慢。但屡谏不从。金兀术得闵人献计,暗中凿河三十里,每船八桨,夜遁金陵。事后梁红玉秉公面君,表奏韩世忠骄奢拒谏,锐始怠终,围而不攻,贻误战机,致使兀术脱走,而驱除金虏,恢复中原的事业,也将形势难卜。圣旨却说,敌有未测,兵有胜败,因而未予加罪,反给褒功。

在韩世忠以及各路大军节节取得抗金胜利的时候,宰相秦桧得金兀术蜡书,指令"必杀岳飞而后可"。秦桧召集同党枢密张俊、谏议大夫万俟卨阴谋策划,诬陷岳飞窃兵权,慢军情,谋为不轨,违抗君命。韩世忠闻讯后,怒发冲冠,表奏朝廷,为岳飞辨冤,并责问秦桧为何陷害良将,与秦桧进行了一场激烈的辩论。

《辨冤》一出演述了这场辩论,充分展现了战与和的一场精彩的对白,彻底透视了忠与奸的灵魂。韩世忠责问:"下官为岳飞被诬事,特问老丞相:那岳飞恢复中原,剩有七八,剿灭酋虏,仅存二三,国家中兴,正在此际,顾乃坏此良将,岂宰衡事乎?"秦桧矢口否定是诬陷,说:"是谁诬他?他自悖逆无道,谋为不轨,有他裨将告发,大理审鞫得实,非老夫所得私也。"秦桧伙同党羽捏造罪状,栽赃陷害,强词夺理,包藏祸心,激怒了韩世忠。韩世忠指责秦桧说:"你诬害忠良,真个是贼残心性,有乖和气,那些个燮理阴阳!"秦桧也不相让,大怒道:"你道是理阴阳在庙堂,我正要为朝廷除逆党。见如今酋肆毒流霄壤,又怎禁大将贪兵逞横强?忧煞我宋家邦几覆亡,苦煞我宋生灵遭杀伤。我只愿两家罢战通和也,看取兵气销为日月光。"秦桧口称按阴阳之理辨证治国,实际却打着保卫朝廷、拯救生民的幌子,将敌酋肆虐、家邦覆亡、生灵杀伤,都归罪于岳飞贪兵逞强。他口头上希望宋金两国罢战通和,化干戈为玉帛,销烽烟见光明,俨然一派主和的嘴脸,而实际上却是通敌卖国,摧毁长城,因为他是在宋军节节胜利,歼敌复国而仅功亏一篑的关键时刻诬害良将的。韩世忠怒不可遏,破口大骂:"咄!你佛口人前说善言,毒蛇常养在心田。你自道掌朝纲佐圣王,我道你假威权丛恶党。全不想未迎二帝蒙尘壤,全不想未复中原祸犬羊。你既欲为生民谋泰康,你就当为皇家植栋梁。如何坏了万里长城也?我会见荆棘铜驼卧夕阳。"韩世忠句句骂到本质上,秦桧无法正面辩解,只有在诬蔑岳飞上作文章。他说:"韩枢密,你全然不知那岳飞了。"列举了一些强加的琐碎的罪状之后,断言:"致书张宪通谋也,他只欲猎猎云旗入建章。"岳飞精忠报国,天下人有目共睹,岂会阴谋篡位?韩世忠当即拍胸担保:"岳少保父子忠义,朝野共知,那通谋的事,可保其无。"秦桧说:"你知人知面不知心,此事莫须有。""莫须有"就是或许有,只是一种猜测之词。韩世忠马上驳斥他:"天下事常有明验,犹恐有疑,说甚么莫须有。'莫须有'三字何以服天下!"并指出像他这种宰相,还谈什么经纶国事,肃靖万方!秦桧无话可说,最后摆出了皇帝这张王牌:"龙颜怒难挡。敕司勘详,追寻逆党,已是究出奸谋情状。"韩世忠仍然心愤难平,骂道:"老相国,国破家残,不思拯救,锻钳结网,毒害忠良,是何心也!"韩世忠的辩冤奏章自然也无济于事。《辩冤》一出以无结果而收场。

此出之后,作者写韩世忠心情非常沉痛:"痛煞为国忠良经百战,谁知今日遭诛谴!"梁红玉则预感到祸当旋至。韩世忠感慨万千:"我前后百余战,报国之心力尽矣,此时不休呵,是不知进退,岂得为智?"于是着手做好三件善事:一是追奠战争中遭杀戮的千万亡灵;二是焚毁债券;三是遣散身边侍妾,任其各奔前程。最后上表乞休,遨游于西湖之畔,即使旧部裨将来访,也避而不见。三代同庆,举家欢宴,极尽天伦之乐。全剧【尾声】云:"夫忠妇义谁为伍?全始全终天下无。达者须知几早图。"

《双烈记》这部传奇的可传之奇有二:一奇在夫妇双方都是将才,二奇在全始全终天下所无。韩世忠作为将才,表现为韬略超群,屡立战功,剿灭方腊,围困兀术。作为将才,还有一个重要品质是忠义。为岳飞辩冤,义愤填膺,则是他心灵深处的忠义情结的最透彻的展现。梁红玉作为将才,表现在美人慧眼,识英雄于寒微之时,表现在请缨从戎,参谋韬略,助夫建功。她的忠义之心更表现在秉公不避亲,上表弹劾夫君韩世忠骄奢拒谏,贻误战机。夫妇为将,古今少有,而功高震主,却能全始全终,封王进爵,更为罕见。他们之所以福禄绵远,关键是他们知几早图，功成身退，大度达观。这也就是本传奇所要表现的一个重要思想，这在封建时代是有其典型性的。

韩世忠落魄江湖，却遇红颜知已，最后进爵封王，命运如此飞跃，似是偶然；但是，从其自身素质来看，风骨伟岸，膂力千斤，胸怀韬略，勇武过人，知几身退，大度达观，因而，他的全始全终的福分，又有着内在的必然性。外在的偶然现象显然易见，内在的必然本质蕴藏较深，这就给世人一种印象，人的命运，似乎在冥冥之中被天神所主宰。作为这种社会心理的表现，剧本安排了两个道教人物穿插其中。一是隐者陈公，在韩世忠发迹之初，赠送四句偈语，日后一一应验。二是卜者开口灵，只因精通命理，开口便灵，于是得名，两次为韩世忠算命，都很灵验；特别是第二次，梁红玉问卜，卜者之言坚定了韩世忠与梁红玉功成身退的决心。这种宿命论实是本剧的消极因素，于世无补。（张玉奇）

【戏曲家小传】

屠　隆

(1543—1605)　字长卿，又字纬真，号赤水，晚号鸿苞居士，又号一衲道人、蓬莱仙客、娑罗主人、冥寥子。鄞县（今浙江宁波）人。明万历五年(1577)进士。官河南颍上知县，旋改青浦知县，迁礼部主事。与西宁侯宋世恩交往甚密，万历十二年，因被劾与西宁侯淫纵而罢官。此祸与参与演剧有关。家境清贫，归里后卖文自给。然风流豪放如故，宾客盈门。万历二十五年，诏复冠带。晚岁奉佛道。兼擅诗文词曲，作品颇富藻饰，曾师从诗坛盟主王世贞。戏曲有《凤仪阁乐府》，系传奇《昙花记》、《修文记》、《彩毫记》三种之总名，俱存。曲词华美，洞见世情，但内容均有关神怪，关目漫衍，人物冗杂。另据清笠阁渔翁《笠阁批评旧戏目》著录，尚作有《水浒记》。《全明散曲》收其套曲二套。诗文集有《白榆集》、《由拳集》、《鸿苞集》。或谓章回小说《金瓶梅词话》亦出其手笔。另有杂著《文具雅编》、《游具雅编》等十多种，谈禅讲道之作《娑罗馆清言》、《冥寥子游》等七种，及《荒政考》等。

彩　毫　记　　屠　隆

第二十出　乘醉骑驴

（生骑驴上）头顶星辰碧玉冠，飘然策蹇出长安[①]。故人家住云台上[2]，翠扑莲花掌上看[3]。李白离了长安，往华山访故人元丹丘，来到这里，已是华阴界上。我想长安是青骢宝马，怎如驴背逍遥也。

【意迟迟】一解金鞍辞辇道，驴背斜阳好。野旷碧天高，凉风飒飒吹秋草。华山仙掌忽当前[4]，遥想那琼宫路插云台杳。

(末扮华阴县令上)簿书作令休云俗，勾漏旌阳俱是仙[5]。最喜华山收部内，莲花日日县门前。下官华阴县令任华是也[6]。幼攻诗赋，渴慕名贤，曾撰两长歌自通于杜子美、李太白。子美有诗见答，只是太白无一字相闻。闻得此君落拓清狂，纵酒遗世，近因牡丹一咏，得罪宫闱。他不知我，我自慕他。几回欲解印绶，访之长安，蹉跎未果，这也不在话下。今日早衙开门，教左右，门外有投牒告状者着令进来。(生骑驴过县门，门卒喝生下驴，生不肯下，喧嚷科)(末)看你像是一个道士，怎敢骑驴不下，径过公门。(生)方外野人，不知礼法，望大人恕罪。(末)你是何等样人，从实供来。(生)我是海上钓鳌客，不必问我家乡姓名。(末)这厮好无礼，敢造次狂言。我且问你，你海上钓鳌以何物为钩线？(生)我以四海为鱼池，三山为钓台，虹霓为丝，明月为钩。(末)以何物为饵？(生)以天下无义气丈夫为饵。(末)谁是无义气的丈夫？这厮唐突公门，欺傲官长，不知有礼，安知有义。既犯吾法，合当受刑。左右将刑具伺候。(生)是野人有罪了，听吾一言奉禀。(末)你有甚么说话，且容你说上来。(生起立介)

【北一枝花】我本是山林物外豪，管领着风月闲中调。出落我丹山飞彩凤，安排着沧海钓神鳌。莫怪唠叨，莫怪唠叨，且喜将日月笼儿跳，等闲把烟霞担子挑。终日价与绿酒为邻，不眨眼报道黄花绽了。

(末)不须闲说，且讲你平生勾当来。

【梁州序七】(生)我有时向王侯门衔杯潦倒，有时向田父老插杖逍遥。乐乐乐，那月明荡入芦花棹，受用的风生浦口，受用的露满蓬梢，受用的凫雏雁子，受用的兰笋菰苗。乐乐乐，舴艋儿夜泊溪桥，袯襫儿冷挂山椒[7]。乐乐乐，准备着青钱酒馆歌楼，青钱酒馆歌楼，受用的是唤客绣裙花袄，醉的是殢人玉管金箫[8]。任河汉星低，帘栊月晓，两眉端不挂闲烦恼。直待把公侯藐，乾坤傲，永不踏红尘向市朝，真唤做圣世渔樵。

(末)你既是野人，受用渔樵风月是有的，怎么说绣裙花袄、玉管金箫，你好不夸口。(生)大人，俱是有的。(末)胡说！

【牧羊关】(生)怎知道，欢过后，愁还到，福穷时，祸所招。一霎时送将来罗网难逃。陪伴他虎穴龙巢，掇赚我羊肠鸟道[9]，怕的是龟亡还为壳，愁则愁翠死却因毛。走入在是非场，终朝有，进一步风波平地高。

【四块玉】难难难恩情化作仇，大怒藏嘻笑。昨日价酒杯来往逞风骚，把人儿爱惜如珍宝，顷刻里变浮云，顷刻里同蒿草。早觑破这相逢没下梢。

(末)看这人絮絮叨叨，埋怨谁来，莫非害风了？

【哭皇天】(生)好好好急忙里收缰早，猛回头浪花中拿将柁牢。常言道人情初见应须好，苦杀人从前恩义总难消。我只将一付头颅来保。待还寻当时茅屋，旧日渔竿，桃花流水，桂树山坳，虚飘飘一往孤云不可招。好拜上你邑侯呵，莫苦问山人踪迹，怎便说云水根苗。

(末)细听此人言语蹊跷，必是一位埋名隐迹的贵人。且作意问他，必然说出真情。叫左右，此人一味胡言，必是奸细。可与他纸笔，要他从实供招，是何等人，因甚至此唐突官府。若不肯供，先行责治。(与纸笔介)

【乌夜啼】(生)苦苦里要问我的真消耗，我只得一笔儿从实供招。也有名字曾达在圣明朝，蒙宠眷强起应君王召。我如今也不论官僚，不计渔樵。非是我人前卖弄忒装乔[10]，人前卖弄忒装乔，也只是相逢狭路难推调。莫浪言，夸马高，总不及，骑驴好，小可的踏穿烟峤，控上云霄。(写供状介)

【尾声】平生落拓真堪笑，此日疏狂罪怎逃，一笔分明尽供了。策蹇华山遥，又恐山灵恼，明日的徒步云台，把洞天绕。(生送供状)

(末读介)供状人无名氏,曾用龙巾拭面,御手调羹,力士脱靴,贵妃捧砚。天子殿前,尚容走马;华阴县里,不许骑驴。呀,原来是李翰林大人到此。(末跪扶生起)下官肉眼不识神仙,死罪死罪。下官非是别人,任华是也。先年因景慕仙才,曾作长歌以姓名自通,未蒙见答。今日天遣这里相会,此生大幸。(生)原来就是任君。向年领教长歌,词采流溢,小生气索,未有报章。幸会幸会。(末)近闻先生拜表还山,却至此贵干?(生)仆往华山访故人元丹丘,在此经过。(末)华山在下官封内,丹丘子亦素往来,如今是天台隐士司马子微招往金陵去了[11]。(生)既如此,野人告别。(末)下界凡夫,幸遇仙客,容下官款留数日请教,方当投辖[12],未便放行。

(生)多谢,略在此领教一时,便当奉别。

(生)老子青牛出关,(末)肉眼误作关吏。

(生)岂有五千玄文,(末)惭愧不能望气。

〔注〕 ① 策蹇:指骑驴。蹇,跛驴,亦泛指驴。 ② 云台:西岳华山东北部的高峰名。 ③ 莲花:华山的最高峰名莲花峰。 ④ 仙掌:华山东北,岩壁皆黑色,有石膏流出,凝结成痕,黄白相间,远望如巨人手掌,相传是巨灵擘山留下的痕迹。 ⑤ 勾漏:山名,在今广西北流县东北,为道家所传三十六小洞天的第二十二洞天。旌阳:古县名,在今湖北枝江县北,晋朝仙人许逊曾在此任县令。 ⑥ 任华:唐代诗人,与李白、杜甫同时,曾任桂州刺史参佐,所著诗流传者有《寄李白》、《寄杜拾遗》、《怀素上人草书歌》等三首。 ⑦ 袯襫(bó shì):农夫穿的蓑衣。 ⑧ 殢(tì)人:迷人。殢,迷恋、沉湎。 ⑨ 掇赚:哄骗。 ⑩ 装乔:装模作样。 ⑪ 司马子微:唐代台州人,隐居内方山,炼丹修道。曾与李白相遇于金陵。 ⑫ 投辖:指殷勤留客。《汉书·陈遵传》:"遵嗜酒,每大饮,宾客满堂,辄关门,取客车辖投井中,虽有急,终不得去。"辖,车轴两端的键。

《彩毫记》写李白娶相国之女许湘娥为妻,在扬州因资助众人荡尽数十万金家产。唐明皇闻李白才名,经贺知章推荐,征召李白为翰林供奉。李白日与名人文士买醉于长安酒家。一日,明皇与杨贵妃在沉香亭赏牡丹,召李白作新乐章。李白大醉入内廷,明皇让高力士为他脱靴,杨贵妃捧砚,即席成《清平调》三章。高力士衔恨脱靴之辱,向明皇进谗说《清平调》暗含讥讽杨妃之意。李白为避祸,挂冠而去。后安禄山发动叛乱,攻向长安,明皇仓促出逃蜀中。永王李璘起兵,欲将李白召入幕中。李白不从,遭囚禁,后被人救出。郭子仪平定安史之乱,永王也败死。李白受永王牵连,贬谪夜郎,经郭子仪营救,得赦复官,与家人团圆。从此,李白无意功名,慕道修行,与湘娥同升蓬莱仙界。

剧中李白的生平事迹,一方面据史传杂记铺叙,另一方面融入了作者自己的经历和遭遇。在很大程度上,屠隆是借写李白来表现自我。吕天成《曲品》说:“《彩毫》,此赤水自况也。”徐复祚《南北词广韵选》说:“先生才高名盛,为时所忌,登仕者无几,辄以罣误被斥,踯躅吴越间,声酒自放,憔悴以死,何类青莲之迍邅乎?《彩毫》之作,意在斯欤?”《彩毫记》写李白恃才傲物,纵情诗酒,被谗落职,游山访道,明显寄托了作者的身世之感。剧中的李白夙有仙根,学富五车,“进则欲经邦济世,小建麟阁之勋;退则学道栖真,早证神仙之位。”他任侠轻财,慷慨豪爽,在扬州救困济贫,挥千金如粪土。李白“不修小节,放浪诗酒,内境超然,灵明无恙”。他不但在长安酒家饮酒狎妓,而且在落职后依然挟妓泛舟,“身着宫锦袍,头戴华阳巾,仙风道骨,轩轩霞举,两岸人观者如堵,不下十万”。现实中的屠隆与《彩毫记》中李白的思想行为如出一辙。屠隆束发谈艺,好雕虫之技,同时研讨大道,求长生之术。他年轻时很有抱负,渴望建立功业,“然后退栖岩谷,同修净业”(《白榆集》卷七)。屠隆以李白为榜样,“外示通伟而内存冲夷”。他说自己“长乃好奇节,任侠里中行。放意出六合,万物皆蚊蠃。慷慨起急难,一身寡所营。泰山重然诺,蝉翼千金轻。秉心慕季布,希此梁楚声”(《由拳集》卷四《三司马诗》)。屠隆在青浦知县任内,延接吴越间名士,泛舟置酒,青帘白舫,纵浪泖浦间,以仙令自许。在京任礼部主事期间,饮酒狎妓,放浪形骸,颇招物议,并因此被劾落职。屠隆罢官闲居时,还具袍服头踏,呵殿而往金陵名妓寇文华家,“六院喧传,以为谈柄”(《野获编》卷四)。屠隆以自己的生活经历为基础,塑造了李白这样一个“不复可以仁义羁绁”的豪爽通脱的艺术形象,既具有深刻的历史内涵,又带有鲜明的时代色彩。

《乘醉骑驴》是此剧中最为出色的一出,较成功地刻画了李白豪放任达、倜傥不群的性格。李白因畏罪避祸,辞职离京。他一上场便高唱“一解金鞍辞辇道,驴背斜阳好。野旷碧天高,凉风飒飒吹秋草”,表达了他在挣脱名缰利锁后,身心获得自由的喜悦。他对往昔在京城时“受用的是唤客绣裙花袄,醉的是殢人玉管金箫”的生活不无留恋,但是封建统治者的刻薄寡恩,“恩情化作仇,大怒藏嘻笑。昨日价酒杯来往逞风骚,把人儿爱惜如珍宝,顷刻里变浮云,顷刻里同蒿草”的残酷现实,使他产生了“急忙里收缰早,猛回头浪花中拿将柁牢”的念头,对人生作出了新的抉择。他向往着“还寻当时茅屋,旧日渔竿,桃花流水,桂树山坳,虚飘飘一往孤云不可招”的无拘无束的生活。尽管如此,李白藐公侯、傲乾坤的豪情并未消退。他经过华阴县衙不下驴,因而与门卒发生争执。县令任华盘问李白是何等样人,他回答:“我是海上钓鳌客。”任华又问:“以何物为钩线?”李白答道:“我以四海为鱼池,三山为钓台,虹霓为丝,明月为钩。”任华接着问:“以何物为饵?"李白说:"以天下无义气丈夫为饵。"这一段富有浪漫色彩的对白,生动地表现出李白独立不阿的傲岸性格和横空出世的豪迈气概。（马美信）

【戏曲家小传】

梅鼎祚

(1549—1615) 字禹金,号汝南,又号无求居士、千秋乡人、胜乐道人。宣城(今属安徽)人。曾师从罗汝芳,肆力诗文,为世论所重。曾游北京国子监,首辅申时行荐之于朝廷,辞不就。隐居天带园,构天逸阁藏书,起居其中。喜搜校异书珍籍,乐编撰,亦好词曲。与汪道昆、王世贞、屠隆、汤显祖等交游。曾遍阅御筵供奉剧作四百种。所作存世者有杂剧《昆仑奴》一种,传奇《玉合记》、《长命缕》二种,均为改编自唐宋笔记小说的爱情剧,文人化、案头化倾向显著。传奇为骈俪派的代表作。《全明散曲》辑录其小令七首,套数七套,另复出小令一首,套数三套。另编有《历代文纪》、《古乐苑》、《唐乐苑》、《汉魏八代诗乘》等。诗文集有《鹿裘石室集》(一作《梅禹金集》)。小说有《青泥莲花记》、《才鬼记》、《才妖记》等。

玉合记 梅鼎祚

第三十五出 投合

(小旦女奴上)丝布涩难缝,令侬十指穿。(丑苍头上)黄牛细犊车,游戏出孟津[①]。女奴,夫人昨夜分付驾车伺候,车已驾了。原来这夫人自有丈夫。昨日出城,却好遇见,怪道他死不肯从哩。俺老爷那知他心里事来。我把这车轮儿比作夫人,做个吴歌儿。〔吴歌〕姐儿好像个铁车轮,推去推来由子个人。外头光滑骨碌碌介转,啰哩知渠里头自有介一条心[②]。(小旦)有些意味,我把这推车的牛比着那个郎君,也唱歌儿。〔吴歌〕情郎好像驾车个牛,东山头奔子去西山头。说喊你千万弗要吃车前草,直落得个眼泪一似小水流。呀,夫人来了,我们一壁立地。(旦女妆上)

【谒金门前】街鼓动,惊破一痕春缝。门外绿波萦晓梦,又吹寒作凇。

罢去四五年,相见论故情。杀荷不动藕,莲心已复生[③]。妾身昨日出游，不意龙首冈上，果然遇着韩郎，眼见得咫尺天涯，真道是神留足往。今早约他来通政里门，再图一会。夜来分付苍头[4]，依旧驾车相候，料不误也。（小旦）夫人，今日往何处去？（旦）到通政里门去。（上车行介）我那韩郎呵，

【五供养】栖分只凤，奏绝回鸾，迹印飞鸿。将军将军，纵君难再得，教妾若为容。声繁思冗，怎别做瑟调琴弄。水流何日返？花恋旧春丛。对面无缘，百年残梦。（同下）（生便服上）

【谒金门后】放着心儿空，猛落得口儿频诵。纵有佳期多作哄，又添冤孽重。

昨日龙首冈得遇柳姬，原来落在沙府，又已蓄发了。看那容销色沮，不做弃旧怜新，约我今早到通政里门再会。（行介）只索前去。想起他昨日的行状呵，

【五供养】鬟云乍拢，镜翠慵窥，趾玉羞笼。浮踪虽浪蕊，薄命叹飞蓬。又一件，那石卫尉乔知之，岂非明鉴？还仔细着。中心自懂，怕容易将人断送。我来得太早，门还未开，他还未到么？狐冰须听澈[5]，鱼钥待传封[6]。（旦、小旦、丑驾车上）对面无缘，百年残梦。

（遇介）韩郎来了，真信人也。（生）柳姬真个到此，你好多情也。

【玉交枝】画轮双控，似银河星桥路通。卿卿原是多情种，忍拚教你西我东。我想起我家故事，昔日吴王之女紫玉，欲从韩重，竟不遂而死[7]。你不记南山之诗乎？南山有鸟雌失雄，可如紫玉从韩重？（合）谁破得愁城万重，谁叫得天阍九重[8]？

【前腔】（旦）无枝堪共，算都来飘零趁风。妾还记得君家一事，昔日韩冯之妻，为宋王所夺，赋诗见志，相继而死，有双冢鸳鸯之异[9]。妾得一见，死有何难？但愿韩郎别选高门，再图后事，勿以妾为念也。君不见河水之歌乎？淫淫河水歌私咏，誓当心日出曈曈。你青鸾飞入合欢宫，怕今生难作鸳鸯冢。（合前）

（旦）向日题诗鲛绡[10]，今尚在否？（生出鲛绡介）鲛绡无恙。

【川拨棹】诗常讽，记题梅传故陇，这鲛绡墨透香浓，这鲛绡墨透香浓。（投鲛绡与旦介）不如还你，免致相思。带啼痕丝丝染红。

(合)暂相看疑梦中,待来生寻旧踪。

(生)我初时与你的玉合在么?(旦出玉合介)玉合无恙。

【前腔】我玉合依然宝色融。(帕包玉合投生介)做赐玦投伊难再逢。(生)便留你处罢了。(旦)肯随他两面玲珑?肯随他两面玲珑?也难将琼瑶报同。(合前)

(小旦)夫人请回,老爷一定有人体访。(丑)这相公揩了眼泪,别处去哭。(旦悲介)当遂永诀,愿置诚念。

【尾声】(合)清秋古道霜华重,叹马足鸡声相送,多少离魂萧萧满碧空。(旦、小旦、丑并下)

(生吊场)呀,他又去了!看他轻袖摇摇,香车辚辚,目断意迷,失于惊尘。呀,那谯楼上早则钟动也。

【尾犯序】春隔景阳钟⑪,一片惊尘行影娇动。待我看这玉合儿,原来一幡轻素,结着个同心,又着些香膏在内。素结同心,把香膏暗封。这玉合呵,光莹,知不做连城再返,早悔却蓝田双种⑫。当初做良工心苦,空自费磨砻。

(丑、公差上)相看劳旋日,及此御沟花。禀韩爷,小的是淄青帅府差来的。后日列位老爷合乐酒楼,请老爷同赴。(生)只恐有事,不得来了。(丑)众老爷曾说:韩爷一人不至,一席为之不欢,还望俯临。(生)我知道了,先去拜上。(丑应下)(生)哎,所喜将佐凯还,朝廷宴乐,只我有去帷之叹,怎能免向隅之悲?好不苦也。

公子王孙逐后尘,绿珠垂泪湿罗巾。
侯门一入深如海,从此萧郎是路人⑬。

〔注〕 ① 孟津:黄河古渡口门,在今河南孟津东、孟州西南。 ② 啰哩:苏州方言,哪里。 ③“杀荷”二句:藕,谐音双关偶;莲,谐音双关怜。 ④ 苍头:男仆人。 ⑤ 狐冰:坚硬的冰。狐善听,探冰下无水声,则知冰坚可安然而过,故称。唐许浑《经故丁补阙郊居》诗:“死酬知己道终全,波暖狐冰且自坚。” ⑥ 鱼钥:钥匙。古代门钥常作鱼形,取不闭目而昼夜守护之义。 ⑦“昔日”三句:紫玉、韩重事,见晋干宝《搜神记》。 ⑧ 天阊:天门。 ⑨“昔日”五句:韩冯与其妻事,见干宝《搜神记》。 ⑩ 鲛绡:传说中生活海里的鲛人所制的丝织品。 ⑪ 景阳钟:《南齐书·皇后传·武穆裴皇后》载齐武帝因深宫难闻端门钟声,设钟于景阳宫楼上,宫人闻钟则可早起妆饰。剧用此典。 ⑫ 蓝田:古代著名的产美玉之地,即今陕西蓝田。 ⑬“侯门”二句:这是唐崔郊《赠去婢》诗的后两句。萧郎,泛指情郎。

《玉合记》是根据《唐书·韩翃传》和唐代许尧佐的小说《章台柳传》改编的传奇剧本，生动曲折地演述了诗人韩翃和章台柳氏的爱情故事。柳氏是唐朝宗室李王孙童养的歌伎和未婚的姬妾，芳龄二八，才色绝伦，居住在长安城万岁街的章台之上。韩翃，南阳才子，翩翩少年，进京应试，所作《寒食》诗云："春城无处不飞花，寒食东风御柳斜。日暮汉宫传蜡烛，青烟散入五侯家。"已被皇帝摆在案头欣赏。所与交游者，如高适、王维、孟浩然之流，皆当世名士。一日骑马过章台之下，与柳氏邂逅相逢，一个楼头有意，一个马上留情，在丫鬟轻蛾的撮合之下，将祖传的一只精巧的玉合赠给柳氏。李王孙从柳氏言谈之中察知两情有意，于是顺水推舟，安排相会，将柳氏嫁给韩翃。然而好事多磨，因安禄山造反，韩翃奉旨参军，两情惜别。战乱之中，柳氏易装为尼姑，避难于法灵寺中。叛乱初平，韩翃回到长安，派人访得柳氏，赠金百两，并示新诗一首："章台柳，章台柳，昔日青青今在否？纵使长条似旧垂，也应攀折他人手。"想念，担心，无限心思都在一纸之中。柳氏取鲛绡一块，回赠一首："杨柳枝，芳菲节，所恨年年赠离别。一叶随风忽报秋，纵使君来岂堪折？"表示虽然对她有意的人多，但守节心诚，应当无碍，只是担心岁月摧残，青春易老。柳氏之寸心可表，而重逢之危机潜在。此时又逢史朝义起兵作乱，韩翃再次参战，因而归期延误数年。其间吐蕃归顺大将沙吒利设计诱骗柳氏入府，企图强占为妾，柳氏坚决不从，沙吒利又上碍于母，下怯于妻，终于强娶未遂，但却长期留养柳氏于府中，人皆以柳氏为将军夫人。韩翃凯旋，法灵寺已经隳废，僧尼散尽，柳氏音信渺然。韩翃于惆怅之中，坚持寻访。柳氏也借乘车游玩的机会暗中留心。一日偶然相遇，韩翃急切追呼，遭沙府家奴阻拦，方知柳氏被沙吒利所夺。柳氏于众人监护之中难诉衷肠，约定韩翃翌日相会，细诉衷曲。

《投合》一出就是演述这次约会的情景，刻画人物细腻、含蓄而逼真，透视到人物心灵的最深处。这次约会的时间、地点、谈话的主题，都是柳氏决定的。她在前一出戏里，道遇韩翃，韩翃被沙府家奴阻拦，不能近前对话，她便叫女奴去对韩翃说："妾今身陷沙府，非不能死，正图郎君一见，还寻出头日子。"她非常明确地说出了自己真实的心情。但是她在沙府虽说被强留，却的的确确养尊处优数年，沙府家奴都将她作为将军夫人看待，她的简单几句话能够使韩翃理解吗？而韩翃又能用什么办法让她脱身，寻个出头日子呢？因此，她必须当面向韩翃细诉衷肠，商量对策。她心情非常急迫，告诉韩翃："今日同行有人，难诉衷曲，明早到通政里门来，切莫爽约，我就此去也！"短短几句话，含意十分丰富，提出了约会的原因："今日同行有人，难诉衷曲。"约会的时间："明早。"约会的地点："通政里门。”约会的内容：“诉衷曲。”约会的重要性则深深地包含在“切莫爽约，我就此去也”九字之中：如果韩郎不失约，则“此去”只是暂别，能够再见；如果韩郎失约，不管是有意还是无意，其后果都是难以逆料的，无人助她脱却沙府的陷阱，可能就此永别，此生无缘再会；如果韩郎有意失约，也许是对柳氏误解，也许是移情别恋，这样，柳氏的“非不能死，正图郎君一见”的良苦用心，都将全部付之东流，这能不令她绝望，令她悲凉么！“切莫爽约”是决定柳氏命运，决定柳氏人生道路的关键。韩翃没有失约，柳氏的命运应该出现转机，但是，一切仍然困难重重。

《投合》一出的开场是沙府苍头和女奴的对白与对歌。苍头说：“女奴，夫人昨夜分付驾车伺候，车已驾了。原来这夫人自有丈夫。昨日出城，却好遇见，怪道他（她）死不肯从哩，俺老爷那知他（她）心里事来？”并唱一首吴歌来形容柳氏：“姐儿好像个铁车轮，推去推来由子他人。外头光滑骨碌碌介转，啰哩知渠里头自有介一条心。”柳氏的处境、性格、心情全被形象地表现出来。柳氏的心系于韩郎，但在沙府家奴看来，韩郎无法得到柳氏。女奴和唱一首吴歌来形容韩郎：“情郎好像驾车个牛，东山头奔子去西山头。说喊你千万弗要吃车前草，直落得个眼泪一似小水流。”这是好心地希望他别打沙夫人的主意，别枉自奔波，自讨没趣，自惹伤心。

柳氏心中想念着韩郎，也深怀着忧虑。她想念韩郎好像只凤孤栖，从前所喜爱的回鸾舞曲也不再弹奏了，人生渺茫，幻如烟雾，已往的情缘，“应似飞鸿踏雪泥”，仅仅留下一痕半迹。如果不能团聚，即使韩郎念妾，而妾又怎能有心思梳妆打扮，有勇气生活下去呢？心绪烦乱，更不能想象另行“琴瑟友之”，另外再找归宿。她迫切希望回到韩郎的身边，却又特别担心“水流何日返”，会不会“对面无缘”，终身之许，却成残梦？

韩翃对于柳氏的处境却不能理解，他认为柳氏落在沙府，又已蓄发返俗，这次主动约会，自然并非真心，纵有佳期密约，也不过哄哄自己，徒然使自己增添思念，陷入深重的冤孽之中。但是，柳氏容销色沮，又似乎表明她并不是弃旧投新之人，而其归从沙府却是事实，于是对柳氏的处境产生怜悯之心，感叹她的身世如浮萍漂泊，首如飞蓬，红颜薄命。就这一点，韩翃忽然联想到，柳氏会不会像石崇的宠姬绿珠那样，坠楼自尽？这是历史的教训，应当仔细，不要断送了柳氏的小命，铸成终身悔恨的大错。然而，柳氏的内心究竟如何？黄河的冰面是否可以通行？应当像狐狸那样善听，察知冰层之下有无流水，有无深渊。于是，韩翃抱着试探的心情会见柳氏。

二人会面，柳氏的第一句话是："韩郎来了，真信人也。"韩郎应该是靠得住的人。韩翃的第一句话是："柳姬真个到此，你好多情也。"柳姬车马赴约，似乎银河星桥路通，但是，他猜疑，柳姬原本多情，却是否专情？若果专情，那为什么忍心归从沙氏，使你我分离，一西一东？为了试探，韩翃对柳氏讲了一个《搜神记》中的故事。吴王夫差的女儿紫玉爱上了韩重，父母不许，气结而死，韩重往吊，紫玉阴魂现形，作《南山》之歌："南山有鸟，北山张罗。鸟自高飞，罗当奈何！"讲完故事，韩翃询问柳氏："南山有鸟雌失雄，可如紫玉从韩重？"柳氏听了之后，知道韩郎怀疑自己不能专情，不能殉节。这种误解，使得她的内心十分悲痛而恼怒，她也回敬了《搜神记》中一个姓韩的故事。韩冯之妻很美，被康王所夺，她暗中作诗给韩冯："其雨淫淫，河大水深，日出当心。"意思是说：淫淫雨夜，愁思重重，河大水深，不得往来，死节之志，有如日出中天。韩冯自杀，韩妻坠楼自尽，两人墓生双梓，树枝连理，常栖鸳鸯。讲完故事，柳氏向韩翃表白自己的衷素：妾能与韩郎一见，死有何难。只是"今生难作鸳鸯冢"，但愿韩郎别选高门，"青鸾飞入合欢宫"，勿以妾为念也。柳氏殉情有志，而韩郎态度如何？柳氏也很想试探明白。柳氏问道："向日题诗鲛绡，今尚在否？"在战乱之中能够保存传情信物，其钟情之心态，不辩自明。韩翃随手取出鲛绡，完好无损，鲛绡墨透香浓，诗中柔情无限。柳氏为何问起鲛绡？韩翃误以为柳氏绝情，讨还信物，于是将鲛绡投还给柳氏："不如还你，免致相思。"这信物"带啼痕丝丝染红"，柳氏见信物抛回，心中凉了半截，知重圆再无希望，感觉到"暂相看疑梦中，待来生寻旧踪"。韩翃也想试探柳氏的心态如何，问道："我初时与你的玉合在么？"柳氏应声回答："玉合无恙。"以帕包玉合投还给韩翃："我玉合依然宝色融，做赐玦投伊难再逢。"韩翃知柳氏情怀依旧，岂能就此诀别？便说："就留你处罢了。"柳氏说：妾岂肯像玉合那样两面玲珑？古人投之以木桃，报之以琼瑶。既然你我不能重圆，你投之以玉合，我将无以回报。

韩、柳二人相会必然遭到沙府家奴的阻挠，女奴说："夫人请回，老爷一定有人体访。"苍头说："这相公揩了眼泪，别处去哭。"韩、柳二人不得不结束这次约会。韩、柳的约会，原本是要细诉衷肠，却反而加深了误会。柳氏悲伤告别，就此永诀，往后只有真诚的思念，梦魂的飘荡，历多少碧海青天，关山夜月，马嘶鸡鸣，清霜古道，才能梦中相会。

柳氏去后，韩翃解开玉合，其中用轻素打了一个同心结，玉合内暗封着香膏。柳氏的用意是芳香洁白，永结同心。可是，价值连城的璧玉不能再返，柳氏的倩影也不能再见；辜负了蓝田美玉，玉合的打磨之工只是白费，韩郎对柳氏的用心，柳氏对韩郎的专情也都是白费。“侯门一入深如海，从此萧郎是路人。”韩翃悲恸万分：“只我有去帷之叹，怎能免向隅之悲？好不苦也。”

《投合》一出是全剧故事的高潮，是韩、柳爱情冲突的顶峰。他们在多年失散，长期寻找，偶然路遇之时，应该是两情的拥抱，激情的爆发，爱情的高峰。但是，柳氏陷入沙府这一因素在两情之间筑起了一堵高墙。由寻找、渴望转到隔阂、猜疑、试探、表白、投还信物，以致无可奈何，悲痛诀别。因此，全剧的高潮也就由《道遘》一出移到了《投合》一出。就在这一特定的场面中，互相试探，打了一场激烈的心理战，彻底展现了韩、柳二人出自肺腑的、高于生命的爱情。

韩、柳的故事不是悲剧，就在韩翃有夺妻之痛、向隅之悲的时候，异军突起，转败为胜，完成了大团圆的结局。韩翃的同僚御史中丞许俊，单枪匹马，智入沙府，救出柳氏，归还韩翃；而韩翃的主帅检校工部尚书侯希逸将事情的原委表奏朝廷，公正处置，令他们的爱情有了一个圆满的结局。

全剧的主角是柳氏。她原是李王孙的姬妾，嫁给韩翃，在战乱中又陷入沙府，最后被许俊所救，归还韩翃。这是史传中原有的基本骨架。传奇作者为了在剧本中保持柳氏的纯洁贞操，对李王孙和沙吒利两个人物作了较大的加工改造。剧本中的李王孙不仅仅是疏财仗义的豪侠之士，而且更进一层，超脱世俗，出家修道，只因柳氏未有安排，万贯遗产未得其人，而迟迟未能出家。韩翃的出现，柳氏的钟情，得成就李王孙之夙愿，韩、柳也因而顺利结合。柳氏既葆其童贞，又有感恩知义之德，而无移情别恋之嫌，韩翃也就没有夺人之美的用意。沙吒利是吐蕃归顺大将，有粗豪暴烈之性，将柳氏诱骗到府，使总体情节出现了一个大的波浪，但是却适可而止。作者赋予他孝母与惧妻的性格，使得柳氏落在暴力之中而能保其节操。

全剧波浪起伏，离合悲欢，引人入胜，构成此种情节的因素是安史之乱、韩翃参军、柳氏陷落沙府。全剧又以大团圆为结局，作者安排的内因是韩、柳两情忠贞不渝，任何境遇都不能改变他们的爱情；作者安排的外因是韩翃两次平叛成功，沙吒利孝母惧妻，许俊智取柳氏归韩，最后，朝廷出面协调，封功行赏，结局团圆，皆大欢喜，显然作者企图表现出君主政权经过动乱之后的和谐稳定。

此剧骈辞俪句，典故层出，其语言之华美为后代曲家所欣赏。然而，正因为它典雅有余，通俗不足，使其生动的内涵蒙上一层语言的障碍，令后人难以在舞台上演出。

（张玉奇）

【戏曲家小传】

沈 璟

(1553—1610) 字伯英,晚字聃和,号宁庵,又号词隐生。吴江(今江苏苏州市吴江区)人。明万历二年(1574)进士,官至吏部验封司员外郎。万历十四年上疏请建皇储忤旨,降行人司司副,奉命归里。两年后还朝,擢光禄寺丞。次年,充顺天乡试同考官,录取首辅申时行之子,被劾舞弊,遂告病辞归。家居二十年,专力于戏曲创作及研究,蓄声伎,常与友人切磋,渐次形成了一整套戏剧理论,主要倡导合律依腔、言辞本色之说,并影响了集结在其周围的众多戏曲作家和理论家,因而被称为"吴江派"的领袖。其作品以情节离奇取胜,舞台效果较佳,对后来的戏剧创作有一定影响。写武松故事的《义侠记》传唱较广。亦工散曲,所作多写艳情,喜翻元词,语言朴素纤丽,音律谐婉。曲学论著有《词隐先生论曲》、《南九宫十三调曲谱》、《正吴编》、《唱曲当知》、《论词六则》、《评点时斋乐府指迷》、《南词韵选》等多种,其中《南九宫十三调曲谱》对南曲七百十九个曲牌进行了考订,集南曲传统曲调之大成,为后人制曲和唱曲提供了权威性的规范。作有传奇《红蕖记》、《埋剑记》、《双鱼记》、《义侠记》、《坠钗记》(一名《一种情》)、《博笑记》、《分钱记》、《合衫记》等十七种,总名《属玉堂传奇》。又曾改汤显祖《牡丹亭》为《同梦记》,《传奇汇考标目》别本谓沈氏还曾将汤显祖《紫钗记》改为《新钗记》传奇,故或称十九种。今存前七种。又《十孝》、《分钱》二种尚存散出,余皆佚。另有散曲集《情痴寐语》、《曲海青冰》、《词隐新词》等,均佚,其散曲散见于《吴骚二集》、《彩笔情词》等书。《全明散曲》辑录其小令十七首,套数四十三套,另复出套数二套。今人辑有《沈璟集》。

红 蕖 记

沈 璟

第十三出

【商调引子绕池游】(生上)客途何幸,得与仙舟并。(整衣巾科)把庞儿几番修整,引得他行,秋波一莹,看消除终朝闷萦。

〔生查子〕新月曲如眉,未有团圆意。红豆不堪看,满眼相思泪。

终日擘桃穰,人在心儿里。两朵隔墙花,早晚成连理。 自家因前晚泊舟湘潭,邂逅商女,整整看了半夜。昨日与他的船同行,争奈或前或后,又不得一处停泊。夜半坐卧不宁,今日喜得赶上。又喜他同伴那船分路去了，连那前日女伴，也不见在舵楼上。只见此女在水窗中，时窥半面，或露全躯。多应怀掷果之私[①]，定不学投梭之拒[②]。今晚恰好并船在洞庭湖畔，我的坐处正对着他们水窗。且待他开窗时节，饱看一回则个。（站开科）（旦上）

【前腔】旧愁新病，弱质焉能竞。问柔情许谁堪领？（做开窗见生科）（生看科）（旦微笑，唱）昨日扁舟，还来乘兴，转教人无端闷增。

〔生查子〕娟娟月入眉，整整云归鬓。日晚弄妆迟，帘外初寒紧。斜窥秋水长，软语春莺近。无计奈情何，只有相思分。　奴家新抛女伴，乍惹春心。这船儿同止同行，虽云偶值；那人儿一颦一笑，岂是无因。奴非不解其情，他或未知我意。（长吁科）正是：长有梦魂迷别浦，能无春病系他肠。今晚泊舟在此，不免取出钓竿，假意垂钓，强自排遣便了。（钓鱼科）（生）我看了这半晌，只见他琼英腻雪，莲蕊莹波，露濯舜姿，月鲜珠彩，颜貌较前愈整，船窗比昨尤亲。他故意开窗钓鱼，倒有钩引之意。更喜他爹娘在船上买卖未完，落得恣情窥望。且慢慢挑斗他，多少是好。

【商调过曲四时花】想他春态暗关情，这眉间恨心间事，特地难平。卿卿，凌波步懒心自迎[③]，低鬟敛眉含笑惊。坐来时百媚生，亸垂罗袖，软玉半倾。看那钓钩和钓丝呵，分明是针将线引不住停，恍惚见赤绳[④]，促急里凭谁拴定？却又是竿影带影，丝影手影香影。

【前腔】（旦）睡起不胜情，见舟中客把胸中闷，一霎都平。怜卿，凭栏眉语神暗迎，我娇多几番魂似惊。不由人愁又生，有心和你，将肺腑尽倾。只怕风帆雾桨不暂停，今夜仿佛对玉绳，怎得似双星期定[⑤]。趁云影汉影，山影水影船影。

【集贤宾】（生）他严妆嫩脸花正明，向薄绮疏棂，潮落波平开晚镜。看垂钩纤手偏轻，似红蕖露冷。秋色共长江相映，我专意等，愿你为交甫解珮投琼[⑥]。

呀，此时四顾无人，两目相视。但恐他爹娘知觉，未敢通词。教我如何是好？（想科）我已有计了。行囊中有红绡几尺，或者是天遣良媒。待我剪下尺余，题诗一首。（写科）纤手垂钩对水窗，红蕖秋色艳长江。既能解珮遗交甫，更有明珠乞一双。诗已题完，就把这红绡勾引他的钓竿，看他接也不接。(做钩住红绡科)(旦)只见那生凝思移时，挥毫半晌，又把红绡一段，惹我钓钩。莫非这红绡上有甚言语，待我取来看。(捞起看科)呀，原来是一首诗。(同前念科)奴家看这首诗呵，

【前腔】虽是其中词义不甚明，想说着我坐对窗棂，一似奇葩临宝镜。你这偷花手段须轻，今夜江空月冷，怕甚么渔灯相映。我愁坐等，怎做得轻举飞琼。

【簇御林】(生)把渔矶畔，当雀屏⑦，七言诗，愿结百岁盟。红绡料比牵丝胜。论这萍水相逢呵，何用把冰人倩。(旦沉吟科)(生)觑娉婷，魂迷色动，应解惜惺惺。

(旦)奴家思想起来，他既投我以琼瑶，岂无望报之意。我又不工于刀札，怎伸酬和之情？教我如何是好？(想科)有了。前日曾家妹子所题红笺，他原说我们日后姻缘，或在此诗之上。想天然佳谶，应在那生。待我取出红绡，就把钓丝系定，投与他去。(取出系科)

【前腔】虽没有芙蓉褥，云母屏，这红笺，已订玉版盟，含情叠做同心胜。我将这钓竿投去呵，何用把双鱼倩？(生做窥科)(旦)愧娉婷，只有兰襟蕙思，脉脉自惺惺。(投竿科)(生急接解看)(念"物触"云云)

【缓调黄莺儿】他早是目先成，更将人新句赓。只是语含糊未吐风流性。想他做个哑谜儿与我猜，要我触着他船响，他就开窗接我。因此说道触轻舟乍听，讶江流有声。我的诗说"红蕖秋色艳长江"，这是将花比他，他的诗也说"拾得红蕖香满衣"，不知是就比自己，又不知是比着下官？喜只喜红蕖二字刚相应，这俏魂灵，争如倩女，千里逐郎行。

我且揣着羞脸，手捧红笺，对这小娘子唱个肥喏，见得谢他酬和之意。看他怎么说。(揖科)(旦斜背回礼科)(老旦在内叫)楚云孩儿，天晚了，还不收了钓竿，闭上水窗罢。(生急下)(旦朝内应)妈妈，孩儿就收钓了。(转身云)天那，相见不得亲，不如不相见。奴家遇那生几次，自谓有缘，今日正要说句话儿，又被母亲惊散。好似：

【前腔】扑通通井底坠银瓶[8]，侧楞楞断了碧玉筝，并头莲磣可可摧纤柄。厮琅琅偷香处挂铃[9]，疏剌剌雕鞍撒锁鞓。眼睁睁拆散鸳鸯颈。我如今无可奈何了。只是听他语言，想亦长沙之产。观其举止，料非庸众之流。虽在尘埃，自能物色。且将他这红绡，系在臂上。（系科）万一爹妈问及，只得从实说知。那时倩人议姻，倘遂吾愿，不枉了这场奇遇也。为这美前程，（指臂科）把娇红系定，点点似守宫凝。（开窗长叹科）

烟笼寒水月笼沙，绛缕初封玉臂纱。

花正开时遭雨打，月当明处被云遮。

〔注〕 ① 掷果之私：南朝宋刘义庆《世说新语·容止》引晋裴启《语林》："安仁（潘岳）至美，每行，老妪以果掷之满车。"又《晋书·潘岳传》："岳美姿仪……少时常挟弹出洛阳道，妇人遇之者……投之以果，遂满车而归。"后用以形容女子爱慕美男子。 ② 投梭之拒：《晋书·谢鲲传》："邻家高氏女有美色，鲲尝挑之，女投梭，折其两齿。时人为之语曰：'任达不已，幼舆（谢鲲字）折齿。'"后多用以喻男女情事，表示拒绝。 ③ 凌波步：语出三国魏曹植《洛神赋》。赋中描写了一位女神的绝世姿容，其中有"凌波微步，罗袜生尘"句，后用以形容美女或女神优雅轻盈的举止。 ④ 赤绳：典出唐代李复言的《续玄怪录》。少年韦固想娶妻，媒人约他于龙兴寺见面。韦固清晨便去，见一位老人坐在寺阶查看书册。询问之下，得知书册为天下人婚姻册，老人布囊中是"赤绳子，以系夫妻之足"，不论贵贱恩仇，相隔远近，"此绳一系，终不可逭"。后用以比喻姻缘。 ⑤ 双星：即牵牛、织女二星，相传双星一年才能相见一次，每年七月七日便是牵牛织女聚会之夜。后用以形容分隔两地的夫妇或爱侣。 ⑥ 交甫解珮：旧题汉刘向《列仙传·江妃二女》："江妃二女者，不知何所人也。出游于江汉之湄，逢郑交甫，见而悦之，不知其神人也，谓其仆曰：'我欲下请其佩。'……遂手解佩与交甫。"后用以比喻男女相爱，赠物传情。 ⑦ 雀屏：《旧唐书·高祖大穆皇后窦氏传》："（窦后父）为（窦后）求贤夫，乃于门屏画二孔雀，诸公子有求婚者，辄予两箭射之，潜约中目者许之。前后数十辈莫能中，高祖后至，两发各中一目，……遂归于我帝。"后用为选婿之典。 ⑧ 井底坠银瓶：《乐府诗集》有南朝齐释宝月《估客乐》诗云："莫作瓶落井，一去无消息。"后借指去后音信全无。 ⑨ 偷香：事出《世说新语·惑溺》。韩寿长得很英俊，贾充的女儿爱慕他，暗中与他私会，并把皇帝赐给贾充的异香偷赠给韩寿。后来贾充发现，便把女儿嫁给他。后用以喻指男女私情。

《红蕖记》全名《十无端巧合红蕖记》，其本事出于唐代薛莹的传奇《郑德璘传》，是沈璟的第一部传奇作品。故事以唐朝郑德璘与韦楚云的爱情为主线，同时穿插秀才崔希周与曾丽玉的姻缘作为副线，两条线索交叉并行，又环环相扣，互为因果。故事叙述郑德璘到江夏探亲，在洞庭湖上窥见邻舟韦氏女楚云，爱慕其美艳，遂以一尺红绡题诗相赠；楚云也以红笺诗投报。其实红笺诗乃是秀才崔希周因拾得一束红芙蕖（荷花）有感而作，被楚云偶然得到，因而促成郑、韦二人相爱。后经历种种波折及巧合，在洞庭龙王的帮助下，德璘与楚云、希周与丽玉两对有情人终结为眷属。两桩姻缘虽遭遇迥异，但皆因红蕖作合，故名《红蕖记》。

此处所选之第十三出，《群音类选》题作"勾引水窗"，描写的正是郑德璘与韦楚云水窗垂钓、互赠红绡、红笺传情的情节。

古代的大家闺秀，大门不出二门不迈，几乎与绣楼之外的世界隔绝，小姐书生之间的爱情发展，就不得不借助燕子衔书、丫鬟传信来穿针引线，第三者的力量往往成为左右爱情成功的关键。而在《红蕖记》中，沈璟却大胆地安排男女主角于风景如画的洞庭渔船上隔窗相望，眉目传情进而互赠信物，其行为完全摆脱了封建道德的束缚，这样的情节无疑给人以耳目一新的感觉，也反映了作者对男女爱情的肯定态度。

清代戏曲家李渔曾对传奇做过这样的阐释："古人呼剧本为'传奇'者，因其事甚奇特，未经人见而传之，是以得名。可见非奇不传。新，即奇之别名也。若此等情节，业已见之戏场，则千人共见，万人共见，绝无奇矣，焉用传之？是以填词之家，务解'传奇'二字。"沈璟的戏曲创作，就始终贯彻了求新求奇的原则，十分重视情节的曲折性和关目的巧妙新奇。本出关目即已体现了这一创作特色，安排可谓针线缜密。前面有崔希周题诗投红笺，丽玉拾笺赠楚云作为伏笔。本出中楚云与德璘隔舟相望，德璘欲试探佳人是否有意，以题诗红绡勾引钓竿，而楚云不工笔札，无法酬和，眼看似到山穷水尽处，情节不能发展，然而峰回路转，楚云自然想起将丽玉所留红笺赠予德璘。道具的反复出现不仅与前文照应，将主副线四位主人公串连起来，更增强了结构的严谨紧凑，推动了情节的发展。再如本出结尾，德璘与楚云心意互知，正要倾诉衷肠，却被韦母一声呼唤惊散，爱情的发展戛然而止，与前面互赠信物的柔情蜜意相互映衬，使情节一波三折，扣人心弦。沈璟的学生吕天成评价该剧道："着意铸熔，曲白工美，郑德璘事固奇，无端巧合，结撰更异。"(《曲品》)

古代戏曲注重意境美，沈璟对于环境与剧情的安排也十分讲究。"勾引水窗"这出戏为观众展开了一幅静谧美妙的画卷：新月娟娟，渔火点点，"云影汉影，山影水影船影"映衬着佳人的"竿影带影，丝影手影香影"，使德璘、楚云的爱情世界亦真亦幻，恍若仙境。一切景语皆情语，湖光山色的美景正细腻地刻画出二人"眉语神暗迎"，"有心和你，将肺腑尽倾"的浓情厚意。

美中不足的是剧中"云影汉影"诸影堆叠，煞费经营，又大量运用"掷果"、"偷香"之类的典故，难免有刻意造作之嫌。显然是受绮丽精雅文风的影响，讲究字雕句琢，词藻华美。王骥德在《曲律·杂论下》中评曰："《红蕖》蔚多藻语。"沈璟本人也承认这部传奇"字雕句镂，止供案头耳"。对楚云"琼英腻雪，莲蕊莹波，露濯蕣姿，月鲜珠彩"的姿容描写，固然表现了楚云的美貌，也符合郑德璘"明经上第"的书生出身，但措辞老套，实是工而无味。

不过沈璟提倡"场上之曲"，其剧作也十分注重场面设计的丰富性和可观性，因此，本剧决非仅供案头阅读之作。古代戏曲不用布景，依靠演员上下场划分场次，用演员的唱念做打表现人物性格心理和情节发展。本出中水窗垂钓、红绡题诗、勾惹钓钩、回赠红笺这一系列科范可视性极强，令观者津津有味，使仅有男女主角二人的场面并不显得单调。

"勾引水窗"这出戏，为观众展开了月光如洗、山水如画的优美场景，德璘与楚云互赠信物，大胆追求美满爱情。尤其是楚云，由羞涩矜持、眉目传情到主动投竿递笺，感情炽烈而质朴，显然是对封建礼教和婚姻制度的挑战与否定。场上虽只有生、旦二人，但科介丰富、曲白优美，情节跌宕离奇，观赏性很强。在作者的创作中，《红蕖记》占有重要的地位。

（董玉洪　朱万曙）

博　笑　记　　　沈　璟

第五出　乜县丞竟日昏眠（一）[①]

【双调过曲普贤歌】（小丑扮官上，唱）钦承恩命到崇明，耳又聪来眼又明。问来不做声，摸来不见形，人说县丞常好睡。

（末上）阿呀，老爹，倒了韵了[②]。（小丑）哇！狗才，老爹昨日才到任，你说这般不利市的话。叫手下，拿去打。且问你叫什么名字？（末）小的是蒋敬。（小丑）快打。呀，一个人也不来，老爹自家行杖。（咬末介）（末走下介）（小丑）蒋敬这等可恶，禀了大爷[③]，革了他罢。（小生扮秀才上）何故入公门，其接也以礼。（净扮家人持帖上）官人若做官，进县人站起。（小生）送帖儿进去。（净）是了。（介）家主拜访。（小丑看）（白）治侍教生长铁顿首拜。（净）如今都用古折柬，不用长帖[④]。（小丑）你每家主姓长么？（净）我家主唤做张铁，不唤做长铁。（小丑）是我眼昏，看差了。请，请，请。（净）家主有请。（小生进介）（小丑）老丈请。（小生）父母请上，拜贺。（小丑）免拜。（小生惊看介，背白）有些可怪阿。作揖了。（小丑）多劳。（小生）薄礼。（送帖介）（小丑看）（白）谨具小书一部，帕金三星将敬。呀，你元来就是蒋敬。你跑得去，好阿！（小生）写了贺字，只怕不肯受，故此只写将敬。（小丑怒白）胡说，手下拿他下去。（小生）唗，谁敢拿！（径走出）（白）是个癫的，不要计较他。仰天大笑出门外，吾辈岂是蓬蒿人[5]。（冷笑下）（净）你多大的官儿，要拿我每家主。见鬼了。（小丑）叫手下拿住他。替我蒋敬的打罢[6]。（末上）嗄！（拿介）（小丑自行杖介）（末）一五，一十，十五，二十。（小丑）拶起来。（末）嗄！（介）（小丑）带在一边。（打盹介）（丑扮官上）（杂扮家人跟上）

【前腔】（丑唱）崇明城内有名声，县佐诸公谁不敬。（杂）闻知新县丞，诸人都去迎。（丑）今日来迟无伴等。

（杂）有人么？（末）那个？（杂）乡宦拜贺。（末）老爹，新任老爹是个癫的，又在里面打人乱嚷，倒不劳进去罢。（丑）既如此，收好了帖儿。（末）晓得。（丑）何须亲口回不在，（杂）只要阍人写到厅。（末）晓得了。（丑）正好，正好。回去打盹。（与杂同下）（末）老爹。（小丑惊醒）（白）怎么说？（末）有一位乡宦来拜。小的说老爹打盹，他就去了。帖儿在此。（小丑）是个知趣的好人，我吃了饭，就去拜他。你也伶俐，我把这花脸的人[7]，赏你领去卖放了罢。（末）老爹，这是学里相公的家人，老爹打差了他，该送去请罪才是。（小丑）既如此，先放了他，待我拜过乡宦，就去请罪。（末）嗄！晓得了。

（小丑）蒋敬拿不着，（末背白）谁知在面前。

（小丑）张兄难见怪，乡宦或相怜。

（末）大官，上覆你每相公，不干我事，休要怪我。（净）与你什么相干，且回去看相公怎么说。（哭下）（末）不曾见这样好笑的事。（下）

第六出 乜县丞竟日昏眠（二）

【越调过曲梨花儿】（丑更衣上）今朝曾经县里去，睡犹不醒眼模糊。回来正遇午饭熟，也么嗏，吃得饱来睡得足。

吃饭不眠，不着两边。吃饭不睡，不着两腿。叫小厮。（净上）来了。（丑）有人来拜，只说不在。（净）是了。收下帖儿，推出门外。（丑）好儿子，改日有赏。（净）就现赐了罢。（丑）唗！（净出介）（丑睡介）（小丑领末上）

【前腔】(小丑)新任连朝太碌碌,(末)连咱皂隶也忙促。(小丑)特来回拜乡宦府,也么嗏,只在戏场三五步。

(末)到了。(小丑)送帖儿。(末)嗄,有人么?(净)那个?(末)新任乜老爹帖儿在此。(净)少待。禀老爹,乜县丞老爹来拜。(丑)前厅请坐,待我进去穿大衣服[8]。(下)(净)嗄,请老爹前厅请坐,家主穿了大衣服出来。(小丑)晓得了,从容些。(坐介)(打盹介)(小丑)我是尹字少半撇,他是乜字少一竖。若逢副末拿磕瓜[9],两个大家没躲处。请了。(净摇手)(白)乜老爹睡着了。(丑)不要惊他。有兴,我也对了他打盹。(介)(末、净随意问话介)(小丑)这是那里?我怎么倒在此间?呀,对面的是谁?(末)对面的是乡宦老爹,这是他家里。老爹坐着,候他出来,就睡去了。他又不敢惊动,也在此打盹。(小丑)既如此,我怎么好惊动他。再睡。(末、净低唱)

【北双调清江引】古和今不曾闻他这一对。对面沉沉睡,睡着不得醒,醒了还如醉。醉人呵怎如他昏到底。

(丑醒白)呀,昨日那乜老爹来拜,怎么今日还在这里?(净)如今是酉牌时分,还是今日哩。(丑)他既睡着,怎么打动他。我也再睡。(净、末低唱)

【幺篇】醉人呵怎如他昏到底,底事常如醉?醉人有日醒,醒者翻常睡。睡魔神不离他双目里。

(小丑醒白)呀,天晚了。(末)晚了。(小丑)乡宦老爹正睡着,我去罢,改日再来。(净)多慢老爹。(小丑)多拜上。(净)谢拜上。

【幺篇】(小丑)有良言要伊特拜启。(净)有何说话?(小丑)莫道咱相戏,若还少睡时,请我来家内。我是补心丹枣仁和枸杞[10]。(与末同下)(丑醒)(白)呀,乜老爹那里去了?(净)等得不耐烦去了,说改日来拜。(丑)还有什么呢?(净)他说道:

要求少睡时,请到乡村内。

此时二三月,大家看狗起[11]。(介)

(丑)哇!也来打诨。(俱下)(末上)乜县丞事演过,虎叩门事登场。

〔注〕 ① 乜(miě)县丞:乜,睡眼蒙眬的意思。作者用作县丞的姓,含有讽刺意味。县丞,古代县令的佐官。 ② 倒了韵了:上面这支【普贤歌】,前面的"明"、"声"、"形"押庚青韵,而最

后的"睡"却是置韵，所以说"倒韵"。"倒韵"谐"倒运"，因此下面说"不利市"。 ③ 大爷：这里指县令。 ④ 折柬：打折的柬帖。长帖：长方形的柬帖。二者形状不同，而不是长短之分。⑤"仰天"二句：这两句引自李白《南陵别儿童入京》诗。蓬蒿人，指默默无闻在草野间终其一生的人。 ⑥"替我"句：原意为替我打"蒋敬"，而蒋敬误听为要他打"净"，所以答应"嗄"。⑦ 花脸的人：指扮家人的净，净涂花脸。 ⑧ 大衣服：礼服。 ⑨ 磕瓜：宋金院本有末、净等脚色，末可用磕瓜打净。元李伯瑜【小桃红】《磕瓜》小令，及杜善夫《庄家不识勾阑》散套，均有具体描写。 ⑩ 补心丹：中医宁心益智的丹药。枣仁，即酸枣仁，有清心养神的药效。枸杞，主治肾经虚损，眼目昏花。 ⑪ 狗起：净误把"枸杞"听成"狗起"了。按：二者谐音。

中国戏曲虽然成熟于宋元时期，它的若干艺术因素却经历了一千多年的萌芽与酝酿。就喜剧而言，可谓源远流长。远自公元前五、六世纪，宫廷中就曾豢养一批俳优，以扮演滑稽人物供王公大臣取乐，有时还在滑稽调笑中寓以讽谏之意。秦汉时期，俳优之风更盛。南北朝至唐的参军戏，则让装官的参军在苍鹘的挑逗之下出尽洋相，演出一场场令人发笑的短剧。至宋金杂剧喜剧色彩更为浓厚，甚至有人认为以插科打诨为其职能的"副末、副净"二色为"古剧中最重要的角色"。然而，作家有意识地创作喜剧，并明确宣言以博观众一笑为目的则是晚明以后的事，沈璟就是其中突出的代表。他从王同轨《耳谈》取材，编排了十则不相关联的可笑故事为戏剧，总名之为《博笑记》。《乜县丞竟日昏眠》(原剧无出名，其名为后人所拟)就是其中最好的二出小戏，作者以误会、对比、夸张等基本手法，创造了一连串的喜剧场面，令人捧腹不已。

乜县丞上任，高兴地唱起小曲。趾高气昂的县丞唱"倒了韵"，被县役蒋敬指出后，他误认为蒋敬说他"倒运"，把蒋敬打跑了。秀才张铁来拜访，乜县丞却把柬帖上的"张铁"读为"长铁"，看见礼单上有"将敬"两字，他又认为这个秀才就是"蒋敬"，叫手下人把他抓起来。这里利用谐音、读错字、误解词义等表现手法插科打诨，富有喜剧性。从更深层意义上说，这里的喜剧性来自于对比，来自于不协调。车尔尼雪夫斯基说过："只有当丑力求自炫为美的时候，丑才变为滑稽"，并认为滑稽是"自在的空虚和无意义以假装有内容和现实意义的外表来掩盖自己"。新上任的县丞得意扬扬，故作风雅，然而却唱错了韵，而且不学无术至连"张铁"两字都不识，"将敬"两字都不解。内在的动机和外在效果构成了强烈的反差，多么的不协调。作者以嬉笑怒骂的态度，揭开了人物的伪装，把人物丑恶的姿态，穷形尽相地揭露出来。黑格尔说："任何一个本质与现象的对比，任何一个目的因为与手段的对比，如果显示出矛盾或不相称，因而导致这种现象的自否定，或是使对立在实现之中落了空，这样的情况就可成为可笑的。"正是在这一点上，乜县丞的言行产生了浓烈的喜剧性。

上面的喜剧性只是前奏，高潮还在后面。

乜县丞去拜访乡绅。那个乡绅进去换衣服，他在前厅上等候，一会儿睡着了。那个乡绅也是"睡犹不醒眼模糊"，出来一见县丞睡觉，也跟着睡着了。就这样，他们互相不敢惊动对方，醒了再睡，直至黄昏竟没有交谈一句话。一个是"诸人都去迎"的县丞，一个是"崇明城内有名声，县佐诸公谁不敬"的乡绅，然而与外在的名声相反，内在的心性是一样的昏庸糊涂，作者把这种名实颠倒的现象无情地撕破给人看，加以尽情的嘲弄。从唱倒了韵，到读错了字，再至"对面沉沉睡"，作品层层加码，极度夸张，把人的行为出人意料地描写到极端，突出了乜县丞昏聩的本质，使观者"靡不仰面绝缨，掀髯抚掌"，产生了强烈的喜剧效果。

明吕天成在《曲品》中说《博笑记》"杂取《耳谈》中事谱之，多令人绝倒"，观乜县丞之事的确让人捧腹不已。喜剧不能没有笑，没有笑就不是喜剧。果戈理在谈到他的喜剧《钦差大臣》时说："在我的剧本里，……有一个正直高尚的人，他始终在剧中活动着，这个人物就是笑。"《乜县丞竞日昏眠》这场戏正是通过乜县丞的自我表演，暴露其可笑可鄙的丑恶形象，引起观众的阵阵嘲笑。《乜县丞》几乎全是净、丑出场，戏剧中没有一个正面的角色，正是笑——美的化身体现了作者的倾向态度、观众的审美评价，在笑声中激起了对愚蠢颟顸的县丞的嘲讽。作者寓针砭于幽默笑乐之中，"可叹可悲之意，又未始不悉寓之间"，让观众真切地看到晚明官僚地主阶级庸俗无聊的精神状态。

（耿传友 朱万曙）

义侠记 沈 璟

第四出 除 凶

【商调过曲水红花】（净、末扮猎户上）官司悬赏有明文，捕山君[①]，看看着紧。咱们猎户受灾迍[②]，枉艰辛，徘徊难进。退则恐违严限，进又恐亡身。算来总是命难存也啰。

（末）我们是阳谷县猎户。只为景阳冈上有一吊睛白额虎为害，本县太爷立限与俺们，务要捉获。但此虎猛恶异常，俺们如何拿得？（净）哥，俺们只得穿着虎皮，伏在岭下。各处多摆些窝弓药箭，待他自来纳命便了。（末）说得有理。正是：路狭难回避。（净）官差不自由。（隐下）（生上）道傍车马日缤纷，行路悠悠何足云。未知肝胆向谁是？令人却忆平原君[③]。俺武松久住柴皇亲庄上[④]，欲投宋公明去[⑤]。恐他到此，又等了几日。如今只得别了皇亲，打听宋兄消息。就往阳谷县,寻俺哥哥走一遭去也呵。

【北双调新水令】老天何苦困英雄,二十年一场春梦。不能够奋云程九万里,则落得沸尘海数千重。浪迹浮踪,任乌兔枉搬弄。

说话中间,早来到景阳冈下。行路饥渴。这里有个酒肆,酒望子上写着[⑥]:三碗不过冈。这怎么说?且进去少坐一回。酒保那里?(丑应上)酒,酒,酒。有,有,有。赊,赊,赊。走,走,走。客官,里面请坐。(生)且问你,怎么唤做"三碗不过冈"?(丑)客官,俺这里造得好酒。人若吃了三碗,就醉倒了,上这景阳冈不得。因此唤做"三碗不过冈"。(生笑科)待俺吃上十来碗,看过得冈过不得冈。(丑斟酒科)我这里只有一样牛肉,只怕不中吃,用得些么?

【折桂令】(生)又何须炙凤烹龙[⑦],(以下一句一碗)鹦鹉杯浮,琥珀光浓。却不道五斗消酲[⑧],三杯合道,自有神功。(丑)你吃过十二三碗了,就在此宿了罢。(生醉唱)何用你虚担怕恐。俺偏要去。(走科)(丑扯云)还了俺酒钱,俺有话对你说。(生背云)前日柴大官人送的盘缠,一路用来,剩不多了。酒保,连这包儿与你罢。好教人羞杀囊空。你还有什么话?(丑)你看前面榜文,为这冈上,有一吊睛白额虎为害,但有单身客人,不许过冈,恐伤性命。(生做醒科,怒云)不说猛虎,俺便不去也罢。若说有虎为害,不觉精神抖擞,毛发倒竖,一定要去拿他。(丑)看你不出,倒是一个吃老虎肉的。俺劝你,性命还是值钱的,不去罢。(生走科)嗳,按不住恶气忡忡[⑨]。(丑扯科)(生推丑一筋斗科)则是行色匆匆。(丑)他自要去送性命,干俺甚事。各人自扫门前雪,休管他家瓦上霜。(下)(生醉走唱)趁着这落日熹微,醉眼的这矇眬。

已到冈子上,为何不见什么大虫?这厮们都是胡说,连那官府榜文也是混账。酒涌上来,待俺少睡片时。(做半睡科)(内做虎啸)(生醒科)呀,果然有个大虫来了。(虎跳上科)

【雁儿落】(生)觑泼毛团体势凶,(棍打在树上折科)呀,这狼牙棍先摧迸。(内鸣锣)(生略住口)(虎三扑)(生三躲科)俺这里趋前退后忙,这孽畜舞爪张牙横。(内又鸣锣)(生又住口)(虎三扑生三躲科)

【得胜令】呀，闪得他回身处扑着空，转眼处乱着踪。(拿住虎打科)这的是虎有伤人意，因此上冤家对面逢。(内又鸣锣)(生又住口)(虎又扑)(虎挣脱走科)你要显神通，便做道力有千斤重。(拿住虎打死科)你今日途也么穷，抵多少花无百日红，花无那百日红。

虎已打死了，且乘这酒兴，往前去罢。(净、末穿虎皮跳上)(生)呀，又有两个来了，俺今番死也。

【沽美酒兼太平令】则索逞余威斗晚风，逞余威斗晚风。(净、末行走科)(生)呀，则见双举步两挪踪。(净、末)咄，你是人是鬼？敢在此独行！(生)俺是盖世英豪唤武松。(净、末)你曾遇虎么？(生)试言他凶猛，(净、末)你试说一遍。(生)负隅处恁威风。(净、末)咦！(生)身一扑山来般重，(净、末)咦！(生)尾一剪钢刀般横。(净、末)咦！(生)一声高千人惊恐，(净、末)咦！(生)数步远众生含痛。(净、末)咦，你怎么不被他害了？(生)俺呵，凭着这胆雄，气雄，空拳儿结果了这大虫。(净、末)咦，如此多谢了壮士。(生)呀，教众口将咱称颂。

(净、末)好教壮士得知，俺们是阳谷县猎户，官府立了限期，要拿这大虫。又近他不得，只得摆下窝弓药箭。在此等候。既然壮士打死了他，如今在那里？(生)你们跟了来。(走回科)(净、末远望怕科)

【鸳鸯煞】(生)早难道岩前虎瘦雄心横，(净、末)这等一个大虫，被你精拳头[10]打死了。就是卞庄、存孝[11]，也不如你。(生)俺笑那卞庄存孝皆无用。(净、末)如今你来得，去不得了。(生)怎么说？(净、末)少不得送你到县里去领赏。(生)俺本是逆旅经商[12]，谁想着奏绩呈功。(净、末)一定要你同去。(生背云)少不得要往阳谷县寻俺哥哥，便同去罢。(转身云)俺去是要去，则怕那六巷三街，前遮后拥，沸沸扬扬，教人道阳谷县没人拿得这虎，被清河县人打死了。(净、末相对)真个羞。(生)把阳谷人讥讽。(净、末)壮士，你是天下豪杰，也教阳谷县人认你一认。(生)罢，罢，罢。(走科)只得相从，怎当得他们恁趋捧[13]。(下)

(净)壮士先去了,待俺打这虎几拳。(末)死的打他怎的?(净)是这等只会打死虎的。(抬虎下)

〔注〕 ① 山君:老虎。旧以老虎为山兽之长,故名。 ② 灾迍(zhūn):灾祸患难。迍,迍邅,谓处境困难。 ③ 平原君:即赵胜。战国时赵武灵王之子,惠文王弟。三任赵相,有食客三千。曾采纳食客毛遂建议,联合楚、魏,破秦救赵。此处以平原君暗指宋江。 ④ 柴皇亲:指柴进。因其先祖为周世宗柴荣,宋帝赐有丹书铁券,故称。 ⑤ 宋公明:宋江字。 ⑥ 酒望子:古时店铺中悬挂的布招。 ⑦ 炙凤烹龙:比喻烹调珍贵菜肴。 ⑧ 消酲(chéng):解醉。酲,酒醒后所感觉的困惫如病状态。 ⑨ 忡忡:冲冲。 ⑩ 精拳头:赤手空拳。 ⑪ 卞庄:即卞庄子,或称管庄子、卞严子。春秋时为鲁国卞邑大夫,以勇力驰名,传说有刺双虎故事。存孝:本名安敬思,后唐李克用义子。《五代史平话》载李克用雁门打猎遇虎,存孝奋勇打虎,因此为克用所赏识。元陈以仁有《雁门关存孝打虎》杂剧。 ⑫ 逆旅:客舍。 ⑬ 恁趋捧:恁,如此,这样。趋捧,亦作趋奉,奉承,奔走讨好。

《义侠记》是明代著名戏曲家沈璟的一部力作。全剧共三十六出,取材于《水浒传》中"武十回"故事,涉及武松景阳冈打虎、杀嫂、结识孙二娘夫妇、醉打蒋门神、血溅鸳鸯楼等情节,最后以梁山泊好汉受招安,武松夫妻完婚这两大喜事作为结尾。此剧内容兼及市井生活和英雄传奇两个方面。

写"市井细民"生活,作者取批判现实态度,"命意皆主风世"(吕天成《〈义侠记〉序》)。《义侠记》再现了当时的社会生活,对处于社会下层的卖炊饼的武大郎、卖梨的郓哥等善良的小人物表示了极大的同情,为他们的不幸而不平。同时,对社会政治的腐败和道德的沦丧作了深刻的揭露。作者刻画了西门庆、潘金莲、王婆、张团练、张都监、蒋门神之流的丑恶嘴脸,给他们以尖锐的批判和辛辣的讽刺。

写英雄传奇,本剧一面突出武松洁身自好,不与丑恶为伍的高尚品格,一面凸现他嫉恶如仇,快意于翦除人间罪恶的壮举。尽管较小说《水浒传》来说,沈璟在此剧中有点缀太平之意,有心将武松性格中的叛逆成分淡化,突出其"忠义",但这部戏以其情节的曲折、场面的生动、语言的晓畅,实践了沈璟反对"案头之作",倡导"场上之曲",重视"本色"的戏曲理论。因此甫一问世,便出现了"吴下竞演之"的空前盛况。几百年以来,演出者或直接搬演,或以其为底本进行改编,影响广泛。

《除凶》是《义侠记》的第四出,源于《水浒传》第二十三回"景阳冈武松打虎",可划分为三个层次。

从开始至酒保(丑)的道白"各人自扫门前雪,休管他家瓦上霜",为第一个层次。在这个层次中,猎户们有关景阳冈上吊睛白额大虎为害乡里的议论,引出了戏剧事件。紧接着，主人公上场。武松的独白，显现了一个侠肝义胆的热血壮士形象；【新水令】中“老天何苦困英雄”几句唱词，不仅道出了主人公处于黑暗势力下有志不能伸的愤懑之情，而且抒发了他希冀有朝一日展鲲鹏之志，一举冲天的凌云壮志。如果说独白和唱词展示人物形象还停留在浅表层次上的话，那么接下来主人公与酒保的一场戏，就将一个立体的、活生生的英雄形象完整地展示给人们：在听了酒保“三碗不过冈”的解释后，武松“不觉精神抖擞，毛发倒竖”，一定要去打虎，尽管酒保极力劝阻，但武松还是义无反顾地踏上“除凶”之路，一个“扯”，一个“推”字，就将武松为民除害的毅然决然的神情和盘托出。

第二个层次从“则是行色匆匆”到“虎已打死了，且乘这酒兴，往前去罢”。这个层次虽然很短，但却是全剧的高潮所在：紧张的打虎场面，伴随着紧密的锣声，更显得惊心动魄。棍棒“打在树上折”这个舞台动作，显示出武松始遇虎的吃惊和紧张状态；二次“虎三扑，生三躲”，一方面表现了虎之凶猛异常，另一方面也显现了武松的机智灵活、沉着应战；当两个相关舞台指示“虎又扑，虎挣脱走科”出现时，人们明显感到猛虎此时已经技穷，武松胜利在望；“拿住虎打死”这套动作与后面武松的唱词，再一次将一个决不放虎归山，除恶务尽的斗士形象呈现给人们。

“净、末穿虎皮跳上”后为第三个层次。此层次与第一层次的开始相呼应，以猎户与武松的一系列言谈及相关动作结束了此出戏，借人物对话，进一步渲染突出了武松勇武而不屑于虚名的高大形象。

纵观整出剧情，人们当为作者的精心结构而折服，为其笔墨运筹之妙而叹为观止。

作者是按情节发展顺序来谋篇布局的，在展开情节过程中，时而浓墨重彩，时而惜墨如金，使剧情富于曲折变化，如白云出岫，行于所当行，止于所当止。本剧的核心情节是第二层次的“武松打虎”，但作者并没有花重墨在这个部分，整个打虎过程，除了两支曲子（【雁儿落】、【得胜令】）和几句独白外，只剩下几个简短又重复的舞台动作。相反，作者却将大量的笔墨用在打虎前后所发生的一切的描述上。通过大力渲染打虎前猎户的谈虎色变和酒保对武松上山的极力劝阻，来体现他们的极度恐惧心理，进而达到突出虎之凶猛的目的，为武松打虎设下悬念。在打虎后，通过猎户惊愕无比的言谈举止，凸现他们对英雄的敬畏和因恶虎已除欣喜若狂的心态。这样的结构安排，颇具“烘云托月”的艺术效果，让欣赏者在经历了疑虑——紧张——兴奋——释然的心灵历程后，感受到勇者无畏的人格魅力，并从中体味崇高的审美境界。

其次，本出戏结构的对比意味相当强烈。全出戏可以说是由多重对比构成：猎户因畏虎而"徘徊难进"与武松胸怀大志，"奋云程九万里"形成对比；酒保畏虎至极与武松闻虎而"精神抖擞"形成对比；吊睛白额大虎的凶猛与武松的英勇无敌形成对比；猎户在老虎被打死后的惊诧和"趋捧"与武松的不以为然形成对比……这样的多重对比，一而再、再而三地渲染并凸现了武松的胆魄和壮举。

众所周知，沈璟以反对"案头之作"，提倡"场上之曲"而著称。他善于创作出适合舞台演出的剧本。在《除凶》这出戏中，最为人称道的当数"武松打虎"那个场面的描写。在这个场面中，唱、念、做各种表演手段俱运用得法。武松的唱、念之辞短促有力，与"虎三扑，生三躲"等舞台动作相配合，时断时续，再加以"内又鸣锣"的音响效果来烘托人虎搏斗，气氛更显紧张。然而，这种紧张，不是纷乱无序的，而是层次分明，安排适当：始遇虎，武松手忙脚乱，以致棍棒折断，其唱词也与这种紧张心情相一致："俺这里趋前退后忙，这孽畜舞爪张牙横。"当他奋勇打死老虎后，其唱词就显得欢快、幽默："你今日途也么穷，抵多少花无百日红，花无那百日红。"

本出戏的语言，亦很有特色。在道白和唱词的设计上，作者不仅做到了明白晓畅，而且做到了符合人物的个性特征。例如：酒保的言语风趣幽默，显示了一个看惯江湖世事，表面上玩世不恭，内心却具有济人热忱的善良人的性格。武松的语言文白相间，雅言庄重，俗语诙谐，但合情、合理、合境，从各个不同的角度折射出英雄视险阻如草芥的大无畏气概。　　（王　平　朱万曙）

义侠记　　　　沈　璟

第八出　叱　　邪[①]

【中吕过曲缕缕金】（小旦上）痴男子，假妆乔。我馋涎垂一缕，怎生熬。今日来家后，用心引调。恁从他铁汉也魂消[②]，须落我圈套，须落我圈套。

奴家一见武二，就看上了他。常把眼角传情，话头勾引，他却撇清妆假，只做不知。可恼，可恼。今日待他回来，好生打动他则个。（生大帽色衣銮带上）

【中吕引子菊花新】挥汗归来罢晓衙，何日成名得建牙[③]？（小旦迎见科）叔叔，今日回来得早。（生揖唱）嫂嫂，我无事早还家，问兄长可曾歇下？

(小旦)你哥哥还早哩。请叔叔里面坐罢。(生)嫂嫂请。(小旦闭门科)(生随行科)(小旦)叔叔,脱了汗透的衣服,凉快些好。(与生解带科)(生走开)(白)我不热。(小旦)奴家浸得一壶凉酒在此,与叔叔饮三杯。(生)待哥哥同吃罢。(小旦)那里等得他。(斟酒科)叔叔,满饮此杯。(生)生受嫂嫂[4]。(小旦)后生家吃个成双杯。(又斟科)(生)我吃就是,不劳嫂嫂多说。(生另斟科)武二回敬嫂嫂一杯。(小旦)多谢叔叔。今日没人在此,奴家有句话。(笑唱)

【中吕过曲古轮台】要问伊家,闻你东街背地恋烟花。缘何不说知心话,携来家下?(生)我是风虎云龙,怎肯去平康走马[5]?(小旦笑唱)客邸孤单,少年狂放,只怕你心头不似嘴喳喳。(生)嫂嫂,我原非虚话。(小旦)我只是不信。(生)不信时待兄长还家,把咱行事试将他问,可知真假。(小旦)哎,休说那冤家,这风流话,若他知道我怎嫌他。(生背唱)

【前腔换头】嗟呀,教我悬望巴巴。这时节还不见兄归,嫂嫂,且消停杯斝[6]。天气炎蒸,(欲走科)向门外临风潇洒。(小旦扯云)叔叔且住。(背唱)事到如今,机关用尽,怎肯轻轻便撇下?(笑唱)叔叔,且同消夏,却怎生忒不撑达[7]?(生)只为奔驰劳顿,心慵意懒,好难禁架。(小旦斟酒先饮半杯)(对生唱)叔叔,此意你知么?伊休诈,把这杯残酒饮干咱。(生夺酒一泼科)(怒唱)

【扑灯蛾】嗳,怪伊忒丧心,怪伊忒丧心,羞惭总不怕。有眼睁开看,把武松特地详察也。我是含牙戴发,况先人清白传家,怎生教败伦伤化。(怒云)嫂嫂,你快不要想这等勾当。倘有些风吹草动,我眼里认得是嫂嫂,拳头却不认得。我非夸,自从打虎手儿滑。(小旦羞唱)

【前腔】笑伊直恁村,笑伊直恁村[8],不辨真和假。酒后聊相戏,怎便将人叱咤也。常言嫂如娘大,好知轻识重贤达,只会把至亲欺压。(万福科)(生背科)(小旦)叔叔,总涂抹[9],从今两意莫争差[10]。

【尾声】(生)这回家丑堪羞杀。(小旦背唱)自恨当初错认他。(生)嗳,我那哥哥,只恐终须作话靶。

(小丑挑担上)清晨出去犹嫌晚,下午归来汗未消。已到自家门首,为何闭上了门?开门,开门。(旦背白)呀,武大回来了。待我开了门,径往厨下收拾罢。(轻开门拴)(急走白)悔将我语和他语,未必他心似我心。(下)(小丑推开门跌倒)(白)你看我这老婆,故意悄悄开了门,闪我一跌。常言道,跌跌长。有何不可。且进去看。(见生不语科)

【南吕过曲五更转】(小丑)呀,二哥。你甚时,来家里?点心儿想是尚未吃。呀,缘何频问都不对?敢是嫂嫂跟前,慢憎着你[11]?若不是呵,难说你,却惹着官司气,若还怪我,我就先陪礼。(杀鸡科)(生)哥哥,不要问罢。若是问起根由,与你妆些幌子。(拱手科)(下)

(小丑)兄弟忿忿而去了,大嫂必知其故。大嫂那里?(小旦哭上)

【前腔】蠢杀才,不争气。累奴家吃负亏。(小丑)我的令正[12],我的拙荆[13],谁来欺你?(小旦)情知只有武二居家内。(小丑)他便怎么?(小旦哭唱)我见他冒暑归家,备着酒浆茶水。谁知道,他太不仁,将奴戏。(小丑)我的兄弟不是这样人。他却为何跑了去?(小旦)他无颜在此,必要迁居矣。(小丑)他若撇了去,须被别人笑话。(小旦怒唱)嗳,你若要兄弟同居,还我休书一纸。

(小丑)大嫂,且息怒。从容再作理会罢。

看你花憔粉悴恨难禁,(小旦)无奈强徒苦逼临。

(小丑)须信路遥知马力,(小旦)果然日久见人心。

〔注〕 ① 叱:大声斥责。 ② 恁:如此,这样。 ③ 建牙:古时出征建立军旗,叫做"建牙"。后亦谓武将出镇为"建牙"。 ④ 生受:道谢语,犹言难为、有劳、对不住。 ⑤ 平康:唐代长安里名,亦称平康坊,为妓女聚居之所。旧时泛称妓家为"平康"。 ⑥ 斝(jiǎ):古代酒器。圆口,有鋬和三足。用以温酒。 ⑦ 撑达:意为周到、懂事,开通、大方。 ⑧ 村:粗鄙。 ⑨ 涂抹:此指为人掩饰。 ⑩ 莫争差:不怎差。 ⑪ 慢憎:轻忽,惹恼。 ⑫ 令正:旧时对别人嫡妻的敬称。 ⑬ 拙荆:旧时对人称自己妻子的谦词。

《义侠记》卷首吕天成的序说:"先生(沈璟)诸传奇,命意皆主风世。"第八出《叱邪》就充分体现了其"主风世"的意旨。这一出根据《水浒传》第二十三回结撰而来,主要写了潘金莲挑逗戏弄小叔武松,遭到武松斥责。沈璟和施耐庵一样,把潘金莲置于中国传统伦理道德的对立面来进行刻画,突出了其"淫",以与武松的“正”和“义”形成鲜明对比。

同是叙事性文学，但因小说与戏剧的文体形式不同，在表现同一内容时的手法也就大异其趣。《水浒传》的作者施耐庵充分发挥小说叙事容量大，“因文生事”，“只是顺着笔性去”把武松与潘金莲之间的矛盾冲突过程完整地表现了出来，刻画人物细腻周详，摇曳多姿。而传奇《义侠记》因受舞台时空的制约，要“立主脑”、“减头绪”、“密针线”，删去大量的过程和繁琐的细节描写，把生活中的矛盾提炼集中，并迅速把矛盾冲突推向顶点。美貌多情、风流自赏的潘金莲不甘心自己的一生就白白耗在了“三寸丁”武大身上，因此当武松出现时，她真是“恨不相逢未嫁时”，于是极尽挑逗之能事，企图引诱武松上钩。《水浒传》为了突出金莲戏武松这一事件，花了大量笔墨描写潘金莲的“惯会小意儿”，武松对此的慢慢由不习惯到习惯，层层逼近，又描绘了事发那日的大雪天气，为矛盾的显化作了环境上的铺垫。总之，矛盾是慢慢发展，高潮是缓缓到来的。而沈璟则删繁就简，紧锣密鼓地围绕主要矛盾展开。《叱邪》中金莲的第一支曲子就道出了她的所思所想，一个淫妇的形象不失时机地引起了观众的注意。为了适应舞台演出的要求，沈璟把《水浒传》中阴云密布的大雪天改为暑天，略去了其间为表现潘金莲借天寒之机勾引武松而设下的层层铺垫。《义侠记》中武松“挥汗归来”，金莲一连串的舞台动作进一步揭示她的内心活动，向观众鲜明地展示了潘金莲要把她的所思所想付诸于行动了。她先是“迎见科”，接着“请叔叔里面坐”，“闭门科”，然后要替武松脱掉汗透的衣服。如果不发生以后的矛盾冲突，这一系列语言动作似乎都是自然而然的。然而，毕竟叔嫂有别，武松借口天热走开了。矛盾就此打住。

金莲一计不成又生一计，要与武松饮酒。武松却不住她的殷勤吃了两杯。金莲以为武松心动了，以酒为媒，开始用风流话来赚他。【古轮台】一曲，潘金莲与武松一唱一对，表现了各自不同的心理和性格。【前腔换头】生、小旦的对唱，武松的唱词是盼望兄长早归，以摆脱这尴尬的局面，因此借口天热要走。由此可见，沈璟把《水浒传》中的雪天改为暑天，是始终出于情节和关目发展的需要。金莲“机关用尽，怎肯轻轻便撇下”，于是矛盾进一步发展了。金莲由语言发展到行动，扯住武松同消夏，并让武松吃掉她那杯残酒。武松终于忍无可忍，夺过酒杯，将酒泼在地上。于是矛盾迅速激化。《水浒传》小说在此节只是通过人物的语言行动来刻画人物形象，忽视了对人物心理活动的描写。而在传奇中，【扑灯蛾】一段唱词充分体现了戏曲长于抒发情感，长于表现内心活动的特长，武松的磊落胸怀、忠义情愫在这段唱词中淋漓尽致地表现了出来，一腔义愤倾泻而下，句句充满血性，充满正气："有眼睁开看，把武松特地详察也。我是含牙戴发，况先人清白传家，怎生教败伦伤化。""倘有些风吹草动，我眼里认得是嫂嫂，拳头却认不得。"口语化的曲词语言，短促的语调与人物的性格、情节的发展契合无间，共同把矛盾推到了高潮。这使得金莲又羞又恼，只得自找台阶下，推说只是"酒后聊相戏"，心中则暗忖"自恨当初错认他"。武大回来后，先是关心询问武松，然后才问金莲，与武松罢衙归来先问兄长可曾歇下异曲同工，前后呼应，表现出了兄弟的手足深情。而《水浒传》中写武大归来歇了担儿，随金莲到厨下，先问金莲，然后再关照武松，两者表达的侧重点有所不同，显示了沈璟的匠心独运。

将小说改编为适合舞台演出的戏曲，就必须对小说所提供的丰富素材进行精审的取舍整合，围绕戏剧冲突展开情节，以富有表现力的动作语言来刻画人物，推动矛盾发展。《义侠记》的改编是成功的，体现了"场上之曲"的特征。通本曲白生活气息浓厚，语言浅近通俗，本色当行。吕天成《曲品》列此剧于"上上品"。《叱邪》一出至今尚流行于昆剧中，这在古代戏曲作品中是殊为难得的。

（潘华云　朱万曙）

义侠记　　沈　璟

第二十五出　取　威

（净笑上）〔西江月〕一自施恩打倒，一方让我为尊。一爿酒店一红裙，一世无愁无闷。　一睡起来晌午，一天瑞雪缤纷。一壶家酿醉醺醺，一步不知远近。　自家蒋门神便是。今日雪天无事，留着小娘子在店中看管。步到前村债户人家，去吃他一醉，有何不可。小娘子，（内小丑应）（净）我去去就来，你不要与人耍笑。（小丑内云）你这等一个利害的，谁敢和我耍笑？（净）说得有理。出得门来，好一天大雪。待我做雪诗一首：淅淅索索往下竦，瓦棱儿里渐渐拢。呀，后二句来不得了。（想科）（内作狗吠科）有了：黑狗身上白，白狗身上肿。（笑科）好一个肿字，诗已做完，往前去罢。正是：酒债还如钱债广，诗才可比将才高。（下）

【中吕引子燕归梁】（生）才见彤云四野排，大雪已盈街。（小生）定应雪耻中心怀，踏雪去，醉归来。

（揖科）（生）兄弟，今日出城去打蒋门神，只还我无三不过望便了。（小生）哥哥，怎么是无三不过望？（生）但过一个酒店，就吃三碗。若无三碗，便不过望子去[①]。（小生）东门外到快活林，有十二三个酒店。哥哥若吃了三十七八碗酒，只怕醉了，有误大事。(生)你不知道，我有一分酒，增一分力气。若不是酒醉，怎么打得这只大虫。(小生)小弟却不知哥哥是这般的。小厮们，(末、小旦应上)(小生)你们抬着酒肴，我和都头慢慢吃将去。(末、小旦)理会得。(众行科)(生)兄弟，

【中吕过曲泣颜回】我和你对酒共开怀，此景寻常难买。(众合)看琼枝玉树，偏将冻蕊争开。(小生)哥哥，这雪好似蒋门神，漫天蔽野，平白的占了人疆和界。(末、小旦)已到一个酒店了。(小生)看酒来。(递与生饮科)(众行唱)有一日腊尽春回，被东君笑杀狂乖[2]。

(小生)这也是村醪小店，哥哥吃酒么？

【前腔换头】(生)斟来，安问好和歪，但闻是酒须筛。(饮科)(行科)(众合唱)人生不饮，似青山容易头白。(生)兄弟，这雪又比你我一般，岁寒友谊，论心胸洁白无纤芥。(小生)哥哥，远望见那林子，就是快活林。那十字路口酒店，就是这厮强占的了。(生)既如此，待我再吃三碗。你和小厮别处躲罢。(小生)是如此。(生饮科)酒，如此勾了。命家僮不必携壶，(小生别科)哥哥，小心在意，莫教他取笑吾侪[3]。(小生、末、小旦俱下)

(生)迤逦行来[4]，已有六七分酒意了。且妆做十分醉的，闯将去。(看科)远远见一个大汉，在妓女门首走来走去，一定是蒋门神了。我且到他店里去。呀，有一个年少妇人在里面，待我叫一声。大娘子，买酒的在这里。(小丑上)醉里乾坤大，壶中日月长。那一个叫？老娘来了。客官要多少酒？(生)先打些来尝看。(小丑)酒保，打些酒来客官尝。(丑上)来了，酒在此。客官你尝。(生饮科)不好，换来。(丑换)(生饮科)也不好。快换来，便饶你打。(小丑)这厮醉了，倒来这里消遣老娘。(丑)眼见得是个外路蛮子，胡乱打发他去罢。(生)哇，你骂谁？(打二丑科)(末、外俱上跪救)(生乱打科)

【太平令】堪笑奴侪，直恁痴愚惹祸灾。教人气忿如何耐，(二丑、末、外俱走下)(生)这一顿畅胸怀。

那厮们必然去报蒋门神去了。待我接将去，雪地上打倒他，教众人笑一场。(行科)(净急上)

【前腔】那个杀才，却向爹行惹祸灾。（见科）（生将两拳在净面上一影）（生急走）（净赶科）如何未打伊先败？（生转身踢一脚科）正要你赶将来。（净蹲科）（生又踢一脚）（净卧倒叫痛）（生打科）

【扑灯蛾】腌臜乞丐流，辄敢恁无赖。（净）好汉饶我性命。（生）若要保残生，须是守喒三戒也[5]。（净）休说三戒，便是三万三千三百三十戒也依你。（生）一要交还原主，（净）依得。（生）二要与施家陪礼大铺排，（净）依得。（生）三要你离孟州疆界。（净）小人都依就是。（生）若把言词改，就将景阳冈虎做招牌。

（净）原来是打虎的武都头。我的爷爷，你早说，要我小娘子也领了去。（生）咄，谁要你的。（小生、末上）

【前腔】你热心抱不平，到处除民害。（生放净科）今日且姑容，明日若伊还在也，那时休怪，你去快活林准备葬尸骸。（净）小人交还了店中家伙，连夜就去。自恨我当初不揣，（拜唱）蒙遮盖，这条生命在死中来。（下）

（小生揖科）今日多亏了哥哥，谢不能尽。（生）这般小事，何足挂齿。

【尾声】（众）须知否极还重泰[6]，雪后从前春又来。燕喜频将绮席开。

（生）失路笑驽骀[7]，（小生）兹行更不回。

（众）从前作过事，没兴一齐来。

〔注〕 ① 望子：酒店门口悬挂的招幌。 ② 东君：司春之神，又可指日神。 ③ 吾侪（chái）：我们。 ④ 迤逦（yí lǐ）：连续不断。 ⑤ 喒（zán）：同咱。 ⑥“须知”句：否（pǐ），《周易》六十四卦之一，其象为天地不交而万物不通；泰，也是《周易》六十四卦之一，其象为天地交而万物通，后人常用“否极泰来”指遭遇坏事之后迎来好事。 ⑦ 驽骀：劣马。

《武松醉打蒋门神》是《水浒传》中的一段痛快酣畅的文字，它和《景阳冈武松打虎》相映成趣。前者是打虎，后者写打恶人；前者是喝酒后打虎，后者也是“醉打”。不过，细细读来，两者的侧重点还是略有不同，前者虽然写了武松上冈之前的喝酒，却只写他“前后共吃了十五碗”；后者则写他“无三不过望”，连村野小店也不遗漏，共吃了三十多碗。换言之，前者重在写武松的“打虎”，后者则重在写武松的“醉打”。——当然，“醉打”描写的背后，隐藏着作者对武松侠义精神的歌颂、勇士品格的赞美,这是不必多加解释的了。

《水浒传》的文字已然出神入化,沈璟将它改成戏曲,化为舞台动作,该如何着笔呢?

从武松见到蒋门神开始,应该是合情合理的戏剧设计。《水浒传》中是这样描写的:“武松抢过林子背后,见一个金刚来大汉,披着一领白布衫,撒开一把交椅,拿着蝇拂子,坐在绿槐树下乘凉。武松看那人时,生得如何,但见:形容丑恶,相貌粗疏。一身紫肉横铺,几道青筋暴起。黄髯斜卷,唇边几阵风生;怪眼圆睁,眉下一双星闪。真是神荼郁垒象,却非立地顶天人。”而沈璟在这出戏的一开始,是净扮的蒋门神“笑”着上场,念了一首《西江月》:“一自施恩打倒,一方让我为尊。一爿酒店一红裙,一世无愁无闷。 一睡起来晌午,一天瑞雪缤纷。一壶家酿醉醺醺,一步不知远近。”这首词是蒋门神自我生活的写照,一个无赖强人的形象已经初步勾勒出来,但全用“一”字作每句的开头,还是显得文气了一些。后面的描写就更加入骨了,蒋门神出门时,要他新娶的小妾“不要与人耍笑”,丑扮的小妾道:“你这等一个利害的,谁敢和我耍笑?”这两句对话,把蒋门神的“强人”面目揭露无遗。蒋门神出得门来,看到一天大雪,竟然也要作诗一首,他作的“诗”是:“淅淅索索往下竦,瓦楞儿里渐渐拢。”作到这里,作者别出心裁地让他断了思路,说:“呀,后二句来不得了。”然后,让他从狗的吠声中获得了“灵感”,将后面两句“诗”续完:“黑狗身上白,白狗身上肿。”最后,还让他自我欣赏一下:“好一个肿字!”这段描写,虽然袭用了传为唐人所作的著名咏雪打油诗“江上一笼统,井上黑窟窿。黄狗身上白,白狗身上肿”,但用于塑造人物,简直是神来之笔,一个“风雅”得令人捧腹的粗蠢形象栩栩如生。我们很难评价小说和戏曲在对蒋门神形象描写上的优劣,因为它们是不同的体裁,但从艺术效果上,显然沈璟的笔墨更传神,令人对蒋门神这个人物有了更深刻的印象。——而这样一段戏是小说中所没有的,这正是改编者的创造。

后面的情节与小说大致相同。甚至一些人物语言也相同。但是,细加比较,又可以发现,沈璟将故事发生的时间由夏天改成了冬天。这一改变,使剧中人物,特别是武松的抒情有了景物的依据。你看,武松上场时和施恩唱的一支【燕归梁】:“(生)才见彤云四野排,大雪已盈街。(小生)定应雪耻中心怀,踏雪去,醉归来。”再看在路上武松和施恩以及众人唱的一支【泣颜回】:“(生)我和你对酒共开怀,此景寻常难买。(众合唱)看琼枝玉树,偏将冻蕊争开。(小生)哥哥,这雪好似蒋门神,漫天蔽野,平白地占了人疆和界。……”如果说,武松(生)在前一支曲子里唱的是景色,那么在后一支曲子里唱的就是一种英雄情怀。唯有雪景才足以使他抒发出这样的情怀。这种季节的悄然更换,实际上蕴涵着剧作家的一片艺术匠心。同样的例子在关汉卿的《单刀会》中也曾经使用过,关汉卿把关羽赴会的途径由史书记载的陆路改为水路,借滚滚大江的景色抒发关羽豪迈的情怀,使之成为脍炙人口的绝唱。沈璟虽然没有写出双调【驻马听】那样的曲子,但是在创作思路上,显然与关汉卿是一致的。

将小说转换为戏曲,必须删繁就简,进行必要的剪裁。熟悉戏曲舞台并且力倡"场上之曲"的沈璟是充分注意到这一点的。比较一下该出戏和小说描写,就不难发现其删减的笔墨精练之处。例如,小说中武松"挑起事端"后将蒋门神的小妾丢到酒缸里的一段,在戏剧舞台上就不好展现。沈璟就改为"打二丑科,末、外俱上跪救,生乱打科"的舞台提示。再有,沈璟还注意到舞台动作的戏曲性问题。武松在痛打蒋门神的过程中,并不仅仅是"打"的舞台动作提示,而是将动作和曲词有机地融为一体:当蒋门神知道酒店出事后,急忙赶来,唱道:"那个杀才,却向爹行惹祸灾。"这时的舞台提示是"见科,生将两拳在净面上一影,生急走,净赶科",接着是蒋门神唱:"如何未打伊先败?"又是舞台提示"生转身踢一脚科",武松唱:"正要你赶将来。"这样,就避免了光唱不做或仅做不唱的毛病,做是戏曲化的做,唱是舞台性的唱。此外,沈璟在这一出戏中运用了对唱、轮唱、合唱等方法,可以想见,其演出效果是非常好的。

将广有影响的武松故事搬上戏曲舞台,这既是有意义的改编,又具有一定的难度。因为小说本身就很精彩,改得不好,就会弄巧成拙。沈璟作为一个熟悉舞台表演的戏曲家,其改编则是成功的。这出戏,有小说中没有的场面、情节设计,有对原作的删减,有对原作时间的改动。而就其总体成就来看,它成功地将小说的叙述性故事转化成了戏剧的代言体舞台动作。读过这出戏,我们不得不赞叹作者的改编用心,也不得不佩服沈璟——他毕竟是一位大戏曲家。 (朱万曙)

坠 钗 记　　　　沈 璟

第十一出 拾 钗

(正旦上)含冤幸遇炳灵公[①],放氏追寻崔嗣宗。新鬼偏怜新婿哭,旧钗还向旧堂中。我何兴娘游魂至此。你看今日合家老幼,都去上我坟茔,止撇下崔郎独自在家。我今晚显些灵验,与崔郎相会。待他门首相迎之际,我把一灵吊在妹子车傍,将原聘金凤钗坠于地下,使崔郎拾取,假作庆娘失下之物,就好将机就计,与他相会便了。此时爹妈将回,不免先惊醒他,慢慢的进去便了。此是他书房门首,不免叩门则个。(作叩门)(生上)来了。摩挲睡眼未惺忪,试作应门一小僮。谁向春江花月夜?犹余残泪洒西风。(正旦叩门介)(生)是那个?(正旦不应)(又叩门)(生)是谁叩门?(正旦又不应)(下)(生)连叩几次,为何并没个人影儿?我且开门看来。(开门介)并没一人。嗄,敢是行钱先回?报家眷回家,又掌灯儿去迎接了。且往门首,迎候岳父母回来便了。(丑内云)脚,脚,脚,马来。(生)呀,远远望见灯烛辉煌,想是车马来了。(丑掌灯照外马上)(同)

【仙吕入双调过曲窣地锦裆】累累何处是牛眠,血泪都成红杜鹃[②]。(丑)请老爹下马。(外下马)(生)岳父,小婿在此恭候。(丑)崔官人在此等候。(外)贤婿,劳待了。(生)不敢。今日岳父辛苦了。(外)便是,老夫今日衰倦了,不得奉陪。请了。(丑)便是。今日衰倦了,不得奉陪。请了。(外)咄。(生)请安息罢。(外)归来憔悴不堪言,犊犍安能学少年。(外、丑下)

(生)岳母车子来了,我且闪过一边。(付同老旦、小旦照前车上)(正旦傍小旦车并上)(同)

【前腔】家家少女戏鞦韆,吾自伤心倍惨然。(小生、末)到了,请下车。(老旦)车夫。(小生、末)有。(老旦)今日晚了,明日打发车钱。(小生、末)晓得。(小生、末下)(老旦、小旦、付同)归来自是不成眠,良夜惟闻新鬼喧。(老旦、小旦、付下)(正旦作坠钗地下)(随众下)

(生)呀,方才地下甚么响?待我寻来。(拾钗介)

【前腔】呀,原来是金钗孤凤在堂前。嗄,却是香车遗钿蝉[③]。待我就送了进去。(老旦内云)闭上了中堂门。(生)呀,看中堂欲闭敢迟延,银锁分开双凤眼。

且住,你看门已闭上。想岳父治家甚严,怎敢又敲门送进去。嗄,只得收下。且回书房,明早送进去罢。

【越调过曲小桃红】看紫金一股凤头钗,不知是那一个人失在也?早是遇亲人,不致破私财。且住,我幼闻爹娘说,曾将金凤钗一只聘下兴娘。咳,可怜,若是兴娘插着,正好与这只钗儿做一对。阿呀,妻嗄!如今人死后誓盟乖,又不知,物尚存,可是属慈哀。或小妹留插戴也,蓦地里睹物伤怀。阿呀,我兴娘的妻嗄,愿相逢问明白。(作困介)

(正旦上)可怜垂首明于雪,又恐回身化作云。我方才坠下钗儿,崔郎已拾取。今欲与他相会。——且住,只是不好称呼。怎么处?吓,有了。我只叫他是姐夫,他必疑我是兴娘之妹庆娘也。好计,好计。不免叩门则个。(作叩门介)(生)是谁叩门?(正旦不应)(又叩介)(生)是那个叩门?(正旦不应)(又叩介)(生)呀,奇怪。连敲两三次,问又不答,不问又敲。

【下山虎】我乍惊又骇。(正旦又叩门介)(生)嗄,来了,待我开门看来。(作开门)(正旦闪进介)(生)是那个,是谁?呀,此时夜已深了,明明有个人叩门,为何开门出来,又没个人影儿?好奇怪。我乍疑又骇。啐,不要采他[④],我自闭门进去便了。(作关门)(正旦咳嗽介)(生)呀,他倒进来了。你是何来,独自立门儿外,使人忌猜。(正旦)忙敛衽万福先生,姐夫贵客。(生)请问小娘子是那一个?(正旦)奴家就是兴娘之妹庆娘也。(生)原来就是小姨,失敬了。(正旦)好说。(生)小姨,你为甚轻身出内宅?(正旦)先有只金钗解,愿依君玉镜台[⑤]。(生)小生呵,蒙岳丈相看待,我岂肯恁般不才。(正旦)奴家既出来了,怎好空返?(生)阿呀,小姨嗄,你速请归房莫慢挨。

【山麻秸[⑥]】(正旦)我既除却闺门戒,料覆水难收,羞颜难揣。(生)此时,此时才是黄昏届,但一步步离此书斋,彼此皆得,百无方碍[⑦]。

【五韵美】(正旦)凤钗儿,是君拾在,这鸾俦已定难再改。姐夫!(生)小姨!(正旦)须做一床锦被好相遮盖。(生)此事断断成不得。(正旦)咳,郎心忒歹,全不肯分毫担带[⑧]。(生)言重,言重。(正旦)我料你也做不得坐怀不乱柳下惠[⑨]。(生)我学不得终夕里容坐怀。(正旦)我怜你只身在此。(生)阿呀,小姨吓!休念鲁国男儿,只身在客。

【五般宜】(正旦)哇,我父把你通家子待[⑩],伊这贱才。(生)小姨,不要破口吓。(正旦)好嗄,却把我闺中女,诱来外斋。(生)小姨,你自家来的,反说我来诱你。(正旦)胡说,你待要官休还是私讲开?(生)官休便怎么?(正旦)官休么,我入诉严亲,讼伊在法台。(生)私休呢?(正旦)私休么,要——(生)要什么?(正旦)要私休,伊须自揣,两句话凭君鉴裁。(生)咳,罢,罢,罢,小生经多难多灾,今夜里呵，恶遭逢时运乖。

小姨，我只得依了你罢。(正旦)依我什么来？(生)方才说的私休。(正旦)啐！(生)小姨，依虽依了，还要问你。(正旦)问什么？

【尾声】(生)这钗儿却与谁行买？(正旦)说也话长，他日从容诉此怀。(生)小姨。(正旦)姐夫。(生、正旦同)和你今夜先交两意谐。(随口并下)

〔注〕① 炳灵公：传说中泰山神的第三子。炳灵，焕发灵气之意。宋高承《事物纪原》："《宋朝会要》曰：(炳灵公)庙在兖州泰山下，即泰山神三郎也。后唐诏封威雄将军，(宋)大中祥符七年十月十五日，诏封威雄将军为炳灵公。" ②"血泪"句：红杜鹃，红色的杜鹃花。传说古蜀帝杜宇之魂化为杜鹃鸟，其声悲凄，啼至血出乃止。 ③ 钿蝉：指首饰。 ④ 采：同睬。⑤ 玉镜台：南朝宋刘义庆《世说新语·假谲》："温公(温峤)丧妇。从姑刘氏家值乱离散，唯有一女，甚有姿慧。姑以属公觅婚，公密有自婚意，……因下玉镜台一枚(为聘)。姑大喜。既婚，交礼，女以手披纱扇，抚掌大笑曰：'我吾疑是老奴，果如所卜。'"后世因以"玉镜台"为聘婚的礼物。 ⑥ 山麻秸：原误作"山麻揩"。 ⑦ 方碍：同妨碍。 ⑧ 担带：同担待。 ⑨ 柳下惠：春秋时鲁国大夫，姓展，名获，字禽，食邑柳下，谥惠。曾官士师。《荀子·大略》："柳下惠与后门者同衣而不见疑。"言柳下惠夜宿城门，遇一受冻无家女子，使之坐于己怀，以衣裹之，而无放荡之行为。 ⑩ 通家：世交。

此剧又名《一种情》，清姚燮《今乐考证》谓沈自晋作，焦循《剧说》谓吴炳作，《曲海总目提要》则将之归入李渔名下，皆非，其作者当为沈璟。全剧共三十一出，戏剧故事大概为：上都人崔嗣宗幼年时，曾与扬州前任防御史何厚之女兴娘约为婚姻，以金凤钗作为聘礼。但后来因随父游宦他地，未能互通音信。十五年后，崔嗣宗长大成人，重往扬州联姻。何厚之夫人赵氏因久不闻崔家消息，逼迫兴娘改嫁豪门。兴娘日夜思念嗣宗而忧劳成疾，竟于崔嗣宗登临何府之前谢世。神祇炳灵公感兴娘至诚，放兴娘游魂重返人间一年，以毕其与崔嗣宗的夫妻姻缘。兴娘亡魂遂以其妹庆娘身份趁夜潜入崔嗣宗书房，与崔合欢。一年以后，兴娘游魂重回阴间，神明显灵，使何厚将庆娘嫁与崔嗣宗，继续姻缘。后崔嗣宗、兴娘、庆娘皆成仙团圆。

《拾钗》在整部传奇中是最有戏剧性的出目之一。清明节日，何厚一家至兴娘墓前祭奠，兴娘亡魂依附在妹妹庆娘的车子上回到何家，趁人不备，丢弃下金凤钗，使崔嗣宗拾到。崔嗣宗手捧金凤钗，想起亡故的兴娘，不由得"蓦地里睹物伤怀"。这一情节为后文二人的相会作了铺垫，其中，作为崔嗣宗、兴娘定情之物的金凤钗起着重要的联系作用。因为崔嗣宗、兴娘虽有婚姻之约，但并无婚姻之实，现在阴阳相隔，唯一能够把他们联系在一起的只有这个金凤钗。所以《拾钗》

出一开始细致地叙述兴娘如何使崔嗣宗拾到金凤钗的过程，是十分必要的，这也为后文兴娘以金凤钗作为“赃物”，逼迫崔嗣宗“私休”埋了伏笔。

《拾钗》出从总体来看，充满着浓厚的喜剧气氛。兴娘之魂叩门一节，便有几分喜剧效果。兴娘游魂深夜数番叩门，对崔嗣宗的询问有意不作应答，吓得他“乍疑又骇”。兴娘的游魂趁他开门向外观看时，轻轻潜入房中。待崔嗣宗闭门时，竟发现已有人在房。这一节之所以具有喜剧效果，因为观众知道，兴娘深夜叩门，是来幽会的，她对崔嗣宗绝无恶意，但对崔嗣宗而言，却属于“见鬼”，令他又惊又骇。书生见鬼的喜剧性场面描写，在中国戏剧中是较为常见的(如《牡丹亭》中柳梦梅初见杜丽娘的亡魂)，并非本剧所特有，但接下来的喜剧性描述却为一般剧作所鲜见。

明清传奇描写男女爱情，常见的是男为主动，女为被动。《拾钗》出却一反常套，变成女为主动，男为被动。这主要是因为女主人公兴娘此时是以亡魂的身份出现的，所以她可以不必接受人间礼法的约束和限制(这正如《牡丹亭》中的杜丽娘)，爱己所爱，恨己所恨，而且她又从姻缘簿上知道自己与崔嗣宗尚有一年的夫妻缘，因此她的主动求爱是可以理解的。相反，作为男主人公的崔嗣宗在《拾钗》一出是以正人君子的身份出现的，他不能不恪守人世间的一切礼法和教条，循规蹈矩，所以他面对兴娘的主动求爱，常常不自觉地陷入窘迫之境。《拾钗》一出的喜剧性效果也因此产生。

《拾钗》一出兴娘的主动求爱非常巧妙，可以说是一“软”一“硬”。起先是“软”，即如实地向崔嗣宗表明自己的爱意。对崔嗣宗夜深来此何干的询问，率直地表白说：“愿依君玉镜台。”这是含蓄地表明愿以身相许。但崔嗣宗却不敢为此“苟且”之事，要兴娘尽早离去，“但一步步离此书斋，彼此皆得，百无方碍”，他当然不能不顾忌彼此的名声。但兴娘并不因此就告退，因为她抓住了崔嗣宗的把柄——他崔嗣宗已拿到定情之物金凤钗，“凤钗儿，是君拾在，这鸾俦已定难再改”，所以今日他们“须做一床锦被好相遮盖”。但崔嗣宗迂腐至诚，仍坚辞不就，“此事断断成不得”。至此，兴娘的好言相劝，终归徒劳，她不得不另谋他策。

其次为“硬”，即给崔嗣宗扣上引诱闺中女的罪名，迫其就范。既然崔嗣宗念念不忘的是纲常礼教，小心护持的是他的书生清名，兴娘不妨便硬派给他一项罪名：不是她兴娘行为有差，而是他崔嗣宗不循礼法，“把我闺中女，诱来外斋”。现在崔嗣宗是有理说不清，只能听从兴娘的摆布。兴娘给他指出两条路：一是官休，一是私休。官休是把崔嗣宗引诱闺中女的罪名向兴娘父母禀告，讼之于官府；私休却很简单，趁此良夜成就幽欢。崔嗣宗权衡之后，当然乐于选择“私休”了。戏剧于是结束于观众轻松的嬉笑中。 (蔡永明)

顾大典

(1541—1596)　字道行，号衡宇、衡寓，又号恒岳。吴江(今江苏苏州市吴江区)人。明隆庆二年(1568)进士，授绍兴府学教授。历官刑部主事、吏部郎中。万历十二年(1584)出任山东按察副使，再迁福建提学副使，因拒受请托而遭谗被贬，乃自免归，不复出仕。擅诗文。亦好词曲，家蓄声伎，偶尔亲自登场。与张凤翼、沈璟、王骥德等多有往来，为吴江派剧家。妙解音律，剧作守律谨严，文词秀雅，然关目平平。有《清音阁集》、《海岱吟》、《闽游草》、《园居稿》。剧作有传奇《青衫记》、《葛衣记》、《义乳记》及《风教编》，合称为《清音阁四种》。前二种今存，《义乳记》失传，《风教编》尚留有少量佚曲。《全明散曲》辑录其套数二套。

青衫记　　顾大典

第二十八出　坐湿青衫

(旦抱琵琶上)影似白团扇，调谐朱弦琴。一毫不平意，幽怨古犹今。奴家方才闭上舱门，拒绝那厮。且喜他使性，上岸去了。如今再上船头消遣一回。你看江深夜静，月冷风清，好凄惨人也。前日闻得白相公谪宦江州，此间正是江州地方了。咳，只在一处，不能勾厮见，好苦呵！稍水那里？(丑扮船家上)随风倒舵，顺水推船。裴娘有何分付？(旦)稍水，你把这船头对着月色，就泊在这芦花岸边，待我把琵琶自弹一曲。(丑诨下)(旦)碧海青天无限恨，等闲拭泪付琵琶。(弹介)

【新水令】鹍弦铁拨紫檀槽[①]，断送许多年少。空林惊宿鸟，幽壑舞潜蛟。切切嘈嘈，写不尽相思调。

【步步娇】(生、外、末、小丑挑酒罍上)荻花枫叶秋容老，祖饯浔阳道[②]。山低月已高，挈榼提壶，且须倾倒。(末)此间已是元爷船了。(外、生)快通报。(末)稍子，打扶手。(净稍子上)是那个？(末)刘爷、白爷下马。(净)老爷有请。(小生上)独坐正无聊，主人下马刚来到。快请上船。(相见送酒介)(换冠服)(生内穿青衫介)

【折桂令】(旦)恨悠悠粉褪香消，怅忆仙郎梦绕魂劳。想他们别恋多娇。(生、外)微之请一杯。那里琵琶声响？(旦)他有樱桃素口,杨柳蛮腰[3],抛闪得人牛马同槽。他昏腾腾酗酒餔糟,眼睁睁受尽煎熬。(生)弹得好,微之,再请一杯。(旦)到头来风月场空,那些儿云雨峰高。

【江儿水】(外、小生)逸调来云表,清声彻斗杓。似湘灵鼓瑟江干晓[4],似临邛夜弄求凰操[5]。(生听介)好怪好怪,宛然是裴兴奴的指拨。(拭泪悲介)他穿帘入溷俱难料[6],谁共篷窗孤棹?暂且停桡,试问主人消耗[7]。

左右的,你把船移近那船,问他是什么船。(问介)(丑)我们载的是浮梁茶客。(回话介)(生)你就问那弹琵琶的可是裴兴娘?(众问介)(旦作惊介)他为何晓得我?我正是,问我怎么?(众)果然是。(生)我说是了。快请过船来。(众请介)(旦)我已从了良,不好过来。(生)与他说,我是白乐天。(众传说介)(旦)既是他在船里,我就过来了。(过船相见介)(生拭泪介)我说是他。

【雁儿落带过得胜令】(旦看介)岂忍见休文减带腰[8],岂忍见宋玉悲秋貌[9]。(生)你可认得这件青衫么?(旦)重提起典青衫酒价高,免不得掩红妆把琵琶抱[10]。(生)你为何就嫁了人?(旦)恨娘行把我一时抛,付茶商把箕帚操[11],也不管参商和卯酉[12],逼迫咱鸾枝作鹊巢。(生拭泪介)(外)乐天为何只管堕泪?你的青衫尽湿透了。(小生)连我们也要堕泪起来了。(旦)延烧,死灰然祆神庙[13]。蓝桥,为风波败久要,为风波败久要。

【侥侥令】(生)一番新懊恼,几载旧根苗。(外、小生)邂逅相逢如天造,怎忍似弃言的解佩要,弃言的解佩要。

【收江南】(旦)呀,算将来生死是今宵,(外)可惜已嫁人了。(旦)那筹儿都休道。二位大人,没奈何要与奴家做一个主,须教我断弦再续藉鸾胶[14],休疑虑章台杨柳摘长条[15]。望相怜旧交,望相怜旧交,纵春山淡了尚堪描。

【园林好】(外、小生)教坊中声名久标,便于归须从俊髦。出幽谷正宜及早,从今夜好迁乔,从今夜好迁乔。(小丑上)天有不测风云,人有旦夕祸福。娘子在那里?不好了,员外大醉,落在江里了。(内)娘子遇了一个旧相识,在座船上,请过去弹琵琶去了。(小丑过船报介)(外)既然如此,明日着地方与他打捞尸首,棺敛载回便了。(小丑)请娘子回船里去。(外)胡说,裴兴奴系官妓,名在教坊,你们庶人之家,如何娶得他?如今就把他留下的衣饰,当他财礼退还你。兴奴自应在此值应,不得前去。(小丑介)各人自扫门前雪,休管他家瓦上霜。(下)(外)如今兴奴已归乐天,我们就差人送他到衙里去罢。(生对外、小生背云)兴奴已作商人妇,恐怕使不得。(外、小生)乐天,你生平大节不亏,官箴无玷,就有些风流罪过也何妨。(生)既如此,唤从人取乘轿来,送回衙去。(众)此处没有轿,请老爷少待,须要到城里去取来。(小生)既要等轿子,何不取酒来再饮几杯,再弹一曲,如何?

【沽美酒带太平令】(旦)谢阳侯斩鹍鸮,谢阳侯斩鹍鸮,赖恩相续鸾胶。你把今夜琵琶付彩毫,一字字继《离骚》,一声声彻云璈[16],一句句完璧归赵。朋友们千杯欢笑,夫妻们五花官诰,儿曹红绡紫绡。总只是朝云暮潮,呀,总不如百年谐老。(众)轿子来了。(旦)奴家就此拜别二位大人。(外、小生)且不要谢,明日还要来奉贺。(旦)乍逢浑似梦,相见反成悲。(下)

【尾声】(外、小生)登堂拜贺须明早,(笑介)乐天,他久旱逢甘在此宵,须暂时落后那杨柳樱桃[17]。

姻缘簿上喜和同,恩怨遥传指拨中。

一叶浮萍归大海,人生何处不相逢。

〔注〕①鹍弦:用鹍鸡的筋做成的弹拨乐器的弦。②祖饯:饯别。祖,本指出行时祭路神。③"他有"二句:唐白居易姬人樊素善歌,妓人小蛮善舞,尝为诗曰:"樱桃樊素口,杨柳小蛮腰。"见唐孟启《本事诗·事感》。④湘灵:湘水女神。《楚辞·远游》:"使湘灵鼓瑟兮,令海若舞冯夷。"⑤临邛:古县名,秦置,治今四川邛崃,秦蜀卓氏迁此,以铁冶致富。求凰操:汉辞赋家司马相如曾弹琴唱凤求凰之曲挑卓文君,文君遂与之私奔。⑥穿帘入溷(hùn):指人境遇的好坏。《梁书·儒林传·范缜》载范缜云:"人之生譬如一树花,同发一枝,俱开一蒂,随风而堕,自有拂帘幌坠入茵席之上,自有关篱墙落于粪溷之侧。"剧用此典。溷,厕所。⑦消耗:消息,音信。⑧休文减带:休文,南朝梁沈约字,他与徐勉交厚,致书徐勉言己老病,致谓"百日数旬,革带常应移孔;以手握臂,率计月小半分"。⑨宋玉悲秋:战国楚宋玉《九辩》:"悲哉秋之为气也,萧瑟兮草木摇落而变衰。"唐杜甫《咏怀古迹》之二:"摇落深知宋玉悲。"⑪箕帚:畚箕和扫帚,泛指妇人操持的家务。⑫参商:参星和商星,天上二十八宿中的二宿,不会同时出现在天空,故常以之喻人之睽违。卯酉:早晚。卯,卯时;酉,酉时。⑬祆(xiān)神庙:祆教(也叫琐罗亚斯德教或拜火教)祭祀火神的庙宇。祆教南北朝时传入中国,唐朝曾一度流行。相传蜀帝公主与乳母之子陈生相爱,约定在祆神庙见面。公主至庙,适陈生酣睡,因解玉环置其怀中而去。陈生醒来,不见公主,怨气化为大火,焚其自身与庙宇。剧

用此典。 ⑭ 鸾胶：《海内十洲记·凤麟洲》载，西海中有凤麟洲，仙家煮凤喙麟角合制为膏，能续断弦，称鸾胶。后世多以之喻续娶。五代刘兼《秋夕书怀呈戎州郎中》诗："鸾胶处处难寻觅，断尽相思寸寸肠。" ⑮ 章台：汉长安街名，后常指青楼集中倡女聚居之地。 ⑯ 云璈(áo)：即云锣，一种打击乐器。 ⑰ 杨柳樱桃：即白居易的姬人樊素和妓人小蛮。见注③。

《青衫记》是由白居易《琵琶行》故事所感发而引申虚构的传奇剧本，参照元代马致远《江州司马青衫泪》杂剧，演述唐代大诗人白居易和琵琶女裴兴奴的爱情故事。白居易天赋才情，风流倜傥，娶教坊歌女樊素、舞女小蛮为姬妾，以侍琴书之乐。但他也是个有抱负的士人，不肯辜负平生之志。尝闭门累月，揣摩当世之事，撰成策论七十五篇，以为进取之资。于是与契友元稹赴京应举，策试及第，授谏院左拾遗兼中书舍人。大诗人刘禹锡邀请元白二人往东郊游乐，一展契阔之情，二申庆贺之意。三人同往妓者裴兴奴家饮酒。裴兴奴生长教坊，弹得一手好琵琶，厌倦风尘，久欲从良。经刘禹锡介绍，结识白居易。白居易以青衫典酒，自得其乐，认为"坐有妖娆，轻颦浅笑，何妨日日典青袍"。裴兴奴也"愿相期偕老"。一个是"窈窕倾城貌"，一个是"谈笑气雄豪"；一个说"我爱你风情月调"，一个说"我爱你歌唇舞腰"。于是裴兴奴以身相许，二人欢度良宵，一夜恩情，百年盟誓，相期偕老。

时值兵乱，白居易上疏言弊政而得罪皇帝，被谪贬江州。启程之前，特地寻访裴兴奴，裴兴奴避乱不知去向，白居易好不伤感。情节的发展陡起一大波澜。

裴兴奴匆匆避乱之际，为白居易赎回典酒的青衫，"等待重来，使异日青衫无恙，白首同归，一段姻缘或者在此，也未可知"。也许天缘巧合，裴兴奴母女从京城避乱到了白居易的家乡，自诉苦难，为小蛮、樊素所收留。久之，问将起来，方知就是白家。裴兴奴鼓起勇气向小蛮、樊素送还青衫，告知与白乐天的真情厚意，并说：老鸨母强逼自己接一浮梁茶客，"怪我不从，终日打骂，如今要他千金，把我卖与他，怎生是好"？裴兴奴对白居易的爱情得到了小蛮、樊素的理解和同情，使情节向前发展了一大步。但蛮、素二人被白居易迎往江州之后，裴兴奴也随即被母亲强逼出嫁。她长恨不已，说："娘，我是你亲生的女，全不念骨肉之情，今日千乡万里，把我嫁与这个茶商，闪得我好狠毒也。"蛮、素至江州，说起此事，白居易立即命人携带三百两银子，以青衫为表记，迎娶裴兴奴，但是为时已晚，裴兴奴早已随茶船南下，不知去向。爱情很真诚，缘分却渺茫，情节的发展又陡起第二大波澜。

有缘千里来相会，天下有情人终成眷属，白裴二人出现了一个意外的重逢。《坐湿青衫》一出就是演述裴兴奴船至浔阳江头，正值白居易江边送客，两人意外重逢的场景。浮梁茶客强娶裴兴奴之后，船载南下，并无欢乐，裴兴奴的态度是："你若再来缠我，拚取微躯赴九泉。"船至浔阳江头，浮梁茶客使性赌气进城玩乐。裴兴奴则心事重重，独抱琵琶，看那江深夜静，月冷风清，好不凄惨。于是命船夫"把这船头对着月色，就泊在这芦花岸边"，轻拢慢捻，自弹一曲，抒发衷肠："碧海青天无限恨，等闲拭泪付琵琶。""碧海青天"四字出自李商隐《嫦娥》诗："云母屏风烛影深，长河渐落晓星沉。嫦娥应悔偷灵药，碧海青天夜夜心。"写闺中离人彻夜思念之情。裴兴奴在浔阳江头，就像李商隐笔下的女主人公一样，对着碧海般的青天，心事应比嫦娥更重。嫦娥仅仅是单纯的思念，裴兴奴则除了煎心的思念之外，还有沦为商人之妇的无穷怨恨。这种思念和怨恨都化作眼泪流出。裴兴奴不是寻常的女子，她精通琵琶，她把泪中所包含的思念和怨恨又都化作琵琶的旋律，飘扬开去。她抱着紫檀木制成的琵琶，指拈铁拨，轻扣鹍弦，弹奏出动人心魂的旋律，似乎诉说士子追求功名，轻易别离；又似乎描述壮士巡守边疆，见宿鸟惊飞，而觉察敌人的偷袭；又似乎抒发壮志未酬之士有如幽壑之潜蛟，待时而出。他们都是重功名事业，轻儿女柔情，不惜辜负青春年少的甜蜜相聚。这些音乐形象深刻地表现出闺中少妇对于离人的深切的思念和思而不见所生发的绞心的幽怨。

白居易和刘禹锡就在这琵琶声中，备着酒肉，来到浔阳江头的客船之上，饯别元稹。琵琶女仍旧在低眉信手续续弹，说尽心中无限事："恨悠悠粉褪香消，怅忆仙郎梦绕魂劳。想他们别恋多娇。"琵琶的旋律引起了白居易、刘禹锡、元稹的注意，仔细倾听琵琶女的继续弹奏："他有樱桃素口，杨柳蛮腰，抛闪得人牛马同槽。他昏腾腾酗酒铺糟，眼睁睁受尽煎熬。到头来风月场空，那些儿云雨峰高。"刘禹锡、元稹对琵琶声称赞不已："逸调来云表，清声彻斗杓。似湘灵鼓瑟江干晓，似临邛夜弄求凰操。"在刘、元看来，琵琶的旋律似乎进入了本朝钱起《省试湘灵鼓瑟》诗的幽怨凄清境界："曲终人不见，江上数峰青。"她弹琵琶的音调，除了思念幽怨之外，更蕴含着向往和追求，有如司马相如客临邛，弹奏《凤求凰》，追慕卓文君一样，其歌曰："凤兮凤兮归故乡，遨游四海求其凰。"白居易听曲知音，心有感应，说道："好怪好怪，宛然是裴兴奴的指拨。"不禁一洒伤心之泪。心想：裴兴奴的近况如何？是过着幸福的生活，还是遭受悲惨的命运？来到浔阳江头，篷窗孤棹，可与谁结伴？挂念在怀，放心不下，即刻命人打听"那弹琵琶的可是裴兴娘"？询问确实之后，立即请过船来。同是天涯沦落人，相逢岂料曾相识？往日的情人，久别重逢于逆境之中，无限伤心之事涌上心头，不可名状之泪夺眶而出。裴兴奴眼看白居易消瘦忧愁，深感不安。"岂忍见休文减带腰，岂忍见宋玉悲秋貌。"沈约、宋玉都是前代文学家，才情横溢，风流倜傥，是古时妇女心目中白马王子的形象，此处借来比喻情人白居易。白居易曾派人携带青衫为表记迎娶裴兴奴，不遇而返，今日为了表明自己的心意，便指着身上的青衫说道："你可认得这件青衫么?"往事重提，裴兴奴记忆犹新："重提起典青衫酒价高，免不得掩红妆把琵琶抱。"当年白居易初访裴兴奴，以青衫典酒，刘禹锡提出琵琶助兴，裴兴奴娇柔婉转，犹抱琵琶半遮面，用琵琶的旋律表达出柔情蜜意和才情风调，深深地打动了白居易。裴兴奴对往事的回忆那么清晰，说明她几年来时刻不忘白居易。白居易反问她："你为何就嫁了人?"这一问勾起她满腹委屈，她将被逼出嫁的经过一一倾诉了出来。白居易的怜爱之心、伤感之情被触动，辛酸之泪，有如泉涌，刹那间将青衫湿透。刘禹锡、元稹也被感动，为之一洒同情之泪。裴兴奴认为自己钟情守志，磐石不移，说道："延烧，死灰然(燃)祆神庙。蓝桥，为风波败久要。"裴兴奴借用两个典故表示：当初与白居易海誓山盟，相期百年偕老，她等了又等，魂断蓝桥，白居易却总不见来，那蓝桥早应被水冲垮；她怨恨满腹，像蜀国乳母陈氏之子一样，怨气成火，可以烧毁祆神庙。很明显，背诺失信的是白居易。白居易感到旧的情根带来新的苦恼，原先派人迎娶裴兴奴，不遇而返，现在知道裴兴奴已经嫁人，如果再娶她，不能不是一件麻烦事。刘禹锡、元稹认为："邂逅相逢如天造，怎忍似弃言的解佩要?"意思是说：这次白、裴二人是天缘巧遇，怎忍心看着白居易到手的姻缘又落空呢？"解佩"一典出自《列仙传》，江妃二女游江滨，见郑交甫，遂解佩与之，交甫受佩去，数十步怀中无佩，女亦不见。刘、元二人也不愿意白居易像郑交甫那样，满心欢喜一场空。裴兴奴领会了此意，算计起来，是生是死，是苦难是幸福，命运的好坏就决定在今宵。刘禹锡叹惜道："可惜已嫁人了。"裴兴奴毫不犹豫地说："那筹儿都休道。""筹儿"，即事儿，指嫁给茶商的事儿，那是被强逼的，不用再提了。她恳求："二位大人，没奈何要与奴家做一个主，须教我断弦再续藉鸾胶。"断弦须用鸾胶粘结，离散的婚姻应靠二位大人做主撮合。她表白自己，以消除二位大人的顾忌："休疑虑章台杨柳摘长条，……纵春山淡了尚堪描。""章台杨柳"，用韩翃"章台柳，章台柳，昔日青青今在否？纵使长条似旧垂，亦应攀折他人手"诗意；"春山"，比喻妇女眉样，汉卓文君眉如远山，后世因以山喻女子眉样之姣好。裴兴奴的意思是说：虽在青楼，身子却是清白的，年岁渐长，却还可描眉傅粉，姿色依然，二位大人大可不必担心。刘、元二人原本心向白居易和裴兴奴，认为："教坊中声名久标，便于归须从俊髦。出幽谷正宜及早，从今夜好迁乔。"意思是说：裴兴奴名播教坊，即便出嫁，也应嫁给才俊之士。出幽谷，迁乔木，正在今宵。刘禹锡是江州刺史，掌管一州，言出必行，自然可以解除裴兴奴的买卖婚姻，从茶商手中夺回裴兴奴，还给白居易，但是，作者似乎感到，这么做仍有抢夺人妻之嫌，仍有人情不顺之处。于是安排茶商大醉落水而死，此举虽属牵强突兀，而白、裴二人团圆却能够顺理成章。作为书生的白居易却还有一个观念上的障碍："兴奴已作商人妇，恐怕使不得。"意思是不能坏了裴兴奴的名节。刘、元二人却更能超脱于礼教名节之外："乐天，你平生大节不亏，官箴无玷，就有些风流罪过也何妨。"于是白居易命人取轿迎裴归衙。在此等轿之时，元稹提议再饮几杯，再弹一曲。裴兴奴精神抖擞，转轴拨弦，弹奏出感恩戴德、朋友庆贺、夫荣妻贵、百年偕老的欢快的旋律。欢快之余，感到邂逅相逢，意外团圆，好像梦幻一般，想起往日的思念之苦，逼嫁之恨，失意之哀，不免又悲上心头："乍逢浑似梦，相见反成悲。"大悲之后，意外大喜，喜不胜悲，悲实因喜，悲喜交融，这是人世间的大喜征象，是心理上的自然流露。《坐湿青衫》这出戏以此圆场，使全本剧情的发展达到高潮。

白居易迎裴归衙之后，三艳同堂，又接圣旨，蒙召回京，荣升礼部侍郎兼翰林学士。友情、爱情，文运、官运，无不得意，这是命运之神给予读书人的最高奖赏，更是剧本作者给予观众和读者的最大满足。

全剧以青衫为关目，贯串各个情节，典衫沽酒、赎衫避兵、还衫述怀，白居易因青衫忆起旧情，又以青衫为表记派人娶裴，听琵琶坐湿青衫而得团圆，最后御赐锦袍却不忘旧日的青衫，使全剧的情节显得十分紧凑。

本剧的主题是白、裴的姻缘，为使剧情曲折，虚构鸨母贪财、茶商强娶的情节，颇顺情理之自然。为表现裴兴奴之真情实意，虚构其拒客、抗婚、赎衫、还衫，也在情理之中。裴氏避兵落在白居易之家，纯属巧合，文学创作上常常使用。浔阳江头，裴氏独奏琵琶，正值白居易月夜送客，这种天缘巧合通常是作家特意捕捉的对象。姻缘的撮合，少不了朋友的帮助，因而安排元、白同榜，郊游访裴，刘禹锡出任江州刺史，元稹奉诏安抚江南，于是江头饯别有了客人，裴兴奴的人身自由有官方做主，白、裴的姻缘有人促成，喜庆之夜有朋友祝贺，这种设置，其人物有史籍为据，其情节却无史实可查，这也是历史文学常用的手法。唯有茶商酒醉落江一节，人工斧凿之痕似乎太露。当然，作者也自有其良苦用心，他不欲白居易落得诱夺人妻之名，更不欲刘禹锡带有恃权帮友之嫌，也不忍心让茶商活活地遭受失妻之辱之痛，因此，设置落江一节，使全剧完成一个皆大欢喜的圆满结局。

中国古代是一夫多妻制的社会，剧中出现白居易原有的二妾小蛮和樊素，虽然小有醋意，却全力促成自己的丈夫与裴兴奴的婚姻。作者并没有将这一婚姻

作为严肃的终身大事来颂扬，只是作为才子佳人的风流韵事来表现。这是过去的时代在本剧中留下的烙印。（张玉奇）

葛衣记 顾大典

第十出 走雪

【金焦叶】（生）寒催，恨催，泪盈盈空沾两腮。姻缘簿须臾拆开，蒹葭谊无端悔赖[①]。

（白）倚富凌人太不禁，丝萝空说附乔林。人情若比初相识，到底终无怨恨心。我想父亲存日，与到家结婚，何等相厚。今见我家凌替，一时心变，勒写休书，是何道理！我想父亲相厚，也不止他一人，那个不晓得我每这头亲事？我如今且不要回去，省得母亲知道又要着恼，就往各宅告诉一番，必竟也有公论，然后回家去便了。阿呀，只是风紧衣单，好生寒冷！

【山坡羊】想当初许多亲爱，到如今蓦然更改。恶狠狠如狼似豺，好教我恨悠悠不断如江海。谩自猜，他无端溺死灰。想梧桐吹倒[②]，自有旁人在。世变星移，人情物态。伤怀，兰茝深交安在哉？堪哀，宿莽荒榛土一堆。

（白）此间已是陆太常门前，不免唤一声：门上有人么？（末、外院子上）侯门深似海，不许外人来。（外）是那个？（末见生）是个广东人吓！（生）不是！（外）怎么说是广东人？（末）不是广东人，这等寒天还穿着葛衣。（外）休得取笑。你是什么人？（生）我是任公子。我家老爷在日，与你老爷最厚。今日特来求见，乞烦禀一声。（末）看看这个模样，与他通报了，总是不相见的，回他去罢。（外）来，他任爷在日，与我家老爷是通家。他家如今贫落了，想有什么事来求见。也罢，方便与他禀一声。（末）既如此，住着。（下）（外）吓，官人，有什么要紧事，这等寒天雪冒而来。（生）吓，管家，不要说起。我特为那到……（生住口）（哭介）（外）吓，敢是到府中有什么事么？（生）见了你家老爷，自有话说。（外）进去禀了。（生）这样说话告诉他也没相干，见了老伯面陈一番。（末上）方才那人呢？（外）可曾与他禀？（末）老爷怒得紧，道他世之不肖，玷辱门墙，着门上打发他去。（外）既如此，你去打发他。（下）（末）那人呢？

(生)可曾与我禀?(末)禀过了。老爷不得工夫,你改日来。(生)管家,我今日特特而来,怎么说不得工夫?(末)老爷道你世之不肖,玷辱门墙,着门上打发你去。(生)老爷道你世之不肖!(生拦撞进)(末拦介)这是门上人的干系,还不走!(推生出门)(关门介)(生)吓!竟闭户不纳,就进去了。好无情的人家吓!呀,呸!我父亲相与的难道只是他一家?我如今再到别家去。阿呀,雪儿,雪儿,你是天上的东西,怎么也有世态,偏向我没有衣服的身上只管打将上来!

【前腔】疏辣辣寒林风摆,扑簌簌雪儿无赖。乱纷纷堆积闷怀,密匝匝似愁锁围难解。(跌介)(白)阿呀,谁想又遭此一跌。(唱)也是我运乖偏遭颠仆灾。(白)我想他们若有念故人之情,也该怜念我的。任西华,任西华,你好痴。阿呀,阿呀!(唱)只怕绨袍恋恋[③],古道今难再。谩自踌躇,谁来瞅睬?

(白)此间已是萧左丞门首,不免叫一声门。(住口介)且住,跌上一交,身上愈加狼狈,怎好进去相见?呸!贫乃士之常,何妨,何妨!门上有人么?(抖介)(丑扮皂隶醉上)醉酒方酣睡,(生)门上!(丑)咦,何人来扣门?傕人[④]?住子抖,我替还羹饭!你是傕人?(生)我是任公子!(丑)你杀歇倭子?(生)不曾!(丑)任同知?(生)是公子!(丑)公子那介?(生)我家老爷在日,与你家是通家。今日特来求见,乞烦通报一声,重重有赏。(丑)吓!你要见,我里管同,住厾,我替你禀。宅上阿有六个大胖子厾?(末内应)怎么?(丑)外头有一个任公子,说是老爷个亲,要见了,去禀一声。(内)住着。(丑)方才个人!(生)可曾与我禀?(丑)我替你传子进去哉。(生)你们老爷可在府中?(丑)来屋里。(生)在家何干?(丑)无傕做,无非吃酒赏雪。我方才来门上,风又介冷,雪又介大。我说勿是介哉,替我走到厨房下去端端菜,到桌上去筛筛酒。一阵马前健,老爷赏我两大碗酒,吃子竟有点意思意思。(内)门上的!(丑)那说?(内)老爷道他世之不肖,玷辱门墙。看门的,打发他去。若不打发,要打卅板哩。(丑)是哉!(内)快些!(丑)是哉!我说,我里老爷有介个寒亲人介。(生)可曾与我禀?(丑)禀吓。(生)禀过了有赏。待我进去。(丑)慢点!(生)吓!门上,你既禀过了,待我进去。(丑)我里老爷说,直头勿认得。(生)怎么说不认得?(丑)勿得知。(生)敢是你传得不明白了。(丑)那我传得勿明白?(生)你方才怎么禀的?(丑)我方才么,我说、我说……外边、外边……有个、有个……你姓僐?(生)我说误事了。你去说:故人之子任西华求见吓!(丑)旧年个!(生)什么旧年的!(丑)陈西瓜,倒是个着皮松,有是到练个!(生喊介)阿约,门上!(丑推介)啐!萧老爷门上大惊小怪!僐公子,直头是花子!(生打丑介)哇!狗才,我任相公是花子?(丑)既勿是花子,住孔,等我不两个雪炮你使使!(拿雪打生介)(生)狗才放肆!(丑)萧老爷孔门上,弄得水汤骨碌碌!(下)(生)狗才,这等可恶!上覆你老爷,打你卅大毛板吓!也是闭户不纳,进去了。阿呀皇天吓!我想这个两家,都不肯相见,就到别家去,也是枉然了。腹中饥又饥,身上寒又寒,且回去见了母亲,再作道理。(唱)徘徊,十谒朱门九不开。尫㾐[⑤],似拨尽寒炉一夜灰。(内喝介)(生)呀,前面官来了,且自回避。(外乘车上)(占、正小军,末、小生院子)

【缕缕金】乘驷马,出天街。宫阙迢遥外,俨瑶台。因念无衣客,重裘堪爱。歌残《黄竹》转兴哀[⑥]。寒威怎担待,寒威怎担待?

(白)住了车。这等寒天,重裘尚且不能御寒,道旁站的,只穿一领葛衣,咳,可怜!(生)好大雪吓!(外)那人有些面善。院子,过来。(小生)有。(外)你去问那人,可是姓任么?(小生)是的。(生)我是回避在此的了。(小生)不要慌,老爷问你,可是姓任么?(生)我是任公子。(小生)他说是任公子。(外)吓,正是任公子!快请过来相见。(小生)是。(生)有些面善。管家,车上的可是刘秘书老爷么?(小生)正是。请你相见。(生)吓,请我相见!阿呀,老伯吓!(外)贤侄,请到檐下来讲。院子,取件衣过来。(小生应)(外)请穿了细细说与我知道。(小生、外替生穿衣介)

【山坡羊[⑦]】(生)叹不肖一家狼狈,(外白)令先尊许多书籍还在么?(生唱)论遗编五车书犹在。(外)这等足见贤侄能守了。令堂康健否?(生唱)念寡母茕茕在堂,(外)贤侄你一向如何过日?(生)阿呀老伯,小侄说也惶恐!(外)众人退后。(生)小侄如今呵,(唱)奈三餐菽水犹尴尬。(外)咳,可怜。元聘到氏可曾毕姻么?(生)阿,老伯,还要说他怎么!(唱)那事不谐,谁知是祸胎。(外)怎么说是祸胎?(生)小侄正要告诉老伯。小侄前日奉母之命到静贞庵读书,(外)读书好。(生)到翁令爱正来烧香,与他在佛殿上遇着。因幼时曾相见的,况又没处躲避,只得上前与他作了一个揖。(外)这也何妨。(生)阿呀老伯,不想被他的家人把小侄大肆凌辱。(外)吓!那家家人就敢凌辱你?(生)凌辱小侄。(外)你去告诉他主人,惩治这班狗才何难。(生)小侄曾告诉来。(外)他便怎么说?(生)他不去惩治这些家人,见小侄身上衣衫褴褛,一时心变,逼写退婚。(外)吓!逼勒你写退婚。可曾写与他?(生)老伯说那里话来!他家人又多,拦住了小侄,只是乱打乱骂,只得当时写与他了。(外)咳!贤侄,你不该写才是。(生)阿呀老伯吓,(唱)把潘杨旧契都颓败[8],秦晋深盟却变做张陈冤债[9]。(外)贤侄,你如何不回去,独自在雪中行走?(生)小侄无计可施,只得将此情往诉父执诸公。(外)有理,告诉那几家?(生)萧左丞、陆太常这两家。(外)这两家令先尊都是有恩惠与他的,必定自有公论。(生)老伯,有什么公论!这两家都闭门不纳。(外)吓!都闭门不纳?有这等负心禽兽!咻!世道交情,可耻可恨!今后与他们绝交便了。(生)因此小侄呵,尘埃,似雪压梅花冻不开。幸遇老伯呵,春台,似动地东风雪后来。

(外)看车!贤侄不消说了,请上车,同到舍下去,再作道理。(生)多承老伯美意,但小侄如此光景,恐玷辱了老伯。(外)咳!贤侄,你说那里话来。

【猫儿坠】想死生贵贱,天自有安排。咳,到兄,到兄!你覆雨翻云真世态,不念任兄呵,他在白杨宿草掩泉台。(合)分开,那些个千金一诺,仗义疏财。(外、生上车)(众合)

【前腔】徘徊顾望,邂逅在天街。念旧怜孤真慷慨,衔恩佩德意无涯。(合)舒怀,果然千金一诺,仗义疏财。

(外)众人回避。(众人下)(外)贤侄,向来闻你落寞,正欲就差人访问。今已相逢,果然如此!也罢。你如今也不消回去,就住在此看书,待等进取之日,看这班负心禽兽怎生见你之面。(生)多谢老伯!自怜踪迹久飘蓬,(外)学富三冬岂是穷。(生)今日得君提拔起，（外）免教人在污泥中。（生）告辞了！（外）那里去？（生）小侄回去禀过老母，然后就来。（外）你怎么这么性急。你身上也寒冷，进去换了棉衣，着些暖酒暖一暖，然后回去也未迟。（小生）多谢老伯！（外）吃了苦了！（下）

〔注〕 ① 蒹葭谊：《诗经·秦风》有《蒹葭》篇，咏叹对"伊人"的深切思慕之情。 ② 梧桐吹倒：古代俗谚云："门前吹倒梧桐树，自有旁人说短长。"意为凡事总禁不住有人议论。③ 绨袍恋恋：战国时魏人范雎为大夫须贾所恨，陷之几死。范雎逃至秦国，变名张禄，说秦王得用，为相国。须贾入秦，范雎微服往见，须贾叹曰："范叔一寒如此哉！"乃取一绨袍赠之。范雎觉得他"绨袍恋恋，有故人之意"，因此就饶其死罪。 ④ 倷人：苏州方言，啥人，谁。⑤ 虺隤（huǐ tuí）：同虺隤，疲病之态。 ⑥ 黄竹：《穆天子传》："日中大寒，北风雨雪，有冻人。天子作诗三章以哀民，曰：'我徂黄竹，…… 礼乐其民。'"诗为怜念风雪中受冻之人而作。⑦ 山坡羊：原抄本作"又"，即前腔，兹据《缀白裘》改。 ⑧ 潘杨旧契：晋潘岳《杨仲武诔》："潘杨之穆，有自来矣，矧乃今日，慎终如始。"潘岳与其夫人杨氏两家世代联姻，后世以"潘杨"作为表示姻亲关系的典故。 ⑨ 秦晋深盟：春秋时秦晋两国世为婚姻，缔结联盟。张陈怨债：指好友反目成仇。秦汉之际的张耳和陈余曾为刎颈之交的密友，后在楚汉战争中二人争权夺势，陈余为张耳斩杀。

顾大典的《葛衣记》共二十七出，是一部反映世态炎凉、人情冷暖的讽世之作。取材于《南史》、《梁史》中的《任昉传》。在《南史·任昉传》中提到任昉去世后，"有子东里、西华、南容、北叟，并无术业，坠其家声，兄弟流离，不能自振，生平旧交莫有收恤。西华冬月著葛帔练裙，道逢平原刘孝标，泫然矜之，谓曰：'我当为卿作计。'乃著《广绝交论》以讥其旧交。……到溉见其论，抵之于地，终生恨之。"剧中情节则多有增饰、虚构。其故事梗概是：南朝梁代乐安博昌人任西华，为新安太守任昉之子。彭城到溉为任西华之父执，当年与任昉约为儿女亲家。任昉死后家道中落，任家一贫如洗。而到溉已升为吏部尚书，听说任西华落魄潦倒，颇有悔婚之意。时值严冬腊月，到溉之女慧贞至静贞庵烧香，与正在庵中课读的任西华相遇，因任西华衣衫褴褛，结果被到府豪仆辱打一顿。任西华气极往到府向到溉哭诉，不料到溉不念旧情，立逼任西华写下休书，赶出门外。任西华身着葛衣，冒雪往父执太常陆倕、左丞萧宲两家投诉，皆拒不接纳。返家途中，遇父执刘峻（孝标）。刘峻对任西华极表同情，见他如此贫困依然不忘苦读，就邀任留居刘府，教读兵书。刘峻作《广绝交论》，讥讽到溉等人忘怀旧情，并向尚书仆射沈约推荐任西华投军效力。军中，沈约荐任西华为记室参军，后因立下军功，授驾部员外兼中护军，归京省亲。到溉悔婚之后，逼慧贞改嫁显贵贾司马公子。慧贞不从，离家出走，欲投江自尽，为静贞庵女尼所救，留在庵中暂避一时。到溉以为女儿已死，伤心不已，思女伤目。夫人曾氏告之女儿尚活在人世，到溉立即派人接回女儿。刘峻讥嘲到溉之所作所为,到溉极为后悔,最后仍将女儿嫁任西华为妻。

《走雪》(全剧原无出名,此据《缀白裘》标出名)为《葛衣记》的第十出,是全剧最精彩的一出戏。剧中落魄书生任西华被势利长辈陆倕、萧宲及其门下豪仆凌辱、戏弄的遭遇,非常值得观众同情,人们也为他终于得到忠厚长者刘孝标的怜悯、善待而感到庆幸。世态炎凉、人情冷暖令人感慨。

开场时,任西华在寒风中怀着满腔愤恨,在街上徘徊。他是刚被欺贫爱富的势利岳丈立逼写下休书后,逐出门外的。对于到溉置与任昉旧日交情于不顾,公然"姻缘簿须臾拆开,蒹葭谊无端悔赖"的做法任西华实在无法接受,决定到父亲生前相厚的旧友处告诉一番,以寻求"公论"。对一个涉世未深、书生气十足的年轻人来说,有这样的想法,是十分合情合理的。他怀念父辈之间曾经有过的"兰茝深交",又想起长眠地下的父亲"宿莽荒榛土一堆",感到无限哀伤。

接下来,作者用夸张的笔法充分描写陆、萧两家主仆对任西华的凌辱和戏弄。陆太常家的仆人嘲笑任西华是广东人:"不是广东人,这等寒天还穿着葛衣。"这对"贫落"的穷人是何等的冷酷无情。仆人已是这般嘴脸,其主人的态度就可想而知了。果然,仆人给任西华的回话是:"老爷道你世之不肖,玷辱门墙,着门上打发你去。"任西华想撞进门去,结果被推出门外,"竟闭门不纳"。任西华于心不甘,再到萧左丞家去投诉。这时纷纷大雪直朝他只穿一件葛衣的身上打来,正是祸不单行,在雪地里还重重跌了一跤,愈加的狼狈了,哆哆嗦嗦走到萧左丞门首,以至萧家喝醉酒的皂隶以为见到鬼了。任西华在萧家门前遭到更为出格的戏弄,一会儿将他的"任公子"错缠为吴语"杀歇倭子"、"任同知",一会儿又将他的名字"任西华"错缠成吴语"陈西瓜",甚至骂他是"花子",最终仍被拒不纳。"腹中饥又饥,身上寒又寒"的任西华悲惨地唱道:"徘徊,十谒朱门九不开。尴尬,似拨尽寒炉一夜灰。"这是对不合理的世道的强烈控诉!

道遇刘孝标,使任西华的命运发生了转机。刘见到"道旁站的,只穿一领葛衣"的年轻人,十分关切,看"那人有些面善",就主动要院子去打听。作者从一开始就通过细节描写,突出刘孝标对落魄的朋友之子的关切之情,与到、陆、萧三人形成鲜明的对比。刘孝标仔细询问任西华读书、家中生活、婚姻等方面的情况。当任西华向他倾诉了刚才的不幸遭遇后,刘孝标怒火中烧,大骂到、陆、萧等人:"有这等负心禽兽!咻!世道交情,可耻可恨!今后与他们绝交便了。"任西华还算幸运,遇到了一位古道热肠的忠厚长者。但在旧社会,成千上万的穷困士人就未必有那样的运气了。

明吕天成《曲品》评《葛衣记》:“此有为而作,感慨交情,令人呜咽。”清姚燮《今乐考证》说顾大典“《青衫》、《葛衣》诸剧,梨园弟子多歌之”。说明顾大典创作的剧本是深受观众欢迎的。评论家认为:“此种戏剧,足以针砭恶俗,不可没也。”(钱静方《小说丛考》)有的甚至说《葛衣记》“实有益世道之文章,不当徒以戏曲目之”(蒋瑞藻《花朝生笔记》)。对剧作内容上的评价可谓不低,也能切中肯綮。至于在艺术风格上,当时就有人批评作者《葛衣》等记“操吴音以乱押者”(徐复祚《三家村老委谈》);也有说这些剧作“略尚标韵,第伤文弱”(王骥德《曲律》)。意思是音律等方面有所欠缺。从我们所选的《走雪》出来看,曲词好用典故,写得颇有文采;气氛亦渲染得较为成功。任西华、刘孝标的性格刻画得较为得体,描写几个仆人的形象,通过长篇对话寓讽刺于夸张之中,极尽嬉笑怒骂之能事,也颇为热闹有趣。

(史美圣)

【戏曲家小传】

汤显祖

(1550—1616) 字义仍,号若士,又号海若、清远道人。江西临川(今抚州)人。明隆庆四年(1570)举人,万历十一年(1583)进士。早有文名,因拒权贵笼络而数失意于春闱。登进士第后,又因拒绝阁臣申时行、张四维等罗致,授闲职南京太常寺博士,改詹事府主簿,后升南京礼部祠祭司主事。万历十九年因上《论辅臣科臣疏》抨击政治腐败,贬广东徐闻典史。两年后量移浙江遂昌知县,宽待狱囚,又蒙物议。乃于万历二十六年弃官还乡,专事文艺创作,直至终老。为人正直不阿,与东林党关系密切。出生于晚明浪漫思潮涌动之时,受到启蒙思想家罗汝芳、李贽等人的熏陶,与徐渭、公安三袁等一同成为晚明思想革新运动在文学领域中的代表人物。在戏剧创作方面,主张作家充分发挥能动创造性,抒写“至情”,强调“曲意”,主“意趣神说”,反对道学家的性理说,亦反对格律束缚,与强调恪守曲律规范的吴江派发生激烈的论争。所作戏剧,就是这些理论的实践,被称为临川派或玉茗堂派的领袖。尤其传奇《牡丹亭》(一名《还魂记》)大胆运用浪漫主义手法处理情节与人物,歌颂超越生死的至情,代表了明代传奇创作的最高成就,当时即引起轰动,在后世也有极为深远的影响。另有《紫箫记》、《紫钗记》(《紫箫记》的改写本)、《南柯记》、《邯郸记》,后三种与《牡丹亭》合称为“临川四梦”或“玉茗堂四梦”。《全明散曲》辑录其套数一套。所著尚有《红泉逸草》、《问棘邮草》与《玉茗堂全集》等。今人辑有《汤显祖全集》。

牡丹亭　　汤显祖

第七出　闺　塾

（末上）吟余改抹前春句，饭后寻思午晌茶。蚁上案头沿砚水，蜂穿窗眼咂瓶花。我陈最良杜衙设帐，杜小姐家传《毛诗》。极承老夫人管待。今日早膳已过，我且把毛注潜玩一遍。（念介）“关关雎鸠，在河之洲。窈窕淑女，君子好逑。”好者，好也；逑者，求也。（看介）这早晚了，还不见女学生进馆。却也娇养的凶。待我敲三声云板。（敲云板介）春香，请小姐解书。

【绕池游】（旦引贴捧书上）素妆才罢，缓步书堂下。对净几明窗潇洒。（贴）《昔氏贤文》，把人禁杀，恁时节则好教鹦哥唤茶。

（见介）（旦）先生万福。（贴）先生少怪。（末）凡为女子，鸡初鸣，咸盥漱栉笄，问安于父母[①]。日出之后，各供其事。如今女学生以读书为事，须要早起。（旦）以后不敢了。（贴）知道了。今夜不睡，三更时分，请先生上书。（末）昨日上的《毛诗》，可温习？（旦）温习了。则待讲解。（末）你念来。（旦念书介）关关雎鸠，在河之洲。窈窕淑女，君子好逑。（末）听讲。“关关雎鸠”，雎鸠是个鸟；“关关”，鸟声也。（贴）怎样声儿？（末作鸠声）（贴学鸠声诨介）（末）此鸟性喜幽静，在河之洲。（贴）是了，不是昨日是前日，不是今年是去年，俺衙内关着个斑鸠儿，被小姐放去，一去去在何知州家。（末）胡说，这是兴。（贴）兴个甚的那？（末）兴者，起也。起那下头窈窕淑女，是幽闲女子，有那等君子好好的来求他[②]。（贴）为甚好好的求他？（末）多嘴哩！（旦）师父，依注解书，学生自会。但把《诗经》大意，敷演一番。

【掉角儿】（末）论《六经》《诗经》最葩[③]，闺门内许多风雅。有指证姜嫄产哇[④]，不嫉妒后妃贤达[⑤]。更有那咏鸡鸣，伤燕羽，泣江皋，思汉广，洗净铅华[⑥]。有风有化，宜室宜家。（旦）这经文偌多？（末）《诗》三百，一言以蔽之，没多些，只无邪两字[⑦]，付与儿家。

书讲了。春香取文房四宝来模字。（贴下取上）纸、墨、笔、砚在此。（末）这甚么墨？（旦）丫头错拿了，这是螺子黛，画眉的。（末）这甚么笔？（旦作笑介）这便是画眉细笔。（末）俺从不曾见。拿去，拿去！这是甚么纸？(旦)薛涛笺。(末)拿去,拿去。只拿那蔡伦造的来。这是甚么砚？是一个是两个？(旦)鸳鸯砚。(末)许多眼？(旦)泪眼[8]。(末)哭什么子？一发换了来。(贴背介)好个标老儿！待换去。(下换上)这可好？(末看介)着。(旦)学生自会临书,春香还劳把笔。(末)看你临。(旦写字介)(末看惊介)我从不曾见这样好字！这甚么格？(旦)是卫夫人传下美女簪花之格[9]。(贴)待俺写个奴婢学夫人。(旦)还早哩！(贴)先生,学生领出恭牌。(下)(旦)敢问师母尊年？(末)目下平头六十。(旦)学生待绣对鞋儿上寿,请个样儿。(末)生受了。依《孟子》上样儿,做个"不知足而为屦"罢了[10]。(旦)还不见春香来。(末)要唤他么？(末叫三度介)(贴上)害淋的！(旦作恼介)劣丫头那里来？(贴笑介)溺尿去来。原来有座大花园,花明柳绿,好耍子哩！(末)哎也,不攻书,花园去,待俺取荆条来。(贴)荆条做甚么？

【前腔】女郎行,那里应文科判衙？止不过识字儿书涂嫩鸦。(起介)(末)古人读书,有囊萤的,趁月亮的[11]。(贴)待映月耀蟾蜍眼花,待囊萤把虫蚁儿活支煞。(末)悬梁、刺股呢？(贴)比似你悬了梁,损头发,刺了股,添疤疤,有甚光华！(内叫卖花介)(贴)小姐,你听一声声卖花,把读书声差。(末)又引逗小姐哩！待俺当真打一下！(末做打介)(贴闪介)你待打打这哇哇,桃李门墙,险把负荆人唬煞[12]。

(贴抢荆条投地介)(旦)死丫头,唐突了师父,快跪下！(贴跪介)(旦)师父看他初犯,容学生责认一遭儿。

【前腔】手不许把秋千索拿,脚不许把花园路踏。(贴)则瞧罢。(旦)还嘴,这招风嘴把香头来绰疤,招花眼把绣针儿签瞎。(贴)瞎了中甚用？(旦)则要你守砚台,跟书案,伴"诗云",陪"子曰",没的争差。(贴)争差些罢。(旦挦贴发介)则问你几丝儿头发,几条背花？敢也怕些些夫人堂上那些家法。

(贴)再不敢了。(旦)可知道？(末)也罢,松这一遭儿。起来。(贴起介)

【尾声】(末)女弟子则争个不求闻达,和男学生一般儿教法。你们工课完了,方可回衙。咱和公相陪话去。(合)怎辜负的这一弄明窗新绛纱。

(末下)(贴作背后指末骂介)村老牛,痴老狗,一些趣也不知。(旦作扯介)死丫头,一日为师,终身为父,他打不的你?俺且问你那花园在那里?(贴做不说)(旦做笑问介)(贴指介)兀那不是!(旦)可有什么景致?(贴)景致么,有亭台六七座,秋千一两架。绕的流觞曲水,面着太湖山石。名花异草,委实华丽。(旦)原来有这等一个所在,且回衙去。

(旦)也曾飞絮谢家庭,(贴)欲化西园蝶未成。

(旦)无限春愁莫相问,(合)绿阴终借暂时行。

〔注〕 ①"凡为女子"四句:见《礼记·内则》。封建时代做女子的生活守则。 ②求他:原诗"好逑"为好的配偶之意,此用以讥讽陈最良望文生义。 ③"论六经"句:六经,指《易》、《诗》、《书》、《礼》、《乐》、《春秋》等六部儒家经典。最葩,最有文采。 ④姜嫄产哇:传说帝喾妃子姜嫄在天帝的大脚趾印上踏了一脚,因而受孕,生下后稷,为周之始祖。见《诗经·大雅·生民》。哇,通娃。 ⑤"不嫉妒"句:诗序谓《诗经》中的《樛木》、《螽斯》等篇是表现后妃不嫉妒的美德。 ⑥"更有那"五句:谓《诗经》中的《鸡鸣》、《燕燕》、《汉广》等篇情感真挚,语言朴素,没有脂粉气。 ⑦"诗三百"四句:《论语·为政》:"《诗》三百,一言以蔽之,曰:'思无邪。'"《诗经》实有三百零五篇,常只举其整数。 ⑧泪眼:石砚上天然的纹理圆晕如眼,纹理模糊者则称泪眼。 ⑨美女簪花之格:一种娟秀工整的书体。 ⑩不知足而为屦:见《孟子·告子》,此用以表现陈最良的迂腐。 ⑪趁月亮的:南齐江泌家贫无灯油,晚上借月光读书。见《南齐书》本传。 ⑫负荆人:自知有错的人。战国时赵国武将廉颇恃功侮辱文臣蔺相如,后自知有错,便负着荆条向蔺相如请罪。见《史记·廉颇蔺相如列传》。

《牡丹亭》是明神宗万历二十六年(1598)戏曲大家汤显祖创作的,内容写杜丽娘追求恋爱自由,婚姻自主,表现了为情而死、为情而生的反封建主题。全剧共五十五出,又名《还魂记》,通行的有明末《六十种曲》本和当代各种校注本。剧情是南安太守杜宝只生一女,取名丽娘,年方二八,塾师陈最良开讲《诗经·关雎》,却惹动了丽娘的情思。伴读的丫头春香十分调皮,搅乱了家塾,还引动丽娘到后花园去游玩。在大好春光的感召下,丽娘忽做一梦,梦见一个书生手拿柳枝,抱她到牡丹亭畔共成云雨之欢,丽娘醒来后,若有所失。次日再去园中寻找梦境,相思成病。有一天照镜自怜,叫春香拿来素绢、丹青,画下了自己的形象,并题诗于上。中秋之夜,丽娘遽逝,死前嘱咐春香把自己的画像藏于园中太湖石底,又请母亲把她葬在牡丹亭边的梅树下。丽娘死后,魂游冥府,经阎王殿中胡判官审理,在花神鼎力护持下,让她归去还魂。而广州府秀才柳春卿,因梦到一家花园,有一女郎立在梅树下,说与他有姻缘之分,醒后即改名为柳梦梅。当时南宋的都城在临安,柳梦梅赴京赶考,路过南安(今江西大余),寄宿杜府梅花观中,游园时在太湖石边拾到了丽娘的画卷,便取回书房焚香拜祝。恰逢丽娘魂游归来,乃于梦中与情人欢会,并说出真情,求柳梦梅三天内挖坟开棺,终得回生复活。当时杜宝已升任淮扬安抚使,陈最良以为柳梦梅是盗墓贼,便赶到扬州去告发。而柳梦梅带了杜丽娘到临安应试,考中状元。杜宝因招讨叛贼立了军功,回京升为宰相,不肯认盗墓贼为女婿。后经皇上裁决,释除误会,全家大团圆。

《闺塾》的昆剧舞台演唱本称为《学堂》,系将第九出《肃苑》中春香唱的【一江风】移来作为上场曲,增强了喜剧气氛,所以又俗称《春香闹学》。这是一出很有特色的戏。主要情节是敷演封建家庭的闺训很严,父母用封建礼教拘管着丽娘,特地请来一个年已六旬的腐儒陈最良教她读《诗经》,却不料反而引发了她的青春意识的觉醒。

由于家庭的严格管束,丽娘不仅没有任何与异性青年接触的机会,即使白天打个瞌睡,衣裙上绣了成双的花鸟,都会受到父母的训斥,死水般的寂寞生活,精神上的空虚贫乏,使她强烈不满,并激起她对自由幸福的向往与追求。她的朦胧的爱情觉醒,无从得之于现实生活中异性的吸引,而是从读《诗经》第一首诗《关雎》篇开始的:"关关雎鸠,在河之洲。窈窕淑女,君子好逑。"文学作品中的意境与情感在她面前展示了一幅新的天地,她对《诗经》中爱情诗篇作了与陈最良为代表的正统道学家们完全不同的体会和解释。《闺塾》一出正是对此作了很好的表现。在《闺塾》中,作者用老塾师的迂腐守旧衬写春香的活泼和丽娘内心对自由的渴望。

杜丽娘的伴读小丫鬟春香是一个童心未泯、活泼好动的小丫鬟,虽然在生理和心理上尚未萌发对青春的眷恋、情爱的追求,也不能领悟爱情诗篇中的思想感情,及对真正爱情描写产生共鸣,但是对于封建家庭令人窒息的沉闷同样感到压抑,所以她一上场便发出"《昔时贤文》,把人禁杀"的控诉。加之年龄幼小,社会地位低下,使得她更容易表露自己的情绪和感受。老塾师陈最良虽然是封建道学正统的化身,是一个否定形象,但是由于他自身的性格迂腐,地位也仅仅是一个寄身于豪门的穷秀才,使得他不具备反面角色的破坏力和狠毒性,只是显得无知和可笑。于是,一个是一腔春情深埋于心底的小姐,一个是天真烂漫的小丫鬟,一个是迂腐可笑的家庭教师。人物性格矛盾造成的戏剧冲突,使情节充满了喜剧色彩,舞台表演生动有趣。特别是在课堂上,迂腐的老教师和天真浪漫的小丫鬟展开了一连串的戏剧冲突,使得这出戏格外地热闹:当老塾师教导说"女学生以读书为事,须要早起",春香立即答道"今夜不睡,三更时分,请先生上书"。

老塾师说"古人读书，有囊萤的，趁月亮的"，有"悬梁、刺股"的，春香马上反驳："待映月耀蟾蜍眼花，待囊萤把虫蚁儿活支煞"，"悬了梁，损头发，刺了股，添疤疤，有甚光华"。弄得老塾师理屈词穷，只得以荆条责打相威胁。其间，丽娘虽然表面上附和着老师对春香的训诫，实际上对春香的话颇有同感，春香课间逃学出游，发现了一处不为人知的后花园，便引出了后来"游园惊梦"的情节。在这出戏中，小丫鬟春香伶牙俐齿，天真可爱，形象鲜明，使春香成为这出戏实际上的主角。所以，在昆剧折子戏风行的年代，这出戏往往单独演出，并被演员和观众们习惯地叫做《春香闹学》。

（吴新雷　丁　波）

牡　丹　亭　　汤显祖

第十出　惊　　梦

【绕池游】（旦上）梦回莺啭，乱煞年光遍。人立小庭深院。（贴）炷尽沉烟，抛残绣线，恁今春关情似去年？

〔乌夜啼〕（旦）晓来望断梅关，宿妆残。（贴）你侧着宜春髻子恰凭阑[①]。　（旦）剪不断，理还乱，闷无端。（贴）已分付催花莺燕借春看。　（旦）春香，可曾叫人扫除花径？（贴）分付了。（旦）取镜台衣服来。（贴取镜台衣服上）云髻罢梳还对镜，罗衣欲换更添香[②]。镜台衣服在此。

【步步娇】（旦）袅晴丝吹来闲庭院[③]，摇漾春如线。停半晌整花钿。没揣菱花[④]，偷人半面，迤逗的彩云偏[⑤]。（行介）步香闺怎便把全身现。

（贴）今日穿插的好。

【醉扶归】（旦）你道翠生生出落的裙衫儿茜，艳晶晶花簪八宝填，可知我常一生儿爱好是天然。恰三春好处无人见。不提防沉鱼落雁鸟惊喧，则怕的羞花闭月花愁颤。

（贴）早茶时了，请行。（行介）你看：画廊金粉半零星，池馆苍苔一片青。踏草怕泥新绣袜，惜花疼煞小金铃[⑥]。（旦）不到园林，怎知春色如许！

【皂罗袍】原来姹紫嫣红开遍，似这般都付与断井颓垣。良辰美景奈何天，赏心乐事谁家院？恁般景致，我老爷和奶奶再不提起。（合）朝飞暮卷，云霞翠轩。雨丝风片，烟波画船。锦屏人忒看的这韶光贱。

(贴)是花都放了,那牡丹还早。

【好姐姐】(旦)遍青山啼红了杜鹃[⑦],荼蘼外烟丝醉软。春香呵,牡丹虽好,他春归怎占的先!(贴)成对儿莺燕呵,(合)闲凝眄,生生燕语明如翦,呖呖莺歌溜的圆。

(旦)去罢。(贴)这园子委是观之不足也。(旦)提他怎的?(行介)

【隔尾】观之不足由他缱[⑧],便赏遍了十二亭台是枉然,到不如兴尽回家闲过遣。

(作到介)(贴)开我西阁门,展我东阁床。瓶插映山紫,炉添沉水香[⑨]。小姐,你歇息片时,俺瞧老夫人去也。(下)(旦叹介)默地游春转,小试宜春面。春呵,得和你两留连,春去如何遣?咳,恁般天气,好困人也。春香那里?(作左右瞧介)(又低首沉吟介)天呵,春色恼人,信有之乎!常观诗词乐府,古之女子,因春感情,遇秋成恨,诚不谬矣!吾今年已二八,未逢折桂之夫;忽慕春情,怎得蟾宫之客?昔日韩夫人得遇于郎,张生偶逢崔氏,曾有《题红记》、《崔徽传》二书[⑩]。此佳人才子,前以密约偷期,后皆得成秦晋。(长叹介)吾生于宦族,长在名门。年已及笄[⑪],不得早成佳配,诚为虚度青春,光阴如过隙耳!(泪介)可惜妾身颜色如花,岂料命如一叶乎?

【山坡羊】没乱里春情难遣,蓦地里怀人幽怨。则为俺生小婵娟,拣名门一例一例里神仙眷。甚良缘,把青春抛的远。俺的睡情谁见?则索因循腼腆。想幽梦谁边,和春光暗流转?迁延,这衷怀那处言?淹煎,泼残生除问天!

身子困乏了,且自隐几而眠。(睡介)(梦生介)(生持柳枝上)莺逢日暖歌声滑,人过风情笑口开。一径落花随水入,今朝阮肇到天台[⑫]。小生顺路儿跟着杜小姐回来,怎生不见?(回看介)呀,小姐,小姐。(旦作惊起介)(相见介)(生)小生那一处不寻访小姐来,却在这里。(旦作斜视不语介)(生)恰好花园内,折取垂柳半枝。姐姐,你既淹通书史,可作诗以赏此柳枝乎?(旦作惊喜欲言又止介)(背云)这生素昧平生,何因到此?(生笑介)小姐,咱爱杀你哩!

【山桃红】则为你如花美眷,似水流年,是答儿闲寻遍。在幽闺自怜。小姐,和你那答儿讲话去。(旦作含笑不行)(生作牵衣介)(旦

雨香雲片纔到
夢兒邊

低问介）那边去？（生）转过这芍药阑前，紧靠着湖山石边。（旦低问）秀才，去怎的？（生低答）和你把领扣松，衣带宽，袖梢儿揾着牙儿苫也，则待你忍耐温存一晌眠。（旦作羞）（生前抱）（旦推介）（合）是那处曾相见，相看俨然，早难道这好处相逢无一言？（生强抱旦下）

（末扮花神束发冠红衣插花上）催花御史惜花天，检点春工又一年。蘸客伤心红雨下，勾人悬梦彩云边。吾乃掌管南安府后花园花神是也。因杜知府小姐丽娘，与柳梦梅秀才，后日有姻缘之分。杜小姐游春感伤，致使柳秀才入梦。咱花神专掌惜玉怜香，竟来保护他，要他云雨十分欢幸也。

【鲍老催】（末）单则是混阳蒸变，看他似虫儿般蠢动把风情扇。一般儿娇凝翠绽魂儿颤。这是景上缘，想内成，因中见。呀，淫邪展污了花台殿。咱待拈片落花儿惊醒他。（向鬼门丢花介）他梦酣春透了怎留连？拈花闪碎的红如片。

秀才才到的半梦儿，梦毕之时，好送杜小姐仍归香阁。吾神去也。（下）

【山桃花】（生、旦携手上）（生）这一霎天留人便，草藉花眠。小姐可好？（旦低头介）（生）则把云鬟点，红松翠偏。小姐休忘了呵，见了你紧相偎，慢厮连，恨不得肉儿般团成片也，逗的个日下胭脂雨上鲜。（旦）秀才，你可去呵？（合）是那处曾相见，相看俨然，早难道这好处相逢无一言？

（生）姐姐，你身子乏了，将息，将息。（送旦依前作睡介）（轻拍旦介）姐姐，俺去了。（作回顾介）姐姐，你可十分将息，我再来瞧你那。行来春色三分雨，睡去巫山一片云。（下）（旦作惊醒低叫介）秀才，秀才，你去了也？（又作痴睡介）（老旦上）夫婿坐黄堂，娇娃立绣窗。怪他裙衩上，花鸟绣双双。孩儿，孩儿，你为甚瞌睡在此？（旦作醒）（叫秀才介）咳也！（老旦）孩儿怎的来？（旦作惊起介）奶奶到此！（老旦）我儿，何不做些针指，或观玩书史，舒展情怀？因何昼寝于此？（旦）孩儿适花园中闲玩，忽值春暄恼人，故此回房。无可消遣，不觉困倦少息。有失迎接，望母亲恕儿之罪。（老旦）孩儿，这后花园中冷静，少去闲行。（旦）领母亲严命。（老旦）孩儿，学堂看书去。(旦)先生不在,且自消停。(老旦叹介)女孩儿长成,自有许多情态,且自由他。正是:宛转随儿女,辛勤做老娘。(下)(旦长叹介)(看老旦下介)哎也,天那,今日杜丽娘有些侥幸也!偶到后花园中,百花开遍,睹景伤情。没兴而回,昼眠香阁。忽见一生,年可弱冠⑬,丰姿俊妍。于园中折得柳丝一枝,笑对奴家说:"姐姐既淹通书史,何不将柳枝题赏一篇?"那时待要应他一声,心中自忖,素昧平生,不知名姓,何得轻与交言。正如此想间,只见那生向前说了几句伤心话儿,将奴搂抱去牡丹亭畔、芍药阑边,共成云雨之欢。两情和合,真个是千般爱惜,万种温存。欢毕之时,又送我睡眠,几声"将息"。正待自送那生出门,忽值母亲来到,唤醒将来。我一身冷汗,乃是南柯一梦。忙身参礼母亲,又被母亲絮了许多闲话。奴家口虽无言答应,心内思想梦中之事,何曾放怀?行坐不宁,自觉如有所失。娘呵,你教我学堂看书去,知他看那一种书消闷也。(作掩泪介)

【绵搭絮】雨香云片,才到梦儿边。无奈高堂,唤醒纱窗睡不便。泼新鲜,冷汗粘煎,闪的俺心悠步亸⑭,意软鬟偏。不争多费尽神情,坐起谁忺⑮?则待去眠。

(贴上)晚妆销粉印,春润费香篝⑯。小姐,薰了被窝睡罢。

【尾声】(旦)困春心游赏倦,也不索香薰绣被眠。天呵,有心情那梦儿还去不远。

春望逍遥出画堂,间梅遮柳不胜芳。
可知刘阮逢人处?回首东风一断肠。

〔注〕①宜春髻子:旧俗立春日,妇女剪彩绸作燕子状,戴在发髻上,上写"宜春"二字。见南朝梁宗懔《荆楚岁时记》。②"云髻"二句:见唐薛逢《宫词》诗。③袅晴丝:昆虫吐出的丝缕在空飘荡。④菱花:镜子。⑤迤(yǐ)逗:逗引。⑥"惜花"句:唐明皇之兄宁王爱花,春天时用红丝绳将金铃系在花枝上,有鸟雀飞来,便牵动金铃惊散鸟雀。见《开元天宝遗事》。⑦啼红了杜鹃:传说杜鹃鸟为古蜀帝杜宇之魂所化,悲啼不止,口中流血,滴在花瓣上,花红似血,是为杜鹃花。⑧缱(qiǎn):留恋。⑨沉水香:即沉香,一种香木,心材为著名熏香料。此指用沉香制作的香。⑩"曾有"句:《题红记》,传奇名,明王骥德作,写于祐与韩翠苹红叶题诗,终成夫妻之事。《崔徽传》,似为《莺莺传》之误。⑪及笄(jī):古时女子十五岁以笄束发,标志已成年,可论婚嫁。笄,簪子。⑫阮肇:传说东汉时阮肇与刘晨至天台山采药遇二仙女,结缘半年始归,至家则子孙已历七代。⑬弱冠:古时男子二十岁行冠礼,头上戴冠,标志已成年。⑭亸(duǒ):歪斜。⑮忺(xiān):适意。⑯香篝:即熏笼,用

以熏香或烘衣。

这是《牡丹亭》中最脍炙人口的一出戏。昆剧演出本将此出分为二折，自【绕池游】至【隔尾】称为《游园》，自【山坡羊】以下称为《惊梦》。在《诗经·关雎》洲渚之兴的启迪下，杜丽娘和春香瞒着父母到后花园游玩，花园内生机勃勃的自然美景和新鲜活泼的感受，同她枯寂的闺房生活形成鲜明的对照，使她的心灵受到强烈的震动，自然春光触发了她的情怀，唤醒了她的青春意识。但她也同时悟到，良辰美景虚设，赏心乐事难逢，春光易逝，红颜易老，心中十分惆怅。回房之后，在怅惘郁闷的心境中，她不禁慨叹"年已及笄，不得早成佳配，诚为虚度青春"。在勃勃春光和古代爱情诗篇的激发下，她终于产生了挣脱封建礼教束缚、争取爱情自由的强烈要求。于是在梦中与青年书生相亲相爱。

《牡丹亭》突出的艺术成就之一是绘景抒情，妙合无间；心理描摹，惟妙惟肖。在《游园惊梦》中，这一艺术特点得到了最完美的体现。前半出游园的情节，主要表现的是杜丽娘在美好的春光里感叹闺阁生活的愁苦，表达对美好生活的向往。作者紧紧扣住大自然美好春光对丽娘心灵的启示和情感的震撼来细致入微地刻画她的形象，特别是【步步娇】、【醉扶归】、【皂罗袍】三支曲子，在写景的同时把丽娘的情怀烘托了出来，在情景的自然融合中表现了人物的性格特征。作者还特别注意寓情于景，并随景致的变换刻画人物的心理变化。如【步步娇】曲子，描写丽娘决心违反家规偷偷去游园，但封建礼教的淫威与长期深处闺房的习惯，又使她心存顾虑："停半晌整花钿"，"步香闺怎便把全身现。"这便含蓄细致地表现了她内心的矛盾。"没揣菱花，偷人半面，迤逗的彩云偏"，也把一个刚萌生出摇漾情愫的深闺少女，顾影自怜而又娇羞难胜的心理和天真烂漫情态刻画无遗。又如"袅晴丝吹来闲庭院，摇漾春如线"，借"晴"字与情的谐音双关，以春景喻春情，既是绘景又是抒情；深院难得一见的袅袅晴丝，与丽娘心中产生的一丝丝春情，都在摇漾飘荡，既显出她内心的寂寞，又表达出她心灵深处对自由与爱情的朦胧渴望。而《惊梦》【山坡羊】则以自然含蓄相间的语言，把丽娘难以压抑的热情和梦想，以及深感自己十分孤独的幽怨心情，都以诗的气氛很细致地渲染出来了。【山桃红】以下写出梦中情人欢会，花神用落花惊醒幽梦，作者采用了浪漫主义的象征手法，色彩浓丽，气氛热烈。总之，《惊梦》一出将丽娘这个在封建礼教长期压抑下逐步觉醒的怀春少女的特殊心态及细微的心理变化揭示了出来，使人物形象有血有肉，活灵活现。

《牡丹亭》的语言也自具特色。汤显祖既注意保持元杂剧语言富有"本色"的优良传统，又注意发挥自己在满怀激情创作时的"灵气"，将自然真切的语言与个别字句的精工琢磨融合起来，即所谓“掇拾本色，参错丽语，境来神往，巧凑妙合”（王骥德《曲律》）。语言既自然真切，又婉丽精工，曲词往往形成诗的意境，具有极强的感染力，很适合作者以奔放的热情，去描绘人物细腻复杂的感情。【皂罗袍】中“良辰美景奈何天，赏心乐事谁家院”，是古今评论家所公认的名句，“良辰美景”、“赏心乐事”不过是两个成语，“奈何天”、“谁家院”更不是什么艰深险奥的词句，然而，这四组词语一经组合，便将杜丽娘既惊诧于春光的无限美丽，又感叹春光易逝，惋惜春光被辜负的百感交集的复杂心理，准确完满地表现出来。而【山桃红】一曲虽是柳梦梅所唱，但仍是杜丽娘梦中所生，因此，仍是杜丽娘自己的情感和语言，“则为你如花美眷，似水流年”一句，“如花美眷”是用他人的眼光审视赞叹自己的美丽，“似水流年”一变而为对生命之花绚丽而短暂的花期和时光流转的慨叹。确有“不思而至”的灵动，又妙合杜丽娘梦中的情思跳跃、超越常情的思维特点。无怪乎曹雪芹在《红楼梦》第二十三回中写林黛玉听了【皂罗袍】“不觉点头自叹，心下自思：‘原来戏上也有好文章，可惜世人只知看戏，未必能领略其中的趣味。’”当听到【山桃红】“则为你如花美眷，似水流年”时，林妹妹竟“仔细忖度，不觉心痛神驰，眼中落泪”。

另外《惊梦》的舞台表演艺术也堪称典范，经过历代昆曲艺术家的不断加工和提炼，以《惊梦》为代表的说唱、表演、音乐、舞蹈相结合的综合艺术，充分体现了昆曲艺术典雅、端丽的艺术特征，是昆曲乃至中国戏曲表演艺术的最高成就。“这是一种经过高度提炼的美的精华。千锤百炼的唱腔设计，一举手一投足的舞蹈化的程式动作，雕塑性的亮相，象征性、示意性的环境布置，异常简洁明了的情节交代，高度选择的戏剧冲突（经常是能激起巨大心理反响的伦理冲突），使内容和形式交融无间，而特别突出了积淀了内容要求的形式美。这已不是简单的均衡对称、变化统一的外在形式美，而是在其中与内容意义交织在一起。”（李泽厚《美的历程》）正是由于《惊梦》所取得的巨大艺术成就，使其能保持长久的艺术生命力，至今仍是舞台上盛传不衰的常演曲目，历代戏曲表演艺术家都将其作为提高自己表演艺术的必习剧目。京昆艺术大师梅兰芳和俞振飞合作，曾于 1960 年将《惊梦》摄制为舞台艺术片《游园惊梦》，为后人留下了宝贵的艺术珍品。

（吴新雷　丁　波）

牡　丹　亭　　汤显祖

第十二出　寻　梦

【夜游宫】（贴上）腻脸朝云罢盥，倒犀簪斜插双鬟。侍香闺起早,睡意阑珊。衣桁前[①],妆阁畔,画屏间。

伏侍千金小姐,丫鬟一位春香。请过猫儿师父,不许老鼠放光。侥幸《毛诗》感动,小姐吉日时良。拖带春香遣闷,后花园里游芳。谁知小姐瞌睡,恰遇着夫人问当,絮了小姐一会,要与春香一场。春香无言知罪,以后劝止娘行。夫人还是不放,少不得发咒禁当。(内介)春香姐,发个甚咒来?(贴)敢再跟娘胡撞,教春香即世里不见儿郎。虽然一时抵对,乌鸦管的凤凰?一夜小姐忺躁,起来促水朝妆。由他自言自语,日高花影纱窗。(内介)快请小姐早膳。(贴)报道官厨饭熟,且去传递茶汤。(下)

【月儿高】(旦上)几曲屏山展,残眉黛深浅。为甚衾儿里不住的柔肠转?这憔悴非关爱月眠迟倦,可为惜花,朝起庭院?

忽忽花间起梦情,女儿心性未分明。无眠一夜灯明灭,分煞梅香唤不醒[②]。昨日偶尔春游,何人见梦。绸缪顾盼,如遇平生。独坐思量,情殊怅恍。真个可怜人也!(闷介)(贴捧茶食上)香饭盛来鹦鹉粒[③],清茶擎出鹧鸪斑[④]。小姐早膳哩!(旦)咱有甚心情也。

【前腔】梳洗了才匀面,照台儿未收展。睡起无滋味,茶饭怎生咽?(贴)夫人分付,早饭要早。(旦)你猛说夫人,则待把饥人劝。你说为人在世,怎生叫做吃饭?(贴)一日三餐。(旦)咳,甚瓯儿气力与擎拳,生生的了前件[⑤]。

你自拿去吃便了。(贴)受用余杯冷炙,胜如剩粉残膏。(下)(旦)春香已去。天呵,昨日所梦,池亭俨然。只图旧梦重来,其奈新愁一段。寻思展转,竟夜无眠。咱待乘此空闲,背却春香,悄向花园寻看。(悲介)哎也,似咱这般,正是:梦无彩凤双飞翼,心有灵犀一点通。(行介)一径行来,喜的园门洞开,守花的都不在。则这残红满地呵,

【懒画眉】最撩人春色是今年。少甚么低就高来粉画垣,元来春心无处不飞悬。(绊介)哎,睡荼蘼抓住裙衩线,恰便是花似人心好处牵。

这一湾流水呵,

【前腔】为甚呵玉真重溯武陵源?也则为水点花飞在眼前。是天公不费买花钱,则咱人心上有啼红怨。咳,辜负了春三二

月天。

(贴上)吃饭去,不见了小姐,则得一径寻来。呀,小姐,你在这里。

【不是路】何意婵娟,小立在垂垂花树边。才朝膳,个人无伴怎游园?(旦)画廊前,深深蓦见衔泥燕,随步名园是偶然。(贴)娘回转,幽闺窣地教人见,那些儿闲串?那些儿闲串?

【前腔】(旦作恼介)哇!偶尔来前,道的咱偷闲学少年。(贴)咳,不偷闲,偷淡。(旦)欺奴善,把护春台都猜做谎桃源[⑥]。(贴)敢胡言,这是夫人命,道春多刺绣宜添线,润逼炉香好腻笺。(旦)还说甚来?(贴)这荒园堑,怕花妖木客寻常见。去小庭深院,去小庭深院。

(旦)知道了。你好生答应夫人去,俺随后便来。(贴)闲花傍砌如依主,娇鸟嫌笼会骂人。(下)(旦)丫头去了,正好寻梦哩。

【忒忒令】那一答可是湖山石边,这一答似牡丹亭畔。嵌雕阑芍药芽儿浅,一丝丝垂杨线,一丢丢榆荚钱。线儿春甚金钱吊转。

呀,昨日那书生将柳枝要我题咏,强我欢会之时,好不话长!

【嘉庆子】是谁家少俊来近远?敢迤逗这香闺去沁园[⑦]。话到其间腼腆。他捏这眼奈烦也天,咱㬠这口待酬言[⑧]。

【尹令】那书生可意呵,咱不是前生爱眷,又素乏平生半面。则道来生出现,乍便今生梦见。生就个书生,恰恰生生抱咱去眠[⑨]。

那些好不动人春意也!

【品令】他倚太湖石,立着咱玉婵娟。待把俺玉山推倒,便日暖玉生烟。捱过雕阑,转过秋千,揞着裙花展[⑩]。敢席着地,怕天瞧见。好一会分明,美满幽香不可言。

梦到正好时节,甚花片儿吊下来也。

【豆叶黄】他兴心儿紧咽咽,呜着咱香肩[⑪]。俺可也慢掂掂做意儿周旋。等闲间把一个照人儿昏善[⑫],那般形现,那般软绵。忑一片撒花心的红影儿吊将来半天,敢是咱梦魂儿厮缠?

咳,寻来寻去,都不见了。牡丹亭,芍药阑,怎生这般凄凉冷落,杳无人迹?好不伤心也!(泪介)

【玉交枝】是这等荒凉地面，没多半亭台靠边，好是咱眯暖色眼寻难见。明放着白日青天，猛教人抓不到魂梦前。霎时间有如活现，打方旋再得俄延。呀，是这答儿压黄金钏匾。

要再见那书生呵，

【月上海棠】怎赚骗？依稀想像人儿见。那来时荏苒，去也迁延。非远，那雨迹云踪才一转，敢依花傍柳还重现。昨日今朝，眼下心前，阳台一座登时变。

再消停一番。(望介)呀，无人之处，忽然大梅树一株，梅子磊磊可爱。

【二犯幺令】偏则他暗香清远，伞儿般盖的周全。他趁这，他趁这春三月红绽雨肥天⑬，叶儿青，偏迸着苦仁儿里撒圆⑭。爱杀这昼阴便，再得到罗浮梦边⑮。

罢了，这梅树依依可人，我杜丽娘若死后，得葬于此，幸矣。

【江儿水】偶然间心似缱，梅树边。这般花花草草由人恋，生生死死随人愿，便酸酸楚楚无人怨。待打并香魂一片，阴雨梅天，守的个梅根相见。(倦坐介)

(贴上)佳人拾翠春亭远，侍女添香午院清。咳，小姐走乏了，梅树下盹。

【川拨棹】你游花院，怎靠着梅树偃？(旦)一时间望眼连天，一时间望眼连天，忽忽地伤心自怜。(泣介)(合)知怎生情怅然？知怎生泪暗悬？

(贴)小姐甚意儿？

【前腔】(旦)春归人面，整相看无一言，我待要折的那柳枝儿问天，我待要折的那柳枝儿问天，我如今悔不与题笺。(贴)这一句猜头儿是怎言⑯？(合前)

(贴)去罢。(旦作行又住介)

【前腔】为我慢归休，缓留连。(内鸟啼介)听，听这不如归春暮天，难道我再到这亭园，难道我再到这亭园，则挣的个长眠和短眠⑰。(合前)

(贴)到了，和小姐瞧奶奶去。(旦)罢了。

【意不尽】软咍咍刚扶到画阑偏，报堂上夫人稳便。咱杜丽娘呵，不少得楼上花枝也则是照独眠。

(旦)武陵何处访仙郎？(贴)只怪游人思易忘。

(旦)从此时时春梦里，(贴)一生遗恨系心肠。

〔注〕①衣桁(héng)：衣架。②分：同忿。忿恨。③鹦鹉粒：唐杜甫《秋兴八首》(其八)："香稻啄余鹦鹉粒。"④鹧鸪斑：一种名贵的茶盏，上有鹧鸪羽色纹。五代陶穀《清异录》："闽中造盏，花纹鹧鸪斑，点试茶家珍之。"黄庭坚《满庭芳·茶词》："纤纤捧，研膏溅乳，金缕鹧鸪斑。"⑤"甚瓯儿"二句：意谓哪里有气力举起手来拿碗，干脆就算吃过了。⑥护春台：指花园。⑦"敢迤逗"句：香闺，香闺小姐。沁园，东汉明帝女儿沁水公主的园林，此泛指花园。⑧㗡(xīn)：开。⑨恰恰生生：羞怯怯地。⑩揹(kèn)：勒住。⑪"他兴心儿"二句：兴心儿，尽意。紧咽咽，即紧。呜，吻。⑫"等闲"句：顿时把一个清醒的人弄得昏昏沉沉。⑬红绽雨肥天：梅子成熟季节。⑭"偏迸"句：偏在伤心人前长出圆满的果实。梅子圆，核仁苦，"仁"与"人"谐音。⑮罗浮梦：隋代赵师雄在罗浮山遇一美女，至酒家共饮，醉后入睡。醒后见自己独睡于大梅树下。见唐柳宗元《龙城录》。⑯猜头儿：谜语。⑰"难道"二句：难道我只有在梦中和死后才能再到这亭园。

这出戏是杜丽娘对前场梦中与柳梦梅幽会的追忆。丽娘梦醒之后，又执著地追寻梦中情人，孤身一人来到花园，按照景点，寻觅梦痕。

梦而可寻，可以设想，这个寻梦的人，是在什么样一种热情和缭乱的心境中了。在日常生活中，白日做梦已属不伦，白日寻梦更觉荒唐可笑。然而在杜丽娘身上却表现得合情合理。作者为人物的行动找到了真实的思想感情作依据，不能不使人相信她应该这样，而且一定会这样。在作者笔下，杜丽娘的伤感不是消极颓废的，而是反映热情和理想的镜子，是衡量对不合理生活反抗的标尺。"她越是沉醉于理想之中，便愈伤感于生活的黯淡和命运的坎坷；愈伤感于生活的黯淡和命运的坎坷，她越是沉醉于理想的追求，这种强烈的愿望和意志使人坚信，在那种社会里她不能不死，同时，又使人相信她虽死而不会泯灭，死可以复生。"(张庚、郭汉城《中国戏曲通史》)其中【懒画眉】一曲："最撩人春色是今年。少甚么低就高来粉画垣，元来春心无处不飞悬。睡荼蘼抓住裙衩线，恰便是花似人心好处牵。"写出了春心如春色，春花似人心，春色即是春心，春心还是春色。正是所谓"有我之境，以我观物，故物皆著我之色彩"，"一切景语，皆情语也"(王国维《人间词话》)。这是对春色的赞美，更是对春情的赞颂。在缠绵情思的激荡之下，杜丽娘唱出了【江儿水】"这般花花草草由人恋，生生死死随人愿，便酸酸楚楚无人怨"的强烈心声，热切盼望得到爱情和婚姻的幸福。呼唤如此强烈，情感如此奔放，情节如此离奇，这一切所汇成的思想情感巨浪，浩浩荡荡，无可阻挡，演述了一部大喜大悲的人生传奇，开出了一朵艳光四射、骀荡淫夷的浪漫之花，在冲破了封建礼教对人性束缚的同时，也冲破了千百年来中国古典文化“乐而不淫，哀而不伤”的理性主义传统。

这出戏的整套曲子婉转缠绵，身段动作十分细腻优美，是昆曲闺门旦的重要剧目。

（吴新雷　丁　波）

牡　丹　亭　　汤显祖

第十四出　写　　真

【破齐阵】（旦上）径曲梦回人杳，闺深佩冷魂销。似雾濛花，如云漏月，一点幽情动早。（贴上）怕待寻芳迷翠蝶，倦起临妆听伯劳。春归红袖招。

〔醉桃源〕（旦）不经人事意相关，牡丹亭梦残。（贴）断肠春色在眉弯，倩谁临远山[①]？　（旦）排恨叠，怯衣单，花枝红泪弹。（合）蜀妆晴雨画来难[②]，高唐云影间。　（贴）小姐，你自花园游后，寝食悠悠，敢为春伤，顿成消瘦？春香愚不谏贤，那花园以后再不可行走了。（旦）你怎知就里？这是：春梦暗随三月景，晓寒瘦减一分花。

【刷子序犯】（旦低唱）春归恁寒峭。都来几日，意懒心乔[③]，竟妆成熏香独坐无聊。逍遥，怎刬尽助愁芳草？甚法儿点活心苗！真情强笑为谁娇？泪花儿打迸著梦魂飘。

【朱奴儿犯】（贴）小姐，你热性儿怎不冰着，冷泪儿几曾干燥？这两度春游忒分晓，是禁不的燕抄莺闹[④]。你自窨约[⑤]，敢夫人见焦？再愁烦，十分容貌怕不上九分瞧。

（旦作惊介）咳！听春香言话，俺丽娘瘦到九分九了。俺且镜前一照，委是如何？（照悲介）哎也，俺往日艳冶轻盈，奈何一瘦至此！若不趁此时自行描画，流在人间，一旦无常，谁知西蜀杜丽娘有如此之美貌乎！春香，取素绢、丹青，看我描画。（贴下取绢笔上）三分春色描来易，一段伤心画出难。绢幅、丹青，俱已齐备。（旦泣介）杜丽娘二八春容，怎生便是杜丽娘自手生描也呵！

【普天乐】这些时把少年人如花貌，不多时憔悴了。不因他福分难销，可甚的红颜易老？论人间绝色偏不少，等把风光丢抹

早[6]。打灭起离魂舍欲火三焦[7]，摆列著昭容阁文房四宝[8]，待画出西子湖眉月双高[9]。(照镜叹介)

【雁过声】轻绡，把镜儿擘掠[10]，笔花尖淡扫轻描。影儿呵和你细评度[11]，你腮斗儿恁喜谑，则待注樱桃染柳条，渲云鬟烟霭飘萧。眉梢青未了，个中人全在秋波妙，可可的淡春山钿翠小。

【倾杯序】(贴)宜笑，淡东风立细腰，又似被春愁搅。(旦)谢半点江山，三分门户，一种人才，小小行乐，撚青梅闲厮调。倚湖山梦晓，对垂杨风袅。忒苗条，斜添他几叶翠芭蕉。

春香，噔起来[12]，可厮像也？

【玉芙蓉】(贴)丹青女易描，真色人难学。似空花水月，影儿相照。(旦喜介)画的来可爱人也！咳，情知画到中间好，再有似生成别样娇。(贴)只少个姐夫在身傍。若是姻缘早，把风流婿招，少甚么美夫妻图画在碧云高。

(旦)春香，咱不瞒你，花园游玩之时，咱也有个人儿。(贴惊介)小姐，怎的有这等方便呵？(旦)梦哩。

【山桃犯】有一个曾同笑，待想象生描著，再消详邈入其中妙，则女孩家怕漏泄风情稿[13]。这春容呵，似孤秋片月离云峤，甚蟾宫贵客傍的云霄？

春香，记起来了。那梦里书生，曾折柳一枝赠我。此莫非他日所适之夫姓柳乎？故有此警报耳[14]。偶成一诗，暗藏春色，题于帧首之上何如？(贴)却好。(旦题吟介)近睹分明似俨然，远观自在若飞仙。他年得傍蟾宫客，不在梅边在柳边。(放笔叹介)春香，也有古今美女，早嫁了丈夫相爱，替他描模画样；也有美人自家写照，寄与情人。似我杜丽娘寄谁呵？

【尾犯序】心喜转心焦。喜的明妆俨雅，仙珮飘飖。则怕呵，把俺年深色浅，当了个金屋藏娇。虚劳，寄春容教谁泪落？做真真无人唤叫[15]。(泪介)堪愁夭，精神出现留与后人标。

春香，悄悄唤那花郎分付他。(贴叫介)(丑花郎上)秦宫一生花里活，崔徽不似卷中人[16]。小姐有何分付？(旦)这一幅行乐图，向行家裱去。叫人家收拾好些。

【鲍老催】这本色人儿妙，助美的谁家裱？要练花绡帘儿莹[17]，边阑小，教他有人问著休胡嘌[18]。日炙风吹悬衬的好，怕好物不坚牢。把咱巧丹青休涴了。

(丑)小姐，裱完了，安奉在那里？

【尾声】(旦)尽香闺赏玩无人到，(贴)这形模则合挂巫山庙。(合)又怕为雨为云飞去了。

(贴)眼前珠翠与心违，(旦)却向花前痛哭归。

(贴)好写妖娆与教看，(旦)令人评泊画杨妃[19]。

〔注〕 ① 临远山：指画眉。 ② 蜀妆：指巫山神女的仪容。 ③"都来"二句：都来，算来。心乔，心情不好。 ④ 抄：即吵。 ⑤ 窨约：思忖。 ⑥"等把"句：都早将美貌衰残了。 ⑦"打灭起"句：消除肉身的欲念。 ⑧ 昭容阁：内宫。 ⑨ 西子湖眉月：美女之眉。以西湖比喻美女。 ⑩ 擘(bò)掠：揩拭。 ⑪ 评度(duó)：评论。 ⑫ 幀：同帧，展开画幅。 ⑬"待想象"三句：意谓本想回忆他的样子，再慢慢地将他描在画中，但又怕泄漏了自己的心思。邈，同描。 ⑭ 警报：预兆。 ⑮"做真真"句：唐代赵颜得一美人图，画工称画中美人名真真，呼其名百日便会应声，再以百家彩灰酒灌她，就会活了。赵颜照着做了，女子果然活过来，两人结为夫妻。见唐杜荀鹤《松窗杂记》。 ⑯"崔徽"句：唐代妓女崔徽与书生裴敬中相爱，别后崔徽托人带给裴敬中一幅自己的肖像，并说："崔徽一旦不及卷中人，徽且为郎死矣。"见唐元稹《崔徽歌并序》。 ⑰"要练"句：要用经过漂白的花绡裱画，画幅上方空白处要光洁。 ⑱ 胡嘌(piāo)：胡说。 ⑲ 评泊：评说。

寻梦之后，丽娘便郁闷成病，花容憔悴，为了永远保持自己的美丽形象，便为自己生描肖像。与《惊梦》中寓人物形象描写于对春景的刻画中不同，这出戏通过大段的唱念，正面表现了杜丽娘姣好的容貌。当春香赞叹画稿精妙，同时又对"少个姐夫在身傍"表示遗憾时，杜丽娘无法按捺内心的激动，兴奋地对春香说："咱不瞒你，花园游玩之时，咱也有个人儿。"一种抑制不住的春情溢于言表。对自己容貌的赞美，是一种对生命和青春的自觉，正如她在《惊梦》、《寻梦》中对美丽春光的赞美一样，如春天一样美丽的花季少女，如春天一般明媚的春情，这样美好的事物，谁能舍得伤害，谁又能忍心将其毁灭呢？这出戏一方面表达了剧中人对自己美貌和生命的留恋，同时，又从杜丽娘在肖像画上所留的题辞中表明了她对美梦重圆的强烈期待和坚定信心。

这出戏的曲词创作大量采用了象征和比喻的手法，很有特点。如【破齐阵】"似雾濛花，如云漏月"，是象征青春的觉醒虽然被封建礼教笼罩压制着，但像云破月来一样，仍透出了一线希望。又如【雁过声】"轻绡，把镜儿擘掠，笔花尖淡扫轻描(喻指画像时勾轮廓)。影儿呵和你细评度，你腮斗儿恁喜谑(喻指勾脸颊)，则待注樱桃(点唇)染柳条(画眉),渲云鬟烟霭飘萧(画鬓发)。眉梢青未了,个中人全在秋波妙,可可的淡春山(眉如春山)钿翠小。"再如【倾杯序】"宜笑,淡东风立细腰,又似被春愁搅。谢半点江山,三分门户,一种人才,小小行乐(喻指画像),撚青梅闲厮调。倚湖山梦晓,对垂杨风袅。忒苗条,斜添他几叶翠芭蕉。"曲词平实如话,几近白描,紧扣人物动作和剧情表演,凸现了杜丽娘自画春容的创作过程,也再次体现了剧中人物杜丽娘和剧作者本人"一生儿爱好(爱美)是天然"的美学追求。

(吴新雷 丁 波)

牡 丹 亭 汤显祖

第二十出 闹 殇

【金珑璁】(贴上)连宵风雨重,多娇多病愁中。仙少效,药无功。

颦有为颦,笑有为笑[①]。不颦不笑,哀哉年少。春香侍奉小姐,伤春病到深秋。今夕中秋佳节,风雨萧条,小姐病转沉吟,待我扶他消遣。正是:从来雨打中秋月,更值风摇长命灯。(下)

【鹊桥仙】(贴扶病旦上)拜月堂空,行云径拥。骨冷怕成秋梦。世间何物似情浓?整一片断魂心痛。

(旦)枕函敲破漏声残,似醉如呆死不难。一段暗香迷夜雨,十分清瘦怯秋寒。春香,病境沉沉,不知今夕何夕?(贴)八月半了。(旦)哎也,是中秋佳节哩!老爷,奶奶,都为我愁烦,不曾玩赏了?(贴)这都不在话下了。(旦)听见陈师父替我推命,要过中秋。看看病势转沉,今宵欠好。你为我开轩一望,月色如何?(贴开窗)(旦望介)

【集贤宾】(旦)海天悠问冰蟾何处涌?玉杵秋空,凭谁窃药把嫦娥奉?甚西风吹梦无踪,人去难逢,须不是神挑鬼弄。在眉峰,心坎里别是一般疼痛。(旦闷介)

【前腔】(贴)甚春归无端厮和哄,雾和烟两不玲珑[②]。算来人命关天重,会消详直恁匆匆[③]。为着谁侬,俏样子等闲抛送?待我谎他。姐姐,月上了。月轮空,敢蘸破你一床幽梦。

(旦望叹介)轮时盼节想中秋,人到中秋不自由。奴命不中孤月照,残生今夜雨中休。

【前腔】你便好中秋月儿谁受用?翦西风泪雨梧桐。楞生瘦骨加沉重,趱程期是那天外哀鸿。草际寒蛩,撒剌剌纸条窗缝。(旦惊作昏介)冷松松,软兀剌四梢难动[④]。

(贴惊介)小姐冷厥了!夫人有请。(老旦上)百岁少忧夫主贵,一生多病女儿娇。我的儿,病体怎生了?(贴)奶奶,欠好,欠好。(老旦)可怎了?

【前腔】不提防你后花园闲梦铳,不分明再不惺忪,睡临侵打不起头梢重。(泣介)恨不呵早早乘龙,夜夜孤鸿,活害杀俺翠娟娟雏凤。一场空,是这答里把娘儿命送。

【啭林莺】(旦醒介)甚飞丝缱的阳神动,弄悠扬风马叮咚[⑤]。(泣介)娘,儿拜谢你了。(拜跌介)从小来觑的千金重,不孝女孝顺无终。娘呵,此乃天之数也。当今生花开一红,愿来生把萱椿再奉。(众泣介)(合)恨西风,一霎无端碎绿摧红。

【前腔】(老旦)并无儿荡得个娇香种,绕娘前笑眼欢容。但成人索把俺高堂送。恨天涯老运孤穷。儿呵,暂时间月直年空[⑥],好将息你这心烦意冗。(合前)

(旦)娘,你女儿不幸,作何处置?(老旦)奔你回去也,儿!

【玉莺儿】(旦泣介)旅榇梦魂中,盼家山千万重。(老旦)便远也去。(旦)是不是,听女孩儿一言。这后园中一株梅树,儿心所爱。但葬我梅树之下可矣。(老旦)这是怎的来?(旦)做不的病婵娟桂窟里长生,则分的粉骷髅向梅花古洞。(老旦泣介)看他强扶头泪濛,冷淋心汗倾,不如我先他一命无常用。(合)恨苍穹,妒花风雨,偏在月明中。

(老旦)还去与爹讲,广做道场也。儿,银蟾谩捣君臣药,纸马重烧子母钱。(下)(旦)春香,咱可有回生之日否?

【前腔】(叹介)你生小事依从,我情中你意中。春香,你小心奉事老爷奶奶。(贴)这是当的了。(旦)春香,我记起一事来。我那春容,题诗在上,外观不雅。葬我之后,盛着紫檀匣儿,藏在太湖石底。(贴)这是主何意儿?(旦)有心灵翰墨春容,傥直那人知重[⑦]。(贴)姐姐宽心。你如今不幸,孤坟独影。肯将息起来,禀过老爷,但是姓梅姓柳秀才,招选一个,同生同死,可不美哉!(旦)怕等不得了。哎哟,哎哟!

(贴)这病根儿怎攻？心上医怎逢？(旦)春香，我亡后，你常向灵位前叫唤我一声儿。(贴悲介)他一星星说向咱伤情重。(合前)(旦昏介)

(贴)不好了，不好了，老爷奶奶快来！

【忆莺儿】(外、老旦上)鼓三冬，愁万重，冷雨幽窗灯不红。听侍儿传言女病凶。(贴泣介)我的小姐，小姐！(外、老旦同泣介)我的儿呵，你舍的命终，抛的我途穷，当初只望把爹娘送。(合)恨匆匆，萍踪浪影，风剪了玉芙蓉。(旦作醒介)

(外)快甦醒！儿，爹在此。(旦作看外介)哎哟，爹爹扶我中堂去罢。(外)扶你也，儿。(扶介)

【尾声】(旦)怕树头树底不到的五更风[8]，和俺小坟边立断肠碑一统。爹，今夜是中秋？(外)是中秋也，儿。(旦)禁了这一夜雨，(叹介)怎能勾月落重生灯再红。(并下)

(贴哭上)我的小姐，我的小姐！天有不测之风云，人有无常之祸福。我小姐一病伤春死了也。痛杀了我家老爷、我家奶奶。列位看官们，怎了也！待我哭他一会。

【红衲袄】小姐，再不叫咱把领头香心字烧，再不叫咱把剔花灯红泪缴[9]，再不叫咱拈花侧眼调歌鸟，再不叫咱转镜移肩和你点绛桃[10]。想着你夜深深放剪刀，晓清清临画稿。提起那春容，被老爷看见了，怕奶奶伤情，分付殉了葬罢。俺想小姐临终之言，依旧向湖山石儿靠也，怕等得个拾翠人来把画粉销[11]。

老姑姑，你也来了。(净上)你哭得好，我也来帮你。

【前腔】春香姐，再不教你暖朱唇学弄箫，(贴)为此。(净)再不和你荡湘裙闲斗草。(贴)便是。(净)小姐不在，春香姐也松泛多少。(贴)怎见得？(净)再不要你冷温存热絮叨，再不要你夜眠迟朝起的早。(贴)这也惯了。(净)还有省气的所在。鸡眼睛不用你做嘴儿挑，马子儿不用你随鼻儿倒。(贴啐介)(净)还一件，小姐青春有了，没时间做出些儿也，那老夫人呵，少不的把你后花园打折腰。

(贴)休胡说！老夫人来也。(老旦上)(哭介)我的亲儿！

【前腔】每日绕娘身有百十遭，并不见你向人前轻一笑。他背熟的班姬《四诫》从头学，不要得孟母三迁把气淘。也愁他软苗条忒恁娇，谁料他病淹煎真不好！（哭介）从今后谁把亲娘叫也，一寸肝肠做了百寸焦。（老旦闷倒）

（贴惊叫介）老爷，痛杀了奶奶也！快来，快来！（外哭上）我的儿也，呀，原来夫人闷倒在此。

【前腔】夫人，不是你坐孤辰把子宿嚣[12]，则是我坐公堂冤业报。较不似老仓公多女好。撞不著赛卢医他一病跻[13]。天，天，似俺头白中年呵，便做了大家缘何处消[14]？见放著小门楣生折倒。夫人，你且自保重。便做你寸肠千断了也，则怕女儿呵，他望帝魂归不可招。

（丑扮院公上）人间旧恨惊鸦去，天上新恩喜鹊来。禀老爷：朝报高升。（外看报介）吏部一本，奉圣旨：金寇南窥，南安知府杜宝，可升安抚使，镇守淮扬。即日起程，不得违误。钦此。（叹介）夫人，朝旨催人北往，女丧不便西归。院子，请陈斋长讲话。（丑）老相公有请。（末上）彭殇真一壑，吊贺每同堂。（见介）（外）陈先生，小女长谢你了。（末哭介）正是。苦伤小姐仙逝，陈最良四顾无门；所喜老公相乔迁，陈最良一发失所。（众哭介）（外）陈先生有事商量。学生奉旨，不得久停。因小女遗言，就葬后园梅树之下，又恐不便后官居住，已分付割取后园，起座梅花庵观，安置小女神位。就着这石道姑焚修看守。那道姑可承应的来？（净跪介）老道婆添香换水。但往来看顾，还得一人。（老旦）就烦陈斋长为便。（末）老夫人有命，情愿效劳。（老旦）老爷，须置些祭田才好。（外）有漏泽院二顷虚田[15]，拨资香火。（末）这漏泽院田，就漏在生员身上。（净）咱号道姑，堪收稻谷。你是陈绝粮，漏不到你。（末）秀才口吃十一方，你是姑姑，我是孤老[16]，偏不该我收粮？（外）不消争，陈先生收拾。陈先生，我在此数年，优待学校。（末）都知道。便是老公相高升，旧规有诸生遗爱记、生祠碑文，到京伴礼送人为妙。（净）陈绝粮，遗爱记是老爷遗下与令爱作表记么？（末）是老公相政迹歌谣，甚么令爱！（净）怎么叫做生祠？（末）大祠宇塑老爷像供养，门上写着“杜公之祠”。（净）这等不如就塑小姐在傍，我普同供养。

（外恼介）胡说！但是旧规，我通不用了。

【意不尽】陈先生，老道姑，咱女坟儿三尺暮云高，老夫妻一言相靠。不敢望时时看守，则清明寒食一碗饭儿浇。

（外）魂归冥漠魄归泉，（老）使汝悠悠十八年。

（末）一叫一回肠一断，（合）如今重说恨绵绵。

〔注〕 ①"鞶有"二句：见《韩非子·内储说》。意谓当忧则忧，当喜则喜。 ②"甚春归"二句：意谓暮春的景色真不好，无故地哄弄人。厮和哄，相调弄。雾、烟，指暮春的景色。 ③"会消详"句：意谓原以为慢慢会好的，谁知突然病得这样重。 ④四梢：四肢。 ⑤风马：即挂在屋檐下的铁马，风吹则叮当作声。 ⑥月值年空：犹月值年灾。迷信谓命中某年某月会有灾祸临身，过了此时，便无灾祸。 ⑦傥直：倘然遇到。 ⑧"怕树头"句：本指满树的花朵不待五更风吹就已落尽，喻指等不到五更便会死去。 ⑨红泪缴：红泪，红烛的蜡液。缴，揩拭。 ⑩点绛桃：点红唇。 ⑪拾翠人：此指拾画人。 ⑫"不是你"句：迷信谓命中注定无子女。 ⑬"撞不著"句：没有遇到良医而死去。卢医，即扁鹊。蹻（jué），鞋，借指乘蹻（道家一种飞行之术），也可代指成仙，此喻死去。 ⑭家缘：家财。 ⑮漏泽院：宋代官府设置的埋葬地。 ⑯孤老：与"谷稻"音近。

杜丽娘在梦境中获得的幸福在现实世界中却是无法得到的，她终于在对爱情的热切渴望的执著追求中含恨而逝。《闹殇》这出戏在昆剧舞台上称为《离魂》。

《牡丹亭》又一突出的艺术成就是它巧妙迭出的新奇构想。全剧无论是情节的处理，人物形象的刻画，意境的熔铸，理想的寄托，都体现着这一特色，"情不知所起，一往而深，生可以死，死可以生"（汤显祖《牡丹亭·题词》），这是浪漫主义的幻想的虚构，但却是在明代社会现实生活基础上的虚构，因为杜丽娘追求与向往的爱情，是当时广大青年女性所共有的。她的美满幽香的梦自然是虚幻的，但是幻因情生，梦幻凝结着对爱情的渴求所产生的激情，梦幻也正是"情"的投影。丽娘死于对爱情的渴望，在封建礼教统治下，她想找到自己的幸福是不可能的。这种描写表明了作者对社会现实的认识和态度都是清醒的，但是，作者并不满足于揭露封建统治的残酷，他还提出了美好的理想。丽娘因情而生，正强烈地反映了当时被剥夺了爱的权利的广大青年妇女的内心要求和顽强的斗争意志。因此，《牡丹亭》的浪漫主义，并非脱离社会现实的纯粹幻想，而是有着坚实丰厚的生活基础的。所谓"真情"是人们在政治、经济、文化和思想情感领域力图摆脱封建专制主义统治的合理要求。只是作者把当时的时代性渗透到奇异的情节和生动的人物形象中，把他所要揭露与歌颂的东西都托之于梦境，托之于鬼魂，用象征的、夸张的、幻想的形式表达了他揭露现实并企图改变现实的愿望，确立了广大青年对幸福生活与美好理想的憧憬必将战胜灭绝才情的黑暗势力的坚定信念。因此在总的情感基调上昂扬着一种冲破一切黑暗的令人振奋的情绪，给人以鼓舞的力量，因此，即使是在充满悲剧色彩的《闹殇》中，也表现出对“月落重生灯再红”的期待和信念。

与《惊梦》、《寻梦》、《拾画》、《玩真》等出戏的艺术特点相一致，《离魂》与其说是戏曲，不如说是“诗曲”，虽然这出戏是情节转换的一个重点，但是戏剧情节性的成分还是被压缩至最小范围，重点表现的还是人物的心理和情感，当它被作为折子戏演出时，这种特征表现得更为明显：“世间何物似情浓，整一片断魂心痛”(【鹊桥仙】)，“甚西风吹梦无踪，人去难逢，须不是神挑鬼弄”(【集贤宾】)。杜丽娘临终时对生命的呼唤“怎能够月落重生灯再红”，一切都一再呈现出对一个新的生命和新的时代的期盼和憧憬。《惊梦》、《寻梦》、《写真》和《闹殇》等出，通过音乐、舞蹈、唱腔、表演，把诗歌的抒情特性、绘画流畅的线条和雕塑富有张力的造型，融汇发展到了一个空前绝后、尽善尽美的艺术境界。你无法分辨哪些是内容，哪些是形式，哪些是抒情，哪些是绘景，她所展现的一切，就是流动、变化、令你叹为观止的美。正因为她是如此的完美，才使得她具有不可抗拒的艺术感染力，以至于若干年后，扬州女子乔小青读罢《牡丹亭》后，竟发出了“若都许死后自寻佳偶，又岂惜留薄命活作羁囚”的感叹(吴炳《疗妒羹·题曲》)！

（吴新雷　丁　波）

牡　丹　亭　　汤显祖

第二十三出　冥　　判

【北点绛唇】(净扮判官、丑扮鬼持笔簿上)十地宣差[①]，一天封拜。阎浮界[②]，阳世栽埋，又把俺这里门桯迈。

自家十地阎罗王殿下一个胡判官是也。原有十位殿下，因阳世赵大郎家[③]，和金达子争占江山[④]，损折众生，十停去了一停，因此玉皇上帝，照见人民稀少，钦奉裁减事例。九州九个殿下，单减了俺十殿下之位，印无归着。玉帝可怜见下官正直聪明，着权管十地狱印信。今日走马到任，鬼卒夜叉，两傍刀剑，非同容易也。(丑捧笔介)新官到任，都要这笔判刑名押花字。请新官喝采他一番。(净看笔介)鬼使，捧了这笔，好不干系也！

【混江龙】这笔架在那落迦山外[⑤]，肉莲花高耸案前排[⑥]。捧的是功曹令史，识字当该。(丑)笔管儿？(净)笔管儿是手想骨脚想骨竹筒般锉的圆滴溜[⑦]，(丑)笔毫？(净)笔毫呵是牛头须夜叉头铁丝儿揉定赤支毸[⑧]。(丑)判爷上的选了[⑨]。(净)这笔头公是遮须国选的人才[⑩]。(丑)有甚名号？(净)这管城子在夜郎城受了封拜[⑪]。(丑)判爷兴哩。(净作笑舞介)啸一声支兀另汉钟馗其冠不正[⑫]，舞一回疏喇沙斗河魁近墨者黑[⑬]。(丑)喜哩？(净)喜时节渿河桥题笔儿耍去[⑭]，(丑)闷呵？(净)闷时节鬼门关投笔归来。(丑)判爷可上榜来？(净)俺也曾考神祇，朔望旦名题天榜。(丑)可会书来？(净)摄星辰井鬼宿[⑮]，俺可也文会书斋。(丑)判爷高才。(净)做弗迭鬼仙才，白玉楼摩空作赋；陪得过风月主，芙蓉城遇晚书怀[⑯]。便写不尽四大洲转轮日月[⑰]，也差的着五瘟使号令风雷。(丑)判爷见有地分？(净)有地分，则合北斗司阎浮殿立俺边傍；没衙门，却怎生东岳观城隍庙也塑人左侧。(丑)让谁？(净)便百里城高捧手[⑱]，让大菩萨好相庄严乘坐位。(丑)恼谁？(净)怎三尺土低分气，对小鬼卒清奇古怪立基阶。(丑)纱帽古气些。(净)但站脚，一管笔一本薄尘泥轩冕。(丑)笔干了。(净)要润笔，十锭金十贯钞纸陌钱财。(丑)点鬼簿在此。(净)则见没掂三展花分鱼尾册[⑲]，无赏一挂日子虎头牌[⑳]。真乃是鬼董狐落了款，《春秋传》某年某月某日下崩薨葬卒大注脚[㉑]。假如他支祈兽上了样，把禹王鼎各山各水各路上魍魉魑魅细分腮[㉒]。(丑)待俺磨墨。(净)看他子时砚，忔忔察察乌龙蘸眼显精神[㉓]，(丑)鸡唱了。(净)听丁字牌[㉔]，冬冬登登金鸡翦梦追魂魄。(丑)禀爷点卷。(净)但点上格子眼，串出四万八千三界有漏人名[㉕]，乌星炮粲[㉖]；怎按下笔尖头，插入一百四十二重无间地狱，铁树花开[㉗]。(丑)大押花。(净)哎也，押花字，止不过发落薄锉烧舂磨一灵儿。(丑)少一个请字。(净)登请书，左则是那虚无堂瘫痨蛊膈四正客。(丑)吊起称竿来。(众卒应介)(净)发称竿看业重身轻，衡石程书秦狱吏[㉘]，(内叫饶也、苦也介)(丑)隔壁九殿下拷鬼。(净)肉鼓吹听神啼鬼哭，毛钳刀笔汉乔才。这时节呵，你便是没关节包待制人厌其笑[㉙]，(内哭介)恁风景，谁听的无棺椁颜修文子哭之哀[30]！(丑)判爷害怕哩！(净恼介)哎,《楼炭经》是俺六科五判[31],刀花树是俺九棘三槐[32]。脸娄搜风髯赳赳[33],眉剔竖电目崖崖。少不得中书鬼考,录事神差。比着阳世那金州判银府判铜司判铁院判白虎临官[34],一样价打贴刑名催伍作[35];实则俺阴府里注湿生牒化生准胎生照卵生青蝇报赦[36],十分的磊齐功德转三阶。威凛凛人间掌命,颤巍巍天上消灾。

叫掌案的,这簿上开除都也明白[37]。还有几宗人犯,应该发落了?(贴扮吏上)人间勾令史,地下列功曹。禀爷:因缺了殿下,地狱空虚三年。则有枉死城中轻罪男子四名,赵大、钱十五、孙心、李猴儿;女囚一名,杜丽娘,未经发落。(净)先取男犯四名。(生、末、外、老旦四犯丑押上)(丑)男犯带到。(净点名介)赵大有何罪业,脱在枉死城?(生)鬼犯没甚罪,生前喜歌唱。(净)一边去。叫钱十五。(末)鬼犯无罪,则是做了一个小小房儿,沉香泥壁。(净)一边去,叫孙心。(老旦)鬼犯些小年纪,好使些花粉钱。(净)叫李猴儿。(外)鬼犯是有些罪,好男风。(丑)是真。便在地狱里,还勾上这小孙儿。(净恼介)谁叫你插嘴！起去伺候。(做写簿介)叫鬼犯听发落。(四犯同跪介)(净)俺初权印,且不用刑。赦你们卵生去罢。(外)鬼犯们禀问恩爷:这个卵是甚么卵?若是回回卵,又生在边方去了。(净)哇！还想人身?向蛋壳里做去。(四犯泣介)哎！被人宰了。(净)也罢,不教阳间宰吃你。赵大喜歌唱,贬做黄莺儿。(生)好了,做莺莺小姐去。(净)钱十五住香泥房子。也罢,准你去燕窠里受用,做个小小燕儿。(末)恰好做飞燕娘娘哩。(净)孙心使花粉钱,做个蝴蝶儿。(外)鬼犯便和孙心同做蝴蝶去。(净)你是那好男风的李猴,着你做蜜蜂儿去,屁窟里长拖一个针。(外)哎哟,叫俺钉谁去?(净)四位虫儿听分付:

【油葫芦】蝴蝶呵,你粉版花衣胜剪裁。蜂儿呵,你忒利害,甜口儿咋着细腰挂[38]。燕儿呵,斩香泥弄影钩帘内[39]。莺儿呵,溜笙歌警梦纱窗外。恰好个花间四友无拘碍。则阳世里孩子们轻薄,怕弹珠儿打的呆,扇梢儿扑的坏。不枉了你宜题入画高人爱,则教你翅掷儿展将春色闹场来。

(外)俺做蜂儿的不来,再来钉肿你个判官脑。(净)讨打!(外)可怜见小性命。(净)罢了。顺风儿放去,快走快走。(噀气介[40])(四人做各色飞下)(净做向鬼门嘘气吷声介[41])(丑带旦上)天台有路难逢俺,地狱无情欲恨谁?女鬼见。(净抬头背介)这女鬼到有几分颜色。

【天下乐】猛见了荡地惊天女俊才,哈也么哈,来俺里来。(旦叫苦介)(净)血盆中叫苦观自在[42]。(丑耳语介)判爷权收做个后房夫人。(净)哇!有天条,擅用囚妇者斩,则你那小鬼头胡乱筛,俺判官头何处买?(旦叫哎介)(净回身)是不曾见他粉油头忒弄色。

叫那女鬼上来。

【那吒令】瞧了你润风风粉腮,到花台酒台?溜些些短钗,过歌台舞台?笑微微美怀,住秦台楚台?因甚的病患来?是谁家嫡支派?这颜色不像似在泉台。

(旦)女因不曾过人家,也不曾饮酒,是这般颜色。则为在南安府后花园梅树之下,梦见一秀才,折柳一枝,要奴题咏。留连宛转,甚是多情。梦醒来沉吟,题诗一首:他年若傍蟾宫客,不是梅边是柳边。为此感伤,坏了一命。(净)谎也,岂有一梦而亡之理?

【鹊踏枝】一溜溜女婴孩,梦儿里能宁奈!谁曾挂圆梦招牌,谁和你拆字道白?哈也么哈,那秀才何在?梦魂中曾见谁来?

(旦)不曾见谁,则见花朵儿闪下来,好一惊。(净)唤取南安府后花园花神勘问。(丑叫介)(末扮花神上)红雨数番春落魄,《山香》一曲女消魂[43]。老判大人请了。(举手介)(净)花神,这女鬼说是后花园一梦,为花飞惊闪而亡。可是?(末)是也。他与秀才梦的缠绵,偶尔落花惊醒,这女子慕色而亡。(净)敢便是你花神假充秀才,误人家女子?(末)你说俺着甚迷他来?(净)你说俺阴司里不知道呵,

【后庭花滚】但寻常春自在,恁司花忒弄乖。眨眼儿偷元气艳楼台,克性子费春工淹酒债。恰好九分态,你要做十分颜色。数着你那胡弄的花色儿来。(末)便数来:碧桃花。(净)他惹天台。(末)红梨花。(净)扇妖怪。(末)金钱花。(净)下的财。(末)绣球花。(净)结得彩。(末)芍药花。(净)心事谐。(末)木笔花。

(净)写明白。(末)水菱花。(净)宜镜台。(末)玉簪花。(净)堪插戴。(末)蔷薇花。(净)露渲腮。(末)腊梅花。(净)春点额[44]。(末)翦春花。(净)罗袂裁。(末)水仙花。(净)把绫袜踹。(末)灯笼花。(净)红影篩。(末)酴醿花。(净)春醉态。(末)金盏花。(净)做合卺杯。(末)锦带花。(净)做裙褶带。(末)合欢花。(净)头懒抬。(末)杨柳花。(净)腰恁摆。(末)凌霄花。(净)阳壮的哈。(末)辣椒花。(净)把阴热窄。(末)含笑花。(净)情要来。(末)红葵花。(净)日得他爱。(末)女萝花。(净)缠的歪。(末)紫薇花。(净)痒的怪。(末)宜男花。(净)人美怀。(末)丁香花。(净)结半躧。(末)豆蔻花。(净)含着胎。(末)奶子花。(净)摸着奶。(末)梔子花。(净)知趣乖。(末)柰子花。(净)恣情奈。(末)枳壳花。(净)好处揩。(末)海棠花。(净)春困怠。(末)孩儿花。(净)呆笑孩。(末)姊妹花。(净)偏妒色。(末)水红花。(净)了不开。(末)瑞香花。(净)谁要采。(末)旱莲花。(净)怜再来。(末)石榴花。(净)可留得在?几桩儿你自猜。哎,把天公无计策。你道为甚么流动了女裙钗?划地里牡丹亭又把他杜鹃花魂魄洒。

(末)这花色花样,都是天公定下来的。小神不过遵奉钦差,岂有故意勾人之理?且看多少女色,那有玩花而亡?(净)你说自来女色,没有玩花而亡。数你听着。

【寄生草】花把青春卖,花生锦绣灾。有一个夜舒莲扯不住留仙带[45],一个海棠丝剪不断香囊怪[46],一个瑞香风赶不上非烟在[47]。你道花容那个玩花亡?可不道你这花神罪业随花败。

(末)花神知罪,今后再不开花了。(净)花神,俺这里已发落过花间四友,付你收管。这女囚慕色而亡,也贬在燕莺队里去罢。(末)禀老判:此女犯乃梦中之罪,如晓风残月。且他父亲为官清正,单生一女,可以耽饶。(净)父亲是何人?(旦)父亲杜宝知府,今升淮扬总制之职。(净)千金小姐哩。也罢,杜老先生分上,当奏过天庭,再行议处。(旦)就烦恩官替女犯查查,怎生有此伤感之事?(净)这事情注在断肠簿上。(旦)劳再查女犯的丈夫,还是姓柳姓梅?(净)取婚姻簿查来。(作背查介)是有个柳梦梅,乃新科状元也。

妻杜丽娘，前系幽欢，后成明配，相会在红梅观中。不可泄漏。（回介）有此人，和你姻缘之分。我今放你出了枉死城，随风游戏，跟寻此人。（末）杜小姐，拜了老判。（旦叩头介）拜谢恩官，重生父母。则俺那爹娘在扬州，可能彀一见？（净）使得。

【么篇】他阳禄还长在，阴司数未该。禁烟花一种春无赖，近柳梅一处情无外。望椿萱一带天无碍。则这水玻璃堆起望乡台，可哨见纸铜钱夜市扬州界？

花神，可引他望乡台随意观玩。（旦随末登台，望扬州哭介）那是扬州，俺爹爹奶奶呵，待飞将去。（末扯住介）还不是你去的时节。（净）下来听分付：功曹给一纸游魂路引去，花神休坏了他的肉身也。（旦）谢恩官。

【赚尾】（净）欲火近干柴，且留的青山在，不可被雨打风吹日晒。则许你傍月依星将天地拜，一任你魂魄来回。脱了狱省的勾牌，接着活免的投胎。那花间四友你差排，叫莺窥燕猜，倩蜂媒蝶采，敢守的那破棺星圆梦那人来。（净下）

（末）小姐，回后花园去来。

（末）醉斜乌帽发如丝，（旦）尽日灵风不满旗。

（净）年年检点人间事，（合）为待萧何作判司。

〔注〕 ① 十地：阴司十殿阎罗，此指第十殿转轮王，主管鬼魂投胎转世事。见《玉历至宝钞》。 ② 阎浮界：世界。 ③ 赵大郎：指宋太祖赵匡胤。 ④ 金达子：对金人的蔑称。⑤ 落迦山：地狱。 ⑥ 肉莲花：人肉做成的莲花形笔架。 ⑦“笔管儿”句：指手管骨，脚管骨。 ⑧ 赤支毸：红色的须发。 ⑨ 上的选：笔上标明选毫的是谁。旧毛笔管上常印有选毫人或笔庄之名。 ⑩ 遮须国：传说三国魏曹植死后做了遮须国王。见宋曾慥《类说》。 ⑪ 管城子：指毛笔。出自唐韩愈《毛颖传》。夜郎：古国名，此指阴间。 ⑫“啸一声”句：支兀另，叫声。钟馗，传说本为唐代落第秀才，死后成为捉鬼之神。其容貌丑陋，衣冠不整。 ⑬“疏喇沙”句：疏喇沙，舞蹈声。河魁，凶神。 ⑭ 渿河桥：同奈河桥。佛教传说地狱中有奈河，上有桥名奈河桥，桥甚险仄，恶人魂过常坠入河里，为恶虫所食。 ⑮ 井鬼宿：二星宿名，皆为二十八星宿之一。 ⑯“做弗迭”四句：做弗迭，比不上。鬼仙才，传说唐代诗人李贺临死时，见一绯衣人带信给他，说天帝造了一座白玉楼，请他去写文章。见唐李商隐《李长吉小传》。陪得过，比得上。传说宋代文人石曼卿死后为芙蓉城主。见《六一诗话》。 ⑰ 四大洲：犹全世界。⑱ 百里城：管辖百里县城的县官，此指判官。 ⑲“则见”句：草率地翻开了点鬼簿。⑳“无赏”句：差一个无常（赏）拿着勾魂牌，按点鬼簿开列的名字、时日一一去勾拿。㉑“《春秋传》”句：仿《春秋传》的体例，按年月日注明应该死亡的人。古称天子死曰崩，二品以上死曰薨，五品以上称卒。 ㉒“假如”二句：意谓录鬼簿详细记录了各种人的善恶功过，就像

禹王鼎上的各种图像。 ㉓乌龙蘸眼：乌龙，指墨。蘸眼，犹耀眼。 ㉔丁字牌：指丁字形的勾魂牌。 ㉕"但点"二句：意谓用笔在名字上点一下，每个人再投胎到世间，就有各不相同的命运。有漏，指有罪过的人。 ㉖乌星炮粲：爆竹绽放，碎屑如星，喻数量之多。 ㉗"怎按"三句：意谓不把鬼打入地狱，这是极少有的。无间地狱，即阿鼻地狱，罪人堕入其中，永远受苦，没有间断。 ㉘"衡石"句：形容办案之多之快。相传秦始皇每日称取一石(一百二十斤)竹简(公文)，日夜审阅处理。见《史记·秦始皇本纪》。 ㉙"你便是"句：意谓即使是铁面无私的包公，难得一笑，也令人讨厌。 ㉚"谁听"句：意谓地狱内已不堪听到哭声。颜修文，传说孔子的得意弟子颜回死后做了地下修文郎的官。子哭之哀，指孔子为颜回之死而哀哭。 ㉛"楼炭经"二句：意谓按《楼炭经》所列，将犯鬼判处投胎为不同的飞禽走兽。六科，汉代审理疑案的六条法令。五判，指笞、杖、徒、流、死等五刑。 ㉜"刀花树"句：意谓刀山地狱是我进行审判之处。 ㉝娄搜：满脸胡须。 ㉞白虎临官：凶神白虎当值。 ㉟"一样价"句：打贴刑名，量刑，判刑。伍作，即忤作，验尸、伤的差役。 ㊱青蝇报赦：传说前秦苻坚在起草赦书时，一大苍蝇绕着笔尖飞。赦书还未公布，这只苍蝇化为黑衣人，已将消息传出去了。见《晋书·苻坚传》。 ㊲开除：开列。 ㊳咋：咂。 ㊴斩：沾。 ㊵噗气：嘘气。 ㊶呋声：噘起嘴吹。 ㊷"血盆"句：血盆，地狱。观自在，即观世音菩萨。 ㊸《山香》：乐曲名。神话传说西王母宴请群仙，舞者舞《山香》，曲未终，花纷纷落下。见宋苏轼《仇池笔记》。 ㊹春点额：南朝宋武帝女寿阳公主卧于含章殿檐下，梅花落其额上，拂之不去，后人多效之，称梅花妆。见《太平御览》引《宋书》。 ㊺"有一个"句：夜舒莲，东汉灵帝建裸游馆，馆里有流香渠，渠中有荷花晚上开放，白天闭合。见宋曾慥《类说》。留仙带，汉成帝宠后赵飞燕身甚轻，一次起舞时，值风起，飘飘欲飞去，左右扯住她的裙子，才将她留下。裙上扯出了皱纹，人称之为留仙裙。见《汉书·外戚传》。 ㊻"一个海棠丝"句：唐明皇曾将杨贵妃的醉态比作海棠春睡。安史之乱时，杨贵妃缢死马嵬坡。乱平后改葬，墓中只有一个锦香囊。见《杨太真外传》。 ㊼"一个瑞香风"句：唐皇甫枚传奇《非烟传》写武公业之妾步非烟与书生赵象私下相爱，赵象赠诗曰："瑞香风引思深夜，知是蕊宫仙驭来。"后事泄，非烟被武公业打死。

丽娘真情不泯，死后在情思的激荡下，她的鬼魂不仅在幽冥间继续追寻自己的爱情，而且偏要复活而实现自己的愿望，并一往情深地坚守与柳梦梅的姻缘。她的真情感动了天地，在花神的帮助下，杜丽娘魂出地府，追寻柳梦梅去了，所以这出戏在昆剧演出时称为《花判》。

《牡丹亭》之所以动人心魄，不仅是由于它进步的新奇故事，也是由于它的新鲜奇特的艺术手法，巧妙的艺术构思与强烈的感情深深打动了读者和观众的心灵。在《牡丹亭》问世之前，一般描写忠贞不渝的爱情故事，往往写到主人公殉情而死为止，但《牡丹亭》却不如此，汤显祖赋予丽娘的真情超越了生死的力量。这是《牡丹亭》情节结构的神来之笔，出生入死，碧落黄泉，作品展现给人们一个最广泛的、超越现实的创作空间。作者的艺术胆识和丰富想象，给作品带来了瑰丽奇幻的异彩。

《牡丹亭》的情节安排与人物形象的塑造大量采用了对比衬托的手法。比如，全剧的艺术结构是把梦中的境界、冥间的境界与阳世的境界对比着描写，例如：丽娘在梦中能得到爱情与幸福，醒后却遭到母亲的责骂；她死后鬼魂尚能自由地寻觅自己的情人，而生前却不能随意游园，不能在人前轻易言笑，当然更没有行动的自由。作者在终场《圆驾》中曾描写丽娘初上金銮殿时的感受："似这般狰狞汉，叫喳喳。在阎浮殿见了些青面獠牙，也不似今番怕。"这样的描写，不仅是对皇上的大不敬，简直就是对以封建帝王为代表的封建制度和反动势力的大胆控诉。在人物形象方面，杜丽娘、柳梦梅、春香、花神与杜宝、陈最良、胡判官也形成鲜明的对比。特别是《冥判》中的花神与胡判官，冲突集中，对比鲜明，首先是在情节安排上，更多的是在人物形象上，给人留下了深刻的印象。花神是"情"的化身，他不仅给大地带来春光，而且给人间带来爱情和幸福，是以杜丽娘为代表的爱情理想的保护者、支持者，是一个不受"理"的约束的异端神，是明代现实生活中那些为时代的真理而献身的"异端邪说"者的艺术投影。胡判官则是一个同异端对立的正统形象，这位判官以"正直聪明"自命，而且恪守"天条"。因此，他完全不理解杜丽娘的爱情理想，听了杜丽娘的因情成梦，因梦而逝的申诉，竟然批驳说："谎也！岂有一梦而亡之理？"并污蔑花神"假充秀才，误人家女子"。在以维护封建秩序为最终任务的统治阶层中，胡判官之类以公正廉明自居，而实际上像胡判官一样糊涂断案的官吏又何止是少数。汤显祖用浪漫的精神和手法，以花神和胡判官的对立，体现了观念形态中"情"与"理"的对立。这又与现实世界中杜丽娘、柳梦梅、春香同杜宝、老夫人、陈最良的对立互相呼应，互相生发，共同完成了为真情而讴歌的重大主题。

《冥判》曲词也有特色，但与《惊梦》、《玩真》等出相比，确有"浪使才情，往往逸出绳墨之外"（吴梅《霜崖曲话》）的现象，例如本出中【混江龙】一曲，长达七百多字，不免有雕琢、文饰、艰涩之处，并且有不合曲谱传统格律的地方。不过，换一个角度来看，这种曲词恰好符合胡判官自以为是，颟顸僵腐的人物个性；至于不合格律，又体现了汤显祖"独抒性灵，不拘格套"，敢于进行艺术创新的一贯的创作风格。

（吴新雷　丁　波）

牡　丹　亭　　汤显祖

第二十四出　拾　　画

【金珑璁】（生上）惊春谁似我？客途中都不问其他。风吹绽蒲桃褐[①]，雨淋殷杏子罗[②]。今日晴和，晒衾单兀自有残云涴[③]。

脉脉梨花春院香，一年愁事费商量。不知柳思能多少[④]？打叠腰肢斗沈郎[5]。小生卧病梅花观中,喜得陈友知医,调理痊可。则这儿日间春怀郁闷,何处忘忧?早是老姑姑到也。

【一落索】(净上)无奈女冠何,识的书生破。知他何处梦儿多?每日价欠伸千个。

秀才安稳!(生)日来病患较些,闷坐不过。偌大梅花观,少甚园亭消遣。(净)此后有花园一座,虽然亭榭荒芜,颇有闲花点缀。则留散闷,不许伤心。(生)怎的得伤心也?(净作叹介)是这般说。你自去游便了。从西廊转画墙而去,百步之外,便是篱门。三里之遥,都为池馆。你尽情玩赏,竟日消停,不索老身陪去也。名园随客到,幽恨少人知。(下)(生)既有后花园,就此迤逦而去。(行介)这是西廊下了。(行介)好个葱翠的篱门,倒了半架。(叹介)(集唐)凭阑仍是玉阑干(王初),四面墙垣不忍看(张隐)。想得当时好风月(韦庄),万条烟罩一时干[6](李山甫)。(到介)呀,偌大一个园子也!

【好事近】则见风月暗消磨,画墙西正南侧左。(跌介)苍苔滑擦,倚逗着断垣低垛,因何,蝴蝶门儿落合[7]?原来以前游客颇盛,题名在竹林之上。客来过,年月偏多,刻画尽琅玕千个。咳,早则是寒花绕砌,荒草成窠。

怪哉,一个梅花观,女冠之流,怎起的这座大园子?好疑惑也!便是这湾流水呵,

【锦缠道】门儿锁,放着这武陵源一座,恁好处教颓堕。断烟中见水阁摧残,画船抛躲,冷秋千尚挂下裙拖。又不是曾经兵火,似这般狼藉呵,敢断肠人远,伤心事多?待不关情么,恰湖山石畔留着你打磨陀。

好一座山子哩!(窥介)呀,就里一个小匣儿。待把左侧一峰靠着,看是何物?(作石倒介)呀,是个檀香匣儿。(开匣看画介)呀,一幅观世音喜相。善哉,善哉!待小生捧到书馆,顶礼供养,强如埋在此中。

【千秋岁】(捧匣回介)小嵯峨[8],压的旃檀合[9],便做了好相观音俏楼阁。片石峰前,那片石峰前,多则是飞来石三生因果[10]。请将去炉烟上过[11],头纳地,添灯火,照的他慈悲我。俺这里尽情

供养，他于意云何？

(到介)到了观中，且安置阁儿上，择日展礼。(净上)柳相公多早了。

【尾声】(生)姑姑，一生为客恨情多，过冷澹园林日午矬[12]。老姑姑，你道不许伤心，你为俺再寻一个定不伤心何处可？

(生)僻居虽爱近林泉，(净)早是伤春梦雨天。

(生)何处貌将归画府？(合)三峰花半碧堂悬。

第二十六出 玩　　真

(生上)芭蕉叶上雨难留，芍药梢头风欲收。画意无明偏着眼，春光有路暗抬头。小生客中孤闷，闲游后园。湖山之下，拾得一轴小画，似是观音大士，宝匣庄严。风雨淹旬，未能展视。且喜今日晴和，瞻礼一会。(开匣展画介)

【黄莺儿】秋影挂银河，展天身自在波[13]。诸般好相能停妥[14]。他真身在补陀[15]，咱海南人遇他。(想介)甚威光不上莲花座？再延俄，怎湘裙直下一对小凌波[16]？

是观音，怎一对小脚儿？待俺端详一会。

【二郎神慢】些儿个，画图中影儿则度[17]。着了，敢谁书馆中吊下幅小嫦娥，画的这俜停倭妥[18]。是嫦娥，一发该顶戴了。问嫦娥折桂人有我？可是嫦娥，怎影儿外没半朵祥云托？树皴儿又不似桂丛花琐。不是观音，又不是嫦娥，人间那得有此？成惊愕，似曾相识，向俺心头摸。

待俺瞧，是画工临的，还是美人自手描的？

【莺啼序】问丹青何处娇娥？片月影光生豪末[19]。似恁般一个人儿，早见了百花低躲。总天然意态难模，谁近得把春云淡破？想来画工怎能到此，多敢他自己能描会脱。

且住，细观他帧首之上，小字数行。(看介)呀，原来绝句一首。(念介)"近睹分明似俨然，远观自在若飞仙。他年得傍蟾宫客，不在梅边在柳边。"呀，此乃人间女子行乐图也！何言"不在梅边在柳边"？奇哉怪事哩！

【集贤宾】望关山梅岭天一抹，怎知俺柳梦梅过？得傍蟾宫知怎么？待喜呵端详停和[20]，俺姓名儿直么费嫦娥定夺？打摩诃[21]，敢则是梦魂中真个。

好不回盼小生。

【黄莺儿】空影落纤娥，动春蕉，散绮罗。春心只在眉间锁，春山翠拖，春烟淡和。相看四目谁轻可？恁横波，来回顾影，不住的眼儿睃。

却怎半枝青梅在手，活似提掇小生一般？

【莺啼序】他青梅在手诗细哦，逗春心一点蹉跎。小生待画饼充饥，小姐似望梅止渴。小姐，小姐，未曾开半点幺荷[22]，含笑处朱唇淡抹，晕情多。如愁欲语，只少口气儿呵。

小娘子画似崔徽，诗如苏蕙[23]，行书逼真卫夫人。小子虽则典雅，怎到得这小娘子！蓦地相逢，不免步韵一首。（题介）丹青妙处却天然，不是天仙即地仙。欲傍蟾宫人近远，恰些春在柳梅边。

【簇御林】他能绰斡[24]，会写作，秀入江山人唱和。待小生很很叫他几声：美人，美人！姐姐，姐姐！向真真啼血你知么？叫的你喷嚏似天花唾[25]。动凌波，盈盈欲下，不见影儿那。

咳，俺孤单在此，少不得将小娘子画像早晚玩之、拜之、叫之、赞之。

【尾声】拾的个人儿先庆贺，敢柳和梅有些瓜葛？小姐，小姐，则被你有影无形看杀我。

不须一向恨丹青，堪把长悬在户庭。
惆怅题诗柳中隐，添成春醉转难醒。

〔注〕 ① 蒲桃褐：印有葡萄花样的粗布衣服。 ② 殷杏子罗：浅红色的绸衣。 ③ 残云涴：雨水淋湿的痕迹。 ④ 柳思：犹春思。 ⑤“打叠”句：意谓身体瘦弱可与南朝梁沈约相比。沈约与人书，曾叹自己“革带常应移孔”。 ⑥ 万条：指繁多的柳枝。 ⑦“蝴蝶门”句：蝴蝶门，蝴蝶形的双扇门。落合，关闩。 ⑧ 小嵯峨：指险峻的假山。 ⑨ 旃檀合：旃檀木做的盒子。 ⑩ 飞来石：杭州灵隐寺有飞来峰，此指假山。 ⑪“请将”句：将画像请进屋内焚香供奉。 ⑫ 矬(cuō)：谓日斜。 ⑬ 自在：即观自在，观世音菩萨。 ⑭ 诸般好相：佛家指应身佛肉身上有三十二种妙相，见《大智度论》。 ⑮ 补陀：即普陀，佛家谓观音菩萨的圣地。 ⑯ 小凌波：女子的小脚。 ⑰ 度：猜度。 ⑱ 倭妥：同婑媠，雍容美好。 ⑲ 豪末：指笔尖。 ⑳ 停和：一会儿。 ㉑ 打摩诃：即打磨陀。思量。 ㉒ 幺荷：本指莲心，此借指嘴唇。 ㉓ 苏蕙：前秦窦滔妻，曾织锦为回文诗寄滔。 ㉔ 绰斡：此指绘画。 ㉕“叫的你”句：《诗经·邶风·终风》有“愿言则嚏”之句，谓想人就打喷嚏，此用该典。

这两出戏在昆曲折子戏演出中往往合为一折,名为《拾画叫画》,所以这里连在一起赏析。剧情是:丽娘死后第三年,她的梦中情人柳梦梅上京赴试,路过南安,暂住由杜府后花园改建、供奉丽娘神位的梅花观中。有一天,柳梦梅在花园内散步,拾得丽娘生前亲描的真容,回屋后仔细端详,体味丽娘的题辞含义,最后认定画中人正是自己的恋人,于是便生出一段痴心,想通过自己对画中人天天礼敬、呼唤,使她灵魂感应,能够活现在自己的面前。戏中将柳梦梅因画生情,因情生痴,一往情深的心理和情感变化的轨迹交待得十分清楚。起初,柳梦梅病后游园,对着已经颓败的园林美景,顿生"风月暗消磨","断肠人远,伤心事多"(【锦缠道】)的感慨,这种情感与杜丽娘慨叹"原来姹紫嫣红开遍,似这般都付与断井颓垣"是完全一致的,柳梦梅之所以能够成为杜丽娘的梦中情人,正是由于他们在思想感情方面是灵犀相通的,这是他们坚实的爱情基础。不仅如此,柳梦梅在感情专一深挚方面也是和杜丽娘一致的。柳梦梅拾得画像时起初并不知晓是杜丽娘的春容,还以为是观音像、嫦娥图,仔细看来却不是。看罢题辞,一边叹赏画者艺术才华,一边心下若有所感,再看画中人似与自己在梦中见过一般,梦中情、画中影相互印证,越发坚定了自己的判断,甚至,画中人手里提着的半枝青梅,在柳梦梅看来也是"活似提掇小生一般"。最后,决定要每天对着画像礼拜、呼叫、赞美,要叫得画中人"喷嚏似天花唾。动凌波,盈盈欲下"。这种源自内心的爱慕,与杜丽娘的表现如出一辙,同样超越了现实和虚幻、生与死的界限。"人间自是有情痴",情到深处自然痴,正是这样的深挚的情感,才能配得上同样痴情的杜丽娘,才能有力量感动天地,死可以生。"情必近于痴而始真",柳梦梅的形象较好地体现了中国古典美学这一命题,他是中国古典文学作品中又一鲜明的"情痴"形象,他上承《西厢记》中的张君瑞,下启《红楼梦》中的贾宝玉。从产生于明代的柳梦梅这一文学形象中,我们依稀可见元杂剧《西厢记》中被爱情"风魔了"的张解元。而《玩真》中柳梦梅见画中人产生出来的仿佛梦中见过的感觉,在后来的清代小说《红楼梦》第五回中,林黛玉、贾宝玉初次见面时又得到重现。

如果说《惊梦》、《寻梦》等出戏的曲词一如女主人公的形象特征,以清丽精工见长,则《玩真》的曲词较好地继续了元杂剧语言自然真切的特点。如【黄莺儿】中"恁横波,来回顾影,不住的眼儿睃",【啼莺序】中"如愁欲语,只少口气儿呵",【簇御林】中"动凌波,盈盈欲下,不见影儿那(挪)"。这种真切质朴的曲词完美地体现了人物真挚纯厚的性格和情感。而如"空影落纤娥,动春蕉,散绮罗","相看四目谁轻可",则又偏重于炼字,从"落"、"散"、"可"等字中体现诗的意境。这正如汤显祖自己所说的那样:"文章之妙,不在步趋形似之间。自然灵气恍惚而来,

不思而至。怪怪奇奇,莫可名状,非物寻常得以合之。”(《合奇序》)

舞台演出时《拾画》与《玩真》多同时连演,演员表演极为细腻,昆曲表演大师俞振飞曾说:“(演出时)必须揣摹神情,曲曲传出方为合格。”(《振飞曲谱》)

(吴新雷 丁 波)

邯 郸 记

汤显祖

第三出 度 世

(扮吕仙褡袱葫芦枕上)[集唐]蓬岛何曾见一人,披星带月斩麒麟。无缘邀得乘风去,回向瀛洲看日轮[1]。自家吕岩,字洞宾,京兆人也[2],忝中文科进士[3]。素性饮酒任侠,曾于咸阳市上,酒中杀人,因而亡命。久之贫落,道遇正阳子钟离权先生,能使飞升黄白之术[4],见贫道行旅消乏,将石子半斤,点成黄金一十八两,分付贫道仔细收用。贫道心中有疑,叩了一头,禀问师父:师父,此乃点石为金,后来仍变为石乎?师父说:五百年后,仍化为石。贫道立取黄金抛散,虽然一时济我缓急,可惜误了五百年后遇金人。师父哑然大笑:吕岩,吕岩,一点好心,可登仙界。遂将六一飞升之术[5],心心密证,口口相传。行之三十余年,忝登了上八洞神仙之位。只因前生道缘深重,此生功行缠绵。性颇混尘,心存度世。近奉东华帝旨[6],新修一座蓬莱山门,门外蟠桃一株,三百年其花才放,时有皓劫刚风[7],等闲吹落花片,塞碍天门。先是贫道度了一位何仙姑,来此逐日扫花。近奉东华帝旨,何姑证入仙班,因此张果老仙尊又着贫道驾云腾雾,于赤县神州再觅一人,来供扫花之役。道犹未了,何姑笑舞而来也。(何仙姑持帚上)好风吹起落花也!

【赏花时】翠凤毛翎札帚叉,闲踏天门扫落花。你看风起玉尘砂,猛可的那一层云下[8],抵多少门外即天涯[9]。

(见介)洞宾先生何往?(吕)恭喜你领了东华帝旨,证了仙班。果老仙翁诚恐你高班已上,扫花无人,着我再往尘寰,度取一位,敢支分杀人也[10]。(何)洞宾先生大功行了。只此去未知何处度人?蟠桃宴可赶的上也?

【么】你休再剑斩黄龙一线差,再休向东老贫穷卖酒家,你与俺高眼向云霞。洞宾呵,你得了人早些儿回话,迟呵,错教人留恨

碧桃花。(下)

(吕)仙姑别去,不免将此磁枕褡裢驾云而去也。枕是头边枕,磁为心上慈。(下)(丑上)我这南湖秋水夜无烟,奈可乘流直上天[11]。且就洞庭赊月色,将船买酒白云边。(内笑介)小二哥发誓不赊,又赊了。(丑)赊的赊一月,买的买一船。小子在这岳阳楼前开张个大酒店[12],因这洞庭湖水多,酒都扯淡了,这几日赊也没人来。好笑,好笑。(内叫介)小二哥,那不是两个赊的来了。(丑)请进,请进。(扮二客上)一生湖海客,半醉洞庭秋。小二哥,买酒。(丑应介)(客看壶介)酒壶上怎生写着洞庭二字?(丑)盛水哩。(客笑介)也罢,拚我们海量,吞你几个洞庭湖。(丑)二位较量饮。(一客)小子鄱阳湖生意,饮八百杯罢。(一客)小子庐江客,饮三百杯。(丑)这等,消我酒不去。八百鄱阳三百焦[13],到不得我这把壶一个腰。(客)好大壶嘴哩。(做饮唱随意介)(丑)又一个带牛鼻子的来了[14]。

【中吕粉蝶儿】(吕上)秋色萧疏,下的来几重云树,卷沧桑半叶浅蓬壶。践朝霞,乘暮霭,一步捱一步。刚则背上葫芦,这淡黄生可人衣服[15]。

【醉春风】则为俺无挂碍的热心肠,引下些有商量来的清肺腑。这些时蹬着眼下山头,把世界几点儿来数数。这底是三楚三齐,那底是三秦三晋,更有找不着的三吴三蜀[16]。

说话中间,前面洞庭湖了,好一座岳阳楼也!

【红绣鞋】趁江乡落霞孤鹜,弄潇湘云影苍梧[17]。残暮雨,响菰蒲。晴岚山市语,烟水捕鱼图。把世人心闲看取。

边旁放着一座大酒店,店主有么?(丑应介)请进,请进。(作送酒介)

【迎仙客】(吕)俺曾把黄鹤楼铁笛吹[18],又到这岳阳楼将村酒沽。好景,好景,前面汉阳江,上面潇湘苍梧,下面湖北江东。请了。(丑)请什么子?(吕)来稽首,是有礼数的洞庭君主。(丑)鬼话。(内雁叫介)(吕)听平沙落雁呼,远水孤帆出。这其中正洞庭归客伤心处,赶不上斜阳渡。

(吕作醉介)酒是神仙造,神仙吃,你这一班儿也知道吃什么酒?

(二客恼介)哎也,哎也,可不道一品官,二品客,到不高如你?我穿的细软罗缎,吃的细料茶食,用的细丝锞锭。似你这般,不看你吃的,看你穿的哩,希泥希烂的。醒眼看醉汉,你醉汉不堪扶。(吕笑介)

【石榴花】俺也不和他评高下说精粗,道俺个醉汉不堪扶,偏你那看醉人的醒眼不模糊。则怕你村沙势比俺更俗[19],横死眼比俺更毒。(二客云)野狐骚道,出口伤人。还不去,还不去扯破他衣服!(吕)为什么扯断丝带,抓破衣服,骂俺作顽涎骚道野狐徒?

(客)好笑,好笑,便那葫芦中,那讨些子药物?都是烧酒气。

【斗鹌鹑】(吕)你笑他盛酒的葫芦,须有些不着紧的信物。硬擎着你七尺之躯,俺老先生看汝。(客)看什么子?无过是酒色财气,人之本等哩。(吕)你说是人之本等,则见使酒的烂了胁肚,(客)气呢?(吕)使气的腆破胸脯,(客)财呢?(吕)急财的守着家兄[20],(客)色呢?(吕)急色的守着院主[21]。

【上小楼】(吕)这四般儿非亲者故,四般儿为人造畜。(客)难道。人有了君臣,才是富贵;有儿女家小,才快活;都是酒色财气上来的,怎生住的手?(吕)你道是对面君臣,一胞儿女,帖肉妻夫。则那一口气不遂了心,来从何处来?去从何处去?俺替你愁,俺替你想,敢四般儿那时才住。

(客)一会子先生一些阴阳昼夜不知。(吕笑介)你可知么?

【么】问你个如何是毕月乌?(客)月黑了就是。(吕)如何是房日兔[22]?(客想介)醉了房儿里吐去。(吕)你道如何是三更之午?十月之余?一刻之初[23]?(客)听他什么?只噇酒[24]。(吕笑介)问着呵,则是一班儿嘴秃速[25]。难道偏则我,出家人有五行攒聚[26]。

(众瞧介)包儿里是个磁瓦枕,打碎他的!(吕)怎碎的他呵?(客)是什么生料,碎不的他?

【白鹤子】(吕)是黄婆土筑了基,放在偃月炉。封固的是七般泥,用坎离为药物[27]。

(客)怎生下火?

【么】(吕)扇风囊随鼓铸,磁汞料写流珠[28]。烧的那粉红丹色样殊[29]，全不见枕根头一线儿丝痕路。（客笑介）枕儿两头大窟弄，先生害头风出气的？

【幺】（吕）这是按八风开地户，凭二曜透天枢[30]。（客）到空空的亮。（吕）有甚的空笼样枕江山，早则是连环套通心腑。

列位都来盹上一会么？（客）寡汉睡的。（吕笑介）到不寡哩。

【幺】半凹儿承姹女[31]，并枕的好妻夫。（客）有甚好处？（吕）好消息在其中，但枕着都有个回心处。

（客）难道有这话？我们再也不信。（吕）此处无缘，列位看官们请了。

【快活三】不是俺袖青蛇胆气粗[32]，则是俺凭长啸海天孤。则俺朗吟飞过洞庭湖，度的是有缘人人何处？（下）

（众笑介）那先生被我们啰唣的去了，我们也去罢。相逢不饮空归去，洞口桃花也笑人。（众下）（吕上）好笑，好笑，一个大岳阳楼，无人可度，只索望西北方迤逦而去[33]。

【鲍老儿[34]】这是你自来的辛苦，一口气许了师父。少不得逢人问渡，遇主寻涂。是不是口邋着道词，一路的做鬼妆狐[35]。

呀一道清气，贯于燕之南、赵之北。不免捩转云头，顺风而去。

【满庭芳】非关俺妄言祸福，怎头直上非烟非雾，脚踏下非楚非吴，眼抹里这非赤也非乌[36]？莫不是青牛气函关直竖？莫不是蜃楼气东海横铺[37]？没罗镜分金指度，打向假随方认取[38]。呀，却原来是近清河[39]，邯郸全赵那边隅。

仔细看来，是邯郸地方，此中怎得有神仙气候也？

【耍孩儿】《史记》上单注着会歌舞邯郸女[40]，俺则道几千年出不的个蔺相如[41]。却怎生祥云气罩定不寻俗，满尘埃他别样通疏？知他芦花明月人何处？流水高山客有无？俺到那有权术，偷鞭影看他驴橛，下探竿识得龙鱼。

【尾声】欠一个蓬莱洞扫花人，走一片邯郸城寻地主。但是有缘人，俺尽把神仙许。则这热心儿，普天下遇着他都姓吕。

日月秘灵洞，云霞辞世人。

为结同心侣，逍遥下碧空。

〔注〕 ① 集唐：集句体诗的一种，即集合唐人诗句组织为一首新诗，一般为绝句体。 ② 京兆：即今西安。 ③ 忝(tiǎn)：谦词，惭愧的意思。 ④ 黄白之术：即道教炼丹术，药金为黄、药银为白，故称黄白之术。 ⑤ 六一：道教用语，炼丹时须用“六一泥”封鼎盖，其泥用东海左顾牡蛎、戎盐、黄丹、滑石、赤石脂、蚓蝼黄土等六物合一，故称。关于“六一”，各家说法不一，大体相同。 ⑥ 东华帝：即东华帝君，亦称东王公或东木公，古神话中掌管男仙之神。 ⑦ 皓：当作浩。 ⑧ 猛可的：犹谓忽然之间。 ⑨ 抵多少：犹谓好比是。 ⑩ 支分杀：犹谓太折腾。 ⑪ 奈可：犹谓怎能。 ⑫ 岳阳楼：即湖南古岳州(今岳阳市)西门城楼，因宋范仲淹《岳阳楼记》而著名。 ⑬ 焦：安徽中部的巢湖又称焦湖，简称“焦”。 ⑭ 牛鼻子：形容道士梳的高髻，古戏曲小说多用作道士的戏称。 ⑮ 生可人：犹谓硬教人满意。 ⑯“这底是”三句：这底是犹言这是，那底是犹言那是。三楚，泛指湖南、湖北；三齐，泛指山东东部；三秦，泛指陕西一带；三晋，泛指山西，河北南、中部，河南中、北部一带；三吴，泛指苏州等长江下游地区；三蜀，泛指成都四川地区一带。 ⑰“趁江乡”二句：落霞孤鹜，语出唐王勃《滕王阁序》“落霞与孤鹜齐飞，秋水共长天一色”。潇，指湘江支流潇水；湘，指湘江，流入洞庭湖。 ⑱ 黄鹤楼：在今湖北武汉蛇山黄鹄矶上，为古代名楼。 ⑲ 村沙势：犹谓呆头呆脑。 ⑳ 家兄：即孔方兄，指钱。 ㉑ 院主：指坐院的倡家。 ㉒“问你个”二句：道教用语，毕月乌，指月食；房日兔，指日食。 ㉓“你道”三句：道教修炼内丹术用语，三更为子时，三更之午，犹谓“子午”，此时元气阴阳配合；十月之余，犹谓“十月胎圆”之后，炼气化神已过“十月关”，可望炼就；一刻之初，犹谓“一刻之机”，即炼内丹就在这最后一刻功夫，功到丹成。 ㉔ 噇(chuáng)酒：即无节制过度饮酒。 ㉕ 嘴秃速：犹谓撅着嘴不说话。 ㉖ 五行攒聚：道教内丹术认为，肾属水，心属火，脾属土，肝属木，肺属金，此五行在一身，上聚于脑，谓五气朝元，而成丹道。 ㉗“是黄婆”四句：道教内丹术用语，此处是借用外丹术语来解释内丹术。黄婆土，亦名黄媒，能沟通阴阳，专气存神；偃月炉，又名神室、黄房，异名众多，指以身心为炼内丹的鼎炉；七般泥，即六一泥；坎离，为炼丹药物，内丹术指先天祖气，心之元神为坎，肾之元气为离，坎离交合，神气相补，为内丹原理。 ㉘ 磁汞料写流珠：汞，水银异名，亦称太阳流珠。指磁枕是由汞料烧炼成的。 ㉙ 粉红丹色样殊：炼丹需用朱砂、铅、硫黄等药物；朱砂，即丹砂，为红色硫化汞。 ㉚“这是按”二句：道教内丹术用语，八风，即八方来风，炼内丹需以心意应八风，可承可御；地户，指尾闾，即身之下丹田处。二曜，即日、月，日、月之明谓之光；天枢，内丹术天枢、化枢、道枢之一，以天枢求人天合一，可望丹成。 ㉛ 姹女：即少女。 ㉜ 袖青蛇：即“袖里青蛇”，出自吕岩诗。吕岩为剑仙，青蛇指剑。 ㉝ 迤逦(yǐ lǐ)：指一路曲折而行。 ㉞ 鲍老儿：曲牌名，此为【十二月】之误。 ㉟“是不是”二句：邋(lā)，指不停地念诵。做鬼妆狐，犹谓妆乔。 ㊱“怎头直”三句：非烟非雾，语出《史记·天官书》，虽蒙而不明，犹谓喜气。非楚非吴，即谓非楚、吴南方之地。非赤也非乌，即谓非赤乌也；赤乌，指南方之日光。 ㊲“莫不是”二句：青牛气，指仙气；函关，即函谷关。传说老子骑青牛过函谷关，应守关令尹请，作《道德经》，出关而去，莫知所终。蜃楼气，指海上仙气。 ㊳“没罗镜”二句：罗镜，道教法器；分金指度，犹谓点金引度，如钟离权度吕洞宾事。打向假，犹谓假作真，真作假。 ㊴ 清河：指河北省清河县或清河一带。 ㊵ 邯郸女：即吕不韦已怀孕的姬妾。据《史记·吕不韦传》，吕献怀孕的姬妾给子楚，生子政。后子楚为秦庄襄王，吕为相，封文信侯。后政为秦王，尊吕为相国，称仲父。 ㊶ 蔺相如：即战国时赵国的大臣，因完璧归赵不辱使命，又渑池会上使赵王免受秦王羞辱，功拜上卿。

汤显祖《邯郸梦记题词》，自谓《邯郸记》大致推衍“焦湖祝枕事”为之；又在

《虞初志评语》中评《枕中记》时说，“举世方熟，邯郸一梦，予故演付伶人以歌舞之”。《邯郸记》事更近唐沈既济《枕中记》，而《枕中记》又从“焦湖祝枕事”而来(刘义庆《幽明录》题为《杨林》)。从本事原型考之，二者都对《邯郸记》有影响。《邯郸记》三十出，基于现实生活生发情节，剧情更为丰富。写吕洞宾在邯郸旅舍，以磁枕使卢生入睡。卢生梦与高门女结婚，行贿中式，出将入相，荣华已极。后因官场倾轧，历尽宦海风波，得封国公，一门富贵。又因登高位后，奢侈荒淫，终染病而亡。卢生梦醒，旅舍黄粱未熟，经吕洞宾点醒，顿悟人生如梦，一切皆空，乃从吕洞宾学道成仙。

《邯郸记》的结构有其特殊性，梦前二出半，梦后一出半；梦中写无限波澜，以情节描写寄寓着题旨。而梦前则引发题旨，梦后则直抒题旨。《度世》一出，即借吕洞宾出场紧扣住全记的题旨来展开戏情，一为剧中主角卢生入梦作铺垫，一为引发全记题旨，所以，可以把此出戏看作全记的“戏眼”。写吕洞宾近奉东华帝旨，何仙姑证入仙班，张果老仙翁又着他下凡再度一人，以供天庭扫花之役。吕洞宾来到岳阳楼，乘酒醉与客人调侃，批判了人间的“酒色财气”，又去邯郸道上度脱卢生。此出戏的矛盾是神仙与凡人的矛盾，矛盾的焦点则是对“酒色财气”的看法，十分理性的内容，却被表现得色彩斑斓、诙谐有趣，在昆剧舞台上演为《扫花》、《三醉》，前为歌舞，后为喜剧，深受昆剧观众的喜爱。

这出戏分两部分，第一部分在天庭，写吕洞宾辞别何仙姑。吕洞宾上场后的一段自述身世交代了度世之心及奉旨度人的原委。吕洞宾心存一点好心，被钟离权指石点金度脱，吕洞宾又度来一位何仙姑逐日扫花，因何仙姑证入仙班，他又得奉旨去度一人来供扫花之役。去何处，度何人，虽未可知，然已能照应前出、后出，引出去度邯郸道上的卢生的情节。作者写吕洞宾的度世之心，也隐晦地表现了作者写《邯郸记》的度世之心。此记中的主角卢生第二出已出场，是个“情痴”，第四出始入梦，所谓“痴”，是一心要“建功树名，出将入相，列鼎而食，选声而听，使宗族茂盛而家用肥饶”，此心不死，也度脱不得，所以有此邯郸一梦，断他的痴心俗念，方能度脱。吕洞宾的定场白并非闲话。何仙姑于“风吹落花”中出场即起歌舞，使舞台演出多一层色彩，以蟠桃宴设下伏笔，也与最后一出《合仙》照应。昆曲演出时，将后面【粉蝶儿】、【醉春风】提前，男女各二曲，令舞蹈更增气氛。

第二部分在岳阳楼，写吕洞宾醉戏人间酒客。先由丑扮店小二与二酒客打诨制造喜剧气氛，后是吕洞宾潇洒出场，与二酒客戏耍，引入此出戏的正题。在汤显祖的作品中，曾多次批判“酒色财气”，在此记中以卢生的梦中遭际为典型，批判更为深刻。吕洞宾在岳阳楼与二酒客论辩，虽点到为止，然已起到引发题旨的作用。酒客认为“酒色财气，人之本等”，“怎生住的手”，作者借吕洞宾之口说道：“使酒的烂了胁肚，使气的膜破胸脯，急财的守着家兄，急色的守着院主。”嘲笑了沾染“酒色财气”之人的丑态，进而批判了它的危害，说“四般儿非亲者故，四般儿为人造畜”，“敢四般儿那时才住”。剧中的卢生一心想着功名富贵、宗族茂盛，在作者看来，这也是“酒色财气”在作祟，此念不去，也是度不得之人。作者藉“焦湖祝枕”之事，联系现实人世的“酒色财气”，写《邯郸》一梦，为的是度人先度心。梦即梦，梦亦非梦，存于人世者，乃作者的一番苦心。虽《邯郸记》中多道家出世思想，然无损于批判现实的积极意义。此出戏中，也用多了道教用语，造成不少语言上的障碍，读者可利用注释了解一些，不用穷研；但作者说的都是炼内丹术的道教一派，炼内丹即炼身心，与作者度人先度心的思想是一致的，仅此而已。吕洞宾为道教神仙，其人其事其诗及《枕中记》均被收入《道藏》，用此本事写传奇，免不了带有浓厚的仙道色彩。过去曾因此贬低《邯郸记》批判现实的积极意义，那是不公正的；就思想和艺术的水平来说，应该是《牡丹亭》第一，《邯郸记》第二，《牡丹亭》是神来之笔，《邯郸记》是痛思之作，都无愧为闪耀着民主思想的优秀作品。

古人说《邯郸记》“针线最密”，主要是指情节结构上处处有照应，所以这出戏也突出了磁枕，这是度人的媒介。这磁枕“两头大窟弄”，“好消息在其中，但枕着都有个回心处”，就与后一出卢生入梦照应，也与全记照应。卢生在梦中出将入相，富贵至极，封妻荫子，到头来梦醒见黄粱未熟，乃有一悟，随吕洞宾学道而去。这就是“有个回心处”。吕洞宾携磁枕度的是有缘人，此处无人可度，便往邯郸道上而去。情节便与下一出邯郸旅舍遇卢生联接起来了。这出戏，虽无卢生出场，实际上却为卢生入梦作了大铺垫，是《邯郸记》真正的开场戏。

这出戏用的是北曲套，曲调清新飘逸，与吕洞宾的神仙身份相合，很有特色，故长久流传曲坛，演唱不衰。其中的【红绣鞋】一曲，还是昆曲大师俞振飞六岁时的启蒙曲。曲词多道教用语，也与吕洞宾回道人相合，其中一些描写景物的曲词写得绝妙，如“猛可的那一层云下，抵多少门外即天涯”，“践朝霞，乘暮霭，一步捱一步”，“把世界几点儿来数数”，“趁江乡落霞孤鹜，弄潇湘云影苍梧”，“归客伤心处，赶不上斜阳渡”，等等，很有元曲风格。明王骥德《曲律》评《邯郸记》曲词说：“又视元人别一蹊径，技出天纵，匪由人造。”汤显祖学元曲，浸润已深，至晚期写北曲酷似元人，尤擅借景抒情，情语、景语融汇在一起，即使写南曲也显现着北曲风格，能畅而不涩，意境独到。

（李　晓）

邯　郸　记　　汤显祖

第二十出　死　　窜

(堂候官上[①])铁券山河国，金牌将相家[②]。自家定西侯卢老爷府中堂候官便是。我家老爷掌管天下兵马数年，同平章军国事，文武百官，皆出其门。圣恩加礼，一日之内，三次接见。看看日势向午，将次朝回，不免伺候。早则夫人到来也。(旦引老旦、贴上)奴家崔氏是也。俺公相领谢天恩，位兼将相。钦赐府第一区，朱门画戟，紫阁雕檐。皆因边功重大，以致朝礼尊隆。休说公相，便是为妻子的，说来惊天动地。奴家是一品夫人；养下孩儿，但是长的，都与了恩荫，真是罕稀也。(内作瓦裂声介)(旦惊介)老嬷嬷，甚么响？(老旦看介)是堂檐之上，一片鸳鸯瓦，碎下来了。(旦惊介)呀，鸳鸯瓦为何而碎？(贴望介)哎哟，一个金弹儿抛打乌鸦，因而碎瓦。(旦叹介)圣人云：乌鸦知风，虫蚁知雨。皮肉跳而横事来，裙带解而喜信至。鸳鸯者，夫妇之情也；乌鸦者，晦黑之声也；落弹者，失圆之象也；碎瓦者，分飞之意也。天呵，眼下莫非有十分惊报乎？

【赏花时】俺这里户倚三星展碧纱[③]，见了些坐拥三台立正衙[④]。树色绕檐牙，谁近的鸳鸯翠瓦，金弹打流鸦？(内响道介)

(旦)公相朝回，看酒伺候。(生引队子上)下官卢生，在圣人跟前平章了几桩机务，吃了堂饭，回府去也。

【么】俺这里路转东华倚翠华[⑤]，佩玉鸣金宰相家。新筑旧堤沙，难同戏耍，春色御沟花。(见介)

(旦)公相朝回，奴家开了皇封御酒，与相公把一杯。(生)生受了。(内奏乐介)俺先与夫人对饮数杯，要连声叫干，不干者多饮一杯。(旦)奉令了。(生饮介)夫荣妻贵酒，干。(旦看介)公相干了，到奴家唤：夫贵妻荣酒，干。(生笑介)夫人欠干。(旦笑饮介)这杯到干了，正是小槽酒滴珍珠红。(生笑介)夫人，你的槽儿也不小了。(内鼓介)报，报，听说人马枪刀，打东华门出，未知何故也？(生)由他，俺与夫人唱干饮酒。(旦饮介)妻贵夫荣酒，干。(生)夫人倒在上面了。这杯干的紧，待我唤：妻贵夫荣酒，干。(旦)公相有点了。(生)夫人，这是酒泻金茎露涓滴。(旦笑介)相公，你的茎长是涓的。(生笑介)(内鼓介)(堂候官上介)报,报,外面人马自东华门出来,填街塞巷,好不喧闹也。(生)且由他,俺与夫人叫第三干。(儿子走上哭介)老爷,老夫人,人马枪刀,济济排排,将近府门来也。(生惊起介)

【北醉花阴】这些时直宿朝房梦喧杂,整日假红围翠匝。铃阁远静无哗[6],是潭潭相府人家,敢边厢大行踏?(听介)(内呼喝叫拿拿介)(生)不住的,叫拿拿。敢是地方走了贼,反了狱?既不呵,怎的响刀枪人哄马?(众扮官校持枪索上)(叫众军围住介)(贴、老旦惊走)

(生恼介)谁敢无礼!

【南画眉序】(众)圣旨着擒拿,(生)是驾上差来的,请了。(众)奏发中书到门下。(生慌介)门下为谁?(众)竟收拿公相,此外无他。(生怕介)原来是差拿本爵,所犯何罪?(众)中书丞相奏老爷罪重哩,这犯由不比常科[7],干系着重情军法。(生)有何负国?而至于斯。(官)下官不知,有驾票在此[8],跪听宣读。(生旦跪)(官念介)奉圣旨:前节度使卢生,交通番将,图谋不轨。即刻拿赴云阳市[9],明正典刑,不许违误。钦此!(生、旦叩头起哭天介)波查,祸起天来大,怎泣奏当今鸾驾[10]?

(生)这事情怎的起呵?

【北喜迁莺】走的来风驰雷发,半空中没个根芽。待我面奏诉冤。(众)闭上朝门了。(生)争也么差[11],着俺当朝拦驾,你省可的慢打商量咱到晚衙[12]。(众)有旨不容退衙。(生哭介)夫人,夫人,吾家本山东,有良田数顷,足以御寒馁,何苦求禄,而今及此?思复衣短裘,乘青驹,行邯郸道中,不可得矣。取佩刀来,颠不喇自裁刮[13]。(生作刎)(旦救介)(众)圣旨不准自裁,要明正典刑哩。(生)是了,是了,大臣生也明白,死也明白。夫人,牵这些业畜,午门前叫冤,俺市曹去也。迟和疾刚刀一下,便违圣旨,除死无加。(下)

(高力士上)吾为高力士,谁救老尚书?今日为斩功臣,闭了正殿,看有甚么官员奏事来。(旦同儿上)相公市曹去了,俺牵儿子午门叫冤去。十步当一步,前面正阳门了。(叫介)万岁爷爷,冤苦哪!(高)万岁爷为斩功臣,掩了正殿,谁敢啰唣!(旦)奴家是卢生之妻,诰封一品夫人崔氏,领这一班儿子,来此叫冤呵。(高背叹介)满朝文武,要他妻儿叫冤,可怜人也。(回介)卢夫人么,有何冤枉?就此铺宣。(旦叩头介)万岁,万岁,臣妾崔氏伸冤。

【南画眉序】宿世旧冤家,当把卢生活坑煞。有甚驾前所犯?吃几个金瓜。把通番罪名暗加,谋叛事关天当耍。(合)波查,祸起天来大,怎泣奏当今鸾驾。

(高哭介)可怜,可怜,你在此候旨,俺为你奏去。(旦)在此撮土为香[14],祷告天地。(拜介)崔氏在此叫冤,天天,拨转圣人龙威,超拔儿夫狗命呵。这许多时,还未见传旨。(高同裴光庭上)圣旨到:既卢生有冤,着裴光庭领赦,往云阳市免其一死。远窜广南崖州鬼门关安置[15],即刻起程。谢恩!(高哭介)可怜,可怜,唳鹤无情听,啼乌有赦来。(下)(内鼓介)(众绑押生囚服裹头上)

【北出队子】(生)排列着飞天罗刹,(扮刽子尖刀向前叩头介)(生)甚么人?(刽)是伏事老爷的刽子手。(生怕介)吓煞俺也,看了他捧刀尖势不佳。(刽)有个一字旗儿,禀老爷插上。(生看介)是个甚么字?(众)是个"斩"字。(生)恭谢天恩了。卢生只道是千刀万剐,却只赐一个"斩"字儿,领戴,领戴。(下锣下鼓插旗介)(生)蓬席之下,酒筵为何而设?(众)光禄寺摆有御赐囚筵[16],一样插花茶饭。(生)是了,这旗呵,当了引魂幡,帽插宫花。锣鼓呵,他当了引路笙歌赴晚衙。这席面呵,当了个施艳口[17]的功臣筵上鲊[18]。

(众)趁早受用些,是时候了。(生)朝家茶饭,罪臣也吃勾了。则黄泉无酒店,沽酒向谁人?罪臣跪领圣恩一杯酒。(跪饮介)怎咽下也!

【么】暂时间酒淋喉下,还望你祭功臣浇奠茶。(众)相公领了寿酒行罢。(生叩头介)罪臣谢酒了。(众)咦,看的人一边些,误了时候。(生绑行介)一任他前遮后拥闹哕喳,挤的俺前合后偃走踢踏,难道他有甚么劫场的人也则看着耍。(众叫锣鼓介)

(生问介)前面幡竿何处?(众)西角头了。

【南滴溜子】幡竿下,幡竿下,立标为罚。是云阳市,云阳市,风流洒角[19]。(众)休说老爷一位,少甚么朝宰功臣这答,套头儿不称孤便道寡。用些胶水摩发,滞了俺一手吹毛,到头也没发[20]。

(生恼介)(挣断绑索介)

【北刮地风】呀,讨不的怒发冲冠两鬓花。(刽做摩生颈介)老爷颈子嫩,不受苦。(生)咳,把似你试刀痕俺颈玉无瑕,云阳市好一抹凌烟画[21]。(众)老爷也曾杀人来?(生)哎也,俺曾施军令斩首如麻,领头军该到咱。(众)这是落魂桥了。(生)几年间回首京华,到了这落魂桥下。(内吹喇叭介)(刽子摇旗介)时候了,请老爷生天。(生笑介)则你这狠夜叉也闲吊牙[22],刀过处生天直下。哎也,央及你断头话须详察,一时刻莫得要争差。把俺虎头燕颔高提下,怕血淋浸展污了俺袍花。

(众)老爷跪下。(生跪受绑)(刽磨刀介)(内风起介)(刽)好风也,刮的这黄沙。哎哟,老爷的颈子在那里?(摩介)有了,老爷挺着。(生低头)(刽子轮刀介)(内急叫介)圣旨到,留人!留人!(裴领旨同旦急上)

【南双声子】天恩大,天恩大,鸣冤鼓由人打。皇宣下,皇宣下,云阳市告了假。省刑罚,省刑罚。耽惊吓,耽惊吓。一刻丝儿,故人刀下。

圣旨到:卢生罪当万死,朕体上天好生之德,量免一刀,谪去广南鬼门关安置,不许顷刻停留。谢恩!(放绑介)(生倒地叩头万岁介)生受圣人大恩了。来者是谁?(裴)是小弟裴光庭。(生)贤弟,贤弟,俺的头可有也?(裴)待我瞧瞧了。(拍介)老兄好一个寿星头。

【北四门子】(生)猛魂灵寄在刀头下,荷,荷,荷,还把俺岭头颃手自抹[23]。裴年兄,俺闲口相问:奏本秉笔者宇文公,也要萧年兄肯画知。(叹介)要题知"斩"字下连名,他相伴着中书怎押花?(裴)敢萧年兄也不知。(生)难道,难道,则怕老萧何,也放的下这淮阴胯[24]?(风起叹介)看了些法场上的沙,血场上的花,可怜煞将军战马。

(裴)老兄与嫂嫂在此叙别,小弟回圣上话去。小心烟瘴地,回头雨露天[25]。请了。(下)(旦哭介)怎生来话儿都说不出来?奴家有一壶酒,一来和你压惊,二来饯行。(生)卑人见过那些御囚茶饭,早醉饱也。(旦)儿子都在午门叩头去了,等他来瞧一瞧去。(生)由他,由他,他来徒乱人意。夫人,不要他来相见罢了。(旦哭介)俺的天呵,也把一杯酒,略尽妻子之情。

【南鲍老催】唏唏吓吓,(酒杯惊跌介)(旦哎哟介)战兢兢把不住台盘滑。扑生生遍体上寒毛乍[26],吸厮厮也,哭的声干哑。(内鼓介)(内)卢爷,快行,快行。有旨着五城催促[27],不可久停。(末小旦扮儿子哭上)我的爹呵!(旦)这都是你儿子,怎下的去也!(生)是你妇人家,不知朝廷说我图谋不轨,如今安置我在鬼门关外。罪配之人,限时限刻。天呵,人非土木,谁忍骨肉生离?则怕累了贤妻,害了这几个业种,到为不便。(儿扯要同去介)(生)去不得也,儿。(同哭介)眼中儿女空钩搭[28],脚头夫妇难安劄[29],同死去做一榻。(旦闷倒)(生扯介)

【北水仙子】呀,呀,呀,哭坏了他。扯,扯,扯,扯起他且休把望夫山立着化[30]。(众儿哭介)(生)苦,苦,苦,苦的这男女煎喳[31]。痛,痛,痛,痛的俺肝肠激刮。我,我,我,瘴江边死没了渣。你,你,你,做夫人权守着生寡。(旦)你再瞧瞧儿子么。(生)罢,罢,罢,儿女场中替不的咱。好,好,好,这三言半语告了君王假。我去,请了。(旦哭介)相公那里去?(生)去,去,去,去那无雁处海天涯。(虚下)

(旦哭介)儿子回去罢。难道为妻子的,不送上他一程?

【南双斗鸡[32]】君恩免杀,奴心似剐。没个人儿和他,和他把包袱打。大臣身价,说的来长业煞[33]。

(生上见介)夫人,你怎生又赶上来?(旦)为你没个伴当,放心不下。我袖了半截银锞子,你路上顾觅。(生)罪人谁敢相近?我独自觅食而行。你还拿这半截锞子回去,买柴籴米,休的苦了儿女呵。

【北尾】罪人家顾不出个人儿罢?我还怕的有别样施行咱。夫人,夫人,你则索小心儿守着我万里生还也朝上马。

十大功劳误宰臣,鬼门关外一孤身。

流泪眼观流泪眼,断肠人送断肠人。

〔注〕 ① 堂候官：即公卿家的亲随小吏。 ②“铁券”二句：铁券，即丹书铁券；金牌，即势剑金牌。此二物为帝王赐给功臣世代保持优遇及免罪等特权的证件。始于汉高祖。 ③ 三星：指福、禄、寿三星。 ④ 三台：唐中央机关的合称，尚书省为中台，中书省为西台，门下省为东台。 ⑤ 东华：指东京洛阳宫东门。翠华：帝王仪仗中一种用翠羽装饰的旗。 ⑥ 铃阁：将帅及州郡长官办事的所在。 ⑦ 犯由，即罪状；常科，平常事犯。 ⑧ 驾票：即“票拟”，始于明代，亦称“条旨”或“调旨”、“票旨”。内阁接奏章后用小票写所拟批答，再由皇帝朱批，但朱批常由司礼太监代写。 ⑨ 云阳市：云阳，秦时始置的县名(今陕西淳化西北)；市，市口。后世常用以称行刑的地方。 ⑩“波查”三句：波查，犹谓苦难、灾祸。此三句应属旦唱，“波查”上应补“(旦)”字。 ⑪ 争也么差：争差，犹谓差错；也么，语助词，为曲牌字格规定。 ⑫ 省可的：犹谓休得要。 ⑬ 颠不喇：犹谓风流。 ⑭ 搦(nuò)：捏。 ⑮ 广南：宋置路名，辖境相当于今广西、广东雷州半岛和海南岛；崖州，州名，唐时治所在金城(今海南海口市琼山区东南)；鬼门关，古关名，今广西北流、玉林两地之间，后泛指僻远险阻之地。 ⑯ 光禄寺：主官内事务机构，南北朝后主要掌管宫内膳食。 ⑰ 施艳口：“艳”为“焰”之误，焰口，为佛教名词。古印度传说中有一种饿鬼，因身形焦枯，口内燃火，咽细如针而得名。密宗有对“焰口”饿鬼施食的经咒仪轨，称放焰口，即施焰口。后流行为对亡者追荐的佛事。 ⑱ 鲊：经加工过的鱼类食品，如腌鱼、糟鱼之类。 ⑲ 洒角：犹言“洒家”，同咱家。 ⑳ 到头也没发：“发”为“法”之误。 ㉑ 凌烟画：即凌烟阁，唐太宗时图画开国功臣二十四人于此，以示不忘旧臣。 ㉒ 夜叉：为梵文音译，传说为吃人的恶鬼。闲吊牙：犹谓闲扯淡。 ㉓ 崄：同“险”。 ㉔“则怕”二句：萧何，汉初大臣，曾荐韩信为大将，后又助汉高祖杀韩信。淮阴胯，用韩信事，韩信未发达时曾受淮阴屠市少年侮辱，逼其钻胯。后世以称忍小辱而成大器者。 ㉕“小心”二句：烟瘴，即瘴气，烟瘴地，指西南边远的地方；雨露，喻指皇帝恩泽。此二句隐喻卢生小心保全自己，来日皇帝开恩，终能回京。 ㉖ 扑生生：犹谓一下子。 ㉗ 五城：据《明史·职官志》，指东西南北中五城兵马指挥，其职掌巡捕盗贼，疏理街道沟渠及囚犯、火禁之事，每隔数日巡城治安，故又称巡城御史。 ㉘ 钩搭：指儿女亲情关系。 ㉙ 安劄：犹言安身。 ㉚ 望夫山：妇人伫望远行之夫，盼其归来，久而化为山石。各地传说中数见。 ㉛ 煎喳：犹谓煎聒，喧扰，哭闹。 ㉜ 南双斗鸡：为【南斗双鸡】之误，曲牌名。 ㉝ 长业煞：业，孽也；长业煞，犹言太作孽。

这出戏写卢生在梦中的一次大事变。卢生入试登第后，自恃为天子门生，得罪了权臣宇文融，宇文融怀恨在心，伺机谋害卢生。不想，卢生建了河功、边功，竟位列宰相，皇帝宠幸有加，令宇文融更加嫉恨。宇文融打探得卢生在边关时，曾有开了番将雁足传书后即刻收兵，不行追赶之事，便以通番卖国的罪名诬陷卢生，卢生遂遭杀身之祸。这出戏写的就是卢生被绑赴法场前后的情节。

此出剧情跌宕起伏，由欢乐写到悲苦，情节紧凑，情绪激荡，为《邯郸记》最精彩的一出戏。昆曲演为《云阳法场》，为老生表演艺术的重头戏，是《邯郸记》流传下来的主要折子戏。

这出戏可分三部分，第一部分写卢生夫妇欢宴到突然宣旨降罪止。按编剧法，这部分是先欢后悲、先扬后抑的写法的开端，由堂候官和崔氏先后宣扬卢老爷的显赫声势。卢生已掌管天下兵马，同平章军国事，文武百官，皆出其门；圣恩加礼，一日面君三次。钦赐宰相府第，朱门画戟，紫阁雕檐。卢生的权势、富贵已达极点，怎会祸从天降？作者用极为简捷的手法，突写堂檐之上一片鸳鸯瓦碎，原来是一个金弹射乌鸦，击碎此瓦。鸳鸯，夫妇之情；乌鸦，晦黑之声；落弹，失圆之象；碎瓦，分飞之意。这里，已预现祸兆。这时，卢生出场，再一次显示出宰相家的声势。然而，尽管卢生夫妇宴饮自乐，这“碎瓦”的悬念始终在产生作用，在场面上形成一种外松内紧的气氛。这里必须指出的是，夫妇行酒令实为冗笔，且太庸俗，昆曲实演时尽删去了。

待得卢生知道有旨拿他时，一应了“碎瓦”之兆，二则场上气氛即转入紧张之中。卢生当然不知原委，摆出平常架子，先是恼怒，后是反问：“有何负国？”但听得有“驾票”，圣旨宣读后，心中便明白八分了。这是诬陷。驾票拿人，是明代魏党的发明，在明代叫“票拟”，魏党专权，常不通过皇帝，由司礼太监票拟，即可迫害反对派。作者写卢生事，虽在唐代，但是梦境无所不可，写入明代“驾票”，也有批判意味。“交通番将，图谋不轨”，全是不实之词，卢生知道自己被人陷害了，并且确信是宇文融害他。卢生要上殿面君诉冤，朝门闭了；要退衙与妻子商量，圣旨不容。在这种大难临头、不由分说的情况下，卢生的情绪由激烈转到颓丧，不禁哭道：“吾家本山东，有良田数顷，足以御寒馁，何苦求禄，而今及此？”卢生似有悔意，但这仅是情境中语，透露了点消息。这是作者写给读者看的，在本剧中凡能触及题旨本意的地方，作者从不放过，以醒耳目。这时说卢生有悔意，还不到时候。卢生失望之极，便欲自裁，情绪又激动起来。面对圣旨所宣“明正典刑”，卢生方始有点冷静，说道：“大臣生也明白，死也明白。”要妻子去午门叫冤，而自己“迟和疾刚刀一下，便违圣旨，除死无加”，拚命赴大难去了。作者写卢生奉旨降罪的这一段情节，以急剧的节奏写出卢生复杂的情感波澜；情境决定了不容拖沓，而把卢生复杂的内心世界的展示放到下一段中去。

第二部分写卢生被绑赴法场到被赦死罪止。这部分是本出的重头，正面描写卢生在生死之际的情感，同时也分另一线写其妻崔氏鸣冤。这两情节始分后合，作者借中间的时空尽情发泄愤恨的心情，批判的锋芒直指皇帝，在《临川四梦》中，是情绪最高涨的地方。人们已经能预测到崔氏鸣冤可望成功，但作者抓住这小关目，让高力士感叹“满朝文武，要他妻儿叫冤，可怜人也”，原想看看有什么官员前来代鸣不平，结果还是卢生妻小，这就借侧笔点出了宦海的险恶。这一小关目，也与本出开头“文武百官，皆出其门”照应，也与前一出萧尚书画押藏“不”字照应，也与本出赦罪时裴年兄说“敢萧年兄也不知”照应。从剧本看，倒是高力士有点同情心，也许他对皇帝说了什么，圣旨免卢生一死，远窜广南崖州鬼门关安置。以裴光庭传旨按下此情节，笔锋就转到卢生这边来了。

作者写卢生第二次出场，其形势与第一次出场反差极大。卢生身穿囚服，被捆绑着押上，他的心理状态是极为复杂的，在昆曲表演时，由于双手被绑，主要靠要水发和步法，在锣鼓段中有一套繁复的表演，使舞台气氛突然变得紧张起来。卢生的情绪极度恐惧，眼神可怖。我们在读剧本时，可见作者主要是通过唱曲、说白来刻画其形象与心理的。他看到法场肃杀的气氛，“排列着飞天罗刹”，又见刽子手前来叩头，“捧刀尖势不佳”，心里一阵恐惧，一阵惊慌。但见一个“斩”字小旗要插颈上，光禄寺设囚筵于蓬席之上，不免极感颓丧与无奈，这旗儿当了个“引魂幡”，这席筵当了个“施焰口”，怎生得咽下？待到得西角头云阳市幡竿下，作者又借众说一句话“休说老爷一位，少甚么朝宰功臣这答，套头儿不称孤便道寡”，又把卢生的情绪激怒起来，既愤慨又怨恨，挣断绳索，激动地唱了一曲著名的【北刮地风】，他“怒发冲冠”，骂这“云阳市，好一抹凌烟画”。“凌烟画”，即唐太宗纪念功臣的凌烟阁，如今功臣却被缚在云阳市，这无疑是在骂皇帝杀功臣了。这时候，卢生知道死到临头，反而没什么顾忌，情绪益发激昂起来，“把俺虎头燕颔高提下，怕血淋浸展污了俺袍花”。作者在这一部分，采用了多种方法，把卢生时而恐惧、时而激昂的复杂的心理活动表现得淋漓尽致、层次井然，又变化多端，既有人物性格的表现，又有作者感情的介入，在传奇文学中是不可多得的名段。而演员要表演好这段戏，唱念表演动作都要有深度，也是很不简单的。

当裴光庭传免死远窜的圣旨到时，紧张的戏剧气氛始告消解，情节将过渡到下一部分。作者于此又点示了一下萧年兄画押之事，被裴光庭推诿过去。这里又是伏笔，除照应之外，又留待第二十四出卢生“功白”，再解扣子。

第三部分写卢生夫妻辞别，与“碎瓦”之兆呼应。戏剧紧张的气氛虽被赦罪免死之旨消解，但此处已是本出戏的尾声，不宜拖沓，作者又以“五城催促”形成急迫的节奏，不容卢生迟缓远行。因此，这出戏在节奏的处理上是很有特点的。在戏剧中，张弛之道，所谓“弛”也是有限度和节制的，在舞台演出中切忌戏拖、戏瘟，更不要说戏到了强弩之末快收场的时候了。作者在这里，用一曲【北水仙子】以较快捷的节奏了结夫妻儿女之情，而最主要的是揭示卢生免死罪后并未有“悔意”。他远窜不过是“告了君王假”，要“做夫人权守着生寡”，“则索小心儿守着我万里生还也朝上马”。这只是卢生在宦海风波中一次大波澜，还得让他在崖州倍受磨难，功白返朝复位，享尽荣华富贵，遂了他的“得意”之后，一病而亡，梦醒之后方可度脱。作者所塑造的梦中卢生形象，是封建社会读书士子由布衣而卿相的发迹史中的典型形象。梦中的故事光怪陆离，却是现实社会生活的真实反映，而梦前、梦后的故事，却是虚幻的神仙道化。因此，读《邯郸记》要“反”着读，梦即幻亦真，非梦即真亦幻，读者要悟得真梦可醒，而非梦如梦而不醒，则是一种悲哀了。这也是汤显祖的良苦之心。

从戏剧情节看，卢生还朝确实是可能的。卢生实冤，没有交通番将之事；宇文融驾票拘人，非天子手诏；宇文融的阴谋，萧尚书的画押藏“不”字，终会有昭白之日。

这出戏用南北合套，生旦双全，然以生为主。北调【赏花时】原是元杂剧楔子常用曲，此用作上场引子，写卢生夫妻欢宴一段戏，若在元剧可视作楔子看。自【北醉花阴】以下，卢生主唱北曲，曲曲逼似元曲；崔氏唱南曲，如【南鲍老催】亦真切动人，因情节关系，南曲亦由他人唱，这在南北合套中也是有突破的。

（李　晓）

南　柯　记　　汤显祖

第八出　情　著

（杂扮首座僧持钓竿上）佛祖流传一盏灯，至今无灭亦无增。灯灯朗耀传今古，法法皆如贯所能[①]。贫僧乃润州甘露寺中契玄禅师首座弟子是也。自幼出家，参承多腊[②]。常只是朝阳缝破衲，对月了残经。近乃扬州孝感寺请师父说法，贫僧领着众僧，安排下香灯花果，禅床净几，待师父升座。大众动着法器者。（内鼓乐介）（净扮老禅师拄杖拂子上）（升座介）高临法座唱宗风，翠竹黄花事不同。但是众星都拱北，果然无水不朝东。（提拄杖介）赛却须弥老古藤[③]，寒空一锡振飞腾[④]。拄开妙挟通宗路，打断交锋回避僧。（执拂子介）竖起清风洒白云，河沙无地可容尘。将军一事无巴鼻[⑤]，兔角龟毛拂着人。取香来。（拈香介）此香：不从千圣得，岂向万机求？虚空观不尽，大地莫能收。拈香指顶，透十方之法界，薰四大之神州；爇向炉心，祝皇王之万岁，愿太子之千秋。（垂钓介）手把金钩月一痕，乘槎独坐到河源[⑥]。悠悠泛泛经千载，影落鱼龙不敢吞。（首座）如何空即是色？（净）东沼初阳疑吐出，南山晓翠若浮来。（首座）如何色即是空？（净）细雨湿衣看不见，闲花落地听无声。（首座）如何非色非空？（净）归去岂知还向月，梦来何处更为云。（首座）多谢我师！今日且归林下，来日问禅。（末下）（净）大众，若有那门居士，禅苑高僧，参学未明，法有疑碍，今日少伸问答。有么？(外扮老僧上)有，有，有。敢问我师，如何是佛？(净)人间玉岭青霄月，天上银河白昼风。(外)如何是法？(净)绿蓑衣下携诗卷，黄篾楼中挂酒笤。(外)如何是僧？(净)数茎白发坐浮世，一盏寒灯和故人。(外)多谢我师！今日且归林下，来日问禅。(下)(净垂钓介)钓丝常在手中拿，影得游鱼动晚霞。海月半天留不住，醒来依旧宿芦花。大众，还有精通居士，俊秀禅郎，未悟宗机，再伸问答。有也是无？

【谒金门前】(生上)闲生活，中酒嗔花如昨。待近炉烟依法座，听千偈澜番个。

小生淳于棼来此参禅，想起来落托无聊，终朝烦恼，有何禅机问对？就把烦恼因果，动问禅师。(见介)小生淳于棼稽首，特来问禅。如何是根本烦恼[7]？(净)秋槐落尽空宫里，凝碧池边奏管弦。(生)如何是随烦恼[8]？(净)双翅一开千万里，止因栖隐恋乔柯。(生)如何破除这烦恼？(净)惟有梦魂南去日，故乡山水路依稀。(生沉吟)(净背介)老僧以慧眼观看此人，外相虽痴，到可立地成佛。

【谒金门后】(小旦道扮同贴上)莲步天台蹭蹬，还似蚁儿旋磨。上真仙，竹院人儿情似可，再与端详和。

(净笑)淳于生，你带着眷属来哩。(生回介)是好两位女娘。(背叹介)禅师怎知我原无家室。(贴见介)大师稽首。(净)蚁子为何而来？(贴)为五百年因果而来[9]。(净背笑介)是了，是了。叫侍者铺单。(末铺座介)(响唱介)五十三单整齐。(净)举来。(贴响唱介)《妙法莲花经·观世音菩萨普门品》[10]。(净)六万余言七轴装，无边妙义广含藏。白玉齿边流舍利，红莲舌上放毫光。喉中玉露涓涓润，口内醍醐滴滴凉。假饶造罪过山岳，不须妙法两三行。

【梁州序】人天金界，普门开觉，无尽意参承佛座[11]。以何因果，得名观世音那？佛告众生遇苦，但唱其名，即时显现无空过。贪嗔痴应念总销磨[12]，求女求男智福多。(合)如是等，威慈大，是名观世音菩萨。齐顶礼，妙莲花。

(众)观世音菩萨云何游此世界？云何而为众生说法？方便之力，其事云何？

【前腔】(净)有如国土，众生应度，种种法身随化。因缘说法，

以观世界婆娑[13]。一切天龙人等[14]，急难之中，与他怖畏轻离脱。十方齐现豁，似河沙，游戏神通一刹那。（合前）

（生）后来无尽意菩萨云何？（净）尔时无尽意菩萨启过佛爷，叫世尊，我今当供养观世音菩萨了。当即解下颈上宝珠璎珞，价值紫金百千两，献于观世音菩萨，说道，愿仁者受此法施。那观世音菩萨不肯受。尔时佛告观世音，你可哀愍无尽意和这四众[15]，权受下了这宝珠璎珞。那观世音菩萨因佛爷有言，受了璎珞，分作两分，一分奉释伽牟尼佛爷，一分奉多宝佛爷的塔。你众生们听讲这经，要知观世音菩萨有如是自在威神，普同发心供养。（众）弟子们顶礼受持。（生）谨参大师，小生曾居将帅，杀人饮酒，怕不能度脱也？（净）经明说着，“应以天大将军身度者，菩萨即现其身而度之”，有甚分别？（贴问介）禀参大师，妇女如何？（净笑介）经明说“应以人、非人等度者，即现其身而度之”。（贴惊对小旦背介）这大师神通广大，不说应以女身得度，到说个人、非人。你再问他。（小旦问介）大师，似我作道姑的，也可度为弟子乎？（净）你那道经中，已云“道在蝼蚁”[16]，则看几粒饭，散作小沙弥。怎度不的？（贴、小旦跪介）大师真个天眼通。有个妹子瑶芳，深闺娇小，未克参承。附有金凤钗一双，通犀小盒一枚，愿施讲筵，望大师哀愍。（起唱介）

【前腔】紫衣师天眼摩诃，他颈莺娇几曾有璎珞？待学尽形供养，化身难脱。待把宝珠抽献[17]，比龙女如何？自笑身微末，施的些儿个。恨无多，一分能分两分么？（合前）

（生背介）奇哉此女！（回介）大师，金钗、犀盒，愿一借观。（看介）（回盼小旦、贴介）人与物皆非世间所有。

【前腔】巧金钗对凤飞斜，赛暖金一枚犀盒。（背介）看他春生笑语，媚翦层波。把灵犀旧恨，小凤新愁，向无色天边惹[18]。（净冷笑介）（生回唱）价值千百两，未多些，一笑拈花奉释迦。（合前）

（生）大师，此女子从何而来？（净背介）此生痴情妄起，倩观音座前白鹦哥叫醒他。（内作鹦哥叫）蚁子转身，蚁子转身。（净）淳于生可听的么？（生）道是女子转身，女子转身。（净笑介）日中了，法众住参，咱入定去来。大千界里闲窥掌，不二门中暗点头。（下）（生）禅师去了，到好絮那小娘子一会。敢问小娘子尊姓？（小旦、贴不

应介)(生)贵里?(又不应介)(生)敢便是前日禅智寺看舞的小娘子么?(小旦、贴笑介)是也。(生)哎哟,

【节节高】双飞影翠娥,妙无过,这人儿则合向莲花座。(贴笑介)我有个妹子还妙哩。(生笑介)才说那凤钗、犀盒,就是那妹子附寄的么?他言轻可,谁看破?空提作。世间人敢则有那人间货?妹子,妹子,你有凤钗、犀盛,央他送在空门,何不亲身同向佛前啰,和我拈香订做金钿盒?

(小旦)啐!你也叫他妹子哩。(生)呀,我淳于棼好是无聊。小娘子请了。无语落花还自笑,有情流水为谁弹?(下)(贴)上真子,这生好不多情也。(小旦)看来驸马无过此人。

【前腔】相逢笑脸涡,太情多,暮凉天他归去愁无那。牙儿嗑,影儿那[19],心儿阁,向人天结下这姻缘大。(贴)这生我常见他来。(小旦)你不知和我国里相近,淳于生名棼的便是。(合)大槐边宋玉旧东家[20],做了罗浮梦断梅花卧[21]。

我们归去来。

【尾声】这一座会经堂高过似彩楼多,是个人儿都不着科[22]。瑶芳,瑶芳,我和你选这个人儿刚则可。

似蚁人中不可寻,观音讲下遇知音。

有意栽花花不发,无心插柳柳成阴。

〔注〕 ① 贯所能:佛家用语。所,客观。能,主观。法相宗常有"见相不一,能所合一"的说法。贯所能,即"能所合一"。 ② 多腊:多年。佛教称僧侣受戒后的岁数为腊。 ③"赛却"句:比得上须弥山上的老古藤。赛却,比得了。须弥:西域山名。又译苏弥卢。 ④"寒空"句:《宋高僧传》:"释隐峰……元和中言游五台山,路出淮西,属吴元济阻兵,违拒王命。官军与贼遇,交锋未决胜负。峰曰:'我去解其杀戮。'乃掷锡空中,飞身冉冉随去,介两军阵过。战士各观僧飞腾,不觉抽戈匣刃焉。" ⑤ 无巴鼻:没来由,没办法。 ⑥"乘槎独"句:晋张华《博物志》:"天河与海通,近世有人居海渚者,年年八月,有浮槎去来不失期。"河源,黄河源头。⑦ 根本烦恼:佛家语,谓贪、嗔、痴、慢、疑、恶见六大烦恼,为一切烦恼生起之本,故名根本烦恼。 ⑧ 随烦恼:谓忿、覆、悭、嫉、恼、害、恨、谄、诳等二十种烦恼。因其随根本烦恼而生,故云。 ⑨ 五百年因果:第四出《禅请》中契玄禅师说他五百年前曾无意中将灯油倾入蚁穴,烫死了许多蚂蚁。达摩告诉他:它虫业将尽,五百年后,定有灵变。 ⑩ 妙法莲花经:又称《法华经》、《妙法华经》,佛家重要经书。是我国天台宗、日本莲宗主要经典。共八卷。有三种译本,通行为后秦鸠摩罗什译本。《观世音菩萨普门品》,是《妙法莲花经》第七卷。 ⑪ 无尽意:菩萨名,梵文阿差末底。 ⑫ 贪嗔痴:佛家称最能毒害人的三种烦恼,为三毒、三不善根。

⑬ 世界娑娑：即娑婆世界。娑婆，梵语音译，意为堪忍。又译忍土，指释迦牟尼进行教化的世界。　⑭ 天龙人等：佛教天神八部众，又称天龙八部。包括天众、龙众、夜叉、乾闼婆（香神或乐神）、阿修罗、迦楼罗（金翅鸟）、紧那罗（人非人，歌神）、摩睺罗伽（大蟒神）。　⑮ 四众：又称四部弟子，指比丘、比丘尼、优婆塞、优婆夷。　⑯ 道在蝼蚁：语出《庄子·知北游》："东郭子问于庄子曰：'所谓道，恶乎在？'庄子曰：'无所不在。'东郭子曰：'期而后可。'庄子曰：'在蝼蚁。'东郭子曰：'何其下耶？'曰：'在稊稗。'"　⑰"待把"二句：娑竭罗龙王女，年始八岁，深入禅定，了达诸法。尔时龙女有一宝珠价值三千大千世界，持以上佛。当时众会，皆见龙女变成男子，成等正觉。见《妙法莲花经·提婆达多品第十二》。　⑱ 无色天：佛教名词，又称四空天，指三界中的四种无色天：空无边处，识无边处，无所有处，非想非非想处。此天没有任何物质性东西（色），居于此也无有形体。这里实际指讲经道场。　⑲ 那（nuó）：同挪。　⑳ 宋玉旧东家：美女。战国楚宋玉《登徒子好色赋》中说"臣里之美者，莫若臣东家之子"。　㉑"做了"句：用旧题唐柳宗元《龙城录》所记隋开皇中赵师雄于罗浮山遇一满身芬芳之女，与之共饮而醉，醒来乃在大梅树下之典。　㉒ 是个：个个。不着科：不中式，不合要求。

《南柯记》是根据唐朝李公佐的传奇小说《南柯太守传》改编而成。故事叙述淮南裨将淳于棼因贪酒误事罢官家居，郁闷寡欢，一日去寺中听禅师讲经。适逢槐安国国母派遣侄女琼英来此为女儿瑶芳公主召选驸马。琼英相中淳于棼，归告国母。淳于棼酒后在庭院中的大槐树下入睡，梦见紫衣使者二人迎其至大槐安国，召为驸马，后又派往南柯郡任太守。经二十年，南柯郡大治。后檀萝国入侵，部将周弁失机，公主又病故。淳于棼被召还朝，为朝中右相所忌。国王听信右相段功的谗言，遣其还乡。梦醒之时，日未没，酒尚温。追忆梦境，掘开槐根，蚁穴历历如梦中之国。檀萝国即不远处一檀树，上附藤萝是也。在契玄禅师点悟下，淳于棼为作水陆道场超度其全部升天，自己则立地成佛。

汤显祖早年写的《紫箫记》（后改定为《紫钗记》）是爱情戏，万历二十六年（1598）辞官回家完成的《牡丹亭》更是一部热情、浪漫的爱情名作。时隔两年，他写出了这部《南柯记》，面目大变。不久之后写的《邯郸记》，与《南柯记》内容风格相近。可以看出，他的笔锋自《南柯记》始，由高扬人生转向对现实的批判。应该说，高扬人生与批判社会两方面本质上是一致的。只有热爱生活的人，才对社会中的黑暗嫉之如仇。汤显祖一生思想虽然有矛盾，主导方面始终是积极面向现实的，包括《南柯记》。但是这部作品遭到的误解不少，这与作者特殊的美学追求——诡奇，和相应的艺术创新有关。

贯穿全剧的情节是淳于棼梦中的经历和所处的社会。昏暗复杂、私欲横流的蚂蚁王国，实际上是明代现实社会的写照。主人公淳于棼依靠裙带关系地位起落变迁，也是当时官场所习见的现象。作品社会批判的锋芒是很明显的，艺术表现也以现实的描摹为基调。

但是汤显祖并不以对现实的写真为满足，他是一个学识富赡、才华横溢、非常富于创造性的作家，《牡丹亭》中的梦境、冥间、花神、起死回生等，已经显示了他丰富的想象力。此后他在艺术上更加求新求奇。《南柯记》中，他充分发掘了小说《南柯太守传》中的一些传奇因素，一是将“蚂蚁缘槐”情节化，成为“寓言剧”，以寄托“贵极禄位，权倾国都。达人视此，蚁聚何异”（李肇《南柯太守传赞》）的观念。二是“梦境”。“人生若梦”是中国文人由来已久的感叹，人而蚁，在情节上只有做梦才有可能。这两种艺术手法都比较习见。但是其三，戏曲情节中串联了大量佛理、佛事、佛经、佛法，这却是李公佐小说中没有提供的。这也是引起对作品评价争议的主要因由。一些人联系汤显祖深受紫柏禅师影响，有“向佛”倾向，从而认定《南柯记》基本上是一部宣扬“色空”观念和佛家出世思想的戏。是不是这样呢？

首先我以为作品的思想倾向主要不应从作品之外去推论，而要从作品中作具体分析。所以这里不妨先读一读第八出《情著》。此前的情节是槐安国的王后派琼英郡主、灵芝国嫂、上真仙姑到人间为女儿瑶芳公主选驸马。在第七出《偶见》中写到她们在禅智寺听说法时已经初次相见，留下印象。这次在甘露寺再次听契玄禅师说法，琼英等选中淳于棼为驸马，淳于棼则进一步受到女色诱惑，执著痴迷，契玄点化，他仍执迷不悟，因而有了以后的梦境。这是一出在佛寺里进行的禅意很浓的戏，可以由此观察作者是否意在谈禅。

本出开头是寺中首座弟子和契玄禅师在场上说禅机。禅家问禅“偈语”有所谓“机锋”，看来不着边际、似是而非，而实际意在言外，是考验答者的悟性的。“偈语”一般没有诗意。但这里契玄回答的大都是一些充满诗情画意的诗句。契玄就手中的拄杖、拂子和拈香、垂钓的行动念的诗，其实就是几首咏物诗。例如垂钓时的“手把金钩月一痕，乘槎独坐到河源。悠悠泛泛经千载，影落鱼龙不敢吞”，巧妙地把钓钩和月相比附。接着是二人问答如何是“空即是色”、“色即是空”、“非色非空”云云。契玄所答也是前人诗歌名句，当然也可以说巧妙地关合了禅机。中国古代诗歌在神韵中含蕴哲理，与禅理常不谋而合。如解释“色即是空”的“细雨湿衣看不见，闲花落地听无声”就出自唐人刘长卿。它捕捉了生活和大自然中的一些细节，形象、通俗地描绘了事物由可见到不可见的过程。汤显祖信手拈来，自然成章。但禅学“色即是空”并没有这样简单。汤显祖在这里用诗不仅不是为了说禅，反而是用文学冲淡了禅意。后来契玄答老僧问“三宝”云：“人间玉岭清霄月，天上银河白昼风。”“绿蓑衣下携诗卷，黄篾楼中挂酒篘。”“数茎白发坐浮世，一盏寒灯和故人。”这哪里是“佛、法、僧”？分明是中国文人隐士的生活情调。这难道就是汤显祖的“佛家思想”?

本出戏的主要情节是写淳于棼听禅,但却受到色的诱惑,也就是对“情”产生了执着——故名“情著”。

以下淳于棼上场与契玄禅师问答“烦恼因果”即【谒金门前】一曲是预言淳于棼遭遇。【谒金门后】是琼英等上场听契玄说法。一个明显的特点是将《妙法莲花经》经文编织成曲文。梁廷枏《曲话》盛赞此《南柯·情著》一折,称其“以《法华·普门》入曲,毫无勉强,毫无遗漏,可称杰构。”他所指主要是【梁州序】“人天金界”和“有如国土”两曲及相连属的宾白。有些是经文中原句,有些是概括和脱化经文而来。难得的是它们仍有曲味。这里试选录几条《法华经》经文:“世尊,观世音菩萨,以何因缘名观世音?”“佛告无尽意菩萨:‘善男子,若有无量百千万亿众生受诸苦恼,闻是观世音菩萨,一心称名,观世音菩萨即时观其音声,皆得解脱。’”“若有女人,设欲求男,礼拜观世音菩萨,便生福德智慧之男,设欲求女,便生端正有相之女。”“是观世音菩萨,成就如是功德,以种种形,游诸国土,度脱众生。”“是故汝等,应当一心供养观世音菩萨摩诃萨,于怖畏急难之中,能施无畏,是故娑婆世界,皆号之为施无畏者。”“……受其璎珞,分作二分,一分奉释迦牟尼佛,一分奉多宝佛塔。”

为节省篇幅,曲文这里就不引了,请读者自行对照,说明梁廷枏的话是不错的。但这是戏剧关目,并不说明汤显祖在这里宣讲佛经。

以下两【前腔】进一步将说法和中心情节水乳交融在一起,例如将《妙法莲花经·普门品》中无尽意菩萨献宝珠璎珞的事,和琼英等献金凤钗和通犀小盒关联,而这钗盒又与《长恨歌传》中的爱情信物相合,贴切自然。有些曲文写得非常好,如:“巧金钗对凤飞斜,赛暖金一枚犀盒。看他春生笑语,媚翦层波。把灵犀旧恨,小凤新愁,向无色天边惹。”不仅关合巧妙,而且很美。《南柯记》的语言风格虽然总体上明显向精练质朴方向转变,但像这样的曲文实接近文采斐然的《牡丹亭》,而明快过之。更主要的是,表面在敬佛,实际在谈情。是淳于棼在琼英引诱下逐步陷入情网。

从全出来看,作者对“佛法僧”的态度实在难称恭敬,甚至还带有某种戏谑意味。让情色诱惑在寺院进行,使之形成反差。把几个女人招婿的事放在寺院和说法同时,【尾声】让那些女人唱“这一座会经堂高过似彩楼多”,把“经堂”和抛球招婿的“彩楼”相比较。他还将本为招婿用的金钗钿盒当作供佛的物品,和无尽意菩萨的宝珠璎珞相提并论,也就是将供佛和情色连带到了一起。在第七出中,他甚至让几个女人在禅寺里说什么“月信来了”,更是不恭之至。这一切使庄严的佛寺和佛事都显得可笑了。他让契玄说出“祝皇王之万岁，愿太子之千秋”，可说是一种调侃，绝不是汤显祖的本意。契玄引庄子“道在蝼蚁”的话，顺手牵来的引经据典更让人莞尔。讥讽的效果当然加深了对追逐尘世享乐者的批判，佛家的庄严也受到嘲弄。

应该怎样解释这种现象呢？我以为人们过去强调了汤显祖受佛家思想影响的一面。当然汤显祖对佛家某些理念特别是哲理是理解和部分接受的，他和达观和尚个人的友谊也是真诚的。但这并不等于他就全盘接受了佛教教义。为什么他一生没有成为一个真正虔诚的佛门弟子，且始终和佛门保持着一定距离？这一现象不难解释：佛教在解决社会矛盾方面并未表现出什么力量，始终关心社会现实和人生的汤显祖对之不能不有一定程度的保留。特别是当时佛教界还存在许多腐朽现象，汤显祖是深为不满的，这一点在诗文中没有充分的表达，但在戏剧中——毕竟是“戏”嘛——就比较明显地表露出来了。

那为什么全剧又笼罩着佛教气息，有多出戏就是在佛寺进行呢？特别是本出，有许多说法的内容，甚至佛经经文，可以从中看出汤显祖对佛家思想和佛教教理、教义等知识非常丰富。在本剧中运用它们，可以加深对汲汲于功名利禄者的批判，这是汤显祖在美学上追求“诡异”、“怪奇”采取的一种新的表达方式。只是运用得还不成熟，而到《邯郸记》中就相当自如，取得了很大的成功。

清张玉穀有一首《满江红·题南柯记传奇》：“七尺昂藏，问何事，甘侪蝼蚁？也只为、俗肠难浣，梦中迷矣。翠馆宠昭公主尚，黄堂绩报君王喜。听讴歌、四境协民情，荣无比。　生死别，炎凉异。方出梦，犹余醉。开槐阴午转，可过廊际。尘世惯装东郭态，解人偶著《南柯记》。请看官、掩卷自思量，醒还未？”这首词对《南柯记》的主旨阐述值得注意：它只从蝼蚁、从梦着眼，根本不提，也就是不认为作品中表达了作者对佛家的态度。　（姚品文）

南　柯　记　　汤显祖

第二十九出　围　　释

【金钱花】（贼太子引众行上）俺们太子是檀萝，檀萝。日夜寻思要老婆，老婆。瑶台城子里有一个，咱编桥渡过小银河。要抢也波，抢得么？赤剥剥的笑呵呵。

好了，好了，围了瑶台城。你看城子，高接广寒，明如阆苑[1]，便待一鼓破了瑶台，何难之有？又怕惊了公主，不成其事。昨日打了战书入城,他那里敢回话?想只等驸马来救。我别遣一支兵马,攻取堑江城,直逼南柯,看那驸马怎生来得。公主,公主,眼见的到手也。今日故意再把城子紧围,他问时,叫公主亲自上城打话,待小子饱瞧一会。众把都[2],紧围,紧围。(内鼓噪介)紧围了。(内使女官忙泣上)哎哟!檀萝兵紧上来了,眼见的无活的也。快请公主升帐。(旦引队子上)天呵,天呵,怎了也?瑶台试一临。贼子逼城阴。胆破青鸾色[3],情伤驸马心。女墙边月近,孤枕阵云深。怎得南柯去,高楼横笛音?(内鼓介)(旦、众哭介)如何是好?

【南吕一枝花】冷落凤箫楼,吹彻胡笳塞。是甚男心多,偏算计这女乔才[4]。避暑迎凉,甚月殿清虚界?倒惹他西施兵火到苏台[5]。遭劳扰两月幽闲,养病患又一天惊骇。

(内鼓介)(旦)天,天,天,怎生来?这瑶台城内,钱粮不多,贼子因何图此?昨日打下战书,思量起来,男女不交手,怎生轻敌而战?专等驸马到来。如今着人问他,或是要些小财物,舍些他去,免得搅扰一番。叫通事问他[6],此来主何意思?(内问介)(太应介)要问俺起兵主意,请公主自来打话。(通回禀介)他要请公主打话。(旦叹介)我乃一国之贵主,这些毛贼,怎敢对话?(通回太介)公主乃一国之贵主,怎与你们打话?(太)俺非以下将佐,乃是本国四太子,叫你公主,就是姐姐一般,请来打话。(通回旦介)他说是本国四太子,叫公主就是姐姐一般,可以打话。(旦)这等,只得扶病而去,倘然三两句言词,退了他兵,也未可知。(众)贼意难知,公主须得戎装,城楼一望。(旦)然也。(旦换戎装弓箭介)

【梁州第七】怎便把颤嵬嵬兜鍪平戴[7]?且先脱下这软设设的绣袜弓鞋,小靴尖忒逼的金莲窄。把盔缨一拍,臂鞲双抬[8]。宫罗细揣,这绣甲松裁。明晃晃护心镜月偃分排,齐臻臻茜血裙风影吹开。少不得女天魔排阵势[9],撒连连金锁枪槅。女由基扣雕弓[10],厮琅琅金泥箭袋。女孙膑施号令,明朗朗的金字旗牌。(众喝采介)(旦)奇哉!你待喝采。小宫腰控着狮蛮带[11],粉将军把旗势摆。你看我一朵红云上将台,他望眼孩哈。(内鼓噪)

(旦惊介)来的好不怔忡也!权请他太子打话。(太笑介)妙也,妙也，真乃是月殿姮娥，云端里观世音。姐姐请了。(旦)太子请了。太子，君处江北，妾处江南，风马牛不相及也[12]，不意太子之涉吾境也，何故？(太)公主，你把我的主意，猜一猜来。

【牧羊关】(旦)看他蚁阵纷然摆，风雹乱下筛，他待碗儿般打破这瑶台。我好看不上他嘴脚儿，赤体精骸。小心肠心肠儿多大，则不过领些须鱼肉块，觅些小米头柴。怎做作过水兴营砦？太子，你敢拚残生来触槐[13]？

(通)四太子，我公主说，你止要些米头鱼骨，犒赏你些去便了。(太笑介)小子非为哺啜而来，好不欺负人也！只擂鼓紧围罢了。(旦)通事，你说与他：

【四块玉】逐些儿打话来，则把你虚脾卖。敢要生口？(太)不要。(旦)要些金银？(太)不要。(旦)为甚么钱粮生口都不在怀？(太)你不知，俺那国里，少些女人，故此而来。(旦)原来女人国不近你那檀萝界。(太)不是以次女人，近来小子亲自断了弦。(旦)咳，则道少甚么粉丕丕女将材，原来要帽光光你个令四太。(内鼓噪介)(太)快回将话来，俺要媳妇儿紧。(旦)奇哉，这贼忒急色。

(旦)说与他，待我奏知国王，选个女儿送他，着他休了兵去。(太)吾乃太子，要与国王为女婿哩。(旦)他是不知，

【骂玉郎】说知他我国王位下无了尊爱。(太)公主是他尊爱。(旦)禁声，早有了驸马养下了婴孩。(太)公主还嫩嫩的。(旦)便做你看不出也三十外。(太)驸马在那里？(旦)去南柯选将材。来来来，那时节替你担利害。

(太)管驸马来不来，公主会了俺的人，插了俺的花，难道不容我做夫妻一夜儿？

【哭皇天】(旦)呀，呀，呀，这风魔也似九伯[14]，使村沙恶茶白赖。宫娥，问他：那里会他的人？插了他的花？(太)前日宝檀丝、翠翦罗，都是俺送你公主插戴的，你接下了约我来。(旦恼介)哎哟，原来到为此贼所算了。宫娥，快取花来碎了，撒下城去。(旦碎花介)哎，原来土查儿生扭做檀郎卖，女丝萝到被你臭缠歪，小觑我玉叶金枝胡揣。(掷花着太)(恼介)你、俺一般金枝玉叶，作践我的花，气死俺也！

一枝冷箭,去吓死花娘。(射介)公主看箭!(箭响介)(旦作袖闪半跌介)哎也,扑琅生射中了八宝攒盔金凤钗,险些儿翎拴了凤髻,钩挂住莲腮。(内鼓响介)(太慌问虚下介)

(内呼)驸马兵到。(卒报旦介)贼兵纷纷解散,鼓声振天,驸马救兵到也。(旦喜介)

【赚尾】纷纷蚁队重围解,冉冉尘飞杀气开。驸马征西大元帅,马践征埃,花攒战铠。我呵,城台上助鼓三鼙与他大喝采。(下)

(生领众上)将军不战他人地,杀伐虚悲公主亲。(太子众上介)(生)檀萝小贼,何不蚤降?(太)俺乃檀萝四太子,才与公主打话片时,你便吃醋怎的?(战介)(生问介)他是蚁阵,我三军飞舞作老鹳阵,方可破他。(再战)(太败走介)(旦、众上)谢天谢地!驸马得胜而回,众三军,开城迎接。(见介)(生)好不吓杀我也!(旦)真个吓死人也!

【乌夜啼】奴本是怯生生病容娇态,蚤战兢兢破胆惊骸。怎虞姬独困在楚心垓,为莺莺把定了河桥外。射中金钗,吓破莲腮。咱瞭高台是做望夫台,他连环砦打烟花砦。争些儿一时半刻,五裂三开。

(生)三军城外犒赏。酒来,与公主压惊。(旦)瑶台新破,不可久居,星夜起程,往南柯郡去。

【尾煞】卧番羊拜告了辕门宰,听金鼓喧传拜将台,抵多少笙歌接至珠帘外。不是你亲身自来,红云阵摆,险些儿把这座小瑶台做乐昌家镜儿摔[15]。

脚揣鸳鸯阵,头顶凤凰盔。
马敲金镫响,人唱凯歌回。

〔注〕 ①"高接"二句:广寒,广寒宫,月宫的别称。阆苑,传说中的仙苑。 ②把都:即把都儿,原为蒙古语勇士的音译,在戏曲作品中士兵常称作"把都"。 ③青鸾色:指脸色。青鸾,青鸾镜。女子常照镜,故用来代指瑶芳公主的脸色,以与下句"驸马"对偶。 ④乔才:本意为恶人,这里是因气愤而自指。 ⑤"西施"句:这里瑶芳用春秋时吴越因西施引起战争,比喻现在因自己引起战争。苏台,姑苏台,当年吴王因迎接西施而建。 ⑥通事:翻译人员。⑦兜鍪:金属头盔。 ⑧臂鞲(gōu):又称臂衣、捍衣,类似今之袖套。 ⑨天魔:佛经中释迦佛出世魔王名,即他化自在天之魔王。但此处为神通广大的魔王通称。 ⑩由基:即养由

基,古代善射者。见《左传·成公十六年》。 ⑪ 狮蛮带:有狮子蛮王图样的腰带。 ⑫“君处”三句:《左传·僖公四年》:“齐侯以诸侯之师侵蔡,蔡溃,遂伐楚,楚子使与师言曰:‘君处北海,寡人处南海,唯是风马牛不相及也。’”风,放逸、走失,或谓兽雌雄相诱。此处戏仿楚成王之语。 ⑬ 触槐:春秋时晋灵公厌恶赵宣子,使鉏麑刺杀他。鉏麑晨往,见寝门已辟,赵宣子盛服将朝,因时候尚早,坐而假寐。鉏麑叹曰:“不忘恭敬,民之主也,贼民之主,不忠,弃君之命,不信,有一于此,不如死也。”遂触槐而死。剧用此典,只是因其与槐有关。 ⑭ 九伯:亦作九百、九陌,宋元明时期讥人痴癫呆傻的用语。宋陈师道《后山诗话》:“世以痴为九百,谓其精神不足也。” ⑮ 乐昌:南朝陈乐昌公主。驸马徐德言预知陈朝将亡,觉公主有可能为人在乱中掳去,遂将一面镜子分成两半,两人各执一半,以备将来重逢时凭镜相认。

《围释》是《南柯记》里很重要的一出戏。

首先从传奇这种体制说,这是一出以瑶芳公主为主角的旦角戏。在昆剧里,正旦是与正生同等重要的脚色,传奇剧本是要根据这一特点写作的,在戏份的分配上不能过于畸轻畸重,以致不能展现昆剧表演体制的特点,给人以失衡之感。但是不同的创作意图和相应的不同剧情又往往不能不使二者有所侧重。《牡丹亭》是以正旦扮演的杜丽娘为主的,柳梦梅的戏就略轻一些。《南柯记》不是爱情戏,它主要表达作者政治观念和对社会人生的哲理思考,主要人物是淳于棼,情节以他在官场上的作为和遭遇为主,正旦扮演的女主角瑶芳公主的戏不多,瑶芳公主的性格就很难得到深入刻画。本剧前半部基本没有以瑶芳公主为主要角色的戏,到了后半,作者要对此予以弥补。

其次从内容方面说,由于淳于棼官场得意靠的是裙带关系,他失势走下坡路,最后被一脚踢出槐安国,原因在于瑶芳死了,他失去了靠山。要完成批判现实的主题,作者必须加强瑶芳公主的戏,突出瑶芳公主在淳于棼生活道路上的影响。

以上是从作者的创作意图方面说的。从艺术表现看,《围释》与剧中的其他出比较,具有很不相同的特色。《南柯记》重在理念,又采取寓言形式,有些远离生活,作者也不太重视人的普通情感世界的展示和性格刻画,对生活的描摹也很少采用现实主义手法。结果不是每出戏都适宜演出和能够感动观众,但是这一出却很适宜演出,它在昆曲中已成为保留剧目,题名《瑶台》,说明它演出时曾经受到广大观众欢迎。原因何在呢?一是它的情节的传奇性和通俗色彩:一位已经出嫁的美丽公主住在城里,一个王子要来抢她做夫人。这故事很适合普通大众的口味,容易调动起他们的审美兴趣。其次是人物性格非常鲜活,使他们之间的冲突很有趣味性。下面我们主要从这个角度来欣赏这出戏。

在本出之前,淳于棼已到南柯郡多年,地方得到治理,家庭生活也很幸福,可以说他的仕途正处于鼎盛期。

瑶芳公主健康欠佳，此时正住在专为她建筑的“瑶台”城里避暑养病。瑶台附近有一檀萝国的四太子妻子死了，要来抢瑶芳做续弦。此时淳于棼则远在南柯郡，瑶芳只得自己面对这一侵扰。戏剧性和人物性格主要从瑶芳与檀萝四太子的对峙中产生，十分鲜明。

四太子和贼众上场，一开始就气势汹汹紧紧地包围了城子。四太子叫公主“亲自上城打话，待小子饱瞧一会”，极俗的【金钱花】一曲，刻画了四太子的恶俗和狂妄。

面对这样的敌人，瑶芳如何应对？这造成一个悬念。从瑶芳一开始的慌乱、勉强周旋到后来被迫应战，作者写得很有层次，非常真实。

在此前的《闺警》一出里曾经写到，城里是有过备战的。不过那一群婆婆姨姨姥姥大姐们只不过在闹着玩儿，事到临头，从瑶芳到宫女一片慌乱。有哭的，有叫的，公主本人也只能喊天：“天呵，天呵，怎了也？”完全没有了主意，只希望有人到南柯去向丈夫报急。这才是真实的瑶芳，因为她不仅是女流，而且完全不懂打仗。如果作者写她机智勇敢，沉着应战，那就虚假了。但作者不是简单地写她慌乱害怕，而是深入到她的内心。【南吕一枝花】先写她的茫然。她完全想不出敌人此来的动机：“冷落”的“凤箫楼”，怎么会“吹彻”了塞上的“胡笳”呢？是什么男人出于什么目的，要来算计我这个没用的女人（女乔才）呢？我住在这月宫般清冷虚空的城堡，怎么会像西施一样惹出吴越战争呢？由疑问才到怨恨：我劳碌了多年，好不容易才得了两个月的幽闲，养病中却又受到这样大的惊骇。我的命怎么这样不济呀？但现在不是发感叹的时候，得赶快想对付的办法。所以马上转到能不能打，怎样打。“男女不交手”，并且不能“轻敌而战”，要用缓兵之计。如果是要财物，可以先满足他的要求，等待驸马到来。但是对方不答应，一定要当面和她对话。她虽然一百个不愿意，但此时不得不委曲求全出面答话，力求一切得到和平解决。

这样的心理过程是很真实的。一个人在遇到意外的灾祸时，一定是先想到是怎么回事，然后才联系自己的感受，最后落实到怎么办。

下面对瑶芳出来之前戎装打扮一段进行铺叙。这不是闲笔。一来是剧情需要，她要武装结束，显得有备而来，不能在敌人面前示弱；二来也是在观众面前的亮相。她头戴兜鍪，脚蹬战靴，把盔缨一拍，臂鞲双抬，将原来的宫装揣在里面，披上锦绣铠甲，威风凛凛。站在她两边的是一群也穿上了战袍的女兵，上面是一排护心镜在闪闪发光，下面是一溜茜红石榴裙在风中摇摆。她们衬托着主帅的英武:“女由基扣雕弓,厮琅琅金泥箭袋。女孙膑施号令,明朗朗的金字旗牌。……小宫腰控着狮蛮带,粉将军把旗势摆。你看我一朵红云上将台。”

这一曲【梁州第七】对一个英姿飒爽,红妆而兼武装的美丽女子进行的出色的描写,在戏曲作品中可称绝唱。

下面瑶芳和四太子的正面对话并没有开门见山,而是曲折迂回,又步步为营的。公主先问是不是要些“米头鱼骨”(作者不时点出这是蚂蚁,略带调侃)、“钱粮牲口 ”之类,对方否定,从要女人,要续弦,要公主,逼出最后目的:要瑶芳本人。其实瑶芳已经逐渐知道了对方的真实意图,但她是不能主动说出来的——这不合她的身份,也不策略。而四太子也不一言说破,故意卖关子,是在调戏瑶芳。这里便产生戏剧性吸引观众:看他俩怎样斗法。在这一对话过程中展现的人物性格也是丰富的:四太子凭着实力优势而轻松调侃,表现出他的轻薄无赖。瑶芳内心很瞧不起并且嫌恶对方,但又因处于弱势不得不勉强有礼貌地与他周旋。她有算计,也不乏勇敢。她毕竟是三十多岁的成熟女人而不是二八年华毫无生活经验的稚嫩少女。不是她这样拖延了时间,怎么等得到丈夫援兵的到来呢?

【哭皇天】一曲写公主终于被激怒。这种愤怒源于她对丈夫的神圣感情被亵渎,也是突然知道自己受了欺骗做错了事——误买了他的花,因而羞愤难当。这时她被压抑着的怒气终于爆发,把原来买的花扯碎抛下。这也激怒了对方,于是原来表面上还算客气的四太子露出了凶恶面目,轻松的气氛一下变得紧张,使戏剧呈现高潮。四太子射出了第一箭,射中了瑶芳的头发,力量的悬殊使瑶芳的安全危在顷刻,戏剧氛围达到白热化;观众提心在口,恐惧、担忧、悬疑、期望等心理活动急剧交集,美学享受从中得到了极大的满足。

下面便是矛盾解决,否极泰来。表现战斗场面不是本出戏的目的,所以这一段写得比较简单。小小的檀萝国军队自然不是淳于棼的对手,但四太子败北在即,还在耍贫嘴:“才与公主打话片时,你便吃醋怎的?”显见作者处处不忘以刻画人物为宗旨,并赋予戏剧以喜剧色彩。

【乌夜啼】和【尾煞】二曲写战斗结束,丈夫立即安慰受惊的妻子;公主惊魂初定,自然也要向丈夫诉说刚才的遭遇和自己的心情。回忆当时情况如何危急:“射中金钗,吓破莲腮。”自己是如何盼望丈夫快来:“咱瞭高台是做望夫台。”听到丈夫到来时的欣喜:“卧番羊拜告了辕门宰,听金鼓喧传拜将台,抵多少笙歌接至珠帘外。”现在危险刚刚过去,还有后怕:“不是你亲身自来,红云阵摆,险些儿把这座小瑶台作乐昌家镜儿摔。”每句话都充满了对丈夫的感激。

通过这场战争，夫妻二人的关系和情感又深了一层，淳于棼对槐安国的贡献和功劳又高了许多。但这些都是为了写随着公主的去世，一切都化为乌有。

本文开头我们说到这一出戏的特点和成就主要是人物性格刻画的鲜活，女主人公性格的底蕴则是对丈夫的恩爱和忠实。后来《召还》一出写瑶芳临终前担心自己不在以后丈夫的命运，她叮嘱道："淳于郎，你回朝去不比以前了，看人情自懂，俺死后凡百尊重。心疼痛，只愿的凤楼人永。"也表现出她深谙人情世故，对丈夫怀有一片深情。这种人情味，才是本剧感人的根本原因。 （姚品文）

南 柯 记 汤显祖

第三十九出 象 谴

【菊花新】(右相上)玉阶秋影曙光迟，露冷青槐荫御扉。低首整朝衣，咽不断铜龙漏水[①]。

我右相段功，同心共政，与我王立下这大槐安国土，正好规模。不料俺王招请扬州酒汉淳于棼为驸马，久任南柯，威名颇盛，下官每有树大根摇之虑。且喜公主亡化，钦取回朝，却又尊居左相，位在吾上。国母以爱婿之故，时时召入宫闱，但有请求，无不如意，这也不在话下。兼以南柯丰富，二十年间，但是王亲贵戚，无不赂遗，因此昨日回朝之后，势要勋戚都与交欢，其势如炎，其门如市。勋戚到也罢了，还有那琼英郡主、灵芝夫人，连那上真仙姑，都轮流设宴，男女混淆，昼夜无度。果然感动上天，客星犯于牛女虚危之次[②]，待要奏知此事，又恐疏不间亲。打听的昨日国中，有人上书，倘然吾王问及，不免相机而言。老天，非是俺段功妒心，此乃社稷之忧也。吾王驾来，朝班伺候。

【前腔】(扮内臣传呼拥王上)根蟠国土势崔嵬，朝罢千官满路归。一事俺心疑，甚槐安感动的白榆星气[③]？

(右相参介)右相武成侯段功叩头，千岁千岁。(王)右相平身。卿可闻的国中有人上书否？(右)不知。(王)书上说的凶，他说：玄象谪见[④]，国有大恐，都邑迁徙，宗庙崩坏。他说玄象，是何星象也？(右)正要奏知。有太史令奏，客星犯于牛女虚危之次。(王)那书中后面，又说：衅起他族，事在萧墙[⑤]。好令俺疑惑。(右)是这国中，别无他族了；便是他族，亦不近于萧墙。大王试思之。

(王)别无人了,则淳于驸马,非我族类。(右)臣不敢言。(王)将有国家大变,右相岂得无言。(右)启奏俺王:

【琐窗郎】客星占牛女虚危,正值乘槎客子归。虚危主都邑宗庙之事,牛女值公主驸马之星[6]。近来驸马贵盛无比,他雄藩久镇,把中朝馈遗。豪门贵党,日夜游戏。(王)一至于此?(右)还有不可言之处,把皇亲闺门无忌。(合)感天知,萧墙衅起再有谁?(泪介)可怜故国迁移。

(王恼介)淳于棼自罢郡还朝,出入无度,宾从交游,威福日盛,寡人意已疑惮之。今如右相所言,乱法如此,可恶!可恶!

【前腔】他平常僭侈堪疑,不道他宣淫任所为。怪的穿朝度阙,出入无时。中宫宠婿,所言如意,把威福移山转势。罢了!非俺族类,其心必异。(泪介)(合前)

(右跪介)臣谨奏:语云:当断不断,反受其乱[7]。驸马事已至此,千岁作何处分?(王)听旨:

【意不尽】且夺了淳于棼侍卫,禁随朝只许他居私第。(右)依臣愚意,遣他还乡为是。(王)不消再说,少不的唤醒他痴迷还故里。(王下)

(右叹介)可矣,可矣。虽则淳于禁锢,奈国土有危。正是:

上天如圆盖,下地似棋局[8]。

淳于梦中人,安知荣与辱。

〔注〕 ① 铜龙漏水:古代计时器,又名铜壶滴漏。有金龙口吐水,因名。 ②“客星”句:晋张华《博物志》载,天河与海通,有人乘槎浮海,至天界,遥望宫中多织妇,见一丈夫牵牛渚次饮之。问此系何处,答云:君还至蜀郡问严君平。客返而问严君平,答云:某月某日,有客星犯牵牛宿。牛女虚危:二十八宿中的四星官名。 ③ 白榆星气:指星象变化。白榆,指星。汉乐府《陇西行》:“天上何所有?历历种白榆。” ④ 玄象谪见:即天象变化。 ⑤ 事在萧墙:事变起于内部、亲近者之中。《论语·季氏》:“吾恐季孙之忧,不在颛臾,而在萧墙之内也。”注:“萧之言肃也。墙之言屏也。君臣相见之礼,至屏而家肃静焉,是以谓之萧墙。” ⑥“虚危”二句:古代星象学认为天上星斗与人事相关。《史记·天官书》:“危为盖屋,虚为哭泣之事。”张守节正义:“虚主死丧哭泣事,又为邑居庙堂祭祀祷祝之事。”“危为宗庙祀事。”牛女值公主驸马之星,当是据民间传说牛郎织女故事。故事说织女是天帝之女,应为附会。 ⑦“当断”二句:《史记·齐悼惠王世家》:“道家之言‘当断不断,反受其乱’,乃是也。” ⑧“上天”二句:《晋书·天文志》:“天圆如张盖,地方如棋局。”

《南柯记》通过淳于棼梦中在大槐安国的宦海浮沉,表达人生如梦的观念,但它的底蕴实际是对社会特别是官场黑暗现象的不满,因此剧中包含了批判现实的因素。但又因为受佛家思想的影响,在某些方面有些抵消。从理念出发的艺术构思,使得揭露和批判不够有力,感染力不强,有时还显得混乱。比较起来,《象谴》批判意识是比较明显,笔力是较为集中的。

《南柯记》对社会现实的认识和批判当然包括了他自己的许多经历和人生体验。《象谴》写淳于棼从南柯郡回朝以后升任左相,势焰熏天。大槐安国的右相感到地位受到威胁,于是借天象异常向国王进谗,国王终于决定将他遣送回乡。

汉代儒学中出现董仲舒的天人感应之说,认为帝王的行为都有天象征应,有的示祥瑞,有的示警惩。所以后来的皇帝常有因异常天象出现而下诏求言的,大臣也常有将天象变化作为向皇帝进谏由头的。进谏者有各自的目的,有的出于为国为君,有的则心怀叵测,借天象以达到不可告人的目的,成为政坛内部倾轧的某种策略。汤显祖有过与此有关的一段经历,并成为他一生的重要转折点:万历十九年(1591)三月二十日,彗星出现在西北天际,万历帝朱翊钧接连颁下两道旨意,说"天星垂示,群奸不道",要求群臣尽言"斥奸去逆"。汤显祖以满腔的政治热情写了一道《论辅臣科臣疏》上奏朝廷,结果得罪了首辅申时行,把他贬官到徐闻。

他写的这一出戏当然并不是他个人经历的记录,更不可能是以戏里的右相段功自比。淳于棼尽管生活有些腐化,但并没有威胁朝廷的野心和行动。段功以天象出现"客星犯虚危牛女",向国王进谗,是从一己私利出发,用心是卑劣的,当然也有冠冕堂皇的理由:"淳于棼自罢郡还朝,出入无度,宾从交游,威福日盛。"再加上玄象之异。应该说任何时代,利用天象进谏都只是一种口实,言者、听者都有自己固有的立场和用心。淳于棼被排挤是有必然性的:本来就"非我族类",公主又死了,和王室已经没有了实际的联系。我们看此时的国王对淳于棼的态度和迎接淳于棼来时已经大不相同,毫无情义可言。随着公主的去世,过去的汗马功劳早已失去它的光彩。所以国王和段功一拍即合。这一场戏写朝廷内部斗争可以说是很真实的,且没有其他许多出戏中的调侃意味。作者完全是写的人间世,态度也是严肃认真的。

作者自己在《南柯梦记题词》中说过这样的话:"客曰:'人则情耳,玄象何得为彼示儆?'此殆不然。凡所书浸象,不应人国者,世儒均疑之,不知其亦为诸虫等国也。盖知因天立地,非偶然者。"这是离开了作品所发的议论,倒是不必太认真的。

(姚品文)

紫　钗　记　　汤显祖

第六出　堕 钗 灯 影

【凤凰阁引】(生)绛台春夜[1],冉冉素娥欲下[2]。香街罗绮映韶华,月浸严城如昼。(韦、崔)钿车罗帕相逢处,自有暗尘随马。

(生)笙歌世界酒楼台,鸡踏莲花万树开[3],谁家见月能端坐,何处闻灯不看来?二兄,昨夜鲍四娘教咱今夜花灯,觑着那人来也。咱于万烛光中,千花艳里,将笑语遥分,衣香暗认,不枉今年玩灯。道犹未了,远远望见王孙仕女看灯来也。别有千金笑,来映九枝前[4]。(下)(王孙仕女笑上)

【园林好】谢皇恩灯华月华,谢天恩春华岁华。遍写着国泰民安天下,遨头去唱声哗[5]。(下)

【前腔】(老旦引旦、浣上)好灯也!说灯花南天门最佳,香车隘挑笼绛纱。喝道转身停马[6],尘影里看谁家。

呀,那里黄衫大汉,一匹白马来也。(下)(豪士黄衫拥胡奴二三人走马上)

【前腔】本山东向长安作傻家[7],趁灯宵遨游狭邪。听街鼓儿几更初打。(内笑云)前面好汉,是甚姓名?人高马大,遮了俺们看灯路儿也。(豪笑介)问俺名姓,黄衫豪客是也。说遮了路呵,胡雏们去了也,灯影里一鞭斜。(下)

【前腔】(生、韦、崔上)逞风光看人儿那些,并香肩低回着笑歌。天街甃琉璃光射,等的个蓬阆苑放星槎[8]。(望科介)(虚下)

(老旦、浣同旦上)好耍歇也。

【前腔】绛楼高流云弄霞,光滟潋珠帘翠瓦,小立向回廊月下,闲嗅着小梅花。(生、韦、崔上)(旦、众惊下)(落一钗科)

(生)呀,二兄,胜业坊来的可是那人[9]?真奇艳也!兀的不是梅梢上挂钗,厮琅的坠地也。

【江儿水】则道是淡黄昏素影斜,原来是燕参差簪挂在梅梢月。眼看见那人儿这搭游还歇,把纱灯半倚笼还揭,红妆掩映前还怯。(合)手捻玉梅低说,偏咱相逢,是这上元时节[10]。

(浣挑灯笼照旦上)呀,老夫人归去,咱去寻钗来也。(韦)那人来寻钗也,俺二人前门看灯去,兄可与之小立片言,看是那人否。(生)请了。(韦、崔下)(旦寻钗科)不见钗,这不做美的梅梢也!

【前腔】止不过红围拥,翠阵遮,偏这瘦梅梢把咱相拦拽。(作避生介)喜回廊转月阴相借,怕长廊转烛光相射。(生做见科)(旦)怪檀郎转眼偷相撇[11]。(生笑介)吊下钗哩!(旦)可是这生拾在?(合前)

【玉交枝】(生)是何衙舍?美娇娃走得吱嗻[12]。(浣)是霍王小姐。(生)奇哉!奇哉!就是小玉姐么?(浣)便是。(生)小生慕之久矣,因何独行到此?(浣)来寻坠钗。(生)你步香街不怕金莲趄[13],总为这玉钗飞折。(浣)秀才,可见钗来?(生)钗到有,请与小玉姐相叫一声。(旦低声云)浣纱,这怎生使得!且问秀才何处?(生)陇西李益,表字君虞,排号十郎,应试来此。(旦作打觑低鬟微笑介)鲍四娘处闻李生诗名,咱终日吟想,乃今见面不如闻名,才子岂能无貌。(生作听径前相揖科)呀,今小姐怜才,鄙人重貌,两好相映,何幸今宵。(旦作羞避介)钗喜落此生手也。钗,你插新妆宝镜中燕尾斜,到檀郎香袖口是这梅梢惹。浣纱,叫秀才还咱钗也。(合)怕灯前孤单这些,怕灯前孤单了那些。

(生)请问小玉姐侍者[14],咱李十郎孤生二十年余,未曾婚聘,自分平生不见此香奁物矣,何幸遇仙月下,拾翠花前。梅者媒也,燕者于飞也[15],便当宝此飞琼[16],用为媒采,尊见何如?(浣恼介)书生无礼,见景生情,我待骂你呵!(旦)劣丫头是怎的来?

【前腔】花灯磨折,为书生言长意赊。秀才,咱钗直千金也。(生)此会千金也。(旦背笑介)道千金一笑相逢夜,似遇蓝桥那般欢惬[17]。还俺钗来。(生)选个良媒送上。玉花钗,他丢下声长短嗟,玉梅梢咱赚着影高低说。(合前)

(浣)夫人候久,咱们家去也。

【川拨棹】箫声咽,和催归玉漏彻。(旦)为多才情性骄奢,为多才情性骄奢,没些时月痕儿早斜。浣纱,叫秀才还咱钗来。(作斜拜生科)(合)乍相逢归去也。

【前腔】(生揖科)花灯夜，有天缘逢月姐。(浣)秀才，你把个香闺女觑得眼乜斜，你把个香闺女觑得眼乜斜，留了咱燕钗儿贪他那些？(合前)

【尾声】(生)玉天仙罩住得梅梢月，春消息漏泄在花灯节。(旦作低声回唱)明朝记取休向人边说。(旦、浣下)

(生吊场)奇哉！奇哉！李十郎今夜遇仙也。

【玉楼春】婵娟此会真奇绝，睡眼重惺春思彻。他归时遥映烛花红，咱待放马蹄清夜月。

哎！鸾影催归，燕钗留在，教小生怎生回去也！

【玉楼春后】(崔上)天街一夜笙歌咽，堕珥遗簪幽恨结[18]。(韦上)那两人灯下立多时，细语梅花落香雪。

十郎，可是那人？(生)真异人也。

【六犯清音】他飞琼伴侣[19]，上元班辈[20]，回廊月射幽晖。千金一刻，天教钗挂寒枝。咱拾翠，他含羞，启盈盈笑语微。娇波送，翠眉低，就中怜取，则俺两心知。(韦、崔)少甚么纱笼映月歌浓李，偏似他翠袖迎风糁落梅[21]。(生)恨的是花灯断续，恨的是人影参差。恨不得香街缩紧，恨不得玉漏敲迟。把坠钗与下为盟记。(合)梦初回，笙歌影里，人向月中归。

(崔)既此女子于兄分上非浅，不可负也。

【尾声】玉天仙去也春光碎。这一双情眼呵，怎禁得许多胡觑。(生)咱半生心事全在赏灯时。(生下)

(崔、韦吊场)你看李生一见娇姿，风魔而去，我们学老成些。闻得崇敬寺烧千佛灯，且去随喜一会[22]。

帝里风光醉梦间，挤他年少遇仙还。

只应不尽孤眠意，犹向空门弄影看。

〔注〕 ① 绛台：烛台。 ② 素娥：嫦娥。 ③ 鸡踏莲花：一种灯彩。 ④ 九枝：灯的支架，作枝形。 ⑤ 遨头：太守的别称。《成都记》："太守出游，士女则于木床观之，谓之遨床，故太守为遨头。" ⑥ 喝道：旧日官员出行，前面开路者大声呵止行人躲避，称呵道。 ⑦ 傻家：疑即洒家。 ⑧ 蓬阆苑：蓬莱、阆苑，都是传说中仙人的住处。放星槎：用张骞乘槎至天河典故，这里用以形容灯市。 ⑨ 胜业坊：长安街坊名，霍小玉家住处。 ⑩ 上元：即元宵节。⑪ 檀郎：女子对所爱的男子的昵称。撇：同瞥。 ⑫ 吱嚏：很，厉害。这里指行走费力貌。

⑬ 金莲趄(xuè)：脚步歪斜不稳。金莲，古代对女子小脚的称呼。 ⑭ 侍者：身边、左右的人。这里是对丫鬟浣纱的尊称。 ⑮“燕者”句：《诗经·邶风·燕燕》：“燕燕于飞，差池其羽。”后常用以称说美好的婚姻。 ⑯ 飞琼：指钗。飞，因钗为燕形，故云；琼，美玉。 ⑰ 蓝桥：据《太平广记》引唐裴铏《传奇》：唐裴航过蓝桥驿，见路旁茅舍一老妪绩麻，航渴求浆，妪呼云英携一瓯来，航饮之，真玉液也。欲娶玉英为妻，妪谓需以玉杵为聘。航访得玉杵归，更为捣药百日，遂与云英结婚而成仙。 ⑱ 堕珥遗簪：典出《史记·滑稽列传》：“前有堕珥，后有遗簪。” ⑲ 飞琼：古仙女名。见旧题汉班固《汉武内传》。 ⑳ 上元：上元夫人，亦古仙女名。见同上。 ㉑ 糁(sǎn)：原是把米和在羹汤里。这里是飘洒、散落之意。 ㉒ 随喜：游谒寺院叫随喜，意谓随缘欢喜。

《紫钗记》是汤显祖《临川四梦》中最早的作品，作于他在南京任太常博士期间。十多年前，他写了《紫箫记》。他在《紫钗记题词》中说：“《记》初名《紫箫》，实未成，……南都多暇，更为删润，讫，名《紫钗》。”可见《紫箫》是未完成而又不成功的作品。《紫钗记》是在《紫箫记》的基础上写的，但它不仅是删润和完成了后者，而且实现了一个成功的飞跃。

《紫钗记》取材于唐蒋防传奇小说《霍小玉传》，但又有新的创造。故事叙述陇西才子李益在京城长安，欲觅佳人。而原霍王宠婢净持亦欲为女小玉求偶。由媒人鲍四娘从中撮合成婚。李益考中进士，当朝丞相卢杞之弟卢太尉恨李益不来参拜，有意报复，将他派到关西节度使刘公济部下为记室，出征河西。三年后，又将他调到孟门自己军中参军事，不许回家，并有意召他为婿。小玉失去李益消息，要出资请人打听，遂托人将自己插戴的紫玉钗卖掉。不意紫玉钗正为卢府所得。卢太尉借此散布小玉已改适他人和李益已再婚卢府的谣言以绝李益与小玉之念。豪士黄衫客闻知此事，颇为不平，遂以计使李益与小玉相见，二人得以团圆。

《堕钗灯影》为原剧第六出，别本又题作《堕钗》。写上元之夜，小玉一家到街市观灯，李益事先得知，也与朋友崔允明、韦夏卿来观灯，实则为观看小玉。小玉头上的紫玉燕钗不慎被梅树枝挂落，为李益拾得，在拾钗、寻钗之际，二人得以初通消息。从情节上说，本出实为全剧开端，因为二人婚姻虽由家长之命、媒妁之言促成，但汤显祖以写情为宗旨，尤其对霍小玉的情，写得非常浓烈。如果没有这一出，全剧就只写得一个太尉弄权的故事，不会那么深刻感人。

本出戏可以分为三个段落，也就是三个场面。第一个场面从开头到第五支【园林好】可名之为“看灯”。第二个场面从生及韦、崔再次上场到旦、浣下，包括【江儿水】到第一个【尾声】七支曲子。是本出戏的主要部分，可称之为“堕钗”。其余是第三个场面，有四支曲子，姑称之为“留连”。

先说第一个场面：看灯。除了所有本出应出场的人物都在这一场面出场以作交待之外，它的一个重要作用是黄衫客的亮相。黄衫客是个戏不多，但却十分重要的人物。前面大半部情节与他无关，而后面没有他，就没有团圆的结局。但是如果让他在结局时再出现，又过于突兀。所以汤显祖让他在戏的开头就出现一次，在第十出《借马》中可算不照面地出场一次。这就是古代文论家所说的前后照应的“草蛇灰线”法。清梁廷枏《曲话》把这一安排看作《紫钗》最成功之笔。他说：“《紫钗记》最得手处，在观灯时即出黄衫客，下文‘剑合’自不觉突。而‘借马’折避却不出，便有草蛇灰线之妙。”没有戏却为交待而交待，让一个人物出场，就会给人生拉硬扯的印象，这在戏曲中几乎是通病。但这出戏的黄衫客出场却使人感到相当自然。因为是灯市，就会有许多看客。黄衫客及其随从作为一群看客就比较自然了。但仅仅是看客，和其他龙套一起走一下过场，又不能给观众留下印象，不能达到交待这一重要人物的目的，所以作者在这里还写了一个小小的细节：“（内笑云）前面好汉，是甚姓名？人高马大，遮了俺们看灯路儿也。（豪笑介）问俺名姓，黄衫豪客是也。说遮了路呵，胡雏们，去了也！”这样既描写了灯市的热闹拥挤，又突出了黄衫客，并以“人高马大”一笔勾勒了他外形的威武。仅仅外形还不够，还应该有性格。这个“豪士”在演出时，一般是会以净脚应工的，在外形上和其他戏里的“花花太岁”恐怕不大容易区别。于是作者写了其他看客要他让开，他不仅不恼怒，而且呵呵一笑，立即服从了。这个细节，一下就使这个人物给观众留下善良的印象从而产生好感，为以后他的侠义行为埋下了伏笔。如此精细又如此自然，可见匠心。

灯市的热闹拥挤除了黄衫客一群和后面的人叫喊外，主要人物的频繁上下场也起到了渲染热闹气氛的作用。戏曲用象征手法，使用演员要简洁，如果作者是用一大群无名群众龙套式地过场看灯，那就太笨拙了。写热闹拥挤不仅是为了渲染气氛，从情节上也是必须的。因为小玉的钗，正是因为拥挤（包括因李益等上场而惊避）才被挂落的。

本出戏和元杂剧《西厢记》的《惊艳》在作用上颇为相似，都写一见钟情。在写法上汤显祖明显地受了王实甫的影响。杂剧的体制有“一人主唱”的限制，大部分戏只能由张生边唱边做，莺莺当时只有“秋波一转”和迟疑的脚步可以稍稍表情达意。而传奇则不然。汤显祖正是在学习前人的基础上，又充分发挥了传奇唱做可以多元化的优越性能。他设计了一个贯穿全剧的中心道具紫玉钗，在本出第二个场面通过紫玉钗这个媒介，以“堕钗”“拾钗”“寻钗”“索钗”等几个过程写二人的初次见面，使得三个角色（包括丫头浣纱）都有戏可做，在戏剧性的冲突中，人物内心得到了刻画，情感得到了表达。【江儿水】一曲写李益拾钗时的庆幸心理和惊喜的情感，【前腔】写小玉躲避灯影时的娇羞和内心的喜悦。【玉交枝】加进了浣纱。三人的寻钗、索钗以戏剧动作表演，便趣味横生。这支贯穿全剧的道具紫玉钗，在这里也被做足了文章，为以后的重要情节"卖钗"打下了基础。同时这里还结合追忆鲍四娘说亲时的印象，把媒妁之言的婚姻转换成了爱情，使人物内心活动更加丰富。经过寻钗、索钗这一过程，两个人物心理有了变化，也就是性格有了发展。【川拨棹】后的【尾声】生唱"玉天仙罩住得梅梢月，春消息漏泄在花灯节"说明他已经接受到了小玉那里传来的爱的信息。小玉唱"明朝记取休向人边说"则表明小玉也已经接受了李益的传情，有了内心的秘密。

第三个场面是小玉下场后，李益对刚才艳遇的回味。与《西厢记·惊艳》相比，也颇为相似。【六犯清音】一曲写李益回味刚才的情景："少甚么纱笼映月歌浓李，偏似他翠袖迎风糁落梅"概括而又富有诗意。"恨的是花灯断续，恨的是人影参差。恨不得香街缩紧，恨不得玉漏敲迟"数句写小玉去后李益的心理活动，也较生动并且符合人物性格。不过比起《西厢记·惊艳》里莺莺下场后张生的种种风魔之状的淋漓尽致的描写，本出似略逊一筹。李益不像张生那样是一个带喜剧色彩的人物，但崔、韦两个陪衬人物，可以来点幽默，使之丰富一些，但作者没有让他们发挥作用，像《西厢记》里的法聪一样，而是写他俩一本正经地对李益说："既此女子于兄分上非浅，不可负也。"这就似乎显得呆板无趣。

《紫钗记》是作者自己和评论家们都认为还没有脱尽《紫箫》华艳绮靡习气的作品。但应该说作者是作了努力并且是有成绩的。吴梅先生甚至认为"工词者，或不能本色，工白描者，或不能作艳词。唯此记秾丽处，实合玉溪诗、梦窗词为一手；疏隽处，又似贯酸斋、乔梦符诸公。"指出了《紫钗记》有疏隽的一面，我以为本出曲辞在风格上正是属于疏隽的一类。试看【江儿水】中李益见堕钗"则道是淡黄昏素影斜，原来是燕参差簪挂在梅梢月"，小玉唱的"止不过红围拥，翠阵遮，偏这瘦梅梢把咱相拦拽"，都写得很清丽流转。又如写小玉在被月光和烛光照射下暴露了身影而产生娇羞的心态时唱："喜回廊转月阴相借，怕长廊转烛光相射，怪檀郎转眼偷相撇。"这些曲文都不仅明白晓畅，而且与心理刻画水乳交融。

（姚品文）

紫 钗 记　　汤显祖

第二十五出　折 柳 阳 关[①]

【金珑璁】（旦、浣上）春纤余几许？绣征衫亲付与男儿。河桥外香车驻，看紫骝开道路。拥头踏鸣笳芳树[2]，都不是秦箫曲[3]。

〔好事近〕(旦)腕枕怯征魂，断雨停云时节。(浣)忍听御沟残漏，迸一声凄咽。　(旦)不堪西望卓香车，相看去难说。(合)何日子规花下[4]，觑旧痕啼血。　(旦)浣纱，这灞桥是销魂桥也！(众拥生上)

【北点绛唇】逞军容出塞荣华，这其间有喝不倒的灞陵桥接着阳关路[5]。后拥前呼，白忙里陡的个雕鞍住。

旌旗日暖散春寒，酒湿胡沙泪不干。花里端详人一刻，明朝相忆路漫漫。左右，前军停灞陵桥外，待夫人话别也。(见科)(生)出门何意向边州？(旦)夫，你匹马今朝不少留。(生)极目关山何日尽？(旦)断肠丝竹为君愁。李郎，今日虽然壮行，难教妾不悲怨。前面灞陵桥也，妾待折柳尊前，一写《阳关》之思。看酒过来！

【北寄生草】怕奏《阳关曲》[6]，生寒渭水都。是江干桃叶凌波渡[7]，汀洲草碧粘云渍，这河桥柳色迎风诉。(折柳科)柳呵，纤腰倩作绾人丝，可笑他自家飞絮浑难住。

(生)想昨夜欢娱也，

【前腔】倒凤心无阻，交鸳画不如。衾窝宛转春无数，花心历乱魂难驻。阳台半霎云何处？起来鸾袖欲分飞，问芳卿为谁断送春归去？

(旦)有泪珠千点沾君袖也。

【前腔】这泪呵！慢点悬清目，残痕界玉姿。冰壶迸裂蔷薇露，阑干碎滴梨花雨，珠盘溅湿红绡雾。怕层波溜溢粉香渠。这袖呵，轻烟染就湘文箭。

(生)只恁啼得若也。

【前腔】不语花含悴，长颦翠怯舒。你春纤乱点檀霞注，明眸谩蹙回波顾，长裙皱拂行云步。便千金一刻待何如？想今宵相思有梦欢难做。

(旦)夫，玉关向那头去？

【前腔】路转横波处，尘飘泪点初。你去呵，则怕芙蓉帐额寒凝绿，茱萸带眼围宽素[8]，蕖荷烛影香销炷。看画屏山障彩云图，到大来蘼芜怕作相逢路[9]。

(旦)李郎,你可有甚嘱付?

【前腔】(生)和闷将闲度,留春伴影居。你通心纽扣蕤蕤束[10],连心腰彩柔柔护,惊心的衬褥微微絮。分明残梦有些儿,睡醒时好生收拾疼人处。

(旦)听这话,想不是轻薄的,只是眼下呵,

【解三醒】恨锁着满庭花雨,愁笼着蘸水烟芜。也不管鸳鸯隔南浦[11],花枝外影踟蹰。俺待把钗敲侧唤鹦哥语,被叠慵窥素女图[12]。新人故,一霎时眼中人去,镜里鸾孤。

(生)俺怎生便去也?再看酒!

【前腔】倚片玉生春乍熟,受多娇密宠难疏。正寒食泥香新燕乳,行不得话提壶[13]。把骄骢系软相思树,乡泪回穿九曲珠[14]。销魂处,多则是人归醉后,春老吟余。

(旦)你去,教人怎生消遣?

【前腔】俺怎生有听娇莺情绪,全不着整花朵工夫。从今后怕愁来无着处,听郎马盼音书。想驻春楼畔花无主,落照关西妾有夫。河桥路,见了些无情画舸,有恨香车。

(生)妻,则怕塞上风沙,老却人也。

【前腔】比王粲从军朔土[15],似小乔初嫁东吴[16]。正才子佳人无限趣,怎弃掷在长途?三春别恨调琴语,一片年光揽镜嘘。心期负,问归来朱颜认否,旅鬓何如?

(旦)李郎,以君才貌名声,人家景慕,愿结婚媾,固亦众矣。离思萦怀,归期未卜,官身转徙,或就佳姻,盟约之言,恐成虚语。然妾有短愿,欲辄指陈,未委君心,复能听否?(生惊怪介)有何罪过,忽发此辞?试说所言,必当敬奉。(旦)妾年始十八,君才二十有二,逮君壮室之秋[17],犹有八岁,一生欢爱,愿毕此期,然后妙选高门,以求秦晋[18],亦未为晚。妾便舍弃人事,翦发披缁[19],夙昔之愿,于此足矣。

【前腔】是水沉香烧得前生断续[20],灯花喜知他后夜有无。记一对儿守教三十许,盟和誓看成虚。李郎,他丝鞭陌上多奇女,

你红粉楼中一念奴[21]。关心事，省可的翠绡封泪，锦字挑思。

(生作涕介)皎日之誓，死生以之，与卿偕老，犹恐未惬素志，岂敢辄有二三[22]！固请不疑，端居相待。

【前腔】咱夫人城倾城怎遇[23]，便到女王国倾国也难模[24]。拜辞你个画眉京兆府，那花没艳酒无娱。总饶他真珠掌上能歌舞[25]，忘不了你小玉窗前自叹吁。伤情处，看了你晕轻眉翠，香冷唇朱。(韦、崔上)

【生查子】才子跨征鞍，思妇愁红玉。芳草送莺啼，落花催马足。

早闻得李君虞起行，到日午还在红亭儜僽也[26]。(见介)(崔)李君虞，军中箫鼓喧填，良时吉日，早行早行！(生)实不相瞒，小玉姐话长，使人难别。(韦)昔人云：仗剑对尊酒，耻为离别颜。李君虞，男儿意气，一何留恋如此？郡主，俺两人还送君虞数程，回来便有平安寄上。军行有程，未可滞他行色。正是：长旗掀落日，短剑割离情。(下)(内作箫鼓介)(生)妻，你听笳鼓喧鸣，催我行色，匆匆密意，非言所尽，只索拜别也。

【鹧鸪天】掩残啼回送你上七香车，守着梦里夫妻碧玉居。(旦)李郎，不索回送。但愿你封侯游昼锦[27]，不妨我啼鸟落花初。(众拥生下)(旦)他千骑拥，万人扶，富贵英雄美丈夫。浣纱，送语参军，教他关河到处休离剑，驿路逢人数寄书。

一别人如隔彩云，断肠回首泣夫君。

玉关此去三千里，要寄音书那得闻。

〔注〕① 阳关：在今甘肃省敦煌市西南。是古代通往西域的要隘。　② 头踏：古代官员出行时前面的仪仗队伍。鸣笳：指军乐。芳树：指乐曲《芳树》，属汉铙歌十八曲。　③ 秦箫曲：用春秋萧史与弄玉故事。据《列仙传》：萧史好吹箫，娶秦穆公女弄玉，居于凤台。萧史日吹箫作凤鸣，即有凤凰来集。一日，夫妇皆随凤飞去。　④ 子规花：即杜鹃花。　⑤ 喝：指官员出行时喝道。　⑥ 阳关曲：唐王维《渭城曲》有句"西出阳关无故人"，后成为送行名曲。⑦ 桃叶：晋王献之妾，一日王献之送她渡河，作《桃叶歌》赠之。后渡口遂名桃叶渡，在今南京秦淮河与青溪汇合处。　⑧ 茱萸带：指用茱萸锦作的腰带。茱萸锦，有茱萸花纹的丝织品。⑨ "到大来"句：古乐府有《上山采蘼芜》，是一首弃妇诗，有"上山采蘼芜，下山逢故夫"句。⑩ 蕤蕤：装饰物下垂的样子。　⑪ 南浦：指送别的地方。浦，水边。《楚辞·九歌·河伯》："子交手兮东行，送美人兮南浦。"　⑫ 素女图：一种秘戏图。传说黄帝有《素女经》，是传授房中术的。　⑬ 行不得：古人认为鹧鸪鸟的叫声似"行不得也哥哥"。提壶：鸟名。唐韦庄《袁州

作》诗:"正是江村春酒熟,更闻春鸟话提壶。"此处又双关别宴上劝酒。 ⑭ 九曲珠:宋苏轼《祥符寺九曲观灯》诗有"宝珠穿蚁闹连朝"句,托名王十朋集注引赵次公曰:"小说载有以九曲宝珠欲穿而不得,问之孔子,孔子教以涂脂于线,使蚁通焉。"这里形容泪珠。 ⑮"比王粲"句:东汉末诗人王粲,有《从军诗》五首。 ⑯"似小乔"句:三国时吴国乔(原作桥)玄有二女,名大、小乔。孙策纳大乔,周瑜纳小乔。宋苏轼《念奴娇·赤壁怀古》词:"遥想公瑾当年,小乔初嫁了,雄姿英发。羽扇纶巾,谈笑间、樯橹灰飞烟灭。"本句及上句以王粲、周瑜比李益。 ⑰ 壮室:三十岁。《礼记·曲礼》:"三十曰壮。" ⑱ 秦晋:春秋时秦国和晋国世代结为婚姻,后因以"秦晋"代指婚姻。 ⑲ 披缁:指出家。缁,缁衣。僧徒穿的衣服。 ⑳ 水沉香:即沉香,一种香木,入水即沉。此指用其树芯制作的香。 ㉑念奴:唐天宝中著名歌女。 ㉒ 二三:《诗经·卫风·氓》:"士也罔极,二三其德。"谓男子对女子用情不专一。 ㉓ 夫人城:有二。一在河北行唐县北,一在湖北襄阳县西北。这里并非实指。 ㉔ 女王国:古传东夷有女王国。此犹女儿国,非实指。 ㉕ 掌上能歌舞:相传汉成帝后赵飞燕体轻,能作掌上舞。 ㉖僝僽(chán zhòu):愁苦、烦恼。 ㉗ 昼锦:白天穿锦衣而行,指衣锦荣归。《史记·项羽本纪》载,项羽入秦都咸阳不久,即思归江东,谓劝其留关中者曰:"富贵不归故乡,如衣绣夜行,谁知之者?"

清梁廷枏《曲话》说《紫钗记》:"稍可讥者,有《门楣絮别》(第二十四出)矣,接下《折柳阳关》,便多重叠,且堕恶趣。"谓其"重叠"不无道理。因为从情节上说,两折都写话别场面,但作者也有自己的匠心所在。《紫钗记》重在写情,将霍小玉作为"情痴"来写。其社会批判意义,即对卢太尉的谴责,更要通过强化李、霍的爱情来实现。送别场面是二人抒其痴情的最佳关目。从情理上说,李益不能只对小玉告别,而置其岳母郑六娘和其他人于不顾。如果都在《阳关》一折中,则二人的抒情不能酣畅。与《西厢记》的《长亭送别》不同。从内容上说,《西厢》还须在送别的场面中继续对老夫人的批评,写老夫人在临别时还要对莺莺和张生进行约束压制,所以老夫人(及其追随者长老)上场是完全必要的。《紫钗记》则无此种必要。从剧作文本体制上说,《西厢》是杂剧体制,一人主唱。传奇则不同。汤显祖先写了《絮别》,让李益与郑六娘、鲍四娘等话别,且通过话别营造悲剧气氛,间接对卢太尉进行谴责。而在《阳关》一出中,便可以集中笔力,让李、霍二人的抒情更加充分,让霍小玉的情痴形象得以树立。所以《阳关》是《紫钗记》中十分重要的一出。

明清两代《紫钗记》上演情况远不如《牡丹亭》,这不难理解。就是其短折演出,在有关记载中,几乎也只有这一出《阳关折柳》(或又称《折柳》)。评论家普遍认为这主要是由于《紫钗记》文辞不大合律。其实这一出《阳关》并不比其他出更合律好唱,它的演出效果好,恐怕还是与它的内容有密切关系。清中叶西溪山人的《吴门画舫录》有这样的一段记载:"沈素琴,居城内丽娃乡。淡妆素服,不事铅华,粗识字,喜诵唐人诗句。对客无寒温语,惟借扇头书约略读之,可以想见其风趣矣。有某生侨寓金阊，与姬交綦密，席间歌玉茗传奇《折柳》一阕，生以事伤薄幸，止之。姬曰：'君诚多情。然小玉赍恨无穷，正使人人鉴此情痴，则死将不朽。且彼自薄命，于十郎何尤？'生默然无以应。"作者最后感叹道："嗟乎！紫玉谁怜，黄衫何处？姬殆古之伤心人与？"这位沈女士从《折柳》中深深感受到了霍小玉的痴情和命运的不幸。

前面提到的梁廷枏《曲话》中对《折柳》一折还有"且堕恶套"的批评，不知何指。是不是因为夫妻话别场面是戏曲关目熟套？比如《西厢记》有《长亭送别》，《琵琶记》有《南浦嘱别》，《荆钗记》有《分别》等。此外，我们并没有看到这一出中有什么可以称之为"恶套"的。指熟套即为"恶套"，未免过甚其辞。离别是人生中某种矛盾的表现形式，也是人的情感最为之激动的事件之一，"黯然销魂者，惟别而已矣"，"多情自古伤离别"嘛！尤其是在古代，诗词中以"离情别绪"为题的作品何止千万？其中佳作联翩，从没有人斥之为"恶套"。戏曲又何尝不可作如是观？总之不在于写了什么，而在于怎样写，有没有创新的表现。折柳赠别，原是唐代现实生活中极其风雅而富有浪漫情调的一种民俗，更是唐代诗人们常常运用的一个意象。将它情节化，用在以唐代诗人生活为内容的戏剧中的离别场面里，正可说是得其所哉，笔者几乎要说它是汤显祖的神来之笔了。

如果谈戏剧性，本出几乎可以说是没有的。它是完全的抒情场次，作者是要在这一场次中通过抒情塑造霍小玉的情痴形象。李益和霍小玉正沉浸在新婚燕尔的欢乐和幸福中，李益又刚刚中了功名。所谓"洞房花烛夜，金榜题名时"，是人生得意事之最典型者。突然而来的远别带来的不能不说是生活道路上的巨大落差，它给两人感情的冲击是强烈的。尤其是霍小玉，她是一个弱女子，本来视丈夫为唯一的生活和精神的依傍。今天的离别则可能永远失去这种依傍。所以这一出主要就是刻画小玉的千种忧愁、万般痛苦。作者从她的内心挖掘出如下一些具体感受。

她本来就没有离别的思想准备，而眼前景物处处触发了她离别的悲凉："怕奏《阳关曲》，生寒渭水都。是江干桃叶凌波渡。汀洲草碧粘云渍，这河桥柳色迎风诉。"

对昨夜欢乐的回味和眼前离别的惨痛两相交织："倒凤心无阻，交鸳画不如。……起来鸾袖欲分飞，问芳卿为谁断送春归去？"

对别后生活惨苦、思念惆怅情景的想象："恨锁着满庭花雨，愁笼着蘸水烟芜。也不管鸳鸯隔南浦，花枝外影踟蹰。""俺怎生有听娇莺情绪，全不着整花朵工夫。从今后怕愁来无着处，听郎马盼音书。……河桥路，见了些无情画舸，有恨香车。”

小玉的悲伤不止是一般的离情别绪，而是包含着一种现实的危机感，即很可能从此被抛弃。小玉提出愿以八年的夫妻为约：“一生欢爱，愿毕此期，然后妙选高门，以求秦晋，亦未为晚。”而自己呢，便“舍弃人事，翦发披缁”，了此一生：“是水沉香烧得前生断续，灯花喜知他后夜有无。记一对儿守教三十许，盟和誓看成虚。李郎，他丝鞭陌上多奇女，你红粉楼中一念奴。关心事，省可的翠绡封泪，锦字挑思。”她愿意以人人都有权得到的一生的生命享受为代价，换取八年的幸福。这种巨大牺牲，正反映出她对幸福是何等的渴望，也反映出她的地位是多么可怜。长亭送别时崔莺莺对张生也有同样的担忧，但她的叮咛“若见了异乡花草，休再似此处栖迟”带有命令和强制的语气，与霍小玉比较，莺莺的自信心要强得多。小玉的处境比莺莺要更加脆弱，命运也更加可怜。这就是本出送别戏之不同于另一些送别戏，而具有更大的震撼力的原因所在。情节来自《霍小玉传》，原小说的这一情节以小玉的多情反衬了李益的无情，而汤显祖改变了悲剧结局却没有舍弃这一情节，可见他对此一情节是偏爱的，其创作效果仍然是好的。它充分表现了小玉的痴情，也强化了李益对爱情忠实的品格。

小玉并不是一味地自哀自怜。她也像其他普通送别丈夫的妻子一样，叮嘱丈夫要多多来信，要注意健康和安全。对丈夫的威武出行流露出骄傲和自豪感，她还祝愿他事业和前途取得更大的成功：“但愿你封侯游昼锦，不妨我啼鸟落花初。他千骑拥，万人扶，富贵英雄美丈夫。浣纱，送语参军，教他关河到处休离剑，驿路逢人数寄书。”这些语言出于人之常情，甚至是一种套语。唯其属于常言套语，在欲做普通夫妻过平常生活而不得的霍小玉乃成了僭越和奢侈，故具有不同寻常的震撼力。这些语言也丰富了霍小玉的性格，显示了她的善良和质朴，也使这个人物更加接近生活，更加亲切感人。

李益对小玉也有难舍的依依之情，也有别后珍重的谆谆嘱咐，还有对小玉担忧的排解，对自己忠诚的保证，这些都是和霍小玉的抒情相应的，这里不再一一例举。

就本出戏来探讨《紫钗记》的语言风格是有一定典型意义的。《紫钗记》的前身《紫箫记》是一部语言华艳绮靡之作。《紫钗记》虽然经过作者的改写，但人们认为它这方面的改进仍然是不够的。吕天成认为它“仍紫箫者不多，然犹带绮靡”，祁彪佳将它归入“艳品”，刘世珩说它“刻意雕琢，备极浓丽，奇彩腾跃，谓是少作，当无疑义”，吴梅也说它“浓丽已极”。就全书而言，仅仅这样说是不够全面的。我们在所选的第六出《堕钗》中的赏析中已经谈到过这一点。就是本出之前同样写话别的第二十四出《絮别》，也并非如此，而是属于比较明朗疏隽的一类。如李益和郑六娘、鲍四娘、小玉等唱的一曲【一撮棹】："（生）你慈闱冷，好温存你个凤女孤。（老）李郎，你边关苦，好将息你化龙躯。（生）他娘女伊家早晚间好看觑。（鲍）深领取，还是你早回车。（旦）眼见的抛人去，有诉不尽的长亭语。（合）真去也，早和晚索盼取几行书。"由于语言明畅，各人的身份、心理状态无不表达得明明白白。这样的曲文岂能称之为刻意雕琢的呢？

但《紫钗记》许多曲文偏于浓艳也是无可讳言的，本出堪称代表。全出十六曲，几乎每一曲都如此。这里略说一二。请看【北寄生草】第三曲，这是霍小玉在形容自己的泪水：它慢慢地溢出眼眶，悬挂在清澈的眼睛下面。残留的泪痕界画在如玉的脸蛋上面。泪水就像盛着蔷薇花露（一种香精）的如冰一般透明的水晶壶炸裂，那香露迸洒开来，又像是梨花时节的雨水滴在画楼外的阑干上……这泪水被怎样地描画、美化了！又第五支【寄生草】中小玉说到丈夫去后自己充满苦闷的生活状况，用了芙蓉帐、茱萸带、蕖荷烛、画屏、彩云、蘼芜……种种美丽的物事来衬托。不用说，这一出是正如论家所说"备极浓艳"的。

但这是否仅仅是作者少年绮习的表现呢？汤显祖在《紫钗记》中说："帅惟审云：'此（指《紫箫记》）案头之书，非场上之曲也。'"可见他对《紫箫记》语言的毛病（包括过于绮靡）是清楚的。他在"删润"该作改写为《紫钗记》时，为改变这种状况也作了努力，这从许多地方可以对比出来。但试将本出与《紫箫记》第二十四出《送别》比较一下，可以看出其因仍《紫箫》之处是很多的。从其改动之处，我们看不出作者有使之质朴化的努力，甚至可以说，其词藻的浓丽似乎是有过之无不及。这说明什么呢？说明这一出的语言风格是作者刻意追求的。我想还是吴梅先生的评说最为知言。他说"临川《紫钗记》…… 刻意雕琢，'四梦'中最称浓丽，即一诗一词，亦葱蒨幽艳，仙露明珠，未足方斯朗润也。"（暖红室刊《紫钗记》跋）在另一种《紫钗记跋》中他还说它"词藻精警，远出《香囊》、《玉玦》之上，'四梦'中以此为艳矣"。他认为它的浓艳"实合玉溪诗、梦窗词为一手"。可见吴先生对这种浓艳不但不否定，而且评价很高。的确，浓艳并不就是缺点，在不该浓艳处浓艳方是缺点。吴先生对祁彪佳批评《紫钗》"传情处太觉刻露"不以为然。说："或云刻画太露，要非知言。盖小玉事非赵五娘、钱玉莲可比，若如《琵琶》、《荆钗》笔法，亦有何风趣？"其实何止是传情方面须作如是观呢？

作为戏剧语言，性格化也许比风格更重要。这方面在本出中不能说特别成功，但作者的努力是显而易见的。例如尽管都是威武的出行队伍，小玉眼中是："看紫骝开道路。拥头踏鸣笳芳树，都不是秦箫曲。"李益眼中则是："逞军容出塞荣华,这其间有喝不倒的灞陵桥接着阳关路。”同是想象别后的无奈,李益是:“销魂处,多则是人归醉后,春老吟余。”小玉则是:“河桥路,见了些无情画舸,有恨香车。”

《元曲选》的编者臧懋循曾经对《紫钗记》的语言大加删改,受到了后人的批评。刘世珩在《玉茗堂紫钗记跋》中说:“臧晋叔刻本改削泰半,往往点金成铁。如《佳期议允》折,‘三学士’曲首句玉茗原文云:‘是俺不合向天街倚暮花’,正得元人浑脱之意。晋叔改为‘这是我不合向天街事游耍’,强协格调,自谓胜玉茗,而于文字竟全无生动之气。抑知元文之妙,政可解不可解。如此改法,岂非黑漆断纹乎?”说得颇中肯。像这样的佳句,在本出亦多有。如前面提到的:“这其间有喝不倒的灞陵桥接着阳关路。”又如:“柳呵,纤腰倩作绾人丝,可笑他自家飞絮浑难住。”不仅得元人浑脱之意,而且表现出非凡的想象力。当然因雕琢使语义牵强缺少自然之美的语句也不是没有。如【解三酲】第二曲“倚片玉生春乍熟”便有点生硬费解。【北寄生草】第三曲对泪水的描摹有几句是相当美的,但“怕层波溜溢粉香渠”句则有点近乎佻巧了(此句别本一作“怕层波溜折海云枯”,也过于雕琢)。

(姚品文)

紫钗记 汤显祖

第三十四出 边愁写意

【北点绛唇】(众边将上)紫塞飞霜,平沙月上,旌旗晃。剑戟排墙,拥定铜符帐[①]。

一声参佐发兰州,万火屯云映绿油[②]。边铺恐巡旗尽换,山城欲过馆重修。咱们是朔方刘节镇部下[③],因李参军分兵回乐峰受降城[④],断截吐蕃西路,今夜巡塞各城堡,守瞭军人严紧伺候。(众应介)(众鼓吹灯笼拥生上)

【金珑璁】万里逐龙荒[⑤],拥弓刀千骑成行。刁斗韵悠扬,画角声悲壮。锦盘花袍袖生凉,才起点报星霜[⑥]。

边霜昨夜堕关榆,吹角当城片月孤。无限塞鸿飞不度,秋风吹入小单于。自家本用文墨起家,翻以弓刀出塞,既有三军之事,岂无一夕之劳。分付将官军士,用心巡守。(众应介)(生)将帐门卷上,一望塞外风烟。

【一江风】碧油幢,卷上牙门帐,步上严城壮。汉旌旗数点灯前，掩映纱笼绛。远望火光，可是胡儿夜猎也？（众）非关猎火光，非关猎火光，是平安报久常。玉门关守定这封侯相。

回乐峰前了。

【前腔】（生）那边厢，淡素铺平敞，堆积的凄寒状。敢是下雪也？（众）是沙也。是氤氲几垛平沙，似雪纷弥望。瑶池在瀚海傍[7]，瑶池在瀚海傍，（众）梁园在古战场[8]。筑沙堤等不得沙河将。

是受降城也。

【前腔】（生）冷清光，气色霏微漾，晕影儿朦胧晃。敢是霜也？（众）是月亮。（生）步寒宫认得分明[9]，不道昏黄相。衣痕上辨晓霜，衣痕上辨晓霜，（众）是嫦娥在女墙[10]。照愁人白发三千丈。

（生）俺坐一会也。

【前腔】据胡床[11]，沙月浮情况。（内吹笛介）猛听的音嘹亮。（众）何处吹笛也？这吹的是《关山月》也[12]，是《思归引》也[13]。（众作回头望乡介）（指云）那不是俺家乡洛阳？那不是俺家乡长安？那不是他家乡陇头？（生亦作望乡掩泣）（众）被关山横笛惊吹，一夜征人望。家山在那方？家山在那方？离情到此伤，断肠声泪谱在罗衫上。

（王哨上）龙吟塞笛空横泪，雁足吴笺好寄书。禀参军爷，小卒是京师卢太尉府中王哨儿便是。因来刘节镇军中探取军情回京，可有平安书寄？（生）正好相烦，情书不尽，暂将屏风数折，对此清光，画出边城夜景，见咱凄凉也。秋鸿，取画笔丹青听用。（鸿上）《王会图》中开粉本[14]，《阳关曲》里寄丹青。纸屏风蛾墨在此[15]。（生做画介）

【三仙桥】阳关落照，尽断烟衰草。河流一线，那更鸿缥缈。边城上着几点汉旌摇，盼胡天恁遥。呀！俺提起润生绡，拂拭些情泪落。还倚着路数分斜，随着素毫，展风沙蘸的个墨花淡了。屏风呵，一递递短长城，做不出叠巫山清晓[16]。

待画这沙似雪，月如霜。

【前腔】却怎生似雪样偎沙迥香，一抹儿峰前回乐。则道是拂不去受降城上清霜，看则是永夜征人沙和月长恁照。影飘飖碧濛濛把关河罩，幕寒生夜悄。四下里极目暗魂销，清寒似寂寥。这几笔儿轻勾淡绕，撇绰的暮光浮，隐映的朦胧晓。屏风呵，恁路数儿是分明，可引的梦沙场人到。

待画着征人闻笛望乡也。

【前腔】一笛关山韵高，偏趁着月明风袅。把一夜征人，故乡心暗叫。齐回首乡泪阁，并城堞儿相偎靠，望眼儿直恁乔。想故园杨柳，正西风摇落。便做洗边尘霜天乍晓，也心似嘹云飘，衠入遍《梁州》未了[17]。屏风呵，比似俺吹彻《梅花》[18]，怎递送的倚楼人知道？

画完，题诗一绝：回乐峰前沙似雪[19]，受降城外月如霜。不知何处吹芦管？一夜征人尽望乡。诗已题下，王哨儿寄去也。（哨）自有回报。

【尾声】做不得李将军画汉宫春晓，俺这里卷不去的雪月霜沙映白描。趁着这一天鸿雁秋生早。（哨下）

（走报人上）乌鹊南飞终是喜，马首西来知为谁？自家长安门走报的便是。来报李参军转官，不免径入。（见介）恭喜老爷，新奉圣旨，加秘书省清衔，改参卢太尉孟门军事，即日起程。（生）何因有此？先赏报人去，便写书谢了刘节镇起程。（报）节镇刘爷也钦取还朝，总管殿前诸军事。（生）呵，原来如此！

西塞东归总战尘，画屏风里独沾巾。

闺中只是空相忆，若见沙场愁杀人。

〔注〕 ① 铜符帐：主将的营帐。主将出征时朝廷颁有铜质信符，故称。 ② 绿油幢，军幕。下文碧油幢同。 ③ 朔方：唐方镇名。玄宗时十节度使之一。节镇：方镇的最高长官节度使。 ④ 回乐峰：当作回乐烽。在灵州回乐县（治所在今宁夏灵武西南）。受降城：亦在灵州回乐县境内。 ⑤ 龙荒：泛指我国北方荒漠地区。龙，指匈奴祭天处龙城。荒，荒服。 ⑥ 起点：初更时候。点，更点。 ⑦ 瀚海：大沙漠。 ⑧ 梁园：古代著名别墅园林，汉梁孝王所筑，故址在今河南开封西南。 ⑨ 寒宫：即广寒宫。传说中月中宫殿。 ⑩ 女墙：城上的矮墙。 ⑪ 胡床：一种坐具，可以折叠。又称交椅、交床。原为胡地器具。 ⑫《关山月》：汉横吹曲名，为伤离别之曲。 ⑬《思归引》：琴曲名。一曰《离拘操》。 ⑭ 王会图：唐贞观年间有异族酋领入朝，诏令画师阎立本绘为图像，称《王会图》。粉本：画稿。 ⑮ 蛾墨：本指画眉之墨。女子之眉称蛾眉。 ⑯ 巫山：战国楚宋玉《高唐赋序》记楚先王游高唐，梦一女自称"巫山之女"，自荐枕席，与王交欢。后因以巫山事指代男女欢爱。 ⑰ 衠（zhūn）：真，尽。入遍：即曲遍，亦即大曲。唐代大曲由若干"遍"组成，故称。梁州：唐大曲名，由西凉传入。 ⑱ 梅花：指乐曲《梅花落》，汉乐府横吹曲。 ⑲"回乐"句：此为李益《夜上受降城闻笛》七绝

的首句,“峰”原作烽。

这是一出李益的戏。向来评论《紫钗记》者都不大注意李益这个人物。汤显祖自己说:“第如李生者,何足道哉!”(《紫钗记》题词)这是就对情的痴迷执着程度与小玉相比而言。与霍小玉相比,李益在维护自己的权益方面的确显得有些怯懦,少有作为。但从整体而言,作者刻画的这个李益要比霍小玉形象更为丰满。他不仅多情、重情,而且是一个在军事上对国家有贡献的人。更主要的是,作者把他写成了一个真正的诗人。

将历史文化名人作为婚恋题材主人公的作品并不鲜见,《琵琶记》中的蔡伯喈,《荆钗记》中的王十朋等都是。但在传奇里,只是用了他们的姓名符号,其故事与历史人物几乎完全无关。小说《霍小玉传》的那个男主人公,就是生于陇西,进士及第,做过郑县尉,有过“多闲忌,防闲妻妾,过为苛酷”,甚至有“妒痴尚书”之称(《唐才子传》)的不良记录的李益,这个李益也就是那个在文学史上享有盛誉的“大历十才子”之一的诗人李益。但对后者小说基本舍弃了。那个李益无论情节或性格都缺少诗人的质素。而《紫钗记》中运用了生活中的李益的一些事迹作为素材。《唐才子传》中有过这样的记载:“(李益)二十三受策秩,从军十年,运筹决胜,尤其所长。往往鞍马间为文,横槊赋诗,故多抑扬激励悲离之作,高适、岑参之流也。”汤显祖据此构思了卢太尉为报复将李益派往边关的重要关目,写了《陇上题诗》、《高宴飞书》、《河西款檄》、《吹台避暑》、《边愁写意》、《节镇还朝》等一系列的戏。其中《边愁写意》正是把李益作为边塞诗人来写的。这就使整个作品的背景更加广阔,生活内容更有现实性,李益的性格也更加丰富多彩。他们的爱情内涵更加美好,小玉的痴情价值因之更高。这是汤显祖的一大成功。

《边愁写意》写了李益画屏题诗和托王哨儿寄屏(结尾处交待了蒙旨还朝,不是本出重点)。这是从李益的著名绝句《夜上受降城闻笛》化出来的一出戏。在此之前的《陇上题诗》一出里已经化用了李益的另一首名作《过五原胡儿饮马泉》,但与本出不同,是将写诗的过程作为情节穿插,并非演绎诗意。本出用了李益两首诗,其一是《听晓角》(边霜昨夜堕关榆),也是一首边塞诗。止于引用,没有多所发挥,而于《夜上受降城闻笛》则将诗意全部调动出来,作了最充分的展开。李益的边塞诗作不少,汤显祖选中了《夜上受降城闻笛》,一是它的画面特别鲜明,可以作为李益观赏景色和作画情节的依据;二是诗的主题是征人望乡,与本出戏需要表达的情感相合。

全出十支曲,大致可以分为三段。从【北点绛唇】到【一江风】三曲,写了塞上军营的风光。在紫塞平沙的背景上,视觉中近处出现了旌旗、剑戟、营帐、灯笼,远处出现了一片火光,听觉中出现了刁斗、画角与秋风的凄厉之声,……一派整肃森然的战场气氛。李益的警惕,更增加了军情紧张感。边塞军旅的情景在此得到了清晰的描画。袍袖生凉,夜已深沉,人物自身对天气和温度的切身感受,增强了真实感。虽是以抒情写景为主的场次,作者还是注意了情节的严密合理,比如士兵报告火光是平安信息,后面李益有观赏景色和作画吟诗的闲情才成为可能。

以下三支【一江风】,第一支【前腔】描写"沙似雪",第二支描写"月如霜",将诗意转换成人物眼中的景色。这正是表达方式从诗歌到戏剧的转换。它们不再是客观描述和比喻,而是人物的心理活动:李益看到"淡素铺平敞,堆积的凄寒状"和"气色霏微漾,晕影儿朦胧晃"的景物,误以为是雪,是霜。月光下的沙漠,沙漠中的月光是那么逼真,那么美丽,又那么凄凉。雪和霜,不仅使画面有了颜色,也有了温度——给人以凄寒之感。诗歌中简炼的语言描写出来的景色,在可以展开铺叙的曲中得到了丰富。"瑶池在瀚海傍,梁园在古战场","衣痕上辨晓霜,是嫦娥在女墙",是描述,也是幻觉,在真实中更增加了几分神秘感。第三支【前腔】则把"不知何处吹芦管,一夜征人尽望乡"的诗意描写情节化了,也具体化了。笛声传来,是著名的思乡曲《关山月》、《思归引》。一夜征人尽望乡的"乡"在士卒的心中就是洛阳、长安。李益也作望乡掩泣,并用"被关山横笛惊吹,一夜征人望。家山在那方"对情景作了概括,诗意落到了实处,得到了强化,也有了戏剧性。

以下一直到【尾声】是作画题诗的过程。画的也是这首诗的诗意,但作者注意了避免重复。在【三仙桥】中,景物描写增加了阳关落照,断烟衰草,河流、鸿雁、边城、旌旗……增加了绘画过程的叙述,而挥毫泼墨又与情感融为一体:"俺提起润生绡,拂拭些情泪落。还倚着路数分斜,随着素毫,展风沙蘸的个墨花淡了。一递递短长城,做不出叠巫山清晓。"【前腔】(却怎生)一曲是"沙似雪"、"月如霜"的再现,但也不是重复,它是画中的雪沙霜月,是画中的清寒寂寥。【前腔】(一笛关山)写画中的征人在笛声中望乡,所以不在动作,而在形象:"齐回首乡泪阁,并城堞儿相偎靠,望眼儿直恁乔。"更重要的是这几曲写李益已不是一般的思念家乡,而是思念家中的小玉了。他遗憾自己能画出长城,却画不出"巫山清晓";他希望画的塞上美景,能"引的梦沙场人到";他希望吹奏的乐曲,能"递送的倚楼人知道"。这里的"巫山清晓"用的正是巫山云雨典故,这是回忆他们往日欢情的含蓄表达。"梦沙场人"、"倚楼人"当然都指那个思念着他的小玉。

作者写李益画完之后才题诗,也就是到此时《夜上受降城闻笛》一诗才诞生,表明诗人是在充分感知了客观世界，引起了情感的强烈波动，才写出了这首诗。这几乎可以说是一篇形象化的诗歌创作论。但它不是从概念出发，而是为了完成李益这个诗人形象的塑造。

应该说，《紫钗记》不仅仅写了诗人李益，更塑造出一个唐代边塞诗人的形象，并通过边塞诗人的生活和性格写出了大唐气象，把唐代的诗歌精神注入了戏剧。汤显祖不仅仅是作为戏剧家，而且是作为诗人、学者在写作《紫钗记》，作者这几方面的涵养在作品中相得益彰。 （姚品文）

紫 钗 记 汤显祖

第四十七出 怨 撒 金 钱

【行香子】(旦作病上)去也春光，月地花天，相思影瘦的不成模样。为伊踪迹，费尽思量。(浣)归来好，空迷恋，有何长？

[集句](旦)蕙帐金炉冷篆烟，空钗分股合无缘。菱花尘满慵将照，多病多愁损少年。浣纱，紫玉钗头，是咱心爱，几时卖去呵？好闷也！

【玉山莺】玉钗抛样[1]，上头时萦红腻香。为冤家物在人亡，这几日意迷神恍。每早起呵，窥妆索向[2]，还疑在枕边床上，又似在妆奁响。猛思量，原来卖了，空自揾啼妆。

【前腔】如今可卖了也，卖钗停当，喜孜孜谁家艳阳？那插人温存的依前还价[3]，遇着那一等呵，笑穷妇人无分承当，抬高价作他乔样。俺霍小玉一眼看上李十郎，今日卖了钗也，路傍喧讲，道当初坠钗情况。自把前程飏，为谁行？断簪残髻，留伴镜中霜。

(侯景先上)杜鹃花暖碧桃稀，两处红妆一处悲。个里囊中忒羞涩[4]，他边头上有光辉[5]。自家侯景先便是。替霍家郡主卖钗，得百万钱，在店中半年多月，没人取去，老子亲送来[6]。内有人么？(浣)老侯到了，待咱通报。(见介)(旦)卖钗得价了？

【桂花锁南枝】(侯)咱登时发付，珠钗两股。旧时价不减些儿，任姹女把金钱细数[7]。(浣数钱介)是百万了。牙钱那家有[8]？(旦)问他卖在那家。(侯)是当朝太尉姓卢，玉僝僽上头须此。(旦惊介)浣纱，问他到卢府里，可打听来？(侯)且喜且喜！有个李参军，你这里寻故夫，他那边衡新婿。(旦)当真了？(侯)府门外久踌躇，是他堂候官亲说与。

（旦泣介）天下宁有是事乎！霍小玉钗头，到去卢家插戴也。（闷倒介）（侯）玉翦江鱼寻老手，钗分海燕泣春心。（下）

【小桃红】（旦）俺提起晓妆楼上玉纤闲，他斜倚妆奁盼。也则道镜台中长则是两相看，闲吟叹把玉钗弹。人去后香肩亸，画眉残。将他来斜拨炉香篆也，又谁知誓冷盟寒。空掷断钗头玉，双飞燕不上俺云鬟。

（浣）这钱爱杀俺也。（旦）要钱何用！

【下山虎】一条红线，几个开元[9]。济不得俺闲贫贱，缀不得俺永团圆。他死图个子母连环[10]，生买断俺夫妻分缘。你没耳的钱神听俺言：正道钱无眼，我为他叠尽同心把泪滴穿，觑不上青苔面。（撒钱介）俺把他乱洒东风，一似榆荚钱[11]。

（浣）怎生撒去？可是撒漫使钱哩[12]！

【五韵美】（旦）那其间成宅眷[13]，俺不是见钱儿热卖图长便，谁承望这一对金钗胡串？青楼信远，知他向红妆啼笺。他虽然能掇绽惯赔钱[14]，你敢也承受俺贯熟的文鸳[15]，又蘸上那现成钗燕。

【五般宜】想着那初相见长安少年，把俺似玉天仙花边笑嫣。满着他含笑拾花钿，终不然那一霎儿灯前几年。到如今那买钗人插妆鬟俨然，俺卖钗人照容颜惨然。知他是别样婵娟，也则是前生分缘。

（崔上）旅舍贫儒闲踏草，高楼思妇怕看花。这几日不曾问霍府李郎消息，取几贯钱使用。里面甚事悲喧？径入则个。（见钱撒地作惊介）浣纱姐，俺书生终日奔波觅钱，如何乱撒满地？（浣）你不知，要找访李郎，赀费乏绝，将玉钗倒与玉工，正卖向卢太尉府中，果然百万钱买去，卢小姐插戴，与李郎成亲了。（崔）真个了？李君虞，你可也有时遇着俺崔允明，数落你一番，怕你不动头也！（旦）果如所言，崔君清客，浣纱将钱奉上薄为酒费，容奴拜恳也。（拜介）

【忆多娇】借美言，续断缘，断续姻缘须问天。（崔）满眼春愁花树边，要得团圆，要得团圆，还似巧相逢那年。

【哭相思】（旦）俺心中人近人心远，说教他心放心边。他钱堆里过好日，俺钗断处惜华年。（崔辞介）（旦）加婉转，促留连；看落花飞絮是俺命丝悬。若得他心香转作回心院⑯，抵多少买赋千金这酒十千⑰。

真成薄命久寻思，梦见虽多觉后疑。买断人间不平事，金钱还自有圆时。（下）（崔吊场）好花期客客不至，病鸟依人人自怜。看来小玉姐为寻访李郎，破散家赀百万，俺三年间受之惶愧。要径造李郎，他又被卢府拘制，早朝晚归，不放参谒，怎生是好？（想介）有了！崇敬寺今春牡丹盛开，约韦夏卿酒馆商量，去请李郎玩赏，酒中交劝，或肯乘兴而归。正是：欲见夫妻一片心，须听朋友三分话。（下）

〔注〕①抛样：即制作成式样。抛，制作玉器的一种工序。②索向：各处寻找。③依前还价：按照原价给钱。④个里：这里。江西方言。⑤他边：那边。⑥老子：犹老儿。⑦姹女：少女。这里指小玉。⑧牙钱：买卖中间人所得的报酬。⑨开元：唐代钱币名，即“开元通宝”。⑩子母连环：铜钱一大串套一小串。⑪榆荚钱：榆树的果实。榆树未生叶前先生荚，形似钱而小。联缀成串，也称榆钱。⑫撒漫：挥霍。⑬宅眷：眷属，家眷。⑭掇绽：亦作啜赚，哄骗之意。⑮文鸳：有花纹的鸳鸯，常与彩凤对举。⑯《回心院》：曲名。辽天佑帝荒于田猎，皇后萧观音讽谏，帝遂疏之。观音作《回心院》十首，望他回心转意。⑰买赋千金：据《文选》所载《长门赋》序云，汉陈皇后失宠于武帝，退居长门宫。后奉黄金百斤，请辞赋家司马相如为作《长门赋》，帝见而伤之，复得亲幸。酒十千：即斗酒钱十千。唐李白《行路难》诗：“金樽清酒斗十千。”

本出又名《怨撒》。李益从朔方奉诏回朝，又被卢太尉弄权，改作自己部下参孟门军事。卢太尉不许他回家，有意破坏他和小玉的婚姻，招赘他为自己的女婿，李益未肯。小玉久盼李益不归，欲托人打听李益下落又缺少资费，就托玉工侯景先变卖紫玉钗。侯卖钗恰好到了卢府，卢家以百万钱买下玉钗。太尉知钗是小玉所卖，便故意向侯散布李益已就婚卢府的假情况，以绝小玉之念。本出开始，小玉还不知道这一消息。后来侯景先来送钱告知此事，小玉听说李益负心，十分绝望和怨恨，把钱撒了满地。适逢李益故人崔允明到来，愿意为她再去见李益，责备他并劝他回心转意。小玉遂将钱交与崔，重新燃起了希望。本出情节大体分成四个段落。

霍小玉是汤显祖创造的“情痴”典型。她的痴，在全剧戏剧行动中最重要的表现应该说就数卖钗了。这紫玉钗对小玉的意义非同一般：它不仅贵重，而且是小玉最心爱的装饰品，寄托着她对美的理想追求，更重要的是，它是小玉和李益爱情的见证,所以霍小玉对之视若拱璧。按照一般逻辑,作者应该会写小玉无论如何困难,也不会出卖它的。但是汤显祖却对卖钗大书特书。因为为了寻找李益,不惜出卖至为宝贵的紫玉钗,这正是她重人不重物,把李益看得高于一切的"痴"的重要表现。

将霍小玉对紫玉钗的珍爱表现出来,以衬托她对李益的痴情,正是本出第一段落的用意。同时还通过小玉的抒情表现出她复杂而曲折的内心世界。首曲【行香子】先写她现在的景况:身体在美好的春天里因为思念李益而"瘦的不成模样"。然后说出自己费尽心机寻找李益的踪迹的矛盾心理:"归来好,空迷恋,有何长?"对李益归来是否能给自己带来幸福也持有怀疑,说明她痴迷中有着清醒,感情中蕴涵理性,从而增强了感情的力度。以下的道白及【玉山莺】曲用的是直接强化情感的手法:她竟然忘记了紫玉钗已被她卖掉了,每天早上起床时,还要到处寻找,一会儿在枕边床上摸索,一会儿又产生了它在梳妆台上的幻觉,最后才想起钗已经卖了,于是失望地流下了眼泪。这里写尽了痴情女子种种"意迷神恍"之状。第二曲【玉山莺】(前腔)转而写她想起钗已经卖了之后对买钗人的种种想象:她是个"温存的"懂得钗的价值的人吗?她会嘲笑自己贫穷无福消受,故意作出高价买钗的姿态吗?最后她想:自己正是因为堕钗才和李益结合的,今天却又卖了钗,"自把前程飐,为谁行",显示出她十分清楚这一行为中的矛盾,也就是十分地无奈。"断簪残髻,留伴镜中霜",不仅是写她没有了紫玉钗,而且是对她今后全部生活的描摹。汤显祖实在是写人物心理的高手!

第二个场面含两曲。【桂花锁南枝】及相关宾白写玉工侯景先来报告卖钗的情况和李益婚于卢府的消息。【小桃红】是小玉的初步反应,写她"思前""想后"的内心活动,很有层次,又句句不离紫玉钗。她先是叙述在梳妆台前"闲吟叹,把玉钗弹"。这是初别,还有希望。接着写她:"香肩亸,画眉残。"她不再梳妆打扮了。这是久别之后,思念得更加痛苦所致,但仍没有绝望。用紫玉钗"斜拨炉香篆"的动作描写活脱出一个少妇寂寞空闺的神态。"又谁知誓冷盟寒"一语双关,自然过渡到此时此刻;"空掷断钗头玉,双飞燕不上俺云鬟"说玉钗对她已经没有了意义,就是说和李益已经恩断义绝。

以下两曲是第三个场面:怨撒金钱,戏剧进入高潮。它不仅是本出的高潮,也是全剧的高潮。本出实际上是围绕着"钱"来写"情"。"卖钗"是希望通过钱得到情,是还重视钱的作用,而抛撒金钱则充分揭示了金钱在情面前的无能,从而使情得到了更高价值的肯定。侯外庐先生曾经说到汤显祖在剧作中创造了两个对立的形象,即"花神"和"钱神",他所谓花神,就是爱情的保护神,钱神就是爱情的克星。【下山虎】一曲就是咒骂"钱神"的。在小玉此时的心目中,金钱不但没有起积极作用,"济不得俺闲贫贱,缀不得俺永团圆",而且还有破坏作用,"生买断俺夫妻分缘"。所以本出从思想上说,使作品达到了一个新的高度——对金钱、对物欲的批判。从人物形象说,霍小玉的性格在这里大大地丰富和发展了。当她大把地将钱当作粪土抛撒掉时,这个多情的女子,此刻表现出怎样的见识和胸襟,柔顺中又显示出怎样的刚强!她让我们不仅觉得可爱,而且觉得可敬了。

【五韵美】前几句是进一步说明卖钗的原因,但已经与以前仅仅是怨诉不同,语气是非常愤怒了:"俺不是见钱儿热卖图长便,谁承望这一对金钗胡串?"中间数句是对负心的李益的强烈谴责:虽然新人又有钱,又会欺骗,但你李益怎能面对那熟悉的首饰,承受那种感情的冲击呢?后几句又从回忆堕钗拾钗说到眼前:从前李益看自己是"玉天仙",如今买钗人的容颜的美丽和自己容颜的惨淡形成了鲜明对比,结论不言自明。说到这里,她的愤怒又转成了疑惑和哀怨,她想:这样的结果究竟是因为新人比我更好,还是命里注定呢?

以下直至结尾是第四个段落:崔允明上场并表示了对小玉的同情,要当面谴责李益。小玉燃起新的希望,要"借美言,续断缘"。虽然"断续姻缘须问天","要得团圆,还似巧相逢那年",也就是李益的感情还要回到"堕钗灯影"的情景中。这希望是多么渺茫!但她决不放弃。【哭相思】一曲一方面是叮嘱崔允明向李益转述的话:希望他要将心比心,当他在钱堆里过好日子的时候,不要忘记被他抛弃的人,其情感也是应该得到尊重的。一方面是拜托恳请崔允明的话:要他多多婉言陈情,要他尽量促使他回心转意。她认为自己的请求可以与出千金买司马相如《长门赋》以使汉武帝回心转意的陈皇后相比。其委曲求全的哀苦,真可催人泪下。

（姚品文）

紫　钗　记　　汤显祖

第五十二出　剑 合 钗 圆

【怨东风】(浣上)去去春难问,翠屏人不稳。添香侍女费精神,闷闷闷。卜筮无凭,仙方少验,求神未准。

自家浣纱便是。奉侍郡主,恹恹一病经年。又逢春尽,多少游春士女,日永风暄,只俺家守着病多娇,长似凄风短日,料应不久。扶他出来消遣一回。(浣请介)(旦扶病上)

【前腔】鬼病恹恹损,落花风片紧。多应无分意中人[1],恨恨恨。

梦浅难飞，魂摇欲坠，人扶越困。

浣纱，俺病症多应不好也！扶我起来怎的？（浣）几年春色凋零，今岁名花盛发。郡主，你消遣些儿。（旦）浣纱，你看：孤禽侧畔千莺晓，病树前头万木春。教咱怎生消遣也！

【山坡羊】冷清清遭值这般星运，闹温温搅人的方寸[2]，虚飘飘耽挨了己身，软咍咍没个他丰韵。浣纱呵，病的昏，问你个春几分？睡也睡也睡不稳，过眼花残，断头香尽。伤神，病在心头一个人。消魂，人似风中一片云。

【前腔】（浣）他瘦厓厓香肌消尽，昧蚩蚩眼波层困，怯设设声息儿一丝，恶丕丕呕不出心头闷。他脱了神，当时画的人，猛然间想起今难认。一会儿精灵[3]，一会儿昏晕。花神，多则是残红送了春。东君，你早办名香为返魂[4]。（旦作昏介）

【玩仙灯】（鲍上）淑女病留连，憔悴煞落花庭院。

俺鲍四娘，数日未知小玉姐病体若何？呀，原来又睡在此。老夫人何在？（老旦上）若无少女凭花老，为有嫦娥怕月沉。四娘，看俺孩儿病体若何？（旦醒介）俺娘，不好了也！四娘几时到来？

【山桃红】彩云轻散，好梦难圆。是前生姻缘欠，又拚了今生命填。魂缥缈风里残霞，你把俺火烧埋向星前暮烟。多管香早寒玉早尘，除却寸灵心还活现也，待他泪滴成灰还和他梦里言。（合）（众哭介）忍泪洒落花片，惺惺可怜，等不的薄幸人儿和你做个长别筵。

（老）还有甚话也？儿。（旦）娘叫俺道个甚来？特为俺把多才拜上。

【前腔】教他看俺萱堂一面[5]，半子前缘[6]。叫浣纱，若秋鸿回来，你夫妻好生看觑奶奶。待拜你呵，（作跌科）你当了嫡亲眷，替俺看他老年。鲍四娘，早晚也来看觑奶奶。当初是你作媒，以后见那薄幸呵，教他好生儿看待新人，休为俺把欢情惨然。倘然，他念旧情过墓边，把碗凉浆瀽也[7]。便死了呵，也做个蝴蝶单飞向纸钱。（合前）（众背介）

（老）李郎不到，怎生区处？（鲍）觑他形骸死瘦，眉气生黄，敢待变症也？（浣）则管昏上来哩！（摩介）（老）李郎好薄幸也！（鲍）小玉姐好薄命也！（旦醒介）咳，娘，你孩儿好些了。李十郎到来哩。（老）那讨这话来也？儿。（旦）咱待起来，娘替咱梳洗哩。（老）儿久病之人，心神惑乱，且自安息。（旦）娘不信呵，四娘扶咱。

【尾声】一边梳洗不妨眠，听呵那马嗁声则俺心坎儿上打盘旋。浣纱，敢踏着门那人来不远。（并下）（豪与生并马羞不肯行）（豪家奴数人拥扯生马上）

【不是路】（豪）路转桥湾，胜业坊西迤逗间。花如霰，似武陵溪上旧桃舟。暮光阑，你怎生乘兴人空返？陡住你花骢去住难。（生掩面介）羞杀俺也！含羞眼，旧家门户谁曾盼？怕人偷唤，怕人偷唤。

【前腔】（豪）玉碎香悭，为你怒冲冠把剑弹[⑧]。朱门限，几年山上更安山[⑨]？秀才，不是请你到俺家去，是请你到你家去。好伤残，你骑着俺将军战马平心看，抵多少野草闲花满目斑。（生）则怕卢太尉害了人也！（豪）怎生这般畏之如虎？（生）足下不知。小生当初玉门关外参军，受了刘节镇之恩，题诗感遇，有"不上望京楼"之句，因此卢太尉常以此语相挟，说要奏过当今，罪以怨望，所畏一也。又他分付，但回顾霍家，先将小玉姐了当，无益有损，所畏二也。白梃手日夜跟随厮禁[⑩]，反伤朋友，所畏三也。因此沉吟去就。不然，小生岂是十分薄幸之人。今日相见，怎生嘴脸也！（豪）结发夫妻，赔个小心便了。卢太尉俺自有计处，不索惊心。无危难，把雕鞍勒住胡奴唤，乱敲门瓣，乱敲门瓣。（奴扣门介）

【前腔】（老、浣同上）燕子凋残，王谢堂中去不还[⑪]。谁清盼？听重门闭了响铜环。（奴）旧门阑，多应是昨夜灯花粲，好事临门你可也不等闲。（老、浣）人喧乱，多应客赴金钱宴，启门偷看，启门偷看。

（豪、众作拥生马进门）（豪指生问老云）认得此人否？（老惊哭介）薄情郎，何处来也？（豪）且下了马，请小玉姐来对付他。（老）小女沉绵日久[⑫]，转侧须人，不能自起。（旦作在内介）娘，你孩儿起的来也。（鲍扶旦上）

【哭相思】待飞残一枕香魂，谁向窗前唤转？（见科）

（豪）鲍四娘在此，小玉姐可认得这秀才？（生见哭介）我的妻，病得这等了！（旦斜视掩面长叹介）（豪）真个可怜人也！

【不是路】看他病倚危阑，似欲坠风花几阵寒。斜凝盼，眼皮儿也应不似旧时单。小玉姐，俺将薄幸郎交付与你。病到这般呵，命多难。李郎，我闻东方朔先生云[13]：惟酒可以消忧。咱已送金钱办酒。酒呵，能消郁块忘忧散[14]，只一味（指生介）当归匀七还[15]。俺去也。（生）感足下高义，杯酒为谢，何去之速也？（豪）某非为酒而来。（生）愿留姓名，书之不朽。（豪笑云）休也。英雄眼，偶然蘸上你红丝绽，为谁羁绊？为谁羁绊？

（豪举手介）请了！（众）花边马嚼金环去，楼上人回玉筯看。（下）（生）豪士之言有理，将酒来，为小玉姐把一杯。（送酒与旦）（旦作叹介）我为女子，薄命如斯；君是丈夫，负心若此。韶颜稚齿，饮恨而终。慈母在堂，不能供养。绮罗弦管，从此永休。徵痛黄泉，皆君所致。李君李君，今当永诀矣！（作左手握生臂、掷杯于地、长叹数声倒地闷绝介）（老做扶旦倒于生怀哭介）凭十郎唤醒也！

【二郎神】（生）年光去，辜负了如花似玉妻。叹一线功名成甚的，生生的无情似翦，有命如丝。妻呵，别的来形模都不似你。（生作扶旦不起介）怎抬的起这一座望夫山石。（合）寻思起，你恁般舍得死别生离。

【前腔】（旦作醒介）昏迷，知他何处？醉里梦里，才博的哏郎君一口气[16]。俺娘呵，怕香魂无着，甚东风把柳絮扶飞。（生）是我扶你。（旦）扶我则甚那？生不面死时偏背了你，活现的阴司诉你。（合前）

（旦）唱别《阳关》时节，多少话来，都不提了。

【啭林莺】（生）阳关去后难提起，画屏无限相思。转孟门太尉参军事，动劳你翦烛裁诗。（旦）诗可到么？（生）到来。那里有断云重系，都则是风闻不实。（旦）是韦夏卿为媒，崔允明报信，还是风闻？（合）等虚脾[17]，只看俺啼红染遍罗衣。

【前腔】（旦）卢家少妇直恁美[18]，教人守到何时？他得到了一日

是一日，我过了一岁无了一岁。要你两头回避，不如死一头伶俐[19]。（生）死则同穴。（旦）谁信你！（合前）

（旦）卖钗你可知俺家贫了，看钗子不上？（生）说那里话！

【啄木鹂】钗儿燕不住你头上栖，那钗脚儿在俺心头刺。（旦）新人插钗可好？（生）谁曾送玉镜妆台？从那里照斜插双飞？（旦）钗呵，可知新人恼了，赏那丫头去了！（生）甚么话！那卖钗人还说的你好哩，说伊家忘旧把钗儿弃，咱坚心不信俏地笼将去。（旦）笼去怎么？（合）（生）翠巍巍许多珍重，记取上头时。

你病势定了些，待咱寻个人儿。（作寻介）（旦）寻个甚的？（生）鲍三娘卖钗，说你又有了一个后生。（旦恼介）好不羞，那里有鲍三娘？是玉工侯景先哩。甚么后生，都是你先坐下俺一个罪名儿。

【前腔】你为男子不敬妻，转关儿使见识[20]，到底你看成甚的？（生）怎又讨气[21]！（旦）不如死，他甚的淘闲气。既说我忘旧，取钗还我。（生）要还不难。（旦）是了，还了咱家，讨个明白去。他妆奁厌的余香腻，待抛还别上个新兴髻[22]。你还咱也好。（合前）

（老）也罢，此事问秋鸿。（鸿上）卢府亲事，真个不曾成。

【啼莺儿】那太尉呵，笼莺打翠真是奇[23]，家主爷呵，背东风不愿于飞。（浣）爷不愿，怎生不回？（鸿）俺爷呵，虽有嫌云妒雨心期，他可有立海飞山权势。正怕触了那些，并累咱府。要图美满春光保全，因此上受羁栖，把风波权避。（合）听因依，玉花钗燕，他长在袖中携。

（鲍）参军爷，也不念咱旧媒人了。（鸿）你家做媒又做牙[24]，卖钗人便是你家姐姐。（鲍）俺家有许多姐姐。（鸿）都是太尉倒鬼[25]。

【前腔】（老）他大风要吹倒桐树枝，喜到头依旧连理。（鲍）想起黄衫豪客也，女伴们袖手旁观，英雄拔刀相济。郡主呵，显灵心黄衫梦奇，果应口同谐卧起[26]。（合前）

（旦）也罢，钗可带来？（生做袖中出钗介）（旦）真个在你袖中也！（拈钗喜介）

【玉莺儿】玉钗红腻，尚依然红丝系持。磊心情儿粟明珠，点颜色片茸春翠。侧鬟儿似飞，懒妆时似颓，病恹恹怎插向菱花对。(合)事真奇,相看领取,还似坠钗时。

(老)浣纱,取镜奁脂粉,从新插戴。(生作扶旦笑介)看你羸质娇姿,如不胜致,更觉可人也。(旦作插钗颤介)〔浣溪沙〕(生)正是:浅画香膏拂紫绵,(老)牡丹花瘦翠云偏。(鲍)手扶钗颤并郎肩。 (旦)李郎:俺病起心情终是怯,困来模样不禁怜。(合)今生重似再生缘。

【前腔】(生)燕钗重会,与旧人从新有辉。影差池未渍香泥,翅毰毸尚萦纤蕊[27]。压云梳半犀,嫋风鬟半丝,恨呢喃诉不出从头事。(合前)

(老)俺一家儿感的是豪客。(旦)似那年元夜会他来。

【尾声】李郎,梦还真敢是那黄衫子,病玉腰肢你着意偎。十郎,不要又去也,再替俺烧一炷誓盟香写向乌丝阑凑尾[28]。

薄命回生得俊雄,感恩积恨两无穷。

今宵剩把银缸照,犹恐相逢是梦中。

〔注〕 ① 无分:没有缘分。 ② 方寸:心。 ③ 精灵:有精神。 ④ 返魂:香名。⑤ 萱堂:母亲。 ⑥ 半子:女婿。 ⑦ 瀽:倒。 ⑧"为你"句:这里指李益到边关参军事。⑨"几年"句:问外出已几年不归。山上更安山,两个"山"字合为"出"字。 ⑩ 白梃手:手持木棒的打手。 ⑪ 王谢:晋朝王、谢两大家族。唐刘禹锡《金陵五题·乌衣巷》诗:"旧时王谢堂前燕,飞入寻常百姓家。"后为贵族家门的代称。 ⑫沉绵:久病缠绵。 ⑬ 东方朔:汉朝人,字曼倩。《东方朔别传》有东方朔识酒虫的故事。 ⑭"能消"句:谓酒是治疗忧郁病的药。散,丸散。 ⑮"只一味"句:当归,中药名。这里语意双关。勾,即够,相当,等于。七还,七还金丹。转还变化,道家炼金石为丹,转还次数愈多愈贵,以九还(转)金丹为最。 ⑯ 哏(hěn):犹狠。 ⑰ 虚脾:虚情假意。 ⑱ 卢家少妇:唐沈佺期《独不见》诗:"卢家少妇郁金堂,海燕双栖玳瑁梁。"后往往以指贵家少妇。 ⑲ 伶俐:干脆。 ⑳ 转关儿使见识:变着法子用计策。 ㉑ 讨气:生气。 ㉒ 新兴髻:一种发型。汉成帝后赵飞燕之妹合德应召入宫,新沐沉水香为卷发,号新兴髻。 ㉓ 笼莺打翠:这里指欺压女性。翠,翠鸟。 ㉔ 牙:买卖中间人。㉕ 倒鬼:即捣鬼。 ㉖ 显灵心二句:在第四十九出《晓窗圆梦》中,霍小玉梦见一剑侠着黄衣,送她一双鞋。鲍四娘替她圆梦说:"鞋者,谐也,李郎必重谐连理。" ㉗ 毰毸(péi sāi):鸟羽披散貌。 ㉘ 乌丝阑:亦作乌丝栏,用于书写的绢帛上黑色丝线织成的界栏。

本出出名一作《钗合剑圆》,是全剧倒数第二出。后面还有第五十三出《宣恩》,是传奇例行的皇帝颁诏赐婚,以及惩治恶人卢太尉等收尾的情节,使故事圆满结束,大体属于套路。就主要矛盾来说,是在本出解决的。因为李、霍婚姻被卢太尉破坏,将二人隔离,造成他俩的误会。黄衫豪客"挟持"李益到霍小玉家,二人见面,解除误会,前嫌尽释。卢太尉的目的没有达到,矛盾当然就基本解决了。所以本出应该视作全剧真正的结尾。这个结尾才是紧扣"情"的主题的。

本出可分作前后两场戏,中间有一个过场。

从开头到第一个【尾声】是反复铺叙霍小玉的病情,是给后面的团圆之喜作反面铺垫的。一上来先由丫头浣纱叙说小姐的病"卜筮无凭,仙方少验,求神未准","长似凄风短日,料应不久",看来小玉的病是没有痊愈的希望了。接着小玉上场,从第二支【怨东风】以下三曲及相关科白,刻画出一个病入膏肓的女子的形象。写其形体特征、心理体验和生理感受,反复渲染,曲折回环,而非重叠堆砌、平铺直叙,称得上一篇优秀的"病赋"。如"梦浅难飞,魂摇欲坠,人扶越困",如"瘦厓厓香肌消尽,昧蚩蚩眼波层困,怯设设声息儿一丝,恶丕丕呕不出心头闷","一会儿精灵,一会儿昏晕",等等,都细腻入微,真切感人。汤显祖的文章受《文选》骈偶之文的影响也于此可证。

【玩仙灯】以下至【尾声】仍是写小玉的病,但和前面不同了,前面是小玉独抒胸臆,这里鲍四娘和小玉母亲净持(老旦)都上场了。虽然三人对话和曲文都围绕小玉的病,但内容和表达是不同的。两位长辈的到来和问候、劝慰,使小玉从纯粹自我的内心世界走进了现实生活。【山桃红】一曲抒情色彩仍然很浓。她对自己的命运作了描述和分析:"彩云轻散,好梦难圆。是前生姻缘欠,又拚了今生命填。"她的解释不能不是宿命的,因而也是绝望的。她描述自己的生命将尽:"魂缥缈风里残霞,你把俺火烧埋向星前暮烟。"也就是如残霞将尽暮烟欲灭。或者说身躯已经消亡,只剩下了一点心魂不死:"多管香早寒玉早尘,除却寸灵心还活现。"这一不死之心就是对李益的牵挂:"待他泪滴成灰还和他梦里言。"她死前遗憾的是等不到和李益告别,和他"做个长别筵"。可谓悲痛已极!痴情已极!

以下戏剧风格上有一个明显转换:抒情色彩减弱,加强了叙事、对话和人物冲突,也就是戏剧性。【山桃红·前腔】是小玉与家人的诀别之词。小玉作临终遗嘱:希望李益,希望鲍四娘、秋鸿、浣纱照顾母亲。这一情节加重了人情味,也使小玉这个形象更加有血有肉,丰满鲜活,她除了爱情郎,还爱母亲,和其他人也有感情联系。她不仅仅是"情",或者竟就是作者"痴情"概念的一个化身,所以更能激发读者和观众对她的爱怜。

小玉忽然似乎听到李益的脚步声,说:"李十郎来了也!"表明她对李益的爱情是真正的生死之恋。这是小说原有的情节。小说在这里有较多的神异色彩,戏剧中已经都去掉了,但这一点却作了保留。但它并不破坏全剧风格的完整。因为小玉当时在弥留之际,是有可能出现幻觉的。

黄衫客和李益上场,戏很少,只相当一个过场。但在内容方面还是很重要的。它的作用在于让李益为自己作些辩解，说明自己并非“十分薄幸”之人，是卢太尉逼迫自己离开小玉。另外作者还通过黄衫客之口，对李益作了些批评。没有这些，李益与霍小玉就不能达到谅解，团圆就很勉强。如都留待与小玉当面解释时再说，势必分散和冲淡那时的戏，那时是应该集中在情感交流方面的。作者用李益与黄衫客对话来完成这些交代，虽然仍然显得有些笨拙，但比某些只用人物独白来交代大量剧情的做法，还是略胜一筹的。另外，二人团圆了，与卢太尉的矛盾仍没有解决。但再生枝节不符合“减头绪”的原则，这里由黄衫客打个包票，算是有了交代，为第五十三出《宣恩》解决与卢太尉的矛盾作个铺垫。

下面李益和小玉见面的戏是高潮。戏写得起伏跌宕，一波三折，长而不冗。第一个波折是小玉的死而复生。这是一个情感高潮，但比较短暂。其次是解释误会，互诉心曲。误会有李益对小玉的，说她“又有了一个后生”。有小玉对李益的，说他别婚卢府。最后当然都说清楚了：“都是卢太尉倒鬼。”这一段写得很有生活气息。霍小玉并非一味温柔敦厚，而是一个有个性，并且时露锋芒的女性。她又是埋怨，又是讽刺，如说：“卢家少妇直恁美，教人守到何时？他得到了一日是一日，我过了一岁无了一岁。要你两头回避，不如死一头伶俐。”意思是：与其让你两头为难，还不如让我死了好！李益表示要：“死则同穴。”小玉说：“谁信你！”小玉故意问：“新人插钗可好？”李益答：“谁曾送玉镜妆台？从那里照斜插双飞？”（这里用《世说新语》中温峤送玉镜台作聘礼向表妹求婚的典故）表明自己并没有接受卢家的婚事。小玉又说：“可知新人恼了，赏那丫头去了！”霍小玉要李益“取钗还我”，李益说：“要还不难。”小玉又说：“是了，还了咱家，讨个明白去。他妆奁厌的余香腻，待抛还别上个新兴髻。”就是说：对，你把紫玉钗还给我，表示和我的关系彻底完结了。她（卢小姐）还嫌弃这支钗呢，她抛掉它还可以用别的首饰梳个更加时髦的发型呢！总之，不论李益如何解释，小玉还是不依不饶，句句带刺。其实李益的回来，她的喜早就超过了恨，心里已经原谅他了，但嘴里是不会轻饶的。这些话语活现出很有个性的少女爱情受了伤害和委屈后一种特有的心态和声口，使人想到林黛玉和宝玉吵架，怨恨嫉妒之中含着极深的爱意。

本出戏有三个特点值得一提：

其一，悲喜结合中的喜剧色彩。开始时极力渲染悲剧气氛，为后来的团圆作有力的反衬。后来误会解除，二人在妆台前插钗梳妆当然是充满快乐。但我们看从小玉昏迷唤醒后，二人解除误会的过程是充满辛酸的，但用了一种轻喜剧的格调。小玉的讽刺中有调侃，李益也不是一本正经地请求原谅。他在说了一些动情的话（如“钗儿燕不住你头上栖，那钗脚儿在俺心头刺”）之后也适度地反击说："卖钗人……说伊家忘旧把钗儿弃。"他还说："你病势定了些，待咱寻个人儿。"接着居然"作寻介"，满屋子找，好像真的要找出小玉后来的那个"人儿"来。小玉此时自然忍不住要笑出来啦！其实他们一见面，误会就消除了。李益不过是在逗乐，让小玉开心罢了。这正是一个温存、宽厚的男子在自己的爱人发怒时最为适当的表现。汤显祖真是一个善解人意的作家！

其二，紫玉钗的贯穿道具作用。传奇篇幅冗长，情节结构松散，有各种原因，并非作家完全没有结构意识和能力，贯穿全剧的中心道具的运用说明了这一点。但也有用得好与不好之分。如《长生殿》里的金钗钿盒，尤其是《桃花扇》里的桃花扇及这部《紫钗记》中的紫玉钗应该说都是将中心道具的作用发挥到了极致的。从全剧看，从本出看，都是如此。

其三，时间被安排在春天。一开始，春天对小玉的重病起着反衬作用，对她的爱情和生命渴求又起着象征作用。后来当然是和团圆气氛和谐一致，起烘托作用了。从全剧看，又是和他们爱情的开始，即"堕钗"在立春之日，相互呼应的。侯外庐先生说："呼唤春天，歌颂春天是《紫钗记》艺术思维的主题，春天的逝去与再临，是隐伏在全剧中的一根红线。"深有见地。

（姚品文）

【戏曲家小传】

周朝俊

字夷玉，一字仪玉。《万锦清音》选其剧作署名"周公美"。鄞县(今浙江宁波)人。约生活于明代万历年间。生平事迹不详。少有才名，工诗擅词曲，诗学唐李贺。曾作传奇十余种，唯《红梅记》传奇存世，至今还是昆、京剧舞台上的保留节目。另有《李丹记》、《香玉人》，皆佚。又清阙名《传奇汇考标目》别本著录其有《画舫记》一种，谓演西施故事，亦未见。

红　梅　记

周朝俊

第二出　泛　　湖

【海棠春】(生上)明窗净院无人到，月色梅声清悄。岩洞琐烟深，风雨催花早。好趁韶华，放开怀抱，休负青春年少。幽谷发阳晖，彩笔华藻。

〔蝶恋花〕长恨人心非草木，草木无情，也到春时绿。暖触衣襟香馥馥,眼中贪看人如玉。 年少多才情意笃,不遇佳人,欲向花前哭。强把春心时检束,断魂已共东风逐。 小生姓裴名禹,字舜卿,前代裴行俭之后也[①]。虽游黉序[②],未上公车[③];将及弱冠之年[④],尚迟毕姻之约。正是:铁砚未穿休妄想[⑤],红丝应系自相逢[⑥]。也不在话下。只今寄食钱塘,借寓西湖昭庆寺,惟有钱塘学朋友郭稚恭与我最契,不时相访,同揽山水之胜。今值新春佳节,想必来也。(外扮郭稚恭、中净扮李子春、众携酒榼上)

【绕地游】(外)湖山清晓,春意回芳草,好寻觅故人谈笑。(李)胸襟洒落,不似当年妙,被者也之乎剉倒。

(郭)自家郭谨,字稚恭。(李)小子李素,字子春。(郭)来此已是昭庆寺裴舜卿书斋,不免径入则个。(相见介)(郭)喜值新春至,(生)欣逢旧友来。(李)年年此日里,(合)相对笑颜开。(生指李问)此兄高姓?(郭)李子春,府学朋友。(生)初会。(李)久仰。(郭)小弟久别舜卿,今日特具小榼,邀得李君在此,欲与兄湖上少叙片时。(生)多谢!(行介)(生)呀,二兄你看,断桥残雪,犹存孤屿,红梅盛发,又一番新春光景也!俺们就此席地而饮。

【梁州序】梅开孤屿,云封三岛[⑦],一带烟堤春晓。(内马鸣介)(众)香尘起处,骑来匹练萧骚[⑧]。看不足晴光潋滟,雨色空蒙,倾国西施貌。那断桥残雪下,画船摇,柳浪莺声到碧霄。(合)神仙洞,烟霞峤,尽今番赏玩都游到。歌韵远,唤苏小[⑨]。(内鼓吹介)

(生)那里一派笙歌,顺风而来。(众起望介)(生)远远望见许多画船箫鼓,载着丽人而来,好不繁华也!(郭)此来必是贾平章。(李)既是贾平章,我们快回避了。(郭)说那里话!西湖是大家的,他游得偏我们游不得?站在断桥上去。(郭、裴作登桥,李虚避介)(净扮贾平章、贴扮李慧娘、众扮侍女从人,鼓吹乘舟上)

【前腔】泛兰舟,坐拥妖娆;倒芳尊,醉迎花鸟。听莺歌嘹呖,胜凤管鸾箫。桥上何人,敢不回避?(院)是两个秀才。那一个胡子是个学霸,最要管闲事。老爷不要理他罢。(贾)我待三学不轻[⑩],也该相谅。转船回去。(转船介)(贴回顾生云)呀,美哉一少年也!真个是洛阳年少[⑪],西蜀词人[⑫],卫玠潘安貌[⑬]。(贾顾贴云)汝愿事之,当

湖上清曉圖

为纳聘，不必多言。(贴低首笑介)(贾)文君知有意，属题桥[14]，只怕你薄福红颜命未招！(合前)(贾引众下)

(李)却才舟中一丽人，好生顾盼裴兄。(生笑)乍逢留盼，亦人情所难。(李)咳，贾平章这般受用！(郭)不知贾平章强娶良家女子，恶极罪重，就快乐也不久了！

【节节高】平章心太骄，势倾朝，飞山立海恣凶暴。君心慅[15]，国势摇，民情扰。奸雄败坏何足道，赵家事业今难料。(合)只恐西湖作饮马泉，黄莺歌尽乌鸦叫。

(郭)听得边报，说元兵攻打襄樊哩！

【尾声】锦乾坤一片平分了，叹衣冠半染腥臊，还只怕这半壁江南犹未保。

莫怪追欢买笑频，寻思离乱可伤神。
城中车马应无数，能解闲行有几人？

〔注〕 ① 裴行俭：唐绛州闻喜(今属山西)人，字守约，历官安西都护、礼部尚书、定襄道行军大总管。安西域，平突厥，功勋卓著。 ② 黉(hóng)序：学校。 ③ 公车：汉代应举者有公家车马递送，科举时代遂以上公车代指举人入京应试。 ④ 弱冠：古代男子二十岁行冠礼，表示已经成人，因为还没有达到壮年，所以叫做弱冠。后来泛指男子二十岁左右的年龄。《礼记·曲礼》："二十曰弱，冠。" ⑤ 铁砚：铁铸之砚。此用桑维翰事。《新五代史·晋臣传·桑维翰传》："初举进士，主司恶其姓，以为桑、丧同音。人有劝其不必举进士，可以从佗(他)求仕者。维翰慨然，……又铸铁砚以示人曰：'砚弊则改而佗仕。'卒以进士及第。" ⑥ 红丝：此用郭元振事。五代王仁裕《开元天宝遗事》："宰相张嘉贞欲纳(郭元振)为婿。……张曰：'吾女各有姿色，即不知谁是匹偶，以子风骨奇秀，非常人也。吾欲令五女各持一丝，幔前使子取便牵之，得者为婿。'元振欣然从命，遂牵一红丝线，得第三女，大有姿色。" ⑦"梅开"二句：孤屿，即西湖景点之一的孤山。三岛，指西湖中的小瀛洲、湖心亭、阮公墩。 ⑧ 匹练：比喻奔驰的白马。萧骚：本指风吹树木枝叶的声音，此指马奔跑掠风之声。 ⑨ 苏小：苏小小，南齐时钱塘名妓，西湖西泠桥侧有其墓。 ⑩ 三学：宋时太学分内、外、上三舍，称三学。 ⑪ 洛阳年少：指西汉贾谊，他是洛阳人，少年有才，故称。晋潘岳《西征赋》："终童山东之英妙，贾生洛阳之才子。" ⑫ 西蜀词人：指西汉司马相如，他是蜀郡成都人，著名的辞赋家。 ⑬ 卫玠：晋河东安邑人，官太子洗马。《晋书》本传谓其"年五岁，风神秀异"，南渡过江后，"京都人闻其姿容，观者如堵"，他"劳疾遂甚"，旋卒，年仅二十七岁，"时人谓玠被看杀"。潘安：即晋潘岳，字安仁，荥阳中牟人，官给事黄门侍郎。《晋书》本传谓其"美姿仪"，"少时常挟弹出洛阳道，妇人遇之者，皆连手萦绕，投之以果，遂满车而归"。 ⑭ 题桥：晋常璩《华阳国志》载汉司马相如初离蜀赴长安，曾题句于成都之升仙桥柱，曰："不乘赤车驷马，不过汝下也。" ⑮ 慅(cǎo)：忧愁。

周朝俊的《红梅记》大约创作于明代万历年间。剧作家以张居正死后改革终止朝廷日趋腐朽的现实政治为背景，假借描写南宋末年裴禹与卢总兵之女卢昭容的悲欢离合，以及裴禹与奸臣贾似道的侍妾李慧娘的生死爱情，抒发自己的满腔愤懑。故事梗概是：南宋末年，奸臣贾似道权势极盛，因侍妾李慧娘倾慕裴禹而亲手斩下李慧娘的首级，见卢总兵之女卢昭容生得美貌而欲强娶为妾。裴禹为了营救卢昭容急中生智充当卢夫人的女婿。贾似道探知裴禹做假，以延请裴禹为师的名义幽禁裴禹，并且谎称招裴禹为婿，企图迫使卢昭容就范。卢夫人母女俩在贾似道的催逼下被迫潜逃离家出走。李慧娘死后其魂常在夜间入室与裴禹幽会。卢夫人母女俩逃到扬州，投靠姨娘崔氏。贾似道得知卢昭容逃脱，一怒之下决计谋害裴禹。在危急关头，李慧娘之魂帮助裴禹逃脱了贾似道爪牙的毒手。贾似道横征暴敛，假公田济私，在元兵攻取襄阳时又只顾寻欢作乐，见死不救，结果被忠臣弹劾，贬为高州团练副使，途中被仇人刺杀了。裴禹和卢昭容经历了一番磨难之后，终于相会完姻，成就良缘。

《泛湖》是《红梅记》的第二出，写裴禹与友人游览西湖。南宋都城临安(即今杭州)表面上歌舞升平，一片繁华景象，背后却隐藏着奸臣当道、社稷将倾的严重危机，在有识之士的眼中，西湖美丽的景致蕴涵着令人生悲的意味。以乐境写忧患是这一出戏的最大的艺术特色。

裴禹是一位年将弱冠的青年，已经中了秀才，正寄食钱塘，借寓西湖昭庆寺，攻读于书斋，准备参加会试。平日，裴禹与学友郭稚恭交往甚多，关系最密，时而互相拜访，携手同览西湖山水之胜。这一天，正值新春佳节，裴禹又与郭稚恭相约游湖。昭庆寺内，"明窗净院无人到，月色梅声清悄"，香客绝迹，显得格外寂静冷清；昭庆寺外，"岩洞琐烟深，风雨催花早"，雾霭蒙蒙，早放的鲜花报道春天来临。这四句景物描写主要是交代时令，同时也衬托了裴禹的心情。你看，裴禹说："好趁韶华，放开怀抱，休负青春年少。"在这春日良辰，裴禹心情非常愉快，把游湖览胜看作一畅雅怀的好时机，透露了他珍惜青春年华，有着远大志向的内心世界。郭稚恭与他邀请的府学朋友李子春与裴禹一同且行且看，三人饱览西湖的断桥残雪，孤屿红梅，对一片新春光景赞不绝口。裴禹唱道："梅开孤屿，云封三岛，一带烟堤春晓。"这是对孤山红梅，湖中三潭映月、湖心亭、阮公墩和苏堤自然风景的描写与歌咏。众人齐唱："香尘起处，骑来匹练萧骚。看不足晴光潋滟，雨色空蒙，倾国西施貌。那断桥残雪下，画船摇，柳浪莺声到碧霄。"这是对游客泛湖盛况的描写与歌咏。岸上，白马扬尘，主人潇洒，何等气派！晴光潋滟、雨色空蒙之中，美丽的女子往来如织，摩肩接踵，将西湖装点得分外妖娆，令人目不暇接。湖中，画船穿梭；湖边，柳浪闻莺，到处热闹非凡。众人情不自禁地唱道：

“神仙洞，烟霞峤，尽今番赏玩都游到。歌韵远，唤苏小。”这一段景物描写有远有近，有岸有湖，有人有物，有声有色，层次分明，周到详尽，情景交融，反映了裴禹、郭稚恭、李子春三人泛湖时的欢乐心情达到了极致。尤其是“晴光潋滟，雨色空蒙”化用了苏轼《饮湖上初晴后雨》的诗句“水光潋滟晴方好，山色空蒙雨亦奇。欲把西湖比西子，淡妆浓抹总相宜”，使得作品对乐境的描写与歌咏充满了诗情画意，能够激发人们对西湖胜景的美好想象和热烈向往。

当裴禹、郭稚恭、李子春游兴正浓时，一阵笙歌顺风飘过，远远望见许多画船载着一群佳丽驶来，气势浩荡。裴禹欣然感叹地说：“好不繁华也！”显然，这种泛湖的排场不是普通市民百姓所能够胜任的。郭稚恭断定：“此来必是贾平章。”一句话暗示贾似道平时生活极其奢华糜烂，已经声名狼藉，引起了人们的深切关注和普遍不满。李子春见此情景说：“既是贾平章，我们快回避了。”话语里透露出对贾似道的些许畏惧心理，这种在权贵面前不无怯意的性格从反面说明了贾似道平时对人民压迫之甚。郭稚恭则不然。他说：“说那里话！西湖是大家的，他游得偏我们游不得？站在断桥上去。”理直气壮而又斩钉截铁，显示了在权贵面前威武不能屈的倔强性格，一方面表现出人民与奸臣的对立，另一方面又与李子春的性格形成鲜明对比。此时，裴禹毫不犹豫地随郭稚恭登上断桥，虽然没有任何言语，但是以实际行动表明了他具有正直的性格，这就为作品后来刻画裴禹敢于挺身而出营救卢昭容埋下了伏笔。

贾似道在丽人们和侍从们的簇拥下一路鼓吹乘舟而来，得意地唱道：“泛兰舟，坐拥妖娆；倒芳尊，醉迎花鸟。听莺歌嘹呖，胜凤管鸾箫。”他对骄奢淫逸的生活没有丝毫掩饰，充分暴露了腐朽邪恶的内心。他看见断桥上有人站在那里，并不打算避让，便怒气冲冲地说：“桥上何人，敢不回避？”活现出一副目中无人、飞扬跋扈的丑恶嘴脸。在侍从们的劝阻下，贾似道调转船头回去了。随行的侍妾李慧娘站在船上扭头看了裴禹一眼，欣羡地说：“呀，美哉一少年也。”流露出了对裴禹的倾慕之情。这一声赞叹为李慧娘死后鬼魂的化身与裴禹幽会埋下了伏笔。然而，李慧娘的一声情不自禁的赞叹却遭到了贾似道的嫉妒，他对李慧娘说：“汝愿事之，当为纳聘，不必多言。”又说：“只怕你薄福红颜命未招。”贾似道表面上假装关心李慧娘，实际上是话里有话，口蜜腹剑，暗藏着杀机，显露了心胸狭隘、阴险毒辣的性格特征，同时，也为李慧娘回宫不久便遭受斩首之祸埋下了伏笔。

李子春看到了李慧娘的回眸一顾，便将此情告知裴禹。裴禹不以为然地说：“乍逢留盼，亦人情所难。”体现了裴禹心地纯洁的性格特征。李子春对贾似道极尽奢华之能事的生活感慨不已。对此，郭稚恭则说："不知贾平章强娶良家女子，恶极罪重，就快乐也不久了。"暗示了剧情后来刻画贾似道民愤极大，罪恶滔天，得逞于一时，绝没有好下场。郭稚恭还唱道："平章心太骄，势倾朝，飞山立海恣凶暴。君心懆，国势摇，民情扰。奸雄败坏何足道，赵家事业今难料。"裴禹、郭稚恭、李子春三人合唱道："只恐西湖作饮马泉，黄莺歌尽乌鸦叫。"郭稚恭接着说："听得边报，说元兵攻打襄樊哩！"这一结尾显示出裴禹、郭稚恭、李子春三人对奸臣贾似道深恶痛绝，对"君心懆、国势摇、民情扰"的时局充满了忧虑，在感情氛围上与泛湖之初形成强烈反差，构成了一种对比关系，为全剧奠定了美与丑矛盾冲突、善与恶激烈斗争、忠与奸针锋相对的基调。

这一出戏由描写景物为主过渡到以刻画和交代人物为主，由歌咏乐境为主过渡到抒发忧患意识为主，贾似道的出现是这一过渡的重要转折点，预示了戏曲的矛盾冲突将围绕着贾似道而展开。由于出现了贾似道，裴禹、郭稚恭、李子春三人泛湖的情感氛围发生了明显的反跌，预示着全剧情节的发展和人物的命运将不会是轻松愉快的喜剧。在景与情的融合上，对赏心悦目的西湖美景的赞颂交织着系心国运的忧患之思，使得这一出戏的意蕴显得格外深沉凝重，耐人寻味。

（骆兵）

红　梅　记　　周朝俊

第五出　折　　梅

【薄幸】（旦引朝霞上）曙色窥帘，纱窗弄影。殢衾窝喷呓①，恹恹难醒。（朝）嗔人叫唤，口儿懒应。娇情性，自春来浑不是旧时行径。

方池冰影薄，曲槛鸟声娇。鸾镜红绵冷②，蛾眉翠黛消。朝霞，天气初晴，你卷起帘儿，一望西湖春色。（朝作卷帘风起吹落花片介）呀，忽一阵香风，吹落许多花片在妆台之上了。（旦）正是：玉貌楼前堕，冰容梦里消。妆台休浪拂，留伴可怜宵。（叹介）

【二郎神】花枝影，隔窗纱几度照人孤零。花呵，但愿东君长管领③。（内吹笛）（旦）谁向高楼横笛，不留取栏杆同凭。怕听金铃犬吠声④，报道落梅风定。合梦初惊，镇无言兀自把晓妆愁艶⑤。

（朝）姐姐，窗儿外红梅盛开了！（旦）你去折一枝来。（朝作折花与

旦)(旦嗅弄介)这花好香也!(旦)

【啭林莺】花枝摘来红袖擎,擎奇得两袖猩猩[⑥]。人面花枝相照映,照的来各各娉婷。你看梅花,可似笑人?(朝)姐姐,他可笑着甚的来?(旦)他笑我红颜薄命。(旦笑介)(朝)姐姐,你因何也笑起来?(旦)我笑他香魂独趁。嗳,两难凭,漫惜玉怜香,都付与多情。(生上)

【前腔】日来风雨不暂停,今朝喜的新晴。(内鸟鸣介)(生)听两两黄鹂相叫应,早被他唤起春情。呀,早见杏花又开,正是:春色满园关不住,一枝红杏出墙来[⑦]。墙直上一枝红杏,(拈落花看介)原来不是杏花,是红梅。好动人的春色也!是红梅吹香满径。小生见此红梅可爱,不免折一枝回去斋头玩赏。(上攀介)把脚儿登,向墙外偷花,只怕墙内有人惊。(朝见生高叫)(生惊跌下介)

(朝)姐姐,墙外那个偷花?去看来!(出看作拍手笑介)姐姐,那人被我叫破,一个筋斗掉下来跌得臭死。(旦出窥介)呀,原来是个书生,丫头好不识人!(生急向旦揖)(旦躲介)(朝羞介)好没趣,那个睬你!(生)小生斗胆,动问女郎高姓?(朝)要问我家,前面金字牌匾的大门中便是。(生)原来卢老先生家里。里面这位小娘子是何人?(朝)那就是小姐。我是他侍女朝霞。请问郎君上姓?(生)小生裴禹,字舜卿,钱塘学秀才,读书于昭庆寺。访友回来,见粉墙内红梅盛开,小生原是个爱花之人,待折一枝斋头赏玩。正下手时,被墙内人叫破,一交跌下来,好不生疼。(旦笑云)朝霞,进来问你。(朝)姐姐有甚分付?(旦)你将方才折下那枝红梅送这生罢。(朝)晓得。(取红梅送生介)秀才,我家姐姐有一枝现成的梅花在此,送郎君去。(生执花喜介)好,现成的更妙!省得偷时担惊受怕。(旦)呀,秀才休轻觑此花也,

【啄木鹂】【啄木儿】他肌肤净,魂魄清,淡月黄昏含瘦影。占春先点点飘香,透风前种种生情。孤芳不与凡花并,暗香长傍瑶华境[⑧]。

【黄莺儿】一枝梅,东君怜取,冷浸在紫霞瓶。

(生)此花本是可爱,况是小姐所与,更觉可人。小生焉敢轻觑也。

【前腔】人如此，物更精，便住在西子湖边真厮称。（背云）这女子真个可爱杀人！羡一种笑语生香，画不来意态倾城[9]。逗兰房一室清辉映，闪金屏半面红妆艳。爱芳卿，相逢邂逅，一见已留情。

（内叫朝霞介）（朝）老夫人唤，快进去。（旦）闭门不管窗前月，一任梅花自主张。（下）（生）呀，小姐进去了，花枝在手，清芬逼人。对此如对小姐，咱怎生回去也！（郭上）春到西湖留客醉，梅开东阁费人思。呀，舜卿在此。（生作不知自言自语介）（郭拍生肩介）不痴不呆，着什么倒鬼？（生笑介）稚恭，异哉，小弟今日之遇也！（郭）遇什么来？（生笑不语介）（郭）直恁欢喜，端为何事？（生又笑）

【六犯宫词】【梁州序】你道因何欢庆，咱有些侥幸。（郭）什么侥幸，敢拾得件宝来么？（生）果然价直连城。（郭）是什么宝？借我一观。（生扯郭看介）你瞧，你瞧那画楼高处，如花一女娉婷。（郭）啐，扯这们寡淡！（生）是宝呢！【桂枝香】做美玉怀中觑，真珠手内擎。（郭）粉墙内什么人家？（生）卢挥使家里。【排歌】门庭好，（郭）他家已无人了。（生）户院清，（郭）女子叫甚名字？（生）昭容卢姓旧知名。（郭）他人物何如？（生）则见他，【八声甘州】半钩新月修眉淡，爱煞人满面春风笑眼明。（郭）凭他生得好，与兄何干？（生笑）【皂罗袍】俺也曾轻轻叫唤，他那里低低应声。（郭）嚼舌根的，难道一个面生男子，与你讲话？（生）则见他半吞半吐，不由俺无情有情。（郭）手中梅枝何来？（生笑）这一枝梅萼是他亲折赠，【黄莺儿】分裴生，想蓝桥有路，天遣遇云英[10]。

（生下）（郭挽介）不要作呆，同我书房作文字去。（生）稚恭，稚恭，你教我作文，知作那一篇文来？

【意不尽】咱为多娇蘸出些风魔症，俺待去赋《高唐》把雨云作证[11]，你与俺却好处从旁喝几声。（生下）

（郭笑介）后生家没搭煞[12]，一个人在世间那里不见些美色来，是他们这般害痴？欠老成！欠老成！

书中有女玉颜新，底事寻梅太损神。

寄语书生休妄想，世间几个卓文君。

〔注〕 ① 殢(tì)：恋。嗆(ǎn)呓：说梦话。《列子·周穆王》："眠中嗆呓呻呼，彻旦息焉。" ② 鸾镜：《太平御览》引南朝宋范泰《鸾鸟诗序》："昔罽宾王结罝峻祁之山，获一鸾鸟，王甚爱之，欲其鸣而不致也。……夫人曰：'闻鸟见其类而后鸣，何不悬镜以映之？'王从言。鸾睹影感契，慨焉悲鸣，哀响中霄，一奋而绝。"后多以"鸾镜"指女子之妆镜。 ③ 东君：司春之神。 ④ 金铃：五代王仁裕《开元天宝遗事》："至春时，于后园中纫红丝为绳，密缀金铃，系于花梢之上。每有鸟鹊翔集，则令园吏掣铃索以惊之，盖惜花故也。" ⑤ 靚(jìng)：同靓，美，此用作动词。 ⑥ 猩猩：指猩红色，此言红花。 ⑦"春色"二句：此为宋叶绍翁《游园不值》诗的前两句。 ⑧ 瑶华境：仙境。 ⑨ 倾城：形容女性的美貌。典出《汉书·外戚传·孝武李夫人传》："(李)延年侍上起舞，歌曰：'北方有佳人，绝世而独立。一顾倾人城，再顾倾人国。宁不知倾城与倾国，佳人难再得。'" ⑩"分裴生"三句：用《太平广记》引唐裴铏《传奇》所载唐书生裴航在蓝桥遇仙女云英，结成良缘双双仙去之典。 ⑪"待俺"句：战国楚宋玉作《高唐赋》，序云："昔者先王(楚怀王)尝游高唐，怠而昼寝，梦见一妇人曰：'妾巫山之女也，为高唐之客。闻君游高唐，愿荐枕席。'王因幸之。去而辞曰：'妾在巫山之阳、高丘之阻，旦为朝云，暮为行云，朝朝暮暮，阳台之下。'"后因以"雨云"作男女交欢的隐语。 ⑫ 没搭煞：不知轻重。

《折梅》是《红梅记》的第五出。

《红梅记》在情节结构上的一大特点是有两条线索。如果说《泛湖》交代了以裴禹和李慧娘的爱情纠葛为一条情节线索的开端的话，那么《折梅》则交代了以裴禹和卢昭容的爱情纠葛为另一条情节线索的开端。刻画纯情真性的裴禹和卢昭容等人物形象，营造轻松愉快的喜剧氛围，是《折梅》这一出戏最突出的艺术特色。

孟春一日，黎明的天色透进了卢昭容的闺房。卢昭容起床不久，神情慵懒，她叫侍女朝霞卷起帘儿，眺望西湖的景致。忽然，一阵风来，吹落许多花瓣在妆台上。卢昭容目睹这一番景象，不由自主地触动了伤春、怀春的思绪，叹道："花枝影，隔窗纱几度照人孤零。花呵，但愿东君长管领。"她正值二八年华，婚姻大事还没有着落，看见梅花渐渐凋敝，由物及人，不免感叹青春易逝，花季难驻。"但愿东君长管领"表达了一种留春的热切愿望，无疑是卢昭容伤春感情的真实表露。此时，朝霞惊喜地告诉卢昭容："姐姐，窗儿外红梅盛开了！"一句话暂时止住了卢昭容伤春的忧郁感情。卢昭容从朝霞手中接过折来的一枝红梅，一边嗅弄一边赞美道："这花好香也！"这时她的审美注意力从吹落的花瓣转移到绽开的红梅上，感受有了变化，低落的情绪陡然上扬。卢昭容唱道："花枝摘来红袖擎，擎奇得两袖猩猩。人面花枝相照映，照的来各各娉婷。"她将自己与红梅相对照，顾梅自怜，自觉容貌像红梅一样艳丽，字里行间透露出些许的自慰。卢昭容又唱道："他笑我红颜薄命，我笑他香魂独趁。嗳，两难凭，漫惜玉怜香，都付与多情。"这是她采用想象、拟人和反讽的手法，自言自语，自我解嘲，进一步抒发怀春的感情。值得注意的是，"多情"二字反映了卢昭容作为少女此时此刻春心萌动，对爱情热烈向往的微妙的心理活动。作品所采用的谐谑的反讽手法不乏喜剧的韵味。

正当卢昭容心旌摇曳的时候，裴禹从卢家经过，看见红梅伸出墙外，不胜欢喜，踮起脚攀上墙头偷摘红梅。朝霞发觉有人爬墙采花，失声惊叫起来，吓得裴禹从墙头跌落在地。这是一个非常富有喜剧色彩的插曲。它一方面说明裴禹具有爱美之心，另一方面说明裴禹毕竟比较单纯，偷摘红梅时难免心虚慌张。攀墙窃花的举动与一介书生应有的温雅举止矛盾，从墙头上跌落在地的狼狈样子与谦谦君子的斯文身份龃龉，二者之间的不协调、不统一、不吻合同时集于裴禹一身，显得特别滑稽，十分可笑，其中迸发出来的喜剧性火花真正令人忍俊不禁。无怪乎朝霞走出来看见裴禹跌翻在地惊魂未定的样子会一边拍手大笑，一边嘴里还奚落道："姐姐，那人被我叫破，一个筋斗掉下来跌得臭死。"在艺术手法上，这一富有喜剧性的插曲所具有的意义在于：为进一步刻画裴禹和卢昭容纯洁无瑕的爱情作了必要的连接，创造了欢乐的气氛。随后，裴禹看见卢昭容出来制止朝霞的讥嘲，连忙迫不及待地向卢昭容作揖赔罪，毕恭毕敬而又笨拙的动作再一次显示了裴禹憨态可掬的喜剧性格。卢昭容听了裴禹自述"原是个爱花之人"后，吩咐朝霞将此前折下的那一枝红梅送给裴禹。这一细节在人物形象刻画和故事情节的发展当中显得极其重要。它满足了裴禹爱花的要求，刻画了卢昭容善解人意的性格，更主要的是反映出卢昭容大胆地向裴禹表达爱意的主动态度。裴禹摘梅坠墙，极感窘迫，殊不知，卢昭容从裴禹的言行举止中已经了解了他憨直的性格，打心眼里爱上了他，所以才会意味深长地叮嘱他："秀才休轻觑此花也。"故此，与其说卢昭容向裴禹送去了一枝红梅花，不如说卢昭容向裴禹献出了一颗爱恋心。赠送红梅的举动实际上奠定了卢昭容与裴禹爱情关系的基础，作品后来进一步演绎卢昭容与裴禹爱情纠葛的故事情节都是由此生发开来的。众所周知，诗有"诗眼"，文有"文眼"，在一定意义上可以毫不夸张地说，卢昭容借一枝红梅向裴禹传递爱情，是点了传奇《红梅记》的题，可谓传奇《红梅记》的"戏眼"。当然，卢昭容并非一厢情愿。请看裴禹这一方面，他对卢昭容说："此花本是可爱，况是小姐所与，更觉可人。小生焉敢轻觑也！"又唱道："羡一种笑语生香，画不来意态倾城。逗兰房一室清辉映，闪金屏半面红妆艳。爱芳卿，相逢邂逅，一见已留情。"由此可知，裴禹对卢昭容也是一见钟情。二位青年男女可谓

"心有灵犀一点通"。

卢昭容和朝霞被卢夫人唤回屋内，只留下裴禹一个人面对手上的花枝如同面对卢昭容的娇颜，陷入了深深的相思之中。郭稚恭来到裴禹的身边，裴禹还站在那儿自言自语，似痴似呆像着了魔一样，没有丝毫察觉。这一副神态展示了裴禹对卢昭容痴情爱慕的形象。郭稚恭拍着裴禹的肩膀，把裴禹从痴迷中唤醒。郭稚恭问裴禹："不痴不呆，着什么倒鬼?"裴禹"笑"言："稚恭，异哉，小弟今日之遇也!"郭稚恭问裴禹："遇什么来?"裴禹"笑不语"。郭稚恭再问裴禹："直恁欢喜，端为何事?"裴禹"又笑"。裴禹的连续"三笑"是以外显内，真实地反映了他初次品尝到爱情的甜蜜的喜悦心情，表明他此时此刻正沉浸在幸福爱情的畅想当中。接着，裴禹向郭稚恭描述了卢昭容的容貌"半钩新月修眉淡，满面春风笑眼明"，说明裴禹已经把卢昭容的美丽形象铭刻在心中。裴禹又向郭稚恭讲述了与卢昭容见面的情形："俺也曾轻轻叫唤，她那里低低应声。"说明裴禹与卢昭容的感情交流达到了和谐与默契。最后，裴禹向知心朋友郭稚恭袒露了期待与卢昭容缔结美好姻缘的愿望："这一枝梅萼是他亲折赠，分裴生，想蓝桥有路，天遣遇云英。"裴禹的话里包含着一个典故。据《太平广记》卷五十记载，传说秀才裴航落第，舟中遇樊夫人，裴航赠诗一首，曰："同为胡越犹怀想，况遇天仙隔锦屏。倘若玉京朝会去，愿随鸾鹤入青云。"樊夫人答诗曰："一饮琼浆百感生，玄霜捣尽见云英。蓝桥便是神仙窟，何必崎岖上玉清。"裴航后来途经蓝桥驿，因为口渴向一老妪讨水喝。老妪唤出年轻美丽的云英接待他。裴航表示愿奉献厚礼聘娶云英。老妪回答说要玉杵臼为聘礼。裴航几经周折得到玉杵，帮老妪捣药一百天，才与云英结为夫妻，最后双双升仙而去。这一个典故预示了裴禹在与卢昭容缔结姻缘之前将经历一番曲折，但是最终必定是一个美满的结局。从艺术手法来看，借助典故表达对人生美好理想的追求，使得作品的意蕴更为丰厚，情韵更为深婉，艺术魅力更为隽永。

这一出戏以景物描写衬托了人物的心理，以移步换景的艺术手法刻画了人物思想感情的发展变化，在情景交融之中塑造了人物的真纯性格和美好形象。充满喜剧意味的插曲是剧作家精心策划、巧妙设计的关目，既展示了人物的心灵和个性，又赋予戏曲娱乐的情趣和游戏的色彩。在作品里，梅花"冰肤净，魂魄清"，"孤芳不与凡花并"，而卢昭容和裴禹又是一对佳人和才子，皆有着高雅的气质；而卢昭容用红梅向裴禹传递爱情，则纯粹是民间青年男女私授信物的恋爱方式，有着通俗的性质。二者合而为一，使得剧情雅中带俗，俗中含雅，雅俗互相交融，具有能令智愚同欢、可使雅俗共赏的艺术特征。　（骆　兵）

红　梅　记　　周朝俊

第十七出　鬼　辩

【挂真儿】(贾拥众上)烂醉归来明月下，看万条银烛笼纱。才罢堂餐，又排家宴，早是三更初打。

我与圣上赏月，出朝不觉大醉。你看月色转明，兴还不浅。叫左右，看酒来！做个通宵之乐，有何不可？(中净上)拆破玉笼飞彩凤，顿开金锁走蛟龙。廖莹中见老太师。归朝何太晚也？(贾)我与圣上平章了几件军国重事，赏月出朝不觉晚了。(廖)老太师在半闲堂与姬妾们斗促织便足了，军国重事何必入朝？(贾)休得取笑。且问你，所云之事可曾行否？(廖)启告老太师得知，裴秀才已被府中人放出去了。(贾)呀，这是何人，敢放他出去？(廖)廖莹中承太师尊命，走到西廊，只见书房门大开，里面悄无人影。小子急忙提着灯儿到处跟寻。原来于后花园内同一妇人站着，此时正待下手，被一阵风打灭了灯，黑地里被他闪过。再点灯来照着，只见花园门大开，人不知走到那里去了。(贾)有这等异事？你既见一妇人同在，认得那妇人是那一个呢？(廖)小可见便见个妇人，急节间也认不出是那一个儿[①]。(贾怒介)可恼，可恼！这班贱人恁般作怪。老廖请回，俺自有处置。(廖下)(贾叫介)众姬们那有？(旦、小旦、老旦、丑扮众妾上)笙歌归院落，灯火下楼台。众妾们叩头，(贾)哇！你这班臭歪刺骨[②]！是那一个私自放去了裴秀才？从直招来！(众惊介)此语从何起？贱妾们都不知。望老爷详察。(贾)与我一个个搒起来[③]，各敲一百！(搒介)(众哎哟介)(魂贴上)半闲堂直恁的闹热也？

【北一枝花】忽听得空堂人语喧，把俺幽穸里魂灵诧[④]。呀，太师坐当门，俺这里闪过靠边些。(听介)(贾骂介)(贴)只道为甚呀喳，原来是花园事发。(贾)还不招来么？(众妾叫苦介)(贴)这才是堂堂宰相坐官衙，一声儿怒发如雷，把俺怯生生小胆来吓杀。

李慧娘鬼魂放出裴郎，贼子不知，拷打众妾。俺若不向前厮认[⑤]，累了姊妹行受苦也！

【梁州第七】怎忍见姊妹行无端拷打？(众哭介)(贴)好一部肉鼓

吹唧唧喳喳[⑥]。呀呀呀,仗威风不下的阎浮刹。是这等五更签押,三鼓排衙。荆条竹板,玉锁金枷。呀呀呀,(窥介)那边厢止少个拨云堆牛头夜叉,这边厢止少个哨风尖鸟喙獠牙。呀呀呀,便阴司呵少不得一桩桩把善恶稽查,少不得把明晃晃业镜来照察[⑦]。早难道葫芦提一笔儿勾拿。(贾)你们若不招时,少不得都是死!(贴)哎哟,死不当耍,针尖事谎的天来大。任粗豪将神鬼诧,则怕呵相报冤冤定不差,迟早儿争些。

(见介)贱妾叩头。老爷,夜深了将息贵体,为甚在此烦恼呵?(贾)你这贱人好大胆,一向躲在那里,才来见我?放出裴生敢就是你?(贴起介)

【牧羊关】一犬声还吠,千牛在那家[⑧]?是这般重重朱户锁窗纱,怎出得羊肠路奔走天涯?(贾)后花园放出,还要强口,你休道我剑不利也!(贴惊介)哎哟,动不动刚刀一下,俺也不害些儿怕,迟和疾一死无加。却原来有亏心的也怕杀,你怎不自保身家?(贾)贱人,敢在我跟前指东话西。你浑身是胆哩!(怒介)(贴)小妮子从来心胆大,因此上拚残生来吊牙[⑨]。

(贾)你放出裴秀才是真了?(贴)怎么不真?(贾笑云)天网恢恢,把众人松了。(众作疼介)哎哟!哎哟!

【四块玉】(贴)脱牢笼,原是咱,怎掇陷在他名下[⑩]?(贾)那个教你放他去了?(贴)直恁把书生冷禁在官衙,听他一句句诉向俺伤情话。(贾)他怎么说?(贴)他说穷秀才分无缘住相府家。(贾)我请他教书。(贴)他拜上了老平章且放了先生假。(贾)我自有发放。(贴)他思家,这其间是俺方便了他。

(贾)这等想起来,你这贱人定与书生有帐了?(贴)也差不多。(贾怒介)罢了,气也!气也!

【骂玉郎】(贴)俺和他欢会在西廊下,行了些云雨,勾了些风华。(贾)你这贱人该万死了!(贴)这些时甘一死也干休罢。(贾)你何不奔他去了,敢来见我哩?(贴)待今宵跟着他,呀呀呀,厮撞着教我难停踏。

(贾)料你也去不通,你不记得李慧娘故事么?(贴悲介)哎哟,

【哭皇天】休休休，这话儿提他怎么？说的来教人痛杀。则他在断魂桥盼上个人清雅，少年郎瞥见了冷嗟呀。并不曾背地里通些情话，也不曾背人儿眼角眉梢去挑弄他。却怎生半声纳采，一剑儿分花？

（贾）你可知一言差了，便还他个死。你今做下这等事来，难道饶得你么？（按剑介）（贴怕介）

【乌夜啼】手提着明光光刚刀一把，这下场头又轮到奴家。俺死后呵，把尸骸仍窴向牡丹花⑪，俺可也做鬼是风流杀。伴艳艳朝霞，冉冉春华。与他把天姿国色向人夸，怕的风僝雨僽将香魂咤⑫。你早些儿发付，有什么争差⑬？

（贾）我自动手到便宜了你，我与你一剑，要你好好自己割下头来。（贴）承命了。（提剑介）

【尾煞】好一会说尽了伤心话，（内鸡鸣介）（贴）听隔户鸡声报晓衙，说的冷风颤齿寒毛乍。老爷呵，你饶恕了这班俊娃，难将罪加。你若真个要寻消问息，只索向半闲堂牡丹花下。（贴灭灯掷剑闪下）（众怕介）

（贾）快掌灯来！（杂掌灯上）（贾）这是怎的来？这贱人那里去了？（杂）禀老爷：十院歌姬，俱在这里。（贾）这般他是甚人？我醉眼看不明白。（杂）小人不该说，太像李慧娘生前模样。（贾怕介）众姬可曾认得他模样么？（众）委似慧娘庞儿无异。（贾）不信有这等一个出跳的鬼！叫院子拿锄锹来，向牡丹花下看其影形。（杂持锹锄上介）（内鬼火起）（众惊介）呀，兀自肉身尚在，不曾朽烂。（贾看介）呀，奇哉！奇哉！面色如生，衣衫不毁。院子，快买棺木，重新安葬。待老爷生日，你可广济云水僧道，做一会道场，超度他阴魂便了。

从来说鬼不分明，鬼物原来恁有灵。

一点香魂犹未散，三千云水广超生。

〔注〕①急节间：急忙当中。②歪剌（là）：亦作歪辣，詈词，指卑劣下贱的人。③拶（zǎn）：拶指，是古代的一种夹手指的残酷刑法。④幽穸（xī）：坟墓。⑤厮认：相认。⑥肉鼓吹：击打人身体发出的声音。鼓吹，鼓吹乐。典出《类说》引《外史梼杌》，后蜀酷吏李匡远，性苛急，喜闻捶楚之声，曰："此吾一部肉鼓吹。"⑦业镜：佛家语，指诸天与地狱中照摄众生善恶业的镜子。⑧千牛：原指皇帝的护卫，引申为禁卫军，这里指的是相府中的侍卫。

⑨ 吊牙：分辩、论理，有自找麻烦、故意纠缠的意思。 ⑩ 掇陷：牵连。 ⑪ 竁(cuì)：挖地建坟墓，这里是埋葬的意思。 ⑫ 风僝(chán)雨僽(zhòu)：僝僽，烦恼、愁闷。 ⑬"有什么"句：无关紧要，反正都一样。

裴禹因为冒充卢夫人的女婿被贾似道识破，诱禁在贾似道府中。李慧娘遭到贾似道残酷杀害，但是她的鬼魂依然钟情于裴禹，夜夜化作少女来到裴禹的房里与裴禹幽会。贾似道得知卢夫人母女俩迫于权势弃家逃走，暴跳如雷，认为"都是裴禹这小畜生误事，幽禁府中倒被他白白吃了半年"，因此，"心中愤他不过，思量一计，害了此人，方消吾气"。于是，贾似道阴谋派遣心腹之人廖莹中刺杀裴禹。李慧娘的鬼魂探听到贾似道与廖莹中二人密谋策划的内幕，急忙赶往裴禹的书馆解救裴禹，设法帮助裴禹逃脱虎口。之后，贾似道恼羞成怒，拷问众妾，欲知是谁放走了裴禹。《鬼辩》是《红梅记》的第十七出，演绎的就是李慧娘在贾似道面前为众妾辩护，与贾似道进行斗争的情节。

时间已经到了半夜三更，贾似道刚刚与皇帝一块赏完月，现在回到府中，"才罢堂餐，又排家宴"，准备"做个通宵之乐"。剧作家于开篇描叙贾似道奢靡荒淫的腐朽生活，交代拷问众妾的背景，目的显然是为了与贾似道对待众妾的残酷无情互相映衬，为进一步揭露贾似道心狠手辣的丑恶行径作铺垫。贾似道看见廖莹中，询问刺杀裴禹的阴谋是否已经得逞。廖莹中告诉贾似道说，裴禹已经被府中的一个妇人放走了，只是"急节间也认不出是那一个儿"。贾似道听说后怒不可遏，大叫："可恼，可恼！这班贱人恁般作怪。"显示出阴谋败露之后的暴躁性格。贾似道把众妾叫到半闲堂，逼迫她们招供是谁放走了裴禹。众妾不知底细，自然不能给予贾似道满意的回答。于是，贾似道不分青红皂白，命令手下人："与我一个个拶起来，各敲一百！"众妾遭受酷刑疼得"哎哟""哎哟"直嚷。贾似道一向权势熏天，视生灵如草芥，杀人不眨眼，拷问众妾甚至于采用暴虐的肉刑，活现出奸臣惨无人道的丑恶嘴脸。

这时，李慧娘的鬼魂潜入半闲堂，站在一旁目睹贾似道"声儿怒发如雷"，众妾叫苦连天，知道是为了放走裴禹的事情。李慧娘自言自语道："李慧娘鬼魂放出裴郎，贼子不知，拷打众妾。俺若不向前厮认，累了姊妹行受苦也。"又唱道："怎忍见姊妹行无端拷打。"她打算向贾似道说明真相，主动承担责任，替众妾解脱惩罚，这充分体现了李慧娘善良、正直的性格。当李慧娘看见贾似道以"你们若不招时，少不得都是死"威胁众妾时，毅然挺身而出。她首先采用缓兵之计，劝阻贾似道说："老爷，夜深了将息贵体，为甚在此烦恼呵？"设法转移贾似道的注意力，显示了她的聪明。当贾似道认定是李慧娘放走了裴禹时，李慧娘仍然设法与贾似道周旋，声称“一犬声还吠，千牛在那家？是这般重重朱户锁窗纱，怎出得羊肠路奔走天涯”，矢口否认有放走裴禹之事。这是李慧娘故意采取的模糊是非的战术，对贾似道作出的试探，表现出李慧娘的机灵。贾似道对李慧娘说人是“后花园放出”，并且胁迫她说：“还要强口，你休道我剑不利也！”李慧娘知晓贾似道已经掌握了裴禹逃脱的路线，便转而采取以退为进的策略，唱道：“动不动刚刀一下，俺也不害些儿怕，迟和疾一死无加。却原来有亏心的也怕杀，你怎不自保身家？”这一段话软中有硬，柔中寓刚，绵里藏针，既有对自己的保护，又有对贾似道的讽刺，充分体现了李慧娘不甘轻易屈服的倔强个性。贾似道见李慧娘非一般的懦弱女子可比，竟敢与自己对抗，不禁怒气冲天，破口大骂：“贱人，敢在我跟前指东话西。你浑身是胆哩！”李慧娘没有被贾似道的淫威所吓倒，回应道：“小妮子从来心胆大，因此上拚残生来吊牙。”在这里，李慧娘对贾似道采取了针锋相对的斗争策略，表现出不畏强暴、坚持正义的勇敢精神。最后，在贾似道面前，李慧娘直言不讳地承认是自己放走了裴禹，替众妾解脱了拷问，把矛盾冲突的焦点转移到自己身上。这是李慧娘与贾似道进行面对面斗争的第一个阶段，李慧娘巧妙地采取了步步为营的策略，向贾似道不断反击，多侧面多层次地展示了李慧娘的丰富的性格内涵。

接下来是李慧娘与贾似道进行面对面斗争的第二个阶段。李慧娘义无反顾地在贾似道面前为众人辩护：“脱牢笼，原是咱，怎掇陷在他名下？”李慧娘还诘问并且指责贾似道说：“直恁把书生冷禁在官衙。”表现出李慧娘强烈的正义感。当贾似道怀疑李慧娘与裴禹有私情时，李慧娘公开承认：“俺和他欢会在西廊下。”表达了对裴禹的真挚爱情，同时也是对贾似道的大胆蔑视与公然挑战。贾似道得知李慧娘与裴禹曾经幽会过，气势汹汹地对李慧娘说：“你这贱人该万死了！”再一次暴露了残忍的狰狞面目。但是，在贾似道发出的死亡威胁面前，李慧娘毫不畏惧，她说：“这些时甘一死也干休罢。”表现了对真纯爱情的坚定与执着。贾似道没有认出在他面前的女人是李慧娘的鬼魂，见这个女人态度如此强硬，于是，用李慧娘被斩首一事进一步威胁她。刹那间，李慧娘联想到自己的不幸遭遇，难免担惊受怕，所唱“手提着明光光刚刀一把，这下场头又轮到奴家”，正是这一种心理的反映。然而，她马上镇定下来，唱道：“俺死后呵，把尸骸仍窶向牡丹花，俺可也做鬼是风流杀。伴艳艳朝霞，冉冉春华。与他把天姿国色向人夸，怕的风僝雨僽将香魂咤。你早些儿发付，有什么争差？”这说明李慧娘并没有在贾似道的威胁下动摇自己对爱情忠贞不渝的意志。她视死如归，大义凛然，甘愿为了真纯的爱情再作一次牺牲，表现出了一位弱女子面对恶势力决不屈服的难能可贵的勇敢精神。

就在这个时候，一声鸡叫，报道天将破晓，李慧娘的鬼魂即将离贾府而去。李慧娘在离开贾府之际对贾似道说：“你饶恕了这班俊娃，难将罪加。你若真个要寻消问息，只索向半闲堂牡丹花下。”这一番话一方面再一次表现了李慧娘对众妾的关心，体现了她的正直善良；另一方面暗示了李慧娘自己的真实身份，有着蒙冤受屈便以鬼魂救裴禹向贾似道讨公道的深刻意味。随后，贾似道率侍从们来到牡丹花下，掘得李慧娘“肉身尚在，不曾朽烂”，“面色如生，衣衫不毁”，最终明白了是李慧娘的鬼魂营救了裴禹，是李慧娘的冤魂砸碎了自己的如意算盘，是屈死的李慧娘在向自己拼命抗争。惊恐之余，贾似道忙不迭地吩咐侍从“快买棺木，重新安葬”，又准备请僧道“做一会道场，超度他阴魂便了”，以期安顿李慧娘的亡灵。经历了与李慧娘的一番交锋之后，贾似道如此“厚待”李慧娘，反过来充分暴露了他理亏心虚的真实面目。

这一出戏全面塑造了李慧娘正直善良、勇敢坚强的形象。在李慧娘与贾似道的斗争当中，李慧娘有智有勇，爱憎分明，在道义上是一位真正的胜利者。因此，她虽死犹荣。贾似道在拷问李慧娘等人时目空一切，盛气凌人，玩弄无辜的众妾于股掌之中，欲置李慧娘于死地而后快。当然，毫无疑问，他虽然凭藉权势从表面上看来占据了上风，但他色厉内荏，在道义上自始至终是一个彻底的失败者。贾似道要“厚葬”李慧娘，超度李慧娘，只能够暂时求得心理上的安宁，可是绝对挽救不了“机关算尽太聪明，反误了卿卿性命”的可耻下场。戏曲故事情节后来的进一步发展充分证明了这一点。

（骆　兵）

【戏曲家小传】

陈与郊

(1544—1611)　先世本姓高，原籍不详，后移居海宁（今属浙江），又入赘陈氏，故改姓陈。字广野，号禺阳，一作虞阳，又号隅园、䔥川，别署玉阳仙史、高漫卿。明万历二年（1574）进士，授河间府推官，历官吏科给事中、太常寺少卿。以事罢归。通经史，工诗文。为晚明剧坛名家，所作戏剧以文辞之清丽雅洁著称，关目排场则尚有可议之处。散曲多写隐逸、风怀，曲词清俊谐趣。有《三礼广义》、《晋书勾元》、《广修辞指南》、《方言类聚》、《乐府古题考》、《陈奉常集》等。辑刻《古名家杂剧》正、续集。杂剧有《昭君出塞》、《文姬入塞》、《义犬记》、《中山狼》、《淮阴侯》，前三种今存。传奇有《樱桃梦》、《灵宝刀》、《麒麟罽》、《鹦鹉洲》四剧，总名《诊痴符传奇》，俱存。《全明散曲》辑录其小令六十首，套数六套。

鹦　鹉　洲　　陈与郊

第十一出　送　　别

【谒金门】(小生上)才困酒，一枕晓屏醒后。报道青门将折柳[①]，怕听车马骤。(旦)郢树荆烟马首[②]，别梦离魂关右。(生)江外啼猿何太陡，客衣催泪透。(相见科)

〔菩萨蛮〕(生)隔帘微雨惊飞燕，砌花零落红深浅。(小生)捻得宝筝调，心随桂棹遥。　(旦)恨君容易处，便话潇湘去。(合)凝思倚屏山，相流双脸斑。　(小生)喜遇荣行，聊陈薄饯。敢谓一时尊酒，能写绸缪；总之千载河梁，尚为卤莽。(生)正觉山林有味，真令仕宦无心。岂期直指之麻[③]，惊断曲肱之梦[④]。青门别酒，饯我离津；白马辒轩，迟君都市。(旦)功名万里，心事一杯。频催宾御之骊歌，暇顾闺人之粉泪。正是：客心君莫问，青草是王程[⑤]。(小生)仁兄既拜尊官，应携少妇。僻居别院，虽则深藏；留滞长安，不无远念。就使鱼来雁往，何堪凤只鸾孤。(生)下官与季父，一别家山，久疏邸报。若载河洲之窈窕，疑耽粉泽之欢娱。况托邻庄，如归陋室。弟幸无忘乳母，生终不负细君[⑥]。(小生)谨领。看酒来。

【园林好】(小生)君今去鲲鹏遇秋，君今去鸾凰丧俦。怎不教双飞双宿，同载上帝王州，同载上帝王州？

【前腔】(生)我自为云山浪游，他只道巫山逗留。因此上难携红袖，非不虑两担愁，非不虑两担愁。

【江儿水】(旦)烟锁前溪径，风生古渡头。潮平月落催分手，羞答答难擎骊驹酒，泪盈盈低问鲈鱼候[⑦]。莲子怎生结藕？回向兰房，懒与梅花争瘦。

【前腔】(小生)魏阙飞征旆[⑧]，湟池隐钓舟。城南去住烟含柳，客舍并州应回首，停云楚馆难忘旧。仁兄，佩玉鸣銮不久，旅况闺情，两下暂时消受。

【玉交枝】(生)埋光闾右，怎堤防司空斗牛[⑨]。下官既赴国忧，想贤弟不久亦通朝籍。桃源一去刘郎后，怕阮郎不稳林丘[⑩]。春帆猛惊悬客舟，朝云冷落留巫岫[⑪]。(小生)客邸风霜，仁兄宝重。

(生)蒙见怜天涯敝裘,烦好护风前弱柳。

(小生)这不须多嘱。

【前腔】(旦)深闺依旧,没心情帘琼罳钩。冷烟寒树重重甃,蔽人江上归舟。这早晚,俺公子要向长安对公车去也。王孙也图蟾窟游,儿家一任蛛丝覆。唯怕吟东西御沟[12],岂肯怨短长玉漏。

【前腔】(小生)仁兄去后,箫妹呵,钟残月漏,翠屏空朱辐在眸。凤帷中妇停鸾绣,望君龙额封侯。今朝宝筝珠泪流,明朝鸟道蝥狐篗[13]。傥顿教云中信休,可痛煞眼中人否?(旦隐泣科)

【前腔】(生)夫人,你且支吾僝僽[14],把溅红绡梨花雨收。春心一别调琴后,岁华揽镜双愁。烟迷陇山鹦鹉洲,云连楚馆胭脂岫。下官此去,如失群之雁、绕树之乌也,自有许多凄苦。哀塞鸿芦汀乍投,赖么凤桐花足覆。(旦携手科)

【尾】(生)鲛绡湿尽还携手,(小生)驻春漏畔为花愁。(旦)落照关西断妾眸。

(外、末扮甲,将领仪从上)夜壁冲高斗,寒空驻彩旃。小的是陇西裨将翟烨,带领甲士迎接爷。(生)前途伺候。(众应下)(小生)惆怅青门送碧车,不堪烟雨湿屠苏。(生)骄骢系软相思树,(旦)香泪回穿九曲珠。(小生从人下)(生、旦吊场)

【尾犯序】(旦)载去半天愁。(生)夫人省烦恼。(旦)奴家心绪,一个"愁"字儿怎生了得。几日欢娱,万种离忧。君向长安,望音书早修。颙俟,怕缫断游丝易惹[15],又枰借归期未偶。从今去寻思泣别,合眼到江头。

【前腔】(生)谁待赴皇州?甘老荆扉,耻佩吴钩。季父追呼,遂匆匆命舟。厮守,权累你愁红惨绿,休虑我添花补柳。应马上频笺心事,敢滞大刀头[16]。

(旦)相公此去几年?(生)与子定盟,无过七载,傥予乘便,尚及五年。(旦)闺阁心情,边关岁月。盟寒道妾怨不怨,身健任郎归不归。望相公宝重便了。

【前腔】(旦)轻雪犯貂裘,慢馘降王,亟望封侯。但得你虎帐逍遥,任凄凉凤楼。蓬首,挨七载珠帘夜月,有一日銮舆昼绣[17]。相公,若过七年，贱妾终当一死。(痛哭科)愆期久梨云化梦，飞绕曲江头。

(生)听不起你这伤心话儿。夫人，夫人，你竟不亮我那伤心处。

【前腔】呜咽向西流，镜约钗盟，一日三秋。肯恋龙旌，忘鸳帏逗留。我有玉指环一对，留赠夫人。(旦)唉，欲奴家如玉之贞，密意如环不解耳。(生)还有小诗一首，聊见鄙怀。(旦)愿闻。(生吟云)黄雀衔来已数春，别时留解赠佳人。长江不见鱼书至，为遣相思梦入秦。(旦)相公，但恐无书，不愁无梦。(生)知否，我自念凭栏屈指，你须信临岐执手。(旦)昔汉帝赐戚夫人玉环，照见指骨，今日此环，当照见妾心。(相哭科)(合)销魂处江烟陇雾，都撮四眉头。

【鹧鸪天】(生)五两风轻不自由，(旦)复看津舍隐离舟。一尊酒尽青山暮，(生)千里书来碧树秋。(生半下科)(旦)刚出浦，几回头。(生)正是满天风雨下西楼。(下)(旦)只怕他泪添九曲黄河水，一过龙门别处留。

〔注〕①青门折柳：指分别。青门，本名霸城门，汉长安城东南门。汉人送客至霸桥，折柳赠别。　②郢树荆烟：郢，春秋时楚国都城，故址在今湖北江陵西北；荆，春秋楚国的别称。郢、荆在剧中都是指汉中一带。　③直指：官名。汉武帝时朝廷直接派往地方巡视、处理问题的官员，也称直指使者。此借汉言唐。　④曲肱：曲臂以为枕。《论语·述而》："饭疏食饮水，曲肱而枕之，乐在其中矣。"　⑤王程：奉公命差遣的旅程。　⑥细君：古时诸侯之妻称小君，也称细君。后为妻的通称。　⑦鲈鱼候：典出南朝宋刘义庆《世说新语·识鉴》，言张翰在洛阳为齐王东曹掾，因不愿为官，云："人生贵得适意耳，何能羁宦数千里以要名爵？"乃托词见秋风起，思故乡莼菜、鲈鱼，辞官归里。这里指回归之时。　⑧魏阙：指朝廷。征旆：古代官吏远行所持的仗旗。　⑨"埋光"二句：典出《晋书·张华传》，言晋初牛、斗二星之间常见紫气照射，张华请教雷焕，得知是牛、斗的分野有宝剑精气上彻于天，遂任雷焕为丰城县令前去寻找，果然在丰城地下掘得龙泉、太阿二剑。这句是说自己本想埋名民间，不料才华被朝廷所知。⑩"桃源"二句：意谓自己做官，友人也会很快登入仕途。典出刘义庆《幽明录》，言东汉刘晨、阮肇入天台山采药迷路，遇到两位仙女，被邀至家中成婚。半年后回家，子孙已过七代，时已至晋。　⑪"朝云"句：意谓夫妻分别。典出战国楚宋玉《高唐赋序》，云楚怀王梦与巫山神女相会，神女辞别时说："妾在巫山之阳、高丘之阻，旦为朝云，暮为行雨。朝朝暮暮，阳台之下。"⑫"唯怕"句：谓男女离别长怀相思之苦。典出唐人红叶题诗故事，言宫女寂寞，题诗红叶，放入御沟水中，流到世间。后宫廷放出部分宫女，题诗女子得嫁拾到红叶诗之人。见范摅《云溪友议》，谓为唐宣宗时卢渥事；又见孟启《本事诗》，谓为唐玄宗时顾况事；又见孙光宪《北梦琐言》，谓为唐僖宗时李茵事。　⑬鸟道：意谓险绝的山路，仅通飞鸟。蝥狐：狐当作弧，春秋诸侯建旗，蝥弧为郑伯旗名。簉(zào)：排列。　⑭支吾：勉强应付。僝僽(chán zhòu)：憔悴，烦恼。　⑮颙(yóng)候：翘首等候。　⑯大刀头：典出《汉书·李陵传》，言汉使李陵之故人任立政等到匈奴，想暗地劝陵还汉。有一次，任立政见到李陵，眼睛注视陵，一面说话，一面用

手屡次摸自己的刀环。环，与还字谐音，暗示李陵归汉。这里指回归的日期。 ⑰ 昼绣：白天穿锦绣之衣，比喻取得功名，衣锦还乡。典出《三国志·魏书·张既传》："魏国既建，为尚书，出为雍州刺史。太祖谓既曰：'还君本州，可谓衣绣昼行矣。'"

陈与郊作《鹦鹉洲》传奇共三十六出。故事梗概是：唐代京兆万年人韦皋，乃诸葛亮之再生，族望巍巍，声名耿耿，有经天纬地之才，气薄云天之志，无奈国家州郡有藩镇作乱，京都则宦官当权，人心浮动，国势阽危，虽被授予参军，然思以自保，懒于就职。偶往楚中探望家存三朝簪笏、父为节使的友人姜荆宝。途中遇见前去拜访名诗人元稹的名妓薛涛，赠以玉指环一对。韦皋宿寺庙时，又听胡僧无姓禅师解说因缘，知前世为诸葛亮。姜荆宝故友重逢，盛宴款待，席间出乳母之女、义妹玉箫相见。韦皋一见生情，暗中以言相挑。荆宝便以玉箫相赠，使成夫妇。会朱泚叛乱，朝廷征召韦皋平叛。韦皋将妻子托付给荆宝，留赠玉指环，定七载之盟。上任途中又遇元稹送薛涛归蜀，相托照顾。韦皋剿敌有功，得封西川节度使。然其时已过七载，玉箫相思成疾，愁怨而死，葬于鹦鹉洲。时荆宝任青城尉事，因罪被囚，得韦皋之力出狱。韦皋闻玉箫去世，愧疚悲痛不已，乃请天师摄其魂魄，约十三年重会。玉箫投胎川东节度使卢八座宅，为养女，及长，延请薛涛为师，色艺双全。十三年后，韦皋因功勋最茂，进中书令封南康郡王，又值六十寿诞，各镇纷纷以金宝为贺。卢八座闻韦皋丧偶，乃以玉箫相赠。成婚日，见玉箫手指间有指环印痕隆起，乃知为两世姻缘。

此剧本事出唐人小说《玉箫传》，亦见唐代范摅《云溪友议》卷中《玉箫化》，宋代曾慥《类说》卷四一《玉箫紫环》等。元代有乔吉《玉箫女两世姻缘》杂剧，明代万历间有无名氏之《玉环记》传奇，亦演韦皋、玉箫两世姻缘事。《鹦鹉洲》卷首削仙《序》云："《云溪友议》载韦南康（即韦皋）二室，情甚奇。《唐语林》纪薛涛已奇。先生合而传之，尽本事中人，人尽有致，更奇。"剧中韦皋事本《旧唐书》卷一四〇、《新唐书》卷一五八及杂记敷衍、虚构而成。玉箫事悉据杂传，并入薛涛事，亦博采诸书，错综点缀。

《送别》为此剧第十一出，也是剧中相对出色的一出戏。韦皋、玉箫新婚燕尔，恩爱无比，无奈朝廷征召，韦皋不得不暂时割爱，与玉箫分别。这时，荆宝置酒，替韦皋饯行，玉箫也来相送。面对离别，男女主人公都苦不堪言。对韦皋来说，他非常满足于目前的生活状况，用他的话来讲，就是"正觉山林有味，真令仕宦无心"，割舍不下对玉箫的恩爱眷念。但是，一者国难当头，朝廷召唤，他韦皋不能袖手旁观；二者更担心季父责怪他沉溺男女之情，无所事事。他甚至因害怕而不敢将娶妻之事告知季父，"若载河洲之窈窕，疑耽粉泽之欢娱"。他别无选择，唯一的办法就是将玉箫托付给荆宝照看，自己只身上任。面对玉箫的泪眼与忧愁，他一再声称“谁待赴皇州？甘老荆扉，耻佩吴钩”，而且前途坎坷，“下官此去，如失群之雁、绕树之乌也，自有许多凄苦”。只是“季父追呼，遂匆匆命舟”。他安慰妻子，让她耐心等待，信誓旦旦地说这次分别，只不过是个时间问题，多则七年，少则五载，他定会回来团聚的。他会经常给她写信，每天都会思念她，根本用不着担心他在外面“添花补柳”。

与韦皋多少有些轻飘无力的劝慰相比，玉箫无疑将这次分别的后果看得更为严重。她是一个乳母的女儿，出身低微，只是义兄荆宝表示对友人深厚情谊的礼物（她在剧末再一次作了卢八座讨好上司韦皋的赠品），知道自己无法左右自己的命运。因此，她非常在乎自己同韦皋的婚姻，而丈夫的离别，在很大程度上意味着婚姻的破灭（甚至自己生命的终结）。“奴家心绪，一个愁字儿怎生了得”。她对丈夫为取功名，“暇顾闺人之粉泪”的做法当然不满，但她又有什么办法呢？除了嘱咐丈夫在外多加保重，自己坚守如手指上的“玉环之贞”外，她只能企盼丈夫不停地鱼雁传书，祈祷丈夫不要移情别恋，抛弃自己。她甚至预感到了“相公，若过七年，贱妾终当一死”。而事实上，七年间，她的相公既没有回来重聚，也没有将她接至身边，甚至连书信也断绝了。她的担忧变成了现实，韦皋已另娶夫人不再顾念她了。“当初道韦郎是个信人”（第十八出《守死》，下同），然而这个“信人”却并未守信，令玉箫悲叹：“教我吞却尾生钩，任风波意外流。今日里反使奴家抱桥而死，蓝桥翻没云英袖。他那里过了今岁又是明岁，俺这里捱了今日怎捱明日，不如死罢。”“这绸缪分明砌就一座坠珠楼”。她对婚姻觉醒之日，也就是她丧命之时。

《送别》一出不是以情节曲折、新奇见长，也没有强烈的戏剧冲突。作者以细腻之笔，描写了男女主人公激烈的内心活动，展现了他们各自的心灵世界。从中我们也可较为清晰地感受到两人的性格特点。玉箫的痴情、执著、善良，作为底层妇女不能支配自己命运的悲哀，是能够深深感动读者的。

陈与郊对自己的戏曲创作相当自负，《鹦鹉洲》第三十二出《团圆》【意不尽】曲云：“遗编本事非虚谬，花下填词月下讴，只恐采尽珠玑碧海愁。”他对此剧大量使用华丽辞藻与深奥典故感到很自豪，似乎戏曲创作应该就是用来展示作者语言才华、铺写技巧与文字修养的。明末祁彪佳《远山堂曲品》评价《鹦鹉洲》道：“此记逸藻翩飞，香色满楮，衬以红牙檀板，则绕梁之音，正恐化彩云飞去耳。禺阳（即陈与郊）自诩为：‘写之无逸景，用之无硬事，铺之无留情。’”说此剧“逸藻翩飞”当然不错，可对此剧演唱效果的评价未免誉之太过。《鹦鹉洲》有两点不足是明显的：一是与陈与郊其他的戏曲作品一样，沿袭旧的题材，几乎没有自己的创新;二是为案头之作,很难在舞台上演出。这限制了陈与郊作品的流传与影响。虽然陈与郊和注重曲律、追求语言通俗易解、讲究舞台演出的沈璟相知最深,但其作品的语言却和沈璟相距甚远,以绮丽典雅见长。还是明人吕天成《曲品》的评价恰如其分:"纪韦南康事,词多绮丽。第局段甚杂,演之觉懈。是才人语,非词人手。"这也难怪,多年的仕宦生涯和中年之后归隐林下,赋予陈与郊的是一种深深的忧世意识和批判精神,他的剧作成了发泄愤世嫉俗之气、发抒理想寄托的载体。卷末收场诗云:"鹤盖低昂赴玉墀,柴门烟月醉琼卮。缘无倚翠偎红分,故作拈花弄柳词。"在此心态与宗旨下,《鹦鹉洲》能否演之场上,那倒是其次的了。

(程华平)

【戏曲家小传】

汪廷讷

字昌朝,一字去泰,号坐隐、无无居士、松萝道人、全一真人、清痴叟等。休宁(今属安徽)人。监生。嘉靖、万历、天启间在世。官盐课提举司副提举、宁波府同知、长汀县丞。其家世营盐业,甚为富有。亦是明代著名书坊环翠堂的主人。能诗赋、词曲,好弈棋,喜藏书,广交游。与曲家陈所闻保持了长期的友谊,与汤显祖、王稺登、张凤翼、屠隆等亦有往来。被著录为汪氏的剧作,共计杂剧九种、传奇十七种。其中,传奇《狮吼记》、《种玉记》、《彩舟记》、《投桃记》、《三祝记》、《义烈记》、《天书记》今存全本,《青梅记》、《长生记》、《二阁记》仅存残本只曲,余皆已佚;杂剧《重会姻缘》、《同僚认父》、《报仇归释》、《石室悟棋》、《诡男为客》、《捐奁嫁婢》、《中山救狼》、《青梅佳句》今存全本,《太平乐事》已佚。其中,传奇《狮吼记》、杂剧《重会姻缘》最为成功。然而这些作品中,有的疑非汪氏所作。清周晖在《续金陵琐事》中谓《狮吼》、《威凤》、《同升》、《飞鱼》、《彩舟》、《种玉》、《长生》、《青梅》八记为陈所闻撰,又明祁彪佳《远山堂曲品》张灵墟序,谓《高士记》亦为他人所作以取媚汪氏者。《全明散曲》辑录其小令四首。另有《环翠堂集》、《坐隐先生集》等。

狮　吼　记

汪廷讷

第二出　叙　　别

【恋芳春】(生扮陈季常晋巾便服上)阀阅门楣[①],诗书世胄,青云事业难酬。谩思五陵豪侠[②]，肥马轻裘。雅志寻山问水，赏心处《阳春》堪奏[③]。惭株守，潦倒家园，何如选胜遨游？

一脉书香远借芬，才情磊落更超尘。花前爱挈东山妓[④]，座上常开北海樽[⑤]。词赋有声追屈宋，交游到处结雷陈[⑥]。男儿大肆探奇癖，何用浮名绊此身？小生姓陈，名慥，字季常，别号龙丘居士。原籍眉山，与苏子瞻同里。先父公弼，作宦黄州，因而流寓岐亭。不幸风木含悲[⑦]，年来独与妻房柳氏，谐其伉俪。卑人雪窗萤火[⑧]，曾苦志于三冬；云路鹏程，未雄飞于万里。因此陶情诗酒，寄兴烟霞。爱客之心，孔文举尚退三舍[⑨]；好游之癖，谢康乐还让一筹[⑩]。怎能彀丘壑中置向此身？恨不得金兰簿尽收名士[⑪]！只是我娘子虽多咏雪之慧[⑫]，却少剉荐之风[⑬]；岂惟不乐交游，亦且专作威福。役使尽皆老婢，那里有金雀丫鬟[⑭]？仆从总是苍头[⑮]，何曾容青衣童子？使区区有怀莫展，抱郁难伸。我想先父存日，曾令我拜吕公著为伯父，他目今在京为枢密[⑯]，屡次以书见招，我借谒吕为名，多载金赀，结客游乐，料娘子决不阻我。事不宜迟，待娘子出来，便与他商议则个。（旦扮柳氏上）

【临江梅】脸似芙蓉腰似柳，眼波湛湛横秋。云鬟斜弹玉搔头[⑰]。羞逞风流，难掩风流。（相见介）

〔浣溪纱〕（生）娘子你：裙拖六幅潇湘水，髻挽巫山一段云[⑱]。到来不语自生春。（旦）相公你：徙倚闲庭如有待，踌蹰白昼岂无因？支吾言语不须论。（生）娘子，我有一事，正在此度量，却被你看出来了。（旦）有事何不对我说？（生）吕伯父自升枢密，我不曾遣人走贺，他反数次相招。卑人意欲往谒洛中，以修通家之好，娘子意下如何？（旦）洛中道远，有甚要紧抛离家室，为此浪游？

【梧桐树】（生）非忘道路修，为念交情旧。暂别兰闺，把父执亲临候。娘子，我得见吕公呵，功名倘可图，及早乘机遘。愿借吹嘘，衣锦荣清昼[⑲]。我岂是天涯海角空驰骤？

【东瓯令】（旦）你把乡关别，室家丢，迢递长安作客游。只怕你风流落在他人后，我寂寞难生受。（生）卑人非但不敢欺娘子，这家事也难久离。见了吕公，探一功名消息便返。（旦）果若为前程干办怎淹留？一任你买棹入皇州。

你既然要去，何日起身？（生）打点行囊，即便登程。（旦）如此，丫头看酒来，与相公饯行。（丑扮丫头持酒上）杯酒殷勤劝，骊歌不忍听[20]。长安远于日[21]，无限别离情。酒在此。（旦奉生酒介）相公，我奉你一杯。

【大圣乐】心间事欲说还休。唱《阳关》斟别酒[22]，啼痕湮透青衫袖。（生）娘子，卑人不日就回，何劳悲痛？（旦）怕意马放难收。休被那朝云暮雨向台前诱[23]，休被那流水桃花在洞口留。更怕是呼卢浮白[24]，被高阳狂客羁绊归舟[25]。

（生）娘子放心，这都不必过虑。

【三学士】暂尔分违鸾凤偶，怎将你恩爱轻丢？（旦）只怕你出了门，不是这等的心肠。（生）我冰心不惹风尘垢，你香阁何劳抱杞忧？从今去，我谢客除花还戒酒，拟明月大刀头[26]。

（旦）似这般说便好。

【余音】只愿你故人逢功名就，我甘心坐待绿窗幽。（生）两地相思望斗牛。

（生）欲去长安谒故人，匆匆话别最伤神。

（旦）劝君更进一杯酒，只恐貂裘染洛尘[27]。

〔注〕 ① 阀阅门楣：名门世家。 ② 五陵豪侠：五陵，西汉都城长安附近的五座皇帝陵墓，即汉高祖长陵、汉惠帝安陵、汉景帝阳陵、汉武帝茂陵、汉昭帝平陵。《汉书·游侠传》："郡国诸豪及长安五陵诸为气节者，皆慕归之。" ③ 阳春：高雅的歌曲。战国楚宋玉《对楚王问》："客有歌于郢中者，……其为阳春白雪，国中属而和者，不过数千人。" ④ 东山妓：东晋谢安早年隐居浙江上虞东山，出仕后金陵东山也是其经常游憩之地。因其出游必携歌妓，故后世遂称文人雅士游赏所携之妓为"东山妓"。 ⑤ 北海樽：东汉孔融字文举，曾任北海相，后世称之为孔北海。好客喜酒，作诗有"座上客常满，樽中酒不空"之句。 ⑥ 雷陈：东汉雷义、陈重。二人是好友，被举荐时互相推让，最后雷义让陈重，太守不允，雷义披发佯狂而去。乡里遂有"胶漆自谓坚，不如雷与陈"之谚。见《后汉书·独行传》。 ⑦ 风木含悲：指父母亡故的悲哀。典出《韩诗外传》："皋鱼曰：'……树欲静而风不止，子欲养而亲不待也。'" ⑧ 雪窗萤火：晋孙康家贫好学，冬夜映雪光读书；车胤也是家贫好学，夏夜将萤火虫捉在练囊中借光读书。见《初学记》引《宋齐语》及《晋书·车胤传》。 ⑨ 退三舍：春秋时晋与楚城濮之战，晋文公重耳先退三舍（一舍三十里），以报答楚王过去对自己的恩惠。后多以"退三舍"表示主动退让。 ⑩ 谢康乐：南朝宋谢灵运袭封康乐公，后世因称之为"谢康乐"。他工诗，好游山玩水。 ⑪ 金兰簿：登记结拜的异姓兄弟姓名的簿子。 ⑫ 咏雪之慧：东晋谢安的侄女谢道韫有一次在谢氏家庭进行的咏雪联句中以"未若柳絮因风起"超过了兄弟们，受到大家的称赞。后因以"咏雪之慧"喻女子有文采。 ⑬ 剉荐：东晋陶侃家贫，有一次范逵率仆从来陶家，陶母剪发卖钱，买来粮

食,拆屋当柴,将草荐切碎喂客人的马匹。 ⑭ 金雀:一种钗名。 ⑮ 苍头:男仆人。 ⑯ 枢密:官名,即枢密使。宋制,枢密院的长官与同平章事等合称宰执,共同负责军国要政。 ⑰ 玉搔头:一种钗名。 ⑱"裙拖"二句:此为唐李群玉《同郑相并歌姬小饮戏赠》诗中的两句,原诗中"潇湘"作"湘江","髻挽"作"鬟耸"。 ⑲"衣锦"句:《三国志·魏书·张既传》:"魏国既建,为尚书,出为雍州刺史。太祖谓既曰:'还君本州,可谓衣绣昼行矣。'" ⑳ 骊歌:《骊驹》之歌,告别的歌。 ㉑"长安"句:晋明帝幼时,父亲问他日近还是长安近,他说:"日近,举目见日,不见长安。" ㉒ 阳关:古关名,西汉置,故址在今甘肃敦煌西南,因在玉门关之南,故名。唐王维《送元二使安西》诗有"劝君更尽一杯酒,西出阳关无故人"之句,古琴曲《阳关三叠》即以王诗为歌辞。 ㉓ 朝云暮雨:战国楚宋玉《高唐赋序》记楚怀王游云梦泽,梦一妇人,自称"巫山之女",愿荐枕席。去而辞曰:"妾在巫山之阳、高丘之阻,旦为朝云,暮为行雨,朝朝暮暮,阳台之下。"后因以"朝云暮雨"代指男女欢会。 ㉔ 呼卢:指赌博。古博戏,用木制骰子五枚,每枚黑白两面,掷出五子皆黑为卢,为最胜之采,玩时为求胜,常掷子呼"卢"。浮白:本指罚一大杯酒,后亦指喝酒。白,大白,酒杯名。 ㉕ 高阳狂客:刘邦起兵反秦后,有一位高阳的儒生郦食其来见他,刘邦不喜儒生,不愿接见,郦食其说自己不是儒生,是"高阳酒徒",刘邦便接见了他。后遂以之指称好酒者。酒客,意同酒徒。 ㉖ 大刀头:《玉台新咏》载汉杂曲歌辞云:"藁砧今何在?山上复有山。何当大刀头?破镜飞上天。"大刀头,即刀环,环谐音双关"还"。后世因以"大刀头"喻回还。 ㉗"只恐"句:晋陆机《为顾彦先赠妇》诗:"京洛多风尘,素衣染为缁。"此用其意。

《狮吼记》是一部讽刺批判妇女妒忌的戏。

妒忌是一种心理现象,属于情感范畴。英国科学家培根说过:"所有情感中最令人神魂颠倒者莫过于爱情和嫉妒。这两种感情都会激起强烈的欲望,而且均可转化成联想和幻觉,钻进世人的眼睛,尤其容易降到被爱被妒者身上,这些便是导致蛊惑的要点,如果世间真有蛊惑的话。"这是说爱情和嫉妒都是很强烈的感情,并且容易使人失去理智,导致不良的后果。的确,嫉妒是一种非良性情感。它是一种畸形的、不健康的情感,极易与其他的不良品质结合,比如自私、残忍、报复心等,往往形成一种恶德恶行,最后为人所不齿。《红楼梦》里王熙凤害死尤二姐,想必是没有人喜欢王熙凤的。

妒忌本来可能发生在任何存在竞争的领域,也是男女都会有的。但在过去人们的印象里,似乎嫉妒是女人的天性,又多发生在男女关系之间,从而引发出许多故事。这倒也不是没有原因的。封建时代,社会竞争领域是没有女人的,没有女人不是因为没有嫉妒,而是因为没有故事——故事是传出来的,没有女人的事,是没有人乐于传播的。在男女婚恋和家庭生活中,发生的事就会沸沸扬扬,生出引人入胜的故事。前面所引培根的话,是将爱情和嫉妒分开说的,只是说它们之间有某些相似之处。但是事实上爱情和嫉妒既是品质不同——爱情美好,嫉妒丑恶——又是常常连在一起的:爱情常常导致嫉妒(当然嫉妒并不一定由于爱情)。有一句老话就叫做“爱到妒时情始真”嘛!

可是因为爱情的无价,妒忌就没有价值可言,也得不到丝毫同情,至少在中国古代是如此。未婚的女子即使有恋爱的事发生,也是非理、非法不受保护的,她们根本没有妒忌的权利。已婚妇女妒忌才是比较普遍的现象,她们为此受到的谴责千古不绝。在家庭里,丈夫哪里有可嫉妒的对象呢?而妻子则有合情、合理又合法的大批竞争者——姬妾、情人、妓女……所以嫉妒的故事便只属于女人。当女人一生的社会角色只剩下一种——“妻子”(“母亲”从属于“妻子”),其作为人的权利也只剩下对丈夫某种程度的拥有的时候,对这种权利的侵犯,就意味着对她全部生存价值的侵犯,也就必将激发出她全身心的本能来对抗。但她没有合理合法的维权途径和手段,那就意味着她可能将不择手段。现实生活里,文学作品中,这类故事非常多。有些杰出女子,例如能诗能文的才女,还可以通过文学作品表达自己的情感,唤起丈夫的良知。比如汉代的司马相如和卓文君因自由恋爱而结婚了。卓文君是多么杰出的女子!又会作诗,又会弹琴,又懂得爱。为了司马相如,她抛弃了富裕的家庭,和相如一起过起了家徒四壁,当垆卖酒的生活。可司马相如一发迹,居然又要娶茂陵女子为妾,卓文君怎不哀怨欲绝?于是写下了文学名篇《白头吟》。南北朝时期窦滔赴任时只带小妾阳台,妻子苏蕙长期独守空闺,她将对丈夫的爱和恨在织机上织出了著名的璇玑回文诗,使丈夫受到感动,回家来了,此事也传为美谈。然而千古之下,具备这样的才能并用来争取自己权利的女子能有几人?

妒忌成为一种文学题材在女性往往是自己的情感倾诉,在男性作家则是以旁观者的姿态对妒忌进行诠释。不同的诠释表达了人们对这一社会问题见解的不同。明代有两部传奇——吴炳的《疗妒羹》和汪廷讷的《狮吼记》,都是写妒忌的。将二者作一番比较是很有意思的。

《疗妒羹》是以被嫉妒者乔小青为主要对象的戏,其中塑造了一个极端嫉妒的悍妇苗氏,她对小青百般迫害。作者对她的不幸遭遇是同情的。但仔细捉摸:乔小青的不幸其实并不是因为做了妾,而是因为她命运不能自主。她被人卖来卖去,卖错了人,卖给了家有妒妻的褚大郎。其次,作者谴责的不是买妾的褚大郎,也不是男女不平等的婚姻制度,而仅仅是妒妇苗氏。苗氏的嫉妒与她对丈夫的感情无关,她的权利受到侵犯,却并不仇恨真正侵犯她的权利的丈夫,而是比她更弱小的女子小青。还有,她的恶德并不止于嫉妒。除了小青的年轻美貌外,她还仇视书籍,仇视德行,仇视所有的美好。她还残忍到进行谋杀。所以即使没有小青,没有嫉妒,她也是个邪恶的女人。作为她的对立面,剧中歌颂了一位多方为丈夫杨大器买妾的贤德的颜夫人(剧中她由正旦扮演,是主要的正面人物),只可惜小青错过了机会,所以受了许多苦。后来小青终于做了杨大器的妾,成就了一桩美满姻缘,获得了幸福。这一正一反两个人物,完整地表达了作者的观点:他不反对多妻制,他把嫉妒仅仅理解成个别妇女的道德品质恶劣。当然《疗妒羹》不是坏作品,它有一些人道意识,有一般的善恶意识,但它没有女权意识,没有从普遍人性和社会制度上认识和揭露嫉妒的产生和危害,更没有从人的心理活动深层对嫉妒进行解剖。

而《狮吼记》在上述方面超过了《疗妒羹》。

首先,它矛头指向的是女性在夫妻关系中的不平等地位——尽管他并不拥护男女平等,但矛盾的引发从此开始。从艺术处理上,在丈夫和妻子之间展开戏剧冲突。柳氏嫉妒的根源正是丈夫和妻子之间的生活权利和情感相互拥有的不对等——丈夫陈慥总想外出寻欢作乐,有另外的女人相伴,妻子柳氏对丈夫这样的行为则百般抵制。柳氏的主要报复对象不是第三者,而是丈夫。作者这样写,无疑准确把握住了嫉妒者的脉搏。在人物形象上,作者不把柳氏刻画成一个彻底的反面人物。她的基本形象仍然是美好的。特别是她爱丈夫,嫉妒正是从这个基点上开始的。后面的第十七出《变羊》,写柳氏将丈夫陈慥的脚拴住,不让他出门,但陈慥却将绳子拴了一只羊,自己偷跑了。柳氏发现,以为是丈夫变成了羊,十分怜惜和后悔。这爱,便诠释了她的妒。这个基点在全剧开头的《叙别》一出就定下了。后来柳氏的嫉妒愈演愈烈,发生了许多过火和不可理喻的行为,都和丈夫的不断欺骗和背弃有关。作者写出了这种发展和变化是双方造成的,符合生活的真实,也表达了对嫉妒者一定的理解和同情。最后,此剧被处理成轻喜剧,也表明他的基本态度和美学理想。(这一点后面我们还将会谈到)

在全剧第二出《叙别》里,柳氏被塑造成一个相当可爱的女人。她美丽聪慧:"脸似芙蓉腰似柳,眼波湛湛横秋。云鬟斜亸玉搔头。羞逞风流,难掩风流。"(【临江梅】)丈夫陈季常赞她"多咏雪之才",即聪慧而有文才。她还很通情达理。丈夫走得名正言顺,她不强留:"果若为前程干办怎淹留,一任你买棹入皇州。"(【东瓯令】)她内心感情丰富,对丈夫的离去她真诚地依依难舍:"心间事欲说还休,唱《阳关》斟别酒,啼痕湮透青衫袖。"当然她也表示了一些担忧,免不了谆谆叮嘱:"怕意马放难收。休被那朝云暮雨向台前诱,休被那流水桃花在洞口留。更怕是呼卢浮白,被高阳狂客羁绊归舟。"这些都在情理之中,没有任何可以指责的。《西厢记》中"长亭送别"时,崔莺莺不也叮嘱张生:"若见了异乡花草,再休似此处栖迟"吗?

可是她真诚信任着的丈夫却的的确确在欺骗她：他明明是想外出结客游乐，明明已经对功名失去兴趣，决心过陶情诗酒寄兴烟霞的生活(【恋芳春】曲后宾白)，对妻子却谎称是为了功名去洛中拜见世伯吕公著。“非忘道路修，为念交情旧。暂别兰闺，把父执亲临候……功名倘可图，及早乘机遘。愿借吹嘘，衣锦荣清昼。我岂是天涯海角空驰骤”，说得多么冠冕堂皇！最后还信誓旦旦：“我冰心不惹风尘垢，你香阁何劳抱杞忧。从今去，我谢客除花还戒酒，拟明月大刀头。”柳氏完全相信了，她表示“只愿你故人逢功名就，我甘心坐待绿窗幽”(【余音】)。这样一位通情达理、情愿牺牲自己成全丈夫的女子，能是本性乖戾、居心不良以折磨丈夫为乐的恶妇吗？她在此刻完全是受害者。观众在看着她被蒙在鼓里，带着对丈夫的关爱和信任下场的背影时，一定会油然而生出同情来。

当然这位男性作家对陈季常的欺骗从根本上是怀着善意的理解和同情的。这种理解和同情基于对多妻合法合理的制度以及子嗣对社会的重要性的肯定，同时对男人在社会生活中的特权是维护的，对他们的行动自由受制于闺阃也是不以为然的。所以对陈慥并不认真严肃地进行批评，只是有些轻微的嘲弄而已。对柳氏的受骗同情也有限，点到为止。

(姚品文)

狮　吼　记

汪廷讷

第九出　奇　　妒

【一翦梅】(生上)谈空说有遇名僧，勘破浮生，了悟无生。一炉香篆数函经，欲断尘情，尚恋凡情。

冠天履地学为儒，无奈青云事业虚。近向西来探秘密，黄花翠竹尽真如[①]。小生自在东坡雪堂，得与佛印禅师谬结同心之契[②]，常聆出世之谈。欲仗大士因缘，消我前生业债。茫茫苦海，堕落堪虞；泛泛慈航，皈依颇切。争奈我妻房柳氏，生性儿有些跷蹊，遽难化诲。我甘心儿陪些从顺，何怕折魔[③]？今已辰牌时分[④]，待我入兰房中，看娘子起未？(入介)呀，娘子起来了。

【女临江】(旦上)朦胧春梦莺啼醒，绿窗外日移花影。掀帘谁荡玉钩声？春山郎欲画[⑤]，螺髻未妆成。

春眠不觉晓，处处闻啼鸟。(生)夜来风雨声，花落知多少？(旦)相公，你今日为何出门太早？(生)我欲寻苏东坡谈禅，谁知他已不在家了。(生抱旦介)娘子，我看你云鬓虽乱，意态更妍，恍如宿酲太

真[6]，绝胜捧心西子。(旦推生介)我也不喜你虚头奉承，只要实心帖服。(生)娘子，我和你，

【懒画眉】似关关匹鸟两和鸣[7]，夫唱妻随协气生。须知那伯鸾德耀振贤声[8]，白头相爱还相敬。我怎忍反目徒伤结发情？

(旦)陈郎，我岂不知，

【前腔】幽闲贞静博芳名，只怕你做丈夫的，宜室宜家道未行[9]。(生)若论刑于之化[10]，卑人其实不让文王，但恐娘子未如淑女。(旦怒介)你那些儿见我不如淑女？出言何故太欺凌？多应未谙区区性。(生慌介)娘子，我与你要子，如何便认真？(旦)也是你作耍成真自取憎。

如今这时候了，快拿过妆台来我梳洗。(生)敢不效劳？(递妆镜介)鸾镜、犀梳、象牙眉掠俱在此。(旦对镜照介)

【前腔】轻尘拂去鉴光明，(生)照得你丰采翩翩百媚生。你这影儿，好似对门张员外家媳妇。(旦怒介)你看上甚么张媳妇，却将我来比他？(摔镜介)我将菱花撕碎恨难平[11]。(生袖中出扇，扇旦介)奶奶休发怒，我与你扇扇。(旦回头见扇，佯笑夺扇看介)这丹青便面是何人赠[12]？莫不是掷果潘安远寄情[13]？

(旦)我看这扇儿精致，多应是风流年少人物。(生)有一朋友，年方弱冠，因我爱他，特遣人送来的。(旦将扇打生，扯碎掷地介)

【前腔】男儿不自重时名，甘比狂童背圣经。(生)娘子，你捻酸吃醋全不怕人听？(旦)我家常说话，怕甚么人？(生)《诗》中长舌宜三省[14]。(旦)三省、三省，磨得你投河、落井。(向内大叫云)小厮每你听着：但有年幼的朋友来拜，竟自回他，休得通报。(内应)知道了。(旦)免得东君喜送迎[15]。

(末扮苏院子上)为有看花约，因传折柬来。陈相公在家么？(生)外边有人声，我看是谁？(生欲出介)(旦扯生介)你且住。我去张一张，若是年幼的朋友，不许你出去。(张介)原来是一个仆人，你出去罢。(生出见介)(末)苏爷方才失迎相公。今日天色晴明，南郊花事可玩，欲拉琴操陪相公游赏片时，特差小人奉请。(旦大叫云)不许去！不许去！(生慌背末云)"琴操"二字，不知可曾听得？若听见怎了？(回身向末云)院公，你可少待，我进去便来。(入见

旦云)苏学士请我游春,并无他客。(旦怒视介)我素知东坡是风流人豪,寄兴花酒。况他欲拉琴操同游,你如何哄我?(生)那里是琴操?叫我是陈慥。(旦笑云)谁曾见主人请客,反呼客名?(生)原来娘子不知。我在洛中拜子瞻为兄,兄呼弟名,正是古礼。(旦)我这个信不过。若是妓女,断不与你干休。(生跪云)若是妓女,甘心受责。(旦)你既自招,奈家无刑具。你去隔壁借李大嫂昨晚打李大伯的竹篦来。(生迟疑介)(旦大叫)还不快去?(生慢行自语介)叫我此去,如何开口?(旦扯生介)你说甚的?莫不骂我么?(生)我怎敢骂你?我说李大嫂竹篦,自家要用。我书房中有青藜拄杖一条,何等方便?免得求人。(旦)你说的是。那藜杖颇坚,尽勾你消受。快去取来。(生入)(取杖出介)杖儿,杖儿,我想刘向当年赖你呵,

【解三醒】炊藜火把瑶编曾映[16],今做了挞良人夏楚之刑[17]。古来只有伯俞受杖遵慈命[18],几曾见甘痛决被妻荆?(旦大叫)藜杖现放在那壁,怎么不快拿来?(生)来了,来了!(低唱)我非无斩钉截铁刚方气,都只为惹草沾花放荡情。权支应,(旦)这个却权不得,要打便打。(生递杖与旦介)倘违约束,任尔施行。

(旦叫末介)苏院公!(末应)夫人有何分付?(生)你好没分晓,叫他说甚么?(旦)你对老爷说,我相公久已受戒,不见妇人,休得引乱他心,有伤雅道。(末)我老爷一生也是怕见妇人的,夫人放心。(生)娘子,你方才疑我哄你,难道此人也诳言?(旦)那苏学士呵,

【前腔】为风流招愆惹眚[19],这来人言语难凭。你杨花心性浑无定,(举杖示生介)若犯着我呵,把藜杖重才丁[20]。(生背末对旦云)休被那人听见,不像体面。(旦)你欲全体面休干犯,莫怪我心肠易变更。(末)相公请行,老爷候久了。(旦)且趋他命,纵然你欺吾不见,难掩风声。

(旦)柳色莺声及早春,(生)出门俱是看花人。

(末)杖藜扶你桥东过,路上行人也断魂。

〔注〕 ① 真如:佛家指永恒常在的实体、实性。 ② 佛印禅师:宋僧了元,号佛印,居金山寺,是苏轼的朋友。 ③ 折魔:即折磨。 ④ 辰牌时分:一日十二时之辰时,相当上午七时至九时。 ⑤ 春山:对女人眉毛的美称。唐李商隐《代董秀才却扇》诗:"莫将画扇出帷来,遮

掩春山滞上才。” ⑥ 宿酲太真：隔宿醉酒未醒的杨贵妃。杨玉环原为唐玄宗李隆基的儿媳。后来李隆基要收她为妃，先让她到道观里当道士，道号太真。酲(chéng)，醉酒。 ⑦ 关关匹鸟：《诗经·周南·关雎》：“关关雎鸠，在河之洲。窈窕淑女，君子好逑。”这首诗是写夫妇和谐的，关关，鸟鸣声。匹鸟，指雎鸠。 ⑧ 伯鸾德耀：即东汉梁鸿、孟光夫妇。二人是夫妻相敬如宾的典范。 ⑨ 宜室宜家：《诗经·周南·桃夭》：“之子于归，宜其室家。”朱熹《诗集传》云：“宜者，和顺之意。室谓夫妇所居，家谓一门之内。”这里柳氏用描写出嫁女子的“宜室宜家”来说丈夫。 ⑩ “刑于”二句：说自己在家里做妻子的模范。《诗经·大雅·文王》有“刑于寡妻，至于兄弟，以御于家邦”之语，所以生说自己“其实不让文王”。刑，同“型”，型范之意。 ⑪ 菱花：菱花镜，背面刻有菱花的铜镜，也泛指镜子。 ⑫ 便面：扇子的别名。 ⑬ 掷果潘安：晋潘岳字安仁，美姿容，少常挟弹出洛阳道，见到他的妇女们喜欢他的俊美，都向他的马车上扔果子，遂满载而归。 ⑭ 诗中长舌：《诗经·大雅·瞻卬》：“妇有长舌，维厉之阶。”长舌指多言，爱搬弄是非。 ⑮ 东君：司春之神。 ⑯ “炊藜”句：据《拾遗记》载，汉代著名学者刘向于成帝末校书天禄阁，专精覃思，夜有老人着黄衣，持青藜杖，登阁而进。见刘向在暗中独坐诵书，乃吹杖端烟燃为照明，与刘向谈远古时事，传授五行洪范之文。瑶编：对书的美称。 ⑰ 夏(jiǎ)楚：夏，木名。楚，荆条。古时学校用以做惩罚学生的鞭子。后引申为刑具。 ⑱ 伯俞受杖：刘向《说苑》载，汉韩伯俞性至孝。一次母亲打他，他大哭。母亲问他往日挨打，都是很高兴的，现在为什么哭呢？他说：往日挨打觉得很痛，知道母亲身体康健。今天挨打不痛，知道母亲身体衰弱了，所以很难过。 ⑲ 眚(shěng)：指灾祸。 ⑳ 才丁：即打，用拆字法。

陈慥以求功名为名，到洛中游乐，柳氏得知受了欺骗，写信将他招回。回来之后他又与苏东坡、佛印等一同游赏玩乐，座中还有妓女琴操相陪。但是柳氏有了教训，比过去警惕多了，戒备也严密多了。所以陈慥觉得很不自由。本出写苏轼遣人来请陈慥去游春，柳氏意欲阻止，终于又被陈慥说服，放他出门去了。

这部戏写妻子柳氏嫉妒特甚，丈夫陈慥在妻子面前，总是做小伏低，逆来顺受。那么陈慥是否被刻画成一个“孱头”、“脓包”、“窝囊废”，真正的无能之辈呢？完全不是如此。

首先从本出戏里，我们仍然可以看到作者刻画他们夫妇间和美的一面。作者让二人上场合念“春眠不觉晓”，正是表明这一点。丈夫去看妻子起床没有，柳氏问丈夫“今日为何出门太早”，都是出于相互关心，丈夫被妻子的美丽温柔激动，便动手动脚了，妻子虽然拒绝，却还是理解丈夫的好意。这时闺房气氛还是很温馨的。接下来二人相互交心：丈夫希望夫妇俩“白头相爱还相敬”，不愿“反目徒伤结发情”；妻子表示自己愿意“幽闲贞静博芳名”，只是担心丈夫“宜室宜家道未行”；丈夫辩解说“刑于之化，卑人其实不让文王”，而批评妻子“未如淑女”。这是在试探是否能给妻子提点意见，柳氏方有些不高兴了，丈夫赶紧解释说是开玩笑，妻子也没有过于认真，转过话题，让丈夫帮助自己梳妆。……这不是生活气息极浓的一幅闺中行乐图吗？后来的昆曲将这出戏作为保留剧目，取名《梳妆》(见《缀白裘》),可见观众也是非常欣赏这一情景的。

从陈慥的玩笑开始有点摩擦。陈慥将妻子与对门张员外媳妇比较,所以柳氏生气了。这气生得实在不算无理。这说明陈慥的确是观察和注意过张员外媳妇的美貌并且很赞赏的。在一个女人面前赞美另一个女人的美丽,现代文明女性不是也难以接受,在西方还视为一种禁忌吗?何况夸妻子"丰采翩翩百媚生",像对门张员外家媳妇,就是以张家媳妇之"丰采"为标准的,似褒实贬,当然会使柳氏的自尊心受挫。后面她开始拈酸,多所发挥,怕就算不上是无理取闹了。

下面第二场戏仍然在夫妻二人之间进行。不过不再是一般性谈论,而是因苏轼派人来邀请陈慥去南郊看花转而展开新的矛盾。柳氏不愿并限制季常出游,季常则极力周旋,争取出游。柳氏提出要约法三章,座中不得有妓女,如有妓女,定要责罚。挨打的棍子还要季常自己去借,当着仆人的面威胁季常,毫不顾及他大男人的体面。她还大模大样给苏轼捎话:"休得引乱他心,有伤雅道。"一副盛气凌人的样子。看起来,柳氏的确蛮横霸道,处处占着上风。陈季常则忍气吞声,甘居下风,乖乖接受妻子的条件,说:"若是妓女,甘心受责。"还把自己的青藜杖献出来作为责罚自己的工具,一副可怜相。

大多数观众会觉得陈季常软弱得很可笑。但如果真的觉得这个男人可怜,甚至怒其不争,那就上了他的当了。他的唯唯诺诺虽然有性格基础,但实在是一种以退为进的策略。他自己唱得明白:"非无斩钉截铁刚方气,都只为惹草沾花放荡情,权支应。"(【解三醒】)对柳氏的咄咄逼人,他左遮右挡敷衍着,还拉着苏院公作配合。明明知道有妓女琴操在,却信誓旦旦,保证没有妓女。院公也说:"我老爷一生最怕见妇人的,夫人放心。"柳氏能做的都做了,只得相信季常的保证。结果再一次上当受骗。季常不但去自由玩乐,最后还在外面讨了小妾。所以谁是胜利者呢?丈夫才是真正的胜利者。主观愿望和实际效果背谬错位,造成了强烈的喜剧效果。

当然这出戏里的双方无论胜利或失败,谁都没有受到很大的伤害,表现了轻喜剧的特点。我认为作者是很懂喜剧原理的。亚里士多德说:"喜剧模仿的对象是比一般人较差的人物。所谓较差,并非一般意义的'坏',而是指具有丑的一种形式,即可笑性(或滑稽)。可笑的东西是一种对旁人无伤,不至引起痛感的丑陋或乖讹。"汪廷讷在《狮吼记》里塑造的这两个人物都是有缺点的正面人物,他们的冲突产生的是喜剧美,并不给人恐惧感和痛苦感。

但全剧揭示的现象,却并不因为它的喜剧性而失去社会意义的深刻。陈慥是受虐的一方,似乎很不幸,但陈慥本人却保持着一种非常平和的心态,似乎是甘于受虐。其实这种平和并非懦弱，而是一种真正的心理优势。他后面是一个支持他的广大社会，在戏里就是苏轼、佛印等。这是一个属于男人的世界，包括仆人在内，都同情帮助他，帮他实施欺骗。相反，柳氏的乖戾是由于孤立无援，而又充满危机感，是真正的弱者。她的力量只及于阃内，用绳子拴脚都只能拴在门里，一出大门男人就有援手。比如有巫师（虽然她也是女人，但也不认为应该帮女人）帮他变羊，佛印帮他施法术，苏轼给他送小妾等等。所以真正强大的仍然是男人。这种真正的强大维持丈夫陈慥的优势心态，平衡了他受到约束和压制所产生的不快。他既有恃而无恐，犯不着对柳氏以牙还牙。所以他并不像表面看到的那么可怜，没有不堪忍受的恐惧和痛苦。作者是否意识到了这一点难说，但他忠实于生活的真实。

由于作者对女人妒忌的认识毕竟受到封建正统思想的限制，特别是求嗣至高无上的观念，使得作者把过错都归于柳氏，矛盾的解决是必须设法消除柳氏的妒忌，所以后半部作者的美学追求改变了，没有把喜剧风格贯彻到底，而让柳氏受到惨痛的惩罚。

（姚品文）

狮　吼　记　　汪廷讷

第十一出　谏　柳

【生查子】（旦持拄杖上）儿夫喜浪游，不把盟言守。嗃嗃奈予何[1]，伊作伊还受。

〔如梦令〕自是男儿情薄，莫怪妇人口聒。为爱出墙花，玩法甘违初约。知觉，知觉，抵死与他一着。　昨日丈夫欲偕东坡嬉游，自招若有美人，甘受藜杖。我令苍头潜去窥视，那老奴也把言语支吾。我怒发先要杖他二十，他方才吐露真情，说果有妇人在坐。天，天，有这样不守法度的男子汉。他归来推醉，我也不曾理他，待今日和他算账。丈夫那里？（生应上）有，有。

【前腔】看花昨夜归，尚未醒残酒。闻唤急趋跄，琴瑟娱清昼。

（见介）娘子有何见教？（旦怒云）见教，见教，可知你灾星拱照。若还违拗些儿，我不刎便吊。你昨日出门时，对着拄杖儿，招些甚么来？（生）奶奶，我但见你红下脸来，我有话都说不出了。你请息怒，容分剖。（旦佯笑云）你昨有妓无妓？（生）娘子，其实无妓。（旦怒将杖打生云）昨坐在东坡右手，穿藕丝裳者是谁？（生）娘子，昨日游人千丛万簇，想是苍头看得眼花了。我们实不曾携甚美人。（旦）你还硬嘴？叫老奴来对！（大叫）苍头那里？（内应）买下饭去了[②]。（生慌云）不必叫苍头[③]，我认了，我认了！（旦）禽兽，人说你肠子有吊桶粗，我说你胆子有天样大。我与你做夫妻多年，你岂不知我平日的性子，辄敢欺心玩法？跪过来，定打三十拄杖。（生）奶奶，不才初犯，且饶这遭！（旦）断要打，休惹起我的性子来。（生）奶奶，打我是小事。你方才养成指甲，恐被抓伤，吾罪越重。不如权且恕过，下次莫饶。（旦）也罢，我饶你拄杖，罚跪在池边。（生）奶奶，这个容易。只求把大门闭了，恐有人来，不当稳便。（旦）若要闭大门，打了去跪！（生）我跪，我跪。（旦虚下）（生跪介）

【宜春令】（生）心中恨，（旦内叫云）你恨我么？（生）脸上羞，（旦内云）你是该羞也！（生）对着碧粼粼方塘水流。（旦内云）你倒不如投在水里罢！（生）当场出丑，这般恩爱难消受。（旦内云）你既没情，我也无义，怎怪得我？我且睡一觉来放你。（内做乱蛙鸣）（生）呀，这孽畜，往常不叫，偏今日咭咭聒聒，如鼓吹一般。蛙哥，蛙哥，你可怜陈慥，闭嘴一时，只怕他疑我与人说长道短。你休在清池阁阁争喧，免疑我对傍人哓哓搬口[④]。苦，我这膝盖儿跪得疼了，望娘行大发慈悲，暂时宽宥。

（小生上）既已为男子，应当制妇人。牝鸡曾有戒，未可令司晨[⑤]。昨日陈生归家，必受柳氏之气，我去探望他一回。来到门首，门儿半开在此，不免径入。（见生跪，背语科）呀，兀的不是季常？缘何跪在池边？奇绝！奇绝！待我闪在这壁，听他说些甚么。

【前腔】（生）衔冤气，溯祸由，我也不怨娘子，只怨苏学士，挈红妆春郊戏游。（小生背云）我挈红妆，你不来也自由你，如何怨我？（生）到今日呵，落他机彀[⑥]，幸得无人来见，倘人窥嘲讪般般有。我的娘，誓从今改过收心，敢如前胡行乱走？（向空顿首介）望神明转日回天，急来搭救。

（小生忙扯起生介）救你的神明是我！（生怒介）东坡，你好没礼！缘何不先通报，径直入人家来？（小生）若待通报，怕你膝盖儿越疼了。季常，陶元亮不为斗米折腰[⑦]，至今犹有生气，况你为丈夫，乃甘曲膝于妻孥，岂不汗颊？（生慌掩小生口云）噤声，噤声！跪的是我，不干足下事。（小生喝云）衣冠不整，尚属朋友之过，世间那有这样缩头的男子？（旦持拄杖叫上）禽兽，缘何不待我发放，擅自起来？却与谁人在此闹嚷？（见小生拜介）原来是苏大人。（小生）尊嫂，辄闻妇道以顺为正，从一而终，是以牝鸡司晨，长舌阶厉[8]。尊嫂何不恪遵四德之训[9]，甘犯七出之条[10]？季常有何得罪，而令其长跪池头？窃恐夫既不夫，妇亦不妇，伤风败俗，逆理乱常。不可，不可！（旦）苏大人，奴家虽系裙钗贱质，颇闻经史懿言。自古修身齐家之士，先刑寡妻[11]，乃治四海。古之贤妇，鸡鸣有警，脱簪有规，交相成也。齐眉之敬，岂独妇顺能彰；反目之嫌，只缘夫纲不正。今我丈夫呵，

【梁州序】襟怀偏放，面皮徒厚，不把我机关参透。（小生）你待要他如何？（旦）要他绳趋尺步[12]，休轻惹罪招尤。苏大人，羡你望隆山斗，却怎心恋烟花，轻把我儿夫诱？（小生）琴操是我的相识，季常不过陪行，于理何碍？（旦怒视小生云）你引花了他的心儿，又来管我！（以杖指小生介）恨不青藜打杀你，老牵头！（小生慌躲介）（生跪云）奶奶，宁可打我罢。（旦用拄杖拨生跌倒介）教你狗党狐朋莫再游，免使我恁争斗。

（小生背与生云）看这般光景，休道你怕他，我也有些儿胆怯了。待我勉强说他几句。（生）他手中物，不是当耍的。（小生）尊嫂，从来悍戾之妇呵，

【前腔】当年为害，千秋遗臭。他把那四德三从一旦丢开脑后，淫心悍气，全无半点温柔。（旦）从来那些悍戾的，你说我听！（生）东坡，少说几个罢，休连累我吃打。（小生）有那武姬斫树[13]，刘氏垂帏[14]，王导也为他挥麈亲驰骤[15]。明光因诵赋[16]，溺清流，五虎威严鬼也愁。（小生作恨介）（旦）大人为何发恨？（小生）恨不剥这禽兽！

（旦大喝指小生云）你言言嘲讪，句句扛帮，我虽奈何不得你，（举杖打生云）都是这畜生串了来的！（生跪唱）

【前腔】告娘行细察因由，苏学士突然来候。这颠言狂语，尽皆纰缪。我自随伊饶舌，惮尔青藜，朝夕欢相守。（旦）我往常闻你向学士谈禅，十分敬服，谁知谈的都是老婆禅[17]。苏大人，各人有家，此

后免劳下顾。(小生鞠躬)领命,领命。(生)是非今说破,莫追求。(旦对生云)你若再揽他上门,我和你做一世冤家。(生)难道不是冤家不聚头?(揖小生介)请暂退免僝僽[18]。

(小生扯生背云)闲话休提。季常,你年将强仕[19],兰梦无征[20],何不与令正商议娶一妾?(生)还敢要他娶妾?我向在洛中,闻知吾所为,遣苍头以书见招,说家中已纳四妾。我急急归来看时,却娶了四个魑魅魍魉,教人怎下得手?(小生笑云)就容貌丑些,但得生子,亦是好事。(生)未及月余,他并丑的也都赶回去了。(小生)待我与他说。(向旦云)尊嫂,季常此后决不敢恋酒贪花,但下官有一言奉告。(旦)请说。(小生揖旦介)

【前腔】念鲰生略献愚谋[21],论不孝须防无后。(旦)呀,我陈门无后,与苏君何干?(小生)下官与季常呵,忝金兰交谊,忍绝箕裘[22]?(旦)老苏,你未谙麻衣相法,怎晓得我再不生儿子了?(小生)尊嫂,倘容他娶一妾呵,你是螽斯不妒麟趾[23],钟祥百福从天祐。(旦)《螽斯》、《麟趾》是周公作的诗,若周婆肯说这话?怪不得有官奏你诽谤朝廷,原来你好管人家闲事。(向生云)陈郎,娶妾是好事,但我每日要打一百拄杖,直打到七十岁止。你若经得起,任你施为。(生慌介)肯因添一妾,与你结为仇?难道无儿没葬丘?(小生指生云)你反这般样说!(旦推小生出门介)快走快走,推出去莫容留。(旦手拖拄杖拉生下)

(小生笑云)苏子瞻遨游四海,阅人颇多,何曾见这般恶妇?我将侍儿赠他,一者令陈生有后,二者令柳氏分权。柳氏,柳氏,

【尾声】你虽是乾坤戾气天生就,怎出得东坡妙手?一计教他命即休。

愿天常生好人,愿人常打好事。
若还妇制其夫,便是背生芒刺。

〔注〕 ① 嗃(hè)嗃:严酷的样子。 ② 买下饭:买菜。吴方言称菜为下饭。 ③ 苍头:男仆。 ④ 哓(yáo)哓:争辩声。 ⑤“牝鸡”二句:母鸡报晓,指女人当家或当政。《颜氏家训·治家》:“如有聪明才智,识达古今,正当辅佐君子,助其不足,必无牝鸡晨鸣以致祸也。” ⑥ 机彀(gòu):圈套,机关。 ⑦“陶元亮”句:晋诗人陶渊明,一名潜,字元亮。《晋书·陶潜传》载他为彭泽令时,“素简贵,不私事上官,郡遣督邮至县,吏白应束带见之,潜叹曰:‘吾不能为五斗米折腰,拳拳事乡里小人邪!’” ⑧ 长舌阶厉:妇人多嘴多舌搬弄是非,是灾祸的根源。典出《诗经·大雅·瞻卬》:“长舌之妇,维厉之阶。” ⑨ 四德:古时对女子行为的要求,即

妇德、妇言、妇容、妇功。 ⑩ 七出：封建时代已婚妇女有七种过失可以被丈夫休弃。 ⑪“先刑”句：男人应该先做妻子的模范，以后才能治理国家。典出《诗经·大雅·文王》：“刑于寡妻，至于兄弟，以御于家邦。”刑，同型，型范之意。 ⑫ 绳趋尺步：行动合乎法度，循规蹈矩。绳、尺，古代木工用的量具。 ⑬ 武姬斫树：据《潜确类书》载，武阳女嫁阮宣，性妒忌，家有桃树一株，开花艳丽，阮宣赞叹不已，武氏大怒，让家人砍去桃树。 ⑭ 刘氏垂帏：据《世说新语·贤媛》，谢安的夫人刘氏用帏帐把歌舞的婢女围起来，只让谢安看一眼就又把帏帐放下。谢安请求再打开来看一会，刘氏就说：“恐伤盛德。” ⑮“王导”句：王导，晋人，南渡后任宰相。其妻曹氏不许年轻女子伺候他，他就在外密养小妾。曹氏闻知，带人打上门去，王导急忙带上小妾亲自拿着麈尾赶车逃走。见《艺文类聚》引《妒记》。 ⑯“明光”句：晋太始年间的刘伯玉，妻段氏，字明光，性妒忌。伯玉曾在妻子面前诵《洛神赋》，并且说：“取妇如此，吾无憾焉。”其妻恨曰：“君何得以水神美而轻我？我死，何愁不为水神！”于是溺水自尽。以后凡美丽的女子过河，都会遇见大风浪。此渡口遂名妒妇津。见《酉阳杂俎》。 ⑰ 老婆禅：佛教语，指禅师苦口婆心，多方设教，有如老婆婆絮语不断。此含讥讽之意，刺苏轼教唆陈慥对付妻子。 ⑱ 僝僽(chán zhòu)：折磨。 ⑲ 强仕：男子四十岁。《礼记·曲礼》：“四十而强，曰仕。” ⑳ 兰梦：生子的吉兆。典出《左传·宣公三年》：“初，郑文公有贱妾曰燕姞，梦天使与己兰，曰：‘余为伯鯈，余，而祖也；以是为而子。’……生穆公，名之曰兰。” ㉑ 鲰(zōu)生：对自己的谦称。 ㉒ 箕裘：指祖业。典出《礼记·学记》：“良冶之子，必学为裘；良弓之子，必学为箕。” ㉓ 螽(zhōng)斯：螽，一种昆虫，即飞蝗。斯，之。《螽斯》为《诗经·周南》篇名，《毛诗序》云：“《螽斯》，后妃子孙众多也。不妒忌，则子孙众多也。”麟趾：仁兽麟的蹄趾。《麟之趾》亦为《诗经·周南》篇名。朱熹《诗集传》：“文王后妃德修于身，而子孙宗族皆化于善，故诗人以‘麟之趾’兴公之子。”

《狮吼记》的故事采自宋人笔记。其中的人物大多是实有其人。苏轼有一篇著名的散文《方山子传》，其中的方山子就是这部传奇的主人公陈慥(陈季常)，他是东坡的朋友。关于陈季常惧内也见诸记载。洪迈《容斋三笔》说：“方山子好宾客，喜蓄声妓。然其妻柳氏绝凶妒，故东坡有诗云‘龙丘居士亦可怜，谈空说有夜不眠。忽闻河东狮子吼，拄杖落手心茫然。’河东狮子，指柳氏也。坡又尝醉中与季常书云‘一绝乞秀英君’，想是其妾小字。”秀英在这部传奇中是苏轼赠给季常的小妾的名字。洪迈所引苏轼诗名《寄吴德仁兼简陈季常》，旧题王十朋注说赵次公曾听达观言：“季常之妻最悍妒，每季常有客招声伎，柳氏则以杖击照壁大呼，客至为散去。”《苕溪渔隐丛话》引《西清诗话》也有类似记载。因为河东是柳姓郡望，杜甫诗还有“河东女儿身姓柳”之句，所以苏轼用河东狮子吼开陈季常的玩笑。后来“河东狮吼”成了典故，专指悍妇，已是尽人皆知了。但对苏轼诗也有不同解说。比如认为诗中的“狮子”谓佛经中长者女庵提遮狮子吼了义经。还有人说拄杖实陈季常的朋友柳簿所持，季常《遗铁拄杖》诗有“柳公手中黑蛇滑”句，与其妻无干等等。对这些不同的说法，在阅读或观看传奇《狮吼记》的时候，不必去多所考证。可以认为，《狮吼记》作者充分利用了笔记中的素材，巧妙地构思成一部传奇的情节；另外陈季常与苏轼关系密切也是事实，作者让苏轼也在戏剧冲突中发挥了重要作用。这些都表现了作者纯熟的艺术技巧。比如苏东坡是家喻户晓的大名人、大文豪，让他与一个蛮不讲理的妇女对话并且处于尴尬状态，是会使老少妇孺观众兴趣大增，从而增强喜剧效果的。这是作家善于运用素材之一例。

本出之前情节，是苏轼邀请陈季常游春，出门之前季常向妻子保证没有妓女同游，如有则甘受拄杖责打。柳氏派苍头跟踪，发现游赏时果有妓女琴操在座，决定当面审问和惩罚。全出大致可分三个段落。

开始是柳氏先上场，向观众交代她已经知道了游春的种种实情，正大怒着准备与陈季常算账。而陈季常却还蒙在鼓里，自以为得计。他残醉未消，听夫人传唤急忙赶来，还准备和她一齐享受闺房之乐呢。已知就里的观众至此一定觉得他可笑得紧，既为他捏一把汗，也准备好好看一场笑话。谁知季常已久经这种阵仗，尽管撒谎很拙劣立即被识破，但他也不慌不忙，从容应对。推诿搪塞不过，便坦然接受惩罚了。面对妻子的盛怒，他只一味退让。他的讨价还价很有趣：不说打得自己受不了，而说“你方才养成的指甲，恐被抓伤，吾罪越重”。这类语言，常听旁观者劝解别人时使用，比如《红楼梦》里贾政打宝玉，王夫人劝解时就是说“宝玉虽然该打，老爷也该保重”，这是很郑重的。但这里挨打的是自己，他又充当旁观的劝解者，双重角色集于一身，就很滑稽。这正是刻画陈慥忍让策略的十分富有喜剧性的语言。

经过讨价还价，免去杖责，跪在了池边，这独脚戏怎么演呢？作者设计了蛙鸣。别小看这一小小的后台效果声，它的作用可不小。首先这是刻画陈慥内心活动的手法。陈慥受这样的屈辱——下跪——后在想什么？他居然怕蛙鸣使妻子误会他在与人说长道短，故而与草虫儿对话起来，请求蛙哥不要叫，天真得可笑。这样处理不仅比常用的自说自话的独白向观众（而不是向剧中人）交代内心活动新颖有趣得多，而且在情节上给苏轼上场偷听以及和季常的对话提供了合理性。这里陈慥埋怨苏轼又被苏轼听到，苏轼听陈慥居然不埋怨老婆而埋怨到自己头上，真是又好气，又好笑。这些是很有戏剧性也很能表现人物性格的，若用独白，这些效果就出不来了。所以蛙鸣这一细节可谓一石三鸟，可见作家匠心。

以下苏、柳、陈三人的纠葛是本出的重心。虽然全剧矛盾是后来佛印的所谓“法力”来解决的，但作者借苏轼之口说出的一套儒家伦理道德才是剧本真正的思想基础，作者需要将它正面说出来。由陈季常说出是不可能的，其他人又不具备这样的身份。只有苏轼，他不仅是陈季常的挚友，而且又是“望隆山斗”的“贵人”，向柳氏进这番“谏言”，才最为合适，最有力度。同时让这种枯燥说教在戏剧冲突中由人物用性格语言自然表达出来，也就生动了。可以说苏轼在这场戏里，起了作者立场代言人的作用。

但作者并没有使苏轼这个人物概念化，成为一个教主。相反，他也是一个活生生的人，并且应该有相当的分量。苏轼在剧中是陈季常风流行为的支持者。但如果他只是在背后活动，不和柳氏正面冲突，他的戏剧行动力度就会显得不足，人物就站立不起来。在和柳氏交锋中，他一开始颇有气势，后来居然也有些胆怯了，这一方面进一步刻画了柳氏的"悍"，也刻画了苏轼也是一个有弱点的活生生的普通人，也很有趣，不是道貌岸然的老夫子，和全剧的喜剧风格取得一致。柳氏之悍，如果只有和丈夫的正面冲突，也未免单薄和单调。让柳氏面对苏轼，就变换了一个角度。这场戏是很生动的。她开始见到苏轼时，彬彬有礼，拜见之时，称呼"苏大人"。后来受了他的教训，就由称"苏君"进而至于"老苏"了。在对话中她振振有词："齐眉之敬，岂独妇顺能彰；反目之嫌，只缘夫纲不正。"也就是说，是因为丈夫不能以身作则，她才对丈夫不敬。这不能不说她有她的道理。她指责苏轼多管闲事："各人有家，此后免劳下顾"，"我陈门无后，与苏君何干？"不也言之成理吗？苏轼堂而皇之的大道理，并没有使她折服。柳氏虽然也骂苏轼是"老牵头"，但并没有更失礼之处。柳氏之泼、之悍始终把矛头指向丈夫，这是作者掌握的一个度。她不是市井泼妇，与《疗妒羹》中的苗氏有区别。必须掌握这一个"度"才能与全剧的风格获得统一。

（姚品文）

【戏曲家小传】

叶宪祖

(1566—1641)　字美度，一字相攸，号六桐，又号桐柏，别署槲园居士、园外史、紫金道人。余姚（今属浙江）人。明万历四十七年(1619)进士，历官新会知县、大理寺评事、工部主事，因不满魏忠贤建生祠被削籍。魏事败后起为南京刑部主事，晋郎中。转四川参政，升广西按察使，皆未赴。晚年皈佛，终老故里。通解声律，笃好戏剧。为晚明剧坛罕有其匹的多产作家，颇受人尊敬，戏曲家吴炳凡作一剧，必待其指点厘定。但观念较为保守，其作品多翻前人旧作，因袭多于创新。有杂剧《三义成姻》、《北邙说法》、《易水离情》（即《易水寒》）、《团花凤》、《渭塘梦》、《寒衣记》、《骂座记》、《琴心雅调》等，今存。传奇存《鸾锟记》、《金锁记》、《四艳记》（此系《夭桃纨扇》、《碧莲绣符》、《丹桂钿合》、《素梅玉蟾》四剧合称）。另有《青锦园集》、《白云初稿》、《蜀游草》、《大易玉匙》等。

鸾 镍 记 叶宪祖

第十七出 镍 订

【缑山月】(小旦上)静锁白云堂，睡起竹方床，展黄庭一卷自焚香。奈朔风初壮，诗情未快，闷思偏长。

春花秋月入诗篇，白日清宵是散仙。空卷珠帘不曾下，长移一榻对山眠。小道鱼玄机，寄居咸宜观中，不觉又是三年了。只为我才貌出群，声名播远。京中多少王孙公子，骚人墨客，户外之履常满，筒中之句频投。他虽多炫饰之心，我终绝应酬之意。仔细想将起来，苦空之守，尚未卜于久长；伉俪之缘，颇留心于选择。只是要一个可意的人儿，真也难遇。目今初冬天气，好不凄楚人也。

【四块玉】翠屏空，金风荡①。鸳瓦上，霜初降。空对着景物凄凉，偏惹得情怀悒怏。云窗月宇，料得难终傍，待觅个人儿相随唱。整衣衫卖弄容光，学吟哦矜夸伎俩，那些可心情便许成双。

【雁过声】(贴上)娘行②，有人悬想。题诗句代他转将。(见介)(小旦)绿翘，方才你母亲到来，有何话说?(贴)有个西邻宋玉饶清况③，把新诗写柔肠，倩青鸾殷勤递送云房④。(小旦)近来送诗的颇多，可意的甚少，我也不耐烦看他。(贴)这诗不比他人，温郎，人共奖。诗词俊逸多名望，比似你俏心儿还自赏。

(小旦)你说温郎，莫不是温飞卿么?(贴)正是。(小旦)既是他的，拿来我看。(贴递与)(小旦念介)玄府仙人碧玉房，紫云衣覆白霓裳。谢家咏雪难为句⑤，虢国朝天不是妆⑥。曾记山中逢阮肇⑦，更闻湘渚嫁兰香⑧。有缘欲乞真消息，肯向巫山梦渺茫⑨。好诗，好诗。艳若含葩，清如剪水，不枉了温飞卿也!

【倾杯序】诗章，语句新，意味长，才貌都休讲。只盼着天台⑩，比着湘渚，践着巫山，多少思量。信豪如太白，艳过韩偓⑪，赋同元亮⑫。好似弄琴心坐间翻出凤求凰⑬。

(贴)他的诗炼师既已赏鉴，不消说了。依我母亲说起来，他少年美貌，种种的可人。

【玉芙蓉】潘安貌比芳[14]，卫玠神偏朗[15]。论丰姿特秀，照眼琳琅。年华未满三旬上，欲缔佳姻恰正当。奴家曾记得炼师有诗说，易求无价宝，难得有情郎。珍奇赏，纵千金易偿，算难求风流独占有情郎。

(小旦)既如此说，待我也答他诗一首就是，你替我送去。(贴)炼师，若单单答一诗，怎见得与他订婚姻之约?(小旦)正是。赠他一件东西便好。(贴)奴家见炼师有碧玉鸾锟一枝，十分精巧，何不就赠了他?(小旦)这是我结义姐姐送的，不好赠人。(贴)这也何妨?少不得成了婚姻，依旧还炼师的。(小旦)这也说得是。且待我做起诗来。(做诗介)

【山桃犯】打叠下新诗样，结抹在瑶钗上。输情已逐青鸾往，传言谩学红娘莽。种桃许折向玄都傍[16]，审端的不如嫁作鸳鸯。

【尾声】难摆脱情魔障，肯向人间魅阮郎[17]。怕学那少室仙姝枉自忙[18]。

孤鸾飞去得成双，一段姻盟赖主张。
有眼自能窥宋玉，无情何必恨王昌[19]。

〔注〕①金风：秋风。　②娘行(háng)：女性通称。多见于戏曲小说。　③西邻宋玉：典出战国楚宋玉《登徒子好色赋》："玉曰：'天下之佳人莫若楚国，楚国之丽者莫若臣里，臣里之美者莫若臣东家之子，……然此女登墙窥臣三年，至今未许也。'"　④青鸾：即青鸟，神话中为西王母传递信息的鸟。　⑤谢家咏雪：指东晋女子谢道韫咏雪之事。南朝宋刘义庆《世说新语·言语》："谢太傅寒雪日内集，与儿女讲论文义，俄而雪骤，公欣然曰：'白雪纷纷何所似?'兄子胡儿曰：'撒盐空中差可拟。'兄女曰：'未若柳絮因风起。'"　⑥虢国：指唐虢国夫人，为杨贵妃姊，行三，嫁裴氏。宋乐史《杨太真外传》："(唐玄宗)封大姨为韩国夫人，三姨为虢国夫人，八姨为秦国夫人。同日拜命，皆月给钱十万，为脂粉之资。然虢国不施妆粉，自炫美艳，常素面朝天。"　⑦阮肇：东汉人，与刘晨在永平年间共入天台山采药，迷路不得返，遇二仙女邀还家，同居十日而归，则子孙已历七世。见南朝宋刘义庆《幽明录》。　⑧兰香：杜兰香，仙女名。《太平广记》引前蜀杜光庭《墉城集仙录》："杜兰香者，有渔父于湘江洞庭之岸，闻儿啼声，四顾无人，惟三岁女子在岸侧，渔父怜而举之。十余岁，天姿奇伟，灵颜姝莹，迨天人也。……临升天，谓其父曰：'我仙女杜兰香也，有过谪于人间。玄期有限，今去矣。'……其后于洞庭包山降张硕家。"　⑨巫山梦：战国楚宋玉《高唐赋序》："昔者先王(楚怀王)尝游高唐，……梦见一妇人曰：'妾巫山之女也，……愿荐枕席。'王因幸之。去而辞曰：'妾在巫山之阳、高丘之阻。旦为朝云，暮为行雨。朝朝暮暮，阳台之下。'"　⑩天台：见注⑦。　⑪韩偓：晚唐诗人，字致尧，号玉樵

山人。其诗多写艳情，号香奁体。 ⑫ 元亮：东晋诗人陶渊明字，他写过《闲情赋》，中有“愿在衣而为领，承华首之余芳”等比较香艳的句子。 ⑬ 凤求凰：喻男子向女子求爱。相传汉司马相如见卓文君，心悦之，作琴歌相挑，歌曰：“凤兮凤兮归故乡，遨游四海求其凰。” ⑭ 潘安：晋潘岳，字安仁，后世常称之为“潘安”，为古代著名的美男子。南朝宋刘义庆《世说新语·容止》：“潘岳妙有姿容，好神情。少时挟弹出洛阳道，妇人遇者，莫不连手共萦之。” ⑮ 卫玠：晋人，字叔宝，为古代著名的美男子。南朝宋刘义庆《世说新语·容止》：“卫玠从豫章至下都，人久闻其名，观者如堵墙。玠先有羸疾，体不堪劳，遂成病而死。时人谓看杀卫玠。” ⑯ 玄都：玄都观，为隋唐时著名的道观，在都城长安(今陕西西安)。唐元和中，观中桃树茂盛，春日桃花烂漫如朱霞，至大和初，则荡然不复旧观，望之唯见兔葵燕麦。唐刘禹锡有《元和十年自朗州至京戏赠看花诸君子》、《再游玄都观》二诗纪其事。 ⑰ 阮郎：即阮肇，见注⑦。 ⑱ 少室：即少室山，中岳嵩山的一部分，另一部分为太室山。在今河南登封。《太平广记》引唐李玫《纂异记》之《嵩岳嫁女》篇，载田璆与友邓韶唐元和八年(813)中秋出游，遇二乘马书生引至一地，告知“今夕中天群仙，会于兹岳”，“即有玉女数十，引仙郎入帐，召璆、韶行礼”，后又被二童子引还人间，“别讫，行四五步，杳失所在，唯有嵩山嵯峨倚天”。 ⑲ 王昌：古诗中常用的女子意中人名。唐李商隐《代应》诗：“本来银汉是红墙，隔得卢家白玉堂。谁与王昌报消息？尽知三十六鸳鸯。”

《鸾锟记》是明代叶宪祖的传奇作品，据近人考证，明刻本《鸾锟记》大约作于万历二十二年至三十八年(1594—1610)之间。此剧部分素材采自《唐诗纪事》和《南部新书》，但剧中人物皆实有，事则多出虚构。全本共二十七出。写唐末诗人杜羔、贾岛和温庭筠乃至交好友，杜羔曾以一对碧玉鸾锟为聘物，与赵文姝订下婚约。赵文姝把碧玉鸾锟中的一支转赠邻居——她的结义妹妹、女诗人鱼玄机。然后鱼玄机又以此为聘，与温庭筠结为婚姻。而今存缀玉轩藏抄本《鸾锟记》，共三十四折，与明刊本有所不同。本文所用为明刻本。

《锟订》是《鸾锟记》的第十七出，在传奇关目上占有重要地位。

这一出写“才堪咏絮，貌复羞花”的鱼玄机寄居咸宜观，“京中多少王孙公子，骚人墨客”爱慕她的超群才貌，故咸宜观“户外之履常满，筒中之句频投”，门庭若市。但鱼玄机不慕虚荣，认为“易求无价宝，难得有情郎”，对自己的生活状态颇不满意，很不愿意应酬众多的客人。她感慨“只是要一个可意的人儿，真也难遇”，于是在萧瑟凄清的季节，发出一声长叹：“好不凄楚人也！”——作者安排她唱一支【四块玉】：“翠屏空，金风荡。鸳瓦上，霜初降。空对着景物凄凉，偏惹得情怀悒怏。云窗月宇，料得难终傍，待觅个人儿相随唱。整衣衫卖弄容光，学吟哦矜夸伎俩，那些可心情便许成双。”曲子首先描写这一出的女主人公的居住环境：“翠屏”写闺房的私密，且带着富贵气象；同时因为到了“金风荡”、“霜初降”的萧瑟季节，所以女诗人眼里的“鸳瓦”也特别的染上了“霜”的冰凉凄清——其实鱼玄机寄居在咸宜观，“翠屏”和“鸳瓦”显然都并非实写，而是着上了非常鲜明的主人公彼时彼地心情的主观色彩。她喜欢吟风弄月，可独自吟咏无情无绪，渴望觅得一个志同道合的如意郎君，成双作对地做诗论文，否则便不称心。

这边厢鱼玄机正郁闷惆怅呢，婢女绿翘替她送来了最新的仰慕者所送的诗稿。鱼玄机没什么兴趣，她说："近来送诗的颇多，可意的甚少，我也不耐烦看他。"但绿翘很了解主人的心思，急忙解释说这次送诗的非比寻常俗子："温郎，人共赏。诗词俊逸多名望，比似你俏心儿还自赏。"(【雁过声】)——原来，这个追求者是才名远播的温飞卿！鱼玄机对温才子慕名已久，赶紧拿过诗稿亲自诵读："玄府仙人碧玉房，紫云衣覆白霓裳。谢家咏雪难为句，虢国朝天不是妆。曾记山中逢阮肇，更闻湘渚嫁兰香。有缘欲乞真消息，肯向巫山梦渺茫。"

原来，这是一封求爱信。温庭筠先是盛赞鱼玄机的才貌，说她才华堪比咏絮的谢道韫，而容颜则可与敢于素面朝天子的虢国夫人相媲美。然后委婉地表示自己的爱慕，试探她的回答。

鱼玄机是懂诗的，以一曲【倾杯序】评价温庭筠的这首七律："诗章，语句新，意味长"；当然，鱼玄机更是懂感情的，她又道："信豪如太白，艳过韩偓，赋同元亮。好似弄琴心坐间翻出凤求凰。"——她认为温飞卿的文才的的确确可与李白、韩偓和陶渊明相提并论，不禁芳心摇荡。

那绿翘在一旁看得明白料得准确，微笑着推波助澜，她说这人不仅诗好，还年少貌美，正好与鱼玄机相匹配："潘安貌比芳，卫玠神偏朗。论丰姿特秀，照眼琳琅。年华未满三旬上，欲缔佳姻恰正当。"(【玉芙蓉】)

鱼玄机曾在一首题为《赠邻女》的诗里感慨"易求无价宝，难得有情郎"，绿翘小丫头甚是聪明，这时候抓住机会赶紧道："奴家曾记得炼师有诗说，易求无价宝，难得有情郎。"所以她认为主人应该答应温庭筠的求婚："珍奇赏，纵千金易偿，算难求风流独占有情郎。"(【玉芙蓉】)

那鱼玄机其实心里也是这样想的，只是不好意思明确表示罢了。听小丫头这样怂恿自己，便顺水推舟，道："既如此说，待我也答他诗一首就是，你替我送去。"

绿翘又继续替主人出主意，说仅仅一首诗算不得缔结婚约，还应该送一样订情的信物。她建议道："奴家见炼师有碧玉鸾镵一枝，十分精巧，何不就赠了他？"鱼玄机说不行啊，那碧玉鸾镵是我的结义姐姐赵文姝所赠，怎么可以转赠他人？！绿翘则不以为然，说等你们成了婚，碧玉鸾镵不依旧是你的吗，有什么关系？于是鱼玄机听从绿翘的建议，写诗回复温庭筠，并且附赠鸾镲，以为婚姻之约。同时她不再自叹孤凄，而是庆幸自己终于夙愿得偿，终身有托："孤鸾飞去得成双，一段姻盟赖主张。有眼自能窥宋玉，无情何必恨王昌。"

《鸾镲记》作为一个情爱主题的双线结构传奇剧本，两对青年男女的爱情故事是交错并行的。《镲订》一出是温庭筠和鱼玄机这条线索的一个主要关窍，上承第十六出《觅鸾》，下接第十七出《喜谐》——这条线索的故事从温庭筠爱慕鱼玄机的超群才貌，悉心写下求婚诗并托绿翘母女帮忙开始，到鱼玄机读诗解诗，接受温郎求婚，然后二人顺理成章地结为连理，情节完整，亦不乏曲折之致，细节描写、心理描写和景物描写等都很细腻精彩。作品节奏张弛有度，舞台感颇强，语言也雅俗共赏，并非只适合阅读不适合演出的案头剧，而是完全符合文体要求的场上之剧。如清褚人获《坚瓠续集》就曾记载了甲申年演出《鸾镲记》的情况。

《镲订》出里，女主人公回赠男主人公的诗是很重要的情节，但诗的具体内容如何呢？叶宪祖很巧妙地卖个关子，将它放到后面一出才揭开谜底——绿翘奉鱼玄机之命拿着诗稿和碧玉鸾镲去回复温庭筠，温庭筠当着绿翘的面朗读鱼玄机的答诗："苦思搜诗灯下吟，不眠长夜薄寒衾。满庭木叶愁风起，透幌纱窗怕月沉。疏散未闲终遂愿，盛衰空见本来心。幽栖莫定梧桐处，暮雀啾啾空绕林。"然后温庭筠也和鱼玄机读他诗的时候一样，马上予以高度赞扬。情节和上一出非常相似，衔接紧密而有变化，安排比较合理。

《镲订》一出只有两个人物，鱼玄机作为主角，是典型的"青衣"，幽闲贞静，心理活动多，外部动作少，很好地表现出怀春少女的羞涩。她思慕才郎，温庭筠渴望匹配才女，机缘巧合，郎情妾意，终于成双。在这个过程中，绿翘这小丫头非常重要，她不仅是温、鱼姻缘的见证人，更是他们缔结鸳盟的穿针引线者，没有绿翘，就没有以碧玉鸾镲为信物的温、鱼婚约。所以，绿翘是十足的"花旦"，活泼娇俏，善解人意，一如《西厢记》里助人为乐的小红娘。而作者叶宪祖也是以"红娘"来定位绿翘的："打叠下新诗样，结抹在瑶钗上。输情已逐青鸾往，传言谩学红娘莽。"(【山桃犯】)

古时方家对《鸾镲记》的评价颇高，如吕天成《曲品》云"插合鱼玄机事，亦具风情一斑"，直接称颂剧本对温、鱼情缘的描写和对温、鱼人物形象的塑造。而郑仲夔的《冷赏》则云："《鸾镲》，其传事巧，遣词俊。"从故事结构到语言技巧，全方位地对作品予以肯定。

(郭 梅)

【戏曲家小传】

沈自晋

(1583—1665)　字伯明,又字长康,号鞠通生。吴江(今江苏苏州市吴江区)人。弱冠补博士弟子员,明亡不仕,隐居吴山。为戏剧家沈璟族侄,长于音律,曾将沈璟所著《南九宫十三调曲谱》增补为《广辑词隐先生南九宫十三调词谱》,简称《南词新谱》,较原本更精详。所作戏曲谨守绳墨,而属辞清新、神情佳妙,一时曲家如范文若、卜世臣、冯梦龙、袁于令等俱叹服。散曲明亡前多闲适之作,清丽典雅,明亡后多写故国之思,雄劲悲凉。有传奇《望湖亭》、《翠屏山》、《耆英会》等。前二种存全本,后一种存残曲。清姚燮《今乐考证》等谓沈璟传奇《一种情》亦出沈自晋手笔。另有散曲《黍离续奏》、《越溪新咏》、《不殊堂近草》,总名《鞠通乐府》,另《赌墅余音》或即《黍离续奏》之异名。今人辑有《沈自晋集》。

翠　屏　山　　　　沈自晋

第八出　戏　　叔

【引】(小生上)伏剑遥辞江树,向燕城秋月云孤[①]。

荆卿西去不复返[②],易水东流无尽期[③]。落日萧条蓟城北[④],黄沙白草任风吹。我石秀自与杨大哥结义,在此生理。这几日在外乡收买牲口,今日回来。嗳,怎么静悄悄,店也不开,刀砧家伙多收拾过了,却是为何?吓,是了。自古人无千日好,花无百日红。我哥哥一身在官,不管家事,必然嫂嫂见我做了几件新衣,他心上不快。这几日我又不在家中,必有人搬斗是非,所以不做买卖了。休等他发言,先辞他好去。只是一件,那帐目要明白,才是石秀无欺。(看帐白)多已清楚,不免请潘老丈出来,交付与他。潘老丈请出来,讲句话儿。(正旦内)不在家哩。(小生)这是嫂嫂的声音,就交付他总是一般。就请嫂嫂出来。(正旦上)来了。

【引】独坐闲庭无绪,(小生白)嫂嫂。(正旦叹)听三郎传话归宇。

叔叔回来了?(小生)是,回来了。这帐目请嫂嫂收过,石秀若有半点私心,天诛地灭。(正旦)何出此言?并不曾有甚他故。(小生)石秀离乡已久,意欲回家去走走,特地交还帐目。今晚辞别哥哥,明日早行。(正旦)吓,奴家知道了。叔叔几日不回,今日见收过了家伙，只道不开店，因此要回去么？可是？阿哟，这是那里说起。叔叔请宁耐性儿，待奴家说个详细。请坐了。叔叔，你是晓得的呀，奴家为先夫王押司呵，

【桂枝香】情匪朝暮，宁同陌路。没来由两个周年，欲把经文超度。(小生叹)原来为此，原来为此，(正旦)别无他故。叔叔，还要劳伊相助。(小生)这个自然。(正旦)劝你莫多虑。(小生)我岂不晓得？受恩深处家随在，为人在世，须要财上分明大丈夫。

(正旦)好，好个财上分明大丈夫。这些帐目不必提起，叔叔请收了。(小生)放下。(正旦)吓，叔叔来路远了，随便用些素饭罢。(小生)多谢嫂嫂。(正旦)迎儿，石叔叔回来了，取酒饭出来。(小生)为着此事，所以不开店。我且耐着性儿再住几时。(贴上)酒饭在此。(正旦)放下。见了石叔叔。(贴)石叔叔回来了？(小生)正是。(贴)请用酒饭。(正旦)你自回避。(贴)晓得。(下)(正旦)叔叔请坐。(小生)有坐。(正旦)没有什么，请杯热酒。(小生)承嫂嫂美情，待石秀领一杯。(正旦)叔叔，这酒可好？(小生)这酒倒也好。(正旦)好的，再请一杯。(小生)有酒放下，待我自斟自饮。不敢劳嫂嫂费心。(正旦)何妨？叔叔。(小生)嫂嫂。(正旦)叔叔，吓，叔叔两日在外，可知一件新闻的事儿？(小生)这个，石秀倒不晓得甚么新文旧文。(正旦)吓，说道阳谷县有个打虎的武松，起初那嫂嫂也是这等喜欢他，那厮倒不肯从顺。后来那嫂嫂有些甚么事儿，倒被那厮行凶杀坏了许多人。江湖上遍传，难道叔叔不晓得？(小生)吓，就是那武都头干的事么？(正旦)正是。(小生)好，他干得正气！(正旦)啐，甚么正气，据奴家看来，那武松是个呆子。

【前腔】倾城一顾，《高唐》应赋[5]。(小生)大丈夫戴发含牙，敢使陈平污[6]？(正旦)又何必恁般，何必恁般，咳，只是可惜。(小生)倒要请教，可惜甚么来？(正旦)可惜做嫂嫂的是一片好心，把此情辜负。(小生)他出言无据。(正旦)吓，他意如何？(正旦)叔叔，虽云男女无亲受[7]，却不道嫂溺须将亲手扶[8]。

(小生)咳！嫂嫂，我石秀是不读诗书的男子，不耐烦听你这许多唠唠叨叨咕咕刮刮的言语。(看正旦即下)(正旦呆看介)咳，罢！正是：酒逢知己千杯少，方才是话不投机半句多。呀啐！原来是个

俗子！(下)

〔注〕 ① 燕城：燕地之城。燕，周诸侯国，地当今之河北省北部、辽宁西端。 ② 荆卿：即荆轲，战国末刺客，卫国人，游于燕国，燕人称其荆卿。燕太子丹尊礼之，使之往刺秦王政。至秦庭，刺秦王政不中，被格杀。 ③ 易水：在今河北省北部，源出易县。战国末荆轲受燕太子丹之聘行刺秦王政，出发前太子丹曾在易水边为其饯行，荆轲歌曰："风萧萧兮易水寒，壮士一去兮不复还。" ④ 蓟城：当指蓟县城，秦置县，治今天津市蓟州区。 ⑤"倾城"二句：倾城一顾，典出《汉书·外戚传·孝武李夫人》："延年侍上起舞，歌曰：'北方有佳人，绝世而独立。一顾倾人城，再顾倾人国。宁不知倾城与倾国，佳人难再得。'"高唐赋，战国楚宋玉所作辞赋，其序述楚怀王梦幸巫山神女事，记神女辞去时有"旦为朝云，暮为行雨，朝朝暮暮，阳台之下"之语，后世因以"云雨"、"阳台"为男女交欢的隐语。 ⑥ 陈平污：陈平，汉初阳武人，为刘邦建立汉朝的重要谋臣，封曲逆侯，官至丞相。他曾受到周勃、灌婴等的谗毁，谓"闻平居家时，盗其嫂"，"受诸将金，金多者得善处"，见《史记·陈丞相世家》。 ⑦"虽云"句：《孟子·离娄上》有"男女授受不亲，礼与"之语。按旧时礼法，男女之间传递东西时应当避免手或身体的直接接触。 ⑧"却不道"句：《孟子·离娄上》又有"嫂溺，援之以手"之语，意谓假如嫂嫂掉在水中，可以用手去拉她。

沈自晋《翠屏山》传奇共二十七出，本《水浒传》杨雄、石秀事。剧情梗概为：蓟州节级杨雄娶寡妇潘巧云为妻，杨雄因忙于公务，致使潘氏深感冷落寂寞。金陵人石秀告别家人来蓟州谋求前程，见蓟州当地流氓张何等以无赖手段欺负杨雄，遂上前相助，杨雄、石秀因结义为兄弟，杨雄留石秀在家中帮助开肉店。潘巧云不堪寂寞，引诱石秀，遭石秀拒绝。潘氏后与报恩寺海和尚勾搭成奸，被石秀觑破。后石秀趁潘氏与海和尚幽会之际，将海和尚杀死，使杨雄明白真相。杨雄、石秀召潘氏及侍女上翠屏山对质，杀死潘氏及侍女。两人一起投奔梁山，后与众英雄接受朝廷招安。

《戏叔》在全剧中为第八出，是《翠屏山》一剧中极富戏剧性的一出，包括三个前后相继的叙事片段。第一个叙事片段主要是一段误会的消除。石秀(小生扮)上场所唱的【引子】曲"伏剑遥辞江树，向燕城秋月云孤"及上场诗"荆卿西去不复返，易水东流无尽期。落日萧条蓟城北，黄沙白草任风吹"，真实地传达了石秀英雄落魄、流落他乡的苍凉心境。作为豪杰之士功业未就，自有许多慷慨不平；久别故里，见秋月孤云，自有不少思乡的伤感。【引子】曲和上场诗，一方面刻画这位失意英雄的形象，另一方面则为后文石秀因误会而辞别回乡作了铺垫。致使石秀产生误会的主要原因是他从外乡回来，见店铺悄寂冷清。石秀虽然相信杨雄对自己的诚意，但却不免怀疑潘巧云对自己有成见，因此决定辞别回乡。但辞别前，决定先理清店铺的账目，"那帐目要明白，才是石秀无欺"。由这样的独白，我们可以看到石秀作为义士的光明磊落。石秀本来可以向潘巧云的父亲潘老丈交付账目的,却适逢潘老丈不在家,偏偏引出一位潘巧云来。

潘巧云出场时所唱的【引子】曲"独坐闲庭无绪,听三郎传话归宇",也是人物内心情感的传达。从《翠屏山》前面的叙述中,我们已经得知,杨雄整日忙于公事,对潘巧云并不是十分关心,所以独坐闲庭的潘巧云不免感到寂寞无聊,所以才会有后面"戏叔"一场戏的发生。从潘巧云"叔叔请宁耐性儿,待奴家说个详细"等诸般言辞中,我们可以看到,这是一位伶牙俐齿、极善察颜观色的妇人。原来那日正是潘巧云前夫去世两周年的祭日(潘氏在前夫祭日与小叔调情,也是对潘氏性格的一种刻画),潘氏请和尚念经文超度,所以店铺一片冷清。潘巧云既然解释明白,石秀的误会消除,决定继续在杨家帮忙。戏剧至此为一段落。潘巧云对石秀的调戏、引诱,实际上是从劝酒暗暗开始的。潘巧云为石秀接风洗尘,招待石秀饮酒用饭,是别有用心的:俗子多为酒色所惑,而酒使人性乱。所以潘巧云让侍女端上酒菜,见过石秀之后,便令侍女迎儿退下:"你自回避。"只有侍女不在场,她才可以方便行事。在接下来的潘巧云劝酒、石秀饮酒中,我们也不难体会出人物内心的活动。潘巧云是有意劝酒,显得过于热情——以此暗示自己对石秀的喜欢;石秀的饮酒却显得彬彬有礼,丝毫不为所动——这正显示出石秀作为义士的胸怀坦荡。戏剧至此又为一节,潘巧云试图对石秀暗行引诱,却劳而无功,不得不另谋他策。

潘巧云对石秀谈武松杀潘金莲事是《戏叔》这出戏真正出彩的地方。潘巧云是以"叔叔,吓"的感叹引起这个话题的。对潘巧云而言,这似乎是她偶然记起的一件事,但实际上她可能早在劝酒时即已在盘算:抛出武松杀嫂这个"桃色事件"看看石秀如何反应,然后再决定下一步的行动。潘巧云在叙说武松杀嫂这一"桃色事件"时,叙述本身即已有所暗示——"起初那嫂嫂也是这等喜欢他"(表明今日她潘巧云正如潘金莲喜欢武松一样喜欢石秀)。潘巧云对潘金莲很明显是同情、偏向的,是惺惺惜惺惺,潘金莲同西门庆勾搭成奸、谋害武大郎的种种罪恶被她轻描淡写地陈述为"后来那嫂嫂有些甚么事儿"。相反,潘巧云对武松杀嫂这一行为表示不解,甚至愤恨,在她看来,武二郎是一个不解风情的"呆子"。而同样面对武松杀嫂这一事件,石秀的看法显然是与潘巧云对立的——"好,他干得正气",对武松的行为极为赞赏。潘巧云此后的唱词则是进一步为潘金莲作辩护,这实际上也是对石秀的进一步试探、引诱。她把潘金莲的以美色引诱比拟为"倾城一顾,《高唐》应赋",为武松不理解潘金莲的一片痴情表示惋惜(表明她潘巧云今日的心思正同潘金莲相似),甚至断章取义地用"嫂溺须将亲手扶"暗示石秀,劝石秀不必固守礼节。但石秀却以"不读诗书"为由,予以坚绝的回绝。小生

“看正旦下”的科介，表示了石秀因潘巧云行为不轨而生的气愤、鄙薄。潘巧云对石秀的不辞而别，起初的反应是“呆看”，是不理解。待她回过神，想到自己刚才引诱石秀的种种丑态，不由地又羞又恼，恨恨说道：“原来是个俗子！”戏剧最后在潘巧云无地自容的羞恨中收场。

《戏叔》一出因极富戏剧性，明清以来舞台上甚为风行，成于乾隆年间的流行折子戏选集《缀白裘》便收有此出，唯与沈自晋原作稍有出入，且改题为《戏叔叔》。今昆剧尚能演此出及《送礼》、《反诳》(即《巧潜》)、《杀山》(即《除淫》)诸出，京、川、汉、徽、桂、滇等剧种及秦腔也都有这一剧目(或折子戏)。 (解玉峰)

【戏曲家小传】

孙 柚

字禹锡，又字遂初，号梅锡。常熟(今属江苏)人。明万历间在世。出身没落官绅家庭，曾游太学，但科举不利。豪放不拘，善饮嗜赌，爱美色，喜宾客。居藤溪，与同县徐复祚友善。作传奇二种，《琴心记》较著名，演司马相如琴挑卓文君事，全本今存，徐复祚评曰：“极有佳句，第头绪太乱，脚色太多，不便于登场。”另《昭关记》(一题《复仇记》)演伍子胥故事，仅存散出。

琴 心 记　　孙 柚

第八出　私 通 侍 者

【霜天晓角】(旦上)珊瑚钩荡，误触冰弦响。蓦地偷开锦帐，琴心绕遍檀郎[①]。

银潢耿耿霜棱棱，可怜线断风檐筝[②]。斋中有人睡未起，罗裙窣地潜踪行[③]。奴因贵客丰仪，春心飘动。闻知借榻西斋，欲到那厢潜听，又被孤红惊唤。一时春思难降，恰才脱得身来。如何悄无声响？莫是那生睡着了也，细听则个。

【下山虎】(生)河横玉树，月转回廊。猛见花荫去，心中自忙。小姐，或者你正来时，我又睡着。还愁你云度空阴，又恐那天回晓光，展眼惊心不可当。(旦)呀，可怪！苍苔路湿，湿透弓鞋。腰肢瘦损，不禁延伫。且倚着花梢，再听则个。(生)且住！你看宿鸟微惊，庭枝低亚，莫是多娇在那里了。乐意相亲傍，花生暗香，咫尺天台隔短墙[4]。如今待取琴来，对西园下试弹一曲如何？墙高不掩相思路，纸帐灯昏曲意来。(下)(旦)呀，你听隔墙人声，想是那生了。不免踮着鞋尖，耸听则个。

(生携琴上)一树花中连理梦，七弦丝内五陵人[5]。琴啊，数年相随，全在今夜一更，玉成好事。不免横膝而弹。(整介)呀，为何第五弦松了？再整一整才好。(旦)呀，已有整琴之声，听他所弹何曲。

【前腔】低头独立，不语情伤。漫卷香罗袖，闲拈翠珰。先生，未听你指上高山[6]，难示我心中远况，两下风流正未降。天呵，只怕孤红睡醒，来寻著我。怕我春心荡，邀归洞房。那时节番与梅花做主张[7]。

(生)古怪，为何第三弦又断了，再整则个。(整介)(贴上)娟娟明月鉴空帷，花下寻人步款移。行到画栏幽绝处，冷香吹入缕金衣。我家小姐向人前一味冰霜，及至没人去处，便生下许多风月。早上道我偷看堂中贵客，十分埋冤，如何口是心非，藏奸卖巧。背了孤红，窃窥文士，这个也罢了，如今蝶恋花红，莺寻柳绿，金闺空掩，锦帐寂然，想是潜出西园去了。我且悄地藏身，追寻踪迹，看他怎生模样。呀，你听那壁厢弄琴在栖凤斋中；呀，你看这壁厢潜身在太湖石畔，多应弄出好事来也，细听则个。小姐，你被孤红偷著眼，可容野雉谩藏头[8]。(听介)(丑)好事多磨障，还资一路人。相公背我弹琴，必有所为。怕他弄出事来，不免潜去追踪则个。呀，你看你看，要寻老底板[9]，便脱丑青囊[10]。不免仔细听着。(听介)(生)琴已整完，试向西园弹一曲《凤求凰》以自寓如何。(弹介)

【恋牌令】凤兮倦家乡往，(旦)凤兮凤兮归故乡，他自比了。(生)欲寻伴远求凰。(旦)遨游四海求其凰，是乏配的了。(生)奈无所相将为聘，岂今夕造斯堂[11]。(旦)时未遇兮无所将，何期今夕兮升斯堂。说我家召他。(生)喜丝萝偷萦筵上[12]，有婵娟明艳闺房。(旦)有艳女兮在闺房，说着奴家了。(生)室空迩人遐异方，渺难从毒我衷肠。(旦)室迩人遐毒我肠，说我难得相近。(生)鸳鸯呵，也有接双颈交文吭[13]，成好事共翱翔。偏我不能似他。(旦)何缘交颈为鸳鸯，相颉颃兮共翱翔。他言及至此，不觉我有相从之志。(生)天呵，怎能勾颠鸾倒凤，一地里两情忘。(旦)得托孳尾永为妃[14]，交情通体心和谐。若成伉俪，定有恩私。(生)叹知音从来绝响，有谁能中夜相亡[15]。(旦)中夜相从更有谁？我也愿随你，只是闺门紧急，孤红无赖，如何是好？(生)奋双翼共起高翔，勿相孤使余悲伤。

(旦)双翼俱起番高飞，无感我思使余悲，良可叹也。(作长叹介)翩翻情意三回指，委曲叮咛一再行。按下身心浑不得，喃喃兀自念书生。(生)事有古怪，你听墙外低吟，其声清婉，莫是小姐果在那厢？待我手扳庭树，跳过高墙。正是：尽情传绿绮[16]，拚死为红颜。(跳介)(丑)呀，相公，不要性急，倘是别人，怎生是好？(生)咄！不要管我。(丑)既是这等，待小人过去打探一回，才好做事。(生)这厢每事有见，只得用你过去。(丑)相公抬我一抬。(生)我就抬你。你要仔细著。(抬介)(丑跌介)(末上)开门开门！王老爹醉了，逃下碧华台，差我来请司马相公同回。(生)呀，不好了，怎生区处？(丑)相公，不妨得，你自出去，小人有理会在此。(生)也罢也罢。若见小姐之时，多将美言打动，不可露出自家穷困的话儿。(丑)这个不劳分付。(末又敲门介)(生)来了来了！

【尾】将成好事多魔障，天上人间只隔墙。冤家，你便略慢些儿做甚谎。(下)(旦)那厢琴声已罢，无路相从，芳魂飞动，如之奈何？

(贴偷上云)你看小姐呵，瞥地见时犹可可[17]，却来闲处暗思量。不免叫破他，与之宽慰一番。(旦)不免捱进房去，再寻计策。正是：好事若成真好事，相思无路苦相思。(行介)(贴)小姐不劳挂心，奴家有计在此。(旦惊，背云)呀，不好了！(丑跳介)梅香姐，妙计在此。(旦、贴背云)呀，又不好了。(贴)小姐，想是那生了。你且住在这壁厢，待我去问他。咄！你为何黑夜入人家？(丑)却不道非奸即盗。(贴)啐！我道什么人，到是一个油嘴囚根。不好了，贼在此！(丑扯贴介)梅香姐，不要忙，我不是贼，我是司马相公的使者，差我跳墙过来，与你小姐讨一个慈悲善心。(贴)啐！亏你相公这样穷酸嘴脸，求什么慈悲善心。(丑)梅香姐，没奈何。若小姐肯结幽盟，潜谋脱计，月下蓝桥不远[18]，就中富贵难量。(贴)又不打你，谁要招这许多闲话。(丑)打不打，是个和奸。(贴)啐！快走出去。

明夜这时分，我自与小姐偷从都亭一带游耍，你不要又来胡缠。（丑）一定在那边伺候。（贴）且住，你家主是那里人？（丑）是成都人。（贴）还未回家么？（丑）一待小姐相会，后日就回。（内叫介）青囊！（丑）呀，不好了，只得过去。（扯贴浑嘴介，跳介）未尝锅内肉，先落嘴边肥。（下）（贴）小姐，你往常时动辄瞒我，如今说不得了。也罢，你不要藏羞，且去睡著。左右孤红与你成此好事。（旦背云）我有甚么瞒你不得。

【桃李争放】有何他事情慌，赖伊今夜包藏。

（贴）小姐，你还嘴硬，待我从头说来。你起初时呵，

【亭前柳】带笑灭银缸[19]，那步出兰房。我悄悄随着，见你喜寻新学士，偷避小梅香。（旦）我自家游玩，有甚么寻学士？（贴）是谁听琴，口里说著许多话？一声琴韵切，细端详？许多话儿我也不言了，谁要与去凤翱翔？

（旦背云）天呵，秋老愁多如昨日，夜长人去是今宵。

【前腔】羞脸好难藏，远况倩谁降？（转拜贴介）孤红姐，没奈何，可怜我萧条频惜玉，冷淡独怜香。（贴笑介）小姐，当初是你管我，如今是我管你了。也罢，且进去。隔墙人去远，事休忙，终是我与你成双。

只为七弦琴，弄出相思调。

落魄梦魂中，犹怕丫环叫。

〔注〕 ① 檀郎：女子对丈夫或恋人的美称。唐李贺《牡丹种曲》诗："檀郎谢女眠何处？楼台月照燕夜语。" ② 风檐筝：即古建筑屋角常挂的风铃，亦称铁马。 ③ 窣地：指罗裙在走路时拖在地上摩擦有声。 ④ 天台：指刘晨、阮肇遇上仙女的天台仙境。古小说戏剧常用以指男女欢会之地。 ⑤ 五陵人：即在五陵地区居住的人。西汉元帝前，咸阳附近有五位皇帝的陵墓，合称五陵。周围聚居多是富豪之家，后以"五陵"指豪侠少年所居之地。唐白居易《琵琶行》诗："五陵少年争缠头。"此以五陵人自比为豪侠少年。 ⑥ 指上高山：手指拨弦弹出的琴曲。春秋时俞伯牙曾以琴弹奏高山流水意境，后遂以"高山"或"流水"代指琴曲。 ⑦ "番与"句：指误了佳期，只能向梅花诉说心事。番，同翻。 ⑧ 野雉谩藏头：俗传野鸡（雉）遇到危险就胡乱地把头藏起来。此用以比喻自欺欺人。 ⑨ 老底板：本指印刷文字的木版，双关"身板"，此指事情的底细。 ⑩ 青囊：本指青色布袋，此借自己的名字以打诨，双关下身所穿衣服。 ⑪ 造斯堂：来到这里的厅堂。 ⑫ 丝萝偷萦：《古诗十九首》有"兔丝附女萝"的话，指攀附为婚姻。此是司马相如说自己有幸攀附，登上宴席。 ⑬ 双颈交文吭：交颈接喙。喻鸟之相依相傍，此指男女亲昵。吭，喉。 ⑭ 字尾：交尾，动物交配，此指相配为婚。 ⑮ 中夜相

亡：半夜一起逃走私奔。　⑯ 绿绮：琴名。傅玄《琴赋》序云：蔡邕有琴曰绿绮。　⑰ 可可，本指恰好、正好，此处指端庄整肃。　⑱ 蓝桥：相传为唐裴航遇仙女云英处，后世遂用以为男女约会之处。明龙膺有《蓝桥记》传奇。　⑲ 银缸：即银釭，银灯。

《琴心记》全名《司马相如琴心记》，写历代广为流传的司马相如琴挑卓文君夜奔及二人其他悲欢离合的故事。剧情本事见于《史记》、《汉书》中的《司马相如列传》、常璩《华阳国志》卷三《蜀志》，又见于《西京杂记》及《类说》卷二八引《异闻集·相如琴挑》等。全剧四十四出，情节大体线索是：汉蜀都文士司马相如漫游至临邛，随好友王吉同赴富商卓王孙的东阁宴会，并以琴技倾动四座。卓王孙的新寡女儿卓文君与司马相如彼此心仪，遂在司马相如应邀到卓府弹琴时，潜出偷听，司马相如则佯醉留宿卓府。在文君丫鬟孤红和相如仆从青囊的帮助下，二人连夜出逃。到成都后，因司马相如家徒四壁，只好当垆卖酒。后来司马相如被同乡杨得意举荐于汉武帝而得重用，却又被奸臣唐蒙设陷而下狱。卓文君虽被谣言欺诳，又为卓王孙所逼，但坚守节操而入尼寺暂避。不久司马相如的朋友王吉升任廷尉，为司马相如雪冤，相如出狱后为陈皇后作《长门赋》，并收到卓文君因听到谣传而捎来的《白头吟》。二人在尽释猜疑前嫌后终于团聚。

第八出题目为《私通侍者》，语似不雅，但表现的却是充满风流韵味、为历代文人津津乐道的相如琴挑文君的情节，是本剧中最受注目的"戏眼"，因而处理是否得当，直接影响全剧成功与否。这出戏在戏剧冲突、舞台效果、心理刻画、语言艺术上都甚有可观，从而用戏剧形式出色地表现了这一极富艺术意蕴的文坛佳话。

为表现好这段重头戏，剧本在前面安排了"王孙作醼"、"孤红窥宴"、"挑动琴心"三出与本出直接相关的戏作为铺垫，从而为本出要敷演的情节蓄足了文势，让观众产生了很大的期待心理来观赏这一精彩片段。为突出"重点中的重点"，作者又颇有章法地将本出剧情发展安排为开端、发展、高潮、余波、结束几个部分。开场的相如、文君对唱为情节开端。文君得知相如留宿在府内，乃夜出潜听。相如也欲在月下弹琴，希望能让文君听到。此时二人可谓心心相印，只是音信未通，都是自行猜测。同时二人又各有后顾之忧：相如担心仆从青囊发觉，文君害怕丫鬟孤红知晓。因此二人在期盼、猜疑的同时，又增添了对身边人的防范心理，从而使二人的行动躲躲藏藏、惊惊咋咋，这一切又都一览无余地呈现在观众面前。正所谓当局者迷、旁观者清，看到二人小心翼翼的神态动作，观众既为他们幽会能否成功而担心，又不免为他们的疑神疑鬼而发出会心的微笑。

俗话说："隔墙有耳。"正当相如、文君神秘兮兮地避开身边耳目时，殊不知孤红、青囊早对各自主人的心思行踪了如指掌,并已随出窥听监视。这样四人的表演既“各自为战”,又统一地推进了剧情;既使观众感受到的舞台内容更为丰富,也为下文妙趣横生的喜剧冲突埋下了伏笔。

丫鬟、仆人的跟踪,两位主人是不知道的。正因为此,他们才能够自以为得计地敞开心扉,尽诉衷情:司马相如弹唱出极富文采与感染力的琴歌《凤求凰》,卓文君则心有灵犀地领悟到琴歌的深切内涵,并予以低声婉转的唱和。高山流水真正遇到了知音,二人酝酿已久的感情很快沸腾般上升到高峰。这段唱和词藻俊逸、意境深远、格调高雅,内涵极为丰富,给人以强烈的感情冲击和极高的美学享受。听完琴曲,文君情意翩翩,不由得长声叹息。司马相如听到叹息,更是情不能抑,竟要扳树跳墙,从而使琴曲唱和形成的“旖旎风光”,顿时向轻松的世俗趣味转化,剧情由此也进入高潮之后的余波:由一直躲在暗处的孤红、青囊出面,演出其角色当行的插科打诨情节,并在充满戏谑调笑的表演中,继续推进着情节主线的发展。孤红以训斥、警告口气告诉青囊:“明夜这时分,我自与小姐偷从都亭一带游耍,你不要又来胡缠。”青囊则心领神会地回答:“一定在那边侍候。”这样心照不宣的言不由衷,自足令观众开心解颐不已。这出戏的结尾,是孤红与卓文君继续演出的既认真又可笑的滑稽剧。孤红因文君不体会她善意相帮的一片苦心,反而对她处处设防而心生不满,遂直言揭其老底,使得文君终于坦诚相告,并虚心下意地相求。孤红此时则和《西厢记》中的红娘一样,颇为豪侠仗义地表示要倾心相助:“终是我与你成双。”剧情至此,相如、文君结合的关目情节均已落实,以下的《临流守约》、《夜之成都》诸出自然就是水到渠成的事了。

《琴心记》中的这出戏,调动了各种手法,使舞台气氛充满生活情趣。同时又以科诨点缀,舞台上四个主要人物的不同身份、心态、动作、语言,形成一系列真真假假的猜测、误会,从而以雅俗共赏的表演形式,创造出极为活跃的舞台气氛,使本来充满士大夫情趣的相如、文君故事,成为普通平民乐于欣赏的精神佳肴。

这出戏的语言成就早被公认。尤其是相如、文君隔墙所唱的一曲《凤求凰》,更是脍炙人口,屡被后来诗文引用及谱曲演唱,比起《乐府诗集·琴曲歌辞》所收的司马相如琴歌,更觉风流蕴藉。前人的“俊逸可喜”、“极有佳句”的评语(见《三家村老委谈》),这出戏真正是当之无愧。

以琴曲表达感情并终成连理的情节,在元杂剧《西厢记》、明传奇《玉簪记》等作中,均有使用。《琴心记》因后半部头绪较乱、角色太多以至不便登场而影响了全剧在古代戏曲史上的地位,但仅就这一出而言,较之《玉簪》、《浣纱》诸作,则是毫不逊色,甚至有以过之的。

(鄢化志)

高　濂

(1527?—1603?)　字深甫，号瑞南，晚号湖上桃花渔，别署千墨主。钱塘(今浙江杭州)人。其家为破落贵族，因其父经商而致富。曾入国子监，屡试不售后，乃捐资待选鸿胪寺。两年后奔父丧归里，遂隐居西子湖畔，不复求仕。所学驳杂，精于图书及古玩的收藏与鉴赏，因自幼体弱尤其讲究摄生。精音律，工度曲，开宴则以唱曲为乐。与戏曲家梁辰鱼、汪道昆等为友。所作传奇有《玉簪记》、《节孝记》二种，俱存，尤以《玉簪记》流传为广。《全明散曲》辑录其小令十六首，套数十六套。另有诗词集《雅尚斋诗草》、《芳芷栖词》及养生方面的论著《遵生八笺》等。

玉　簪　记　　　　高　濂

第十六出　寄　　弄

【懒画眉】(生上)月明云淡露华浓，欹枕愁听四壁蛩，伤秋宋玉赋西风[①]。落叶惊残梦，闲步芳尘数落红。

小生看此溶溶夜月，悄悄闲庭，背井离乡，孤衾独枕，好生烦闷，只得在此闲玩片时。不免到白云楼下，散步一番，多少是好。(下)

【前腔】(旦上)粉墙花影自重重，帘卷残荷水殿风，抱琴弹向月明中。香袅金猊动[②]，人在蓬莱第几宫。

妙常连日冗冗俗事，未曾整此冰弦。今夜月明风静，水殿凉生。不免弹《潇湘水云》一曲，少寄幽情，有何不可。(作弹科)(生上听琴科)

【前腔】步虚声度许飞琼[③]，乍听还疑别院风，凄凄楚楚那声中。谁家夜月琴三弄？细数离情曲未终。

此是陈姑弹琴，不免到他堂中细听一番。

【前腔】(旦)朱弦声杳恨溶溶，长叹空随几阵风。(生)仙姑弹得好琴。(旦惊科)仙郎何处入帘栊，早是人惊恐。(生)小生得罪了。(旦)莫不是为听云水声寒一曲中？

(生)小生孤枕无眠，步月闲吟。忽听花下琴声嘹呖，清响绝伦，不觉步入到此。(旦)小道亦见月明如洗，夜色新凉，故尔操弄丝桐，少寄岑寂。欲乘此兴，请教一曲如何？(生)小生略知一二。弄斧班门，休笑休笑。(生作弹吟曰)雉朝雊兮清霜，惨孤飞兮无双。念寡阴兮少阳，怨鳏居兮彷徨。(旦)此曲乃《雉朝飞》也。君方盛年，何故弹此无妻之曲？(生)小生实未曾有妻。(旦)也不干我事。(生)敢请仙姑，面教一曲如何？(旦)既听佳音，已清俗耳。何必初学，又乱芳声。(生)休得太谦。(旦)污耳，污耳。(作弹吟曰)烟淡淡兮轻云，香蔼蔼兮桂阴。喜长宵兮孤冷，抱玉兔兮自温。(生)此《广寒游》也，正是仙姑所弹。争奈终朝孤冷，难消遣些儿。(旦)相公，你听我道：

【朝元歌】长清短清，那管人离恨。云心水心，有甚闲愁闷。一度春来，一番花褪，怎生上我眉痕。云掩柴门，钟儿磬儿枕上听。柏子坐中焚，梅花帐绝尘。果然是冰清玉润。长长短短，有谁评论？怕谁评论。

【前腔】(生)更深漏深，独坐谁相问？琴声怨声，两下无凭准。翡翠衾闲，芙蓉月印，三星照人如有心。露冷霜凝，衾儿枕儿谁共温？

(旦怒科)先生出言太狂，屡屡讥讪，莫非春心飘荡，尘念顿起？我就对你姑娘说来，看你如何分解！(作背立科)(生)小生信口相嘲，言出颠倒，伏乞海涵。(作跪)(旦扶起科)(生)巫峡恨云深[④]，桃源羞自寻[⑤]。你是个慈悲方寸，望恕却少年心性，少年心性。小生就此告辞。肯把心肠铁石坚，(旦作背语科)岂无春意恋尘凡。(生)今朝两下轻离别，一夜相思枕上看。(生作下科)(旦)潘相公，花阴深处，仔细行走。(生回科)借一灯行如何？(旦急关门科)(生)陈姑十分有情，不免躲在此间，听他里面说些甚么，便知分晓。(旦)潘郎，潘郎！

【前腔】你是个天生后生，曾占风流性。无情有情，只看你笑脸儿来相问。我也心里聪明，脸儿假狠，口儿里装做硬。待要应承，这羞惭怎应他那一声。我见了他假惺惺，别了他常挂心。我看这些花阴月影，凄凄冷冷。照他孤另，照奴孤另。

夜深人静，不免抱琴进去安宿则个。此情空满怀，未许人知道。明月照孤帏，泪落知多少。(下)(生)小生在此听了半晌，虽是不甚明白，

【前腔】我想他一声两声，句句含愁恨。我看他人情道情，多是尘凡性。妙常，你一曲琴声，凄清风韵，怎教你断送青春？那更玉软香温，情儿意儿那些儿不动人。他独自理瑶琴，我独立苍苔冷。分明是西厢行径。（作揖科）老天老天！早成就少年秦晋，少年秦晋⑥。

闲庭看明月，有话和谁说？
榴花解相思，瓣瓣飞红血。

〔注〕①宋玉赋西风：指战国楚辞赋家宋玉作《九辩》，抒发悲秋的情怀。　②金猊：塑有狮子形象的铜香炉。　③步虚：道士唱经礼赞。唐李白《题随州紫阳先生壁》诗："步虚吟真声。"许飞琼：传说中的仙女。　④巫峡：用宋玉《高唐赋序》所言楚王梦巫山神女与之欢合的典故。　⑤桃源：按惯例化用陶渊明《桃花源记》，将原文中的世外避秦之地附会为仙境。　⑥秦晋：指美好婚姻。春秋时秦国与晋国世代结为婚姻，称秦晋之好，故云。

《玉簪记》是明代浙江钱塘（今杭州）人高濂所作的一部传奇，全名《三会贞文庵玉簪记》，成于隆庆四年(1570)，共三十四出。

十六世纪末叶，正是南戏系统昆山腔、弋阳腔诸声腔蓬勃发展时期。《玉簪记》写出后，成为四百年演出不断、流传广远的优秀爱情喜剧，今昆剧尚能演《茶叙》、《琴挑》、《问病》、《偷诗》、《秋江》诸出。

其故事梗概如下：南宋初年，金兀术入侵江南。少女陈娇莲和母亲在战乱中失散。娇莲逃到金陵女贞观无奈做了道姑，改名妙常。几年后青年书生潘必正科考时生病落第，因女贞观观主潘法成是他姑母，故到观中借住攻读。陈妙常年轻貌美，热情大方而持身端正，严守清规。但潘必正的出现使她受到冲击，二人意气相投，倾心相爱。观主有所察觉，担心影响道观清誉，于是强迫必正立即去临安赶考。必正在姑母监视下乘船离去。妙常不顾观规，私自赶到江上挥泪送别。最后潘必正科举得中，二人终于团圆。

《玉簪记》最突出的成就，是塑造了一个在封建道德和宗教清规双重桎梏约束下敢于冲决网罗、追求爱情幸福的青年女性陈妙常形象；也刻画了一个忠于爱情，做了官也不"贵易妻"的青年书生潘必正形象。作者擅长运用喜剧手法推进剧情，文学语言清新流畅，描摹人物心理活动细致入微，在思想性和艺术性上都有新意。但明代传奇剧本情节大都平铺直叙，拖沓冗长，难以全本演出，只能选剧中最精彩的若干出作为折子戏上演。《玉簪记》中被搬演最多的有《寄弄》（后来传演时称为《琴挑》）、《叱谢》、《词媾》（合称为《偷诗》）、《促试》（称为《逼侄赴科》）、《追别》（称为《秋江》）等出，都是描述陈、潘爱情的重点关目。

《寄弄》(《琴挑》)是《玉簪记》第十六出。这以前各出大致介绍了陈妙常和潘必正进入女贞观的历程,插入了过路知府张于湖借宿女贞观,同陈妙常弈棋手谈,并以词挑逗被拒,以及附近富家纨绔子弟王公子托人说媒等情节。表现了妙常藐视富贵、追求真情的性格。妙常入观多年,已有接待客人的身份。潘必正由姑母介绍同陈妙常相见,妙常对他印象很好,"看你眸含星电,气吞霜剑",相信他虽然落第,但必定"有日云泓雾卷,龙蟠虎变"(第十二出《下第》)。而必正对妙常同样"偶见仙姑修容,光彩艳丽夺人,此心羁绊,不忍轻去"。相识之后,妙常就煮茗焚香,请必正"清话片时"。她的主动行为表示了她对必正的好感。当然这是初次谈心,二人都还比较含蓄(第十四出《幽情心》)。

到了第十六出,是夏末秋初的一个月明云淡的夜晚。妙常的身影在必正心中萦回难消,他烦闷得孤枕无眠,散步到妙常所居的白云楼下,恰好妙常在堂中弹弄琴曲,以寄幽情。二人相见,都很高兴。必正称赞妙常"弹得好琴","琴声嘹呖,清响绝伦";妙常当然得意,知道必正是行家,就势"欲乘此兴,请教一曲"。——中国古代士人认为弹琴听琴最能显示人的情操素养,妙常显然是想由此更多地理解必正的心胸。必正觉得这是表现才华的机会,立即弹吟了一曲《雉朝飞》,其中有"念寡阴兮少阳,怨鳏居兮彷徨"的句子,妙常年轻好奇,脱口就问:"君方盛年,何故弹此无妻之曲?"必正赶忙表白"小生实未曾有妻。"妙常发现自己冒失了,立即躲闪:"也不干我事。"这多少有些欲盖弥彰,是一个生动有趣又很重要的细节。

这几句对话激起必正心中波澜,要求妙常再弹一曲。妙常弹吟了一首《广寒游》。必正一面内行地夸奖说这正应是道姑所弹之曲,一面又忍不住试探说,你曲中吟唱"终朝孤冷",岂不是难以消遣吗?妙常听出他话中味道,觉得应该收敛一下,于是唱了一支【朝元歌】:"长清短清,那管人离恨。云心水心,有甚闲愁闷。一度春来,一番花褪,怎生上我眉痕。云掩柴门,钟儿磬儿枕上听。柏子坐中焚,梅花帐绝尘。果然是冰清玉润。长长短短,有谁评论?怕谁评论。"她唱得一派正襟危坐的样子,必正注意她的诉说,却觉得她说得越多越显得是在故作矜持,自己越发同情她、爱慕她,就也唱了一支【朝元歌】来点破她:"更深漏深,独坐谁相问?琴声怨声,两下无凭准。翡翠衾闲,芙蓉月印,三星照人如有心。露冷霜凝,衾儿枕儿谁共温……"话说得如此直露,妙常脸上搁不住了,佯怒打断必正的唱,说"先生出言太狂,屡屡讥讪,莫非春心飘荡,尘念顿起",她说我要向你姑母去举发你。必正并非轻薄小生,也觉得自己有些过分,赶忙接着道歉唱:"巫峡恨云深,桃源羞自寻。你是个慈悲方寸,望恕却少年心性,少年心性。"他摸不准妙常的内心真情，怕她真受到伤害，自己也落个无趣，只得怏怏地道："小生就此告辞。"自言自语地奇怪妙常怎么如此地"肯把心肠铁石坚"；不料想妙常也在自言自语地怪自己"岂无春意恋尘凡"。她见必正满脸困惑，尴尬告辞，懊恼自己言不由衷，为了缓和气氛，又关心又客气地转圜说："潘相公，花阴深处，仔细行走。"必正何等聪明，立刻明白妙常的情意，心里松弛了，马上转回身来，笑着说，那么借我一盏灯行不行？妙常没想到必正竟如此调皮，感到他看出了自己的心情，赶紧把门关上，又觉得必正调皮得可爱，暗自好笑。她想想必正，想想自己，转而又觉伤感，轻轻喊了声"潘郎，潘郎"，一个人敞开心扉，独唱了第三支【朝元歌】以抒胸怀："你是个天生后生，曾占风流性。无情有情，只看你笑脸儿来相问。我也心里聪明，脸儿假狠，口儿里装做硬。待要应承，这羞惭怎应他那一声。我见了他假惺惺，别了他常挂心。我看这些花阴月影，凄凄冷冷。照他孤另，照奴孤另。"她抱琴进去安宿，心中矛盾，悲苦地自吟："此情空满怀，未许人知道。明月照孤帏，泪落知多少。"

妙常独唱时，必正没有走远，躲在花阴偷听，又听不清楚。心里却明白了妙常的真情实感，不由得又激动地独唱了第四支【朝元歌】："我想她一声两声，句句含愁恨。我看她人情道情，多是尘凡性。你一曲琴声，凄清风韵，怎教你断送青春？那更玉软香温，情儿意儿那些儿不动人。他独自理瑶琴，我独立苍苔冷。分明是西厢行径。"他激动得连连向月亮作揖叫"老天老天！早成就少年秦晋，少年秦晋。"——两个热情青年已经心心相印，却还不敢公然说破。这一出《寄弄》就在"不知命运如何"的悬念中结束。

《寄弄》(《琴挑》)是《玉簪记》中至关重要又极富情趣的一出，更是中国戏曲文学中写青年男女爱情格调清雅俊美的一场好戏。作者把陈妙常和潘必正从初识时的良好印象，经过茶叙、弹琴而成知音，成为知音却又不能坦露真情，相互试探又彼此绕圈子，写得反复跌宕，层次分明，充满缠绵的情意，更写出两人各自在规定情境中的性格特征。还可看到，陈、潘之间不是没有爱情基础的浮浅的一见倾心，而是两个都有较高文化素养的青年自自然然的相互吸引。这就引导了读者观众更真诚地愿为他们祝福，期望他们大胆突破樊篱，有情人终成眷属。

《玉簪记》的故事出自《古今女史》，民间流传较广。元代关汉卿已佚作品中有《萱草堂玉簪记》之名，是否即写陈、潘故事已无考。明代有旦本杂剧《张于湖误宿女贞观》(作者佚名)，写在高濂《玉簪记》之前，剧中人物、情节与高作接近，但较粗糙。高濂用前人有关作品为素材，发掘了这个故事中有价值的内核，重新构思，推陈出新写出了新的《玉簪记》。尽管其中仍有若干陈旧思想，结构也较松散，还是成为传世杰作。比他稍后的评论家吕天成、祁彪佳出于封建观念，对此剧评价都不很高，但也不能不承认他"词多清俊"，"唾玉生香"。当代王季思主编的《中国十大古典喜剧集》收入此剧，认为它"蕴涵着争取个性解放的新义"。当代学者徐朔方也肯定它"有栩栩如生的人物形象和美妙的戏剧冲突"，可称为"名作"。

（刘厚生）

玉 簪 记　　高 濂

第十八出 叱 谢

【卜算子】（旦上）朝来闻鸟啼，啼处惊人睡。展转不成眠，反侧啼红泪。

春来秋去几经过，不似今秋愁奈何。心事暗流银烛泪，恨随飘泊叶声多。妙常苦守清规，已经多载。无奈尘心未尽，俗念顿生。对景添愁，强制不定，可恨人也！

【桂枝香】奴似风掀黄叶，云遮残月。猛可的如醉如痴，独自个谁温谁热。把床儿打叠，把床儿打叠。方才梦枕儿上蝶，又惊回窗儿外铁。好难说，愁如雁字天边阵，泪似鹃花枝上血。

【前腔】云堂松舍，清灯长夜。听钟儿敲断黄昏，拥被儿卧看明月。心中自思，心中自思，猛可的身如火热，直恁的睡不宁贴。好难说，咽不下心头火，转添些长叹嗟。

笔墨在此，不免将心事描写一词，聊寄幽情，消遣则个。（词曰）松舍清灯闪闪，云堂钟鼓沉沉。黄昏独自展孤衾，欲睡先愁不稳。

一念静中思动，遍身欲火难禁。强将津唾咽凡心，争奈凡心转盛。

（净王尼姑上）

【不是路】（净）径绕长蛇，要见的人儿何处也。把帘遮，落花满地空台榭，未许红尘略近些。开门，开门！（旦）是谁的吠犬迎来花外客，（作藏词科）我把冷眼儿窗外偷看者。（净）休躲撇，为因闲暇来松舍。（旦）向前迎接，向前迎接。

今日远辱到此，有何话说？（净）久失相亲，特来听讲。（旦）你平日不好经典，如何要听讲？（净）我近日比前不同。前日月下，我亲见观音菩萨说道：你平日念佛，功德将满，只少得一百多声，祥云就来接你上天去。（旦）你何不做一会儿功夫，念完了，上天去。（净）

人头上有些私债，未曾讨得；养下些猪羊鸡犬，未曾卖得；有几个相识和尚，舍他不得。因此故意不念完了。（旦）你休得取笑，有何话说？（净）溧阳县中，有个王公子。人物标致，泼天富贵。他慕你仪容，欲求婚配。未知你意下如何？（旦）阿弥陀佛！我与你是出家人，怎么说这等落地狱的话？（净）夫妻之情，谁人不爱。受享荣华富贵，强似在此清贫苦奈。（旦）休得多言，听我道：

【长拍】（旦）门外游蜂，门外游蜂，花间浪蝶，隔芳尘帘箔长遮。云寒月冷，这是自甘孤洁。（净）你好硬心肠。（旦）心硬如铁，又何劳嚷嚷，强来饶舌。清闲分同松柏老，岂肯做凡花墙外折。（净）他家十分豪富。（旦）从教富贵更豪奢，怎如我清贫守道，自有决烈。

【短拍】（净）鬓觯轻云，鬓觯轻云，眉弯新月，更可人海棠双颊。休把性儿撇，看鸳鸯帐暖，那春生凤凰衾热。他指望连枝比翼，那知急煎煎镜破簪折。

【尾声】（旦）从今断绝休来说，你上覆那王公子呵，不须用这般锹掘，月殿花枝你休想去折。

（下）（净）他送也不送我，就进去了。敢是怪我也。

云雾锁天台①，媒红空自来。

心难常皎洁，有日惹尘埃。

第十九出　词　　媾

【清平乐】（旦上）西风别院，黄菊都开遍。瀏鹕不知人意懒，对对飞来池畔。

云淡水痕收，人傍凄凉立暮秋。虫吟无断头，心事泪中流。懒把黄花插满头，见人还自羞。自与潘郎见后，不觉心神恍惚，情思飘荡。对此困人天气，好生伤感也。

【绣带儿】难提起，把十二个时辰付惨凄。沉沉病染相思。恨无眠残月窗西，更难听孤雁嘹呖。堆积，几番长叹空自悲。怕春去，留不住少年颜色。

奴家身体困倦，不免稳睡半晌则个。（睡介）

【宜春令】（生上）云房静，竹径斜，小生病起无聊，好生烦闷。不免往白云楼下，闲步一回，多少是好。欲求仙恨着天台路迷。问津何处，傍青松掩着花千树。悄地行来，乃是陈姑卧房。正值他独睡在此。(作翻书介)这是他看诵的经典，里面为何有字一幅，却是陈姑诗稿。词云：松舍清灯闪闪，云堂钟鼓沉沉。黄昏独自展孤衾，欲睡先愁不稳。　一念静中思动，遍身欲火难禁。强将津唾咽凡心，争奈凡心转盛。　细观此词，陈姑芳心尽露。敢是天就我的姻缘，把此词作个公案。伴残经香渺金猊，题红句情含绿绮。心知，此词入手呵，天付姻缘，送来佳会。

待我揭起帐戏他，看他如何回我。陈姑，陈姑。(旦作惊起介)

【降黄龙】惊疑，闪得我魄散魂飞。倦体轻盈，倩谁扶起？(生)小生在此相扶。(作抱旦)(旦怒介)你是书生班辈，好个书生班辈，错认仙姑，比作神女。(生)差不多儿。文君幸见相如，两下情同鱼水。(旦)休题，文君佳趣[②]。这其间相如料难是你。

(生)多分是小生无疑。(旦)潘郎好生无礼，我对你姑娘说来。

(生)说我何事？(旦)秀才们偷香窃玉，意乱心迷。

【醉太平】(生)非痴，我青灯愁绪，听黄昏钟磬，夜半寒鸡。孤衾独抱，未曾睡先愁不寐。相思，静中一念有谁知？欲火炎遍身难制。把凡心自咽，只少个萧郎同并[③]，彩凤同骑。

【浣溪沙】(旦)你脸儿涎，情儿媚。话跷蹊，心自猜疑。(生)不必猜疑。(旦寻词介)(生)小生拾得在此。(旦)好好还我词来。若不还我，把你做贼论。(生)偷书不为贼。(旦)这场冤债诉凭谁，当初出口应难悔。罢罢，一点灵犀托付伊。(背介)几番羞解罗襦。(生拜介)

【滴溜子】合拜跪，此情有谁堪比。谩追思，此德何年报取，谁承望今宵牛女。银河咫尺间，巧一似穿针会，两下里青春浓桃艳李。

【鲍老催】(旦)输情输意，鸳鸯已入牢笼计，恩情怕逐杨花起。一首词，两下缘，三生谜。相看又恐相抛弃，等闲忘却情容易，也不管人憔悴。

(生)妙常，你道小生忘了此情，(跪介)老天在上，必正若忘了妙常

今日之情,天诛地灭!

【猫儿坠】皇天在上,照证两心知,誓海盟山永不移。(旦)从今孽债染缁衣,欢娱,看双双一似凤求鸾配。

【尾声】天长地久君须记,此日里恩情不暂离。从此后情词莫再题。今夜灯前见,还疑梦里来。(下)

(丑上)我东人在此吟风弄月,夜去明来,终久吃他刮上了。

【清江引】堪爱堪爱真堪爱,鸾凤情深如海。携手上阳台④,了却相思债。他怎知有个人在窗儿外?

不免躲在此间,看他两个说些甚么。

【皂角儿】(生、旦同上)两情浓同下蓝桥,战兢兢欢娱较少。成就了凤友鸾交,休忘却天长地老。我则为你病恹恹只自耽,瘦怯怯难自保。为着今朝,相偎相抱,力怯体娇。你休把私情漏泄,两下里供状难招。

【前腔】(旦)奴本是柔枝嫩条,休比做墙花路草。顾不得莺雏燕娇,你恣意儿鸾颠凤倒。须记得或是忙或是闲,或是迟或是早。夜夜朝朝,何曾知道,这些关窍。春风一度,教我魄散魂消。

【尾声】从今淡把蛾眉扫,妆一个内家腔调⑤,把往日相思一担儿抛。

(丑上)不好了,不好了。观主知道,去叫地方拿你们两个送官,怎么是好?(旦)如何是好?(丑)不妨,我哄你个儿,适才我替你遮瞒过了。我只要捉个头儿。(生)我在此,你休得这等胡说!(丑)既然相公在此,你只叫我一声。(旦)教我叫你甚么?(丑)随你。(旦)进安哥!(丑)不好。除下哥字,添上相公二字。(旦)难道是进安相公?(丑)正是,正是。(旦作难介)(丑)我就叫将起来。(旦)也罢,我便叫他一声,进安相公!(丑笑介)出庵奶奶!(生)怎么叫做出庵奶奶?(丑)没有我进安相公,奶奶安能出庵!(生叱下)

〔注〕 ① 天台路迷:南朝宋刘义庆《幽明录》载东汉永平间刘晨、阮肇入天台山采药,遇二仙女,留居半年,归来后子孙已历七世。 ② 文君:即汉卓文君,为蜀中富商卓王孙之女。新寡家居,遇司马相如,相如以琴挑之,两人遂私奔,在临邛卖酒。见《史记·司马相如列传》。

③ 萧郎：指情郎。传说春秋时秦穆公之女弄玉喜音乐，与善吹箫的萧史相恋，两人后来骑凤成仙。　④ 阳台：战国楚宋玉《高唐赋序》言楚王梦中与巫山神女欢会，神女告别时说："妾在巫山之阳、高丘之阻，旦为朝云，暮为行雨，朝朝暮暮，阳台之下。"　⑤ 内家：指宫廷、皇家。

《玉簪记》第十八出《叱谢》和第十九出《词媾》在原著中是两出，写的主要是一件事：陈妙常爱上潘必正，不敢表白，只好自己写词抒怀，被潘必正发现，两人终于坦露了内心爱情，盟誓结合。因此后来昆剧和许多地方戏曲演《玉簪记》的折子时，都将此两出并为一折，称之为《偷诗》。本文也将两出合并赏析。如果说《寄弄》(《琴挑》)是《玉簪记》第一次高潮，那么这两出可说是更进一层的第二次高潮。这是这本传奇关键性的情节：两人明确了爱情关系，自然流露出形迹，才被观主发现，引起以后一连串波折。

在《寄弄》一出中，陈妙常同潘必正通过弹琴，相互都体会到对方的感情；接下来第十七出《旅邸相思》，必正因相思得病，妙常随观主去探视，不便多言，更增烦恼。到了第十八出《叱谢》，妙常在自己房中思前想后，"展转不成眠，反侧啼红泪"，心中更是烦躁。她苦恼地独白说："(我)妙常苦守清规，已经多载。无奈尘心未尽，俗念顿生。对景添愁，强制不定，可恨人也！"

戏剧情节进展到此，情势已是两个青年人都已知道并且接受了相互的爱心，当中只隔一层窗户纸，不知如何捅破。他们之间没有《西厢记》中的红娘，也不能像《牡丹亭》中杜丽娘那样死而复生。作者在这里设计了一个绝妙的情节：写诗。他让妙常一人独唱了两支【桂枝香】抒发内心的苦闷。在第二支中唱道："云堂松舍，清灯长夜。听钟儿敲断黄昏，拥被儿卧看明月。心中自思，心中自思，猛可的身如火热，直恁的睡不宁贴。好难说，咽不下心头火，转添些长叹嗟。"之后，控制不住自己，顺手拿起案头笔墨，立即"将心事描写一词，聊寄幽情"。词是一首《西江月》："松舍清灯闪闪，云堂钟鼓沉沉。黄昏独自展孤衾，欲睡先愁不稳。　一念静中思动，遍身欲火难禁。强将津唾咽凡心，争奈凡心转盛。"词很直露，毫不含蓄，但也正是妙常此时内心的真实写照。她是写给自己看的，用不着如何曲折隐晦。

没想到忽然有人敲门，妙常连忙把刚写的词随便夹到桌上的经卷中去。进来的是王尼姑，她说溧阳县有个王公子，"人物标致，泼天富贵。他慕你仪容，欲求婚配。未知你意下如何"？原来是做媒的。妙常如何看得起这等纨绔子弟，感到受了侮辱。她连唱【长拍】、【短拍】和【尾声】三支曲子，斥责王尼姑："从教富贵更豪奢，怎如我清贫守道"，"从今断绝休来说，不须用这般锹掘。月殿花枝你休想去折。"说完拂袖而去，给了王尼姑一个硬钉子碰。

作者插进这一细节显然是用以富贵压人的王公子同潘必正做对比，揭示出妙常清高的爱情观和对必正的深情，只是另一方面却使由妙常写诗而展开的戏中断了。因之不少剧种在演出时都删去王尼姑这一段或移至别处，而把妙常写词直接引到被必正发现，成一整体。从原著说，则是进入第十九出《词姤》。

妙常写了《西江月》，原想把心情吐露出来，稍解愁闷，谁知"强将津唾咽凡心，争奈凡心转盛"。再加上王尼姑说亲的刺激，她更加思念必正。无人在旁，她自言自语："自与潘郎见后，不觉心神恍惚，情思飘荡。对此困人天气，好生伤感人也。"激动许久，不觉沉沉睡去，却忘了关上房门。

潘必正病体痊愈，有心往妙常所住白云楼下闲步。门没有关，他信步进去了，发现妙常睡着，无法说话，便到她的书案旁去翻书，却不知"里面为何有字一幅，却是陈姑诗稿"，惺惺相惜，诗稿当然要看。捧读之下，大喜过望，窗户纸终于捅破了。知道这是妙常"芳心尽露，敢是天就我的姻缘"。必正胆子大了起来，立刻把妙常叫醒，并且伸手要去抱她起来。妙常没想到必正敢动手动脚，嘴里还得意地说我们俩就是卓文君与司马相如！她生气地说"潘郎好生无礼，我对你姑娘说来"，说你"秀才们偷香窃玉，意乱心迷"。但是这次必正不怕了。他从从容容洋洋得意地唱了一支【醉太平】："非痴，我青灯愁绪，听黄昏钟磬，夜半寒鸡。孤衾独抱，未曾睡先愁不寐。相思，静中一念有谁知？欲火炎遍身难制。把凡心自咽，只少个萧郎同并，彩凤同骑。"

作者的这段曲词写得相当俏皮。词是必正唱的，内容语气却都是妙常的。他一方面把妙常写的《西江月》的感情甚至词句融进去，让妙常听得出来必正已经看了她的词，使她完全被动；另一方面又借此代妙常把内心的爱情苦闷再抒发一遍，可以引起她的共鸣。妙常这时很难再矜持了，嘴里还说"好好还我词来。若不还我，把你做贼论"，实际上她说得有气无力，已全线崩溃了。她只得唱："这场冤债诉凭谁，当初出口应难悔。一点灵犀托付伊。"她软了下来，同必正一同跪倒在地盟誓了。

必正在拿到《西江月》后心中有底，一直主动地调笑妙常，知道她必会同意。但如果照此继续下去，必正就可能成为轻薄子弟，不可爱了。剧作者高明之处是，从必正善良性格出发，在一阵得意忘形之后，他见妙常已然低头表态了，也就严肃认真起来。他并不是只要求一时欢会，而是企求长久的爱情。他诚挚地唱了一支【滴溜子】："合拜跪，此情有谁堪比。谩追思，此德何年报取，谁承望今宵牛女……"而妙常，虽已大胆冲破樊篱，因获得爱情深感幸福，终究还有些不安，她又喜又怕地唱了一支【鲍老催】："输情输意，鸳鸯已入牢笼计，恩情怕逐杨花起。一首词，两下缘，三生谜。相看又恐相抛弃，等闲忘却情容易，也不管人憔悴。”妙常的顾虑是真实的，而在此时提出，又使已经明确的爱情关系又小小地跌宕一下，必正赶忙再次跪地，真心实意地发誓说：“妙常（我们发现，作者非常细致，他让妙常对必正的称呼由相公、先生到潘郎，又让必正先叫她仙姑、陈姑，到此改叫妙常了），你道小生忘了此情呵，老天在上，必正若忘了妙常今日之情，天诛地灭！”

鸾凤双飞，灵犀相通。戏写到这里，引得读者和观众都为这两个有情人庆幸，愿向他们祝贺。然而妙常和必正知道，读者和观众也知道：他们的爱情还是秘密的，合情而不合法的，要捅破的远不是一层窗户纸，而是礼教和宗教的网罗。这里引起了更大的悬念。

《叱谢》和《词姤》用写诗和偷诗的生动情节揭示出青年道姑的人性需求和爱情渴望，又刻画了两个人对爱情的自主意识和敢于突破清规戒律的勇气，情境隽永清新，人物性格鲜明，在中国戏曲文学中是不多见的佳构。（刘厚生）

玉　簪　记　　　高　濂

第二十三出　追　　别

【水红花】（老旦、生、丑上）天空云淡蓼风寒，透衣单。江声凄惨，晚潮时带夕阳还。泪珠弹，离愁千万。（生背）欲待将言遮掩，怎禁他恶狠狠话儿劖，只得赴江关也啰。（老旦）落木静秋色，残晖浮暮云。（生）不知人别后，多少事关心。

（丑）已到关口，梢水看船。（净梢水上）船在此。（丑）我相公上京赴试，叫你船到临安。赏你一两银子作船钱。（净）就去，就去。（老旦）就此开船，休得转来。我在阅江楼施主人家看你，明日才回。（生）谨依姑娘严命。叶落眼中泪，风催江上船。（老旦）明年春得意，早报锦云笺。（生、丑下）（老旦立高处望）（旦上）

【前腔】霎时间云雨暗巫山[①]，闷无言。不茶不饭，满目儿何处诉愁烦？隔江关，怕他心淡。顾不得脚儿勤赶。（作惊介）前面楼上，好似我观主模样。又早是我先看见他，若还撞见好羞惭，且躲在人家竹院也啰。（下）

（老旦）侄儿已去远，不免回观去罢。从今割断藕丝长，免系鲲鹏飞不去[②]。（下）（旦上哭介）潘郎，潘郎！君去也，我来迟。两下相思只自知，心呆意似痴。行不动，瘦腰肢。且将心事托舟师，见他强似寄封书。梢水那里？（净上）听得谁人叫，梢水就来到。到那里去的？（旦）我要买你一只小船，赶着前面会试的相公，寄封家书到临安去。船钱重谢。（小净）风大去不得。（旦）不要推辞，趁早行船赶上，宁可多送你些船钱。（小净）这等，下船下船！（吴歌）风打船头雨欲来，漫天雪浪那行叫我把船开。白云阵阵催黄叶，惟有江上芙蓉独自开。

【红衲袄】（旦）奴好似江上芙蓉独自开，只落得冷凄凄飘泊轻盈态。恨当初与他曾结鸳鸯带，到如今怎生分开鸾凤钗。别时节羞答答，怕人瞧头怎抬。到如今闷昏昏独自个耽着害。爱杀我一对对鸳鸯波上也，羞杀我哭啼啼今宵独自捱。（同下）

（生、净、丑上）（净吴歌）满天风舞叶声干，远浦林疏日影寒。个些江声是南来北往流不尽的相思泪，只为那别时容易见时难。

【前腔】（生）我只为别时容易见时难，你看那碧澄澄断送行人江上晚。昨宵呵醉醺醺欢会知多少，今日里情脉脉离愁有万千。莫不是锦堂欢缘分浅，莫不是蓝桥满时运悭③。伤心怕向篷窗见也，堆积相思两岸山。

【侥侥令】（旦、小净上）忙追赶去人船，见风里正开帆。（小净）会试的潘相公，会试的潘相公！（生）忽听得人呼声声近，住兰桡④，定眼看。是何人？且上前。

（旦）是奴家。（对哭介）

【哭相思】（生、旦）半日里将伊不见，泪珠儿湿染红衫。（旦）事无端，恨无端，平白地风波折锦鸳，羞将泪眼对人前。（生）那其间，到其间，我那姑娘呵，恶话儿将人紧紧阑，狠心直送我到江关。

（旦）早晨叫我们送你上京。听得一声，好不惊死人也。不知何人走漏消息？敢是你的口儿不谨，以致如此？（生）小生肯对着何人说来！平地风波，痛肠难尽。（旦）别时节，众人面前，有话难提，有情难尽。因此上赶来送你。只是我心中千言万语，一时难尽。（生）多谢厚情，感铭肺腑。早晨众姑姑在前，不得一言相别，方抱痛伤。今得见你，如获珍宝。我与你同行一程如何？（旦）甚好。

【小桃红】看秋江一望泪潸潸，怕向那孤篷看也，这别离中生出一种苦难言。自拆散在霎时间，心儿上，眼儿边，血儿流，把我的香肌减也。恨杀那野水平川，生隔断银河水，断送我春老啼鹃。

【下山虎】(生)黄昏月下，意惹情牵。才照得双鸾镜，又早买别离船。哭得我两岸枫林都做了相思泪斑，打叠凄凉今夜眠。喜见我的多情面，花谢重开月再圆。又怕你难留恋，好一似梦里相逢，教我愁怎言。

【醉归迟】(旦)意儿中无别见，忙来不为贪欢恋。只怕你新旧相看心变，追欢别院，怕不想旧有姻缘。那其间拚个死口含冤，到癸灵庙诉出灯前[5]，和你双双罚愿。(生)想着你初相见，心甜意甜。想着你乍别时，山前水前。我怎敢转眼负盟言，我怎敢忘却些儿灯边枕边。只愁你形单影单，只愁你衾寒枕寒。哭得我哽咽喉干，一似秋风断猿。

(旦)奴别君家，自当离却空门，洗心待君，君家休得忘了。奴有碧玉鸾簪一枝，原是奴家簪冠之物，送君为加冠之兆，伏乞笑纳，聊表别情。(生)多谢多谢。我有白玉鸳鸯扇坠一枚，原是我家君所赐。今日将来赠君，期为双鸳之兆。

【忆多娇】两意坚，月正圆，执手叮咛苦挂牵。我与你同上临安如何？(旦)我岂不欲，恐人嚷开是非，反害后边大事。欲共你同行难上难。早寄鸾笺[6]，早寄鸾笺，免得我心肠挂牵。

也罢，就此拜别。

【哭相思】(同)夕阳古道催行晚，听江声泪染心寒。要知郎眼赤，只在望中看。(生拜别介，下)(旦)重伫望，更盘桓，千愁万恨别离间。只教我青灯夜冷香消鸭，暮雨西风泣断猿。(下)

〔注〕 ①“霎时间”二句：谓男女之间的爱情遇到了困难。云雨，借指男欢女爱，典出战国楚宋玉《高唐赋序》。 ② 鲲鹏：《庄子·逍遥游》：“北冥有鱼，其名为鲲。鲲之大，不知其几千里也；化而为鸟，其名为鹏。鹏之背，不知其几千里也；怒而飞，其翼若垂天之云。” ③ 蓝桥：唐裴铏《传奇》载唐书生裴航过蓝桥驿，得与仙女云英成婚，亦超为上仙。后世因以“蓝桥”代指男女结缘之地。 ④ 兰桡(ráo)：小舟的美称。兰，木兰，一种香木，可造舟船。桡，桨。⑤ 癸灵庙：即鬼神庙。癸，借为鬼。 ⑥ 鸾笺：一种印有鸾纹的彩色笺纸。宋苏易简《文房四谱》：“蜀人造十色笺，……逐幅于方版上研之，则隐起花木麟鸾，千状万态。”

《玉簪记》是一本抒情喜剧，无须多少离奇的情节。在《词媾》陈妙常同潘必正秘密定情结合后，最大的悬念是他们如何突破礼教和宗教的桎梏而使得情爱合法化。在当时的历史环境和剧作者思想的局限下，这个问题只能通过还俗和科举做官解决。剧作者在这里也落入这个俗套。但他的高明之处却在于在俗套之中特意加进《追别》一出，着意渲染陈、潘的美好爱情，具体展示他们所受的环境压力，深化他们内心的痛苦和期望。这是一出极富抒情意味、优美脱俗的动人诗剧。

《词媾》之后，妙常与必正如胶似漆，不断相会，神不守舍，终于受到观主的怀疑："两下青春佳丽，意气相投。每每月下星前，事事东遮西掩。看他鼠窃，使我狐疑。"她担心"事露人知，败坏山门"。于是把侄儿叫来，逼他立刻去临安赴考。必正大吃一惊，要求再拖几天，老姑母不允，他想去向众道姑告别，借此告诉妙常，还是不行。而且老姑母要亲自送他上船，令他同妙常一句话也说不上。这是第二十二出《促试》的情节。这是一个重大转折，有了这一出的逼试，才引出了下一出的《追别》。

观主押着必正和他的小书僮进安来到江边，雇了船，要他"就此开船，休得转来"。必正"欲待将言遮掩，怎禁他恶狠狠话儿劖，只得赴江关"，一点办法也没有，只好离岸而去。

但妙常是勇敢的。她决不愿意已到手的幸福再被人打破。她什么也不顾，一个人追到江边，躲开了观主，哭喊着"潘郎，潘郎！君去也，我来迟。两下相思只自知，心呆意似痴。"她也雇了一条船，说是要"赶着前面会试的相公，寄封家书到临安去。船钱重谢"。

这里的剧情进展更显示了中国戏曲时空自由的特点：观主和必正一段，场景是江岸，船是虚拟的；等妙常上了另一只虚拟的船开出后，场景就是流动的江上了。

妙常心急如焚，催着艄公加快，艄公不慌不忙，唱了一曲吴歌——在曲牌联套体的传奇中唱吴歌，相当于现在的戏曲中插入一支江南民歌——"风打船头雨欲来，漫天雪浪那行(吴语'怎么')叫我把船开。白云阵阵催黄叶，惟有江上芙蓉独自开。"优美的吴歌触动了妙常凄清烦苦的心境，她觉得自己真像是寂寞的江上芙蓉，于是接着吴歌的末句独唱了一支【红衲袄】："奴好似江上芙蓉独自开，只落得冷凄凄漂泊轻盈态。恨当初与他曾结鸳鸯带，到如今怎生分开鸾凤钗。别时节羞答答，怕人瞧头怎抬。到如今闷昏昏独自个耽着害。"这时一群鸳鸯飞浮到江上，妙常激动得又哭了起来。"爱杀我一对对鸳鸯波上也，羞杀我哭啼啼今宵独自捱。”小船装载着一颗急切的心追了下去。

妙常下去，必正的船又上来。场景还是在江上，却是转到妙常小船的前面了。那艄公也唱了一曲江上流行的吴歌：“满天风舞叶声干，远浦林疏日影寒。个些江声是南来北往流不尽的相思泪，只为那别时容易见时难。”必正觉得艄公好像懂得他此时心境，也像续麻似地跟着唱了一支【红衲袄】：“我只为别时容易见时难，你看那碧澄澄断送行人江上晚。昨宵呵醉醺醺欢会知多少，今日里情脉脉离愁有万千。莫不是锦堂欢缘分浅，莫不是蓝桥满时运悭。伤心怕向篷窗见也，堆积相思两岸山。”

必正刚刚唱完，后面的船追上来了。妙常跳到必正船上，两人相对痛哭。必正解释了是老姑母“恶话儿将人紧紧阑，狠心直送我到江关”。妙常也诉说了自己在“众人面前，有话难提，有情难尽。因此上赶来送你。只是我心中千言万语，一时难尽”。两人互诉衷情。既喜重见，更悲别离。在一支两人共唱的【醉归迟】中，妙常终于又吐露了自己内心深处对未来的担心——历史上始乱终弃的故事太多了：“意儿中无别见，忙来不为贪欢恋。只怕你新旧相看心变，追欢别院，怕不想旧有姻缘。那其间拚个死口含冤，到癸灵庙诉出灯前，和你双双罚愿。”必正完全体会妙常的忧心，但他是真诚的，他对自己有信心。他紧接着唱：“想着你初相见，心甜意甜。想着你乍别时，山前水前。我怎敢转眼负盟言，我怎敢忘却些儿灯边枕边。只愁你形单影单，只愁你衾寒枕寒。哭得我哽咽喉干，一似秋风断猿。”妙常放心了。她取下一支玉簪送给必正，必正也回赠一枚鸳鸯扇坠，互为聘物。彼此都相信他们是“两意坚，月正圆”。必正忽发奇想，说：“我与你同上临安如何？”妙常这时比较冷静，说：“恐人嚷开是非，反害后边大事。”他们只得执手相看泪眼，竟无语凝噎，洒泪而别。

从《寄弄》(《琴挑》)到《叱谢》、《词媾》(《偷诗》)再到《追别》(《秋江》)，写陈、潘爱情一浪高一浪，一层深一层。这三折戏，在传统戏曲中都极富新意，极有光彩，不落俗套。《追别》可能让读者想起《西厢记》中莺莺与张生的长亭送别，然而莺莺并非道姑，她与张生的爱情那时已是半合法全公开，而妙常还是被压在社会的底层。两个人的身份、性格也有很大不同。《追别》选取江南秋日水上船中作为场景，两岸远山疏林，风吹叶落，整个环境随着陈、潘两人会短离长、前途未卜、互诉衷肠的心情流动前行，充满诗情画意，极为优美。虽然曲词语言一般说不如《西厢记》中“碧云天，黄花地，西风紧，北雁南飞。晓来谁染霜林醉？总是离人泪”那样精警动人，也还是相当优美而且情景交融，准确地表现出两人的性格和情感。特别像前面所引的两个艄公唱两首吴歌带出陈、潘两人唱两支【红衲袄】，既是艺术上有力的重复，又是两人心境的鲜明对比，极少用典，晓畅易懂，是十分动人的创造。

《玉簪记》是一本上乘喜剧，而《追别》主要情调却很伤感。这从编剧理论上说是允许的，有时更是必要的。因为喜剧并不能从头笑到底。喜剧要求圆满，但结局的圆满会有曲折的过程，而伤感场景往往能反衬出得来不易的圆满。《追别》是很好的例证。

古代传奇作者大都很注意文辞，而忽视戏剧结构，以致散漫冗长，后世只能选择重要关目作为折子演出。而他们又大都不善于对舞台动作和细节加以丰富和描绘，难以使案头之曲成为场上之曲。这给许多能够兼做导演的演员以发挥想象、充实润饰原剧的余地。《玉簪记》第二十二出《促试》在原著中是一出很简单的过场戏，而在后来川剧的演出中丰富扩展成为《逼侄赴科》，比原著精彩得多。《追别》在昆剧演出中保留全部曲牌唱词，却在两个艄公身上加了不少有趣的讨价还价细节，使得配角也有戏可演，也加强了伤感场景中的喜剧因素。二十世纪五十年代川剧折子戏《秋江》更是只摘取妙常追舟一段，并把艄公改为老艄翁，妙常越急老艄翁越同她逗笑，铺衍成为歌舞性很强的一出小喜剧，流行全国。从这里可以看出中国古典戏曲演变发展的很多痕迹。 （刘厚生）

【戏曲家小传】

王 锬

吕天成《曲品》别本抄本作"汪锬"。字剑池。钱塘（今浙江杭州）人。生平事迹不详。据吕天成《曲品》著录，其传奇有《春芜记》、《双缘舫》及由宋元戏文《教子寻亲记》改编的《寻亲记》、由《破窑记》改编的《彩楼记》，共四种，唯《双缘舫》今佚。

春 芜 记 王 锬

第十二出 邂 逅

【珍珠帘】（旦上）朱楼日上人初起，凭栏处，不分漫人愁绪。（小旦）红袖共隈依，问谁娇媚？〔诉衷情〕宝鸭香消帘半卷，梦初醒。天气好，花事又凋零。（小旦）何处小莺声？轻轻绣幕暗生尘。负春情。（旦）秋英，我今日身子困倦，睡起得迟了些，不知甚么时候了？（小旦）

小姐，是日午光景了。(旦)我睡起无聊，且和你到后花园楼上耍子一回去[①]。(小旦)小姐，正是有这等一桩好笑的事。早上我到园里摘花儿，西邻的登徒大夫[②]，在门外窥望。我问他你是何人，他说要见小姐一面，又有许多胡言乱语。被我抢白一场去了。(旦)这等我们不要去罢。(小旦)小姐，他如今一去定不来了。(旦)也说得是。脉脉心情只自怜，(小旦)妆成束素更嫣然。(旦)年年来到梨花下，(小旦)瘦不胜衣怯杜鹃。(作登楼介)(旦)秋英你看，记得春初时节，如今又是暮春了。

【梧桐树】看残英缀旧枝，弱柳抟轻絮。人面桃花[③]，几度空相对。盈盈闺思迷，寂寂重门闭。暮草斜阳，渐觉春无主。把闲愁尽付东流去。秋英，我且问你，你可晓得墙外这条小路，是那里去的？(小旦)你不认得这条路？若打从东南上去，通着那前街官道；若从西北上去，正是那招提寺的路。(旦)秋英，你说起招提寺，我想起前日那春芜的缘故[④]，如今又成画饼了。(小旦)小姐，岂不闻一饮一酌，莫非前定。况这婚姻事，是百年缘分，怎么就看得这等容易。

【前腔】你难将月下期，偿却花间意。绣枕文衾，各自耽憔悴。看你香消翠凤衣，带缓黄金缕[⑤]。想淡月残灯，密雨纱窗寂。都凭好梦寻鸳侣。(二旦作望)(生上)(小旦)呀，小姐，你看来的到像宋秀才模样。待他走来，我们仔细看真，是也不是。

【浣溪沙】(生)日易西春难住，趁东风且自徘徊。(作望介)呀，你看那花园中楼上的，好像小姐和秋英一般。待我走向前去。(又作望介)嗄，果然是。且喜园门又开在此。只见支颐漫想情千缕，怎能彀握手追欢话片时？(旦)秋英，想他见你我在此，故意走来走去。(生作听介)还堪取，只听得雕栏畔一声娇语，顿教人不禁魂迷。(小旦)小姐，我且和你走下去，看他怎的。(二旦作下楼介)

【前腔】笑书生空留意，漫寻春步入花蹊。(生作望介)两个下楼来了，待我闯将入去。(旦)我仓忙欲避浑无计，(小旦)小姐，你邂逅相逢似有期。小姐，你看他竟不走动。待我去，看他怎么说。(作近前遇生介)呀，宋相公，请问到此贵干？(生)小生因心事无聊，偶尔闲步到此，不期幸遇小姐在前，小生欲求一见。(小旦作笑介)一个小姐，就是这等容易见得的？你空浪语，他是松筠操似蕙兰质，休猜做败叶残枝。(生)小生只要谢谢小姐，难道敢有甚么别意？(小旦笑介)既是这等,我对小姐说,不知小姐肯也不肯。你且未要过来。(生)晓得。(小旦与旦介)小姐,那宋秀才要见你谢一谢,你肯见他么?(旦作低笑)秋英,我与他从来非亲非故,怎么就好相见?(小旦)小姐,常言道:远亲不如近邻。他是我们邻舍,就见也何妨。待我接他过来。(笑对生介)你今日不知甚么造化,小姐容你相见。快请过去。(生作喜容)(整衣见介)小姐拜揖。(旦)秀才万福。(小旦)小姐,我去那边看看,恐有人来不便。(旦)去去就来。(小旦应下)(旦)秀才,奴家前日一时不检,失下春芜。那时若非秀才高谊,谁肯相还?曾着秋英寄谢,至今感激无地。(生)小生自那日瞥见芳容,自谓此生万幸。不意又因春芜一事,又蒙小姐错爱。曾对秋英姐有言,愿把春芜权为红丝系足[6]。不知小姐尊意若何?(旦作微笑不语介)(生)小姐,怎么不回报小生?敢是说小姐是相府佳人,小生是蓬枢贱质[7],仰扳不起么?(旦)秀才美意。我岂不时时在念?只是此事不是女孩儿家好启口的。秀才,你不信时,就把前日春芜赠你,当为日后表证。(出春芜介)(生揖受介)多谢小姐。

【秋夜月】一霎时,谢得你输情意。相逢不是曾相识,倾心便许谐姻契。料佳人意美,怕书生数奇。

【前腔】(旦)你休见疑,料天缘曾相契。恩情定不成虚费,看盟言共守应难易。暂参商别离[8],算双星有期[9]。

【尾声】(小旦上)听花前絮语情无已,你两人好大胆,竟忘却隔墙有耳。要觅爱追欢还须待后期。相公,你快出去,里面有人来了。(生)这等小生去了。(旦)秀才正是。还有句话,早间秋英摘花儿,遇着那登徒大夫在此胡言乱语,被他抢白一场去了,他定记恨在心。日后倘秀才来时,须要谨慎些。(生)晓得了。(二旦)正是:情到不堪回首处,一齐分付与东风。(小旦作关门进介)(生吊场)咳,小姐小姐,我宋玉正为你心事无聊,不意今日幸得见你。但你不许我这话也罢,如今教我怎生消遣。

【犯尾序】情思正茫茫,邂逅红妆,花下偷傍。片语怜情,这芳盟怎忘。追想,他定不做言儿虚诳,翻惹得我心儿悒怏。想起来,小姐虽是真心,我如今是甚么光景。还思忆,我是孤禽铩羽,怎敢望鸾凰。

〔注〕 ① 要子:玩。 ② 登徒:战国楚宋玉撰有《登徒子好色赋》,后世因以“登徒”指称

好色之徒。　③ 人面桃花：唐崔护《题都城南庄》诗："去年今日此门中，人面桃花相映红。人面不知何处去，桃花依旧笑春风。"　④ 春芜：香草名，旧题汉郭宪《洞冥记》谓"其皮如丝可为布"。此指用香芜草丝织成的帕儿。　⑤ 黄金缕：妇女的首饰。宋辛弃疾《青玉案·元夕》词："蛾儿雪柳黄金缕，笑语盈盈暗香去。"　⑥ 红丝系足：五代王仁裕《开元天宝遗事》："宰相张嘉贞欲纳(郭元振)为婿，……曰：'吾女各有姿色，即不知谁是匹偶，以子风骨奇秀，非常人也。吾欲令五女各持一丝，幔前使子取便牵之，得者为婿。'元振欣然从命。遂牵一红丝线，得第三女，大有姿色。"　⑦ 蓬枢：犹蓬门，用蓬草编成的门，指贫寒人家。枢，门轴。　⑧ 参商：参星与商星，二十八宿中的两个星宿。因其不会同时出现于天空，故常用于比喻人之分离。　⑨ 双星：指牵牛(牛郎)、织女二星。

《春芜记》由宋玉的《登徒子好色赋》生发而成。其故事梗概为：秀才宋玉因仕途困顿，攻读于招提寺中。一天，他巧遇已亡相国之女季清吴小姐，陡生爱慕之意。清吴慌乱中遗失春芜丝帕，被宋玉拾得。侍女秋英来寻手帕，宋玉将一腔爱慕之情告之，清吴心有所动。暮春时节，两人于季府后花园中邂逅，并互表心迹，清吴以春芜手帕赠宋玉，以订终身。季府邻居登徒履大夫也对清吴有爱慕之心，追求未成，乃生忌恨之意。他遣人于季府周围巡查，以阻两人相见。一夜季、宋约会，果然遭到登徒履破坏。清吴暗自嗟怨，宋玉徒生悲伤，爱情发展陷入低谷。此时，宋玉好友荆次飞来访，得知此事，颇为不平，惩罚了登徒履。宋玉也因善于作赋而受到楚怀王的赞赏，被封为上大夫。最后，楚王赐婚，宋玉与季清吴得成眷属。

《春芜记》的戏剧冲突有两条，一是宋玉、季清吴对爱情的追求与邪恶小人登徒履的矛盾。一是宋玉对功名的追求与困顿的现实之间的矛盾。其中前者为主线，后者为辅线，两线结合既歌颂了美好的爱情，也表达了读书人对仕途功名的强烈追求。此剧显然深受《西厢记》的影响，生旦的身份、遇合，都非常相似。不同之处在于《西厢记》将两人的爱情纳入封建礼教的禁锢之中，因而剧情有着浓厚的追求婚姻自主的反封建礼教的色彩。此剧将两人的爱情放入外力即小人的破坏之中，虽反映了两人对爱情的忠贞，但作品所包含的社会意义稍显不足。然而，此剧情节波澜起伏，富有诗意，大体上具有以下特点：其一，作者对生旦两人的感情世界描绘得细致入微，有好几处都是将两人对照来写，有很强的舞台效果和艺术感染力。其二，登徒履这一人物的出现使剧情一波三折，险象环生，使全剧充满喜剧效果，引人发笑。

这里选的是第十二出《邂逅》。季清吴自见到宋玉之后，对宋玉也生爱慕之情，苦于没有相见的机会。接着，便有了《邂逅》这出戏。

季清吴首先上场。【珍珠帘】一曲表现了她慵懒的心情：太阳已高照绣楼，她才刚刚起床，站在楼台之上，愁绪满怀。为什么呢？秋英的一句“红袖共隈依，问谁娇媚”点出了她的心迹，原来她在自怜。室内宝鸭炉中点的香已慢慢燃尽，帘幕半卷半垂。在这寂寞的环境中，刚从睡梦中醒来的女主人公抬眼望去，虽见一派春景，但已是暮春时节，鲜花开始凋谢，不知从什么地方传来黄莺的叫声。再看眼前，绣幕生满灰尘，显示出女主人公很久未曾掀帘而出，真辜负了一派美好春光。春景是女主人公青春的象征，她独自生活在深闺之中，青春在孤寂中度过，又怎能不“负春情”呢？

从清吴与秋英的对话中也可看出清吴心情不好，她“身子困倦”、“睡起无聊”，其原因当是青春的苦闷。与宋玉的偶遇激起了她对爱情的渴求。面对美好春光，又怎能不惹起情思呢？她满怀愁情，于是与秋英去花园中散心。这时，秋英将登徒履大夫纠缠一事告诉了她，这又惹起了她的自怜：她一身素妆，风致嫣然，可身子已瘦削得连衣服也不合身了，听得杜鹃的啼鸣更是心生惶恐之意。原因何在呢？“恐鹈鴂(即杜鹃)之先鸣兮，使夫百草为之不芳”(《楚辞·离骚》)，它的鸣叫预示着春天的消逝。“记得春初时节，如今又是暮春了。”一声幽幽的叹息，表露了她的深沉感慨。她在初春遇上了宋玉，如今春天即将过去，她渴望的爱情又在哪里呢？原来她的愁闷、无聊、自怜，都是因宋玉而起。

接着，她们登上了小楼。【梧桐树】一曲就是季清吴的所见所想：将要凋零的花仍缀满枝头，柳絮轻轻地飘扬着。满园春色年年依旧，而她所想念的人又在哪里呢？少女的闺思飘荡在迷离的春光中，重重房门寂寥地关闭着，宛如少女被禁锢的青春。夕阳照耀着残春的草木，春天一步步离去了。少女的满腔情思却如一江春水悠悠不尽。清吴又看见了一条小路，由此又想起了招提寺相遇一事。在【前腔】一曲中，清吴明确道出了她的心事：她什么时候才能与宋玉厮守在一起呢？如今她那绣有翠凤的衣服上的香气已消退，黄金首饰也懒得佩戴。她与宋玉，一个在寂寞的纱窗边，一个在黯淡的灯光下，各自相思憔悴，看来只有在梦中相会了。

正当清吴绝望之时，秋英突然发现了宋玉，于是剧情一转。此时的宋玉为情所困，正在夕阳下漫步。这时，他也看到了清吴和秋英。他高兴地迎上前来表白心迹。清吴本没有回避之意，但她却“仓忙欲避浑无计”，假装成回避的样子，这完全符合贵族小姐的身份。秋英故意反对宋玉来见清吴，这表现了秋英机灵、风趣，善于应对的性格。清吴表面上说“非亲非故，怎么就好相见?”，其实心中渴望已久，只不过羞涩而已。因此，秋英一句“远亲不如近邻”即保全了小姐的自尊心，又给了小姐一个冠冕堂皇的理由。于是，季、宋两人有了互表心迹的机会。

私订终身之后，两人的心理活动都有了变化。【秋夜月】和【前腔】二支曲子即表现了他们各自的心情：宋玉欢喜之余担心自身不配，清吴羞涩之后则更为坚定，反而安慰宋玉。在秋英的催促下，两人依依不舍地分别。临去，清吴告诉了宋玉登徒履纠缠一事，为相会被阻埋下伏笔。

【犯尾序】是宋玉的心理独白：我在思念她的时候，没想到见到了她。我们私下里订了终身，这段盟约我怎能忘记呢？她一定不会骗我的，只是我心中却忧虑起来。她是一片真心，而我却是这种境况。我像是一只伤了翅膀的孤鸟，怎么配得上她那只金凤凰呢？这支曲子充分表现了宋玉获得爱情后，面对困顿的处境，内心自怨自艾、且喜且忧的复杂心境。

这出戏是整部戏的情节枢纽。在此之前，是爱情的萌芽，此后则是怎样实现爱情。因此，其在全剧中地位非常重要。剧中人物性格鲜明，主要人物宋玉、季清吴、秋英都登场表演。宋玉是一位落魄的秀才，他大胆地追求季清吴，一旦赢得爱情，又对前景充满了忧虑。这些都很符合人物的身份。季清吴有青春的苦闷，对美满爱情十分向往，但她又有贵族少女的羞涩，是一位典型的封建贵族少女形象。秋英，这位类似红娘的丫鬟的角色也被描绘得栩栩如生。她伶俐，敏慧大胆，直爽，在宋玉和清吴的爱情中发挥了重要作用。另外，景物描写也很有特色。唱词描绘了一派暮春的景色。春景依然，然而百花已开始凋零，传达的是一种伤春、叹春、怨春的氛围，折射出一种青春的苦闷。景物描写起到了很好的烘托气氛的作用。女主人公季清吴对爱情的渴盼，因相思而惹发的无聊孤寂都通过周围的景色得以表现，可谓情景交融、耐人寻味。　（段启明　彭利芝）

寻　亲　记　　王　錂

第十三出　发　　配

【水底鱼儿】（外上）五马临州[①]，自夸贤太守。郡人都道龚黄难抗手[②]。词清讼简，陶情诗与酒。帘垂清昼，唐民得自由。

【前腔】（旦）抱屈衔冤，投词来马前。望停鞭镫，听取奴诉言。（外）衙门里来。（旦）怕衙门上下都来相隐瞒。吏人作弊，不能勾到案前。

（外）叫地方带那妇人同来。（丑扮总甲上介）（众）开门。（外）叫总甲。（丑见介）我已曾分付你洁净街道，不许闲杂人喧嚷。怎么容留妇人叫喊告状？（丑）爷爷，小的赶得肃静，不知那里走出来的。

(外)这等可恶,与我着实打。(打丑科)(外)带那妇人过来。(旦见介)(外)那妇人,我自有放告日期。怎么拦街叫喊?(旦)爷爷,冤枉事的,望老爷超生。(外)取状子上来。(众介)(外)妇人,你是那县人氏?有甚冤枉?照状上从实说来。

【锁南枝】(旦)封丘县百姓家。(外)你丈夫叫甚么名字?(旦)周羽媳妇投词下。(外)你丈夫与黄德有甚冤仇?(旦)平日与黄德有甚事争差。(外)这尸首在那里来的?(旦)不知谁把尸骸撇下。(外)撇下后来怎么?(旦)诬告官司不容夫回话。(外)既将尸首陷你丈夫,那官府怎么问?(旦)官不审都向他,把杀人罪案定下。(外)人命重情,你丈夫怎么就认了?(旦)一时被拷打,屈招是虚假。(外)既招定了,你又来诉什么?(旦)正为刚刀虽快,不斩无罪之人,冤屈事难甘罢。(外)这事情已经县家问明,难道他问枉了你?(旦)下苦情,难上达,便做日月明照不到覆盆下。

(外)日月虽明,怎照得覆盆之下?其时你丈夫在家不在家?

【玉交枝】(旦)正遇天寒雪下,我儿夫远出到家。(外)他回来什么时候了?(旦)归来路黑无灯火。(外)既无灯火,怎么晓得有人在门首?(旦)其时被绊了一跌,觉一物倒卧当途。起初呵,只道是谪仙醉眠芳草坡,其时丈夫叫小妇人将灯来照,却原来是霸王自刎乌江渡。(外)既是个尸首,后来怎么了?(旦)急扶抬登时散也,(外)这就移尸了。(旦)怎知他指鹿作马。

(外)指鹿作马,赵高的故事。终不然官府错拿了你?

【沉醉东风】(旦)谁想被官司妄拿,全不审事情真假。(外)可有知见么?(旦)若论杀人知见并没一个。我丈夫呵,况兼冻馁,终日受波查[3]。(外)又无知见,又无凶具,怎么就问得死罪?(旦)被逼勒只得把虚词招写。(外)一个死罪不是当要,怎么就招了?(旦)威灵势加,受不过他万千拷打,怎不低头在他檐下。

(外)这诉状敢都是虚情?

【玉胞肚】(旦)词非虚诈,(外)若虚诈怎么说?(旦)若虚时怎敢到府衙?(外)这妇人倒也会说话。(旦)这的是痛苦真情,使不得俐齿伶牙。岂不闻贱人寇薪,飞霜激于燕地;庶女告天,振风袭于齐唐[4]。东海出孝妇，旱三年天无雨堕[5]；怎做得蒲丞相错断了贼波查。(外)这诉状我这里不准。(旦)若不准妇人诉状呵，怎教我夫做曹伯明，屈死在天涯。

(外)也罢，我准了你这状词。且在外边伺候。(旦出介)(外)叫皂隶去封丘县提周羽一起，就吊原卷来听审。(众应下)(净扮主簿上)叫民快把周羽带上来。(众押生上)

【玩仙灯】听唤周羽名，想是天怜悯。

(净)周羽，太爷到任，单问起你这一件事情。你去见太爷，不可多说。(生)是，只望老爷方便一声。(净)也罢，我与你方便。(报门介)封丘县官进来。(净见介)封丘县主簿参拜老爷。(外)不须拜罢。我且问你，周羽一起曾解来么？(净)已解在外面听审。(外)周羽事情你也曾问来么？(净)知县朝觐，主簿署印，也曾问来。(外)怎么问？(净)主簿这等这等问他，他那等那等答应。(外)他杀人可有凶器？(净)他没有兄弟。(外)不是，可有刀么？(净)也不刁。(外)你是那里人？(净)福建，福州虎门前，一个大老府。(外)这主簿好糊涂。且出去，带那周羽一起进来。(净对生介)周羽过来，我再三替你禀了。你去见太爷不要多说，认个晦气罢了。(生)别的事认得晦气，这人命事。小的怎么认得晦气？(净)你、你、你这狗奴，还说活敲死你。(下报门)犯人进来。(见介)(外)周羽。(生)有。(外)郭氏。(旦)有。(外)黄文。(众)有病。(外)其余什么人？(众)护送民快。(外)俱外面伺候。(众下)(外)周羽，你杀人情真罪当，已招认了，怎么又教你妻子来诉状？(生)爷爷冤枉。(外)你且从实供来。

【五供养】(生)家贫儒素，为绝粮奔走道途。(外)其时你回来什么时候了？(生)黑膧膧归来天已暮，那时被绊了一跌，觉一物当途倒卧。将为是何人撇下物，却原来是个尸横路。只此情实实恳诉，望推详盘覆冤祸。

(外)既不杀人，其时在县家如何就认了？

【月上海棠】(生)遭冤苦，不由人不认杀人罪。况无钱计嘱，有口难诉。老爷，我是个瘦怯怯怕犯法的儒生，怎做得惨刻刻杀人周处[6]？

(外)那时可有知见么?(生)有谁知见?(外)有凶器么?(生)怎生样持刀把人杀死?(外)且住。周羽口词,与妇人状词相同,况且又没有证见,又没有凶器。怎么县家就问了他死罪?好糊涂。他既要杀人,怎么不杀在别处。到杀在自己门首?自古罪拟惟轻,功拟惟重。与其杀不辜,宁失不矜。又云:五刑之疑有赦,五罚之疑有赦。古人有矜恕之心,下官岂无出罪之条。叫左右劈了枷。(生、旦)爷爷使不得。(外)饶你死罪了。(生、旦)谢爷爷!(外)我如今把你从轻发落,问你在广南雔州为民。(生、旦)望老爷附近些。(外)死罪饶了,还说路远?叫解人张文上来。(末见介)(外)你是长解短解[7]?(末)小的短解。(外)我这里佥你做个长解。(末)小的是短解。县家自有长解。(外)我知道你是短解。我到县取长解,担搁了日子,就佥你去罢。(末)老爷,小的是短解,去不得。(外)这等可恶,拿下去打!(末)小的愿去。只路途遥远,没有盘缠。(外)也罢,县家取十两银子与做盘缠。(末)谢老爷。(外)那妇人虽有移尸之罪,罪坐夫男。这也罢了,叫保正。(丑见介)(外)你就带妇人出去,追他十两烧埋银子,给与苦主黄文,补领状来。(生、旦)小的家贫,寸草俱无,望老爷可怜。(外)赶出去。

(外)饶伊一命配他乡,(生旦)谢得恩官作主张。

(众)若非郭氏伸冤枉, 怎得周生脱祸殃?

(外下)(生、旦、末、丑吊场)(末)我该死也,有这晦气。原是个短解,换做长解,直要解到广南雔州。若干路怎么能勾就到?(生)大哥可怜见,夫妻分别只在一时,略容我说几句话,也是大哥恩德。(末)好嘴脸,就起程了,还要说话,好自在生性。(丑)大哥,可怜他夫妻分散,也待他分付一声。(生)没奈何,把小人杻来松一松。(末)还要松杻?(丑)便罢么?(末松杻介)(丑)等他们说话,我和你去那店里酌壶白酒去。(丑扯末下)(生)我的妻,今日与你活分离。(旦)丈夫,你去只终须去,留却怎生留。我有七个月身孕,不知是男是女,生下来终为无父之儿了。(生)妻,我是个该死之徒,顾不得你身后之事了。

【小桃红】(旦)和你同甘同苦,受尽饥寒。谁想道遭磨难也,此去程途有谁见怜?何况涉山川。披枷锁,捱风霜,这苦我也无由见也,我这里孤单伊怎管?(合)一旦恩情断,再合甚年?只指望结来生未了缘。

【前腔】(生)尫羸身已跋涉山川[8],料想我终须死也,谁收吾骨瘴江边?我便得生还,何况路途遥,没盘缠?我也难回转也,妻,我料今生再不能彀与你相会了,除死后魂魄与你来相见。(合前)

(末上)快走,快走。

【望歌儿】(旦)艰难,我欲待要随伊去,又被官府牵。我欲待拚死相随,奈己身又将分娩。纵有孩儿,永不识父亲之面。(合)生不能彀相看和你同饱暖,死不能魂魄和你相留恋。

【前腔】(生)难言,妻呵,你若要重婚嫁,我也难将你管。(旦)丈夫,你说那里话。(生)你如今有七个月身孕,若生下女儿,将往事休题,若生下男儿,取名瑞隆。我那妻,(拜介)与我教道他成人,说与他终身怨。(背介)我周羽好痴,此行生死尚然不知,何况遗腹孩儿。我只怕他叫别人做爹爹,那时节忘了维翰。(倒介)(旦)丈夫苏醒。(醒介)(合前)

【黑麻令】(旦)君疑我将身变迁,丈夫,不因这个遗腹子,目今就死在你眼前。丈夫,你虑我有再嫁之心,只怕我捱不过饥寒。不久亡身,不能彀教子报冤。(合)夫妻泪涟,心事万千。(丑、末逼介)最苦是催促登程,我也说不尽言。

【前腔】(生)不须烦恼痛埋冤,只这一个遗腹子须索保全。妻,无倚靠,只望你心坚。若得子孝共妻贤,我周羽呵,就死也瞑目九泉。(合前)

【尾声】生离死别何足叹,两下里愁怀万千。再得相逢知他是甚年。

【哭相思】但愿夫妻情不断,再图后世重相见。(末扯生下)

(旦、丑吊场)

郭氏,大爷着我追你十两烧埋银子,快处置与我,好回覆官府。

(旦)保正,

【玉胞肚】奴是荆钗裙布,受饥寒朝不保暮。况儿夫远配边隅,尚没有半分资助。要征烧埋银怎支吾？奴家与丈夫就死了，谁与烧埋夫共妇？

【前腔】(丑)不须推故，命缘乖相逢此途。非干是我们相逼，只怕你捱推不过。免教刀下丧儿夫，纳几锭烧埋银值甚么。

(丑)劝伊不必泪涟涟，官司必定要银钱。

(旦)保正略容三两日，待奴处置办还官。

〔注〕 ① 五马：汉时太守乘坐的车用五匹马驾辕，因借指太守的车驾。 ② 龚黄：汉代龚遂、黄霸，是古时著名的循吏。《宋书·良吏传论》："汉世户口殷盛，刑务简阔，郡县治民，无所横扰，……龚黄之化，易以有成。" ③ 波查：折磨。 ④ "贱人"四句：南朝梁江淹《诣建平王上书》："昔者，贱臣叩心，飞霜击于燕地；庶女告天，振风袭于齐台。"《文选》李善注曰："《淮南子》曰：邹衍尽忠于燕惠王，惠王信谗而系之。邹子仰天而哭，正夏而天为之降霜。"又注曰："《淮南子》曰：庶女告天，雷电下击，景公台陨，海水大出。许慎曰：庶女，齐之少寡，无子，养姑。姑无男有女，女利母财而杀母，以诬告寡妇，妇不能自解，故冤告天。"按，"寇薪"当为"叩心"之讹，"齐唐"，当为"齐台"之讹。 ⑤ "东海"二句：《汉书·王定国传》："东海有孝妇，少寡，亡子，养姑甚谨，……其后姑自经死，姑女告吏：'妇杀我母。'吏捕孝妇，孝妇辞不杀姑，……太守竟论杀孝妇。郡中枯旱三年。" ⑥ 周处：晋阳羡人。南朝宋刘义庆《世说新语·自新》："周处年少时，凶彊侠气，为乡里所患。又义兴水中有蛟，山中有邅迹虎，并皆暴犯百姓，义兴人谓为'三横'，而处尤剧。" ⑦ 长解短解：解，解差，押送犯人的差役。长解跑长途，短解跑短途。 ⑧ 尫(wāng)羸：瘦弱。

传奇《寻亲记》系作者据旧本(元代南戏中就有《教子寻亲》)改编而成，明富春堂刊本题《周羽教子寻亲记》。王本《寻亲记》共三十四出，故事梗概为：周羽与妻郭氏夫妻恩爱，但家境贫寒。因无钱告免河役，郭氏往富豪张敏家借债。张敏贪恋郭氏美貌，遂将空契填成二十两银子的实债，以谋夺郭氏。周羽与郭氏不从。于是，张敏命人杀了保正，并移尸于周羽门首，以诬陷之。周羽被屈打成招。郭氏上告，最终死罪告免，远配南方。此时，郭氏已有身孕。张敏又买通解差于途中谋害周羽。神庙中，神灵点醒解差，托梦周羽，使之得以逃生。至鄂州界，周羽被李员外收留。张敏认定周羽已死，遂再次逼婚郭氏。郭氏佯装答应，后用钢刀剖面，以守节操。从此，郭氏与遗腹子周瑞隆相依为命。郭氏教子有方，瑞隆得中进士，一举成名。此时，郭氏也获悉丈夫未死的消息，于是令儿子辞官寻父。最终全家团圆，奸人张敏也受到了应有的惩罚。

《发配》是剧中第十三出，可分上、下半场。上半场写郭氏诉冤。周羽被陷入狱，牢解劝郭氏往太守处告冤。于是，郭氏拦街喊冤。

太守上场，在【水底鱼儿】曲中，他心情舒畅地夸耀自己为"贤太守"。衙门诉讼简便，人民安居乐业，他也只有以诗酒来消磨时光了。就在这时，郭氏抱屈衔冤来到他面前。为了丈夫，她不得不冒险一试；然而她心中也充满疑惑，“怕衙门上下都来相隐瞒。吏人作弊，不能勾到案前”。这里，她的心情得到了细致的表现。

自我陶醉的太守大为恼火，他喝令衙役狠狠地打。但在大庭广众之下，他为表现自己的公正廉明，又不得不过问案情。一曲【锁南枝】，郭氏且唱且叙，控诉了“下苦情，难上达，便做日月明照不到覆盆下”的黑暗现实。而太守则公然以“日月虽明，怎照得覆盆之下”的说辞为官府枉判冤狱、草菅人命开脱。紧接着，在【玉交枝】曲中，郭氏借“谪仙醉眠”（唐李白事，此处指喝醉酒的人）、“霸王自刎”（秦汉之际项羽事，此处指死尸）、“指鹿作马”（秦赵高事，此处指官府诬陷好人）等古人古事向太守陈诉了实情。如此案情，明眼人一看即知，太守也不例外。可周羽为什么招认了呢？“威灵势加，受不过他万千拷打，怎不低头在他檐下”正是对周羽屈打成招的遭遇的总结。在【玉胞肚】（当作【玉抱肚】）曲中，郭氏一连用了三个典故，即“贱人寇薪，飞霜激于燕地”，“庶女告天，振风袭于齐唐”及“东海出孝妇，旱三年天无雨堕”来表明告状决心之大，以及对善恶有报的坚强信念。“贤太守”只好重新审讯。结果，认定周羽没有杀人，但有移尸之罪。于是发配边远之地，并罚银十两。至于人为谁杀？为何移尸周生门首？也就不了了之。“贤太守”就这样以他的“英明”，“超生”了周羽。

在公案戏中，主人公的冤屈需要一位公正廉明的官员为其昭雪，例如包公戏中的包公，他们往往是正面人物。然而，这出戏中的“贤太守”并不算严格意义上的正面人物，他没有义愤填膺，没有刚烈正直的品行，只是一位悠闲散漫、自我感觉甚好的官员。从他的身上，我们可以看出官场之混乱、官员之懈惰。因此周羽在【月上海棠】曲中的申诉充满酸楚：“遭冤苦，不由人不认杀人罪。况无钱计嘱，有口难诉。”这充分揭露了官场的黑暗。“瘦怯怯”如周羽之人，也被奸人与官府串通迫害，指为“惨刻刻”的杀人者，吏治的黑暗可想而知。

下半场写夫妻别离。

“我的妻啊，今日与你活分离”的说白，明写活分离，但在主人公看来，则无异于死别。“你去只终须去，留却怎生留”几句话充分显现出郭氏心中的酸楚，表达了对前景的担忧。接着，夫妻分别唱出了自己的心声。【小桃红】曲中，郭氏回想与丈夫同甘共苦的日子，想到丈夫此去路途遥远、跋山涉水的凄苦。又想到自身的孤苦伶仃，真是由此及彼，由彼及此，读来荡气回肠，催人泪下。在【前腔】曲中，周羽想象自身发配他乡的情景，料想此去必将客死异乡、尸骨无收。即使侥幸不死，又怎能有钱财回家乡呢？他说："妻，我料今生再不能彀与你相会了，除死后魂魄与你来相见。"郭氏也在一支【望歌儿】中道出了心中的痛苦，她想随丈夫而去，又被官府所制止；想拚死相从，又身怀六甲。即使生下孩儿，这孩儿恐怕也难见父亲一面了。此曲的合唱部分更深切地抒发了夫妻生不能相厮守，死也无法相见的凄楚。下面，周羽的一曲【前腔】同样催人泪下，他叮嘱妻子，如果改嫁，他也毫无怨言。如果生下男孩，取名瑞隆，教导他成人，告之父亲的冤屈。然而，在当时的处境下，他觉得自己这些想法是不现实的。于是他嘲笑自己"好痴"，生死尚且不知，又怎能寄希望于腹中孩儿呢？只怕他以后也会认别人作父亲了。这种担忧是完全符合人物的处境和身份的，正因如此，才更显出将来重逢的可贵。

听了丈夫的一番话，郭氏又以一曲【黑麻令】表明心迹：要不是因为这腹中孩儿，如今就死在你面前。你疑我有再嫁之心，只怕我会熬不过饥寒而死，不能教子成人了。周羽在下一曲【前腔】中再一次叮嘱妻子："不须烦恼痛埋冤，只这一个遗腹子须索保全。""若得子孝共妻贤"，"就死也瞑目九泉。"这充分表现了周羽对遗腹子的殷切期盼，同时也为父子他年相逢埋下了伏线。【尾声】最后描述了夫妻生离死别的悲惨情景。这一分离，要相逢也不知是何年了。但愿夫妻情义不断，来生相见。终于，在解差的催促声中，夫妻分别。

下半场以生旦对唱为主要形式，充分表达了各自的心声，渲染了生离死别的凄恻场面。"最苦是催促登程，我也说不尽言"两句写出了一边是不忍离别，一边是不停地催逼，更见离别之痛。比之前人诗词，"留恋处兰舟催发"（柳永《雨霖铃》）虽然伤悲，但终有再会之日，而此处离别无异于死别，没有一丝希望的气息。双方没有华丽的唱词，但语言朴素真挚，以情动人，收到了很好的艺术效果。

本出戏是全剧的重要环节，此后剧情由夫妻遭冤屈过渡到妻子教子成才，最终全家团圆。周羽得免死罪应该是一件好事，然而夫妻离别使它丝毫也无欢乐可言，反而贯穿着一种催人泪下的悲剧气氛。但是，在那位"贤太守"以及衙役、解差身上，作者又运用了喜剧手法，惹人发笑。这些人物与张敏及其爪牙们构成了一个黑暗、腐朽的社会。正是在这种社会中，才会有周羽受诬陷，夫妻别离的悲惨遭遇。剧中作者嘲弄、批判了丑恶的社会现实，表达了对受害者的深切同情。

（段启明　彭利芝）

寻亲记　　王 錂

第三十二出　相　逢

【缕缕金】（生上）家乡远，路途贫。多行十数里，不觉又黄昏。

鼓角声悲咽断柴门。此间投一宿，奔前程。途中寂寞暗消魂，寂寞暗消魂。

江静潮初落，林昏障未开。暗香浮动处，应是陇头梅。天色已晚，此间借宿一宵，明日早行。店主人有么？（丑）门庭洒扫绝埃尘，月色风光照四邻。门外大书天下馆，家中安歇四方人。那个？（生）我是投宿的。（丑）来晚了，没有房子。（生）年老行不上，以此晚了。（丑）还有什么人？（生）单身又无行李，但得一席之地，便可安身。（丑）里边有一间书房，你且进来睡了罢。（下生）多谢。正是：一觉放开心地稳，梦魂从此到阳台①。（睡介）（小生上）

【前腔】心悒怏，好艰辛。孤村闻犬吠，风雪夜归人。此间一宿店，投奔好安身。思亲回首望孤云，回首望孤云。

叠叠遥山望白云，疏疏微雨弄黄昏。松声更带溪声急，不是离人也断魂。自家来到鄂州界②，得遇李员外，说我父亲回去了。赶上来多行几步路，不觉天晚，不免此间借宿一宵。店主人有么？（丑上）谁人？（小生）是借宿的。（丑）来迟了。没有所在。（小生）单身又无行李，但得一席之地，便可安身。（丑）里面书房里，有一个老客长，你与他同睡何如？（小生）多谢。店主人有火借些。（丑）有。正是：一叶浮萍归大海，人生何处不相逢。（下）（小生）三冬客旅叹悲辛，抱膝灯前影伴身。暗想家中人夜坐，沉吟忆着远行人。蒙李员外与我一本《台卿集》，乃是我爹爹所作。天呵，周瑞隆收得父亲诗一本，带得母亲书一封。只见二亲笔迹，不见二亲之面，好伤感人也。

【驻马听】梗迹蓬飘，跋涉山川岂惮劳。只为寻亲到此，母亲悬望，目断魂消。恓惶两字在怀抱，不眠愁对孤灯照。谁与我伴寂寥？惟有随身瘦影，与我不相抛。

我心上有事，睡不着，他心上无事，这等好睡。

【前腔】意逸心骄，熟睡鼾齁无事老。他那里安然寝睡，高枕无忧，其乐滔滔。事不关心一任自清高，关心者乱添烦恼。一般为客在今宵，如何两般烦恼，教我痛不了。

（生）这人不达时务。行路辛苦，图觉好睡，只管絮絮叨叨。岂不闻食不语，寝不言。(小生)是，小生不是了。(生)不是你不是，倒是我不是。(小生)好没来由。他自睡，我自睡，被他抢白了这一场。也不要怪他，这是我命该如此。李员外与我《台卿集》，连日在路不曾看得，今晚灯前展开看一看。(念介)几载藏名鬻饼家，半生逃死客天涯。当时不遇孙宾石，应对东风怨落花。这是东汉赵岐的故事，被他人陷害，逃于北海，幸得孙宾石收录。我父亲得李员外收录，感此意，作此诗。

【前腔】写怨挥毫，不是逢人作《解嘲》[3]。似孔明吟《梁甫》[4]，赵岐危迍[5]，屈子作《离骚》。二十年离恨可知道？笔端写不尽凄凉调。好笑我母亲，周瑞隆十二十三，不省人事，十五十六，也知人事。那时不教我寻父亲，今日叫我寻，却不迟了。情况最难熬，早一日寻亲见了，免得受煎熬。

更深夜静，神思困倦，不免睡了罢。正是：蝴蝶梦中家万里，杜鹃枝上月三更[6]。(睡介)(生)正是：愁人莫与愁人说，说与愁人展转愁。我正睡之间，听得小客语言，好似河南人声音。又说什么《台卿集》。这是我做来送与李员外的，如何到在他手里？他如今睡了，待我起来看一看。(看惊介)

【忒忒令】这诗集是我亲手做来，不审他缘何收在。且住，若是李员外家中之人，一个个都是我认得的。且待我将灯照看，是那一个。呀，觑着他庞儿俊，似我妻厮类。试将他语言猜。他丰范似开封府，这因由怎解？

【前腔】(小生醒介)你为人真个好呆，不肯睡只管惊怪。有何事将人忑怼[7]？你起初可不道来，却不道食不言，寝不语，将人好梦惊回。

(生)小客长休怪。方才我听得你言语，好似我河南开封府声音，以此冒犯。(小生)小生正是开封府人。(生)老夫也是开封府人。正是：乡人遇乡人，(小生)不觉也动情。老客长，请坐过来讲一讲。(生)我如今要回去。不知小客长何往？(小生)也要回家。(生)既然如此，做一个伴儿同行。(小生)长者高姓？

【园林好】(生)念我是周羽秀才，(小生)家中有什么人？(生)妻郭氏临别怀胎，(小生)贵表？(生)表字维翰相代。(小生)离家几时了？（生）离家有二十载，离家有二十载。

【前腔】（小生）听原因令人可哀，呀，你是我的爹爹了！（生）我没有孩儿，你不要认差了。（小生）我是背生儿，逆天罪大。（生）你既是我背生儿，叫什么名字？（小生）叫周瑞隆。（生）原来果然是我孩儿。我那儿！（抱哭介）（小生）二十年教爹爹飘败，不厮见，泪盈腮。相见后，喜盈腮。

【江儿水】（生）忆昔当年别，方才在母怀，如今已有二十载。儿今成人身长大，但你爹娘两下愁无奈。我幸遇恩人相待，想你娘亲，必受十分狼狈。

【前腔】（小生）爹陷他乡外，娘亲受苦哉，只因张敏厮禁害。（生）张敏无状，你母亲立志何如？（小生）要保全孩儿甘宁耐。（生）怎么绝得那冤家之念？（小生）把花容割破，方得他心改。（生）割破了面皮，好苦恼！曾教你读书么？（小生）教子读书登第，（生）你登第了？谢天地！（小生）弃职寻亲，万里特来南海。

【五供养】（生）儿今大魁，懊恨你爹身流落天涯。只愁你娘做了别人妇，爹做死尸骸。谁想道守节妇教子成大才，背生儿寻父临边界。（合）提起当年事愁满怀，骨肉相逢，喜中变哀。

【前腔】（小生）我无钱欠财，刺血写经，走遍天涯。天怜儿受苦，寻见父亲来。爹须见儿心眼开，娘凝望儿愁无奈。（合前）

【川拨棹】（生）弹珠泪，我孩儿真孝哉。若非你刺血写经，若非你刺血写经，父子们何由再会？苦娘亲，怎布摆？苦娘亲，怎布摆？

【前腔】（小生）娘也应知爹貌改，（生）把什么为凭揣在怀？（小生）乍见爹欢喜颜开，乍见爹欢喜颜开，顿忘了娘书在怀。旧啼痕，方展开。新泪痕，滴下来。

【临江仙】二十年前多少事，离愁别恨休论。将书寻父我儿身。痛怜亲骨肉，重返旧家门。

（丑上）自不整衣毛，何须夜夜号。你二人絮絮叨叨一晚，搅得各房都睡不着，是何道理？（生）店主人，实不相瞒，这是我背生儿。二十年不曾相见，今日偶在宝店相逢，不觉伤感，为此惊动了列位。（丑）天下欢娱，不及父子相会。今在我店中相逢，岂非异事？恭喜，恭喜。（生）些须房金请收下。（丑）多谢，多谢。（生）店主人，我且动问，你鄂州界上李员外，你可认得么？（丑）我这里店房都是他的，怎么不晓得？（生）原来如此。学生有一本书，烦店主人寄去，说道周维翰父子在店相会。千万与我多多致意李员外。（丑）当得，当得。

百梦不如书一封，百书怎比一相逢。

今朝剩把银缸照，犹恐相逢似梦中。

〔注〕 ① 阳台：战国楚宋玉《高唐赋序》："昔者先王梦游高唐，怠而昼寝，梦见一妇人曰：'妾巫山之女也，……愿荐枕席。'王因幸之。去而辞曰：'妾在巫山之阳、高丘之阻，旦为朝云，暮为行雨，朝朝暮暮，阳台之下。'" ② 鄂州：隋时置，取鄂渚为名，治所在江夏县（今湖北武汉市武昌区）。 ③ 解嘲：东汉扬雄的一篇名作。《汉书·扬雄传》："时雄方草《太玄》，有以自守，泊如也。或嘲雄以玄尚白，而雄解之，号曰《解嘲》。" ④ 梁甫：古乐府《梁甫吟》，亦作《梁父吟》。《三国志·蜀书·诸葛亮传》："亮躬耕陇亩，好为《梁父吟》。" ⑤ 赵岐：东汉人，字邠卿，桓帝时曾为避祸逃难四方，卖饼北海市中。灵帝时又遭党锢十余年。为著名经学家，撰有《孟子章句》。 ⑥"蝴蝶"二句：为唐崔涂《春夕》诗中的颔联，原诗"杜鹃"一作"子规"。蝴蝶梦，用庄子梦蝶之典。杜鹃枝，用蜀帝杜宇魂化杜鹃之典。 ⑦ 恖恖：惊扰。

《相逢》是《寻亲记》全剧将结束之前的一出戏。写周羽遇大赦之年，辞别李员外，奔回家乡。黄昏时分，他来到了一旅店中。此时的他实可谓悲喜交加：悲，滞留异乡，夫妻分离，音信断绝；喜，终于可以生还故里。回首二十年来的遭际，面对黄昏的景色，他用【缕缕金】曲唱出了"家乡远，路途贫"的感慨。黄昏的鼓角之声不免令人悲伤，归途之寂寞也令人感慨。这些，都给整出戏染上了悲凉的气氛。接着周羽之子周瑞隆上，他听从母命，辞官寻父，途中断指写血书，历经艰辛，终于来到了鄂州界，并从李员外口中知道父亲回乡的消息，于是，他心急火燎地返回家乡。夜黑时分，他也来到了这个旅店。在【前腔】曲中，周瑞隆表达了内心的感受：在孤村犬吠，风雪交加的背景下，他想起父亲，"心悒怏"，感受到路途的风霜，真是"好艰辛"。碰巧，店主人将他安顿到书房中，与一老者（未谋面的父亲）同宿。【驻马听】唱出了他此时的感受：在异乡客馆之中，他想着在家中焦急等待的老母亲和从未谋面的父亲，眼中却只见母亲的书信和父亲的诗集，心中伤悲，无法入眠。又看到同宿的老者睡得安稳，不禁心中不平起来。【前腔】曲中"意逸心骄，熟睡鼾齁无事老。他那里安然寝睡，高枕无忧，其乐滔滔。事不关心一任自清高”数句，是周瑞隆对老者的猜测，更衬托出他自己心事重重，恓惶寂寥的情绪。而周羽更不知眼前就是自己的儿子，他一心想好好休息一晚，明朝精力充沛赶路，早些与妻儿团聚。因此，他责备此人“不达时务”，“只管絮絮叨叨”令人心烦。这样，两人轻微的争执在所难免。被老者抢白后，周瑞隆安静下来，闲着无事，拿出了《台卿集》（李员外送给他的父亲周羽的诗稿）来读，他深深体会到了父亲二十年来的艰辛。在【前腔】曲中，他以诸葛亮、赵岐、屈原来比拟父亲。感慨之余，不禁睡去。至此，观众可能会认为彼此都将入睡，父子失去了相认的机会。没想到一部《台卿集》引起了周羽的注意，自己送给李员外的诗集怎么会到这位后生手中呢？于是他起身查看，发现此人长得像自己的妻子，这就更为奇怪了。正在这时，周瑞隆醒来，他自然“以牙还牙”，指责老者打搅了他的好梦。结果，两人攀谈起来，周瑞隆得知眼前就是自己的父亲，于是父子相见，“泪盈腮”，“喜盈腮”。本出戏就在皆大欢喜中结束。

剧作者深得戏剧创作之要旨，以观众“全知”而角色“不知”的手法，安排了这出戏的冲突。试想在同一舞台上，父子相见不相识，一个渴望安睡早起，想着赶回家与妻儿相见，一个因思念双亲而难以入眠，絮絮叨叨。这自然形成了冲突，又由于他们是父子，则又充满了喜剧效果，富有传奇色彩。威廉·阿契尔的《剧作法》说：“传奇情节主要是创造悬念‘能’的产生，维持、悬置、加强和解除紧张。”在这出戏中，观众的心被紧紧抓住了，明知他们是父子，但能否相认呢？这是一个悬念。儿子的絮叨因父亲的指责而停止，失去了相认的机会，观众有些失望。接着，儿子读起了父亲的诗集，引起了父亲的怀疑，观众又看到了希望。最后父子相认，观众获得了满足。然而，剧作者最后又加上一点花絮，即店主人的指责，使剧情又多了一点波澜。剧作者就这样紧紧抓住观众的心，情节紧张——松弛——紧张，不断变化，引人入胜，很有舞台效果。在这里，作者运用了误会、对比手法，使剧情妙趣横生，摇曳生姿。

从美学风格看，周羽父子入店时凄清的景色，人物匆遽恓惶的心情为整出戏蒙上了一层悲凉气氛。而两人同居一室，又埋下了喜剧性的引子。两人的争执，令人可笑，可谓喜剧手法，而父子相见不相识这本身又充满悲剧意味。最终，父子相认，欢天喜地。而回首往事，又悲从中来。整场戏充满了悲喜调和的审美风格，符合人们的欣赏习惯。

本场戏的曲辞和宾白文采斐然，情景交融，富有诗味。景物描写也起到了很好的烘托气氛的作用。人物虽少，剧情却跌宕起伏，引人入胜。这些都为全剧增色不少。

（段启明　彭利芝）

徐复祚

(1560—1630?) 原名笃儒,字阳初,后改字讷川,号暮竹,又号阳初生、洛浦生、休休生、忍辱头陀、三家村老等。常熟(今属江苏)人。祖父徐栻曾任江西、浙江巡抚。才能出众,但一生坎坷,屡失意于科场。工诗文,尤擅词曲,尝从张凤翼钻研曲学,所作小令曾得钱谦益赞赏。论剧所见与沈璟相近。所作杂剧今存《一文钱》,另《梧桐雨》已佚。传奇今存《宵光剑》(即《宵光记》)、《红梨记》、《投梭记》三种。《一文钱》、《红梨记》是其最优秀的作品。另有笔记《三家村老委谈》(即《花当阁丛谈》),论剧颇多精解;又《家儿私语》亦有论剧内容。其他尚有《南北词广韵选》等。

红梨记

徐复祚

第二十一出 咏 梨

(生上)铜龙漏滴已残更[①],素魄还留映水明[②]。何事嫦娥音信杳?重门深掩不胜情。小生昨宵得遇小姐,真个温柔旖旎,绝世无双。赵伯畴虚生二十二年,未曾见此香奁中物[③]。向来空忆谢素秋,每以不得见面为恨。如今看了这小姐,难道还胜似他?小姐到有可怜之意,恨杀那不做美的老夫人睡觉,瞥然去了。约小生今晚到书房相会。昨晚怎巴得天明,今蚤又怎巴得到夜。且喜已是黄昏时候,月又上了。好把门儿掩上,坐待则个。(闭门介)

【黄莺儿】无语靠书窗,乍临风思欲狂。且将盼行云双眼来打当[④]。愁乡醉乡,更长恨长。小姐,小姐,是你俏声儿约定在书斋访,小姐,为甚信茫茫?蚤难道脱空说谎,不与做周方[⑤]?

待久不来,昨晚不曾睡得,不觉睡魔蚤到,且睡些咱。(作睡介)(杂扮差人上)瑞麟香暖玉芙蓉[⑥],画蜡凝晖彻夜红。信道使君情意重[⑦],卷帘迟客月明中[⑧]。小人雍丘县差人,钱爷差请赵相公看月。此间已是寓所,书房门蚤闭,不免低低唤声。赵相公,赵相公!(生惊醒)呀,小姐来了!(急出开门抱杂)小姐,小姐,想得赵汝州苦也!(杂)赵相公,小人是本县差人,不是什么小姐。(生看笑)偶然睡去,魂梦颠倒。你是谁差来的,这蚤晚来敲我门?(杂)小人奉钱爷钧旨,说日间政事多冗,乘此清夜,请相公看月。(生)我身子不快，不耐烦看月，烦你拜上钱爷罢。（杂）相公好好儿在这里，怎么说了看月就不快起来？小人恐钱爷见责，不敢去回覆。（生）没奈何，央及你回了罢。说赵相公身子不快，已睡觉了。你快行动些儿罢么！（杂）既如此，小人只得去了。顿令北海尊虚设[9]，（下）（生吊）还望西厢月倍明。天下最不知趣的是钱孟博，许多时不来请我吃酒，偏拣今日。我那有心情看什么月！方才差人不肯出门，则怕小姐正来，却没躲闪。如今去了，才觉自在。已近二鼓，月已中天，不见一些动静，敢是又成虚话了？不免捱进昨夜亭子边去，打听个真消息。（行）此间有太湖石，且在此等候则个。（旦持红梨花上）

【前腔】步月下回廊，露溶溶湿绣裳。想荆王已先到阳台上[10]。你看这花枝呵，经几多风狂雨狂，惹得个蜂忙蝶忙。怎能勾东君爱护金铃障[11]？呀，前边太湖石畔，遮遮掩掩，似有人行动，我且低低唤一声。前边不是赵解元么？（生惊介，低应）赵汝州在此。小姐你来了，果是有心人也。我望东墙，魂飞魄荡，只听得小语唤檀郎[12]。

小姐那借一步，前边就是小生的卧房。（旦）奴家正欲相访。（生）小姐，路上苔滑难走，小生扶一扶何如？（挽同行介）

【水红花】苍苔立遍意彷徨，月昏黄，角门声响。金铃小犬吠声长，石阑旁怕有行人来往。俏俏潜踪蹑迹，嫌杀月儿光。且喜到书房也啰。

（生）此间已是小生书房，就请小姐进去。（入介）（生跪）小姐今日下临，就如上元之降封涉[13]，麻姑之过方平[14]，兰香之嫁张硕[15]，彩鸾之遇文萧[16]。只是赵汝州有何德能，消受得起？（旦）解元天下奇才，妾在闺中，闻名已久。今宵之遇，岂偶然也。（生）小姐手中所持是何花？（旦）是一枝红梨花，元是异种。奴家生平最喜欢他，开时时刻不教放手。今日携来，欲博解元题咏耳。（生）借来一看。果是异种！但闻梨花白雪香，红的委实未见。小生胡诌一绝，小姐休笑：换却冰肌玉骨胎，丹心吐出异香来。武陵溪畔人休说，只恐夭桃不敢开[17]。（旦）好高才也！奴家也要请教：本分天然白雪香，谁知今日换浓妆。秋千院落溶溶月，羞睹红脂睡海棠[18]。（生拍手）海棠怎比得他。奇才奇才！椒花柳叶，俱在下风。小姐在上，名花在侧，赵汝州何人，有此福量！知是梦里睡里？你看这花

枝呵，

【莺花早】一似睡起未欣妆，浴温泉丰度狂。名花倾国何相让[19]，谁承望，幽斋寂寞春偏酿。态郎当[20]，(旦)意难忘。刚笑何郎曾傅粉[21]，绝怜荀令爱熏香[22]。(生)偏称沉香亭畔，昭阳殿旁[23]。须把绛绡朝护，锦障夜藏，流莺那许轻相向。

(生)小姐，夜深了。(旦)且再坐坐。你把瓶儿装着这花，就灯下再看一回。(生介)(旦)解元，权把他做个花烛何如？

【猫儿坠】你看花簪瓶底，银烛吐辉光。花烛争辉夜未央，但愿得烛明花艳永无妨。(生)又愿得花烛双双照画堂。烛照花芳，地久天长。(同)

【尾】今宵始觉情欢畅，生恐怕亡赖鸡声报晓忙[24]，把我无限恩情叫断肠。

(旦)解元，你把这花儿供养着，添些新水。奴家时常要看的。(生)敢不小心。夜深矣，睡去罢。

花潭竹树傍幽蹊，歌舞留人月易低。

惊起芙蓉新睡足，倚风情态被春迷。

〔注〕 ① 铜龙：铜制漏壶，其滴水口铸成龙头形，故称。此处指漏壶。 ② 素魄：指月亮。 ③ 香奁中物：指闺阁中人。香奁，盛香料等闺房用品的匣子。 ④“且将盼”句：行云，犹云雨，典出战国楚宋玉《高唐赋序》。 ⑤ 周方：周全、方便。 ⑥“瑞麟”句：瑞麟，状如麒麟的香炉。古人以麒麟为吉祥象征，故称瑞麟。玉芙蓉，芙蓉帐，华丽的帐子。 ⑦ 使君：汉代称刺史为使君，即州郡的长官，此指钱济之。 ⑧ 迟客：等待客人。 ⑨ 北海尊：东汉末孔融曾任北海相，人称孔北海。《汉书·孔融传》说他退职后宾客盈门，常叹曰：“坐上客恒满，尊中酒不空。” ⑩ 荆王：楚王。阳台：见注④。 ⑪“怎能”句：怎能勾，即怎能够。东君，司春之神。金铃障，用金铃惊鸟以护花。五代王仁裕《开元天宝遗事》载宁王春天在后园以红丝为绳，密缀金铃，系于花梢，有鸟来集，则令园吏掣铃索以惊之，以惜花护花。 ⑫檀郎：晋潘岳小字檀奴，貌美，深受女子爱慕，后以檀郎喻指被女子爱慕的美男子。 ⑬ 上元：指上元夫人，古代神话中的仙女。《太平广记》引《汉武内传》：“帝因问王母：‘不审上元何真也？’王母曰：‘是三天上元之官，统领十万玉女名录者也。’俄而夫人至，年可二十余，天资精耀，灵眸艳绝。”封涉，漳水流经之地，此指雍丘。封，疆域；涉，漳水的别名。 ⑭“麻姑”句：麻姑，传说中的仙女。方平，王方平，传说中的神仙。晋葛洪《神仙传》：“麻姑自说：‘接待以来，已见东海三为桑田，岂将复还为陵陆乎？’方平笑曰：‘圣人皆言海中行复扬尘也。’” ⑮“兰香”句：兰香，即杜兰香，传说中的仙女，相传她嫁与汉张硕为妻。晋干宝《搜神记》：“硕呼女前视，可十六七，说事邈然久远，有婢子二人，大者萱支，小者松友。” ⑯“彩鸾”句：彩鸾，即吴彩鸾，传说中的仙女。文萧，即文箫。唐裴铏《传奇》中描写彩鸾于许真君处与文箫跨虎仙去。 ⑰“换却”四句：为元

张寿卿杂剧《红梨花》第二折中原诗。武陵溪，晋陶渊明《桃花源记》中溪名，文中云此溪“夹岸数百步，中无杂树，芳草鲜美，落英缤纷。”夭桃，冶艳美丽的桃花。《诗经·周南·桃夭》：“桃之夭夭，灼灼其华。” ⑱“本分”四句：亦为元张寿卿杂剧《红梨花》第二折原诗。“秋千”句，语本宋晏殊《寓意》诗“梨花院落溶溶月”。睡海棠，形容美人娇睡之状。典出宋僧惠洪《冷斋夜话》引《太真外传》：“上皇登沉香亭，召太真妃子，妃子宿酒未醒，命力士从侍儿扶掖而至。妃子醉颜残妆，鬓乱钗横，明皇笑曰：‘岂是妃子醉，直海棠睡未足耳。’” ⑲“名花”句：语本唐李白《清平调》之三：“名花倾国两相欢，长得君王带笑看。” ⑳态郎当：指美女到来喜极而不知所措的神态。 ㉑何郎：南朝宋刘义庆《世说新语·容止》：“何平叔（晏）美姿仪，面至白，魏明帝疑其傅粉。”此处借指赵汝州面白貌美。 ㉒荀令：指东汉末荀彧，字文若，官至尚书令，因称“荀令”。《艺文类聚》引晋习凿齿《襄阳记》中刘季和语：“荀令君至人家，坐处三日香。” ㉓“偏称”二句：沉香亭，唐代宫苑亭名。李白《清平调》之三有“沉香亭北倚阑干”句。昭阳殿，汉代宫殿名。汉成帝时皇后赵飞燕居此。此用杨妃、赵后典均代指王小姐（实为谢素秋）。 ㉔亡（wú）赖：同无赖。

《红梨记》是明代万历时戏曲家徐复祚所作，此剧根据冯梦龙《情史》所收小说《赵汝州》和元代张寿卿杂剧《谢金莲诗酒红梨花》改写而成，共三十出。故事梗概为：北宋末年，山东才子赵汝州与友人雍丘县令钱济之在京相会，因闻“男中赵伯畴（汝州字），女中谢素秋”之谚而往访名妓谢素秋。素秋被太傅王黼招去陪酒，王黼欲以之为妾，素秋坚拒，竟遭拘禁。二人未能会面。适值金兵南侵，宋廷不敌议和，王黼用内库金帛贿赂金兵，并献乐妓一百二十名，而以素秋为首。素秋得花婆相助，逃出王府，到雍丘县避难，被钱济之留住衙中西园。赵汝州以为谢素秋已被送往金邦，亦投奔钱济之。钱济之让谢素秋冒名王太守之女，持红梨花到西园书房中与赵汝州相见，题诗吟咏，两情缱绻。后康王在金陵即位，开科选才，济之劝汝州赴试，汝州因眷恋美色不愿动身。花婆假扮卖花妇到汝州房中，诡云红梨花是鬼花，为王太守死去之女灵魂所化，常夜间作祟书生。汝州惊惧，匆匆离去，赴金陵应试，高中状元，得授开封府佥判。赴任途中路过雍丘，济之设宴款待，招谢素秋侍酒，汝州大惧，后由花婆及素秋仆人释疑，赵、谢二人终成夫妇。

《咏梨》是此剧精彩的一出，写赵汝州与谢素秋西园相会。此前《初会》一出，二人已经在亭中见面，约定次日夜里书房幽会。这天晚上，赵汝州早早把房门虚掩，傅粉熏香，燃烛等待。久候不至，不觉一阵瞌睡上来。正朦胧间，忽然听见门外呼唤之声，以为是小姐驾到，急忙开门向前搂抱，不想来人不是小姐，而是个满脸胡须的老头！原来这老头是雍丘县中一名差人，奉钱爷之命来请汝州赴宴看月。这场戏一开始，便出现令人捧腹的喜剧场面。作者在这里使用了巧合、误会的手法，造成奇巧的情节安排。赵汝州把来人当成是王小姐，是有他的根据的，因为在前一天晚上，他与小姐亭中相会，二人各有眷恋之心，不想被"老夫人睡觉"的呼唤声冲散，懊恼之情可知。如今好容易挨到相约之时，久盼之中，又是睡眼迷离，向前错抱便不足为怪。而差人的到来，却是钱爷所派，友人久别，相约看月，也是情理中事。这一巧合，加上赵汝州的情急误会，就必然造成喜剧性事件。这个关目的喜剧意味，还表现在赵汝州盼想之人和真实来人的巨大差异上。赵汝州盼望的是"一见消魂魄，光芒射眼睛。羊脂玉碾蝤蛴颈，但风流占尽无余剩"(《初会》)的美女，而来人却是由"杂"角扮演的老差人。一少一老，一妍一丑，形成强烈的对比、反差，它本身就蕴含笑料，作者偏偏又让这少年英俊的书生设想怀拥"温柔旖旎"的美人却抱了个胡须拉碴的老头，这极端不协调的举动自然产生强烈的喜剧效果。

巧合误会之后，作者又进一步强化戏剧的谐谑气氛。赵汝州因为要等情人到来，借口身体不快，婉辞钱济之的相邀；而差人却说："相公好好儿在这里，怎么说了看月就不快起来？"他害怕钱爷见责，不肯回覆。赵汝州见差人不走，怕情人到来"没处躲闪"，更是焦急；越是焦急，差人越是不走。这又是一层对比，是人物性格的对比，是特定情势造成人物不同心态的对比，对比越强烈，效果便越突出，在这里，我们看到了趣味盎然的喜剧表演，发出会心的微笑。在实际演出中，以上两段喜剧场面逐渐丰富，扩展成一出完整的折子戏，名曰《醉皂》，深受观众欢迎，数百年间一直盛演不衰。

在谐谑的关目之后，这出戏又引出另一个抒情场面，这就是赵、谢二人的相会。好不容易巴到差人离去，其时"已近二鼓，月已中天"，但还不见小姐芳影，赵汝州寂寞难耐，生怕幽会又成虚话，只好挨到昨夜相遇的亭子边去。此时谢素秋假扮王小姐上场，赵汝州一见，连忙上前迎接，并相邀到书房中。一路上他殷勤扶掖，生怕"路上苔滑难走"，到得房中，扑通跪倒在地，口中念念有词："小姐今日下临，就如上元之降封涉(陟)，麻姑之过方平，兰香之嫁张硕，彩鸾之遇文萧。只是赵汝州有何德能，消受得起？"这一段话，引经据典，显示了秀才的本色，而行为动作的失态，更活现其猴急情态。这段插曲，是前段喜剧性描写的继续，是诙谐场面向下段抒情场面的过渡，连接十分自然，没有间隔痕迹。

赵、谢二人相会，少不了两情缱绻，但此剧却省去一般戏剧这类场合下的卿卿我我，海誓山盟，而是借谢素秋手持的红梨花引出题咏，借物言情。赵汝州赞美红梨花："换却冰肌玉骨胎，丹心吐出异香来。武陵溪畔人休说，只恐夭桃不敢开。"谢素秋和之曰："本分天然白雪香，谁知今日换浓妆。秋千院落溶溶月，羞睹红脂睡海棠。"通过相互题咏，以花喻人，不仅赞美了花的艳色异香，而且颂扬了人的高尚品性，同时又借此倾诉了爱慕之情，从而营造出浓烈的抒情气氛。不仅如此，作品妙还妙在写赵汝州面对如花美女，竟不知她就是自己苦思深恋的情人，而谢素秋心里明白，却不能道破，故而要以花为烛，愿“烛照花芳，地久天长”。同是题咏，同是抒情，一个被蒙在鼓里，一个心照不宣；一个欣喜欲狂，一个故作庄重，两相彰映，也有谐趣。

值得注意的是，两人定情的红梨花这一道具在剧情发展上具有重要作用。谢素秋一出场，手中持的就是这支红梨花；书房相会，二人又借花引出题咏，题咏之后，谢素秋又两次提到将花供在瓶中，要时时观看，意思是要赵汝州（同时还有观众）注意这支红梨花。果然在后面的情节发展中它就起着惊吓赵汝州和最后藉花相认的关合作用，在艺术结构上是十分妥当的。

《咏梨》这出戏，上场人物不多，只有三个，却形成了两个精彩的戏剧场面。一个诙谐幽默，风趣横生；一个抒情性强，诗意隽永，两两照应，摇曳多姿，令人回味无穷。正因如此，它在数百年中一直盛行于昆曲舞台上，久演不衰。

（黄竹三）

红　梨　记　　徐复祚

第二十三出　再　　错

（生上）茜裙紫袖映猩红，飞絮轻飏花信风[1]。好景更兼逢窈窕，千金一刻语非空。小生自遇王小姐之后，不觉神魂飘荡，废寝忘餐。天下怎么有这等样美人？便觉功名富贵尽皆轻了。好笑钱孟博，只管来催我去会试，虽则是他好意，他那知我心上事？就把一个状元撇在街上，小生谁耐烦别了那人，远远去拾回来！昨日被我发作了几句，想必今后不差人来了。就再来，我也只是不去，且慢慢再住几时。只一件，小姐虽则绸缪缱绻，但是夜来明去，怎得寻个计较，日间相聚便好。待他今晚来时，把这话对他商议。昨日有客来访，今日要去答拜，不免趁蚤去了就回。（关门）掩却白云关，言寻青眼客[2]。（下）（老旦提篮上）老婢花婆是也，领钱爷命，去说赵解元赴京会试[3]。提着这篮儿，西园采花去走一遭也。

【北点绛唇】只为着年老甘贫，满街厮趁[4]，提着个匾篮儿为营运。且度朝昏，将花朵儿作资本。

【北混江龙】入的园来，好花卉也！你看那洛阳丰韵[5]，三春红紫斗精神。白的白碧桃初绽，红的红仙杏芳芬。娇滴滴海棠开喷,香馥馥含笑氤氲[6]。呀!什么人扯住我?(笑)元来是牡丹枝挂住了团花袄,蔷薇刺抓扎起石榴裙。(拂袖)为甚的蝶翻了两翅粉,蜂惹的满头纷?非关是金谷园中千朵艳[7],端只为卖花人头上一枝春,把蜂蝶来勾引。

呀,远远的赵解元来了也。咱只顾采花,看他问咱不问咱。(生上)可怜妖艳正当时,刚被狂风一夜吹。今日流莺来旧处,百般言语怨空枝。小生方才拜友而归,已到寓所。呀,什么人在那里采花?我且上前去问一声。兀那老婆子,为甚采俺家的花朵?(老旦作惊)

【北油葫芦】蓦听得唤一声婆子把咱嗔,引三魂。吓的我兢兢战战可也没逃奔。那哥哥咬定牙将人狠,我这里忙伸手将花篮揾。我又不是园主家掌花人,又没有斗大花门印[8],为甚么平白地将他花枝来损?只得上前去告个不是咱。(见介)哥,老婢子万福。(生回揖)(老旦)折了花枝,是老婢子不是了,望乞恕咱。别的休说,则可看我贫老又单身。

(生笑)这也罢了。

【北天下乐】(老旦)则见他叉手忙将礼数论,回也波嗔,喜津津。(生)婆子,我看你年纪老了,采这许多花何用?难道自己戴?(老旦)老婢插戴?没福插戴他。止因为老年人没计度饔飧[9],采将来卖几文,卖得来换米薪。常言道人怕老来贫。

(生)元来你卖花为活,这也罢了。你只倾出来,我逐一看看,或且有用得的,就问你买几枝儿。(老旦做倾取一枝递生)(生)这是竹叶儿,插又插不的,戴又戴不的,要他则甚?(老旦)要他打底。哥,不争你提起竹叶来[10],

【北那吒令】想当初李白的开尊,虚疑是故人。王猷的造门[11],不须问主人。我爱他绝尘,报平安好信[12]。哥,这竹有许多好处:摇风月梢拂云,傲冰霜无淄磷[13]。你不见么?湘江上二女泪斑痕[14]。

(生)再取一种来看。(老旦介)(生)这是桃花,没甚希罕,要他何用?

【北鹊踏枝】(老旦)这桃花从蓬岛分[15],休则向玄都问。谁知道前度刘郎[16]，再来时面貌堪嚬。不争的把渔郎勾引，惹得人急穰穰争去问迷津[17]。

(生)再取一种来看。(老旦介)(生)这是海棠花，也没有甚希罕。

【北胜葫芦】(老旦)杜鹃啼血感离人，妆点上阳春[18]，娇似红脂嫩腻粉。这花夜间看最好：倚东风睡足，高烧银烛[19]，烂熳月黄昏。

(生)再取一种来看。(老旦)止有柳枝儿了。(生)这一发没用。(老旦)偏有杨柳最可恨，

【幺】他在渭城客舍斗清新[20]，惯会送行人，蚤已是章台今日长条尽[21]。则看他迎风袅袅，笼烟袅袅，肠断灞桥滨[22]。

(生)你篮儿里还有别种么？(老旦)你不见这篮都空空的？再没有了。(生)元来则这几种，并没奇异，值得几文钱。(老旦)这园中也则有这几种。(生)难道则有这几种？我到有一种异花在那里，可怜你又老又贫，送与你去多卖几文钱何如？(老旦)哥，生受你，借来看看。(生)我好好供在书房内，待我取出来。(取花介)这不是，你可认得这种花叫甚名儿？(老旦取看作惊介)呀，有鬼也！有鬼也！(生)婆子，青天白日，说有什么鬼！你见这花，却怎生惊骇起来？(老旦)苦！哥却不知，这不是人间的花，这是鬼花。(生)胡说！鬼那里有花？要你说个明。(老旦)误了老婢子卖花也。明日来和你说。(生)婆子休去，你且说一个明。(老旦)我说来，你休害怕。(生)我不怕。(老旦)哥，这花园是谁家？(生)是王太守家的花园。(老旦)可知道。你晓得盖造花园的缘故么？(生)不知。(老旦)王太守有个女儿，性爱看花，故此盖这所花园。到得春间万花开绽，那小姐日日坐在亭子上看花。不意墙外有一秀才，闯入园中，与小姐四目相觑，两情眷恋，只没处下手。那小姐终朝思想，害相思病死了。王太守与夫人舍不得他远离，就埋在亭子后边。那一灵不散，他冢墩上就长出一棵树来，开的是红梨花。那小姐每遇花开时，风清月朗之夜，常常现形坐在亭子里，只要缠扰年纪小的秀才。(生怕介)(老旦哭叫可怜)(生)婆子，却为何哭起来？(老旦)老婢有个孩儿，也是秀才。为那城中热闹，借此花园看书。看书困倦，只见月明如昼，捱到亭子边去散步。不意亭子里起阵怪

风，现出一个如花似玉的小娘子，与我孩儿四目相窥，两情眷恋，当夜就要到孩儿书房中。只见亭子后边大叫，说老夫人睡醒了，那小姐仓忙而去，说明晚又来。到得明晚，果然又到孩儿书房中来，手中携一枝红梨花。那时孩儿年纪小，春心荡漾，与他那话儿了。从此以后，夜来明去，勾不上一月，把我孩儿送死了。咳，可怜！可怜！如今止存得一个老身，好苦也！（又哭介）（生作怕介）婆子，你可曾见怎么一个模样？（老旦）老身那里得见！止听得孩儿临死时说：

【寄生草】他梳妆巧，打扮新，藕丝裳爱把纤红衬。眉弯新月微微晕，樱桃小口时时哂。青螺小髻挽乌云，千般淹润都装尽[23]。

（生）这一会儿不由的害怕。（老旦）呸呸！有鬼也！有鬼也！哥，你看怪风来了也！

【幺】足律律旋风刮，黄登登儿缕尘。咳，王小姐！王小姐！你把我孩儿缠死真堪悯，你送得我老年孤独无投奔，你今朝又待将咱近。（做折桃枝介）（生）这是桃枝，要他何用？（老旦）哥，我那里去寻法师仗剑颂天蓬[24]，先打恁娘五十生桃棍！

（生）婆子，你不说，我那里知道！兀的不唬杀我也！（老旦）这里不是久站之所，我去也！（生扯住）没奈何，你再伴我一会儿。（老旦）哥，你莫不也着他手了？说与我听。（生）我死也，我死也！说不出，说不出！（老旦）咳，小姐，小姐。

【赚煞尾】我与你生前本无仇，今日个赚得无人问，你何不把阴灵忖忖？但只顾将平人来害损。你便是追人命脑凶神[25]，女吊客母丧门[26]，天魔祟扑子弟，野狐涎打郎君[27]。则恐罪业深地狱近，下阿鼻绝人身[28]。

（哭介）我那儿呵，可怜你三载幽魂，何处沉沦。咳，且喜波得这位哥，可蚤有替代你生天路儿稳[29]。（下）

〔注〕 ① 花信风：宋陈元靓《岁时广记》："《东皋杂录》：江南自初春至初夏，五日一番风候，谓之花信风。梅花风最先，楝花风最后，凡二十四番。" ②"掩却"二句：白云关，指隐居之处。南朝梁陶弘景《诏问山中何所有赋诗以答》："山中何所有？岭上多白云。只可自怡悦，不堪持寄君。"青眼客，指相知之友。魏晋间阮籍能以青、白眼看不同的人，凡庸俗之士，以白眼对之；凡知心者，对以青眼。 ③ 解元：科举时代，乡试第一名称解元，因乡试本称解试。此指赵汝州。 ④ 厮趁：相追随。此指以卖花为生。 ⑤ 洛阳丰韵：指牡丹。唐宋时牡丹为天下花

之冠。宋欧阳修《洛阳牡丹记》谓牡丹"出洛阳者,今(北宋时)为天下第一"。⑥含笑:花名,产于广东。⑦金谷园:晋石崇的著名园苑,故址在河南洛阳市西北。⑧花门印:指进花园大门的凭证。⑨饔餐:当作饔飧(sūn)。指早饭和晚饭。⑩不争:只只为。竹叶:也是酒名,即竹叶青。⑪王猷:即晋王羲之之子王徽之,字子猷。性爱竹,南朝宋刘义庆《世说新语·简傲》载他"尝行过吴中,见一士大夫家极有好竹",便"径造竹下",而不问主人。造门,登门,到门。⑫报平安:唐段成式《酉阳杂俎》:"卫公(李德裕)言北都惟童子寺有竹一窠,才长数尺,相传其寺纲维每日报竹平安。"⑬无淄磷:没有不好的品质。淄,黑色。磷,薄。《论语·阳货》:"不曰坚乎?磨而不磷;不曰白乎?涅而不缁(同淄)。"⑭"湘江"句:晋张华《博物志》:"尧之二女,舜之二妃,曰湘夫人。舜崩,二妃啼,以涕挥竹,竹尽斑。"⑮蓬岛:蓬莱岛,神话传说中海上三仙山之一。⑯"休则"二句:玄都,隋唐时道观名,在长安县崇宁坊。唐刘禹锡《元和十年自朗州至京,戏赠看花诸君子》诗:"玄都观里桃千树,尽是刘郎去后栽。"嚬,通颦,皱眉。⑰"不争"二句:用晋陶潜《桃花源记》典。此记云晋时武陵渔人入桃花源,归来后诣告太守,"太守即遣人随其往,寻向所志,遂迷,不复得路"。急穰穰,心忙意乱。⑱上阳:唐宫名,唐高宗时建于洛阳禁苑中。⑲高烧银烛:宋苏轼《海棠》诗:"只恐夜深花睡去,故烧高烛照红妆。"⑳"他在"句:唐王维《送元二使安西》:"渭城朝雨浥轻尘,客舍青青柳色新。劝君更尽一杯酒,西出阳关无故人。"渭城,在今陕西省咸阳市东。㉑章台柳:唐许尧佐《柳氏传》写韩翃与柳氏相爱,别后韩寄柳诗曰:"章台柳,章台柳,昔日青青今在否?纵使长条似旧时,亦应攀折他人手。"章台,汉代长安章台下街名。㉒灞桥:亦称霸桥,在长安东,汉唐时人们相别,送客至此,折柳相赠。㉓淹润:谓妩媚。㉔天蓬:天神名。㉕脑凶神:打破人头颅的凶恶之神。㉖吊客:旧时迷信谓岁之凶神,主疾病哀泣之事。丧门:丧门星,凶煞之一,旧时迷信谓岁之凶神,主死丧哭泣之事。㉗"天魔"二句:天魔,佛教语,魔鬼。祟,作祟,鬼神予人以灾祸。野狐涎,迷惑人的甜言蜜语。子弟、郎君,这里均指风流少年。㉘阿鼻:阿鼻地狱的省称。阿鼻地狱是佛教传说八大地狱中最深重、最受苦楚之处。㉙生天:超升天界。佛教认为,人死之后,灵魂或升天界或堕地狱。堕入地狱的鬼魂,如有人替代,也可以超升天界。

《再错》是《红梨记》继《咏梨》之后又一出妙趣横生的戏。此前《咏梨》出中,赵汝州与假扮王小姐的谢素秋书房相会,绸缪缱绻,连日来两情欢洽,"如胶似漆,一步儿也不肯分离"。恰好康王在金陵即位,开科选才,钱济之想让赵汝州赴试,多次派人催促,赵汝州却再三推托,钱济之只好与花婆定计,哄骗汝州前往应试。

戏一开始,就交代了此戏的主要情节:赵汝州沉湎于美色,花婆设法促其进京赴试。赵汝州上场,先来一段自白:"小生自遇王小姐之后,不觉神魂飘荡,废寝忘餐。天下怎么有这等样美人?便觉功名富贵尽皆轻了。好笑钱孟博,只管来催我去会试,虽则是他好意,他那知我心事?就把一个状元撇在街上,小生谁耐烦别了那人,远远去拾回来!"这段话点明他得到爱情后甘愿舍弃一切的特殊心态。中国封建时代,文人最大的心愿是攫取功名,同时又希望得到美满姻缘,如果二者不可相兼,有的"情种"便会舍弃功名而选择爱情。文学作品中常常描写这种选择。《西厢记》中,张生本意是去应举,要"云路鹏程九万里"(第一本第一折),但在普救寺中一见莺莺,便把应举之事抛到脑后,"但得一个并头莲,煞强如状元及第"(第四本第三折)。这里的赵汝州,同样在功名与爱情的矛盾中选择后者而舍弃前者。而钱济之作为一个县官,自然重视功名,他既与赵汝州是好友,又可惜赵汝州"才高七步,赋埒两都,锦心绣腹,隐豹凤雏"(《逼试》),自然要设法让他赴试,这一任务就落在花婆身上。花婆与赵汝州的矛盾,实质上是钱济之与赵汝州的矛盾。

随后花婆假扮卖花妇上场。在上一出《逼试》中,花婆向钱济之夸口说:"老爷只备下鞍马盘缠,老婢逞着这嘴头子,管教他即日上路。"她有什么锦囊妙计呢?却没有说出,这就造成了悬念。如今花婆上场,观众自然想知道她如何说通赵汝州上京赴试。然而她还是不说,只"提着个篮儿,西园采花走一遭也"。越是按下不表,越是引发观众的关切心情,在这里,"悬念"充分发挥了它在戏剧演出中的悬疑作用。

花婆来到西园,先是看花、采花,赞美百花的娇艳:"白的白碧桃初绽,红的红仙杏芳芬,娇滴滴海棠开喷,香馥馥含笑氤氲","牡丹枝挂住了团花袄,蔷薇刺扎起石榴裙",这不是一般的对花赞颂,而是为后面情节预作铺垫。花婆与赵汝州见面了,赵汝州看到有人采花,便上前问道:"兀那婆子,为什么采俺家的花朵?"花婆假装惊吓,一面按着花篮,一面作揖哀告:"折了花枝,是老婢子不是了,望乞恕咱。别的休说,则可看我贫老又单身。"赵汝州因为本来花园不是他的,听她哀告,也便罢了,但又问道:"我看你年纪老了,采这许多花何用?难道自己戴?"花婆回答说,她那有福气戴花?只是"采将来卖几文,卖得来换米薪"。赵汝州听了,不觉产生怜悯之情,便让花婆把篮儿内的花倾出,"或且有用得的,就问你买几枝儿"。这里,显示了赵汝州怜贫敬老的善良品格。剧作者对赵汝州这一人物,虽然有所调侃,但基本上是持肯定态度的,正因为此,才让他经过许多曲折,最终得到美满幸福的结果。因此这笔小小的点染非常重要,既推动了情节发展,又刻画了人物性格。

花婆把篮中的花朵倾出,逐一把竹叶、桃花、海棠、柳枝呈送,并对它们予以赞美。赞花、夸花,又是一层铺垫,目的是引出红梨花来。需要说明的是,花婆的赞花、夸花,引用了许多古代的典故和诗篇,不完全切合她的贫民身份,应该说是一处败笔。明传奇中,这种情况相当普遍,讲究文采的剧作常常不管人物身份地位,唱词典雅,道白骈俪。此剧也是为了增加曲词之美而引经据典,不足为训,但其具体描写倒也能体现众花的丰姿神韵。回过头来我们再说赵汝州看了花婆的花枝,认为没有什么稀奇,于是拿出谢素秋赠予的红梨花,从而引出了这场戏最为重要、最为精彩的矛盾波折。

花婆一见红梨花，便假装惊慌失措，大叫“有鬼”，指着红梨花说是“鬼花”，赵汝州不明所以，自然要问个明白，但花婆故意不说，虚晃一枪之后，才编出一个令人恐怖的故事。经过绘声绘色的描述，“鬼话”竟成了事实，吓得赵汝州毛骨悚然。这番“鬼话”之所以使赵汝州深信不疑，是因为在此之前，赵汝州心中已有怀疑的种子。这场戏一开始，赵汝州的自白中就说到：“小姐虽则绸缪缱绻，但是夜来明去，怎得寻个计较，日间相聚便好。”夜来明去，与常人不同，自然会萌生疑窦，加之花婆“鬼话”中说她孩儿被鬼作祟的经过，竟与汝州所历一模一样，甚至连鬼小姐的梳妆打扮也与汝州所见丝毫不差，便不由赵汝州不大叫“兀的不唬杀我也！”花婆趁机装成大受惊吓的样子，声称“这里不是久站之所”，匆匆忙忙便要离去。赵汝州惊魂未定，连忙央告花婆留下伴他一会儿，花婆故意问道：“哥，你莫不也着他手了?”这一问，正中赵汝州要害，不说又不成，说又说不出，只有一条路，那就是赶紧离开这可怖之地，上京应试。花婆十分巧妙地布下圈套，赵汝州乖乖地就范，至此，花婆的大功告成，这场戏也就结束了。花婆的计策天衣无缝，正是作者的神功妙造，而前面安排下的悬念，到这里终于有了结果。

这出戏的标目为“再错”，是相对前面的《咏梨》而言。《咏梨》出赵汝州把谢素秋错认为王小姐，引出了许多笑料；这出赵汝州又把王小姐错认为鬼魂，一错再错，又引出若干谐趣。误会越闹越大，喜剧性也越来越强。法国美学家柏格森在《笑——论滑稽的意义》一书中认为，在喜剧艺术中有一种“滚雪球”式的效果，“这个效果越来越扩大，以至起因虽微，却由于不可避免的发展而导致前所未料的严重效果”。这里的错认正是由于《咏梨》的初错导致，一错引出再错，一环引出一环，环环相扣，导引出这一趣味盎然的喜剧场面。

这场戏是由元杂剧《红梨花》第三折改编而成，情节关目相类，又袭用其中曲词，但经过作者的艺术创造，表现出新的境界，因此得到历代剧作家的好评。明代凌濛初《谭曲杂札》评论它说：“大是当家手，佳思佳句，直逼元人处，非近来数家所能。”关目富于喜剧性，场面又曲折多变，使它数百年来在舞台上盛演，明清戏曲选本《缀白裘》将它选入其中，名曰《花婆》，足见它在剧坛上的影响。

（黄竹三）

红　梨　记　　徐复祚

第二十九出　三　错

【一江风】(生上)(丑随上)趁东风，袅袅飞花送，袅袅丝韁鞚[①]。

望河中，九曲风涛，天际秋云拥。羸马厌西东[②]，羸马厌西东。(丑)老爷此去，便得见俺姐姐了。(生)我那素秋呵，你飘流类转蓬，又还愁传语成虚哄。

(丑)禀爷，此处已是雍丘县界了，可要行一牌去[③]？(生)此是钱爷治所，不消遣牌。(丑)不遣牌，没有头踏应付[④]。(生)要甚头踏？

【前腔】骣花骢，不强似朱轮拥？亦何必头踏重。望仁兄，渴欲相从，谩把离情控。相思千里浓，相思千里浓。今宵鸡黍同，蚤难道不入空题凤[⑤]。

(丑)禀爷，已到雍丘县前了。待小人先去通报，县官好出来迎接。(生)不要大惊小怪。你押着行李，寻个僻静下处，待我拜过钱爷，慢慢遣牌到府上任。(丑)晓得。只因朋谊重，翻觉宰官轻。(下)(生叫)门上有人么？报进说赵状元相访。(外急上)

【步蟾宫】思君只夜劳魂梦，喜风雨今宵堪共。银灯花蕊夜来红，帘外鹊声高送。

(生)孟博兄那里？(外)伯畴兄，你今番是钱济之上司了。为何牌也不遣？有失迎接。(生笑)孟博说那里话！我与你髫龀相知[⑥]，岂以一官而改故吾。说起"上司"两字，使小弟不胜惶恐。(拜介)(生)微名幸得慰知心，千里重来喜盍簪[⑦]。(外)伫听玄言霏玉屑，呼童煮茗话情深。伯畴兄，恭喜鳌头首占，于汤有光[⑧]。(生)若非孟博兄相成，几误前程大事。前日公差回时，小弟曾附八行[⑨]，相烦访问谢素秋。果然在贵治么？(外)与兄契阔多时[⑩]，欲言者不止一事。有一杯水酒，先洗尘了，慢慢相告。小厮看酒来。(杂扮小厮上)一杯今夜酒，千里故人心。酒在此。(外)要与伯畴讲些心话，只是衙斋喧杂，西园到也寂静。小厮，移酒到西园去罢。(生)西园小弟不去。若到西园，小弟酒都吃不自在了。(外)既如此，小弟有个内书房，就在卧房侧首，只嫌窄些，就请进去。(行介)(外)小厮回避。(杂应下)(外送酒介)

【梁州序】羡你才高贾董[⑪]，抟风力猛，深幸灯窗叨共。(生看桌上红梨花作骇介)(背)呀！这分明是枝红梨花。看他丰姿如昨，教我意惶心恐。孟博，这是什么花？(外)是枝红梨花。天下皆无，我西园独有。一月前开得烂熳，今已凋零。小弟喜欢看他，为此翦彩妆就，供在这里。这是我西园奇种,名唤红梨,不与众卉相伯仲。(生笑)孟博好混帐!这是鬼花,什么奇种,把来供在此?我只为这鬼卉妖花几送入人鲊瓮[12],那里是异种奇葩直得费翦工?孟博,我与你扭碎了。(扭花介)休得要太懞懂[13]。

(外笑)可惜了。伯畴,你方才不肯到西园去,见了这花却又惊恐,必有缘故。细细说与小弟。

【前腔】(生)但说着西园孽种,使我发毛都悚。说着也是害怕的,元来那花园亭子后边,却有个红颜荒冢。他阴灵还聚,平白地把人调弄。(外)有这等事!伯畴不曾遇他么?(生)想那日风清月朗,他手执梨花,曾结鸳鸯梦。(外)伯畴,你是读书人,女子私奔,也是常事,为何认他做鬼?那里有载鬼张弧乘夜凶[14],还则是有女怀春浥露从[15]。何须用太疑恐。

(生)孟博又来混帐。如今不说罢,说起连酒都吃不下了。孟博,谢素秋可在贵治么?何不使小弟一见。(外)果在此,已被小弟取入衙里,因是不好同住,与寒荆在西衙另住[16]。门儿尚锁着,待小弟亲去开他过来。暂释杯中酒,来寻花底春。(下)(生笑整衣巾)元来谢素秋果在这里,可喜可喜。赵汝州你何来的福量,人间三事,都全了也。(旦、老旦同上)(旦)秋风红叶不成媒,分付春庭燕子知。(老旦)好去将心托明月,管教明月上花枝。(旦)花婆,赵解元在此,则怕他疑我是鬼,怎好过去相见?(老旦)不妨,老婢同你进去。(进介)(生见作骇急叫)有鬼!有鬼!呸,有鬼!钱孟博快来!

【太师引犯】猛相逢,闪得我心儿动。甚冤仇把我时时紧从。(旦)伯畴,则我便是谢素秋,为甚惊骇?(生觑介)分明是那人行动,怎说我素秋芳踪。(旦)状元,我真个是谢素秋,休认错了。(生)你是鬼王小姐,今番不被你哄了。(指旦怒)几被你无端葬送,怎又来千般摩弄?(老旦)状元,认得老婢子也不认得?(生)好好,你也是个对证。你曾与我在花间诉衷,恁说道孩儿亦为彼丧其躬[17]。

(老旦)状元听老婢子说,这正是谢素秋,不要认错。

【前腔】与你西园已赴巫山梦,觑多娇云裳月容。(生)那里是人?分明是鬼!(老旦)但只看衣衫有缝。行动处形影相同。(生)既如此，当原为甚说是王小姐。(老旦)为是你迷留爱宠，则恐怕阻隔蟾宫[18]。因此上老婢子与钱老爷定计，激劝状元。惭无计阿奴火攻[19]，只指望状元及蚤猎飞熊[20]。

(生)你既是我素秋，当原赠你的诗，如今在那里？(旦出诗卷介)

【醉太师】诗筒，把琼璠瑶珍重。(生看)这是我赠他的，还有他赠我的。(旦)就在后边。羡相衔首尾，已配雌雄。(生)我闻鬼祟善能摄人东西，莫不是摄来的？还则是鬼。(老旦)状元，可怜素娘把你这诗呵，终朝作诵，看泪痕点点斑红。呀，钱老爷来了。(外上)堂中，因何嘈杂声闹哄？(生)正是孟博，快来决决。他是西园鬼王小姐，怎么苦死说是谢素秋？(外)这是小弟不是，先作个请罪揖才说。(揖介)其实是素秋，当初若还说明，你定恋着娇鸾雏凤，怎能勾抟鹍奋鹏[21]。因此上做成机彀，把鸿鹄绦笼[22]。

(生背)这般说，果是我素秋了？只是我在南薰门车子内撞见的却是什么人？心上只是疑惑。(思)嗄，是了。平头是他家人，如今唤他进来，真假立刻就见。(对外介)家里人赵平在外，可与小弟唤了进来。(外叫)小厮分付前堂皂隶：赵状元家大叔赵平唤进来。(内应)(丑上)忽闻呼唤急，忙来听使令。(进介)(见旦介)(旦)兀的不是我家平头？(丑拜哭)兀的不是我家姐姐？为何却在这里？(生笑)如今才是我素秋了。我道天下美人，那里就有两个？孟博，则被你瞒杀赵汝州，骇杀赵汝州也。素秋，又被你想杀赵汝州也。(老旦)状元，如今才信老婢子么？素娘，难得状元坚心待你，亲递状元一杯酒。(旦递酒介)

【绣太平】玉钟，笼翠袖殷勤手捧。(老旦)状元也回奉素娘一杯。(生递酒)宁辞满斝回奉[23]。(老旦)状元，你好快活也，昨日个御酒黄封，今宵烛影摇红。(外)小弟也奉一杯。匆匆，杯盘草草愧非恭。(生)却不道主人情重。天色已晚，告辞了。(外)今宵权在西衙一宿，明日吉日，小弟同拙荆送素娘到彼成亲。整备乘龙跨凤[24]，西园不弱武陵溪洞[25]。

(生)赵平，你把行李发到西园，且待成亲之后，发牌到府上任。

(丑) 晓得。

两两红妆笑相向，紫绡暖揭芙蓉帐。
淡云轻雨拂高唐，睡觉不知新月上。

〔注〕 ① 鞚(kòng)：马勒。这里指驭马。 ② 羸马：瘦弱的马。 ③ 行一牌：发一牌子。牌，古代官员的身份凭证。发牌遣使，以便下级迎接。 ④ 头踏：仪仗。 ⑤ 题凤：南朝宋刘义庆《世说新语·简傲》："嵇康与吕安善，每一相思，千里命驾。安后来，值康不在。喜(康兄)出户延之，不入，题门上作'凤'字而去。" ⑥ 髫龀(tiáo chèn)相知：从小就是好朋友。髫，小孩下垂的头发。龀，孩童换牙。 ⑦ 盍簪：指与友人相聚。盍，聚合。簪，插于发髻或连冠于发的长针。 ⑧ 于汤有光：《尚书·周书·泰誓》："我伐用张，于汤有光。"汤本指商汤，这里借谓宋王朝又有中兴的前景。 ⑨ 八行：指书信。旧时信笺每页八行，因称。 ⑩ 契阔：久别。 ⑪ 贾董：指西汉时的贾谊和董仲舒。贾谊，洛阳人，文帝时被召为博士、太中大夫，后贬为长沙王太傅。著有《新书》，以论时政称。董仲舒，广川人，景帝时为博士，武帝时拜江都相。著有《春秋繁露》等书，以罢黜百家、独尊儒术称。 ⑫ 人鲊瓮：长江瞿塘峡下游险滩，宋人诗中常与另一险滩鬼门关对用。 ⑬ 懞懂：即懵腾，糊涂。 ⑭"载鬼"句：古代故事，说有离家孤子夜行，见一猪伏路中，又见众鬼驾车而行，孤子开弓欲射之，后释弓详察，原来车上载的是人而非鬼，是参加婚礼而不是寇贼。见《周易·睽卦》。 ⑮ 有女怀春：《诗经·召南·野有死麕》："野有死麕，白茅包之。有女怀春，吉士诱之。" ⑯ 寒荆：即拙荆，对自己妻子的谦称。 ⑰ 丧其躬：丧生。躬，身体。 ⑱ 阻隔蟾宫：不去参加科举考试。蟾宫，指蟾宫折桂，即科举及第。 ⑲ 阿奴火攻：意思是说无奈之下出此下策。《晋书·周顗传》："顗性宽裕而友爱过人，弟嵩尝因酒瞋目谓顗曰：'君才不及弟，何乃横得重名？'以所燃蜡烛投之。顗神色无忤，徐曰：'阿奴火攻，固出下策耳。'"阿奴，兄长对弟的称谓。 ⑳ 猎飞熊：相传周文王夜梦飞熊而遇太公望，成就霸业。见《史记·齐太公世家》。这里借指被朝廷选中。 ㉑ 抟鹍奋鹏：《庄子·逍遥游》："北冥有鱼，其名为鲲。鲲之大，不知其几千里也，化而为鸟，其名为鹏。鹏之背，不知其几千里也，怒而飞，其翼若垂天之云。"此言像鲲化成的大鹏鸟那样凌云奋飞。鹍，应作鲲。 ㉒"因此"二句：机彀(gòu)，机关，圈套。鸿鹄，比喻志向远大的人。绦笼，丝带和笼子，用以束缚人。 ㉓ 斝(jiǎ)：古代一种酒器。 ㉔ 乘龙跨凤：指喜结良缘。乘龙，《艺文类聚》引《楚国先贤传》："孙俊字文英，与李元礼俱娶太尉桓焉女，时人称桓叔元二女俱乘龙，言得婿如龙也。"跨凤，旧题汉刘向《列仙传》："箫史者，秦穆公时人也。善吹箫，能致孔雀白鹤于庭。穆公有女字弄玉，好之，公遂以女妻焉。……数年，一旦皆随凤凰飞去。" ㉕ 武陵溪洞：即桃花源，典出晋陶潜《桃花源记》，指仙境或清幽之地。

《三错》是《红梨记》临近结束的一出，这场戏全剧人物总的会合，矛盾形成强烈冲突而迅速得到化解，场面热烈而多变，并富喜剧意味，演出时妙趣迭出，很具观赏性。

在前《再错》一出，赵汝州被花婆和钱济之计骗，误以为谢素秋假扮的王小姐是鬼魂所化，吓得魂飞魄散，急忙离开雍丘，到金陵赴试。后来果然得中状元，授官开封府佥判，赴任途中，路过雍丘，于是有了这出情节变幻、趣味盎然的戏剧表演。

这场戏是在赵汝州将到雍丘县时开始的。剧作者先写了两件事。一是赵汝州途中思念谢素秋。在此之前，赵汝州刚刚得中状元，便驰书往报钱济之，信中嘱托钱济之帮助寻找谢素秋，如今将到雍丘，自然忆念将要见面的情人："你飘流类转蓬，又还愁传语成虚哄。"这种思念是符合情理的，因为民间的传言，赵汝州一直仰慕那才貌双全的女子，后来误以为她被送往金邦，才移情别恋；待到发现所恋是鬼魂所化，恋情自然回复到谢素秋身上。途中的思念很有必要，它为其后到雍丘县与素秋见面先作铺垫。另一件事是没有发牌雍丘县要头踏仪仗迎接，相反却屈尊造府往访钱济之，这就写出赵汝州看重友情、不以尊卑论人的美好品格，与其前《再错》中敬老怜贫相映衬，给观众以良好印象。

赵汝州一到雍丘，就急于打听谢素秋的下落，钱济之却要"先洗尘了，慢慢相告"，故作延宕。一个情急难耐，一个有意缓延；一个不明就里，一个有计在心。两相对比，相映成趣，观众看在眼里，乐在心中。钱济之要到西园设宴款待赵汝州，是有深意的，但赵汝州一听，大吃一惊，连忙说道："西园小弟不去，若到西园，小弟酒都吃不自在了。"为什么不肯到西园？钱济之心里明白(观众心里也明白)，暗暗发笑。既然不肯去西园，那就到衙中书房吧。钱济之对此，早已有所安排。果然，二人一到书房，桌上赫然供着红梨花！汝州见了，又吃一惊，夺过红梨花，猛地把它揉碎。钱济之故意追问，赵汝州不得已，只好将在西园中与鬼小姐幽会的事说出。赵汝州西园奇遇的追述，既照应了前面的剧情，又为后面谢素秋出场作了铺垫。

就在赵汝州惊魂未定的时候，谢素秋出现了，赵汝州又吃一惊，大叫"有鬼"。谢素秋款步上前，说明自己就是对方久已心仪的情人，而赵汝州步步倒退，一口咬定她是鬼王小姐。一个说真，一个说假；一个说是人，一个说是鬼。这时，气氛变得紧张，情势也很严峻，形成了强烈的戏剧冲突。

矛盾冲突是戏剧的核心，是剧中人物思想、行为的碰撞。它发展到高潮，是由众多事件、冲突逐渐积聚而成的，高潮之后，矛盾需要化解。戏剧矛盾的解决，可以让矛盾的一方战胜另一方来达到目的，也可以通过消除构成矛盾的内在因素来完成。《红梨记》的戏剧矛盾，是由赵汝州与谢素秋彼此仰慕而未得相遇所构成，是建立在误会基础上的。赵汝州深思苦恋谢素秋，却未见其人，未睹其面；待到真的相见，却又误以为是王小姐，甚至误以为是鬼魂。因此要解决这个矛盾，就必须解决谢素秋是人是鬼、是真是假的问题。这场戏发展至此，矛盾冲突要从高潮向化解转化，必须弄清人鬼、真假的疑问。作者巧妙地让剧中其他人物加入，予以说明、辨识，层层揭示真相，从而使误会得以消除。首先，是让谢素秋自己现身说法，说明她"真个是谢素秋，休认错了。"但赵汝州一口咬定："你是鬼王小姐，今番不被你哄了。"还指责她："几被你无端葬送，怎又来千般摩弄？"其次是让花婆上场，证明"这正是谢素秋，不要认错"。而赵汝州根本不信："那里是人？分明是鬼！”花婆无奈，只好以“衣衫有缝，行动处形影相同”来说明谢素秋真个是人。汝州还是不信，提出：“你既是我素秋，当原赠你的诗，如今在那里?”，谢素秋拿出诗笺，赵汝州仍然不信：“我闻鬼祟善能摄人东西，莫不是摄来的？还则是鬼。”其后，钱济之上前请罪，说明是他定下计策，才导致这场误会。好友之言，使他寻思：“这般说，果是我素秋了？只是我在南薰门车子内撞见的却是什么人？心上只是疑惑。”最后，谢素秋的平头仆人上场，他一见到谢素秋就拜哭道：“兀的不是我家姐姐？为何却在这里?”此时，真相才告大白，赵汝州真正相信了。在这场戏里，误会渐次消除，矛盾逐一化解，既合情，又合理，而且充满了戏剧性。

剧情发展至此，人物欢聚一堂，矛盾得到化解，戏剧该结束了，但剧作者却故意留下一个尾巴，让赵汝州“权在西衙一宿”，明日吉日，再送素娘到西园与之成亲，目的是安排大大的筵席，花灯合卺，以示隆重，同时也符合传奇喜庆团圆的收煞惯例。最后一出《永庆》，是这场戏发展的必然结果，又是对前面剧情的照应补充。西园欢庆，照应了《咏梨》出的书房幽会；“状元多才，素娘艳质，今日相逢，实为天作之合”，暗合前面“男中赵伯畴，女中谢素秋”的传言。前后呼应，首尾一贯，显示出全剧结构的完整，针线的绵密。明代凌濛初《谭曲杂札》说它“排置停匀调妥，汤(显祖)亦不及”，是有道理的；近代吴梅在《中国戏曲概论》中称它为“明曲中上乘之作”，亦非溢美之词。

（黄竹三）

宵　光　剑　　　　徐复祚

第二十六折　功　　宴

(末上)上将成功瀚海隅[1]，征夫尽赐锦衣回。庆成今日开华宴，无限恩光泛酒杯。某姓韩，名安国，官拜御史大夫。今早入朝，奉旨道卫大将军得胜班师，已到关上，设宴在彼，名曰庆成宴。朝臣自诸王、驸马、丞相，俱要到彼迎入覆命。下官主宴，朝臣有不到者，或坐中喧闹失仪者，俱着下官参奏。早已摆齐，且待众朝臣到来，去请大将军升帐。言之未已，众朝臣早到。(外上)日落辕门鼓角鸣，千群面缚出番城。洗兵瀚海云迎阵，秣马龙堆月照营[2]。某复姓公孙，名弘，官拜大丞相。蒙圣旨差往陪宴大将军，须索走遭。(见介)请了。(小生上)运奇设伏决雄雌[3]，大将横行十万师。台上霜威凌草木，军中杀气傍旌旂。某魏其侯窦婴是也。奉旨陪宴大将军，须索走遭也。(见介)(净上)圣主怀宾愤雪消，小臣冲雪敢辞劳。匈奴自此知名姓，倚傍阴山再射雕。某铁勒奴先锋是也。

昨蒙圣恩优叙斩谷蠡之功[4]，超拜为副将军，位次大将军。今日复蒙赐宴，须索走一遭也。(揖介)请了。(末)众朝臣俱到，只有堂邑侯未到。天色尚早，我每且待坐一回。金大人，且把大将军出塞功劳试说一番，下官辈恭听。(净)列位若不嫌絮烦，待下官试说一番，各位静听。

【点绛唇】我想那汉室初开，匈奴势大，侵疆界。御驾亲排，困守在平城外[5]。

【混江龙】若不是陈平奇策[6]，险些儿把六龙万乘丧尘埃。笑杀那书生失计，要与那戎寇和谐。重沉沉金帛输毳帐[7]，娇滴滴帝女嫁狼豺。才博得飞书辱骂，有谁识表饵奇划。纵然有拊髀圣主[8]，那曾见颇牧奇才。若不是大将军雄威盖世，怎能个到瀚海驾轮台[9]。这的是除凶上报前王恨，雪耻平消后代灾。扫尽阴霾。

(付中军上)中军叩头。(末)各位爷俱齐了么?(付)还有堂邑侯未到。(末)日已晌午，不敢久停了。分付擂鼓，请大将军升帐。(付)吓!(内吹打介)(旦、贴、小生引生上)(生)庆成御宴赐元勋，缭绕炉烟捧庆云。满座貂裘金紫贵，纷纷上庆展殷勤。某卫青，班师回京，蒙圣恩先赐御宴，饮毕然后献俘。(付中军上)中军叩头。各位老爷俱齐，还有堂邑侯陈爷未到。(生)分付开门。(作接众揖介)(众)元帅在上，我等有一拜。(生)下官也有一拜。(众拜介)久慕虎威，未得瞻企。今来何幸，叨奉末尘。(生)裹革微劳，无足齿录。仰赖洪庇，叨冒殊恩。惶恐惶恐。(末)下官钦奉圣旨，为主宴官。今日坐次，须先讲明。圣上因大将军功高，待以殊礼，故设此宴。大将军宜居首席。(生)韩大人差了。老丞相职司鼎鼐，位列台阶，卫青何人，敢居其上?(净)咳，哥哥说什么，

【油葫芦】职司鼎鼐位台阶，做皇家梁栋材。兀的不是太平时受用的毛锥客[10]，他又不曾挽戈擐甲临边塞，那知有风云呼吸真利害?今日个万国来，今日个八方泰，大将军则这些巍巍勋业可也如天大。哥哥吓，这坐位有谁人敢与你浪推排。

(外)金将军言之有理。(生)如此，占坐了。(末执杯递生酒上位)(簪花作乐介)(末)第二位该副元帅金将军了。

【天下乐】(净)呀,猛听得副坐轻将金勒挨,敢也是乖。位未该,多谢你个招贤的宰相把人抬。这不是花柳街,又不是风月寨,叨占列位,得罪了,这的是论功酒叙勋廨。(末递酒)(各坐介)

(生)叫中军,一应大小官员,后至者不许擅入。(付)吓。(众饮酒介)(丑上)春风翠幕锦模糊,歌舞场中日日过。我贵我荣君莫羡,命中招得好家婆。下官堂邑侯驸马陈午是也。昨蒙圣旨,赐往关外吃庆成宴。夜来酒醉,起得迟了。我想卫青向年,几乎死在我手。那知他今日成此大功,今日怎么相见?咳,凡事让他些便了。那个把门在此?(付)是谁敢大胆叫门?(丑)我是饮宴的官。(付)来迟了。大将军有令,辕门闭后,一应大小官员,不许擅入。违令者军法从事。(丑)吓,好笑。我是朝臣班首,少了我就没有席尊了。(作进介)呀,韩大人,公孙丞相,你每吃酒,不待我来,是何道理?(外、末)待之已久了。(生)你是何人,擅敢闯入辕门?中军,与我绑下。(丑)哇哇哇!我是圣上嫡嫡亲亲姑夫,况圣上又是我的女婿,谁敢绑我?(末)堂邑侯来迟,不为无罪。只是此宴原有坐位的,望大将军饶恕。(生)韩大人说了,免绑。(丑)我道也无人敢来惹着我。(净)呀,

【鹊踏枝】为甚的众朝臣皆失色?多只为腌臜货驽下胎。(丑)我该坐在那里?(末)圣上只为二将军功高劳苦,故设此宴。该坐副元帅之下,丞相之上。(丑)我是皇帝的姑夫,又是国丈,何人敢占我的坐位么?(净)觑着他昂昂气概,口儿里便一划胡柴[11]。(丑)皇帝是我女婿,这样事行得的?(净)你道是椒房宠爱[12],圣人行女婿只是娇客。

(丑)住了。大将军功高,该坐在上位,也罢了。你是什么副元帅,占我的坐位?走开,让我坐。(扯净下)(坐介)列位请了,斟酒过来。(吃介)(净)吓。阿呀,这酒呵,

【北寄生草】不为叙亲摆,也不为叙爵排。端只为栉风沐雨多利害,枕戈炊剑开边塞,因此上开筵设席来酬待。试看那山河带砺国家盟,那曾有豪儿华乳臭名儿在。

(丑)阿呀,阿呀!你这等怠慢我么?住了,住了。大将军功高盖世,理应簪花。你这个人,也簪什么花?取下来!(拔花介)(净)阿呀,罢了。

【幺篇】激得我双眸竖，恼得我气转噎。你看那貂裘贵戚都列在侧，谁数你沙三牛表的皇家派[13]，谁数你金枝玉叶的皇家客。(扯丑打介)(外众劝介)金大人，他有权势，让他些罢。(净)你道是有权有势帝皇亲，我道你不魑不魅的村木伯[14]。

(丑)凭你骂，凭你骂，我都不管，只是吃酒便了。(净)列位，

【煞尾】非是我心儿狭量儿窄，他故意妆聋做呆，不瞅不保[15]。有谁人与我分剖明白？谢公卿元宰，恕鲰生罪责[16]。我铁勒奴拚得碎首在金阶。(下)

(末)金大人竟自去了。(丑)哈哈哈，正中我怀。半日被他在此搅扰，不曾吃得酒。如今他去了，眼睛前觉得清净。斟酒与大将军。(生)堂邑侯，你起初擅自闯我辕门，今又来争坐搅沸御筵。此二事该当何罪？(末)当枭首示众。(生)他既是椒房之戚，即去奏闻天子便了。(下)(末)卫将军已去，我等相别了罢。(丑)列位，请坐坐，再吃几杯。(众)请了。忠心贯日奇男子，瞒心昧己是奸臣。(同下)(丑)卫青说奏闻天子，由你奏，由你奏。皇帝是我女婿，奏了怎么样奈何了我？不要睬他，我只是吃酒。(坐介)(二旦校尉、老中军上)圣旨下：从来不信萧何法[17]，今日方知律令严。今有副元帅金勒，奏堂邑侯搅乱庆成御宴，奉旨拿问。(进介)有圣旨。(丑跪介)陈午违旨灭法，搅乱庆成御宴，着皇城校尉任安等，送大将军从重拟罪。(索介)

为报人臣须奉法，莫待临时生悔迟。

〔注〕 ① 瀚海：沙漠。 ② 龙堆：沙漠名，即白龙堆，在新疆天山南麓。 ③ 运奇设伏：指军事韬略。奇，古时用兵，以对阵交锋为正，设计邀截袭击为奇。伏，埋伏。 ④ 谷(lù)蠡：即谷蠡王，匈奴官名，冒顿单于所设，位次屠耆王，分左右二员，理军政之事，由单于子弟任之。⑤ 平城：古县名，在今山西大同东北。 ⑥ 陈平：秦汉之际汉阳(今湖北汉阳)人，初从项羽，后归刘邦，佐之定天下，尝六出奇计，封曲逆侯，后官至丞相。《史记·陈丞相世家》载汉高祖率军"至平城，为匈奴所围，七日不得食，高帝用陈平计，使单于阏氏，围以得解"。《史记·太史公自序》："六奇既用，诸侯宾从于汉。" ⑦ 毳(cuì)帐：毡帐，多为游牧民族所用。 ⑧ 拊髀(bì)圣主：指汉武帝。《汉书·冯唐传》："上既闻廉颇、李牧为人，良说(悦)，乃拊髀曰：'嗟乎，吾独不得廉颇、李牧为将，岂忧匈奴哉！'"拊髀，用手拍大腿，表示内心激动。 ⑨ 轮台：古地名，在今新疆轮台东南。本仑头国，汉武帝时为贰师将军李广利所灭，置使者校尉屯田，后并入龟兹。⑩ 毛锥客：指文人。毛锥，毛笔。 ⑪ 一刬胡柴：一派胡言。 ⑫ 椒房：汉代皇后所居的宫殿，以椒和泥涂壁，取温香多子之义。 ⑬ 沙三牛表：宋元明戏曲小说中对农村闲汉的泛称。

⑭不魑不魅：同不尴不尬。村木伯：蠢货。村，蠢；木，呆。　⑮保：同睬。　⑯鲰（zōu）生：浅薄无知的人。此为自谦之词。　⑰萧何法：指法律。萧何，秦汉之际沛（今江苏沛县）人，辅佐刘邦建立汉朝，任丞相。汉朝开国，律令制度皆由其制定，故后世称"萧何法"。

《宵光剑》又名《霄光剑》、《宵光记》，是明代传奇作家徐复祚所撰，作于万历四十一年（1613）以前，演卫青事，取材于《史记》、《汉书》，共三十出。剧情梗概为：汉朝名将卫青，出身贫贱。父死后，家财被异母弟郑跖侵夺，与姊卫子夫沦为平阳公主家奴。武帝建甘泉宫，卫青奉公主命，带领家丁五千人前往服役。郑跖派番水牛到甘泉刺杀卫青，误杀另一役头魏明，遗下嵌有卫青姓名的宵光剑于尸旁，欲陷害卫青。咸阳太守宁成中计，逮捕卫青，判处死刑。卫青之友铁勒奴、公孙弘闻讯大惊，共谋救助。其时卫子夫已选入宫中为卫夫人，得武帝厚宠。铁勒奴假扮家仆，到平阳公主府近殿扫雪，托侍女倾城向卫夫人告急。卫夫人借与武帝同游昆明池之机，奏明己已有妊，乞大赦天下。武帝允奏，卫青由是得以出狱。郑跖又贿赂驸马堂邑侯陈午，派家丁诱卫青入府，图谋加害，又为铁勒奴侦知，诈称有朝廷密旨，救出卫青。后匈奴入侵，代郡都尉李广防守失利，公孙弘举荐卫青出任车骑将军，与铁勒奴大战匈奴，奏凯而回。武帝命群臣宴会庆贺，拜卫青为大将军，铁勒奴为关内侯。席上堂邑侯与铁勒奴争位，得罪遭责。此时宁成已审明魏明被杀真相，判处番水牛死刑，而赦免郑跖。番水牛不服，殴杀郑跖。卫青得御赐宅邸，辞婚平阳公主，与倾城结为夫妇。

《功宴》一折，写卫青大败匈奴，得胜回朝后，汉武帝令群臣在关上设宴庆贺。这场戏一开始，先由御史大夫韩安国、丞相公孙弘、魏其侯窦婴、副将军关内侯铁勒奴上场，说明宴会的来由。其中御史大夫韩安国的上场白，强调"朝臣自诸王、驸马、丞相，俱要到彼迎入"，点明这次宴会乃奉旨而设，非同一般；同时又说"朝臣有不到者，或坐中喧闹失仪者，俱着下官参奏"，为其后堂邑侯迟到争席遭到贬责埋下伏线。戏剧开场，人物逐一亮相，所述貌似平泛，实际上隐含严重危机，这一伏笔，又是蓄势，预示着后面情节中矛盾冲突的到来。在群臣毕集之际，剧作者让铁勒奴把卫青出塞功劳铺叙一番，不仅是因为这场戏用北曲体制，由净角（扮演铁勒奴）主唱，而且也为了侧面描写人物。铁勒奴所唱【点绛唇】、【混江龙】二曲，从汉室初开，匈奴势大，高祖与之交战，被困平城说起，指出汉朝开国对匈奴积弱被动，强调这次与匈奴征战得胜，是"除凶上报前王恨，雪耻平消后代灾"，有着非常重要的意义，这是对卫青功劳的赞颂，也点明这次庆成宴非同小可。

接着卫青升帐，与庆贺群臣见面。宴会上，群臣尊请卫青首席，卫青谦辞，铁勒奴又一次仗义执言，声言卫青"挽戈擐甲"，"风云呼吸"，战胜匈奴，才取得"今日个万国来，今日个八方泰”的大好局面，“大将军则这些巍巍勋业可也如天大”，应该位居首席，这番话显示了这个人物的耿直性格。其后，群臣又请铁勒奴居次席，铁勒奴毫不谦让，径直就位，声言“这不是花柳街，又不是风月寨，这的是论功酒叙勋廨”，他屡建奇功，活捉谷蠡，位居次席，理所当然。让座的关目安排很好，写出卫青与铁勒奴二人的不同性格：一个稳重、谦逊，具有大将风度；一个耿介、粗豪，大有急先锋本色。但凡戏剧创作，除须“立主脑”、“脱窠臼”、“密针线”、“减头绪”(清李渔《闲情偶寄》)等外，还须写人，刻画人物个性。性格就是人物，性格差异构成矛盾冲突，人物性格的变化构成戏剧情节的发展。这场戏成功之处，就在于通过平凡关目的设置，写出不同人物的性格特色。

如果说这出戏表演至此，还比较平淡的话，那么下面剧情便进入紧张阶段了。这时驸马堂邑侯陈午上场，他是在筵席已经开始，“一应大小官员，后至者不许擅入”的时候到来的。在此之前，剧作曾通过御史大夫和中军之口，三次提到“还有堂邑侯未到”，意在点明这个人物的特殊地位，在某种意义上说，也是为后面情节作一铺垫。果然，堂邑侯姗姗来迟，他一上场，就表明其特殊经历和性格。“春风翠幕锦模糊，歌舞场中日日过。我贵我荣君莫羡，命中招得好家婆。”这四句不伦不类的上场诗，勾画出他的丑角嘴脸：此公是凭借皇家的裙带关系才取得显赫地位的，不学无术，每日混迹歌场。这位驸马爷日前曾因武帝厚宠卫子夫而生忿，与郑跖同谋暗杀卫青不遂，如今卫青成就了大功业，他本该有所收敛，但因一向仗势横行惯了，此次庆成宴，他又酒醉来迟，竟然不顾禁令，撞入辕门。

堂邑侯到来，掀起了宴席上的矛盾波澜。他一进门，便大叫大嚷：“呀，韩大人，公孙丞相，你每吃酒，不待我来，是何道理?”自己迟到，还怪责别人，而且目下无人，不仅位尊爵显的魏其侯窦婴、劳苦功高的关内侯铁勒奴他没看见，连宴会主请的大将军卫青也不放在眼内。卫青见状，自然大怒：“你是何人，擅敢闯入辕门？中军，与我绑下。”堂邑侯露出倚势霸道的本相：“哇哇哇！我是圣上嫡嫡亲亲姑夫，况圣上又是我的女婿，谁敢绑我？”席上出现了第一次矛盾冲突。这次冲突，很快化解，韩安国从旁调和：“堂邑侯来迟，不为无罪。只是此宴原有坐位的，望大将军饶恕。”卫青看在主宴的御史大夫面上，姑且免其罪责。谁知此公不识好歹，还振振有词嚷道：“我道也无人敢来惹着我。”这必然引起铁勒奴的愤怒，心里暗骂他“腌臜货驽下胎”，但还是强忍怒气，没有发作。堂邑侯得寸进尺，以为真个无人敢惹，竟与铁勒奴争座，甚至夺下铁勒奴帽饰上表示荣耀的簪花。这下铁勒奴勃然大怒：“激得我双眸竖，恼得我气转噎。你看那貂裘贵戚都列在侧，谁数你沙三牛表的皇家派”，“你道是有权有势帝皇亲，我道你不尴不尬的村木伯。”他怒火中烧，扯着堂邑侯就是一顿好打。这一骂一打，充分显示了这个出身下层的武将不惧权势、敢作敢为的豪杰品性，同时也把矛盾冲突推向高潮。

迟到、争席的情节关目写得有声有色，在这场冲突中，不同人物由于所处地位不同，表现出不同的个性。堂邑侯横行霸道，胡作非为，是他皇亲国戚地位所决定，是他一贯恃权乱法行为的发展。御史大夫韩安国老成持重，作为庆成宴的主持者，不想宴席被搅乱，采取息事宁人的态度，有意居中调停。卫青乃统帅三军的大将，处事谨慎，审时度势，虽然对堂邑侯所为不满，却能暂时忍耐，待到堂邑侯闹到不可开交、又从韩安国处掌握擅自闯入辕门，“争坐搅沸御筵”，“当枭首示众”的底牌后，便毅然决然将此事奏闻天子，以法处置。而铁勒奴一介武夫，平时路见不平拔刀相助，如今堂邑侯欺压到自己头上，焉能不激烈抗争？大打出手，就是他斗争性格必然的外在表现。

铁勒奴、卫青离席而去，剧情发展似可告一段落，但剧作者又增添一段堂邑侯的丑恶表演。他哈哈大笑，硬拉着赴宴群臣喝酒，还恬不知耻地说：“卫青说奏闻天子，由你奏，由你奏。皇帝是我女婿，奏了怎么样奈何了我？”气焰极为嚣张。不想在他得意忘形之时，圣旨下达，着皇城校尉任安等将他捉拿，送大将军卫青处从重拟罪。这个不可一世的权豪势要终于得到应有的下场，而全剧于此也宣告结束。结尾对堂邑侯的处罚，照应了戏剧开端的伏笔，结构上也显得十分完整。

《宵光剑》全剧人物过多，关目稍为杂乱，但也有一些场次写得较好，《功宴》就是其中之一，它以刻画人物性格见长，历代在剧坛上常以昆曲演出，受到观众的欢迎。

（黄竹三）

【戏曲家小传】

吴世美

字叔华，号多口洞天人。乌程(今浙江湖州)人。约明万历十年(1582)前后在世。生平事迹不详。今存传奇《惊鸿记》一种，演唐明皇与杨贵妃故事，曲白“涉秽”，但于洪昇《长生殿》的创作有一定启发。

惊　鸿　记

吴世美

第十五出　学　士　醉　挥

（生扮唐明皇，末，外扮二黄门上[1]）

【胡捣练】(生唱)欣逢九塞烟消[②],闲来试向宫闱闹。花去年年人易老,对金樽肯负花朝。

(生)寡人于东兴庆池、东沉香亭前植牡丹百余种。一向在宜春院与诸王妃主、梨园子弟为欢,并不曾行幸。今已春季,此花必繁。寡人今欲饱玩此花,高歌畅饮,欢乐一回。左右的,快宣杨妃子来。(末下)娘娘有宣。(贴扮杨贵妃、小旦扮念奴上)(同唱)

【烧夜香】君王景福郁岧峣[③]。大内优游,共乐清朝。闻召双蛾自淡扫。(小丑扮高力士、丑扮贺怀智、小净扮李龟年、小末扮马仙期、小外扮张野狐同上)(唱)眉淡扫,偏映如花貌。更祷,广乐钧天[④],万年皇造。

(贴、小旦、小丑等同俯伏科)(贴)贱妾叩见,愿陛下万岁。(生)妃子少礼。寡人今日万几稍暇,见此名花,不可不与国色共赏,特宣妃子出来。(贴)陛下乃天之子,牡丹乃花之王,贱妾寒质陋姿,恐不堪敌。(生)好说好说,诸侍们快整酒来。(贴持杯跪云)昨日西凉州贡蒲萄美酒,愿陛下畅饮。(小旦接杯科)

【梁州序】(贴)清宫日永,奇葩星耀,好似方壶蓬岛。妾观此牡丹呵,夜香凝露,朝来色褪红袄。心自想,舞惭飞燕,歌谢韩娥,暗里花还笑。朱丝依宝瑟,雨云饶,金屋相看岂阿娇[⑤]。(合)倾城态,雍门调[⑥],况伶伦众技尤奇妙[⑦]。真乐事,会今宵。

【前腔】(生)灵荄香腴[⑧],神芝琼表,(生对贴细看)怎比得天姿漂渺。远山秋水,霎时一盼魂摇。更感你殷勤花下,罄折樽前[⑨],曲意伸谭笑。玉山犹未倒,肯停消,拚取厌厌暮与朝。(合同前)

(小丑俯伏云)奴婢禀上爷爷:爷爷羯鼓、娘娘琵琶、马仙期方响、李龟年觱角、张野狐箜篌、贺怀智手拍[⑩],乃是千古绝技,何不试演一番?(生)高力士,你不知道寡人赏名花,对绝色,旧乐府厌听,欲创为《清平乐》三首,被之鼓吹。你快与朕宣那翰林学士李白进来。(小丑)得旨。(下云)李学士有宣。(小生扮李白作醉状上)昨夜阿谁扶上马,今朝不省下楼时。高力士,圣上召我何干?(小丑作怒云)唉,这个人狂妄。你不晓得我高常侍虎威,太子呼我为兄,诸王呼我翁,驸马呼我是爷爷。你便叫我名字,这等可恶!(小生)高力士，我问你的事你说，我不问你的，你不要扯宽皮。（小丑）原来是醉汉，也不足计较。你这个官儿，不要对皇帝老官撒酒疯。我每面前好撒的，这个老官面前撒不得的。你吃饭的家火留了好。（小生）不要胡说。（小丑）不知你胡我胡！（小生进俯伏云）臣李白叩见陛下。愿陛下万岁，母后殿下千岁！（生）卿从何处轶宕？沉醉乃尔。（小生）昨夜风清月明，臣向酒市中连饮五百觞，至今犹苦宿酲[11]。死罪死罪！（生）这是文人学士一时遣兴，但醉何妨。卿家起来，朕召卿别无事，牡丹是名花，妃子是绝色，卿是奇才。二美既具，似不可少卿家。今欲汝为《清平词》三首，恐醉后未能卒就。（小生）臣生平但得斗酒，便挥百篇。今凭余醒，正矮薄技。（生）高力士，你可取金花笺与李白。（小丑）领旨。（取笺与小生科）（小生援笔立吟）第一首：云想衣裳花想容，春风拂槛露华浓。若非群玉山头见[12]，会向瑶台月下逢[13]。第二首：一枝浓艳露凝香，云雨巫山枉断肠。借问汉宫谁得似？可怜飞燕倚新妆。第三首：名花倾国两相欢，长得君王带笑看。解释春风无限恨，沉香亭北倚阑干。（小生跪云）臣《清平词》已完。（丑、小丑指小生打诨）不要说道做诗，你就是放屁也不该这等快。（生与贴同吟科）（生）奇才奇才！（贴对生云）妾闻汉司马相如作《子虚》、《上林》，游神荡思百日有余，学士挥笔俄顷，由此观之，相如不足数也。（生）李龟年，你们就把李学士词按歌佐酒。（小丑等俯科）领旨。（各持乐器奏毕）（生对贴云）学士词调固高，李龟年等声歌亦妙。朕与妃子将何以劳学士？高力士，你取玻璃杯过来。（小生俯伏了）（生持杯，小旦接与小生）

【前腔】（生、贴唱）羡君家逸气清标，今日里辉煌廊庙。那汉庭司马，怎及英豪？果是才高七步，书富五车，三峡词源倒。如朕与卿这等君臣呵，千年难一遇，地天交，肯使长沙叹寂寥[14]。（合同前）

（小生）微臣蒙圣上恩宠，无由图报，愿假御酝，权效嵩呼。（持杯进生酒科）（唱）

【前腔】愿吾皇寿比天高，（又持杯进贴科）祈母后龄同地老。更河清海晏，荒服来朝。但使宫中，欢庆与万方同，到处歌《鱼

藻》[15]。微臣依大造，近云霄，敢道樗材入誉髦[16]。(合同前)

(小丑、小净、小末、小外、丑、小旦跪云)愿爷爷、娘娘再进酒。

【节节高】(众)红云捧帝郊，列琼瑶。龙颜顾盼祥光照。秦筝巧，赵舞飘，燕歌绕。天成学士《清平调》，声华一代原非少。惟愿良宵定年年，名花倾国常欢笑。(生对小生云)卿自称斗酒百篇，无乃太誉。(小生跪云)臣生平有诗云：酒渴思吞海，诗狂欲上天。海也要吞，何况斗酒？(生)快取御前金斗来。(小净、小丑抬斗斟酒科)(小生跪饮三斗，眠倒在地大叫)臣乃酒中之仙也！玉帝差臣下界为陛下修文。(生、贴大笑云)有这等狂学士！天色将昏，乐戏已阕，朕与妃子还宫。高力士，可扶着那学士；念奴持宝烛送还翰院。(生、贴、小外、小末、丑、小净同唱)惟愿良宵定年年，名花倾国常欢笑。(同下)(小丑扶小生起)(小旦持烛行)(小生作大醉状)(小丑、小旦同唱)

【前腔】纶音下九霄[17]，赏才豪，词场结得君王好。金樽倒，玉烛消，琼宴耀。矜才竟把黄门傲，君臣鱼水何缘到？(同前)(小生自扯乌纱帽投地科)(小旦作拾起科)

(小生又对小丑伸起脚云)高力士，你可与我脱了靴！(小丑作怒不肯脱靴科)(小生高叫云)若不脱靴，我就一拳打死你这厮。(小丑作荒忙脱科)(小生又跌倒)(小旦、小丑同扶起)(唱)

【尾声】沉沉酩酊迷归道，(小生独唱)忽忆前生事不遥，臣乃酒中仙也，玉帝差臣为陛下修文。我虽是谪仙人端不为偷桃。

(小旦)方朔金门狎，(小丑)班姬玉辇欢。

(小旦)宫花一万树，今世几人看？(同下)

〔注〕 ① 黄门：指宦官。 ② 九塞：指边境。 ③ 景福：魏宫殿名，借喻宫殿。岧峣(tiáo yáo)：山高峻的样子。 ④ 广乐钧天：即钧天广乐，指非人间所有的美妙音乐。钧天，天的中央。 ⑤“雨云”二句：用汉武帝“金屋藏娇”故事，这里含有自谦意。 ⑥ 雍门调：战国时韩娥善歌，曾在齐国雍门卖唱。 ⑦ 伶伦：黄帝时的东官，传为乐律的创造者。 ⑧ 灵荄(gāi)：仙草。荄，草根。 ⑨ 磬折：弯腰曲身，表示谦恭。罄，同磬。 ⑩ 手拍：原误作“你手拍”。即拍板。 ⑪ 宿酲(chéng)：隔宿醉酒未醒。 ⑫ 群玉山：神话中西王母的居处。指仙界。 ⑬ 瑶台：传说中神仙的居处。 ⑭ 长沙：汉代贾谊曾任长沙王太傅，这里借指贾谊。 ⑮ 鱼藻：《诗经·小雅》篇名，诗中有“王在在镐，岂(恺)乐饮酒”之句，故以之喻唐明皇高居深宫饮酒作乐。 ⑯ 樗(chū)材：无用之材。樗，臭椿。誉髦：称扬才俊之士。 ⑰ 纶音：指皇

帝的口谕。

吴世美字叔华，别号多口洞天人，乌程(今浙江湖州)人。他是明代万历前期的剧作家，所作《惊鸿记》是一部描写唐明皇和梅、杨二妃爱情纠葛的戏曲。比较特殊的是，它以梅妃为主，由旦扮演；作为才女的梅妃善吹笛，精歌舞，她的惊鸿舞尤为有名。但在与杨妃的争宠中，她很快失败了。无名氏传奇小说《梅妃传》说，当安禄山攻陷长安时，梅妃死于乱兵之手。《惊鸿记》写她乱中投玄都观为尼，乱平后，明皇将她从玄都观接回，演成生旦大团圆的格局。据说，梅妃为尼、明皇复召入宫等情节早在明初旧本《沉香亭》(已佚)中已经这样处理了，《惊鸿记》所写或多受旧本影响，也未可知。

《惊鸿记》中最著名的一出却与梅妃无关，那就是第十五出描绘诗仙李太白的《学士醉挥》。这出戏虽说是李白的专场，但从原作看，李白应该仍属客位，《九宫大成南北词宫谱》收录本出【梁州序】第二支"羡君家逸气清标"一曲作为范例，这是唐皇、杨妃合唱的主曲，可以为证。但是，作者巧妙地使用了"反客为主法"，把变换的过程写得很自然，是一大特色。

兴庆池东，沉香亭前，牡丹盛开。与其说唐明皇一心想畅情地赏花，不如说他要让新近专宠的杨贵妃借此获得独一无二的认可，宫闱艳羡的殊荣。就他本人而言，"闲来试向宫闱闹"，这个"闹"字是眼，怎么个"闹"法？性喜创新的明皇早有成竹在胸。他要营造一种氛围，将贵妃置于这个热烈、高雅、富丽的氛围中心。现在杨妃应召上场了。她踌躇满志，意气飞扬，因为前不久与梅妃的较量中，对手完全落败，并受到贬斥。念奴本是梅妃的宫女，如今已在杨妃身边，戏中暗暗点了一笔。杨妃对沉香亭赏花以及唐皇的用意自然一清二楚，只见她采取了一种非常得体的低姿态，面对皇上"名花天姿"的对举表示惶恐，自称舞不及汉宫赵飞燕，歌不及那位能余音绕梁的古代名手韩娥；说起容貌，更是惭愧，那牡丹乃是来自方壶、蓬莱的仙花，拿我去比，岂非"暗里花还笑"？唐明皇一概把这种自谦看作是"美德"，根本不予理会，只是一味地唱赞歌。他说，贵妃的美，既在眉眼(远山秋水)，有一种独特的魅力；更在情神体态，令人感动难忘。眼下，歌舞升平，献酒频频，但唐皇意犹未足。以上是第一层。

高力士自以为最了解主子心意，他讨好地建议皇上带头组织一台超级音乐会。马、李、张、贺是唐宫梨园四大名工，羯鼓乃当时新兴打击乐器，皇上最称拿手；而贵妃的琵琶水平极高，宫里许多王爷公主都拜她为师。举办这样的超级音乐会必定轰动当世。不料明皇意不在表面的"闹"，他只想将自己最看重的翰林学士李白宣上来。妃子的天姿国色压倒花中之王的牡丹，已经公开表态过了，如果贵妃的美貌由于李白的绝唱而使天下闻名，该有多妙！李白带醉上场，戏剧由此带出悬念，场面随之一变。高力士是唐皇的心腹，关系特殊，一向颐指气使惯了，哪里容得李白直呼其名。李白清醒得很，一开始就采取高屋建瓴的势态，不容高力士自高身份，而高深知李白在皇上心目中的地位，也不愿把事态闹大，马上目之为醉汉而不去计较了。带醉面君是大不敬，而明皇之所以没有怪罪，反而说："这是文人学士一时遣兴，但醉何妨。"因为当前大事是要他歌颂爱妃，还有一层，也要试试"斗酒百篇"的传闻是否属实。李白果是奇才，顷刻之间带醉挥就，他的《清平乐》(按：应为《清平调》)三章运用多种手法刻画杨妃的美，既新颖得体，满足了唐皇的要求，又诗情盎然，具有独立的欣赏价值，堪称名篇。唐皇、杨妃都惊叹不已，认为较之汉代大名人司马相如作赋，"游神荡思百日有余"，岂非高明多多？唐皇竟然有点得意忘形，自诩为识才爱才的明主，他说要是汉代的贾谊生活在当世，就不会怀才不遇，受到委屈。立即吩咐梨园子弟谱写新曲，由歌唱大师李龟年带头唱将起来。赏花气氛至此达到高潮。以上是第二层。

李白带着宿醒竟能写出如此漂亮的诗篇，此人自称斗酒百篇，莫非是真的？唐皇兴奋之余，忽想正好趁此验证一下李白的酒量。皇帝的提问，用的是反激法：你自己说斗酒诗百篇，恐怕太过分了吧？李白没有正面回答，而是撇开这点，反而变本加厉地说大话："酒渴思吞海，诗狂欲上天。"看看我的气势，什么斗酒百篇，统统不在话下。反驳的口吻也实在太"嚣张"了！封建时代的君臣应对，岂容你针锋相对的么？皇帝并不着恼，既然这样，正中下怀，立即命拿金斗来，当场试酒。李白果然来得，酣畅淋漓地喝了三大斗。不觉大醉，但仍处于半醉迷、半清醒的状态，御前方丈，何妨当作诗人自由翱翔的天地，索性卧倒在地，还要"大叫"。本来是"闲来试向宫闱闹"，在特定环境中，可以不论规矩，唐皇、杨妃虽然无奈，也只说了声："有这等狂学士！"既然是自己请他来的，仍要好好送他还翰林院。在唐皇看来，借赏花以表杨贵妃之美的目的已经达到，正好收场，那么就把李白的"狂"作为自己精心策划的"闹"的余波吧。此消彼长，不料李白一方诗狂方酣，"闹"字在这里暗暗地作了转移。以上是第三层。

皇帝吩咐高力士扶着学士，念奴持宝烛送回翰林院的话，李白听得清清楚楚，正好借此将狂的意思做足。高力士准备奉旨送人，可李白不答应，先是掼纱帽，又伸出脚来命高脱靴，高力士早已忍无可忍，自然不肯照办，但听李白要"一拳打死"，竟然忍气吞声脱靴了事。难道他怕李白的拳头？实际他怕高声叫喊惊动皇上对自己不利。高力士受辱吃亏，就此罢了不成？当然不，后来在杨妃面前进谗言，方始出了一口恶气。戏的结尾也很有意思，【尾声】和下场诗实际是作者的旁白，发表他对李白的评价。东方朔系汉武帝时人，性滑稽，有急智，传说是岁星下凡，曾三次到王母蟠桃会上偷桃，武帝暮年好仙术，东方朔常在左右，频繁出入金马门。班姬即班昭，汉代史学家班固之妹，是汉和帝皇后的老师，时称曹大家，经常乘着华贵的车子进宫。此言东方朔、班姬都风光一时，但他们都没法跟李白那份顾盼自豪、御前醉写的派头相比。以上是第四层。

从以上层次，可知它结构上套叠的特点。即第一至三层唐皇调动种种手段夸耀贵妃的美貌，给人留下很深的印象。第二至四层，李白奉命作诗，带醉挥写，他的醉意狂态闹乱了神圣不可侵犯的宫闱秩序，给人留下更深的印象。曲文以特有的华丽词藻描写宫闱生活，陈词较多，缺乏新意。正由于作者用了"反客为主法"，凸现了诗仙李白的性格形象，竟把曲文上的缺点掩盖过去，并且遗留下可供后人继续发挥，进一步丰富人物性格的余地。

这一出戏在昆剧舞台上流传好几百年了。大概在清初，出目已经改为《吟诗·脱靴》。刊于乾隆年间的著名戏曲选本《缀白裘》收入此剧，不过误将传奇之名题作《彩毫记》，这是因为明代屠隆所作以李白为主人公的《彩毫记》远较传本罕见的《惊鸿记》有名。作为折子戏的《吟诗·脱靴》有自身的特点。在原本中，唐明皇由生饰，李白由小生（这是明代的脚色名称，与后世昆班主要脚色行当的小生不同）饰，主次显然；《吟诗·脱靴》的李白归冠生扮，挂髯口唱小生腔，唐明皇归老生扮，成为配角。原作写李白对高力士的蔑视之情只是点到为止，《吟诗·脱靴》加强了二人口角交锋的力度。一是增入李白要高力士磨墨拂纸的细节，二是屡屡大声呼叫"高力士"，使这位大太监总是矮了半截。此外还渲染了诗人的醉、狂之态。当高力士奉命取来金斗，帝妃同唱【节节高】"红云捧帝都"时，穿插李白大醉而呕的场面。著名表演艺术家俞振飞在二十世纪五十年代演此，改题《太白醉写》，充分展现了"诗仙"的神采，成为他的名作之一。 （陆萼庭）

八　义　记　　　佚　名

第三十一出　孤　儿　出　宫

【三登乐】（旦上）自与儿夫分两下，音书无个，教我心常挂。（占）被奸臣行巧诈，把我一家拆破。奸雄性恶，尚不放下。

（旦）诈病欲求医，料想宫中总不知。未卜程婴知也未？难期。来时交付与孤儿。（占）出榜已多时，料想程婴不敢违。只恐来得出不得，思之。愿得奸雄醒觉迟。（旦）春来，自从八月十五夜生下此儿，我看他形容和驸马没两样儿①。你公公父亲不知在那里？

(占)如今屠贼将前朝后宰门,都交人把守,只愁程婴来得去不得。

【忒忒令】(旦)未知果程婴挂心？未知他死生难准[②]？未知他目下来的音信？只恐被奸人,窃窥榜下,入宫内谋事不成。

(末扮医人上)(丑)草泽医人,皇宫内苑,非比寻常,可要志诚。

【前腔】(末)念吾生行医志诚,(丑)不可调舌。(末)须不会调舌弄唇。对天修合方真药圣[③]。揭榜入宫庭,医公主切脉,便知惊风病症。

(内云)通报,草泽医人进宫。(旦)令入宫来。(占)娘娘令医人入宫。(旦)那内使回避。(内下)(旦)那人是谁？

【宫娥泣】(末)拜禀公主试听,念小人姓张名鼎。(旦)家住那里？(末)家居远村,惯医诸病症。(旦)敢是程婴？(末)名不唤程婴。(旦)是甚么人？(末)是个草泽医人。(旦)抬起头来。你们不须隐名,吾宫内并没来人。伊休战惊,宽怀放下心。今日见你来,谢得神明。(末)听得公主问因,非干是不言名姓。恐隔墙有耳人闻,使人欲言不语,泪珠交倾。

【前腔】(占)早则是家业瓜分,老相公不知安顿,驸马在何处安身？(末)小人不知。(旦)你且从头说个元因。(末)那日离门庭,不知老相公生死吉凶,逃身他郡。驸马共程婴,方才离府门,被军卒赶紧。两两奔前程,竟不知个音信。

【前腔】(旦)我只道和你们同行,和你们同行。吾驸马不识行径,那曾受途路上艰辛？泪盈盈,泪零零,恁得宽心[④]。(占)公主公主后且说个如今,今日见你来,见你来使人愁闷增。忒叵耐铁心肠的奸佞。程婴你们老诚,你们志诚,好把孤儿,把孤儿交付与恁。

【红绣鞋】(末)公主请自宽心,请自宽心。看仪容似驸马脱真,驸马脱真。只恐怕那奸臣,施巧计,去无门。(合)脱得去,谢神明,谢神明。

【前腔】(旦)孤儿付与伊们,付与伊们。但愿我儿聪俊,我儿聪俊。孤儿,身长大与父亲报冤恨,屠贼灭,我儿兴。(合)脱得去,谢神明,谢神明。

(末)娘娘趁早打发小人去,恐屠贼知道,不当稳便。(旦)程婴,取药箱过来。(末)娘娘,小恩主几时生的?(旦)此子八月十五日子时建生[⑤],你可牢记。春来,取十两银子过来与程婴。(末)小人不敢领。(旦)倘被人拿住,为脱身之计。(末)如此,程婴收下。(旦)程婴,你和孤儿回家,多多上覆你的媳妇,看他公公之面,好生看养。待他长成,说与冤枉之事。(末)小人记得了。(旦)我的儿,你在娘怀五个月,别了父亲;今离娘怀一个月,又别母亲!知他此去有相见日无相见日,兀的不痛杀我也!

【香罗带】(末)公主免泪零,宽怀放心,出得禁门伊再生。只愁屠贼有奸人也,若是搜将去,却不苦程婴。娘娘,凡事靠天。(旦)天天可怜遮护恁。(合)异日和他说冤恨,报取奸佞臣。程婴,若得成人也,赵府一门如再生。

【前腔】(旦)程婴你试听,我把孤儿付恁,想相公驸马不见影。孤儿,三百口尽被他杀了,冤家都在你一身也。程婴,你不要看我分上,看他公公面,再思驸马恩,看成乳哺胜嫡亲。(合前)(负箱走介)

【前腔】(末)辞却离宫庭,不由人心怀战兢。(儿哭介)(末)不好了,小人踏步向前,却才得几步,你看小恩主在药箱中啼哭起来,前朝后宰门,可不被人听见了。娘娘再分付几声。(旦)孩儿,你怎么这等不成器?你家三百口被屠贼杀了,望你一人报冤,你到啼哭起来。孩儿,赵家当灭,你到前朝后宰门啼哭起来;赵家当兴,你不要啼哭[⑥]。(末)再三嘱付小郎君也,休啼哭,莫高声,高声我死伊命倾。(合前)

【哭相思】(合)亲生骨肉分离去,不知何日再相逢。此行生死事难量,只恐别时容易见时难。(并下)

〔注〕 ① 形容:身形、面容。此处主要指面容。 ② 难准:难以确定,难有准信。③ 修合方:开药方。修,指从事某种活动。合方,调制药物的方剂。 ④ 恁(nín):您。⑤ 子时建生:子时,旧时计时法,一天分十二时辰,每时辰为两小时;子时为每天的第一个时辰,相当于夜里十一时到一时。建生,诞生。 ⑥ "孩儿"五句:事本《史记·赵世家》:"夫人置儿绔中,祝曰:'赵宗灭乎,若(你)号;即不灭,若无声。'及索,儿竟无声。"

今存《六十种曲》本《八义记》,作者不可考。虽然《六十种曲》题为"徐元"作,但今之论者多认为不确。据祁彪佳《远山堂曲品》记载,徐作《八义记》剧情"以程婴为赵朔友，以嚛犬在宣孟侍宴之际，以韩厥生武而不死于武，以成灵寿之功。皆本于史传，与时本稍异。”可知徐元所作《八义记》与《六十种曲》本《八义记》故事内容有较大出入，徐本非《六十种曲》本《八义记》，徐本已佚。

《六十种曲》本《八义记》取材于史籍和前人的艺术创作，进行改编加工而成，是以赵氏孤儿故事为题材的戏剧创作中较为符合明清观众价值观念、审美意识的一部剧作。剧作为标榜助忠抗奸的八位义士：钼麑、周坚、提弥明、灵辄、韩厥、公孙杵臼、程婴及程婴之子（一说非程婴之子，应为张维），而定名为《八义记》，使作品宣扬忠义和义烈精神的主题更为显豁。全剧共四十一出。第一出《家门大略》，叙述剧情大意。第二出到第二十三出，叙写晋国上大夫赵盾与下大夫屠岸贾之间的正邪忠奸之争，奸诈凶残的屠岸贾竟以自己所养神犬能识反臣的阴谋取胜，赵氏一家三百余口被杀，赵盾被灵辄救走（后仍含愤死于首阳山中）。这中间敷演了钼麑触槐、提弥明救盾毙犬、灵辄负盾奔逃、周坚顶替驸马赵朔赴死等一系列惊心动魄的情节。第二十四出到第三十六出，着重表现救孤与杀孤的生死较量。屠岸贾得知公主产下赵氏孤儿，围追堵截，定要绝却赵氏根苗。与此同时，韩厥在宫门外毅然放走救孤出宫的程婴，并自刎以明志；程婴以亲生儿子惊哥假充赵氏孤儿交与公孙杵臼，然后向屠岸贾告密，结果惊哥蒙难，公孙慷慨就义，众多人的牺牲终于换来了赵氏孤儿的平安。第三十七出到第四十一出，写岁月飞逝，被屠岸贾认作义子的赵氏孤儿已长大成人，程婴作画向孤儿说明真相，赵氏孤儿终于报仇雪恨，并与亲生父母团聚。《八义记》剧中正必胜邪、得道多助的坚定信念，以及程婴、公孙杵臼、韩厥等人的侠肝义胆和自我牺牲精神，足以令观者泣下动容，感慨激奋。“义”，是中国传统社会至为推崇的道德规范。孔子说：“君子义以为上。”（《论语·阳货》）孟子则进一步指出：“生亦我所欲也，义亦我所欲也，二者不可得兼，舍生而取义者也。”（《孟子·告子上》）虽然儒家始祖对“义”的倡导偏重于人伦教条，但在漫长的历史进程中“义”的内涵得到了泛化，其中也灌注着民众渴望在充满艰险和不平的世间有人能见义勇为、除暴安良、扶持和实现正义的情感寄托。从这个意义上说，《八义记》是中国传统伦理型文化孕育的作品，因其过分强化封建伦理情感而不免带有陈腐之气，但其中更闪射出崇高的人性美的永恒光辉。

《孤儿出宫》是《八义记》的第三十一出。这一出描写的是程婴冒险进宫面见公主，准备藏孤出宫的情景。在这部义薄云天、处处极写“义”的戏中，这一出《孤儿出宫》浓笔重彩抒写的却是人间之情。公主是这出戏中的抒情主人公。此时的公主，已不再是往昔那个尊贵的公主、娇媚的妻子，而是一个情深冤重的母亲。

苦难使她的内心世界显得分外动人。她日夜牵挂着夫君和公公的安危:“自从八月十五夜生下此儿,我看他形容和驸马没两样儿。你公公父亲不知在那里。”“泪盈盈,泪零零,怎得宽心。”悬念之情,欲罢不能。她托孤给程婴,肝肠寸断:“我的儿,你在娘怀五个月,别了父亲;今离娘怀一个月,又别母亲!知他此去有相见日无相见日,兀的不痛杀我也!”她哀哀祷告苍天:“天天可怜遮护恁。”她嘱咐藏在药箱里忽然啼哭的孤儿:“孩儿,你怎么这等不成器?你家三百口被屠贼杀了,望你一人报冤,你到啼哭起来。孩儿,赵家当灭,你到前朝后宰门啼哭起来;赵家当兴,你不要啼哭。”巨大的危险促使她表现出非同寻常的坚强,虽然才生下一个月的孩子还根本不懂事,但谁能说母子情深,就不会在冥冥之中相通?那是母亲对孩子的一份在冤仇中更揪心的疼爱之情,一份在痛苦中更深沉的挚爱之情。观看此出戏,可说是情弥舞台,情满胸间。

《孤儿出宫》这出戏的另一鲜明特点是剧本构思精细,人物配戏巧妙,因而丰富了戏剧情境和人物形象的内涵。

剧情的开始是公主和婢女春来在冷宫等待着程婴的到来。公主道:“未卜程婴知也未?难期。来时交付与孤儿。”春来道:“只恐来得出不得,思之。愿得奸雄醒觉迟。”两人的一段接唱和对白,自然渲染出情势的险恶和公主对程婴的深切悬望。

程婴假扮草泽医生自称张鼎来到公主面前,公主与他一问一答的对唱,生动地展现出在特定境况下两人的小心翼翼和相认后的激动。接着,公主殷殷托孤,程婴再三宽慰公主,却不时流露担忧:“只恐怕那奸臣,施巧计,去无门。”“只愁屠贼有奸人也,若是搜将去,却不苦程婴。”但这种忧虑并非表现了程婴的胆小怯懦,恰恰为他藏孤出宫的行动作了有力的铺垫,反衬出他明知千难万险却愿担负起救孤重任的崇高品格。同时,也使程婴的形象既高大又真实,观众在理解他的基础上赞赏他,并为他和赵氏孤儿捏了一把汗,心中产生强烈的悬念,激起热切的祝告。

此时的赵氏孤儿虽在襁褓,但他无疑是台上人物情感投射的焦点,他的出场产生的戏剧效果是难以言喻的。他母亲与他别离时的一声声哭诉,不能不使程婴的心中产生对这苦命孩子的深深的悲悯和爱怜,也在无意之中使程婴的信念越趋坚定。当赵氏孤儿在药箱里啼哭时,他的哭声震撼了所有人的心。惊慌的程婴只得“再三嘱付小郎君也,休啼哭,莫高声,高声我死伊命倾”。这真是生死之缘。事实上,自从赵氏孤儿降生后,程婴是除公主及其心腹婢女春来之外最早见到孤儿的人。而从他与这个幼小的生命见面的这一刻起,就注定了程婴作为父辈的义不容辞的责任，注定了他们的命运相连，注定了他们之间的生死与共的患难之情。由此可知，程婴为救孤、育孤而不惜牺牲亲子，背负恶名，忍辱负重十八年，并不是抽象的道德化身，他既是为了"义"，为了诺，也是为了情。那是一份说不清、割不断的不是亲情的人间至情。

上述特点，使《孤儿出宫》这出戏在全剧中具有独特的情味和魅力。

（虞卓娅）

八 义 记　　佚 名

第三十六出　公 孙 赴 义

【海棠春】（外上）每思世上英雄，少不得身归荒陇。

结交须胜己，似我不如无。兄弟程婴，一时许了他，他抱孩儿与我受死[①]。今日屠贼必引兵来拿我，拚死一命，万古留名。妈妈[②]，抱孩儿出来，我看一看。孩儿，你父到屠贼处出首去了，命在须臾了。

【驻云飞】今日明朝，杵臼惊哥命怎逃，我今年六十三岁，我儿，我死何足道，乍离娘怀抱，嗏，都是五行招[③]。为忠为孝，儿，你向前行我也随后到。死只一般，生死一般只争一个老共少。

妈妈，抱了进去，休惊了他。

【前腔】休掩柴扉，只恐屠贼心下疑。只管叨叨絮，只恁闲呕气。呸，与我合着鸟嘴，又不是我来寻你。妈妈，我死埋我在伯夷首阳山根底，万古留传作话儿。（丑领兵上）

【前腔】（外）休恁猖狂，密密层层是刀共枪。四下无拦挡，唬得小鹿儿心头撞。嗏，撇番了土泥墙[④]，休得斗争索强。好似长江后浪催前浪，都是一般狐群狗党。

（丑）老禽兽。（外）小禽兽。我有甚罪犯，引兵来怎么？（丑）还说没有罪，窝藏叛臣在家。（外）唗，你看庄门上甚么字？（丑）你也曾做官来。

【前腔】（外）休得欺咱，俺不比寻常百姓家，曾伏侍君王驾。只为朝内多奸诈，嗏，不与你休干罢。又不曾贩牛杀马。（丑）比贩牛杀马，罪还重些。（外）若见屠贼指定名儿骂，我死到阴司，一殿、二殿、三殿、四殿、五殿，告阎王不放他。

（丑）屠爷有请。阎王注定三更死，定不留人到五更。（同下）

【梁州序】(净带外上)皇朝撒扎兀谁不怕[5]！(净)你怎么不跪？(外)我怎生跪你？(净)请圣旨过来。(外跪介)跪只跪当今官驾。把他一家杀尽,饶他有何不可？(净)他成人长大,那时报仇如何？(外)既怕他成人长大,直恁冤仇何如休结下。(打介)(外)任他麻锤撒子也琐上更添加[6]。只恐将伊连累杀,不抵捱怕瞧破。

【前腔】(净)虎狼公吏,掤扒拷打,自觉气力不加。替吾行杈[7],莫不是就里拴科[8]？官府事如同作耍,恨不得一锤打死无回话。(末)相公端的也是如何？好似一种黄连分两下,却教我怎结果？

【前腔】(外)赵孤儿是伊家蹦过[9],把恶头踹来与我[10]。叫一声冤屈,有谁怜我？他是隐孤儿的窝主来到。(末慌介)(外)把舌尖上话儿都吞下。(末)潦倒公孙也险些露根芽。(外)小胆程婴慌怎么,放了,有孤儿。孤儿有,在吾家。(杀儿介)

【前腔】(外)一剑下命掩黄沙,有一日还他千剮。鬼门关等待,报冤惊哥。若还是了,不枉了小哾哾[11]。令人唾骂,异日相逢后,休想轻轻饶过他。

【尾声】杵臼惊哥担消洒[12],大家做一场话靶。老夫死也勾了,拽起枷稍向屠贼面上打。

不随刀下死,情愿触枷亡。(下)(净)这老贼好狠。首告人请起[13]。(末)不敢。(净)你要官要赏？(末)小人只是要救一国小儿性命,不愿官赏。(净)极是好人。你年几十岁了？(末)小人四十岁。(净)我大你三岁,你可拜我为兄么？(末)小人岂敢？也没这福。(净)你干此大功,使我绝却冤家之患,你是我恩人。我与你做结拜兄弟如何？(末)相公不弃嫌,小人情愿做个兄弟。(净)兄弟有子么？(末)近日生得一个小儿。(净)叫名甚么？(末)叫名惊哥。(净)为何叫作惊哥？(末)为受许多虚惊。(净)兄弟,我没孩儿,你肯过房与我么？(末)兄弟虽肯,恐夫人意下不悦。(净)我夫人甚是贤德,不妨事。

(净)杀却孤儿绝祸胎,(末)这场冤事少人猜。

(合)休言今日同结义,　　五百年前已定来。

〔注〕 ①"他抱"句：指程婴献出亲子替换孤儿，让亲子与公孙杵臼一起受死。 ②妈妈：这是对老妻的客气称呼。 ③五行招：命运不好招来的祸害。五行，金、木、水、火、土。古代认为构成各种物质的五种元素，常以此说明宇宙万物的起源、变化。算命先生以五行相生相克推算命运。本处指命运。 ④撇番：推倒，推塌。撇，击打。番，同翻。 ⑤撒扎：蒙古语音译，法令、礼法的意思。 ⑥麻锤：即麻槌，一种刑具。用麻绞扎成的粗而短的鞭槌。撒子：即拶子。琐：通锁，锁链。加：通枷，加在犯人颈上的木制械具。 ⑦替吾行权：替我行使权力。据全曲文意，此当是屠岸贾要程婴替他行使权力，拷打公孙杵臼。 ⑧"莫不是"句：莫不是(与公孙杵臼)串通一气。这是屠岸嫌程婴拷打不力的话。就里，个中，其中。拴，牵系、联结；这里指串通。科，表动作。 ⑨跚过：藏匿起来。跚，藏匿。 ⑩恶头：罪名。亦作恶头儿。 ⑪哾(wā)哾：娃娃，小孩。 ⑫消洒：即潇洒。 ⑬首告：即告首，告发。

《公孙赴义》是《八义记》的第三十六出。写的是程婴以亲生儿子惊哥替换赵氏孤儿藏匿于公孙杵臼家，和公孙杵臼联手施行"以假乱真"计策的经过。在此之前，屠岸贾得知宫中已逃脱了赵氏孤儿，竟下令要把晋国与孤儿同年同月出生的婴儿全部杀掉。程婴不得已，决定把自己的儿子送到屠贼处出首，请老友公孙杵臼抚养孤儿。而公孙杵臼说自己年事已高，应由程婴抚孤成人，自己情愿赔上一命帮助程婴救下孤儿和一国小儿。这是全剧剧情的最高潮。在扣人心弦的情节场面中，突出塑造了公孙杵臼刚烈坚毅、大义凛然的光辉形象，同时也使程婴、屠岸贾的个性侧面得以凸现。

这一出剧情是从公孙杵臼面临死亡发出深重感叹开始的。公孙一叹英雄暮年之悲："每思世上英雄，少不得身归荒陇。"二叹自己与惊哥即将身赴黄泉之哀："孩儿，你父到屠贼处出首去了，命在须臾了。"三叹惊哥年幼夭亡之痛："我儿，我死何足道，乍离娘怀抱，嗏，都是五行招。……生死一般只争一个老共少。"【海棠春】、【驻云飞】两支曲子及说白，还有对惊哥一声声"我儿"、"儿"的呼唤，淋漓尽致地抒写出了这个六十三岁的退职老臣为义赴死了无遗憾、但对惊哥这小生命满怀慈爱和痛惜的心境。

公孙杵臼与屠岸贾面对面的抗争这一部分，剧情展开步步紧张且环环相扣。面对强暴，公孙慨然责问："把他一家杀尽，饶他有何不可？"又愤怒指斥："既怕他成人长大，直恁冤仇何如休结下。"恼羞成怒的屠岸贾对公孙动了刑，并责令程婴用力拷打。这对多疑的屠岸贾来说是自然会走的一步棋，但对始料不及的程婴和公孙来说又增加了一重考验，这一情节波澜的出现也更强化了悲剧气氛。公孙先是咬牙熬过一阵打，然后才假装招认："孤儿有，在我家。"眼看惊哥已命丧剑下，悲愤难抑的公孙"拽起枷梢向屠贼面上打"，又撞枷自尽。他用生命的代价，验证了程婴告发的真实性，严密地实施了"保孤死难"的计策。至此，观众的心灵必然受到猛烈的扣击，震颤不已。

难得的是,这一出情节紧凑的《公孙赴义》不仅以酣畅粗犷的手法铺写了公孙慷慨捐躯的场面,还以细腻的笔触展现了公孙的内心世界。剧情开始时公孙的感叹,就是其内心深感悲哀又义无反顾的情绪的流露。惊哥被杀后,他在心底呼喊:“鬼门关等待,报冤惊哥。”又心中自言:“杵臼惊哥担消洒,大家做一场话靶。”分明又有自己的生命为正义为友情而牺牲所感到的慰藉和骄傲。最让人回味的是,公孙杵臼受程婴拷打时,“只恐将伊连累杀,不抵捱怕瞧破”,他刚刚清醒地想着不怕严刑拷打,只怕被识破真情,一会儿却禁不住气从中来:“叫一声冤屈,有谁怜我?他是隐孤儿的窝主来到。”看到程婴的惊慌,公孙心里又好笑:“把舌尖上话儿都吞下。……小胆程婴慌怎么。”他在与自己尊敬的肝胆相照的好友生离死别时,竟然开了这样一个玩笑!这种对人物微妙的心理变化和情感起伏的描写,使公孙杵臼的形象十分丰满。

而在悲剧情境中调和进一些科诨,涂染上几抹喜剧色彩,寓哭于笑,或者说让悲剧人物丑角化,这也体现了中国传统戏曲特有的审美意趣。这出戏中程婴的舞台形象是耐人寻味的。为了救赵氏孤儿和一国婴儿,程婴牺牲的是自己的儿子、老友以及自己的“人格”,他内心巨大的伤痛决非常人所能忍受。但因他在屠贼面前扮演的是告密者的角色,所以他对眼前发生的一切表现得心平气和。他十分得体地回答着屠岸贾的问话。屠问:“为何叫作惊哥?”程婴说:“为受许多虚惊。”屠说:“兄弟,我没孩儿,你肯过房与我么?”程婴说:“兄弟虽肯,恐夫人意下不悦。”一个双手沾满了他儿子鲜血的人竟亲切地呼他为“兄弟”,赵氏孤儿诚然是受了虚惊,而真正的惊哥又岂止是“受许多虚惊”,早已是惊魂饮剑;可怜的程婴竟还能心思绵密、礼貌周全地提出应尊重屠岸贾夫人的意愿!这里,崇高与卑贱,悲怆与滑稽,形成人物内心与外表的极其强烈的反差。同时,也反衬出程婴坚忍的意志、坚强的性格和对未来的坚不可摧的信念。

这里的屠岸贾形象也不是单色调的。野心勃勃,残忍狡诈,无疑是他性格的核心成分。但他是真心感激程婴帮他绝了后患,欲以结拜兄弟来报答;他膝下无儿,因此希望有个“义子”;他对程婴的辞却官职脱口而赞“极是好人”;他对一再劝阻他做坏事的老妻的评价是“我夫人甚是贤德”,这说明屠岸贾也有着像常人那样对友情、亲情的要求,只是贪欲和野心的洪水淹没了他的良知。一个千方百计要杀掉别人家孤儿的人,却要认一个义子来寄托他的父子人伦之情;这个机关算尽的人竟会将仇敌之子认作义子,把斗争对手当作兄弟。屠岸贾自以为大获全胜之时,恰恰就是情势逆转之机,这些都构成了意义丰富的反讽。

此外,值得一提的是,这出戏在剧情的每一层次分别呈现出不同的悲剧氛围和格调，令人玩味。剧情的第一层为公孙杵臼的独自抒怀，气氛凄楚而凝重，面对着舞台上高潮到来之前的片刻的安静，观众心里充满了焦灼不安的期待。第二层表现的是惊哥蒙难、公孙赴义的直观场面，气氛格调无疑是悲壮、刚烈、激越的，观众为之血脉偾张，回肠荡气。第三层是程婴与屠岸贾的对话，这是血风腥雨过后的另一种平静，但给人的感觉却是悲喜莫名，低徊不已。（虞卓娅）

【戏曲家小传】

朱 鼎

字永怀。昆山（今属江苏）人。约明万历十年（1582）前后在世。与同里顾懋仁、懋宏兄弟为盟好。生平事迹不详。有传奇《玉镜台记》，今存。

玉镜台记　　朱 鼎

第十六出　绝裾辞母

【谒金门】（旦上）空留恋，指日河桥人远[①]。漫把鸳鸯轻折散，从今添个思君怨。（生上）堪叹青钱入选[②]，名利牵人一线。（合）母子夫妻情分浅，两意难排遣。

（旦）相公，君命召，固当不俟驾而行；亲年高，岂可便违颜而去[③]？（生）夫人，亲恩固当尽，君义亦不可违。老母在堂，专望贤妻小心侍奉。卑人若有寸进，便当整旆西还[④]，不敢久恋上国[⑤]。（旦）朝廷既有诏聘，奴家不敢阻当，不知起程在于何日？（生）边事紧急，就去堂上辞别母亲、岳母，即便起行。（老旦上）

【腊梅花】我孩儿应聘赴神京，顷刻天涯形影。（贴上）看骅骝方骋，鹍鹏奋迅，扶摇万里上云程。

（生）母亲，子道未能全，王事苦间关[⑥]。（老旦）孩儿，穷经须济用，忧国义当先。（贴）贤婿，丈夫四方志，乡井莫留连。（旦）相公，但愿成功后，锦衣及早还。（老旦）孩儿，朝命既促，登程须早。（生）母亲，孩儿本欲困守穷闾，供为子职。只为羽书逼遣[⑦]，无可奈何，今日只得促装前去。母亲，岳母，善保尊体，切勿挂怀。

【园林好】离膝下，游子违亲事远征。离膝下，脂车启行[⑧]。只虑着桑榆暮景[⑨]。（合）衷曲里结愁城。（旦）君今去，冷落了金

钗绣屏。君今去,心悬旆旌。只怨我红颜薄命。(合前)

【江儿水】(老旦)你仗剑丹心壮,我衰颜两鬓星。临行怎禁得离愁耿。儿,你驾着星车长途骋[10],我倚门空觅孤鸿影。孩儿此去呵,你好把长缨奏请[11]。(合)早愿功成,衣锦归来重欢庆。(贴)贤婿,你立身期远大,报国任纵横,济时早把国钧秉。贤婿,我孩儿现统兵在河北,见时千万教他戮力王室,切勿以老身为念。论事亲虽合全孝行,许国尤当摅忠荩。(生悲介)贤婿,大丈夫当立功异域,何必顾恋乡闾。岂可藏居乡井。(合前)

【五供养】(旦)叨陪妾媵,中馈饔飧,自合应承[12]。夫,我只愁关山和峻岭,陟险冒炎蒸。未卜狼烟甚日平,叹别离在俄顷,执手殷勤问,何日是归程?(合)别泪盈盈,忧心炳炳。(生)贤妻启听,我须不是浪里浮萍。肯飘飘流异境,忘却废房情[13]。母亲,岳母,非我违颜干利名,只因难拒皇朝的三聘。妻,白发堂前母,望你代温凊[14]。(合前)(末、丑扮军士执旗上)

【不是路】按剑登程,军士纷纷郊外迎。兵车整,羽书催趱不留停。授专征,朝廷钦限休违误,告请将军早启行。小人奉祖元帅严命,请司马老爷赴任。交传命,道中原豺虎纷岐径,仗君绥定。(生、老旦)闻罢伤情,唱彻《骊歌》不忍听[15]。(旦)心悲哽,牵衣把臂泪如倾。形和影,从今两地伤孤另,愁浥轻尘向渭城。(生)还思省,慈帏远隔斑衣冷[16],旅愁千顷。

军士,你可去河边等候。待我告别老夫人就来了。(末、丑)领钧旨。正是:战士离家心独苦,将军赴镇势偏雄。(下)(生)母亲有何指教?(老旦)孩儿近前来,我分付你:

【玉交枝】运筹决胜,料吾儿韬略素精。临戎敌忾宜奋勇,恩威赏罚须明。功名及早辞宠荣,高堂风烛浑不定。(合)莫教人门闾独凭。(生)萱庭严命[17],孩儿自当服膺。此行须展平生志,决不敢旷职徒行。此去呵,中原板荡如已宁[18],陈情辞禄还归省。(合前)

【川拨棹】(旦)夫,你囊锥如脱颖[19],把归鞭须早整。休要恋着钟鼎蝉缨，钟鼎蝉缨，忘却我裙钗布荆。君当牢记玉镜之盟，毋使妾有白头之叹。须记取结发盟，莫教羞白头愁破镜。（生）妻，与你糟糠盟订，念这宋弘敢负情？（出镜介）卑人若忘前情，有如此镜。便把这菱花为证，菱花为证，偕老深盟誓不更。我生平非薄倖，劝娘行莫挂萦[20]。

母亲，岳母，此间就是河边了，就此告别。（老旦）孩儿，为官虽是好事，只是母子之情，一时间舍不得你就去。

【前腔】你六月栖栖冒暑行，我的心中浑似冰。只怕你留滞边城，留滞边城，朝夕使我望眼睁。况我穷年值暮龄，远游人当自儆。（生泣拜介）儿非为忠名遗《孝经》，非不念慈亲在疚惸[21]。但只愿显亲扬名，显亲扬名，我故奉檄违颜敢受征。孩儿登舟去罢。（老旦）孩儿且慢，你去端的几时回来？（生）母亲在堂，岂敢久游。料不久还具庆，别吾慈策步登。（生下绝裾介）

（老旦泣介）呀，衣裾断了。逆子！你这等去得忙！（旦泣介）夫，你径不回头就去了呵！（贴）亲母，他也只为王事要紧，不要怪他，且自耐烦回去罢。

【余文】愁戚戚，泪盈盈，可怜骨肉两漂零。江山咫尺分吴越，肠断关河信杳冥。

（老旦）堪怜绝裾便登舟，（贴）王事多艰不自由。

（旦）心折此时无一寸，（合）满腔离恨逐西州[22]。

〔注〕 ① 河桥：传《李少卿与苏武诗》之三："携手上河梁，游子暮何之？"后人因以"河梁"或"河桥"为送别之词。 ② 青钱入选：比喻文辞出众。《新唐书·张荐传》称张鷟"文辞犹青铜钱，万选万中。" ③ 违颜：离开慈颜，指离别母亲。 ④ 整旆：整肃军队。旆，即旆旌，军旗，此指军队。 ⑤ 上国：汉魏六朝时，诸侯称帝室为上国。见曹植《与杨祖德书》。 ⑥ 间关：本指鸟叫声，此指掺杂、交错。 ⑦ 羽书：即羽檄，古时征调军队的文书。 ⑧ 脂车：以油膏涂润车轴。《诗经·小雅·何人斯》："遑脂尔车。" ⑨ 桑榆晚景：本指落日余光照在树梢上，后多喻人的晚年。 ⑩ 星车：皇帝使者乘坐之车。古代也称为星轺。 ⑪ 长缨奏请：指立下建功立业的雄心壮志。《汉书·终军传》载终军曾向皇帝自请"愿受长缨，必羁南越王而致之阙下"。长缨，长绳。 ⑫ 中馈饔飧：家中酒食诸事。古时多以"中馈"指妻室的家务劳作。 ⑬ 扊扅情：指患难夫妻之情。语本春秋时百里奚之妻"焚扊扅烹雌"之事，见《颜氏家训·书证》。扊扅(yǎn yí)，门闩。 ⑭ 温凊(jìng)：冬温夏凊。《礼记·曲礼》规定子女对父母要冬使之温，夏使之凊。 ⑮ 骊歌：告别所唱之歌，为《大戴礼记》所引佚诗。 ⑯ 斑衣：古孝子老莱子着彩斑衣戏耍以娱双亲，后因以"斑衣"指子女对父母的孝敬。 ⑰ 萱庭：母亲居所，此指母

亲。　⑱ 板荡：《诗经·大雅》有《板》、《荡》篇，皆言国运艰难。后以“板荡”比喻国家局势动乱。　⑲ 脱颖：布囊中的锥子尖端从囊中穿出，指人的才能很快显现出来。用战国时毛遂自荐的典故。　⑳ 娘行：女性的通称。　㉑ 疚惸：忧虑、孤独。惸，一作茕，孤单。　㉒ 西州：南朝乐府《西洲曲》：“海水梦悠悠，君愁我亦愁。南风知我意，吹梦到西洲。”句用此意。州，当作洲。

《玉镜台记》的关目情节，源于《世说新语·假谲》中晋人温峤以玉镜台为聘礼，计赚从姑母刘氏之女为妻的说法。据徐震堮等先生考证，此说与本传抵牾甚多，大体属子虚乌有之事。但《晋书》本传载有温峤计赚王敦之事，因而玉镜台赚婚之事，倒也不违其谲智本性。

明人朱鼎的《玉镜台记》传奇，系根据元人关汉卿的杂剧《温太真玉镜台》改编而成。由杂剧的一本四折扩展为传奇的四十出，篇幅既增加，故事内容、人物形象也随之有很大程度的丰富与提高。故事的情节梗概是：温峤奉母亲之命探望姑母，受姑母之托为表妹刘润玉觅婚。温与润玉彼此钟情，乃假托代人求婚，实以玉镜台为自己行聘，因而得成眷属。不久石勒率军南犯东晋，温峤受诏勤王，遂割裾辞母别妻，与妻兄刘琨共随祖逖北伐靖边。石勒败退后，晋臣王敦又谋篡逆。温峤乃设计出走，与刘琨共谋讨伐王敦，而母亲、妻子也因此遭王敦囚禁。幸得王敦所派说客王彬仗义，假劝降之名为温峤母、妻捎去书信及玉镜台信物以通消息。不久王敦兵败被擒，温峤、刘琨分别从南北凯旋，温峤与母亲、妻子、岳母、妻兄终于全部完聚。

按剧情交代，第十六出内容中的温峤，在与刘润玉完婚五个月后，已和母亲、岳母两代共四人同住。此时母老妻贤，正当安居持家。然而时值晋朝宗室相残、永嘉南渡之际，温峤既志存恢复，又顾念母老妻单，正处于“喜惧交战于心，出处未致其决”的矛盾之中。忽接朝廷征召，只得辞母别妻，即刻启程，从而出现“绝裾辞母”这一堪称全剧最为动人的一出。剧中以温峤为中心。分别写出他既与母亲、妻子和岳母感情深厚，又能以国事为重，大义凛然，慷慨赴难，毅然壮别的情景，集中而真切地体现出不同人物的感情个性，可谓是江淹《别赋》所描写的不同类型离别的形象注脚。

温峤和其母崔氏的离别，是本出戏着力渲染处。崔氏身处世宦，自然懂得“忧国义当先”的道理。因而虽然感叹“孩儿应聘赴神京，顷刻天涯形影”，“我衰颜两鬓星，临行怎禁得离愁耿”，仍然强抑别情，对温峤说：“朝命既促，登程须早”，并勉励他此去“好把长缨奏请”，“衣锦归来重欢庆”，显示出深明大义的贤母风范。但是如果仅到此为止，则温母的形象虽令人钦敬，却仍不免概念化；虽可以“敦人伦、美教化”，却难以震撼人心。因而这出剧的突出成功之处，就在于本出结束之际出现的“绝裾辞母”的情节：崔氏虽然从理智上懂得儿子应该应诏出征，但一旦真的离别，母子之情又顷刻强化，刹那间超过了理智，以致说道：“为官虽是好事，只是母子之情，一时间舍不得你就去。”甚至说出“孩儿且慢，你去端的几时回来”这句明知温峤无法准确回答，却仍然要问的话来。至此，母子之情已体现得深挚真切，足令观剧者“戚戚于心”，而作者意犹未尽，又峰回路转地设计出“绝裾辞母”这一更高潮的煽情场面：温峤洒泪拜别之后，母亲爱子心切，扯住衣服不放。温峤深怕陷于母子深情而误了大计，不得不扯断袍襟，径直离去，以致母亲情急之下，发出“逆子！你这等去得忙”的怨责。这一句骂声，表面上似乎不合情理，但更深刻地体现出的，则是母亲对儿子难以割舍的骨肉深情的升华，同时也是对温峤坚毅性格的进一步揭示。这出戏所表现的离别场面，由叮嘱到劝勉，到留恋，再到强留，直到强留不得而生怨怼，层次清晰，意出理外，而又在更真切的情理之中，从而形成全剧中浓墨重彩、震撼人心的一幕。无论古今、无论父母，对子女的舐犊之情都是一贯的。这也正是本出“绝裾辞母”特别感人的根本原因。

本出戏对温峤与妻子刘润玉的离别，同样表现得曲折感人。比如她既懂得“君命召，固当不俟驾而行”的道理，同时又以“亲年高，岂可便违颜而去”的话，试探丈夫是否决意应召。当她确知丈夫要走时，就马上表现出古代戏曲诗词中常见的征人之妇的共同心态：一方面表示“中馈饔飧合应承”，一面又悲叹“红颜薄命”，“冷落了金钗绣屏”。同时也流露出“翻恐封侯弃旧人”的担忧，以至“心悲哽，牵衣把臂泪如倾”。当然，这出戏重点表现的，仍是母子离别。因为按封建伦理，夫妻离别之情在母亲面前不宜表现得过于浓烈，因而刘润玉的别情在本出戏中只居从属地位。至于温峤岳母刘氏，更属陪衬，因而在剧中插话既少，且多概念化套语。但此角色也有其独特意义：她既以深明大义而和温母崔氏相得益彰，又以其通达的劝慰而和温母互相映衬。总之，这出戏由身份、性格各异的四个角色同台演出，情节发展层次清晰、丝丝入扣，从而取得使观众既适观于目、又深感于心的效果。

（鄢化志）

玉镜台记　　朱　鼎

第二十二出　闺　　思

【破齐阵】（旦上）帐冷芙蓉红减，被寒翡翠青残。膏沐慵添[1]，鬓云撩乱，镜中羞对孤鸾。夫婿天涯音信断，母氏高堂凋素颜。苦忧愁有万千。

悖悖绿鬓妇[2]，凄凄守深闺。昼永愁成绪，夜阑心欲灰。忆昔我夫子，下以玉镜台。鱼水遂欢合，琴瑟相和谐。一旦东征去，玉匣蒙尘埃。颦眉未剪柳[3]，瘦脸慵妆梅。绣户网蛛丝，洞房生莓苔。兵革苦扰攘，衡阳无雁来[4]。思君不可见，一日肠九回。妾欲登崔嵬，我马咸虺隤[5]。妾欲拨丝桐，离鸾声悲哀。临风长太息，览镜重徘徊。萱草可忘忧[6]，奈此迟暮催。努力尽妇道，展我藜藿怀[7]。愿言太阶平，怀抱同君开。奴家嫁与太真，才方五月，指望与他同事萱亲，承欢膝下，奈朝廷恩命，辟为总兵司马，差往边方。别时以玉镜台贻我，云：愿如此镜，就得团圆。到今数月，并无音信回来，又兼婆婆朝夕挂念，奴家只得自宽自慰，吞声劝免。正是：天长地久有时尽，此恨绵绵无绝期[8]。（诗）亲操井臼事温郎[9]，菽水甘心奉北堂。一旦中原烽火急，秉旄拥众去勤王。

【四朝元】勤王应诏，匆匆离故园。见骊驹在道[10]，骨肉分散，执手空留恋。叹征车莫挽，征车莫挽。那更赤帜高悬，白刃纷然。锦缆云帆，彩鹢如飞箭[11]。那时节呵，教奴怎不肝肠断！嗏，岁月易推迁，倏尔经年。又是秋之半，蟾宫几缺圆[12]。良人去不返[13]，天涯海角，思思念念，空瞻淮汉。

（诗）晓妆羞涩怕临鸾，多病多愁损旧颜。十二碧峰何处所[14]，伤情无语自凭栏。

【前腔】凭栏慨叹，无心理鬓鬟。看金钿花褪，玉镜尘满，重门长自掩。盼薄情人远，薄情人远。闪得奴枕冷衾寒，影只形单。消瘦腰肢，清减芙蓉面，寥寂难消遣。嗏，云雨两情悭，只落得减翠销红，泪湿青衫遍。君身名利牵，妾心钟幽怨。苦，夫南妇北，朝朝暮暮，空寻鱼雁。

（诗）别时容易见时难，烟火相逢万里间。一度相思一惆怅，愁看红日薄西山。

【前腔】西山日晚[15]，慈帏当暮年。奴只得执炊中馈，采藻南涧。劳瘁何曾惮，愿苍天保佑，苍天保佑，保佑我姑嫜鹤筭童颜[16]，松柏南山。榆景身康健，庶免奴耽忧患。嗏，我这里意惓惓。夫，只怕你委质于人，怎遂得返哺慈乌愿[17]。征夫未解鞍，羁旅身淹宦。雕栏闷倚，凄凄戚戚，羞看归燕。

(诗)梧桐叶落雁来初,迢递无从寄远衣。遥望戍楼天欲暮,满城鼙鼓白云飞。

【前腔】云飞楚陕,思君望眼穿。只愁着世危时乱,黎民涂炭。夫,你致力为藩翰[18],愿三军奋勇,三军奋勇,竭节输忠,敢果争先。扫净妖氛,四塞旌旗偃,献捷黄金殿。嗏,躬捧紫泥颁,剖玉分茅[19],子贵亲荣显。夫,你忠孝两周全,恩宠光里闬[20]。夫妻子母,勤勤恳恳,共同欢宴。

【余文】乾坤触处兵革满,藁砧此去几时还[21]?襟袖啼痕千万点。

河桥日夜望归舟,肠断秋江欲尽头。

万里交河音信断,悔教夫婿觅封侯。

〔注〕 ① 膏沐慵添:懒得梳妆打扮。《诗经·卫风·伯兮》:"岂无膏沐,谁适为容?" ② 惸惸(qióng):即茕茕,孤独貌。 ③ 剪柳:画眉。古代妇女梳妆时画眉如柳叶,故称。 ④ 衡阳雁:指书信。湖南衡阳有回雁峰,据云大雁至此即返回。《汉书·苏武传》有鸿雁捎书的话,故后以"衡阳雁"代指书信。 ⑤ 虺隤(huǐ tuí):疲病。《诗经·周南·卷耳》:"陟彼崔嵬,我马虺隤。"写女子思念远戍丈夫,欲骑马登山远望的情景,此用其意。 ⑥ 萱草:又名忘忧草。据云食之可以忘忧。《诗经·卫风·伯兮》:"焉得萱草,言树之背。" ⑦ 藜藿:野菜。"藜藿怀"指贫贱夫妻的感情。 ⑧"此恨"二句:用白居易《长恨歌》句。按温峤、刘润玉乃唐以前晋代人,但古代戏剧在引用典故入人物语言时,不考虑人物与典故的时代先后问题。 ⑨ 井臼:汲水舂米。指家务劳动。 ⑩ 骊驹在道:《大戴礼记》所引古佚诗《骊歌》为离别之词,此用以言丈夫即将离去。 ⑪ 彩鹢:指画船。 ⑫ 蟾宫:指明月。传说月宫有蟾蜍居之,故云。 ⑬ 良人:丈夫。唐李白《子夜吴歌》:"何日平胡虏?良人罢远征。" ⑭ 十二碧峰:指巫山十二峰。以隐喻夫妇欢聚之所。 ⑮ 西山日晚:用晋李密《陈情表》"日暮西山"等句意,言温峤之母年迈体衰。 ⑯ 姑嫜:公婆。此偏义指婆婆。鹤筭(suàn):鹤寿,长寿。筭,同算。 ⑰ 返哺慈乌:古时传说雏乌长大后能吐食喂养失去捕食能力的母乌,故称孝养父母为反哺,也作返哺。 ⑱ 藩翰:藩,屏障。翰,骨干。《诗经·小雅·桑扈》:"之屏之翰,百辟为宪。" ⑲ 剖玉分茅:古代帝王封爵,有以白茅、玉珪及泥土颁发给受封人的仪式,故此处以颁发紫泥、剖玉分茅表达刘润玉对温峤加官晋爵的愿望。 ⑳ 里闬(hàn):即乡里门庭。闬,巷门。 ㉑ 藁(gǎo)砧:古乐府云:"藁砧今何在?山上复有山。何当大刀头?破镜飞上天。"宋人王观国以为此为字谜诗,第一句射"夫"字,第二句射"出"字。第三句射"还"字,第四句射"半月"二字,言"丈夫外出,半月返还"。此借以表达刘润玉盼望丈夫早日还家。

《闺思》在《玉镜台记》中颇为特殊:全剧四十出,仅这一出是刘润玉一人出场,因而既无对话,也无明显的情节推进。全出戏只通过旦角一人所唱的一支【破齐阵】和四首【四朝元】,加上由韵、散文夹成的宾白,表达出温峤应诏赴边之后，妻子刘润玉在千辛万苦之下，对丈夫愁肠萦损的思念之情。这样的台词在演出时，只能凭演员身段、表情动作和唱腔变化以产生舞台效果，因而很难“出戏”。但是对全剧来说，这出戏又是匠心独运，塑造刘润玉形象必不可少的一环。因为温峤和刘润玉的婚姻家庭、夫妇感情，是剧本内容的基本线索。而在夫妻的离别、思念中，妻子自然是最为关情的角色，应予以充分表现。但剧中虽在第十六出《绝裾辞母》和第十八出《母妻思忆》中安排了刘润玉对温峤难分难舍、忧念萦怀的情节，但均有温峤母亲同时出场，身为媳妇的刘润玉因为在婆婆身边，对丈夫的留恋思念就只能含蓄表达，而无法尽情抒发。这一出《闺思》让刘润玉一人出场，正弥补了全剧关节的这一不足。全出唱词以心理独白方式，将刘润玉在丈夫离去后的凄凉孤寂、牵念担忧、惆怅怨嗟、期待祈盼等心情表达得淋漓尽致，极大地丰富了这个贵族少妇形象的内涵。

开场的【破齐阵】重点表现刘润玉孤独愁苦的心境：温峤离去后，她深闺独处，形只影单，因无心为容以致首如飞蓬，羞照菱花镜，而婆母愁颜憔悴还须她去强颜侍慰。此时的刘润玉真可谓茹苦负重，忧愁万千。这一段唱词化用《诗经·卫风·伯兮》和唐诗宋词有关征妇怨嗟描写的意旨，集中表现了刘润玉在良人远征之后的心理感受。接下来的一段宾白，由五言古诗、散句及一首七绝组成。此前的唱曲旨在抒情，这一大段宾白则相当于对唱曲所抒感情的生活内容的交代。宾白回忆了温峤出行后刘润玉的生活状况，结尾又引用白居易的“此恨绵绵无绝期”二句作结，从而将抒情的唱词和叙事的宾白融合起来，也是对二者蕴含感情的升华。

接下来的四首【四朝元】唱词，则是对刘润玉忧思感情的进一步拓展延伸。第一首表现刘润玉对丈夫在离去后百战沙场、“赤帜高悬，白刃纷然”情景的想象，思念与担忧交织其中。第二首则是一篇“征人怨”：思夫不得，转生怨尤。明知丈夫出征是出于无奈，但思盼至极，忍不住要责难几句“薄情人”，这和现代生活中的“狠心贼、没良心”之类责骂一样，同是爱极生怨之词。第三首侧重表现刘润玉对自己处境的祝祷：一方面表白自己不怕“执炊中馈，采藻南涧”的劳瘁，一面祝祷婆母能松鹤延年、寿比南山，免得自己思夫之外，再添担忧。第四首则表现刘润玉对未来生活的期待祈盼：盼丈夫早日扫清妖氛、凯歌班师、金殿献捷，实现子贵亲荣、夫妻母子共同欢宴的初衷。这些期盼虽不脱“显亲扬名、夫贵妻荣”的俗套，但曲中也唱道“只愁着世危时乱，黎民涂炭。夫，你致力为藩翰”，因而对自家美好未来的祈盼，还是建立在护国救民的前提之下的，因而仍有其可取之处。

描写思妇念远，这在中国古代文学中并不鲜见。从《诗经》中的《君子于役》、《伯兮》诸篇到汉魏六朝的《古诗十九首》、《燕歌行》、《别赋》、《荡妇思秋赋》之类，可谓代有新声。发展到唐宋时代的闺怨诗词，更是蔚为大观。但佳作虽多，都是单一的文学表达形式。像《闺思》这样散、骈、韵文合用，念、唱、表演并行，集文学、音乐、舞台艺术于一体以表达思妇心境，则是戏曲体裁所独有的，因而其表现功能和感染力量也自非任何单一的文学形式可以相比。

不少文学论著认为：我国古代叙事文学中的心理描写很不发达，直到清代小说《红楼梦》才有突破。然而古代戏曲中《闺思》一类的唱词或独白，无疑都是心理活动的外现，而本文则尤为委婉纡徐、丰富细腻。就其内容的曲折丰富而言，并不比西方同时代的小说逊色；从形式上看，以大段独白表明心理活动和感情历程，则和莎士比亚的《李尔王》有异曲同工之妙。而且《闺思》之念、唱、演并用，又体现了中国戏曲在表现上的独特风貌。至于语言之精美、意境之蕴藉，集古典诗词歌赋中诗情画意之大成的美学价值，则更是中国古典戏曲唱词宾白所独有的。

（鄢化志）

【戏曲家小传】

许自昌

(1578—1623) 字玄祐，号樗斋，又号梅花墅主人、高阳生。长洲(今江苏苏州)人。父为巨商。曾捐资为文华殿中书舍人，次年即告长假归里。营建梅花墅，优游林下，究心学问。耽于词曲。喜藏书及刊刻典籍，结交名流。尝校刻《分类补注李太白诗》、《集千家注杜工部诗集》、《十二家唐诗》、《太平广记》等。与陈继儒、钟惺相友善。母亡，哀毁而卒。所作传奇，多数作品曲文平庸浮艳，情节繁冗离奇，唯《水浒记》最成功，至今尚有演出。《橘浦记》亦较有名，另《种玉记》、《节侠记》系许自昌改定汪廷讷、许三阶原作的传奇，《弄珠楼》、《灵犀佩》是创作还是改编，尚有争议。其他著作有《樗斋诗钞》、《樗斋漫录》等。

水　浒　记

许自昌

第三出　邂　逅

【似娘儿】(老旦、小旦同上)(老旦)弱息蕙兰姿，缘分薄，归妹愆期[①]。(小旦)柳含烟，翠拖金缕。韶光媚眼，莺花入梦，抚景迷离。

【浣溪沙】（老旦）水满池塘花满溪，乱香深里语黄鹂。东风轻软弄帘帏。

（小旦）日正长时春梦短，燕交飞处柳烟低。玉窗红子斗棋时。

（老旦）老身阎婆。女儿阎婆息，色夺楚娃，美娇宋艳。淡妆浓抹，无不相宜；敛笑含颦，举皆得体。翠翰眉，蝉翼鬓，足令下蔡迷魂[2]；束素腰，横波目，可使高唐赋梦[3]。只是摽梅有待[4]，夭桃未谐[5]，如何是好？我的儿，我们这样的人家，虽无附乔之萝茑[6]；像你这样的容貌，定有倚玉之蒹葭[7]。你若肯行奸卖俏，何必献笑倚门；你不惜目挑心招，无俟招摇过市。（小旦）母亲的说话，奴家岂不知道。只是有意偷香，无因投珮。若非分浅，定是缘悭。只索自家宁耐。

【醉花云】【醉扶归】妆楼翠幌留春住，珠帘绣箔任风敧，年年桃李自成蹊。莺花渺渺浑无主，那堪眉黛镜台施，莫教长袖阑干倚。【四时花】栖迟。【渡江春】芳草王孙叹路歧，朝日残莺伴妾啼。

（老旦）我的儿，我年纪高大，这事也不消说起了。

【前腔】艳阳眼底谁知己，难道老梅花吐旧相思？只是可惜你这等青年误佳期。朝朝暮暮迷芳树，孤负了摽梅眠柳及笄时[8]，怎得个迷花醉月风流婿？还思。若有日浴暖鸳鸯对对飞，那时节自在娇莺恰恰啼。

我有一句话儿，不知你肯听我么？我思量：如今桂薪无计，玉粒堪嗟，到不如寻着一个年少儿郎：潘安比貌、邓通比财的[9]，只说生计萧条，要把你来戤几十两银子使用，那时便下他个迷魂阵，起发他些银子。你若得意着他，便与他多往来几时；若是不得意时节，一年半载之间，寻他几个衅头，大家撒开。你的意下何如？（小旦）孩儿的身子是母亲养的，但凭母亲便是。（老旦）这等，我到茶坊里去寻那王妈妈，与他计较，有何不可。正是：手栽桃李非无主，落尽春红始见花。（下）（小旦）你看母亲去寻王妈妈，奴家只在门前等他归来便是。

【一封罗】【一封书】临风半掩扉，悄含情，暂倚闾。只见那结伴寻

芳花外屐，选胜携樽陌上车。【皂罗袍】教我惜春无计，春光暗移。惜花良苦，花期渐逾。镇无言，独立长吁气。（净巾服上）

【前腔】花闲鸟自啼，杜陵东[10]，步屧移。小生姓张行三，与宋公明同为椽吏。今日公门无事，宋公明又归去了，独立无聊，不免到街坊上散步一回。（见小旦）（小旦欲避不避介）（净）呀，那女子生得十分标致。你看他遮遮掩掩，那风韵一发动人哩！隐约朱帘遮翠髻，掩映芳容倚绣扉，教我凝眸偷觑，神魂欲飞。看他含羞敛袂，天香暗霏。（小旦见净避身）（低呀气介）（净）似莺声呖呖偷吁气。

（净四顾介）且喜四顾偶然无人，待我上前去，看他怎么。（小旦见净半躲偷觑介）（净背介）你看他见了我，故意卖俏，待我只做借茶，走将过去。（净见小旦揖介）小生寻芳归来，一时火动，渴吻不能宁耐，敢借香茶一杯，胜似琼浆玉液。（小旦含笑侧身介）你要茶吃？立在这里等一等儿。正是：茗饮蔗浆携所有，瓷罂无藉玉为缸。（小旦回顾虚下）（净望介）你看那小姐进去了。他叫我只在这里等一等，我怎敢那移一步儿！（暗笑介）

【醉罗歌】【醉扶归】徙倚徙倚缘阶砌，延伫延伫望仙姿。依稀绰约洛川妃[11]，炯含媚眼如秋水。【皂罗袍】翾风宋袆，翩翩遇奇。阳城下蔡，悠悠思迷[12]。只怕蝃蝀影阻高唐雨[13]。【排歌】（小旦持茶上）携茗碗，整绣襦，（净见小旦伸手接茶）（小旦放桌上介）（小旦）为怜鸿渐思依依[14]。（净谢介）

【前腔】茗借茗借怜崔护[15]，消渴消渴甚相如[16]。琼浆一饮自踌躇，怎邀玉杵酬高谊[17]？（小旦）相公，你说的话，都是偷情的故事。我好意借杯茶你吃，你到有这许多闲言闲语。我那里睬你！我对你说：蓬莱海外，去时路歧。姮娥月里[18]，望来眼枯。（偷看净）（背介）春山懵懂频偷睨[19]。（净背介）我想他心私许，目乱迷，何期相见便相依。

（小旦）我母亲回来快了，你自去罢。（净）小生怎么忍得就去了。

数尺游丝堕碧空，年年长是惹春风。

身无彩凤双飞翼，心有灵犀一点通。

〔注〕 ① 归妹：《周易》六十四卦之一。孔颖达疏："归妹，犹言嫁妹也。" ② 下蔡迷魂：

战国楚宋玉《登徒子好色赋》:"嫣然一笑,惑阳城,迷下蔡。"下蔡,楚邑名,今安徽寿县、凤台一带。　③ 高唐赋梦:战国楚宋玉作有《高唐赋》,其序记楚怀王梦中幸巫山神女。　④ 摽(biào)梅:摽,坠落。《诗经·召南》有《摽有梅》篇,其句云:"求我庶士,迨其吉兮。"此指求婚。⑤ 夭桃:《诗经·周南·桃夭》:"桃之夭夭,灼灼其华。之子于归,宜其室家。"此指结婚。⑥ 萝茑(niǎo):蔓生攀援植物,常缠绕在树木上。　⑦"定有"句:南朝宋刘义庆《世说新语·容止》:"魏明帝使后弟毛曾与夏侯玄共坐,时人谓'蒹葭倚玉树'。"典中之蒹葭即芦苇,指毛;玉树,指夏侯。此处之玉树,指阎婆息。　⑧ 及笄(jī):古时称女子年满十五岁为"及笄"。⑨"潘安"句:潘安,晋潘岳,字安仁,戏曲小说中常称之为"潘安"。南朝宋刘义庆《世说新语·容止》:"潘岳妙有姿容,好神情。少时挟弹出洛阳道,妇人遇者,莫不连手共萦之。"邓通,汉人,得汉文帝宠信,官至上大夫,受赐蜀郡严道铜山,许自铸钱,邓氏钱遂行天下。　⑩ 杜陵:地名,在今陕西西安东南,古为杜伯国,秦置杜县,汉时宣帝陵筑于此,故名。汉唐时常为京郊游赏射猎之地。此为借用。　⑪ 洛川妃:即宓妃,传为伏羲之女,溺死洛水,遂为洛水之神。三国魏曹植《洛神赋》:"余朝京师,还济洛川,古人有言,斯水之神,名曰宓妃。"其赋中写洛神,有"翩若惊鸿,婉若游龙","柔情绰态,媚于语言","陵波微步,罗袜生尘"等句。　⑫"阳城"二句:见注②。　⑬"只怕"句:见注③。　⑭ 鸿渐:《周易·渐卦》:"初六,鸿渐于干","六二,鸿渐于磐","九三,鸿渐于陆","六四,鸿渐于水","九五,鸿渐于陵。"后世因以鸿渐代指仕宦之人。⑮ 崔护:唐诗人,唐孟启《本事诗》记其"举进士下第,清明日独游都城南",遇一庄户人家,扣门求饮,有一女子"以杯水至,开门,设床命坐,独倚小桃斜柯伫立,而意属殊厚,妖姿媚态,绰有余妍"。次年清明日再往,"门墙如故,而已锁扃之,因题诗于左扉",叹"人面不知何处去,桃花依旧笑春风"。　⑯ 消渴:即糖尿病,患该病者常感口渴。汉司马相如患有此病。　⑰ 玉杵:唐裴铏《传奇》记书生裴航于蓝桥驿见仙女云英,欲娶之,其祖母云:"我今老病,只有此女孙,昨有神仙遗灵丹一刀圭,但须玉杵臼捣之百日,方可就吞,当得后天而老。君约取此女者,得玉杵臼,吾当与之也。"裴航求得玉杵臼,捣药百日,终得娶云英。　⑱ 姮娥:即嫦娥。　⑲ 春山:喻女子姣好的眉毛,此指美目。

《水浒记》是晚明作家许自昌据《水浒传》小说的第十三、十四、十五、十七、十八、十九、二十、二十一、三十八、三十九诸回而作,全剧共三十二出,剧情为:宋江家有发妻孟氏,又娶妾阎婆息(原作是"婆惜"),阎氏却与张三郎勾搭成奸。晁盖、吴用等七位英雄智取生辰纲,宋江闻知官府正要抓捕他们,冒险通风报信,晁盖等杀败官兵后急上梁山,又火并王伦,占山举义。为感谢宋江,晁盖派喽罗(原作是刘唐)送信并赠金致谢,宋江不慎将晁盖之信落入阎婆息(惜)手中,阎氏要向官府告发,宋江杀息后被发配江州。晁盖等梁山义军先后将宋江的夫人孟氏和宋江救上梁山团圆。阎婆息(惜)死后怀念情郎张三,将他活捉到阴间再续旧缘。

《水浒记》对小说原作的宋江题材作了四个重大的改造:其一,为适应当时观众的欣赏习惯和趣味,传奇作品一般都以生旦为主角,所以本剧特增设宋江的原配夫人孟氏一角,让孟氏在戏中贯穿始终,最后孟氏也被梁山义军派人接到山寨,与自江州救回的宋江在梁山相聚,构成生旦团圆的结局。其二,众多的传奇作品以生旦为主角是因为爱情这个永恒的主题对一般观众有经久不衰、历久常新的吸引力。但此剧中宋江和孟氏都是古板拘谨的人物,两人之间的感情缺乏戏剧性,剧本无法描写和渲染,于是作者大力发展张三郎与阎婆息(惜)一线,从他们身上捕捉情趣和提取笑料,以吸引观众。其三,将原作的晁盖、宋江造反这条情节线,和新设置的宋江与孟氏、张三与婆息(惜)情感纠葛的情节线,平行交叉地推进和发展,使剧情丰富、复杂、曲折,从而取得颇为强烈的艺术效果。其四,进一步肯定了英雄造反的正义性。如晁盖向宋江强调:"小弟们此举,也不专为些须财宝哩。为豺狼当涂扰民,英雄发愤,甘共从神一逞。"宋江和孟氏平时也感愤世道黑暗、贪官当道,欲因此有所作为。这便将原作中阮氏三雄等仅仅向往经济上的翻身,以"大块吃肉,大块分金"为理想的草莽英雄式的动机和晁盖、吴用劫取不义之财的初衷,都全部归并到"替天行道"、为民请命,反对封建王朝残酷压迫剥削的高度,具有强烈的批判精神和鲜明的时代气息。也正是具有如此强烈的针对性和时代性,许自昌此戏的原刻本流传不广。

清代盛演于场上者,除《刘唐》(原第五出《发难》)外,都是描写宋江、阎婆息(惜)与张三矛盾纠葛的选出。如《借茶》(原第三出《邂逅》)、《拾巾》(原第十二出《目成》)、《前绣》(原第十八出《渔色》)、《后绣》(原第二十一出《野合》)、《杀惜》(原第二十三出《感愤》)、《放江》(原第二十四出《鼠牙》)和《活捉》(原第三十一出《冥感》)等。而以《借茶》、《活捉》两出连演较多。

《水浒记》第三出《邂逅》描写阎婆与婆息(惜)母女为婚嫁一事商议和张三初遇婆息的情景。

小说原作叙阎氏一家三口从东京来郓城县投奔一个官人不着,流落此地。她们本是卖唱人家,而这里的人不喜风流宴乐,因此不能过活。阎公因害时疫亡故,这阎婆无钱发送,只能央王婆做媒,嫁女葬夫。王婆找到宋江,宋江慷慨赠银。阎婆事后感谢宋江时,见他尚未娶亲,她为报恩而将女儿嫁他为妾。剧本则改为阎婆因母女生计无着,女儿又无好的去处,所以要女儿找有钱者先嫁过去再说,如不满意,以后再找借口、找机会离异。这样的改编,一则因戏中宋江已有妻室,二则更突出阎氏母女的水性杨花性格,与原作的构思,各有千秋,异曲同工。

纵观古今中外,有的平民女子因稍有姿色,嫌恶平凡、艰苦的劳动,婚姻上又嫌贫爱富,于是下焉者便做娼妓,诚如司马迁《史记·货殖列传》所说的:"刺绣文,不如倚市门。"即辛苦刺绣做女红,还不如倚门卖笑当妓女,赚钱轻快。上焉者便做小妾、外室,阎婆息(惜)即此脂粉队伍中之一员。

小说内张三有尊姓大名:张文远。他是宋江的同房押司,唤做"小张三"。

戏中省去名姓，径称张三，又将小说中“眉清目秀，齿白唇红”的“风流俊俏”青年改为鼻上涂着白粉的小丑，成为净角，此也为适应舞台之需要而改。张三遇婆息（惜），本是宋江带他回家喝酒而引两人相识，戏中则婆息（惜）在未嫁时，张三路过阎家见她风流貌美而借讨茶的名义，进门勾搭。封建社会的婚姻除考虑门第外，亦常以资产为标准，张三无宋江的财力，未免心有余而力不足，所以阎家不会将女儿嫁他，尽管他们年貌相当，情投意合。

这场戏的上半场阎氏母女商量生计和婚嫁，然后阎婆去找媒人王妈妈。阎婆刚前脚出门，张三后脚便已上门。剧情推进迅速而明快，显出许自昌写戏之深厚工力。

张三在街坊散步，撞见婆息（惜）时，作者一面用唱词表达张三对阎婆息（惜）的渴慕，垂涎欲滴，一面用动作提示婆息（惜）的心理状态和表情、行为。戏中的动作提示先是“见小旦，小旦欲避不避介”，接着“小旦见净避身，低呀气介”，“小旦见净半躲偷觑介”。张三提出“借香茶一杯”时，是“小旦含笑侧身介”。下面相继是“小旦回顾虚下，净望介”；“小旦持茶上”，“净见小旦伸手接茶，小旦放桌上介”；“净谢介”。一路上基本是张三唱下来，婆息（惜）则主要用一系列动作，作细腻的表演。最后，婆息（惜）点穿：“相公，你说的话，都是偷情的故事。我好意借杯茶你吃，你到有这许多闲言闲语，我那里睬你。”边说却边“偷看净”。她的言语和动作，也表明她深懂偷情之道。故而张三作“背介”，暗思：“我想他心私许，目乱离，何期相见便相依。”最后婆息（惜）说：“我母亲回来快了，你自去罢。”张三才被迫离去。这段戏，动作细腻，层次分明，戏剧效果很强。由于这出戏写得精彩，所以成为昆曲舞台久演不衰的著名折子戏，演出时将本出的题目改为《借茶》，如此则更为通俗和切题。

（周锡山）

水　浒　记　　许自昌

第十五出　联　　姻

（净上）姻缘姻缘，事非偶然；谋事在人，成事在天。我张三郎，半世风流，一生落莫。前日遇着那女郎，十分丰致，十分有情，满望偷香窃玉，与他风倒鸾颠，不意就是宋公明所定偏房，今日做亲。叫我做了一场春梦，好生败兴！只得在此纳闷闲坐。（丑上）媒婆媒婆，两脚奔波。成事时少，说谎时多。今日宋押司与阎婆息成亲。阎妈妈因前日张押司撺掇成了这个婚事，叫我请他陪宋押司过门。此间已是他的公廨了[①]。（见介）（丑）押司为何闷坐在此？（净）今日宋押司纳宠，喜气冲冲。你又不肯与我作伐，叫我不在此闷坐则甚。（丑）老身不晓得押司也要纳宠，得罪。如今慢慢的与押司寻有丰致似他的便了。（净）这个阎婆息我曾见来，那里还有丰致如他的，可惜到吃宋公明先下手了！

【荷叶铺水面】（净）思娇艳，煞自怜，谁教祖生鞭着先[2]？只是宋公明不是个知趣着人的人哩，一朵奇葩，到把游蜂采，野蝶穿。我想他每今夜两个好不受用。雀屏花烛焰，象床鸾凤颠。（丑）正是。他们今日成亲，阎妈妈叫老身请押司陪宋押司过门。（净）我不去。（丑）押司怎么不去？（净）我去时节，对面无缘，有梦难成，睁睁只悬双饿眼。

（丑）押司，你还去一去儿。（净）这等，待了宋公明同去。（生上）

【玉井莲】馆舍萧然，良夜交欢嫵婉。（见介）

（丑）押司，老身在此候久了。阎妈妈请张押司奉陪过门。（生）既如此，即便同行。（行介）（丑）转湾抹角，此间便是。（丑）阎妈妈，有请。（老旦、小旦同上）

【前腔】虚左堂前，此日红鸾光灿[3]。（相见介）（净觑小旦叹）（小旦偷视净介）

（老旦）今日蒙押司不弃葑菲[4]，使小女终身有托。即备鲁酒[5]，以为合卺之杯[6]。女孩儿送酒。（小旦送酒）（净、小旦偷视介）

【海棠醉东风】【月上海棠】（合）酒合欢，杯浮琥珀光偏艳。（老旦指生介）看五陵侠少[7]，裘马翩然。幸茑萝附木缠绵，更兔丝从风婉转[8]。【沉醉东风】念奴暮年，（指小旦介）念伊少年，影形吊处，相依有伯鸾[9]。

【姐姐插海棠】【好姐姐】（小旦）枉然，小星光灿[10]，妒娥眉入宫难免。【月上海棠】怕形孤友凤，影只交鸾。（净）尊嫂请自放心，宋公明不是这等的人。喜今朝二姓交欢，管异日百年相眷。（丑）还须念我月下冰边[11]，拈成缱绻。

（净）我们知趣些，别了罢。天上碧桃和露种，日边红杏倚云栽。（净、丑、老旦下）（生、小旦吊场）（生坐）（小旦移近生坐，笑介）相公，奴家种玉不虚，破瓜无负[12]，今夜得侍君子，真是三生有幸，百岁多缘。（生笑不语介）

【拨棹入江水】【川拨棹】(小旦)三生愿,喜灯前,绣帐悬。(又移近生,笑介)拥鸳衾梦绕巫山⑬,拥鸳衾梦绕巫山。(贴生脸笑介)但豆蔻含胎可怜⑭。【江儿水】须要款款轻轻,呵护香温玉软。(生作倦伸腰)(又坐介)

【玉枝带六么】【玉交枝】(生)酒阑人倦,我眼矇眬神思黯然。【六么令】娘子,你灯前絮语煞堪怜。奈谯楼鼓已催残,那黑甜乡里周公伴⑮。

(小旦)正是。(搂生颈介)我们去睡罢。(生作睡在椅上介)(小旦)啐!

遇着这等一个俗子,岂不孤负了奴家的终身也!(掩泪背介)

【园林带侥侥】叹今生缘悭分悭,到今宵情怜意怜。看他月思风情曾不语,教我寂莫若为妍?珠泪涟。(生醒)(向小旦介)我们去睡罢。

(生)楼前钟鼓递相催,(小旦)温峤终虚玉镜台⑯。

(小旦)此夜断肠人不见,(生)起行残月影徘徊。

〔注〕①公廨:官衙,官署。　②"谁教"句:南朝宋刘义庆《世说新语·赏誉》刘孝标注引《晋阳秋》:"刘琨与亲旧书曰:'吾枕戈待旦,志枭逆虏,常恐祖生先吾著鞭耳。'"祖生,指祖逖。"鞭着先",犹言"先鞭",指做事在人前头。　③红鸾:星命家所言的吉星,主婚姻等喜庆之事。　④葑菲:两种普通蔬菜,即大头菜与萝卜。《诗经·邶风·谷风》:"采葑采菲,无以下体。"以,用;下体,根。后世因以"葑菲"为人或有可取之处的谦辞。　⑤鲁酒:指淡酒。《庄子·胠箧》:"鲁酒薄而邯郸围。"　⑥合卺(jǐn):成婚的仪式,新郎新娘各拿一个匏瓜剖成的瓢合饮礼酒。　⑦五陵:西汉高祖长陵、惠帝安陵、景帝阳陵、武帝茂陵、昭帝平陵在渭水北岸,合称五陵。以地近长安,且建陵后各置一县,数迁富豪之家,故豪奢成风。　⑧"幸茑萝"二句:茑萝、兔丝都是性喜缠绕其他长草乔木的植物,古人常用以比喻依附他人。　⑨伯鸾:东汉梁鸿的字。他与妻子孟光相敬如宾。孟光举案齐眉的故事流传尤广。　⑩小星:指小妾。⑪月下冰边:月下,指月老;冰边,指冰人,都是古时对媒人的代称。唐李复言《续玄怪录·定婚店》记韦固遇一月下老人"倚布囊坐于阶上",遂问其"囊中何物",老人言:"赤绳子耳,以系夫妻之足。及其生,则潜用相系,虽仇敌之家,贵贱悬隔,天涯从宦,吴楚异乡,此绳一系,终不可绾。"《晋书·索统传》记令狐策"梦立冰上,与冰下人语",索统解曰:"冰上为阳,冰下为阴,……为阳语阴,媒介事也。君当为人作媒。"　⑫破瓜:指女子十六岁,拆"瓜"字为二八而言。⑬"拥鸳衾"句:用战国楚宋玉《高唐赋序》中"巫山云雨"事。　⑭"但豆蔻"句:豆蔻,一种产于南方的姜科植物,形似芭蕉,花为穗状花序,含苞待放时人称"含胎花"。唐杜牧《赠别二首》之一:"娉娉袅袅十三余,豆蔻梢头二月初。"　⑮黑甜乡:梦乡。周公:喻梦。典出《论语·述而》:"子曰:'甚矣吾衰也,久矣吾不复梦见周公。'"　⑯"温峤"句:南朝宋刘义庆《世说新语·假谲》:"温公丧妇。从姑刘氏家值丧乱,唯有一女,甚有姿慧。姑以属公觅婚,公密有自婚

意。……因下玉镜台一枚(为聘)。……既婚,交礼,女以手披纱扇,抚掌大笑曰:'我固疑是老奴,果如所卜。"

许自昌此戏之人物说白写得风趣、精彩。此出开场,张三"姻缘姻缘,事非偶然"的一段感慨,十分切题别致,引人发噱。王妈妈自白:"媒婆媒婆,两脚奔波。成事时少,说谎时多。"语句圆顺流转,后两句尤为切实明白,引起观众的哄堂大笑也势在必然。接着的张王对白,也是应对自然,妙趣横生。

张生与宋江作为同事,相处多年,深知其为人,所以指明:"只是宋公明不是个知趣着人的人哩。"又竟感慨:"一朵奇葩,到把游蜂采,野蝶穿。"婆息(惜)此人虽有姿色,但捧其为"奇葩",固然是夸张过度,所谓"情人眼里出西施";而视宋江为"游蜂"、"野蝶",更为颠倒黑白,混淆是非,这是张三此类无赖的混蛋逻辑。

也果然被张三言中,新婚之夜,宋江一本正经,不理新娘,而婆息(惜)倒主动贴上去。众人走后,只剩他们两人,"生坐,小旦移近生坐,笑介"。不仅陪笑脸,还主动讲温存话:"今夜得侍君子,真是三生有幸,百岁多缘。"而宋江仍然不理:"生笑不语介"。婆息(惜)又边说亲亲热热的甜言蜜语,边"又移近生,笑介","贴生脸,笑介"。甚至作"搂生颈介",且道:"我们去睡罢。"宋江依旧淡然不理,睡在椅上,难怪婆息(惜)生气、落泪,叹今生缘悭命薄。戏中的宋江的确不近人情。剧本将婆息(惜)的一系列动作表现得生动活泼,有很好的剧场效果。

这出戏因宋江的冷漠无情和婆息(惜)的热情碰壁而有很好的剧场效果。仔细推敲宋江的表现,也有不合情理之处。宋江起先不允婚事是因为大丈夫不乘人之危,又不能因借人金钱而接受对方以人抵债,陷于不义。经阎婆、王妈妈一再恳求,又经张三劝说,他既已同意纳妾,但又在新婚之夜坐怀不乱,坚拒婆息(惜),从婆息(惜)的角度看无疑会有耻辱之感。令己无端独守空房一世,怎能不产生怨毒和仇恨?可以说是宋江自己埋下了仇恨的种子。此戏在这一点上不及《水浒传》描写之自然。(《水浒传》写宋江起先与婆息(惜)生活在一起,颇为和谐,后来才渐渐冷了下来;后又闻知张三与她有了勾搭,这才有意疏远婆息(惜)并不再上门)但《水浒传》和《水浒记》中同样描写宋江在知晓张三和婆息(惜)有了奸情之后,装作不知,只是自己不再到婆息处相聚,这样的忍耐精神既表现出一种敦厚宽容的品格,显得难能可贵;又揭示出宋江深知"小不忍则乱大谋"的人生哲理,体现了一个成熟男性的应有器度。这也为他在杀婆息(惜)之前一再作出忍让、满足婆息(惜)的全部要求暗作有力的铺垫,并为他忍无可忍只好杀死婆息(惜)灭口建立了坚实的道德基础,从而获得古今读者和观众的由衷同情和深刻理解。这样的描写自然生动，照应严密，有力地为塑造人物的性格服务，非大手笔不能为。

我们分析和体会阎婆息(惜)这个人物的心理，可以设想：婆息(惜)既嫁了宋江，固然如她母亲所图谋，是权宜之计，以后有了好的再离异，但这样的结果毕竟没有必然性。是否有机会遇到好的？能否果然离异？所以现实地看，婆息(惜)嫁了宋江也多少会有希望两人能够恩爱度日，并生儿育女，确保一生平安的想法。现在宋江新婚之夜就给她颜色看，伤她自尊，害她希望落空，她所受的心理打击是沉重的，对宋江怀恨在心也是必然的。

但世界上人们的心理、性格和事物的发展无比复杂，我们对这出戏是否也可以做这样的理解：由于阎婆一再苦苦哀求，宋江出于同情阎氏母女生活没有着落而勉强允婚，但允婚后他又感到此事大大的不妥；可是，如提出并坚持退婚，就会既损害了对方的自尊与名誉，又使她们母女的生计没有着落，如因此而逼使婆息(惜)沦落风尘，岂非逼良为娼；如仓促遣之再嫁，遇人不淑，这也非宋江所愿。于是他依然与婆息(惜)结婚，但又不肯与阎婆息(惜)亲近，坐怀不乱，这是因为他不想沾染婆息(惜)，以便时机适当之日让她另配佳偶。这不仅是为对方着想，也是考虑自己不要因陷入温柔乡中而消磨了壮志，妨碍了大事。像宋江这样挥金如土、慷慨大度的大英雄，思维与众不同，又依作者许自昌这样胸襟开阔、眼光高远的仁人志士，是完全可能有这种热肠的。但这种想法和做法对当时的一般人来说无疑是匪夷所思的，故而许自昌只写宋江的冷落新娘和坐怀不乱，而不做解释，留下空间，让演员去发挥自己的表演才华，也让读者观众自己去理解和体会宋江这个特殊新郎的心理和思维。按照《水浒传》和《水浒记》的描写，后来婆息(惜)和张三有了奸情，宋江闻知后不发火、不问罪、不点穿，竟然忍气吞声或者说毫不介意地让他们继续往来，自己则让过一边，这样的潇洒坦然的态度，实为古今中外所罕见。以他的这种胸怀，许自昌也完全可以写宋江在新婚之夜就准备将这个色艺颇佳的少女拱手让于真正适合她的人，从而将宋江塑造成为一位无比慷慨的大丈夫。大作家的文心有时高深莫测，有时则因为“形象大于思想”的美学原理的作用，作者虽未必然，而读者则何必不然。 (周锡山)

水　浒　记　　　许自昌

第二十三出　感　　愤

【驻马听】(杂便服上)远到郓城，敢置邮筒浮与沉①。自家梁山泊小偻啰，奉晁寨主的命，送书与礼到宋公明处，说谢他前日恩德的。报书神鹊，酬印灵龟，一饭千金[2]。寨主叫我在县前茶坊内寻宋公明。你看，远远望见那茶坊了。遥瞻青帘漾风轻，行行步屧茶坊近。双鱼寄公明，寻踪访迹到衡门。

【前腔】(生上)缓步西邻，白眼看他世上人。(杂见介)相公不是宋公明么？(生)小生便是。(杂附生耳介)晁盖有书拜上相公。(生)我正在此念他，望风怀想，引领临岐，(杂递书，生看书介)(生)喜接鸿鳞[3]。保正好么？(杂)梁山协力迸王伦，揭竿高处星河近。因此差小偻罗送这金子来，琼瑶报聊伸[4]，迢迢一介到衡门[5]。

(生)这里不是说话的所在，我与你到那边酒肆里去。衡阳归雁几封书[6]，(杂)欲报琼瑶愧不如。(下)

【思园春】(老旦上)张敞无端滞此身[7]，画眉契阔已经旬[8]。宋公明一向不到我家里来，多分是王妈妈讲了些是非。我如今特地寻他归去。各处寻不见他，只得在此等他一等。(生上)天外故人飞信，意气死生亲。(见介)(老旦)呀，宋相公，你为甚么一向不到家里来？我那里寻你不到，不想你在这里闲走。今日相看眼倍青，应怜绣榻满埃尘。

我的女孩儿好不思量你哩。(生冷笑介)(老旦)我如今一定要与你同到家去。(生)那里有这等闲工夫。今日县中呵，

【粉孩儿】匆匆的案如山，旁午甚[9]，怎偷闲顷刻，晏然安寝。(老旦)相公说那里话。齐眉举案岑寂深，倚纱窗望眼含颦。(生背介)且哄这婆子去，再处。(转介)这等，妈妈你请先行，我到公廨去，完了些事就来。(老旦)押司，老身若不与你同行，你一定又不来了，(扯生介)一定要你去。促芳尘，早趁膏车怜，闪得鸳瓦霜冷。(行到介)(生作坐介)

(老旦)我的儿，你心上的三郎在此，快些出来。(小旦内应介)母亲，你问他：为何这一向不来？与我先打他几个耳光，待我再细细的问他。

【福马郎】(小旦上)你闪得霜闱倩谁顾问[10]？负芙蓉香傍鸳鸯瞑，真薄倖。(见生转身介)啐！我只道是张三郎，原来是这个厌物。你看他言无味面堪憎。我藕已断丝萦，他缠绵似葛牵藤。(小

旦不肯出)(生不肯进介)

(老旦)宋三郎不来,你又时刻念他;他来时,你又怕羞怎么?(又附小旦耳介)我的儿,一家的身衣口食,都要在他身上。我特去寻他来的,你也留些情儿与他才是。(小旦)我好不耐烦。(老旦向生)相公,只是男子下气与女娘才是。他见你一向不来了,他怎肯下气与你。(扯生介)还是你进去。(生进坐)(小旦向西泣)(生向东介)

【红芍药】(老旦)我的儿,你收拾了此际檀痕[11],还须念旧日鸳盟。(背向小旦介)你把嘴弄虚脾卖些甜净,眼乜斜递些风影。(转介)你们两个怎么一个向东,一个向西?悠悠浑似陌路人。相公,这也怪我女孩儿不得,你看他没来由腰同瘦沈也[12],只因梦断梨云[13]。你们两个进去睡罢。(扯小旦、生进房坐介)好两两鸳鸯睡稳。

(老旦附小旦耳介)你还是依我说,枕席上留些情儿与他。我自到房里去哩。莫怪追欢笑语频,情深应不厌家贫。(下)(小旦、生分坐不语)(生伸腰介)

【耍孩儿】(生)倦体欠伸浑欲瞑,自觉无聊甚。听帘外秋漏沉沉,寒灯一任你背地空挑尽。我梦蝴蝶栩栩庄周寝[14],那顾得闲愁闷。(生作挂钊文袋睡介)(小旦起)(背觑生介)

【会河阳】(小旦)对面无缘,抚心自矜,阴虫切切不堪闻。短檠,照我寒衾,与黯然泪痕,偏不照情郎影。似含桃,颗颗我心头滚。似吞刀,寸寸我心头刃。(内作鸡鸣)

(生醒介)(生)你听鸡鸣了,不免起身到县中去罢。气衰甘少寐,心弱恨多愁。(忘取钊文袋下)(小旦)你看那厌物去了,不免收拾睡罢。(把灯照见钊文袋介)这是那厌物的。(丢介)哎,你听里面甚么响?(取看介)阿呀,到有许多金子在里面。这是文卷。这是人与他的书了,待我看。(看介)阿呀,这是梁山泊上贼头的书。好了!好了!他若嘴狠,待我拿将出来,不怕他不软哩。我与他开交的机会,都在这书上了!

【缕缕金】(笑介)甘唾井[15],恨无因。拾遗非只幸,得兼金。他党结梁山泊,反形足证,想天教笼鸟翮凌云,把银瓶落梧井。(作睡介)

【越恁好】(生急上)楚弓遗影[16],楚弓遗影,虑祸甚关心。我起身得急了,把钊文袋遗失在房内。那金子到也不打紧,晁保正与我那封书怎么泄漏得的!只得转来拿了去。(进房寻不见,摇小旦)(小旦做不醒)(又摇,小旦醒介)(生)我有一个钊文袋,你见在那里?还了我罢。(小旦)你那一只手交与我?到来问我讨还!(生)难道璧沉沉江汉无凭准,好返镐池君[17]。(小旦)在到在我身边。你做人狠得紧,我要留在此做欛柄的,没得还你。(生)甚么欛柄,不过五十两金子在里面。你要,就送了你。黄金闪烁堪献芹[18],赠遗何吝。(小旦)难道只有金子在里面?我今日要与你讨个了当,省得明日做出谋反大逆的事来,连累着我母子。你好好写一纸休书与我。(生)这个何难,我就写。(生写介)(小旦)中间要写说"任凭改嫁张三"。(生)哦,这等,王妈妈说是真的了。我就写这一句。(写完付小旦介)(生)你如今好还我了。(小旦)我决没得还你的。(生夺得袋中刀介)你看我有刀,不怕你不还我。(小旦)我不还,难道杀了不成?(生)手儿内光闪闪锋难近,心儿内气愤愤情难忍。

(小旦)四邻八舍,宋江通了梁山泊,思量谋反,到要杀妻子哩!(生)这等可恶!(刺小旦倒在卓上介)(生)你看他已死了,待我把钊文袋挂在身边,把被儿来复了这尸骸,与阎妈妈说一声儿去罢。

【红绣鞋】一朝血溅红裙,红裙。一时粉碎青萍[19],青萍。把骸骨,复罗衾。把鱼雁,袋钊文。阎妈妈,你的女儿被我杀了,我如今自出门去哩。把蜡屐[20],出柴门。

(老旦上)自不整衣毛,何须夜夜号。公明为何要去得这般紧?(入见小旦死,哭扯住生介)我的女孩儿原不好,你该杀他的。只是你要养我的老便好。(生)这个何难。(老旦)只是他与公明做了一场夫妻,买口好些的棺木盛了他,也见你平日的情。(生)这个使得。(老旦)这等老身与公明同去。

【尾双声】(老旦)今朝相吊怜形影,谁伴桑榆悲晚景?(拖小旦下)(老旦同生行介)(老旦)陌上愁看泪满巾,(生)管教你春草秋风老此身。

星河无梦夜悠悠,恼乱司空犯斗牛。

人世几回伤往事,他生未卜此生休。

〔注〕①邮筒浮沉：南朝宋刘义庆《世说新语·任诞》："殷洪乔作豫章郡，临去，都下人因附百许函书。既至石头，悉掷水中，因祝曰：'沉者自沉，浮者自浮，殷洪乔不能作致书邮。'" ②一饭千金：汉韩信早年落魄，得一漂母济以饭食，后他佐刘邦消灭项羽建立汉朝，封楚王，遂找到漂母赠以千金。③鸿鳞：即鱼雁，指书信。④琼瑶报：指美好的报答。《诗经·卫风·木瓜》："投我以木桃，报之以琼瑶。"琼瑶，美玉。⑤衡门：横木为门。《诗经·陈风·衡门》："衡门之下，可以栖迟。"⑥"衡阳"句：衡阳有回雁峰，传说大雁南飞至此止。此句出唐高适《送李少府贬峡中王少府贬长沙》诗。⑦张敞：汉人，曾官京兆尹，爱为妻子画眉，京师盛传"张京兆眉妩"。⑧契阔：《诗经·邶风·击鼓》："死生契阔，与子成说。"契，合；阔，离。此处偏义在"阔"，谓分离。⑨旁午：交错、纷杂。《汉书·霍光传》："受玺以来二十七日，使者旁午，持节诏诸官署征发，凡千一百二十七事。"⑩霜闺：霜，同孀，寡居女子。闺，内室。⑪檀痕：晋潘岳小字檀奴，美姿容。后人以檀郎称代美男子。"檀痕"即檀郎之踪迹。⑫瘦沈：南朝梁诗人沈约与徐勉书云："百日数旬，革带常应移孔。以手握臂，率计月小半分。"后因以"沈腰"喻身体瘦削。⑬梨云：宋张邦基《墨庄漫录》引唐王建《梦看梨花云歌》："薄薄落落雾不分，梦中唤作梨花云。……无人为我解此梦，梨花一曲心珍重。"⑭梦蝴蝶：《庄子·齐物论》："昔者庄周梦为胡蝶，栩栩然胡蝶也，……俄然觉，则蘧蘧然周也。不知周之梦为胡蝶与？胡蝶之梦为周与？"后因以"蝴蝶梦"喻迷离惝恍的梦。⑮唾井：《玉台新咏》载刘勋妻王宋《杂诗》之二："千里不唾井，况乃昔所奉。"喻念旧不忘。此处"甘唾井"，反用其义。⑯楚弓遗影：即杯弓蛇影。⑰镐池君：水神名，一说指周武王。镐池在陕西长安古城西。秦始皇二十八年时，渡江沉玉璧。后使者夜过华阴，有人持璧遮使者，曰："为吾遗镐池君。"见《史记·秦始皇本纪》。裴骃《史记集解》："张晏曰：'武王居镐，镐池君则武王也。武王伐商，故神云始皇荒淫若纣矣，今亦可伐也。'"⑱献芹：《列子·杨朱》："昔人有美戎菽、甘枲茎、芹萍子者，对乡豪称之。乡豪取而尝之，蜇于口，惨于腹。"后以"献芹"作礼物微薄之谦称。⑲青萍：宝剑名。⑳蜡屐：以蜡涂屐。此指鞋。南朝宋刘义庆《世说新语·雅量》："或有诣阮（孚），见自吹火蜡屐。"

《水浒记》重要关目、关键场景的描写，丰满、细腻，精彩、独到，有时还暗寓深意。其中尤值得称道的是《感愤》和《冥感》两出。这两出戏是阎婆息（惜）与两个异性感情纠葛的最后结局。《感愤》（即《杀惜》）成功改编原作，用戏曲这种艺术形式重新演绎小说的经典性描写，取得异曲同工、各呈奇彩的杰出成就。《冥感》（即《活捉》）是作者的全新创造，达到与《感愤》交相辉映的艺术成就。

梁山喽啰奉晁盖之命带书信和黄金来酬谢宋江。《水浒传》中这差使是刘唐承担的，这里改为喽啰，酬金原为一百两，也改为五十两。这样的修改，似没有必要。

宋江被阎婆拉回家中，婆息（惜）听说"三郎来了"，以为张三郎来了，心想又可重温鸳梦。不知此"三郎"不是那"三郎"，来的是孝义黑三郎宋江，她的满腔热情，便马上从沸点一下子降到冰点，但在下楼梯时讲的风话却收不回去了，不免有点儿尴尬。两人"坐楼"时互相冷落和互相嫌恶，是尴尬的冷场，非常难以描写，这里却叙述得历历如绘，栩栩如生。《水浒传》原本有这一情节，《水浒记》改编得也颇为传神。

这出戏，在昆剧舞台上称为《杀惜》，后来京剧也常演，称为《坐楼杀惜》。二十世纪八十年代，上海人民艺术剧院又据此改编成话剧上演，也颇获成功。

今人评论这出戏说："杀惜一场，戏曲细致准确地避免对宋江直接有所指斥，它对他不得已而出此毒手作了令人信服的刻画。""作为起义的未来领袖，宋江杀息(惜)是不得已而出此下策。作为阎婆息(惜)的丈夫，他没有处死她的权力。起义的正义性和封建夫权思想在他身上交错。阎婆息(惜)即使如卫道者斥责的那样出于水性杨花，而不是由于丈夫不爱她，那也罪不至死。"(徐朔方《许自昌年谱·引言》)宋江杀她，并非夫权思想作祟，本出中特地点明，王妈妈已向他密告婆息(惜)与张三的奸情，宋江并不计较此事。小说中婆息(惜)向宋江逼讨一百两黄金，而宋江只拿了刘唐一两金子，他答应日后补给婆息(惜)，婆息(惜)坚逼不放；戏中婆息(惜)也已拿到休书和许嫁张三的书面允诺，又拿到五十两金子，还不肯归还晁盖之信，于是将事情彻底搞僵，已使宋江没了退路。她在争吵抢夺中又高呼"杀人"，更将宋江逼入绝境，宋江只能立即杀人灭口，以免惊动众人，当场被抓。这自然是阎氏利令智昏，咎由自取。

宋江在与婆息(惜)的斗气和争执中也是有教训可以吸收的。他一再忍让，是大智量人的退一步法，这是正确的。但在小说原著中，他没有做到冷静对待阎氏的无理取闹，而是心中非常生气，人一生气便容易丧失理智，表现在宋江身上就是粗心地遗落了钊文袋，将把柄送到了对方的手中。他连婆息（惜)与同事通奸也能冷静对待，能够容忍，那么，是可忍孰不可忍？为自己心目中无足轻重的女子的言语和态度而怄气，没有必要。而剧中的宋江完全是因粗心而忘拿此袋，更不应该。宋江不是普通的人，他是有政治头脑，胸怀大志的人。做事如此欠仔细，岂能不坏事。宋江本是极有心机之人，但有时失算，所谓"智者千虑，必有一失"，《水浒传》和《水浒记》写出这个生活真实，非常高明。

此出戏中对阎婆的性格刻画也非常成功，她一面假意应酬宋江，一面暗劝女儿，显得左右逢源，应付裕如。当她发现宋江杀了女儿时，并不惊怒起急，而是用非常得体的语言稳住宋江，伺机发难，最终使宋江被捕入狱，借助官府为自己的女儿报了仇。此人因其地位和教养的限制，固是一个卑俗人物，但她的急智和镇定则罕有其匹。《水浒传》和《水浒记》描绘这个市井老妇举重若轻，寥寥几笔即栩栩如生，都是大家手笔。

这出戏描写英雄被美人所逼，英雄被迫手刃美人，戏剧性极强。照理宝剑归壮士,美人配英雄,此乃天作之合。《水浒传》和《水浒记》则反其道而行之,美人嫁英雄,英雄却不爱美人,还杀美人,这是多么强烈的反差,它打破流行公式,确是卓越的艺术创造。因此这出戏堪称中国和世界戏剧史上的经典名篇之一,为杰出的表演艺术家提供了很好的英雄用武之地。著名艺术家周信芳主演的京剧《坐楼杀惜》就有彩色电影传世,读者有机会观看时切勿错过。 (周锡山)

水　浒　记　　许自昌

第三十一出　冥　　感

【满江红】(小旦扮鬼魂上)绛树摧残同木槿,余芬未泯。向偷香深处,当垆旧径。月下空归环珮冷,星前暗泣铅华褪,蜡烛成灰泪尚零。千秋恨。

〔忆王孙〕手披荒草看孤坟,怀旧长沙哭楚云[1],不见当时劝酒人。泪沾巾,两地各伤无限人。　奴家阎婆息,自遭狂且毒手,已从鬼箓潜身。只是柳性未寒,云情尚在。哎,张三郎!张三郎!你此后只就画图识春风之面,我今日且携环珮归月下之魂。不免乘黄昏人静,到他那里走一遭则个。

【梁州序】马嵬埋玉[2],珠楼堕粉[3],玉镜鸾空月影[4]。莫愁敛恨[5],枉称南国佳人。便医经獭髓[6],弦觅鸾胶[7],怎济得鄂被炉烟冷[8]?可怜那人去章台也[9],一片尘凝,铜雀凄凉起暮云[10],看碧落箫声隐。色丝谁续恹恹命?花不醉下泉人。

早已到张三郎门首了。你看门儿紧闭在此,不免唤醒了他,慢慢的进去则个。(唤介)张三郎!张三郎!(净应上)遥怜北窗月,罗绮自相亲。半夜三更,是那一个叫我?(小旦)三郎,是奴家。(净)古怪!是个女人家的声音,怎么此时来到这里,把我相唤?(小旦)三郎,你怎么不开门?(净)你是那一个?

【渔灯儿】莫不是向坐怀柳下潜身[11]?莫不是过男子户外停轮?莫不是携红拂越府私奔[12]?莫不是仙从少室,访孝廉封陟飞尘[13]?

(小旦)三郎,奴家的声音,难道就听不出了?(净作疑介)小生实是听不出。

【锦渔灯】(小旦)我是那怀扼臂薛昭临赠[14],我是那去辽阳丁令还灵[15]。（净惊介）你这等说，是个鬼魅，敢是还魂转来的？（小旦）我未能勾鹦鹉重逢环玉痕[16]，暂临风携将金碗出风尘[17]。

（净惊介）哦，我记得出了，你敢是阎婆息？（小旦）奴家便是。（进）（净见小旦惊避介）（净）呵呀，小娘子，自古说得好：冤有头，债有主。你该寻宋江，怎么到来寻我哩？你，你，你只该，

【锦上花】向严武索命频[18]，怎么到恨王魁负桂英？好似妖蛟夜舞欲欺人。（小旦）奴家今夜不为讨命而来。（净）这等，这等，我不曾招屈子楚些吟[19]，不曾学崔护视殓殷。因甚么画图魂返牡丹亭，隐现毕方形[20]？（小旦笑逼净）（净远介）（小旦）三郎，不消骇怕得。

【锦中拍】你只道那重泉路阴，把幽魄沉沦。那里晓得鸳鸯性打熬未瞑，花柳情摧颓犹剩，恰好的向夜台潜转一灵。似云华魂还长寝[21]，似倩女魂离鬼门[22]。须信道紫玉多情[23]，英台含恨[24]，因此背鱼灯涉巫岭[25]。（净近小旦介）

（小旦）三郎，你看我的容颜比往常何如？（净看笑介）一些儿不改。

【锦后拍】觑着伊俏庞儿宛如生，娇吐依然旧莺声，打动了我往时逸兴，我往时逸兴。银蜡下鸾交凤滚，向纱窗中重拥麝兰衾。仿佛听，鼓瑟湘灵隐隐[26]，真个春蚕丝到死浑未尽。

（净）娘子，还记得生前的行径么？（小旦）奴家怎么不记得？我想当时呵，

【骂玉郎带上小楼】小立春风倚画屏，好似萍无蒂，柏有心[27]。珊瑚鞭指填衡门，乞香茗。我因此卖眼传情，慕虹霓盟心，慕虹霓盟心[28]。蹉跎杏雨梨云，致蜂愁蝶昏，致蜂愁蝶昏。痛杀那牵丝脱纴，只落得捣床捶枕。我方才飏李寻桃，才飏李寻桃，便香销粉褪，玉碎珠沉。叹浣纱溪鹦鹉州共夜壑阴阴，今日里羡梁山鸳鸯冢并。（净）正是，我如今思量起来呵，你——

【前腔】李代桃僵翻误身，恨他翻为雨，复作云。可怜红粉付青萍[29]，泪沾巾。好似一膏火生心，苦时时自焚，苦时时自焚。正捱剩枕残衾，值飞琼降灵[30]，值飞琼降灵。骤道是山魈现影，又道是鹍弦泄恨[31]。把一个震耳惊眸，把一个震耳惊眸，博得个荡情怡性，动魂飞魂。看赴高唐，向阳台雨渥云深[32]，又何异那

些时鹣鹣影并[33]。

(小旦)三郎,奴家看起来,我既舍不得你,你又活不得我,不如我与你结一个鸳鸯冢,完了两人的夙愿罢。(净惊介)这个怎么使得!(小旦)我顾不得,只是扯了你同去便是。(小旦扯净)(净挣不脱介)

【尾声】(小旦)何须鹏鸟来相窘,效于飞双双入冥,我才得九地含眆鸳冢安然寝[34]。

〔注〕①"怀旧"句:汉贾谊受任为长沙王太傅。因长沙地卑湿,忧寿不得长,意不自得。渡湘水时,作赋吊屈原。见《史记·屈原贾生列传》。②马嵬:地名,在今陕西兴平西。安史之乱中,唐玄宗奔蜀,行经马嵬,护卫兵士在禁军将领陈玄礼支持下哗变,迫玄宗令杨贵妃自缢,死葬于此。③堕粉:晋石崇有爱姬绿珠,孙秀求之,石崇不与。后孙秀官中书令,遂借机捕杀石崇,绿珠亦跳楼而死。④"玉镜"句:《太平御览》引南朝宋范泰《鸾鸟诗》序:"昔罽宾王结罝峻卯之山,获一鸾鸟……三年不鸣。其夫人曰:'尝闻鸟见其类而后鸣,何不悬镜以映之?'王从其意,鸾睹形悲鸣,哀响冲霄,一奋而绝。"此用"鸾空",含生死别离之意。⑤莫愁:古乐府中所言女子,一为石城(今湖北钟祥)人,一为洛阳人。⑥獭髓:三国时吴孙皓宠妃邓夫人伤颊,太医言得白獭髓,杂玉及琥珀屑,敷治后可灭疤痕。⑦鸾胶:传说海上有凤麟洲,多仙人,以凤喙麟角合煎为胶,可续弓弦。见《十洲记》。⑧鄂被:春秋时鄂君子皙泛舟于波中,有越人拥楫而歌,表示爱慕之情。鄂君于是"揄修袂行而拥之,举绣被而覆之"。见刘向《说苑》。⑨人去章台:唐韩翃寄妾柳氏诗:"章台柳,章台柳,昔日青青今在否?纵使长条似旧垂,也应攀折他人手。"见唐孟启《本事诗》。⑩铜雀:东汉末曹操所建台名,故址在今河北临漳,曹操遗命葬己于邺之西岗,妾妓在铜雀台上早晚供食,每月初一、十五奏乐唱歌,诸子瞻望陵墓。⑪柳下:指春秋时的柳下惠,姓展,名获,字禽,食邑柳下,私谥惠。此用其坐怀不乱之典。⑫红拂:唐传奇《红拂传》中人物,姓张,她本在越国公杨素府中,识李靖为英雄,遂私投李靖。⑬封陟:人名。《太平广记·封陟》记封陟居少室读书,有仙女夜降,求为配偶。⑭扼臂:臂钏。唐罗虬《比红儿诗》:"金粟妆成扼臂环。"薛昭:唐人,据《太平广记》卷六九《张云容》条记载,元和末为平陆尉,一日为田山叟引至一地,见三女子,内一女名张云容,自称为杨贵妃侍儿,与之对诗,谐燕婉之欢,并以金扼臂为赠。盖三女实为仙人。后昭与云容同归金陵幽栖。⑮丁令:传说辽阳人丁令威入山学道成仙,化鹤归来,停华表上。有少年引弓欲射,鹤乃飞鸣作人语曰:"有鸟有鸟丁令威,去家千年今始归。城郭如故人民非,何不学仙冢累累。"见《搜神后记》。⑯鹦鹉重逢:唐天宝中,岭南献白鹦鹉,能言,明皇及杨妃均爱之,呼为雪衣女。后被鹰扑杀。见郑处诲《明皇杂录》。⑰携将金碗:唐人传奇《卢充》记卢生入崔少府幕中,与其女成婚。数年后,卢生于水边见一犊车,崔氏女坐其中,抱三岁儿与之,并赠金碗。⑱严武索命:严武,唐西川节度使。年八岁时,因父宠妾玄英而薄待其母,遂以铁锤击杀玄英。见《唐语林》。⑲楚些:楚辞《招魂》(旧说谓招屈原之魂)篇每句末有"些"字,故云。⑳毕方:神名,《广雅》:"木神谓之毕方。"又《山海经图赞》谓毕方是火神,鸟形赤文。㉑云华:贾氏女,与魏鹏相恋,婚事不遂,郁郁死。后借尸还魂,复与魏团圆。见冯梦龙《情史》。㉒倩女:《太平广记·王宙》载唐张镒有女倩娘,端妍绝伦,有甥王宙聪悟英俊,镒曾表示要以倩娘许配给王宙,后张镒忽将女别字,王宙只得托辞他去,半夜倩娘来会。五年后回家,游外之倩娘与

在家卧病之倩娘翕然相合为一体,因知外出之倩娘实为游魂。 ㉓"紫玉"句:吴王小女紫玉因爱恋韩重不遂,郁郁死,后魂魄现形见韩重。见《搜神记》。 ㉔英台:祝英台,与梁山伯相爱,殉情化蝶。 ㉕"鱼灯"句:明高启《吴女坟》诗:"鱼灯照艳魄,夜冷珠衣薄。" ㉖鼓瑟湘灵:湘灵,湘水女神。传说常于湘水鼓瑟。《楚辞·远游》:"使湘灵鼓瑟兮,令海若舞冯夷。" ㉗柏有心:黄柏一名黄蘗,皮外白里深黄色,味苦。《乐府诗集·清商曲辞·子夜歌》:"自从别欢后,叹音不绝响。黄蘗向春生,苦心随日长。" ㉘虹霓:即虹蜺。传说虹蜺有雌雄之别,色鲜盛者为雄,色暗淡者为雌。《春秋元命苞》又谓乃阴阳之精。 ㉙青萍:宝剑名。 ㉚飞琼:传说中的仙女,为西王母侍女。 ㉛鹍弦:用鹍鸡筋制的弦,非常坚韧。 ㉜"看赴"三句:用战国楚宋玉《高唐赋序》楚王与神女巫山云雨之典。 ㉝鹣鹣:比翼鸟。 ㉞"我才"句:九地,九泉。胪(lú),瞳人。

《冥感》描写阎婆息(惜)死后,她的鬼魂不忘旧情,仍在思念张三郎,便赶到张三郎家里,将他捉进阴间,以求团圆,偿了夙愿。活捉张三郎,想象奇特,情节诡异,演来引人入胜。这个情节,既完满地完成了婆息(惜)的戏剧动作,又满足了观众的期待心理——观众痛恨张三,希望他恶有恶报,张三一死,观众抱恨之心便释然了。这场戏既是全剧的压台戏,也是昆剧舞台上至今常演的著名折子戏,出名则索性改为《活捉》。京剧也有改编本《活捉》。

徐朔方先生评论此出,有颇精到全面的观点,他认为:"阎婆惜(息)和张文远的私情在原作中只是作为杀惜的张本,并未有意加以渲染,可说是未经发掘的局部性题材。《水浒记》偏偏在这里乘虚而入,大事渲染,得到意想不到的成功,主要在于《活捉》(原名《冥感》一出)。"又指出阎婆息(惜)"作为宋江的小妾,即使她得不到任何抚爱,也要对他忠实,这是不合理的要求。现实生活丰富多彩,不受任何教条的约束。我们不能要求文学作品中的男女角色不是十全十美的正面人物,就是不可救药的反面人物。许自昌苦心孤诣地深入到卑贱者阎婆惜(息)的灵魂深处,在罪恶和无邪的犬牙交错的界线上作出有益的探索,以它的别具一格得到不可替代的成就。晚明社会思想和文学艺术的时代特征:它不是伴随资本主义原始积累而降临的文艺复兴,然而又有类似文艺复兴的若干征象。说它们是新生事物,却包含着太多的封建因素;说它们陈旧,却又不是传统所能概括。《水浒记》的《活捉》恰恰是这一特征的具体而微的体现。"(《许自昌年谱·引言》)以上评论,完全适用于阎、张的感情纠葛这一情节线,当然我们也要看到,阎氏因硬扣钊文袋和晁盖来信,争执抢夺中又在万籁俱静的深夜高呼宋江通寇和杀人,将双方都逼进了死路,宋江只能杀人灭口。许自昌对阎氏的同情,也因为他自己的母亲也是小妾,且嫁了一个比她大约三十岁的丈夫。作家个人的出身、经历、家庭情况和社会地位,对其创作倾向往往有重大影响。

徐扶明先生则批评"阎婆惜(息)所识非人,轻易被诱",而且"发展到为了他们的暧昧关系，不惜从政治上去伤害宋江，就完全失去了人们的同情”。他又认为，《水浒传》“原著对张三的结局无交代”，此出可以弥补原著的缺憾。张三被活捉时感到奇怪：“冤有头，债有主，你该寻宋江，怎么来寻我哩？”在他想来，宋江杀了她，她就该寻宋江报仇索命。婆息(惜)却回答：“奴家今夜不为讨命而来”，“效于飞双双入冥，我才得含胪鸳冢安然寝。”因为张三曾向阎氏发誓：“若得神女绕巫山，香梦圆，便做韩重赴黄泉，鸳冢安。”作者强调发誓必须兑现。徐扶明先生认为：“他终于落个做‘风流鬼’下场，咎由自取。所以活捉三郎不同于活捉王魁，前者是情勾，是嘲笑；后者是索命，是怒骂，但皆成文章，皆有戏。”(《〈水浒记〉与〈宋十回〉》)

作者在对阎婆息(惜)的同情的基础上，在戏中增强了婆息(惜)珍重她与张三恋情的意识，即使做了鬼还不能忘怀，要将张三拖到阴间去同甘共苦。这样的描写既丰富了情趣和笑料，以便吸引观众，又淡化色情因素，批判这个花心无行、逢场作戏的丑恶色鬼形象，同情婆息(惜)未能得到丈夫应有之爱和所遇非人的不幸遭际，把握的分寸颇为确当。

昆剧《活捉》之演技最见功力。阎婆息(惜)的大段唱功和鬼步圆场，张三郎的繁重做功和矮步、提气、痰塞等高难技巧，均需两位角色互相高度配合，从而严丝合缝，相得益彰。

《感愤》和《冥感》这两出戏，在曲坛长演不衰，为杰出艺术家提供了发挥才华的广阔艺术空间。这两出戏和整个《水浒记》在文学史上固然堪称杰作，而其在戏曲艺术史上的地位则更高于文学史，具有多方面的意义。《水浒记》在改编文学巨著《水浒传》时不仅忠于原著，保留和发扬原著的精华，更能做出自己新的出色创造。在改编过程中，对同一题材的表现和创新能充分发挥新体裁的审美表现力，这既体现在戏剧动作及人物语言的直观性、喜剧性都较原著强烈和有力等方面，也体现在充分考虑读者和观众的不同接受效应(如现场的炽热感和舞台的煽情效应，对大团圆的执着追求)等方面，此出即是出色的典型。《冥感》用出人意表的人物心理和结局来勾画一个特殊的团圆。婆息(惜)被杀后竟在阴间不甘寂寞，思念起阳间的昔日情人，这种人物心理颇出观众的意料之外，但又符合人物的性格和不幸的遭遇，显得十分合情合理。这种心理不仅获得观众的理解，更且能博得观众的同情。于是观众在欣赏此出戏时，获得意外的双重满足：阎、张的“团圆”令观众解颐，这个负情色鬼死于非命又使观众解恨。活捉的戏剧动作让观众获得双重的审美享受：活捉的阴森凄惨，让观众感到恐怖，恶有恶报的结局有令人警慑的教育效果和惊险的审美快感；张三先以为艳福降临，感到意外之喜，接着发现对方是鬼，非常害怕，继而感到宋江才是女方的仇人，对婆息（惜）不去报复宋江却来拖己赴阴大惑不解，随即又恍然大悟，一系列的跌宕表现和滑稽动作又有很强的戏剧性，使观众获得一种开怀一笑后又有隽永回味的审美体验。此出戏能将恐怖和戏谑两种反差极大的审美因素天衣无缝、互相交融地完美结合，不愧为大手笔。 （周锡山）

【戏曲家小传】

王玉峰

字号事迹不详。松江（今属上海）人。约明嘉靖初至万历时在世。作有传奇《焚香记》、《钗钏记》、《羊觚记》。前二种存，《羊觚记》已佚，仅《传奇汇考标目》别本著录。《焚香记》较有名，演王魁负桂英事。《钗钏记》一说为月榭主人作，非王玉峰作，一说月榭主人即王玉峰别署。

焚　香　记

王玉峰

第二十四出　构　　祸

【玉楼春】（旦上）人寂寂，昼沉沉，眼前无事不伤心。落花啼鸟浑如昨，镜里朱颜病里身。都不觉，又经春，思君还怨君。

屈指归期空自数，暗卜无凭，岩岩瘦影伴青灯。鸟啼知是晓，强起不胜情。奴家只为儿夫久无音信，展转思量，心情恍惚，神魂飘荡。又被金垒这厮将财物买转那娉媄意儿，逼奴改嫁，见奴死不顺从，又逼我兜笼阵马，卖俏倚门。这般所为，狗彘不若。天那！妇节不可毁，夫义不可忘。妈妈，任你设计施谋，决不随波逐浪！

【越调斗鹌鹑】雨歇云收，天长地久。月缺花残，风僝雨僽[①]。想我那丈夫，自前春去后，至今杳无音信。他敢恋着路柳墙花，饮闲茶浪酒。莫不是酸子心，蜜钵口，多虚少实，将没作有。

【紫花儿】怪牙队千般讪嗽[②]，恨柳青百种搓揉，喜孛老几番搭救[③]。妈妈，你要逼我做娼家事干呵，磨折了轻盈燕体，哽咽的宛转莺喉。休休，则把那弄月吟风一笔勾。拜辞了夜阑珊酒淹衫袖[④]，尫羸体惊惊怯怯[⑤]，别离情荡荡悠悠。

（末扮张昌上）未解嫦娥意，难通月老情[⑥]。强将三寸舌，欲结百年姻。自家金大员外掌家的张昌便是。俺员外向日欲娶谢家桂英姐为妻,那桂英姐已自嫁了王魁了。我员外又强逼他,他却抵死不从。如今员外在京又写书回来,教我到他家里去说亲,不知他是何等见识,不免与他走一遭。正是:说不说由我,肯不肯由他。此间已是谢家门首,不免叫声,有人么?(旦)呀,外面谁叫?是个男子汉声音,不免叫妈妈出来。妈妈,外面有人。(丑上)门户冷凄凄,谁人独扣扉。是谁?(见末介)呀,张昌哥,到此贵干?(末)我员外京中有书回来说,多多拜上妈妈,桂英姐亲事,务要主张主张。即日回来,自当重谢。(丑)我孩儿在里面,你进来自与他说。(介)我儿,这是金大员外家张昌哥,那员外又教他来说你亲事,决然嫁了他罢。(旦)妈妈,他怎么又来胡缠?(丑介)张昌哥,你看我孩儿这般丰姿,莫说做你员外的院君,便是夫人也做得过。

【北小桃红】(末)举头儿见了女娇姿,一捻儿腰肢瘦,柳叶眉儿更清秀。姐姐,何不及早回头?酸心苦志徒生受。你娘儿却把聘财收,将心自穷究,则不如别效了鸾俦⑦。

(旦)张昌哥,我本宦家之女,出于无奈,误落在此。你员外这般为富不仁,潜地里与我妈妈财物,待要娶我为妻,教他梦喃喃,休想,休想!(末)姐姐,我员外是个读书君子,就嫁了他,有何不好?(旦)你员外是个读书君子,早些,早些。

【秃厮儿】金员外他暗里施谋,(末)你家妈妈把聘财都收下了。(旦)我娘呵潜地把聘财收,敫桂英休想将明珠暗投。富家郎,富家郎,枉下了攀花手。俺这里,俺这里,海棠枝绿绡红皱。请垂钓的哥哥别处下了钩,休恋这一搭儿野水滩头。

(丑)贱人!那王魁做了飞禽走兽,你也跟了他去。(旦)妈妈,常言道:嫁鸡逐鸡。

【麻郎儿】那些个逐鸡飞,同栖共宿。(丑)那王魁死了,你也死了罢。(旦)俺情愿孤守,便死在黄泉路相逐。(丑)这如今也由你做主不得。(旦)俺身虽似无樯没缆舟,早难道随波浪飘流。

(丑)你如今待要怎么?

【圣药王】(旦)我如今行也守,坐也守,盼归期,一度儿价一登楼。朝也愁,暮也愁,俺记得送他时,一步儿价一回头。娘,你再休想重匹配燕莺俦。

(末)妈妈,你姐姐坚志不从,我且回家复我员外,再作区处。(丑)你待员外回来,多多上复他,有老身在此,断不由他。教他:准备羁縻鸾凤青丝网,(末)早办牢络鸳鸯碧玉笼。(下)(丑)桂英,我说与你知道,那金员外有无数金银,为何不肯嫁他?情愿守着王魁,怎能彀出头的日子。趁你青春年少,正好做人,只怕后来叶瘦花残,悔之晚矣!

【络丝娘】(旦)谢妈妈慈悲我花残叶瘦,俺则是清耿耿梅侣松俦。一马一鞍古来有,那里有一抛一就。

(丑)我略施些计儿,不怕你不嫁他。

【东原乐】(旦)妈妈休呈丑,谩掩羞。急攘攘迎奸的机彀,空一蹙双眉皱。(丑)你若不嫁那金员外,王魁回来也不许他完聚。(旦)这也难道,我与他呵,是明白夫妻愁也不愁。空厮耨,他归时怎生价迤逗?

(丑)不信你那贱人苦死为那王魁,如何书也不寄一封与你?(旦)妈妈不要慌,早晚想必有书回来也。(小生上)辛勤来路远,已喜到莱阳。此间已是鸣珂巷[8],不知那一家是谢家?这黑门里问声则个。里面有人么?借问一声。(丑)是那个?(小生)妈妈,借问那一家是谢公家里?(丑)我家便是,为甚么?(小生)原来府上就是,贺喜,贺喜!(丑)贺甚么喜?(小生)王状元老爷寄家书在此。(丑)那个王状元?(小生)新状元王魁。(丑)呀,王俊民中了状元[9],且喜,且喜!小哥少待。孩儿,贺喜,贺喜!你丈夫中了状元,差人寄书在此。(旦)有这等事,谢天地,谢天地!待奴家请公公出来。公公有请,我丈夫中了状元,差人寄书在此。(外)可喜,可喜!正是:十年窗下无人问,一举成名天下知。寄书人在那里?(见介)小哥多劳你,那书是王状元与你寄来的?(小生)是他亲手与小子的。(外)请里面小饭。(小生)小子去程要紧,不必赐饭。(外)既如此,白金一封,聊作相酬。(小生)多谢,多谢!就此告去了。迹似天边鸟,身如水上萍。(下)(丑)孩儿,你如今就是夫人了。我早是不曾打你骂你哩,我有甚么小节不到之处,不要记心。(外)妈妈,不要闲说,我说他必定是个贵人,你只管欺落他,今日如何?(丑)这是我有眼不识,你把书读与我听。

【玉交枝】(外)王魁具柬,附投入桂姐妆前。到京身体粗康健,不劳再赐萦牵。幸然一举作状元,韩丞相招赘为姻眷。(旦)怎么说个招赘?(外)后边一发跷蹊了。我既有新姻,难全旧缘。若要改嫁人,任从伊便。

(旦)他元来又娶了妻子。(丑诨介)(旦)王魁你负得我好苦!(倒介)(丑)好,好!这贱人今日也等王魁,明日也等王魁,今日如何负了你?(外叫介)(丑)老儿不要採他⑩,我与你自进房去,说与二姨知道。(拖外介)正是:亏心折尽平生福,行短天教一世贫。(下)(旦醒介)

【鬼三台】俺如今空僝僽,无奔投,险些儿向鬼关走。这其间夙冤牵下,到头怎罢手?王魁,你恋新婚,待休便写休。想着那旧恩情,待勾怎的勾?却教我似鬼如魔,忘前失后。

【煞尾】三年恩爱徒生受,迷天恨九霄云上头。这般硁硁的怨癖怎成灰⑪,争得这冤家在眼前,与他结扭。

我如今这般怨恨呵,怎生与他干休!想前日他与我海神庙焚香设誓,不免明日到海神面前诉这情由,好生与我勾拿这负心贼!

【尾声】他欺人也索神不祐。王魁,你恶狠狠蛇心佛口,我便到黄泉也须把你这歹魂儿勾。定与我倒断了前番咒。

王魁那负心贼!(下)

〔注〕 ① 风僝(chán)雨僽(zhòu):风雨折磨、摧残。 ② 牙队:此指鸨婆谢妈。古时称娼妓为牙娘,见《称谓录·娼》。 ③ 孛(bèi)老:戏曲中老年男子的俗称,外、末、净等角色都可以扮演。元杂剧已有之,如《窦娥冤》里称张驴儿之父即是。 ④ 阑珊:衰落、将尽的意思。这里指夜色将尽。 ⑤ 尪(wāng)羸体:瘦弱的身体。宋苏轼《上神宗皇帝书》:"世有尪羸而寿考,亦有壮盛而暴亡。" ⑥ 月老:月下老人,传说中专给未来夫妻系红线联系的人物。典出唐李复言《续玄怪录》。 ⑦ 鸾俦:比喻夫妻或情侣。鸾,凤凰一类的神鸟。 ⑧ 鸣珂巷:此指妓院聚集的街巷。唐代长安有一条街叫做鸣珂里,巷中有妓院。唐白行简《李娃传》:"自平康东门入,将访友于西南,至鸣珂里。" ⑨ 王俊民:即王魁,俊民是其字。 ⑩ 採:同睬。⑪ 硁(kēng)硁:小人固执的样子。《论语·子路》:"硁硁然小人哉!"疏曰:"硁硁,坚实难移之貌也。"

《焚香记》是根据宋代流传的民间故事,及同一母题的戏曲作品改编的,敷演书生王魁和妓女敫桂英的婚姻波折,歌颂"王魁守义,贵不易妻;桂英坚志,死不改节”，给传说中的负心人王魁翻案。戏的内容是：济宁王魁落第，羞归故里，困居于莱阳，与敫桂英两情相悦而结合。下科试期临近，桂英担心丈夫及第后变心，便拉他到海神庙里焚香盟誓。王魁高中状元，除授徐州佥判，韩丞相派官媒前来招赘，他乃以早有妻室辞拒，并修书要桂英同往任所。莱阳富豪金垒早就垂涎桂英美貌，曾设谋娶之为妾未遂。这时他也在京城，竟以巧言欺骗捎信人，乘机套改王魁的家书为休书。桂英见后，痛恨丈夫薄幸，遂至海神庙里哭述，自缢身死。其鬼魂再次告到海神殿下，神命鬼卒和桂英一起捉拿王魁归案，两相对质，真相大白。桂英还魂后，又经历了一场战乱，夫妻方得完聚。最后金垒套改家书事发，下狱病死，王魁则以战功升授翰林学士，全剧在皆大欢喜中结束。

《构祸》是其中一出观赏性较强的戏。它围绕桂英悲剧命运降临的前后，安排了两种冲突，一是桂英和逼嫁一方的冲突，一是她见了休书以后思想上与王魁的冲突。后者是全剧的主要矛盾，下文将充分展开。本出先写她的相思之情，继写金垒管家说亲，再写喜接王魁的家书，然后写她见是休书后痛不欲生的怨与恨。严酷的现实和恶劣的生存环境，促使她一变原本温柔贤淑的秉性，发展为坚贞刚烈的性格。与人为的灾祸抗争，反抗邪恶势力的摆布，维护个人的尊严和权利，成了她今后一切行为的主导。

桂英相思承前第十二出《饯别》而来，在那依依惜别的时刻，她曾深情地剪下一缕秀发，赠予王生，再三叮咛说：“我兰房寂寞甘心守，只是你风雨萧条客邸难。”王魁一去无音信，这才使她感到“人寂寂，昼沉沉，眼前无事不伤心”了。出于封建时代已婚女子特有的忧虑，饯别剪发时她就痴想过：“怎能勾剪却君心，试看果如君面？”尽管二人已在海神面前发过重誓，她还是不放心：“他敢恋着路柳墙花，饮闲茶浪酒。莫不是酸子心，蜜钵口，多虚少实，将没作有？”真挚、专一的爱情，是她的一种内在美质，也是她生活的动力。“镜里朱颜病里身。都不觉，又经春，思君还怨君”，内心的幽怨也出自她对丈夫的一片深情。纯洁善良、温柔贤淑和善于体贴人的性格，加上细腻缠绵、诗一样的情感表现，使桂英的形象更使人怜爱。谁能想到，奸邪小人播弄其间，一场性命攸关的不幸，正在等着她呢？

金垒强娶桂英为妾，蓄谋已久。前面《设谋》、《逼嫁》、《离间》、《诡书》等出，就是为此而设的。这个号称莱阳首富，自以为富得在历史上排行第四的家伙，见桂英“琴棋书画，女工针指，无所不通，更兼姿色绝伦”，早就想尝一尝“风流滋味”了。在他看来，没有钱所买不到的东西，妓女只是个玩物，只要见到大笔的钱财，她们便没有不顺从的。这次他在京城偷改书信得手，旋即指挥管家再次上门逼亲，没想到管家摇唇鼓舌，利诱了半天，又有鸨儿帮腔，桂英还是不从。

桂英贞洁刚烈的性格是环境逼出来的。她原本出自名家，只因家道中落，更兼父母双亡，一时衣棺无措，这才卖身于娼门。早年的良好教养，使她善良文静，待人温和；长大后，悲凉的身世和不幸的遭遇，才使她遇事总很警觉，处置果断。对金垒和鸨儿的肮脏交易，她早就有所戒备，始终采取痛斥的态度："你员外这般为富不仁，潜地里与我妈妈财物，待要娶我为妻，教他梦喃喃，休想、休想！"她蔑视他们，所以辛辣地唱道："富家郎，富家郎，枉下了攀花手。俺这里，俺这里，海棠枝绿绡红皱。请垂钓的哥哥别处下了钩，休恋这一搭儿野水滩头。"好不容易跳出火坑觅得的幸福，决不容许奸人毁灭，因而她有足够的勇气挺身而出，与邪恶抗争。同时，坚贞的爱情也赋予她力量和决心："俺情愿孤守，便死在黄泉路相逐。"她坚信王生一定会回来："我如今行也守，坐也守，盼归期，一度儿价一登楼。"见了如此正义凛然的态度，那管家只好灰溜溜走了。

王魁中状元的喜讯从天而降，不料同时寄来的却是一纸休书。这当口最痛心的是桂英，最卑劣的是谢妈。谢妈贪财慕势，丑态百出，前倨后恭，一会儿一副嘴脸。刚才她还气急败坏地嚷道："你若不嫁那金员外，王魁回来，也不许他完聚。"转眼间又说："孩儿，你如今就是夫人了，我早是不曾打你骂你哩，我有甚么小节不到之处，不要记心。"这一切皆取决于桂英地位的升沉。作家用淋漓酣畅的笔墨，写此庸俗不堪的市井形象，从而衬托桂英的贞烈，也给剧场平添一点喜剧气氛。桂英则从喜不自胜突然跌入悲痛的深渊，她最担心的事情发生了："三年恩爱徒生受，迷天恨九霄云上头。"她从昏厥中醒来，又从惶惑里走出，决定到海神面前申诉这冤情。"王魁，你恶狠狠蛇心佛口，我便到黄泉也须把你这歹魂儿勾"，这官司她打定了！

这场戏的特点可用一个"真"字概括。情真、事真，心理描写也真实可信。无论桂英之守节，还是鸨儿之爱财，管家之逼婚，无一不真，人物形象多彩多姿。明清之际戏曲家袁于令为此剧写的序中就说："兹传之总评，惟一'真'字足以尽之耳。"此外，作者用笔也能疏密有致，从相思、逼婚、喜报到构祸，一波三折，"曲尽人间炎凉喧寂景状"，收到了事半功倍的效果。由于在这出戏里已经初步展露了桂英的斗争锋芒，所以才能引出以下《陈情》、《明冤》、《折证》、《辨非》等一连串精彩的戏来，而使剧情奔向高潮。

（冯俊杰）

焚　香　记　　王玉峰

第二十六出　陈　　情

（外扮大王上）人间私语，天闻若雷；暗空亏心，神目如电。小圣海神的便是。判官何在[1]？(鬼判上介)(外)今日北方有一妇人,到庙伸诉冤枉,不许阻当。(介)(判)领法旨。

【正宫端正好】(旦上)恨漫漫天无际,王魁这贼,闪赚人无靠无依。我向那海神灵诉出从前誓,勾取那辜恩贼。

奴家被王魁背恩再娶,妈妈逼令改嫁,几乎殴死了也。此恨无由申泄,只得到海神庙,把昔日焚香设誓的情由,一一诉告海神爷,求他做个明证。(介)呀,这是海神爷,就把衷情申诉一番。爷爷,奴家姓敫名桂英,与济宁王魁结为夫妇。前年上京取应,与他在爷爷面前焚香设誓:誓同生死,若负初心,永堕地狱。如今他得中状元,别娶了韩丞相女为妻,一旦把奴休了,害得奴家上天无路,入地无门。奴家把前后因由细诉一番,望爷爷早赐报应那厮。

【滚绣球】他困功名阻归,寄莱阳淹滞,与奴家呵,水萍逢遂谐匹配。从结发几年间似水如鱼,我将心儿没尽藏的倾,意儿也满载的痴。谁想他暗藏着拖刀之计,一谜价口是心非。铁铮铮道生同欢笑死同悲,到如今富且易交贵可易妻[2]。海神爷,你道他薄幸何如[3]！

望大王爷摄取那厮的魂灵来,与奴家折证么。大王爷呀！怎的不採着奴家？(介)判官爷,与奴家在大王面前禀复一声。(介)小鬼哥,你也知道的,判官不肯与奴家禀复,你与我禀告一声如何？天那！(介)

【叨叨令】这根由天知和地知,他赴科场时,与奴家临别呵,一同价在神前焚香誓。负盟的恰也在刀剑成粉齑,他惨模糊将心瞒昧。一旦的幸登选魁,就气昂昂忘了貂裘敝[4]。别恋着红妆翠眉,笑吟吟满将糟糠弃[5]。大王爷,他心儿兀的不狠杀人也么哥！大王爷,你赤紧的勾拿那厮,只索与咱两个明明白白的对。

大王爷,你须索知道么？(介)呀,怎的不言不语？不与奴家做个主张。大王爷！

【脱布衫】他是好生的忘筌得鱼[6],明犯着再娶停妻。那日在大王前言犹在耳,大王爷,今日呵,却怎生假装聋佯没理会？

【小梁州】那厮他欺罔神灵恣己为,全不怕冥法幽司。大王爷与奴家做个主么。呀,一任咱一拜一悲啼,肝肠碎,怎不解这情辞？判官爷,你与我在大王面前方便一声,判官爷,那日从头至尾盟心事,一一的你恰也都知。判官爷,与奴家方便一声,判官爷,啐!小鬼哥,判官不肯禀,你也是知道的,你可替奴家禀一声,小鬼哥,啐!也都佯不俫,无答对。你看一堂神圣,从早拜告到如今,都不採着奴家,烦絮得神魂颠倒,心恍恍睡魔催。

苦!海神爷,奴家告了一日,并不採着奴家。如今天色将晚,待欲回家,争奈神思困倦,寸步难行,不免在此神爷面前,暂睡片时,起来再告。正是:一觉放开心未稳,梦魂先已到阳台[7]。(困介)(外)鬼判,把那妇人的灵魂摄将过来。(判)领法旨。(介)(外)妇人,若知前世因,今生受者是;欲知后世因,今生作者是。敫桂英,你与王魁前世有善恶相关,争奈有阴阳间隔,难以处分。直待你阳寿终时,到我殿下,才与你明白折证。小鬼,把那妇人扶出殿门,收拾威严。(扶介)正是:闭门不管窗前月,分付梅花自主张。(下)(旦醒介)奇怪,奇怪!方才略睡一会,分明大王与咱一梦,道阴阳间隔,难以处分,待奴阳寿终时,与奴明白。天那!怎能勾阳寿终时得见大王?呀,我的身子怎么到在殿门外东廊下?想必是阴空扶出我来。好苦,你看殿门已闭,天已昏黑,教奴归又难行,住又难宿,如何是好!苦,怎生过得这一宵,如今不知几更时分了?

【满庭芳】你听雁声天际,嘹嘹呖呖,耿耿咳凄凄。他那里惨离群任孤飞,只是一生一配。又谁知道有人心的,也不念一夜夫妻。他那里绣罗帏成双作对,我这里在泥神庙倚砖枕石。寻思起就里,心窝中疼也不疼,满胸臆气也咳不气。

奴家梦见大王嘱付之言,毕竟是个死,方泄此冤。我想起来,在这个所在,将甚么东西寻个死路?呀,有个香罗帕在此,把他做个了身之计罢!

【朝天子】苦!我把那红颜玉姿,掩黄沙白骨霎时间辞人世。这的下场头夫妻恩义[8],那香罗帕做头敌,花蜕香枯脂抛粉坠。王魁呵,我向前行,你也难回避。哭咱一会,骂他一会,这的是永诀死了咽喉气。

好苦,好苦!(介)罗帕,罗帕,可惜你千丝万缕,织成一段离愁。不知前世甚冤仇,今日将咱了手。袖里凄惶知否?眼中血泪难收。从今与你两情休,犹在咽喉左右。(绞介)王魁,你害得我好苦!

（死介）

【步步娇】（外上）只为一纸谗书至，未审真和伪，教人心下疑。致使吾儿不存不济，举步诣灵祠，探取儿详细。

不如意事常八九，可与人言无二三。天道世情多反覆，冤仇恩爱两相担。老汉谢德惠。只因王魁中了状元，寄家书回来，把桂英休了，我家妈妈抵死逼勒他改嫁那金员外。桂英无计奈何，日夜啼哭，声声要去寻死。今早五更出门，到晚不归，寻觅了一夜，绝无踪迹。想必他去海神庙中祷告，迷失在那里，也未可知。你看曙色苍苍，鸡声杳杳，这里已是海神庙了。呀，殿门谨闭，人声寂然，不见在此。且待廊下看来，莫非睡倒在这里。（介）这是个妇人睡着，想是他了。（介）呀，果然是他。桂英，桂英，我那儿，起来回去罢。（介）如何能睡得熟？（介）原来把罗帕缠死在此，我那儿好苦，待我解下那罗帕来看。（介）呀，浑身都冷了。我那儿死得好苦，为甚么来由？

【山坡羊】白茫茫风波平地，杳沉沉灵魂何处？你恨漫漫含冤在九泉，都是你那铁心肠的娘，生擦擦逼你将身弃。我那儿，你好心性痴，这休书又不知是真的是假的，也须问个是与非。如何不奈些儿气，如今呵，一入冥途无路归。我的儿虽不是我亲生的呵，须知，满望终身靠着伊。谁知，今日番教断送伊！

我那儿，你死在这里，家中又不知道，如何是好？（介）（丑上）自不整衣毛，何须夜夜号。我那桂英不肯依我改嫁那金员外，昨日潜自出门，至今不见归家。今日五更，我那老儿到海神庙去寻他，也不见回来了。不免我自去寻他回来，再摆布他一场。我那儿，不要说要你改嫁，要你死一定死还我来。（介）这里已是海神庙，谁人在里头啼啼哭哭？（见外出）呀，老儿，你为何啼哭？（外）你看，这不是桂英？被你威逼不过，把罗帕缠死在这里了。（丑）呀，果然死了。我那儿，你好没分晓，那王魁是甚么好人？你把性命也为他断送了。

【前腔】你眼巴巴指望夫荣妻贵，谁想他呵，恶狠狠一旦忘恩失义。你气冲冲不肯改嫁那富室，急煎煎情愿做无夫鬼。你也休怨谁，明明是他害你。（外）是你逼他嫁人，就是你害了他，倒说他害你。(丑)怎么是我害他？都是他焚香剪发贤夫婿，我那儿，你若告到阴司非干娘事也。须知，满望终身靠着伊。谁知，今日番教断送伊。

(外)妈妈，如今他死了，衣棺将何措办？(丑)他衣服还有几件，那身上穿的好在这里。我见王魁去后，他里边衣上都打着同心结，金扭扣也有十来付在上。(外)不信有许多。(丑)你不信，我取几付与你看。(摸介)呀，公公，这个丫头是诈死。(外)怎么有这等事？(丑)你不信，心窝上还是热的。(外)有这等事，待我看来。呀，果然还是热的。(丑)我得知了，三五个月前，与他算命，说他有两昼夜黄泉之厄，后来还有起死回生之兆。(外)原来如此，宁可信其有，不可信其无。我与你且把他扶在殿后空房中，看守一两日，祷告神道，寻个医人救他一救，倘有再生之日，也未可知。(丑)这个也使得，扶他进去了。待我回去报与二姨知道。

不是冤家不聚头，生离死别两悠悠。
三寸气在千般用，一旦无常万事休。

〔注〕 ① 判官：官名，此指海神王的佐官，是从封建时代官府里搬来的。唐代始于节度使、观察使等僚属中置判官。至辽金元，各府、州的佐官也均置之。明代唯置州判官。 ②“到如今”二句：语出《后汉书·宋弘传》：“谚言：‘贵易交，富易妻。’人情乎？” ③ 薄幸：薄情。唐杜牧《遣怀》诗：“十年一觉扬州梦，赢得青楼薄幸名。” ④ 貂裘敝：比喻书生失志落魄的样子。典出《战国策·秦策一》，原指苏秦“黑貂之裘弊，黄金百斤尽……形容枯槁，面目犁黑，状有归(愧)色”而回乡之事。 ⑤ 糟糠：比喻患难与共的妻子。典出《后汉书·宋弘传》，湖阳公主欲嫁宋弘，帝诵谚语委婉问之，弘曰：“臣闻贫贱之知不可忘，糟糠之妻不下堂。” ⑥ 忘筌得鱼：比喻达到目的后即忘其本的行为。语出《庄子·外物》：“筌者所以在鱼，得鱼而忘筌。”筌，一种捕鱼的工具。 ⑦ 阳台：这里指成就美梦的地方。原指男女欢会之处，典出战国楚宋玉《高唐赋序》。 ⑧ 下场头：结果、结局、下场等。头，语尾，无意义。元杂剧《陈州粜米》二折【耍孩儿】曲：“看你那于国为家下场头，出言语不识娘羞。”

《陈情》又名《阳告》，是《焚香记》里的重头戏。它承前《构祸》而来，主要写桂英控诉王魁“富且易交贵可易妻”，“停妻再娶”的负心行为，表现她执着的反抗精神和不达目的决不罢休的刚烈性格。

古庙森森，神像威严，桂英一上场便打破了这里的沉寂。她悲愤难抑地申泄自己的冤屈，声情凄怆，涕泣涟涟。连日来，这个弱女子不得不作两面抗争，对于金垒和鸨母的逼嫁，她可以不予理睬，毒打和辱骂只疼在肌肤；而王魁的辜恩再娶则让她痛彻内心，此恨非折证明白不可！为与王魁在阴间对质，她决定用年轻的生命一搏,自尽于神像面前。悲剧的氛围充斥于字里行间,剧情进入了它的高潮部分。

让桂英痛心的是,王魁全不念往日的情分,竟然践踏自己的誓言。想当初,正当他名落孙山,淹滞异乡的时候,自己不嫌其贫穷而嫁给了他,“我将心儿没尽藏的倾,意儿也满载的痴”,把全部的爱都倾注在丈夫身上。为了幸福地厮守到白头,他们曾一起到海神面前发过重誓。谁想“他暗藏着拖刀之计,一谜价口是心非”,到头来竟是骗局:“一旦的幸登选魁,就气昂昂忘了貂裘敝。别恋着红妆翠眉,笑吟吟满将糟糠弃。”一纸休书让她万念俱灰,神情恍惚:“恨漫漫天无际,王魁这贼,闪赚人无靠无依。”而今她只好强自振作,到海神庙里寻求公道。须知,风尘女子的性格往往也是坚强的,敢爱也敢恨,敢于维护自己的尊严:“大王爷,他心儿兀的不狠杀人也么哥?大王爷,你赤紧的勾拿那厮,只索与咱两个明明白白的对。”愤怒的呼声划过长空,她再三再四地要求:“勾取那辜恩贼。”

封建时代重婚罪的罪名叫做“停妻再娶”。从法律上讲,那时可以一妻多妾,而不可以一夫多妻;休妻也不是随意的,妻子必须犯有“七出”之条才行。桂英无辜被休,实则遭到遗弃,故有足够的理由上告伸冤。但她不找官府而找海神,为什么?原因恐怕并非单纯的因为曾在这里发过誓,出于迷信来寻求报应。其实,戏里的海神庙一应官吏衙役俱全,可以看作人间官府的变相,海神则可视为民众理想清官的化身。剧中的安排,实际上反映了广大民众对现实官府的失望,对他们能否秉公判案的怀疑,往远点说这当然含有对吏治清明的企盼了。

应当说,面对桂英的哭诉,土木偶人也该动容:“他是好生的忘筌得鱼,明犯着再娶停妻。那日在大王前言犹在耳,大王爷,今日呵,却怎生假装聋佯没理会?”“那厮他欺罔神灵恣己为,全不怕冥法幽司。大王爷与奴家做个主么。呀!一任咱一拜一悲啼,肝肠碎,怎不解这情辞?”然而海神爷就是不理不睬。原来神灵也有封建时代某些清官的复杂心态,他先是叮嘱判官不许阻挡前来伸冤的妇人,却在听取诉讼之后觉得难办,这才装聋作哑,随后托梦桂英:“直待你阳寿终时,到我殿下,才与你明白折证。”其实这是托词,他心里想的是多一事不如少一事:“闭门不管窗前月,分付梅花自主张。”态度与后来《铡美案》里的包公初审秦香莲时一样,还真有点人间性格呢。

既然阳寿终时才能伸冤,桂英遂决定自杀。她原本是那样地热爱生命,留恋曾经有过的幸福生活,但若重陷深渊,不能惩处负心贼,终日被逼嫁人或倚门卖笑,活着还有什么意思?仰望晴空,“你听雁声天际,嘹嘹呖呖,耿耿咳凄凄”;想那王魁,“他那里绣罗帏成双作对,我这里在泥神庙倚砖枕石。寻思起就里,心窝中疼也不疼，满胸臆气也咳不气。”这个世上再没什么可使她留恋的了。她自杀前的唱词，可以令铁石心肠者生哀：“我把那红颜玉姿，掩黄沙白骨霎时间辞人世。这的下场头夫妻恩义，那香罗帕做头敌，花蜕香枯脂抛粉坠。王魁呵，我向前行，你也难回避。”看来从今后王魁休想安享富贵了，她要穷追到底。那么，以生命为代价的敫桂英，能让神灵捉拿王魁归案么？剧作家给观众留了一个悬念，吸引人接着看下去。

写到这里作家意犹未尽，他还想再深刻一点，于是用补叙的手法告诉人们，桂英实际上是被逼死的。她的养父谢德惠上场就交代，由于王魁休妻和谢妈逼嫁，“桂英无计奈何，日夜啼哭，声声要去寻死。今早五更出门，到晚不归，寻觅了一夜，绝无踪迹”。表明连日来桂英自以为走投无路，轻生的念头早已产生，并非在庙里因一时激动而自尽。谢德惠是个善良而又不能当家做主的人，他的唱词既是对桂英的悼念，也能代表一般人对此事的看法：“白茫茫风波平地，杳沉沉灵魂何处？你恨漫漫含冤在九泉，都是你那铁心肠的娘，生擦擦逼你将身弃。”但他又怀疑：“这休书又不知是真的是假的，也须问个是与非。如何不奈些儿气，如今呵，一入冥途无路归。”这是作者为给王魁翻案，照应前面金垒套改家书的情节，特地加进来的。不过实事求是地说，他对剧情的改造比高明要圆满一些，没有像后者作《琵琶记》那样到处留下斧凿的痕迹。

这出戏的曲辞宛转激烈，极其动人。作者继承元杂剧第三折结构高潮的写法，用正宫【端正好】和【滚绣球】等曲，抒发女主人公的生死冤情，字字苦，声声泪。而且各曲在情绪的表现上还互有区别：一提王魁就怒气填膺，指责神灵则刺激淋漓，了此一生时便显得恓惶和幽怨。桂英情绪的剧烈起伏，正反映了她悲痛欲绝的心理状态，而这又是人为的灾祸造成的，从而强化了作品的思想意义。作者很善于使用叠字，如“嘹嘹呖呖，耿耿凄凄”，以大雁的鸣叫声强化悲剧氛围；还善于通过人物道白勾画时空环境，如“曙色苍苍，鸡声杳杳”，同样能使人感受到气氛的凄凉，收到了很好的艺术效果。

（冯俊杰）

焚　香　记　　王玉峰

第二十七出　明　　冤

（鬼判先上）（外扮大王上）湛湛青天不可欺，未曾起意早先知。善恶到头终有报，只争来早与来迟。（叫判官、小鬼介）今日北方有一阴魂到此诉冤，不许阻当他。（判）领法旨。（旦上）妾身只为王魁这厮辜恩负义，把罗帕缠死。我想在生时节，脂脂粉粉，今日黄泉之下，杳杳冥冥，好凄惨杀人也！

【北四边静】(旦)虚飘飘神魂茫昧，愁云叆叇[①]，惨雾凄迷，举步难移。暗洒黄泉泪，乱攧的沙堆石砌。这里是海神爷庙里，我在生时曾与王魁到此设誓来。早来到旧游之地。

你看殿门大开在此，不免到殿下拜伏，申诉一番。(外)妇人有何冤枉，到吾殿下？

【耍孩儿】(旦)只为死生冤业相遭际，只为死生冤业相遭际，忍将心疼从头提起，桂英敫氏告王魁。(外)你是敫桂英，告王魁甚么来？(旦)他如今幸尔登高第，一醉琼林忘扊扅[②]，别选豪门配。这的是停妻再娶，乱法胡为。

(外)原来为婚姻事，这事不是我衙门听理的，不得在此缠扰。阶下阴魂，你可到阎王殿下诉因依。吾神呵，但司海内风涛险，不管人间闲是非。叫小鬼与我扶那妇人出去。(扶出介)(旦)天那，奴家将为死归地府，要告大王与我明白此事。如今大王又不准理，却不枉了这一场。

【五煞】为甚么把花容埋尘土？只为与恶冤家做对垒。如今待悔如何悔？昨宵误听三更梦，今日里空衔九地悲。那神灵也将人戏，赚咱上高处，掇了梯儿。

【四煞】到如今前怎避后怎归？船到江心补漏迟，茫茫苦海深无底。王魁那厮，我好恨！只愿你前程九万里，恐怕三尺神明不可欺，恢恢天网难容恕。我这里阴阴长夜，孤魂渺渺，王魁你在阳世，与那新人好逍遥也。又不比更长寂寞，夜短欢娱。

奴家在此空自埋怨一场，这冤苦几时申泄？是爷爷托梦，因此把罗帕缠死。如今他不肯准理，更有谁知此情？到此罢不得了，不免再撞进去，把生前死后之事，细诉一番，他敢是记上来也。(进介)(外)妇人怎么又进来？(旦)大王爷听奴细禀：奴家在生时，曾与王魁在大王爷面前焚香设誓来。

【三煞】念生前两誓辞，一桩桩是公案儿。这些恩山怨海关心处，大王爷，则你呵，聪明正直应难昧，我痛苦悲伤诉与谁？奴家在阳世恳告大王，又是大王托梦与奴家，蒙嘱付梦中语，道是阴司间隔,待俺阳寿终时。

因此奴家把罗帕缠死,来告大王,若大王爷不肯准理,却不枉了奴家这条性命?(外)呀,这妇人因我托梦,自家缠死,特来恳告我。可怜你有这等贞烈之性,我这里与你剖断个明白。判官,与俺查检簿籍,要见何年月日何人在此焚香设誓。(判介)告大王,查得元丰二年三月十五日[3],有济宁王魁和莱阳敫桂英到殿设誓:如有负心者,甘堕刀山,永沉苦海。(外)原来有这一宗公案。那妇人你把王魁负你的情,从头诉说一番。(旦)谢大王爷爷,听奴家说来。

【二煞】则我将从头怨恨提,那王魁呵,是济宁人在洛阳下第归。飘零寄迹莱阳地,他呵青春未遂乘龙志[4]。那时亲央媒氏,到奴家螟蛉父母谢德惠夫妻面前[5],求纳为婿。又不是红叶空流御水诗[6],仗冰人谐匹配[7]。眼见的百年结发,不离侧三载相偎。

他与奴家做了三年夫妇,只为上京应试,临别之时,奴家正怕有今日,故此到大王爷殿下焚香设誓。谁想他到京中了状元呵,

【一煞】凤池得借栖,燕巢忘旧主,身荣又向豪门赘。(外)他赘在那家了?(旦)他赘在韩丞相家了。奴家被妈妈逼令改嫁金垒,只为那冤家,抵死不从。我宁甘九死无他志,他忍负三年竟再妻,害得我生巴巴自堕冤业地。(外)他入赘在韩丞相家,你那里晓得?(旦)大王爷,他近日有书回来,俺只道喜孜孜万金家信,到是一纸休书。

他书上明写道,到京幸中状元,因韩丞相欲招为婿,一时勉从,教奴自改嫁人去。好苦!(外)原来如此。我听汝从头说事因,簿书点检甚分明。王魁负了神前咒,兀的不断送莱阳敫桂英。判官与我速差鬼兵二十名,带领阴妇,一同到王魁跟前,摄取他魂灵到来,与他折证。(判)领法旨。

【收尾】(旦)谢大王,展开生死门,倒断恩仇会。王魁,量这番有翅也难飞去,少不得与那新人霎时拆了对。

(旦下)(外)判官,你可速差鬼兵,随着妇人去。

正是:从空伸出拿云手[8],提起天罗地网人。

〔注〕 ① 叆叇(ài dài):形容云盛天暗。 ②"一醉"句:谓刚登第就忘记了过去的贫寒生活。琼林,宋代皇帝恩赐新科进士宴会的地方。明代因之,赐予新进士的宴会也叫琼林宴。

《宋史·选举志一》:"进士始分三甲。自是锡宴就琼林苑。"扊扅(yǎn yí),门闩。北齐颜之推《颜氏家训·书证》:"古乐府《百里奚》歌词云:'百里奚,五羊皮,忆别时,烹伏雌,吹扊扅,今日富贵忘我为?'吹,当作炊煮之炊。……然则当时贫困,并以门牡木作薪炊尔。" ③ 元丰:宋神宗年号,共八年(1078—1085)。 ④ 乘龙志:指结婚。《艺文类聚》引《楚国先贤传》曰:"孙俊字文英,与李元礼俱娶太尉桓焉女。时人谓桓叔元两女俱乘龙,言得婿如龙也。"唐杜甫《李监宅》诗:"门阑多喜色,女婿近乘龙。" ⑤ 螟蛉:古时对养子之称。语出《诗经·小雅·小宛》:"螟蛉有子,蜾蠃负之。"毛传:"螟蛉,桑虫也。"螟蛉父母,即养父母。 ⑥"红叶"句:反用红叶题诗的典故,比喻婚事落空。唐范摅《云溪友议》载:卢偓应举之岁,偶临御沟,见一红叶顺流漂下,叶上题诗云:"水流何太急,深宫尽日闲。殷勤谢红叶,好去到人间。"当时即和诗一首。后来竟与题诗宫人结为夫妇。此事又见《本事诗》、《北梦琐言》、《青琐高议》等,唯男主人公姓名不同。 ⑦ 冰人:媒人。《诗经·邶风·匏有苦叶》:"士如归妻,迨冰未泮。"迨,及。泮,散。归妻,使妻来归于己,指婚事。后遂称媒人为冰人。 ⑧ 拿云手:比喻本领高强。也比喻志气远大。语出唐李贺《致酒行》诗:"少年心事当拿云。"南戏《张协状元》:"从空伸出拿云手,提起天罗地网人。"

《明冤》又名《阴告》。有的剧种如蒲剧名为《打神告庙》,经常以折子戏的形式演出。它演敷桂英鬼魂在冥间告状,终于唤起海神的同情,差遣鬼兵前去捉拿王魁归案,表现女主人公"心不成灰怨未消,生死恩仇苦这遭"的执着的个性,无畏的斗争精神。

黄泉之下,阴风习习,杳杳冥冥。桂英只觉得"虚飘飘神魂茫昧,愁云叆叇,惨雾凄迷,举步难移",令她仓皇颠踬。但是为了与王魁当面对质,便顾不得这些了,她只能置恐惧于度外,状告王魁:"他如今幸尔登高第,一醉琼林忘扊扅。别选豪门配,这的是停妻再娶,乱法胡为。"在桂英看来,阴曹地府既然一向以执法公正、刑罚严酷而著称,那么惩处负心贼,报仇雪恨的时候终于到了。不过,她绝对没有想到,这位可敬的海神爷也是贵人多忘事,竟然记不得当初许下的诺言,听了桂英的陈诉后,说:"原来为婚姻事,这事不是我衙门听理的,不得在此缠扰。"他声称本衙门"但司海内风涛险,不管人间闲是非",遂命小鬼把桂英扶出去了。

海神竟然也骗人!桂英不啻遭到当头一棒。说什么"湛湛青天不可欺",这岂不是冤哉枉死了么?想自己刚刚"把花容埋尘土,只为与恶冤家做对垒",谁成想"昨宵误听三更梦,今日里空衔九地悲。那神灵也将人戏,赚咱上高处掇了梯儿"。眼下真个是"船到江心补漏迟,茫茫苦海深无底"了!她无法理解海神态度的这一突然变化,没有丝毫的精神准备,然而坚执的个性决定了她不可能接受眼前的现实,"到如今前怎避后怎归"?自己已经没有退路了,她只好勇敢地再次闯了进去。

看来能让海神立案不止需要勇气，还需要一点“艺术”，所以桂英这次拿定主意，婉转进言，先唤起他的同情：“念生前两誓词，一桩桩是公案儿。这些恩山怨海关心处，大王爷，则你呵，聪明正直应难昧，我痛苦悲伤诉与谁？”然后帮助他回忆：“蒙嘱付梦中语，道是阴司间隔，待俺阳寿终时。”最后再刺激一下：“若大王爷不肯准理，却不枉了奴家这条性命？”海神到底还是被感动了，假装想起来说：“呀，这妇人因我托梦，自家缠死，特来恳告我。可怜你有这等贞烈之性，我这里与你剖断个明白。”桂英终于赢得了初步的胜利。

戏曲中关键性的情节，常需要重复几次，为的是加强观众的印象，也使后进场的观众明白就里。只要每次重复都是必要的，情境又有所不同，就不至于让人生厌。本出因写海神决定受理此案，要求桂英把王魁负心的经过从头说起，作者遂用【二煞】、【三煞】二曲，让桂英简洁而有条理地边唱边说自己的全部遭遇，抒发她的满腔怨恨。唱词表面上是针对王魁的，实则勾画了科举制下某些书生“一阔脸就变”的丑恶共性，想当年“他呵青春未遂乘龙志”，亲央媒人到谢家求纳为婿，“眼见的百年结发，不离侧三载相偎”；一旦到京中了状元，便“燕巢忘旧主，身荣又向豪门赘”。两相对照：“我宁甘九死无他志，他忍负三年竟再妻，害得我生巴巴自堕冤业地。”

科举制度曾是人间无数悲剧的渊薮。仅在宋代，登科弃妻的案件便时有发生，王魁就是传说中的一个。明沈璟《南九宫曲谱》所收的【刷子序】曲，一连串数落了四个饱读诗书却忘恩负义之徒，其中就有王魁：“书生负心：叔文玩月，谋害兰英。张叶(协)身荣，将贫女顿忘初恩。无情李勉，把淑英鞭死，王魁负倡女亡身。”此外还有个马踏赵贞女的蔡伯喈。他们最后都可耻地遭到了“果报”。本剧的作者也是读书人，难免惺惺相惜地学高明作《琵琶记》的榜样，为此辈“雪冤”、翻案，塑造登科而不负心的男主人公形象。但是由于本剧的情节骨架根源于民间传说，“告庙”、“倡女亡身”等，又是同一母题的宋元戏文、杂剧作品中最精彩的情节，早已为广大观众所认同了，所以他无论怎样改编也必须把这些关目保留下来。正因如此，这一翻案作品才有了精神命脉，才有了同样震撼人心的感人力量。

托名汤显祖的《焚香记总评》有云：“作者精神命脉，全在桂英冥诉几折，摹写得九死一生光景，宛转激烈。其填词皆尚真色，所以入人最深，遂令后世之听者泪，读者颦，无情者心动，有情者肠裂。何物情种，具此传神手？独金垒换书，及登程，及招婿，及传报王魁凶信，颇类常套，而星相占祷之事亦多。然此等波澜，又氍毹上不可少者。此独妙于串插结构，便不觉文法沓拖，真寻常院本不可多得。"此说十分中肯，歆慕之情也溢于言表。日本近代学者青木正儿则批评本剧说："打消背约事实，使之重圆，是虽出于传奇常套，反减杀悲剧之兴味焉。"（《中国近世戏曲史》）见仁见智之说，读者可自为取舍。 （冯俊杰）

【戏曲家小传】

谢 国

字弘仪，一作弘义，又字简之，号寤云，又号镜湖钓碣。绍兴（今属浙江）人。明万历三十八年（1610）武进士第一，官至左都督兼右都御史，多所建树，功成而不居。所作传奇《蝴蝶梦》，一名《蟠桃宴》，今存。叙演庄子导妻飞升事，与通常小说及旧传奇《蝴蝶梦》庄子妻自杀之结局不同（清人曲目著作多列为佚名作）。

蝴 蝶 梦 谢 国

第二十出 扇 墓

【懒画眉】（贴持扇上）东君初试一枝红，冰泮横塘翠浪重。舞鸾孤影蕙帷空，没个人儿共，梦里行云散晓风①。

奴家杨氏妙香是也。雅负工容②，颇饶风韵，不幸丈夫亡故，独守孤帏。临终遗命，待坟土干了，教奴嫁人，因此忙劫劫的把他安葬，已经两月，频来看视，土尚未干。连日苦遭风雪，不得出来，今日晴暖，不免看一遭去。呀，春暖雪消，坟土一发湿了，如何是好？雪呵，你就是我杨妙香的对头了。（想介）我想雪犹自可，如今春天的雨，是长要下的，空眼巴巴的望这块土怎生得干？不免将手中扇子，满拚扇他几日，扇干了嫁了人去，后边下雨下雪管他怎的！（坐地扇介）

【前腔】新阡马鬣未干封，暖入酥花雪正融，不辞摇翣唤春风③。待便觅丝罗共④，奈临诀丁宁语未终。

【前腔】（生上）双丸如箭转头空⑤，残腊初归春又逢。呀，佳人何事引酸风⑥？冷骨应先痛，想积雪侵坟怕土脉融。

这位小娘子，怎么拿扇子在坟上扇？想是坟上残雪，没人打扫，自己在此扇他。这样妇人也就难得，不免上前问他一声。（见介）

(生)小娘子,这是一所坟,你扇他怎的?(贴)不瞒客官说,这是我丈夫的坟。因临终遗命,教我坟土干了嫁人,等了两个多月不见干,故不辞劳倦,只得在此扇他。(生)目下春气发生,雨露时降,靠你一人扇他,也不得干,等到南薰风起,长夏烈日之中,不过三两日自然干了。(贴)客官有所不知,奴家等不得了。

【前腔】春来春去一场空,这没主花枝几日红?怎待他烈日与炎风,窣地把韶光送,却不道无价春宵一刻中[7]。

(生)元来如此。借过扇来,俺替你扇,眼下就干了。(贴)怎好动劳客官?(生代扇介)

【玉胞肚】素纨轻拥,鼓元阳春泥渐融。那些个近泪难干,况兼他烈火相攻。还将气籥借天公[8],人愿由来天所从。

恭喜,坟已干了。(贴)呀,果然客官一扇便干了。

【玉交枝】情倾意耸,有心人无心便逢。这一抔乍掩潮痕重[9],忽然间坼破云踪。从今重整旧房栊[10],不须仍恋闲丘垅[11]。(拜介)谢伊家神工鬼工,感深恩情中意中。

多谢客官助力,仓卒中无可奉酬,就把这扇子奉送罢。(生)多谢了。

【赏宫花】佳人知重,出冰纨翠袖中。吹倒鸳鸯冢[12],聊凭一剪风。从今以后呵,不索空寻巫峡梦[13],任为云飞入楚王宫。

【皂罗袍】(贴)只为遗言曾奉,怕土疏蚁入,雨渍苔封。忍骨头未冷各西东,奈情根逗起无栏纵。涂朱拖黛,依然玉容。铺金叠绮,依然绣栊。肯守着一堆黄土把青年送?

坟土既干,奴家心愿已遂,就此告别回去也。正是:懒向孤灯熬夜雨,且描双黛领春风。(下)(生笑介)世间有这样妇人,夫死两月,就变了这副肚肠。坟土等不得干,嫁去也凭你,却在此扇。又可笑,又可恨。咳!

【前腔】毕竟情肠易动,恨云根未燥,雨态先浓。世间恩爱总如侬,幻缘配合都成梦。百年缔好,衾同穴同。一朝诀别,恩空爱空。怎能彀向多情窟里觅个无情种。

这扇子丢弃了才好,但也是一桩奇异公案,且带了回去。

[集唐[14]]一片年光揽镜慵，罗裙蝉鬓倚迎风。
　　蓝丝重勒金条脱，万古魂消向此中。

〔注〕 ① 行云：喻指男女欢会。典出战国楚宋玉《高唐赋序》。 ② 雅负工容：向来以女工与容貌自负。言外之意，唯不具备妇德与妇言。封建礼教要求妇女应具备四种德行，即妇德、妇言、妇容、妇工，是谓“四德”。 ③ 翣(shà)：古代仪仗中用的大羽毛扇。 ④ 丝萝：兔丝与女萝，都有蔓而且生长茂密，纠结一起，很难分开，古人多用来比喻婚姻。《古诗十九首》之八：“与君为新婚，兔丝附女萝。” ⑤ 双丸：比喻太阳和月亮。 ⑥ 酸风：侵人肌肤之风。唐李贺《金铜仙人辞汉歌》：“魏官牵车指千里，东关酸风射眸子。” ⑦ “春宵无价”句：极言良宵的可贵和难再。宋苏轼《春夜》诗：“春宵一刻直千金。” ⑧ 气籥(yuè)：通风管。 ⑨ 一抔(póu)：“一抔土”之省文，代指坟墓。典出《史记·张释之冯唐列传》：“假令愚民取长陵一抔土，陛下何以加其法乎?”长陵即汉高祖刘邦墓。 ⑩ 房栊：本指窗棂，引申指房间。《汉书·班婕妤传》：“广室阴兮帷幄暗，房栊虚兮风泠泠。”师古注曰：“栊，疏槛也。”《文选·张协〈杂诗〉》：“房栊无形迹，庭草萋以绿。”注引翰曰：“栊亦房之通称。” ⑪ 丘垅：坟墓。一作丘陇。《汉书·刘向传》：“黄帝葬于桥山，尧葬济阴，丘垅皆小。” ⑫ 鸳鸯冢：夫妻或情侣相恋慕，死后合葬之墓。剧中用此，是说杨妙香既决定改嫁，将来肯定不会与前夫合葬，故云“吹倒鸳鸯冢”。 ⑬ “巫峡梦”二句：借宋玉《高唐赋序》楚怀王梦里与巫山神女欢会之事，表明扇坟女子从今后可以寻找新的夫婿或情人，再不用孤守空房了。 ⑭ 集唐：明传奇下场诗的一种，一般选取四首不同的唐诗各一句而成。

《蝴蝶梦》是根据《庄子》及明代拟话本《庄子休鼓盆修大道》改创的，因采前者《齐物论》中“昔者庄周梦为蝴蝶”之语而名，搬演虚构的庄周成仙之事。子休，剧中庄周之号。戏写战国时蒙人庄周，淡泊功名富贵，携妻韩氏隐居抱犊山中。一次白日做梦化为蝴蝶，启发了他的道心。在和友人惠施、监河侯往濠梁观鱼时，因羡鱼儿之乐，更使他忘机齐物，向往自由。又因薪米俱尽，向监河侯借贷遭到拒绝，而使他顿悟友情之不可靠，道心遂固。是时赵王喜剑客，王子谏阻不听，遂厚币礼聘庄周前来劝止。庄周游说赵王并使之警醒，然后拒绝封赏，仍还其山。仙人长桑公子奉西王母命下凡引导庄周修道，先以骷髅点化，后又赠予丹药，令其回家修炼，并度脱韩氏。庄周假死，韩氏因尘念未了，见了庄周幻化的周生便把持不定，险些坏了贞节。庄周现身，韩氏羞愧得无地自容，深为忏悔。其后夫妇一起修成大道，拔宅飞升而去。

《扇墓》在剧中是第二十出，写庄周告别长桑公子于归家途中遇到的一桩怪事：一个身穿孝服的年轻妇人正在用力扇其丈夫的坟墓。原来其夫临终遗命，直待坟土干了她才可以嫁人。因此上她急煎煎把他安葬了，两个月来频频看视，没想到春暖雪消，坟土一发湿了，无奈何，只得拿把扇子不辞辛劳拼命地扇。

这个女子叫杨妙香，妙就妙在她一点也不隐讳自己“舞鸾孤影蕙帷空，没个人儿共，梦里行云散晓风”的苦闷，见人就表白她想嫁人的愿望。“春来春去一场空，这没主花枝几日红？怎待他烈日与炎风，窣地把韶光送，却不道无价春宵一刻中。”这种人生如梦，青春易逝，良宵苦短，应当及时行乐的人生观，从她的口里说出来是那么自然，丝毫也不给人矫揉造作之感。“只为遗言曾奉，怕土疏蚁入，雨渍苔封”，她才来此扇坟，要不然早就改嫁去了。在她看来，只有傻瓜才“肯守着一堆黄土把青年送”。

面对这样一个不怕人笑敢于坦露胸怀的奇特女子，今天的有些读者怕是很赞赏呢。但在理学很盛行的明季，着实让士大夫们感到“心悸骨寒”（杜笏斋刻本评语）。剧中庄周就嘲笑说：“世间有这样的妇人，夫死两月，就变了这副肚肠。坟土等不得干，嫁去也凭你，却在此扇，又可笑，又可恨。”其实作者真正的用意，是不叫你笑也不叫你恨的，他是在作道教宣传。

这位貌似有个性的扇坟女子，实际上是个寓言式的人物，现实生活里是没有的。作者写她只执着于满足现世的欲望，礼教、贞节、爱情及其誓言等等，在她眼里统统一文不值。甚至当庄周对她说，那坟“等到南熏风起，长夏烈日之中，不过三两日自然干了”时，她也不假思索地如实相告：“客官有所不知，奴家等不得了。”作者是想借以表明，无论多么恩爱的夫妻也是靠不住的，就像后来《红楼梦》中《好了歌》说的那样，“君生日日说恩情，君死又随人去了”，到头来只是一场空。作者认为，“世间恩爱总如侬，幻缘配合都成梦。百年缔好，衾同穴同。一朝诀别，恩空爱空”，因此主张“向多情窟里觅个无情种”。他把写这桩“奇异公案”的目的，说得已很清楚了。

本出在结构上，只为下面韩氏“萦不尽情丝”的近十出戏铺垫，是一种未雨绸缪的写法。后来韩氏听了这件怪事，先是激烈地抨击扇坟女子，继而在庄周假死之后，痛不欲生地一心要殉节，殉节不成便终日守墓。可是当庄周幻化成自已的弟子前来祭奠时，她一下子便乱了方寸，恰似鬼使神差一般，时时处处地呈现其艳态柔情，春情勃发而不能自已，因为那是个风流倜傥的美少年。最后她终于脱弃孝服，撤除灵堂，只想立刻出嫁，而把守节和修道之事扔到云外。全剧的主题——“仙果难成，玄功难进，还要去静中寻静，空里求空”（第三十二出），由此得到了淋漓尽致的表现。

这一神仙道化剧的主题实在是逃避现实的。幸亏“形象大于思想”，作品客观告诉人们，禁欲主义的观念是多么不合理，多么虚弱，经不起一点点“人欲”的考验。相形之下，韩氏反而不如这位扇坟女子敢于张扬其“欲”，视“天理”如粪土来得干脆呢！

作品寓言式的夸张手法，把扇坟女子写得不近人情，是在图解道教观念。但是通篇以笔代舌，语语本色，不腐不酸，加上极富喜剧色彩的人物对话及情节，大大提高了这出戏的观赏价值。谢国是万历武科状元出身，曾经镇守粤东，多所建树，原非戏曲作家。大概是明末风云变幻的悲剧时代，才使他产生了在世出世的念头，遂“以词翰之余度为梨园法曲，亲教习而试之”（陆梦龙《蝴蝶梦序》），可知将军横槊入于文章之府，无非是抒发他那不满现实的感愤罢了。 （冯俊杰）

【戏曲家小传】

孙钟龄

字仁孺，号峨眉子，又号白雪道人。蜀人。明万历间在世。怀才不遇。作有传奇《东郭记》、《醉乡记》二种，合称《白雪楼二种曲》，俱存。《东郭记》内容取自《孟子》中“齐人有一妻一妾”故事，刺世疾邪，著称于世。

东郭记

孙钟龄

第二十二出 卒之东郭墦间之祭者

（田仆上）早到俺坟边也。（王仆上）早到俺坟边也。（王见田介）老恩师拜揖。（田）贤契[①]，敢亦来祭祖么？（王）然也。闻老师令弟亦已归府，怎不同来？（田）他矫孑太过，不屑同来。（王）原来如此。俺每就此祭祖，既灌之后[②]，共享祭余。家僮，可把礼物摆下。（众动乐器祭祖介）（生上）早出了东郭，到此墦间也[③]。我想遍国之人俱势利小人耳，焉能物色我于尘埃之内乎。呀，那两个贵官却已祭祖也。（众祭毕介）（王）老师，我每可就此共享馂余[④]，猜拳行令。（王、田饮酒介）（生近前介）呀，那胡子好似王子敖，他怎么就得到此。况既是子敖，怎生不认得我？可是状貌偶同，不足介意。一路远来饥饿，不免向前求些祭余者。（向王、田介）老大人，可把俺些酒肉充饥者。（仆骂介）呢花子，我每还未受用，你便来讨吃哩。（生）呀，这些家僮大是欺人也呵。

【北新水令】风尘寥落自兴嗟，叹齐人伤哉贫也。骨缘金气老，恨向楚天赊。对景凄绝，倍教人壮心烈。

【步步娇】（旦上）看秋容一片荒郊写，尽处霜红叶。愁来不可遮，满眼苍山，妆点出儿郎劣。羞他廉耻没些些，对野花黄蝶增悲咽。

你看他立于祭者之旁，多是乞其余矣，俺且远远的睃着他。（生）老大人，我肚儿饥得紧了，快赐与酒肉者。

【北折桂令】您可也是三齐两位英杰，须念俺不速而来，兴致豪侠。虽然你受用华奢，有的是流苏锦帐，油壁香车。须索把孤寒提挈，方显得富贵超轶。不是俺饶舌，不是俺言邪，只足下可早些儿成业，与不佞也不甚差迭。

（田）这花子却是个风的，不要多说，俺赏你酒肉去。（仆与介）两三块鹅肉赏了你去。（生接食介）酒也赐两钟么？（田）再把酒与他些。（仆与生饮介）（旦）亏他一口儿吃得下也。

【江儿水】齷龊龊亏他咽，腌臢臢怎下舌。这般口嘴真不洁，这般态度真无藉，也教人儿替你为妻妾。想着俺伊前风月，好是羞惭，只为个乞人周折。

（生）再求这一位大人赐些。（王）你也勾了[⑤]。（生）当得甚的，你这大人模样，我有些认得你。（王）你认得我，我却不认得汝。俺富贵的人，便亲知故旧，那一个看他在眼睛哩。（生笑介）俺又有甚么人在眼中乎？肚儿尽是未饱，索与俺酒肉者。（王）家僮，省得他缠俺，也与他些去。（仆与介）造化你，又是半碗鸡骨头，一瓶老酒。（生接饮食介）

【北雁儿落带得胜令】领了那老大人鹅半截，又待领这老先生鸡一碟。不是俺做男儿图口舌，可道你做尊官有交接。想着俺好宾朋素侠邪[⑥]，指望你贤主人休抛撇。为甚么把诸兄酒肉赊，可道俺享子孙的春秋节。权把俺做了您祖与爹，权把伊做了俺枝和叶。瓜瓞，您为俺享祀儿能丰洁。非别，这是咱血食儿不应绝。

（众仆推介）花子醉了，胡说乱道怎的。（旦顿足介）你看他凭人推拽，好是没气魄也。

【侥侥犯】看他个扯去推来身半斜，要人怜无多说。陪着脸妆聋作呆，那心情太劣。只贪这口酸脓血，凭他扯得皮肤裂。好教我恨着他还为担疼热。

(生)那盘中还有许多剩下,一发把了俺罢。(田、王)真真可厌,推他开去。(仆推介)(生怒介)

【北收江南】呀,眼前尚未辨龙蛇,休把我便摧折。一会价人儿做两截,前番恭敬总虚竭。恁悠悠可嗟,恁悠悠可嗟,您可也为德不卒未豪奢。(仆推生倒介)

(旦)苦!直推倒也,这贱骨头呵,

【园林好】在家中将他爱也,又何曾轻汤半些?似这样的一交横跌,敢捏得手儿瘸,敢撞得脚儿折。(生持棒舞介)

(仆)还不去?(生)这青山绿水都是你家的么?

【北沽美酒带太平令】这的是古今来相共者,这的是古今来相共者,须不是您两家的私产业。觑了这古冢累累白日斜,那些个久骄奢,可是没方法把春赊。看萧萧白杨丹叶,狡狐兔穿透了荒穴,莽牛羊踹蹋了残碣。你呵,夸甚的豪杰大侠,到斯时存耶否耶?呀,笑杀了齐景公牛山呜咽⑦。(舞棒下)

(田、王)这分明是个风子⑧,倒被他搅这一场。家僮每,快些收拾回去。(众应介)(王、田上车行介)

【清江引】暮光又早生新月,野旷西风冽。狂夫直恁邪,心丧应难说。俺且归卧红妆谈笑也。(共下)

(旦)人之无良,我以为夫。他已是烂醉去了,这两个官儿也去了,俺索从旧路早赴家中,说与妹妹知道。

【尾声】他在家可是心儿热,指望他做嘉宾欢悦,又谁知底样儿郎难诉说。

〔注〕 ① 贤契:长辈对子侄辈或老师对弟子的爱称。 ② 灌:祭祀开始时举行的一种仪式,把酒浇地以求神降。 ③ 墦(fán):坟墓。 ④ 馂(jùn)余:吃剩下的或剩余的食物。⑤ 勾:够。 ⑥ 侠邪:通作狭邪,小街曲巷,古时代指娼妓居处。此言好狭邪之游。 ⑦ 牛山呜咽:指悲叹人生短暂。典出《晏子春秋·谏上》:"(齐)景公游于牛山,北临其国城而流涕曰:'若何滂滂去此而死乎?'"牛山,在今山东淄博。 ⑧ 风子:疯子。

《东郭记》传奇为明人孙钟龄所撰,除《东郭记》外,他还撰有传奇《醉乡记》,合刊为《白雪楼二种曲》。

《东郭记》共四十四出,其故事出于《孟子·离娄下》:"齐人有一妻一妾而处室者，其良人出，则必餍酒肉而后反。其妻问所与饮食者，则尽富贵也。其妻告其妾曰：‘良人出，则必餍酒肉而后反；问其与饮食者，尽富贵也，而未尝有显者来，吾将瞯良人之所之也。’蚤起，施从良人之所之，遍国中无与立谈者。卒之东郭墦间，之祭者，乞其余；不足，又顾而之他。此其为餍足之道也。其妻归，告其妾，曰：‘良人者，所仰望而终身也，今若此。’与其妾讪其良人，而相泣于中庭。而良人未之知也，施施从外来，骄其妻妾。”

《东郭记》的内容并未局限于此，作者仅将此事作为剧情的一条线索，又加了另外两条线索，一是王骥、淳于髡的故事，二是陈仲子的故事。其间又加进了田戴、公行子、尹氏、绵驹、陈贾、景丑、章子等人物，人物故事多出自《孟子》，亦有取自《高士传》、《战国策》、《史记》的，镕铸整合，形成一个结构完整、线索分明、故事曲折的传奇剧。齐人的故事并未止于妻妾相泣于中庭，而是继续写他受此刺激之后，离家求仕，干谒豪门，在淳于髡的推荐下，官拜大夫之职。后与王骥争夺"垄断"，为王骥嫉恨，向齐王进言派他率军伐燕，不料他竟立大功，由此升为亚卿，后又封为上大夫，赐号东郭君。最后追慕"陈仲高风"，携妻妾归隐于陵。王骥本是无赖之人，日攘其邻之鸡，用行窃所得之金，贿赂当道，谋得高官。一日祭祖，遇见未发达时的齐人，百般殴辱。待齐人腾达之后，则竭尽谄媚之事，提出做儿女亲家。淳于髡虽不像王骥那样负义作奸，然亦为无德无才之人，靠滑稽善辩、投人所好而被齐王看中，陡升为亚卿。至于下大夫陈贾、中大夫景丑等，皆为下流无耻之辈，为了巴结讨好王骥，不惜拔掉胡子、换上女装，行妾妇之道。陈仲子则是一个品行高洁的人物，与世无争，甘于清贫，但是别兄抛母，未尽人子兄弟之道，与儒家的要求也有一定的距离。

该剧最成功之处是刻画了一个世风浑浊的社会中的真实的人物——齐人，他绝不是个道德高尚的君子，所作所为，多半是"花脸勾当"：扮乞儿，游街市，所结交者，都是偷鸡摸狗不学无术之流；浪游曲径，凭着副俊雅面孔，骗得美人成婚；抱着娇妻，却又勾引小姨，还厚颜求妻子作伐；颠踬于东郭墦间，乞人祭祀余食，每日醉归后，还骄其妻妾，称自己交游豪富，妻妾戳穿其谎言后，却大言不惭地说："我玩世之心，卿须未识。你红粉之流，知些甚的。"用妻妾的首饰，作求仕的贿赂；一旦得志，便欲挟私报复，争占"垄断"；显贵之后，便盖宫室、制新衣，追求享乐。但是，他也没有坏到道德上一无是处的地步。他重情义，富贵后没有忘记贫贱时的朋友，提携小齐人；发达后仍让糟糠之妻妾登堂入室；对王骥的报复也能适可而止，释怨忘仇，允许对方重修旧好。

作者对齐人的态度颇值得玩味，尽管描写了他的种种"劣行"，但作者没有进行尖锐的批评,甚至连委婉的指责都没有,相反,在他人生旅程的设计上,让他苦尽甘来,最后以高官厚禄而归隐,使他进入了一个理想的人生境界。难道作者没有道德的是非标准,肯定齐人甚至王驩之流的所作所为?不,他是一个现实社会的清醒者,也是一个把握着道德尺度的人,但是,他认识到了社会的复杂性与人性的复杂性:"妾妇名流,兼金世界,说甚清廉道义?笑饿士西山无气色,大道东陵有面皮"(第二出)。在这个社会,理想的道德行不通,高尚君子将处处碰壁,攘鸡东邻之人,乞食墦间之辈,与衮衮公卿大夫没有多少差别,只要他们会取巧,脸皮厚,摇身一变,即成权豪势要、国家栋梁,齐人的人生道路即是作者这一看法的形象演绎。作者客观而不动声色地描摹齐人形象,未加褒贬,表明了作者对这个社会的无奈。在他看来,齐人代表了社会生活中的绝大多数人,投机取巧,缺乏人格,好权爱色,贪图享乐,但对他人有一定的爱心,也重情义,所有的行为都在法律与社会习俗许可的范围内,要将这样的人性改变成圣贤的品德,几无可能。许多评论者都说该剧是"刺时骂世"之作,我以为此是皮相之论。作者以极其严肃的态度描绘了社会生活的图像,并告诉我们:人性就是这样的卑下,社会就是这样的浑浊。一个人若不想成为与蛆虫争食的陈仲子,就只能做同流合污的齐人。从这个角度来看,作者通过齐人发迹变泰的过程描写,表现了人性的悲剧与社会的悲剧。只要这人性改造不了,这社会的风气便改变不了,一代一代的人只能像齐人那样,为了谋取富贵,或卑颜屈膝,摇尾乞怜,或投机行骗,吹嘘卖弄。读了此剧后,会使人心中泛起深深的寒意,并没有体验到任何谐谑的趣味,只是更清楚地看到了人性的丑陋,为人性难以改造而悲哀。

本篇所选取的第二十二出《卒之东郭墦间之祭者》,是全剧情节的枢纽,从此出之后,齐人的人生开始向富贵腾达转变。该剧写齐人之妻怀疑丈夫所交并非冠盖,他"常道豪华席上来,又不把名儿卖,胡乱将言诒。唉,他觑俺似婴孩,大言相骇。果是他显者相投,应出形骸外,怎不高车辱顾柴?"(第十九出)于是尾随丈夫外出,见丈夫在半路上脱掉了长衫罗衣,换取了褴褛衣衫,手持荆条木碗,往东郭墦间,乞食于祭者。这一出即是写她亲眼看到的丈夫如何乞食、如何被人打骂的景象。场上虽然还有齐人、王驩、田戴以及数个仆人,但演得最好的、观众的眼光落得最多的当是齐人之妻。

此时的她,内心之痛楚难以名状,原先她眼中心中的齐人是相貌俊伟、志向高远、所结交的朋友皆是国中之贤达的优秀男子,虽然在近时对他也有所怀疑,但她决没有想到自己希望终身有托、共享富贵的丈夫竟是厚颜无耻的乞食者。作者为了表现她心中的那一份痛苦与失落,以景写情,以外衬内,让观众充分感受到其椎心刻骨的悲哀。如唱词【步步娇】云："看秋容一片荒郊写，尽处霜红叶。愁来不可遮，满眼苍山，妆点出儿郎劣。羞他廉耻没些些，对野花黄蝶增悲咽。"霜打翠叶，风吹野花，山峦荒凉，秋郊萧瑟，置身于此种景色，会让人感到生命的衰萎与生活的苍白，况又让该女子面对这样无赖无能的丈夫，她的心中岂能没有绝望的感受，设身处地，愁何以堪？

当然，作者并没有只表现齐人之妻的痛苦与愤恨，还表现了她对丈夫的怜惜。当丈夫被豪家仆人推打时，她既恨又怜："看他个扯去推来身半斜，要人怜无多说。陪着脸装聋作呆，那心情太劣。只贪这口酸脓血，凭他扯得皮肤裂。好教我恨着他还为担疼热。"(【侥侥犯】)俗话说，一夜夫妻百日恩，齐人自从认识她之后，总是疼爱亲热，呵护奉承，他们之间有了很深的感情，尽管丈夫为显示自己的本事而欺骗她，让她痛心疾首，但丈夫毕竟是自己的亲人，与己休戚相关，怎能忍受丈夫受人凌辱？由此可见，作者这样表现女子的内心世界，是完全反映了真实的人性的。

此出的舞台表演亦很有特色，舞台上的场景被分成两个部分。因为齐人之妻是在隐蔽处观察丈夫的行为，故而齐人乞食与被权贵仆人推打是一个部分，齐人之妻在一旁观看与抒写心中的愤恨、怜惜之情是另一部分，一边是动，一边是静，形成一种画面上的对比。这种构图还能产生这样的效果：一边是年轻貌美的妻子，一边是厚颜乞食而遭奴仆推打的无赖丈夫，观众会替齐人之妻分担难堪尴尬之情，会对齐人之妻充满同情，为她惋惜，为她悲哀，心中会激荡起久久不能平息的波澜。

（朱恒夫）

东　郭　记　　　　孙钟龄

第二十六出　妾 妇 之 道

【小蓬莱】(王驩引众上)自笑权奸得主，一时威震齐都。城狐有势[①]，骊龙可豢[②]，群羊竞趋。

金多职显任横行，自羡男儿名利成。欲断扫门那可得，世人煞是会逢迎。下官齐国右师王驩是也。俺自田师荐引之后，君王特简拜为今职，举前之人无出吾上。(笑介)真不负王子敖也。近者这些势利老兄时时拜谒，却也懒于交接，但难为他每来意，索与倾倒一番。左右，如有人来，即便通报。(扮陈贾、景丑共田戴上)

【紫苏丸】同朝臭味偏无妒，结就了一番党与。而今显者是谁与？索与高攀去。

(贾)下官下大夫陈贾是也。(景)下官中大夫景丑是也。(田)下官盖大夫田戴是也。(贾)田老先生,今王右师大人当朝第一,却在老先生门下,俺与景老先生因此借重吹嘘,约同进谒。(田)少停见子敖,便与导达二位盛意便了。(景)些须礼物,都是俺二人薄敬,烦老先生一言,须得右师全纳。(田入)(众禀介)禀爷,田爷和两个官儿来到。(王)便请进。(田逊见介)(王迎介)老师请转。(田)今日右师尊贵,朝廷序爵,区区师生名分不必提了。(王)岂敢。这二位一向未会。(贾)晚生陈贾。(景)晚生景丑。(田)二君久仰子敖高谊,特以礼币为贽,央不佞导达,幸为俯存。(王)老师见教,便当权领,二君多谢了。(贾景)些须孝敬,愧不成礼。(王)二君初会,杯酒一谈,不知可屈留否?(贾景)不敢,右师老大人留酌,晚生辈为荣多矣。(王)如此,教左右看酒过来。(王把酒)(众逊谢介)(王)不佞菲才,何当厚雅。

【排歌】市井凡才,穿窬鄙夫[3],何当长者之车。更多仪斐叠灿金珠,礼意周旋敬有余。羞当路,惭要枢,高贤不识是余辜。须脱略,休过拘,高歌畅饮属吾徒。

陈郎少年,美如冠玉,若作妇人,不知得人多少爱也。(贾)既明公过爱,便当改作红妆,以侑明公之酒。(贾去冠带作妇扮介)(王)妙人!妙人!怎就晓得俺子敖酷爱南风[4],备此物色。(贾奉酒介)右师爷请酒。(王笑饮介)

【前腔】(贾)喜值青年,全然未鬚,何妨巾帼罗襦。搽脂抹粉媚如狐,不数龙阳和子都[5]。深深拜,款款趋,衾裯愿抱夜深余。无阳气,不丈夫,朝中仕宦尽如奴。

(田)王子敖,就将陈卿作如夫人何如?(王笑介)

【前腔】(田)何物陈娘,偏教美都[6],浑身腻滑如酥。丰肌弱骨是名姝,皓齿明眸女不如。须垂盼,还借嘘,使君有妇愿为夫。怜新妾,存小奴,齐卿唾手笑姑姑。

(景)俺原与陈兄同来拜谒,倒冷淡我没趣了。难道他会作妇人,我不会作妇人么?不免也扮作妇人着。(田)你却多几根胡鬚了。(景)这何难拔而去之。(拔鬚扮妇介)右师爷请酒。

【前腔】腐鼠堪惊[7]，黔驴技孤[8]，也应狼跋其胡[9]。便教摇尾竹篱呼，何似簪笄枕席娱。名节扫，廉耻无，一班儿妾妇笑谁乎。看颜色，躬起居，门前常有妇人舆。

(贾景)晚生暂此告退，惟愿大人青目[10]。(王)中心藏之，何日忘之[11]。(田)一日不见，如三月兮[12]。(王、田先下)(景)小陈，你委实标致，可惜多了那话儿。(贾)老婆子莫胡说，看你这般行状，一发丑了。(景)我每如此模样，怎生家去？路上傍观不雅。(贾)怕他甚的，遮了扇儿，只作女子走去便了。

两个大老先生，忽然妾妇其行。
莫笑陈娘景姥，而今都是卿卿。

〔注〕 ① 城狐：城墙下挖洞而居的狐狸，要抓它就可能毁坏城墙，故以之比喻有所倚仗而为非作歹的人。宋洪迈《容斋四笔·城狐社鼠》："城狐不灌，社鼠不燻。谓其所栖穴者得所凭依，此古语也。故议论者率指人君左右近习为城狐社鼠。" ② 骊龙：黑龙，传说其颔下有宝珠，故此处以"骊龙可豢"代指聚敛财富。《庄子·列御寇》："夫千金之珠，必在九重之渊，而骊龙颔下。" ③ 穿窬(yú)：钻洞爬墙，指做贼偷东西。窬，借为逾。 ④ 南风：指男同性恋。⑤ 龙阳：指战国时魏王的男宠龙阳君，据《战国策·魏策四》记载，他以"得为王拂枕席"为幸，并担心"四海之内，美人亦甚多矣，闻臣之得幸于王也，必褰裳而趋王"，魏王于是下令：国中有敢言美人者，族。子都：古时美男子。《孟子·告子上》："至于子都，天下莫不知其姣也。" ⑥ 美都：美丽闲雅。《诗经·郑风·有女同车》："彼美孟姜，洵美且都。" ⑦ 腐鼠：《庄子·秋水》："夫鹓雏发于南海而飞于北海，非梧桐不止，非练实不食，非醴泉不饮。于是鸱得腐鼠，鹓雏过之，仰而视之曰：'吓！'"此处以嗜腐鼠喻剧中人物人品之卑污。 ⑧ 黔驴：唐柳宗元《三戒·黔之驴》记黔地无驴，有人载一驴入山，虎见之，惧其庞大，避之，后觉其无异能，稍近之，驴奋蹄击虎，虎因知其技止此，遂扑杀驴，食其肉而去。 ⑨ 狼跋其胡：语出《诗经·豳风·狼跋》："狼跋其胡，载疐其尾。"跋，踩；胡，颈下的垂肉。此则指处境狼狈。⑩ 青目：垂青，对人重视。史载三国魏末阮籍能为青白眼，对庸俗之徒施以白眼，对心气与己相合者施以青眼。 ⑪"中心"二句：见《诗经·小雅·隰桑》。 ⑫"一日"二句：见《诗经·王风·采葛》。

此出《妾妇之道》，用漫画的手法摹写了官场的龌龊与官员的无耻，撕掉了平日里装模作样的所谓君子的遮羞布，将他们的丑陋面目暴露在众目睽睽的舞台之上，替饱受压迫的民众出一口恶气。

历朝历代，没有一个官员不口口声声说自己一心为了民众的利益，没有一个官员不到处宣扬自己的公正无私，可事实上，有多少官员真心实意地为百姓谋福利？又有多少官员能站在公正的立场上替小民作主？但是，他们仁义道德的宣传往往能掩盖其男盗女娼的行径，让无数不了解官场的普通百姓信以为真，把改变现实苦难的希望寄托在他们身上。该剧的作者则想通过该出戏告诉那些无知的民众：千万不要将希望寄托在这些人身上，他们不是你们的救星，不是人类的精英，不是道德的榜样；相反，是你们的压迫与剥削者，是人类的渣滓，是道德上的败类。

王骊得势之后，骄傲之情，溢于言表。他也知道自己是"权奸"，是"城狐"，但他更知道自己得到国主宠爱之后，能"威震齐都"，作威作福，肆无忌惮。他结交势利小人，以扩展自己的势力；他收取礼币，贪取钱财；他好南风，使俊美少年作自己的男宠。他官拜右师，"当朝第一"，可以想见，他任用的一定是狐群狗党，所行之策则必然会祸国殃民。

下大夫陈贾、中大夫景丑、大夫田戴就是王骊的狐群狗党，前二人因位居下僚，为了巴结王骊，其言行更是无耻。当王骊夸赞陈贾美如冠玉，并用语言挑逗他时，他身为一个有官职的男子，竟不为对方伤害他人格而气恼，反而自认为这是攀附的绝好机会，立即表态："既明公过爱，便当改作红妆，以侑明公之酒。"扮作妇人后，竟毫无羞态，洋洋自得："搽脂抹粉媚如狐，不数龙阳和子都。深深拜，款款趋，衾裯愿抱夜深余"。(【排歌】第二)陈贾得宠，急坏了景丑，自思："难道他会作妇人，我不会作妇人么？"便也扮作妇人侑酒，田戴嫌他有胡子，他立即拔而去之。人心之丑，莫此为甚。

官场的原态生活中，自然不会有此类事发生，但它所揭露的官场的腐恶却是普遍而真实的。权贵们作威作福，公然受贿；僚属们趋炎附势，不择手段。它让观众看到了官场的真相与官员的嘴脸，从中领悟到社会风气污浊的根本原因。

这出戏上场的有四个人物，全是丑角，且扮演的都是卑鄙下流之徒，他们的言语行为彰显出其人品的污浊，与他们作为官员的尊严身份形成巨大的反差，从而带来滑稽的效果。不同修养的观众可以从浅、深两个层次上欣赏这样的表演，浅层次的欣赏属感性的层面，可以令人为之一粲，因为"当朝第一"的权贵喜欢搞同性恋，而这种同性恋又是男扮女装版的，两个男人居然还为此争风吃醋。深层次的欣赏则属理性的层面，它启人深思，予人警示，让我们想到不能让剧中那样的败类在新的时代占据着要津，阻碍我们民族前进的步伐。（朱恒夫）

醉乡记 孙钟龄

第十五出 徒将鼓瑟意

【绕红楼】(扮卓王孙、司马长卿、仆从上)(卓)堆积黄金广货财，临邛令常到门来。(司)想凤操低弹,驷车高载,旧事尚堪怀。

(卓)富比陶朱百万资,英才复喜作门楣。(司)非关绿绮能成合[1],自是红颜有鉴知。(卓)长卿贤婿,我卓王孙做了一世财主,招你一人,增却多少光彩!只如今小的女儿尚未许人,我的眼睛原是瞎的,不敢胡乱择婿,但也凭他自拣罢了。(司)只怕姨娘主意,与阿姊却是两样的。(卓)昨日临邛县公来拜,说有一白秀才名一丁者,是个才子;又有一个乌有生,也薄有时名。我今俱着人请他筵席,不知可到来否也?(司)想必就来。

【不是路】(生、白、丑携琴同上)拂拭尘埃,为到王孙绮席来。(生)想临邛县公呵,他人情大,却教铜臭重贤才。(白)开口就叫俺朋友名字!(生)那个是你朋友?(白)昨日同见县尊的不是?(生笑介)这等,得罪了。莫嫌猜,同袍一脉由来在[2]。(白)我拖带你风光须记怀。(仆禀介)白相公、乌相公都到了。(卓、司出接介)忙迎待,今朝荆识双英迈。敢言倾盖[3],敢言倾盖。

(揖进介)(卓)那位是白先生?(白)小子便是。(卓)久仰,久仰!这是乌先生了,幸会,幸会!(生)此位就是长卿老丈么?(司)不敢。乌有兄,小弟一向久闻大名。(生)不敢。(奴)白相公胡须多长,怎还未冠?(白)也要你来多嘴?你的胡须又不长!(奴)白相公忘记了?在下是杜李白。(白羞介)阿哥,莫提起罢!(卓拂席介)二位先生,学生粗鄙,不足敬君。小婿薄有时名,或不为辱客耳。(生)好说。有是翁,方有是婿。(白)老丈过谦矣。我看老丈之面孔,还胜似令婿之面孔焉。(卓)白先生过誉了。小厮,看酒过来。

【前腔】(卓递酒介)玳瑁筵开,愧我村愚小婿才。(司)休相外,就中一段好缘栽。(低对生介)妻父还有一妻妹,尚未许人。(生笑介)全仗,全仗。(白问介)相如老兄,说甚的?(司)不曾说甚的。相如是小弟贱名。(白)我常听得人说,司马相如,司马相如,只道是你尊号。这等,司马迁是你尊号了?(生背笑介)笑驽骀,长卿姓氏还不解,又把太史龙门胡乱猜[4]。(卓举杯介)二公请干几杯,小菜请进一二,承相爱,好教杯底犹余在。进些蔬菜,进些蔬菜。

(生)久闻长卿长于绿绮,敢请一教。(司)小弟不足道。想老兄定是妙的,敢洗耳以听。(生)这等是班门弄斧了。奴星,取琴过来。(卓)又来弹琴了。我是不知音的,且进去睡睡。(下)(司)老兄请操一曲。(生弹介)(白独坐饮酒,冷说介)好没趣!酒也不吃,只管弹琴做甚?(生)长卿兄呵,

【红衲袄】俺不能够效凌云把诗赋裁[⑤],却待要学求凰把弦索揣。知道咱妹夫抵得兄夫在,只怕他小姐无如大姐乖。俺这里弄班门谅不该,莫做了鼓齐门全不睬[⑥]。天那,那多娇可又知音也,好向珠帘敲玉钗。

【前腔】(司)乌有兄呵,俺待与做联襟一队排,成就你狎红裙一世的采。若教他文君小妹无佳客,羞杀了司马姨夫说俊才。想着俺那女钟期音律谐[⑦],管取他小琴娘情事谐。便阿姨犹自含羞也,令姊还应做说客来。

(白)厌,厌,厌!我自先回去了。带了你这俗人,一席好酒,一些趣儿都没有了。司马兄,多谢了,多致意妻父。(司)你也妻父?(白)这等,令妻父。(司笑介)白兄,且莫忙。俺妻家有数通宵之饮,如今且与二兄花园嬉嬉去。一曲《求凰操》,千秋跨风缘。(共暂下)(旦扮文君、小旦扮文君妹共上)家君邀贵客,姊妹觑佳宾。(卓尾上介)(小)姐姐,才方筝筝弹琴的,又是姐夫了?(文)不是。我听得小厮每说,是请来的乌有秀才。(小)他弹的是甚么曲?(文)也是《求凰操》。(小)甚的《求凰操》?我一些也不省得。姐姐,我看司马姐夫,朝日谈文作赋,略没些儿趣味。我若嫁个妹夫,决不要这样的。(文)倒不要这样的,敢要那样的?(小)只要像我爹爹有穿有吃的,就是好儿郎了。(文)若要这样的,一发多了。

【解三醒】不是我文君夸赛,再选不出个司马人才。他题桥意气真豪迈,喜杀人驷马归来[⑧]。(小)姐姐不记得他穷时了。(文)怎不记得?便家徒四壁何妨害?就涤器临邛越俊哉[⑨]。真堪爱,到头来茂陵割宠[⑩],又与我白首同谐。

【前腔】(小)全不记犊鼻裈那时风概[⑪],全不记消渴疾那样情怀[⑫]。你云翘错把云英爱[⑬],不羡这投杵仙才[⑭]。只要他珍珠有的船儿载,便拚个白璧归伊袖里揣。(文)闻乌有生乃远来之

客,可惜孤负他一片琴心。(小)休错怪,全不省弹琴之意,漫提他千里而来。

(文)这等,我且和你张他张看。(小)若是弹琴的客,也不消得去张了。(文笑介)这样俗气。(卓出介)姐妹每不去绣房针指,在此闲谈甚的?怕有客人窥见,快些进去。(文)同为卓氏女,(小)偏不解琴心。(共下)(卓)向年司马长卿,请他吃酒,只为弹琴缘故,我文君女儿私奔了去,出不尽丑。只亏后来做官,遮盖得些。今日这客又来弹琴,只怕小女儿又被他引去,且喜这女儿倒有见识,只说要像我有穿有吃的,便是好儿郎了。我看席中白秀才,满身罗绮,是个富家子弟,县公又说他文才好,不免将女儿招赘了他罢。叫小厮,可另换席面过来,请司马姑爹和白相公、乌有相公出来重饮。(仆请生、白、司上介)(生、白)老丈,多谢了!(卓)好说。白先生,老夫不揣,却有一言。老夫还有一小女,尚未许人,欲为彼觅一佳婿。见先生体貌衣服,委是佳郎,意欲招赘俺家,不知可否?(白)承妻父厚意,小婿怎么敢辞之也?(卓)这等,就劳乌先生与司马郎作媒便了。(生)小生微有薄事,就此告辞。(白)你不肯就罢,也不稀罕你。(司)岳翁主见这事,只怕姨娘未妥。(卓)小的女儿,一发情愿的。(司)他可听见弹琴否?(卓)他一发不中意,不比得文君女儿。(司)这等,不消说了。(生别介)(卓)有慢了。(送生出介)(扯白介)贤婿就可与小女成亲去。(卓)招将小女婿,(司)羞杀大姨夫。(共白下)(奴攒琴介)相公,这遭再莫弹他,这活活是破亲的物件。(生)他倒是好的,只如今女儿不知趣也。

【朝天子】空自挑琴学弄乖,他别有琴心在[15]。事不谐,女儿俗气似爹来。莫怜才,枉羞人底样佳怀。漫思量凤钗,漫思量凤钗。

卓老何曾识长卿?文君千古调难赓。
聪明自误复何说?悔不生来作白丁[16]。

〔注〕①绿绮:古琴名。晋傅玄《琴赋序》:"中世司马相如有绿绮,蔡邕有焦尾,皆名琴也。" ②同袍:本指共穿一件战袍,语出《诗经·秦风·无衣》:"岂曰无衣,与子同袍。"此泛指朋友。 ③倾盖:本指车上的伞盖靠在一起,语出《史记·鲁仲连邹阳列传》引谣谚:"白头如新,倾盖如故。"此形容初交相得,一见如故。 ④太史龙门:指代司马迁,因其曾任太史令一职,出生于龙门(即今之山西河津市西北和陕西韩城市东北)。 ⑤凌云:唐杜甫《戏为六绝

句》之一:"庾信文章老更成,凌云健笔意纵横。"此以"凌云"喻指为诗作文的高超才华。 ⑥ 齐门:又作齐女门,故址在今江苏苏州市东北。汉赵晔《吴越春秋》:"齐子使女为质于吴,吴王因为太子波聘齐女。女少思齐,日夜号泣,因乃为病。"这里以之暗指卓文君之妹不能理解乌有生的真情,反而另有所想。 ⑦ 女钟期:钟期,指钟子期,春秋楚人,精通音乐。因卓文君通过琴声而知司马相如才华超群,故此以"女钟期"指代卓文君。 ⑧ "他题桥"二句:此为卓文君追述司马相如立志高远且终于得志的往事。晋常璩《华阳国志》载:司马相如初离蜀赴长安,曾于成都城北升仙桥题句于桥柱,自述致身通显之志,曰:"不乘驷马高车,不过此桥。" ⑨ 涤器临邛:《史记·司马相如列传》载,卓文君与司马相如私奔到成都,家徒四壁。为争取应得的嫁妆,文君与相如回到临邛当垆卖酒,"相如身自著犊鼻裈,与保庸杂作,涤器于市中"。这里小妹提到这事,意在讥讽相如的贫穷。 ⑩ 茂陵割宠:旧题汉刘向《西京杂记》:"司马相如将聘茂陵人女为妾,卓文君作《白头吟》以自绝,相如乃止。"这里用这一典故夸赞相如用情专一,有过能改。 ⑪ 犊鼻裈:围裙,形如犊鼻。《汉书·司马相如传》:"相如身自著犊鼻裈。"王先谦补注:"但以蔽前,反系于后,而无袴裆,即吾楚所称围裙是也。" ⑫ 消渴疾:中医学病名。口渴、善饥、尿多、消瘦,即糖尿病。《史记·司马相如列传》:"相如口吃而善著书,常有消渴疾。" ⑬ 云翘、云英:为唐代神话故事中的一对仙女姐妹的名字。事见唐裴铏《传奇》。 ⑭ 投杵仙才:指唐裴航。唐裴铏《传奇》载裴航过蓝桥驿,以玉杵臼为聘礼,娶云英为妻。后夫妇俱入玉峰成仙。此处以投杵仙才喻以琴曲求亲的乌有生。 ⑮ 琴心:寄托心意的琴声。《史记·司马相如列传》:"是时卓王孙有女文君新寡,好音,故相如缪与令相重,而以琴心挑之。" ⑯ 白丁:没有功名的人。

《醉乡记》全剧二卷四十四出,为明末讽刺喜剧作家孙钟龄《白雪楼二种曲》之一,与其另一部传奇《东郭记》堪称姐妹篇。《东郭记》着意于抨击官场丑态,《醉乡记》则重在抨击科举积弊和世态炎凉。本剧故事梗概:风流才子乌有生与毛颖、罗文、陈玄、楮先生几位好友告别子墨客卿,从酒海乘舟前往醉乡,途中应邀拜访酒海龙王,却因鳖丞相妒才诽谤,不欢而散。乌有生等离开酒海到醉乡后接受李白建议,又入睡乡游玩。与此同时,白一丁、铜士臭因忌恨乌有生等的才华,也追随前去要与他们较量。在睡乡中,受到情魔和穷鬼的捉弄,乌有生尽管有司马相如帮忙,有包公监考及韩愈、欧阳修阅卷,却因不善钻营,无钱铺路,在情场和文场上屡遭冷落,而不学无术、浑身铜臭的白一丁和铜士臭却得享洞房花烛、金榜题名。乌有生等无奈回到现实,先后设祭,祈祷文昌君和织女,于是吴刚逐去情魔,魁星、朱衣战败穷鬼,乌有生与毛颖四友终于得中进士,并与其东邻无是公之女焉娘喜结连理。

《徒将鼓瑟意》为这部传奇的第十五出。乌有生到睡乡后,欲寻佳偶,决定去求娶卓文君之妹。白一丁与铜士臭先行贿赂临邛令,临邛令便把白一丁引荐给卓王孙,顺便介绍一下乌有生。于是乌有生只好与白一丁同去卓王孙家求亲,由此展开了这出求亲戏。

这出戏一共出现了七个人物：乌有生、白一丁、司马相如、卓王孙、卓文君、文君之妹、乌有生的童仆奴星。剧中就通过这几个人物的表演把情节一一铺展开。

这出戏的第一节，通过卓王孙与司马相如出场的【绕红楼】一段唱腔和宾白，引出乌有生和白一丁将同到卓府求亲一事。这一节虽属整出戏的引子，却隐约透露了求亲的最后结果。一方面是卓王孙以“堆积黄金广货财，临邛令常到门来”为荣，一方面是司马相如为“只怕姨娘主意，与阿姊却是两样的”的情况而担忧，虽然卓王孙故作开明，表示允许小女儿自由择婿，但知女莫如父，而相如与卓文君结合多年，也多少对小姨有所了解，这诸多因素加在一起，则此次择婿的真正标准似乎已隐然可见。

第二节，由乌有生、白一丁同往卓家与卓王孙、司马相如会面展开。开场一曲【不是路】，利用乌有生对临邛令“却教铜臭重贤才”的抨击而遭到白一丁“开口就叫俺朋友名字”的抗议，营造了一个误会和巧合，颇为机智风趣。当明白无意中得罪白一丁后，乌有生礼貌地表示歉意，认为两人来此都为同一目的，既是朋友，不必互生嫌隙。白一丁则赶紧提醒乌有生：“我拖带你风光须记怀。”这一对话，又巧妙把两人性格做了一个对比：乌有生大度有礼，白一丁则斤斤计较。两相比较，二人人品之高下已判。

宾主相见，表现各有不同。卓王孙一见面就先问白一丁，再问乌有生，在白一丁出洋相时又为之解围，足见临邛令的极力推荐使卓王孙对白一丁留下了深刻印象。结合末一节卓王孙的夫子自道“我看席中白先生，满身罗绮，是个富家子弟”，足以见出卓王孙重钱轻贤的择婿观。相比之下，司马相如则对乌有生一见如故，并谦称“小弟一向久闻大名”，后又深为其琴声折服，表示“俺待与做连襟一对排”，体现出一代文豪对人品才学的重视。而白一丁则是洋相出尽。先是乌有生的仆人奴星打趣地问他“胡须多长，怎还未冠”，他尴尬之余强词夺理：“你的胡须又不长!”这时，奴星提醒他自己是“杜李白”，他又羞得无地自容。原来此前他曾被奴星以“杜李白”的假名戏弄了一番。然后是在和司马相如交谈时，白一丁连相如字“长卿”这一常识都不知道，还不懂装懂地问：“司马迁是你尊号了?”这些插曲，笔致谐谑，语含嘲讽，透露出白一丁这位所谓的“才子”，实际上胸无点墨、浅薄无知。相比之下，乌有生则是彬彬有礼，以一曲《凤求凰》赢得了最初以此曲追求文君的司马相如的由衷赞叹，白一丁虽不知音，也觉求亲无望，差点儿打道回府。这一节通过对比的方法，把卓王孙与司马相如、乌有生和白一丁等四人不同的性格特点形象地表现出来了。

在这一节的较量中,似乎是乌有生稍占了上风。但既然卓王孙表示要由小女自己择婿,那么外围的较量并不能说明问题,关键还须看文君小妹的态度。而乌有生在弹琴时心里也没有必胜的把握,“只怕他小姐无如大姐乖”、“莫做了鼓齐门全不睬”,这些话无疑说出了乌有生内心的忐忑不安,而此后事态的不如意偏偏被他自己不幸言中。

紧接着的第三节通过文君和小妹的宾白和唱词,表明了二人的择婿观点。小妹听到琴声,先是不知弹奏者为谁,所弹何曲,然后是对弹琴者一片琴心毫不理会,宣称要嫁一个“像我爹爹有穿有吃的,就是好儿郎了”。面对卓文君苦口婆心的劝导,她反讥讽司马相如的贫穷和消渴疾病,坚决表示“只要他珍珠有的船儿载,便拚个白璧归伊袖里揣”。面对这样的妹妹,文君唯有苦笑:“这样俗气。”同胞姐妹,在择偶观念上差别如此悬殊。小妹择偶只重金钱,对才比相如的乌有生不屑一顾;乌有生满腹才学和满腔真情,只换得个“对牛弹琴”,这虽是戏曲中虚构的情节,却是对明代中后期物欲横流、世风日下的社会现实的曲折深刻的反映。

第四节,亦为本出戏的结局,以乌有生求亲失败,白一丁得享洞房花烛夜而告终。结尾,以一曲【朝天子】唱出了乌有生才气横溢却不为人所重的痛心:“空自挑琴学弄乖,他别有琴心在。事不谐,女儿俗气似爹来。”下场诗四句,则以“聪明自误复何说,悔不生来作白丁”结束,进一步抨击了“文籍虽满腹,不如一囊钱”(赵壹《刺世疾邪赋》)的丑恶现实。

这出戏实际上是通过乌有生睡乡求亲失败的故事,表达了孙钟龄对现实社会的批判态度,属于借剧中事浇心中块垒之作,正如王克家《刻醉乡记序》所指出的“苏子瞻遇不畅志,托《睡醉乡记》以寄牢骚。吾友孙仁孺(孙钟龄字),才未逢知,更谱《醉乡记》以写情事”。在作品风格方面,此剧虽寄牢骚、写情事,但通过人物幽默诙谐、富于机趣的对话,使戏曲颇具讽刺意味,充满喜剧色彩。在人物性格刻画方面,乌有生的谦恭有礼、博学多识,司马相如、卓文君的重才惜贤,白一丁的浅陋无知,卓王孙、文君小妹的唯利是图,都栩栩如生,极具个性。在创作方法方面,剧中为读者构建了一个充满虚幻色彩的世界:剧情的发生是在睡乡中,剧中的人物乌有生是出自于司马相如《子虚赋》中的虚拟人物,文君小妹则为作者的杜撰。故事情节的虚构性和主要人物形象的虚拟性使得这部传奇如梦似幻,充满浪漫气氛,但剧中才士贫而失意、小人富而得势的情况,却是明末社会现实的真实再现,由此可见,这部传奇实为浪漫主义和现实主义相结合的优秀作品。

(龙文玲)

冯梦龙

(1574—1646)　字犹龙,又字子犹、公鱼,号墨憨斋主人、龙子犹、顾曲散人、茂苑野史、无碍居士、姑苏词奴、詹詹外史、绿天馆主人等。长洲(今江苏苏州)人。家境困顿,科场不利,长期坐馆,亦从事出版,编刻了大量通俗读物及科举考试参考书。明崇祯三年(1630)始为贡生,授丹徒县训导。崇祯七年升福建寿宁知县,四年后任满归里。后从事抗清活动,试图追随唐王南去。终以忧愤卒,或云被清兵杀害。工诗文词曲。性放旷,生活于市井间,又受明代启蒙思想影响,尤为重视通俗文学。曲学上持"案头场上,两擅其美"观点,重视真情,类似汤显祖,又继承了沈璟以俗为上的本色论。所作散曲类似民歌,几乎全写艳情,真率朴素。尝收民歌俗曲编为《山歌》、《挂枝儿》(又名《童痴一弄》、《二弄》)集。在戏曲方面,曾订制《墨憨斋曲谱》,创作传奇《双雄记》、《万事足》,此外,又改编出版汤显祖《牡丹亭》、张凤翼《灌园记》等传奇多种,今存十一种,与已作两种总称为《墨憨斋定本传奇》。《传奇汇考标目》谓《凤双飞》为冯氏所作。散曲集有《宛转歌》,已佚。《全明散曲》辑录其小令六首,套数二十套,复出小令一首,套数一套。此外,还编有散曲选集《太霞新奏》、《墨憨新谱》等多种。在小说方面,编选了宋元以来话本及拟作一百二十篇,编纂成《喻世明言》、《警世通言》与《醒世恒言》,根据古本补足罗贯中《平妖传》为《新平妖传》,改写余邵鱼《列国志传》为《新列国志》。

酒　家　佣　　冯梦龙

第十六折　李　固　自　裁

(小净扮老狱官上)上命所差,盖不由己。俺虽是小小狱官,不指望前程远大,也要积些阴德,巴个子孙昌盛。前日廷尉老爷审问李太尉时节,那李太尉再三辨论,句句真情,咦,是个忠臣,是个忠臣。争奈大将军权如火炎,廷尉老爷心如铁打,硬做成个谋反招词,连夜申报大将军。大将军连夜奏闻皇帝,今蚤旨意下来,赐他自尽。唉,可怜,可怜。俺狱官人微言轻,怎生动得一本救他,只索由他罢了。正是:忠臣不怕死,怕死不忠臣。李太尉老爷走动。(外带刑具上)

【南吕罗鼓令】【刮鼓令】俺忠良志未衰,便是死临头终不改。恨只恨奸臣操柄，把忠谟成祸胎[①]。(小净)李太尉，圣旨赐你自裁，大将军有钩牌催促，怎么好？(外)俺李固已分有今日了。残喘岂思捱，三朝厚禄将一命买[②]。皇天皇天，俺李固一死何惜，只可惜朝中缺少济时材，暗云迷日几时开。(合)【皂罗袍】名登柱石[③]，身膏草莱。忠魂不散，冤情怎埋？化为厉鬼诛奸宰。梁贼，俺李固先你而死！【包子令】料伊不久也须来。

(小净)李太尉请快些，廷尉老爷立等回复。(外)唗，俺李固岂是怕死之人，何劳催促。俺还要拜辞圣上。(哭介)我那圣上呵，(拜介)

【其二】微臣固叩阶，受皇朝恩似海。空自有丹心一片，奈迂疏不苟谐，命薄与时乖。俺李固此心，惟有高祖、世祖皇帝[④]，及列圣在天之灵可表，先皇在天灵未解，好将忠佞两推排，忍使炎炎汉室顿然衰。(合前)罢罢，人生自古谁无死，留取丹心照汗青[⑤]。(下)

(小净虚下急上)阎王注定三更死，定不容人到四更。方才活活的一个李太尉，须臾之间，已呜呼了。唉，可怜，可怜。大将军分付：太尉死后，陈尸市上，不许收葬。只得依他。如今的世界呵：时势最为先，且莫言天理。请看忠臣样，如此而已矣。

〔注〕 ① 忠谟：忠谋。《晋书·王导传论》："潜运忠谟，竟翦吞沙之寇。" ② 三朝厚禄：李固汉顺帝时任荆州刺史、泰山太守、将作大匠、大司农，冲帝时任太尉，质帝时仍官太尉，桓帝元年(147)被诬下狱死。 ③ 柱石：比喻担当重任的大臣。 ④ 高祖、世祖：汉高祖刘邦、汉光武帝刘秀。《汉书·高帝纪上》："高祖，沛丰邑中阳里人也。"颜师古注引张晏曰："《礼》谥法无'高'，以为功最高而为汉帝之太祖，故特起名焉。"《后汉书·光武帝纪上》："世祖光武帝讳秀，字文叔。"李贤注："《礼》：'祖有功而宗有德'。"光武中兴，故庙称世祖。 ⑤"人生"二句：此为宋亡后文天祥被执过零丁洋所作《零丁洋》诗的尾联。明清传奇故事中常引用时代在后的诗文。

《酒家佣》是明末小说家、戏曲家冯梦龙根据陆天池、钦虹江的作品改编的一部传奇，是《墨憨斋定本传奇》之一，旨在表现"公论定归忠义，天心不佑权奸"(《家门大意》)。本剧的主要情节是：汉末名士李固因反对权臣梁冀立蠡吾侯为帝而被杀，稍后两个儿子李兹、李基亦被害致死，只有小儿子李燮在姐姐李文姬的巧妙安排下，和门人王成亡命徐州。十年以后，汉桓帝不堪梁冀作威作福，暴戾恣睢，将其诛戮，并平反了所有与梁冀有关的冤案。李燮也被起用为议郎，衣锦还乡，姐弟团圆，并与收容他的滕公的女儿幼鸾小姐喜结良缘。

《李固自裁》是本剧至关重要的一折。在这一折里，忠臣惨遭杀害，奸臣获得暂时的胜利，李固被钦赐自尽，死于狱中，奸邪的梁冀在肉体上消灭李固的同时，也钳住了众臣之口，皇帝成为傀儡，东汉王朝滑向灾难的深渊。

在本折里，先由小净扮演的老狱官为李固抱不平，再让李固出场，一方面表现了“公论定归忠义”的主题，另一方面也为本折抹上了几许悲凉的色彩。狱官的“可怜可怜”的叹息，成了忠臣义士的哀词。李固出场后，虽然身在狱中，但依然“忠良志未衰”，没有悔，只有恨，“恨奸臣操柄”。即使知道圣旨下来赐其自裁，也是“一死何惜，只可惜朝中缺少济时材”，多么豪壮而又无助！当李固唱到“名登柱石，身膏草莱。忠魂不散，冤魂怎埋？化为厉鬼诛奸宰”的时候，一腔热血，毕生壮志，寄希望于冥冥之中，就像窦娥的三桩誓愿一样。不过，关汉卿敢于抗争，让笔下的窦娥指天骂地，反抗到底，并终于胜利；而冯梦龙笔下的李固只能谢恩自裁。李固失败了，但仍不失为英雄。观众欣赏到此，心理遭到压抑，“好人得好报”的善良愿望彻底破灭。随着李固的死，故事情节飞转直下，好人遭难，恶人享乐，生活的悲欢场景交错呈现，正直之士的痛苦似乎没有尽头，直到“郭亮讼奸”折之后，剧情才有了转折，所以说本折在全剧中是一道分水岭。同时，“料伊不久也须来”的唱词也为下文情节的发展埋下了伏笔。

李固在自尽之前，有一段唱词：“微臣固叩阶，受皇朝恩似海。空自有丹心一片，奈迂疏不苟谐，命薄与时乖。”对于含冤受戮，明显地不同于窦娥的呼天抢地，只有“先皇在天灵未解，好将忠佞两推排”的些微的不满。虽然如此，依然要叩谢皇恩浩荡，表现出一个忠臣应有的风度。李固为正义而死，死得悲壮，但哀而不伤，所以冯梦龙特别加注：“李固之死宜愤多而悲少，比与王蠋死节一例演者，不可苟且。”

《李固自裁》这折戏，舞台上虽然只有两个角色，但戏剧关目的安排颇具匠心，剧作家巧妙地运用侧面烘托的手法，在短小的一折戏中展现了阔大的社会图景。“争奈大将军权如火炎，廷尉老爷心如铁打，硬做成个谋反招词，连夜申报大将军，大将军连夜奏闻皇帝”，大将军梁冀的熏天气焰、廷尉的阿谀逢迎的嘴脸无不借狱卒的独白表现出来。其中两个“连夜”的潜台词是不同的，一是谄媚，一是心切。这两个人物虽没有出场，但他们的表情以及他们的内心世界无不暴露在观众面前。对于这两个人物的虚写，一方面快速地推动了剧情的发展，但另一方面也使得戏剧冲突不够激烈，对观众来说，单单李固的几句痛斥是远远不够的。观众的心理是永远担心好人遭难，如果该折换成以奸臣们为主角，而把李固放在幕后，这样的效果也许会更好一点。

冯梦龙在编写这出戏时，为李固想得过于周到，李固在安排好小儿李燮之后，可以无牵无挂地就义。正因为如此，又使得本剧缺少了《赵氏孤儿》的那种荡气回肠。

（吴　敢　王军明）

酒　家　佣　　冯梦龙

第三十四折　恩　诏　录　孤

（小生扮王成上）

【越调亭前送别】【亭前柳】作善降百祥，作恶降百殃。殃祥若没准，日月也无光。【江头送别】赦书此日从天降，慰羁人便可还乡。

自古道无平不陂，无往不复。俺王成何出此言？只为梁冀这厮，把忠臣百般毒害，今上即位，不知厌足，竟遭赤族之诛[1]。即今诏书到郡，大赦天下，凡梁贼所害忠臣之家，并与昭雪，录用其后。李公子也得蒙恩了。不免到酒肆中报喜。公子有么？（生上）

【大石引碧玉令】鸟啼花落春归紧，总繁华梦中一瞬。（见介）（小生）喜信天来，特地走相闻。

（生）有何喜信？（小生）那梁氏一门呵，诛戮尽。（生）此信可真么？（小生）诏书来把宿冤矜悯。（生）有天理。当初梁贼害吾宗，今日天诛不放空。天网果然疏不漏，焚香撮土拜苍穹。

【大石催拍】恨权奸恣行害人，到今朝身遭灭门。言之可嗔，言之可嗔。长恸先灵，白首含辛。北望家山，蔓草埋春。（合）从今去重整家门，辞店主觐枫宸[2]。

【其二】（小生）我师亡犹留汝身，笑权门孑遗罔存。信殃祥有因，殃祥有因。恶党销亡，正气常伸。录旧平冤，雨露恩新。（合前）

【其三】（外扮滕公上）也须知窗前有人，料难瞒隔墙耳闻。（见介）你二人缘何喜欣？缘何喜欣？（小生）告老丈得知：此子不是别人，乃李太尉公子，避难在此。今日天恩昭雪，欲告辞老丈回去。（外）他的避祸情繇，我已知因。李公子你要去时，老汉也难留你。这是龙奋升天，叶落归根。（合）从今后重整家门，分别去觐枫宸。

(净扮地方急上)官府到地,乡村悔气。又要肃静,又要回避。快收酒帘,刺史老爷下乡来了。(混下)(末冠带捧诏及章服引众上)

【其四】(末)记当初寻孤远奔,喜今朝荣称守臣。(望介)依稀是那村,依稀是那村。酒旆高悬,垂柳成邻。(到介)(外跪接介)(末扶介)你是李公子的恩主,请起。快请李公子、王先生同来开读。(小生、生出迎介)(外)原来这位是王先生,也不是什么南爨。(末)休得闲说,快把香案安排,听启温纶[③]。(合)从今后重整家门,须返驾觐枫宸。

(末)圣旨已到,跪听宣读。诏曰:国有命讨,用代□工。良莠不分,何以彰劝?贼臣梁冀,擅权妨政,已正国典,所诬害前太尉李固、鸿胪卿杜乔等,并复原官,仍遣使吊祭。固子李燮逃死江滨,朕心悯恻,今特拜议郎。义士王成,原任议郎,今拜大理评事。俱赴关供职。原籍没李氏财产,尽行查给。义姊文姬存孤可嘉,封南郑郡君,赐钱二百万。布衣郭亮前有葬师之义,今有发奸之功,直言无隐,所奏皆实,特授徐州刺史。因便赍诏,求李燮所在。其他冤臣子孙,并令郡国条疏以闻。谢恩。(生、小生呼万岁介)(末)二兄贺喜,请换过了公服。(生换冠带介)(小生)小弟名心已死,隐癖方坚,新命断不敢受了。且问圣上何以知李公子在此,又何以知俺王成姓名?(末)下官奏诛冀贼之后,就将李兄始末备细疏闻,所以有此恩旨。(生)多谢仁兄了。(末)二兄荣行,不可迟滞。下官舆从在此,不好骚扰乡村,在前路驿亭。候送了二兄,方才赴任。正是:村店已颁新诏去,驿亭专候故人来。(外跪送介)(末引众下)(外)公子贺喜了。(生)老丈请上,待小生拜谢。(外)老汉也要拜贺。(拜介)(生)一日君王宠,十年故主情。(外)凤毛原有种[④],麟阁好留名[⑤]。李公子你荣行在迩,老汉还有一言。当初老汉愿将女儿幼鸾奉侍箕帚[⑥],已蒙公子允诺。原说过还乡有日,然后成亲。今日倘不弃前盟,老汉愿将女儿亲送到府,待公子面君回来,完其亲事,就烦王先生作伐[⑦]。不知尊意若何?(小生)贤弟若有此议,不可背盟。(生)小生受老丈大德,方图衔结[⑧],况承佳配,岂敢固辞?只是路途跋涉,有累老丈,如之奈何?(外)这个当得,趁王先生在此,老汉唤女儿出来见过了公子,然后作别。幼鸾孩儿那里?(旦内应介)来了。

【越调山麻秸】【换头】听爹呼心自忖。(外)女孩儿快出来见了李公子。(旦沉吟介)是那个李公子？奇怪，奇怪，又缘何唤出堂前厮见他人？(向外介)爹爹见那个李公子？(外)则这郑小官便是李太尉的公子。我已将你许他为配了。就是王先生作伐，你可过来相见。(旦)羞答答怎去见他？(外)唉，既为婚姻，便是一家，羞什么！(旦)我含颦尚兀自步履难安顿。(外引介)拜了王先生。(旦见小生介)(外)小女相见，何劳还礼。(小生)好一位稳重的小娘子，足见老丈家教。(外)此位是李公子。(旦、生相见介)(旦)女萝弱质，仰攀乔木[9]，犹恐非伦。

【其二】(生揖外介)谢岳丈情无尽，庇我微躯，又赐我佳姻。(外)说那里话。(小生向外介)知君侠骨非庸品。(外)岂敢。(合)喜今朝好成秦晋[10]，契谐梁孟[11]，欢比朱陈[12]。

(外)你夫妻两个略叙别情，待老汉收拾行装送你。(生)多谢岳丈。(小生)卑人也暂时告别。(生)王先生那里去？

【尾声】(小生)暂回卜肆把行囊振，(外)车马路资吾承认，(小生、生)报不尽十载绸缪贤主恩。(外、小生先下)

(生又揖介)小娘子山阃仙姿，小生穷途末品，虽荷尊公之爱，实怀非偶之惭。(旦)妾是寒门贱质，君乃华阀名流，既沐优容何劳过逊？(生)甫遂姻私，又成远别，人非草木，能不关情！

【中吕颜子乐】【泣颜回】从始住伊家，永夜钻研《易》卦。被尊公窥见，(旦)他见了怎么说？(生)等闲辨出真假。那时被你爹盘问，小生遮瞒不过，只得将真情告诉了。多承尊公美意，就将小娘子许配小生。【刷子序】如花此夜，赤绳缠定[13]，(旦)为何我爹一向再不提起？(生)相遮隐怕露根芽。【普天乐】已耐著多年鳏寡，怪须臾会面，却便别绪如麻。

【其二】【换头】(旦)君家当日寄盘蜗[14]，瞥见心中惊讶。(生)惊讶为何？(旦)为你丰姿奇俊，那更动止嗟呀。(生)小生痛遭家难，情景实是不堪。(旦)非夸，此际行藏参透，俺也识得你不是个庸流了。(生)可曾向你爹说么？(旦)裙钗辈怎好开牙？已拚做一场话靶，又谁知那日翁婿早浃洽。

【摊破地锦花】(生)你俊眸儿似明镜双悬挂,小生呵,何异泛槎蟾宫内遇著仙娃[15]。(旦)公子过奖了。(生)不枉了十载做佣奴小心檐下,受波踷[16],恰便似昔树发今花。

【麻婆子】(旦)贱质贱质寒门女,蒙君不弃遐。但恐但恐名门眷,他时别选佳。(生)小娘子说那里话!俺一言为定永无差,别伊不久便迎迓。(旦)不烦迎迓,俺爹爹情愿不远千里送妾成亲。公子须记取今日之言,休得负盟。(生)记取今日语,不教伊埋怨咱。

(旦)妾辞过公子,不能奉送了。路上请自保重。

(旦)送君上马出山庄,一半欢心一半伤。

(生)秋水独行人渐远,故园归客夜空长。

〔注〕 ① 赤族:即灭族,将罪犯连同其整个家族一起杀死的酷刑。 ② 枫宸:帝王的殿庭。汉宫禁中多植枫,故称。 ③ 温纶:对皇帝诏令谕旨的敬称。 ④ 凤毛:比喻子孙辈才具似其父祖者。南朝宋刘义庆《世说新语·容止》:"王敬伦风姿似父,作侍中,加授桓公公服,从大门入。桓公望之,曰:'大奴固自有凤毛。'" ⑤ 麟阁:即麒麟阁,汉代阁名,在未央宫中,汉宣帝曾图霍光等十一功臣像于此,以彰显其功勋。 ⑥ 侍箕帚:指女子嫁为人妇。古代一家洒扫之事由女性承担,故称。 ⑦ 作伐:作媒。典出《诗经·豳风·伐柯》:"伐柯如何?匪斧不克。取妻如何?匪媒不得。" ⑧ 衔结:衔环结草,表示报恩。衔环,典出《后汉书·杨震传》李贤注引南朝梁吴均《续齐谐记》,谓东汉杨宝九岁时救一黄雀,食以黄花,养之百日,毛羽成乃飞去。其夜杨宝梦黄衣童子以白环三枚与己,曰:"令君子孙洁白,位登三事(三公),当如此环矣。"结草,典出《左传·宣公十五年》,谓魏武子生病时,嘱其子魏颗死后将其爱妾嫁出。但病重时又说要让她殉葬。魏武子死,魏颗仍将此妾嫁出,称:"疾病则乱,吾从其治也。"后辅氏之役中,有老人结草相助,绊倒敌将,魏颗遂得胜。夜里梦见老人道:"余,而所嫁妇人之父也,尔用先人之治命,余是以报。" ⑨"女萝"二句:女萝是一种善于攀缘的蔓生植物;女萝攀乔木,比喻女子得嫁良人。《诗经·小雅·頍弁》:"茑与女萝,施于松柏。" ⑩ 秦晋:春秋时秦晋两国世代通婚,后遂称两家联姻为结秦晋之好。 ⑪ 梁孟:东汉梁鸿与孟光,他们是古代相敬如宾的夫妻典范。 ⑫ 朱陈:古村名,据唐白居易《朱陈村》诗云:"徐州古丰县,有村曰朱陈。……一村唯两姓,世世为婚姻。"后遂以朱陈之好,代指两姓联姻。 ⑬ 赤绳缠定:指定下婚事。典出唐李复言《续玄怪录》,谓有月下老人囊中有赤绳系世上男女之足,以为姻缘。⑭ 盘蜗:指盘屈的古文字。 ⑮ 泛槎:传说天河与海通,有人居海渚,年年八月见有浮槎来去,遂乘槎浮海至天河,遇织女、牵牛。蟾宫:月宫。 ⑯ 波踷:同波查(zhā),艰辛,困苦。踷,原音 chǎ,此当读 zhā。

《恩诏录孤》是冯梦龙改本《酒家佣》中又一重要关目。在作者是水到渠成,在观众是期待已久。

李固被杀,而尚留一孤,经十年煎熬,终于盼来恩诏,李燮被录用为议郎,姐弟团圆,剧作完成了由悲剧向喜剧的转变。美好的结局满足了观众的愿望,也满足了作者自己。王国维在《宋元戏曲考》中说:“明以后,传奇无非喜剧。”一出戏要不要团圆结局,似乎不能笼统地赞成或反对,关键在于是否有“团圆之趣”。李渔在《闲情偶寄·格局第六》中说,在处理最后结局时,不仅要“自然而然,水到渠成”,而且应在“山穷水尽之处,偏宜突起波澜,或先惊后喜,或始疑而终信,或喜极而反致惊疑,务使一折之中,七情俱备,始为到底不懈之笔”。那么,本剧这个结局是否做到了这一点呢?首先,在亡命之初,文姬嘱托王成教导李燮,第二十七折“卜肆授经”回应此托,使博学的李燮授官成为可能;郭亮在京城求学七年,寻找机会“讼奸”,使得冤案得伸成为现实。有了王成、郭亮的努力,故事结局自然而然地走向团圆。团圆结局是情节发展的必然,颇有瓜熟蒂落之妙。其次,李燮在被告知喜讯之后,也是先怀疑惑:“此信可真么?”一切变化得太快,心理上一时还难以接受。当消息被再次证实以后,他先是兴奋地“焚香撮土拜苍穹”,庆天理昭昭,恶人终得恶报;继而“长恸先灵,白首含辛。北望家山,蔓草埋春”,乍喜还悲。在团圆的结局中,又凭空翻出几多波澜。从这两点来看,这个团圆的结局还是写得相当成功的。

故事继续向前推进,自然是众人贺喜,与滕公、幼鸾话别。此处作者特加批注:“生旦吊场,更有余味。”冯梦龙到底要赞叹什么呢?从剧本中可以看到,幼鸾小姐一而再、再而三地谦称:“女萝弱质,仰攀乔木,犹恐非伦。”那么,出身寒门的幼鸾小姐又是如何匹配李燮的呢?首先,幼鸾小姐的美貌使得李燮惊讶得“何异泛槎蟾宫内遇著仙娃”;其次,也是最重要的一点,那就是幼鸾小姐的谨遵闺教。在得知自己已是李燮的夫人之后,出来话别,依然是“含颦尚兀自步履难安顿”,使得曾官至议郎的王成大为赞叹。幼鸾在话别时,还透露了一个重要信息:“君家当日寄盘蜗,瞥见心中惊讶。”为何惊讶?“为你丰姿奇俊,那更动止嗟呀。”爱情由此萌发。但是幼鸾没有任何非分之举,连其父亲都不得而知,“裙钗辈怎好开牙”。虽然没有太多的监护,但是既没有莺莺式的待月私合的大胆举动,连杜丽娘式的梦中艳遇都没有,完全靠着一种自觉。正是靠着这种自觉和美貌,才使得幼鸾成为李燮的佳配。美妙的爱情故事被处理得平庸无奇,类似的情节也见于冯梦龙改编的《新灌园》,在其作者自序中自豪地宣称:“自余加改窜,而忠孝志节种种具备,庶几有关风化,而奇可传矣。”一个个好的题材不幸落入封建卫道的窠臼。

托孤保孤故事,纪君祥《赵氏孤儿》杂剧是写得最好的一部。纪剧与本剧有着许多相似之处。但平心而论,本剧在结构上表现得比较平淡拖沓。纪剧中那种“山雨欲来风满楼”的剑拔弩张的气氛,忠烈之士的明知斗争会给自己带来痛苦和牺牲，依然用身躯和心血来对抗邪恶的义无反顾的精神，都是本剧所缺乏的。并且本剧中的主人公李夔从出逃到隐居都很从容，使得剧情缺少纪剧的那种张力。在隐居的时候，李夔被滕公识破了行藏，不得已口头答应了婚事，冯梦龙很敏感地注意到“父母之命”的必要，李夔虽没有了父母，但也必须要有一个父辈人物——恩师王成的认可，这样的婚姻才合乎伦理纲常，也只有如此，方有“作一具青铜（镜）”的资格，使观众“朝夕照自家面孔”（本剧《叙》）。这样的情节处理似乎很巧妙，但是却忘记了最基本的一点，即礼法中的“不孝有三，无后为大”。对于这时的李家来讲，传宗接代才是第一位的问题。冯梦龙在此剧的处理上难免有顾及一点而罔及其余的缺憾。冯梦龙在序本剧时说：“存孤奇事，胡可无传？然本存孤者文姬，而天池谬以已死……未免用客掩主；虹江以杜乔之女为李夔妻……复入泛常圈套。余致短长而铸焉。”可谓自视甚高。只是他的才力多反映在小说而不是戏曲上。

（吴　敢　吴淑红）

双　雄　记　　冯梦龙

第二十七折　村 店 奇 逢

（小净扮酒保上）我胡船生来粗俗，自小风餐水宿。也曾帮闲认得小娘，也曾问姓妆做大叔。只因有些贱恙，怕那撑船劳碌。春间寻了几两本钱，开个酒店在木渎。日里扯人来吃饭，夜间揽人来歇宿。住房又小又低，嗄饭半生半熟。不是我不爱整齐，那些乡民也受不得十分清福。我胡船自开酒店在此，且喜生意颇有。未到黄昏，店房早已下满。远远望见一位老官儿来了，莫非也是安歇的？不免少待则个。（末上）

【黄钟出队子】侄儿英俊。昔做羁囚，今做军愁，他家里未知因。因此不惮驱驰到水村。老倦行迟，烟雾满村。

人有善念，天必从之。两个侄儿无辜陷狱，终被老夫救了出来。我想魏二娘子，一日不知啼哭几场。唉，可怜！须是报他个信息，省得他女人家苦坏了。因此老夫略到家中看了一看，就走到这里。你看：云净暮山紫，风清秋月明。又早天色傍晚。此间有个新酒店，灯上写著：歇宿客商。且暂住一宵，来日过湖便了。酒保那有？（小净）呀，老官儿何来？（末）从城中来，暂借一宿。（小净）造化，只剩得一间房在此，略来迟一刻就没空了。请进去。（走介）可要吃晚饭么？（末）老人家不用晚饭。（小净）既如此，就请进房安

置。(俱下)(贴上)

【其二】程途难问,脚小伶俜忍著嗔[1]。江村日落半吞云,若是男儿怎怕人!(旦接上)满目人家,无处可奔。

呀,那生又在这里了,只得相见。长兄请了。(贴)长兄为何又来?(旦)学生为前途荒野[2],只得又转来。不想长兄还在此。(贴)学生为途路未熟,受这等累。如今天晚,我和你不如就前面酒店中暂歇,明早分路。(旦)学生从不曾住在外面,如何是好?(贴)出外说不得了,我和你将就和衣坐过一夜罢。(旦背介)想那生到也诚实。长兄,如此却好。(贴)酒保有么?(小净上)谁人唤酒保?却是买卖好。方才接著一个老,如今撞着两个小。呀,好两位标致相公。何往?(贴)特来借宿。(小净)何不早来!客房都满,别处去罢。(旦)苦呵,教我那里去好?(贴)长兄,不要愁烦。酒保过来,不拘什么房子,出一间与我们,房钱加倍便了。(小净)那一位相公好些面熟,一时想不起。二位相公像是从不曾出路的,也罢,只有我老夫妻一间卧房,让与你罢。我自和老婆灶下蹲一蹲。要钱时,老婆也说不得了。(贴)如此多谢。(小净引进介)相公,天色热,可要洗澡?待我烧汤。(贴)不消。(小净)两位脱了衣服,乘一乘凉。(贴)路上伤风,也不消得。(小净)待我替你脱臭裹脚来,风里吹吹。(贴)胡说!你自进去。(小净走又转介)房便让与你,房内还有些小家火,相公们各要尊重。(贴)不妨,你自放心去睡。(小净下)(旦)长兄,途路辛苦,不要讲话了,各人闭眼坐一坐,天明好走。(贴)说得有理。(作睡介)(旦)天那,这个所在岂是我的睡处!教我怎生睡得著也?

【中吕楚江情】【香罗带】一从交暮春,伤夫断魂,纱衾常卷尘满茵。啼啼哭哭过黄昏也,今夜清秋茅店,何妨夜分。比似我儿夫早晚与缧绁亲[3]。【一江风】到不得吃尽艰辛,纵然我吃尽艰辛,也是夫难妻当殉。想奴家死而复生,这一场也非通小可。分明是再世身,分明是再世的身。丈夫,你分明是隔世的人,若依了龙神之言,奴家与你再得完聚呵,好一似玉箫重补前生恨[4]。

唉,我只管自言自语,倘或惊醒那生不便,只得强睡一番。(睡介)(贴起介)呀,奴家有事在心,故此不能稳睡。那秀才也唧唧哝哝,徘徊半晌，必有缘故，欲待问他一声。唉，我身是女子，又去揽什么事，只得假意睡著。我想他男子汉有甚愁烦，须不比奴家也呵！

【其二】灯前约秦晋，重伸旧恩，薄情错把假当真。只是我要将心事对袄神也[5]，因此不贪罗帐，宁披棘榛。比似我昨宵那搭强做亲，也免得凤入鸡群，倘然个凤入鸡群，把六载相思溷。想奴家这一逃出，非通小可，分明是偷得身，分明是偷得的身，刘郎你分明是拾得的人。奴家此去若见刘郎，得谐所愿呵，好一似文君夜走相如韵[6]。（旦作醒介）

（贴）你看那秀才又醒来也，待我妆睡，听他说什么来。（睡介）（旦惊起介）呀，奴家朦胧睡去，依还梦见前日那两个强贼，把奴拦住盘诘。猛然觉来，只见明月一庭，秋风满面，好生伤感人也。

【绣带儿】【换头】乡村没情绪，魂惊梦乱，还似有路难奔。奴家这般打扮呵，便重遇了一伙朱眉，料他怎识破红裙。说话之间，那月儿顷刻被云遮暗了，待奴家暗祷一回。（贴潜起听介）（旦）天那，奴家夫妇若有重圆之日，依旧云开月朗。呀，谢天！果然云气渐消，月光如故。昭昏，那月儿也如人事无定准。叹云尽闷怀无尽，乡村没有支更，不知什么时候了？如年夜巴不到晨。况且男女混处，终是不安。怪的是狭路相逢无计逃遁。

天色未明，不免再睡片时则个。（贴起唱）

【其二】把心扪，我想往事中，如木兰代戍十载，崇嘏摄掾逾年，祝英台全节书帏，王善聪混形香肆，这都是女作男妆，古今异事。男中女从来几个？不应恁地纷纭。他缘何也唤做奴家？这话儿岂是斯文。仔细看他面庞清俊，举止轻盈，原有可疑。自古道：天下未尝无对。待我近前试他一试。姐姐，姐姐！（旦作惊介）那个唤奴家？（作羞介）（贴）看他逡巡总然欲讳，奈何情计窘，觑羞态越加清俊。（脱衣帽介）怜同病更衣去巾，我与你一般样愁肠一般评论。

（旦）果然也是个女流，不免脱衣相见。（见介）（贴）姐姐尊姓？青春多少？（旦）奴家家住东山，姓魏，行二，虚度二十一岁。（贴）奴家姓黄，小字素娘，少姐姐二岁。我与姐姐今夜相会，不但奇事，亦是前缘，愿与姐姐结为姊妹，不知尊意若何？（旦）如此甚好。（贴）

姐姐在上，奴家有一拜。（同拜唱）

【女冠子】相防一夜今方稳，笑两下路途遮隐。也应夙世缘和分，通姓字叙寒温。欲把衷情共摅，一言难尽。（各悲介）夫妻未卜天边信，姊妹先呼月下邻。可悯未语泪如珠陨。

（贴）敢问姐姐何家宅眷，为何到此？（旦）儿夫丹重之，被人诬陷，欲待亲往问取消息。（贴）是这等说。莫非前日刘郎消息，果是真的？（旦）可是刘叔叔子寿么？他也同时被陷了。（贴）天那，好苦呵！（旦）且住，刘叔叔断弦已久，妹子是他何人？（贴）不瞒姐姐说，奴家身是贱流，与刘郎有终身之约。因他音问久疏，奴家誓不失节，改衣逃出。欲待亲往山上问取，谁知果有此信，教我进退两难。如何是好？（旦）妹子此非啼哭之处，他弟兄两人，全亏刘方正扶持。你明早不须到山上了，我与你同到刘家，便知端的。（贴）多谢姐姐。（同唱）

【其二】衷肠道破情真恳，我两个不但姊妹，又是婶嫂，论亲上更加亲近。并头莲拆散难通讯，十姊妹共殷勤。他一双弟兄，我和你学他和顺。今宵野店姻亲旧，来日苏城侣伴新。将泪揾免得界残红粉。

（小净上）自不整衣毛，何须夜夜号。昨夜可怜两个标致相公，让房与他睡到不睡，一夜只闻啼哭。天色将明，待我觑他一觑。（喊介）阿呀，不好了！众客人都来打妖怪。（末上）哇！青天白日，什么妖怪？（小净）昨夜分明两个男子，只听得啾啾唧唧叫了一夜，今早变做两个女人了。（末）有这等事？在那里？（小净作推门介）兀的不是。（末认介）原来是丹家侄妇。你为何到此？（小净诨介）（旦）公公在上，听奴告禀：

【黄钟啄木儿】从别后苦万千，落井金瓶空望眼。猛可地梦断敲门，早有个小艇相延。那人也姓刘，他道新官到任，快去诉理。奴家只道是好意，谁知人心顿作风波变。水晶宫亏杀龙神援，教我暂学男装出水天。

（末）老夫方欲到宅，不道你又吃这场大苦。多谢龙神救护了。此位娘子是谁？（旦）是黄素娘。为寻刘叔叔到此。（小净）我昨夜就说有些面熟，原来果是。前日丹官人、刘官人到宅，是我同来的。

(贴)我也有些厮认,你莫非是胡船?(小净)正是。当初做船家,如今做酒保,也是老保儿了。(末)休要闲说。黄小娘子,为何与舍侄相识?(贴)公公在上,奴家与刘郎呵,

【其二】蒙垂盼已六年,相见虽稀情自腆。感旧巢燕子重来,料新枝未必莺迁。前日有两位,也是东山人,一姓丹一姓刘,苦苦要奴家相接。(末)曾接他不曾?(贴)说那里话,我誓抛舞衣停歌扇,肯学那倚门授色春风面。因此暗出巫山十二天⑦。

(末)难得,难得。两位娘子,你道姓丹的是谁?就是丹三木。那姓留的不是我这一刘,是那一个留字,叫做留帮兴,他专一助纣为虐。

【三段子】我听说惨然,这奸贼非冤造冤。二位娘子且不要忙,我报你个喜信。他弟兄两个都释罪征倭去了。幸得保全,要相逢只在三年四年。否极泰来天心见⑧,丰城狱里双龙现⑨。管取勒石燕然功成名显⑩。(旦贴拜天介)

【归朝欢】苍天的苍天的且喜见怜,还保佑征人回转。(拜末介)恩人的恩人的谢伊解悬,但焚香愿你千龄寿远。(末)肯分地遇著亲和眷,今朝暂把愁眉展。(旦、贴)何日得衣锦还乡欢笑喧?

(末)二位娘子听老汉一言。那丹三木知道二侄消息,定与老汉作对。闻得山阴地方有个村落,甚是幽僻,二位娘子俱是至亲,况舍下有老妻奉陪,不若同到那边,暂住一年半载,待侄儿回来,再作区处。(旦、贴)多谢公公。(小净)黄小娘子,不如住在此间,到有生意,就作成我开个花酒店罢。(末)不要胡说。你且听我分付,两位娘子脱下衣帽,你与我好好藏著。这白金一两送你做房价。(小净)何用许多。(末)你收了,我有话讲。老夫姓刘,叫做刘方正,若后来遇著我侄儿,你便指点下落与他;若见了别人,方才二位娘子许多说话,一句也不可泄漏。(小净)既分付了小人,就是梦里也不敢泄漏。(哭介)(末)你为何啼哭?(小净)老官儿,你领了黄小娘子去,下次刘官人只在自屋里閧⑪,不作成我做篾片了⑫。(末)哇!胡说。一家骨肉半相逢,(旦、贴)只是万里征人信未通。(末)明日山阴好栖迹,(小净)两位娘子,你不须回首泣秋风。

〔注〕①伶俜(pīng):孤独的样子。②学生:明清时读书人自称的谦词。③缧

绁(léi xiè)：捆绑犯人的绳索。 ④"好一似"句：晋干宝《搜神记》载：吴王夫差有小女紫玉，爱慕韩重，为父所阻，幽忧而死。韩重游学归来，至其墓吊祭，紫玉忽现形，以明珠相赠。吴王夫人闻之，出而抱其身，竟如烟而灭。句用此典。按，古人多截紫竹为箫笛，故常以紫玉为箫笛之代称，句中之"玉箫"，即指紫玉。 ⑤祆(xiān)神：祆教(俗称拜火教，亦即琐罗亚斯德教)所尊奉祭祀的神。《玉篇·示部》："祆，……胡神也。" ⑥文君、相如：用汉司马相如在临邛弹琴作歌挑蜀之富商卓王孙之女卓文君，使之与己私奔的典故。 ⑦巫山十二天：用战国楚宋玉《高唐赋序》所载楚怀王梦巫山神女的典故。十二天，指巫山十二峰。 ⑧否极泰来：坏的事到了底，好的事就来了。否、泰是《周易》六十四卦中的两个卦名，否表示坏事或厄运，泰表示好事或佳运。 ⑨"丰城"句：《晋书·张华传》云豫章人雷焕在丰城县狱掘得龙泉、太阿二剑，后失剑，化二龙。 ⑩勒石燕然：《后汉书·和帝纪》载窦宪大破北匈奴，登燕然山，刻石纪功而还。勒，刻。燕然，山名，即杭爱山，在今蒙古国境内。 ⑪闝(piáo)：玩妓女。 ⑫篾片：帮闲的门客。

《双雄记》，一名《善恶图》，《墨憨斋定本传奇》之一，也是目前可以确定为冯梦龙创作的两部传奇之一。剧情梗概如下：吴地东山有书生丹信，父母早亡，与结义兄弟刘双日习文武。会边疆多事，意欲挟策东游，求取功名。不料"无端骨肉生仇"：丹信祖遗家业俱由叔父丹三木总理，三木却欲侵占独吞家私，其妻数番劝谏分与侄子，皆遭斥责，抑郁而死。丹三木唆使讼棍，买通贪官，乘机以此构陷丹信，并诬刘双为同谋，致使二人入狱。幸亏刘双的叔父刘方正借倭夷叛乱、守官允许囚犯立功赎罪之机，极力辨枉，使二人得以从军抗倭。而丹三木为斩草除根，又设计陷害丹信之妻魏二娘，欲将她溺死江中。幸得龙神拯救，送出湖岸寻夫。后丹信、刘双奋勇杀敌，立下奇功，功成名就，衣锦还乡。而刘方正得道成仙，丹三木则被天火烧光家产，沦为乞丐，无颜面侄，触阶身亡。丹信与妻魏二娘，刘双与名妓黄素娘喜获团圆。

《村店奇逢》是本剧最为精彩的一出。闺中少妇魏二娘，只因丈夫丹信被诬入狱，携带丈夫衣装乘船前去申诉。不料人心更比江心险，竟被叔父丹三木买通艄公溺于江中，幸得龙神拯救，将她送上岸来，让她穿着丈夫衣装去寻夫。一路备尝艰辛，走至木渎村，夕阳西下，天色近昏。见"满目人家，无处可奔"，只觉悲凄无限。恰与日间一起问路的小生相遇，无奈之下，二人共宿湖边客店。正所谓"明知不是伴，情急且相随"。却不知这书生正是刘双的旧相好歌妓黄素娘，只因被老贼丹三木看中，从其口中得知刘双与丹信被陷之事，为守其灯前之誓、终身之约，也"不贪罗帐，宁披棘榛"，装扮男子，逃离虎口寻郎。二人分明都是女身扮假，却都以为对方是真，这就形成了本出戏喜剧情境的关键因素。因为双方作为剧中人物，与观众或读者处于一种隔离状态，这种状态使她们的惊慌、窘迫，还是隐秘、猜疑，全都置于观众的审美观照之下，从而给观众带来一种全知的、优越的审美心理。正如阿契尔在其《剧作法》中所描述的那样："我们清楚地看到某一事态的全部背景、关系和错综复杂的纠葛，而在这一事态中，至少有两个切身有关的人物却在盲目无知地走向他们所不曾梦想到的结局。……我们在剧场中的座位就好像是享乐主义者理想中的奥林匹斯神仙一样，从那里，我们可以看到一切人类命运错综复杂的反应，而自己却无需参与其事，也不必对此负责。"那么，就让我们带着这种轻松的优越感来关注情节的发展。首先，这两个女子都唯恐被识破，要共同应付别人。店主热情地将两位"公子"领入卧房招呼道："相公，天色热，可要洗澡？待我烧汤。"黄素娘急忙推辞道："不消。"店主又道："两位脱了衣服，乘一乘凉。"黄素娘又支吾道："路上伤风，也消不得"。店主再道："待我替你脱臭裹脚来，风里吹吹"。黄素娘这时有些急了，忙道："胡说！你自进去。"看来店主越是殷勤，二位越是心慌。幸亏黄素娘本为妓家，胡乱应付过去。这里可以看出作者的匠心，因为他没有"在第一个可能的机会就把一切秘密揭开"，"真正的艺术在于懂得要在多长的时间内保持沉默，又要在什么恰当的时候开始说话"(《剧作法》)。接下来的二人戏，更给观众带来了一种强烈的悬想期待心理，对事情的奇妙发展和结局抱有更强烈的好奇心。

店主走后，魏二娘首先发话："长兄，途路辛苦，不要讲话了，各人闭眼坐一坐，天明好走。"看来是想先稳住对方。黄素娘当然乐得顺水推舟："说的有理。"若果真如此，倒也没戏了。但二人各怀心事，又怎能入睡？只见魏二娘在那里思前想后，暗自祈祷。黄素娘辗转反侧之时，听得魏二娘自言自语，便思忖道："奴家有事在心，故此不能稳睡。那秀才也唧唧哝哝，徘徊半晌，必有缘故。"欲待问他一声，转念又一想："唉，我身是女子，又去揽什么事，只得假意睡著。我想他男子汉有甚愁烦？须不比奴家也呵。"可见她信的真切！但这里越是信彼为男子真切，后来知彼为女子也就越是惊诧，喜剧效果也就越强烈。过了一会儿，忽见魏二娘起床对月祈祷，黄素娘到底是个"小鬼头"，便潜起偷听，隐约间听唤一句"奴家"，顿生疑窦："我想往事中，如木兰代戍十载，崇嘏摄掾逾年，祝英台全节书帏，王善聪混形香肆，这都是女作男妆，古今异事。……他缘何也唤做奴家？这话儿岂是斯文。仔细看他面庞清俊，举止轻盈，原有可疑。"于是灵机一动，唤两声"姐姐"试他一试。这一试便使得一个羞窘，一个逡巡，"笑两下路途遮隐"，"怜同病更衣去巾"，方才共识"庐山真面目"。此时观众的期待心理终于得到了释怀，爆发出一种喜剧性的大笑。接着两人拜为姐妹，才知道"两个不但姊妹，又是婶嫂"，于是"亲上更加亲近"。一波未平，一波又起，却说店主夜间听得啼哭，天明来看，却发现"昨夜分明两个男子，只听得啾啾唧唧叫了一夜，今早变做两个女人了”，惊呼众人来打妖怪。又与恰巧路宿此处的叔父刘方正相认，“一家骨肉半相逢”，为后来的大团圆作了铺垫。

这出戏构思巧妙，独具匠心，不仅使剧情有了很大发展，而且成为全剧的一个重要转折，使剧中的悲凉气氛转入到喜剧情境中，观众感受到喜悦的同时，还会意犹未尽地等待着下一步的发展。通过对两位女主人公的细腻的心理刻画，也突出了各自的传神性格和鲜明形象。

冯梦龙的两部传奇《双雄记》、《万事足》，在明末清初名作如林的剧坛，均算不上佳作。但《双雄记》据说是写实之作，自然格外会得到地方的关心。而《村店奇逢》一出也真可谓点睛之笔、当行之作。冯梦龙有此一出，庶几不辱其通俗文学名家的声誉，在晚明曲苑也可占一席之地。

（吴　敢　石艳梅）

【戏曲家小传】

李梅实

生平、名号不详。杭州（今属浙江）人。作有传奇《精忠旗》，系据《宋史·岳飞传》，并参考《汤阴庙记》编成，旨在纠正姚茂良《精忠记》失实之处。现存经冯梦龙修订过的墨憨斋刊本。

精　忠　旗

李梅实

第十五折　金 牌 伪 召

（生戎妆，二卒随上）

【双调引新水令】（生）寒烟一缕随线长，对陵京转添惆怅。虽然暂喜边尘荡，只是二帝呵，未还京，望燕云尚有千重障。

（岳词）〔满江红〕怒发冲冠，凭阑处、萧萧雨歇。抬望眼，仰天长啸，壮怀激烈。壮吻饥餐金人肉，笑谈渴饮金人血。莫等闲，白了少年头，空悲切。　　靖康耻，犹未雪。臣子恨，何时竭？直待驾长车踏破，贺阑山缺。三十功名尘与土，八千里外云和月。待从头、收拾旧山河，朝金阙。

自家领兵到此，幸得屡战屡胜，那兀术所恃铁浮图、拐子马[①]，都被我破尽，眼见这厮往北逃遁，且住扎朱仙镇[②]。只是二帝未回，寸心如割，正是古人云：草中狐兔尽何益，天子不在咸阳宫[③]。言之

不觉泪下。且待孩儿众将到来，一同商议。（小生岳云、末张宪上）

【五供养引】（小生）家猷远壮，指幽燕威凛秋霜。（末）浮图连扐骑，最为强。一朝尽倒，他伎俩顿然消丧。（合）还须整，旧冠裳，这番衣锦尽还乡。（见介）

（生）连日屡破金兵，皆将士同心之力。闻得诸陵残毁，不觉痛心。可一面差人修理，一面谨守营垒，用心哨探，以便进兵。勿得怠玩。（众）元帅用兵如神，兀术那厮伎俩已穷，想不日便可成擒也。（生）那两河豪杰，俱要好生看待，重以金币犒赏。其他老弱妇女，各要加意安抚他，不可有疏。（众）是。（卒报）远远望见朝使飞马而来了。（生）安排香案接旨。（外扮使臣捧一号金牌上）

【仙吕入双调园林好】紧风雷金牌手将，到朱仙镇欢声闹嚷。圣旨已到，跪听宣读。诏曰：尔河北制置、武昌郡公、少保岳飞，久在行间，屡建奇绩，今特加尔太尉、同知枢密院事，即日班师回京，以副朕眷。钦此。（生叩头起接旨）（与外揖介）请问天使大人，贼势方张，下官连战俱胜，飞报朝廷去了。汴京计日可复，便当奉迎二帝还朝，如何忽有班师之说？（外）这是朝廷旨意，小官不过捧之而来。太尉呵，你克日里班师行赏，还领取姓名扬。（生）羞讲起姓名扬。

先生且请馆驿暂住，容下官从容商议。（外）正是：朝中天子三宣，阃外将军一令。（下）（生叹介）（小生、末叫介）这是怎么说！（生）十年之功，废于一旦。皇上，皇上，不是我岳飞没用，是奸臣误了你也！

【嘉庆子】我一生事主空骯髒④，只后土皇天鉴满腔。愁绝纶音忽降，凭义胆报君王，将热血洒疆场。（丑扮使臣捧二号金牌上）尹令后来，更催前仗。（生将接介）（又报）又有一位使臣来了。（净、外扮使臣捧三号、四号金牌上）置邮道途相望，金牌亲传不爽。（生接介）

（丑）奉圣旨：敌势稍缓，安静为福。今发二号金牌，即催岳飞班师。钦此。（净、外）奉圣旨：连发三号、四号金牌，速催岳飞回京，勿得逗遛生事。钦此。（生叩头接介）（生向丑、净、外揖）（贴扮探子飞报上）报！报！报！兀术领残兵复来交战。（生对丑、净、外）列位先生少停，非是下官有违圣旨，只是贼势逼近。你看征尘满天，事系兵机要忖量。（丑、净、外）这使不得，朝廷只教太尉班师，不教出战。（众怒介）敌已到前，岂可束手待毙！（生上马）（丑、净、外阻介）（众挣介）（生迟疑介）（众）朝廷发金牌之时，不知兵情若此。今事势已急，定须十战。三位使臣，且请馆驿安下。一战之后，班师未迟。（外、净、丑俱下）

【品令】（众）安危瞬息，他鼾睡倚虚□。元帅，古人有云：安国家、利社稷者，专之可也。权宜制阃[⑤]，一战有何妨。摩拳擦掌，谁敢来拦挡？（众作愤恨介）各各争勇，那肯逗遛观望。只待二圣还朝，方显我将军境外强。

（内报）兀术到了。（小净领兵上）（众拥生交战介）（小净败）（小生末追下）（生）且喜兀术大败，孩儿同将士追去，想便可乘势擒他了。（外、净扮父老上）［集句］城中钟鼓四天闻，路上行人欲断魂。衢路纵横填白骨，千家今有百家存。自家河北父老便是。我每久陷北朝，才得岳太尉兵到，收复燕云，复见天日。近闻朝廷唤取班师，不知是何缘故？特来挽留。（见生伏地哭介）我每情愿跟着爷爷去杀兀术。大家求见二帝一面，切不可轻回。（生）我亦不愿回朝，要在此杀贼。无奈朝廷金牌下来。（外、净）爷爷也管不得甚么金牌。朝廷也是主上，二帝也是主上，爷爷纵不肯救我每百姓，也看二帝面上，再住一住。（生哭介）你每说起二帝，吾心折矣。（外、净）正宜趁此机会，杀往前去，庶可即见二帝。（内报）使臣又到了。（小生、末扮二使捧五号、六号金牌急上）曾闻君命召，不俟驾而行。（宣旨介）奉圣旨：五号六号金牌，召取岳飞班师，如违，取罪未便。钦此。（生叩头介）（小生、末）太尉呵，

【豆叶黄】你权收去驾，速整归缰。（众哭介）忍平白地坏，忍平白地坏却长城[⑥]，（向小生、末叩头介）只得向前稽颡[⑦]。（小生、末）可恶，可恶！我捧的如纶如綍[⑧]，你说的胡言老伧。快赶去。（外、净哭介）还望天使转奏吾皇，我每呵，恰好似燕归原宅，恰好似燕归原宅，忍夺取依栖画栋雕梁。（外、净虚下）

（生）使臣请到馆驿，下官即便与众将商议班师。（小生、末）太尉不必计议，只是班师便了。虽然阃外将军令，须信从来天子尊。（下）（又报）枢密院差官又捧七号金牌到了。（又报）中书省又差官捧八

号金牌到了。(小净、外扮二使上)塞垣万里无飞鸟,马首东来知是谁?自家奉旨到此,速与通报。(生迎介)(小净、外宣旨)奉圣旨:说与中书省、枢密院都将发去七号、八号金牌,速召岳飞还朝,不许停缓时刻。钦此。(生叩头介)

【三月海棠】(小净、外)【月上海棠】奉诏往,驾言络绎如翻浪,太尉呵,有内廷秘旨指与行藏。(附耳介)此是秦丞相主意,明明说与太尉罢。【画锦堂】非诳,不是耳畔亲遵丞相指,谁人敢来轻撤将军帐?你每这些人,到不是爱太尉了。【五供养】好好依钦降,快束装。若不归去呵,怕伊立地有灾殃。

丞相分付我每,守著班师,暂往馆驿,专等太尉收拾回京。请了。正是:无限塞鸿飞不得,又驱羸马向天衢。(下)(贴、丑扮二内臣上)拖玉腰金报王身,数通和好正烟尘。北极转愁龙虎气,早开高阁画麒麟。自家奉九号、十号金牌而来,已到辕门,通报迎旨。(宣旨)奉圣旨:韩世忠、刘锜等俱已班师,岳飞孤军决难独进,特差印绶监太监一员、司礼监太监一员同往军前,催取回京,不得少延取罪。钦此。(生叩头介)(贴、丑)老先儿莫怪学生说。

【二犯幺令】韩刘老将,半札书传,便改南鞅[⑨]。(生哭介)罢了,罢了!如今孤掌难鸣了。(外、净仍扮父老哭上)老爷怎么了?(生)我的此身何足恤,任穹苍,只你每呵,怎下得赤子肉填虎狼。(众低禀介)老爷只怕是假金牌,还要仔细。(生叹介)不用细推详,自古道天威难犯,这才是莽精忠的散场。

(贴、丑)你每这些黄黄子,少打。平不达儿的有这些饶道,上边法度一些也不知,只管胡缠。回去奏知官里,看你每禁得起不。(生哭介)我那二帝呵!(贴、丑)老先儿开口就说二帝,二帝是大家的,难道是老先儿一个人的?俺每先去了。繇你来也罢,不来也罢,只怕圣怒不测,悔之晚矣。你每众人也要撺掇你家爷回才是。请了,请了。(生)二位先行,下官随后回兵就是。(贴、丑)这才是。正是:令如风火急,莫作等闲看。(下)(小生、末上)晓风长路起尘埃,夜半妖星照渭滨。黄蘖馆中心自苦[⑩],行藏繇兴不繇身。(见介)(小生)孩儿与张宪追赶兀术,他逃遁远去,孩儿因圣旨班师事,放心不下,是以不敢前进,只得回来。(生叹介)事势如此,眼见得金运未衰，就追他也没干了。(内报)司农少卿李老爷随传牌到了。(小净扮李若虚上)时征俊乂入，莫虑虎狼侵。愿戒兵犹火，恩加四海深。自家司农少卿李若虚是也。蒙朝命奉十一号金牌而来，已到军前，速与通报。(生接介)(小净)奉圣旨：敌方议和，留兵不便，今差司农少卿李若虚亲到军前，守催岳飞回京，不得稍迟，有误大计。钦此。(生叩头介)(外、净跪禀小净)老爷乃国家大臣，今敌势屡败，二帝可回，如何频取岳爷回军，有误国家大事？老爷还与我每百姓做主，回奏朝廷。

【玉交枝】(小净)休来喧嚷，秦丞相呵，主通和为谋最良。况兵家胜负难揣量，幸两国俱免刀枪。(向生介)老先生，事已至此，不必迟疑。(生向北痛哭介)英雄泪垂三两行，(众俱哭介)旄头光掩三千丈[11]。(父老哭介)任幽燕沉沦北方，(小净感动哭介)岳老先，学生此行，也出无奈。叹铜驼空埋故乡[12]。

(生)也罢，老先生请行。学生在此再住五日，等父老妇女束装随去，庶免陷于贼手。(小净)学生知道，就此先行。和边称上策，心折大刀头[13]。(下)(贴、丑扮两河豪杰上)(集句)咸阳一火便成原，鼓角阴风白草翻。试看十村几家在？身留一剑答君恩。自家两河豪杰韦铨、李通便是。(禀介)我每两河豪杰数十万人，俱依靠著老爷，一齐破贼。如今一旦班师，我每不如伏剑先死。(生哭介)你每且随往南朝，另图再举罢。(贴、净)我每后生的还跟得上，那些老幼如何去得？金人复来，都拿去哈喇了[14]。求爷爷多住几日，我每扶老携幼，情愿随行。(生)还怕金人闻俺班师，便来追袭。(众)他每但闻个岳字也吓散了魂，还敢来追赶？爷爷，救我每残生罢。(大哭介)(生顿足大哭介)这壁厢呵，

【江儿棹】【江儿水】痛哭人民泪，那壁厢呵，飞来诏旨忙。我不好说得，这中间别有冤魔障。可将香案来辞二帝。(生哭拜倒地介)(小生、末、众将俱哭倒介)(生大叫介)二帝，二帝！臣飞一去，不知乘舆何日还京也。狩北龙车空凝望[15]，(又拜陵寝介)(哭倒同前)陵官王气成林莽(起对父老哭介)又把苍黎撇漾。(父老哭倒介)爷爷救我每性命，怎舍得爷爷回了。(生)【川拨棹】马虽南，泪满眶，霎欢声成恨怏。

（哭叫介）我那二帝呵，

【川拨棹】你悬悬望，又谁知成妄想。大丈夫一片忠肠，大丈夫一片忠肠，奈中朝秦头掩光。按吴钩尚吐芒[16]，忆遥天一雁翔。

你每父老即刻先行，我随后起马。（外、净哭介）

【其二】（换头）我的家园已尽荒，（贴、丑）我的衷肠没处商。（生）费你每箪食壶浆，费你每箪食壶浆。（众哭介）爷爷是我每的一个再生父母了。（生掩泣介）羞杀我也，休说是重生父娘，可怜他男和女天一方，妇和夫拆道傍。

（外、净、贴、丑）俺每不要啼哭了，少不得收拾包裹，跟随元帅去。正是：宁为太平犬，莫作乱离人。（下）（生）分付众将官：大小三军，即刻班师回去。（众将皆愤叹介）老爷，真正回去了？

【尾声】（生）我万分不忍前功丧。（杂报）朝使又到了。（净上）奉朝命频加责让。（宣介）奉圣旨：发下十二号金牌，勒取岳飞还朝，如再迟延，即以抗违论罪。钦此。（生叩头介）分付大小三军，即刻班师。（众应介）（生）待回朝面疏君王。

［集句］眼前人事只堪哀，驿使从前走马来。

独想征车过巩洛，寝园无主野棠开。

〔注〕 ① 铁浮图：也称铁塔兵，金兀术的亲兵，为重铠全装的精锐之师。拐子马：金军的铁骑，三人为联，贯以皮带。 ② 朱仙镇：在今河南开封西南，地当水陆交通要冲。 ③“草中”二句：此为唐杜甫《冬狩行》诗中的句子。 ④ 骯髒(kǎng zhǎng)：高亢刚直。 ⑤ 制阃(kǔn)：指统领一方军事。 ⑥ 坏却长城：《宋书·檀道济传》载南朝宋大将檀道济功勋卓著，“威名甚重，左右腹心，并经百战”，宋文帝忌之，遂将其杀害。檀道济被捕时，脱帻投地，恨曰：“乃坏汝万里长城！” ⑦ 稽颡(qǐ sǎng)：以额触地的一种跪拜，古时居丧时对亲友这样做表示极度悲痛，另也用于请罪。此指叩拜。 ⑧ 如纶如綍(fú)：《礼记·缁衣》：“王言如丝，其出如纶；王言如纶，其出如綍。”郑玄注：“言言出弥大也。”纶，粗丝线；綍，同绋，牵引棺木的大绳索。后常以纶綍喻帝王的诏令。 ⑨ 南鞅：指车马改向南行。 ⑩ 黄蘖(bò)：也称黄柏，一种乔木。古人多以之为苦味的代称，古乐府清商曲《子夜歌》之十：“黄蘖郁成林，当奈苦心多。” ⑪ 旄头：即二十八宿中的昴宿。《晋书·天文志》：“昴七星，……又为旄头，胡星也。……大而数尽动若跳跃者，胡兵大起。” ⑫ 铜驼：《晋书·索靖传》：“靖有先识远量，知天下将乱，指洛阳宫门铜驼，叹曰：‘会见汝在荆棘中耳！’” ⑬ 大刀头：大刀环，以环谐音还。古绝句：“何当大刀头？破镜飞上天。” ⑭ 哈喇：金人语，杀。 ⑮ 狩北：天子被俘北去的婉辞。 ⑯ 吴钩：春秋时吴国所造的一种有刃兵器，似剑而弯，如钩之曲，故名。

墨憨斋本《精忠旗》二卷三十七折（《六十种曲》本三十五出），李梅实撰，冯梦龙改订。剧写岳飞抗金的故事，人物事件大都有历史依据。剧情梗概是：金兵逼近京师，徽钦二帝到金营议和，被拘北去。岳飞闻变，在背上刻“精忠报国”四字，立志抗金。秦桧夫妇私通金人，被金酋兀术放回，谎称杀监得脱。秦桧官至宰相，力主议和，暗助金国。当岳飞率领岳家军在前线大败兀术的铁浮图、拐子马时，秦桧按兀术密信的要求，诱宋高宗一日连下十二道金牌召回岳飞，罢兵讲和，使十年抗金成果，毁于一旦。秦桧夫妇又伙同张俊、万俟卨制造冤狱，以“莫须有”的罪名杀害岳飞、岳云父子及部将张宪。岳飞全家或自杀或被害，只有孙子岳珂由苍头保护逃脱。后来秦桧游玩西湖，遇到岳飞鬼魂仗剑嗔骂，惊惧病死。太学生程宏图、岳珂为岳飞上朝辩冤，皇帝下诏为岳飞平反冤狱，追封鄂王，并将秦桧一伙罪恶布告天下。

第十五折《金牌伪召》，是全剧中最动人的一场戏。这场戏设置了两条矛盾冲突的情节线索：一条是秦桧借皇帝的名义连发十二道金牌逼迫岳飞班师，断送了来之不易的大好抗金形势；一条是河洛人民与两河豪杰，痛哭挽留岳家军。前一条线索是紧张的戏剧冲突主线，它所展示的是尖锐激烈、不可调和的忠奸矛盾斗争；后一条线索是副线，是对主线的有力衬托。

岳飞出师以来，屡战屡胜，连破兀术铁浮图、拐子马，兀术只得退至汴京。岳飞进驻汴京以南四十五里的朱仙镇，一面差人修葺宋帝诸陵，安抚河洛父老，犒赏两河豪杰；一面哨探敌情，安排进兵。就在岳飞准备对金军发起最后决战的关键时刻，秦桧收到兀术的密信，遂与其妻王氏定计，连发十二道金牌令岳飞班师。岳飞若再进兵，便以抗旨论罪。一号金牌随着朝使飞马送来圣旨，先对岳飞加官褒奖，随后便令即日班师回京。岳飞要求朝使讲清为何要在战争形势极为有利的情况下班师，朝使以“这是朝廷旨意，小官不过捧之而来”为说词不予回答。岳飞心中明白是奸臣误了皇上，他不甘心让“十年之功，废于一旦”，便也以“容下官从容商议”为借口拖延班师。此时二号金牌又传来“即催岳飞班师”的圣旨，紧接着三号、四号金牌同时送来，措词已变成“速催岳飞回京，勿得逗遛生事”。这时，兀术领兵复来交战，朝使不让岳飞迎敌，激起众将愤怒。岳飞率众将士刚击退兀术，又有二位朝使捧来五号、六号金牌“召取岳飞班师”，且威胁道：“如违，取罪未便。”岳飞此时只好说：“即便与众将商议班师。”说话之间，枢密院差官传来七号金牌，中书省差官传来八号金牌，“速召岳飞还朝，不许停缓时刻”，且声称：“丞相分付我每，守著班师，暂往馆驿，专等太尉收拾回京。”话犹不及，九号、十号金牌又同时传来，韩世忠、刘锜等都已从前线撤兵，岳飞孤军难以独进，“催取回京，不得少延取罪”。岳飞无奈，同意“随后回兵就是”。接着十一道金牌令“守催岳飞回京,不得稍迟,有误大计”。岳飞意识到问题的严重,着手安排善后,请求再住五日,等待河洛父老妇孺束装随去。十二道金牌又到,声色俱厉地“勒取岳飞还朝,如再迟延,即以抗旨论罪”。随着金牌一道比一道紧急,催促班师的措词一次比一次严厉,舞台的气氛也一刻比一刻紧张严峻。岳飞再也无力与朝廷发出的命令抗争,只得“分付大小三军,即刻班师”。至此,岳飞与秦桧之间的忠奸斗争,以金牌连召的戏剧情节所展开的矛盾冲突表现为秦桧的奸谋得逞,岳飞抗金十年的成果付之东流。

与秦桧一日连发十二道金牌催逼岳飞班师的矛盾主线相映衬,两河父老、豪杰则念念不忘故国旧君,积极支持岳家军抗击金兵,恢复河山。所以,他们听到班师的消息,便一齐赶来痛哭,挽留岳家军。他们请求岳飞别管“甚么金牌”,“朝廷也是主上,二帝也是主上”,为迎归二帝切莫轻回。他们质问并要求朝廷使者:“今敌势屡败,二帝可回,如何频取岳爷回京,有误国家大事?老爷还与我每百姓做主,回奏朝廷。”但大势所迫,岳飞虽不愿收兵又难违君命,朝使虽深受感动也难以做主,岳飞想率领岳家军留下与两河父老、豪杰一同抗金又不能留下,不愿班师又不得不班师。正是从这一层意义上说,父老的挽留与岳飞的不能停留也构成了一种矛盾冲突。但在与朝廷奸臣金牌催逼的矛盾冲突中,父老与岳飞又是完全目标一致的。父老的哭声引发了岳飞和将士们的哭声,一边是“痛哭人民泪”,一边是“飞来诏旨忙”。一片大哭声中,朝廷的金牌一道道飞传而来,严令威逼,戏剧冲突至此达到高潮,这一感人泣下的悲剧场面,形象地显示了岳家军抗击金兵、收复失地、迎回二帝的行动,是符合北方沦陷区人民利益和愿望的正义之举。在岳飞与秦桧的忠奸矛盾斗争中,广大人民是站在岳飞一边,反对秦桧一伙的卖国投降政策的。两河父老豪杰挽留岳家军的殷切情意和动地哭声,正是对宋高宗、秦桧为代表的南宋小朝廷只顾一己私利,弃北方广大国土与人民于水深火热之中而不顾的投降罪行的有力控诉。

在两条情节线索构成的不同性质的矛盾冲突的深层,揭示的是人物心理的矛盾冲突。正是对人物心理层面的矛盾冲突的揭示,使这一出戏成为真正意义上的悲剧。人生都有自己的终极关怀,抗击金兵,收复失地,迎回二帝,就是岳飞的终极关怀。为此,他付出了十年非比寻常的心力,操练军马,招结豪杰,血战沙场,才赢得了胜利进军朱仙镇的大好局势,两河父老豪杰“焚香迎候”,金国兵将纷纷投降,“自燕以南,金号令不行”(《宋史・岳飞传》)。深知胜利来之不易的岳飞,难抑心头的喜悦,曾豪情万丈地对众将士说:“直抵黄龙府,与诸君痛饮耳!”众将士也畅想着灭金之后“衣锦尽还乡”,整个“朱仙镇欢声闹嚷”,一派欢欣鼓舞景象。然而,"谁知造物心肠别",在这民族的命运即将转变,历史的走向即将转折的关头,深体高宗"二圣既返,此身何属"之意而又暗通金人的权奸秦桧,连下十二道金牌,丧心病狂地勒逼岳飞班师回朝,"霎欢声成恨怏",让岳飞十年奋斗眼看就要实现的"终极关怀",顷刻化为泡影,使立志"将热血洒疆场"的忠臣,落得个"报国欲死无战场"的下场。在这紧张激烈、反差巨大的戏剧情节中,刻画出岳飞立志报国又不能违命、愧对两河父老、深憾功亏一篑的复杂矛盾、幻灭绝望的痛苦心理。这千古遗恨,是岳飞个人的悲剧,也是南宋朝廷的悲剧,更是南宋一代所有抗金志士和整个民族的悲剧。剧作家对岳飞心理的深入刻画,有着深刻丰富的悲剧性内涵,产生了震撼千古的巨大艺术感染力。

这出戏对场面、情节的处理,也颇具匠心。在十二道金牌或单上、或双上、或双双连上的间隙,插入诸将激愤、金兵来犯、两河父老豪杰苦留等场景,使得剧情波澜迭起,造成强烈的戏剧效果,演来决不单调平板。凡此足见"作者是深谙舞台艺术三昧的"(王起主编《中国戏曲选》)。

(杨景龙)

精 忠 旗　　李梅实

第二十四折　东 窗 画 柑

(净便服上)

【南吕引生查子】心与大金和,谁不同声和?堪恨那狂狙[①],怎纳心头火。

叫小厮把小阁门儿开了。(杂应开门介)(净)掩上了门,你自去。我要静上一回,一应大小事情不许通报。(杂应下)(净)恨小非君子,无毒不丈夫。毒多无用处,却也费踌躇。自家秦桧。前在金家,首倡和议,致蒙挞懒郎君纵归,诡称杀监得脱。既幸抽身免难,何知践信酬恩。但愁和议不成,便属诸将用事,那里用得我老秦著?然使天下明知和议是我,必定又来与我争论,不若将金人利害,恐唬官家,使胆寒于从战之难,自意协于和议之易。及至上意自决,倘或要战,这便是和官家做对头。既有圣旨可推,即使无功,也不是老秦担担子。(笑介)这条计,不但使宋朝倚重,尤能使金主衔恩,上可望石敬塘[②],次可效张邦昌[③],最下亦可常保相位。岂不美哉、乐哉。那二帝是赵家的二帝,河北是赵家的河北,管甚么闲事?有等不识时务的,在皇上面前七嘴八舌,讲甚么父仇当报,国耻当雪。把皇上说得疑疑惑惑起来。我说此乃行险徼幸之计,万一不能取胜，反得罪于金人。那时仇上加仇，耻上加耻了。又有讲岳飞这一员大将，金人所惧，不宜加罪，几乎又把皇上说转。我说他曾说自己与太祖俱三十岁除节度使，他肚里便想黄袍加身了，那时陛下求为匹夫且不可得，怎能勾像今日罢战休兵[4]，安闲自在？皇上当时嘿然不言[5]，颇颇相信。我不趁此时下手，更待何时？只可恨狱词还不停当，怎生是好？不免在此东窗之下计较一回。(想介)(丑扮丫鬟捧柑上)骨刺红罗被，香粘翠羽簪。擎来玉盘里，全胜在幽林。(见净介)禀，老爷，这是闽中新献来的柑子，夫人命送与老爷尝新。(净取柑介)你自回避。(丑)晓得。(下)(净徐步)(画柑思想介)柑子，柑子，干休了罢。咦，使不得，使不得。

【南吕一江风】待容他，他定是来寻我。怎放得仇人过？待不容他，不奈爰书[6]，全不分明，谁不会拿人错。我匆忙要议和，便冤他也没奈何。怎计较方停妥？

(贴上)事不关心，关心者乱。相公自出都堂，竟入小阁，独坐竟日，不知为着甚么好生放心不下，不免自去问个端的。(做背叫)(净出神不应)(贴抚净背介)呀，相公为甚事在这东窗下独自沉吟？(净)夫人，我想岳飞一宗卷案，不得了结，那措置还军，说他父子有书，又没有书，不救淮西，往来月日甚明，不过是元龟年杂定傅会的[7]。前日大理寺薛仁辅等都说他无辜，宗正士㒟又来力争，韩世忠为此乞休去了。我如今把甚么计较塞众人之口，方去杀他才好？(贴笑介)原来为此。相公岂不知：捉虎易，放虎难。

【东欧令[8]】真堪笑，恁搓挪[9]，便算冤他值什么。你这等怕人谈论，那个又饶你来？不如就把岳飞来杀了，谁人不怕死的？教他每越在刀尖坐，你越把稳船儿舵。纵说冤说枉话儿多，有口奈伊何。

(净)讲得有理。不免写下片纸，分付狱吏，教他刻下报死，有何不可。(贴)正该如此。(虚下)(净)听事吏何在？(小净扮老吏上)

【其二】年华迈，鬓毛皤，日日奔驰走似梭。老爷今日自出都堂，径入小阁，整整的坐这一日，不知为甚？蒙他呼唤，不免径入。(见介)(净仍画柑介)老爷为甚恹恹？坐手画得柑皮破。(净)要差你干一桩事，不要泄漏，我的定有重赏。(小净)这打甚么紧，谅他些小甚偻㑩，应不费干戈。

(净写介)你可晓得？(小净)小人长这一把年纪，这些小事难道也不晓得？(净喜介)好，好，有用。(将小纸付小净介)快送去！(小净应介)

【刘泼帽】(小净)疾忙将去如星火，(急下复上)阿呀，好糊涂。他把那柑子皮画来画去，想著我说要差你干办这桩事，你可晓得？我一时间要讨好，随口答应道晓得。只道要把柑子来做些甚么，却又换了一封帖子，只教我快送去。我也不及详细，应声便走，如今不知送谁？须索转去问个明白。(进介)(净)停当了没有？(小净退缩介)还有些不停当。(净惊介)为甚么不停当？(小净)老爷分付小人快送去，小人应了就走。(净慌问介)却怎么？(小净)老爷又不曾分付得明白，并不知付与谁个。(净恼介)这蠢才，先却故作晓事的，这样不中用！送往大理寺狱中去。(小净)晓得。(急起走)(忽停想介)呀，且住。只说送往大理寺狱中，送去做甚么，少不得还转去问个明白。(进介)(净)怎么又转来？(小净)不知送往大理寺狱中，做些甚么？必须说个明白，小人好与老爷用心干办。还须一一明说破。(净喝介)哇！送去便了，有这些话说。(小净惊起介)这是怎么说？不知甚么事，也不说个明白。好鹘突哥哥[10]，动不动一声喝。(下)

(贴上)相公，那岳云、张宪怎么？(净)待岳飞报死，然后说他自知理屈，死了，方去下手那两个罢。(贴)相公，你又来了。一不做，二不休，不如就假写一道圣旨，把那两个押赴市曹处决，却不爽快。

【其二】从来斩草连根割，古人言决不差讹。(净)说得是，算来只做一遭错。常言善恶报应，都是妄谈，似我今日这做作呵，便是活活阎罗，那怕你因和果。

(贴)只消我一句两句，(净)便费我千思万思。

(贴)我也算片言折狱，(净)我也算家有贤妻。

〔注〕 ① 狂狙(jū)：犹狙狂，狡黠狂妄。唐柳宗元《辨鬼谷子》："其言益奇，而道益狭，使人狙狂失守，而易于陷坠。"又，狙者，猴也，狂狙亦可解为疯猴。 ② 石敬塘：塘当作瑭，即五代后晋高祖，沙陀部人，一说西夷人，本为后唐臣子，举兵反，乞援于契丹，契丹助之灭后唐，立为帝，乃割幽蓟十六州与契丹，岁献帛三十万匹，自称"儿皇帝"，称契丹主为"父皇帝"。 ③ 张邦昌：宋永静军东光(今属河北)人，字子能，登进士第，钦宗时为太宰兼门下侍郎。靖康之难起，金人陷汴京，立其为帝，僭号"大楚"。宋高宗即位，责授昭化军节度副使，发潭州安置，后赐死。

按：石敬瑭、张邦昌都是历史上著名的卖国贼。 ④ 勾：够。 ⑤ 嘿(mò)：同默。 ⑥ 爰书：记录犯人供辞的文书。 ⑦ 元龟：大龟，古代用于占卜。《尚书·金縢》："今我即命于元龟。"孔传："就受三王之命于大龟，卜知吉凶。" ⑧ 东欧令：当作【东瓯令】。 ⑨ 搓挪：揉搓，此处可解为摆布。 ⑩ 鹘(hú)突：糊涂。

《精忠旗》传奇在集中笔墨主要描写精忠报国、蒙冤被杀的岳飞等忠臣义士形象的同时，也以相当大的戏剧篇幅，细致入微地刻画了以秦桧为代表的卖国求荣、陷害忠良的群丑形象。在全剧的三十七出戏里，作者用十三出戏，再加上其他各出戏里的部分内容，来揭发秦桧一伙的奸邪歹毒行径和阴残丑恶心理，这占了全剧三分之一强的比例，也是剧中的重头戏。奸臣秦桧一伙作为忠奸矛盾斗争的一方，这些表现他们丑行的内容，不仅有力地对比衬托了忠臣的忠勇义烈，而且能够让广大观众和读者从中具体直观地看到，秦桧一伙是如何丧心病狂地通敌媚敌，破坏抗金，制造冤狱，残害忠良，出卖国家民族利益的，从而加深对人性、社会和历史的认识。第二十四折《东窗画柑》，在全剧所展示的忠奸矛盾冲突中占有重要地位，它具体描写了秦桧伙同其妻王氏，在相府小阁东窗之下密谋杀害岳飞的情形。"东窗"从此成为阴谋场所的代名词。岳飞父子遇害，忠烈一门遭难，抗金大业被毁，都是"东窗"毒计实施的直接后果。因此可以说，这出戏在刻画反面人物的形象上将奸臣之奸写到了极致，具有非比寻常的表现价值和认识意义。

岳飞被十二道金牌催逼班师回京之后，秦桧、张俊合计，先诱逼岳飞部将王俊、王贵二人控告张宪谋据襄阳，借此剥夺岳飞兵权。接着逮捕了岳飞及其子岳云和部将张宪。秦桧命大理寺丞李若朴审问岳飞，李不愿枉杀忠良，挂冠而去。秦桧又命御史中丞何铸问案，何推病不出。万俟卨为了讨好秦桧，对岳飞父子和张宪施以重刑，三人宁死不屈。万俟卨代写捏造的招状，又代为画押，从而锻炼成了冤狱。枢密使韩世忠到丞相府诘问秦桧：岳飞一案有何证据？秦桧以岳云与张宪有私书密谋兵权相答。韩又诘问书信上是怎么写的？秦桧说："书虽不明，其事体莫须有。"大理寺薛仁辅等官员都认为岳飞无辜，宗正士㒟据理力争，韩世忠愤而乞休。在主持正义之士形成的压力下，秦桧开始考虑了结"莫须有"的岳飞谋反案。

这天，秦桧出了都堂，径入小阁，吩咐左右退下，一应大小事情，不许通报，他要独处静思。岳飞的事叫他颇费踌躇，一支【一江风】曲唱出了这老奸贼犹豫不决的心理。他当然不在乎岳飞的冤枉，他要的是既能除掉岳飞，又不被人拿住把柄的万全之策。秦桧和岳飞的斗争，是抗金还是投降(议和的实质是投降)的国策之争，是关乎国家利益和民族命运的大是大非之争，决不是意气用事的同列争宠。对此，岳飞和秦桧都有清醒的认识。在金牌连召时，岳飞即明白是秦桧假传圣旨，贻误皇上。此刻，秦桧更清楚若不杀岳飞，不仅议和主张不能最终得逞，岳飞也不会善罢甘休。所以，他决意杀掉岳飞，只是“狱词还不停当”，让他计较再三。下人捧来闽中新献的柑子，他手拿柑子画来画去，手指把柑皮都画破了。这个细节正是秦桧为狱词犯难的心态的传神写照。

秦桧每逢疑难，总是王氏为秦桧出谋献策。此时此刻王氏来到小阁东窗下，只几句话就让秦桧茅塞顿开。她先以“捉虎易，放虎难”提醒秦桧，岳飞放不得；然后又针对秦桧的顾虑说道：“你这等怕人谈论，那个又饶你来？不如就把岳飞来杀了，谁人不怕死的？”并唱道：“教他每越在刀尖坐，你越把稳船儿舵。纵说冤说枉话儿多，有口奈伊何。”使秦桧最终消除了顾虑，下了要即刻处死岳飞的手谕。当秦桧准备分两步走，杀岳飞后再杀岳云、张宪时，王氏又主张一步到位：“一不做，二不休，不如就假写一道圣旨，把那两个押赴市曹处决，却不爽快。”比起秦桧来，王氏更为狠毒：秦桧是又要杀岳飞，又想叫众人无话可说；王氏则认为杀岳飞要紧，众人说什么随众人说去；秦桧对舆论尚存一丝理性的顾忌，所以要找借口；王氏则觉得无顾虑舆论之必要。秦桧想把岳云、张宪留待以后再杀，王氏则主张一起杀掉斩草除根，更加干脆不留余地。岳飞冤狱，秦桧是主谋，王氏是促成者。秦桧“千思万思”的事，只须王氏“一句两句”就帮助拿定了主意。王氏自我感觉良好地说：“我也算片言折狱。”秦桧恬不知耻地应和道：“我也算家有贤妻。”其狼狈为奸之情状，真不愧是两个狗男女，一双大奸佞。

然则王氏为什么在杀岳飞一事上表现得比秦桧还要积极呢？“最毒莫过妇人心”的老话，恐怕没有多少说服力，那么看看，剧作者为我们提供了什么样的答案。原来，王氏随秦桧在金国时，曾与兀术私通，最初不过为苟且偷生，没想到蛮壮的兀术带给她极大的性的满足：“贱妾见中原男子，都是脆弱。及侍太子，始知人间有男子耳。”于是她倾心喜欢兀术，并打算“百年侍奉”。当兀术为和议遣归秦桧夫妇时，王氏竟不愿走。临别之时，兀术赠王氏明珠并嘱咐道：“和议若成，相见有日。”（第四折《逆桧南归》）王氏回到南宋，因“风情欠缺”而心念兀术，“思想便心焦”，抱怨自己“错嫁南朝”，并进而嗟叹“生不嫁左贤，空自偕婚媾”（第十三折《蜡丸密询》）。正是这种被精神分析学家称之为“性之臣服”的心理，使王氏尽心竭力、死心塌地地为兀术效劳，以期和议早成，得与兀术重叙旧欢。所以，当秦桧因和议遭众文武反对而气恼时，王氏阴狠地说：“相公少年多读了两行书,留着道理在胸中。如今把那些道理一齐撇下,放出毒手来,这班人(指岳飞等)的性命是铁铸的不成?”(第六折《奸臣商和》)首先提示用“杀人”来解决问题。当岳飞大败兀术的捷报传来,“深怕金家有失”的秦桧心情“极不快活”,寻思着“去心头病魔,有方儿么”时,王氏应声道:“除非杀却无知歪货。”(第十折《奸臣忿捷》)明白指出“非杀人不可”。正是王氏几次三番的挑诱教唆,激起了秦桧的杀机:“精忠二字偏生恼,杀却他每方恨消。”并最终导致了岳飞父子被害的结局。

秦桧无疑是中国历史上屈指可数的大奸大恶之一。《东窗画柑》一折开场的一长段道白,生动细致地展示了这个大奸大恶之人得以售其奸肆其恶的“大过人”之处。秦桧的力主和议,在金国时是为保全身家性命,回南宋后则完全是为个人的权势,他知道若主战的“诸将用事,那里用得我老秦”,所以想“用事”,就得“主和”,至于“二帝是赵家的二帝,河北是赵家的河北”,根本不关他秦桧什么事。这和将个人荣辱生死置之度外,念念不忘迎回“二帝”,时刻铭记“幽燕沉沦”的岳飞,恰成鲜明的对比。秦桧首先摸透了宋高宗惧怕金人,只图偏安的心理,斥主战为“行险徼幸”,拿“金人利害”,恐吓高宗,使之胆寒,同意与金人议和。这样,秦桧就把个人的意志转化为皇上的意志,谁再反对议和,便是和皇上“做对”,这就使秦桧在与岳飞等主战派的斗争中占据了极为有利的地位。因为在封建君主专制体制下,忠奸斗争的胜败并不取决于正义邪恶之分,而取决于皇帝的态度。高宗既惧于“从战之难”,支持和议,秦桧等主和派就自然占了上风,可以“挟天子以令诸侯”了。高宗要倚重“和议”,维持偏安局面;金人也要靠“和议”继续占据淮河以北的土地;秦桧则借助双方对他的“和议”的倚恃,保位集权,排挤异己。为了彻底扫除“议和”道路上的最大障碍,秦桧又使出了最毒辣也最奏效的一招,编造谎言,向高宗诬告岳飞想效法宋太祖陈桥兵变,黄袍加身。高宗听后“嘿然不言,颇颇相信”。秦桧以此达到了挑拨高宗与岳飞关系,动摇高宗对岳飞的信任的目的。正是高宗对岳飞的疑忌,给秦桧提供了除掉岳飞的可能。秦桧对岳飞使出的“杀手锏”,也是历朝历代忠奸斗争中,奸臣们惯用的伎俩,只不过时势不同,挑拨的具体内容有别,但假手最高统治者除掉政敌的思路和做法都是一样的。比如靳尚对付屈原,李林甫对付张九龄等许许多多类似的事。在中国历史上的忠奸斗争中,正义常常败给邪恶。尽管事后由于真相大白或出于形势需要,有对忠臣的昭雪追赠,有对奸臣的夺官追贬,甚至有好事者造出忠臣在阴间惩罚奸臣的大快人心的故事,但这一切都无法改变忠奸斗争的历史真实。这也使描写忠奸斗争的文艺作品往往充满一种悲剧美。

（杨景龙）

孟称舜

(1600—1684)　字子若,一作子适、子塞,号卧云子,又号花屿仙史。会稽(今浙江绍兴)人,一说乌程(浙江湖州)人。明末诸生,屡应乡试不中。崇祯二年(1629)加入复社。清顺治六年(1649)贡生,任松阳训导。工诗文,然所著多散佚。其创作属于临川派,善写柔情,但亦能悲歌慷慨。祁彪佳《孟子塞五种曲序》极口称誉:"其为文也,一人尽一人之情状,一事具一事之形容。雄壮则若铜将军铁绰板唱'大江东去'之辞;妩媚则如十七八小女娘唱'晓风残月'之句。按拍填词,和声协律,尽美尽善,无容或议。"杂剧有《死里逃生》、《英雄成败》(后改为《残唐再创》)、《花前一笑》、《桃花人面》(后改为《桃源三访》)、《眼儿媚》、《红颜年少》六种,前五种今存。传奇今存《娇红记》、《二胥记》、《贞文记》三种。《娇红记》为其代表作,《英雄成败》、《桃花人面》成就亦较高。又辑选元以来剧作五十六种为《古今名剧合选》,按作品风格之婉丽与雄爽,分为《柳枝》、《酹江》两集。还曾校刻元钟嗣成《录鬼簿》。

二　胥　记

孟称舜

第二十三出　哭　　庭

(老旦扮老黄门上)黼帐天临御路开[①],葱葱紫气满瑶台。旌旗云暗千官拜,鼓角雷殷万兽来。自家秦国黄门官是也。俺秦国开于非子[②],大自缪公[③],星分井翼之交[④],地据殽函之胜[⑤]。铁驷驔驔[⑥],甲骑素雄于列辟[⑦];秦川郁郁,祥光上接乎三台[⑧]。龙楼凤阙,俨然共主之居;贝殿珠宫,仿佛天王之宅。真乃是:一时霸国浑无二,四海强都定少双。今日俺王尚未升殿,怕有列国使臣朝见,则索在此伺候。(生敝衣裹足上)风雨萧萧行路艰,几番乞食叩秦关。衣衫敝垢形枯槁,不是轩车使者颜。旧主列国使臣,出聘外邦,在会同馆安下[⑨],鸿胪寺报名引见[⑩],国王临朝,待以九宾之礼。今俺因为国家丧败,间道求救。昼驰夜趋,足肿蹠劈,来到秦国,待不得报名引见,则索闯入朝门,叩头哀籲者[⑪]。(入朝叩首呼千岁介)(老)金阶之下,衣衫蓝缕,形容憔悴,不文不武,非官非吏,此是何人?辄敢擅闯朝堂,唐突天听!(生)臣乃楚国使臣下大夫申包胥是也,国有急难,星夜趋驰,来叩上国。

【正宫端正好】俺本是楚孤臣，为社稷遭磨障。霎时间兵破君亡，因此上临危历险受尽了穷途况，九顿首在秦庭上。

(老)汝既是楚国使臣，国有甚难，起跕金阶，仔细奏闻。待我为你转达上听，临轩引见。(生叩首介)千岁不厌烦絮，容臣细奏。(起唱)

【滚绣球】想着那楚与吴，木相连唇齿邦，接长江云天一望。恨无端小女子祸起争桑，恶生了吴将相，恼动了俺楚君王。两下里争强兢爽，闹嚷嚷不住的煽动刀枪。恶滚滚血流万斛胭脂水，愁叠叠尸积千年古战场。满眼悲伤。

(老)争桑小事，怎么两国就生战伐？胜败无常，毕竟楚国何以即破？(生叹介)吴虽强国，楚非小邦。

【么】方城百尺高，湘川万里长，这半壁的锦江山真乃是金瓯无恙。谁知被几个小蝼蚁钻破堤防，吴兵五战五胜，直抵郢都，将相奔亡，士民逃散，恰便似猛风呵吹败叶，残雪的遇春阳。捱不彻霎时片晌，忽忽里把楚乾坤断送他行。提起好伤心也！(哭介)想着一抔黄土今何在[12]？和那六尺遗孤走那厢？委实凄惶。

(老亦哭介)可怜，可怜！据你说来，老楚王陵墓都坏了，小楚王銮驾也走了。楚与吴国，既非敌手，怎么强要争疆，致于此败？这也是你楚国君臣自家的不是也。(生)楚与勾吴素称敝国[13]，吴人无道，凌虐邻邦，楚偶不戒，以致此败。

【倘秀才】虽然是吴泰伯世称让皇[14]，怎比俺楚鬻子夹辅文王[15]？他待要蚕食诸邦自逞强。淫威凌上国，流毒遍炎荒，却不道天道何常。

(老)我闻楚王无道，杀害忠良，其子报仇，致有此败。今日之祸，都是楚王自家造下的。

【叨叨令】(生)非干是坏神器老君王无道把邦家丧，都只为进谗言奸邪的无忌误做了头厅相[16]，黩宝货贪婪的囊瓦误拜了登坛将[17]。因此上使那伍员、伯嚭呵，两个小幺魔乘机报怨把边疆荡[18]。兀的不恨杀人也么哥，兀的不痛杀人也么哥，则望你扶危难大秦王早些儿与俺把妖尘荡。

(老)既如此,待俺与你转奏我主,且看我主从否,如何?(下)(生)黄门官转奏秦王,未知从否。我今万里奔驰,未得面谒秦王,只得把哭声彻入宫中,感动他罢了。(放声大哭介)

【滚绣球】新鬼呵啼宿邙[19],旧鬼呵号夜霜。遍郊墟血流成浪,扫欃枪白昼生光[20]。想着俺楚先王桃弧开社稷[21],荜蕗启封疆。到今日把旧辛劳登时抛漾,则俺小嗣君呵,百忙里离妃嫔奔走仓皇。乱攘攘三千犀甲填丘莽,齐臻臻八百烟花委道旁。痛恨难当。

(老上)呀,朝门之下,岂汝痛哭之所!俺主道来,楚平王无道,吴人报怨兴兵,实所当然。吾国何故助楚,与吴为怨。(生号哭介)呀,秦王不允吾请,楚国江山自此休矣。但我今日请兵,虽以为楚,实亦为秦。

【幺】荆山王气收,姑苏虐焰狂。他则待吞列国把河山一掌,真个似齿巉岈封豕天狼[22]。他本待陈兵窥上国,先则是饮马吸长江。把楚国权为榜样,即渐里蚕食秦疆。似这狐亡兔死情堪怅,则那虎斗龙争势怎当?须索要仔细思量。

(老)秦与吴国,素无仇怨,他虽灭楚,安敢代秦?(生)吴如蛇豕,吞噬邻邦,利则为之,岂必有仇怨乎!

【倘秀才】自古道存天道得人者昌,违天道失人者亡。则他那辱国鞭尸烈焰长。视虎狼心更毒,比蛇豕恶犹张,这凶势难当。

(老)楚用囊瓦、无忌以亡其国,俺秦朝相非无忌、将非囊瓦,便与吴为邻,怕他怎么?(生)如今为相的,何止一无忌;为将的,何止一囊瓦。秦虽多贤,则怕似此两人的也未必少。

【叨叨令】如今文官呵,都倚着三寸舌尖头使尽了赚国的乖模样,武官呵,都为着一领鹔鹴裘费尽了卖国的乔形状[23]。古云:文官不爱钱,武将不惜死,天下太平矣。今文官爱钱又惜死,武将惜死又爱钱,都为贪财怕死用尽了败国的真材量,因此上一个个把一座锦江山双手儿轻轻的掇送在须臾晌。兀的不痛杀人也么哥,兀的不恨杀人也么哥,空教俺草莽下小孤臣呵,怒轰轰猛冲天怨气有三千丈。

(老)似你说来,这些断送江山的狗弟子孩儿,又可恼、又可伤,待俺再奏我主,替你兴师复国。你且暂停哭声,在朝门外候旨。(下)(生)黄门官又转奏秦王去了。我也别无他法,则索哭祷上苍,求其拨转秦王之意,速兴救楚之师。(哭拜介)

【脱布衫带小梁州】俺则是撮土为香,哭哀哀祷告穹苍。天色又早晚了,遥望着星稀月朗,盼乡关则有断魂相向。乌鹊南飞绕建章,拣寒枝只影凄凉。冷西风长夜凛清霜,说不尽孤穷况。水浆呵俺可也连日不曾尝,血淋浸泪渍满在襟衫上。天色又将明了也,猛觑了浸天街月色黄,忽听得冻咿喔鸡声唱。则望那纶音来降,早些儿长驱万骑出咸阳。

(老上)你痛哭秦庭七有昼夜,未尝绝声,听者无不哀怜。俺主道来,楚虽无道,有臣如此,可无存乎?大夫可暂就馆舍,寡人将与诸臣图之。(生谢伏不起介)(老)俺主已许出师,何不就馆候命。(生)寡君出亡在外,老知所伏,小臣何敢即安。

【耍孩儿】想着俺寡君王流播在荒郊莽,怕寻不出睡眠屏帐。楚国覆亡,更有何人得以安处。纵横白骨满城乡,大半是贵派天潢。蒙恩特赐闲庭馆,俺有甚心情呵,捱彻秋风五夜霜。(老)你如今日间不食,夜又无眠,怕不疲困死了。(生)只要秦王为我出师,我便忍死以待,如今也倦把雕墙傍。果得片词儿允诺,胜赐我万斛的甜浆。

(老)你不过楚国休弃的下大夫,受恩有限,何消如此?(生)这却不是这般讲了。

【六煞】臣虽居草莽间,念君恩不敢忘,事君事父如天样。一官半职休言小,也曾请却王家数斗粮。要撇漾情难漾,今日个倚墙鹤立,禁不住血泪汪汪。

秦王许我出师,已经一日,怎么还未见令旨下来?(老)敢不又变卦了?(生大哭介)如此却怎生是好?秦王素明大计,难道于此尚无决断?我今不哭楚国江山覆败,只怕秦家社稷也不可保了。

【五煞】楚为南服雄,秦作西陲长,两家儿世把婚姻讲。唇亡齿冷须当计，救难扶倾自古扬。倘君王坐视我江山丧，则怕丑吴奴明攻梦泽[24]，还待要暗渡陈仓[25]。

(老)吴为姬姓之长，楚国既破，你便顺了吴王也不妨，何消这等啼哭。(生)黄门大人，一发说左了！

【四煞】吴虽为姬姓长[26]，却逃居蛮貊邦[27]，文身断发龙蛇样。身为奕代簪缨胄[28]，怎忍低头拜虎狼。愿君王蚤把同仇讲，好借伊千群铁骑，重还我万里金汤。

(老)说是如此说，只怕俺主不肯出师，你却也无计可处。(生大笑介)罢了，罢了，秦既甘为吴虏，我说也枉然了！我今作歌上告秦王，烦大人转达：吴为无道兮封豕长蛇，荐食上国兮欲有天下。政从吴起兮渐及他家，寡君使来告急兮秦王不察。甘为吴虏兮痛也堪嗟。

【三煞】把歌辞当哭声，一声声痛断肠，半啼半笑愁难状。笑则笑秦庭有鹿谁能逐，啼则啼楚国亡猿祸自当。果若大秦家不把妖尘荡，那些个扶危救急继绝兴亡。

(老)俺当为你转达我主，或我主见听，也未可知。正是：数行血泪看成碧，化作虹光贯紫宸。(下)(生)可怜俺痛哭秦庭，七有昼夜，如今泪已竭了、声已喑了，倘秦王意尚犹豫，如之奈何！

【二煞】泪珠儿兀自枯，哭声儿渐已亡，一灵儿直赴云霄上。倘君王不恤同仇谊，好把衷肠达彼苍，越说着添悲怆。昏惨惨明星敛彩，黑漫漫红日无光。

(外扮秦王引内侍上)世守秦关百二雄，志吞列国霸西戎。咸阳王气联星斗，直压吴山第一峰。寡人秦王是也。久雄西上，素擅中华，会盟通乎上国，朝贡遍于戎蛮。今与我争强者，中则有晋，东则有齐，南则有楚。近闻吴王阖庐，新起竞伯，威齐灭楚，渐迫西秦。楚臣申包胥奔来告急，倚墙鹤立，哭不绝声者七有昼夜。楚虽无道，有臣若此，安得不发兵救之。内侍召楚国使臣申包胥进见。(宣生见)(叩头介)楚国使臣申包胥顿首顿首大王殿下。(外)大夫远来乞师，足肿蹠劈，泪尽血枯，足知大夫之忠矣。我今发兵，非以为楚，亦非为秦，盖专为大夫也。寡人赋诗一章，以答子歌。(咏诗介)岂曰无衣？与子同袍。王于出师，与子同仇[29]。(生、内侍同呼千岁介)(外)内侍传旨,速宣大将子满来见。(内侍向内传介)大将子满有召。(末戎扮上)将出凶门勇,兵因死地强。蒙输皆突骑,按剑尽鹰扬。俺乃秦国大将子满。俺主有召,则索朝见。(见介)(外)吴人无道,灭楚逼秦,将军可帅兵车五百乘,与楚国使臣申包胥分道救之。(末)领旨。(生易戎服谢介)大王恩同天地,使楚国亡而复存、危而复安,则当世世敛衽以事大王矣。

【一煞】念同袍恩怎当,恤同仇谊怎忘?感君王大德凌霄壤。扶危济难全三楚,翼霸尊王定一匡。非是咱虚夸奖,他虽有伍员孙武,怎当这铁驷龙骧!

【尾声】熊罴万队驱,旌旗向日扬。听一声声鼓角声悲壮,便扫尽了千队吴儿敢则如反掌。

(生)神号鬼哭黄埃暮,(末)地惨天愁白日昏。

(合)伯主威灵慑异域,(外)忠臣烈气凛乾坤。

〔注〕 ① 黼(fǔ)帐:华丽的帐子。 ② 非子:秦的先祖,为周孝王养马于汧渭间,被封于秦,为周之附庸。 ③ 缪公:即春秋时秦穆公。 ④"星分"句:谓秦国地当天上井宿、翼宿的分野。 ⑤ 殽(xiáo)函:殽山与函谷关的并称,地当今陕西潼关以东至河南新安一带。汉贾谊《过秦论》:"秦孝公据殽函之固,拥雍州之地。" ⑥ 铁驷:驷,四马拉的战车,铁驷,形容车马精良,适于作战。辚辚,同辚辚,车驰声。 ⑦ 列辟:各诸侯。 ⑧ 三台:天上的星名。⑨ 会同馆:春秋战国时出使他国的使节所住的宾馆。 ⑩ 鸿胪寺:汉武帝置大鸿胪掌诸侯王及少数族首领的迎送、接待、朝会、封赠及郊庙祭祀的赞导等礼仪,北齐时始置鸿胪寺官署。秦时有典客而无大鸿胪、鸿胪寺,此处将后世官署移前,在戏曲中常见。 ⑪ 哀籲(yù):哀呼。籲,同吁。 ⑫ 一杯黄土:当作"一抔(póu)黄土"。一抔,犹言一把。 ⑬ 敝国:疑当作"敌国"。 ⑭ 泰伯:吴国的始祖,泰亦作太。他是古公亶父的长子,古公亶父欲传其位于幼子季历,以便季历之子昌(周文王)能继位兴周,他与二弟仲雍便避走江南,断发文身以居。 ⑮ 鬻子:即鬻熊,楚国的始祖,曾为周文王之师,周成王追封功臣之裔,封其曾孙熊绎于楚蛮,建立楚国。 ⑯ 无忌:即费无忌,忌一作极。春秋楚人,楚平王时为太子少师,为太子所不喜,遂诬太子与伍奢(伍子胥之父)谋反,平王遂杀伍奢、伍尚父子。后又诬郤宛欲害令尹囊瓦,挑唆囊瓦杀郤宛。国人伤郤宛屈死,因怨囊瓦,囊瓦乃杀无忌。剧中则描写他为伍子胥所杀。 ⑰ 囊瓦:春秋楚人,字子常,官令尹。吴军伐楚,他率军御之,司马沈尹戌约其分兵夹击,他恐沈尹戌立功,自率兵渡汉水击吴,数战皆败,弃军逃至郑国,吴军遂乘势攻下郢都。 ⑱ 伍员:即伍子胥。伯嚭(pǐ):春秋时人,字子余,原为楚人,系楚大夫伯州犁之孙,州犁被杀,遂出奔吴国。吴王阖闾使其率师伐楚,与伍子胥攻陷郢都。夫差继位,他得到宠信,受越人之贿而劝夫差接受越王勾践的求和。后又谮杀伍子胥。吴国灭亡后,降越,一说为越王所杀。 ⑲ 宿卭:疑当作"宿莽",墓前的野草。 ⑳ 欃(chán)枪:彗星的别名。古人认为见则大凶。《汉书·天文志》:"枪、欃、棓、彗异状,其殃一也。" ㉑ 桃弧:桃木做的弓,古时用于辟邪。《左传·昭公四年》:"桃弧棘矢,以除其灾。" ㉒ 封豕:大猪,喻贪暴者。《左传·昭公二十八年》:"贪惏无餍,忿纇

无期,谓之封豕。"天狼:天上星名,极亮。古人以为天狼星主侵掠。《楚辞·九歌·东君》:"举长矢兮射天狼。"王逸注:"天狼,星名,以喻贪残。" ㉓ 鹔鹴裘:用鹔鹴鸟(雁的一种)的皮制成的裘衣,非常名贵。相传汉司马相如曾身着此裘。此代指大官的华美衣服。 ㉔ 梦泽:云梦泽,古时的大泽薮,据今人考证,其地大致包括今江汉平原及附近的部分丘陵。此代指楚国。㉕ 暗渡陈仓:西楚霸王项羽封刘邦为汉王,刘邦拜韩信为将,韩信明修栈道,暗度陈仓,出汉中击项羽所封雍王章邯,拉开了楚汉战争的序幕。陈仓,古县名,在今陕西宝鸡东。 ㉖ 姬姓长:见注⑭。 ㉗ 蛮貊(mò):蛮,南方的少数民族;貊,北方的民族。古代常代指四方文化落后的部族。 ㉘ 簪缨:簪,插在头上固定发髻、冠帽的长针;缨,系在颔下戴紧冠帽的带子。因其为古代官吏冠服所用,故常以之比喻显贵。 ㉙ "岂曰"四句:此为《诗经·秦风·无衣》中的句子,该诗首章云:"岂曰无衣?与子同袍。王于兴师,修我戈矛,与子同仇。"按:《左传·定公四年》记申包胥乞师于秦,"立依于庭墙而哭,日夜不绝声,勺饮不入口。七日,秦哀公为之赋《无衣》,九顿首而坐,秦师乃出。"

《二胥记》传奇,明孟称舜作,有明崇祯刻本,凡二卷三十出。

《二胥记》所述申包胥、伍子胥事本《左传》、《史记》有关记载。故事大概为:楚平王无道,听信费无忌谗言,将伍子胥一家满门抄斩。申包胥上书谏阻,被贬谪归乡。伍子胥只身逃亡到吴国,受吴王重用,率兵伐楚,攻入楚都郢,楚平王之子楚昭王逃难。伍子胥掘平王坟墓,鞭其尸,又斩奸臣费无忌以祭父兄。申包胥闻楚国国破君亡,使人劝伍子胥收兵还吴,伍子胥不听。申包胥只身入秦求救,在秦庭恸哭七昼夜,秦王感其赤诚,发兵救楚。伍子胥、申包胥路途相遇,两国讲和。申包胥迎楚昭王归郢。

《哭庭》为全剧第二十三出,主要叙述的是申包胥在秦国宫廷前恸哭,感动秦王,使秦王发兵救楚这一段故事。《二胥记》传奇中的主角一为申包胥,一为伍子胥,前者主要表现其忠,后者主要表现其孝,而实际上申包胥的地位显得更为重要(所以申包胥用生扮演,而伍子胥用外扮演)。《二胥记》中表现申包胥忠义性格特征的情节固然有很多,但《哭庭》一出可以说是最重要的一段情节,所以作者此节的描写可以说是浓墨重彩,颇费匠心的。

明清传奇的用曲虽有时南北曲兼用,但一般以南曲为主,故曲词风格以清丽婉转为多。而《二胥记》则较多采用北曲,以北曲的慷慨激昂表现忠臣烈士。以《哭庭》出而言,本出使用了一套完整的北曲正宫【端正好】,由申包胥演唱始终,淋漓尽致地表现出申包胥对楚国的一片赤胆忠心。同时,此时的申包胥身遭国破家亡之痛,长歌当哭,此处用北曲也非常切合人物当时的情感色彩。但从场上表演来看,如果台上只有申包胥一人演唱,很容易有单调之感,所以作者必须考虑如何使场上气氛不致过分冷清。我们可以看到,作者精心结构,巧妙安排,圆满地解决了这一问题。本出主要当场人物实际上是申包胥(生扮)和秦宫的一个老黄门官(老旦扮),秦王、秦将子满都是本出接近末了时才出场的。为了使申包胥的演唱不显得单调,作者有意使用了黄门官这个人物,使申包胥的"唱"与黄门官的"问"相交替,一问一答,形成呼应,活跃了场上的气氛。具体来看,又包含这样三个层次,所以耐看、耐听。

第一个层次是申包胥历经艰辛刚刚来到秦国宫廷前,他形容憔悴,衣衫褴褛。在黄门官看来,他"不文不武,非官非吏",根本不像一个大国的使者,因此拒绝为其向秦王通报。申包胥是以描述楚国国破人亡的惨状,自己作为故国之臣的悲痛之情,感动黄门官:"(俺)想着一抔黄土今何在? 和那六尺遗孤走那厢? 委实凄惶","新鬼呵啼宿邙,旧鬼呵号夜霜。遍郊墟血流成浪。"黄门官因此被打动了("老亦哭介"),决定代他转奏秦王。

但秦王并不因为申包胥的恸哭,就发兵救楚,因为在秦王看来,楚之国破乃其君昏庸无道,"吴人报怨兴兵,实所当然"。至此,申包胥陷入困境,他不得不改变策略。他知道不能单纯地动之以情,还必须晓之以理,"今日请兵,虽以为楚,实亦为秦"。因为吴灭楚后必危及于秦,吴国用心险恶,"他本待陈兵窥上国,先则是饮马吸长江。把楚国权为榜样,即渐里蚕食秦疆"。吴国灭楚,对秦国是很不利的。更何况"存天道得人者昌,违天道失人者亡",现在秦国见死不救,有违道义,最终将会像楚国一样断送锦绣河山。于是,老黄门官再次被劝转,上报秦王。

【脱布衫带小梁州】曲主要描写申包胥连续七昼夜哭于秦庭的情状:"俺则是撮土为香,哭哀哀向穹苍,……冷西风长夜凛清霜,说不尽孤穷况。"他对故国的一片赤诚渐渐感动了秦王,秦王终于答应出师相助。但发兵的旨令却迟迟未下,显然秦王又犹豫了。见此情景,申包胥以笑代哭("生大笑介"),他唱道:"笑则笑秦庭有鹿谁能逐,啼则啼楚国亡猿祸自当。果若大秦家不把妖尘荡,那些个扶危救急继绝兴亡。"至此,申包胥再次说动黄门官上奏秦王,劝其当机立断。

申包胥对秦王一再动之以情,晓之以理,秦王最后决定发兵救楚了。这时申包胥易戎服登场,一出戏就以壮阔的行军场面结束。

孟称舜友人宋之绳《二胥记叙》评论说:"《二胥记》则有气乎中,凛乎忠孝相感,所谓长言之不足而咏歌之,又从而痛苦之者。"巽龙友则评点说:"曩见其《鸳鸯冢》词,酸楚幽艳,风流蕴藉,为传情家第一手。此又何苍凉雄壮也!"这样的评述主要是针对《二胥记》全剧而言的,若用之于《哭庭》出,则更为确当。

(蔡永明)

娇 红 记 孟称舜

第三出 会 娇

【凤凰阁】(末、外旦引贴、净同上)(末)空庭春广,丽色垂垂欲上。昼闲无事坐黄堂[1],看儿女帘前来往。(外旦)衷肠难放,门楣少[2],几时得画眉相向[3]?

(末)宦处眉州二载余,官清民善颇安居。(外旦)膝前一对娇儿女,(末)且与焚香课读书。老夫王文瑞,奶奶赵氏,这侍女名唤飞红。自家世籍成都,今官眉州通判之职。所生一子,名曰善父,年方六岁。女曰娇娘,小字莹卿。生时老妻梦天上仙娥折与仙葩一朵,娇艳异常,因此取名娇字。今年已二八,才貌端妍,为我宦居在此,尚未许聘于人。俺肩上止有一姊,适与同郡申庆为妻,生下二子,俱有文才。俺因孩儿幼小,意欲唤二甥到任所同理诸事,为他方读书进场,迁延未果。今闻次甥自来候我,只目下可到。院子,你在外厢伺候,看申家官人到来,即便通报。(净诺,同下)(生上)

【新水令】行行步步看花放,遍郊墟暖风轻荡。看对对衔泥燕,傍人飞,为春来说与多愁况。

小生为访舅氏,行来到此,看眉州好风景也。〔摸鱼儿〕锦城西、一区华屋,天开多少佳趣。当门绿水朝千里,何况碧山无数。堪爱处,有潇洒新篁,松桧森前路。深深院,见帘幕低垂,丝簧迭奏,镇日价歌舞。　　金闺彦[4],联翩占住。小生平昔依慕。今朝走马行来近,试倚绣鞅凝觑。见处处、繁花开遍,幽意谁为主?诗朋酒侣。向此地嬉游,寻花向柳,须自有奇遇。　　说话间到了门首,有老院子在此候门。老院子,你报老爷、奶奶知道,说申官人来也。(净)呀,申官人到了。老爷正著我等候,待我去通报咱。(报介)(末、外旦、贴同上)(生入见介)(末)久违音问,今日见了贤甥,使我不胜之喜。(生)久别尊颜,容小甥一拜。

【步步娇】千里驱驰来相访,忙拜倒台阶上。(末)贤甥免礼,且问你爹妈俱好么?(生)别来已二霜,幸我双亲,一般无恙。舅妗想俱万福?(末、外旦)侥幸也好。(生)恰两下尽安康,今日个相逢欣喜应难量。

（末）三哥路途劳顿，院子将酒来洗尘。（净下持酒上）（生、众同坐饮介）（生）含弟、百一姐俱好么？

【前腔】（末、外旦）我稚女痴男皆娇养。（生）含弟尚小，百一姐今庚十几了？（末、外旦）我女孩儿是你年居长。（生）闻的聪慧异常。（末）知书性颇良。（生）可曾许聘了么？（末、外旦）未遇姻缘，使人惆怅。（生）不知要许甚样人家？（末、外旦）要配好鸳鸯，则除他人材呵得似你才郎样。

（生）小甥礼合请见。（外旦）飞红，请小姐来见三哥。（贴下，上，耳暗介）小姐未曾妆束哩。（外旦）三哥家人也，便不妆束，出见何妨？（贴下，同旦上）（旦）槛外新花又一年，蜂须偏惹绣窗前。金针绣帖无心弄，且拔鸾篸理篆烟。（贴）姐姐，你今日朱粉未施，双鬟绾绿，愈觉可人也。

【懒画眉】乱云鬟低绾出汉宫妆，（掩鬟介）这金钗敢溜下也。鬟儿边，斜亸著一枝金凤凰[⑤]。这衣服恁精楚呵，身儿上，穿著套花茸茸织锦藕丝裳。奶奶堂上等著，姐姐，你脚步儿那了半日呵，刚转过翠生生绣软梅罗帐，这正是娇怯怯云雨巫山窈窕娘[⑥]。

【前腔】（旦）我刚在绣房中绣罢了锦鸳鸯，待收拾起金针看海棠。则见小梅香轻轻的弹响小纱窗。（贴）申家哥哥在此，奶奶催着哩。（旦）道是老夫人宴客华堂上，待我且偷觑咱，呀，却是个玉面鹴裘楚楚郎[⑦]。（出见介）

（外旦）哥哥远来，孩儿可把酒劝哥哥一杯。（旦把酒）（生接介）呀，这妹子长的恁般好也，

【玉交枝】蓦见天仙来降，美花容云霞满裳，天然国色非凡相。看他瘦凌波步至中堂，翠脸生春玉有香，则那美人图画出都非谎。猛教人魂飞魄扬，猛教人心迷意狂。

（旦）申家哥哥好一表人材也，

【前腔】神清玉朗，转明眸流辉满堂。他虽是当筵醉饮葡萄酿，全不露半米儿疏狂[⑧]。淹润温和性格良，尽风流都在他身上。不争他显峥嵘珠宫画廊，也不枉巧温存锦帏绣床。

（生）我见了那妹子，可忘了与舅妗扳话。请问舅妗，平日也饮些酒

么？（末）我与你舅母居常饮酒，不过数爵。（生）贤妹也饮些么？（外旦）他天性不饮。（旦低头介）

【前腔】（生）可人模样，天生就春风艳妆。他妹妹，我哥哥，则是侧身偷眼低低望。想他是年少娇娘，蓦然间翠靥红生两颊傍。怕道不关情怎便把春情飏，猛教我神飞醉乡，猛教我魂飞翠乡。

（末）贤甥量好，可开怀饮数杯。（外旦）飞红满斟三哥酒。（生）长者赐，不敢辞[9]。但小甥失志功名，一向负病，不能多饮。（旦低语贴介）看三哥似不任酒力了。（贴低笑介）小姐初见，怎便恁般相知哩。（旦）我看他，

【前腔】停杯相向，言笑处风生画堂。他那壁，我这壁，偷睛两下频来往，爱他个年少才郎。虽然阻隔筵前花数行，则乍相逢早已私相傍。敢一样神飞醉乡，敢一样魂飞翠乡。

（末、外旦）三哥虽则有恙，一路上劳顿，倒多饮数杯也好。

【江儿水】玉碗斟香糯，盛来琥珀光。你客中畅饮精神壮。（生）小甥饮不得了。（侧觑介）见他佯整搔头[10]，我偷睛望。（翻酒介）将这杯酒儿都淹在青衫上，险露出轻狂模样。似这般醉眼荒唐，将座中的人呵，错认做巫阳[11]仙仗。

（贴）我觑申家哥哥和小姐呵，

【玉抱肚】两下低鬟相向，我心中猛然暗想。多管他佳人才子，都一般儿风流情况。一个待眉传雁字过潇湘，一个待眼送鱼书到洛阳。

（末、外旦）三哥既然推辞，且暂歇息，明日再饮罢。

【玉山供】蓦见你形劳意攘，待来朝花前举觞。（生）小甥委是醉也。（侧唱）我见他抵春纤推整云翘[12]，（旦侧唱）我见他湿青衫暗倒霞浆。（外旦）飞红，可送小姐先归绣房去。（贴）酒阑客散，各自的归回庭帐。俺小姐呵，道去也回头望。（旦）自情伤，今后呵，甚心儿向窗前重绣好鸳鸯。（同贴下）

（生）小甥领二亲尊命，候过舅妗，即便告回。（末、外旦）三哥远来劳苦，况我家事务，正欲籍你料理，归去之话，且则休提。

【好姐姐】那厢，收拾下半间草堂，安顿了琴书剑囊。且自安心，莫为思家归去忙。在此有我舅妗呵，相亲傍，也当的一家骨肉团圞相，好认并州作故乡⑬。（下）

（生）小生不图今日有此奇遇也，恰才蒙舅妗留俺，俺便住在此一世也罢。

【川拨棹】心思想，我可也不空来了这一场。蓦遇著这金屋娇娘⑭，蓦遇著这金屋娇娘，猛回头何方故乡？则索破工夫，闲打当。耐心情，守夜长。

【前腔】想著他庞儿浅淡妆，玳筵前情意长。我被逗得个意乱心狂，我被逗得个意乱心狂，他娇模样还不离我眼眶。待相忘，知怎忘。要相从，转渺茫。

【侥侥令】空庭人已往，莺韵罢调簧。酒醒神回，益觉无情况。这没下梢的恶相思，知怎当。

【尾声】三春杨柳堪人赏，只怕捱不彻这相思两字长。今日呵，怎把我归去的心期来便讲。

长为看花涕泪盈，今朝忽尔遇云英⑮。
蓝田洵是神仙宅，何用崎岖上玉京⑯。

〔注〕①黄堂：州府长官衙门中的正堂。宋黄朝英《靖康缃素杂记》："天子曰黄闼，三公曰黄阁，给事舍人曰黄扉，太守曰黄堂。"　②门楣：喻门第。《资治通鉴·唐玄宗天宝五载》："杨贵妃方有宠，……民间歌之曰：'生男勿喜女勿悲，君今看女作门楣。'"胡三省注："凡人作室，自外至者，见其门楣宏敞，则为壮观。"　③画眉：《汉书·张敞传》："又为妇画眉，长安中传张京兆（张敞时任京兆尹）眉怃（妩）。有司以奏敞，上问之，对曰：'臣闻闺房之内，夫妇之私有过于画眉者。'"　④金闺：即金马门，汉代宫门。《史记·滑稽列传》："金马门者，宦署门也。门傍有铜马，故谓之金马门。"后常以"金闺"代指朝廷。彦：俊杰。　⑤金凤凰：指金凤钗。⑥云雨巫山：喻男女欢会，典出战国楚宋玉《高唐赋序》。　⑦鹴裘：鹔鹴裘，用鹔鹴鸟的皮制成，一说谓用一种名为鹔鹴的飞鼠皮制成。旧题汉刘歆《西京杂记》："司马相如初与卓文君还成都，居贫愁懑，以所著鹔鹴裘就市人阳昌贳酒与文君为欢。"　⑧半米儿：犹言半点儿。⑨"长者"二句：此为引经之语。《礼记·曲礼》："长者赐，幼者、贱者不敢辞。"　⑩搔头：一种女子首饰名，多用玉制。　⑪巫阳：巫山之阳。仍用战国楚宋玉《高唐赋序》典。参注⑥。⑫云翘：一种女子首饰名。　⑬"好认"句：用唐贾岛《渡桑乾》诗。原诗云："客舍并州已十霜，归心日夜忆咸阳。无端更渡桑乾水，却望并州是故乡。"　⑭金屋娇娘：旧题汉班固《汉武故事》："（武帝）年四岁，立为胶东王。数岁，长公主嫖抱置膝上，问曰：'儿欲得妇不？'胶东王曰：'欲得妇。'长主指左右长御百余人，皆云不用。末指其女问曰：'阿娇好不？'于是乃笑对曰：'好！若得阿娇作妇，当作金屋贮之也。'"　⑮云英：唐裴铏《传奇》记书生裴航于蓝桥驿遇仙

女云英，其祖母谓已有灵丹须玉杵臼捣之百日方可就吞，若能求得杵臼，即将云英下嫁。裴航果求得杵臼，遂与云英成亲，后两人皆超为上仙。　⑯“蓝田”二句：此亦出自裴铏《传奇》所述裴航故事。裴航先遇樊夫人，樊夫人赠诗云：“一饮琼浆百感生，玄霜捣尽见云英。蓝桥便是神仙窟，何必崎岖上玉京？”上玉京，谓赴京应试求取功名。

《娇红记》传奇为晚明著名戏曲家孟称舜的代表作，所述申纯、王娇娘的爱情故事出自北宋宣和年间的实事。元代有宋远所著小说《娇红传》，明初有刘兑所著杂剧《金童玉女娇红记》，孟称舜乃据此前的小说、戏剧敷衍而成。《娇红记》全剧五十出，故事大概为：四川成都府尹申庆之子申纯秋试落榜，以探亲为名至眉州通判、母舅王文瑞家消愁释闷，与王文瑞之女王娇娘相见，彼此倾心。其后申纯、王娇娘作诗酬和，暗表心意，乃至拥炉而坐，共定盟约。后因帅府公子求婚，王娇娘执意不从，抱恨抑郁而逝。申纯闻讯，为娇娘绝食而亡。两家为之合葬，申、王成仙团圆。

《会娇》在全记中为第三出，主要描述的是申纯、王娇娘初次相见的情景。申纯身到眉州，见眉州风景宜人，心中春情无限：“见处处、繁花开遍，幽意谁为主？”申纯出场所唱【新水令】曲及所念《摸鱼儿》词正是这种心绪的传达。申、王美丽动人的爱情故事就在这样一个美丽的春天开始的，这与故事结束时申、王双逝时的枯寂寒秋恰成鲜明对照。王娇娘的非凡美貌是从申纯的角度加以描绘的：“蓦见天仙来降，美花容云霞满裳，天然国色非凡相。看他瘦凌波步至中堂，翠脸生春玉有香，则那美人图画出都非谎。猛教人魂飞魄扬，猛教人心迷意狂。”申纯的这种见到美人便“心迷意狂”的心态，与《西厢记》中的张生可谓渊源有自。与此相似的是，申纯的儒雅风流则借王娇娘之眼加以描绘：“神清玉朗，转明眸流辉满堂。他虽是当筵醉饮葡萄酿，全不露半米儿疏狂。淹润温和性格良，尽风流都在他身上。”选择这样的描绘角度，一方面可以借一方的眼睛描摹对方的玉容花貌，另一方面也可以见出描摹者的评判、欣赏。

申、王相见一出的描述之所以具有戏剧性，首先归因于特殊的见面场景的选择。申、王相见是一见钟情，彼此都希望能有更多的情感交流。但申、王的相见是在王府堂上发生的，在场的既有王娇娘的父亲王文瑞（末）、母亲赵氏（外旦），也有王娇娘的侍女飞红（贴）、王府家人（净），可以说是人多眼杂，不容许不合于礼的事情发生。申、王初次相见的特殊环境，在某种意义上说也是《娇红记》整个社会环境的体现：申纯、王娇娘的纯真爱情为当时封建礼法所难容。申、王对爱情自由主动的、勇敢的追求，也只能在这样特殊的背景之下加以理解。

但《会娇》一出的叙述并不仅限于描绘申、王的暗自观望、揣想，孟称舜在剧中也写出了他们的大胆而近乎出格的言行。如酒席之上，申纯由询问舅父、舅母日常的饮酒，突然趁便转移话题说："贤妹也饮些么？"由此可见，其询问舅父、舅母日常饮酒与否是话头，对王娇娘特别留心才是真情。王娇娘呢？剧中也有关于她的具体科、白的描写，如"旦低语贴介"："看三哥似不任酒力了。"可见这位王娇娘自始至终一直在偷偷关注着申纯，且大有爱慕之意。这种有些露"骨"的言行，终于招致侍女飞红的取笑："小姐初见，怎便恁般相知哩。"《娇红记》中的侍女飞红聪明机灵，极善察颜观色，她的打趣绝非无的放矢。剧中还借飞红的曲唱形象地描绘了申纯、王娇娘在酒席上的眉目传情："两下低鬟相向，我心中猛然暗想。多管他佳人才子，都一般儿风流情况。一个待眉传雁字过潇湘，一个待眼送鱼书到洛阳。"【玉山供】曲在剧中属生、旦、贴三人分唱的曲子，其中有生"侧"唱"我见他抵春纤推整云翘"，旦"侧"唱"我见他湿青衫暗倒霞浆"。此处申纯的"侧"唱应当是侧面向王娇娘（自然是不宜正面相对的），王娇娘的"侧"唱自然应当是侧面向申纯（自然更是不宜正面相对的），但一个"侧"字将申、王临别时的情态极为传神地描摹出来了。

【好姐姐】曲是筵席结束后申纯独留场上的唱曲，曲中"莫为思家归去忙"、"好认并州作故乡"的唱词，稍带幽默色彩地写出了申纯的一片痴情——为遇佳人缓回乡！【川拨棹】以下数曲则主要描述申纯独在房中对王娇娘的一片痴情怀想。此出最后结束于他对王娇娘的无尽相思中："三春杨柳堪人赏，只怕捱不彻这相思两字长。"申、王的爱情传奇究竟后来应当如何展开呢？申纯此后将采取何种行动以补偿今日的相思债？王娇娘呢？戏剧至此，为观众留下了放不下的悬念。

（解玉峰）

娇　红　记　　孟称舜

第十出　拥　　炉

【绕地游】（生上）桃花落后，是我归时候。到今朝为谁拖逗？旧愁正陡，新愁还又，甚时节博得个佳人意投？

误却春光底事忙，相思一夜九回肠。沉吟认取佳人意，为雨为云未可量[①]。小生辞家月余，为慕小姐，致妨归约。昨蒙他分烬相与，似有顾盼之情。及至话到中间，又复变色拒我。似此半吞半吐，甚时得了？今后遇他，定须与他讨一决绝。正是：欲识琴中意，全凭指上弹。（下旦同老旦小慧上）

【前腔】（旦）晚春时候，绣阁轻寒透。瘦花枝伴人清昼。伤春病陡，人更比花枝消瘦，冷眉峰分不出今春去秋。

〔菩萨蛮〕小庭花落无人扫，疏香满地东风老。（老）燕语自双双，锦屏春昼长。　（旦）愁匀红粉泪，眉染春山翠[2]。独坐对花枝，忆郎郎不知。　小慧，今日春寒比昨宵更甚，深闺独坐，好难消遣人也。（老）姐姐，春风寒峭，不如到暖阁中拥火去。（同行介）（旦坐叹介）（老）姐姐，你日常寝食悠悠，有颦无笑，不知为著何事？（旦）小慧，你知道么？

【金络索】深闺不解愁，因甚愁偏陡。不为伤春，却似伤春瘦。朝朝夜夜期，思悠悠，化做春波不断流。便做道春波有断情难断，一刻还添万斛愁。（叹介）相逢处，欲将诉与又夷犹。硬心情，打叠忧愁。愁未去，来还又。

（老）小慧伏侍小姐，一日三餐，不知愁是怎的。如何小姐整日说个愁字？（旦）小丫头你晓甚么？你且去瞧瞧奶奶，若寻我，来说我知道。（老）小慧晓得。自来不识愁何物，闲向街头看卖花。（下）（旦）像小慧这等年小妮子，无虑无忧，到也快活。我怎学得他？我想世间女子，似我这样愁的呵，可也尽多。

【前腔】婚姻儿怎自由？好事常差谬。多少佳人，错配了鸳鸯偶。夫妻命里排，强难求。有几个美满恩情永到头，有几个鸾凰搭上鸾凰配，有几个紫燕黄鹂误唤俦？相邂遇，人生福慧总双修。问天公，一霎风流，怕无分也难消受。

婚姻事本由天，女子一身，岂容自失！我当初听人说起姻亲，全然不放在怀。自从瞥见申生之后，不知何故，心上要丢再也丢他不下。

【前腔】往常时见人兀自羞，见了他呵，蓦地心拖逗。白日黄昏，梦魂儿不离了人前后。知他意怎生，两情投。想则是老天公注定了今生鸾凤俦。还则怕春风未老桃花面，等不的双镜台前人白头。伤情处，拥炉无语自悠悠。（叹介）我看申生，料不是寡情薄倖的人，果得和他半晌绸缪，我也拚着三生守[3]。

（生手执花枝上）美人独坐颦蛾眉，未识心中却为谁。小生折得梨花一枝，欲将到胆瓶去。那壁拥炉而坐的，正是小姐。待我撞将过去，看他怎么。（见旦）（旦坐不起）（生掷花）（旦惊视）（徐起拾花介)(云)兄为甚弃掷此花?(生)花泪盈晕,知其意何在?故弃之。

【喜梧桐】将好花,折在手。未识花心可也得似人心否?撇下花枝,和你两休休。你果若无情呵,免为你添僝僽[④]。从今后,再不再不向花间走。

(旦)东皇故自有主[⑤],夜屏一枝,以供玩好足矣,兄何索之深也。

【前腔】花泪盈,花枝瘦。知他也为关情,害得这伶仃瘦。人面花容,一样两悠悠。还怕道人心不似花容久,风吹的,零落零落在黄昏后。

(生)幸蒙见诺,无得翻悔。(旦笑云)诺甚么?(生)姐姐自想。(旦)春风甚劲,兄可坐此共火。(生坐介)(旦)兄衣厚否?恐寒威相迸呵,

【金梧桐】春寒翡翠衣,独坐销清昼。怕你客中人,容易伤春瘦。(生)我客衣常苦单,您相念情何厚。则我这寸断柔肠,你可还也相怜否?

(旦笑介)何事断肠?妾当为兄谋之。你断肠为甚,索与从头剖。(生)姐姐无戏言。我自遇姐姐后,魂飞魄扬,不能著体。夜更苦长,终夕不寐,求一诉衷情而不可得。我每细察姐姐,言语态度,亦似非无情者。及言深情味,则变色以拒我。岂真不谙世事而故为此?谅孱谬之质,不足当雅意,深藏自秘,将有售也。今日一言之后,小生只索西骑了[⑥]。(泪介)

【簇袍莺】我为你担愁病,宽翠裘。盼佳期,掩泪眸。冰弦赋尽求凰奏[⑦],你狠文君还知否?妆台千里,琴心怎投。玉容咫尺,诗谜怎酬。料凡夫做不得那神仙偶。诉情由,今生薄福,早自办归舟。

(旦长叹介)君固疑妾,妾敢无言?妾知兄心已久,但恐不能终始,其如后患何!妾亦比月来,诸事不复措意,寝梦不安,饮食俱废,君那知道呵!(生)姐姐既有此情,何复固尔拒我?(旦)岂不知男女婚姻,当图久长。兄既有情,当归告尊亲,遣媒说合,安得聊为目前苟且之计?(生)相思病染,朝不谋夕,往返求婚,动须累月,此时当索我枯鱼之肆了[⑧]。况或议亲不允,则当赧然远遁,后更何以为

计?(旦)只要两下心坚,事终有济。若事不济,妾当以死相谢。(生)小姐此言,小生当谨铭之肺腑。(旦)妾心所虑,还则有一件。(生)姐姐所虑何事?

【前腔】(旦)我和你,两意投。欲言时,还自羞。痴心女子从来有,您俏相如敢知否?怕则怕茂陵秋草,抛人白头⑨。汉宫红叶,飘残御沟⑩。等闲容易将人逗。甚情由,落花飞絮,干自问东流。

(生起揖天介)姐姐不必过虑。小生若有负心,皇天共鉴。

【猫儿坠桐花】(生、旦合唱)拥炉相对,诉尽两心愁。一个懒整新妆上翠楼,一个青衫湿尽楚江头。一个门掩梨花倦对酒,一个寒添锦袖慵挑绣。

【前腔】两人心事,一样害春愁。夜夜朝朝无尽头,生生死死几时休。今日呵,妾意郎心两泄漏,愿天公有意,有意把姻缘就。

(老上)奶奶寻小姐哩。(旦)奶奶寻我,我见奶奶去。(同下)(生)今日与小姐细诉衷肠,蒙小姐许我婚姻之约,这段相思,可不枉然了。我还待同小姐密订佳期,被小慧蓦地来唤去。正是世间万事,怎便得如意也。

【尾声】一天好事准拟今宵就,又则被不做美东君断送愁⑪。今夜呵,空教我魂断西风燕子楼⑫。

炉头细语订心期,胜似云英一唤时⑬。

此后相思应有准,定知足底系红丝⑭。

〔注〕 ① 为雨为云:即战国楚宋玉《高唐赋序》云巫山云雨事。 ② 春山:形容女子眉之姣好。 ③ 三生:前生、今生、来生。 ④ 僝僽(chán zhòu):此作憔悴、烦恼解。 ⑤ 东皇:司春之神。 ⑥ 西骑:此指回家。 ⑦ 冰弦:冰蚕丝做的琴弦,此代指琴。求凰奏:汉司马相如在卓王孙家以《凤求凰》琴曲挑动其女卓文君,文君遂与相如私奔。 ⑧ 枯鱼之肆:《庄子·外物》载庄子行路,闻车辙中鲋鱼呼己,曰:"君岂有升斗之水而活我哉?"庄子谓已将"激西江之水而迎",鲋鱼于是怒道:"吾得升斗之水然活耳,君乃言此,曾不如早索我于枯鱼之肆。" ⑨"怕则怕"二句:旧题汉刘歆《西京杂记》:"相如将聘茂陵人女为妾,卓文君作《白头吟》以自绝,相如乃止。" ⑩"汉宫"二句:用红叶题诗典。唐宫女题诗红叶,自御沟流出,为士子所拾得,后宫中放宫女,题诗宫女得归拾得题诗红叶之士子。事见《云溪友议》、《北梦琐言》、《本事诗》、《青琐高议》等,各书所记时代及士子姓名不一。 ⑪ 东君:日神。 ⑫ 燕子楼:故址在今江苏徐州。据唐白居易《燕子楼诗序》云:"徐州故张尚书(张愔,张建封之子,或谓乃张建封,非是)有爱妓曰盼盼,善歌舞,雅多风态。……尚书既殁,归葬东洛,而彭城(徐州)有张氏旧第,

第中有小楼名燕子。盼盼念旧爱而不嫁,居是楼十余年。” ⑬ 云英:唐裴铏《传奇》中所载书生裴航于蓝桥驿所遇仙女,二人后结良缘,超为上仙。 ⑭ 足底系红丝:唐李复言《续玄怪录》载韦固旅次宋城南店,见一老人倚布囊坐阶上,向月检书,因问:“囊中何物?”老人答曰:“此赤绳子耳,以系夫妻之足。及其生,则潜用相系,虽仇敌之家,贵贱悬隔,天涯从宦,吴楚异乡,此绳一系,终不可逭。”

《拥炉》在《娇红记》传奇中为第十出,是《娇红记》中最著名的出目之一。看了此前的诸出,观众(或读者)已得知申纯、王娇娘彼此有情,但因为申纯行事鲁莽(在此前第九出《分烬》中,他勇敢的求爱遭娇娘严厉拒绝),所以申、王的爱情到第十出时尚未有任何实质性的进展。从客观因素来看,王娇娘对申纯还缺少足够的理解,所以对自己是否可将终身托付申纯这一点上,还存有疑虑。从另一方面看,她的爱情梦想毕竟是没有得到父母许可的,所以面对封建礼法的种种教条,她内心中仍然犹豫不决,这正与《西厢记》中的崔莺莺是同样的情形。申、王的爱情仅限于彼此的暗自相思,这对这一对痴情男女而言,当然是极为痛苦的。所以在王家暖阁中的意外遭逢,为他们爱情的确定提供了机会。《拥炉》之所以在整本《娇红记》中显得非常重要,就是因为此出是申纯、王娇娘爱情故事的一个重要转折点,申、王从此走上信守盟约、追求自由爱情的艰难道路。

中国戏曲中有一类戏,其所以具有戏剧性,最根本的原因是作者或编者先向观众说破戏剧秘密(而不是保持秘密),但剧中人并不一定知道对方心中的秘密,所以他们之间会形成不必要的误会或猜忌,由此产生戏剧效果。如梁祝故事中著名的《十八相送》,观众事先已经知道祝英台是女扮男装,她真心喜欢梁山伯(这是戏剧秘密),而作为当事人的梁山伯却全然不知。所以相送过程中,祝英台做出的种种暗示和表白,梁山伯都像“呆头鹅”一样浑然不解,如此形成《十八相送》特有的戏剧性。从这样的角度看,《拥炉》一出也是围绕中国戏曲这种特定的戏剧性进行安排布置的,形成特有的喜剧色彩。

《拥炉》出一开始,通过人物上场的唱曲及念白,我们已经知道他们心中的秘密。申纯爱恋娇娘,备尝相思之苦,下决心道:“今后遇他(指王娇娘),定须与他讨一决绝。”王娇娘也暗恋申纯,感叹红颜易逝,春愁无限,“则怕春风未老桃花面,等不的双镜台前人白头。伤情处,拥炉无语自悠悠”。现在,两人因春寒料峭,同往暖阁取暖,意外相逢了,会发生什么故事呢?戏剧性由此展开。首先,我们看到的申纯果决的爱情行动:“那壁拥炉而坐的,正是小姐。待我撞将过去,看他怎么。”既入阁中,又将手中折得的梨花投掷于娇娘面前。娇娘问其故,乃道:“未识花心可也得似人心否?撇下花枝,和你两休休。你果若无情呵,免为你添僝僽。”对申纯而言,这自然以言相激,探试对方的虚实。不料王娇娘竟故作不解风情状，顾左右而言他曰："兄衣厚否？恐寒威相迸呵，……容易伤春瘦。"申纯在这种情况下，并未因此就收转话头，而是更进一步发起进攻，表白自己的心迹："我为你担愁病，宽翠衾。盼佳期，掩泪眸。冰弦赋尽求凰奏，你狠文君还知否？"至此，王娇娘已别无退路了，只好交代实情："妾亦比月来，诸事不复措意，寝梦不安，饮食俱废……"此处"旦长叹一声"的科介，细致真实地传达了王娇娘内心既喜且忧的复杂感受。"喜"的是申纯对自己果然一片赤诚，"忧"的是这样的爱情恐不能长久。至此，申、王的爱情暂以欢喜终结。彼此的误会、猜疑消除后，申、王二人才第一次真正体会到两情相得的快乐，过去的相思至此才得到初步的补偿。生、旦同唱的【猫儿坠梧桐】曲正是描绘他们两情相悦的悲喜交集之情："拥炉相对，诉尽两心愁。一个懒整新妆上翠楼，一个青衫湿尽楚江头。一个门掩梨花倦对酒，一个寒添锦袖慵挑绣。"而生、旦同唱的第二支【猫儿坠梧桐】曲中的"夜夜朝朝无尽头，生生死死几时休"，则分明是他们的铮铮誓言。从此之后，他们便信守盟约，开始他们对自由爱情的执着追求了。

《拥炉》一出最后结束于王家丫头出场。王家丫头的突然出现，冲散了这一对正喁喁细谈的情侣，以至于他们连他日再会的佳期也没有来得及商定。如此的结尾，令人对两人爱情的发展是否顺利完满生疑，为后面情节的进一步展开作了有效的铺垫。

（解玉峰）

娇　红　记　　孟称舜

第四十八出　双　　逝

【破齐阵】（生愁容上）数叶芭蕉萧瘦，房空帐冷魂孤。哀雁天边，寒蛩草际，几阵暗风吹雨。黯黯残灯浑无焰，垂死萧萧鬓影疏。梦中人到无？

三十三天离恨高[①]，我今更上一层霄。悠悠魂去无寻处，怕见残灯助寂寥。我自与小姐相别回来，枕边滴滴，尽是啼痕；袖上行行，无非泪血。他今亲期已迫，未知生死如何。思想起来，便把青天作纸，峨眉山为墨，瞿塘三峡当砚水，湘川上竹竿为笔，怎写的尽俺满腔中愁恨也。

【刷子带芙蓉】蓦地想当初，花前月前，同结欢娱。道是尽世今生，休教凤散鸾孤。嗟吁，更几遍离愁间阻，终博不得连枝双树。暮云断处望苍梧，雁声凄咽楚天孤。

若小姐果然为我而死，我少不得也相从了。

【普天乐】我和他觑孤舟江头哭，哭的来肠寸断。伤情处，天昏惨，烟水模糊，江涛咽，惊走游鱼。算世间那似我衷肠苦！您独拚的红颜向冥涂，我怎还忍别画眉怃[②]。记的拥炉共语，誓双双并结生死鸾书。

(小生上)不是愁魔即病魔，知他愁病两如何。虽然病为愁偏重，也道愁因病愈多。我兄弟素性风流，赋情俊爽。数年之内，往来舅家，去则笑逐颜开，归则欢随兴减。日来势更加剧，兀坐一室，以手书空，咄咄若与人言[③]，不知为着何来？我今去看他病景，可怎么了！(见生痴坐不理介)(小生)兄弟，你怎生痴坐在此？(生惊起介)兄弟病中恍惚，望乞休罪。

【尾犯序】(小生)你独坐自嗟吁，为甚伤情，无意无绪？我猜着你了，敢则是苏小当年，撇不下那油壁香车[④]？休误，你兰阁上早则名高绣虎[⑤]，怕鸳帏里少甚身偎锦玉。休只为迷花沾草，断送了美身躯。(生叹介)

【前腔】欲语又踌躕。(小生)不索踌躕，直说我知道，我或当为标谋之。(生)有个人儿，相倾相慕。(小生)是那个？(生)是那个金屋娇姿[⑥]，曾许与我同结鸾书。叹吁，是则是今生没福，是则是前生合注。无端的分开连理，两下里泪痕枯。

(净院子上)世上可怜长别酒，人间最苦永休书。(见生云)我家小姐，不幸已亡，老爷有书在此。(生惊介)小姐亡了？天呵，兀的不痛杀人也！(拆书看介)呀，内有飞红寄来小姐诀别诗二首，读之胸怀千裂，肝肠寸断。天，天呵！我、我申纯早则死也。(闷倒介)(小生扶介)兄弟甦醒。(生徐醒介)天呵！小姐，你何薄命，一至于斯！

【香柳娘】想当初偶然，想当初偶然，花间相遇，拥炉细把衷肠诉。你今朝死也，你今朝死也，魂向楚天隅。我梦中怎能睹？痛从此间阻，痛从此间阻，行云径迷，断红难续。

(小生)兄弟且免悲伤。

【前腔】(生)怅秦楼悄然，怅秦楼悄然，听箫人去[⑦]，月明谁伴孤鸾舞？看诗词惨凄，看诗词惨凄，蘸绿古堂前，教我放声向天哭。待重逢路阻，待重逢路阻，甘归九泉，和伊一处。（小生）呀，兄弟何出此不祥之语？却不道断者不能复续，死者不能复生。况那娇娘，义为中表，两次言婚，不遂百年之约，岂得过尔伤心，有乖大义？吾弟读书知礼，万宜自节，以保身躯。我去说与爹娘知道，打发院子回去，兼遣往吊罢了。（同净下）（生）咳，哥哥，你怎知我与娇娘情深义重，百劫难休。他既为我而死，我亦何容独生。我今留诗与爹娘、哥哥为别，只索自缢，随小姐于地下罢了。（含泪题诗介）窦翁德劭如椿古[8]，蔡母年高与鹤齐[9]。生育恩深俱未报，此身先死奈虞兮[10]。（再题介）当年风雅蔼双鸾，拟共翱翔万里天。今日雁行分散去，谁怜只影叫苍烟？（掷笔悲介）爹娘、哥哥，非是我不念深恩，忍得半路相抛。想古来义夫烈士，不惜杀身，以践一诺。我昔与小姐有誓，生不同辰，死当同夕。今他既待我九泉之下，我便欲悔背前盟，谅老天也断不相容了。小姐向时赠我一幅锦罗香帕，指望金莲对爇，银烛高烧，双牵绣幕之红丝，共结锦裙之翠带。不意今日将来自缢，做了追魂的牒子，索命的幡儿。天、天，好是可怜煞人也。（缢介）（外、老旦、小生同上）（见，惊救介）

【江儿水】吓吓得心惊怖，身笃速。则见他把香罗紧系喉咙住，我手脚忙忙都无措。（解下罗帕叫介）孩儿，孩儿！（小生）兄弟，兄弟！（合）叫他不醒却教如何处？（生气转哎哟介）（众）蓦听他喉咙儿底，气断也声还续，细喘吁吁，讨得个丝丝生路。

孩儿，快醒，快醒。（生低介）

【哭相思】正待要急往相随，谁把我唤回泉路？（外、老旦）孩儿也，爹娘在此，你怎么这等短见？

（生叹介）爹娘在上，听儿一言。承继宗祧，大吾家门，有哥哥在此也勾了。孩儿不肖，不能终侍膝下，惟大人割不忍之爱，休为孩儿致有痛伤，则孩儿死亦瞑目了。（悲介）

【二郎神】听儿语，望爹娘免把孩儿顾虑。哥哥呵，他早已致足云程万里路，鸾封豸诰[11]，定然光耀门闾。似我不肖孩儿，生的生的来都是虚，半路间把双亲别去。（外、老旦）儿，休如此说。则愿你好自将息，保全性命，慰我白头爹妈之望。（生）要孩儿身好，谅不能勾。哥哥，你觑双亲年老，兄弟殀亡，尽心侍养，专靠你一人了。好将觑，两白头爹娘晚景桑榆[12]。

(小生)兄弟，怎如此痴见？大丈夫志在四方，岂甘死儿女子手中乎？弟年少科高，青云足下，何在区区眷恋一女子。况世间美妇人尽多，你今为彼一人，上负二亲之望，下殒六尺之躯，窃为吾弟有所不取。

【前腔】悲吁，你名高翰苑，兰堂早住。少甚么红粉楼头卿相女，容华似玉，双双同咏《关雎》[13]。又何须故把青春轻送与。您觑着两爹娘呵，年衰为汝泪双枯，倘你真个不保，痛怨煞这两白头爹娘，究竟何如。

(外)哥哥说的话，句句是正理，你快休痴也，儿。(老旦)儿，你做了官，怕没有好媳妇儿？却只为亲事不就，断送残生，可不真个短见也，儿。(生)二亲之言，孩儿亦岂不晓？但事已到此，儿即欲自主，也不能勾。只望爹娘休的为死伤生，罔极之恩[14]，待孩儿再世来相报罢了。

【二莺儿】难语，我身躯在此，我魂灵早去。想当日呵，有的是死死生生月下书，神明鉴取应难负。(哭介)爹娘、哥哥，我都顾不得你了。我一行行泪枯，我一丝丝气无，不如早些儿死去，也同归一所。(外、老旦)再休这般说也，儿。(生张目介)强捱取一晌的时光，也反添着嗟嘘。(闭目昏介)

(外、老旦哭介)儿，儿，兀的不痛杀我也！

【二贤宾】听他语，揾不住我几千行泪雨。我两人年老，定道是你来送我，也知道父子白头难久居，却谁知你青春早送，反教凤泣鸾雏。(老旦哭骂介)这都是阿舅的不是。他两番价违背亲盟，自自断送了香闺幼女[15]，又把别人家的孩儿辜负。(合)真痛楚，问天天怎挖却我心头肉。

(小生扶生介)兄弟挣挫着，不争你死了呵，老爹娘在此，你怎放的去也。

【前腔】忙揾取，他额角上冷淋倾汗儿流似雨。软软摊摊，扶不起他憔悴躯。看双眉紧蹙，丝丝气也全无。都只为金闺幼姝，干断送了玉堂人物[16]。(合)真痛楚，问天天怎挖却我心头肉。

（同放声哭呼介）（生挣醒）（众扶介）

（生）爹娘、哥哥，啼哭也枉然，我今再不能重生了。

【尾声】今生无分重完聚，我一灵儿早飞向瑶台高处居。（叹介）枉活了这二十四年也，则当做人世三生一梦余。

人世生离最惨人，况今死别更伤神。
寒塘泪滴生青草，千古斑斑血未湮。

〔注〕 ① 三十三天：佛教语，即忉利天，为欲界第六天，在须弥山顶上，中央为释天帝所居，四周各有一峰，每峰各有八天，合中央为三十三天。 ② 画眉忺：《汉书·张敞传》载汉京兆尹张敞与妻子感情很好，"为妇画眉，长安中传张京兆眉忺"。忺，同妩。 ③ "以手"二句：南朝宋刘义庆《世说新语·黜免》："殷中军（殷浩）被废，在信安，终日恒书空作字。扬州吏民寻义逐之，窃视，唯作'咄咄怪事'四字而已。" ④ 苏小：苏小小，南朝齐歌妓，居钱塘（今杭州）。南朝陈徐陵所编《玉台新咏》有《钱塘苏小歌》，宋郭茂倩所编《乐府诗集》收入《杂曲歌辞》。其辞云："妾乘油壁车，郎骑青骢马。何处结同心？西陵松柏下。" ⑤ 兰阁：即兰台，汉宫中藏书处，唐时曾改秘书省为兰台。绣虎：喻文藻瑰丽，气骨劲健。宋曾慥《类说》引《玉箱杂记》："曹植七步成诗，号绣虎。" ⑥ 金屋娇姿：旧题汉班固《汉武故事》载汉武帝幼时封胶东王，其姑母长公主嫖曾将他抱在膝上，问："儿欲得妇不？"他答道："欲得妇。"长公主乃指其女阿娇问曰："阿娇好不？"他笑道："好！若得阿娇作妇，当作金屋贮之也。" ⑦ "怅秦楼"三句：唐李白《忆秦娥》词："箫声咽，秦娥梦断秦楼月。"传秦穆公有女弄玉，喜音乐，嫁善吹箫作凤鸣的萧史，秦穆公为作凤楼居之，夫妇吹箫引凤，乘凤仙去。见旧题汉刘向《列仙传》。 ⑧ 窦翁：窦禹钧，五代后周渔阳人，他教子有方，五子皆成进士，号"窦氏五龙"。 ⑨ 蔡母：指东汉蔡邕之母，蔡邕（字伯喈），戏曲小说中蔡伯喈的人物原型，高明南戏《琵琶记》中谓蔡母年满八旬。 ⑩ 奈虞兮：楚汉战争中项羽最终被围垓下，夜闻汉军四面楚歌，起而"饮帐中。有美人名虞，常幸从；骏马名骓，常骑之。于是项王乃悲歌慷慨，自为诗曰：'力拔山兮气盖世，时不利兮骓不逝。骓不逝兮可奈何，虞兮虞兮奈若何！'"见《史记·项羽本纪》。 ⑪ 鸾封豸诰：指朝廷所赐予的封赠诰命。 ⑫ 晚景桑榆：指人的垂暮之年。因日暮时余晖在树顶，故称。 ⑬ 关雎（jū）：《诗经》的第一篇，有"窈窕淑女，君子好逑"之句，戏曲小说中常被当作情诗。 ⑭ 罔极之恩：指父母养育之恩无穷无尽。《诗经·小雅·蓼莪》："父兮生我，母兮鞠我，……欲报之德，昊天罔极。" ⑮ 自自：疑误，似当作"自家"。 ⑯ 玉堂人物：宋以后翰林院称玉堂，因以"玉堂人物"称在翰林院做官的人（通常指翰林学士）。

《双逝》在《娇红记》传奇中为第四十八出，亦即故事的结局。男女主人公为争取自由爱情而不得，双双殉情而死，以这样的悲剧结束表现了"历史的必然要求和这个要求的实际上不可能实现之间的悲剧性的冲突"（恩格斯语），所以《双逝》一出深刻集中地表现了《娇红记》传奇的主题，是全剧主脑之所在。

本出一开始，作为男主人公的申纯尚不知娇娘已死的消息，所以虽然愁恨满腔，但仍然怀抱着几分重新相会的梦想。【破齐阵】曲云："数叶芭蕉萧瘦，房空帐冷魂孤。哀雁天边，寒蛩草际，几阵暗风吹雨。黯黯残灯浑无焰，垂死萧萧鬓影疏。梦中人到无?”以萧瑟枯寂的寒秋残景喻写申纯的满腹愁肠、孤苦无望，真切感人。【刷子带芙蓉】、【普天乐】二曲则是回想往日花前月下的欢娱时光已长逝不往，孤舟江头的断肠之泣犹在耳际。以上数曲，情真辞切，非同于一般剧作的堆砌词藻、无病呻吟，这在明清传奇中也是难得的。

申纯的愁思郁结、神情恍惚，为其兄申纶察觉。出于对兄弟的关爱，申纶百般劝慰申纯，莫因伤情“断送了美身躯”。正在此时，王家的家院持书信来到王府送信，告知王娇娘已不幸身亡了！申纯拆书看到王娇娘所写的二首诀别诗，“胸怀千裂，肝肠寸断”，登时昏倒过去。剧本中“(生)闷倒介”、“小生扶介”、“生徐醒介”等科介说明，正是为了表现申纯的悲痛欲绝之状。接下来的两支【香柳娘】曲，为申纯苏醒后所唱，回想当日的“花前相遇，拥炉细把衷肠诉”，而今日生死相隔，独向旧人书，不由人不“放声向天哭”。申纶见兄弟痛不欲生之状，自然竭力劝慰，劝申纯节哀自制，以保身躯。如果申纯果然听从兄长的劝告，就不会有这样一出惊天地、泣鬼神的爱情悲剧了！申纯在申纶退场后，含泪写完题诗，却决意以死回报王娇娘对自己的深情：“想古来义夫烈士，不惜杀身，以践一诺。我昔与小姐有誓，生不同辰，死当同夕。今他既待我九泉之下……”此处，申纯将爱情男女的信守盟约比之于义夫烈士的杀身成仁。可见在申纯看来，男女爱情即使没有父母之命，媒妁之言，但只要是真正的两情相悦，则信守盟约为“义”，否则即为“不义”！申纯的这种纯真的爱情信念，在以往的爱情故事中是绝无仅有的，这也正是孟称舜《娇红记》传奇所传达的具有新的时代意义的爱情理想！

申纯主意已定，遂以王娇娘遗留给自己的罗锦手帕为结自缢，因为家人及时发现，第一次自杀殉情未成。申纯苏醒后哭唱的【二郎神】曲，也是《娇红记》传奇情真意切的好曲子。中国传统戏曲最长于表现人物情感，而其之所以具有浓厚的抒情色彩，则是因为善于运用曲唱的表现方式。【二郎神】曲恻恻感人，正是因为其真实传达了人物的内心情感。这里表现的是真正的生离死别，申纯既然决定以身殉情，就必然将生生抛掷下有二十年养育之恩的亲生父母！以身殉情，“半路间把双亲别去”，为“不孝”。申纯在这里实际上又面临一次人生抉择：或者听从申纶的劝告，珍惜锦绣前程，侍养年迈双亲；或者信守与王娇娘的爱情盟约，自杀殉情，断送残生，落得不孝之名。而我们最终看到申纯的选择却是以绝食殉情而死！他为爱情可以抛弃人人艳羡的“年少科高，青云足下”，他为爱情可以抛弃难以割舍的双亲养育之恩。理想爱情可以高于一切，这也正是《娇红记》传奇的主题之所在。从情感表现看，《双逝》一出可以说是《娇红记》传奇中情绪最为强烈的，也是全剧高潮之所在。这个爱情故事的最终结局可以说是一个大悲剧，这在明清传奇中也是极为少见的，但作者正是借用这样一个动人魂魄的悲剧故事，赞颂了申、王至诚至纯的爱情理想！

（解玉峰）

【戏曲家小传】

范文若

(1590—1637) 本名景文，字香令，又字更生，别署吴侬荀鸭。松江（今属上海）人。早慧，七岁应童子试，万历四十七年(1619)成进士，历山东汶上、浙江秀水、湖北光化知县，后迁南京兵部主事，因受人中伤降南京大理评事，遂愤而辞职归里。后与其母一同被家奴刺杀。其剧多本他人小说与剧作改编，选材深受冯梦龙影响。《博山堂三种》情节生动曲折，引人入胜，案头场上两便，但间有猥亵内容。还曾写过一些散曲。沈自晋目其为吴江派人物，实则兼具吴江、临川两派特征。作有传奇十六部，其中《梦花酣》、《花筵赚》、《鸳鸯棒》（合称《博山堂三种》）尚存全本，《勘皮靴》、《金明池》、《花眉旦》、《雌雄旦》、《生死夫妻》、《欢喜冤家》有残曲见收于《南词新谱》，余皆已佚。

花 筵 赚

范文若

第六出 闺 逗

【双调引子真珠马】（旦上）晓花微皱轻呵展，袅袅风鬟红一线。春梦与谁转？怕瘦了东风一半。（小旦上）檀画浅，看柳絮天斜醉软。

〔罗敷媚〕蛸蛴领上诃梨子[①]，绣带双垂。椒户闲时[②]，竞掷金钱赌荔枝。

（小旦）从头鞋子红偏细，裙窣金丝。无事颦眉，春思翻教阿母疑。

（旦）奴家刘碧玉，住在深院重门。前者何人行乞，听他叫唱，颇动心魂，兼且丰姿，定非乞丐。他三回四转而去，使咱心情摇漾，如醉如痴。正是：憔悴不知缘底事，行行坐坐黛眉攒。芳姿，如今什么时候了？（小旦）小姐，如今绿肥红瘦，已是清明时节了。（旦）趁此理绣闲时，和你登碧杨楼上望春去。

【南吕过曲懒画眉】为甚么丝丝人柳日三眠[3]，也只是摇漾东君着意怜。锁人春色在愁烟，则咱长颦先已愁如线，枉了你露叶如啼欲问天。（内做鸟啼介）

【前腔】听不如归红雨暗啼鹃，早子是芍药梢头半吐烟。子看他飞丝风送落花前，将愁不去将春远，可不道有个花枝笑独眠。

(小生上)遗策谁家荡子，唾花何处新妆？世间最呆的是温太真[4]，那有偷妇人，约了朋友。虽是他好处，只是我谢鲲说了色[5]，把朋友之情就丢上三十三天去了。连日想得如醉如痴，今日不免到他馆中话话去。呀，闭门在此，敢是那里去了。我且立等一回。（看介）这条路径，便是前日进去的路儿。且信步闯进，万一得遇小姐，也不可知。（作步介）

【双调过曲忒忒令】蓦步入幽溪小源，早一架舞红都变。掩红楼碧树，翠眉深远，看银蒜逗风前[6]，看银蒜逗风前。（作见介）那楼上远远观去，正是小姐。幸是我见的早，若被他先瞧见，可不闪过了。两两的摘朱樱，揎翠袖，漫安黄笑撚。

趁他未曾瞧破之时，且潜躲花阴之下，看他做甚。（小旦）小姐为何长闷？每常不似这等病恹恹的。

【尹令】自不管莺酣蝶怨，这几日慵拈怕剪。（旦）可有甚被伊瞧见？（小生动介）（旦）呀，说话之间，不觉花阴午移，那花阴摇动，敢有人哩。你检点流波莫泛船。（先下）

(小生)那耳朵儿畔，好不娇细的声音也！

【品令】（小旦）花梢为何，逗落冷红绵？（作下楼寻介）惊喧翠点，似有客破青钱。待我看躲在那里。（作见小生介）却在那里。乱红堆畔，卧只桃源犬。郎君何来？可是温家哥否？（小生背介）好不侥幸杀俺也，他叫俺是哥哩。这领头落得，应咫尺琴心缱绻。（作揖介）小生正是。望乞贤卿指引，与小姐相叫一声。（小旦）这怎生使得。（小生）小娘子休要作难。好处相逢，便阿母前头怕甚言。

【豆叶黄】（小旦）约花关纳合，撞入个顽涎。（小生）偶逢伊并立琼轩，我醉也欲眠葱蒨。锦衾罗荐，湖山那边，怕什么嘴骨都的莺燕，怕什么嘴骨都的莺燕。好拜覆娇姿，莫向幽闺自怜。

(小旦)不要弄嘴，夫人来不当稳便。且归绣户烧螺甲，莫凭红阑捋虎须。(推小生介)(下)(小生做跌介)呀，跌得好不生疼，且出去罢。(徐出介)(生上)

【玉交枝】沉沉庭院，有鹈鹕春风待年。(撞见小生介)我只道阿谁先踏朝云殿，却原来这个庞涓[7]。(怒介)幼舆，你好没理。这是家姑内室，就是小弟平日也不曾擅入，你怎么好进去?(小生笑介)就走一走何碍。(生假笑介)不是，小弟怕没有人认得兄，一时受辱。(小生)到不。我一进去，正撞见小姐。那小姐眼好不快，一见就认得，说前次多慢了，就一碗琼浆就手捧出来。(生)说起我么?(小生)说来。说前日还有一个骚胡子，一定是叫化头了。寻荷藕然因得莲，无梅杏且逢拖练。(生怒唱)蜜蜂儿花钻柳钻，(小生)好不淡，吃这样寡醋。醋葫芦柳缠花缠。

(生冷笑介)好不笑死我也！好不气死我也！

【二犯六幺令】谁似你红评绿选，信痴憨颠也么颠。(小生)你到笑我颠，你与我也差不上一些儿。你把巫娥女伴[8]，扭做生员[9]。小弟与兄是赛关张，兄有好处挈带着弟，弟有好处挈带着兄。我情愿剪灯花鸡窗共毡。(生叹介)悔引这癫子，到歪斯缠起来。恰梦见槐花，要领绿襴儿系穿。(作拖小生下)

【三月上海棠】(旦上)【三月海棠】春树边，闲情有恨朱阑遍。见潇湘翠雨，对影娟娟。低喘，那立草蜻蜓飞玉软，不觉瘦香蝴蝶和花串。

【月上海棠】愁似茧，何故书生，柳外风前?

(小旦急笑上)姐姐，你道那郎君是谁?则就是温家哥哥。(旦)便是温家哥，到此何干?

【江儿水】(小旦)他搅到桃源，□□钱，说女书生怎不从笔砚。要学画长眉山色□，舍温哥便处寻灵便。他还有许多软兜藤的话儿。(旦)不提罢了。话到其间腼腆，怕宝鸭炉残，与我添些香

篆。(小旦下)

(旦长叹介)芳姿已去了。温家温郎,知俺和你缘分如何?长恨桃源痴女伴,等闲花里放郎归。(下)(生上)天下最歹的是谢鲲,好意把心事儿与他说知,就妄想起来。莫非真有些好处?决要绝交了。只是小姐粉墙天样,静掩朱扉,俺这一副俊脸儿,可怎敢还进去么。这相思害杀也!

【川拨棹】垂杨线,笑风牵隔岸船。怅皇娥远隔湘川[10],怅皇娥远隔湘川,瑟冷冷明妆俨然。作鸳鸯肯羡仙,把茶颠骂酒颠。

【尾声】书生旧读相如传,怕没消息的文君不见怜。骂一句带脚批风贼姓阮。

粉霞红绶藕丝裙,白日寻思夜梦频。
早是不逢巫峡雨,可堪闲忆似花人。

〔注〕 ① 蝤蛴(qiú qí)领:喻女子白皙的颈项。语出《诗经·卫风·硕人》:"手如柔荑,肤如凝脂,领如蝤蛴,齿如瓠犀。" ② 椒户:本指后妃所居的宫室,此指富贵人家的闺房。因汉皇后所居未央宫中之椒房殿以花椒子和泥涂壁而有此称。 ③ 人柳:即柽柳,形如人。《三辅旧事》:"汉武帝苑中有柳状如人,号曰人柳,一日三眠三起。" ④ 温太真:东晋温峤,字太真,官丹阳尹、江州刺史,平王敦、苏峻之乱,拜骠骑将军,封始安郡公。 ⑤ 谢鲲:东晋人,字幼舆,性放达,好《老子》、《周易》,能歌善操琴。为大将军王敦长史,知敦有反心,乃优游不问世事,出为豫章内史,卒于官。 ⑥ 银蒜:银制蒜条形帘钩。 ⑦ 庞涓:战国时魏将,与孙膑同学兵法,忌孙膑之才出己上,诱其至魏处以膑刑。孙膑得救脱走,为齐所用,在马陵道设伏,大破魏军,射杀庞涓。 ⑧ 巫娥:巫山神女,亦可泛指美女。唐杜牧《柳》诗:"巫娥庙里低含雨,宋玉宅前斜带风。" ⑨ 生员:科举时代考入府县学读书的士子,即通常所说的秀才。 ⑩ 皇娥:即帝舜的两位妃子娥皇、女英,传说舜死后,她们投湘水以殉。

《世说新语》载温峤佯允为表妹刘小姐作媒,以玉镜台为聘礼,声称男方"婿身宦名,尽不减峤",到成婚时以自己充任了新郎。温峤是东晋名士,他这一"骗娶"的伎俩被后人视作风流佳话,宋戏文《温太真》、元关汉卿杂剧《温太真玉镜台》均据此敷演,明代朱鼎、孙氏、致远堂等也著有《玉镜台记》传奇(后两种已佚)。范文若二十八出的传奇《花筵赚》最为晚出,而作者富于才情,别出蹊径,添出了书生谢鲲、婢女芳姿两名男女配角,让温峤以谢鲲的名义下聘,又安排芳姿充作小姐刘碧玉的替身,充分运用了传奇的误会法,造成纠葛不断、奇趣横生的喜剧效果,从而成为范氏最得意的代表作。

此处所选第六出《闺逗》,是一系列误会的开始。在前五出中,述温峤战乱时投靠姑母刘氏,刘氏安排别馆,让他教读侄儿进学。温峤久闻表妹碧玉姿容娇妍，只因自己长须黑肤，有才无貌，不敢造次拜访，转而求请好友谢鲲设法。谢鲲是风流掌故“投梭折齿”的著名角色，亦想寻花问柳，于是两人扮作乞儿行歌，得以窥见碧玉、芳姿主婢，而碧玉也对谢鲲暗生了爱慕之意。《闺逗》即在此背景下展开：先由碧玉（旦）、芳姿（小旦）出场观览春色，碧玉触景生情，长吁短叹，芳姿从小姐的反常中看出了她的怀春之意。接着谢鲲（小生）上场，躲在花荫下偷窥，被留在舞台上的芳姿发现，却将他误认作温峤，谢鲲乐得将错就错。芳姿拒绝了对方求见小姐的非分之想翩然离去，而谢鲲则对前来寻觅机会的温峤（生）哄骗奚落，两人的对话，已显示出“温之痴，谢之癫”（祁彪佳《远山堂曲品》语）的剧本定位。芳姿兴冲冲地向小姐报告了自己的发现，惹起了碧玉对“温峤”（其实是谢鲲）的思慕，而温峤则在单相思的煎熬中徬徨无计，“怕没消息的文君不见怜”。日后碧玉题扇寄怀，芳姿为玉成小姐私自将诗扇抛入温峤书馆，温峤藏起后不久又为谢鲲窃走……本出的关目定下了生、旦各不知情，由小生、小旦掀波助澜的基调，为剧本随后一连串的误会、巧合留出了充分的空间。

本出不仅仅在情节的构思上颇具特色，更主要的是它体现了剧作者绮巧婉约的语言风格。尤其是旦角演唱的两支【懒画眉】，风致摇曳，情感缠绵，珠词玉句，美不胜收。前一支是碧玉观览杨柳的抒情，“锁人春色在愁烟”。春柳则“露叶如啼”，愁人则“长颦”“如线”，你中有我，我中有你，同向春风各自愁。后一支是因杜鹃啼鸣而生感，在鸟啼花落的组合中，神迷心乱，唤起了芳春不永、独居无郎的幽怨。这两支曲子很容易使读者联想起汤显祖《牡丹亭》“惊梦”、“寻梦”的曲文，与其中的【懒画眉】（“最撩人春色是今年”）、【好姐姐】（“遍青山啼红了杜鹃”）两曲尤为神似。事实上，本出中【豆叶黄】“莫向幽闺自怜”之句，就出自“惊梦”出的“在幽闺自怜”，可知范文若是有意将汤显祖的剧作视作范本而意欲争胜的。作者在熔裁字句上颇用心力，前人成句如和凝“蛸蛴领上诃梨子”、皇甫冉“楼上花枝笑独眠”、周邦彦“一架舞红都变”、王琪“检点流波莫泛船”、朱庆余“美人相并立琼轩”、李群玉“两女明妆共俨然”、卢照邻“愿作鸳鸯不羡仙”等，在曲词中都得到了自如的移用或化用。至于作者自铸的新语，如“乱红堆畔，卧只桃源犬”、“那立草蜻蜓飞玉软，不觉瘦香蝴蝶和花串”等，亦轻倩奇丽，不失曲家本色。前人评《花筵赚》“真是语不惊人死不休”（祁彪佳《远山堂曲品》），“炼句炼字，直合梦窗词、玉溪诗为之”（吕天成《曲品》），从本出的制曲中不难体味一二。

范文若是“吴江派”剧作家的干将。吴江派虽有“宁协律而不工”的宣言，但在具体的创作实践中，其崇才情、重文采，实与汤显祖的“临川派”并无多大不同。尤其是范文若、袁于令等人，更是将汤显祖的《玉茗堂四梦》作为圭臬，在语言的藻缋和风格上有意向之靠近。文采与格律的结合，并不待日后“玉茗堂派”问世方有眉目，在吴江派的内部早已开始。沈自晋《重定南词全谱凡例续纪》有云：“乃如范（文若）、如王（骥德），以巧笔出新裁，纵横百变，而无逾先词隐（沈璟）之三尺，固当多取芳模，为词坛鼓吹。”可见当时人已注意到这一现象。

（史良昭）

鸳鸯棒　　范文若

第二出　慕　　凤

【越调引子霜天晓角】（外扮钱盖上）残羹破藁[1]，挣出钱和钞。大抵丰衣足饱，嗟鬓发甚萧骚。

【换头】（老旦扮妈妈上）一家天所靠，芝泉当户绕。看女门楣显耀，蓬荜长凤凰巢。

（相见介）（外）乞得逍遥自在身，人间荣乐本逡巡。杖藜扶我桥边过，谁采髭须白似银？自家钱盖是也。始祖钱婆留[2]。只因沧桑世变，把俺子孙编入丐户，不在军民匠灶籍内。幸得勤苦，积有家私，近来也与文士往来，颇有乡绅车盖。水沟头钱县丞认我为侄，涌金门钱举人呼我为兄。门联有“进宝”“招财”，扁额取“为善最乐”。但只是动人口嘴，未改皮毛。和妈妈两口儿，一子一女。一子叫名小好，攻书在学；一女叫名惜惜，小字媚珠，无论花容月貌，兼通音律诗书，目今年已二十。只因爷娘所误，没人求婚，高来不成，低来不就，妈妈如何是好？（老旦）员外，你我跟脚虽则低微，据孩儿工容，自应佳配，不须烦恼。呀，孩儿早来了。

【霜蕉叶】（旦扮媚珠上）轻妆淡扫，似雪月笼仙缟。不住兰堂画阁，长蓬门天然媚娇。（相见介）

（旦）贫女铜钗惜于玉，那有安黄并蛾绿。小家碧玉镜慵施，赵娣停灯臂支粟。（外、老旦）娇狞乳燕不出帘[3]，解念郎诗风动竹。一双两好鸳鸯纹，老我百年从所欲。孩儿，春月秋花，看看二十，几时是于归的日子？这都是为爹的误了你也。

【越调过曲祝英台】论家缘虽广有，堪叹世情薄。《诗》云：“岂其娶妻，必齐之姜。”[4]只是如今人情呵，都要郎食鲤鱼，妾食猩唇，谁屑我陋巷颜瓢[5]？心焦。枉你月媚花娇，只落得云担雨阁。问天天何日花星相照？

【前腔换头】(旦)听告：不是我爱甜桃丢苦李，心结凤凰条。古人云：嫁女须胜我者。我所深慕，读书子耳。总贫似范丹[6]，困比颜回，只要恨种愁苗。(老旦)差错。傥然做李勉王魁[7]，可不琴抛瑟掉。这些处婚姻决难潦草。

【前腔换头】(外)难道，我有铜斗家私[8]，怕没个吕穷窑[9]？妈妈，那施恩在贫窘之时，少什么白衣秀才，未发迹的，倒赔了妆奁，把女儿送与他。就剩炙冷膏，破帽残衫，定不把俺相嘲。(旦)猜料。怕蹉跎花赘秦箫[10]，到做了琴孤马卓[11]。总姻缘大底不由人较。

【前腔】(老旦)穷暴，只为你竿木随身[12]，谁结凤鸾交？依俺的见识，管什么读书不读书，只要人儿老实些罢了。一对癞蟆，两个山鸡，到也省的叨唠。(外)不肖。怎生见识低微，不想庄门荣耀？做夫人课算都标绝好。

自今日起，称我为老相公，妈妈为老安人，女儿为姑娘，须记着者。

蓬门未识绮罗香，拟托良媒亦自伤。

世上易求无价宝，人间难得有情郎。

〔注〕 ① 破藁(gǎo)：指破草席。 ② 钱婆留：五代吴越王钱镠，小字婆留。 ③ 娇狞：宛转细弱。唐李贺《秦王饮酒》诗："花楼玉凤声娇狞，海绡红文香浅清。" ④"岂其"二句：这是《诗经·陈风·衡门》中的句子。东周齐国为姜姓，齐姜指齐君的宗女。后常借指大家闺秀。⑤ 陋巷颜瓢：典出《论语·雍也》："一箪食，一瓢饮，在陋巷，人不堪其忧，(颜)回也不改其乐。"颜，颜回，孔子最得意的弟子。 ⑥ 范丹：东汉人，字史云，著名经学家马融弟子，精经术。汉桓帝时授莱芜长，未就。生活贫困，常绝粮，时有"甑中生尘范史云，釜中生鱼范莱芜"之谚。⑦ 李勉、王魁：都是薄幸负心的男子。 ⑧ 铜斗家私：形容家产富足而牢固。 ⑨ 吕穷窑：指北宋吕蒙正。戏曲中有吕蒙正穷居破窑，后发迹变泰，终结良缘的故事，但与史传不合。⑩ 秦箫：传春秋时秦穆公女儿弄玉嫁与善吹箫的萧史学吹箫作凤鸣，后骑凤上天成仙。剧用此典。 ⑪ 马卓：西汉司马相如与卓文君。当时文君新寡，司马相如以琴挑之，文君遂私奔相如。 ⑫ 竿木随身：典出《景德传灯录·道一禅师》："邓隐峰辞师，师云：'什么处去?'对云：'石头去。'师云：'石头路滑。'对云：'竿木随身，逢场作戏。'"本为禅语，此系借用。竿木，艺人表演杂技的长竿。

《鸳鸯棒》传奇共三十一出，述宋代临安书生薛季衡落魄潦倒，为丐户财主钱盖收容，并娶其女儿钱媚珠为妻。后来他考中进士，嫌钱家出身卑微，意欲另攀高第，竟在赴官途中残忍地将媚珠推入三峡江中。成都太守张咏救起媚珠，收为义女，故意招赘薛季衡。成婚时张咏命婢仆棒打新郎，又取出鸳鸯棒令其盟誓。真相大白，薛季衡羞愧认罪，夫妇遂重得团圆。范文若于自序中称："取金玉奴棒打薄情郎事，稍更而为之。"但此剧与冯梦龙拟话本《金玉奴棒打薄情郎》梓行问世几乎同时，尽管本事实皆出于明人王同轨的《耳谈》，而加工各出机杼，故两者在人物的姓名形象及关目情节上存在较大不同。作者序中不提《耳谈》而单单拈出冯氏的《金玉奴棒打薄情郎》，可能是出于对这位友人兼前辈的尊重。

此处所选为第二出《慕风》。在传奇剧本中，第一、二出分别称为"生出"与"旦出"，亦即男女主角在舞台上的首次亮相。大抵不过是对两位主角身份来历、社会背景的"自报家门"，还谈不上剧情的开展，所以剧作家通常仅视作发端的惯常形式而草草带过，读者也不易留下深刻的印象。而《鸳鸯棒》的起笔，尽管不可能成为全剧的重头戏，但作者一丝不苟，精心结撰，在角色交代中不仅注重人物形象的塑造，而且暗示了他们命运的走向，从而为全剧情节的发展作了充分的铺垫。

剧中的旦角钱媚珠，长在深闺，属于小家碧玉的类型。但她的出身却具有特殊性：虽然家境富裕，却是丐门之后，这种先天的烙印不可避免地在她的人生道路上留下了阴影，尤其是对她的婚姻。女大当嫁，作者正是从这一点入手，敏锐地捕捉住塑造人物形象的契机。

《鸳鸯棒》旦出的登台人物，除旦角媚珠外，还有她的父亲钱盖（外）和母亲（老旦）。父母先行出场，介绍家庭情况，安排合理，避免了旦角不合时宜的大篇交代。"残羹破藁，挣出钱和钞"，钱盖起首两句唱词，就活脱脱概括出了以乞讨起家的丐户财主的特征。在接下来的自报家门中，他还不忘提上一句"始祖钱婆留"，这是大名鼎鼎的吴越王钱镠，风流豪宕不可一世，可子孙最终还是被迫降附于赵宋王朝，家族的式微和遭受暗算便是意料中事。钱盖的扯上祖先，既反映了"沧桑世变"、人情炎凉的现实，又表现出一种"先前阔"的阿Q式心态。这种阿Q心态继续贯穿在他喋喋不休的自我夸耀中："水沟头钱县丞认我为侄，涌金门钱举人呼我为兄。"他俨然以"颇有乡绅车盖"为荣。但女儿无人求婚的事实却使他清醒，"只是动人口嘴，未改皮毛"，认识到"爷娘所误"的严重后果。这成了他无可奈何的最大心病。

钱母与丈夫不同，她十分满意于现在的家境，在"门楣"上认为已足够"显耀"。她对未来的女婿并无特别的要求，加上女儿"花容月貌"，不愁嫁不出去。所以在媚珠的婚姻问题上，她并无太大的危机感。

这时女主角媚珠翩然而出。【霜蕉叶】的四句唱词，描画出一位素淡娴淑、“天然媚娇”的少女形象，虽是自赞，却毫不过分，令人顿生好感。在听到了父亲的烦恼后，尽管她对“世情薄”的生活现实亦有同感，但还是勇敢地吐露出蕴积在心底的愿望：“古人云：嫁女须胜我者。我所深慕，读书子耳。”在她看来，读书子是“恨种愁苗”，最为细腻多情。而只要懂得爱情的真谛，即使对方如范丹、颜回一般贫困，她也在所不计。媚珠并不知道，读书人除了才情外，还特别计较地位。在门阀制度森严的社会里，她这种合情合理的追求，竟然几近于异想天开的奢望。

媚珠吐露的心声大出钱母的意外。她原先对女儿婚事的设想不过是门当户对，“一对癞蟆，两个山鸡，到也省的叨唠”。如今女儿提出要“须胜我者”，委身士人，使她立即意识到遭遇李勉、王魁一类负心郎的危险，当下表示反对。不料这一来反倒激起了钱盖虚荣心的大爆发，凭仗着“铜斗家私”，一心支持女儿“做夫人”的目标。此时媚珠生出了几分“琴孤马卓”的后怕，但却毫未死心；而钱母则服从了丈夫的妄自尊大，默认了他“自今日起，称我为老相公，妈妈为老安人，女儿为姑娘”的自欺欺人的要求。

这一出篇幅虽然短小，但媚珠的理想主义，钱盖的追慕虚荣，钱母的软弱怕事，都得到了充分的体现。全出的下场诗：“蓬门未识绮罗香，拟托良媒亦自伤。世上易求无价宝，人间难得有情郎。”则是对全出人物性格的富有深意的概括。以后的剧情是媚珠如愿嫁给了“读书子”薛季衡，却是个典型的无行文人，落魄时追求媚珠便不择手段，成婚后居留妓院数月不归，得了官不仅设计另娶，残害媚珠，还将前去寻亲的钱盖打入冤狱，致使他破产致盲。鸳鸯棒下夫妇重圆的结局，不过是封建制度的社会中才能结出的怪胎。然而读罢全剧，再来重观《慕凤》，却能发现剧中一切情节和人物命运的发展，竟尽从此出发端。草蛇灰线，遥应全局，正是剧作者在本出构思上的过人之处。　（史良昭）

鸳　鸯　棒　　　范文若

第二十六出　剑　　槭

（小旦扮霄练上）莫笑丫鬟心胆微，粉胸绣臆女要离[①]。朝来拂拭芙蓉剑，化作红虬百道飞。则俺张相公青衣霄练者是也。俺相公千金购得宝剑，名曰“龙含”，向来不曾轻试，教俺捧了，侍立边厢。听说薛季衡负了妻子，推落江中，此乃人间第一不平事也。欲待手诛了他，争奈霄练是个女子，没有刺客手段。欲待冷眼，又可奈我小小雄心，按纳不住。连宵剑在匣中，不住鸣吼，想亦有为而鸣。已曾缚草为人，妆作负心郎模样，乘此月明人静，往后园中骂一回、砍一回，稍泄胸中不平之气。正是：纵使金椎走秦帝，也当匕首斩空衣[2]。

【正宫过曲锦缠道】气雄侠，小雌龙潜掺莫铘[3]。五寸学荆聂，尽头颅凭咱立斩酸俫[4]。做不得吼铜盘目前见血，也当个斩空袪打草惊蛇。槐影乱重叠，却笑我钼麑身趄，渔阳痛数说[5]。妆草偶把亏心贼决，却不道香丸女子恁奇绝。

(看介)这便是薛季衡。季衡，季衡，你空着衣冠，没有仁义，与那楦着草土、囊着瓦溺的何异。曾记古人有一饭不忘的[6]，有糟糠不下堂的[7]，亏你怎生把妻子推落江心！俺不寸斩了你，何以谢钱氏？

【倾杯带玉芙蓉】【倾杯序换头】咋嗻，毒心肠恁惹邪，馋眼脑天生劣。抵多少画角昏钟，锦烛烟斜，枝上朦胧，枕际蝴蝶。(拔剑做砍介)

【玉芙蓉】提将贼首明标写，勾除债魂教放跌。(割头放地介)季衡，你也有今日也，痴兰麝，从今再惹，教你月三更翠烟杨柳怨啼鸠。(内做剑啸介)

(小旦)什么响？耳边厢不是虎啸，又不是龙吟，怪风起舞，夜雨齐作，好怕人哩。(内又作剑花介)(小旦)这一会儿虹流雪激，如千雷万霆飞绕，一发奇怪。我晓得了：汝莫非宝剑之精乎？(净金抹额作剑精上)然也。我见汝声声说到负心郎，咬牙切齿。既有此不平，随我来，随我来。

【普天乐犯】啸成红，光如雪，怜侠女，肝肠烈。弹银炧弹银炧挥霍金蛇，按刀环踹碎莲靴。干将咒截[8]，神灵未许容饕餮。久埋藏贮以龙皮，因此向风雨飞裂。(内鸣锣械)(生上)

(小旦惊介)呀，这是何人？为何引俺到这里来？(净)此即负心郎也。上帝恶彼不义，命汝处决。请上了台者。(小旦)可是梦么？(净)不是梦，不是非梦。正为世人不少薛季衡，故留与人间耳。(小旦)元来辜恩负德，神天不赦，怎么世人不知？崔君瑞之后，又有王魁。就与我将负心郎绑起来！(杂应绑生介)(小旦立台上介)

【山桃红】细思你真毒蝎，却冷地张锹撅。神前可可山盟设，心肠寸寸连云叠，馄饨绣裹蛇羹别。委实的容不得粉祟烟邪。(做杀生介)(内拍手鸣锣俱下)(小旦舞剑介)

(末急上)好奇怪，好奇怪。老夫正在灯下观书，听得一片金铁之声渐渐近来，却于窗中窥见一群刀手，簇拥一人前去。随后尾之而至。(见小旦介)呀，却是霄练这小妮子，持刀弄杖。岂不闻剑乃神物，能助壮士筵前舞，快斩山魑百魅惊。汝又没有隐娘、红线手段，怎好亵此龙渊[9]？(小旦收剑介)老爷，大奇，大奇！

【大石调过曲摧拍】见狰狞形同古铁，冷淋浸锋寒古月。猛凝睛觑者，却是龙精飞出若耶[10]。教俺撇却金针，寸斩妖蛇，同官舍事体干涉。浑乱闪，阿香车。

(末弹剑介)元来人间不平之事，剑亦为之不平。宝剑，宝剑，你我相随数十年，今才知你白冷冷一片肝肠也。

【一撮棹】呼杯酒，愁来快浇彻，呼龙鞘，和咱两心说。星文朗，不平渐磨灭。他闻者，怕不悸魂怯。还待妆阴鬼与他对冤结。掇赚也，重把喜筵设。

(小旦)薛郎虽未死，想魂胆决然堕地矣。(末)也还要弄他半死不活，哑口无言，把他的旧阃做他的新人，才识俺乖崖手段哩。

壁梭高挂有精灵，风雨时时龙一鸣。
细检恩仇分不尽，子规枝上报三更[11]。

〔注〕 ① 要离：春秋末吴国刺客，为吴王阖闾行刺逃亡在卫国的吴王子庆忌。 ②“纵使”两句：张良曾募力士乘秦始皇外出巡游时以大铁椎击之，误中副车。豫让为先秦晋卿智瑶家臣，为报赵襄子灭智氏之仇，漆身吞炭行刺赵襄子，不遂，乃请以剑击斩其衣，然后自尽。剧用此二典。 ③ 掺(shǎn)：持。莫铘：春秋时的著名宝剑，干将、莫邪夫妇所铸。 ④“五寸”二句：荆聂，荆轲和聂政，都是战国时著名的刺客。荆轲为燕太子丹刺秦王政，不遂身死。聂政为韩卿严遂刺韩相侠累，兼伤韩侯，乃自杀。酸俫，对人的蔑称。酸，形容腐儒；俫，供使唤的小厮。 ⑤“却笑”二句：鉏麑，春秋时晋国力士，受国君之命行刺因屡谏而遭国君忌恨的赵宣子，晨至其家，见赵宣子盛服将朝，因时间尚早，坐而假寐，叹道：“不忘恭敬，民之主也。贼民之主，不忠。弃君之命，不信。”遂触槐而死。渔阳，指《渔阳参挝》，鼓曲名。东汉末祢衡被曹操谪为鼓吏，正月半试鼓，举鼓槌作《渔阳参挝》，其乐有金石之声，令四座为之动容。 ⑥ 一饭不忘：韩信少饥贫，有漂母怜之，赠其饭食。后来他帮助刘邦战胜项羽建立汉朝，被封为楚王，乃召见漂母，赐之千金。 ⑦ 糟糠：东汉宋弘以清行致称，光武帝姊阳湖公主新寡，欲再嫁与他，他对皇帝说：“臣闻贫贱之知不可忘，糟糠之妻不下堂。” ⑧ 干将：春秋时的著名宝剑，吴干

将、莫邪夫妇所铸。兕：野牛，或谓犀牛。 ⑨ 龙渊：即龙泉，春秋时的著名宝剑。 ⑩ 若耶：溪名，出浙江绍兴若耶山，产精铁，可用于铸造宝剑。 ⑪ 子规：杜鹃鸟。

成都太守张咏(乖崖)在赴任途中救起了被丈夫推落江心的钱媚珠，从她口中得悉了薛季衡的劣迹，但他却认为："薛生系是同官，即不能断首刳肠，为夫人诛此无义汉。"他所想到的唯一惩罚方式，是"圆珠合镜"，让薛季衡在与发妻的重新结合中自生羞愧。为此，他收认媚珠为义女，又在到任后宴请薛季衡，并许以缔姻。媚珠虽极不情愿，却亦只能采取默认的态度。其间唯有一位张咏的婢女宵练，对薛季衡的蛇蝎心肠义愤填膺，忍无可忍。她缚了一个草人，"妆作负心郎模样"，"往后园中骂一回、砍一回，稍泄胸中不平之气"。第二十六出《剑械》，就是宵练怒责薛季衡的表演。

宵练这一人物，在此前的二十五出中都未出现，在剧本原型的《耳谈・绍兴士人》和冯梦龙拟话本《金玉奴棒打薄情郎》中，亦均无类似的情节。这就使人首先想探究一番作者添写此出的意图。在《绍兴士人》故事中，得官的男主角追慕荣利而谋害糟糠之妻，这种残忍的罪行没有受到严厉的谴责，相反凶手却与受害人在外力因素撮合下重新结合，且被视作佳话。这正是封建时代男尊女卑、门阀制度与官僚特权三重观念的反映。范文若无疑也是这些观念的信奉者，所以他会将这一故事着手改编搬上舞台。但是，他又对那一类衣冠禽兽、丧辱斯文的士人十分鄙薄，对见利忘义、道德沦丧的世风心感忧虑，因而他笔下的薛季衡，较之《耳谈》中的绍兴士人、《金玉奴棒打薄情郎》中的莫稽，要忮狠和无行得多。既然"鸳鸯棒"之击只能浅及皮肉而不能深入心灵，剧作者借宵练之手来大张挞伐，便是顺理成章的了。

本出中【锦缠道】一曲，借历史上多名刺客侠士的典故，表现了宵练的义烈。她嫉恶如仇，仿效战国豫让剑击仇人空衣的举动，痛砍代表薛季衡的草偶。当她砍下草人头颅，"提将贼首明标写"后，作者又安排剑精出场，请她去参与阴间对薛季衡的处决，说明人神共愤，"辜恩负德，神天不赦"。剧中不仅痛骂了"空着衣冠，没有仁义"，与"楦着草土、囊着瓦溺"无异的薄情郎，还揭明"世人不少薛季衡"，发出了"神灵未许容饕餮"的警告。作者在《鸳鸯棒序》中自云："前二十四出，每出令人卒啼卒骂卒詈，起掷砂砾，后十出又莫不令人道快。"其实全剧真能"道快"的，只有这短短一出。

传奇常于情节主干之外，安排配角主唱一折，在梨园或称为"闰出"，功能除了让生旦获得休息外，更主要的是添设或调节全剧的气氛。闰出成功的关键，在于唱词的精彩。本出于此即甚见功力。全出采用"车遮"的窄韵，在多处入声字中信步游行；尤其是在语言风韵上摹仿元曲，追求曲折的传意和尖新的效果，如“做不得吼铜盘目前见血，也当个斩空袪打草惊蛇”，“毒心肠恁若邪，馋眼脑天生劣”，“神前可可山盟设，心肠寸寸连云叠，馄饨绣裹蛇羹别”等句，置于元人集中几可乱真。然而也有斧凿太过的地方，如“却笑我钼麑身趄，渔阳痛数说”，本意不过是说杀人不遂，只得痛骂。两句虽是承“槐影乱重叠”而来，但钼麑是一名前去谋杀正人的刺客，本人又触槐而亡，作为典故用在此出中，便觉不伦不类。冯梦龙尝言：“人言香令（范文若）词佳，我不耐看。传奇曲，只明白条畅，说却事情出便够，何必雕镂如是？”（沈自晋《重定南词全谱凡例续纪》引）批评的当就是这样的情形。

（史良昭）

【戏曲家小传】

路 迪

字惠期，号海来道人。宜兴（今属江苏）人。善骑射，喜谈兵。明末国家艰危，颇有匡扶之志。明亡隐居。作有传奇《鸳鸯绦》，今存。

鸳 鸯 绦 路 迪

第十三出 巧 遘

【南吕懒画眉】（生）闪得我心悾魂消步难移，寸步移时百泪垂。夜深难辨路东西。呀，什么时候了？茫茫月黑三更矣，只听得小犬嗥嗥吠隔溪①。

【仙吕不是路】忒杀痴迷，一谜嗥嗥吠隔溪。真无礼，也不顾来生拔舌堕黎泥②。老天，老天，谩思维，既然是薄命书生辈，为甚的蟾宫费品题③？长吁气，今番准望成名矣，半途而废，半途而废。

喜的此间有门半开且自捱身进去。

【金珑璁】（老旦）听人声乱沸，谁来叩响荆扉？多应剥啄是儿归④，想是醺醺醉矣。

原来一位相公。为何夤夜到此？（生）小生在难中，特来投奔，伏乞老母哀留。（老旦）你是读书人，住的高堂大屋，吃的美酒粱肉，穿带的锦绣珠玉，跟随的琴童伴读，有什么难？喘息定了，慢慢与老身说知。

【掉角望乡】【皂角儿[5]】(生)告娘行细听因伊，未言先不禁珠泪。(老旦)为何恁般苦楚？(生)被奸僧毒计潜施。(老旦)出家人敢冲撞相公，不当人子。(生)还有个俗人在内，弄得我一身不戏。(老旦)想有许多行李。(生)尽书笈，和琴剑，布囊中，驴背上算来无几。(老旦)相公有同伴么？(生)有几个同伴。【望吾乡】知怎的，如死灰，料已做沟渠鬼。

(老旦)老身有个女孩儿，叫他陪了相公。我去沽一壶酒来，为相公泼闷。(生)这倒不消。(老旦)我儿快来(旦上)(见生避介)(老旦)不妨，过来见了相公。

【隔尾】料得君家今已馁，暂买前村酒一杯。相公少住今宵，明日往帝畿。(附旦耳喑下)(旦背坐低唱介)

【仙吕入双调步步娇】看他喘喘吁吁仓遑景，尽诉在飞蓬鬓[6]。黧然色渐青，一似九伯风魔[7]，鹘伶双镜[8]。何事瘦痾生[9]？送入迷魂径。

(生)这位小娘子，颇有顾盼小生之意。

【醉罗袍】【醉扶归】看他态盈盈腻玉圆搓颈，为甚的泪盈盈似我不胜情？(旦)敢问官人青春几何？(生)年方一十九岁。(旦)有妻室否？(生)迁延犹未订姻盟，指望图归聘。(旦)官人上姓？(生)【皂罗袍】小生杨姓，直方是名，字称益友，因来帝京，生生死死今朝命。

(旦)官人一表非俗，决非凡品。咳，只是可惜。(生)小生幸登秋榜[10]，还指望首占春闱[11]。小娘子怎见得可惜？

【仙吕皂罗袍】(旦)可惜泛萍飘梗，劝君家乘此，及早登程。我怜才不觉泪偷倾，纷纷落袖红绵冷。(生)小娘子何为出此言也？莫非以小生在穷途中，特故来奚落我？(旦)官人，你且道我母亲往那里去？(生)恰才不说来，去沽酒哩。(旦)原来读书人全不察理。这般昏黑，何处沽酒？你知道么，奴家姓张。(生)正不曾动问得小娘子上姓。(旦)我母亲无子，领着族弟小二为子。舍弟素不习上，与这干和尚走动，傍晚又向寺中去了。（生）令弟是这矮矮身裁、黑黑面孔的么？（旦）正是。这房子原是寺中的，我母亲怕累及小二，如今往寺中去也。你才离虎口，死中得生，谁知此地，危途又仍。九里山不在乌江顷[12]。（生走介）（旦介）

（生）小娘子既有见怜之心，放小生去罢。（旦）且莫慌张。那和尚是有算计的人，见你走了，如何不四下追寻？我母亲此去，断不能就回。投至得等他同来，已自追不及了。只是贱妾有言，不敢启齿。（生）快说不妨。（旦）你既未婚，妾亦未字。愿官人不忘今日之厄，贱妾便结百年之盟。（生）小娘子之恩，小生一言难尽，所谓生死而骨肉也。（旦）莫云贱妾要盟也。（交拜介）

【仙吕入双调好姐姐】（旦）如今草草相盟，怕他年私盟易冷，教奴空盼美前程。（生）小生若负此盟，多生多世没有妻室。非薄倖，况兼恩比丘山等，敢惜微躯报小卿。

就此告别。（急下介）（旦）转来，转来！（生）又怎么？（旦）你草草去了，只道我漏泄机关。且站住片时，自有道理。（虚下）（取砌末上）些须白镪，权以赠君。还有鸳鸯白玉绦一枚，为后日鸳鸯之兆。（出索介）（生）这却怎的？（旦）你将此索缚我在柱上，我就好推托了。（生缚旦）（急下）（众上）

【南吕香柳娘】笑书生数奇，笑书生数奇，井蛙私庆，谁知只在深深井。（副净）若不是我母亲，休道一个，十个也走了。（旦喊救人介）（老旦）怎生这样在此？（旦泣介）这书生计奇，这书生奇计，陡起恶心情，几乎损奴命。（副净）他那里去了？（旦）他缚我在此，开了箱笼，那知去向。（老旦）嗳哟，老本钱都偷去了。那书生无行，那书生无行，橐底尽倾，也不管我老年贫病。

（众）我说这个人，眼睛光碌碌，像个凶夫，果是精把势细丝强盗。这样没天理，怪不得早早中了举人。有这副恶心肠，今科还要中进士。我们须放他不得，急急赶去。（下）（生上）

【前腔】往前途乱行，往前途乱行，路途生泞，呀，是什么人？啐，却原来花梢抵死相牵挣。怕朔风四合，怕朔风四合，吹送步趋声，认出咱行径。喘吁吁力罄，喘吁吁力罄，待把脚儿暂停，又

被心儿催进。(急下)(众上)

【前腔】那书生何处？那书生何处？捕风捉影，神鱼漏网无巴柄。这书生可憎，这书生可憎，他怎便晓得？哦，是了，张妈妈，你悄语漏风声，滑耳应须听。是书生獍獍[13]，是书生獍獍，人极智生，恁般会圣。(下)(生上)

【前腔】往前途又行，往前途又行，火光遥映。(内介)嘈嘈僧俗交相应。呀，吊下了鸳鸯绦也，虽死也少不得寻去。鸳鸯绦一缕，鸳鸯绦一缕，纵死也关情，怎忍相抛剩。(摸介)幸喜火光相映，寻着了，不然日后何以相见。(内喊介)在这里了。(生惊跌急走介)(末扮邦老上)一生无恬计，剪径是良谋。自家缩项鳊鱼李三便是[14]。昨日赌输了钱，只得在此做些本分生理。黑窣窣的，一个汉子来也。兀那汉子，留下买路钱咱！(生)小生被难而来，那里有钱？(末)没有钱，留下衣服在此。若道半个不字，俺就杀了你。(生)都将去，都将去。(末)这是什么？(生)是绦。(末)你赤着身儿，束了这绦，成什么规矩？也罢，那里不是积福处？俺把身上这道袍送你罢。(生)多谢君子。(急走介)叹书生命薄，叹书生命薄，灰劫在多生，今朝受领。(下)

(众上)适才有个人在前面，怎生又不见了？赶，赶，赶。(末上)(众)在这里了。(末)寻俺李爷则甚？(斗介)(众杀末介)(副净)奇怪，出门时是个光面，一霎时长出一部落腮胡了。(净)想是吓出来的。(丑)原来衣服虽是他的，身子却是缩项鳊鱼李三。我们在这里浑了半夜，他不知走多少路了。怎么处？(净)什么时候了？(副净)五更将尽了。(净)今朝该俺撞钟，只得去罢。

【尾】天将曙钟欲鸣，(丑)只索向寺中来出定，(副净)罢，陪了夫人又折兵。

明日是腊八，你们不得工夫，后日寺中相会罢。

谁教缩项鳊鱼，冒着儒家衣服。
替他修理仪容，减去上边装束。

〔注〕①哰(láo)哰：狗叫声。②黎泥：当作"泥黎"，因叶韵倒乙。即泥犁，佛教语，地狱之意。此界中一切皆无，为十界中最恶之境。佛教谓犯恶口、大妄语等业者将入犁泥狱，被割去舌头。③蟾宫：月宫。古传月宫有仙桂，中进士则被称作蟾宫折桂。④剥啄：拟声词，敲门的声音。⑤皂角儿：依曲律当作【掉角儿序】。⑥飞蓬鬓：形容头发零乱。典出

《诗经·卫风·伯兮》:"自伯之东,首如飞蓬。" ⑦ 九伯风魔:疯狂痴癫。亦可作"九陌风魔"。 ⑧ 鹘伶:形容目光明快、灵活。本作"鹘鸰",为一种目光锐利的鸷鸟,戏曲小说中常写作"鹘伶"。 ⑨ 痌:此字字书不载,疑误。 ⑩ 登秋榜:指乡试中举人。 ⑪ 占春闱:指会试、殿试中进士。 ⑫"九里山"句:九里山在今江苏徐州北,传说楚汉战争中,汉将韩信在九里山设十面埋伏,击败项羽。《水浒传》第四回:"九里山前作战场,牧童拾得旧刀枪。顺风吹动乌江水,好似虞姬别霸王。" ⑬ 獟獍(xiāo jìng):獟,当作猇,亦即枭,古人认为是食母的恶鸟。獍,亦称破镜,古人认为是食父的恶兽。此处"獟獍"犹言狰狞,是詈语。 ⑭ 鳊(biān)鱼:即鳊鱼,头短身阔,古人常称为缩项鳊。

路迪所作《鸳鸯绦》传奇凡二卷三十八出,写杨直方与张淑儿的故事,本事见《醒世恒言·张淑儿智巧脱杨生》。全剧情节如下:扬州人杨直方与友人焦如鹿、费元空送奚友贤往山东赴任,遇到从边地辞官南归的胡平。后杨与焦、费二人取道山东入京会试。山东女子张淑儿,父亡无兄弟,其母张妈领族人张小二在家为养子。小二不事生产,与宝华寺恶僧广智、广谋为非作歹。此时建州女真犯边,难民流离失所,杨等三人无处投宿,便来到宝华寺。不料焦、费二人竟被张小二伙同恶僧杀死。直方逾墙走脱,逃入民宅,谁知那却是张小二家。幸亏张淑儿深明大义,爱上直方,两人私订终身。直方在淑儿资助下上京赶考。广智、广谋因分赃不均与张小二起争执,小二被逼入水中淹死。二僧又哄骗张妈母女外出逃难。此时军情紧急,奚友贤奏请起用胡平,胡率军北上,路遇危难中的淑儿母女,乃收淑儿为义女。广智、广谋投靠建州军,为虎作伥,充当向导。胡平打退敌兵,将他们俘虏。班师南归,奚友贤设宴相迎。杨直方此时已中了探花,回乡省亲,三人相会于山东。广智、广谋由奚友贤问罪论死。胡平托媒,直方与淑儿欢喜成婚。此剧虽为才子佳人戏,但描写晚明建州女真(后称满洲)入侵、社会混乱的内容较多,故清初列为禁书。日人青木正儿在《中国近代戏曲史》中曾指出:作者撰此剧时,正值建州女真入侵,"而明之边将未能征讨之,作者忧国之愤,遂发为此剧也。"所论甚是。

《巧遘》为该剧上卷第十三出,是结构全剧的关键,也是点醒题目的剧眼。"遘",遇也。人们好说遇合,有遇才能有合。直方与淑儿这一双生逢乱世、素昧平生的才子佳人,经过无数曲折,最终结为婚姻,全在有此"巧遇"。以后的剧情,全是由巧遇发展而来;最后的结局,正是这一出巧遇的结果。无巧不成书,无巧更不成戏,误会与巧合,乃是构成情节的基础。验之此剧,信然。

从情节的角度看,本出名曰《巧遘》,突出的正是一个"巧"字,全在"巧"字上做文章。上京赶考的杨直方在宝华寺遭劫,藏在荆棘丛中,攀树跳出寺院围墙。无处躲避之际,幸喜路边有一人家门儿半掩,杨生闪身进去,遇一老妇,听杨生诉说遭遇后，便说要去给杨生买酒解闷，遂叫自己的女儿出来相陪。这位少女就是此剧的女主角张淑儿。淑儿怜杨生之才，说出母亲借口打酒的真相，主动向杨生求婚。淑儿赠杨生鸳鸯白玉绦表达心意，作为来日鸳鸯成双的信物。此剧的题目也在此点出。赠绦定情之后，淑儿又设计放走杨生。设若杨生没有寺中一番凶险，不在半夜逃命撞入淑儿家，一切便都不会发生了。这一出以前的所有情节，都是为这一出里杨生与淑儿的相遇作的铺垫。二人的相遇是偶然也是必然，是巧合也是缘分。

然而，福祸倚伏，原来仓皇逃命之际的杨生撞入的人家，正是与恶僧一起行凶的张小二家；淑儿不是别人，正是张小二的姐姐；老妇也不是去给杨生沽酒解闷，而是先让女儿稳住杨生，自己借口沽酒，好去寺中通风报信。祸不单行的杨生，才出狼窝，又入虎口。然幸遇淑儿慧心怜才，深明大义，并未与弟弟和母亲沆瀣一气，杨生才得以脱险。

从张家逃出的杨生，被花梢绊住受场虚惊，惶急中又掉了鸳鸯绦，冒死寻来，又撞上了剪径强盗缩项鳗鱼李三，这真是无巧不成书，紧张人偏遇紧张事，崇祯刻本眉批所谓"忙时凑忙"。还好李三只要买路钱，不要人命，杨生无钱，便被剥了衣服。李三穿起杨生的衣服，将自己的旧道袍给杨生穿了。广智、广谋与张小二追上来，误把李三当作杨生，斗杀之后，才发现弄错了。杨生因此得以死里逃生。日人青木正儿评此剧说："结构绵密，凑合复杂，事件甚巧，可见其手段不凡"(《中国近代戏曲史》)。如上分析，《巧遘》就是全剧中情节结构最巧的一出。

《巧遘》强化了戏剧情节的紧张、曲折、复杂性。围绕祸不单行的杨生，险象频生，但又均能逢凶化吉，使剧情在紧紧抓住人心的效果中得以发展下去，看看山重水复，却又柳暗花明。还有后半出的唱词，与杨生逃命、众人追赶的快速场次转换相适应，也多是短句复沓，给人以促迫、急骤之感，从唱腔与语言形式的角度，有效地烘托出紧张惊惶的氛围。

在中国古代戏曲作品塑造的众多光彩照人的女性形象系列中，张淑儿无疑是独具个性魅力的一个。虽然在第十三出前后，淑儿均有不俗的表现，但淑儿独特的个性魅力，即在爱情婚姻问题上显示出的面对命运的主动性和改变生活的勇气，则是最集中地体现在第十三出《巧遘》里。由于女性的性别弱势，更由于封建礼教的沉重压抑，传统社会的女性在爱情婚姻中总是处在被动受制的地位。即便在明清大量涌现的才子佳人小说戏曲中，香艳故事的女主角也没有完全摆脱被动的处境，而不免成为才子们追逐获取的对象。随着故事的进展，她们逐渐越礼逾矩终至以身相许的叛逆行为，也多是被神魂颠倒的男主角那如痴如醉苦求不已的一念精诚感动的结果，而不是出于自我的主动选择。因此，戏中的淑儿于仓促中初遇杨生，就大胆主动地提出定婚的要求，就具有独特的艺术魅力。

在一般的才子佳人戏里，男女主角的相遇，或在寺庙，或在林苑，或在陌上，或在水边，顾盼生情之后，都少不了一种"后花园"式的可人环境，为才子佳人弹琴吟诗、幽期密约提供足够的周旋空间。而此剧却将杨生与淑儿的相遇，安排在杨生仓皇逃命的途中，淑儿又是谋害杨生的凶手张小二的姐姐。揆以常理，淑儿对杨生有两种可能采取的做法：一是听凭母亲的安排，稳住杨生，成为帮凶；一是出于幼习诗书的明理和天性善良的同情，私自放走杨生。此时的杨生虽在难中，却仍是一派书生不谙事理、轻浮酸腐的可笑模样。杨生的否泰吉凶，全操于淑儿之手。淑儿出人意料地由同情生出爱慕，与杨生交拜立盟，再助杨生脱困。这里绝无习见的才子佳人式的缠绵悱恻，人命之危迫在眉睫，机会稍纵即逝。大胆果断的淑儿一旦认准了就付诸行动，掌握主动。相比之下，须眉男儿杨生只顾逃命，稚拙可笑，其惊慌失措与身为弱质女子的淑儿那胸有成竹从容不迫形成了强烈的反差。在私放杨生时，淑儿先送银两盘费，再赠鸳鸯玉绦，然后又拿出绳索，让杨生把自己捆缚在柱子上，伪造出杨生以力脱走的现场。这样做，不仅达到了放走杨生的目的，又免除了母亲弟弟和寺僧对自己的怀疑，从而有效地保护了自己。足见淑儿不仅多情、勇敢，而且富于智慧，虑事周全。在这一出戏中，淑儿处处主动，杨生处处被动，男性和女性在爱情婚姻关系中形成的角色定势被彻底颠覆。在人生命运的转折关头，淑儿勇敢地作出了自我选择，而杨生不过是一个随波逐流的受支配者。所以，崇祯刻本第十三出评语称赞淑儿"识人于仓皇中，便许以姻娅。而慧识别胆，远虑深谋，高出常人万万"。

淑儿的主动求婚，看似突然，实则契合人物的深层性格心理。第三出《劝弟》里首次出场的淑儿，在上场诗中自云："幼读班姬训，乘闲偷习诗。岂云夸翰墨，聊以副芳姿。天公殊薄劣，不遣做男儿。"又在说白中自道："志慕幽贞，情怡书史。"可知淑儿是一个通诗书、明事理的淑女。所以，淑儿在仓猝中对杨生产生爱慕，就不仅是悦其貌，怜其才，也有惺惺相惜的内涵。幼习诗书的淑儿，家道中落，父亡母老，弟性顽劣，为非作歹，不听劝告。心怀殷忧的淑儿，生活在一个十分恶劣的家庭环境中，内心孤寂，知音难遇，情怀难诉，身世无主。年轻书生杨直方的偶然出现，无疑于在她枯燥郁闷的生活中照进一束亮光，吹来一缕清风，她不愿失去这仿佛天外飞来、稍纵即逝的偶然机遇，大胆果断地采取了行动，表现出古代女性罕见的争取改变生活的主动性和勇气。因此淑儿的形象在古典戏曲中显得非常特出，值得好好研究。

（杨景龙）

阮大铖

(1587？—1646)　字集之，号圆海，又号石巢、百子山樵、横云山人。怀宁(今属安徽)人。明万历四十四年(1616)进士，授行人，擢户科给事中。长期在清流与阉党间首鼠两端，进行政治投机。天启间附魏忠贤，擢太常寺少卿。崇祯初被定为阉党，闲居达十七年。崇祯八年(1635)避兵于南京，巴结清流，希图起用，遭坚决抵制。甲申之变后，与马士英拥立福王，任兵部侍郎、尚书，大事报复，迫害东林党、复社士人，卖官鬻爵。后降清，带领清军攻破金华，又随军入闽，在仙霞岭不慎落马跌死。然其品格低下而才艺不凡。工戏曲，其《石巢四种》曲文典丽，善写人物微妙的感情和心理，吴梅认为深得玉茗(汤显祖)之神；情节关目妥帖、新奇、热闹，极具匠心。家蓄戏班，亲为演员讲解剧本，"讲关目，讲情理，讲筋节……故所搬演，本本出色，脚脚出色，出出出色，字字出色……知其义味，知其指归，故咬嚼吞吐，寻味不尽"(张岱《陶庵梦忆》)。故《石巢四种》盛行于明末与清代舞台，吴梅尝谓之为"三百年一作手"。亦工诗。作有传奇《燕子笺》、《春灯谜》、《牟尼合》、《双金榜》(合称《石巢四种》)、《老门生》、《忠孝环》、《桃花笑》、《井中盟》、《狮子赚》、《赐恩环》、《翠鹏图》等十一种。前四种今存，后七种均佚。另有《咏怀堂诗》、《咏怀堂诗外集》。

春　灯　谜

阮大铖

第二十一出　泄　笺

【长相思】(旦上)人奈何，秋又过，不似春宵风雨多。青天蘸碧波。在心窝，诗句和，一年无夕渡银河，天孙阁锦梭[①]。

[集唐]巫峡迢迢旧楚宫，至今云雨暗丹枫[②]。不知何处啸秋月，闲却松门一夜风。奴家自从踏灯迷失，相依在此，不觉又是深秋时候了。幸喜这厢爹妈，看待犹如亲生女儿一般，也是难中缘法。只是生匪空桑[③]，迹同路草，至亲骨肉，相见何年？(微悲介)见此孤月一天，虫声四壁，好不伤感人也。

【二郎神】秋气泼，偏是离人愁思多。这小月风吹寒满阁，叮冬檐马[④]，撩人偏奈他何。更窗缝零星纸相磕，没紧慢征鸿频过。

谁孤似我？待上碧海青天，悔无灵药。

我想那晚遇的秀才，风标举止，甚是不俗。问他说姓宇文，这厢承应拿回来的衣巾，分明是那晚穿戴的，那秀才不是哥哥是谁？那晓得我又收养在此。

【前腔】猛可往事潜评，旧游打合。那佳月溶溶春似昨。灯花隐谜，一天情在眉窝。蝶使蜂媒未猜觉。我想看灯时，月色好好的，怎么一阵风雨起来，大家失散了。想是黄陵庙神道[5]，怪奴家不合女扮男装，去儿戏他，故此显灵显圣。敢则是侮弄却灵祠香火，因此上风势恶。把奴家呵，与牧羊龙女，一般差拨。

那日联和诗句，藏在身边，不曾去展玩他，不免取出灯下细看一看。(作看细思介)怎么灯谜儿上，却好他打着司马相如，奴家打着孟光。他这诗中道："庑下一餐聊举案，白头胜似远山眉[6]。"也是无心的话，却象暗藏春意一般。(作悲介)真是迹虽萍梗，遇是天缘，未免有情，谁能遣此。

【啭林莺】诗笺灯下详玩索，墨花金粉轻涴，点笔含情多细作。记得我答他的诗，偶然也有两句："茂陵才子太情痴，何不求凰未嫁时。"哥哥，如今那未嫁文君真已是瓜葛，倒是相如作么，拾江华先漱文园渴[7]。情思无聊，懒去解衣就枕，不免灯下假寐片时则个。还怕梦难那，魂飘月露，风雨又急来过。(作倚桌睡，袖压笺半露介)(老旦缓步上)

【前腔】宵长秋冷睡不着，好寻儿女笑语闲科。衙舍萧条，夜长难寐，不免去女孩儿房中，说话片时，消遣消遣。呀，怎么门也不关，他独自睡在这里。你看半户风灯吹小瞌。女儿家贪睡，灯花落在衣袖上，也不晓得弹掉了，煤花如黛轻点袖衫罗。(作拂去灯花见笺介)(取看介)原来有幅诗笺在此，想是因秋思感怀，作此消遣。花笺一抹，敢为秋思无聊而作。(细看介)呀，好古怪，这笔迹分明是我小孩儿的，怎么在他身边？(悲介)细观摩，丝丝点点，一印板并无他。

不免叫醒了他，问个明白。女孩儿起来，老娘在此。(旦作惊起介)母亲，孩儿知罪了，因一时困倦，瞌睡在此，不知母亲到来。(老旦)儿，我问你，你那日在船上，问你可曾见第二的哥哥，你也说得不详细，只说打灯谜时，见这样一个人来。我心上痛酸，不曾细细问那灯谜，是怎么说？如今我见你桌上这幅诗笺，却是你哥哥笔迹，怎么落在你手里？儿，莫要瞒我。（悲介）细说与你老娘一番，解我疑惑。（旦）实不瞒母亲，孩儿那日看灯，因人众不便，改扮男装，好去走动。

【啄木公子】（旦）更钗燕，敛黛蛾，扮却男儿好行作。见人丛中有个书生，（老旦）那书生可是面上白晰、身材小小的，身上穿红，头上戴了九华巾[⑧]，坠着玉圈在上？（旦）果是这般出落。（老旦）这的的是你哥哥了。会着后面怎么？（旦）遇有一班打灯谜的来，灯上贴的，用几句俗语打古人名字。恰恰哥哥打着司马相如四个字，孩儿打着孟光两个字。众人赞赏起来，那庙祝留住吃酒，抵死不放。又叫孩儿与哥哥将各人打的古人名字作诗一首，彼此收藏，以为后会之验。孩儿题的诗，哥哥笼在袖中去了。哥哥题的诗，孩儿存在这里。后来又同去街上看灯，忽然一阵风雨来，各不相顾，遂分散了。今日睹物伤情，故此不胜凄楚，续麻折字曾打和[⑨]，霎儿风雨相摧挫。今宵秋影荡春波，因此上咽寒莎。

（老旦哭介）原来如此，你两个是天缘凑合，无心中，一个打着司马相如，一个打着孟光，分明是成双作对的兆意了，怎么后来是这一场结果？还是我没福，不能登受你这一个好媳妇了。（旦亦悲介）

【前腔】（老旦）听言语，细忖度，诗谜天然非做作。你是个艳玉包胎，我孩儿他也是锦香箱裹。既后来七张与八角[⑩]，索信春灯无会合。今生何处结丝萝？这一幅诗呵，空撇下弄愁梭。

孩儿此情，不忍瞒你爹爹，况偶然相会，无心做诗，原非苟合，说了何妨？只是他此时安寐了，我拿这诗去，明早与他说罢。

【哭相思】从今后越加疼热着，姑妇娘儿莫分却。

[集唐]虫声已尽菊花干，想象精灵欲见难。
　　越女含情已无限，莫教长袖倚栏干。

〔注〕①天孙：指织女星，传说中织女为天帝的孙女。②“巫峡”二句：用战国楚宋玉《高唐赋序》之“巫山云雨”典。③匪：非。空桑：空心桑树。《吕氏春秋·本味》：“有侁氏女子采桑得婴儿于空桑之中，献之其君，其君令烰人养之。”后指不知生身父母，来历不明者。明宋濂《金华张氏先祀记》：“人非空桑而生，孰不本之于祖者。”④檐马：檐下的铁马，风吹之叮咚作声。⑤黄陵庙：舜二妃娥皇、女英之庙，也称二妃庙，在湖南湘阴北。⑥“庑下”二句：举案，用汉梁鸿妻孟光举案齐眉，夫妇相敬如宾典。白头，传司马相如欲聘茂陵女子为妾，卓文

君因作《白头吟》以自绝，相如乃止。远山眉，传卓文君貌美，眉色望如远山，脸际常如芙蓉。⑦文园渴：司马相如曾任孝文园令，他有消渴病，故称。⑧九华巾：一种头巾。⑨续麻：即顶真续麻，诗词曲或酒令中的一种修辞格，前一句的末字为后一句的首字，衔接而下。⑩七张与八角：张为天上二十八宿中东方苍龙七宿的首星，张为南方朱鸟七宿中的第四星。七张八角，犹东散西落。

《春灯谜》又名《十错认》，是阮大铖仕途落魄寓居南京时所作。作品通过一大串的错认和误会，扣人心弦地表现了主人公大悲大喜的人生经历，体现了一代戏剧大手笔的艺术成就。阮大铖人品卑下，其奸恶史有定论，但有道是“孔雀虽有毒，不能掩文章”，他戏曲创作的成就，确乎是不能抹煞的。

此剧以唐代为背景，叙西蜀学士宇文行简仕途惨淡，二十余年仅得一博学之职，乃留长子宇文羲在川中应试，携次子宇文彦往湘乡赴任。途中经黄陵驿码头，逢西川节度使韦初平升官进京，同泊船在此。韦有二女，长女名影娘，次女名惜惜，皆美而有才。是夜正逢元宵，宇文彦便上岸观灯。那边船上，影娘不耐寂寞，在侍女春樱的陪同下，女扮男装，也上岸观灯。黄陵庙前猜灯谜，宇文彦和韦影娘分别猜中“司马相如”和“孟光”的谜底，博得庙祝和众人的喝彩。影娘未敢暴露身份，只自称尹相公，两个才子彼此十分钦佩，题诗互赠。不久风雨大作，人群散乱，为避风雨，两家船各移了泊位。忙乱中，宇文彦上了韦家的船，韦影娘上了宇文家的船。宇文彦次日醒来，已知误上官船，急欲脱身而不能，被韦家发现，并搜出影娘诗笺。宇文彦怕累及家声，自称于俊，韦初平认定是奸情，在其背上写“獭皮军真贼一名于俊”，然后捆绑抛入水中。獭皮军是在当地起事的一支农民军，正被朝廷清剿。而另一边春樱则因走失了小姐而投水自尽。此时宇文家的船早已起航，影娘发现误船后遂冒姓宇文，被宇文行简夫妇收为义女。黄陵驿捕快从江水中捞出宇文彦，将其作为反贼打入死囚牢。宇文行简派人寻找宇文彦，又误以溺水的春樱为宇文彦，家人遂以为宇文彦已亡故。宇文羲会试、殿试高中探花，赐姓李文义，官至御史，与韦初平女惜惜完婚，前往湖湘招安獭皮军。李文义审明了宇文彦的冤案，予以开释，两人均易了姓名，竟未能相认。宇文彦历经磨难，又改名卢更生赴京应试，得中状元。主考官韦初平推荐给宇文行简为女婿。新婚之际，一切误会全消，宇文彦与韦影娘终成良缘。

《泄笺》是该剧中第二十一出，写影娘被宇文夫妇收养后，拿出与宇文彦互赠的诗笺，睹物思情，深深地表达了凄楚伤感之情。老夫人在影娘小睡之时见到诗笺，认得是孩儿宇文彦的笔迹，影娘遂将黄陵庙题诗之情相告，老夫人见有此情缘而无此命数，亦伤心万分。

本出戏是剧情由开展向高潮衍化的一个重要关目，男女主人的情感深度，在这出戏中得到了决定性的加强。本来是才子佳人的偶然巧遇，经过生离死别的苦难磨炼和刻骨铭心的感怀相思，爱情的内涵得到了升华。

前半段着重从影娘的心理表现上进行渲染，真实地写出了她的心理发展轨迹。上场道白中便吐出了“至亲骨肉，相见何年”的悲叹，从思念双亲开始抒发离人愁思。【二郎神】一曲，极为细腻地表现了这种心态：本是秋高气清之际，在影娘眼中却是“秋气泼”，没有半丝好心情。金风送爽，在影娘看来则“这小月风吹寒满阁，叮冬檐马，撩人偏奈他何。更窗缝零星纸相磕”，又满是哀怨。风吹檐马，窗纸作响，都成了女主人公凄凉心境的催化剂。接下来“没紧慢征鸿频过。谁孤似我”，同样是写孤独，却渐渐地由思亲的主题向念郎的主题过渡。对一个青春少女来说，燃烧起来的爱情之火，其烈度此时此刻超过了父母亲情。对一个礼教中熏陶成长的官家小姐来说，先从温润的亲情出发，再向深挚的爱情过渡，这样的感情轨迹，非常符合影娘的身份。

接下来的表白，全都集中到了对宇文彦的思念之上。记忆中首先凸现的，便是宇文彦“风标举止，甚是不俗”的外在形象，又想到了“那佳月溶溶春似昨。灯花隐谜，一天情在眉窝。蝶使蜂媒未猜觉”，不仅是相会的情景历历在目，又隐隐中感到了上苍的情缘安排。对自己女扮男装触犯神灵导致风雨大作的深深自责，从反面加深了对这一情缘的怀念。剧情通过影娘的内心独白在一步一步地发展，题诗吟和，才子佳人的偶然相会，正演绎为生离死别的爱情。

这个主题到了影娘展诗笺低吟细品时得到了充分的展现。宇文彦字谜打着的司马相如，是男子有才的典范，韦影娘字谜打着的孟光，则是女子有德的典范。字谜中品出了情思，而生死离别又加重了这一情思，何况，失去了的东西往往倍感珍贵。影娘从与宇文彦的相交以及一系列波折的品味中，通过忆旧、悼亡、自责、哀怨等思绪，组合成一个完整的心理历程，爱情的主题被完全确立了。

《泄笺》的后半段，写宇文夫人上场后，见到宇文彦的诗笺手迹，惊问来历，影娘遂将元宵灯谜之事如实相告。老夫人亦认为此乃“天缘凑合”，“分明是成双作对的兆意了”，转而悲上心来，自认无福消受这么一个好媳妇，痛子之心又化为爱女之情。这个情节的发展，实际上是在宇文行简的家中，形成了对这一爱情关系的确认。

从情节发展上说，《泄笺》虽然没有大起大落的剧情演变，但《春灯谜》作为一部爱情戏剧来铺衍，《泄笺》一出已成为男女主人公爱情定格的一个契合点，它以细腻的心理描写，从影娘思故的角度出发，渐渐地将二人的巧遇导向了爱情的既定轨道，而这一切都是在男主人公被告身亡的背景下展现的，并且这一心理发展历程表现得并不牵强，从中可见作者确有很强的表现情节和刻画人物的才华。所以，当剧情发展到第三十七出《矢笺》，影娘得知又有婚聘时，决绝地表示“誓当淡扫蛾眉，不愿重交鸳颈”，女主人公的心态，正是顺着《泄笺》铺就的轨迹而发展到了极致。《泄笺》就是这样不显山不露水地完成了这一重要的情节导向，从中也可见作者在情节编排上的细针密线和心理刻画上的圆融妥帖。

（耿百鸣 张 澂）

春 灯 谜 阮大铖

第二十六出 吁 触

【金蕉叶】（生囚服上）哑口黄连，挨不过度日如年。传闻宪府理沉冤，生生死死今番。

小生幸蒙豆卢提控照顾，又遇新任县尹准我辨状，吊出详审一番，颇有怜我之意。只是一桩苦情：再不敢供出误入官船一事，只得含糊分解，故此止疏了枷杻，幽系经年，坐成疑狱。昨日豆卢先生来说，朝庭新差一员御史李文义，来按治重大狱情，只在目下审录。我想此一番，是我的出生入死的关头，事非小可，不免到狱神祠中，祷告一回，多少是好。（入祠介）你看阴风满户，败纸敲窗，炉中堆几寸半黄半黑的纸钱灰，梁上挂一盏不明不暗的琉璃火。点点滴滴，那些剪牲血埋了古础方楹；闪闪尸尸，这挂买命幡断了垂头宝盖。梆铃声，镣锁响，便是三天法鼓振潮音；永决酒，断肠汤，赛过六甲仙人调鼎膳。怪鸦依树宿，黄昏叫到五更头；黠鼠学人啼，白昼行来香案上。枉费着金乌有足[①]，不来到照济乌盆[②]。可恨那青女无灵[③]，怎敢去煎熬赤口[④]。（哭介）狱神爷，你就泥塑木雕，也奈不得这般凄凉香火。我鲰生蚁命[⑤]，更有何罪，受此惨毒牢笼。可怜！可怜！小生名姓，尚且不真，供招尽皆说梦。近日闻得审录御史将到，狱神爷，我是鬼是人，只在这一遭了。我今日从实告诉一遍，望你详细听着，阴中替我作主，如今人是全然靠不得了。（作叩头跪介）

【小桃红】我宇文名彦，家住巫山。我父亲呵，授教湘乡县，船泊在黄陵庙前[⑥]。那日正是元宵节，偶尔闲游，遇着一个书生，在庙中同打灯谜，被那道士留饮联诗，不觉沉醉，归途风雨，因此错上了枢密的官船。信步闲游玩，遇年少和诗篇。因风雨归途昏黑，乘醉入官船。此时触怒那个枢密，把我扭作贼论，捆缚丢在江中。遇着这些缉捕官军捞了，硬拿来做贼报功，把我假报的于俊名字，招成一个斩罪。受刑拷羁囚，冤诬怎言？狱神爷，我待要将我真名字，与那误入官船一事，实实供出，恐解在那枢密处，讨个明白，定然不活的了。若不辩明，官府怎知道这些苦情？到底作件疑狱，老死在此中，何日是个出头的日子！百口难分辩，何日见天。伏望神灵，阴中保全。

祷告已毕，身子困倦起来，不免在神龛前歇息一会。（作就地睡介）

（旦女装同一戴假面红衣少年上）

【下山虎】上元时候，灯月交圆。我与你酬香愿，到神灵案前。（作踹生绊脚）（双跌介）谁知道就地铺茅，有囚徒醉眠。（生看哭介）原来是我元神现。（旦哭介）就是我亲夫面，倒地伶仃实可怜。（旦与假面又各持笺抱哭介）欲合鸳鸯柬，今生甚年？（内作鸣鼓介）你听，又是春江风雨悬。

（内鸣锣鼓）（一人戴鬼面金盔，一手持剑一手提人头，将假面生、旦赶下）（又将人头向生打三下）（下场）（生大喊作醒介）（醒后直立睁眼一歇又跌倒介）（再作醒介）呀，不好了，不好了，刚才打盹片时，梦见一个白面秀才，同了一个女子，跌在我身上来，口里唧唧哝哝的，不记得说些甚么，只见对我啼哭了半晌。又见一个青脸獠牙的鬼，头戴金盔，一手拿刀一手提个人头，将那两个人打下去了，回身又将人头打我，才惊醒了。恰好在神前祷告，得此一场凶梦。我想那白面的，像我哥哥一般，那女人比我母亲年纪小些，到像前元宵夜庙中会的那朋友，怎么说，却变个女身，这都难明。只是明明那个鬼，拿把刀，将人头望我身上打来，此断断是大凶的兆头。今番审录御史来，我性命多应难保，是狱神指我一条尽头路，免在刀下亡了。（大哭介）天那天那，我宇文彦这个狗命，怎生这样苦！罢罢，不免望空拜别爹妈，寻个自尽吧。（拜介）

【蛮牌令】望爹娘肠寸欠，痛孩儿死含冤。明年逢此日，算是一周年。黄泉路那厢客店，瘦形骸简慢乌鸢。不周山，霎儿眼前[⑦]。把一腔怨气，撞倒青天。（作撞地死介）

（豆卢吏上介）欲将六耳难传事，报与千秋负屈人。来此是狱神祠，呀,为何于秀才跌倒在这里。(作连叫介)(生缓醒伤面流血介)(豆)这是怎么说?撞倒在地下。(生)不瞒先生说,小生闻得审录御史将到,在狱神案前祷告祷告,偶然倦了,略在地下歇息,才合了眼,就梦见一个男人,一个女人,抱我痛哭,都像是我平生相熟的人。这也罢了,又见个鬼,一手提把明晃晃的刀,一手提个血淋淋的人头,将那两个人打将下去,把人头打在我身上。我惊醒了,那打的处犹痛,此是个大凶之兆。想审录后,定要行刑了,不如在此寻个自尽。(豆)这是你因审录察院到,放心不下疑出来的梦,未必准。我来寻你,正有好事与你说知。如今太爷,前日见你的辩状,审过你口词,心上十分怜悯你,已将招情,细细辩驳,又密申到察院里,替你开豁。闻得那察院是个极廉明的,一路来,不知出了多少冤狱。你见天的日子就在眼前了,断无别样不好的事情。就是你也是个读书人,与那些囚犯不同,我听得读书人梦见人头,是个头名好兆。我又梦见你押上生一枝梅花,你辩出去有些好处,也未见得。怎么这样短见,寻这条道路。呀,把这头上与脸皮都撞破了,可怜!可怜!禁子,快取一个好膏药来。(禁子取膏药上介)提控老爹要膏药何用?(豆)你快些与于秀才贴在面上,破处仔细,不要含了风。(禁作将包头捆头、膏药贴生面介)先生,你虽是如此说,我到底放心不下。

【前腔】(豆)你九死历屯邅,苦极定甘旋。况琴堂明剖豁⑧,柏府定垂怜⑨,这春梦从来倒颠。况读书人喜夺头元,好简点公庭分辩。且自宽心,莫浪忧煎。

[集唐]自有春愁正断魂,鸦栖吏散掩重门。

回身掩泪挑灯泣,长向夷门感旧恩⑩。

〔注〕 ① 金乌:指太阳。古人以为日中有三足金乌。 ② 乌盆:本指溺器,此指冤案。元杂剧有《乌盆记》云包公审乌盆而发现一起人命案子,并使之昭雪沉冤。此故事一直流传于民间。 ③ 青女:司霜雪的女神。 ④ 赤口:谗毁者之口。 ⑤ 鲰(zōu)生:自称的谦词。鲰,小鱼,引申为渺小、低下。 ⑥ 黄陵庙:舜二妃娥皇、女英之庙,也称二妃庙,在湖南湘阴北。 ⑦ 不周山:神话传说中的山名。《淮南子·天文》:"昔者共工与颛顼争为帝,怒而触不周之山,天柱折,地维绝。"同书《原道》高诱注谓不周山在昆仑西北,《楚辞·离骚》王逸注亦同。 ⑧ 琴堂:州、府的官署,也可指州、府的长官。典出《吕氏春秋·察贤》:"宓子贱治单父,弹鸣琴,身不下堂而单父治。" ⑨ 柏府:御史府的别称,也可指御史。汉御史府中列植柏树,故后世称御史台为柏台,柏府之名同此。 ⑩"长向"句:夷门,战国魏都城的东门,故址在今河南

开封东北,因在夷山上,故名。战国魏侯嬴年七十,为夷门监者,被信陵君奉为上宾。秦攻赵,赵求救于魏而魏将晋鄙屯兵不进,侯嬴乃献计使魏王宠姬窃兵符,又用力士朱亥击杀晋鄙,信陵君遂代领魏军退秦救赵。感旧恩,本指侯嬴报信陵君之恩,此指感豆卢吏之恩。

阮大铖在《春灯谜》自序中说:"夫能悲,能令观者悲所悲;悲极而喜,喜若或拭焉浣焉矣。"这个悲极的段落,差不多就是《吁触》这出戏了。

从类型上说《春灯谜》是一部才子佳人的爱情剧,但剧中情节所及,则往往是揭示那些贤愚不辨、黑白倒置的社会现状,以及那腐败不堪的吏治。故事写的是唐代,影射的差不多都是晚明的社会现状。虽然阮大铖作此剧,"其意欲东林持议者怜而恕之,言己是误上人船,非有大罪"(《曲海总目提要》),但剧中人物的冤屈实在具有很强的社会性,正是该剧最有意义的部分。

剧中最初出现的宇文彦,是一个饱读诗书、才学横溢的学子,同时又是一个涉世尚浅、思想单纯的青年。父母因他年少,不放心他独处故带在身旁,而他却耐不得船中的枯燥乏味,离船观灯,去凑元宵节的热闹,又十分投入地去猜谜赋诗,这充分体现了他率真而又单纯的性格特点。在这个环境中生活下去,他会一路不停地在科举和仕途上去走完他的既定人生。可命运却偏偏在这个时候开了他的玩笑,把他从书生秀才一夜之间打入了社会的最底层——死囚牢。在他被冤屈为贼的过程中,封建官吏们的自私、腐败、残暴、奸诈都一幕幕地暴露无遗:韦初平的黑白不分、残害无辜,黄陵捕头的贪功邀赏、诬良为匪,县官的受贿枉法、草菅人命,导致了宇文彦屡屡失去辩白洗刷的机会,最后被问个死罪丢入牢中。贪官昏官酷吏狡吏比比皆是,就是没有一个忠于职守的好官,剧中所反映出的社会现实实在是触目惊心的。

在这个境地中的宇文彦,求生不能,求死不得,愤怨与绝望交替。《吁触》一出戏,逼真地写出了他的这种心理状态。本出一开始对狱神祠的环境描写,便把这种气氛推向了极致:"你看这阴雨满户,败纸敲窗,炉中堆几寸半黄半黑的纸钱灰,梁上挂一盏不明不暗的琉璃火。点点滴滴,那些覫牲血埋了古础方楹;闪闪尸尸,这挂买命旛断了垂头宝盖。梆铃声,镣锁响,便见三天法鼓振潮音,永诀酒,断肠汤,赛过六甲仙人调鼎膳。怪鸦依树宿,黄昏叫到五更头;黠鼠学人啼,白昼行来香案上。"这段绝妙无比的牢狱描状,先写窗户之阴湿,纸灰之残灭,梁灯之晦暗,方楹之血痕,旛盖之尸迹,把狱中特有的物象和氛围入木三分地刻画出来,然后通过梆声镣声和供酒写到了自己的心态。在宇文彦的心中,声响是超度的法鼓,酒浆是永诀的饮膳,不但这一切都成了死亡的象征,连户外的乌鸦和案上的老鼠似乎也都显得极为反常,似是为死囚鸣哀而来。

通过这一番写照，主人公的哀伤悲痛已被表现得淋漓尽致。但作者笔意未尽，又以恶梦来反衬主人公心中难以名状的恐惧感。梦中那有点像哥哥的白面书生和有点像赋诗少年的女子，似是为他送行而来，而狰狞小鬼提着血淋淋的人头劈面打来，这更是大凶之兆。越是恐惧死亡，心里便越是摆脱不掉这份阴影，迷糊中做了个恶梦，梦见亲人又梦见鬼。这非常吻合宇文彦此刻的心理状态。情境描写是正面着笔，恶梦袭人是侧面落墨，这一正一侧反复渲染，的确把《春灯谜》这一喜剧中的悲点写得悲惨极了。

恶劣的情景和不祥的梦兆，把宇文彦尚存的一丝求生希望冲得已是无影无踪，终于出现了悲极的一幕——宇文彦撞墙自尽。虽然豆卢吏及时赶到，救下了自尽的宇文彦，但这凄苦至极的氛围和主人公冤屈悲惨的命运，却足以令观者垂泪。

尽管宇文彦日后得脱厄运，并金榜题名，与意中人结合，但这一段死而复生的惨痛经历却使他的人生境界出现了一个升华。在年少无聊中糊里糊涂地惹上了大灾难，在地狱煎熬中跌跌撞撞地渡过了生死关，这一切并不是因为对理想的追求，也无关乎对爱情的追求。小人物被命运狠狠地作弄了一下，除了偶然因素外，导致这一切的无疑是吏治的昏暗和官僚的凶残。不管作者的原意如何，在才子佳人剧中，如此渲染这一点，的确是有相当深度的。

本出唱词、对白中精彩的环境描写和心理刻画，对于人物形象的完善和作品思想的深化，起到了恰如其分的衬托作用。排比对仗，是以景写情；回首往事，是以事传情；梦中怪遇，是以幻达情。彼此之间，推波助澜，一波一波地把戏剧冲突推向高潮，为全剧情节的丰富化和曲折化，起了很重要的作用。

（耿百鸣　张　澂）

春　灯　谜　　阮大铖

第三十二出　呼　　卢

（生上介）正是：运去金成铁，时衰鬼弄人。这庙祝怎把小生认作鬼？是了，想听得官船上抛我下水，不晓得未曾淹死，也难怪他。正待与他作揖，那晓得那些徒弟，不容开口乱棍打将来，故此慌了，只得跑出来，这都是晦气还不曾脱得干净。如今天色昏暗，风雪又大，教我去在那里安歇？不免敲开庙门，再细细与他说明，他便不疑心，留我住下了。（作敲门介）开门，开门！（内不应）（又敲介）（内应）宇文相公，死得不明白，自有冤对，与我庙中无干，莫在此吵，明日烧纸与你罢。（生）看他们的的认我作鬼，枉费打门，越打越不开了。且在此檐下存站一夜，明早与他说，难道白日里也疑心不成。只是风雪大，寒冷得狠，苦恼！苦恼！（作冻介）（杂扮二乞丐上）

【缕缕金】风雪大满江天，有瓢无处饮，受饥寒。今夜女郎庙，人还香愿。哥，如今不叫女郎祠，因那宇文秀才显圣后，改作宇文祠了。（众）今夜宇郎庙，人还香愿。将爹爹奶奶叫喧阗，炒他那餐饭。（下介）

（生作听介）你看这些贫子们，拖泥带水的，往甚么庙里去。想那里好投宿，只是腌腌脏脏的，不便问他，那厢又有许多人来了。（杂扮村众，内邹念八同父捧幡纸，许登四同妻孩儿上）

【前腔】神灵事岂偶然，求签与问筊[①]，果平安。相期十五夜，来还前愿。相期十五夜，来还前愿。就这般冻地与寒天，怎敢有些欠。

大哥，我们都是往宇郎祠里还愿的，起更天好去了。（生扯众问介）（生）列位，这样大雪，天又晚了，都往那里去的？（众）你还不知，我这所在，有个宇郎祠，极灵感的，但凡人家求签、扶鸾、问筊[②]，就是活现的一般。今是十五夜，我们都是受过神道保覆的，去酬还香愿。（生）元来有这样一个显应的祠，我也随列位去，求他扶一扶鸾，问问前程事何如。（众）这个却好，只是大哥要虔心些。转弯抹角，此间就是了。女道姑有请。（作设乩、筊、签筒）（二道姑上介）（诗）九点秋烟黛色空，绿华归思颇无穷[③]。每悲鹤驭身难住，长恨临霞语未终。众位善男信女都来了，这是那一位？（众）是一位过往客官，见我们来，他也随来要请乩，问前程的。（道姑、生见揖介）（邹）老道姑，我那一日到家去，果然我爹爹释放回来了，官府一些也不曾难为他，只纳了一刀纸钱。如今造下一挂绣幡在此，特来张挂，还有白银一两，送与老道姑。（道）生受了。（许）前日回去，照依大仙筊上说，叫我房下，将后园池中水，半夜取来，与孩儿吃，果然就好了。今日同房下抱孩儿在此寄名。有白织粗布二匹，与道姑裁鞋面罢。（道）我出家人，脚虽不缠，那消得许多布。多谢！多谢！列位，我撞起钟鼓来，你们可拜谢。（众作拜介）

【锁南枝】占灵筊，掣圣签，蒙开彰休咎真显然[4]。惊怖果安痊，官司没凶险。(邹同父)小人呵，五彩制，一挂幡。(叩首介)(许同妻)小人夫妻呵，把这小孩童，改名换。(众俱叩首起介)

(道)信官，也是你一片虔心，这挂幡委实齐整。徒弟，就挂起来。(许同妻)老道姑，这孩儿烦取一个法名。(道姑作摩娃顶介)好个娃娃，取名叫紫夫保罢。我这神道是紫姑娘娘的丈夫[5]，故此取名叫紫夫保。(对神赞介)宇郎大仙，保佑紫夫保，易长易大，活一百岁。(许同妻谢介)(生背说)原来这神道，这样灵的。不免将豆卢哥哥送我的盘缠，取出几钱来，不去抽签问筊，单求他扶一鸾，问我前程事怎么样。(取银转身介)老道姑，小生一身流落，四海为家，今幸到仙祠，也是前生缘分。有薄薄香钱在此，求老道姑与我扶一扶紫姑鸾，倘日后应验，再来相谢。(道)这个生受了，只是我这个鸾奇怪得狠，比别处的不同，别人扶的是紫姑鸾，我扶的是紫姑丈夫的鸾。头一张纸是悬笔写，倘复问时，这大仙原是个书生家，性格有些懒，就要我们扶了写。预先告过，说得太直，莫要怪。(生)大仙，那敢怪他。(道)如此，相公你默默拜祝了。我与你烧符念咒，早请大仙降临。(生跪拜默祝介)(道姑将纸摊开在箕下介)(内作细吹)(道姑念咒步诀烧符介)往常间，一请便来，怎么今日不动，想这位女娘身上带了厌来了。(许妻)今日还愿，洗浴过的，若带厌怎么敢来。(道姑又烧符如前介)(作烧断线乩动写字)(众惊异跪介)(动完取看介)

【前腔】(生读介)你是个黉门士[6]，(生点头介)起句就是了。教学先，(小生)却不曾教学，只是我父亲倒是个学官。(道)父子一体，也就是了。(生复读介)历尽穷愁苦万千。(生哭介)果然果然，一些不差。从此脱屯邅，功名渐荣显。(生)那得有这个日子。那秀士，记我言。久以后，有灵验。(生作叩头谢介)

真个批得明白，谢大仙指示了。只是大仙高姓尊名，请写一写，小生果有发迹的时，好做疏文来此挂幡酬愿。(道)相公，先说过的，复问就请下乩来，我与徒弟扶，大仙是这样不耐烦的。(生)但凭，但凭。(道与徒弟扶书介)(乞儿叫讨饭上叫介)(道扶书生看介)

【前腔】蓬壶客[7]，洞庭仙，(生)自然是仙长。蟠桃会上偶醉眠。

西母怒冲天[⑧]，东王公苦相劝。因此罚人间世，打一旋。(生)这也奇，元来托生在人世打一旋，想是在世上又升仙了。请问姓名。(鸾复动)(生读介)赘紫姑，宇文彦。(生作惊介)

(背说介)有这样怪事，难道恰好与我同名同姓？事有可疑，待我再问他。(转身问介)请问你，托生人世在那处地方？是甚出身？后来怎么样又亡化了？烦细说一番。(道)从来只复问一纸，再不过三了。(生)我有话说在里面，请再扶一扶。(道)若聒絮了大仙时，就发性乱草起来。(做扶乱写介)我说何如。(生取看作快读)(大惊介)

【前腔】巫山县，弟子员，随任湘乡泊此间。踏灯月晚归船，错踹他家纤。因失足，堕浅水边。因此上伴水仙，示灵显。

啐，啐，元来着鬼了。我就是巫山县活活的一个宇文彦，半日倒对着一个破筲箕叩头，啐，啐！(作扯碎纸、踢倒箕介)

【扑灯蛾】这女巫太弄暄，一团鬼胡旋，设法骗财钱。我就是宇文名彦，也这般活现。怎便说甚赘紫姑，筲箕儿将来缚缠。

(道姑声冤介)列位，有这样无籍光棍，平白来破坏我的香火。那宇文神仙尸解在我祠里时，是我亲与他管家承应收殓的。前月不久，那五经博士李爷又在此埋葬了。神仙亡也亡过了一年多，那里讨活的来。不信时，把灯笼提了，我们就扭他同到祠边坟上去看一看。(作扭住生介)(众)这元来是个光棍，我们错引他来了，倒反得罪。(作一起扭到坟前介)(道)徒弟把碑上雪打扫开了，列位请看。(众看介)唐巫山县文学宇文彦之墓。又有一行小字，五经博士李行简立。(众)光棍，这也没得赖了。(众作打介)(生哭天介)天那，天那，这是怎么说起，天上地下有这一桩冤枉的事。我活活在此，是那个的尸首，把做我埋在这里？又不知是那个李行简，树起碑来？这骚道姑兴妖作怪，藉此骗这一班人，到把我真正活活宇文彦，大家来打。老天，有这等异事！(众)这厮莫不是个疯子？这坟墓碑文明明白白的，还要胡赖。

【前腔】(众)坟堆甚俨然，坟堆甚俨然，镌字碑一扇。何处水慌精，自认作宇文名彦，也神仙敢来冒滥。(二乞白)列位犹自可，我特来赴愿，被你耽阁了 一餐剩饭，待扭去到官司吃篾片。

（众骂散，乞扭生下介）（豆卢带从人骑马上介）

【孝南枝】【孝顺歌】关山冻，马不前，趁霁色鸡声早着鞭。小生宿此黄陵驿店家，一夜大雪，今早幸晴了，只得起行前去。（内作打）（生叫宇文彦介）何处听呼喧，声声宇文彦。呀，远远望见两个乞丐儿，扯住一个人来，像是宇文兄弟，怎么说？（二乞扭生上介）老爹，他昨夜胡诞，假托神仙，担我餐饭。（生）你们倒把我假作神仙，怎么说我去假神仙。（豆上前喝乞介）这是我兄弟，你这些花子，怎么乱扯住他？（作打乞下介）（豆见生介）兄弟，这是甚么缘故？（生）哥哥，再莫要提起，我只是一死便了。（投水介）（豆慌抱住介）但将一命黄泉，再没些儿欠。（抱住问介）（生哭诉介）自从别了哥哥，路上大雪。昨日是兄弟生日，指望到黄陵庙，寻着原日相会的庙祝，住几日，待晴明了，买舟去湘乡见我父母。谁想走到庙中，这些道士把我认作鬼，一顿打出来。想是听见枢密船上抛我下水，只说我死了，故此生疑，这也难怪他。谁想后来走到这一所祠里，有许多男女酬还香愿，又替人扶鸾、打筊、抽签。是我把哥哥见惠的盘缠拿了些，央那女道士扶鸾，果然悬了笔，写下一张纸来，许我功名有份。（豆）如此也奇，我好也去央他扶一扶，看此去前程何如。（生）哥哥，后来可笑得狠，我求他说个姓名，验时，好挂幡作疏文酬谢。你说他写些甚人名姓？（豆）写着谁？（生）就写着兄弟名姓。（豆）或者同名同姓，也未见得。（生）后来越发可笑，又细问他，说得居住父母与兄弟一些不差。故此气将起来，将那破筲箕踢翻了。这女道姑与那一班人，倒说我是光棍，破坏他长住香火。我受气不过，与他争辩，却也是一桩大古怪的事。（豆）这也古怪不去了，还有甚么古怪？（生）那道姑见我争辩，点起火来，同众人引我到祠边。一所大坟，坟上一道碑，扫开雪看时，果然是"唐巫山文学宇文彦之墓"，傍边又有一行小字，是"五经博士李行简立"。我见如此，气得哑口无言，讨他们作践一场。不知是什么人的尸，捏作我的尸，又不知怎样哄了那五经博士将来埋葬，立起碑来。哥哥，从古至今，有这一场奇怪的事没有？这些赛愿乞儿，因兄弟打了那破筲箕，没得散神的酒饭讨，遂扭住我半夜，今早还把我做光棍，扯住见官。不是撞了哥哥，我又要吃亏。我也不埋怨他们，总是兄弟狗命不好，带了许多磨难。如今也羞见爹妈，索性投水死了，省得在人世上受罪。【锁南枝】我好似辽海鹤[9]，独自还。城郭存，人民换。

(豆)这事我心里难明，本待同你赴官告理，审密根由，正这些人妖妄之罪。只是岁里无日，我要进京去了。兄弟，你既是羞去湘乡，明年是大开选场年份，何不同我进京求取功名后，再来见你爹妈未迟，

【前腔】【孝顺歌】明年是，大比年，绕朝三策堪着鞭。(生)就是承哥哥挈带去了，到那里没角地土，起送文书，又无人保结。兄弟是薄命之人，定要遭一番查驳，功名求不成，或者还问个冒籍罪，也未见得。况且于俊是个贼名，宇文彦又弄成个鬼名了，都不吉利，千休万休不如死休。(豆想介)有了，兄弟，我和你既结拜兄弟，你就改姓卢罢。我有枝江县现起送到京听拨当该的文书，替你还得保结起，再没些儿查驳。你即便同行，不可失此机会。(生思介)这也说得有理，同哥哥进京去，就不中，也只当陪伴走一遭罢。兄弟性命，赖哥哥重生，就叫卢更生罢，卢姓请从权，更生把名撺。(豆祝天介)老天，老天，保佑卢更生苦尽甘来，此去就夺金榜头名。愿去长安，弃旧从新，魁名高占。(生)深感谢前世恩兄，屡救残生喘。(豆)小厮，把那驼行李的马，卸下行李你挑着，那马收拾了，与卢相公骑。(作卸行李)(生骑介)【锁南枝】(生)猛然想起灯谜，今日无心应了。也奇，也奇，他道驴配马，没半边。却好哥哥，改我卢姓，此行定赋《子虚》⑩，把《上林》献⑪。

[集唐]未及酬恩隔死生，逢人犹问向前程。

寒天暮雨空山里，更与殷勤唱《渭城》⑫。

〔注〕 ① 问筊(jiào)：问卜。筊，占卜吉凶的用具，本作珓。 ② 扶鸾：即扶乩(或作扶箕)，在箕上吊一竖杆，两人扶箕，让杆子在箕中所盛沙子上划动，写出的字句就作为神的指示。下文中的筲箕即扶鸾所用的器具。 ③ 绿华：萼绿华，传说中的仙女，得道于九嶷山。唐李商隐《重过圣女祠》诗："萼绿华来无定所，杜兰香去未移时。" ④ 休咎：吉凶。 ⑤ 紫姑：传说中的厕神。南朝宋刘敬叔《异苑》："世有紫姑神，古来相传，云是人家妾，为大妇所嫉，每以秽事相次役，正月十五感激而死。故世人以其日作其形，夜于厕间或猪栏边迎之。"一说姓何名媚，原为唐人李景妾，为大妇所嫉，正月十五夜被杀于厕中，上帝怜悯，以之为厕神。见宋苏轼《紫姑神记》。旧俗每于元宵在厕中祀之，并迎以扶乩。 ⑥ 黉(hóng)门：古之学校。 ⑦ 蓬壶：传说中海上的仙山蓬莱、方壶。 ⑧ 西母：西王母，神话传说中的西方女神。 ⑨ 辽海鹤：典出晋陶潜《搜神后记》："丁令威，本辽东人，学道于灵虚山。后化鹤归辽，集城门华表柱。时有少年弯弓欲射之。鹤乃飞，徘徊空中而言曰：'有鸟有鸟丁令威，去家千年今始归。城郭如故人民非，何不学仙冢累累？'遂高上冲天。" ⑩ 子虚：《子虚赋》，汉司马相如所作的著名大赋。

⑪ 上林：《上林赋》，也是汉司马相如所作的著名大赋。 ⑫ 渭城：指《渭城曲》，即唐王维《送元二使安西》诗入乐而成的歌辞。

如果说《吁触》一出是悲剧性的冲突高潮，直接揭示了主人公命运的大起大伏，那么三十一出《闹祠》和三十二出《呼卢》则又表现了一连串的喜剧性情节冲突，在结构上完成了由大悲向大喜的过渡，在人物刻画上也进一步强化了命运的多舛不测和主人公身世遭遇的倒霉及无奈，极大地丰富了戏剧的机趣和观赏性。

此前的《闹祠》，写宇文彦出狱后途经黄陵庙，庙祝正遵守宇文彦之父的嘱托逢生辰忌日为之招魂，宇文彦睹衣衫诗笺等故物而动情，庙中道士则以为是宇文彦冤魂显现，乱棒将其打出，宇文彦莫名其妙而不解其中原委。

《呼卢》这出戏，续前出写宇文彦离开了黄陵庙又前往宇郎庙。这宇郎庙原名女郎庙，供神仙紫姑，宇文彦溺水一事发生后，庙中道姑借机宣扬宇郎是紫姑的丈夫，在此尸解升天，改庙名为宇郎庙，求签问卜，居然十分灵验，故此香火甚盛。宇文彦到得庙中，果见求签还愿之人络绎不绝，听之皆灵验非常。宇文彦不禁心动，想到自身命里多灾，也想扶鸾求签，问个前程。不想问及神灵姓名来历，竟与自己一般无二，便当即斥责道姑谎言骗人。道姑申辩是亲自为宇文彦下葬，怎会有错，又带宇文彦到坟上看，果然写着宇文彦的名字，立碑人是李行简（宇文羲中榜时皇帝赐姓李，故宇文行简亦改为李姓）。宇文彦丈二和尚摸不着头脑，这个入葬人分明是指自己，但自己并不曾死，死者为谁？立碑人又是谁？自己怎么又变成了神仙紫姑的丈夫而被这妖道姑来愚弄人？就在这谜团重重冲突不断的时候，几个乞丐因混不到散神的酒饭，气得骂宇文彦光棍要赖而要扭去见官。途中幸遇豆卢，备说缘由，说着说着，宇文彦又倍感伤痛，起了寻死的念头。豆卢亦觉难解，宽慰几句后，提议宇文彦暂将此事搁下，随他上京赴考。宇文彦思之再三，改名卢更生，随豆卢赴京，从此走上了一路顺风大团圆的结局。

《春灯谜》又名《十错认》，是一部全由误会和巧合构成矛盾冲突的戏剧，但这些误会，针线细密，显得非常合理。男女性别的错置，姓名谐音的错置，真假姓名的错置，活人死人的错置，导致了全剧大悲大喜的跌宕开合，引发了一连串扣人心弦的戏剧冲突。它的引人入胜，更在于误会上加误会，错合中复错合。元宵猜谜，误上官船，虚报家名，在一连串误会中惹上官司，几经反复，方得脱难，宇文彦此时犹如惊弓之鸟，这是一条线索。另一头，春樱自溺，因穿上宇文彦衣服，被误作宇文彦已死，李行简又立碑行葬，这又是一条线索。生死宇文彦，两条线索在此碰撞，又撞出了一串新的戏剧冲突：到了黄陵庙被当作鬼魂逐出，到了宇郎祠又被当作光棍送官，他真被弄得一头雾水："天那，天那，这是怎么说起，天上地下有这一桩冤枉的事。我活活在此，是那个的尸首，把做我埋在这里？又不知是那个李行简，树起碑来？这骚道姑兴妖作怪，藉此骗这一班人，到把我真正活活宇文彦，大家来打。老天，有这等异事！”结果，“于俊是个贼名，宇文彦又弄成个鬼名了”。这一切迫使宇文彦不得不改名赴京应考，又酝酿出新的戏剧冲突。

这部《春灯谜》，既没有男女主人公刻骨铭心的相思爱恋，也没有主题鲜明的现实针砭，所以它既不是一部纯正的才子佳人爱情剧，也不是一部借古道今的社会政治剧。剧中没有一个完美无缺的好人，也没有一个十恶不赦的坏人。作者强调的是命运与人生的关系，渲染的是错认误会所带来的矛盾冲突和戏剧趣味，而这两者的结合点恰恰是命运的不可知性，是一个连一个的悬念，是人在命运面前的无力和无奈。每个人的人生际遇，都如大洋中的一叶小舟，被命运的浪潮颠上抛下而不能自主。男女主人公的命运是如此，其他人也概不能幸免，即便是贵如韦初平，面对父女离失也是同样的无奈。

《呼卢》这出戏，所表现和所强化的，正是这样一种旨趣。因为从全剧的情节主线索来说，这出戏的情节犹如插科打诨，与主线无太大关系，但从人与命运的关系上来看，这出戏恰恰是最能反映作者创作思想的段落。它不仅趣味性、观赏性强，且因其对人的命运不可预料的揭示十分生动，很容易引发人们的共鸣。其实，如前所说，阮大铖作此剧是有其个人的动机的，即为自己投入阉党辩解。“通本事事皆错，凡有十件，以见当时错认之事甚多，而己罪实误入也”（《曲海总目提要》）。剧终的【清江引】曲中也道：“功名傀儡场，影弄婴儿像。饶他算将来，到底是个糊涂账。”表现的正是陷入是是非非中的感慨。当然，这只是他的自我表白，但在本剧中，那种对错认误会的无奈，仍深深地打动了观众、读者。

综观该出戏，除了展现出民俗性很强的民间神祇崇拜的场景外，主要就是强化主人公被命运拨弄倍感无奈的主题，表现得相当生动有趣。

（耿百鸣　张　澂）

牟　尼　合　　　阮大铖

第六出　分　　珠

【绕池游】（旦上）江风收絮，春色冥冥去，伴黄昏丝儿梅雨。京兆眉蛾[①]，临邛裈犊[②]，兴不到芦帘秸户。

[集词]〔菩萨蛮〕斜日昼桥芳草路，东风欲共春归去。暝色入高楼，吴山点点愁[③]。　着意隋堤柳，闲却传杯手。无人整翠鬟，黄昏独倚栏。我相公去赴龙塘寺大会，往年本日便回，今年整整去了三

日，尚兀自不见回来。多是相知朋友，拉在那厢游玩去了，想也没有别样缘故。你看暮雨潇潇，柴门深掩，趁佛珠儿睡着，不免取过筐篮来，在灯下绩麻一歇，多少是好。（绩麻介）

【黄莺儿】暝色动蘼芜[4]，待垂帘，问燕到无。宵灯纺绩是我寒家数。鱼膏佐夫，山鸡抱雏，旧门楣消不尽清贫福。听栖乌，风翻巢柳，往往夜相呼。

（生上介）

【前腔】信宿寓精庐[5]，洗天龙[6]，现衲珠。光音天亲洒杨枝露[7]。为官衙假狐[8]，平民剥肤[9]，粘泥心逗起无明怒[10]。且趱昏途，满怀零碎，归说与妻孥。

娘子开门。（旦开门介）（生）娘子，你在灯下做甚么事？（旦）在此绩麻。（生）佛珠儿那里？（旦）刚才喂了奶，睡了。（生叹气介）（旦）你往时赴会，一去便回，今年为何一连去了三日？却又不住的长吁短叹，像有许多事在心上一般，这是怎么说？（生）娘子，常年会上，拈过香后，我们便与二三契友，吃了素斋，看那些摆弄耍拳卖解的散心，一日尽兴而回。今年遇着招讨，叫做封其蔀，极是个歪人。（旦）歪便怎么？（生）他平白地看上了卖解的两匹好马，要去骗他，骗之不遂，硬将那人锁了，扭作贼论。我与同行朋友都于亳，苦苦央求解免，只是不依。因此上，与他大抢白一场，把那卖解的夫妇，径放去了。寺中住持僧恐怕迁怒到他，留我与都兄多住几日，商量解和。这几日，见招讨动静悄然，想也没有甚么话说了，方得回来。（旦）呀，原来如此。相公，凡事须要忍耐些方好，况且别人家闲是闲非，管他怎的？

【簇御林】你天潢派[11]，黉序儒[12]，那招讨的是个不撑达，侥幸徒。凤凰原不共乌鸦树，怕明枪暗剑须防取。（生）我为无辜之人不平动气，是一点好心，理直气壮，那里犯着怕他。（旦）请思之，庭生瑞草，好事不如无。

【前腔】（生）公论在，天理扶，女人家，何见愚？口头言辩何干系？那封其蔀是招讨，与儒学朋友没一毫相干，他就要害我，怕癞蛤蟆怎下得天鹅筋。总是命为之，流年赤口，八字上有差池[13]。（外骑马上）

【赚】冒雨拖泥，策蹇潜过旧友居[14]。你看他门儿闭，药栏花径夜参差。（作下马系马）（敲门）（生开门见介）（外）萧兄，你有一桩事，大不恰好，特来与你说。你前日曾在龙塘寺骂了封招讨，此事有没有？（生）果有此事，如今他待怎么样？（外）你还不知，如今那麻总管，体访民间不法事情，他将你密密的揭报去了。（生）我一个贫王孙，又是读书的秀才，有什么不法的事情可以揭报？可笑！可笑！（外）他诬赖你倚梁朝后裔，倡建濯龙大会，希图谋反，应奏请拿问。（生做慌）（旦潜听忙介）（外唱）因此上暗知道，中山满箧含沙字，道你帝胄包藏不轨思。（生）圣熙兄，这信可真不真？（外）这是麻总管取用副中军，封其蔀将我呈送去，唤我再三嘱付，叫在麻总管跟前，把开报你的事情一一照应，不可异同。我与你至戚厚交，他一毫不知道，故此对我说，我才晓得，特报与你。此是确然无疑的了。（生）如此，却怎么处？（外）我本待不去，倒因你有此事，权且应他，到总管衙门中，或者可以乘机照管你一二。只是此事关系甚大，与他硬做头敌不得的，你再作个道理方可。我因限期甚紧，明日五鼓就要起程，连令郎也不得抱出来看看。（与生各相抱哭介）我已登程去，为防六耳亲传语。你好自为之计。（上马下介）

【前腔】（旦向生哭介）相公呵，窃听魂离，天样灾殃一霎时。奴家刚才说得了，封其蔀既是一个不义之徒，你不该与他作对。那晓得下手如此狠毒！（生怒介）谋反是何等大事，好平空陷人的么？我就出头与他抵辩一番，讨个明白，死也不惧。（唱）伊休虑，猛拚七尺付刑司。便就篌舆[15]，青天湛湛难装砌。做厉鬼咆哮尚可为。（旦哭介）说那里话，你有些差池，奴家与佛珠儿，靠那一个？（唱）奴何恃？血胞儿一点如风中絮。算不如先死。（旦倒地）（生扶起介）

（生沉吟介）我有道理了。趁申文未下，如今不免改变了姓名衣服，潜避他乡外郡。待来拿时，只说我游学外厢，不知去向。你一个妇人家，孩儿又在怀抱，难道刑拷不成？看日后事体定了，我再回来探你罢。（旦）也只有这个计较了。（生）只是我恩爱夫妻，孩儿又小，教我如何割舍？（旦）孩儿我自会看取他，不必挂心。只是你孤孤单单，一身远出，后来完聚知在何年，我心真是如割。（生）娘子，你可取传代的牟尼珠来[16]，我两人各收一颗，以为后来会合之验。

趁此天色未明，无人知觉，不免换了衣帽，将就收拾些随身行李，我就好出门去了。(旦哭下介)晓得了。

【忆多娇】(生)我何所之，仰面吁，似纸破风鸢线断丝。且击筑埋名学高渐离[17]。(旦上)牟尼珠取在此，行李也收拾了。(生、旦各收一颗介)(合)颗颗珠圆，颗颗珠圆，眼见得天涯海隅。(生换衣帽，背包袱执伞介)

【前腔】(旦)他虎负隅，你鬼载车，补漏收缰尚未迟。怎能够相从歌《五噫》[18]！(合前)

(生)娘子，我在外改姓梁，把表字做名字，叫做梁德祖。你可记着。快抱佛珠来，我看一看。(旦下抱上介)(生看哭介)

【斗黑麻】(生抱旦头哭介)娘子，我和你绿鬓夫妻，连枝切骨。佛珠儿那黄口孤儿，伶仃块肉。枉有蒯通舌[19]，不救卞和足[20]。死别生离，前程怎卜？风灯破屋，猿啼声断续。(旦大哭)(生掩旦口介)怕有人知，怕有人知，且自吞酸忍哭。

【前腔】(旦)欲止伊行，恐怕牢笼黑狱。欲共伊行，又无驰驱健足。(指佛珠介)我不瞑目，也为此块肉。便祸及妻孥，甘承窘辱。此去长亭矮屋，孤灯防夜宿。(同拜哭介)一瓣名香，一瓣名香，兀自呼天叫佛。(内鸡叫介)(生、旦挽手唱介)

【尾声】天渐旭鸡咿喔，阁泪潸潸上途路。娘子，你可依旧掩上了门，进去罢。(唱)偏这不做美的细雨斜风来伴我。

(生分手下)(旦掩门唱《哭相思》下介)

[集唐]风飘碧瓦雨摧垣，江上阴云锁梦魂。

惆怅路岐从此处，有谁倾盖待王孙？

〔注〕 ① 京兆眉蛾：《汉书·张敞传》："又为妇画眉，长安中传张京兆眉怃(妩)。有司以奏敞。上问之，对曰：'臣闻闺房之内，夫妇之私，有过于画眉者。'"京兆，京兆尹，官名。眉蛾，娥眉。 ② 临邛裈犊：《史记·司马相如列传》："及饮卓氏，弄琴，文君窃从户窥之，心悦而好之，……夜亡奔相如，……相如与俱之临邛，尽卖其车骑，买一酒舍酤酒，而令文君当铲(垆)。相如身自著犊鼻裈，与保庸杂作，涤器于市中。"裈犊，犊鼻裈，围裙，或说为短裤。 ③ 吴山：山名，在杭州西湖边。按："吴山点点愁"为唐白居易《长相思》词中的句子。 ④ 蘼芜：草名，叶有香气。 ⑤ 信宿：连宿两天。精庐：佛寺，僧舍。 ⑥ 天龙：佛教语，天龙八部中之诸天与龙神二部。 ⑦ 光音天：佛教语，色界诸天之一，二禅天之第三天，以光为语言而绝声音，故名。 ⑧ 假狐：狐假虎威的缩语。 ⑨ 剥肤：指灾祸临身。典出《周易·剥卦》："剥床以肤，

切近灾也。” ⑩ 无明怒：愤怒。无明，佛教语，谓痴愚无智慧。佛家认为愤怒是无明的表现，故称。 ⑪ 天潢：帝王后裔。 ⑫ 黉(hóng)序：学校。 ⑬ 八字：术数家算命要根据人出生的年、月、日、时辰的干支共八个字来推算其一生的吉凶。 ⑭ 策蹇：骑驴。 ⑮ 篼(biān)舆：竹轿。 ⑯ 牟尼珠：念珠，佛教徒念佛、持咒、诵经时用于计数的珠串。 ⑰ 高渐离：战国末燕人，以屠狗为业，善击筑(一种古击弦乐器)，与荆轲为友，荆轲受燕太子丹之聘往刺秦王政，他击筑为之送行。秦王朝建立后，他隐藏的身份被认出，秦始皇熏瞎他的双眼，令其为己击筑。他置铅于筑中，得隙击秦始皇，未中被杀。 ⑱ 五噫：东汉梁鸿所作歌，其辞云：“陟彼北芒兮，噫！顾览帝京兮，噫！宫室崔嵬兮，噫！人之劬劳兮，噫！辽辽未央兮，噫！” ⑲ 蒯(kuǎi)通：即蒯彻，秦汉之际范阳人，尝说秦范阳令归降陈胜部将武臣，又说韩信取齐地，并劝韩信背汉自立，为当时著名的有口才的人物。 ⑳ 卞和：春秋楚人，曾得到稀世的玉璞，两次进献楚王，都被认为是假的，先后刖二足。楚文王即位后，他抱璞哭荆山下，文王乃命人治其璞，遂得美玉，因称和氏之璧，奉为国宝。

《牟尼合》为阮大铖所撰传奇之一，亦名《牟尼珠》。叙隋末金陵萧思远，字德祖，为南朝梁武帝后裔，娶妻荀氏，生下一子名佛珠，与王倜家订了亲。家藏牟尼珠一对，是当年达摩祖师赠予武帝的。龙塘寺有张僧繇所画壁龙，每年四月八日例建濯龙会，萧思远为会首。是日有芮小二夫妇在寺前卖解(表演马戏)，建康招讨使封其蔀欲强占其马，为芮小二夫妇所拒，乃诬之为贼，将二人锁拿，被萧思远阻止。适河道大总管麻叔谋奉旨开河，暗访奸宄事。封乘机诬告萧思远建濯龙会，意在谋反。萧因此遭到缉捕。得王倜夤夜报信，萧遂变姓名为梁德祖，孤身投奔海州庙湾芮小二。

麻叔谋用陶榔儿蒸食婴儿，死婴无数。封其蔀索佛珠以献。荀氏用诗笺包牟尼珠系儿衣内。诗云：“裙布萧然妇，深冤向孰呼。有人收此子，相报佛头珠。”王倜在麻叔谋手下任副中军，辞职离去时窃走一儿。因追急，弃之白衣庵。盐商令狐颛正设斋求子，喜得此儿，取名佛赐。萧作书托芮取其妻儿。妻未至而萧被海盗劫持，逼为盗魁。萧不从，遭害。得达摩以返魂香救活，留住海外香草丛林。数年后，达摩折芦渡海，送萧归。萧偶识令狐，受聘教其子佛赐。芮往迎萧妻荀氏至海州，又避海盗之乱，转赴扬州。因女道士之荐得入王倜宅，教其女。佛赐登第，娶王倜女。萧、荀夫妇，王倜与令狐颛，皆会于婚宴。始知佛赐即佛珠，先为王救出，后为令狐收养。王女即佛珠之娃娃亲。时已在唐武德初。唐宫内使裴寂寿诞，芮借猴戏告发麻、封二贼血腥罪行，为萧鸣冤。二贼伏诛。萧终得昭雪，诏封兰陵郡公。

本剧借萧思远一家悲欢离合的故事，反映明末官吏扰民害民的现实，赞美下层民众患难与共、见义勇为的善举。可以说《牟尼合》是阮剧中思想比较积极的一种。在艺术上，它保持了阮剧曲文优美、关目奇巧、布局妥帖、针线绵密、描写细致、适于舞台演出等特点。故文震亨题词谓《牟尼合》剧初成,"南中一时歌茵舞席,卜夜达曙,非是不欢"。《牟尼合》虽然是一本生、旦戏,然而生、旦离多合少,情节是分两条线索铺展的。唯其中《分珠》一出则是生、旦同场,叙萧思远遭封其蔀陷害,幸得王倜报信,遂匆匆泣别妻儿,潜逃外乡。写来情势紧迫,情感真切,令人动容。

开场一段,写荀氏在家思夫。作者用了两支独唱曲写景抒情。第一支【绕地游】交代时间和地点。首句"江风收絮"就抓住了江城金陵晚春风物的特征,随后以"春色冥冥去"正面点明春归,"冥冥"既指春暮,又指日暮。暮色更著风雨,柴门深掩,少妇独守空房。古时张敞画眉、文君当垆那样的雅兴,未曾降临这一所茅舍。"芦帘秸户"一语,清新秀逸。

第二支【黄莺儿】描写荀氏在灯下绩麻。"宵灯纺绩",切合家境。"鱼膏佐夫,山鸡抱雏",荀氏自有"清贫福",她感觉很是满足。此时只闻柳巢栖乌,在猛烈的夜风中惊呼。此起彼伏的乌鸣反衬了夜晚的幽静,又象征着女主人儿分忐忑心理。【绕地游】从户外写到室内,【黄莺儿】又从室内写到户外,引出萧思远的归来。

接着又一曲【黄莺儿】发泄着萧从龙塘寺带回的余怒。一声叹息,引起妻子的关注。萧述说他在濯龙大会上义释卖解夫妇、抢白封其蔀的经过,交待三日未归的原因是寺僧受惊留住,以观封其蔀的动静。看来,也许风波已经平息了。然而荀氏听罢未能宽怀。她劝说相公凡事忍耐,休管闲是闲非,"怕明枪暗剑须防取"。萧大不以为然,认为打抱不平理直气壮,何惧之有。荀氏唱的【簇御林】曲中插入萧的说白,显出他年轻气盛,急于辩驳的情状。萧夹白意犹未尽,也唱起【簇御林】,慷慨陈词,责备妻子"女人家,何见愚"。以上两曲,描写生、旦处世态度的深刻分歧。

夫妻争执未休,王倜骑马赶来,向"至戚厚交"通报封其蔀诬陷他的消息。萧总以为自己有理,封奈何他不得,故疑消息不真,不料确切无误。这一段情节组织在一支【赚】曲内,由王倜主唱,夹入主、客对白。曲、白的紧凑加快了戏的节奏。

封贼的狠毒超出了荀氏的忧虑,萧家陷入极大的危机。萧怒欲出头,与封"抵辩一番,讨个明白,死也不惧"。荀怕丈夫倘有差池,母子何靠?一时气昏倒地。这时情节和情绪的紧张达到高潮。一个文弱书生,外有恶人加罪,内有妻子抱怨,他的内心在苦苦地挣扎。此时舞台上当有一个较大的停顿,剧本在此指示:"生沉吟介。"这一段情节也组织在一曲【赚】内,也有对白穿插其间。所不同的是，前曲由外（王偭）一角主唱，叙述外的报信；后曲由生、旦对唱，生、旦都有激情亟待抒发。

萧情急智生，拟即刻隐姓潜逃，暂避一时。临行，取出一对牟尼珠，夫妻各收一颗，以为后来会合之验。分珠已毕，却难以举步。亲人从此天各一方，互不相顾，不知完聚何年？生离无异死别。于是有一个夫妻诀别的抒情唱场面。曲文形象贴切，明白如家常语，如表现生的怜妻惜子：“绿鬓夫妻，连枝切骨……黄口孤儿，伶仃块肉。”如反映旦的两难心理：“欲止伊行，恐怕牢笼黑狱。欲共伊行，又无驰驱健足。”曲文有感情的直接抒发，也有环境的侧面烘托：“风灯破屋，猿啼声断续。”曲文与舞台动作结合：“旦大哭，生掩旦口介。”并唱：“且自吞酸忍哭。”在此场面，生、旦各唱整曲，并有合唱。鸡叫后，生唱【尾声】，出得门来，扑面一阵风雨，“偏这不做美的细雨斜风来伴我”，与开场“伴黄昏丝儿梅雨”遥相呼应。真是一个凄风苦雨之夜啊！

《分珠》出在抒情叙事之中，成功刻画了三个人物的性格特征：萧思远嫉恶如仇，力不从心；荀氏安贫乐贱，与世无争；王偭见义勇为，沉着稳健。

（宋光祖）

双　金　榜　　阮大铖

第四十四出　廷　讦

【点绛唇】（杂扮黄门官上[1]）昼漏舒迟，宫莺嘹呖。晨光曙，户内昭仪[2]，合殿春云丽。

下官黄门官是也。今日早朝，恐有百官奏事，只得在此祇候。

【前腔】（净）槐棘逶迤[3]，丝纶重地。（外）春卿署[4]，邦礼攸司，（合）晓入铜龙曙。

(净)下官平章蓝廷璋是也。(外)下官礼部尚书汲嗣源是也。今日早朝，在此祇候。

【前腔】（生）圣寿天齐，皇都日丽。（末）膺花诰，率舞彤墀，拣着宫砖跪。

(生)下官敕封翰林院修撰皇甫敦是也[5]。(末)下官翰林院修撰皇甫孝绪是也。为谢恩在此祇候。

【前腔】（小生）藜阁研朱[6]，葵心捧赤。听金钥，问夜何其，待指佞陈封事。

下官听调翰林院编修詹孝标是也[7]，有劾奏表章在此祗候。（黄）各官有事奏事，无事退班。（末、生跪介）（末）翰林院修撰臣皇甫孝绪奉父皇甫元礼，为封诰事叩头谢恩，万岁，万岁，万万岁！（小生跪介）原任翰林院编修今听调臣詹孝标，为纠发奸弊，小跪面奏。（黄）圣旨道来，詹孝标纠举何事？奸弊何人？着指名奏来。

【北新水令】（小生）双悬日月照铜池，效屈轶尧阶指。臣启陛下，同官皇甫孝绪之父，原有本名，为通番案候未结，今改作皇甫元礼，朦胧请封。他南塘通海舶，北阙冒天题。诬上欺君，罪非小可。（黄）圣旨道来，皇甫元礼通番冒封，有何指证？再着详奏。（小生）皇甫孝绪有亲笔回海南佥判书一纸，便是指证，一并奏上，伏乞圣明，严加处分。现有钻托私书，怕不得他父子兵，与那丈人势。

（黄）圣旨道来，皇甫元礼也着回奏上来。（生）臣皇甫元礼，果是原名皇甫敦。

【步步娇】（生）自天中流寓鸟蛮地，姻续花田里。风尘遇旧知，邀赴楼船，观潮游戏。十八年用夏变诸夷，到如今秋霜点鬓还乡里。

臣实非通番，为相知莫佽飞，延请海外，教授诸夷。今诸番不日来朝，便见有功无罪，伏望陛下参详。（末）臣皇甫孝绪谨奏：编修詹孝标，原非詹氏之子，生父姓黄，名辅登，为着盗库，永戍海南。（生惊介）（末）将孝标藏匿邻家，图免佥解。（生）孩儿少说些。（末）爹爹，话不说不明。孝标冒籍登第，养父临终说与缘故，他遂冒行陈乞，复姓邀恩，亲来浼臣向平章蓝廷璋钻求票拟[8]。臣不允从，不料禁封触忌，中旨处分。因此疑恨横生，泼口诬害，伏乞陛下参详处分。

【北折桂令】（末）他生身父，是案结穿窬[9]。远戍龙编，籍冒牛医[10]。求周庇长跪哀祈，逆天颜贬秩何辞。因此上杯影怀疑，铦口相訾。怎又牵扯门楣，纵不去证父攘羊[11]，怎生的拨草胚寻个蛇儿。（净、外同跪唱介）

【醉扶归】（净、外）小门楣两向金兰契[12]，猛可的生嫌隙。那些个引车廉颇蔺相如，也不是维州安置争牛李[13]。望圣恩如海宥狂且[14]，容官僚详议回台旨。

臣平章蓝廷璋、礼部尚书汲嗣源奏闻陛下：念皇甫孝绪、詹孝标俱新进小臣，不达国体，天威咫尺，各以私情争竞，均属不敬。伏乞天恩容恕，令臣等看详回奏。（黄）圣旨到来：交戟近地，岂容聚讼。皇甫孝绪、詹孝标本当拿究，念阁部两臣，合词申解，即着黄门官同阁部诸臣从公议明，回奏定夺。（众）万岁，万岁，万万岁！（俱出外分立介）（小生）下官为纠举奸弊，不是挟私，怎么说个争竞？（生）詹孝标，你少说些，恐说多了，后面自己要悔。（小生）胡说！你怎生擅叱下官名字。（生）叱得的。（小生）呸！有甚么悔。我既弃身击奸，便砍头陷脑，亦不顾惜。（生）你的头脑是父母遗体，你不顾惜，自有人替你惜。（生指末介）你也要少说些话，多说了，难收拾。（末）爹爹，不是孩儿寻他，是他先下手孩儿。大家齐搬出楦头来，凭皇上处分便了。（生）只怕他的楦头就是你的楦头。（背介）好笑，好笑。亲父子兄弟差错在一团，怎么处？待他意气稍平，与他细说方可。（黄）老平章，老宗伯，两位贤坦，各持一说。二位大人，不便折服他，待下官平心问个明白，免得葛滕不了。探花，凡事有个根源，这本是你先上的，你请把身上事情，见教一遍，然后等状元分剖。不然，一盆糊浆搅动了，那有清楚的时候？（小生）可怪那皇甫孝绪，病狂丧心。说我冒籍牛医。实不瞒说，下官生父叫黄辅登，为问官诬陷，罗织遣戍。下官年方襁褓，托附邻人詹公抚养，怎么说是冒籍！

【雁儿落带得胜令】（小生取血书、玉蝶出见介）为含冤远别离，付螟蛉亲手书[15]。血淋淋一纸，还有蝶珊珊留记，怎生说攘羊待证鹊巢居[16]？（末上前对嚷）（生扯介）莫要动气。有缘故在里面，从容与你说。（末）爹爹，莫要太怯。孩儿顾不得了。他上本参着爹爹，孩儿怎骂不得他父亲？（末）你如山卷不移，如簧口太欺。詹孝标，你好不识羞。伊伊，不记得奴颜屈膝泪交垂。（小生）皇甫孝绪，这寄毕佥判手书，是谁写的？这书书，想是野狐脚迹鬼标题。（生大悲介）

【园林好】（生）听详细吾心痛悲，亲骨肉两相凌逼，看蝶玉双双一对。詹孝标，我问你，你生父决不是皇甫敦，若是皇甫敦，你不该这样糊涂，朝老夫讪辱不止。（小生取书介）老黄门，这是我养父临终托邻人写书的在此，有生父名姓在上。（众接看）（生接看介）元来也难怪他，是那代写的错写着三个字了。(扯末悄说介)小孩儿,这黄辅登就是我这三字,那探花是你的哥哥了。(末)不是,不是。他黄白的"黄"字,双名辅登。爹爹是复姓单名,绝不相干。(生)你不曾听他说么,是邻人代写的,断断是写错了。(生与众说介)这黄辅登就是老夫名字,是那代书人错写,故此孝标孩儿不认得老夫了。(小生大怒介)三字音同字别,原何径冒认做我爹爹,越发可恨了!(生向末取玉蝶介)你不要发躁。这玉蝶原有一对,一个在此,一个付与你的。那血迹是我亲手书,不信时吾念取。

你血书在何处?(小生)血书也在此。(生)此是老夫在十里长亭亲写付詹大公的。你可付与列位大人收执,老夫从头至尾念得一字不差,便见分晓。(黄门取书介)(生)尔父读至尽。(众皆惊介)(黄)果然一字不差。探花,这却是真正令尊无疑了。(小生扑地打滚介)罢了,罢了。(生抱哭介)

【收江南】(小生)呀,衣冠人类活枭鸱,生生把亲爹噬,却怎生姓名三字恁差池。孩儿万死有余了。不认亲爹也罢,反来攻讦辱骂,那有这般道理!(生哭介)我那亲儿,怎生怪得你?我离你时,你还是个血胞儿,怎么晓得其中缘故,你且起来。(末)呀,你原来就是我亲哥哥了。我攻讦的也是爹爹。(末哭跪介)是爹行往事,恕孩儿不知,却怎生弟兄鹬蚌两相持。

(小生、末又拜哭介)(生笑介)总是人生幻梦犹如此蝶,嫡亲骨肉,对面却不相认,真是可笑。(净)看来老夫当日得罪多了。

【皂罗袍】(净)深愧刑书造次,偶一时投杼[17],罗织名儒。(揖谢介)(外)下官当年虽然争执,如今不合帮着大令郎,令他多这些言语。(揖介)当年鸡肋挂冠归,如今蛮触相攻击[18]。(小生、末俱跪介)泰山犹可,孩儿怎的。吠声吠影,是颠是痴,打爷骂父该何罪。

(生笑介)总是不知者不罪。(生)当日事情怪不得老平章。

【沽美酒带太平令】(生)醉饮官衙达曙归,醉乡中受罗织。是鬼弄人谋两未知,俺心中尚然自疑,难怪你刑推招拟。(净)纵亲家相谅得过,老夫到底惶愧。(对外揖介)全仗你挂冠而去,今日里相逢总奇,闲言语休提一句。(指小生、末介)好痴,莫悲,请看取双双蝶翅。梦儿中冤亲如是。

(生)是则是一家骨肉认明,俱和气一团了。只是两个孩儿各人见教的本章无一字松泛，却如何缴奏？（净、外）这都在下官两人身上。

【尾声】（合）此情缴奏吾担取，来日双双赔罪，待负过荆条方才行割襟礼。

君家兄弟不可当，见此踌躇空断肠。

琼箫暂下钧天乐[19]，侍女新添五夜香。

〔注〕①黄门官：太监，宦官。东汉黄门令、中黄门诸官，皆宦官充任，后因以“黄门官”称宦官。②昭仪：宫中女官名，汉元帝始置，初为妃嫔的第一级，后世地位逐渐下降。③槐棘：周代朝廷种三槐、九棘，公卿大夫分坐其下，以定三公九卿之位，此泛指宫禁中的树木。④春卿：礼部长官。因周代春官为六卿之一，掌邦礼，故称。⑤修撰：官名，明清两代通常授予一甲第一名进士（状元），从六品。⑥藜阁：指天禄阁，此代指翰林院。典出晋王嘉《拾遗记》载汉刘向夜校书天禄阁，有老父吹所执藜杖之端，烛燃火明事。⑦编修：官名，位次于修撰，通常授予一甲第二、三名进士（榜眼、探花）及二甲进士出身的庶吉士留馆者。⑧票拟：即拟票，亦称票旨、条旨。明代内阁阁臣对诸臣章奏所拟的批答，因用小票墨书贴于奏疏面上，呈皇帝定夺，易朱书批出，故名。明中叶后，票拟之权由首辅独专，但因宦官干政，票拟的结果多取决于内监的批红。⑨穿窬：钻洞和爬墙，指作贼的人。⑩牛医：指微贱之家。《后汉书·黄宪传》：“世贫贱，为牛医。”⑪攘羊：偷羊。《论语·子路》：“吾党有直躬者，其父攘羊而子证之。”后因以“攘羊”为显扬亲人过错之典。⑫金兰契：指融洽深挚的友情。⑬“那些个”二句：廉颇、蔺相如，战国赵的名将与名卿，廉颇初轻视蔺相如，数辱之，后为其人格所折服，遂负荆请罪，后世传为将相和的佳话。牛李，唐代的牛僧孺、李德裕，分别是牛党、李党的首领，党争十分激烈。⑭狂且（jū）：行动轻狂的人。语出《诗经·郑风·山有扶苏》：“不见子都，乃见狂且。”⑮螟蛉：稻螟蛉的幼虫，蜾蠃常捕之置己巢中，并产卵于其体内，卵孵化后即以之为食。古人误以为蜾蠃收养螟蛉，故以之为义子之代称。⑯鹊巢居：谓鹊巢鸠占。⑰投杼：扔下织布的梭子。《战国策·秦策二》：“昔者曾子处费，费人有曾参者，与曾子同名族，杀人。人告曾子之母曰：‘曾参杀人。’曾子之母曰：‘吾子不杀人也。’织自若。有顷，人又曰：‘曾参杀人。’其母尚织自若。顷之，一人又告之曰：‘曾参杀人。’其母惧，投杼逾墙而走。”此以“投杼”比喻误系罪名。⑱蛮触：《庄子·则阳》：“有国于蜗之左角者，曰触氏；有国于蜗之右角者，曰蛮氏，时相与争地而战。”⑲钧天乐：天上的音乐。指美妙的音乐。

《双金榜》是明末阮大铖撰写的一部传奇，叙洛阳秀才皇甫敦才貌俱佳，然而家境清贫，不幸丧妻，把幼子孝标寄养于邻翁詹彦道，自投白马寺借住。因安抚使司衙门长盈库藏御赐白马寺佛头宝珠失窃案而被误捕，由安抚使蓝廷璋发成岭南崖门。弘农郡太守汲嗣源为他分辩无效，愤而挂冠归隐。皇甫敦起解时，将孝标改姓詹，过继于詹彦道，写下血书一封，留下传家碧玉蝴蝶一枚，以为日后重逢时的凭证。皇甫敦解至海南，邂逅海上舶主莫佽飞故友，被安顿在多宝番寺。一日，偶见大殿上供着一枝新鲜牡丹，不免惊喜，取出另一枚玉蝶系于这枝家乡名花之上。原来此花乃花田卢府小姐弱玉梦见天女所撒，供于佛前。卢老夫人认出玉蝶正是老员外当年敬赠皇甫先祖的，以为花、蝶相合乃是吉兆，就此招赘了皇甫敦。婚后一年，得子孝绪。莫饮飞盛情邀请皇甫敦前往海岛，以华夏礼仪教授外邦王子。不料皇甫因此被诬通番，累及妻孥，只得逃亡他乡。光阴荏苒。皇甫孝绪和詹孝标俱已长成，各赴长安会试，双登金榜，一中状元，一中探花，分别入赘于平章蓝廷璋（时已升迁）和礼部尚书汲嗣源（时已起用）之府。其时詹彦道病危，临终欣闻喜报，口授遗书，连同留存的血书和玉蝶，一并交来人捎回。孝标得信，欲为生父昭雪。孝绪则迎母卢氏进京，又亟待寻找漂泊海外的父亲。经一番周折，皇甫敦冤案终得平反，与妻儿团圆。

此剧情节曲折跌宕。皇甫敦一生接连遭遇两件冤案，致使夫妻父子离散十八年。待到两子登科、赐婚、接亲；按照传奇套路，便可请得圣旨一道，召取皇甫敦入京，直接实现昭雪、封诰、团聚。然而此剧别出机杼，再掀波澜，竟使弟兄互相攻讦，方才急转直下，完成大收煞。其中《廷讦》便是冲突集中爆发的一出。

为了引发《廷讦》中的冲突，作者熟练地运用误会、巧合等技巧，周密巧妙地编织情节。

首先，作者系了一个扣子，使詹孝标对皇甫孝绪产生误会，肆意报复。叙的是詹孝标从养父遗书和生父血书得知生父黄辅登含冤远戍，自己自幼过继詹姓，故拟上本请求昭雪冤枉，复姓归宗。为保奏本必准，特地向皇甫孝绪告知原委，示以两书，托他转求岳丈蓝廷璋一力主持。皇甫孝绪慨然允诺。谁知冤家路窄。正是蓝当年错判了窃宝案，如今求到他的座前，他岂肯推翻旧案？但他又很圆滑，见女婿再三恳请，便假意允许，暗中阻挠。致使詹的陈情奏本被驳回，还给以降职调用的处分。詹误认皇甫孝绪出尔反尔，串通岳翁，排挤同僚。

因为皇甫孝绪误托了蓝廷璋而使詹孝标产生误会，是一个巧合。而剧中又有托对人的巧合，即为了找到漂泊海外的父亲，皇甫孝绪托新授广南佥判、提辖市舶提举司的同年毕尔珩察访皇甫敦的踪迹，这果然如愿。于此颇可见作者的精心安排。

作者还为《廷讦》中的冲突安排了其他一些线索，笔下该瞒则瞒，该露则露。一件，詹彦道遗书是口嘱蔡蒲包医生记录的，蔡听错了，把“皇甫敦”写成谐音的“黄辅登”。这就对皇甫弟兄掩盖了真相，防止他们提早相认而消解冲突于《廷讦》之前。另一件，毕尔珩找到皇甫敦后，商议如何请封诰，因皇甫通番案未销，不便署本名，只得以“元礼”之字顶“敦”之名。这就瞒过了朝廷，也瞒过了蓝廷璋。但此事又不可瞒着詹孝标，相反，倒是要泄密于他，用作攻讦的把柄。故借毕尔珩的差役向詹口禀，又让詹盗取了孝绪寄毕的回书。

皇甫元礼赚得封诰，赴京与妻卢氏、子孝绪团聚。叙话涉及亲家蓝廷璋原是仇家，不加细述；涉及詹孝标乃是亲子，不曾明言，这些都要留待会面时揭晓。这也是为了防止消解冲突于《廷讦》前。

扣子系好，诸事俱备，《廷讦》出便水到渠成。吴梅曾赞道："头绪纷繁，一丝不乱，是大手笔。"《廷讦》是皇甫父子三个头绪的汇合之处。这一出的情节可分三段。

第一段，攻讦。皇甫孝绪奉父元礼为封诰事入朝谢恩，詹孝标迫不及待纠举皇甫孝绪之父改名赚封事，并呈孝绪复毕尔珩回书以为凭证。皇甫敦承认改名，奏明苦衷，辩别冤情。孝绪随即反击孝标，言其生父黄辅登盗库远戍，是冒了邻家詹姓才登第的。弟兄俩互相揭发，火冒三丈，一场争吵在所难免，但在御前拘于礼仪，不便展开，作者让蓝、汲两阁部大臣向皇上揽下这件调解的差事，地点移至殿外。情节进入第二段——认亲。

詹孝标反驳皇甫孝绪的参奏，解说自己并非冒姓，因生父黄辅登被诬陷遣戍，把自己托付詹公抚养的。倒是该追问皇甫孝绪寄毕佥判手书事。皇甫敦于是"大悲"。他责怪孝标糊涂，既知皇甫敦是生父，为何"朝老夫讪辱不止"。"皇甫敦"与"黄辅登"又一次被混淆，孝标只知生父黄辅登，面前的皇甫敦为何骂不得？经孝标出示养父遗书，皇甫敦顿悟孝标糊涂是代笔者错写姓名所致。但是两弟兄不信服，弟不认兄，兄不认父。直至对了玉蝶，皇甫敦背诵了血书，证据确凿，父子弟兄才得以相认。皇甫敦一生历尽劫难，终于盼到了父子重逢的一天，却还要经受"亲骨肉两相凌逼"的煎熬，以及儿子诟骂、拒认老子的耻辱。剧本用了大段宾白进行描写。且看以下几句(生扮皇甫敦，小生扮詹孝标，末扮皇甫孝绪)："(生)詹孝标，你少说些，恐说多了，后面自己要悔。(小生)胡说！你怎生擅叱下官名字。(生)叱得的。(小生)呸！有甚么悔。我既弃身击奸，便砍头陷脑，亦不顾惜。(生)你的头脑是父母遗体，你不顾惜，自有人替你惜。(生指末介)你也要少说些话，多说了，难收拾。(末)爹爹，不是孩儿寻他，是他先下手孩儿。大家齐搬出楦头来，凭皇上处分便了。(生)只怕他的楦头就是你的楦头。(背介)好笑，好笑。亲父子兄弟差错在一团，怎么处？"生动传神，令人啼笑皆非。

第三段，言和。蓝廷璋为当年错判致歉，皇甫敦予以谅解。由此回顾上文，蓝廷璋承担调解，恐怕是有深意的。那就是蓝料想双方争执下去会牵扯出他错判窃宝案的往事，还是及早避开皇上为好。尽管剧中没有点明蓝的这个动机，但完全可以根据情理推断。此剧针线之密，由此可见一斑。

纵观《廷讦》，其意不在昭雪皇甫敦之冤。昭雪是在下一出《侠吁》，新拜归义都尉莫佽飞率领四夷国世子入朝进贡，由他向皇上为皇甫敦在海岛教化外邦二十年的劳绩请功(因此通番罪不攻自破)，并为弘农窃宝案负责(盗珠一事原是他所为)。《廷讦》着意渲染的是“嫡亲骨肉，对面却不相认”，溯其根源，则在官府腐败，制造冤案。

《双金榜》人物和事件，时人多以为有所影射。吴梅跋云：“圆海诸作，果各有所影射欤？今读诸剧，唯《双金榜》略见寄托，顾亦非诋毁东林也。”此为公允之论。即使创作初衷确有影射，也仅为作者的一种寄托。艺术作品中的人物和事件不等同于生活原型，作者寄托又不等同于作品思想。由于此剧通过艺术形象表现了封建社会某些生活真实，至今仍不失其审美与认识价值。 (宋光祖)

燕子笺 阮大铖

第十一出 写 笺

(双蝴蝶飞上舞介)

【步步娇】(旦徐步上)甚风儿吹得花零乱，你看双蝶依稀见。呀，这一对蝴蝶儿怎么飞得如此好，只管在奴家衣上扑来。为何的扑面掠云鬓？又上花树上探花去了，红紫梢头，恁般留恋！(作花下仰看又回身介)

呀，怎么又在裙儿上旋绕？欲去又飞还，将粉须儿钉住裙汉线。(蝶飞在桌上)(旦桌上扑打不着遂睡蝶下介)(梅上介)悄步香闺内，巫山梦未醒[①]。呀，小姐，才梳洗了，缘何睡在妆台上？待我轻轻唤醒他做针指。(轻咳唤介)(旦徐起)(唱介)

【风马儿】(旦)琐窗午梦线慵拈，心头事，忒廉纤[②]。(起坐介)梅香，檐前是甚么响？(梅香)晴檐铁马无风转，被啄花小鸟，弄得响珊珊。

〔减字木兰花〕(旦)春光渐老，流莺不管人烦恼。细雨窗纱，深巷清晨卖杏花。 (梅)眉峰双蹙，画中有个人如玉。小立檐前，待燕归来始下帘。 (旦)梅香，我这两日身子有些不快，刚才梦中，恍恍惚惚，像是在花树下扑打那粉蝶儿，被荼蘼刺挂住绣裙，闪了一闪，始惊醒了。(梅)是了，是了，前日错了那幅春容，有这许多光景在上面，小姐眼中见了，心中想着，故有此梦。不知此梦中可与那红衫人儿在一答么[③]？(旦)莫胡说！你且取画过来，待我再细

看一看。(梅)理会得。(取画介)小姐,画在此。(旦取画细看介)

【黄莺儿】(旦)心事忒无端,惹春愁为这笔尖。哑丹青问不出真和赝,将为偶然,如何像得这般?梅香,取镜来。(小旦取镜介)(旦看镜,又看画笑介)这画中女娘,真个像我不过,只这腮边多了个红印儿。多只多粉腮边一点桃红绽,若为怜。倘把气儿呵着,他便飞下并香肩。

(梅)看那莺儿与一双粉蝶儿,怎生画得这样活现!

【莺啼序】(梅)似莺啼恰恰到耳边,那粉蝶酣香双翅软。入花丛若个儿郎,一般样粉扑儿衣香人面。小姐,这画上两个人,还是夫妻一对,还是秦楼楚馆买笑追欢的?若是好人家,不该如此乔模乔样妆束;若是乍会的,又不该如此熟落。若不是燕燕于归[4],怎便没分毫腼腆?难道是,横塘野合双鸳?

小姐,这画上郎君呵,

【集贤宾】你看他乌纱小帽红杏衫,与那人笑立花前,掷果香车应不忝[5]。(旦)只是女儿们忒家常熟惯,恁般活现,平白地阳台拦占[6]。那落款的叫做霍都梁,笔迹尚新,眼前必有这个人儿的。我心自转,分明有霍郎姓字描写云鬟。

我看这幅画,半假半真,有意无意,心中着实难解,且喜桌儿上有文房四宝在此,不免写下一首词,聊写幽闷则个。(磨砚取笺笔写介)

【啼莺儿】(旦)乌丝一幅金粉笺[7],春心委的淹煎。并不是织锦回文,那些个题红宫怨[8]。写心情一纸尖憨。荡眼睛片时美满。闷恹恹,(上看介)又听梁间春燕,不住的语呢喃。

(写完自念介)〔醉桃源〕风吹雨过百花残,香闺春梦寒。起来无力倚栏杆,丹青误认看。 绿云鬟,茜红衫,莺娇蝶也憨。儿时相会在巫山?庞儿画一般。 韦曲飞云题。我这一首词,也抵得这画过了。(放桌介)(梅香做从上至下看介)好古怪!怎梁上燕子儿,只是这样望镜台前飞来飞去,与往时不同?(作往扑介)把这残泥将妆盒都点污了。呀,怎么把小姐题的这笺儿衔去了?(叫介)燕子,转来!转来!还我小姐的笺。(旦笑介)痴丫头,这个燕子怎么晓得人的言语?只得随他罢了。

【猫儿坠】(旦)飞飞燕子,双尾贴妆钿。衔去多情一片笺,香泥零落向谁边?(梅)天天!莫不是玄鸟高媒[9],辐凑姻缘?

【尾声】(梅)小庭且把梨花掩,(指巢介)燕子,燕子,你免不得还来巢畔,我好拴上了红丝问你索彩笺。

小姐,我收拾笔砚先进去,你可就到房中歇歇。红豆且调鹦鹉粒,雪花待酌兔儿班。(下介)(旦斜视进介)咳!适间这妮子在此,我心事不好说出。(笑介)果是那画上红衫郎君,委实可人。

【四季花】画里遇神仙,见眉棱上,腮窝畔,风韵翩翩。天然,春罗衫子红杏单。香肩,那人偎半边。两回眸,情万千。蝶飞锦翅,莺啼翠烟。游丝小挂双凤钿,光景在眼前。那些要阳台云现,纵山远水远人远,画便非远。

【浣溪纱】麟髓调,霜毫展,方才点笔题笺。这巢间小燕忒刁钻,蓦忽地衔去飞半天。天天!未必行方便,便落在泥边水边。那些御沟红叶荡春烟,只落得飞絮浮萍一样牵。

【柰子花】三三春月日长天,往常时兀自恹煎。那禁闲事,恁般牵挽。画中人几时相见?待见,才能说与般般。

绣屏斜立正销魂,侍女移灯掩阁门。

燕子不归花着雨,春风应自怨黄昏。

〔注〕 ① 巫山梦:战国楚宋玉《高唐赋序》载楚怀王游高唐,梦一女自称"巫山之女","愿荐枕席",楚王遂幸之,女辞去时曰:"妾在巫山之阳、高丘之阻,旦为朝云,暮为行雨,朝朝暮暮,阳台之下。" ② 廉纤:细微。 ③ 一答:一处。 ④ 燕燕于归:《诗经·邶风·燕燕》:"燕燕于飞,差池其羽。之子于归,远送于野。"后因以"于归"代指女子出嫁。 ⑤ 掷果香车:《晋书·潘岳传》:"岳美姿仪,……少时常挟弹出洛阳道,妇人遇之者,皆连手萦绕,投之以果,遂满载而归。" ⑥ 阳台:见注①。 ⑦ 乌丝:乌丝栏,印有黑线栏的笺纸。 ⑧"并不是"二句:织锦回文,前秦窦滔为秦州刺史,获罪流放,其妻苏蕙相思不已,遂织锦为回文璇玑图以寄之。见《晋书·窦滔妻苏氏传》。题红宫怨,唐僖宗时宫人韩氏题诗红叶,投入御沟水漂至宫外,适为于祐拾得,因亦题诗红叶置御沟上流,其诗复为韩氏所见。后韩氏被放出宫,二人遂得成夫妇。事见《青琐高议》。另《云溪友议》、《本事诗》等所记之事人物、时代各异。 ⑨ 玄鸟:燕子。《诗经·商颂·玄鸟》:"天命玄鸟,降而生商。"高媒:即高禖,古代帝王为求子所祀的禖神。《礼记·月令》郑玄注:"变媒言禖者,神之也。"此指婚姻之媒。

《燕子笺》是明末戏曲家阮大铖的代表作。演绎了唐代扶风才子霍都梁与曲江名妓华行云、官宦小姐郦飞云之间一段曲折离奇的爱情故事。

霍都梁长安应试，寄寓名妓华行云家，两情相悦，霍将行云与己像画成听莺扑蝶图，付裱时与礼部尚书郦安道之女郦飞云的观音像错换。飞云见听莺扑蝶图，惊画中行云之像与己酷似，又慕画中男子之俊雅，萌生爱恋之情，遂题词笺上，忽有梁上燕子飞来，将诗笺衔去。又恰被曲江漫步的霍都梁拾得，因此奇缘而惹动情思。临试期，霍之乡友鲜于佶科场舞弊，偷换霍之试卷。因怕败露而以燕子笺事相恐吓，将霍诓出京城。是年，安禄山作乱，霍改名卞无忌在西川节度使贾南仲幕任参军。避乱中，郦飞云与家人失散，被贾收为义女。贾以霍立有奇功，将飞云许配之，婚后两人方知对方即是自己念中之人，而由燕子衔笺作合。华行云在离乱中被飞云之母收为义女，又助郦安道识破鲜于佶假状元面目，终于与霍都梁再度团圆。霍都梁新中状元，又晋升河陇节度使，夫荣妻贵，飞云、行云，诰命双封。真是燕子为媒，促成千古佳缘。

《写笺》一出，是刻画剧中女主人公郦飞云形象，展现其内心世界的重要一幕，吴道子的水墨观音变成了一对俊男倩女的听莺扑蝶图，更奇怪的是画上的女子容貌竟与自己一般无二，连题款中"云娘"的名字也与自己暗合，这一切好似春雷，震醒了郦飞云，使这位出身名门，长年深闺独处，"再没有一丝儿胡思乱想"、幽静贤淑的贵族小姐感受到了心灵的悸动："莫不是赚阳台，行雨云？莫不是谎天台，刘阮情？莫不是趄离了倩女魂，莫不是颦效了东家逞？怎生生的打合上卓女琴，教我暗煎煎，难将这哑谜儿忖。"（第九出《骇像》）飞云由于"好奇"，瞒着父母，留下了画像，在一个明媚的春日里，拿出来展看玩味。

在这出戏里，飞云一出场便给人以情思萦绕、心事重重的印象："琐窗午梦线慵拈，心头事，忒廉纤。"恍恍惚惚，缠缠绵绵。小梅香（丫头）最懂得小姐心事："前日错了那幅春容，有这许多光景在上面，小姐眼中见了，心中想着，故有此梦。不知此梦中可与那红衫人儿在一答么？"一席话更说出了飞云的无限心思："心事忒无端，惹春愁为这笔尖。哑丹青问不出真和赝，将为偶然，如何像得这般？"于是面对画中人，取笺题词："绿云鬓，茜红衫，莺娇蝶也憨。几时相会在巫山？庞儿画一般。"将内心的憧憬向往表露无遗。

如果说飞云的心事至此还是比较朦胧的话，接下来梁上飞燕衔笺而去的奇事则似催化剂，使飞云情思萌动，平生出几许希冀："天天！莫不是玄鸟高媒，辐凑姻缘？"继而又觉得希望渺茫："天天！未必行方便，便落在泥边水边。"更深地陷入相思之中："往常时兀自恹煎，那禁闲事，恁般牵挽。画中人几时相见？"作者用非常细密委婉的笔调，抓住深闺小姐郦飞云复杂的心理活动这条线索，尽情地展露飞云的内心世界，将飞云由错画骇像到观画写笺，由朦胧向往到情深意切的心理变化轨迹演绎得细腻真实，逐层深化。

飞云之爱确实不同一般，因为它完全是幻想的产物，故而后来连见多识广的女医孟妈初闻时也无法相信："从来那里有个不见面害相思的。"（第十三出《入闹》）然而飞云却宁愿信其为实："纵山远水远人远，画便非远。"正因为飞云的向往是虚幻的，才更见其对爱情的渴望与希求的真挚顽强，怀远堂批点本对这出戏评道："此出尽情，乃尽出无情中之情。"在郦飞云身上，我们依稀可见《牡丹亭》中杜丽娘的影子。

阮大铖历来被称为是"临川派"的重要作家，在许多方面都有意模仿汤显祖，尤其是曲辞的文采韵致，近人吴梅以为其"固深得玉茗之神也"（《中国戏曲概论》）。《写笺》一出充分体现了《燕子笺》一剧语言华美清丽、隽永含蓄的特色，作者将曲辞作为传递人物细微曲折情感的重要途径，又注重场上气氛的营造渲染，将眼中景、心中情融成一体，既细腻地描绘出深闺少女郦飞云幽妙惆怅的心理，又使景象情状历历如绘。飞云的端庄娴婉与小梅香的伶俐机敏，宛如红花绿叶，飞云不便直白的心思，由梅香口中径直道出，饶有谐趣。飞云曲词的清丽流转又十分切合她的身世。读来余香满口，《词余丛话》赞曰："圆海（阮大铖号）词笔，灵妙无匹。"真非虚言。

（耿百鸣　张　潋）

燕　子　笺　　阮大铖

第十六出　驼　　泄

【小蓬莱】（生上）浪暖桃花风起，得意后渴倒相如①。（小旦）打叠腰围，放开情绪，去着宫衣。

（生）云娘，小生场中文字甚是得意，可不负你一番指望。只是身子中着实有些欠爽利！（袖中取文介）今日又不该在窗下亲把文章誊写，这一会头目更加眩晕，心儿上又烦燥得紧，恐怕书生没福，不能承当功名两字了！（小旦）说那里话！尊体清癯，又着劳碌，故此有些不耐烦。奴家记得昔年有病，曾请过一个女医姓孟的，用药甚效，已曾着人请去，待他来看看，服一两剂药便好了，你且放心。

【桂枝香】（生）曲江寻翠，便听春雷轰地，连朝鏖战风云，自笑随行逐队，那管轻寒透衣，轻寒透衣。（小旦）想是雄文得意，定要脱胎换体。好与你问良医，漱止相如渴，腰扶沈约围②。

（副净上介）欲图虎榜登名姓，先向鸡窗问号头③。此间是华行云门首了。(作进见)(小旦揖拜介)(生强起拱手介)(副净)霍兄,怎么是这样一个光景?(生)偶尔小恙,不能相迎,得罪得罪!(副净)想必是场中忒用心了。(小旦)正是如此说。(副净作掇椅就生温存介)好事将近,须要上心调理,莫作儿戏。场中得意,不消说了。(生)风檐之下,草草完篇,胡说也写在此。(小旦送副净看介)(副净哼读介)这样七篇簇锦,定然高中无疑,怎么倒说草草,天下有这样草草的!只是这病也害得你好。天杀的,你肚子里怎生有这许多好东西?胀也该胀病了!(生)老兄也一定得意,文字倘写出,也要请教请教。(副净笑介)小弟是瞒不过老兄的,只好浑场中一两顿酒饭吃,到家时节去哄吓那些乡里的人,说鲜于相公又观场一次了。里边文字,不过胡乱写几句出来,那里记得?取笑取笑!

【前腔】(副净)你鹏飞比势,龙媒争驭[④]。看棘闱星火森沉[⑤],笔扫千人都废。你胸中可抒,胸中可抒,定是朱衣不弃,孙山前置[⑥]。只还有一件,今科场中规矩,与常年不同,要各人认定自己卷面上的字号,到发榜时,只写了号数,不写名字,直至进呈过,磨对明白,方才写名姓传胪[⑦]。(生)这个记得。(副净)小弟编的是"昃"字号。(生)小弟的是"日"字号。(副净)记得真么?(生)自己号数,怎么记得不真!(副净笑介)云娘,莫怪我说,你已后但遇了"日"字号,(作抱介)便叫这是我的霍相公!我的霍相公!(小旦)鲜于相公,也莫怪奴家说,你也真是个"贼"字号相公了。(生)休得取笑,免得病支离,与你同踏天街马[⑧],分穿御赐衣。(生伏桌睡介)

(丑扮驼女医,保儿同上介)背包自有驼峰耸,搀手何愁鸡眼疼。(保)妈妈,此便是我家门首了。(同进见介)(副净)那里走了这样一个婆子来?(小旦)是一位女先生,奴家请来看霍郎病的。(丑与副净、小旦拜介)(转身介)我说前日郦府里那轴画,像个人儿,彼时急忙想不起,元来就像昔年请我看病的这位华云娘。(小旦唤生抬头见介)霍相公,请得女先生来了,好诊诊脉。(丑细看生面转身介)好古怪,这位相公面孔,也有些熟会,急忙想不起,元来也像郦府里看过那画上穿红衫的秀才。我晓得了,晓得了!(扯小旦问介)适间听见这位相公姓霍,他可叫做霍都梁么?(小旦)果是叫做霍都梁。(丑)他可晓得画儿笔画儿么?(小旦)画得极好的。妈妈，他的名字，与他会丹青，你却怎生知道？（丑）你莫管，有些说话在里面。（转身介）那里撞得这样巧，恰好就是他！且莫就说，待我看脉时，把些言语惊他一惊，看他如何？（看脉）（眼中不住看生介）

【泣颜回】（丑）真说病因谁？为惜花心憔悴些儿。你有青楼红粉，那隔墙花怎去轻窥？（小旦）妈妈，只请你看病，怎么说起这些闲话来？（丑）不是闲话，病根都是从这里起的。牙签锦题，笔尖儿乱点得潇湘翠。这病药都没效的，除非是铜雀春深[⑨]，始医得你彩凤情痴。

（副净）这婆子！霍相公请你来看病，病症不说，一划胡柴鬼话。好可恶，好可恶！（作怒介）（丑）倒不是鬼话，倒是一轴春容画！（副净）还是这般胡言！（丑）不是胡言，倒是一片诗笺。（副净）这是那里说起？（丑）说起说起，反劳动了那燕子。（生惊与小旦悄说介）这妈妈讲的话，像是知道那丹青的下落。你可问他一问。（小旦）妈妈，你才说的话，有些来历，你可明白讲罢。（丑）你也说有些来历么，我直说与你听罢！

【前腔】（丑）说起话跷蹊，谁识其中情事？朱门有女，为儿郎皱破双眉。实不瞒你说，老身前日郦府里请去看小姐的病，那小姐症候，像是伤春的。细细问他梅香，说道日前因为裱轴观音像供养，错讨了一轴春容画来了，那画上女娘像得他凶。（生、小旦惊介）原来有这等事！（丑）那画上，又有一个穿红衫的郎君，生得标致，小姐看见，着实想了，故此害出这病来。老身彼时不信，那梅香悄悄地取画与我细细看来。（生）元来妈妈细看过画的，画上面是甚么样？（丑）上面么，那像小姐的女娘，就是云娘活现；那着红衫的，就像相公。（生笑介）天下像貌同的尽多，那里就是小生。（丑笑介）相公你还要瞒我，那上面还落的款，我记得，念与你听。（生）你请念来。（丑）莫怪我犯讳了。是“茂陵霍都梁写赠云娘妆次”十一个字儿，说得不差么？是鬼话胡言么？（副净）霍兄，这些详细，你请说说。只知道你替云娘曾画的有春容，是我叫送与那缪酒鬼裱。后来这些话，却不晓得。（生）鲜于兄，正为着这轴春容，因你说送与那老缪装裱，那晓得是个酒徒，想是酒醉了，错发了别处去，倒取了一轴观音像来，正不知那轴春容的下落。今日孟妈妈这样说，分明错到郦府中去了。（副净问丑介）郦府中可就是礼部郦老爷，今年知贡举的么[10]？（丑）便是。（生）此小像，小弟元为云娘而写，那里知道那郦小姐，生得与云娘一样。如今错认做自己的，在那厢疑惑。怪道小弟在曲江闲步，见个燕子衔幅笺来，笺上字迹语气，正与云娘说像个女郎。今日后这位妈妈说明，方晓得是郦府小姐题的。（丑）正是，那梅香也说来，说小姐曾把乌丝咏题，猛可儿燕子衔将去。如今待文场高占鳌头，我与你向官衙稳做蜂媒。

（小旦）媒不敢劳做，只是劳动妈妈，婉转说与小姐，取还奴家那轴春容来，就多感你了！（丑）要去取回，只是没个凭据，他怎肯相信？（小旦想介）有了，如今先将燕子衔来的笺儿，你拿去与小姐验过，他便信了。待他发过春容来，然后把这幅观音像央你送还，如何如何？（问生取笺出介）（副净取笺念介）这就是郦小姐亲笔？（丑）便是，便是。（副净）我前日在曲江边踱一踱，猛然间也遇一个巧。（丑）相公遇着甚么巧，想是也撞了个燕子？（副净）倒没见有个燕子飞，只是被那鹤鸟撒得满头上白剌聒的，褪下头巾来，洗也洗得不干净。（小旦付丑笺介）这是金凤小钗一股，权送妈妈的。你换得画来时，再加重谢。（丑喜谢介）（拜介）多谢多谢！只是如今还不能彀进去，郦老爷好不严紧，临入场时，亲口分付过我的，叫我莫要进衙里走动。待出场来，我去看小姐时，与你婉转说明，或者他肯发来也未见得。（副净）妈妈，我有一桩事，也央你一央。我有一幅行乐图，拿去与郦小姐看看，如何？（丑）不用了。（副净）怎知道就不用？（丑）如今不是时节了。（副净）怎么不是时节？（丑）如今端阳将近，过了年，小姐家那里还要贴钟馗像。（众笑介）（丑指生介）你看你看，霍相公听了这些话，身子都爽利起来，不消用药了。只是云娘再将就他些儿便好。我去了。且将扁鹊巧心手，去作双鸾系足人[11]。（下介）（副净）原来有这一段奇事在里面。霍兄，你好生将养，且告辞了。（小旦）请小坐坐何如？（副净）多谢了，小弟要在下处收拾收拾行李，待放了榜，不济事的时节，就要学这驼婆娘，弯起腰来背了包，一溜跑了！（生、小旦笑介）

【尾声】（副净）画中活现阳台女，那知又一副巫山添注。来日里金榜当头看把日字儿题。（别介）（生、小旦下介）

闺里收缃轴，江边拾彩笺；

两厢情意密，都倩老驼传。

〔注〕 ① 渴倒相如：汉代著名辞赋家司马相如有消渴疾，故称。 ② 沈约围：指瘦腰。南朝梁沈约与徐勉交契，尝致书徐，叹己老病，云："百日数旬，革带常应移孔；以手握臂，率计月小半分。"见《梁书·沈约传》。 ③ "欲图"二句：虎榜，龙虎榜的简称，也即进士榜。元萨都剌《丁卯年及第谢恩崇天门》："虎榜姓名书勅纸，羽林冠带竖旌旄。"鸡窗，指书斋，典出南朝宋刘义庆《幽明录》："晋兖州刺史沛国宋处宗尝买得一长鸣鸡，爱养甚至，恒笼著窗间。鸡遂作人语，与处宗谈论，极有言智，终日不辍。" ④ 龙媒：骏马。典出《汉书·礼乐志》："天马徕，龙之媒。" ⑤ 棘闱：科举考试的考场。唐五代试士，以棘圈围试院防止作弊，故称。 ⑥ 孙山：宋范公偁《过庭录》记孙山赴举他郡，受同乡之托照顾其子，发榜后孙见己与乡人之子皆未中式，遂先归。乡人问其子得失，孙答道："解名尽处是孙山，贤郎更在孙山外。" ⑦ 传胪：科举考试中，在殿试后由皇帝宣布中进士者名单的仪式。 ⑧ "与你"句：唐时新中进士者有骑马游京城大街以示荣耀的习俗，此指同登进士。 ⑨ 铜雀春深：语出唐杜牧《赤壁》诗："东风不与周郎便，铜雀春深锁二乔。"此处歇后"锁二乔"，谓情有归依。铜雀，铜雀台，汉魏之际曹操所建。⑩ 知贡举：宋礼部试时，朝廷在近臣、两省和台谏长官中，选差权知贡举一人和同知贡举二或三人主持考试。 ⑪ 双鸾系足人：指媒人。唐李复言《续玄怪录》记韦固旅次宋城南店，见一老人月下倚囊检书，问其囊中何物，老人答曰："赤绳子耳，以系夫妻之足。及其生，则潜用相系，虽仇敌之家，贵贱悬隔，天涯从宦，吴楚异乡，此绳一系，终不可逭。"

传奇之要旨在新在奇，"戏场关目，全在出奇变相，令人不能悬拟"（李渔《闲情偶寄》）。而情节关目之生新奇巧，又需与构思布局之精心细密相结合，所谓"密针线"，"一节偶疏，全篇之破绽出矣"（同上）。《燕子笺》一剧最为人所称道之处，正在于结构关目之精巧曲折，针线绵密，故前人尝有"《燕子笺》一曲鸾交两美，燕合双姝，设景生情，具征巧思"（清梁廷枏《曲话》）之评。

《燕子笺》一剧有两条线索：一是由错画衔笺而引起的郦飞云、霍都梁、华行云之间的爱情故事，这是全剧的主线。另一条线索则是鲜于佶科场割卷舞弊一案。两条线索在剧中生发展衍、交错并行，其衔接交会之处便在第十六出《驼泄》，这是剧情发展的重要关节点，也最能体现此剧精巧绵密的特色。

题画、错画、写笺、拾笺，阴差阳错的巧合，使郦飞云、霍都梁这一对素昧平生的青年男女不知不觉地堕入苦苦相思之中，驼医孟妈的出现，使得原本云遮雾罩的传奇故事一点点显出庐山真面。飞云在燕子衔笺而去之后，因时常思念画中人而恹恹成疾，其母请来驼医孟妈诊治，孟妈从小梅香处得知小姐心事，经过孟妈的巧言宽解，加之略用汤药，飞云之病渐愈。正巧，都梁应试之后，偶感风寒，华行云心上不安，便也请了孟妈前来诊治，孟妈一见行云便恍然大悟："我说前日郦府里那轴画，像个人儿，彼时急忙想不起，元来就像昔年请我看病的这位华云娘。"同时又认出面前的都梁"元来也像郦府里看过那画上穿红衫的秀才"，于是精明老练的孟妈便在把脉之时用言语点拨试探，几番语去言来，果然弄明了错画拾笺的真相。孟妈告诉了都梁、飞云由画成病的情由，行云则赠钗托孟妈送还诗笺，互换原画。孟妈有意成全这段奇缘，欣然允诺。由燕子传笺而引发的这段传奇爱情似乎好事在即，团圆有望。

正当这边厢离奇动人的爱情故事渐趋明朗，欢快融和之时，一场危机却已拉开帷幕。场上的另一个重要人物鲜于佶正暗怀鬼胎，酝酿阴谋。鲜于前来探望病中的霍都梁，阿谀奉承之余，不怀好意地反复细细探问都梁试卷的字号，孟妈说明错画衔笺故事的隐情，又让一旁的鲜于心念一转，他特地确认飞云之父郦安道正是此次会试的主考，一场陷害假冒的阴谋由此产生。

在这出戏中，错画拾笺故事由孟妈之串连而渐趋明朗，都梁、飞云之奇缘正欲成就，这是明线；鲜于佶舞弊之举尚在酝酿，是属暗线，作者充分运用情节穿插的技巧，使一明一暗两条线索相互穿插生发。燕子笺隐情的泄露，一方面为生旦的团圆会合张本，另一方面也使鲜于陷害都梁找到口实依据，并以此逼走都梁，达到割卷舞弊，假冒状元之目的。整场戏波澜起伏，一波未平，一波又起。明场的轻松欢洽与暗里的危机四伏相映相衬，在曲折跌宕中将剧情推向高潮。

剧情的起伏波澜，离不开铺垫。越是生新奇巧的关目，越需铺实垫稳。在这一场戏中，鲜于佶舞弊图谋初露端倪，作者处处采用暗中铺垫手法，由鲜于不怀好意地探问都梁字号，到鲜于打听飞云之父郦安道"知贡举"的身份，场中句句问话，皆有因由，俱含深意。观者彼时不解其意，待到后来鲜于买通缉捕，刑拷孟妈，又以买通女医、与主考之女私情往来暗通关节之名欲拘都梁，使都梁不得不逃离长安，最后鲜于假冒状元，欲娶飞云，方知一切关目均由此而起，真相大白。这既出乎意料之外，又合乎情理逻辑，使人不得不佩服作者构思安排之巧妙。

在《驼泄》一出中，驼医孟妈虽是配角，却在剧情发展中起着关键作用，由她两处诊病串连，方使"燕子笺"故事显山露水，为生旦会合之一大功臣。作者虽用笔寥寥，但通过其举手投足、言谈颦笑间活画出一位饱经世故、精明干练的老妇形象。无怪吴梅先生曾道："此剧之妙，在鲜于佶，此尽人皆知也。……(鲜于佶与)孟妈妈皆是出色人物，演者不可草草。"(《〈燕子笺〉跋》)确是中的之语。

(耿百鸣　张　澂)

燕　子　笺　　阮大铖

第三十八出　奸　　遁

【生查子】(外上)入彀溷鱼珠[①]，惭主南宫试。潦草点朱衣，笑破刘蕡齿[②]。

老夫为场中误取了鲜于佶这厮，既负圣恩，兼生物议，连日心下十分懊恼。只这节事，终无含糊之理，定须再加复试，自己检举方可。已曾着人唤那狗头去了。门官那里？（门官应介）小人在此。（外）你听我分付：鲜于佶若到了，便请到书房坐下，说我出衙门后，身子不快，到晚间，出来相陪。有封口的帖一通，叫他亲自拆看，是要紧的几篇文字，烦他代作代作。他若要回去时，你说我分付的，恐他寓中事多，就在此做了罢。门要上锁，他倘若不容你锁门，你也说是我分付过的，恐闲人来搅扰，定要锁了。凡事小心在意！（门接帖介）理会得。（外）欲防曼倩偷桃手[③]，先试陈思《煮豆吟》[④]。（下介）

【前腔】（副净）酣饮玉堂回，浓抱龙阳睡[⑤]。相府疾忙催，想订红鸾喜[⑥]。

今日同年中相邀，饮了几杯，与一两个酓懒莲子衚衕的拐子头，睡兴方浓，这些长班连报说郦老爷请讲话，催了数次。我想老师请我，没别的话讲，多分是前日央他亲事一节，接我对面商量。老师也是个老聪明、老在行，自然晓得我的意思了。郦飞云，郦飞云，你前日那首词儿，被那燕子衔去的，倒是替我老鲜作了媒了，我好快活快活！（长班）禀爷，到了郦老爷门首了。（门）老爷分付，状元爷到，径请进书房中坐。（副净笑介）这个意思就好，比往常不同，分明是入幕的娇客相待了。（进书房介）（门）老爷拜上，这一会身子被缠倦了，说晚间出来相陪。有一个封口帖子在此，请状元爷亲行开拆。

【一盆花】（门）老爷呵，连日衙门有事，刚转回私署，少息勤劬。待晚来翦烛话心期，这封书特烦亲启，便知就里端的。（副净接书笑介）自然相体，果然作美。一见了这亲开二字，不胜之喜！

怎么说亲手开拆，想必是他令爱庚帖了。我最喜的是这个亲字儿。待开来。（开看）（做认不得字惊介）这却不像庚帖，是些甚么唠唠叨叨，许多话说，我一字不懂得！（问门官介）你念与我听听。（门）你中了高魁，倒认不得字，反来问小人？（副净）不是这等说，我因连日多用了几杯了，这眼睛懞懞忪忪的，认得字不清楚，烦你念与我听了，就晓得帖中是甚么话头。（门念介）恭慰大驾《西狩表》一道，《渔阳平鼓吹词》一章，笺释先世《水经注叙》一首。老爷分付的，这三样文章，是要紧的，烦状元爷大笔，代作代作！（副净慌背语）罢了罢了，我只说今日接来讲亲事，不料撞着这一件飞天祸事来了，这却怎么处？有了，门官，你多多禀上老爷，说我衙里有些事情回去，晚间如飞做就了，明早送来何如？（门）老爷分付过的，恐怕状元爷衙内事多，请在此处做了回去罢。文房四宝现成安排在此。（移桌拂椅介）请，请！（副净叫疼介）不好不好，我这儿时腹中不妥贴，不曾打点得，要去走动走动来方好！（门）不妨事，就是净桶也办得有，现成在里面。（做锁门介）（副净嚷介）门是锁不得的！（门）也是老爷分付过，叫锁上门，不许闲人来此扰乱状元的文思。（副净）怎么只管说老爷分付分付的，你们松动些儿也好！（门）可知道，前日该与我们旧规，你也何不松动些儿么！那样大模大样好不怕杀人，今日也要求咱老子！（作锁介）（门下介）合了黄金锁，单磨《白雪》词。（副净跌足介）这却怎么处？我从来那里晓得干这桩事的么？苦，苦！

【桂坡羊】【桂枝香】（副净）从来现世，文章不济，今朝打破砂锅，好待直穷到底。我心中自思，我心中自思，只得逾垣而避，上天无翅。不免爬过墙去罢。（作爬墙跌下介）爬又爬不过去，怎生好？我想这桩事也忒杀欺心，天也有些不容我了！【山坡羊】知之，青天不可欺。那恩师，变卦儿为怎的？

（门捧茶酒上介）未见成文字，先请吃茶汤。（敲门介）状元爷，你来，你来！（副净喜介）谢天地，造化，造化！想是开门放我出去了。（做听介）（门）你来门边来，老爷里面送出茶壶手盒在此。恐怕你费心，拿来润笔。差小人送在此，你可在转盘里接进去。（副净）你说我心中饱闷，吃不下，多谢，不用了！（门官）吃了肚子里面有料！（笑介）这样好酒好茶不吃，待我拿去偏陪了，如何如何？（笑介）他的放不出来，我的收将进去。（下介）

【前腔】【桂枝香】（副净）茶汤频至，并无只字，分明识破机关，故作磨砻之计。真无法可施，真无法可施，被龙门误事。我想墙是爬不过去的了，只得往狗洞剥相一剥相[⑦]，何如？（斜视介）肮脏的凶，这里不是我状元走得路道。没奈何，要脱此大难，也顾不得了！把犬门偷觑。【山坡羊】且钻之，王婆烟一溜儿。（内犬吠介）（跌足介）偏是这东西，又哰哰吠怎的！（做钻过）（狗咬跌倒）（起来又飞跑下介）

（门）怎么狗这样叫得凶？甚么缘故？呀，这洞门口的砖块，缘何蹋下许多来了？（作开门寻不见介）状元爷那里去了？想是作不出文章，在这所在溜过去的。老爷有请！（外）不是一番寒彻骨，怎得春魁捉笔慌？状元文字完了不曾？（门跪禀介）〔锦堂月〕小人传宣台旨，请状元代作文章。见他意思有些慌，说自不曾受这般刑杖。（外笑）做文章怎么是刑杖？可笑，可笑！（门）他脚踏梅花树上，攀枝要跳东墙。吊下来又往犬门张，（指犬门介）溜走了不知去向。　（外）原来竟日不成一字，场中明白是割卷无疑，定要上疏检举了。快叫写本的伺候！（杂上）不寝听金钥，因风想玉珂[8]。小的写本的叩头。（外）我为文场中误取榜首，要上检举疏。可取文房四宝来，起稿则个。（写介）

【黄莺带一封】（外）造次主春闱[9]，被奸徒赚大魁，自行检举难回避。那霍都梁呵，是扶风大儒[10]，将三场割取，明珠鱼目须更易。售奸欺，负恩私，请罢斥昏庸归故里。这本稿已写完，你们可分定扣数，连夜写了，明早就拿个帖子，送与管金马门内相，说我有病，叫他上了号簿，作速传进便了。（杂）理会得。

珊瑚铁网网应稀[11]，鱼目空疑明月辉。
不是功成疏宠位，将因卧病解朝衣。

〔注〕①入彀（gòu）：五代王定保《唐摭言》："（太宗）私幸端门，见新进士缀行而出，喜曰：'天下英雄入吾彀中矣！'"此指中进士。彀，弓箭的射程。　②刘蕡（fén）：唐幽州昌平（今属北京）人。宝历进士。太和二年（828）对贤良方正，斥宦官干政之非，考官畏祸不取，而士林重之。后遭宦官诬害，贬柳州司户参军，卒。　③曼倩：汉东方朔，字曼倩。据旧题汉班固《汉武故事》载，王母种仙桃三千年结一次果，东方朔三次偷食，因被谪下至人间。　④陈思：三国魏曹植。为魏文帝曹丕之弟，封陈王，谥思。据南朝宋刘义庆《世说新语·文学》载，魏文帝曾以七步为限逼其作诗，否则行大法，曹植遂吟出"煮豆持作羹"六句，以萁豆相煎喻兄弟不能相容，文帝因有惭色。　⑤龙阳：即战国时魏王之男宠龙阳君，此指娈童。　⑥红鸾：旧时星命家所言之吉星，主婚配喜事。　⑦剥相：即孛相，今吴语作白相，游玩之意。　⑧玉珂：马络头上的玉制饰物，多为高官显贵所用，因常指高官显贵。唐李商隐《泪》诗："朝来灞水桥边问，未抵青袍送玉珂。"　⑨春闱：即会试。　⑩扶风：郡名，三国魏以右扶风改置。旧为三辅之地，

素多豪迈之士。 ⑪ 珊瑚铁网:《新唐书·拂菻国传》载有人驾海船以铁网捞取珊瑚珍品,后因以珊瑚铁网喻罗致人才。

鲜于佶原是个胸无点墨,只知眠花宿柳的无赖之徒,却痴心妄想窃取状元名头,他以重金贿赂考场中掌案的都吏,暗将霍都梁试卷上的字号与自己的对换,为怕弊情败露,又用计恐吓霍都梁,将他诓出京城。到了发榜之时,鲜于佶凭着霍都梁的试卷中了状元。他自以为瞒天过海,天衣无缝,便得意忘形,竟在主考官郦安道面前无耻自荐,愿招赘为婿,实则是垂涎其女飞云的美色,却不料被知其底细的华行云识破。《奸遁》一出,正是写鲜于佶假状元原形毕露的一幕。

华行云认出鲜于佶试卷的笔迹是霍都梁的亲笔,便将自己收藏的都梁试后回忆自录的手稿交与郦安道对勘。郦安道据此了解到了事情的真相,但为了慎重起见,还是决定招鲜于佶来府面试真伪。鲜于佶不知就里,还以为今天吉星高照,"红鸾喜"好事临头,便兴冲冲赶来,心里还想:"郦飞云,郦飞云,你前日那首词儿,被那燕子衔去的,倒是替我老鲜作了媒了,我好快活快活!"如此一想,越发得意,连门人请他进书房中坐,也被他理解为:"分明是入幕的娇客相待了。"简直乐昏了头。门人告诉他"有一个封口帖子在此,请状元爷亲行开拆",他就胡思乱想:"一见了这亲开二字,不胜之喜!""想必是他令爱庚帖了。我最喜的是这个亲字儿。"寥寥几句,活画出这个小人得意忘形、利令智昏的丑态。可笑的是,这位"状元爷"根本目不识丁,"许多说话","一字不懂得",及等到明白郦老爷这次是让他当场作三篇文章,这才要了他的命:"我只说今日接来讲亲事,不料撞着这一件飞天祸事来。"他想找个借口溜掉,岂料门子遵老爷之嘱,不仅定要让他作文,还将他反锁屋内,不得出入。这下鲜于佶可真尝到了苦头,纵然跌足长叹,也是无计可施,犹若受刑一般,窘态百出,最后只能不管肮脏,一头钻入狗洞,狼狈逃走。其可笑可鄙,使人捧腹。

错断是喜剧中常用的手法,错断者往往自以为阴谋得逞而有恣意妄为之举,或自我感觉良好而作稳操胜券之态,而观众却旁观者清,已经明白无误地知道他们已经失算,正在自欺欺人,制造自己的喜剧厄运。在《奸遁》这出戏里,作者抓住鲜于佶这个无耻之徒得意忘形的心理状态,借助于鲜于佶的"错断",使其行动本身构成了喜剧情节,鲜于佶入府便成了一个喜剧陷阱,让他掉入其中肆意表演。作者牢牢地控制了场上的节奏,恣意发挥,反复抖露,使喜剧效果层出不穷,最终"钻狗洞"的结局,使全场的喜剧气氛达到高潮,在观众的哄笑嘲弄声中,为鲜于佶这个种种恶行集于一身的无耻之徒,添上了精彩的一笔。

鲜于佶虽是作者刻画嘲弄的反面人物,但并非脸谱化的反角,人前人后,亦人亦鬼,作者写其行为与思想活动,可谓入木三分,给人留下深刻的印象。吴梅先生在《〈燕子笺〉跋》中曾道:"今日传唱,止有《奸遁》一折。即以此折论,吴中伶人工者绝少。……盖此折之难,在眉轮眼角,衣痕袖折之间,一举一动,各有神采处,非得老伶指点,辄不能工。"由此可见,《奸遁》一出,虽喜剧气氛浓烈,却绝非平庸闹剧,作者在情节安排、人物刻画和错断夸张等技巧的运用方面匠心独运,堪称出色。《奸遁》一出是全剧的一个亮点,也是昆剧舞台至今常演不衰的传统折子,在戏单上、说明书上有时也径称为《狗洞》。 (耿百鸣 张 澂)

【戏曲家小传】

吴 炳

(1595—1648) 原名寿元,字可先,号石渠,又号粲花主人。宜兴(今属江苏)人。明万历四十七年(1619)进士,授蒲圻知县。调刑部主事,擢工部员外郎、郎中。迁福州知府、江西提学副使。旋辞官归里,复起为两浙盐运使。正直清廉,倾向东林党。后参加抗清,在南明各政权中担任过兵部右侍郎、户部尚书兼东阁大学士等职,清顺治四年(1647)清兵攻陷武冈,被俘绝食死。生于世宦之家,因环境熏陶,幼年即能填词,清焦循《剧说》谓其十二、三岁便作有传奇《一种情》。其剧作以表现婚姻自主为主要内容,构思奇巧,结构谨严,人物刻画细腻。所作曾由其家庭戏班演出。吴氏系临川派重要成员,受到曲家如李渔等的推重。所作传奇今存五种,即《绿牡丹》、《疗妒羹》、《画中人》、《情邮记》、《西园记》,合称《粲花斋五种》或《石渠五种曲》。另有《说易》、《雅俗稽言》等。

西 园 记 吴 炳

第六出 双 觏

【南吕过曲香遍满】(生缓步上)红楼高敞,看朝飞浦云开画梁[1]。觅路花间红踏浪[2],回旋低粉墙,扉环双钉黄。记得园公说春风隔内厢,使不得那屐齿从前放。

果然好座红楼!你看墙下门儿反闭,想不好再进去了。走来困倦,不免就花茵之上,少息一回。(坐介)(作倦眠睡去介)(小旦内云)翠云姐,请你小姐先上楼去。(丑应随旦行上)

【懒画眉】(旦)郊原春色太憨狂,(作上楼介)我欲上层楼恐断肠。

(丑)小姐,百花烂漫,照得楼子通红了。(旦)我都不爱,只爱这枝梅花。喜故人不减旧时香,(丑)小姐,正是杏园犹见一枝梅哩。(旦)好似千群锦队披仙氅[3]。(丑)待翠云折来与小姐插戴。(旦)这花近在墙角,等我自家折罢。(作揎袖折花)(已断失手)(落花打生额惊醒介)(丑笑介)小姐,怎么掉下去了?笑你怯胆偷花欠老郎[4]。

(生)啐,怎么就睡着了?

【前腔】偶随蝴蝶宿花房,若个朦胧叩北窗?(拭眼拾花嗅介)可知道鼻尖还带梦中香,这连枝梅花为何落下?像是有人折的。(作起立见旦介)分明是散花天女琼楼上。(掩身偷觑介)我待巧学莺身叶底藏。

(旦)翠云,可下楼去寻这梅花上来。(丑应)(作下楼开门寻花介)

【前腔】紫泥淹浥上鞋帮,(回顾介)你看偷印尖尖样几双。(旦)翠云,是这里落下去的。(丑)猛听得枝头何处弄莺簧?(望旦介)小姐,再寻不见哩。(旦作见生急下帘介)(丑)为甚么低回笑脸把朱帘漾?(生袖花揖丑介)小娘子拜揖。(丑惊介)呀,你是何人?辄敢至此。却教我褪步苔阶应礼忙。

(生)请问小娘子,寻甚么东西?(丑)是枝梅花。(生)那梅花有何好处?(丑)俺家小姐说,百般花蕊都不如他。(生点头介)正是。

【前腔】孤香端的领群芳,(丑)掉了下来,再寻不见。(生)梦入罗浮路渺茫[5]。(背介)这相逢又不是参横斗转月昏黄,(出花示丑介)绿珠飞堕浑无恙[6]。(丑)郎君拾得,何不见还?(生)小生游春至此,偶尔倦眠,那花不偏不正,刚刚打在额上。既是你家小姐的,借手奉上,还要借小娘子的口,传说小生是楚国张继华便是。(递花与丑揖介)小娘子好生拿着,只愿你翠袖殷勤做玉捧将。(丑作闭门上楼介)

(旦)为何许久?(丑)说起来好笑得紧。原来粉墙之下,有个书生睡眠。这花落下,不偏不正,刚刚打他额上,好不疼哩。他说借手奉还小姐。(旦)劣丫头,谁着你接他的?

【懒针线】【懒画眉】东风误点寿阳妆[7],好耽搁他一枕花阴午梦长。(丑)替小姐簪花。(旦)不要,春光不上冷钗梁。(丑)带回家去供养可好?【针线箱】(旦)伴凄清一纸梅花帐[8],怕锁不住梦魂飘荡。(丑)这等丢去了罢。(旦)拈来只觉得我心头痛,掷去又还怜他骨底香。依我说不如仍旧还了那生,知音赏,直教他因梅添渴想杀琼浆。(丑笑持花下楼开门介)

(生)小娘子,怎不送还小姐?(丑)唱了喏与你说。(生揖介)(丑)起初的花,是你送还小姐的;如今的花,是小姐送还你的。(生接花介)多谢小姐美意。小生偶占一绝,望小娘子再与小生传达。(吟介)羞桃辟杏踞春开,亲自佳人手折来。草短花深眠正稳,暗香飞送梦惊回。(丑)我那里记得。(生又念介)(旦)恐怕赵小姐上来,不好意思。(作连呼翠云)(一面下楼介)(丑应)(急闭门介)正是:闭门不管窗前月,(旦)分付梅花自主张。(同下)(生)怎么就闭了门?(望介)连楼上也寂无人声了。

【醉宜春】【醉太平】端详,空余怅望。怪楼中燕子,来去匆忙。迟留不耐,想他带泪归房。(小旦行上)怯风时憩竹,拭泪强看花。(转身向内介)香筠,请王小姐到夫人那边去。我上楼一看就来了。(生听介)叮咀,分明是长裙曳珮转回廊,【宜春令】多应他胡梯重上。(小旦作上楼)(欲卷帘遽止介)原来有人在墙外。(生望喜介)真个小姐放我不下,又上楼来了。则见他衣光翠影隔帘摇漾。

(擎花大呼介)小姐,梅花在此,小生在此。(小旦)那人敢是风了[9]。

【琐窗绣】【琐窗寒】他扭身躯做尽风狂,话含糊难审详。(生)梅花梅花。(小旦)好笑他夸花卖朵,举示谁行?(生)我的小姐。(小旦)是那里说起,平生素昧,何因相向?(生又叫小姐介)(小旦)幸得无人在此。频呼唤岂成模样?说他真个是风的呵,【绣衣郎】觑仪容又翩翩俊爽,觑仪容又翩翩俊爽。(生数花介)

【大节高】【大圣乐】将花数恰恰成双,赋标梅空浥怏[10],则怕芳心泄尽酸心长。小生将花呵,【节节高】那拚得瓶中养,只将来帐底藏,还要把在心头放。(小旦微开帘介)(生急窥介)匆匆觑欲问行藏,(小旦急掩帘介)(生)因何又把帘儿障?他娇羞终是女孩家,何不将春愁觌面从头讲?

方才口占诗句,梅香未必肯传,待我朗诵一遍,看他如何发付。(高吟前诗介)(小旦)好诗!

【浣泼帽】【浣溪纱】字韵香,丰神朗,不由人暗引情肠。他因风送句声偏响,我带病听歌意易伤。只是诗句与奴家全合不上。【刘泼帽】无端扯合诚冤罔,敢是首旧诗,难道信口腔,不管的逢人唱?

不要理他,且下楼去。"情到不堪回首处,一齐分付与东风"。(下)(生望介)小姐小姐,你又进去了。

【东瓯莲】【东瓯令】我把新词念,你可闻将?怎冷落骚坛没和章?则怕女中郎⑪,还听不上焦桐响⑫。(末扮园公上)邀日朝开户,推云夜掩门。相公,怎还在此?天色晚了,请出去。(生)去去将何往?楚魂今已滞高唐⑬。(末)老汉说相公不要折花哩。(生笑介)我何曾折花?【金莲子】刚拾得,没来由惹愁烦,这前世未烧香。

(净扮马夫上)乍看云生岫,又见鸟回巢。相公,你说就出来,等得一个不耐烦。马要吃料,快些行罢。(扶生上马介)(生)马夫,这还是仙源,还是人家园子?(净)相公游了一日,还不晓得是赵老爷西园?(生)老丈,我明早再来。

【尾声】准诘朝重相访,分明有个园开似辟疆⑭,便做道是仙源呵,老丈须认着我到过天台的旧阮郎⑮。

(末)花如霞绮柳如烟,有兴何妨日往还。

(生)倚徙不知天向暝,马头犹恨促归鞭。

〔注〕 ①"看朝飞"句:语出王勃《滕王阁诗》"画栋朝飞南浦云,朱帘暮卷西山雨"。②红踏浪:应为"踏红浪",为合律而改。红浪,花浪。 ③锦队:指花群。仙氅:隐者所穿以鹤毛编织的白色外衣。此句形容梅花一片雪白。 ④老郎:老成,老练。 ⑤梦入罗浮:隋代赵师雄在罗浮山遇见美人,一起饮酒,喝醉睡着了,天亮醒来,才发现自己是在一棵大梅花树下。事见旧题柳宗元《龙城录》。 ⑥绿珠飞堕:绿珠,晋代石崇的美妾。权臣孙秀使人求之,石崇不许。孙秀怀恨在心,劝赵王伦诛崇,绿珠遂跳楼而死。 ⑦寿阳妆:南朝宋武帝女寿阳公主卧于含章殿檐下,梅花飘落沾其额头,拂之不去,时人见而谓美,遂仿之为梅花妆。 ⑧一纸梅花帐:画有梅花的纸帐。《遵生八笺》:"纸帐,用藤皮纸缠于木上,以索缠紧,勒作皱纹,不用糊,以线折缝之;顶不用纸,以稀布为顶,取其透气,或画以梅花,或画以蝴蝶,自是分外清致。" ⑨风:同"疯"。 ⑩标梅:同摽梅,即《摽有梅》,《诗经·召南》篇名。摽,落也。此诗以打落梅子比喻女子唯恐不及时而嫁。后因以"赋摽梅"借指女子思嫁。 ⑪女中郎:蔡邕字中郎,无子,有女文姬以才学著称,能继承父业。后世称女子中之有男子才者为女中郎。⑫焦桐:《后汉书·蔡邕传》载:有一吴人以桐木烧饭,蔡邕知道是良木,要来做成琴,果然音

色美妙，琴尾还带焦痕，因名“焦尾”。　⑬“楚魂”句：战国楚宋玉《高唐赋序》记楚怀王梦与巫山神女欢会，神女辞别时说：“妾在巫山之阳、高丘之阻，旦为朝云，暮为行雨，朝朝暮暮，阳台之下。”　⑭辟疆：贾谊《新书》：“启疆辟疆，天子之号，诸侯勿得用。”辟疆，指新开辟的地域，此指新发现的地方。　⑮阮郎：相传东汉时刘晨、阮肇到天台山采药，遇见仙女，留住半年。两人回家后，发现时已至晋，子孙已历七世。事见《列仙传》。

明末戏曲作家吴炳著有传奇《西园记》、《绿牡丹》、《疗妒羹》、《情邮记》和《画中人》五种，总称《粲花斋五种曲》，《西园记》是其中的代表作。吴炳深受汤显祖的影响，他的作品主要描写爱情和婚姻题材，企图写出男女之真情，歌颂爱情的巨大力量，在当时具有反抗封建礼教的积极意义。

《西园记》写书生张继华在西园红楼遇见王玉真，一见钟情，但错认作赵玉英。不久，赵玉英病故，张继华闻讯，悲痛欲绝。后来在西园又遇见王玉真，误认为赵玉英的鬼魂。张继华应试及第，回到杭州。此时王玉真已过继给赵玉英之父。张继华思念赵玉英情切，深夜呼唤其名，使赵玉英阴魂受到感动，就冒名王玉真与张继华幽会。赵父欲将王玉真嫁给张继华，遭张拒绝，后经赵玉英劝说，张方应允。最后误会消释，张继华和王玉真成婚。全剧构思巧妙，用真假误会、人鬼错认的手法推动情节跌宕起伏地向前发展，极具喜剧效果。

《双觏》是全剧矛盾的开端。张继华游春来到西园，憩息在红楼之下。住在邻近的王玉真到西园探访赵玉英，登红楼折梅，失手坠落，恰恰打在张继华头上。张继华瞥见王玉真，顿生情愫。当丫鬟翠云向他讨回梅花时，他迫不及待地说：“既是你家小姐的，借手奉上，还要借小娘子的口，传说小生是楚国张继华便是。”坦率地表达了自己的爱慕。张继华的举动，与《西厢记》中张生初见红娘时的行为如出一辙，表现出年轻人对爱情的渴望。但他不是一个贪图美色的轻薄浪子，而是对爱情十分专一的志诚君子。当王玉真离开红楼后，张继华犹不肯离去。赵玉英上楼，他以为王玉真去而复返，便忘情地向她倾诉自己的爱意，结果闹出许多笑话。正因为张继华一开始就将王玉真和赵玉英误认为一个人，以致生发出后来真假不辨、人鬼颠倒的一系列戏剧冲突。张继华对爱情的执著专注，豁达疏狂的性格，也在这一出定下了基调。

张继华在西园先后向王玉真和赵玉英表白了自己的爱意，由于两人的处境和性格的不同，她们的反应也有所区别。王玉真父母相继病故，独自寄居在西园邻近，因而她对自己的婚姻尤其关切。然而满腹心事却无处诉说，只能郁结在胸中。她在红楼上初见张继华，就有好感，但她并未流露出自己的感情，而是急忙放下帘子，以避嫌疑。她让翠云拾取丢落的梅花，翠云告诉她：“粉墙之下，有个书生睡眠。这花落下，不偏不正，刚刚打他额上，好不疼哩。他说借手奉还小姐。”王玉真立即斥责道：“劣丫头，谁着你接他的？”她让翠云把梅花送给张继华，欲借花传意，“直教他因梅添渴想杀琼浆”。这些描写，揭示出她矜持外表下炽热的感情。赵玉英与王玉真一样，渴望着自由的爱情和幸福的婚姻。然而她自幼由父母作主，许配给不学无术、行为乖张的王伯宁，不如意的婚约使她十分痛苦。她看到张继华，毫不掩饰自己的爱慕之意，称赞他仪容翩翩俊爽，“字韵香，丰神朗，不由人不暗引情肠”。她要比王玉真更敢于表达自己的感情，可是她受到婚约的束缚，不能对张继华有非分之想，但她对张继华的爱慕，更激起她对自己婚姻的不满和反抗，以致后来发出了“誓不俗生，情甘怨死”的沉痛呼喊。王玉真对爱情的执著追求和赵玉英对不合理婚姻制度的强烈反抗，构成全剧交织发展的两条主线。

《双觐》运用误会、巧合和夸张等手法组织矛盾冲突，具有强烈的喜剧效果。王玉真掉落梅花，恰巧打在张继华头上。由此引发出翠云寻花、张继华还花、王玉真赠花一连串戏剧动作，很适合于舞台演出。王玉真刚离开红楼，赵玉英接踵而至，因而使张继华将两人误会为同一个人，在红楼下不断地吟诗呼喊。这些反复的夸张动作，不仅营造了喜剧气氛，而且生动刻画出张继华痴情的性格。因为剧中的误会、巧合、夸张符合人物的性格，与情节的自然发展相一致，所以既出意料之外，又在情理之中。此出的曲词华丽典雅，尤其是张继华和王玉真的唱词，运用了不少典故，略显雕琢痕迹。但这些典故在当时都是一般文人耳熟能详的事情，因此对曲词原有的明快风格，并未构成太大的妨害。赵玉英的唱词相对显得质实爽利些，体现出他们身份、性格的不同。 （马美信）

西园记　　吴炳

第三十出　冥　拒

(净魂上)屋漏更遭连夜雨，船迟又撞打头风。人生枉作千年调，身死无常一旦空。自家王伯宁鬼魂是也。只为科场被骗，亲事不谐，气成一病。不期太尉老官人又死了，买关节一事又发作了，平日酒色过度，身子原是虚的，几件齐来一挡，弄得呜呼哀哉。唉！我王伯宁也是一个好汉，何等威势，何等受用，谁想有今日也呵。

【北点绛唇】只指望种福成根，抽华似笋[①]。无穷尽未到时辰，说杀也无人信。

【混江龙】威权使尽，单靠着一个铁浇铜铸老家尊。镇日价敲残博局，吸破金樽。妖姬贾媚[2]，狎客趋恩[3]。那晓得丝从蚕吐，也不识粒自田耘。撇下了冤家子曰，告别过仇性诗云[4]。相我犀黄玉白[5]，要做尽一朝官，算我柏翠松青，也行不了千年运。谁想滕王风逆[6]，荐福雷迎[7]。未等到尸虫出户[8]，已早见罗雀张门。使惯了我荣我贵，看不得人笑人颦。好排场后恭前倨，没下落头富梢贫。到如今止剩得一双空手，三尺孤坟。臭皮囊再不到花花世界，假绽缎只好骗渺渺幽魂。还愁的蚁虫驻体，一凭他狐兔侵窀[9]。葬不完今今古古北邙山，解不出醒醒梦梦南柯郡。为甚的奔波老碌，角逐价纷纭？

我想赵玉英小姐也在此间，只是撞他不着，若撞着了，与他结为夫妇，了我生前一点愿心，岂不是好？前面飘飘拂拂，似有一位女魂到来，不免饱觑则个。(小旦魂上)为人多窈窕，做鬼也风流。天色向晚，到张郎书馆中去来。(净作觑介)(小旦避介)

【油葫芦】(净)则见他把九地下惊回暗谷春，袅潇湘六幅裙，一般的翠丝金朵簇乌云。恁般体态，比似人间更加标致。他向纤尘稳步无尘印[10]，借轻烟笼影和烟褪。(近小旦介)(小旦)靠边些。(净)小娘子，这比不得人清白，认的真，则好鬼乜邪胡厮混。我形骸销化只有魂儿趁，今日里免不得再消魂。

请问小娘子谁家宅眷？(小旦)奴家是赵观察女儿，问我则甚？(净)原来是玉英小姐。久闻得你天姿国色，但恨生前不曾相见，则小子便是王伯宁。(揖介)

【天下乐】我叉手忙将礼数迎，殷勤好认亲。(小旦怒介)王白丁，我与你有甚亲来？(净)呀，的亲丈夫怎生不认？娘子，可识我东床坦腹的王右军[11]？(小旦)那里说起。(净)热亲亲已下茶[12]，单则为病恹恹未过门。(小旦)啐！(净)早难道唤萧郎作路人[13]。

娘子，你受过我家聘礼，生是我家人，死也是我家鬼了。就在地府之下，与你成了亲罢。(搂小旦介)(小旦怒推净介)王白丁，好不识羞。(净)你口口声声，叫我白丁，敢是嫌我不识字么？娘子，你可知道？

【寄生草】阳世虽夸字，阴司不考文。(小旦)这酒囊饭袋，真是草包哩。(净)则我那酒囊还胜却诗囊润,饭肠更赛过文场敏,便草包也不比得书包闷。娘子,你看天下人能有几个识字的?止不过套成剽窃野狐禅,那里有家藏真正《兰亭》本[14]。

我且问你,你如今往那里去?(小旦)到西园外宅,访一个人。(净)这是张绣林寓所,你去做甚?难道看上了他,与他有帐么?(小旦)有帐无帐,总也不干你事。(净气介)罢了罢了,一发干出这等丑事,我亲丈夫不管谁管?

【前腔】我只道你死守共姜节[15],你缘何偷开楚岫云?好笑你有了私夫不把亲夫认,你是个死人怎把生人趁?(搂小旦介)(小旦喊推介)谁敢强奸?(净)难道我捉奸反作强奸论?当初呵,不提防你羞云怯雨便向鬼门逃,如今不怕你规风躲月再向人间奔。

(小旦)我自寻张郎去,不要理他。正是:酒逢知己千杯少,话不投机半句多。(下)(净作赶不及介)

【赚煞】你看他莲步蹑香云,蝉鬓生花晕。怎么去得恁快?恰便似驾文虬烟翻雾滚。便道年命生时无福分,难道做鬼魂依旧寡宿孤辰?我想他这般风致,如何看得我上。自知村,只好付与娘行供笑哂。叹书来笔钝,恨磨将墨窘。从今后待望玉楼遥拜李修文[16]。

书中有女颜如玉,此语分明劝读书。
不识一丁人鬼厌,演成榜样看如何。

〔注〕 ① 抽华似笋:华即花,抽华本作开花解。抽华似笋,则当指竹子生笋,延绵不断。 ② 贾(gǔ)媚:献媚。 ③ 狎客:旧时专门以陪伴权贵游乐为业的人。 ④“撇下了”两句:“子曰”、“诗云”泛称诗书,此两句说把诗书当作冤家仇人。 ⑤ 犀黄玉白:指古代官服的腰带,用犀角或白玉制成。 ⑥ 滕王风逆:指运道不好。传说唐代诗人王勃船次在马当,距南昌六、七百里。有神助以顺风,一夜就到南昌,赶上了洪州牧阎伯屿在滕王阁举行的宴会,写了一篇著名的《滕王阁序》。事见《类说》。 ⑦ 荐福雷迎:指运气不好。宋人笔记载,穷书生张镐流落在饶州荐福寺,寺僧想拓印颜真卿荐福碑帖一千份送他做路费。当天晚上,碑石被雷击毁。 ⑧ 尸虫出户:尸虫,人死后从尸体中生出的虫子。户,指身体。旧说身体是灵魂寄居之所,故称户。又说人死后时间久了,尸虫就会从尸体里爬出来。 ⑨ 窀(zhūn):即窀穸,墓穴。 ⑩ 纤尘稳步无尘印:形容体态轻盈。晋王嘉《拾遗记》:“石崇筛沉水之香如尘末,布致象床上,使所爱者践之,无迹即赐珍珠百粒,若有迹者,则节其饮食,令体轻弱。” ⑪ 东床坦腹:《世说新语·雅量》:“郄太傅(超)在京口,遣门生与王丞相书,求女婿。丞相语郄信:君往东厢,任意选之。门生归白郄曰:王家诸郎亦皆可嘉。闻来觅婿,咸自矜持,唯有一郎在东床上坦腹卧,如

不闻。郄公云：正此好。访之，乃是逸少（王羲之字），因嫁女与焉。”王右军：王羲之曾任右军将军，故称。　⑫ 下茶：下聘，古代以茶为聘礼。　⑬ 萧郎作路人：唐崔郊的姑母有一个非常美丽的婢女，卖给连帅为妾。崔郊十分想念她，为她写了一首诗，末两句是：“侯门一入深如海，从此萧郎是路人。”萧郎是唐代一般美男子的通称。见《本事诗》。　⑭ 兰亭本：指王羲之所书《兰亭序》，是书法珍品，早已亡佚，只剩下众多摹本。　⑮ 共姜：春秋时卫太子共伯之妻，太子早死，守节不再嫁。　⑯ 玉楼遥拜：李商隐《李长吉小传》载：李贺临死时，见一绯衣人带信给他，说上帝新盖白玉楼，请他去为楼撰文。李修文：指李贺。修文，即修文郎。王隐《晋书》：“苏韶死而苏，云：‘颜渊、卜商为地下修文郎。’”

《冥拒》写王伯宁死后，在阴间遇见赵玉英，逼迫她与自己在地府成亲，遭到赵玉英的严词拒绝。赵玉英生前是封建礼教的牺牲品。她由父母作主，许配给不学无术的纨绔子弟王伯宁，使她感到非常不满。她在西园红楼见到张继华，被他的丰神秀姿和才学所吸引，更觉得自己婚姻的不幸和痛苦。她抱怨父母错订她的婚姻，表示“所许非偶”，“不能附彩凤以双飞”，“倒不如桂影参差，且自抱银蟾而独处”，并发出“誓不俗生，情敢怨死”的呼喊，最终“抱恨身亡”，表现出她对封建礼教的反抗情绪。然而，赵玉英在生前不得不把这种不满埋藏在心底，只能暗自哀叹自己不幸的遭遇。待她到了阴曹地府后，摆脱了世俗的束缚，挣脱了封建礼教的羁绊，才能把对爱情的渴望和追求付诸实践。当她听到张继华不断地呼唤她的名字，为张继华痴情所打动，主动现身与张继华幽会。赵玉英追求爱情的诚意甚至感动了冥帝，特许她自由自在地去找意中人。可是王伯宁仍然要用旧婚约去限制她的行动，赵玉英对此嗤之以鼻，不屑一顾。王伯宁说：“你受过我家聘礼，生是我家人，死也是我家鬼了。就在地府之下，与你成了亲罢。”赵玉英怒斥他“好不识羞”。王伯宁问她去哪里，她坦率地承认“到西园外宅，访一个人”，王伯宁指责她与张继华“有帐”，她理直气壮地回答：“有帐无帐，总也不干你事。”赵玉英敢于反抗封建礼教，不懈地追求爱情自由和幸福婚姻的性格，在《冥拒》中得到了最充分的表现。

如果说剧本通过赵玉英形象的塑造，赞扬了青年男女要求个性解放、婚姻自主的思想，那么，在王伯宁身上则寄寓着作者对现实的讽刺和鞭挞。吴梅《西园记跋》说：“《冥拒》一折，尤为千古奇文，自有净丑以来，无此妙人妙语。【混江龙】一支，痛詈纨绔子弟。【寄生草】曲又调侃文人。此等词宜击唾壶歌之，岂料出诸净角口吻。余故谓五种内净丑角，以此记为最也。且明人传奇，凡净丑诸色，皆不从生后着笔。此作直是创格，当与《绿牡丹·帘试》出，同为破天荒之作。”王伯宁出身于官宦之家，倚仗着父亲的权势在“杭州城内惯使势撒泼”，过着花天酒地、纸醉金迷的荒淫生活，以致被酒色淘空了身体，一病呜呼。这是在封建社会相当普遍的现象。【混江龙】一曲概括了纨绔子弟从鼎盛到衰败的经历，指出这些威风一时的小人不会有好下场，在当时颇具典型意义。王伯宁不学无术，几于白丁，却企图侥幸一第。此剧《幸想》一出，写王伯宁准备应试，想出了贿赂试官，买通关节，夹带答卷，雇枪手代考等舞弊手段。明代科场弊端丛生，至明末越演越烈，科场舞弊案层出不穷。科举制度的腐败，不仅导致政治的黑暗，而且毒害了许多文人，王伯宁实际上也是个受害者。明末世风日下，有些文人打着名士的旗号追名逐利，招摇撞骗。吴炳对这样的现实深为不满，他借王伯宁之口，发泄了自己愤世疾俗的情绪。“你看天下人能有几个识字的？止不过套成剽窃野狐禅”，正是骂尽了天下无耻的文人。

这是一出全由净角演唱的戏，在明传奇中并不多见。中国的戏曲历来有净丑插科打诨、逗笑取乐的传统。在大多数戏曲中，净丑的表演只是起到调节演出节奏，活跃剧场气氛的作用，往往与剧情的发展、人物的塑造相游离。《冥拒》虽由净角主唱，但不是一般的过场戏，而是在全剧中占有举足轻重的地位。在这一出戏中，赵玉英的性格得到升华，王伯宁的形象塑造最终完成，作者批判现实，赞扬个性自由的民主思想也得到了充分的体现。王伯宁的表演带有几分插科打诨的喜剧色彩，但剧本通过这个形象所揭示的思想意义是很严肃的。此出的语言，主要是宾白，基本上做到李渔所说的“俗而不俗”，既通俗诙谐，又不流于恶趣。如王伯宁与赵玉英的一段对白：“（净）我且问你，你如今往那里去？（小旦）到西园外宅，访一个人。（净）这是张绣林寓所，你去做甚？难道看上了他，与他有帐么？（小旦）有帐无帐，总也不干你事。（净气介）罢了罢了，一发干出这等丑事，我亲丈夫不管谁管？”王伯宁到了阴间，还要以赵玉英的亲丈夫自居，摆出一副大男人的架势去干涉赵玉英的行动，结果碰了一鼻子灰。活脱脱地表现出王伯宁蛮横无理、不知好歹的纨绔习气，极具喜剧效果。不过王伯宁的唱词，运用典故太多，与他不学无术的“白丁”形象不相符合，这是剧本的一个缺点。

（马美信）

情 邮 记　　吴 炳

第十三出 补 和

（老旦、净上）不向掌中伸细指，反从鼻上捏尖头。夫星不照奴星照，一段乡心万里愁。（老旦）奴家张阿连。（净）奴家李翠娟。（老旦）枢府选取小夫人，你我两人都不中选也罢了，不想反卖做跟随小夫人的。（净）正是。张家姐姐，你偌大年纪，因何还不嫁人？

(老旦)不要说起。奴家当初也略有些颜色,也有人讲过聘财,争奈爹娘妆乔,论千数百,阻四推三,弄到如今,年纪长了,鬼也没得上门。见是过时货物,只得贱价发行,把我卖在人家充个使女。这还是折本,还是赚钱哩?若早些出脱奴家,怕不早生男育女,也省得口中熬出清涎,便嫁个单夫独妻,何至向人前看他冷面。咳,这也是命该如此了。总则是前生孽障,枉埋怨今世爹娘。(净)奴家容貌原看得过,倒是面上多了几点花粉。前日拣选的时节,已自选上了,怎奈捏手摸脚,那差官忒煞玲珑,好教我露尾藏头。就略略有些斑驳,若是选上了时,我好不会妆小老婆的嘴脸,一般儿颤语娇声,使家主婆的威风,整日价敲奴打婢。谁知双陆无梁[1],反输一帖,把一个好端端的奶奶夫人,与我起个号儿,叫做甚么春梅、秋菊。我想天下有甚好女子,芦席放在地上,与我高低也只几分,那个又不是大夫人。田鸡跳在盘中,比我重轻不过几两。(老旦)李家姐姐,我是要学舌的,叫夫人打你下下截来。(净)劣丫头不要慌,我本是再出世的无盐[2],谪下凡的魔女。虽然貌丑,倒是命高。枢密爷见我古怪形容,反道有些福分,他老人家昏花眼力,或者也说我真个妖娆,便坐了第二第三把的交椅,怕不打的你没规没矩的花娘。(老旦)只管白话[3],夫人将次起来梳洗,快去伺候。(净)姐姐,那拈花贴翠、画眉点唇,奴家一些不知道。大家分开,奴家只值这个马子便了。(老旦笑介)也罢也罢。(同下)(小旦上)

【风入松慢】银河泻水锁孤城,如带回萦。我愁肠九曲便是河身影,还则笑河流急泻无情。古驿何年水啮,行人一夜心惊。

乡梦难成怕晓钟,枕函敲破恨重重。垂头戢翼凭羁绁,不信人情肯放笼。我紫箫自离家之后,即便解维,不能彀消停几日,再通个信儿。后因河决,改从陆路。咳,舟中虽则愁闷,也还是南方光景,如今家乡愈远,风物迥殊,连日趱路,甚是疲倦。此间是黄河驿,波涛之声彻夜不绝于耳。你看驿亭寂静,好凄楚人也。

【忒忒令】乱蛛丝床头暗萦,破纸条隙间虚钉。通没修整,冷落非人境。(行介)我这里暗猜疑,猛回头,忙那步,那壁厢怕不是鬼影。

前面是甚么人?

【嘉庆子】原来是曈昽日上阴掩映，把树叶玲珑散一庭。转过栏边曲径分，紫蔓绊青藤，踏短磴上孤亭。

亭子壁上谁人题的诗？待我看来。（念生诗介）

【尹令】看他一般般恨他薄命，一星星诉他孤冷，可是一声声教奴侧听？君去几时？刚留这一首诗词作证明。

他自题姑苏刘乾初。他是：

【品令】天生少年，初学风魔病。挥毫搦管，特地卖聪明。闲庭悄迥，想出他徊旋影。怯怯低叫，怕有个人儿应。下边早有和韵，敢是我孤魂，逐响寻声先和成？

（念旦诗介）原来和诗的也是个女子。

【豆叶黄】这锦心绣口，也出娉婷。我则道世上只我多情，看他的诗呵，应笑我心儿还硬。他道闺中娇质，病里远行，只三四句不堪人听，只三四句不堪人听。怎不全和？想搁笔沉思，百感俱生。

【玉交枝】不全题咏，看诗余又不署名。你看女人家簪花媚格温柔性[④]，终不似那书生扫千军笔阵纵横。（看惊介）呀，这诗是小姐写的。蓦然瞠眼心暗惊，好似旧时闺阁多娇倩。（泪介）早教人珠泪顿倾，早教人珠泪顿倾。

呀，差了。小姐正随老爷夫人在任，怎么到这驿中来？（想介）敢则怕老爷升了？我在家时并不曾有这信息，就是我行后升迁，那有行程反在我前面的。

【月上海棠】枉系情，羞花长伴桑榆景。算金炉画省[⑤]，那到邮亭。小姐，你只恨载离愁画舫偏轻，又谁知道趱道路把飞旗重整？小姐，你便想我念我梦我呵，只好心相领。水陆歧途，怕梦魂难定。

（又看介）这诗不是小姐所作，为何口端墨迹相像得紧？只怕还是他做的。

【六么梧桐】新诗隽冷，谁人得似，一往情深？便则这刘郎壁上有同声，可须我续貂成？我想那刘郎和韵的女子和奴家呵，一样飘零，合结天涯社盟。

待我补和了后四句。(题介)真娘墓上空题句[⑥],燕子楼中几度春[⑦]?十斛珍珠等闲看,不如荆布本来贫。(掷笔泪介)

【江儿水】乱洒无梢泪,挂壁丁[⑧]。但似这随人适意闲联咏,便平生隔面称同病。你则听临风朗读能相应,空自车尘逐骋。翠绕珠围,不与风流消称。

(倒介)(老旦、净上)呀嗄,夫人怎么倒在地上,快扶起来。(扶介)

【川拨棹】这闲荒径,独行来忒冷静。(小旦)我一时间倦眼难撑,我一时间倦眼难撑,软哈哈头低足轻。(合)且扶将栏上凭,怕吹来风不应。

(老旦)敢有甚疼痛?

【前腔】我的心肠只自疼,(净)身子有甚不好么?(小旦)我的身躯原可憎。(老旦、净)敢着鬼了。(小旦)那壁上现显出精灵,那壁上现显出精灵。(老旦、净啐介)(小旦)几时得昏迷再醒。(合前)

(内掌号介)(老旦、净)外面夫马已齐,夫人这等体弱,怕行不得。

(小旦)只管扶我上轿,休要众人守等。

【尾声】你与我轻轻衬得到前厅[⑨],自离家便做出这般娇病,还则怕今后游魂滞驿亭。

[集唐]一来赢写一联诗,发遣将军欲去时。

　　寂寞江天云雾里,断肠烟柳一丝丝。

〔注〕 ① 双陆无梁:双陆,古代一种博戏。明谢肇淛《五杂组》:"其法以先归官为胜,亦有任人打子,布满他官,使之无所归者,谓之'无梁',不成则反负矣。"此句意谓欲胜反输,想当夫人,反而成了丫头。 ② 无盐:指战国时齐宣王后钟离春,无盐人,有德而貌丑,故后世常以无盐代指丑女。 ③ 白话:闲聊。 ④ 簪花媚格:南朝袁昂称卫恒书如"插花美女,舞笑镜台",后称书法娟秀工整者为簪花格。 ⑤ 画省:原指尚书省,此处指官衙。 ⑥ 真娘墓:在苏州虎丘。真娘为唐代吴中名妓,死后其墓成为文人凭吊的胜地。 ⑦ 燕子楼:故址在今徐州市。曾为唐贞元时尚书张愔的爱妾关盼盼所居,张死后,盼盼独居此楼而不下十余年。 ⑧ 壁丁:墙上挂东西的短钉。丁,钉之古字。 ⑨ 衬:同"蹭",慢吞吞地走。

《情邮记》是一部构思新奇、情节曲折的戏剧作品。剧写书生刘乾元应同窗萧一阳之邀,前往青州,路过黄河东驿,在壁上题了一首七言律诗。枢密阿乃颜差人到扬州买妾,没有合适的,扬州通判王仁无奈将婢女紫箫认为己女嫁给他。王仁因此擢升长芦转运使,携带妻子和女儿慧娘北上赴任,途中留宿于黄河东岸驿。慧娘见到壁间题诗,称赏不置,援笔作和,仅成半首,匆匆离去。紫箫被迎娶进京，从水路改走陆路，在慧娘之后到达驿站，见和诗不全，遂补足题壁而去。刘乾元访友不遇，返回驿站，见壁上和诗，打听到是枢密新娶小妾所作，就追赶进京。紫箫进相府，阿乃颜妻性妒，欲将她转卖他人。萧一阳以千金赎出紫箫，使与刘生成婚。刘生偕紫箫谒王仁，王拒不相认。后来刘生中状元，授淮南路参知官。刘生得知驿站壁间和诗的前半首是另一女子所作，千方百计寻找这位女子。阿乃颜事败削职，王仁受到牵连，被押送扬州候审，主审官即为刘乾元。紫箫顾念旧情，嘱咐刘生庇护王仁。驿丞赵德知道刘生要找的女子就是慧娘，诈以慧娘为亲戚女，许与刘生，谋救王仁。最后真相大白，刘乾元立慧娘为妻，紫箫为妾。无疾子《情邮记小引》云："此记，香阁中有两能诗女子，一奇也；先后居停，一诗两和，二奇也；邮亭何地，婚姻何事，咏于斯，梦于斯，证果于斯，三奇也；情深联和，一而二，三而四，竞秀争妍，各极其至，四奇也；甚而枢府之金屋，不克藏娃，运使之铁肠，不堪留意，婉转作合，双缔良姻，五奇也。"吴梅跋《情邮记》，评论说："吕药庵读此记，比诸武夷九曲，盖就剧中结构言之。余谓此剧用意，实似剥蕉抽茧，愈转愈隽，不独九曲而已。"吴梅称此剧"为石渠（吴炳号）之冠，亦为明代各传奇之冠"，虽有些过誉，但就戏剧结构而言，此剧确有独到之处。

《情邮记》旨在揭示"情"在社会生活中的重要作用，指出"情"是维系人际关系的基础，人们的一切活动"无一不本于情"。作者所说的情，不仅指男女之间的爱情，还包括了父母子女的亲情、朋友之间的友情、主仆之间的恩情。剧本通过曲折离奇的情节、优雅清丽的曲词、形象生动的宾白，把笔触深入到各色人物的内心世界，刻画出他们丰富复杂的感情生活，歌颂了剧中人物美好的情操。这一切在《补和》中得到了充分的体现。

紫箫离开熟悉的生活环境，孤身远嫁，不如意的婚姻使她感到沉重，旅途的艰辛使她身心疲惫不堪，荒凉的驿亭、凄凉的景色更使她愁肠百结。"我愁肠九曲便是河身影，还则笑河流急泻无情"，这句唱词，乃从古诗"泪添九曲黄河溢"化出，却比原句想象更加奇特夸张。紫箫满腔愁绪无处倾诉，当她看到刘乾元的题诗后，立刻被诗中流露的哀怨情调所打动，产生了强烈的共鸣。她由诗及人，对素昧平生的刘乾元暗生情愫："天生少年，初学风魔病。挥毫搦管，特地卖聪明。闲庭悄迥，想出他徊旋影。怯怯低叫，怕有个人儿应。"紫箫是个痴情的女子，她顾及主仆情谊，愿冒充王仁之女嫁与阿乃颜为妾，但她内心对爱情的渴求并未止息。紫箫作为一个侍婢，丧失了婚姻自主的权利，她只能把感情寄托在想象中的人物身上，就此而言，她与《牡丹亭》里的杜丽娘有相似的处境和遭遇。紫箫希望感情有所寄托，可是她不能坦率地表白自己的感情，只能"怯怯低叫"，既怕旁人听见,又怕题诗之人会真的答应她。“怕有个人儿应”,一个“怕”字,把紫箫期盼、胆怯的心理刻画得入木三分。紫箫接着看到慧娘的半首和诗,顿生同病相怜之感。她从字迹辨认,觉得是小姐写的,可转念一想,又认为不可能。小姐正在扬州官衙,怎么会来到黄河东驿?即使老爷升迁,行程也不会赶到自己的前面。想到这里,对小姐的思念之情涌上心头,“早教人珠泪顿倾”。作者把笔墨从男女相恋之情转向闺阁女友手足之情,写得更加婉转动人。紫箫再三玩味和诗,又觉得口气笔墨与小姐十分相似,只怕还是她作的。剧本通过紫箫反复寻思的过程,把人物的内心活动描绘得淋漓尽致,同时增加了舞台的戏剧性。吴梅说此剧“文心之细,丝丝入扣”,确非虚论。

此剧的语言也具有相当高的艺术成就,字字镂肝刿肾,能达难达之意,善言难言之情,使读者莫知其用笔所在。即以《补和》一出而言,有些曲词抒情写景浑然一体,达到了情景交融的境地。如【忒忒令】:“乱蛛丝床头暗萦,破纸条隙间虚钉。通没修整,冷落非人境。我这里暗猜疑,猛回头,忙那步,那壁厢怕不是鬼影。”曲词写尽驿亭破败荒凉的景象,衬托出紫箫孤苦胆怯的心情,在舞台上营造出幽峭凄清的艺术氛围。有些曲词构想极其精妙,非寻常人所能想象得到。紫箫在看到慧娘和诗后,觉得这首诗完全表达了自己的感情,产生一种同声相应、同气相求的感觉,于是唱道:“敢是我孤魂,逐响寻声先和成?”把慧娘的诗说成是自己梦魂所和。剧中曲词皆是作者惨淡经营所得,却无斧凿痕迹,如【豆叶黄】:“这锦心绣口,也出娉婷。我则道世上只我多情,应笑我心儿还硬。他道闺中娇质,病里远行,只三四句不堪人听,只三四句不堪人听。想搁笔沉思,百感俱生。”此曲明白晓畅,通俗如话,却将紫箫此时的心态神情刻画得惟妙惟肖,达到了本色当行的上乘境界。

（马美信）

画　中　人　　　　吴　炳

第九出　画　　现

(画先挂在场)

【正宫引子燕归梁】(生上)从天盼下青鸾信[①],没把鼻笑痴人[②]。不论法术假和真,侬自愿效殷勤。

随梦度愁城[③],东风太少情。可怜春尽夜,犹听子规声。小生将这幅画儿晚叫到明,明叫到晚,一连十三四日,真是心无二念,目无转睛,口无停响。师父说三七应验,如今已是二七,也该略略有些光景了。怎还是这等漠然的?(叫介)我叫得好,你就该欢喜。

【过曲渔灯儿】总不望鉴微忱满脸生春。就是叫得不好,你也该恼,或者也嫌聒絮作意生嗔。又不欢喜又不恼,难道你手掩着明珰做不闻④?俗说背后呼名要打喷嚏,也该有连声香喷。硬帮闲,敢还是我不会温存?

待我净一净手儿拈香再叫。(虚下)

【前腔】(旦魂走上)猛可里不回头走出家门。恍则似软踏轻骑一片云。(内犬吠)(旦惊介)是何处小犬咩咩声不稳⑤?闪得我百忙中褪了鞋根。似这般,雾沉沉想是黄昏。(下)

(生叫上)叫又叫不来,怎处?我想绝世佳人,定爱才子。且把我做的文字请教。(出文对画介)

【锦渔灯】这是我覆酒瓮,三都旧文。琼枝暂借你,蘸霜毫公道评论。又不答应,想是才疏学浅,看不上眼哩。小生也无物孝敬,烹得一壶好茶在此。(捧茶对画介)请茶手捧着雪色兰风一盏春,略用些么,怎生的半滴也不沾唇?

(作泼茶惊介)险些湿了他的衣服,好不小心!(作抹桌介)(旦不上场只在内唱)(生惊作各处听介)

【锦上花】(旦内唱)听得来语逼真,只在此左近邻。想不须杏花沽酒过前村。(暗上介)真有个薄幸人,瞥见了没处存。呀,这画上庞儿怎与奴一样得好?想就是我魂灵了。(掩入画后介)我把真身合上画中身,莫脱了精魂。

(生)这声音只在画里,像是有些意思了。(看惊喜介)那、那、那眼睛方才好像一转。

【锦中拍】刚则见秋波溜人,咦,咦,眉也动起来了。怪双黛微颦,咦,口也开了,想要与小生讲话。迎风蕊开心不吝。(叫介)怎还不应?辞铺鸟试翎终嫩,妙,妙,和身都动,像要旋转的一般。恍轻摇一天潇湘水痕。琼枝,你快些下来罢!捻得住风牌月印,捉得就情踪意跟。好一阵花粉香。假粉生香,连环珮也响起来。死环流韵。(内鸣锣)(生惊介)果然的活翻身浑不信。(旦忽从画边走出)(见生作羞态欲下)

(生扯介)怎、怎、怎又要上画去?则被你叫得小生好苦!决不放你去了。(作见介)请问小娘子可是天仙?

【锦后拍】(旦)漫说道莽张骞渡天津⑥,篡改七夕到春旬⑦。(生)敢是神女?(旦)笑高唐错认⑧,笑高唐错认。(生)这等是谁家宅眷?(旦)奴家郑太守女儿,父亲在京,同母亲寄居此地。(生)总在城中,想也不远。(旦)可知靠东墙宋家原近⑨,只漏春风小字几时闻。(生)尊字琼枝,小生一口认定,再不差的。(旦笑介)甚着紧,似声声忒狠。(泪介)侧耳到伤心,不禁泪沾巾。

(生)小生庾长明,粗有文声,尚无家室。今夜暂谐幽好,来朝议遣良媒。(旦)且待父亲到家,再作道理。(生)小姐,这画与你可是一般般的?(旦看介)果然一般,是谁手笔?

【北骂玉郎带上小楼】(生)这便是我管底花香逗彩痕。(旦)敢在那里见我来?(生)何从窥鸾影,拜辇尘。(旦)可曾做梦?(生)依稀魂梦只三分,总非真。怎似这合体分身?不欺小姐说,都是小生意中想象这个俊庞,一笔描就的。(旦)谢君家意亲,谢君家意亲,竟写出色笑情颦。(生)小生叫得好苦!看猩猩血唇,看猩猩血唇,恼乱他啼鸦晓阵,陪侍他哀猿夜韵。(旦)可怪道热透双轮,可怪道热透双轮,松完宝钏,瘦断湘裙。(生拜介)(旦扯介)庾郎何劳下拜?(生)平日对画上芳容,兀自焚香顶礼,如今小姐亲自到来,怎敢不拜?(旦)庾郎生受你了。(生)望卿云遥领,受万菲千芹。这本等的肃衣冠,见大宾何须谦逊。

今宵剩把银缸照,犹恐相逢是梦中。(同下)

〔注〕 ① 青鸾:指青鸟,神话中专为西王母取食传信的鸟,后世多用作信使的代称。宋赵令畤《蝶恋花》词:"废寝忘餐思量遍,赖有青鸾,不必凭鱼雁。" ② 没把鼻:即没巴鼻,意为没来由,无端。 ③ 愁城:指愁苦的心境,典出北周庾信《愁赋》:"攻许愁城终不破,荡许愁门终不开。" ④ 明珰:珠玉串成的耳饰。 ⑤ 哰(láo)哰:狗叫声。 ⑥"漫说道"句:宋胡仔《苕溪渔隐丛话前集》引南朝宋宗懔《荆楚岁时记》:"张华《博物志》:汉武帝令张骞穷河源,乘槎经月而去。至一处,见城郭如官府,室内有一女织。又见一丈夫牵牛饮河,骞问云:'此是何处?'答曰:'可问严君平。'织女取榰机石与骞而还。"天津,天河的渡口。 ⑦ 七夕:中国传统节日名,农历七月七日夜,相传此夕织女、牛郎两星会于天河。民间有七夕结彩穿针,陈列瓜果,向织女乞巧的习俗。 ⑧ 高唐:战国楚馆台名,在云梦泽中,宋玉《高唐赋序》记楚怀王游高唐,梦一女自称"巫山之女","因幸之",女"去而辞曰:'妾在巫山之阳、高丘之阻,旦为朝云,暮为行雨,朝朝暮暮,阳台之下。'" ⑨ 东墙宋家:战国楚宋玉《登徒子好色赋》:"(宋)玉曰:'天下之佳人莫若楚国,楚国之丽者莫若臣里,臣里之美者莫若臣东家之子,……嫣然一笑,惑阳城,迷

下蔡。然此女登墙窥臣三年,至今未许也。'"

《画中人》传奇是吴炳《粲花斋五种》之一。其故事情节甚为离奇:扬州才子庾启,按照自己心目中的理想形象画了一幅美人图,挂在书房。一日,庾启与表兄一同拜访华阳真人,得其真传,知道了令画中美人走出画面成为真人之法。他记住了真人"天下人只有一个情字,情若果真,离者可以复合,死者可以复生"的话,回到家里,对着画跪、拜、玩、叫,叫了二七十四天,果有应验,画中人竟然眉目动转,继而步下画来,见到庾启一时羞怯想返回画上去,被书生拉住遂成连理。这女子,竟也确有其人,是官宦郑家之女名琼枝,她受到庾生的声声呼唤魂离躯体,来到庾生身边。这一对男女"人魂结合"后,又经过种种磨难,有情人这才成了眷属。这里所选的第九出《画现》,正是男女主人公"案头、画上"声气相求,第一次相见的情形,是全剧最为精彩的片段。

一开场,生上唱了首【燕归梁】,表明自己近期"叫画"叫得好辛苦,对依然无动于衷的画上美人禁不住有点埋怨情绪。正在这时,美人来了!"猛可里不回头走出家门。恍则似软踏轻骑一片云。"腾云驾雾的,正是"魂旦"的身段舞姿。忽然不知何处有一两声犬吠传来,吓了她一跳:"闪得我百忙中褪了鞋根。"这哪里像是魂魄的行动?分明是离家私奔小女子的举止心态!这段戏演起来一定很好看,飘飘欲仙地行进中,忽然一个顿挫,令她手忙脚乱起来,拖着鞋或者边走边提鞋,这才走完全程。在这首【渔灯儿】曲里,最后她唱道:"似这般,雾沉沉想是黄昏。"魂儿还保留着许多"人"智,能辨清晨昏,知道"月上柳梢头,人约黄昏后",懂得入夜才是私奔的好时机,有趣!

庾启洗手拈香,又来叫拜。魂旦上场后,见到自己的画中形象,唱道:"我把真身合上画中身,莫脱了精魂。"她的魂便飞入了画里。听到画卷之上忽有歌声飘出,庾启不禁又惊又喜,一段【锦中拍】唱中夹白,把画中人渐活渐动的过程,有层次地形容出来:"(白)那、那、那眼睛方才好像一转。(唱)刚则见秋波溜人,(白)咦,咦,眉也动起来了。(唱)怪双黛微颦,(白)咦,口也开了,想要与小生讲话。(唱)迎风蕊开心不吝。"这里三句,"秋波溜人"、"双黛微颦"、"迎风蕊开"写目、眉、口,均是中国传统韵文的惯用手法,但这里因有念白的穿插,使雅丽曲辞变得十分通俗明白。这当然有助于演给各式人等看,妇人童子一样可以看懂。接着两句"辞铺鸟试翎终嫩"、"恍轻摇一天潇湘水痕",中间也有说白:"妙,妙,和身都动,像要旋转的一般。"说这画中人像只刚刚学飞的雏鸟,辞别母鸟,展开嫩翅,轻轻地回旋翱翔,像是潇湘水遇风,漾起连天的碧痕。这是写身姿,暗用了"潇湘女神"之典。生跟着唤道:"琼枝,你快些下来罢!"又唱:"捻得住风牌月印，捉得就情踪意跟。”那是在表明自己与美人情投意合。最后，闻见了粉香，听见了环佩响，画中人走了下来，这是庾生多少天来所盼望所争取的，一旦得以实现，反倒“浑不信”起来。

如果说第二支【渔灯儿】是特为旦角设的主曲，那么，这首【锦中拍】则是生角的重点唱段。巧妙的是，这曲子虽由生角唱出，却像一面镜子一般为我们映出女主人公的情态，让我们看到：一个被爱人呼唤、为情所动、情窦初开的女儿家，是多么的勇敢、多么的可爱！

下一曲【锦后拍】，是生旦对话，生白旦唱，一问一答。互相作了自我介绍。《画中人》是南曲系统的传奇剧，却杂用北曲，是为“南北合套”，后一曲【骂玉郎带上小楼】就是北曲。这段又说又唱的曲白，表现男女主人公对两人的奇特的相识经过，自己也觉得不可思议：“何从窥鸾影，拜辇尘”，“依稀魂梦只三分，总非真。”庾生承认：“都是小生意中想象这个俊庞，一笔描就的。”故而这“画中人”，原是他的“意中人”！

这是一出“以意会情，以情现相”的戏，是表现全剧主题——标举真情、表现爱情异乎寻常力量——的重头戏。作者妙笔生花中亦有所继承：一是汤显祖的《牡丹亭》，一是大量流传的“画中人”民间故事。五代《闻奇录》记唐进士赵颜得一美人图，名曰“真真”，昼夜呼之，遂成婚配。同类故事在大江南北、黄河上下都有，天津一带的与“杨柳青”年画结合，山西一带则与“九天玄女”传说结合。这些，都能看作《画中人》一类剧作的民俗文化底蕴。这，大概正是《画中人》等故事、戏剧在民间流传经久不衰的根本原因。

（翁敏华）

绿 牡 丹　　吴 炳

第八出　闺　赏

【双调过宫步步娇】（旦上）想昨日倚马征书吟不稳[①]，点窜无加润，匆忙便示人。到如今棘后回思[②]，恐断泥金信[③]。得失寸心扪，倒不如我哥哥，做旁人倚徙看棋阵。

好笑我车静芳，受人雇倩，代作会文，好不担着干系！只恐怕考得低了，不像体面。闻得哥哥去听发落，怎还不见回来？（丑袖卷上）济人须济急，为人须为彻。（连揖介）妹子多谢！（旦）考在那里？（丑）侥幸第二。（旦）也不见得高，有何可谢？（丑）妹子说那里话！若照你哥哥本领，莫说第二，就是六等也还没得考哩。方才发落的时节，何等光彩！

【江儿水】虹吐胸中气，花生面上春。(笑介)妹子，你诗里做出甚么"一朵绿云"，那沈翰林古怪，就说倒像女人口气，几乎露出马脚来。那主司贼眼连忙问，(旦惊介)哥哥怎么回答？(丑)我只一口咬定自家做的。我门生老脸朦胧认，总亏你佳人假手殷勤衬。妹子，我们考在前面的也只如常，那考末的光景一发看不得。羞涩有言难尽，不敢同群，一径望家先奔。

(内云)大官人，柳相公差苍头相请。(丑)就来了。原是旧知交，更添新气色。呀，会卷在袖里，你看完了，等我传与各家。(作付卷与旦)(先下)(旦看介)第一名柳五柳。

【尹令】怪他占咱第品，第二名车尚公。笑他借咱资本，第三名顾文玉。谢他衬咱身分。沈翰林，你收了一个女门生了。书生绣裙，可也好点缀春风桃李门。

看第三卷倒也不弱，自是名流手笔。后面的尚然如此，那第一卷不知怎么样妙哩。(咏生诗介)天下竟有此才子乎！

【品令】苔花影接，正无处觅檀痕[4]。文心缕索，不怕鬼神嗔。奴家平昔吟咏之暇，想古人风流才俊，不可复得。千秋格韵，今日疑消尽。闺房不揣，也妄学弄朱拈粉。君是何人？振雅嘘风只得拜后尘[5]。

我想车静芳，虚负姿容，枉夸文藻，年已及笄[6]，未知所适。哥哥既不以为念，奴家又不好自言，只恐骏马驼痴，被人耻笑。唉，若得才具如此生者，以托终身，奴愿毕矣。(泪介)

【五供养】潸然自忖，不分今生便付沉沦。若奴家是个男子呵，结成连袂好，朝夕细论文。才名伯仲，也不道十分衰褪。他看我的诗，只说果然是哥哥做的了。冷落金钗友，不相闻，空余肠断到黄昏。

(老旦上)夜雨空阶急，春灯小盏明。小姐，闻得大官人考在第二，难道外人才学，再有强似你的？(旦)保母说那里话！

【玉交枝】他是千人英俊，漫思量寻常等伦。聪明只许骄闺阃，难道占雄风反压倒头巾？(老旦)小姐，你三人呵，似曹刘割据方鼎分，锦标怎不让我烟花阵？（合）料时名词场噪闻，料时名词场噪闻。

（老旦）小姐，你且说他姓名与老身知道。（旦）柳五柳。（老旦）耳朵里常常听得有个柳五柳，是了，他与大官人不时往来。

【前腔】家居邻近，论交情称为狎宾。（旦）怎样一个人儿？（老旦）老身不曾关心看他，只晓得旧时王谢好家门[⑦]。（旦）原来是旧家。他家的事体，你可也知道些？（老旦）但诸凡未及相询。（笑介）小姐，要知道他也不难，待老身去访一访就是。（旦）保母不要造次。怕东家未必真宋邻[⑧]，溪桥枉探梅花信。（老旦）老身居址，就在他城外庄房左边，过去看看，也不妨事。（合）想其人当如此文，想其人当如此文。

（旦）这等，保母明日去访问一遭儿。卷已阅完，送还大官人便了。好书快眼愁将尽，媚句钩肠懒再吟。（下）（老旦）小姐，小姐，你倒看上那人了？你父母俱无，婚姻未遂，我做乳母的日夜在心。只愿早招个俊俏姐夫，和你一般文学。不免早往柳家打听便了。

【尾声】佳人才子真风韵，也要得因缘帮衬，可知我引线牵针原是个里人。

〔注〕 ① 倚马：南朝宋刘义庆《世说新语·文学》记桓温北征，袁虎随从，因事免职，一天正好要出布告，桓温“唤袁倚马前令作”，袁虎“手不辍笔，俄得七纸，绝可观”。后因以“倚马”为才思敏捷之典。 ② 棘后：科举考试之后。唐五代试士，以棘圈围试院，故称考场为棘围，后亦作棘闱。 ③ 泥金信：在涂金粉的笺纸上写的信。 ④ 檀痕：带香粉的泪痕。 ⑤“振雅”句：振雅嘘风，犹言扬扢风雅。拜后尘，《晋书·潘岳传》：“岳性轻躁，趋势利，与石崇等谄事贾谧，每候其出，与崇辄望尘而拜。”此处意谓甘拜下风。 ⑥ 及笄(jī)：女子年满十五岁。笄，簪子。 ⑦ 王谢：东晋时琅玡王氏、陈郡谢氏为最显赫的世家大族。此言“旧时王谢”，表明其人家业已衰。 ⑧“东家”句：战国楚宋玉《登徒子好色赋》：“天下之佳人莫若楚国，楚国之丽者莫若臣里，臣里之美者莫若臣东家之子，……然此女登墙窥臣三年，至今未许也。”

《绿牡丹》这部喜剧作品是明末传奇作家吴炳的代表作。剧本生动地描绘了两对男女青年的爱情婚姻故事，一对是谢英与车静芳，他们分别为东家柳五柳和哥哥车尚公代笔，参加咏绿牡丹文会，由此而相识、相爱；另一对是顾粲与沈婉娥，也通过绿牡丹诗咏相互爱慕。最后，在婉娥之父沈重的帮助下，这两对青年以自己的聪明才智，排除了假名士柳五柳和车尚公的障碍，有情人终成眷属。

第八出《闺赏》是一出注重感情描写的唱工戏，表现闺中女子车静芳因“绿牡丹”诗篇而引发的一连串心理活动，可谓是一出女主人公的内心独白戏，刻画曲折细腻，塑造了一个才高要强而又善感多愁的才女形象。

本出戏一开始就将静芳置于忧虑中。替兄长所作的咏绿牡丹诗拿出去“示人”之后，她一直在焦急地等待外界评议的结果。这位初露锋芒的女才子，盼望得到人们的肯定，因此对自己的“草率成篇”后悔不已，担心由此“断泥金信”。当然她对自己的才学是有信心的，她只是后悔昨日作诗过于匆忙，未经细细思考，这种担心与盼望的交织毕竟令她坐立不安，不禁羡慕起当事人哥哥来，他竟能“做旁人倚徙看棋阵”，十分悠闲地旁观结局。虽然此诗署以哥哥车尚公之名，但对静芳来说毕竟是对自己才学的一次检验，素来的自信好强、高度的“文责自负”，都让她不能不担心“考得低了，不像体面”。当得知考了第二名时，静芳松了一口气，但随即又让她不满足起来：“也不见得高。”这样淡然的口吻，与车尚公“虹吐胸中气，花生面上春”的得意忘形恰成鲜明对照。听说主考官对诗中的女子口气产生怀疑时，她一直紧张着的心情更形紧张。在当时，闺阁诗文是不能随便示人的。车静芳作为一名封建礼教束缚下的大家闺秀，不能不顾忌到这一点。她急于知道哥哥是怎么回答的，这与其说是怕哥哥说漏了嘴，不如说是怕自己得个浮浪之名。好在车尚公说当时一口咬定是自己做的，才让静芳放下心来。

车静芳在为自己一个闺阁弱质能与书生平起平坐，“点缀春风桃李门”而得意之后，随即又为未能夺得第一名而遗憾。但当她读到了夺得魁首的诗后，却深深为之折服，叹道：“天下竟有此才子乎！”在与自己的诗细加比较、深加品第之后，她认为此诗足可上追古人，她为自己的浅见陋识羞愧，“振雅嘘风只得拜后尘”，此时的车静芳对对手已是心悦诚服。

如此巧夺天工的诗才，如此锦心绣口的文士，怎不让多情少女神往，引发身世之叹？才貌出众，却不幸父母双亡，只有一个对她漠不关心的哥哥，让她不能不对自己的终身大事担忧起来，暗自祈求能遂己所愿嫁一个“才具如此生者”。但愿望只能是愿望，女儿家的婚事怎能自主？想到此，不禁潸然泪下。难道就这样服从命运的安排，“今生便付沉沦”？她不甘心。她多么希望自己是一个男子，能够与知音“朝夕细论文”。可见她追求的并不只是个归宿，而是一种人生的高境界。但很快，理智告诉她这只能是一种幻想，现实是两人天各一方，也许永远没有见面的机会，想也白想，“空余肠断到黄昏”而已。

车静芳此刻对夺魁者已由不服气到心仪不已。她对乳母说：“他是千人英俊，漫思量寻常等伦。”在他面前她自觉：“聪明只许骄闺阃，难道占雄风反压倒头巾？”起初“怪他占咱第品”的嗔言已无踪影，真心的佩服中更有暗生的情愫。她急于知道对方是"怎样一个人"，但乳母自告奋勇说要去探访，她又板起面孔来急呼"造次"，活现出少女的羞涩与矜持。"怕东家未必真宋邻，溪桥枉探梅花信"，原来她并不是要坚持"男女授受不亲"，只是怕探访不着枉走一遭。这内心真情，又怎能逃过世事练达的乳母之目？乳母坚持要去。"这等，保母明日去访问一遭儿"，车静芳淡淡地应允，语中却包含迫切的期待。

心理刻画是最便捷有效的人物塑造手法。此出戏将车静芳置于起伏的思潮中，表现她一会儿紧张，一会儿放松，一会儿不服，一会儿钦佩，一会儿失望消沉，一会儿又滋生出无限的希望来，如此种种的心理波澜。一首小小的绿牡丹诗，竟让闺中女子幽微的心灵上生出如许波动变化。这《闺赏》可说是全剧刻画心理最细腻传神的一出，吴炳之擅长捕捉人物心理于此可见一斑。（包郑虹 翁敏华）

绿 牡 丹　　吴 炳

第十八出 帘 试

（场上先摆试桌）（净上）不是一番寒彻骨，怎得梅花扑鼻香？我柳五柳为小姐亲事，只得早来听考。出的题目原是《绿牡丹》，已付苍头叫小谢做去了。只恐小姐利害，一双娇滴滴的秋波，端端只射着帘外，不比前次会长老人家，凭我朦胧。若再叫苍头传送，可不自露破绽？不免就叫车大做这件事，小姐定不疑心。好计，好计！（叫介）车大！（丑应上）若要娶妻皆面考，今生情愿再无妻。你做文字罢了，叫唤怎的？（净）有事奉央。少停苍头拿一绺纸来，烦你悄悄送来与我。（丑笑介）这是传递了。（净）不要则声，恐令妹听见。（丑）还不曾出来。（净）没奈何，只得央及，成就此事，沈家的亲准准让与你了。（丑笑介）也罢，将就帮衬你一遭儿。（净望介）帘内影动，想是令妹来了。（丑闪下）

【双调北新水令】（旦同老旦上）今日个绛帷高揭新创的女开科[①]，颤金钗至公堂坐。主司推姐姐，少不得巡绰就是你老婆婆[②]。这帘影低那，可便似贡举院花阴锁[③]。

【南步步娇】（净）只见他珠翠香风都在我身旁裹，坐起真无那[④]。（窥介）偷凭扇底睃。（起介）待我走个俏步儿，扭捏身躯，也做得风魔过。（老旦出帘高叫介）兀那生员！不归号房，出外闲走，不怕瞭高的拿犯规么？（净急坐介）生员在，规矩敢言苛？告宗师，初

犯从轻可。(老旦)相公用心做。(净)晓得。(老旦入介)(净大声吟哦介)

【北折桂令】(旦)学蚊声聚夜成讹。(笑介)保母,你看他日里影儿,笑映日虬髯,弄影婆娑。(老旦笑介)真是好笑,倒好像羊子吃草。(净揉眼捶腰磨腹作倦态介)(旦)为甚的把深眼频摩,围腰虚簸,伟腹轻那?(老旦)这等光景,像是要睡了。(旦)再休想东床稳卧[5],一凭你梦到南柯[6]。(净睡作鼾声介)(旦)你听鼻息如何?试问江郎彩笔[7],可送到他呵?

(老旦出帘拍案介)(净惊介)苍头,谢相公文字可完了?(老旦高叫介)柳相公,不要睡,起来作文!(净)学生原不曾睡,正在此静想题神。

【南江儿水】隐几穷非想[8],那里是弯肱惹睡魔[9]?妈妈,不是我文心一霎能灰堕,则我这春心一点难安妥,怎能够把琴心一谜都猜破[10]?(老旦)快做完了罢!(净)少不得还你今朝功课,掌号筛锣,免费催场烦琐。

(末上)文章已就催誊录,关节难通怕内帘。谢相公的诗,催完在此,不免传将进去。(老旦)分付门上,闲人不许放入。(作入帘介)(末)怎么处?(丑上)(手招末介)这里来!相公与我说过了,传递的东西,待我转送。(末)如此甚好。做文章的说,叫俺相公凭他盘问,只要认定自家做的。(作付文与丑介)眼望旌捷旗,耳听好消息。(下)(丑进净桌边介)柳兄,可得意么?(净)也想在肚里了,尚未写出。(各丢眼色做照会介)

【北雁儿落带得胜令】(旦)为甚的眉梢故打睃?(净、丑耳语介)(旦)为甚的耳畔频相撮?(丑近净作私付文介)(旦)为甚的殷勤直靠他?(净一面收文一面望帘内介)(旦)为甚的忙遽来瞧我?(丑仍立开作看草稿介)这草稿头一个字就妙起了。(净假谦介)(旦)保母,他两个唧唧哝哝像是传递了。(老旦作褰帘大叫介)小姐说有人传递!(丑急下介)(净)那个传递?方才就是你家大官人在此看文。(老旦)小姐,难道大官人倒替他传递?(旦)不堤备自家哥,怕反打入他家火[11]。保母,你出去搜他一搜,莫怪我简点用心多,看不的机关当面做。摩娑，休指望针眼里轻偷过。（老旦）怎好去搜他？（旦）保母，你也好啰呵，则怕你懒巡拦自犯科，懒巡拦自犯科。

（老旦出帘介）柳相公，方才真个像有弊病。（净）若疑有弊，请搜。（作伸袖解衣与老旦看介）（老旦）不见有些甚么。（高报介）搜简无弊。（入介）（旦）明明是有弊的，既搜不出，且看他诗，就是果佳，还要再考。（净私抄低唱介）

【南侥侥令】任你清官能挣扎，怎当得猾吏巧腾那？无赃只恐难悬坐[12]。你看我扫千军快写波，扫千军快写波。

（作写完大叫介）生员交卷！（丑上）尊作完了？（看赞介）（净作得意介）小弟自家也觉得这次文字不十分出丑，只怕难入令妹尊目。（丑）待小弟袖进去看。（净）小弟拱听发落。（丑入送旦看介）（旦大笑介）

【北收江南】呀，看来是这般精妙呵，可知道破工夫值得费延俄。（丑）是用心做的了。（旦）也亏他善抄誊一字不差讹。（丑）果然誊得清。（旦）比前番佳制好还多。（丑）前番已考案首，这次该超等了。（旦）好便好，只怕不是他自己做的。（丑）妹子，你亲自监场，见谁与他传递来？（旦）你且把真情问他，把真情问他，是何人代做这首打油歌？

（丑出介）舍妹见了尊作，只管哈哈的笑。（净）想是欢喜了。可说道好？（丑）一头笑，一头说，比前番的更好。（净）这等着实中意了？（丑）只是疑心你央人做的。（净）小弟这样才学，人不来央也够了，反去央人？（旦笑介）他只道真正称赏，抵死承认。保母，你出去问来。（老旦出介）柳相公，若不是亲做的，也要直说。（净）你们三个人、六只眼看的，搜又搜过了，难道文章会平空里飞进来？（丑）你若没有弊病，赌一咒何如？（净）我就赌咒。（作罚誓介）我晓得了。

【南园林好】假言词无端诮诃，可是要赖婚姻生端撒科[13]？妈妈，我实对你说，亲事是赖不成的。（老旦）柳相公，不要这等焦躁。（净）不是我要来考，是你家小姐约我来的。文章不好也罢了，既拙作蒙加许可，为甚的重勒掯起风波[14]？重勒掯起风波？

（丑）待我进去，替你恳求。（丑、老旦入帘介）（老旦）你可听见他发

作么？（旦笑介）

【北沽美酒带太平令】他只道真个值千金七字吪，便恁般弄觔两轻颠簸。只怕不辨璋獐笔底讹，惹胡卢满坐[15]。详诗意果如何？（丑）这等说起来，不当好了。妹子，你实说怎么样的？（旦笑介）他被代笔的人骗了，跳猴狲随人牵磨，演傀儡借机挑拨。受骗的，忒糊涂没些裁夺，那骗人的，太聪明也难辞罪过。（老旦）小姐只说好笑，怕他不服。明把好笑的缘故，说与大官人知道，也好回复他去。（旦笑念介）牡丹花色甚奇特，（丑）也明白。（旦）非红非紫非黄白。（丑）不是红紫又不是黄白，准准是绿的了。切题，切题。（旦）后面二句好笑得紧，说：绿毛乌龟爬上花，恐怕娘行看不出。分明自骂是乌龟了。（丑、老旦俱笑介）（旦）呵呵，真么，假么，但由他认么。细思量，还认作倩人犹可。（同老旦下）（丑出介）

（净）令妹想没得说了。（丑笑介）我且问你，这首诗怎么样解？（净）总是极妙的了，何消解得？（丑）舍妹说你被人哄了，诗中把乌龟骂你。（净）那有此话？（丑）方才听舍妹念了一遍，还略有些影响，大家念一念看。（作共念介）（丑笑介）已后只叫你柳乌龟便了。这卷子是你自家供状，待我收好在那里。（净作夺破介）（丑）这头亲事，替你费多少心机，在中说合，今日又相帮传递，大段是成的了。谁着你抄这样诗，自打破鬼！不要说你没面，连我也没面了。请了。正是：任教挽尽西江水，难洗今朝满面羞。（下）（净）小谢这个畜生，吃了我的饭，得了我的束修[16]，倒来捉弄我！立时就赶他出门了！早晨来赴考时，何等兴头，如今冷冷淡淡，教我怎生回去？不免唱只曲儿消遣则个。

【北清江引】俏娘行强占了文昌座[17]，举子才一个。夸扬识鉴精，做作威风大。只怕不中得我这俊门生也是错。

〔注〕 ① 开科：举行科举考试。 ② 巡绰：巡绰官，明清科举考试试场中负责巡查管理号房的官员。 ③ 贡举院：科举考试的试场。 ④ 无那：无奈。 ⑤ 东床：南朝宋刘义庆《世说新语·雅量》记郗鉴遣门生往王家选婿，“门生归白郗曰：‘王家诸郎亦皆可嘉，闻来觅婿，咸自矜持，唯有一郎在东床上坦腹卧，如不闻。’”郗鉴欣赏这样的风度，访知此人便是王羲之，便把女儿嫁给了他。 ⑥ 南柯：唐李公佐作传奇小说《南柯太守传》，言淳于棼梦至大槐安国，尚公主，享尽荣华富贵。公主死后，他渐失势，醒来后知向之所遇，皆为梦幻，所谓大槐安国及其在国中所领之南柯郡实乃蚁穴，因悟世事，遂栖心道门。后世因以“南柯”喻梦境。 ⑦ 江郎

彩笔：传说南朝梁江淹少时梦人授己五色笔，遂文采斐然，后罢宣城太守，宿冶亭，梦一美丈夫，自称郭璞，言"有笔在卿处多年，可以见还"，江淹探怀中，得五色笔还之。后为诗，才思顿减，人谓江郎才尽。　⑧"隐几"句：隐几，靠着几案。此用《庄子·齐物论》"南郭子綦隐机(几)而坐，仰天而嘘，荅焉似丧其耦"之典。成玄英疏："子綦凭几坐忘，凝神遐想。"　⑨弯肱(gōng)：犹曲肱，指弯着手臂作枕头。　⑩琴心：以琴音传达的情意。《史记·司马相如列传》："是时卓王孙有女文君新寡，好音，故相如缪与令相重，而以琴心挑之。"　⑪家火：同家伙。　⑫悬坐：判罪。　⑬生端撒科：指惹是生非。　⑭勒掯(kèn)：即"掯勒"，"勒"亦可作"撇"。勒索，刁难。　⑮胡卢：喉中的笑声。此指嗤笑。　⑯束修：十条干肉，古时学生入学时要向老师送束修作为礼物。　⑰文昌座：即文曲星。古人认为是主宰功名、禄位的神，读书人多祀之，以求功名。

在《闺赏》一出戏中，车静芳对咏"绿牡丹"诗的魁首大有好感，让保母前往探访。保母在柳五柳家遇到的其实是俊雅的谢英，而车静芳后来亲见的却是丑陋的柳五柳，两人见到的不是一个人。车静芳不胜疑惑。正在这时，柳五柳又前来求婚。聪明谨慎的车静芳于是安排了一场面试。此第十八出《帘试》，敷演的就是这样的一场面试。

面对这场面试，柳五柳故伎重演，他让谢英在家里代为捉笔，让车尚公从中传递，而他自己，却提前在帘前竭尽表演之能事，一会儿扭捏作态，一会儿高声吟哦，一会儿又走起了风魔秀士的俏步儿来，好一副饱学之士的派头，目的只有一个：希望能够博得帘中女子的青睐。"他将自己的本质，掩藏在异己的本质的假象下。"(马克思《黑格尔法哲学批判》导言)这种反差，正是可以产生强烈喜剧效果的地方，使他成为剧中其他人物和观众嘲笑的对象。

可是等了一会儿，柳五柳就不耐烦起来了，他揉眼、捶腰、摩挲肚皮，倦意大作，不久就鼾声大发起来。这一连串的丑态，车静芳在帘中看得一清二楚，对此人的老底已摸到八九分。"再休想东床稳卧，一凭你梦到南柯"，她的主意已经暗中打定。她让保母去叫醒柳，问他："江郎彩笔，可送到他呵？"这明摆着揭了他的老底，柳五柳却还不知羞耻地竭力掩饰，说自己是"隐几穷非想"，不是"弯肱惹睡魔"。这种欲盖弥彰的自作聪明，低劣得可笑。此处，在柳五柳自身素质与自我感觉的反差之外，又增添了与车静芳的聪慧的对比反差，喜剧色彩更为浓郁，表现了吴炳善于抓住人物事件的不协调性，构筑喜剧情节的高明手段。

终于，车尚公将谢英写好的诗传了进来。这一对宝货，又联手演了一场好戏，明明柳五柳面前的试卷还未着只字，为了骗过帘中人，他们一个装模作样地问："可得意么？"一个装腔作势地回答："也想在肚里了，尚未写出。"一个对着白卷赞叹："头一个字就妙起了。"一个还假戏真做地谦虚了一番。车尚公正是柳五柳的好搭档，两人一唱一和，表演得倒也煞有介事，惟妙惟肖，生出许多笑料。

这两个现世宝的表演，自然瞒不过车静芳敏锐的眼睛，她肯定其中有弊，但却苦于搜不出证据来，只好暗中决定且看他诗，“就是果佳，还要再考”。

事关终身大事，车静芳不得不慎之又慎，这几乎是这位孤军作战的闺阁弱质唯一能做的了。这些沉重的思虑，给一路的笑谑带来必要的缓冲和调剂。婚姻的严肃性，最后反过来加重了笑的分量。

因为未被搜出作弊证据，柳五柳得以抄完谢英为他代笔的诗，心中正是十二分的得意：“任你清官能挣扎，怎当得猾吏巧腾那？”自以为“道高一尺，魔高一丈”，对付车静芳十拿九稳了，嘴里却又对车尚公假惺惺地谦虚道：“这次文字不十分出丑，只怕难入令妹尊目。”

观众们已在上一出中获知，谢英在这首诗中写了些什么，故而在车静芳读诗大笑之时，也一定会会心一笑，从中获得喜剧给他们带来的审美愉悦。车静芳笑管笑，却沉得住气不动声色，连连称妙。在她的叫好声中，柳五柳这自以为是的大草包更得意了。静芳请君入瓮，先表示了对诗歌作者的怀疑，他便一口咬定诗歌出自己手。他的语气越肯定，越让人觉得自打嘴巴的可笑。他还倒打一耙，指责静芳妄图赖婚。至此，静芳停止了揶揄，朗声诵诗，让五柳自去寻味。诗意已经是再清楚不过了，而在边上旁观的车尚公却还赞他写得“明白”、“切题”，这与其说是为柳五柳喝彩，不如说是使他出丑更合适。观众们在嘲笑柳五柳的弄巧成拙的同时，一并笑话了车尚公的无知。

谢英在诗中将柳五柳比作“乌龟”，同时也有告诫车静芳不要上当的意思包含在内，这自然也让静芳隐隐地感到一种爱意。而这样的一种示爱，竟是由他们之间的“情敌”柳五柳来传递的，这里的讽刺意味不言而喻。在哄笑声中，柳五柳假名士的面纱早已剥落殆尽，他的不学无术与卑鄙奸诈已是人们有目共睹的了。这个一门心思骗人的家伙，最终却被人骗了，这不是天大的笑话么？

此剧主要的嘲讽对象是柳五柳，剧作者将他置于与聪颖自信的车静芳的对比中，又让与他半斤八两的车尚公做他的映衬。正是在这样的对比和映衬中，柳的假名士嘴脸一层层地剥落，直至体无完肤。最后，作者仍不忘让他来上一句：“只怕不中得我这俊门生也是错。”他也只有这样自欺欺人、自我安慰了。

作为一个杰出的戏曲家，作者没有一味地将感官笑料塞给观众，“使滑稽只限于外在行为和表面丑态，成为闹剧”（车尔尼雪夫斯基《论崇高与滑稽》），而是让滑稽人物带有某种恶劣用心，让善良人们不时处在厄运的威胁中，令戏剧情节在轻捷松弛中伴有紧张沉重，在滑稽搞笑中完成对考场作弊和假名士的批判，使此剧成为“以人类德性上的缺点和可笑方面为主题的愉快的喜剧”（狄德罗《论戏剧艺术》）。

（包郑虹　翁敏华）

绿　牡　丹　　吴　炳

第二十九出　假　　报

（外上）琼林宴上赋新诗[①]，尚忆当年意气时。寄语郎君休乞相，阿婆涂抹也曾施。今年大比[②]，谢生、顾生入京赴举，此去临安甚近，仍旧归家听榜。三场试卷，老夫都已看过，决他必然登第，就在榜下毕姻便了。（生、小生上）龙门今日为谁开？遴选应知有俊才。（净、丑上）买得报人施计巧，因缘成就不须媒。（齐见外介）（生、小生）闱中试牍，又承老师过奖。（外）这样卷子，定占魁元，老夫披读再三，喜而不寐。（净、丑）门生拙卷，偶然忘了，不曾送阅。（外）一定也是好的。（净、丑）闻知令爱小姐择配，已有人么？

【中吕过曲驻马听】（外）新选东床[③]，（净）那个？（外）就是顾兄。（丑）何人为媒？（外）我亲付红丝自主张。（净）顾门生有何好处，老师就许与他？（外）我爱他文章磊落，学问深闳。（净）文学那个没有？（外）格韵飘扬。（丑）人物也只如此。（净）车兄，你的令妹，闻得已许人了？（丑）没有这话。妹子许人，难道我做亲兄的倒不晓得？（外怒介）他父母不在，做亲兄的该用心体访，寻个好人家！（净）也不曾见许差了。（外）仓皇漫赋《凤求凰》[④]，较量才貌须停当。（净）才貌停当，是那一个？（外）就是谢兄。（丑）我不曾许，难道妹子自家许的？（外）老夫与令先尊同辈，忝在父执之列，这婚姻好事，便代主何妨？自古道成人之美，我也无谦让。

（净指生）（丑指小生介）明明夺我亲事，怎肯与你干休！

【前腔】（小生）阀阅门墙[⑤]，冒昧承亲果也欠审详。只求老师广询才誉，别结姻盟，免受雌黄。（外）老夫已许定了。（生）虽钦尊命尚彷徨，怕亲兄未允终嫌强。不是韩香[⑥]，谨辞齐耦[⑦]，岂敢邀非望？

（外）谢兄也不必固辞，有老夫作主，怕待怎的？（净）老师许与他两人，不过说他好才学。（外）正是。（净）好才学，不过要中。（外）可知道。（净）焉知我们不会中？（丑）当初老师原说：中榜之后，方才议亲。(外)曾有此话。(丑)老师不可爽信,若是门生侥幸中了,便称门婿,也不辱没老师。(净)若门生也得侥幸,只求车兄令妹,也要预先讲过。(外)怎见得二兄会中,那谢兄、顾兄便不会中?(净、丑)若他中了,有甚么说?天下事不可知,多少巧的倒被拙的笑。倘或谢兄、顾兄偶然屈了,小弟们时运凑着,也照前日会考取在前列;那时莫怪小弟啰唣,亲事免不得要让了。(外笑介)中与不中,发榜便见,何必预计?(生、小生)想已只在二三日内了。(净)闻得今年揭榜最早。(丑)接录人打听说,不出今日。(杂扮报人喊上)报,报,报!柳相公、车相公中了!(作拥净、丑要写报银介)(生、小生问介)(杂作不理介)(生、小生作急下介)

【前腔】(杂)杏苑传芳[8],千里驱驰未夕阳。(净)来得快。(杂)可欣同邑,既作同年[9],又是同房。(丑)一发是同房,妙,妙!(外)这报可是真的?(杂出录条介)请看条子,是京里分出来的。姓名早向榜头扬,录条现刻非虚谎。(净、丑)只怕还是假的。(杂)这等真报,还说假的,快将录银出来!喜出非常,花红衣帽,还要求先赏。

【前腔】(净、丑)信有文章,策对天人果擅场。(杂催赏介)分付家下,忙排香案,再叫梨园,快宰猪羊。老师,这亲事是门生的了。新郎头上帽光光,门楣今日应教像。老师,你好便促新妆,趁泥金报喜初开榜[10]。(报人拥净、丑下)

(外沉吟介)我吴兴往昔还中得多,难道好的不中,单中这两个白丁?别家怎不见报?我也还有些疑心。(杂上)禀上老爷,车家、柳家又差人在外,说今夜就来迎亲。(外)这两个滥列齐竽[11],有识笑其颠倒;那两生暂悲荆璞[12],逢年必不沉埋。我沈省庵眼力,不道大差。今日黄道大吉,竟招赘谢生、顾生,省得他们絮聒。我如今且不要说破。院子,分付掌礼人伺候。(杂应下)(外)小凤,请二位小姐梳妆。(内应介)(外)正是:任他风浪起,只是不开船。(下)(小丑上)传将堂上命,报与阁中知。小姐有请。(旦、小旦上)骤闻人语沸,想有好音传。小凤,外边为何喧嚷?(小丑)是报录的。(旦、小旦)中了那个?(小丑)说道车相公、柳相公中了。(旦、小旦)还有呢?(小丑)小凤不曾听见。老爷分付两位小姐梳妆,今晚便要行礼了。(旦、小旦各叹介)

【泣颜回】(旦)伧父掌书堂，可叹刘蕡遭放。春风无赖，桃花浪影空香。小凤，这报可是真的？(小丑)报那有个不真？(旦)人情共诧，蕊珠宫错写今科榜。(小丑)小姐快些妆裹。(旦)妹子你自梳妆。(掷镜介)我却不梳了。(小旦)奴家也不梳。(合)背菱花悄地无言，止不住泪痕偷漾。

【前腔换头】(小旦)爹行，倚婿得为郎，也不必果然心赏。(小丑)小姐不消着恼，带了纱帽自然好看。(小旦)乌纱虽好，堪羞暂饰猴妆。(小丑)既然中得来，一定也是真才了。(小旦)只怕暄腾士论，《郁轮袍》未免从来谤[13]。(小丑)恭喜小姐就是夫人了。(小旦)姐姐，你自去做夫人，怕妹子没有此福。(旦)我也是个没福的。(合)拟今生自许荆钗，更不作七香奢想[14]。

(老旦急上)灯花开并蒂，鹊语报双声。小姐，恭喜，恭喜！(旦、小旦不应介)(老旦问小丑介)小姐为何不喜？(小丑)像不情愿嫁柳、车二家。(老旦笑介)原来为此。老身也心下着忙，出去打听，闻得老爷已请谢相公、顾相公去了。花烛已备，怎还不梳妆？(旦、小旦喜介)(老旦帮梳介)

【越恁好】玉梳难把，玉梳难把，滑撒撒鬓影光。(绞面介)对羞眉暗剪，对羞眉暗剪，欣画笔，有张敞[15]。(小丑)小姐戴了冠儿，一发标致了。颤巍巍宝妆，颤巍巍宝妆。(旦、小旦换裙介)(小丑)更一声声玮丁冬，风响珮珰。(老旦)小姐，莫怪他酸溜溜秀才，看他年羽翮丰，天上奋翔。谁轻许，好绣球，一谜由人抢？劝还添喜惬，莫待惆怅。【意不尽】(合)催妆定有新诗唱，这揑雨拈云不等常。少不得花烛双双拜你个老社长。

〔注〕 ① 琼林宴：皇帝招待新科进士的宴会。 ② 大比：隋唐后指科举考试，明清一般特指乡试。 ③ 东床：指女婿。南朝宋刘义庆《世说新语·雅量》："郗太傅(鉴)在京口，遣门生与王丞相(导)书，求女婿。丞相语郗信：'君往东厢，任意选之。'门生归白郗曰：'王家诸郎亦皆可嘉，闻来觅婿，咸自矜持，唯有一郎在东床上坦腹卧，如不闻。'郗公曰：'正此好！'访之，乃是逸少(王羲之)，因嫁女与焉。" ④ 凤求凰：相传汉辞赋家司马相如琴挑卓文君，歌《凤求凰》曲，有"凤兮凤兮归故乡，遨游四海求其凰"之句。 ⑤ 阀阅：有功勋的世家。 ⑥ 韩香：晋韩寿美姿容，司空贾充辟为掾属。贾充小女爱恋之，与其私通，并自父所窃得帝赐奇香相赠，事遂为贾充所知，乃秘其事，嫁女与寿。 ⑦ 齐耦：《左传·桓公六年》："齐侯欲以文姜妻郑大(太)子忽，大子忽辞。人问其故，大子曰：'人各有耦，齐大，非吾耦也。'"耦，同偶。此处表示不敢高

攀。　⑧ 杏苑：同杏园，杏园为唐新科进士赐宴处，故址在今陕西西安大雁塔南，后遂用以指代新科进士游宴之处。　⑨ 同年：同榜中举人、进士者互相称同年。　⑩ 泥金：泥金笺。　⑪ 齐竽：谓滥竽充数。　⑫ 荆璞：指楚和氏之璧，古代著名的美玉，原出于荆山。　⑬ 郁轮袍：唐薛用弱《集异记》记王维欲应举，求岐王举荐。岐王引其至公主府第，使为伶人。王维奏《郁轮袍》新曲，为公主所赏，乃为之延誉，王维遂得及第。　⑭ 七香：七香车，华美的香木制的车。　⑮ 张敞：汉人，官京兆尹，善为妇画眉，时长安盛传“张京兆眉怃（妩）”。见《汉书·张敞传》。

在沈重与车静芳分别主持的三次考试（“社集”、“帘试”、“严试”）中，假名士柳五柳和车尚公，已经暴露了胸无点墨的“庐山真面目”。眼看与佳人的婚姻无望，他们又心生一计，买通报录人，假报“大比得中”，想来个先下手为强，骗取婚姻，待对方发现真相，木已成舟。于是，本剧的第二十九出《假报》就开演了。

李渔曾经说过，在戏的大收煞时“其先东西南北各自分开”的“要紧脚色”，“至此必须会合”，《假报》作为结局的前一出，已将主要人物分头会合，将原先隐蔽散处的矛盾冲突集中起来展示，并最终解决。而在展示各种矛盾的同时，为塑造人物形象又添了不可缺少的一笔。

戏一开始，沈重与他的门生顾、谢、柳、车登场，矛盾冲突也首先在他们之间展开。沈对谢、顾二生向来赏识，估计他们此次大比，“必然登第”，决定就在“榜下毕姻”。而柳、车二人对佳人觊觎已久，决不肯善罢干休。他们听到沈师赞扬谢、顾的文才，就自以为是地说：“文学那个没有？”听到老师赞扬谢、顾人品，又大放贬辞道：“人物也只如此。”对谢、顾二人，他们更是咄咄逼人：“夺我亲事，怎肯与你干休！”而谢、顾二人，对此却是十分低调，他们谦逊地要沈重“广询才誉，别结姻盟”。如果说他们的“谨辞齐耦，岂敢邀非望”是本能的客套话，那么“免受雌黄”、“怕亲兄未允终嫌强”云云，就是话中有话，所指十分明显的了。这种高姿态，其实反而是很有效的以退为进，反衬出柳、车二人的浮躁与浅陋。

在这场婚姻中举足轻重的人物沈重，他的态度立场十分鲜明，对柳、车二人的无理取闹寸步不让。当车尚公摆出兄长架势，对妹妹的婚事要说三道四时，他即以前辈“父执”的身份加以压制，因为他深信自己执掌的是一件“婚姻好事”，一桩好姻缘。正在这时，“报录人”的假报到了。柳、车二人要沈重守信，当夜就让他们结亲。沈重疑有诈，他对此二人“滥列齐竽”的底细怎不清楚？他决心“较才择婿”，而不“看榜招婚”，准备早一步让谢、顾二生与车、沈二女成亲，也来一个“先下手为强”。于是，他让丫鬟们快给小姐们去梳妆。

这引起了两位小姐的误会。她们以为将与自己不喜欢的柳、车结姻，将父执沈重好一顿抱怨。这样，就在上述的戏剧冲突之上，又添加了新的矛盾。这是两个很有抗争意识的女子。她们在"止不住泪痕偷漾"的同时,以罢梳妆来表示抗婚。先是,两人互相试探了一番对方的心思,一个说:"妹子你自梳妆。我却不梳了。"一个答:"奴家也不梳。"一个说:"姐姐,你自去做夫人,怕妹子没有此福。"一个答道:"我也是个没福的。"于是,她们知道两人同心同德,姐妹俩结成了统一战线,一致对"敌"。直到保母带来了好消息,说今晚要嫁的是她们的如意郎君,两姐妹这才欢天喜地地急忙梳妆打扮,与刚才真个是判若两人。至此,一切误会都消除了,尘埃落定,烟消云散,内部矛盾已然解决,车、沈等五人明确地站在一方,共同对付柳五柳、车尚公两个无赖。

《绿牡丹》一剧的戏剧冲突,主要由二生(谢英、顾粲)二旦(车静芳、沈婉娥)二丑(柳五柳、车尚公)组成。这出戏,二生、二旦与二丑都上场了,场面十分热闹,在已经表现过了的戏剧高潮之后,再一次掀起大波浪。作者采用这样的"神龙掉尾"之法,为最后的大团圆《捷姻》作好了铺垫。《假报》这出戏在戏剧演进中最终完成对人物形象的塑造,车静芳更显聪慧而好强,沈婉娥则表现得外柔内刚;而两个假名士,柳五柳更见其刁钻狡猾,车尚公则依然一派愚钝粗俗。这出戏是全剧矛盾冲突的集中表现、最后归结,收束得十分洗练,省去了不必要的枝蔓,人物关系只剩下一大主要矛盾,即:真与假的矛盾,求真与作假的矛盾。这对矛盾,有待于最后一出揭露"假报"完成"捷姻"时最终解决。《假报》可以说是《绿牡丹》剧的一出成功的大收煞前的铺垫戏。

作者虽然没在本剧中对封建科举制度作正面的批判,但暴露了明代后期科场上作弊行假、真伪颠倒的种种事实,客观上起到了一定的抨击作用。吴炳的传奇作品在艺术上历来为人称道,如日本学者青木正儿就说过"可列之明曲第一流中"的话(《中国近世戏曲史》)。如果用以衡量他的最为成功的作品《绿牡丹》的话,也不算为过。

（包郑虹　翁敏华）

疗　妒　羹　　　　吴　炳

第三出　错　　嫁

【双调过曲字字双】(净上)考第人间怕婆名,高等。勤修炼就怕婆精,绝顶。天生带有怕婆星,坐命。若是后辈要私传怕婆经,来请。

学生杭州城内有名褚怕婆褚大郎的便是。只恨我爹娘少些主意,娶了姓苗的老婆。你想:老鼠见猫岂有不怕之理?莫说夫纲欠整，甚愁家法难支。一骂就是三日三夜，一跪直到四更五更。挣开铜铃似的秋波，早不觉胆寒心战；放出铁爬般的春笋，不由人不屁滚尿流。满身爪破，更不留着脸皮；遍体刑伤，除非空了卵袋。打门拴、打面杖，尚觉界方可挨；顶马桶、顶水盆，方见灯台不重。似我奉公守法，还要索垢求疵。偶然跌断腰间带子，几番倩暗地调情[①]；醉中失了头上簪儿，苦逼招送人作表[②]。汤沸竹炉，只道与妇人闲话；鼠呼羹沺[③]，也冤和使女私偷。酒席上若有个小官妓者，百口也说不饶。合家中都是他缉捕巡拦，半步也差不得。年已五旬上下，尚然无女无儿，守此百岁夫妻，那管绝男绝嗣？多亏他的母舅颜二老官，连年苦劝，百计强争，说该容我娶个偏房，接其后代。一向只是咬牙嚼舌，并无半点口风，不知怎地转意回心，降下一道圣旨，分付陈妪带了钱钞，前往扬州地面，替我访求。近有信来，说已聘下，唤做甚么小青。我想，这个小名先妙起了。看定日子，今日进门。不免穿戴齐整了，打点做亲。正是：得他心肯日，是我运通时。（下）

【窣地锦裆】（丑扮妒妇上）贼牢背地倩人情，耳畔劳叨不耐听。寻思索性倒应承，只看你眼饱中饥可吃得成？

奴家苗氏，是褚大郎的浑家。虽无养儿子的福气，粗有降丈夫的威风。我只道熟铁已经炼锤，更无走作。谁知野鹰不安绦索，还想飞扬。央我那娘舅颜老头儿，竟讲大分上，要讨小老婆。这是我自家不是：一向打骂无多，手里略放松了，因此规矩没有，头上就要抓来。那颜老头倚恃尊行，兼有性气，袖着一本《大明律》[④]，说凡人四十无子，许娶一妾。初时好语低声，还是软劝；后来红头赤颈，竟作硬帮。非但发作难当，亦且絮聒不过。我想，门面事好做，何妨名色应承，算盘子不移。只要禁他实在受用。沉鱼落雁，尽教屏列西施；断雨遮云，谁敢梦窥巫女？他们口头恬蜜[⑤]，容易称甜，谁知我绵里藏针，终须着痛！还有一说，我一人关防有限，怕百般偷摸无休，须广布腹心，暗藏耳目。要晓得风吹草动，莫做了屁出掩臀。（叫介）苟才家婆那里？（小丑扮丑妇上）来了。貌丑不中家长意，嘴尖常得主婆欢。大娘呼唤，有何分付？（丑）我有一件心事，你可知道？（小丑）想为扬州讨小。大娘当初原欠主张些。（丑）无奈颜二老官日逐催逼，勉强讨了。只不许他近身就是。（小丑顿头介）

若一近身，生了孽种便妆大起来。不要说大娘没有体面，便是我们伏侍大娘的，倒反在他手里讨火帐不成？（丑）正如此说。夜眠早起，我那里照顾得许多，你可细心体访。（小丑）不消大娘叮嘱的。

【锁南枝】（外上）居尊长忝老成，谆谆教人出至诚。已到甥女家中了。（见介）（丑）娘舅万福。（外）娶妾几时进门？（丑）就在今日。（外）恭喜了。闾邑诵贤声，家门衍新庆。（丑背介）有甚么庆？（外）甥女，你今依老夫说话，娶了人来，须看顾他些。民家女，礼数生。好相看，免争竞。

（丑）女儿不曾打死人在青草里，娘舅切莫忧心。（外）只要和顺便好。我去了，明日来贺。正是：忠言得效心偏喜，好事频传耳亦开。（下）（丑随后浇水介）大吉利市，远送他方。（小丑）免到人家，赔酒赔浆。（净新巾服上）帽儿光光，定做新郎；衣裳窄窄，定做娇客。（见介）娘子拜揖。（丑）作怪！你敢要出去拜客？（净）没有客拜。（丑）往那里赴席？（净）也不。（丑）这等为何穿戴齐整？（净笑揖介）多谢娘子。（丑）有甚么谢？（小丑）大娘忘了，今日扬州人到，大官人特地打扮起来的。

【前腔】（丑）你道花星照，喜气盈，衣冠向前妆后生。（净）不敢。（丑）只怕涎犬嗅空腥，那许你尝鼋问周鼎[⑥]。苟才家婆，取我拄杖出来。（小丑应，取出介）（净惊介）这个家法从不曾见。（小丑）大娘近日新置的。（净）可有名色？（丑）叫做风流杖。（净）有何风流？（小丑）大官人，杖不风流，却单管着风流的。（净）哇！（丑）听我说，这风流杖与你甚有情。（净）这样情分不敢劳。（丑打净跪介）好好自己招认。扬州人来，若有半些欺心，情愿打多少？快招承，休得引动老娘性。

（净）一次领责三下。（丑）胡说！我已定下律例了，凡窃盗已行而成奸者，不论强和，定以谋反大逆论，登时杀死。行而未成奸者，至死减一等，阉割火者。谋而未行者，杖一百。擅入禁门、私越墙垣者，杖九十。其未过门限，及越而未过者，杖八十。有所求为、与通言语者，杖七十。拆动原封者，杖六十。（净）都依，都依。（丑）且放起去，反锁书房门，坐在里面。丫鬟来时不许窥探。（净）晓得。（虚下）（老旦扶小旦上）

【前腔】（小旦）知何许一掷轻，身非自由真可怜。（老旦）青娘少待,我先见了大娘,出来请你。(进见介)老身奉大娘之命,扬州娶妾,已在堂前了。(丑作怒介)既到,进来叩头。难道要我接轿不成?(老旦出介)青娘请进。(小旦)陈妈妈,方才的聒耳是何声?(老旦)不要问他,青娘,你低头且将敬。(扶小旦入拜介)年十六,字小青。侍夫人,有深幸。

(丑踞受介[7])这样打扮,是引丈夫的妖精。苟才家婆,把他首饰衣服,尽数毁碎了。(小丑应介)

【前腔】(丑)敲钗玉,剪锦绫。(老旦)大娘,何须发怒?等他自脱便了。(小旦含泪脱衣介)(内叫搬行李介)(老旦)待老身来搬。(取梳匣上介)(丑简出脂粉撒地介)任琼膏撒空沟水馨。(老旦取书史笔砚上介)(丑)甚么书?(小旦)《前汉》、《后汉》。(丑)一发了不得。前边有汉子,后边有汉子。陈妪,你讨了假货了。(小旦)是《前后汉记》[8]。(丑)正是记着汉子姓名的。(小丑)取几本夹鞋样。(小旦哭夺介)(老旦)这些没用的东西,大娘还留与他罢。(丑)好做作。难道烧火丫头也会念书写字?快点火来。秦国有书坑,笔砚一并烧了。中山绝毛颖[9]。(小旦哭介)(丑)陈妪,是你讨来的,仍旧交你身上。拘禁在后面空园里。我也定下律例在此:奸妇虽强,亦以和论。总无死罪以下的条款,也不必说了。陈妪听着,凡司狱典卒,将在监罪犯,如法枷纽,牢固关防,若遇盗贼生发,即时奏闻。不得引奴婢为家长容隐例,私和奸事。凡门应闭而误不下锁,杖六十。非时擅开闭者,杖七十。堤备不设,为贼所掩袭者,杖八十。知情者连坐,杖九十。若将他人隐蔽在户不报,杖一百。刁奸纵奸,因而受财者,以枉法从重论。伊监守,责不轻。倘疏虞,罪加等。

(老旦)老身若早晓得大娘主意,也不做这头脑了。(丑)还不押去。(老旦)正是:在他矮檐下,谁敢不低头?(扶小旦下)(净上遮看介)(老旦推净竟下介)(小丑尾见报丑介)(丑潜捋净耳介)老乌龟,老忘八,好大胆!(执杖打作气倒介)(小丑扶介)(净跪求介)任打几百,省得气坏了贵体。(丑扪胸叫心疼介)不要慌,且待少刻与你算帐。(小丑)快请医生来。(丑)不消。只要:倒牙旧制黄梅酱,软齿新烹赤醋汤。(小丑扶下介)(净)好利害,好利害!我与颜二老官都被他哄了。你看小青何等标致,惹起虚火怎么处?一个是画儿中爱宠，一个是影儿里情郎。（摆介）不敢欺。我也做得过会温存的佳婿。（内云）大官人不要说嘴。（净）只怕这能拘管的亲娘。

〔注〕① 倩：疑为"猜"字之讹。 ② 表：表记，即信物、纪念品。 ③ 渖（shěn）：汁。 ④ 大明律：明官修律书，明洪武七年（1374）颁行，计十二篇，六百零六条。然明人断狱，不甚遵行，书亦罕传。 ⑤ 恬（tiǎn）蜜：舔蜜。尝鼋：《左传·宣公四年》："楚人献鼋于郑灵公。公子宋（子公）与子家将见。子公之食指动，以示子家，曰：'他日我如此，必尝异味。'及入，宰夫将解鼋，相视而笑。公问之，子家以告。及食大夫鼋，召子公而弗与也。子公怒，染指于鼎，尝之而出。" ⑥ 问周鼎：《左传·宣公三年》："楚子伐陆浑之戎，遂至于洛，观兵于周疆。定王使王孙满劳楚子，楚子问鼎之大小轻重焉。"此指觊觎。 ⑦ 踞：当作倨。 ⑧ 前后汉记：即《汉纪》、《后汉纪》，为示区别，《汉纪》有时也称《前汉纪》。《汉纪》，东汉荀悦撰，三十卷，为编年体西汉史。《后汉纪》，东晋袁宏撰，三十卷，为编年体东汉史。 ⑨"中山"句：唐韩愈作《毛颖传》，谓"毛颖者，中山人也"，毛颖，即毛笔尖。中山，中山国，春秋时白狄别族所建立，在今河北正定东北。

《粲花斋五种曲》犹如爱情的五重奏，以其艺术语言，多角度、多侧面地展现吴炳对爱情的理解。要想全面了解吴炳戏曲的艺术风格和爱情见解，我们总不能绕开他的《疗妒羹》。

《疗妒羹》讲述的是这样一个故事：扬州才女乔小青被卖于褚大郎为妾。褚妻苗氏善妒而狠毒，不让丈夫接近小青，还把小青折磨得憔悴欲死。吏部员外郎杨不器膝下无子，杨妻颜氏欲为夫谋妾，却没有合适的人选。一日颜氏在褚家见到小青，她非常同情小青的遭遇，就常与小青来往。杨不器读了小青的诗后，十分欣赏其才情，也喜欢上了她，在颜氏的帮助下与之相见。杨不器升迁异地，颜氏怕小青进一步遭受摧残，佯装为苗氏着想，让苗氏把小青安置在杭州孤山。小青在孤山郁悒成疾，欲作画像以留念。仆人陈妪于是请杨不器的好友、侠医韩泰斗来为小青写真。苗氏想趁机毒死小青，幸亏被陈妪识破。然而小青身心皆受巨创，已经濒于香消玉殒的绝境。韩泰斗用灵丹妙药挽救了她，藏之家中调养，对外宣称小青已死。小青病愈后，终于和颜氏相见。颜氏想不让丈夫知晓此事，给他一个惊喜。杨不器闻说小青已死，把玩小青画像，痛惜不已。在颜氏的安排下，小青和杨不器相会于书房。不明真相的杨不器还以为画中人下凡。颜氏说明实情，杨不器遂娶小青为妾，美好姻缘得以成就。后来颜氏与小青各生一子，褚大郎夫妇与韩泰斗诸人来贺。小青出见，颜氏详陈实情，韩泰斗以剑威胁苗氏，让其发誓不再为妒。

以今人的眼光观之，作者宣扬妻子为夫觅妾之贤，鞭挞妻不容夫纳妾之妒，无疑是陈腐的。然而作品超拔的艺术技巧和透露出的时代信息，仍能带给我们审美愉悦，引发我们的理性思考。

《疗妒羹》第三出《错嫁》，首先向我们展示了褚大郎的怯与苗氏的悍，使人在忍俊不禁中了解了"疗妒"的缘由。一开场褚大郎便以自供状的方式介绍了自己——"考第人间怕婆名，高等。勤修炼就怕婆精，绝顶。天生带有怕婆星，坐命。若是后辈要私传怕婆经，来请。"接着讲自己在家庭中所处的挨骂遭打的处境。膝下萧条，苗氏的母舅劝解苗氏容夫娶妾，也没有效果。说着说着，话锋一转，道苗氏忽而回心转意，"降下一道圣旨"，让陈妪从扬州访来一个名唤小青的姑娘，于是他收拾整齐准备成亲。这时候苗氏出场了，她首先透露扬州访妾不过是因"耳畔唠叨不耐听"罢了，哪里容他和别人亲近？她的意图是既博得贤名，又让丈夫"眼饱中饥"吃不成。接着又貌似谦虚实为炫耀地说自己"虽无养儿子的福气，粗有降丈夫的威风"。为了避免子从庶出而失去昔日的地位，她和亲信女仆商量了对策。见到丈夫衣帽簇新，她故作不知，东猜西猜，等女仆说出为迎娶新娘时，她便大发雌威，让女仆抬出拄杖，而丈夫的反应是"这个家法从不曾见"。更为可笑的是妻子为丈夫制定了皇皇大者的律例："凡窃盗已行而成奸者，不论强和，定以谋反大逆论，登时杀死。行而未成奸者，至死减一等，阉割火者。谋而未行者，杖一百。……"身份与言行的反差，有令人捧腹大笑的效果。小青进门后，苗氏即欲在其面前建立威严，她焚书摔砚，乱撒小青的脂粉，逼小青脱掉华衣。褚大郎意欲和小青亲近，也被苗氏搅散。褚大郎又怨又气，却无可奈何。他刚说出"我也做得过会温存的佳婿"，屋内却传来"大官人不要说嘴"的责词，便立即低叹"只怕这能拘管的亲娘"。此出便在一片笑声中结束。

我们说，在此剧中作者为夫权张目的宗旨是十分明确的。而从思想伦理演进的轨迹上看，作品所透露出的男权意志的削弱亦是不能被忽略与漠视的。在儒家思想成为封建社会精神支柱以后，无论它在某个历史时段表现得多么孱弱与低迷，其夫为妻纲的内核总是不能剥落的。因而，男权意志的某种衰落，正是封建制度走向衰亡的先声。其实，这种声音在明清之际，早已并非孤响。像《金瓶梅》中怕老婆的大有人在：张大户怕余氏，武大郎怕潘金莲，来旺怕宋惠莲，花子虚、蒋竹山怕李瓶儿等等。他如《红楼梦》中贾琏怕王熙凤，《风筝误》中詹列侯被两侍妾弄得一筹莫展，都体现了这一点。

剧作中有着大量引人发笑的情节。这种笑有的来自剧中人对丑的自我展示，如褚大郎的上场白；有的来自剧中人貌似谦虚实为炫耀的话语，如苗氏的"虽无养儿子的福气，粗有降丈夫的威风"；有的来自剧中人身份和言行的反差，如苗氏给褚大郎制定律例一段；有的来自相悖的词语修饰，如褚大郎说苗氏“挣开铜铃似的秋波”，“放出铁爬般的春笋”；有的来自理解上的错讹，如苗氏将《前汉》、《后汉》曲解成“前边有汉子，后边有汉子”。这些都令人忍俊不禁。清代戏曲理论家李渔认为，科诨虽属小道，“然欲雅俗同欢，智愚共赏，当全在此处留神”。如果我们不把目光局限在这一出，而放眼全剧时，我们会发现：文词佳，情节妙，科诨又非常精彩，这正是吴炳戏剧成功的关键。

本出中，曲辞说白不仅使人开怀大笑，而且也成为人物塑造的手段，使我们在笑声中把握人物的性格特征，如苗氏的凶悍，褚大郎的卑怯。其他人物的出场虽只言片语，也很能体现人物的性格，如小青的文弱，陈妪的善良。听其声便能知其人。

要之，第三出在整个剧作中有突出的地位，它不仅情节安排张弛有致、科诨设置妙趣横生，具有独特的艺术价值，而且几个主要人物的性格定位也是在此出完成的，是剧情开展不可缺少的环节。　（回达强　翁敏华）

疗妒羹　　吴炳

第四出　梨　梦

【引子霜天晓角】(小旦泪上)天乎太忍，一代风流尽。界面千行泪粉，重匀也，不堪匀。

(本诗)乡心不畏两峰高，昨夜慈亲入梦遥。说是浙江潮有信，浙潮争似广陵潮[①]。奴家乔氏，名玄玄，小字小青，扬州人也。父本儒流，颇守青毡绪业[②]。奴生慧性，不随红粉妆梳。画里争妍，岂但文君敛黛[③]；庭前斗句，直教谢女停毫[④]。不幸双亲早亡，孤身无倚，邻家郭母，抚养成人。桃叶教歌[⑤]，《柘枝》学舞[⑥]，以至康琴秋奕[⑦]，赵瑟秦筝，涉猎无不擅场，点缀俱堪绝世。但风流自命，不能择佳配于夭桃[⑧]；耳目供人，只是卖高声于瘦马。若个豪称金谷[⑨]，无端价买绿珠[⑩]。空言我见犹怜[⑪]，早已逢彼之怒[⑫]。(泪介)母亲，母亲！你赚得我好苦也！

【越调过曲小桃红】便宝珠百斛锦横陈，也买不尽咱娇和韵也。这几两聘财，值得甚的？把一个绝越西施，货售途人，羞杀苎萝村[⑬]。生生把断头香押人焚，没头鹅坑人闷也。恰似出塞和亲，惨琵琶弹动了马头尘[⑭]。

衣服首饰，公然夺去！

【下山虎】我只道绿林逼窘，夜雨江滨。原来妒起蛾眉阵，入宫见嗔。这样妆奁，不过将就打发出门的，那里有百两严装？空自把赔钱错认。拚服布簪荆守素贫，也情愿抛脂粉。薄行囊，尽简存。别的都不打紧。只这几本旧书，是奴性命。但愿放废蕉窗下，茗香细温，一任莺老花残过暮春。

怎么都把来焚毁，连忙去抢，竟不知散失多少了。（作简书介）你看甲乙参差，首尾错乱。眼见没有全书也！（哭介）

【五般宜】空着我费丹铅[15]，把鲁鱼较分[16]。空着我爇香芸，把蠹鱼辟熏。空着我帙套绣花纹。痛杀那金简玉牒，劫遭灰烬。你看红楼秘本，都钤着青娘小印。早知道挟书律方严[17]，待学壁经藏方较稳[18]。

那文房四宝，有甚触犯你处？若不是陈妈妈包荒，一件也不留了。

【五韵美】显些儿把蔡伦囚[19]，蒙恬困[20]。微躯辱挫应仰遵，竟殃连艺圃情何忍？这也不要怪他，痴钗坌粉，那解识翰林风韵。（捧破砚哭介）看着这残书迹，断砚纹。禁不住扑簌簌交流，将画拦拍损。

呀，天色已晚，独坐空房，连陈妈妈也不见来。好怕人也。

【罗帐里坐】庭花静锁，苍黄夕曛。无聊倚徙，暮鸦飞尽。这便是我做新人的消受？此夜良辰，盼不到月华照影一轮新。只索倦把牙腮手衬。（作睡去介）

（老旦持烛上）不思席上迎人笑，惟解风前学泪流。老身陈妪是也。青娘进门，就受这场烦恼。那里说起？连老身也看意不过。后园冷僻，少不得老身去赔伴他[21]。（叫介）原来困睡在此。看他髻卸残妆，眼含余泪，真个可怜人也。大娘，大娘，当初叫我往扬州，必是自家情愿，如何又变了卦？

【忆多娇】只道你意果真，情不嗔，骗得我蝶使蜂媒到处询，替你买断巫山一段云[22]。又谁知恨咬牙根，恨咬牙根。直把冤家认亲。

（小旦惊叫介）可惜，可惜。（老旦）青娘，老身在此。（小旦醒介）

【前腔】原来灯照人，月浸门，峭薄春寒到绛裙。妈妈，多谢你。耐数更筹伴夜分[23]。(老旦)青娘，睡中为何惊叹？(小旦)适才梦见手执一枝梨花，香冷可爱，忽被狂风吹落，片片着地。可惜花魂，可惜花魂。满地平铺泪痕。

(老旦)原来如此。(小旦)我想，梨者，离也。况兼摧折，此梦大是不祥。(老旦)青娘，心上不欢，故有此梦。大娘一时性发，久后自然罢了。待我慢慢调停，包管大官人相处，请自放心。(小旦)妈妈，再不要说起这话。我看你家大官人，也与大娘差不多儿。

【尾声】凭从月下端详问，怕簿上未必星星作准。大娘，大娘，倒亏你把烈凤贞鸾看护得紧。

(老旦)夜深了，请睡罢。

离家不必又思家，懊恨空教泪似麻。

(小旦)恶梦匆匆真似我，飘零无语对梨花。

〔注〕 ① 广陵潮：广陵即今扬州，广陵曲江潮在汉代势甚浩大，有如今之钱塘江(即浙江)潮，后其势渐衰，唐大历年后遂不见记载。汉枚乘《七发》"将以八月之望，与诸侯远方交游兄弟，并往观涛乎广陵之曲江"，即言此。 ② 青毡绪业：祖传之业。《晋书·王献之传》："献之字子敬，少有盛名，而高迈不羁，……夜卧斋中，而有偷人入其室，盗物都尽。献之徐曰：'偷儿，青毡我家旧物，可特置之。'群盗惊走。" ③ "画里"二句：旧题汉刘歆《西京杂记》："(卓)文君姣好，眉色如望远山，脸际常若芙蓉。" ④ "庭前"二句：南朝宋刘义庆《世说新语·言语》："谢太傅(安)寒雪日内集，与儿女讲论文义，俄而雪骤，公欣然曰：'白雪纷纷何所似？'兄子胡儿(谢朗)曰：'撒盐空中差可拟。'兄女(谢道韫)曰：'未若柳絮因风起。'公大笑乐。" ⑤ 桃叶：晋王献之爱妾名，王献之在金陵秦淮河送其过河，曾为作《桃叶歌》，后人遂将渡口取名为桃叶渡。唐以来亦常将歌妓称作"桃叶妓"，如白居易《马坠强出赠同座》诗："坐依桃叶妓，行呷地黄杯。" ⑥ 柘(zhè)枝：舞名，自西域石国传入，盛行于唐代。初为女子独舞，后有双人舞，宋时发展为队舞。 ⑦ 康琴：三国魏嵇康善弹琴，故称。秋奕：《孟子·告子上》："弈秋，通国之善弈者也。" ⑧ 夭桃：《诗经·周南·桃夭》："桃之夭夭，灼灼其华。之子于归，宜其室家。"后人常将"夭桃"与女子的婚嫁联系起来。 ⑨ 金谷：金谷园，晋石崇所建，以豪华富丽著称，为中古之名园。 ⑩ 绿珠：晋石崇宠爱的家妓，美而艳，善吹笛，孙秀使人求之，石崇不与，后孙秀矫诏杀石崇，绿珠遂跳楼而死。 ⑪ 我见犹怜：南朝宋刘义庆《世说新语·贤媛》刘孝标注引《妒记》："(桓)温平蜀，以李势女为妾，郡主(桓妻)凶妒，……乃拔刃往李所，因欲斫之。见李在窗梳头，……神色闲正，辞甚凄惋。主于是掷刀前抱之，曰：'阿子！我见犹怜，何况老奴。'" ⑫ 逢彼之怒：《诗经·邶风·柏舟》："薄言往愬，逢彼之怒。" ⑬ 苎萝村：传说西施为诸暨苎罗山卖柴樵夫之女。见汉赵晔《吴越春秋》。 ⑭ "恰似"二句：用汉王昭君事典。唐杜甫《咏怀古迹》之三："琵琶省识春风面，环珮空归月夜魂。" ⑮ 丹铅：点勘书籍所用之朱砂(红色)、铅粉(白色)。 ⑯ 鲁鱼：指形近而讹的字。 ⑰ 挟书律：禁止私藏书籍的律令。秦始皇接受

丞相李斯的提议，颁布民间私藏《诗》、《书》、百家典籍者族诛的法令。汉惠帝时废。 ⑱“待学”句：谓将经书藏于墙壁中较安全。汉代曾于孔子旧宅的壁中发现一批藏书，用与当时文字(今文)不同的古文书写。 ⑲蔡伦：汉桂阳人，字敬仲，官中常侍、尚方令，封龙亭侯，为造纸术的发明者。此代指纸。 ⑳蒙恬：秦朝名将，尝率三十万大军北击匈奴，收河南地。修筑长城，以兔毛制为毛笔。秦始皇死，被矫诏赐死。此代指笔。 ㉑赔：当作陪。 ㉒巫山一段云：战国楚宋玉《高唐赋序》记楚怀王游高唐，梦有神女自荐枕席，去而辞曰：“妾在巫山之阳、高丘之阻，旦为朝云，暮为行雨，朝朝暮暮，阳台之下。”后遂以“巫山云”喻男女情爱。又，《巫山一段云》也是词调名。 ㉓更筹：古时夜里报更用的计时竹签。

我们在第三出了解了悍妇之妒后，接下的《梨梦》一出使我们知晓了小青之苦。

本出是小青亮相后内心状态的第一次展示。小青的含泪上场为此出定下了低沉哀婉的基调。她唱道：“天乎太忍，一代风流尽。界面千行泪粉，重匀也，不堪匀。”语意中透露出怀才不遇的身世之悲。这是文人经常遭逢的命运，更是才女无法逃避的劫数。接着小青自报家门：她本是扬州人氏，生于书香门第。自幼聪明，不幸父母双亡，孤身无倚，在邻家抚养成人后，被卖与褚大郎为妾。一进门便受到苗氏的虐待。小青能够忍受剥衣夺饰的非难，也能够忍受服布簪荆的贫困，却无法接受书卷残毁的现实，因而面对满地残书伤心不已。小青边拣书边哭泣，哭诉书被焚被毁，恨苗氏“痴钗坌粉，那解识翰林风韵”。仓庚子评语曰：“读曲至此，有不下秦坑之泪者乎?”确实道出不少读者的感受。在孤寂无聊中小青托腮入睡。蓦地，她在惊呼中醒来，原来她做了一个不祥之梦，在梦中手执一枝梨花，冷香可爱，忽被狂风吹落，片片着地。在古代的民俗观念中，因为“梨”和“离”同音，所以常常将“梨”看作离别的征兆，更兼花遭摧折，使小青感到恐惧。梦大体是现实的反映，有道是“日有所思，夜有所梦”，现实生活中郁郁寡欢，梦里又一片凄凉，正显示了小青悲苦的深重。仆人陈妪劝解小青不要难过，说日后定能和褚大郎相处。其实小青又怎把褚大郎放在心上？夜深了，小青除了再睡去还能如何？正如下场诗中所吟的那样：“离家不必又思家，懊恨空教泪似麻。恶梦匆匆真似我，飘零无语对梨花。”

我们前面已经讲过，《疗妒羹》有为夫权张目的倾向。但剧作也暴露出一夫多妻制的突出弊端：它不仅带来家庭的不稳定，而且，一个女性在捍卫自身权益时，另一个女性却被侮辱与损害着。作者在描写小青的痛苦遭际上无疑是写实的，古代婚姻常常以门当户对为前提，女子依靠娘家获得地位，而妾却往往并非如此。因而在妻妾相争中，受伤害的常是后者。《错嫁》一出顺带表现了小青遭受的外在摧残，此出则着力描绘小青所遭受的心灵的创痛。小青的痛苦犹如一个典型个案，揭示出无数为妾者的共同命运。

作者对小青寄予的同情是显而易见的，这大约与作者自身境遇的尴尬不无关系。《粲花斋五种曲》皆作于吴炳三十六岁以前，其时他虽早已中了进士，但官运并不亨通，内心深处自有一种惆怅之意，故从小青的形象刻画中可以见出作者顾影自怜的心态。剧情本事出自戋戋居士作于万历十四年（1612）的《冯小青传》，后张潮收入《虞初新志》。但剧作中的小青不仅有不同于本事的情节和结局，而且在创作心理上也是不同的。我们知道，中国古代文学中以男女比君臣的传统从楚辞开始以后，不少文人在传达为君王所疏的感受时，常常以弃妇形象出之，在发泄不被君王所识的情绪时，常常借知音难遇来表达。在此剧，聪颖灵慧而又遭际不幸的小青身上正有着作者自身的影子。

历来的评家常垂青于《题曲》出，以为有《牡丹亭》之妙，其实这第四出在艺术上也很有特色。此出对话和动作很少，也不以矛盾冲突见长，主要以独白的形式展示小青的心理状态，读来如同一首女子伤春嗟命的闺词。其剧曲亦如词一般优美。青木正儿将吴炳看作与汤显祖相伯仲的剧作家，虽嫌过誉，但其曲词之美并不逊汤氏，而在曲词协律上更是有过之而无不及，此出便是很好的例证。吴梅在《中国戏曲概论》中言其“以临川之笔协吴江之律”，可谓一语中的。

如果我们再将第四出和第三出比较来看，会发现：第三出语言通俗幽默，第四出词曲典雅华美；第三出以高度的智慧，使人笑逐颜开，第四出以凄婉情绪，让人在悲慨中得到精神净化；第三出重视舞台效果追求娱乐功能，第四出刻意于文采，全面展示文人的才思。这些特征相互映衬、相辅相成，正体现了吴炳戏剧的总体风貌。

（回达强　翁敏华）

【戏曲家小传】

无心子

姓名年里、生平事迹均不详。作有传奇《金雀记》、《千祥记》二种。《金雀记》下场诗有“无心子燕市重编”之句。《千祥记》祁彪佳《远山堂曲品》列为无名氏作。

金　雀　记　　　无心子

第二十八出　临　　任

【穿花蝶】（生上）承恩命，除书新授河阳令。种花满县①，曷胜荣幸。

赋罢气凌霄汉，文成口唾珠玑。夜常老叟执青藜[2]，杖上红光焰起。下官自从到河阳作令，且喜黎庶从约，士子修文，坐致物阜民安，益见太平有象。又得山公[3]，近与嵇、阮诸君子[4]，同会此方。因此多觅奇花异卉，时复相邀，共谈诗酒。瑶琴去久，尚未回来。待他来时，必有几种奇花异卉也。(净上)正欲清谈逢客至，偶因小饮报花来。小人回来了。(生)所觅奇花，今有几种？(净)花样甚多，花名不一。小人记不得许多，编成一首花歌儿，念与老爷听。(生)你也会作歌儿？(净)近朱者赤，近墨者黑。老爷既能作赋，小人岂不能作歌。(生)你念来。(净)歌百花，数百花，细细从头说不差。丽春月季并含笑，牡丹芍药与山茶。鹅黄鸭绿鸡冠紫，鹭白鸦青鹤顶芽。迎春百合兼银杏，艳李秾桃及木瓜。佛见笑，小金沙，百日红开映紫霞。芙蓉莺粟蔷薇色，海棠散水木樨槎。千叶石榴葵灿锦，含香栀子茉莉花。紫荆拗，杜鹃葩，瑞香玫瑰水红花。萱草芝兰清且秀，腊梅檐匐馥而华。凌霄玉蕊宜男佩，凤尾辛夷木笔花。红菡萏，玉屏芽，酴酥锦带粉团插。琼瓣绣球同一色，月中丹桂岂凡杂。更有一般真奇异，菊名金雀实堪夸。(生)这一篇花歌，非一时所能。(净)是小人妙作。(生)休得胡说。且将金雀花取来我看。(净)在此。(生)这种金雀花名奇怪。(净)奇怪，还有一个古怪。(生)还有甚么古怪？(净)古怪古怪真古怪，说来一场好惊骇。老爷见了这封书，管教泪湿香罗带。(生)又有封书信，谁寄来的？待我拆开一看。呀，原来七言绝句一首：遭兵守志入空林，幸见瑶琴达远音。不识河中金雀女，可能再会月车人？

【太师引】(生)顿心惊蓦地如悬罄[5]，止不住盈盈泪零。自当日长亭分袂，问归期细嘱叮宁。却原何身离坑阱，幸得保全躯命。劈鸳鸯是猖狂寇兵。最堪怜蓬踪浪迹似浮萍。

瑶琴，你既遇巫娘，仔细与我说个明白。

【前腔】(净)为寻花步入招提境[6]，紫云岩有观音殿庭。金雀花在阶前相映。闲拈弄偶遇尼僧，因说起相公名姓。扑簌簌泪珠交进，却原来是遭劫掠铮铮守贞。拚投崖遇救仗彼神灵。

【赚】(旦、丑同上)远涉兼程，已到河阳锦绣城。(丑)官衙近，忙行通报便相迎。禀老爷,夫人已到。(生)出公庭,(旦)喜今官爵威仪盛,不弃糟糠感志诚。(生)真侥幸,偶因代赋承新命。有惭为令,有惭为令。

(丑)禀老爷:外面上司公文紧急,请老爷上堂挂号。(生)夫人少坐片时,下官发遣即来。(生下遗书介)(旦念书介)原来巫妹所寄之诗,可见相公时刻将他在念。待我藏于袖中,慢慢以言试之。

【前腔】(旦)巫妹,你翦雪裁冰,官人,你袖失遗书似薄情。杨花性,沾泥飞絮类书生。(生上)见卿卿,今朝喜得交鸳颈。(旦)不负当年金雀盟。(生)与你所分金雀,夫人想必带来也。(旦)妾朝夕佩在身伴。君之金雀何在?(生)藏在书箱内。(旦)当年赠别,金雀轻分。此夕重逢,依然成对。可去取来,待我仍以绣线同心系于一处。(生)多承夫人美意,下官即当取来。呀,夫人初到,未可轻言巫氏之事。他又提起金雀,将甚么与他对合?罢,罢,便将巫氏寄来的书信,与他一看。或者见他为我守节投崖,接来完聚,也不见得。呀,书已不在袖中,怎么处?(旦)相公,金雀怎么不取来?(生)寻不见书箱锁匙,待明日取来看罢。(旦)真薄幸,原何陇蜀相兼并?这般渴病,这般渴病。

(生)夫人忒多心了。金雀果在下官书箱内,明早取来与夫人看便了。(旦)金雀乃至灵之物,先飞到我袖中来了。(生)在那里?(旦)可不在这里!

【江头金桂】(旦)休得要巧妆行径,我跟前不奈听。金雀当初婚订,得谐双姓,绾红丝牵定盟[7]。我和你鸳鸯交颈,连枝同并。只合气求相应,共享安宁。如何觊傍枝觅小星?大亏心短倖。(生)下官并无短行。(旦)你还说甚么!背行蹊径,空自语惺惺。(出书介)这题诗绝句伊谁寄?(出双雀介)雀解双飞却怎生。

【前腔】(生)非是我亏心薄行,你从来贤会称。(旦)便不贤会这一遭儿。(生)这也是儿女故态。一自与卿分手,良朋胥庆,喜巫姬守志盟。(旦)说甚么巫姬,我不晓得。(生)巫姬者,乃是巫彩凤,青楼守志女子也[8]。(旦)青楼之女,有甚么志?(生)我与山公名山酌酒,见渠执爵彷徨,举止羞涩。细鞫伊情,顿生怜悯。我实无意于他,当不过山公擿掇。非干我事，因此上偶遇私成，未闻尊命。（旦）却又来。你既不惑志于他，何不差人报我知道？乃率意竟行，这等大胆。可恶！可恶！（生）那时也要差人修书报知夫人，然后成事。怎奈一时情牵，欲罢不能。没奈何只得不告而娶。若是夫人见他青楼守志，也要生怜。（旦怒介）掷果之生，忘其耻也。（生）那巫姬实无一端可取。（旦）既无一端可取，缘何两意相投？（生）闻说寇兵入境，他投崖殒身，感神救之为比僧。（旦）他今做了比丘尼[9]，他也是六根清净[10]，傍观不雅，使不得了。（生）望海涵仁育，毕吾狂兴。（旦）你的兴儿觉得太狂了些。（生跪介）免得意萦深。（旦）区区县令，作此态度，可不羞耻。且起来，我实对你说。（生）愿闻。（旦）这桩事断然成不得。（生）便不成也罢了。异哉，这金雀怎么在你手里来了？正是鹿迷郑相应难辨[11]，蝶梦庄周不易明[12]。

（旦）夜深了，我要进房安息，有话明日再说。（生）夫人莫辞劳倦，卑人少伸接风之敬。（旦）待你心上人来接风。（生）你到不是我心上人？（旦啐介）（推倒生下）（生吊场）（丑）老爷怎么跌倒在地上？（生）适来下阶错步。（丑）不是下阶错步，还是夫人吃醋。（生）瑶琴，如之奈何？怎么处？（丑）这不难。夫人远来，如今进房去曲意奉承，慢慢自然成事。（生）他闭了门，不容我进去。（丑）这等说，到书房里去，我和你两个叙一叙旧情。

榴花解相思，瓣瓣飞红血。
妇人无妒心，天下称奇绝。

〔注〕 ① 种花：晋潘岳为河阳令，在该县遍种桃李，传为美谈。《白氏六帖·县令》："潘岳为河阳令，树桃李花，人号曰：'河阳一县花。'" ② 青藜：青藜老茎所制之杖。《三辅黄图·阁》："刘向于（汉）成帝之末，校书天禄阁，专精覃思。夜有老人，著黄衣，植青藜杖，叩阁而进。见刘暗中独坐诵书，老父乃吹杖端，烟然（燃），因以见向，……至曙而去，请问姓名，云：'我是太乙之精，天帝闻卯金之子有博学者，下而观焉。'" ③ 山公：指山涛，魏晋间名士，"竹林七贤"之一。 ④ 嵇阮：嵇康、阮籍，三国魏末著名的文人，为"竹林七贤"中人。 ⑤ 悬罄：罄，通磬，一种玉或石制的打击乐器。此处指心中受到极大震动，有如悬挂的磬被击打。 ⑥ 招提：寺院。 ⑦ 红丝：犹红绳。唐李复言《续玄怪录》载韦固曾遇一月下老人，倚布囊检书。韦固问囊中何物，老人称囊中有红绳，潜系男女之足，以定婚姻。人一出生，即为红绳所系，丝毫不受贵贱悬殊、相距遥远等的影响。 ⑧ 青楼：指妓院。 ⑨ 比丘尼：佛教出家五众之一，即年满二十岁且受过具足戒的女性僧人，俗称尼姑。 ⑩ 六根清净：佛教认为修行佛法者达到眼、耳、鼻、舌、身、意六根于声、色、香、味、触、法六境不染着时，即为"六根清净"。后常指去除欲念

而消灭烦恼。 ⑪ 鹿迷郑相:《列子·周穆王》:"郑人有薪于野者,遇骇鹿,御而击之,毙之。恐人见之也,遽而藏诸隍中,覆之以蕉,不胜其喜。俄而遗其所藏之处,遂以为梦焉。"按:此处用该典而曰"郑相",当出于叶律之需, ⑫ 蝶梦庄周:《庄子·齐物论》:"昔者庄周梦为胡蝶,栩栩然胡蝶也,自喻适志与,不知周也。俄然觉,则蘧蘧然周也。不知周之梦为胡蝶与,胡蝶之梦为周与?"

程朱理学在明朝已成为官方哲学,是为维护封建伦理道德服务的,当然也包括维护当时的家庭伦理道德。明代无心子所撰传奇《金雀记》,便鲜明体现了这一理念。

《金雀记》两卷三十出,是根据晋代潘岳掷果故事生发出的一本喜剧,今存明崇祯间白鹤山樵校订本和汲古阁刻本等。本处赏析的是第二十八出《临任》,前此的剧情大致是俊秀的潘岳元宵节观灯,妇女以果投之,井王孙之女文鸾投以一对金雀。后井王孙为女以诗择婿,潘岳得选,以金雀为聘成就良缘。婚后友人山涛来信,要潘岳去河东谋取职事,临行,夫妇分雀为记。赴河东后,在接风酒宴上,经山涛撮合,潘岳以金雀为聘再娶青楼守贞女子巫彩凤。之后,潘岳因得尚书张华的赏识,得官河阳县令。而留居河东的彩凤被掳,不屈跳崖,被观音菩萨显灵救出。文鸾赴河阳途中遇见彩凤,得知详情,十分同情,但为弄清潘岳对彩凤的真实态度,先行去河阳。在弄明白了潘岳的心迹后,彩凤也来到河阳,最终潘岳与文鸾、彩凤团圆。《临任》一出,即写文鸾乔装吃醋,试探潘岳,因而后世又名之为《乔醋》。其情节集中在潘岳发遣公文回来之后,文鸾决意要弄明潘岳对已出家为尼的彩凤的情意是否依然如旧,而潘岳在读罢彩凤书信后,满怀思念怜爱,却又不敢明白告诉文鸾。因而,生旦相互察颜观色,兼以言语试探。此段描写细腻曲折,鲜明刻画出两个人物丰富的内心情感变化。同时,随着剧情不断推进而冲突渐趋激烈,从而使《临任》一出具有较强的戏剧性。

首先,文鸾让潘岳取出金雀,要"以绣线同心系于一处"。可潘岳的金雀早已赠予彩凤,哪里拿得出?不免心中犹豫:"夫人初到,未可轻言巫氏之事。"因而转念一想:"罢,罢,便将巫氏寄来的书信,与他一看,或者见他为我守节投崖,接来完聚,也不见得。"可书信却已不在袖中,情急之下,只得搪塞"寻不见书箱锁匙"。对这一切,文鸾却是了然于胸的,因而乔装吃醋,责备潘岳"真薄幸,原何陇蜀相兼并"。潘岳不知文鸾已知情,依旧抵赖,反说文鸾多心,即使在面对文鸾明确指责为何"觅小星"时,他仍是冠冕堂皇地否认,"下官并无短行"。至此,为文鸾初试潘岳,矛盾冲突初见端倪。随即,文鸾拿出确凿的物证——彩凤书信及那对早已完聚的金雀,潘岳知道此时无法再隐瞒,只得承认确有娶妾一事,并期望通过给文鸾戴上"贤会"(贤惠)的高帽子来顺利解决冲突,而文鸾却偏偏不吃这一套,说:"便不贤会这一遭儿。"潘岳转而又夸赞巫氏坚贞,文鸾随即反驳"青楼之女,有甚么志"。潘岳清楚冲突不易解决,又把娶凤一事的责任推诿到山涛身上,声称自己"无意于他"。文鸾针锋相对,谴责其"率意竟行,这等大胆"。潘岳依然狡辩"一时情牵,欲罢不能"。文鸾佯装大怒,呵斥潘岳"掷果之生,忘其耻也",此时矛盾冲突到达高潮。潘岳惊觉事态的严重,既而又称"巫姬实无一端可取",意图缓和气氛。接着又欲以情动人,告知妻子彩凤守身投崖,"感神救之为比僧"一事,期望文鸾能够受到感动。而此时的文鸾却是打定主意不达目的不干休,称:"他今做了比丘尼,他也是六根清净,傍观不雅,使不得了。"潘岳无计可施,在他的内心深处既爱着妻子文鸾,又无法割舍对彩凤的感情,便下跪请求文鸾"海涵仁育",接受彩凤。至此,文鸾的目的已达到,明白了潘岳对彩凤仍是一往情深,爱怜有加。可是,为了给潘岳一个惊喜,她又故弄玄虚,告诉潘岳"这桩事断然成不得"。如此,也为最后一出中"二美共一夫"的完满结局铺垫蓄势。读此,真有穿花拂柳之感。且那"当局者迷"(潘岳),"旁观者清"(文鸾、观众)的情节设计所带来的喜剧美,绝非一般由丑角"插科打诨"的调笑效果所能及。因而,整出戏里里外外洋溢着轻松而不低俗的氛围,正如青木正儿《中国近世戏曲史》所赞,乃"典雅之喜剧中成功作品"。

剧本虽写晋代故事,但其中自有明代社会的投影。井文鸾作为贤德理念的代表,是剧本着力赞扬的。她不仅容许丈夫娶妾,甚至在此出中,为了"妾"而去苦心试探自己的丈夫,如此"贤妻"正是封建文人所期许和封建伦理所推崇的。但若换个角度来审视此举动,我们也不难体味其深藏的内在情愫。爱情是自私的,哪个女人愿意与别人分享自己的丈夫?可长期受封建礼教熏陶束缚的她,在妇女只是从属品的封建社会中只能做出如此举动,才能博得"贤惠"之誉。不然,又能如何?强烈反对?之后等待她的又会是什么呢?被世俗谴责为河东狮、悍泼妇,如宋代陈季常之妻?或换来丈夫的冷淡甚至一纸休书?可见,"乔醋"之举,既是无奈又是必然的选择!再看看此出中虽未正面出现却是矛盾冲突的焦点人物——剧中的另一女主角巫彩凤。戏曲史上颇多个性突出、血肉丰满的妓女形象,如关汉卿笔下的赵盼儿。而在此剧中,妓女出身的巫彩凤仅成了"贞节"的纯粹化身,缺乏人物自身应有的特点,这无疑是戏曲史上青楼女子形象塑造的一种倒退。

此出开始瑶琴所作"花歌"颇值得一提,内容涉及花木五十余种,姹紫嫣红,绚丽多姿,暗合历史上潘岳曾在河阳遍植桃树一事,为其风流名士的形象着墨添彩。就戏曲表演而言,全歌共一百七十八字,所及花木种类繁多,净角要流畅快速地将它表述出来，这对演员的“念功”确是一种考验。从中，我们亦可窥见我国古代戏曲表演的技艺美。

（吴春彦）

【戏曲家小传】

月榭主人

姓名年里、生平事迹均不详。作有传奇《钗钏记》。祁彪佳据该剧文本推测，作者乃是熟于科诨排场的行家。一说月榭主人即松江王玉峰别署，然乏确证。

钗　钏　记

月榭主人

第十一出　落　园

（旦、占同上）

【梁州序】碧天霞落，长空云敛，一片冰轮舒展。蓝桥亭畔[1]，乘槎拟约同欢[2]。只见银涵华屋，凉透香肌，露湿栏杆浅。夜深苔径滑，步轻款，月到天心分外圆。（合）情怀畅，心慵懒，向朱扉绣户闲凭遍。（付上）清意趣，少人见。

（白）小生韩时忠，假扮皇甫吟，特来赴约，此间已是。你看粉墙又高，角门尚闭，不免叩门则个。（旦）云香，这时候还不见来？（占）正是，也该来了。小姐，待我到园门首听一听看。（付）开门。（占）呀，有人敲门响，想是秀才官人来了。（付）开门。（占）是那个敲门？（付）小生韩……（住口介）（小旦）是那个吓？（付）小生寒儒皇甫吟，特来赴约的。（占）皇甫官人，你来了么？（付）正是，来了。（占）近住着，待我对小姐说了，来开门放你进来。（付）晓得。妙吓，一问就问着了。（占）小姐，秀才官人来了。（旦）云香，夜晚间不当稳便，你去问明端的，开他进来。（占）晓得。（付）怎么还不见来？（占嗽介）秀才官人，那个约你来的？（付）小生是云香姐相期，特来赴约的。（小旦）是了，看看可有人，待我开你进来。（付）一个人也没有。（小旦）如此我开门。（开门介）（付）小姐，拜上。（占）我不是小姐。（付）吓，敢是云香姐？（小旦）正是，你为何晓得我是云香？（付）前日云香姐到家下去，小生不在家里。以后小生回来，家母对我说的。多多有慢云香姐,好茶也不曾奉得一钟。(占)好说。(付)小姐在那里?(占)小姐在亭子上,随我来。(付)吓!(随走介)不知可有狗的?(小旦)没有,请少住。(付应)(占)小姐,秀才官人进来了。(旦)请上前相见。(占)请官人上前相见,小姐在此。(付)小姐,作揖。(旦)云香,你去对他说,当初六礼既行[3],为何不来迎娶?(小旦)秀才官人,当初既云……(付)小姐在上,非是小生不来迎娶,只为先父弃世之后,家业凋零,再爬也爬不起。又闻得岳父母有怪小生之意,更有改嫁之情。(哭介)(占)秀才官人,不要哭。(付)说到伤心之处,真正泪出痛肠。(旦)我爹娘虽有改嫁之心,但奴不从,故着云香前来约你。只宜早早上前,休得落后。(付)小姐果有此心,乃小生前世有缘,非今生之幸也。(占)秀才官人,我家小姐是富室之儿,繁华生世,不图贵戚,甘守荆钗,奇花一种君应晓,莫认杨花作雪看。

【又】告官人听取奴言:因何事故迟姻眷?我娘行思念,娘已衰年。(付)多谢卿卿怜念,若得周全,此事恩非浅。(旦)秀才,(唱)奴是一鞍还一马,怎肯再移天[4]。(占白)秀才官人,(唱)及早催亲莫滞延,及早催亲莫滞延。

(旦白)云香,你去房中,箱笼内、手帕包的,快去拿来。(占)晓得。秀才官人,小姐着我进去拿东西与你。对了,那边放斯文些,不要动吓。(付)动也勿敢动。(占)我去去就来。(小旦下)(付看介)就来的,就来的,不来也罢了。妙吓!

【又】小亭中蓦见婵娟,顿教人情牵心乱。小姐,对月明作证,和你凤倒鸾颠。(付拖旦介)(旦躲介)(白)秀才,我和你佳期有日,苟合决难从命。(付)今夜中秋佳节,相逢乐地,何必固辞?(唱)只见玉箫三弄,乌鹊双飞,良夜情无限。(白)物类尚如此,何况人乎!(又抱旦介)(旦)阿呀!秀才,你既读孔圣之书,必达周公之礼,岂可一毫有玷于行。况百年夫妇,情意久长,岂可以一宵苟合,而遗臭万年?决不可如此!(付)何妨呀,(唱)他操持贞与节,使我好羞惭,我此来差了,却作南柯一梦圆[5]。(旦白)云香快来。(占上)(唱)却作南柯一梦圆。

(旦)为何只管去了?(占)一时寻不见。小姐,这些东西在此了。

(旦)云香,你一一交付与他。(占)晓得。秀才官人,方才朝这边的,怎么转了那边?(付)方才风大,吹转来的。(占)小姐赠你金钗一对,金钏二股。(付)多谢小姐。(占)不要谢,还有。(付)吓,吓。(占)小姐,银子是多少重?(旦)五十两。云香,这些东西,我爹娘多是认得出的,拿去变易变易,作速来娶,幸勿迟滞,有误大事。(付)待小生回去,与家母商议,不日就来娶亲。(占)这便才是。(旦)云香,同你送秀才官人出去。(占)晓得,秀才官人,小姐还要送你出去,你可晓得么?(付应介)(占、旦唱)

【节节高】这是嫦娥爱少年,玉轮碾,乘风飞下离琼苑。神仙眷,鸾凤翩,雨云乱。殷勤自觅情留恋,蓬莱阆苑真堪羡⑥。(合)只恐相逢似梦中,别时不久重相见。(旦下)

(付)别时不久重相见。(占白)那里去?那里去?(付)小姐呢?(占)小姐进去了。(付)我也要进去。(占)阿呀,进去不得。(付)怎么进去不得?(占)这是员外、安人的卧房了。(付)我还有许多说话,要对他说的吓。(占)怎么方才不说?(付)一时忘了,不曾说得。这是要当面说得吓。(占)可对我说了,传与小姐,是一样的。(付)是的⑦,云香姐说了,总是一般,这个……(占作开门介)快些说。(付)这个,小姐明日嫁到我家,你可来的?(占)跟随小姐,自然嫁来的。(付)必定来的?若是来的,我再勿忘你的嘘。(占推付关门介)(下)(付)呸!阿呀一只脚,开门!看一只脚,呀,啐!(唱)

【尾】今宵误入天台院⑧,好姻缘反作恶姻缘,(白)韩时忠吓韩时忠,(唱)使尽心机也枉然。

(白)来差哉,来差哉。(下)

〔注〕 ① 蓝桥:唐裴铏《传奇》记书生裴航在蓝桥驿求浆,见到仙女云英,乃向其祖母求婚。其祖母令裴航设法获取玉杵臼,裴航如其愿得玉杵臼,为其捣药百日,终得娶云英,后二人修成大道,超为上仙。 ② 乘槎:宋胡仔《苕溪渔隐丛话》引南朝宋宗懔《荆楚岁时记》:"张华《博物志》:汉武帝令张骞穷河源,乘槎经月而去,至一处,见城郭如官府,室内有一女织,又见一丈夫牵牛饮河,骞问云:'此是何处?'答曰:'可问严君平。'织女取榰机石与骞而还。" ③ 六礼:古代结婚要施行的六种礼仪,即纳采、问名、纳吉、纳徵、请期、亲迎。 ④ 移天:指另配丈夫。⑤ 南柯一梦:唐李公佐《南柯太守传》记淳于棼梦中为大槐安国驸马,享尽荣华富贵,后公主死,他渐失势,被送出王城。醒来方知是梦,检视宅南大槐树蚁穴,知此即梦中之大槐安国。乃悟人生虚幻,遂栖心道门。后因以"南柯一梦"指称梦幻。 ⑥ 蓬莱:传说中的海上仙山。阆苑:传说中神仙所居之处。 ⑦ 是的:下原有"付"字,似衍,兹删去。 ⑧ 天台院:指天台

山。南朝宋刘义庆《幽明录》载东汉永平间刘晨、阮肇入天台山采药迷路,遇二仙女,留居半载,及归里,则时已入晋,子孙已历七世。

"碧天霞落,长空云敛",夜深了,天空中皎洁的明月轻洒它的温柔,月到中秋分外圆啊!微凉的风拂过,露水打湿栏杆,深夜的花园如此宁静。而此时疾步走在长满青苔的小径上的深闺少女史碧桃,她的心却又是如此的紧张而慌乱:父亲嫌贫爱富,要毁弃她与书生皇甫吟那儿时就订好的婚约,将其另嫁。碧桃不愿屈从父亲的安排,几天前已让侍女云香暗约未婚夫皇甫吟相见于后花园,准备赠予财物,催其速娶。今晚,便是相见之期,可等待这位冰清玉洁少女的又是什么呢?明月无言……

多么的不协调啊!如此美丽的月色下,如此纯洁的期盼中,花园门外却潜来了一个獐头鼠目的冒名之人——韩时忠。身为皇甫吟的好友,虽也是饱读经书的秀才,他却寡廉鲜耻,居心不良,欺骗阻止皇甫吟赴约,而自己却衣帽光鲜地取而代之。那善良美丽的碧桃之可怜,与这阴险丑陋的韩时忠之可恨,形成了强烈的形象对比!看着韩时忠敲门,观众的心被揪紧了。虽然碧桃很是小心谨慎,叮嘱云香"问明端的",虽然云香也细细地盘问了,可这两个纯洁少女怎敌得过这狡诈的韩时忠呢?他早已从皇甫吟口中骗知一切详情。门,打开了。

以上一段描写的,便是明代月榭主人所撰传奇《钗钏记》第十一出《落园》的开场情景。《钗钏记》两卷三十一出,写皇甫吟、史碧桃的曲折婚事,剧情如下:书生皇甫吟定亲史氏,因其家贫,岳父史直欲退婚,而其女碧桃坚决反对。她派丫鬟约皇甫至自家花园一会,拟送财物作娶亲之资。皇甫之友韩时忠得知此事,心生邪念,冒名前往,骗取钗钏等物。碧桃坚拒另嫁,投水自尽,为人所救。史直告皇甫奸杀,审官竟定案判为死罪。后经清官李若水重审,真相大白。皇甫出狱考中状元,与碧桃喜结婚姻。这里选的《落园》一出,搬演的是韩时忠假冒皇甫吟赴碧桃之约,图谋不轨。韩时忠的阴谋能得逞吗?他会被揭穿吗?善良少女史碧桃的命运会如何呢?在生动描绘、细致刻画人物的同时,作者给观众设置了一连串的悬念。随着花园门的开启,一出精彩好戏即将展现于观众眼前。

且看,场上的韩时忠(付)多会借伪装以掩饰其贪欲邪念。他装成知书识礼的"谦谦君子",见到云香,他会表达"歉疚",道"多多有慢云香姐,好茶也不曾奉得一钟",以博得云香的好感;面对碧桃"为何不来迎娶"的询问,他会痛陈家境的艰难,兼以惺惺作态,作"哭介",以取得碧桃的同情。可当云香去房中取东西,他单独和碧桃在一起时,伪装顿时卸去,其奸邪本性显露无疑。他急不可耐地直接对碧桃提出非分要求,"小姐,对月明作证,和你凤倒鸾颠",竟欲强行搂抱;遭拒后，依然贼心不死，妄图通过卖弄才情、制造气氛，来引诱、说服碧桃："今夜中秋佳节，相逢乐地，何必固辞？""乌鹊双飞，良夜情无限。物类尚如此，何况人乎！"又欲再行非礼之事，但得到的仍是碧桃的严辞拒绝。待云香返回，面对这机警的侍女"方才朝这边的，怎么转了那边"的调侃，他竟推托是风吹转的，真是活活一副无赖嘴脸。在得了碧桃相赠的钗钏银两后，其无耻欲望仍未得到满足，看着离去的碧桃，竟转而以言语调戏云香。即使撇去旧时戏曲中略微带有的一点点戏噱成分，如此行为、如此作派出自韩时忠这样的丑类，也实是令人反感至极。要知道，他可不是那《西厢记》中的"志诚"君子张君瑞！

再看看我们那枝美丽的碧桃。她从小养在深闺，兰心蕙质，秀外慧中，正如云香所说的，是"富室之儿，繁华生世，不图贵戚，甘守荆钗"。为了坚守那从小的婚约，她不惜与令其改嫁权贵之门的顽固父亲对抗，撇下少女的矜持和羞涩，主动约见未婚夫并赠以财物。这样的女子怎会不令人同情、喜爱并赞叹？面对"未婚夫"的搂抱求欢，碧桃断然相拒："我和你佳期有日，苟合决难从命。"对方再度诱惑紧逼，碧桃依然坚贞不从，并义正辞严地予以谴责："秀才，你既读孔圣之书，必达周公之礼，岂可一毫有玷于行。况百年夫妇，情意久长，岂可以一宵苟合，而遗臭万年？决不可如此！"少女的知书达礼、深明大义、坚贞自持，使她免受玷污，躲过了一场极可能发生的灾难。可观众在释怀的同时又会被困扰：皇甫吟既然未能赴约，自然未得钗钏银两之赠，因而仍无力迎娶碧桃，碧桃会改嫁他人吗？小人韩时忠就这样逍遥法外了？……如此，在悬念的此起彼伏中，结束《落园》，进入之后的《相骂》、《投江》、《恤刑》等出。

本出戏宾白生动贴切，极符合人物身份个性。所用曲词虽少，却也自然流畅，典雅脱俗。开篇【梁州序】一曲，通过对中秋夜晚明月、长空、亭台等景物的描写，绘制出一幅纯净的"少女夜行图"，并融情入景，表现了少女轻快又略带慌乱惆怅的心理。细节的刻画也颇有"窥一斑而见全豹"的效果，就有关韩时忠的描写而言，有言语上的"小生韩……（住口介）小生寒儒皇甫吟"；有行动上的"哭介"，如此刻画，韩时忠的市井无赖形象更是一目了然！

《钗钏记》在后世戏曲舞台上颇有影响，晚明的曲论家吕天成评此剧云："观此可为密事告友之戒。"（《曲品》）是啊，正因皇甫吟的交友不慎，才导致恋人碧桃受骗投江，自己也不幸牵连入狱受刑。虽然，如许多同类题材的古代作品一样，《钗钏记》故事最终仍然有个圆满的结局，可这种种磨难原本就是可以避免的，难道不是吗？即使是生活在现代的我们，也不是不可以从中吸取教训，而注意"择友之道"的。

（吴春彦）

钗 钏 记 月榭主人

第二十出 恤 刑

(外首领官,末吏典随上)

【贺圣朝】职授真州首领,民无菜色和平。宴安黎庶得安生,雨顺风调乐太平。

雨后有人耕绿野,月明无犬吠黄昏。下官真州首领官是也。今有恤刑李大人按临本州[①],不免整点各犯文卷俟候。吏典。(末)有。(外)各犯文卷都齐备了么?(末)都齐备了。(外)送文卷要紧。(末)晓得。(虚下)(众皂快随生上)

【探春令】凤凰池上脱鹓班[②],叹国事多艰。王臣蹇蹇匪肱股[③],奉君命敢辞烦。

(白)官居清要职非轻,暂脱金门奉使行[④]。今日始知君意重,惭无厚禄子臣心。下官李若水,官拜宋朝观文殿学士,钦命恤刑真州等处。我想当今之世,赭衣满道[⑤],墨吏充途[⑥],捶楚之下,何求不得!下官不胜心伤眉皱。必须洞鞠其情,上不负天子洪恩,下不虐小民之冤苦。正是:与其锻炼无辜者,孰若宽刑免不经。今日按临,不免开词审录。吩咐开门。(众应介)开门。(外进介)首领官进。(众)进来。(外)真州首领官参见老大人。(小旦)请。(外)禀参。(小旦)免。(外)恭闻老大人望隆朝野,名重鸾坡[⑦],何幸降临小邑,万民感仰。(生)圣天子恤典洪恩,何须贵州褒奖。若此共有几宗?(外)共有二十四起。(生)着该吏俟候,请回衙理事。(外)是。(小旦)请免。(外)吏典送文卷须要小心。(末)是。吏典告进。(众)进来。(末)吏典叩头。呈送文卷。(生)吩咐各犯依牌挨次而进,不许混乱。(末传介)宪纲册呈上。这是各犯文卷,请老爷验封。(生)拆了。(看介)第一起江洋大盗劫杀事。审得陈余等聚集劫掠,横行海洋,泊轻舟于江岸,聚亡命于舟中,拦截东西,觊觎南北,每逢客艎,蜂拥登舟,将商人之血本,供大盗之齿牙。粉身莫赎,罪恶滔天,理宜问斩,罪亦何辞。若论谋财害命,这是十恶之内的了,一斩不枉。第一起不必带进,发与理刑。(末传介)第一起云云。(生)第二起忤逆不孝事。审得窦正狼兽为心,不思报本,酗酒逞凶，殴逆严亲，其中虽有亲母旧复状之善，忤逆显然，理宜问绞，罪无可辩。若论肆酒逞凶，殴逆严亲，情真罪当。只是我看他原招内，有他亲母旧复状之善，这罪名可以减免得。带忤逆不孝一起进来。（末传介）（众带丑上）（众白）犯人进。（众）进来。（末）听点。绞犯窦正。（丑）有。（生）窦正，你生身父母怎不孝顺，反行忤逆呢？（丑）青天老爷，小人是极孝顺的，正月里领他看灯，二月里踏青，三月里清明上坟，四月十四领他神仙庙里看柳梅精，五月端午看龙船打翻身，只有六月六，不曾奉里河里洗澡了[8]，告我个忤逆。（生）我看你原招内有你亲母旧复状之善，故免你的罪名。自今以后，须要学做好人，以释你不孝之名。（丑）多谢青天老爷。（生）打开刑具。（众应介）

【玉交枝】（生）劬劳是父母，苦推干就湿颇多。属毛离里心思慕，惟恐有疾病相扶，养儿待老侍鬓皤。博奕好饮翻逆忤。（打介）（丑）谢恩官指点迷途，回去奉双亲效丁兰刻木[9]。

（生白）赶出去。（众应介）（丑）我里阿妈是好的，老子是不好的，待我回去打死这老业障。（下）（生）第三起盗贩私盐，拒伤官兵事。审得赵龙等聚集亡命，背却公家之法，盗贩私盐，拒伤官兵，人赃被获，罪犯三尺，也难减免。这起不必带进，发与税巡。（生传介）（生）第四起打犯人命事。审得钱甲恃力逞雄，好勇斗狠，与同里方大素有私仇，七月初三道逢险处，拳跌伤腹，致方大十月中身故。亲手打死，理宜问绞，罪亦何辞。呣，七月初三斗殴，十月中身故，死者在百日之外，系保辜限外的了，怎么成了招？这罪可以免得。带打死人命一起进来。（末传介）（众带净上）（众白）犯人进。（众）进来。（末）听点。绞犯钱甲。（净）有。（生）钱甲，你怎么好勇斗狠，打死了人，今日还有何辩？（净）青天老爷，勿是小人打杀渠个，渠撞在小人拳头上来，撞杀个。（生）我看你原招内，死者在百日之外，系保辜限外的了，我免你的罪名，今后须要改恶从善，不枉本院恤你这一番。（净）多谢个青天老爷。（生）打开刑具。（打介）（生）钱甲。

【又】你方刚血气，好斗勇为人戒之。逞凶必定拘牢狱，那曾见守分的遭危。（白）你逞一时之勇，把人打死，问成死罪在狱中。（唱）

你一家骨肉依靠谁？百年嗣绝谁承继？(净)谢恩官恤刑罪释，回去念弥陀随缘度日。

(生白)赶出去。(众)出去。打钱来。(净)什么打钱？(众)衙门规矩。(净)什么规矩？我打死了人出来了，你打了我要打钱，就是这一记。打你贼狗腿的。(净下)(生)第五起因奸致死人命事。审得皇甫吟之父皇甫伦，素与史直相善，两吐衷情，将女碧桃遂联姻契。岂伦身故家贫，吟无以迎娶，史直嫌贫，改许魏氏，而碧桃思千载良缘，念一生结发，期吟会于月下，岂吟既索其金，复又强其就奸，碧桃坚贞不苟，吟反不娶，以致碧桃抱恨沉江而死。吟因奸致死，应坐死律，罪无可辩。呣，我想既是个女夫，就不为奸骗了，怎么成了招？吒，带因奸致死一起进来。(末传介)(小生、外、小旦上)(众白)犯人进。(众)进来。(末)听点。原告史直。(外应)(末)被告皇甫吟。(小生)有。(末)干证云香。(小旦)有。(生)史直、云香带下去。(众)下去。(生)皇甫吟上来。(众应介)(小生)阿呀爷爷，冤枉吓！(生)你看没有一个犯人不说冤枉的。皇甫吟，你妻子不肯改嫁，故着云香来期约你，赠你的东西，以为毕姻之需，你如何顿起淫心，你妻子不从，是最难得的了，你反不娶，以致此女抱恨沉江而死，你今日还有何辩？(小生)小人有诉词一纸，求爷爷龙目一观。(生)你既有诉词，成招时不诉，今日迟了。(小生)爷爷吓，小人受刑不起，虚打成招的呢。(生)取上来。(众应介)(生)“诉状：犯人皇甫吟，诉为赖婚诬陷事。痛吟自幼业儒，素守清规，父未捐馆[10]，凭媒聘下史直女碧桃为妻。苦吟父丧，四壁一空，窘如悬罄，蹉跎未娶。史直嫌贫，改许魏氏。而碧桃不从父命，投水身亡，史直情虚，恐吟涉讼，扭捏云香作证，假付钗钏银两，指赃诬陷，诳告枉罪，无法无天，极冤大变，恳乞明台电鞫飞霜[11]，激切上诉。皇甫吟。”那史直告你因奸致死，怎么你诉词上推得毫无干涉？你既无干涉，怎么成了招呢？(小生)一时难辩，屈打成招的。(生)也罢。你把原招内情由细细讲上来。(小生)爷爷听禀。

【玉抱肚】春容听启，(生白)这头亲事，是你自己定的么？(小唱[12])是父在日曾聘此女。(生白)我看你也不小了，为何不娶？(小唱)奈家私日渐凋零，乏聘财未敢行娶。(生白)你平日做何生活？(小生唱)家贫守分,勤苦读诗书。(生白)读书可得进步么?(小生)爷爷,小人不肖,(唱)忝在黉门一腐儒[13]。

(生白)嗨,你既是个生员,一发不该如此妄为了。

【前腔】(小生)再听吟语,(生白)你还有何辩?(小生)我岳父有嫌贫爱富之心,(唱)要将女儿别嫁改移。(生白)要改嫁与何等样人?(小生)要改嫁魏枢密。(生)那个魏枢密?(末)是魏公廉。(生)本郡缙绅么?(末)是。(生)以后便怎么?(小生唱)魆地里暗设谋机,(生白)设什么计?(小生唱)令侍妾忽到家里。(生白)侍妾可就是招内的干证云香么?(小生)正是,爷爷。(生)他到你家来何干?(小生唱)约中秋十五私自会佳期。(生白)他来期约你,你那晚就去了?(小生)爷爷,小人不曾去。

(生)他既约了你,怎么不去?(小生)爷爷,小人呵,(唱)恐中机谋不妄为。(生白)如此说,你八月十五夜没有去?(小生)是。(生)下去。(众应介)(生)带云香上来。(众)带云香上来。(生)云香,你家主告你是干证,你把原招内事之有无、情之虚实,一一讲上来,一字支吾,拶指来。(众应介)(小旦)爷爷嗄,(唱)

【前腔】听妾诉启,(生白)起初期约皇甫吟,是史直差你去的么?(占唱[14])是小姐使奴去的。(生白)差你去何干?(占唱)可怜他家道贫穷,(生白)怜他家窘。(占唱)欲赠他聘礼之资。(生白)住了,你虽期约他,皇甫吟那晚却不曾来?(小旦)阿呀爷爷吓,怎么说不曾来?(唱)他至期果到赠金珠,奸骗分明事不伪。

(生白)奸骗分明,骗什么东西?(占)钗钏银两,(生)钗钏是什么样?重多少?(占)吓,葵花样,重八两。(生)钏呢?(占)龙头珠钏,重十二两。(生)又银子是多少?(占)银子五十两。(生)嗨,我看你小小年纪,为何晓得如此备细?吓,敢是你家主教导你的么?(占)阿呀,爷爷,那些东西是小妇人亲手交付与皇甫吟的。(生)是你亲手交皇甫吟的?(占)是。(生)这再没得讲了。下去。(众应介)(生)带皇甫吟出来。(末传介)(生)哇,我把你这瞒心昧己的狗弟子,好好一个读书人,自己的妻子,夜半三更前去奸骗他,什么葵花宝钗、龙头珠钏,又银子五十两,你取了那些东西,就该娶了,而又不娶,以致此女抱恨沉江而死,前官问你绞罪,也不为枉。今日你不把原招内情由对我讲,反写什么诉词来搪塞我,连我多被你混了。扯下去!(小生)阿呀,爷爷吓!

【又】他铺谋设计,望明公将衷情细推。(白)小人岳父爱富嫌贫,要将女儿改嫁魏枢密,(唱)闻此女誓不相从,守节操坚违父意,投江身死重伦彝。(白)小人岳丈,受了魏家财礼,无可推托。(唱)故使利口云香虚捏词。

(生白)那史直受了魏家财礼,女儿又投江死了,无可推托,见你又是个生员,恐兴词涉讼,就告了你因奸致死。这是杜绝两家之患,取上来。皇甫吟,你妻子不肯改嫁,故着云香期约赠你的东西,这是你妻子的好情;况你又是个穷儒,正所谓贫人遇宝,你岂有不去之理。八月十五夜,去是你去的,你从实讲,诉词我准。(小生)阿呀,爷爷,既是我妻子的好情,何不日里就着云香送了来,又要小人半夜三更,到他家后花园中去取,这明明是史直的奸计,要谋害小人嘘。(生)这句也是,嗯,奸计显然,何消说得,这厮天理何在?准了。下去。(众应介)(生)带史直上来。(末传介)(生)史直,碧桃是你亲生的么?(外)是亲女,爷爷。(生)当初这门亲事,还是两相情愿的呢,中间有人唆哄你成就的?(外)爷爷,是两相情愿的。(生)是两相情愿的?打!(众应介)(生)老狗才,既是两相情愿,一个女儿许了皇甫吟,如何又要改嫁魏枢密?岂不闻一丝为定,千金不易,又道一家女儿吃不得两家茶。你反不如女儿有志气、有节操,不肯改嫁,投江而死。咳,此亦世之鲜矣。我想此事,都是你起的祸端,你若不逼女儿改嫁,怎得投江而死?自己害了女儿性命,如今又要入人一个死罪,思之可恨。打!(外)阿呀,爷爷,小人年老,受刑不起。(生)无知老狗才,本该一顿板子,先打你个治家不正之罪。只是你年老受刑不起,况我又是个恤刑的衙门,罢了。(外)多谢爷爷。(生)史直,奸骗的情由,还是你女儿在日知道的呢,是死后知道的?(外)是死后知道的。(生)好一句混话!一个人死了,那里还晓得许多事情!(外)江边打捞尸首,是云香说出来的。(生)尸首可曾打捞检验?(外)没有。(生)既无尸首检验,怎么就晓得投江而死?(外)爷爷,有汗衫诗句为证。(生)有什么汗衫诗句么?取上来。(末应介)(生念前诗)纲常在我不担当,溺水将谁驾苇杭[15]?阿妇重伦多烈性,男儿薄幸少纲常。一片真心难朽没，千年枯骨尚犹香。人生自古谁无死？留取芳名幹墨扬[16]。史直，这诗果然是你女儿做的么？（外）是女儿亲笔。（生）倒也亏他，可惜是个有才的女子。下去。（众应介）（生）若论此诗，皇甫吟的罪名逃到那里去！带皇甫吟上来。（众应介）（生）皇甫吟，你八月十五夜是去的，怎么推固不曾去？（小生）爷爷，小人实是不曾去。（生）你既不曾去，为何你妻子题诗在汗衫上？（小生）爷爷，若论汗衫诗句，小人一发有辩了。（生）这厮还要强辩！（小生）那史碧桃是不出闺门之女，谁人认得他笔迹是怎么样的？这明明是史直揑造出来的，这叫做死无凭据。（生）是吓，好个死无凭据，那汗衫诗句，一发胡说了。皇甫吟，那汗衫诗句，虽难为证，你接受他的钗钏银两，这就是你的原赃了。（小生）爷爷，小人去也不曾去，什么钗钏银两？（生）带下去！（众应介）（生）吩咐库上取钗钏来。（末）老爷，钗钏没有追。（生）钗钏是原赃？（末）是原赃，还没有追。（生）原赃还没有追？一发可笑了。写牌提那承行吏。（众传介）（末）就是小吏承行的。（生）就是你承行的？打！（末）阿呀，老爷，是前官这等问的。（生）狗才，你既参一吏，必知衙门事体，成招时就该实说此招无赃，难以定罪。明日申上司，申得过还好，倘申不过驳下来，你本官体面何在？钗钏是原赃，不返；尸首又不曾检验，怎么就把人问成死罪？打！（末）小的是旧吏新参的。（生）狗才，自古官打现在，我那管你什么新参、旧参，本该一顿板子，远远问起你去便才是，只是那原官有供错在内了。（末）前官是据汗衫诗句问的。（生）嗬，你晓得史碧桃笔迹是怎么来的？你倒去认，正是官也糊涂，吏也糊涂。（末叩头介）（生）且住，我想起初期约，是云香在的；那钗钏银两，又是云香交与皇甫吟；以后奸骗情由，又是云香说出来。嗬，这妮子乃情之首，祸之魁也。带云香上来。（众应介）（生）揣起来。（众应）（生）看这妮子，就是入人一个死罪的。云香，此事我明白久矣，那史碧桃不肯改嫁，着你期约皇甫吟，赠他的东西，以为娶亲之资，这是个真情？（占）爷爷，是个真情。（生）那皇甫吟是读书人，恐怕你家主设什么计害他，他不敢来，也是个真情？（小旦）爷爷，实是皇甫吟来的。（生）你还讲皇甫吟来的！你因见那皇甫吟不来，就将机就计，串通一人，假扮做皇甫吟的模样，到花园中，那史碧桃是不出闺门之女，那里认得什么亲丈夫，把那些东西交付与那人，你与那人就均分。以后史碧桃见不来娶亲，又当不过父母威逼，情极了，投江而死。咳，可怜，只是苦了那女子。你以后见史碧桃死了，死情看看要败露了，恐家主摧挫你，你一口咬定皇甫吟。云香，你只顾脱自已的干系，那管入人死罪。云香，跪上些，你如今只要招出那个人来，我只问那人的罪状，你做个不知情，就勾了你了。（占）爷爷，主人家法甚严，并不敢胡为，实是皇甫吟来的。（生）你招了好，我老爷刑法利害，问他那个来的？（占）实是皇甫吟来的。（生）还讲皇甫吟，拶！（众）吓，犯妇上拶。（生）问他是那个来的。（占）是皇甫吟来的。（生）敲。（众）吓，一十，二十，三十，四十，五十……（生）住了，再问他。（众）是那个来的？（占）是皇甫吟来的。（生）再敲。（众）吓，六十、七十、八十、九十、一百……（生）问他那个来的。（众）那个来的？（占）实是皇甫吟来的。（生）揣下去。（众应介）（生）好个炼刑的妮子，如此拷打，一口咬定。带史直上来。（众应介）（生）史直，云香还是从初到你家来的，长大了来的？（外）从初到小人家里来的。（生）他可有什么父母亲戚来往？（外）并没有什么父母亲戚，是个只身。（生）把云香放了拶。（众应介）（生）吏典过来。（末）有。（生）天晚了。今日只审因奸致死一起，吩咐余犯带去收监。（末传介）（生）云香被我如此拷打，咬定皇甫吟；那皇甫吟又说不曾去。若据汗衫诗句，必有一人去了，他才题这“薄幸”两字。带云香出来。（众应介）（占怕介）（生）云香，你起初期约皇甫吟，怎么对他讲，他怎么回你的？（占）小妇人去期约皇甫吟，不在家。（生）他那里去了？（占）出外讲书去了。（生）皇甫吟既不在家，你对那个讲的？（占）对他母亲说的。（生）下去。带皇甫吟上来。（众应介）（生）皇甫吟，起初云香来期约你，他怎对你讲？你怎么回他的？（小生）其时小人不在家中。（生）那里去了？（小生）出外讲书去了。（生）你既不在家，云香对那个讲的？（小生）对小人母亲讲的。那日小人讲书回来，母亲对小人说的。云香是不曾会面。（生）你母亲多少年纪了？（小生）六十三岁了。（小生）老了，亲生你的么？（小生）是亲生的。（生）你弟兄几人？（小生）止生得小人。（生）皇甫吟，不是我苦苦推问你，你在我案下不能脱狱，别位抚案到来，你罪名就难出了。（小生）小人落在水火之中，望爷爷施恩拯救，笔下超生。（生）那日不去，还是你母亲阻你，还是你自己不肯去？（小生）不是母亲阻小人，那日小人心上也要去的，亏了一个好朋友指明，不曾去得，不然今日怎得见青天爷爷之面。（生）你跪上来，那好朋友叫什么名字？（小生）叫韩时忠。（生）是何等样人？（小生）也是个生员。爷爷，与他没相干，他是小人极好的朋友。（生）你怎么与他商量，他怎么指明了你？（小生）那日小人在他家讲书，他见小人郁郁不乐，就问小人为何事。小人就将妻家之事与他商议可去不可去，他说这是你岳丈的奸计，岂不闻夤夜无故入人家，非奸即盗，登时打死不论。小人听他说的利害，不敢去。（生）你那好朋友也见得极是。史直、云香召保。（众应介）（生）皇甫吟带去收监。（众应）（生）吏典过来，与我行角公文，到真州学里去，说我忝在翰林，要借观人才，送众生员赴考，一名不到，教官参究。（末应）（下）（生）掩门。（众应）（下）（生）正所谓机不密则祸生矣。好笑那原问官，不审审明白，据了汗衫、诗句，就把人问成死罪。我明日借观人才，看韩时忠怎么样一个人，我就知明白了。正是：莫信莫信，直须防人防人。要辨真和假，来日见分明。

〔注〕 ① 恤刑：明代及清初由朝廷派到地方审录囚犯、清理冤滞的官员。始设于明洪武时，清康熙中裁去。 ② 凤凰池：指朝中。本指禁苑中池沼，六朝时中书省官衔、唐时宰相职位亦以凤凰池代称。鹓班：以排列如鹓鹭的班序喻指朝臣的行列。 ③ 王臣蹇蹇：语出《周易·蹇卦》："王臣蹇蹇，匪躬之故。"蹇蹇，忠直貌。 ④ 金门：即金马门，汉代官门名，此代指朝廷。 ⑤ 赭衣：古代囚犯身穿赤褐色的衣服，故亦作犯人的代称。 ⑥ 墨吏：贪污的官吏。⑦ 鸾坡：翰林院的别称。 ⑧ 奉里：奉他。 ⑨ 丁兰刻木：汉人丁兰少丧父母，成年后，刻父母木像，事之如生时。 ⑩ 捐馆：死亡的婉辞。 ⑪ 飞霜：指冤狱。南朝梁江淹《诣建平王上书》："昔者，贱臣叩心，飞霜激于燕地。"李善注："《淮南子》曰：邹衍尽忠于燕惠王，惠王信谮而系之，邹子仰天而哭，正夏而天为之降霜。" ⑫ 小唱：应作"小生唱"，原本此处漏一字。⑬ 黉(hóng)门：学校。 ⑭ 占：即小旦。按：此出或作小旦，或作占，实皆云香一人。 ⑮ 驾苇杭：典出《诗经·卫风·河广》："谁谓河广？一苇杭之。"杭，通"航"。 ⑯ 幹墨：当作翰墨，原本抄错一字。

戏曲史上带公案成分的剧本中，有关的情节冲突往往最终通过某一个清官来解决，《钗钏记》也不例外。《落园》之后，云香去皇甫吟家催婚未果，碧桃含愤投江，其父史直状告皇甫吟骗奸致死人命，皇甫吟入狱被定罪。眼看着是非被颠倒，无辜者蒙冤，拨云见日的清官——李若水终于出场了。至此，标志着剧情产生重大转折的第二十一出《恤刑》拉开了帷幕。

怀着忧国忧民之心，李若水一上场便给了观众一粒定心丸——"必须洞鞠其情。上不负天子洪恩,下不虐小民之冤苦”。这无疑给原本看似挽救无望的皇甫吟冤案带来了一抹亮色。果不其然,在随后一连五宗案件的审理过程中,其正直、明断、宽宏、智慧的形象愈益鲜明。对待劫财害命的江洋大盗、盗贩私盐拒伤官兵的亡命强贼,他绝不姑息,维持原判;对尚有良知的忤逆之子、打死人命的莽撞之徒,他晓之以理,动之以情,予以宽释;对案情模糊、缺乏证据的皇甫吟一案,他更是详审细查,不武断,不轻信,努力寻找突破口,以求真相。他与戏曲史上的许多“清官”形象有着共同点,便是公正、廉明。更值得一提的便是剧作者在塑造这一形象时褪去了许多剧本中此类人物常有的神化外衣,而赋予其更多的平实感,让他更贴近生活。在忤逆案中,他会唱出“劬劳是父母,苦推干就湿颇多。属毛离里心思慕,唯恐有疾病相扶,养儿待老侍鬓皤”的句子,可谓字字真切,触人肺腑;在打死人命案中,他对犯人是循循善诱:“你逞一时之勇,把人打死,问成死罪在狱中。你一家骨肉依靠谁?百年嗣绝谁承继?”真是句句合情合理,犹似长者教导之言。如此,一改“青天老爷”的肃穆严厉,增添了人物的亲和力,使其形象更加深入人心,无论戏里戏外,都受百姓的欣赏爱戴。而使其智慧明断的平实形象发展到极致的,则是在皇甫吟一案审理过程中的睿智表现,《恤刑》一出对此叙述尤为详细。整个程序如下:初审皇甫吟——初审云香——二审皇甫吟——初审史直——三审皇甫吟——斥承行吏——二审云香——二审史直——三审云香——四审皇甫吟——定计。乍看,整个描写似乎稍为累赘,但细细分析,却非如此。初审皇甫吟,方有“史直嫌贫爱富,设计害吟”之思,初审云香并无破绽后,二审皇甫吟又添此虑。提审史直,知碧桃汗衫留诗之事。三审皇甫吟发觉缺乏物证钗钏时,转而疑云香与人设定圈套,诳骗谋财,二审云香用刑无果,加之二审史直发觉云香无作案条件,便打消此念。三审云香知期约那日,皇甫吟去朋友家讲书,因而告知其母。四审皇甫吟排除其母牵涉案件的可能性后,发现线索,仍有另一知情者韩时忠,并且正是此人阻止皇甫吟赴约!顿时,水落石出之时不远,罪犯即将显现于众人面前。李若水决意以智取胜,定下一计,以借观人才为名,将韩时忠骗至衙中,而后在其毫无防备的情况下,通过“赚钗”取得物证,让其原形毕露。从而一改以往公案剧清官多借“神断”的俗套,李青天在对案情的步步深入分析中最终寻得突破口,发现真凶。看似颇费周折,读来却显得更真实可信。

可是在那个“国事多艰”的时代,即使有少数清官察觉到“赭衣满道,墨吏充途,捶楚之下,何求不得”的现状,来为民众主持正义,也实为无济于事的“杯水车薪”。正如剧情所展示的:当地案发频仍,世风日下,有劫财夺命的大盗,有贩卖私盐的强人，有忤逆之子，有斗殴之汉，就连衙门中的小吏也肆意勒索钱财，而首领官却在大唱"宴安黎庶得安生，雨顺风调乐太平"之词。就是公正的化身李若水也未能根本解决这些问题。江洋大盗劫财杀命，亡命之徒拒杀官兵，这些铤而走险的极端行为背后必定有其深刻的社会原因。对此，这位清官未做任何追根究源的努力，只是维持了原判，表面上是消除了罪恶，却并未消除罪恶的根源。而在忤逆案中，似乎已被他感化的不孝之子获释后，未露转变之意，还扬言要"回去打死这老业障"；在斗殴案中，他认真教导过的莽汉仍会说出"就是这一记，打你贼狗腿"的话。就连在他作为"救星"出现的皇甫吟一案的审理过程中，无辜可爱的小云香也曾被他滥施刑罚。对此，剧本均作了毫不掩饰的刻画，这也是《恤刑》在创作上值得称道的地方。

需要指出的是，本出在结构的处理上稍有臃肿之感。前四宗案件的安排对塑造人物、反映社会状况虽不乏益处，但此后皇甫吟一案的审理过程又是篇幅较长的叙述，因而令人颇觉繁琐累赘。

（吴春彦）

高文举珍珠记　　佚　名

第十八出　藏　　珠

【驻云飞】(旦)满目花开，睹景伤情泪两腮。薄幸人何在？这苦愁无奈。嗏，只恨命儿乖，受尽迍灾。想是前生少欠冤家债，仔细思量泪满腮。

【过涧引】(夫)步急如飞，口舌深藏莫露机。若将此事传消息，惹得佳人悲怨。

(相见科)(夫云)恭喜！贺喜！(旦云)老娘，有何喜可贺？(夫云)高相公回了。(旦云)我那冤家回了？而今在哪里？(夫云)在书馆之中。(旦云)既如此，待我去见他。(行介)(夫拦住云介)夫人差矣！你怎么这等去见得他？前厅后堂，俱有人在那里。倘温小姐知道[1]，却自送一条性命。(旦悲云)不能勾见得他□么好[2]？(夫云)你且从缓。适才相公问我，府里有人会做米糷没有？我只胡乱应他有人会做。我也不晓得什么叫做米糷。(旦云)那米糷我到晓得。他当初在家攻书之时，是我常做这米糷与他点心。(夫云)既如此却好得紧[3]！快做些来，我送去书馆与他吃。待他问是哪个做的，我便说是夫人做的，就得相会了。(旦云)如此却好。(夫云)

不知要些甚么物件？(旦云)要用糯米粉调和，做成小团儿；再用胡椒煮汤，加些葱韭就是。(夫云)这些物件都是有的，待我去取来。(虚下取介)(旦云)我想当初与他分别之际，将珍珠捣破，彼我各收一半。今日将来，裹在此米糒里面。他若看见，就使老奴不说[4]，他也明白，知是我来了。(夫上云)夫人，物件都齐备了，望你教道我做。(旦云)还要些蜜糖煎热水。(夫云)冷水也好么？(旦云)煎过水冷了，便不粘牙。(夫云)待我去看来。(旦同做科)(旦云)老奴，今朝是甚么日子？(夫云)今日乃中秋佳节。(旦悲云)我想去在家[5]，与爹娘、高郎月台玩赏，享不尽的荣华。谁知今年在此，受这等苦楚。

【四朝元】(旦)中秋月半，哪堪百种愁。听鹘鸽枝上[6]，莺啼清昼，孤房奴自守。夫，指望你名成利就，(重)指望你万里封侯。金带垂腰，提携奴一家都荣耀。我若见夫时，把你贫贱从头数，嗏，遥想帝王都，只怕景色繁华，满目花如绣[7]。胭花上翠楼，花染郎衫袖。君还记否？(重)烈轰轰盟言可守？

【前腔】(夫)夫人听启：自古道愚不谏贤，下不言上。你是主母，我是奴仆，听取一言宽解。把双眉暂展舒，休得要伤悲痛忆。夫人，就是天道有盛衰[8]，日月有盈亏，江河有消长，山川有崩卸。你今虽遭此陷阱，岂无泰来时节[9]？比你做天边一轮明月，暂时掩在云端里。且自开怀莫孔悲[10]。我听夫人说将起来，高相公昔日那等贫贱，火烧甲库，欠折官银。亏了王员外赔纳，又将女儿招赘在家。你来赴试，琴剑书箱、衣服盘费，无所不至。得中头名状元，为何眼底无珠，不识好歹，差张千那奴才去下书？到而今坑陷夫人受此磨灭呵。高相公，你枉读圣贤书。得中魁名，贪恋荣华，怎的不思量归家里？王夫人呵，我看他终朝苦嗟吁，闷倚阑杆，眼垂双泪，指望夫相会[11]。寻思这就里，感伤奴泪垂。伤情痛意，(重)悲悲切切，夫人呵，终有个团圆之日。

【前腔】(旦)只为忘恩夫婿，因他们来帝都。谁知到此受僝僽[12]，这苦凭谁诉？奴把画阑倚盼，(重)夫，谁知你来到京城，榜登高第，假写家书。接我来到京城，不仁小姐听信谗言，将我送入波澜，进退浑无计。老奴，那日温小姐说道：今日把个活的交付与你，异日讨个死的回话。我今多蒙你看顾，快快请上受我一礼。嗏，我把残躯付与伊，异日里若得夫妻相会，子母团圆，便做犬马区区当报你[13]。(夫)夫人呵，曾闻苏武牧羊时[14]，也有还家里。不须忧虑，不须忧虑。(旦)老奴呵，异日里不报冤仇，除非是咽喉绝气。

老奴，你拿去煮熟，送与他吃。千万说是我在这里，再不可隐藏了。

老奴呵，

【尾声】(旦)你须看天面，广行方便，一桩桩一件件与他说个真详细。

(夫云)夫人，老奴今番一定对他说，何劳你再三嘱付。

自投罗网受禁持，烦伊传报薄情知。

黄河尚有澄清日，岂可人无得运时。

〔注〕 ① 知道：原本"道"为"到"。现改。 ② 他□：此处原本即缺一字。疑为"怎"字。 ③ 好得紧：好得很。 ④ 就使：即使。 ⑤ 去：后似脱一"年"字。 ⑥ 鹡鸰(jí líng)：鸣禽类鸟。中国常见者为头黑额白、背黑腹白，鸣声尖锐。 ⑦ 花如绣：此处以花喻美女。 ⑧ 天道：指支配人的命运的自然力量。 ⑨ 泰来：即否极泰来。指坏情况到了尽头，好情况就要到来。泰：顺利。 ⑩ 孔悲：很悲、太悲。孔，很、甚。 ⑪ 夫：后似脱一"妻"字。 ⑫ 僝僽(chán zhòu)：折磨。 ⑬ 区区：自称的谦词。 ⑭ 苏武：西汉时人。公元前100年出使匈奴，被拘十九年，坚守气节，过着艰苦的牧羊生活，后匈奴和汉朝议和才被释放返回汉朝。

明代徐渭在叙述传奇之祖南戏的历史时，曾说过："南戏始于宋光宗朝，永嘉人所作《赵贞女》、《王魁》二种实首之。"(《南词叙录》)天池道人这第一位研究南戏的古代学者，不仅率先记载了南戏最早的两个剧目，同时似乎是在不经意中指出了这样一个戏剧史实：作为戏剧形式之一种的南戏，是与其关注婚变题材的表现内容联袂降生的；并且在出世伊始，虽是孪生，便各具特色，形成了两大类型——或是权贵欲觅佳婿而逼婚勒赘，或是士子飞黄腾达后见异思迁。明代弋阳腔早期剧目《高文举珍珠记》，脉承南戏《琵琶记》、《荆钗记》的优秀传统，是前一类型的婚变戏在民间戏剧中的继承者。

此戏现存明代文林阁刻本，一名《珠珍米糷记》，简名《珍珠记》，上下两卷共二十三出。本处赏析的是其中第十八出《藏珠》，前此的剧情大致敷演的是：落魄士子高文举因欠官银三百两，而求助于乐善好施的王员外。王仅有一女名金真，遂将之招赘。后文举为求功名赴京应试，一举夺魁。不料被奸相温阁看中，

“勒赘”为婚。其女温氏悍泼狠毒，文举派人下书迎接金真，被她暗中改为休书。金真见书，含愤进京，寻至相府。恰巧文举入宫侍讲，温女便将金真贬为贱役，百般折磨，真是叫天不应，叫地不灵。幸赖府中一老仆妇曲为回护，使之得以不死。正是在这山重水复疑无路的戏剧情势下，拉开了第十八出的大幕。

“满目花开……只恨命儿乖”，一曲【驻云飞】唱出女主角无限冤屈、满腹幽怨。盛节（中秋）在即，繁花似锦，本是父母掌上珍珠的金真（旦扮），如花娇嫩，似水温柔，如今却被豪门蛮女横加摧残，寻夫不得，回乡不得，何等凄楚悲戚。就在这时，为之打探丈夫消息的老仆妇（夫扮）疾步登场，一连声的“恭喜！贺喜”，替沉抑悲伤的场景带来一抹欢色：原来高相公回府了！这位相府家奴，是个古道热肠、洞达世态的善良老妇，身居社会的下层，使之对王金真的遭遇十分同情；而身为相府下人多年，又使之对侯门的险恶倍存戒心。故当金真急切要去书房面见丈夫时，她以一句“夫人差矣”相劝阻。这既是剧情跌宕所必须，也显示出老妇的机警，突出了温氏的凶残；更重要的是，顺理成章地导出了该出乃至全剧的戏眼：做米糷藏珍珠暗示身份。明乎此，便不难理解为什么剧本借助人物道白，如此细致清晰地交代这一食品的原料、做法和烹制诀窍，以及暗藏半粒珍珠的用意。

如果说情节发展至此，其主要艺术功能只是在释题，即“珍珠米糷记”的取名由来，颇富农家想象的风格和民间传说的色彩；那么接下来的金真与仆妇“同做（米糷）科”，则使这出《藏珠》跳出了一般过场戏缺乏充分描状、只是草草交代的窠臼，而具有舞台表演和人物塑造两方面的独特价值。读者请注意：自两人“同做科”始，经过三大段【四朝元】唱腔（其间并杂有多段道白），直至【尾声】之前，金真始对老妇说：“你拿去煮熟，送与他吃。”这其间，在中秋佳节的背景下，进一步强化了王金真对命运的哀怨、对丈夫的失望、对温氏的愤恨及对前景的期冀，亦使相府仆妇这一剧中配角形象的是非鲜明、善解人意，给人以更加深刻的印象。而这一切，不是人物站在舞台上干巴巴地唱念，而是伴随着“同做”米糷的细腻表演，无疑是会增强艺术的表现力和形象的感染力的。

老仆妇端着煮熟的米糷行将送至书房，《藏珠》一出随即落幕。观众和女主角一样，心怀着其夫妻就要顺利聚首的美好希望。剧作者为加深此念，通过金真和老仆之口，一再重复此番定要告诉高文举其妻已至。这种重复和误导在艺术上的作用，要在随后而来的《询奴》、《逢夫》两出中方能显现，此处就不说了；只是这种力求带“戏”过渡剧情的做法，在早期民间戏剧中还是难能可贵的。

可能有的读者要问该剧的结局如何，概括言之，便是在包公的主持下，罢职温阁、责打温女，然后一夫两妻、衣锦还乡。这似乎是落入传统婚变戏的俗套了，可是在当时的现实土壤和艺术土壤上，试想一位（或几位）民间戏剧家又能为其所珍爱的人物，做出怎样的命运安排呢？站在今天的立场上观赏此剧，似不必计较这类“通病”，而去努力品味其稚嫩而又质朴的民间艺术风范，这才是在文明发达社会难以寻觅的“珍珠”。

（陆　林）

罗　衫　记　　　佚　名

第十八折

（生上）一身虽得借鹪枝[①]，母信妻音空系思，何处征吾愁恨叠？请君看取鬓边丝。我苏云被刘权羁留在此，不知母亲兄弟在家安否如何。妻子怀孕，被盗掳去，不知生死，教我晓夜萦牵，愁肠割肚，总付之长叹而已。今刘权虽百般厚待我，到底不设一谋，几次要逃回故乡，争奈他分付各处把守，不能得脱。今早见刘权将欲出猎，我只得假妆有病，所以他不来相请。我如今乘其无备，不免收拾行李，悄地逃归，有何不可。嗄，皇天皇天，我这回脱得去，死里又重生。（下）（三旦、付小军，小生、外家丁，净上）

【粉蝶儿引】啃聚山林，虎寨雄威纠纠，看金光灿烂兜鍪[②]。（丑上）跨雕鞍，驰骏马，锦袍铺绣。（外、小生）摆围场猎着林禽岩兽。

（丑）大王，张胜叩见。（净）军师少礼。（小生、外）总领官叩头。（净）起来。（众）众头目叩头。（净）起来，站过一旁。秋入郊原景物饶，锦旂绣帐猎西郊。（丑）君臣远播遐方久，谁敢将咱侧眼瞧。（净）孤家自得苏云到此，指望他参赞军机，托以重任，我每每请教，他只推不谙戎务。今早请他同往打围，他又说有病，如之奈何？（丑）大王，他既有病，何必强他，臣今保驾，愿王无虑。（净）妙嗄，军师保驾，寡人何足虑哉。军士们！（众）有。（净）与我传令，你们下山去，须要张锣呐喊，擂鼓摇旂，放鹰的放鹰，逐犬的逐犬，捉获禽兽多者重赏，就此打围前去。（众）得令。

【泣颜回】万里拥貔貅[③]，远望旌旗拖绣。张罗列网，三军呐喊声吼。英豪跨马耀金鞭，都向深岩薮。挽鹊桦箭射飞鸿[④]，早不觉双雕贯首。（下）

【前腔】(生上)无端拘禁似羁囚,我有家难奔,有国难投。想萱堂年迈[5],思之泪沾罗袖。我苏云昔为朝廷命官,今作寇中逃虏,呀呸,可不羞杀人也。嗄嗄,言之可羞,到如今枉有经纶手。(呐喊介)呀,见一簇驾犬豪雄,向草丛中藏身急走。(下)

【千秋岁】(众上)战袍抠,捻着团花绣。一个个容貌雄纠。枫树林中,林中,只见那佯挽丝缰齐骤。马电掣,鹰即溜。箭将发,弓开彀。彀转秋轮纽,把豺狼束靷[6],雉兔排矛。

(众)虎来了。(净)与我摆开围场者。

【前腔】(众)任雄彪,和那南山兽,谁怕你千样狂吼。猿臂初张,初张,管教你顷刻之间膜透。看跃沙飞,迷山岫。啸风停,先声透,透处穿彪首。羡大王勇猛,一箭功收。

(净)些只之兽,何足道哉。军师,天色已晚,且回山寨,捉获禽兽多者领赏。(众)得令。(净)众头目就此回军。(众应)

【越恁好】(众)猎完归去,猎完归去,闹喧喧笑语稠。度深林涉蹬,看日影渐西流。气昂昂,勇逌逌[7]。见白生生小兔儿拿回笼囚,血淋淋雉鸡,花斑斑大虫儿挑在后头。一年内较猎时好算秋重九,趁原上草枯,林间叶瘦。

(众)启大王,草丛中有一汉子。(净)抓过来。(众应)元来苏大人。(净)先生,你说有病,为何在此?嗄,想是要背我而去么?(生)大王差矣,人各有志,岂可相强。况家有老母倚闾,你何苦拘禁我在此,使我为不忠不孝之人。(净)咳,苏先生,你要回去,想差了念头,孤家要汝军中运筹,岂可轻去。头目,带马来,与苏爷骑了,同上寨去。(生)阿呀亲娘嗄,若如此说,我永无还乡之日了。(净)传令回军,(众)得令。

【红绣鞋】忙将锦辔都挽,都挽。马前簇拥龙虬,龙虬。归去也路尤修。忙驰骤,转山头。军语沸,鼓声稠。

【尾】男儿到此空垂首,何事苍天不佑,且收拾愁怀唱凯讴。

〔注〕 ① 借鹪枝:谓暂得寄居之处。鹪,鹪鹩。此用《庄子·逍遥游》"鹪鹩巢于深林,不过一枝"之典。 ② 兜鍪(móu):头盔。 ③ 貔貅(pí xiū):古书上的凶猛野兽,古时多代指勇猛的将士。 ④ 挽鹊:张开鹊画弓。鹊,代指鹊画弓。 ⑤ 萱堂:母亲。 ⑥ 靷(yǐn):引车前行的皮带。《左传·哀公二年》:"邮良曰:'我两靷将绝,吾能止之。'"孔颖达疏:"古之驾四马

者，服马夹辕，其颈负轭，两骖在旁，挽靷助之。” ⑦ 逌(yóu)逌：意同悠悠。

《罗衫记》，一名《白罗衫》，无名氏所作传奇，《曲海总目提要》以为系明人所作，但《重订曲海目》记清代无名氏《白罗衫》一本，故有人以之为清代作品，清初刘方有《罗衫合》传奇，题材相同，故又有人以为《白罗衫》传奇系刘作。今收入《古本戏曲丛刊三集》。剧情梗概如第一折副末开场所交待的：“涿鹿苏云，兰溪之任，别母携妻。岂江心遭盗，云身几殒，山寨羁縻。妻仗义人释放，逃难荒郊忽产儿，急忙里把罗衫裹，带血弃荒堤。天公有网不疏，暗遣强徒抱子归，长成时得第。尚书招宴，母子相疑。更喜刘权天败，云得脱离，遇子在南畿。当此际罗衫再合，三代沐光辉。”简言之，《罗衫记》讲述的是涿州苏氏一门悲欢离合的故事。故事流传甚广，冯梦龙编《警世通言》中亦有《苏知县罗衫再合》一篇，两者故事情节大体相同，细节上稍有差异。

《罗衫记》第十八折演苏云假称有病，欲趁刘权出猎时逃离山寨，但终被抓回，仍不得返乡母子团聚。这一折里，苏云是作者着力刻画的人物，形象鲜明突出。这时的苏云，早已不是当年赴任兰溪时的翩翩少年，经历了离家时难舍高堂，遭劫时死别娇妻，被救后受困山寨等一系列悲伤、惊恐、焦虑、愁苦的情感折磨，虽然年龄不大，然而却华发早生，心理上已是苍苍老态了。身在山寨的苏云，心中纠缠两条情感主线：一为孝，一为忠。他心中牵念的，是母亲兄弟在家安否，妻子怀孕被掳后吉凶如何。其实，家中早已是物是人非。其弟奉母命寻兄嫂不遇，已在兰溪城隍庙中悲痛而亡；其妻逃离虎口后于荒郊产子，匆忙无奈间母子分离，如今一个流落王国辅家，一个为仇人徐能抱养；其母老年丧子，无依无靠，在家乡苦苦支撑。一家人死的死，散的散，三地孤苦，实在不是他能够预料和想象的。为人子、为人夫的责任感，时刻催促苏云脱身返乡。同时，如他所说：“我有家难奔，有国难投。”除了谨遵孝道之外，作为一个正统文人，他已得功名，并受命为官，必然有效忠君主、一心报国的志气。所谓正邪不两立，官匪不相容，刘权自立为王，他的政权是不被承认的，苏云当然耻于为其效力。苏云虽然被刘权强行羁留，失去人身自由，但不与山贼同流合污，始终保持心理上的尊严和自由。《罗衫记》的作者有强烈的正统思想，这一思想不仅附着在他笔下的苏云身上，也表现在他对刘权这一人物的处理上，这个“名不正”的山大王平日交往皆为贼徒，最终死于天谴。

在将笔触探伸至人物内心世界的同时，作者也十分张扬地描写了一次欢乐而有气势的秋日出猎，焦点是山寨众兵将。【粉蝶儿引】这支曲子写的是排阵出行的场景：骏马、锦袍、虎将、雄兵，整齐而威武。【泣颜回】、【千秋岁】等曲子写捕猎情景，只见旌旗招展，人声鼎沸，鹰犬追逐，鸟兽惊走，使人不禁想到“老夫聊发少年狂，左牵黄，右擎苍。锦帽貂裘，千骑卷平岗”（苏轼《江城子·密州出猎》）的句子，有一种豪气从心中升起。最精彩的是首领刘权射虎的描写，从他不怕猛兽的勇气，到挽弓射箭的雄姿，再到老虎应声而倒的畅快淋漓，充溢着阳刚之美。接下来的【越恁好】、【红绣鞋】两支曲子，写的是打猎完毕后的情形，欢声笑语，满载而归。撇开山寨将士的性质不说，单说这一次的打猎活动，实际上经过作者的描写，看起来是颇有威武气象的，它与关于苏云的心理活动的描写两下对比映照，一外一内，刚柔相济，具有较强的艺术冲击力。

《罗衫记》的整体基调是悲苦的，因为苏家母子、兄弟、夫妇的彼此分离，生死茫茫在该传奇中占了绝大篇幅。而第十八折虽然也描写了苏云出逃前后的内心激荡，有愁苦、惶恐、无奈，笔法比较细腻，但是打猎的喊杀阵阵，马蹄声声，完全在气势上暂时冲淡了苦难，即或是作者，也在不自觉中，由着豪迈之气的引导而尽情描写。

（郑传寅　张　静）

罗　衫　记　　佚　名

第二十一折

(小生内)奶公走嗄。(末)相公请。(小生上)别却严亲就远途，萧萧行李一身孤，遥瞻客路三千里，愿逐长风达九衢[①]。小生徐继祖，年方弱冠，志在青云，今科忝中乡魁[②]，上京应试。奶公，这是什么地方了？(末)前面是涿州地方了[③]。(小生)如此，趱行前去。

【新水令】辞亲挟策赴皇州，逐风尘无宵昼。遥瞻云黯黯，慢策马悠悠。不是遨游，都只为利和名争驰骤。

(末)喲，马来。(下)(老旦上)苦嗄！

【步步娇】破壁颓垣风吹透，这苦难禁受。老身张氏，自从两个孩儿亡后，家道消乏。虽蒙高大人十分周济，不意连年荒歉，生计萧条，家中操作，都是老身亲做。今日厨下乏水，不免到前村井边去，汲些水回来应用。咳，我想亲操井臼，虽是妇人常事嗄，但我年纪高大，还不免辛勤。天嗄，我抱瓮泪先流，频往街头，出乖露丑。谁人知道我穷愁？影萧萧只觉如疚。

我那儿嗄！(下)(小生接板上)

【折桂令】路迢迢景值深秋，两岸疏林，一派寒流。见云迷古道荒丘,似咱萧条行李,笑语无由。想昨宵宿旅馆凄凉似疚,怎能勾到皇都卸却征裘。真个万缕千愁,总上心头。怎禁那滚滚尘沙,只教人殢却双眸[4]。

(末)马来。(下)(老上)

【江儿水】取次来村右,难遮满面羞。伶仃孤苦谁搭救?衰年遭难多僝僽[5]。天还知道和天瘦,赢得泪掩衫袖。这段情由,对着谁人分剖?(汲水介)(小生上)

【雁儿落带得胜令】俺则待步云霄气正遒,却做了冒风霜眉先皱。望长安去路修,渴咽喉无由嗽。奶公!(末)相公怎么说?(小生)我口中甚渴,那边有个婆子在井边汲水,你且带住了马。(末应)等我与他借些水来解渴。妈妈借些水来解渴。(老)官人要水吃么?(小生)正是。(老放地)请用。(小生吃)(老看)多谢妈妈。(老)呀,那官人的面庞,好似我大孩儿模样,阿呀天那!(生)嗄,好奇怪,那妈妈见了我,为何哭将起来?(末)正是,这也奇得紧。(小生)呀,好教人蓦地费追求。(老)为何他的面庞,与我大孩儿是一样的?(生)嗄,我晓得,莫不是有冤仇,俺不免将他叩。妈妈,泪珠儿且暂收,恁有甚来由,须要一一从头剖。(老)咳,说也没用。(小生)恁莫愁,说明白可分忧。

(老)官人若不弃嫌,寒家就住在那边,请到舍下少坐片时,待老身细诉。(生)既如此,妈妈先请,你带着马来。(末)嗄!(老)从命了。

【侥侥令】这情踪真未有,冤债几时休。舍下了,请。(小生)妈妈请。(末)待我系住了马。(老)官人万福。(小生)妈妈拜揖。(老)请坐。(小生)请问妈妈上姓,可有儿子么?(老)嗄,官人,老身有两个孩儿,大孩儿叫苏云,二孩儿叫苏雨。(小生)作何生理?(老)大孩儿初登进士,赴任兰溪[6]。(小生)元来是前辈老先生的太夫人,失敬了。(老)岂敢。(小生)请问老夫人,令郎老先生,如今在那里?(老)官人,言之可怜。(生)为何呢?(老)他赴任三年,杳无音信,老身只得又着小孩儿苏雨,到兰溪访问消息。不道连他也不回来,及至信来,说苏雨不见兄嫂,悲痛而亡。(小生)死了,可怜。请问大令郎可有信息?此事有几年了?(老)至今一十八年。再问消息,都说在江中被盗,不知下落。(小生)如今老夫人倚靠何人?(老)因此老身守着数椽茅屋,每日里呵,但与亡灵相厮守。(小生)元来这个缘故。咳,可怜!(老)阿呀儿嗄,撇得我影茕茕作楚囚。

【收江南】(小生)呀,元来是这般样落难呵,我刚肠霎时柔。(老)我那儿嗄。(生)老夫人不须烦恼,小生此去,若得侥幸,我便接你到我家养你终身;若不得意,也索与你寻觅令郎消息,着人报你便了。(老)多谢官人盛情,只是荣华富贵,那时那里还念及孤穷。(小生)咳,说那里话来,看你这般苦楚,假饶是铁石人见了也心忧,你且宽心忍耐免泪流,俺须把你周⑦。免泪流,俺须把你周,今日里一重翻做两重愁。

(老⑧)多感官人厚情。老身当初有云罗二匹,孩儿起身的时节,做男女衫各一件。女衫媳妇穿去,男衫衣领,被灯煤烧坏,怕有不吉,留在家中。如今老身欲将此衫,交付与官人,倘有人认得此衫者,就好问我孩儿媳妇的消息了。(小生)这个使得,你快拿出来。(老)是。(拿衫)(生)奶公,你看这妈妈好生命苦。(末)便是,可怜。(老)官人,罗衫在此,请收了。(小生)奶公收好了。(末)嗄,待我包好了。(老)官人请上,待老身拜谢。(小生)岂敢。

【园林好】(老)感君家情投意投,蓦忽地伊愁我愁。为甚的衣衫湿透?岂司马在江州,岂司马在江州。

【沽美酒】(小生)偶相逢意甚优,不觉的话兜兜。俺只为恤老怜贫肠欲抽,这筹儿须到头。俺若是赴春闱⑨,赴春闱把信音,管教您逍遥眉寿。(老)不知几时有信息来?(小生)大约在明春时候。(末)天晚了,相公去罢。(小生)我呵,一霎时承款留,早忘却路头。呀,忙别去程途疾走。

(老)官人此去,旅店尚远,若不弃嫌,就在舍下草榻一宵,明日早行如何?(小生)如此甚好,只是打搅不当。(老)说那里话来。

【尾】蓬茅幸勿嫌卑陋,(小生)老夫人,下榻深情希遘,(老)官人,只是鸡黍全无礼不周。

(小生)好说。(老)偶尔相逢途路中,(小生)一番清话岂成空。今宵胜把银釭照⑩,□□□□□□□⑪(老)官人,请到里边去。(下)

(小生)老夫人请,奶公把马喂料。(末)晓得。(小生下)(末)嗄,元来这里就是苏,(小生)奶公。(末)来了。咳,此冤怎能得雪。

〔注〕 ① 九衢:纵横交叉、四通八达的大道,常指京师等地的繁华街市。 ② 中乡魁:在乡试中考得第一名举人(俗称解元)。 ③ 涿州:即今河北涿州。 ④ 殢(tì)却双眸:谓尘沙迷了人的眼睛。殢,困扰,纠缠。 ⑤ 僝僽(chán zhòu):憔悴,烦恼。 ⑥ 兰溪:即今浙江兰溪。 ⑦ 周:周济。 ⑧ 老:原缺,据文意补。 ⑨ 春闱:即会试,或称礼闱,在京师礼部举行的由举人参加的考试,合格者再参加由皇帝亲自主持的殿试,中式者成进士。 ⑩ 银缸(gāng):亦作银釭,银灯。此句为宋晏几道《鹧鸪天》词成句,"胜"当作"剩"。 ⑪ 按:此处七空格似应为"犹恐相逢是梦中"七字,以接上句。

《罗衫记》传奇,情节曲折,结构严密,剧中人物众多,剧情的发展以苏云的活动为主线。涿州苏氏一家人因为苏云夫妇离家赴任时意外遭劫而被打破幸福和睦的平静生活,十八年星散零落,历尽磨难,最后由长大为官的苏云之子雪洗冤情,方得一家团圆。"罗衫"是贯穿这一家人聚散离合的重要物证,在剧中多次出现。

《罗衫记》第二十一折主要描述了张氏与徐继祖二人祖孙相见不相识的情景。《罗衫记》传奇的时空跨度较大,当年苏云赴任兰溪时,苏夫人尚身怀六甲,而时光推移,故事发展到此刻,已是十八年后,苏云那被徐能收养的儿子徐继祖不仅长大成人,还正欲前往京城赶考。这一折里的出场人物不多,人物刻画的笔墨较为集中。徐继祖少年得志,本应春风满面,但是出门在外,一来远离亲友,二来前路迢迢,难免辛苦孤单,再加上正值深秋时节,所谓"自古逢秋悲寂寥",惆怅伤感之情自然荡漾于心怀。他这里是少年愁绪,而张氏那里却是真正的晚景凄凉。如她所述,两个孩儿苏云、苏雨双双亡逝(实际上苏云尚在人间,只是被困于刘权的山寨,互相不知音讯),只剩她孤苦一个,虽有高谊仗义相济,不料"屋漏偏逢连夜雨",赶上荒歉之年,故而生计萧条,连打水这样的力气活亦需亲为。不过这也正好为她与徐继祖的见面作了铺垫。徐继祖旅途劳顿,不免口渴,于是嘱咐奶公就近向张氏讨水,在讨水、给水一来一往的搭讪中,两个人便有了进一步接触的可能性。张氏看见徐继祖,想起儿子,不免伤心落泪,徐继祖不明所以,他心地善良,加上血亲自有感应,再者又颇觉好奇,便探问究竟。只此一句"恁莫愁,说明白可分忧"的殷勤,就敲开了老妇人的重重心门,对他娓娓道来。《罗衫记》中,关于苏家之难,曾出现由不同人向不同对象的反复述说,比如苏夫人向生产后遇见的老婆婆、王国辅父女、徐继祖诉说,苏云向刘权、高谊、徐继祖诉说,每个人的语气、情感都不相同,苏夫人偏于哀怨,苏云偏于悲愤,而第二十一折中老张氏对徐继祖的诉说,则充满苦痛凄凉。徐继祖听了张氏的遭遇,万分同情,只觉得"刚肠霎时柔"。他与别人空泛的怜悯不同,他甚至有了赡养老人、帮助老人探听儿子消息的打算,由此可见他的心地善良。张氏对这个酷似自己儿子的陌生人心存感激,但又不太放心:"多谢官人盛情,只是荣华富贵,那时那里还念及孤穷",然而徐继祖斩钉截铁的保证,最终打消了老人的疑虑。徐、张二人的相逢具有偶然性,但其中似乎又有些必然因素,张氏感于徐继祖助人之意的真挚和诚恳,于是以罗衫相托,从后面的情节来看,可以说这是把重要的凭证交到了可靠的人手上,为苏氏沉冤昭雪奠定了基础,而且从中也能感到全剧情节从悲到喜的趋势和转折。奶公在这一折里是个穿针引线的龙套人物,作者对他着墨不多,但从他出场后的寥寥数语来看,他也算得上是个善人,尤其是熟知徐能、徐继祖底细来历的他,在弄清老张氏的身份后叹惜的那一句"咳,此冤怎能得雪",就真实地暴露出他内心的同情。他的仁厚本性,使他得以成为洗刷苏家冤情的关键人物,如果后来不是他细诉从前,恐怕这一场冤案难以大白于天下。

《罗衫记》第二十一折是一出典型的"苦情"戏,主要人物是对面不相识的一老一少,作者在塑造徐继祖时,重点表现这个年轻人的抱负和良心,而在刻画张氏时,则着重表现她在风烛残年却孤苦无依的惨状,如【步步娇】所唱:"破壁颓垣风吹透,这苦难禁受。"【侥侥令】所唱:"但与亡灵相厮守……撇得我影茕茕作楚囚。"这一折终了时祖孙二人也没能相认,让人觉得多少有些遗憾,但是他们至少见了面,有了推心置腹、感人肺腑的交谈,所以也能让人在一洒同情之泪的同时,觉得他们必定会有重聚团圆的一天。作者着力表现这种"有希望的苦难",实在是别具匠心的。

(郑传寅 张 静)

衣 珠 记 佚 名

第十出 追 释

(末上)

【引】一鞭东指去如星,为才郎援计追寻。

(白)自家赵旺便是,奉主之命,着我追赶。赵官人元是我小主,见了时放的好还是拿的好?吓,有了,他如今必竟往京中去,到前面三叉路口,与众人分赶,我竟往京师大路,必然追着,那时做个人情,放了他去,却不是好。有理,正是:得放手时须放手,得饶人处且饶人。(下)(生上)一任斜阳伴客愁,功名成就便归林。逢人莫话封侯事,铁石心肠也泪流。小生因访姑娘,尝尽炎凉滋味。多蒙小姐相爱,托以终身,又复厚赠。今别他到此,你看一路来好凄凉人也。

【新水令】客身东去日西来，猛回头恩光犹在。心急长安远，情通巫峡开。所事萦怀，这都是别离山相思海。(下)(众上)

【步步娇】逶迤山径烟云霭，峭壁鸣清籁，步步好难挨。夜奔文君，应与相如在。前去若追回，拚家私偿了当炉债。(下)(生上)

【折桂令】望长安乍起阴霾，这石塔嵯峨踹绽芒鞋。负行囊力怯肩歪，拍拍离愁又窄我襟怀。听着那鸟语喈喈，打动我心地哀哀。迥栈云埋，说什么鞭送行人，到做了泣杨朱歧路支呆[①]。(下)(众上)

【江儿水】风急乌啼断，天高猿啸哀。死央着甚双飞快，草枯鹰眼知何在？料然屏息云霞外。他是明经之辈。(众)三叉路了。(末)列位，三叉路口，我们分路追赶，你两个往东南，你两个往东北，我往正东上去便了。分路追寻，各显个成功休息。(下)

(付扮马夫上)养家无活计，赶马作生涯。自家荆州道上马夫便是，今年大比，科举相公最多，不免在此伺候。

【得胜令】(生)空羡着策蹇驴倒影偎，说甚么拥蒲轮身康泰[②]。(付叫介)(生)迢迢的望长安披草莱，茕茕的肩行李新征盖。(白)马夫，你可是进京的马么？(应介)是进京的。(生)我要进京科举，要多少一站？(付)相公，这马生得好，又走得快，要三钱一站。(生)我与你二钱罢。(付)相公是走科的，就让些罢，请上马。(生)包裹与我跎一跎。(付接包看生)(偷介)(生)羞杀我跨雕鞍踏玉街，抵多少笛儿吹横牛背？俺只待行歌归去来，怕辜负那恩和爱。舒怀，不记得古人题柱客。难挨，今日个蹑云梯飞点埃。(下)

【侥侥令】(末)多人难罢手，惟我好追求，劈破玉龙飞彩凤，呀，这不是俊多才早遇来。(生马上)

【收江南】呀，只见他气冲冲拍马来，闪得我好难猜。(末)赵官人，为何带了小姐来？(生)胡说，俺不是昆仑飞剑客，那里有红绡带偷来[③]？(末)那晚赠你盘缠，就同你来了。(生)那晚小姐呵，甫能个些须薄赠，因此别裙钗。

(末哭介)若如此,我那小姐果然死在池内了,嗳!(生惊介)

【园林好】眼见得佳人命乖,都只道冯夷降灾[④]。(生)小姐若死在池内,可知些踪迹么?(末)踪迹那知去在。(生)可曾打捞尸首?(末)又何处觅尸骸,因此上竟追来。

【沽美酒[⑤]】(生)听说罢不胜哀,魂魄散渐苏回。拭泪遥瞻酬拜,礼慕音容何在?望桃源芳菲摧败,愿玉箫再生恩爱。偿不尽这些恩债,想不尽那些姣态。我呵,伤哉痛哉,泪珠儿满腮,呀,恨妒雨狂风情歹。

(末)官人,适才多人来赶,我只道小姐一同在此,难以释放,故此于路使开了,谁想竟是没头的事。官人,我有余银三四两,送与官人以为轿马之费,小人回去,只说不见官人便了。正是:相逢不下马,(生)各自奔前程。(下又上)官……(生)怎么?(末)我如今回去,竟说不见了。(生)自然说不见了。(末)官人,你及早上京,求取功名要紧。(生)晓得。(末)倘得一官半职回来,不枉小姐为你而死,可是么?(生)是。(末)官人,我如今回去了,你路上保重。(生)是。(末)正是:得放手时须放手,呸,得饶人处且饶人。(下)(生)你去罢,嗳,难得,难得。(付)相公。(生)怎么?(付)人家的小姐,亏你带了来。(生)哇,胡说!(付)方才那老头子是这等说。天色晚了,趱路,趱路。上马来。(生上马介)(付)住了。(生)要趱路。(付)方才老儿与你的银子来,我与你拿着。(生)自会拿,不要你拿。(付)不是吓,你是个出路的人,不在行,你放身边,在马上未免脱掉了,到是小的之故,我与相公拿着。(付)是了,来,上马走罢。(生)马怎么不肯行?(付)怎么不打?(生打介)不要打坏了我的马,教我如何趁身么。(付)你不会骑,下来。(生下)(付)我与你溜溜熟才好行。(生)既如此,快些。(付)这个马性子最不好的,越打越不肯行了。我教道你。上了马,把那缰口儿略略放松些儿,轻轻的打这一下,咦,他就走了。(跑介)(生)阿呀,马夫转来。(生赶付介)跑上来。(生)转来吓。(付)你来吓,你会拐人家的妇人来,入你拐子的娘,咱老子倒不转来。(下)(生)呀,天哪,一应盘费行李都被这厮拐骗去了,苦吓。

【尾】行囊又被奸徒拐,何日时来还泰,止不住双双泪满腮。

咳,不免趱到前面村中借宿了,再作区处。正是:时来风送滕王阁[⑥],运去雷轰荐福牌[⑦]。(下)

〔注〕 ① 泣杨朱:《淮南子·说林》:"杨子见逵路而哭之,为其可以南可以北。"杨朱,即杨子,战国魏人,其学说与墨子并称显学。此处用典以形容主人公内心的彷徨。 ② 蒲轮:古时征聘贤士时,用蒲草裹住车轮使其不震动,以此表示礼敬,这里用以表示受赏识、重用。 ③ 红绡:唐传奇《昆仑奴》载昆仑奴负主人崔生入勋臣宅,使其与相爱慕的歌舞妓红绡相会,后又负二人潜出,促成二人结合,这里借指赵旭带走湘云小姐。 ④ 冯夷:为河神名。 ⑤ 沽美酒:此曲牌拟题为【沽美酒带太平令】,"望桃源"句至末句实为【太平令】。此【沽美酒】句格、字数与曲谱皆有不合处。 ⑥"时来"句:传唐王勃乘舟遇马当山(在今江西彭泽东北,北临长江)神风相助,一夜抵达南昌,正好赶上都督阎公的滕王阁之宴,遂写成著名的《滕王阁序》,名传天下。 ⑦"运去"句:宋释惠洪《冷斋夜话》记范仲淹镇鄱阳时,有书生献诗甚工,且自陈贫寒已极。鄱阳荐福寺中有欧阳询所书之碑,时唐欧阳询书体流行,所书《荐福碑》拓本值千钱,范拟拓一千本赠之,使售于京师,纸墨已备,而一夜奔雷击碎其碑。

《衣珠记》是明人所撰传奇,作者佚名。今收入《古本戏曲丛刊三集》,原本残缺不全,但情节大体完整。剧演宋朝书生赵旭投奔亲戚,受势利姑母冷落,得人资助而被奸恶马夫拐骗,进京赶考逢该年停科等挫折打击,最终在龙神的庇佑、圣主的眷顾以及佳人、善士的尽心帮助下,成就功名、缔结婚姻的故事。剧本基本上围绕赵旭这一中心人物展开,其间也曾从主线上荡开去,穿插了对赵旭各怀情思的湘云、荷珠主婢二人与赵旭别后的遭遇,如堕水入龙宫、城陷为苗人所掳等情节,从而使故事更加复杂,充满悲欢离合之趣。

《追释》是《衣珠记》的第十出,此前的情节是:湘云小姐不满母亲对赵旭的冷淡,意欲对其有所资赠,不料夜里赴约时误坠入后园池中。荷珠假冒小姐与赵旭相会偷合,并赠以钱物,助其赴京赶考,二人匆匆别过。刘廷辅夫妇不见了女儿,四处寻找,并拷问荷珠,荷珠只推不知。虽然怀疑女儿已落水而死,但发觉赵旭不知去向后,刘氏夫妇便认定赵旭拐走女儿,遂派赵旺带人追赶。《追释》讲述的即是奉命追赶的赵旺赶上赵旭,却并不将其带回,而是资助其继续赶路赴考的一段情节。

这出戏可分成"追"、"释"、"释后"三个部分。首先看"追"的部分。赵旺率众追赶赵旭和认定被赵旭拐走的小姐湘云,因此一开场整个气氛就有些紧张。然而与这边紧锣密鼓、气势汹汹不同的是,那边赵旭正独自走在赶考路上,他并不知道正被人追赶,心中充满愁苦。于是呈现出一紧一慢的鲜明对比。在"追"的部分,本出戏的人物都已陆续出场,当然赵旺和赵旭是处于中心位置的。从上文看来,赵旺基本上被定位为一个善良的老家仆形象,他和许多其他剧本中的同类人物一样，总是站在同情主人公的立场上，总是在关键时刻发挥举足轻重的作用，主人公通常都能从他们那里获得无私、全力的帮助。不论是前文的给小姐送信，还是本出的"追释"，无一不显示了这个特点。赵旺一出场便打定主意要放走赵旭，而且他还支开众人，为实现他的计划作好充分准备："他如今必竟往京中去，到前面三叉路口，与众人分赶，我竟往京师大路，必然追着，那时做个人情，放了他去，却不是好。"作者注意描写赵旭的心理状态。他与假小姐荷珠缠绵未久，却怅然分离，如今又独自赴考，途路漫长崎岖，心中自然无比凄凉哀苦。这里作者还采用以景写情的手法，通过人物的耳目所及，借阴霾、石塔、鸟语等，衬托强化人物内心的复杂情绪。值得注意的是，马夫这一角色也在这一部分被安排出场，这样处理，既避免了出场人物的单调，又为后面剧情发展转移至赵旭与马夫的纠葛作了比较自然的铺垫。紧接着是"释"的部分。这一部分的叙述主要是通过赵旭与赵旺二人的对话来完成的。虽然，已经决定要放走赵旭，但出于爱护小主人的心理，赵旺一见到赵旭便质问："赵官人，为何带了小姐来？"赵旭自然不明所以，不过二人三言两语一番对质之后，便认定小姐已死在池内，于是顿时一个老泪纵横，一个昏死过去，醒来后不免"伤哉痛哉，泪珠儿满腮"，充满悼亡伤逝之情。之后还是赵旺知道急重，连忙劝赵旭"求取功名要紧"，"倘得一官半职回来，不枉小姐为你而死"，并拿出余银相赠。"释后"这一部分，风格与前面不同，因为有个喜剧人物——马夫——转入前台，他插科打诨，场上气氛为之一变，可见作者善于调剂冷热。马夫心术不正，先是骗赵旭让其代管钱物，之后又谎称赵旭不会骑马而代其遛马，最终卷了赵旭的盘费行李拍马而去。对于赵旭而言，这无疑是雪上加霜，刚刚经历了"丧侣"之痛，如今又失去钱物，文弱书生，只有"止不住双双泪满腮"，向苍天发出"何日时来还泰"的悲呼。赵旭此时似乎已经心力交瘁、走投无路了。场上气氛又由喜转悲，剧情对观众的吸引力也就随之增强。

《追释》可以说是全剧的一个小高潮。主人公赵旭在此经历了一个又一个的打击，而联系下面的情节发展，却应验了物极必反的道理。赵旭很快又得到了资助，从此柳暗花明，作者先抑后扬的手法也就发挥到了极致。从语言上看，马夫与赵旭的对白是十分生活化的，通过两人的对话，马夫这一角色被刻画得活灵活现，栩栩如生。

（郑传寅 张 静）

青 冢 记 佚 名

折子 送 昭

（外上）丹凤来仪宇宙春[①]，（生上）中天雨露四时新。（净上）世间惟有为忠孝,(末上)臣报君恩子奉亲。(众见介)请了。今有昭君娘娘往北和番,奉旨到十里长亭饯别,我等须索走遭。正是:文官把笔安天下,武将提刀定太平。(下)(四小军引付扮王龙上)

【引】绣衣五爪,金带垂腰,果然是一品当朝。湛湛青天到大风,张飞喝断灞陵桥。人生何处不相骂,一夜夫妻百夜恩。(众)老爹倒了运了。(付)自家非别,倒运的王龙便是。今有昭君娘娘往北和番,圣上命俺护送到彼。小校打道,到十里长亭去。(众)吓。(付)

【杂板令】朝廷待漏午朝门[②],(众)午朝门。(付)铁甲将军去跳井,(众)去跳井。(付)跳了一个又一个,不登不登不登登。

(外、生、净、末上见介)(付)列位大人请了。(众)请了。(付)敢是送驾的么?(众)正是。(付)娘娘有请。(旦在内先唱一句)

【梧桐雨】别离泪涟。(杂扮太监、宫女引旦上)怎忍舍汉宫帝辇?无端反贼弄朝权,汉刘王忒熬懦软。(众)文官送娘娘。(旦)看那些文官济济全无用,(众)武将送娘娘。就是那武将森森也是枉然,却叫我红粉去和番。臣僚呵,于心怎安,于心怎安?

(众)众臣参见娘娘。愿娘娘千岁千岁千千岁。(旦)平身。(付)御弟王龙参见娘娘,愿娘娘千岁千岁。(旦)平身。(付)千千岁。(旦)众臣免送。(众)领旨。(付)列位大人请了。(众)请了。(下)(旦)御弟,车辇可曾完备?(付)完备多时了。(贴)如此,分付备辇。(付)是。请娘娘上辇。

【山坡羊】(旦)王昭君好一似海枯石烂,手挽着金镶玉嵌的琵琶一面。俺这里便思刘想汉,眼睁睁盼不到南来的雁,眼睁睁盼不到南来雁。阿呀,雁儿呵,你与我把书传,你与我多多拜上刘王天子前。道昭君今生要见无由见,恨只恨毛延寿误写丹青,教奴家红粉亲自去和番。(付)小校趱路。(旦)伤残,放声哭出了雁门关[③]。轻弹,心在南朝身在北番。

【竹枝词】昭君怨,去和番,怀抱琵琶在马上弹。刘王送,珠泪潸,踢绽了凤头鞋半边。咬牙切齿恨毛延寿,肩背仪容往外番。望长安,盼长安,要见刘王难上难,要见刘王叫我难上难。

(付)启上娘娘。来此已是沙漠之地,鸾辇难行,要换一匹马乱。

(旦)如此，备马。(下)(付)马夫那里？(丑上)来了。奔腾千里荡尘埃，渡水登山紫雾开。扯断丝缰援玉佩，火龙飞下九天来。马夫克膝。(付)马夫，可有良马？(丑)没有良马，只得一匹劣马。(付)可降得？(丑)降得。(付)如此降来。(丑)吓。(装介)老爷，马拉里。(付)个是一匹秃马吓。(丑)原说是秃马。(付)可有鞍辔？(丑)个个弗是鞍辔？(付)介没带好了。待我老爷自家来上了鞍辔。(上介)吓。再说不差个。真正人要衣装，马要鞍辔。有了鞍辔，好看子许多。(丑)正是哉。(付)马夫，带好了，待我老爷溜他一溜看。马夫，你与我轻轻打介一鞭。(丑)吓。(打马介)(付)不好了，不好了！(跌介)(付打丑介)介个毬养个，入死你的亲娘！把我老爷盖一跌。(丑)自家弗会骑，倒要打人。你看肚带还弗曾收紧来。(付)介拉为傍了弗早说？(收介)那是摇兀弗动个哉。娘娘有请。(旦上)(付)请娘娘上马。(旦)昭君跨玉鞍，上马啼红血。今日汉宫人，明朝胡地妾。(付)马夫，带好了？(丑)是。(旦)这里是那里了？(丑)汉岭了。

【楚江吟换头】(旦)汉岭云横雾迷，塞下朔风吹透征衣。为何马不行？(付)这里是分关地界，南马不过北。(旦)分付加鞭过关。(付、丑)吓。(旦)早来到分关地，人到分关珠泪垂。漫说道人有思乡之意，马岂无恋国之心？莫说人乎，就是那马到关前，马到关前他步懒移。人影稀，人影稀，北雁南飞。冷清清，朔风似箭，又只见旷野云低，细雨霏霏。在王宫，多锦绮。受洪福，与天齐。自幼在门阀之中，那曾受风霜劳役？

御弟可望得见家乡了么？(付)带转马头，隐隐还望得见。(旦)马夫将马头带转来。(丑)吓。

【牧羊关】(旦)呵呀，爹娘吓，孩儿今日别了你，不知何年何月何日何时再得相见。一步远一步，离家多少路。今日汉宫人，明朝胡地妇。呵呀，我那爹娘吓，我只得转眼望家乡，家乡望不见。只见缥渺云飞，又只见汉水连天，汉水连天，野花满地。我自在雁门关上望长安，纵有那巫山十二④，也难寻觅。怀抱琵琶别汉君，西风飒飒走砂尘。朝中甲士千千万，始信功劳一妇人。愁脉脉，雾沉沉，咬牙切齿恨奸臣。今朝别了刘王去，若要相逢，若要相逢，似海样

深。思我君来想吾主，实指望凤枕鸾衾同欢会。又谁知凤只鸾孤，多做了一样一样的肝肠碎。（内喊介）

【黑麻序】（旦）俺只听得金鼓连天震地，人赛虎马似龙驹。旌旗闪闪蔽日，一似云飞天汉。见番兵一队，好似凶神类。只见他发似枯松，面似墨漆，鼻似鹰钩，须卷山驴。嗄！御弟。（付）有。（旦）叫他每一个个下阵到关前去，一个个下阵到关前去。（旦下）（两杂扮二伙长上）

（付）呔！野蛮子，蠢蛮子。（二杂）呔！（打介）（付）娘娘道你们恶臭气。（二杂）呔！（又打介）（付）娘娘怕见你们这等鬼样的，叫你们一个个下阵到关前去。（二杂说番话介）呔！乌里哇，乌里哇，乌里奔吱叉，衣呀吱吱呀呀背儿叉，背儿胡叉呀。（打付）（同下）

〔注〕①丹凤来仪：典出《尚书·益稷》："《箫韶》九成，凤皇来仪。"言凤凰来舞而有容仪，古人以之为吉兆。　②待漏：群臣早晨入宫等候朝见皇帝。漏，古代的计时器。午朝门：即午门，皇宫的正门，为百官等待朝见皇帝或候旨之处。　③雁门关：关名，故址在今山西雁门关西雁门山上，为长城要隘之一。按：战国时赵武灵王置雁门郡，雁门关则为唐时所置，汉时尚无雁门关之名。　④巫山十二：巫山十二峰，此亦暗用战国楚宋玉《高唐赋序》所载巫山神女与楚王梦中欢会。

"昭君和番"的故事广为流传。从元代至清代见之于戏曲的有：马致远《破幽梦孤雁汉宫秋》、关汉卿《汉元帝哭昭君》、吴昌龄《月夜走昭君》、张时起《昭君出塞》、佚名《和戎记》、尤侗《吊琵琶》等。《青冢记》是众多"昭君戏"中的一种。其作者不可考，亦无全本传世。今存二折，见于清代玩花主人所辑的《缀白裘》。

《青冢记》虽仅存二折，但与其他"昭君戏"的基本情节应无多大出入：汉元帝时，画工毛延寿因没有得到美女王嫱的贿赂，故意将她画得丑陋，使皇帝看不上，并一怒之下将其贬入冷宫。后来，元帝闲行后宫，闻听王嫱弹琴，于是召见之。因见其光辉动人，便册封为明妃，称为昭君，并欲诛杀毛延寿。毛延寿得到消息，带着昭君的真容画像逃往匈奴。匈奴国主看中画里的王嫱，便拥兵南下，索要美人。汉元帝不得已，许以昭君和番。昭君出塞后，设计让匈奴国主献降书，并将毛延寿斩首，随即投江而死。北方秋冬气候严寒，草多为白色，只有昭君坟上碧草青青，故人们称其墓为青冢。

《送昭》是剧中十分真切感人的一出。本出主要写了昭君离别汉土出塞时的留恋、幽怨、愤懑和悲痛之情。

王昭君的悲剧命运是在汉弱番强、汉王朝和匈奴民族冲突不断的背景上展现的,故带有沉重的历史感。当王昭君立于民族冲突的风口浪尖,被迫去和番时,她便开始了对自身命运的追问。追问中表现出了幽怨、愤懑、无奈等种种复杂的感情。是谁导致了她的悲剧?不是毛延寿,不是匈奴单于,而是软弱的汉王朝。确切地说,就是皇帝和他的文臣武将。所以,在这出戏中,王昭君一出场便唱道:"无端反贼弄朝权,汉刘王忒熬懦软。"在她看来,那些自命"把笔安天下"、"提刀定太平"的文官武将,不过是"文官济济全无用","武将森森也是枉然","却叫我红粉去和番"。其无奈中既有对文官武将贪生怕死、尸位素餐的讽刺,也毫不留情地把怨恨的矛头直指软弱无能的汉元帝。正是君主的昏庸无能、臣下的文恬武嬉导致了国势的积弱不振,也造成了她和番的悲剧命运。一般来说,当个人的悲欢离合、荣辱沉浮与国家的盛衰兴亡,尤其是与某一历史事件联系在一起时,人生的命运遭际往往凝聚着厚重的历史内涵。所以,王昭君刚出场时的几句唱词虽然简短,却准确而深刻地揭示出了其个人悲剧命运的根源,引发出读者无限的同情和强烈的愤慨。

王国维在《宋元戏曲史》中极为推崇元杂剧。他说:"元剧最佳之处,不在其思想结构,而在其文章。其文章之妙,亦一言以蔽之,曰:有意境而已矣。何以谓之有意境?曰:写情则沁人心脾,写景则在人耳目,述事则如其口出是也。唯意境则为元人所独擅。"然而,就《送昭》这出戏来说,其意境不比元剧逊色。作品中的意境是在写景、抒情、叙事的完美统一中构造形成的。面对岭云苍茫,朔风凛冽,细雨霏微,征雁嘹唳的凄清、冷落、荒凉之景,王昭君触目伤怀,不禁悲从中来,唱出了内心的留恋、无奈、茫然、辛酸等种种凄苦悲凉,声情之悲,令人动容。这其间的感情大致包括以下三个方面:一是对汉元帝的感激与哀怨之情。"俺这里便思刘想汉,眼睁睁盼不到南来的雁。""雁儿呵,你与我把书传,你与我多多拜上刘王天子前。""望长安,盼长安,要见刘王难上难。"情致缠绵悱恻,流露出了对汉元帝的思念与留恋。联系出场时的唱词可以看出,王昭君对汉元帝的感情是矛盾的,复杂的。一方面,她认为元帝的软弱无能导致了出塞和番的个人悲剧;另一方面,她对汉元帝发现其真容后的宠爱又心怀感激,而且这一感情要超出幽怨之情。所以她把对元帝的怨恨转移到了毛延寿身上:"咬牙切齿恨毛延寿,肩背仪容往外番","恨只恨毛延寿误写丹青,教奴家红粉亲自去和番。"由此也可以看出作者对昭君心理的描写是真实、细腻而深刻的。二是与生身父母生离死别的刻骨铭心之痛。"呵呀,爹娘吓,孩儿今日别了你,不知何年何月何日何时再得相见。""呵呀,我那爹娘吓,我只得转眼望家乡,家乡望不见。"这里,作者连用两个叹词"呵呀",足以表现出昭君与家人骨肉分离的委屈、无奈和悲痛。三是因背井离乡、身入异族而倍加留恋故土的肝肠痛彻之情。此去胡地，几乎是一去不返，永久消失于“天苍苍，野茫茫”的他乡远方。更为令人心碎的是飘零异域，举目无亲，纵有千种孤寂，万般哀怨，也是“无处话凄凉”。故而昭君唱道：“我自在雁门关上望长安，纵有那巫山十二，也难寻觅。”以上诸种情感深挚自然，哀感顽艳，读来令人荡气回肠，唏嘘不已。

“戏曲者，谓曲尽人情也。”（陈继儒《〈秋水庵花影集〉序》）《送昭》这出戏之所以历久不衰，散发着永恒的艺术魅力，与作者善于从多个角度表现昭君丰富、细腻、复杂、深刻的内心世界有很大的关系。而且作者善于把凄惋、悲凉之情置于萧瑟、荒凉、空旷的边塞之境，营造浓厚的悲剧氛围。情由景生，景随情至，情与景水乳交融般地合为一体，从而取得了情味丰赡、意境深远的艺术效果。

（刘召明）

金　貂　记　　　　佚　名

第三十四折

【一剪梅】（占扶外上）暮景桑榆无甚用[①]，身甚龙钟，病又龙钟。（占）严父俄遭风疾重，忧思冲冲、愁思冲冲。

(外)病入膏肓安可痊，紫河车与我无缘[②]。(占)安期若得长生枣，白首同欢到百年。(外)孩儿你看门外有人没人？(占)待孩儿去看来。(看介)爹爹，没有人。(外)既没有人，你可把门闭上了。(占)晓得。(外)你道我的病是真的假的？(占)爹爹风疾十分沉重[③]，为何有假？(外轻笑科)孩儿，我的病是假妆的。(占)爹爹，你假妆风疾，必有缘故。(外)我前日往东村赶社儿会，见一伴哥来迟，我道伴哥为何来迟，那人道，老爷，咱从城中回来。我问伴哥到城中，近日可有什么新闻，那人道，辽寇犯界，平辽公被囚锁阳城。程咬金赴京求援，不想李道宗专权，止发疲兵五千[④]。圣旨着拗公不日到职田庄，启请老爷破贼。我一闻此言，就倒在地，我这风疾就发。人都说真的病。(占)圣旨启请爹爹，十分之喜，为何倒假妆风疾？(外)孩儿，你那里知道。

【锁南枝】（外唱）我守耕锄已做田翁，再不想闹里钻头在利禄中。这黄粮升斗胜享千钟。当年往事总成虚，嗔叹人生做场春梦。（合）吾侬除官谪贬放归农，这般清淡谁同？

【前腔】(占唱)我严亲豪气如虹,罢职闲居志不穷。怕西山日短老景朦胧,晨昏定省须勤供奉,愿长庚绵绵欢共。(合)吾侬除官谪贬放归农,这般清淡谁同?

【前腔】(丑扮程拗公上)奔星驰手捧泥封[5],特造茅庐起卧龙[6]。看蒙头三叟,双建奇功,老当益壮,扫除羌种,方显得少年英雄。(合唱)吾侬从今复起宦离农,这般荣耀谁同?

(众)禀老爷,此间已是职田庄了。(丑)你们都去远上伺候便了。(众)得令。(下)(丑)来到此间,庄门闭上,不免敲门则个。有人么?(外)门外有人敲响,孩儿你去看来,随手把门儿闭上回话。(占)晓得。(开门介)开得这门来,何人来此?(见介)老将军上姓?(丑)老夫程知节。(占)元来是程叔叔,失瞻了。(丑)不敢。令尊在么?(占)家父有病,不能相接待。奴家通报然后请进。(丑)元来令尊有病,烦请通报。(占)少待。不免把门儿闭上了。爹爹,元来程叔叔在外。(外)拗公此来正为此事了,我少不得要见。倘或讲话之间提起我旧日相持厮杀的事情,话浓之间忘了这病,却不露出马脚来?今分付你一个暗号儿,我若说到要紧所在,你在傍边便道:爹爹你看拐儿,我就省将起来了。(占)晓得了。(外)快请进来。(占)开得这门来,程叔叔,家父有请。爹爹,程叔叔来了。(丑相见科)仁兄,我是程咬金来看你。(外风笑介)我那老弟。

【集贤宾】我时遭阳九[7],羞见你未语两泪先垂。(丑)小弟相别已久,请受小弟一拜。(外跌介)下礼不恭休见罪。(丑)不敢。仁兄为何染了这样的病症?(外)天有不测风云,人有旦夕祸福,我老病沉疴难济。(丑)何不请医人来调治?(外)医人怎治?老弟,我的病儿危笃不济事了。五丈原秋风欲起[8],今日里未审甚风吹至?

【前腔】(丑唱)垓心柰何时失利[9],兵家胜负难期。小弟呵,为请援兵驰紫陛,来到京时,谁想又被那奸雄作对。(外)如今专掌朝纲者何人也?(丑)朝中大臣老的老病的病故的故,一应权柄尽归李朝宗操掌,因此不容面君,止发老幼残疾不堪上阵的疲兵五千与小弟带领,仍又故请仁兄一同破贼。特承诏旨,请吾兄率师持旅,今日里为此事登门相会。

【莺啼序】(外唱)安居守分无是非,何必再图荣贵。(丑)仁兄,你若不去之时，平辽公何人可救得？（外）那相持闲话休题，可怜衰朽倾弃。老弟，我只好去眠床卧枕，怎生去披坚执锐？（丑）待小弟开读圣旨。（外）咳，开甚么读来？（丑）若不开读，仁兄又不去，是违背圣旨了。（外推丑跌介）今日里只得把圣旨违背。（丑回身背唱科）

【前腔】他虽然病老力未颓，仪容几曾凋敝？其间有蓄诈藏机，使吾心下疑忌。仁兄，你莫不是贪安避危？（外）那有这样的说话。（丑）既然不是，你为何的违宣绝义？仁兄既不去，小弟说也无用了。今日里只索是告辞而去。（外）老弟，我不得相待，多罪了。孩儿，送了程叔叔出去。

【猫儿坠】（占）程叔叔，重蒙尊降，蓬荜尽生辉，乏款相留颜赧愧。我家父呵，是难雕朽木望遮庇。（丑）多多打搅了。（下）（占转身介）他去，须索把柴门即忙关闭。

（外）孩儿，程叔叔去了么？（占）去了。（外）哄得他好，我想得他再不来了。（丑回身上介）我想尉迟老将军既然有病，被我急了几句言语，把我一推。他那臂膊子犹如铁柱一般，况且容颜不像是有病的，那小姐站立在傍边只说道：爹爹，你看拐儿，你看拐儿。其中必有假意。待我试他一试，着些军士打入进去，看他怎么。军士那里？（众上）只听将军令，不闻天子诏。禀老爷，有何分付？（丑）军士每，你众人都到前面房子里去，说道我每御笔点差征辽西的小军，今日晚了，借你家房子养马，男子汉剿马草煮马料，妇人家做鞦鞋衲袢袄，到晚来烧汤洗澡，又要与俺擦擦背，搥搥腰，肯便肯，不肯就打将起来。（众）小的每倘打出事来却怎么？（丑）有我在此，不妨。（众）晓得。一朝权在手，便把令来行。此间已是，有人么？开门，开门。（外）又是什么人敲得门响？再去看来。（占）待孩儿出去。（开门看介）呀，你每这些什么人？（众）我每御笔点差云云。（照前白科）（占）不要啰唣[10]，待我去与爹爹说知。（回身介）爹爹，不好了，外面有一伙人说我每御笔……（照前白科）（外）他是这等说？待我出去教他认我一认。（占）不要出去。（外）没事，开了门。呀，你每是甚么人？（众照前白）

【前腔】（外）咄！你这些畜生，猖狂乱语，把我太相欺。可怪狐狸

张虎威,挥拳教你命些微。无知,怎消得老汉胸中这般恶气。(打介)

(丑上扯介)仁兄贵恙沉重,不可如此。(外)我晓得了,你使计赚了我。罢罢,不消说起,请入里面去。(丑)小弟多罪,如今仁兄推病不得了。(外)只是空费老夫这场心机也,罢罢罢,只索去走一遭。孩儿,请薛夫人、公子出来。(丑)那个薛夫人、公子?(外)就是平辽公令正令郎。(丑)元来夫人、公子被李朝宗逼逐于此,快请相见。(旦、小生上)隔墙须有耳,窗外岂无人。是何人呀?元来程老将军在此,老将军万福。(丑)夫人万福。(小生)程老叔拜揖。(丑)贤侄少礼。(旦)老将军与妾夫在边上,何故降临到此?(丑)老夫与平辽公击贼,不料困于锁阳城中,老夫冒死突围,来此求援。(旦)天那,我的儿,元来你爹爹被失陷了,如何是好?(小生)程叔叔可曾到京取得援兵否?(丑)老夫到京,遭逢李道宗专权,不容面君,止发疲兵五千与老夫总领,奉圣旨启请尉迟老将军一同破贼,所以至此。(小生)既如此,二位恩公与母亲在家,家父被陷,为子者岂宜坐视其危,我待替二位一臂之力,一则与国家排难,二则救父困于边城,三则显平生所学。若不扫尽胡贼,誓不为男子矣。(外)公子若得如此奋志,老夫愿将小女结为秦晋之好,建功回日方始毕姻,则小女终身有望,老夫放心得下。(旦)但恐野雉不入凤凰之群,岂敢妄扳贵宅[11]。(丑)此乃一桩美事,老夫当为月老,有何聘物,就此定下。(旦)多蒙见爱,身在窘迫之际,无可为聘,止有妾夫留下金貂权为聘礼,万乞笑留。(外)老弟,古人尚有以荆钗为聘者,况金貂乎。孩儿你且受下。我去之后,就把亲母夫人即以姑礼待之,勿得有慢,乖违孝名。(占)谨依爹爹严命。(丑)救兵急如风火,公子,就此拜辞令堂前去。

【绣带儿】(小生)儿只为君亲患难,甘旨恨不周全。卸班衣拜别萱堂,着戎衣远涉边关。萦牵,此行未审何日返?这一点望云心怎生割断!(外唱)休留恋,须当要努力向前。那巾馈蘋蘩,我儿看管。

【前腔】(旦唱)孤单,儿今去娘心痛酸,我见你征伐事尚未经练。知己知彼,百战百胜,将在谋而不在勇,你临敌之时随机应变,休使血气之勇，务要显功扬名，继父之志，祖宗亦生光彩矣。但得你破虏成功，免叫娘意马心猿。萦牵，云横万里边塞远。王孙母冷清清倚门悬望，(丑唱)别离叹，何必要这般泪涟，那美玉珍藏趁时投献。

【太师引】(占唱)亲当老年，只恐身衰倦，怎禁路途辛与艰？那菽水何人承奉倩？谁人数问寒暄？程叔叔，薛公子，叮咛可怜，休忘旧相扶持，扫尽风烟。(外唱)排国难，贪不得苟安，只得把幼儿顿然抛闪。

【前腔】(小生)吾意坚，不得奇功显，有何颜再返家园？念孩儿为忠为孝，请宽怀慎勿忧煎。(旦唱)此心要把情怀遣，除非是信传鸿雁。(丑唱)为兵援，如风火怎延，须及早登程望勿迟缓。

诗曰：(小生)今朝膝下离娘亲，(外、丑)跋涉边关净胡尘。

(旦)流泪眼观流泪眼，(占)断肠人送断肠人。

〔注〕 ① 暮景桑榆：比喻人到老年。 ② 紫河车：中药名，经干燥加工的人胎盘，有补元气、益精血的功效。 ③ 风疾：今言中风。 ④ 李道宗：当作李朝宗。 ⑤ 泥封：指皇帝的诏书。 ⑥ 起卧龙：借古时刘备顾茅庐请出诸葛亮喻往请尉迟恭出山。 ⑦ 阳九：古代术数家认为的灾厄之时。亦泛指厄运。三国魏曹植《王仲宣诔》："会遭阳九，炎光中矇。" ⑧ 五丈原：三国蜀汉诸葛亮伐魏病死之地，在今陕西岐山南斜谷口西侧。 ⑨ 垓心：疑当作垓下，楚汉战争中项羽最终被围败于刘邦之地，在今安徽灵璧东南沱河北岸。 ⑩ 啰唣(zào)：吵闹生事。 ⑪ 扳：戏曲刊本、抄本中常将"攀"字写作扳。

此传奇剧本全名为《薛平辽金貂记》，是明清佚名作者在元代杨梓杂剧《功臣宴敬德不伏老》的基础上杂收民间流传的隋唐故事而作。剧情发生在唐代太宗时期，薛仁贵因为平辽患时救主有功，被封为平辽公，深得太宗宠信，但这却阻碍了太宗本家李朝宗专权的野心。于是李朝宗诬陷薛仁贵在征辽期间题过反诗，薛仁贵因此入狱。为这事，一向敬贤嫉恶的尉迟恭对李朝宗恨之入骨，在众多朝臣的面前将李朝宗的门牙打掉两颗。太宗因将尉迟恭罢职归田。乘朝廷武臣或老迈、或入狱、或落职之机，辽国苏锦童犯边。在朝中无人出征的局面下，经徐茂公、程咬金等人力荐，朝廷重新起用薛仁贵为征西大元帅，程咬金与其同行。未料出师不利，唐军被辽兵困在锁阳城。而在内地，李朝宗并未因仁贵远征边关而放弃对薛家的迫害，继续派手下人赵义行刺薛夫人和仁贵子丁山。可赵义素仰仁贵的功德和仁义，就将李朝宗的险恶用心告诉了薛夫人和薛丁山，并劝他们远走他乡，自己随即也逃离险地。薛夫人与丁山逃难途中财物被盗贼抢劫一空，无奈之下变卖皇上所赐金貂，巧遇尉迟恭。被困于锁阳城中的程咬金冒险突围回朝廷搬救兵，可专权的李朝宗使用一箭三雕计策，只发五千疲兵并让归老田庄的尉迟恭到边关协同作战。而回归田园的尉迟恭常参加乡邻的牛羊社会，唱令行酒，日子过得很逍遥。一天听从城里回来的乡邻说朝廷派程咬金到自己的职田庄请他到边关效力，他灵机一动立即装中风。没多久程咬金来到职田庄，尉迟恭便以病推诿。可尉迟恭的心计最终被程咬金识破，他乃将落难的薛夫人和薛丁山引出与程咬金相见，经程咬金为媒，尉迟将女儿许配给丁山，聘礼就是皇上所赐金貂。薛丁山和程咬金、尉迟恭急驰边关，在孝真仙女(被李朝宗逼迫致死的民妇翠屏上天后受玉帝所赐封号)的帮助下战胜辽兵，薛家加官进爵，阖家团圆。作恶多端的李朝宗早已被孝真仙女阴诛。

此剧在元代杂剧的基础上进行再创造，显现出结构宏大、人物鲜明、剧情紧张的特点。我国古代著名戏剧理论家李渔在其《闲情偶寄·词曲部》中谈到，剧本须以“一人一事”作为“主脑”，并且中间不能换线或断线，应该做到“一线到底”，使俗子易晓、童子易知。全剧将“金貂”作为贯穿全文的主线，人物的命运、剧情的起伏均随着这一线索逐渐展开。“金貂”是整个剧情发展的起点。“金貂”是皇上所赐，它象征着宠信和尊贵。正因此，拥有“金貂”者就遭到奸臣的谗毁而入狱，尉迟罢归、薛家流落、巧遇尉迟、边情紧急、丁山订婚等等无不是与“金貂”有关。随着“金貂”在几个不同的关键时刻的出现，剧中人物和剧情经历悲、欢、离、合的过程终于达到大团圆的结局，满足了观众正义最终战胜邪恶、奸人终遭报应的欣赏期待心理。“金貂”不仅在纵向线上组织情节，而且在横向面上连接人物关系。因此整部戏显得结构紧凑、剧情紧张。

这里所选的第三十四折是全剧最富有戏剧性的一出，是整个剧情矛盾最终解决的“前夜”。罢归职田庄的尉迟恭(外扮)参加乡邻的牛羊社会，喝酒行令，大颂渔樵农家之乐。他说：“我守耕锄已做田翁，再不想闹里钻头在利禄中。这黄粮升斗胜享千钟。当年往事总成虚，嗔叹人生做场春梦。”经历了一场大的变故勘破人生，尉迟恭无意再去关心身外之事。程咬金(丑扮)的到来与尉迟恭现在的心理状态实际上构成一对矛盾冲突。矛盾一边是尉迟恭装作中风一味推诿，一边是程咬金始则用边情紧急、与薛仁贵的私交、皇上的圣旨说服尉迟，继而说“仁兄，你莫不是贪安避危”来讽刺尉迟，当两种方法都无济于事的时候，无可奈何的程咬金采取了用军士要挟的办法，逼迫尉迟恭现出了“原形”，矛盾最终得到了解决。在矛盾对立和解决的过程中，人物的性格得到了充分的展示。明代王世贞在评论高明的《琵琶记》时说："其体贴人情，委曲必尽；描写物态，仿佛如生；问答之际，了不见扭捏，所以佳耳。"这几句话移置到这里也是相当贴切的。在矛盾对立的过程中，剧中人物双方处在一个"复原"的历史场景中，作者深刻理解人情事理，深入生活的细节，从语言、动作上极力表现尉迟恭的装疯和程咬金不屈不挠的三次"逼宫"，"因事以造形，随物而赋象"（孟称舜），使虚构的人物事件如在实际情形中，形象极为鲜明突出，令本剧非常富于现场感、生活感。最有意思的是父女俩约定的暗语"爹爹你看拐儿"和程咬金的独白"我想尉迟老将军既然有病，被我急了几句言语，把我一推。他那臂膊子犹如铁柱一般，况且容颜不像是有病的，那小姐站立在傍边只说道：爹爹，你看拐儿，你看拐儿。其中必有假意，待我试他一试"，为剧情平添了几许情趣。

明朝剧论家吕天成《曲品》中曾经引用孙月峰论"南剧十要"之第十指出戏曲"要合世情、关风化"。这出戏中也极力渲染了封建时代的伦理价值。当程咬金与尉迟恭的矛盾解决之后，薛丁山（小生扮）主动请缨："家父被陷，为子者岂宜坐视其危，我待替二位一臂之力，一则与国家排难，二则救父困于边城，三则显平生所学。若不扫尽胡贼，誓不为男子矣。"这几句话中折射出三层意识：为臣尽忠、为子尽孝和男性功名意识。由于传统文化的影响，薛丁山一席话中显露出的社会伦理道德和价值观念是合乎"世情"的，体现了当时人们的人生选择和追求，具有一定的认识意义。

（余　意）

烂　柯　山　　佚　名

折子　痴　　梦

（旦上）

【引】行路错，做人差，我被旁人作话靶。

我崔氏避迹到此，喜得无徒寻我不见。今日王妈妈往亲戚人家去了，怎么这时候还不见回来？不免到门首去望他一望。（生、末上）惯报升迁事，能传机密情。我们奉朱老爷之命，再寻不见他家里，不知住在何处。（生）哥吓，这边有个大娘子在那里，不免问他一声。（末）有理。大娘子借问一声：这里朱老爷家住在那里？（旦）那个什么朱老爷？（生）他名字叫朱买臣老爷。（旦）他便怎么样？（末）他如今做了官了。（旦）做了什么官？（生）就是这里会稽太守。黄罗伞下，金带垂腰，白马红缨，前遮后拥，好不热闹！特差我们前来报喜，再也没处问。望大娘子指引指引。（旦）吓！就是朱买臣么？(生)正是。(旦)吓，他么，住在前面烂柯山下[①]。(生、末)吓，住在烂柯山下。如此，多谢了。(下)(旦)那，那那烂柯山下。(呆介)吓！元来朱买臣做了官了。咳！崔氏，崔氏，你当初若没有这节事，方才那报喜的到来，何等欢喜，何等快活！今日的夫人怕不是我做么？崔氏，崔氏，你如今悔之晚矣！他如今做了官，何等受用，我如今要去认他也不难吓。

【锁南枝】只是我形齷齪，身邋遢。衣衫蓝缕，把人吓杀。且住，我想他也不是负心的，又道是：一夜夫妻百夜恩。他毕竟还想枕边情，也不说当时话。咳！奴好似出园菜，到做了落地花。细寻思，叫我如何迓？

(内打更介)呀！又早一更时分了。我且关门进去罢。咳！崔氏，崔氏，你好命苦，你好命薄也！

【前腔】奴命薄，天折罚。啐！一双眼睛只当瞎。且住，我记得出嫁之时，我爹娘双手递我一杯酒，说道：儿吓，儿吓，你嫁到那朱家去，千万要做一个好媳妇，与你做爹娘的争一口气。我记得叫一鞍将来配一马，今日呵，好似一个蒂结了两个瓜。咳！崔氏，崔氏吓，我被万人嗔，又被万人骂。

(旦困介)(杂扮皂役，末院子，老旦管家婆上)走吓，走吓。奉着恩官命，来寻旧夫人。开门，开门。

【渔灯儿】(旦)为甚的乱敲门，忒恁哞嗻[②]？(众)开门。(旦)为甚么还敲的心急情切？(众)开门。(旦)为甚么特兀的妆痴做呆？为甚么偏将茅舍扑登登敲打不绝？

(众)列位，男有男行，女有女伴，待管家婆上前去叫门。(老旦)说得有理，待我来。开门，开门。

【锦渔灯】(旦)他敲的这声音儿好像姐姐。(老旦)夫人开门。(旦)呀，他不住的叫夫人，寻不出爷爷。(老旦)开门。(旦)他敲的只管教人费口舌，他敲的又何等忒决裂。

【锦上花】(众)他那里说了说，我这里歇不歇，娘行何必恁周折？你那里忒古撇[③]，我这里特远接。毕竟开门相见便欢悦。(旦)吓，待我开门来看，又道那宁贴。(旦开门)

(见众作呆介)阿呀！你们这些人来做什么？(众)列位逐班相见。(老旦)衙婆叩头。(旦)阿呀呀，请起，请起。(众)从人们叩头。(旦)起来，起来。(众)皂隶叩头。(旦作惊介)阿呀！你们多是甚么人？(众)奉朱老爷之命，特来迎接夫人上任的。(旦)吓！你们是奉朱老爷之命差来迎接我上任的么？(众应介)(旦)阿呀！我好喜也！

【锦中帕】这的是令人喜悦，做甚么铺设？(众)奉着恩官命，特来远接。(旦)伯伯叔叔，有劳你们。妈妈，有劳你们。(众)小人们不劳言谢。请夫人上了凤冠。(旦)妙吓！这凤冠似白雪，那些辨别？(老旦)请夫人穿了霞帔。(旦)一片片金铺翠贴。(众)一桩桩交还尽也。打轿上来。(旦)且慢。(众)绣幕香车在门外迎接。(旦)阿呀！朱买臣吓！越教人着疼热。

(付上)杀！杀！杀个背夫逃走个臭花娘！

【锦后帕】(旦)只看他手持着斧，怕些些。(付)杀个花娘起来！(旦)怎不教人袖遮遮？(付)劈瓯个花娘两段没好[4]！(旦)呀！唬唬的砍人半截，唬砍人半截！(付)身浪个星红堂堂花汤汤个[5]，才替我脱下来[6]！(旦)呀，待我脱嘘。我只得急忙脱卸。(付)瓯说个星人也要杀[7]！(旦)无徒，无徒，家有甚好豪杰？苦切，苦切，急将身拦遮。(付)杀个星娘毡个[8]！(旦)阿呀！住了，这些人是杀不得的吓。(付)为啥，为啥杀弗得介？(旦)你若杀了他们，是那，那那——自有官府来捉你这癞头鳖。

(付)杀！杀！(众下)(付)瓯个臭花娘背夫逃走么？等我劈瓯一个阳箬介！(浑下)(旦)从人们，从人们那里？这无徒去了，快取凤冠，快取霞帔过来，待我穿，待我穿。呀，那里去了？呀啐！原来是一场大梦！

【尾】津津冷汗流不竭，塌伏着枕边出血。(内打三更介)呀，原来已是三鼓了。崔氏，崔氏，你好苦也！只有破壁残灯零碎月。呀，你看，从人们又来了。哧！哈，哈，哈！(回头哭下)

〔注〕 ① 烂柯山：又名石室山，在今浙江衢州市衢江区南，传为樵夫遇仙处。 ② 咋嗻(chē zhē)：厉害。 ③ 古撇：古怪，偏执。 ④ 瓯(ň)：苏州方言，你。没：么。 ⑤ 身浪：苏州方言，身上。星红：同猩红，红色。 ⑥ 才：苏州方言，都、全。 ⑦ 个星：这些。

⑧ 毨(zè)：毛初生，此为与性有关的詈语。

《烂柯山》传奇，无名氏作。叙书生朱买臣生活贫寒，打柴度日。其妻崔氏不耐艰苦，逼写休书，改嫁张木匠。不料张木匠乃粗俗无赖之徒，于娶亲日跌损一足，崔氏不与为婚，避居邻媪家。及至朱买臣得官荣归，崔氏夜梦府衙众役接她做夫人。不料买臣于马前泼水，以覆水难收为喻拒纳前妻。崔氏羞愧自尽。

本事见于《汉书·朱买臣传》。传记写朱买臣任会稽太守后"载故妻及其后夫，置园中，给食之，居一月，妻自经死"。此与《烂柯山》剧情不同。显然，剧作者视崔氏是个嫌贫爱富、不守妇道的坏女人，不配有个新家，也不配回到前夫身边，故虚构寄居邻媪、马前泼水等情事。

《缀白裘》收《烂柯山》折子有《北樵》、《逼休》、《寄信》、《相骂》、《悔嫁》、《痴梦》、《泼水》诸出。此中有误。前四出实乃元杂剧《渔樵记》的零出，剧中朱买臣妻叫玉天仙；后三出才属《烂柯山》。现时《烂柯山》多演《痴梦》出，亦名《夜梦冠带》。

《痴梦》作者描写崔氏惊悉故夫朱买臣得官以后的复杂心理活动，是站在"从一而终"、"烈女不嫁二夫"的礼教立场上，竭力嘲弄和谴责这个不甘贫贱而改嫁的妇人的。作者让崔氏自责道："我记得叫一鞍将来配一马。今日呵，好似一个蒂结了两个瓜。我被万人嗔，又被万人骂。"但是在今人看来，出于正当动机的离异与改嫁是妇女应有的权利。那么崔氏不甘贫贱的动机是否正当？朱买臣为求仕自甘贫寒，固然是男儿志气，然而那是朱买臣自己的事，将来做官是他做官，不是崔氏做官。崔氏应有崔氏的选择。既然在古代封建制度下妇女被剥夺独立的地位和人格，依附于男子而生存，那么当丈夫无力使妻子得到温饱时，妻子为何不可以另求庇护以图生存呢？尽管舞台上有苦守寒窑的王宝钏那样的理想人物，但是不宜苛求于崔氏这样一个市井妇女。

我们与《痴梦》作者的观念相左，还能读解此剧吗？由于《痴梦》对崔氏的坎坷经历和痛苦心理作了真实的描写，今人仍然可以读解此剧，只是对人物的解释不同而已。

崔氏改嫁，所适非人，果断逃婚，如今孑然一身。故在出场时自怨自艾："行路错，做人差，我被旁人作话靶。"正当崔氏身陷困境、已生悔意时，命运再一次捉弄了她——被她瞧不起的前夫朱买臣做了官了！衙役来找朱家报喜，崔氏为他们指路，心想当初要是没有改嫁，今天自己就是太守夫人了，于是她更觉追悔莫及。崔氏的不幸遭遇是值得同情的，她的后悔也是可以理解的。然而崔氏在后悔之余，萌发与前夫复合之意，尽管自惭形秽，仍以"一夜夫妻百夜恩"自慰。隐秘的愿望挥之不去，一点痴心幻化为梦境。

在梦中，果然太守派皂隶、院子和管家婆来请旧夫人。崔氏正中下怀，便以夫人自居，在管家婆敲门时打趣说："他不住的叫夫人，寻不出爷爷。"她长久没有如此喜悦了。她甚至故作夫人姿态，迟迟不开门，却道："他敲的只管教人费口舌。"夫荣妻贵的感觉是美妙的。然而崔氏毕竟缺乏自信。当她开门忽见皂隶时，不禁惊慌起来。幸而皂隶向她叩头，她被确认为夫人。于是戴上凤冠，穿上霞帔，她强烈地感觉到"朱买臣吓！越教人着疼热"，自己当初实在不该与他决绝。崔氏正要上轿，后夫张木匠手持板斧闯将进来，独击案头，搅散了一台好戏。崔氏被惊醒。时值三更，举目四顾，唯见"破壁残灯零碎月"。

前述崔氏的后悔是可怜的，崔氏的夫人梦是可笑的，因为那是痴心妄想，愚蠢无知。使崔氏的美梦成空的人不是持斧的无赖，而是红袍加身的朱买臣——一个封建礼教的化身。《烂柯山》作者鞭挞崔氏，意在警示妇女，礼教不可违逆。我们则从《烂柯山》看到礼教是怎样束缚妇女的。

《痴梦》是一出心理剧。它深入地剖析了崔氏矛盾的心理。崔氏有痴心，也有忧心。前夫迎纳是她痴心的形象化，后夫搅梦是她忧心的形象化。中国戏曲多梦。梦境便于表现人物深藏的内心活动，便于把无形的心理借助于唱念做打诸种艺术手段外化为直观的舞台形象。《痴梦》是一个舞台演出本，它的曲白经过千锤百炼，字少意多，身段丰富，故能久演不衰。　　（宋光祖）

孽　海　记　　　佚　名

折子　思　凡

【佛曲】(贴上)昔日有个目连僧[①]，救母亲临地狱门。借问灵山多少路[②]？十万八千有余零。南无佛，阿弥陀佛。

削发为尼实可怜，禅灯一盏伴奴眠。光阴易过催人老，辜负青春美少年。小尼赵氏，法名色空，幼入空门，早年披剃。咳，朝参暮拜，念佛看经，何时得了？正是：禅房寂静无人伴，鸟啼花落有谁知？好不伤感人也。

【山坡羊】小尼姑年方二八，正青春被师父削去了头发。每日里在佛殿上烧香换水，见几个子弟游戏在山门下。他把眼儿瞧着咱，咱把眼儿觑着他。他与咱，咱共他，两下里多牵挂。冤家，怎能个成就了姻缘？就死在阎王殿前，由他把那碓来舂锯来解磨来挨，放在油锅里去炸，由他！只见那活人受罪，那曾见死鬼带枷？由他！火烧眉毛且顾眼下，火烧眉毛且顾眼下。

想我在此出家，元非本心。

【前腔】只因俺父好看经，俺娘亲爱念佛。暮礼朝参，每日里在佛殿上烧香供佛。生下我来疾病多，因此上把奴家舍入在空门为尼过活。与人家追荐亡灵，不住口的念着弥陀。只听得钟声法鼓，不住手的击磬摇铃，击磬摇铃，擂鼓吹螺，平白地与地府阴司做功课。《多心经》多念过[3]，《孔雀经》参不破[4]，惟有那《莲经》七卷是最难学[5]，俺师父在眠里梦里多教过。念几声南无佛，哆呾哆萨嘛呵的般若波罗[6]。念几声弥陀，咻，恨一声媒婆。念几声娑婆呵[7]，叫叫一声没奈何。念几声哆呾哆，怎知我感叹还多！

吓，不免到回廊下，闲步一回，少遣闷怀则个。（下）（场上锣鼓、烟火）（杂扮罗汉觔斗上，觔斗下）（内奏细乐）（老旦扮观音、小生善才、旦龙女、生韦驮上）

【新水令】（老旦）孤云出岫下瑶天，笑拈花飞来千片[8]。金锟开觉路[9]，宝筏渡迷川。法力无边，法力无边，慈悲愿，普渡迷津汉。

救苦慈悲法力强，竹林鹦鹉弄笙簧。慧眼微开遍宇宙，眉间放出白毫光。我乃南海落伽山观音大士是也[10]，今日登座说法。你看众罗汉鼓舞而来也。（老旦坐台上）（小生、旦立两旁）（生立正中）（众罗汉跳上，各参见，装严坐介）（贴上）

【接前】绕回廊散闷则个，绕回廊散闷则个。呀，你看两旁罗汉，塑得来好不庄严也！又则见两旁罗汉，塑得来有些傻角。一个儿抱膝舒怀口儿里念着我，一个儿手托香腮心儿里想着我，一个儿倦眼眉开朦胧的觑着我。惟有那布袋罗汉笑呵呵[11]，他笑我时光错，光阴过，有谁人有谁人肯娶我这年老婆婆？降龙的恼着我，伏虎的恨着我，那长眉大仙愁着我[12]，他愁我老来时有甚么结果。佛前灯做不得洞房花烛，香积厨做不得玳筵东阁[13]，钟鼓楼做不得望夫台，草蒲团做不得芙蓉软褥。我本是女娇娥，又不是男儿汉，为何腰系黄绦身穿直裰[14]？见人家夫妻们洒乐，一对对着锦穿罗。阿吓，天吓！不由人心热如火，不由人心热如火！吓，也罢！今日趁师父、师兄多不在家，不免逃下山去，倘有些机缘，亦未可知。有理吓，有理。奴把袈裟扯破，埋了《藏经》[15]，弃了木鱼，丢了铙钹。学不得罗刹女去降魔[16]，学不得南海水月观音座[17]。夜深沉独自卧，起来时独自坐。有谁人孤栖似我？是这等削发缘何？恨只恨说谎的僧和俗，那里有天下园林树木佛？那里有枝枝叶叶光明佛？那里有江河两岸流沙佛？那里有八万四千弥陀佛？从今后把钟楼佛殿远离却，下山去寻一个年少哥哥。凭他打我骂我说我笑我，一心不愿成佛，不念弥陀般若波罗。

好了！且喜被我逃下山来了。

【尾声】但愿生下一个小孩儿，却不道是快活杀了我。（笑下）

（老旦）善哉，善哉！赵尼凡心顿起，逃下山去。这孽报何日得了也。众罗汉，收拾装严者。（下）（众跳下）

〔注〕 ① 目连僧：释迦牟尼十大弟子之一。因母不贤，死后堕饿鬼道中，目连以十方威神之力，亲入地狱解救母亲。 ② 灵山：佛家圣地灵鹫山。传佛祖释迦牟尼在此“拈花示众”。 ③ 多心经：指《心经》，佛经《般若波罗蜜多心经》的简称。般若（梵语音译）指空之智慧，波罗蜜多（梵语音译）指完满，即指最高的空之智慧的完满。此经的思想是《大般若经》的核心，故称《心经》，仅二百余字，极为流行。 ④ 孔雀经：佛教流派密教佛经《佛母孔雀大明王经》的简称，以孔雀明王为本尊，修此经可以除灾、祈雨。 ⑤ 莲经：即《法华经》，全称《妙法莲华经》。以莲华喻佛所说教法的清静微妙，故名。主旨为众生都能得到和佛一样的智慧。 ⑥ 哆呾哆萨嘛呵的般若波罗：《心经》的经文的梵语译音。哆呾哆萨嘛呵的，摹婴儿呓语，喻超越一切的原初境界；般若波罗，即般若波罗蜜多。 ⑦ 娑婆：梵语音译，意为堪忍，此指代佛教的教义。 ⑧ 拈花：指释迦牟尼在灵鹫山拈花示众，众默然，独有摩诃迦叶破颜微笑，释迦即表示要把正法传授给他。 ⑨ 金锟（bī）：古代医师用以治疗眼疾的器械，故有金锟开目的说法。 ⑩ 落伽山：通作洛伽山，即普陀洛伽山，传说为观音菩萨显圣之地。 ⑪ 布袋罗汉：五代时有游方僧人，常以杖背一布袋，开口而笑，四处化缘，人称布袋和尚。传为弥勒佛之应化身。 ⑫ “降龙”三句：降龙、伏虎、长眉大仙都在十八罗汉之列。罗汉为“阿罗汉”的略称，佛教修行的一种果位，即断绝嗜欲、解脱烦恼、不入生死轮回。 ⑬ 香积厨：寺庙的厨房。 ⑭ 直裰（duō）：出家人所穿的长袍。 ⑮ 藏经：《大藏经》的简称，为汉文佛教经典的总集，凡五千余卷。此处泛称各种佛教经书。 ⑯ 罗刹女：罗刹本是恶鬼，其后成为佛教的守护神。罗刹女，即为女性罗刹，梵语称罗刹斯，能化为美丽妇人降魔、食人。 ⑰ 水月观音：据《法华经》，观世音菩萨可化

身三十三种形象，其中包括人、非人以及男女老少等，但在唐代以前，观世音化身多为男相。宋代以后，观世音化身大多为女性形象，水月观音为观音女相之一。

在昆曲时剧的演出中，常将《思凡》与《下山》连在一起演，是受观众喜爱的折子戏。《思凡》与《下山》在民间流传已久，至清乾隆年间分别被《缀白裘》和《纳书楹曲谱》收录。《缀白裘》始题名为《孽海记》，归入梆子腔；《纳书楹曲谱》归入昆曲时剧，以昆腔打谱，曲牌名和曲、白词文与《缀白裘》所收有些不同，但情节内容与《缀白裘》大体相同，流传于清乾隆末直至近代的昆曲演出本，系出于《纳书楹曲谱》。所谓《孽海记》，实际上并无这本传奇，这个题名也流露出了编订者的封建意识。因为《思凡》与《下山》历来受人民欢迎与欣赏，所以也就编录在此，姑且沿用《孽海记》旧名。

《思凡》与《下山》在明代的民间演出及戏曲选本中早有流传和经改订过的本子。较早的有万历元年(1573)《八能奏锦》中的《升仙记》，乃是一出《尼姑下山》，曲文全佚；然同是万历元年的《词林一枝》卷四中栏却有《尼姑下山》曲文，今本也可能是由此传承而来。万历七年(1579)郑之珍编《目连救母劝善戏文》，有《尼姑下山》、《和尚下山》两出，其中《和尚下山》与今本相近。万历二十一年至二十四年(1593—1596)编成的《群音类选》诸腔戏中有《尼姑下山》。万历二十八年(1600)《乐府菁华》中有《尼姑思凡》。万历三十八年(1610)《玉谷新簧》中有题名《思婚记》的戏，实是《尼姑下山》，曲文与今本相近。明末《醉怡情》除昆腔戏外，也收有一出弋阳腔《僧尼会》。至清康熙六十一年(1722)《太古传宗》已收有增罗汉的《思凡》和《僧尼会》。清乾隆初年(约 1742)张照《劝善金科》也有《思凡》、《下山》，不过已按其封建观念改题作《动凡心空门水月》、《堕戒行禅榻风流》、《僧尼山下戏调情》。此外在明清地方声腔的《目连戏》中，也大都有《思凡》、《下山》二出。以上是《缀白裘》成书前《思凡》、《下山》流传及改订的大致情况。比较起来，《思婚记》与郑本《下山》与近代以来流传舞台的《思凡》、《下山》关系较为密切。

《思凡》写小尼姑色空自幼入空门为尼，年岁渐长，厌恶念经生活，感叹不已。闲来在回廊下散步，数着罗汉发泄心中的烦闷，不由心热如火触发凡心，逃下山去。

此剧短小精致，以心理刻画为主，细腻地描写了小尼姑的内心苦闷、对人间生活的追求及其摆脱空门拘禁的觉醒，深刻地表现了对压抑人性的禁欲主义的反抗意识。此剧笔法精练，想象丰富，表演洋溢着情趣，意味隽永，深受观众喜爱。此剧由贴旦饰尼姑表演，以跳罗汉出场将全剧分为两段，俗称“大思凡”；现在演出已不跳罗汉，全凭演员虚拟表演，成为一出唱、做吃重的独角戏。

"禅房寂静无人伴，鸟啼花落有谁知"，小尼姑怀着无限伤感出场。又是年方二八，正当青春妙龄，却腰系黄绦，身穿直裰，言语之间，无可奈何。映入观众眼帘的是一个既美丽又可怜的小女尼形象，令人油然而起同情之心。下面很快入戏，接触主题，写她见山门下几个子弟游戏，"他把眼儿瞧着咱，咱把眼儿觑着他"，"两下里多牵挂"。小尼姑动了凡心，而且又是那样地坚决："怎能个成就了姻缘？就死在阎王殿前，由他把那碓来舂锯来解磨来挨，放在油锅里去炸，由他！只见那活人受罪，那曾见死鬼带枷？由他！"如此情绪激荡、热情高涨的语言，带有浓烈的民间文学的色彩，直率地表达了小尼姑郁积已久的情愫，同时也表现了人物性格，点示了主题，预示了必然的结局。然而戏剧并不由此直奔结局，而是按照戏曲表现规律，张弛有序，收放有节，转入小尼姑的回忆，进一步表现她对空门生活的厌恶。这时，小尼姑的情绪由高涨陷入无奈之中，回想当年入空门，只因父好看经，母爱念佛，自己生下来时又多疾病。自从进入空门做尼姑以来，不是为人家追荐亡灵，就是不住口地念经，不住手地击磬摇铃。这种无休止的枯寂生活，冷酷地禁锢了一颗青春少女的心。但她并不甘心于这种生活，从内心深处发出"念几声弥陀，哧，恨一声媒婆。念几声娑婆呵，叫叫一声没奈何"的呼号。戏剧以细腻、曲折的手法，真切地表达了尼姑的内心世界，既照应了前文小尼姑动凡心的原因，又为后文逃下山去作了铺垫，同时以饱含情感的笔触表现出对人性受压抑的青春少女的深切同情。小尼姑从出场到此，虽然有情绪的高涨点，如对世俗生活的强烈向往和对空门生活的诅咒、厌恶，但是，戏剧的感情基调仍然是深沉的伤感。小尼姑下场，即带着这种情绪。

这时，"大思凡"跳罗汉出场，场上锣鼓、烟火、觔斗十分热闹，又在细乐伴奏下出来观音等人物，接着又是罗汉歌舞，装严(演员装扮庄严的罗汉众相)。此一场面调节了戏剧的情感氛围，既能使观众兴奋起来，又能使小尼姑再度出场时，进入另一种情绪状态。

戏剧巧妙地利用了"装严"罗汉，成为尼姑表演的依托，发泄情绪的对象，增强了戏剧表演的戏剧性，极其自然地完成了情绪过渡。现在的《思凡》演出不跳罗汉，全凭音乐与表演来完成情绪过渡，场上简约了，更具戏曲特征，然而表演的难度也增加了。

小尼姑再次出场，便是表演中有名的"数罗汉"。两旁的罗汉庄严，小尼姑看来却"有些傻角"，就这一句词儿使舞台气氛顿时活跃起来。小尼姑以调侃的语气尽情数落着罗汉，看着眼前像，诉着心中恨，但越说心中的烦恼越多，令她下定返俗的决心。于是，她扯破袈裟，埋了《藏经》，弃了木鱼，丢了铙钹，抛却那钟楼佛殿，决心“下山去寻一个年少哥哥。凭他打我骂我说我笑我，一心不愿成佛，不念弥陀般若波罗”。这里，一长段唱词，句句情景相生，语语说佛而颇有意趣，既有特定情景中的人物性格，又有热情如火的戏剧幽默，喜剧性地表现了小尼姑下山的情感过程。

这部戏表现的是小尼姑想过正常人生活的意愿，但在封建卫道者看来，她的私自下山不啻是淫奔，是违背道德的可耻之事，他们扼杀不了此戏的流传，便在改本中有意让动凡心的小尼姑受到惩罚。这倒从反面证明了《思凡》的进步的思想意义。

《思凡》改唱昆曲后，对曲牌进行了新的整理，在唱、做表演上又提高了一大步。后来删去跳罗汉，成了贴旦的看家戏，传演不衰。

（李　晓）

孽　海　记　　　　佚　名

折子　下　　山

【皂罗袍】（付上）和尚出家，受尽波渣[①]，被师父打骂，我只得逃往回家。一年二年养起头发，三年四年做起人家，五年六年讨一个浑家，七年八年养一个娃娃，九年十年只落得和尚叫我一声爹爹，和尚叫我一声爹爹。

林下晒衣嫌日淡，池边濯足恨鱼腥。灵山会上千尊佛[②]，天竺求来一卷经[③]。贫僧本无的便是。自幼入空门，谨遵五戒[④]，断酒除荤，烧香扫地，念佛看经。今日师父、师兄下山抄化去了，不免到山门外闲步闲步，有何不可。（内作鸟鸣介）呀，你听：处处黄鹂弄巧，双双紫燕衔泥。穿花蝴蝶去寻归，那壁厢蜂把花心酿蜜。阵阵花落流水，声声杜宇催归[⑤]。不知春去几时回？咳，怎奈我欲心犹未！

【江头金桂】自恨我生来命薄，襁褓里恹恹疾病多。咳，我这个和尚，在娘肚子里就是苦的了。因此上爹娘忧虑，我那时只得八岁，我那爹娘请个算命先生，把我的八字与他推算推算。吓，那先生就是我的对头了，他道我命犯孤鸾[⑥]，三六九岁难得过。那时，我的爹娘也是没奈何吓！就将我舍入空门，奉佛修斋学念经，我那时一进进了山门，见子师父，朝上深深作个揖。他把我从头至尾这么一看，说道：小官官，你还出不得家。我说：师父，怎么出不得家？他说道：你若要在此出家，须要谨遵五戒。断酒除荤烧香扫地念佛看经，那香醪美酒全无分，那个红粉佳人不许瞧。雪夜孤眠寒悄悄，霜天削发冷萧萧，似这等朝朝暮暮受尽了许多折挫。我前日同师父下山抄化，见人家有个标致女子，生得好吓！见一个年少姣娥，生得来十分标致。看他脸似桃花，鬠若堆鸦，十指尖尖，金莲三寸，莫说是个凡间女子，就是那月里嫦娥，月里嫦娥赛不过了他。因此上心中牵挂，暮暮朝朝撇他不下。咳，我是个和尚，怎么想起人家妇女来？这就是没正经的和尚了。不可，不可！我只是念弥陀。（敲木鱼介）咳，木鱼敲得声声响，意马奔驰怎奈何？意马奔驰怎奈何？说便这等说，只是放心不下。不免偷下山去，饱看一回，有何不可？我只得拜辞了菩萨下山去，寻一个鸾凤交。且住，我便下山去了，倘有那不成才的走进房中，把这些钟磬铙钹都盗了去，怎么好？还是转去。我只得脱了袈裟把僧房封锁，从此丢开三昧火[7]。师父，师父，非是我背义私逃，做僧人没妻没子终无结果。这里是陷人之处。我把陷人墙围从今打破，跳出牢笼须及早。叹人生易老，想及时行乐。效当年刘郎采药桃源去[8]，未审仙姬得会么？未审仙姬得会么？

【尾】阇黎本是高人做[9]，有几个清心不恋花，争奈花迷出了家。

（贴内嗽介）阿弥陀佛！（付笑介）你看那边有个优尼来了。我且躲在一边，听他说些什么？（贴上）

【玉天仙】离了庵门来山下，一路里难藏躲。瞻前顾后没人家，只听喜鹊喳喳，乌鸦呀呀。未知此去事如何？使我心惊怕，使我心惊怕。

（付）女菩萨稽首[10]。（贴）尚人稽首。（付）女菩萨何来？（贴）仙桃庵来。（付）何往？（贴）探望母亲。（付）出家人不顾俗，怎么说探望母亲？（贴）母亲有病，故此望之。（付）吓，元来如此。（贴）尚人何来？（付）碧桃庵来。（贴）何往？（付）下山抄化。（贴）难道没有庵主，要你出来抄化？（付）我师父有病在山，因此下山效子路负米之故事耳[11]。吓！（贴）元来如此。大家分头去罢。（付）呔，分头去罢。

【菩提】(贴)师父抄化为师尊,(付)尼姑下山探母亲。(合)正是将军不下马,果然各自奔前程。南无佛,阿弥陀佛。(贴)我去了。因何你来瞧我?(付)那个来瞧你?那边有个小和尚来,恐他不识路径,故此望之。(贴)吓,如今分头去罢。(付)噢,分头去罢。(贴)正是相逢不下马,(付)大家各自奔前程。(合)南无佛,阿弥陀佛。(走介)

(付)咻,我去得好好的,你为何也来瞧我?(贴)不是。那边有个小尼姑来,怕他迷失路途,故此望之。(付)吓,原来如此。如今又该分头去了吓。(贴)正是,分头去罢。

【前腔】各人心事各人知,(付)你往东来我往西,(合)正是相逢不下马,从今各自奔前程。南无佛,阿弥陀佛。(付下)

(贴)一见风流和尚,聪明俊雅温和。手中常把素珠摩,口念经文无错。百样身躯扭捻,一双俊眼偷睃。牛郎织女会银河,不把真情说破。这里一所古庙,待我进去假意拈香,看他可来寻我。(下)(付上)一见优尼华丽,倾城倾国堪夸。料然遍体尽酥麻,令人心痒难揸。好似王嫱出现[12],分明仙子无差。可惜他去也,若是在此,将他留住在山洼,管取一场戏耍。不知他那里去了?这里一所古庙,想必躲在里头。喂,优尼,优尼。(贴)我去得好好的,怎么又来叫我?(付)那边有个小尼姑,忙忙的在那里走,想是寻你,因此叫你。(贴)没有吓。(付)你方才说有个小尼姑吓。(贴)这是要你和尚的尼姑。(付)倒来要我。(贴)过来,你方才说有个小和尚呢?(付)没有吓。(贴)你方才说的。(付)小和尚,小和尚,(笑介)这是要弄你尼姑的和尚。(贴)咳,和尚,和尚,可晓得我逃下山来的尼姑?(付)咳,尼姑,尼姑,你可晓得我逃下山来的和尚?(贴)仙桃也是逃,碧桃也是逃[13]。和尚与尼姑,都是"桃之夭夭"[14]。(付)你既晓得"桃之夭夭",当知"其叶蓁蓁";我做个"之子于归",你做个"宜其家人"。(抱贴介)(贴)咳,

【一江风】恁轻狂,敢把春心荡,真个是色胆如天样。你是个人面兽心肠,不怕三光,不畏四知[15],不怕三光,不畏四知,歹和尚五戒何曾讲。笑伊家不忖量,笑伊家不忖量,料此事焉敢强?

(付)阿弥陀佛。(搂贴介)(贴)那边有人来了。(付)南无阿弥陀佛,南无阿弥陀佛。没有人吓。(贴)可可不羞杀你那骚和尚,骚和尚!

【前腔】(付)见姣娘,顿使我的魂飘荡,论神女自古多情况。那襄王[16],(贴)那襄王便怎么?(付)与神女在巫山暮暮朝朝,为云为雨在阳台上,到如今名显扬,到如今名显扬,你何须苦自忙?(贴)你干了这样事,菩萨也不肯饶你。(付)来,来,就是大菩萨小菩萨,大菩萨小菩萨,他俩个他俩个都是那爹娘养。我的姣姣和你做夫妻,管教伊同偕欢畅,同偕欢畅!

(贴)被人看见像什么?(付)有人看见,只说是夫妻。(贴)那有光头夫妻?(付)只说从小大起来的。(贴)不好。我有个道理在此,你在庙前过水,我在庙后过山,约定夕阳西下相会。(付)现钟不打去炼铜。(贴)我不哄你便了。(付)不哄我?(贴)不哄你。(付)如此,快些去罢。

【菩提】男有心来女有心,那怕山高水又深。约定夕阳西下会,有心人对有心人。(合)南无佛,阿弥陀佛。(贴下)

(付)咳,果然有搭水在此,怎生过去?说不得,只得要脱是了。

【前腔】男有心来女有心,那怕山高水又深。约定夕阳西下会,有心人对有心人。(贴上)和尚。(付)优尼,你在庙后过山。(贴)那边有人来了,快驼我过去。(付)你在那边来。(贴)不然,我去了。(付)住在那里?住在那里?(合前)约定夕阳西下会,有心人对有心人。(贴)驼我过去。(付)我的靴放在那里?(贴)衔在口里。(合)男有心来女有心,那怕山高水又深。(贴)有人来了。(付)在那里的?约定夕阳西下会,有心人对有心人。南无佛,阿弥陀佛。(贴)和尚,快些过来。(付)就来了。(贴)快些,有人来了。(付)不要忙,待我来吓。累锄觔[17],累锄觔,两只脚儿冻得冷冰冰。今夜尼姑一头睡,来年生个小猢狲。南无佛,阿弥陀佛。

【清江引】(合)才好才好方才好,除下了僧伽帽。养起头发来,戴顶新郎帽。我和你做夫妻同到老。

(亲嘴诨下)

〔注〕①波渣:即波查,磨折。②灵山:佛家圣地灵鹫山。③天竺:印度古称。

④ 五戒：佛教徒的戒律，即不杀生、不偷盗、不邪淫、不妄语、不饮酒。 ⑤ 杜宇：杜鹃鸟。相传杜鹃鸟为古蜀国君主杜宇死后之魂所化，故称。 ⑥ 命犯孤鸾：指命中注定一辈子找不到配偶。 ⑦ 三昧火：即佛教修行的三昧，或称"三摩地"，为梵语音译，意译为定（止息杂虑，心专注于一境）、正受（正受所观之法）、等持（平等保持不昏沉、不散乱的状态）。 ⑧ "刘郎"句：传说东汉永平年间，剡县人刘晨、阮肇同入天台山采药，遇二仙女，留居半年，及回乡，子孙已历七世。刘郎指刘晨，又附会东晋陶潜《桃花源记》的故事。 ⑨ 阇（shé）黎：梵语译为阿阇梨，即修行五年以上德行高深的僧人，可为教团的师尊。 ⑩ 稽（qǐ）首：出家人举一手向人行礼。 ⑪ 子路负米：孔子学生子路家境贫困时，自已吃粗粮，而去百里外把米背回奉养父母。见汉刘向《说苑》。 ⑫ 王嫱：即汉王昭君。 ⑬ "仙桃"两句：仙桃谐音"先逃"；碧桃谐音"逼逃"。 ⑭ 桃之夭夭：句出《诗经·周南·桃夭》，原文为："桃之夭夭，其叶蓁蓁。之子于归，宜其家人。"意为桃花开得正艳，桃叶也很茂盛，正是女子出嫁的时候，会使一家人和和顺顺。和尚借《诗经》的诗句挑明与尼姑结合的意思。 ⑮ "不怕"二句：三光，《白虎通·封公侯》："天有三光，日、月、星。"四知，天知，神知，我知，子知。语出《后汉书·杨震传》。王融《沈冥地狱篇颂》："阴墙虽两密，幽夜有四知。" ⑯ 襄王：楚怀王尝游高唐，梦巫山神女自荐枕席，女辞去时云："妾在巫山之阳、高丘之阻，旦为朝云，暮为行雨，朝朝暮暮，阳台之下。"后楚襄王时，复游高唐，果梦与神女遇。事出宋玉《高唐赋序》。后以为云为雨喻男女幽会。 ⑰ 觔：通筋。

《下山》与《思凡》有着不同的流传经历（见《思凡》出赏析），不知从什么时候起，《下山》就常接着《思凡》演出了，也很难说就是从郑之珍的戏文开始的，应该说较郑本为早，因为它们都是民间艺术的产物，后来也必然都经过文人的改动，有些地方改动的痕迹还是很清楚的。此本与《思凡》都是从《缀白裘》选出的，可以说是清乾隆年间民间演出的脚本。

《下山》写小和尚本无，自幼被父母舍入空门。他不惯这种寂寞凄凉的佛门生活，对修行会有什么结果产生了怀疑，一心向往世俗的自由幸福，终于打破三规五戒逃下山去。半路上巧遇也是逃下山来的小尼姑，两人有心结为夫妻，遂约定夕阳西下时相会。

这出戏由昆曲演出后，小和尚由付扮改为丑扮，成为昆丑的累功戏，也是昆丑"五毒"之一，小和尚的身段有蛤蟆形的动作特征。曲牌、曲文基本相同，说白改变许多。中华人民共和国成立后，剧界对此戏进行了较大的改造，小和尚改成了俊扮，去掉了一些庸俗的唱词和说白，表现了小和尚的健康性格和渴望做正常人的心理，很受观众欢迎。《思凡》在"思"字上做戏，重心理刻画；《下山》在"下"字上做戏，除心理描写外，身段动作的表演更为丰富，又有逃下山来的尼姑出场，这和尚、尼姑的情感交流，又有特殊的方式与情趣，所以又俗称《双下山》。

本书中收录的本子保持了乾隆年间演出的面貌，有一些流于庸俗的东西，读者自会分辨，但在思想倾向上仍是一出强烈的反封建、反禁欲主义的好戏。在清代，它与《思凡》一样曾遭到禁演。

此戏的情节进展有三个段落，即和尚下山、下山遇尼姑、和尚尼姑约会。

和尚出场的描写非常精练，交代了他在寺院"受尽波渣"，被师父打骂，早就想逃回去。接着他酣畅想象起逃回家后的情景，用数字句连唱表达他心中十分得意：和尚回家后就可以做爹爹了。然而他的情绪马上就跌落下来，因为他是个和尚，即转入定场白"林下晒衣嫌日淡，池边濯足恨鱼腥"。这出场后的心理变化是十分复杂的，但预示了他逃下山去是必然的结果。当他去山门外闲步的时候，作者又巧妙地以自然界鸟语花香的美景，引逗起小和尚热爱生活的天性，戏剧气氛马上又活跃起来。但一想到自身，只能叹一声"咳，怎奈我欲心犹未"，又回到苦闷的心境中来。小和尚已有两次情绪低落，前一次是幻想，这一次是现实，他颓丧的心情更加沉重。接着就唱【江头金桂】诉说起自己不幸的身世，此曲细致、深刻地描述了小和尚下决心逃下山去的心理过程，有怨恨，有苦恼，有情绪反复，有内心矛盾，最后才下了决心。其中插进一段往日见人家有个标致女子的回忆，这对小和尚极具诱惑力，他不由激情冲动，心中牵挂，朝朝暮暮撇不下。这里情绪的高涨比前两次更猛烈，然而想到自己是个和尚，不得"没正经"，便只好口"念弥陀"，把木鱼敲得声声响。这敲木鱼就是内心苦恼的强烈发泄，一方面表示了小和尚对世俗生活热切追求的愿望，一方面也发泄着对佛门生活深切的怨恨。但越是自我压抑，越是"意马奔驰"，明知"做僧人没妻没子终无结果"，"跳出牢笼须及早"，遂决心把"陷人墙围从今打破"。小和尚终于在心理斗争中取胜，逃下山去了。这小和尚还是个质朴、天真的少年，看他的三次反复及临逃时还不忘锁上僧房，令人忍俊不禁，倍增同情。小和尚的性格基调是可爱的，后文与尼姑的感情纠葛也就容易被人们接受了。

当小和尚下山后看见有小尼姑走来时，他是满怀热情的。而小尼姑也是逃下山来的，却是心惊胆战，忐忑不安。和尚热情试探，尼姑心虚设防，这两人相遇的戏就充满着戏剧性。作者很善于写戏，写他们的心理碰撞是真，写他们的言语应答是假。内心里渐生爱慕，但仍有思想障碍，言语上自欺欺人，连哄骗也流露出天真、朴实的性格。其中写了三次"分头"，两次偷瞧，言语之间虽然变化不大，但是每次都透露出恋恋不舍之意，而且逐步在加深，在舞台上表演出来是非常有趣的。"各人心事各人知"，预示着只要一挑穿"心事"，和尚、尼姑还俗成家的事就成了。

这"心事"隐藏着两层意思，一是两人都是未经允许逃下山来的，二是两人各自动情暗下有心结合做夫妻。这都是违犯佛门清规和传统礼教的事，小和尚、小尼姑敢冒大不韪，需要多大的胆量和勇气。人民群众创造出这样的戏，实际上表现出他们对戕害少男少女的精神枷锁的愤恨。而既是用戏曲的形式来表现，就要写得曲折多姿，具有观赏性，令人报之以喜悦的同情，所以这一段(古庙及庙前涉水)戏格外光彩而吸引观众。这时的小尼姑已是有心人了，躲进古庙，假意拈香，为的是试探小和尚可有心寻来。而小和尚仍是主动追求小尼姑，所以戏的进展就快而顺，虽然表现上仍要冲破戒规和消除顾忌，但障碍已经是很脆弱了。此文本中描写小和尚的情态有过分之处，不过小和尚偷偷下山，原就是抱着“寻一个鸾凤交”的想法，他不是坐怀不乱的柳下惠，遇见与自己投缘的年少女子，“魂飘荡”而有些轻狂之态，也并不是什么令人难以接受的事。而小尼姑的形象还是含蓄的，有所顾忌，怕人撞见，然第一层的“心事”倒是她挑穿的。这里写得很有趣，一个是要你小和尚的小尼姑，一个是要你小尼姑的小和尚，含意双关，“仙(先)桃也是逃，碧(逼)桃也是逃。和尚与尼姑，都是桃(逃)之夭夭”。作者又借用《诗经》的诗句由和尚说出“你既晓得‘桃之夭夭’，当知‘其叶蓁蓁’；我做个‘之子于归’，你做个‘宜其家人’”，嘴上说得雅，动作做得俗了。所以小尼姑急得忙说：“你干了这样事，菩萨也不肯饶你。”这只是在含蓄的前提下表现小尼姑的羞涩，因为他俩都是叛逆者，这菩萨已不起作用了。而小和尚却天真地说：“大菩萨小菩萨，他俩个他俩个都是那爹娘养。”这在戏谑之中又幽默地批判了禁欲主义的虚伪。当他俩“约定夕阳西下相会”时，已是“男有心来女有心”，“有心人对有心人”，“心事”尽破，无所顾忌地要做夫妻了。戏剧在这里巧妙地设计了驮女过河的戏剧动作，反复唱“男有心来女有心”，两人的情感达到了水乳交融的境地，在充满情感交流和富于表演技巧的演出中，观众必情绪热烈，兴味盎然，报以会心的微笑。

这出戏较《思凡》复杂，心理状态变化多，动作表演多，宜风趣、认真、大方，忌油滑、低俗、猥琐，情节和动作(包括心理的和外部的)的进展和表现，都应该是为了塑造健康、可爱的人物形象。在明清小戏的流传中，《思凡》、《下山》流传既广且久，主要的原因也在这里。

(李　晓)

明清傳奇鑒賞辭典

趙樸初題

下

新一版

上海辞书出版社文学鉴赏辞典编纂中心编
蒋星煜　齐森华　赵山林主编

上海辞书出版社

《明清传奇鉴赏辞典》

撰稿人（以姓氏笔画为序）：

丁　波　马祖熙　马美信　王　平　王永宽　王军明　王国彬
王意如　方家骥　艾立中　左鹏军　石艳梅　龙文玲　叶长海
史良昭　史美圣　包郑虹　冯俊杰　吉明周　回达强　朱万曙
朱恒夫　任淑红　齐森华　刘汉光　刘召明　刘厚生　江巨荣
许金榜　许莉莉　农作丰　孙崇涛　杨　帆　杨景龙　李季箴
李　晓　吴书荫　吴国钦　吴春彦　吴　敢　吴新雷　余　意
宋光祖　张世宏　张玉奇　张涤云　张　溦　张　静　陆　林
陆　炜　陆萼庭　陈　多　林　笛　周　秦　周锡山　庞　坚
郑传寅　赵山林　胡雪冈　胡淑芳　段启明　俞为民　祝振玉
姚品文　骆　兵　耿百鸣　耿传友　徐顺平　徐振贵　翁敏华
郭　梅　唐葆祥　黄竹三　盛志梅　彭莉芝　董玉洪　蒋星煜
程华平　程　芸　谢柏梁　鄢化志　虞卓娅　解玉峰　蔡永明
潘华云　戴元初

附录编写（以附录排列先后为序）：

黄　飚　赵山林　程华平　车文明　李　晓　蒋星煜　郑振铎

2004 年版

责任编辑：庞　坚

2019 年新一版

修 订 者：祝振玉

目　录

明清傳奇鑒賞辭典

趙樸初題

下

新一版

上海辞书出版社文学鉴赏辞典编纂中心编

蒋星煜　齐森华　赵山林主编

上海辞书出版社

《明清传奇鉴赏辞典》

撰稿人（以姓氏笔画为序）：

丁　波　马祖熙　马美信　王　平　王永宽　王军明　王国彬
王意如　方家骥　艾立中　左鹏军　石艳梅　龙文玲　叶长海
史良昭　史美圣　包郑虹　冯俊杰　吉明周　回达强　朱万曙
朱恒夫　任淑红　齐森华　刘汉光　刘召明　刘厚生　江巨荣
许金榜　许莉莉　农作丰　孙崇涛　杨　帆　杨景龙　李季箴
李　晓　吴书荫　吴国钦　吴春彦　吴　敢　吴新雷　余　意
宋光祖　张世宏　张玉奇　张涤云　张　溦　张　静　陆　林
陆　炜　陆萼庭　陈　多　林　笛　周　秦　周锡山　庞　坚
郑传寅　赵山林　胡雪冈　胡淑芳　段启明　俞为民　祝振玉
姚品文　骆　兵　耿百鸣　耿传友　徐顺平　徐振贵　翁敏华
郭　梅　唐葆祥　黄竹三　盛志梅　彭莉芝　董玉洪　蒋星煜
程华平　程　芸　谢柏梁　鄢化志　虞卓娅　解玉峰　蔡永明
潘华云　戴元初

附录编写（以附录排列先后为序）：

黄　飚　赵山林　程华平　车文明　李　晓　蒋星煜　郑振铎

2004年版

责任编辑：庞　坚

2019年新一版

修 订 者：祝振玉

目　录

篇目表

清传奇

清传奇

吴伟业

(1609—1672)　字骏公,号梅村,又号鹿樵生。太仓(今属江苏)人。少有才名,为复社领袖张溥收为弟子。明崇祯四年(1631)会试第一,殿试第二,授翰林院编修。历官东宫侍讲、中允谕德、左庶子等。南明弘光朝,授少詹事。因见马士英、阮大铖乱政,知天下事不可为,拂衣归里。入清后,本有终老家山之意,但在家乡潜心读书写作八年后,为清廷所迫,于顺治十年(1653)扶病北上,先后任秘书院侍讲、国子监祭酒。四年后,经一再请求,放归江南。晚年深悔失节,郁郁而终。为明清之际著名诗人,与钱谦益、龚鼎孳并称"江左三大家",在当时及后世都有重大影响。其明亡后作品人称"一代诗史"。尤擅歌行,世称"梅村体"。亦工词,人有"接迹屯田,嗣音淮海"之评。所作戏曲均写于南都覆亡以后,出仕新朝之前,大多借历史故事,抒写兴亡盛衰之感,铺陈孤臣孽子痛苦矛盾的心史。曲词典丽,凄婉感人,对清初传奇的创作倾向有较大影响。然首重自我抒情,并不宜于上演。有诗文集《梅村家藏稿》、史学著作《绥寇纪略》。传奇有《秣陵春》,杂剧有《临春阁》、《通天台》,皆存。今人辑有《吴梅村全集》。

秣陵春　　吴伟业

第九出　杯　影

(旦、贴上)【菩萨蛮】(旦)谢家池馆桐花甃,画屏屈曲翘红袖。(贴)欲剪凤凰衫,青虫摇羽簪。　(旦)一枝双豆蔻,浅立东风瘦。(贴)春思远于山,眉痕凡几弯?　(旦)袅烟,我自移徐家小阁,疏窗文砌,种种宜人;花药纷披,房廊窈窕。就是壁间属咏,石上留题,落笔皆妙楷名篇,联句亦高人雅士。况且弃产收书,辞家作客,名流行径,自是不凡。以此思之,徐君风调定可人也。(贴)前日袅烟瞥见丰姿,无心闲讲,倒被小姐絮了几句。今日移他池馆,想见风流;若睹彼才华,清韶蕴藉,当不啻如此。(旦)李主有言:"吹皱一池春水,干卿底事?"他家儿郎,说他怎的?呀,你看匾额上宜官阁三字,是李主御笔。我家有宜官宝镜,赐第御书,预占先兆了。(贴)小姐,那白玉杯也是他家的。老爷有洪梁美酒,何不取来饮一杯儿!就是妆镜中,也好添海棠春色。(旦)这个使得,你去取来。(贴下)(旦开匣取杯叹介)你看蜀锦湖绵,重重衬裹;犀牌

钿匣，事事精工。似这等润泽光莹，不知经许多摩挲爱惜。比似我黄展娘呵，碧玉破瓜[①]，瑶英待嫁，肌理空夸白璧，杵臼未捣玄霜[②]。今日将此杯回环玉手，倾倒琼浆；几时得花底传觞，尊前索笑？好不冷落人也！（贴上）缥青香若下，玉醴泛宜城[③]。小姐，酒在此。老夫人呼唤，袅烟走一回就来。（旦）你自去罢。咳！细雨寒窗，微吟独酌，正好赏玩此杯也。呀，杯里却有个影儿。

【南吕过曲香遍满】玉颜斜照，梨花一枝春动摇。怎么不像我的？仔细端相非奴貌。呀，竟像个男子。幅巾犀导小，轻衫罗带飘。风风流流，绝好一个标致的模样。便俺会作乔，也做不出男儿俏。（作左右看介）莫不是有人窥俺么？啐！这里那得人来。

【懒画眉】俺娘亲拘管几曾饶，便算是画里儿郎不许瞧。咳！这个影儿，也堤防不及了。纱窗日上暗梅梢，一点窥人小。却是俺绣出鸳鸯解弄潮。

【梧桐树犯】教我含娇向恁娇，欲恼和谁恼？细抹轻描，别样闲情稿。他好似一丝粉絮风前袅，难道我八字红鸾水底捞[④]。或者我眼中曾见这个人么？相逢那处曾同笑，浪荡虚嚣，蓦地空明厮照。咳！独处深闺，甚么人我曾见来？

【浣溪沙】心性娇，房栊悄，料这里断肠人少。除非是春风梦割巫山晓[⑤]，他梦也寻常向影里逃。萦怀抱。似这样瘦身奇俏魂灵，怎盼到眼底眉梢。

（贴暗上听介）小姐把盏沉吟，徘徊想像，却是为何？（旦）你才去了，我泻酒杯中，蓦见个男儿影子，好生放心不下。（贴）那有此事？待袅烟也瞧一瞧。呀，一些没有。（旦）如今现在杯中，你却又看他不见，这缘法儿好难猜也！（贴）我们昨夜烧香祝告。要招个好姐夫，一定有些灵应了。

【刘泼帽】香烧，夜立东风祷，伴哥儿吊下云霄。小姐，你心虚唬得拘拘跳，敢怕儿曹，窣地向夫人告。

【秋夜月】（旦）怪贼牢，嗤的胡遮笑。你俏眼逢人瞧得饱，我羞眸有甚闲花鸟。横枝儿打搅，落来的懊恼。

（贴）我晓得这个人了。

【东瓯令】管猜着，那根苗。这杯是徐家的，一定就是十郎的影儿。(旦)难道他是这样好的？(贴)小姐，入水花枝分外标，(旦)这眼睛也好不过。(贴)个人最是秋波妙。相见处多风调。丹青画出软苗条，半截沈郎腰⑥。

(旦)我往常在镜儿里照见我的影呵，

【金莲子】漫心焦，少不得京兆眉儿有个描⑦。怕春易老，花月暗消。那晓得今日呵，向酒杯中瞥眼，羞见粉郎招。

【尾】袅烟，你看定他忙收好，只怕巧风吹去不经瞧。(贴)难道教袅烟赔一个不成？小姐，常言道水性人儿会跳槽。

新妆面面下朱楼，秦女窥人不解羞⑧。
料得也应怜宋玉，几回抬眼又低头。

〔注〕 ① 碧玉：指年轻女子。语出南朝梁元帝《采莲赋》："碧玉小家女，来嫁汝南王。"破瓜：指女子十六岁。 ②"杵臼"句：唐裴铏《传奇》载唐书生裴航过蓝桥驿遇一女云英，欲求娶之。其祖母谓若能求得玉杵臼，则可允婚事。裴航果觅得玉杵臼，为云英祖母捣玄霜仙药百日，终得娶云英。 ③"缥青"二句：若下，若下酒，古代的名酒。李肇《唐国史补》："酒则有郢州之富水，乌程之若下，荥阳之土窟春，富平之石冻春。"宜城，宜城酒，古代襄州宜城(今属湖北)所产美酒。 ④ 八字：生辰年月日时的干支，凡八字，古时订婚需报八字，以推算吉凶。红鸾：术数家所言星名，主喜庆之事。 ⑤ 巫山：战国楚宋玉《高唐赋序》记楚怀王梦一女自称"巫山之女"，愿荐枕席，王遂幸之，女去而辞曰："妾在巫山之阳、高丘之阻，旦为朝云，暮为行雨，朝朝暮暮，阳台之下。"后遂用作男女欢好之典。 ⑥ 沈郎腰：指瘦腰。南朝梁沈约曾致书友人，自叹腰肢瘦损，道："百日数旬，革带常应移孔；以手握臂，率计月小半分。"见《梁书·沈约传》。 ⑦ 京兆眉：西汉京兆尹张敞为其妻画眉甚美，长安中传"张京兆眉怃(妩)"。见《汉书·张敞传》。 ⑧ 秦女窥人：宋玉《登徒子好色赋》言"天下之佳人莫若楚国，楚国之丽者莫若臣里，臣里之美者莫若臣东家之子"，而此女"登墙窥臣三年，至今未许也"。此言"秦女"盖将秦穆公女弄玉故事与之嫁接。

《秣陵春》传奇为明清之际吴伟业撰，又名《双影记》，凡二卷四十一出。叙南唐亡后，学士徐铉之子徐适与李后主宠妃黄保仪之侄女展娘在秣陵比邻而居。徐适以所居宜官阁和家传于阗玉杯换得黄家所藏晋唐字帖，随后携帖远游。仙界筌篌娘子掌管天下婚姻。她受黄保仪托付，为展娘择婿。于是施展神通，让展娘从玉杯酒中得视徐适之影，又让徐适从宜官宝镜照见展娘之影。以后又使展娘魂魄和徐适真身在冥界经李后主和保仪主持完婚。徐适和展娘回到人间，遇祸失散。徐适被宋朝皇帝特赐状元及第，力辞不允。展娘魂归躯体。一对患难夫妻再次在家乡完婚。因感后主之德，请旨建造李皇庙。

吴伟业《秣陵春》传奇大约作于清顺治四年至十年(1647—1653)间。它与吴

伟业所作两个杂剧《临春阁》和《通天台》一样，都是借历史故事抒发亡国之恨。作者《金人捧露盘·观演〈秣陵春〉》词云："喜新词，初填就，无限恨，断人肠，为知音仔细思量。"作者友人钱谦益诗云："谁解梅村愁绝处，《秣陵春》是隔江歌。"(《有学集》卷十一)可见，此剧确有寄托。

剧中故事纯属虚构。作者借南唐亡于宋，影射明亡于清。故以念念不忘故国的南唐君臣及其子女为剧中人物。徐适本为北宋徐徽言从孙，死于抗御金兵之役，作者在剧中则把他改作南唐徐铉子(按：徐铉无子)。剧中儿女婚事，起于李后主"天子嫁女"的戏言，后由黄妃嘱托箜篌娘子一力撮合，其间与爱情波折、人物命运相连的玉杯和宝镜，法帖和琵琶，无不是李唐旧物，怀旧之情无处不见。但由于李后主已经仙逝，为便于编织故事，采取倩女离魂的构思，寓家国悲痛于儿女情事。剧终，仙音院乐工曹善才重弹烧槽琵琶，细说前朝故事，更是余韵悠长。

第九出《杯影》描写展娘目睹杯中徐适之影而萌生爱慕之情。黄家以晋唐法帖换取徐适的宜官阁和玉杯后，展娘移居小阁。她举目四顾，疏窗文砌，种种宜人，花药纷披，房廊窈窕，宜官阁匾额乃李后主御笔。联想到屋主徐君弃产收书，辞家客游，自是名流行径，可人情调。作者借居室环境和人物的作为来烘托徐适的志趣，而展娘对此心领神会，虽然未曾见徐一面，却已经与他灵犀相通了。

展娘游览了徐家池馆，再赏玩徐家玉杯。只见玉杯润泽光莹，乃精工打造，重重衬裹于犀牌钿匣蜀锦湖绵内，愈显珍贵。以杯比人，展娘至今冷落闺中，究竟几时才能过上花底传觞、樽前索笑的日子呢？黄女的怀春之意油然而生。经过借景写人、托物抒情一番铺垫，展娘开始独酌时，徐适之影蓦然浮现于杯酒中。作者连用四支曲，委婉细腻地描写展娘观影的微妙心理。

展娘起初以为瞧见了自己的玉颜，仔细端详，竟是个男子，而且是个俊俏美男子。她惊喜了。那么他从何而来？莫非身旁有人窥伺自己而映入杯中？她环顾左右，不见人影。于是不胜感慨：往日被娘亲严加拘管，甚至不许瞧那画图里的儿郎，如今对这个杯中影儿，娘亲可是防范不及了。展娘颇为自得。但是她随即想到那儿郎虚无缥缈，自己的喜怒向谁告？美好的憧憬无异水底捞月啊。然而，或许他不只是个影子，曾与自己有过一面之缘？不。独处深闺，哪有人见。"似这样瘦身奇俏魂灵，怎盼到眼底眉梢。"她否定了这个假设。

展娘左思右想，把盏沉吟。还是侍儿袅烟一语中的，为小姐揭开了谜底。她说，这杯是徐家的，一定就是徐郎的影儿。她虽然看不见杯中影，却亲眼瞥见过徐郎丰姿。这是唯一合理的解释。展娘接受了这个解释。她忆起往日自己向镜中照影，难免愁绪萦怀，哪里预料到今日情景："向酒杯中瞥眼，羞见粉郎招。"

在《杯影》出里，黄展娘情感的细微处被充分地描写了出来，千思万绪，笔笔清晰。正所谓“曲也者，达其心而为言者也”（张琦《衡曲麈谭》）。如何“达其心”？作者要设身处地，梦往神游。而侍儿为小姐解惑，只凭一语，收煞得干脆利落，节奏的处理恰到好处。（宋光祖）

秣陵春　吴伟业

第四十一出　仙　祠

（生、旦上）（生）紫府仙人带笑看，碧桃花底共骖鸾。（旦）羞言巫峡行云梦[①]，爱事麻姑起玉坛[②]。官人，今日是三月三了，怎么不到李皇庙去？（生）人夫俱齐了。你爹娘同去么？（旦）老人家不肯出门，带你第二位夫人去走走。（生笑介）凭夫人主意。（贴上）云归二女庙，花发小姑祠。小姐出去烧香么？（旦）你也同去。（贴）多谢小姐。（杂）请老爷、夫人上轿。（同唱）

【仙吕过曲蜡梅花】秦淮好景是三月三，烧香轿子山亭担。转过了千佛岩，松杉路暗，浑金大字古伽蓝。

（杂）这里是摄山寺了。（生）我想那年在雒阳买镜，也是三月三日。西京风俗，在李皇庙中做市；偏我秣陵县这般冷落，铺子也不见一个。（僧上）无人赛豚酒，有客费茶汤。住持接老爷。（杂）起去。（僧）转过西廊，就是仙祠了。（旦）官人，那庙儿造来却是整齐。（生）夫人，这是客卿将我两人仙婚奇事奏知皇上，奉旨造的。进祠的日子，因蔡兄一处行礼，不便带你同来。（僧）禀爷，里面用点心。监院传斋鼓，沙弥待客茶。（同下）（外上）白头供奉老何戡[③]，拟向山中住一庵。惆怅茂陵烟树远[④]，长歌三阕《望江南》。自家曹善才。从汴梁回来，眼见兴亡盛衰，添出许多感慨，思量弃家入道，因此改换装束，做个清闲道人。且往城外，看有甚僻静寺院住一住。信步行来，已到摄山寺。门首怎么有许多人夫轿马，借问大哥，那一位爷在里面？（杂）是状元徐爷。（外）徐状元，可是黄老将军女婿么？（杂）正是。（外背介）前日真公子在汴梁抄闹的，就是此人了。闻他与黄家结亲，是李皇爷阴中撮合，有许多奇怪的事。这庙宇也是他盖造起来的。（转介）大哥，我也要进去烧一炷香。（杂）你这道人不晓事。我家奶奶也在里面，怎么容你进去？（外）我虽是个道人，也曾做过官，伏侍李皇爷的。你去禀老爷，说仙音院里

曹善才，要进来烧香，凭他肯不肯罢了。（杂）他说大话儿，只得去禀一禀。（生、旦、贴上）山似诗中画，人从镜里游。（杂）禀爷，有个道人，说甚么仙音院里曹善才，要进来烧香。（生）快请进来。他是老人家，你两人不消回避罢。（外进见揖介）状元、夫人，贫道稽首了。（生）老丈想从京中回来？（外）正是。前日在京中，因听得琵琶，多了一句口，不晓得真公子抄闹起来。如今状元挣了一世前程，李皇爷立了千秋香火，旧事不须提起了。（生）这都是李皇要成就婚姻，仙机播弄，连真琦我也不怪他，何况老丈！只是老丈伏侍李皇最久，今日是他生日，把前情旧事与俺细说一番，却不是好。（外）这也不难。只是贫道好弹的是琵琶，不知烧槽琵琶可在这里么？（生）正带得在此，快取来与曹老爹弹与我们听。（同坐介）（外）这摄山寺是皇爷常临幸的。（生）就把临幸的事体讲一讲。

【北商调集贤宾】（外）走来到寺门前，记得起初敕造。只见赭黄罗帕御床高。那壁厢摆列着官员舆皂，这壁厢铺设的法鼓钟铙。半空中一片彤云，簇捧着香烟缥缈。如今呵，新朝改换了旧朝，把御牌额尽除年号。只留得江声围古寺，塔影挂寒潮。

（生）我家先学士，老丈可尝会么？（外）你家学士，皇爷一刻也少不得的。还记得那日在朝门外呵，

【逍遥乐】中官宣召，御苑花开，两宫驾到。催唤词曹，饱蘸霜毫。待应制诗成赐锦袍，好一个君臣同乐。（生）还有何人在那里？（外）无过是龟年吹笛[⑤]，贺老挡筝[⑥]，一部《箫韶》[⑦]。

（旦）善才公，我家保仪姑娘，你可曾见么？（外）俺带了穿宫牌子，常时承值的。记得他在西宫呵，

【挂金索】晓拂蛮笺，满写明光诏。夜炙银笙，侧按《梁州》调。鬓贴金蝉，花发宫娥报。口泛琼浆，醉博君王笑。

（生）你只见他好的时节，不知他葬在洛阳，与刘铢墓道相近，终日提兵相杀，做鬼也不得安静哩。（外）

【金菊花】俺只道石头城守得不坚牢[⑧]，原来这北邙山又被兵来抄闹[⑨]。老刘，你好不痴也！只看如今的世界，四海江山都姓赵，斗甚英豪，吓着鬼做黄巢。

（生）我在洛阳城外遇见李皇，招做女婿，把刘铢一杀就杀退了。

(外)如此恰好,只是这差使原该是黄兼公的。

【醋葫芦】我只道黄忠老将叨,原来把徐卿女婿招。将败残军杀过杜鹃桥,报来的捷书少不得学士草,做功劳也添些亲家荣耀。只难为了旧元戎冷落老班超[10]。

状元,我闻得你在影儿里结果姻缘,可是有的么?(生指旦介)他的宝镜在我处,照见他的影;我的玉杯在他处,照见我的影。这都是耿先生做媒,变幻出来的。(外)这耿先生在宫中从来古怪的。若不是他,这镜子、玉杯怎么有起影来?

【么篇】你待要瞧时何处瞧,待要描时怎地描?便两桩儿凑合也不成交。撞着个媒人弄来手段好,迤逗得新人与书生厮照,蓦地里阮郎归瞥见了念奴娇。

我想玉杯是状元的,宝镜是夫人的,琵琶还该舍在皇爷庙里,做个唐家故事。(生)这也极好,只是无人收管。(外)贫道不去别处去了,就在这庙里出家,常把琵琶弹一曲供养皇爷,也不失我旧伶人的意思。(生)老丈既肯在此出家,就把琵琶相送便了。(外谢介)

【梧叶儿】俺将那《乌栖曲》改做《求凰操》,比似你做夫妻恰配上鸾胶。长则是将他斜抱,同着他睡觉,紧紧的守在僧寮。也不枉伏侍他一场,可不道马也有垂缰之报。(内作细乐介)

(生)那里一片仙乐?(立起看介)(贴)夫人,却像云头里响。(小生、小旦、老旦道服上)(小生)酒倾玄露醉霞觞,侍从皆骑白凤皇。(老旦)无限万年年少女,(小旦)手挼裙带问昭王。(小生)这里是摄山寺了。听得有琵琶声音。呀,原来徐郎夫妇在我庙里。(生、外)呀,是李皇爷。(旦)呀,是保仪姑娘与耿先生。(作跪接介)臣徐适见驾。(小生)徐郎,你夫妇完聚,好欢喜也!(生)皆系陛下、娘娘所赐。(小旦)展儿,你前日汴梁失散,我心中甚是牵挂。(旦)若不是耿先生中途救护,孩儿怎能彀再见姑娘。(老旦指贴介)这就是袅烟。(贴再叩头介)(外跪介)万岁爷,可认得老臣么?(小生)你是仙音院里曹善才。记得十八年前,也就是三月三,(指生介)你父亲为我的圣节,进一首词,叫做《万年欢》,善才将琵琶度曲,保仪把于阗玉杯送酒称贺,难道我就忘了!(外哭介)微臣适才弹烧槽琵琶,正诉出皇爷往日的事体。(小生)嗄!方才弹的就是

烧槽琵琶？我久不曾听得你弹了，再与我弹一曲，把我去后的光景说一遍。(外)领旨。(小生)我那澄心堂呢？

【后庭花】(外)澄心堂堆马草，(小生)凝华宫呢？(外)凝华宫长乱蒿，(小生)御花园许多树木呢？(外)树木呵，砍折了当柴烧，(小生)那书籍是我最爱的。(外)书呵，拆散了无人裱。亏了个女婿庄乔，状元波俏，才挣这搭儿香火庙。善才也做庙里道人了。(小生)这也难为你。(外)三山卷怒涛，乌鸦打树梢，城空怨鬼号。怕的君王愁坐着，则把俺琵琶弹到晓。

(小生)世间光景，自然是这样的。如今证了仙果，也不放在念头上了。徐郎，我今日赴西王母蟠桃宴，暂到这里，如今就要起程了。(生)臣夫妇感陛下、娘娘厚恩，留得片时瞻仰，也是好的。(旦)就是爹爹、母亲，也不曾与姑娘一见。(小旦)我也待不得了。(外)仙凡路隔，谅难挽留，待我再弹一曲送皇爷罢。

【青哥儿】他自有夫妻夫妻的才料，你自有仙人仙人的玄妙，须信道富贵功名有下梢。人世疲劳，付与儿曹。草笠团瓢，散诞逍遥。芒屩丝绦，野蔌山肴。(小生)徐郎珍重，我们去也。他年萧史如相访，须觅余杭阿母家。(同小旦、老旦下)(外)只听得玉笛声声云外飘，《渔家傲》。

(旦)姑爷、姑娘都去了，我们也进城罢。(生)老丈，你果然住在此出家了？(外)我今日见了旧主人，只恨凡夫俗骨，跟不得上天去，难道这庙儿还守不得么？

【高过浪里来】俺比不得蓬莱三岛，仙部云璈，则常是背檀槽手把松花扫。状元放心。有贫道在这里呵，凭着你两个早去做官僚。玉带金貂，紫绶绯袍。皓齿纤腰，翠袖珠翘。镜点樱桃，杯泛葡萄。好一对形影的夫妻直到老。

(生)就此告别了。只因红粉佳人累，却让青山道士闲。请了。(生、旦、贴下)(外大笑介)

【随调煞】则我看世上姻缘，无过是影儿般照。一任你金屋好藏娇，受用杀笙歌珠翠绕，脱不得这风流底稿。怎及那仙人鹤背自吹箫。

门前不改旧山河，惆怅兴亡系绮罗。
百岁婚姻天上合，宫槐摇落夕阳多。
诗曰：
词客哀吟石子冈，鹧鸪清怨月如霜。
西宫旧事余残梦，南内新辞总断肠。
漫湿青衫陪白傅⑪，好吹玉笛问宁王⑫。
重翻天宝梨园曲，减字偷声柳七郎⑬。

〔注〕 ① 巫峡行云：用宋玉《高唐赋序》典。 ② 麻姑：传说中的女神仙。 ③ 何戡：唐长庆时著名歌者。此取刘禹锡《与歌者何戡》诗“旧人惟有何戡在，更与殷勤唱《渭城》”之意。④ 茂陵：汉武帝刘彻的陵墓。此系泛指。 ⑤ 龟年：李龟年，唐开元时杜甫有《江南逢李龟年》诗。 ⑥ 贺老：唐天宝末乐工贺怀智，善弹琵琶。元稹《连昌宫词》：“贺老琵琶定场屋。”⑦ 箫韶：古代著名的乐舞，由九段组成，故称“箫韶九成”。孔子曾称赞它是尽善尽美的乐舞。此系借用。 ⑧ 石头城：本楚金陵城，三国吴孙权重筑改名，故址在今南京清凉山，唐时废。此代指金陵(今南京)。 ⑨ 北邙山：亦称邙山，在洛阳北。东汉及北魏王侯公卿多葬于此。此借指陵墓。 ⑩ 班超：东汉投笔从戎，立功西域的英雄。官西域都护，封定远侯。 ⑪ 白傅：唐诗人白居易。晚年官至太子少傅。其《琵琶行》末云：“座中谁人泣最多？江州司马青衫湿。” ⑫ 宁王：指唐睿宗长子李宪，封宁王。善音律。 ⑬ 柳七郎：指宋词人柳永，他精于音律，相传有井水处即有唱柳词者。

《秣陵春》的末出《仙祠》是全剧的大收束。叙徐适夫妇于三月三日赴李皇庙烧香情事。它除了为人物安排归宿和归结全部情节之外，更有篇末点题的作用。

全出可分为两段。前段先追述当年李后主临幸摄山寺旧事，仙音院曹善才曾躬逢其盛。他如今作为历史见证人向晚辈们诉说其事。他看到，在改朝换代之后，摄山寺的御牌额年号已除，“只留得江声围古寺，塔影挂寒潮”。眼前清冷的景象，怎堪与当年宫中歌舞的热烈场面相比？那时“龟年吹笛，贺老搊筝”，妃子捧杯，“醉博君王笑”。不但旧时歌舞早已消歇，就是回首各国间纷扰争斗的历史，也是无谓的了。

前文《遇猎》、《虔刘》出，作者由洛阳南唐主李煜与南汉王刘鋹两墓相近的关系，敷演幻想的情节：两国鬼兵相杀不休，直至徐适招赘，奉李煜之命领兵杀退刘鋹，始得安宁。在末出归结此事，曹善才严厉指责刘鋹死后还逞鬼豪，不看四海都姓赵了。这段文字可以看作作者对历史的反思，以此影射南明几个小朝廷各支兵马间互相争斗不休，终于共同走向了覆灭。由此而论，《秣陵春》浓烈的故国之思还不是作者述怀的全部。从剧中徐适受新朝皇帝器重，无奈做了个状元郎的情节，联系作者本人曾被迫出仕清朝的经历，可见《秣陵春》还有作者眷念旧

朝，痛惜旧朝，却不得不面对新朝之意。

后段，叙李后主和黄保仪的英灵降临摄山寺，他们赴西王母蟠桃宴路过秣陵。君臣重逢，直抒胸臆。后主问及旧宫的光景，曹善才唱："澄心堂堆马草，凝华宫长乱蒿，（树木）砍折了当柴烧，（书籍）拆散了无人裱。"答语充满切肤之痛，甚于如"吴宫花草埋幽径，晋代衣冠成古丘"（李白《登金陵凤凰台》）等沧桑之叹，"沉郁感叹，不啻庾信之《哀江南》也"（吴梅《中国戏曲概论》）。在这段戏里，徐适等跪迎李后主，口中称臣，感谢陛下赐给片时瞻仰的厚恩。在新朝确立之后公然朝拜旧主，毫无顾忌，痛失故国之情无以复加了。

《仙祠》以曹善才弹唱烧槽琵琶贯穿。它原是南唐宫中旧物，小周后曾弹拨过。以旧物诉旧事，倍感伤心。徐适把琵琶捐赠给李皇庙，曹善才决定在此出家，供养李皇爷，朝夕"背檀槽手把松花扫"，意极苍凉。而在曹看来，"世上姻缘，无过是影儿般照"，怎及那闲云野鹤，世外逍遥。可见在全篇构思上，杯镜之恋仅是"惆怅兴亡"的一个载体。《秣陵春》作者开启了孔尚任"借离合之情，写兴亡之感"的先河。故此剧初成，即有搬演。　（宋光祖）

【戏曲家小传】

袁于令

（1592—1672）　原名韫玉，一名晋，字令昭，号凫公，又号箨庵、箨庭、白宾、幔亭仙史、吉衣道人。吴县（今江苏苏州）人。明贡生。出身簪缨世族，曾肄业太学，因卷入一起与妓女有关的纠纷而被开除学籍。仕进无望，乃肆力戏剧，亦关注现实，曾作《瑞玉记》、《玉符记》传奇以讽刺阉党。明亡前夕，奔走北京公卿之门干禄。清兵南下时，代乡里写降表，从此入仕，历官清源司榷、荆州知府。清顺治十年（1654），上司参以侵盗钱粮，于是罢官。先后寓居南京、苏州、杭州，晚移居绍兴，靠友人周济度过余生。交游极广，曾师事叶宪祖，与冯梦龙、祁彪佳、陈继儒等交契。所作传奇共九种。《西楼记》有自传意味，脉络清晰，文采斐然，声韵协调，久负盛名。《金锁记》改编自关汉卿《窦娥冤》，至今传演不衰。另《鹔鹴裘》、《长生乐》亦存。清叶堂《纳书楹曲谱》收有其《珍珠衫》中《歆动》、《诘衫》两出。《玉符记》、《合浦记》、《汨罗记》、《瑞玉记》则均亡佚。杂剧有《双莺记》、《战荆轲》，前一种存。又曾修订周朝俊《红梅记》。散曲集有《幔亭曲》，今存。另作有小说《隋史遗文》，评点甄伟、谢诏《两汉演义》等小说。诗文集有《音室稿》和《砚斋稿》，已佚。

西楼记　　袁于令

第五出　倦　　游

【探春令】(丑扮鸨母上)垂杨深巷隐栖鸦。叹朱门潇洒。(旦上)对东风泪湿鲛绡帕,共谁语衷肠话?

(丑)嫩雨潇潇苔藓细。晓寒犹自侵衣袂。(旦)几番欲去整琵琶。病怯更愁纤指脆。(丑)独我门前不绣鞍。谁家楼上无高髻。(旦)茶铛药碾是吾谋[①]。那管梅花满阶砌。(丑)我儿。我老身乜氏,年纪一把,只收拾得你一个。从小聪明伶俐,学得歌舞琴棋。果是谑处成诗,行来入画,蹴踘场中第一[②],琵琶队里无双。当今四方才士,那个不晓得平康巷西楼有个穆素徽。只是你性厌烟花,心甘箕帚[③]。十二个时辰,怨怅多,快活少。一句说话,二句便恼。春病恹恹不得好,门前车马空喧闹。咳,朱帘寂寂儿生尘,教我做娘的怎么了。(旦)但是请陪酒的,便好扶病而去,抵暮而回。若要接客,断然不成矣。(丑)养娇了你这般执性。也罢,近有池相国公子,有名池三爷,要请你看梅花。自来三次,家人日在外边伺候。我儿看娘面上,一定要去。(旦)不去罢。(丑)来意甚诚,已难推阻,你若再不去,他势焰滔天,我一家都送在他手内了。(旦)这样使势公子,要我去,倒不如你去了罢。(丑笑介)我儿又来调戏母亲了。我老人家面冻梨花,傅粉皱如雪浪;首飞蓬草,涂煤暗若烟林。那个要我?我儿不要闲讲。他每想必就来接也。

【前腔】(小净上)特邀殊丽共寻花,见朱扉低亚。

小子赵伯将。为池公子邀穆素徽探梅,此间已是。有人么?(丑开门见介)(小净)池三爷请令爱探梅,等待已久。托小子致意妈妈,快催令爱登舟。(丑应)(旦做换衣介)(丑、小净叙寒温介)

【大斋郎】(净盛服带家僮上)惯扛扎,少偈傺[④],开谭父祖是科甲。草其腹而花其面,人人唤我蔡跎踏。

(笑介)自家池相国之子池同是也。久慕穆素徽之名,不得一见。今特请他玄墓探梅,此间已是,快去通报。(杂通报相见介)久慕大名,如雷应鼓。(丑代答介)幸辱宠爱,似漆投胶。(净)伯将兄早在此了。(小净诨介)(旦扯丑介)你与他先讲过了。坐不共儿,食不

同器,要依我这两件方去。(丑笑介)我儿敢是揪银子的法儿。(旦怒介)俗答答那里说起,果是不愿接他,依我便去。(丑)这又是难题目,难杀我了。(旦)只说有病。(丑向净介)三爷来唤女儿,几次失迎开罪。(净)便是,也不止一二次了。(丑)只是今日还有一言告禀:女儿为有贱恙,且是生疮,虽应三爷之命,必要坐不并几、食不共器。直待病好了方得共几而坐、同器而食。(小净)这样作难。(净)也罢。小子是极知趣的,但凭令爱便了。就请登舟。(丑促旦登舟)(向小净介)赵相公,全仗你照顾我儿,早些回来了。(小净应介)(丑)我自进去也。闭门不管窗前月,分付梅花自主张。(下)(净)只怕天色要雨。(旦)看来晴意甚少。

【长拍】(小净诨介)非雨非晴,非雨非晴,欲晴欲雨,十里冷云如画。溪桥烟锁,野渚水满,曲湾湾并没人家。兰楫漫轻划。到水云深处,浅堤残坝。前面有村舍了。隐隐疏林草舍簇,孤寺矗,断烟叉。风景果然幽雅。一派都是梅花。试绕山远望,遍麓梅花。

(旦)看珠离玉缀,雹布冰悬,宛然庾岭[5],不输官阁[6]。

【短拍】馥馥清香,馥馥清香,微微幽韵,白茫茫雪彩霜华。何处最堪夸?几万叠蕊宫琼瓦[7]。(净)未许空辜此景,俺直待相抱醉流霞。

小厮看酒来,我与穆姑娘吃酒。(小净)此时也该了。(旦)我病不用酒,原说坐不并几、食不共器的,如何相强?你自吃酒,我自看花,各适其适便了。(净)既如此,将酒来,我自酌。(小净)小弟奉陪。

【羽调排歌】闲雅新妆,轻盈素葩。尊前冷澹堪夸。(旦背介)梅花梅花,看你冰魂玉魄果无瑕,不向东风斗丽华。孤芳劲,幽韵嘉,只怕霜欺雪妒委泥沙。(净)素徽为何不饮不歌,只多嗟叹?(小净)必有心事。(合)无欢笑,少问答,自将心事语梅花。

(旦)不是我怠慢你,实是病体难胜酒,愁怀不耐歌。

【前腔】病鬼愁魔,心猿意马。萦牵万绪如麻。懒歌《白雪》按红牙[8],倦舞《回波》落翠鸦[9]。(小净)这是为什么?(旦)这是膏肓病。未可拿,风尘不耐受波查[10]。

(净)我已醉倒,你又多病,各设一席去睡了,明日送归罢。(小净)

三爷知趣得紧。(合前)

相逢争奈两心违⑪,信是三生缘分稀⑫。

夜静水寒鱼不饵,满船空载月明归。

〔注〕 ① 茶铛(chēng)药碾:指烹茶研药。铛,温茶用的器皿。 ② 蹴踘(cù jú):我国古代一种足球游戏。 ③ 箕帚:指妇人操持家务。箕,簸箕。帚,扫帚。 ④“惯扛扎”二句:意为惯抬杠,惹是生非,专门为非作歹。少,指年少。《玉篇》云:“傝偅(tàn sǎ),恶也。” ⑤ 庾岭:即大庾岭,五岭之一,为岭南岭北交通要冲。盛开梅花,又名梅岭。 ⑥ 官阁:指东阁,也即东亭,在今四川崇州东。唐杜甫《和裴迪登蜀州东亭送客逢早梅相忆见寄》:“东阁官梅动诗兴,还如何逊在扬州。” ⑦ 蕊宫:即蕊珠宫,仙宫。 ⑧ 白雪:古歌曲名,为高雅音乐。战国楚宋玉《对楚王问》:“客有歌于郢中者,其始曰《下里》、《巴人》,国中属而和者数千人,……其为《阳春》、《白雪》,国中属而和者不过数十人。”红牙:檀木制的拍板。 ⑨ 回波:即《回波乐》,唐教坊曲名,后成为词调。 ⑩ 波查:折磨。 ⑪ 争奈:怎奈。 ⑫ 三生缘:唐袁郊《甘泽谣》记李源与僧圆观相善,圆观殁,其后身为牧童,歌《竹枝词》云:“三生石上旧精魂,……此身虽异性长存。”与李源相会。三生,前生、今生、来生。

这是一个才子名姬凄婉的爱情故事,在晚明的才子佳人剧中别开生面。据说男主人公即作者袁于令本人。此剧在当时曾出现过轰动效应。

《西楼记》的故事是这样的:于鹃,字叔夜,是常州府一位知名的青年曲家,有《锦帆乐府》刊行于世。青楼名妓穆素徽仰慕其名,尤激赏于撰《楚江情》曲。一日,于、穆两人在素徽西楼住所相会,一见面即情定终身。有赵伯将者,因于叔夜改动其曲谱,竟怀恨在心,带打手前往西楼打闹。并勒令素徽等离开常州。素徽急驰信告于叔夜,谁知叔夜为其父所拘禁,未获书信,无法得知素徽行止。池相国之子池同,人称“池三爷”,垂涎素徽姿色,以五百金收买鸨母,拟于钱塘娶素徽为妾。但素徽死不从命。时于叔夜之父于鲁调任顺天府尹,叔夜随父同往,但因思念素徽一病不起。医人包必济怕负责任,撂下病人潜逃,并讹传于叔夜死讯。素徽闻讣,自缢寻死遇救,为叔夜做水陆道场超度其亡灵。有侠士胥长公路遇应试之叔夜,知于与素徽事,遂牺牲其小妾轻鸿,于水陆道场中救出素徽,将其置于京城梅花胡同自家寓所内。池三爷与赵伯将合谋,拟收买杀手害死于叔夜,讵料所请杀手竟是胥长公。胥遂将池、赵二奸除掉。于叔夜一举考中状元,于梅花胡同找到素徽,两人终于结成夫妇。

据清代焦循《剧说》、梁廷枏《曲话》及近人庄一拂《古典戏曲存目汇考》所载,《西楼记》一剧乃作者袁于令自叙遭际、自写怀抱之作。据传袁曾恋一青楼女子穆(据说原姓木)素徽,为雄霸一方的沈同和所阻梗。袁之门客冯某设法将素徽引至袁处。沈家大兴诉讼。袁父惧怕,送子系狱。袁于狱中深感惆怅而作该传

奇。“袁”乃“于鹃”之音切也，“西楼至今尚在吴江县城外”云。

由上面的传闻看来，《西楼》一剧之所以写得情真意切，感人肺腑，很可能就因为有作者的坎坷际遇在里面，有作者的切肤之痛融入其中。伤心人自写怀抱，因而剧作与那些平庸的才子佳人剧不可同日而语。

剧作中青年曲家于叔夜与名妓穆素徽虽是一见钟情，但相互间对对方才情的倾慕由来已久。“思慕经年，适逢一旦。”（《病晤》出）正是“相思相见知何日，此时此夜(际)难为情”。素徽虽然病体欠安，身虚气弱，却依然含情脉脉地唱起于叔夜的名作、她心仪已久的《楚江情》一曲。就为了这一曲《楚江情》，自此于、穆两人情路险阻，相见几无期。于叔夜因与妓女来往，遭父诟责拘禁，竟一病不起，几至亡身；素徽的遭遇更加悲惨，先是遭赵伯将打闹驱赶，无处容身；后又遭池三爷纠缠，几遭毒手；听闻于鹃病亡绝望自缢遇救，于水陆道场中又遭人劫持，但遭变而情不变、遇险而爱弥坚，一心一意，守身如玉。这种用情之专一执著，令人感慨唏嘘。正是在纷纭多变的危殆情势下，显示出男女主人公的自尊自重，其执著的情种形象也几乎破纸而出。

《西楼记》是明末一出名剧。当时著名的戏曲评论家祁彪佳在《远山堂曲品》中评《西楼记》云：“写情之至，亦极情之变。……自《西楼》一出，而《绣襦》、《霞笺》皆拜下风。令昭(袁于令字)以此噪名海内，有以也。”当时名诗人吴梅村诗云“击筑悲歌燕市恨，弹丝法曲《楚江情》”，诗人吴之纪诗云“东山啸咏西楼梦，故国重逢话昔游。一曲方成传乐府，十千随到付缠头”。可见《西楼》一剧为当时所重若此。

本文赏析的是第五出《倦游》。《倦游》一出的戏剧情境是：池三爷挟威仗势强请穆素徽前往观赏梅花，请了三次均遭拒绝。这一次，鸨母乜氏恳求素徽：“看娘面上，一定要去”，“你若再不去，他势焰滔天，我一家都送在他手内了。”素徽无法只得应允，但提出“坐不共几，食不同器”，“扶病而去，抵暮而回”。池同只得答应。这一出着重描写的是素徽高洁的人格风范。素徽提出的条件，说明她虽“身为下贱”，却“心比天高”。本来是一个被侮辱被损害的青楼女子，却玉洁冰清，凛然不可犯。她拒绝接客，对池三爷无理强邀赏梅拒之再三，在无法抗拒的情势下，以“坐不共几，食不同器”为条件，同意前往赏梅，但拒绝陪酒，使对方自讨没趣，只好自饮自酌。本出剧情推进合情合理，初步展示了穆素徽霜雪般的节操。正如曲辞所夸的：“冰魂玉魄果无瑕，不向东风斗丽华。孤芳劲，幽韵嘉，只怕霜欺雪妒委泥沙。”既是咏梅，又颂扬女主人公的品格，更预示了她悲剧性的命运遭际。

本出其他人物也写得异常生动。如鸨母乜氏，软语来求，晓以利害，使素徽无法再拒绝池同之邀。但素徽继而提出“坐不并几”等条件，这显然是一个“难题

目”,乜氏大叫“难杀我了”。但见到池同时,她却应付裕如,只听乜氏说:“三爷来唤女儿,几次失迎开罪。只是今日还有一言告禀:女儿为有贱恙,且是生疮,虽应三爷之命,必要坐不并几、食不共器。”用“生疮”这一借口,使池同无话可说。一句诨话,既可博来观众的满堂喝彩,又调和了素徽与池同的矛盾,本领之大,不可小觑。其他如赵伯将之帮闲奉迎之态,池同附庸风雅、携妓探梅之“草腹花面”的衙内本色,也有生动的刻画。

（吴国钦）

西　楼　记　　　袁于令

第二十出　错　　梦

【二郎神慢】(生上)心惊颤,见冷浸碧湖一片,是泪影莹莹摇梦眼。披衣起,忙寻笔砚。只怕遗忘肠断句,辜负了满庭秋怨。精神倦,挥毫无力,素纸乍开还卷。

一帘花影半床书,抱膝呻吟赋索居。今夜月明应有梦,愁多未审梦何如。于鹃为想素徽,只愿一病而亡,决绝了这段姻缘。谁想痴魂不断,三日后心口还热,被父亲救醒,依旧相思。如今半生不死,又悲伤起头,是孽债未完,魔君还不肯饶我?

【集贤宾】只道愁魔病鬼朝露捐,奈依旧缠绵。只剩吁吁一线喘。镇黄昏,兀首无言[①]。呀,风儿吹灭灯了。风帘自卷,灯火暗。寂寥书院月渐转,想照到绮窗人面。

文豹,点火来。(丑上)手铳放不完[②],朦胧忽睡去。梦进一小房,劈面见老妪。老妪抱了我,撮弄我肉具。掀裙刚凑着,精来撳不住。连忙叫嗳哟,恨其太急遽。既是这般快,何如手铳趣。相公,敢是要我耍子?(生)哇,火暗了。叫你点火。(丑)炉内有火,待我吹着。(做吹上灯介)(生)咳,书又没心看,做什么好?前日袖他花笺上的亲笔,待我玩味一番。

【二郎神换头】(做开笺介)花笺钟王妙楷[③],晶晶可羡。羡杀你素指轻盈能写怨。记西楼按板,至今余韵潺湲。怎奈关山忆梦远,想花容依稀对面。咳,那得他此时就立在面前也。漫俄延,但愿得扑琅生立向灯前。

待我闭了眼。模拟一番也好。(丑暗瞧生做鬼脸介)

【琥珀猫儿坠】(生)虚空模拟,(闭眼介)闭眼见婵娟。(虚空做搂

抱介)假抱腰肢搂定肩,依稀香气鬓云边。(做低唱介)心肝,悄叫一声,似闻娇喘。(丑暗下)

(生)素徽,我与你纵是缘悭分浅,难道梦里的缘分也没有了?今夜天色如水,河影如练,想幽梦可通,芳魂不隔,多应趁此月明来也。只怕梦中去路茫茫,我梦来寻你,你梦又来寻我,又不能彀相值了。(做泣介)咳,想你愁多无寐,此时政未睡也。(沉思介)想你倦极无聊,此时多应睡了。且虚着半枕,待你梦来。万一徘徊片晌,也不负此良夜。

【尾声】梦中万一重相见,再向西楼续旧缘。(睡介)(做醒介)呀,几度要朦胧睡去,又几度惊跳觉了。奈刚得朦胧还觉转。(做睡介)

(小生扮生魂上)十里平康风露幽,美人家住大桥头。匆匆寻向桥东去,不见当初旧酒楼。于鹃乘此夜静,偷访素徽,不知何处是他家里。

【北新水令】秋高气爽雁行斜,暗风吹乱蛩悲咽。这般寂静,想必夜深了。平康人静悄,呀,路途直恁曲折。深巷路纡折。(内作群犬吠介)犬吠不迭,犬吠不迭。(做看介)呀,旧游地是这家也。(做叩门介)

【南步步娇】(丑扮老鸨上)看取谁行敲门者,满地昏黄月。(小生)开门。(丑)来了。(做绊介)呀,阶前鼓架斜,却不道树暗朱扉,绊了人跌。(开门介)启户漫迎接,(小生揖介)(丑)那书生向我深深喏。

(小生)妈妈,夜静更深,又劳动你开门。(丑)有客在堂,不便告茶。(小生自语介)咦,怎么待得我这般冷落?

【北折桂令】怪相逢款待疏节,懒应迟言,没甚帮贴。(向丑介)一向素徽身子安否?(丑)也没有什么不好。(生)倩伊行问我佳人,向他殷勤寄语,快请相接。(丑)有客在里面,不得工夫迎接。(小生)素徽是极爱我的,曾把终身许我,怎么不出来一见?(丑)我家素徽从不曾认得你,那里说起?(笑介)想是醉话了。(小生)嗳哟,那日扶病而出,你也在那里,怎么生巴巴变卦了?咳,把婚姻霎时赖者,反道我夜深时醉语痴邪。(丑)夜深了,请回罢。正是:花源误入渔郎棹④,星渚何劳使客槎⑤?(闭门下)(小生)呀,径自闭门进去了。看你

径锁门撅，将人不睬而别。待打断铜环，踹破双靴。

待我再叩门。(叩门叫介)素徽，于叔夜在此，快开了门！(小旦扮丫鬟上)(开门)(小生)好了，好了。小姐姐，你家素徽姐姐可晓得我在这里？可有说话？

【南江儿水】(小旦)绣户传娇语，儿郎枉叹嗟。(小生)你姐姐敢可怜我于叔夜么？(小旦摇手介)俺姐姐说从来不认得于叔夜。(小生惊怒介)呀呀！我我则道妈妈怠慢我，原来你姐姐也不认我了。我为他一病几亡，坚志不娶，他便反面无情，死生之约安在哉！青楼薄幸，一至于此。快请他出来当面回我，死也死在他身上。(小旦)那得工夫出来。(小生)在里面则甚？(小旦)在舞榭歌台熏兰麝，(小生)出来片刻也罢。(小旦)鸾笙象管难抛舍。(小生)怎生发付我？(小旦)尊驾不如归也。(小生)倘等在此，几时出来？(小旦)除是酒散筵撤，或者醉游明月。

(内叫)丫鬟。(小旦急应闭门下)(小生)又闭门了。我待打门进去，倘素徽当了面还有好意，反失雅道。不如再耐了等着。好生焦躁也呵，

【北雁儿落带德胜令】【雁儿落】俺则受狠虔婆面数说，又被那小妮子轻抛撇。莫不待分开咱连理枝，敢待要打散俺同心结。【德胜令】呀，好教人盼杀画楼遮。(内作乐介)听箫鼓政喧热，待得俺脚趔趄。心焦躁，看看待斗初横，月又斜。冤业，须待当面相决绝。痴呆，眼睁睁只索看定者。

呀的门响，想是出来步月也。待我立在树阴里觑着。(净扮梦中素徽作醉态掩面)(杂扮侍女扶上)(小净扮阔客[⑥]，杂扮家僮随后同上)

【南侥侥令】银河清影泻，珠斗澹明灭。夜漏沉沉天街静，醉拥着佳人闲步月。

【北收江南】(小生)呀，佩环行恰逐彩云斜，绮罗香好被晚风揭。(指净介)这个是素徽，我便撞死在他身上，也说不得了。(赶上扭住净)素徽，你为何负义忘恩？(净)呸呸呸！这是怎么说？(小净)咄咄咄！这是什么人？我那里认得你！(小生)呀，作怪。分明是他，如何近身来变了奇丑妇人？毫厘不像。与西楼相会那娇怯，全不似半些，全

不似半些。

(净)我便是穆素徽,还有什么素徽,人也不认得的。(众)这个人是盲鳅,只管乱撞。(小生)好教我浑身是口费分说。(小净)小厮每,打那厮去!(众应介)(侍女拥净、小净诨下)(众家僮拉住小生指唱介)

【南园林好】这书生胡言乱说,蓦忽地狎人爱妾。敢把我拳头轻惹。(攒打小生介)请吃打,漫饶舌。请吃打,漫饶舌。(众混下)

(小生怒介)呀,好生古怪。

【北沽美酒带太平令】【沽美酒】待将咱死誓决,只道是素徽也。原来是估客村姬,呸!错认了村姬遭嫚亵。莫不是素徽形容已改,风流体态不可得了?咦,是分明看者,早知是变了枯瘪。若这个就是他,我也还要问个明白。不道被狠奴打散了,呀,霎时人都不见,一派都是大水。怎么处?

【太平令】才转眼云容山叠,见浩渺水光天接。旧西楼迢迢难越,还怕向怒涛沉灭。我呵,一霎的听些见些,是河翻海决。呀,吓得人魂飞魄绝。(内鸣锣)(小生急下)(生做醒介)

(咽转大哭介)我那素徽呵!(丑文豹急上)相公靠卓而睡在此,为何梦中大哭?(拍生介)(生看丑介)

【北清江引】猛抬头看来一会呆。这是那里?(丑)是老爷的衙署,相公的书馆。(生)怎地刀枪密密?(丑)呀,这是笔架上的笔。(生)前面都是城池么?(丑笑介)在那里?这是庭下荒台榭。(生)火起了?(丑)这是炉烟袅幔风。(生)鬼来了?(丑)这是树影摇窗月。(生)咳,我的真素徽此时何处也?

(丑)觉来还是梦话,重重叠叠,却都是梦。且住,这里有风,待我扶在床上,替他解了衣服睡好了。相公,请在床上去睡。(生闭眼应)(丑扶生醒介)呀,你是文豹。(丑)正是,相公才是梦醒。(生)我倦倒了,你扶我在床上去。(丑扶介)

梦断残宵泪黯然,续来犹恨隔江天。

痴魂欲渡江天去,却是迷离一片烟。

〔注〕 ① 兀首:耷着头。 ② 手铳(chòng):此指手淫。铳乃旧时一种火器。 ③ 钟王:钟指钟繇,三国时魏国名书法家;王指王羲之,晋代著名书法家。 ④“花源”句:晋陶渊明《桃花源记》写一渔人误入桃花源这一世外胜境。 ⑤“星渚”句:古代传说有人居海渚,年年

八月乘浮槎往来于海上和天河之间。事见晋张华《博物志》。 ⑥ 闝(piáo)客：即嫖客。

"梦"在戏曲中常是重要关目，如关汉卿《包待制三勘蝴蝶梦》、《钱大尹智勘绯衣梦》，汤显祖的"临川四梦"等。《西楼记》中也有一场写梦的重头戏，这就是第二十出《错梦》。

未写梦境，先写男主人公于叔夜因思念穆素徽而染病在床，精神恍惚。突然灵感骤至、文思汹涌，于叔夜赶紧"披衣起，忙寻笔砚。只怕遗忘肠断句，辜负了满庭秋怨"。这里几个动作、几句唱辞，就把这个经常沉醉在创作冲动之中的青年曲家的本色和盘托出。

接着写于叔夜展花笺、赏素徽之亲笔以慰思念，并由字及人，展开"性幻想"，设想素徽就在眼前，叔夜于是"假抱腰肢搂定肩"，痴想进一步表现了于之痴情。正是在"天色如水，河影如练"的夜色下，在病魂飘忽、想入非非的主观情境中，开始了梦境的抒写。

主人公虽"想幽梦可通，芳魂不隔"，很想在梦中一会素徽，"再向西楼续旧缘"。但事实不是想入梦就有梦的，"几度要朦胧睡去，又几度惊跳觉了"。在若干折腾之后，才开始真正进入梦境。

梦中情事主要有五桩：一是于叔夜找到西楼故地之后被老鸨所怠慢；二是被丫鬟抢白了一番；三是见着素徽，但对方已变成"奇丑妇人"；四是被素徽家一班狠奴家人打得狼狈而逃；五是"霎时人都不见"，眼前"一派都是大水"，河翻海决，波涛汹涌，终于"吓得人魂飞魄绝"而醒来。

这一梦境的敷演，可谓精彩极了。首先是梦境的出现合情合理。于叔夜日有所思，夜有所梦，在神思恍惚中入梦，此梦来得可谓自然而然，贴合男主人公此时此地的主客观情景。其次，在病体难支、昏昏欲睡的状态下，人常做恶梦，这是符合病理的。于是，于在病中屡遭怠慢，甚至遭人毒打，心爱的素徽骤然变成母夜叉，使于抱头鼠窜，这些都表现得入情入理。而戏剧情势之跌宕，使场上戏剧动作加大增多，戏剧性出人意表，场面引人入胜。再次，一连串的恶梦似也在暗示前路坎坷，悲剧性的遭遇正一个接一个地向男女主人公袭来，悲剧氛围也由此而逐渐浓烈起来。

最后，主人公梦醒了，依稀见到眼前刀枪密密。书僮文豹提醒说"这是笔架上的笔"——这一节梦醒时分的描写，男主人公余悸在心，叫人后怕。最后只好"在床上去睡"。

从梦前、梦中与梦醒三段场景来看，本出的主旨是"痴魂"做"痴梦"，抒写的实是"痴情"。由于将于叔夜的"痴情"表现得自然而真切，生动而突兀，使本出成

为整本《西楼记》最精彩的场次，在当时就经常以折子戏的形式演出。

本出显示出作者艺术构思的高超。整本《西楼记》，抒写的是男主人公于叔夜与女主人公穆素徽生死不渝的情缘。女主人公的戏份不少，通过被逐、被夺、被救、被劫，戏情跌宕多变，使女主人公形象摇曳多姿，而男主人公的戏份相对弱些，一味写他相思病侵几至亡身，戏情相对沉闷。这一出《错梦》正好弥补了这一缺陷，在相思郁闷的戏情中，作者宕开一笔，用多变的梦境来表现于叔夜的痴情，使戏剧情势起伏跌宕，男主人公性格得到深化。他的深挚情爱于是也得以升华。因此，这一出在构思上可谓神来之笔，奇思巧构，别开生面。

本出关目精彩。梦前、梦中、梦醒三个关目以梦中为重点，梦前作好铺垫，梦醒后又有照应，使整出剧情发展自然，情事浑然一体。最令人击节的，当然是梦中的抒写，于遭老鸨、丫鬟怠慢抢白，这不过是"小菜一碟"，令人揪心的，是心爱的素徽竟传语说"不认得于叔夜"，使于感叹"青楼薄幸，一至于此"！后来素徽终于"掩面"出来一见，却变成"奇丑妇人"，于叔夜吓得目瞪口呆，还未回过神来，恶奴一顿拳头，已打得他落荒而逃……想见佳人而丑妇现，想做好梦而恶梦来。这种"错梦"，的确"错"得令人"魂飞魄绝"，正是在这个令人魂飞魄绝的多变的"错梦"中，于叔夜用情的真挚专一得到淋漓尽致的表现。

构思之奇巧，关目之上乘，梦境之精彩，使《错梦》在当时就享有盛誉。清代梁廷枏《曲话》引《筠廊偶笔》说到有关《西楼记》的一则轶事：有一天夜晚，袁于令坐轿经过一大户人家，其家正宴宾客，演《霸王夜宴》(《千金记》中一出)。轿夫说："如此良夜，何不唱'绣户传娇语'，乃演《千金记》耶！"袁于令在轿内听后欣喜若狂，几乎从轿子上跌落下来。"绣户传娇语"即本出丫鬟所唱【南江儿水】中的一句曲辞。连轿夫都熟知《西楼记》曲辞，可见此剧在明清之际确是名重一时！

《错梦》一出，曾传出自冯梦龙之手，说袁于令写成《西楼记》后，曾就正于冯梦龙。冯为之补上该出。但焦循《剧说》力辨其讹，说："《错梦》正出袁手，不可诬也。"本出与整本《西楼记》浑然一体，传闻看来并不可信。

与袁于令同时之诗坛、曲坛名宿吴伟业曾高度评价袁之戏曲作品，云："袁为吴郡佳公子，风流才调，词曲擅名。"诚哉斯言！

(吴国钦)

金　锁　记

袁于令

第二十三出　赴　　市

(外、小生扮刽子喝净上)(唱)

【引】奉命监曹施法令，在吾手令施行。

(白)自家监斩官钱惠是也。今乃六月初三,处决重囚,叫刽子,把犯人逐一名点过去。第一名,药死人命事窦娥,带到市曹,等候时辰便了。(下)

(外、小生)嘚,窦娥,快些走动。闲人站开。(旦内白)好苦嗄!上天天无路,入地地无门。漫说奴心碎,行人也断魂。(刽子扶旦上)天嗄,想不到我窦娥今日典刑去也。(唱)

【端正好】没来由犯王法,葫芦提遭刑谳[1]。叫声屈动地惊天,我将天地合埋冤。天嗄,不与人行方便。

(二刽子白)窦娥,你自己干差了事,只管埋冤起天来。(旦)二位哥嗄。(唱)

【滚绣球】有日月朝暮显,有山河今古传,却不把清浊来分辨。可知道错看了盗跖颜渊[2]。有德行的受贫穷更命短,那造恶的享富贵又寿延。天嗄,做得个怕硬欺软,不想天地也顺水推船。地嗄,你不分好歹难为地。天天!(二刽子白)窦娥,窦娥。(旦唱)你不辨贤愚枉做天,独语独言。

(二刽子白)窦娥,你当刑赴法场,可还有甚亲戚来看你么?(旦)二位哥哥嗄,(唱)

【叨叨令】恁道我当刑赴法场有何亲眷[3]。(二刽子白)我们往前街里去罢。(旦唱)前街里去告与恁看些颜面。(二刽子白)后街里去便怎么?(旦唱)我往后街里去不把哥哥们怨。(二刽子白)且问你,为何怕到前街里去?(旦唱)前街里去怕俺婆婆见。(二刽子白)你自己性命也顾不得,还怕什么婆婆。(旦)嗄,二位哥嗄,我不怕他别的,怕我婆婆见我这般光景餐刀去呵,(唱)兀的不痛杀人也么哥,枉将他痛杀人也么哥。(白)因此哀告二位大哥,把奴一刀两段,快些决绝了。(二刽子)这却为何?(旦)一则免得婆婆见我伤心,二则免得奴家痛苦。(唱)因此上告哥哥临危时好与人行方便。

(二刽子白)咳,可怜,好个孝妇!难得。(老旦内白)媳妇儿嗄,等一等,做婆婆的来也。(二刽子)你看那边一个老婆子,一步一跌地跑将来也,敢就是你婆婆么?(老旦上)媳妇窦娥在那里?阿呀,媳妇,我的儿嗄!(旦)呀!(唱)

【脱布衫】见婆婆走动危颤,(老旦白)媳妇,我的儿嗄,我特来送你。

(旦唱)哭哀哀送我归泉。(老旦白)好不痛杀人也!(旦唱)顿教人肝肠断也,揣心头有针无线。

(老旦白)难道你倒先去了我?(旦唱)

【小梁州】渺渺冥途我占先,不能个伴你衰年。(老旦白)我怎生见你惨凄也。(旦唱)霎时间身首不全,伊休见,恐见了倍熬煎。

(老旦白)你先到黄泉,我随后来也。(旦)婆婆嗄,(唱)

【么篇】你是个老年人加餐强笑方为善,休得要想后思前。(老旦白)你爹爹回来怎么处?(旦)爹爹嗄,(唱)他定要寻儿见,恐闻言惊颤,且莫便与他言。

(二刽子白)吠!官府来了,还不走下去。(推老旦下)(净又上)刽子手,时辰可正当么?(刽子)尚未。(净)既如此,带窦娥过来。(二刽子)犯妇当面。(净)窦娥,看你一些些小妇人,下得恁般毒手。(旦唱)

【上小楼】这的是王家重典,西台风宪[4]。咱便有万口千牙,累疏连篇,怎辩沉冤!(净白)这也是你自己招的罪名。(旦唱)恁可怜,幼小年,难禁熬炼。(净白)情真罪当,没的讲了。(旦唱)咱今日便餐刀,道不得个死而无怨。

(二刽子白)时辰正当了。(净)吩咐收绑。(二刽子)刽子献刀。(众天神上)(放风下雪介)(旦)呀,(唱)

【四边静】霎时间狂风惊旋,战战兢兢不能向前。雪又漫天,对面也难分辨。多应是苍天怜念我冤,因此上阴阳变。

(生飞马上)刀下留人。提刑汤老爷有令,炎天降雪,必有奇冤。将应斩人犯,带回收监,听候发落。(下)(净)叫刽子放了绑,带去收监。万般都是命,半点不由人。阿哟,好大雪也。(下)(二刽子)窦娥,你好造化,六月里下这等大雪,平地雪深三尺。这是天救你的性命。快回去罢。(老旦急上)媳妇在那里?阿呀,好了好了,谢天不尽。(旦唱)

【煞尾】似驱羊屠肆前,霎时重放转。谢皇天刀下留残喘。这回价与婆婆欢洽定不浅。

(二刽子白)收监。(二旦哭下)

〔注〕 ① 葫芦提：不明不白地。 ② 盗跖：春秋时著名的大盗。颜渊：即颜回，字子渊，亦称颜渊。孔子最得意的弟子，以德行著称，明嘉靖时封复圣。 ③ 恁(nín)：在早期白话中相当于"您"。 ④ 西台风宪：西台，刑部的别称。风宪，风纪法度。

袁于令的传奇《金锁记》是在著名元杂剧《窦娥冤》的基础上改编而成的。作品继承了关汉卿《窦娥冤》一剧的基本情节，但对整个故事内容、感情基调等都作了很大的改动，把"窦娥衔冤"的故事从一本四折一楔子的简短北杂剧拓展敷衍成了一部三十余出的传奇。

与《窦娥冤》相比较，《金锁记》剧情的最大不同之处在于：一、窦娥的丈夫蔡昌宗自幼读书，因与东海龙王第三女冯小娥有十九日(人间三年)未了姻缘，故在求师访学的路上堕溺黄河，被天神引入水府，了却前缘。后来蔡昌宗得冯小娥之助，高中状元。二、入住窦娥家的是流氓张驴儿和他的年老羸弱的母亲。三、窦娥衔冤赴市，没有许三桩誓愿，也没有被斩首。因天神施降大雪，旋被带回收监。四，得官后的窦天章在亡妻魂梦的提示下，为窦娥洗去沉冤。最后父女、母子、夫妻大团圆。

被如此改造了的窦娥故事显然不再具有《窦娥冤》中那种强烈的悲剧气氛和激烈的抗争意识，但即便如此，《金锁记》仍不失为一部比较优秀的戏剧作品。经过作者的着意改编和精心再造，《金锁记》的三条戏剧线索(一是蔡昌宗求学、溺水、了缘、及第的冥阴际遇。二是窦娥的悲剧性遭遇。三是窦天章别女、赴试、得官、雪冤的过程。其中，窦娥的悲惨遭遇是这三条线索中的主线)明暗交织、相辅相成，使剧情的推进与照应圆融而严密。作品对剧中人物内心世界的刻画与表现从容而细腻，如对窦天章的怜女之情、窦娥与蔡婆在患难相处中建立起来的深厚感情以及窦娥在祭奠夫婿时的微妙心情，都有比较细致、真实而感人的描写。此外，《金锁记》语言优美，舞台效果比较好。因此，后来戏曲舞台上的窦娥故事如京剧折子戏《六月雪》、京剧《窦娥冤》等都在很大程度上继承了《金锁记》的剧情与精神。

《赴市》一出是《金锁记》全剧高潮之所在，写窦娥被绑赴刑场、惜别蔡婆，正要被开刀问斩的时候，天神降下大雪，遂被赦还收监。如果说杂剧《窦娥冤》第三折是以时间凝滞的法场上窦娥斥天责地的血泪控诉和骇神泣鬼的三桩誓愿震撼人心的话，《赴市》这出戏则更多的是以窦娥与蔡婆之间那种朴素真挚的患难婆媳情深深地打动人心的。在这出戏中，窦娥一共唱了九支曲子。这九支曲子中，有四曲用来鸣冤诉屈，其余五支曲子所表达的全都是窦娥对婆婆的担忧、安慰与依恋。

整出戏在一种紧张悲凉的氛围中展开。女主角窦娥先以"上天天无路，入地

地无门。漫说奴心碎，行人也断魂”的“内白”作铺引，一上场即连唱【端正好】、【滚绣球】两曲以申诉自己的强烈冤愤，“有日月朝暮显，有山河古今传，却不把清浊来分辨……地嗄，你不分好歹难为地，天天！你不辨贤愚枉做天。”这里承借了《窦娥冤》杂剧中的曲文，略加改造后并不显得重复雷同，依然是字字血泪，感天动地。

分析剧情，我们可以很深刻地感受到作者对人物形象的刻画没有流于简单化；相反，剧中人的外在举动和情感活动都非常丰富而且真实。临刑前的窦娥在“自己性命也顾不得”的情况下，尚能于自己的悲愤苦痛之外，体谅着年高力迈的婆婆的艰难与痛苦，尚能感受着杳无音讯的慈父的凄凉。窦娥在赴市路上对刽子手的请求与哀告，面对婆婆时强忍着巨大悲痛的宽慰与劝说，句句真情流溢，如“渺渺冥途我占先，不能个伴你衰年。霎时间身首不全，伊休见，恐见了倍熬煎”，“他定要寻儿见，恐闻言惊颤，且莫便与他言”，读来让人鼻酸泪下，连无情的刽子手至此也一改他们最初的看法，深为感叹：“咳，可怜，好个孝妇!”与此相应，剧中对蔡婆的描写也是比较成功的，先是渲染她在街市上“一步一跌跑将来”看窦娥，颤巍巍痛不欲生，一听到赦令，则“急上”、“谢天谢地”不止。虽然着墨并不多，但几个细微的动作已经很真实地表露出了婆媳情的深挚。

《金锁记》在悲剧《窦娥冤》之外，以自己独特的方式丰富了窦娥等人物形象的内心世界，这既得益于传奇体制的优势，也是作者精心再造的结果。从这种意义上说，杂剧《窦娥冤》与传奇《金锁记》是相得益彰的。 （张世宏）

【戏曲家小传】

尤侗

(1618—1704) 字同人、展成，号悔庵、艮斋，晚号西堂老人。长洲（今江苏苏州）人。宋诗人尤袤之后，少有才名。明末为诸生，屡应乡试不中。清顺治九年(1652)以拔贡授河北永平府推官，因惩治犯法旗丁而被罢官。长期闲置后，康熙十七年(1678)举博学鸿词，授翰林院检讨，参与修撰《明史》。三年后告归。康熙四十二年(1703)清圣祖南巡，授侍讲。善戏曲，所作剧多借古人事迹，发舒不平之慨，尤其感慨科场之黑暗、仕途之坎坷。缺乏关目，不便登场，长处在曲辞，王士禛《池北偶谈》称其剧“激昂慷慨，可使风云变色，自是天地间一种至文”。尤工诗词文。著作甚丰，有《西堂全集》、《西堂余集》、《鹤栖堂稿》等。所作传奇《钧天乐》，杂剧《读离骚》、《吊琵琶》、《桃花源》、《黑白卫》、《清平调》，合称《西堂乐府六种》，今存。散曲今存小令二十八首、套数二套。

钧天乐　　尤侗

第十五出　哭　庙

（净扮项王、贴扮虞姬上）（净）气盖乾坤力拔山，美人劝酒舞云鬟。长陵抔土今安在[1]？独跨乌骓入汉关。孤家西楚霸王项羽，勇无人敌，气尽天亡。俺因心中不忿，上诉天帝，敕我永镇江东，遗庙在淮南之地。一方血食，千载神游。骓马常伏阶除，虞兮仍侍帷帐[2]。虽死之日，犹生之年。早间出门游玩，望见怨气冲天，有一秀才，策蹇而行[3]，径投我庙中来。美人，我与你坐以待之，看他有何言语。（贴）大王之言是也。（生上）

【北黄钟醉花阴】可叹我万里孤身长流落，恨悠悠天荒地老。重策蹇返江皋，战西风木叶萧条。（鸦叫介）又听得趁斜阳乌鸦叫。过野店，渡溪桥，呀，早见一座青山藏古庙。

待我看来，额上写"西楚霸王之庙"，不免进去瞻拜一番。（拜介）大王千古英雄，神灵如在，听我沈白一言。

【喜迁莺】俺只见雕梁画桷，闪灵旗香火飘摇，英也么豪。到如今可许我寒儒相吊？只怕你土木形骸虚画描[4]，图醉饱。长则是喑呜叱咤[5]，不听我叹息号咷。

大王，你若无知，不宜享此庙食。你若有知，见我沈白才高志大，运蹇时乖，四海无知，一身将老，也该怜念我了。

【出队子】谁似我才高年少？抱经纶，困草茅。只堪痛饮读《离骚》，直欲悲歌舞佩刀。大王呵，这辜负诗书冤不小！

呀，问了一会，怎无一言答我？昔李药师入华山庙，大言道：若三问不应，即斩大王之头。今沈白之才，不减李靖；大王之灵，岂让华山！为何顽钝至此？

【刮地风】呀，可笑你假痴呆没解嘲，待我打碎他白马青袍。（作打又住介）倒是我差了，那泥神怎会讲话？难道石人土偶能谈笑，反变了木客山魈[6]。况且世人梦梦，呼之不灵，何况于你。我沈白呵，活世界无门恳告，死傀儡何法推敲？那大王毕竟是灵的。可知你心暗焦，气正嚣，也相怜同调。则教我泪轻抛，首漫搔，放着这闷葫芦独自魂销。

不要说我沈白沦落不偶，就是大王呵，当初与八千子弟渡江而来，入秦关，破赵壁，掳齐主，走汉军，何等气概！到得垓下天亡，乌江自刎，反让沛上亭长，享四百年基业，岂不可叹！

【四门子】你入秦关烧破咸阳道，救邯郸受六国朝。彭城鏖战兵非弱，谁料得走乌江没下梢。楚军尽逃，汉军又挑。悔不向鸿门把玉玦了⑦。大王，大王，你一世之雄，而今安在？骓兮正骁，虞兮尚娇，怎重见江东父老？

(抱神大哭介)咳！以大王之英雄，不能取天下；以沈白之文章，不能成进士。古今不平，孰甚于此？(神哭介)(生)呀，你看大王也哭起来了，虞姬也下泪了。

【古水仙子】呀呀呀猛叫号，看看看两目重瞳血泪浇。嘶嘶嘶嘶断了骏马金镳，啼啼啼啼湿了美人舞草。听听听楚歌声气未销，恨恨恨不酬劳苦功高，剩剩剩三尺空祠背汉朝。叹叹叹英雄失路愚夫笑，笑笑笑下场头落魄似吾曹。

哭了一会，不觉神思困倦，且假寐片时则个。(睡介)(净)美人，听沈生所言，为之气塞。追思往事，不觉痛哭起来。(贴)正是同病相怜，使妾闻之，亦为泪下。(净)我如今唤他嘱付一番。沈生，沈生，蒙君感吊，使我心伤。但你曲高和寡，才大知希，人世科名，已不可得。待我奏闻上帝，召试登庸⑧，自有显擢。汝可速归，休得留滞。我神去也。(下)(生醒介)呀，适才梦中神道，分明教我归家，以待上帝召用，虽难深信，只得拜辞而去。(拜介)

【煞尾】你看扑飕飕余泪神衣落，暂相逢聊解牢骚，大王，还借你一阵阴风送我江上棹。

英雄有恨嗟何及，天地无情吊岂知。

丈夫漂荡今如此，一曲长歌出楚祠。(下)

〔注〕 ① 长陵：汉高祖的陵墓，在今陕西咸阳东。 ② 虞兮：指项羽的爱姬虞姬。 ③ 策蹇(jiǎn)：鞭打驴子。蹇，指驴。 ④ 土木形骸：本指形体像土木一样自然，喻不加修饰的本来面貌。南朝宋刘义庆《世说新语·容止》："刘伶身长六尺，貌甚丑悴，而悠悠忽忽，土木形骸。"此则指泥塑木雕。 ⑤ 喑(yìn)呜叱咤：怒喝。《史记·淮阴侯列传》："项王喑噁叱咤，千人尽废。"喑噁，同喑呜。 ⑥ 木客：传说中山里野人一类的精怪。山魈(xiāo)：传说中山里的独脚鬼怪。 ⑦ 玉玦：据《史记·项羽纪》，鸿门宴上，范增多次举所佩玉玦暗示项羽杀掉刘邦，而项羽默然不应。 ⑧ 登庸：选拔重用。《尚书·尧典》："畴咨若时登庸。"

《钧天乐》是尤侗戏曲创作中的代表作，完成于清顺治十四年(1657)。这一年发生的震惊全国的江南科场案，勾起了当时正罢官郁居的尤侗的满腹酸楚与强烈愤慨，遂奋然命笔“填南词，日一出，出成歌呼，以酒浇之，匝月而毕”。写成了《钧天乐》这部揭露科场弊端，抒写落魄知识分子的困厄与理想的具有强烈现实批判性的传奇。

《钧天乐》规模恢宏，共三十二出，分上、下两本。上本写吴兴书生沈白与挚友杨云，俱胸怀奇才而身为寒士，应试之时，因主考官何图贪财受贿而下第。纨袴子弟、无赖之徒贾斯文、程不识、魏无知等却皆由暗通关节而金榜题名。沈白伏阙上书，却被乱棍赶出。沈白的未婚妻魏寒簧更被其兄魏无知勒逼改嫁，以致悒郁而亡。杨云夫妻亦死于“贼难”。妻亡友丧、穷愁落魄的沈白在贫病垂亡之际由上帝派来的金童玉女引到上天应试。下本写沈白在天界应试高中状元，被派为钦差大臣，巡游天地水府，整顿世间，惩罚了贪官何图以及无赖贾斯文之流，并最终在月宫访得魏寒簧精魂，遂在天庭奉旨成婚。《钧天乐》真实而形象地反映了清初复杂社会背景下知识分子的处境与命运，在当时就引起了强烈的反响。整个作品构思新颖独特，想象丰富奇伟，人物众多而性格鲜明，曲文尖新泼辣却不失优美，是一部娴熟艺术驾驭力与卓越艺术创造力相结合的优秀作品。

《哭庙》一出写的是应试下第、上疏被逐的沈白在失意返乡的途中路过霸王庙，于项羽、虞姬神像之前痛诉歌哭，感动得神像也簌簌下泪并示以神梦的故事，是《钧天乐》中光彩殊丽的一出戏。

勇武盖世而“气尽天亡”的西楚霸王项羽历来是失意文人排遣愁怀时的“知音”。在这样“战西风木叶萧条”时节的荒山古庙中，落魄奇士面对末路英雄，怎么能不感慨万千？此时，“才高志大”而“运蹇时乖”的沈白“一身将老”尚“四海无知”，唯有两尊神像“愿意”倾听他“抱经纶，困草茅……这辜负诗书冤不小”的满腹牢骚。沈白在神像前的倾诉、质问乃至迁怒于神像并捽打神像的一系列举止，正是他一生失意而郁积的满腔愤懑的强烈动态表现。但毕竟面前的“石人土偶”是无法理解并安慰他的深沉痛苦的，“活世界无门恳告，死傀儡何法推敲”，他依然只能“泪轻抛，首漫搔，放着这闷葫芦独自魂销”。因失意而痛苦，因痛苦而愤懑，又由愤懑而再转失望。一再失望的沈白最终只能在绝望中悲己悯人，抱着神像哭号：“以大王之英雄，不能取天下；以沈白之文章，不能成进士。古今不平，孰甚于此？”这一哭，把沈白、把作者自己、把古往今来怀才不遇者的困厄遭遇与潦倒情怀，把对社会不公正的那些无法言说的痛心与愤慨酣畅淋漓地宣泄了出来。这是感泣鬼神的一哭，连泥塑的神像也在这哭声中热泪潸潸！配合这一超自然

情节,【古水仙子】一曲一口气连用九组叠词排句,“呀呀呀猛叫号,看看看两目重瞳血泪浇……”象声词“呀”,动词“看”、“啼”、“听”、“恨”、“剩”、“叹”、“笑”等的三叠或四叠组合,构成了急促的节奏、铿锵的韵律,在一种悲愤的气势中奏响“英雄失路愚夫笑”那一曲古今同下泪的绝望悲歌! 正如其下场诗所表达的:“英雄有恨嗟何及,天地无情吊岂知。”

明末作家沈自徵曾作过杂剧《霸亭秋》,写文士杜默落第还乡,于项羽庙中痛诉以至于感动得泥像落泪。《哭庙》这出戏可以说既巧妙地继承了《霸亭秋》的成就,又对其未尽之处作了出色的发挥。对此,当时的评点家们曾感叹“杜默哭项王庙,悲愤千古,得此出发挥,所谓夺他人之酒杯,浇自己之块垒”,“普天下英雄才子,一齐泪下”。戏曲学大师吴梅也对《钧天乐》这部传奇尤其是对《哭庙》等出评价甚高。他在《中国戏曲概论》中这样说:“尤侗《钧天乐》,其词戛戛生新,不袭明人牙慧,而牢落不偶之态,时见于楮墨之外。《送穷》、《哭庙》,几令人搔首问天。”

（张世宏）

钧 天 乐　　尤 侗

第二十二出 地　巡

(净扮阎王、副净扮判官上)酆都空立狠阎罗,马面牛头世上多。只道渿河天下险[1],人心更有恶风波。小圣乃第五殿阎罗天子,那个是掌案判官。俺这地狱之设,原为世间淫杀盗妄,造不了种种孽缘,便是官里斩绞流徒,断不尽重重罪案,因此轮回六道,刑上加刑,教他出脱三灾,法中求法。争奈奸雄遍地,无非鬼面耶叉;贪恶滔天,尽是人头罗刹。他道受用百年,肉林酒海,也值得半刻剑树刀山。兼且倚仗千般虎口蛇心,谁怕那一点铜丸铁屑。勾魂牌来三去四,前件难销;阿鼻狱堆万盈千[2],后来怎放? 咳! 这便是佛出世救不得,则除非天灭尽始能闲。今奉上帝玉旨,钦差沈状元巡察地府。判官,你预备几宗案卷,待下马投递。(判)领法旨。(虚下)(生引队捧敕印上)

【双调北新水令】才离了九天阊阖彩云间,颤阴风黄埃扑眼。鞭笞飞白雨,剑戟立青山。点鬼登坛,俺待片言勘破三生案[3]。

(判跪接介)地府第五殿阎罗天子差六曹掌案判官率阴司各役迎接老爷。(杂)起去。(生)请王爷相见。(净上见介)恭喜老先生,雕龙丽日,名冠诸天;骢马飞霜,威行十地。俯渡无边之海,仰瞻有脚

之春。(生)殿下权尊北极,判重南山。下官幸奉专纶[④],借观成竹,未谙刀笔,仍望指挥。(净)恭候升堂,分当陪侍。(生)岂有此理,殿下暂请回宫,只留判官一人,磨勘卷宗便了。(净)谨从台命。(别下)(生升座)(喊堂介)判官,你地府文卷颇多,不能遍览。本院此来,只理冤狱,该司冤狱有几?(判)本司有五大冤狱。(生)那五件?(判)第一宗是蒙尘狱,(生)何谓蒙尘?(判)如刘聪杀怀愍,金人杀徽、钦等卷。第二宗是舆尸狱。(生)何谓舆尸?(判)如吕马童杀项羽、吕蒙杀关某等卷。第三宗是藏弓狱。(生)何谓藏弓?(判)如勾践杀文种、萧何杀韩信等卷。第四宗是投珠狱。(生)何谓投珠?(判)如曹操杀杨修、刘表杀祢衡等卷。第五宗是埋香狱。(生)何谓埋香?(判)如吕雉杀戚姬、曹丕杀甄后等卷。(生)今日先吊埋香狱听审。(判)嗄!(唱介)第一起为妒杀事。原告戚氏,被犯吕雉,干证司马迁。(丑扮吕带锁、贴扮戚青衣、外扮司马便服上)(生)子长请起一边。(外立介)(生)戚氏,你有何冤?可诉上来。(贴哭介)大人在上:念戚氏呵,

【仙吕入双调南步步高】楚歌才阕宫车晏,舂杵青衣贱。便是日舂薄暮,也所甘心,为何煇耳断肢[⑤],惨毒至此?况如意何罪?亦鸩杀之乎!茕茕母子孱,岂学韩、彭、鞅,望谋反。(生)你为何告司马迁作证?(贴)当日人彘之事[⑥],惟惠帝见之,至于哭泣不食。本要告他作证,恐子为母隐。那司马迁作《史记》,曾载此事,岂能为尊者讳乎?(生)子长,此事果真否?(外)以愚所闻,实无异词。(贴)直笔自难刊。太史公,你未尝不废书而叹。

(生)吕氏,你有何说?(丑)妾闻母爱者子抱。昔高帝宠幸戚姬,欲立为后,若非留侯计招四皓[⑦],必立如意为君、戚氏为后,不知置妾母子何地?这是以直报怨,岂妾之罪乎?(生怒介)吕氏,你幽少帝,杀二赵王,诛淮阴,醢彭越[⑧],幸审食其,王产、禄[⑨],几危汉祚,恶不胜诛,但人彘之事,更非人所为耳。今日何得强辩!

【北折桂令】羞杀你楚军中与辟阳奸[⑩],灭了功臣,害了亲藩。假扮商山,硬移炎汉,活剥红颜。他妇人家,又不曾三章触犯,何忍把五体摧残?我如今照戚姬之例处置你便了。鬼使,将吕氏剜其眼,劓其鼻[⑪],截其手足,贮之瓮中,令此妪骨醉。一霎时雉尾分

斑，狐首悬竿。不是我左袒安刘，须信道天道当还。（卒锁丑下）

（贴）多谢大人。（众下）（判唱介）第二起杀嫡事，原告甄氏，被犯曹丕、郭女王，干证曹植。（旦扮甄、小生扮曹丕、老旦扮郭上）（卒）禀爷：曹植现为遮须国王，未便勾问。（生）这也罢了。甄氏，你有何冤，可诉上来。（旦）大人在上：念甄氏呵，

【南江儿水】博士袁郎妇，离家奉五官[12]。玉衣覆体神非幻，塘上蒲生诗非讪，流泉三峡琴非怨。谁料长门遭难，披发填喉，何异漆身吞炭[13]！

（生）郭氏，你为何恃宠杀嫡？（老旦）当日废立，皆由主上，非妾主张，况妾亦为明帝逼勒自尽，足以相当。（生）这还可恕。曹丕，你有何说？（小生）丕闻汉武帝杀钩弋夫人而立弗陵，丕亦杀甄氏而立睿，盖鉴母后临朝之祸也。况甄氏乃袁熙之妇，失节从人，难以正位中宫。（生）甄氏失节，固非烈妇。但汝父曹操曾言：今年杀贼，本为此奴。父子共争一女，是为不孝。曹操先为子建聘甄氏，甄氏亦慕子建之才。汝强夺之，因此又废陈王，是为不悌。曹操尚未篡汉，汝竟逐献帝而据其位，是为不忠。汝空负文章，宁知廉耻？

【北雁儿落带得胜令】你本是嗣周文小阿瞒，漫夸说驾吴质凌王粲。你待将女中王筑受禅坛，直把洛川妃做山阳篡[14]。可笑老瞒，分香卖履，骨肉未寒，你将铜雀台诸妓，尽纳后宫。卞后骂道：狗鼠不食汝余，渔色包羞，一至于此！既是灵芸琼树女边干，怎将翠羽焚明珠锻？笑杀你贻绣枕真胡侃，可知你咏晶屏也厚颜。郭氏女流，从轻发落，罚与甄家作婢。曹丕本当重刑，姑念曾居王位，废为庶人，流三千里。甄氏判归子建，送遮须国去。（笑介）包弹感甄赋，从头看。建也么桓，换姻缘是俺撮合山。

（旦）多谢大人。（杂锁曹丕同众下）（判唱介）第三起为谋弑事，原告杨太真，被犯陈元礼，干证高力士。（小旦扮杨道衣、净扮陈带锁、丑扮高上）（生）太真，你私幸奚奴，蛊惑人主，五宅骄淫，两京倾覆，一死未足赎罪，更有何冤？（小旦）大人在上：妾罪固当万死，但使三郎赐玉奴死，玉奴不敢不死。陈元礼何人，辄敢犯上，至使天子不能庇一妇人。自古臣弑君、子弑父，欲加之罪，患无辞乎？

(生)这却讲得有理。(小旦)可怜我玉奴呵,

【南侥侥令】黄裙抛道路,义髻逐河湾。恨杀这跋扈将军非兵谏,便是明皇呵,忍见那薄罗衣,系玉环!

(净)这时节六军不发可奈何?非元礼一人之罪。(丑)陈元礼,当时国忠已死,军心稍定。你若一言晓谕,娘娘亦不至死。况死后又令军马践踏,汝心何安?(生)陈元礼,你虽非谋弑,明是威逼。况以下逼上,罪宜加等。

【北收江南】呀,你把那舞霓裳断送在马嵬山,绣香囊飘泊在剑门关。雨淋铃夜泪潸潸,开元天子救不得小云鬟。鬼使,将陈元礼保下重打一百。(打介)且蒲鞭示宽[15],且蒲鞭示宽,你怎知天长地久恨绵绵!

陈元礼寄泥犁狱[16],高力士送妃子回骊山宫去。(小旦)多谢大人。(众下)(判唱介)第四起为负心事,原告霍小玉,被犯李益,干证黄衫客。(旦扮霍、末扮李、外扮黄衫上)(生)霍小玉,汝系病亡,为何告李益?(旦)大人在上:妾与李益,誓为夫妇,口血未干,负心更娶,使妾饮恨而终,非李益杀妾而何?

【南园林好】只指望誓海盟山,倒变做雨覆云翻,活活把玉钗敲断。(扯末哭介)十郎,十郎,我为女子,薄命如斯;君是丈夫,负心若此!谁辜负旧乌栏[17]?谁辜负旧乌栏?

(生)李益,你何薄幸至此?(末)非是小生薄幸,实因母命难违。(生)唗!

【北沽美酒带太平令】你道是奉萱亲两下难[18],奉萱亲两下难。却不管盼断了望夫山,病儿中泪点空班,梦儿中鞋脱空还。黄衫客,你也是不了事汉,小玉既死,何不手刃此奴,谢佳人于地下?岂囊中匕首不利乎?(外)彼时本欲玉成好事,不料一旦决绝,又因众人劝解,不曾下手,悔之晚矣。(生)你待学押衙手段,怎不把葛溪判断?便装成斑犀疑幻,也难雪玉钗悲叹。鬼使,将李益绑去枭首示众。(斩介)(生)你这般恃顽弄奸,我教你血干,胆寒。呀,这才了负心人一篇公案。

(旦)多谢大人。(众下)(生)判官,还有几起未问?(判)还有钩弋夫人一起、花蕊夫人一起、绿珠一起、窕娘一起、张丽华一起、步非

烟一起[19]。(生)今日已晚,分付明日听审。(判)嗄!(生)判官,我问你,地府枉死城中,可有女犯魏寒簧否?(判)待卑职查来。(查介)禀大人,勾魂簿上,从无此女姓名。(生叹介)我的妻呵,

【北清江引】难道春风不度鬼门关,珠魄随云散?(内嘤喝介)(判)地狱拷打哩。(生)这是鼓吹一部喧,(内叫苦介)(判)囚犯叫苦哩。(生)这是猿狖三声断。咳!几时把暖律吹开阳谷寒?(下)

〔注〕 ① 涂河:地狱中河名,亦作奈河,上有桥甚窄,恶人之魂过时常坠河中,为虫类所食。 ② 阿鼻狱:佛教所言八大地狱之一,为八大地狱中最下、最苦之处。阿鼻梵语意译无间,即痛苦无有间断之意。 ③ 三生:前生、今生、来生。 ④ 专纶:古代皇帝专门的诏命。纶,即纶音,皇帝的诏令。《礼记·缁衣》:"王言如丝,其出如纶。"元贡奎《敬亭山》诗:"增秩睹隆典,纶音播明庭。" ⑤ 煇(xūn)耳:熏灼耳朵,使人变聋。 ⑥ 人彘(zhì):吕后将戚夫人截去四肢,去眼,熏耳,灌饮哑药后置于厕中,称其为"人彘"。事见《史记·吕后纪》。彘,猪。⑦ 四皓:即商山四皓,汉初商山四隐士。高祖召之,不应。后高祖欲废太子,吕后用留侯张良之计,迎四皓以辅太子。高祖遂辍废太子之议。事见《史记·留侯世家》。 ⑧"诛淮阴"二句:淮阴,淮阴侯韩信。醢(hǎi),剁成肉酱。杀韩信、彭越是汉初诛杀功臣的典型事件。 ⑨ 产、禄:吕产、吕禄,都是吕后的侄子,高后六年吕产封吕王,七年吕禄封赵王。吕后死,二吕伏诛。⑩ 辟阳:辟阳侯审食其。 ⑪ 劓(yì):古代割掉鼻子的一种酷刑。 ⑫ 五官:指曹丕,曾任五官中郎将。 ⑬ 漆身吞炭:战国时赵襄子杀智伯,智伯之门客豫让漆身去眉以变其容,吞炭以毁其音,使人不能辨认,谋刺赵襄子以为智伯报仇。事见《战国策·赵策一》。 ⑭ 洛川妃:三国魏曹植作《洛神赋》,被某些人认为是"感甄"之作。洛川妃,即洛神,也称宓妃。 ⑮ 蒲鞭示宽:以蒲草为鞭,聊以表示宽大。谓刑罚宽仁。 ⑯ 泥犁狱:为佛教所言十界中最恶劣的境界。泥犁,梵语音译,意为地狱。 ⑰ 乌栏:即乌丝栏,有墨线格子的笺纸,这里指霍小玉与李益原来订情盟誓的书笺。 ⑱萱亲:母亲。 ⑲钩弋夫人:汉武帝妃,姓赵,居钩弋宫,因称钩弋夫人。后受责,忧死于云阳宫。事见《史记·外戚世家》。花蕊夫人:前蜀主王建妃,姓徐。后随王衍归唐,中途被杀。绿珠:晋石崇歌妓。石崇遭孙秀陷害被逮时,绿珠跳楼自杀。窕娘:唐武后时乔知之的侍婢,为武承嗣所夺。乔知之作《绿珠篇》以送,窕娘遂感愤自杀。事见《旧唐书·乔知之传》。张丽华:南朝陈后主妃,隋兵入陈后被杀。步非烟:唐河南府功曹参军武功业之妾,因与邻赵象有私而被武功业笞死。事见唐皇甫枚《三水小牍·非烟传》。

《钧天乐》第二十二出《地巡》写沈白在上天高中状元后,被上帝派为钦差大臣,巡察地府,审理埋香狱四大冤案之事,是《钧天乐》下本中最长、也最翻空出奇的一出戏。

"奸雄遍地,无非鬼面耶(夜)叉;贪恶滔天,尽是人头罗刹。"阎罗王上场时一大篇感叹,以地狱对人世的无可奈何,勾勒出了一幅让人战战兢兢的人世地狱图,从来都是人心畏地狱,而今竟是地狱畏人心!我们不能不说,明清易代之际祸难四伏、贪欲横流的复杂社会情状隐约就是这幅人世地狱图的背景。

落魄已极的寒士沈白终于在另外一个世界展示了他非凡的才华，找到了整顿乾坤的机会。面对戚夫人遭吕后残害变为人彘、甄氏被魏文帝赐死和杨贵妃在马嵬坡被受哗变禁军逼迫的唐玄宗下令缢死这三个历史上著名的与复杂政治斗争有着密切关系的红颜薄命的悲剧，“钦差大臣”沈白一方面从人性的基本立场出发，痛斥吕后虚伪淫邪、“活剥红颜”的灭绝人性的残忍行为，愤怒地揭露曹操、曹丕父子侮辱女性、好色乱伦的无耻本质，指责陈元礼逼死杨妃的过激行为，对被摧残的戚夫人、被侮辱的甄氏、被当作替罪羊的杨贵妃以及才高命薄的曹植给予深切的同情，另一方面又从政治大义出发，指斥吕氏“危汉祚，乱朝纲”，抨击曹氏父子窃国弄权，指出陈元礼以下犯上，还毫不留情地指责杨贵妃“蛊惑人主，罪不可赎”。从而使这三桩特殊的“冤案”都得了既合情又合理的“判决”。最后沈白更立斩负心郎，恤慰薄命女，干净利落地断了李益负霍小玉一案。四冤俱了，大快人心。不妨说，这位疾恶如仇又深明大义的“钦差大臣”沈白，其实就是抱着美好理想的作者尤侗自己的化身！

作者以跨越时空的方式把这四个故事串联起来，形成了一出光怪陆离之戏，然而，在作者的奇思巧构之下，本来毫不相干的四个故事竟然水乳交融，妙合无垠，使得情节的承传过渡从容而自然。同时，这四个故事本身所包含的特殊意蕴更使得整出戏具有异常丰富、深厚的内容。剧情出今入古，指点正邪，笑傲王侯，在沈白这位曾经穷愁困顿的书生钦差面前，一个个曾经不可一世的邪恶强者伏法受诛，一个个弱者却吐气扬眉，何其快哉！

一般来说，一出戏只有一个小高潮。《地巡》这出戏却在较大程度上超越了定式。被串联起来的四则冤案，每一案都有尖锐的冲突，都是一个小高潮，它们被整合起来之后，就使得整出戏处于持续而激烈的冲突之中。四个小高潮之间跳跃性强，节奏紧张，不容稍息，有如急管繁弦，激荡人心。

由于这出戏的剧情切换频繁、急促，每一情节的背景又比较复杂，因此作者选择使用大量简短精练而感情充沛的对白。这就既使剧情及其背景摆脱了拖沓或模糊的可能，在快速跳跃中明晰了然，又构成了一种紧张磅礴的气势。

与此相应，剧中曲子的分配使用也别具一格。在埋香狱四冤案的审理过程中，戚氏、甄氏、杨贵妃、霍小玉四位角色各唱一曲，申诉冤屈，曲调凄恻宛转，哀怨如泣。沈白则每理判一案唱一曲，曲调铿锵激越，义愤填膺。这种细致巧妙的安排，起到了很好的辅助情节、渲染氛围、画龙点睛的作用。

《地巡》以幽写明，以虚写实，于荒诞玄远的剧情中寄托着作者深刻的现实批判意识和美好的政治理想。整出戏驰骋跌宕，风神迥特。无怪乎当时的评点者

们盛赞它如“天风海涛，惊心动魄”，“欲与造化争功”。 （张世宏）

【戏曲家小传】

李 玉

(1602? —1676?) 字玄玉，又作元玉，号苏门啸侣。吴县(今江苏苏州)人。据焦循《剧说》、吴伟业《北词广正谱序》等载，李玉及其父是明相国申时行家中仆役，可能是家庭戏班中人；申时行死后家乐流散，李玉获自由，多次应科举试，终于中了副榜举人。甲申之变后绝意仕进，专心从事戏曲创作。其戏曲作品今知有传奇四十种左右。其戏剧创作，跳出了“十部传奇九相思”的窠臼，题材异常广阔且富于现实性。因熟知排场，故能密切结合舞台实际，极便搬演。虽专攻传奇，但亦兼通北曲。所编《北词广正谱》，在当时的北剧曲谱中最为完备。为明末清初剧作最多、影响最大的戏剧家之一。以其为核心形成了一个戏曲流派，人称苏州派。其中全本尚存的有《一捧雪》、《人兽关》、《永团圆》、《占花魁》、《麒麟阁》、《牛头山》、《两须眉》、《清忠谱》、《眉山秀》、《意中人》、《万里圆》、《千钟禄》、《太平钱》、《一品爵》、《风云会》、《五高风》、《七国记》、《昊天塔》、《连城壁》等十九种。又《洛阳桥》、《埋轮亭》二种存残抄本。其中，《一捧雪》、《人兽关》、《永团圆》、《占花魁》四种合称“一笠庵四种曲”，系成名作。今人辑有《李玉戏曲集》。

一 捧 雪　　李 玉

第十五出 代 戮

(二杂扮刀斧手上)青鲨缘鞘昆刀利[①]，赤豹蒙鞍宛马高[②]。军容坐撼山川动，杀气横冲草木号。俺们乃蓟州镇上帅府营中刀斧手是也。俺老爷身膺皇命，坐镇边关，管辖百万熊罴，统领十千将佐。风生羽扇，霜肃油幢。旧策三韬，蒙古闻名胆落；新图八阵，金人见说心惊。边若星罗，那宁夏边、甘肃边、三关边、固原边，边边拱伏；镇如棋置，那辽东镇、宣府镇、大同镇、延绥镇，镇镇推雄。横槊赋诗，指顾马翻阏氏血[③]；弹棋却敌[④]，笑谈旗挂契丹头。正是：功名他日登麟阁[⑤]，富贵于今耀虎符。早上传令，今日处斩钦犯，官员要亲赴将台，只得在此伺候。道犹未已，老爷早已升帐了。(内鼓

乐介）（外蟒服领众上）

【中吕过曲泣颜回】（外）持钺镇天骄[6]，玉帐貔貅环绕。风霜号令，山河半壁永保。叫众将官，摆开围子，行到将台上去。（众）得令！（行介）（外、众合）营开细柳[7]，飏旌旗影乱云霞绕。觑黄金斗大腰悬，拜丹凤书衔天表[8]。（坐介）

（众）军士们叩头。（外）起去。（众应介）（丑领杂上）

【前腔换头】（丑）弓刀簇拥阵云高，早向那虎帐曲躬频祷。小将叩头。（外）请起。（丑）圣旨严限时刻，不可有违。雷霆震怒，顷刻用张天讨。星期紧迫[9]，把俘囚赴法云阳早[10]。（外）晓得了。将士们听者，速到监中，取出犯官并那妇人来。（众应下）（外合）耀锟铻闪烁龙文[11]，斩鲸鲵拉摧枯草。

（杂押末、小旦上）阎王注定三更死，断不留人到四更。禀爷，犯官拿到了。（外）分付绑缚手把莫怀古紧紧绑着。（众）领钧旨。（绑末介）（小旦哭唱，众合介）

【千秋岁】怨冲霄，不禁哀哀叫，痛裸体浑似俘殍。鬓发蓬松，鬓发蓬松，止剩得饮恨衔冤声悄。（众）禀爷，绑完了，刽子献刀。（外）时辰已至，就押赴辕门枭首。（众）得令！（外将令旗与丑介）烦贵职即往监斩。（丑）是。（合）传军令，龙吟啸。鸣金鼓，雷轰闹。顷刻游魂渺。看云寒日惨，鬼哭神号。（众作斩末下）（内鸣金鼓放炮呐喊介）

（丑、众献人头上）禀爷，献首级。（小旦作抱头跌哭介）

【越恁好】（小旦）（合）剑光落处，剑光落处，滴溜溜血似涛。恨无情三尺[12]，早断送玉山倒[13]。泪涓涓涌潮，泪涓涓涌潮，把喘吁吁一魂儿追上碧霄。恨怨海仇山，向阶前碎首时，拚葬远郊。（外）押住了那妇人，不许将首级伤损。（众应介）（合）生前定，命内招，修短应难保。枉千般痛哭，百计悲悼。

（丑）求爷早发回批，小将就要覆旨了。（外）这妇人牌上原无罪犯，且留在此处监着候旨。那首级即用桶子盛好，我就写文书与你回京便了。（丑）是。（外写文书介）（杂将头入桶封介）

【红绣鞋】（合）把文凭贴肉收牢，收牢。将首级肩上横挑，横

挑。驱将士，走迢遥。骑战马，奔咆哮。离边塞，覆皇朝。

(丑)禀爷，小将就此去了。(外)路上小心。(丑)晓得。杀气清金虎，兵威壮铁冠。(领众下)(外)中军官听令！(杂)是。(外)在府内左右打扫空房数间，拨二名老妪，整备日逐供应，送莫夫人在彼居住，不可有误。(杂)晓得。(外)分付就此回府。(众)得令。

【尾声】(外)生离死别非轻小，(众)国法王章怎恕饶？(外)谁识我就里机关全故交？

〔注〕 ① 昆刀：即昆吾刀。昆吾，亦可作锟铻，宝刀宝剑名，据说切玉如泥。 ② 宛马：西域大宛马，古代的名马。 ③ 阏氏(yān zhī)：汉时匈奴主(号单于)之妻的称号。 ④ 弹棋：东晋谢安在淝水之战捷报传来时正与客人下围棋，看了驿书后，他并未喜形于色，客人问他，他缓缓答道："小儿辈遂已破贼。"弹棋，此指围棋。 ⑤ 麟阁：即麒麟阁，汉宣帝图画功臣表彰功勋的地方。 ⑥ 天骄：汉时匈奴单于致书汉帝，自称"天之骄子"，省称"天骄"。后常代指袭扰中原的北方游牧民族。 ⑦ 细柳：细柳营，西汉将军周亚夫屯兵营地，以军容整肃著称。 ⑧ 丹凤书：皇帝的诏书。后赵国主石虎用五色纸作诏书，著五彩木凤口中飞下，后因有此称。 ⑨ 星期：日期。 ⑩ 云阳：秦县邑。《史记·秦始皇本纪》："韩非使秦，秦用李斯谋，留非，非死云阳。"汉桓宽《盐铁论·毁学》："李斯相秦，席天下之势，志小万乘，及其囚于囹圄，车制于云阳之市。"后世小说戏曲常用以指行刑之地。 ⑪ 锟铻：见注①。 ⑫ 三尺：指剑。 ⑬ 玉山：形容人物的仪态。南朝宋刘义庆《世说新语·容止》："嵇康身长七尺八寸，风姿特秀。……其醉也，傀俄若玉山之将崩。"

《一捧雪》是明末清初苏州戏曲家李玉所作的一部著名传奇。剧本取材于当时盛传的严嵩、严世蕃父子掠夺古玩字画残害忠良，奸险小人汤裱褙趋炎附势、卖主求荣的事件和部分传说，是一部现实性很强的社会剧。《代戮》是其中的第十五出。

《代戮》之前的剧情是：明嘉靖年间，严嵩专权，其子严世蕃也身居要职，他大肆搜刮民脂民膏，掠夺金银财宝、古玩字画。时有前任宰相之子莫怀古，以恩荫任太常卿，乃携爱妾雪艳，忠仆莫诚及裱褙匠汤勤离钱塘往京城赴任。入京后，巧遇即将就任蓟州总兵的故友戚继光，彼此略叙久别之情，并约日后蓟州相会。因与严家本是旧交，莫怀古也往谒严府。为显示豪富，世蕃请怀古赏玩府中字画古董，言中提及身边苦无裱画高手，怀古即将善裱褙又精鉴别的汤勤推荐给严府。汤勤自此深得世蕃欢心。一日，世蕃受贿得到一只玉杯，爱不释手，拿来向汤勤夸耀，汤勤趁机密告莫怀古随身携带有莫家所藏传家宝物汉玉杯"一捧雪"，珍贵异常，引发世蕃攫取之念。世蕃贪婪成性，立即派汤勤到怀古处索取。怀古不肯把祖传宝物拱手让人，却又深畏严家的威势，不敢公然抗命。无奈之

中，竟聘得良工巧匠，取上等美玉，日夜雕琢，仿造了一只假杯应命，瞒过了世蕃和汤勤。严世蕃得杯高兴不已，立即把怀古连升三级，汤勤也被任为都督府经历。事态似已平息，不意怀古与汤勤弹冠相庆而痛饮，酣醉中得意忘形，竟向汤勤泄露了进献假杯之秘。汤探得真情，立即向世蕃告发，并唆使世蕃带领家丁恶将，到莫宅搜寻。莫诚见世蕃等专奔玉杯而来，为免主人当场受祸，急取玉杯越墙而逃，使世蕃扑空。怀古知世蕃绝不会就此罢手，为全身远害，他连夜弃官，与雪艳、莫诚，同往蓟州投奔戚继光。世蕃闻讯，假传圣旨，派兵追赶，于途中捕获怀古、雪艳二人，就近押送怀古至戚总兵衙门问斩。戚继光见故友被诬陷，心有不忍；但面对矫诏，难以抗命。就在他一筹莫展，左右为难时，逃脱了追捕的莫诚暗中潜入帅府，请求以身代主，为主捐躯。戚帅用其计，私放了莫怀古，连夜将莫诚乔装改扮，收于狱中，等待明日行刑。

《代戮》就演莫诚替死，戚继光行刑的场面。读者明白，这一场景本是一场戏中戏。所谓“真犯”早已不见，台上等待就戮的仅是他的替身。戚继光知道自己要杀的是莫诚，但表面上做得却像处斩一名钦犯那样威严、庄重，不留情面。戚、莫两家原有世谊，严世蕃又知道他们间的交情，严家对继光这次执法必将特别注意，所以假戏要真做，不能露出一丝破绽。他需要所有监斩官员，特别是严府走卒看到，他是在非常严肃地，一丝不苟地按照严府的旨意，处斩他们的仇人。所以，此出一开场，就由刀斧手说了四句夸耀军容、显示杀气的定场诗和一段描绘边关气势的骈体文。“昆刀”、“宛马”等语泛言其兵马精良；军容整，杀气冲，意在渲染刑场的气氛。兵卒的道白，极度形容边关雄伟，边帅英豪而且富于韬略。它在主角登场之前已从侧面衬托了戚继光的形象。由这样的统帅来主持行刑显得格外威武、肃穆。

接着戚帅登场，唱中吕曲【泣颜回】。首句指自己镇守边关抵御北方骄纵的敌人，次句说军中勇士环绕，气势雄壮。后面说军中发布号令如风霜肃杀，统领的军队足以保障半壁江山永世安宁。接着是一个走场，他与军兵等合唱四句，形容军营整肃，军旗高扬，身佩大印，奉诏行刑。全曲一共八句，文字比较质直，但所有曲词都贴近戚帅的身份，符合蓟州总兵升帐用刑的情景。接下来无论他命令军士摆开阵势，或命令军士将犯人押赴刑场，以及命令鸣锣、放炮、斩首，都显得号令严明，气势雄壮，这既是戚继光精彩的舞台亮相，又蕴涵其处变不惊、指挥若定的胆略，令人印象深刻。

戏中押解犯人、辕门枭首、桶盛首级的行刑过程，其实很简略，基本上也是程式化的交待，作者的重点，是要表现刑场上的人物，把他们的情感和行为表现得逼真，让戚继光的巧计不露破绽。因此，作为严府走卒的丑角，在【前腔】所唱，只

是催促戚帅赶快用刑，早点为世蕃泄恨，他也可以早日向主子讨好。他丝毫没有觉察戚帅行刑有假。小旦雪艳是陪斩人物，她参与了前夜的定计，知道丈夫已经逃奔他处，场上被斩的已是莫诚。但她与丈夫所受的灾难并没有减轻，莫诚无辜替死也让她悲愤不已，所以身赴刑场，她充满了对严贼的愤恨，满腔悲愤无处申诉，所唱【千秋岁】，尽是沉浸在含怨无告的哀痛中。一到人头落地，她只顾抱住头颅，呼天抢地，以【越恁好】一曲唱出她悲愤欲绝的心情。雪艳虽然知道戚帅等人的幕后安排，但她本有无限的悲痛，在这样的场面更是难以抑制。莫怀古的脱走并不能减轻她的悲痛。所以曲中写她泪如潮涌、怨恨如山海，本就是其感情的真诚流露。为了瞒过严贼及其走卒，她更要演得十分逼真，不露痕迹。她抱着头颅，边跌边哭，正包含着她丰富的内心感情和复杂的表演技巧。这里把她写得越是悲痛，越是哭号，并引起法场看客同时呼应，直唱得鬼哭神号，天地变色，这场假戏真做才越是逼真，越是成功。这是一种障眼法，也是作者留给演员的表演空间。熟悉剧场表演特点的戏曲家李玉，在此又提供了一个强调戏剧表演功能的范例。所以人头落地以后，严府家将就要戚帅早发回文，回朝复命，一等头颅上贴了文凭，就急着挑了首级，快马流星，扬长而去。至此，这场调包计获得了完全的成功。这是戚继光为难中救友下出的一着险棋，也是他与莫诚急中生智而设计的一步巧棋，演来惊心动魄，真切感人。

作为全剧的一个片段，这出戏无疑是戚继光的重头戏，然而在全剧中，它是表现义仆莫诚以身救主，舍身取义的高潮戏。此时的莫诚成了主人莫怀古的替身，他除了被押解，被枭首外，没有一句台词，没有自身的舞台行动，但观众明白，正是他最先识破了严世蕃的贪婪、汤勤的奸诈，在危难之时，是他暗中潜入帅府，毅然请命，主动要求以身代主，并设计了临刑调包受死之计。他实是一位心地善良，勤劳精细，忠于职事，敢于牺牲的下层民众。他的死，自然博得广泛的同情。作者意在表彰莫诚的忠义，今日看来似有歌颂封建的奴隶道德之嫌，但因为剧中的莫怀古是罪恶势力的受害者，人们同情莫诚之死，并不是关心他的道德观念，而是为一种善良、崇高精神的毁灭而一掬同情之泪。历史上这种巧取豪夺、借机构陷的事件层出不穷，无数无辜的民众为之含冤而死，这出戏在旧时舞台也就长演不衰。

（江巨荣）

一　捧　雪　　　　李　玉

第十八出　勘　首

【南吕引子步蟾宫】（末冠带，杂随上）麟袍飏彩金悬肘[1]，不羡文章

山斗。凛冰操劲节绝私赇[2]，春雨秋霜吾手。

蚁垤为高泰岳卑，世情颠倒正如斯。不如痛饮中山酒[3]，朝野安危总不知。下官锦衣卫都指挥陆炳是也。执掌刑名，管领六曹兵马；操持法律，统压五府牌官。铁面森森，那管甚王孙贵戚；丹书凛凛，惟奉着雷击霆摧。一心遵守萧何律，万国咸知天子尊。今日奉旨，为莫太常首级有误，拿问戚总兵。我想莫无怀以一杯之微，致忤严家，遂至戮身，已为冤极。况又株累无辜，益为惨毒。咳，我陆炳岂肯以"莫须有"三字骂名万代乎？只是旨意如此，且面鞫一番，再作区处便了。分付军旗，带戚总兵一起进来。(众应介)(杂掇桶押外、小旦锁肘上)

【临江梅】【临江仙头】(外)一片丹诚天鉴剖，谗成载薏何忧[4]？【一剪梅尾】(小旦)九原忠魄誓追游，一死心酬，万古名留。

(杂喝介)犯官进，犯妇当面。(外见末长揖不跪介)(末立介)请圣旨过来。(杂捧圣旨介)(外哭拜介)阿呀，圣上阿！〔长相思〕腔中血，腰间铁，永保金瓯无使缺。孤忠怀帝阙。　苏卿节[5]，常山舌[6]，息壤功成谤满箧[7]。圣明祈电雪。　(跪介)(末)请过圣旨。(众应介)(杂青衣，同副净冠带、丑武扮上)九天雨露三春暖，一道风霜六月寒。(杂)领司空爷旨，送汤经历同原拿家将证勘假首。(副净行庭参礼)(丑叩头介)(杂)禀爷，作速勘明，拟罪覆旨。(末)晓得了。二位可留此面执，管家请先回罢。(杂)是。发奸须有术，摘伏定如神。(下)(末坐介)戚继光，你知罪么？(外)小将分符重镇，刻竹雄藩[8]。发矢雷惊，奕奕虎风生白羽；挥戈日返[9]，桓桓鸿烈耀青毡。有开疆拓土之勋，无杀将覆军之祸，不敢鸣功，无繇认罪。(末)你怎么擅纵重犯莫怀古，假杀无辜，冒充假首，欺诳朝廷么？(外)莫怀古犯罪之繇，小将亦不敢代辩，后日自有公论。但何得以怀古半面之识，遂陷继光一网之诛？大人在上，念戚继光呵，

【南吕过曲梁州新郎】【梁州序】睢阳忠矢[10]，淮阴功奏[11]，怎做诳楚陈平欺谬？(末)那日有人同监斩的么？(副净对丑介)你说怎么拿到不斩，又隔了一夜。(丑)斩是小将监斩的，只是那晚拿到，戚继光不肯就斩，又羁迟一夜。次日绑出，其实辨不明白。(外)阿呀！那日千军万马都是目击的，况你睁睁监视，丹书亲判囊头。(副净)莫太常平

日顶有三台骨，脑后枕骨如拳，都是经历熟识的。（指头介）如今顶尖脑削，岂不是假的？（外）咳！凭你说莫太常生前有三头六臂，那个与你证得明白？总是捕风捉影，喷血含沙，罗织排机彀。（副净）莫太常原要投奔你处，不想恰解到你手内，正合奸计了。（外）仕途上那里没有熟识的么？你只为弓蛇杯影也强追求，怎得载鬼张弧把法浪㧑[12]？（末）带雪艳过来。那首级真假，家主死生，你一定知情的，快快说出。倘然掉谎，我就要用刑了。【贺新郎】研死骨，证生口，把真情供出休迤逗。三尺法，肯轻宥？

（小旦）爷爷阿，小妇人呵，

【前腔】生同拘执，刑随枷杻，痛睹餐刀莫救。（指丑介）只这将军呵，若有些微疑似，临刑早起戈矛。（副净）只是几块骨头都不是了。（小旦）他人都是猜摹，小妇人曾同衾枕，难道反不识得？爷爷阿，我老爷并没有什么三台枕骨的。（抱头哭介）只此同衾骸骨，共枕头颅，九死相厮守。（副净）大人，这是如簧巧辩也总奸谋，却不道官法如炉铁可柔。（末）论来还该去细细辨一辨才是，也不可执一己之见，诛累无辜。律虽设，情须叩，岂忍严刑不照盆冤覆[13]？真共假，细推究。

（杂扮校尉上）驾帖到。（末跪介）（杂）商大辂罪犯不赦，着锦衣卫都指挥陆炳即刻斩首回话。（末谢恩起介）将各犯暂带耳房，待我监斩回来再审。（杂应介）（末对丑介）前日在蓟州是你看斩的，今日也同我去看一看绑人杀人。（丑）是。（末）未央已授淮阴首，泽畔应招楚子魂[14]。（同丑、杂下）（杂）请戚爷同汤爷且到耳房中去。（副净）我倒不消了，就在此等候罢。（外）精忠贯日华夷见，气节凌霜天地知。（同杂下）（小旦哭介）（副净看小旦作摸拟介）

【前腔换头】（副净）觑丰姿分外娇羞，况孤单合咱消受。老莫死了，再不消说起，纵然不死，他逃生无暇，岂能再抱衾裯[15]？（作四顾对小旦介）雪娘，雪娘，头是死的，你哭他怎么？（小旦不应介）（副净）你如今可要活么？（小旦）好端端一条性命，怎么不要活？（副净）你的性命呵，只凭我轻翻舌底，略簸唇尖，生死分途骤。（小旦）不要说你向日与我老爷一番交谊，只是天理也要存的。一个人死了，又屈陷我们。（副净）如今的人那里惜得旧情，顾得天理？只是我说头真，你就生

了;我说头假,不要说死罪是稳的,只打上这一套就活不成哩!(小旦)若你方便一声,就是你的阴德,超生出死也仗贤侯,铭骨镌心把大德酬。(副净)说这等感激的空话都是没用的,只依着我一件,就全了你两条性命了。(小旦)依你什么来?(副净低唱介)文君寡,相如凑,真个是氤氲早注鸾凤偶。蒙许诺,我便开生窦。(小旦背唱介)【前腔】痛红颜誓死优游,拒豺狼祸连生友。(副净)不要疑惑,肯与不肯就回绝了我。(小旦)恐贻人谈笑,琵琶又抱他舟。(副净)笑是虚事,死是现的,不要认差了念头。(小旦)罢罢罢!只愿你片言折狱,一语回天,我也何惜青青柳[16]!(副净)说便说了,不要反悔。(小旦)说那里话!我千金一诺也等山丘,倘食前言剑下休。(副净跳跃介)这便才是,快活,快活!(小旦)你也赌一咒,须要一总出脱得干净便好。(副净)娘子不要疑心。(对天跪介)我汤勤呵,深深拜,谆谆咒。倘言词反复真禽兽,刀剑下,异身首。

(末上)(丑、杂随上)才离风刀狱,又到摄魂台。(杂带外上)(末)家将过来。你前日监斩,可是与方才一般看绑看杀的么?(丑)是一样看绑看杀的。(末)我只道绑缚停当了,你远远地看的,却原来你当面看绑来。难道隔夜看见的人就不认得了?(外)大人在上,犯官虽与莫怀古交好,难道家将的言语也是买出来的?我死何足惜,必当作厉鬼以杀之!(末)且不可造次,还要细审。汤经历过来,此事非同小可,三条性命都在顷刻,你也该再认一认才是。(副净)经历也在这里细想。家将面绑面斩,决是无疑,但几块骨头高低稍异。论来生人筋骨舒展,到死后未免筋收骨缩,也是有的。

【节节高】真情仔细搜,费踟蹰,或者是筋收骨敛皆非旧。(外)疑关透,城府休,沉冤剖。(小旦)生前死后无差谬,望弘开法网恩波懋。(合)明镜高悬照蛰幽,春回化雨沾枯朽。

(末)监斩无差,证于家将所目睹;头骨无误,出于经历之细研。如今再没得说了。(写介)

【前腔】微臣勘斩囚,究根由,拘擒赴法亲监守。头重扣,骨格酋,非虚谬,一辞众口无先后。(合)从此冤仇一笔勾,听金鸡衔赦传莲漏。

(末)且暂押出,候复奏旨下定夺。(外)是。

【尾声】(末)持平国法心无疚,(外)仗天日光昭尘垢,(合)伫看取雷电威严翻成化雨流。

(末下)(副净对杂介)你带那雪娘另住,不许与戚总兵同居。(杂应介)

(外)丈夫惟仗义,(小旦)生死期无愧。

(副净)凡事留人情，　　后来好相会。

〔注〕 ① 金：这里指金印。 ② 私赇：贿赂。私原作和,据欧阳代发《一捧雪校注》改。③ 中山酒：出在古中山国(今河北定州、唐县一带)的名酒,饮之使人千日醉,故又称千日酒。④ 载薏：《后汉书·马援传》载,马援驻兵交趾,取当地所产薏苡为粮为药。待军还,载薏苡一车为种。及援死,有人上书,言其所载乃是明珠文犀等宝物。后因以"薏苡明珠"比喻蒙冤受谤。 ⑤ 苏卿节：指汉苏武出使匈奴被扣留,持汉节牧羊,节旄尽落,食毡饮雪,十九年坚贞不屈。 ⑥ 常山舌：指唐常山太守颜杲卿坚守危城,城陷被执,厉声骂贼,遭安禄山叛军割舌,终不屈而死。 ⑦ 息壤功：传说大禹以一种无限生长的土壤来堵塞洪水,保护家园。这里指开疆拓土、守卫国家之功。 ⑧"小将"二句：分符、刻竹,指执掌兵符印信,镇守重地。⑨挥戈日返：《淮南子·览冥》载,春秋时鲁阳公与人战至日暮,握戈一挥,"日为之返三舍"。比喻十分英勇。 ⑩ 睢阳忠矢：唐睢阳城守将张巡抗击安禄山,粮尽被擒,不屈而死。矢,正直真诚。⑪ 淮阴：汉淮阴侯韩信。 ⑫ 载鬼张弧：《易经·睽卦》记旅人行路,初见一车上好像载着鬼,就张弓欲射,后看看是人家娶亲,又把弓放下。这里比喻疑神疑鬼。 ⑬ 盆冤覆：晋葛洪《抱朴子·辨问》:"三光不照覆盆之内。"后因以"覆盆"喻含冤受屈。 ⑭"未央"二句：前句谓击破项羽立下大功的韩信被斩于汉未央宫,后句指忠心耿耿的屈原遭放逐,行吟泽畔,自沉汨罗江。 ⑮ 再抱衾裯：指再嫁。衾裯,被子。 ⑯ 青青柳：唐传奇《柳氏传》韩翃寄姬柳氏有"章台柳,昔日青青今在否"句。这里比喻身份低贱、身不由己的蒲柳之姿。

第十五出《代戮》,戚继光已经骗过了严世蕃,莫怀古的假杯案本可以了结了。但一心巴结新主,又生性多疑的汤勤却从蓟州送来的人头上看出了破绽。为邀功请赏,他向世蕃禀报：自己一路上与莫怀古同宿同行,每天见怀古篦头梳洗,对怀古的头骨也非常熟悉。莫怀古头顶有象征福相的所谓"三台骨",脑后的枕骨也突出如拳。现在献来的头颅,顶尖脑削,全与怀古不同。一定是被人调过,需立即追查、审问。世蕃大怒,马上责令锦衣卫重审莫怀古首级案。这就进入十八出《勘首》,俗名《审头》。

这出戏分四个小段落。其始南吕引子【步蟾宫】到陆炳的定场白,写锦衣卫头目陆炳登场坐堂,揭开审头的序幕。第二段从【临江梅】到陆炳带戚继光等离开大堂监斩商大辂,写大堂审问,戚继光、雪艳与汤勤等人的对质,表现了戚继光胸有成竹,大义凛然,以正压邪的气势,让陆炳、汤勤看不出破绽,束手无策。第

三段写汤勤见四顾无人，不惜采用卑鄙手段，趁机胁迫雪艳，妄图占有雪艳，雪艳为报仇雪恨，则利用了这个禽兽的弱点，让汤勤自打嘴巴，为案情翻供。最后，现场看过处斩商大辂的前任监斩家将认定，前次斩首莫怀古看得真切，监斩无差；上了钩的汤勤，也乖乖地改了口供，说是：人死筋骨收束，三台骨、枕拳骨自然都不见了。于是陆炳判定：头骨无误，监斩无差，戚继光无罪。雪艳的性命得以保全。一桩对莫、戚等人极有威胁的疑案反成了于正面人物有利的铁案，为观众始料所未及。本出富于戏剧性，跌宕起伏，扣人心弦。

戏剧家要完成上述案情的突变，情节的转换，不是靠技巧，不能带随意性，而是依据人物的性格、生活本身的逻辑，寻求其变化的必然性和可能性，才有可信性和感染力。"审头"这出戏在这方面的构思和表演都十分成功。

先说陆炳。他是一个真实的历史人物，在戏中是主审官。据史籍记载，他确实勾结过严嵩等人，做了许多坏事，是赫赫有名的锦衣卫头目，但又说他："周旋善类，亦无所吝。帝数起大狱，炳多所保全。折节士大夫，未尝搆陷一人。"(《明史・佞幸传》)这又是他良心未泯的一面。所以他来审理戚继光案，就不愿像秦桧、万俟卨那样冒万代骂名，以"莫须有"定人死罪，残杀无辜。他已经知道，莫怀古以一杯之微，致忤严家，遂至杀身，已为冤极，自己不能更加惨毒再株连别人。他的这番表白正是流露出其良心未泯的一面，有人物性格的依据。这就为被害人留出了一线生机，为案情向有利方面转变提供了可能。

再说审讯中的其他人物。戚继光是一位立过赫赫战功的柱石之臣，是驰骋疆场的英雄人物。他私放故友，假献首级，实是出于大义，灭严嵩父子的淫威。所以当主审官指控戚继光"冒充假首，欺诳朝廷"时，他以有张巡之忠、韩信之功，而不屑用陈平之诈计自白，显示他对国家和朝廷的忠诚。高屋建瓴，用正气压倒了邪气，在辩词上取得了有利的地位。他又利用严府家将当日参与监斩的旁证，声称那日千军万马都已目击，证人不可胜数。他特别抓住严府家将往日粗枝大叶，现在理亏心虚的心理，指出：当日你不但睁大眼睛在监督，还是你亲自把判决文书贴到人头上取走的。言下之意是：你也做假不成！把他吓得不敢出声。于是戚帅再次占了上风。这时只剩下汤勤还不罢休，再次提出头骨有诈。按理，这确是一条最过硬的举证，但不幸的是，它只是汤勤的"片面之词"，没有莫怀古在场自然就无法取证。戚帅抓住了它"不能证明"的弱点，反控汤勤捕风捉影，血口喷人，罗织罪名，陷人于法，让汤勤也有口难辩。这样三个回合下来，戚帅已从被告转化为原告，从被动化为主动。这一位久经疆场、叱咤风云的人物，在生死关头显出胸襟坦荡力挽狂澜的气度。审判过程出现逆转也就在情理之中。

到此还不足以裁决真假。为使案情真正坐实，疑案办成铁案，作者特地安排了让严府家将重新亲历一次监斩的暗场，从而腾出舞台，让汤勤借机调戏并威胁雪艳改嫁给他。雪艳为保护恩人戚帅以报夫仇，只好委曲求全假意答应，而后迫使他在锦衣卫刑堂当堂改供。于是，重新经历看绑看杀的丑角（家将）为推卸责任，只好当堂承认：前日监斩，也是当面看着的，两次所见无差，所以人头无误。汤勤为逞其私欲，已向雪艳发过毒誓，再不改供要死于刀剑之下，也就当堂找理由改供，说：人死筋骨收缩，头骨稍异不足为据。于是一场关系几家性命的官司最终发生逆转，戚帅无罪，同时雪艳也被释放。整出戏唇枪舌剑，生死攸关，惊心动魄，但人物言行有充分的性格依据，剧情变化合情合理，丝毫没有人为的痕迹。这正是作者设定“审头”剧情的高明之处。（江巨荣）

一捧雪　　李玉

第二十出　诛　奸

【黄钟引子玉女步瑞云】【传言玉女】（小旦上）恨远愁赊，心事向谁倾泻？【瑞云浓】羞杀我偷生客舍。

我雪艳自遭老爷之变，满图即返家乡，不想被奸贼提勘头颅，致连戚爷几遭不测。那日在锦衣堂上，若正言拒绝，我死何足惜，只是戚爷性命难保，故此假意应承。今喜戚爷仍复旧职，我死亦瞑目矣！晚上汤贼着人来说，今夜到我寓所成亲。待他来时，我自有道理。只是我老爷孤身出塞，夫人一别钱塘，（哭介）我雪艳恐再不能见你之面矣！

【黄钟过曲绛都春序】三生夙孽，为鸱鸮范张，翻成吴越①。形影孤单，痛地北天南鱼雁绝②。深冤早结下沉沉劫，错认我移枝换叶。寸心金石，向穹苍几回无语悲咽。（内鼓乐介）

你听隐隐鼓乐之声，想此贼来了。且静掩房门，再作区处。心对镜天昭白日，节磨玉雪苦青春。（下）（副净冠带花红作醉态）（丑持冠服）（杂照前扮喜娘、傧相、鼓乐、花灯上）（行介）

【出队子】（合）花灯荧烨，花灯荧烨，聒耳笙歌多闹热。宫花插帽，薄醉恣豪侠，酒意春情欢更浃。谐凤侣，缔鸾交，千金此夜。

已到门首，如何静悄悄绝无一人？（丑）这里已是中堂了，待我来敲

房门。开门，开门！（末）伏以一枝花插满庭芳，旧话休提时样妆。心子和平关地好，完成一局做新郎。吉日良时，请新贵人抬身缓步，请行。（作乐介）汤爷，诗句如何？（副净）将就将就。（小旦上）

【闹樊楼】蓬门何事喧声彻？泪痕惊断，寸肠愁摺。（丑）是汤爷在此。（小旦）岂不闻疾风暴雨不入寡妇之门？户掩春光别，幕透凄风飕。（丑）汤爷到此成亲。（小旦）呀，这是那里说起！痛幽魂石化，泣悲风城堕，矢贞操海枯石裂。（副净）咳，这原是你亲口许的。（小旦哭介）阿呀，天那！望苍穹，鉴芳心比冰霜倍洁。

（副净）不怕你悔赖！分付众人吹打起来。（众吹打介）

【滴滴金】（副净）佳人悲悼空成拙，断续姻缘前世结。况你花容玉貌真妖冶，怎肯把青春空度也。（众合）银河早涉，鹊桥填，好将风浪歇。瑟调琴洽，早趁良时令节。

（小旦）列位，且请在外厢略等一等，有一句心上话，待我与他细细讲明，然后结亲便了。（众）有理。倒是先讲明，省得后边言语。我们且在前堂伺候。命中注定妻宫气[3]，那边吃醋这边酸。（俱下）（小旦作掩门介）请坐了，我有句话与你说个明白。（副净）娘子，夫妻间有什么不明白的话？快说了罢。只是夜短得紧，不要耽搁了工夫。（小旦）你和我老爷钱塘寄食，京国携行，汲引相府荣华，忘却故人情谊。献玉杯更穷真假，陷杀命复勘头颅。于理何辞？于心何忍？（副净）我与你既为夫妇，这些莫家的旧事讲他怎么？况你性命是我保全的，不要说这些闲话了。（小旦）怎么不要说！

【南吕过曲浣溪沙犯】新愁串，前事叠，砌柔肠怎容结舌？你今日里呵，戴乌帽穿朝靴将鸳序列[4]，试平心详细者。【啄木儿】不思量风雪侵肌冽，不念那骨肉同行挈。【玉漏迟】不记得豪门携谒，竟反把水木根源噬啮。（副净作醉诨介）

娘子，我与你今日呵，

【黄钟过曲三段子】雨云梦协，缔鸳鸯生共辙。盟言怎撇？并鸾凰死共穴。前情琐屑，甘心忍受叨叨说，觑娇容更倍添风月。（作搂抱介）早救我魂飞火热。（小旦推开介）

你不要认错了念头！（副净）娘子，为何将言语看看说远了，难道把亲事赖了不成？（小旦）什么亲事！我与你正是性命相搏的时候

了！（小旦拔刀介）（副净）阿呀！如何认起真来，把刀来吓我么？就不做亲，我去了也罢了。（小旦）你来得去不得了！（持刀赶）（副净躲介）

【滴溜子】（小旦）冤家遇，冤家遇，怒气腾烈。钢刀上，钢刀上，冤仇报雪。（作赶着副净搠倒踏住介）（副净喊介）不好了！家婆杀家公了！救人救人！（小旦）痛恨，心肠馋劣。（副净又喊介）（众忙上打进门介）阿呀！好端端成亲，为何持刀弄剑，做出这样事来？（欲上各退介）（小旦将刀乱搠介）冲冲怒气多，手腕怯。截口眼，屠肠胃，聊当寸磔[5]。（做杀死副净介）

（众）有话也该细讲，怎么弄出这样大事来？如今倒难收拾了。（小旦）列位不要忙。自古道："冤有头，债有主。"我家受此贼天大冤仇，誓必杀他以雪此恨，决不连累你们。

【下小楼】叹嗟，冤深恨切。（众）就有冤仇也该当官去讲，如今弄拙了事，倒走不脱了。（小旦）恨豺狼须溅血，残生分定朝露灭。（指介）你们看此贼又活了。（众看副净介）（小旦持刀自刎介）从此黄泉长逝，始得目瞑魂贴。（作刎死介）

（众惊介）世间有这等义烈妇人！（合哭唱介）

【永团圆犯】贞心一片刚难屈，死如归，生岂窃？报仇舒恨真明哲，胜专诸[6]，齐荆聂[7]。香闺俊杰，须眉输却红裙妾。白刃从容掣，形骸屣脱[8]，超仙界，生天阙。【闹樊楼】一死贞魂孑，万古芳名揭。【望吾乡】（指副净介）机空构，奸枉设，九地偿冤业[9]。【永团圆】怎避口碑铁？（净、旦赶上）

饶伊走上焰摩天[10]，脚下腾云须赶上。你们做得好亲事！（众）人也杀了，还要说亲事？（净见惊介）如何杀了两个人？（众）莫雪娘想起旧怨，杀了汤爷，就自刎了。（净）杀得好！杀得好！这黑心贼瞒了我私自来做亲，自然该杀他。（众）夫人，怎么哭也不哭一声？（净）我若哭起他来，哭不得许多。如今趁有现成六局在此[11]，不如今朝帮我去坐产招夫罢[12]。（众）夫人，你看汤爷肉也未冷，怎么就去改嫁？（净）你们不晓得，

【余文】杨花水性随风折，怎顾得生离死别？喜孜孜早觅个俏

冤家，把姻缘来再接。(同旦下)

(众)天下有这等妇人，可笑可叹！我们且把尸首抬过一边，快报中城兵马，再作道理。(抬尸进介)

(合)得好休时便好休，何须苦苦结成仇？

今朝一死如春梦，赢得奸名万古留。

〔注〕 ①“为鸱鸮”二句：意为因坏人的挑拨好友也成仇敌。鸱鸮，恶鸟。范张，东汉范式、张劭，以生死交而著称。吴越，春秋时敌国。 ② 鱼雁：古时鱼、雁为传递书信之动物，此指音讯。 ③ 妻宫：妻妾宫，为星相家所说的人们颜面的十二宫位之一，主妻妾之事。 ④ 鸳序：即鹓序。鹓鸟飞行排列有序，因喻朝官班行有序。 ⑤ 寸磔：将肢体寸寸碎割。 ⑥ 专诸：春秋时吴国刺客，曾行刺吴王僚。 ⑦ 荆聂：战国时刺客荆轲、聂政。 ⑧ 屣脱：把鞋子脱掉。此处比喻把生命看得很轻。 ⑨ 九地：犹九泉，阴间。 ⑩ 焰摩天：佛家所谓欲界六重天中的第三重。 ⑪ 六局：宋代官府贵家所置，掌筵席陈设。六局为果子局、蜜煎局、菜蔬局、油烛局、香药局、排办局。后市井仍有此行业，供人雇用。此处泛指婚庆服务机构。 ⑫ 坐产招夫：占据原夫家产，再招新夫进门。

《诛奸》是《一捧雪》中的第二十出。《审头》之后，雪艳料到，汤勤必为掠夺家产和霸占自己来京中住处纠缠，必须早作预备。汤勤以为凭自己一番轻翻唇舌、颠倒是非的工夫，已把雪艳抢到手，因而急不可待地安排鼓乐傧相，公然赶到客舍与雪艳成亲。《诛奸》就是表现雪艳在这样一个洞房花烛夜，为丈夫，为莫家报仇雪恨，刺杀奸险小人汤勤的一幕。一些戏曲选本和舞台演出中通称为《刺汤》。

雪艳是《一捧雪》中的一支“雪莲”。她既美丽又聪明，既机智又刚烈。她出身卑微却心地善良，是非分明。她早已看出严氏父子手段之狠，汤勤忘恩负义之奸诈险毒(见第十一出)，为救丈夫，她表过“代你捐生图你生还”(第十四出)的心愿。为洗冤情，她立过“拚个碎首君门把沉冤涤”的誓言(第十七出)。表现出舍生忘死的气概。她在刑场曾沉着镇定地为戚帅掩饰了假杀代斩的真相，在“审头”中为救戚帅，她含冤忍耻虚与周旋，抓住汤勤贪色心理，关键时刻不失时机地迫使汤勤改口翻供，化解了一场更大的灾难。她临危不惧，沉着冷静，机警过人，人物形象十分富有光彩。丈夫早已逃出魔掌，远奔关外；戚帅也已化险为夷，仍统大军，雪艳感到一无牵挂，可以从容应付，专门收拾那个忘恩负义、陷害恩主的仇人了。这出戏一上场，雪艳唱黄钟引子【玉女步瑞云】、过曲【绛都春序】，又通过前后的宾白，写她单独一人，在住处等待风暴降临的情景。一个本来安宁富足的官宦人家，由于卑鄙小人谗口趋炎，挑拨嫁祸，造成家毁人亡的灾难，自己也被押赴刑场，出生入死。所以她唱“恨远愁赊”，就包容了她长久积累的仇恨。她现在只身寄住京城客舍，形影孤单，心事无人倾诉。更可恨汤勤借审头之机，要挟

成亲。今天就要上门,刻不容缓。这时雪艳想到莫家之难、老爷所遭之苦、戚爷所受之牵累、自己所受之羞辱,心情悲愤交集,在曲中痛诉"三生夙孽,为鸱鸮范张,翻成吴越","深冤早结下沉沉劫",因为她实在无法解释为什么一个受主恩遇的人会疯狂反噬,便只能把经受的苦难看作前生前世定下的劫运。自己对着苍天"无语悲咽",心中但愿天道好还,报应不爽。这就是历经磨难和凌辱的雪艳悲痛心情的最真切的流露。悲咽而无语,不单说其悲痛之深,更显其孤独无告,是雪艳此时的真实处境。但雪艳又是一个坚贞不屈、侠义过人的女性。汤勤卑鄙龌龊,以为她真要"移枝换叶",答应嫁他,今天倚强凌弱,仗势强娶,令她已没有退路。她一再说"死何足惜"、死可"目瞑魂贴",表明她已下了决心,准备拼着一死,与这个无耻小人周旋了。这些是雪艳上场时的一段独白和独唱,舞台只见一人,看似平静,但在平静中可以看到人物内心的激烈波澜,感受到"山雨欲来风满楼"的征兆。她吟的两句诗"心对镜天昭白日,节磨玉雪苦青春",显示其心如白日之明,可以无愧于天;青春年华遭受冰雪磨难,节操更加冰清玉洁。这是她性格的写照,为下文情节的发展作了思想上的准备。

接着汤勤带鼓乐花灯、喜娘傧相上场,又吹又打,热闹非凡。场面由冷转热,雪艳与仇人就要相见,矛盾冲突也推上高潮。不过有经验的剧作家,并不急于让剧情立即剑拔弩张,兵刃相见,而是合情合理地安排了一个跌宕起伏的波折,让雪艳掩上房门,以观动静,避其锋芒。借此留出余地,让酒醉蹒跚乘兴而来的急色之徒显现他的丑态。当汤勤急于敲门,催她拜堂时,她像是不曾听见过,也不曾答应过的没事人一样,反问:"蓬门何事喧声彻?"表示十分惊讶。别人告诉她,是汤爷到此成亲,她回答:这是哪里说起?她还搬出古训责问:岂不闻疾风暴雨不入寡妇之门,自己丈夫已死,只想做望夫化石的贞妇,哭坏长城的孟姜女,海枯石烂,矢志不渝。这些道白唱词,显示了雪艳处变不惊的心态和凛然不可犯的意志。"望苍穹,鉴芳心比冰霜倍洁",已充分反映她此时的决心。

毫无疑问,雪艳"静掩房门,再作区处"和搬出古训,佯装不知,都是希望汤勤知难而退,改弦更张。不想汤勤怙恶不悛,仍以"原是你亲口许的","你花容玉貌真妖冶,怎肯把青春空度也",及"早趁良时令节"等言语相挑逗、相威逼。雪艳忍无可忍,急中生智说:"列位,且请在外厢略等一等,有一句心上话,待我与他细细讲明,然后结亲便了。"先将众人支开,把这个不知死活的无赖赚进房内。这时雪艳明明要与他拼死了,但她不露声色,从从容容地用一句好听的话诱得汤勤心甘情愿地前去送死。这是一个弱女子单独刺杀仇敌的准备,却一点不露痕迹。在看似不经意中,剧作已进一步写出了她的沉着镇定,聪明机警。

一到掩上房门，舞台中心只有雪艳与仇人相对的时候，雪艳的愤怒就像火山那样喷发，她先是痛责汤勤辜负莫家恩义，反目成仇，为严家谋夺玉杯一次次献计陷害，连头颅真假也要穷追不放。你"于理何辞？于心何忍"？她又唱【浣溪沙犯】，斥责他今日头戴乌纱，脚踏粉底朝靴，却不思量当日身陷风雪寒冽刺骨的情景，不思莫老爷视之如同骨肉同行同伴的亲情，不念带其进豪门使之发迹的恩遇，竟然为虎作伥穷凶极恶地反噬恩人。这一段唱词历数汤勤的斑斑劣迹，勾画出了这个忘恩负义之徒的丑恶灵魂。这是天理人心对罪恶的审判，所以义正词严，声情并茂，铿锵有力。

雪艳充分抒发了愤恨后，就有所行动了——正如她所说"正是性命相搏的时候了"。这时剧情也就达到了高潮。她拔出早已预备的利刃，像狂怒的猛狮那样向仇人报仇雪恨。这时的汤勤要讨饶也来不及了。到此，剧文特别强调动作提示，标明她拔刀、持刀、追赶，搠倒、踏住，将刀乱搠，截口眼，屠肠胃，做杀死介等等动作，层次十分清楚。这时纵有傧相等人冲进门来拦阻，也已经无济于事了。众人在她充满义愤不顾一切的行为面前也都被镇住了，由她持刀追赶，诛奸解恨。就这样，一个弱女子终于手刃奸贼，为莫怀古报了仇，为戚继光除了后患。为了不再受官府凌辱而保持清白的身躯，也为了保护众人使他们不受牵连，她毫不犹豫地自刎而死。在场众人对她的刚烈无不感到震惊。他们赞美她："香闺俊杰，须眉输却红裙妾"，"一死贞魂孑，万古芳名揭。"认为她坚决果敢的行刺可以与古时著名的刺客专诸、荆轲、聂政相提并论。【永团圆犯】曲对雪娘的礼赞，深刻体现了这个人物形象的崇高美，也是那个群奸猖獗的时代人们对伸张正义者的礼赞。

由于雪艳形象的丰富内涵，昆曲艺人很早就把它搬上舞台。艺人在演出中创造并融入了许多优美的身段、高难度的跌扑功夫和特色技巧，使其形象更鲜明感人。《一捧雪》中的"刺汤"与《渔家乐》的"刺梁"、《虎山余生》的"刺虎"，合称"三刺"，是刺杀旦中最享盛名的剧目，其中尤以"刺汤"久演不衰，最具舞台生命力。

（江巨荣）

一捧雪　　李玉

第二十一出　哭瘗

（杂扮中军官上）蛾眉真足愧须眉，千载英风得并追。义重飞霜天象惨，心同化石列星垂[1]。自家乃总镇戚府旗牌官是也。俺爷因勘首来京，喜复旧职。昨为莫府雪娘身故，俺爷赎尸茔葬西山，今

日设奠往祭，故在此伺候。道犹未已，老爷早到。（外冠带，二杂捧桶、祭礼上）

【北正宫端正好】（外）古今垂，乾坤浩，仗弥漫正气昭昭。我向那简编中历数出幽光耀，全把那纲常表。

俺戚继光重蒙圣恩，复叨旧镇。本欲即回蓟州，因雪姬杀贼捐身，朝野钦敬，下官随买西山隙地殓葬风木。所喜前日首级，下官亦曾乞领，意欲带回缀向遗骸，葬于蓟镇。今日特捧此首，到雪姬坟上一同祭奠一番。分付手下，就往西山行去。（杂）晓得。（行介）

【滚绣球】（外）望彤云笼一天，看寒烟黯四郊。只见那雁行飞嘹嘹哀叫，悲风起卷长空叶落林皋。俺抹过了响寒流的浅堤，跨过了接疏篱的小桥，曲湾湾早来到深山之坳。聒耳介鸟噪猿号，看多少萧萧荒草高低冢，总是那赫赫荣华今古豪。今日里呵，只落得埋没蓬蒿。

（杂）禀爷，已到雪娘坟上了。（外）你看新堆三尺，故土一抔。空宵寂寞，何来声起松楸？永昼萧条，惟见名题墓碣。凄风万古，清霭千峰，朝暮鸢狐啼怨血；牧竖行歌，樵夫倦憩，春秋庐墓伴贞魂[②]。（杂摆桶、祭礼介）（外）将酒过来。（执酒拜介）

【叨叨令】这椒浆和泪更含愁，一樽儿淋漓浇向黄泉道。草杯盘怎比得俎豆列琼瑶，统望恁一点精灵偏不杳。早鉴咱拜祷的微忱，仿佛介鸾骖鹤驭飘然到。可惜青春和艳娇，断送得迷离惨淡西风吊。兀的不痛杀人也么哥，兀的不痛杀人也么哥，怎能够重返香魂，把从头冤恨凄凄凉凉的告？

咳！雪姬，雪姬，我看你久已一死如饴[③]。那日锦衣堂上，你止要全我性命，故此假诺奸谋。一等事完，奋身杀贼，立志捐躯。真智足包天，烈堪贯日！我戚继光今日未尽之身，皆出所赐也。

【脱布衫】俺拜龙光节钺重叨，恁丧鱼肠魂魄游遨[④]。羞杀我剩须眉颓然一老，反输却小红裙身全仇报。

自古人孰无死？若姬之死，千古犹生矣！想那晚呵，

【小梁州】怒冲冲杀气横空耀宝刀，残灯闪血溅魂飘，冲牛斗山岳尽摧摇。冰霜操，凛义气九天高。

我想一女子如此义烈，堪愧杀权奸辈矣！

【么篇】枉恃着荣华富贵千年调，百般的机械巧妆乔。有日价照阳光，冰山倒。怎博得东门黄犬⑤，好教恁彤管臭名标⑥。

(众扮四士人上)

何异负骸能断臂⑦，却同骂贼取刳肠。此处已是烈妇冢上了。(见科)呀，老先生在此。学生为拜奠烈妇而来，俟行过礼了奉揖罢。(外)请。(众拜介)青陵台下流风古，《乌鹊歌》中落日黄⑧。多少衣冠拜巾帼，头颅谁肯付疆场？(与外揖介)(众)学生辈本欲义助茔葬，不意老先生独成义举，我辈便当叩阙求旌矣。(外)草草掩骨，无异藁葬耳⑨。(众)桶内什么东西？(外)此莫公首也。(众)何不合葬于此？(外)莫公遗骸仍在蓟镇，意欲捧回合尸，葬在彼处了。(众)一种忠魂，又分两地，亦是歉事。学生辈有短章哭吊，请为诵之。(出诗各念二句介)手执干将自断喉⑩，血腥染处迹偏留。缟衣密结人难犯，怨气盘空鬼亦愁。事到沉冤惟有死，身成完节更奚求？湘妃竹怨空余泪，还与贞姬剑底收。(外)学生武夫，愧不能奉和。先生辈金玉之章，与雪姬共不朽矣。(众)岂敢。(作焚诗介)学生辈先别了。(外)请了。(众)乾坤大矣精难朽，道路闻知骨尽寒。(下)(外)军士们，焚帛奠酒者。(杂)晓得。(化纸浇酒介)(外揖介)

【快活三】奠泉台愁脉脉，不禁价泪滔滔。问男儿肯将血泪洒征袍，也只为他一点丹心儿千古少。

就此回寓罢。(杂应捧桶随外同行介)

【朝天子】(外)别苍苔短蒿，离空山古道，吊牛眠难重扫⑪。那里是丁令归来千年华表⑫？只见那落斜晖山衔照。暮去明朝，春来秋到。此日余生，到头来怎免得堆荒草？哭恁这一遭，醒咱这一觉，好把那一瞬浮生做个万载忠和孝。(下)

〔注〕 ① 化石：古传贞妇立于北山，久望夫归而化为立石。见南朝宋刘义庆《幽明录》。② 庐墓：为尊长守墓。 ③ 一死如饴：指甘心赴死。饴，饴糖，取甘之如饴之义。 ④ 鱼肠：古宝剑名。《越绝书》所记五名剑之一。 ⑤ 东门黄犬：秦李斯临刑时，感叹再也不能过牵黄犬过东门这样平民的生活了，这里借以嘲笑汤勤没有好下场。 ⑥ 彤管：红杆的毛笔，古时女史所用，记宫中事。此指史笔。 ⑦ 负骸断臂：五代时王凝死，妻李氏负遗骸归，经开封旅店，店主拒其投宿，拉臂使出，妻为示贞节，乃引斧自断其臂。见《新五代史·杂传序》。 ⑧“青

陵”二句：战国时韩凭妻何氏貌美，宋康王筑青陵台欲纳之，何氏歌《乌鹊歌》明志，自缢死。见《彤管集》。　⑨ 藁葬：草葬。　⑩ 干将：春秋时宝剑名，干将、莫邪夫妇所铸。　⑪ 牛眠：晋陶侃未做官时，遇父丧将葬，家中忽失牛，有老人告知他，牛眠于前面山冈，若葬其地，位极人臣。后果如所言。见《晋书·周访传》。后即以牛眠地为好坟地。　⑫ 丁令：即辽东人丁令威。传他学道于灵虚山，后化鹤归辽，落于城门华表柱上，有少年欲射之，乃飞向空中唱道：“有鸟有鸟丁令威，去家千年今始归。城郭如故人民非，何不学仙冢累累。”见《搜神后记》。

《哭瘗》一出紧接《诛奸》之后，写雪艳杀贼自尽，戚继光赎其尸茔葬于西山，并捧得所谓莫公（实则莫诚）首级，前往祭奠。全出戏主要表演戚帅祭雪艳的情景，故本折又名《祭姬》。

这出戏在剧情提炼、环境描写、人物形象塑造和语言应用上都有不少长处。

一出折子戏，剧情不算复杂，但作为全剧的一折，要交代前后的情节脉络而不重复，作为单折演出又有头有尾而不令人摸不着头脑，并不容易。这出戏通过中军官和戚帅上场的两段宾白，交代出雪艳死后戚继光已经官复原职，从而可以为她赎尸、茔葬、设祭。因为她死得贞烈，朝野钦敬，所以戚继光才可以如此兴师动众，一班文士也赶来助祭，并准备“叩阙求旌”。这些情节在一些喜欢铺叙的传奇作家手里，都可能作明场处理，长篇传奇也为此提供了余地。但李玉的剧作一向以简练见长，所以在刺汤以后紧接祭姬，就把那些朝野钦敬的官样文章，戚帅重任蓟州总兵及他买葬乞头的事件，统统省略了，只以短短几句道白把这些过程作了交代，这不仅情节背景清楚，前后连接紧密，连后文一群文士的助祭也很自然了。这是李玉在情节结构上善于提炼、剪裁的长处。

本出戏是表现上坟祭奠的，因而渲染气氛、衬托环境，就是表现人物心理、增强悲剧效果的一种手段。我们从戏中看到，在戚继光从府邸行往西山的路上，作者通过【滚绣球】曲就把主人公沿途所见与他的心境，与整出戏的气氛密切地结合在一起。满天的乌云，郊外雾蒙蒙的寒烟，天空中秋雁的悲鸣，悲风吹得散落在林塘的落叶，无不是主人公情感的外化，也是作者借外界的物象在衬托他的哀伤。而后他迈过寒冷的浅堤，跨过疏落的小桥，走进深山山坳，方才走到坟前。这里所见更悲苦惨凄。他听到了聒耳难听的乌鸦的叫声，听到使人肠断的哀猿的号叫，见到蒿草中高高低低的旧坟，不由不悲从中来。这些也在写景，写雪艳坟墓的位置，但也是在写祭奠的人，写祭奠者内心极其沉痛的心情。确是景中有人，人中有景，而又天衣无缝。

一位将帅祭奠朋友的一名小妾，两人的地位身份本来悬殊。但戚继光虽为国家重臣，却因奸佞小人之害而身陷囹圄，险些丧命，得雪艳舍生忘死除奸绝患而官复原职，对她自然充满感激之情。同时，戚继光也知道严家父子借玉杯为非

作歹，陷害忠良，汤勤仗势欺人，无恶不作。自己虽欲拯危救溺，却无能为力。倒是一个娇弱女子，深明大义，智勇过人，不仅协助丈夫逃出魔爪，还保全了戚继光的前程。其正气足以垂范今古，勇气足以愧杀须眉，在贞烈的伦理层面上，身为大帅的戚继光和身为姬妾的雪艳并没有高低之别。所以戚继光在她坟前，一面满含悲泪倾诉感恩之情，诉说锦衣卫大堂上，是雪艳为保住自己性命，才假意答应汤勤的奸谋，所以“今日未尽之身，皆出所赐”，感恩之情，发自肺腑。另一面他更看到雪艳“奋身杀贼，立志捐躯”、“智足包天，烈堪贯日”的精神境界。看到“小红裙”身上的正气和节操的可歌可泣，远远超过事件本身，所以他更赞美她“古今垂，乾坤浩，仗弥漫正气昭昭”，“冰霜操，凛义气九天高”，“一点丹心儿千古少”。这不仅愧杀权奸，让他们在青史上永远留下臭名；而且借这场痛哭，也令天下须眉男子有所振奋，借她的贞魂，冲斗牛，摇山岳，做出一番事业。虽说其理念仍在纲常，旨在“做个万载忠和孝”，不脱传统的道德规范，但雪艳“奋身杀贼，立志捐躯”的举动，是非分明、疾恶如仇的精神，在一个丧失正义、缺乏正气的年代，足可以发聋振聩，留美人间。通过戚继光祭奠中的唱词，作者确实把雪艳的形象作了集中的概括。从戚帅的钦敬之情更突显出一个下层女性的光彩。曲词充满真情实感，用语雄浑悲壮，符合一位大将的身份和口吻。所用北曲正宫【端正好】套曲，突出了惆怅雄壮的曲意声情。“兀的不痛杀人也么哥”两句，系【叨叨令】固定曲式，用在这里，用词与曲唱有相得益彰之妙。

（江巨荣）

人兽关　　李　玉

第二十三出　痴　拟

【双调入仙吕过曲双劝酒】（净上）金赀满装，衙门停当。京师奔忙，前程堪望。但愿得官星兴旺[①]，戴一顶纱帽风光。

区区龙游富翁桂负之便是。只为我家广有钱财，自想无官不贵，同了大舅尤滑稽，拿了三千银子到京营干，所有通州例、飞过海几条门路，因选的官卑路远，不称鄙怀。近有边功一途，虽是武弁[②]，倒也冠冕。凭着老尤在兵部打干，要寻一个好衙门。如今银子将及用完，还无着实。今日老尤绝早出去，他若回来，必有好音了。（付净上）

【前腔】营谋在行，相知偏广。存心善良，分毫非诳。受尽了驱驰劳攘，只为那骨肉相央。

(净)大舅回来了。事体如何?(付净)事在九分九厘了。(净)几时便得到手?(付净)兵部大堂题过了疏,圣上批在兵科覆核,如今科内已回奏了。只等圣旨一下,不日就有衙门。(拱手介)恭喜,恭喜!(净)此事若成,尽是大舅所赐。(付净)岂敢。姐夫你的官是就做了,那些行头,都是要预备的。(净)不消分付,你这几日在外奔驰,我一一都停当了。(净取员领、纱帽、皂靴与付净看介)(付净)妙阿!齐整得紧。姐夫今日好日,将来试一试。(净穿着介)(带做带唱介)

【北耍孩儿】(净)乌纱定做轻胎亮,束带光银不用镶,天蓝印绶须飘荡。簇新员领盘金补[③],时样京靴底似霜。(付净)打扮就,真官样。自古道花须叶衬,佛要金装。

(净)何如何如?(付净)服饰都停当了,还有礼数,也是要紧的。不可失枝脱节了。(净)这个自然。我把这些官体,都演习在这里了。

【三煞】见尊官,礼貌庄。会同僚,情意将。深恭浅偌频稽颡[④],献茶抹椅多仪数,官话通文各配腔。(付净)习官体非草莽,真个是威仪济济,相貌堂堂。

(净)不敢,不敢。(付净)见官礼数,都演习了,还有升堂问事,这些规矩,也是要的。(净)这个一发不难。

【二煞】待衙门,弊要防。立堂规,法要彰。宽严并用无偏向。(向丑低唱介)赚些阿堵来偿本[⑤],觅个相知去过赃。(付净拍手介)妙,妙!今仕路糊涂帐,做什么居官清正,受尽了林下凄凉。

(净)承教,承教。(付净)常言道:一子受皇恩,全家食天禄。如今姐夫做了官,合家都挈带风光了。(净)若得谢天地,到三年考满之后呵,

【一煞】受皇恩,封父娘。赠宜人[⑥],是敝房。老兄公舅人都让。见官见府称乡宦,公子公孙绍世芳。(付净)还要讲公事,寻白镪[⑦]。快把那桂衙告示贴遍了解库仓场[⑧]。

(净)自然,自然。(付净)亏你件件摹拟到了,如今唱又唱得口干,做又做得吃力,且到里面去呷碗烧刀子[⑨],睡他一觉。明日起来,打点赴任便了。

【煞尾】(净)黄金渐渐完,乌帽看看上。(付净)管教你霎时间好

事从天降。(净)今夜里且对着孤灯儿慢慢的想。(同下)

〔注〕 ① 官星:指官运。星相家以为人间福祸都有星象显示,官星出现就可做官。② 武弁:武官。 ③ 金补:用金丝线绣上图案的官服。这种官服称补褂、补子。 ④ 稽颡:跪拜叩头。 ⑤ 阿堵:即阿堵物,指钱。 ⑥ 宜人:明清时代五品官妻、母封宜人。 ⑦白镪:白银。 ⑧ 桂衙:衙门的美称。解库:当铺。 ⑨ 烧刀子:一种劣质白酒。

《人兽关》是一部世情果报剧。其剧情为:苏州财主施济,轻财仗义,乐善好施。一日于虎丘剑池救得熟人桂薪,见其穷途末路卖妻卖女,乃解衣推食,送银送米,还把一所旧屋供桂薪一家居住。桂薪感激涕零,表示要结草衔环,粉身碎骨,犬马相报。然而世事无常,变化难料。施家这时受指派解粮押运,不慎船翻,粮沉人死,官府抓捕施济,追赔漕粮。受此惊吓,施济一病而亡,以至倾家荡产。而桂薪忽在施家旧屋园内,掘得窖藏银十坛,一举暴富。桂妻尤氏见施家官司火盗齐发,怕翻旧账,乃唆使丈夫举家南迁龙游,脱钩而去。万般无奈时,施家寡妻幼子千里迢迢往龙游求助,桂薪夫妇不念旧情,反加奚落。后幸得施济旧友之助,子中探花,桂薪夫妇则因负心得冥报,终双双变犬。冯梦龙评曰:"贫富变于一朝,恩怨悬于千里,誓语不磨于佛国,现报明示于冥司,宁不令负心者惕惕焉。"这是对本剧内容和主旨的集中概括。

《痴拟》是该剧第二十三出。此时桂薪带了施家窖藏回到龙游,享受富裕生活。但他觉得富而不贵,不能满足。他有妻舅,名尤滑稽。此人出身县吏,而形如光棍。他不仅贪污过钱粮,被问成充军之罪,还专会欺诈骗人,昧心骗钱。他见姐夫有钱,就骗到姐姐姐夫的头上来,引诱桂薪花钱到京城买官,说是又有体面,又好赚钱。而桂薪为官瘾驱使,一拍即合,立即给银三千两,由他在京操办,自己则尽等"一旦高官做,乌纱皂帽鲜"了。

戏是在桂薪盼望"官星兴旺"、"纱帽风光"的心情下开场的。首曲【双劝酒】和次曲【前腔】表现桂薪以钱谋官,钻营奔走,盼官心切,而尤滑稽工于心计,善于哄骗,一味欺诳。桂薪说,自己带足金银来京城买官,行贿赂,通关节,走门路,四处奔波钻营,"前程"已有希望。现在只想着官星旺、纱帽新。而尤滑稽其实早就吞下银两,在给自己谋官,反倒说是存心良善,分毫非诳,为亲戚的求托而驰驱劳苦。反面人物说着光明磊落的话而不脸红,是揭露这类人物嘴脸的好方法。这时他又骗姐夫,说买官的手续都已办全,官已稳做,现在只要准备官衣官帽诸样行头,把官仪官礼操练起来就大功告成。场上一付一净,一说一唱,两个心术不正各怀鬼胎的昧心卑鄙小人,就以一副急不可耐的官迷相出现在观众面前。

接下来的北曲【耍孩儿】、三支煞尾及连带的对白,分别表演桂薪穿戴乌纱、

补服、朝靴，预习官仪，操练官礼，升堂问案，得意忘形的情况。此时的桂薪不等妻舅吩咐，早已把行头准备停当，并立即穿上官衣纱帽，结带印绶，手舞足蹈，当场表演。尤滑稽则谄笑奉承，帮忙凑趣。两人把官服、官体、官话，以及打恭叩头、升堂问事等一应衙门礼数都像演戏一样演习了一遍。一个是人模狗样，沐猴而冠；一个是插科打诨，居心叵测。一对宝货丑态百出，居然说“打扮如真”、“礼貌周全”、“威仪济济，相貌堂堂”。他们一个“净”扮，一个“付”扮，都属花面丑行。其表演虽在刻画反面人物的做官之瘾、想官之迷，但同时作者也通过这样的净丑角，用漫画式的“笑”剧形式，把当时官场的丑态，表现得入木三分了。所以越到后面，他们就越露出马脚，说要靠做官“赚些阿堵来偿本，觅个相知去过赃”，大赚黑钱。还要封赠父母，妻得诰命，子获荫职，子子孙孙，作威作福。这两个丑类的精彩表演，必然增加观众对官场面貌和本质的认识。这出戏也因其思想和表演的特点而在舞台上经常有演出的机会。

《痴拟》在冯梦龙改本中称《痴拟荣华》，文字极少改易，但改北曲【耍孩儿】为时调，反映出采用曲调的变化。《缀白裘》中称《演官》（或作《演宫》，疑误），曲词与原作也无甚差别，但加了很多苏州方言的对白和科介。如调侃行头的价钱、式样，嘲弄着衣着靴的错讹，嘲讽讲官仪及坐堂审案的不成体统等等，借以增加插科打诨的笑料，演来更为辛辣，更增情趣。

（江巨荣）

永 团 圆　　李 玉

第七出 诡 离

（小生上）〔西江月〕小圃景逾金谷[①]，华筵品列山珍。难称贤主与佳宾，乐事赏心休问。　杯酒伏藏剑戟，笑谈狂鼓仪秦[②]。安排香饵钓长鲸，抹杀寒儒贫窘。　今日家主设席，请蔡官人，逼他退婚。恐小姐知觉，移酌园居，先同贾爷在彼，特令我等蔡官人来时，同他到园。只得在此伺候。（虚下）（生上）

【南吕过曲古一江风】好文章枉自夸官样，难饰穷形状。小生蒙岳丈见招，故此赴酌。好笑昨日写一活套的帖儿，来人言语，又甚支吾，想是嫌我贫穷，必生议论。咳，难道我蔡文英岂终贫贱者乎？今日我乌巾折角，百结鹑衣[③]，昂然赴席，看他怎生发付。岳丈，岳丈，我蔡文英这样女婿，也不辱抹了你。恁东床壮志凌云，豪气冲霄，光焰高千丈。饶伊机械张，凭咱智识长，怕甚么掀天浪。

(作到介)(小生急出迎介)老爷,因家内窄狭,设席园中,已先在彼专候。就请蔡官人移步。(生行)(小生随介)(小生)家在渊明诗里住,景从摩诘画中来。此间已是。(生立定介)(小生)老爷有请。蔡官人到了。(净、众仆随上)

【黄钟引子西地锦】报道相邀临降,且须倒屣迎将。(出见生)(迎入介)(净)请贾爷出来。(杂)贾爷有请。(付净上)扶身闲却灵鸠杖[④],尽钦齿德高强。

(净向生介)此间是贾老先生。请作揖。(付净)这位就是蔡兄了?久仰,久仰。(生逊介)父执尊行,焉敢僭揖。(付净)今日学生特来相陪,一定要请转。(让生揖介)(生、净揖介)(净恭生坐介)(生向付净介)晚辈追随杖履,止宜侍坐,岂敢僭越。(付净)江翁今日为兄设席,学生断无僭坐之理。(各坐介)(吃茶介)(付净)久闻兄天资敏妙,文誉日隆,不日夺帜中原,老朽辈与有荣施矣。(生)晚生樗栎庸材,苦守先人清白。貂裘泪满,白眼途穷,焉敢妄冀风云,徒增笑口。(净向付净介)荒斋草叙,愧无兼品。请坐了罢。(付净)但凭主人之意。(净定生上坐介)(生让付净介)还是老先生请上。晚生决不敢僭。(付净)适才讲过,此酒为兄而设,若兄过推,重拂主人之意了。(生上坐)(付净、净下陪介)

【黄钟过曲画眉姐姐】【画眉序】(生、众合)金谷泛霞觞,鸟语花香,共欣赏。看萦廊水色,照槛山光。樽罍列海错山珍,景物似人间天上。【好姐姐】倾佳酿,人生行乐杯休放,莫负中山一醉乡。

(各立起介)(生)酒力不胜,要告辞了。(付净)且慢些,还有话讲。学生久仰长兄,今日才会,恨相见之晚,奉陪半日,足见高怀。长兄极聪慧的人,何须学生细谈。大率江翁今日设席之意,长兄洞悉其中委曲么?(生)晚生是极愚蠢的,今日之饮,实未知其故。(付净携生前立介)请问长兄,令先尊与江翁连姻,用许多聘礼?(生)闻得先父在日,原是江翁要攀先父,况先父是个穷官,焉有厚聘。总用银一百两。(付净)长兄未到之前,江翁原说有百金之数,足见吾兄至公,一毫也没甚相欺了。如今江翁见长兄目下窘乏,意欲将前聘送还。一来兄有了银子,可以营运;二来吾兄他日高掇,怕没有

胜似江翁的亲事么！都是为兄的良策。

【啄木鹂】【啄木儿】姻缘事，须忖量。人生处世呵，尝变经权当细讲。（向生耳语介）那江老先生，他恃着压卵炎威，那怕你逞臂螳螂。今日里黄金且疗饥寒况，他日个彩球偏打宫花傍。【黄莺儿】莫强梁，知机宜早，失马怎收缰？

（生）当初联此姻呵，

【三段催】【三段子】镜台草莽，揣鲰生深惭卫郎[⑤]。箕裘世凉[⑥]，愧山鸡难偕凤凰。（付净）学生之言，都是为好，不要认错了主意才是。【鲍老催】（生）只为三生结下多磨障[⑦]，分开连理添凄怆。（付净）丈夫襟期磊落，奈何作此儿女态！（生）这都是我遭逢蹇，缘分悭，盟言谎。人生聚散原空相，男儿何必愁鳏旷。楚囚泣都抛漾[⑧]。

（付净对众介）把文房四宝过来。（向净介）那百金聘礼，可曾准备么？（净）已备在此。（付净）也该当面交明，不要短少了。（众将纸笔摆生前介）

【滴溜神仗】【滴溜子】（众）安排的安排的笔精砚良，聘财的聘财的兑明百两。这亲免劳虚想。【神仗儿】负嵎休逞，怎逃罗网？早挥就两三行，早挥就两三行。

（生）就要写亦是小事，但晚生不识离书款式，还求老先生见教。（付净）长兄大才，那样不晓？何必问及老夫。（生）晚生写去，中间字眼，未必全妥，只要老先生念来，晚生照样写去便了。（付净）足见吾兄直捷痛快。待学生念来，兄写兄写。（付净唱）（生写介）

【滴金楼】【滴滴金】（付净）离书立纸非虚妄。把尊讳写明了。自聘江家遭父丧，为寒微恐误芳年壮。此处要写得明白。愿收回原聘往，真情非诳，任重婚永杜争和攘。【下小楼】特此一言停当，更书名花押端详[⑨]。

（生）今日要烦贾老先生做个见人，倘晚生后日侥幸，岂可使世疑晚生有弃妻之事。（付净）要学生着一花押，这个何难。（押介）（将契付与净介）（付净）请兄收了这银子。（生）且住，这银子我也不好就收。（净）却是为何？（生）此事必须与老母讲明，也须用一花押

才妥。

【黄龙醉太平】【降黄龙换头】仓忙，未告难专，事涉姻亲，怎不把姑嫜达上。书生伎俩，早失后遗前几至乖张。【醉太平】还商，倘然不虑老萱堂[10]，好从此一言撇向。只是晚生呵，从容酌量，怎做得临岐失路亡羊[11]？

(付净)蔡兄真是至诚君子，更是老到。(净)蔡孺人花字，决是要的，怎么处？(付净)这也不难，把银子付小价拿了，随蔡兄去讨了蔡孺人花押，将银兑换，退契回来便了。(净)有理。(付净将银契交末介)

【双声滴】【双声子】你持白镪，持白镪，早换取离书榜。休轻放，休轻放，须对手相交向。(末)晓得。(生)晚生就此告别了。【滴溜子】毕行，深惭僭妄。重蒙指教殷虚加褒奖。(向净介)重扰华筵，容当顿颡。(同末下)

(丑上)智高龙虎伏，言出鬼神惊。深赖贾爷神力，此生动也不敢动，竟已从了。(付净)也不怕他不从。(净)只等蔡母写了花字，这事便完了。(付净)银子在小价身边，那怕他骗了去。(丑)那些穷人见了银子，不要说一个花字，就是一万个也画了。愁他怎么。(付净)学生告别了。(净)且到书房中洗盏更酌，待尊价回复了，回时何如？(丑)有理，有理。

【尾声】(净)从今宽却心头胀，(净)事在人为必克臧。(合)且快饮三杯乐未央。

妙计谁能识？贫富实不敌。
眼望捷旌旗，耳听好消息。

〔注〕 ① 金谷：园名，晋石崇建，为古代名园。 ② 仪秦：指战国时著名的纵横家张仪、苏秦。狂鼓仪秦，谓如张仪、苏秦那样摇唇鼓舌。 ③ 百结鹑衣：形容衣衫破敝。鹑尾秃，故称褴褛之衣为鹑衣。 ④ 灵鸠杖：即鸠杖，杖头刻有鸠鸟形，老人所用。 ⑤ 鲰(zōu)生：指鄙陋小人。卫郎：晋卫玠，以貌美著称。 ⑥ 箕裘：喻祖先的事业。典出《礼记·学记》："良冶之子，必学为裘。良弓之子，必学为箕。" ⑦ 磨障：当作魔障。佛家语，指修身的障碍。后泛指成事的磨难。 ⑧ 楚囚泣：指遭遇变故，徒怀悲伤。典出南朝宋刘义庆《世说新语·言语》："过江诸人，每至美日，辄相邀新亭，藉卉饮宴。周侯(颉)中坐而叹曰：'风景不殊，正自有山河之异！'皆相视流泪。唯王丞相(导)愀然变色曰：'当共戮力王室，何至作楚囚相对！'" ⑨ 花押：文书契约末尾的草书签名或代签名的特殊符号。 ⑩ 萱堂：母亲。 ⑪ 失路亡羊：典出

《列子·说符》:“杨子之邻人亡羊,既率其党,又请杨子之竖追之。杨子曰:‘嘻!亡一羊,何追者之众?’邻人曰:‘多歧路。’既反,问:‘获羊乎?’曰:‘亡之矣!’曰:‘奚亡之?’曰:‘歧路之中又有歧焉,吾不知所之,所以反也。’”

李玉所著《永团圆》传奇共三十二出,分上下两卷。上卷叙金陵蔡文英与江兰芳早已定亲,岳父江纳嫌蔡家甚贫,逼其写退婚契。蔡生佯从,遁身鸣于官。府尹高谊令江赔偿大笔银子,并携女出堂面询,始可退亲。江女兰芳因父悔亲,夜走投江,幸而获救。江只得凑集银两,又以次女蕙芳代姐。及至公堂,府尹以蔡生得银已脱贫为由,判蔡生与江女当堂完婚。下卷叙蔡生登进士第,除授兖州宁阳县尹。上任后智擒盗贼。高谊升任山东巡抚,成了蔡县尹的上司。他强行将己女许配蔡生。迎娶时方知新娘正是失踪了的原配兰芳。原来兰芳投江获救后又为盗所羁,高缉盗救出兰芳,收为义女,此次有意促成蔡生与兰芳团圆。

此剧主旨在惩戒悔亲的势利小人。上卷围绕悔亲事件,集中绘就一幅民间风俗画,成功地塑造了几个重要人物的形象。下卷虽有刻画兰芳坚贞机敏性格之笔墨,但叙其曲折遭遇,横生枝节,是追求情节奇巧,落大团圆窠臼所致。冯梦龙在《永团圆》改本序中称“上卷精彩焕发,下卷颇有草草速成之意”,可谓具眼。

《诡离》出(即今折子戏《逼离》)开头一段,江仆交代主人宴请蔡生,乃是算计穷婿的一个圈套,是要逼他退婚。席间将有乡宦贾金作陪。此前他已出过场,乃乡里一霸。江纳备厚礼邀他共谋,仗势弹压一个贫贱的年轻书生。他明知“破人婚姻,原非美事”,却见利忘义。随后蔡生上场,交代岳丈的请帖有诈,但他自有男儿志气,“昂然赴席”。前一出里已叙过老母劝儿却宴,蔡生自信必能消除危机,以保前盟。一方处心积虑要破婚,“安排香饵钓长鲸”,另一方胸有成竹要保婚,“怕甚么掀天浪”,双方摆开了较量的阵势,令观者拭目以待。

作者善于组织尖锐的戏剧冲突。但本剧乃是喜剧而非正剧,即使冲突尖锐,也要圆满解决,不仅结局要圆满,解决冲突的方式也宜轻松,戏剧情节和人物性格都要有喜剧性。下文正是如此铺陈的。

主宾相见,外行虚礼,内怀戒备,不行翁婿礼而行主宾礼,与请帖上的称谓一致,预示一场婚变已成“山雨欲来风满楼”之势。

落座后,贾金向蔡生询问当年联姻的聘金数,由此切入正题,展开戏剧冲突。贾提议把前聘送还,一来解目下窘乏,二来待发迹后可另娶高门,美其名曰“都是为兄的良策”,装出关爱的样子。但转身又发出威胁,而且把粗暴的话,当作耳语来讲,奸猾之状可掬。蔡生最初的反应是愤慨凄怆,毕竟少年气盛。贾金不予计较,直奔既定目标——归还聘礼,书写离书。威逼之下,多辩无益,蔡应允照办。

蔡是坚决反对退婚的，何以书写起退婚契来？莫非此中藏有深意？作者于此且不加点破。

以下一段是蔡生写离书，为本出主要情节。看似蔡渐入江、贾预设的彀中，其实他是将计就计，愚弄对手，赚取悔亲的物证，为告官做准备。

众仆在蔡生面前摆列文房四宝，同时齐唱一支【滴溜子】曲，借以渲染蔡在狡主悍仆包围之中所受到的巨大压力。蔡佯为同意立纸退婚，但言明自己不识离书格式，烦老先生口授，自己笔录。此语不仅带刺，更含迫从之意，而这在告官时又是一条证据。书写过程以贾唱蔡录的形式出之，曲文有带白，如"把尊讳写明了"，"此处要写得明白"等，描摹贾认真指点的情景，他相信蔡真的不懂离书格式，真是可笑。写毕，蔡请求老先生做个见证，理由是倘日后侥幸，免生弃妻之嫌。语中藏锋，贾金不省，还以为蔡做事认真，便乐意在契约上画押。画押毕，贾正要退还当年蔡父聘银百两，蔡生拒收，说是事涉姻亲，须上达老母并画押才妥。贾金闻言，赞蔡志诚老到。江纳也以为然。不过江不放心把银和契都交付给蔡，贾即遣仆携银到蔡家去换取蔡孺人花押，以为如此安排，万无一失。蔡生和贾仆离去后，江纳、贾金自以为得计，洗盏更酌，专候回复。在这段情节中，作者熟练地运用欲扬先抑和欲抑先扬的艺术手法，让蔡生暂处下风，江、贾自鸣得意。但转折即将出现，观者随后将会完全领悟写契的妙处。

上文已经说到本剧作者善于组织尖锐的戏剧冲突。现在还要指出，作者还善于置人物于冲突之中，以其自身的行动表现其思想性格。蔡、贾两人或正或邪或智或愚的性格正是在写契这个行动中获得鲜明表现的。置身于戏剧冲突中的对立面人物的性格还能互相映衬。作者先行交代贾金的气焰和狡诈，正是为了彰显蔡生应对突发事件的智慧和能力。反之，写出蔡生机智，则更显江、贾之流的弄巧成拙。

（宋光祖）

永　团　圆　　　　李　玉

第九出　控　　休

【仙吕入双调过曲六么令】（生急上）驱驰潦倒，意慌忙行来转遥。冲天怨气怎生消？悬秦镜仗贤豪[①]。（作到介）此处已是府中了。呀，正值退堂，在此怎么处？庭堪罗雀凭谁告？庭堪罗雀凭谁告？

不免击鼓则个。（击鼓介）（众役各奔出嚷介）什么人击鼓？（扯住生介）（内传鼓）（外冠带随杂上）

【南吕引子步蟾宫】(外)忠肝一片冰壶皎,更念切江湖廊庙。看萧萧琴鹤伴官寮,五马风流争道。

宦海茫茫清梦悭,深惭飞鸟倦知还。到来只饮官中水,归去惟看屋外山。下官高谊,别号云天,越之诸暨人也。由祠部起家,累迁应天府尹。抚民犹子,薙恶如仇。洛道埋轮,车后每随飞雁;吴都载米,梁间尚有悬鱼。锄奸怀皂袋之名[2],好士羡《缁衣》之咏[3]。正是:铁面乌纱,炯炯双瞳悬日月;紫袍金带,淋淋赤胆定乾坤。今日簿书稍暇,退食私衙,骤闻鼓声甚急,故尔升座。叫皂隶,方才何人击鼓?(杂跪介)是一个秀才。(外)着他进来。(生入跪介)(外)你既是个生员[4],岂不识法度?擅自击鼓。(生)生员有切己的事,禀上公祖老爷。(外)做秀才的,出口便是切己事。你须从直说来。(生)念蔡文英先人在铨部时,有一江纳在京鬻选鸿胪[5],将己女许配生员。谁想先人谢世,家室萧条,江纳欺生员贫穷,便欲退婚,贿央乡绅贾郁斋,在家弹压生员。今日呵,

【南吕过曲梁州序】招呼饮宴,安排圈套,逼写休妻凭照。(外)你不该写才是。(生)生员孤身只影,怎当贾宦一力把持,又有许多狠仆凶狠,含冤染翰,泪痕血渍昭昭。(出退契上览介)(外)他既逼你写了,为何又在你处?(生)只说萱堂押字,赚出秦关[6],仰叩燃犀照[7]。(外)这也亏你计较。(生)如今贾宦家人,现在生员家里。(外)他为何在你家中?(生)为持原聘物在蓬茅,望乞拘来一审,供出真情断不淆。(外写票与一差介)着你去唤江纳,立刻赴审。(差应下)(外又写一差肉臂介)你到蔡秀才家中,去拿贾宦家人,并带身边财礼,速速回话,不可有误。(差应下)(外)如今你这头亲事,还是要联?还是要解?(生)生员七尺之躯,无端受他倚势威逼,虽死不甘。今日幸脱虎口,特来台下投生,伏望完赵璧[8],衔环报[9]。(差作拿到末介)

(外)江家退婚是真的么?(末)小的不晓得。(外作色介)我已洞悉其详,你若一字支吾,看夹棍侯候。(众应介)(末)容小的说。

【前腔】相邀欢叙,无端厮闹,顷刻姻亲成耗。(外)聘物在你处,可速拿出来。(末出银介)聘金百两,原封不动分毫。(外)你老爷目击此事的么?(末)家爷呵,偶尔暂同杯斝,略与言词,不识其中奥。(外)你怎么在蔡秀才家里?(末)小人呵,为承主命往,敢辞劳,

实系无辜乞恕饶。(叩头介)求天鉴分白皂。

(外)库吏那里?(杂应介)这银子权寄库上。(杂持银下)贾宦家人赶出去!(末叩头下)(差禀介)江纳拿到了。(外)唤上来!(净青衣小帽上)(跪介)(外)你因甚缘故,就要蔡秀才退婚?(净)小官江纳知法的人,怎行违法的事?只是当初与蔡文英联姻呵,

【前腔】指望结丝萝,倚玉攀乔,谁想远芝兰下愚不肖。(外)他不学好,你还该教训他才是,怎么就去退他?(净)那里是江纳说起退婚,他索金弃女,倩人浼告多遭。(外)既他情愿退了,难道今日又来告?(净)他向聘财额外需诈无休,起衅来啰唣[10]。(外)我看蔡秀才不像个不习上的,恐怕还是你嫌他贫么?(净)江纳薄薄要修几分体面,何忍使己女重婚再嫁?实是蔡秀才愿退,望老爷详察。(外)据你口气,是极要成就蔡秀才的,倒是他有负于你。他如今不愿退婚,你正好成就他了。(净)爷爷,如今断然不成了。尝言道:木桃投处也报琼瑶,他横逆恒加怎缔交?(叩头介)望老爷呵,超蝼蚁恩非小。

(生叩头介)生员决不愿退婚的,求老爷作主。(外)我自有明断,决不亏你的,你须静听。(向净介)他既不愿退,你又不欲连,我如今与你处一处。

【前腔】断头香难续鸾胶[11],返荆钗须凭月老。(净)还他原聘,再没得说了。(外)处得不妥,他怎肯心悦诚服?就是我断了,他又到别处去告,终是不了之局。倘葫芦依样画来,恐不成招。须把原银十倍,酬彼千金,庶得财去人安乐。(净忙求介)尽江纳家资,也没有千金,求爷爷恩豁。(生)生员决不要银子的。(外)你不要开口。(净又求介)(外)你如此苦求,我与你两言而决。你若不退婚,蔡秀才一厘要你不得;你若要退婚,快将五百金上库,凑成六百,我与你如山铁案立永难摇,就是蔡秀才呵,没齿甘心旧怨消。(生)生员决不愿退婚,就是万金也不要的。(净)江纳决处不出许多银子,求爷爷方便。(外)咳,你两人呵,须要依明断休违拗。

(外)蔡秀才,明日相见。(唤差介)你押那江纳,去追他五百两,明日晚堂候审。江纳过来,你到外边去,不许欺负蔡秀才。倘有风吹草动,我教你身家不保。(差带生、净下)(外)分付掩门。(众各下)

【尾声】(外)一番断案谁知道,两下里狐疑猜料,少不得雾散云

开现碧霄。(下)

〔注〕 ① 秦镜:传说中秦始皇的宝镜,能照出人的肝胆,照出人的邪正。 ② 皂袋:即皂囊,封奏章的黑绸口袋。此指弹劾奸佞的奏章。 ③ 缁衣:指《诗经·郑风·缁衣》。古人认为其主旨是赞美武公好贤。缁衣,黑帛制作的朝服。 ④ 生员:科举时代国学及州(府)、县学在学学生。一般要经过考试才能入学。也称秀才。 ⑤ 鸿胪:鸿胪寺,官署名,主管朝廷礼仪。 ⑥ 赚出秦关:用《史记·孟尝君列传》所载战国时孟尝君依靠门客鸡鸣狗盗之术逃出秦国的典故。 ⑦ 燃犀照:用南朝宋刘敬叔《异苑》所载东晋温峤燃犀角照采石矶下江水见水底怪物的典故。 ⑧ 完赵璧:用战国赵蔺相如出使秦国挫败秦王骗夺和氏璧的阴谋,完璧归赵的典故。 ⑨ 衔环报:用《后汉书·杨震传》所载东汉杨宝儿时救治化身为黄雀的西王母使者,后梦中得赐四枚白环,令其子孙富贵的典故。 ⑩ 啰唣(zào):吵闹寻事。 ⑪ 鸾胶:《海内十洲记》载,西海凤麟洲有仙人煮凤喙麟角合为膏,能续断弦,称续弦胶,亦称鸾胶。

蔡生借口要老母在离书上添加花押,得以从筵席脱身回家,禀明老母,稳住贾仆,偷出后门,赴衙告状。于是有了《控休》出,即折子戏《击鼓》。

蔡生含怨忍气,慌忙赶到府衙时,府尹已经退堂,便猛然击起堂鼓。咚咚的鼓声,似诉蔡生鸣冤的急切之情,也牵动着观者之心。

本出主写应天府尹高谊,而以江纳作陪衬。

府尹闻鼓声即出堂,给人的最初印象是:这是一个勤政的官员。府尹详问蔡生案情始末,看过退婚契(上有贾金签押),剖明了是非曲直。得知蔡生假托须母亲画押才赚到此契时道:"这也亏你计较。"颇含赞赏之意。他进而询问蔡的意向:"如今你这头亲事,还是要联?还是要解?"因蔡表示决不退婚,便起意要成全他。

府尹审明原告,又审了在蔡家等待交换银、契的贾仆,取得江纳退婚的聘金——退婚契之外的又一物证。案情了然于胸,审问转向被告江纳。据江所供,退婚的责任全在蔡,诬其不求上进,索金弃妻,而他自己则要顾体面,何忍使已女另嫁。此供与蔡所告(已被确认)完全不同。府尹耐着性子顺着江的话头耐心劝导说:"他如今不愿退婚,你正好成就他了。"江又改口,再也不能与蔡缔交了。江信口雌黄,其无赖嘴脸暴露无遗,实在是一个不可理喻的小人。府尹在充分调查的基础上作出处置,让江纳以大笔赔偿换取蔡生退婚。府尹预料江必在赔偿数上计较,故意讨价千金,终以半数谈定。在此后的情节中,府尹赚女来到公堂,把赔偿金判给蔡,亲自为蔡与江女主婚,而把江纳逐出府衙,令他落得一个人财两空的下场。

高谊乃一府之长,他为何不以法治常规,撤消退婚契,强令江纳嫁女,而采用智取这种非常手段?

首先，这是由府尹的思想性格所决定的。他富于正义感和同情心，乐于扶弱抑强，行事睿智而风趣，每每别出心裁。所以他不但要给蔡生一个公正的判断，还要保证判断得到执行。他在下堂前特地警告江纳道："你到外边去，不许欺负蔡秀才。倘有风吹草动，我教你身家不保。"他为防止江、贾在判案后阳奉阴违，别生变故，假装按退婚处置，蒙蔽被告，最后突然宣布完婚。府尹不仅是个问案人，而且实际上他已经完全站在受欺负的蔡生一边，向着不法之徒进行斗争了。我国传统戏剧中的清官形象，廉明清正，铁面无私，其本质的属性，乃是民众情感和愿望的化身。本剧府尹高谊正是这样一个人物。据《曲海总目提要》，蔡文英"似实有其人"，高谊"系撮撰"。作者凭借其丰富的阅历和对民情的体恤，塑造了这一个清官形象，值得赞誉。

其次，府尹智取被告的情节也决定于戏剧体裁。若按常规以律法判案，将归于严肃的正剧路子，难以融于本剧喜剧的风格之中。何况这是一个普通的民事案件，案情不严重也不复杂，更无剑拔弩张之势，不妨让正邪双方进行一场智力游戏。

本出问案多用对白，丝丝入扣，流畅而传神。如府尹要劫江纳之富，济蔡生之贫，便假意承认婚姻难续，但须返回聘金。江纳表示："还他原聘，再没得说了。"府尹嫌少，说："处得不妥，他怎肯心悦诚服？就是我断了，他又到别处去告，终是不了之局。"明明肚内算计江纳钱财，却佯为江纳着想，说得恳切之至。在府尹问江时，蔡有三次插白。第一次道："生员决不愿退婚的，求老爷作主。"第二次道："生员决不要银子的。"第三次道："生员决不愿退婚，就是万金也不要的。"三句道白表明蔡生维护婚姻的不屈意志。但是府尹一再加以制止："我自有明断，决不亏你的，你须静听。""你不要开口。"府尹为蔡图谋，蔡不但不悟，反而来干扰。其迂阔之神情，宛然在目。

（宋光祖）

占花魁　　李玉

第九出　劝　妆

（老旦上）春花秋月尽销磨，瞬息年华逝水波。车马莫言今冷落，当年曾唱雪儿歌[①]。咱家姓刘，行四，武陵教坊人也。歌喉舞袖压倒夷光[②]，染翰填词并驱苏小[③]。莺花斗丽，十年名噪西湖；眉黛添愁，一旦顾遗南国。生性轻盈，言词敏辩。描出风花蹊径，语语传神；逗开云雨情肠，言言刺骨。到处尽称雌陆贾[④]，逢人争唤女随何[⑤]。今蚤有个结义姐姐王九妈，着人来请，只得去走遭。（行介）

踏遍湖光兼水色，才离楚馆复秦楼。此处已是九妈家中了，有人么？（副净上）四面尝时对屏障[⑥]，一家终日在楼台。（见介）娘阿，劳步劳步。（老旦）姐姐闻得侄女梳栊了[⑦]，怎么不叫做妹子的吃杯喜酒儿？（副净）娘阿不要笑话，今日特为着小女，故此求娘的妙计。（老旦）却是为何？（副净）自从美儿进门之后，那一个不赞他？又会写，又会画，又会做诗，人物又齐整，又会吹弹歌舞。（老旦）姐姐有福，讨得着好人手。（副净）只是一件：不肯见人接客。近日有个金公子，慕他才貌，肯出一主大财梳栊他，被我把他灌醉了，成其好事。（老旦）破了头就好了。（副净）谁想他醒来哭地号天，寻死觅活，这几日头也不梳，饭也不吃，连楼也不下了。（老旦）姐姐且慢些，不要性急了。（副净）娘阿你好自在性儿，那西湖上子弟们好不口快，闻得女儿不肯接客，他就编起一只《挂枝儿》来。（老旦）怎么样的？（副净）待我唱与你听。（唱介）王美儿好似木瓜样，偌大了还不与人倘一倘。有名无实成虚帐，便不是石女儿也是二形子的娘。若还有个好好的，羞羞也如何熬得这些时的痒。（老旦笑介）有这等事，如今你待怎么？（副净）我心里又恼他，又不舍得难为他。特求娘下个说词，若得他回心转意，大大与娘嗑个头儿。（老旦）这个何难，凭咱这张口儿，说得罗汉思凡、嫦娥想嫁。姐姐你且不要同去，待咱说成了才来。（副净）有理有理。（叫介）龙儿拿茶到楼上去。（下）（老旦）开门，开门！（旦上）眉颦添旧怨，情懒怯新妆。（见介）（旦）姨娘请坐。今日甚风吹得到此？（老旦）闻得你梳栊了，特来叫喜。（旦作羞介）（老旦）儿阿，做小娘的恁地怕羞，如何赚得大主银子？（旦）我要银子做甚！（老旦）儿阿，你虽不要银子，做娘的开了大门，柴米油盐酱醋茶，那一件不靠着女儿？九阿姐家虽有几个粉头，那个赶得你来？一园瓜专靠你做种哩。闻你梳栊之后，一个客也不接，是什么意思？（旦）言之可羞，怎教我做这样事！（老旦）不做这事可是由得你的？九阿姐一向养娇了你，你休放着鹅毛不知轻，顶着磨子不知重。他心上好生不悦，教咱劝你。你若执意不从，他翻过脸来，朝一顿、慕一顿[⑧]，那时熬不过痛苦，只得接客，却不把千金声价弄得低微了，还要被姊妹们笑话。不若千欢万喜倒在娘怀里，落得自己快活。（旦）我是好人家儿女，误落风尘，倘得姨娘主张从良，胜造七级浮图。若要接客，虽

死不从。(老旦)儿阿,从良是个有志气的事,怎么不该?只是“从良”两字非同小可,也有几等不同。(旦)有什么不同?(老旦)有个真从良,有个假从良,有个不了从良,有个了从良,有个没奈何从良,有个趁好从良,有个苦从良,有个乐从良。你耐着心听咱分说,那真从良呵,

【北越调斗鹌鹑】欣逢着才貌双双,恰好的年华两两。誓盟言一炷心香,剪青丝万般情况。女呵,管什么鸨母乖张,男呵,也不怕严亲骯髒[9]。猛可里生不忘,一任价死难降。博得个月满花芳,不枉却人间天上。

(旦)姨娘,那假从良便怎么?

【紫花儿序】(老旦)唤不醒男儿愚戆,填不满江海汪洋,买不转女子心肠。(旦)既如此,怎么叫从良?(老旦)只为着心贪阿堵,暂效鸳鸯。祸起箫墙[10],可也又做出淫奔的故腔。(旦)这又一发不了当了。(老旦)把“从良”两字,安排下陷人罗网,摆列个肉阵刀枪,猛拚着泼贱皮囊。

(旦)此等人说他何用?请问姨娘,那不了从良,敢也是这样的么?(老旦)儿阿,不了从良又是一样,不是他心上不了,也是个无可奈何。他起初呵,

【天净沙】匆匆被底娇娘,忙忙眼底情郎。只为他一时高兴,没个长算,进门之后,或者尊长不容,或者大小妒忌,把一个金屋行藏[11],又翻出倚门伎俩。兀的不贻笑平康[12]。

(旦)可惜,可惜!姨娘说了两个没结果的,如今好把那了从良的,来说一说。(老旦)那了从良的呵,

【小桃红】他在章台历尽那风霜[13],检点都停当。觑着那终身事业堪依傍,好结个地天长。把风花雪月俱撇漾,忍耐着饥寒情状。甘受些卑微魔障,止图得百岁乐糟糠。

(旦)这便才是从良。(丑捧茶上)石鼎烹云阳羡[14],金卮醉月中山[15]。刘亲娘,茶在这里,请杯茶儿再说。(老旦)生受你。(丑)刘亲娘,我听你说了许多从良,我也动了火,要从良了。你与我做一个媒。(老旦)怕轮不到你。(旦)这丫头这等惹厌,还不去。(丑)恐怕抢你的,又吃醋了。(旦)啐!快走。(丑下)(旦)那没奈何从

良的，便怎么？

【调笑令】（老旦）若不是株连词讼几桩桩，多逋负子毋怎赔偿[16]？势豪每凌虐难轻放，受不得大江心揭天风浪。蚤觅个矮檐前身逸心欢畅，也算做历巉崖勒马收缰。（旦）这也还好。（老旦）儿阿，我再说个趁好从良的与你听。

【金蕉叶】他也曾享用着红裙绣裳，也曾消受些花香月光。盛名之下，求他的可也不少，若不急流勇退，直待老大无成，悔之何及。（旦）正是。（老旦）趁当时蚤缔鸾凰，免他年岐路亡羊[17]。

（旦）这教做见机而作，难得，难得。那若从良却是为何[18]？（老旦）那子弟爱小娘，小娘却不爱子弟，做妈妈的不是贪他钱，便是惧他势，把那小娘呵，

【秃厮儿】权做个牺牲供养，入侯门受尽凄凉。列屏前青衣侍酒成何样？受鞭笞怎免得叠被与铺床。

（旦叹气介）便是从良内也有落劫的。（老旦）儿阿，这是他的命薄，也是不讨得做娘的欢喜，以至于此。我把这乐从良说与你听，教你喜得不耐烦哩。

【鬼三台】他却正青春芳名壮，美前程娘心怏。遇知己两难忘，咏桃夭毫非卤莽[19]。则看他夫妻每处温柔美乡，生几个儿女每拜桑榆北堂。赛过那花烛洞房，好传留作青楼样榜。

（旦嗟叹介）咳，这才是个真正从良，做姊妹的，有这一日，也就勾了。（老旦）儿阿，你既要从良，我教你个万全之策。（旦）若蒙教导，死不忘恩。（老旦）从良一事，入门为净，况你已破了身子，就今日嫁人，也不是闺女了。假如你执意不肯接客，做娘的没奈何，寻个肯出钱的主儿卖了你去，也叫做从良了。

【圣药王】那里管年和貌两相当，不分妾婢，断送伊行。镇日里哭一场怨一场，就是身生两翼怎飞翔？悔不早商量。

（旦）这是我命该如此，蚤觅一死便了。（老旦）自古人身难得，依了咱愚见，还是凭着做娘的接客。似你恁般才貌，等闲的也不敢相扳，无非王孙公子、贵客才人，也不辱抹了你。一来受用些风花雪月；二来作成妈儿赚些银子；三来自己积趱些私房，也免后日求人；四来呵，（副净上）（窃听作喜介）

【络丝娘】(老旦)拣一个潘安美庞[20],司马文章[21],投鱼水相偕俪伉。那时节呵,就是恁萱堂也难阻挡,这冰人都凭俺老娘执掌[22]。(旦做低头不语介)(副净作入介)

娘阿,我在楼门外听你许多说话,忒费你的心了。(对旦介)儿阿,姨娘的话一句句都是好话,你都要听他。(老旦)姐姐,侄女十分执意,被咱说得允从了,改日再来贺喜。(副净)娘阿,多谢,多谢!请到前面去吃杯酒儿罢。

【煞尾】(老旦)恁疾忙准备鲛绡帐,管教你淡匀脂粉巧梳妆。(向副净拱手介)伫看那南楼内添一座宝藏山,西湖上出一个烟花将。(俱下)

〔注〕 ① 雪儿:隋李密爱姬,李密常以宾客僚佐雅丽文辞付其叶音律歌之,后世因以"雪儿"泛指歌女。 ② 夷光:即春秋越国美女西施。晋王嘉《拾遗记》:"越又有美女二人,一名夷光,名修明,以贡于吴。" ③ 苏小:即苏小小,南朝齐钱塘名妓,喜坐油壁车。 ④ 陆贾:西汉初政论家、辞赋家,官至太中大夫,著有《新语》,今存。 ⑤ 随何:西汉初任谒者,后官护军中尉。曾在楚汉战争中游说淮南王英布归汉击楚,后世遂以其名作为说客的代称。 ⑥ 尝时:当作"常时"。 ⑦ 梳栊:也作"梳拢",指妓女第一次接客伴宿。因接客后改梳辫为梳髻,故称。 ⑧ 慕一顿:当作"暮一顿"。 ⑨ 骯髒(kǎng zǎng):亢直貌。此引申为顽固。 ⑩ 祸起箫墙:当作"祸起萧墙"。 ⑪ 金屋行藏:用旧题汉班固《汉武故事》所载汉武帝幼时在姑母怀抱中言若得表妹阿娇为妻,当筑金屋以居之的典故。 ⑫ 平康:唐长安丹凤街坊里名,为妓女聚居之地。后因以平康指妓院。 ⑬ 章台:汉长安章台下的街名。旧时常代指妓院。 ⑭ 阳羡:地名,即今江苏宜兴,古时以产名茶著称。 ⑮ 中山:指中山酒,一种饮之能醉千日的酒,据晋干宝《搜神记》,为中山人狄希所造。 ⑯ 子毋:当作"子母",指借贷。 ⑰ 歧路亡羊:用《列子·说符》所载春秋时杨朱见邻人因歧路太多没能追回走失的羊而发感慨的典故。 ⑱ 若从良:当作"苦从良"。 ⑲ 桃夭:用《诗经·周南·桃夭》"桃之夭夭,灼灼其华。之子于归,宜其室家"之典。咏桃夭,指追求美好婚姻。 ⑳ 潘安:即潘岳,字安仁,晋代著名的美男,少时每出游,妇女争相掷果子与他。 ㉑ 司马:指西汉著名辞赋家司马相如,也可指西汉著名史学家司马迁。 ㉒ 冰人:媒人。

《占花魁》传奇是李玉早期颇负盛名的一部剧作。取材于《醒世恒言》中《卖油郎独占花魁》,并参考了《情史》、《西湖游览志》等记载。"以王美娘称花魁娘子,而秦种得之,故名《占花魁》"(《曲海总目提要》卷一九)。其故事梗概如下:北宋末年,金军攻陷汴京。镇守荆门镇的统制官秦良奉旨勤王,为金兵所拘。秦良之子秦种逃离汴京,至临安卖油为生。内监莘善之侄女瑶琴与仆沈仰桥及其妻苏翠儿避寇南下。瑶琴和翠儿被歹徒卜乔拐骗。翠儿卖在秀州杨花船上,某日唱曲,恰遇仰桥,被救回,二人设酒肆于盛泽镇。时卜乔已出家,又来诱奸翠

儿，被计擒严惩。仰桥遂迁居西湖边十锦塘。瑶琴被卖给鸨儿王九妈，改名王美娘。初时拒不接客，姨娘刘四妈说以从良之策，乃勉从之。在品花会上被评为牡丹，人称花魁娘子。王孙公子，文人学士，趋之若狂。秦种偶见美娘，倾慕不已，日积月攒，一年而得十金，以博一宵之欢。是夜美娘适醉，秦种谨奉之，秋毫无犯。美娘醒而怜之，亦倾心于种。后美娘受万俟公子之侮，去其鞋袜，弃于雪地。美娘愤欲自尽。种适见之，扶入近处茶肆，正是仰桥夫妻居所。种送归美娘。美娘嘱刘四妈劝说假母，得以赎身嫁种。秦良自金逃归，破伪齐刘豫，以功擢太尉。与莘善共游法相寺，适遇秦种夫妇来寺挂幡还愿，于是骨肉团聚，满门荣贵。

《劝妆》是一出以老旦为主的戏。叙刘四妈劝说王美娘接客事。塑造了老妓刘四妈独特的艺术形象，也描写了王美娘陷身青楼的不幸遭遇。

王美娘自从落籍王家，起初坚决不肯接客。被鸨儿王九妈灌醉，破了身子，便号哭欲死。王九妈一筹莫展，问计于义妹刘四妈。刘昔日曾是西湖名妓，年老色衰，做了鸨母。她应邀充当说客，居然不负所请。

刘是如何说服了一个烈性女子的呢？

刘先行威逼。她警告美娘若坚持违抗，必遭打骂，熬不过痛而从命，便掉声价了。若打骂后仍不从，只有被卖，后果更加不堪。美娘既无法继续抗命，也不愿从命，转而请教从良之法。刘因势利导，肯定“从良是个有志气的事”，又指出从良不可一概而论，其间存在着真从良、假从良、不了从良、了从良、没奈何从良、趁好从良、苦从良和乐从良种种不同，并一一加以解释。于是洋洋洒洒，发了一通宏论。因为关乎美娘的命运，这段文字并未游离于戏剧情节之外。

所谓“真从良”，指男女才貌、年华相当，心诚志坚，任鸨儿、严亲阻拦，不改初衷，终得“月满花芳”。“假从良”，指女方欲诈骗男子钱财，暂做夫妻，伺机淫奔。美娘尚无相好，还谈不上“真从良”；而对“假从良”的害人勾当，则不屑一顾。

所谓“不了从良”，指进门后为夫家尊长不容，或受妻妾排挤，不得已重操旧业。“了从良”，指看准了可靠之人托付终身，忘却风流旖旎，乐于同甘共苦。美娘惋惜前者，肯定后者。

所谓“没奈何从良”，指因词讼、负债等缘故，挡不住势豪催逼，将就找一个安身之处。“趁好从良”，指名盛之时当急流勇退，以免蹉跎岁月，老大无成。美娘对前者表示理解，对后者给予称许。

所谓“苦从良”，指鸨儿贪财惧势而逼嫁，入门后受尽虐待。“乐从良”，指青春年少之时得遇知己，脱籍相嫁，生儿育女，甜甜蜜蜜，安度余年。美娘同情前者之“落劫”，闻后者而嗟叹道：“这才是个真正从良，做姊妹的，有这一日，也就

勾了。”

美娘的反应是在刘的意料之中的。刘对形形色色的从良逐一指点，就是要诱使善良的美娘属意于“乐从良”，但实现“乐从良”是将来的事，眼下先要从接客做起。如此，既给美娘以朦胧的希望，又给王九妈以现实的利益，双方都乐于接受。刘进一步列举徐图从良的好处：一来自己可先得享受；二来作成娘赚些银子；三来积攒些私房钱备用；四来从客人中拣一个意中人，相偕伉俪。到那时，做娘的也难以阻挡，做姨娘的愿当媒人。刘称此法为“万全之策”。

在刘四妈的长篇宏论中，渗透着地主阶级腐朽的思想。如美娘被迫要“早觅一死”，刘劝道：“自古人身难得。”意即“好死不如赖活”。而“万全之策”的第一条好处，竟是“受用些风花雪月”。不以卖笑生涯为耻，反而当作人生的享受，实在可悲。在这里，刘四妈是封建娼妓制度的维护者，她一手葬送了美娘的青春和尊严。但是在现实条件下，她毕竟顾及了美娘的归宿，也颇有几分人情味。这也许和她有过与美娘相同的经历有关吧。刘的个性特征鲜明，她通晓人情世事，列举种种事实，让美娘从比较中自己做选择，并适时提出建议，行事有丈夫气概。这是一个真实的、多重性格的人物形象，是李玉现实主义戏剧创作的一个成果。

刘的丈夫气概，除了来自于情节描写，也得力于北曲越调【斗鹌鹑】套数的雄劲风格。李玉在传奇创作中打破南北曲界限，从表达内容出发，或采用南北合套，或在整出中全用北曲，各显其妙。

《劝妆》出的王美娘，是个误堕风尘的弱女子，她的沉沦是环境所致。但是她的良知尚在，她的性格在磨难中将有所发展而趋于成熟。　　（宋光祖）

占花魁　　李玉

第二十出　种　缘

【双调引子珍珠帘】（副净）东风吹动檐前铁[1]，唤醒幽窗残梦歇。老身王九妈自从美儿出名之后，真个车马填门，钱财日进。可又作怪，前日那秦卖油拿十两银子来，要与美儿相处一晚。我回他且隔十日才来，果然他过了十日又来，那日为女儿没工夫又回了去。天那，你道我家花魁女儿那里有闲工夫招接你这卖油郎么？咳，只是拿了他银子，怎生是好？心下好难摆布。今日美儿又往湖上陪酒去了，家中甚是静悄。此时天气傍晚，不免唤几个丫头在门前站站。（向内叫介）女儿们出来。（内应介）来了。（小旦上）向晚理妆篋，懒听那几声啼鴂。（丑上）飘兰麝，且款款把罗襦悄拽。（见介）

娘阿，唤我们出来怎么？（副净）阿呀，你们好受用哩。镇日伴在里面吃自在饭儿，竟不到门前招接孤老。都是你们这样不成人的，教娘喝西风过日子么？（小旦、丑）美阿姐也镇日住在房里，怎么只管教我们立在外面？（副净）呸！美阿姐的脚跟你们也赶不上哩，快不要放屁。好好跕在门首，今晚若没有客，打你三百皮鞭一个，休想讨饶一下哩。（念佛下）（小旦、丑坐门前介）（丑唱《银绞丝》"一更里难捱"介）（生上）天台有路应重到[2]，月窟难逢誓不归。我秦种自见美娘，经营一载，方有就绪。前日妈妈约过十日，岂至期到，彼又值他出。如今又过数日，只得洁诚再往。已是他门首了，你看早有两个姐姐坐在那里。（丑见生抱住介）好了，好了，一个阚客在这里了。里面吃茶去。（小旦）他是秦小官，时尝在这里卖油，不做这样事的。（丑）你不晓得，他前日将十两银子与娘，要睡美姐一夜。到是个大老官哩。（向生介）小秦你好没算计，有这十两银子，足足与我赎身了。怎么图他一晚么？（生）不要胡缠，我有事要见妈妈。（副净）那个在门首？（出见介）呀，元来是秦小官。（生揖介）（副净）里面请坐。（生入介）（副净向丑、小旦介）你们看茶出来。（丑、小旦诨下）（生）小可蒙妈妈相约，今日又来叩府。（副净）老身前日失约，心上甚不过意。今日缘法凑巧，将有九分九厘了。（生）这一厘欠着什么？（副净）小女还不在家。（生）可回来否？（副净）今日是俞太尉约往游湖，他是年高的人，定不夜坐，原说过黄昏就归的。（生）如此恰好，小可等一等便了。（副净携灯介）请到里面去坐。（生）池塘尽种相思树，（副净）庭院偏栽并蒂花。（作同入介）（副净指内介）这里头是小女卧房，此间是客座，各位乡绅公子都坐在此，吟诗饮酒的。秦小官你在此坐一坐，我老身去整理一个小榼，与你消遣。（生）不消妈妈费心。（副净）丫鬟拿茶来。（下）（生看介）你看四壁图书，一枰冷玉，绮榻清幽，碧窗潇洒，真个好精舍也[3]。

【仙吕入双调过曲步步娇】寂静兰房尘不到，顿觉风光别。如梦入神仙阙。冰弦张，宝鼎爇。悠然竹韵萧骚，花影横斜，风动绣帘揭。却又早松梢渐转楼头月。（副净、丑上）

雪因舞态羞频下，云为歌声不忍行。（副净）秦小官，不知小女为甚尚不归家。老身备一卓榼在此，先饮一杯何如？（生）何消妈妈如

此重费。(生、副净对坐)(丑斟酒介)

【沉醉东风】(合)泛霞觞琼浆谩啜,簇冰盘珍羞齐列。长会语霏玉屑[④]。(副净对丑介)庭中芍药花开了,折取一枝供在瓶内,少助饮兴。(丑折花插瓶介)(合)看银烛光烨,映花红将洞房照彻。正芳菲令节,休把金樽暂撇。猛拚个玉山颓[⑤],送入温柔深处也。(生)小可其实不饮了。(副净)既如此,把酒肴撤去,等少停再饮。(作开门送入房介)(副净)秦小官,你在此房内请坐一坐,待老身着人去接小女回来。(生)妈妈请便。(副净)酒阑归画舫,人去冷朱楼。(同丑下)(生)呀,这便是美娘卧房了。你看香奁尚启,宝镜未收。残脂剩粉,唯闻一阵氤氲;绣帐锦衾,妆就千般旖旎。我秦种有何福分,消受得起?(内传二鼓介)你听鼓声二下,还不归家,正所谓"有约不来过夜半"矣。

【忒忒令】漏沉沉将黄昏送,迭影凄凄,输却宿花双蝶。(听介)听何处玉箫声冷空悲咽,(望介)天际彩云怎蹑?银河涉,鹊桥接,愿风恬浪绝。

(内敲门嚷介)美娘归来了。(生作喜介)(副净扶旦、丑携灯上)(旦作醉态介)酒入香腮红一捻,舞余长袖绿双垂。(副净)我儿,有客在此,你再来陪一陪。(旦)我醉极了,那里陪得。(副净遣丑拿茶介)这里秦小官人,是临安有名的子弟,他久慕你,今晚特在此等你,你须好好接待他。(旦作开醉眼看介)我不认得他。(副净)怎么处?(旦坐介)

【好姐姐】谩说琴调瑟协,我只为传杯斝沉酣曲蘖。(副净)不要虚了秦小官的美意。(旦)向醉乡去者,任伊肠寸摺,空饶舌。(投床上欲睡介)教我罗带难松结,(睡下复起介)分付庄周休将好梦嗜[⑥]。(困介)

(副净)这事怎么处?待我叫醒他。(生)等他自睡,不要惊动了。(副净)你略坐坐,也睡了罢。(悄向生说介)酒中之人放温存些。(生)岂敢。(副净)待我去唤丫头拿茶来。(复唤旦不应介)(副净)美酒饮教微醉后,好花看到未开时。(下)(丑捧茶壶上)秦小官,茶在此,美娘醉了,你做个"漫橹摇船捉醉鱼"罢,你也防他酒兴发作,恐怕不彀他的手哩。(生)姐姐休得取笑,你去安置罢,待我关好了房门。(丑)好一个性急主顾。(诨下)(生)你看他这等熟睡了,酒

醉的人一定怕冷,不免再将些衣服盖暖了他。(盖被介)且把这壶热茶暖好了,恐他醒来要饮。(暖茶介)我且坐在此处,不要去惊动他。(坐旦脚后介)

【园林好】(生)听枝上乌啼惨切,觑檐畔燕雏宁贴。怎做得香偷玉窃?人自迩会空赊,云影障月偏遮。(旦翻身介)

(生)好了,他已醒了。(旦)醉杀我也!(作欲吐状介)(生抚旦背介)(生将衣袖盛介)(仍将衣袖抹旦口介)(旦睡介)(生脱衣放床下介)(旦作醉语介)茶来吃。(生)有暖茶在此。(送茶与旦吃介)(旦复睡介)(生)呀,又睡去了。

【桃红菊】他那里醉中天神飞梦越,我这里好似镜中花难亲怎舍?捱尽了永迢迢长夜,捱尽了永迢迢长夜。(内作鸡鸣介)恰又蚤晓鸡声唱叠。(旦作醒起坐介)

阿呀,好醉也。(见生介)(旦)你是那个?(生)小可姓秦。(旦)我夜来醉得紧了。(生)也不甚醉。(旦)可曾吐么?(生)不曾。(旦)这便还好。(又想介)我记得曾吐过的,又曾吃过茶来。难道做梦不成?(生)是曾吐来,小可见小娘子多了几杯酒,也防要吐,把茶暖好。小娘子果然吐后讨茶,小可斟上,蒙小娘子不弃,饮了两瓯。(旦惊介)脏巴巴的,吐在那里?(生)恐怕污了小娘子被褥,是小可把袖子盛了。(旦)如今在那里?(生)连衣服裹着藏在床侧。(旦)可惜坏了你这件衣服。(生)这是小可的敝衣,有幸得沾小娘子的余沥。(旦背介)有这等识趣的人。(向生介)你实对我说是什么样人?(生)小可秦种,尝在宅上卖油的。(旦作点头介)原来就是秦小官,为何昨夜在此?(生)小可自去春一见小娘子花容呵,

【双蝴蝶】愿奢,朝和暮梦魂呆。念热,年和岁形影孑。捣玄霜觅绛雪,恰才的博得半宵欢悦。(旦)我昨夜酒醉,不曾招接得你,你干折了许多银子,莫不懊悔么?(生)薄劣,想着我尘凡质,我也怎生浃洽?娇怯,想着你瑶台种,教我怎生嫚亵?

(旦)你做经纪的人,积些银两,何不留下养家,此地不是你来往的。(生)小可单只一身,并无家小。(旦作沉吟介)你今日去了,他日还来么?(生)只这昨宵相亲一夜,已慰平生,岂敢又作痴想。(生对镜整容理衣介)

【江儿水】(旦)听汝言真恳令人长叹嗟，想焚琴煮鹤多磨灭⑦。你怜香惜玉多周折，我琴心曲意多牵惹。一段幽怀怎写？(背介)半夜联床，蚤种就相思万劫。

(生)天已大明，就此告别了。(旦)少住，还有话说。(在妆奁内出银介)昨夜难为了你白银二十两，权奉为资本。(生)虽承雅意，怎么敢领？(旦)我的银子来得容易，这些须报你一宵之情，休得固逊。

【川拨棹】酬琼璠愧些，微少充资斧竭。凭着恁万种温存，凭着恁万种温存，不能个霎时款浃。(合)想蓝桥成故辙，盼桃源谁理楫？

(旦)那件污秽衣服，我叫丫鬟洗净了还你罢。(生)粗衣不烦娘子费心，小可自去湔洗，只是领赐不当。(旦)说那里话。(将银纳生袖中介)(生揖介)小可径行了。

【尾声】闲情万种从今掣，(旦)论聚散浮萍一叶，(生)愿结个再生缘岁岁团圆不缺。(下)

(旦)天下有这等好人，又忠厚，又老实，又知情识趣！

阅尽章台伴，教人转断肠。

易求无价宝，难得有情郎。

〔注〕 ① 檐前铁：指挂在屋檐下的铁马，风吹作声。 ② 天台：南朝宋刘义庆《幽明录》载东汉时刘晨、阮肇入天台山遇仙女，逗留半年后回里，世已大变。剧用此典。 ③ 精舍：此指书斋。 ④ 霏玉屑：谓言辞流畅，滔滔不绝。南朝宋刘义庆《世说新语·赏誉》："胡毋彦国吐佳言如屑，后进领袖。"刘孝标注："言谈之流，靡靡如解木出屑也。"此言"玉屑"，又有所美化。 ⑤ 玉山颓：指醉态。南朝宋刘义庆《世说新语·容止》："山公曰：'嵇叔夜之为人也，岩岩若孤松之独立；其醉也，傀俄若玉山之将崩。'" ⑥ "分付"句：用庄子梦中化蝶的典故，只取做梦的字面意思。 ⑦ 焚琴煮鹤：亦作"烧琴煮鹤"，唐李商隐所言煞风景事中的一种。见《苕溪渔隐丛话》引《西清诗话》。比喻糟蹋美好的事物，辱没斯文。

《种缘》是《占花魁》传奇的重场戏，叙生、旦半夜情的一段佳话。

秦种对王美娘一顾而倾心，再顾而图一宿。积攒经年，秦向鸨母王九妈捧上一锭足有十两的纹银，获允留宿。但真要得见美娘仍难，因为她忙于奉陪达官贵人，哪里有这份"闲工夫"(王九妈语)接待这个小主顾。今日秦已是第三次登门，美娘照例外出，鸨母终于不忍心了，留下他等待美娘回来。"三不遇"初见秦种志诚。本出情节就从秦种等待美娘开始。

秦先被引入美娘卧房的外间客座，由丫鬟上茶，由鸨母陪伴小酌。屋中有四壁书卷、一枰围棋、清幽绮榻、潇洒碧窗，足见主人雅趣。更有“冰弦张，宝鼎爇。悠然竹韵萧骚，花影横斜，风动绣帘揭。却又早松梢渐转楼头月”。一曲【步步娇】，绘出良辰美景。未直接抒写访客对花魁的思慕，思慕已在其中了。环境之静反衬内心之动。

佳人仍未归。访客进入卧房等待。秦种可以触摸到绣帐锦衾、残脂剩粉的旖旎，可以捕捉到花魁仓促应召而去的身影。然而眼前人去楼空，令人惆怅。其情透露在一曲【忒忒令】中：“天际彩云怎蹑？银河涉，鹊桥接，愿风恬浪绝。”访客的渴望更迫切了，似乎还有些担心，时间已是二更了。

这段情节细写欲见花魁之难，以及秦种在等候时的种种遐想，不仅语言优美典雅，而且悬念强烈，为下面一段生旦戏作了充分的铺垫。

花魁娘子终于回来了。

谁知晚归的花魁竟然酩酊大醉，困倦不堪，再也不能陪客了。尽管鸨母向她特别介绍“秦小官人是临安有名的子弟”，但她醉眼矇眬地答道：“我不认得他。”秦种万万没有料到，准备一年，上门三回，恭候半夜的结果，只是迎来一位醉美人，无法与她欢度良宵。鹊桥未接已断，莫非今夕非七夕？情节在佳人沉睡的呼吸声中陡转。秦种被抛进一个尴尬的境地。

秦种是有叫醒美娘的愿望的，一宵欢会正是他的初衷：“我想人生天地间，若得这等美人搂抱他一夜，死也甘心。”（《再顾》出）然而他不仅阻止鸨母叫醒美娘，而且主动守护美娘，为她盖被，为她暖茶。她呕吐，他受吐；她呼茶，他送茶。“春宵一刻值千金”，时光在这样悉心的护理中流逝了，秦种不是丝毫没有失落感的。他感慨“镜中花难亲怎舍？捱尽了永迢迢长夜”。但是他绝不因此惊动美娘。秦种跨越雷池的障碍是什么？是美娘的醉酒吗？非也。鸨母已允许秦与美娘共寝，就在醉中成其好事，只须“放温存些”即可。正是秦高尚的品德克制了他生理上的冲动，他把爱看得比欲更重，而他的爱是基于对妇女人格的尊重，他的爱排除了对身份、职业、地位、财产等等身外之物的考虑，纯洁而神圣。秦种是被作者肯定并颂扬的正面人物，秦种的美德当然反映了作者的爱情观。这种爱情观是健康的、进步的、美好的，它至今仍然具有巨大的价值。

鸡鸣时分，美娘醒来，为夜来呕吐、饮茶等事而歉甚，又为秦种忠厚老实、怜香惜玉之举牵惹了情怀，遂赠银二十两，依依不舍而别。生、旦的姻缘就此种下，故标目“种缘”。

《种缘》的戏剧情节不奇而奇。不奇，在于它仅为侍候一个醉人的生活琐事；

奇，在于人物所处不寻常的境遇。这个著名的情节表现了人物高尚的品德，又有真实的心理描写，遂成为一个优秀的传统折子戏，且以其中一个重要的舞台动作“受吐”命名，很是醒目。

这一出戏全面运用唱、念、做多种艺术手段，抒发情感，刻画人物。曲子的安排能适时表露人物隐情。秦种守夜有两支独唱，第一曲在盖被、暖茶后坐在美娘脚后时，抒发失落感；第二曲在受吐、送茶后美娘复睡去时，抒发惆怅感。全出曲文“用‘车遮’险韵，而能游刃有余”（吴梅《顾曲麈谈》）。“车遮”韵发声短促低抑，正适用静夜忧思和喁喁轻诉。戏中对白亦毕肖人物口吻，能传达人物微妙的感情。如美娘晨醒，问夜来醉况，秦答“也不曾醉”。问可曾吐么？又答“不曾”。秦做了好事不求表功，免得美娘闻之不安。极其平常而简短的答语蕴含多深的怜惜之情！而做功主要靠演员在舞台上创造，也应当纳入剧作构思，在剧本中作出提示。舞台提示的具体周到是李玉剧作的一个特色。如关于秦种受吐的全过程都有提示。先是旦“作欲吐状介”，“生抚旦背介”；抚背而未能止吐，“生将衣袖盛介”；待吐净后，“仍将衣袖抹旦口介”；然后是“旦睡介”；最后则是“生脱衣放床下介”。这一组动作构成了一段做功戏，充分描写秦种的爱心。

对白与做功配合，互为补充，可以丰富作品内涵。如关于受吐，秦种的外部动作已见，内心又如何呢？美娘醒后为污损了秦种的衣服而可惜，秦答道：“这是小可的敝衣，有幸得沾小娘子的余沥。”“余沥”（剩酒）在美娘看来是“脏巴巴”的，别人勉强去盛它已属不易，而秦种竟以沾上此物为幸事。爱屋及乌，此情何深！这一句说明性对白为受吐动作抹上了浓厚的感情色彩。又如美娘嘱秦积蓄养家，不该到此地花费，秦答自己还是单身，并无家小。美娘复问：“你今日去了，他日还来么?”在复问前有一个表情提示：“旦作沉吟介。”从不该来到盼再来的言语，更配以沉吟的表情，表示美娘的改口不是随意的，是经过思考的，可能已经萌发婚姻之想了。

（宋光祖）

占　花　魁　　　　李　玉

第二十二出　心　　语

【南宫引子挂真儿】（旦上）客舍长条飘泊久，腰围减肠断楼头。舒眼窥青效颦眉绉，肯作飞花僝僽。

〔清平乐〕春风未到，陇上先知道。雪满山中堪寄傲，林下月明清皎。　前生姑射罗浮，而今楚馆秦楼。一任愁云瘴雾，天然占断风流。　妾身莘氏，落籍王家。调脂弄粉，偶堕风尘。舞榭歌台，强

涯岁月。只是性厌繁华，无奈门填车马。一点芳心，自喜调琴有待；几年浪迹，深惭倚玉无缘。日来应酬烦丛，情思恹恹。今日不免虚掩房门，静坐半晌。（向内介）丫鬟，今日我身子不快，欲在房中略坐一坐，好把我房门反锁了。若有客来，可回我不在家便了。（内应介）晓得了。（旦）想我瑶琴，自从刘四妈说骗倚门，窃谓从良指日，奈这些往来的，虽多王孙贵戚，从无可意根苗，未知何日得遂我终身之愿也。

【南吕过曲香罗带】兰分九畹幽，明珠暗投。风光殢人无限愁[1]，看纷纷燕侣共莺俦。也，谁是多情种？一旦咏河洲。我若随意适人，也不至今日了，只是一误岂容再误？怎做得琵琶再抱过别舟，真个是极目悠悠。也恐做了风送梧桐一夜秋。

我想有才的未必有貌，有貌的未必有才，有才有貌的未必多情解意。就是向日那卖油郎，他结想一年，空捱半夜，温存百种，怜惜千般，算来富贵之辈、文墨之中，亦绝无此人的了。

【仙吕过曲醉扶归】他思思想想捱昏昼，真个是铢铢两两苦踌躇。想着他款款轻轻恁温柔，翻教我心心念念闲拖逗。（长叹介）咳，早难道鱼盐版筑尽庸流[2]，把好事成虚谬。

闲话半晌，身子困倦，不免假寐片时。正是：梦到家山应化蝶，身羁天际会成蕉。（隐几介）（四杂青衣上）潭府威名赫赫，班头气象昂昂。这里已是了，有人么？（副净上）何处莺花使？忙来燕子楼。（见介）（副净）大叔拜揖。（杂）哇！你这鸨儿，见了我们不下个全礼，这等放肆！（副净背介）好大来头。（向杂介）贵府那里？（杂）呸！瓶儿罐儿都有耳朵的，你不晓得，除了皇帝，便是俺老爷哩。俺们是万俟府中差来的，说来把你灶君也吓得直立起来了。（副净）请问大叔到此何干？（杂）俺大爷唤你美儿，快去，快去！（副净）小女不在家里。（杂）放屁！俺大爷说，几次到你家来，你女儿又不相见；几次请他吃酒，又不肯去。大爷好生不喜欢。今日特唤你女儿游湖，还不快去！（副净）小女其实不在家，你看房门也锁在这里。（杂）你们姊妹人家的房门，反锁惯的，待我打开来看。（副净拦住介）大叔，不要动手。

【南吕过曲香柳娘】（杂）觑炎炎势豪，觑炎炎势豪，横行驰骤，你

鱼虾怎与蛟龙斗？（杂打开房门介）呀，果然在这里。（旦作惊醒介）恁匆匆闹喧，恁匆匆闹喧，好梦扰丹丘[3]，弱质惊飘柳。（杂）扶了他去便了。（副净）大叔，就要去也是易的，不要啰唣[4]。（旦）要到那里去？（杂）我万俟府中唤你哩。待卿卿侑酒，待卿卿侑酒，休教逗留，扶伊急走。（扶旦介）（副净扯住杂）（杂推倒介）

（杂）擒来好似瓮中鳖，拿去浑如釜内鱼。（下）（副净）走几个后生出来，各处去寻问美娘下落。（内应介）（副净）我老身也打点自去抓寻便了。

【尾声】泰山势焰摧枯朽，烈火鸿毛敢浪挡，怎能个赵璧重完开笑口[5]？

天有不测风云，人有旦夕祸福。

从来见兔放鹰，今日求鱼缘木。

〔注〕 ① 殢(tì)人：困扰。 ② 鱼盐版筑：指从事鱼盐买卖和建筑的人，古时重农轻商，商人常被人轻视。《孟子》有“傅说举于版筑之间，胶鬲举于鱼盐之中”之语。 ③ 丹丘：传说中神仙所居之地。《楚辞·远游》：“仍羽人于丹丘兮，留不死之旧乡。” ④ 啰唣(zào)：吵闹寻事。 ⑤ 赵璧重完：用战国赵蔺相如出使秦国挫败秦王骗夺和氏璧的阴谋，完璧归赵的典故。

《心语》出的主要部分是一段独角戏，运用曲文夹白的形式，层层剖析美娘在秦种守夜过后的复杂心理。

第一层，是表现美娘对风月场的厌烦。美娘作为良家女子，她怎能适应“调脂弄粉”的舞榭歌台？门填车马、应接不暇的生活，在别人也许是正中下怀，或者求之不得，对于美娘却是身不由己，“强捱岁月”。所以她常常“情思恹恹”。她不止是对现状不满，更是对未来忧虑。何时“蒹葭倚玉树”，有个好归宿？

美娘推说身子不快，把自己反锁在卧房内。在闭门独处时，她想起了自己从良的夙愿。心理剖析于是进入第二层。

“看纷纷燕侣共莺俦。也，谁是多情种？一旦咏河洲。”美娘以为，燕侣莺俦须双双相爱才是美满幸福的，恰如《诗经》所咏君子与淑女那样。从良不是“拉郎配”，要谨防“琵琶再抱过别舟”。美娘所要寻觅的乃是“有才有貌”而又“多情解意”的如意郎君呀。“多情解意”关乎人品，关乎真情，它与门第无关，与财富无关。故往来的王孙贵戚虽多，从无可人意者。在此，美娘为自己提出了一个理想的择偶标准。且不说青楼女子难以企求，即使官宦小姐也不易有此幸运。美娘

陷入困惑之中。

更深一层的心理剖析是美娘心想卖油郎。

提起真挚情意，有一个人从美娘的记忆中走了出来，此人就是那个卖油郎。“他结想一年，空捱半夜，温存百种，怜惜千般”。结想有一年之久，相聚才半夜，还是空等的，即便空等，他也会付出全部的温存和爱意！美娘为此感佩不已。【醉扶归】一曲细致深入地描写了美娘对卖油郎的思念：“他思思想想捱昏昼，真个是铢铢两两苦蹉蹰。想着他款款轻轻恁温柔，翻教我心心念念闲拖逗。早难道鱼盐版筑尽庸流，把好事成虚谬。”在美娘想象中，卖油郎多少个日夜惦念着自己，攒缠头分分厘厘，真是苦心孤诣。回忆他温情脉脉的举止，以致时时刻刻把他萦绕在怀。四句曲文连用八个叠字，曲尽美娘无从排遣的相思情状。

那么，美娘已经认定卖油郎正是自己寻觅已久的人吗？她还不敢肯定。她希望卖油郎是自己的意中人，又唯恐他不是自己的意中人。她长叹道：难道那些经营鱼盐和造屋的全是平庸之辈，以致我的好事要落空？美娘与卖油郎毕竟是初识，虽然对他的印象极佳，但却知之不深。在南宋都城临安，尽管经济繁荣，市民阶层活跃，但人们对工商业者尚存偏见。美娘对卖油郎的顾虑是可以理解的，也是真实的。

“美娘独叹”在话本《卖油郎独占花魁》中是没有的。原著写美娘闭门是要摆设文房四宝，还诗画债。这是因为传奇与话本是不同的艺术体裁，传奇重在以歌舞抒情，往往以大段独唱揭示主人公丰富的内心世界。作者熟谙传奇形式，所增写的这段“独叹”另有结构上的作用。其一，为下文卖油郎雪地救美而得到美娘完全信赖埋下伏笔。要让卖油郎做出一个重要的举动，足以消除美娘的顾虑，赢得美娘的信任，而这个重要行动就是雪地救美。其二，这是一段静场戏，置于万俟公子凌辱美娘的热闹场面之前，用以调节节奏。美娘唱毕，万俟府狠仆即蜂拥而至，打开卧房，劫持美娘而去。戏的情节遂迅速趋向高潮。（宋光祖）

占花魁　　李玉

第二十五出　脱　阱

【南吕引子临江仙前】（老旦上）一岁韶华云暮矣，门庭更觉萧然。老身刘四妈，闻得王家侄女受了万俟公子的气，正欲要去问声，今早侄女着人来请我，不免移步前往。呀，出得门来，你看雪满群山，风号万木，正是：皎日俄开千里白，残云却断远山黧。此间已是了。（作入介）有人么？（内应介）娘在佛堂内念佛，刘亲娘请坐坐，

娘就出来了。(老旦)我到美娘房中去坐坐,等娘念完了佛来罢,不要打断了他的佛头。(内应介)晓得。(老旦)此间已是房门首了,美娘有么?(旦上)

【临江仙后】隔帘何事唤声喧?凌波移绮阁,(出见介)呀,元来是风动降鱼轩。(作入见介)

(老旦)闻你受了万俟公子的气,可是有的么?(旦)侄女受他无端凌辱,几遍欲待自尽,今日得与姨娘会面,亦是再生的事了。(老旦)便是这些有财势的,都不会帮衬,门户中时尝受他们的累哩。(旦)侄女今日相请到此,非为别事,当初姨娘再三劝我勉落风尘,今如此受人凌辱,岂是久计?况且姨娘昔日原许我从良,今日特求作主。(老旦)此话老身虽曾说过,只是你年纪还蚤,又不知你要从那个?(旦)姨娘莫管甚人,少不得依着姨娘言语,是个真从良、乐从良、了从良,不是那不真不假、不了不绝的勾当。(老旦笑介)儿阿,亏你还记得许多言语。我说便说,只怕你娘不肯。(旦出金子介)赤金十两,送与姨娘打副钗子,全仗姨娘超拔。(老旦)这是美事,如何要你的东西?这金子权时领下,只当与你收藏。此事都在我身上,只怕你娘开口大哩。(旦)侄女自己赎身,求姨娘从中委曲。(副净上)冻勒老梅香未吐,寒凝新酿酒成醽[①]。(见介)阿呀,妹子来得极好。美儿受了闲气,正要你与他话话。(老旦)妹子亦闻知此事,特来问声。娘阿,这都侄女的声名大了,故有此事。(旦)今日母亲、姨娘都在此,孩儿有句话,持求鉴纳。(副净)儿阿,有什么言语?

【南吕过曲红衫儿】(旦)念孩儿呵,簪缨胄[②],南迁逃兵燹[③],被赚颠连。(副净)已往之事,说他怎么。(旦)念连年营趁,已把恩填。(老旦)你与娘挣下家事,娘也晓得在那里。(旦)昨日呵,受万般耻辱忧煎,痛薄命泪涟。(副净)你待要怎么?(旦)娘阿,早度我苦海无边,望慈悲一线。

(副净)你的话儿好差了。

【前腔】念我把伊珍惜,似己女情非浅。指望你终身依傍,看承我衰年。谁知你一旦心偏,教我怒冲天。儿阿,你待要远举高骞,咦,我怎肯弃捐!(作气介)(旦向老旦哭介)阿呀,姨娘阿,猛搿

个身葬黄泉，须信道浮生似电。（下）

（老旦问内介）那个女儿在那里？看好了美娘。（丑内应介）晓得了。（老旦向副净介）姐姐，你不要太执性了。

【黄钟过曲狮子序】风光好终变迁，况名高须遭覆颠。就是昨日这事呵，险做个煞时性命难全，幸赖着皇天默眷。（副净）真个谢天不尽了！（老旦）也还要防他哩。他那里逞渔猎怎空旋？更熏天势焰，祸机难免。（副净）我也在这里虑他。（老旦）风月场中，也不独有一个万俟公子。为惯惹蜂勾蝶恋，怕侯门如海，断送婵娟。

（副净）我只接个上门主顾，不放他出去便了。（老旦）姐姐说那里话。那侄女呵，

【前腔】娇痴性金石坚，他起了这念头，怎肯向青楼献笑留连？怕做了人财两地邅邅。（副净）你的意儿待怎么？（老旦）我家几个半高不低的丫头，也赚钱，又安稳。你如今出脱了他，多讨几个粉头，妆就莺莺燕燕，博得个朝有钱昼有钱暮有钱，又没甚闲非胡缠。正是马失宁非福，果然是车覆鉴宜先。

（副净）娘阿，他虽要赎身，只是美儿比别个不同。

【南吕过曲东瓯令】花魁女到处尽名传，镇日里买笑挥金车马阗。他从了良呵，真个是名花一失空梁苑④，教我捱暮景难消遣。（老旦）女儿自己赎身，也不要十分计论了。（副净）凭伊自结好姻缘，千贯莫俄延。

（老旦）要一千银子？忒觉多些。（副净）他没有千金，也不须说起赎身；若有千金，今日就去，也是易事。（老旦）既如此，待侄女面决一决。（向内介）侄女出来。（旦上介）（老旦）儿阿，娘是决舍不得的，我再三说允，但要你千金，今日就成事了。（旦）论来我曾与娘赚过钱的，就少了些，娘也让得我起。我如今偶有千金，尽数送与娘，也只当孝顺的意思。（老旦）你把东西出来，与娘看过，等娘好去检原契还你。（旦虚下掇箱上）（出银介）（老旦、副净作惊介）

【前腔】（旦）朱提检数满千⑤，这都是宦债攒成岂浪言。（老旦）今朝两下从其便，也免却生他变。（副净）只是我几年抚育意惓惓，不觉泪珠悬。

(老旦)姐姐,你收了银子,把婚契还了他罢。(副净)果然要去了,罢,罢!留你也不做活了。(虚下)(同丑上)(丑)美娘,恭喜!今日从良了。(副净将契与老旦介)(老旦)儿阿,你收好了。(旦收介)(副净向丑介)你拿了银子,到我房内去。(丑掇箱下即上)(老旦)儿阿,你到房中去检点一检点。(旦)我罄身而来,原罄身而去。(老旦)难得,难得。(旦)孩儿今日权到姨娘家中暂住,母亲请上,待孩儿拜别。(副净)不消了。(旦拜介)

(旦)几载相依情谊亲,一朝分袂叹离群⑥。

(副净)肠断断肠肠欲断,泪痕痕上更添痕。(各下)

〔注〕 ① 醨(lí):薄酒。 ② 簪缨胄:官宦人家。 ③ 兵燹(xiǎn):战火。 ④ 梁苑:也称梁园,西汉梁孝王所建园囿,规模很大,内多宫室,梁孝王常与宾客游宴其中。此系借用。 ⑤ 朱提:山名,在今云南昭通。盛产白银,古称朱提银。古时多用作银子的代称。 ⑥ 分袂(mèi):分别,分离。

《脱阱》出属全剧的结局部分,完成主要人物王美娘的性格描写,交代其从良归宿。美娘从良经历了长期的准备和等待,最后脱出陷阱,又经过了一番斗争。这番斗争是由美娘发动而争取到了刘四妈的支持的。刘四妈是个次要人物,但在结构中起着关键的作用,她两次介入美娘与鸨母的冲突,促使情节发生转折。她的形象在《劝妆》中已得到成功刻画,在《脱阱》中又抹上浓浓一笔。

本出情节与《劝妆》呼应。在《劝妆》里,美娘听从刘四妈的劝告,暂留青楼。当时刘四妈曾经许诺美娘日后觅机从良。如今美娘无端受了万俟公子凌辱,强烈地感觉到风尘之地不可久居,便请刘四妈为她作主。刘问她:“要从那个?”她不无得意地答:“姨娘莫管甚人,少不得依着姨娘言语,是个真从良、乐从良、了从良,不是那不真不假、不了不绝的勾当。”刘笑道:“儿阿,亏你还记得许多言语。”此语直接归结《劝妆》出刘的从良宏论。当初刘一番说教,原是要美娘顺从王九妈,但也是一次启蒙,为美娘确立了奋斗目标。如今梦想成真,美娘有理由得意,观者也为之欣慰。刘接着表示可以跟王九妈说,只怕她不肯,似有推诿之意。及至美娘奉送赤金十两,刘忙应承,恰如当初曾经应承王九妈之请。刘收礼时说:“这是美事,如何要你的东西?这金子权时领下,只当与你收藏。”此话又多乖巧体面!

美娘得到刘四妈的支持,便大胆地向鸨母提出从良的请求。她回顾避兵南逃被拐卖的往事,受万俟欺侮的近事,特别提及连年已为鸨母挣下家业报了恩(刘也特地附和这句话)。尽管美娘说得谦卑恳切,鸨母还是怒气冲天,她指望假

女做为终身依靠，岂能允许这棵摇钱树倒下。好在美娘已经不是往年的美娘了，她历经坎坷增长了才干，变得有心计了，如今她是志在必得。她哭向姨娘，要"猛拚个身葬黄泉"，其实不过是一个姿态，不同于落阱时的寻死觅活。刘四妈忙吩咐人看好美娘——也不过是一个姿态，都是吓唬王九妈。而美娘哭入内室则是为了把劝说之事留给刘去做。

刘如何劝王？她迅速抓住要害去打动王，这要害之处，便是美娘被万俟欺侮险些丧命的事实。风月场中，万俟之流绝非个别，难免断送婵娟。这也与美娘出了名有关，不如把她换成几个半高不低的粉头，也赚钱，又安稳。再说美娘性烈，怕再也留不住了。一席话收到立竿见影之效，美娘终以千两之价为自己赎了身，当即成交，一手付银，一手还契。为防止鸨母反悔，美娘随即离开王家，移住刘家。

王九妈向美娘索取高价，原以为她一时凑不齐，没想到她早就备下了。美娘付银归付银，理却不能不争。她说："论来我曾与娘赚过钱的，就少了些，娘也让得我起。我如今偶有千金，尽数送与娘，也只当孝顺的意思。"前一句话在理，是鸨母贪心了，后一句却是假话。下文交代美娘寄存在各府夫人处的箱笼，合计有三千金之数！不过，这句假话当说，这个心计用得高明。

刘四妈曾经受王九妈之托劝告美娘，如今又受美娘之托劝告王九妈，前者说合，后者说离，两回都获成功。因为刘的辩语持之有故，言之成理，甚至有相当的预见性。刘为美娘所定从良四条件后来一一具备，奠定了从良成功的基础。这样一个人，我们固然可以非议她的道德观念，但是对于她在现存秩序下化解一些社会矛盾，帮助弱势者，却是应该肯定的。

（宋光祖）

清 忠 谱 李 玉

第九折 就 逮

（外扮中军上）九重魆地飞严旨，五夜俄然赐赭衣[①]。自家毛老爷一个内中军便是。只为吏部周老爷，忤骂厂爷[②]，又与嘉善魏宦联姻，斥辱校尉。报入东厂[③]，厂爷大怒，就把周爷名字，嵌入周起元一案[④]，坐赃三千，严旨提问。缇骑已到苏州了[⑤]。俺老爷奉命惟谨，连夜发下文书，着我往该县投递。一路行来，这里已是吴县衙门了。不免传鼓进去。（传鼓[⑥]介）（丑扮门子提灯上）半夜三更，什么人传鼓？（外）快通报！抚院中军，有紧急文书投递。（丑）这等少待。容禀过老爷，请进私衙相见。（外）回复老爷要紧，不便担阁，快快传进！我去也。只消一行字，勾取一员官！（下）（丑）不知

何等文书，这样紧急。且送与老爷开看，自有分晓。老爷有请。(末上)子夜闻传鼓，中宵忙整衣。门子，如此深夜，何人传鼓？(丑)抚院周军有紧急公文投递。(末)快请进来。(丑)他说不便担阁，传了文书进来，就回去了。(末)取上来我看。(丑送上介)(末作拆看大惊介)呀，不好了！元来我周蓼洲老师，触忤魏珰，矫旨提问，缇骑已到。我还该乘此暮夜，飞骑出城，报他知道。好教他豫作处置，料理家中未了之事，少尽师生之谊。门子，快带马来，悄悄随我到周老爷家里去。(丑提灯应介)(末上马介)

【忆莺儿】月影微，星影稀，着紧加鞭促马蹄。他那里燕雀巢堂知未知[7]？风波恁奇，颠危怎持？羞杀我位卑力薄难周庇。这里已是老师门首，门子，带住了马。路逶迤，衡门陋巷，急急叩双扉。(下马叩门介)

有人么？(不应)(连叩介)(净内)什么人，夜深了，在此敲门打户？(末)有事要见老爷，快些开门。(净)为什么？敢是杀将来，这样要紧！(末)快些！快些！(净)天爷爷，黑魆魆地，也等我摸个袄团着了，方好开门。且问你是什么人？(丑)吴县陈老爷在此！(净)是陈老爷。这等来了！来了！(反披衣奔上)阿呀，摸着了一条裤子，认作衣裳，再也穿不上；刚刚披好，又寻蒲鞋弗着，真正要快反迟了。(丑)快快开门要紧！(净)好作怪，越是要紧，门儿越开弗开了！阿呀，啐！元来失记开了门闩。(开介)(末进介)管家，快些通报一声，说我急急要见！(净)兄弟倒把灯儿照我一照，等我穿好了衣服。(丑)快通报去！(净)索性把灯儿借我，一发寻着了蒲鞋。(末)咦，只管慢腾腾地，不顾误了大事！(净)老爷便是大事，难道我赤了双脚，倒是小事？(末)闲说！(净)不是嗄，怕里边没火，拿进去照着，好等老爷起身。(末)这等快取去！(净)老爷，请在黑头里坐坐罢！(丑)还要罗唆！(净下)(末)被他故意兜搭，担阁了这会。老师闻下官在此，吃这一惊可也不小。(净随生上)陈老爷那里？(末)不敢！门生在此。

【前腔】(生)短梦回，密语催，倒屣匆匆忙展衣[8]。老父母，为何昏夜至此嗄？我晓得了。早上传说校尉来苏，想必轮着治生[9]了。独抢刀门舍我谁？(末)门生适逢宪檄，才知借重老师。恐明早就逮，便不

及将家事处分了，因此昏夜飞骑，报知老师。(生)治生已料定有这一日的了。权奸焰飞，孤臣命灰，生涯本分原非异。(末)宪檄森严，老师速自区处。门生恐有泄漏，就此告辞回县，明早再来奉请。(生)请便。(末)门生多有得罪了。泪频挥，谈心此刻，何忍顿分离。

带马过来！(上马策行)(下)(生)老苍头[10]，且把门儿虚掩着。(净应下)(生进介)(旦、小生、贴上)阿呀，相公，这是那里说起？(生)你们为什么来？(旦)相公，你一生刚愎，惹是招非。情知珰势难撄，故意虎须独撩。今日祸到临头，我母子们死无葬身之地矣。

【五更转】顶乌纱，千百辈，你一人独抗持，几声快骂全家泪。今日里呵，祸到临头，怎生回避？(生)妇人家，说这样没志气的话来！男儿事，有甚悲？无他畏！此身许国应抛弃。夫人，我如此收场，殊不惭愧。

(小生)阿呀，爹爹嗄！此去身投虎吻，吉少凶多，倘有不测，怎么处？

【江儿水】绕膝心肠碎，牵衣血泪垂。捐躯救父甘长逝。(生)朝廷拿我，岂是你代得的？(小生)爹爹嗄！子孝臣忠同一例，可不道全爹大节彰儿罪。(贴)这个多是孩儿不孝，有累爹爹。(生)为何？(贴)总为姻联祸起。生女何裨？眼盼盼家门遗累。

(生)呀，你们也可笑得紧。大丈夫心事，虽非儿女所知，只是你们，既做了周顺昌之妻，周顺昌之子，

【玉交枝】颇知大义，却缘何狂呼惨啼？未能鼓舞须眉气，徒然挠乱人意。(旦)生离死别，只在顷刻，有甚未了之事，还是分付我们一声。烧残红烛心渐灰，值不得可怜两字将奴慰。(合)苦扳留，无非这回。细商量，无非这回。

(生)夫人，你说什么未了之事？是嗄，是嗄！有一桩未了之事。案上有素纸，孩儿，快与我磨起墨来。(旦背介)好了，好了！相公有后语嘱付了。(小生)爹爹，有什么未了之事，尽着写去。(生)我就写，就写。

【五供养】展开素纸，骂贼真卿[11]，书法宗伊。题着什么？好嗄，有了！(写介)补完未了事，题作小云栖。(众)"小云栖"这三个字什

么意思？（生）前日龙树庵僧西崖，嘱我题一匾额，连日不曾写得，今夜也完了一桩心事。春秋绝笔，除此项无萦系。（众）我们只道有甚嘱付，原来作此不急之事。兀的不痛杀我也！（合）纷纭当此际，慷慨践僧期。三字留题，直抵长歌正气。（净上）

启老爷知道：文老爷步行求见。（生）既如此，你们暂退。（众应下）（生）就请文老爷进来。（净应下）（外上）

【月上海棠】国士危，撄冠往救浑无计[12]。阿呀，蓼洲兄！不想你也有这日。（生）也是必然之事。（外）小弟闻此消息，正欲乘夜报兄。途遇县公，才晓得吾兄处先有实信了。天色一明，就要请兄入城开读。事在燃眉，吾兄作何区处？（生）小弟有何区处？但闻呼即赴，君命难违。（外）蓼洲兄，说那里话！小弟为了吾兄之事，等不到落月啼乌，禁不住刳心裂胃。冤声沸，只恐吴氓，素称尚义。

（生）住了。吾兄怎么说个吴氓仗义？（外）魏贼弄权，忠良屠戮。正类固所痛心，小民莫不切齿。况吾兄清名久著，士庶钦心。一旦罹此奇冤，桑梓必怀义愤[13]。且此处金阊[14]，尤多豪侠。倘然一倡百和，公恳上台，九阍虽遥[15]，焉知不为民心感动？（生）咳！故人知君，君不知故人。若果有此事，反陷弟于不忠了。

【三学士】我只此一身值甚的，惊天动地何为？（外）吾兄虽具刚肠，他人定难坐视。小弟言及于此，亦是或然之事，亦未可知。一时公愤民之义，不枉你十载乡评众所推。（生）吾兄有此一言，倘他人闻之，反为未便。（外）天色将明，当事者必来催促，可作急将家事料理。（生）有何料理？（外）小弟告别了。俟兄入城，另有商议。患难关头存意气。金兰谊[16]，狐兔悲。（别下）（旦、众出介）阿呀，相公嗄！天色渐明，就逮在即。难道廿载夫妻，真个竟无一言嘱付么？（生）咳！只管多讲。我有什么嘱付来？自今以后，我自做我的事，你们自做你们的事便了。（旦、贴、小生哭介）（生）休聒絮！（向旦介）鸟同林，各自飞。大丈夫视死如归！视死如归！（向贴、小生介）怎顾得儿啼女悲。（内打五更介）（众）响铛铛漏点催，血淋淋泪点飞。（净上）

阿呀，老爷，不好了！吴县陈老爷，奉候老爷公所开读。说天色黎明，延缓未便；现在外厢堂中，立候老爷起身哩。（生）既如此，你们快随我到家庙中，向祖宗英灵拜别去。（行介）（到拜介）（生）

【侥侥令】百年存血食，一旦失瞻依。我那祖宗嗄！你只愿子孙忠孝，今日此去，烈烈轰轰，可也不负你的家教了。(笑介)地下相逢无惭色，你可也踏着香云来帝畿，帝畿。

县公候久，理合轻身就逮。夫人请进，我就此出堂去也！(众)阿呀，相公嗄！爹爹嗄！(合)

【尾声】生逢不似生离易，怎禁得放声挥涕。(生)哇！你们还要哭些什么？阿，呸！我若是一步回头品便低！(竟下)

(净)阿呀，我那老爷嗄！(随下)(众哭介)

【哭相思】不惜身家酬国恩，风波匝地一孤臣。从今痛定还思痛，狼藉衣衫半血痕。

(小生)母亲且免愁烦，请进少息。待孩儿急到县中，打听消息如何便了。(旦)我那相公嗄！

正是：市上万般哀苦事，无非死别与生离。(贴扶旦下)

〔注〕 ① 赭(zhě)衣：古代囚犯所穿赤褐色衣服。亦代指囚犯。 ② 厂爷：指东厂的首脑魏忠贤。 ③ 东厂：由明成祖于永乐十八年(1420)在京师东安门北设立的特务机构，宦官头目任提督，直接掌握，有事报告皇帝。 ④ 周起元：明朝大臣，官至右佥都御使、苏松巡抚。因得罪魏阉死党李实而被魏忠贤矫旨罢官。天启六年(1626)二月，为杀戮东林党人，魏忠贤唆使党羽诬告周起元任巡抚时贪污帑金十余万两，充作东林书院讲学之用，周顺昌等六人亦参与分赃，因而将此七人逮捕杀害，史称“后七君子之难”。 ⑤ 缇骑：原指古代当朝贵官的前导和随从的骑士，此处指逮捕犯人的禁卫吏役。 ⑥ 传鼓：敲击立于官府衙前之鼓以传送紧急文书。 ⑦ 燕雀巢堂：比喻处境极其危险而不自知。《孔丛子·论势》：“燕雀处屋，子母相哺，煦煦焉其相乐也，自以为安矣。灶突炎上，栋宇将焚，燕雀颜色不变，不知祸之将及己也。” ⑧ 倒屣(xǐ)：急于迎客，把鞋穿倒了。表示热情欢迎来客。屣，鞋。 ⑨ 治生：明末，部属对于长官，或旅外官吏对于原籍长官，自称治生。 ⑩ 老苍头：老仆人。 ⑪ 真卿：颜真卿，唐代大臣、书法家。唐德宗时，李希烈叛乱，颜真卿奉旨前往劝谕，被李希烈严刑折磨，颜真卿威武不屈，被缢而死。 ⑫ 缨冠：来不及戴正帽子，形容急急忙忙。 ⑬ 桑梓：《诗经·小雅·小弁》：“维桑与梓，必恭敬止。”古代宅旁多植桑树和梓树，因而以之指代故乡。此处指乡里之人。 ⑭ 金阊：苏州西阊门外旧有金阊亭，故苏州又称金阊。 ⑮ 九阍(hūn)：指朝廷。阍，宫门。 ⑯ 金兰谊：语出《周易·系辞上》：“二人同心，其利断金；同心之言，其臭如兰。”比喻友情深厚。结拜弟兄，亦称金兰。

李玉所作传奇《清忠谱》，叙演明朝天启年间宦官头目魏忠贤专擅朝政，迫害东林党人。吏部文选司员外郎周顺昌，虽清廉忠贞，却被削籍归乡苏州。状元文震孟亦被罢官。周顺昌拜访文震孟，得知朝政更加腐败，益发愤恨。时值东林党人魏大中被魏党逮捕赴京，舟过苏州。周顺昌便特地登船慰问，并与之联姻，将

女儿许配大中之孙。而苏州巡抚毛一鹭等人，却逢迎权奸魏忠贤，特在苏州半塘为之建造生祠。周顺昌愤而赴祠，面对魏忠贤塑像，斥骂其罪恶行径。毛一鹭得知此事，密告魏忠贤，魏便将周嵌入他案，诬为贪赃，而矫诏捕周。苏州市民闻之，群情激愤。以颜佩韦等五位义士为首，聚集成千上万市民，冲入察院，示威闹诏，反对逮捕周顺昌。争斗之中，市民将校尉二人打杀。但毛一鹭等人已将周顺昌秘密押解京师。魏阉党羽对其严刑拷打，逼其认罪。但周顺昌坚强不屈，斥骂不已，结果被囊首害死。义士朱完天协助周顺昌之长子周茂兰将其完葬。毛一鹭等人却诬告苏州市民造反，请旨屠城。多亏银台徐如珂从中回护，苏州方免荼毒。继而天启帝去世，崇祯帝继位。魏忠贤被正法戮尸，群奸亦被治罪。苏州市民闻而雀跃，涌向半塘，捣毁魏忠贤生祠，严惩魏党爪牙，重新安葬五位义士。状元文震孟亦奉诏还京。他于临行之际，祭奠了忠烈义士。周茂兰血书奏于朝廷，崇祯帝下诏荣封周顺昌三代。作者通过这一历史事实，热情歌颂了以周顺昌为代表的东林党人和以颜佩韦为代表的下层市民英勇反抗阉党权奸的斗争精神。而《就逮》一折就是塑造主人公周顺昌不屈形象的重场戏。

作者在此折一开始，之所以率先叙写苏州巡抚毛一鹭的中军连夜投递文书的迫不及待；吴县县衙的门子半夜三更通报知县的不敢耽搁；吴县知县陈文瑞拆看文书后的大惊失色，连夜飞骑出城报信的"着紧加鞭"；老苍头深夜闻信的慌不择衣，不只是意在暗示权奸陷害忠良的阴险诡秘与被捕者的不同寻常，也是意在渲染和增强黑云压城、风雨骤至的紧张气氛，来反衬被逮者周顺昌的从容不迫。

当时，正值权奸魏忠贤把持朝政，气焰嚣张之极。"自内阁六部，四方总督巡抚，遍置死党"，其手下爪牙，"五虎"、"五彪"、"十狗"、"十孩儿"、"四十孙"，"广布侦卒，罗织平人，锻炼严酷，入狱者卒不得出"，凡是"民间偶语，或触忠贤，辄被擒戮，甚至剥皮刲舌，所杀不可胜数，道路以目"(《明史・魏忠贤传》)。在这种暗无天日的血腥统治之下，有些闻知将要被捕的官员，"或脱身以逃，不能容于远近"，或者是"剪发杜门，佯狂不知所之"(张溥《五人墓碑记》)。而周顺昌呢？作者以虚门而待、从容题额、拜辞家庙等典型情节，着力刻画他的从容就义、视死如归。

当吴县知县陈文瑞一来时，周顺昌便对其昏夜而来的原因未卜先知了，说道："早上传说校尉来苏，想必轮着治生了。""治生已料定有这一日的了。"因此，他令苍头"把门儿虚掩着"。因为他深知自己舟中联姻、祠中骂像，反对权奸魏忠贤，是一场你死我活的斗争，早已将生生死死置之度外。是明知"珰势难撄"，却偏要"虎须独撩"，明知虎吃人，偏打吃人虎；虚门而待，我行我素，显示了从容迎战的英雄气概。在与家人生离死别之际，他既没有痛哭流涕，唉声叹气，也没有

惊惶失措，乱了方寸，而是引吭高歌“此身许国应抛弃”，甘愿为国捐躯，表现出“如此收场，殊不惭愧”的大义凛然，也就是光明磊落，英雄无悔。因此，他没有“后事”遗嘱，只是书写了“小云栖”之匾。此举之意，不在于这三字本身，而是“骂贼真卿，书法宗伊”。唐代大臣颜真卿，不但以书法著称，正楷端庄雄伟，气势开张；行书遒劲郁勃，开创新风；而且，操守堪敬，人品堪称。唐德宗时，李希烈叛乱。他被派往劝谕，被李希烈严刑拷打。但他宁死不屈，骂贼不止。虽被缢死，名垂千古。周顺昌以之为宗，学其书法，学其品行。所以，在权奸唆使爪牙前来逮捕时，从容书写匾额，“三字留题，直抵长歌正气”。所写三字，正是他英勇不屈的正气之歌，犹如文天祥“人生自古谁无死，留取丹心照汗青”的浩然壮歌，千古绝唱。

至于率领妻子儿女，于家庙中与祖宗英灵拜别，乃是进而表明心迹，自己平生所为，特别是这次与魏阉权奸的殊死斗争，是无愧于天地神灵、无愧于祖宗“家教”的。或许，这“家教”的主要内容是“子孝臣忠”，既包括除奸抗恶的不屈斗争精神，也未必不含有“愚忠”的某些成分。他在与文震孟的诀别谈话中，把魏阉的“矫诏逮捕”看作是“君命难违”，唯恐苏州市民义愤填膺，群起反抗，会陷他于“不忠”，即可见一斑。作者并没有把他写成封建社会的完人，而只是清官和忠臣。但是，他毕竟是引颈高唱着“大丈夫视死如归”、“我若是一步回头品便低”的正气壮歌，从容不迫、义无反顾地走出了家门。他是走向了刑场却又是走向了同魏阉权奸当面交锋的战场。即使他下场之后，观众也会坚信，他“今日此去”，定会“烈烈轰轰”地投入新的战斗之中。

应该指出，在正史例如《明史》中，写被捕时的周顺昌，只有“与起元等并逮”、“顺昌乃自诣吏”等寥寥十二个字。据此，作者可以写他斥骂前来逮捕的校尉，表现其英勇不屈。但那样写，就难免会与此折之前的第六折《骂像》重复；可以写校尉的狗仗人势，或魏忠贤的干儿子毛一鹭之流的狐假虎威，以及周顺昌的冷嘲热讽，怒斥厉骂，但那些权奸此时不会亲自出场，而且那样写，也容易与后面的第十五折《斥勘》雷同。故作者仅从周顺昌与亲友诀别着笔，选取典型事例，突出其从容就义这一点，收到了感人至深的艺术效果。看完此折戏，哪个观众脑海之中能不铭刻上周顺昌那光彩照人的悲剧英雄的高大形象呢？　（徐振贵）

清　忠　谱　　李　玉

第十一折　闹　　诏

（贴青衣小帽上）苦差合县有，惟我独充当。自家吴县青带便是[①]。

北京校尉来捉周乡宦，该应吴县承值。校尉坐在西察院，本县老爷要拨人去听差，这些大阿哥[②]，都叮嘱了书房里，不开名字进去。竟拿我新着役、苦恼子公人，点去承值，关在西察院内。那些校尉动不动叫差人，叫差人要长要短，偶然迟了，轻则靴尖乱踢，重则皮鞭乱打。一个钱也没处去赚，倒受了无数的打骂！方才攮了一肚子烧酒，如今在里边吆吆喝喝，又走出来了。不免躲在厢房，听他说些什么。（暗下）（付扮差官，丑、小生扮二校喝上）

【梨花儿】（付）驾上差来天也塌[③]，推托穷官没钱刮。恼得咱家心性发，嗏，拿到京中活打杀。

李老爷呢？（小生）李老爷睡在那里。（付）快请出来。（校向内介）张老爷请李老爷。（净内应介）来了！（净扮差官上）

【前腔】（净）久惯拿人手段滑，这番差使差了瞎。自家干儿不设法，嗏，一把松香便决撒[④]。

（付）李老爷，咱们奉了驾帖[⑤]，差千差万，到处拿人，不知赚了多少银子。如今差到苏州，又拿一个吏部。自古道：上说天堂，下说苏杭。岂不晓得苏州是个富饶的所在？况且吏部是个美官，值不得拿万把银子，送与咱们？开口说是个穷官，一个钱也没有，你道恼也不恼！难道咱们三千七百里路来到这里，白白回去了不成？（净）可笑那毛一鹭，做了咱家的官儿，咱们到来，他也该竭力设法，怎么丢咱们住在冷屋里边，自己来也不来？哥阿！若是周顺昌弄不出，咱们定要倒毛一鹭的包哩！（付）李老爷说的是！差人那里？（连叫介）（丑）差人，差人！（贴走出跪介）老爷有何分付？（付）差你在这里伺候，脸面子也不见，不知躲在那里？（净）连连叫唤，才走出来，要你这里做什么！（付）李老爷不要与他说，只是打便了。（净）拿皮鞭来！（贴磕头介）小的在这里伺候，求老爷饶打。（付）你快去与毛一鹭说：俺老爷们，奉了皇爷的圣旨，厂爷的钧旨[⑥]，到此拿人，你做那一家的官儿，不值得在犯官身上弄万把银子送俺们！若有银子，快快抬来；若没银子，咱们也不要周顺昌了。咱们自上去，教他自己送周顺昌到京便了。快去说！就来回覆。（贴）小的是个县差，怎敢去见都老爷[⑦]？怎敢把许多言语去禀？（净、付大怒介）哇！你这狗头不走么？（贴拜介）小的委实不敢说。（副）要你这狗头何用？（将皮鞭乱打介）（净乱踢介）（贴在地乱滚

叫痛哀求介)(副)这样狗攮的,不中用。(贴爬下)(付向丑介)你照方才的言语,快去与毛一鹭说!俺们立等回话。(内众声喧喊介)(丑望介)呀,门外人山人海,想是来看开读的。这般挨挤,如何走得?(付又与小生说介)你把皮鞭打开了路,送他出去便了。(向净介)咱家到里边喝杯凉酒。少不得毛一鹭定然自来回覆。(净)有理。(付)只等飞廉传信去[8],(净)管教贯索就擒来。(同下)(小生)咄!百姓们闪开,闪开!咱家奉旨来拿犯官,什么好看!什么好看!(丑)闪开,闪开!让咱走路!(将皮鞭乱打下)(旦、贴扮二皂喝上[9])(外黑三髯、冠带扮寇太守上[10])

【西地锦】(外)民愤雷呼辕下,泪飞血洒尘沙。(内众乱喊介)周吏部第一清廉乡宦,地方仰赖,众百姓专候太老爷做主,鼎言救援哩!(大哭介)(末短胡髯、冠带扮陈知县急上)(向内摇手介)众百姓休得啼哭!休得啼哭!上司自有公平话。且从容,莫用喧哗。

(内众又喊介)陈老爷是周乡宦第一门生,益发坐视不得的呢!爷爷嗄!(又哭介)(末见外介)老大人,众百姓执香号泣者,塞巷填街,哀声震地,这却怎么处?(外)足见周老先生平日深得人心,所以致此。贵县且去分付士民中一二老成的上前讲话。(末)是!(向内介)众百姓听着!寇太守分付,士民中老成的止唤一二人上前讲话。(小生、老旦扮生员上)(作仓惶状介)(小生)生,生,生员王节。(老旦)生,生员刘羽仪。(小生、老旦)老,老,老公祖,老,老,老父母在上。周,周,周铨部居官侃侃[11],居乡表表。如此品行,卓然千古。蓦罹奇冤,实实万姓怨恫。老公祖,老父母,在地方亲炙高风,若无一言主持公道,何以安慰民心?(净急上跪介)青天爷爷阿!周乡宦若果得罪朝廷,小的们情愿入京代死。(丑喊上)不是这样讲,不是这样讲!让我来说。青天爷爷阿!今日若是真正圣旨来拿周乡宦,就冤枉了周乡宦,小的们也不敢说了。今日是魏太监假传圣旨,杀害忠良,众百姓其实不服。就杀尽了满城百姓,再不放周乡宦去的。(大哭介)(内齐声号哭介)(外)众百姓听着!这桩事,非府县所能主张。少刻都老爷到了,你百姓齐声叩求,本府与吴县自然极力周旋。(内齐声应介)太爷是真正青天了。(内敲锣喝道声介)(净、丑)都老爷来了!列位,大家上前号哭去!(喊介)(小生、老旦)全赖老公祖、老父母鼎力挽回。(外、末)自然,

自然！（小生、老旦下）（外、末在场角伺候，打躬迎接介）（内喊介）（付胡髯、冠带扮毛抚台，歪戴纱帽，脱带洒袍）（众百姓乱拥上）（众喊介）求宪天爷爷做主[12]，出疏保留周乡宦呢！（外、末喝退众下介）（付作大怒，乱喘乱喘大叫介）反了，反了！有这等事！皇上拿人，百姓抗拒，地方大变了，大变了！罢了，罢了，做官不成了！（外、末跪介）老大人请息怒。周宦深得民心，也是平日正气所感，或者有一线可生之路，还望老大人挽回。（付大怒介）咳！逆党聚众，抗提钦犯，叛逆显然了。有什么挽回？有什么挽回？（作怒状）（冷笑介）

【风入松】呼群鼓噪闹官衙，圣旨公然不怕。你府县有地方干系，可晓得官旗是那家差来的？天家缇骑魂惊吓，（作手势介）若抗拒，一齐搽咤[13]。

（外、末拱介）是！（付低说介）且住了！逆了朝廷，还好弥缝。今日逆了厂公，（皱眉介）咦！比着抗圣旨，题目倍加。头颅上，怎好戴乌纱！（内众又乱喊介）宪天爷爷，若不题疏力救周乡宦，众百姓一个个死在宪天台下。（外、末又跪介）老大人，卑职不敢多言。民情汹汹如此，还求老大人一言抚慰才是。（付）抚慰些什么来？抚慰些什么来？拿几个进来打罢了！（外、末又跪介）老大人息怒。众百姓呵，

【前腔】（外、末）哭声震地惨嗟呀，卑职呵，不敢施威喝打。倘一言激变，难禁架，定弄出祸来天大。（末又跪介）老大人若无一言抚慰，就是周宦在外，卑职也不敢解进辕门。（付）为何？（末）人儿拥，纷如乱麻，就有几皂吏，也难拿。（付沉思介）

嗄！也罢！既如此，快去传谕百姓且散。若要保留周宦，且具一公呈进来，或者另有商量。（外、末起介）是！领命！（即下）（付）哈哈哈！好个骙官儿。苦苦要本院保留，这本儿怎么样写？怎么样写？且待犯官进来，再作道理。（向内叫介）张爷那里？李爷那里？（叫下）（小生扮校尉上）（扯住付立定介）毛老爷，不要乱叫。我们的心事，怎么样了？到京去，还要咱们在厂爷面前讲些好话的哩！（付）知道了！知道了！自然从厚。（携手下）（生青衣、小帽，旦、贴扮皂押上）（生）平生尽忠孝，今日任风波。（净、丑、末拥上）周老爷且

慢。我们众百姓已禀过都爷，出疏保留了。（生拱谢介）列位素昧平生，多蒙过爱。我周顺昌自矢无他[14]，料到京师，决不殒命。列位请回。（净、丑、末）当今魏太监弄权，有天无日，决不放周爷去的。（哭唱）

【前腔】（净、丑、末）权珰势焰把人挝[15]，到口便成肉鲊。周老爷呵，死生交界应非耍，怎容向鬼门占卦？（老、小生急上）周老先生，好了！好了！晚生辈三学朋友，已具公呈保留，台驾且回尊府。晚生辈静候抚公批允便了。（生）多谢诸公盛情。咳！诸兄，小弟与兄俱读圣书，君命召，驾且不俟。今日奉旨来提，敢不趋赴。顺昌此去，有日还苏，再与诸兄相聚，万分有幸了。（小生、老旦）老先生说出此言，晚生辈愈觉心痛了。（大哭介）（净、丑、末各抱生哭介）（小生、老旦）老先生，你看被逮诸君，那一个保全的？还是不去的是。投坑阱都成浪花，见那个得还家。

（生）列位休得悲哀。我周顺昌呵，

【前腔】（生）打成草稿在唇牙，指佞廷前拚骂。叠成满腹东林话，苦挣着正人声价。诸兄日后将我周顺昌呵，《姑苏志》休教谬夸。我只是完节臣，死非差[16]。（外扮中军上）

都老爷分付开读且缓，传请周爷快进商议。（净、丑、小生、老旦、末）有何商量？（外）列位既具公呈，自然要议妥出本的。（众）出本保留，是士民公事，何消周爷自议？不要听他！（生）列位还是放学生进去的是。（众）不妨，料没后门走了。（外扶生入介）（内）分付掩门。（内、付掩门介）（众）奇怪！为何掩门起来？列位，大家守定大门，听着里边声息便了。（作互相窥听介）（内念诏介）跪听开读！（众惊介）列位，不是了！为何开读起来？（又听介）（内高声喊介）犯官上刑具。（众怒介）益发不是了！列位，拚着性命，大家打进去！（打门介）（付扮差官执械上）咄！砍头的，皇帝也不怕，敢来抢犯人么？叫手下拿几个来，一并解京去砍头！

【前腔】（付）妖民结党起波查[17]，倡乱苏城独霸。抢咱钦犯思逆驾，擒将去千刀万剐。（众）咳！你传假旨，思量吓咱！（拍胸介）我众好汉，怎饶他！

（付）嗄！你这般狗头，这等放肆，都拿来砍！都拿来砍！（作拔刀

介)(净)你这狗头,不知死活!可晓得苏州第一个好汉颜佩韦么?(末)可晓得真正杨家将杨念如么?(丑、旦、贴)可晓得十三太保周老勇、马杰、沈扬么?(付)真正是一班强盗!杀!杀!杀!(将刀砍介)(净)众兄弟,大家动手!(打倒付介)(付奔进介)(众赶入打介)天花板上还有一个。(众打进打出三次介)(二旦扛一死尸上)打得好快活!这样不经打的,把尸骸抛在城脚下喂狗便了。(下)(外扮寇太守扶生上)(生)老公祖,此番大闹,我周顺昌倒无生路了。怎么处?怎么处?(外)老先生休虑。且到本府衙内,再有商量。(扶生下)(末扮陈知县扶付上)(付)这等放肆。快走,快走!各执事不知那里了,怎么处?(末)执事都在前面,只得步行前去。知县护送老大人。(付)走,走,走!(同末下)(净、丑、旦、贴内大喊)(众复上)还有几个狗头,再去打!再去打!(作赶入介)(即出介)一个人也不见了,官府也去了,连周乡宦也不知那里去了。怎么处?快寻,快寻!(各奔介)

【前腔】(合)凶徒打得尽成柤⑱,倒地翻天无那。逋逃没影真奇诧,空察院止勘养马。周乡宦,深藏那家?细详察,觅根芽。(共奔下)

〔注〕 ① 青带:此指等级最低的衙役。谚云:“头戴大帽身穿青,不是衙役便是兵。” ② 大阿哥:原指清代年长的皇子。此处指好吃懒做、只会享福的衙役。 ③ 驾上:皇上。 ④ 决撒:撒手不管。 ⑤ 驾帖:皇帝旨意。 ⑥ 厂爷:指东厂的首脑魏忠贤。钧旨:对上级旨意的敬称。 ⑦ 都老爷:巡抚老爷,此处指毛一鹭。 ⑧ 飞廉:同蜚廉。商朝人,以善行走著称。故后世以之指代传信或传信使。 ⑨ 皂:即皂吏,差役。 ⑩ 黑三髯:演员化妆演出时嘴边所带三绺黑须的髯口,表示是儒雅庄重的角色。 ⑪ 侃侃:刚直磊落。 ⑫ 宪天:是旧时朝廷对派往各省高级官吏的敬称,一般指抚、藩、臬三司的长官。此处指抚台毛一鹭。 ⑬ 搭咤:即喀嚓,形容砍头之声。 ⑭ 自矢无他:坚信自己没有问题。 ⑮ 挝(zhuā):打。 ⑯ 死非差:死的没有错。 ⑰ 波查:波折。 ⑱ 柤(zhā):同楂,树茬。

明朝天启年间,以周顺昌为首的东林党人与以颜佩韦等五义士为首的苏州市民英勇反抗魏阉权奸的斗争,本来就是一曲悲剧英雄的交响乐。而李玉《清忠谱·闹诏》一折,把轰轰烈烈的市民斗争成功地搬上舞台,则是我国戏曲史上一次伟大的创造。

据史书记载,天启六年(1626)三月十五日,苏州民众拥护和支持东林党人与魏阉权奸就逮捕周顺昌一事进行的斗争,实际是一场空前壮烈的市民暴动。苏州市民“及闻逮者至,众咸愤怒,号冤者塞道。至开读日,不期而集者数万人,咸

执香为周吏部乞命”。当遭到巡抚毛一鹭及其爪牙的斥骂和威吓之后,“众益愤,曰:‘始吾以为天子命,乃东厂耶!’蜂拥大呼,势如山崩。旗尉东西窜,众纵横殴击,毙一人,余负重伤,逾垣走……忠贤大惧……自是缇骑不出国门矣”(《明史·周顺昌传》)。显然是一场声势浩大的市民暴动。而如何将其搬上有限的舞台呢?其后不久,以此为题材而创作的传奇剧本先后有十五种之多,却都没有圆满地解决这个难题。而唯独最为“晚出”的李玉本,能独辟蹊径,成就杰出。之所以如此,至少有以下三点,足堪借鉴。

其一,层层深入,推向高潮。

“闹诏”之戏,全在于“闹”,“闹”即暴动。但开场却是差官与校尉因为在逮捕周顺昌后没有搜刮到“万把银子”,便对衙役乱踢乱打,发恨要将周顺昌“拿到京中活打杀”,要将毛一鹭“倒包”。唯是如此蛮横霸道,所以尔后才会对阻诏市民“皮鞭开路”;唯是如此贪婪成性,所以才会促使毛一鹭为进而投靠魏阉而大开杀戒,血腥镇压市民暴动。此是第一层。是谓“闹”之序幕。继之第二层,是万民请愿,赢得寇知府和陈知县的同情。其间,市民情绪逐渐高涨。从为周顺昌之冤执香号泣,到请求官府为之主持公道,到请求自己以身代死,到识破魏阉“假传圣旨,杀害忠良”的险恶用心,因而坚决表示宁可满城被杀,也决不放走周顺昌。这种层次分明的情绪变化,既衬托了周之品行卓然千古感人之深,也表明了万民营救周氏之志的不可动摇。第三层是万民请求毛一鹭“出疏保留周乡宦”,而毛一鹭意欲血腥镇压。其时万民的行动,虽然还仅只限于齐声哀求,但是毛一鹭为了献媚魏阉权奸,自己头上戴稳乌纱,竟认为万民的合理要求,是“逆党聚众,抗提钦犯,叛逆显然”,因此要“一齐擒咤”,亦即暴力镇压。及至看到众怒难犯,才以“出具公呈”作为缓兵之计。足见其歹毒残酷中亦不乏阴险狡诈。是谓“闹”之受挫。因为还处于自发阶段的市民斗争,很容易被反动派所利用。第四层,是民众识破骗局,决定暴力斗争。“闹诏”走向高潮。关门宣诏的骗局,无疑是对“齐声号哭”“公呈保留”等合法斗争形式的否定,也是在万民义愤填膺的心里火上浇油。他们再也忍无可忍,便“拚着性命,大家打进去”,正邪之争,已是短兵相接。第五层,殊死搏斗,是谓高潮。镇压愈甚,反抗愈强。魏阉权奸及其爪牙要将万民“一并解京去砍头”的威吓,变成了“杀杀杀”的血腥镇压,也就使民众斗争的汹涌巨浪变成了“打进打出三次”的不可阻挡。曾几何时,那些校尉差官还那样飞扬跋扈,现在却落个抛尸喂狗的下场。然而狡诈的毛一鹭等人却趁机押着周顺昌逃走了,“官府也去了,连周乡宦也不知那里去了”。这场打得“好快活”的“闹诏”之斗,一时取得了史无前例的胜利,却仍以失败而告终。是谓第六层,即“闹

诏”之结果。如此声势浩大的群众斗争场面，仅用六层，就清晰地展现在观众面前。而且，层层深入，推向高潮，极富艺术魅力。

其二，重在写人，个性鲜明。

戏之感人者，是人物形象，形象之典型在于个性鲜明。本来是成千上万民众轰轰烈烈的悲壮斗争，舞台上出现的却仅仅是也只能是十多个代表人物。但作者写出了他们对待同一事件的不同态度、不同个性。同是差役，魏阉的校尉气焰嚣张，非打即骂；吴县的青带却懦弱卑微，忍气吞声。同是官僚，寇知府对周顺昌不无敬仰之心，对百姓不无同情之意，对魏阉不无畏惧之感；而与之相同的陈知县，在言谈话语中，对周顺昌还有些师生情谊；他们与魏阉党羽毛一鹭的阴险毒辣显然有所区别。至于两个读书秀才请愿时的结结巴巴所表现的文弱，书场老板周文元与众不同的见识，特别是五义士的威武不屈、敢作敢为，尤其写得光彩照人。当毛一鹭凶相毕露“拔刀杀人”之际，颜佩韦挺身而出说：“可晓得苏州第一个好汉颜佩韦么？”杨念如也说：“可晓得真正杨家将杨念如么？”其言斩钉截铁，真是无所畏惧，英勇豪迈。其他出场人物，即使唱白寥寥，也大都神态毕现，声口毕肖。因而能增强吸引力和感染力。

其三，台上台下，内外结合。

为了突出苏州市民斗争的声势浩大，作者不但靠出场人物的曲词、宾白、科介来表现，而且，也兼顾了后台的密切配合。诸如“内众声喧喊介”、“内众乱喊介”、“内众又喊介”、“内齐声号哭介”、“内齐声应介”、“内敲锣喝道声介”等等，都是些幕后活动。有时，还让前台人物叙说后台之事。一校尉说道：“呀，门外人山人海，想是来看开读的。这般挨挤，如何走得？”另一校尉说：“咄！百姓们闪开，闪开！咱家奉旨来拿犯官，什么好看！什么好看！”前一校尉又说：“闪开，闪开！让咱走路！”陈知县也说过：“众百姓执香号泣者，塞巷填街，哀声震地，这却怎么处？”这样，就使前台人物与后台人物、台上叙演的情节与台下发生的事件，紧密结合起来，使观众感到这场市民暴动确实是声势浩大，场面壮观。

当然，这并非是说此折已写得完美无瑕。譬如，前面几折中，已数次提到周顺昌对魏阉权奸有清醒认识，深知他们惯用“假传圣旨，杀害忠良”的伎俩。但此折却写其认为校尉对他的逮捕是“奉旨来提”，所以他“敢不趋赴”；甚至连“闹诏”的意义也认识不到，还说什么“此番大闹，我周顺昌倒无生路了。怎么处？怎么处？”未免突出了他的书生呆气和愚忠思想。即使如此，《清忠谱》，包括此折戏，仍不失为描写市民群众斗争的优秀剧作，吴伟业评之为“信史”，诚不妄也。

（徐振贵）

清　忠　谱　　　　李　玉

第十五折　斥　　勘

(净、杂扮羽林将上)(净)千夫裹甲戟森森,法吏庭前列羽林。(杂)弓尽上弦刀出鞘,厂家侍卫赛当今。自家羽林左千是也。(丑)自家羽林右千是也。今日东厂千岁爷,亲勘东林一案。命俺统军排列辕门,比着护驾威仪,愈加严肃,在此伺候。(旦扮小监抱牌上)咄!千岁爷分付,把守辕门的听着:不许犯官家属前后打探。领牌去!(净、杂接牌介)晓得。(下)(占扮小监抱牌上)咄!巡捕官那里?(小生上)有,有,有!(占)千岁爷分付:一应押解差官,捱牌听审[①],不许各犯合聚交谈。领牌去!(小生)晓得。(下)(付扮小监令箭上)锦衣卫刑狱吏何在?(丑上)有,有!(付)千岁爷分付:今日勘审,不比泛常,整备着铜拶子、铁夹棍、阎王栓、红绣鞋、披麻火烙、铜包木棍,异样刑具。少不中用,砍头号令哩!(丑)件件齐备了。(付)去!(下)(生囚服上)(旦、老扶上)

【梁州新郎】(生)痛我完身几粉,幸我完心无碍,劲骨千磨不坏。填胸正气,直将厉气冲开。我周顺昌久矣削职闲居,只因面斥奸党,指骂逆像,又与魏廓园舟次联姻,三触奸人之怒,自分祸不能免,不想魏贼牵坐别案,矫旨飞提,士民义愤,又击死官旗。咳!此番到京,猛拚就死。(恨介)只恨倪文焕、许显纯两贼不容分辨,一味严刑夹打,坐赃三千,胫骨几断,手指尽折。咳!今日魏贼亲勘,料无生理。我周顺昌若还对贼置辨,岂不贻笑千秋!罢!愿挣得一腔无愧,三寸常伸,便碎骨香千载。(旦、老急奔介)呸!快一步么!里面审过两三起了,只管慢腾腾怎的!(生)阿呀,我足痛难忍,就迟几步却也不妨。(旦、老)呸!好自在话儿,俺们受了你多少钱钞,还装这样乔脸。走!走!走!(又扶一转)(撇地介)(生喘定介)咳!衣冠扫地也理应该,怎怪他胥役如狼语乱歪。(净驼贴扮半死犯官上)闪开!闪开!都御使杨爷[②],打了一百铁扛子,死快了,让俺收监去。(下)(生顿足介)呀!是杨大洪。罢了!罢了!(付、丑抬小生扮死犯上)走,走!都察院左爷[③],三次铁脑箍,两次铜拶子,顿时命绝了,发在官坛教管去。(下)(生顿足介)呀!左浮丘竟被非刑置死了。好痛心也!(哭介)忠良士,

看看殆，朝堂已绝龙逄派[4]。轮到我，死立待。（内高叫掩门介）

（旦、老）想是千岁爷掩门进膳了，周爷，扶你到空处，且坐一坐。（扶一转介）（老）你陪周爷坐着，我到那厢解手就来。（老下）（旦带索横地睡介）（末扮半死魏大中净驼上）呀！方才驼上肩还是活的，一煞时硬膨膨，直僵僵了。且撇在此间，再驼几个死的出来，一并扛去罢。（撇末下）（生暗觑介）呀，这是魏廓园亲家，打得这般模样，竟死非命了，好伤心也！（哭介）不免叫一声魏廓园！魏亲家！我周顺昌在此。（末作渐醒介）

【前腔】三尸离壳，一灵还在，耳畔谁呼声再。（转气介）攒心抱痛，猛然带转魂来。（开目慢视介）呀！元来蓼洲亲家！蓼洲，蓼洲，我魏大中与你长别了。（生哭介）亲翁，事同一体，小弟也即在少顷相随了。（末悲咽介）亲家，别话不能说了，只是一事放心不下。（生）亲翁！还有何事记怀？（末）想着吾孙伊托，你有遗孤，两姓谁担代？（生含泪介）尽自由他。（末）亲家！我与你相携同上也望乡台，看不得累累妻孥哭草莱。（生）亲翁！大丈夫视死如归，还说这些儿女之事怎么！（末哭介）亲翁！还有一言要说。（生）亲翁还有何言？快说！快说！（末）亲翁，我骂贼神虽惫，君须大骂吾方快。目不瞑，此为大。（作呜咽气绝介）

（生）呀！陡然气尽了。咳！我周顺昌顷刻之间，就是这般模样了。呸！我还待打点辩论怎么。罢！就在公堂上，把阉贼痛骂一场。我周顺昌就死也死得正气。不差，不差！不要乱了主意。（小生巡捕急上）咄，咄，咄！谁在此讲话？（踢睡卒介）狗才！可晓得千岁爷号令，不许各犯合聚交谈？你公然把两个囚徒聚在一处讲话，先打你一百皮鞭。（丑）呀，老爷，那一个是死尸，并没人交谈。（小生踢尸介）既是死尸，还不发到官坛走！（下）（旦拖末下）（旦即上）（内叫开门介）（老急上）伙计，第一起就是周爷了。快走！快走！（下）（作开门介）（净、外分立两傍）（上场八字排两桌介）（付扮倪文焕、丑扮许显纯各抱卷上）下官倪文焕，下官许显纯，东林一案，早堂俱已审结，只有苏州打死官旗的周顺昌，未曾勘问。各抱文卷呈递上公亲览。（向上跪介）呈递苏州府打死官旗文卷。（内）递上来！（占一小监飞上接下）（付、丑据桌分立介）（内）犯官进！（内）

进来！(生杻链[5])(旦、老押上)(内)去锁链！(旦、老去链介)(生直立介)(付、丑)怎么不跪？(生)我周顺昌跪那个？你动不动摆着龙位，矫旨压人。我周顺昌被你二贼连次非刑酷拷，今日既无龙位，还敢无礼，喝我跪么？(付、丑)你没有眼的，上边巍巍端坐的是那个？还不跪么！(生大怒指喝介)嗄！元来是魏贼！咄！阉狗！你欺君虐民，残害忠良，我周顺昌食肉寝皮，未消积愤，且数你罪恶桩桩，敢一一回对么？

【前腔换头】你纵着十干儿恨似豺狼，布着百千孙毒如蜂虿[6]。又私通客氏[7]，把后妃杀害。(付、丑)法堂之上，敢把千岁爷这般斥辱，大胆已极，快快拿下！(生)倪文焕！许显纯！你这两个奸贼，待拿那个？你是阉家恶犬，厂内豪奴，不过排陷邀欢爱。(踢翻两桌将杻劈面击付、丑介)我周顺昌今日到此，总是一死。一杻击杀你二贼，岂不快心！杻敲贼面也好开怀，权当做笏击权奸血溅腮。(付、丑)不好了！鼻子打断了！乌珠打花了！(各捧面叫痛介)(贴急上)千岁爷有旨，犯官污言抗上，着武士击去门牙，不容开口。(净、杂将槌擒生敲牙滚地介)(奋起含糊指骂介)魏贼！难道我断了齿，就骂你不得么？齿虽断，舌还在，我生平不受三缄戒。常山口，未亏坏。(倒地作闷死介)

(付、丑指生骂介)周顺昌，你这狗头！也有今日么？

【前腔】怪从前鼓舌摇腮，致今日齿亡唇败。咄！你恁般崛强，怎么如今不开口了？恁吞声下气，口闭头埋。(生骤起将付、丑满面喷血介)(付、丑)呀！不好了！不好了！赤淋淋，湿答答，满面都被他喷着血了！(怒介)死囚！死囚！你不怕刀临头颈，还思含血喷人，唾面谁堪耐。(净、杂持棍上)(打生仆地介)(生又起含血喷付、丑介)(付、丑)呀！不好了！又来张大口，向天开，袍上猩猩赤点苔。(杂、净绳捆生介)(付、净、丑、杂)笑你虫蚁命，无多大，切时不值颗儿菜。既作孽，又作怪。(占扮小监上)

千岁爷有旨，周顺昌不必再勘，着锦衣卫押带还监。(净、杂扶生介)(生指恨介)有口不能咀贼肉，好将碎齿嚼奸肠。(净、外、生锦衣卫押下)(付)许哥，好一个不怕死的强贼。(丑)下次再审，又被当堂辱骂，如何是好？(付)一刻也容他不得了。我与你禀过爹爹，

速速分付狱卒，了他性命便了。(丑)不差！不差！(内喊掩门介)

【尾声】(付)犯官强横真无赛，(丑)了残生须索快哉，(合)管教你一死难将口再开。

(付)区区辱骂恨难平，(丑)骂了爹爹立杀身。

(合)阎王注定三更死，　断不留人到四更。(同下)

〔注〕 ① 挨牌：依照牌号顺序。挨，同挨，依次。 ② 杨爷：指晚明东林党人左副都御史杨涟，为魏阉诬陷入狱而死。 ③ 左爷：指晚明东林党人左佥都御史左光斗，为魏阉诬陷入狱而死。 ④ 龙逢：即关龙逢，夏代末年朝臣。时值桀为夏君，荒淫暴虐。关敢言直谏，被桀囚禁杀害。 ⑤ 杻(chǒu)：刑具，即手铐。 ⑥ 蜂虿(chài)：蜂、蝎一类毒虫。 ⑦ 客氏：明熹宗乳母，与魏忠贤私通，恃宠专权。

周顺昌是《清忠谱》中最主要的正面主人公，是推动整个剧情发展和体现作者创作主旨的核心人物。倘若没有写他被捕前后的忠直刚正，东林党人及苏州市民英勇反抗魏阉权奸的斗争精神，便难以体现。能否将其英雄形象塑造得感人至深，便成为全剧成败的关键。作者主要是以“缔姻”、“骂像”、“就逮”、“斥勘”、“囊首”等五折戏(亦即在危难之中与魏大中联姻、亲赴魏忠贤生祠怒骂其像、面对京师校尉从容就逮、狱中怒斥魏阉权奸、临死之前发誓化作厉鬼“击杀奸贼”)，来刻画其斗争精神和坚贞情操的，把他写成一个清廉正直的清官，坚强不屈的斗士，赤胆忠心的忠臣。《清忠谱》就是谱其既“清”且“忠”的乐章。其中，最主要的是其嫉恶如仇，坚贞不屈。这是周顺昌的光彩照人之处，也是作者在“斥勘”一折中着力突出的一点。此折可谓全剧的画龙点睛之处，是五折重场戏的重中之重，然而也是全剧中最难写好的一折。因为，既然是魏阉权奸对其审勘，他是孤身一人面对奸佞及其爪牙，那么，就会完全处于敌强我弱的劣势之中。而且，作为囚犯，其言行没有丝毫自由，作者的表现手段随之也会受到诸多局限。然而，作者能从难处见功力，灵活地运用了衬托手法，设置了典型的细节，成功地塑造了一个悲剧英雄的不朽典型。

何以羽林军持戟荷戈排列辕门，比护驾还要戒备森严？何以太监们穿梭般传令，不许“犯官家属前后打探”、“不许各犯合聚交谈”？何以各种刑具摆列公堂，布置俨然似阴曹地府？就是因为魏阉要亲自审问周顺昌。这种剑拔弩张、阴森恐怖的气氛，看似显得魏阉气焰嚣张，不可一世，其实，正透露了其色厉内荏，内心空虚；恰反衬出周顺昌的凛然难犯，具有正义必胜的威慑力量。否则，对付一个手无寸铁、身披枷锁的“犯官”，何必如此兴师动众、如临大敌呢？正所谓黑云压城城欲摧，方显得石破天惊春草劲。正是在这种气氛之中，周顺昌引颈高歌

"劲骨千磨不坏"、"直将厉气冲开"而出场亮相,顿时便显得光彩夺目,立即扣紧观者心弦。

然而,作者让周顺昌以寥寥几句宾白,自述其被捕原因以显示其宁死不屈之后,便笔锋一转,写周顺昌亲眼目睹杨涟、左光斗、魏大中"三忠"的英勇就义。本来,据史书记载,天启六年七月"三忠"被狱卒杀害,早在同年六月已经死于狱中的周顺昌是不可能看到他们的壮烈牺牲的。然而,这"三忠"同周顺昌一样,也是因为反抗魏阉权奸而含冤入狱的东林党人,足见魏阉权奸迫害东林党人株连之广,杀戮之多,非要"一网打尽"不可。这"三忠"也都是被魏阉矫诏逮捕入狱的,都曾得到了广大市民的拥护和支持。杨就逮时,"市民数万人拥道攀哭";左被捕时,"父老子弟拥马首号哭,声震原野,缇骑亦为雪涕";魏被逮时,"号泣送者数千人"(各据《明史》本传)。同周顺昌一样,他们身陷囹圄之后,也都遭到了魏阉死党许显纯、倪文焕之流的酷刑拷问,因而惨死狱中。对杨,"显纯酷法拷讯,体无完肤";对魏,"显纯酷刑拷讯,血肉狼籍";对左,"显纯五日一追比","为酷刑所毙"(同上)。足见东林党人坚强不屈,前仆后继,周顺昌与之同气相应,同仇敌忾,必定也会同样坚强不屈的。对于"三忠"就义,周顺昌固然"伤心""痛心",但更重要的却是义愤填膺,激励斗志。即如魏大中,诀别之际,虽然谈过"儿女心事",却并非英雄气短,他对周顺昌最主要的遗嘱是鼓励其骂贼,"君须大骂吾方快。目不瞑,此为大",所以周顺昌听了才会有"死得正气"的坚定自白。可见,"三忠就义"是周之"斥勘"的先声,"斥勘"则是"三忠"斗争的继续。他们是同此悲歌、同此壮歌,共同以生命和鲜血谱写"清忠谱"的。如果说叙演开场时群小准备审讯的如临大敌,是为反衬周顺昌凛然难犯,那么,继之所描写的"三忠"就义,就是为了正衬周吏部的坚强不屈。

无疑,公堂"斥勘"是此折的重点。作者以紧密相联而又层次分明的三个细节,即怒骂、杻击、血喷来集中刻画周顺昌。尽管魏阉奸党对其严刑拷掠,以致"胫骨几折,手指尽断",伤口溃烂,"脓窝血窟","万千血孔",但他义无反顾,毫不屈服,直接面对奸贼魏忠贤,厉声怒骂:"嗄,元来是魏贼!咄!阉狗!你欺君虐民,残害忠良,我周顺昌食肉寝皮,未消积愤,且数你罪恶桩桩。"其凛然无畏的气魄,嫉恶如仇的个性,匕首投枪般的语言,较之击鼓骂曹的祢衡,那是有过之而无不及的。但如果仅是此骂,还不足以消解周氏以及观者对魏阉权奸的心头之恨,而且人物表演起来也缺乏动作性。因此,作者继之描写:当魏阉爪牙要将周顺昌拿下时,其满腔愤懑已是凝聚于脚尖手头,干脆踢翻两张桌子,扬起杻枷猛击阉狗爪牙许、倪二人。"鼻子打断了!乌珠打花了!"确实大快人心!其实,杻击

奸佞，于正史不载。但这是周顺昌嫉恶如仇个性继续发展的必然结果，符合艺术的真实，也确实进而强化了主人公至死不屈的斗争精神。虽然穷凶极恶的魏阉爪牙许显纯和倪文焕，令人敲去了他的牙齿，不容开口，但他仍将鲜血喷到奸党脸上，仍然骂不绝口："有口不能咀贼肉，好将碎齿嚼奸肠。"历史事实亦确实是如此无疑的。"每掠治，必大骂忠贤。显纯椎落其齿……顺昌巽血唾其面，骂益厉"（《明史》本传）。李玉的功劳在于将这种历史的真实形象地搬上了舞台，集中刻画了他宁为玉碎而不改其白、宁为竹焚而不改其节的坚强不屈，之死矢靡他、死而不后已的顽强斗志，将其烈性如火、坚骨如钢的个性展示到了最高峰，完成了这个悲剧英雄形象的塑造。《清忠谱》之所以传诵一时，且改为其他剧种盛演不衰，大概与此亦不无关系。

（徐振贵）

千钟禄　　李玉

第十一出　惨　睹

（生缁衣笠帽）（小生道装挑担上）（白）大师走吓！

【倾杯玉芙蓉】收拾起大地山河一担装，（小生合唱）四大皆空相①。历尽了渺渺程途，漠漠平林，叠叠高山，滚滚长江。（生白）我自吴江别了史徒出门，师弟两人，一路登山涉水，夜宿晓行。一天心事都付浮云，七尺形骸甘为行脚②。身作闲云野鹤，心同槁木死灰。（唱）但见那寒云惨雾和愁织，受不尽苦雨凄风带怨长。（生白）徒弟前面是那里了？（小生）是襄阳城了。（生）是襄阳城了。咳！（生唱）雄城壮，看江山无恙。谁识我一瓢一笠到襄阳？

（内）走吓！（小生）后面有许多车辆兵马来了，且闪过一边，让他们过去。（下）（外、末拿枪哨子帽，杂扮车夫四辆，净扮将官押上）

【刷子芙蓉】头血溅干将③，尸骸零落，暴露堪伤。又首级纷纷，驱驰枭示他方④。（净白）俺想皇爷杀了多少大臣，就在京城号令罢了。又听那都察院陈御史之言，说凡系那处人，把首级发在本处号令，把头儿装了数十辆，着咱们各处分解。这样苦差好不烦恼，快走，快走。（活门串应唱）凄凉，叹魂魄空飘天际，叹骸骨谁埋土壤。（净对内介）咄！你每这些众车儿打伙儿行走，不要落在后面吓。咳，那些众公卿做什么官？今日里呵，（唱）堆车辆，看忠臣榜样。枉铮铮，自夸鸣凤在朝阳！（下）（生、小生上）

吓,呵呀,好痛心也!

【锦芙蓉】裂肝肠,痛诛夷盈朝丧亡,郊野血汤。好头颅如山,车载奔忙。又不是逆朱温清流被讨[5],早做了暴嬴秦儒类遭殃[6]。(小生白)大师走罢,不要保他们的事了。(生)咳,都为我一人,以致连累万口性命,是我累及他们了!(唱)添悲怆,泣忠魂飘飏。羞杀我,犹存一息泣斜阳。

(三旦内)苦吓!(小生)后面又有许多兵将解着囚妇来了,且闪在一边。(外、末头袋拿刀,旦扮四囚妇,丑扮差官押后上)走吓!

【雁儿落】(众旦)苍苍!呼冤震响,流血泪千行万行。(丑白)这是你家做官的带累你每的,哭也怎么?(众旦唱)家抄命丧资轻荡,害妻孥徙他乡。(丑白)那些夫人小姐砍的砍,绞的绞,还要发教坊司、赏象奴[7],不知流徙千千万万,那在你们这几十百个。(众旦唱)沦丧,叹匹妇终作沟渠抛漾。(跌介)(丑白)这时候还要装幌子,思想那个来扶你每么?还不起来快走!(众旦扒起唱)阿呀,天吓!真悲怆,纵偷生骯髒[8],到不如刚刀骈首丧云阳[9]。(丑赶介)走吓!(同下)(二生上)

(白)阿呀好恼吓!纵然杀戮忠臣,与这些妇女何干?

【桃红芙蓉】惨听着哀号莽,惨睹着百俘囚状。(小生)大师,路上来往人多,不要讲了,走罢。(生唱)阿呀,裙钗何罪遭一网,连抄十族新刑创[10]。(小生白)大师,当初刘文成说尚有三十年杀运未除[11],这也是天数了。(生)咳!(唱)纵然是天灾降,也消不得诛屠恁广。恨少个,裸衣挝鼓骂《渔阳》[12]。

(付内白)喲,走吓!(小生)后面许多兵将,押着无数犯人来了,且闪在一旁。(占、老鲛帽花枪扮军士拿军器,四个犯官付校尉押上)

【普天芙蓉】为邦家输忠党,尽臣职成强项。(付白)为因你每要做忠臣,故此圣上特来奉请。(众)呵呀,我每久不为官,又来拿解,岂不冤枉?(唱)山林隐甘学佯狂,俘囚往誓死翱翔。(付白)快走,有话到圣上面前去讲。(众)讲什么,要砍便砍罢。(付)好一班不知死活的书呆。(内介)走吓!(众)老先生,总是我每不是,当初不能御敌,直至纵虎入山,悔无极矣。(合唱)空悲壮,负君恩浩荡。罢!拚得个

死为厉鬼学睢阳[13]。(同下)(二生上)

(生恨介)咳,一发罢了。吓,吓,吓!我道只独诛戮朝中臣宰,不想又捕捉弃职官员,正人君子,定然无噍类矣[14]。(唱)

【朱奴芙蓉】眼见得普天受枉,眼见得忠良尽丧。(小生白)大师走罢,天色已暮,快赶到前面寻一寺院歇宿便好。(生)咳!(合唱)阿呀,迷天怨气冲千丈,张毒焰古来无两。(生)阿呀,我想忠臣做到这个地位是哟。(唱)我言非戆,劝冠裳罢想,到不如躬耕陇亩卧南阳[15]。

(小生白)大师,此处湖广要道,京中往来公干人多,恐有识认,祸生不测。(生)如此便怎么?(小生)且到前面,过了今夜,明日从小路急趱行,赶到武冈州,速往贵州,直入云南深山居住,才可安身。(生)如此且赶到前途再处。

【尾】路迢迢心怏怏。(小生唱)且暂宿碧梧枝上。(内作钟磬介)(生白)吓!钟鸣了。(小生)大师,这是野寺晚钟,非景阳钟也[16]。(生)吓!是野寺晚钟?(小生)是。(生)咳!(唱)错听了野寺钟鸣似景阳。

〔注〕 ①四大:佛教语,指地、水、火、风。空相:虚幻不实之相。《大智度论》:"因缘生法,是名空相。" ②行脚:行脚僧,为寻师求法而游食四方的僧人。 ③干将:古宝剑名,春秋时干将、莫邪夫妇所铸雌雄双剑之一。 ④枭示:割下首级悬木示众。 ⑤朱温:即五代后梁太祖,唐末为黄巢部将,降唐,授宣武军节度使,与李克用等联兵破黄巢军,吞并诸藩镇,封梁王,天祐四年(907)废唐哀帝自立,国号梁。清流被讨:天祐中,唐宰相柳璨迎合朱温旨意,谮杀大臣裴枢等人,李振乃对朱温说:"此辈自谓清流,宜投于黄河,永为浊流。"朱温笑而从之。事见《旧五代史·李振传》。 ⑥儒类遭殃:指秦始皇焚书坑儒的暴政。 ⑦教坊司:官署名,掌管承应宫廷宴会、祭祀声乐歌舞的机构。明代隶属于礼部,除领乐户外,兼领罪囚家属,以给承应。象奴:南方交趾出象,驭象者称象奴。 ⑧骯髒(kǎng zǎng):亢直貌。 ⑨云阳:古地名,秦置县,治今陕西淳化西北。汉桓宽《盐铁论·毁学》:"李斯相秦,席天下之势,志小万乘,及其囚于囹圄,车裂于云阳之市。"后世常用于指代刑场。 ⑩十族:燕王朱棣夺取帝位,令方孝孺撰起草即位诏书,方宁死不从,朱棣威胁说:"即死,独不顾九族乎?"方凛然道:"便十族奈我何!"朱棣遂残忍地灭其十族。按,古以灭九族为最惨酷,九族,父族四,母族三,妻族二。朱棣灭方孝孺十族,九族之外,并及朋友门生,可谓惨酷已极。 ⑪刘文成:诚意伯刘基,明代的开国功臣,谥文成。民间传说中常被描写成精通术数,能预测未来的高人。 ⑫"裸衣"句:东汉末祢衡才茂性直,孔融荐之于曹操,他自称狂病拒不见操,并数有恣肆之言。曹操欲辱之,令其为鼓史,他乃裸身击鼓骂曹,使曹操十分狼狈。曹操乃将其转送刘表,刘表又转送黄祖,终为黄祖所害。渔阳,指《渔阳参挝》,鼓曲名,祢衡所奏。挝(zhuā),击,打。 ⑬睢阳:指唐张巡。张巡,蒲州河东人,开元进士,官真源县令。安史之乱起,他与睢阳太守许远合兵坚守

睢阳，阻击叛军，后粮尽援绝，城破被执，与许远一同从容就义。 ⑭ 噍(jiào)类：活着的人或动物。噍，咀嚼。 ⑮ 卧南阳：三国蜀汉诸葛亮《前出师表》："臣本布衣，躬耕南阳，苟全性命于乱世，不求闻达于诸侯。"南阳，南阳郡（治所在今河南南阳），诸葛亮躬耕之地在南阳郡邓县之隆中。 ⑯ 景阳钟：南朝宫中景阳楼上的钟。南朝齐武帝因宫深不闻端门鼓漏声而置，宫人早上闻钟则起装束。后多泛指。

《千钟禄》，亦名《千忠戮》、《千忠录》。写明王朝初年，建文帝朱允炆即位后，燕王朱棣争夺帝位，以反对削藩为名发兵南下攻破金陵，建文帝扮成僧人，隐遁逃亡二十多年，直至衰年才返回宫廷的曲折故事。其间有着大量忠臣及其家人被杀戮、迫害的情节，亦表现忠臣护主的忠义。如《替死》一出，写逃亡路上，新朝廷已知建文帝扮为和尚，随行的翰林院编修程济扮成道人，追捕甚紧，吴学成、牛景先两臣亦扮为一僧一道，让追兵捉去，掩护了建文、程济。又如《打车》一出，写建文帝在贵州深山隐居十多年后，朝廷知其未死，追捕不休，尚书严震直搜山捉住建文帝，程济赶上押解队伍，斥其曾在前朝为臣，食千钟禄，何不念君臣之谊？军士感其言而四散，严震直打碎囚车，放走建文帝后自刎。该剧谴责杀戮、歌颂忠义的主题是极为鲜明的。严敦易《元明清戏曲论集》云："意《千忠戮》为原名，屡屡假借更易，大致有所顾忌之故。"显然，这本戏在清初出现是有敏感性的，它是血泪之作，不仅是一般地写忠义，还表达强烈的民族意识，不仅是写皇帝的逃亡，其中更寄予了国破家亡的人民群众遭受屠杀、被迫流亡的痛苦之情。

《惨睹》一出，写建文帝逃难至襄阳，目睹自己臣下惨遭迫害的景象，无限痛苦，万般感慨。该出虽情节简单，只是见景伤情，却极为重要，因为从"千忠戮"这一别名看，本出的景象正是千百忠臣良将遭屠戮的集中表现，从剧本是写建文帝的逃亡来说，本出又是建文帝出亡情调的代表性抒发。

此出起首，听得一声"大师走吓"便见一僧一道二人上场，僧人（生）就是被叫作"大师"的建文帝，挑着担子的道人（小生）就是随行护驾的程济。建文帝一上场，便唱出一支脍炙人口的曲子来："【倾杯玉芙蓉】收拾起大地山河一担装，四大皆空相。历尽了渺渺程途，漠漠平林，叠叠高山，滚滚长江。但见那寒云惨雾和愁织，受不尽苦雨凄风带怨长。雄城壮，看江山无恙。谁识我一瓢一笠到襄阳？"

清初民间言戏曲传唱之广，有"家家'收拾起'，户户'不提防'"之语，说的是两支最为家喻户晓的曲子，一支是《长生殿·弹词》中李龟年所唱的南吕【一枝花】，其首句为"不提防余年值乱离"，另一支就是首句为"收拾起大地山河一担装"的这支【倾杯玉芙蓉】。此二曲何以动人如此，以至家家户户皆唱呢？应该说是经历了由明入清的剧变的人民群众对于国破家亡、颠沛流离之苦有痛切的感受，而这两首曲子又最能抒发这种感受的缘故。此二曲的高度艺术性在于：一

方面，国破家亡的感受深沉，情感容量巨大，曲词表现出面对历史、面对山河大地的巨大时空感，因而是“心事浩茫连广宇”式的抒情，另一方面，这种浩大的慨叹却不是诉诸宏大的历史评论，而是通过叙说个人遭际来抒发的。这两方面的结合之所以可能，原因在于唱者具有特殊身份，在国破之后有了巨大的地位落差。《弹词》中的李龟年，过去差不多是大唐首席宫廷乐师，安史之乱后落到弹琵琶卖唱，所以他在南吕【一枝花】中唱出这样具有历史感的个人感受：“揣羞脸上长街，又过短街。那里是高渐离击筑悲歌，倒做了伍子胥吹箫也那乞丐。”这里的建文帝，一下子由皇帝落到扮成和尚，亡命天涯，这种落差正能产生深沉痛切的伤感，化为绝妙好词。不过剧中建文帝的心情并非如李后主之“问君能有几多愁，恰似一江春水向东流”(《虞美人》)那样一味凄惨，因为他虽逃亡，却还有着复国的希望，再加离南京、离苏州，一直处在被紧追的仓皇中，现在来到湖北，已经摆脱了追兵，空间骤然开阔，心绪初定，神情一爽，所以这位落难君主的逃亡情调竟是惆怅中又具昂扬，能唱出“收拾起大地山河一担装，四大皆空相”这样的词来，既诉说君王的内心气概又自嘲僧人的外表装扮。虽说一路上“寒云惨雾”、“苦雨凄风”，却还有庆幸“雄城壮，看江山无恙”的心情，只可惜皇帝到此竟无人知：“谁识我一瓢一笠到襄阳?”这就是该曲让人咀嚼不尽的丰富意趣。

不过，这种情调的抒发立即就受到干扰，因为大路上许多车辆兵马滚滚而来，令他们不得不加意提防。建文帝和程济闪在一边，看见人马押运的竟是大批的人头！更听押运官言道：“俺想皇爷杀了多少大臣，就在京城号令罢了。又听那都察院陈御史之言，说凡系那处人，把首级发在本处号令，把头儿装了数十辆，着咱们各处分解。这样苦差好不烦恼。”这一情景，让建文帝受到极大刺激，他唱道：“裂肝肠，痛诛夷盈朝丧亡，郊野血汤。好头颅如山，车载奔忙……”他痛言：“是我累及他们了！”但这一拨刚过去，又见第二拨人马过来，几百个妇女被押解着，哭声连天，这是杀朝官而株连九族，把他们的妻女送去充军。建文帝正苦痛不已，又有第三拨队伍走来，押解的竟然是被捕充军的已弃职的官员。迫害面如此之广，出乎建文帝的意料，他只能痛呼：“眼见得普天受枉，眼见得忠良尽丧。”

《惨睹》的写法具有高度的艺术性。首先，惨睹所见之“惨”是大范围事件的集中：作者只用襄阳城下大道上看见三拨人马的过场，就把一场全国规模的屠杀迫害写了出来。其次，惨睹之“睹”是可能危及睹者生命的近距离观察。这一构思李玉还在别的作品中使用过，《清忠谱》剧中《囊首》一出，写忠臣周顺昌被魏忠贤派人在牢房中布囊套头私刑害死。这最黑暗、残酷的一幕，作者偏安排周顺昌之子黑夜探监躲在草铺下亲眼看见。此又一“惨睹”也。既是近距离之睹，又

是危及睹者性命之睹。所不同的是，周顺昌之子最终舍命冲出来搏斗，企图救父亲，建文帝却只能闪在路边，不能舍命救人。于是，近距离惨睹，伤痛欲狂，却又因危及性命不敢暴露自己的情境就造成了巨大的情感张力。既以集中法写全国性屠杀，写出所睹场景之惨，又以近距离观察的特殊情境写出睹者感受之惨，这正是《惨睹》一出的力量所在。

《惨睹》一出的艺术性，还在于作者虽然极力写惨，却不是一惨到底，一味刺激，让观众不忍听闻。在建文帝悲愤大恸之时，程济及时提醒他不要露了行迹，抓紧赶路，说："明日从小路急趱行，赶到武冈州，速往贵州，直入云南深山居住，才可安身。"这时"内作钟磬介"，建文帝喃喃道："吓！钟鸣了。"程济提醒他说，这是野寺晚钟，不是景阳宫的钟。听此言，建文帝从一刹那仿佛还在宫中又回到逃亡的现实，遂唱道："错听了野寺钟鸣似景阳。"这样的收束下场，显然是有意回到和开场呼应的出亡的总基调上——当然无限惆怅中已经少了昂扬，多了感伤。这样，这出戏便放收有度，保持住了这个抒情场次结构的完整性和情调的悲剧美。

（陆 炜）

千 钟 禄 李 玉

第二十四出 归 宫

（付太监上）（白）龙飞上甲开天运[①]，凤舞彤宫庆瑞辰。自家宣德爷宫中穿宫内监是也，俺万岁爷乃永历皇之孙、洪熙皇帝之子，初登宝位，乍掌乾坤，励精图治。适有贵州布政司飞奏，说有一老僧，自称建文君，欲入朝面圣。皇上批入该省，驿送入京中，圣上命百官遍询，未得其详，因此今日特召本僧一人，到谨身殿细细盘问[②]，以决真伪。如今老僧已在朝门首了，不免传入内殿则个。（向内白）奉圣旨宣召老僧到谨身面驾。（小生上）来了，流浪江湖几十秋，萧萧白发已盈头。坤乾有恨家何在？江汉无情水自流。长乐宫中云气散[③]，朝元阁下雨声收[④]。春蒲细柳年年绿，野老吞声哭未休。（付）这里谨身殿了，住着。（小生正坐介）（老上）主德无瑕阉宦习，天颜犹喜近臣知。奉圣老僧籍贯何处？

【八声甘州】（小生）身膺大宝[⑤]，念金陵故国[⑥]，四载勤劳。（老白）何故为僧？（小生唱）金川门献[⑦]，开遗箧，削发为僧潜逃。（老白）久住何方？（小生）一瓢一笠名姓韬，野鹤闲云物外遥。（老

白)如今来此何意?(小生)根苗怎空抛?骸骨荒郊。

(老白)奉圣旨,虽经面供,未得实据,即着建文朝历仕诸臣,入殿识认果否真伪回奏。(末、外、生、净官带白须上)

【又】臣僚衰龄耋耄[8],溯当日曾经历仕前朝。(老白)细一厮认,果系何人?(末、众)摩娑老眼,认不得夙昔黄袍。(小生白)你们既为我臣子,怎么不认得我?(末、众)当年未经为内曹,怎强指龙蛇黑白淆?(外场跪唱)天高,望另悬秦镜光昭[9]。

(老白)诸臣出朝。(众)万岁!(下)(老)奉圣旨,朝臣既不识认,向日曾在建文君宫中内监,入殿详看,明白覆旨。(丑上)

【不是路】闻说魂消,足难移体颤摇。(付、老)公公快些走动。(丑唱)心惊跳,潜身悄步暗偷瞧。(老、付白)快看明白。(丑唱)听哓哓,我怎向是非窠里分白皂?用不得舌剑唇枪把祸招。(老、付)万岁爷等着,快些看吓。(丑假看介)壮胆眺,不是当年舜目尧眉好,抽身去了。

(小生白)吓,你是吴亮,怎么见我不跪?(众惊介)(丑)我不是吴亮。(小生)怎么不是吴亮?我那年御便殿食子鹅,弃片肉在地,汝执壶跪倒,作狗餂而食之,难道就忘了?(丑)如此说,果是建文皇爷了。阿呀,万岁爷吓!

【解三醒】听前言尘埃拜倒,流血泪痛哭号啕。我只道今生难保神表,又何意拜宫寮。(小生拭泪介)(丑白)奴婢今日只得直言了。(唱)拚却了黄泉九地游魂渺,顾不得十族方黄千万刀[10]。(伏地哭介)(老、付白)如此说来,果是建文君了。(唱)向深宫告,早识定昔年风彩,旧日龙标。(下)(旦、太监上)

(二白)奉圣旨,既以识认建文君,特送金顶毗卢帽一顶、九龙袈裟一袭,即着内使穿带,朕即刻赴殿面见。(吹打穿衣帽介)(付、老引生上)

【又】迤逦琼楼香飘渺,早来到玉殿崔巍插碧霄。呀,好一似庄严满月慈悲相貌,乘一叶渡江潮。(白)皇叔请上,待侄儿拜见。(小生)我久奉释教,削发披缁,已作西方佛子,甘为化外闲人,何敢受当今拜礼。(生)若论释教,有师长之称,若叙彝伦,则有叔侄之分,那有不

拜之理。(小生)南无阿弥陀佛。(唱)分明是祇恭子夜三更枣[11],抵多少敬礼天潢百世祧[12]。(合)宽怀抱,真个是一堂欢会,三世和调。

(生白)皇叔请坐。请问皇叔生来锦衣玉食,出外困苦饥寒,何以自遣?

【鹅鸭满渡船】(小生)万山深,茅屋小,受用些布被绳床昏共晓。(生白)吃些什么来?(小生唱)藜羹聊自饱[13]。诵《楞严》一卷证无生[14],闲中破除烦恼。(生白)如此说来,亦颇安稳乎?(小生唱)风浪交,命系毫,死里逃生有几遭。(生白)咳,可怜!如此何以顿发归兴?(小生唱)幸遇圣明临御早,谅自著条破衲伶仃枯槁,决不付与三木头枭[15]。

(生白)(打恭介)岂敢。皇叔在上:当初皇祖考用法严峻[16],杀戮诸臣,多是奸臣陈瑛唆耸所至[17]。内侍们,速着刑部绑陈瑛上殿。(付、老)领旨。(下)(生)请问皇叔,闻有一道人,日夕伏侍,可是程济否[18]?(小生)亏了程济呵,

【赤马儿】患难如胶,晨昏共保,真个是死生骨肉相依靠。(生白)如今在那里?(小生)他送我入朝之后呵,(唱)悠然物外飘飖。(生白)那史仲彬可曾杀严震直?(小生)严震直自刎,与仲彬何干?(唱)幽絷无辜泪盆须照。只是他忠心悄悄[19],(合)论来古今偏少。

(生白)内侍们,传谕刑部,立赦史仲彬父子罪名,即着吏、礼二部,复与原官。伊子恩荫,程济以赐道号忠达真人,建院修行。(老)领旨。(下)(末、付绑净跪)(末、付)陈瑛当面。(生)陈瑛你知死么?(净)犯臣自该万死。

【又】(生)狡类鸱鸮,凶逾狼豹。(净白)论来这些事体,多是先帝主意,与陈瑛无干。(生)也该敲牙割舌了。(净)陈瑛该死。(生唱)杀尽万千忠和孝,幽魂怎肯相饶?(白)也把他十族全诛,少泄方、黄之恨。(小生合掌白)阿弥陀佛。望开天地好生之心。(生)又蒙皇叔讨饶,也罢,竟戮他全家便了。内侍们,(唱)屠戮全家少伸冤报。(末、付)领旨。(扯净下)(生唱)扬忠除暴管教万民欢乐,法正官清庆

皇朝。(合前)

(占太监上白)庆成公主娘娘,遣奴婢待奏。(生)奏什么来?(占)史仲彬、程济既沐天恩,仲彬妻文氏,向发宫中,合应给与宁家。程济之女,宫主向在徽州进香收归,询问元由,济女幼时定婚彬子,合应给与元配。(生)一一依奏便了。(占)领旨。(末、付上)启万岁,宫中素宴完备了。(生)宫中设宴素斋,请皇叔入宫赴宴。今后皇叔安享宫中,侄儿自当竭力孝敬。(小生)多谢。(生)内侍辜负多矣。(小生)咳,罢了,此乃天数也。(唱)

【尾】从来成事惟天意,受尽流离颠沛,(小生)羞杀我白首阇黎入禁扉[20]。

(白)世事已同云影幻,(生)禅心一任浪头高。
(小生)万物尽空空万物,(生)叹他华表伏归巢[21]。(下)

〔注〕①上甲:阴历每月上旬的甲日。②谨身殿:明北京皇宫诸殿之一,即今故宫保和殿。明永乐十八年(1420)建成。③长乐宫:汉都长安宫名,此代指皇宫。④朝元阁:唐阁名,在临潼骊山。此亦代指皇宫。⑤大宝:指帝位。⑥金陵:今南京,明洪武、建文朝,南京为国都,称应天府,燕王朱棣夺帝位后,以北京为国都,称顺天府。⑦金川门:当时的南京城门。《明史·恭闵帝纪》:"(六月)乙丑,燕兵犯金川门,左都督徐增寿谋内应,伏诛。谷王橞及李景隆叛,纳燕兵,都城陷。"⑧耋耄(dié mào):耋,七八十岁的年纪;耄,八九十岁的年纪。泛指高龄。⑨秦镜:传说秦始皇有一宝镜,"广四尺,高五尺九寸,表里有明,人直来照之,影则倒见;以手扪心而来,则见肠胃五脏,历然无碍;人有疾病在内,掩心而照之,则知病之所在。又女子有邪心,则胆张心动"。见旧题汉刘歆《西京杂记》。⑩十族:燕王朱棣攻陷北京后,要方孝孺起草登帝位的诏书,他坚决不从,朱棣以灭九族威胁他,他表示灭十族也不会改变主意。于是朱棣极其残忍地灭方孝孺十族。九族,父族四、母族三、妻族二,十族则再加朋友门生。方黄:方孝孺与黄子澄。方孝孺字希直,浙江宁海人,建文时为文学博士,"靖难"之役中,朝廷诏檄多出其手。有《逊志斋集》。黄子澄名湜,以字行,江西分宜人,建文时为翰林学士,与齐泰同参国政,定削藩之策。燕兵破京师,亡命嘉兴,被执灭族。⑪祇(zhī)恭:恭敬。枣:疑当作"早","枣"、"早"同为上声"皓"部韵,抄本混用。⑫天潢:帝王的家族。祧(tiāo):原指祭祀祖先的庙,后亦指继承宗嗣。⑬藜羹:野菜羹。藜,一种草本植物,叶略呈三角形。⑭楞严:佛经名,全称为《大佛顶如来密因修证了义诸菩萨万行首楞严经》,亦简称《首楞严经》或《大佛顶经》,为开示修禅、耳根圆通、五蕴魔境等禅法要义的经典。无生:佛教语,指不生不灭,与涅槃、法性等概念同义,修得无生,即是涅槃。⑮"决不"句:谓不致加害。三木,犯人颈、手、脚所加的三件刑具。头枭,即枭首,砍下人头悬挂示众。⑯皇祖考:对已故祖父的敬称,此指明成祖朱棣。⑰陈瑛:明滁州人,建文时私通燕王,谪广西。成祖即位,授左副都御史,迫害建文诸臣,株连甚广。擢左都御史,益以攻讦为能,太子、百官皆惧恨。永乐九年(1411)获罪,下狱论死。剧中将其死年推后了。⑱程济:明陕西朝邑人,洪武末授岳池教谕。建文初预言燕王朱棣将反,入狱。后果有"靖难"之役,朝廷释其罪,授修撰,参淮上军

务。燕兵入京师，不知所终。剧中采取传说，谓其从建文帝出亡。 ⑲ 悄(qiǎo)悄：忧伤貌。《诗经·邶风·柏舟》："忧心悄悄，愠于群小。" ⑳ 阇(shé)黎：亦作"阇梨"，梵语音译，阿阇梨的简称，意为高僧，亦泛指僧人。 ㉑ 华表：晋陶潜《搜神后记》载辽东人丁令威入灵虚山学道成仙，后化鹤归来，落城门华表柱上，有少年见之，弯弓欲射，鹤乃歌曰："有鸟有鸟丁令威，离家千年今始归。城郭如故人民非，何不学仙冢纍纍?"遂高飞而去。归巢：指辽东鹤归。

《归宫》是《千钟禄》的倒数第二出，写建文帝回到明宫。

建文是怎样回宫的呢？前面两出戏《索命》和《遇赦》告诉我们：建文出逃二十多年后，杀戮过甚的朱棣(明成祖永乐帝)被冤鬼索命而死。洪熙帝登基，大赦天下，但不及一年，洪熙帝又去世，宣德帝登基，又照例大赦。虽然大赦总是不包括建文帝一案，但建文帝觉得，一方面"事隔两朝，法网已宽"，而且宣德是他的侄儿，"谅不加害"，另一方面"出亡几十载，受尽风波，年已衰迈，壮志已灰"，故决意回朝自首，"生死置之度外"。显然，为权力而骨肉相残、大规模的政治迫害、无休的追捕和漫长的流亡……这局面如何收场？最终是由时间来解决的。在《归宫》一出中，建文帝是自己回宫的，宣德帝认真而平和地接待了他。因此，《归宫》和接着的最末一出《团圆》并无波澜，只是全剧故事的结局了。那么，《归宫》有什么"看点"，使它具有高度的欣赏价值呢？

原来，《归宫》看似终局，已获得团圆的结果，但双方矛盾依然存在，戏剧性因素仍很丰富，情节安排远未到山穷水尽之时。第一，历史遗留问题有待解决。建文帝毕竟是被追捕多年的钦犯，现在是回来自首，对建文帝如何处理，对政权更迭、无数忠良受害如何处理，这笔账并未有过了结。可以说，当建文帝归宫时，任何事情发生都是可能的。第二，巨大的时间、空间差异：出亡二十四年的建文帝回到宫廷，他心中有多少积郁和感慨？从宣德帝以下，各种人物骤然面对从历史中冒出来的前朝君主，将是何种复杂的心态啊！《归宫》将这一历史事件平实写来，并无夸张、渲染，实际上却写出了其强烈的戏剧性和丰厚的意味，这就是该出戏好看的原因。

《归宫》的开场，是一个太监上场，说宫门前来了一个自称是建文帝的老和尚。——只这一笔，就十分高明！这是该出戏第一个值得品味之处，因为这一笔意味着该出戏采用的描写角度。《千钟禄》全剧基本是从建文帝的角度写的，写他的遭际，让他经历、观察、感受和抒发情感，《归宫》仍可以这样写，可以写出丰富的唱词。但现在的写法却是转而从宣德朝如何对待建文帝回来的角度来写的。于是，"归宫"不是建文帝流亡的延续和尾声，而是突然降落到明朝宫廷头上的一个惊人事件。"归宫"事件遂一下子获得了戏剧化的表现形式：宫门前来了一个自称是建文帝的老和尚。由此角度，剧情就马上进入了一个极具戏剧性而

又最合理的情境：怎样才能确认这个形容枯槁的老和尚真是建文帝，而不是一个骗子或疯子呢？

宣德帝马上派人召老僧到谨身殿细细盘问，但没法确定是建文帝。于是传旨叫前朝大臣来辨认，也认不出。又命找服侍过建文帝的老宫人来，终于认出。这个三部曲的辨认段落是《归宫》的第二个值得品味之处。宣德帝马上见建文帝固然是合理的，但具体情景不好写，并且辨认尚无结果，两个皇帝相对的场面却已经出现，也让下面的情节不好安排，令整出戏缺乏张力。剧本的写法是只让太监向观众说，皇爷“宣召老僧到谨身面驾”，“虽经面供，未得实据”，故传旨召前朝老臣。这就避免了两皇帝相对的场面过早出现，解决问题真是利落得体，举重若轻。老臣辨认这一场面其实也不好写。剧中写法是：老臣们“摩娑老眼”只是摇头说认不出。建文帝气愤地质问：日日在我殿上为臣，怎会不认得？大臣答曰：殿上为臣，只是站在下面，远远望见，又不曾宫中趋近伺候过，皇帝面貌，哪里认得清楚？建文帝听此，默默无言。这写法真是精练、含蓄！寥寥两笔，大臣们的冷淡就被勾画出来，而不过是“远远望见”的解释出人意料而又合理，让建文帝猛然意识到从来存在的君臣之隔是如此之严刻，这种严刻现在被用作冷酷无情不积极辨认的理由，竟是理直气壮，让人无可奈何。接下去宫人辨认的场面更为精彩。当一个过去的老太监被带上场辨认时，他不是有点儿紧张，而是惊恐万状。他唱道：“闻说魂消，足难移体颤摇。心惊跳，潜身悄步暗偷瞧。听哓哓，我怎向是非窠里分白皂？用不得舌剑唇枪把祸招。”见建文帝面目有变，便道：“不是当年舜目尧眉好，抽身去了。”老太监的表现直接就是大臣们为何态度冷淡的注脚。不过建文帝岂能让他抽身而去？这是他的最后机会了！所以建文帝大声喝道：“你是吴亮，怎么见我不跪？”但惊恐的老太监竟然否认说：“我不是吴亮。”建文帝道：“怎么不是吴亮？我那年御便殿食子鹅，弃片肉在地，汝执壶跪倒，作狗餂而食之。难道就忘了？”老太监听此，知道没错，再不认就是欺君了，赶紧道“如此说，果是建文皇爷了”，连忙扑地叩头。看到这里，为建文帝命运担忧的观众才松了一口气。整个辨认过程应该说写得准确、深刻，让我们充分感受到世态炎凉。同时，这过程也写出了多年流浪的游子重被世人、社会接纳的艰辛和悲酸，十分令人感动。希腊史诗《奥德赛》中，俄底修斯流浪多年归家，面貌大变，妻子、仆人皆不能识，只有家中老狗迎上来亲热，后来女仆为其洗脚发现伤疤才认出，是这种归来感觉的经典表现。《归宫》中建文帝最终通过一个最琐屑的细节的回忆而被老太监认出，可谓异曲同工。

建文帝的身份既经确认，宣德帝便正式与他相见了。这里是《归宫》的第三

个看点。宣德帝拜过建文帝，问道："请问皇叔生来锦衣玉食，出外困苦饥寒，何以自遣？"建文帝答曰："万山深，茅屋小，受用些布被绳床昏共晓。"又问："吃些什么来？"答："藜羹聊自饱。颂《楞严》一卷证无生，闲中破除烦恼。"又问："如此说来，亦颇安稳乎？"答："风浪交，命系毫，死里逃生有几遭。"宣德帝叹道："咳，可怜！如今何以顿发归兴？"当建文帝表示回来是因为"幸遇圣明临御早"，估计宣德帝不会杀他时，宣德帝忙道："岂敢。皇叔在上：当初皇祖考用法严峻，杀戮诸臣，多是奸臣陈瑛唆耸所至。内侍们，速着刑部绑陈瑛上殿。"下旨杀却陈瑛一家，宣德帝又吩咐给跟着建文帝的老臣复官，请建文帝入宫赴宴，表示："今后皇叔安享宫中，侄儿自当竭力孝敬。"我们看到，谈话由寒暄开始，遣词是那样高雅，惨痛的流亡似乎成了隐逸山林，无奈的回宫则是"顿发归兴"！话锋一转，推出一个替罪羊，就处理了历史旧账的问题。我们真要赞叹宣德帝圆熟的手腕，更可欣赏剧作者对牵涉复杂的历史人物和场面写得如此利落、准确、深刻，大可玩味。

（陆　炜）

眉　山　秀　　　　李　玉

第六出　婚　　试

（杂上）秦楼年少吹箫女[①]，汉室风流傅粉郎[②]。自家苏府中院子是也。我家小姐招赘秦爷为婿，老爷道今日天开黄榜，便是上吉日辰。不必另选吉期，一等晏罢琼林[③]，迎归就结花烛。故此府中挂红结彩，唤齐宾相乐人伺候，秦爷到门就成亲了。道言未了，老爷夫人上堂了。（外、老旦、小生吉服上）

【正宫引子齐天乐】（外）余编幸有双龙继[④]，一凤喜占佳配[⑤]。（老旦）袍惹炉香，花分宫彩[⑥]，（小生）不忝风流快婿。（见介）（外）今日小妹成婚，秦郎琼晏，可称双喜了。（老旦）正是。今日一家团聚，惟有第二个孩儿奉差出外，不在眼前。（小生）兄弟理刑河内，旦暮即归，母亲不必挂念。（外）院子那里？（杂应介）（外）今日内外设晏，一等花烛之后，夫人小姐设席后堂，黄爷、秦爷前厅筵晏便了。（杂）晓得。（外）宾相乐人俱唤齐了么？（杂）俱在府前伺候。（生簪花鼓乐上）（生）看花帝里[⑦]，喜骥足腾云，燕尔齐眉。（杂）秦爷到了。（外）分付宾相请小姐出阁。（杂上）熟习周公礼，来成秦国姻。（请介）伏以：一枝花插满庭芳，佳人喜得配才郎。洞房花烛风光好，金榜题名姓字香。（丑扶旦上）（旦）回首妆台，几番羞涩出金闺。（杂赞礼成亲介）（鼓

乐送生、旦下)(老旦随下介)

(杂)黄爷到门了。(外请介)(末吉服上)名题帝里泥金帖,心醉侯家暖玉杯。(各见介)(末)老伯贺喜。(外)黄先生多劳了。(末)子由兄河内之行有家信否?(外)正在这里想他。(小生)限期已足,怎么还不归?(生复上介)杯交玉液飞鹦鹉,乐奏琼箫引凤凰。(各揖介)(外)看酒过来。(定席各坐介)

【正宫过曲玉芙蓉】(合)文光星斗辉,瑞霭云霞霁。羡琼卮合卺,恰凑着御酒淋漓。龙门跨凤人间异,月窟填桥天上奇[8]。笙歌沸,喜家宜室宜[9]。问佳期,才郎有几锦衣归?(各起介)

(外向小生介)我送黄先生登舆,你送妹丈入洞房便了。(小生)领命。(各揖介)(外、末)共结丝萝山海固,(生、小生)永谐琴瑟地天长。(各下)(丑上)人间春富贵,天上月团圆。自家朝华便是。我家小姐今夜与秦爷成亲,花烛已毕,好笑又要考试新郎。闭了房门,着我在外厢伺候。(生、小生灯引上)巫峡行云下神女,武陵流水驻仙郎。(小生)呀,为何房门闭了?朝华,还不开门。(丑)奉小姐之命,说今夜还要考试新郎。直等三试中式,方准进房。(小生笑介)又作怪了。(指桌上介)这是什么意思?(丑)玉盏是盛酒的,银盏是盛茶的,瓦盏是盛水的。小姐说:三试俱中,玉盏内美酒三杯,请进香房。两试中了、一试不中,银盏内清茶解渴,直待来宵再试。一试中了、两试不中,瓦盏内呷口淡水,罚在外厢读书三月。(生、小生)有这等事。(丑)小姐规矩森严。着朝华做了外帘,还有老妈妈做内帘[10]。说不许一应闲人交头接耳。一等试士到了,就要报名领题。大爷早早回避。(小生)可笑可笑。(向生介)妹丈,我自去了,你去发付他。(生)大舅请便。(小生)中后秀才文运苦,房中主考眼珠明。(笑下)(丑向内介)秦爷到了,禀小姐领题。(老旦内传出介)领第一场题。(丑接放桌上介)秦爷请做。(生)别个秀才来应举时,就要告命题容易了。下官曾应过制科,青钱万选[11]。莫说三个题目,就是三百个也难我不倒。(丑)我家小姐不比寻常试官,者也之乎应个故事的。秦爷须要用心些。(生大笑介)苏家的人物这等利害,苏家的女婿这等难做。

【十二红】我只道春宵一刻千金贵,翻做了琼筵斗酒百篇挥。

难道我中了进士,还脱不得做秀才的苦,偿不尽寸晷风檐苦拈题[12]。(看月介)却不辜负了这一轮明月。清辉,偏照人孤影徘徊。(丑)秦爷快些做。(生)待我看什么题目。(拆封看介)原来是首绝句。(念介)铜铁投洪冶,蝼蚁上粉墙。阴阳无二义,天地我中央。(想介)四句诗含着四个字儿。(背介)他道我那日扮了道人[13],如今诗内含着"化缘道人"四字,明明嘲我。不难,不难。我也做一首诗,四句头上点明四个字还他便了。(写介)化工何意把春催,缘到名园花自开。道是东风原有主,人人不敢上花台。(向丑介)完了,送进去与小姐看。(丑送进介)秦爷交卷。(老旦接入介)(生)送便送进去,不知中得小姐的意否?一个粉墙凝睇,一个朱扉紧闭。一个雌黄赏识,一个风鹤猜疑[14]。(老旦内传介)奉小姐之命,说第一试中式了。领第二场题去。(丑接介)(生)好了,好了,早博得三更哑谜捷春闱。(丑)秦爷上紧做。(生)待我看第二个什么题目。(拆开介)又是一首诗。(念介)强爷胜祖有施为,凿壁偷光夜读书。线缝路中常忆母,老翁终日倚门闾。(点头介)这是哑谜,要猜四个古人。(写介)第一句是孙权,第二句是孔明,第三句是子思,第四句是太公望[15]。(做折纸介)送与小姐看。(丑送进介)秦爷第二场交卷。(老旦接介)(生)静听泥金报,绣帏启。(老旦内传介)小姐说第二试又中式了,领第三场题去。(丑接介)(生)一发好了。你看两试点朱衣,少不得三场夺高第。(丑)秦爷请完了第三场,不要耽阁了工夫。(生拆看介)原来是个对儿。我从幼便会作对,何足为难。(念介)闭门推出窗前月。(想介)你看蟾光入室,教我双扉怎推?就是幽窗漫掩,却把冰轮怎移?(摇头介)好一似禅参指月迷圆谛[16]。(丑)秦爷,前边两场快得紧,这第三场为何这等烦难?(生)咦,凭着我铿金戛玉成余技[17],今日里水穷山尽困重围。(内三鼓介)(丑)三更鼓了,还不快做。(小生暗上)风清宫漏转,月午槛光移。不知妹丈可曾进房?(看介)想还未完。听他说些什么。(生)一联对儿这等烦难。你听催人鼓漏三更矣,又早花影看看渐转西。(恼介)搅诗思,浑如醉。(又念介)闭门推出窗前月。(做手势作推窗介)(小生)此乃少游一时聪明略掩,故对不来。我不解围,谁为撮合?欲待教他对了,恐妹子知觉,反累少游体面不雅。(想介)有了。庭中有一缸清水,待我触动他灵机。(作拾砖投缸介)吟成一个字,撚断数茎

须。(下)(生)呀,忽然一块石儿落在缸中,溅我一身水。(看介)冲云浪,翻碧池,一天止水向人飞。(点头介)有了,有了。(写介)机锋凑,解悟奇,光明有路点金镵[18]。(念介)投石冲开水底天。妙!妙!妙!一发送与小姐看,我就要进房了。(丑)且不要忙。(作传进介)秦爷第三场完。(老旦传下)(生)小姐,小姐,快些开了门罢。叫彻了子规啼月不成栖,怕听五更鸡。(内作开门介)

(老旦持灯照旦上)风递竹声环佩响,月移花影玉人来。(丑)小姐出来了。(生揖介)小姐,被你奈何得我秦少游彀了。(旦作不应介)(老旦)小姐说,秦爷三试中式,叫朝云捧玉盏连进三杯暖酒。(丑斟酒生饮介)

【尾声】(生)琼浆未饮心先殢,(旦)须信道才源无底,(合)真个是此夜团圆从教百岁齐。(同下)

〔注〕 ① 吹箫女:传说秦穆公女弄玉喜音乐,时有萧史善吹箫能作凤鸣,穆公乃以弄玉嫁之,后夫妇二人吹箫引凤,升仙而去。此处借指苏小妹。 ② 傅粉郎:三国魏人何晏美风姿,喜修饰,粉白不去手,人称"傅粉何郎"。此处借指秦观。 ③ 琼林:皇帝为新科进士举行的宴会。 ④ 双龙:指苏轼、苏辙。 ⑤ 一凤:指苏小妹。 ⑥"袍惹"二句:称赞秦观金榜题名的用语。炉香,指金殿御香炉中散出的氤氲香气。宫彩,科举时新中进士在皇帝赐宴时插花披彩。 ⑦ 看花帝里:帝里,京都、帝都。唐时进士试及第者有在长安城内看花的风俗。 ⑧ 月窟填桥:月窟,月宫。填桥,用群鹊衔桥以渡牛郎、织女的故事。 ⑨ 家宜室宜:《诗经·周南·桃夭》:"之子于归,宜其室家。"后因以称夫妇和睦,家庭安顺。 ⑩"着朝华"二句:外帘,外帘官,为明清乡试或会试时管理考场事务的官员。内帘,内帘官,为明清乡试或会试时的主考、总裁或同考官。此借后代制度言宋时事。 ⑪ 青钱万选:喻文才出众。《新唐书·张荐传》:"员外郎员半千数为公卿称:'鷟文辞犹青铜钱,万选万中。'时号鷟'青钱学士'。" ⑫ 寸晷风檐:表示科举考场应试的意思。寸晷,喻很短的时间。风檐,指不蔽风雨的科举考试的场屋。 ⑬"他道"句:指剧中第五出《乞联》演苏小妹去相国寺烧香,秦观假扮做化缘道人前往相看。 ⑭ 风鹤:用东晋十六国时淝水之战中前秦苻坚的兵士闻风声鹤唳都以为是敌军进袭的典故,比喻多此一举,自相惊扰。 ⑮ 太公望:俗称姜太公、姜子牙,姓姜,名尚,号太公望。为周文王、武王之师,佐武王灭商。 ⑯ 指月:佛家说法时以手指月示人,表示文字所载之佛经,如指月的手指,而佛性才是明月。圆谛:达到圆满至妙、融会贯通境地的真言、真理。 ⑰ 铿金戛(jiá)玉:形容声音清脆的用语,此指文字的音节清亮、优美。铿、戛,敲击。 ⑱金镵(bì):金属制造的似箭镞形的手术刀。佛家谓修行人受戒时以金镵抉目,可除其"无智膜"。

《眉山秀》主要敷演北宋著名词人秦观(字少游)和苏轼(号东坡)之妹苏小妹以及长沙妓文娟的爱情故事,反映出他们结合中的一些曲折过程。故事取材于《夷坚志·义娼传》、《醒世恒言》卷十一《苏小妹三难新郎》,并综合采纳了《京本

通俗小说·拗相公》等有关民间故事、话本和史料。情节、人物关系基本上都是作者的创造，与史实距离很大。因苏轼为眉山（今属四川）人，与其父苏洵、弟苏辙并以文章享盛名，一门三杰，为世所艳羡，合称“三苏”，并有“眉山秀气，尽钟公家”之誉，故名。所以戏即以“眉山秀”代指剧中的女主角苏小妹，也可以理解为兼指苏氏一家。现代地方戏川剧、滇剧、秦腔、湘剧、评剧、京剧等中的《苏小妹》、《三难新郎》、《赚文娟》的情节都与本剧有一定渊源关系。

这里选的第六出《婚试》，是秦观与苏小妹婚姻事件中最有戏剧性的一场戏。

苏洵为女儿小妹择婿，小妹欣赏秦少游的文章；秦则乘小妹赴庙烧香之机，假扮道人到庙中相看小妹的才貌。秦少游得中黄榜之际，“大登科后小登科”，二人喜结良缘。本出就是写新婚之夜拜堂后发生的事情：小妹要对新郎进行三场考试，需考试合格后才有资格进洞房。

在以“女子无才便是德”、“出嫁从夫”为妇女处世道德准则的古代，苏小妹竟然十分出格地做试官来考人，而被考的人恰既是尚未入洞房的“候补丈夫”；又是刚刚高中探花郎、“可惜二苏同时，不然横行一世”的著名才子秦少游。并且这一场考试的关系非同小可，一试不中，今宵便不能成亲；万一两试不中，更要“罚在外厢读书三月”。这样的情节设计，当然是大大长了巾帼的志气，灭了须眉的威风，会博得女性观众的喜爱。而且还不止于此。在多数人的心中，看到强者耍弄弱者，不仅不大会欣赏，甚或还要引起反感；而如若反过来，弱势者成功地耍弄了强势者，则由于人们总会有处于弱势时的不愉快的感情体会，所以会产生一种如同自己得胜了一样的快感。而且戏中的细节发展又极富情趣，谑而不虐，所以不分男女，广大观众都会乐观其成。

还有一层值得注意。古人说：传奇者，传事之奇者也；事不奇幻不传。但又指出不能为此而走到只求热闹，不问根由，但要出奇，不顾文理的错误道路上去，那样只能得到个怪诞不传的下场。在本剧中，做出这一番不寻常奇事的主人，原来是眉山秀气所钟，才高气傲，足可“坐拥文坛赤帜寨”，连千古才人苏东坡也自愧弗如的苏家小妹。这也就保证了这一极佳的脱尽窠臼、未经人见的新奇题材，完全可以写成合情入理的妙剧。

情节还只构成了一出戏的基本框架，其中血肉之丰满，风致趣味之充盈，则要靠细致地处理。剧中的安排是极见匠心的，尤其在起伏跌宕的组织上见其功力。戏以“洞房花烛夜，金榜题名时”的拜堂成亲作为开场，渲染出欢乐喜庆的气氛。但当顺理成章地发展到苏东坡“送妹丈入洞房”时，新郎却出乎意料地吃了闭门羹，要“直等三试中式，方准进房”。这个好事多磨的突变、转折，使得观众必

然要拭目以待,把注意力集中在等着看这桩闻所未闻的怪事如何发展,如何收场,秦少游怎样应对。但作者却并不急于揭示谜底,而是弯弓不发地把气氛松缓下来。自以为"莫说三个题目,就是三百个也难我不倒"的秦少游,只把新娘的这一举动权当成小儿胡闹,更丝毫不把如若考试不中要遭到什么处罚之类小题大做的玩笑话放在心上。果然第一、二题都被他轻易通过,便只等着"你看两试点朱衣,少不得三场夸高第";以至拿到做对子的第三题时,更是漫不经心地说"我从幼便会作对,何足为难"。观众的心情、悬念便也随着秦的自信而放松下来。

但场上的戏却又要把他们的心提起来了。说时迟,那时快,转眼之间秦却突然被难倒。直挨到夜半三更,仍然无从下笔,眼看今宵就要不能成亲。观众并不一定因他的处境而为他紧张,为他担心;反倒是对才气过人的他竟然陷入这样的尴尬境地,对他的焦急、窘迫,感到有趣。而最后还要靠苏东坡为他暗中提示,才得以触动灵机,逃出困境,结束了他的被要弄,也使观众得到了满足。

这出戏在设计上还有一个特点,即是这场特殊的考试当然是由苏小妹一手搞起来的,主动权完全操纵在她手上,而"夫为妻纲"的秦少游不过是被她驱弄的"玩物";他们此时的关系略有点近似于猫捉老鼠,猫是擒纵随心,而老鼠只有被要弄的分。但演出者让我们得以在舞台上目睹到的,只要被要弄的老鼠——秦少游,而猫却隐在幕后,她的一切操纵都只是由一个身份远为低下、基本上充当小姐传声筒的丫鬟朝华代为执行。这样的处理是颇具深心的。第一是把舞台空间、时间都给了秦少游,使他小觑这场考试的自高自大,顺利通过前两场考试后的得意忘形,答不出试卷时"水穷山尽困重围"的尴尬窘境等等,都能像独角戏般不受干扰地得到充分表现。而由苏小妹这面来看,既让观众都清楚地晓得这场好戏是她安排出来的,秦少游是在被她捉弄,但却又不示观众以庐山真面目。及至她上场,也是自高身价,目中无人地念着"风递竹声环佩响,月移花影玉人来";秦少游因得意而带些委屈地对她说"被你奈何得我秦少游彀了"时,剧本上特意指明小妹的反应是"作不应介"。这一切都增加了莫测高深的神秘感,为观众想象她此时的颦笑之姿、喜忧之思,提供了足可自由驰骋其想象力的广阔天地,把人物创造得更丰满、更多彩。

（陈　多）

眉　山　秀　　李　玉

第二十一出　庵　　遇

【黄钟引子传言玉女】(老旦上)日淡云遮,风透短棂寒彻[①]。响萧萧犹飘剩叶。过眼荣枯电与风,久长那得似花红。闲来静坐观空阁,

观色观空色即空。小尼观空阁中慈月便是。今日腊月八日，乃是佛降之晨，早间已曾诵经修供。本欲到施主人家走走，因隔壁结义妹子娟娘约来礼佛烧香，故在此候他。正是：静掩琅函焚柏子[②]，时闻佩韵听松风。（小旦上）妆余乍午出罗幕，闲行兰若[③]。竹声敲玉，梅香吹雪。（入见介）

（老旦）呀，娟娘来了么。（小旦）天寒晏起，故此来得迟了。（老旦）烛焰尚明，炉香未烬，就请拈香礼佛。（小旦拜介）

【黄钟过曲绛都春序】（小旦）栴檀款爇[④]，礼空王寸诚[⑤]，千缕凝血。念文娟呵，苦海茫茫，愿一苇慈航超永劫[⑥]。前日与高邮秦观结终身之约，（老旦作笑点头介）（小旦）瀛洲有客盟衾穴[⑦]，早隔断湘江万叠。雁稀鱼杳，（拜介）何日里花残再放，月圆无缺？（作起介）

（老旦）请妹子到里面吃茶。（小旦）多谢姐姐。清净非人世，（老旦）虚空是佛心。（同下）（外上）客帆和雁落，霜叶向人飞。自家苏福便是。相随夫人出京，前往郴州，如今已到长沙了。夫人在船日久，闷坐无聊，方才泊了船，令我上岸来寻什么名山古刹，要去闲步一回。我想虽尔男妆，不便到僧房游玩。一路问来，此间有一所女尼庵，因此先到彼访确，然后下船报知便了。呀，且喜开门在此，不免径入。有人么？（老旦上）清磬度山翠，闲云来竹房。是那个？（见介）（外）这里是尼庵么？（老旦）正是。（外）我们老爷要到此随喜[⑧]，故此先来说声。（老旦）贵府那里？（外）高邮秦爷。（老旦）请问老爷尊号？（外低语介）号少游。（老旦）元来就是秦学士老爷，小尼恭候便了。（外）既如此，就到船中请老爷来了。（老旦）晓得。（外）苔藓山门古，丹青佛殿空。（下）（老旦向内介）娟娘快出来。（小旦上）风倚琅玕听[⑨]，云移罨画看。（老旦）妹子，我报你一个喜信哩！（小旦）什么喜信？（老旦）秦学士就来了。（小旦）他在那里？（老旦）方才他家大叔到此，说学士要来随喜，先来说声。就在船上来了。（小旦）他既到此，怎么不先到我家？恐怕不是他。（老旦）他说是高邮秦少游，难道我哄你不成。（小旦迟疑介）（旦巾服，丑、外随上）大千世界闲窥掌[⑩]，不二门中暗点头[⑪]。（外）此间已是庵中了。（旦共入介）（老旦出迎介）老爷，请进法堂中去。（小

旦急趋看介)(背介)呀,元来不是他。(旦向老旦介)拜过了佛,奉揖罢。(老旦)老爷请拈香。(旦拈香拜介)(小旦作窃听介)(外向丑介)你在此伏侍老爷,我到船里去了。(丑)去去就来。(外)晓得。清梵云中听,丹楼画里看。(下)

【出队子】(旦)愿弟子呵,天涯孤客,万里平安山水涉。椿萱福祉寿耆耋,远谪弹冠归帝阙[12](小旦作点头介)(旦拜介)稽首皈依,慈悲鉴切。(起介)(与老旦作揖介)(小旦作避下介)

(旦)此位何人?(老旦)就是义妹娟娘。(向内介)妹子,你怎么不来见老爷,倒进去了?(小旦出见介)(老旦)老爷曾见过舍妹的,怎么不认得了?(旦)从未会面。(小旦)请问大人尊姓贵表?籍贯何处?(旦)下官姓秦名观,字少游,原籍高邮。官授翰林,今谪郴阳酒税。(小旦)外家是眉山苏氏否?(旦)岳丈老泉,两舅子瞻、子由,贱内小妹,人人都晓得的。为何一一问及?(老旦)老爷在上,有一缘故。舍妹虽系青楼,性耽风雅。因见秦爷诗词,舍妹呵,

【闹樊楼】琳琅讽诵晨昏浃,把赤绳千缕,系向新词一阕。(旦)既承厚爱,怎么绝无音信往来?(老旦)舍妹曾致一词,秦爷亦有酬赠。驿信盟曾设,雁足音曾接。(旦)我倒忘了。曾有长沙女郎讳文娟的,寄〔木兰花〕词一首,下官答〔踏莎行〕一词、葡萄锦一疋。可就是令妹么?(小旦)正是贱妾。(旦作喜介)那日呵,读瑶章香艳,致芳词神醉,感贞心石励冰洁。今日相逢,可为有缘矣。恨却恨远迢迢,梦迢迢,只合向巫山会瞥。

(老旦)老爷差了。前日秦爷曾会过舍妹的了。(旦背笑介)是了,是了。(转向老旦介)我几时会的[13]?(老旦)那秦爷秋间到此,也是说远谪郴州。特访舍妹,盘桓几日。(旦)恐怕是假的。(丑)我老爷是的的确确的秦学士,那有第二个来。文娘被人戳了元包去了。(旦)那来的怎样一个人?

【滴滴金】(小旦)也是个翩翩少俊丰神别。(旦)可曾做什么诗词来?(小旦)酬和花前霏玉屑。(旦)纵能酬和,怎么就信了他?(小旦)向日京中彼此所寄二词,那时一一写出无差,难道不是真的?只为鱼函两两分明写,因此上海山盟牢誓也。(旦)世间多少依草附木的,你被人哄骗了。(笑介)文君眼拙,错认伪相如便向临邛奔夜

月[14]。(老旦)这样有才的人,不信在外边行骗。早难道文人慧业,走空花台月榭[15]。

(旦)你们不晓得,如今外边走空的光棍,那一个不会做几句歪诗。(丑)专是会做诗的极要骗人。(小旦)就是做诗不足凭信,难道〔木兰花〕、〔踏莎行〕二词假的安能记忆?(旦)〔踏莎行〕一词一定是当初亲笔了?(小旦)自然。(旦)那日可曾把面写的与原词印证?可是一样笔迹么?(小旦)这倒不曾。(旦)如今也不难。待下官也面做一词,把笔迹与原词一对,那时真假立辨了。(老旦)有理,有理。(小旦)若得面教尤妙。(丑)我们老爷做的,定好了假秦学士百倍哩。(老旦)文房四宝在此。(丑磨墨介)(小旦拂笺介)(旦)请问何调?(小旦)就是〔浣溪沙〕罢。(旦点头)(执笔思介)

【啄木儿】(旦)又不是题长恨,赋远别,那里去倩啼红子规喉舌。(背介)谁惯却惜玉怜香将好句叶。(转向二旦介)早把老词林才思泄。(写介)尽描摹一段娇容怯,细吟哦万种柔肠折,好逗引千般恨惹。(向小旦拱手介)怕只怕博不得女中郎称妙绝[16]。(作投笔介)

(老旦)果然好高才也。(小旦念介)脚上鞋儿四寸罗,唇边朱粉一樱多。见人无语但回波[17]。　料得有心怜宋玉,只应无奈楚襄何[18]。今生有分共伊么?　情致悠然,丰神跌宕,真绝唱也。(出前词共看介)果然两词一般手笔。(老旦)其实无二。(共看词介)(丑)当初也是我看写的,如今也是我看写的,难道骗你不成。

【三段子】(小旦)钩银画铁,睹蝇头书一辙。金敲玉戛,展鸾笺情万折。(老旦)难道前日来的是假的么?(小旦)寻枝问节,当初掷果名应窃[19]。(丑)难道如今我们老爷也是假的?(小旦)那里是掉刘郎迷后度津楫[20]。(丑)你不知前边被什么人骗去了?(小旦)恨只恨闹花丛游蜂浪蝶。

(老旦)既已证明,请秦爷到舍妹家去。(丑作急状介)(旦)我怎么就去令妹家阿[21],

【下小楼】叹嗟,浪把蓝桥杵撇[22]。(自指笑介)只恐诳荥阳还疑纪信谲[23]。(老旦)如今那个还疑秦爷。只求秦爷同去,不要虚了舍妹一向苦心。(旦)要我到文娘家去还早哩。他既眼力不精,失身于假少

游，待我遍访假棍，拿来重治，才好订丝萝之约。指破了鹅笼幻化才好向云阶跂㉔。（老旦）那里等得许多日子。（旦）石上三生留笑㉕，休虑着日远时赊。（小旦哭介）

【滴溜子】（小旦）心间事，心间事，凭谁诉说。眉头恨，眉头恨，从今倍结。咫尺分明吴越㉖。姻缘命里悭，风浪揭，倒不若未相逢葫芦闷挈。

（旦）就要下船去了。（老旦）就不到舍妹家去，且到小房茶话片时，傍晚入舟便了。（旦）怎好叨扰清斋。（老旦）岂敢。

【尾声】（旦）佳期且待还金阙，（老、小旦）且去过竹院闷怀倾泻，（旦笑向小旦介）仔细把的确确秦郎牢记者。

（老旦）偶题岩石云生气，（正旦）闲绕庭松露湿裾。

（合）混浊不分鲢共鲤，　　水清方见两般鱼。（下）

〔注〕①棂（líng）：阑干或窗户上雕花的格子。②琅函：书匣。③兰若（rě）：梵语"阿兰若"的省称，意为寂静、无苦恼、烦乱的地方。亦用以代指寺院。④栴（zhān）檀：檀香。⑤空王：佛教对释迦牟尼佛的尊称。⑥一苇慈航：一苇，指一束苇编成的筏子。《诗经·卫风·河广》："谁谓河广，一苇杭之。"慈航，佛教语，谓佛或菩萨以慈悲度人，如航船渡脱苦海。⑦瀛洲：原为传说中仙人所居的山名。唐太宗时选杰出的学士十八人入文学馆，当时称被选中者为"登瀛洲"。后因以瀛洲客喻才学出众者。⑧随喜：佛家说随人行善事为随喜，后泛指游览佛寺。⑨琅玕（láng gān）：美玉。此指竹。⑩"大千"句：唐柳宗元《法华寺石门精室三十韵》："小劫不逾瞬，大千若在掌。"⑪不二门：佛教语，不二法门的略称。意为直接入道、不可言传的法门。后用来比喻唯一的门径、方法。⑫弹冠：用手指弹去冠上的灰尘，整治其冠，比喻将要做官。《汉书·王吉传》："吉与贡禹为友，世称王阳（王吉字子阳）在位，贡公弹冠。"⑬我几时会的：原作"我时会的"，据文意改。⑭"文君"二句：化用汉代卓文君私奔司马相如的故事。⑮走空：行骗、冒名诈骗。⑯女中郎：即中郎女，指汉代蔡邕的女儿蔡琰（蔡文姬），她多读父书，以博学能文著称。⑰回波：回眸。波，眼波，流转的目光。⑱"料得"二句：串用战国楚宋玉《登徒子好色赋》、《神女赋》所述内容，以"此女登墙窥臣（宋玉）三年"喻心中追求的对象。因神女与楚襄王的关系有"欢情未接，将辞而去，迁延引身，不可亲附"等描述，故以"无奈楚襄何"喻迄今尚未能与意中人相接。⑲掷果：晋潘岳貌美，少时游洛阳道，妇人皆连手萦绕之，以果掷之满车。见《晋书·潘岳传》。后因以"掷果"形容妇女爱慕美男子。⑳刘郎：南朝宋刘义庆《幽明录》载东汉刘晨、阮肇二人入天台山采药迷路，遇二仙女，与之同居半年后归里，则时已入晋，子孙已至七世。㉑"我怎么"句：原无"家"字，据上、下文意补。㉒蓝桥杵撇：唐裴铏《传奇》记秀士裴航途经蓝桥驿，遇仙女云英，欲娶之。为其祖母以玉杵捣药百日后，始得成亲。蓝桥杵撇，则无法结合了。㉓诳荥阳：楚汉战争时刘邦被项羽围困于荥阳，部将纪信伪为刘邦出降，刘邦乃得脱逃。㉔鹅笼幻化：南朝梁吴均《续齐谐记》记许彦负鹅笼行路，遇一书生求寄笼中，至一树下，书生出，口中吐出器具肴馔、女

子，女子又吐一男子，男子复吐一女子等等。饮宴游戏后又各吞所吐人、物而去。后遂用以指幻中生幻、变化无穷之事。踀：蹑的俗写。蹑，追踪。　㉕ 石上三生：据载唐时僧人圆观与友人李源订约于其死后十二年在杭州天竺寺重逢。至时李果于三生石畔见一牧童，即圆观之后身。后衍为表示姻缘前定的典故。　㉖ 吴越：春秋时吴、越两国世代为敌，因习用之以代指敌对的两国或双方。

长沙妓女文娟素慕秦少游文才，虽因两地阻隔，无缘结识，但已发誓除少游外绝不以身相许。并特地遣人将所作情词远寄少游，期能订终身之约。秦倩小妹代笔回书。及秦被贬郴州，途经长沙，得与文娟相会，互定白首之盟。后小妹偕侍婢朝华赴郴州探望秦，以道远多险，女流不便行动，乃一路冒用秦少游名色，改着男装前往。第二十一出《庵遇》演的就是小妹在长沙巧遇文娟时所发生的事情。

文娟心中已经有了一个曾和她两情缱绻、姻缘早定，但远谪在郴州的秦少游的形象。现在，突然又听说有一位自称是秦少游的人要到她隔壁的尼庵礼佛。"他既到此，怎么不先到我家？恐怕不是他"，这一推断，不仅完全在情理之中，而且符合事实真相。但如若戏就是这样进行下去，那大约就会索然乏味了。在高手的设计之下，剧情偏偏要向相反的方向发展，让文娟一步一步地、合情合理地钻进预设的圈套，把真少游视为假少游，把假少游当成真少游。同时，前面的剧情安排又使得苏小妹也不是蓄谋或故意设下圈套来骗文娟，而只是不得不然的形势把她也合情合理地逼上了"骗人"的地步。

在戏里设计出"骗人"和"上当"的情节，以此来制造喜剧效果，既是常见的，也不是太难的；但难就难在要"合情合理"地"上当"，更难在要"合情合理"地"骗人"，具此两难，戏自然会趣味盎然了。

怎么能实现这"两难"呢？好心而又热情的观空阁老尼慈月"合情合理"地起了关键性的作用。其一是她晓得文娟和秦少游已曾定情，所以闻知秦少游重来，马上为文娟高兴起来。但其二是她并没有见过秦，所以哪怕面对着的是假少游，她也毫不怀疑。在她的热心撺掇下，好戏就一层层展开来了。

文娟见到苏小妹，当然就由怀疑而变为肯定面前的人不是秦少游，乃不愿相见而避下。小妹看见一个趋前打量自己的人忽然避下，便随口问一声："此位何人？"言者无心，好戏却从此开始。热情的慈月为了弄清他们的关系，唤上文娟，当着她的面追问小妹究竟是何人？小妹此时并不知道慈月为什么如此认真地提问，但戏中先已有伏笔，于是她只是按照一路上的"惯例"，"老老实实"地回答说自己就是秦少游。话出如风，无法收回，小妹自然就顺流而下，把骗人的谎言继续说下去了。好在慈月的问题也提得巧，是前此情词赠答的事，这在戏中更早就

做好埋伏，小妹一清二楚，正可以不无得意地侃侃而谈。一直到慈观点出“前日秦爷曾会过舍妹的了”，小妹才晓得谎言有可能被拆穿；但箭在弦上，不得不发，只好硬硬头皮，违心地说前日来的是假少游。

最关心这件事的是文娟，她不得不亲自出面来质问了：前日之人把往来赠答的情词一字不差写出来，怎么会是假的？言下之意，也就是面前之人才是“依草附木”的骗子。这有点把小妹推上难于回旋搪塞的绝路了。好在戏里又有更细致的“连环细笋伏于其间”；使得她还有杀手锏在握：写得出词句的不一定就是原作者；要弄清谁真谁假，不妨印证一下笔迹。这话讲得十分过硬，所以文娟、慈观都十分赞同地认为“有理，有理”。孰料当初以秦少游名义写的答词，就是小妹代笔的；印证的结果自然只能是“果然两词一般手笔”，“其实无二”。发展至此，小妹步步被逼地完成了施骗，文娟也死心塌地钻进圈套，完成了“上当”。而这一切发展得都是合情合理、无懈可击的。

朝华在这场戏里虽然话不多，但也都是很有舞台效果的。如在文娟对笔迹时，朝华说：“当初也是我看写的，如今也是我看写的，难道骗你不成。”看过前面的戏的观众都承认她所说的两次都是“我看写的”，绝对是丝毫不假的老实话，不是骗人，所以可以说得理直气壮，让文娟由气势上就不能不信。但观众也晓得她的“老实话”中却隐瞒了一个最重要的“细节”，那即是这两次写同样是冒用了秦少游的名义。于是从根本上讲，它又绝对是在骗人。掐头去尾，略掉了一些“细节”，谎言就变成了事实，观众怎能不觉得巧妙有趣。

小妹在这场戏中以假当真，既骗了文娟，还把秦少游污蔑成“走空的光棍”，未免顺风旗扯得太舒畅，而使得在她身上缺乏跌宕曲折之趣，于是戏又举重若轻地要她一下：既已证明她是真秦爷，自然要请他到文娟家去再结鸳盟。如若真这样做了，那就任何花言巧语都无济于事，会彻底暴露出自己是假秦爷。这一善意相邀非同小可，舞台指示已经写明朝华“做急状介”，比较老到的小妹也只是靠着鼓其如簧之舌，才勉强逃过这一关。

这是一出富有机趣、引人入胜的喜剧，基本情节设计得妥帖当然是基础，但它之所以取得这样好的效果，正如李渔所总结：戏曲应有机趣，而戏中机趣之生，重要的条件在于“勿使有断续痕，勿使有道学气”（《闲情偶寄》）。

举止迥异于流俗的苏小妹，既有在新婚之夜做出考试新郎，合格才许入洞房的创举，又敢于女扮男装冒充秦少游，把与秦有结合之约的文娟骗得晕头转向。其人其事之不“板腐”、无“道学气”，当是不言自明。而在“勿使有断续痕”的作剧技巧上，这出戏更是有突出的表现。李渔论“无断续痕”时曾具体说明关键在于

“务使承上启下，血脉相连；即于情事截然绝不相关之处，亦有连环细笋伏于其中，看到后来方知其妙；如藕于未切之时先长暗丝以待，丝于络成之后才知作茧之精。此言机之不可少也”。在文娟与真少游结合时，不让慈观见到秦少游；苏小妹的女扮男装、借用秦少游名义上路：都是有意埋下的复笔。但这些似乎还是不太难想到的。而最见功力的是当观众在第十出《裁赋》中看见秦少游请小妹代笔作书给文娟写回信时，除了感到这是表现闺房之趣外，谁能想到它是一个在十几出后有关键作用的重要埋伏呢？这正是所谓“即于情事截然绝不相关之处，亦有连环细笋伏于其中，看到后来方知其妙”也。

吴梅极赏此剧，称之为“词旨超妙，雅丽工炼，尤非明季诸子可及”（《中国戏曲概论》）。但就“传奇之设，专为登场”而言，这个戏的成功恐怕主要依靠的并不是文词之佳。

（陈 多）

太平钱 李 玉

第二十一出 庙 书

（净虬儿白鬓唐巾海青）世事如棋局，沧田几变迁。自家虬道人，原名赤虬儿，我郎君当年为小姐被种瓜张老娶去，郎君闻知大怒，仗剑赶到瓜园，要去杀他，那知张老先已晓得，竟挈家而去。郎君必要追寻消息，一去二十个年头，至今并无音信。忽然一日，半空中仙音嘹嘹，翠羽翔鸾，小姐和张真人迎取老爷、夫人，白日飞升。郡守闻知，奏闻朝廷，旨意下来，竟将宅地改作朝元殿，妆塑老爷、夫人和张真人、小姐的仪像，焚香供养，就着我看守洒扫。咳！不知我郎君可能个回来，教我老人家朝夕盼望。今乃朔日，不免进去焚香点烛。正是：昔年壮气能驰奔，今作香公洒扫人。（下）（小生挂席帽剑唱上）

【单调风云会】浪遨游回首惟云岫，故国归来骤。（白）我韦固自到王屋山[①]，虽能兄妹相会，到底心上踌蹰，不知是何境界？岂料牧童送至山口，忽然不见。回头一望，连那王屋山也没些影儿。可又作怪！才行一步，就有一座城池，只道是别处府县，谁知就是扬州城了。我想起来，去寻王屋山时，也走了几个省城，捱了多少日子，为何回来顷刻就到了？（唱）嗏，耸步古扬州，风光依旧。（白）怎么在城中行了一回，如何一个熟识之人也没有？（唱）早难道桑梓归舆[②]，亲故难重觏？

我且急急赶到家中去，早慰高堂忆子忧，细诉天涯作客愁。(下)(外、旦、丑、老白上)青帘是处堪投辖[3]，朱槛何方可正轮？我们乃扬州城中一班好顽子弟[4]，每日赌钱吃酒，诨过日子。我们扬州最兴的说书，只因柳敬亭、韩敬山、吴心一[5]，都到下路去了，甚是寂寞。近日有一姑苏北寺里惯说因果的小和尚，到我们扬州开演出场，闻得今日在张真人殿前开讲，不免大家前去听一听。(行介)正是：曾听美玉丢闲曲，又看玄都观里花[6]。你看前边摇摇摆摆，小和尚来了。(付扮僧持钹上)千年香火道场古，一面风霜僧相寒。(众见)师父来了么？(付)正是，今日开讲，全仗列位帮衬。(众)这个自然，但不知今日师父开讲什么书？(付)今日就讲张真人太平钱因果。(众)妙吓，这也有兴。(各坐)(付拉钱)(小生上)三尺清光生古剑，一鞭秋色动归情。此处已是门首了。(惊)阿呀，一所宅第，为何变了庙宇？(众笑)咦，你看这个人，在那里说鬼话。(小生)什么鬼话！这明明是韦谏议家的宅子，如何把来改造了？(众)我们不晓得什么韦谏议。(小生看介)呀，怎么邻舍人家都不是了。(作急向内问)大哥，借问一声：这里韦谏议家都往那里去了？(内应)我们不晓得。(小生)不晓得？这也可笑。(众)如何？可是一个也不晓得什么韦谏议。(小生焦介)好闷杀人也！(众)你这个人好不知趣。我们要干正经，只管在此混张。(作推介)走，走！到别处去问。(小生)列位：我就是韦谏议的公子。出外三个月，今日才回，不见了父母屋宇，难道不要问的？(众笑)这也一发好笑了。我们时常听得老人家说：当初曾有个韦老爷，他儿子出外二十多年，不信道还是这等后生的。(小生)我真个韦家公子，出外在才三个月，怎么说二十多年？望乞列位指点明白。(众)这也不难，我们也不晓得其中备细。今日偶有这位师父，刚刚在这里说韦谏议一家的因果。你且请坐了，听他说便知明白。(小生)也罢，待我也听一听，再作道理。(各坐)(小生作闷)(付打钹说介)说新闻，话新闻，新闻出在广陵城。西关城外瓜园内，种瓜有个姓张人。年纪不多刚八十，无妻无子只单身。一朝大雪门前望，白驴一口奔柴门。张老收留来喂养，韦家遣使便来寻。(白)话说那白驴，日行千里，乃外邦贡献之物，圣上赐与韦谏议，韦老爷告病带回，养在家中。一日失去，韦老爷急忙差人各处找寻，众管家随着驴儿脚迹，一步步寻到张老园内。那张老问明下落，

就送还了驴儿，又把一个西瓜送与众人，一个送与韦老爷。众人牵着驴儿，捧了西瓜，回覆韦爷。爷一见大喜，对着夫人、小姐道："如此雪天，有此异物，大奇，大奇！"（唱）就领夫人和小姐，天晴园内去游春。游春事毕回来了，谁知张老病沾身。不茶不饭常寒热，多愁多闷少精神。童儿见了忙惊问，合去求神问鬼神。张老摇头："都不用，急须寻个女媒人。"请得媒人来坐定，老张口口要寻亲。媒人听说哈哈笑："谁人肯嫁老年人？"张老满面惟微笑，将言一一告媒人。佳人选定韦小姐，年纪刚刚二八春。媒人听说不投机，抽身便走急离门。张老一把忙拖住，急送十两雪花银。那媒婆一见银十两，疾忙前去说元因。韦爷夫妇闻言怒，便骂颠倒贱孤贫。将言便对媒人说："如何轻觑我儿身！他若有太平钱十万，就将我女结成亲。若无太平钱作聘，教他休想这姻亲！"夫人见说忙惊起："如何失口许他人？"韦爷悄对夫人说："太平钱是宝和珍，官家尚无十万贯，明明难倒种瓜人。"媒婆不解其中意，将言回覆姓张人。张老听说微微笑，聘财如数早交分。（白）那张老道："我已先知岳丈要把十万贯太平钱难我，我先已安排在十辆车儿上。"当时就央了东邻西舍，推了车儿自己簪了花，披了红，唤齐了乐人花轿，自己前去，一来纳聘，二来迎亲。到了韦府门首，韦爷夫妇见了，目瞪口呆。韦爷道："原说不该同女儿到他园中去。"夫人又道："你不该许他太平钱为聘。"两下互相埋怨。那媒人去回了张老，那老儿口口声声道："他亲口许我亲事，又如数纳了聘，他若要赖婚，就拚着老性命撞死阶前。"（唱）韦爷夫妇无言答，将情说与女儿听。小姐款款回言说："双亲何用苦忧心。奴是爹生和娘养，二亲一语定终身。姻缘本是前生定，休论老少富和贫。"爹娘看见儿依允，愁怀顿减两三分。外边鼓乐催亲急，勉将小姐过张门。爹又哭来娘又哭，清早号啕到五更。过了三朝并五日，遣人探女接回门。（白）韦谏议因女儿难过日子，故此差人去迎接。谁知他夫妻两口，老少仝心，对家人说："多多拜上爹娘，不须忧虑。瓜园内尽可居住，何必回门。"说妆奁原是无用，不必备补。倘见赐白驴，足见亲恩。老院子回覆了家主，韦爷夫妇双双欢喜，遂送白驴与张

老，代步乘骑。且不提张老和小姐在瓜园度日，再表那韦公子。（唱）一向久在边庭住，回家拜见双老亲。见了双亲请妹子，爹娘嘿嘿泪纷纷。公子苦苦将言问，爹娘只得说元因。好个双全文武韦公子，咬定牙根恨恨声："官家小姐归园叟，羞杀扬州一郡人！"懊恨双亲没志气，手拔青锋剑一根。一程赶到瓜园内，要杀多年老怪精。（白）谁想那张老，先已知觉，到得公子去寻他时，止存空屋，并没个影儿。单有壁上题诗一首，说道已归王屋山去了。公子看见，也不归家，挂了宝剑，立誓走遍天涯，要寻到王屋山，杀那张老。一连去了几个年头，至今不见回来。（唱）不言公子多年去，单表家中二老亲。思儿思女俱不见，终朝堂上泪珠零。忽然天降祥云起，仙音嘹哓半空闻。仙童仙女幢幡执，仙官仙吏羽旌分。中间仙鹤来骑坐，双双两位貌如神。女戴凤冠并霞披，分明小姐貌超群。男戴星冠并鹤敞，就是瓜园张姓人。接取双亲成仙去，白日升天去如云。扬州百姓多亲见，黄堂太守奏朝廷。唐王圣主心惊异，传来旨意急遵行。韦爷夫妇升天去，又无子嗣守家门。将宅改作朝元殿，殿中妆塑老真人。后宫夫妇来供养，香烟缭绕烛光新。今将二十年前事，留作千秋万古闻。

（白）书已讲完，乞求列位爷们，喜舍喜舍。（众）果然说得好，我们大家凑些钱与他。（小生）列位，若这等说，难道我双亲果然成仙去了？（众）唷，唷，难道他做这段因果来哄你不成？（小生）既如此，殿内可有什么人在里头？（众）闻得有个虬道人，是韦家的老仆，现在殿后，你去问他，便知端的。我们要告别了。（付）贫僧也要告别了。（合）各人自扫门前雪，莫管他家瓦上霜。（众下）（小生）有这等事！我且去问那虬道人，便知明白。（走向内叫）虬道人有么？（净）一片雄心归碧汉，数茎白发诵《黄庭》[7]。是那个大惊小怪？（小生）我只道那个虬道人，元来就是赤虬儿，不想这般老了。（净细看惊）阿呀不好了，有鬼吓！（向内奔）（小生拖住）是我，不是什么鬼。（净怕）我家郎君，出去了二十多年，不信还是当初的相貌。（小生）我到王屋山，才得三个月，如何就是二十年？（净）郎君果然到王屋山的？（小生）怎么不到！

【剔银灯】天涯内芒鞋奔投，深山岰仙宫云构。（净）那真人怎么

样一个光景呢?(小生唱)戴星冠鹤敞高年叟。(净)可曾见小姐来么?(小生唱)佩琼琚宛然闺秀。(净)在那里住了几时?(小生唱)高楼,情深杯酒,归程迅驱驰暮秋。

(净)有这等事!正是:山中方七日,世上几千年。请问郎君:老爷夫人成仙之事,可晓得么?(小生)方才听见说书,已知备细。想必是真的了。(净)怎么不真!(小生)只是你老人家,一向何以为活?(净)老奴呵,

【前腔】司香火晨昏自修,持经咒斋粮糊口。(小生)咳,不道你这等老了。(净唱)二十载别来时光久,(看介)睹郎君益信仙凡非谬。(小生)我好似跳过这二十年矣。(净)请问郎君,那真人、小姐,可有什么相赠么?(小生)临行赠一席帽,说到琼花观前卖药罗叟处支取太平钱十万贯。(净)又是十万贯太平钱!(小生)教我车至洛阳,他说姻缘富贵,多在这帽儿上。(净)仙人言语,决然不差。明日竟到罗家店中去支钱便了。(小生)有理。(合唱)蹰踌青蚨定有,洛阳去姻缘好逑。

(净)郎君风霜辛苦,且到里边去用些茶饭,再作道理。

(小生)廿载分离逐浪蓬,(净)沧桑恍似五更风。

(小生)今宵剩把银釭照[8],(合)犹恐相逢似梦中。(下)

〔注〕 ① 王屋山:在山西阳城、垣曲两县之间,相传黄帝曾访道于王屋山,故常以之代指学仙修道之处。 ② 桑梓:指代家乡。 ③ 青帘:酒家悬挂的青色酒招。投辖:汉陈遵好饮,客至其家饮宴,他常令仆人关起大门,将客人的车辖投到井里,饮不尽兴,就不让客人走。见《汉书·陈遵传》。此指留止饮酒。辖,车轴两端固定车轮的销子。 ④ 好(hào)顽:爱玩,喜欢游乐。顽,同玩。 ⑤ 柳敬亭:明末清初最著名的说书艺人,当时的大诗人吴伟业曾为其作传。韩敬山、吴心一也都是当时的艺人。 ⑥ 玄都观:始建于北周,原名通道观,隋时改名为玄都观,故址在今陕西长安南。此用唐刘禹锡玄都观看桃花作《元和十年自朗州至京戏赠看花诸君子》诗的典故,只取其字面意义。 ⑦ 黄庭:道教经名,《上清黄庭内景经》、《上清黄庭外景经》的合称,为上清派主要经典之一,以七言歌诀讲说道教养生修炼的要旨。 ⑧ 银釭:同银釭,银灯。

《太平钱》传奇是一部神话剧,写扬州官宦韦恕,有子韦固,有女文姑。韦固有愿,欲娶一才高貌美且出身名门的女子为妻,遂上京求亲。其间,种瓜园的张老汉得见文姑,钟情思念,竟托媒求亲。韦恕愤怒,便有意为难,说若有十万贯镇库之宝太平钱,即可许婚。不想张老果然送来太平钱十万贯,十八岁的文姑便嫁

给了八十岁老翁。韦固进京求亲未成，沮丧中得一梦，见一仙翁查姻缘簿，说他的妻子现在还是未满周岁的女婴，在二百里外介休县集义村一个瞎子老妇怀中抱着。韦固醒来寻到彼处，果见此女婴，忿此命运，竟刺女婴而逃走。韦固辗转归家，听说妹妹婚姻，欲杀张老，而瓜园已空。韦固直寻到王屋山中见之，方知张老乃张果老，妹子亦仙人，有前定姻缘也。韦固回到扬州，取得张老留下的太平钱，后来得中状元，以此为聘礼，娶得宰相韩休之女。婚后，发现妻子额头上有一疤痕，问之，妻告曰：乃当年在集义村被一狂徒所刺，幸被韩休所救，收做义女。韦固骇然。而夫妇又年貌相当，因固曾在仙境数月，世上已过二十年也。该剧写张老与文姑、韦固与韩休之女皆用太平钱作聘礼成就命定的姻缘的故事，显然是宣扬宿命思想。但该剧自有欣赏价值者，实因为在宿命论的情节框架中，仍包含许多健康的人生情趣。如张老娶文姑一事，由于实为仙人，且张老又是种瓜的穷汉，所以并无写老夫少妻的庸俗格调，而是借神话形式嘉许穷汉亦可爱恋，对韦恕讲究门第、嫌贫爱富，进行了无情的嘲弄，令其窘态毕露，十分狼狈。至于韦固，虽然卤莽狂野，但立志娶个完美的妻子仍表现出世间男子健康合理的梦想。

《庙书》一出是联系全剧故事之前因后果的枢纽，所以有很强的情节性，也是全剧怪怪奇奇、迷离惝恍味道最足的一出。

该出从韦固下王屋山开始。去的时候，他经历数月，辗转几省才找到此山，现在被送下山，就见一座城市，走进城，发现就是扬州，十分诧异。待他找到自己家门，更感到十分困惑：这里人进人出，却不见一个自家之人，走进门去，说自己是这里的少主人，汝等为何随便出入，则人皆笑之，道其胡说。韦固不信有此异事，穿堂入室，只见房舍庭院到处面貌有变。这时，一个说书人对游客开讲起韦家的故事来。说是那一年冬天，韦家一匹御赐的白驴走失了，韦恕着急万分，命家人连夜寻找，后来在张老瓜园找到。张老不仅送还白驴，还赠送西瓜数只。韦恕感其还驴，又奇怪雪天还有新鲜西瓜，赴园致谢。文姑也跟去见识一下瓜园，被张老得见，这才引出求亲之事来。说到张老送来十车太平钱，韦老爷想反悔，张老请乡亲见证、大闹一场的情景，真是热闹非常。偏是文姑不嫌老汉，嫁过去后，韦家派人去看望，只见文姑随夫种园，甚是相得，张老说岳父若是不弃，可将那匹白驴送给他，后来张老就是骑驴带文姑遁去的。

这段说书给了游客们很大的满足。但它其实并非为游客而设，而是全剧叙述的一个情节安排。这段事迹是说书人见闻过的，和韦固刚刚亲历的王屋山之行正能连成完整贯通的故事，对于韦固回家的情节来说解决了承上的问题。但韦固不能像游客那样满足于听到了一个好故事便散去，因为他是故事的当事人，

他必须知道接下来该怎么办。而正是由于这个原因，过去的一切是否真实在他心中仍然是个问题。这时他走向内屋，终于看见一个旧家人，两人对视，却相互吃了一惊：韦固无法相信怎么才过数月，这个家人就变成老汉了！家人则奇怪虽然他苦苦等候的少主人终于回来了，但面貌怎么居然还和二十年前一样！这一连串难解的谜，造成了一种迷离惝恍的意境。

家人告诉韦固，说多年前韦家夫妇忽一日白日飞升，传说是被神仙接去了，从此，这里就被官府设做纪念游乐之所。听得此说，韦固有些明白了，因为在王屋山，妹子曾说起要把父母接去，白日飞升正应此话。这里妙就妙在韦固刚从仙界回来，如果家中现实一如其旧，他倒要怀疑王屋山的经历只是梦幻，现在家中出现不可思议的变化，反令他不敢怀疑仙界是真。但自己日前的经历与眼下的所见，又总叫人不能相信：老父母是凡人，怎么就白日飞升了？自己上山明明才数月，怎么就二十年过去了？他真正陷入了真幻难辨将信将疑之中。

所以，韦固和老家人讲述王屋山的经历，回忆一个个细节。这时他想起下山时，张老给了他一顶戴过的破草帽，让他凭此到扬州琼花观前卖药的罗叟处取存在那里的太平钱十万贯，说他日后的姻缘富贵都应在这草帽上。他一摸身上，草帽还在！现在，草帽成了过去未来之一切的关键，因为此物在手，就证明过去的一切不是虚幻，同时，韦固的未来也都与之密切相关。但是问题又来了：破草帽真有用吗？张老的话可信吗？韦固又产生了怀疑。还是老家人实在，说明日就去琼花观，那里有没有罗叟，有没有十万贯太平钱，破草帽有没有用，去了便知。于是，《庙书》一出就在悬念中结束了。

这出戏表现了高明的结构技巧和描写技巧。结构技巧的高明表现在作者精心构思了韦固回家的情节，用他遇见怪事写出了山中才数月、人间二十年的变化，也补叙了未正面写过的韦恕夫妇的归宿。用一大段说书以联系往事，用一顶草帽引出下文，使这出戏成为承上启下连贯全剧情节的枢纽。描写技巧的高明则表现在抓住一个“疑”字。这出戏是一个人由仙界骤然回到人间，现实、过去、未来都显得真幻莫辨，在这神话味最集中处，作者不是大炫神奇，而是站在人间常识的立场，步步写出韦固的疑惑，因而收到神奇又亲切有味的效果。　（陆　炜）

牛头山　　李　玉

第十一出　献　宝

（丑上）

【缕缕金】投诚去，到军前。欲求生富贵，肯迟延。谨具些微

礼,君王一件。伏惟笑纳鉴惓惓[①],休嫌物轻鲜,休嫌物轻鲜。

自家黄潜善是也[②]。金兵渡海赶来,已到明州界上[③]。我若不去投顺,家资老小定然不保。因此哄骗皇上居住山中,我悄地奔到金营,把君王奉献。领他到山中拿住,区区岂不是个首功了。那时封皇立帝,这场富贵谁人及得我。(内金鼓介)(丑)你看那边金鼓喧天,旌旗蔽日,想是金兵来了。不免急急赶上前去。不施万丈深潭计,怎得骊龙颔下珠。(下)(生、末、占、老四小军领净上[④])(合)

【前腔】过三浙,速加鞭。晨昏追宋帝,影茫然。到处严巡缉,冲州踏县。饶伊飞上焰摩天[⑤],腾云也追转,腾云也追转。(丑上跪喊介)宋朝左相黄潜善投顺军前,望千岁爷爷收录。(净)投顺的什么人?(丑照前念介)(净)吓,黄潜善是第一个奸臣,拿去砍了!(众应绑介)(丑)黄潜善有一件东西送上千岁爷,求乞饶命。(净)我大金得了宋家天下,那一件东西没有,那个要你送?快拿去砍了!(众扯)(丑)是一件稀奇宝贝。(净)凭你猫儿眼、祖母绿、夜明珠,都不稀罕。快砍!快砍!(丑)是一件天下无双的活宝。容黄潜善细说,若不中用,再砍未迟。(净)你说,你说!(丑)是一个皇帝。(净)皇帝在那里[⑥]?(丑)臣藏在一僻静去处,特来奉献。(净笑)妙阿。放了绑,请起。(丑立介)(净)你献了宋帝,我赐你一个极大的官儿[⑦]。(丑)官是不要的。若照依张邦昌、刘豫[⑧],立我为帝,我就献出便了。(净)也罢。你若献了出来,立你为浙闽南帝便了。(丑)谢恩!请借平天冠带一带[⑨]。(净)且慢。你献出宋帝,我就册立便了。快说今在何处?(丑)待寡人金口玉言说出来。寡人将他藏在白云山茅庵内,有寡人的正宫皇后看守在那里。此去不远,手到拿来奉送。(净)既如此,你就领我们兵马,一仝到彼擒捉便了。(丑)快备龙车凤辇与寡人乘坐。(净)车辇未曾备得,且乘了马去罢。众将官,扶他上马领路。(众)得令。(丑)诸卿随寡人来。(净、众行)

【羽调排歌】(合)杀气腾腾,征尘卷卷,轰轰鼓角声喧。弓刀密密跃金鞯,旗帜飘飘云外旋。人雄纠,马联骈,排山倒海势喧阗。过城市,到山川,擒龙缚虎似鹰鹯。

(丑)到了。这里是白云山了。这就是茅庵了,皇帝在里面。(净)众将官,打进去!(丑)且慢,不要惊了寡人的正宫皇后。(净、众打

入介)(净)宋皇在那里?宋皇在那里?呀,宋帝不见,只有一个妇人杀倒在地。(丑)吓!我晓得了。想是老赵知风,杀了寡人御妻逃走了。(净)可恼,可恼!你来哄我么?(丑)赶走了宋帝,他出头不得,就是寡人的大功了。(净)哇!放屁!

【扑灯蛾】奸臣太不良,奸臣太不良,卖国图荣显。颠倒诳天朝,恼得我气忡心颅也,怎饶残喘。(丑)不过取笑而已,怎么认起真来。寡人得罪了。(净)叫众将官,把这狗头砍为肉酱。(众)得令。(合)醮青锋头血涓涓[10],剖肝肠头颅早献。(众将刀乱砍下)(净)呸!止空留万年青史臭名传。叫众将官,宋帝虽逃,料去不远。我们如今分兵几路,连夜赶上擒获便了。(众)得令。(共行介)

【尾】(合)大兵直捣三州县,火速提兵追赶,任你入地升天也难救免。(下)

〔注〕 ① 惓(quán)惓:同拳拳,形容情意恳切的用语。 ② 黄潜善:宋邵武(今属福建)人,字茂和,第进士。高宗即位后主谋南迁扬州,居相位。以嫉害李纲等忠良,因循苟安,为军民所痛恨。建炎三年(1129)二月扬州失守后被贬逐,未几死。《宋史·奸臣传》有传。 ③ 明州:今浙江宁波市一带,以境内有四明山而得名。 ④ 净:饰金兵统帅金兀术。 ⑤ 焰摩天:原为佛教用语,佛家所说三界中欲界六重天之一,位于三十三天(忉利天)之上。 ⑥ 皇帝:抄本原误作"黄帝"。 ⑦ 极大:极,抄本原误作"及"。 ⑧ 张邦昌:字子能,永静军东光(今属河北)人。第进士。北宋末年曾任礼部侍郎、太宰。靖康二年(1127)金军攻陷东京(开封)后,他在金统治者扶植下建立傀儡政权,称"楚帝"三十三日,后被宋赐死。刘豫:抄本原误作到豫。刘豫,字彦游,景州阜城(今属河北)人。第进士。高宗建炎二年(1128)知济南府,十二月降金。建炎四年(1130)受金册封为帝,国号"大齐"。绍兴七年(1137)被废黜,迁居临潢(今辽宁巴林左旗附近)而死。 ⑨ 平天冠:古代帝王祭祀时戴的冠帽。 ⑩ 醮:当为"蘸"字之误。

《牛头山》一剧主要敷演南宋初年高宗赵构即位后,重用黄潜善、汪伯彦等奸佞,罢黜善类。当金兵再度来攻时,他与黄潜善等仓皇逃离扬州。后岳飞率兵将他迎至楚、鄂交界处形势险要、易守难攻的牛头山暂住。金兀术调集百万人马将牛头山团团围住,形成僵局。数月后,得岳云等来救,大败金兵,高宗才得以下山,定都临安(今浙江杭州)。

这里选录了剧中的第十一出。

与本出相关的前段情节是赵构在和黄潜善逃离扬州后,黄将赵安置在明州家中,令妻子严氏看守,自己则潜赴金营,欲将赵构献与金邦以邀功。黄走后,严氏将赵构放走,并自刎而亡。

《曲海总目提要补编》曾称本剧"笔墨村俚无足取,谬误极多"。而这一出的曲文,如仅就欣赏"戏曲"中之"曲"而言,则不论是读它的文字,还是聆其所选用的【缕缕金】、【扑灯蛾】等字多腔少的曲牌,"笔墨村俚无足取"似也难称苛评,因为它们都缺乏值得令人击节叹赏的地方。但是由场上观演而言,它倒确是堪称为一出好的折子戏。且做分析如下。

一开场,是黄潜善先用一支【缕缕金】曲和一段念白说明他此行的来意。虽然词语浅显,明白如话,但却极有斟酌。他明明是去做献上"君王一件"的有大功劳的事,却把话说得十分"谦卑":"谨具些微礼,伏惟笑纳鉴惓惓。"还要连连请求对方"休嫌物轻鲜"。透过他的这种语调,此时赵构这一"君王一件"究竟有多少含金量,也就不言自明了。另一方面,黄潜善因唯恐金邦不肯赏收而患得患失的担忧心情也显露无遗。

事情果然有些朝黄潜善所担忧的方向发展。他的名声实在太坏了。连金兀术也深知他是神人共愤的"第一个奸臣",所以开口的第一句话便是"拿去砍了"。黄虽然再三申明自己是来献宝的,但金兀术仍然只是一个劲地高喊"快拿去砍了"。

及至金兀术答允收下他的献礼,他马上又一步一步地骨头越来越轻。讨何等样的酬谢呢?"官是不要的",要的是"立我为帝"。这一点得到认可,就又迫不及待地露出马上就要"登极御宇"的丑态:称孤道寡,并立即将妻子升格为"正宫皇后";要戴平天冠、要乘龙车凤辇。

等到引领金邦兵马来到家中,却不见赵构身影,而妻子也已死去,明知立为皇帝的首功已是无望,并且很可能还要大祸临头。但他已是黔驴技穷,只好老老面皮,换上一副油腔滑调的样儿用皇帝的腔调说"赶走了宋帝,他出头不得,就是寡人的大功了",再看到金兀术根本不买账,又只好耍无赖地逗笑:"不过取笑而已,怎么认起真来。寡人得罪了。"此出最后则是金兀术下令将他"砍为肉酱",落得个"止空留万年青史臭名传"。

这虽然只是一出篇幅短小的折子戏,但它通过精练准确的语言和科介,三个不同阶段的鲜明对照,逐层深入地揭开了黄潜善一心想爬上皇帝宝位的肮脏灵魂和丑恶嘴脸。对他的刻画是相当夸张的,有些类似于漫画的笔法,但在戏中他是由丑行应工的,这种夸张的处理方法,正适合于丑行的表演和戏曲的风格。谈到明清传奇中和它有所类似的"献宝"的戏,自然会想到《桃花扇》的第三十七出《劫宝》,但它的立意重在写黄得功"护宝"至死的"名将气概",田雄、刘良佐、刘泽清等的"劫宝"不过是为黄做铺垫、陪衬,所以他们的反面人物形象远不如本剧中

的黄潜善生动、深刻。

还有一点值得说明的是,《宋史·奸臣传》载黄潜善是建炎三年(1129 年)二月扬州失守后罢职,被贬逐至梅州(今广东梅州市梅县区),未几死。则本出的情节也和全剧一样,全属子虚乌有。然而民间说部或戏曲之所以编造这样的故事,应当说也是有根据的,用现代化的术语来讲,那即是它符合了人物的本质真实,也符合了群众的愿望。《宋史·奸臣传》记载有这样一件事:高宗、黄潜善等慌忙逃离扬州时,引起人心大乱,“都人争门而出,死者相枕藉,人无不怨愤(黄潜善)。会司农卿黄锷至江上,军士闻其姓,以为潜善也,争数其罪,挥刃而前。锷方辨其非是,而首已断矣”。对民愤大到只要听到一个官员和他同姓,就来不及分辨究竟是谁而将其处死的元凶大憝,群众自然不愿意看到他仅仅是被罢职免官而从容病死,以为这样太便宜了他。所以他们要代上苍来另作安排,让他坏事做得更多,然后遭到连金人也不肯轻饶他,给他一个“剖肝肠头颅早献”,“砍为肉酱”的可耻而又解恨的下场。再有一层,尽管宣扬“存天理、灭人欲”的程朱理学曾经在宋朝风光过一些时间,但是在一些身居高位者中,权势欲却也恶性膨胀到历史上罕见的程度,连由元朝人撰写的《宋史》中都要慨叹说高宗南渡之后,“冠屦易位,莫甚斯时。国势弗振,悍仆狂奴,欺主衰败,易动于恶。……视背君亲,犹反掌耳”。所以作为诛心之论,设想黄潜善会想拿高宗当“活宝”去献给金邦,也是非常合乎逻辑的。

绝不应当把这些“全不合于正史”的处理,只视为所谓“善有善报,恶有恶报”这一善良愿望的表现。它体现的精神是人们不肯默默地接受已经出现的客观现实,而要依照他们的心愿去创造历史、重塑和改造历史。《牛头山》这类作品中体现出一种大胆处理历史真实与艺术真实关系的传统方法,并在曲坛屡见不鲜,原因即在此。笔者以为在研究、讨论历史剧创作时,应当给它以肯定的评价。

据有关文献记载,明末清初的李玉著有传奇《牛头山》,但今未见刊本,现在得见的是《古本戏曲丛刊三集》影印的旧钞本,原题《牛头山总纲全集》,是伶工抄写来供演出用的底本,未知抄录于何时。此外,杜颖陶先生编选的《岳飞故事戏曲说唱集》中也选录有据清道光戊申(1848 年)怀宁曹氏金玉堂抄本《牛头山》校订的《牛头山》昆剧本一折,虽然写的也是高宗被困在牛头山的事,但具体情节不见于本剧。考虑到这个戏在包括昆剧等的各剧种中有着多种版本,伶工的“总纲”必然要受到它们的影响,所以《古本戏曲丛刊三集》本并不一定就是源自李玉所写的本子;而且纵或是出于李本,也不会完全和它一样。为慎重起见,我们本应将这个本子的作者视为待考,而将作者署为佚名,但考虑到一般的戏曲论著都

说李玉所撰传奇今存者包括《牛头山》,故暂时仍将本剧作者之名署为李玉。

（陈　多）

风　云　会　　　　李　玉

第十六出　义　　救

【引】(外上)闲房静憩,窗映藤萝翠,和瑶琴一声鹤唳[①]。

贫道青牛观中观主赵景清是也。年过半百,道行清严,一院住持,四方钦敬。所有匡胤侄儿,避难暂寓本观,不意卧病两月余矣。今喜痊可,常欲出外行走。咳,他是管闲是非的班头[②],惹事端的太岁,贫道屡屡禁止,劝他住在房中。如今要往前村走走,不免叫老道出来,分付一番。老道那里?(丑上)老道今年八十九,背曲腰驼行路抖[③]。齿落牙尽头发光,嘴上白须像扫帚。师父叫我何干?(外)我要出去门徒人家走走,徒弟徒孙又不在家,须要看好门户,不要放公子出来。(丑)晓得。(外)还有一件,东廊降魔殿锁有前日寄放的女子在内[④],不要放公子到殿闲走。(丑)这个不消说得。(外)出山鹤引路,入观鹿迎门。(下)(旦上)

【引】奇殃灾遇,余生无计,痛潸潸襟沾泪垂。

泣声高,泪声高。涓涓血泪潮,青衫成绛绡[⑤]。家远望天遥,薄命他乡骸骨抛。孤魂谁与招?奴家赵氏金娘,往恒山进香,遇盗贼抢来,遂锁道院殿中,苟延旦夕。倘贼人有非礼之事犯我,将碎首阶前!我那爹娘吓!

【二郎神】生休拟,叹红颜古今都颠沛,痛死别生离分两地。他乡拆散,家乡极目依稀。非是我贪生回素履,鬼门关须臾展舒。(合)气频吁,只索向来生再舞斑衣。(睡介)(净上)

云路瑶坛静,苔生丹灶烟。我赵匡胤自从闹了勾阑院,走到太原地面,咱投叔父寓居观中,卧病一月,近得痊可。谁想被叔父拘束,不得外面闲耍。今日他出去了,不免在观中各处一游,多少是好。正是:洞里有天春寂寂,兴来无伴影萧萧。(丑上)房中失却公子,廊下奔杀道人。公子转来。(净)这是什么规矩?(丑)老师父分付,请公子房里去坐。(净)我又不到外边去,难道这观中不容我走走?(丑)这等,到西廊下去罢。(净)我偏要往东廊下去。(下)(丑随

下)(旦)

【莺啼序】支颐半晌梦魂疑,我恍惚欢笑亲闱。醒来时仍旧凄其,到不如杳然梦断离。(净上)那里有妇人啼哭之声?(丑随口[⑥])(旦)心不愧,只落得祇神可对。(外上)

事不关心,关心者乱。贤侄在此何事?(丑)老师父来哉。闭门不管窗前月,分付梅花自主张。(下)(净)你老人家在此出家,干得好事!(外)不曾做什么事。(净)降魔殿中锁的甚么人?(外)不要管闲事。(净)出家人清净实为,红尘不染,为何殿内锁着妇人啼哭,做出这等不肖之事。你老人家也要放出良心,试说个明白,还有商量,你若欺三瞒四,俺赵匡胤不是和光同尘的[⑦]。

【簇玉莺】清虚殿,锁翠眉。渎神明,胡罔为。好个清闲道律司纲纪。(外)虽是妇人,不干本观之事。(净)你是一观之主,别人寄在殿内,少不得你也知情的。何须故推,终难驾谁。大丈夫一言决撒[⑧],怎容得多瞒昧。(外)贤侄,难对你说,前日有几个响马,不知那里掳来的。日前关在殿内,教我好生看守,若有差迟,寸草不留。(净)那响马如今在那里?(外)又往别处去了。(净)那有此事。快与我开门,叫那女子出来问个明白。(外)这个使不得,休要连累本观。(净)我性如雷,鸿门直入[⑨],速辨是和非。(打进)

(旦)大王饶命吓!(净)小娘子,我不是强盗,休得惊怕。你且说谁人引诱到此。倘有不平,我与你解救便了。

【啄木儿】(旦)蒙垂问,和泪啼。念妾身赵氏金娘呵,远涉关山金阙礼[⑩]。(外)到此北岳进香的。(净)那里人氏?(旦)妾蒲州耕读家风,(净)可有父母?(旦)那双亲呵,尽向路岐抛弃。(净)谁人拆散你的?(旦)遇一起强人呵,擒来深殿遭囚系,我猛拚一死须臾笑,幸遇英豪超污泥。

【滴溜子】(净)听哀诉,听哀诉,冲冠发起。吴钩利[⑪],吴钩利,岂容奸宄。适才甚是粗卤,险些冲撞叔父。(外)老人家岂做这等事。(净)小娘子是良人家室女,被强人所掳,我今不救,更待何时。不必伤悲,凡事有我赵匡胤在此,管教你回故乡便了。(旦)虽蒙恩人救出虎口,奈家乡千里,奴家又是女流,怎生跋涉?(净)救人须救彻,我不辞千

里,送你回去。(旦)若得如此,待奴拜谢。受我一拜。拜谢恩仝天地,救奴离火坑,得归故里。(净)此乃小事,何劳谢得。不过济困扶危,男儿事体。

(外)贤侄,此事行不得。强人势大,官府竟捕他不得。你今救了小娘子,典守者不得辞其责,再来问我要人,叫我把何言对他,岂不连累于我。(净)大胆天下去得,小心寸步难行。我赵匡胤一生见义必为,万夫不惧。那响马虽狠,也晓得我声名。既然老人家怕事,我将四壁隔子打开,做个记号在此。(打介)我去后,那响马来时,只说赵匡胤打开殿门抢去了。冤有头,债有主,要他来寻我,教他往蒲州一路而来。(外)蒲州千里之遥,路上盗贼生发,单身独马,尚且难走,况有小娘子牵绊,还要三思。(净)汉末三国之时,关云长独行千里,五关斩将,护着二位皇嫂,直至古城与刘皇叔相会,这才是大丈夫所为。今日一位小娘子救不得,还要做甚么人。倘然冤家路窄,教他双双受死。(外)还有一件,古云男女坐不同席,食不同器。千里相送,虽然义气,傍人那知就里,被人谈论,为好成辱,反为一世英雄之玷。(净)叔父,莫怪我说,出家人惯妆架子,千里不人。我每做好汉的,自己血心上打得过,人言都不计较。况小娘子姓赵,我也姓赵,五百年前合是一家,就在神前拜为兄妹,路上同行,竟无外疑了。(旦)恩人,奴家怎敢相扳。(净)患难之时,何须过谦。

【梧叶红】(旦)感涕垂怜[12],救拔残生脱噬脐。连骨肉,得提携。(旦)伯伯请上,受侄女一拜。荷尊行云天高谊,深拜祷,效卑微。(外)侄女几时起程?(净)明日就行。(外)一骑乘不得两人,侄女鞋弓袜小,怎生耽受程途之苦。从容觅一车辆来同去,却不是好。(净)有了车辆反费照管。我将这骑与妹子乘骑,我誓愿千里步行相送。(旦)愚妹有累恩兄远送,惜非男子,不能执鞭坠镫,岂敢又占尊骑。(净)妹子,你是女人,要脚力。步行正合其宜。明日就行。鞚金鞍把龙媒驰辔[13],迤逦宁辞劳苦,千里共驱驰。管天涯倾刻,故乡归落地。(旦、净下)

(外)这事怎么处?他去后强人若来,如何抵对。虽然打碎隔子为证,那响马那里肯信?再作道理。

【尾】论英雄，非如戏，成仁仗义世间稀，管取英雄天下知。

正是：乌鸦喜鹊仝巢，吉凶全然难保。（下）

〔注〕 ① 瑶琴：瑶，原抄本误作摇。鹤唳：唳，原抄本误作淚。 ② 班头：头，原抄本误作豆。下之“齿落牙尽头发光”，“头”字原亦误作豆。 ③ 行路抖：抖，原抄本误作斗。 ④ 锁有：锁，原抄本误作所。 ⑤ 成绛绡：指血泪将衣衫染红。 ⑥ 丑随口：这一舞台指示是告诉丑角在此应随机编些台词回答。这在戏曲演出中是习见现象，因而在艺人抄录供演出使用的“总讲”、“全贯本”中也就对此不做具体规定。 ⑦ 和光同尘：语出《老子》，一般用指与世俗混同而不独出己见。 ⑧ 决撒：在此是决断、决绝的意思。 ⑨ 鸿门直入：项羽预备在鸿门宴上谋杀刘邦时，刘邦部将樊哙径直闯入营门，救护刘邦。见《史记·项羽本纪》。 ⑩ “远涉”句：道家说天帝居于黄金阙，赵金娘是去朝拜北岳大帝途中被强人劫持的，故云。 ⑪ 吴钩：春秋时吴国所产的一种兵器，似剑而曲，头弯如钩。后常代指兵器。 ⑫ 感涕：涕，原抄本误作体。 ⑬ 龙媒：骏马。

据《新传奇品》等书著录，李玉作有传奇《风云会》。现在能见到的是《古本戏曲丛刊五集》影印的法国巴黎国家图书馆藏抄本和国家图书馆藏清乾隆内府抄本，二者文字及分出均略有出入。原抄本未署作者姓名，从其具体内容和抄写情况等来看，当是艺人录供演出使用的“总讲”、“全贯本”，和李玉原著既有密切关系，又不会全同。

丛刊本共二十七出，取材于罗贯中的《赵太祖龙虎风云会》杂剧和冯梦龙《警世通言》中的《赵太祖千里送京娘》、明阙名《赵太祖飞龙传》小说等，由赵匡胤与郑恩结为兄弟始，演至“陈桥兵变”赵被拥登基建立宋朝止。郑恩其人不见于《宋史》，全剧情节也基本与正史不合。剧名的含意则如全剧尾声曲所说：将郑恩的追随赵匡胤喻为云从龙、风从虎，“君圣臣良天时美，会合风云际遇喜”。本书所选的两出戏写的是在民间广泛流传的赵匡胤千里送金（“金”或作“京”）娘故事。

第十六出《义救》演赵匡胤大闹御勾栏后，逃出京城，寄住太原附近叔父的道观，偶然发现观中锁藏着被绰号“满天飞”、“着地滚”的强徒劫掠来的民女赵金娘，赵匡胤立即救出金娘，并决定与她结为义兄妹，不辞千里之遥，徒步送她返回蒲州家中。

单独看这出戏的曲词，并不见十分精彩，有些甚或就是在不同剧目中都经常套来套去搬用的“水词”；但由舞台艺术和观场者的角度来赏鉴，它却是“妙在不工而工”，以动作和念白摹写情态，塑造出赵匡胤鲜明形象的场上佳作。

一开始，青牛观主赵景清的一小段戏，先对赵匡胤做了一番简略的扫描：“他是管闲是非的班头，惹事端的太岁”，偏喜出外闲逛。所以赵景清有事它往时，要认真地叮嘱老道人“看好门户，不要放公子出来”，尤其是东廊降魔殿锁有强盗前

日寄放的女子在内，更千万不要放公子去。

有了这样的铺垫之后，观众等待着要看赵匡胤将有何行动了。初始他似乎还有些接受叔父的拘束，只想乘叔父外出时在观中各处一游。不料刚走了没几步，老道人已经奔上来劝他转回。赵回答的是“我又不到外边去，难道这观中不容我走走”？声口里透露出他对老道人的干涉已经很不愉快，但还勉强克制着自己，做出愿意配合的样子。

老道人也感觉到了赵的不快，只好退一步地说：“这等，到西廊下去罢。”这样一来，赵的火气更上来了，爽性不配合而对着干了：你叫我往西，“我偏要往东廊下去”。

一到东廊，听到观中竟有妇人啼哭之声，老道人又只会随口敷衍，说不出道理。于是赵马上就对叔父翻脸了：“你老人家在此出家，干得好事”，“做出这等不肖之事。”并声言如若还敢欺三瞒四，不说个明白，“大丈夫一言决撒，怎容得多瞒昧”！接下来便是如雷性发，三拳两脚地打进殿去看个明白！及至弄清了事实真相，他又毫不犹豫地立即主动向叔父认错、请罪，把他的粗鲁暴躁，都化为了可爱。

这一段戏，通过赵匡胤对老道人、对叔父态度的变化，以及打开殿门的动作，观众已经不难感受到他所具有的嫉恶如仇、刚强猛烈的思想、性格。

在如何处置远离家乡的赵金娘的问题上，赵匡胤更突出显示出了他不避艰险，敢于承担重任、济困扶危的英雄品格。为了使它能得到充分的表现，演出中做了有力的处理。首先，赵匡胤只是为了“救人须救彻”，便似乎在办一桩小事一样，提出“我不辞千里，送你回去”；并且当金娘拜谢天高地厚的回生之恩时，他却由衷地以为“此乃小事，何劳谢得”。这些已经颇不寻常了，但如若自此便顺流而下，一泻无余，那戏也就不会有什么分量和好看了。演戏需要跌宕、盘旋，要想出办法把赵匡胤的这种血性演足演透。于是戏里请叔父出面来为赵匡胤出了许多难题。一曰强盗来要人时，岂不要被连累？二曰蒲州千里之遥，路上盗贼生发，况有小女子牵绊，如何行走？这些在赵匡胤看来真是小菜一碟，根本不在话下，只是一句“今日一位小娘子救不得，还要做甚么人”，就把它解决掉了。但叔父又继续提出一个很有分量的问题：送金娘返里，男女千里同行，如若被人议论，不但有玷金娘清白，亦令英雄蒙受耻辱。这是有关双方一世名节的大事，一般说来，是要慎重斟酌的。但正是所谓“身正不怕影儿斜”，赵匡胤认为这些考虑都是小家气派妆架子的世俗之见，男子汉大丈夫，只要“自己血心上打得过，人言都不计较”。更不避嫌疑地想出一个好办法：“小娘子姓赵，我也姓赵，五百年前合是

一家，就在神前拜为兄妹，路上同行，竟无外疑了。”

问题似乎都已解决，但叔父又要为金娘打算了：女孩子鞋弓袜小，难以行走，需要从容设法觅一辆车来才好走。赵匡胤哪里耐得这般婆婆妈妈的拖拉。不就是金娘走不动吗，把马让给她乘，千里虽遥，岂在话下，我徒步相送，不就结了吗！正是这一系列视千难万险犹如儿戏的豪爽侠义之举，完成了对赵匡胤独具个人色彩的英雄性格的塑造，也成就了“千里送金娘”的美谈。

对于古代传奇作品，人们时常在它们是一代之文学的“曲”还是一代舞台艺术的“戏”之间徘徊踌躇，难于确定用什么方法、标准来定其优劣。《义救》这出戏对人物的成功塑造，用事实说明了就是在古代传奇中，好“戏”也时常不一定是靠“曲”来构成的。

（陈 多）

风 云 会

李 玉

第十七出 送 归

（净上）世人结交须黄金，黄金不多交不深。总然一诺暂相许，终是悠悠行路心。俺赵匡胤在清牛观中救了一妹金娘，许他千里步行相送。行了两日，早又是汾州界上了。此处路径傍杂，故此先行一步探取。你看野花满径，山鸟呼人[①]，好一派野景也。

【粉蝶儿】野旷天高，极目处野旷天高，只见那卷长空云霞飘渺。见几处草舍蓬蒿。种桑麻、栽竹树，迤逦有清流环绕。近远林皋，巧丹青也难传照。（旦上）

【泣颜回】不绾翠云翘，任意村妆潦草。吁吁残喘，风霜历尽皆晓。骄骢蹀躞，控丝缰一抹风尘杳。仗英雄救拔尘迷，沾恩泽海天深浩[②]。

【上小楼】（净）俺只见一程过了一程遥，走不尽山径共荒郊。只见那小桥流水，野渡人寥。深林鸟语，曲径花飘。只听得韵悠悠，只听得韵悠悠樵歌儿唱出空山凹。高高下下，飞鸦声噪。见一幅酒旆儿，见一幅酒旆儿招飐得花枝杪。俺此去半晌醉村醪。

店家那里？（外上）是那个？（净）有好下饭取来，将这马儿喂好。（外）晓得。（仝旦、净下）（众上）

【泣颜回】儿曹，深殿窃多姣，闷杀人明珠难讨。寻踪觅影，何

愁远飞天表。(丑)我和你费了许多心机,寻得一个女子,寄在清牛观中,谁想被他抢去了。(付)我们一路赶来,人人说前面有一骑马,骑着个妇人,一个红脸男子随着,不免赶上去便了。(合)追风逐电,任鳌鱼脱却金钩钓。获佳人早遂鸾凰,擒恶党尽除残暴。(下)

(末上)城门失火,殃及池鱼;楚国亡猿,祸延林木[3]。小二哥那里?(外)是那个?(末)方才有一骑马的妇人、一个赤脸的汉子,可歇在你店中?(外)在我店中。(末)不好了。如今介山大王领了多少兵马来了,连我村中都不好了!(外)既然如此,教他出来。客官快来。(净上)怎么说?(外)后面许多人马来拿你,省得累我村中,快走,快走!(净)是那里人马?说得明白,我就去。(外)此处介山有两个大王,一个叫做满天飞,一个叫做着地滚周进,闻得这女子是他寄在清牛观中,被你抢来,故此领兵前来擒你。快走。(净)咳,你不说起强盗犹可;若说起那强盗,恼得我怒发冲冠,我赵匡胤不是好惹的。

【斗鹌鹑】气腾腾侠概云天,气腾腾侠概云天,急煎煎雄心火燎。恨煞煞奸宄凶残,恨煞煞奸宄凶残,明晃晃剑光缭绕,血惺惺冲冲姿勇骁,休得要恁妆乔,一任他万马千军,一任他万马千军,忽喇喇风驰电扫。(众杀上)

哟,那里走!(净)你这些该死的贼,快来纳命。(杀众下)(外)难得义士如此英雄,打死两个大盗,万民除害,我们抬了尸骸报官,义士一仝到府受赏。(净)我不过为民除害,那希罕请功受赏。(外)义士那里去?(净)这里到解良还有多少路?(外)还有三十里。(净)妹子上马,速速到家。(外)我们相送义士一程。(净)不消你们送。(末、外)我们去报官便了。(下)

【黄龙滚犯】(净)闹嚷嚷征鞍跨,急攘攘脚步高,俺只见遇着长亭,俺只见遇着长亭,抹着长林,踏着长桥。俺只见荒径才穿,俺只见荒径才穿,荒溪才度[4],荒村才到,草萧萧疏林清奥。

(旦)哥哥,这是我家门首了。(下马)爹爹开门。(末、老上)昨夜灯花报,今朝喜雀噪。是那个?(开门介)呀!我儿,你怎得回来了?(旦)孩儿被强盗抢去,锁在道院,幸遇此间赵公子救出,又蒙不弃,结为兄妹,反把马与孩儿乘骑,恩兄千里步行相送。归家路上又诛

了二贼，以此得全性命回来。（末、老）辱蒙提携，恩深再造，愿衔环结草⑤，感激不忘⑥。请到里面去，待老汉拜谢。（净）不消，俺就此去也。（末）恩人说那里话。是必请进，待老汉置谢。（净）俺赵匡胤岂是施恩望报的。

【扑灯蛾犯】花簇簇家园撇着，光灿灿奇珍轻抛，羞答答奕世勋⑦，虚飘飘乌纱帽。（末）恩人虽不要谢，且在寒家暂住几日，少伸寸心。（净）俺只为哭哭啼啼，俺只为哭哭啼啼在耳边厢空忺𢖍⑧，因此上血淋痒处可难挠。今日呵，喜重重骨肉团圆，喜重重骨肉团圆，俺从此去也，消消洒洒，无烦无恼，忙忙向天涯海角恣游遨。（下）

（末）有这等好人。也罢，我每立下赵公子神位，日夕焚香拜谢便了。

【尾】深恩万载衔环报，日夜焚香叩碧宵，惟愿他福寿绵绵直到老。

〔注〕 ① 呼人：原抄本作呼声，据《缀白裘》改。 ② 海天深浩：原抄本作海角天浩，据《缀白裘》改。 ③“城门”四句：古代成语，意指因受牵连而无端受祸。较早见于《淮南子》、北周杜弼《檄梁文》等。池鱼，原抄本作鱼池，据《缀白裘》改。 ④ 荒溪：原抄本作花径，据《缀白裘》改。 ⑤ 衔环结草：讲受人深恩，必须尽力报答的典故。结草，典出《左传·宣公十五年》。魏武子有嬖妾，武子曾嘱咐其子魏颗在自己死后将妾改嫁，及病危，又改口说令妾殉葬。武子卒，魏颗将父妾改嫁。后来在一次战斗中，此妾之亡父用草结绊倒敌人，使魏颗得胜。衔环，典出南朝梁吴均《续齐谐记》。东汉杨宝救了一只黄雀，某夜有一黄衣童子以白环四枚相报，谓当使其子孙洁白，世代贵显，有如此环。 ⑥ 感激：原抄本作敢激，据《缀白裘》改。 ⑦ 奕世勋：历代积累有功勋事业。奕世，累世、世世代代。 ⑧ 忺𢖍：懊恼。忺，懊的别写。

《送归》是紧接《义救》而来的一场戏。赵匡胤仍旧显示出他独有的、值得尊敬的性格特征。如当好心人通知强盗已经率领许多人马来拿他，劝他赶快避开时，匡胤却是充满自信、怒发冲冠地迎杀上去，并且三招两式就把强人杀掉。在当地百姓看来，这一举措当然是犹如武松打掉了景阳冈上吊睛白额虎一般，做了一桩大好事，于是要去报官，为他请赏。但赵匡胤这样做，想的只是救金娘和为民除害，根本没有把这当成什么功劳不功劳，“那希罕请功受赏”，于是就自说自话地忙忙送金娘上路去了。

当他千里迢迢把金娘送到家之后，金娘和她父母感其再造之恩，自然要重重拜谢，依照人之常情，赵匡胤也受之无愧。但戏中的赵匡胤却以为既然已经把金

娘平安送到，就已心满意足，更毫无必要打扰逗留，于是只简单地回说个“不消”，就“消消洒洒，无烦无恼，忙忙向天涯海角恣游遨”去了。这当然比铲除了强盗而不希罕受赏更高了一层，真把他仗义行侠的品格突出到十分显眼的地位。

但我们说此戏把赵匡胤这些行动设计得好，倒不在于它把人物的品格树得崇高得不得了，让人只能仰视而自觉渺小。值得赏鉴之处，恰在于面对着这样一个非凡的英雄，我们不觉得他是虚假的，或是在矫揉造作，故做姿态，他不是被“拔高”的，而就应当是如此作为。

怎么会给观众以这样的感觉呢？原因在于对他的行动设计得合理，设计得合乎人物的行为逻辑。赵匡胤当初为什么会介入打救赵金娘之事，如他所说，只不过是听见道观中竟有女子被关禁啼哭，“俺只为哭哭啼啼，俺只为哭哭啼啼在耳边厢空忺嫪，因此上血淋痒处可难挠”，便忍不住不顾安危艰苦地非管这桩“闲事”不可；接下来如引火烧身地让强盗来找自己算账，为避嫌疑而义结兄妹，考虑到让金娘乘车反恐照管不好而誓愿千里步行相送等等一连串行动，也都只不过是他“我每做好汉的”挠着“痒处”的自然发展而已。并且须知，赵匡胤不是赤条条来去无牵挂、无所得失地去做这些好事。依剧中所述，他乃岳州防御史赵洪歌的长公子，贵胄世家，有财有势，就只为了“做好汉”，屡屡闯祸，竟弄得“花簇簇家园撇着，光灿灿奇珍轻抛，羞答答奕世勋，虚飘飘乌纱帽”。但他依然毫不后悔，我行我素。这样的人，视当好汉、做好事为应有的、平常的举动，其他“都不计较”。他不仅绝无希图报答的想法，更在主观上也只是凭着“自己心血上打得过”去行事，无所谓施恩于人与否。如此这般，观众当然会认同赵匡胤的行为不是虚假的、不是在矫揉造作，而确实就应当是如此作为。

但是这出戏似也有可议之处，那就是赵匡胤初上场时“你看野花满径，山鸟呼人，好一派野景也”的念白和由它引起的【粉蝶儿】、【上小楼】两支曲文。

由欣赏词曲的视角来看，它还是可以通得过的，甚或还不妨称之为是与元杂剧《李逵负荆》第一折中的【混江龙】“可正是清明时候”写景套曲类似的佳作。但问题也就正在这里。【混江龙】套曲中的有些写景文字，如“雾锁着青山秀，烟罩定绿杨洲”等曲词，就未必完全符合李逵这个粗鲁村汉的口吻。而赵匡胤的这两支曲子，如若单独抄录出来，给毫不知其出处的读者来读，我想十有八九会以为这是文人雅士郊行遣兴而作的散曲，或以为这是剧中为充满闲情逸致的书生设计的唱词，而很难把它和戏中的赵匡胤对上号。并且在昆剧《风云会》中赵匡胤是由“红净”饰演的，唱词所表达的内容、心境，似乎也很难和“红净”以及赵匡胤在《义救》一出中使用的程式动作配合上。明人孟称舜曾经说过：“文章之妙在因

物赋形，矧词曲尤为其人写照者，男语似女，是为雌样，女语似男，是为雄声，他如此类，不可胜数。”（《古今名剧合选·燕青博鱼》批语）而像这些曲文，就只能算是一般写景的散曲，并不符合在这两出戏中通过念白、动作所成功塑造的赵匡胤的口吻、心态；也未能借景写情，达到“为其人写照”的目的。从欣赏舞台上的人物创造而言，它难免是白璧之瑕。需要说明的是，笔者之所以想到提出这一点，绝非故意“吹毛求疵”，而只是想以此为例说明古典传奇戏曲创作中较普遍地存在着的这种现象。而之所以会出现这样的问题，关键可能是由于各种历史原因，在戏剧发展的特定历史时期，一些文人剧作家——即使是贤如李玉这样的剧作家——在头脑中也未必完全认清了“剧曲”和“词曲”所应有的界限，有意无意中把“剧”中之“曲”等同于所谓“一代之文学”的“宋词元曲”。这是无法苛求于古人的，但又是我们今人所应当认识到的。

（陈　多）

万　里　圆　　　　李　玉

第十三出　遇　　盗

（净上）梁上称君子，山中叫大王。若无财共宝，棍下便身亡。自家抚州状元岭上一个剪径的好汉贾老虎的便是[①]。你道为何叫做贾老虎？我这山中老虎最多，过路的那一个不害怕？被我躲在半山中瞧见单身客人到来，就霹雳一般高声喊道：“老虎来了！”饶你就是铁汉也唬得他骨软身瘫。那时我就戴上虎头赶出，劈头一棍，那人动也不敢动，凭他多少货物取了就走，岂不是个干净生意？当初一日也做几庄。如今年岁荒乱，行路的也少。旧年生意淡泊，勉强过了残年，两日赌得精光。今日出来发发利市，不想又遇这等大雪，哪里有人行走？不如回去罢。且住，倘有客商悄地经过，道是雪天，定然没有剪径的，亦未可知。我且躲在树林中，见机而作。正是：不将辛苦意，难近世间财。（下）（生包伞上）阿呀，好冷吓。

【倾杯芙蓉】一天风雪泣穷途，阿呀，好难行也。欲进难移步。阿呀，好大雪吓。兀的不饿煞苏卿[②]，阻煞韩文[③]，卧煞袁安[④]，冻煞林逋[⑤]。（白）小生黄向坚在许湾客店过了除夜，岁朝就要起行，只因雨雪连绵，主人家再三挽留，一住五日。前日辞别出门，天气晴朗。行了两日，到得抚州界上了[⑥]。阿呀，又是这等大雪。你看，山路崎岖，风雪又大，好难行走也。（唱）可怜我沾衣点点寒侵骨，阿呀，扑面

星星冷剥肤。(内净)虎来了！(生跌即起)虎！阿呀，救人吓！(唱)心惊怖，听声声有虎。救人吓！闪得人上天入地路全无。(生倒)(净上打生)(剥衣包下)

(生起来看)(背介)阿呀，可怜吓！又不知是人是虎，把我行李衣服尽行抢去。风雪又大，教我前不巴村，后不着店，只剩得光光一个身子，可不要冻死了。(呼号)咦，还好，剩一把伞在此，撑着他勉强挨过岭去，再作道理。(挣起又跌介)好苦吓！

【普天颜回】我手，手挛拳刑如锯，阿唷，足趔趄行还仆。战战牙关，气咽饥喉，阿呀，好冷吓！生寒栗冻裂残躯。(白)好了，远远望见前面几间瓦房，一定是人家了。天吓！只是怎生行得到彼便好？你看，漫山一片大雪，又没个人影儿，不知那一条是路。(搠走)(唱)嶙峋山谷，救人吓！白茫茫认不出高低路。阿呀，跌死了吓！鬼门关打个盘旋，救人吓！奈何桥恁般苦楚[7]。

(倒)阿呀，救人吓！(外上)

【朱奴锦缠】茅庵内萧萧影孤，空山畔声声叫苦。(白)老僧在蒲团打坐，只听得外面厮叫救人，不免开门看来。阿呀，好大雪吓！(唱)一望青山四面无，看不尽千株琼树。(生)阿呀，救人吓！(外)吓，阿哟！原来是个人冻倒雪中。道人那里？(丑)来哉来哉，灶前才向火，门首又呼人。师父叫我做僚？(外)道人，有个汉子冻倒在雪中，和你扶他进来。(丑)拉罗里[8]？(外)在这里院子。(唱)看你赤体倒泥途，微微气息，残喘怕难苏。提起慈悲念，救人一命胜浮屠[9]。

(白)道人，取旧衣服过来。(丑)是哉。(外)待我闭上门。(丑)师父，衣裳拉里。(外)穿好了。(丑)来，来，着好子。(外)汉子，你是那里人？(生)是苏州人。(外、丑)要往何处去的？(生)要往云南去的，寻亲。(外)万里寻亲是个孝子，难得难得，为何这般光景？(丑)做僚改个形像？(生)遇了虎，被了盗，把我衣服包裹尽行抢去了，赤光身子冻死我了。(外)可怜，可怜，今晚住在我庵中，明日待天晴去便了。(生)多谢师父。

【尾】(外、丑)你暂安眠禅关暮[10]。(生)何日见哀哀父母？(外、丑)吓，孝子，少不得有愿须成还仗佛力扶。

(生)多谢。(丑)进去。(生)阿呀，爹娘吓！(外)不要哭了。(丑)

没哭吓。（外、丑扶生下）

〔注〕 ① 剪径：拦路抢劫。 ② 苏卿：指西汉苏武，他出使匈奴被扣，匈奴主欲降之，他坚持气节不肯屈服，被置于大窖中，断绝饮食，他啮雪吞毡，数日不死，匈奴以为神。见《汉书·苏武传》。 ③ 韩文：指韩愈，谥文，世称韩文公。其《左迁至蓝关示侄孙湘》诗有"雪拥蓝关马不前"句，故剧云"阻煞"。 ④ 袁安：东汉汝阳人，字邵公，未达时，洛阳大雪，贫者多出乞食，唯独他卧而不起，洛阳令按行至其门，贤其行，举为孝廉，除阴平令，后官至司徒。 ⑤ 林逋：宋诗人，字君复，隐居杭州西湖孤山，种梅养鹤以终。谥和靖。善咏梅，有《林和靖诗集》。其《雪》诗三首有"独有闭关孤隐者，一轩贫病在颜瓢"之句，《梅花》诗三首有"雪后园林才半树，水边篱落忽横枝"之句，故剧云"冻煞"。 ⑥ 抚州：治所在今江西市临川区。 ⑦ 奈何桥：传说中地狱有奈河，上有桥名奈河桥，十分险仄。奈何桥，同奈河桥。 ⑧ 拉罗里：苏州方言，在哪里。 ⑨"救人"句：意为救人一命胜造七级浮屠。浮屠，塔。 ⑩ 禅关：禅寺之门，此代指禅寺。

《万里圆》是演述江苏吴县黄向坚万里寻亲的故事。黄向坚的父亲黄孔昭，明末崇祯年间乡试中举人，选授云南大姚知县，携妻万里投荒，跋涉赴任。尚在旅途，清兵便入关灭明，接着举兵南下，俘杀南明王朝的弘光帝，占据东南半壁河山。其时福建、湖南、两广、云贵仍在南明王朝掌握之中，各地义军蜂起，山匪盗贼则乘乱打劫，加上云贵高原山峻水险，虎豹出没，蛮烟瘴气，缭绕其间，旅途自然平添几分凶险。但黄向坚担心父亲的安危，既然苦等九载，杳无音信，他决心冒死西行，万里寻亲。

该剧的情节发展有三条线索。第一条线索是父亲黄孔昭赴任云南，处在兵荒马乱之中，告病辞官，隐居乡间，又挂念家乡子孙是否在清兵攻陷苏州时家破人亡。有一次，一位老兵来到茅庵借宿，说自己是史可法部下，兵败溃散，欲回四川老家，绕道浙江、福建、广东、广西，转经贵州，千难万险，历时八年，才进入云南。黄孔昭问起苏州情况，他说苏州乡民蜂起抗清，惹恼了清军，发出大队兵马，不分好歹，烧掠砍杀，惨不可言。黄孔昭问他"莫非传闻"？他说在苏州整整住了十天，亲眼所见。引得黄孔昭痛哭流涕，以为"敝庐定作烟飘，子孙难将命逃"。第二条线索是孝子黄向坚拜别祖坟，托付亲友，告别妻儿，立下遗嘱，冒死西行，万里寻亲。途中遇见各种风土民情，各样艰难险阻，如独木桥、急水溪、淖泥潭等等；又有各处山匪劫掠，各路大军盘查。历尽种种危难，最终到达云南大姚，会见父母。第三条线索是黄向坚去后留下的妻子儿女，不仅挂念远方亲人的安全，而且生活没有来源，作为前朝官僚的家属，还备受官府公差的欺凌。这三条线索交替发展，人物的惊险遭遇，引起观众的担心；人物的危难处境，引起观众的着急；人物的备受欺凌，引起观众的激愤。总之，情节的发展，叩响了观众的心弦。

黄向坚万里寻亲，出于一片孝心，万里征途所遭遇的种种危难，都逢凶化吉，遇难呈祥，因为他的苦苦的孝心感动了一个个好心的人，对他伸出了援助的手。

《遇盗》一出敷演黄向坚进入江西抚州境内遭遇劫贼的苦难故事。这劫贼外号贾老虎，是抚州状元岭上一个剪径的贼人，经常戴着虎头，披着虎皮，装扮老虎，吓倒单身行客，打闷棍，劫财物。黄向坚辞家出门，至杭州，渡钱塘，历衢州，出玉山，下广信，过弋阳，走贵溪，经龙虎山，到邓家埠，舍舟就陆，望抚州进发，除夕夜在许湾投宿客店。同店客人鲍冲天告诉他，云南去不得，一路上有长溪大涧，断坝危桥，高山峻岭，劫匪毛贼，“山谷中斑斑驳驳，到处有虎豹伤人”，“关津盘诘，面生人被扭作奸细，杀了万万千千”，“兵马争持，不论男女，抢首级献作功劳”。黄向坚听了，心知去云南九死一生，但他仍然冒死前往。出了客店，行了两日，来到状元岭上，大雪扑面，山路崎岖，突然听见有人大喊：“虎来了！”黄向坚被吓得骨软身瘫，跌倒在地。贾老虎猛然站起，举棍打晕黄向坚，剥了衣服，劫了行包，扬长而去。黄向坚苏醒过来，漫山大雪，白茫茫一片，身边只剩一把雨伞，光着身子，撑着雨伞，挨过岭去再作道理。他浑身发抖，“手挛拳刑如锯，足趔趄行还仆。战战牙关，气咽饥喉，生寒栗冻裂残躯”。真是“白茫茫认不出高低路。鬼门关打个盘旋，奈何桥恁般苦楚”。他呼喊着：“救人吓，救人吓……”最后冻倒在雪地里。幸好不远处有一座寺院，老僧在蒲团打坐，耳闻“救人”之声，开门一看，是一个汉子冻僵在雪地里，忙命人救回寺中，调养复原，知此汉子是万里寻亲，途遇劫贼。老僧被其孝心所感动，赠给巾服盘缠。黄向坚又精神抖擞，拜别西行。

该剧故事发生在两个朝代交替之际，南明军、清军、起义军、地方军，他们占据的地盘犬牙交错，山匪水盗出没无常，三教九流充斥江湖，加上大西南的险山恶水，奇风异俗，该剧情节应该特别富有神奇色彩。但是，每一出情节都铺叙得很平常，每一出戏剧冲突都用“好人救助”这一简单的方式来解决，这是该剧作者有负于这一题材之处，究其原因，似与该剧作者对于剧情涉及之地当时的社会生活缺乏体验有关。

该剧人物的对话多用吴地的方言土语，异地的观众不易听懂，下层人物的对话更是十分俚俗。现存的这个剧本是一个艺人边演出边修改的抄本，原本字迹多有不清，且多误字、俗字，今人将其影印收入《古本戏曲丛刊三集》之中。如果对此有兴趣的现代作者，发挥想象，大胆虚构，将此题材改写为小说，或者古装电视剧，取其精华，去其糟粕，以更高的视点来看待明清之际的“万里寻亲”这一历史现象和社会心理，其作品将是很可观的。　　（张玉奇）

麒 麟 阁　　李 玉

第一本第十五出 三 挡

(秦琼上)(白)踏破玉笼飞彩凤,顿开金锁走蛟龙。俺秦琼被贺芳谗谮,险些身首不保,亏得那小娘子报知,得脱性命。为此到营即骑了黄骠马,星夜趱行,行了许多路来。恐后有追兵,须索再行去了。(唱)

【醉花阴】戴月披星离深垒,伏龙驹迢迢万里。银河转斗杓回①,百忙里曲径高低。赤紧的持整辔②,顾不得冷冷露湿征衣。猛跳出虎穴龙潭,俺可也觅知己。(上官仪上)(唱)

【画眉序】衔命疾驰驱,永夜蟾光伴单骑③。看残星几点,天际辉辉。深林内鸦噪惊飞,疏林内鸡声争沸。(白)我上官仪奉旨来赶秦琼,行了一日一夜,还赶不上。恐怕大王性急,不免再追上去。(唱)你看这曙光一片闲云翳,匆匆玉勒频挥。(下)(秦琼上)(唱)

【喜迁莺】遥望着一轮旭日,遥望着一轮旭日,猛回头帝里云迷④。驱也么驰,俺一似逃秦禁孟尝狼狈⑤,怎能彀偷度函关归故齐⑥?(上官仪上)(白)秦将军住马。(秦)上官将军,你来则甚?(仪)大王请你转去。(秦)大王听细人之言,加害俺秦琼,故此连夜走了。(仪)大王说毫无见罪,如何不别而行?请你转去,要重用你哩。(秦)上官将军,烦你多多拜上大王,说秦琼蒙大王厚爱,未曾报得。倘后日相逢,当学华容道云长报效曹公便了。请了。(唱)提鞭去,休指望勋勤故国⑦,俺也可浪宕天涯。(下)(仪白)他既不肯转去,我怎好恶识他?回覆大王,再作道理。正是:将军不下马,各自奔前程。(下)(小军随贺芳上)(唱)

【滴滴金】纷纷军马弓刀集,赫赫声名神鬼泣。急煎煎不辨朝共夕。怒轰轰,心急急,雷霆怒激。泼残生怎教留顷刻?有地可逃,无天可佚。(下)(秦上)(唱)

【刮地风】呀,这马儿一声声不住嘶,休做了项羽乌骓。俺可也负骅骝似向盐车骑⑧,不能个百战腾飞,番做了一宵潜逝。怎吐得万丈虹霓?(芳上)(白)呔!秦琼,你那里走?(秦)哇!贺芳,我

饶你狗头，你到来送死！（芳）我奉大王令旨，特来抓你的首级。（秦杀败芳下）（秦唱）打得你兵似泥，将似齑[9]，才得个逍遥云际。呀，早又是玉关岧铁销魂[10]，俺凭着一箭儿赛过文移。（白）这里已是潼关了，把门军士那里？（把门官上白）什么人大胆叫关？（秦）奉大王令旨差往潼关外公干的。（把城官）可有令箭么？（秦）有令箭在此。（把城官）既有令箭，吩咐开关。（众）开关。（秦下又上）（唱）只索他乡遇故知。阿呀，亲娘嗄，这一回念慈亲频洒泪，念慈亲频洒泪。（下）（众将随同杨林上）（唱）

【鲍老催】雄关暗袭，窃符虎帐吾姬击[11]，偷过函关商君殛[12]。饶你有超海威拔山能垂天翼，貔貅勇猛罗锋镝。山川搜索穷南北，军威振声灵赫。（下）（秦上）（唱）

【四门子】半空中隐隐征尘起，看看看看连天展羽麾。（内喊）呀，听喧天鼓角来何地？这的是老亲王兵自追。马嗄，步儿要忙，鞭儿要催，休比那等闲间看花游戏。简儿似龙，人儿似熊，呀，忙整顿冲天壮气。（林杀上）（白）秦琼，还不下马受缚！（秦）我秦琼并无一毫过失，为何要斩秦琼？（林）你通同反盗，杀我爱姬，盗我令箭，斩我上将，偷出潼关，罪恶滔天，还要调嘴！（秦）大王听了贺芳妒贤嫉能，一桩桩与我何干嗄？（林）休得多言，快快下马！（秦）大王，你再四逼迫，秦琼得罪了。（同林杀）（败下）（程咬金上）（唱）

【双声子】髫龄识，髫龄识，念患难同金惜。云天德，云天德，念生死同休戚。（白）我程咬金蒙秦大哥救拔，方能越狱逃生。恐大哥有祸，又欲撞入潼关。一路行来，闻得大哥与杨林斗了一日一夜，追至石龙桥，我此时不去接应，更待何时？（唱）合共敌，应努力，捐躯报效，敢避荆棘？（下）（秦上）（林杀上）（程上）呔，那里去嗄？程咬金爷爷在此。（杀林下）（程）大哥在那里？（秦）兄弟，你那里晓得来救俺？（程）蒙大哥救拔，应累及大哥。故此着尤俊达去搬伯母和嫂嫂入瓦岗寨。为此小弟特来接战，黄河渡口已备船只伺候，请哥哥到瓦岗寨去，好不快活！（秦唱）

【水仙子】呀呀呀，会合奇，战战战，战得个杀气横空日惨凄。他他他，他做九里重围计[13]，你你你，你凑着马陵溪[14]，我我我，

我学个走华容报阿谁[15]？闪闪闪，闪得俺无国依，望望望，望一片黄河泣路岐，想想想，想萱堂孤另心如醉，痛痛痛，痛得咱泪淋漓。

【尾】且权向山林效避世，算英雄怎做得束手攒眉？早打点揭地掀天图形麟阁里[16]。

〔注〕 ① 斗杓：指北斗星。 ② 赤紧：疾忙。 ③ 蟾光：月光。 ④ 帝里：京师。 ⑤ 孟尝狼狈：战国齐孟尝君入秦被囚，赖门下擅狗盗之徒窃裘献秦王宠姬始得释，又赖门下鸡鸣之徒学晨鸡之啼赚开函谷关门始得脱归齐。见《史记·孟尝君列传》。 ⑥ 函关：函谷关，古关在今河南灵宝东北，因关在谷中，深险如函而得名。 ⑦ 劻勷（kuāng ráng）：救助。 ⑧ 骅骝：周穆王八骏之一，后多代指骏马。盐车：运盐的马车。《战国策·楚策四》："夫骥之齿至矣，服盐车而上太行，蹄申膝折，……负辕不能上。伯乐遭之，下车攀而哭之。" ⑨ 齑（jī）：调味用姜、蒜或韭菜碎末。 ⑩ 玉关：玉门关，此泛指险关。 ⑪ 窃符：秦攻赵，赵求救于魏，魏将晋鄙按兵观望，魏信陵君得侯嬴献计，求魏王如姬窃得兵符，又得朱亥之助椎杀晋鄙，代领其军退秦救赵。见《史记·魏公子列传》。 ⑫ 商君：春秋秦相商鞅。秦孝公卒后，惠王立，"公子虔之徒告商君反，发吏捕商君。商君亡至关（函谷关）下，欲舍客舍，客人不知其是商君也，曰：'商君之法，舍人无验（证件）者坐（治罪）之。'商君喟然叹曰：'嗟乎，为法之蔽一至此哉！'去之魏，魏人怨其欺公子卬而破魏师，弗受"，复入秦，被杀。 ⑬ 九里：九里山，在今江苏徐州北，相传楚汉战争中，汉将韩信于此列阵，设十面埋伏，击破项羽军。 ⑭ 马陵：春秋卫地，在今河北大名东南。战国时属齐。马陵道狭，齐将孙膑曾伏兵于此，击溃魏军，迫使魏将庞涓自杀。 ⑮ 华容：古县名，西汉时置。治今湖北潜江西南，赤壁之战中曹操兵败后北归，道经此地。小说《三国演义》有关羽华容道捉放曹的故事。 ⑯ 麟阁：即麒麟阁，汉未央宫阁名，汉宣帝曾图画霍光等功臣像于此。

《麒麟阁》是根据小说《隋史遗文》（后康熙间褚人获撰小说《隋唐演义》和乾隆间佚名撰《说唐全传》，题材亦同）中的有关情节改编的传奇剧本，今存清初内府精钞本，常见的是《古本戏曲丛刊三集》据旧抄本影印本。

该剧是一部英雄传奇剧。第一本上卷十八出，下卷十五出，主要演述唐朝开国功臣、主要战将秦琼被逼而反上瓦岗寨，加入起义军的故事。秦琼，字叔宝，作为英雄，他武艺出众，禀性豪放刚强，为人正直仗义，深受天下英雄的敬仰，而生平却遭遇坎坷。他是济南历城县人，三岁时，父亲秦彝在抗击后周的战役中，力战身亡，由母亲抚养习武，长大成人，在本州任捕盗都头。他奉公守法，从不惹事，但是，社会上的不平事却偏偏要招惹他，激怒他。剧中演述了三件不平事。

第一次是押解军犯往潞州，同僚樊建威在歧路分手的时候，忘了将盘缠分给秦琼，秦琼身无分文，只好卖马，由此结识了二贤庄主单雄信，单雄信临别赠银五百两。行至皂角林旅店，被缉盗公差当作赃银，诬为盗贼，强行抓捕，格斗之中，

误伤一名公差性命，被潞州府以盗贼拒捕杀人罪判斩。虽然经单雄信拦轿喊冤，盗贼拒捕之罪可免，但是误伤公差之罪难逃，最终被判处充军幽州。

第二次是押解贺银往长安向越国公杨素祝寿。秦琼的结义兄弟程咬金、尤俊达、齐国远以及表弟罗成，为了往长安观看元宵花灯，很想一同前往，但是长安路上，关隘津渡，盘查甚严，于是他们四人背着秦琼将公文上解官一名的“一”字添加二笔成为“三”，再加二笔成为“五”。秦琼看了大惊：“呀，你等竟把公文改下了！”无可奈何，只得认了：“罢罢，只是路上小心，明日同行便了。”他的这些结义兄弟，怎肯安分？路见不平，便拔刀相助。长安城里，不平之事何止万千？他们此去，大闹长安，势不可免。果然，在元宵之夜，闯公府，杀公子，大打出手，引得官府紧闭城门，满城搜捕，幸得越国公府中参谋李靖救助，将秦琼等五人乔装成家丁送出城外，方免于难。

第三次是奉青齐王皇叔杨林之命，加封虎翼将军之职，并许以美姬为赏，押解重礼往长安庆贺新皇帝杨广登基。秦琼事业得意，官运亨通，然而，又是他的结义兄弟招惹祸端。程咬金、尤俊达看着杨林这老头儿又解几万银子的不义之财去京城，便乘机把它抢了。谁知杨林兵精将猛，程、尤二人被生擒活捉，马上要掉脑袋。秦琼急忙赶去大喊：“刀下留人。”他对杨林说道：“大王，秦琼闻知拿了程达、尤金，小将特来贺喜！”又说：“此辈行劫，非止一次，……他巢穴内金银必多，合该上了刑具押发济州监候”，“把余党和巢穴尽捐除，追赃正法两相全。”杨林采纳了秦琼的建议，将程、尤二人押往济州。到了济州，李密、王伯当、罗士信等好汉火烧济州城，混乱之中，劫狱、劫库，杀败官兵，反上了瓦岗寨。杨林大怒，将秦琼看作同党，打算拿下处斩。幸有美姬张紫烟冒死向秦琼告密，方得及时脱身，星夜出走。杨林连发三起追兵，穷追不舍。

《三挡》一出就是演述秦琼如何抵挡这三起追兵。杨林派出的第一起追兵是单身匹马的上官仪。他赶上秦琼之后说：“大王请你转去”，“大王说毫无见罪”，“请你转去，要重用你哩。”秦琼虽是一介武夫，平日杨林对他也十分赏识，但他却明白，这一次杨林必然加害于他，上官仪追来所说的一番话只不过是缓兵之计。因此，他从容不迫地说：“上官将军，烦你多多拜上大王，说秦琼蒙大王厚爱，未曾报得。倘后日相逢，当学华容道云长报效曹公便了。”这番话，表现了秦琼的智慧，不为假象所蒙蔽，又表现了秦琼的义气，知恩必报。我固不负他人，但他人负我，我也不会逆来顺受，理在我方，利在我方，这是历代儒将的风度。第二起追兵是杨林十二太保之首贺芳带领的一彪人马，来势汹汹，大声喝道：“秦琼，你那里走？”英雄秦琼怎肯示弱，也大声喝道：“贺芳，我饶你狗头，你到来送死！”两人接

战，秦琼将贺芳打得“兵似泥，将似畜”，一败涂地。这一战，表现出英雄的根本特征，就是武艺高强，气势豪迈。第三起追兵是杨林亲自率领的精兵猛将，他杀气腾腾，说道：“秦琼，还不下马受缚！”秦琼有理有节，回道：“我秦琼并无一毫过失，为何要斩秦琼？”杨林数落道：“你通同反盗，杀我爱姬，盗我令箭，斩我上将，偷出潼关，罪恶滔天，还要调嘴！”秦琼辩白道：“大王听了贺芳妒贤嫉能，一桩桩与我何干嗄？”杨林怒道：“休得多言，快快下马！”秦琼有礼有义，但是，不负屈，不胆怯，说道：“大王，你再四逼迫，秦琼得罪了！”于是与杨林恶斗一场。战了一日一夜，精疲力倦，败走黄河渡口，幸得程咬金来救。程咬金这一生力军，一举将杨林杀败，并准备了船只，将秦琼接下船。秦琼被逼无奈，“闪得俺无国依”，“望一片黄河泣路岐”，不得不随同程咬金投向瓦岗寨，“早打点揭地掀天图形麟阁里”。

《麒麟阁》是一部歌颂起义英雄的传奇，最激动人心的地方是一个“义”字。一是疏财仗义，如：秦琼“常想捐资给客”，“妄思济弱扶危”；程咬金家境贫寒，卖柴养母，度日艰难，初次相识的尤俊达便将他母子接到庄上，柴米无缺；秦琼出差，久而未归，尤俊达派程咬金送米上门；秦琼身无分文，单雄信赠银五百两。二是见义勇为，如：长安观灯，花花公子宇文成德仗势抢劫民女，罗成、程咬金、尤俊达、齐国远义愤填膺，大闹公府，坚决不肯惹事的秦琼“也恼将起来”，大打出手，将民女救出；青齐王杨林搜刮民脂民膏，押解几万银子上京为杨广登基作贺礼，程咬金、尤俊达见此不义之财，赶上去不顾性命把它抢了。三是舍生取义，如：歌姬张紫烟，敬佩秦琼之为人，冒死向秦琼告密，说杨林听信贺芳之言，要将秦琼斩首，并盗出令箭催促秦琼逃走。秦琼不肯连累张紫烟，宁死不走，张紫烟拔剑自刎，以绝秦琼后顾之忧。他们舍生忘死，都是为了“义”。孟子说：“生，亦我所欲也；义，亦我所欲也。二者不可得兼，舍生而取义者也。”（《孟子·告子上》）瓦岗起义的时代，正是社会动荡的时代，这种时代的英雄观念是轻生重义，这在中国历史上屡见不鲜。张紫烟为秦琼而自刎，这一感人的气概，正是“舍生取义”英雄观念的展现。

该剧激动人心之处，不仅是一个“义”字，而且还有“战而胜之”的英雄气概。隋朝太子杨广，追击唐王李渊，巧遇秦琼，几个回合便被秦琼杀败。燕州壮士史大奈，摆擂三个月，打遍天下无敌手，最后一天，遇上秦琼，只几招，便被秦琼打下擂台。贺芳率兵追赶秦琼，气势凶恶，一接战，便死在秦琼的双锏之下。

该剧大快人心之处，还有一个“理”字，剧中所歌颂的起义英雄并不是一群蛮不讲理的草莽英雄。他们只对社会的不平进行挑战：单雄信为秦琼拦轿辨冤，是对昏官错案进行挑战；程咬金、尤俊达抢劫杨广登基的贺银，是对敲骨剥髓、贪

赃枉法的王公贵族进行挑战；罗、程、尤、齐大闹宇文府，是对社会恶势力进行挑战；劫狱劫库，击杀官兵，反上瓦岗寨，是对整个隋王朝进行挑战。剧中主人公秦琼，正直仗义，忠于职守，彬彬有礼，知恩必报，奉公守法，从不惹事，具有这样善良的性格，仍然不能为社会所容，这就反衬了社会的黑暗，社会的不合理，他们被逼无奈，走投无路而反上瓦岗寨，正是理之所在，大快人心之所在。

这种理，在儒家叫做“天理”，由天理所决定的社会与国家的命运叫做“天命”，应运而产生的帝王，叫做“真命天子”。该剧将儒家这种天命观，图解成为玉皇大帝派遣天神下凡，辅助李世民建立李唐王朝；而且，该剧所描绘的谋臣徐勣、兵家李靖、大臣袁天罡都以占卜星相来决事，这种庸俗的神仙道教的穿插，不能不大大降低了该剧自身的思想意义和戏剧艺术的审美价值。当然，这是元明清戏曲中所惯用的手法，剧坛习俗使然，也无可厚非。（张玉奇）

【戏曲家小传】

朱佐朝

（？—1690?） 字良卿。吴县（今江苏苏州）人。与朱㿥为兄弟，时称“二朱”。其剧作内容广泛，善写市井人物，思想比较正统。深受李玉影响，系苏州派剧作家中最优秀的成员之一。所作传奇共计三十多种。其中全本今存者有《渔家乐》、《艳云亭》、《吉庆图》、《朝阳凤》、《夺秋魁》、《五代荣》、《石麟现》、《血影石》、《牡丹图》、《乾坤啸》、《御雪豹》、《万寿冠》、《莲花筏》、《锦云裘》、《璎珞会》、《轩辕镜》（与朱云从《龙灯赚》本事曲词尽同）。《双和合》残存十九出，《九莲灯》残存十六出。另有与李玉合作的《一品爵》、《埋轮亭》（残存八出），与朱㿥等合作的《四奇观》。诸作以《渔家乐》最负盛名。

乾　坤　啸

朱佐朝

第十八出[①]

（付、丑、外上）

【水底花】奉旨收剿，乌家起祸苗。步风捉影，拿着定不饶。

（付）自家刑部差官是也，只为宫中乌氏有行刺之举，搜出利器，有“乾坤啸”三字在上，如今拿了国舅乌廷庆，九卿六部会审，那乌廷庆抵死不招，又道他儿子乌绍全家逃走。因此皇上大怒，命他画取

儿子图像，颁行天下。若出首者，官封万户，赏赐千金；阿藏者，与本犯同罪。前面已是铁星关，不免前去。（合前下）（酒包打扮付上）

【前腔】饭店招留，精酸淡白酒。醋滴韭菜，大蒜炒肝油，炒肝油。

（白）自家铁星关下饭店中一个店小二便是，好笑日日开子饭店，再勿见撞一介人来，一日子掿介两个勿尴勿尬个来投宿[②]，我道有财个便是主顾[③]，一时招留渠住拉屋里子，再勿晓得竟是教化子。虽然房钱饭钱不少，人来人往看见子，阿各道无体面个。一个后生竟生起病来，日日伴紧拉房子里勿出来个。一个竟是贼相野周仓能介[④]，一个气质讨星脑浆倒来肚里子，归来吱哩嗻啰，搅得店里勿净办。我说叫渠去子罢，倒哽豆哽脑铁锤能介[⑤]，一个拳头只管要着拉嘴上来也。无法，我看起介两个人勿是强盗，定是逃人，夜夜来房里吱唶唶说介半夜把。我今夜伴拉隔子，渠丢说奢就明白哉！天色夜哉，个一野人勿见归来，且关子店门介。若不思前想后，后来懊悔无及。（下）（小生上）

【引】大仇大仇，是何年一家聚首？

（净上白）安得山中千日酒[⑥]，酩然直到太平时。俺赵豹今日好造化，讨得满满的一桶酒在此，不免回去与恩主吃个尽醉方休。呀，天色已晚，不免回到店中去也。

【点绛唇】（唱）俺是个落魄浮游[⑦]，也不将终身穷究，三杯酒无闷无愁。（白）小恩主此时不见俺回去呵，（唱）定不住皱着眉喃喃口。

（白）你看，早早的又把门闭上了。开门，开门！（付上）来哉，杀星归来哉！（净）呔！（付）亦是倷了[⑧]？（净）俺还未有回来，怎么就闭上了门？（付）无生意早点关哉，倷个接官接迟子了，撞是来开哉？（净）不怕你不开。（付）是介是务哉，倒要叫渠一声丢，客人阿要吃夜饭哉？（净）不用了。（付）酒介？（净）有在此。（付）阿要烫烫？（净）休要落我的吃，就自这等冷吃了罢。（付）个是难得吃个甜酸苦辣才有拉哈。（净）多讲！取个灯火来。（付）晓得哉。真真教化子无子棒，到受狗介气哉！（下）（净）小恩主，小恩主！（小

生上）

【引子】赵豹你回来了吗？（净介）正是回来了。（小生）今日生意如何？（净）今日畅快，满满的讨得一桶酒在此，今夜大家吃个尽醉方休。小恩主请酒。（小生）这酒教我那里吃得下？（净）[9]小恩主，俺看你终日垂头丧气，拭目含悲，把一个身子弄得恹恹成病，什么要紧？你今晚听俺赵豹一言，把那愁肠儿放下些罢，如今世上人呵，

【混江龙】都是吃缘锦绣，人生碌碌皆浮鸥。贫的贫贱的贱，皆是眼前傀儡，富的富贵的贵，犹如穴内骷髅。（白）还自吃酒的便宜。（小生）我不要吃[10]。（净）小恩主，你道这酒是讨来的你不吃么？俺如今把个古人说与你听。（小生）你且说来。（唱）岂不闻伍相吹箫尘市[11]，韩信吃食在溪头[12]？那豫让漆身向沟渠[13]，懵懂要离断臂[14]，把富贵萦求。大丈夫也甘心受辱，好男儿怎肯泪洒轻裘？到不如三杯和万事，一醉解千愁。

（白）吃酒，吃酒。（小生）我不吃。（净）你不吃[15]，拿来我吃。（小生）赵豹，虽则你把好言来解我的愁肠，只是我乌氏三世衣紫腰金，又是国戚椒房[16]，不想如今日如此结果，教我怎不泪出痛肠？（净）小恩主，你把这一碗酒吃下，俺赵豹还有好言相劝哩。（小生）你说了就吃。

【油葫芦】（净）小恩主说甚么文章世远显公侯，武库的挂吴钩[17]，却不道痴迷笑破了他人口。为帝王也有亡国败走，为臣也有当场出丑。流芳的歌与谁讴，造恶的遗名臭。这的是天宫注定，那颠颠倒倒将言遇剖，人世上忧忧唧唧白了少年头。

（白）吃酒。（小生）我吃不下。（净）你又不吃，待俺来吃。（小生）赵豹，如今老爷在狱中，倘有惨戮，尸首无人埋葬[18]。白骨弃在沟渠，我为人子者，岂不心如刀割么？（净）小恩主，你吃这杯酒儿下去，俺赵豹再讲与你听。（小生）你且说与我听。

【天下乐】你谩自垂首凝眸，珠泪兜。你哭也不休，闹愁啾啾。须知道梁武帝看经将佛法修，霸王的割鸿沟。有个台城走[19]，一个在乌江口[20]。常言道一朝富贵露中收。

（白）如何？吃酒，吃酒！（小生）你吃了罢。（净）吓，你还不吃，再

是俺悔气[21]。(小生)赵豹,我和你在此安身,不知你妻子同着我娘子在那一搭所在,都因今生不能个相见了。(净)小恩主,这话你一发讲差了,该罚一碗。这是罚酒,你要吃的。(小生)怎么我便讲差了?(净)你吃了那碗酒,俺对你说。(小生)你讲了我吃。(净)讲讲是要吃的。(小生)自然吃的。(净)小恩主,

【那吒令】想当初西子泛扁舟,虞姬也刎首。汉明妃胡游,杨贵妃埋沟。这几个姣柔,没一个好休。你须撇开上心愁,打叠起眉间皱,死央打散楚江秋。

(白)可是么?快些吃下了么。(小生)我不吃。(净)你不吃,还自俺吃。(醉介)(小生)咳,赵豹,如今我和你淹留在此,何日得过关去?(净)如今小恩主有病,不能行走,要过去也是不难的。(小生)如今关上画影图形,怎生过去?(净)这个怕他怎么?你吃这碗酒儿,赵豹自有个去法。(小生)你说了我吃。(净)小恩主,这是他每倒儿。(付)等我去听听介拉丢说奢介。

【胜葫芦】把亲儿图画容冠搜,窄路穷囚。俺非是鸡鸭无翅来袖手,则教他悲风惨惨,哭声隐隐,血溅铁星楼。

(付暗上听)(白)我个神圣爷爷,原来就是乌家门里!等我连夜去报子关上再处。(净)这个酒可该吃。(小生)赵豹,那酒有甚好处?你只管吃他怎么?(净)小恩主请。(吃桶介)小恩主,你道这酒没有好处么?(小生)有什么好处?(净)俺若说来,只怕你日夜要思想他哩。

【寄生草】这是神仙禄,祖代留,当年李白斟一斗,毕家吏部无宵昼[22]。风花雪月常消受,迎宾送客快绸缪,醉不时不把荣枯究。(付同丑、外)跌跛草鞋无觅处,得来全不费工夫。打进去,在这里了。(净、小生)你们为何拿我?(众)好吓,你每是乌家钦犯,却躲在这里。(净)呔!你们为何拿我?(众)你是乌家钦犯。(净、生)你每休得乱喳喳生臭口,俺与你无怨又无仇。(外白)你每是朝廷钦犯,说什么无怨无仇?(净)呔!你每认差了。俺每两个是化子,(唱)休猜做丧家狗。

(外、丑)我每不管是不是,拿去见将爷。(付)促个毬养去没哉[23],去没哉。(下)

〔注〕① 第十八出：原抄本作第十七出，据前后文可知其误，当为第十八出，今径改。② 掽：疑为碰的俗写。 ③ 财：原抄本作才，当是财之简写，今径改。 ④ 周仓：《三国演义》小说中为关羽提刀牵马的随从将官，面貌粗丑。 ⑤ 哽豆哽脑：吴语，犹犟头倔脑。豆，当为头的俗写。哽，当为梗的俗写，顽固。 ⑥ 山中千日酒：千日酒，传说中山人狄希所造饮之能醉千日的酒。山中，疑为中山之倒乙。 ⑦ 浮游：蜉蝣的别写，为一种昆虫，若虫在水中生长一至数年，成虫有翅，一至数天后即死去。 ⑧ 偖(shá)：啥，什么。 ⑨ 净：此处原抄本脱一净字，据文意补。 ⑩“我不要”句：此句下原抄本衍一生字，据文意删。 ⑪ 伍相：春秋时楚人伍子胥，在吴国的官位相当于宰相，故称。他因父兄被诬杀，愤而投吴，发誓覆楚报仇，后果领吴军破楚郢都，发楚平王墓，鞭其尸。他初入吴时，曾在吴市吹箫乞食。 ⑫ 韩信：助刘邦建立汉朝的主要功臣之一，封楚王，降淮阴侯。他未发达时，常在别人家寄食，人多厌之。后在淮阴城下淮水边钓鱼，有漂母怜之，馈其饭食。 ⑬ 豫让：春秋时晋国知伯的家臣，赵、韩、魏三家灭知氏，他欲为知伯报仇，吞炭漆身变易音容，俟机行刺赵襄子，终不成被捕，乃请求一击襄子之衣而死。 ⑭ 要离：春秋吴人，伍子胥荐于吴王阖闾，使之行刺流亡卫国的公子庆忌，他请吴王断其右手，入卫赢得庆忌信任，在同舟渡江时刺杀庆忌，然后自杀。 ⑮ 你不吃：此处原抄本前脱一净字，据文意补。 ⑯ 国戚椒房：指外戚，即皇后或皇太后的家族。 ⑰ 吴钩：吴地所出的一种兵器，似剑而前弯如钩。 ⑱“尸首”句：此句后原抄本有一“白”字，当为衍文，删。 ⑲ 台城走：南朝梁武帝晚年佞佛荒政，东魏降将侯景乘机作乱，陷都城建康(今南京)台城(禁城)，梁武帝乃忧愤而死。 ⑳ 乌江口：楚汉相争中项羽曾与刘邦划鸿沟(古运河名)为界停战，后战事复起，汉军围楚军于垓下，败之，项羽退至乌江岸边自杀。 ㉑ 悔气：当作晦气，倒霉。 ㉒ 毕家吏部：指晋吏部郎毕卓，嗜酒成癖，一日夜至邻家盗酒而饮，被人发现捆绑，次日早上邻人认出是毕吏部，遂解缚，毕乃与主人共饮至醉。见《晋书·毕卓传》。㉓ 毴(bī)养：詈词。

关于《乾坤啸》，《曲海总目提要》评曰：“事无根据，全系捏造。文彦博、包拯随意点入。”虽则如此，从全剧所写事件来看，当是反映明朝社会历史状况，有一定的针对性。全剧分上下卷，凡二十八出，剧情如下：乌廷庆以皇后之兄身份将赴檀州统制任，焚烧众乡亲欠债文券，并赠金五两，唯对贫而无行之韦继同只焚文券而不赠金，韦继同因此怀恨在心。乌皇后艰于生育，遂劝宋帝另择他人生育太子。韦继同之妹已入宫多年，宋帝偶至庆麟宫得见，遂幸之。从此皇帝沉溺声色，不理朝政。韦妃欲夺后位，常侍丙融与锦衣卫都指挥韦继同定计陷害乌廷庆，在剑上刻乌廷庆军卒兵器标志“乾坤啸”三字，并遣宫娥卜凤将此剑置皇帝御衣中。皇帝发觉凶器，逮捕乌廷庆。大公子乌绍得此消息，即乔装改扮，带妻子俞氏及受恩于乌家的赵豹之妻逃往他乡。乌绍、赵豹逃至铁星关，赵豹酒后泄露行藏，店小二首告二人。守关将领恰为乌廷庆旧部权万统，二人被救。俞氏、赵豹妻扮成乞婆，在灵石县得遇文彦博夫人，俞氏被收为义女。皇帝派文彦博审理乌廷庆一案，无法审决。又派包拯审理，包氏拘鬼神，审阴灵，严加勘察，终于真相大白。乌廷庆被释，乌绍更名权济应试，得中状元，乌氏父子、乌绍伉俪、赵豹

夫妇终获团圆。

《乾坤啸》一剧，总体上显得比较平淡，但这里所选的第十八出却是颇为出色的一出，不仅具有较好的戏剧性，也带有较强的抒情性。本出戏较长，实由三个情节段落组成：一为交代刑部差官追缉捉拿乌廷庆之子乌绍；二为赵豹劝说乌绍饮酒，忘却一切烦恼；三为铁星关饭店店小二偷听到乌绍、赵豹二人谈话，前往官府告发。第一个情节段落承上而来，是对上一出乌家遭难故事的交代，只是一般性的表现，并不是此出戏的重点。第三个情节段落所写铁星关饭店店小二偷听乌绍与赵豹夜谈，赵豹于酒间透露出二人的真实身份，店小二遂立即前往官府告发，使隐姓埋名、死里逃生的乌绍、赵豹二人被官府抓走，重新落入危难之中。这一部分写得比较充分，表现了店小二性格中的势利和狡诈，但主要是作为下面情节的准备，是乌绍、赵豹二人命运的一个重要转折，也同样不是本出戏的重点所在。

本出戏的重点部分、也是最为精彩的部分是第二个情节段落。一天晚上，赵豹讨得一桶酒回到铁星关饭店中，百般劝说乌绍饮酒，而乌绍适在病中，加之内心郁闷焦灼，毫无饮酒的心情。一个再三劝说，一个再四拒绝，通过这一情节，集中表现了乌绍、赵豹二人由于性格的不同，身份的差异，在对待危难时的不同表现和两种态度。作品通过较大篇幅的二人问答，将说白、曲词和行动等戏剧成分自然地融为一体，营造了很有戏剧性和抒情性的氛围，这也成为全剧的精彩片断之一。在这出戏中，乌绍和赵豹二人的性格、心情是逐渐展开的，表现出较清晰的层次感，这种由浅入深、由弱到强、由简单到复杂的层次感使二人的性格、心态形成了充分而巧妙的对比，大大增强了戏剧性，这也是作品引人入胜的重要原因。

当赵豹回来，告诉乌绍今日讨得满满的一桶酒，并说“今夜大家吃个尽醉方休”时，不想却遭到乌绍拒绝，感慨道：“这酒教我那里吃得下？”由此开始了赵豹劝慰乌绍的情节，二人的性格、心情表现得愈来愈丰富，二者的对比也愈来愈充分。接着，二人一劝一拒的情节就开始了。赵豹首先劝说道，如今世上之人“都是吃缘锦绣，人生碌碌皆浮鸥。贫的贫贱的贱，皆是眼前傀儡，富的富贵的贵，犹如穴内骷髅”，又以伍员吹箫、韩信乞食、豫让漆身为例，说明人皆有不遇困厄之时，“大丈夫也甘心受辱，好男儿怎肯泪洒轻裘？到不如三杯和万事，一醉解千愁”。随后乌绍又说：“我乌氏三世衣紫腰金，又是国戚椒房，不想如今日如此结果，教我怎不泪出痛肠？”赵豹又劝慰道：“为帝王也有亡国败走，为臣也有当场出丑。流芳的歌与谁讴，造恶的遗名臭。这的是天宫注定，那颠颠倒倒将言遇剖，

人世上忧忧唧唧白了少年头。"既然如此,乌家遭磨难,也不是不可接受之事。接着,乌绍又想起"如今老爷在狱中,倘有惨戮,尸首无人埋葬",自己就会落得个不孝之名,赵豹又以梁武帝和项羽为例,说明"一朝富贵露中收",从富贵到幻灭随时可能发生,根本不可靠。然后乌绍又想到自己妻子和赵豹妻子如今不知流落何方,不知今生今世能否再有相见之日,赵豹又以古代四位美女为例来劝说:"想当初西子泛扁舟,虞姬也刎首。汉明妃胡游,杨贵妃埋沟。这几个姣柔,没一个好休。你须撇开上心愁,打叠起眉间皱,死央打散楚江秋。"乌绍的最后一层烦恼是关于自己和赵豹二人目前这步境地,何时才能有所改变,怎样才能过得铁星关去,赵豹一改此前用古人古事来劝说的做法,提出可以采取武力手段过关,"教他悲风惨惨,哭声隐隐,血溅铁星楼",表现出一种英武刚毅之气。乌绍的种种烦闷看上去被赵豹一一化解了,但是酒却总是赵豹一人在喝,乌绍并不曾饮得一口。通过这段一劝一拒、一问一答,二人的性格、心情得到了充分的表现,二者之间形成了鲜明的对比,而且由此构成了浓重的戏剧气氛和强烈的抒情色彩,这正是本出戏的精彩之处。

本出戏的戏剧冲突表现在如下三方面:铁星关饭店店小二与乌绍、赵豹之间的矛盾;乌绍与赵豹之间关于饮酒与否的矛盾;乌绍内心深处的复杂矛盾。相当明显,前者是颇为表面化的,也是比较简单的;后两者才是复杂与深刻的,而且,这两者在深层上相互关联,彼此统一。赵豹的百般劝说与乌绍的无心饮酒这一对矛盾,看似相当突出,但是从境遇和命运来看,二人性命相关,生死与共,只是由于性格、身份、心态、情绪的不同,产生了这样一种不谐调,于是就有了这一段具有浓重抒情色彩的戏。而在一问一答、一忧一劝之间,二人又共同诉说着乌家遭受的不幸和对这种命运的不平之鸣,乌绍内心的种种痛苦、烦闷和忧愁也由此得到了充分的倾诉和戏剧化表现,因此后两个层面的戏剧冲突在这里很自然地获得了统一,这是作品运用人物表演和营造戏剧矛盾的颇为巧妙之处。

还有一点须指出,本出戏的次要冲突即铁星关饭店店小二与乌绍、赵豹之间的冲突,是通过店小二前去官府告发来解决的,这一突发事件也改变了二人的命运,将戏剧情节迅速向前推进。而乌绍内心的痛苦、烦闷和忧愁虽经赵豹千方百计劝说安慰,有所宣泄排遣,但并不曾获得根本性的解决。最后却是由于官差的前来捉拿,冲散了这种戏剧气氛,使这种割不断、理还乱的愁怀被突如其来的一种性命之虞所消解。也是因为这一情节安排,本出戏的主要矛盾和次要矛盾形成了交融,本出戏的全部矛盾和冲突也终于可以告一段落。（左鹏军）

渔 家 乐 朱佐朝

折子 相 梁

(丑嗽上)(干念)

【普贤歌】我为相士口喳喳,气色观来定不差。凶吉判由咱,是非不管他,赛过君平一当卦[①]。

我万家春,靠子两句《百中经》,胡言乱语,嚼来无不应验。前日子赵图个圈套[②],落拉我眼睛里子,逼俚写子一张甘责[③],日日去吃,竟勿要我个铜钱,吃杀子个入娘贼哉[④]!今朝饶子俚罢。嗄!且到梁府门前去嚼嚼,倘然嚼着子两个铜钱,也是好个。(内喝)(丑)千岁爷来哉,且等俚进去子来看。(众喝)(净上)

【引】满朝朱紫尽京华,文武低头多顺咱。

(丑)咦!一个死人来哉。(众)有个相士,咒骂千岁爷。(净)抓过来!(众)吓。(拿介)相士当面。(净)哆!(众喝)(净)往常见你,在我府前哄拥一班游手好闲之人,聚集一堆,不来罪你,也就罢了,怎么反来咒骂我?看刀。(众喝)(丑)阿呀千岁爷,小人怎敢浪言放肆!方才见千岁爷,龙颜上气色不正,一时狗口里说子出来。小人该死,小人该死!(净)我的气色不正么?(丑)小人该死。(净)上前来观看我,容颜如何不正?(丑)方才无心说子一句,就要杀;那间再说子[⑤],直脚要剐哉[⑥]!(净)不来罪你,起来讲。(众)起来讲!(丑)请千岁爷暂退虎威。(净)甲士们回避。(众)吓!(下)(丑)吖唷!前世个胎魂才唬脱拉里哉!(净)我的气色如何?(丑)请千岁爷把尊冠起一起。(净嗽介)(丑)请问千岁爷,大寿几何?(净)六十三岁。(丑)七九之年。千岁爷前半世,功名富贵,臻至极品,不必言矣。目下气色,运至眼瞠。五官各有所属:眉属木,眼属火,耳属金,鼻属土,口属水,俱要相生为吉。如今运在眼,水气旺于眉下,水能克火,太阳光掩,作事狐疑,此心无主。(净)主何吉凶?(丑)眼为日月,能照万方,水若克火,阳光尽没,只怕有人行……(净)行什么?(丑)小人勿敢说。(净)不罪你,讲!(丑)千岁爷,阳光尽没,只怕有人行刺。(净)嗄!行刺么?(丑)小人该死,小人该死。(净)应在几时?(丑)三日内便见。(净)可避得过?

(丑)待我轮一轮看。(私白)呒救个哉。吓！千岁爷,怎说避不过,无非静坐衙斋,不要出入,再紧防外人来往,过了三日,云雾豁开……(私白)有心拨一句高帽子里戴戴看。千岁爷,还有帝王之位。(净)哈哈,哈哈！来！(末)吓！(净)请相士耳房酒饭。(末)吓！先生,这里来。(丑)老伯伯,饭倒勿消,酒末多烫两壶。(末)为何?(丑)壮壮胆。勿要相差子,再要看看来。(净嗽介)(丑)吖唷,呒救,直头要死个⑦！(末)先生。(丑)来哉,来哉。(下)(净)老夫朝罢回家,忽被相士一番言语,说得我毛骨酥软。夜来梦见一班被戮诸臣杜乔、李固等,齐集门墙,附耳低言,一时惊醒。方才相士之言,甚有可疑。也罢！我如今不出外堂,静坐衙斋,与歌姬们欢乐,看那刺客从何而至?院子！(末)有。(净)吩咐你三件事,须要小心！(干念)

【四边静】重门封锁须牢把,来人须防诈。鸡犬不相闻,鸦鹊莫惊讶。休传杯斝,莫谈闲话。纵有赛昆仑⑧,有翅从何下?

(末)相士饭完,可要放他回去?(净)禁锁耳房,三日后发放。(末)是。(下)(净)重门朱户层层闭,聂政荆轲何处来⑨?(下)

〔注〕 ① 君平:即严君平,名遵,汉代的术数家,精于占卜。 ② 赵图个圈套:赵图是酒店主,欠下邬渔父鱼钱,邬飞霞前来催讨,赵图见飞霞貌美,企图调戏,被万家春撞见。剧中有《鱼钱》一出交代此事。传奇中丑角说白多用苏州方言,子,相当于“了”;个,相当于“的”。③ 俚:苏州方言“他”。 ④ 入娘贼:詈语。 ⑤ 那间再说子:现在再要说的话。 ⑥ 直脚:简直。 ⑦ 直头:苏州方言,实在、简直。 ⑧ 赛昆仑:唐裴铏《传奇》记昆仑奴磨勒,背负崔生越十重高墙,与红绡妓相会,并助其出奔。赛昆仑,谓飞檐走壁赛过昆仑奴。 ⑨ 聂政、荆轲:战国著名的刺客。聂政为韩大夫严遂刺杀韩相侠累,己亦被杀。荆轲为燕太子丹刺秦王政,未遂被杀。

苏州派剧作家朱佐朝的作品以《渔家乐》最为著名,其剧情如下:东汉冲帝病危,太后召清河王刘蒜和渤海王刘缵入宫,商议皇位继承问题。时权臣梁冀秉政,心怀不轨,强立年仅八岁的渤海王刘缵为傀儡皇帝,并诛戮异己李固、杜乔。刘蒜改装逃出宫廷,梁冀派兵追杀,刘蒜躲入邬渔翁船中,追兵射死邬渔翁。邬女飞霞设法救了刘蒜,两人互生爱意,刘蒜许封邬飞霞为正妃。刘蒜找到河东节度使简章处,共同筹划讨伐梁冀。梁冀派马融领兵抵抗,并要马融献女儿瑶草为歌姬。马瑶草前因规劝父亲不要依附梁冀,被马融嫁与寒士简人同作为惩罚。当梁府骑尉强逼瑶草入府之际,恰逢原与简人同夫妇相识的邬飞霞来到,邬飞霞为报父仇,遂冒充瑶草入府,并伺机用宝针刺死梁冀。最后,刘蒜打回朝廷,登上

皇位。

《渔家乐》一剧,《相梁》、《刺梁》等几个折子一向为观众所喜爱,三百多年来,常在舞台上演出。其妙处在于以嬉笑怒骂的文辞,尽斥奸骂贼之能事,通篇洋溢着喜剧精神。

相士万家春原想到梁府混几个铜钱,但一见到炙手可热的梁冀,便断定是“一个死人来哉”,遂被梁冀喝令家丁抓住。权臣梁冀一句“看刀”,相士人头岌岌可危。故事情节波澜陡起,梁冀的骄横跋扈也可见一斑。

但随着剧情发展,紧张气氛逐渐缓和,到后来,梁冀一句“请相士耳房酒饭”,把阶下囚奉为席上宾,万家春的遭遇也就“否极泰来”。这其间,万家春凭着三寸不烂之舌,把剑拔弩张之势化解于无形,他一步步玩弄不可一世的权臣的过程,便是“把无价值的东西撕破给人看”(鲁迅对喜剧的定义)的过程,从而产生了强烈的喜剧效果。

梁冀急于知道自己如何“气色不正”,有其深层的心理依据:“夜来梦见一班被戮诸臣杜乔、李固等,齐集门墙,附耳低言,一时惊醒。”权奸把揽朝政,杀害忠良,实是色厉内荏,因而落入相士万家春彀中,便合情合理。梁冀问:“我的气色不正么?”“上前来观看我,容颜如何不正?”显见其急切心理。相士遂反客为主,欲擒故纵:“方才无心说子一句,就要杀;那间再说子,直脚要剐哉!”当梁冀表示“不来罪你,起来讲”,万家春赢得了伫而言事的权利后,又得寸进尺:“请千岁爷暂退虎威。”缓过一口气后,又“请千岁爷把尊冠起一起”,才开始相面。梁冀对万家春越是“言听计从”,其外强中干的本质也越暴露无遗。

接下来的宾白尤为精彩:“(丑)千岁爷,阳光尽没,只怕有人行刺。(净)嗄!行刺么?(丑)小人该死,小人该死。(净)应在几时?(丑)三日内便见。(净)可避得过?(丑)待我轮一轮看。(私白)呒救个哉。吓!千岁爷,怎说避不过,无非静坐衙斋,不要出入,再紧防外人来往,过了三日,云雾豁开……(私白)有心拨一句高帽子里戴戴看。千岁爷,还有帝王之位。(净)哈哈,哈哈!”私白与对白相映,万家春完全把梁冀玩弄于股掌之中,权奸得意的笑声和必死的命运形成强烈的对比反差,从而造成了讽刺嘲弄权奸的喜剧效果。

在这里,剧本再三强调梁冀必死无疑,是运用戏剧重复这一艺术手法,以给予观众深刻的印象。尤其是相士万家春临下场前,喝酒壮胆,“勿要相差子,再要看看来”,再一次断定梁冀“直头要死个”,有似“临去秋波”,语言幽默诙谐,极尽嬉笑怒骂之能事。

文章作法,前人有“凤头,猪肚,豹尾”之说,本出的结尾也十分精彩。最后一

笔:"(末)相士饭完,可要放他回去?(净)禁锁耳房,三日后发放。"勾画权臣的阴险毒辣可谓颊添三毫,也为万家春搭救邬飞霞埋下伏笔。梁冀被相士一番言语,吓得毛骨酥软,打算"不出外堂,静坐衙斋,与歌姬们欢乐,看那刺客从何而至"。整出戏便在"梁贼是否会被刺死"的悬念中落幕。但细心的观众知道:刺客邬飞霞正在等待他,梁贼正自投罗网,自寻死路。"重门朱户层层闭,聂政荆轲何处来?"权奸愈是自以为得计,观众对其的嘲笑和憎恶便愈是强烈。真是"禽兽之变诈几何哉,只增笑耳"(《聊斋志异·狼三则》)。

苏州派作家剧作中的说白,以净丑说白尤为成功,且往往有方言化的倾向,其说白亲切、诙谐,富有民间气息,适合剧场搬演。本出不以芳词艳曲取胜,全凭科诨说白擅场,正体现这一特点。剧中丑角的宾白或与方言俗语结合,如"咦!一个死人来哉"、"方才无心说子一句,就要杀;那间再说子,直脚要剐哉"等等,绘声绘色,若非如此,则诙谐韵味顿减;或纯用文言,如"千岁爷前半世,功名富贵,臻至极品……太阳光掩,作事狐疑,此心无主"一段,规整跳荡,活现江湖相士口若悬河神态。其语言运用可谓亦庄亦谐,充分展现作家驾驭戏剧语言的功力。

(刘汉光)

渔　家　乐　　　　朱佐朝

折子　刺　　梁

(旦上)牢笼一计巧安排,谁识荆轲是女孩?是非只为多开口,欲钓鳌鱼泄怒怀。奴家邬氏飞霞,前日卖鱼回来,在简相公门首经过,听得里面哭声甚惨,进去动问,不想有这等患难的事情。奴家听了此言,顿起杀父之仇,遂发虎狼之怒,趁此机会,代替小姐,解进梁府,欲做要离献羹[①],豫让斩衣之事[②]。如今已入巢穴,但不知天意若何?奴家进来两月,梁贼在朝摄政,尚未见面,今日方回,必来呼唤。我且假意殷勤,聊为嘻笑,不知他的造化,又不知我的祸福。且做一场女侠之事也。(唱)

【粉蝶儿】翠黛云翘[③],奴非是翠黛云翘,要把那巨鳞垂钓。今日个女专诸义胆天高[④]。这樱桃口,芙蓉面,都是那无情笑貌。想昔日圣姑赐我宝针[⑤],曾说后来许多大事俱在针身上,不想应在今日。(唱)这冤仇早已结下根苗,恰与那红颜把俏躯儿轻掉。

(占上)歌舞楼头月,妆成艳冶姣。呀,新来姐姐,千岁爷回来了,今日在聚宝堂饮宴,必要我们承值吹弹。你须与我们一样打扮,好去

见千岁爷。(唱)

【泣颜回】这是玉珮响琼瑶,妆点阳春艳色上云霄。那歌喉弦管,自有那十二多娇。

(净上)掌灯。(众旦)是。(净唱)

【前腔】巫山四绕[6],有昆仑何处来飞到[7]?(占)启千岁爷,马瑶草唤到。(净)唤过来。(占)是。新来姐姐,过来见了千岁爷。(旦)是。马瑶草面见千岁爷叩头。(净)教他抬起头来。(旦)是。(净)妙呀,见他花容月貌,果然比众不同。(唱)见香云一室生光,似嫦娥月下蓬岛[8]。

问他可会歌唱?(占)他说自幼不曾学得。(净)不必勉强,慢慢教他便了。(占)是。(净)就着瑶草把盏,你们歌唱便了。(众旦)是。(同唱)

【石榴花】满捧着金樽玉斝,曲了小蛮腰[9],可也是花枝和那酒卮淆。满座上鬓云香,红妆衬着,酒杯儿唇尖搅,齿筋儿舌梢挑。更有那檀板香喉,更有那檀板香喉,低低儿莺声俏。只见那柳榭花台,只见那柳榭花台,惊起那枝头睡鸟。真个是巫山神女共鸾交。(末上)(击梆)

(占)何人传梆?(末)外堂院子,大门上传进来河东密报,奉太后懿旨,请千岁爷票发。(占)知道了。你自回避。(末)吓!(下)(占)启千岁爷:外堂院子,传进河东密报,奉太后懿旨,请千岁爷票发!(净)你们回避。(众)是。呀,新来姐姐,这里来,(旦)是。(众同下)(旦偷看)(净)唔。(旦下)(净)此时还有什么报来?(唱)

【泣颜回】欢娱未了乱心焦,这关情何必搅扰?羽衣关总兵飞报,道河东节度使简章,今聚义师,已立清河王为帝;旧臣张陵等,辅佐听政。飞报是实。吔,我原说放走了这小厮,必然起祸。只是马融,我已升他督府总戎,提兵征剿,为何此时还不见奏捷?也罢,我如今批下,罪在督府,着他即日献俘也!(唱)怪狂狙作队[10],无端侮弄皇朝。马融吓马融,这一差须要用些谋略。(唱)你的前程自保。吔,怎么这手再也提不起来?又不是荆棘来为靠。吓!怎么眼前有两个人影儿呢?早难道有鬼胡缠?(哈欠介)吖,是了。敢是我酒魂潦倒?(睡介)

(旦上)呀,(唱)

【黄龙滚】早献出嬉笑婀娜,早献出嬉笑婀娜,不觉的眉轮火燥。只见他抓耳风魔,只见他抓耳风魔,恨不得云灵出臬。管教他金钗乱了襄王庙[11],绮筵前血溅不须刀。那贼叫我们回避,不知他在内所干何事?呀,他已醉倒在桌儿上,我有天赐宝针在此,此时不下手,更待何时?(唱)阿呀休,休得要怯怯吁吁,休得要怯怯吁吁,学做个逾墙为盗。

千岁爷请上酒。(刺介)(净)啊呀,吓!哈哈,阿呀!(死介)(旦下)(众旦上)千岁爷为何喧嚷?我们去看来。呀,千岁爷为何跌倒在地?(占)阿呀,不好了,千岁爷被人刺死了!外堂院子快来!(末)怎么大惊小怪?(众)千岁爷被人刺死了!(末)在那里?(众)在这里。(末)呀,果然被人刺死了。你们可曾看见刺客?(众)方才传报进来,千岁爷命我们回避,独自一人在此看报,听得喧嚷,我们赶进,看千岁爷已倒在地下,那里见什么刺客?(末)好奇怪,身上血痕多没有,真个神鬼不测。且把尸首抬过一边。(众)有理。(抬下)(末)吖哟,好相士吓!(众)相士便怎么?(末)他相千岁爷,三日内有人行刺,如今果被人刺死,待我唤他出来。吓!先生快来。(丑上哈欠)吖唷,半夜三更,勿相面个哉。(末)定要相的。(丑)为啥跻忙作碌[12]?(末)千岁爷果然被人刺死了。(丑)如何?我说一句要应一句个。(末)你说还有什么王吓?(丑)原是王滑[13]!(末)什么王?(丑)那间去做阎罗王哉!(末)胡说!内堂并无外人,只有这班歌姬,敢烦一相。这里来!(丑)就是这班?(末)正是。(丑)如此,你们站齐了,待我逐个相转来。(众)是。先生相准了,不要胡言乱语,有性命出入的嚏!(丑)我想你们这班女乐,那有此胆量?(见旦惊介)(指占)是呸?(占)啐!(丑)个没是呸[14]?(正[15])啐!(末)先生要相准了。(丑)老伯伯倒勿要是呸介?(末)呀呸!(众旦)外堂院子,是不进来的。(丑)哎,你们多道差了。(众)何差?(丑)那刺客必竟隐藏在府,你们各掌灯火,四下搜寻,方有着落。如何倒在这班女子身上?(末)是吓!我们四下照灯搜寻去。(占)新来姐姐,你不认得府中路径,就在此罢。(众下)(旦)是。(丑)呔,倷是渔婆[16],面孔浪一团杀气,梁冀一定是呸刺杀个?

(旦)阿呀,先生吓!我的生死,出于君口了嘘!(唱)

【上小楼】奴不惜云鬓髦,奴不惜花容貌。拚得个断舌敲牙,拚得个断舌敲牙,刀山迭迭,剑光皎皎。(丑)住罢。你如何进得梁府?(旦)吖,那梁冀要马瑶草为歌姬。(丑)歌姬没那?(旦)我一时侠气。(丑)瑶草没那?(旦)她扮作渔婆而逃。(丑)倷呢?(旦)我扮作瑶草而进。(丑)原来如此。(旦唱)我也只为李代桃僵,也只为李代桃僵,指鹿作马,以鱼为鸟。阿呀先生呀,望救取虎穴出龙巢。

(丑)呃且起来。我且问呃,方才梁冀拉里做啥[17]?(旦)在此看报。(丑)个没拿报来看嘘。(旦)报在此,请看。(丑)拿得来。(看介)(旦)先生可有救?(丑)还好,有救。阿有笔?(旦)有,在此。(丑写介)(众上)走吓,吓!先生,我们四下搜寻,并无刺客。(丑)慢点,勿要跻忙作碌,方才千岁爷拉里做啥?(众)在此看报。(丑)个没拿报来看。(众)先生,报在此。(丑看介)呀呸!你们还要寻什么刺客?(众)为何?(丑)方才传进报来,道河东节度使已立清河王为帝,汴梁、广南各路军民人等,迎请新君进朝,呃笃来看!(众)是。(丑)千岁爷着了急,自己批在后面,道:冤家到了,故尔自裁。贼介八个字拉浪[18]。(众)有这等事!(丑)待等天明,必有禁卫军来围住,满门抄斩。(众)阿呀!(丑)呃,该杀!(众)阿呀!(丑)呃,该剐!(众)阿呀!(丑)老伯伯恭喜呃!(末)喜从何来?(丑)拿呃第一个开刀。(末)阿呀!(丑)关得我万先生啥事,放我出去。(众)先生住在此,救我们一救!(丑)吖,你们要我救一救,一些也不难。(众)怎么?(丑)你们各各除了凤额。(众)各各要除下凤额。(丑)卸下了舞衣。(众)卸下了舞衣。(丑)或是从那前门、后户……(末)怎样?(丑)逃走。(末)有理,你们随我来。(众)是。(丑)列位姐姐,(唱)

【叠字犯】吓,顷刻冰山势倒,祸患飞来不小。休惊起犬吠鸣,休惊起乌鹊噪。(同唱)挜挜挤挤,似乱蝶飞绕。听更筹漏尽还敲,听更筹漏尽还敲,那里有僻村幽道。弄什么弦管琵琶,弄什么弦管琵琶,哭哭啼啼,杀身未保。又只见朦朦日影晓天高。(末、众人下)

(丑)住了,呃还要走来!(旦)阿呀!(丑)好哉,那没走到子活路上

来哉。(旦)多谢先生救我,活命之恩,何日得报?(丑)报、报、报,到是咗个现世报!小娘子家,干出个样大事体来,逃没逃子出来,看咗到落里去?(旦)吖,那清河王曾在我船上避难,他如今已往河东去了,我如今一路寻着了他,就有安身之处了。(丑)好便好,只是你孤身在路,未免别有风波不测,如何是好?(旦)阿呀,这便怎么处?(丑)罢!送佛送到西天。我如今送到你河东地界,各寻道路便了。(旦)多谢先生!(丑)走。(旦)是。(同唱)

【尾声】路迢迢,心悄悄。(丑)哧,好一个泼天大胆女多娇。(旦)阿呀先生呀,奴只为侠气含冤两地抛。

(丑)勿要多说,快点走。(旦)是。(丑)走。(旦)阿呀!(丑)走吓!(下)

〔注〕 ① 要离:春秋吴人,受公子光之遣,自断一臂赢得吴王僚之子庆忌的信任,在乘船同行时将其刺死。献羹:春秋时吴人专诸受公子光之遣,将匕首置于鱼腹中,趁向吴王僚进献炙鱼的时候将其刺死。 ② 豫让:春秋战国间晋人,受智伯恩遇,赵、韩、魏三家灭智氏,他吞炭漆身,变易形貌,欲为智伯报仇。两次行刺赵襄子不成,被执,乃请击襄子之衣而死,襄子悯其忠义,从其愿。 ③ 翠黛:女子画眉用的颜料。云翘:古代妇女的一种首饰。 ④ 专诸:见注①。 ⑤ 圣姑:九天玄女。剧中邬飞霞本为传香侍女临凡,九天玄女化作老妪卖针,将宝针赐予飞霞。本剧有《赐针》一出交代此事。 ⑥ 巫山:战国楚宋玉《高唐赋序》记楚怀王梦遇巫山之女,王与之行云雨之事。后人言男欢女爱,多用"巫山"等语。 ⑦ 昆仑:指昆仑奴磨勒,唐裴铏《传奇》所载的人物,能高来高去。 ⑧ 蓬岛:蓬莱岛,传说中海上的仙山之一。⑨ 小蛮腰:小蛮为唐白居易的舞妓,唐孟启《本事诗·书感》:"白尚书姬人樊素善歌,妓人小蛮善舞,尝为诗曰:'樱桃樊素口,杨柳小蛮腰。'" ⑩ 狂狙(jū):凶恶狡诈,詈语。狙,猴子,引申为狡黠,诡诈。《战国楚·赵策三》:"兵固天下之狙喜也。"吴师道补注:"狙犹扬雄所谓狙诈也。" ⑪ 襄王庙:战国楚宋玉《高唐赋序》记楚怀王梦与巫山神女欢会后,为之立庙,"号曰朝云"。后世戏曲小说用此典故,常将听宋玉叙事的楚襄王与当事的楚怀王混为一谈。 ⑫ 跻忙作碌:苏州土话,忙乱。 ⑬ 滑:苏州方言的语助词,没有实在意义。 ⑭ 个没:苏州土话,那么。 ⑮ 正:此处的"正"不是正旦,而是"众旦"(简作"众")中的一个贴旦(另一个"占")。⑯ 佝:倷(nǎi)(或作耐)的俗写,苏州方言,你。 ⑰ 拉里:苏州方言,在。 ⑱ 贼介:苏州方言,这样。拉浪:苏州方言,在这儿。

梁冀听信相士万家春言语,决定紧闭大门,"与歌姬们同乐",以防刺客,岂料刺客早已在府中等待,邬飞霞冒充马瑶草进梁府,正是为报父仇而来。本出开场,邬飞霞一句"谁识荆轲是女孩",回应了前出梁冀的"聂政荆轲何处来",剧情接续紧凑自然。

果然,梁府歌姬招呼邬飞霞同去侍候梁冀,刺梁机会到了。梁贼以为"巫山四绕,有昆仑何处来飞到",他并不知道粉白黛绿中潜伏着杀机,但观众知道并且

期待着。如何引起并维系观众急切期待和持续紧张的心理，是戏剧的重要技巧，在此，剧本成功运用"抑制"和"拖延"的艺术手法，造成了强烈的悬念，使整个"刺梁"行动更加有"戏"。【石榴花】一曲是梁贼饮酒作乐场景的描绘，富于叙事性、动作性，恍见飞霞奉酒劝饮，梁贼痛饮狂欢，众歌姬轻歌曼舞的场景，"只见那柳榭花台，只见那柳榭花台，惊起那枝头睡鸟"句，勾画了朱门歌舞景象，暗示出时间的推移，语句舒缓而又暗含焦灼之意——刺梁良机何在？

这时，新的戏剧事件加入，外堂院子传来河东节度使简章进兵的机密情报。梁冀令歌姬回避，随之，不甘退下的邬飞霞"偷看"，又被梁冀斥退。这是十分富有戏剧性的场面，"刺梁"行动受到"抑制"和"拖延"，引起了观众的紧张心理——眼见刺梁行动泡汤，产生更急切的期待。但这只是作者略要欲擒故纵的手法而已。实际上，此一情节的加入，使刺梁行动更具可能性和合理性。终于，梁冀在阅报中不胜酒力醉卧案前，邬飞霞才得以用九天玄女所赐宝针刺死梁冀。此处不妨指出：刺梁前飞霞克服心理紧张的唱词："休得要怯怯吁吁，休得要怯怯吁吁，学做个逾墙为盗。"心理刻画恰到好处——点到为止，不作铺张——符合侠女身份和戏剧情景。"此时不下手，更待何时？"报仇心切、果断刚烈的侠女无暇作太多的犹豫和迟疑。

本出实际上分两大情节，一是邬飞霞刺梁冀，此为关键情节；一是万家春救飞霞，为关键情节的后续。如果说前一情节重在刻画侠女邬飞霞义勇刚烈的形象，则后一情节重在展现江湖相士万家春见义勇为、机敏老练的性格。

刺梁后，邬飞霞如何逃脱梁府？这需要安排合乎生活逻辑的情节。一方面，梁府院子断定刺客就在歌姬中，因而请相士万家春出来帮忙查找凶手。一方面，梁冀果然被刺，印证了万家春的相术高明。邬飞霞可谓命悬万家春之口，她的命运如何？顿时造成了新的戏剧紧张。

事实上，万家春也一眼看出邬飞霞是刺客，故"见旦惊介"。这一"惊"包含着微妙复杂的潜台词，既是发现刺客之"惊"，又是刺客居然曾经相识之"惊"。剧本此前有《鱼钱》一出，写酒店主赵图企图调戏前来催讨鱼钱的邬飞霞，恰被万家春撞见的情节（《相梁》中，万家春出场，说"前日子赵图个圈套，落拉我眼睛里子，逼俚写子一张甘责"，即交代了此事），这就使万家春搭救邬飞霞显得更加合情合理。

万家春救邬飞霞，有三大动作：第一，认出邬飞霞为刺客，急中生智，一阵胡乱指认，把嫌疑点从众歌姬身上轻轻转移，飞霞遂化险为夷。第二，当众院子和歌姬四处寻找刺客之际，万家春单独面对邬飞霞，直指其为刺客，也造成了剧情

的紧张。接着邬飞霞说明原委，万家春为救飞霞出虎口，又生一计，把梁冀的被刺坐实为“自裁”，并引发了梁府树倒猢狲散各自寻活路的局面。第三，救人救彻底，万家春怕邬飞霞孤身在路，未免别有风波不测，决定送邬飞霞到河东地界寻找清河王。三大动作的安排紧凑生动，气氛紧张，颇有一波三折之妙，观众心理随之由紧张而舒缓，而万家春的性格也由之得到层层皴染，一个热肠助人的外丑内美型的喜剧人物形象栩栩如生。

《刺梁》曲词文白相生，富于性格性、动作性、音乐性，是真正本色化的戏剧语言。同在歌舞筵席上，众歌姬唱【石榴花】，轻歌曼舞，富贵艳丽；侠女邬飞霞唱【黄龙滚】则感情激切，显出对杀父仇人的愤怒和报仇心切的情绪。【上小楼】一曲急促有力，显见在紧迫的情势下飞霞自陈的急切语气。“望救取虎穴出龙巢”，语气、神态在人耳目，情致逼真。而众歌姬四处逃散时所唱的【叠字犯】一曲，恍见一干弱女子仓皇惊慌景象。戏中之曲是本色语，曲中之戏富动作性，贴切自然，情景交融。王国维称许元杂剧的语言时说：“何以谓之有意境？写情则沁人心脾，写景则在人耳目，述事则如其口出是也。”用作此剧评赞，殊不为过。

《刺梁》是《渔家乐》一剧的高潮，情节安排紧张曲折，人物刻画栩栩如生，戏曲语言本色生动，舞台演出扣人心弦，因而三百多年来久演不衰，脍炙人口。

（刘汉光）

夺　秋　魁　　　朱佐朝

第二十一出　功　成　会　酌

（二中军引外上）

【探春令前】杯蔬一席晏英贤，试看谐姻眷。

（白）下官只为崔廷直之女，姻事未谐，昨日差中军探问，闻得牛将军尚无妻室，今日为此设下酒筵，特请他到此，试看他人品若何。人来，再去催请。（手下引生、净上）

【探春令后】听笙歌一派传音奏，（净）这都是虚文串头。（手下通报介）（外白）招讨请。（生）大人请。有辱恩相见招，恐拂台命，敢不趋从？但只一件，无可报效，感荷垂青。（外）深慕招讨忠义，牛将军英名，荒蔬草酌，聊屈叙议，万勿见哂。（生）贤弟，大人问你话，你怎么不言语？（净）你不叫我言语。（生）有问即对。（净）何不早讲？好说。（向外介）（生）大人，还有一事禀告大人，愚弟牛皋，生性粗卤，倘礼节不周，幸祈宽宥。（外）粗直无伪，正是英雄的气概，老夫正喜此辈。（净虚

白)(外白)看酒来。(同唱)

【八声甘州】英才壮颜,喜晏乐欢笑,绮席开筵。(净白)没酒么?(外)为何不斟酒?(中军)牛老爷干过了。(外)跪了。(生)愚弟干过了。(外)起来斟酒。(同唱)新笃佳酿[①],醁醽小饮花边[②],讴歌宛如行经前。宝鼎香焚袅篆烟,喧阗,听笙歌象板绵绵。

(净白)宗老大人,我要解手。(外白)中军,伏侍牛爷前去。(中军)晓得。(净白)我不要解手。你们酒房在那里?(中军)在那边。(净虚白)(同下)(外白)招讨,老夫还有一事相告:那理刑张世璘,前日招讨别后,即到敝衙,他有一女,年方及笄,尚未许聘。今见招讨奇伟,欲仰扳足下为东床[③],特央老夫为媒。我想此一段姻缘,实是相对,足下幸勿固辞。(生)末将母子,皆赖恩相与张大人之恩,何敢扳附丝萝[④]?恐辱门楣[⑤],有玷世族。(外)吾见招讨,文能治国,武可安邦,他日之显爵,岂在吾辈之下?今日一言已定,待老夫回覆他,择定吉期,送过成亲便了。请你牛爷来上席。(中军)请牛爷。(中军引净上)(外、生、净仝唱)

【前腔】丝弦重整调再选,乍见那溶溶夜月东悬。庭槐鸦宿,沸声惊不成眠。(外白)招讨,老夫见牛将军这个光景,必定是个海量。平日所饮几何?(生)原不是大量,平昔但饮几杯强酒,也不足称。(外)岂有此理,必竟是妙的。将军也能饮几何?(净)吃是原不会吃的,这样大坛,也只好吃得十来坛的光景。(外)妙!古来为大将者,顿餐斗米,食肉数斤,酒为止渴之常。就是今日大杯,不足将军之饮。人来!(中军)有。(外)将里面大小坛,俱抬出来,放在席间。(生)恩相,这使不得,只此大杯足矣,何敢泼饮起来?(外)今日筵前,并无外客,老夫请招讨与牛将军,原要尽欢。若不醉归,只道老夫怪吝了。抬酒过来!(生)这个断然不敢。(净)大哥,古来放债图利,吃酒图醉。今日大人请我们,若是不吃,只道你我有怪大人了。拿过来!(中军取坛介)(外)牛将军真非等闲可比,(唱)粗豪直量无隐瞒,(净)坛大须教一口干。(外唱)姻缘,这丝萝定结鸾笺。

(净白)多谢了。(笑下)(生白)大人告辞了。今日牛皋放纵,岳飞率领前来,踵门谢罪。(外白)不敢。今日此宴,老夫原要观看英雄本色。今见他勇而无伪,量如沧海,真乃是一员福将。明日是个吉

日,待老夫送过成亲便了。(生)谨领大人尊命。只是受此大恩,末将等捐躯难报。(外)何出此言?(生)正是:不因渔父引,怎得见波涛?

〔注〕 ① 篘(chōu):滤酒。 ② 醁醽(lù yǐ):亦作绿蚁,酒面上浮起的浅碧色浓汁浮沫,多代指美酒。 ③ 东床:晋王羲之在太尉郗鉴派人来王家相亲时,不管其他族中兄弟如何作态,自己独自袒腹东床,神情潇洒,赢得郗家的好感,娶了郗家的女儿。后世因以"东床"代指佳婿。 ④ 丝萝:菟丝与女萝,两种攀援植物,古时常用丝萝攀乔木比喻生活有所依托。 ⑤ 门楣:犹言名门。

朱佐朝与朱𨊼(素臣)为兄弟,时称"二朱"。作剧三十三种,今存二十种,《夺秋魁》是其代表作之一,全剧共二十二出,写岳飞故事,取材于熊大木《武穆王演义》及邹元标《精忠全传》,中多与史传不相合的虚构内容。剧情梗概如下:清明时节,岳飞祭扫父亲之墓,请母亲姚氏同往。王贵、牛皋二人素慕岳飞之名,前来相投,三人结成异姓兄弟,并共约前往应武闱秋试。此前,岳飞之母曾刺"精忠报国"四字于岳飞之背以励志。在武场上,小梁王柴贵自恃勇悍,立生死文券,摆下擂台,声称能胜自己者即为武状元。王贵、牛皋比武皆败,岳飞前往,失手将柴贵打死,被下狱中,准备处死。王贵、牛皋与姚氏击鼓鸣冤,监考官张世璘指点岳飞求助于宗泽。宗泽义释岳飞,且荐其为招讨使,派往洞庭湖征讨杨么。岳飞率王贵、牛皋前往应敌,大获全胜。由宗泽作伐,张世璘将女儿嫁与岳飞。而出使金国全节自尽却招秦桧诬害的崔纵,有女崔莲玉,曾在牛皋落难时赠以衣帛,亦嫁牛皋为妻。岳飞、牛皋两谐伉俪,欢喜不尽。

《功成会酌》处于全剧的尾声部分,是颇为活泼、富有喜剧色彩的一出戏,这在此剧中是独一无二的。因为有了这一出戏,使全剧有了一个轻松愉快的结尾,而此出戏本身也具有较突出的特点和价值,在此之前,剧中的主要矛盾已基本解决,主要情节已表现完毕,这里再一次表现主要人物的性格特点、命运结局等,给人留下比较深刻的印象。与全剧各出的篇幅相似,这出戏也比较短,情节相当简单,出场的人物不多,重点不在于表现戏剧矛盾、展现戏剧冲突,主要是通过比较简单的情节,充分展现主要人物的不同性格特征,形成一种明快爽朗的风格特点。出场的主要人物有三个,即生扮岳飞、净扮牛皋和外扮宗泽,作品主要通过三人具体的言谈举止和彼此之间的映衬对比,来显现各自的音容笑貌。

在这出戏中,宗泽作为上司和宴宾的主人,并无平日的威严高傲,而表现出足够的热情与诚恳,这从他细心周到地招待岳飞和牛皋的全过程中表现得非常充分。宗泽的言语、行动无一不符合他的身份和性格,特别是从对牛皋的奇异表

现的态度中，更能看出宗泽对两位客人的诚挚和宽厚之情。另一个主要人物岳飞，既是宗泽的下属和客人，又是牛皋的上司和兄长，且由生来扮演，作为传奇剧本中最重要的男角人物，与其他二人相比，他的表现就要稳妥、周到得多，既要表现出作为下属的谦恭和作为客人的礼貌，又要表现出作为上司和兄长的威信，要时时注意自己异姓兄弟牛皋的言行，对他有失分寸的言语与做法及时更正和解释，在宗泽和牛皋之间，必须发挥调节和联系的作用。另一个主要人物、也是此出戏中最重要的人物牛皋，除了念念不忘、想方设法争取多喝一些酒以尽兴之外，他什么也不关心，性格表现得极为鲜明。他天真耿直，莽撞坦率，粗豪滑稽，也不乏那么一点点机巧，使人觉得他是如此的憨厚可爱，给人留下极其深刻的印象。本出戏的喜剧气氛、滑稽色彩也主要是通过牛皋的表演来展现的。

这出戏篇幅不长，但随着牛皋的出场，轻松滑稽的喜剧气氛就开始了，直至这一情节单元结束。岳飞带领牛皋前来赴宴，刚一见面，当宗泽与岳飞二人正在寒暄客套时，牛皋却一声不吭，直到岳飞告诉他当“有问即对”，他才开始说话。原来，在接到赴宴邀请之后，深知牛皋性情的岳飞曾和母亲姚氏商量，有意不让牛皋前往，直到牛皋答应岳飞三件事之后，才被允许赴宴。这在第二十出《母子议饮》中已有交代：“（生）你既要去，要依我三件事。（净）那三件？（生）我若看你，方可吃一杯，我不看你，不许吃。（净）第二件？（生）第二件，你若没规矩，我咳嗽一声，你就留心遮掩。（净）第三件？（生）第三件，席上不许你多言。”这实际上为下文的情节展开和人物表现做好了铺垫。果然，到了宗泽府上后，一个意想不到的情况又出现了，牛皋一旦开口说话，嘴上就没有了遮拦，他根本不理会任何礼仪，当说不当说，说话的分寸，全都不在他的考虑之列，原来的约法三章此刻已被忘得一干二净，于是就造成了愈来愈浓重的喜剧气氛。甫一落座，牛皋就急不可待地问：“没酒么？”原来不知什么时候他已将眼前的酒喝掉了。随后，牛皋更说出了让人忍俊不禁的话：“我要解手。”又立即改口道：“我不要解手。你们酒房在那里？”由此愈发可见牛皋此时心中想的只是喝酒，觉得喝得不过瘾，才想起要以解手为借口，找到酒房里去喝。他的豪爽粗犷、任性自由又有一点机巧的性格表现得相当充分。宗泽询问牛皋“平日所饮几何”，岳飞急忙代为回答说“原不是大量”，这时牛皋的回答不仅出人意表，而且颇带有几分幽默感：“吃是原不会吃的。这样大坛，也只好吃得十来坛的光景。”最后宗泽命人抬出大酒坛来，牛皋更是当仁不让，说罢“古来放债图利，吃酒图醉”之后，就索性“坛大须教一口干”起来。这里通过言语、喝酒及其他行动，很好地表现了牛皋的个性，也使整出戏具有了轻松滑稽的气氛，喜剧效果也由此集中地表现出来。

这出戏中的岳飞，在宗泽面前表现出必要的礼貌，对牛皋的言行予以解释说明，在三个主要人物中处于中间位置，起到调节缓冲的作用。此外还有一件重要事情，就是听宗泽作媒定亲。相比而言，岳飞在这出戏中的表现较之牛皋要逊色许多。固然他的言行中规中矩，反映出他性格审慎严谨，但不能不说，他在这出戏中的表现只是平平，未见精彩之处。当宗泽介绍婚事时，他也只是说了几句这样的应酬话："末将母子，皆赖恩相与张大人之恩，何敢扳附丝萝？恐辱门楣，有玷世族。"假若使岳飞的戏稍多些，让他的表现更充分些，或可弥补这一不足。

从体制上看，这出戏的说白明显地占据了主要部分，而曲词则显得不那么重要了，均采用相当短小的曲牌，而且所占比例也很小。这种情况与全剧的体制特点也相一致。这其实反映了清代传奇发展过程中的一个重要变化，即说白的加强和曲词的相对弱化趋势。

（左鹏军）

艳　云　亭　　　　朱佐朝

第十五出　放　　洪

（末上唱）

【滴溜子】神明的，神明的，将咱唬倒。平章的[1]，平章的，教人懊恼。险些无辜年少。救人须救彻，神天可表，待施妙手援救多娇。

（白）我毕泓昨奉相府差遣，要杀洪绘。岂知上有神灵显应，险遭阴谴[2]。可见人间私语，天若雷闻。因此我顿起善心，竟做了一桩好事，到把那洪生放走。只恐他妻子萧惜芬，因相府谕单上不容放出，尚在仪制司内，目下定有风波不测，性命难保。若非我去救他，怎能浦珠重合[3]，破镜重圆[4]？令箭在此，等我去赚他出来，救他一命，有何不可？来此已是衙门了，管绣女班房官有么？（小生上）出入公衙地，传宣起惮劳。呀，毕先生到此怎么？（末）特奉太师爷钧旨，有令箭在此，吊取萧惜芬进相府有话。（小生）如此待卑职取令箭，进去禀知老爷，随即领出来便了。（末）相府立等。（小生）晓得。（下）（末）我想瞽目先生说我今日有白虎临身之祸[5]，想应在此时了。且救他出去，我自有计策。（小生领旦上）毕先生，萧氏在此，交与先生领去。（末）堂上可曾禀明？（小生）令箭收在此，老爷少间见相府缴，先生去罢。奉令归全璧[6]，开笼放雪衣[7]。请了。

(下)(末)小姐随我来。(旦)尊官那,这些众女子俱已释放,如今教我又随你到那里去?(末)这里不是讲话的所在,快随我来。(旦)阿呀,偏是奴家有许多不了之事!(末)小姐,我且问你,那洪绘是什么人?(旦羞)是丈夫。(末)呀,果然是你丈夫!小姐,你还不知其故,那洪绘因闻被选,那日呵,

【降黄龙】正值驾幸钧天对[8],疏陈情怒触权豪。(旦)那权臣是谁?(末)就是王钦若。(旦)吓,他便怎么?(末唱)他便心怀奸狡,要将他觅迹寻踪,一命餐刀。(旦)阿呀,那洪绘可曾杀么?(末)幸喜相府即着我毕泓,(唱)昨日在诸葛神庙,两下里相逢凑巧。(旦)如此尊官怎生发放了?(末唱)我为念冤情,将他失放,海天飞鸟。(旦)将他放去了?(末)果然放去了。(旦唱)

【前腔】尊官你生超,命夺刀头,镂骨铭心粉身无报。(末)小姐请起,不须拜谢。(旦)请问尊官,众女子俱已释放,独留奴家,却是为何?(末白)小姐,有个缘故,只因相府与你家做下对头,此番不是要玷污你身名,定然害你的性命了。(旦惊)吓,要害我的性命么?(末)正是。(旦跪)阿呀!尊官吓,可怜救我一命吓!(末)小姐起来,不须着忙。我因你无辜受害,逗起我一腔义胆侠肠,今借相府令箭呵,(唱)将你赚取,脱牢笼,机关非小。(旦)阿呀!尊官吓,若得如此,就是重生父母了!(唱)难消,恩山义海,结草衔环当效[9]。(末)小姐说那里话?(唱)但愿你身离虎口,不负今朝。(旦)大恩人,如今可领奴家回去么?(末)阿呀!小姐,我今将你赚出,不过一时权变,少不得那时露出机关,必然另行追捕。回家二字,你且休想。(旦)恩人吓,如今教奴家往那里去?(末)小姐,你如今俱站在死地,为今之计,小姐若要保全性命,(滚唱)须学做痴颠没下稍,须学做痴颠没下稍,时哭时还笑。倘有人盘问,莫把姓名心事他知道。(旦)阿呀!恩人吓,奴家羞答答,怎生打扮?谁像个痴颠的?(末)小姐,事到如此,还顾得羞耻么?我为小姐逃生之计,带得破衣破帽在此,你急须断发毁形,瘸行瘫走,那些人方不认得。倘有急难,可到诸葛庙,有一瞽目先生,你去求他相救,自然与你保全性命。衣帽在此,收下了。(旦)阿呀!恩人吓,多蒙嘱付,奴家要全性命,敢不遵命?只是恩人回去,王钦若追究令箭根由,可不遗害于恩人么?(末)小姐,我的念头定在此了,我毕泓虽

则身为贱役，原是戴发含牙的汉子，这颗头颅，常思血淋淋提赠英豪。今日救你前去，明知我有祸无福，若怕死贪生，这事也不做了。我毕泓呵，（唱）这颗清白头颅，不受权臣轻藐。（白）小姐，那边有人来了。（旦看介）（末）我事头轰烈烈归家早。（刎下）

（旦）阿呀！恩人吓！

【前腔】你云天义气高，你云天义气高，视死何足道。杀身以成仁⑩，淋漓血溅荒郊草。（白）阿呀！王钦若奸贼吓！（唱）你害得我入地无门，天不可叫。我这剩残躯，没爹儿将谁靠？（白）罢，罢，说不得，且到前面去，将青丝尽行割下，穿了这破衣，妆作痴颠而行便了。

【尾声】再将尘灰抹倒花容貌，羞杀我妆模做乔，（白）阿呀！恩人吓，望你灵魂护佑我萧惜芬，（唱）愿你流芳名姓标。（下）

〔注〕 ① 平章：原意为品评，唐宋时宰相例加同中书门下平章事衔称。此指王钦若。② 阴谴：犹冥报，暗中受到鬼神的惩罚。按：原抄本谴误作遣，径改。 ③ 浦珠：合浦之珠。《后汉书·孟尝传》："迁合浦太守，郡不产谷实，而海出珠宝，……先时宰守并多贪秽，诡人采求，不知纪极，珠遂渐徙于交阯郡界，……尝到官，革易前敝，求民病利，曾未逾岁，去珠复还。"后因以"珠还"（剧中则谓"珠合"）喻失而复得。 ④ 破镜重圆：唐孟启《本事诗》记南朝陈将亡，驸马徐德言与乐昌公主破一铜镜，各执一半，期一旦战乱分离后能凭此重认。后乐昌公主入越国公杨素府，徐德言凭破镜两合而知之，题诗倩人呈公主，事为杨素所知，遂放公主与徐重新团圆。 ⑤ 白虎：白虎星，星相家所说的一种凶神，遇之大凶。 ⑥ 全璧：战国时秦王求以十五城易赵之和氏璧，赵遣蔺相如持璧赴秦。他见秦王但思得璧无意偿城，怒发冲冠，欲击碎玉璧，秦王无奈，只得让他完璧归赵。按：原抄本璧误作壁，径改。 ⑦ 雪衣：雪衣女的简称，指白鹦鹉。《太平广记》引唐胡璩《谭宾录》："天宝中，岭南献白鹦鹉，养之宫中。岁久，颇甚聪慧，洞晓言词，上及贵妃，皆呼为雪衣女。" ⑧ 钧天：本义是天之中央，此为剧中地名钧天谷。⑨ 结草：典出《左传·宣公十五年》："魏武子有嬖妾，无子。武子疾，命（其子）颗曰：'必嫁是。'疾病，则曰：'必以为殉。'及卒，颗嫁之，曰：'疾病则乱，吾从其治也。'及辅氏之役，颗见老人结草以亢杜回，杜回踬而颠，故获之。夜梦之曰：'余，而所嫁妇人之父也。尔用先人之治命，余是以报。'"衔环：典出《后汉书·杨震》李贤注引《续齐谐记》："宝（杨震父杨宝）年九岁时，至华阴山北，见一黄雀为鸱枭所搏，……宝取之以归，置巾箱中，唯食黄花，百余日毛羽成，乃飞去。其夜有黄衣童子……以白环四枚与宝：'令君子孙洁白，位登三事，当如此环矣。'" ⑩ 成仁：原抄本"仁"作"人"，径改。

《艳云亭》上下卷，共三十二出，《曲海总目提要》谓"其事皆子虚，无故实"，盖为作者自撰故事。剧情梗概如下：宋时西秦，有洪远、洪绘兄弟，洪远在家习武，洪绘游学于外。好友鲍卜明推荐洪绘诗稿于枢密使萧凤韶，萧凤韶有意招洪绘为婿，约其面试才学人品。差人接洪绘入萧府时，适值洪绘赏梅醉酒未醒。萧凤

韶因事外出未归，女儿惜芬以梅花诗索和，洪绘随口吟出，惜芬倾慕不已。萧凤韶归见洪绘醉酒，即怒罢亲事，将其逐出。太师王钦若在钧天谷设艳云亭，在民间选美女以悦真宗，萧凤韶上书弹劾，王钦若惑君黜逐萧凤韶等人。西夏李元昊反叛，王钦若为报私仇，荐萧凤韶率兵征剿，且征萧惜芬拟送艳云亭，幸洪绘写本拦驾将惜芬救出。王钦若派毕泓追杀洪绘，得术士诸葛暗相救。毕泓恨王钦若之奸恶，同情洪绘、萧惜芬遭遇，遂义释洪绘，且劝惜芬乔装改扮、装疯卖傻以保全性命，随即自刎而死。萧凤韶于许州迎战李元昊，七次上书求援，王钦若皆置之不理。洪远辞乡寻弟，路遇女子上官琼珠并成婚。皇帝令王钦若统兵征讨李元昊，部下将官逃散，王钦若亦被萧凤韶旧部所杀。洪远、洪绘共助萧凤韶大败李元昊并杀之。鲍卜明假充洪绘为官，后被识破。最后真宗封洪远为征西大元帅，上官琼珠为督府夫人，洪绘为许州按抚，萧惜芬为宜阳郡夫人，萧凤韶加官参知政事兼枢密院事。

《艳云亭》所反映的尖锐的善恶冲突、忠奸矛盾在《放洪》一出中得到了充分的表现。这出戏虽然情节并不复杂，也没有正面表现善恶忠奸的对立，但是从毕泓的内心冲突和外在行为中，从落难女子萧惜芬的命运转变中，都间接地反映了贯穿全剧的惩恶扬善、褒忠贬恶的道德精神。随着情节的推进，本出戏中的两主要人物毕泓和萧惜芬的性格与命运也逐渐展开，特别是毕泓的正直善良、坚毅刚强的性格得到了最充分的展现。

毕泓是王钦若派来追杀洪绘和萧惜芬等人的，本来应是一个为虎作伥、令人生畏的角色。但是，随着剧情的发展，毕泓性格中隐藏着的另外一个侧面、也是更为重要的侧面即有正义感、有气节的高尚精神就逐渐表现出来了。这在第十四出《杀庙》中已经表现得相当充分，他在得知洪绘的冤情之后，果断地释放了本该杀掉的洪绘，使得已经穷途末路的洪绘再一次获得了生机。本出戏一开始就接续着上一出的情节，简单交代释放洪绘一事之后，仍是通过毕泓之口，自然地转换到处境极其危险的萧惜芬的命运上来。作为一个落难中的女子，她自救的能力比一般男子要小，危险性也就很大，对这一点毕泓有着清醒的认识："目下定有风波不测，性命难保。若非我去救他，怎能蒲珠重合，破镜重圆？"毕泓采取智取的方法，以王钦若要问萧惜芬话为借口，用相府令箭将萧惜芬带出，向她说明诬陷坑害洪绘、萧惜芬两家的奸恶权臣就是王钦若，洪绘已被自己释放并获得了生路。萧惜芬虽被救出，但并没有完全改变她危险的境遇，因此毕泓随后又为走投无路的萧惜芬指出了一条生路：绝对不可以回家，要保全性命，只有装痴作傻、断发毁形、瘸行瘫走，将心事和仇恨深深埋藏，不让任何人知道。为了便于装

疯隐藏，毕泓甚至为萧惜芬准备好了破衣破帽。最后毕泓还告诉萧惜芬，如遇危难，可以去向庙中的诸葛暗求救。这番交代，不仅证明毕泓是“戴发含牙的汉子”，是一个有正义感、善恶爱憎极其分明的义士，而且表现出毕泓为人处事的细腻和周到。他为救助萧惜芬，把一切需要考虑的东西都考虑到了，把所有该做的事情都做好了。

毕泓这样做，洪绘和萧惜芬的危险境况和不幸命运自然有了根本性的转变，但是他自己的危险却是愈来愈大。萧惜芬不能不担心因为自己和洪绘而连累了毕泓，当她满怀感激关切地询问毕泓该如何面对他自己的艰难处境时，毕泓的回答坚毅果断、毫不犹豫：“这颗清白头颅，不受权臣轻藐。”看来毕泓早已做好了最后的准备，为了转移萧惜芬的注意力，他故意说：“小姐，那边有人来了。”随后自刎而死。作为王钦若的部下，毕泓一出场就面临着忠奸的考验、善恶的冲突，随着剧情的发展，这种冲突愈来愈尖锐，这种考验也愈来愈严峻。如果说义释洪绘是毕泓身份转变和人格升华的第一步，救出萧惜芬并为她做好安排是第二步的话，那么，在交代好一切事情之后自刎而死，就是毕泓体现刚烈性格、实现崇高品质的第三步，也是最后一步。至此，毕泓这个原本为王钦若鹰犬的形象发生了本质上的彻底的改变。这种转变的意义是重大而深刻的。从毕泓的性格发展来说，这是一个逐渐展开、不断深化的过程，表现了他的灵魂冲突，写出了他的性格深度，也反衬出王钦若的作恶多端、失道寡助；从戏剧情节来看，毕泓的行为不仅有力地推动了情节的发展，而且使戏剧更富悬念，更富变化，更加跌宕起伏、引人入胜；从戏剧冲突来看，毕泓悲壮崇高的表现不仅使贯穿全剧的忠奸善恶冲突空前尖锐，给人惊心动魄的震撼，而且具有昭示忠奸善恶双方力量转化的意味。尽管毕泓之死不免让人感到可惜，但是其中蕴含的正义的力量却会让更多的人认识到王钦若必将恶贯满盈。戏剧冲突在这里达到了一个高峰，也在这里发生了一次重要的转变。尽管洪绘、萧惜芬等人仍会遭遇一些艰难险阻，但是黑暗即将过去，光明就在前面。

这出戏对处境凶险、无计可施的萧惜芬的形象刻画，虽不及描写毕泓那样浓墨重彩，但这一女性的性格还是得到了比较充分的表现，也给人留下深刻的印象。概括地说，在毕泓言行的感召下，本出戏中的萧惜芬经历了从懵懂到明白、从犹豫到果敢、从彷徨到坚毅的性格转变和心理变化过程。她从“有许多不了之事”，到明白王钦若就是心怀狡诈的奸贼；从担心洪绘的命运到知晓他已转危为安；从准备回家躲避到明白必须装疯卖傻以避祸患；从担心因自己而连累毕泓到为他的义烈之举、悲壮之行所感动；凡此种种，都表现了萧惜芬复杂的内心世界

和多种性格侧面，使得这一人物形象颇为丰满。

尽管关注道德伦理、表现忠奸善恶是中国传统戏曲的常见主题，明辨忠奸善恶，甘于舍生取义的人物形象在中国传统戏曲中也不难见到，但是《艳云亭》的《放洪》一出中的毕泓还是给人留下了深刻的印象。本出戏的情节虽然并不复杂，但是营造的戏剧气氛、表现的戏剧冲突、塑造的人物性格却都是相当出色的。在朱佐朝的戏曲中，可以说《艳云亭》是场面阔大、情节紧凑、冲突尖锐、人物生动、风格明快的重要作品之一，此剧的许多场次从不同方面表现了这些特点，《放洪》就是反映此剧整体风格的有代表性的精彩片段之一。 （左鹏军）

【戏曲家小传】

朱 㿥

(1620？—1701后) 字素臣，号笙庵，以字行。吴县(今江苏苏州)人。与朱佐朝为兄弟，系苏州派剧作家中重要一员。擅写公案戏与爱情戏，所作情节曲折，结构紧凑，注重人物性格的刻画，语言生动，是真正的场上之曲。所作传奇十九种，今存《十五贯》、《未央天》、《秦楼月》、《翡翠园》、《锦衣归》、《聚宝盆》、《文星现》、《朝阳凤》、《万年觞》、《龙凤钱》、《四大庆》(与丘园、叶时章等合作)、《四奇观》(与朱佐朝等合作)。另与李书云合编《音韵须知》，协助李玉校订《北词广正谱》。诸作中以《十五贯》最著名，《秦楼月》、《翡翠园》亦为代表作。

十 五 贯

朱 㿥

第七出 陷 辟[1]

【破阵子】(末冠带，副吏、丑门子、老杂皂隶喝上)(末)十年窗下揣摩成，早年甲榜荣登[2]。河阳春色权支领[3]，伫看万里功名。

下官山阳县正堂过于执是也。十年辛苦，七品恩荣。立心不染苞苴[4]，矢誓勿容情面。到任之日，便将板对一联，钉上堂柱。那对联两句"爱民犹子，执法如山"不知被那个狗弟子，暗地里续上几字："爱民犹子，牛羊父母，仓廪父母[5]，供为子职而矣已；执法如山，宝藏兴焉，货财殖焉，是岂山之性也哉？"好恼！好恼！一时受人轻薄，决意要做清官。凡有词讼，一概秉公审理。且喜三年任满，注作上考[6]，升为常州理刑，交代在即。昨有告状人冯玉吾投

词，为奸杀事。谋弑亲夫，地方大变。随于今早票发[7]，官坛检验已过。此际午堂时分，正好细细研鞫。左右，开门抬听审牌出去。(众应介)分付把奸杀一案有名人犯，一齐带进来。(众应介)(带小生、小旦、净上介)

【引】(小生)投水屈原是屈，杀人曾子何曾？

(末)听点！原告冯玉吾。(净应介)被告熊友蕙。(小生应介)侯三姑。(小旦应介)地邻余在泉等。(众应介)在下边伺候。(众应介)原告跪过一边。唤那熊友蕙上来。(小生)小人有。(末)熊友蕙，看你斯文体态，必然明理知书。据这状词看来，你与侯氏既已私通于前，复行窃盗于后，今又同谋下毒，立弑亲夫，这个罪名所犯不小！真赃已获，你到此还有分辩么？(小生)爷爷容禀：

【风入松】闭门矻矻自穷经，(末)你读书人，偏干此犯法的事。(小生)老爷，小人闭户读书，从不解偷香行径。(末)据你说，奸情事一些也没的了？这金环是何处得来的？(小生)小人架上抽书，偶得此环，只道天赐寒儒，那知是他家故物么？爷爷，爷爷明鉴万里，若是侯氏私赠，小人怎么反到店中露目起来？敢把真赃自抱窥同井，难一概捕风捉影。(末)胡说！难道这环儿会插翅飞来的么？据状词上说：侯氏迁房，你也迁房内进。可不是两下通情，同谋惨杀么？(小生)爷爷，这是那里说起？小人正为邻房通近，礼当远嫌，奉哥哥之命，把书室暂迁往内，不料他家不约而同，可可也是这日迁房进内。致锦郎身死情由，小人分毫不知。若要诬陷同谋，真正是冤上加冤了！爷爷，当不起寸磔罪名[8]，爷爷，须悬镜望超生！

(末)下去。侯氏上来。(小旦)有。(末)据说锦郎面目奇丑，此女自不安心。冶容诲淫，信有之矣。侯氏，你把通奸始末，并致死原由，一一从头细细实说。若有半字支吾，人来，刑法伺候了！(小旦)爷爷，冤枉！小妮子呵，

【前腔】深闺似海未许一尘生，敢卖风情胡逞？(末)赃证已实，这奸情事再没得讲了。只是人命关天，你却如何下手？自是与奸夫同谋的了。(小旦)爷爷，没有这样事！小妇人与熊生虽隔一墙，从未识面。同谋事情，何不路途暗害，反谋死自己家里么？爷爷，无从谋约通名姓，怎造得关天人命？(末)本县早上检验尸骸，分明是你毒药致死。

锦郎进房时安然无恙,顷刻间便中毒而亡。明为索取宝钞,无有交还,一时语言斗殴,故将毒药灌入。这可是么?(小旦)那有此事?可怜小妇人呵,手纤纤缚鸡未能,为甚蹈法网自轻生?

(末笑介)据你说,一些相干是没有的了?本县莅任三载,片言折狱,略有矜疑,无不虚心研审。今日这桩公案,可也再无疑惑的了。侯氏天生冶容,锦郎身带残疾,心多怅望,邻有少年,再无有不做出来的道理。熊有蕙上来!你迁房进内是一证,赃露金环是一证,登时中毒是一证。不要说是本县,就是三岁孩子,可也瞒他不过。你们还要抵赖到那里去!(小生、小旦)青天爷爷,冤枉!(末怒)唗!胡说!打!(打小生、小旦介)

【急三枪】怨村郎,怜宋玉,钻穴隙,只这奸近杀,是真情。

(小生、小旦)实是冤枉!(末)不招,拶起来!(小生、小旦)冤枉难招!(末)你欺本县三日京兆[⑨],希图徇情么?看夹棍来!(小生)呀,爷爷,受刑不起了,小人愿招了!小人与侯氏呵,

【风入松】风挑月窃两心倾,不合同谋戕命。(末)侯氏,你怎么说?(小旦)爷爷,小妇人受刑不起,情愿招认了毒死亲夫之罪。若说熊生通奸,不忍牵害无辜。(末)到此地位,还要怜惜汉子么?(小旦)一杯鸩酒我亲持赠,怎屈陷闭门孙敬[⑩]?(末)胡说!没有通奸,并无弑夫之事了。熊生既已招成,你还要强辩怎么?该吏取供画了!(小生、小旦)那头直上少甚苍苍证明,偏这覆盆下日光暝!

(末判介)熊友蕙因奸致死人命,依律问斩。侯氏谋弑亲夫,依律问剐。宝钞十五贯,立限追比给主[⑪]。该吏连夜叠成文卷,申详上司便了。各犯带去收监,原告地邻召保。(小生)大哥,可怜嗄!死罪招成了也罢了,方才说宝钞十五贯追比给主,这个那里来的还他?(差人)这个是你自作自受,那个怜惜你!(小生)阿呀,皇天嗄,皇天嗄!

【急三枪】血空溅,阍难叩[⑫],甘万剐,这便是偿宿债,了今生。(下)(皂)禀老爷:有抚院差官求见。(末)请来。(生)扬眉浥清露,翘首依白云。(见介)(末)贵差何来?(生)奉都爷之命,道太爷终任清廉,具本扬荐,已奉俞旨,升任常州理刑。今因衙门事繁,差人星催赴任。该府各役,现在门外迎接。(末)上台知遇之恩,不可少负。贵差官先

行,本县即刻走马赴任。一面着该房造册交盘,另日发舟迎接家眷便了。(生)如此恭候。(末)分付接官人役,上堂相见。(众上见介)直隶常州府理刑,吏、书、门、皂叩老爷头。(末)分付摆齐执事,就此起马。

【风入松】居官惴惴似持盈⑬,刚博得考成上等。骅骝又向毗陵骋⑭,忘不了弦歌四境⑮。飏西风悠悠旆旌,须努力干功名。(同下)

〔注〕 ① 陷辟:陷入法网。辟,法。 ② 甲榜荣登:指考上进士。进士一甲三名,赐进士及第,二甲若干名,赐进士出身,三甲若干名,赐同进士出身。 ③ 河阳春色:河阳,旧县名,治今河南孟州市西,晋潘岳曾官县令,一县广栽桃花。北周庾信《春赋》:"河阳一县并是花,金谷从来满园树。" ④ 苞苴(jū):指贿赂。《荀子·大略》:"苞苴行与谗夫兴与?何以不雨至斯极也?"杨倞注:"货贿必以物苞裹,故总谓之苞苴。" ⑤ "牛羊"二句:语出《孟子·万章上》。此处"父母"借为父母官之"父母"。 ⑥ 注作上考:考核列为上等。 ⑦ 票发:签发批文。⑧ 寸磔(zhé):寸寸碎割,即剐刑,古代的一种酷刑。 ⑨ 三日京兆:当作"五日京兆"。《汉书·张敞传》载张敞为京兆尹,受杨恽案牵连将罢官,令贼捕掾絮舜办案,絮舜故意拖延,说:"吾为是公尽力多矣,今五日京兆耳,安能复案事?"张敞恨其负己,收絮舜入狱,治成死罪,并对他说:"五日京兆竟何如?" ⑩ 孙敬:汉人,以刻苦读书闻名,夜读则以绳结发悬于梁上,以制眠意。尝入市,人皆曰:"闭户先生来也。" ⑪ 追比:限期交纳税赋,此为追回之意。 ⑫ 阍(hūn):门,此指官门。阍难叩,谓冤情难以上达天听。 ⑬ 持盈:拿着装满水的器皿,比喻小心谨慎。 ⑭ 骅骝:周穆王八骏之一,后多代指骏马。毗(pí)陵:即常州。 ⑮ 弦歌四境:《论语·阳货》:"子(孔子)游武城,闻弦歌之声。夫子莞尔而笑,曰:'割鸡焉用牛刀。'子游(孔子弟子,时为武城宰)对曰:'昔者偃(子游名偃)也闻诸夫子。曰:君子学道则爱人,小人学道则易使也。'子曰:'二三子,偃之言是也。前言戏之耳。'"

《十五贯》系清初苏州著名剧作家朱皠(素臣)的作品,剧本以明代清官况钟为中心人物,着力歌颂他的严明执法。故事从熊友蕙与冯锦郎的童养媳侯三姑这一对青年男女展开。他们彼此本系邻居,但并没有什么交往。某夜侯三姑的首饰与十五贯钱被鼠拖走,而正好冯锦郎又误食鼠药中毒身亡。山阳县知县过于执自以为是,不认真研究案情,草率地断为熊、侯通奸,故而毒死冯锦郎,遂判两人死刑。此时无锡乡民游葫芦筹资十五贯拟开肉店,天亮前惯偷娄阿鼠入室行窃,被游发觉,娄一不做二不休,将游杀死,攫十五贯溜走。而当夜游葫芦入睡前与养女苏戌娟开玩笑,谓已将其卖与富家,换得十五贯钱,苏戌娟信以为真,夤夜出逃奔姑妈家。适熊友蕙之兄熊友兰从江西携款十五贯来探望其弟,熊、苏两人途中相遇,遂同行一程。此时公差赶至,武断地认为人赃并获,将两人扭送官府。公堂提审,被断为男女通奸、谋杀游葫芦,窃取十五贯私奔。于是均被拟处死刑。熊、苏二人再三辩解,过于执不予置信,认为铁案如山,无可怀疑。此二案

经巡抚江南诸府的周忱复审后，报刑部核准，交苏州知府况钟执行。况钟夜梦二熊向之诉冤，醒后思索，感悟二熊实即熊友兰、熊友蕙兄弟，看来案情不实，真相未明。乃冒丢官之风险，夜见周忱，请予重审。初周忱不允，经况钟力争，周忱始勉强应允。况钟踏勘现场，发现种种疑窦，又通过为娄阿鼠测字，初步认为娄阿鼠语无伦次而神色仓皇，有杀害游葫芦的重大嫌疑。以此为突破口，真相逐步弄清。最后熊友兰、熊友蕙、侯三姑、苏戌娟均无罪释放，娄阿鼠则被明正典刑。

因有况钟夜梦双熊情节，故《十五贯》一剧也叫《双熊梦》。作者系以宋人话本《错斩崔宁》(《醒世恒言》作《十五贯戏言成巧祸》)为故事之框架，但又另增加了另一冤案，双线交织进行，最后集中到况钟身上而一并予以平反。

此剧情节结构相当周密，前后均有呼应，故事则曲折而富于吸引力。况钟历史上确有其人，在明代宣德年间出任苏州知府，政绩卓著，届满后又两次连任。直到清初康熙、雍正前后，苏州仍有多处况公祠，香火不绝。

《十五贯》歌颂况钟为民请命的精神，刻画了他办案重视调查研究获得第一手材料，发觉冤情敢于向上司据理力争的事迹。而山阳知县过于执的凭主观臆测作结论，巡抚周忱的多一事不如少一事，对人命视作儿戏，显然又是封建社会中典型的官僚作风。应该说除了贪官污吏之外，过于执、周忱这两个不同的艺术形象，在古代封建社会是具有代表性的。像况钟那么敢于为民请命的实在是极少数。

康熙年间，庄廷鑨明史案、戴名世《南山集》案等文字狱相继发生，文人遭受迫害的不计其数，全国各地明代残余的抗清武装仍有活动。在这种情况之下，朱鵻写作《十五贯》，应该说是冒了一定风险的。

在清代，折子戏《批斩》、《见都》、《访鼠·测字》演出较多，相当于原作之《夜讯》、《乞命》、《廉访》。

中华人民共和国成立后，浙江昆苏剧团曾对《十五贯》作整理改编，在突出主题的同时，将熊友蕙一线予以删除，带迷信色彩的托梦亦不再保存。当时得享盛誉，被认为是“推陈出新”的典范。

现在我们对原作进行鉴赏，首先是《陷辟》一出。

清官这一概念，其内涵本来比较复杂，清廉是不贪污，清正是不徇私，清明是不糊涂，清介是不从俗……诸如此类，不一而足。

《陷辟》出场主审熊友蕙、侯三姑一案的山阳县知县过于执为进士出身，知书达理，自然不在话下。

正因为他不贪污、不徇私，所以自我感觉特别好，觉得自己是不折不扣的清

官。而上级衙门对属官的考绩，更是全凭官僚主义的一套，并不认真查核，所以过于执三年任满，就被提升为常州理刑。

此时此刻的过于执，仍旧按照他自己三年来一成不变的主观臆测的“操作规程”问案。已有成见在先，当然把熊友蕙的一切分辩都当作强辩或狡辩，听不进去。

过于执有他自以为是的逻辑推理：“侯氏天生冶容，锦郎身带残疾，心多怅望，邻有少年，再无有不做出来的道理。”在过于执看来，侯三姑的美貌竟也成了她的罪状。他认为以侯三姑之美，必然会厌恶身有残疾的丈夫，进而必然会对邻居的少年发生好感产生奸情，为了排除障碍，还会勾结起来毒死冯锦郎。

照常理说，听了熊友蕙的分辩，过于执应该研究一下，这金环如不是侯三姑给熊友蕙的，那么是否还有别的可能让这首饰到了熊家？侯三姑平时对冯锦郎的态度如何？她和熊友蕙究竟是否接触过？熊友蕙搬迁卧室既称是奉兄长之命，完全可以派人去外地问一下熊友兰，核对两人的说法是否相吻合，还是有破绽？这样取证，才有最可靠的依据。可叹过于执对证据并不重视，他自我陶醉于其荒谬的逻辑推理，认为“今日这桩公案，可也再无疑惑的了”。可笑的是他对自己那么充满自信，一贯认为自己是个“爱民犹子，执法如山”的清官。对于在任三年的山阳县知县一职，他为自己作了一个鉴定：“莅任三载，片言折狱，略有矜疑，无不虚心研审。”从他对熊友蕙一案的判决看来，以前的那些案件也不可能是认真审理，弄清事实后才对罪犯绳之以法的。

在这种不广搜证据的情况之下，过于执只有一桩事情可以做，那就是对捉拿到案的人逼供。他听不进别人的分辩，只让对方按照他的逻辑推理招供。对方不愿招供，那又怎么办呢？那就用酷刑。吩咐差役，把熊友蕙和侯三姑“拶起来”。

更可恨的是，当熊、侯二人声称“冤枉难招”时，他丝毫不进行反思，仍旧对自己的判断深信不疑。反而怀疑他们因为他这个正堂迁升在即，有可能趁此机会要他卖个情面。这真是想入非非，对“犯人”来说，官员升迁的消息，他们又哪里能知道呢！即使知道，又哪里会有什么非非之想呢！

过于执要侯三姑招认时，侯三姑受刑不起，情愿“招认了毒死亲夫之罪”。但她还是提出“若说熊生通奸，不忍牵害无辜”。在一般情况之下，审问的官员很可能为之感动，产生一点同情之心，进而对案情的真相有彻底弄清的想法。但是，过于执的成见已经到了执迷不悟的程度。因此，他只知道再追问侯三姑：“到此地位，还要怜惜汉子么？”

我们无论是读剧本，还是看演出，到了此处，对于这种人物，忍不住憎恨和忿怒。觉得作者把这位县官命名为“过于执”，确乎名实相符。

将下场时，过于执即将上任就新职了。他踌躇满志地唱道：“骅骝又向毗陵骋，忘不了弦歌四境。飏西风悠悠旆旌，须努力干功名。”完全是一副清官气派。殊不知这种自命的清官实际上是昏官加酷吏的双料混蛋。在他们治理之下，到处都是冤案，善良的平民百姓被错当凶犯处决，而真正的凶犯却能逍遥法外。

如果没有况钟的一心为民请命，把此案予以平反，那么过于执的清官的美名也将世代流传下来。当事实证明过于执确实错判之后，巡抚周忱后来仅给予他“罚俸三月”的处分。这不能说作者对过于执有什么谅解，只是按照历史真实，也仅能给他一点象征性的处罚而已。因为平民百姓的死活问题，对朝廷来说，对巡抚大人来说，本来就无关痛痒。如果不是为了平民愤，即使平反了冤案，也不一定给过于执以处分也。

（蒋星煜）

十 五 贯 朱 㿥

第十五出 夜 讯

【点绛唇】（外上）雁绣鸿材[①]，朱幡皂盖，君恩拜，俺恐负须眉，故把民社轻担戴。

乍驾熊车出翠微[②]，苍生百万好支持。时人莫谩轻刀笔[③]，千古萧曹相业推[④]。下官况钟，字伯律，江西靖安人也。作掾部曹，荐受主事。今蒙圣上特恩，擢为苏州太守，又亲授玺书，得假便宜行事。到任以来，且喜政平讼理，吏畏民怀。目下秋后冬前，适当行刑时候。上台转奉部文，连夜决囚四名，委本府监斩四犯。刽子手每前往吊取，只得秉烛以待。正是：王法由来无面目，民风胡可不淳良！（众）禀老爷：斩剐四犯吊齐了。（外）分付带进来。（净、丑、夫、付扮刽子手解二生、二旦上介）犯人进。（生）呀！

【混江龙】则见那四凶犹在[⑤]，多则是乾坤戾气不成材。这一个垂头丧气，那一个无语兜腮。这一个愁眉低锁，那一个倦眼微开。男的呵，温柔乡失足；女的呵，风流窟为灾。分付打开枷杻，就此洗剥者[⑥]。（众应介）（外）尽教你赤条条不挂寸丝，只算去其牙爪。叫刽子手，与我绑下。（众应介）（外）免不得密扎扎牢栓四体，赤紧的扎尔狼豺。（二生、二旦跪哭介）皇天！好冤枉嗄！（外拍案

介)唗,噤声! 须不比杀之三,宥之三[7],着你极天叫枉;(二生、二旦)好苦嘎!(外)抵多少五更风,五更雨,则那鸟死鸣哀。(二生)阿呀! 爷爷嘎! 传说爷爷是包龙图再生,难道四名冤囚,竟不能超救了?(外拍案介)唗,多讲! 眼见得三推六问,早已九重闻[8],怎教俺一言半语便把缧囚贷。叫刽子手,须早把宝刀齐掣,叫一声恶煞都来[9]。

(众)晓得。求老爷判定招旗,就此押赴法场便了。(外)取上来。(掭笔介)

【油葫芦】俺这里一笔千钧索把高价抬,那许你莽无常片刻捱[10]。(欲判介)觑着这出生入死犯由牌,熊友兰,熊友蕙。呀,好奇怪! 适才本府还不在心上,一时间想起,前日到任宿三,梦有两个野人,衔鼠哀泣。野人者,熊也。这两宗公案,不无冤枉。咦,其间必有万分冤枉! 既不是飞熊入梦周家赉[11],又不是维熊应兆宜男瑞[12]。好教俺顿心窝猛着惊,蹙眉头暗自揣。遮莫是刑书铸就冤情大,因此上感动鬼神来?

也罢,熊友兰一起,跪在一边。带熊友蕙一起上来。(众应介)熊友蕙,你且说,这宗罪案因何而起?(小生)爷爷! 小的闭户读书,祸与冯氏贴邻。他家失去金环一双、宝钞十五贯。那金环,小的偶从书架上拾取,冯氏执此为证,便诬陷小的与侯氏通奸,同谋毒死亲夫等情。受刑不起,屈招在案的。爷爷!(外)这也不为冤枉,冯家失去金环,可可在你书架上。侯氏上来。(小旦)有。爷爷!(外)且问你,你家金环,缘何得入熊生之手?(小旦)那时公公把金环、宝钞,并付小妇人收藏。暂放桌上,偶然睡去,醒来就无处寻觅了。(外)熊友蕙,你说书架上拾取,那架儿安放何处呢?(小生)安放书室中。(外)书室又在何处?(小生)书室与侯氏卧室,只隔一墙。(外)侯氏,你丈夫是怎样死的呢?(小旦)爷爷,丈夫为索取金环,进房辱骂,顿时腹痛身死。那致死情由,小女子那里晓得?(外)丈夫死,有甚么时候了?(小旦)辰牌时候[13]。(外)那日公公在家不在家?(小旦)在家。(外)这等说,实实有冤枉了。侯氏既有私赠,熊生何不先将宝钞使用,反将有厮认的金环,仍向本家露目? 致中毒身死,若说同谋,熊生既非同室,白昼何从杀人? 若说独自下手,

侯氏又系女流，焉能反致死男子？咳，原问官虽然据理明断，本府看来，

【天下乐】都是些捕影追风少主裁，疑也么猜，酿祸胎。只俺这轩辕明镜有高台⑭。熊友蕙，(小生应介)觑着你惜惺惺一腐儒，侯氏，(小旦)有。(外)谅着你怯生生一女孩，不信有胆门儿大似海。

且跪过一边。带熊友兰一起上来。(众带介)(外)熊友兰，你也把当日罪犯，一一说来。(生)爷爷嗄！熊友蕙就是小的亲弟。(外)怪道姓名相似，原来就是同胞弟兄。(生)家贫不给，情愿受值当梢。为闻吾弟受枉，早行在道，背负十五贯，原系商人所助。祸与苏氏同途，他家中被劫，贯陌相同，遂把小的坐下个同谋杀父的罪名了。(外)如此说，是个孝友之士了。苏氏，你是个女儿家，怎么破晓出门，又与熊生同走？(旦)那夜继父回来，背负十五贯，明说是卖小女子的身价。小女子不甘为婢，欲求亲戚劝解，以此乘早独行，偶尔熊生途遇。那家中事体，小女子分毫不知道。爷爷！(外)这个自然也有冤枉在里头了。熊生家住山阳，与无锡相隔千里，平昔既无交往，一时那有私情？况钱无厮认，那里据了这十五贯，就定了这斩剐的罪名？咳！

【那吒令】纵书生卖呆，岂杀人手乖？便芳容惹灾，敢瞒天计排？况梁溪距淮，怎逾墙穴窥？那里有照天烛燃的明？那里有金鸡赦颁得快⑮？人命关天，何况四命！似此奇冤，俺况钟若不与超救呵，可也等待谁来？

叫刽子手，这四名重犯，多有冤抑在身，快与俺带去耳房伺候。本府连夜叩见都爷，与他乞命去也。(众)阿呀，老爷！奉旨决囚，这是停不得的。倘耽误时刻，老爷罚俸降级，小的多有未便。(外)咳！我难道不知？本府呵，

【寄生草】也只为国宝当矜惜，闺英忍弃埋，得情合把人情卖。今日钢刀口内冤魂待，敢向枯鱼肆上把生机贷。从来开府苏郡两黄堂⑯，俺况钟不让包弹在。

(众)小的每知道。(带各犯下介)(外)家丁每，甚么时候了？(夫、丑)二更三点了。(外)呀，又早半夜了。取我素服过来换了。分付

把仪门掩上，挑起明灯，随俺都爷辕门走遭去。（夫、丑）是。（外）

【煞尾】谯楼报子牌，玉宇鸣天籁。只片刻光阴宁耐，索把血沥沥头颅亲自买。看马过来。看晶荧灯火微筛，任蹀躞马蹄乱踹，怎敢爱惜功名口倦开。列位看官每，总不须惊骇，也休教喝彩，则说俺况青天夜深犹作大诙谐。（下）

〔注〕 ① 雁绣：明代知府官服的补子上绣云雁。 ② 熊车：有伏熊形状横轼的马车，汉时为公侯所用，后亦用以代指地方官。 ③ 刀笔：刀笔吏。 ④ 萧曹：汉开国功臣萧何、曹参。萧何初为地方上的刀笔吏，汉朝建立后，任丞相，死后曹参继任，一遵萧何旧法，世称萧规曹随。 ⑤ 四凶：古代传说舜所流放的四个罪人。《左传·文公十八年》："流四凶族，浑敦、穷奇、梼杌、饕餮，投诸四裔，以御魑魅。"此代指囚犯。 ⑥ 洗剥：将人的衣服脱去。 ⑦"杀之"二句：《礼记·文王世子》："公族无宫刑，狱成，谳于公，公曰：'宥之。'有司曰：'在辟。'公又曰：'宥之。'有司又曰：'在辟。'及三宥，不对。走出，致刑于甸人。" ⑧ 九重：指皇帝。 ⑨ 恶煞：凶恶的煞神。 ⑩ 无常：传说中阎王手下勾人魂魄的魔卒。 ⑪ 飞熊入梦：《六韬·文师》记周文王将猎于渭滨，行前占卜，其辞曰："田于渭阳，将大得焉。非龙非彲，非虎非罴，兆得公侯。天遣汝师，以之佐昌。"后果得姜太公于渭水。后世民间文学则演变为周文王夜梦飞熊，周公解梦谓当得大贤。 ⑫ 维熊应兆：《诗经·小雅·斯干》："吉梦维何？维熊维罴。……维熊维罴，男子之祥。"后因以梦熊为生子之兆。 ⑬ 辰牌：辰时，相当于上午七时至九时。 ⑭"只俺"句：轩辕，上古帝王黄帝之名。轩辕镜，镜名，宋赵希鹄《洞天清禄》："轩辕镜，其形如毬，可作卧榻前悬挂，取以辟邪。"轩辕台，在今河北怀来乔山上。 ⑮ 金鸡：一种帝王表示大赦的标志物。据《新唐书·百官志三》记载，"赦日，树金鸡于仗南，竿长七尺，有鸡高四尺，黄金饰首，衔绛幡长七尺，承以彩盘，维以绛绳"。 ⑯ 黄堂：古代太守衙门的正堂。此指宋代知开封府事的包拯和时任苏州知府的况钟自己。

《十五贯》传奇的第十五出《夜讯》，是全剧的关键场次。

作为监斩官员，况钟对清晨即将处决的熊友蕙、侯三姑、熊友兰、苏戍娟四名囚犯要进行一次夜讯。这原是官样文章，在形式上做做而已。在以前，也从无监斩官推翻原来的判决的先例，但是在《夜讯》中，况钟却并没有依样画葫芦的意思，在听到人犯喊冤之后，他认真地重审了案情，这使本出戏成为全剧情节发展过程中的一个极其重要的转折点。因为原判决中的疑点、漏洞，正是在夜讯过程中逐渐发现的。

作者首先交代了况钟并非一般的四品知府，而是一位俗语所称的钦差知府。他一出场所唱【点绛唇】"雁绣鸿材，朱旙皂盖，君恩拜"，既是自我介绍，也在一定程度上流露了他自己有当今皇上可依赖，对任何官员敢于力争。

他声称："作掾部曹，荐受主事。今蒙圣上特恩，擢为苏州太守，又亲授玺书，得假便宜行事。"如果不具备这样的身份和有利条件，他对原案判决有疑窦，要想

为之彻查，进而平反，也是力不从心的。因为监斩是江南诸府巡抚周忱批交的任务，作为监斩官，他必须是坚决执行。

此时此刻，监斩官若对案情提出异议，通常的情况只可能被视为干扰执法，玩忽职守。而这四个人的死刑，仍旧会照常进行，至多是另行指派监斩官而已。幸好，况钟不仅有特殊的身份，而且有以天下为己任的抱负，有爱民如子的精神。如此，冤狱的平反才有可能。

至于况钟为什么会对冤狱产生疑问，则可以在第十三出《梦警》中找到原因。况钟曾梦见“两个野人，衔鼠哀泣”，眼前之事，令他想到：“野人者，熊也。这两宗公案，不无冤枉。”也许有人认为野人与熊互不相关，因此觉得对况钟的想法无法理解。按《诗经·小雅·斯干》说：“吉梦维何？维熊维罴”，“维熊维罴，男子之祥。”所以后世就往往用熊罴来象征男性或取代男性。《梦警》中况钟所见为野人，恐怕是为了符合“衔鼠”的特定细节，对一般人来说，“衔鼠”的动作是不可想象的。但关键不在文或野，在乎性别。既是男性，就可以作熊姓解了。

在没有想到那场梦之前，况钟一开始并没有对案情有什么怀疑。虽然熊友兰、熊友蕙兄弟苦苦哀求：“传说爷爷是包龙图再生，难道四名冤囚，竟不能超救了？”因为他觉得早经三推六问，而且也上报过朝廷，当然不可能因这几句求情的话就把犯人赦免或从轻发落。

想到那一场梦，他于是开始反思，开始怀疑。对梦中野人衔鼠示警如何理解？一般认为这应当归因于作者朱㿥思想的局限性。再有一种可能是朱㿥的自我保护手法。康熙年间，文字狱相当普遍，歌颂明代的清官，有被认为是反对清代统治的一种曲折反映的危险。现在借用野人托梦，对作者的风险有所淡化，这也是符合人之常情的。中华人民共和国成立以后，昆剧改编本《十五贯》删除了《梦警》的关目，当然使人物形象有所提高，剧本的框架结构也更趋紧凑。

我们知道一个清官要能做到明察秋毫，就必定要有较丰富的知识和高出一般人的智慧，才能不为某些表面现象所迷惑。况钟开始问案后，犯人刚申诉了几句，他就发现原来的判决难以成立。因为如果侯三姑真的与熊友蕙有私情，送给他金环与铜钱，那么熊友蕙肯定要将金环藏匿起来，决不会使之显露，而现在案情与之相反。再说侯三姑迄未外出，公公也整日在家，她又怎能有机会去串通熊友蕙来毒死丈夫呢？因此，他肯定是原问官“捕影追风”而草率定案的。

至于熊友兰、苏戌娟一案，况钟也很快发现了“这个自然也有冤枉在里头了”。因为“熊生家住山阳，与无锡相隔千里，平昔既无交往，一时那有私情？”

此时此刻，况钟真不愧是“爱民如子”的父母官，他没有顾虑到任何可能面临

的阻力，就立下了为之申冤平反的决心。但是，衙门里的吏员差役都是老于世故的，他们都为况钟捏一把汗，觉得知府大人在自讨苦吃，于是纷纷向况钟恳求，希望还是将犯人按原定时间处斩。为什么要这样做，理由也很明白：“倘耽误时刻，老爷罚俸降级，小的多有未便。”那知况钟毫不动摇，对众人说：“我难道不知？”这说明况钟已铁了心要平反冤狱。后果如何？他也没有时间去仔细考虑了。

“开府苏郡两黄堂，俺况钟不让包弹在”，这两句不是多余的话，宋代清官包拯，曾任开封府知府，是历史上最有名的清官，看来包拯的所作所为，确实对况钟有着相当大的影响。历史名人的风节对后人的教育作用是客观存在，是任何人都抹煞不掉的。

（蒋星煜）

十五贯　　朱　皠

第十六出　乞　命

（净、付扮更夫歌上）星斗无光月弗明，衣寒似水欲成冰。人人尽说困便困个冬至夜，偏是我手不停敲到五更。我每是都爷辕门上两名夜巡。今夜奉旨决囚，各处巷门栅栏，倍加紧急。我每轮值辕门，分毫怠玩不得。此际二更已过，将近三更时分，小心巡缉则个。（外策马）（夫、丑持灯笼随上）

【缕缕金】横斗柄，转星河。加鞭乘，半夜敢蹉跎？人命关天重，忍使无辜碎剐？（鸣更介）呀！鸣金击柝有巡逻，想仪门控金锁，想仪门控金锁。

（净、付）半夜三更，甚么人到此？（夫、丑）是本府太爷，要谒见都爷的。（净、付）原来是太爷。此际夜半，都爷久已安寝。角门刚刚掩上，夜巡官还在那里伺候哩。（外）如此，竟着夜巡官通报便了。你每去罢。（净、付应下）家丁每，辕门外伺候去。（夫、丑应下）门上夜巡官在么？（小生内）甚么人？（外）本府知府况钟在此。（小生上）呀，原来是太爷到此。太爷今夜决囚，辛苦哩。（外）本府正为决囚，特来面见都爷。相烦通报，要紧！要紧！（小生）呀，太爷，这等深夜，合衙门安置久矣[①]，小官怎么还敢通报？（外）有紧急公务，一定要面见的！（小生）嗄，也罢，太爷是个青天，比别位不同。小官冒死通报，料也不妨。太爷少待，小官传鼓进去便了。（下）（外）好，这官儿甚是小心，果然传鼓进去了。（小生上）太爷请回

罢。夜深惊动老爷，十分着恼，说了太爷，小官才得免打。又传话出来说：太爷请回，明日早堂相见罢。（外）死生呼吸，说甚么早堂相见？还是相烦再禀一声。（小生）阿呀，性命要紧，这个小官再不敢了！（外）也罢，既不便通报，本府自行击鼓便了。（击鼓介）（内）分付开了角门，仰该班夜役，明火站堂②，老爷就出来了！（内应）（付、净、二旦扮役执火把灯笼，二生中军，末苍须冠带上）

【引】乌台凛凛石峨峨③，半壁东南保障多。起问夜如何④？又有高轩过我⑤。

下官周忱，字恂如，江西吉水人也。官拜都察院右佥都御史，巡抚应天等处⑥。所喜僚属清廉，地方宁谧。今当行刑时候，凛奉部文的决重囚四名，仰苏州府知府监斩回报。不知有何紧急事情，夤夜击鼓求见？知府品望非常，不好轻慢，只得出堂接见一回。夜役每，传苏州府进见。（众传介）（外进介）知府叩见老大人。（末）奉旨决囚，已经借重贵府，只合法场监守，夤夜投见为何么？（外）卑职奉委决囚，理合监斩回报。只是这斩剐四犯，各负奇冤，不合弃市。因此乘夜禀见，欲求老大人，免其一死，以待平鞫⑦。（末）怎见得各负奇冤呢？（外）大人听禀：

【尾犯序】碧血恣滂沱⑧，士女双双，无罪蒙祸。（末）三推六问，经过多少官员，本都院朝审已过，那有甚么冤枉么？（外）肺石无灵⑨，气恹恹空呵。自古一人陷狱，六月飞霜⑩；匹妇含冤，三年不雨⑪。何况今日枉杀四命，岂不上干天和！不可直恁的轻戕人命，直恁的重干天怒。（末）如今依你待怎么？（外）须索要开三面，把法诠细检，重与注淆讹。

（末）贵府说那里话？按律决囚，朝廷大典。今日部文既下，本都院那里还做得主么？况四犯呵，

【前腔】按律不为苛，春雨秋霜，天道无跛。今日事出朝廷，敢夺人向森罗？（外）老大人，那《会典》上原载有一款："凡死囚临刑叫冤者，许再与勘问陈奏。"只须老大人作主，四命便可全生了。（末）咳！你见左，则待要星空贯索⑫，则待要权移帝座⑬。贵府请回罢。倘违误时刻，彼此多有未便，更筹促⑭，典刑明正，无复累萧何。

（外）呀，老大人，这个差了！卑职虽以刀笔出身，未尝失于学问。

还记得孟夫子有云:“民为贵,社稷次之,君为轻。”民间苟有冤抑,便当力为昭雪。难道事出朝廷,便坐视不救么?违误时刻,卑职愿以一官殉之。

【前腔】君王恩顾多,痛赤子匍匐,可能安坐?血奏何妨,愿一官勾抹。(末)事关重大,本都院不便作主。贵府请回,将四犯斩讫报来。(外)老大人何出此言?不要说老大人,就是卑职,蒙圣上亲赐玺书,得假便宜行事,僚属不法,径行拿问。难道这四个小民,就不能保全了?担荷,虽不敢龙颜直犯,也难把纶音轻抹[15]。(叩首介)老大人,还是看卑职面上,休执见,只算屋乌推爱[16],提出自天罗。

(末怒介)咳!待决重囚,何须如此保救?贵府既然奉有玺书,贵府竟自陈奏便了,何必又向本都院饶舌!

【前腔】便宜行事可,独抗天条,足见黄堂尊大。(外)老大人请自息怒,卑职无非为民请命。(末)这个断难从命!力怯回天也,则任刀尖血裹。(外)嗄,也罢。老大人既不便陈奏,(出印介)卑职愿将此印为质,姑限半月,亲往淮、常二府,察明回报。若有不决,老大人竟将卑职题参,一应罪名,卑职独自承认便了。(末)咳,有这样个莽知府,可也难得!非懦,着甚的霆霆岩电,着甚的腾腾心火?本院呵,不觉的心为动,这姑息之政,宛转奈君何。

也罢,贵府如此力恳,或者果有冤抑在内,也未可知。这印还请收去,准限半月,察明回报便了。(外)如此还要求请老大人令箭两枝,卑职亲赍前往。(末)要他何用?(外)淮、常二府,均非卑职所属。有了老大人令箭,自然有呼必应了。(末)这也说得有理。令箭二枝,贵府可便赍去,一任便宜行事。或有不决,题参未便。贵府请回,夜役们,好生关上角门。(外出介)好了,这四命如今得生了!家丁每何在?(夫、丑上)小人在。(外)甚么时候了?(夫、丑)五更了。(外)天色将明,速速回府,将冤囚放绑,暂寄铺中。一面点齐各役,星夜往淮、常二府相机行事。马来!

【尾声】官艖又向秋江过,待平明克期休挫[17],莫负了入梦双熊神明先告我。(下)

〔注〕 ① 安置:安歇。 ② 明火:谓打起火把。 ③ 乌台:御史台,为古时的监察机构。 ④“起问”句:《诗经·小雅·庭燎》:“夜如何其?夜未央。庭燎之光。”郑玄笺:“诸侯将

朝，(周)宣王以夜未央之时问夜早晚，……美其能自勤以政。”此为剧中周忱表示勤于政事之辞。 ⑤ 高轩：高车，贵者所乘，此泛指宾客之车。 ⑥ 应天：应天府，朱元璋改元集庆路置，治上元、江宁二县，明初定都于此，永乐后定为南京。 ⑦ 平鞫(jú)：公正的审案。 ⑧ 碧血：周灵王贤臣苌弘被放归蜀，刳肠而死，据《庄子·外物》说，“其血三年而化为碧”。碧，碧玉。后因称血为碧血。 ⑨ 肺石：形如肺，色赤，设于朝廷门外，民可击石鸣冤。《周礼·秋官·大司寇》：“以肺石远穷民，凡远近惸独老幼之欲有复于上，而其长弗达者，立于肺石，三日，士听其辞，以告于上而罪其长。” ⑩ 六月飞霜：喻冤屈。汉王充《论衡·感虚》：“邹衍无罪，见拘于燕，当夏五月，仰天而叹，天为陨霜。”五月，后通作六月。 ⑪ “匹妇”二句：晋干宝《搜神记》：“汉时东海孝妇养姑甚谨，姑曰：‘妇养我勤苦，我已老，何惜余年，久累年少。’遂自缢死。其女告官云：‘妇杀我母。’官收系之，拷掠毒治，孝妇不堪苦楚，自诬服之，……自后郡中枯旱，三年不雨。” ⑫ 贯索：星名。《晋书·天文志》：“贯索九星，贱人之牢也。” ⑬ 帝座：星名，属天市垣。 ⑭ 更筹：古时报更计时用的竹签，代指时间。 ⑮ 纶音：君主的谕旨。典出《礼记·缁衣》：“王言如丝，其出如纶。” ⑯ 屋乌推爱：犹言爱屋及乌。 ⑰ 平明：早晨天明。克期：如期。

《乞命》为《十五贯》传奇的第十六出，所写情节为况钟夤夜求见周忱，请求重新审理熊友蕙、侯三姑、熊友兰、苏戌娟一案。因为他发现判这四个人死罪的证据不确凿，内有冤情，所以尽力保护他们的生命。所谓“乞命”，也就是通常所说的“为民请命”的意思。在前一出《夜讯》将结束时，况钟有这样一句说白：“本府连夜叩见都爷，与他乞命去也。”后来的整理改编本，这一出改名《见都》，立意并没有多少不同之处。“都”者，都爷。周忱是带都察院右佥都御史头衔巡抚应天诸府的，故老百姓或属官称之为都爷或都老爷。

这一出戏将周忱与况钟作了鲜明的对比。周忱是老官僚，虽不是贪官或昏官，但他的为官信条是多一事不如少一事，既然过于执都已审问过，定了死罪，到他手里，再审一次，只是为完成程序，在形式上不能不做一做而已，根本没有再认真复查的企图。至于犯人呼冤，他也认为凡是犯人都呼冤的，不必当真。而况钟则认为证据不足不能定案，错判的冤狱应当平反。他不考虑个人的得失，同时又对当时的法令条文非常熟悉，从多方面找到了对自己有利的法律依据，最后使得官位比他高的周忱不得不后退一步，甚为勉强地接受了况钟的请求。

况钟与周忱展开了一场针锋相对的论争，他的每一句话都显示了非凡的胆识。此出的情节可以说充满了戏剧性。作者在写况钟见周忱之前，就已作了必要的铺垫，以便下面展开尖锐的矛盾冲突。

一个巡抚一方大权在握的钦差大臣，即使在日常处理公务时，也在严密的保护、警卫之中，部属要叩见，也往往不能如愿，更何况此时已经是“二更已过，将近三更时分”。周忱“久已安寝”，而整个“辕门”，则处于“倍加紧急”的特殊情况之

下。夜巡官最初不肯为况钟通报，原是情理中事。

而况钟声称有“紧急公务，一定要面见的”。按理夜巡官仍可拒绝通报，因为通报上去，夜巡官本身很可能受到极严厉的斥责。问题在于况钟不是一般的官员，夜巡官知道“太爷是个青天，比别位不同”，这才硬着头皮“冒死通报”。他估计都爷也要考虑到况钟的名声和威望，通报上去，“料也不妨”。

夜巡官传鼓进去了，都爷果真“十分着恼”。他急忙说明求见者是况钟，这“才得免打”。但况钟还是没有能达到目的。传话出来是“太爷请回，明日早堂相见”。应该说已经非常客气了。

况钟又要求夜巡官“再禀一声”，夜巡官认为肯定要受严厉惩处，于是以“性命要紧”的理由，予以回绝。在万般无奈的情况之下，况钟就“自行击鼓”。这是最后的一个绝招。

如果一般的官员“夤夜击鼓求见”，周忱未必就见。如今考虑到“知府品望非常，不好轻慢，只得出堂接见一回”。但他的内心深处还是不愿接见的。

周忱首先指出况钟此时此刻“只合法场监守”，质问况钟：“夤夜投见为何么？”

况钟乃正面回答周忱的质问：“只是这斩剐四犯，各负奇冤，不合弃市。”因此他请求周忱老大人“免其一死”，以便重新进行公正的审判。

周忱觉得况钟的要求过分了。因为这案子经过“三推六问”，而且“本都院朝审已过”，不可能有什么奇冤的。也就是明明白白地表示：你况钟莫非对我亲自审理过的案件也认为不公？他对况钟的要求感到非常意外，觉得下不了台，很不自在。

况钟不但寸步不让，而且步步进逼，声称如果“枉杀四命”，那是违反天意的。

周忱的涵养再好，也忍耐不住了。于是反问况钟：“如今依你待怎么？”原是将况钟一军。哪知况钟顺势提出，必须予以平反。周忱推托道刑部下的“按律决囚”的公文，如今他身为都察院右佥都御史也作不了主，无权再作任何更改。这况钟原是吏员出身，对《明会典》这部最权威的法令汇编很熟悉，说其中有“凡死囚临刑叫冤者，许再与勘问陈奏”一条可作为依据。

到了这个节骨眼上，周忱见况钟居然如此顶撞，忍无可忍。他责备况钟这样做是擅自改变皇上的御旨，对况钟下了“你见左”的评断。“你见左”，用大白话来说，就是“你错了”。接着，周忱命令况钟立刻执行监斩的决定。

况钟仍旧不屈服，表示此事关系重大，枉杀无辜，违背自己的良心。即使用自己的鲜血写奏章，即使丢掉自己头上的乌纱帽，丢掉知府的官职，他仍要争一

个是非曲直。周忱还是拒绝了况钟的要求，责令“贵府请回，将四犯斩讫报来”。

在用完了所有的言词，引用了《明会典》的法令条文以后，周忱顽固依旧。况钟还有最后一张王牌，说他出京来就任苏州知府时，“蒙圣上亲赐玺书，得假便宜行事”。说得露骨一点的话：他可以拒绝执行周忱的命令。

周忱终于勃然大怒，对况钟说：你既然奉有玺书，你自己去陈奏皇上就是了。何必和我来纠缠不休呢？说到这般地步，他已经不顾官场的礼仪，有如民间的吵架。

对况钟来说，他的目的是平反冤狱，缉获真凶，原没有必要和周忱闹翻，所以还是把口气缓和了下来，对周忱提出一个权宜之计。他把苏州知府的官印送交周忱，保证在半月之内，到淮安、常州两府明查暗访，弄清案情。到那时如果仍旧没有水落石出，他况钟愿意承担一切责任。

周忱此时此刻在一定程度上被况钟为民请命的忠心所感动，同意了况钟的方案。但是觉得收下况钟的印信作为担保也太过分了，所以说：“这印还请收去。”

况钟对交涉的结果自然很满意，考虑到淮安府、常州府都不是苏州知府所能管辖，于是又请求周忱给予令箭两枝，他凭令箭可以自如地在那里办事。周忱听了觉得此请颇合情理，就给了令箭，并亲口对况钟说：“贵府可便赍去，一任便宜行事。”至此，况钟此行的目的也就达到了。

《乞命》层次分明，波澜迭起，在传统剧目中是罕见的艺术珍品。二十世纪五十年代整理排演的昆剧《十五贯》，《见都》一场是在《乞命》的基础上加工而成，应该说，关键在基础极好，所以加工也比较方便。

（蒋星煜）

十　五　贯　　　　朱　皠

第十七出　踏　　勘

（付总甲上[①]）自家身充总甲，全凭作事奸猾。衙门中朋友是养家神道，书房里相公是家堂菩萨。遇了熊家这场官司，真正有些兜搭[②]。凶身亦是穷鬼，苦主有些唧滑[③]。臭低铜不曾赚得厘毫，茶汤水何曾尝着一滴？见官府只落得几遭点心，解上司走破了数双鞋袜。巴不得结案完事，那晓得况太爷又起兜搭。更请了都老爷令箭，直到淮安访察。要到他两家踏勘，带累我地方无法。不惟要摆设打扫，到要伺候他唤呼登答[④]。幸喜不曾赚个牢钱，不然到要吓杀。闲话少说，自家山阳一个总甲夏胡子是也。只为冯家这场

人命，只道是冬前处决，完了一桩事体，不想苏州府太爷监斩，道是他冤枉，竟要翻招。行牌到我山阳县来，要到两家踏看。我看这况太爷，比别府太爷不同，有朝廷亲赐玺书，任他便宜行事。今早府县各官出郭迎接，到了马头上。这也是我地方上干系，快些到冯家去打点伺候。一路行来，此间已是。冯玉吾！（净上）气孛当头坐，官符接踵临。夏大叔，你来了。不想官府到要来我家里踏勘起来，你道世上有这样可笑的事！人命重案，不比屋宅田地，有甚么踏勘？况且苏州府又管我淮安不着，真个扯淡！（付）扯"淡"？极有滋味的。奉军门令箭前来，着实利害。已到马头上，即刻就来了。快些打扫，快些打扫，莫要带累我地方上！（净）少停官府来，全仗帮衬帮衬。（付）那个自然。（二生、夫、丑引外上）

【一江风】闪双旌，点染花骢影，千里风霜应。玉壶冰[5]，白日清风，掩映腰金冷。（旦持帖上）禀老爷，本府太爷邀酒。（外）今早辞帖致谢。本府完了公事，就要回去。多多拜上，不消了。（旦应下）（众）名轰神鬼惊，名轰神鬼惊，威行狐鼠清，莽黄堂代执乌台柄[6]。

（付）地方叩老爷头。（净）小人冯玉吾叩老爷头。（外）你就是冯玉吾么？（净）是。（外）跪在一边。叫地方！（付）有。（外）那熊友蕙家住那里？（付）就是隔壁。（外）其房现归何人管业？（付）因为给主十五贯未曾追出，县中新任太爷封锁在此。（外）向来封锁，没有动么？（付）原封不动。（外）叫人来押去看来。（众）启老爷：封皮损了。（外）哇！既有官封，擅自揭动，打！（付）爷爷，这是风雨打坏的，小人实实没有动，求老爷问四邻就晓得了。（外）风雨损坏的么？饶打。唤冯玉吾上来。（净）有。（外）你媳妇与熊友蕙通奸，一向往来踪迹，你可曾觉察一二么？（净）老爷，小的是酒米营生，日逐在铺生理，两下踪迹，从未曾露目。只是金环便是老大实证。况小人儿子现被毒死，不是奸夫同谋，却是那个么？爷爷！（外）既是同谋，何处买药？如何下手？怎么那问官没有个的实，就将两人轻易成招大辟？却也可笑！（净）老爷，不是他两人同谋，小的儿子何由中毒？前任老爷已曾检验过的。（外）不必多辩，且待本府内外一看，便知分晓。（净）是。（外）止着快手一名，并地方进来。（进介）（净）老爷，过了中堂，这是小的卧房，那边就是厨灶。（外）你媳妇的卧室在那里么？（净）这锁门的就是。（外）为何锁着？

(净)小的因痛伤儿子,不忍开看,故此关锁。(外)打开进去。(看介)

【太师引】启门扃四顾房栊静。把那窗儿开了。你看窗外墙垣,颇也高峻得紧! 看墙儿高过户庭。就是四面墙壁,十分坚固,纵然有窥邻行径,料东家无隙堪乘。据侯氏口供,金环、宝钞放在床前桌上的,如今看来,就是这张小桌了。(四顾介)这样所在,怎么遗失起来? 又不是车中雀连宵潜影[⑦],知恩鸟衔将别赠[⑧]。(沉吟介)既不是窃取,又不是私赠,难道真个飞了去不成? (摇头介)好难猜度也! 如昏镜,茫然未明。叫地方。(付)有。(外)与我打开熊家大门,随着本府进来。(付应开门介)(外走介)忽做了飞熊入梦竟无征[⑨]。

(付)请老爷进去。(外进介)一进门来,你看:蛛丝悬破壁,尘土满颓床,端的好凄凉也!

【前腔】看伶仃四壁如悬磬,难道恁穷酸偏不志诚? (上下视介)与冯家虽则一墙之隔,却也迥绝难通。不要说是行奸下毒,就是欲谋一面,却也甚难。况那冯玉吾也说,从来未曾露目,眼见得奸情没有的。没有奸情,那同谋一发没的了。既不曾壁光凿映[⑩],怎装诬掩耳偷铃? (又看介)那壁傍书架,宛然就在,只是那金环从何而至? (作想不出焦躁介)咦,如此光景,终非下落。不要说他二人之罪难明,就是下官怎好回覆上台? 似这般捕风捉影,怕不做一场画饼。(向上细看介)呀,你看墙尽处,隐隐有个窟窿。人来! 上去看那墙壁,可与隔壁相通的? (小生立上看介)老爷,那窟窿是个老鼠窝,隐隐有些光亮,像与间壁相通的。(外惊介)是鼠穴么? (背介)呀,奇怪! 前是梦见双熊,各衔一鼠,这有缘故在里头了。猛思省,熊衔鼠鸣,早难道三刀两犬直恁欠聪明[⑪]。

不要管,就把那墙壁撬开一看便了。(小生撬墙取钞、饼介)启老爷:墙壁里边取出面饼一枚、宝钞一束。(外)宝钞有了么? 取上来。(看介)咳,这般冤狱,不是下官虚衷细鞫,那枉死城中,早已添上两名新鬼了。冯玉吾过来。(净)小的有。(外)鼠穴中有一件东西,你看是甚么? (净)这就是宝钞十五贯。原来熊友蕙藏在这个所在。(外)唗! 这明是鼠虫衔去的,还要把人坑陷。叫左右,将冯玉吾先押上小船,候本府回苏听审。(众押净介)地方回去。左右,

就此打道上船。(付下)

(众唱前【一江风】介)(小旦扮船头接)船头接老爷。(众)起去。(外)左右,二号船内伺候去。(众应下)(外)分付就此开船,昼夜兼行,赶回苏州去。(小旦应下)(外进舱坐介)且住,山阳一案,虽已察明;那无锡一案,茫无证据。嗄,也罢!且待舟进无锡,一面分付船头照旧吹打,放舟前行;本府一面扮作江湖上术士,悄地上崖私行察访,见机而作便了。

【尾】渊鱼察见非不幸,得情更自动哀矜,则看我闪烁双睛加倍明。奇冤泪瞩已无余,犹有前途载鬼车⑫。

混浊不分鲢共鲤,水清方见两般鱼。(下)

〔注〕①总甲:明清地方上的职役。一百十户为一里,一里分十甲,总甲管理一里的捐税、劳役。　②兜搭:麻烦。　③唧滑:滑头。　④登答:应承奔走。　⑤玉壶冰:喻心怀高洁。南朝宋鲍照《代白头吟》:"直如朱丝绳,清如玉壶冰。"　⑥黄堂:古时太守衙门的正堂,此代指知府。乌台:御史台,古代的监察机构。　⑦车中雀:唐皇甫氏《原化记·车中女子》记开元中吴郡人某入京应试,遇车中女子及数少年,能飞檐走壁。会有盗案,吴郡人遭鞫问,复被推入深坑中。正感悲凄,忽一人如鸟飞而至,即车中女子,以索系吴郡人,腾身而上,飞出宫城,盖此女乃飞鸟化身。　⑧知恩鸟:《后汉书·杨震传》李贤注引《续齐谐记》载杨震父杨宝少时救一为猛禽所伤的黄雀,养之百日毛羽成,纵之飞去。一夜有黄衣童子衔四枚白环来,言:"令君子孙洁白,位登三事,当如此环矣。"　⑨飞熊入梦:《六韬》记周文王将猎于渭滨,占卜得辞,有"非龙非彨,非虎非罴,兆得公侯。天遣汝师,以之佐昌"之语。后果得姜太公于渭水。后世民间文学则演变为周文王夜梦飞熊,周公解梦谓当得大贤。　⑩壁光凿映:旧题汉刘歆《西京杂记》:"匡衡勤学而无烛,邻舍有烛而不逮,衡乃穿壁引其光,以书映光而读之。"　⑪三刀:《晋书·王濬传》载王濬梦见三刀,后又增加一刀。李毅为其解梦,谓三刀合为"州"字,增加一刀为"益",则王濬将被任为益州刺史。后王濬果然得授益州刺史。两犬:传说岳飞梦两犬对言,一僧人为其解梦,谓两犬对言乃"狱"字,后岳飞果罹莫须有之狱含恨而死。　⑫鬼车:传说中的怪鸟,唐段成式《酉阳杂俎》:"鬼车鸟,相传此鸟昔有十首,能收人魂,一首为犬所噬。"相传其所断之首滴血人家,能为灾咎。

《十五贯》传奇上卷展现熊氏兄弟和苏戌娟、侯三姑两对素不相识的青年男女先后无辜罹祸的悲惨遭遇。全剧主角况钟在上卷的最后一场即第十三出出场,是作者着力刻画的一个清正廉明,敢于为民请命的清官形象。他于奉旨决囚之时察觉冤情,连夜求见上司请求缓刑,面对斥责仍然援引律典争辩,最后不惜以官印质押取得半月复查期限。第十七出《踏勘》即是描写他勘明熊友蕙曲折冤情的一场重头戏。

此出况钟上场前,有付扮夏总甲的一段戏。作者借主角上场前小角色的铺

垫，传达了两个重要信息：一是官场腐败。夏总甲为在熊友蕙一案中“茶汤水何曾尝着一滴”而满腹牢骚，同时又为自己“不曾赚个牢钱”而庆幸，不然况钟来了“到要吓杀”。可见办公事顺手牵羊、敲诈勒索已是普遍风气。他通知原告冯玉吾作好准备。冯老板虽然骄横，但对夏总甲一叠声“快些打扫，快些打扫”的催促也只得低声下气，央求“全仗帮衬帮衬”。区区一个小吏都有如此威势，头顶乌纱者岂不更叫人发怵？二是况钟面临的困难。上司既不支持复查，下属也早“巴不得结案完事”，连当事人都气呼呼高叫“有甚么踏勘”，“真个扯淡”！作者以白描手法把夏总甲、冯玉吾两人的语言口吻写得活龙活现，正是为况钟踏勘营造逆水行舟的气氛。在况钟出场前后，作者又穿插了一个虚笔、一个实笔。虚笔是由夏总甲交代，有大群官员到码头迎接况钟。看似官场俗套，实质说明官吏们热衷于迎往送来更胜于关心民瘼，这是大背景的点染。实笔是况钟还未下马，当地太守即来下帖接风，被况钟一口回绝，并将事后可能的饯行酒也预先堵了回去。通过这一细节描写，作者令观众看到况钟清廉方正的形象。

古典戏曲最重要的表现手段是曲唱。作者把这出戏的中心情节——况钟来到案发现场察看安排在两支【太师引】曲中展开。【太师引】属五声音阶的南曲，具有南曲细腻委婉的共同特点。而它又特别适于表达惊疑、猜度一类情绪。明传奇《金雀记》之《乔醋》一出中的【太师引】曲最称典型，传为名曲。可见作者谙熟曲律，选择十分恰当。再者，踏勘过程不仅有思索、判断种种心理活动，更难免出现行进、探索等寻寻觅觅反反复复的行为动作，这就为唱和做的结合提供了基础。虚拟的表演，使同一舞台能先后出现冯、熊两家两个不同的地点。熟悉舞台的朱䳑，抓住了戏曲艺术载歌载舞、“景随人移”的基本特征，因而能把破案细节表现得如此真实细致。

作者以工笔式的精细来刻画况钟的用心观察和缜密思索：在冯家媳妇内室，看到窗外墙垣高过户庭，不似一个沟通私情的环境；到隔壁严家再次证实，两家虽则一墙之隔，却是“迥绝难通”。奸情既不成立，谋杀便成虚妄。然而放在侯三姑桌上的金环怎么会到了熊友蕙手上？还有和金环一起的十五贯铜钱又在哪里？苦苦思索，不得其解。况钟为此苦恼、自责。此时作者特地作了一个表演提示：“作想不出焦躁介。”然后插白：“咦，如此光景，终非下落。不要说他二人之罪难明，就是下官怎好回覆上台？”由于期限只有半月，复查是担着风险的。踏勘过程中的这一反复，不仅增强了戏剧性，更进一步表现了况钟一心惩恶扬善、不顾个人进退的品格。

真相终于大白。一个连通两家的鼠穴，揭示通奸、窃盗、谋杀的奇案其实是

一场鼠祸。金环和十五贯是老鼠衔去的，冯锦郎也是误食药鼠面饼而亡。况钟十分感叹："不是下官虚衷细鞫，那枉死城中，早已添上两名新鬼了。"这是他不抱成见、亲临实地调查的胜利。此前，作者有意描写了过于执初审此案的情形。过于执认为，既然熊友蕙握有冯家媳妇的金环，那便是铁证。"侯氏天生冶容，锦郎身带残疾，心多怅望，邻有少年，再无有不做出来的道理"(第七出《陷辟》)。浅尝辄止加上主观妄断，结果是草菅人命。作者以对比的手法，一褒一贬，使况钟的形象更为鲜明突出。不足的是，况钟由鼠穴想到双熊衔鼠示冤的梦警，结构针线虽密，托梦情节却含有迷信色彩。

从《踏勘》一出可以看出，清官况钟的艺术形象必为平民百姓认同，而剧本又有较强的舞台性，因而《十五贯》演出颇多。清嘉庆以后，传奇多以折子戏形式出现。有称"全本"者，也是部分折子戏的串演。如著名的《牡丹亭》，全本五十五出，光绪元年(1875)演出"全本"，仅串十二折。而《十五贯》光绪十六年(1890)在上海的一次演出，两天里前后两本，达二十八折(演出本折目)，是个确确实实的"全本"。这是近世中国戏曲史少见的现象。中华人民共和国成立后，经过改编的昆剧《十五贯》轰动一时。改编本删去熊友蕙一条线索，但仍保留了《踏勘》一折，经过改写，成为况钟勘破熊友兰冤案的重要关节。昆剧《十五贯》可谓继承发扬了原作的优秀传统，一个实事求是、注重调查研究的况钟形象，是古典戏曲中不可多得的艺术创造。

(方家骥)

秦　楼　月　　　　朱　㬊

第十出　心　　许

(旦上)(小旦随上)

【谒金门】遭僝僽[①]，肠断西风杨柳。今夜月明须坐守，幽期刚十九。

奴家陈素素，偶以小词题墓，漏泄小名。承吕郎谬加赞赏，无限钟情。前日一见，使我惊喜相半，寥寥数语，遂已铭感终身。他约定三日之后，准到我家相访。今日刚刚十九，至诚君子，必不爽信。只得扶病起来，打点凝妆以待。绣烟，你可安排奁具，整顿衣饰，伏侍我梳裹则个。(小旦)呀，姐姐，你连日身子不快，茶饭也懒进，今日侵早起来，就要梳妆打扮，可不太劳碌了？(旦)丫鬟，你那里知道我的心事来！

【二郎神】人别后，三日夜提心挂口。(小旦)吕相公虽然有约，那

得今日准来?(旦)他密语惺惺应不谬。(小旦)即使果来,姐姐扶病相见,就不梳裹也罢。(旦)说那里话!我天生爱好,病中人更要风流。(小旦)如此,奁具在此,绣烟伏侍姐姐梳妆便了。(旦梳头介)悄问侍儿妆好否,只莫管我镜中肥瘦。(画眉介)还把螺黛钩,钩出个新添欢喜的眉头。

(小旦)阿呀,妙嗄!

【前腔】迟留,看你妆成楚楚,恰趁副病余时候。(旦)女为悦己者容,这妆束倍宜鲜艳。你与我把秋花插上几朵。(小旦)晓得。姐姐,你一种奇香伊自有,秋花添鬓,怎不怕游蜂撩乱钗头。(旦)只捡华丽衣服,与我穿上。(小旦与旦穿衣介)呀,姐姐这般瘦了。宽却罗衫松钮扣,可知道今朝觉瘦。我绣烟在这里想,你便扶病添妆,知道那人可能践约?若使不来呵,可不枉凝眸,待如何支消茗碗香篝[②]?

(老旦内叫介)素素孩儿,进来罢。(旦)母亲声唤,进去罢。(小旦)姐姐请。(同下)(生上)

【集贤宾】三秋一日经九秋,梦不离十里红楼。小生邂逅名姬,订期今日造访,又得刘公指引前来,这里已是素素住居了。门儿虚掩在此,不免径入。此际相逢须即溜,断不似前番嫩脸藏羞。有人么?(老旦上)是那个?客来失候,忙杀了鹦哥红咮[③]。原来是一位相公。(生)妈妈拜揖。姐姐可在家否?有烦传语,说小生吕贯奉访。(老旦)嗄!原来就是吕相公。怎么说个在家否?我家小女,蒙相公相约,扶病久,刚阶下香茵蹙皱。

相公请坐,待我就唤他出来。女儿快来,吕相公在此。(旦)来了。(老旦)老身烹茶出来。(下)(旦上)

【前腔】声声门外嘶紫骝。呀,原来果是那生!禁不住掩扇回眸。(生)姐姐拜揖。(旦)相公万福。相公真信人也。如此至诚诚罕有,不枉我隔宵来便数更筹[④]。(生)为别未久,尊容便觉消瘦了。敢问姐姐,病体略好些么?(旦)相公,小妹那有什么病来!从来消瘦,对君子敢云负疚。(作委顿强支介)(生)姐姐力疾之意,小生尽知。感杀你情意厚,只一语心窝印透。

前日草草相逢,还不曾细问,姐姐艳质奇才,缘何落于风尘之内?

宅上更有何人？此身还可自主么？（旦）嗳！不要说起。

【黄莺儿】我生性是温柔，障风尘又几秋。（指内介）当不起狺狺阿母多生受[5]。（生）既有令堂作主，将来婚姻之事，正好与他商量。姐姐，可知小生此来呵，原非冶游，端为好逑[6]，岂肯一宵恩爱双丢手。（旦）相公，不要太认真了。相公名教中人，衣冠自重，烟花下贱，何足以辱君子？婚姻二字，断断不可提起。相公，记取这下场头，无非楚馆，不是凤凰楼[7]。

（生）嗳，姐姐说那里话？姐姐天上仙娃，一朝堕落，既蒙心许，自当出之火坑，况小生原非好色之徒，岂作寡情之事？姐姐如此说，太觉小觑我吕贯了。

【前腔】决裂绾鸾俦，不从心誓不休，为卿赌下同心咒。（旦）相公注意如此，小妹万幸，只恐阿母为恶，黄衫客不易觅[8]，奈何！（生）这也说不得了。牵的是愁，担的是忧，总拚耐着心儿守。（旦）如此，容奴致谢。（福介）（作立不定介）（生）看仔细！（旦）谢偎兜，便做道今生已矣，魂亦抱衾裯。

（作欲倒）（生扶定靠椅介）呀，姐姐为何如此？惊杀小生也。（老旦提壶上）

【猫儿坠】芽茶浓泼，合与润枯喉。（生）妈妈快来！令爱晕倒在此。（老旦）呀，好奇怪！早难道阿母摇钱树子休？嗄！是了，我女儿连日身子本来有病，今日起的太早，又与相公陪话多时，神思消乏，所以委顿至此。谁教破早上帘钩，知否？况复连朝，见粒而呕。

（生）这等不妨，待小生抚摩一会，缓缓扶他起来。姐姐苏醒，姐姐苏醒！（旦渐起介）阿呀，相公，生受你了。

【前腔】抛君未忍，薄命且淹留。（生）姐姐体中不快，静养为上，妈妈好生扶进房去，小生不便扰动，也只得要告别了。（旦）相公且住着，一刻相亲一解愁。（生）姐姐休如此说，还是进房安憩的是。小生今日别去，另期再来相访。妈妈，这白金十两[9]，奉为令爱调理之资。前日乍会，便知玉体欠安。已曾商之名医，修合丸药一种，旦晚制成，即当耑人送上。妈妈，你还看小生面上，将他十分调护要紧。（老旦笑介）这个自然。（旦）如此说，相公真个要去了。哎哟！眉头事又到心头。

(合)绸缪,四目相看,毕竟谁泪先流?

(生携旦手介)姐姐,千万保重,小生去了。

【尾声】忍言分手还携手,(旦)相公嗄!你芳草从教识旧游。

(合)莫负了一样心肠两处有。(生下)

(老旦)我的女儿,倒说看他面上,这相公好不痴!只是他缠头空费[10],巫梦未交[11],岂不辜负了他来意?我儿,你还是倍加保重,巴得体中略好,约他再会便了。(旦)谨依母亲严命。

(旦)未知携手定何时?(老旦)酒美茶香慰所思。

(老旦)今夕月明楼上望,(旦)却教成喜又成悲。

〔注〕 ① 僝僽(chán zhòu):困扰,烦恼。 ② 支消:应付。香篝:爇香的熏笼。 ③ 咮(zhòu):鸟喙。 ④ 更筹:古时计时报更所用的竹签。 ⑤ 狺(yín)狺:狗吠声。 ⑥ 好逑:《诗经·周南·关雎》:"窈窕淑女,君子好逑。"逑,配偶。 ⑦ 凤凰楼:即凤楼。传春秋时秦穆公女弄玉好音乐,嫁善吹箫之萧史,穆公为二人筑凤楼,夫妇俩吹箫引凤,乘凤仙去。 ⑧ 黄衫客:指打抱不平的侠义之士,原为唐蒋防传奇小说《霍小玉传》中人物。 ⑨ 白金:银子。 ⑩ 缠头:赠送妓女的财物。 ⑪ 巫梦:战国楚宋玉《高唐赋序》载楚怀王梦与巫山神女交欢事。

《秦楼月》是朱㿥(素臣)所作十九种传奇中唯一今存刊本的一种。剧中吕贯实即清初文士姜实节,他和陈素素的爱情故事散见于《词苑丛谈》、《国朝画识》、《多罗艳屑》等书。此剧杂采有关传说,加以虚构。剧情梗概是:莱阳书生吕贯在苏州虎丘凭吊真娘墓时,见到署名陈素素的一首《秦楼月》词,乃引出情思,得退休武官刘岳帮助,与素素相会。吕贯的仆人许秀劝主人以家门声望和功名前程为重,不要和青楼女子来往,而吕贯与素素再次相见时两情难舍,当即对天盟誓,订下婚约。土贼王庆、胥大奸在太湖中落草,劫去素素与侍女绣烟,欲霸占为压寨夫人,二女不肯从贼,绣烟被杀,素素撞头流血,幸未绝命。贼众围攻吴兴,吴兴太守袁皓是吕贯好友,率兵坚守,刘岳则趁贼巢空虚之机潜入太湖,杀死王、胥二贼,救出素素。吕贯赴京应试,高中状元,至吴兴见到袁、刘二人,与素素喜偕花烛。众人提及吕、陈姻缘起于一首《秦楼月》词,于是吕贯、素素、袁皓、刘岳四人联句赓和《秦楼月》词二首,以纪此事。

清代戏曲家李渔以其所著《笠翁十种曲》名重当时。他才高气盛,对别人的传奇作品不轻易给予赞誉,而对朱素臣的《秦楼月》却大加推崇。这不能不说是《秦楼月》传奇艺术上成功的证据。今存《秦楼月》刊本末出有李渔的评语,说此剧"远则可方《拜月》,近亦不让《西楼》,几案氍毹,并堪心赏,此必传之作",评价

是够高的了。李渔的赞赏既是对朱素臣作品的肯定,也能引发今天的读者对于《秦楼月》一剧的兴趣。

试看这里选录的第十出《心许》,即能看出作者的才华、情趣和全剧的妙处。此出写吕贯和素素的第二次相会,是全剧的关键情节。前面第八出写吕、陈第一次相会是刘岳的精心安排,这一次相会是二人自主的约定;第一次相会是神貌初交,这一次相会是心灵沟通。此出是第八出的照应和发展,又为以后二人爱情的升华作出了重要的铺垫。在这一出中,作者先仔细描写了素素等待吕贯的情景。在这等待的过程中,又特别突出素素的两点表现。一是素素坚信吕贯必来。前次约定吕贯在三日后来家中相访,此日到期,素素一早诚心相等,她认定吕贯是"至诚君子,必不爽信"。这种信任,是固结爱情的基础,是以心相许的内因,虽未明言心许,却已扣定了此出的主题。二是素素带病梳妆。素素让绣烟服侍她梳妆打扮,印证了太史公司马迁"女为悦己者容"的名言。这一行动,说明了素素已认定了吕贯对自己的爱情并自愿领受这份爱情,虽未明写吕贯,吕贯于此时已呼之欲出了。素素回答绣烟说"我天生爱好,病中人更要风流","悄问侍儿妆好否,只莫管我镜中肥瘦",生动地传示出她此时此际的心态。李渔对这几句唱词特别欣赏,批语说:"消魂艳语,绝妙情词,作者应是舌本有莲。"今天反复玩味,也使人叹服作者才笔不凡。

吕贯如约来访素素,他与素素的养母钱氏见礼寒暄以及见到素素时开口就问她的病情,这都是正常的应对,毋须细说,而素素的回答才正是作者行文的妙处。当吕贯问她"病体略好些么"时,若按正常应对,素素的回答应针对问话,要么答病体略有好转,要么答病体尚未好转。但是,这里素素却回答说:"小妹那有什么病来!"她竟然不承认自己正在生病的事实,实在有些反常。而恰恰是这种反常,才真正表现了此时此刻素素对于吕贯的真挚、专注与炽烈的情感。她本来已十分眷恋吕贯,当吕贯信守承诺、准时赴约时,又使她的眷恋之苦化为现实相会的幸福。这时,是她因爱情的陶醉而不再感到有病,还是她不肯让心上人知道她在生病,还是两种心情兼而有之,已难分清。总之是素素在此刻不愿让生病的事实成为她爱情幸福的干扰。逆向的答语是奇妙的,而作者能写出这样奇妙的答语不能不说是奇妙之笔。难怪李渔读曲至此,忍不住赞叹素素"反说无病,妙妙",能识得曲中妙处,堪称作者知音。

然而,素素的病容毕竟遮掩不住,聪明的吕相公也决不会相信素素自言无病是实话。吕贯说"姐姐力疾之意,小生尽知",他理解了素素自言无病的良苦用心,接着,他又消解了素素自感"烟花下贱"的自卑心理。这两点基本态度,征服

了素素的全部感情，这时，她病情再也遮掩不住了，坐在椅子上就晕倒了。素素病情的展露又为吕贯提供了奉献爱心的契机，他先是为素素按摩，唤她苏醒，又拿出银子让钱妈为素素治病，之后才与素素握手惜别。这些举动，自然进一步感动了素素，使她彻底以心相许，同时也使素素坚信吕贯对自己也已以心相许。心许是双向的情感交融，此出中把这一交融过程写得如此宛转、细腻，在古代爱情故事戏剧中确实是优美的篇章。

欣赏《心许》一出应掌握的要点是作者如何写素素的病。病因情生，情因病生，情病相感，互为因果；同时，情生于文，文生于情，文情并茂，相得益彰。作者为写情而写病，借写病而写情，病为表而情为里，病为形而情为质，今读《秦楼月》，当体察作者用意之深远。

（王永宽）

秦　楼　月　　朱　皠

第二十五出　病　　捷

（生病装上）（净扮店主扶上即下）

【卖相思】新剧西楼全本，似刚演到于鹃泣试[1]。哎！吕贯，吕贯，无计问天，转而问自。自也难解难明，憔悴因何至此。

向以许秀传报，奋迅上京，大地茫茫，终难访素素消息。寓中纳闷，一病弥留。前日试期，又被礼部开报，逼勒进场。本分曳白而出[2]，一时间没有主意，也就胡乱涂上了几篇。出得场来，只有那人在念，不觉病势日增。多承店主美意，请来太医诊治。那先生可也伶俐，三指一点，就晓得是七情所伤[3]。据他说来，此症唤做什么相思病，须得意中人鬠发煎服，才可救疗。在恒言谓之心病心药，论大意也算以人治人。虽如此说，吾家素素此时踪迹尚未可问，何况鬠发这一味丹药，眼见永永难觅。我这既惫之躯，也多分不济事了。阿呀，我那素素嗄！

【楚江情】柔魂何所之？念兹在兹，看看孱骨不自支。因人说，病是相思也。那医人还说，这病根不在皮毛，不居脏肺，深入骨髓之中，断非草根树皮可疗。便有丹成绛雪，羹分紫芝，争似他绿云缭绕一股丝。若得这件活宝，不要说煎服，就是嗅气闻香，也当得解渴金茎赐。事已至此，小生也拚得一死。此恨绵绵无尽时，一息淹淹竟若斯，天那！论人生只合情中死。

困倦之极，且自凭几少憩则个。（末怀发环上）

【香柳娘】戴星霜不辞，戴星霜不辞。我许秀得见素娘，传寄发环二事，急附快船上京，报与主人知道。贡院前看过晓帖，访得相公寓所，一路问来，此间已是。店主人有么？（净上）是那个？（末）我是江南吕相公家家人。（净）来得好。你家相公害病在此，正在需人服伺哩。随我来！这间房子里边，就是你相公在内。（末）请便。（净应下）（末推门进）（放行李轻叫介）相公！（生不应）（末）呀，看他阳台酷嗜[④]，多应为场事辛苦，天池暂偃扶摇翅[⑤]。（又近身叫介）相公，相公！（生作醒介）你是那个？（末）小人是许秀。（生）呀，许秀，你从那里来？（末）小人从家里来。把遥天信携，把遥天信携。（生）你从家里来？（作悲介）（末）是。相公病体可觉好些？（生摇首介）不济事。我且问你，你从家里来，可晓得些素娘的消息？（末背介）如今是瞒他不得了。（作取发环欲拿忽止介）不好，相公一见伤心，这病益发难愈了。（转向生介）相公，素娘消息便略略有些，止是相公不要痛苦，小人方才敢取出来。（生急问介）你说那取字……（住口介）嗄！敢有甚书信在你处？（末）书信是没有。（生）这等，素娘如今现在那里？（末）相公听禀。压寨觊娇姿，（生惊介）却被贼人赚去，他从也不从？（末）触阶显奇志。（生）原来素娘为我守贞，这也难得。只是你前日因何妄报，赚我来到此地？（末跪介）这却小人有罪了。（生）起来说。（末）岂迂途妄指，岂迂途妄指。忍见伊花羁柳縻，误却梯云伊始[⑥]。

（生怒介）嗄！有这等事？你这狗才，恁般没理。功名什么大事，却故意赚我上京！如今素素有了消息，反不能前往相救。咦，狗才！这是那里说起？

【前腔】敢家法藐视，敢家法藐视。伶牙俐齿，反把我做家主的三千里外空驱使。（末）阿呀，相公，功名不是大事，到是什么大事？（生）哇！狗才多讲！甚功名介意，甚功名介意。你这些时还不晓得，除却那人儿，都为不急事。（末）素娘身寄虎穴，即使相公在家，却也难得会面。如今小人见过，得了消息，与相公见过一般了。（生）不信你竟得见过？（末）是小人扮了医人，赚进贼营相见的。（生）你这般大胆，敢是又来掉谎。（末）怎敢又掉谎？现有素娘亲手传寄信物二事在此。（生）在那里？（末出发环介）在此。（生急取看介）原来是金指环

一枚,青丝发一缕。阿呀,我那素素嗄!(大哭晕倒介)(末)相公病体,请自保重。(生)素素嗄!你将此二物传寄,我已十分猜着了。料因缘尽此,料因缘尽此。将这坚金断丝,做了决绝回示。

睹此二物,不觉心如刀割,恨不得一口气儿赶回家去。咳!又奈病躯狼狈,不能奋飞。嗄!且住!医人说此病惟髻发可疗,恰好获此奇珍,岂非天赐?妙妙!快取雅式鼎铛,清冽泉水,文武炭火[7],郑重煎服。(末)这个容易,待小人就煎起来。(生)咦,这个可是你腌臜蠢才经得手来?你且回避,待我盥手焚香,亲自煎服。闻说金子可以定惊,将指环一并煎入在内。(焚香煎介)(扇火介)(手搁作闻介)呀,才经煎动,就觉香馥馥起来了。

【前腔】沁奇香入脾,沁奇香入脾。(开看作喜介)呀,奇怪!你看煎上数滚,发儿与环胶结不解,岂非精诚所感?(蘸尝介)妙!香甜得紧!(倾瓯介)磁瓯倾试,(欲饮介)且住,如此至宝,岂敢遽饮?待我望空遥拜,称谢而尝。(揖空介)素素嗄!谢你个嫦娥灵药,又许凡夫饵。(饮介)妙!才经饮下,不觉神思清爽,病骨顿轻。好了!如今竟可归去,亲身营救了。(喜介)岂非天意周全?谢天天可怜,谢天天可怜。呀,今日又是东南风。嗳,老天,你有心周全了,何不反一阵顺风儿,送我归帆疾如驶?(小生、副净、老旦、小旦扮报人持官帽袍带上)喜名魁多士,喜名魁多士。一路问来,这里是吕老爷寓所了。打进去!(末急上)你每什么人?(众)我每是报捷的。(见生介)老爷,报人叩头。报,报!恭喜老爷中了状元了。(生)那个中了状元?(众)是老爷中了头名状元了。现有纸条在此,写得明白:第一甲第一名,吕贯习诗,江南人氏。

求老爷写赏票。(生)咦,状元又是什么大事,这等大惊小怪!我要紧回家去了,许秀,快些收拾行李。(众)老爷,琼林宴上[8],专等你去坐个首席,怎么说到要回去?小的每辛辛苦苦,报着个状元,也是天大的造化,赏赐是要加倍的。(生)有,有,待我早早回去,救出素娘,与他做了亲,一并打发何如?

【前腔】小登科有期,小登科有期。赏封姑俟,少不得我夫人另有花红赐。(众)讲这远话!快去赴宴要紧。(生攒眉介)正待束装,偏有这许多兜搭[9]。(指末恨介)总是你这狗才不好,赚我来京,惹出这

事。竟场闱误入，竟场闱误入。(又笑介)也难独怪着你。自不惜珠玑，也合三分认不是。(众背介)老爷敢是痴的，中了状元，何等快活，反生烦恼！不要管，我每拥着老爷，竟自前行，且待赴过琼林宴，然后领赏便了。(众)说得有理。(推生行介)(合)醉春风此时，醉春风此时。笃速马蹄[10]，消受这曲江故事[11]。(拥下)

(末)原来相公果然中了状元了，快活，快活！前日原说机会不可错过，我许秀这番，也可将功折罪了。只是他性子执拗，口中说要回去，一定劝他不住。我且一面在此收拾行装，看相公如何区处便了。呀，呸！如今要称老爷了，又叫什么相公！(下)

〔注〕 ① 于鹃泣试：袁于令《西楼记》传奇中的情节。《西楼记》写于鹃与穆素徽相爱，几经磨难，后来他迫于父命赴京应试，途中听到讹传素徽已死，十分悲痛，他在考场应试时无心作卷，啼哭不住，因考官催促，只得"且胡乱涂完此卷"。见该剧第二十八出《泣试》。《秦楼月》写吕贯应试，与于鹃相似，故引《西楼记》作类比。 ② 曳白：考试交白卷。 ③ 七情：《礼记·礼运》："何谓七情？喜、怒、哀、惧、爱、恶、欲，七者弗学而能。" ④ 阳台：此代指相思梦。典出战国楚宋玉《高唐赋序》。 ⑤"天池"句：《庄子·逍遥游》："鹏之背，不知其几千里也；怒而飞，其翼若垂天之云。是鸟也，海运则将徙于南冥。南冥者，天池也。"又："鹏之徙于南冥也，水击三千里，抟扶摇而上者九万里。"扶摇，从下而上的暴风。 ⑥ 梯云：登云。指科举及第飞黄腾达。 ⑦"文武"句：指慢火与旺火。 ⑧ 琼林宴：皇帝招待新科进士的宴会。 ⑨ 兜搭：周折。 ⑩ 笃速：马蹄声。 ⑪ 曲江故事：唐时新科进士在放榜后大宴于曲江亭，称曲江会，所谓"故事"即指此。曲江，在今陕西西安东南，唐时为游赏胜地。

明代戏曲名家汤显祖有"师讲性，某讲情"的名言，他认为进行戏曲创作是"为情作使"，由此"因情成梦，因梦成戏"。他的这种"不言性而言情"的观点影响到许多剧作家，当时有"临川派"之称，后世也有不少作家步其后尘，以"言情"自我标榜。朱㿥(素臣)即是受汤显祖影响较大的作家之一。《秦楼月》末出"尾声"云："为多情开生面，何尝讲学让临川？少不得与濂洛心书一样传。"自诩以曲传情并不亚于汤显祖，自己所作的传奇虽为小道，但却能和宋代理学大师程颢、程颐、周敦颐的著作一样流传不朽。这种自我评价，是够自信、够大胆的了。把握作者的这种心态来读《秦楼月》传奇，可以发现它确实是一部追步汤显祖的《牡丹亭》、以言情为宗旨的名作。朱素臣的好友吴绮的夫人龚静照评论《秦楼月》说："人所不易得者情，情之不易得者真。"明末著名戏曲评论家王思任的女儿王端淑评论《秦楼月》说："深情宛转，幽意缠绵，如读江淹《恨赋》，使人自然泪下。"这两位女性评论家也从她们各自的角度指出了此剧言情的特点。

第二十五出《病捷》是最能体现全剧"言情"主题的关键性的一出。本出的中

心事件是吕贯在京中带病参加考试并且得中状元，但正和前面所分析的第十出一样，写考试是表，是形，写爱情是里，是质。本来，吕贯是被仆人许秀设计诱骗而进京的。许秀的意图是让主人以前程为重，进京求取功名；而吕贯进京只是一心要寻访素素下落，“那功名之事，可否任意为之便了”（第十六出《赚试》）。到了京中之后没有得到素素消息，因愁闷而生病，对于考试，只是被逼进场，胡乱涂了几篇。他心中一直牵挂着素素，以至于为七情所伤，病情加重了。吕贯对考试的敷衍和对素素的专注形成鲜明的对比，他显然是把爱情放在了高于功名的位置。吕贯的因情致病同第十出中素素的因情致病也形成前后的呼应，吕贯对爱情的执著、炽烈比之素素毫不逊色。当吕贯病势沉重、自感弥留之际，他想到的是“论人生只合情中死”，竟然甘愿为情而殉身。这句话表明了吕贯对情的坚定信念，也表现了作者极力张扬青年男女纯真爱情的本意。李渔对这句话特别赞赏，批语云：“一语刺人心髓，可为千古定论。”在《秦楼月》全剧中，在明清传奇的其他爱情故事剧中，“论人生只合情中死”都是感人至深的警句。

这一出中，作者特意设置了一个十分离奇的情节，让太医提出医治吕贯相思病的药方是必须得到意中人素素的髻发煎服，才可救治；而在关键时刻让许秀带着素素的头发和指环赶到，吕贯将此二物煎汤服用，于是病体顿痊。这样的药方和治疗效果，从客观实践上看显然是荒诞的，但荒诞中却分明含有某种合乎情理的因素。吕贯的病源不是生理上的，而是心理上的，所谓“心病还须心药医”，这心药也只能是抽象的精神抚慰与心理调适。可是在此剧中，作者却突发奇想，把心药具象为髻发和指环。这两件东西来自素素身边，带着素素的行踪信息，也带着素素的心愿与意志。具象的实物是抽象的爱情的载体，是虚幻的心语的物化，吕贯得到了它们，实即得到了爱情的满足，于是身体的疾病也就自然消除了。作者特别详细地写了吕贯“煎药”、“服药”的过程。他所用器具是“雅式鼎铛，清冽泉水，文武炭火”，煎药前“盥手焚香”并且亲自动手，煎药时头发与指环胶结不解，饮药时还要“望空遥拜，称谢而尝”。这样不厌其烦地叙写煎药、服药过程，正好与他参与考试“胡乱涂上了几篇”的草率形成鲜明的对比，对比的效果正凸显了一个“情”字。

接着，剧情又生波折。吕贯病愈，正要马上动身离京去营救素素，忽然传来他高中状元的捷报，这又把吕贯推到面临抉择的紧要关头。一般人看来，中了状元是天下的大喜事，读书人十年寒窗正是盼着这一天；但吕贯却看得甚为平淡，他说：“状元又是什么大事，这等大惊小怪！我要紧回家去了。”李渔在这里批语道：“看得状元轻美人重，方可谓之好色；若看得状元重美人轻，直可谓之俗人。”

对吕贯的反常言行的描写，是作者的妙笔；对此反常行为的赞赏，是李渔的高论。所谓好色，实为多情，多情为雅，重名为俗，作者对于情与理、雅与俗自有其独特的评判标准，而李渔旗帜鲜明地认同了这样的标准。

从戏剧结构上看，《病捷》一出对于联缀全篇、前后照应的处理，施针引线极其细密。李渔《闲情偶寄》中论及"密针线"时说："每编一折，必须前顾数折，后顾数折。顾前者欲其照应，顾后者便于埋伏。"近代吴梅引申了李渔的理论，进一步指出："传奇全本，统计不下数十折，此数十折中，关目孔多，事实颇烦，而于起伏照应之处，须如草蛇灰线，令人无罅隙之可寻，无缝天衣，不着一针线痕迹，方是妙文。"（《顾曲麈谈》）今观《病捷》一出，可谓深得这些要领。对于前面各出，多处细心照应。如第二出《论心》中吕贯自云"小生心怀万里，必期虎榜先登"，至此出中状元正应了那句话；第十一出《忠谏》中许秀哭谏主人以功名前程为重，至此出中状元正遂了他的心愿；第十六出《赚试》写许秀设计促使吕贯赴京应试，第二十出《遗环》写素素以指环和发丝交许秀带给吕贯，也都在此出中有了归宿。同时，此出对于后面的几出，虽然临近终场，却也不忘预留伏笔。如写吕贯病愈之后急切要回去救素素，即使中了状元将赴琼林宴这样的大事也置之不顾，这预示着他归去与素素相见必有好戏，以此吊足观者胃口。旧波初平，新波将兴，传奇高手常在行文中屡起波澜。此剧作者可谓是深得此法的高手。 （王永宽）

朝 阳 凤 朱 皠

第二十六出 法 场

（外上）（净、占家丁随上）（白）泽国江山入战图，生民何计乐樵苏。凭君莫话封侯事，一将功成万骨枯[①]。某徐乾初是也。自从奏凯回朝，久已告病不出。今有公务料理，只得命驾出城。家丁，看日色正中，炎气逼人，就此趱行一步也。

【新水令】腰横宝剑闪秋月，只俺英雄性儿曾消歇。山河天子寿，堂构子孙业。（白）呀，一霎时天昏地黑，石走沙飞起来。（唱）力士鞭掣，敢有不平事，天窥也。（下）（老、正刽子手）（付上）

【步步娇】名利场中奔波彻，笑骂由他也。（付白）下官余谷，屡蒙太岳表兄提挈[②]，得授刑部郎中。今日奉旨监斩海瑞全家。叫刽子，将女犯跪过一边，把犯官带上来。（老、正）女犯另跪一边，带犯官上来。（生、末、小生、丑上）圣上吓！（唱）头颅许镆耶[③]，巴上这赤族[④]，无

遗也，完却一生功业。(付白)海瑞，你是铁铮铮好汉，也有今日么？(生)咄！奸贼，我一死不打紧，(唱)全不费周折，无非是自寻自己真归结。

(丑白)咳！老爷，横是要死个哉，等我骂渠一场介。呔！狗奸臣，入娘贼！我做子鬼，活活能个来扑杀你。(付)哇！押去跪下，等候开刀。(外、众上)

【折桂令】攒花虬随处蹀躞，早来到西市云阳[5]，只见雾惨风咽。(白)今日法场上监斩什么人，这等热闹？家丁去问一声。(净)今日你们监斩什么人？(老、正)监斩海瑞全家。(净)说监斩海瑞全家。(外)吓！如此说，刚风有难了。咳！(唱)笑天王莫恁决绝，把一个真正男子恁样磨灭。(白)说不得还待老夫去救他一救。(唱)俺只待硬开弓把书生救彻，软兜藤心事谈说。(老、正白)徐老爷来了。(付)监斩官迎接老大人。(外)刚风在那里？(副)在那一边。(外)海刚风在那里？(生)阿哟！徐大人吓！(丑)阿呀老爷，好人救救吓！(外)刚风，你才得还朝，便遭王法。(唱)一日臣节，合族名节。(生白)大人，晚生获罪朝廷，长别在即，今日得见大人面，也好含笑归泉了。(外唱)说什么含笑而归，定教伊灰烬重热。

(白)请问刚风，毕竟为何事，遂致于此？(生)大人听禀。

【江儿水】只为奸相专权久，微臣图报切，弹王论驾曾饶舌。(外白)元来为劾奏张居正，触怒了圣上，故有枭首之旨。咄！张居正，你寻差了对头了！不妨，我把这行人犯，割断绳索，尽行放过了。(生)大人，使不得。自古君命臣死，臣敢不死，不为忠也。(唱)爱惜身家非豪杰，平生学问于斯决。(外白)不妨，有我在此。家丁，多放了，把那边女犯尽放了。(付)大人，国法森严，未便轻放，还求大人三思。(外)咄！三思什么？播弄朝纲，多是你们这班小人做的事情。你若再多言，我先砍你头颅下来。(付)不敢，不敢。(外)家丁，同这官儿，把这行人犯护送入朝，我回府取了打佞金鞭，飞马见驾去也。(下)(丑)呔！余谷，你是铁铮铮的好汉，也有今日么？打你个奸臣一顿便好。(付)咄！就此回到午门去。(合唱)梦醒邯郸无别[6]，还上承命，须认取君王一霎。(共下)(外上)

【雁儿令】只为他鬼狐犹手段杰，闪得俺汗淋浸肝肠裂。来此已

是午门了。他那里建章宫叫未开[7]，俺这里紫游缰收不迭。(白)闻得张居正那厮，留中讲读，未曾回去，不免把登闻鼓击动，自有定夺。(击鼓介)(内白)何人击登闻鼓？着师相看明回奏。(净上)只有天在上，更无山与齐。何人擅击登闻鼓？呀，原来是徐老先生，请了。(外)呀，张居正，你果然出来了。(唱)呀，恨杀恁蛇鬼逞妖孽，恨杀恁牛神能诡谲。说不尽罪状余千款，记不了爰书有几节[8]。(净白)徐老先生，学生并未曾得罪来。(外)我且问你，今日监斩海瑞全家，为着甚来？(唱)猖獗，恁只待网打尽忠良也。情切，张居正，你好把俺急先锋细认者。

(净白)原来老先生此来，端只为解救海瑞么，这还使得。若是归罪于学生，差之又差了。(外)何差？何差？(净)学生入相以来，勤劳颇著，这十年之间，无颓废汗浊之象，这难道不是区区赞勷之功？

【侥侥令】槐堂晋异绩[9]，芸篇记青节[10]。(白)就是经筵进讲，原撰下几部秘传之书。(唱)锦绣文章千秋讲，(白)就有几桩小过，(唱)须知罪和功堪准折，罪和功堪准折。

【收江南】(外)呀，说什么罪功相准折，呵，直恁的齿牙折。(白)你道通纪上边，有奖无贬，可不道翰林院官员，多半是你门生故旧。你道经筵进讲，曾撰下几部秘传之书，吊誉沽名，多干你自己的事体。(唱)几曾与天家之事有干涉？(白)你看，这是什么东西？(净)这是打佞金鞭。(外)上边镌着的什么字？(净)待我看来：此鞭赐与徐增寿[11]，世世珍藏，后有奸臣弄权、助我子孙不肖者，劾奏不行，即行打死勿论。(外)这可是御制的？(净)自然是御制的。(外)可又来！(唱)试着俺龙光闪烁夺奸魄。作认俺定疯子的手段，看打！趁钢鞭未折，趁钢鞭未折，打教你岳坟夜夜哭顽铁。

(净)阿呀，圣上吓！(内)驾到！(占上)(付、正生、老内使上)

【园林好】坐瑶宫万几妥贴，闹金銮伊谁玩亵。(占白)原来是徐爱卿在此。(唱)你将相定须和协。(外白)臣祖赐金鞭在手，不敢朝见，恕臣无礼。(占)寡人自当拜见。(唱)佩祖训敢轻越，佩祖训敢轻越。

(外白)臣启陛下，老臣今日携鞭入朝，一来为海瑞全家解救，二来

专欲打死这奸臣。祖训煌煌，幸恕臣唐突之罪。(占)爱卿既欲解救海瑞全家，寡人自当准奏。若欲打死张先生，可看寡人之面，饶他一次罢。张先生，你可向徐爱卿请个罪儿，寡人为你解和了罢。(外)圣上，教他请那一庄罪来？

【沽美酒】俺为朝廷公论说，为朝廷公论说，不是为身家把旧仇挟，丕振皇灵罪状决。(白)张居正，你今日若没有裁夺，我把你这厮，(唱)一鞭儿须见血，直打到铁梢折。(占白)住了！爱卿执意如此，教寡人也难解和。今日大家归第，明日着文武百官，集于金銮殿上，将海瑞原本，公同评阅。若罪案果真，罪归师相；若有半字情虚，罪坐海瑞。爱卿可待朕处分，候旨定夺。(外)如此，容臣谢恩。(唱)感吾皇秋毫鉴彻，喜孤臣梦魂重热。海刚风海胆争些，定疯子疯邪愈也。(白)张居正，明日金銮评本，你不无嘱托事情，俺一步也放你不得，只是紧紧随你归第便了。(净)但凭老先生。(外)如此，随我出朝去。(唱)俺呵，赤紧的奇绝快绝，不由人不叫绝。呀，好手段自称豪杰。(扯净下)

(占白)看这定疯子一疯起来，就不肯住手。分付回宫。

【清江引】论奸忠自古难陈列，治乱从兹决。长将玉烛调，不使金瓯缺，又何妨铸画堂一个酬犒也。(下)

〔注〕　①“泽国”四句：这是唐朝诗人曹松《己亥岁》诗的全文。　②太岳：明宰相张居正的号。　③镆耶：春秋时宝剑名。　④赤族：灭族。　⑤西市云阳：指行刑处。西市，指京城西市，即今北京菜市口，明清时为处决死囚的刑场。云阳，秦置县，治今陕西淳化西北。《史记·秦始皇本纪》：“韩非使秦，秦用李斯谋，留非，非死云阳。”汉桓宽《盐铁论·毁学》：“李斯相秦，席天下之势，志小万乘；及其囚于囹圄，车裂于云阳之市。”后世戏曲小说多将“云阳”作为刑场的代称。　⑥梦醒邯郸：唐沈既济《枕中记》记道士吕翁在邯郸道旅舍中遇卢生，闻卢生自叹不遇，乃以仙枕授生。生俯首就枕，梦中进士，享尽荣华富贵。及其醒时，旅舍主人蒸黍尚未熟，因悟穷达之理。此处只取生死如梦之意。　⑦建章：建章宫，汉都长安宫殿名，在未央宫西。后世常以之代指宫阙。　⑧爰书：本指记录犯人供词的文书，后则指定刑的判决书。唐柳宗元《酬韶州裴使君寄道州吕八大使》：“圣理高悬象，爰书降罚锾。”　⑨槐堂：三公的官署，因周代朝廷植三槐九棘，公卿大夫列坐其下，以定三公九卿之位，故称。此指宰相府。　⑩芸篇：书籍，因古时常置芸香于书页内以防蛀，故称。青节：竹节，此喻人的气节。　⑪徐增寿：明开国功臣徐达幼子，以父荫官左都督。建文时，因其姊为燕王朱棣之妃而与燕王勾通，为建文帝所杀。燕王起靖难兵夺帝位，追封增寿为定国公。剧中徐乾初为徐达后裔，但史无其人。

《朝阳凤》是朱皠（素臣）撰写的以海瑞故事为题材的著名传奇。海瑞故事在民间流传很广，明朝万历年间已有长篇小说《海刚峰先生居官公案传》。此剧取材于海瑞的真实事迹及传说，并加以虚构。剧情梗概是：海瑞任浙江严州府淳安知县，因正直清廉受到剿倭将领定国公徐乾初赏识，被荐授户部主事。当时内阁大学士张居正把持朝政，重用亲信大理评事龙宗武、刑部司狱余谷等。海瑞上疏评议朝政，触怒嘉靖帝，被逮捕监禁于刑部狱中。海瑞家中婢女紫苔自愿卖身给张居正作妾，所得钱财供海家用作狱中花费。因皇后关照，海瑞得以保全性命，在嘉靖帝驾崩、隆庆改元后遇赦出狱。张居正仍然当权，排挤海瑞，海瑞出使琉球归来后得知张居正擅权乱政事实，让其婿陈三木草拟奏章，入宫启奏，同时让家人把母亲、妻子等亲属俱绑缚于宫门外待罪。万历帝袒护张居正，传旨将海瑞全家押赴市曹斩首。适逢徐乾初剿倭获胜，奏凯还朝，见到法场情景，极力营救。于是万历帝召集三公六部在朝堂公议，之后传旨将张居正削职为民，同党龙宗武等俱受惩治。海瑞全家团圆，朝廷钦赐《朝阳仪凤图》一轴予以褒奖。

与海瑞同时代的著名文士王世贞评论海瑞说："不怕死，不爱钱，不立党。"清褚人获引用此语后写道："此九字，断尽海公生平。即千万语谀之，岂能加于此评乎？"（《坚瓠集》庚集卷一）《朝阳凤》全剧写海瑞事迹，突出地展现了海瑞"不怕死、不爱钱、不立党"的思想性格特点，而《法场》一出更着重表现他的"不怕死"。其写法不是直接写海瑞不怕死，而是通过写徐乾初营救海瑞来表现海瑞的不怕死，更通过徐乾初营救海瑞不成而必须经过皇帝"圣裁"方能解决问题来表现海瑞的不怕死。这样，此出中把海瑞推到封建专制制度下上层政治斗争的漩涡中心。矛盾尖锐，冲突剧烈，帝王将相、忠臣奸臣（按：历史上的张居正并非奸臣，剧中人物形象多有虚构）一齐出场，煞是好看。

此出开始，写徐乾初奏凯还朝，后某日出城办理公务，适逢法场上余谷奉命监斩海瑞全家。"天昏地黑，石走沙飞"，这样的特殊环境，渲染出法场阴森可怖的气氛。徐乾初还未到场，海瑞先登场亮相，他与余谷的几句对话，表明了他对死的态度。英雄本来不怕死，只怕死不得其所，只怕死而未完其业，"出师未捷身先死，长使英雄泪满襟"，历代有多少文士反复咀嚼这种无奈的遗憾。海瑞身临法场，视死如归，只想着"完却一生功业"，其"不怕死"的态度泰然自若。这里特意写了家人海安骂余谷的情节，尽管是丑角科诨，却构成对海瑞的鲜明的反衬，奴仆尚且不怕死，其主人的从容赴难就可想而知了。海瑞主仆的表现，显示一股浩然正气，和天昏地黑、石走沙飞的自然景观相对照，使观者感到严峻、壮烈与冷酷，其戏剧效果是极大地引发观者的悲愤与怜悯，强化悲剧场面巨大的感人

力量。

真正表现海瑞不怕死精神的动人场面更在徐乾初来到法场之后。徐乾初原来对海瑞有所了解，深知其风骨人品，当他得知在法场待罪的是海瑞全家，便决定“硬开弓”解救他们。当听罢海瑞诉说获罪缘由，更坚持立即要余谷释放犯人。徐乾初倚仗功臣身份，不顾法律程序，态度明朗，想到便做，显然带有几分执拗。海瑞见徐乾初来到，并没有提出请他解救，只是要和他“长别”。在徐乾初提出要立即释放他们时，海瑞不同意他这样做，仍然坚持“君命臣死，臣敢不死，不为忠也”的信念，抱定必死的决心。海瑞的执拗，更超过徐乾初。以执拗对执拗，是以死的意志对生的希望，这里所显示的不怕死的精神同前段的惨烈相比，更带有几分豪壮。

由于海瑞的执拗和余谷的阻挠，徐乾初不能在法场解救海瑞，只得到宫门外去击登闻鼓启奏朝廷。以下徐乾初与张居正的当面争论，以及他要持鞭痛打张居正并引出万历帝出场解劝，海瑞并不在场，但这几个人物谈论的中心议题仍是海瑞。这一段是全剧的重场戏，也是有关海瑞题材的戏曲中突出表现海瑞精神的重要戏剧情节。海瑞为诤谏而获罪，牵动了整个朝堂，构成了当时最高层统治集团中矛盾冲突的焦点。引起争议的基本问题是对于海瑞个人品质的评判与对他诤谏内容的认定。海瑞的孤忠亮节与不怕死的凛然正气感动着徐乾初，促使徐乾初为解救他而动用最后的法宝——打佞金鞭。张居正对于徐乾初的怯懦与退让，固然是由于对象征权力的打佞金鞭的畏惧，同时也是海瑞的精神具有一定震慑作用的结果。以至于万历帝在徐乾初与张居正冲突时只能扮演一个和事老的角色，提出要在第二天让文武百官齐集金銮殿评定海瑞之事来缓解眼前的矛盾，这无疑是给徐、张二人提供一个退步的台阶。帝王将相三人之间的复杂关系及此特定时刻的特定思想状态，反映出海瑞的行为在当时的朝廷内部占有的分量及产生的影响。看到这里，观者又面对着一个新的悬念：明日金殿评本，究竟结果如何？尽管可以预知“拿住奸贼才煞戏”的最终结局，但还是渴望看到忠胜奸败的具体场景。由此来看，《法场》一出是全剧的高峰，但未把戏写尽，仍留有吸引观者的后续手段。作剧高手运笔不凡，从这一出中可窥知其精妙所在。

（王永宽）

翡　翠　园　　　　朱　㿥

第五出　谏　　父

（末上）度理无情，后宾先礼，上命差遣，概不由已。自家麻府中院

子便是。俺老爷职居长史[①],家寄南昌,向蒙宁王千岁优礼相待[②],言听计从,凡有作为,无不资其筹划。近又制造万寿珠冠一顶,献媚宫中,只待穿点完成,便索进上。这也不在话下。老爷主意,要在东庄左侧,方方起造园亭一所,名曰翡翠园,以便岁时行乐。叵耐东庄一角,碍着舒秀才住居,计欲方圆,甚难摆布。我见老爷心上焦躁就禀上说,老爷既要方圆,却又何难,小的打听得舒秀才衣食不周,今年又兼失馆[③],只消与他半价,不怕他不双手奉上。老爷听说,十分欢喜,就要在我身上立时停当回覆。既奉差遣,只得走遭。行行去去,去去行行,这里已是。舒相公在家么?(生上)是那个来了?

【引】读罢残书,声声剥啄[④],谁顾茅庐?

(白)呀,原来是麻府大叔。(末)岂敢。(生)请坐。(末)舒相公,告坐了。(生)大叔何来?(末)在下此来,非为别事。只为我家主人要在东庄起造翡翠园一所,基址已定,只是尊居却碍一角。若是别人家,又有一说,既是舒相公,怎好造次。意欲奉价求买,相公另觅新居,未识可否?(生)这是那里说起!蜗居数椽,所值无几,只是祖父遗传,不敢变弃。(唱)

【驻马听】瓮牖绳枢[⑤],世代遗留此敝庐。(末白)那家房子不是祖父遗留的?今日得价别买,也未为不可。(生)使不得。(唱)便道一贫如洗,若把祖计轻抛,不肖何如!(末白)敝主人以礼相求,不为唐突。相公执意不允,倘有触怒,反有未便。(生)从来交易,要凭两愿,不允怎就触怒起来?(唱)王侯不占庶民居,相加非礼何急遽!(末白)起造翡翠园,非是主人私意,盖为宁王要来巡幸,构此以备游览。相公执意不允,就不怕我家老爷,难道宁王也不怕的?(生怒介)放屁!宁王素有不臣之心,你家老爷自为冰山可恃耳,我怕他怎的!(唱)达礼知诗,王章无犯,吾心何惧。

(末白)好意相劝,怎就指斥王爷起来?(唱)

【前腔】可怪逆儒,藐视天潢正派殊[⑥]。倘一旦泰山压卵,祸到临头,后悔应迟!(生白)哇!狗才,甚么祸到临头,这等放肆!(末)我是好话,怎么就骂起来?(生)就骂了,打甚么紧?(末)咦,也是难骂的呢!(生)此处没有你的坐位,还不走出去!(唱)鹊巢鸠占计偏

迁，虎威狐假情难恕。（推末出介）（白）这狗才放肆。（下）（末）好骂！且住，我在老爷面前一口担承，稳稳半价可得。如今事体又做不来，反受这场呕气，回去如何回覆老爷？说不得添上几句言语，撺掇老爷寻个题目将他处置便了。（唱）法网轻拘，这数椽陋室，不怕不奉申谨具。

（白）已是府中了。老爷立等回话，不免一一禀知。老爷有请。（净上）

【引】宠藉天潢，职叨长史，泰山久恃无虞。

（白）院子，你回来了，那舒家房子怎么样了？（末）不要说起。那舒秀才不惟不肯，反道老爷用强谋占，把小的骂了一场。（净）他敢骂你？（末）不但骂小的，还道老爷素有不臣之心，连老爷也骂哩！（净）连我也骂？（末）骂是小事，老爷要起造翡翠园，如今却方圆不成了。（净）咳，这个怎么使得？我用价求买，非同白占，那厮辄敢无状，岂不可恼！（唱）

【驻马听】藐玩区区，金屋繁华胜事虚。恨不置之死地，好越界侵疆，方便园居。（末白）老爷，要置之死地，一些不难。小的除夜从宁府王陵经过，只见舒家母子在陵旁隙地挑掘苦菜，拾取枯枝。如今老爷面奏王爷，将言耸激，只说他盗掘王陵，砍伐冢树，小人便是见证，怕不坐他的立斩罪名。那时家产封闭入官，老爷就取之无碍了。（净）好计好计！明日面奏王爷，依计而行便了。（唱）虽然罪状太虚诬，由知情理难宽恕。（白）你且回避。（末应下）（净）不免草就密揭，明早进上。（唱）一纸谗书，那怕他伶牙利齿，生生抗拒。

【引】（旦上）谢粉辞朱，窈窕自愧淑女。

（白）呀，爹爹，因何事怒容如许？（净）孩儿，吾有心事，故此着恼，你女儿家可也不消问及。（旦）爹爹心事，不须孩儿问及，孩儿窃听多时，早已略知一二了。（净）知道甚么来？（旦）阿呀，爹爹吓！你只为起造园亭，要谋占人家房屋。那舒秀才一时唐突，遂欲置之死地。爹爹，天理昭彰，这却断断不可！（唱）

【啄木儿】听几谏，恕戆语，论万物从来各有主。（白）那舒秀才住房与我家庄房相近，（唱）也须念桑梓情关，并未有衅隙相须。（白）就是求买不允，将言挺撞，（唱）原非不共深仇比，如何顿把刑

书铸？望爹爹鉴纳刍荛早把怒焰除[7]。

(净白)咳！你——(唱)

【前腔】言词谬，识见迂，可不道今古江山尚且非一主。(白)我欲起造翡翠园，岁时遣兴，(唱)凭着他执滞难通，却教我行乐成虚。(白)况他盗掘王陵，砍伐冢树，若不奏明正法，朝廷令典安在？(唱)一抔擅向王陵取，三章怎把天条恕！顾不得手辣心粗断送渠。

(旦白)那有此事！那舒秀才父子呵，(唱)

【三段子】明理读书，列胶庠是表表大儒[8]。若深求重诛，负冤屈真真子虚[9]。(净白)你女孩儿家，那里就晓得他是个好人？(旦)前日赵翠儿在此穿造珠冠，每常道及。那舒秀才与他贴邻，止因陌路捐金，无以度岁，勉从陵旁隙地挑取苦菜充饥，不过是——(唱)艰难茹苦充饥馁，便要模糊陷罪填刀锯。可不道暗室亏心天鉴诛。

(净白)女儿家，辄敢恁般多嘴！(唱)

【归朝欢】书生的，书生的，敢撩虎须，我安排定急须剪除。你女儿家，女儿家，只合深闺静居，又何须多言聒絮。(白)你自进去！(旦)爹爹吓，(唱)慢将此日冰山恃，却把朝廷法令寻常觑。(净白)闲说，快进去！(旦)咳！惭愧我——(唱)谏诤无功志愿虚。(下)

(净白)事在骑虎，不得不下个毒手。我明日亲到王府奏知宁藩，即着提刑衙门提那舒德溥到来，要问他立决罪名，家产封闭入官，我这座翡翠园就造得成了。

可怪狂生执不通，由知情理两难容。

结成鸾凤双飞翼，碾就鸳鸯翠阁中。(下)

〔注〕 ① 长史：在明代是藩王王府长史司的长官，左、右各一人，正五品。 ② 宁王：明宁王朱宸濠。正德间起兵叛乱，被王守仁讨平，受诛于通州。 ③ 失馆：指设馆授徒的儒士失业。 ④ 剥啄：敲门声。 ⑤ 瓮牖绳枢：破瓮作窗户，绳子作门枢。形容家境贫寒。 ⑥ 天潢：指帝王的家族。 ⑦ 刍荛(chú ráo)：割草采薪，因刍荛之人地位低下，故亦以之指代浅陋之见，多作谦词。 ⑧ 胶庠：周代胶为大学，庠为小学，后世以“胶庠”通称学校。 ⑨ 子虚：汉司马相如作《子虚赋》，设想楚使子虚、齐乌有先生、亡是公互夸齐楚风物，为汉代著名大赋，后世因以“子虚”指代不实之事。

《翡翠园》是朱㿥（素臣）的代表作之一，它与《十五贯》可称为朱氏剧作的双璧。其故事梗概是：明朝正德年间，分封于南昌的宁王朱宸濠府中长史麻逢之欲建造一座花园名“翡翠园”，其邻居舒德溥家的房宅恰在规划中的花园一角。麻逢之为使花园成方，提出购买舒家房宅，舒德溥憎恶王府的贪横，以祖业不能轻弃为理由严词拒绝。麻逢之怀恨在心，就捏造罪名对舒家进行迫害，南昌府理刑胡世宁秉公为舒德溥申辩，也受麻逢之诬陷而罢官。麻逢之又请得宁王令旨，要把舒德溥斩首。有贫女赵翠儿以穿珠花手艺为生，原与舒家交谊密切，她潜入麻府得麻逢之的女儿翡英帮助，盗取令牌，救舒德溥逃走。后来麻逢之怂恿宁王谋反，兵败被擒。舒德溥助胡世宁平叛立功，其子舒芬考中状元，娶翡英、翠儿二女为妻。因舒芬号梓园，婚姻巧谐“翡翠园”三字，故此剧又名《翡翠缘》。

《谏父》是剧中的第五出。清代戏剧研究家姚燮编《今乐府选》收录《翡翠园》，选取了《拜年》、《谏父》、《恩放》、《副审》、《封房》、《盗牌》、《杀舟》、《脱逃》共八出，可知《谏父》是全剧的重要场次之一。此出分前后两部分。前一部分写麻府中院子受麻逢之派遣到舒德溥家交涉购买房宅，遭到拒绝与斥责，回去向麻逢之复命的情形。这些是戏剧故事进展的不可缺少的情节，但作者并不是单纯地叙事，而是通过剧中人的言行活画出麻府院子、舒德溥、麻逢之三个典型人物形象。院子是走狗典型，他身为豪门奴仆，却在贫士舒德溥面前摆谱装大，态度骄横。他先以“奉价求买”进行试探，被拒绝后又以麻逢之的权势进行威胁，之后又搬出宁王企图压服舒德溥就范。而舒德溥是书生典型，他遇事主意坚定，不为所动，既不买麻逢之的账，又不惧宁王的威权，他痛骂眼前这个狐假虎威、仗势逼人的走狗，并动手推他滚蛋。作者写两人的交锋循序发展，逐步升级，符合情理，又很有层次。院子盛气凌人、以势压人的神态跃然纸上，舒德溥率直倔强、嫉恶如仇的气概活灵活现。二人性格的迥异在言词与动作对比的巨大反差中得以凸显，使读者阅读剧本便能得到深刻感受，若在舞台上演出会产生更加强烈的艺术效果。

麻逢之是一个权奸的典型。院子在舒德溥面前讨了一场没趣，十分恼恨，于是他的骄横便化作阴险。回到府中向麻逢之复命时，他添油加醋，进行挑唆，激起麻逢之的恼怒，又向麻逢之进献陷害舒德溥的毒计。院子的这番表现，显然是走狗挨打之后向主子乞怜并仰仗主子之势寻求报复，而麻逢之却连说“好计好计”，并表示要立即“依计而行”。院子的奸狡与麻逢之的狠毒形成了另一层面上的对比，这两种邪恶的依存与发作，成为那个时代黑暗与凶残的渊源。同时，麻逢之说要“面奏王爷”才能实施惩治舒家的计划，也揭示出权奸的恶行常常必须

借助于封建王权才能逞其淫威这一重要社会特征。奸谋的酝酿,使麻府与舒家围绕建造翡翠园一事的矛盾突然激化了,推动剧情向引人入胜的纵深发展,剧中几个主要人物形象便在这一戏剧冲突中各自亮相,从而使形象的典型性得到成功的展示。

这一出既然标目为《谏父》,主角应当是全剧的女主人公之一的翡英,可是,作者却用这么大篇幅写院子、舒德溥和麻逢之三人,岂不是有些名不副实?不然。这样安排正是本出的妙处,作者的手段可以称之为"借客引主"之法。清代毛声山点评《琵琶记》的第三十七出《书馆悲逢》时指出,这一出主要是写蔡伯喈和赵五娘夫妻在书馆相逢,但开始却用很大篇幅写蔡伯喈和牛氏观看画像和题诗及二人的大段对话,说:"此借客引主、得主弃客之法也。"(见《成裕堂绘像第七才子书琵琶记》卷六)《翡翠园》的《谏父》一出所用手法正与《琵琶记》的《书馆悲逢》相同。此出中翡英是主,麻府院子等三人皆为客,先写客正是为了引主。写客的过程一方面是出于交代剧情的需要,同时更重要的是为翡英出场进行必要的铺垫,以麻府主仆的奸恶与翡英的善良进行鲜明的对比。麻府阴谋与舒家灾难共同构成女主人公身处的背景。这背景是一片绿色,翡英是矫然挺出的一朵红花;这背景是一片黑暗,翡英是忽然闪现的一线光明。因此,翡英出现时便显得格外亮丽、鲜活,借客引主的手法取得了良好的艺术效果。

剧中,翡英上场并没有立即和父亲发生冲突,她先问父亲为何发怒。这其实是明知故问,因为麻逢之主仆密谋时,她早已"窃听多时"了。明知故问,正表明她的性情稳重及遇事沉着的特点。当麻逢之反问她"知道甚么来",她便立即揭出父亲的阴谋,对父亲进行劝谏,其态度又甚为爽直和明朗。她与父亲的论辩大体上分三个层次:第一步指出父亲的阴谋天理难容;第二步指出父亲所谓舒家"盗掘王陵,砍伐冢树"的罪名是诬陷,希望父亲能尊重事实;当麻逢之仍然不听时,她的第三步是向父亲指出宁王像冰山一样不可恃,希望父亲能顾及自己的身家利害。谏诤的过程步步深入,合情合理,翡英的人品、识见与辞令都得到充分的展示。其中她谈到早知舒家父子明理读书的事实是听赵翠儿讲的,这又顺便交代了她与翠儿原有来往的关系。剧作家构思剧情之巧,用笔之细,可谓丝丝入扣,兼顾人物描写和戏剧结构,处理得颇为完满、恰当。

但是,翡英的劝谏却未能奏效,麻逢之利令智昏、一意孤行。这不是翡英的无能,而是此时良知还不能战胜愚顽,正义还不能击败邪恶。戏剧冲突还正在发展,逐步向新的高峰推进,《谏父》一出展现的人物形象初步表达了全剧忠奸斗争、善恶较量的主题,同时也为后来翡英嫁给舒芬、麻逢之因女儿的贤良而被赦

罪等戏剧结局埋下伏笔。作为承上启下的一出，作者的描写极其成功。

（王永宽）

翡　翠　园　　朱　皠

第九出　副　审

(副差人押丑上)唅！王馒头，你个公人勿是新出茅庐，就要赚银子，也要看事务起个[①]。舒德溥犯子啥等样个对头，你贪子个买命个得钱买放？吓！受个样竹爿夹棍痛苦，你是自作自受，也是该应个。我没何可赔饭折工夫，也受个样累，叫我啰里说苦处？(丑)你看见我赚子几哈银子？一个穷秀才，饭饭也没得拉屋里吃，有啥铜钱买放？(副)赚勿赚也勿拉我第三只脚上，只是走子犯人，少勿得禀子官，亲捉亲、邻捉邻个。老舒原有底老个，阿可以捉得渠个？(丑)唅！就是做公人也要积点德，老舒虽穷，到底是黉门中人个[②]，舒大娘娘也是大门槛勿出个，摇脚额手捉渠到厅里去出乖露丑，阿要子孙昌顺个？(副)勿差，子孙是要昌顺个，你今日再捉勿到，三十头号，啰个替你吓？(丑)唅！苦你勿着，只说王馒头也逃走哉，你就替我介一限，也是朋友个情分。(副)个倒勿敢劳。走走，日头转西哉！官一出堂，就要带上去个。只因一着差，满盘多是空。(丑)啐！出来公人勿吃打，要个屁股种菜。(下)(生急上)(唱)

【缕缕金】身狼狈意彷徨，只因儿失去，返家乡。拚得亲投到，公堂之上。(白)自从中途失去孩儿，遍访不见。又在庙中守过几天，音信杳然，死生未卜。只得愤着一口气，回到刑厅，自行出首。我此去就明目张胆，骂贼而死，亦是大丈夫所为。急急行来，且喜将近府前了，不免走上前去。(唱)男儿血性自昂藏[③]，偷生敢承望，偷生敢承望。

(副内白)呔！老王，走一步呢！(生)呀，前面来的是王兄？(副扯丑上)走嘘！(生)王兄王兄！(丑见反低头急走介)走嘘！(副)唅！有人氹叫你。(丑)理渠做啥？我里是寻人要紧。(生扯丑介)王兄，卑人舒德溥在此。(副扯介)你就是舒德溥？来得正好，害个气块两夹棍六十头号哉。(丑)勿要理渠个，个人像是痴个。(向生丢

眼色介)个是斩头沥血个事体,勿要个荡秋打混。(推生)痴朋友,快点走!(生)王兄,卑人虽承释放,我想人不累人,何可累你追比?快快同到刑厅自首去。(副)走走!勿要说闲话,立等子下落,要解副使衙门个。(扯生走)(丑)慢点,还有说话商量来。(副)商量买北寺塔?阿是你打勿爽利来,走走!(丑)阿呀,坏哉坏哉!勿要道是凑口馒头,直头是死面块!那间竟要上一遭蒸笼哉。(副、丑、生下)

【新水令】(三旦、小生、小军引外上)(唱)蒙恩特拔按封疆,矢精忠勿辜圣望。秉公扶善类,执法抑豪强。愿得个物阜民康,好把个旧疮痍新培养。

(白)性戆惟存铁骨寒,萧然岂虑一囊悭。到来只饮民间水,归去还看户外山。下官胡世宁[④],北直涿州人也。世叨科第,累任部郎,圣上鉴我菲才,特升为按察副使,分守江西全省。到任以来,幸得民安讼简。但藩府宁王自恃国戚,坏法虐民,且王府各官,尽皆凶残不法,下官暗暗采访。伺有举动,即当发其奸,以闻之官理,这也不在话下。前日麻长史发下一事,乃是他家家人首告舒德溥父子,发掘王陵,砍伐冢树,已转发该府速行提解。不想差人卖法,私放脱逃。且喜本犯昨日诣府自首,原差申解前来,下官正待升堂,从公听审,可怪那麻长史又着家人致嘱,必要将他父子处死,家产籍没。下官想来,自有律法按治,何劳他又差人私嘱?其间必有隐情,下官自当虚心细鞫,庶不有屈平人。左右,吩咐开门,带盗陵一起人犯来!(丑带生、末上)(报门进介)(外)舒德溥!(生)生员有。(外)舒芬!(丑)未蒙之先,游学在外,未曾拘到。(外)胡说!这是要紧人犯,辄敢卖放,拿下去打!(丑)他父子一同游学在外,那舒德溥是小的缉获来的,如今他儿子也在小的身上缉获便了。(外)这等记打,限十日内拘到,如违处死。(丑)是哉!唬杀馒头皮儿何亨子一爿虱。(下)(外)原首家人麻容!(末)有!(外)阶前伺候。(末下)(外)带舒德溥上来!你把发掘王陵之事从实招来!(生)爷爷听禀。念生员呵,(唱)

【步步娇】楚地多年为设帐,除夜家乡往。况平居称善良。(白)莫说到王陵上去,(唱)便左右邻家,也未曾轻向。(外白)你便说得

这般干净。现有麻府家人作证，亲眼见你妻子在陵上发掘，自古罪坐家长，你如何赖得去？（生）爷爷，其中有个缘故，生员家道贫窘，妻子见我岁底不归，仍恐逗留他乡，无以度岁，故同了孩儿，挑下苦菜，拾取枯枝，胡乱烹煮充饥。不过在王陵傍隙地上，并不曾有犯寸土。若说发掘王陵，砍伐冢树，这都是长史挟仇诬害。（外）他与你有甚仇来？（生）生员有几间破屋，不合与他庄房基址相连。他要起造园亭，逼我馈献，因是祖父遗产，不忍轻弃，又辱骂了他家人几声，故尔捏此一端，希图害杀全家，仍将祖业霸占。爷爷吓！（唱）须明鉴狠如狼，这是欲加之罪何难枉。

（外白）我原想其间必有一段隐情在内。（唱）

【折桂令】怪奸人依附藩王，暴虐邻居，侵占民房。因此上假捏诡词，挟私妄奏，陷害驯良。（白）我如今待罪江右，为民公祖，必须度理原情，抑强扶善，使闾阎无冤苦之声，天地降融和之气，庶不负皇上知遇之恩也。（唱）俺今日奉天符按视江西，自应该公道昭彰。若一味澳涊周章[⑤]，兀的不下负吾民，上负吾皇。

（白）左右，将舒生员原带去收监，候本司申详定夺。（众应带生下）（末急上）住了住了，这是我家老爷首告的盗犯，缘何老爷竟不加刑，又不严究供招，原带入监中去了？（唱）

【江儿水】独与天潢抗，待开笼任远翔，多应受贿将奸人放。（外白）受贿是未必，那霸占民房是实。（末）这是舒德溥假捏一词，我家呵，（唱）画栋雕梁层霄障，料寒儒陋室谁思想？今日呵，不把供招呈上，只怕触怒天威，祸到临头悲怆。

（外）吓！（唱）

【雁儿落带得胜令】恁只靠主人威敢肆猖，可知道暗中神难欺诳？只为着一抔泥起祸殃[⑥]，全不念一家人遭魔障。（末白）他一面之词，何足为信？（外）呀，（唱）虽则一面词何足信，则恁这一封书却也不可当。岂不闻盗祭器难加罪，早难道采田蔬算盗赃？（白）你去上覆主人，大凡为人在世，须要——（唱）堂堂，没一事不可对人前讲。苍苍，举心儿将善恶详。

（末）老爷！

【侥侥令】他分明干国典，你左袒灭王章[⑦]。岂不是一片情私糊涂账？（扯外白）请老爷自去回覆王爷。（唱）早难道发冢开棺也任将。（外唱）

【收江南】呀，俺本是奉朝廷特简呵，须不是藩府内一陪堂。若不把是非曲直细分张，怎做得民之父母固金汤？（白）你自回去，本司呵，（唱）把情词达上，写情词奏王，可知道屈诛孝妇累年荒[⑧]？（末唱）

【园林好】你若不遵依立栽祸殃，直待马临崖方才勒缰。（白）你要上疏，只怕俺家爷的疏已先上了。（唱）笑你鸡卵故将石撞，啨不走雨淋将，啨不走雨淋将。（外）哇！（唱）

【沽美酒带太平令】俺老提刑法令彰，老提刑法令彰。你狐鼠辈敢恣猖狂，俺须是定罪从公分短长。（末白）你道是朝廷差来一员副使，有本事加罪于我么？（外）罪是赊的，打是现的。左右，揣下去重打三十。（末不伏）（众打介）（外唱）一任你藐公堂，一任你逞强梁。欲把那豺狼诛攘，先把你爪牙催丧，须知是董宣项强[⑨]。（白）你去对家主说，（唱）俺呵视功名如潦草霜，枯株败杨。呀，一任你众奸回冰山千丈[⑩]。

（白）吩咐掩门。（外、众下）（末）咳，这是那里说起！

【尾声】是非只为闲多讲，轻轻的对头狠撞，（白）他如今要上疏，吓，也罢，我回去回覆了老爷，管教他——（唱）立刻驱除烟瘴方。（下）

〔注〕 ①"也要"句：为苏州方言，意思是"这要看是什么事儿了"。朱㿥等苏州派剧作家的作品中，一些小人物的说白常用吴语，以下不再一一注释。 ②黉（hóng）门：学校。③昂藏：慷慨豪迈。 ④胡世宁：字永清，号静庵，浙江仁和（今杭州市）人，弘治六年（1493）进士。曾官江西副使，上疏论宁王宸濠反状，被捕下狱，后免死罪戍远东。宁王败灭后他被起用，嘉靖间官至兵部尚书。 ⑤淟涊（tiǎn niǎn）：软弱。周章：迟疑不决。 ⑥一抔（póu）泥：即一抔土，一捧泥土。此用《史记·张释之冯唐列传》"假令愚民取长陵一抔土，陛下何以加其法乎"之典。 ⑦左袒：《史记·吕太后本纪》载汉高祖死后诸吕擅权，吕后亡，周勃等谋诛诸吕扶汉室，号令军中曰："为吕氏右袒，为刘氏左袒。"军中皆左袒。后因称偏袒一方为"左袒"。 ⑧孝妇：指汉代东海孝妇某氏，事姑孝顺，姑自恨年老添累而自缢，其女报官言孝妇杀其母，孝妇遂被捕，屈打成招，判成死罪。她被冤杀后该郡枯旱三年。事见刘向《说苑·贵德》篇及《汉书·于定国传》等，清代陈宝、王曦各有《东海记》传奇，皆演其事。 ⑨董宣：汉陈留人，字少平。曾任洛阳令，光武帝姊湖阳公主的奴仆犯杀人罪，董宣设计将他捕杀。公主诉于光武帝，帝让董宣向公主叩头谢罪，董宣用两手撑地，终不低头，帝呼为"强项令"。见《后汉

书·董宣传》。　⑩ 奸回：奸恶邪僻，也指奸回邪僻之人。

在中国古代戏曲中，公堂是经常出现的场景。清官的明察善断，贪官的徇私枉法，平民百姓的含冤受屈，豪强恶棍的仗势欺人，以及受害者的昭雪，犯罪者的伏法，都在这一场景中进行。忠臣与权奸的较量，正义与邪恶的斗争，善良与凶顽的冲突，聪明与愚昧的交锋，也都在这一场景中展开。因是常见场景，剧作者处理不好容易出现雷同，搬演者处理不好易使场面呆板。如何写好并演好公堂戏，常常是一剧成败优劣的关键。

《副审》是《翡翠园》剧中的一出公堂戏，却写得波澜起伏，妙趣横生，在古代戏曲的公堂戏中颇具特色。此出开始写王馒头因私放了恩人舒德溥而受到官府责罚，点明受审的对象还没有归案。从剧情进展来看，这离公堂审案相当遥远。不料作者笔锋一转，来个"生急上"，舒德溥自己来投案自首了，这就一下子推进了剧情，给观者一个惊奇。对于表现人物形象，这样安排符合舒德溥思想与性格的逻辑，他的敢作敢为的丈夫气概和不畏权奸的书生傲性促使他采取自投罗网的果断行动。可是，当王馒头看见舒德溥时，却故意装做没有看见，装做互不相识，这是王馒头继续在掩护舒德溥，王馒头知恩报恩、淳朴幽默的思想性格也十分鲜明。当押解王馒头的公差看出真相，要带舒德溥去官府时，王馒头报恩的小伎俩像孩童游戏一样因露馅而完结。舒德溥与王馒头的巧遇情景，是公堂审案之前的一段插曲，作者把山雨欲来风满楼的紧张气氛写得如此轻松、风趣并带有几分滑稽，为下面公堂上的严峻斗争作了欲张先弛的逆向铺垫。

接着，胡世宁出场了。他身为江西按察副使、朝廷命官，因职责受理麻府告发舒德溥"盗掘王陵，砍伐冢树"且畏罪潜逃一案，他的自白又道出他的秉公执法与清廉正直。这样的"亮相"使观者产生悬念，预感到下面的审案将是一场好戏。但是，胡世宁却没有立即审问舒德溥，而是先追究王馒头徇情私放犯人之罪，为剧情的进展又作曲折之笔。王馒头未明言私放犯人的理由，而以继续缉获舒芬为借口来行缓兵之计，胡世宁却不容情，下了"限十日内拘到，如违处死"的苛刻命令，使王馒头感到十分恐惧。这里，作者借此张扬了胡世宁的气势，渲染了按察副使衙门的威风，预示着下面审问舒德溥时将有更加严厉的举动。未审舒德溥，先责王馒头，这是为后面公堂上严峻斗争所作的顺向铺垫。

但是，当胡世宁审问舒德溥，舒德溥诉说了麻逢之因谋占房宅而进行莫须有的陷害时，胡世宁明白了其中委曲，对舒德溥未加任何责罚，吩咐把犯人收监暂押。这和前面责罚王馒头的紧张气氛形成鲜明对照，使剧情跌宕起伏，引人入胜。弛而后张，张而后弛，作者的妙笔一直撩拨着观者的心弦。接着，真正戏剧

性的情节发生了。麻府家人麻容见胡世宁对舒德溥既不加刑、又不严究，急忙闯入公堂质问胡世宁，于是引发了胡世宁与麻府的直接冲突。麻容责备胡世宁受贿纵囚，胡世宁揭露麻府霸占民房；麻容以宁王威势对胡世宁施压，胡世宁以自己为朝廷秉公执法表明心迹；麻容以麻逢之向宁王上疏参劾胡世宁相威胁，胡世宁被激怒了，他决定现官现管，先惩治一下眼前这个权奸的走狗，下令把麻容拖下去重打三十大板。至此，本出的戏剧冲突达到高峰，观者在感到畅快的同时忽然体会到作者构建剧情的匠心。前面胡世宁喝令责打王馒头而没有打，这里却打在麻容身上；前面胡世宁审问舒德溥而没有严审，这里却严审了麻容。观者如入山阴道中，峰回路转，扑朔迷离，曲终豁然开朗，令人回味。原来，此出标目为“副审”，并不单是按察司副使审问舒德溥，而主要是在审问舒德溥一事的全过程中，着重表现舒德溥、胡世宁等人所代表的正义一方与麻容、麻逢之乃至宁王所代表的邪恶的一方之间的矛盾与斗争。这样，此出虽为公堂戏，但同其他剧中的公堂戏相比包含了更丰富的内容，在结构上也更加宛转曲折，显示了强烈的戏剧效果。

最后，麻容受到痛责并不甘心，他再次表现了走狗挨打后向主子乞怜期求报复的丑态，他要让麻逢之借宁王之力将胡世宁贬官流放。这为剧情的发展又埋下伏笔，为观者留下新的悬念。

（王永宽）

翡 翠 园　　朱 㿥

第十三出　盗　牌

（副上）上命差遣，盖不由己，自家宁府中一个差官便是。今有舒德溥盗掘王陵，王爷具本奏准，部文已到，奉旨处决。王爷特发令牌一道，着长史速往监中吊出舒德溥，限在今夜五更，绑去市曹枭首回话。此间已是麻府门首，有人么？（末上）侯门深似海，不许外人来。是那个？（副）在下是王府差官。王爷发下令牌，着麻老爷速吊监犯舒德溥，今夜五更市曹斩首。快请老爷出来！（末）老爷今日河干饯客，不在府中，怎么好？（副）既不在家，你将令牌收好，快请老爷回府，不可误事。（末）晓得。（副）阎王注定三更死，定不留人到五更。（各下）（贴上）巾帼须眉莫浪猜，穿天入地一裙钗。白云本是无心物，又被清风引出来。俺赵翠儿，与舒秀才虽系萍逢，谊同至戚。除夜神明预报，终须鼎甲荣登[①]。今日他负屈衔冤，思欲多方营救，自古解铃还是系铃人，不向长史处求救，却向何方？

因此我直入重门，往见小姐，求他转劝长史，开放一条生路，免教身弃云阳[②]。此时天色将晚，不免走一遭也。（唱）

【醉花阴】且喜他生长幽闺性和洽，为诬陷舒生亲前谕评[③]。今日里往他家，管侯门似海深遐，向闺帏大行步踏。那小姐呵，不比那昧良心意偏奢。（白）俺欲待不去，（唱）又锁不住心猿意马。（下）

【画眉序】（旦上）宁府要擒拿，把令牌到门下，那无辜舒子，此念无他。（白）奴家翡英，为舒生一事，几番劝解，爹爹执意不从。不想适才王府差官赍令牌到来，道今夜五更要爹爹在监中吊出舒秀才处斩。今爹爹尚在河干饯客，若一回来，此生决难保矣。（唱）询犯由不比常科，离监禁定当遵法。波喳，祸起天来大，怎辨得中多欺诈。

（贴上白）为人须为彻，图始必图终。小姐万福！（旦）翠娘，连日不来，正在这里想念，今日已是抵暮，甚风儿吹得来？（贴）来得早了，小姐房门未开哩！（旦）又来！（贴）俺翠儿无事不登三宝殿，有一桩要紧事情，特来恩求小姐。（旦）你敢是为舒秀才之事么？（贴）便是。那舒秀才问成大辟[④]，监在狱中，无计挽回，特恳求小姐转求老爷宽释，感恩不浅。（旦）翠娘，你还不知道，今日王府有令牌到来，道今夜五更要我爹爹在监中取出舒秀才，绑去市曹处决，那生性命只在顷刻了嘘！（贴惊介）吓！今、今夜就要处决了？阿呀，小姐吓！你既知那生负屈，还是再求告老爷救他一命。（跪介）（旦）事在呼吸，奴家再也不便进言了。（贴）小姐真个不便进言？（旦）咳，大难大难！（贴）呀！（唱）

【喜迁莺】听语言风驰雷发，半空中起个根芽。即刻擒拿，可怜这穷酸措大[⑤]。（白）小姐，如今老爷何在？（旦）在河干饯客未回，若一回来，就将令牌传出去了。（贴背介）还好。（转介）小姐，老爷既未回来，我在此陪伴小姐一回如何？（旦）如此甚好，和你同进房去。（贴）小姐，把那舒家之事，（唱）再与你细细商量，勿漫夸，凭小姐复按捺。到时节钢刀一下，这冤苦，浪起平沙。（同下）

【画眉序】（净上）（外、小生院子照灯同上）（唱）酒醉在河沙，往常时念常发。那舒生所法，有个天差。（白）下官今日在河干饯客，不觉沉醉而归，不知家中可有甚么事情？（末上）禀老爷，方才王府差官发下

令牌在此，今夜五更要老爷监中吊出舒秀才，市曹处决，教老爷切不可误事。专候老爷验明，好发该管衙门去。（净）我已醉了，不便行事，可将令牌放在书房桌上，我就在书房中少睡片时，待我醒来将令牌发出便了。吩咐一个人不许在外行走，众人回避。（众应下）（净唱）把舒生罪名暗加，情已实不分真假。波喳，祸起天来大，一霎时将他裁刮。（下）

【出队子】（贴上）谁管着飞天门闼，且趁此月光斜照便佳。（白）俺悄地打听，那长史酒醉归家，就在书房安寝，将王府令牌安放桌上，又吩咐不许一人在外行走。所以奴家悄悄前来，觑便行事。来此已是书房门首，呀！（唱）看灯火尚荧煌，映照着窗纱。（白）你看长史睡熟，令牌果在桌上，书房门半掩在此，不免捱身进去。（进取牌出介）且喜令牌已取在此，那路径平昔走惯，处处熟识，不免打从西首便门而出。（唱）从此去，舒生性命尽亏咱，到监中救出往天涯。（下）

【滴溜子】（丑上）替不得，替不得，登闻鼓挝[6]。盼不到，盼不到，金鸡衔赦[7]。落得心心牵挂。

（白）方才路上撞着子赵大娘，说翠娘为子舒秀才，亲到麻府求救，勿知阿有用。掉勿落，特地前来打听打听。（唱）耳听好消息，可能宽解。怕话不投机，做了一场话靶。（下）

【刮地风】（贴上）呀！趁着那酒醺人静插灯花，虚掩着门儿窥几上光华。牌儿在竟进取无轻舍，俺战兢兢遍体犹麻，令牌儿今到咱。（丑暗上白）谋事在人，成事在天。（贴）呀！那边黑影之中有人来也，怎么处？（丑）唥！来个阿是翠娘？（贴）王哥，你为何也来了？（丑）闻知翠娘到府中求救，特来打听消息。（贴）你来得正好，有王府令牌在此，快快救取舒秀才去。（丑）这令牌从何而得？（贴）这令牌是王府发来，仰长史立提舒秀才枭首回话。（丑）阿呀，好险也！（贴）又是我赚得到手，你可急急到监，假传令旨，赚出舒秀才，乘夜放走，教他早办逃生之路。（唱）俺霎时间窃取堪夸，吩咐你持到监下。撇去那杻锁枷也，深感俺再生恩大。须详察，你同彼投路无差。（丑白）是便是，只是做子个样险事，我搭你出头勿得哉！（贴）便是。我只得同了舒大娘，也是一走。（丑）妙吓！我拿子令牌就到监里去救渠出

来。翠娘,你也快点上船去罢!(贴)王哥,大娘呵,(唱)俺急赴停船下,挈彼同行,躲开了便无差。

(白)将军不下马,各自奔前程。(下)

【鲍老催】(副、老同上)(唱)非关姻娅[8],两人比至戚尤和洽,从容在此同闲暇。(副白)舒大娘,我里囡儿要救你厾舒相公,因此亲到麻府去见小姐转求老爷。此时半夜多哉,还勿见居来,像是小姐留住厾哉。个歇月亮叛子云里去哉,黑洞洞。唦,舒大娘,你在船里先睏子罢,我在船梢上打个瞌铳[9],等子我里囡儿居来,一同睏罢。正是:漫江撒下针和线,从今吊出是非来。(同老下)(外家将上)(唱)论斩草,要除根,免萌芽。奉公差遣难干罢。(白)自家麻府中一个心腹家将。只因老爷酒醉失去王府令牌,急急往监中打探,早已吊出舒秀才了。查出是赵翠儿做的手脚。老爷十分着恼,着我趁此深夜,急往东庄左近,找着了赵翠儿,一刀杀却,以免后患。咳,可惜!好一个女子,何忍将他下手?既奉吩咐,却也顾他不得了。悄地行来,前面黑洞洞,有只小船泊下。嘚!你这船儿,可是卖珠翠赵大姐在内!(副)正是。(外)我来买货。(副)吓,来哉!(外)吃我一刀!(杀介)(内喊介)(外)后患已除,急急回覆老爷便了。(唱)可怜红粉多娇姹,一旦成虚话。(下)(老惊上)

(白)好奇怪,待我看来。吓,赵大娘!呀,不好了,被人杀死了!兀的不唬死我也!

【四门子】(贴上唱)彼魂灵已在刀头下,荷俺替他,保头颅全骨髁。夜更深急走寻船下,相伴娘儿自有咱。则怕我萱堂也早把裳衣解。看那边月光映艖,火光映纱,锁不住俺心猿意马。

(白)母亲,孩儿回来了。(老)翠娘来了?不好了,你母亲被人杀死了!(贴)我母亲被人杀死?这是甚么缘故?(老)我与令堂刚刚睡下,只听得岸上有人问道:"可是卖珠翠的赵大娘在内?"你母亲应了一声,你母亲即跳上船梢,只听得你母亲喊了一声。老身疾忙看时,你母亲已被杀死。(贴)我晓得,毕竟是麻贼知道我救了舒相公,差人谋害,奴家不在,误将母亲杀死了。(老)翠娘吓!你——(唱)

【双声子】慈恩大,慈恩大,霎时里轻抛舍。家将下,家将下,将

你母亲误剐。我欲超拔，担惊唬，一刻丝儿，放人刀下。

(贴哭介)阿呀，亲娘吓！这是孩儿害你了。(唱)

【水仙子】呀呀呀，哭坏了咱。呀呀呀，哭坏了咱。怎怎怎，怎禁得泪痕流心害怕。苦苦苦，苦的这心儿里泪似麻。痛痛痛，痛的俺肝肠似激刮。母母母，母葬江边死没了渣。俺俺俺，俺为舒生连累母死者。罢罢罢，儿女场中不孝咱。好好好，好往前途把尸骸安葬下。(白)我同大娘呵，(唱)去去去，去荒野处走天涯。

(老白)翠娘，你虽然救了我相公一命，只是累你母亲身死，我心何安？(贴)这说不得了。不是俺——(唱)

【煞尾】小小蛾眉心计大，凡百事要终始周匝。(白)大娘，坐定了，看我摇上几橹。(唱)但愿得出死入生跳出罗网下，也不枉受怕担惊捏着汗一把。(下)

〔注〕 ① 鼎甲：明清进士分一甲、二甲、三甲三等，一甲进士三名，即俗所谓状元、榜眼、探花，是为鼎甲。 ② 云阳：秦置县，治今陕西淳化西北，《史记·秦始皇本纪》载战国末韩非使秦被留，死于云阳，汉桓宽《盐铁论·毁学》载李斯“车裂于云阳之市”，后世戏曲小说多用作行刑之地的代称。 ③ 谑讶(xī xiá)：言语声。 ④ 大辟：死刑。《尚书·吕刑》：“大辟疑赦，其罚千锾。”孔颖达疏：“《释诂》云：辟，罪也。死是罪之大，故谓死刑为大辟。” ⑤ 措大：指贫寒失意的读书人。 ⑥ 登闻鼓：古代帝王为了表示能够听取臣下谏议或知悉民间冤情，在朝堂外悬一鼓，准许人们击鼓上闻，称为“登闻鼓”。唐时长安、洛阳并置登闻鼓，明代则将登闻鼓置于通政院。 ⑦ 金鸡：古代颁布赦诏的仪式上所用的金首鸡形物。《新唐书·百官志三》：“赦日，树金鸡于仗南，竿长七丈，有鸡高四尺，黄金饰首，衔绛幡长七尺，承以彩盘，维以绛绳。” ⑧ 姻娅(yà)：亲家和连襟。 ⑨ 瞌铳：同瞌眈，打瞌睡。

《翡翠园》传奇流传到后世，昆剧的保留剧目有《盗牌》，京剧有《翠娘盗令》，演出全本者极少。可见《盗牌》是全剧中最重要、最关键的情节。

此出一开始，写宁王府差官到麻逢之府中传达宁王旨令，让麻逢之到监牢中提取犯人舒德溥，限在当夜五更绑赴市曹斩首。适逢麻逢之在河边送客未归，麻府家人麻容把令牌接下收存。这道命令，一下子把舒德溥推到生死关头，也把观者的心一下子提到嗓子眼，千钧一发，可谓万分危急。这时，翠娘出场了。她本来是打算到麻府向麻逢之的女儿翡英请求救舒德溥免除死罪的，还不知道令牌已到的新情况；及至见到翡英，得知令牌已下，舒德溥的生命只在顷刻之间了。她只有向翡英求告，请翡英去求告她的父亲。可是，翡英说她“再也不便进言

了”。这样，作者把事态推向了危急的顶点，此时要达到解救舒德溥的目的，只有靠翠儿一个人了。以上描写，都是非常必要的背景铺垫和气氛渲染，铺垫渲染得越充分，人物的行为与作用越能显示其意义，人物的思想与性格越能闪射出光芒。

正像暴雨之前有片刻的平静一样，翠儿在寻觅营救舒氏父子的新办法之前忽然装作若无其事，她不再提舒家如何，只说要在此陪伴翡英。两个闺阁女子相伴叙话，这是生活中常见之事，翡英并未对翠儿存有戒心；而翠儿此刻面带春风，胸中十万火急，她要等待新的机会。果然，机会来了，但这机会却凶险异常。作者写麻逢之宴客归来，传过命令，就在书房和衣待旦，令牌就在他的身边桌上。这块令牌，系着舒德溥的性命，也系着观者的心。要救舒德溥，只有得到这令牌，而要得到令牌，无疑是猛虎口边拔毛！设置惊险环境，是叙事文学吸引读者的常用手法，评书、小说、戏曲无不如此。《水浒传》写武松打虎先渲染老虎如何猛恶，又写武松酒醉困乏，再写他的哨棒折断，这样就把又醉又累又徒手的武松推到又猛又恶又饥饿的老虎面前，结果，武松用拳脚打死了老虎，武松神勇异常的英雄形象就凸显得更为高大。环境愈是凶险，人物的行为、品德与思想愈是闪光。《翡翠园》中的这一出戏就是这样。麻逢之愈是防备森严，盗取令牌就愈困难，翠儿能完成盗令之举就愈显得非同小可，她对于舒家的情谊就愈显得珍重，她的见义勇为的行动就愈显得崇高。翠儿心中自然明白，如果盗取令牌被发觉会有什么后果，但她为了救人什么都顾不得了。她终于得手了。剧本中这段文字叙写盗令动作，读起来尚觉平常，但当舞台上演出这一段时，灯光半明半暗，翠儿蹑手蹑脚，麻逢之似睡似醒，加上伴奏音乐一阵急一阵缓，观众紧张得屏声静息，挢舌难下，为翠儿捏着一把汗。好险！好险！

翠儿盗令成功，观者悬着的心稍觉松弛，但未放落实地。人们仍关心着剧中人物的命运，有了令牌，能否救得舒德溥？接下去，作者叙写盗令的余波。这余波主要在两个方向展开，一是翠儿出了麻府，正遇上前来打探消息的王馒头，让他持此令牌到监牢里提取舒德溥一同逃走。这是剧情发展的必然，勿须多议。二是麻逢之发觉令牌被盗，查出是翠儿所为，派家将杀她除患。这段情节在《翡翠园》的有些抄本中另为“杀舟”一出，可见它也是全剧的重要情节。真是一波未平，一波又起，麻府家将没有杀着翠儿，却误杀了翠儿的母亲。家将的失误是偶然性的，但翠儿因盗走令牌而遭麻府迫害却是必然性的。“杀舟”的情节作为“盗牌”情节的发展，继续推动故事的戏剧性演进，不间断地调动着观者的情绪。前面看到盗牌历经凶险而成功，观者正为翠儿的义举而兴奋；这里又看到赵母的被

杀，观者转而为翠儿的遭厄而叹惜。对于塑造翠儿这一人物形象来说，冒险的神奇、成功的喜悦、丧亲的悲痛接连加于一身，一次次锻造着人物的典型性格。在作者笔下，翠儿犹如浑金，愈熔炼愈显美质；犹如璞玉，愈磨砺愈见光泽。当翠儿哭罢母亲，摇起小船，载着舒大娘连夜远遁的时候，她已不是第四、五出中那个穿珠花的贫民姑娘了，也不是本出开始时来向翡英小姐求情的姑娘了。她在这个不平凡的夜晚办了大事情，受了大刺激，经了大磨难，性格与人品也随之升华到一个更高的境界。

《翡翠园》剧中女主角二人，翡英为主，翠儿为副；剧终二女同嫁舒芬，翡英为正，翠儿为侧。但依笔者之见，翠儿的才智人品皆高于翡英，翠儿在剧中的光彩也超过翡英。观《盗牌》一出，当信斯言。 （王永宽）

【戏曲家小传】

毕 魏

(1622？—？) 字万后，又字晋卿，号第二狂。吴县(今江苏苏州)人。冯梦龙所作《三报恩》序谓其在崇祯十五年(1642)时约二十岁，已开始戏曲创作。系苏州派剧作家中一员，曾协助李玉撰写《清忠谱》。《新传奇品》称其词如“白璧南金，精采耀目”。作有传奇六种，其中《三报恩》、《竹叶舟》今存。

竹 叶 舟　　毕 魏

第二十七折 归 舟

【缕缕金】(生急跌上)桃花血，染吴钩。一灵逃窜也，急奔投。(跌复起走介)颠蹶心慌乱，羊肠疾走。我石太尉，绑赴法场，亏我逃走得快，不曾受此一刀。走得气吼，那里躲一躲便好。这崎岖古道敢迟留？不堪再回首，不堪再回首。

(付领众赶上)法场上走了人了，快赶上去。(赶转下)(生暗上)骇死我也！骇死我也！且喜追我不上，不免再趱上去。

【前腔】逃诛戮，脱斧囚。残生得窜也，命应留。何处藏身好？祈天默佑。前面白茫茫一派大水。这滔天巨浪闪惊眸，茫茫白云薮，茫茫白云薮。

来此滩头，且喜芦苇甚密，不免钻进去。咦，好了，幸喜芦苇中有一只小船在此，不免跳上船去，撑在大洋，那怕他追兵到来。（上船）（作风浪声）（惊介）下得船来，好大风浪也。

【六么令】狂飚惊骤，趁逐洪波，轻放中流。且喜风浪略缓，不知行到那里了？咦，恰好舟中又有渔蓑箬笠在此，不免穿戴起来，扮做渔人模样，就是追兵到来，他那里还认得我是石太尉！（穿戴介）孤舟箬笠算沙鸥，凭追捕，怎搜求？（内作大风介）不好了！这风浪越发大了。波涛汹涌船惊覆。（内作涛涌）（翻船跌介）（徐醒介）不好了！（起作撞墙上介）呀，这一座高墙，乃是支法师将竹叶作舟，指引我的去路，我今依先原在此间。咳，不道这墙中有许多世界。且住！我方才乘棹的小舟，那里去了？（看地介）呀，原来是一片竹叶儿。好奇怪也！

【锁南枝】（小生挑柴上）依樵径，过岭头，斜阳渐入怎逗留？（生）呀，这是同来的樵夫。（小生）原来你还此候我么？望断你双眸，闷无聊闲拖逗。怎么上山去得如此良久？（小生）我原说趁此夕阳，担柴下来，与你再会，并不多时。将樵薪负，下碧邱。与你漫遨游，再穷究。

（生）咳，樵夫，自你别后，我恍然一梦，却生死穷通了不得。（小生）原来你做了甚么梦么？请道其详。（各坐地介）（生）樵夫去后，见一老僧，与他闲谈半晌，真个是言言觉路，句句慈航。以后教我站在竹叶儿上，忽尔老僧悠然不见。

【前腔】只见这墙为海，竹作舟，到龙宫海藏恣意游。（小生）怎么就到龙宫里去？（生）那龙王因我放他三太子，邀我入宫。把琥珀泛金瓯，将奇珍赠渔叟。那时寻归棹，入仕流。这繁华，世罕有。（小生）做了官了。（生）那时我门下有一人，名唤孙秀。托他觅一美人，名唤绿珠。真个姿容绝世，娇艳惊人。我将珠三斛，把姻事求。好名园贮之，期白首。

（小生）你好得意呵！（生）还有得意的呢。

【前腔】膺簪绂[①]，拥节斿[②]，功名三十封列侯。出将统貔貅，入相金阶走。那时有一王恺，与我斗富，他却斗我不过。我便扬扬得意，他却怀恨在心，就想劫我绿珠，籍我家产。为夸生富，结死仇。

到下场头，亏我走得溜。

(小生叹介)好了，渔人幻梦已破了。师父有请。

【前腔】(外)人天路，何处求，山河大地万火牛。(小生)师父，渔人幻梦已醒了。(外)来得好快。我在法堂入定，才是一刹那间，你却终身结果了。早是下场头，件件都消受。(小生)舟中一去，好不快心。(外)你痴想人间富贵，如今可勾你了。(生)富贵忒嫌过头了些。只是下场头乞丐也不如，犬马也不若，忒怕人些。(外)我原说功名富贵不是好迷恋的，如今见画壁因由，可以唤醒世人痴梦。千钟禄，万户侯。难免你下梢时，多僝僽③。

你如今利名还肯断否?(生)只为一时痴想，直弄到死别生离，餐刀饮血，尽诸恶趣，还说甚么利名!(外)你待怎么?(生)愿随师父。(小生)好也。渔人得渡了。我这担山柴，做不得劫火烧空之用，竟挑到香积厨中去也。(下)(外)随我到法堂中来。(行介)

【掉角儿序】铁蒲团猛省因由，碧琉璃早寻根究。坠轮回万劫悬殊，到清凉三空④不谬。扫罡风，除孽火，望雷音⑤，崇甘露⑥，遥闻狮吼。(生合)灵山现眸，慈航现舟。早准备醍醐灌顶，热消凉透。(下)

〔注〕 ① 膺簪绂：指接受官职。膺，受。簪，达官贵人连冠于发的饰物。绂(fù)，系印的丝带。 ② 节斿(liú)：节，古代使者所持的符节。斿，古代旌旗的下垂饰物。 ③ 僝僽(chán zhòu)：烦恼。 ④ 三空：人世间欲界、色界、无色界三界皆空。 ⑤ 雷音：如来五种声之一。《维摩诘所说经》上："演法无畏，犹狮子吼，其所讲说，乃如雷震。" ⑥ 甘露：阿弥陀佛别号甘露王，弥陀化身说法，降甘露之雨。

元人范康有杂剧《竹叶舟》，系根据唐代薛昭蕴《幻影集》和宋代李昉等编《太平广记》中陈季卿悟道故事敷衍而成，演为吕洞宾以竹叶作舟度陈季卿入道故事。毕魏的传奇《竹叶舟》与范剧意旨相同，故事相异。剧写沃州山道林支大禅师在法堂建高墙一座，上画汹涌的波涛。渔夫石崇和樵夫王质同观，心慕富贵。禅师乃取竹叶化舟，石崇乘舟得遇龙王，获取珍宝，并得到了功名富贵，后遭杀身之祸，乘舟逃命，船翻惊醒，高墙、竹叶如故。于是醒悟而随禅师出家。这出《归舟》即写石崇乘舟逃命及惊醒而悟的故事。

佛教认为人生是苦。众生因有贪欲而"造业"，而"造业"又决定了未来的果报。通过修持，可以灭尽贪欲，得到解脱。而修持的方式各派不尽相同，或学习、

静思，或称号念佛，或禅定明性，有渐悟，有顿悟。佛教反贪欲的思想根源于阶级社会产生以来个人私欲的膨胀。由于时代的限制，当时的人们找不到改造社会的正确途径，只能借助于宗教。但这种反贪欲的思想无疑对当时的社会具有批判意义。石崇是东晋时的名人，建有金谷园，富可敌国，生活极为奢华，后孙秀索其侍姬绿珠不成，借事杀之。《竹叶舟》一剧把石崇真实的一生设于幻梦，让其贪欲化为泡影。这折《归舟》，让石崇梦醒之后历数梦中经历，实际上是对全剧的概括。石崇乘舟到了龙宫海底，不仅得到了奇珍异宝，而且做了高官，"膺簪绂，拥节旂，功名三十封列侯。出将统貔貅，入相金阶走"。他还用珍珠三斛，求得了美女绿珠。真可谓财富、功名、美色俱全。但却因与王恺斗富，"他却怀恨在心，就想劫我绿珠，籍我家产"，最后落得一切尽失，并遭杀身之祸，石崇的梦中经历正是社会现实的写照。它反映了统治阶级无尽的贪欲，生活上纸醉金迷，荒淫糜烂，政治上勾心斗角，追逐权力。而石崇的可悲下场则表现了作者对上述种种丑恶现象的批判和对功名富贵的蔑视。石崇最后醒悟出家又表现了找不到正确的人生出路的虚无思想。中国古代知识分子深受儒家建功立业思想的影响，但当遭受挫折之际，又往往以鄙视功名富贵、转向佛道的出世来寻求精神慰藉，儒、释、道也就这样得到了奇妙的转化和结合。佛道的出世思想有其消极虚无的一面，但也有对丑恶现实的厌弃否定意义。《竹叶舟》传奇固然表现了佛教的出世思想，但对它也应作如是两面观。

这出戏的构思十分巧妙。正如剧名所示，全剧以竹叶舟作为构思的关纽。此剧开头写石崇在画有波涛的高墙前心慕富贵，法师以竹叶化舟，让其历尽荣辱变幻。这出《归舟》则写石崇遭祸逃命，仍乘舟行于波涛之中，浪打船翻，撞在墙上，"呀，这一座高墙，乃是支法师将竹叶作舟，指引我的去路，我今依先原在此间。咳，不道这墙中有许多世界。且住！我方才乘棹的小舟，那里去了？（看地介）呀，原来是一片竹叶儿。好奇怪也！"这种描写不但前后照应，而且以波涛象征凶险的人生，以竹叶舟象征佛教对世人的度脱，也十分生动恰切。佛教认为人生是苦，要普度众生脱离苦海，故称"慈航"。此出中的高墙画作波涛、竹叶小舟穿行涛中、翻船撞墙最后醒悟，也体现了佛教"苦海无边，回头是岸"的思想。

这出戏的唱词通俗自然，疏宕灵活，接近口语，不像有些剧本的唱词过于典雅藻丽，有词化倾向。一支曲子不是一唱到底，而是曲中插入大量宾白，曲白转换交接自然，融为一体，表现了清代传奇宾白增多的特点。这既可以弥补传奇唱词典雅难懂的不足，又可以丰富表现力，调节舞台气氛。苏州派作家多是民间下

层文人，主要为戏班写作，熟悉戏曲演出，所以他们的剧本能联系舞台实际，适合演出。毕魏作为苏州派的一员，其作品也体现了这一特点。（许金榜）

【戏曲家小传】

刘 方

（1602？—？） 字地如，又字晋充。长洲（今江苏苏州）人。家贫，为谋生奔走四方。作有传奇《天马媒》、《女丈夫》、《小桃园》、《罗衫合》四种。今唯《天马媒》存，余皆亡佚。一说现存抄本传奇《白罗衫》即其《罗衫合》。

天马媒 刘 方

第六出 鸣 筝

【七娘子】（旦上）好风忽向青蘋起，问年华烟波船里。弱体如篷，浮家似梗，那堪亲老姻还未。

〔忆秦娥〕秋寂寂，碧纱窗外人横笛。人横笛，天津桥上[1]，旧曾听得。 尘埋玉脸无人识，天空万籁声初息。声初息，月明江上，数峰凝碧。 奴家裴玉娥，乃裴员外之女，粗知文墨，颇善弹筝。泛宅浮家，虽有看不尽的景致；孤身只影，竟无称得意的姻盟。芦叶汀舟，怕听咿呀孤雁；蓼花溪畔，愁闻凄楚啼鹃。呀，今夜月白风清，水天一色，不免取筝一弹，少展闷怀。（整筝介）

【接云鹤】（生上）秋光秋气入罗帏，秋声秋思催乡泪。

小生黄损，对此佳景，未能假寐，不免推起篷窗，望月一回，有何不可。

【步步娇】（旦弹筝介）篷窗寂寂鳞云细，梦断秋风里。炉香袅篆微[2]，轻理朱弦，慢调促柱。郝素善于斯，今朝有我方成二。

【醉扶归】（生惊介）听新声宛转添憔悴，谁道江州司马泪偏垂。（生张介）呀，好一个女子也。柔荑纤手翠蛾眉，罗衫恰称娇身体。云鬟半亸似含思，莫非天上来环珮？

【皂罗袍】（旦）说甚秦家声伎，但流鱼惊跃，更有谁知？松将金钏减香肌，褪来罗带腰围细。风姨月姊[3]，倘能鉴知。江妃湘

女[4]，或能护持。镇朝昏篷底长吁气。

夜已深了，奴家睡也。正是：夜夜月明愁万种，年年曲罢拜三星[5]。

(抱筝下)(生)呀，兰膏闲寂[6]，银烛阑珊，竟自进去睡了。你今夜怎生发付小生也。

【前腔】教我徘徊无计，一霎时教我心迷。他倚栏展转卸妆迟，临流扼腕垂珠泪。怎能个银缸斜背[7]，双双入帏。绣衾共拥，轻轻抱伊。咳！小娘子，你既是天下有情人，何不坐到天明，待我黄损看一个饱，却缘何空床明月和愁睡。

一霎相看是夙缘，帘笼恍惚遇神仙[8]。

云中隐隐开金锁，何异麻姑小洞天[9]。

(生作长叹下介)

〔注〕 ① 天津桥：古浮桥，故址在洛阳，隋时所建，唐宋时屡次改建加固，金以后废圮。唐白居易《和友人洛中春感》诗："莫悲金谷园中月，莫叹天津桥上春。" ② 袅篆：指浮动于室中形如篆字的香烟。 ③ 风姨月姊：风女神、月女神。风姨，通称封姨。月姊，即嫦娥。 ④ 江妃湘女：江妃，传说中的神女，《列仙传》："江妃二女者，不知何所人也，出游于江汉之湄，逢郑交甫，见而悦之，不知其神人也。"湘女，即湘水女神，或称湘妃、湘君，即传为尧二女、舜妃的娥皇、女英。 ⑤ 三星：原出《诗经·唐风·绸缪》"三星在天"，此另指福、禄、寿三星。 ⑥ 兰膏：用泽兰子炼制的油膏，用于点灯。《楚辞·招魂》："兰膏明烛，华容备兮。" ⑦ 银缸：同银釭，银灯。 ⑧ 帘笼：亦作帘栊，窗帘和窗牖，泛指门窗之帘幕。 ⑨ 麻姑：传说中的仙女，指爪甚长，曾数历沧海桑田。

清初传奇《天马媒》之本事见于《北窗志异》、《情史》和《醒世恒言》。作者《自题》说："客岁春日，先生挈公远及余放舟虎溪，偶翻《情史》，见《玉马坠》一则，甚异之，属余为传奇。"王元寿《玉马坠》、路术淳《玉马珮》亦为同一题材。此剧写秀才黄损有家传玉马坠一枚赠与一道士。黄与妓女薛琼琼暗约婚姻，又在赴襄阳为节度使张谊之记室的船上，与船女裴玉娥一见钟情。后因船翻，玉娥沉江，适薛母乘舟返蜀，在江中救起玉娥。时薛琼琼因拒应宰相吕用之之召而被献入宫中，黄损考中状元，就琼琼事弹劾吕用之，皇帝诏以琼琼配黄。吕用之又抢走玉娥，玉马坠忽化白马长嘶，道人谓玉娥乃天马星投胎，要害死数人，可将此女赠与仇家。吕乃赠玉娥于黄，二女皆嫁黄损。这出《鸣筝》，写的是黄损与裴玉娥一见钟情的情景。

中国戏曲和西方戏剧有着明显的不同。西方戏剧采用分幕的形式，用焦点透视的方法，把众多的人物和矛盾线索集中交织在一个固定的地点和短暂的时

問年華煙
波舡裏

间内，构成一幕，即一个板块，然后由若干幕（即若干板块）组合起来，构成一个整体，它强调集中和制造高潮。中国戏曲则把西方戏剧中的几个板块打碎成众多的点，一个点就是一出或一场。这一出或一场一般只写一个事件或场面，而且这事件和场面又大多不追求情节的复杂紧张，不重在以情节高潮引人，而是重在人物内心感情的抒写和思想性格的描绘。因此中国戏曲细腻优美，具有浓厚的抒情色彩，深邃的意境，给人以诗情画意之美。这出《鸣筝》就体现了中国戏曲的这一特点。

这出戏主要写裴玉娥月夜弹筝，黄损一见钟情，二人并未交谈一言半语。如果按照西方戏剧的观点，它没有任何戏剧性，几乎无甚可写。但作品却重在写人物心态，写出了人物的内心感情和思想性格。裴玉娥"粗知文墨，颇善弹筝"，可谓多才多艺。她"柔荑纤手翠蛾眉，罗衫恰称娇身体。云鬟半亸似含思，莫非天上来环珮"，可谓美貌多情。但身为船家之女，终年漂泊船上，"弱体如篷，浮家似梗"，"尘埋玉脸无人识"，接触不到青年男子。加之双亲年老，婚姻未就，不能不为自己的婚事担忧。而她在船上"孤身只影"，面对的是芦叶汀舟，孤雁啼鹃，更添愁闷万种，因而只能月夜弹筝消愁，"拜三星"祈祷，求风姨月姊鉴知，江妃湘女护持。但"年年"如此，却依然如故，只能长吁短叹，至夜深抱愁而眠。通过这些描写，一个封建社会的青年女子渴望爱情不得、孤凄愁苦而又无可奈何的内心世界便被细致形象地展示出来，内心有追求而行动上又无力反抗的柔弱性格也被充分表现出来。黄损在萧瑟的秋夜，远离家乡，孤独寂寞，"秋声秋思催乡泪"，不禁产生了思乡之情，因而夜不能寐，推窗望月。恰逢玉娥弹筝，那凄凉的筝声使黄损产生了共鸣，正如白居易听琵琶女弹琵琶一样，"江州司马泪偏垂"。作品对黄损内心感情的描写，奠定了他对玉娥一见钟情的基础。接着又写黄损看见了玉娥美丽的外貌，"一霎时教我心迷"，并幻想"怎能个银缸斜背，双双入帏。绣衾共拥，轻轻抱伊"。在今天看来，这似乎有点不太严肃庄重；但这却正表现了那个时代一个书生风流多情又有点轻浮的性格。

在西方戏剧中，一般通过人物之口描写景物和人物外貌情态。但中国戏曲在形成过程中受到了说唱文学的深刻影响，因而带有叙述体的痕迹，作者常借人物之口描写景物和人物外貌情态，这就使戏曲借鉴了古典诗词的艺术技巧，充满情景交融的优美意境和对人物外貌情态的生动描绘。在这出戏中，不但在唱词中如"篷窗寂寂鳞云细，梦断秋风里。炉香袅篆微"，有生动的景物描写；即使在宾白中，如"芦叶汀舟，怕听咿呀孤雁；蓼花溪畔，愁闻凄楚啼鹃。呀，今夜月白风清，水天一色，不免取筝一弹，少展闷怀"，也情景交融，意境优美。至于这出戏中

所插入的《忆秦娥》词更是情景交融，意境深邃。这充分表现了中国戏曲重意境的特征。【醉扶归】和【前腔】由黄损的唱词描写玉娥的外貌情态，不但在手法上为中国戏曲所独有，而且写得既形象又传神，充满了诗情画意，给人以无限的美感。

这出戏的语言有隽秀优美之致，而无绮靡浮艳之病，传情写意也真挚自然。故周裕度《天马媒题词》谓“万斛词源，从实地实情写出”，止园居士《题天马媒》谓“构造自然，畅俊可咏”，张积禅《天马媒引语》谓“率有天然韵致”，都道出了这出戏的特点。

（许金榜）

【戏曲家小传】

薛 旦

字既扬，号听然子，一作䜣然子。长洲（今江苏苏州）人，寓居无锡（今属江苏）。怀才不遇，无缘仕进，以诸生终。系苏州派重要作家之一，时借戏曲以自浇块垒。剧作甚富，据高奕《新传奇品》、《曲海总目提要》、《传奇汇考标目》别本、《今乐考证》的著录，又据严绳孙《秋水文集》记载，多达二十二种。今存杂剧《昭君梦》，传奇《续情灯》、《醉月缘》、《齐天乐》、《九龙池》、《喜联登》。其诗作散见于《梁溪诗钞》、《江苏诗征》。

喜联登 薛 旦

第三十三出 乔妆返室

【梨花儿】（净）财旺生官古语留，援例蒙恩选远州。山西县治此为头，嗏，红同主簿金银有①。

（笑介）费尽千金选美官，忝为县佐势轰然。荣身冠带心何乐，未许傍人侧目看。我赵昂，承岳翁王员外助银，援例掗选山西红同县主簿，即欲临任。今日众亲友作贺，大排筵席，用俳优以侑觞，何等气概！不免请岳父母并三叔翁同一门至亲，共成家宴，有何不可。岳母有请。（末、小生、占、旦、丑上介）

【菊花新】（众）从来爵禄固堪求，但求钱神事可谋。荣显即成休，何必务科名内走。（见介）

（末）我儿，恭喜冠带荣身，愈显堂堂一貌，真像个缙绅中人物。

(净)感谢岳翁岳母,成就前程,皆出恩赐,没齿敢忘!(末)贤婿,我这些家私,俱是你的。(净)筵席已周,又无外客,可以即席。(小生)恐有贺客前来,再缓一时。(净)领命。(生素服旧巾上)

【前腔】(生)依然微服返林丘,试探行藏逐与留。笑里隐吴钩[2],料彼也焉能识透。(进见欲避介)

(小生)呀,原来是廷秀官人,何一身褴褛如此?他趑趄不前,莫非含羞否?待我迎他进来。(见介)侄婿先生,数年不见,原何落魄如此?快请进去,兄嫂俱在堂中。(生)晚生正欲造府,见堂上喧哗,故回避尔。(小生)请进,不妨。(生进见末、占介)(生)赵姨丈见礼了。(净作色介)谁是你姨丈!好羞人得紧。(生)呀,差了。俗语云:皇帝也有草鞋亲。我虽贫窘,终不然把穷气就过与你了?(占)我儿,不须与他计较。女孩儿,快取套衣服与他换了,同赴宴罢。(旦下取衣介)(生换衣介)(末作怒视叹气介)(占)我儿,你的前程如何?数年流落,音信不通,一身狼狈如此,你将始末具陈我听。(丑作手势介)数年做此生意。(小生)不要多讲。(生)岳母、叔翁听禀。

【好事近】(生)命蹇枉图谋,无知群小为仇。乔妆设骗,金资罄失无留。含凄可忧,待相求青眼何能彀[3]。苦资身之计无些,已从人习学俳优。

【前腔】(小生)休生欺望哄吾俦,无端虚捏情由。卑污下贱,岂为儒者之流。(末)不思自羞,有何颜不揣来庭右。这行藏引惹人憎,穷骨头孰可为寿。

【前腔】(占)尽言呵叱没来由,前情此际须丢。穷通有命,何须任尔啾啾。(生)你恃富甲一州,守钱虏何处夸铜臭。我凌霄志非尔能知,际风云高出人头。

【前腔】(旦)自相贬抑谁怨就,令人鄙贱成仇。学成文武,把士风扫地无谋,还宜省修。(占)这功名若有终须有,趁青春尚可营为,到中年万事皆休。

(小生)侄婿,适间汝言能演戏,今试自为之,何如?(生)这诚不难。(向内冠带上介)叔翁,我今冠带可相像么?(小生)俨然一个士夫。(杂)府上来相谒,忙将拜帖投。里面有人么?府主老爷同四府老

爷来拜邵爷的。(众惊介)府主来拜那个邵爷?(净)莫非来拜我的?着人看来。(副净出问介)本府老爷莫非来拜三尹赵五爷么?(杂)好嘴脸三尹,老爷来拜他!拜新科进士、扬州府四府邵老爷的,快通报!(副)少待。(进介)员外,他来拜新科进士、扬州四府邵老爷的。(众)我家并无邵爷,去回覆他。(副出回介)(杂)邵爷昨日来拜老爷,说是你家至亲,寓居于此,怎么说没有?(副进再言介)(生)这等待我去回话他。(小生)侄婿又来痴了。太爷可不当要,你穿这般服饰,怎么见他?(生)不妨,我去回话。(净)王义,你去看他怎么行径来。(副暗看介)(外扮府主、老扮四府)(杂随相见介)

【少年游】(外、老)官居郡守,五马声名旧[④],屏翰一方推首[⑤]。(生作迎行礼介)(副进报介)(众惊介)

(净)这样果中进士,不好了。

【古轮台】(净)暗中筹,当初是我没来由,将伊间阻成僝僽[⑥]。他功名已就,微服来投,旧憾断然穷究。及躬自惴,难逃凶咎。倘然做出下场头,怎生分剖。早知机速自为谋。保身明哲,高飞远举,不宜遙逗。素志妄贪求,今罢手,不宜相伴虎狼游。

岳翁岳母,今日就携妻子一齐赴任去也。(众同下介)(生迎外、老介)(生)承蒙老大人光顾,不胜仰荷。(外、老)幸蒙先施,拜迟了。(生)孙大人,朱年兄,适值舍亲有现成小酌,聊为叙情,望乞勿辞。(外)领命。只是取扰不当。(生)有俳优侑酒,令彼承应,使得么?(外)更妙得紧。(生送酒介)(旦、占侑酒)

【前腔】(生)君侯,轩车过我暂淹留。且维驹投辖[⑦],表情浓厚。(旦、占叩首介)殷勤奉酒,罗列珍馐,不类烹葵剪韭[⑧]。(外、老)促席谈心,幸遇忘年良友,主宾交错进觥筹。(旦、占)双飞舞袖,鸣金戛玉纵歌喉。演文娱乐,移宫换羽,座中相□,尽日漫优游。成欢遘,直待花稍月上醉方休。

(外、老)□□□□,学生力不胜酒,告辞了。(生)还要尽欢罄量而去。送酒上来。(旦、占)

【尾声】(众)酒逢知己何辞斗,一任钟声出梵楼,拚学瑯琊醉太守[⑨]。

(老、外)邵年兄几时赴任?(生)明日就行。家父当年有一冤狱不明,虽蒙超豁,未究其所从来,相烦老大人与年兄严究其人,以泄夙愤,望乞勿辞。(外、老[10])当得效劳,不必分付,但求情款[11]。(生)即当具送。

恨当日将无作有,到如今弄假成真。

恩共仇官私难掩,报与复轻重自分。

〔注〕 ① 主簿:官员,此为县主簿。明代于编户二十里以上的县置主簿,正九品,与县丞同为知县的佐官,分掌本县粮马、巡捕之事。 ②"笑里"句:谓笑里藏刀。吴钩,一种似剑而头弯如钩的兵器,春秋末初产于吴国,故名。后世多代指宝剑宝刀。 ③ 青眼:指看重别人的眼神。《晋书·阮籍传》:"籍又能为青白眼,见礼俗之士,以白眼对之。及嵇喜来吊,籍作白眼,喜不怿而退。喜弟康闻之,乃赍酒挟琴造焉。籍大悦,乃见青眼。"彀(gòu):够。 ④ 五马:汉时太守乘车用五马驾辕,后世因以"五马"代指太守,宋以后知府相当于前代之太守,故亦指知府。 ⑤ 屏翰:比喻国家重臣。典出《诗经·大雅·板》:"大邦维屏,大宗维翰。"屏,屏障。翰,主干。 ⑥ 僝僽(chán zhòu):憔悴。 ⑦ 投辖:《汉书·陈遵传》:"遵耆酒,每大饮,宾客满堂,辄闭门,取客车辖投井中,虽有急,终不得去。"后因以"投辖"指热情留客。辖,车辆两端的键。 ⑧ 烹葵剪韭:指简单的蔬食。 ⑨ 瑯琊醉太守:指宋欧阳修,他知滁州时曾作《醉翁亭记》。瑯琊,山名,在今安徽滁州西南,《醉翁亭记》起首云:"环滁皆山也。其西南诸峰,林壑尤美。望之蔚然而深秀者,瑯琊也。" ⑩ 老:原本下有"云"字,删。 ⑪ 情款:真实情况。

《喜联登》又名《八义双杯记》,本《醒世恒言》中《张廷秀逃生救父》加以敷衍。剧写张权有二子,曰廷秀、文秀。时遇灾年,张权一家难以为生,蒙王宪收留作雕刻匠作,廷秀并被王宪招为次婿。王宪长婿赵昂乘王宪去淮安之际,买贼扳赃,诬张权为窝主。张权被捕入狱,其妻被卖与商人褚元。褚见苦状,不忍带走张妻,张权乃送文秀为褚元之子。赵昂又诬廷秀嫖赌和盗卖玉杯,致使廷秀被王宪逐出。廷秀之岳母赠以玉杯,其妻赠以银两,不幸银又被骗。幸遇邵承恩怜才收养之。后经御史高鉴复审,张权冤情得白。廷秀、文秀赴考得中,全家喜得团圆。

这出《乔妆返室》写廷秀高中之后,假装落魄返回王家的情景,抨击了吏制的腐败,反映了人情冷暖,世态炎凉。赵昂本是个不学无术、奸诈阴险的小人,却靠其岳父出钱买了个红同(洪洞)县主簿。剧中言"援例蒙恩",说明出钱买官已成了公开合法的惯例,并得到了皇帝的允许。剧中所谓"财旺生官古语留","从来爵禄固堪求,但求钱神事可谋",更指出卖官鬻爵乃是整个封建社会都具有的丑恶现象,这就更深刻地抨击了吏制的腐败。在这出戏中,不学无术的赵昂靠金钱买了个官做,亲友都来祝贺,大排宴席,其岳父(末扮)并恭维说:"我儿,恭喜冠带

荣身,愈显堂堂一貌,真像个缙绅中人物。”甚至说:“贤婿,我这些家私,俱是你的。”而当廷秀微服来拜见姨丈(妻的姐夫或妹夫)赵昂(净扮)时,赵作色道:“谁是你姨丈!好羞人得紧。”岳父王宪(末扮)初是“怒视叹气”,后是呵叱辱骂:“不思自羞,有何颜不揣来庭右。这行藏引惹人憎,穷骨头孰可为寿。”叔翁(小生扮)骂其“卑污下贱,岂为儒者之流”,并要其在席间作俳优演戏。但当得知廷秀高中做官之后,众皆大惊,赵昂匆匆逃走,廷秀的岳母(占扮)和妻子(旦扮)俯地叩首,并作俳优歌舞侑酒。封建社会的世态人情由此可窥一斑。

这出戏围绕对待功名富贵和廷秀的态度,写出了众多人物的不同思想性格。赵昂靠金钱买官,不但不知羞耻,反而大排宴席,不可一世。廷秀微服进见,他拒不相认,并加以羞辱。当得知廷秀高中之后,他自知诬陷廷秀难逃罪责,匆匆携家而去。这真是一个无耻可笑的小人。廷秀的岳父王宪虽为赵昂出钱买官,殷勤恭维,对微服的廷秀呵叱辱骂,但主要是受了赵昂的蒙蔽欺骗,从他开始收留张权一家的态度来看,本质上并不是坏人。廷秀的叔翁初见廷秀的落魄之状时,尚有同情之心,故请廷秀进门。但当廷秀讲述经历之后,他却认为廷秀是“无端虚捏情由”,非儒者所为,并让廷秀作俳优演戏。可见他是一个不厌弃贫穷但却鄙视说谎欺骗的儒者之流。廷秀的妻子面对“落魄”的丈夫,拿来衣服为他换上,并劝丈夫不要怨天尤人,都怪自己不争气,“还宜省修”。可见对丈夫有关心,也有劝慰和激励。廷秀的岳母并不计较女婿的“落魄”,让女婿换了衣服赴宴,并关心地询问女婿的经历。面对别人对女婿的呵叱,她说:“尽言呵叱没来由,前情此际须丢。穷通有命,何须任尔啾啾。”并安慰鼓励女婿:“这功名若有终须有,趁青春尚可营为,到中年万事皆休。”可见这是一个善良慈爱、通情达理的贤母。至于廷秀,始而乔妆落魄,谦恭中有自信,有骨气,外卑而内傲,后则扬眉吐气,让岳母、妻子作俳优侑酒,是自我傲气的表现,也是对世俗小人的示威。由此可见,作品对众多人物不同性格的把握是十分细致深入的。

这出戏用误会和对比的方法造成了强烈的喜剧性。误会的前提观众已知真相,而剧中人却不知道。在这出戏之前,观众已知廷秀高中,但赵昂等人却不知道。由此便产生了廷秀微服到来时赵昂等人的不可一世,呵叱辱骂,甚至让廷秀作俳优演戏,而越如此便越令人感到可笑。当府主来拜时,赵昂却误以为“莫非来拜我的”,当廷秀要去见府主时,叔翁却以为“侄婿又来痴了”。也都令人忍俊不禁。剧中除了以赵昂的前倨后惧构成鲜明的对比外,廷秀的前卑后亢,开始要廷秀作俳优和最后由其妻和岳母作俳优,也构成鲜明的对比,并产生了强烈的喜剧效果。

(许金榜)

【戏曲家小传】

叶时章

(1624? —1707?) 字稚斐,以字行,号牧拙生。吴县(今江苏苏州)人。早年习举业,有大志,明清易代后淡于功名,寄情词曲。出身望族,但性情宽厚,同情下层百姓。曾避兵至安溪,见当地渔民受制于势豪,愁苦万状,遂感而作《渔家哭》传奇,触怒当地豪强,入狱几死。晚年奉佛。为苏州派的重要成员,剧作中较少表现出正统思想。《新传奇品》称其词如“渔阳三弄,意气纵横”。所作传奇,《琥珀匙》、《英雄概》今存。另有与朱㿥等合作的《四大庆》、由朱云从续成的《后西厢》等传奇数种。又与李玉等一同参与了对沈自晋《南词新谱》的修订。

琥　珀　匙

叶时章

第五出　山　　盟

(二旦上)

【泣颜回】昨记坠钗稍,唯向花前寰绕。芳心初动,奈印泥痕露冷江潮。(旦白)妹子,雀钗失去,一时再想不起。(占)昨日折取海棠,莫非被花枝抓留在彼?(旦)若是花枝抓留,此是定没人知,快去寻取。(唱)忙行探取,愿司花蜂使沿花绕。探花人未许轻瞧,则除是东皇泄漏消耗[①]。

(占)姐姐,待我扶你上去看来。(旦)呀,妹子,钗到没有,花枝上吊着一幅锦笺。(占)谁人所系?拿下来看。(旦)且慢,待我再向草丛细看一回。(生乘马)(丑随上)

【前腔】绿柔红碎乱风涛,满目春光一扫。我萦思花底,觉魂化心飞身小。(丑白)相公,今日上山烧香,辛苦哉!请到书房里吃点心。(生)你自去,我还要闲玩片时。(丑应下)(生)昨系词笺,不知那人曾窥否?待我看来。(唱)且从容探取,须做拖腔,莫把好帐轻勾了。(旦念词介)隔墙声送,谁倩新腔怜客梦?愁夹巫山[②],枉诉衷肠闺阁间。　雀钗留系,一段姻缘天遣契。返璧娇娥[③],重院期将玉貌过。——右调〔减字木兰花〕,姑苏胥先吹题寄。元来是一首新词。此钗那人拾了。(占)既有下落,可对母亲说知,与他取讨便了。(旦)词中之意,明肯见还。待我也做一词,仍系花稍,使他知是我家之物,自必送

上门来。(占)有理。(并下)(生)山内明明念着小生词句,(听介)一霎时缘何并不做声?待我高叫几声:小姐,拾钗人在此。小姐,作词人在此呀!(唱)教我枉殷勤狠唤低呼,吓,我晓得了,都应是闹花声山高听杳。

(白)我有道理:不免绕山高唱前词,他必来问我。(作念前词下)(旦上)新词未是相思句,只恐相思反续成。词上明明写着姑苏胥先吹。看他词句风流,但不知人物何如?喜得步成前韵,也将此笺系向花稍,自有分晓。(坐内念介)听山外高唱前词,必是那生在彼,待我上山看来。(看介)呀!果然好个风流人物也。

【千秋岁】逗心苗,他故意山前绕,向花前卖俏相挑。(生暗上)(白)咦!山上是寻钗女郎。我且擎钗在手,只做不知谁家女子所遗,刚落在小生之手。好香也!(旦)那生手中明晃晃钗是我的。(唱)见他只手擎将,只手擎将,只见低回首时时堆笑。(生)真个依稀香气鬓云边,小生的痴魂直欲飞到他身伴也。(旦)待欲出声与他取讨,教我如何启齿?(嗽介)(生)小娘子,莫非是寻钗的么?(旦)敢是胥……(生)小生正是胥先吹。(旦)蒙赐花笺,已云心铭。(生)聊托花神寄信,殊不成言。(旦)君既志诚,物今有主,何不见还?(生)钗便有一只,只怕不是小姐的。(旦)怎么不是我的?(生)要说得明白,即当奉上。(旦唱)则为花魂笑,随风召,不提防花兜早。(生白)一些不差,果然遗在花稍。只是小姐如何谢我?(旦)却有花笺一纸,薄酬尊句。秀才家,(唱)一字千金宝,只这单词绝句,聊做酬劳。(抛笺下介)

(生)是酬小生的。呀,也是一幅花笺。(看介)情将词送,不管闺中添旧梦。怅望重山,独倚栏杆肠断间。　探花漫系,感激相寻应远契。叩问嫦娥,怕卷湘帘紫燕过。——西湖桃佛奴酬韵。妙!果然写作皆精,李易安、卫夫人不足多矣[4]。小姐!(揖介)

【前腔】谢酬劳,半幅梨花雪,一字字香透心脑。小生呵,梦入罗浮[5],梦入罗浮,旧刘郎天台重到[6]。(白)还他钗子便了。咦,且慢!还要计较。小姐,钗却在此,只是山高得紧,如何呈上?(旦)那边石墙下有一隙洞,可容只手,郎君从此便能递进。(生看介)隙洞虽有,这里荆棘刺人,近不得。除非小姐伸手出来,方可接取。(旦伸介)(生)钗在此。(旦伸出手)(生扯住不放介)这是怎么说,还不放了!(生)小

姐,小生欲傍娇姿,若望天颜。今得亲为把臂,如捧琼瑶,安敢释手?(丑喊介)相公,吃点心!相公,吃点心!(生放介)狗才,谁要吃点心!大惊小怪!(丑)相公,那间到像黄头隔笼扯脚斗。(生)还不走!(丑下)小姐,拿了钗去。小姐,小姐!一天好事,可恨狗才打断,如今怎么处?我有道理,待我把这隙洞,大大开个窟窿,钻进去却不是好?花园土地,全仗你扶持。(唱)我低低向山神告,悄说向花神道,我胥先吹呵,只这一次来打搅。猛穿垣破壁,便死魂消。(攒进介)

小姐!小姐!(旦)呀,你从何至此?(生)小生破墙而入。(旦)扒墙挖壁,非君子所为。倘我家中有人看见,实不稳便。还不速去!(生)小生实冒死而来,竟有所求,望小姐见怜。(旦)胥生,你说那里话来!

【越恁好】文魔执拗,文魔执拗,忒轻狂忒浪涛!(生)小生焉敢轻戏小姐,实是送送钗子。(送钗介)(旦)男女授受不亲,放在一边。(生)小姐何必太谦,方才已亲炙手了。(唱)那湖山小隙,亲执手,炙琼瑶。(旦接钗介)(生)艳晶晶朵桃,艳晶晶朵桃。见齐簇簇齿牙儿香莲气飘,碧溜溜眼儿俏,双双盼迎儿,秋水映遥。(旦)秀才家何得轻狂若此,还不快去!(生)轻狂是秀才家本等,何妨!请问小姐,昨者隔山耳灌新声,请问弹这何人?所弹何物?(旦)就是奴家,所弹琥珀匙[7],何劳致问?(生)就是小姐,一发妙了!岂不闻当年相如抚琴挑动文君,永订深盟;今日小姐操弹琥珀匙勾引小生,也应结好。(旦)好扯淡!谁来勾引你?(生)今日小姐当做女相如,小生权为男卓氏。(唱)相思句不用挑,随向琴心了。趁花前谛语,莫负年少。

(旦)胥生,你好差矣。文君失身司马[8],遗笑至今。因邪致合,岂能终好?(生)小生清白传家,名重苏城;如小姐声色兼长,堪称绝世。若令才子佳人当场错过,后人耻笑,所遗多矣。(旦)胥生,你若果钟情,何不通媒正议,以定百年?如此鼠窃之行,岂君子之所为也!(生)多蒙小姐许通媒妁。一则科场限促,二则令尊大人处未必见允,如何是好?(旦)爹妈最爱奴家,早晚我先明以倩告,待郎君科场事毕,议亲未迟也。(生)若得如此,小生铭心镂骨也。(旦)奴家将此钗赠君,愿君无负此言。(生)花园土地作证:胥先吹若苟逾盟,有如此日!小生亦有银串一联留记,也要小姐立一誓

言。(旦)桃佛奴若苟逾盟,亦如此日!(生)我的嫡嫡亲亲的娘子!(旦)何得如此!(生)如今是夫妻了,就戏何妨。(旦)如今益发戏不得了。妾身既许属君,君当教之以正。先以淫奔之道教妻子,日后将何以自信?(生)吓!小姐坚持大义,使小生汗愧无地。(丑上)相公,有客里拜。(旦)有人来了,快出去罢。(生)小生场事完了,就来议亲。(旦)今晚我先对母亲说明,明日再来覆你。(生)小生明日在此谨等。

【尾】叮咛踏碎阶前草,满担风月为君挑。韶光易老,只恐夜雨灯前魂暗消。(生慢钻介)

(占急上)天有不测风云,人有旦夕祸福。姐姐,不好了!父亲不知为甚,被几个公差锁去了!(旦)有这等事!(回头)(急共下)(生出介)(丑)咄!奢人捉[9],奢人捉……(生唬介)唬杀你个臭贼!(下)(生)哇!狗才!真个好香不可不烧也,若非大士有灵[10],怎遇得这多情小姐吓?

绣带飘风袅暮寒,却愁不得细相看。
无聊独倚湖山畔,好教琼树莫吹残。

〔注〕 ① 东皇:司春之神。 ② 巫山:用战国楚宋玉《高唐赋序》中楚怀王梦与巫山神女云雨之典。 ③ 返璧:即完璧归赵,谓原物奉还。 ④ 李易安:宋女词人李清照,号易安居士,济南章丘人,赵明诚室。卫夫人:晋女书法家,河东安邑人,名全乐,字茂漪,李矩室。⑤ 罗浮:罗浮山,在今广东省东江北岸。旧题唐柳宗元《龙城录》载隋时赵师雄于此山遇一女子,芳香袭人,语言清丽,遂与之共饮而醉,及觉,则在大梅树之下。剧用此典。 ⑥ 刘郎:指刘晨。南朝宋刘义庆《幽明录》载东汉永平间刘晨与阮肇至天台山采药迷路,遇二仙女,留居半载,及归家,时已入晋,子孙已历七世。 ⑦ 琥珀匙:通作火不思,又作浑不似、吴拨四、和必斯等,一种古拨弦乐器,头弯颈长,无品,设三弦,形似琵琶,原产于波斯、阿拉伯,后流行于中国,其正名"火不思"始见于《元史》。 ⑧ 文君:汉卓文君。相如:汉司马相如。司马相如至临邛富商卓王孙家,时卓文君新寡,相如以琴挑文君,文君遂与之私奔。 ⑨ 奢:同偺,音义同啥。⑩ 大士:菩萨。

焦循《剧说》引《茧翁闲话》云:"《琥珀匙》,吴门叶雉斐(时章字)作,化名陶佛奴,即传奇中翠翘故事。中有句云:'庙堂中有衣冠禽兽,绿林内有救世菩提。'为有司所恚,下狱几死。"而写翠翘故事者有方坤《纪剿徐海本末》、余怀《王翠翘传》及青心才人的小说《金云翘传》等。此剧虽参考了这些历史记载和小说,但情节差异颇大。剧写钱塘丝绸商人桃南洲之长女佛奴善弹琥珀匙,秀才胥埙因拾得佛奴遗钗而相互题词赠笺,并约为婚姻。桃南洲因与太湖义盗金髯翁买卖织锦,

收取了金髯翁所劫钱塘县尹之银，被拘捕下狱。佛奴乃让其妹媚姑代嫁胥埙，自己卖身救父。不料误入妓院，乃拒不接客，而卖诗画为生。胥埙得中进士之后与媚姑成亲，并寻访佛奴。胥埙的世交束御史欲接佛奴至南楼，其妻却因嫉妒而派人火烧妓院，并欲杀死佛奴。幸有金髯翁救出佛奴，佛奴终与胥埙成婚。此剧的《山盟》、《关守》二出在清代中叶演出较多，被选入《纳书楹曲谱》。今川剧《苦节传》即据此剧改编。

这出《山盟》写胥埙归还佛奴遗钗并题词赠笺、订婚盟誓的故事。在中国古代戏曲的爱情故事中，遗钗赠笺的情节十分常见，但此出却独出心裁，写得曲折生动，别有新意。胥埙拾得佛奴遗钗，却不直接归还，而是题一词笺挂于花枝，以期佛奴得到。佛奴得笺，也不立即讨钗，而是也题词一首，希望胥埙自己上门还钗。胥埙见到佛奴，先是询问遗钗情由，后又索取谢物。佛奴答应以词笺相谢，胥埙又以山高为由拖延还钗。佛奴提出由墙下隙洞递进，胥埙又要佛奴伸手来接，并乘机抓住佛奴的手不放。此时却恰有书童出来，把好事打断。胥埙又把隙洞开个窟窿，穿墙与佛奴相会，亲手还钗。并由昨日听到佛奴弹琴，谈及相如文君故事，劝佛奴莫负大好年华。佛奴不肯苟合，但许通媒妁。于是二人互赠信物，并立誓订盟。遗钗赠笺的爱情故事虽前人写过多次，但这出戏却写得不落旧套，曲折生动，给人清新活泼之感。

这出戏具有浓厚的喜剧色彩。它的喜剧性主要来源于人物性格及相互关系。胥埙是个风流多情、大胆追求、文魔执拗的书生。这类书生形象是随着元代风流浪子的产生首先出现在元曲之中的，它是对传统文人人格的反叛。这里的胥埙没有《西厢记》中张生的迂腐软弱，而是更大胆、执拗、轻狂。桃佛奴是一个向往爱情但又在封建礼教束缚下比较拘谨稳重的女子。这样两人之间便产生了喜剧性。胥埙只是拾得遗钗，便积极追求，题词表情，“狠唤低呼”，“卖俏相挑”。而佛奴虽见词句风流，心有所动，“但不知人物何如”，因此进一步上山观看。见胥埙“果然好个风流人物”，才与胥埙答话，并抛下词笺作为还钗谢物。胥埙得词飘然若神仙，又进一步要求佛奴从隙洞伸手过来接钗，并乘机抓住不放。佛奴窘急交加：“这是怎么说，还不放了！”而胥埙却说：“今得亲为把臂，如捧琼瑶，安敢释手？”一窘一狂，令人发笑。胥埙要在墙上穿洞，“猛穿垣破壁，便死魂消”，可谓色胆包天；佛奴却又惊又急：“倘我家中有人看见，实不稳便。还不速去！”胥埙却是死不肯走，佛奴面对这个文魔执拗的书生毫无办法。胥埙还钗，佛奴却以“男女授受不亲”为名不接；胥埙以“方才已亲炙手了”揭穿佛奴之假，佛奴终于接钗。胥埙又夸赞佛奴的美貌，佛奴责其轻狂，胥埙却说：“轻狂是秀才家本等，何妨！”

并说佛奴弹琥珀匙勾引自己，如同相如琴挑文君，自己愿为男卓氏，与佛奴结好。佛奴反驳说："好扯淡！谁来勾引你？"并拒绝相如文君式的苟合。胥埙却说："若令才子佳人当场错过，后人耻笑，所遗多矣。"这时佛奴才许通媒妁，并互赠信物共立盟誓。胥埙认为"如今是夫妻了"，便以"我的嫡嫡亲亲的娘子"相戏，佛奴却说："如今益发戏不得了。"并讲了一番大道理。由此可见，正是两人的不同性格，造成了作品强烈的喜剧性。此外，书童在关键时刻的突然出现和胥埙钻墙时书童喊捉贼，也颇具喜剧色彩。

这出戏中的一见钟情和遗钗还钗、题词赠笺的恋爱方式，在今天看来也许过于肤浅，只不过令人发笑，并无多么深刻的意义。但是，如果我们把它放在那个特定的时代来看，这种描写却具有深厚的社会内容。正是因为在封建社会中青年男女没有相互接触的机会和自由，才会产生这种特殊的恋爱方式。我们只要看一看胥埙抓住佛奴之手和钻墙而入时佛奴的着急之状，就可以知道这背后存在着多么沉重的封建礼教的压力。因此，今天看来肤浅可笑的独特的恋爱方式，折射着那个男女恋爱不自由的封建社会，又怎么能说没有什么社会内容呢？

（许金榜）

琥 珀 匙　　叶时章

第十七出　关　　守

（丑白上）鸨母性少三贞九烈，只因贪赚七铜八铁。多得了一两五钱，便觉千欢万悦。老身冯秀妈，向因门庭冷落，杭州讨个人手。谁想是个好人家女儿，立志十分贞节，把一个衏院变成尼庵[①]，准准与他坐关。谁知到是一装好买卖，那佛奴元是西湖有名的士女班头[②]，果然求诗画的日日填门。莫说是老身打发不开，连这两个丫头也没工夫接客了。今日又接下许多诗画，不知可曾梳洗？丫头，泡上好松茶，送进关去。急教洗砚添新水，好给挥毫女翰林。（下）（旦上）

【引】绦鹦难脱红丝系，镜鸾已被青尘蔽。

（白）奴家桃佛奴，不幸造次，轻身误投贩手。且喜牢据半关，不受风尘沾染；挥毫一纸，且将孽债酬填。奈何京师士宦骈集，文逋画债，催索无停，墨渍粉痕，应酬怎了？（丑白上）院里小娘多墨水，作成龟子尽通文[③]。儿，常府管家，坐催四幅堂画；户部王爷，立等八架围屏；其余单条扇子，册页斗方，又堆上一堆了。快快打发他去

才是。(旦)可回他:晚间多有,其余零星小画,可教小姑姑磨墨添水,大姑姑刷绢矾纸[4],趱完便了。(丑)好女儿,不要辛勤坏了。大姑、小姑快来!(下)(老、占白上)拖云刷就鹅溪绢[5],排浪淘新雀砚铜[6]。姐姐,砚已洗净,绢儿上矾,请染翰。(旦)大姑姑,把绢儿挪好;小姑姑,磨起墨来。

【渔家傲】端不让西蜀夫人笔底奇[7],烟云染水尽山穷,教看人步涩喜。笔随意到多生动,描不出画中诗意。却不道比西施淡抹浓装,待坡仙题晴赋雨[8],你怎得挂壁寰瀛令我叶渡回[9]。

(老、占)姐姐,画得好。

【剔银灯】淡写意这云山肖米[10],仿古处描出维摩新句[11]。题头上看几字羲繇体[12],小款下一点丹砂钤记。你标题奇,是丹青匠手,洛阳纸千秋价驰[13]。

(付白上)不见钱塘苏小小,金陵舟去访桃娥。老汉贾瞎子,在杭州专靠桃小姐书画卖来度日。近日闻得此间旧院有个坐关女子桃佛奴,未知是真是假,只得去走遭。一路问来,说是此间已是。(看介)(老白)瞎子,为何在此探头探脑?(付)我在此问个信了。(旦)那人语音厮熟,唤他过来。(占)瞎子,姑娘唤你。(旦)你是贾瞎子?(付)莫非是西湖桃小姐么?(哭介)小姐吓,你为何流落至此?

【摊破地锦花】(旦)一似梦儿中,瞥见了亲乡里,蓦吊下悲。贾老,你知我娘和父近且谁依?(付)小姐,员外、安人已迁到扬州盼望小姐去了。(旦)阿呀,爹娘吓!(唱)好似凤凰台畔[14],谁知被燕子楼栖[15]。(白)贾老,烦你到扬州,寻着员外、安人,重重谢你。(付)老汉眼目不便,那里去寻?小姐把员外负屈情由,自小姐鬻身被骗、立志坐关的情节,从头至尾,编成歌本,待老汉向十字街头,高声唱卖,一人传十,十人传百,少不得员外、安人有个信息相通。(旦)如此最好。奴家自编一本《苦节传》在此,你拿去。(唱)遍街头,翻歌本透消息。

(白)有碎银十两与你以作盘费,若有信息,重重谢你。(付)老汉就去倩人教会便了。(旦)还有话分付你。

【麻婆子】路旁路旁人丛处,你关心听莫迟。慢访慢访扬州客,叮咛蚤寄知。(付)鱼书若仗此歌词,雀环有日衔来寄[16]。(合唱)若知声息忙传语,好教眼盼捷旌旗。

(旦)你去罢。故乡今夜思千里,双袖龙钟泪不干。(三旦下)(付)有缘千里来相会,不想竟是桃小姐。他流落至此,尚能坚持节操,这本《苦节传》一定有许多动人处。不免与个斯文朋友教会,明日先到马头上唱去⑰。(下)

〔注〕 ① 衏(háng)院:妓院。 ② 班头:班行之首,指第一人、领袖。 ③ 龟子:龟奴,指在妓院做杂役的男子。 ④ 矾纸:用胶矾水浸或刷生纸、生绢,令适量吸水,便于作画写字。 ⑤ 鹅溪绢:产于四川盐亭鹅溪的绢帛,唐代为贡品,宋人书画尤喜用此。宋黄庭坚《题郑防画夹》:"欲写李成骤雨,惜无六幅鹅溪。" ⑥ 雀砚铜:指铜雀砚,为与前句对偶而倒乙。铜雀砚为从三国魏曹操所筑铜雀台遗址掘取古瓦制成的砚,后多作砚之美称。 ⑦ 西蜀夫人:指唐女诗人薛涛。字洪度,长安人,随父入蜀,父亡后入乐籍。工诗,精音律,善书,人称"女校书"。晚居浣花溪,著女冠服,好以松花小笺写诗,世称"薛涛笺"。 ⑧ 坡仙:宋诗人、书法家苏轼,其《饮湖上初晴后雨》之二有"欲把西湖比西子,淡妆浓抹总相宜"之句。 ⑨ 寰瀛:天下。唐刘禹锡《八月十五日夜玩月》诗:"天将今夜月,一遍洗寰瀛。" ⑩ 米:宋书画家米芾,其画多水墨点染,人称"米氏云山"。 ⑪ 维摩:指唐诗人、画家王维,字摩诘。按:维摩诘原为佛教语,王家信佛,故取名字用之。 ⑫ 羲繇(yóu):东晋书法家王羲之,三国魏书法家钟繇。 ⑬"洛阳"句:晋左思作《三都赋》成,脍炙人口,豪贵之家竞相传写,京城洛阳为之纸贵。见《晋书·文苑传》。 ⑭ 凤凰台:此指春秋时秦穆公为其女弄玉其婿萧史所筑之台。弄玉好音乐,嫁善吹箫之萧史,穆公为二人筑台,后二人吹箫引凤仙去。 ⑮ 燕子楼:故址在今江苏徐州,唐张愔爱妓盼盼在张愔死后,"念旧爱而不嫁,居是楼十余年"。见唐白居易《燕子楼诗序》,后世多将之作张愔父张建封事,误。 ⑯"雀环"句:汉杨震之父杨宝曾见一黄雀为猛禽所伤,乃救治之,百日后此雀痊愈飞去。某夜杨宝梦一黄衣童子衔白环四枚相报,说:"令君子孙洁白,位登三事,有如此环。"盖此黄衣童子即黄雀所化。后杨宝子孙果贵显。见《后汉书·杨震传》李贤注引《续齐谐记》。 ⑰ 马头:今通作码头。

这出《关守》写桃佛奴被卖入妓院之后拒不接客、写诗作画和托人寻找父母的故事。作品充分描写、热情歌颂了桃佛奴的卓异才能。首先,它以夸张之笔极写求佛奴诗画的人数之多:"求诗画的日日填门。莫说是老身打发不开,连这两个丫头也没工夫接客了。""奈何京师士宦骈集,文逋画债,催索无停,墨渍粉痕,应酬怎了?""常府管家,坐催四幅堂画;户部王爷,立等八架围屏;其余单条扇子,册页斗方,又堆上一堆了。"在才子如云的江南,在士宦骈集的京城,竟然连众多的达官贵人都来求佛奴的诗画,以致日夜赶作仍无法满足要求。由此可见桃佛奴的才能不同一般。此外,作品又通过鸨母等人的态度从侧面加以渲染烘托。佛奴来到妓院,拒不接客,鸨母本应恼怒;但因佛奴能以诗画赚钱,鸨母反转怒为喜,认为"是一装好买卖",甚至让丫头"泡上好松茶"送给佛奴,让丫头为佛奴"磨墨添水","刷绢矾纸",并称佛奴为"女翰林"。其他妓女也不再接客,专门伺候佛奴。这就从侧面烘托出佛奴的卓异才能。作品还从正面具体描写了佛奴诗画的

高妙。她的诗画“端不让西蜀夫人笔底奇”。唐时居蜀为“女校书”的薛涛诗作与书法俱称佳妙,但佛奴的诗画并不亚于她。佛奴的画不但能做到形似,而且能写意传神。“笔随意到多生动,描不出画中诗意。”画中所包含的无穷诗意为语言所不能道出,也许只有像苏轼题西湖那样的名句才能表达出来。王维是一个著名的山水诗人,佛奴的画“仿古处描出维摩新句”,能画出王维诗中的意境。佛奴的书法可与王羲之、钟繇比美:“题头上看几字羲繇体。”她的诗画为众人争购,甚至像晋左思《三都赋》为人争相传写一样,洛阳为之纸贵。这样,佛奴诗画艺术的高妙便被写得无以复加。佛奴还会编写唱本。她把父亲负屈、自己卖身被骗立志守节的故事编成一本《苦节传》,让贾瞎子去街头卖唱。这真是一个多才多艺、无与伦比的才女。中国古代妇女身受多重压迫,她们只是作为男子的附属品而存在。当时的社会并不要求妇女有什么才能,所谓“女子无才便是德”,她们只要有“德、容、言、工”就足够了。但随着明代后期资本主义萌芽的出现,要求个性解放的思想日益发展,男女平等思想也开始出现。李贽就认为男女同样有智慧。徐渭的杂剧《女状元》就描写了一个超群出众的才女形象。这出戏中对桃佛奴才能的描写和歌颂正是对男尊女卑思想的挑战。尤其值得注意的是,桃佛奴并不是官宦之女或一般人家的女子,而是一个商人之女。中国古代重农轻商思想十分严重。元杂剧中的商人,除了《东堂老》中的李实以外,几乎没有一个正面形象。但随着明代后期商品经济的发展,对商人的看法也有了改变。这出戏把商人之女写成一个卓异的才女,正是这种新思想的反映。因此,这出戏对桃佛奴才能的歌颂具有重要的进步意义。

这出戏还表现了桃佛奴沦落风尘的悲惨遭遇、怀乡思亲的深挚感情和誓守贞节的坚强性格。她卖身救父,误入娼门。虽靠自己的才能保住了贞节,但“文逋画债,催索无停,墨渍粉痕,应酬怎了”。夜以继日的辛劳,却是为别人赚钱,而且没有人身自由,正如“绦鹦难脱红丝系”,不过是一个高级奴隶而已。更令她痛苦的是,远离家乡,父母音讯全无,怀乡思亲之情时时萦绕心头。甚至在画画时画到江海波涛,也会想到怎能乘舟回乡:“你怎得挂壁寰瀛令我叶渡回。”(按:毕魏《竹叶舟》传奇写一佛寺墙上画有汹涌的波涛,法师取一竹叶化舟,让石崇乘舟行于波涛之中,历经荣辱变幻,后又乘舟回来,醒悟而出家。此处不取其度脱出家之义,只借以写乘舟回家之思。)因此一见同乡贾瞎子,悲痛之情更难以忍受:“一似梦儿中,瞥见了亲乡里,蓦吊下悲。”她迫不及待地打听父母下落,并立即让贾瞎子去寻找父母。“故乡今夜思千里,双袖龙钟泪不干”,集中表现了她怀乡思亲的深情。但佛奴虽然遭遇不幸,却又是十分坚强的。她“立志十分贞节”,拒不

接客，并靠自己的才能战胜了鸨母，保住了贞操，用辛勤的劳动改变了自己的处境。作者将桃佛奴的悲惨遭遇、深挚感情和坚强性格与她的卓异才能相结合，使这一人物既有鲜明的个性，又具有性格的丰富性，成为有血有肉的活生生的典型形象。

（许金榜）

【戏曲家小传】

丘 园

(1617—1690) 姓一作邱，字屿雪，号坞丘山人。常熟（今属江苏）人。为人跌荡不羁，耻事干谒，隐居邑东之坞丘山，筑既耕堂以居。工绘事，取法明四家之一的沈周，造诣不凡。又精研言律，善制曲，取法元人贯云石、马致远。与尤侗、吴伟业等有深交。清顺治三年(1646)，闻张献忠破成都，吴伟业从兄成都令吴继善全家死难，因亲至西川访求逸闻，作《蜀鹃啼》一剧（今佚），尤侗、吴伟业为作序。其剧作教化意味较浓，但非常适于舞台演出。《新传奇品》评其词如“入薄后庙，绮丽满身”。所作今尚存传奇《党人碑》、《百福带》、《幻箱缘》、《四大庆》（与朱佐朝、叶时章合作）、《虎囊弹》（存六出，一说朱佐朝作）。诸作中以写北宋党争的《党人碑》最杰出。写鲁智深仗义解救金翠莲事的《虎囊弹》亦有名。其诗作见《海虞诗苑》。另有《名教表征录》、《既耕堂草》、《杜甫诗解》、《竹溪杂兴》等，均佚。

虎 囊 弹

丘 园

折子 山 门

（净上）

【仙吕点绛唇】树木槎枒，峰峦如画，堪潇洒。呣！只是没有酒喝。闷杀洒家，烦恼倒有那天来大。

削发被缁改旧装，杀人心性未全降。生平那晓经和忏，吃饭穿衣是所长。洒家鲁智深，自从拜了智真长老，剃度为僧，看看将近这么一载。俺想往常间大碗的酒大块肉，每日不离口，如今受了什么五戒，弄得个身子瘪瘦，口内淡出鸟来，如何捱得过这日子！我想就做了西天活佛，也没有什么好处。嗄！俺不免离了这可厌山门，往山下闲走一回，有何不可？呀！你看云遮峰岭，日转山溪，那五台

山好景致也。

【混江龙】只见那朱垣碧瓦，梵王宫殿绝喧哗。郁苍苍虬松罨画。(笑介)咦咦！哈哈哈！听，听吱喳喳古树栖鸦。你看那伏的伏起的起斗新青群峰相迓，那高的高凹的凹丛暗绿万木交加。遥望着石楼山雁门山横冲霄汉，那青城宫避暑宫隐约云霞。这的是莲花涌定法王家[①]，说什么袈裟披出千年话？好教俺悲今吊古，止不住忿恨嗟呀！

(丑内白)卖酒吓！(净笑介)咦咦！哈哈哈！你看那山底下有个卖酒的来了。吓，看他挑往那里去卖。(下)(丑上)

【山歌】九里山前作战子个场[②]，牧童里个拾得旧刀枪。顺风吹动乌江里个水，好似虞姬别霸子个王。

卖酒吓！卖酒吓！(净上)卖酒的，你好么？(丑)好个耶。师父好。(净)你好，你好！(笑介)哈哈哈！歇歇去。(丑)挑上山来吃力得努，歇歇再走。(净)卖酒的，你这两桶是好酒？(丑)好个耶。(净)挑往那里去卖？(丑)挑拉山上去卖个。(净)敢是卖与那些和尚们吃的？(丑)弗是哟，卖拉个星做工个人吃个。(净)就卖些与和尚们吃了何妨？(丑)动也动弗得！师父，呸弗晓得[③]，我渠领老和尚个本钱，住老和尚个房子，若卖个酒拉和尚吃子，老和尚晓得子，立刻追本钱赶出屋，还要顶香罚跪厾来！(净)嗄！老和尚这等利害？(丑)利害！利害！(净笑介)�季好笑[④]？呸厾出家人是戒酒除荤个哟。(净)哈哈哈！(丑)师父，笑傢个？(净)卖酒的。(丑)那哼？

【油壶芦】(净)俺笑着那戒酒除荤闲嗑牙，做尽了真话靶。(丑)傢个话靶？你们和尚只好吃点草根树皮，倒要吃起酒来。(净)他只道草根木叶味偏佳，全不想那济颠僧[⑤]，他的酒肉可也全不怕。弥勒佛米汁贪非诈。(丑)个个济颠僧是金身罗汉，呸啰里学得渠来[⑥]？(净)偏要学他。(丑)啰里学得来介？(净)卖酒的，卖一桶与洒家吃了罢。(丑)弗卖个。(净)卖酒的，来。(丑)那哼？(净)咱囊头有衬钱，(丑)呸有铜钱，也弗拉我心上。(净)现买你的不须赊。(丑)老和尚晓得子，要打要骂个。(净)那里管西堂首座迎头骂！(丑)酒没傢好，你为什么要吃吓？(净)卖酒的，可不道解渴胜如茶？

(丑)吓,口渴吓,山底下碧波清涧水乭,吃两口就解子渴哉。(净)卖酒的,卖一桶与洒家吃了罢。(丑)咳!弗卖!弗卖哉!有个都哈鲁苏!(净)不卖,挑了走!(丑)不走,到拉个搭住夜。(净)稀你娘的罕!(丑)见子娘个鬼。(净)吓!看他挑往那里去?(丑)卖酒吓!卖酒!(净嗽介)(丑)阿呀!个意思弗许我拉个答走?山上是百脚路嚏,我就拉个答走。卖酒吓!卖酒!(净上)(嗽介)(丑)鬼打墙哉!哙,师父!呸到底要那哼了?(净)卖酒的,你且歇下来。(丑)阿哟哟!歇拉里哉,那道理?(净)卖酒的,你真个不卖?(丑)真个不卖。(净)你敢说三声不卖?(丑)弗要说三声,三万三千由我说。弗卖!弗卖!真弗卖!(净)呔!(拿桶吃完)(丢,丑接)(净又拿)(丑)阿呀!(净)卖酒的。(丑)那哼?(净)你卖不卖?(丑)弗卖个。(净)不卖?(丑)弗卖。(净)哈哈哈!(丑)阿呀呀!(净吃介)(完,丢桶)(丑接)(丑)吃得干净!(净)好酒!好酒!(丑)师父,弗要去,酒钱来。(净)你方才说不卖,如今又要酒钱?(丑)呸既吃子酒,要酒钱个哉那。(净)有。(丑)有,拿得来。(净)明日到寺里来取。(丑)寺里和尚多得势,啰里来寻呸?今朝要个。(净)卖酒的,只算斋了僧,布施与洒家吃了罢。(丑)只有豆腐面筋斋僧,啰里有嗜酒肉斋僧个了?(净)你不知那酒肉斋僧,功德最大。阿弥陀佛!(丑)弗相干,直头要乭[7]!(净)若要酒钱,先吃俺一拳。(丑)对吓!酒吃完哉,到要豁拳哉。师父,酒钱弗要哉,呸张开咀来,把来我看看。(净)哈哈!(丑)阿唷!通阳沟个!(丑下)(净)打打打!哈哈!妙吓!洒家正在枯渴之际,这两桶酒吃得俺好不爽快!来此已是半山亭了。且住,洒家自到丛林[8],不曾耍拳,今日趁此酒兴,使他几路,把身子活动活动,有何不可?(打拳势)(内应)(摊亭响)呀!洒家才把脚尖略动了这么一动,那鸟亭就塌下半边来也!

【天下乐】只见那飘瓦飞砖也那似散花。恁差也不差,直恁哗呀,却便似黄鹤楼打破随风化。守清规浑似假,一任的醉由咱。阿呀!酒涌上来,哈哈!也罢!只索去倒禅床,瞌睡煞。(下)

(丑上)事不关心,(付上)关心者乱。师弟,山门口啰里是介一响,倒子嗜个哉?(丑)弗差个,我搭呸去望望看。阿呀!弗好哉!呸看鲁智深吃醉子,拿个半山亭才打摊哉!我答呸关子山门罢。

(付)有理个。(关门介)(鸣钟擂鼓)(净上)呀!

【哪吒令】听钟鸣鼓挝。咻!恨禅林尚遐。把青山乱踏,似飞归倦鸦。醉醺醺眼花,惹傍人笑咱。才过了碧峰尖,呀,早来到山门下。哈!怎把山门都闭上了?这些鸟和尚!只好管闭户波查。

呔!开门!开门!(丑低白)开弗得了。(净)你若不开,洒家取把火来烧,烧烧烧!(付)弗好哉!开子渠罢。(去栓介)(净)嗄!你当真不开?洒家就打!(跌介)(付)跌杀个氲贼秃!(净扒起抓棚头介)呔!我把你这两个鸟和尚!洒家倒在地下,不来扶一扶,反在那里骂谁?(付、丑)啰个骂呸介?拉里念佛。(净)念佛?嗯!念什么佛?(付、丑)南无阿弥陀佛。(净)南无阿弥陀佛?(丑、付)阿歪歪!(净)这两旁鸟大汉是谁?(丑)个是哼哈二将。(净)何为哼哈二将?(付)个哼将军专管和尚吃酒肉,若是吃子酒肉,拿起来一哼两半。(净)那呢?(丑)个哈将军是好个。哈哈哈!且由他。(净)吓!怪道他有些恼着洒家。(丑、付)恼得呸势乱。(净)和尚,将山门拴抬过来。(付、丑)吓!(下)(净)呔!我把你这鸟大汉!洒家倒在地下,扶也不来扶我,反恼着谁?反恨着谁来吓?

【鹊踏枝】觑着伊挂天衣,剪彩霞,毗罗帽,压金花。他做什么护法空门,怎与那古佛排衙?俺怪他有些妆聋做哑,俺又怪眼睁睁笑哈哈,两眼儿无情煞。

(众和尚上)打!(净挡众下)(外上)唗!智深休得无礼!(净爬地介)阿哟哟!师父!徒弟被众和尚打坏了。(外)这里五台山千百年香火,被你搅得众僧卷单而走[9],你在此住不得了。我有一师弟,现在东京大相国寺住持,你到彼讨个职事僧做罢。(净)吓!师父,你不用徒弟了?(外)不用了。(净)罢,如此,徒弟就此拜别。(外)罢了。

【寄生草】(净)漫揾英雄泪,相随处士家。且住,想俺当日打死了郑屠,若非师父相救,焉有今日?师父吓!谢恁个慈悲剃度莲台下。师父,你当真不用了?(外)当真不用了。(净)果然不用了?(外)果然不用了。(净)罢,没缘法转眼分离乍,赤条条来去无牵挂。那里去讨烟蓑雨笠卷单行?敢辞却芒鞋破钵随缘化?

(外)我有书一封,白银十两,你可收去。(净)多谢师父。(外)还有偈言四句,听者:逢夏而擒,遇腊而执。听潮而圆,见性而寂。牢牢记着。(净)弟子谨记偈言。(外)你去罢。(外下)(净)师父!师父!师父竟进去了,不免下山去也。

【尾】俺只待回避了老僧伽,收拾起浮生话。俺老和尚是好人,又与我十两银子。好向那杏花村里觅些酒水沾牙,免被那腌臜秃子多惊讶。一任俺尽醉在山家,如今我不是五台山的和尚了,早难道杖头沽酒也不容咱?(下)

〔注〕 ① 法王:佛教对释迦牟尼佛的尊称。后亦可指高僧。 ② 九里山:在江苏徐州市铜山区北,是秦末刘邦与项羽两军对阵的战场。 ③ 呃:俗字,苏州方言,你。 ④ 偖:同啥。 ⑤ 济颠:即民间传说中的济公。 ⑥ 啰里:哪里。 ⑦ 直头:苏州方言,真个。 ⑧ 丛林:寺庙。 ⑨ 卷单:僧人收拾自己的行李离开寺庙。

《虎囊弹》是丘园所撰传奇之一,全本已失传。据《曲海总目提要》介绍,此剧取材于小说《水浒传》中鲁智深救金翠莲故事,剧情比小说有所增饰。全剧写鲁智深救金翠莲后逃走,翠莲之夫赵员外被诬告窝藏鲁智深而被捕入狱。翠莲到经略种师道衙门投诉,谁知经略府有陋规,告状者必须先受一百虎囊弹,能不惧者才准状。金翠莲甘愿受弹,其夫终得获释。此剧今仅存《山门》一出,收于《缀白裘》三集中。另外,清代宫廷大戏《忠义璇图》第二十出即采用《虎囊弹》里的《山门》,文字与《缀白裘》本稍异。这出戏是全剧中的代表性情节,流行较广,除昆剧之外,京剧、汉剧、河北梆子、桂剧、秦腔、潮剧等都曾改编演出。

《山门》一出写鲁达打死"镇关西"郑屠之后,逃到代州,入五台山削发为僧,法名智深。他秉性豪爽不羁,厌恶寺院里清静平淡的生活,某日下山闲游,遇卖酒人,夺酒豪饮,醉后回寺,打坏山门,大闹五台山。其师智真长老觉得此寺难再留他,就介绍他前往东京大相国寺安身。这出戏把率性自然、不受羁绊而又豪迈刚强的鲁智深的形象刻画得栩栩如生,曲词豪壮而有气势,鲜明地表现了鲁智深的性格特征。尤其是【寄生草】一曲,特别脍炙人口。《红楼梦》第二十二回写薛宝钗过生日,贾母让她点戏,宝钗就点了《山门》一出,并且向宝玉推荐【寄生草】这支曲子,宝玉听后,喜得拍膝叫绝。可见《山门》一出甚为精妙,非同寻常。

此出一开始,鲁智深上场,唱仙吕【点绛唇】一支曲子,表现他初出寺院闲游时的心情。他见到山色树木风景如画,感到兴奋,同时又因好长时间没有酒喝而焦躁烦闷。"烦恼倒有那天来大",这句曲词极力形容鲁智深的烦恼之大。他本来是江湖中人,豪爽好饮,却因躲避官府追捕而委屈地栖身于寺院,这种清静无

聊的日子真叫他难以忍受。接下来的一段自白，更把他因窝憋而心烦的情绪毫无顾忌地倾吐出来。他特别感到难忍的是没有酒喝，“口内淡出鸟来”这句话正是鲁智深的非常性格化的语言。

对鲁智深来说，能够有一次出寺闲游的机会是十分难得的。这天他走出寺院，自然感到心情特别舒畅。他置身寺外，回头望一望寺院的规模景象，不由得引发他欣赏的兴趣。【混江龙】一曲，就是鲁智深对所见寺院景象的描绘。他看到寺中红墙碧瓦，苍松翠柏，树木高低参差，殿宇远近错落，寺院的建筑又和远处的山色、天上的云霞互相映衬，更显得非常壮观。同时，他联想到自己的处境，寺院虽好，自己却像囚犯一样栖身其中，忍受着无边的烦恼，因而感叹人生的遭际常有不得意处，又不由得心中增添悲恨。

这时，来了一个卖酒的。对思酒如渴的鲁智深来说，正好挠着他的痒处！卖酒的乡村小厮唱的一支【山歌】，烘托出山野间的生活气息。鲁智深提出要买酒吃，小厮见他是个和尚，竟然要破戒吃酒，就不肯卖给他，并且唱一曲【油壶芦】讥笑他。鲁智深坚持要买一桶吃，小厮却固执地坚决不卖，挑了酒就走。这下子惹急了鲁智深，他不但不再客客气气地出钱买酒，而且表现出强硬态度，一定要吃小厮挑的这担酒，若不让吃就要打。小厮畏惧鲁智深的拳头，只得眼睁睁地看着鲁智深把一担酒吃光。鲁智深和卖酒小厮的调笑斗口与插科打诨，诙谐而生动。小厮凡目不识英雄而且油嘴滑舌的俗气，鲁智深在凡夫俗子的轻蔑面前的无奈，两种人物的两种不同性格都活灵活现。买酒、吃酒的过程在这出戏中是一段重要的铺垫，过程的结果是鲁智深吃醉了，这才引出下面“醉打山门”的重要情节。

鲁智深吃完了一担酒，多日不得饮酒的饥渴得到满足，感到十分爽快。他来到半山亭，乘着酒兴练起了拳脚。练得正起劲时，脚尖踢在亭柱上，竟然把那亭子踢倒了。在鲁智深眼中，看到的是“那鸟亭就塌下半边来也”。这样的描写，既表现了鲁智深的神力，又表现了他的豪爽与风趣。【天下乐】一曲，是鲁智深醉眼迷离中望着那亭子倒塌的情形所产生的感受。这时他的思维状态是一种醉态思维，因此他看到那飘瓦飞砖就像散花似的，不由得哈哈大笑。打拳踢倒亭子的情节，对于下面的“醉打山门”，又是一步重要的铺垫，这时鲁智深的醉迷状态和非凡武力得到初步的展现，预示着后来进山门时必定会有更加精彩的好戏。

接着，鲁智深要回寺去了。这时，寺中有和尚出来观察鲁智深的动静，当发现鲁智深吃得大醉而归并打倒了山亭时，就先跑回寺中关上山门不让鲁智深回寺。这里制造出一个悬念，鲁智深究竟如何回寺就成了观者非常关心的问题。【哪吒令】一曲，是鲁智深归途中所唱，他听到山寺钟鸣，看见乌鸦归巢，醉步踉跄

地走在乱石纵横的山路上，此时他仍然保持着醉中的清醒。当他看见山门关闭时，他还不知道是寺中和尚故意所为，在他上前叫门而寺中和尚却不肯开门时，他被激怒了，以要放火烧寺提出警告。里面的和尚不得已只好打开寺门，鲁智深火气难消，抓住他们就要打，却因酒醉立不住脚。这时，他看见山门旁边两个泥塑的哼哈二将，误以为是真人，就问“这两旁鸟大汉是谁”，并责怪他们不来扶自己一把。这个细节非常风趣，喜剧意味浓厚。接着鲁智深唱【鹊踏枝】一曲，把哼哈二将数落一番。这段曲词，似醉言，亦似醒言，他嘲笑泥塑虽然全身披挂、威风凛凛，却装聋作哑、两眼无情，分明是语带双关，讥刺世间俗人的冷漠。这时，寺中一下子涌出许多和尚，来阻挡鲁智深，鲁智深正有气没处出，便借此机会施展拳脚，与众和尚大打一场。剧本中虽然只有“净挡众下”四个字的舞台提示，但实际上这是一场精彩好看的武打戏。鲁智深虽然只有一人，而且又在醉中，但却像下山的猛虎，出海的蛟龙，那一大群和尚哪怕有几十人，也抵挡不住鲁智深一人的神力。

这场武打戏正演得热闹的时候，鲁智深的师父智真长老来到跟前，他喝道：“智深休得无礼！”这句台词看似平常，却有深意值得玩味。深意之一是，智真长老不喝斥众和尚而单喝斥智深，可见这时一定是智深正打得顺手，一定是众和尚被打得连滚带爬、狼狈不堪；假如是众和尚得手而智深吃了大亏，智真长老就不会喝斥智深无礼了。深意之二是，鲁智深是智真长老特意收留、格外关照的弟子，平时众和尚对他已有嫉妒和畏惧之意，甚至对智真长老偏向智深已有某种程度的怨气，而智真长老心中又明白这一点。因此，这时智真长老当着众和尚的面喝斥智深，就是可以理解的了。而鲁智深呢，他却爬在地上叫疼，说自己被众和尚打坏了，显然，这是鲁智深假装的。鲁智深虽然还在醉中，却有十分清醒的机智，他要装出吃亏的样子，以显示出众和尚的无礼，给智真长老一个处理问题的台阶。智真长老当然能够看出鲁智深要的这点小聪明，尽管他并不深怪智深，但他看到智深既然已与众和尚打到这种地步，恐怕日后也难以相处了。因此，智真长老当即决定让智深离开寺院，介绍他到东京大相国寺他的一个师弟那里去安身。

鲁智深只好向师父拜别。他唱出【寄生草】一曲，表达他此刻对待师父，以及对待自己命运的十分复杂的心情。对师父，他心存感激，他想到自己是在危难时被师父收留的，这份恩情他铭记不忘，因此对如今的突然分别不免感到十分遗憾。当他知道师父不再留他的心意已定、无可挽回，他又表现出随遇而安、来去自在的旷达胸怀。“赤条条来去无牵挂”一句十分精警深刻，既含有佛法的真谛，

又含有哲理的精髓。鲁智深对于离开师父虽有遗憾,但他对于自己的行为却没有遗憾,他对于在五台山的剃度出家所感觉到的是有缘而来,无缘而去,对于佛门的戒规本来就不是虔诚的信徒,如今离去也只是顺其自然而已。《红楼梦》中贾宝玉非常喜欢这支曲子,当是由于贾宝玉和鲁智深二人在叛逆性格基础上的心灵契合。鲁智深不守佛门戒规,率性而为,贾宝玉不遵封建礼教,我行我素,两人行为的本质都是对礼法和权威的挑战,都是自我个性的真实表露。【寄生草】这支曲子,不仅能够受到贾宝玉的赞赏,古今其他读者或观众都能从这支曲子中各有所悟。

智真长老取出书信和银两交给智深,又告诉他四句偈语,和他作最后的诀别,这说明智真长老对于遣送智深不仅主意已定而且是有周密的安排的。鲁智深在辞别师父、独自一人下山时,唱出【尾】曲,表达的是另一番心境。此时,鲁智深自由了!没有了师父的管教和寺规的约束,鲁智深首先想到的是饮酒,他要找一处酒店大吃大喝一番,把多日受戒所欠缺的酒债一齐补上,要饮个酩酊大醉方才过瘾。曲词自抒胸臆,尽露本相,他回归了自我,恢复了天性,江湖好汉鲁智深的本来面目鲜活地展现出来。这是鲁智深下场时的亮相,也是本出精彩的结尾,给读者、观者留下了深刻的印象。

（王永宽）

党　人　碑　　丘　园

第七出

(副)隔壁三家醉,开坛十里香[1]。幸逢明圣主,沉醉有何妨。自家长安城外酒肆店小二便是。好笑今早绝早开了店,就撞一个秀才官人进来吃酒,独自一个对壁噇介[2],半大的壶,竟吃了十来壶哉,还在里面乱嚷:"拿酒来!拿酒来!"勿知里身边有什么东西没有[3]?竟像要吃杀里个娘老子哉。(生作醉上)酒保。(副)咦,醺朵哉[4]。(生)我吃了,我去了。(副)相公算帐。十壶酒,一只猪耳朵,一碟盐豆。(生搡手)偖个勿曾吃[5],不要算。我有一个玉玦在此,留在此处,明日吃了,一总算罢。(副)相公,就见赐些现的罢。(生)咦,蠢才,这是:神仙留玉佩。(副)不差,卿相解金貂。相公明日早些来吃。(丑下)(生)醉眼朦胧天地小,脚跟颠倒路途遥。他年若守酒泉郡,不挂诗瓢挂酒瓢。我谢琼仙自与傅人龙为八拜之交,真是意气相投,可为天涯知己,在此不觉寂寞。今早他不知那里去了,小生独自旅邸无聊,偶尔闲步酒肆中,沽饮一壶,不觉吃

得大醉。且到寓所去,看哥哥可曾回来也未?

【端正好】艳阳天,平夷道,眼迷暖信步游遨。则索向醉乡中觅几个同调,怪眼底乾坤小。

咳!我好笑那蔡京这厮,贿赂公行,白丁横带,使俺们擎天有志,无路请缨,好不可恨!不如我谢琼仙今日借此村醪,用浇傀儡[6],好不洒乐也。

【滚绣球】走荒郊脚斜,笑春风意气饶。凭着俺那千杯美酒,尽消得万种愁苗。休提起际风云龙虎遭,且缔那伴烟霞渔牧交。得意处披襟长啸,放怀时趁口长嚎。俺自有山高水远共题桥,俺自有鸟语花香破寂寥,图什么青紫金貂[7]。

你看这一带溪山烟色,好难描画也。

【叨叨令】你看那一溪红浸霞光耀,三山黛锁云容罩。求鱼野叟在江边钓,鸣春好鸟在枝头噪。兀的不畅杀人也么哥,兀的不乐杀人也么哥,添俺个疯痴生醉醺醺独自个舞狂叫。

闲步之间,早已是端礼门了。呀,老兄请了。(跌介)(起介)唗!可恶!我相公好意与你作个揖,你不回我一揖也罢,反把我推上一跤,放肆!可恶之极!

【倘秀才】恁道是气昂昂惊人仪表,直恁的将人欺藐,禁不住老拳头狠这遭。(打碑看介)咦,阿呀,是什么东西,这等硬得紧?呀,啐!我道是个人,原来是一座石碑,为何打他起来?嗄!我醉了。且住!这里我常此出入,不曾见有什么碑在此,却缘何今日有一碑在路傍?待我看什么碑记。元祐党人碑,奸党司马光、吕公著,阿呀,有这等事!放屁,放屁!可笑,可笑!司马相公,就是三岁孩童,那个不晓得是正人君子,反说他是奸党!可恼,可恨!是那个把公评一担儿多抹倒,这一座党人碑分明是坑儒窖,可不是坏国根苗。

且看后面还有许多名字,不知是何等样人,待我再看。苏轼、文彦博、程颐,呀呸!一发放屁!把一个程夫子也认做奸人,这样败伦伤化的事,也竖在这里,待我摸去了石碑上的字。石碑,石碑,你须受我谢相公打几下者。

【脱布衫】怪着你竖立都门道,只为着排陷人豪[8],须把党人碑名蠲除早。妙,妙!好快活!这许多姓名多被俺打磨去了。这石

碑如今没用了，请你走开去罢。（作醉介）我谢相公吩咐你，你就该走开了才是，怎么还公然站在这里做甚么？（外、副上）哥，我们奉蔡府的钧旨，看守党人碑。如有人在碑前谈论者，即许擒拿解究。（看生作附碑介）（生）呸！又不是曹娥堕泪⑨，何须怪石云高。（作推碑大笑介）

好了！真畅快人也。（副、外）不好了！一座碑被这醉汉推倒了，又兼多已打碎，这个怎么处？（副）你这不知死活的狗头！这一座党人碑，是蔡府新建的，你将来打坏，又敢推倒，你有多大的胆，在此撒泼，拿了去见太师爷去。（生）哇！你们这些小人，谁敢上前？我是谢相公，可要认认我的手段？（打介）（跌介）（副）好大胆的狗弟子，还要在此行凶。（作起介）快走，快走！（生）你们让我回去？好，这才有光。

【煞尾】好笑俺玉山自倒⑩，（外）吃了酒，在外生事。不饮从他酒价高。怪不得骑鲸跨鹤，枕曲籍糟⑪。（外、副）你莫思着误入桃源，管教你九泉须早。

〔注〕 ① 坛：原抄本作潭。 ② 噇：原抄本作撞。 ③ 里：今常作俚，苏州方言，他。 ④ 醺朵哉：醉了。醺，原抄本作燻。下同。 ⑤ 倽：同啥。 ⑥ 傀儡：同块垒，郁积在心中的愁愤。 ⑦ 图：原抄本作因。青紫金貂：指高官厚禄。青紫为古时公卿绶带之色。金貂为古时皇帝左右侍臣的冠饰。 ⑧ 为：原抄本缺。 ⑨ 曹娥堕泪：曹娥碑与堕泪碑，都是古代的名碑。曹娥碑为东汉孝女曹娥的墓碑，碑文人称“绝妙好辞”。堕泪碑为晋羊祜的墓碑，因死后民感其德，过其墓则堕泪，故名。 ⑩ 玉山自倒：指醉倒。《世说新语·容止》形容嵇康“其醉也，傀俄若玉山之将崩”。唐李白《襄阳歌》诗：“清风朗月不用一钱买，玉山自倒非人推。” ⑪ 枕：原抄本作椀。

《党人碑》是丘园的代表作。今存清代抄本，首尾有些缺损，已收入《古本戏曲丛刊三集》，1988 年中华书局出版了张树英的校点本。此剧取材于北宋末年史实，剧情则多为虚构。写蔡京把持朝政，把前朝元祐党人司马光、苏轼、程颐、文彦博等一百二十人的名字刻在石碑上，立于端礼门，名为“党人碑”。户部尚书刘逵痛恨蔡京专权，传揭帖于六部九卿，连章弹劾蔡京，蔡京矫旨逮捕刘逵治罪，并迫害其家属子女。东阳书生谢廷玉已聘定刘逵之女丽娟为妻，某日他在酒店豪饮解闷，乘醉至端礼门打倒党人碑以泄愤。蔡京得知打碑者为刘逵之婿，下令捕谢严审，谢廷玉得好友傅桂枝救出逃走。后来徽宗皇帝得知蔡京奸恶，将他罢官惩处，刘逵得谢廷玉、傅桂枝等辅助剿灭田虎，立功受封，廷玉与丽娟完婚。这

是明清之际描写忠奸斗争题材的传奇作品之一，情节有些模式化，但此剧结构紧凑，线索分明，人物众多却很有个性，特别是刘逵刚直不阿，傅桂枝豪爽侠义，谢廷玉虽多书生意气却也忠正果敢，都是比较成功的人物形象。

第七出是写谢廷玉怒打党人碑的一场戏，是全剧中的重要情节之一。今见《缀白裘》中收录《党人碑》的部分出次，第七出标目为《打碑》，而今存抄本中各出均无标目。谢廷玉到京师长安（北宋京城在汴京，戏曲作者随意假借而已）应试而落第，失意无聊之时独游凌烟寺，遇侠士傅桂枝，二人意气相投，结为兄弟。这天，傅桂枝因事外出，谢廷玉独自一人来到城外一家酒肆中饮酒。此出一开始，作者从店家眼中描写谢廷玉饮酒至醉的情景。谢廷玉一连饮了十来壶酒，还在乱嚷“拿酒来！拿酒来”；酒家催他算账，他竟然没有带钱，却把身上所佩玉玦留下为质。这样的举动，把谢廷玉的书生态相鲜明地展示在观众面前。

谢廷玉乘醉离开酒肆，打算回寓所看看傅桂枝回来没有，走在郊外的路上，他唱出【端正好】一曲，自述他此时此地的心情。他自负满腹才学，取功名如拾芥，谁知竟然名落孙山，这使他对现实与朝政大为不满，无奈何只好向醉乡中寻求心理平衡。如今他乘着酒意，不由得又提起“蔡京这厮”，骂一番，恨一番，方觉得心里畅快一些。接着，谢廷玉唱【滚绣球】一曲，倾吐书生胸中块垒。郊外春色宜人，令他心旷神怡，片刻的酒醉暂时消解了愁烦，把功名事业权且抛开，回归到烟霞渔牧的自然境界。此时，他可以忘怀地长啸，纵情地呼喊，自由地欣赏眼前的水光山色，随意地享受身边的鸟语花香。这样的感受，进一步缓解了他原来怨恨愁烦的情绪。在兴致昂扬之时，谢廷玉惊奇地发现，这一带的山水风光竟然是这样美好。【叨叨令】一曲就是对这里的风光景致的具体描绘：溪水在彩霞映照下闪耀着红光，周围黛青色的山峦云雾缭绕，江边有垂钓的野叟，枝头有鸣春的飞鸟，这样的风光真叫人舒畅快乐。面对如此美景，谢廷玉又不由得手舞足蹈、大呼大叫了。世间万物大抵是不得其平则鸣，人在不得其平而心中有所郁结之时也需要鸣，只不过鸣的方式有所不同。谢廷玉是借狂舞长啸来发泄不平。

闲步之间，谢廷玉来到端礼门，撞着了那块“党人碑”，醉眼矇眬之中把石碑当成了人。他因撞碑而跌倒，却说是被那人推倒的。他在气恼之下，唱【倘秀才】一曲，表达他面对石碑时的醉态感觉。他先是认为这“人”无端推他太可恶，就要挥拳将这“人”痛打；继而发现这原来不是人，而是块石碑；再仔细一看，这是刻着元祐党人姓名的党人碑，于是不由得恼上心来。他原有坚定信念认为司马光、文彦博等人是正人君子，是朝廷忠臣，而碑上却称他们是奸党，真

是颠倒黑白，混淆是非，既诬陷好人，又坑害国家，这叫他如何不恼！这里分三个层次表现谢廷玉在这特定时刻的心理活动和情绪变化过程，真实合理而又风趣生动。

谢廷玉有所思便有所行，他气愤地打磨碑上的人名，又把石碑当作出气的对象予以猛击。他唱的【脱布衫】一曲，痛责这块石碑，也是在痛责擅权乱政的蔡京。此时他还没有从醉态中清醒过来，就喝令石碑走开，见石碑仍然屹立不动，就用力把石碑推倒。这番举动，使他体验到了情绪发泄的快感，于是放声大笑，直喊畅快。人物情绪变化的紧凑节奏感和强烈的动作性，把“打碑”一出的戏剧情节推向高潮。但是，痛快的同时潜伏着危机，剧情的发展也必然要发生跌宕。就在谢廷玉尽情发泄之时，蔡京所派看守石碑的卫士看到了他的所作所为，要拿他送交“太师爷”治罪。谢廷玉乘着醉意，根本不把这两个走狗放在眼里，抓住他们就是一阵痛打，打得他们跌倒在地。打这两个守碑卫士是打碑的继续，谢廷玉所发泄的都是对蔡京的愤恨，他在醉中体验到的只有发泄的痛快，却没有对可能发生的危机的恐惧。他不但向这两个走狗直言真实姓名，而且在两个卫士捉住他要回去向蔡京请功时，他还以为卫士是送自己回家而感到光彩和得意。

在酒肆饮酒和在端礼门打碑这两段情节是有非常密切的内在联系的。饮酒是打碑的重要前奏，饮酒之后的醉态营造了打碑的戏剧气氛，也酝酿了打碑的胆气和勇力。饮酒时以玉玦为抵的行为所表现的是生活中书生的疏狂情态，而打碑的壮举所表现的是书生在朝廷大政问题上的是非立场和道义原则。而后者是作者所立意表现的人物思想与性格的本质。从酒肆饮酒到端礼门打碑，谢廷玉这个剧中主要人物的形象得到升华，通过打碑的生动表现，确立了谢廷玉爱憎分明、敢作敢为的品格，因此，对于主要人物的形象塑造来说，第七出也是关键性的一场戏。

【煞尾】一曲，是谢廷玉和那两个卫士的轮唱。谢廷玉此时还没有从醉中醒过来，他对自己脚步踉跄、东倒西歪的醉态感到好笑，对方才打碑的行为却满不在乎。那两个守碑卫士想的却是向主子报信，让主子惩治谢廷玉。一个说谢廷玉喝了酒在此生事，尽管是自负风流多才的文士也难逃罪责；同时他们又抱着幸灾乐祸的态度嘲笑谢廷玉还在做着“误入桃源”的美梦，但却离“九泉地府”不远了。卫士的唱词提出一个令人牵心的悬念，谢廷玉有没有生命危险？他又如何逃脱危险？这使观者急切地想要了解下文。因此，此出的结尾扣人心弦，对剧情的发展起着承上启下的作用。

（王永宽）

党 人 碑 丘 园

第十八出

(生上)凛凛秋霜列铜台,煌煌帝旨下金阶。杨柳枝头飘怨血,鹧鸪声里带声哀。自家刽子手便是。昨晚奉枢密院钧旨,将犯官刘逵今日五鼓绑出市曹斩首。为此来到法场,一来禁止闲人,二来恐监斩老爷下来,只得在此伺候。哥,犯官可曾绑下?(净)绑下了。(生)带出来。(净押外上)刘逵,刘逵,今日完你为臣子之事了。

【粉蝶儿】吐雾吞云,俺今日吐雾吞云,舒不了满乾坤搜捣垂恨①。圣上嗄,再不能待漏彤宸,只除是冤魄书残鬼奏,兀自泣长门隐隐②。他只为不辨个贤臣君子,可不笑杀那宋家张本。(下)

【泣颜回】(丑、旦上)懿旨降慈仁,为悯颜长庚倾殒。自家司礼监内侍是也。奉太后娘娘懿旨,令咱家到法场留取犯官刘逵,到五军都督府候旨定夺。(净、生、外上)圣旨昨已到下,少顷童老爷亲自监斩,你们自内侍下僚,敢来传旨么?(旦、丑)哇,好胡说!皇太后呵,怨燕霜飘血,金闺玉旨陈情。(生、净)且住。待圣旨到来,放去便了。(旦、丑)好胡说!(抢下)(生、净)怎么一个斩犯,竟是夺去了?(老旦、小旦引副上)回凶供鲸,待诛谗方把朝纲振③。戮尽了雉兔狐猿,从今后虎豹横遁。

(净、生)启老爷,一个犯官被内侍夺去了。(副)夺到那里去?(生、净)五军都督府去了。(副)一个犯官被内侍抢去了?反了,反了!(生、净)说奉太后懿旨,还要候旨定夺。(副)圣旨昨已到下,太后焉能违旨?该死的!既没有圣旨,怎被阉狗夺去?蔡府知道,连我也都不好了。快快夺回斩首!(净、生)嗄!(下)(副)有这等事!铁案如山立,龙章岂悔移。(下)(丑、旦、外上)(旦)刘先生,这里是五军都督府了,请候片时,等皇爷的圣旨。

【北石榴花】(外)俺只见漫漫长吁气氤氲,不能够嚼血喷顽嚣。我这餐刀饮剑一个残魂,望什么杨枝一点,再沾天恩。(丑、旦)太后娘娘知道你是忠臣义士了。(外)说甚么义和忠,落得丘陵损,

泪残襟雨似杜鹃枝印。(旦、丑)午未一时,就有赦书到了。(外)捱甚么日时辰,捱甚么日时辰,多一刻多悲恨,那里是枯木又逢春?

【泣颜回】(生、净上)鲸鲵驾海管取又邅迍,岂惧风云作阵。你这些孩子们,快快把犯官放回枢密府处斩!这是煌煌天旨,无端横肆强秦。(丑、旦)放屁!太后有旨,谁敢不从?你家官儿这等大的么!(生、净)打这阉狗!(夺外下)(末上)殷殷志恳诚,凝眸望断重瞳信。定须教恩向日边,必竟雨露重新。

(丑、旦)启上公公,今早夺得刘逵,又被童府夺去了。(末)童贼,童贼,不畏太后懿旨么?敢来夺取犯官!难道司礼威权,反不如你那贼子么?孩子们,随我去抢夺刘爷。(丑、旦)晓得。(末)人无害虎心,虎无伤人意。(下)(生、净、外上)老爷有请。(副上)可曾夺回么?(生)夺回了。(副)有赏。刘逵,刘逵,你犯下大罪,又通同内侍,搅混法场,敢是你要谋为不轨么?(外)你休得多言!

【黄龙滚犯】我是个箕比殷民[4],我是个箕比殷民,不畏着敲牙绝吻。你是操莽雄狐[5],不省着法伦国本。少不得烛焰冰消势当尽,岂百年兽迹在衣襟?留取俺舌剑唇枪,留取俺舌剑唇枪,道刘逵为国身殒。

(末上)孩子们,提过犯官来。(生、旦)有。(副)段老先,刘逵坏法乱臣,罪在不赦。下官钦奉圣旨,法曹处斩,你来抢劫,无法无君是何道?(末)咱奉太后娘娘懿旨,暂停半日,如午未二时赦书不至,悉听处斩。

【扑灯蛾犯】明湛湛青宫懿旨垂,炫赫赫子母较前因。(副)自古道:天无二日,国无二王。犯法当行,何由内官作主?(末)住了!你道我内官做不得主,难道把皇上孝道多废了?圣上呵,端端侍亲闱,律堂堂法章尧舜。倭倭的狐尾乱金门,休狠。殿中持法须绶绶,金风透露有丝纶。

(副)似欺我不是皋陶之辈[6],不能执法?我今偏要依律奉旨,拿过来。(净、生)晓得。(末)童贯,你敢就斩么?过来,太后何人之母,敢不遵旨么?(副)段老先,你与刘逵虽然是个好友,也要看朝廷体

面。一个斩犯,擅自劫夺。

【上小楼犯】欺明主乱烘烘背旨来,口查查言不顺。你与刘逵呵,两下里如臭芝兰,两下里如臭芝兰,犹如管鲍⑦,犹如龆龀⑧。却不道律有萧曹⑨,却不道律有萧曹,律有亲谊律无私,这其间在休积浑。

吩咐开刀。(小生)圣旨下!圣上有旨:犯官刘逵疏辩党人碑,未必有负朝廷。姑且停刑下狱,明日会同科部,实拟党人碑上一百二十人,果系贤党、奸党?着该部实奏,不得有违。谢恩!(下)(外、末、副)万岁,万万岁!(末)孩子们,把刽子手着实打!(生、净下)(末)犯官在此,你带了去。(副)下官不敢。(末)你道内官做不得主,这一道圣旨从那里来的?(副)下官是奉蔡府钧旨。

【尾】(末)你谄谀媚灶为章本,全不顾男儿须鬓,(合)那邪正岐途势有分。

(外、末下)(副)啐!还有蔡府做主,管他怎么?各人自扫门前雪,莫管他家瓦上霜。

〔注〕 ① 乾:原抄本作朝。 ② 长门:汉宫名。此借指宋宫廷。 ③ 谗:原抄本作纔(才)。 ④ 箕比殷民:商朝的臣子箕子与比干,都是著名的忠臣。殷,商代的别称。 ⑤ 操莽雄狐:操莽,曹操与王莽,王莽令西汉失国,曹操使东汉趋亡,故剧中将之视为祸国巨奸。雄狐,此指奸邪之臣。语出《诗经·齐风·南山》:"南山崔崔,雄狐绥绥。"朱熹集传谓"狐,邪媚之兽",以比"居高位而邪行者"。 ⑥ 皋陶(yáo):虞舜时的司法官。《尚书·舜典》:"帝曰:'皋陶,蛮夷猾夏,寇贼奸宄,汝作士。'" ⑦ 管鲍:春秋时齐国的管仲与鲍叔牙,两人是知心朋友。 ⑧ 龆龀(tiáo chèn):垂髫换齿之年,即童年。此指儿时即为密友。 ⑨ 萧曹:西汉开国功臣萧何、曹参。萧何先任丞相,制定律令,死后曹参继任,一依萧何成法,人称萧规曹随。

谢廷玉打碑后被捕,蔡京传令把他发往枢密院交与童贯严刑拷问,随即又派差官去枢密府传令杀谢并取来首级回话。傅桂枝得信,用计骗得差官令牌,到枢密府中救出谢生一同逃走。蔡京得知谢廷玉逃走,又得知他是刘逵的女婿,就传令杀害刘逵。第十八出就是写刘逵被押赴法场斩首而被司礼监内官段笏营救的一场戏。

此出一开始,两个刽子手奉枢密院钧旨,将犯官刘逵从监中提出来,在当天五鼓时分绑于市曹斩首。法场气氛严肃,禁止闲人行走,专等监斩官童贯到来。刽子手唱【粉蝶儿】一曲,以调侃的语气告知刘逵,今天就是他的毕命之日了。在刽子手看来,刘逵自谓忠心耿耿,如今却落了个被冤杀的下场,真正有

些可笑。此时的场面惊心动魄，刘逵处于生死关头，剧情的发展也到了紧要关头。

这时，司礼监的两名内侍奉皇太后旨意，来到法场营救刘逵。原来刘逵被逮捕之前，已让女儿丽娟随乳母一同逃生，丽娟得算卦人刘铁嘴的妻女收留同住。蔡京下令搜捕刘逵女儿，校尉误将刘铁嘴的女儿琴儿当作丽娟捕去。司礼监内官段笏与刘逵交情深厚，他欲救护刘逵之女，向皇太后进言让刘逵女儿(实为琴儿)到宫中浣衣局供职。皇太后召见琴儿得知刘逵冤情，决心救他，于是段笏便依据皇太后密旨派内侍到法场要把刘逵带走，送到五军都督府候旨定夺。【泣颜回】一曲，前半段是内侍所唱，他们自恃是皇太后差遣，开门见山讲明来意。但是，法场上的枢密院校尉自认为是奉圣旨行事，对内侍的要求根本不买账。内侍们有恃无恐，亮出皇太后的招牌，然而校尉们仍然坚持必须有圣旨才能放人。内侍们见善说不行，只好恶夺，就动手强行抢刘逵而去，法场校尉竟然无可奈何。此时枢密院童贯来到法场，他是蔡京的同党，具体执行对刘逵的斩首。【泣颜回】一曲的后两句是童贯所唱，他认为杀了刘逵这样的乱臣才能重振朝纲，所表现的附和蔡京、与刘逵为敌的政治态度非常鲜明。童贯听了校尉报告，得知刘逵已被内侍夺去的情况，觉得事情重大，无法向蔡京交差，就又命令校尉前往五军都督府再把犯官夺回来。这样，矛盾冲突一下子推到非常尖锐的地步，观剧至此，不能不为刘逵的生死捏着一把汗。

刘逵被两个内侍带到五军都督府候旨。他自己还不知道其中的内情，所唱【北石榴花】一曲表达的仍然是临刑前为国尽忠、视死如归的心态。刘逵是忠烈之士，他在开始决心同蔡京进行斗争时，已把生死置之度外了。因此，他没有对死亡的畏惧，只恨在死之前不能像前代烈士嚼血喷敌那样表现一番；眼下马上就要被斩首，他对获得皇恩特赦不抱任何希望。当内侍告诉他，皇太后已经知道了他是忠臣义士并有可能将他赦免时，刘逵仍然不敢相信，他只是觉得多捱些时辰只是多增添几分悲恨而已，不可能有枯木逢春的奇迹出现。这段唱词和几句对白，生动地表现了刘逵刚烈不屈并带有几分愚忠的性格特征；同时，也说明刘逵对奸恶势力的凶残狠毒有清醒的认识，对自己可能遭遇的悲惨结果有充分的思想准备。

果然，童贯所派校尉又赶来了，他们要把刘逵再夺回去，遵照既定命令将他在法场斩首。这里的一曲【泣颜回】也分前后两段。前几句是校尉们所唱，他们既仗童贯之势，又仗圣旨之威，因此态度非常凶横。在内侍们和他们争执时，这些如狼似虎的校尉就倚仗武功动手开打。内侍们哪里是校尉们的对手，

于是刘逵又被校尉们夺去了。这时,段笏来到这里,【泣颜回】一曲的后几句是段笏所唱,他自信皇太后的威力能使圣旨改变,并能使刘逵这样的忠臣得救。

值得注意的是,本出中前后两支【泣颜回】曲的结构安排大致相同。第一支【泣颜回】曲前半是段笏掌管的司礼监的内侍所唱,后半是段笏的对立面童贯所唱;第二支【泣颜回】曲前半是童贯掌管的枢密院的校尉所唱,后半是童贯的对立面段笏所唱。这样的安排,反映了朝廷中两派势力斗争的针锋相对和势均力敌,也表现了斗争的尖锐和激烈。

这种激烈的冲突在继续着。段笏听了内侍的报告,得知刘逵又被童贯亲自带人抢去,于是他也亲自带领内侍们再往枢密院抢夺刘逵。童贯夺回刘逵,非常得意,对刘逵进行斥责,说他勾通内官谋为不轨。刘逵唱【黄龙滚犯】一曲,对童贯进行坚决的回击。曲词中,刘逵以殷商时著名忠臣箕子和比干自比,表示决不屈服于奸佞的淫威;同时,他把童贯、蔡京一伙比作曹操和王莽,揭露他们把持朝政、祸乱国家的罪恶;并且警告童贯总有一天会如冰山崩倒,难逃覆灭的下场;而他自己则决心以唇剑舌枪同奸臣斗争到底,以死报国。此出中反复渲染刘逵的忠烈品格和斗争精神,一方面是突出树立刘逵的形象,一方面也是标示出段笏和童贯之间斗争的性质,产生以情感人和以理服人相结合的双重戏剧效果。

接着,段笏带领内侍来到枢密府,同童贯展开面对面的斗争。段笏让内侍把刘逵带过来,童贯以奉圣旨监斩的理由指责段笏无理,段笏则以奉皇太后懿旨让暂停半日,等候新的圣旨下达。【扑灯蛾犯】一曲是段笏所唱,他向童贯讲明,皇帝尽管是一国之君,圣旨虽然是最高命令,但是皇帝对母亲是要尽孝道的,是要听从母亲的旨意的。童贯以圣旨压人,段笏则以超过圣旨的旨意予以回击,而且他对皇太后懿旨的威力充满信心。但是,童贯还不甘心服输,他出于蔡京一党的政治需要仍然进行强辩,段笏则针锋相对,毫不让步。此曲之后的一段对白即是童、段二人的又一轮舌战,斗争极其尖锐。此时,童贯又举出一条新的理由,他指责段笏抢夺刘逵是出于个人私交,不顾朝廷法纪。他唱【上小楼犯】一曲,对段笏提出警告,说段笏和刘逵只不过是臭味相投的朋友,而他却是像萧何、曹参那样在为朝廷执法。童贯把他伙同蔡京残害忠良的行为说得冠冕堂皇,依仗他所掌握的现有权力,强行下令对刘逵开刀。他作为蔡京的同党,既内心奸恶又办事果断,这里的描写生动地刻画了童贯的性格特点。

在这关键时刻,宫中内侍赶到,传达皇帝圣旨,让暂且停刑,将刘逵下狱监

押，明日会同有关科部审议党人碑一事。在封建社会里，圣旨具有至高无上的权威，圣旨一到，原有的对峙之势自然消解。段笏十分得意，下令让内侍们“把刽子手着实打”，并以自己能讨来皇帝的圣旨对童贯进行奚落。【尾】曲是段笏所唱，他得理不让人，进一步指责童贯对蔡京谄媚逢迎，厚颜无耻。童贯此时则垂头丧气，他只有以奉蔡府指令来自找台阶，并且以蔡京作靠山来推卸罪责。随着圣旨的到来，段笏、童贯这两个人物的态度与表现急剧发生变化，戏剧气氛也急剧发生变化，跌宕起伏过后给观者留下丰富的回味余地。

这一出戏的奇妙之处，在于对刘逵的夺来夺去。剧情的发展可谓一波三折，扣人心弦。刘逵的生命悬于一旦，戏剧的悬念一直没有放松。在杀害还是营救刘逵的过程中，童贯所代表的奸恶的一方和段笏所代表的忠良的一方展开尖锐的冲突。冲突双方都要借助于皇权，而皇权也在一定程度上受皇太后的特殊身份的制约。从本出剧情我们可以看到封建时代朝廷与宫廷中错综矛盾关系和复杂内幕的一角，并了解到封建时代朝廷中的忠奸斗争同宫廷中内官（太监）及宫闱（后妃）的各种复杂关系彼此交织的情形。在明清之际许多描写忠奸斗争的作品中，《党人碑》具有一定的代表性，而此剧的这一出戏所表现的斗争场景又是比较典型的情节，其认识价值和欣赏价值都是值得重视的。

（王永宽）

党　人　碑　　　　丘　园

第二十一出

【秋夜月】（外上）出未央[①]，鸡舌犹相傍[②]，一旨内召文宗匠。咱家内官常侍便是。奉皇爷旨意，叫咱家密召蔡学士进宫议事，来此已是。有人么？（副上）什么人？（外）报去，说内侍公公要见。（副）是。老爹有请。（净上）内屏坐拥春罗帐，半闲堂虚讲[③]，金谷园效放[④]。

（副）内侍公公要见。（净）道有请。公公，适才朝罢，又召何事？（外）皇爷退居长信宫，忽传一旨，着咱家来召你进宫议事，皇爷立等。（净）就行。（外）口传皇帝旨[⑤]，（净）不俟驾而行。（下）

【引】（三旦、末引小生上）富有山河锦绣壤，梨情歌有《甘棠》[⑥]。

天仗霄岩建羽旄，春风送色晚鸡号。金炉香动螭头暗，玉佩声来雉尾高。寡人大宋徽宗是也。守太祖之封疆，系黎庶之乐土。纳

言纳奏，每以难为自警；寡尤寡悔，常将盘铭怀恩。果然物阜民安，真个丰和世泰。前因学士蔡京进党人碑，元祐奸党共一百二十人，教孤颁行立石，以励臣下。又有户部侍郎刘逵，疏辩司马光等尽皆忠臣义士，寡人未知就里，将刘逵逮狱，前日命部科九卿会同，实拟贤奸具奏。不想各衙门有执贤而论，也有执奸而辩，寡人难以分别，为此密召蔡京进宫，朕自与他微服改装，私行天街，暗察人心公论，便知端的。(净上)臣蔡京见驾。(众)平身。(净)万岁，万万岁！(小生)学士，朕之圣人也有游览山川，体访民瘼。朕今端居九五，未知民间疾苦。欲与学士微服游行，效乡观之问俗，学巡狩之遗风。卿意以为何如？(净)皇上效圣君之游豫，实乃万姓之休助也。臣不敢不随驾。(小生)朕改装一书生，卿改装一随从便了。(净)领旨。(小生)内侍，取九云巾过来，你们回避了。

【宜春令】离金阙叩阖闾，望云霓空随建章[⑦]。非为舞霓，又非云际重门访。看双双莺雁□行，一对对蜂狂蝶攘。忽听书生，声声笑语对着同讲。(下)

(生、外、副、丑上)请了。(外)一片飞花带恨来，(生)几重怨雾傍泉台。(副)藤萝也解埋忠义，(丑)附石唏嘘似有哀。(外)列位，我等俱是同学中朋友，只因蔡京专权，蒙蔽圣上，将元祐贤人尽属奸党，立石颁行，是非倒置，公论磨灭，总有抱负，难展奇怀，不能为先辈先生洗涤沉冤，如何是好？(副)圣上为党人碑一事，不知埋没了多少公卿。我等俱是腐儒，焉能挽回天日？我们同到碑前，拜哭一回，使元祐先灵也知我等少挟公道。众兄意下何如？(丑)妙，妙！就请同行。(副)信步之间，这里是了。(众)你看草护残碑，云封姓氏，好不凄惨人也。

【太师引】恨一座锦绣碑埋荒壤，又不是杏苑凤墙。却留着旧贤宿义，与闲花和野草流香。(小生、净暗上)(听介)怪请缨路没难枭逆党[⑧]，谁不泣歧路亡羊[⑨]？我那司马相公嗄，不能够凌烟上共守着旧章[⑩]，却受了冷风残的惆怅。

(小生)列位请了。(众)请了。(小生)适才列位在此哭拜残碑，为何事故？(外、生)长兄有所不知，这碑姓名俱系元祐先贤。(净)怎

见得就是贤人？（小生）不许开口！（丑）勿要插嘴！（外、生）当今听信之言，（副）蔡京乃当今世上之权奸嗄。（丑）尽没为奸党，（生、外）撰作党人碑，颁行天下。吾辈呵，

【琐窗寒】恨衣冠牛马同邦，把公平一旦亡。（小生）想圣上未知就里。（众）圣明蛊惑，把巧舌如簧。（小生）那些朝臣，缘何不辩？（众）封书待漏，遭冤流谤，谁肯把一身骯髒[11]？因此流泪诉衷肠，把百年贤士安放。

（净）诸生狂言，不可为信。（小生）我命你不许开口！（丑、副）这也可笑之极。我们相公在此说话，谁要你多嘴？惹打之极，可恶，可恶！你看什么，你不认得我相公么？（小生）列位，还要请教个明白。碑上第一名司马光，有何贤德？（外）那司马光相公，在哲宗一十五年，身徇社稷，毫无瑕疵。至病革，不复自觉[12]，谆谆如梦中，语皆天下事也。及卒，太后闻之大恸，哲宗亲自临丧[13]，京师为之罢市往吊。后移棺葬秦，送者如哭亲丧。都中四方，皆图画像，四时以祭。苟非贤达，焉能如是乎？（小生）苏轼有何贤德？（生）东坡先生身居翰院，时神宗每读其文，赞曰："奇才，奇才！"颇以语言切见时政。王安石居政，藐视百官，及见苏轼在坐，不敢狂言作色。非正人君子，权相焉能畏避乎？（小生）文彦博有何德能？（副）文老太师逮事四朝，任相五十余年，名闻四夷，立朝端重，临事能断，有大臣之风[14]。功成退居，朝野岂得不重焉？（小生）程颐有何贤德？（丑）程夫子乃湖南处士，力学好古，安贫守节，年逾五十，不求仕进，真儒者之高蹈，圣世之逸民。为崇政说书[15]，标《大学》、《论语》、《中庸》，注解而达于天下，及尊儒道之重者，不独为子孙所当法，而为百世帝王所当法也，安得不贤？安得不贤？在碑一百二十名，无不名彰功绩，行制勋猷。

【三段子】却是梁材庙廊，金椟里简编有香[16]。不能够凌烟姓扬，反守着花烟草塘。（丑、副）老兄，那奸相蔡京呵，瞒天昧地心术丧，贪婪酷法生无状，把一个国宪君权窃来自掌。

（净）你们不要骂便好。（副）就骂了那老狗骨头，亦有何妨？（丑）我相公们见了他，竟打而为者也乎哉。

【大圣乐】（小生）听他人言语真详，贤良关甚党？错教鸯鹭来惆

帐,朝和野暗流谤。诸生过来,我非别人,孤是赵家之主徽宗帝,(众)臣等不知圣驾到临,死罪,死罪!(小生)罢了,这人呵,就是平章一蔡郎。(众)圣上问起元祐一事,臣等敢不以言实对?今则负罪于君相,愿陛下怜而赦之。(小生)朕因党人碑一事,朝臣辩论不明,私自游行,以察民心。今得诸生讲明,始知颠末。今蔡京在此,诸生协拿,午门候旨便了。(众)万岁,万万岁!(小生)得遇玄言辟妄,救正了伤风化的一旨明党。(下)

(丑)这个就是蔡京奸贼!(副)等学生来认一认看,好一个相公,坏尽了他的体面,我们竟打这老乌龟便了。(丑)把他的胡子都拔去了他的!(外、生)拿到午门候旨便了。

【尾】你今势败方悔想,好一个纳言宰相,今与元祐诸君才有光。

〔注〕 ① 未央:汉官名,此借指宋官。 ② 鸡舌:鸡舌香,即丁香,古代尚书口含此香上殿奏事。 ③ 半闲堂:南宋权奸贾似道的堂名,此系泛指。戏曲作品中常有将后世事物前置的写法,此处亦然。 ④ 金谷园:东晋石崇所建之园,是古代的名园。此亦系泛指。 ⑤ 旨:原抄本此处为空格。 ⑥ 甘棠:《诗经》篇名。甘棠,即棠梨,《诗经·召南·甘棠》:"蔽芾甘棠,勿翦勿伐,召伯所茇。"朱熹集传谓"召伯循行南国,以布文王之政,或舍甘棠之下。其后人思其德,故爱其树而不忍伤也"。 ⑦ 建章:汉官名,后多泛指官殿。 ⑧ 请缨:西汉终军自请出使南越,表示:"愿受长缨,必羁南越王而致之阙下。"后用作自告奋勇请求杀敌除害的典故。枭:枭首,把割下的头颅悬挂起来。 ⑨ 歧路亡羊:典出《列子·说符》:"杨子之邻人亡羊,既率其党,又请杨子之竖追之。杨子曰:'嘻,亡一羊,何追者之众?'邻人曰:'多歧路。'既反,问:'获羊乎?'曰:'亡之矣。'曰:'奚亡之?'曰:'歧中又有歧焉,吾不知所之,所以反也。'"后因用作迷失方向之典。 ⑩ 凌烟:凌烟阁,汉代图画功臣以为纪念表彰的地方。 ⑪ 骯髒(kǎng zǎng):亢直貌。 ⑫ 复:原抄本作後。 ⑬ 哲:原抄本作泽。 ⑭ 臣:原抄本作宋。 ⑮ 崇政说书:即崇政殿说书,宋官名,职在为皇帝讲解经书史传,并备顾问应对,以士人官秩低、资历浅而学识可备讲说者充任。 ⑯ 椟:原抄本作读。

第十八出中,段笏从法场上救下了刘逵,但戏剧冲突并没有最终结束。刘逵究竟如何翻案?蔡京将有什么样的下场?这仍然是观者非常关心的问题。第二十一出是写徽宗皇帝进行微服私访,发现蔡京奸恶并决定将他治罪的一场戏,也是全剧的关键性场次。

这一出开始,【秋夜月】一曲只是一段"引子"。宫中内官常侍奉皇帝旨意召见蔡京,他的两句唱词表明了他的身份和他刚刚接受的使命。蔡京的两句唱词自述他正在府中悠闲自在,还不知道皇上召见他是什么意思。在和内官常侍见

礼之后，只得立即奉旨见驾。“引子”交代即将发生的事情，但将要发生的是什么样的事情却朦胧不清，埋下了带有疑问的伏笔。

此时，徽宗皇帝由段笏和内侍陪同出场了。他唱的两句【引】表明了他的身份和他沉醉于歌舞升平的养尊处优的心态。之后的一段道白自述他微服私访的起因。他说起曾采纳蔡京的主张，在端礼门树立了党人碑，后来又把上疏反对树立党人碑的刘逵下狱论罪。近日让部科九卿会同议论，众说纷纭，他一时难以判断。于是决定带蔡京一同微服私访，暗察人心公论，以便作出新的决策。但是，当蔡京来到时，他却对蔡京说是要效仿古代明君“乡观之问俗”，并没有明言他私访的真实目的。这里表现出徽宗皇帝颇有心计，而蔡京一时也难以了解皇上的意图，只好表示遵旨随行。此处又一次埋下伏笔，预示着徽宗带着蔡京的一次私访必有精彩好看的情节。【宜春令】一曲是徽宗所唱。他扮作书生，让蔡京扮作随从，出了宫门，走过长街。曲词表现了他以一个普通文士的身份进入市井的感受，看到莺燕飞翔、蜂蝶嬉戏，听见人们的读书声和欢笑声，他都觉得非常新鲜。

接着就发生了生动的戏剧性场面。几位太学中的书生相聚一处，谈起蔡京专权及立党人碑颠倒黑白、诬陷忠良的行径，不由得十分气愤。他们相约到被打破的石碑跟前哭拜，表达他们伸张正义的心情。【太师引】一曲，是几位书生的合唱。他们面对倾倒的残碑，表达伤今怀昔的感慨；他们思量起前朝的司马光、文彦博等先贤，流露出敬仰之情，并为这些先贤们如今受到的贬损而伤感惆怅。他们的行为，正好被私访到此的徽宗皇帝看得一清二楚。当徽宗询问他们哭拜的原因时，他们就如实相告，直言不讳地说前朝的元祐党人是贤良忠臣，并痛斥当朝的蔡京是祸国奸佞；还直言说如今皇上受到蔡京蒙蔽，没有能够阻止蔡京的奸谋。【琐窗寒】和【三段子】两支曲子都是书生们回答徽宗时所唱，此时他们不知道眼前的二人竟然就是徽宗皇帝和奸相蔡京，因此带着爱憎分明的情感，毫无顾忌地进行了痛快淋漓的倾诉。当徽宗询问前朝的司马光等人有何贤德时，书生们把他们所知道的司马光、苏轼、文彦博、程颐等人的品德、才学和业绩作了详细的介绍。在徽宗和书生们进行交谈的过程中，特别有趣的是蔡京总是要寻机插话，而徽宗总是斥责他不让他开口。而且，书生们说到气愤处就骂蔡京出气，甚至说若撞见蔡京还敢当面打他，蔡京当场听着却不能发作。书生们不知道眼前这位书生打扮的人所带的随从就是蔡京，只是一味地畅所欲言；而且，他们愈是畅所欲言，愈是解恨，观者也随着他们的解恨而解恨。这是戏剧艺术常用的误会法的一种，对于表现人物关系、塑造人物形象、推动剧情发展，都能产生令观者感

到振奋和激动的艺术效果。

徽宗听罢书生们的议论，并受到书生们义愤填膺的情绪的感染，他对党人碑一事、对蔡京其人都有了新的认识。这时，他唱出【大圣乐】一曲，表达了他对于书生们的议论的态度；同时，他向书生们亮明了自己的皇帝身份，也向书生们说明他所带的这位随从就是蔡京。至此，书生们感到突然，也感到惊喜，当他们向皇帝谢恩、请罪并且得到皇帝的宽容和支持时，那种喜悦、激动的心情溢于言表，观者观剧至此也会同样感到喜悦和激动。尤其是徽宗当场宣布让书生们擒拿蔡京，到午门候旨时，书生们高兴得连呼万岁。徽宗的微服私访取得了重大收获，达到了预期的目的，此曲的最后两句唱词表达了他此时的心情，他听到了公正的民众舆论，澄清了原来的迷惑，对前朝的元祐党人重新有了正确的评价。于是，徽宗感到心满意足，他立即回宫了。

徽宗的离去，给几位书生留下了一个难得的发泄怨恨的机会，也为本出戏留下了一段精彩的结尾。书生们按照皇帝的旨意捉住了蔡京，那种痛快而激动的心情，那种急切报复的情绪，的确按捺不住。他们面对这个痛恨已久的奸贼，真是仇人相见，分外眼红，就一起动手殴打"这老乌龟"，有人还把蔡京的胡子拔掉，让他出尽丑态，然后押着他前往午门候旨。【尾】曲是书生们的合唱。此时书生们看到蔡京势败倒台的下场非常得意，其曲词对蔡京尽情地奚落；同时，他们觉得为前朝的元祐党人申雪了冤案，颇为扬眉吐气。本出这样的结尾是一个精妙的"小收煞"，捉拿了蔡京，全剧的主要矛盾得到基本解决。此后，刘逵的获释，谢廷玉的昭雪及与丽娟、琴儿的成婚，都是顺理成章的事情。"小收煞"处理得好，对于全剧的"大收煞"是成功的铺垫，从这个意义上说，这出戏对于全剧剧情的发展至关重要。

在中国古代戏曲作品中，常见有官员微服私访的情节，其目的或者是缉查凶手，或者是寻访人才，或者是体察民情。这样的情节因有改装和误会发生，所以其戏剧性比较强烈，舞台演出的效果因此也比较好。但是，写到皇帝微服私访的情节却甚为罕见。丘园的传奇作品有两种都写了皇帝的微服私访，除《党人碑》之外，《幻缘箱》中也写了宋徽宗的微服私访。此剧中陶模与薛老男二人在京中同住，徽宗微行至其住处，薛以菠菜煮豆腐来招待他，把豆腐叫作"金镶白玉板"，把菠菜叫作"红嘴绿鹦哥"，徽宗甚喜，并从陶、薛二人口中得知方瑞生等人冤情。若将二剧相比，《党人碑》中写徽宗微服私访并有蔡京随行，情节更紧凑、更生动，而且更具有观赏性。从这里也可以了解丘园戏曲创作的独到之处。

（王永宽）

李　渔

(1611—1680)　初名仙侣，字谪凡，号天徒，改名渔，字笠鸿，号湖上笠翁、随庵主人、新亭樵客、觉世稗官等。兰溪(今属浙江)人，生于如皋(今属江苏)。十余岁时迁回兰溪。明清鼎革之际，颇受兵乱之苦，家境日窘。清顺治八年(1651)迁居杭州，以编写出售白话小说、剧本及其他通俗读物为业。十年后移家南京，开设芥子园书肆，除编刻销售通俗读物、教科书、工具书外，更以刻印高质量的美术品而闻名。同时，率领家庭戏班卖艺四方，广交达官名流。后因才艺出众的台柱乔、王二姬先后死去而中止。康熙十六年(1677)，复徙居杭州，未几在贫病交迫中去世。其剧作的基本主题是力图弥合封建道学与风流艳情之间的罅隙，锻铸一种情理合一的境界。其作品娱乐性很强，倾动一时，妇孺皆知，并很快传入日本。戏曲理论，见于《闲情偶寄》的《词曲部》、《演习部》和《声容部》的一部分。这是我国历史上空前系统、完整的戏曲理论专著，从结构、词采、音律、宾白、科诨、布局几个方面全面阐述了戏曲的创作方法，首次明确地提出了“结构第一”的命题，特别标举“立头脑”，即确立作为全剧结构枢纽的“一人一事”；倡“填词之设，专为登场”，比较周全地总结了戏曲演出方面的理论。所作传奇，《怜香伴》、《风筝误》、《意中缘》、《玉搔头》、《蜃中楼》、《奈何天》、《比目鱼》、《凰求凤》先行于世，后来加上《慎鸾交》和《巧团圆》，是为通行的《笠翁十种曲》。其余六种作品已佚。另有小说《无声戏》(别名《连城璧》)、《十二楼》、《合锦回文传》，诗文集《笠翁一家言》和杂著多种。今人辑有《李渔全集》。

比　目　鱼　　　李　渔

第七出　入　　班

【水底鱼儿】(副净上)发积难当，妻扶女又帮。止求家富，不愿姓名香。

自家刘文卿是也。一向要合小班，只少一名净脚。前日贴了招帖，也不见有人进来。我已聘了一位名师，约定今日来开馆。等不得脚色齐备，先把有的教习起来，等做净的到了，补上也未迟。叫孩子们，把三牲祭礼备办起来，等先生与众人一到，就好烧纸。(内应介)

【金蕉叶】(生上)心忙步忙,赴温柔如归故乡。遥盼着优师仞墙,比龙门还加向往[①]。

来此已是,不免径入。(进介)此位就是刘师父么?(副净)正是。相公尊姓大名,有何赐教?(生)小生叫做谭楚玉。闻得府上新合小班,少一名净脚,特来相投。(副净惊介)怎么?你是一位斯文朋友,竟肯来学戏?这等说起来,是小班之福也。既然如此,等众人到了,一同开馆就是。

【水底鱼儿】(外、末、净、丑齐上)喜戴冠裳,从师入戏堂。做官极快,不用守寒窗。(见副净揖介)

此位是谁?(副净)新来的净脚。(众)这等说,是敝同窗了。大家见礼。(共揖介)(众)请问:教戏的师父,还是你自己,还是另请别人?(副净)我自家没有工夫,别请一位名师,即刻就到。

【绕红楼】(小生上)丝竹歌喉总擅长,名子弟尽出门墙。一字无讹,千人共赏,肯遗顾周郎[②]。

(副净)师父来了。(向内介)叫孩子们一面请姑娘出来拜见师父,一面取三牲祭礼,好烧请二郎神。(生)请问师父:甚么叫做二郎神?(小生)凡有一教,就有一教的宗主。二郎神是做戏的祖宗,就象儒家的孔夫子,释家的如来佛,道家的李老君。我们这位先师极是灵显,又极是操切,不象儒释道的教主,都有涵养,不记人的小过。凡是同班里面有些暗昧不明之事,他就会觉察出来,大则降灾降祸,小则生病生疮。你们都要紧记在心,切不可犯他的忌讳。(生)这等,忌的是甚么事?求师父略道几桩。(小生)最忌的是同班之人不守规矩,做那亵渎神明之事:或是以长戏幼,或是以男谑女。这是他极计较的。(生背介)这等说起来,我的门路又走错了。如今来到这边又转去不得,却怎么处?

【金蕉叶】(旦上)男疆女疆,自今朝毁堤灭防。这羞涩教人怎当,那窥觑如何阻挡?

(副净)我儿,这是师父,这是同班弟兄,都过来见了。(齐见介)(旦见生惊)(背介)呀!这是一位书生,前日在路上遇见的,他怎么也来学戏?(生做流连示意介)(旦)哦!我知道了。(副净对生介)谭兄弟,你既要入班,就该穿我们的服色。这顶尊巾须要换去了。

化作神龍猶比目
不成獨自上青天

(生)如今还是学戏,不曾做戏,到做戏的时节,换去也未迟。(副净)也说得是。(内送祭礼上)(副净烧纸毕率众拜介)

【驻云飞】护法金汤[3],俯首虔诚拜二郎。默把吾徒相,暗使聪明长。嗏,开口便成腔,不须摹仿。身段规模,做出都成样。一出声名播四方。

(副净)师父请坐了,等他们好拜,(小生)教戏虽是我,扶持照拂全靠主人,该与你一同受拜。(拉副净并立介)(众齐拜介)(生、旦并立)(一面拜一面觑介)

【前腔】(合)拜入门墙,愿你在阳间做二郎。显把吾侪相,渐使聪明长。嗏,不教不成腔,用心摹仿。求你把身段规模,做出程文样[4],好使声名播四方。

(末)这些脚色可曾派定了么?(副净)派定了。(小生)这等,请散脚本。(副净散脚本介)我从今日起,把他们的坐位也派定了,各人坐在一处,不许交头接耳。若有犯规的,要求先生责治。(生、旦各背介)老天,保佑我和他两个坐在一处也好。(副净)众脚色里面独有生旦的戏多,又不时要登答问对,须要坐在一处。其余的脚色,任意坐定就罢了。(对丑介)你是正生,该与我女儿并坐。(扯丑与旦并坐介)(生、旦各慌介)(副净分派外、末、净、生各坐一处介)如今坐定了,我进里面去罢。有一杯薄酒备在中堂,求师父略教几句,应一应好日就请进来。安排开学酒,饮宴授徒人。(下)(小生)大家随着我,唱一只同场曲子。(随意拈曲一只)(众取箸作板同唱介)(唱完内请介)(小生)你们也一同进来,大家吃杯喜酒。

同班兄弟似天伦, 男女何尝隔不亲。

须识戏房无内外, 关防自有二郎神。

(同下)(旦吊场)我看这位书生,不但仪容俊雅,又且气度从容,岂是个寻常人物?决没有无故入班,肯来学戏之理。那日在途间相遇,他十分顾盼奴家;今日此来,一定是为我。(叹介)檀郎[5],檀郎!你但知香脆之可亲,不觉倡优之为贱。欲得同堂以肄业,甘为花面而不辞。这等看来,竟是从古及今第一个情种了。我如何辜负得你?奴家遇了这等的爷娘,又做了这般的营业,料想不能出头,不如认定了他,做个终身之靠,有何不可。

【驻马泣】【驻马听】天付鸾凰，今日这一拜呵，只当是暗缔姻亲预拜堂。那些众人呵，权当做催妆姻戚，伴嫁媒婆，扶拜的梅香⑥。我那爹爹呵，若不是他私心认做丈人行，怎肯无端屈膝将伊让！是便是了，你既有心学戏，就该做个正生，我与你夫妇相称。这些口角的便宜，也不被别人讨去，为甚么做起花面来？【泣颜回】怎能勾扮虞姬常演《千金》⑦，博一个嫁重瞳净旦成双⑧？

莫怪姻缘多错配，戏场生旦也参差。

〔注〕 ① 龙门：在山西河津西北、陕西韩城东北，即禹门口。黄河流至此处，两岸陡峻，拱立如门，故名。《艺文类聚》引辛氏《三秦记》："河津一名龙门，大鱼集龙门下数千，不得上，上者为龙。"民间有"鲤鱼跳龙门"之谚。科举考试的正门亦称"龙门"，此即以"龙门"代指科第。 ② 遗顾周郎：三国吴周瑜精音乐，虽酒过三巡，若奏乐有误，必知之，知之必顾，时人因有"曲有误，周郎顾"之谣。见《三国志·吴书·周瑜传》。 ③ 金汤：金城汤池，喻牢固。《汉书·蒯通传》："必将婴城固守，皆为金城汤池，不可攻也。"颜师古注："金以喻坚，汤喻沸热不可近。" ④ 程文：由官方审定编发的作为科举考试范式的文章，由考官拟作或录用中试者之作。此指让人学习模仿的表演姿势。 ⑤ 檀郎：情郎。晋潘岳小字檀奴，姿容甚美，为女子所慕，故后世以"檀郎"称夫婿或情郎。 ⑥ 梅香：古时丫鬟多名梅香，后因称丫鬟为梅香。 ⑦《千金》：指明沈采所作传奇《千金记》，以韩信事为主线，以项羽事为副线。 ⑧ 重瞳：眼中有两个瞳仁，据说上古舜为重瞳，秦汉之际项羽也是重瞳，此即指项羽。

《比目鱼》常被认为是李渔戏曲创作中最负盛名的代表作之一。该剧事本作者短篇小说《无声戏》中《轻富贵女旦全贞》（亦即小说《连城璧》第一回《谭楚玉戏里传情　刘藐姑曲终死节》），写襄阳书生谭楚玉与伶人之女刘藐姑的爱情故事。刘藐姑虽为伶人之女，但志气异常高洁。因无法改变父母要她学戏的决定，于是只肯学那贞女节妇之戏。谭楚玉爱上了刘藐姑，为了她，不惜抛开斯文，投身"玉笋班"与她一同学戏。二人情意相投，暗定终身，最喜欢上场做那戏中的夫妻。谁料藐姑之母贪财，逼她嫁给镇中首户钱万贯为妾。藐姑誓死不从，利用上场演《荆钗记》之机，假戏真做，投江殉情。继而谭楚玉也当场表明心迹，追随而去。所幸他们的事迹被神祇平浪侯所知，遂将二人变作一对比目鱼，由高人莫渔翁网获，起网之后，即变回原形。莫渔翁遂给二人完婚，并指引谭楚玉登上科举之途。谭生中式得官，并在莫渔翁指引下功成名就，后又在他的劝告下归隐山林。

李渔是一位极其重视舞台演出的传奇作家，他要求作品能够"奏诸场上"，并且声明"填词之设，专为登场"，把场上效果放在至关重要的地位。他的传奇创作力求题材新奇，关目动人。在《比目鱼·入班》一出中，作为才人名士的书生谭楚玉看不上侯门千金，却认定一个女伶是"真正佳人"。为了追求她，他不顾自己的

读书人身份，投身戏班，充当净角。这在充斥于明清传奇中的才子佳人故事里可说是新添一例。况且戏曲艺人在台下的真实生活，是为广大戏迷所关心乐知而又不易得知的。此剧以伶人演伶人，不光新奇，更是“梨园故事本来面目”，具有很高的认识价值。

《入班》是该剧的第七出。在此之前，一个偶然的机会，谭楚玉与刘藐姑邂逅途中，谭生一见钟情，却苦于无法接近。正好刘家“要合小班，只少一名净脚”。经过激烈的思想斗争，对爱情的执著最终战胜了对“龙门”的“向往”，谭楚玉决定不顾“名伤义伤”，“暂抛琴剑书箱”，毅然应招入班，去追求他的意中情人。

刘藐姑的父亲刘文卿是个戏班班主，夫妻俩都演戏，妻子刘绛仙还是个名角，靠着演戏和卖笑卖身挣下了一份家私。如今女儿又长成一个标致的姑娘，聪慧过人，家里指望她像母亲一样成为一棵摇钱树。这个父亲出场便叹生活不易，“发积难当，妻扶女又帮”，又道出他的人生哲学是“止求家富，不愿姓名香”。这点明了刘家卑污的生活环境：唯利是图，不顾廉耻，为了谋求“发积”“家富”，作为一家之主的丈夫、父亲可以心安理得地将自己的发妻生女视作敛财之具，并日夜盘算着如何找个好主顾，卖个好价钱。刘藐姑出身于这样的家庭，她能做到出淤泥而不染吗？剧情就在这样的背景下展开了。

刘家“一向要合小班，只少一名净脚”。日前“贴了招帖”招聘，“也不见有人”应招。教戏的“名师”已经聘好，“约定今日来开馆”。于是刘文卿“等不得脚色齐备”，决定“先把有的教习起来”。他正在吩咐大家准备“三牲祭礼”，安排举行仪式，谭楚玉急匆匆地赶到了。他决心来充这个“净脚”。剧中用充满机趣的话语描写他的心情：“心忙步忙，赴温柔如归故乡。”游子在外，思乡怀归，本是人之常情。谭楚玉此番所往虽是有失身份体面的戏班，爱情的动力却使他有久别回乡的迫切之感。对于读书人来说，人生的最高理想无非是一朝鱼跃龙门，名题金榜。可他“遥盼着优师仞墙，比龙门还加向往”，学戏的诱惑力居然大过功名前程，那是因为美好的爱情在向他召唤。

这位“斯文朋友”的到来令班主刘文卿十分惊讶。在当时，体面人岂肯屈尊与伶人平起平坐？莫说入班学戏，君不见，在曹雪芹的小说《红楼梦》中，就连偶尔同戏子交往的贾宝玉也会遭到严厉责罚。久经江湖的刘文卿大概也是头一回碰到如此看得起己辈的读书人，谭楚玉来学戏，他认为是“小班之福也”。

人齐全了，便开馆。外末净丑，纷纷上场，大家一番厮认见礼。这时，教戏的师父也到了。于是班主着人唤请班中唯一的女演员——也就是他的女儿刘藐姑出来和大家一起烧纸祭拜二郎神。谭楚玉初来乍到，不懂梨园行规，便向师父请

教何为二郎神。师父回答说“二郎神是做戏的祖宗，就像儒家的孔夫子，释家的如来佛，道家的李老君”，他“极是灵显，又极是操切”，“最忌的是同班之人不守规矩，做那亵渎神明之事”，还特别计较“以长戏幼”、“以男谑女”一类事儿。谭楚玉如遭棒击，懊悔自己“走错了”“门路”，“又转去不得”。正暗暗叫苦，刘藐姑出来了。她虽然出身优伶人家，可是自洁自重，心思言行与大家闺秀无异。却又不能守在深闺，迫于父母之命，不得不含羞登场，忍受陌生男人的“窥觑”。在戏班里，她意外发现了谭楚玉，心中猛然一惊。她清楚记得，这是“前日在路上遇见的”书生。看到他不断的“流连示意”，刘藐姑一下子就明白了对方的用心。他们一起拜神，接着又并肩拜师。一边拜，一边忍不住互相偷看。可以想见，碍于众人和神灵之面，碍于初恋的羞涩之心，他们的相视只是短暂的一刹那。然而这已经足够了。在这对青年男女心中，这该是一段多么美妙而难忘的时光：一边是甜美静谧的两人世界，一边是忙乱嘈杂的组班仪式。

仪式之后是散脚本、派座位，谭、刘二人暗暗祈祷能被安排“坐在一处”。可是戏班自有规矩，生、旦“须要坐在一起”，净脚则另坐一处。坐定以后，师父教唱了“一只同场曲子”，随后便带领大家一同去吃“开学酒”。至此，组班开学就告结束了。在整个过程中，谭、刘二人始终未发一言，他们复杂的心理变化——忽而惊讶，忽而期望，忽而紧张，忽而沮丧，全靠简单的科介表露无遗。

然而戏还没完。刘藐姑落后“吊场”，独自对今天意外重逢的“这位书生”着实忖度了一番。他“不但仪容俊雅，又且气度从容，岂是个寻常人物？决没有无故入班，肯来学戏之理”，因此可以断定，此番来意必定是为了追求自己。想到他为了自己竟然“不觉倡优之为贱”，甚至“甘为花面而不辞”，心中非常感动。她不愿辜负这“从古及今第一个情种”，就此“认定了他”以为“终身之靠”，并把刚才的并肩拜祭“只当是暗缔姻亲预拜堂”，那些戏班众人未尝不是“催妆姻戚，伴嫁媒婆，扶拜的梅香”。她愈想愈真，觉得这都是上天的安排，甚至她那贪财势利的父亲，如若不是把谭楚玉当作女婿看待而“私心认做丈人行”，又“怎肯无端”受他跪拜？只有一事稍感遗憾，他“既有心学戏，就该做个正生”，和自己生旦搭配，每日里“夫妇相称”，却为何“做起花面来”，只有演虞姬、项羽故事时才能做一回夫妻。于是她又巴望着“怎能勾扮虞姬常演《千金(记)》”？儿女情态，感人肺腑。

《比目鱼·入班》较好体现了李渔戏曲作品动静互显的艺术特点。舞台上时而是同场齐唱，时而是内心独白；一方面人声鼎沸杂沓喧哗，一方面眉目传情脉脉无语。情节的波澜若隐若现，起伏有致。戏中直接表现男女主人公的笔墨并不多，他们甚至未曾有过一句对话，但整出戏又完全是围绕着谭、刘两人而设计

而展开的。作者熟悉戏班生活，熟悉昆曲舞场，善于运用角色调动营造戏剧氛围，运用科介背白揭示人物的内心活动，这在同时传奇作家中是非常突出的。

“假名摹画”是李渔剧作的惯用伎俩。《比目鱼》中，他用书生充当伶人，这应该直接与他的生活经历有关。李渔本是文人，但他酷爱戏曲，带领着具有半职业性质的昆曲家班，教戏演戏，并以此谋生。他离不开被上流社会称为贱业的戏场，又不愿意被人视同于卖艺卖身的倡优。他只是“暂抛琴剑书箱”，将戏场当作谋生之所、进身之阶。如同《比目鱼》中的谭楚玉、刘藐姑之流，虽不幸一时流落梨园，混迹戏场，其举止言谈、性格思想却纯是传统的才子佳人式的，丝毫不脱“斯文朋友”与名媛闺秀身份。由此似乎可以读出作者那根深蒂固的文人习气来。

（周 秦 许莉莉）

比 目 鱼 李 渔

第十五出 偕 亡

【忆秦娥】（生上）空留恋，一场好事遭奇变。遭奇变，戏场夫妇，也难如愿。

小生为着刘藐姑，受尽千般耻辱，指望守些机会出来，成就了这桩心事。谁想他的母亲，竟受了千金聘礼，要卖与钱家为妾。闻得今日戏完之后，就要过门。难道我和他这段姻嫁，就是这等罢了不成？岂有此理，他当初念脚本的时节，亲口对我唱道：“心儿早属伊，暗相期，不怕天人不肯依。”这三句话何等决烈？难道天也不怕，单单怕起人来？他毕竟有个主意，莫说亲事不允，连今日这本戏文，只怕还不肯就做，定要费许多凌逼，才得他上台。我且先到戏房伺候，看他走到的时节，是个甚么面容就知道了。正是：入门休问荣枯事，观着容颜便得知。（暂下）

【前腔换头】（旦上）恶声一至生奇怨，肝肠裂尽皆成片。皆成片，对人提出，死而无怨。

奴家昨日要寻短计，只因不曾别得谭郎，还要见他一面；二来要把满腔心事，对众人暴白一番，所以挨到今日。被我一夜不睡，把一出旧戏文改了新关目。先到戏房等候，待众人一到，就好搬演。只是一件：我在众人面前，若露出一点愁容，要被人识破，要死也死不成了。须要举动如常，倒妆个欢喜的模样，才是万全之策。正

是：忠臣视死无难色，烈妇临危有笑容。（生、外、末、丑齐上）财主都贪色，佳人只爱钱。千金才到手，恩义总徒然。刘大姐，闻得你有了人家，今日就要恭喜了。（旦笑介）正是。我学了一场戏，只得今日一本，明日要做就不能勾了。全仗列位扶持，大家用心做一做。（众）尽我们的力量，帮衬你就是。（生背气介）怎么，天地之间竟有这样寡情的女子？有这样无耻的妇人？一些不烦恼，也就去不得了；还亏他有那张厚脸，说出这样的话来。

【大砑鼓】我心儿火样煎。待与他同声交口，吁屈呼冤。谁料他欢情溢出芙蓉面，更从檀口露真言。始信倡优，难与作缘！

他或者心上烦恼，怕人看出破绽来，故意是这等，也不可知。远远望见那姓钱的来了，自古道：仇人相见，分外眼明。且看他如何相待？

【梨花儿】（净鲜巾艳服摇摆上）拚却千金买丽娟，风流独让区区擅。万目同睁妒好缘，嗏！不愁乐事无人见。（旦作笑容拱手介）（净指旦对生介）他如今比往常不同，是我的浑家了。你们都要立开些，不要挨挨挤挤不像体面。（生做气介）（旦）我今日戏完之后，就要到你家来了。我的意思还要尽心竭力做几出好戏，别别众人的眼睛，你肯容我做么？（净）正要如此，有甚么不容？（旦）这等，有两件事却要依我。（净）莫说两件，就是十件也要依你的。（旦）第一件，不演全本，要做零出。第二件，不许点戏，要随我自做，才得尽其所长。（净）原该如此。这等，你的意思要做那几出？（旦）只有头一出要紧，那《荆钗记》上有一出《抱石投江》[①]，是我簇新改造的，与旧本不同，要开手就演，其余的戏，随意做几出罢了。（净打恭介）领教就是。只求你早些上台。（生背介）这等看来，竟安心乐意嫁他了。是我这瞎眼的不是，当初认错了人，如今悔不及了，任他去罢。（旦）列位快敲锣鼓，好待我上台。（众应）（先下）（旦对生介）谭大哥，你不要忧愁，用心看我做戏。（生怒介）我是瞎眼的人，看你不见。（虚下）（内敲锣鼓）（旦上台介）（众扮看戏人挨挤上）（净取交椅坐看）（做得意状介）

【梧叶儿】（旦）遭折挫，受禁持[②]，不由人不泪垂。无由洗恨，无由远耻。事到临危，拚死在黄泉作怨鬼！

奴家钱玉莲是也。只因孙汝权那个贼子，暗施鬼计，套写休书；又遇着狠心的继母，把假事当做真情，逼奴改嫁。我想忠臣不事二君，烈女不更二夫，焉有再事他人之理？千休，万休，不如死休！只得潜往江边，投水而死。此时已是黄昏，只索离了生门去寻死路。我钱玉莲好命苦也！

【五更转】心痛苦，难分诉。（向生哭介）我那夫呵，一从往帝都，终朝望你谐夫妇。谁想今朝，拆散中途。我母亲，信谗言，将奴误。娘呵，你一心贪恋，贪恋他豪富。把礼义纲常，全然不顾，

来此已是江边，喜得有石块在此，不免抱在怀中，跳下水去。（抱石欲跳介）且住。我既然拚了一死，也该把胸中不平之气，发泄一场。逼我改嫁的人，是天伦父母不好伤，独他那套写休书的贼子，与我有不共戴天之仇，为甚么不骂他一顿，出出气了好死？（指净介）待我把这江边的顽石，权当了他，指他一指，骂他一句，直骂到顽石点头的时节，我方才住口。（权放石介）

【前腔】（旦）真切齿，难容恕，（指净介）坏心的贼子，你是个不读诗书、不通道理的人。不与你讲纲常节义，只劝你到江水旁边照一照面孔，看是何等的模样，要配我这绝世佳人？几曾见鸥鸮做了夫[③]，把娇鸾彩凤强为妇？（又指介）狠心的强盗，你只图自己快乐，拆散别个的夫妻。譬如你的妻子，被人强娶了去，你心下何如？劝你自发良心，将胸比肚。为甚的骋淫荡，恃骄奢，将人误？（又指介）无耻的乌龟，自古道我不淫人妻，人不淫我妇。你在明中夺人的妻子，焉知你的妻子，不在暗中被人夺去？别人的妻子，不肯为你失节，情愿投江而死，只怕你的妻子，没有这般烈性哩！劝伊家回首，回首把闺门顾。只怕你前去寻狼，后边失兔。

（净点头高叫介）骂得好！骂得好！这些关目都是从来没有的，果然改得妙！（旦）既然顽石点头，我只得要住口了。如今抱了石头，自寻去路罢！（抱石）（回头对生介）我那夫呵，你妻子不忘昔日之言，一心要嫁你；今日不能如愿，只得投江而死。你须要自家保重，不必思念奴家了！（号咷痛哭介）（生亦哭介）

【胡捣练】（旦）伤风化，乱纲常，萱亲逼嫁富家郎[④]。若把身名辱污了，不如一命丧长江！（急跳下台介）（潜下）（净惊喊捞人）（众

哗噪介）

（生立台前高叫介）你们不消喧嚷，刘藐姑不是别人，是我谭楚玉的妻子。今日之死不是误伤，是他有心死节，这样急水之中，料想打捞不着。他既做了烈妇，我不得不做义夫了。（向下招手介）我那妻呵，你慢些去，等我一等。

【前腔】维风化，救纲常，（指净介）害人都是这富家郎。他守节捐躯都为我，也拚一命丧长江！（急跳下台介）（潜下）

（众惊喊介）钱万贯倚势夺亲，一连逼死两命。看戏的，大家动手，先打一个臭死，然后拿去送官。（净慌介）这怎么处？三十六计，走为上计。祸不单行，福无双至。（急走下）（一人高喊介）凶人走了！喜得本县三衙为编查保甲⑤，来在乡间。大家写了公呈，一齐去出首。（众）说得有理，大家同去。

【大砑鼓】（合）鸣官代雪冤，把义夫节妇，奇迹昭宣。戏文当做真情演，投江委实把躯捐。这本《荆钗》，后来更传。（齐下）

〔注〕　①《荆钗记》：旧题柯丹丘作，为著名的宋元四大戏文"荆、刘、拜、杀"之一，写宋状元王十朋与钱玉莲的爱情故事。《投江》为原剧第二十六出（汲古阁本）。　② 禁（jīn）持：折磨。　③ 鸱（chī）鸮：猫头鹰一类的鸟，古人认为是恶鸟。　④ 萱亲：母亲。　⑤ 三衙：此指一县的长官知县及其佐贰县丞、主簿。

谭楚玉入班以后，与刘藐姑情投意合，并在她的帮助下由净角改成了正生。这样两人便能经常借做戏中的假夫妻来传递真感情，彼此心有所属，矢志不移。可是当地的土财主钱万贯看上了刘藐姑，刘藐姑之母经不起利诱，"竟受了千金聘礼"，答应将女儿"卖与钱家为妾"。面对亲生母亲的凌逼，刘藐姑"肝肠裂尽皆成片"，决心以死明志。她见戏台就搭在水边，便打算利用最后一次上台演戏的机会"把满腔心事，对众人暴白一番"，然后当众投江殉情。当夜，她将旧戏文《荆钗记·投江》"改了新关目"，就等次日演出。故事进行到这里便进入了全剧的高潮——第十五出《偕亡》。

这出戏以谭楚玉的悲叹开场。为了追求刘藐姑，他受尽千般耻辱，好容易才争了个戏场夫妻做。岂料好景不长，刘藐姑之母贪财受聘，逼女另嫁，"闻得今日戏完之后，就要过门"。若果真如此，则不仅今生姻缘无望，就连这"戏场夫妇"也做不成了。但是想到刘藐姑的诺言，想到她贞烈的个性，"难道天也不怕，单单怕起人来"？"莫说亲事不允，连今日这本戏文，只怕还不肯就做"。他心里忐忑不安，左思右想，只得早早来到戏房，就等刘藐姑来时，看看"是个甚么面容"，便知

她心思如何了。

面临生死离别，刘藐姑彻夜未眠，成竹在胸。她生怕“露出一点愁容”，“被人识破”意图，求死不得，于是强颜欢笑，“举动如常”。谭楚玉见她一脸喜色，毫无伤感，不免痛心疾首，暗自叹息“怎么，天地之间竟有这样寡情的女子？有这样无耻的妇人”？难道“倡优”人家真的都“难与作缘”吗？他几乎要怀疑自己“当初认错了人”而有点“悔不及”了。转念又想，刘藐姑哪里是那种无情无义的人，她“或者心上烦恼，怕人看出破绽”，故作此态，亦未可知。于是只等钱万贯来，且看她“如何相待”。

这时，钱万贯身着“鲜巾艳服”，大摇大摆地到场了。他得意扬扬，自以为风流独擅，“万目同睁妒好缘”，对着谭楚玉颐指气使地说什么今天演戏“比往常不同”，因为刘藐姑已经是他的“浑家”了，大家“都要立开些，不要挨挨挤挤不像体面”。气得谭楚玉不知说什么才好，满以为刘藐姑会和自己同仇敌忾，不料她满脸赔笑，对着钱万贯“拱手”致礼，说“今日戏完之后”，就要嫁到钱家去了，她“还要尽心竭力做几出好戏，别别众人的眼睛”，并谄颜媚色地征求钱万贯同意：“你肯容我做么?”看到刘藐姑竟然如此“安心乐意嫁他”，谭楚玉最后的一丝希望破灭了，他的心凉了。

只有刘藐姑心里最明白：今天一旦上场，就等于踏上了不归之路。她对谭楚玉说：“谭大哥，你不要忧愁，用心看我做戏。”这淡淡的话语中蕴涵着多么深沉的情感，多么惨烈的痛苦啊。可是沉浸在失望和悲愤之中的谭楚玉却丝毫未能领会她的意思。

这时，戏开演了。刘藐姑选择的《荆钗记·投江》一出，演女主人公钱玉莲因不愿听从父母之命改嫁孙汝权，决意以死殉情，她徘徊江边，倾诉不平，然后投江自尽。第一支曲【梧叶儿】用的是原有曲文，但刘藐姑此时唱来，已经难以辨别这是在演戏还是在诉说亲身遭遇。她顺次演唱，口中讲着古人的事，心中则完全是自己的情。她巧妙地将许多曲文和宾白作了修改，以使之更符合此际的处境心情。这是她彻夜不眠精心修改的成果，靠着它才得以将自己的心事诉说得淋漓尽致。她爱恋谭楚玉，便径直呼唤着“我那夫呵”向他哭诉心中的痛；她怨恨“贪恋他豪富”的母亲，便当众责怪她“把礼义纲常，全然不顾”；她尤其痛恨钱万贯这个“只图自己快乐，拆散别个的夫妻”的“坏心的贼子”，便把他“权当”作“江边的顽石”，“指他一指，骂他一句”，声称要“直骂到顽石点头的时节，我方才住口”。于是指着钱万贯的鼻子千“强盗”、万“乌龟”地尽情痛骂。不明就里的钱万贯哪里知道在骂他，还拼命捧场，“点头高叫”：“骂得好！骂得好！”恰似承认自己的罪行，这真是绝妙的喜剧场景。至此，既然真的骂得“顽石点头”，刘藐姑“只得要住

口了”。她心愿已了，要“自寻去路”了。在这污浊的人世间，她唯一不能割舍的是情人谭楚玉。刘藐姑最后要做的就是向他表白“不忘昔日之言”，不惜以死殉情的心迹，并嘱咐他“须要自家保重”，不必过于伤心思念。虽然还是戏中场景，却句句都是明白话，谭楚玉终于理解了对方的意思，两人相对“号咷痛哭”。刘藐姑随即高唱着“若把身名辱污了，不如一命丧长江”，纵身投向滔滔江水。

假戏真做，全场震惊！观众一片“哗噪”，钱万贯大喊“捞人”。谭楚玉见刘藐姑投江殉节，悲痛欲绝，早已打消了独自苟活的念头。他站到“台前”，高声向众人宣称：刘藐姑是他的妻子，“今日之死不是误伤，是他有心死节”，刘藐姑“既做了烈妇”，他便“不得不做义夫了”。于是义无反顾地跳下激流，追随情人而去。

眼见刹那间连丧两条人命，究其原因，则是由于“钱万贯倚势夺亲”。于是群情激愤，合计如何惩罚他。有人建议“先打一个臭死，然后拿去送官”。钱万贯见众怒难犯，慌忙逃窜。戏便在众人轰轰烈烈的追赶喊打声中落下了帷幕。

李渔熟悉昆曲舞台，常能别出心裁，出奇制胜。在《比目鱼·偕亡》中，他以戏写戏，戏中套戏，若假还真，奇妙无比。除了关目新奇以外，他还特别注重排场，注重演唱效果。有异于戏曲脚本以曲词为主，道白、科介为辅的传统做法，在他的戏里，宾白占有较大的比重，台词各具身份个性，承担着串联情节、塑造人物的主要任务。科介和布景提示也明显增加，如出目之下就注有“先搭戏台”的提示，剧中动作提示则如“笑介”、“背气介”、“作笑容拱手介”、“做气介”、“打恭介”、“怒介”、“做得意状介”、“哭介”、“抱石欲跳介”、“指净介”、“权放石介”、“又指介”、“点头高叫介”、“号咷痛哭介”、“急跳下台介”、“哗噪介”、“立台前高叫介”、“向下招手介”、“惊喊介”、“慌介”等等不下二、三十条，极为详赡。在舞台调度上，李渔更是得心应手，生、旦、净、末、丑、杂轮番上场，一出之中，有独脚戏，有对子戏，也有群场戏，变化多端，忙而不乱，令人叫绝。

除了讲求关目新奇之外，李渔剧作的另一鲜明特点是重视真情。郑振铎说这出戏“感情喷薄”，观者“没有不为之感动的”，良有以也。至于此剧的思想意义，王端淑序云：“笠翁以忠臣信友之志，寄之男女夫妇之间；而更以贞夫烈妇之思，寄之优伶杂伎之流。”序者原意尽管是揭橥李渔剧作的新奇之处，却也未尝没有反映出他独特的道德观念和思想意识。　（周　秦　许莉莉）

巧　团　圆　　　李　渔

第十出　解　　纷

【紫苏丸】(生上)儒流贬节为商贾，际时艰且安奇数[①]。只可怜

宜戴凤冠头，屈他梦作商人妇。

小生为遵长者之命，暂抛书卷，觅利江湖。且喜来到松江，把先世所遗的账目俱已陆续收完；又买了许多布匹，不日就要回家。只是一件，起初来到这边，一心要做生意，把观风问俗、阅历人情的事，都且放过一边。如今正事已完，也该出去闲走一走。待我锁了门户，先往街坊去走一回来。（行介）

【九回肠】【三学士】俺不是慕贤名观风问俗，爱悲歌访筑寻屠。要向这童谣市语占天数，好做个致偏安的江左夷吾[②]。太平千日犹难待，纵有中山酒莫沽[③]，愁难诉。【三学士】愧杀我中流击楫输前古[④]，贩回家都是些长柄葫芦。楚囚欲泣无人对[⑤]，及至相逢泪欲枯。【急三枪】邦无道，休言仕，急归去。做个南容辈[⑥]，保妻孥！（暂下）

【前腔】（外用长竿负招牌上）走长街十人诧五，觅贤郎海底寻珠。沧桑不变终难遇，都道是这生涯绝类杨朱[⑦]。只思为我图安逸，那得个墨子充儿代御车[⑧]。真烦絮，便千年不遇交钱主，也是我命孤单合葬沟渠。枯骸不乞旁人殓，何用千贤笑一愚。依然向，人稠处，把招牌挂。不怕在官街上，把人驱。（竖招牌介）

远远望见两个后生飞赶前来，想是要买我做爷的了，不免坐端正了，好等他来拜见。（席地坐介）

【不是路】（副净、丑扮二少年急上）放脚奔趋，要看新闻实也虚。方才闻得人说，有个作怪的老儿，背着招牌，要卖与人家做老子。不信有这等奇事，特地赶上前来，要验个虚实。那席地坐的想必就是，且先去看看招牌。（近前看介）呀！果然有这等奇事！惊还怖，莫不是现身穷鬼卖骷颅？（副净用扇打外头介）得，你这老头儿就是卖身的么？（外）就是卖身的。（丑）要多少身价呢？（外）只要十两。（副净）看你这样年纪，已是死了半截，只剩半截的人了，为甚么还要这些银子？既然如此，你会上山砍柴么？（外）不会。（丑）你会下水拿鱼么？（外）也不会。（副净）你会烧锅煮饭、舂米磨面么？（外）一发不会。（丑）既然如此，那人出十两银子买你回去做甚么？（外）做爷。（副净、丑）怎么，买你做爷？（外）招牌上写明白了，你们不识字么？（副净、丑）字是识得

的，只为要问个明白，好去引人来买你。代相图，这十金不怕无人付，现有个觅鬼的钟馗出价沽。（外）不要取笑，若果有售主，就烦二位去引来，做得成交，老夫自然分付小儿，叫他重谢。（众大笑介）老实对你讲罢，那售主不是别的，只因孤老院中，少个叫化头目，要买你去顶补；又为乌龟行里[9]，缺个乐户头儿，要聘你去当官。这两个机会，你都不要错过。忙趋赴，你身旁即是黄泉路，休嗟迟暮，休嗟迟暮！

（外）你这两个孩子，好生不识高低。我年纪大你三四倍，也是一位尊长，怎么就把粗言恶语唐突起来？若不看你年小分上，竟该一顿肥打。（副净）你这老不死的贼精，我不打你也勾了，你反要打起人来。不要管他，动脚的动脚，动手的动手，打死这个老贼。（各用拳打脚踢）（外喊介）地方恶少打死人，街坊邻里，快来救护！

【前腔】（生上）何处惊呼？道是善类遭凶毙在途。呀，原来几个后生，攒殴一个老者。快去劝来。（劝开介）请问二位，他是老年之人，凡事该让他些，为何轻易动手？（副净）是人让得，独有这个贼精让不得。兄长立开，待我们打个尽兴。（生）请问二位，你两下相争，为件甚么事起？求尊故，若还欠债是我代偿逋。（丑）不说还好，若说起原故来，只怕兄长也要动气，不但不劝，还要帮着我们打哩！（副净）请看这个招牌就知道了。他明明取笑后生，要人唤他做老子，故此动了公愤。兄长也是后生，难道看了不动气？（生看毕惊介）呀，原来是卖身图，若不是道高众父堪称父，他怎敢弱视非雏强唤雏！（对众介）我劝你回尊怒，达尊面上难容唾，请收残污，请收残污。

（丑）照你讲来，他合该取笑我们，我们合该让他的了？（生）自然。莫说别样，单讲他没有儿子，就是个鳏寡孤独之人了。这四等人，朝廷尚且要怜悯，何况是我辈。（副净）既然如此，你何不兑出十两银子，买他回去做爷？（生）你看他一貌堂堂，后来不是没结果的，我就买他回去，也不是甚么奇事。二位兄长，打也打了，骂也骂了，如今各请回家，待我问他的来历。（副净）有这等没志气的人。也罢，由他卑贱无堪畏，且让我做有志堂堂两后生。（各摇摆下）（生背介）且住，我姚克承自幼丧亲，常恨没有爹娘奉事，要学丁兰刻木[10]，又记不起当时的面容。如今遇着个卖身为父的人，也是一桩

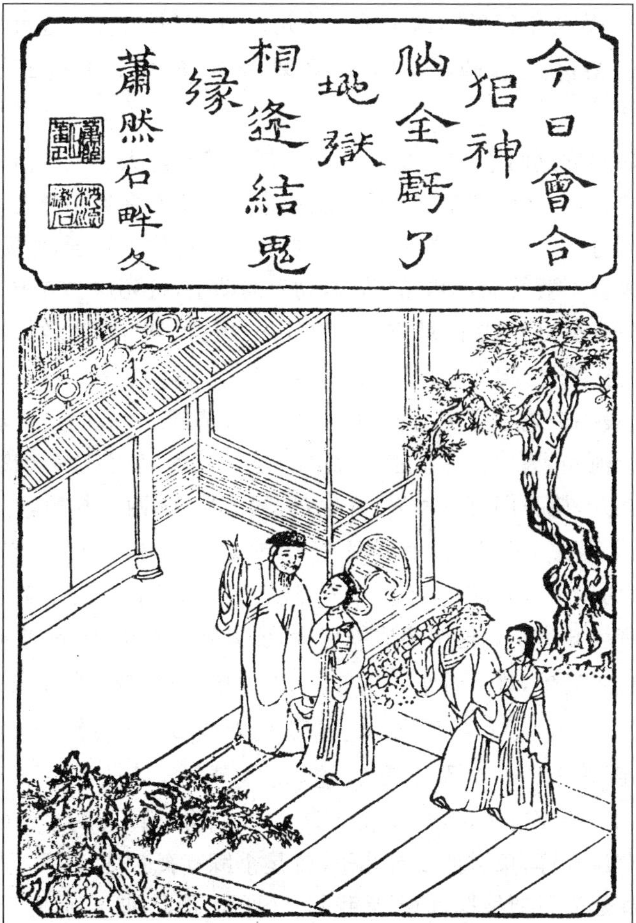
今日會合
佋神
仙全虧了
地獄
相逢結鬼
缘
蕭然石畔久

凑巧的事。何不将机就计，买他带了回家，借他的身子，权当我爹娘一幅真容，朝夕捧茶献水，尽我一点孝心，焉知我爹娘的魂魄，不附着他的身躯前来受享？有理，有理。待我探探口气，若还是个好人，就同他交易便了。（转身揖介）长者在上，后辈见礼了。（外忙起回礼介）呀，多蒙解劝，该是老夫拜谢，怎么倒反赐起揖来？（生）请问长者，卖身之意却是为何？（外）请坐了听讲。（外上坐）（生旁坐介）

【二犯孝顺歌】（外）亡儿夭，后嗣无，空肠忍饥难自糊。（生）这等讲来，是没有亲人的了。既没有亲人，这身价十两是谁人得去？（外）就是老夫自得。不瞒兄讲，老夫是吃惯嘴头的，每日除茶饭之外，还要吃些野食。难道一进了门，就好问儿子要长要短？也待吃上一两个月，情意洽浃起来，才好问他取讨。故此要这十两银子，放在身边使费。这十两资财，不勾我半载闲啜哺。且酸甜几月，莫使肠枯。（生）他未曾做爷，先是这等体谅，可见将来爱子之心，是无所不至的了。（转介）既然如此，可要写张身契么？（外指招牌介）这就是卖身文券。若还遇了售主，竟交付与他为证便了。有这硬纸牌作券符，煞强似软文凭易生蠹。（生起收招牌）（藏袖内介）

（外）呀，这是我的本钱，怎么拿来收了，难道不许我卖身么？（生）果然不许。你从今以后就是我的父亲，不许再寻售主了。（外）难道你、你，你要买我不成？（生）我要买你。（外）还是当真，还是当耍？（生）儿子买父亲，岂有当耍之理！

【前腔】从今后，子不孤，爹爹老年并不独。你莫说螟蛉[11]，我也竟作亲生父。当两家骨肉，死后重苏。这不是萍水踪，遇在途。分明是另怀胎，又疼了一番肚。

（外）既然如此，就兑银子出来。（生）这街坊上面，不是做交易的所在，须是请到酒肆之中，一面交财，一面尽礼，才成一个家数。就请同行。

善人无嗣易商量，何用天公作主张。

伯道丁兰相遇处[12]，两家积恨一时忘。

〔注〕 ① 奇(jī)数：指不幸的命运。 ② 江左夷吾：《晋书·温峤传》："于时江左草创，纲维未举，峤殊以为忧。及见王导共谈，欢然曰：'江左自有管夷吾，吾复何虑！'"江左，犹江东，江

南;夷吾,春秋齐名相管仲的字。原典为褒义,此处反用作贬义,指东晋甘于偏安江左的士大夫,句意则是苟且度日。 ③ 中山酒:传说中山人狄希造千日酒,饮之能醉千日。 ④ 中流击楫:《晋书·祖逖传》:“逖以社稷倾覆,常怀振复之志。……仍将本流徙部曲百余家渡江,中流击楫而誓曰:‘祖逖不能清中原而复济者,有如大江!’辞色壮烈,众皆慷慨。” ⑤ 楚囚欲泣:南朝宋刘义庆《世说新语·言语》:“过江诸人,每至美日,辄相邀新亭,藉卉饮宴。周侯(觊)中座而叹曰:‘风景不殊,正自有山河之异。’皆相视流泪。唯王丞相(导)愀然变色曰:‘当共戮力王室,克复神州,何至作楚囚相对。’” ⑥ 南容辈:南宫适一类人物。南宫适(适一作括),春秋鲁人,字子容,亦称南容。《论语·公冶长》记孔子曾嘉许他“邦有道,不废;邦无道,免于刑戮”。 ⑦ 杨朱:战国魏人,著名思想家,其学为当时显学,其思想核心为“贵己”、“重生”,主张“全性葆真,不以物累形”。 ⑧ 墨子:战国鲁人,墨家的创始人,其学为当时显学,主张“兼爱”、“非攻”、“尚贤”等,有《墨子》一书存世。 ⑨ 乌龟行(háng):指妓院。旧时称开设妓院或在妓院执役的男子为乌龟。 ⑩ 丁兰:汉代著名的孝子。少失双亲,及长,刻父母木像,事之如生。三国魏曹植《灵芝篇》:“丁兰少失母,自伤早孤茕。刻木当严亲,朝夕致三牲。” ⑪ 螟蛉:指养子。螟蛉为一种鳞翅目昆虫的幼虫,蜾蠃常捕之喂养自己的幼虫,古人不察,认为螟蛉被蜾蠃收养,遂以之为养子的代称。 ⑫ 伯道:晋邓攸字伯道,官至尚书右仆射。永嘉末,石勒作乱,他携子侄逃难,因形势险恶,恐难两全,乃弃子保侄,后终无子。见《晋书·良吏传·邓攸》。

《巧团圆》传奇事本作者小说《十二楼》之一《生我楼》,据说取材于当时现实。在改编中,作者通过巧妙构思,使情节更加出新出奇。

剧情演述汉阳秀才姚继,自幼与父母失散,孤身一人。邻居曹家无子,有意招他为养子,于是暗中考较其能力,劝他“暂抛书卷”,出门经商。曹家小姐早就有意于他,临行前两人私自定下婚约。姚继途经松江,遇到悬标卖身、意欲“与人作父”的孤老尹小楼。尹小楼家道殷盛而膝下无子,想用此计寻得一个孝顺之人,好立为嗣子,养老送终。姚继正苦于没有爹娘可以侍奉,便兑银买下了老人。无奈当时兵荒马乱,两人乍认又别,各自回乡探望。姚继回到汉阳,见曹家已经逃离,曹小姐被乱兵抓去,便努力寻访他们的下落。他先在贼兵那里错买得一老妇,索性拜她为母,继在老妇指引下买回了曹小姐。两人成婚后又去寻找尹小楼,最后方知买来的老妇居然就是尹小楼之妻,而尹氏夫妇实为姚继的亲生父母。偏巧此时又相逢曹家老夫妇,于是姚继与尹、曹两家终于大团圆。整个故事头绪纷繁,无处不巧,充分反映出李渔结构布局的独到功力,同时也显示了他力求新奇的艺术趋向。

《解纷》是全剧的第十出,演姚继路遇悬标卖身的尹小楼,决定把他买回家当父亲奉养的一段情节。世上只见买奴、买妾,这儿却来个买人作父,真是离奇古怪,闻所未闻。然而细察之,却也处理得合情合理。其中机妙就在“人情”二字。

姚继听从曹家的劝告,“暂抛书卷,觅利江湖”,到松江料理完“先世所遗的账目”,“又买了许多布匹”。初次出门,离家日久,他不免想念曹小姐,盘算起归程

来。好在一切事务差不多都已办好，只差再稍稍考察一下这里的风土人情，长点阅历，也算不虚此行。于是他“锁了门户”，走上街坊，一边“观风问俗”，一边不住声地慨叹着这动乱时局，悲凉身世。

孤老尹小楼一心想要认养一个孝顺的干儿子，好为自己养老送终。他绞尽脑汁，终于想出一个绝妙的主意——“倒转来做”，反将自己标价出售，卖给他人作继父。这样，如若“时运凑巧，遇得着这个奇人，他肯出几两本钱，买我回去供膳，就断然孝顺，断不忤逆可知了”。他做了个大招牌，上写：“年老无儿，出卖与人作父，只取身价十两，愿者即日成交。”然后挂在长竿上，上街寻买主。走在大街上，行人指顾猜疑，闲语纷纷。他却毫不在意，径直走到“官街上”，“人稠处”，树起招牌，等候意中的买主光顾。“远远望见两个后生飞赶前来”，他马上“坐端正了”，摆出一副“做爷的”样子，只“等他来拜见”。

“放脚奔趋”而来的是两个不干正经事的纨绔子弟。他们听说大街上竟有卖身作父的稀奇事，特地赶来看热闹。一见尹小楼是个穷苦老头打扮，先是恶语嘲讽，继而拳脚相加。李渔写戏“语求肖似”，什么样的人就打什么样的腔，只消三言两语，就能把两个恶少的丑恶嘴脸活脱脱地勾勒出来。这里有一段非常精彩的科诨。两人向尹小楼询问卖身缘由，看他一大把年纪，“已是死了半截，只剩半截的人了”，既不会“上山砍柴”，又不会“下水拿鱼”，也不会“烧锅煮饭”，更不会“舂米磨面”，纯粹是个废物，就嘲笑哪会有人愿意出十两银子把他买回家去“做爷”，每天还得好吃好喝地供养他。这些家伙哪能理解其中的奥妙，只道是“现身穷鬼卖骷颅”，遇着了世上少有的“奇事”“新闻”，正好借此取乐一番，于是“叫化”长、“乌龟”短地胡说起来。尹小楼无端受到后生侮辱，不免以长者口气教训几句，谁知他俩竟动起手来。尹小楼招架不住，连连呼救。幸好姚继闻声赶到，他看到两个后生正在“攒殴一个老者”，还以为是索要“欠债”，连忙上前相劝，并表示愿意代为偿还。当了解争执起因之后，他顿然想起自己的身世，对老人更表同情。他耐心打发走了两个无赖，就在一旁坐下，仔细询问老人的来历。

姚继“自幼丧亲，常恨没有爹娘奉事”，想刻木为像，“又记不起当时的面容”。今天“遇着个卖身为父的人”，岂不是“一桩凑巧的事”？他决定打探清楚，如果是个好人，就“将机就计，买他带了回家，借他的身子，权当我爹娘一幅真容，朝夕捧茶献水，尽我一点孝心”。姚继善良仁爱，宽厚礼貌，与那两个恶少相比真有天渊之别。这一切都看在尹小楼的眼里，他也同样在观察他。为了试验姚继是否真心孝顺，他又故出难题，说自己是“吃惯嘴头的，每日除茶饭之外，还要吃些野食”，一旦这卖身的十两银子“使费”完了，还要向干儿子“取讨”云云，告诉姚继自

己很难伺候。而姚继宅性仁厚，总是把别人往好处想，认为这正体现了老人对小辈的“体谅”，体现了他那“无所不至的”“爱子之心”，于是决定收起招牌，买他为父。这使尹小楼万分激动，他不敢相信自己果真能遇到这样的好人，一个肯花钱买老人去服侍的善良青年。尽管是萍水相逢，两人很快就亲密无间，宛若“亲生”，相与陶醉在这最为难能可贵的人间真情之中。

有人批评《巧团圆》传奇过于求新求奇，堕入俗套，自有一定的道理。但如果这种“新奇”是富有内涵的，比如《悬标》一出，则仍不妨其为佳作。它看似离奇闹剧，实际上契合人情。通过这一精心设置的戏剧场景，李渔将世间诸多可赞、可鄙、可叹、可恨的人事作了生动的展现，并以真挚的人情味使观众和读者感慨不已，回味无穷。

有异于明清传奇其他名著，本剧中宾白和科诨所占分量较重，相比而言曲唱反稍显零星琐碎。这与李渔重关目、重排场的戏剧观念有关。他倾向于较多采用利于叙事的宾白，让剧中人物的内心情感透过故事情节演出来，而不是通过抒情唱段唱出来，这样做无疑更容易赢得一般观众的欣赏。同样，李渔重视科诨，他把科诨比喻为戏曲的“人参汤”。他宣称写戏演戏的目的就是要使人快乐，使看戏的人个个笑口常开。如果有一个人不笑，他就感到遗憾和担忧。然而他又认为笑应该是有内涵的，戏剧的娱乐性之中必须蕴含有丰富的思想情感。《巧团圆・解纷》可说是较好地实践了他的艺术主张。　（周　秦　许莉莉）

奈 何 天　　李 渔

第二十一出　巧　怖

（众花灯、鼓吹引旦乘彩舆上）

【望吾乡】仆从攒眉[①]，愁他乐事违。新人上轿容偏喜，这番好事应无恙，共消却心头痞[②]。笙歌亮，宝炬辉，也与前番异。

（到介）（丑上）（行礼照常介）（丑、旦一面拜一面偷觑）（各惊介）

（丑）你们众人都出去。（净扮丫鬟在场）（余众齐下）（丑背介）好奇怪，昨日相的时节，没有这样齐整，怎么过得一夜，就艳丽了许多？难道我命里该娶标致老婆，竟把丑的都变好了不成？

【忒忒令】把一个黑缁缁寻常的阿姬[③]，变了个白皎皎可人的娇丽。且莫说态度嫣然，不像昨日那般者实[④]，就是脸上的皮肉，也细腻了许多。为甚么肌肤颜色，一旦光而腻？（叹介）天那！我阙里侯

前生前世造了甚么孽障，只管把这些美貌的妇人来磨灭我？似这等越娶越风流，受花磨，遭云障，缠到何日已？

且住，我昨日去相的时节，当面与他说过的，他情愿跟随我，今日才嫁过来。为甚么又从头虑起？不要怕他？放开胆来去同他对坐。（坐介）（旦背介）好奇怪的事，昨日来相我的，是那韩解元⑤，好不生得风流俊雅。为甚么换了这个怪物？哦，我知道了，这分明是媒婆与大娘串通了做的诡计，见周氏死了，没人还他，故此捉我来替代。是了，是了！

【沉醉东风】这机谋设得好奇，遣死妾硬将生替。我只道入鸳帏，做百年佳会，又谁知盼神仙忽逢魑魅。我既然自不小心，落了人的圈套，料想这个身子不能勾回去了，就与这俗子吵闹，也是枉然。须要想个妙计出来，保全了身子，依旧回去跟着袁郎，方才是个女中豪杰。不须皱眉，不须泪垂，且欢嘻笑傲，做个才人辩解围。

有个妙计在这里，不但保全身子，还可以骗得脱身。（转坐对丑冷笑介）我且问你，你就是阙里侯么？（丑）正是。难道别一个好同你对坐不成？（旦）这等，我再问你，昨日那个媒人与府上有甚么冤仇，切齿不过，就下这样毒手摆布你？（丑）没有甚么冤仇。他替我做媒，是一片好意，怎么叫做摆布我？（旦）你家就有天大的祸事到了，还说不是摆布你？（丑惊介）什么祸事？快请说来。（旦）你昨日相的是那一个？可记得他的面貌么？（丑）我昨日相的没有娘子这般标致，正有些疑心，难道另是一个不成？（旦）却原来，你相的姓周，我自姓吴。那个姓周的被你逼死了，我是来替他讨命的！（丑大惊介）这、这、这是什么原故？

【园林好】听说罢魂灵暗飞，因甚事悬梁赴水？既晓得媒施奸诡，为甚的明晃晃被人欺，明晃晃被人欺？

（旦）老实对你讲罢。我们两个都是袁老爷的爱宠，只因夫人妒忌，乘他不在，要打发出门。你昨日去相他，又有个韩解元来相我，一齐下了聘，都说明日来娶。我两个私自约定，要替老爷守节，只等轿子一到，双双寻死。不想周氏的性子太急了些，轿子还不曾到，竟预先吊死了。不知被那一个漏了消息，也是那韩解元的造化，知道我也要死，预先把礼金退了去。及至你家轿子到的时节，夫人叫

我来替他，我又不肯，只得也去上吊。那媒婆来劝道：你既要死，死在家里也没用，阙家是个有名的财主，你不如嫁过去，死在他家，等老爷回来，也好说话。难道两头人命，了不得他一分人家[6]？故此我依他嫁了来，一则替丈夫守节，二则代周氏伸冤，三来问你讨一口好棺木，省得死在他家，盛在几块薄板之中，后来要抛尸露骨。我的话已说完了，求你早些备我的后事。（丑作垂头丧气连叫呵呀介）

【江儿水】（旦）既把真情告，求将善念施。衣衾定要新鲜制，殉身勿惜金珠费，尸骸莫葬君家地。且向空门寄取[7]，少不得要扶榇还家，与那未死的尸亲同瘗。（解带系颈自勒介）

（丑同副净惊扯介）新娘！耐烦些，快不要如此！（旦做不听又勒介）（丑）不好了！大家都来救命！（对副净介）宜春，你到静室里去，把看经念佛的都请过来，好一齐扯劝。（副净应下）（丑）吴奶奶，袁夫人！我与你前世无冤，今世无仇，为甚么做定圈套上门来害我？如今没得说，轿子还在厅上，送你转去就是了。（旦）你就送我转去，夫人也不肯相容，依旧要出脱我。我少不得是一死，不如死在这边，还有些受用。（丑跪介）吴奶奶，袁夫人！是我姓阙的不是，不该把轿子抬你过来。如今千求万求，只求你开条生路！（旦）你若要我开条生路，只除非另寻一所房子，把我养在里面，切不可来近身。等袁老爷回来，把我送上门去，我自有好话为你，或者连那场人命都解散了，也不可知。（丑磕头介）若得如此，万代沾恩。（起介）既然这等说，不消另寻房屋。我有一所静室，现在家中，就送你过去。还有两位佳人替你做伴，少不得就过来了。（副净持灯照老旦、小旦上）

【五供养】新闻诧异，一样文章，做法偏奇。（丑）他们两个，就是静室的主人，你同他过去就是。我如今没奈何，只得要去压惊了。只说三遭为定，谁知依旧成空；不如割去此道，拚做一世公公[8]。（下）（三旦相见介）（旦）请问二位仙姑，是他甚么亲眷？（老旦）新娘不消问得，你是今日的我，我是前日的你，三个合来凑成一个品字，大家不言而喻罢了。伊为新至我，我是旧来伊。拈花一笑，心是口不劳诠谛[9]。羡只羡你这乖菩萨，巧阿弥[10]，降魔秘诀授凭谁？

(旦笑介)原来二位姐姐也是过来人。这等说起来,我们三个原该在一处的了。那所静室在那里,何不一同过去?(同行介)(老旦)浮生共多故,(小旦)聚散喜君同。(旦)也愿持如意[11],长来事远公[12]。(到介)(旦礼佛完介)好一所静室。(仰看介)有二位雅人在此,为何不命一个斋名?题一个匾式?(二旦)匾额倒做了,只是想不出这几个字来,就借重新娘罢。叫宜春,研好了墨,取匾额过来。(旦)我们三位佳人,一同受此奇厄,天意真不可解,总是无可奈何之事,就把"奈何天"三个字,做了静室之名罢!(二旦)妙绝,妙绝!只消三个字,把我辈满肚的牢骚发舒殆尽,就烦妙笔写起来。(旦写介)(老旦背对小旦介)我们一个有才,一个有貌,总不及他才貌兼全;况且才貌两桩,又都在你我之上。这等的佳人尚且落在村夫之手,我们两个一发是该当的了。(小旦)正是。

【玉交枝】令人形秽,尹和邢分妍别媸[13]。名花兀自受风欺,又何怪这两摧残零葩剩蕊!从今不敢斗芳菲,就是沉香亭畔也难同倚[14]。(合)愿相同终朝不离,愿相同终朝不离。

(旦)我们三个不约而同,都陷在此处。虽是孽障,也有夙缘。不但该同病相怜,还要同舟共济才是。等袁郎到家,他送我回去的时节,待我说与袁郎知道,或者连你二位也弄得上天,不致久沉地狱,也不可知。(二旦)若得如此,感恩不尽。

【川拨棹】(旦)心相倚,既同舟须共济。终有日共上天梯,终有日共上天梯,忍伊行偏沉污泥。(合)愿今生得共依,愿来生也不离。

【余文】(合)今宵又作同心会,禅床上再添一被,竟把普天下的奇冤凑作堆。

〔注〕 ① 攒(cuán)眉:紧皱双眉。 ② 心头痞:指郁积在心中的烦闷之事。 ③ 黑缁(zī)缁:形容皮肤黑的用语。 ④ 者实:稳实。 ⑤ 解(jiè)元:科举考试中乡试第一名。 ⑥ 了不得:弄不光、消耗不掉。 ⑦ 空门:原意是指佛教,这里借指寺庙。 ⑧ 公公:太监。 ⑨ "拈花"二句:佛教典籍记载释迦牟尼佛在灵山会上拈花示众,唯有迦叶尊者理解其中妙谛,破颜微笑。后因以"拈花一笑"表示心心相印、无需口述。 ⑩ 阿(ē)弥:阿弥陀佛,佛教西方极乐世界中最大的佛。 ⑪ 如意:古代一种供搔痒等用的器物,僧徒也以之作为宣讲时手持的道具,此系以"持如意"代指入静室修行。 ⑫ 远公:指晋高僧慧远,这里是吴氏借之指称邹氏及何氏。 ⑬ 尹和邢:汉武帝宠幸尹、邢两夫人,不令二人相见。及相晤后,尹夫人自痛不如邢夫人,低头俯首而泣,见《史记·外戚世家》。这里何氏是以尹夫人自拟而以邢夫人喻吴

氏。 ⑭“沉香亭”句：唐玄宗和杨贵妃游赏时，召李白赋新乐章，李白援笔成《清平乐》三首，其第三首描写杨贵妃的风姿，有“解释春风无限恨，沉香亭北倚阑干”之句。何氏引用这一故实，系以杨贵妃拟吴氏，说不敢与她并肩比高下。沉香亭，在唐兴庆宫内，以沉香木修建成。

《奈何天》的情节颇为不经。它写的是阙素封，字里侯，生来疤面、糟鼻、驼背、跷足，并还有口臭、腋臭、脚臭诸病，集众丑于一身，粗蠢至极，混名“阙不全”。但又富到极处，“门户与朝廷争大”。他自幼聘有才女邹小姐，成亲之夕，为了怕邹氏嫌他丑，用了个“灭烛成亲”之计，以求瞒过初夜。但半夜邹氏已被他身上的恶臭熏得呕吐，次晨再见到他的丑陋形象，悲愤欲绝，乃于勉强挨过满月之期后，割断夫妻之情，将书房改为禅房静室，一人独处。阙素封再用倩人代为相亲的诡计，骗娶了一位姿色出众的何氏女。合卺之夕，何氏无力反抗，乃将自己灌醉。婚后未几，何氏也遁入书房和邹氏共处，与丈夫断绝来往。经略袁滢奉旨巡边。家中妒妇乘机遣嫁周、吴二妾。韩解元相中才貌双全的吴妾，后又因故退婚。阙里侯相中周妾。周氏见阙奇丑，愤而自缢。妒妇乃改以吴氏顶替。这里所选的《巧怖》，就是演吴氏被遣嫁到阙家时的一出戏。

《奈何天》的情节有主、副两条线索，以上所述是全剧的主线。副线则是演阙里侯有一家仆阙忠，他极善筹划，以阙里侯名义做了焚去无法收取钱款的债券、辅助军饷等事，并用计斩除贼首，建立大功。朝廷因封阙里侯为“尚义君”，上天也叙他焚券输饷的阴骘，特遣“变形使者”为他改造外形。

至此两条情节线乃合在一起，当朝廷颁下诰命时，三女为争凤冠霞帔而吵闹，最后以阙忠事先已请了三副诰命而皆大欢喜告终。

“重复”是结构喜剧情节的重要手法之一。但怎样才算把它用好，却大有讲究。如若只是把相类似的情节简单地重复显现，那只会令人感到厌烦而产生不了理想的喜剧效果。真正的、优秀的喜剧重复当是“求同存异”，即同中有异，异中存同。以“求同”的重复来吸引观众的注意，这只是制造“重复”喜剧效果的基础；以同中之异来出奇制胜，才是令观众鼓掌称快的戏核。京剧《空城计》中诸葛亮有句唱词是“险中用险显才能”，故意连续采用相似的情节，着意求同，而又每次都能翻出不同的新内容，也恰是所谓“险中用险显才能”。而《奈何天》正是喜剧大家李笠翁巧用“重复”技巧的代表作之一。所以我们就着重从这一方面来对它进行些赏析。

都是阙里侯娶亲，都是新娘不堪阙的丑陋粗俗，逃入静室，持斋礼佛，这是“求同”，并且是一而再，再而三，重复了三次。

但“同”中却有众多大“异”在。

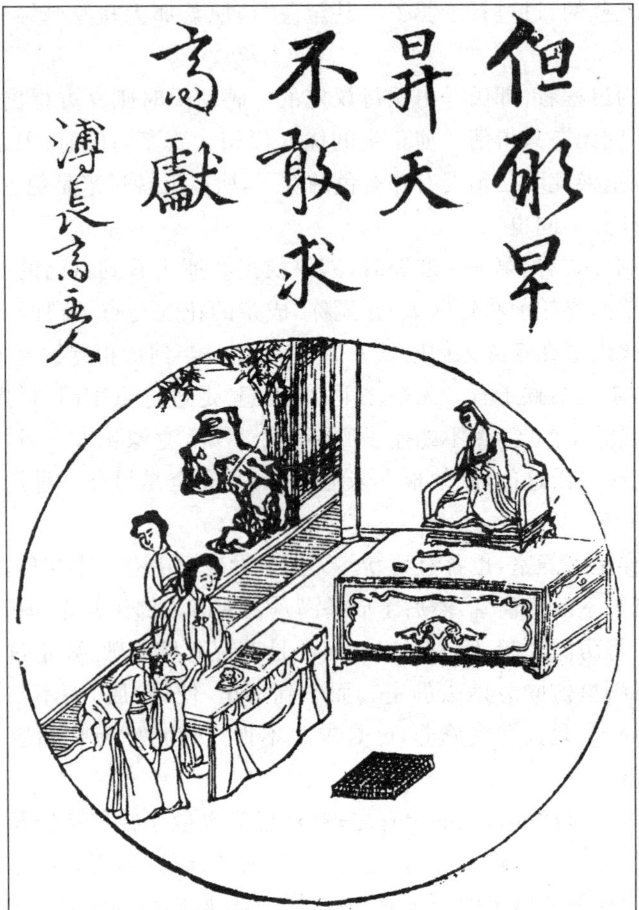
但願早
昇天
不敢求

由议亲的方式看，阙里侯与邹氏是襁褓中由父母定的亲，后两位则是阙自己做主去选聘的，此其不同也一。

由阙选聘对象的标准看，邹氏逃入静室后，阙里侯为了怄气，要寻一个容貌胜过邹氏的绝色女子来气邹氏。及至第三次，阙已经认识到像自家"一副嘴脸，只该寻个将就些的，过过日子罢了"，甚至说"情愿与那无盐嫫姆缔丝萝"。此其不同也二。

由许亲的过程看，邹氏是由父母议定的。聘何氏时则女方提出要当面相一相阙的面貌，阙无奈只得倩一演正生的优人代相。欲娶周氏时，因她是逐妾，听人相取；而阙里侯此时已怕娶有才有色的女子，所以反转过来是他主动提出要亲自相一相。此其不同也三。

由成亲的方式看，第一次迎娶时，阙里侯担心邹氏看到自己的丑陋本相，乃于新人摘去罩面喜帕前将灯吹灭，并谎称"成亲的花烛是点不得两次的"而蒙混成亲。第二次则想在新人入门时就大振夫纲，于是当何氏拒绝饮合卺酒时，阙连续鞭打丫鬟，杀鸡给猴子看。无奈之下，何氏想"走进这重牢门，料想跳不出去。今夜的失身自然不免了，倒不如捏了酒杯吃个烂醉，竟像死人一般，任他蹂躏便了"。而第三次吴氏这门，则他根本未能近身，又完全是另外一种局面。此其不同也四。

新人怎样遁入静室，也各有巧妙。邹氏是发现家中有一书房后，事先塑制好观音法像，把书室改为斋堂，然后于成婚满月之期借为佛像开光和祈子名义进入书室，并立即将房门锁起，闭关静修。何氏是诳说喜嫁阙郎，要走过去讥诮邹氏一番，才骗得阙里侯同意她去静室。而一到那里，便"狡脱"而不归了。至于吴氏，阙里侯对她应允去静室修养，已是求之不得，认为是"万代沾恩"的大喜事。此其不同也五。

再如成亲之时换掉新人的罕有之事，戏里竟也敢于在娶何氏及娶吴氏时连用两次，但二者又绝不雷同。简言之，前者是换了新郎，后者是换了新娘。换新郎是新郎阙里侯精心做出的安排，心中有数；换新娘则由临时发生的偶然事件促成，新娘吴氏是由人摆布而被弄来顶替周氏的，事先一无所知。换上的新郎兴高采烈，渴盼合卺成亲；换上的新娘只觉得是"盼神仙忽逢魑魅"，急于设计脱身。

还需要指出的是，能产生喜剧效果的"重复"，必然不是生硬编造拼凑出来的。如本剧，情节的"重复"——三次成亲——植根于阙里侯的既奇丑又想讨老婆，而老婆都憎嫌他。情节的"同中有异"，则是由于阙里侯为了想达到成亲的目的，自要根据事态发展不断变化手法；三位女方也会因身份、思想、环境等的不同

而各自采用适当的逃离办法。而这一切都是情理中事。只有这样，才能显得水到渠成，出自天然，而不给人以故意造作之感。

而且不仅同和异都要合情合理，更还要异得有愈出愈奇的机趣。阙第一次成亲用“灭烛”计“遮遮瞒瞒，躲过一关”；第二次用威逼手段“慢橹摇船捉醉鱼”。而到这一折，以为周氏事先已经“情愿跟随我”，所以敢于“放开胆来去同他对坐”。孰料事情却大大相反，才貌均在常人之上的吴氏，一猜到是被作为死去的周氏的替身嫁至此处，与何氏不同，根本不想让阙近身，于是编出一套耸人听闻的谎言。先是以周氏被逼死恐吓阙，吓得他“魂灵暗飞”。继之又反客为主，说是特意到阙家来寻死，为的是以“两头人命”的官司，了结掉阙的一份家当。进而采取行动，催逼阙赶快为自己准备丰厚的葬品。弄得阙只好主动打退堂鼓，提出将她送回袁家。但此退彼进，吴氏却不肯回去了，一定要“死在这边”。直至阙跪下来千求万求，哀恳吴氏给他“开条生路”，吴氏才开恩允许阙辟一静室来供养她。而阙一闻此言，连忙口称“若得如此，万代沾恩”，磕头致谢。观众中的大多数都会是同情三位女子而憎厌阙里侯的，因而当这第三次成亲时，看到阙被耍弄得如此狼狈不堪，自会如奇痒得搔，心舒意畅，击节不已。

对《奈何天》的思想意义，历来或毁或誉，分歧颇大。由于在本书中只选录了一出，难窥全豹，所以就不拟对此进行探讨。但仅单独看《巧怖》一折，或联系简略介绍到的另两次成亲、逃婚，当可以发现舞台形象所给予观者的直接感受是：美女如嫁丑夫，哪怕是由父母之命、媒妁之言配合的，也都可以设法拒婚、逃婚——当然是在当时社会条件允许下的拒婚、逃婚。这和“三从四德”等封建伦常所说的“在家从父，出嫁从夫”，“嫁鸡随鸡，嫁狗随狗”以及京剧《红鬃烈马》中王宝钏抛彩球择婿后所讲“莫道是打着花郎，就是打着一块顽石，也要抱它三年”，显然是两种截然不同的婚姻、道德观。（陈　多）

风　筝　误　　李　渔

第十三出　惊　　丑

（末持香扇等物上）满手持来满袖装，清晨买到日昏黄。手中只少播鼗鼓[①]，竟是街头卖货郎。自家奉小姐之命，去买办东西，整整走了一日。且喜得件件俱全，样样都好，不免叫奶娘交付进去。（向内唤介）老阿妈。（净上）阿妈阿妈，计较堪夸。簸弄老子，只当哇哇[②]。东西买来了，待我交进去。（持各物向鬼门立介[③]）（末）小姐看见这些东西买得好，或者赏我一壶酒吃也不可知。且在此间

候一候。(净转身唤介)门公在那里?小姐说:这香味不清,扇骨不密,珠不圆,翠不碧,纱又粗,线又啬[4],绫上起毛,绢上有迹,裙拖不时兴,鞋面无足尺,空费细丝银[5],一件用不得。快去换将来,省得讨棒吃。(丢还介)(末)怎么,这样东西,还嫌不好?就是要换,也只得明日了。今晚要守宿,烦你回覆一声。(净内云)小姐说:心上似油煎,下身熬出汁。若等到明朝,爬床搔破席。门上不须愁,奶娘代承值。只要换得好,来迟些也不妨碍。(末)有这样淘气的事!没奈何,只得连夜去换。(叹介)养成娇小姐,磨杀老苍头。(下)(内发擂介[6])

【渔家傲】(生潜步上)俯首潜将鹤步移,心上蹊跷,常愁路低。小生蒙詹家二小姐多情眷恋,约我一更之后,潜入香闺,面订百年之约。如今谯楼上已发过擂了[7],只得悄步行来,躲在他门首伺候。我藏形不惜身如鬼,端的是邪人多畏。为甚的保母还不出来?万一巡更的走过,把我当做犯夜的拿住[8],怎么了得?他若问夤夜何为,把甚么言词答对?我若认做贼盗,还只累得自己;若还认做奸情,可不玷了小姐的名节!小姐,小姐,我宁可认做穿窬也不累伊[9]。

(净上)月当七夕偏迟上,牛女多从暗里逢[10]。如今已是一更之后,戚公子必定来了,不免到门外引他进来。(做出门望介)偏是今夜又没有月色,黑魆魆的,不知他立在那里?不免待我咳嗽一声。(嗽介)(生惊倒退介)不好了,有人来了。(躲介)(净)难道还不曾来?不免低低叫他几声。戚公子!戚相公!(生喜介)那边分明叫我,不免摸将前去。(一面摸一面行)(与净撞头各叫阿呀介)(净)你可是戚公子?(生)正是。(净)这等随我进去。(牵生手下)

【剔银灯】(丑上)慌慌的梳头画眉,早早的铺床叠被。只有天公不体人心意,系红轮不教西坠。恼既恼那斜曦当疾不疾,怕又怕这忙更漏当迟不迟[11]。

奴家约定戚公子在此时相会,奶娘到门首接他去了,又没人点个灯来,独自一个坐在房中,好不怕鬼。(净牵生手上)(生)身随月老空中度,(净)手作红丝暗里牵。小姐,放风筝的人来了。(丑)在那里?(净)在这里。(将生手付丑介)你两个在这里坐着,待我去点灯来。反将娇婿纤纤手,付与村姬捏捏看[12]。(下)(丑扯生同坐

介)戚郎,戚郎,这两日几乎想杀我也!(搂生介)(生)小姐,小生一介书生,得近千金之体,喜出望外。只是我两人原以文字缔交,不从色欲起见,望小姐略从容些,恐伤雅道。(丑)宁可以后从容些,这一次倒从容不得。(生)小姐,小生后来一首拙作,可曾赐和么?(丑)你那首拙作,我已赐和过了。(生惊介)这等小姐的佳篇,请念一念。(丑)我的佳篇一时忘了。(生又惊介)自己做的诗,只隔得半日,怎么就忘了?还求记一记。(丑)一心想着你,把诗都忘了。待我想来。(想介)记着了。(生)请教。(丑)云淡风轻近午天,傍花随柳过前川。时人不识予心乐,将谓偷闲学少年。(生大惊介)这是一首《千家诗》[13],怎么说是小姐做的?(丑慌介)这、这、这果然是《千家诗》,我故意念来试你学问的。你毕竟记得,这等是个真才子了。(生)小姐的真本,毕竟要领教。(丑)这是一刻千金的时节,那有工夫念诗。我和你且把正经事做完了,再念也不迟。(扯生上床)(生立住不走介)(净持灯上)只恐夜深花睡去,故烧高烛照红妆[14]。(丑放生手介)(净)灯来了,你们大家脱略些[15],不要装模作样,耽搁工夫。我到门前去立一立,就来接你。闭门不管窗前月,分付梅花自主张。(下)(生看丑大惊)(背介)呀,怎么是这样一个丑妇!难道我见了鬼怪不成?方才那些说话,一毫文理不通,前日的诗,那里是他做的?

【摊破锦地花】惊疑,多应是丑魑魅,将咱魇迷。凭何计,赚出重围?(丑背指生介)觑着他俊脸娇容,顿使我兴儿加倍。不知他为甚么缘故,再不肯近身?是了,他从来不曾见过妇人,故此这般腼腆。头一次见蛾眉,难怪他忒腼腆把头低。

(生)小姐,小生闻命而来,忘了舍下一桩大事,方才忽然想起,如坐针毡。今晚且告别,改日再来领教。

【麻婆子】劝娘行且放且放刘郎去[16],重来尚有期。(丑)来不来由你,放不放由我。除了这一桩,还有甚么大事?我笑你未识未识琼浆味,若还尝着呵,愁伊不肯归。(扯生介)夜深了,请安置罢。(生变色介)小姐,婚姻乃人道之始,若无父母之命、媒妁之言,就是苟合了。这个怎么使得?主婚作伐两凭谁[17],如何擅把凤鸾缔?(丑)我今晚难道请你来讲道学么?你既是个道学先生,就不该到这个所在

来了。你说要父母之命、媒妁之言，如今都有了。（生）在那里？（丑）人有三父八母[18]，那乳母难道不是八母里算的？如今有乳母主婚，就是父母之命了。（生）这等，媒人呢？（丑取出风筝介）这不是个媒人？若不是他，我和你怎得见面？我自有乳母司婚礼，风筝当老媒。

如今没得说了，请睡。（扯生介）（净冲上）千金一刻春将半，九转三回乐未央[19]。如今已是三更时分，料想他们的事一定做完了，早些打发他去，不可弄出事来。（生望见净故作慌介）不好了，夫人来了！（丑放生介）（生急走撞着净介）（净）你们的事做完了么？（生）做完了。（净）这等，待我送你出去。（复牵生手行介）公子，我家小姐是个救苦救难的观音菩萨。（生）你这保母是个急急如律令的太上老君[20]。（急下）（净）如今进去讨他的谢礼。小姐，如今好谢媒人了么？（丑怒介）呸！你不是媒人，是个冤魂。（净）怎么倒骂起我来？（丑）刚刚有些意思，还不曾上床，被你走来，他只说是夫人，洒脱袖子跑出去了。（净惊介）这等，你们在这里半夜，做些甚么？（丑）不要说起，外貌却像风流，肚里一发老实不过。说了一更天的诗，讲了一更天的道学。不但风流事不会做，连风情话也说不出一句来。如今倒弄得我上不上、下不下，看你怎么处？（净）不妨，我另有个救急之法，权且瞒过一宵[21]，再做道理。

做媒须带本钱行，莫待无聊听怨声。
佳婿脱逃谁代职？床头别有一先生。

〔注〕 ① 播鼗（táo）鼓：带柄的小鼓。来回摇动时，两旁系在短绳上的鼓槌击鼓发声。走街串巷的小贩常用之招徕生意。 ② 哇哇：娃娃，小孩子。 ③ 鬼门：传统戏曲用语，指后台通向舞台的门。 ④ 啬：滞涩、不滑溜。 ⑤ 细丝银：成色最好的一种银子。 ⑥ 发擂：开始擂更鼓，打初更。 ⑦ 谯（qiáo）楼：城门上的瞭望楼和更鼓楼。 ⑧ 犯夜的：宵禁后违规在街上行走的人。 ⑨ 穿窬（yú）：穿墙洞或从墙上爬过去。指偷盗。 ⑩ 牛女：神话故事中的牛郎、织女。 ⑪ 更漏：漏，亦名漏壶，古代计时器。夜间根据刻漏报更，称"更漏"。 ⑫ 村姬：指粗野、鄙俗的女子。 ⑬《千家诗》：明清流传甚广的一部儿童启蒙用的诗选集。上面詹爱娟念的"云淡风轻"一诗，系宋代程颢所作，《千家诗》开卷第一首录的就是这首诗。 ⑭"只恐"二句：原为宋代苏轼《海棠》诗句，这里只是用以表示是点了灯来。 ⑮ 脱略：放松、不受拘束。 ⑯ 刘郎：东汉刘晨。南朝宋刘义庆《幽明录》载刘晨、阮肇东汉永平间入天台山采药迷路，遇二仙女，留居半载，归来时已入晋代，子孙已历七世。 ⑰ 作伐：《诗经·豳风·伐柯》："伐柯如何？匪斧不克。取妻如何？匪媒不得。"柯，斧柄。匪，非。后因以"作伐"喻作媒。 ⑱ 三父八母：同居继父、不同居继父、从继母改嫁之继父为三父，嫡母、继母、养母、慈母、嫁母、出母、庶母、乳母为八母。 ⑲ 未央：没有穷尽。 ⑳ 急急如律令：道教咒语或符箓喝令鬼神

听命之语。太上老君：道教的主神，即神化的老子。　㉑ 睐(nóng)：俗字，原为迷目之意，此处指胡乱对付睡一觉。

《风筝误》是李渔(字笠翁)的代表作，共三十出，其中如本书所选的《惊丑》、《婚闹》、《诧美》、《释疑》等出，现在仍经常搬演。

剧中的男主人公叫韩琦仲，自幼父母双亡，寄养在父执戚补臣家。戚有一子，名友先，乃酒色之徒。女主人公叫詹淑娟，父詹烈侯，和戚补臣是同年。詹烈侯娶有梅、柳二妾。淑娟系柳氏所生；姊爱娟，为梅氏所生。因二妾时常争吵，詹烈侯筑墙将宅中分为两院。

戚友先拿有韩琦仲题写诗句的风筝去放，偶然坠落在詹府柳氏院中；柳氏命淑娟和诗一首也写在风筝上。及至韩琦仲看到讨回的风筝上的和诗，极为赏识，又听说此女容貌也十分出色，便又糊了个风筝，仍用戚友先名义写上隐寓有爱慕之情的诗，故意将它落在詹府。不料这次却落在爱娟院内，于是她假冒淑娟之名，约韩夜间到府相会。

剧中赋予韩琦仲的特点是他对择偶有着与众不同的想法：一是要求对象必须在天姿、风韵、内才三方面都与自己相称，二是主张要经过"目击"——"亲自试过他的才，相过他的貌"，方可定夺。因此他便应约而去。及至相晤，发现爱娟目不识丁，言谈粗鄙，寡廉鲜耻，面貌奇丑，使他大吃一惊，狼狈逃走。

戚补臣为其子友先聘爱娟、为韩聘淑娟。爱娟于成亲时无意中泄漏前此约人夜晤之事，引起一场戚友先与她大吵的戏(第二十一出《婚闹》)。

韩琦仲误以淑娟为爱娟，虽被迫允婚，然于婚夕即独宿于书房。后发现淑娟并非丑女而是才貌双全的美女，乃大喜过望，谢罪求和。(第二十九出《诧美》)

最后于詹家翁婿团聚时，韩琦仲始知昔日所晤之人即爱娟，经过一番争吵，"把往事付之流水"，彼此言和，喜庆团圆(第三十出《释疑》)。

《惊丑》出演的即是韩琦仲夜入詹府遇到爱娟的过程。

这出戏安排得极有层次，演出时喜剧效果一个接一个相继而出。第一个效果，出自韩琦仲和詹爱娟二人的性格碰撞。一个是"外貌却像风流，肚里一发老实不过"的才俊秀士，一个是粗鄙下流的淫荡女子。这样两个人黄夜约会，自会生出特殊内容。一开始，女的说"从容不得"，急于偷情；男的偏要不合时宜地怕"恐伤雅道"，不仅连"风情话"也一句说不出，反要谈诗论文。这样便引出了充分暴露她不学无术、蠢笨愚劣的"你那首拙作，我已赐和过了"，把《千家诗》第一首理学家程颢的"云淡风轻近午天"当作"我的佳篇"等滑稽突梯的喜剧语言，令观者捧腹不已。

上面的戏是在没有点灯，双方未能一睹尊容的情况下进行的。当韩琦仲犹在围绕着谈诗的话题讲什么“小姐的真本，毕竟要领教”之时，乳母送灯来，从而把戏转到了韩琦仲身上。韩这时才看清对方的庐山真面目，甚至怀疑“多应是丑魑魅，将咱魇迷”。但另一方面，詹小姐却是凭借灯光“觑着他俊脸娇容，顿使我兴儿加倍”。于是一个如坐针毡，急于要“赚出重围”；一个说“来不来由你，放不放由我”，绝不肯放他走。现在被动的是韩琦仲了，从他急于逃脱而又逃不掉的尴尬窘态，观者又会感到一种与前不同的喜剧趣味。最后，还是乳母再次登场，才使韩得以乘机摆脱詹的拉扯，仓皇逃去。而此时，乳母讨功的夸赞“我家小姐是个救苦救难的观音菩萨”，恰和韩表扬她的“你这保母是个急急如律令的太上老君”形成巧对，定会再次引起哄堂大笑，正所谓全凭此语撒娇，作“临去秋波那一转”，以收煞这一大段戏。

配合着上述这些主场戏，在它的前后还有着可视为引子和余文的安排。开场一段乳母和门公的戏，由内容上讲，是乳母设计将看门人打发掉，以便私自接送韩琦仲。而乳母的话出之以带有对仗意味的韵文，轻灵跳脱，正好引入下面的喜剧场面。韩琦仲逃下台，再让乳母和小姐议论几句，把这场戏淡淡地化出，使人有余味在口之感，以便打点精神继续看下面的戏。

作者通过高妙的写剧技巧，使得《惊丑》成为一出极富喜剧效果的戏，但它的寓意何在呢？是否如一些人所说的只是贩卖市井谑浪的低级趣味，甚或“遂堕恶趣焉”？

必须从全剧来看，才有可能完整地回答这一问题。在这里只能以本出为主，并结合着与它直接有关的前因后果，简略地说一点。

如若说公子赴约偷情而以“惊丑”逃走作结，虽在古代戏曲中已是较为罕见，但那还仅仅是由情节结构上出奇制胜、“脱窠臼”。其实更应当着眼于作者在本出中刻画韩琦仲的形象时，赋予他的一些独有的特色。

首先是韩琦仲绝没有“色胆天来大”、“打扮的身子儿乍，准备来云雨会巫峡”(《西厢记》杂剧)的意味，而出场的形象竟是“俯首潜将鹤步移，心上蹊跷，常愁路低”，并自觉是“邪人多畏”，听到乳母一声咳嗽，便惊吓得“倒退介”、“躲介”。当他考虑到万一被人拿住时，以为最主要的是绝不能影响小姐的名节，“我宁可认做穿窬也不累伊”。其次是他的作为确实是如詹小姐事后所说：“外貌却像风流，肚里一发老实不过。说了一更天的诗，讲了一更天的道学。不但风流事不会做，连风情话也说不出一句来。”这一些，就使得韩琦仲的形象和古代戏曲中习见的多少带有些急色儿味道、一门心思为期遂“好事”而赴幽会的公子，大有不同。

韩琦仲为什么会是这样的呢？这决定于他此行的动机、目的：一定要经过“目击”，考察对方是否在天姿、风韵、内才三方面都与自己相称。剧中通过韩琦仲这一形象传达的求婚标准和“目击”方式，大不同于他那时期礼俗和常规的认识；而这正是《风筝误》的最大特点，也正是全剧寓意的体现所在。

所以，他之会应邀到韩府来与小姐相见，虽然在形势上有类于戏曲中习见的“幽会”，但目的全在于要“目击”一番，以进一步了解和诗女子是否符合自己的求偶标准，而根本不涉于期遂“好事”。循着这一线索来看，就可以理解作者为什么不给他如天色胆，为什么他不但不做风流事，不谈风情话而只是谈诗论文。就可以理解这出戏在全剧中所起的作用，即在于以夸张的笔墨、喜剧的手法，使观众在对詹爱娟丑态的讥笑，对韩琦仲窘态的谐笑中，从事实上认同韩琦仲事后对这次遭遇所做的归纳：他不晓得爱娟是冒名顶替的假货，因而认为前此听到的关于詹家小姐容貌出众的一类传言，都是不能信任的骗人鬼话；风筝题诗等佳话，也有倩人捉刀的赝笔。总之是“耳内千闻，不如一见”，单凭父母之命、媒妁之言来议定婚姻，难免是不能美满的，“好事从来由错误”，只有改用封建礼教认为“错误”的“目击”方法，才能真正成就美满好事。

在这里还有必要对詹爱娟的塑造讲几句话。詹爱娟是一位出身宦门、待字闺中的少女，纵然性格愚鲁粗鄙，当也不会像剧中那样寡廉鲜耻和赤裸裸地追求色欲，剧中所写显然是不真实的，趣味低俗。但另一面也要看到，戏曲本来就不是按照表面真实来表现生活的艺术。抓住一点，大加夸张，甚至让角色直接把心中最见不得人的丑恶思想坦言出来等，原是戏曲惯用的手法。尤其是在丑角的科诨中这更经常使用。著名的例子如元杂剧《窦娥冤》、《魔合罗》中都有的审案官一见到告状人便急忙下跪，并解释下跪的理由说：“但来告状的，就是我衣食父母。”这虽被认为是讽刺力度极强的科诨，但如不顾戏曲艺术规律而从生活表面真实角度来要求，它也显然是不真实、不能成立的。对詹爱娟以及其他戏中诸如此类的描写，似亦应作如是观。

（陈　多）

风　筝　误　　　李　渔

第二十一出　婚　　闹

【女冠子前】（老旦上）一官匏系人难到①，儿未嫁，婿先招。

老身梅氏。自从老爷上任，已经一载，烽烟阻隔，音信杳然。女儿年纪十八，正当婚嫁之时。前日戚家来议婚，老身已经许诺。今乃成亲吉日，花烛酒筵，俱已齐备，戚家女婿，也该到门了。

良宵空把長更守，那晚的佳人非舊，被一介作孽的風箏誤到頭

【临江仙尾】(副净带末上)嫖经收拾赋《桃夭》[②],且尝新淡菜,莫厌旧蛏条[③]。

(净扮掌礼请介)(丑纱巾罩面上)(行礼照常介)

【山花子】(合)双双拜罢笙歌闹,满堂贺客如螬[④]。两亲翁金榜共标,戴乌纱旧日同僚。女和男青春并韶,衡才絜貌差不遥。苍天配就鸡鹅交[⑤],八两半斤,不错分毫。

(老旦)你们移灯送入洞房,早些回避。养儿方识为娘苦,嫁女翻增阿母羞。(先下)

【大和佛】(合)撒帐繁言休絮叨[⑥],听鼓谯,移灯送鹊入鸠巢[⑦]。好良宵,闰年闰月更难闰,饶云饶雨漏难饶[⑧]。你每人人尽识新婚好[⑨],当初也曾年少。不听见夫人语,他也曾做过新人因此上厌烦嚣。

【隔尾】行行不觉珠围到,绕室多将宝炬烧。(进房介)(副净)你们都回避,好待我揭去纱笼看阿娇。

(众)双双入室调新瑟,各各归家理旧弦[⑩]。(下)(副净揭纱巾看丑)(惊背介)呀,我只道詹家小姐,不知怎么样一位佳人,原来是这样一个丑货!

【粉孩儿】相逢处,顿将人佳兴扫。甚新婚燕尔,恼人怀抱。怎教我翩翩公子裘马豪,配伊行野鬼山魈[⑪]!我戚友先一向嫖妇人,美恶兼收,精粗不择,丑的也曾看见几个,不曾象他丑得这样绝顶。你看那鼻凸睛凹,说不尽他颜面的奇巧。(闷坐介)

(丑)戚郎,我只得一年不见你,你怎么就这等老苍了?(副净惊介)

【福马郎】(丑)为甚的一载分离人便老,全不似旧日的莲花貌[⑫]?莫不是担愁闷,害相思,因此上把容焦?那一夜呵,我们好好的说话,被奶娘撞将来,你只说是夫人,跑了出去。我自那一夜直想到如今,好不苦也!(副净大惊介)(丑)我终日把伊瞧,流尽了千行泪,才等得到今朝。

(副净拍案大怒介)哇!丑淫妇!你难道瞎了眼,人也不认得?我何曾到你家来?我何曾见你的面?我何曾撞着甚么奶娘?你不知被那个奸夫淫欲了去,如今天网不漏,在我面前败露出来!

【红芍药】听说罢,怒气冲霄,斩伊头恨无佩刀。我只道玄霜未经捣[13],又谁知被他人掘开情窍。到如今错认新郎作旧交,刚抬头便把玉郎频叫。这供词是你贼口亲招,难道说我玷清名把奇谤私造?

【耍孩儿】(老旦持灯上)为甚洞房频厮闹?莫不是儿女娇羞甚,激起那卤莽儿曹?女儿女婿成亲,为甚么争闹起来?我想没有别事,一定是为女儿装模做样,不肯解带宽衣。做公子的粗豪心性,不会温存,故此撒起性来。如今教我做娘的,又不好去劝得,怎么处?推敲,怎教我羞答答阿母把温柔教?(副净)叫家人,快些打轿,我要回去。(老旦)呀,为甚的学杜宇声声叫[14]?便是要定省也天还早[15]。

(进见介)贤婿,为何这等焦躁?(副净)我不是你女婿,你的女婿去年就有人做去了。(老旦惊背介)这话说得奇怪,难道我女儿有了破绽不成?(想介)就是有甚么破绽,也到上床睡了,才验得出。如今怎么晓得?待我问来。(对副净介)女婿,方才的话,老身不懂,还求明白赐教。(副净)赐教赐教,还是不说的妙。若还要我说来,只愁你要上吊。都是你治家不严,黑夜间开门揖盗。预先被别人梳栊了宅上的粉头[16],如今教我来承受这乌龟的名号。(老旦大惊介)怎么!我家门禁森严,三尺之童不得擅入,那有这等的事?请问贤婿,这话是那个讲的?焉知那说话的人,不是诽谤小女的么?(副净)请问:别人诽谤令爱,令爱可肯自家诽谤自家么?(老旦)他怎么肯诽谤自家?(副净)这等不消辩了。

【会河阳】供状分明,不须驳招。(指丑介)是这从奸妇女亲来告。道是去年某夜三更,有人赴招,被乳母亲撞着分鸳好。那人,曾把我尊名冒。那人,更比我尊容好。

(老旦大惊对丑介)怎么!你既做了不肖的事,为甚么又对他讲?好好从直说来,省得我做娘的发恼。被隔壁娘儿两个听见,笑也被他笑死!(丑)去年清明时节,有个戚公子的风筝落在我家。他黑夜进来取讨,我与他说了几句闲话,其实不曾有甚么相干。我那一晚在灯下,不曾看得明白,如今只道是他,说起去年的旧话来,那晓得不是那个戚公子。(老旦捶胸气介)生出你这样东西,坏爹娘的

体面,如今怎么好?

【缕缕金】真冤孽,怎开交?难怪新郎怒,发咆哮。教我有口难相劝,理穷词拗。丑名儿终被外人嘲,先愁隔墙笑,先愁隔墙笑。

(对副净介)贤婿,是我女儿不争气,怪不得你发恼。只是你今晚若不成亲,走了回去,寒家的体面固然坏了;就是府上的名声,也有些不雅。待老身替小女陪罪,求贤婿包荒[17],暂为夫妇。小女若不中意,三妻四妾,任凭你娶就是了。

【越恁好】我劝你暂时欢好,暂时欢好,再觅凤鸾交。我小女呵,只图个中宫假号[18],那专房宠,任你去别涂椒[19]。我只要这名儿不向金榜标,便是你封妻的荫诰。不瞒贤婿说,你丈人第三个小,与老身最不相投,就在隔墙居住。若还与他知道,老身这一世,怎么被他批评得了?外人笑,还在那背后把便宜讨。内人笑,怎经他对面的讥弹巧?

(副净)这等与他说过,我成亲之后,就要娶小的。世上的妇人,偏是丑而且淫的,分外会吃醋。不要等我娶小的时节,他又放肆起来。(老旦)有老身在这里,贤婿不要多虑。女儿过来!(扯丑近副净介)(副净)说便是这等说,我只好饶你个初犯,以后若再如此,我要连前件一齐发落的!

【红绣鞋】(合)朦胧且暂成交,成交。休教辜负良宵,良宵。看月影,上花梢。谯鼓歇,鸟声嘈。急乘鸾休待明朝[20],明朝。

(老旦)老身去了,你两个好好的成亲,再不要多话。养女不争气,累娘陪小心。(先下)

【尾声】(丑)戚郎,戚郎,我原封不动还伊好,你不信只验取葳蕤锁匙牢。(副净)便做道危城尚保,你这召寇的官评也难书上考[21]。

(丑)前度刘郎不再来,教人错对阮郎猜。

(副净)我已知误入天台路,且看你玉洞桃花开未开[22]。

〔注〕 ① 一官匏(páo)系:匏,匏瓜,葫芦属的植物。《论语·阳货》:"吾岂匏瓜也哉,焉能系而不食!"此谓詹烈侯在官公务缠身。　② 桃夭:《诗经·周南》篇名,该诗以桃花盛开为比,赞美男女及时嫁娶。夭,形容花木茂盛。　③"且尝"二句:淡菜、蛏,都是海产的贝类软体动

物，可供食用。此处是喻指女性的市井亵语。 ④ 螬(cáo)：蛴螬，金龟子的幼虫，圆柱形，古人以为它"以背滚行"，故用以形容人的拥挤。 ⑤ 鸡鷃(yàn)交：谓猥劣之徒配成夫妇。鷃，斥鷃，《庄子·逍遥游》中"翱翔蓬蒿之间"而嘲笑大鹏的小鸟。 ⑥ 撒帐：旧时婚仪，新人对拜后，就床坐，贺喜妇女撒掷金钱彩果，称为"撒帐"。 ⑦ 鹊入鸠巢：《诗经·召南·鹊巢》："维鹊有巢，维鸠居之。"以鸠居鹊巢比喻成亲后女居男家。因戚友先是赘入詹府，所以变化故典，而改为鹊入鸠巢。 ⑧"饶云"句：饶，增加。云雨，暗指男女欢会。典出战国楚宋玉《高唐赋序》。漏，古代的计时器，借指时间。 ⑨ 你每：你们。 ⑩"双双"二句：新瑟、旧弦，分别喻指新婚及成婚已久的夫妻，均自以"琴瑟"喻夫妻化出。 ⑪ 伊行(háng)：她那里。山魈(xiāo)：传说中的鬼怪，相貌奇丑。 ⑫ 莲花貌：比喻男人美貌的惯用语。《旧唐书·杨再思传》："又(张)易之弟昌宗以姿貌见宠幸，再思又谀之曰：'人言六郎面似莲花，再思以为莲花似六郎，非六郎似莲花也。'" ⑬ 玄霜：神话传说中的仙药名。唐裴铏《传奇》载秀才裴航于蓝桥驿借玉杵捣仙药玄霜的机缘而得与仙女云英成亲的故事。此处化用这个典实，以之比喻其尚系处女。 ⑭ 杜宇：鸟名，即杜鹃。晋常璩《华阳国志·序志》："杜宇(古蜀国之王)之魄化为子鹃。"传说此鸟昼夜悲鸣，啼至血出乃止，鸣声似"不如归去"。 ⑮ 定省：指子女早晚向亲长问安。典出《礼记·曲礼上》："凡为人子者，冬温而夏凊，昏定而晨省。" ⑯ 梳栊：亦作"梳拢"，指妓女第一次接客发生性关系。粉头：妓女。 ⑰ 包荒：掩饰，遮盖。 ⑱ 中宫：犹言正宫娘娘，此指正室嫡妻，相对于偏房小妾而言。 ⑲ 别涂椒：古时嫔妃所居之屋用椒和泥涂壁，取其香而多子，故椒房可代指嫔妃，此用引申义，指另纳小妾。 ⑳ 乘鸾：犹言乘凤。传秦穆公有女弄玉好音乐，嫁善吹箫之萧史，穆公为筑凤凰台使二人居之，一日夫妇吹箫引凤，乘凤仙去。此借指成婚。 ㉑ 上考：考绩上等。古代有品级的官员每隔几年都要进行考核，明其功过，作为升迁和贬黜的依据。 ㉒"前度"四句："前度"句反用唐刘禹锡《再游玄都观》诗"种桃道士归何处？前度刘郎今又来"句，刘郎又兼指刘晨。阮郎，指阮肇，南朝宋刘义庆《幽明录》载东汉永平间刘晨、阮肇双入天台山采药，二人迷路不得返，寻水得大溪，在溪边遇二仙女，留住半年，归家后，时已入晋，子孙已历七世。后人用此典故，称"武陵溪"，亦作"武陵源"。玉洞桃花，指晋陶渊明《桃花源记》所说的武陵渔人偶入的桃花源，后人用此典故，亦称"武陵源"。此处"玉洞桃花"为与性有关的隐语。

"年家正好结姻家，门户相当自不差"，在"父母之命、媒妁之言"的安排下，"不思上进，只习下流"的戚友先和德、才、貌三者俱亏的詹爱娟结成了夫妻。但合卺之夕就不得安宁，演出了一场闹剧。

戏由拜堂成亲开场。虽然是所谓"撒帐繁言休絮叨"，简单带过而已，但如戚友先一上场就唱的"嫖经收拾赋《桃夭》"，掌礼等人暗含调侃意味的合唱"女和男青春并韶，衡才挈貌差不遥"等，却也是切合时宜的本地风光，而非泛泛之词。

主要的戏即是由詹爱娟提到《惊丑》出那次约会引起的。但一般来说，新婚之夜的新娘当是寡言少语，且正如梅氏对爱娟所说："你既做了不肖的事，为甚么又对他讲?"更加戚友先又是对此事一无所知。因而如何自然而然地揭开这件事，是有一定难度的。但李笠翁却处理得既简洁又自然。

行礼如仪后，急色儿戚友先当然要迫不及待地"揭去纱笼看阿娇"；而一见到

詹爱娟那副尊容,“相逢处,顿将人佳兴扫”,他只得闷坐不语。这就为詹爱娟开口讲话准备了条件。讲什么呢?事先早有安排:“惊丑”时韩琦仲是冒戚友先之命来的,所以现在詹爱娟仍以为新郎就是那次登过门的旧识。既有此一面之缘,由叙旧日寒温讲起,便是顺口而出的话题了。而这件事只要一讲出来,当然就顺流而下,一发而不可收拾。

既要放得开,又要收得拢,开合均需自然而又有戏。闹翻了,如何收场呢?这时用得着丈母娘梅氏了。一开始她只是因为关心女儿而在听“隔壁戏”,虽然略闻争闹之声,但不晓得是为了什么,且此刻“做娘的,又不好去劝得”,只好且耐心地观察事态发展。及至听到新郎高喊打轿回府,她只得被迫破门而入了。“供状分明,不须驳招”,事实是明摆着的,梅氏怎样来了结这一场公案呢?她是妾位,尤其是如前面已经再三交代,和柳氏妾经常争风吃醋,都想把对方压下去。所以她不会像谨遵礼教闺范的家长一样处分女儿,而是顾虑“丑名儿终被外人嘲”,特别怕的是“先愁隔墙(指柳氏)笑”,于是她要想办法把丑闻遮掩过去。在那个时代,“面子”、“名声”是很重要的,并且正像韩琦仲所说“邪人多畏”,越是像戚友先这样的小人,越是怕丢面子。作者正是抓住社会上这一类型人物的普遍心理状态,让梅氏告诫戚友先说,你今晚不做亲而走回去,势必把这桩丑闻弄得人所尽知,“就是府上的名声,也有些不雅”!这就使得戚友先不得不认真考虑一下。随之梅氏又抛出“胡萝卜”,那便是爱娟只要有“中宫假号”便足矣,“三妻四妾,任凭你娶就是了”。这一点使戚以后可以明目张胆地放肆胡行,而詹爱娟如若敢于吃醋,便是“放肆”;这真是投戚友先之所好,于是他便也应允下来,“朦胧且暂成交”。由于作者抓住了梅氏、戚友先的性格和心理状态,在三言两语之下,一天风波便合情合理地烟消云散了。

和一般古代文人剧作者不同,李渔强调“填词之设,专为登场”,因而他要钻研“登场之道”。主要的经验之一即是要求剧作者于写作时,将自己假设为演员和观众:手则握笔,口却登场,同时又还神魂四绕,以耳当听者;心口相维,询其好说不好说,中听不中听,以求取得“观听咸宜”的剧场效果。这一点在这出戏中就有着很好的体现。如詹爱娟对新人叙旧情的“戚郎,我只得一年不见你……”的一段戏,设或仅仅想到戚友先缺乏涵养、惯于使性的少爷脾气,将戏写成戚听詹爱娟讲了几句,晓得她曾与人幽会过,便立即发作,当然也是合理的。但李笠翁却把它处理成让戚友先始终一言不发,直至詹爱娟唱完【福马郎】曲才拍案而起,这正是深谙“登场之道”的处理。两者相比较,这样的处理优点有三:一、用“惊介”、“大惊介”等形体动作来表现戚聆听詹爱娟讲这段话过程中的内心反应,

既为演员提供了发挥做功表演的用武之地，并可能比用语言来表示更有层次、更醒目。二、只有这样才会不打断詹爱娟的话，并让她越讲越得意，直至说出“我终日把伊瞧，流尽了千行泪，才等得到今朝”这样的话，把一段自出己丑的闹剧做得酣畅淋漓。三、更重要的是这出戏的由喜庆成亲到大吵大闹的转变，根源虽然在于詹爱娟的这番不打自招的话，但气氛的陡转，却靠戚友先的发作。而现在这样的处理，使戚的拍案大骂表现为由静转动的突然爆发，一开口就把反应的激烈程度推上了顶点，自然更有利推动情节以至气氛的急剧转换。尤其是最后这一点，如若只是读剧本而不是“全以身代梨园”，考虑到舞台气氛，很可能是领会不到其中妙处的。

再如当梅氏问戚友先究竟是怎样一回事时，戚却不是怒气冲冲地揭发控诉，而是接着梅氏所说“还求明白赐教”，回答了“赐教赐教，还是不说的妙”等一段节奏鲜明的数板，并且用的也还是和这出戏唱词统一的轻俏流丽的“萧豪”韵，明显地让观众知道他已经由怒火中烧转为轻松的蔑视了。其实这正是李笠翁所企图达到的舞台效果。因为这既显出戚友先本来就不是把“节操”看得很重的人，他的发作，和詹爱娟的尊容大有关系，如若詹是天香国色，他也很可能不计较此事了。同时也为最后的和解准备了思想基础。

这一对宝贝夫妻是“门当户对”，在“父母之命、媒妁之言”的封建礼法安排下结合的。但这种世俗以为是“好事”的婚姻，绝不会为他们带来幸福、和谐的家庭生活，当是不言自明的。剧作者在本剧开场第一出《巅末》就曾说到：“若要认真才下步，反因稳极成颠仆。”这当是本出戏的用意，它由另一侧面反衬了戏的主题。

（陈 多）

风筝误 李渔

第二十九出 诧 美

【传言玉女前】（小旦带副净上）儿女温柔，佳婿少年衣绣①，问邻家娘儿妒否？

妾身柳氏。前日老爷寄书回来，教我赘韩状元为婿。我想梅夫人与我各生一女，他的女婿是个白衣白丁，我的女婿是个状元才子。我往常不理他，今日成亲，偏要请过来同拜，活活气死那个老东西！叫梅香去请二夫人过来，好等状元拜见。（副净应下）

【传言玉女后】（生冠带）（末随上）姻缘强就，这恶况怎生经受？

冤家未见，已先眉皱。（见介）

（副净上）夫人，二夫人说，他晓得你的女婿是个状元，他命轻福薄，受不得拜起，他不过来。（生）既是二夫人不过来，今日免了拜堂罢。（小旦）说的甚么话！小女原不是他所生，尽他一声[②]，不来就罢。叫傧相赞礼。（净扮掌礼上）（请介）（副净、老旦扶旦上）（照常行礼毕）（共坐饮酒介）

【画眉序】（生闷坐不开口）（众唱）配鸾俦，新妇新郎共含羞，喜两心相照，各自低头。合欢酒未易沾唇，合卺杯常思放手[③]。状元相度该如此，端庄不轻开口。

【滴溜子】笙歌沸，笙歌沸，欢情似酒。看银烛，看银烛，花开似斗。冬冬鼓声传漏。早些撤华筵，停玉盏，好待他一双双归房聚首。

（小旦）掌灯送入洞房。（行介）

【双声子】新人幼，新人幼，看一捻腰肢瘦。才郎秀，才郎秀，看雅称宫袍绣。神祐祐，神祐祐，天辐辏[④]，天辐辏。问仙郎仙女，几世同修？

【隔尾】这夫妻岂是人间偶？是一对蓬莱小友[⑤]，谪向人间作好逑[⑥]。（众下）（生、旦对坐）（旦用扇遮面介）（内发鼓毕打一更介）

（生背介）他今日一般也良心发动，无颜见我，把扇子遮住了脸。（叹介）你这把小小扇子，怎遮得那许多恶状来。

【园林好】（生）我笑你背银灯难遮昨羞，隔纨扇怎藏旧丑？他当初露出那些轻狂举止，见我厌恶他，故此今日假装这个端庄模样。（叹介）你就端庄起来也迟了！一任你把娇涩态千般装扭，怎当我愁见怪，闭双眸，愁见怪，闭双眸。

我若再一会不动，他就要手舞足蹈起来了，趁此时拿灯去睡。双炬台留孤烛影，合欢人睡独眠床。（持灯下）（旦静坐介）（内打三更介）（旦觑生不见介）呸！我只说他坐在那边，只管遮住了脸。方才打从扇骨里面张了一张，才晓得是空空的一把椅子。（向内偷觑）（大惊介）呀！他独自一个竟去睡了，这是什么缘故？

【喜庆子】莫不是醉似泥，多饮了几杯堂上酒？莫不是善病的

相如体态柔[7]？莫不是昨夜酣眠花柳，因此上神倦怠，气休囚[8]，神倦怠，气休囚？

他如今把我丢在这里，不偢不保，难道我好自己去睡不成？独自个冷冷清清，又坐不过这一夜，不免拿灯到母亲房里去睡。檀郎不屑松金钏[9]，阿母还堪卸翠翘[10]。（敲门介）母亲开门。（小旦持灯上）眼前增快婿，脚后失娇儿。（开门见旦）（惊介）呀！我儿，你们良时吉日，正好成亲。要甚么东西，只该叫丫鬟来取，为甚么自己走出来？（旦）孩儿不要甚么东西，来与母亲同睡。（小旦大惊介）怎么不与女婿成亲，反来与我同睡？

【尹令】你缘何黛痕浅皱？缘何擅离佳偶？缘何把母阖重叩？莫不是娇痴怕羞，因此上抱泣含愁把阿母投？

（旦）他不知为什么缘故，进房之后，身也不动，口也不开，独自一个竟去睡了。孩儿独坐不过，故此来与母亲同睡。（小旦呆介）怎么有这等诧异的事？我看他一进门来，满脸都是怨气，后来拜堂饮酒，总是勉强支持。这等看起来，毕竟有甚么不慊意处？我儿，你且坐一坐，待我去问个明白，再来唤你。叫梅香，掌灯。（旦下）（副净上）（持灯行介）（小旦）只道欢娱嫌夜短，谁知寂寞恨更长。来此已是。梅香，请他起来。（副净向内介）韩老爷，请起来，夫人在这里看你。（生上）令爱不堪偕伉俪，老堂空自费调停。夫人到此何干？（小旦）贤婿请坐了，有话要求教。（坐介）贤婿，舍下虽则贫寒，小女纵然丑陋，既蒙贤婿不弃，结了朱陈之好[11]，就该俯就姻盟。为甚的愁眉怨气，全没些燕尔之容？独宿孤眠，成什么新婚之体！贤婿自有缘故，毕竟为着何来？（生）下官不与令爱同床，自然有些缘故。明人不须细说，岳母请自参详。（小旦）莫非为寒家门户不对么？（生）都是仕宦人家，门户有甚么不对。（小旦）这等为小女容貌不佳？（生）容貌还是小事。（小旦）哦！我知道了，是怪舍下妆奁不齐整。老身曾与戚年伯说过，家主不在家，无人料理，待老爷回来，从头办起未迟。难道这句话，贤婿不曾听见？（生微笑介）妆奁甚么大事，也拿来讲起？

【品令】便是荆钗布裙，只要德配也相投。况如今珠围翠绕，还堪度春秋。（小旦）这等为甚么？（生）只为伊家令爱，有声扬中

菁[12]。我笑你府上呵，妆奁都备，只少个扫茨除墙的佳帚[13]。我只怕荆棘牵衣，因此上刻刻提防不举头。

(小旦大惊介)照贤婿这等说起来，我家有甚么闺门不谨的事了？自古道：眼见是实，耳闻是虚。贤婿所闻的话，焉知不出于仇口？(生)别人的话，那里信得，是我亲眼见的。(小旦大惊介)我家闺门的事，贤婿怎么看见？是何年何月，那一桩事？快请讲来！(生)事到如今，也就不得不说了。去年清明，戚公子拿个风筝来央我画，我题一首诗在上面，不想他放断了线，落在贵府之中。(小旦)这是真的，老身与小女同拾到的。(生)后来着人来取去，令爱和一首诗在后面。(小旦)这也是真的，是老身教他和的。(生)后来，我自己也放风筝，不想也落在府上。及至着小价来取[14]，谁知令爱教个老妪，约我说起话来。(小旦)这就是他瞒我做的事了。或者是他怜才的意思，也不可知。这等，贤婿来了不曾？(生)我当晚进来，只说面订婚姻之约，待央媒说合过了，然后明婚正娶的。不想走进来的时节，我手还不曾动，口还不曾开，多蒙令爱的盛情，不待仰攀，竟来俯就。如今在夫人面前，不便细述，只好言其大概而已。我心上思量，妇人家所重在德，所戒在淫，况且是个处子，怎么廉耻二字，全然不顾？彼时被我洒脱袖子，跑了出去，方才保得自己的名节，不曾敢污令爱的尊躯。

【豆叶黄】亏得我把衣衫洒脱，才得干休。险些做了个轻薄儿郎，险些做了个轻薄儿郎，到如今这个清规也难守。(小旦)既然如此，贤婿就该别选高门，另偕伉俪了，为甚么又求聘这个不肖的东西？(生)我在京中，那里知道，是戚老伯背后聘的。如今悔又悔不得，只得勉强应承。不敢瞒夫人说，这一世与令爱只好做个名色夫妻，若要同床共枕，只怕不能勾了。名为夫妇，实为寇仇。若要做实在夫妻，若要做实在夫妻，纵掘到黄泉，也相见还羞[15]。

(小旦)这等说起来，是我家的孽障不是了。怪不得贤婿见绝。贤婿请便，待老身去拷问他。(生)慈母尚难含忍，怎教夫婿相容！(下)(小旦)他方才说来的话，字字顶真，一毫也不假。后面那一段事，他瞒了我做，我那里知道？千不是，万不是，是我自家的不是，当初教他做甚么诗。既做了诗，怎么该把外人拿去？我不但治家

不严，又且诱人犯法了。日后老爷回来知道，怎么了得！（行到介）不争气的东西在那里？（闷坐气介）（内打四更介）

【玉交枝】（旦上）呼声何骤？好教人惊疑费筹。（见小旦介）母亲为何这等恼？（小旦）你瞒了我，做得好事！（旦惊介）孩儿不曾瞒母亲做甚么事。（小旦）去年风筝的事，你忘了？（旦背想介）是了，去年风筝上的诗，拿了出去，或者韩郎看见，说我与戚公子唱和，疑我有甚么私情，方才对母亲说了。（对小旦介）去年风筝上的诗，是母亲教孩儿做的。后来戚家来取，又是母亲把还他的，干孩儿甚么事？（小旦）我把他拿去，难道教你约他来相会的？（旦大惊介）怎么！我几时把人约黄昏后[16]？向母亲求个分剖。（小旦）你还要赖！起先戚家风筝上的诗，是韩郎做的；后来韩郎也放一个风筝进来，你教人约他相会，做出许多丑态，被他看破，他如今怎么肯要你！（旦大惊）（呆视介）这些话是那里来的？莫非是他见了鬼！（高声哭介）天那！我和他有甚么冤仇？平空造这样的谤言来玷污我！今生与伊无甚仇，为甚的擅开含血喷人口？（小旦掩旦口介）你还要高声，不怕隔壁娘儿两个听见！今日喜得那老东西不曾过来，若过来看见，我今晚就要吊死。我细思量如何盖羞？细思量如何盖羞？（内打五更介）

料想今晚做不成亲了，你且去睡，待明日再做道理。粪缸越搅越臭，（旦）奇冤不雪不明。（下）（小旦）这桩事好不明白。照女婿说来，千真万真；照他说来，一些影响也没有。就是真的，他自己怎么肯承认？我有道理，只拷问是那个丫鬟约他进来的就是了。（对副净介）是你引进来的么？（副净）阿弥陀佛！我若引他进来，教我明日嫁个男子，也像这样不肯成亲。（小旦）掌灯，我再去问。（行介）（副净请介）（生上）说明分散去，何事又来缠？（小旦）方才的事，据贤婿说，确然不假；据小女说，影响全无。这莫须有三字[17]，也难定案。请问贤婿，去年进来，可曾看见小女么？（生）怎么不曾见？（小旦）这等还记得小女的面貌么？（生）怎么不记得？世上那里还有第二个像令爱的尊容！（小旦）这等，方才进房的时节，可曾看看小女不曾？（生）也不消看得，看了倒要难过起来。（小旦）这等，待我叫小女出来，请贤婿认一认。若果然是他，莫说贤婿不要他为妻，连老身也不要他为女了。恐怕事有差讹，也不见得。（生）这

等,就叫出来认一认。(小旦)叫丫鬟多点几枝蜡烛,去照小姐出来。(丑应下)(生)只怕认也是这样,不认也是这样。(小旦背介)天那!保佑他眼睛花一花,认不出也好。(老旦、副净持灯照旦上)请将见鬼疑神眼,来认冰清玉洁人。(小旦)小女出来了,贤婿请认。(老旦、副净擎灯高照)(生遥认)(惊背介)呀!怎么竟变做一个绝世佳人!难道是我眼睛花了?(拭目介)

【六幺令】把双睛重揉,(近身细认)(又惊背介)逼真是一个绝世佳人!那里是幻影空花,眩我昏眸。谁知今日醉温柔,真娇艳,果风流。不枉我铁鞋踏破寻佳偶,铁鞋踏破寻佳偶。

(小旦)贤婿,可是去年那一个么?(生摇手介)不是,不是,一些也不是。(小旦)这等看起来,与我小女无干,是贤婿认错了人了。(生)岂但认错了人,竟是活见了鬼!小婿该死一千年了。(小旦)这等老身且去,你们成了亲罢。(生)岳母快请回,小婿暂且告罪,明日还要负荆[18]。(小旦笑介)不是一番疑彻骨,怎得千重喜上眉。(老旦、副净随下)(生急闭门)(向旦温存介)小姐,夜深了,请安置罢。(旦不理介)(生)是下官认错了人,冒犯小姐,告罪了!(长揖介)(旦背立不理介)

【江儿水】(生)虽则是长揖难辞谴,须念我低头便识羞。我劝你层层展却眉间皱,盈盈拭却腮边溜,纤纤松却胸前扣。请听耳边更漏,已是丑末寅初[19],休猜做半夜三更时候。(内作鸡鸣介)

(生慌介)小姐,鸡都鸣了,还不快睡。下官没奈何,只得下全礼了。(跪介)(旦扶起介)

【川拨棹】(生)蒙慈宥,把前情一笔勾。霁红颜渐展眉头[20],霁红颜渐展眉头,也亏我屈黄金先陪膝头[21]。请宽衣,莫怕羞。急吹灯,休逗留。

【尾声】良宵空把长更守,那晓得佳人非旧,被一个作孽的风筝误到头。

鸳鸯对面不相亲,好事从来磨杀人。
临到手时犹费口,最伤情处忽迷神。

〔注〕 ① 衣绣：穿着官员的公服，指做官。 ② 尽（jǐn）：方言，请或让的意思。 ③ 合卺杯：指婚礼中夫妻饮交杯酒用的酒杯。 ④ 天辐辏：天意使他们结合在一起。辐，车轮上由中心伸向轮子外缘的一排排直条。辐辏，指辐都凑集在车轮圆心，喻人或物的聚集。 ⑤ 蓬莱：神话中的海上仙山。 ⑥ 好逑：美好的配偶。语出《诗经·周南·关雎》："窈窕淑女，君子好逑。" ⑦ 善病的相如：指汉代文人司马相如，史载他"常有消渴疾"。近人或以为"消渴疾"即糖尿病。 ⑧ 气休囚：有气无力的样子。 ⑨ 檀郎：晋代潘岳以美姿容著名。他小名檀奴，后因用"檀郎"代指美男子或佳婿。 ⑩ 翠翘：妇女用的首饰名，一种钗。 ⑪ 朱陈之好：唐白居易《朱陈村》诗："徐州古丰县，有村曰朱陈。……一村唯两姓，世世为婚姻。"后用以代指缔结姻亲。 ⑫ 中冓（gòu）：原意是内室，闺门以内。《诗经·鄘风·墙有茨》："墙有茨，不可扫也。中冓之言，不可道也。"以"中冓之言"指闺中之事甚为丑恶，不堪言说。后因称妻有外遇为"中冓之羞"。 ⑬ "只少个"句：茨（cí），蒺藜。注⑫所引《墙有茨》诗以"墙有茨"比闺中淫乱之事，此处即用此意。 ⑭ 小价（jiè）：为自己传言的仆从。 ⑮ "纵掘"二句：黄泉，地下极深处，亦指葬身之地。《左传·隐公元年》记郑庄公与其母失和后，曾发誓说："不及黄泉，无相见也。" ⑯ 人约黄昏后：宋欧阳修《生查子·元夕》是一首描写男女幽会的词，其中有名句曰："月上柳梢头，人约黄昏后。" ⑰ 莫须有：或许有。宋高宗时秦桧欲置岳飞于死地，韩世忠责问岳飞有何罪，秦答曰："其事体莫须有。" ⑱ 负荆：背负供杖责之用的荆条请罪求罚。典出《史记·廉颇蔺相如列传》。 ⑲ 丑末寅初：相当于清晨五时左右。 ⑳ 霁（jì）：雨止开晴；引申指为气消释，脸色转为平和。 ㉑ "屈黄金"句：俗谚有"男儿膝下有黄金"之语，指男子汉不应轻易下跪，这里是反其意而用之。

《诧美》是这部戏里第二次写洞房花烛夜，也同样是因误会而出戏，但它又别有机杼，和《婚闹》绝无合掌之处。

韩琦仲对于求偶是坚持要"目击"的，并且误以为现在要许嫁给他的就是"惊丑"之夜遇到的女子，因而当然坚决不同意。只是最后弄到再不允婚竟要犯欺君之罪，才无可奈何地勉强应允；但又打定主意："虽然做亲，只不与他同床共枕。成亲之后，即往扬州娶几个美妾，带至京中，一世不回来与他相见便了。"

把戏安排在这样的背景下开场，自然为"拜堂"带来了非同寻常的特殊气氛：一面是傧相赞礼，新人交拜，岳母柳氏喜得状元佳婿，踌躇满志。但另一面却是新郎"满脸都是怨气"，"合欢酒未易沾唇，合卺杯常思放手"，在喜气洋洋的氛围中明显暗示出即将有风暴来临。在某种意义上，它有似于京剧《杨门女将》"寿堂"一折的开场，同样十分有戏。

及至一对新人被送入洞房后，作者写下的舞台指示是"生、旦对坐，旦用扇遮面介"。詹淑娟的这一动作，为成见在胸的韩琦仲提供了进一步发挥想象的机会，以为"他今日一般也良心发动，无颜见我，把扇子遮住了脸"，从而更肯定了对方即是当初见过的女子，遂不谅旧恶地说："你这把小小扇子，怎遮得那许多恶状来。"于是他径自下场到别室去睡了。詹淑娟绝想不到韩会如此，所以仍是静坐

着等待韩来招呼。及至鼓打三更，才忍不住“从扇骨里面张了一张”，而发现对面竟是很形象的只剩下“空空的一把椅子”，新郎早已杳如黄鹤，不知何处去也。于是随着新娘的“抱泣含愁把阿母投”，场上气氛也为之陡变。这段戏中还有一点值得一提，传统戏曲舞台上搬演结婚场面，新娘一般都是以纱巾罩面，《婚闹》出中的詹爱娟也正是如此。这里李渔一反常规，将詹淑娟处理成“用扇遮面”，正是他的匠心所在。“对坐”的韩琦仲必须看不出新娘并非丑女詹爱娟才有戏，而他说那许多误会话时，又要让观众清楚地看到对面坐的乃是美女詹淑娟，并有着“娇涩态”、“端庄模样”等表情，兴味才浓。因而这里用扇遮面就远胜于以纱巾罩面了。

变欢欣得意为惊诧惶恐的柳氏，只得委曲求全地去向“佳婿”探问个中缘由。而怨气十足的韩生不仅尽情倾诉前此相会时对方的丑态，而且绝情地相告说：与新人“名为夫妇，实为寇仇”，要做真正的夫妻，“纵掘到黄泉，也相见还羞”。韩琦仲言之凿凿，使得柳氏又变惊诧为愤恨，要去拷问女儿和丫鬟；并再起波澜，引得淑娟因横遭诬蔑而痛哭喊冤。这一段戏和《婚闹》中梅氏上场后的戏十分相像。但由于实质内容迥不相同：戚友先所言句句是实，韩琦仲所言全是误会；柳、梅二人思想品质有别，听到女儿的丑闻后，梅氏只想包荒遮盖，柳氏则态度鲜明地表示若果如此，“莫说贤婿不要他为妻，连老身也不要他为女了”，因而对前史了如指掌的观众的接受心态和期望自也完全不同，根本不会有雷同之感。

戏进行至此，柳氏已完全无法判断韩琦仲和詹淑娟两种不同说法究竟谁是谁非，她又得知韩直到此刻还没有见过新娘的面貌，于是真假莫辨的柳氏只好存着“保佑他眼睛花一花，认不出也好”的侥幸心理，喊出淑娟让韩生再依他的办法“目击”一下，看看前此所见丑女是否即是淑娟。韩琦仲经过辨视，才知晓往日会见的是另一女子，而新人不仅是娇艳风流的绝世佳人，又正是恰合自己“铁鞋踏破寻佳偶”目标的才情气质俱佳的真正的和诗才女。这时宾主易位，轮到詹淑娟搭起架子，不理不睬；而韩琦仲只得赔礼请罪，以至“屈黄金先陪膝头”赶忙下跪。

在《风筝误》中，连写了两次合卺场面。前面的《婚闹》出，詹爱娟无意中露出曾与人幽会的秘事，使得兴冲冲的新郎化喜为怒，大发雷霆。而在本出，却是韩琦仲被迫成婚，满腹怨恨，对新娘不瞅不睬；翻过来又化怨为喜，下跪求亲。重复利用陈套，又使它同中有异，别饶机趣，观众不仅极易接受，还要激赏作者愈出愈奇的巧心匠思了。至此，这一出有喜有悲、有惊有怒、“七情俱备”，并且波澜叠起、变化多端的好戏才告收场，也就成为全剧的喜剧高潮。

李渔论演剧需有“机趣”时，强调戏不应有“断续痕”。“所谓无断续痕者，非

止一出接一出，一人顶一人，务使承上接下，血脉相连。即于情事截然绝不相关之处，亦有连环细笋伏于其中，看到后来方知其妙。如藕于未切之时，先长暗丝以待，丝于络成之后才知作茧之精。此言机之不可少也。”（《闲情偶寄》）这出戏开场时柳氏“叫梅香去请二夫人过来，好等状元拜见”的一句可以是无所谓的客套话，在李渔运用起来，竟也生出许多“承上接下”的好戏。其一，韩琦仲是位状元公，因而柳氏之请是为了“活活气死那个老东西”，梅氏辞说“命轻福薄”受不得状元的“拜起”，也醋意溢于言表。这就使得一请一辞，不停留在一般应酬上，而微妙地反映出了人物间的关系。其二，梅氏一辞谢不来，韩琦仲就像抓到救命稻草似的急忙提出“既是二夫人不过来，今日免了拜堂罢”，这实际上给了他一个表示不愿就婚态度的机会，但柳氏又难以当即参透实情。其三，在后来淑娟痛哭喊冤的紧张时刻，作者仍有余暇利用这一伏笔，让柳氏急掩淑娟之口，并说：“今日喜得那老东西不曾过来，若过来看见，我今晚就要吊死。”其四，下面将要介绍的《释疑》一出戏，也正奠基于这里的梅氏母女此刻没有和韩琦仲相见。草蛇灰线，似并非有意预作伏笔，正所谓“如藕于未切之时，先长暗丝以待”。（陈 多）

风 筝 误 李 渔

第三十出 释 疑

【忆莺儿】（外冠带引众行）（唱上）兵燹稀，甘雨肥，未及瓜期诏已催[1]，带便还乡昼锦衣[2]。新花拂旗，新沙筑堤[3]，宦囊不重肩夫喜。鹤相随，破琴犹在[4]，依旧载将归。

下官詹烈侯，复任西川，未及一载。蒙圣上俯鉴微劳，加升大司马之职[5]，钦召回京，带便从故乡一过。左右的，此处到家，还有多少路？（众）只得一站了。（外）这等快些趱行，今日定要赶到。（齐唱“宦囊”二句下）

【燕归梁】（老旦上）先到华堂等客归，羞老鬓，更蓬飞。（副净衣巾同丑上）阿姨新做状元妻，重见面，愧前非。

（老旦）老爷今日回来，老身一家先到公厅等候，柳夫人与他女儿女婿，想必也就来了。

【前腔】（小旦上）膏沐新添媚远归，重学画，少年眉。（生冠带同旦上）逼成婚媾转相宜，亏阿丈，赚良媒[6]。（老旦、小旦先见介）

（小旦）女儿女婿成亲之后，还不曾见你，如今请坐了，待他们拜见。

(老旦)等老爷回来,一齐拜罢。(生)这等先见常礼。(生、旦见老旦介)(副净、丑见小旦介)(生、副净相见介)(旦、丑相见介)(老旦)你们今日顺便相见,只当会亲,大小姨夫,大小姨娘,都见一见,省得东躲西躲。(副净见旦)(旦作恼容回礼介)(生见丑)(丑作笑容回礼毕)(各惊介)(生背介)这位大姨,好像在那里会过一次的?待我想来。(想介)(丑背介)小姨夫的面貌,与去年进来的人,生得一模一样,这一个更觉得标致些。(生)好奇怪,我恍恍惚惚记得在京中那个所在相会一次,为甚么再想不起来?

【渔灯儿】真怪异,既是上林花,为甚的向处此栽移?是了,我记得初报状元的那一晚,曾做个恶梦,梦中的人,就是这副嘴脸。记在恶梦里,受伊行无限凌亏[⑦]。且住,梦中的人,就是去年相会的詹小姐了。难道去年见鬼,如今又见鬼不成?待我问夫人。(对旦指丑介)夫人,那边立的还是人还是鬼?(旦)是我家姐姐,你怎么说起鬼话来?(生)这等我去年不曾见鬼,就是见了这个像鬼的人。分明是这个似鬼人儿把我迷,冒神女把夜叉相替[⑧],到今日鬼和神相对难欺。

(旦)你仔细看一看,又不要认错了人。(生)一毫也不错。(老旦对小旦介)前日女儿女婿成亲,不曾送得喜酒,今日有一杯清茶奉献。叫丫鬟拿茶来。(净捧茶上)和气人家无大小,不妨乳母代梅香。(见生)(各惊介)(对丑介)小姐,那分别是去年进来的人,你可认得?(丑)面貌虽是一般,觉得去年的还没有这等标致。(净)去年是戴方巾,今年换了纱帽,自然一发标致了。(丑)有理。

【锦渔灯】天生就他娇面孔,原先美丽。况戴着俏乌纱,更长风姿。去年若不是你冲散了好事,今日这个诰命夫人,一定是我做了。都是你夺去花封送阿姨,至今日教我睁白眼,妒人妻。

(生背对旦介)夫人,如今不但假莺莺认出来,连假红娘都认出来了。(旦)在那里?(生)方才捧茶的那一个就是。(旦)原来是他们串通诡计,冒我名头,做出这般丑事,累我受此奇冤。我如今说与母亲知道,当面对他讲个明白,肉也咬他几口下来。(欲行)(生扯住衣袖介)夫人,这个断使不得。你若与他争论起来,戚公子听见,说我调戏他的妻子,这场怨恨怎得开交!(旦)这也顾他不得。(挪脱衣袖[⑨])(对小旦介)母亲,有一句新闻,说与你知道。(扯小旦附

耳说话)(生慌介)他母亲知道,一定要做出来了,这桩事怎么样处?(副净背介)你看他娘儿两个唧唧哝哝,把手指着我家娘子,只怕是看荷花的事情发作了[10]。他若与我娘子面质起来,老韩听见,说我调戏他妻子,这场怨恨怎得开交!(小旦听毕高声介)原来有这等奇事,好没廉耻的女儿!(生、副净各慌介)(副净背介)我说不停当,如今怎么了?须要生个法子,骗老韩出去,不等他听见才好。(生背介)我说不停当,如今怎么了?须要生个法子,骗老戚出去,不等他听见才好。我有道理。(对副净介)老襟丈,如今岳父快到了,我们同到郊外去接他一接,何如?(副净大喜介)妙!妙!妙!小弟正有此意。我们两位新娇客[11],莫管他家闲是非。(同下)(小旦对老旦介)亏你有本事,养得这样好令爱出来。(老旦惊听介)

【锦上花】(小旦)一羡你的肚皮,二羡你教法奇,生这风流令爱倒会讨便宜。(老旦)我晓得你的女婿是个状元,如今要压制我么?(小旦)一愧我命运低,二愧我福分微。招得个状元女婿,又有了前妻,把诰封送还伊。

(老旦)有话明讲,不要语中带刺,讨人的便宜,(小旦)我正要和你明讲。去年清明时节,你家女婿拿一个风筝,央我家女婿画。我家女婿懒得画,题了一首诗在上面。你家女婿放断了线,落在我家。我见上面有诗,教女儿和了一首。不想被你家女婿讨了出去。后来我家女婿也放风筝,也断了线,又落在你家。你的好令爱,就想做起风流事来。你做风流事也罢了,为甚么假冒我家女儿的名头,约他进来相会?我家女婿想是见他忒标致了些,吓得不敢动手。谁想你家令爱,做湖州船倒撑起来,做出许多怕人的光景,弄得我家女婿抱头鼠窜。今年他在京中,戚公替他聘了我家女儿。他前日回来做亲,只说还是那一个,怒气冲冲,不肯与女儿同睡。及至我去细问缘由,把女儿与他细认,知道不是,才肯成亲。虽成了亲,究竟不得明白。方才在这边三头六面认将出来,方才晓得是这本新戏。(老旦呆介)(旦对丑介)你当初说,我做了夫人,须要带挈你带挈。谁想我还不曾做夫人,你倒先做了夫人;我还不曾带挈你,你倒带挈我淘了那一夜好气。

【锦中拍】多谢你椒房宠把内家荫庇,这封诰忒离奇。我如今

情愿把夫人让你，只要陪还我那一场呕气。为甚的你图欢乐教别人皱眉？为甚的把风筝强匿？为甚的把我名儿巧替？好好的献出原赃，自口供罪，不须得紧紧的把牙关闭。

(老旦对小旦介)这等说起来，是我这个不成器的坏事了。你娘儿两个，如今要怎么样？(小旦)我没有甚么讲，只等老爷到家，拦马头就是一状，听凭他审就是了。(老旦)若审起来，你也未必全赢，我也未必全输。(小旦)怎见得？(老旦)莫说坏事的不好，还怪起祸的不是。虽是我家女儿冶容诲淫，也是你家女儿多才惹事。虽是我家闺范不严，不该放男子进来，也是你家门缝忒宽，不该让风筝出去。我要吃场大亏，你也要忍些小气。我的女儿若问充军，你的女儿也要问个徒罪。不如同你两下里私和，还省了一场当官的没趣。

【锦后拍】笑世上，打官司的没便宜，枉自两下费心机。纵有十分道理，有十分道理，原告的脚膝头预先落地。便全赢，也有一分纸钱陪。倒不如三杯酒，化做一团和气。还落得冤家少，狭路省防堤。

(丑对小旦介)你若和了就罢，若不肯和，我拚得做一个下水拖人。(小、旦)怎么样的拖法？(丑)我说是妹子做诗在风筝上，约他进来，他认不得路，错走到我房里来的。(小旦呆介)(旦)不妨，有引他的人在这里。他走错了路，难道奶娘也走错了路不成？(净惊背介)这怎么了得？老爷到家，若还审起来，少不得拷问我。女儿是他亲生的，料想不置于死地，算来算去，只苦得我。没奈何，跪将过去，替他求和罢了。(跪小旦介)夫人饶了我这条狗命，和了罢。(小旦不理介)(净跪旦介)小姐，你一向是贤慧的，劝声夫人，和了罢。(旦不理介)(净起介)夫人不肯和，小姐不肯和，这张状子是一定要告的了。告起来，我少不得是死。这堂前有一口古井，不如跳下去，预先淹死了，省得明日零星受苦！(跳介)(旦扯住介)不要如此，待我劝夫人和了就是。(旦向小旦介)母亲，和了罢。(小旦)我若与他和了，他娘儿两个倒翻起招来，怎么处？(老旦起拜小旦介)柳夫人，是我女儿该死了。你若肯和，我终身不敢忘你大德。(小旦)这等说，只得和了。(同拜介)(净磕头谢介)

【隔尾】(合)半生妒恨今朝释,把往事付之流水。(老旦)你就有万顷恩波也难将我这羞洗。(内鼓吹介)

(老旦)老爷回来了,三娘,千万不要提起!(小旦应介)(丑又叮嘱旦介)

【点绛唇】(外冠带引众)(生、副净随上)重到门楣,郁葱瑞霭增佳气。只因家内,添个乘龙婿[12]。(各见介)

【前腔】(小生冠带上)宦客新归,旧时年友新姻戚。芝颜重对,两鬓添霜未?(各见介)

(老旦、小旦)你们两个女婿都不曾拜丈人,两个媳妇都不曾拜公公,今日在此,不如同拜了罢。(同拜介)

【画眉序】(外、小生)儿媳已齐眉[13],婚嫁从心向平喜[14]。幸双亲犹健,杖不须携。既有子瓜瓞能绵[15],便无儿桑榆堪慰[16]。(合)朱颜白发同偕老,举世共夸荣贵。

【前腔】(老旦、小旦)门户有光辉,玉树蒹葭得同倚[17]。喜枯梅衰柳[18],不怕霜威。虽不是桃李春荣,还学得枇杷晚翠。(合前)

【前腔】(生、旦)何处谢良媒?一阵狂风似神鬼。怪风筝一片,东走西飞。论赏罚罪不酬功,量恩私功能赎罪。(合前)

【前腔】(副净)一对丑夫妻,空费百般巧心计。岂从来神器[19],不许人窥。男偷女宝剑成精[20],女偷男灯光作祟[21]。(合前)

【滴溜子】(合)团圆处,团圆处,欢声如沸。相逢处,相逢处,欢容如醉。评才貌,真无愧。总亏堂上翁,平心见己。公道无私,合成双配。

【尾声】无心演出风筝戏,怕世上儿童学会,也须要嘱语东风向好处吹。

传奇原为消愁设,费尽杖头歌一阕[22]。
何事将钱买哭声,反令变喜成悲咽?
惟我填词不卖愁,一夫不笑是吾忧。
举世尽成弥勒佛[23],度人秃笔始堪投[24]。

〔注〕 ① 瓜期:《左传·庄公八年》:"齐侯使连称、管至父戍葵丘,瓜时而往。曰:'及瓜而代。'"意思是说到明年瓜熟时派人来接替他们。后因称任职期满为"瓜期"。 ② 昼锦衣:指

荣耀地回归故乡。语出《汉书·项籍传》:"富贵不归故乡,如衣锦夜行。" ③ 新沙筑堤:唐代故事,宰相出行时以沙铺路,称为沙堤。 ④"鹤相随"二句:喻为官清廉。《宋史·赵抃传》载赵抃去成都赴任时,随身只带一琴一鹤。 ⑤ 大司马:古官名,隋以后废;明清时为兵部尚书的别称。 ⑥"逼成"三句:指戏中前面写的韩琦仲允婚过程。詹烈侯浼人为女儿向韩求婚,韩以"自幼蒙戚老伯(戚补臣)抚养成人,婚姻不能自主"的推托之辞婉拒。而詹烈侯却写信给戚补臣,说韩已允婚,只因不曾禀命于戚,不好行聘;于是戚即为韩下礼定亲,并强逼韩过府成亲。 ⑦"既是"数句:上林,秦汉时宫苑名,此处用以代指京城。这几句所讲的事见本剧第十六出《梦骇》,写韩琦仲赴京城应试时,曾得一噩梦,梦见《惊丑》中所见丑女及乳母黉夜奔至,必欲与他苟合。 ⑧ 神女:战国楚宋玉《高唐赋》记楚怀王梦见一妇人自荐枕席,称:"妾巫山之女也。"后因称此女为"巫山神女"。此因言梦境,故及神女。 ⑨ 揌(shài)脱:甩脱。 ⑩ 看荷花的事情:指第二十四出《导淫》和第二十六出《拒奸》所演的内容,内容于本出赏析文字中已有简要说明,可参看。 ⑪ 娇客:对女婿的爱称。 ⑫ 乘龙婿:《艺文类聚》引《楚国先贤传》:"孙儁字文英,与李元礼俱娶太尉桓焉女,时人谓桓叔元两女俱乘龙,言得婿如龙也。" ⑬ 已齐眉:用东汉梁鸿、孟光夫妇"举案齐眉"典故,但这里主要是表达已经完姻的意思。 ⑭ 向平喜:《后汉书·逸民传》载向平于子女婚嫁事毕后即不问家事,出游四方,不知所终。后因称子女婚嫁满意为"向平喜"。 ⑮ 瓜瓞(dié)能绵:《诗经·大雅·绵》:"绵绵瓜瓞,民之初生,自土沮漆。"绵绵,连续不断貌。瓞,小瓜。盖以瓜一代接一代不断生长喻子孙昌盛。 ⑯ 桑榆:太阳西下时余晖射在桑、榆树端,故代指日暮黄昏,又代指人的晚年。 ⑰ 玉树蒹葭:南朝宋刘义庆《世说新语·容止》记魏明帝毛后之弟毛曾与夏侯玄共坐,"时人谓'蒹葭倚玉树'"。蒹葭,芦苇,喻毛曾与夏侯玄人品的不相称。这里当是借指韩琦仲、詹淑娟和戚友先、詹爱娟。这样的话似不应出自梅氏、柳氏之口,但戏曲也常有将观众的观感借角色之口讲出来的做法。⑱ 枯梅衰柳:指梅氏柳氏。 ⑲ 神器:原指帝位,亦有神异的器物之意。这里借指才貌出众的韩琦仲和詹淑娟。 ⑳ 男偷女:指第二十四出《导淫》和第二十六出《拒奸》所演"看荷花的事情"。 ㉑ 女偷男:指詹爱娟邀韩琦仲夜入詹府的《惊丑》出。 ㉒ 杖头:杖头钱的省称。原指挂于杖头沽酒饮用的钱,此处泛指娱乐用的钱。 ㉓ 弥勒佛:佛名,其塑像袒露大肚子,笑容可掬。 ㉔ 度人:佛教语,谓使人解脱世间烦恼,修行成道。

古代戏曲一般都是以"大团圆"结局。这一折戏,既最容易写,也最难写。讲它容易写,是因为它的内容不外是苦尽甘来、合家团聚、满门封赠、皆大欢喜之类,是典型的"光明的尾巴"。八股式的套话取之不尽,只要拿来略微改头换面和加以剪接,便足可敷衍成篇。当然,其后果也就是趣味索然,可看可不看。讲它难写,则是对它提出高标准的要求。对此李笠翁有着一番精彩的见解。他说:"此折之难,在无包括之痕,而有团圆之趣。"并进一步解释说:"骨肉团聚,不过欢笑一场,以此收锣罢鼓,有何趣味? 水穷山尽之处,偏宜突起波澜。或先惊而后喜,或始疑而终信,或喜极信极而反致惊疑。务使一折之中,七情俱备,始为到底不懈之笔,愈远愈大之才,所谓有团圆之趣者也。"(《闲情偶寄》)传统剧目中,能达到这样要求的作品并不是太多。而《风筝误》的最后一出《释疑》,正是李笠翁凭借高超的写剧技巧,安排出团圆之趣的标本之一。

两对夫妻结合的戏都已做完，此时不过是詹烈侯荣归故里，骨肉团聚，正所谓“水穷山尽之处”。如若就此草草收场，确只是戏曲“格局”中收锣罢鼓时的“例行公事”，毫无趣味之可言。但作者却正是从这一场面中挖出“团圆之趣”的戏来。因为是阖家相逢，才使韩琦仲有机会第二次和詹爱娟相见，从而悟到“惊丑”时遇见的人即是这位妻姐，于是便“突起波澜”了。“惊丑”之事害得淑娟在新婚之夕就怄了一夜气，积怨在胸，如今既得知罪魁祸首是爱娟，当然要找她算账。而韩琦仲则怕此事一闹起来，“戚公子听见，说我调戏他的妻子，这场怨恨怎得开交”。同时作者事先又早安排了一个“看荷花的事情”，使得戚友先也同样害怕“老韩听见，说我调戏他妻子，这场怨恨怎得开交”。于是观众就在这“大团圆”场面中饶有兴味地看到韩琦仲、戚友先各怀鬼胎，彼此互有顾忌而又很高兴地携手同行，避开是非之地的趣剧。看到梅氏、柳氏和爱娟、淑娟或口锋舌剑、或撒泼放刁，大吵大闹一番而又不得不大事化小，消释前嫌，“把往事付之流水”的闹剧。

这一切，看来似乎是“水到渠成，非由车戽”，十分自然要发生的事。然而究其实，却全是作者用穿插联络的关目、埋伏照应的针线、合情合理的推进事件而编织出来的。

从大关节目看，全剧中必有的《惊丑》当然是关键；而“看荷花的事情”也可以说是为了这里的戏而有意做出的重要安排。所谓“看荷花的事情”指的是第二十四出《导淫》和第二十六出《拒奸》，演的是戚友先入赘詹府后，得见淑娟，垂涎三尺，而爱娟也想把淑娟拉下水，以便抓住把柄，要挟友先和淑娟。因而她借赏玩荷花为名邀淑娟过府，安排友先施行非礼，但遭到淑娟峻拒。这两出戏虽然也表现几个人物各自的思想、品德，不算节外生枝；但要看到，如若没有这一段戏，在本出戚友先没有理由要胆怯而溜掉；而他如不溜掉，梅、柳、爱娟、淑娟等当着他的面算“惊丑”旧账，使他得知爱娟的“旧交”即是韩琦仲时，他将如何对待？所以“看荷花”的戏，实际上在作者的通盘计划之中，主要是为这里预做铺垫。

就细针密线的埋伏照应而言，如在上一折的鉴赏文字中已经提到的，《诧美》出开场时柳氏邀梅氏过来参加淑娟婚礼等的戏，单从一面看，似乎这只是重复表现一下梅、柳之间的积年宿怨，无关轻重。但我们到这里才发现这一细节的重要性。因为如若淑娟成婚之夕梅氏、爱娟都来祝贺了，那韩琦仲当夜就应发觉“惊丑”所见的女子即是爱娟，而不待淑娟此时再发作了。明确交代出当晚梅氏等没有来，正是为了把戏留到此时来做。再如早在第三出《闺哄》中梅氏和柳氏争吵时，爱娟曾经挖苦淑娟说：“妹子，你聪明似我，我丑陋似你。你明日做了夫人皇后，带挈我些就是了。”这句话埋伏在那里，到二十几出后的现在就生发出淑娟几

句饶有机趣的台词:“你当初说,我做了夫人,须要带挈你带挈。谁想我还不曾做夫人,你倒先做了夫人;我还不曾带挈你,你倒带挈我淘了那一夜好气。”这些地方,都正如李笠翁所说:“编戏有如缝衣,……凑成之功,全在针线紧密”,“即于截然绝不相关之处,亦有连环细笋伏于其中,看到后来方知其妙。”(同前)

再由事件的推进而言,韩琦仲发现“假莺莺”是引发这场戏的关键。如若将它写得无因而生,突如其来,“令观者识其有心如此,与恕其无可奈何”,自然也要大大降低戏的趣味。而在李笠翁笔下,这一发现过程,恰是表现得曲折细致,合情合理,显示出了很高的写作技巧。

由于“惊丑”已是许久以前的事,所以韩琦仲此刻初见到爱娟,只觉得有些面熟,却记不起在什么地方见过。他先想到曾在京中会过,由此而忆及是在京中做的一场噩梦中得见,又由梦中人才认定她即是“去年相会的詹小姐了”。及至再发现连“假红娘”也在,便铁案如山,无可动摇。但当詹淑娟知道此事后要发作时,他却又说“这个断使不得”。这一笔更让观众感到韩琦仲在这整个发觉过程中,目的并不是要揭穿这桩公案,只是由于碰到爱娟而自然而然、无意识地联想下去而发展至此。这就使得以下富有“团圆之趣”的戏更显自然而少作者所谓“勉强生情,拉成一处”的“包括之痕”。

(陈　多)

意　中　缘　　李　渔

第十四出　露　　丑

【普贤歌】(净幅巾华服上)老婆睡在别人舱,自己埋头不敢张。棒槌擦裤裆,头毛不肯长,几时才做黄和尚?

我是空自从娶了杨小姐过来,已经数日。把大船装着他们两个,自己另雇一只小船尾在后边,莫说不敢见面,就是张也不敢去张一张。只是一件,往常还有妙香那个丫鬟在身边救急,如今连他也过去了。只消这几时工夫,把我熬得死不死活不活。若再是几日的欲火焚烧,连我这个法身都要坐化了。我如今要与黄天监商议,叫他把言语缓缓说他。万一他不怪我,就在路上成亲,也省得到了京中,又做一番手脚。不免叫过船来,与他商议便了。(向内介)驾掌,把船靠着大船,请董老爷过来讲话。(内应介)

【前腔】(丑巾服上)新郎虽做不同房,落得朝朝醉一场。他嫌貌不扬,我愁没那桩,两家心事都难讲。(见介)

(净)老黄,连日好受用。(丑)说也不该,我在前舱,他在后房。我打草铺,他睡绣床。话也不曾说一句,眼也不曾张一张。只听见后舱洗小脚,丫鬟倒浴汤。我走到下风去小解,刚刚闻得些玉体香。有甚么受用?(净)呸!谁教你做这样假清官?既做新郎也要像个新郎的家数,手便不好动得,口里也讲些知情识趣的话,渐渐亲热起来,才好替我做事。何这等驴膫子向东,马膫子向西。万一被他识破,在路上要死要活起来,怎么了得?(丑)不是我不亲近他,只因他是个女中才子,诗词歌赋、琴棋书画,无所不通。区区的学问是瞒不得老师太的,西瓜大的字识不上两箩,万一他替我谈起文来,教我怎么样答应?故此不敢去近身。(净)这个不消愁得,我前日分付妙香过了,他若与你谈文,妙香自会替你答应。你如今只去亲热他,不时把些肉麻的话挑动他的春心。他若有些难过起来,你就来见我,我自有临机应变之法。(丑)这等说,我就胆大了。如今走过船去,即便依计而行,有好光景就来奉复。(净)快去!淫词忙打点,娇态好安排。(丑)得他淫兴发,是你好时来。(同下)

【霜天晓角】(旦上)心头鹿撞,底事谁堪讲?欲试山魈伎俩[①],其如野鬼深藏。

奴家自从那日下船,看见彼人的面貌,心上甚是狐疑。欲待试他一试,看他才技如何?怎奈他自从那晚出去,再不走进舱来。或者他自知分量,料想那副嘴脸配我不来,故此不敢相近,也不可知。是便是了,俗语说得好:丑媳妇免不得见公婆。难道躲得一世不成?我如今把笔砚安排在此,待他进来,就好面试,且看真假何如,再做商量便了。(放笔砚介)(丑内叫介)妙香,泡一壶好茶,送到后舱来,我要和夫人讲话。(旦)来了。我只当不知,在这边画画,等他走到,就好把画来试他。(搦笔想介)画些甚么东西好?也罢,岸上的梅花开了,就画一幅梅花,有何不可!(画介)

【小桃红】笔呵余冻写春阳。眼到处生佳趣也,笔颖生花,墨渖流香[②]。(丑换飘巾艳服作娇态上)缓步入官舱。先将这话儿温,态儿妆,胆儿雄,心儿壮也。(见介)呀,夫人在此画画,不要打断你的笔兴,且走出去,停一会进来。(回身欲走介)(旦)奴家正要请教,相公来得正好。请坐了,不消回避。(丑背介)你说,早又不来,迟又不来,

刚刚在这个时候来起他发难之端。那求教的两个字,就不是好声口了。妙香,快进舱来。疾忙呼救命梅香,做个护身牌,好把箭来搪。

(老旦捧茶上)松柴作炭烧难着,河水烹茶味不清。呀,原来今日是逆风。(丑)怎见得?(老旦)若不是逆风,老爷坐在前舱,怎么吹得到后舱来?(丑)多嘴!立在这边服事,不要转身。(旦)奴家一向信笔涂鸦,无人讲究,不知贻笑了多少大方。如今得近高明,正好求教,凡有不到之处,求相公当面提醒。(丑)不敢。(旦递画介)(丑一面看一面作眼色对老旦)(老旦背介)想是求救的意思了。不要管他,走到外面去,好等他出丑。(出立暗处偷看介)(丑慌背介)呀!这个丫头,竟走了出去,分明是作弄我了。怎么了得?我有道理,若还赞他的画好,他便要骄傲起来,只管盘问不住了。不如大模大样,充做一个识者,寻些破绽出来,倒说他画得不是,他或者被我吓倒,不敢再来盘问,也不可知。有理有理!(转介)夫人,你这幅梅花画便画得好,只是有花无叶太冷静些。岂不闻古语道:牡丹虽好,还要绿叶扶持。为甚么不画些叶子,点缀一点缀?(旦)相公说差了,梅花与诸卉不同,是花不见叶叶不见花的。相公若不信,只看岸上的梅花,叶在那里?(丑看岸上笑介)啐!好几日不会夫人,一见了面就昏了,那有梅花与叶子一齐发的?这是下官粗心浮气,得罪夫人了。莫怪,莫怪!(揖介)

【下山虎】胡诌乱讲,得罪娘行,幸恕多狂妄。(旦)画得何如,也要评论几句。(丑背介)如今没奈何,只得要赞了。想句甚么话儿赞他的好?(想介)有了,我闻得人说,时画不如古画好。只把古人赞他,他自然欢喜。(转介)夫人的画,笔笔都是古人,如今的作者那里画得出?便是古人复生,遇此丹青也应叹赏!(旦)既然如此,请问一问,不知奴家的笔意,像那一位古人?(丑)待、待、待我想来。(背介)这桩苦事是我自家惹出来的了,没原没故说甚么古人,就贴张招子到肚里去,也寻不出这个人来。(闷想)(忽笑介)妙妙妙!有一个古人就在口头,为甚么不讲?(转介)夫人,我肚里的古人极多,想来都不相合。只有一代名公的画,极像你的笔仗。(旦)是那一个?(丑)叫做张敞。(旦惊介)张敞虽是个古人,不曾闻得他会画。请问相公,出在那一本书上?(丑)这是眼面前的故事,要查甚么书本,那一个不说张敞画梅[3],张敞画梅!(旦大笑介)张敞所画的是眉眼之眉,不是梅花的梅。你认错了。(丑)

他是个聪明的人,或者两样都会画也不可知?(旦背介)这等看起来,画画的事是一窍不通的了。但不知写作何如?待我把两桩技艺都考他一考。(转介)相公,想是你做官的人久不作画,未免生疏了。闻得相公是当今才子,写作俱佳,如今要求一首题画的诗,写在这尺幅之上。一来为拙笔增光,二来留作法帖,以便学书。董字如今配二王[④],书翰弥天壤,况诗词更擅长。这是你馆阁家常事,料无废荒,愿赐我白练裙边一二行。

(丑)既然如此,待下官领到前舱去做,少顷之间,就送来请教何如?(旦)相公久负才名,这一首题画的诗有甚么难做,一定要当面求教。(老旦暗笑介)如今做不来了。料他没有别法,一定要逃走,待我把门儿扣上。(扣门介)(丑)这等说起来,一定是要做的了。待我去出个大恭,把肚里的污秽出脱尽了,好进来做诗。(急走开门)(开不开介)呀,是那一个反扣住了?妙香,开门!(老旦不应暗笑介)(丑大慌背介)这怎么了!这怎么了!我原是不肯来的,都是那贼秃逼我进来,说甚么话,调甚么情,如今说得好话,调得好情。(旦)诗有了不曾?奴家磨浓了墨,待你来好写。(磨墨介)(丑背指介)你不是磨墨,分明是磨我的骨头,磨我的性命!如今叫天不应,叫地不应,却怎么处?(捶胸顿足介)

【五般宜】急得我浑身虚汗流似浆,急得我凄慌泪乱流似汤!(哭介)天那!我黄天监穷便穷、苦便苦,却无拘无束的过了半生,何曾受过这般的磨难?若是为自家吃苦,也还气得过;别人图快乐,教我替他受熬煎,这样的冤枉到那里去伸诉么?天那!(放声大哭介)(旦惊介)呀,为甚么原故,竟号咷痛哭起来?我则道哦韵试铿锵,却原来是髭捻太苦逼成凄响。做诗做到这个地步,真可谓之苦吟了。还差几句不曾完,快写出来,待我替你续完了罢。(丑一面哭一面说介)其、其、其实一句不曾有,求、求、求、求夫人饶过了罢!(旦大笑介)好翰林,好才子,好名公!这等,你往常的诗文书画,都是那里来的?难道你终日价悬标卖谎,就没个人寻鸡告攘[⑤]?终不然世眼尽如盲,直到今日呵,咏梅花才遇敞。

既然如此,不消做得了,饶你去罢。(丑)多谢夫人!这等,暂且告别,改日再来奉陪。(出介)谢天谢地,这样一场大祸,被我放声一

哭，就哭脱了。怪不得古人有窍，把眼泪叫做泪珠；珍珠虽好，还没有这般适用。我如今有了这个哭法，凭你甚么女中才子、绝世佳人都不怕了。从今以后呵，门上挂个招牌，招揽四方主顾，替人包做新郎，只是不同床铺。（笑下）（旦长叹介）这等看起来，那里是董思白，明明是个大拐子，假冒他的名字，骗我过来的了。不免叫丫鬟进来，拷问一个明白。妙香那里？（老旦）在。（旦怒介）你们这班人，分明是一伙奸贼，做定圈套拐骗良家子女。好好的说来就罢，不然我喊起地方来，拿到官司，连你也去不得！（老旦）夫人说得不差，果然是一伙奸贼。只是妙香这个丫鬟，也与夫人一样，同是受害的人。若还是他一党，方才就不该反扣舱门，看他出丑了。（旦背想介）也说得是。

【五韵美】（老旦）我和你是鸟同罗鱼同网，休得做相持鹬蚌将臂攘[6]。（旦）这等，是甚么原故？你快讲来。你既然不是贼人党，为甚么踌躇费想？（老旦）非是我吞声相向，只恐怕前舱近又没个隔耳墙。须待等到夜静人眠，对伊细讲。

（旦）这等，把舱门关了，走近身来，轻轻的说就是了。（老旦观望介）且喜他过船去了，就重讲也无妨。（旦）他到甚么人的船上去了？（老旦）是空和尚的船。（旦）怎么是空也来了？他到那里去？（老旦）夫人，他当初是"空"，如今是"实"了。这桩事都是他的诡计，方才那个主儿是他雇倩出来，替天行道的。（旦惊介）这是甚么原故？（老旦）他终日到你家求画，见你人物又标致，性子又聪明，就起了不良之心，要娶你做妻子。只因不曾蓄发，不好自家出名，故此央了这个主儿，假充董翰林，娶你过来。如今带到京中，就要交还他了。（旦）呀，原来如此。这怎么了得？我那爹爹呵！（哭介）（老旦）夫人，你且忍气吞声，不可被他听见。他若听见，知道亲事不谐，就要害你的性命了。（旦）也说得是。这等，我便不知落了他的圈套，你既晓得，为甚么也随了他来？（老旦）只因卖身的时节，也吃媒婆骗了。后来身子被他所辱，时时切齿腐心，只是孤身一人，不好行事。如今随了夫人，不愁没有帮手了。须要缓图机会，切不可泄漏机关！（旦）这等说起来，你能勾忍辱报仇，也是个女中侠士了。可敬，可敬！

【山麻秸】听说罢，增悲壮。同病相怜，同事相商。这等，方才那个厌物，是何等之人？（老旦）说起是空令人发怒，若说起这个厌物，只怕又要发笑起来。（旦）怎么说？（老旦）他姓黄，名天监。虽是个男子，却与我们一样的。（旦）难道也是个妇人不成？（老旦）虽然不是妇人，却是有男子之名，无男子之实，为害杨梅结毒，烂去了人道的。（旦笑介）怪道那般老实，不敢近我的身，原来是这个原故。（老旦）夫人，你还亏得是他，若遇着别个村郎，此时呵，也与我忍耻辱的梅香一样⑦。（旦）这等说起来，不但不该恨他，还该感激他才是。从今以后呵，便和他同居无恐，同行无碍，便同宿也无妨！

是便是了，想个甚么法子对他？（老旦）有一件东西在这里，是他当初摆布我的。我一向要拿来摆布他，只因没有帮手，不好做得，如今要用着了。（旦）是件甚么东西？（老旦）我初来的时节，原不肯同他睡，被他把一服迷药，放在茶饭之中与我吃了，就昏迷不醒，所以失身与他。及至醒来，已悔之不及。后来他不疑我，把迷药都教我收藏。如今现有一包在此，几时设个计较，弄他过来，放在酒杯里面与他吃了，待他昏迷不醒的时节，丢他下水就是了。（旦喜介）妙绝，妙绝！

【江神子】虽然罹祸殃，还喜得同仇辈协力勷襄。两人合胆偕肠，休呼主母呼梅香，彼此互称吾党。

既有此药，事不宜迟。你几时走过船去，说我情愿嫁他，叫他过来成了亲事。到那时节，依计而行便了。（老旦）说得有理，明日就过船去。

【余文】（合）不须别处伸冤枉，至公堂就在这木兰舟上，那生杀之权都是我和你一对儿掌！

〔注〕　① 山魈（xiāo）：古代传说中山里的鬼怪。　② 墨渖（shěn）：墨汁。　③ 张敞：西汉河东平阳人，仕为京兆尹，尝为妻画眉，时长安有“张京兆眉怃（妩）”之说，见《汉书·张敞传》。后来“画眉”成为夫妻恩爱的典故。　④ 二王：东晋著名书法家王羲之、王献之父子。⑤ 寻鸡告攘：典出《孟子·滕文公下》：“今有人日攘其邻之鸡者，或告之曰：‘是非君子之道。’曰：‘请损之，月攘一鸡，以待来年，然后已。’”攘鸡，偷鸡。这里用其字面，言其剽窃他人。⑥ 相持鹬蚌：即鹬蚌相争，渔翁得利。喻两败俱伤，便宜了第三者。　⑦ 梅香：婢女的代称，因旧时多以“梅香”为婢女的名字，故云。

《意中缘》演杭州女子杨云友、闽中名妓林天素与晚明著名文人董其昌（号思

白)、陈继儒(号眉公)才子佳人遇合之事。杨、林二人皆善画,历史上实有其人,陈、董亦曾过访并赞赏之,然无婚姻事。李渔认为佳人当配才子,遂编此剧。其中情节变幻皆属扭合,故谓之《意中缘》。

剧中叙闽妓林天素寓居杭州,夙慕陈继儒画风,仿其笔意画扇一柄,寄卖店中以求识者。杭州贫女杨云友亦仿董笔为古董店作画糊口。陈、董游至店中,见画大喜。陈即托友江怀一为媒与林结婚。董因店主不肯告诉实情,即托陈、江二友代寻云友,自回松江。店主是空和尚早已对云友垂涎三尺,遂先行一步,假冒董名骗娶云友连夜进京。途中被云友识破骗局,与同船诸人设计将和尚沉入水中。云友卖画京中,积够盘缠即返乡。其时云友父却因生活无着,前往董府寻女投亲,幸为董收留。及董升任京官,又携之北上。至京中,方知云友已南下,董又馈资,请其南下寻女。云友回乡,江怀一、陈继儒即代董求亲,遭到拒绝。林天素女扮男装,骗娶成功。俟云友父寻女至林府,父女相见后一起进京,云友与董其昌喜结良缘。

《意中缘》全剧以杨云友的两次婚姻为主要内容,其中《露丑》是第一次骗婚事件的高潮戏。在这出戏中,作者巧妙地利用新婚期间三人的不同心理制造情节冲突,烘托舞台气氛。杨云友新婚之夜见新郎容貌龌龊,即生疑心。又见其托故一连几日不进新房,不似个新郎模样,更加疑虑重重。以其才女的特有敏锐,觉出事情有些蹊跷。因此预备下笔墨纸砚,心想:"待他进来,就好面试,且看真假何如。"黄天监因是假冒才子,腹内原本空空;又加上杨云友是个出了名的才女,更是敬而远之。再者,他是替人做新郎,担着干系非轻,万一露出破绽,不但坏了别人的大事,亦连自己的前程也葬送了。(是空许诺事成之后介绍他入宫做太监)有这三桩心事,使得他怕见云友,怕与之交谈。故一路上他姿态甚高,尽量不进新房自找难堪。而真正的新郎,用计赚人的是空和尚却心急如焚。既怕黄天监冷淡了新娘,惹她疑心,看出破绽。又心急想吃热豆腐,想着离京渐近,要黄天监略露些破绽,借机说明真相,早些成亲。此时的和尚是色胆包天,有些得意忘形,且又依着早与妙香商定的临时为黄天监救场之计,故有恃无恐,一味要黄去调情"露丑"。

黄天监被怂恿不过,硬着头皮进了新娘舱中,一见云友在作画,吓得赶紧想溜。既被留下,又连呼妙香侍候,假才子叫苦不迭的宾白、懊悔不已的窘态令人忍俊不禁,幽默滑稽的舞台气氛便自然酝酿出来了。此时舞台上三人各怀心事,云友是满腹狐疑步步紧逼,一心要探出个究竟来,黄天监是作贼心虚欲盖弥彰。你看他一会儿"背介"、"转介","看岸上笑介",一会儿又"想介"、"闷想,忽笑介",

真是捉襟见肘丑态百出！看到黄天监满口胡唚汗流浃背的样子，妙香是幸灾乐祸畅快不已。这场骗局，妙香最是个知情人，和尚把她当作心腹，派她监视黄并在紧急关头作些救应。孰知妙香内心却恨和尚骗她失身，一心想伺机报仇，坏他的"大事"。因此当黄天监呼救时，她不但不救，反而走出舱外"好等他出丑"。妙香的这一立场，无疑加速了黄天监"露丑"的速度、程度。这出戏的主角就是黄天监，他的丑露得越多，戏的喜剧气氛就越浓。当云友要黄天监题诗，黄想找借口逃走时，妙香暗把舱门反扣，任他怎么呼叫也不应。这一下把个伪装的才子、假冒的新郎急得现了原形。他"急走开门，开不开介"，"大慌背介"，一边在舞台上如热锅上的蚂蚁团团乱转，一边又自言自语："这怎么了！这怎么了！……如今说得好话，调得好情。"气急败坏之情溢于言表："急得我浑身虚汗流似浆，急得我凄慌泪乱流似汤"。最后索性还了浪子泼皮本相作"捶胸顿足介"、"放声大哭介"。此时的舞台真是热闹非常，黄天监在一边涕泗滂沱，原形毕露；杨云友在那里言语讽刺，气愤交加；妙香却暗中称快，得意扬扬。至此，这出戏的高潮也就到来了。

这出戏的成功之处在于同一个舞台背景下，对同一件事，作者能从不同角度探寻其喜剧成分，巧妙地利用剧中人物各各不一的矛盾，使他们成为舞台上相反相成的喜剧因素，从而使"嘲风月"的喜剧主题得以淋漓尽致地表现。制造舞台的喜剧气氛一直是李渔戏曲创作的关注点之一，他曾宣称"一夫不笑是吾忧"。这出《露丑》堪称李渔喜剧创作中的典范之笔，不仅流行当时，后世亦屡屡搬上舞台，川剧《画梅花》即据此改编。

（盛志梅）

意 中 缘　　　　李 渔

第二十八出 诳 姻

【番卜算】（老旦上）俊眼相才郎，没个堪留意。一年好景负《桃夭》①，又是摽梅际②。

我家小姐自从京里回来，那些冰人月老足不离门，把男子的才貌，说得天花乱坠。谁想走到面前，不是读死书的秀才，就是卖油腔的浪子，所以小姐甚是厌烦。如今坐在绣房里面，不肯轻易见人。但有求亲的来，只传个题目出来考试，要待文才技艺都考中了，才肯出来面相人才。今日是个结婚姻的日子，怕有说亲的来，只得在此伺候。

【赵皮鞋】（丑持念珠上）来做撇脱媒，下聘成亲不用催。寅时相

中卯时归，好歹只争这一会。（见介）

（老旦）老师父，想是又来说亲么？（丑）正是。今日这头亲事是十拿九稳的，快请小姐出来。（老旦）我家小姐被那些面目可憎、语言无味的人相得厌了，如今躲在绣房，连媒人也不许见面。分付有说亲的来，只许传题考试，考中了才相人才。（丑）这也使得。今日这一个莫说四样，就是四十样也任凭你考。只是一件，他方才说过了，相不中就罢，若还相得中，即刻就要娶过门的。这句话也要预先说过。（老旦）只要相得中，他也肯随轿过门。只怕那位郎君没有这等必售之技，不要太拿稳了！（丑）不敢相欺，他把这头亲事竟捏在手心里，连花灯、彩轿都随身带了。若没有真才实学，怎敢如此？（老旦背介）我不信有这等奇人。且等他到来，看是甚么光景？

【望吾乡】（小旦巾服领花灯、彩轿、鼓乐上）稳效于飞[③]，花灯鼓乐随。给弓请试穿杨技，雀屏不中羞回里[④]，舍我谁堪婿？（合）男孤往，女并归，拿得定的风流会。（到介）

新郎到了。梅香姐，你先替小姐相一相。（老旦背介）果然好一个人物。但不知才技何如？我且去请题目出来。（下）（丑）林相公你看，莫说小姐生得十全，就是这个丫鬟也有七八分姿色。若还做得成，都是你口里的食了。（小旦笑介）（老旦持笺上）丹青为末技，诗翰作头场。题目在此，求相公做绝句一首，写作一幅单条，待小姐一来看诗，二来看字。（小旦展看背介）呀，原来是木兰从军，这个题目恰好合着我女扮男妆的事，料他是出于无心，决非有意。我倒要露些意思，藏在诗中，待他后来识破的时节，才好藉口。媒婆，磨起墨来。（丑磨墨介）

【醉罗袍】【醉扶归】借题巧寓诗人意，谁能识得暗藏机？待将本相露鸳帏，那时方解风流谜。诗成了。梅香姐牵直了纸，待我写来。（写完念介）蛾眉披甲代行师，扫退群雄不识雌。莫道补天非女职，娲皇原不是男儿。——写完了，送进去看。（老旦取下）（丑）相公，诗可得意？不要把头场的文字，就被他贴出来。（小旦）岂有此理。这样文字若不中，世上竟没有举子了。（老旦持笺上）欲试无双技，还观第二场。小姐说诗与字俱中式了，还有一幅小笺，请相公作画。（小旦）这个一发不难。（画介）【皂罗袍】雕龙慧业，已经夺魁。雕虫末技，何

难擅奇。后场当与前场配。

画完了,送进去看。(老旦取下)(丑)阿弥陀佛!保佑这场文字再中了也好。(老旦上)正在夸词翰,谁知画又工。安排窥婿眼,分付下帘栊。小姐说字画俱与诗才相称。如今要看容貌了,待我放下帘子,好待他出来。(下帘介)

【罗袍歌】【皂罗袍】(旦上)掩卷频夸才艺,怕中清外浊,难擅双奇。(细看小旦介)呀!看了那张郎自画的镜台眉,只怕我新人还不及新郎美!(丑)相公,你走几个俏步儿与小姐看看。(小旦行介)(旦)说甚么凌波纤步,轻盈欲飞。似这等凌云仙致,也飘飏似吹。风流仿佛张家绪[⑤]。妙香,你对他说:才称其貌,技称其才,不愧乘龙之号,准与联姻。(老旦传话介)(小旦)这等,取聘礼过来。(送礼介)小生备有寸丝之聘,望你呈上小姐。起先曾着媒婆说过,就要迎娶过门。(老旦)这等,待我传言。(传介)(旦)聘礼不消,送去还了。过门的话,依他就是。(老旦覆小旦介)(小旦)既然如此,请小姐更衣上轿。(老旦请旦更衣介)【排歌】把新妆换,莫待催,催妆删去这旧诗题。(丑)相公也换了衣服,好同新人一齐上轿。(小旦更衣介)(丑)更常服,换吉衣,看香车宝马一同归。(众鼓乐同行介)

【望吾乡】果效于飞,花灯鼓乐随。给弓一试穿杨技,雀屏已中今回里,似我才堪婿!(合)男孤往,女并归,拿得定的风流会!

(到介)(净扮宾相上)(照常赞礼介)(外、小生潜上偷看)(笑介)(小旦行礼毕)(更衣坐介)(外、小生闯进)(贺喜介)林兄娶了这样好新人,甚为可妒。俗例原该打喜,如今未能免俗,也要各奉几拳,作为贺礼。(欲打介)(小旦笑介)打喜虽是旧例,求看相与面上,饶过了罢。(外、小生)这等,打便饶了,喜酒是要吃的。(小旦)今晚请回,明日过来奉请。(送出介)(小生)果然是个绝世佳人。可喜,可喜!(外对小旦介)娶便娶过来了,只是后半篇文字比前半篇更难,你须要用心去做。我们别了。(同小生笑下)(小旦转介)有这样不知趣的朋友,可恨,可恨!

【隔尾】这千金一刻非容易,怎经得把工夫闲费?只得要赶散亲朋好把玉手携。

(小旦)众人都回避了罢。(众应介)(小旦)取合卺杯来。(老旦斟

隱菴道人題

酒，小旦亲送介）娘子，我和你是文字知己，比寻常夫妇不同，须要脱去成亲的套子，欢饮几杯，谈一谈衷曲，千万不要害羞。

【园林好】洞房中无人注仪，须脱略休行套礼。况不是寻常连理，才作合技为媒，才作合技为媒！（劝酒旦不饮介）

（小旦）怎么，小生这等说过，酒杯还不肯沾唇？想是怪我礼数不周，只得要出位来奉劝了。（一手搭肩一手劝酒）（旦饮）（小旦喜介）好！才女成亲，原该如此。不然就落了做新人的窠臼了。（复坐介）梅香，不住的酌酒，待我与娘子谈心。娘子，如今开一开金口罢！

【嘉庆子】（旦）我乍逢腼腆心恐悸，怎当那软款温柔的絮语催？自觉朱唇难闭，权待唱，便相随，权待唱，便相随！

（小旦）娘子，小生往常看你的画，笔笔到家，幅幅尽善，为甚么再不摹仿别人，只喜临那董思白？董思白的画有甚么好处，你就这等爱慕他？（旦）奴家不是有心学他，只因平日爱他的文章，重他的人品，故此笔墨之间，不觉无心契合。（小旦）既然如此，前日有人替他作伐，你就该应许了，为甚么又拒绝他？想是爱其才，不爱其貌么？

【尹令】既然暗投臭味，缘何不从婚议？多因怪他形秽，因此上谢绝良缘，顿把怜才素愿违。

（旦）奴家不曾见过，那里知道他容貌何如？况且真正才人，也不可以皮相。只因被个不良之人，假冒他的名字，骗过一遭，故此不敢轻信人言，恐堕从前奸计耳。

【品令】鱼经钓伤，见钩影便生疑。况伊行隔远，谁人倩良媒？因此上疑奸诧诡，不觉的声色同时厉。（小旦）万一那做媒的人，果然是替他做的，岂不错了机会？（旦）虽则是难分真假，赢得个后来无悔。到如今别缔丝萝[⑥]，那好恶姻缘总莫提。

（小旦背介）我今晚既娶过门，自然该与他同睡。只是相逢未久，情意不曾洽浃，忽然露出本相来，恐怕他要发极。今晚且两处宿歇，待盘桓几日，有些熟事起来，那时节就说出真情，他也相信得过，决不怪了。（转介）娘子，小生起先的意思，惟恐你要更变，故此不拣好日，竟娶过门。我想男女成亲是百年大事，岂可草草。今晚的日

子不大十分吉利，小生且到别房宿歇，另选一个好日，同你完姻。如今且暂别一夜。

【豆叶黄】非是我蹉跎好事，冷落鸳帏。念不比那露水夫妻，念不比那露水夫妻，情到处便成佳会。（旦背对老旦介）妙香，他说的话又有些古怪了！（老旦）正是。难道又是一个黄天监不成？（旦）今晚不论好歹，定要见个明白。你走过来，我分付你。（老旦近身）（旦附耳说话介）（老旦）妙妙妙！我就去讲。（对小旦介）相公，小姐方才说，今晚的日子既然不好，求你叫一乘轿子来，小姐权且回去，待相公选了吉日，再来完姻。（小旦）说那里话，既娶过门，那有转去之理。你替我劝一劝。（老旦）我家小姐平日是最执意的，他说要去，是一定要去的了，那里还劝得转！（旦）妙香！快催打轿，不要耽搁了工夫。（小旦背慌介）这怎么处？如今没奈何，只得要将计就计，与他说明白了。（转介）既然如此，就是今夜成亲，不消回去。（旦）日子不好，不便成亲。（小旦）自古道选日不如撞日。既然相得中，也就是一个好日子了。不消拘得，待我替你解带宽衣。（代除簪介）先除簪珥，（代解衣介）后松带围。才嗅得异香一缕，才嗅得异香一缕，早不觉令人心醉魂迷！

（老旦）相公也请宽衣。（小旦）怎么我也要宽衣？（老旦）自然。难道新人脱了衣服，做新郎的倒和衣睡觉不成？（小旦）既然如此，说不得也要脱了。（除巾介）（老旦细看）（背对旦介）你看好一头黑发，竟与小姐的云髻一般！（旦）正是。

【玉交枝】（老旦）为甚的男梳云髻，褪儒冠双环渐垂？（小旦脱衣介）（老旦）看沈郎一捻腰肢细⑦，与娘行肥瘦堪比。相公请坐，待梅香替你脱靴。（代脱靴介）（老旦大惊）（背对旦介）呀！小姐，皂靴脱去，竟是一双三寸金莲。这等看起来，是个女子无疑了。云鬟瘦腰俱可疑，看看露出金莲底。（小旦、老旦合）多应是犯孤鸾红颜数奇⑧，犯孤鸾红颜数奇。（旦细看）

（问介）呀！你怎么是个妇人？（小旦）我原说是个妇人，并不曾讲是男子。（旦）又来胡赖，你何曾说是妇人？（小旦）小姐，你是个聪明绝顶的人，怎么说出这样懵懂的话？自古道明人不作暗事。我起先那首诗，临了有一句道：娲皇原不是男儿。不是男儿，自然是

个女子了。明明白白的讲过，还说不曾讲？口是风，笔是迹，你若不信，取出来验一验。（旦）既然如此，你是个妇人，娶我来做甚么？（小旦）不瞒小姐说，我是替人代做新郎的。（旦、老旦共惊介）呀，又是替人代做的！（旦哭介）天那！我前生造了甚么业，被人骗来骗去，再不能勾出头！（小旦）小姐不要着急，你如今出头了。（旦）这等，你替那一个代做？快快讲来，是好人就罢，若还不是好人，我拚了性命结识你，今晚就不得开交！（小旦）不瞒你说，是替董思白娶的。（旦大惊介）呀，当初说是董思白，如今又说是董思白！我杨云友生前欠了董家甚么冤债？如今董来董去，只是董个不了。（顿足哭介）（小旦）小姐，如今这一董被你董着了。不要着慌，请坐下来，待我与你细讲。（扯旦坐介）从古以来佳人才子的四个字再分不开。是个佳人一定该配才子，是个才子一定该配佳人；若还配错了，就是千古的恨事！如今世上的才子只有两位：第一个是董思白，第二个是陈眉公。若论佳人也只有两位：第一个是你，那第二个也就要数着我了。（旦）你是那一个？（小旦）区区叫做林天素。（旦背介）林天素是海内知名的妓女，原来就是他。（小旦）我们两个怎么好丢了才子，去嫁那没名没姓的人？我与眉公已订了百年之约，可谓侥幸得所了。那董思白当初见了你的尊笔，就彻底钟情，曾托江怀一到处寻访，谁想你被人骗去。如今完节回来，可见夙缘未断。及至江怀一央人作伐，你竟回绝了他。他与眉公商议，怕你失身于人，后来追悔不及，故此教我妆做男子，娶你回来，要送与董公酬其夙愿，这是一片真情。小姐，你从今以后，再不消疑虑了。

【江儿水】既把真情告，休将错念疑。佳人怎与村夫配，芳心忍把多情背，吾侪肯使良缘弃？劝你回嗔作喜，休得要一味相猜，把好意翻成恶意！

（旦）这等说起来，难道那个董思白，也曾钟情于我？（小旦）岂止钟情，他还不曾遇着新人，先做了个养老女婿。你那位令尊一向住在他家，如今也随他上任去了。你若再不信，明日送到京中，预先见过令尊，然后与他成亲就是了。（旦）若果然如此，不但是个情种，竟是我的恩人了，为甚么还不嫁他！

【川拨棹】心堪慰，放愁容展皱眉。亏你这有心人赚入鸳帏，有

心人赚入鸳帏，不使我做负心人身投浊溪。（旦、小旦合）两推心不复疑，两相知喜共依。

（小旦）是便是了。我既做一番新郎，也要与你同宿几夜，略讨些虚哄的便宜，方才肯送你去。难道就是这等罢了不成？（戏作搂旦介）

【尾声】今夜呵，夫妻虽假也还同睡，休得要冷落了凤衾鸳被。（旦）你这位新郎呵，还强似前日的男儿不敢陪。

〔注〕 ① 桃夭：《诗经·周南》篇名。诗以桃花盛开为比，赞美男女及时嫁娶，以首句"桃之夭夭"名篇。夭，草木茂盛。 ② 摽（biào）梅：言梅熟而落，比喻女子已到结婚年龄。《诗经·召南·摽有梅》："摽有梅，其实七兮。求我庶士，迨其吉兮。" ③ 于飞：比翼而飞。后用以比喻夫妻和好亲爱。《诗经·大雅·卷阿》："凤凰于飞，翙翙其羽。" ④ 雀屏：据《旧唐书·高祖窦皇后传》，北周大将窦毅为其女择婿，于屏上画二孔雀，使求婚者射二矢，暗中约定中目则许之。射者数十皆不中。唐高祖李渊最后射，两矢各中一目，遂得娶窦女。后因以雀屏中选为择婿之典。 ⑤ 张家绪：即张绪。《南史·张绪传》："张绪吐纳风流，齐武帝常嗟赏灵和殿前蜀柳曰：'此杨柳风流可爱，似张绪当年时。'" ⑥ 丝萝：即菟丝和女萝。《诗经·小雅·頍弁》："茑与女萝。"女萝，菟丝，松萝。诗文中常以比喻男女结成婚姻。 ⑦ 沈郎：指南朝梁沈约。他曾在给友人的书中说："百日数旬，革带常应移孔；以手握臂，率计月小半分。"见《梁书·沈约传》。后世常以"沈腰"作腰瘦之典。 ⑧ 孤鸾：喻没有配偶。

《诳姻》是《意中缘》下半场的高潮。杨云友自京中返杭，吸取上次的教训，要自选才郎。江怀一、陈继儒遂遣媒为董其昌求亲，被云友回绝。二人又设良谋，令林天素女扮男装前去求亲。杨云友试才看貌之后允婚。洞房之夜，林天素想借机逃脱，引起杨的警觉，以为又是一个黄天监。后在妙香的盘问催逼之下，林天素露出女儿身。云友惊诧悲哭之中听林解释事情的来龙去脉，方释去疑团，皆大欢喜。

这一出纯是两个才女的戏。前半截林天素求亲，气势逼人。求亲时先声夺人，随身携带迎亲花轿，要即刻迎娶进门，一副十拿九稳的派头。由于林是个风流名妓，诗才和容貌都略胜云友一筹。在云友让她写诗时，她巧妙地将自己的身份寓于《木兰从军》诗中，声称"娲皇原不是男儿"，既为自己留了后路，又博得了云友的好感。在容貌上，她"凌云仙致，飘飏似吹"，连云友"看了那张郎自画的镜台眉"，都叹息"只怕我新人还不及新郎美"。对林优越的求亲条件，云友一时间心满意足，认为"才称其貌，技称其才，不愧乘龙之号"，很痛快地就"准与联姻"。对林天素似乎荒唐的"就要迎娶过门"，并未过多考虑，反倒是很爽快地答应了，并连聘礼也退还不要。看来云友是心疲神倦，很想有个自己的家了，这盘棋让林

天素先占了头着。至此，我们不免为云友聪明一世、糊涂一时感到有些愉快的遗憾。

迎进洞房，天素就有些踌躇不安了。她先是恭维云友是才女新娘，他们是才技作合的文字知己，“比寻常夫妇不同，须要脱去成亲的套子，欢饮几杯，谈一谈衷曲”。面对风流佳婿的柔情蜜意，软语甜言，云友一时间“自觉朱唇难闭”，有些高兴得合不拢嘴，哪里会去疑心新郎的真假。这次的假女婿比那个黄天监要“真实”得多，要不是接下来的“破绽”，林天素新婚之夜的“表演”堪称合格。林东拉西扯地与云友套近乎，探听她对董其昌的印象，并有意无意中提到那次江、陈二人代董求亲遭拒的事，探知了云友对董的倾慕之情并对媒妁之言的惊弓之痛。此时洞房中，一个是初为人妻，羞答答称心如意全无戒备，一个是假戏真做，急煎煎满腹鬼胎进退两难。舞台上二人的神态对比越强烈，喜剧效果越明显。

林天素尽管聪明乖觉，却逃不过那最后一关。新婚之夜不同床，如若是初经此事，云友或许不疑心，怎奈这次是余痛未消，更加上林逃避的理由与黄天监当日竟是何其相似乃尔！由不得她与妙香同时惊呼：“难道又是一个黄天监不成?”惶恐中她当机立断，将计就计，吩咐妙香：既是日子不好，打轿回府，“待相公选了吉日，再来完姻”。这一下把林天素逼得无路可逃，境况之难与当日黄天监之艰难相差无几。只是这一位冒牌新郎到底是个真“才子”，且所替代者又是一位真材实料的风流佳婿，林之尴尬只在一时，于大局无损，故林天素索性又一次外强中干以势压人。看她装模作样无所畏惧地宣布：“既然如此，就是今夜成亲，不消回去。”她一不做二不休，急切切地为新娘解带宽衣。此时，云友、妙香提着的心似乎可以放下了，看这架势，是位情急似火的新郎官无疑了。谁知精神刚一放松，麻烦又来了。新娘宽衣解带完毕，新郎却要和衣而睡，真是怪哉！在妙香的一再催逼下，林天素索性露出云鬓双环，细腰金莲，一副大丈夫生死何惧的慷慨大度。当天素一口气卸去“伪装”露出真身时，在她是节节卸去重任，可以松一口气了。而云友主仆此时却目瞪口呆，不知如何是好。场上的局面是如此的山水轮转，双方的心情与刚入洞房时恰好掉了个个！

既露了真身，林天素就自在多了，索性将事情的经过和盘托出，当杨云友听说又是代董其昌成亲时，不由得号啕大哭：“当初说是董思白（董其昌号思白），如今又说是董思白！我杨云友生前欠了董家甚么冤债？如今董来董去，只是董个不了。（顿足哭介）”杨云友在台上哭得越凶，台下的观众笑得越厉害。因为他们知道，这一次是完全不必要哭了，恰如林天素所说：“如今这一董被你董着了。”杨云友在那里顿足痛哭，林天素不但不劝，反而时不时地敲敲边鼓，说些俏皮话，言

语中流露出大功告成的得意。两人情绪的一冷一热、一缓一急,形成了极好的幽默气氛,使整台戏始终处于一个流动的进展的状态。剧情在一张一弛、波澜起伏中前进,造成了高潮迭起的舞台氛围,给人一种紧锣密鼓、目不暇接的欣赏快感。这正是李渔戏曲创作的独到之处,是他“立主脑,密针线”创作主张的成功所在。

(盛志梅)

蜃　中　楼　　　李　渔

第十四出　抗　　姻

【梨花儿】(丑金冠艳服)(老旦随上)现有家中淡菜香,何须又买新鲜鲞,两味同看嘴一张。嗏!只愁惹起油盐酱。

自家泾河小龙是也。我爹爹聘了洞庭龙女,今日过门,打扮得齐齐整整,只等新人到了,和他不亦乐乎。(老旦)小千岁,前日教导你的话,你可明白了么?(丑)这样教导,若还再不明白,就是个真痴子了。

【卜算子】(副净上)儿女结良姻,心事今朝放。(净扮红面龙母上)吃得醉醺醺,好坐高堂上。

大王,轿子去了这一日,怎么还不见来?(副净)如今也好到了。(众鼓吹纱灯)(末扮宾相、小旦扮丫鬟引旦上)

【不是路】(合)花烛辉煌,水国笙歌另一腔。规模壮,龙王儿女嫁龙王。佐奁妆,连城异宝盈箱贮,照乘明珠论斛量。(到介)(丑)只见些吹的打的,不见有个新人在那里。(末指介)在这轿子里面。(丑)他有尺二金莲,难道不会走路,要这个四方东西抬了他来?(末)真奇创,生平未识于归样。出言太莽,出言太莽!(照常请出轿介)

(丑扯住看头、看脚、看面)(大叫介)不要他,不要他!(副净)怎么说?(丑)头发是黑狗毛,不是金丝发;脚是三寸狗爪,不是尺二金莲。就是这副嘴脸,也不像有一千岁的。(众各背笑介)(副净怒介)胡说!这样好媳妇还要憎嫌,快走过来拜堂!(丑)你骗我,你骗我,我只是不要。(副净)这怎么处?你们大家扯他拜。(众扯介)(丑)这等,你与他讲过:进房要磕我的头,上床要替我脱衣服,脱了衣服要抱我上床。若还一件不依我,我就不要他了。(众)都

依你就是了，且过来同拜。（扯丑与旦同立）（末赞礼）（丑拜旦不拜介）（副净）怎么儿子倒肯拜了，媳妇又不肯起来？你们扯他拜。（众扯旦拜）（旦不拜介）（副净大怒介）怎么？自古道嫁鸡逐鸡。我儿子虽然有些痴气，你如今既嫁了他，就是他的人了，还强到那里去？（旦泪介）（净）你若再不拜，我的酒风就要发作了。叫丫鬟取家法过来，待我赏他个下马威！（副净）夫人，不要性躁，慢慢的劝他。媳妇，你莫非嫌他痴蠢么？他自有个好起来的日子。（旦）大王在上：奴家不嫌令郎痴蠢。（副净）这等，是嫌他丑陋么？（旦）奴家也不嫌令郎丑陋。（副净）这等，为甚么不肯拜堂？（旦）奴家自有苦情。大王、夫人请坐，容奴家细禀。（副净对丑介）这等，我儿你且暂时回避，待我劝他肯了，请你出来拜堂。（丑）我原不要他，都是你们惹他放肆。贱人不堪抬举，丑妇惯会装腔。（下）（副净）媳妇你且坐了，有甚么说话，慢慢的讲来。（旦坐介）

【北越调斗鹌鹑】念奴家生长闺房，颇识些高低天壤。也曾将女史频翻，也曾将人伦细讲。也曾读烈女词章，也曾学贤妻标榜。见了那二天的面觉羞[①]，见了那淫奔的怒欲狂。见了那死节的气概偏昂，见了那矢贞的心儿忒痒。

（副净）你既晓得这些道理，就不该憎嫌丈夫了。

【紫花儿序】（旦）原不怪形容蠢劣，几曾嫌心体愚顽？又何妨性格乖张。便做道仪容俊雅，心性温良，也难效鸾凰。（副净）你为甚么不肯拜堂？（旦）须知道，不是夫妻怎拜堂？试问俺是谁家的媳妇？他是若个的儿夫？恁是那姓的姑嫜？

（副净）怎么？一发说得诧异。你不是我的媳妇，他不是你儿夫，我不是你的姑嫜？这等，你嫁到我家来做甚么？难道今日花灯、彩轿，请你来吃酒么？

【小桃红】（旦）俺不是汉朝情愿嫁王嫱，都只为狠叔将人强。他和亲矫诏无谦让，俺爹行，情原手足难强项[②]。因此上把儿女柔肠，变做了英雄雅量，权做个涕泣女吴王！

（副净）这等，你不情愿到我家来，要到甚么人家去？

【天净沙】（旦）罗敷自有儿郎[③]，宋弘定下糟糠[④]。漫道生前不忘，便死后东西分葬，也做个鬼团圆地府成双。

(副净)这等,先许的人家姓甚么?

【调笑令】(旦)说起俺夫家姓字香,不在梅旁在柳旁,他是那坐怀不乱的宗风倡。(副净)叫甚么名字?(旦)论名儿曾把道义担当。(副净)做甚么营生?(旦)他把万象包罗在一腔,任教他定霸图王。

(副净)你既要替他守节,就不该到我家来了。难道这个去处,是你守节的所在不成?

【金蕉叶】(旦)第一来拗不过狠心叔王,第二来违不得认真父行,第三来看不过受气萱堂[5]。因此上来做个守寡新娘。

(副净)这等,你的心事我都晓得了。只是你既受了我家的聘,进了我家的门,生米煮成熟饭,说不得这句话了。你如今好好与我儿子成亲,我两口儿自然另眼看待;若还执意不从,我也有法儿处你。(净)你看看我的拳头,看看我的脚跟。朝一拳,暮一脚,磨你做肉酱也容易。

【秃厮儿】(旦)便劁做粉齑肉酱,也甘心剖腹刳肠。再休提偷生今夜偕鸳帐,遗万载臭名扬,惶惶!

(副净怒介)哇!贱丫头不识抬举,我越劝你,你倒越放肆起来。欺负我没有家法么?(净)叫丫鬟,除下他的钗环,剥去他的衣服,快取家法过来!(旦自除冠脱衣介)

【圣药王】俺便卸艳妆,解绣裳,荆钗裙布有何妨!(净打介)(旦)俺劝你怒莫张,气莫扬。自拚击碎这皮囊,纵死骨犹香!

(副净背介)我想这个拗性的女子,那里是口舌劝得转的?若要难为他,又怕他要寻短见,除非慢慢的熨他转来。我如今罚他到泾河边上去牧羊,镇日风吹日晒,忍饿担饥,他受苦不过,或者有个回心的日子,也不可知。(转介)看你这样贱人,也做不得我的媳妇。我如今把你做下人看待,有一群羊在那里,交与你去看。若是少了一个,瘦了一斤,我要和你算账!(旦)这样的事,奴家倒情愿去做,不劳大王费心。

【络丝娘】多谢你洪恩浩荡,至泽汪洋。缓死须臾,暂留世上。俺舜华呵,就自任也无谦让。

(副净)这等,明日就去牧羊。这叫做:小船不堪重载,梅香怎做夫

仙家別有降華術
不在臨川家宴中

瓊我存主人

人[⑥]。(同净下)(旦喜介)谢天谢地!我如今得了这个美差,不但可以保全名节,又可以觅便寄书,倒反因祸而得福也。

【煞尾】已拚身向泾河葬,又谁料这浮生偷得片时长。这牧羊呵,他当做服苏武的无上刑[⑦],俺认做傲李陵的至公赏[⑧]!

〔注〕 ① 二天:谓女子改嫁。清蒲松龄《聊斋志异·白于玉》:"远近无不知儿身许吴郎矣,今改之,是二天也。" ② 强项:性格刚强,不肯低首下人。项,头颈。 ③ 罗敷:人名。古乐府《日出东南隅行》:"秦氏有好女,自言名罗敷。"晋崔豹《古今注》:"秦氏,邯郸人。有女名罗敷,为邑人千乘王仁妻。仁后为赵王家令,罗敷出采桑于陌上,赵王登台见而悦之,因饮酒欲夺焉。罗敷乃弹筝作《陌上歌》,以自明焉。"后世通指貌美而有节操的妇女。 ④ 糟糠:《后汉书·宋弘传》:"弘曰:'臣闻贫贱之知不可忘,糟糠之妻不下堂。'"后因以糟糠为妻的代称。 ⑤ 萱堂:母亲。古时以萱草代指母亲。 ⑥ 梅香:指丫鬟。因古时丫鬟常以梅香为名,故称。 ⑦ 苏武:西汉杜陵人,字子卿。武帝天汉元年(前100),以中郎将出使匈奴,被留。匈奴单于迫其投降,武不屈,被徙至北海,使牧羊。武啮雪食草籽,持汉节牧羊十九年,节旄尽落。此处指龙女以苏武自比,表示自己对爱情忠贞不贰的决心。 ⑧ 李陵:西汉陇西成纪人,字少卿。名将李广之孙。武帝时任骑都尉。天汉二年(前99),率步兵五千人击匈奴,粮尽援绝而降。

《蜃中楼》是"笠翁十种曲"之一,因其创意独立,构思精巧而盛行一时。故事巧妙地将唐传奇《柳毅传》与元杂剧《张生煮海》的情节糅合在一起,叙述柳毅、张羽是同窗好友,又都在婚娶之年尚无佳偶,二人商定分头寻觅,既为己谋,又为友谋。柳毅寻觅至海滨,恰遇洞庭公主舜华和堂妹东海公主琼莲在蜃楼游玩。通过东华上仙的帮助,柳毅与两佳人见面,并与舜华互订终身,又替张生订下琼莲。分手之后,柳、张考取功名,官拜御史。舜华被叔父钱塘君许嫁给泾川龙王之子,但她坚守旧盟,忠贞不屈,甘受折磨,触怒龙王,被罚牧羊。柳毅奉命巡河,遇之。舜华托柳投书于洞庭,柳转托张生。张入洞庭报信,钱塘君获讯大怒,遂率兵扫荡泾川龙府,杀死龙子,迎回舜华。钱塘君本欲为侄女说亲,将其嫁给张生,后知张、柳就是前次蜃楼定约之人,大怒,遂拒绝婚姻。张生在东华上仙的帮助下,煮海降龙。东海龙王被迫嫁女,两对有情人终成眷属。

《抗姻》这出戏是讲舜华嫁到泾川龙王府中,拒不拜堂,被龙王罚去牧羊的经过。在唐传奇《柳毅传》中,龙女牧羊是作为一个既成事实出现的,龙女的不幸遭遇是自己讲出来的。读完小说,龙女其人若何,我们很难说清楚。塑造鲜明的人物形象亦非李渔长技,但在这出戏中,却将龙女舜华为爱情坚贞不屈,为大局姑且隐忍的大节操、大气度刻画了出来。虽然人物内涵尚欠丰厚,但较之所本《柳毅传》已是技高一筹了。

这出戏是以层层皴染的冲突为主要手段,以人物感情的宣泄为主要内容来

铺排剧情、塑造形象的。舜华嫁到泾川龙宫，痴呆龙子听信谗言，将丑作美，以美为丑，认为舜华奇丑无比，不肯拜堂。龙宫里一时乱作一团，最后说服了龙子，但那个呆子又提出了许多荒唐的条件，众人都答应了，才肯拜堂。通过这个小小闹剧，作者以反作正，从反面描写了舜华的美貌，并以婚姻对象的极端不般配讽刺了包办婚姻的不合情理。龙王夫妇也觉儿子配不上媳妇，先拿"嫁鸡随鸡，嫁狗随狗"的夫纲大帽子威吓了一顿，终是理亏，随即好言相劝，软语抚慰。这一层小波澜虽即起即落，却预示了舜华婚后的家庭气氛。如果她肯成亲，公婆自然会对她宠爱有加。然而舜华却不肯欺骗自己，坚持爱其所爱，虽死无悔。她毫无畏惧地向龙王说明自己已心有所爱，不能勉强。由此，戏剧进入第三个波澜。

这是接近高潮的冲突，作者用了先抑后扬的手法来推波助澜。先让龙女标榜自己"也曾将女史频翻，也曾将人伦细讲。也曾读烈女词章，也曾学贤妻标榜"，俨然一个女道学。所以龙王听了很高兴，道："你既晓得这些道理，就不该憎嫌丈夫了。"双方认识似乎达成一致，没有矛盾了。谁知龙女对"丈夫"有了新的理解，她否认父母塞给自己的婚姻配偶，坚持自己相中的那个是"合法丈夫"。虽未结婚，但心已相许，心目中已是"罗敷自有儿郎"，甘心为他守妇道，不做事"二天"之女。这样，龙女就不再是个遵守三纲五常的道学女子，而是捍卫自己纯真爱情的勇敢斗士。很显然，龙女的认识已与龙王所代表的传统观念有了本质不同，双方矛盾就要激化了。但龙王毕竟要世故得多，为了儿子，他不想激化矛盾。于是用好言劝她："说不得这句话了，你如今好好与我儿子成亲，我两口儿自然另眼看待。"如果舜华此时听劝，一场冲突自然就避免了。然而龙女胸中已是波涛翻滚，她一气呵成连唱了【紫花儿序】、【小桃红】、【天净沙】、【金蕉叶】四曲，已经鲜明地表达了自己的态度："漫道生前不忘，便死后东西分葬，也做个鬼团圆地府成双。"这样的情绪状态，几句好话怎么可能改变呢？因此，事情必然要走上高潮，双方的冲突是不可避免的。

果然，当软硬不吃的舜华表示"甘心剖腹刳肠。再休提偷生今夜偕鸳帐"时，老龙王再也耐不住性子了，大怒道："我越劝你，你倒越放肆起来。欺负我没有家法么？"要拿家法治舜华。舜华不为所惧，自除钗环，甘受惩罚。且边挨打边高喊："自拚击碎这皮囊，纵死骨犹香！"积蓄已久的矛盾终于爆发，舜华视死如归，誓不成亲；龙王夫妻家法用尽，气急败坏，无可奈何，舞台气氛进入高潮。双方剑拔弩张相持了一会儿，最后还是泾川龙王先软了下来。因为他怕舜华自寻短见，不好向钱塘、洞庭二龙君交代。他罚舜华去泾川河边牧羊，想以此消磨她的意志："他受苦不过，或者有个回心的日子。"高潮陡落，令人亦不免为舜华的命运松

了一口气。

这一出戏好就好在高潮前夕的几场小矛盾的推波助澜，针线细密，情节紧凑，特别是舜华的几段唱词如【天净沙】、【金蕉叶】等段，几乎是一气呵成，把剧情渐渐推向高潮。因此垒庵居士叹曰："此等传奇，不必当场看演，始觉其妙，只快读一过，亦令人气色飞扬。思及作者，唯恐有生不同时之恨矣！"以之论全剧，或有过誉之嫌，以之论此出，则洵为确论。（盛志梅）

【戏曲家小传】

范希哲

杭州（今属浙江）人，居于北京。明末清初在世。生平事迹不详。与李渔友善，对戏曲的看法也与李渔相近。或谓其系明代遗民，又写作当时认为不登大雅之堂的戏剧小说，故不愿以真实姓名示人，每写一书就任意署一别号。清乾隆时刊《笠阁评目》最早提出，传世的"湖上李笠翁先生阅定绣刻传奇八种"，即《万全记》、《满床笏》（一名《十醋记》）、《补天记》、《双瑞记》、《偷甲记》、《四元记》、《双锤记》、《鱼篮记》，及杂剧《三幻集》（含《万古情》、《万家春》、《豆棚闲戏》三种），均为范希哲作。又清初话本小说《豆棚闲话》署"圣水艾衲居士编"，或云亦为其所作。

满　床　笏　　　范希哲

第九出　醋　　成

【仙吕入双六幺令】（外、众随急上）今朝，操演，略陈旗鼓顷刻回还，将军严令敢流连？忙策马，紧加鞭，旌旄猎猎如风剪，旌旄猎猎如风剪。

（中）中军迎接老爷。（外）分付众人速退，立刻掩门。（各应下）（作掩门介）（外）中军，那女子锁在中堂，没甚么动静么？（中跪介）老爷不好了！（外惊介）怎么？（中）夫人知道了，竟赏那女子三百两银子，打发他去了。（外）夫人在后面，与这中堂相隔甚远，如何知道？定是你不小心，走漏声息了。（中）小官在前堂出入，纵有声息，怎吹得到后堂去？不知如何夫人就知道了，竟自打开中堂后门走出来的。（外怒介）岂有此理。这等说来，定是鬼神使之尔，（见

门介)这封皮现是外面开进去的,还要胡讲!(中又跪介)这是夫人叫开的,小官抵死不肯,还要绑哩。(外)有这等事?(背介)我想夫人既怪下官娶妾,竟该打发他去,如何又与他三百两银子?定是夫人自己说成了,故意惊骇下官哩。若在中军前面张惶,反惹笑话,我有道理。(转身介)你且回避。(中叩首出介)(外怕介)我每日进到中堂,里面随即开门迎接,如何今日这等寂然?罢,我只得自己进去罢。

【园林好】进中堂人声悄然,步回廊予心悚然。合衙中清风拂面。(叫介)怎么没有一个人出来?(又欲叫自掩口介)好教我口难言,(走几步又住介)好教我步难前。

咳,早知如此,今日在教场多操演一回也好。这都是中军可恶,我原说放在外厢,与夫人说明了进去,他说老爷看中的人,不便留于外面,我便一时被他愚了。

【嘉庆子】我一时误被中军骗,如今覆水难收话怎圆?这里是私衙了。(要开门手抖介)怎么一时间竟打起颤来?怎上下牙根交颤?口儿内,语连绵。心儿内,奈何天!

天下事也怕不得这许多,不免大着胆叫罢。开门,开门!(内)外面甚么人叫门?(外)老爷在此。(内)夫人说,请老爷在中堂安置罢。

【尹令】(外)告夫人少停雷霆,听下官从头分辩。就是下官有天大的不是,早难道不容当面?我与你冠冕夫妻,岂可闭户深藏别有天。

(内)夫人说,有话对中军商量去。(外)我说中军误事了,明日定要抓这驴头下来,方泄此忿!(内)夫人说,自己做了这事,反怪中军!倘有一言干碍中军,夫人定不罢休哩。(外)是是,中军并无一毫差错,都是下官不是。但请夫人开了宅门,下官有衷肠伸诉耳。下官呵,

【品令】(外)平生承顺,夫人久见怜。今朝冤枉,此心可对天。请开了门,自有话说。(跪介)下官跪了!(又起身行介)怎么处?要进去又闭了门,要出去又难见人,如何是好?你看这长门深锁,真教我内外难回转。(转身拜介)夫人呵,望济慈航,早启这普门一线。咳!我这节度威风,今日个扫地斯文不可言!

（内）夫人出来了。（外往外走又进）（作慌忙介）

【豆叶黄】（外）趋前退后，觌面好难言①。我进与退反覆盘旋，进与退反覆盘旋，心儿内似辘轳频转。一时见错，终身歉然。怎么仍不开门呢？（大叫介）夫人，你是个女中的俊杰，你是个女中的俊杰，怎做出这儿女情怀，许多葛缠？

【玉交枝】（旦、末、侍女随上）言颠语舛，强支离哀求万千。从来亏心事是做不得的，却不道人间私语神如电。（旦坐介）请老爷进来。（末传介）（外进揖介）夫人，为何今日这般放得脸儿下？（旦）妇人心原是柔软，你欺奴无用把恩爱捐，私情别种风流院。好教人满胸气填，顿教人无穷泪涟！

【幺令】（外又揖介）夫人，你且收拾了万千愁怨，听下官把衷肠细传。那女子原是不意中送来的，下官又要往教场操演，所以不曾先启夫人知道。原说回来细禀夫人，收与不收，听凭夫人上裁，谁知夫人先知道了，最堪怜事起仓惶，不能井然。又谁知夫人先觉，有口怎言？我娶不告难辞罪愆。（又跪介）

【江儿水】（旦）娶妾先王制，无儿断祖先。我这小星已出心中愿②。（外）我说夫人是允的。快教苍头，分付中军仍送那女子进来。（旦）休得胡讲！你藏头露尾将奴骗，又乘人危难图娇婉，天理人心昭见。（外）下官并不乘人之危，图他女子。（旦）我且问你，那女子是谁家的？他为何就肯卖与你？（外）这个下官还未细问。（旦）好一个管军管民的节度呵！你要娶如花，竟不问伊家深浅。

【川拨棹】（外）我权谋鲜，望夫人宽恕免。也只为军马云屯，不能勾穷渊探源。（合）说将来苦万千，为心虚做不全。

（旦）既然如此，我也不怪你了。（外）呀，夫人，你果然不肯买那女子，为何又与他三百金呢？难道白送与他不成！（旦）他的父亲欠了官粮，非三百金不能完楚。我将此银与他，救全他的父亲，又不留他女儿做妾，我这一点阴德，就该有子了。（外）夫人，这点阴德之报，恐未必就应哩。

【前腔换头】（旦）我的阴功可问天，你的儿孙在眼前。（外）夫人你太迂阔了，不娶妾也罢，反折了三百两银子。下官两袖清风，那得有

这许多布施？（旦）你休将这冷语来埋怨，你休将这冷语来埋怨，娶妾事从今少言。（合前）

【尾】（外）夫人，你自来淑德称慈善，再不变春风颜面，为何的此际风雷动九天？

［集唐］（外）冷艳全欺雪，（旦）君怀那得知？
（外）寸心言不尽，（旦）问君何所之？

〔注〕 ① 觌(dí)面：见面。 ② 小星：《诗经·召南·小星》毛序："小星，惠及下也。夫人无妒忌之行，惠及贱妾。"后因以"小星"为妾的代称。

《满床笏》，因有《醋表》、《醋义》、《醋成》、《醋感》、《醋授》、《醋功》、《醋锦》、《醋阻》、《醋致》、《醋慨》等十个以"醋"为名的出目，故又名《十醋记》，为"湖上李笠翁阅定绣刻传奇八种"之一，明末清初杭州人范希哲所作（一说作者佚名）。这部传奇的故事梗概是：唐朝郭子仪武艺超群，在赴武举科试时偶遇诗人李白，结为兄弟。李白入京后，目睹朝廷荒淫，感到祸乱将起，就把郭子仪推荐到好友朔方节度使龚敬处。龚敬惧内，四十无子，与郭子仪年轻时便因夫人贤惠而拥有二妾、儿女满堂形成鲜明对比。在龚敬的乞求下，其妻师氏终于允其纳一妾萧氏，感动神灵，各生一子一女。此时恰逢安禄山反叛，攻打朔方镇，龚敬任用郭子仪击退叛军。最后郭子仪因平定叛乱有功，封汾阳王，龚敬因推荐郭子仪有功，封丞相，皇后赐婚，两家联姻。而郭子仪的七子八婿，皆位列公卿，手执朝笏，极富贵之盛。这部传奇主旨宣扬了一夫多妻、儿孙满堂的封建伦理思想，虽然思想格调不高，但作品极尽虚构、机趣之能事，颇富戏曲自娱娱人之功效，其中以龚敬惧内的叙写尤为精彩。而这一部分，也是作者在全剧中最为自鸣得意的部分。他在弁言中写道："大凡人之富贵势禄，以迄嗜好，皆爱河欲海中等等相耳。拈是相者，无不始生于爱，爱极则畏随之。非爱不能成畏，非畏无以固爱，是畏与爱不一设，不二观也。""吾惟愿举世之畏夫婆者，能如龚节度，一畏而获美姬，再畏而弥祸患、成殊勋，三畏而远奇凶、拒鸩毒，人亦何尤夫节度之所爱、所畏之为多事也耶？"如此为惧内者开脱，本身即充满谐趣。

《醋成》为全剧的第九出。龚敬夫人师氏四十无儿，生性好妒，使龚敬无由娶妾。龚敬虽多次暗示无儿难续香火，要求娶妾，但都被师氏婉言回绝，无奈之下，便背地里吩咐中军托官媒婆帮忙找一个。恰好有一个叫萧然的解户，因拖欠三百两银子官粮，被迫卖女还债，官媒婆便将萧然之女领来。龚敬看过挺满意，但因忙于操练军马，先让中军把萧氏锁在公署中堂，不让师氏知道，预备操练回来

后再作打算。谁知平日深居简出的师氏偏偏要去公署后堂，路经中堂，撞破此事，这出戏就在这样的情境下展开了。

龚敬一操练归来，就忙遣散众人，把门关上，劈头问中军："那女子锁在中堂，没甚么动静么？"这一方面显示出他纳妾心切，另一方面也表明他做贼心虚。当听说夫人已知道此事，并用三百两银子把萧氏打发走时，龚敬最初的反应是吃了一惊，然后就怪罪中军走漏了风声，接着又强作镇定自我开解："我想夫人既怪下官娶妾，竟该打发他去，如何又与他三百两银子？定是夫人自己说成了，故意惊骇下官哩。若在中军前面张皇，反惹笑话，我有道理。"这一惊、一怪、一解，就把龚敬那种既爱面子又惧内，更渴望夫人能主动应允其纳妾的侥幸心理和盘托出，让人忍俊不禁。等支开中军过了中堂，来到内衙时，龚敬敏感地觉察到屋内气氛与平时不同，禁不住胆颤心惊，想叫门又掩口，欲往前又停步，直在低声自怨自艾：一悔应在教场多操演一回，二怪不该听信中军之言把萧氏放在中堂。而接下来的欲敲门手打颤、欲叫门上下牙根交颤的一系列夸张动作，更是把龚敬惧内且心虚的心理展现无遗，极富喜剧性。

在进退两难之中，龚敬终于鼓起勇气敲门，而门内丫鬟在夫人授意下明知故问："外面甚么人叫门？"得到明确答复后，便回道："请老爷在中堂安置罢。""有话对中军商量去。"让龚敬吃了一顿闭门羹。龚敬懊恼之下，再一次迁怒于中军，宣称要"抓这驴头下来"。丫鬟则又以夫人的名义指责他不应推脱责任，更不能责罚中军，龚敬只得唯唯诺诺。到这里，师氏虽未上场，但从丫鬟的传语中，读者不难想见她对龚敬背着她安排纳妾的极度不满，一个自尊、专爱、体恤下人的女性形象已俨然可见，这就与龚敬在妻子面前怯懦、在下属面前扬威的言行形成了鲜明的对比，使人物性格特征更加突出。

万般无奈之下，龚敬只好跪下乞求夫人开门，待丫鬟说"夫人出来了"时，他又慌得"进与退反覆盘旋"。这就进一步透露出龚敬惧内心虚、进退维谷的尴尬境地。在龚敬的千求万唤中，师氏终于出场了。她一出来便怒斥身为节度的丈夫"你欺奴无用把恩爱捐，私情别种风流院。好教人满胸气填，顿教人无穷泪涟"，这一指责，道出了她对夫妻恩爱的固守、对丈夫存心纳妾的怨愤。但在封建社会"不孝有三，无后为大"的伦理和一夫多妻的婚姻制度下，她不得不承认"娶妾先王制，无儿断祖先"，并表示愿让丈夫纳妾。龚敬一听，心头的紧张顿时消释，误以为妻子真允许纳萧氏，忙要叫苍头吩咐中军把萧氏送来。但师氏立即阻止，并找出了相当合理的理由：一是龚敬在纳妾事上欺瞒妻子，不合情理；二是龚敬欲纳萧氏，有乘人之危之嫌，不容天理。当龚敬埋怨她"不肯买那女子，为何

又与他三百金呢？难道白送与他不成"时，她解释送银乃解人燃眉之急，凭此可积阴功，感动上天降生子嗣，并由此断然拒绝丈夫纳妾："娶妾事从今少言。"这样的解释虽然有迷信的成分，但也在一定程度上反映了师氏善良慷慨、行事果断的性格特点，客观上也反衬出龚敬自私小气、处事寡断的为人。

《醋成》这出戏出现了四个人物，其中中军与丫鬟这两个配角起到交代原委、推动情节的作用，而主要人物龚敬和师氏则被放在纳妾与反纳妾的激烈矛盾冲突中进行描写。龚敬的惧内、师氏的泼辣两种截然不同的性格，构筑起了这出戏特有的喜剧情境。在剧中，作者通过性格的对比映衬，用幽默机趣的语言，把惧内这种抽象心理淋漓尽致地表现出来，使整出戏诙谐幽默，妙趣横生。剧中以师氏这一人物形象的塑造最为成功。她泼辣、自尊、好妒，同时又善良、果断，虽隐然有"河东狮吼"之嫌，却无狮吼之声，她拒绝丈夫纳妾，实质上是对爱情的固守，也是对一夫多妻封建婚姻制度的反抗。明清之际，往往有各种道德家训要求女子在两性关系上要忍让宽容，把"劝夫纳妾"、"善待婢妾"、"夫喜亦喜"视为人妻的基本修养，并打出"嗣续"的旗号为男子纳妾找到了道貌岸然的理由，认为"若年四十而无子，不可不娶一妾"（姚舜牧《药言》）。面对这些道德要求，师氏本着女性对爱情的排他性给予了本能的反抗，而她的反抗并不是以凶悍的虐夫来达到目的，而是果敢机智，有情有理，使丈夫在她面前自惭形秽。剧中对这一形象的塑造与肯定，也体现了剧作者在男女地位平等问题上有所思考。虽然在全剧中师氏只能算是一个次要人物，却较剧中的主要人物郭子仪、龚敬更富有个性。

（龙文玲　农作丰）

偷　甲　记　　范希哲

第十五出　偷　　甲

【仙吕入双调夜行船】（丑）不特藏形还匿影，因甚事战战兢兢？（介）我去去来来，潜潜等等，直要到夜阑人寝。

混沌未分人笑我，乾坤一破我羞人。若非盗贼撑天地，日月何劳昼夜巡。（作左右探望诨介）我时迁禀奉哥哥将令，今晚要到徐宁宅里，偷取雁翎宝甲。你看黄昏左侧，夜色方开，雁薄云深，星迷雾锁。（笑介）这个光景，想必天公助我今夜成功也。（作轻身行诨介）

【园林好】我悄低声行行自惊，看黑沉沉须提心注睛，捱过了闾阎坊井。这里正是他家门首，不知里面却如何了。天尚早且消停，

天尚早且消停。（内打一更）（丑作惊诨介）

【前腔】打初更人声尚惺，我伫空街湍湍气怦[1]。我想立在街上，到要撞着人的，还是掩入了他家门里的好。（作推门响）（惊诨介）呀，不好了，不好了，这个门偏生是响的！只略把门闩来挺，早振得响如铃，早振得响如铃。（内吆喝介）（丑诨介）

【嘉庆子】是那家吆喝声偏映？急得我退后趋前步不经。（内）小厮，看好门户。（内应介）（丑）你把门户殷殷专政，你虽防范得紧，只怕到我老时手里呵，叫你人不觉犬无惊，门自闭户还扃。（内打二更介）

【尹令】听樵楼二更交应[2]，想他们梦魂方定。不免进去罢。（作扒墙介）这墙垣十分雄劲。（落介）好了，我进了一重门了！门户重重，我已到天台第一层。（内作打三更介）

【品令】三更正紧，灯火尚微明。中门疏散，相将重驭轻。（内）外面甚么响？（丑慌诨介）他时时震惊，也只为宝甲如瑜瑾[3]。我营营思省，还怕他一时妻媵，啧啧哝哝，雨去云来送且迎[4]。（内打四更介）

（丑慌介）呀，早又四更时候了。

【豆叶黄】你听声声漏滴，夜半早还盈。我肩重担所任非轻，肩重担所任非轻，怎做得风灯泡影？这是闺房左右，须要眼清手灵。（作推门介）（内）绣烟，外面甚么声响？起来看看。（内）想必是猫儿捕鼠。（丑作鼠声介）（内）既是猫儿捕鼠，这就罢了，可吹灭了灯。（丑喜介）喜得把残灯自酩，喜得把残灯自酩，直逼到鼠鸟同居，自批自评。（作进房轻唱诨介）

【玉交枝】我时迁今日做贼，原不是自要做的。这都是军中严令，这奇功赛过偷营劫营。（作四围寻甲介）闻他宝甲放在房中梁上，我不免直进内房，盘上梁去。梁山好汉扬名姓，自合向梁上施逞。（听介）听鼾声括耳不住鸣，阳台雾重鸳鸯冷[5]。（作撞头诨介）可怜，可怜！好头颅撞得血淋，（作上高跌介）好腰肢不禁痛疼。（介下）（内打五更介）

【么令】（净、杂上）早已见更阑夜醒，启重关人声沸腾。（净）白兄

弟，你看天已将明，城门只怕开了。(杂)想还早些哩，我们只在这里等他便了。(合)最堪怜露湿霜华蛩声乱鸣，犹不见天边月影，云横雾暝。我们到前边树影里面避一避，省得行人瞧见。(内鸡叫介)进疏林早听得鸡声犬声。(内发擂介)(净、杂介下)

【江儿水】(杂)早起求生意，朦胧睡未惺，巴巴衣食难安静。(丑背负甲箱跑上)(撞倒杂介下)(杂介)捉贼，捉贼！(介)这个人背着一个箱子，没头没脑乱跑，一定是个贼了。看他獐头鼠脑行来劲，瞻前顾后藏形影，我不免赶上前头拿定。啐，于我何干！我且去早干营生，莫惹这无端灾眚[6]。(介下)

【川拨棹】(丑介上)功成顷，渐天明将度影，喜城门出入无惊，喜城门出入无惊。好了，好了，宝甲已偷了，城门已出了，只不知汤隆、白胜在那里？(叫介)我从来做贼，不甚心虚，为何今日这等害怕？(介)是了，是了，一向自在惯了，不觉手生了。(轻叫介)汤哥哥，白兄弟。(净、杂上)(轻应介)(丑)我叫愈高他应声愈轻，(合介)怕人闻风鹤惊[7]，谨防他四野清。

(丑)且喜甲已偷出在此了。(净)妙，妙！还是你的手段。白兄弟，你把此甲打在包裹之中，扮作客商，作速抄路上山去罢。时兄弟，你便背了这只空箱子，慢慢前走。但遇转弯抹角的所在，你就画个白粉圈儿，好作暗记。遇着酒店饭店，亦是这样画着。我等天色一明，竟往徐家，定要骗我表弟同来追赶。只一件：前日军师嘱付的计策，不可差了！(丑)自然不差的。(杂取甲包介)

【前腔换头】你看这雁翎金甲宝气腾，丰城剑利秋光映[8]。(净)白兄弟，你前奔不必留停，你前奔不必留停。时兄弟，你假悠悠前途慢行。(合前)

【尾声】三人各自分头逞，也都要十分思省，莫犯着风火雷霆号令行。

[集唐](净)交情托宝刀，(丑)此生何太劳，
(杂)世路虽多梗，(合)逢人作《解嘲》[9]。

〔注〕 ① 湍湍：本指水流急而旋，在此形容呼吸急促。 ② 樵楼：当作谯楼，城上的鼓楼。 ③ 瑜瑾：美玉，此处意为宝贝。 ④ 雨去云来：战国楚宋玉《高唐赋序》："昔者先王(楚

怀王)尝游高唐,怠而昼寝,梦一妇人曰:'妾巫山之女也,……'王因幸之。去而辞曰:'妾在巫山之阳、高丘之阻,旦为朝云,暮为行雨,朝朝暮暮,阳台之下。'" ⑤阳台:见注④。 ⑥灾眚(shěng):灾异,灾祸。 ⑦风鹤:指风声鹤唳。《晋书·谢玄传》载淝水之战中,前秦苻坚大军为东晋谢玄等所率精兵击败,秦军溃退,惊慌之中,"闻风声鹤唳,皆以为王师已至"。后因以为惊慌之典。 ⑧丰城剑:《晋书·张华传》载吴灭晋兴之际,天空斗牛两星宿之间常有紫气,张华向精通天象的雷焕请教,雷焕言"斗牛之间颇有异气",是"宝剑之精,上彻于天",并谓剑在丰城。张华即任雷焕为丰城令,雷焕到丰城掘狱基地,得太阿、龙泉双剑。此以丰城剑赞美雁翎宝甲的宝气腾跃,珍贵无比。 ⑨《解嘲》:汉扬雄所作的一篇著名文章,其序云:"时雄方草创《太玄》,有以自守,泊如也。人有嘲雄以玄之尚白,雄解之,号曰《解嘲》。"

《偷甲记》,一名《雁翎甲》,为"湖上李笠翁阅定绣刻传奇八种"之一,范希哲(或谓李渔或佚名)作。此剧本自《水浒传》而有所增减。剧情大意是:宋将呼延灼奉旨进剿梁山,以连环马取胜,梁山好汉面临严峻形势。恰有新入伙的汤隆献策,提出只有金枪班教师徐宁的钩镰枪法能破连环马。于是宋江定计由时迁偷取徐宁祖传的雁翎宝甲,赚徐上山,并动之以情,使徐同意教授枪法,大破呼延军。呼延灼败后,被高俅爪牙诬告投敌,只得随石秀等上山入伙。后宋江等得到朝廷招安,徐宁、呼延灼得全其忠义,并随宋江奉旨征讨方腊,而汤隆、戴宗、时迁三人则不愿为官,随公孙胜出家。这部《水浒》戏虽意在借时迁偷甲的故事,宣传忠孝节义的伦理教化,表现宋江身在梁山心系招安的忠义思想,但通过呼延灼的遭遇,客观上揭露了封建社会朝廷腐败、群奸弄权使有志之士报国无门的黑暗现实。

《偷甲》是本剧第十五出,叙述了时迁盗甲的经过,剧情虽单纯,却把时迁盗甲的机警及其心理活动表演得惟妙惟肖,是全剧最为精彩的一出。

时迁绰号鼓上蚤,堪称神偷,用剧中《类合》一出时迁的夫子自道就是:"生来伶俐,偷鸡吊狗出家传;技艺精强,破壁扒墙称第一。"但自从上了梁山之后,与朱贵在梁山脚下以开酒店为名刺探情报、接应投奔梁山之英雄,就多时没干偷盗的营生了,此番接受偷甲重任,潜入东京,准备夜里偷甲。

在黄昏时候,时迁上场了。此时月儿被迷雾遮住,虽时候尚早,但夜色已浓,见此光景,时迁不由暗喜:"想必天公助我今夜成功也。"但到底是久没作贼,这次肩负的任务又如此重大,且偷盗的对象又是一位金枪手,因此时迁在给自己壮胆的同时,又战战兢兢,提心吊胆。只见他乘着夜色,来到徐家门前,正在犹豫时,一更响起,他吃了一惊。心想,现在时间尚早,如果自己老站在徐家门外,被人撞见,势必受怀疑,倒不如躲到徐家门里。不料一推门就发出响声,把他自己吓了一跳:"这个门偏生是响的!"这时,门内偏又传来令小厮看好门户的吆喝声,时迁急忙后退。通过这一系列的渲染,真实反映了时迁行窃的心理:多疑机警,战战

兢兢。但时迁不能退缩，他只得鼓足勇气，等到二更响起，猜想徐家人已进入梦乡，才扒墙进屋。

不知不觉三更响起。虽已至半夜，但徐家内屋灯火尚明，时迁轻轻一推中门，里面就问："外面甚么响?"可见徐宁因家藏雁翎宝甲，防范甚严。这既凸显了盗甲的难度，也渲染了紧张的氛围。踌躇之际，四更响起，如果还不能尽快得手，偷甲并赚徐宁上山授枪法的计划就会失败，梁山将危在旦夕。在生死攸关时刻，时迁下定决心，来到卧室门外。不想在推门时又发出轻微响声，这时，里面问丫鬟："外面甚么声响？起来看看。"丫鬟随口答道："想必是猫儿捕鼠。"时迁顺势发出老鼠叫声，里面人才放松警惕，还叫丫鬟吹灭了灯。这一情节，是初更、三更情节的必然发展：一方面是随着时间的推移，睡意袭人，徐家的防范渐趋松懈，另一方面是时迁已由原来的惊惶渐趋镇定，正如他悄悄潜入卧室时所自道的："这都是军中严令，这奇功赛过偷营劫营。"

至此，作者运用时间的步步推移来推动人物性格的发展，把时迁盗甲前从惊惶到镇定的心理变化过程呈现出来，而这种心理变化，是在盗窃目的与盗窃对象的特殊性下所产生的，故而显得真实自然。对盗甲前环境氛围和人物心理的大力铺垫，既营造了紧张的剧情，又突出了戏剧的表演效果。这种铺垫愈多，渲染愈烈，就愈突出盗甲之难，也为后面时迁盗甲时的高超技艺作了烘托。剧中对盗甲场面的叙写，则仅以【玉交枝】一段唱曲作交代：在徐宁夫妇聒耳的鼾声中，时迁盘上屋梁，取下装宝甲的匣子，在黑暗中既兴奋又紧张，不小心撞破了头，跌扭了腰。偷甲成功，恰逢五更！这一段用语不多，却充满谐趣，十分轻快，与前面的紧张氛围相互映衬。

在《水浒传》第五十六回《吴用使时迁盗甲　汤隆赚徐宁上山》中，同样写到时迁装老鼠叫："时迁却从梁上轻轻解了皮匣，正要下来，徐宁的娘子觉来，听得响，叫梅香道：'梁上甚么响?'时迁做老鼠叫。娅嬛道：'娘子不听得是老鼠叫?因厮打，这般响。'时迁就便学老鼠厮打，溜将下来。"剧中把《水浒传》关于时迁装鼠的情节前置，并把徐宁外出值班移到盗甲之后，这不仅进一步突出了时迁盗甲技艺超群，不露一点声响，而且也为其盗甲渲染了气氛，增加了喜剧色彩。

把雁翎甲偷到手后，天色渐明。时迁背着匣子一路飞奔，匆忙中还撞倒了一个早起的小摊贩。小贩起初大喊捉贼，并欲捉拿时迁，后又因懒惹事端而作罢。这是剧本增添的一个小插曲，但有效起到了增加悬念的效果，可谓有张有弛。最后，时迁出城，与接应的汤隆、白胜会合，由白胜担甲先行，时迁负空匣慢慢前走，汤隆则往徐家骗徐追甲，三人依吴用定下的计谋行事，故事也由偷甲转入追甲，

此出戏就此结束。

这出戏由开场至偷甲成功，舞台上虽只有一个人物，但作者通过运用不失诙谐的个性化语言、机趣灵巧而不失夸张的个性化动作，细腻传神地刻画了时迁偷甲时的心理活动。剧作者还灵活运用时间的推移与场外人物的宾白，强化了戏曲的紧张气氛，使剧情跌宕生姿、扣人心弦。曲词、宾白通俗自然而诙谐风趣，给紧张的舞台气氛染上了浓厚的喜剧色彩，使这出戏更富于娱乐性。重视戏曲的娱乐作用，是李渔、范希哲等清初风流文人共同的戏剧审美追求。时迁盗甲出自《水浒》，但剧作者在刻画人物偷甲之际紧张惊惶的心理活动时显然是进行了再创作，这样的再创作，既更符合舞台的表演性，又把一个奉命盗甲的神偷形象刻画得生动传神，扣人心弦。正因如此，《偷甲》这一出戏，至今仍活跃在昆剧舞台上，长演不衰。

（龙文玲　农作丰）

【戏曲家小传】

张彝宣

一名大复，字心其，亦作星期、心期，号寒山子。苏州（今属江苏）人。明末清初在世。长期寄居苏州城外寒山寺，因颜其室为寒山堂。粗知书，好填词，不治生产，性淳朴，亦颇知释典。与李玉、钮少雅、冯梦龙、朱㿥、朱佐朝等共同切磋戏曲，为苏州派作家之一。曾编订曲谱四种，即《南词便览》、《元词备考》、《词格备考》、《寒山堂曲谱》，今存。《寒山堂曲谱》简明实用，对后世南曲曲谱影响较大。所作传奇今存《醉菩提》、《如是观》、《金刚凤》、《快活三》、《海潮音》、《双福寿》、《钓鱼船》、《读书声》、《吉祥兆》、《紫琼瑶》，其他如《天下乐》、《井中天》、《獭镜缘》、《芭蕉井》、《龙华会》、《双节孝》、《娘子军》、《小春秋》、《天有眼》、《发琅钏》、《龙飞报》、《痴情谱》、《智串旗》、《三祝杯》、《大节烈》、《罗江怨》、《新亭泪》、《金凤钗》、《喜重重》等均已散佚。其中，《天下乐》、《井中天》、《獭镜缘》、《芭蕉井》尚有残出佚曲存世。

如　是　观　　　　张彝宣

第八出　交　　印

（老、正引生上）

【引】一生落魄，忠孝平生乐。问丹心几时归着？为国深忧，思

亲愁索，两事恨来飘泊。

(白)伏枥悲鸣意不穷，相逢伯乐马嘶空，人生莫恨无知己，英雄自古识英雄。下官姓岳名飞字鹏举，乃相州汤阴人也。忝中武科状元，除授江南游击。向在张招讨麾下，今归宗留守辕门。闻得元帅有恙，不免前去问安。过来，到辕门上去！(老、正)吓，已是辕门了。(生)看那一位将爷在。(老)是。吓，那一位将爷在？(末上)巍巍元帅府，团团将士营。是那个？(老)是岳爷在此。(末)吓，岳将军请了。(生)请问元帅起身了么？(末)还未起身。(生)相烦通报。手本在此，说岳飞问安。(末)既如此，且在马台少坐，待元帅升帐，与你通报便了。(生)是。请便。(末下)(生)过来，你每回去，若有紧要之事，即来报知。(老、正应下)(生)英雄自恨英名事，心病难将心药医。(下)(丑扶外上)

【引】心事将谁托？这几日愁心越觉。白发冲冠，丹心如昨，未审孤臣怎生着落。

(白)主暗臣庸天地阴，羽书烽火动人心[1]。胡酋未灭身先死，长使英雄泪满襟。下官宗泽，官拜东京留守。只因朝中奸雄跋扈，盗贼蜂起，蒙圣恩命我出镇荆、湖。虽授节钺之隆[2]，实为疏远之计。幸喜提兵到此，军民有幸，烽烟无警。前日在张招讨麾下新得一将，姓岳名飞，有罪将刑，我见他一表非俗，免其一死，赦他带罪立功，要彼抚顺招逆。我看他实有大将之才。吓，我想朝廷得此一二辈也呵，何患金人跋扈哉！咳！只是当今主上勤于土木，信任奸邪。不料杞人之忧[3]，积劳成疾，连日谢事卧帐。咳！不知可有痊可的日子么？过来！(丑)有。(外)唤中军。(丑)是。中军，老爷唤。(末上)是。(外)我有病卧帐，一应事情不许进见。(末)吓。(外)来！(丑)来！(末)有。(外)若有紧急军情，才许通报。(末)是。启元帅：岳飞问安辕门，候久了。(外)吓？岳飞在外么？快令进来！(末)吓。(外)我正在想他来谈谈，来得好！(末)岳将军那里？(生上)欲显医国手，须识病根源。(末)元帅令将军进见。(生)是。(末)岳飞传到。(外)你在外厢伺候。(末应下)(生)元帅在上，岳飞参见。(外)鹏举少礼。(生)问安。(外)请。(丑)请。(外)看座。(丑)吓。(生)元帅在上，小将不敢坐。(外)我来有几句话儿谈谈，坐了好讲。(生)如此告坐了。(外)把椅儿往上些。

(丑)吓。(生)不敢。(外)再上些。(生)够了。(外)吅,吅,这里来。(丑)吓。(外)快去烹茶来。(丑应下)(生)闻得元帅有恙,岳飞特来禀候。(外)多承!(生)元帅贵恙,幸得痊可了些么?(外)咳!怎能痊可吓!(生)请问元帅贵恙,从何而起?(外)吓,鹏举,我这个病吓!(唱)

【高阳台】只为恩重身轻,愁真神失,丹心昼夜热极。(生白)缘何就得此症?(外唱)积怒邪风,怕乘虚早晚彻入。悲憶!(生白)不日自然痊可。(外唱)目前恨无医国手,(生白)还请太医调治。(外唱)病膏肓料非药石。(生白)不用医怎得痊可?(外唱)则除是民安国泰,便是九还一粒。(生唱)

【前腔】得失事在于天,数皆前定,可见决非人力。一木难支,大厦可怜颓危!攻击,但能保全神气也,贼风邪自然难入。劝君侯此身倚重,甚勿轻掷!

(净上白)报!万骑胡儿入帝京,羽书飞报进军营。将军纵有回天力,此际应难定太平!来此已是帅府,辕门上有人么?(末上)啲,什么人?(净)吓,爷!边上夜不收报紧急军情的。(末)住着。(净)吓,加,加……,阿呀!跑得浑身是汗,跑乏了!跑乏了!(外)鹏举吓!(生)元帅。(外)这几日不知边庭事如何了?(生)便是。(末)启元帅:夜不收报紧急军情事要见。(外)吓!夜不收报军情事?速速令进来!(末)吓。(净)如何还不出来?(外)才在此讲,就有军报来了!(生)是。(末)吓,夜不收呢?(净)在。(末)元帅令你进见。(净)吓,夜……(末)住了。元帅有恙,(净)吓。(末)报事缓缓而讲!(净)我晓得。(末)随我来。(净)夜不收进见。夜不收叩头。(外)吓,夜不收!(净)有。(外)我着你打听金酋消息,如何了?(净)阿呀爷爷……(生、末)吓,元帅有恙,悄悄的讲!(净)吓,爷爷!不好了,那金兀术打破汴京、飞渡黄河,事在危迫了吓!(外)吓,怎么讲?(净)阿呀,爷爷吓!(外)吓!(净)兀术打破潼关,飞渡黄河,直抵汴京,将勇兵强。事在危迫,一言难尽呢!(外)住,住了!那兀术打破潼关?(净)打破潼关。(外)飞渡黄河?(净)飞渡黄河。(外)直抵汴京,事在危迫了么?(净)事在危迫了。(外)你,你且起来讲吓!(末、生)起来讲。(净)吓,爷听禀!(唱)

【前腔】即日胡马长驱，看花洛苑，一片鬼号神泣。(外白)可有人与他交战么？(净)谁敢与他交战！(唱)他就靴踢城崩，不费半矢人力。(外白)那文武百官如何下落？(净)那些百官呵，(唱)安逸，或降或走文共武，止留得赵官家孤立。(外白)城内百姓怎么样了？(净)那兀术在城掳掠，把百姓灼杀、砍杀也，惨不可言吓！(唱)那汴京城三宫六院，尽成空壁。

(外白)住了，城破之后那兀术如何定夺？(净)爷，那兀术破城之后，他就——(唱)

【前腔】飞檄，(白)要邀二圣出城议和[④]。(外)可曾出城？(净)怎么不去！(唱)只得亲诣军前，偷安宗庙，(外白)可曾还宫？(净唱)羁留至今不出。(外白)后妃宫僚呢？(净唱)那些后妃宫僚，俘囚百不存一。(外白)二圣在虏营如何相待？(净)小的一路打听，说二圣在虏营好不苦哩！(唱)绝食，(外白)吓，绝了食！(净唱)青衣侍酒为异服，满道上军民号泣。(外白)住了，可有勤王之师么？(净)阿呀，爷吓！(唱)没勤王；人人袖手，旁观无策。

(外白)住，住了，那兀术恁般猖獗！汴京破了？(净)汴京破了。(外)没有人勤王？(净)没有人勤王。(外)二圣在虏营受苦？(净)虏营受苦。(外)呀，吓！(晕介)(生)外厢伺候。(末)外边去。(净)吓。(下)(生、末)元帅苏醒！元帅苏醒！(外醒介)(唱)

【红衲袄】我骤闻言，(白)阿呀！阿呀！(唱)日月昏，天地翻！(生白)快看热汤水来！(末应介下)(外唱)不由人不箭攒心，魂魄散。(生白)元帅保重吓！(外)阿呀，我好恨吓！(生)敢是恨小将不能够为国分忧么？(外)非也！(唱)我恨金酋恁猖獗，肆祸残，把中原人看得来不在眼。(生)其实可恨！(外)阿，鹏举，你道此事从何而起？(生)这个，小将不知。(外)多是朝中蔡京、童贯、杨戬、高俅那班的贼吓！(唱)他逞奸雄弄朝权，蒙蔽了天，致令得宋江山宗庙迁，君父散。(生白)原来如此！(外)鹏举，取我令箭，传诸将进营议事。(生)晓得。吓，那一位在？(末上)怎么？(生)元帅有令，速传诸将进营议事。(末应下)(外)阿呀二圣吓！(生)元帅，传令出去了。(外)唔，鹏举来！(生)有何吩咐？(外)扶我起来。(生)做什么？(外)阶下去。

(生)何干?(外)我要遥拜二圣。(生)元帅,圣上是该拜的,贵体有恙,恐劳动不得。(外)咳!你怎说得个劳动不得?我就死,一定也要拜一拜的!(生)如此,看仔细。(外)不妨。(生)阿呀元帅!(外)你扶好了。(生)是。(外)咳,不想圣上遭此大变!(生)元帅,已是阶下了。(外)是阶下了么?(生)正是。(外)二圣行宫在那里?(生)望北一带就是。(外)吓?望北一带就是?(生)是。(外)二圣在虏营受苦?(生)正是。受苦!(外)受苦吓!(生)受苦!(外)阿呀,我那二圣吓!(唱)不道须臾变乱如斯也!(生白)阿呀元帅!(外)我宗泽老迈病笃,不能够瞻天仰圣,为国报仇了!(唱)我除非做厉鬼,我杀——杀贼还!

(生白)阿呀元帅吓!(外跌介)(生)元帅吓!(末引付、丑、净、小生上)太平原是将军定,不许将军见太平。(末)随我来。众将到,交令。(众)一同进见元帅。诸将打躬,问安。(外)诸将齐了么?(生)俱齐了。(外)吓,列位将军!(众)元帅!(外)我宗泽老迈病笃,不能与诸公欢呼杀贼了吓!(众)元帅,吉人自有天相,何出此言?(外)我死何足惜,但恨君父受此惨祸,臣子闻之,五内迸裂。我死之后,公等当思忠义,为国报仇,我纵死在九泉,一灵儿只在诸公马前旗下矣。吓!(众)元帅何出此不利之言,请自保重!(外)吓,鹏举!(生)有。(外)你一生忠孝自许,智勇兼全。我意欲同你少建功业,吓!不料皇天不佑,中道捐生,恰当此国破家亡之日。中军,取印信兵符过来,我今日就将兵符印信交付与你。我死之后,须要为国报仇,扫尽金酋,迎还二圣。此一节大事,全仗于你,还望你无负我意。送过去!(生)且慢。元帅在上,岳飞有一言告禀。(跪介)(外)起来讲!(生)岳飞一介武夫,蒙圣恩首拔,承元帅提携,何惜一死,上报朝廷,下答元帅;只是家中有老母在堂,不能轻许一死,有负元帅重托,岳飞不敢奉命。(外)咳,鹏举你差了!为人臣者,怎能忠孝两全?汝当细思,勿负我意。送过去!(众)岳将军,元帅执意如此,请收了!(生)既如此,小将只得权且拜领。多谢元帅!(跪介)(外)请起。诸将都在么?(众)都在。(外)我今日将印信兵符交付与岳将军了。(众)是。(外)我死之后,汝等当与岳将军同心戮力,为国报仇。(众)元帅遗令,悉听岳将军指挥。(外)好!公等报效朝廷,名垂竹帛,我宗泽含笑九泉矣。吓!(倒介)(众)阿呀,元帅苏醒!元帅苏醒!(生)吓!(唱)

【前腔】我见他剖丹心似溅苌弘血一盘，狠号呼把忠心苦问天！(外白)渡河杀贼吓！(生)列位吓！(唱)他就死不忘渡河杀贼还，可见忠心铁石样坚。(白)皇天！我岳飞出自草茅，蒙圣恩首拔，今承元帅重托，况君父受此惨祸，若不能为国报仇，何颜立于人世！(唱)我怎忍见君王受困残！为人臣，真汗颜！(外白)快快渡河杀贼吓！(生)吓，元帅！(唱)你还须保重尊躯也，留取丹心为国全。

(外白)鹏举，众将还在么？(生)还在。(外)我死之后，切不可把我尸首埋葬。(众)却是为何？(外)你每不知：二圣陷身虏穴，为人臣者，怎忍安然就土！直待诸公扫灭金酋，迎回二圣，那时才与我薄治棺殓。只要诸公在我灵前高叫一声，说："宗留守！宗泽……"(众)元帅！(外)"今日二圣还朝了！"那时我就……阿哟！阿哟！(呕介)(生扶介)(众)快扶进去！(扶外下)(生)阿呀列位！元帅呕血不止，料不济事了吓！(众)便是。(末上)阿呀岳将军，不好了，元帅进帐连呼"渡河杀贼"，呕血而亡了！(下)(众)阿呀元帅吓！(挥泪介)(生)阿呀，列位不必悲伤，恐乱军心。元帅新丧，我自承理；今后有事，大家商议而行。(众)这也有理。(生)吓！元帅吓，元帅！你赤胆忠心，三寸气在千般用，一旦无常万事休！(众)将军战马今何在？野草闲花满地愁！(同下)

〔注〕 ① 羽书：插有鸟羽的军书，表示军情紧急。 ② 节钺：符节与斧钺，古代帝王授予将帅，特作为出征或镇守时行使权力的标志。 ③ 杞人之忧：《列子·天瑞》："杞国有人，忧天地崩坠，身亡所寄，废寝食者。"后因以"杞人之忧"指无端的忧虑，此则只取"忧"的字面意义。 ④ 二圣：指宋徽宗、宋钦宗父子。

《如是观》是一部描写南宋民族英雄岳飞事迹的戏曲作品。但是，作者并没有按照历史的原样来敷演全剧，而是顺着自己的意愿去编写，作了一些虚构。他不满岳飞被害的结局，就展开想象，将岳飞惨死风波亭这段公案，翻改为岳飞截获秦桧通敌密信，将计就计大败金兵，趁势直捣黄龙府，迎回徽、钦二帝，再将汉奸秦桧正法的结局。并认为，世上之事，无论真假都应"如是观之"(像这样去看待它)，所以剧名定为《如是观》。作品的爱憎态度极其鲜明，其作者就是清初苏州布衣作家张彝宣(也有人说是明末的吴玉虹)。虽然作品结果是假的，内容离奇，但观众却因此得到了精神上的慰藉，所以这个剧本出来后就风行舞台，上演不衰。尤其是剧中的《交印》、《刺字》、《草地》、《败金》等折，更成了昆曲和各地方剧种的保留剧目。

《交印》是原剧的第八出,也称《宗泽交印》,是《如是观》全本中很优秀的一出戏。内容述东京节度使宗泽因忠直而受排挤离京。金兵渡黄河,破汴京,掳去徽、钦二帝。宗泽闻报后忧愤交并,病重不起,临终召集众将议事,郑重地将帅印交给岳飞,嘱咐大家誓死抗金,为国尽忠。然后,连呼"渡河杀贼"数声,呕血而亡。

这出戏虽只叙述"交印"这个简单情节,但却蕴含着社会巨变和个人生活巨变的背景。金兵陷汴京,掳徽、钦二帝等一系列重大变故,标志着北宋王朝的覆亡,牵系过无数百姓的生死。剧本特意将这些重大事件浓缩集中于"交印"这个关目,把宗泽的病亡、交印与国家的兴亡紧紧地联系起来,让这位忧国忧民、忠直刚正的老人在矛盾冲突激烈的时刻,遭受国破家亡和病魔的双重打击,饮恨而死,使整个"交印"过程充满了崇高和悲壮的气氛。

宗泽登场的道白,先点明自己得病缘由:"当今主上勤于土木,信任奸邪。不料杞人之忧,积劳成疾。"可见,他的病,是因忧心国事而起。一片忧忠,皇上不理解,还疏远他,把他调离京城。眼看朝政腐败,外敌虎视眈眈,他心中十分痛苦,郁郁成病。这里通过宗泽之口,概述了宋王朝面临内忧外患错综复杂的矛盾。接着,矛盾发生激变,剧情急转直下,打探军情的士兵跑来报告:金兵攻入汴梁,京城军民惨遭屠戮,徽、钦二帝也被金兵俘虏了。宗泽闻讯,顿感"日月昏,天地翻",病情恶化,昏死过去。此处表现宗泽得知凶讯,采用的是古典戏曲常用的"汇报军情"手法,以急促的问答和语句上的重叠反复,造成舞台上的紧张气氛:"(外)那兀术打破潼关?(净)打破潼关。(外)飞渡黄河?(净)飞渡黄河。(外)直抵汴京?事在危迫了么?(净)事在危迫了。……(外白)住,住了,那兀术恁般猖獗!汴京破了?(净)汴京破了。(外)没有人勤王?(净)没有人勤王。(外)二圣在虏营受苦?(净)虏营受苦。(外)呀,吓!(晕介)"

宗泽问,探子答,越问越急,越急越问。宗泽不敢相信自己耳朵,一再重复探子报来的话,定要问明白、问实在,严酷的事实使他不得不信了,于是便经不住打击昏倒了。众人将他救醒后,他很快对形势有了判断:当前唯一要做的,就是同心协力赶走金兵,拯救百姓。埋怨皇上糊涂,痛恨奸佞误国都于事无补了。遗憾的是自己性命就如风中残烛,成不了大事了。此时此刻,忠直坚毅的宗泽表现出了一位政治家的冷静和远见卓识——他决定,自己马上从统帅位置上退下,让贤于能人,将帅印交给能担当抗金重任的岳飞。他早已将个人荣辱置之度外,心中挂念的唯有抗金大业。他果断召集众将议事,说道:"我宗泽老迈病笃,不能与诸公欢呼杀贼了吓!"

接着，他郑重地举行仪式，把帅印和军事指挥权交给岳飞，并以自己的名望和威信，替新统帅树威，命令和嘱咐众将：

“我死之后，汝等当与岳将军同心戮力，为国报仇。”

岳飞一时犹豫，不敢接印，宗泽便声色俱厉地晓以大义，教育他要抛除杂念为国尽忠，使在场所有的人都肃然起敬。交完印，他才松了口气，呕血不止，又昏厥过去了。他生命精力已耗尽，完成了一生中最后的大事，所以神与气都松弛了下来，此后宗泽躺在床上就再也撑不起身子了。

接下去宗泽的死，是本出戏的高潮。由于不断吐血，几次昏厥，宗泽已奄奄一息。自知将死，唯有说几句遗愿了。虽然抗金大业已经托付于人，本无遗憾。但国恨家仇，则让他刻骨铭心，看不到抗金事业完成，不能亲手杀敌报仇，他死不甘心啊！于是，宗泽又竭尽最后的力量，在昏迷中突然大喊："渡河杀贼吓！"众人听了，无不热血沸腾，失声痛哭。每喊一次，宗泽口中就呕血不止，连呼连呕，连呕连呼，众将官都掩面不忍看下去，直到最后一声高呼，宗泽吐尽了最后一口血，才阖然瞑目，撒手西去。这生死的瞬间，他那鞠躬尽瘁、死而后已的精神闪耀着震撼人心的光芒，使观者无不为之动容。

这出戏的人物是以宗泽为主，似乎没有全剧主角岳飞的戏。但宗泽的交印，从全剧而言，则是岳飞抗金事业的起点。宗泽交印，不仅仅是交兵权，更重要的是把自己的未竟理想以及中原百姓的希望托付给了岳飞，其忠直刚正也为日后岳飞精忠报国的思想和行为树立了榜样。宗泽的“忠直”，就是岳飞“精忠”的前驱和先导，是贯穿全剧、维系全剧的精神命脉，也是这出戏之所以流传不衰的主要原因。

（宋光祖）

如　是　观　　张彝宣

第九出　刺　　字

（旦上）

【引】侍姑余力守蚕桑，夫志忠良，妾志贞良。

(白)既受蘋蘩托[①]，须承菽水欢[②]。妻贤夫祸少，子孝父心宽。妾身张氏，乃岳状元之妻。我丈夫少孤贫窘，亏我婆婆三迁之教，稍成头角。我父张世远，为本郡太守，见我丈夫文武全才，将奴侍奉巾栉。不幸我父物故。喜得儿夫得中武状元，除授江南游击。虽则用武之秋，争奈他时乖运蹇。初在张招讨麾下，有罪当刑，亏得宗留守救拔，置之幕下，因出镇荆、湖，我丈夫亦常得告假省亲[③]。

今已两月不回，想有戎事羁身也。正是：公而忘私事，为国敢辞劳！（四将引生上）

【引】萱亲年迈景斜阳[4]，欲报君王，难舍高堂。

（众白）老爷回府！（外院子上）（接印）回避。（四将下）（生）夫人。（旦）相公回来了。（生）母亲康泰否？（旦）且喜平安。（生）如今在那里？（旦）在南楼拜佛。（生）同上楼去。（旦）是。（老旦上）阿弥陀佛！（生）呀，母亲出来了。（旦）呀，婆婆出来了。（老旦唱）

【引】和丸教子喜飞黄[5]，惟愿流芳，不望门墙。

（生白）母亲在上，孩儿拜见。（老）罢了。（生）只为邦家多是非，久违膝下戏斑衣[6]。（老）我做娘的，不图鼎食三牲奉[7]，惟愿芳名万古知。吓，你又回来怎么？（生）孩儿在军中因放母亲不下，为此匹马省候。喜得母亲康泰，孩儿始得放心。（老）你此言差矣！做娘的呵，（唱）

【粉孩儿】茕茕的守孤灯惟望你，报君恩立志，扬名于世。（旦唱）岂因小节失大机？论君亲要识高低。（老唱）古人云为国忘家，那曾有公后先私！

（生白）母亲，孩儿只为这个呀！（唱）

【福马郎】我几度欲言仍自止，怕说着又添亲怨忆。我偷将泪滴。（旦白）相公！（唱）为甚沉吟无语，几多叹息？（老旦白）岳飞！（唱）你心戚戚为何的？把衷肠事，说与吾知。

（生跪介）（白）告母亲知道。（老）起来讲。（生）孩儿非为别事。只因近日边报到来，道：金人入寇，攻破汴京，二圣陷身虏营[8]，朝廷尽被腥膻，因此孩儿太息。（老）你待要怎么？（生）孩儿欲奋志勤王，恐违孝道，故尔回家禀知。（老）咳，罢了罢了！我家门不幸，养你这不肖之子！（生）阿呀，母亲请息怒！（老）自古道：君亲本是一体。父母有疾，为人子者不亲侍汤药，可为孝乎？君父有难，为人臣者不鞠躬尽瘁，可为忠乎？今君父陷身虏庭，当此国破家亡，正是你立身扬名以显父母之日，你怎么反把我来借口？你事君不能尽忠，事亲焉能尽孝。不忠不孝，非吾子也，还来见我怎么！（生）阿呀，母亲！非是孩儿不能为国报仇雪耻，正要禀明母亲：今日宗留守一闻二圣陷虏，呼痛不已，即将印信兵符交付与孩儿，要

孩儿为国报仇。孩儿再三以亲老为辞,不想宗留守连呼“渡河杀贼”,呕血而亡了。(老)吓,那宗留守忧国而亡了?(生)是。(老)好!这才是个忠臣!(生)孩儿今欲养亲行孝,犹恐有负于朝廷;欲尽忠报国,又恐贻忧于母亲。因此孩儿进退两难,望母亲教训。(老)好胡说!你不曾出仕,乃父母之身,今既受职,乃朝廷之身也。吓,自你父亲亡后,我做娘的孤苦伶仃,教养你成人,指望你立节扬名,以显我平日训子之功;你今反以我衰朽之年,累你为不忠之士。咳,我何以生为!(生)阿呀,母亲!还有一节:自古壮士临阵,不死即伤;孩儿此去,存亡未卜。媳妇又是女流,孙儿岳云尚在怀抱,教孩儿如何放心得下!(旦)相公!妾闻:公而忘私,国而忘家。婆婆以节义自持,相公当忠良为重。婆婆在堂,奴家自能奉养;孩儿岳云,是我养育。你可放心前去,不必挂怀。(生)若得夫人如此,愚夫感激不浅也!(唱)

【红芍药】蒙美意,侍奉亲闱,须替我问寝晨鸡。(老唱)男子汉不流别离泪,你速行吾心方喜。(旦唱)君知家庭事且休提,但前去莫思回退。你亲老我自扶持,你子幼我当训诲。

(生白)下官此去呵,(唱)

【耍孩儿】拚取此身全忠义,马革裹尸还[9]。夫人吓!也再再休想望我生回!(老唱)吓,多言!大丈夫一死何足惧,对妻儿絮聒成何济?吓!你甘犯着逆亲罪。

(生白)孩儿此去,侍奉无期,母亲可有什么言语?早晚以为忆记。(老)你要我忆记么?(生)是。(老)你且跪着!(生)吓。(老)朝上跪!(生)是。(老)解下衣服来!(生)晓得。(老)媳妇,取金针笔砚过来!(旦)是。(取介)婆婆,金针笔砚有了。(老)阿呀,儿吓!(唱)

【会河阳】我二十载谆谆何言教你?食君之禄怎无为?我将报国精忠,刺入血皮。(白)起来!我将“精忠报国”四字刺入你皮肤了!(唱)你当日夜牢牢记,念君奋力把胡酋退,念亲及早把捷书寄。(丑、小生、末、付上)(唱)

【缕缕金】齐队伍列旌旗,辕门宣将令,马频嘶。(白)有人么?(外上)什么人?(众)各营兵将请爷议事。(外)住着。启爷:各营兵将

请爷议事。(生)在外厢伺候。(外)吓,外厢伺候!(众)吓!(生)夫人,下官此去呵,(唱)亲老垂星鬓,孤儿年稚。衰亲弱子好扶持,全仗你干系。(旦唱)都在我干系。

(老白)岳飞过来!我闻王陵之母[10],成子之功;陶侃之母[11],全子之孝。你今留恋不舍,皆因为我,也罢!我当先自刎以绝汝念。(走介)(生、旦)阿呀!(旦)婆婆吓!(生)阿呀!母亲不必发怒,孩儿就此拜别!(拜介)(唱)

【越恁好】只得阶前顿首,只得阶前顿首,百拜别慈闱。阿呀,母亲吓!你休将孩儿念,加餐饭,乐桑榆。(白)夫人请上,下官有一拜!(合唱)鸾凰从此两分离,叮咛寄语。(老白)过来!(生跪介)有。(老)你此去雪不得国家之耻,迎不得二圣还朝,你再、再休想来见我!(唱)君父仇不共天须牢记,慈亲语不可忘须常佩。

(生白)带马!(众应介)(合唱)

【红绣鞋】扬鞭一拥如飞,如飞。轰天炮响如雷,如雷。安社稷,定纲纪。迎二圣,雪臣耻。敲金铠,凯歌回。(下)

(老旦)阿呀儿吓!(唱)

【尾声】我明知此去无归理,(旦唱)背地偷将珠泪垂。(老旦)阿,媳妇!(旦)婆婆!(老)我教你丈夫一心为国,休念家乡,你可怨我么?(旦)正该如此,怎敢怨婆婆!(老)吓,你不怨我?(旦)怎敢!(老)好,这才是我岳门的好媳妇!吓,媳妇!(旦)婆婆!(老唱)我岂不念骨肉团圆也只怕臣道亏!

(白)真个不怪我?(旦)怎敢怪婆婆!(老)难得!贤哉媳妇!随我进来!(旦)是。(同下)

〔注〕 ① 蘋蘩:两种可食用的水草。《诗经·召南》有《采蘋》、《采蘩》篇,《采蘩》毛序云:"《采蘩》,夫人不失职也。夫人可以奉祭祀,则不失职也。"后遂以"蘋蘩"指妇职。 ② 菽水欢:《礼记·檀弓》:"孔子曰:'啜菽水尽其欢,斯之谓孝。'"菽,豆。 ③ 省(xǐng)亲:回家看望亲老。 ④ 萱亲:母亲。 ⑤ 和(huó)丸:指母亲教育儿子勤学。典出《新唐书·柳仲郢传》:"母韩,即皋女也,善训子,故柳仲郢善学。尝和熊胆丸,使夜咀咽以助勤。"飞黄:传说中的神马名。唐韩愈《符读书城南》诗有"飞黄腾踏去,不能顾蟾蜍"之句,故后世比喻升官很快则称"飞黄腾达",也省作"飞黄"。 ⑥ 戏斑衣:指孝亲。《艺文类聚》引《列女传》:"老莱子孝养二亲,行年七十,婴儿自娱,著五色彩衣。尝取浆上堂,跌仆,因卧地为小儿啼,或弄乌鸟于亲侧。" ⑦ 鼎食:古时富贵势要之家列鼎而食。三牲:牛、羊、猪,用三牲祭祀称太牢。《孝经·纪孝

行》:"虽日用三牲之养,犹不为孝也。" ⑧ 二圣:指宋徽宗、宋钦宗父子。 ⑨ 马革裹尸:《后汉书·马援传》记马援曾道:"男儿要当死于边野,以马革裹尸还葬耳,何能卧床上在儿女子手中邪?"后因以"马革裹尸"作为国而战,甘死疆场之典。 ⑩ 王陵之母:楚汉相争之际,王陵兵归刘邦,项羽取陵母置军中,欲以招陵,陵母为使陵事刘邦无二心,乃伏剑而死。见《汉书·王陵传》。 ⑪ 陶侃之母:晋陶侃早年孤贫,做县里的小吏,一日孝廉范逵到陶侃家,陶母为使陶侃能给范逵留一个好印象,从而得到范逵的推荐,便剪去自己的头发卖了钱换来酒食,招待范逵。见《晋书·陶侃传》。

《刺字》亦名《岳母刺字》,是《如是观》传奇中的第九出,也是昆曲和京剧舞台上的一个流行剧目。内容叙述宗泽死后,岳飞接任三军统帅,欲率军渡河,抗击金兵。出征前,他顾念老母在堂,特地回家辞行。岳母见到儿子后,斥责他不该孝而忘忠,在国家多事之秋还惦念着家,命其立刻回营,一心杀敌。为坚定儿子的信念,岳母在他背上刺了"精忠报国"四个字,嘱咐他铭记在心,永志不忘。这出戏也常和第八出《交印》连演,合称《交印刺字》。

这出戏中的岳母,是个伟大的女性。她深明大义,在国家危难的时刻,她把毁家纾难看作一个普通臣民的分内事,教育儿子要为国忘家,要舍弃"小家",顾全"大家"。这样的母亲,应当说很具普遍性,实际上她便是我国古代众多妇女形象的一个缩影。在我国历史上,每当遭受外敌或异族入侵的危急时刻,都会涌现出千千万万个这样的英雄母亲。她们将自己的亲人送上前线,并以母亲宽阔的肩膀承担了战争的灾难后果,激励了热血儿郎奋不顾身地投入保家卫国的战场,与侵略者血战到底,这才铸就了几千年不屈不挠的中华民族精神。这也是《刺字》这出戏之所以感人,能在民众中广泛流传的重要原因。

此戏开始从母子俩久别重逢写起:岳飞马上要率军出征了,老母亲却令他放心不下,于是决定回家探母,作个妥善安置。

母子见面,场上气氛应该说是非常欢乐和激动的。不料岳母见到岳飞,却很不愉快,说:"吓!你又回来怎么?"

怎么回事?难道母亲见儿子不高兴?——戏就从这个反常的现象切入,层层展示岳母这位英雄母亲的精神境界和博大胸怀。

通过岳母之口,我们知道岳母期望儿子建功立业,"扬名于世";并不图子女终日围绕膝下,更不图什么富贵荣华。她认为眷恋小家的人做不出大事业,因此,见儿子常回家探亲,就怕儿子忘了为国效忠,心里感到焦急,就严厉地批评他。但是,岳母心中也明白,儿子胸怀大志,决非只恋家不知报国的庸人。他搁下军机回家,必有原因。但是,究竟发生了什么?儿子为何吞吞吐吐?于是,她严肃地对儿子说:"古人云为国忘家,那曾有公后先私!"催促他打破谜团。

岳飞此时心情很矛盾，他忍受着老母的责骂而不辩解，心中有很多话想说：金兵陷汴梁，皇帝成囚徒。自己临危受命，决心抛弃家小，率军北上，扫灭金酋，恢复中原，迎回二圣。此番回家，就是为了辞别老母。日后，他回家也不知哪年哪月了！也许，此行将成为永诀！但这些话，他不知如何对母亲开口："我几度欲言仍自止，怕说着又添亲怨忆。"想起了自己出生时父亲亡故，母亲含辛茹苦拉扯自己长大，供自己读书，几十年如一日，累弯了腰，流干了泪。如今两鬓添霜，已是风烛残年，自己却要撇她而去，真是于心何忍！几次话到嘴边，他又咽了回去。

在母亲的催促下，岳飞只好吐了实情："孩儿欲奋志勤王，恐违孝道，故尔回家禀知。"话一出口就放声大哭，觉得很对不起母亲。他觉得母亲应当数落他的不孝，一家人此时应该会聚一堂痛哭一场。可是，和岳飞的预料完全相反，坚强的岳母听了，没有丝毫的悲伤，更没有流泪，也没有责备他的"不孝"。她的反应是勃然大怒，说道："当此国破家亡，正是你立身扬名以显父母之日，你怎么反把我来借口？你事君不能尽忠，事亲焉能尽孝。"岳母的话是说儿子"孝"得过头了，忘了为国尽忠，是不懂得真正"孝"的道理。母亲的一席话，倒给岳飞个当头棒喝，叫他一时回不过神来。

于是，岳飞和盘托出自己的困惑和痛苦："非是孩儿不能为国报仇雪耻……孩儿今欲养亲行孝，犹恐有负于朝廷；欲尽忠报国，又恐贻忧于母亲。因此孩儿进退两难，望母亲教训。"

岳母见儿子虽然明白道理，但在关键时刻尚有犹豫，在"尽忠"与"尽孝"之间徘徊。于是毫不含糊地告诉儿子：作为母亲，自己只希望儿子在国家生死关头全力全意为国尽忠，而不希望儿子回家尽孝。为了国家和民族的利益可以牺牲家庭和个人的亲情。如果颠倒了这个道理，就是既不忠也不孝。她决意要断绝儿子思念家庭的念头。说道："你不曾出仕，乃父母之身，今既受职，乃朝廷之身也。……指望你立节扬名，以显我平日训子之功；你今反以我衰朽之年，累你为不忠之士。咳！我何以生为！"也就是说，你儿子不能为国建功立业，我老母只会觉得脸上无光，生不如死，你儿子尽孝又尽在哪里呢？

岳母这番话对岳飞震动极大，如醍醐灌顶，令人猛醒。接着妻子又从旁鼓励督促，表示服侍老人与养育孩子均由她来承担，她们对国家民族大义的理解和主动奉献精神使岳飞终于在思想上彻底解脱了包袱，定下了义无反顾为国赴难的决心。于是，他发出了豪言壮语道："拚取此身全忠义，马革裹尸还。"有了母亲、妻子的全力支持，难道自己就不能像古人一样，把鲜血洒在保家卫国的战场上，作个顶天立地的英雄，建立一番辉煌业绩？

此时，岳母脸上才露出了欣慰之色，于是，她催促儿子即刻动身，说："男子汉不流别离泪，你速行吾心方喜。"

这出简短的戏从母子匆匆见面开始，又要以匆匆分手结束了。于是，戏进入了最后的高潮。岳飞问有什么话母亲要叮嘱的。岳母略一思索，便叫儿子跪下，让人取来了金针笔砚，伏在他的背上开始一针一针地刺字。每一刺，都淌着血，都深入皮肉，好一会儿，认认真真地刺上了"精忠报国"四字，谆谆教诲道："你当日夜牢牢记，念君奋力把胡酋退，念亲及早把捷书寄。"所有对亲人的思念，对国家的忠诚，都希望要化作杀敌立功的强大力量。千言万语汇聚在一起，只盼望他早日把杀敌立功的捷报寄。

岳母的叮嘱让岳飞热血沸腾，让所有在场的将士肃然起敬，人人心中都充满了誓死杀敌的壮志豪情。于是，门外"齐队伍列旌旗，……马频嘶"，岳飞就此拜别母亲和家人，奔赴抗金杀敌的战场。"精忠报国"四个字，深深地刺进了岳飞的皮肉，更深深地铭刻在了他的心里。日后，岳飞驰骋沙场，九死一生，杀敌无数，立下赫赫战功，虽历经坎坷却无怨无悔，其精神支柱便是母亲所刺的"精忠报国"四字。

这出戏虽然主要人物是岳母（老旦），似乎岳飞这个主要人物角色的戏并不重。但是，岳母给儿子所灌输的"精忠报国"的思想，则是全剧的"精神命脉"所在。岳母刺字，是岳飞此后率军痛击金兵，努力完成恢复中原、"收拾旧山河"伟大事业的前奏和序幕，也是这部传奇最感人的地方。（宋光祖）

醉　菩　提　　张彝宣

第二十五出　当　　酒

（生上）寒花吹搅飞成片，人影全无天地变。空中不见打罗槌，万里长空皆是面。我道济，自离灵隐，来到净慈寺，喜得此处德辉长老待我甚厚，各执事皆以礼相敬，住过几日。咳，只是不得酒吃，纳闷得紧。不道夜来下起一场大雪，寒气逼人。欲待悄出山门，寻个酒肉施主。争奈刺骨寒风，雪又不止。欲待不去，又坐卧不安。不须迟疑，还是出去走走的是。（行介）咦，我在屋里，看了外边十分畏惧，到了风雪之中，也只如此。

【北斗鹌鹑】白生生平了山坳，乌洞洞昏其天表。苦滴滴路少行人，静沉沉树无啼鸟。看不见南北高峰，辨不出野外六桥[1]。破衣巾风乱钻，光头上雪乱敲。阿哟，寒凛凛把不住麻鞋，（跌

介)滑喇沙将人来跌倒。

咳,只望吃酒冲寒,谁知反遭一跌,刚刚跌在泥坑里。咳,满身都是水,湿透了,可不晦气。(看介)你看那边挑出酒旗儿,不免到那边吃酒去。

【紫花儿序】转过了湾湾山径,一带的矮矮泥墙,恰又是小小溪桥。紫篱曲曲,翠竹萧萧。只见高挑,带雪迎风帘荡摇。我只索钻进茅茨,揭起芦帘,酒家,酒家。呀,有了,把那酒桌连敲。(拍案介)

(净上)酒店门前寂,雪里少人行。呀,师父抄化,过别家罢,这里不便。(生)小哥,我不是抄化,特来与你作主顾。(净)请问师父,那里来的?(生)小哥,你不认得我么?我就是净慈寺中济书记,从灵隐寺新过来的。(净)原来新来的,失敬,失敬。(生)小哥,你店中可有好酒?(净)有呀,白花露、银花露、琥珀泉酒、苏州老酒、镇江皮酒、无锡三白、滴花烧酒。(生)好,只把好的取来。(净)呀,师父,净慈寺中,多是戒酒除荤的,你为甚要吃起酒来?(生)我不同他们这些和尚。(净)怎么样?(生)他们呵,

【金蕉叶】一个个持斋戒茶包饭包,俺则是会脱套的诗豪酒豪。(净)他们都是参禅悟道的。(生)怎道他悟道参禅,逞一味担烦受恼。

(净)阿弥陀佛,说这样话。(生笑介)小哥,好赊几壶来,吃了再算。(净)赊么?我不认得你,赊了那里去讨?(生)你不认得我,普天下的人多认得我。(净)认得你是个冒失鬼。(生)你到寺中来,问济书记就是了。(净)那能到寺内来讨酒钱。(生)难道我赖了你的么?小气。(净)那个说你赖。只是两日来米也贵,酒也长,没本钱。不赊,不赊。

【小桃红】说甚么不饮从他酒价高,(净)我这里真真开坛十里香。(生)却原来十里香风到。(净)我们立誓不赊。(生)你须知人世上浮财莫争较,一似往来潮。(净)将本求利的生意,怎说不要较论?(生)小哥走来,你看那边好大雪呀,你看那朔风卷雪漫空落,这壁厢松吟翠涛,那壁厢梅绽香飘。你教俺不饮怎生熬?

(净)既要吃酒,铜钱来。(生)可怜我身无半文。(净)既无铜钱,走

你的路。(生)可怜一文亦没有。(净)没有请到别处,不要在此鬼打诨。(生)咳,苦呀!

【天净沙】则被那当垆犊鼻言叨[②],则待要索钱留当声高。哙,小哥,自古僧来看佛面,你就该布施了。(净)从来没有酒肉斋僧的道理。(生)你道是酒肉斋僧绝少,可怜我少钱乏钞。(净)无铜钱,走你的路,不要在此打诨,走呀。(生)商量。(净)没有商量。(生)周身只一着,只有这罩体方袍。

(净)你要吃,亦说不得。却不道:神仙留玉佩[③],卿相解金貂[④]。神仙卿相,还要留下当头,何况于你。(生)是呀,神仙卿相,不错不错。身上冷,怎样脱去?(净)吃下去就暖起来了。(生)正是,吃下去就暖起来了。(净)这件齷齪衣服,看面上权当一壶罢。(生)甚么,这件衣服,只当一壶?(净)依你怎么样?(生)在你面上,权当二十壶。(净)不要。(生)十壶。(净)不要。(生)五壶。(净)四海。(生)甚么?(净)五湖四海是连的。(生)三壶。(净)万岁。(生)啐,吃起来看。(净)当二壶罢。(生)身上冷,快取来。(净)是了。小杯不痛快,换大杯。(生)有理。(净)甚么下酒?(生)荤素不论。(净)请吃。慢慢的,那个与你抢,滋味亦不辨,囫囵吞下去。(生)咳,不爽快。咳,少少少。(净)慢慢的。(生)呀,才吃得顺口,壶已告竭了。(净)我叫你慢慢的,你倒抢着吃,自然完了。(生)两壶了,还有八壶呢。(净)呸,说过两壶,什么八壶!走你的路。(生)小哥,

【么篇】香醪美酝且求饶,呀,只得把善语温言告酒寮。俺只索和颜悦色甘陪笑。(净)撞着这等歪缠的和尚。(生)小哥,你是好人,再加一壶罢。(净)再加一壶?(生)一壶。(净)走你娘的路。(生)我再三哀告,他原何越生烦恼?(净)还不走,拿柴棍来打你脚骨拐。(生)我不管,只要吃酒。(净)呀,走,不走打硬脚骨。(生)尽着你干柴湿肉随意拷,只图得一醉酕醄[⑤]。

(净)原来是顽皮和尚,打,打,打。(生)阿呀,救人阿。(老旦上)隔墙须有耳,窗外岂无人。你为何打这和尚?(净)不要说起。这个叫化和尚,拿一件衣服当了两壶酒,又要添一壶,只管要吃。骂他不走,打他不去。(生)妈妈,我告诉你。我这件衣服,本该要二十

壶,如今只得十壶酒,他只与我两壶吃。望妈妈判断,该吃不该吃。(净)十壶。(生)不是十壶。(净)打这贼秃出去。(生)六壶四壶,再加两壶。(老旦)罢罢罢,只算布施与他吃了。天气寒冷,把这衣服,还了他罢。(净)他当了两壶酒吃,怎么还他衣服?还要打这秃驴!(老旦)罢罢,不要打,由他去罢。(净)咳,我的娘呀,为子骂亦骂不出,打亦打不出。衣裳在此,走你娘的路。(老旦)衣服还了他。(生)好,好,好。

【秃厮儿】我谢谢你个好积善姑娘大嫂,我骂骂你个不安闲的村狗野猫。(净)还要骂我,打你个贼秃!(生)不要打,须得再吃一壶恰更好。(老旦)师父,你再到别家去,都吃得的。(生)多承指教。一步低,一步高,急急奔逃。(生下)

(净)捉捉捉,造化这贼秃,不该还他这件衣服便好。(老旦)这等天气,冻坏了人,可不罪过。况他是出家人,虽然不学好,亦是一条性命。又道寒不剥衣,布施他去罢。(下)(净)好笑,我个娘见了和尚便布施。罢了,罢了!(净下)(生上)阿哟,好冷阿。

【圣药王】看那风又号,雪又飘,路上泥泞若油浇。不见凹,只见高,白茫茫迷住了小溪桥。(跌介)不好了,跌一个倒撑篙。

阿呀,跌下泥坑里去了。

【尾声】一身陷入深泥窖,要伸头也费人吵闹。只闻得醉汉不堪扶,怎生醒人儿亦跌倒。

救人呀,救人呀!(下)

〔注〕 ① 六桥:指杭州西湖苏堤上的六桥,即映波、锁澜、望山、压堤、东浦、跨虹六桥。② 当垆犊鼻:汉司马相如与卓文君在临邛卖酒,文君当垆,相如著犊鼻裈与佣保杂作,涤器于市中。见《史记·司马相如列传》。此指卖酒的人。垆,放酒坛的土墩。犊鼻,犊鼻裈,类似今之围兜。 ③ 神仙留玉佩:旧题汉刘向《列仙传·江妃二女》:"江妃二女者,不知何所人也,出游于江汉之湄,逢郑交甫。(交甫)见而悦之,不知其神人也,谓其仆曰:'我欲下请其佩。'……(二女)遂手解佩与交甫。" ④ 卿相解金貂:《晋书·阮孚传》:"迁黄门侍郎、散骑常侍,尝以金貂换酒,复为所司弹劾,帝宥之。"金貂,皇帝左右侍臣的冠饰,冠上著黄金珰,饰以貂尾。按阮孚非卿相,此盖泛言之。 ⑤ 酕醄(máo táo):大醉貌。

《醉菩提》是清初苏州平民作家张彝宣所创作的一部戏曲作品,它以民间流传的"济癫"故事为题材,在舞台上塑造了一个"不饬细行,饮酒食肉,与市井沉浮"的济公形象,受到观众的普遍喜爱,清末昆班仍能演其中的《伏虎》、《当酒》、

《醒妓》诸出，海派京剧连台本戏《济公活佛》亦据此改编。

剧本的梗概是：南宋临安有个书生叫李修元，某日去灵隐寺听佛法，忽然顿悟而披剃为僧，取名道济。出家后，他行为怪僻，不打坐参禅，不守戒律，常把禅堂搅得乱糟糟；还游逛市肆，饮酒食肉。但在大街小巷，平民百姓都很喜欢他，叫他济公。因为他看似呆傻，实则法术高强，往往不知不觉就替人解除了困厄。后来，大家发现这个“疯子”竟是个得道高僧时，他却隐身而去，“坐化升天”了。《当酒》就是表现济公“疯癫”和“怪僻”的一出戏，它描写济公在寒冷的冬夜跑到酒店里喝酒，因为没钱，就把身上衣衫脱下来给老板当酒喝的一件趣事。戏里情节生动，人物性格鲜明，是《醉菩提》整本传奇中最精彩的折子之一，后世舞台演出极多。

此戏一开场是济公的“寻酒”。在某个大雪纷飞的冬天夜晚，北风呼啸，“寒气逼人”，而在暖烘烘屋里的济公坐也不安，睡也不宁，因为没酒吃，他焦躁不安，心思早飞出了寺院。趁人不备，他溜了出来，一头扎进茫茫雪夜，“寻酒”去了。“破衣巾风乱钻，光头上雪乱敲”，在风雪里，他拼命地跑着，高一脚、低一脚地跋涉，“跌在泥坑里”，“满身都是水”，为了渴望的酒，他只能咬牙忍受。终于，发现有酒旗招儿了，他知道有酒招，就有酒店，顿时来了精神，高兴得手舞足蹈起来。

找到了酒店，济公先是“讨酒”，高声嚷嚷。店老板感到惊讶：“师父，净慈寺中，多是戒酒除荤的，你为甚要吃起酒来？”济公回答说，“持斋戒”的僧人，都是“茶包饭包”，只有我济公一人是“会脱套的诗豪酒豪”。这番话，叫老板听得目瞪口呆，连说“阿弥陀佛”。接着，身无分文的济公又打算“赊几壶”。老板回过神来，立刻精明了：给疯和尚赊账，岂不是白送？尽管济公说得天花乱坠，什么“普天下的人多认得我”，什么“人世上浮财莫争较”；又装出一副可怜相，说什么“朔风卷雪漫空落”，自己又冷又饿，“不饮怎生熬”，等等。嘴皮说破，招数使尽，店主只硬生生的一句：“无铜钱，走你的路。”一阵折腾没结果，济公“讨酒”不成，只能“当酒”了。

店主要济公拿东西抵押，济公只有身上的长衫值钱。可严寒天气，本来就冻得直哆嗦，怎么能随便解下御寒的衣服呢？可济公的酒瘾来了，身不由己。嘴上说：“（酒）吃下去就暖起来了。”其实谁都知道喝酒取暖是暂时的，喝完酒没了长衫，还会更冷，冰天雪地的夜晚怎么回去？回寺庙后怎么办？也只有傻瓜和疯子才会在这时候真的把长衫脱下来。而此时的济公恰似个失去理智的白痴，做出了最“傻”的举动——把衣服脱了，拿去“当酒”。谈妥一件长衫换两壶酒后，济公如愿以偿地喝到了酒，而其“疯癫”、“呆傻”也表现得淋漓尽致。

喝了两壶不过瘾，济公光着身子还想“赖酒”，结果差点挨揍，被逐出店外，出门后，就躺倒在雪地里不动了。

“寻酒”——“讨酒”——“当酒”——“赖酒”的情节发展过程，就是展示济公“疯癫”的过程。他就是个常人无法理解的“疯子”。然而，济公恰恰又是剧中那位神奇的“得道高僧”，他一举一动的目的都是为了弘扬佛法，这岂不是互相矛盾吗？其实不，因为济公这些怪僻疯癫的举动，只是混迹人世的“障眼法”，所谓“借皮囊色身度世”而已。这些刁钻古怪举止的背后，往往暗藏着玄机，蕴含着看不见的法力，能不知不觉地救人危难，为人做好事，其中的奥秘往往要到事后人们才能明白。而在当时，却常常不被世人所理解。因为济公做的事似乎根本不合生活的逻辑，因此人们总是很自然地用日常思维去矫正和规范他的行为，于是就会和他发生一系列喜剧性的冲突。这种冲突是建立在“凡通常的思维方式必然错误”这个基础之上的。所以冲突越激烈，行为越夸张，对比越强烈，事情就越可笑，喜剧气氛也就越浓郁。而冲突的结果往往出乎人们的意料，然总不出济公“疯话”的预料，济公也就显得越来越“神奇”。

其实，《当酒》这出戏应当这样理解：济公在一个雪夜欲随缘点化一位被钱财迷了眼的酒店老板，他装做疯癫和贪酒，故意试探和点化，可惜店主没有慧根，当面错过机会。

你看，济公衣衫单薄，傻乎乎地冒着风雪找到了酒店。先是身无分文要“讨酒”，直刺爱财店主的要害。接着劝他“人世上浮财”不要计较，精明的老板哪里听得进！钱财到底实惠，空喊善良又不能充饥。他斤斤计较，一毛不拔，哪肯施舍酒食！直接劝解唤不醒痴迷，于是济公变换手法，说自己又冷又饿，又装傻在大冷天脱下衣服“当酒”，想唤起店主的同情，激发他的恻隐之心，再慢慢转过来劝他信善信佛。哪知济公越装得可怜，老板就越攥紧钱袋，越显得精明，事情的结果就越南辕北辙。后来就变得济公似乎越来越疯、越来越醉、越来越讨人嫌，而老板就好像越显得有理。他不愿亏本，就要济公剥下外衣当酒；不愿让济公揩油多喝几壶，就把他赶出门外在雪地里冻翻。这些店老板似乎都做得很自然，没有任何过失，而实际上恰恰是铸成了大错，他肉眼凡胎，没有及时抓住机会消灾解难，反而给自己多添了几分冤孽。济公似乎很“傻”，不冻死也要冻僵了，但实际上济公却是个“金身罗汉”，根本就冻不坏，他正在暗笑店主痴迷呢。剧中充分运用了“似正而实误”的反衬手法、不知底里的误会手法、夸张和互相对比的手法，等等，使这场和日常生活场景没什么不同的小冲突却显得异常生动活泼、趣味盎然。

《当酒》这出戏，较典型地体现了《醉菩提》这部传奇在艺术手法上的特征，就是善用这种误会、对比和反讽的手法塑造人物，推动剧情。所以也是整本传奇中最成功的一个折子。综观全剧，济公始终是个爱酒贪杯、成天醉得颠三倒四的人物，剧本就围绕着一个"醉"字，反反复复地做文章，让许多自作聪明的人去讥笑济公、嘲骂济公，最后被事实无情地作弄。济公虽然看起来又疯又傻又可怜，但在暗中做了许多好事善事，却没有一个人能看出他的真面目。他曾经多次"显灵"：如在虎口抢险，救下了命悬一线的孩童(《伏虎》)；在雷雨交加之夜，现出罗汉金身，保住贫穷孝子性命(《天打》)；大雪纷飞的严冬，他醉躺在雪地，却指点要饭花子捡到金银丝绢，免于冻饿(《散绢》)；通过托梦，他使皇太后为修建南屏山净慈寺工程捐献了大量金钱(《托募》)，等等。最后，济公"坐化升天"，现出了罗汉金身，人们才恍然大悟，才开始努力回忆他在世时的种种神奇和显灵的举动，重新审视他"疯癫"举止的合理性。可是这一切都已经迟了，高僧走了，他给世人留下的，则是一段又一段疯癫怪诞、暗藏玄机的谜团，让人们自己去解释，去传说，去演绎……

今天现实的生活中，电影、电视、电脑普及了，于是济公故事又被重新改编成电视剧，搬上荧屏，无论老幼，几乎都会哼唱"鞋儿破，帽儿破，身上的袈裟破……"的"济公之歌"。可见济公故事多么深入人心，它至今仍在被人们不断地传说着、演绎着。

(宋光祖)

【戏曲家小传】

朱云从

字际飞，一字雯虬。吴县(今江苏苏州)人。生平事迹不详。清初在世。《新传奇品》称其剧作如"骏马嘶风，驰骤有矩"。所作传奇数量甚多，今仅《儿孙福》、《龙灯赚》尚存，其他如《一笑缘》、《二龙山》、《人面虎》、《小蓬莱》、《石点头》、《赤龙须》、《别有天》、《两乘龙》、《万寿鼎》、《照胆镜》、《齐眉案》、《灵犀镜》等均已亡佚。

龙　灯　赚

朱云从

第十五出　述　义

(生上)

【引】幻无端，总是愁魂惊惋。

我王元成，昨晚到了永安驿。黄昏时分，解军出去登东[①]，怎么一夜竟不进来睡？今天已明了，还不进来收拾起身，这是什么缘故？我要出去问一声，又将外房门锁了，连驿中没有一人则声[②]，好生奇异。我且坐在此，看他几时进来。(净上)自不整，自不整，(开门介)王爷，起身了么？(生)你这个人好没正经。这样差事，也算一件大差，怎么把我丢在此？夜来假说登东，敢是到小娘家睡了一夜[③]？这时候才来，这是要误大事的，下次切不可！(净)这句话到说得冠冕。(生)咳，不要讲了，与我上了刑具赶路。(净)你到像了刑部差的解军。王爷，如今刑具也不必上了，路也不要赶了，事体也完了，解军也要别了。(生)什么事体完了，你要回去了？好不明白。(净)王爷，你道解军昨晚不进来睡，为什么？(生)什么缘故？(净)刑部又差两个校尉，有公文一角，咨会本地方官[④]，好生利害。部文在此，拿去看就知明白了。(生)取来。(看介)刑部大堂遵奉圣旨，犯官王元成，不必到边。着该在有司即便典刑，首级回缴。嗄！原来今日要除我。圣上阿，我有何罪，听信谗言，即便除我。(倒介)(净)王爷苏醒，不要着忙，还有话说。(生)圣上阿！(净)王爷不要忙，这是你的造化。(生)斩首什么造化？(净)我的爷，你的首级已去了，只管乱喊。(生)什么首级去了？(净)你的首级，已有人替你斩了，校尉拿去覆旨了，哭他怎么？(生)呀呸！敢是你嫖昏了，还在那里魇。(净)嫖你娘的鸟，在这里魇，难道这个部文也是梦中带来的？(生)住了！你说我的首级已斩，(呆介)嗄！莫非我在阴司与你讲话么？(净)什么阴司阳司，内中有个缘故。昨晚呵，

【降黄龙】义气掀天，名节千秋，万古留传。(生)那个名节千秋的是谁？(净)就是这里驿丞老爹，他昨晚在县中闻了此信，回来他就汪汪泪洒，巧扮伊家名色，即赴云阳市[⑤]，把头拚。(生)咳，那杀头谁肯代替，况且这里驿丞呵，他一微官，又不与他昔日交原。从不识他面庞长短，怎效太平庄，程婴杵臼[⑥]，把屠贼生瞒[⑦]？(净)王爷，你疑想也是不差，只是王爷家中可有一个张恩大叔？(生)有的，这狗才我心中最恨他。(净)为何恨他？(生)那张恩呵，

【前腔】他无端节届上元，抱子观灯，将女孩生换。(净)如今那里去了？(生)潜踪匿迹，背井离乡，我也目皱眉攒。(净)王爷如此

说来，一些也不差，那驿丞就是你家张恩，昨晚与解军呵，说得心酸，不忘恩主，视死如归已算。（生）既是他，昨晚怎么不来见我？（净）他教我不要与王爷说明，竟扮作犯官站在驿庭，才到五更时分，顷刻里如狼似虎，一旦难完。（生）岂有此理？那有代死不与我讲明的？（净）王爷，你还不信，随我来认一认。（生）认什么？（净）这是那一个尸首？（生）是何人的？（净）这就是驿丞张老爹的尸首，你不要错怪了人。他临死时再三吩咐，交我上覆恩主，此一去呵，

【黄龙衮】须将名姓瞒，须将名姓瞒，急往他方窜。带月披星，切莫辞寒暖。（生）这也难信，我想张恩何来有此一官？（净）我好焦燥！一个人代死了，还有许多劳劳叨叨，好不服气。咳，撞死了罢。（生扶介）不是阿，就是张恩，他焉肯代我一死？（净）你看他还说冷肠子的话。咳！张老爹，你爬起来，我原对你说讲明了死，如今死得糊涂，他又不肯信，我又不服气，怎么样好？啐！我倒忘了。（生）忘了什么？（净）还有一个对证在这里。这个锦囊，说王爷付与他的，交我原送还王爷。现在书词作证，急须着眼，这便是他赴阎罗无羁绊。（生）这帖儿只有个走字。且住，这锦囊虽不是我付他的，这笔迹出自夫人之手。如此说来，果是张恩了。（哭介）（净）如今又哭鸟。（生）我倒错怪你了，不想你在背地里，竟行此一桩报恩义事，全我的性命。张恩阿，交我心如刀剑，心如刀剑攒，恨杀奸臣算。你舍死成仁，清史流芳远。呸！徐羡之，你这奸贼，我王元成呵，志在春秋，独开手眼。（净）王爷，你还称自己名字，万一被人知觉，事情败露，不惟王爷性命依旧难保，连我解军也要问罪，枉了他这番死报恩情空虚幻。（生）解军，

【尾】我从今好把名儿换。（净）王爷，还要把斯文改变。（生）我晓得了，只是你怎么样去回覆上官？（净）王爷，我凭着这一幅咨文，去覆上官，我是回去了，你路上须要谨慎。逢人且说三分话，未可全抛一片心。（生）是，晓得，只是有累了你。倘我或有出头之日，自当报你。（净）不敢。（净指地介）张老爹，你放心，你的主人已认下了。（生）不必多言了。（净）我去了。各人自扫门前雪，莫管他家瓦上霜。（下）（生）我如今悄地回去，见夫人一面，说明此事，就改作姓谢，潜奔他方便了。大风吹倒梧桐树，自有旁人说短长。

〔**注**〕 ①解军：押解犯人到流放地的差役。登东：上厕所。 ②则声：发出声音。③小娘：妓女的别称。 ④咨会：告知。 ⑤云阳市：指行刑之处。 ⑥程婴、杵臼：相传为春秋晋景公时人，杵臼即公孙杵臼。时晋司徒屠岸贾杀赵朔一家，公孙杵臼与程婴设法保全赵朔妻之遗腹子，待其成人后，报仇诛屠氏。元人有杂剧《赵氏孤儿》演其事。 ⑦屠贼：即屠岸贾，参见注⑥。

《龙灯赚》剧写南朝宋金陵人王碧，字元成，为翰林侍讲，因事归隐林下。妻谢道衡，素性豪侠。上元佳节时，夫妇二人遣仆张恩抱子观灯，为了不让孩子受惊，将皇上所赐的浑仪宝镜系其身上。谁知孩子因饿啼哭时，遇到了江南都督檀道济的官船，檀夫人正为未生男孩替檀家承续香火而烦恼，在喂乳时便与乳娘合谋将己女易之。张恩抱归，道衡见非己子，大恸。王碧令张恩速往易归。然恩至江口，檀府官船早已解缆离去。道衡惧丈夫重惩张恩，便通过恩妻交给张恩一个锦囊，要他火速逃走。张恩遂往投其妹丈兵部尚书曾无咎，依托其力，得为永安驿丞。后王碧被征召入朝，供职于史馆。他见史稿中有关当朝大司空徐羡之的战功记录，完全不实，便径行改削。恰巧此时同年好友兵部车驾司主事钱国器来访，交谈中，钱得知皇上所赐浑仪镜丢失事，又见到王碧删改徐羡之冒功之文字，便劝王碧明哲保身，不要触怒徐羡之。碧大怒，立即与钱绝交。钱受到羞辱后，至徐处将王碧削改史稿事告之，徐顿生杀王之心。钱又教以借丢失浑仪镜的罪名将王充军，待王离京后，再派人假传圣旨，将王杀死。徐依计而行。王碧受陷获罪，在永安驿处于险境之时，得老仆现任永安驿丞的张恩代死，方免于难。王碧妻谢道衡得到凶信后，假装沉江自杀，实女扮男装，逃往外地，居于义民镇。其时檀道济与北魏交战，因乏粮而难与北军抗衡，道衡倡议镇上居民捐粮十万石，又授道济“唱筹量沙”之计，使檀道济大获全胜。道衡归朝，按事先君臣所定之约，杀了徐羡之，并将徐首级祭奠丈夫。后通过解军了解到丈夫未死的真相，但不知王碧流落檀道济府，充当西席。后檀、王两家结为姻亲，儿女新婚之日，方发现檀子实为张恩抱去观灯的道衡之子，而道衡之女即为檀女。

戏曲中的王碧事当取自于《晋书》卷八二《孙盛传》，至于檀道济、徐羡之相互构陷事虽然属实，但与戏曲所写的抗魏无关。多半情节为作者虚构或参考他戏，与史实无涉。《曲海总目提要》卷二九云：“所载官名，皆明时始有，大抵近世人也。”又云：“看灯男女互换，情节略仿《春灯谜》。父为西席教子，情节又似《牟尼珠》。”清初朱佐朝有《轩辕镜》传奇，与本剧无甚差异，二剧实为一剧，这给学术界留下了作者到底是谁的谜团。本剧又名《春秋笔》，同名之作为清初高奕的《春秋笔》，然高作已佚，不知是否为同一题材。本剧在戏曲史上有一定的地位，秦腔、京剧、河北梆子等剧种都有此剧目。

《述义》是该剧最具戏剧性的一出，人物的形象也在此出中得到成功的塑造。此出涉及三个人物：解军、王元成与张恩。张恩虽已死去，但他的品质、情感通过解军被表现了出来。最能打动观众的，毫无疑问是张恩。

张恩的“义仆”形象，在当时并非孤零零的一个，顺治、康熙间苏州派作家的剧作中，义仆形象有一个群体，如朱皠《未央天》中的马义，李玉《一捧雪》中的莫成，朱佐朝《九莲灯》中的富奴等。苏州派的剧作家们热衷于塑造义仆形象，是有其社会背景的。明末清初，江南的土地兼并之风愈演愈烈，失去土地的农民只得依附于豪绅地主，或为佃农，或为奴仆，于是大户人家的家奴越来越多。明代于慎行《榖山笔麈》卷五记载：“海忠介公（海瑞）为御史中丞，出抚苏、松……华亭（陆树声）家人多至数千，有一籍记之，半系假借。海至相君第，请其削籍之，仅留数百以供役使，相君无以难也。”奴仆地位卑下，生活困苦，且常受到主人的凌辱，因此，主奴的矛盾始终是存在的。当奴仆数量较少时，他们迫于主人的权势与淫威，只能屈服，当他们人数众多，成了事实上的一种社会群体时，他们的意志与反抗便自然地形成了一种力量，并不时地表现出来。据记载，苏州附近的上海、嘉定、昆山等地，常发生奴仆暴动之事。王家桢《研堂见闻杂记》中谈到了清顺治二年（1645）的太仓“奴变”：奴仆“一呼千应，各至主门，立逼身契。主人捧纸待，稍后时即举火焚屋。间有缚主人，虽最相得、最受恩，此时各易面孔为虎狼，老拳恶声相加。自城及镇，及各村，而东村尤甚，鸣锣聚众，每日有数千人。鼓噪而行，群夫至家，主人落魄，杀劫焚掠反掌间耳”。当然，在社会生活中，也有安分守己、忠贞不贰的奴仆，如《醒世恒言》中的“徐老仆义愤成家”中的徐老仆即是生活中的真人，他原名阿寄，在主人去世后，尽其最大的努力，含辛茹苦，帮助主母致富。他的事迹，最早由田汝成写成《阿寄传》，后《浙江通志》、《严州府志》甚至《明史·孝义传》皆予收录，可谓青史留名。

作为持儒家传统思想的知识分子，朱云从等苏州派戏曲家，当然反对这种犯上作乱的奴变之事，于是，他们在戏剧中塑造了许多“义仆”的形象，为天下的奴婢们树立正面的道德形象，希望以此教化底层的百姓，以挽救道德颓靡的趋势。

除此之外，苏州派作家热心于塑造“义仆”形象，还出于这样一个原因：他们都生活于明清鼎革之际，目睹了很多缙绅之士贪生怕死、媚敌卖国的嘴脸，那些人在民族危难之际，无忠义之心，无廉耻之念，成为道德沦丧的衣冠禽兽。朱云从等人塑造“义仆”的形象，客观上便将士绅们与他们作了强烈的对比。这些平常被人称作“大人”的人，实在不如地位卑下的“小人”，剧作家们以此来谴责这些民族败类。

《龙灯赚》中的张恩为报主人的恩德，当得知王碧将被奸臣处死时，便求解军让他代主人一死，为了得到解军的理解与支持，他回忆了昔日主人的种种恩德，直说得解军“心酸”。更感人的是，他替代主人一死，还不想让主人知道，其想法一是怕主人阻拦，二是不求回报。他临死时，并未想到自己的亲人与家庭，考虑的仍然是主人的安危，他让解军传话：“须将名姓瞒，须将名姓瞒，急往他方窜。带月披星，切莫辞寒暖。”可谓是“全心全意”了。

王元成的形象，刻画得亦很突出，这是一个认真并执着于原则的人，决不会与时俯仰，人云亦云。这在前面第九出《修史》中已有表现。当他见到之前的史官颠倒黑白，歪曲历史，阿谀司空徐羡之的记载时，立即“将他虚词假冒一笔涂抹”。当钱国器劝他不要得罪当权者时，他义正词严地说：“咳！兄言差矣。史职全在直笔，以诛乱臣贼子之心，以正是非颠倒之伪，若曲从阿世，岂不上负圣德，下遗世讥，兄乃何以不肖之习见教？”钱国器要他明哲保身，他痛斥这种处世态度是“妾妇之道”。他耿直率真坚持道义，一切言行都以“应该的”为衡量标准，决不苟合于流俗，是封建社会中的正人君子。

在《述义》出中，他的这种性格同样得到了表现。他是一个充军的犯人，但是仍用“应该的”作为行为标准。他认为，作为押解他这样重要犯人的解军，决不应该夜里独自出去，也不应该该走时不走。于是，他竟忘记了自己此时的身份，斥责起解军来：“你这个人好没正经，这样差使，也算一件大差，怎么把我丢在此？夜来假说登东，敢是到小娘家睡了一夜？这时候才来，这是要误大事的，下次切不可！”有人替他去死，他自然不会相信，因为在他乡异地，一个素不相识的驿丞为何会做出这种举动？解军告诉他，这驿丞是他家的旧仆张恩，他仍然不信，一个仆人如何“有此一官”？直到见到锦囊上有他夫人的字迹，他才相信。表面上，他迂阔、固执，然而这些言行又实实在在地表现了他坚持操守、老实做人的品性。

王元成的形象与张恩的形象之间有着内在的联系，王元成的品性表现能为张恩的义举作出令人信服的注脚。张恩的捐躯报主并非是一个盲目的行为，如若王元成是一个残暴刻毒、少恩寡义的主子，张恩决不会为他献出自己的生命。尽管剧中没有直接表现王元成对张恩是如何的关爱，但我们能够从王元成的形象中看到他是一个恪守儒家道德的君子，对下人一定是十分仁厚的。

该剧的情节在整体上显示了鲜明的“传奇”色彩，表现了作者编故事的巧思。不过，由于“巧合”太多，斧凿的痕迹过深，减弱了故事的生活真实性，在今天追求写实风格的观众看来，这部戏似乎不是对生活本来面目的反映。　（朱恒夫）

丁耀亢

(1599—1669)　字西生，号野鹤，又号紫阳道人、木鸡道士、野航居士。诸城(今属山东)人。明诸生。南明弘光朝官监纪司理。清顺治五年(1648)拔贡，授镶白旗教习，改镶红旗。迁容城教谕，擢惠安知县，以病目辞官归。少负隽才，从董其昌等游，尝与人结山中社。中更变乱，栖迟羁旅，时多激楚之音。入都以后，交游渐广，声气日甚。工诗文，而其小说、戏曲尤为治文学史者所重。作章回小说《续金瓶梅》，传奇《赤松游》、《化人游》、《西湖扇》、《蚺蛇胆》，今存，另传奇《星汉槎》、《非非梦》等已佚。诗文有《丁野鹤遗稿》。今人辑有《丁耀亢全集》。

赤　松　游

丁耀亢

第十出　大　　索

(丑扮县官，皂隶随上)

【字字双】(丑)我做县官真侥幸，奔竞。四人大轿使人擎，转正。六房皂隶唤家兄，救命。追赃拿问觅人情，蹭蹬[①]。

休笑县官不济，自小曾充衙役。用钱钻干生员[②]，又被宗师革退。幸喜恩例纳银[③]，上蕨布政通吏[④]。考满使了百金，买缺又取官利。官帽员领皂靴，肚里许多闲气。平生识字不深，又好喧酒盹睡。幸有书办扶持，免使上司惩治。以此犹鼠同眠，把官当做犯屁。虽然卖酒张旗，到是旁人先醉[⑤]。小子姓胡名图，绰号昏侯。由吏员出身，蒙上司委署颍川知县[⑥]。只是地方残破，一日状子告不上两纸，连原被证俱罚做不应，也不勾还京帐的。可恼，可恼！叫皂隶抬出放告牌去。(杂扮差官上)衙前有人么？兵部紧急，奉旨钦供，立等回文，快报！(禀科)(丑作忙科)快请，快请！看文书，看文书！(拆文胡哼介)怎么处？念不来！便请上差读与本县听者。(杂念科)

【仙吕过曲一封书】钦件部院行，为钦拿奸细警。东巡博浪城，乱军中王驾惊。幸得铜锤来的妙，飞中旁车逃去生。限严拿，旬日程，泄漏军机罪不轻。(杂下)(丑念毕滚地科)(众扶起)

(丑哭科)我的皇天呵，我的亲娘呵，我的娇儿呵！(众)老爷因甚便

哭起来？（丑）列位有所不知：我学生费了许多银钱力量，弄得一身京帐，求了个署印正堂，到此不曾挣的些大钱。我想秦皇法度，不是耍的。这贼情大盗，一时难拿，误了钦限，将我老婆、儿子俱要入官，（作杀科）将我学生这点狗骨头儿，一刀弄的干干净净，到不如央求列位诸兄，将我杀生不如放生。这顶官帽儿我戴着甚不合时，就让与众位，不拘谁戴。（作取帽跪科）老爷，请请请！（众）老爷请起！这是老爷买卖来了。这样钦件文书，就是挣大钱、拿鹅头的名色。不拘大家小家，看他有钱的，就说是窝盗通贼，监禁拷打，不怕他一千、五百不拿来救命。他若不肯，就申他一路文书，一样倾家。他自然要奉承老爷的。（丑作喜跳科）我的爷！你何不早说？这顶纱帽，还是老爷暂戴一戴。（戴科）这是各安生理。叫刑房上堂[⑦]！（末上）卖法朝朝乐，欺官日日闲。非因官怕吏，只为吏生官。（欲跪不跪科）老爷有何吩咐？（丑）如今部院差来钦限拿贼，非同小可！我学生不敢相欺，若是吃烧刀、唱弋阳腔曲儿[⑧]，还略晓的，拿贼实不在行。请你出来，见教一二。若得些水头儿，我们大家四六分，用些也不为私取民财、拨官害众。请教，请教！（末）旧规上司号件，先出告示，各村举报，密骗保甲，再发票逐门挨查。有贼审解，请老爷先出明示。（末送纸笔科）（丑背科）这厮明知我不识字，故意相混，只得央他罢了。皂隶们回避！（丑下）（坐揖末介）老兄你我一样出身，实不相瞒。学生原不甚清楚，所以如此。若要清楚，谁肯如此？便请登坐，学生磨墨何如？（丑磨墨）（末写科）

【皂罗袍】（末）示谕乡城里正，为严拿叛贼，钦限军情。严查保甲甚经营，细开年貌何名姓。大家小户，不许出城。挨门查差，编册报京，两邻保结为干证[⑨]。

（皂隶众上）禀老爷：还是出票差役挨查，如有贼情，即便拿来审解才是。上司编册，俱有小的公费，这是老爷恩典。（丑）说得有理，说得有理！就烦贵房写票，皂隶叫甚名字？（众）小的名唤钱胜。（丑磨墨）（末写科）

【前腔】票仰官差钱胜，同班头番捕，密缉休停。文书机秘莫虚惊，贼情重大休私纵。事关风影，都要上绳。排门连坐，拿来

动刑，还要经村过站差兵送。

(丑伸指摇头科)好个刑房，好个刑房！连花押日子你都押了罢，省事，省事。请问你尊号？我学生以后有幸了。(末)不敢。小人贱号近亭。号件重大，老爷亲到乡村挨查才是。(丑)老近，你这又弄我了。我到其间，不知那个是贼，从何发付？(末)只看我咳嗽一声，老爷就点一点头，是该打的了。他若许了银子，我跌一跌脚，是该放的了。老爷就拔一根胡须记着，到后堂四六分银子便了。(丑)说得有理！好人，好人。连印你都收着，不消费老爷的心。省事，省事！看马来。(同众行介)

【南吕过曲香柳娘】奉上司秘行，奉上司秘行，串村过井，高门大户先盘弄。这是那家一带高楼，焚了一半？(末)这是韩国丞相张府。如今久不在城，俱往外去了。(丑怒介)此是故家，定有银子！连老爷到任的礼也不送一分，拿他家眷来！(众扭一人上)(末咳)(丑怒科)打，打！(末乱嗽)(丑乱点落帽科)打打打！(人作死科)(丑)老近，你打死人，你偿命，不干我做官的事！(末)官刑打死不妨。(丑)这等再打！(递银)(末跌脚科)(丑免打乱拔须介)犯当今典刑，犯当今典刑，依律不容情。隐匿妨多命，休想要放轻，休想要放轻。具揭开名，地方清静。

(众诨科)这是开油店的李家，他有锤，是贼！(末嗽)(丑点头介)打打！(递银)(拔须介)这是打油的铁锤，难道打的皇帝？去罢！(众)这是开肉铺的王屠，他有锤，是贼！(末嗽同前)(丑)打打打！(递银同前)这是个称肉的秤锤儿，小小的，可打皇帝么？去罢！(行科)

【香柳娘】(众)这尊官有声，这尊官有声，公私一统。满堂鼠狗钻邪洞，时时叫近亭，时时叫近亭。两耳已全聋，双眸又将瞑。(丑)可怜我嘴疼，可怜我嘴疼，只为家兄[10]，弄成丑净。

(杂扮差人上)密奉乌台使[11]，严拿鼠社官。俺系按院差官，闻此地县官借拿奸细，索诈民财，同衙役锁拿解部！(出绳锁丑科)(丑)近亭、近亭，这是怎么处？我的银子原是四六分的，拿出来打发上司！(末不理介)我是衙役，那见官银？有何执照！(丑哭科)罢了，罢了！只为昧心取利，取名一味胡图。始信官高有命，弄成花脸圈胡！

〔注〕 ① 蹭蹬(cèng dèng)：遭遇挫折。 ② 钻干：以钻营求得禄位。生员：指国学及州、县学在学学生。 ③ 恩例：指帝王为宣示恩德而颁布的条例和规定。 ④ 蒇(chǎn)：完成。布政通吏：指布政使。明时为一省最高行政长官，清时为总督、巡抚属官，专管一省财赋和人事。 ⑤ 到：同倒。 ⑥ 颍川：古县名，治所在今河南省登封市东，颍水以北。 ⑦ 刑房：衙门中掌理刑事案件的分署。这里指刑房的书吏。 ⑧ 烧刀：也称烧刀子，即烧酒。弋阳腔：一种戏曲声腔，元末明初起源于江西弋阳一带。 ⑨ 干证：与讼案有关的证人。 ⑩ 家兄：戏称金钱。因钱别号孔方兄，而拜金者愿以之为兄，故称。 ⑪ 乌台：《汉书·朱博传》记御史府中“常有野乌数千栖宿其上，晨来暮去，号曰‘朝夕乌’”，后因称御史台为“乌台”。

《大索》选自清丁耀亢所作传奇《赤松游》。全剧共三卷，四十六出，此为第十出。

近人孙楷第《戏曲小说书录解题》云：“《赤松游》四十六出，演张良事，实为其友王子房而作。王负大志，慕张良为人，死流寇之难。耀亢因作此以伸之。卷首有《赤松游始末》一文，述其事甚详。”此剧的创作，始于明崇祯十六年(1643)，写定于清顺治六年(1649)。其主旨则如卷首查伊璜《赤松游序》所云：“紫阳(丁耀亢号紫阳道人)曰：‘张良始终为韩。’野鹤子(丁耀亢号野鹤)所为寓言而心伤者哉?”丁耀亢“少负隽才，中更变乱，栖迟羁旅，时多激楚之音”。细读此剧，不难体味作者借“张良始终为韩”，曲曲表达对旧朝的眷恋，也委婉地为自己的改仕新朝作辩白。谓之“寓言”，谓之“心伤”，实为知音。

《赤松游》系据《史记》敷演张良遣力士行刺秦皇，辅佐刘邦建立汉朝，最后归隐山林的故事。韩国颍川人张良，在高士沧海君处偶识力士，结为兄弟。两人合谋椎杀秦皇。行刺时，力士误击副车。秦皇大索天下，张良投奔项伯。过圯桥，遇上仙赤松子所化之黄石老人，命张良纳履，以磨炼其心性，又授其素书三卷。后张良辅佐刘邦破咸阳灭秦，又击败西楚霸王项羽，建立汉朝，被封为留侯。后刘邦大杀功臣，张良遂携妇归隐谷城山，遵赤松子所嘱，往终南山学道，终于得道成仙。

《大索》一出，即写张良椎秦未遂，秦皇怒命天下大索十日，捕捉刺客。出人意料的是，原本来势汹汹的大索，竟出以滑稽的插科打诨，于是一场严肃的正剧被抹上了浓重的喜剧色彩。

《大索》分“接文书”、“出告示”、“乡村挨查”、“锁拿解部”四部分，关目紧凑，结构严整。

作者匠心别运，将大索的视角锁定于策划椎击秦皇的主角张良的故乡韩国颍川，使大索的表现更具有艺术的典型意义。而大索的主要人物，却是“自小曾充衙役”，“用钱钻干生员，又被宗师革退”，后“使了百金，买缺又取官利”的县官

胡图(谐音"糊涂")。此人无德无能,"平生识字不深,又好噇酒盹睡",凡事只靠"书办扶持",一心只想"挣的些大钱",是个十足的贪官污吏。作者将他定为丑角,奠定了这出戏的喜剧性。

剧中,差官携钦件文书而来,宣称"兵部紧急,奉旨钦供,立等回文",县官当即丑态百出,"作忙科","拆文胡哼介",急呼"请上差读与本官听者",听毕吓得"滚地",众人将他扶起,他又哭喊"我的皇天"、"我的亲娘"、"我的娇儿",惊恐万状,一副可怜虫模样。他惧怕"入官",甚至不惜取下官帽跪道:"这顶官帽儿我戴着甚不合时,就让与众位,不拘谁戴。"但当众衙役告知他"这钦件文书就是挣大钱、拿鹅头的名色"时,又立刻转悲为喜,"作喜跳科",改口道:"这顶纱帽,还是老爷暂戴一戴。"真是瞬息万变,洋相出尽。他大字不识,出告示须靠刑房执笔,便毕恭毕敬地请刑房登坐,自己情愿一旁磨墨侍候,为图"省事",甚至连花押都让刑房代劳,真是糊涂得可以。他无能之极,到乡村逐门挨查,只得依刑房眼色行事:"只看我咳嗽一声,老爷就点一点头,是该打的了。他若许了银子,我跌一跌脚,是该放的了。"更可笑的是,他竟会照刑房的意思,以拔胡须作后堂四六分银的凭据,于荒诞中毕现腐败、贪婪、无能的本性。他奉行"官刑打死不妨"的科条,连打油的铁锤、称肉的秤锤儿,都视作椎击皇帝的凶器,大肆勒索钱财。他如此"昧心取利",自以为得计,殊不料最后却被按院差官以"借拿奸细,索诈民财"的罪名"同衙役锁拿解部"。一场荒谬绝伦的闹剧,终于在观众的笑声中落幕。

清代著名戏曲理论家李渔曾说:"插科打诨,填词之末技也。然欲雅俗同欢,智愚共赏,则当全在此处留神。文字佳,情节佳,而科诨不佳,非特俗人怕看,即雅人韵士,亦有瞌睡之时。作传奇者,全要善驱睡魔。……若是,则科诨非科诨,乃看戏之人参汤也。养精益神,使之不倦,全在于此,可作小道观乎?"丁耀亢深谙个中三昧,懂得以嬉笑戏谑的喜剧手法,讽刺人生丑态,揭露社会黑暗。他借秦汉之际一个"昧心取利"的糊涂县官的荒诞表演,揭示封建时代官吏的腐恶,具有普遍意义。他用诙谐、嘲讽、夸张的笔调,描画封建社会贪官污吏的群丑图,令人发噱。难能可贵的是,不忘让人们在笑的同时,洞见大索之下大家小户普遍遭遇的灭顶之灾:不论是韩国丞相张府,还是开油店、肉铺的李家、王屠,"事关风影,都要上绳","排门连坐","不拘大家小家,看他有钱的,就说是窝盗通贼,监禁拷打",甚至"打死不妨",不禁令人对暴政深恶痛绝,而为受苦受难的百姓一洒同情之泪。这或者就是作者关注社会、关注人生、关注现实的独到之笔。这出戏的末尾,贪赃枉法的县官衙役终于被"锁拿解部",受到应有的惩罚,不免为封建统治者涂抹一层脂粉,但多少也折射出作者肃清吏治的政治理想。

此出戏以宾白胜，通俗、质朴、自然，人物口吻逼肖，性格如见：县官的愚昧无能，刑房的老奸巨猾，皂隶的有恃无恐，无不通过人物的宾白表现得栩栩如生，历历在目。清祁彪佳《远山堂曲品》说："说白极肖人物，亦是词场所难。"而丁耀亢的《大索》，正是在宾白上见出其驾驭语言的娴熟功力。（林　笛）

【戏曲家小传】

嵇永仁

(1637—1676)　字留山，又字匡侯，号抱犊山农。无锡（今属江苏）人。清诸生。尚气节，以经世之才自负。福建总督范承谟礼聘入幕，为掌书记。三藩之乱起，与范承谟同为耿精忠所执，系囚二年，其志不屈，常与承谟赋诗互励。承谟被杀，乃自经从死。工诗文，所作戏曲多寓身世之感，近代吴梅尝称赏其传奇《扬州梦》不犯枯寂之弊，故佳。另有传奇《双报应》及杂剧《续离骚》，今皆存。诗文有《抱犊山房集》。

扬　州　梦

嵇永仁

第十二出　授　计

（旦上）

【十二时】歌筵擎玉斝[①]，有一个情倾意惬。羡慕羁鸾，提携囚凤，未识何缘结就根芽。教我怎生放下。

奴家昨日侍宴之时，看见杜御史年少风流，人材潇洒，怪不得樊川乐府字字清新。后来见他向俺司徒问起奴家来，俺家司徒指点与他看，他就涎着脸儿竟要司徒将奴家赠与他。你想，赠妾之事乃豪杰所为，俺家司徒怎学得来？则辜负了杜御史一片痴心也！

【集贤宾】入牢笼娇鸾何处发？咫尺天涯，凭谁借杵把云英嫁[②]？甚歌喉贻误韶华。那人呵，诗句清佳，遮莫地逢场作耍。笑声哗，罗绮内别是一番牵挂。

俺想奴家是歌院女流，那杜御史何缘得知？想来定是韩歌娘见俺爱他乐府，故尔吐露形踪，致他如此颠狂。

【前腔】漏春风参详人面雅，俏深闺小字嗟呀。算来偷递昭君画[③]，认分明物色群娃。忒地材华，顺口的好诗吟下。没抓拿，

则梦境里与君酬话。(老旦上)

鸲鹆未知狂客醉,鹧鸪先让美人歌。妾身受了杜御史之托,不曾为他效力。昨日杜御史赴宴时节,硬向司徒要讨紫云为妾,岂不是书生孟浪么。俺却不知紫云心事如何,且去探听他一回,好回复杜御史也。(入见旦介)紫云,你歌舞之名倾动一时,以致才人妄想。老爷方才吩咐,此后凡有宴会,不着你出去承值。

【啼莺序】怕桃花扇底蜂闹衙[4],逗春怀一席搔爬。主人呵,锁断星桥[5],宾客也转回月驾。妾身好笑那杜御史,没来由酒后波查[6],空落得肝肠热挂。如今倒惹得老爷防闲了。禁仙葩,重施锦幄,不许隔墙夸。

(旦)歌娘,俺正要问你,那杜御史何由得知奴家?多管歌娘与他厮熟,说与他知道的。(老旦)你说得好笑,天下佳人才子,原是有数的。那小杜是有名才子,你也是有名佳人,两下自然闻名而知,那用妾身饶舌。

【前腔】尽人间浪子天上娃,选香名几片春花。弄毫便锦艳文江,倾国似翠环绣闼。意儿中想像窗纱,偏珍护千金重价。漫矜夸蓝田旧种[7],一对玉无瑕。

(旦)奴家那里算得佳人,枉费了才子们一片好心也。

【簇御林】可怜俺画堂下,舞袖窄,逐燕挨莺何日罢。拾才郎余唾也光华,则堕落污泥敢憔悴杀。判生差,瑶台七宝[8],谪贬了一枝花。

(老旦)俺想你受老爷眷恋,不比寻常,锦绣丛中尽堪度日,何须怨怅?

【前腔】你凌波袜[9],去巫庙峡,别馆高唐难挣扎[10]。搅风光歌舞自称佳,看若个乌云尚埋镜匣。叹蒹葭,前生倚玉[11],终久并头葩。

(旦)咳,歌娘与奴家相聚恁久,还不知俺的心事?难道奴家便老死在歌舞场中了?(泪介)

【御袍黄】衾裯事,勉共他。雨云踪[12],生强咱。追欢买笑居人下,抑郁得魂销化。苎萝折赠,尘埋浣纱[13]。天孙巧会,河空渡

楂[14]。把红颜抛掷风流价。泪如麻,歌筵舞席,怎跳出五侯家[15]!

(老旦)这等看来,你的心事妾身今日方知。但终身事大,决不可委之俗子。那杜御史既钟情于你,何不将终身托他?(旦)但侯门如海[16],从何处传消递息?(老旦)只要你心肯,杜御史那里,包管在我身上。(旦)悉凭歌娘便了。(老旦)这等我有一个计较在此,从今以后就要假装病态,见神见鬼,变做风魔一般[17],拖刀弄剑,使人不敢近身。那时我自暗通巫婆,叫他假托神言,要你躲避灾难。我自有个道理便了。

【前腔】无明夜,病势加。做风魔,情态差。妆神冒鬼生惊怕,暗地里藏奸诈。(旦)只怕奴家福薄,无缘到得樊川那边。(老旦)但要你依计而行,自然成就好事。有缘自会,知音漫夸。含情待诉,怀人未遐。那樊川乐府先做了渔郎驾。你且谢铅华,安排计策,好引出锦堂娃。

(旦)多谢歌娘费心,异日果然有些好处,自然不敢忘恩。

【尾声】(老旦)赚的个人儿惊怪煞,则病魔中有些生发。(旦)俺怕甚么捉鬼桃符来劈面打。

[集唐](旦)片云无意傍琴台,恐失佳期后命催。

(老旦)何事不归巫峡去[18],相期共斗管弦来。

〔注〕 ① 玉斝(jiǎ):一种玉制的饮酒器具,圆口,三足。 ②"凭谁"句:唐裴铏《传奇》载书生裴航在蓝桥驿遇云英,心生爱慕,欲娶之,求其祖母允婚。老祖母说如果裴航能弄到玉杵臼为她捣仙药,就将云英嫁给他。裴航果真取得玉杵臼,遂与云英成婚。后二人皆超为上仙。 ③ 昭君画:传汉元帝选宫女与匈奴和亲,先令画工为她们画像,再从中挑选。王昭君不愿贿赂画工,被故意画得不美,皇帝遂选她出塞和亲。临出发时才发现王昭君极美,但人选已无法更改。 ④ 蜂闹衙:蜂群簇拥着蜂王,如下级官员到上司的官署衙门排班参见,故称。 ⑤ 锁断星桥:唐苏味道《正月十五日夜》诗:"火树银花合,星桥铁锁开。" ⑥ 波查:生出是非。 ⑦ 蓝田:地名,即今陕西蓝田,以产美玉闻名。 ⑧ 瑶台:犹云仙人台。七宝:泛指多种宝物,如金、银、珠、玉、珊瑚、琥珀等。 ⑨ 凌波袜:三国魏曹植《洛神赋》:"凌波微步,罗袜生尘。" ⑩"去巫庙"二句:用战国楚宋玉《高唐赋序》梦游巫山与神女云雨交欢之典。 ⑪"叹蒹葭"二句:南朝宋刘义庆《世说新语·容止》:"魏明帝使后弟毛曾与夏侯玄共坐,时人谓之'蒹葭倚玉树'。"蒹葭,芦苇。 ⑫ 云雨踪:见注⑩。 ⑬"苎萝"二句:用春秋末越国美女西施在诸暨苎萝村溪边浣纱典。 ⑭"天孙"二句:用织女、牵牛(牛郎)七夕借鹊桥渡天河相会及有人乘槎入海至天河遇织女、牵牛(牛郎)典。天孙,即织女,为天帝孙女,故称。楂,即槎,筏子。 ⑮ 五侯:指汉时同时封侯的五人。汉成帝封舅父王谭等五人为平阿侯等,汉桓帝封宦者单超等五人为新丰侯等。后多泛指权贵之家。 ⑯ 侯门如海:唐崔郊《赠去婢》诗:"侯门一入深如

海，从此萧郎是路人。” ⑰ 风魔：发疯。⑱ 巫峡：见注⑩。

“十年一觉扬州梦，赢得青楼薄幸名”（《遗怀》），“春风十里扬州路，卷上珠帘总不如”（《赠别》其一），“多情却似总无情，唯觉尊前笑不成”（《赠别》其二），晚唐诗人杜牧写下的这些美妙诗句，既赞美了扬州之繁华，同时也透露出自己扬州十年的放浪生活。此后，不少的文人骚客一写到扬州，常常免不了拉杜樊川出来评说一番，这在唐代以降的诗词中并不鲜见。然而，演绎樊川扬州逸事的戏曲却不多，演绎得好的传奇更是凤毛麟角。清代嵇永仁的《扬州梦》，算得上是这凤毛麟角中之一种。

《扬州梦》共两卷，三十二出。故事本出《太平广记》卷二七三引《唐阙史》“杜牧”条。叙写了晚唐诗人杜牧在司徒李愿的家宴上，对歌妓紫云一往情深，遂向李愿索求紫云。李愿对此不置可否。韩歌娘设计，叫紫云假装疯癫，住到歌娘家中养病。后杜牧用车接紫云和韩歌娘同往湖州赴任。不久淮南节度使牛僧孺奉诏征魏博，以杜牧参赞军事。杜牧原先在湖州时，还与乡女绿叶有婚约，后绿叶被人卖到扬州沦落为娼。一日牛节度府中设宴，恰巧乐户以绿叶承应，杜牧一见情不自禁，偷偷到青楼与绿叶约会。牛僧孺闻知此事后，为绿叶脱籍，送其至参军府中与杜牧完婚。这里选的第十三出《授计》写的就是紫云和韩歌娘相互探明对方的真心后，韩歌娘授计让紫云装疯一事。

此出戏一开始，就通过旦的独白，交待了“授计”的缘由：“奴家昨日侍宴之时，看见杜御史年少风流，人材潇洒，怪不得樊川乐府字字清新。后来见他向俺司徒问起奴家来，俺家司徒指点与他看，他就涎着脸儿竟要司徒将奴家赠与他。你想，赠妾之事乃豪杰所为，俺家司徒怎学得来？则辜负了杜御史一片痴心也！”这段独白写出了紫云的心事：一是她心仪杜郎已久，二是她惊喜杜郎的直率，又担心杜郎只是“逢场作耍”，三是她内心希望与杜郎相会，又担心李司徒不同意。痴情与疑心交织之际，紫云想起自己一个歌女，杜御史怎会知道呢？“想来定是韩歌娘见俺爱他乐府，故尔吐露行踪，致他如此颠狂”，敏感痴情的少女就这样喜欢幻想着猜疑着。“那人呵诗句清佳，遮莫地逢场作耍”、“顺口的好诗吟下，没抓拿，则梦境里与君酬话”，前后两支【集贤宾】的这些唱辞，与旦的表面愠怒而内心欢喜的独白一起，表现了痴情少女特有的既高兴又担心，既兴奋又猜疑的心理。

正当紫云这边痴迷、猜疑、担心之时，韩歌娘这边也另怀心事。接下来老旦的出场独白和【啼莺序】唱辞，透露了韩歌娘受杜牧之托却不知道紫云真正想法的苦恼。对此，老到的韩歌娘巧用心计去试探紫云的内心世界：“紫云，你歌舞之名倾动一时，以致才人妄想。老爷方才吩咐，此后凡有宴会，不着你出去承值。”

这段话展示了一个有心计女子特有的手段：原本要探明紫云心迹，期望紫云答应，却先搬出老爷来吓唬一番。这种老谋深算、声东击西、一步步请君入瓮的做法，与紫云那种内心痴情却佯装娇愠的情态，形成了鲜明对比。在这一段戏中，韩歌娘以攻为守，先声夺人，占据主动。

"歌娘，俺正要问你，那杜御史何由得知奴家？多管歌娘与他厮熟，说与他知道的。"紫云佯装向韩歌娘"问罪"。但紫云的这些雕虫小技，自然难不倒老练的歌娘。韩歌娘巧嘴一张，一番赞美，把杜御史与紫云夸成"蓝田旧种一对玉无瑕"，并说："小杜是有名才子，你也是有名佳人，两下自然闻名而知，那用妾身饶舌。"巧妙一拨，即把紫云"问罪"的招数化解了。

如此一来一往，痴情少女当然不是老练歌娘对手，败下阵来："奴家那里算得上佳人，枉费了才子们一片好心也。"然而，对紫云的这番借自谦以明心迹的做法，韩歌娘仍然不依不饶，不断穷追猛打到底："俺想你受老爷眷恋，不比寻常，锦绣丛中尽堪度日，何须怨怅？"

对韩歌娘的追逼，紫云不得不去掉了少女的矜持，直接吐露心声："歌娘与奴家相聚恁久，还不知俺的心事？难道奴家便老死在歌舞场中了？"她喊出了一个敢于追求自由、追求爱情的女子的强烈愿望："歌筵舞席，怎跳出五侯家！"在明白了紫云的真实想法后，韩歌娘便开始"授计"："这等我有一个计较在此，从今以后就要假装病态，见神见鬼，变做风魔一般，掩刀弄剑，使人不敢近身。那时我自暗通巫婆，叫他假托神言，要你躲避灾难。我自有个道理便了。"后来，紫云依计而行，得在歌娘家中养病。韩歌娘从中穿针引线，最后成就了紫云和杜牧的好事。

《授计》一出的主要剧情，就是紫云和韩歌娘相互试探对方心事的过程。而两个女主人公形象，则在这相互试探的过程中，多层次地呈现出来：一个是初恋少女紫云，被杜御史的孟浪唤醒了春心，陷入了惊喜、相思、多疑的矛盾之中，心中既充满了希望，充满了幻想，又充满了怀疑，充满了感伤，这是典型的怀春少女心理。与紫云相对应的韩歌娘，则是一个成熟老练、工于心计的女子，在与紫云的相互试探中不露心迹，处处占据主动，任是一波三折起，从容稳坐钓鱼台，最后逼得紫云不得不直接坦露内心世界。

在中国古代如此众多的文人故事中，嵇永仁为什么偏偏选中人们较少演绎的杜牧扬州十年事呢？剧作家在《扬州梦》自题中这样说："传称杜牧刚直，有奇节，不为龊龊小谨，可知耽红昵绿，未必非英雄本色。牛僧孺相业，史所不满，余独爱其待杜一段。杜参军淮南时，牛廉知狭邪事情，条满巨簏，于杜入朝，畀簏赠之，其成就人如此，杜宁不心感乎？虞仲翔云：'得一人知己，可以无恨。'若牛可

谓知杜矣。"可知剧作家乃是感于牛僧孺的"知杜",故而以传奇演绎此事。《扬州梦》虽为嵇永仁年轻时所作,但嵇永仁之重相知、尚气节禀性,从中不难见出。后来嵇永仁为福建总督范承谟所重,延入幕府任掌书记。耿精忠有反迹,永仁为范承谟设计应付。耿精忠响应吴三桂反清,设宴召范、嵇二人囚之。下狱二年,嵇不为所动,常与范承谟烧炭画壁,作诗明志。后范承谟被害,嵇永仁亦自经身亡。嵇永仁对范承谟的"感知"如此,反过来不正说明他为何乐于演绎杜牧受知牛僧孺一事吗?

清人周亮工在为《扬州梦》所作引言中评云:"留山谱樊川事,本前闻而略示裁剪,遂如入山阴道,处处引人胜地。……留山此剧,丽复不滞,动复不轻,入元室矣,当自必传。余与留山交二十年,知留山以古今文字驰骋当世,而龙留心经世有用之学。乃郁不得志,至止酒罢剑,降笔为此等,以宣泄其无端之悲。"一个有如此经世抱负的才子,却只能借传奇以"宣泄其无端之悲",既是剧作家自身的悲剧,更是社会的悲剧,这就不难理解后来得到范承谟的相知和延请,嵇永仁竟如此感恩图报,甚至最后杀身成仁亦在所不辞了!

(农作丰)

【戏曲家小传】

洪 昇

(1645—1704) 字昉思,号稗畦,又号稗村、南屏樵者。钱塘(今浙江杭州)人。十岁从陆繁弨学诗文,十五岁从毛先舒学音韵。清康熙七年(1668)进京入国子监学。次年返乡,遭家难,此后多年与父母离居,穷困潦倒。三十岁又入京,献诗李天馥,得其赞赏。又受业于著名诗人王士禛。康熙十四年作《沉香亭》传奇演李白事;十八年改写为《舞霓裳》,写李泌辅肃宗中兴事;二十七年,又更定为《长生殿》,以其艺术之笔将李隆基和杨玉环的"钗盒情缘"理想化,以歌颂人间之至情。翌年,演此剧于北京寓所,名士多往观之。适值佟皇后丧期,为人所劾,被革去国子生籍。遂归里。后定居杭州,筑稗畦草堂,授徒十多人。四十三年,应江宁织造曹寅邀至江宁观演《长生殿》。返程中行经乌镇,与友人饮,酒醉失足堕水而死。工诗词,尤善作戏曲,精通音律,与作《桃花扇》传奇的孔尚任并称"南洪北孔",同为清前期最优秀的戏曲家。所作戏曲数量较多,但多亡佚。传世者除《长生殿》传奇外,尚有《四婵娟》杂剧。还曾为吕熊评点小说《女仙外史》。另有《啸月楼集》、《稗畦集》、《稗畦续集》,今存。今人辑有《洪昇集》。

长生殿　　洪昇

第二出　定　情

【大石引子东风第一枝】(生扮唐明皇引二内侍上)端冕中天，垂衣南面[①]，山河一统皇唐。层霄雨露回春，深宫草木齐芳。升平早奏，韶华好行乐何妨。愿此生终老温柔，白云不羡仙乡。

韶华入禁闱，宫树发春晖。天喜时相合，人和事不违。《九歌》扬政要[②]，《六舞》散朝衣[③]。别赏阳台乐，前旬暮雨飞[④]。朕乃大唐天宝皇帝是也。起自潜邸[⑤]，入缵皇图。任人不二，委姚、宋于朝堂[⑥]；从谏如流，列张、韩于省闼[⑦]。且喜塞外风清万里，民间粟贱三钱。真个太平致治，庶几贞观之年；刑措成风，不减汉文之世。近来机务余闲，寄情声色。昨见宫女杨玉环，德性温和，丰姿秀丽。卜兹吉日，册为贵妃。已曾传旨，在华清池赐浴，命永新、念奴伏侍更衣。即着高力士引来朝见，想必就到也。(丑扮高力士)(二宫女执扇引旦扮杨贵妃上)

【玉楼春】恩波自喜从天降，浴罢妆成趋彩仗。(宫女)六宫未见一时愁，齐立金阶偷眼望。(到介)

(丑进见生跪介)奴婢高力士见驾。册封贵妃杨氏，已到殿门候旨。(生)宣进来。(丑出介)万岁爷有旨，宣贵妃杨娘娘上殿！(旦进拜介)臣妾贵妃杨玉环见驾，愿吾皇万岁！(内侍)平身。(旦)臣妾寒门陋质，充选掖庭[⑧]，忽闻宠命之加，不胜陨越之惧。(生)妃子世胄名家，德容兼备。取供内职，深惬朕心。(旦)万岁！(丑)平身。(旦起介)(生)传旨排宴。(丑传介)(内奏乐)(旦送生酒)(宫女送旦酒)(生正坐)(旦傍坐介)

【大石过曲念奴娇序】(生)寰区万里，遍征求窈窕，谁堪领袖嫔嫱？佳丽今朝，天付与，端的绝世无双。思想。擅宠瑶宫，褒封玉册，三千粉黛总甘让。(合)惟愿取，恩情美满，地久天长。

【前腔换头】(旦)蒙奖。沉吟半晌，怕庸姿下体，不堪陪从椒房[⑨]。受宠承恩，一霎里身判人间天上。须仿。冯嫽当熊[⑩]，班姬辞辇[⑪]，永持彤管侍君傍[⑫]。(合)惟愿取，恩情美满，地久天长。

【前腔换头】(宫女)欢赏。借问从此宫中,阿谁第一?似赵家飞燕在昭阳[13]。宠爱处,应是一身承当。休让,金屋装成[14],玉楼歌彻,千秋万岁捧霞觞。(合)惟愿取,恩情美满,地久天长。

【前腔换头】(内侍)瞻仰。日绕龙鳞,云移雉尾,天颜有喜对新妆。频进酒,合殿春风飘香。堪赏。圆月摇金,余霞散绮,五云多处易昏黄。(合)惟愿取,恩情美满,地久天长。

(丑)月上了。启万岁爷撤宴。(生)朕与妃子同步阶前,玩月一回。(内作乐)(生携旦前立)(众退后齐立介)

【中吕过曲古轮台】(生)下金堂,笼灯就月细端相,庭花不及娇模样。轻偎低傍,这鬓影衣光,掩映出丰姿千状。(低笑向旦介)此夕欢娱,风清月朗,笑他梦雨暗高唐[15]。(旦)追游宴赏,幸从今得侍君王。瑶阶小立,春生天语,香萦仙仗,玉露冷沾裳。还凝望,重重金殿宿鸳鸯。

(生)掌灯往西宫去。(丑应介)(内侍、宫女各执灯引生、旦行介)(合)

【前腔换头】辉煌,簇拥银烛影千行。回看处珠箔斜开,银河微亮。复道回廊,到处有香尘飘飏。夜色如何?月高仙掌[16]。今宵占断好风光,红遮翠障,锦云中一对鸾凰。《琼花玉树》,《春江夜月》[17],声声齐唱,月影过宫墙。褰罗幌,好扶残醉入兰房。

(丑)启万岁爷,到西宫了。(生)内侍回避。(丑)春风开紫殿,(内侍)天乐下珠楼。(同下)

【余文】(生)花摇烛,月映窗,把良夜欢情细讲。(合)莫问他别院离宫玉漏长。(宫女与生、旦更衣)(暗下)(生、旦坐介)

(生)银烛回光散绮罗,(旦)御香深处奉恩多。(生)六宫此夜含颦望,(合)明日争传《得宝歌》[18]。(生)朕与妃子偕老之盟,今夕伊始。(袖出钗、盒介)特携得金钗、钿盒在此,与卿定情。

【越调近词绵搭絮】(生)这金钗钿盒百宝翠花攒。我紧护怀中,珍重奇擎有万般。今夜把这钗呵,与你助云盘,斜插双鸾。这盒呵,早晚深藏锦袖,密裹香纨。愿似他并翅交飞,牢扣同心结合欢。(付旦介)(旦接钗、盒谢介)

【前腔换头】谢金钗钿盒赐予奉君欢。只恐寒姿，消不得天家雨露团。(作背看介)恰偷观，凤翥龙蟠，爱杀这双头旖旎，两扇团圞。惟愿取情似坚金，钗不单分盒永完。

(生)胧明春月照花枝(元稹)，(旦)始是新承恩泽时(白居易)。

(生)长倚玉人心自醉(雍陶)，(合)年年岁岁乐于斯(赵彦昭)。

〔注〕 ① 南面：指帝王的统治。帝王居朝南而坐的尊位。 ② 九歌：上古时夏代的庙堂乐曲。 ③ 六舞：即《大武》，周武王的乐舞，凡六章。 ④“别赏”二句：战国楚宋玉《高唐赋序》："昔者先王(楚怀王)尝游高唐，怠而昼寝，梦见一妇人曰：'妾巫山之女也，……，愿荐枕席。'王因幸之。去而辞曰：'妾在巫山之阳、高丘之阻，旦为朝云，暮为行雨，朝朝暮暮，阳台之下。'" ⑤ 潜邸：登帝位之前的府第。按：唐玄宗为唐睿宗第三子，封平王，立为皇太子，先天元年(712)登基。 ⑥ 姚宋：姚崇、宋璟，唐开元年间的名相。 ⑦ 张韩：张说、韩休，也是唐开元间的贤相。 ⑧ 掖庭：妃嫔所居之处。 ⑨ 椒房：古时后妃所居多以椒和泥涂壁，取其温暖有香、多子。后因以"椒房"代指后妃之居。 ⑩ 冯嫕(nì)：汉元帝婕妤，有一次熊越笼而出，她恐帝被伤，乃以身蔽帝。 ⑪ 班姬：汉成帝婕妤，有一次帝欲载其同车而行，她婉拒，谓明君当近贤臣而远女色。 ⑫ 彤管：笔杆为红色的笔。古时后宫有女史执此记事。 ⑬ 赵家飞燕：赵飞燕，汉成帝皇后，深受帝之宠幸。昭阳：汉宫昭阳殿，后妃所居。《三辅黄图》："(汉)武帝时，后宫八区，有昭阳……等殿。" ⑭ 金屋：汉武帝小时候被姑母长公主抱在怀中问："儿欲得妇不?"他答："欲得妇。"长公主又指其女阿娇问他："阿娇好不?"他答道："好！若得阿娇作妇，当作金屋贮之也。"见旧题汉班固《汉武帝故事》。 ⑮"笑他"句：见注④。 ⑯ 仙掌：指汉武帝于建章宫神明台上造金铜仙人，掌托铜盘以承仙露，后因称金铜仙人之掌为"仙掌"。唐王维《和贾舍人早朝大明宫》诗："日色才临仙掌动，香烟欲傍衮龙浮。" ⑰"琼花"二句：琼花玉树，即《玉树后庭花》；春江夜月，即《春江花月夜》，南朝陈后主所制歌曲。 ⑱ 得宝歌：宋乐史《杨太真外传》："是夕(定情之夜)，……上喜甚，谓后宫人曰：'朕得杨贵妃，如得至宝也。'乃制曲子曰《得宝子》。"

《定情》是《长生殿》的第二出。而第一出《传概》是全剧的总纲，因此从剧情展开来说，《定情》实际上是全剧的开端。唐明皇李隆基与杨贵妃杨玉环的爱情故事，自白居易的《长恨歌》、陈鸿的《长恨歌传》以来，历代的小说、戏曲家以此为题材，创作了不少优秀作品。洪昇充分吸收了前人的成果，在《长生殿》中，以歌颂李、杨生死不渝的爱情为主线，以安史之乱为背景，给李、杨的爱情故事作了新的发展。

《定情》写杨玉环作为一名普通宫女被唐明皇选中，赐浴华清池，册封贵妃，并赠以金钗钿盒定情。这样，在戏的开端，就摒弃了杨玉环曾是寿王妃的前史以及小说家、戏曲家津津乐道的杨贵妃与安禄山有暧昧关系的"秽事"，将李、杨的爱情提纯，以表达"情之所钟，在帝王家罕有"，"专写钗合情缘"的爱情主题。

第一支曲【东风第一枝】不仅为唐明皇这个人物定下了基调：他曾是个开创“开元盛世”的有为之君，但如今成了“寄情声色”，“愿此生终老温柔”的昏聩之君；也为李、杨的爱情悲剧埋下了重要的伏笔：“寄情声色”是唐明皇一切行为的出发点，也是导致安史之乱和杨贵妃马嵬坡自缢的根源。

第二支曲【玉楼春】是写杨贵妃的心态。杨玉环从一个普通宫女被册封为贵妃，真可谓“喜从天降”，因此有一种“受宠若惊之感，不胜陨越之惧”，但“惧”是次要的，而“喜”才是主要的，尤其当“六宫未见一时愁，齐立金阶偷眼望”时，杨贵妃那种得意之态，窃喜之情，充分地流露出来了。首句“恩波自喜从天降”，“恩波”是由赐浴引起，而赐浴是杨妃承恩第一件事，从此写起，可见其针线之缜密。

下面四支【念奴娇序】由唐明皇、杨贵妃、宫女、内侍分唱，每支曲子后三句相同：“惟愿取，恩情美满，地久天长。”这是祝酒词，当然也是李、杨对爱情的期望。在近代昆剧演出中，只唱前二支，后二支删除不唱。而第一支【念奴娇序】，艺人们将唐明皇的独唱改为由台上所有演员一起合唱(称之为“同场曲”)。过去艺人们学唱昆曲时，首先学唱的就是这一类的同场曲，其中包括这一支“寰区万里”。当年昆剧传字辈艺术家学戏时唱过，后来上海戏校历届昆曲班开蒙时也都唱过此曲。因为此曲节奏缓慢，婉转动听，在南曲中极具代表性。

从【古轮台】到【余文】，这三支曲从赏月写到入西宫，进兰房，赐金钗钿盒，皆以“月”字映带贯串：正因为“笼灯就月”才能把杨妃的鬓影衣光，掩映得“丰姿千状”；正因为“风清月朗”，才有此夕欢娱胜过楚王梦游高唐之感。真可谓“月华写艳，梦雨翻新”，俱是绝妙好词。在近代艺人演出中，第一支【古轮台】由唐明皇唱一半，至“笑他梦雨暗高唐”止，下接第二支【古轮台】的后半支，即从“红遮翠障”起，同场合唱。在《集成曲谱》中，此出分为《定情》、《赐盒》两出。【余文】曲是《定情》的结束，而下面【绵搭絮】二曲则为《赐盒》出。

【余文】一曲中，唐明皇唱：“把良夜欢情细讲。”“细讲”二字下得极有韵致。试想若是莽男儿、急色鬼，草草成欢，岂不辜负了如此良夜，如此欢情。“细讲”除了两人相依相偎，卿卿我我，唧唧哝哝外，还包括唐明皇赐以金钗钿盒，以作定情之物的行动。金钗钿盒是贯串全剧的道具，其象征意义在于“惟愿取情似坚金，钗不单分盒永完”。整出戏的结尾落在金钗钿盒上，这也为唐明皇与杨贵妃的爱情定下了基调：他们的爱情是真挚的、细腻的，富于浪漫气息的，他们追求的是那种天长地久，永不变心，永不分离的理想爱情。因此，这出《定情》是塑造唐明皇、杨贵妃人物形象，表达全剧爱情主题的极为重要的起点。　（唐葆祥）

长 生 殿 洪 昇

第十九出 絮 阁

(丑上)自闭昭阳春复秋,罗衣湿尽泪还流。一种蛾眉明月夜,南宫歌舞北宫愁。咱家高力士,向年奉使闽粤,选得江妃进御,万岁爷十分宠幸。为她性爱梅花,赐号梅妃,宫中都称为梅娘娘。自从杨娘娘入侍之后,宠爱日夺,万岁爷竟将他迁置上阳宫东楼。昨夜忽然托疾,宿于翠华西阁,遣小黄门密召到来。戒饬宫人,不得传与杨娘娘知道。命咱在阁前看守,不许闲人擅进。此时天色黎明,恐要送梅娘娘回去,只索在此伺候咱。(虚下)(旦行上)

【北黄钟醉花阴】一夜无眠乱愁搅,未拔白潜踪来到[①]。往常见红日影弄花梢,软咍咍春睡难消,犹自压绣衾倒。今日呵,可甚的凤枕急忙抛,单则为那筹儿撇不掉。(丑一面暗上)

(望科)呀,远远来的,正是杨娘娘,莫非走漏了消息么?现今梅娘娘还在阁里,如何是好?(旦到科)(丑忙见科)奴婢高力士,叩见娘娘。(旦)万岁爷在那里?(丑)在阁中。(旦)还有何人在内?(丑)没有。(旦冷笑科)你开了阁门,待我进去看者。(丑慌科)娘娘且请暂坐。(旦坐科)(丑)奴婢启上娘娘,万岁爷昨日呵,

【南画眉序】只为政勤劳,偶尔违和厌烦扰。(旦)既是圣体违和,怎生在此驻宿?(丑)爱清幽西阁,暂息昏朝。(旦)在里面做甚么?(丑)偃龙床静养神疲,(旦)你在此何事?(丑)守玉户不容人到。(旦怒科)高力士,你待不容我进去么?(丑慌叩头科)娘娘息怒,只因亲奉君王命,量奴婢敢行违拗!

【北喜迁莺】(旦怒科)哇,休得把虚脾来掉,嘴喳喳弄鬼妆幺[②]。(丑)奴婢怎敢?(旦)焦也波焦,急的咱满心越恼。我晓得你今日呵,别有个人儿挂眼梢,倚着他宠势高,明欺我失恩人时衰运倒。(起科)也罢,我只得自把门敲。

(丑)娘娘请坐,待奴婢叫开门来。(做高叫科)杨娘娘来了,开了阁门者。(旦坐科)(生披衣引内侍上)(听科)

【南画眉序】何事语声高?蓦忽将人梦惊觉。(丑又叫科)杨娘娘在此,快些开门。(内侍)启万岁爷,杨娘娘到了。(生作呆科)呀,这春

光漏泄怎地开交？(内侍)这门还是开也不开？(生)慢着。(背科)且教梅妃在夹幕中暂躲片时罢。(急下)(内侍笑科)哎，万岁爷，万岁爷，笑黄金屋恁样藏娇[3]，怕葡萄架霎时推倒[4]。(生上作伏桌科)内侍，我着床傍枕佯推睡，你索把兽环开了。

(内侍)领旨。(作开门科)(旦直入见生科)妾闻陛下圣体违和，特来问安。(生)寡人偶然不快，未及进宫，何劳妃子清晨到此？(旦)陛下致疾之由，妾倒猜着几分了。(生笑科)妃子猜着何事来？(旦)

【北出队子】多则是相思萦绕，为着个意中人把心病挑。(生笑科)寡人除了妃子，还有甚意中人？(旦)妾想陛下向来钟爱，无过梅精。何不宣召他来，以慰圣情牵挂。(生惊科)呀，此女久置楼东，岂有复召之理！(旦)只怕悄东君偷泄小梅梢，单只待望着梅来把渴消。(生)寡人那有此意！(旦)既不沙[5]，怎得那一斛珍珠去慰寂寥！

(生)妃子休得多心。寡人昨夜呵，

【南滴溜子】偶只为微疴，暂思静悄。恁兰心蕙性，慢多度料，把人无端奚落。(作欠伸科)我神虚懒应酬，相逢话言少。请暂返香车，图个睡饱。

(旦作看科)呀，这御榻底下，不是一双凤舄么？(生急起作欲掩科)在那里？(怀中掉出翠钿科)(旦拾看科)呀，又是一朵翠钿！此皆妇人之物，陛下既然独寝，怎得有此？(生作羞科)好奇怪！这是那里来的？连寡人也不解。(旦)陛下怎么不解？(丑作急态)(一面背对内侍低科)呀，不好了，见了这翠钿、凤舄，杨娘娘必不干休。你每快送梅娘娘，悄从阁后破壁而出，回到楼东去罢。(内侍)晓得。(从生背后虚下)

【北刮地风】(旦)子这御榻森严宫禁遥，早难道有神女飞度中宵？则问这两般信物何人掉？(作将舄、钿掷地)(丑暗拾科)(旦)昨夜谁侍陛下寝来？可怎生般凤友鸾交，到日三竿犹不临朝？外人不知呵，都只说殢君王是我这庸姿劣貌，那知道恋欢娱别有个雨窟云巢！请陛下早出视朝，妾在此候驾回宫者。(生)寡人今日有疾，不能视朝。(旦)虽则是蝶梦余，鸳浪中，春情颠倒，困迷

离精神难打熬，怎负他凤墀前鹄立群僚！（旦作向前背立科）

（丑悄上与生耳语科）梅娘娘已去了，万岁爷请出朝罢。（生点头科）妃子劝寡人视朝，只索勉强出去。高力士，你在此送娘娘回宫者。（丑）领旨。（向内科）摆驾。（内应科）（生）风流惹下风流苦，不是风流总不知。（下）（旦坐科）高力士，你瞒着我做得好事！只问你这翠钿、凤舄，是那一个的？

【南滴滴金】（丑）告娘娘省可闲烦恼。奴婢看万岁爷与娘娘呵，百纵千随真是少。今日这翠钿、凤舄，莫说是梅亭旧日恩情好，就是六宫中新窈窕，娘娘呵，也只合佯装不晓。直恁破工夫多计较！不是奴婢擅敢多口，如今满朝臣宰，谁没有个大妻小妾，何况九重，容不得这宵！

【北四门子】（旦）呀，这非是衾裯不许他人抱，道的咱量似斗筲[⑥]！只怪他明来夜去装圈套，故将人瞒的牢。（丑）万岁爷瞒着娘娘，也不过怕娘娘着恼，非有他意。（旦）把似怕我焦，则休将彼邀。却怎的劣云头只思别岫飘？将他假做抛，暗又招，转关儿心肠难料。（作掩泪坐科）

（老旦上）清早起来，不见了娘娘，一定在这翠阁中，不免进去咱。（作进见旦科）呀，娘娘呵，

【南鲍老催】为何泪抛，无言独坐神暗消？（问丑科）高公公，是谁触着他情性娇？（丑低科）不要说起。（作暗出钿、舄与老旦看科）只为见了这两件东西，故此发恼。（老旦笑）（低问科）如今那人呢？（丑）早已去了。（老旦）万岁爷呢？（丑）出去御朝了。永新姐，你来得甚好，可劝娘娘回宫去罢。（老旦）晓得了。（回向旦科）娘娘，你慢将眉黛颦，啼痕渗，芳心恼。晨餐未进过清早，怎自将千金玉体轻伤了？请回宫去寻欢笑。

（内）驾到。（旦起立科）（生上）媚处娇何限，情深妒亦真。且将个中意，慰取眼前人。寡人图得半夜欢娱，反受十分烦恼。欲待呵叱他一番，又恐他反道我偏爱梅妃，只索忍耐些罢。高力士，杨娘娘在那里？（丑）还在阁中。（老旦、丑暗下）（生作见旦）（旦背立不语掩泣科）（生）呀，妃子，为何掩面不语？（旦不应科）（生笑科）妃子

休要烦恼，朕和你到华萼楼上看花去。

【北水仙子】(旦)问、问、问，问华萼娇，怕、怕、怕，怕不似楼东花更好。有、有、有，有梅枝儿曾占先春，又、又、又，又何用绿杨牵绕。(生)寡人一点真心，难道妃子还不晓得！(旦)请、请、请，请真心向故交，免、免、免，免人怨为妾情薄。(跪科)妾有下情，望陛下俯听。(生扶科)妃子有话，可起来说。(旦泣科)妾自知无状，谬窃宠恩。若不早自引退，诚恐谣诼日加，祸生不测，有累君德鲜终，益增罪戾。今幸天眷犹存，望赐斥放。陛下善视他人，勿以妾为念也。(泣拜科)拜、拜、拜，拜辞了往日君恩天样高。(出钗、盒科)这钗、盒是陛下定情时所赐，今日将来交还陛下。把、把、把，把深情密意从头缴。(生)这是怎么说？(旦)省、省、省，省可自承旧赐福难消。(旦悲咽)

(生扶起科)妃子何出此言，朕和你两人呵，

【南双声子】情双好，情双好，纵百岁犹嫌少。怎说到，怎说到，平白地分开了。总朕错，总朕错，请莫恼，请莫恼。(笑觑旦科)见了你这颦眉泪眼，越样生娇。

妃子可将钗、盒依旧收好。既是不耐看花，朕和你到西宫闲话去。

(旦)陛下诚不弃妾，妾复何言。(袖钗、盒福生科)

【北尾煞】领取钗盒再收好，度芙蓉帐暖今宵，重把那定情时心事表。(生携旦并下)

(丑复上)万岁爷同娘娘进宫去了。咱如今且把这翠钿、凤舄，送还梅娘娘去。

柳色参差映翠楼(司马札)，君王玉辇正淹留(钱起)。

岂知妃后多娇妒(段成式)，恼乱东风卒未休(罗隐)。

〔注〕 ① 拔白：指天亮。 ② 妆幺：也作装幺，装腔作势。 ③ 金屋：汉武帝小时候被姑母长公主抱在怀中问："儿欲得妇不？"他答："欲得妇。"长公主又指其女阿娇问他："阿娇好不？"他答道："好！若得阿娇作妇，当作金屋贮之也。"见旧题汉班固《汉武帝故事》。 ④"怕葡萄"句：推倒葡萄架，喻吃醋。因葡萄味酸，故云。 ⑤ 既不沙：若不然。 ⑥ 斗筲(shāo)：两种不大的容器，比喻气量狭小。

这出戏写杨贵妃闻说唐明皇复召梅妃，在翠华西阁宿夜，醋意大发。在宫女的劝阻下，强忍了一夜。第二天一早，她实在忍不下去，就带着宫女，提着灯笼，

来闯西阁，于是一场西阁争宠的矛盾冲突爆发了，而最终杨妃获得了全胜。

这出戏写的是梅、杨争宠，但作者的笔墨完全集中在杨妃身上，梅妃全用侧写，甚至她都没有出场。开始只是由高力士吊场，介绍了梅妃失宠，久置楼东，昨日万岁忽召梅妃，宿于翠华西阁。至于万岁为何密召梅妃，也不作说明，简略若此。后来阁门打开后，梅妃也未出场。先是唐明皇吩咐小内侍将梅妃藏起来，后由高力士吩咐内侍将梅妃从阁后破壁送出。唯一能够表明梅妃的存在的是梅妃所留一双凤舄和一朵翠钿。杨贵妃正是抓住了这两件信物大做文章。试想，如果让梅妃出场，与杨妃发生正面冲突，这与坊间的泼妇骂街，互相扭打，有何区别？

作者的高明之处，还在于将梅、杨争宠的矛盾，巧妙地转移到杨贵妃与唐明皇的正面冲突上来。在中国的古典戏曲中男女主人公很少有正面的冲突，往往此一折写男主人公，彼一出写女主人公，两条线平行发展，很少交叉，这样就很难在面对面的冲突中使人物的性格得到充分的展现。《絮阁》则不然，它将杨贵妃与唐明皇的矛盾冲突，经过前几出《傍讶》、《幸恩》、《献发》、《复召》的充分酝酿，在这里交叉起来，正面展开，成为全剧中最富戏剧性的折子之一。

第一支曲【醉花阴】是交代杨妃闯阁的原因。其实，万岁昨夜不回西宫，杨妃早就派宫女前去打听明白：原来万岁忽然想起梅妃，私封珍珠一斛去赐她，她不肯受，回献一诗，有"长门自是无梳洗，何必珍珠慰寂寥"之句，万岁看了大为感动，因此密召梅妃西阁幽会。当时，杨妃妒火中烧，就欲连夜闯阁，被身边的念奴、永新劝阻住了，但这一夜，杨妃怎能睡得安稳？"一夜无眠乱愁搅"，十分贴切地描绘出杨妃的心态和境况，所以她等不得天亮，就来闯阁。

杨贵妃与唐明皇冲突的第一回合是高力士在西阁门口挡驾。在这一回合中，杨妃不仅是主动出击，而且是气势汹汹，咄咄逼人。先是高力士见杨妃前来，知道不妙，想转身回避，杨妃眼快，将他喝住。当高力士谎称万岁身体欠佳，故而在此静养时，杨妃立刻将他的谎言揭穿。当高力士抬出万岁有旨，不准任何人进闯时，杨妃不予理会，撇开高力士，自己上前叫门。高力士眼看挡不住，只得高声向阁内通报。

第二回合是杨妃进了西阁，与唐明皇发生直接冲突。唐明皇在阁内听得高力士"杨娘娘来了"的通报，十分惊慌，吩咐内侍将梅妃藏在夹幕里，自己佯装生病。杨妃吸取了以前的教训，她曾因吃虢国夫人的醋，得罪了唐明皇，被逐出宫门；这次，她改变了策略，并不与唐明皇争吵，而是因着唐明皇的装病，半真半假、不冷不热地指出唐明皇患的多半是相思病，并直接挑明："陛下向来钟爱，无过梅

精，何不宣召她来，以慰圣情牵挂。”话说得大度漂亮，似乎她非但不吃醋，而且还为唐明皇着想，劝他复召梅妃。但她所用的“梅精”一词，仍充分流露出她的妒恨。唐明皇深知其意，但又没法发火，只得用“此女久置楼东，哪有复召之理”来辩解。杨妃立刻以“一斛珍珠慰寂寥”之事加以揭穿。唐明皇语塞。这一回合，唐明皇又输了。

第三回合是杨妃在御榻下找到了一双凤舄，唐明皇一慌，又从袖笼里落下一朵翠钿。这是确确实实的证据，但杨妃并没有借此发威撒泼，只是为自己抱屈：“都只说殢君王是我这庸姿劣貌。”并劝唐明皇赶快出视早朝。唐明皇正在犹豫时，高力士偷偷告诉他梅妃已送走。这下唐明皇放心了，乘机开溜。这个回合似乎并没有剑拔弩张，但唐明皇完全在杨妃的掌控之中，输得很彻底。

第四回合是唐明皇走后，杨贵妃一腔怒火冲着高力士尽情发泄。她用十分严厉的口气责问，更确切地说是审问高力士。高力士何等老练，他知道再隐瞒、抵赖已无济于事，干脆换个角度奉劝杨妃：“如今满朝臣宰，谁没有个大妻小妾，何况九重。”言下之意，就是劝杨妃不要闹得过分，不要让万岁恼羞成怒，以至重蹈被逐出宫门的覆辙。这个道理，杨妃也清楚得很，只是感情上接受不了，忍耐不住而已，如今经高力士提醒，赶快顺势落篷，推说自己不是气量小，只是为万岁瞒着自己而生气。这就是说，她已接受了高力士的劝说，不再追究此事了。就这场冲突来说，这是一个转折点，一个跌宕，代表唐明皇意志的高力士是胜利者。

第五回合是唐明皇朝罢归来。这次唐明皇采取主动，他有意避开刚才发生之事，嘻嘻哈哈地邀请杨妃到花萼楼观花。杨妃何等聪慧，见唐明皇的态度，知道事情正向着自己有利的方面转变，但要取得最后胜利，还缺一把柴火。于是，她使出了“以退为进”招数，反向唐明皇认错，说“自知无状，谬窃宠恩”，希望将她斥放，并归还定情之物金钗钿盒。这一下，唐明皇可没想到，弄得手足无措。但就是这把火，逼得唐明皇放下了君王的架子，诚恳地向杨妃认错，二人遂和好如初。从后来的情况看，唐明皇此后再也没有移情别恋，杨贵妃完全达到了她的目的，取得了彻底的胜利。

短短一出《絮阁》，由于矛盾集中，冲突尖锐，层层推进，将杨贵妃、唐明皇、高力士三个人物的性格，刻画得十分鲜明生动。【水仙子】一曲是全出的高潮，曲中有许多夹白，与唱腔融为一体，不仅增加了曲牌的容量，而且对于理解曲文，刻画人物都是不可或缺的有机组成部分。这也是明清传奇的一个特点，相对于元杂剧来说，是一大发展。

（唐葆祥）

长生殿　　洪昇

第二十四出　惊　变

(丑上)玉楼天半起笙歌，风送宫嫔笑语和。月殿影开闻夜漏，水晶帘卷近秋河。咱家高力士，奉万岁爷之命，着咱在御花园中安排小宴，要与贵妃娘娘同来游赏，只得在此伺候。(生、旦乘辇)(老旦、贴随后)(二内侍引行上)

【北中吕粉蝶儿】天淡云闲，列长空数行新雁。御园中秋色斓斑：柳添黄，蘋减绿，红莲脱瓣。一抹雕阑，喷清香桂花初绽。

(到介)(丑)请万岁爷娘娘下辇。(生、旦下辇介)(丑同内侍暗下)(生)妃子，朕与你散步一回者。(旦)陛下请。(生携旦手介)

【南泣颜回】(旦)携手向花间，暂把幽怀同散。凉生亭下，风荷映水翩翻。爱桐阴静悄，碧沉沉并绕回廊看。恋香巢秋燕依人，睡银塘鸳鸯蘸眼。

(生)高力士，将酒过来，朕与娘娘小饮数杯。(丑)宴已排在亭上，请万岁爷娘娘上宴。(旦作把盏)(生止住介)妃子坐了。

【北石榴花】不劳你玉纤纤高捧礼仪烦，子待借小饮对眉山①。俺与你浅斟低唱互更番，三杯两盏，遣兴消闲。妃子，今日虽是小宴，倒也清雅。回避了御厨中，回避了御厨中烹龙炰凤堆盘案，咿咿哑哑乐声催攒。只几味脆生生，只几味脆生生蔬和果清肴馔，雅称你仙肌玉骨美人餐。

妃子，朕与你清游小饮，那些梨园旧曲，都不耐烦听他。记得那年在沉香亭上赏牡丹，召翰林李白草《清平调》三章，令李龟年度成新谱，其词甚佳。不知妃子还记得么？(旦)妾还记得。(生)妃子可为朕歌之，朕当亲倚玉笛以和。(旦)领旨。(老旦进玉笛)(生吹介)(旦按板介)

【南泣颜回换头】花繁，秾艳想容颜。云想衣裳光璨，新妆谁似？可怜飞燕娇懒。名花国色，笑微微常得君王看。向春风解释春愁，沉香亭同倚阑干。

(生)妙哉！李白锦心，妃子绣口，真双绝矣！宫娥，取巨觞来，朕与妃子对饮。(老旦、贴送酒介)

【北斗鹌鹑】(生)畅好是喜孜孜驻拍停歌,喜孜孜驻拍停歌,笑吟吟传杯送盏。妃子干一杯,(作照干介)不须他絮烦烦射覆藏钩[②],闹纷纷弹丝弄板。(又作照杯介)妃子,再干一杯。(旦)妾不能饮了。(生)宫娥每,跪劝。(老旦、贴)领旨。(跪旦介)娘娘,请上这一杯。(旦勉饮介)(老旦、贴作连劝介)(生)我这里无语持觞仔细看,早子见花一朵上腮间。(旦作醉介)妾真醉矣。(生)一会价软咍咍柳亸花欹,软咍咍柳亸花欹,困腾腾莺娇燕懒。

妃子醉了,宫娥每,扶娘娘上辇进宫去者。(老旦、贴)领旨。(作扶旦起介)(旦作醉态呼介)万岁!(老旦、贴扶旦行)(旦作醉态介)

【南扑灯蛾】态恹恹轻云软四肢,影濛濛空花乱双眼。娇怯怯柳腰扶难起,困沉沉强抬娇腕。软设设金莲倒褪,乱松松香肩亸云鬟。美甘甘思寻凤枕,步迟迟,倩宫娥搀入绣帏间。(老旦、贴扶旦下)(丑同内侍暗上)(内击鼓介)

(生惊介)何处鼓声骤发?(副净急上)渔阳鼙鼓动地来,惊破《霓裳羽衣曲》。(问丑介)万岁爷在那里?(丑)在御花园内。(副净)军情紧急,不免径入。(进见介)陛下,不好了。安禄山起兵造反,杀过潼关,不日就到长安了。(生大惊介)守关将士何在?(副净)哥舒翰兵败,已降贼了。

【北上小楼】(生)呀,你道失机的哥舒翰,称兵的安禄山。赤紧的离了渔阳,陷了东京,破了潼关。唬得人胆战心摇,唬得人胆战心摇,肠慌腹热,魂飞魄散,早惊破月明花粲。

卿有何策,可退贼兵?(副净)当日臣曾再三启奏,禄山必反,陛下不听,今日果应臣言。事起仓卒,怎生抵敌?不若权时幸蜀,以待天下勤王。(生)依卿所奏。快传旨,诸王百官,即时随驾幸蜀便了。(副净)领旨。(急下)(生)高力士,快些整备军马。传旨令右龙武将军陈元礼,统领羽林军士三千,扈驾前行。(丑)领旨。(下)(内侍)请万岁爷回宫。(生转行叹介)唉,正尔欢娱,不想忽有此变,怎生是了也!

【南扑灯蛾】稳稳的宫庭宴安,扰扰的边廷造反。鼕鼕的鼙鼓喧,腾腾的烽火黫[③]。的溜扑碌臣民儿逃散,黑漫漫乾坤覆翻,磣磕磕社稷摧残[④],磣磕磕社稷摧残。当不得萧萧飒飒西风送

晚，黯黯的，一轮落日冷长安。

(向内问介)宫娥每，杨娘娘可曾安寝？(老旦、贴内应介)已睡熟了。(生)不要惊他，且待明早五鼓同行。(泣介)天那，寡人不幸，遭此播迁，累他玉貌花容，驱驰道路。好不痛心也！

【南尾声】在深宫兀自娇慵惯，怎样支吾蜀道难[5]！(哭介)我那妃子呵，愁杀你玉软花柔要将途路趱。

宫殿参差落照间(卢纶)，渔阳烽火照函关[6](吴融)。

遏云声绝悲风起(胡曾)，何处黄云是陇山[7](武元衡)。

〔注〕 ① 眉山：旧题汉刘歆《西京杂记》："(卓)文君姣好，眉色如望远山，脸际常若芙蓉。"后因以"眉山"喻女子之秀眉。此处"对眉山"兼有举案齐眉之意。 ② 射覆藏钩：射覆，行猜谜的酒令。藏钩，古代的一种游戏。 ③ 磣(cǎn)磕磕：犹言惨切切。磣，借作惨。磕磕，助词，无义。 ④ 支吾：应付。 ⑤ 函关：即函谷关，在今河南灵宝东北，战国秦置，为古代著名的险关。此当为泛指。 ⑥ 遏云：指歌声。《列子·汤问》："薛谭学讴于秦青，未穷青之技，自谓尽之，遂辞归。秦青弗止，饯于郊衢，抚节悲歌，声振林木，响遏行云。薛谭乃谢求反，终身不敢言归。" ⑦ 陇山：六盘山南段的别称，在今陕西陇县西南，延伸于陕西、甘肃之边，为渭河平原与陇西高原的分界。

惊变是《长生殿》传奇的第二十四出。唐玄宗和杨贵妃在御花园中尽情游乐，小宴遣兴，顷刻杨妃酒醉。此时忽报安禄山造反、哥舒翰投降，长安危在旦夕。玄宗仓皇间听从杨国忠奏请，急拟离宫出奔。

昆曲演唱此出，将前半场自【粉蝶儿】至【扑灯蛾】的戏称为《小宴》，而将后半场称为《惊变》。《小宴》可单独演出，但演《惊变》者必先演《小宴》。

这一出戏可以说是《长生殿》的分水岭，此前的戏表现"乐极"，此后的戏则表现"哀来"。洪昇在《长生殿》的自序中曾云："乐极哀来，垂戒来世，意即寓焉。"这一出戏的本身亦正好写出了"乐极哀来"的巨变。前半场写尽帝妃的纵情享乐，后半场则写出乐极生悲，祸败随之。

起首唐玄宗唱北曲【粉蝶儿】："天淡云闲，列长空数行新雁。御园中秋色斓斑。柳添黄，蘋减绿，红莲脱瓣。一抹雕阑，喷清香桂花初绽。"此曲写得美景如画，色香迷人。昆曲唱此曲，闲雅从容，节奏悠扬。故而此曲成了昆曲冠生的名曲，亦成了学唱昆曲的著名的开蒙之曲。

在这一种清秋的优雅氛围中，作为深谙艺术之道的帝王唐玄宗与歌舞艺术家杨玉环单独对饮，自然会生发出优雅的情趣，而对浓艳的宫廷俗气生厌。玄宗说要"回避了御厨中烹龙炰凤堆盘菜"，"只几味脆生生蔬和果清肴馔"。而且不

耐烦听那些梨园旧曲，而要贵妃唱李白的《清平调》三章，玄宗吹玉笛伴歌。

李白作《清平调》的故事，见载于多种野史小说。晚唐李濬《松窗杂录》云："开元中，禁中初重木芍药，即今牡丹也。……会花方繁开，……李龟年以歌擅一时之名，手捧檀板，押众乐前欲歌之。上曰：'赏名花，对妃子，焉用旧乐词为？'遂命龟年持金花笺宣赐翰林学士李白，进《清平调》词三章。白欣承诏旨，犹苦宿酲未解，因援笔赋之。……龟年遽以词进，上命梨园弟子约略调抚丝竹，遂促龟年以歌。太真妃持颇黎七宝杯，酌西凉州蒲萄酒，笑领意甚厚。上因调玉笛以倚曲，每曲遍将换，则迟其声以媚之。"《长生殿》所写的今日情境，颇似当年旧景，故而玄宗云："记得那年在沉香亭上赏牡丹，召翰林李白草《清平调》三章，令李龟年度成新谱，其词甚佳。不知妃子还记得么？"

李白的《清平调》三章，其一是："云想衣裳花想容，春风拂槛露华浓。若非群玉山头见，会向瑶台月下逢。"其二是："一枝红艳露凝香，云雨巫山枉断肠。借问汉宫谁得似？可怜飞燕倚新妆。"其三是："名花倾国两相欢，长得君王带笑看。解释春风无限恨，沉香亭北倚阑干。"如果在《惊变》出中，贵妃就这样唱了三段词，一则可能太长，二则不合曲律。故而洪昇浓缩了三首诗的句意，由杨贵妃以一支南曲【泣颜回】唱出，其曲云："花繁，秾艳想容颜。云想衣裳光璨，新妆谁似？可怜飞燕娇懒。名花国色，笑微微常得君王看。向春风解释春愁，沉香亭同倚阑干。"玄宗听唱后赞道："妙哉！李白锦心，妃子绣口，真双绝矣！"

接着便是帝妃对饮与贵妃酒醉。贵妃醉态，先是由玄宗的【北斗鹌鹑】唱出："我这里无语持觞仔细看，早子见花一朵上腮间。一会价软咍咍柳亸花欹，软咍咍柳亸花欹，困腾腾莺娇燕懒。"再是由贵妃的【南扑灯蛾】唱出："态恹恹轻云软四肢，影濛濛空花乱双眼。娇怯怯柳腰扶难起，困沉沉强抬娇腕。软设设金莲倒褪，乱松松香肩亸云鬟。美甘甘思寻凤枕，步迟迟，倩宫娥搀入绣帏间。"叠字复词，曲尽其态，亦极写帝妃间"逞侈心而穷人欲"。于以下之"惊变"，既作铺垫，又成对比。

贵妃刚"下台"，便有鼓声突起，"渔阳鼙鼓动地来，惊破《霓裳羽衣曲》"。于是杨国忠"登台"，报告"安禄山起兵造反，杀过潼关"，"哥舒翰兵败，已降贼了"。历史上一场惊天动地的大事变，在此处只在三言两语中便交代过去了。一个世纪后，曾协助林则徐禁烟抗英的戏曲家梁廷枏对洪昇的这种写法不理解，他说："《长生殿》《惊变》折，于深宫欢燕之时，突作国忠直入，草草数语，便尔启行，事虽急遽，断不至是。"(《藤花亭曲话》)其实，梁廷枏只知其一，不知其二，因为舞台上之详略，与世事之轻重缓急并无直接关系。《长生殿》着重在写李、杨之情缘，世

事变故只是背景而已。洪昇能以寥寥数语即交代了剧情之大转折，正显示了他“举重若轻”的大手笔。此处亦充分体现了中国艺术“虚实相生”，中国戏曲“时空自由”的特色。

此后唐玄宗一曲【北上小楼】，尽现其惊惶失措，说明他晚年在政事上的无能。又一曲【南扑灯蛾】唱出了臣民逃散、乾坤翻覆的战乱惨象。其末云：“当不得萧萧飒飒西风送晚，黯黯的，一轮落日冷长安。”这时的秋景，与开首时的“天淡云闲”，形成了鲜明的对照。洪昇友人吴舒凫在《长生殿》的眉批中说：“从前宴赏，无非华筵丽景；此折花园小宴，后曲所叙，皆一派萧疏秋色。‘密誓’已动忧端，‘惊变’动于哀飒矣。”其言深中肯綮。

（叶长海）

长生殿　洪昇

第二十五出　埋玉

（末扮陈元礼引军士上）

【南吕过曲金钱花】拥旄仗钺前驱，前驱。羽林拥卫銮舆，銮舆。匆匆避贼就征途。人跋涉，路崎岖。知何日，到成都？

下官右龙武将军陈元礼是也。因禄山造反，破了潼关，圣上避兵幸蜀，命俺统领禁军扈驾。行了一程，早到马嵬驿了[①]。（内鼓噪介）（末）众军为何呐喊？（内）禄山造反，圣驾播迁，都是杨国忠弄权，激成变乱。若不斩此贼臣，我等死不扈驾。（末）众军不必鼓噪，暂且安营。待我奏过圣上，自有定夺。（内应介）（末引军重唱“人跋涉”四句下）（生同旦骑马引老旦、贴、丑行上）

【中吕过曲粉孩儿】匆匆的弃宫闱珠泪洒，叹清清冷冷半张銮驾，望成都直在天一涯。渐行来渐远京华，五六搭剩水残山，两三间空舍崩瓦。

（丑）来此已是马嵬驿了，请万岁爷暂住銮驾。（生、旦下马）（作进坐介）（生）寡人不道，误宠逆臣，致此播迁，悔之无及！妃子，只是累你劳顿，如之奈何！（旦）臣妾自应随驾，焉敢辞劳。只愿早早破贼，大驾还都便好。（内又喊介）杨国忠专权误国，今又交通吐蕃，我等誓不与此贼俱生。要杀杨国忠的，快随我等前去！（杂扮四军提刀赶副净上）（绕场奔介）（军作杀副净）（呐喊下）（生惊介）高力士，外面为何喧嚷？快宣陈元礼进来。（丑）领旨。（宣介）（末上见

介)臣陈元礼见驾。(生)众军为何呐喊?(末)臣启陛下:杨国忠专权召乱,又与吐蕃私通,激怒六军,竟将国忠杀死了。(生作惊介)呀,有这等事!(旦作背掩泪介)(生沉吟介)这也罢了,传旨起驾。(末出传旨介)圣旨道来,赦汝等擅杀之罪。作速起行。(内又喊介)国忠虽诛,贵妃尚在。不杀贵妃,誓不扈驾。(末见生介)众军道国忠虽诛,贵妃尚在,不肯起行。望陛下割恩正法。(生作大惊介)哎呀,这话如何说起!(旦慌牵生衣介)(生)将军,

【红芍药】国忠纵有罪当加,现如今已被劫杀。妃子在深宫自随驾,有何干六军疑讶?(末)圣谕极明,只是军心已变,如之奈何!(生)卿家,作速晓谕他,恁狂言没些高下。(内又喊介)(末)陛下呵,听军中恁地喧哗,教微臣怎生弹压!

(旦哭介)陛下呵,

【要孩儿】事出非常堪惊诧。已痛兄遭戮,奈臣妾又受波查[②]。是前生事已定,薄命应折罚。望吾皇急切抛奴罢,只一句伤心话。

(生)妃子且自消停。(内又喊介)不杀贵妃,死不扈驾。(末)臣启陛下:贵妃虽则无罪,国忠实其亲兄,今在陛下左右,军心不安。若军心安,则陛下安矣。愿乞三思。(生沉吟介)

【会河阳】无语沉吟,意如乱麻。(旦牵生衣哭介)痛生生怎地舍官家[③]!(合)可怜一对鸳鸯,风吹浪打,直恁的遭强霸。(内又喊介)(旦哭介)众军逼得我心惊唬,(生作呆想)(忽抱旦哭介)贵妃好教我难禁架!(众军呐喊上)(绕场、围驿下)

(丑)万岁爷,外厢军士已把驿亭围了。若再迟延,恐有他变,怎么处?(生)陈元礼,你快去安抚三军,朕自有道理!(末)领旨。(下)(生、旦抱哭介)

【缕缕金】(旦)魂飞颤,泪交加。(生)堂堂天子贵,不及莫愁家[④]。(合哭介)难道把恩和义,霎时抛下?(旦跪介)臣妾受皇上深恩,杀身难报。今事势危急,望赐自尽,以定军心。陛下得安稳至蜀,妾虽死犹生也。算将来无计解军哗,残生愿甘罢,残生愿甘罢!(哭倒生怀介)

(生)妃子说那里话!你若捐生,朕虽有九重之尊,四海之富,要他

埋玉

则甚！宁可国破家亡，决不肯抛舍你也！

【摊破地锦花】任谨哗，我一谜妆聋哑，总是朕差。现放着一朵娇花，怎忍见风雨摧残，断送天涯？若是再禁加，拚代你陨黄沙。

(旦)陛下虽则恩深，但事已至此，无路求生。若再留恋，倘玉石俱焚，益增妾罪。望陛下舍妾之身，以保宗社[5]。(丑作掩泪跪介)娘娘既慷慨捐生，望万岁爷以社稷为重，勉强割恩罢。(内又喊介)(生顿足哭介)罢罢！妃子既执意如此，朕也做不得主了。高力士，只得但、但凭娘娘罢！(作哽咽掩面哭下)(旦朝上拜介)万岁！(作哭倒介)(丑向内介)众军听着，万岁爷已有旨，赐杨娘娘自尽了。(众内呼介)万岁，万岁，万万岁！(丑扶旦起介)娘娘，请到后边去。(扶旦行介)(旦哭介)

【哭相思】百年离别在须臾，一代红颜为君尽！(转作到介)

(丑)这里有座佛堂在此。(旦作进介)且住，待我礼拜佛爷。(拜介)佛爷，佛爷！念杨玉环呵，

【越恁好】罪孽深重，罪孽深重，望我佛度脱咱。(丑拜介)愿娘娘好处生天。(旦起哭介)(丑跪哭介)娘娘，有甚话儿，分付奴婢几句。(旦)高力士，圣上春秋已高，我死之后，只有你是旧人，能体圣意，须索小心奉侍。再为我转奏圣上，今后休要念我了。(丑哭应介)奴婢晓得。(旦)高力士，我还有一言。(作除钗、出盒介)这金钗一对，钿盒一枚，是圣上定情所赐。你可将来与我殉葬，万万不可遗忘。(丑接钗盒介)奴婢晓得。(旦哭介)断肠痛杀，说不尽恨如麻。(末领军拥上)杨妃既奉旨赐死，何得停留，稽迟圣驾。(军呐喊介)(丑向前拦介)众军士不得近前，杨娘娘即刻归天了。(旦)唉，陈元礼，陈元礼，你兵威不向逆寇加，逼奴自杀。(军又喊介)(丑)不好了，军士每拥进来了。(旦看介)唉，罢、罢，这一株梨树，是我杨玉环结果之处了。(作腰间解出白练)(拜介)臣妾杨玉环，叩谢圣恩。从今再不得相见了。(丑泣介)(旦作哭缢介)我那圣上呵，我一命儿便死在黄泉下，一灵儿只傍着黄旗下。(做缢死下)

(末)杨妃已死，众军速退。(众应同下)(丑哭介)我那娘娘呵！(下)(生上)六军不发无奈何，宛转蛾眉马前死。(丑持白练上，见

生介)启万岁爷,杨娘娘归天了。(生作呆不应介)(丑又启介)杨娘娘归天了,自缢的白练在此。(生看大哭介)哎哟,妃子,妃子,兀的不痛杀寡人也!(倒介)(丑扶介)(生哭介)

【红绣鞋】当年貌比桃花,桃花。(丑)今朝命绝梨花,梨花。(出钗盒介)这金钗、钿盒,是娘娘分付殉葬的。(生看钗盒哭介)这钗和盒,是祸根芽。长生殿,恁欢洽。马嵬驿,恁收煞!

(丑)仓卒之间,怎生整备棺椁?(生)也罢,权将锦褥包裹。须要埋好记明,以待日后改葬。这钗盒就系娘娘衣上罢。(丑)领旨。(下)(生哭介)

【尾声】温香艳玉须臾化,今世今生怎见他!(末上跪介)请陛下起驾。(生顿足恨介)咳,我便不去西川也值甚么!(内呐喊掌号)(众军上)(丑暗上引生上马行介)

【仙吕入双调过曲朝元令】(合)长空雾黏,旌旆寒风飐。长征路淹,队仗黄尘染。谁料君臣,共尝危险。恨贼寇横兴逆焰,烽火相兼,何时得将豺虎歼?遥望蜀山尖,回将凤阙瞻⑥。浮云数点,咫尺把长安遮掩,长安遮掩。

翠华西拂蜀云飞⑦(章碣),天地尘昏九鼎危⑧(吴融)。

蝉鬓不随銮驾去(高骈),空惊鸳鹭忽相随(钱起)。

〔注〕 ① 马嵬驿:在今陕西兴平西,相传晋人马嵬于此筑城,故名。 ② 波查:折磨。③ 官家:指唐玄宗。 ④ 莫愁:一为石城(今湖北钟祥)女子,《乐府诗集》收古乐府《莫愁乐》,其辞云:"莫愁在何处?莫愁石城西。艇子打两桨,催送莫愁来。"一为洛阳女子,梁武帝《河中之水歌》云:"河中之水向东流,洛阳女儿名莫愁。十五嫁为卢家妇,十六生儿字阿侯。"此处化用唐李商隐《马嵬》诗:"如何四纪为天子,不及卢家有莫愁"诗意。 ⑤ 宗社:宗庙与社稷,是国家的象征。 ⑥ 凤阙:汉代宫阙名。《史记·孝武本纪》:"其东则凤阙,高二十余丈。"司马贞索隐引《三辅故事》:"北有圜阙,高二十丈,上有铜凤皇,故曰凤阙。"后多代指皇宫。 ⑦ 翠华:帝王仪仗中所用装饰翠鸟羽毛的旗帜。 ⑧ 九鼎:相传夏代大禹铸九鼎以象九州,下传商、周,为镇国之宝。后多以之代指国家。

《长生殿》所描述的唐明皇与杨贵妃的故事,其历史背景是安史之乱。有的封建史家把安史之乱归罪于杨贵妃的"女祸"。如《新唐书》有云:"呜呼,女子之祸于人者甚矣。自高祖至于中宗数十年间再罹女祸,唐祚既绝而复续。中宗不免其身,韦氏遂以灭族。玄宗亲平其乱,可以鉴矣,而又败以女子。"但洪昇并不这样看。他认为当时之"乐极哀来",乃是统治集团"逞侈心而穷人欲"之故。因

而该剧中削尽“史家秽语”，对于各种杂记，“若一涉秽迹”，“绝不阑入”。作者抱定一个宗旨：“专写钗合情缘。”（见《长生殿》之自序及例言）

剧本以许多专场浓墨谱写李、杨之间的“情缘”，直至《埋玉》出中的杨贵妃之死。这继承了白居易《长恨歌》的精神。《长恨歌》云：“六军不发无奈何，宛转蛾眉马前死”，“君王掩面救不得，回看血泪相和流”。白居易写出了一个凄美的故事，并不多加议论，写到杨妃之死，不免有几分怜惜。

元代白朴对李、杨故事似乎情有独钟，曾作《唐明皇秋夜梧桐雨》和《唐明皇游月宫》两种杂剧，现存的《梧桐雨》堪称元杂剧中的佳构。杨贵妃之死是这部杂剧的核心事件。杂剧中有一段唐玄宗的唱：“【搅筝琶】高力士道与陈玄礼休没高下，岂可教妃子受刑罚？他见请受着皇后中宫，兼踏着寡人御榻。他又无罪过，颇贤达。须不似周褒姒举火取笑，纣妲己敲胫觑人，早间把他个哥哥坏了。总便有万千不是，看寡人也合饶过他。一地胡拿！”这是唐玄宗对杨贵妃的庇护之词，实则也隐含着作者的同情。杂剧中杨妃死前与玄宗有一小段对话：“（旦云）妾死不足惜，但主上之恩，不曾报得。数年恩爱，教妾怎生割舍？（正末云）妃子，不济事了。六军心变，寡人自不能保。（陈玄礼云）愿陛下早割恩正法。（旦云）陛下，怎生救妾身一救？（正末云）寡人怎生是好？”这里写出了杨贵妃对生命的留恋以及唐玄宗在事变中的无能。

《长生殿》的《埋玉》则把这瞬间的故事敷演成一出精彩的戏。先是唐玄宗亦有一段【红芍药】曲为贵妃辩护，这段唱与《梧桐雨》中的【搅筝琶】略似，如云：“国忠纵有罪当加，现如今已被劫杀。妃子在深宫自随驾，有何干六军疑讶？”而描写杨贵妃临死前的表现，则比《梧桐雨》大为感人。此时杨玉环已不是哀求玄宗“救妾身一救”，而是希望玄宗“急切抛奴罢”，以挽救局面。但她又有深情的表现，说是“只一句伤心话”。是一句什么话呢？她“牵生衣哭”云：“痛生生怎地舍官家！”但她主动提出“望赐自尽，以定军心”，并劝慰玄宗说：“陛下得安稳至蜀，妾虽死犹生也。”又吩咐高力士说：“高力士，圣上春秋已高，我死之后，只有你是旧人，能体圣意，须索小心奉侍。再为我转奏圣上，今后休要念我了。”此时的唐玄宗也不是只能说“寡人自不能保”、“寡人怎生是好”之类令人失望的话，而是说出了饱含深情的肺腑之言：“妃子说那里话！你若捐生，朕虽有九重之尊，四海之富，要他则甚？宁可国破家亡，决不肯抛舍你也！”甚至说，若是哗变的军人再闹下去，“拚代你殒黄沙”。

《埋玉》中把李、杨之间的情意渲染得很有深致，极具生死不渝的意味，令读者为之感叹。作者笔下的杨贵妃，尤其令人同情。作者把乱国之咎归之于杨国

忠、安禄山之流，而杨贵妃临死所留下的形象，却是美好的。

昆曲演唱此一出，显得起伏跌宕，缠绵悱恻。唐玄宗虽然是冠生扮演，却要带有老生情状，使剧情染上一层苍凉悲壮的色彩。近年上海昆剧团由李紫贵导演此出，非常成功。最后杨玉环托着长绫向舞台深处走去，舞台渐暗，只留一束追光投射在白绫上，反射出惨白的寒光，而后全场暗。忽而，一条长长的白绫“从天而降”，斜挂在舞台上，令人顿觉惊悸，全场一片惨烈之感。 （叶长海）

长 生 殿　　洪 昇

第二十八出　骂　　贼

（外扮雷海青抱琵琶上）武将文官总旧僚，恨他反面事新朝。纲常留在梨园内，那惜伶工命一条。自家雷海青是也。蒙天宝皇帝隆恩，在梨园部内做一个供奉。不料禄山作乱，破了长安，皇帝驾幸西川去了。那满朝文武，平日里高官厚禄，荫子封妻，享荣华，受富贵，那一件不是朝廷恩典！如今却一个个贪生怕死，背义忘恩，争去投降不迭。只图安乐一时，那顾骂名千古。唉，岂不可羞，岂不可恨！我雷海青虽是一个乐工，那些没廉耻的勾当，委实做不出来。今日禄山与这一班逆党，大宴凝碧池头[①]，传集梨园奏乐。俺不免乘此，到那厮跟前痛骂一场，出了这口愤气。便粉骨碎身，也说不得了。且抱着琵琶，去走一遭也呵！

【北仙吕村里迓鼓】虽则俺乐工卑滥，硁硁愚暗[②]。也不曾读书献策，登科及第，向鹓班高站[③]。只这血性中，胸脯内，倒有些忠肝义胆。今日个睹了丧亡，遭了危难，值了变惨。不由人痛切齿，声吞恨衔。

【元和令】恨子恨泼腥膻莽将龙座渰，癞虾蟆妄想天鹅啖，生克擦直逼的个官家下殿走天南。你道恁胡行堪不堪？纵将他寝皮食肉也恨难劖。谁想那一班儿没掂三[④]，歹心肠，贼狗男。

【上马娇】平日价张着口将忠孝谈，到临危翻着脸把富贵贪。早一齐儿摇尾受新衔，把一个君亲仇敌当作恩人感。咱只问你蒙面可羞惭？

【胜葫芦】眼见的去做忠臣没个敢，雷海青呵，若不把一肩担，可不枉了戴发含牙人是俺。但得纲常无缺，须眉无愧，便九死也

心甘。(下)(净引二军士上)

【南中吕引子绕红楼】抢占山河号大燕,袍染赭冠戴冲天[5]。凝碧清秋,梨园小部,歌舞列琼筵。

孤家安禄山。自从范阳起兵,所向无敌。长驱西入,直抵长安。唐家皇帝,逃入蜀中去了,锦绣江山归吾掌握,(笑介)好不快活。今日聚集百官,在凝碧池上做个太平筵宴,洒乐一回。内侍每,众官可曾齐到?(杂)都在外殿伺候。(净)宣过来。(军)领旨。(宣介)主上宣百官进见。(四伪官上)今日新天子,当时旧宰臣。同为识时者,不是负恩人。(见介)臣等朝见。愿主上万岁,万万岁!(净)众卿平身。孤家今日政务稍闲,特设宴在凝碧池上,与卿等共乐太平。(四伪官)万岁!(军)筵宴完备,请主上升宴。(内奏乐)(四伪官跪送酒介)

【中吕过曲尾犯序】(净)龙戏碧池边,正五色云开,秋气澄鲜。紫殿逍遥,暂停吾玉鞭。开宴,走绯衣鸾刀细割[6],揎锦袖犀盘满献。(四伪官献酒再拜介)瑶池下,熊罴鹓鹭拜送酒如泉。

(净)内侍每,传旨唤梨园子弟奏乐。(军)领旨。(向内介)主上有旨,着梨园子弟奏乐[7]。(内应,奏乐介)(军送净酒介)(合)

【前腔换头】当筵,众乐奏钧天[8]。旧日霓裳,重按歌遍。半入云中,半吹落风前。稀见,除却了清虚洞府,只有那沉香亭院。今日个,仙音法曲不数大唐年。

(净)奏得好。(四伪官)臣想天宝皇帝,不知费了多少心力,教成此曲,今日却留与主上受用。真乃齐天之福也。(净笑介)众卿言之有理。再上酒来。(军送酒介)(外在内泣唱介)

【前腔】幽州鼙鼓喧,万户蓬蒿,四野烽烟。叶堕空宫,忽惊闻歌弦,奇变。真个是天翻地覆,真个是人愁鬼怨。(大哭介)我那天宝皇帝呵,金銮上,百官拜舞何日再朝天?

(净)呀,什么人啼哭?好奇怪!(军)是乐工雷海青。(净)拿上来。(军拉外上)(见介)(净)雷海青,孤家在此饮太平筵宴,你敢擅自啼哭,好生可恶!(外骂介)唉,安禄山,你本是失机边将,罪应斩首。幸蒙圣恩不杀,拜将封王。你不思报效朝廷,反敢称兵作乱,秽污神京,逼迁圣驾。这罪恶贯盈,指日天兵到来诛戮,还说什么太平

筵宴！(净大怒介)唉，有这等事。孤家入登大位，臣下无不顺从。量你这一个乐工，怎敢如此无礼！军士看刀伺候。(二军作应)(拔刀介)(外一面指净骂介)

【扑灯蛾】怪伊忒负恩，兽心假人面，怒发上冲冠。我虽是伶工微贱也，不似他朝臣靦覥。安禄山，你窃神器上逆皇天[9]，少不得顷刻间尸横血溅。(将琵琶掷净介)我掷琵琶，将贼臣碎首报开元[10]。(军夺琵琶介)

(净)快把这厮拿去砍了。(军应)(拿外砍下)(净)好恼，好恼！(四伪官)主上息怒。无知乐工，何足介意。(净)孤家心上不快，众卿且退。(四伪官)领旨。臣等恭送主上回宫。(跪送介)(净)酒逢知己千钟少，话不投机半句多。(怒下)(四伪官起介)杀得好，杀得好！一个乐工，思量做起忠臣来，难道我每吃太平宴的，倒差了不成！

【尾声】大家都是花花面，一个忠臣值甚钱。(笑介)雷海青，雷海青，毕竟你未戴乌纱识见浅！

三秦流血已成川[11](罗隐)，为虏为王事偶然(李山甫)。
世上何人怜苦节(陆希声)，直须行乐不言旋(薛　稷)。

〔注〕 ① 凝碧池：唐禁苑中池名。唐王维《私成口号诵示裴迪》诗："万户伤心生野烟，百僚何日更朝天？秋槐叶落空宫里，凝碧池头奏管弦。"记安史之乱中安禄山于此张乐设宴之事。 ② 硁(kēng)硁：固执浅薄。这里是雷海青的谦词。 ③ 鹓班：百官上朝时按一定次序排成的行列。鹓，鹓雏，凤的一种。 ④ 没掂三：没脑筋。 ⑤ 赭袍：此指皇帝所穿的黄袍。冲天冠：此指皇帝所戴的冕。 ⑥ 绯衣：古时朝中官员的红色品服。鸾刀：祭祀时用的割牲畜的刀，刀环有铃。《诗经·小雅·信南山》："执其鸾刀，以启其毛，以取血膋。"孔颖达疏："鸾即铃也，谓刀环有铃，其声中节。" ⑦ 梨园：唐玄宗时供奉内廷的歌舞艺人的练习之地，在京城长安(今陕西西安)光化门(或谓芳林门)外禁苑中。 ⑧ 钧天：指钧天广乐，天上的音乐。钧天，天之中央。《列子·周穆王》："王实以为清都紫微、钧天广乐，帝(天帝)之所居。" ⑨ 神器：帝位。 ⑩ 开元：唐玄宗年号，公元713年至公元741年，这段时间是唐代可与"贞观之治"相提并论的盛世，史称"开元之治"。 ⑪ 三秦：秦亡后，西楚霸王项羽三分秦故地关中，封章邯为雍王，封司马欣为塞王，封董翳为翟王，分领今陕西中部咸阳以西及甘肃东部地区、陕西咸阳以东地区、陕西北部地区，合称三秦。后常以"三秦"指关中一带。

此出写安禄山攻占长安后，自称雄武皇帝，国号大燕，在洛阳凝碧池上大宴群臣。一班伪官对安禄山大拍马屁，唯乐工雷海青大哭天宝皇帝，大骂安禄山，用琵琶怒掷安禄山，以自己的生命谱写了一曲正气歌。

此出取材于唐代郑处诲《明皇实录》中的一则记载："天宝末，群贼陷两京，大掠文武朝臣及黄门宫嫔乐工骑士。每获数百人，以兵仗严卫，送于洛阳。至有逃于山谷者，而卒能罗捕追胁，授以冠带。禄山尤致意乐工，求访颇切，于旬日获梨园子弟数百人。群贼因相与大会于凝碧池，宴伪官数十人。大陈御库珍宝，罗列于前后。乐既作，梨园旧人，不觉歔欷，相对泣下。群贼皆露刃持满以胁之，而悲不能已。有乐工雷海青者，投乐器于地，向西恸哭。逆党乃缚海青于戏马殿，支解以示众。闻之者莫不伤痛。"这段记载非常感人，但自唐代以降，在描写李、杨爱情故事的诗歌、小说、戏剧中很少采用这一素材，唯明代传奇《惊鸿记》和《彩毫记》中曾出现过雷海青的形象，但均显得苍白无力，很不成功。就以《彩毫记》中《海青死节》这一出来说，作者将大半篇幅用来描写安禄山的原配夫人醋意大发，大闹凝碧池宴会，而雷海青则成了一个陪衬。在整出戏中，雷海青没有一段唱词，只有一个动作："末将琵琶撞净面而落齿声"；一句台词："你这臊羯狗，唐天子有甚亏负你？你敢造反僭位！我为大唐供应，岂服侍你这臊羯狗！"与《长生殿》中雷海青的丰满形象，自然不能相提并论。

洪昇写《骂贼》一出，成功的原因何在呢？首先，《骂贼》一出，全为雷海青一人而设。雷海青是绝对主角，安禄山在这里只是反衬。安禄山夺了两京，僭位称帝，正是得意扬扬，人人都屈服于他的淫威的时候，想不到一个小小的乐工竟敢当庭痛哭唐皇，当众数落他的罪状，当面骂他个狗血喷头，并将琵琶怒掷过来，要他的性命。雷海青这一行动不仅搅乱了安禄山的太平宴席，也是对安禄山的嚣张气焰予以有力的打击，令其最后悻悻然道："孤家心上不快，众卿且退。"只得灰溜溜地下场。这就更突出了雷海青坚贞不屈、正气凛然、铁骨铮铮的大无畏英雄气概。并且在这出戏中，四伪官的陪衬，也是洪昇的一大创造，对雷海青的性格塑造，起着至关重要的作用。四伪官的上场诗是："今日新天子，当时旧宰臣。同为识时者，不是负恩人。"用"识时务"来为他们的变节行为开脱；而当安禄山迫胁梨园弟子演奏《霓裳》旧曲时，他们肉麻地奉承，说什么："臣想天宝皇帝，不知费了多少心力，教成此曲，今日却留与主上受用。真乃齐天之福也。"其丑恶嘴脸，暴露无遗。当安禄山命军士杀死雷海青时，这批伪官竟拍手称快："杀得好，杀得好！一个乐工，思量起做忠臣来，难道我每吃太平宴的，倒差了不成！"真是恬不知耻之极。作者就是通过雷海青与伪官们的思想行为的强烈对比，将雷海青的形象烘托得更高大更光辉。

其二，作者对雷海青的内心世界作了极为细致的刻画。《骂贼》中雷海青的所作所为决不是一时的冲动，决不是匹夫之勇。当他被迫参加安禄山的"太平

宴"时,早已作了捐躯的准备:"俺不免乘此,到那厮跟前痛骂一场,出了这口愤气。便粉身碎骨,也说不得了。"这就是说,他明知痛骂的结果,一定是"粉身碎骨",但为了出这口"愤气"也就奋不顾身了。那么,雷海青的"愤气"是什么呢?一是痛恨安禄山兴兵作乱,秽污神京,逼迁圣驾。安禄山这种滔天大罪是决不可饶恕的:"纵将他寝皮食肉也恨难劖。"二是痛恨那班降官"一个个贪生怕死,背义忘恩,争去投降不迭",他们"平日价张着口将忠孝谈,到临危翻着脸把富贵贪。早一齐儿摇尾受新衔,把一个君亲仇敌当作恩人感"。雷海青面对这种"没廉耻的勾当"不屑一顾,痛恨之极。骂他们是"歹心肠,贼狗男"!雷海青自己虽然只是一个小小的乐工,身份卑贱,地位低下,"也不曾读书献策,登科及第,向鹓班高站",可他有一腔正气,"只这血性中,胸脯内,倒有些忠肝义胆"。在这没人敢做忠臣的时刻,他要独自肩负起"忠臣"的重任,为那些没廉耻的文武百官树立一个做"忠臣"的榜样。他在那支【胜葫芦】曲中深情地唱道:"若不把一肩担,可不枉了戴发含牙人是俺。""戴发含牙"这里是强调"人"这个庄严的字眼,也就是说,雷海青把面对叛逆,面对淫威,敢不敢做忠臣,敢不敢坚持气节,提高到是人还是禽兽的高度来对待。因此,他能从容不迫、视死如归,"但得纲常无缺,须眉无愧,便九死也心甘"!正因为作者对雷海青的内心世界作了如此深刻细致的描述,因此,呈现在我们面前的雷海青不是一个"忠孝"概念的化身,而是一个有血有肉的活生生的人物形象。

第三,作者在这出戏中,对安禄山挑起民族矛盾涂炭生灵十分痛恨,充分流露出他的民族感情,而这种感情,极易引起广大深受清统治者压迫而怀有民族义愤的观众、读者的共鸣。"今日个睹了丧亡,遭了危难,值了变惨。不由人痛切齿,声吞恨衔",这几句唱词,会令他们觉得唱的不仅是唐代,也是他们自己所身处的时代。洪昇生活在由明入清,朝代更替,社会剧变的时期,在《长生殿》一剧中,我们确实感受到了他的兴亡之感、家国之恨,而通过雷海青这个人物的塑造,他也让自己的这种隐秘的感情得到了充分的宣泄。

(唐葆祥)

长生殿　　洪昇

第三十八出　弹　词

(末白须旧衣帽抱琵琶上)一从鼙鼓起渔阳,宫禁俄看蔓草荒。留得白头遗老在,谱将残恨说兴亡。老汉李龟年,昔为内苑伶工,供奉梨园,蒙万岁爷十分恩宠。自从朝元阁教演《霓裳》[1],曲成奏上,龙颜大悦。与贵妃娘娘,各赐缠头,不下数万。谁想禄山造反,

破了长安,圣驾西巡,万民逃窜。俺每梨园部中,也都七零八落,各自奔逃。老汉来到江南地方,盘缠都使尽了。只得抱着这面琵琶,唱个曲儿餬口。今日乃青溪鹫峰寺大会[2],游人甚多,不免到彼卖唱。(叹科)哎,想起当日天上清歌,今日沿门鼓板,好不颓气人也。(行科)

【南吕一枝花】不提防余年值乱离,逼拶得岐路遭穷败。受奔波风尘颜面黑,叹衰残霜雪鬓须白。今日个流落天涯,只留得琵琶在。揣羞脸上长街又过短街,那里是高渐离击筑悲歌[3],倒做了伍子胥吹箫也那乞丐[4]。

【梁州第七】想当日奏清歌趋承金殿,度新声供应瑶阶,说不尽九重天上恩如海。幸温泉骊山雪霁[5],泛仙舟兴庆莲开。玩婵娟华清宫殿[6],赏芳菲花萼楼台[7]。正担承雨露深泽,蓦遭逢天地奇灾。剑门关尘蒙了凤辇鸾舆[8],马嵬坡血污了天姿国色,江南路哭杀了瘦骨穷骸。可哀落魄,只得把《霓裳》御谱沿门卖,有谁人喝声采?空对着六代园陵草树埋,满目兴衰。(虚下)

(小生巾服上)花动游人眼,春伤故国心。《霓裳》人去后,无复有知音。小生李謩[9],向在西京留滞,乱后方回。自从宫墙之外,偷按《霓裳》数叠,未能得其全谱。昨闻有一老者,抱着琵琶卖唱。人人都说手法不同,像个梨园旧人。今日鹫峰寺大会,想他必在那里,不免前去寻访一番。一路行来,你看游人好不盛也。(外巾服、副净衣帽、净长帽帕子包首扮山西客携丑扮妓上)(外)闲步寻芳惜好春,(副净)且看胜会逐游人。(净)大姐,咱和你:及时行乐休空过。(丑)客官:好听琵琶一曲新。(小生向副净科)老兄请了。动问这位大姐,说甚么"琵琶一曲新"?(副净)老兄不知,这里新到一个老者,弹得一手好琵琶。今日在鹫峰寺赶会,因此大家同去一听。(小生)小生正要去寻他,同行何如?(众)如此极好。(同行科)行行去去,去去行行,已到鹫峰寺了。就此进去。(同进科)(副净)那边一个圈子,四围板凳,想必是波。我每一齐挨进去,坐下听者。(众作坐科)(末上见科)列位请了,想都是听曲的。请坐了,待在下唱来请教波。(众)正要领教。(末弹琵琶唱科)

【转调货郎儿】唱不尽兴亡梦幻，弹不尽悲伤感叹，大古里凄凉满眼对江山[10]。我只待拨繁弦传幽怨，翻别调写愁烦，慢慢的把天宝当年遗事弹。

(外)天宝遗事，好题目波。(净)大姐，他唱的是甚么曲儿，可就是咱家的西调么？(丑)也差不多儿。(小生)老丈，天宝年间遗事，一时那里唱得尽者。请先把杨贵妃娘娘当时怎生进宫，唱来听波。(末弹唱科)

【二转】想当初庆皇唐太平天下，访丽色把蛾眉选刷。有佳人生长在弘农杨氏家，深闺内端的玉无瑕。那君王一见了欢无那，把钿盒金钗亲纳，评跋做昭阳第一花[11]。

(丑)那贵妃娘娘，怎生模样波？(净)可有咱家大姐这样标致么？(副净)且听唱出来者。(末弹唱科)

【三转】那娘娘生得来仙姿佚貌，说不尽幽闲窈窕，真个是花输双颊柳输腰。比昭君增妍丽，较西子倍风标，似观音飞来海峤，恍嫦娥偷离碧霄。更春情韵饶，春酣态娇，春眠梦悄。总有好丹青，那百样娉婷难画描。

(副净笑科)听这老翁说的杨娘娘标致，恁般活现，倒像是亲眼见的，敢则谎也。(净)只要唱得好听，管他谎不谎。那时皇帝怎么样看待他来？快唱下去者。(末弹唱科)

【四转】那君王看承得似明珠没两，镇日里高擎在掌，赛过那汉宫飞燕倚新妆。可正是玉楼中巢翡翠，金殿上锁着鸳鸯，宵偎昼傍。直弄得个伶俐的官家，颠不剌懵不剌撇不下心儿上，弛了朝纲，占了情场，百支支写不了风流帐[12]。行厮并，坐厮当。双，赤紧的倚了御床，博得个月夜花朝同受享。

(净倒科)哎呀，好快活，听的咱似雪狮子向火哩。(丑扶科)怎么说？(净)化了。(众笑科)(小生)当日宫中有《霓裳羽衣》一曲，闻说出自御制，又说是贵妃娘娘所作。老丈可知其详？请唱与小生听咱。(末弹唱科)

【五转】当日呵，那娘娘在荷庭把宫商细按，谱新声将《霓裳》调翻，昼长时亲自教双鬟。舒素手拍香檀，一字字都吐自朱唇皓

齿间。恰便似一串骊珠声和韵闲,恰便似莺与燕弄关关,恰便似鸣泉花底流溪涧,恰便似明月下泠泠清梵[13],恰便似缑岭上鹤唳高寒[14],恰便似步虚仙佩夜珊珊[15]。传集了梨园部教坊班,向翠盘中高簇拥着个娘娘,引得那君王带笑看。

(小生)一派仙音,宛然在耳,好形容波。(外叹科)哎,只可惜当日天子宠爱了贵妃,朝欢暮乐,致使渔阳兵起。说起来令人痛心也!(小生)老丈,休只埋怨贵妃娘娘。当日只为误任边将,委政权奸,以致庙谟颠倒,四海动摇。若使姚、宋犹存,那见得有此。(外)这也说的是波。(末)嗨,若说起渔阳兵起一事,真是天翻地覆,惨目伤心。列位不嫌絮烦,待老汉再慢慢弹唱出来者。(众)愿闻。(末弹唱科)

【六转】恰正好呕呕哑哑《霓裳》歌舞,不堤防扑扑突突渔阳战鼓。刬地里出出律律纷纷攘攘奏边书,急得个上上下下都无措。早则是喧喧嗾嗾,惊惊遽遽,仓仓卒卒,挨挨拶拶出延秋西路,銮舆后携着个娇娇滴滴贵妃同去。又只见密密匝匝的兵,恶恶狠狠的语,闹闹炒炒轰轰剨剨四下喳呼,生逼散恩恩爱爱疼疼热热帝王夫妇。霎时间画就了这一幅惨惨凄凄绝代佳人绝命图。

(外、副净同叹科)(小生泪科)哎,天生丽质,遭此惨毒。真可怜也!(净笑科)这是说唱,老兄怎么认真掉下泪来!(丑)那贵妃娘娘死后,葬在何处?(末弹唱科)

【七转】破不剌马嵬驿舍,冷清清佛堂倒斜。一代红颜为君绝,千秋遗恨滴罗巾血。半棵树是薄命碑碣,一抔土是断肠墓穴。再无人过荒凉野,莽天涯谁吊梨花谢!可怜那抱幽怨的孤魂,只伴着呜咽咽的望帝悲声啼夜月[16]。

(外)长安兵火之后,不知光景如何?(末)哎呀,列位,好端端一座锦绣长安,自被禄山破陷,光景十分不堪了。听我再弹波。(弹唱科)

【八转】自銮舆西巡蜀道,长安内兵戈肆扰。千官无复紫宸朝[17],把繁华顿消,顿消。六宫中朱户挂蟏蛸[18],御榻傍白日狐

狸啸。叫鸱鸮也么哥，长蓬蒿也么哥，野鹿儿乱跑，苑柳宫花一半儿凋。有谁人去扫，去扫！玳瑁空梁燕泥儿抛，只留得缺月黄昏照。叹萧条也么哥，染腥臊也么哥！染腥臊，玉砌空堆马粪高。

(净)呸，听了半日，饿得慌了。大姐，咱和你喝烧刀子，吃蒜包儿去。(做腰边解钱与末)(同丑诨下)(外)天色将晚，我每也去罢。(送银科)酒资在此。(末)多谢了。(外)无端唱出兴亡恨，(副净)引得傍人也泪流。(同外下)(小生)老丈，我听你这琵琶，非同凡手。得自何人传授？乞道其详。

【九转】(末)这琵琶曾供奉开元皇帝，重提起心伤泪滴。(小生)这等说起来，定是梨园部内人了。(末)我也曾在梨园籍上姓名题，亲向那沉香亭花里去承值，华清宫宴上去追随。(小生)莫不是贺老？(末)俺不是贺家的怀智[19]。(小生)敢是黄旛绰[20]？(末)黄旛绰同咱皆老辈。(小生)这等想必是雷海青？(末)我虽是弄琵琶却不姓雷。他呵，骂逆贼久已身死名垂。(小生)这等，想必是马仙期了[21]。(末)我也不是擅场方响马仙期，那些旧相识都休话起。(小生)因何来到这里？(末)我只为家亡国破兵戈沸，因此上孤身流落在江南地。(小生)毕竟老丈是谁波？(末)您官人絮叨叨苦问俺为谁，则俺老伶工名唤做龟年身姓李。

(小生揖科)呀，原来却是李教师。失瞻了。(末)官人尊姓大名，为何知道老汉？(小生)小生姓李，名謩。(末)莫不是吹铁笛的李官人么？(小生)然也。(末)幸会，幸会。(揖科)(小生)请问老丈，那《霓裳》全谱可还记得波？(末)也还记得，官人为何问他？(小生)不瞒老丈说，小生性好音律，向客西京。老丈在朝元阁演习《霓裳》之时，小生曾傍着宫墙，细细窃听，已将铁笛偷写数段。只是未得全谱，各处访求，无有知者。今日幸遇老丈，不识肯赐教否？(末)既遇知音，何惜末技。(小生)如此多感，请问尊寓何处？(末)穷途流落，尚乏居停。(小生)屈到舍下暂住，细细请教何如？(末)如此甚好。

【煞尾】俺一似惊乌绕树向空枝外，谁承望做旧燕寻巢入画栋

来。今日个知音喜遇知音在，这相逢异哉！恁相投快哉！李官人呵，待我慢慢的传与你这一曲《霓裳》播千载。

(末)桃蹊柳陌好经过(张籍)，(小生)聊复回车访薛萝(白居易)。

(末)今日知音一留听(刘禹锡)，(小生)江南无处不闻歌(顾况)。

〔注〕 ① 霓裳：即法曲《霓裳羽衣曲》，唐宫廷乐舞，传为唐开元中西凉节度使杨敬述所献，初名《婆罗门曲》，后经唐玄宗润色，并撰歌辞，遂改此名。 ② 青溪：三国吴在建业城东南所凿东渠，发源于南京钟山西南，入秦淮河，曲折达十余里，以水木清华著称。鹫峰寺：在南京钞库街南青溪旁，建于明天顺五年(1461)，不应出现于唐代，但戏曲艺术中常有此类后代事物出现于前代之事。 ③ 高渐离：战国燕人，以屠狗为业，善击筑，与荆轲为友。荆轲受燕太子丹之聘往刺秦王政，于易水边饯行时，他击筑，荆轲和而歌曰："风萧萧兮易水寒，壮士一去兮不复还。"荆轲事败，他变姓名为佣。后被人认出，秦始皇招其入宫，熏瞎其目，使之击筑。他置铅于筑中，觅机击秦皇，未中被杀。 ④ 伍子胥：春秋楚人，父兄被诬遇害，他遂投奔吴国，发誓覆楚报仇。得吴王阖闾信任，破楚都郢，发楚平王墓鞭其尸，终得报仇。后渐被疏远，谏莫为越王所惑而得罪阖闾，被赐死。吹箫：伍子胥逃到吴国后，起初曾在吴市吹箫乞食。 ⑤ 骊山：秦岭支峰，因山似骊马之纯青色而得名，或谓因古骊戎居此而得名。在今陕西西安临潼区东南，西北麓为唐华清宫和温泉华清池。 ⑥ 华清宫：唐宫殿名，参见注⑤。 ⑦ 花萼楼台：即花萼楼，唐玄宗于兴庆宫西南所筑花萼相辉之楼的简称，为宫中的游乐之地。 ⑧ 剑门关：在今四川剑阁东北，因大剑山、小剑山奇峰相连，下隘如门，故称，是所谓"一夫当关，万夫莫开"的险关。 ⑨ 李謩：唐长安人，元开时供奉内廷。为唐代的著名笛师，时称天下第一。曾为歌手永新伴奏，曲终笛裂，人叹妙极。 ⑩ 大古里：总是。 ⑪ 昭阳：汉代宫殿名，后妃所居。 ⑫ 百支支：形容话多。 ⑬ 清梵：清亮的梵呗声。梵呗，僧人唱经。 ⑭ 缑(gōu)岭：即缑氏山，在今河南偃师。据旧题汉刘向《列仙传》记载，周灵王太子晋(即王子乔)在此乘鹤成仙。 ⑮ 步虚：仙人漫步于天空。旧题汉班固《汉武帝内传》："可以步虚，可以隐形。长生久视，还白留青。" ⑯ 望帝：即古蜀国国君杜宇，传说死后其魂化为杜鹃，哀鸣不已。 ⑰ 紫宸：指皇宫。 ⑱ 蟏蛸(xiāo shāo)：蜘蛛的一种，肢长。俗称蟢子。 ⑲ 怀智：贺怀智，唐代著名的乐工。 ⑳ 黄旛绰：与注㉑中的马仙期都是唐时著名的宫廷艺人。 ㉑ 马仙期：见注⑳。

此出写梨园供奉李龟年，因安史之乱，流落江南，以弹词糊口，在金陵鹫峰寺庙会上，遇到铁笛李謩。李曾在宫墙外偷听过《霓裳羽衣曲》，因而点唱杨贵妃与唐明皇的故事。当李龟年叙述完李、杨爱情故事后，李謩十分感动，并得知说书人即李龟年后，愿向他请教《霓裳羽衣曲》。两人遂成为知音。

此出戏从情节上看，似乎没有什么进展。因为杨贵妃从进宫到马嵬坡自缢的情节在前面已经细致地演绎过了，这里最多是补充交代一下李龟年的下落，而李龟年在剧中并不是主要角色。可作者却呕心沥血地用最浓重的笔墨色彩来谱

写这出戏,使之成为全剧中一个亮点,一段华彩乐章。究其用意有二:一是借李龟年之口来总结李、杨爱情和安史之乱这段历史;二是借李龟年之口来抒发作者自己的兴亡之感和家国之恨。

对于前者,洪昇的好友徐灵昭在眉批中说:"写欢情处美刺互见,可想见狐媚善惑,直是吐雅含讽。"已经点明了这层意思。作者在剧中用大量笔墨铺叙、描写李隆基对杨玉环的眷宠,表现了他的缠绵缱绻的柔情蜜意,但也毫不隐讳地批评李隆基是"弛了朝纲,占了情场","只可惜当日天子宠爱了贵妃,朝欢暮乐,致使渔阳兵起"。而且还通过李謩之口更直截了当地批评了李隆基:"休只埋怨贵妃娘娘。当日只为误任边将,委政权奸,以致庙谟颠倒,四海动摇。"这就表明了作者在歌颂李、杨生死不渝的爱情的同时,也指出了正是李隆基自己造成了这场爱情的悲剧,以此来达到"垂戒来世"的目的。

至于作者借此抒发自己的兴亡之感和家国之恨,更是这出《弹词》的题旨所在。李龟年一上场就念道:"一从鼙鼓起渔阳,宫禁俄看蔓草荒。留得白头遗老在,谱将残恨说兴亡。"洪昇的好友吴舒凫眉批曰:"白头宫女闲说遗事,不如伶工犹能弦而歌之,感人益深。"道出了洪昇这出戏虽然借鉴了唐元稹"白头宫女在,闲坐说玄宗"诗的意境,但主人公由禁闭深宫的宫女换成了饱经风霜的老伶工"闲话"变成"弦而歌之",这不仅扩大了"说兴亡"的容量,而且使静态变成动态,感染力更强。据史载李龟年流落地是潭州(今湖南长沙),洪昇把它易为金陵(今江苏南京)。南京一度是明朝的首都,后改为陪都。北京沦陷后,福王曾在这里建立过南京弘光政权,被明朝遗老看作故国象征的明孝陵也在南京。因此,把《弹词》的地点安排在南京,"空对着六代园陵草树埋,满目兴衰",更能激起人们的故国之思和兴亡之恨。洪昇出生于明清交替之际,他虽不是明朝的旧臣,但他的亲属和师友中,不乏明朝遗老故臣,而且在他的青少年时期南方的反清复明斗争此起彼伏,如火如荼,这一切不能不对洪昇的思想感情产生影响,尤其是清廷采取的民族高压政策,更能激发起像洪昇这样的汉族知识分子的民族感情和反抗心理。所以,这种兴亡之感、故国之思实际上是当时人们表达民族意识的一种方式。如果说洪昇的这种民族意识在《骂贼》中,借雷海青之口,表现得激昂慷慨,痛快淋漓,那么,在《弹词》中,则是借李龟年之口,表达得深沉含蓄,凄婉动人。李龟年唱天宝遗事,一开口就是"唱不尽兴亡梦幻,弹不尽悲伤感叹,大古里凄凉满眼对江山。我只得拨繁弦传幽怨,翻别调写愁烦,慢慢的把天宝遗事弹",一种浓浓的、无边无际的悲情愁绪扑面而来,激起明朝遗民们的强烈共鸣。因此,《长生殿》一演出,就轰动京师,"一时朱门绮席,酒社歌楼,非此曲不奏,缠头

为之增价”。而在这长达五十出的《长生殿》中，当时最激动人心的就是这出《弹词》，在京城里出现了“家家收拾起，户户不提防”的唱曲盛况。“收拾起”是李玉传奇《千钟禄》《惨睹》一出中明建文帝逃难时的一句唱词“收拾起大地山河一担装”，而“不提防”则是《弹词》中李龟年的第一句唱词“不提防余年值乱离”。试想，京城中家家户户都传唱以这二支曲为代表的二出戏，可见，这二出戏所抒发的故国之思、亡国之痛是如何强烈地叩动着人们的心弦。洪昇因演《长生殿》遭祸，被削去国子监的学籍，而观看《长生殿》演出的官员被贬官查处的达五十人之多。后人有诗曰：“可怜一曲《长生殿》，断送功名到白头。”虽然，《长生殿》演出的罪名是“国丧期间演剧，大不敬”，但这是表面的理由，隐藏在背后的实质性问题，恐怕就是在《弹词》、《骂贼》中所反映出来的强烈的民族情绪，触动了清朝统治者的神经，为他们所不容。

《弹词》能广为流传，与它精妙文字的刻画入微，与它唱腔动听等高度的艺术成就是分不开的。例如【三转】描写杨贵妃的“仙姿佚貌”，连用四比：“比昭君增妍丽，较西子倍风标，似观音飞来海峤，恍嫦娥偷离碧霄。”一个人的肖像是很难描绘的，作者用历史上的两大美人，天上的两位女神来比拟，这就给观众极大的想象余地，更何况这幅肖像还是动态的，含有精神气质的。然而，作者的描写并没有到此为止，下面用“更”字领出三句：“更春情韵饶，春酣态娇，春眠梦悄”，进一步把杨贵妃特有的神韵、风姿、体态描绘得活灵活现。又如描写杨贵妃的歌唱：“恰便似一串骊珠声和韵闲，恰便似莺与燕弄关关，恰便似鸣泉花底流溪间，恰便似明月下泠泠清梵，恰便似缑岭上鹤唳高寒。”真是“一派仙音，宛然在耳”。再如【六转】描写渔阳兵变，连下十七组叠词，由轻歌曼舞突然转为杀气腾腾的渔阳鼙鼓，那种纷乱、惊慌、喧嚷、仓卒、拥挤等情景和气氛被描绘、渲染得惟妙惟肖，恰到好处。尤其唱腔的旋律、节奏能与唱词的规定情景完全吻合，使观众的情绪随之跌宕起伏。【七转】写杨贵妃马嵬驿自缢，则纯用虚笔出之。作者在这里突然放慢节奏，音乐调性一变，用一种悲怆凄绝的音调来哀悼杨贵妃的“为国捐躯”、“一代红颜为君尽，千秋遗恨滴罗巾血”，这是李龟年也是作者对杨贵妃之死的评价；“半棵树是薄命的碑碣，一抔土是断肠墓穴”，这是李龟年也是作者为杨贵妃之死发出的不平之鸣。当李龟年弹唱到这里的时候，满腔幽怨，无穷遗恨，都化作呜呜咽咽的歌声，不绝于耳，教人泪落，让人心碎。

【转调货郎儿】乃北曲。此调凡九转，每转各用一韵，前面常用南吕【一枝花】和【梁州第七】。这套曲在元杂剧《货郎旦》中用过，那是写奶母张三姑面对失散多年，如今当了官的儿子春郎，用唱【货郎儿】的小曲形式，诉说家史和失散的经

过。洪昇的《弹词》就是借用了这套曲，推陈出新，青出于蓝，谱就了一出绝唱。而元杂剧《货郎旦》第四折，则被后世的艺人们称之为“女弹”。（唐葆祥）

长　生　殿　　洪　昇

第五十出　重　圆

（净扮道士上）

【双调引子谒金门】情一片，幻出人天姻眷。但使有情终不变，定能偿夙愿。

贫道杨通幽，前出元神在于蓬莱。蒙玉妃面嘱，中秋之夕引上皇到月宫相会。上皇原是孔升真人[①]，今夜八月十五数合飞升。此时黄昏以后，你看碧天如水，银汉无尘，正好引上皇前去。道犹未了，上皇出宫来也。（生上）

【仙吕入双调忒忒令】碧澄澄云开远天，光皎皎月明瑶殿。（净见介）上皇，贫道稽首。（生）仙师少礼。今夜呵，只因你传信，约蟾宫相见[②]，急得我盼黄昏，眼儿穿。这青霄际，全托赖引步展。

（净）夜色已深，就请同行。（行介）（净）明月在何许？挥手上青天。（生）不知天上宫阙，今夕是何年？（净）我欲乘风归去，只恐琼楼玉宇，高处不胜寒。（合）起舞弄清影，何似在人间。（生）仙师，天路迢遥，怎生飞渡？（净）上皇不必忧心，待贫道将手中拂子，掷作仙桥，引到月宫便了。（掷拂子化桥下）（生）你看，一道仙桥从空现出。仙师忽然不见，只得独自上桥而行。

【嘉庆子】看彩虹一道随步显，直与银河霄汉连，香雾濛濛不辨。（内作乐介）听何处奏钧天[③]？想近着桂丛边。（虚下）（老旦引仙女，执扇随上）

【沉醉东风】助秋光玉轮正圆，奏《霓裳》约开清燕。吾乃月主嫦娥是也。月中向有《霓裳》天乐一部，昔为唐皇贵妃杨太真于梦中闻得，遂谱出人间。其音反胜天上。近贵妃已证仙班，吾向蓬山觅取其谱[④]，补入钧天，拟于今夕奏演。不想天孙怜彼情深[⑤]，欲为重续良缘，要借我月府，与二人相会。太真已令道士杨通幽引唐皇今夜到此，真千秋一段佳话也。只为他情儿久，意儿坚，合天人重见。因此上感天孙为他方便。仙女每，候着太真到时，教他在桂阴下少待。等上皇到

来见过，然后与我相会。（仙女）领旨。（合）桂华正妍，露华正鲜。撮成好会在清虚府洞天[6]。（老旦下）（场上设月宫）（仙女立宫门候介）（旦引仙女行上）

【尹令】离却玉山仙院，行到彩蟾月殿，盼着紫宸人面[7]。三生愿偿[8]，今夕相逢胜昔年。（到介）

（仙女）玉妃请进。（旦进介）月主娘娘在那里？（仙女）娘娘分付，请玉妃少待，等上皇来见过，然后相会。请少坐。（旦坐介）（仙女立月宫傍候介）（生行上）

【品令】行行度桥，桥尽漫俄延。身如梦里，飘飘御风旋。清辉正显，入来翻不见。只见楼台隐隐，暗送天香扑面。（看介）广寒清虚之府。呀，这不是月府么？早约定此地佳期，怎不见蓬莱别院仙？

（仙女迎介）来的莫非上皇么？（生）正是。（仙女）玉妃到此久矣，请进相见。（生）妃子那里？（旦）上皇那里？（生见旦哭介）我那妃子呵！（旦）我那上皇呵！（对抱哭介）

【豆叶黄】（生）乍相逢执手，痛咽难言。想当日玉折香摧，都只为时衰力软，累伊冤惨，尽咱罪愆。到今日满心惭愧，到今日满心惭愧，诉不出相思万万千千。

（旦）陛下，说那里话来！

【姐姐带五马】【好姐姐】是妾孽深命蹇，遭磨障累君几不免。梨花玉殒，断魂随杜鹃[9]。【五马江儿水】只为前盟未了，苦忆残缘，惟将旧盟痴抱坚。荷君王不弃，念切思专，碧落黄泉，为奴寻遍。

（生）寡人回驾马嵬，将妃子改葬。谁知玉骨全无，只剩香囊一个。后来朝夕思想，特令方士遍觅芳魂。

【玉交枝】才到仙山寻见，与卿卿把衷肠代传。（出钗盒介）钗分一股盒一扇，又提起乞巧盟言[10]。（旦出钗盒介）妾的钗盒也带在此。（合）同心钿盒今再联，双飞重对钗头燕。漫回思不胜黯然，再相看不禁泪涟。

（旦）幸荷天孙鉴怜，许令断缘重续。今夕之会，诚非偶然也。

【五供养】仙家美眷，比翼连枝好合依然。天将离恨补，海把怨愁填。(生合)谢苍苍可怜，泼情肠翻新重建。添注个鸳鸯牒，紫霄边，千秋万古证奇缘。

(仙女)月主娘娘来也。(老旦上)白榆历历月中影[11]，丹桂飘飘云外香[12]。(生见介)月姐拜揖。(老旦)上皇稽首。(旦见介)娘娘稽首。(老旦)玉妃少礼，请坐了。(各坐介)(老旦)上皇，玉妃，恭喜仙果重成，情缘永证。往事休提了。

【江儿水】只怕无情种，何愁有断缘。你两人呵，把别离生死同磨炼，打破情关开真面，前因后果随缘现。觉会合寻常犹浅，偏您相逢，在这团圆宫殿。

(仙女)玉旨降。(贴捧玉旨上)织成天上千丝巧，绾就人间百世缘。(生、旦跪介)(贴)玉帝敕谕唐皇李隆基、贵妃杨玉环：咨尔二人，本系元始孔升真人、蓬莱仙子。偶因小谴，暂住人间。今谪限已满，准天孙所奏，鉴尔情深，命居忉利天宫[13]，永为夫妇。如敕奉行。(生、旦拜介)愿上帝圣寿无疆。(起介)(贴相见坐介)(贴)上皇，太真，你两下心坚，情缘双证。如今已成天上夫妻，不比人世了。

【三月海棠】忉利天，看红尘碧海须臾变。永成双作对总没牵缠。游衍，抹月批风随过遣，痴云腻雨无留恋。收拾钗和盒，旧情缘，生生世世消前愿。

(老旦)群真既集，桂宴宜张。聊奉一觞，为上皇、玉妃称贺。看酒过来。(仙女捧酒上)酒到。(老旦送酒介)

【川拨棹】清虚殿，集群真[14]，列绮筵。桂花中一对神仙，桂花中一对神仙，占风流千秋万年。(合)会良宵人并圆，照良宵月也圆。(贴向旦介)

【前腔换头】羡你死抱痴情犹太坚，(向生介)笑你生守前盟几变迁。总空花幻影当前，总空花幻影当前，扫凡尘一齐上天。(合)会良宵人并圆，照良宵月也圆。

【前腔换头】(生、旦)敬谢嫦娥把衷曲怜，敬谢天孙把长恨填。历愁城苦海无边，历愁城苦海无边，猛回头痴情笑捐。(合)会

良宵人并圆,照良宵月也圆。

【尾声】死生仙鬼都经遍,直作天宫并蒂莲,才证却长生殿里盟言。

(贴)今夕之会,原为玉妃新谱《霓裳》。天女每那里?(众天女各执乐器上)夜月歌残鸣凤曲,天风吹落步虚声。天女每稽首。(贴)把《霓裳羽衣》之曲,歌舞一番。(众舞介)

【高平调羽衣第三叠】【锦缠道】桂输芳,按新声分排舞行。仙佩互趋跄,趁天风,惟闻遥送叮当。【玉芙蓉】宛如龙起游千状,翩若鸾回色五章。霞裙荡,对琼丝袖张。【四块玉】撒团团翠云,堆一溜秋光。【锦渔灯】袅亭亭现缑岭笙边鹤氅[15],艳晶晶会瑶池筵畔虹幢,香馥馥蕊殿群姝散玉芳[16]。【锦上花】呈独立鹄步昂,偷低度凤影藏。敛衣调扇恰相当。【一撮棹】一字一回翔。【普天乐】伴洛妃[17],凌波样。动巫娥[18],行云想。音和态宛转悠扬。【舞霓裳】珊珊步蹑高霞唱,更泠泠节奏应宫商。【千秋岁】映红蕊,含风放。逐银汉,流云漾。不似人间赏,要铺莲慢踏,比燕轻飏。【麻婆子】步虚步虚瑶台上,飞琼引兴狂[19]。弄玉弄玉秦台上[20],吹箫也自忙。凡情仙意两参详。【滚绣球】把钧天换腔,巧翻成余弄儿盘旋未央。【红绣鞋】银蟾亮,玉漏长,千秋一曲舞《霓裳》。

(贴)妙哉此曲,真个擅绝千秋也。就借此乐,送孔升真人同玉妃,到忉利天宫去。(老旦)天女每,奏乐引导。(天女鼓乐引生、旦介)

【黄钟过曲永团圆】神仙本是多情种,蓬山远有情通。情根历劫无生死,看到底,终相共。尘缘倥偬,忉利有天情更永。不比凡间梦,悲欢和哄。恩与爱,总成空。跳出痴迷洞,割断相思鞚。金枷脱,玉锁松。笑骑双飞凤,潇洒到天宫。

【尾声】旧《霓裳》新翻弄,唱与知音心自懂,要使情留万古无穷。

谁令醉舞拂宾筵?(张说),上界群仙待谪仙(方干)。

一曲《霓裳》听不尽(吴融),香风引到大罗天[21](韦绚)。

看修水殿号长生(王建),天路悠悠接上清(曹唐)。

从此玉皇须破例(司空图),神仙有分不关情(李商隐)。

〔注〕 ① 孔升真人:宋乐史《杨太真外传》谓唐玄宗原为天上的神仙孔升真人。 ② 蟾宫:月宫。 ③ 钧天:指钧天广乐。天上的音乐。钧天,天之中央。《列子·周穆王》:"王实以为清都紫微、钧天广乐,帝(天帝)之所居。" ④ 蓬山:即蓬莱,也称蓬壶,与瀛洲、方壶并为传说中的海上三仙山。 ⑤ 天孙:即织女,传为天帝之孙女,故称。 ⑥ 清虚府:指月宫。洞天:道教所称神仙居住之地,意谓洞中别有天地。 ⑦ 紫宸:皇宫。 ⑧ 三生愿:指世世结为夫妇的愿望。三生,前生、今生、来生。 ⑨ 杜鹃:相传杜鹃鸟为古蜀国国君杜宇之魂所化,其声凄恻,啼至喙出血乃止。 ⑩ 乞巧:农历七月七日夜古称七夕,民间有陈瓜果针线向织女乞巧的习俗。按:唐玄宗与杨贵妃是在七月七日夜于长生殿盟誓的。 ⑪ 白榆:指星。典出古乐府《陇西行》:"天上何所有?历历种白榆。" ⑫ 丹桂:传说月中有桂树,故月亦称桂魄、桂轮,月宫亦称桂宇、桂阙。 ⑬ 忉利天:梵语的音意兼译,即三十三天,六欲天之一,也即一般人所说的天堂。 ⑭ 群真:群仙。 ⑮ 缑(gōu)岭:即缑氏山,在今河南偃师。据旧题汉刘向《列仙传》记载,周灵王太子晋(即王子乔)在此乘鹤成仙。 ⑯ 蕊殿:即蕊珠宫,仙宫。 ⑰ 洛妃:即宓妃,洛水女神,三国魏曹植《洛神赋》描写洛妃,有"凌波微步,罗袜生尘"之句。 ⑱ 巫娥:即巫山神女,见战国楚宋玉《高唐赋序》。 ⑲ 飞琼:仙女名,即许飞琼。旧题汉班固《汉武帝内传》:"王母乃命诸侍女……许飞琼鼓震灵之簧。" ⑳ 弄玉:秦穆公的女儿,相传她好音乐,穆公将其许配给善吹箫的男子萧史为妻,并筑凤台让他们居住,后二人乘凤飞去成仙。㉑ 大罗天:道教所言三十六天中最高一重天。唐王维《送王尊师归蜀中拜扫》诗:"大罗天上神仙客,濯锦江头花柳春。"

明清传奇,往往写悲欢离合,最后的结局总是各种各样的团圆。《长生殿》的最后一出,即第五十出名为《重圆》,也是一出团圆戏。剧写中秋之夜,道士杨通幽引太上皇李隆基的魂魄来到月宫,与"太真玉妃"杨玉环相会,尽诉相思。其时玉帝降旨,敕谕李、杨居忉利天宫,永为夫妇。

"唐明皇游月宫",是历代传唱不已的浪漫之梦。

敦煌写本斯六八三六《叶净能话》说是唐明皇随叶净能上天,"净能作法,须臾便到月宫内。观看楼殿台阁,与世人不同,门窗户牖,全殊异世。……又见数个美人,身着三殊之衣,手中皆擎水晶之盘,盘中有器,尽是水晶七宝合成。"

北宋乐史所撰《杨太真外传》引唐代卢肇的《逸史》云:"罗公远天宝初侍玄宗,八月十五日夜,宫中玩月,曰:'陛下能从臣月中游乎?'乃取一桂,向空中掷之,化为一桥,其色如银。请上同登,约行数十里,遂至大城阙。公远曰:'此月宫也。'有仙女数百,素练宽衣,舞于广庭。上前问曰:'此何曲也?'曰:'《霓裳羽衣》也。'上密记其声调,遂回桥,却顾,随步而灭。旦谕伶官,象其声调,作《霓裳羽衣曲》。"

元人岳伯川有杂剧《罗光远梦断杨贵妃》,剧本已佚。"罗光远"疑即"罗公

远”一音之转。白朴所作有关唐明皇的杂剧，除了《梧桐雨》以外，犹有一部《唐明皇游月宫》，剧本已佚。可知宋元间，“游月宫”的故事广为流传，而且已有舞台演出。

是何人与唐明皇同游月宫，说法各异。敦煌写本中是叶净能，《杨太真外传》中是罗公远，《异闻录》中是申天师、洪都客，《太平广记》中是叶法善，等等。

明代屠隆所撰传奇《彩毫记》中有《游玩月宫》一出，写叶法善道士挈唐明皇、杨贵妃、李白同游月宫。舞台上是如何演出此一奇景的呢？明末清初人张岱的《陶庵梦忆》中有一段描写云：“刘晖吉奇情幻想，欲补从来梨园之缺陷。如《唐明皇游月宫》，叶法善作场上，一时黑魆地暗，手起剑落，霹雳一声，黑幔忽收，露出一月，其圆如规，四下以羊角染五色云气，中坐常仪、桂树、吴刚，白兔捣药，轻纱幔之。内燃‘赛月明’数株，光焰青藜，色如初曙。撒布成梁，遂蹑月窟。境界神奇，忘其为戏也。”《游玩月宫》的演出情景应该类此。从这里可以了解明代后期舞台布景、灯光以及演出的巧妙技艺。

洪昇笔下的《重圆》，自然会融入前人的舞台艺术创意，但又有独特的情节。本出的道士是杨通幽，他是将手中的拂子，掷作仙桥的，有似于上述的叶法善“撒布成梁”。仙桥出现后，道士忽然不见，只有唐明皇独自上桥而行。据剧中月宫主人嫦娥交代，今夕原来是贵妃杨太真令杨通幽引明皇上天的，“只为他情儿久，意儿坚，合天人重见”。李、杨在月宫相见时，即“对抱哭介”。于是钗盒再联，互诉相思。待玉帝降旨后，“众天女各执乐器上”，“把《霓裳羽衣》之曲，歌舞一番”。最后，全场歌唱【永团圆】曲：“神仙本是多情种，蓬山远有情通。情根历劫无生死，看到底终相共。尘缘倥偬，忉利有天情更永。不比凡间梦，悲欢和哄。恩与爱，总成空。跳出痴迷洞，割断相思鞚。金枷脱，玉锁松。笑骑双飞凤，潇洒到天宫。”在一番热闹的团圆曲中，宣扬了洪昇关于“情缘总归虚幻”的思想，亦有“垂戒来世”的意味。

全剧【尾声】云：“旧霓裳新翻弄，唱与知音心自懂，要使情留万古无穷。”与第一出的开场词遥相呼应。开场词《满江红》云：“今古情场，问谁个真心到底？但果有精诚不散，终成连理。万里何愁南共北，两心那论生和死。笑人间、儿女怅缘悭，无情耳。　　感金石，回天地，昭白日，垂青史。看臣忠子孝，总由情至。先圣不曾删郑、卫，吾侪取义翻宫、徵。借太真外传谱新词，情而已。”统观全剧，完成了一种“情”的赞歌。作者在书首《例言》中谓“是书义取崇雅，情在写真”，并对各种有失蕴藉的演出提出批评，要求回到剧本的原旨。

有人称《长生殿》是一部“闹热《牡丹亭》”，也就是说乃一部“闹热”的言情剧。

像《重圆》这样的情节，这样的排场，真是又"闹热"，又有"情"。上天，登月，是人间美好的梦想。古人的舞台上曾演得奇妙动人，今天的剧界中人，应该有更巧妙的招数再现此一浪漫之梦。（叶长海）

【戏曲家小传】

孔尚任

(1648—1718)　字聘之，一字季重，号东塘，又号岸堂、云亭山人。曲阜（今属山东）人，孔子六十四代孙。弱冠为诸生。清康熙二十年(1681)纳资为监生，但乡试未中式。应衍圣公孔毓圻之请，纂修《孔子世家谱》及《阙里志》，训练乐舞，监造礼器。康熙二十三年，清圣祖南巡，被荐至御前讲经，称旨，被破格擢为国子监博士。次年进京任职，旋受命前往淮扬参与疏治海口的工程。其间所交遗老名士甚多。返京后仍任国子监博士，常参与联吟结社，与著名诗人王士禛过从甚密。三十四年，迁户部主事，开始写作《桃花扇》传奇。三十八年夏，《桃花扇》写定，次年初上演于北京，轰动朝野，与作《长生殿》传奇的洪昇并称"南洪北孔"。翌年升为户部广东清吏司员外郎，方十余日即被罢官。离职后留京两年，希图复用。见事已无望，遂归曲阜。其后多次远游。卒于家。博学多闻，工为诗。所作除《桃花扇》传奇及与顾彩合作的《小忽雷》传奇、《大忽雷》杂剧（已佚）外，还有《湖海集》、《岸堂稿》、《长留集》（与刘廷玑合著），今存，另《乐律管见》等已佚。今人辑有《孔尚任全集》。

桃　花　扇　　孔尚任

第七出　却　奁

（杂扮保儿掇马桶上）龟尿龟尿，撒出小龟；鳖血鳖血，变成小鳖。龟尿鳖血，看不分别；鳖血龟尿，说不清白。看不分别，混了亲爹；说不清白，混了亲伯。（笑介）胡闹，胡闹！昨日香姐上头，乱了半夜，今日早起，又要刷马桶，倒溺壶，忙个不了。那些孤老、表子，还不知搂到几时哩。（刷马桶介）

【夜行船】（末）人宿平康深柳巷[①]，惊好梦门外花郎。绣户未开，帘钩才响，春阻十层纱帐。

下官杨文骢，早来与侯兄道喜。你看院门深闭，侍婢无声，想是高

眠未起。(唤介)保儿,你到新人窗外,说我早来道喜。(杂)昨夜睡迟了,今日未必起来哩。老爷请回,明日再来罢。(末笑介)胡说!快快去问。(小旦内问介)保儿!来的是那一个?(杂)是杨老爷道喜来了。(小旦忙上)倚枕春宵短,敲门好事多。(见介)多谢老爷,成了孩儿一世姻缘。(末)好说。(问介)新人起来不曾?(小旦)昨晚睡迟,都还未起哩。(让坐介)老爷请坐,待我去催他。(末)不必,不必。(小旦下)

【步步娇】(末)儿女浓情如花酿,美满无他想,黑甜共一乡[②]。可也亏了俺帮衬,珠翠辉煌,罗绮飘荡。件件助新妆,悬出风流榜。

(小旦上)好笑,好笑!两个在那里交扣丁香[③],并照菱花,梳洗才完,穿戴未毕。请老爷同到洞房,唤他出来,好饮扶头卯酒[④]。(末)惊却好梦,得罪不浅。(同下)(生、旦艳妆上)

【沉醉东风】(生、旦)这云情接着雨况,刚搔了心窝奇痒,谁搅起睡鸳鸯?被翻红浪,喜匆匆满怀欢畅。枕上余香,帕上余香,消魂滋味,才从梦里尝。(末、小旦上)

(末)果然起来了,恭喜,恭喜!(一揖)(坐介)(末)昨晚催妆拙句,可还说的入情么?(生揖介)多谢!(笑介)妙是妙极了,只有一件。(末)那一件?(生)香君虽小,还该藏之金屋[⑤]。(看袖介)小生衫袖,如何着得下?(俱笑介)(末)夜来定情,必有佳作。(生)草草塞责,不敢请教。(末)诗在那里?(旦)诗在扇头。(旦向袖中取出扇介)(末接看介)是一柄白纱宫扇。(嗅介)香的有趣。(吟诗介)妙,妙!只有香君不愧此诗。(付旦介)还收好了。(旦收扇介)

【园林好】(末)正芬芳桃香李香,都题在宫纱扇上。怕遇着狂风吹荡,须紧紧袖中藏,须紧紧袖中藏。

(末看旦介)你看香君上头之后,更觉艳丽了。(向生介)世兄有福,消此尤物。(生)香君天姿国色,今日插了几朵珠翠,穿了一套绮罗,十分花貌,又添二分,果然可爱。(小旦)这都亏了杨老爷帮衬哩。

【江儿水】送到缠头锦[⑥],百宝箱,珠围翠绕流苏帐。银烛笼纱通宵亮,金杯劝酒合席唱。今日又早早来看,恰似亲生自养,赔了妆奁,又早敲门来望。

(旦)俺看杨老爷,虽是马督抚至亲,却也拮据作客,为何轻掷金钱,来填烟花之窟?在奴家受之有愧,在老爷施之无名。今日问个明白,以便图报。(生)香君问得有理,小弟与杨兄萍水相交,昨日承情太厚,也觉不安。(末)既蒙问及,小弟只得实告了。这些妆奁酒席,约费二百余金,皆出怀宁之手[7]。(生)那个怀宁?(末)曾做过光禄的阮圆海[8]。(生)是那皖人阮大铖么?(末)正是。(生)他为何这样周旋?(末)不过欲纳交足下之意。

【五供养】(末)羡你风流雅望,东洛才名[9],西汉文章[10]。逢迎随处有,争看坐车郎[11]。秦淮妙处,暂寻个佳人相傍,也要些鸳鸯被芙蓉妆。你道是谁的,是那南邻大阮嫁衣全忙。

(生)阮圆老原是敝年伯,小弟鄙其为人,绝之已久。他今日无故用情,令人不解。(末)圆老有一段苦衷,欲见白于足下。(生)请教。(末)圆老当日曾游赵梦白之门[12],原是吾辈。后来结交魏党,只为救护东林,不料魏党一败,东林反与之水火。近日复社诸生[13],倡论攻击,大肆殴辱,岂非操同室之戈乎?圆老故交虽多,因其形迹可疑,亦无人代为分辩。每日向天大哭,说道:"同类相残,伤心惨目,非河南侯君,不能救我。"所以今日谆谆纳交。(生)原来如此,俺看圆海情辞迫切,亦觉可怜。就便真是魏党,悔过来归,亦不可绝之太甚,况罪有可原乎。定生、次尾,皆我至交,明日相见,即为分解。(末)果然如此,吾党之幸也。(旦怒介)官人是何说话!阮大铖趋附权奸,廉耻丧尽,妇人女子,无不唾骂。他人攻之,官人救之,官人自处于何等也?

【川拨棹】不思想,把话儿轻易讲。要与他消释灾殃,要与他消释灾殃,也堤防旁人短长。官人之意,不过因他助俺妆奁,便要徇私废公。那知道这几件钗钏衣裙,原放不到我香君眼里。(拔簪脱衣介)脱裙衫穷不妨,布荆人名自香。

(末)阿呀!香君气性,忒也刚烈。(小旦)把好好东西,都丢一地,可惜,可惜!(拾介)(生)好,好,好!这等见识,我倒不如,真乃侯生畏友也。(向末介)老兄休怪,弟非不领教,但恐为女子所笑耳。

【前腔】(生)平康巷,他能将名节讲。偏是咱学校朝堂,偏是咱

学校朝堂,混贤奸不问青黄。那些社友平日重俺侯生者,也只为这点义气。我若依附奸邪,那时群起来攻,自救不暇,焉能救人乎?节和名非泛常,重和轻须审详。

(末)圆老一段好意,也还不可激烈。(生)我虽至愚,亦不肯从井救人。(末)既然如此,小弟告辞了。(生)这些箱笼,原是阮家之物,香君不用,留之无益,还求取去罢。(末)正是:多情反被无情恼,乘兴而来兴尽还。(下)(旦恼介)(生看旦介)俺看香君天姿国色,摘了几朵珠翠,脱去一套绮罗,十分容貌,又添十分,更觉可爱。(小旦)虽如此说,舍了许多东西,到底可惜。

【尾声】金珠到手轻轻放,惯成了娇痴模样,辜负俺辛勤做老娘。

(生)些须东西,何足挂念,小生照样赔来。(小旦)这等才好。

(小旦)花钱粉钞费商量,(旦)裙布钗荆也不妨。

(生)只有湘君能解佩[14],(旦)风标不学世时妆。

〔注〕 ① 平康:即平康里,唐都城长安街坊名,为妓女聚居之地,后世因以为妓院的代称。 ② 黑甜:指梦乡。 ③ 丁香:指丁香结,此代指衣上的扣子。 ④ 扶头卯酒:古时新婚次日早晨有饮迎朝酒的习俗,此酒即称扶头,称扶头卯酒。扶头酒,即易醉的酒,因扶头多为醉态,故称。卯,卯时。 ⑤ 金屋:汉武帝幼时,被姑母长公主抱置膝上,长公主问他欲得妇否,他答:"欲得妇。"长公主又指其女阿娇问他:"阿娇好不?"他笑道:"好!若得阿娇作妇,当以金屋贮之也。"见旧题汉班固《汉武帝故事》。 ⑥ 缠头:指赠送给歌舞艺人或妓女的财物。 ⑦ 怀宁:今安徽安庆,明为安庆府属县,此指阮大铖的籍贯。 ⑧ 光禄:阮大铖于明崇祯元年(1628)任光禄卿,旋被劾罢官。光禄卿为光禄寺的长官,职掌祭享、宴劳、酒醴、膳羞等事。圆海:阮大铖的号。 ⑨ 东洛才名:指因写《三都赋》而令洛阳纸贵的左思。东洛,晋时的都城洛阳,因在汉都长安之东,故称东洛。 ⑩ 西汉文章:指西汉时著名辞赋家司马相如、史学家司马迁的文章。 ⑪ 坐车郎:原指晋潘岳,代指俊美男子。《晋书·潘岳传》:"岳美姿仪,辞藻绝丽,……少时常挟弹出洛阳道,妇人遇之者,皆连手萦绕,投之以果,遂满车而归。" ⑫ 赵梦白:即赵南星,梦白为其字,忤魏忠贤,被贬至代州,死之。崇祯时谥忠毅。 ⑬ 复社:明末重要的文学、政治团体,成员主要是江南的士大夫,崇祯时由张溥等联合诸社组成。声称继承东林党事业,要求清除阉党残余,重振朝纲。 ⑭ 湘君:湘水女神,《列仙传》载郑交甫遇江汉二女,求其佩而与之。后作为人神相恋之典。晋郭璞以为江汉二女即居洞庭之湘君。

《桃花扇》为清初孔尚任所撰之历史剧,具体时代背景为南明弘光帝登基前后,亦即甲申(1644)、乙酉(1645)两年。写复社文人侯方域至秦淮河畔访名妓李香君,与之订交。魏忠贤余党阮大铖企图东山再起,通过杨文骢赠送妆奁以拉拢侯方域,欲以此为突破口,进而结交陈贞慧、吴应箕等复社核心人物,乃至代表清

议之诸东林党元老。侯方域虽略有察觉，竟接受了，李香君则大义凛然，坚决拒绝。后来阮大铖追随马士英等奸佞迎立福王，骤登高位，乃对复社文人千方百计陷害，拟一网打尽之。侯方域为避祸离开南京。李香君被逼嫁漕抚田仰，她宁死不从，将头撞得溅血满地，迎聘的杨文骢遂以李香君的养母李贞丽代嫁。后杨文骢前来探望，将扇上血渍添加枝叶，画成了一柄桃花扇。苏昆生前往河防寻访侯方域，香君以扇代书，托苏昆生带去，以表思念之情。马士英、阮大铖辈为享乐，逼迫秦淮歌妓为之演唱，被认作李贞丽的李香君借机痛斥马、阮，遭到殴打，并被送入内庭。在兵荒马乱之中，苏昆生、李贞丽以及侯方域三人在河防不期而遇，侯方域急回南京寻找香君，但媚香楼已无香君影踪，只遇到寄居的画家蓝瑛。此时马士英、阮大铖大兴冤狱，正人君子难以幸免，侯、陈、吴均遭逮捕，狱中晤及早已被捕之柳敬亭。不久，清兵南下，弘光帝及诸官仓皇出逃，香君得回媚香楼，而被捕的侯方域等亦得逃生。经兵燹战乱后，诸歌妓、曲师与侯方域等在栖霞山出家入道，全剧遂告结束。

侯方域与李香君的爱情故事是剧本的一条主线，中间则穿插了整个南明弘光朝的建立与崩溃过程，既有朝中的忠奸斗争，也有宁南侯左良玉以及江北四大镇等武将的矛盾冲突，可以说是一幅全方位的历史风情画。

孔尚任为此剧写了《小引》、《小识》、《本末》、《凡例》、《考据》与《纲领》弁于卷首，对创作意图、创作过程、历史取材依据等均有详细说明。《试一出・先声》有这样两句话："借离合之情，写兴亡之感。"一般认为就是孔尚任的自我表白。

第五、六出《访翠》、《眠香》写的是侯、李两人的爱情过程，但是很一般。当然对香君的美貌着力描摹了一番，再就是妓院中众姊妹的凑趣起哄，将秦淮河畔的风月世界的规定情景作了历历如绘的再现。

接下来这一出《却奁》却是全剧中一个至关重要的关目，在杨文骢受托为阮大铖送来妆奁一事上，身为妓女的李香君与复社名士侯方域作出了截然不同的反应。

杨文骢送来了一批珠翠罗绮，对于作客他乡颇为拮据的侯方域，无异雪中送炭。对此，他除了全部收下之外，没有任何其他想法。因为假使没有这些妆奁，确实显得太寒伧了。

但是，李香君是聪慧明敏的女子，她在感激之余心中不免生疑，因为杨文骢并非高官或富商，手头并不宽裕。"为何轻掷金钱，来填烟花之窟？"她要向杨文骢问清真相。在这种情况之下，侯方域才觉得"香君问得有理"，也同时向杨文骢表示了不安。两个人的性格差异就此开始呈现在读者与观众的面前。

杨文骢在李、侯追问之下，才告诉他们："这些妆奁酒席，约费二百余金，皆出怀宁之手。"在此，他实际上已成了阮大铖这种士林所不齿的败类的帮闲，为之收买复社文人，居然还懵头懵脑，可知其为人之缺乏立场。

侯方域还问："那个怀宁？"恐怕他实际上是知道的，但既然送来的妆奁正用得上，问清楚之后，事情反而难处理了，所以故意装作不知，再问上一声。

杨文骢把话挑明，说此"怀宁"即曾做过光禄卿的阮圆海。照理侯方域完全能够洞察阮大铖的险恶用心，但他的"政治敏感性"实在太差，居然再问杨文骢："他为何这样周旋？"

杨文骢乃回道："不过欲纳交足下之意。"他与马士英是亲戚，又是阮大铖的盟弟，所以他帮阮大铖说话，自不奇怪。他认为世故人情的一套对侯方域不会没有效果，估计侯方域不会拒绝收下这些财物。至于李香君可能有什么样的意见，他根本没考虑，青楼女子嘛，依人作计而已，怎会不领这个情？

侯方域的态度果然被杨文骢猜中了。他根本没有意识到问题的严重性，薰莸不同器、正邪不两立，这些道理已被沉醉在温柔乡中的他丢在了脑后，这不能不说是丧失立场的非常错误的行为。

此时杨文骢的表演也十分可笑，他一心为阮大铖开脱，说："圆老当日曾游赵梦白之门，原是吾辈。"他周旋于正邪之间，原昧于正邪之辨，却自居于复社的正人君子之列，又将奸恶的阮大铖视为同道，贻有识者之讥，自是难免。以为赵南星是与魏阉水火不容的有直声的名臣，则曾游其门的阮大铖也应是其同类，其逻辑实在荒唐。可以看出，剧作者孔尚任对处于正邪之间的杨文骢的形象刻画虽用墨不多，却十分精彩。

侯方域名士风流，却无铮铮铁骨，要想讨好香君，经济上又一筹莫展，如今有人肯花钱为之置办妆奁，原是求之不得的事，故对阮大铖的巧言自辩，已是无意深究。并且，他对小人的翻手为云、覆手为雨也根本没什么警惕心，于是，他心甘情愿地为阮大铖说好话，——实际上也就等于为自己被收买寻找借口。他对杨文骢说："俺看圆海情辞迫切，亦觉可怜。就便真是魏党，悔过来归，亦不可绝之太甚，况罪有可原乎？"值得注意的是，"便真是魏党"的提法实际上暗将阮大铖定性为假的魏党了。此时侯方域为奸人所愚，心神已乱，在迷途上走得够远了。

这一段戏，给读者、观众的印象是：仅仅贪图这一点妆奁，侯方域就甘心把自己出卖，同时连带着把陈贞慧、吴应箕一起出卖。侯方域的表态，使杨文骢十分高兴，或许此时他竟以为自己是为人排难解纷的鲁仲连亦未可知。他受阮胡子的诳骗，为其说项，实是为虎作伥；冒身败名裂之险而不自知，亦可畏也。而侯

方域的话表面上是回答杨文骢，同时，更主要的是说给香君听的。在香君面前，他还是要表现出君子容人改过的气度，以表明自己收此妆奁并非私阿。

但香君听了侯方域的话，却是怒不可遏。她唱了一支【川拨棹】，责备侯方域不应该如此随便地表态。因为这事情非同小可，不能不去想想旁人会产生什么议论，最后会导致什么严重的后果。事情既由妆奁而起，而侯方域竟因此“徇私废公”，她于是把新换上的衣衫、刚戴上去的饰物，全都卸了下来。她感觉到“脱裙衫穷不妨，布荆人名自香”。“名自香”一语有双关之妙：李香君名中之“香”，凡夫俗子，肯定要解读为脂粉之香，而她本人显然解读为人格名节流芳百世之香也。

杨文骢没想到香君如此大义凛然，倒是有些尴尬，于是便叹香君气性太过刚烈，也算是为自己找一个台阶。

这时侯方域也感慨地说：“这等见识，我倒不如，真乃侯生畏友也。”不过他却并没有理直气壮地支持香君的表态，接下去便向杨文骢解释道：“弟非不领教，但恐为女子所笑耳。”或许他虽然认识到自己刚才的行为是“混贤奸不问青黄”，有损名节，但在潜意识的层面上仍舍不得这笔已经到手的财物也。再者，正邪自古如冰炭，哪里是什么“重和轻须审详”的问题。如此看来，侯方域真是念头差了。

杨文骢见没什么自己的事了，只得告辞离去。侯方域还要在尴尬场面中设法安慰香君几句：“俺看香君天姿国色，摘了几朵珠翠，脱去一套绮罗，十分容貌，又添十分，更觉可爱。”香君只当没有听见，未有任何反应。

当李贞丽唱出【尾声】“金珠到手轻轻放，惯成了娇痴模样，辜负俺辛勤做老娘”，对到手的金珠被退回表示遗憾时，侯方域为了安慰李贞丽，信口道：“些须东西，何足挂念，小生照样赔来。”说得轻轻松松，其实他在经济上根本没有实力，哪能“照样赔来”。

李贞丽信以为真，回了一句：“这等才好。”香君则坚决表示：“裙布钗荆也不妨”，“风标不学世时妆。”确实，与她奇女子的风节相比，侯方域不免黯然失色。

（蒋星煜）

桃　花　扇　　　孔尚任

第二十二出　守　　楼

（外、小生拿内阁灯笼、衣、银跟轿上）天上从无差月老[①]，人间竟有错花星[②]。（外）我们奉老爷之命，硬娶香君，只得快走。（小生）旧院李家母子两个，知他谁是香君？（末急上呼介）转来同我去罢。

(外见介)杨姑老爷肯去,定娶不错了。(同行介)月照青溪水[③],霜沾长板桥。来此已是,快快叫门。(叫门介)(杂扮保儿上)才关后户,又开前庭;迎官接客,卑职驿丞。(问介)那个叫门?(外)快开门来。(杂开门惊介)呵呀!灯笼火把,轿马人夫,杨老爷来夸官了。(末)唗!快唤贞娘出来。(杂大叫介)妈妈出来,杨老爷到门了。(小旦急上问介)老爷从那里赴席回来么?(末)适在马舅爷相府,特来报喜。(小旦)有什么喜?(末)有个大老官来娶你令爱哩。(指介)

【渔家傲】你看这彩轿青衣门外催,你看这三百花银,一套绣衣。(小旦惊介)是那家来娶,怎不早说?(末)你看灯笼大字成双对,是中堂阁内。(小旦)就是内阁老爷自己娶么?(末)非也。漕抚田公,同乡至戚,赠个佳人捧玉杯。

(小旦)田家亲事,久已回断,如何又来歪缠?(小生拿银交介)你就是香君么,请受财礼。(小旦)待我进去商量。(外)相府要人,还等你商量?快快收了银子,出来上轿罢。(末)他怎敢不去?你们在外伺候,待我拿银进去,催他梳洗。(末接银)(杂接衣)(同小旦作进介)(小生、外)我们且寻个老表子燥脾去。(俱暂下)(小旦、末、杂作上楼介)(末唤介)香君睡下不曾?(旦上)有甚紧事,一片吵闹?(小旦)你还不知么?(旦见末介)想是杨老爷要来听歌。(小旦)还说什么歌不歌哩。

【剔银灯】忙忙的来交聘礼,凶凶的强夺歌妓。对着面一时难回避,执着名别人谁替?(旦惊介)唬煞奴也!又是那个天杀的?(小旦)还是田仰,又借着相府的势力,硬来娶你。堪悲,青楼薄命,一霎时杨花乱吹。

(小旦向末介)杨老爷从来疼俺母子,为何下这毒手?(末)不干我事,那马瑶草知你拒绝田仰,动了大怒,差一班恶仆登门强娶。下官怕你受气,特为护你而来。(小旦)这等多谢了,还求老爷始终救解。(末)依我说三百财礼,也不算吃亏;香君嫁个漕抚,也不算失所。你有多大本事,能敌他两家势力?(小旦思介)杨老爷说的有理,看这局面,拗不去了。孩儿趁早收拾下楼罢!(旦怒介)妈妈说那里话来!当日杨老爷作媒,妈妈主婚,把奴嫁与侯郎,满堂宾客,

谁没看见！现收着定盟之物，(急向内取出扇介)这首定情诗，杨老爷都看过，难道忘了不成？

【摊破锦地花】案齐眉[④]，他是我终身倚，盟誓怎移？宫纱扇现有诗题，万种恩情，一夜夫妻。(末)那侯郎避祸逃走，不知去向，设若三年不归，你也只顾等他么？(旦)便等他三年，便等他十年，便等他一百年，只不嫁田仰！(末)呵呀！好性气，又像摘翠脱衣骂阮圆海的那番光景了。(旦)可又来，阮、田同是魏党，阮家妆奁尚且不受，倒去跟着田仰么？(内喊介)夜已深了，快些上轿，还要赶到船上去哩。(小旦劝介)傻丫头，嫁到田府，少不了你的吃穿哩。(旦)呸！我立志守节，岂在温饱。忍寒饥，决不下这翠楼梯。

(小旦)事到今日，也顾不得他了。(叫介)杨老爷放下财礼，大家帮他梳头穿衣。(小旦替梳头)(末替穿衣介)(旦持扇前后乱打介)(末)好厉害，一柄诗扇，倒像一把防身的利剑。(小旦)草草妆完，抱他下楼罢。(末抱介)(旦哭介)奴家就死不下此楼。(倒地撞头晕卧介)(小旦惊介)呵呀！我儿苏醒，竟把花容碰了个稀烂。(末指扇介)你看血喷满地，连这诗扇都溅坏了。(拾扇付杂介)(小旦唤介)保儿，扶起香君，且到卧房安歇罢。(杂扶旦下)(内喊介)夜已三更了，诓去银子，不打发上轿，我们要上楼拿人哩。(末向楼下介)管家略等一等，他母子难舍，其实可怜的。(小旦急介)孩儿碰坏，外边声声要人，这怎么处？(末)那宰相势力，你是知道的，这番羞了他去，你母子不要性命了。(小旦怕介)求杨老爷救俺则个。(末)没奈何，且寻个权宜之法罢！(小旦)有何权宜之法？(末)娼家从良，原是好事，况且嫁与田府，不少吃穿。香君既没造化，你倒替他享受去罢。(小旦急介)这断不能。一时一霎，叫我如何舍得。(末怒介)明日早来拿人，看你舍得舍不得！(小旦呆介)也罢！叫香君守着楼，我去走一遭儿。(想介)不好，不好，只怕有人认得。(末)我说你是香君，谁能辨别？(小旦)既是这等，少不得又妆新人了。(忙打扮完介)(向内叫介)香君我儿，好好将息，我替你去了。(又嘱介)三百两银子，替我收好，不要花费了。(末扶小旦下楼介)

【麻婆子】(小旦)下楼下楼三更夜，红灯满路辉。出户出户寒风起，看花未必归。(小生、外打灯抬轿上)好，好，新人出来了，快请上

轿。(小旦别末介)别过杨老爷罢。(末)前途保重,后会有期。(小旦)老爷今晚且宿院中,照管孩儿。(末)自然。(小旦上轿介)萧郎从此路人窥[⑤],侯门再出岂容易。(行介)舍了笙歌队,今夜伴阿谁?(俱下)

(末笑介)贞丽从良,香君守节,雪了阮兄之恨,全了马舅之威,将李代桃,一举四得,倒也是个妙计。(叹介)只是母子分别,未免伤心。

匆匆夜去替蛾眉, 一曲歌同易水悲[⑥]。
燕子楼中人卧病[⑦],灯昏被冷有谁知?

〔注〕 ①月老:唐李复言《续玄怪录》载唐韦固曾见一老人月下倚布囊检书,问囊中何物,则告曰:"赤绳子耳,以系夫妻之足。及其生,则潜用相系。虽仇敌之家,贵贱悬隔,天涯从宦,吴楚异乡,此绳一系,终不可绾。"后因称媒人为月老。 ② 花星:传说中天上专司男女风情的星宿。 ③ 青溪:水名,即三国吴在建业城东南所凿东泉,发源于今南京钟山西南,流入秦淮河。 ④ 案齐眉:即举案齐眉。东汉梁鸿携妻孟光隐居,孟光进食时皆举案齐眉,以示相敬,后世传为美谈。 ⑤ 萧郎:指情郎。此用唐崔郊《赠去婢》诗"侯门一入深如海,从此萧郎是路人"句意。 ⑥ 易水:水名,在今河北西部。战国末荆轲为燕太子丹刺秦王政,临出发前,太子丹为他在易水边饯行,高渐离击筑,荆轲和而歌曰:"风萧萧兮易水寒,壮士一去兮不复还!" ⑦ 燕子楼:唐白居易《燕子楼诗序》云:"徐州故尚书有爱妓曰盼盼,善歌舞,雅多风态,……绘之(张仲素)从事武宁军累年,颇知盼盼始末,云:'尚书既殁,归葬东洛,而彭城有张氏旧第,第中有小楼名燕子,盼盼念旧爱而不嫁,居是楼十余年,幽独块然。'"

《守楼》主要写香君的坚贞不屈,同时又进一步刻画了杨文骢的庸俗鄙陋而良心未泯的人物形象。

当初既然是杨文骢陪同侯方域来梳拢李香君的,侯方域离开南京他往,香君一往情深,自甘寂寞地等待侯方域回来,按情按理,杨文骢只有尽可能为之化解遇到的困难,玉成香君的志愿。但是杨文骢性格的多面性,决定了他在正邪剧烈冲突的时刻,只会有息事宁人之心,而不会有奋力抗争之举。

马士英为了结交漕抚田仰,派人前去"硬娶李香君"。之所以说硬娶,是因为他明知李香君性情刚烈,决不会任人摆布。他打算仗着人多势众,不管对方是否应允,非娶不可,其心肠是十分歹毒的。

本来此事与杨文骢无关,但他熟悉秦淮旧院,与众歌妓厮混,原是他的看家本领。再说将香君聘与田仰的主意本来就是他想出来的,有他这么一个熟人去晓以利害,也可以既使硬娶成功,又不让李香君太受委屈。于是,他自告奋勇,要求豪奴们"转来同我去吧"。对于豪奴们来说,这无异多了一个向导,当然是欢迎的。

值得注意的是，先从来人口中说出："旧院李家母子两个，知他谁是香君？"点出一干豪奴不能分辨李贞丽与李香君，所以才有后来"杨姑老爷肯去，定娶不错了"这句话。可以说这四句话全是此后香君以死相拒，李贞丽不得已而代为出嫁的伏笔。盖杨文骢"认定"李贞丽即是李香君，众人是决不会生疑，也决不敢生疑的。

说起来，杨文骢这个人虽然几次回护李香君，但久与马、阮辈相交，是非不明，识见低下，帮闲色彩日浓，居然把"硬娶香君"这样缺德的事说成了喜事。他觉得有"彩轿青衣门外催"，"三百花银，一套绣衣"，未尝不是一种宠遇，香君如嫁与田仰，也是一个好归宿；这实在是差了念头。而可怜的香君哪里知道杨文骢等一干人的来意，还以为他是来听歌的呢。

当李贞丽向杨文骢苦苦哀求时，杨文骢又向自己面上贴金了："那马瑶草知你拒绝田仰，动了大怒，差一班恶仆登门强娶。下官怕你受气，特为护你而来。"这倒也不是诳语，问题是他觉得李香君嫁田仰没什么不好，心甘情愿为恶人当说客。他对贞娘晓以利害，道："依我说三百财礼，也不算吃亏；香君嫁个漕抚，也不算失所。你有多大本事，能敌他两家势力？"

香君对杨文骢近于为虎作伥的行为自然十分气愤，但身为弱女子，且又是风尘中人，也只好按捺下性子，与养母李贞丽说理："当日杨老爷作媒，妈妈主婚，把奴嫁与侯郎，满堂宾客，谁没看见！现收着定盟之物，（急向内取出扇介）这首定情诗，杨老爷都看过，难道忘了不成？"每一句话，其实都是说给杨文骢听的。指责他出尔反尔，指责他趋炎附势，指责他出卖朋友。

一曲【摊破锦地花】，乃是李香君忠实于爱情的宣言。虽然侯方域在接受阮大铖的妆奁问题上立场动摇，有过失误，令她失望，但最终侯方域还是依顺了她，没有收受妆奁。所以这"一夜夫妻"，仍有"万种恩情"。"案齐眉，他是我终身倚，盟誓怎移"，其言铮铮，掷地有声，表明香君的态度十分坚决。

杨文骢干脆用"侯郎避祸逃走，不知去向"为理由，劝香君改嫁；香君忍无可忍，回答他："便等他一百年，只不嫁田仰！"

所谓假母或养母，是妓院中对鸨母的一种美称。李贞丽对李香君，已经比一般的鸨母多了一份情意，但她的见识与为人仍旧是不脱鸨母的习性，义利之辨，在她原是不甚清楚的，她与香君之间思想上的距离甚大，对香君也缺乏深层次的理解。虽不满对方仗势逼人，但对三百两财礼她是喜欢的，而要违抗马相爷的旨意，她更没有足够大的胆量。说到底，她能够做的也只有服从而已。

香君的说理斗争没有起任何作用，李贞丽也已叹息"事到今日，也顾不得他

了”，开始为香君梳头穿衣。香君持扇乱打也没有用，杨文骢甚至亲自来抱香君下楼了。

这是最后关头，香君决定拼死抗争。她倒地撞头，“竟把花容碰了个稀烂”，血喷了满地。这时，不管香君是死是活，已不能送去田府了，而那些差役正凶神恶煞般连声吆喝：“夜已三更了，诓去银子，不打发上轿，我们要上楼拿人哩。”总算杨文骢说话还有些分量，他对楼下说：“管家略等一等，他母子难舍，其实可怜的。”那怎么办呢？李贞丽方寸已乱，心中十分惊慌，她知道，就像杨文骢所说的那样，“那宰相势力，你是知道的，这番羞了他去，你母子不要性命了”。她只有向杨文骢求救。杨文骢便提出李贞丽代嫁的方案，说是让李贞丽代替香君去“从良”“享受”。他这一招算是救了香君，但凭他一番十分庸俗的说词，读者、观众也不会认他为热肠仗义的好心人。

李贞丽自然没有别的选择，在仓促之中，真的就梳妆打扮代香君去做新人了。

杨文骢自鸣得意：“贞丽从良，香君守节，雪了阮兄之恨，全了马舅之威，将李代桃，一举四得，倒也是个妙计。”如果说“贞丽从良”，算他巧解危机；“香君守节”，算他还有善心；而“雪了阮兄之恨，全了马舅之威”，则是非混淆，令人恶心。杨文骢的人品，在这一出中可以说是写得入木三分了。

从结构来看，全出运思巧妙，结果出人意料，可以说是神来之笔。这改嫁的情节，一开始就有伏笔照应：点明相府恶仆豪奴没有见过李贞丽、李香君；颇见匠心。因为鸨母并非生母，鸨母与养女年龄可能比较接近，李贞丽早先也曾是张溥、夏允彝等名士品题之妓，有几分姿色，所以杨文骢敢夸下海口：“我说你是香君，谁能辨别？”

倒是李贞丽所唱“对着面一时难回避，执着名别人谁替”，虽也是伏笔，却显得不太自然，近乎画蛇添足。

香君守楼拒嫁田仰，有史料作证，而李贞丽代嫁当是孔尚任的虚构。这一出写香君的坚贞固然出色，写杨文骢的自作聪明，两头讨好，也是十分精彩。一部《桃花扇》，没有杨文骢作为正邪双方穿针引线的人物，戏就演不下去了。 （蒋星煜）

桃　花　扇

孔尚任

第二十三出　寄　　扇

（旦包帕病容上）

【醉桃源】寒风料峭透冰绡，香炉懒去烧。血痕一缕在眉梢，胭

脂红让娇。孤影怯，弱魂飘，春丝命一条。满楼霜月夜迢迢，天明恨不消。

(坐介)奴家香君，一时无奈，用了苦肉之计，得遂全身之节。只是孤身只影，卧病空楼，冷帐寒衾，无人作伴，好生凄凉。

【北新水令】冻云残雪阻长桥，闭红楼冶游人少。栏杆低雁字，帘幕挂冰条。炭冷香消，人瘦晚风峭。

奴家虽在青楼，那些花月欢场，从今罢却了。

【驻马听】绣户萧萧，鹦鹉呼茶声自巧。香闺悄悄，雪狸偎枕睡偏牢[①]。榴裙裂破舞风腰，鸾靴剪碎凌波靿[②]。愁多病转饶，这妆楼再不许风情闹。

想起侯郎匆匆避祸，不知流落何所？怎知奴家独住空楼，替他守节也！(起唱介)

【沉醉东风】记得一霎时娇歌兴扫，半夜里浓雨情抛。从桃叶渡头寻[③]，向燕子矶边找[④]，乱云山风高雁杳。那知道梅开有信，人去越遥。凭栏凝眺，把盈盈秋水[⑤]，酸风冻了[⑥]。

可恨恶仆盈门，硬来娶俺；俺怎肯负了侯郎。

【雁儿落】欺负俺贱烟花薄命飘摇，倚着那丞相府忒骄傲。得保住这无瑕白玉身，免不得揉碎如花貌。

最可怜妈妈替奴当灾，飘然竟去。(指介)你看床榻依然，归来何日？

【得胜令】恰便似桃片逐雪涛，柳絮儿随风飘。袖掩春风面，黄昏出汉朝。萧条，满被尘无人扫。寂寥，花开了独自瞧。

说到这里，不觉一阵酸心。(掩泪坐介)

【乔牌儿】这肝肠似搅，泪点儿滴多少？也没个姊妹闲相邀，听那挂帘栊的钩自敲。

独坐无聊，不免取出侯郎诗扇，展看一回。(取扇介)嗳呀！都被血点儿污坏了，这怎么处？

【甜水令】你看疏疏密密，浓浓淡淡，鲜血乱蘸，不是杜鹃抛。是脸上桃花做红雨儿飞落[⑦]，一点点溅上冰绡。

侯郎，侯郎！这都是为你来。

【折桂令】叫奴家揉开云鬓，折损宫腰。睡昏昏似妃葬坡平[⑧]，血淋淋似妾堕楼高[⑨]。怕旁人呼号，舍着俺软丢答的魂灵没人招。银镜里朱霞残照，鸳枕上红泪春潮。恨在心苗，愁在眉梢。洗了胭脂，涴了鲛绡。

一时困倦起来，且在妆台盹睡片时。（压扇睡介）（末扮杨文骢便服上）认得红楼水面斜，一行衰柳带残鸦。（净扮苏昆生上）银筝象板佳人院，风雪今同处士家。（末回头见介）呀！苏昆老也来了。（净）贞丽从良，香君独住，放心不下，故此常来走走。（末）下官自那日打发贞丽起身，守了香君一夜，这几日衙门有事，不能脱身。方才城东拜客，便道一瞧。（入介）（净）香君不肯下楼，我们上去一谈罢。（末）甚好。（登楼介）（末指介）你看香君抑郁病损，困睡妆台，且不必唤他。（净看介）这柄扇儿展在面前，怎么有许多红点儿？（末）此乃侯兄定情之物，一向珍藏不肯示人，想因面血溅污，晾在此间。（抽扇看介）几点血痕，红艳非常，不免添些枝叶，替他点缀起来。（想介）没有绿色怎好？（净）待我采摘盆草，扭取鲜汁，权当颜色罢。（末）妙极！（净取草汁上）（末画介）叶芬芳草绿，花借美人红。（画完介）（净看喜介）妙，妙！竟是几笔折枝桃花。（末大笑指介）真乃桃花扇也。（旦惊醒见介）杨老爷、苏师爷都来了，奴家得罪。（让坐介）（末）几日不曾来看，额角伤痕渐已平复了。（笑介）下官有画扇一柄，奉赠妆台。（付旦扇介）（旦接看介）这是奴的旧扇，血迹腌臜，看他怎的。（入袖介）（净）扇头妙染，怎不赏鉴？（旦）几时画的？（末）得罪，得罪！方才点坏了。（旦看扇叹介）咳！桃花薄命，扇底飘零。多谢杨老爷替奴写照了。

【锦上花】一朵朵伤情，春风懒笑。一片片消魂，流水愁漂。摘的下娇色，天然蘸好。便妙手徐熙[⑩]，怎能画到？樱唇上调朱，莲腮上临稿，写意儿几笔红桃。补衬些翠枝青叶，分外夭夭，薄命人写了一幅桃花照。

（末）你有这柄桃花扇，少不得个顾曲周郎[⑪]。难道青春守寡，竟做个入月嫦娥不成。（旦）说那里话，那关盼盼也是烟花，何尝不在燕子楼中[⑫]，关门到老。（净）明日侯郎重到，你也不下楼么？（旦）那时锦片前程，尽俺受用，何处不许游耍，岂但下楼。（末）香君这段

苦节，今世少有。（向净介）昆老看师弟之情，寻着侯郎，将他送去，也省俺一番悬挂。（净）是是！一向留心访问，知他随任史公，住淮半载。自淮来京，自京到扬，今又同着高兵防河去了。晚生不日还乡，顺便找寻。（向旦介）须得香君一书才好。（旦向末介）奴家言出无文，求杨老爷代写罢。（末）你的心事，叫俺如何写得出。（旦寻思介）罢罢！奴的千愁万苦，俱在扇头，就把这扇儿寄去罢。（净喜介）这封家书，倒也新样。（旦）待奴封他起来。（封扇介）

【碧玉箫】挥洒银毫，旧句他知道。点染红么，新画你收着。便面小[13]，血心肠一万条。手帕儿包，头绳儿绕，抵过锦字书多少[14]。

（净接扇介）待我收好了，替你寄去。（旦）师父几时起身？（净）不日束装了。（旦）只望早行一步。（净）晓得。（末）我们下楼罢。（向旦介）香君保重。你这段苦节，说与侯郎，自然来娶你的。（净）我也不再来别了。正是：新书远寄桃花扇，（末）旧院常关燕子楼。（下）（旦掩泪介）妈妈不归，师父又去，妆楼独闭，益发凄凉了。

【鸳鸯煞】莺喉歇了南北套，冰弦住了陈隋调。唇底罢吹箫，笛儿丢，笙儿坏，板儿掠。只愿扇儿寄去的速，师父束装得早。三月三刘郎到了，携手儿下妆楼，桃花粥吃个饱。

书到梁园雪未消[15]，青溪一道阻春潮[16]。
桃根桃叶无人问[17]，丁字帘前是断桥[18]。

〔注〕 ① 雪狸：白猫。 ② 靿(yào)：靴、袜的筒，亦指靴或袜，此指靴。 ③ 桃叶渡：在南京秦淮河与青溪合流处，为东晋王献之送爱妾桃叶渡江的渡口。《隋书·五行志》："陈时盛歌王献之桃叶之词曰：'桃叶复桃叶，渡江不用楫。但渡无所苦，我自迎接汝。'" ④ 燕子矶：在今江苏南京东北郊，为岩山的小峰，三面悬绝，地势险要，古时为兵家必争之地。 ⑤ 盈盈秋水：指眼睛。王实甫《西厢记》："望穿他盈盈秋水，蹙损他淡淡春山。" ⑥ 酸风：语出唐李贺《金铜仙人辞汉歌》："魏官牵车指千里，关东酸风射眸子。" ⑦ 桃花做红雨：语出唐李贺《将进酒》诗："况是青春日将暮，桃花乱落如红雨。" ⑧ 妃葬坡平：用唐玄宗贵妃杨玉环马嵬坡遇兵变被迫自缢而死的典故。 ⑨ 妾堕楼高：用东晋石崇爱姬绿珠在石崇被权臣孙秀害死后跳楼以殉的典故。 ⑩ 徐熙：五代南唐画家，江宁人，一作钟陵人，擅画江湖中汀花水鸟，虫鱼蔬果，论者有"徐熙野逸"之评。 ⑪ 顾曲周郎：此指情郎。周郎，本指三国吴周瑜，史载他精音乐，时有"阕有误，周郎顾"之谚。 ⑫"那关盼盼"二句：关盼盼为唐尚书张愔(旧说或谓其父张建封，非)的爱姬，唐白居易《燕子楼诗序》述张仲素语云："尚书既殁，归葬东洛，而彭城有张氏旧第，第中有小楼名燕子。盼盼念旧爱而不嫁，居是楼十余年，幽独块然。'" ⑬ 便(piān)面：团扇的别名。 ⑭ 锦字书：指前秦女子苏蕙寄给丈夫的织锦回文图诗。 ⑮ 梁园：西汉

梁孝王的园苑，即兔园，为古时名园。此代指侯方域的家乡，因为他是河南商丘人，地近大梁（开封），故云。 ⑯青溪：水名，发源于南京钟山西南，流入秦淮河。旧时与秦淮皆为南京的标志性地名。 ⑰桃根桃叶：东晋王献之的两个爱妾，此代指李香君。 ⑱丁字帘：地名，在南京利涉桥畔，明季为妓女聚居之地。又，丁字帘也是一种帘子，呈丁字形，故名。明清之际诗坛领袖钱谦益入清后作《留题秦淮丁家水阁》诗，有“丁字帘前是六朝”句；“丁字帘前是断桥”，句式与之相似。此处盖语义双关。

《桃花扇》前面的三十出戏基本上都比较热闹，出场人物也较多，有的则矛盾尖锐，斗争剧烈。而《寄扇》则是例外。杨文骢、苏昆生均是下半场才出现，在此之前，场上仅李香君一人，凄凄清清，寂寂寥寥。她独唱了【醉桃源】等九支曲子，都是思念侯方域之真情的流露。

当然有的曲子表面看来与侯方域的关系不那么直接，但反映了兵荒马乱之际，到秦淮河畔旧院寻欢作乐的人也不如从前多了。“血痕一缕在眉梢，胭脂红让娇。孤影怯，弱魂飘，春丝命一条”。自从上次撞头以求一死，受伤颇重，至今迄未痊可也。一个弱女子，在这样的乱世，侯方域又不在身边，而且无确切信息，她感到悲哀是难免的。

“孤影”、“弱魂”云云决非无病呻吟，而是写出了身世的凄凉。作为一名歌妓，本来就无亲人，仅有的假母又被豪门强娶走了，而且是代替自己权充新娘的。有念及此，她既心存感激，也更觉生命的脆弱，真如春丝一样，随时可以被吹断。

“满楼霜月夜迢迢”，夜原无所谓短长，心绪不宁难以入睡，即觉得夜十分长，如酣睡至天明，则夜又十分短也。不能入睡，离愁别恨都上了心头，天明了，心情仍无法随天明而转趋开朗也。

冬天，自然景物本来就呈现一片萧条色彩。在南京，都城被攻破，崇祯帝吊死煤山的消息早传了过来。深得人心的史可法被马、阮一伙排挤到江北，赤手空拳去督师去了，这一切交织成了惶惶不可终日的气氛。香君个人的遭遇又特别坎坷，其心情的凄楚更不是一般人所能领会的。

【驻马听】一曲，孔尚任用了看似平常却别具匠心的神来之笔，把旧院中歌妓们所养的宠物也来描写一番。这些宠物经过精心的调教，自然要学会一些讨好歌妓，尤其是讨好狎客的本领，可以显示出妓院的风雅或豪华，最终目的是使狎客们一掷千金仍旧觉得值得，并不可惜。但这些宠物经过调教，能学会某些技能，但毕竟是动物，也许能稍稍有点鉴貌辨色的本领，却无论如何不可能知道天下大势的演变，更不可能知道如何去适应新的形势。

因此，香君一心牵挂侯郎而又得不到音讯，愁病交困中，拿定了“妆楼再不许风情闹”的主意。但是鹦鹉却全然不知，依旧“呼茶声自巧”，白色的狸猫也全然

不知，依旧“偎枕睡偏牢”，这样就使得香君更思念侯方域，更感到凄凉孤单。

【沉醉东风】、【雁儿落】、【得胜令】三曲抒发思念侯方域之缠绵情愫，偶有欢娱恩爱的回忆。为了等待侯方域，她经历了多少折磨？付出了多少沉重的代价？一一铺叙也觉琐碎，突出“得保住这无瑕白玉身，免不得揉碎如花貌”那一场惊险万状的灾祸就足够了。

永远忘不了那一次田府强娶，她自己撞头以求一死的场面，想到侯方域赠扇以为信物，原是顺理成章，势所必然。她“独坐无聊，不免取出侯郎诗扇，展看一回”。这才发现扇面“都被血点儿污坏了”，她手足无措，不知如何是好。

【乔牌儿】则为香君凝视扇上的血迹所唱之曲。“疏疏密密，浓浓淡淡”八个字为下面杨文骢顺手在扇面血迹上勾勒几笔，又添些枝叶，即画成折枝桃花，作了必要的铺垫。

当香君困倦睡去后，杨文骢、苏昆生先后出场。（先后次序如此安排，原有讲究，杨文骢画成桃花扇，香君才能请苏昆生携带此扇去寻访侯方域）杨文骢此时看到那柄扇上“面血溅污”，却又“红艳非常”，就想“添些枝叶”、“点缀起来”，苏昆生为之凑趣，“采摘盆草，扭取鲜汁，权当颜色”。画成之后，苏昆生对之颇为欣赏，给予“真乃桃花扇”的评价。史籍记载，杨文骢好交游，与马士英为姻亲，故干马士英者多缘以进，正人君子对他颇有微词；但剧中他加工了侯方域赠予香君的诗扇，成为一柄桃花扇，千秋风流韵事由此流传不衰，也可以说有一份功劳。

香君醒来，扇已画好。杨文骢说“有画扇一柄，奉赠妆台”，香君看了画，惊喜之余，对杨文骢表示了谢意。

话说回来，剧中的杨文骢究竟不是砥砺名节之士，他虽然同情李香君，但并不理解侯、李之间的坚贞爱情，反而劝香君不要青春守寡。其实，他也太不知趣了，通过上次田仰迎娶的悲剧，他应该知道香君在这个最重大的关键问题上是决不会改变主意的。她以燕子楼中守节的关盼盼自比，令杨文骢忍不住感叹：“香君这段苦节，今世少有。”

苏昆生是河南人，世乱还乡，顺便寻访侯方域，他要香君修书一封带去，也有道理。香君通文理，却自称“言出无文”，确实，纵有千言万语，又何从下笔。杨文骢代笔亦不妥，这儿女私情岂是第三人可代写得出的。

香君忽然想到，既然“奴的千愁万苦，俱在扇头”，即以此扇代书信，岂非妙不可言。因为扇上桃花最能说明一切，胜过山盟海誓，胜过千言万语。更何况扇为侯郎所赠，而且整个故事情节也是环绕桃花扇而展开的。于是“新书远寄桃花扇，旧院常关燕子楼”，全出至此结束。

（蒋星煜）

桃 花 扇

孔尚任

第二十四出 骂 筵

(副净扮阮大铖吉服上)

【缕缕金】风流代,又遭逢。六朝金粉样,我偏通。管领烟花,衔名供奉①。簇新新帽乌衬袍红,皂皮靴绿缝,皂皮靴绿缝。(笑介)

我阮大铖,亏了贵阳相公破格提挈②,又取在内庭供奉,今日到任回来,好不荣耀。且喜今上性喜文墨,把王铎补了内阁大学士,钱谦益补了礼部尚书。区区不才,同在文学侍从之班,天颜日近,知无不言。前日进了四种传奇,圣心大悦,立刻传旨,命礼部采选宫人,要将《燕子笺》被之声歌,为中兴一代之乐。我想这本传奇,精深奥妙,倘被俗手教坏,岂不损我文名。因而乘机启奏:"生口不如熟口,清客强似教手。"圣上从谏如流,就命广搜旧院,大罗秦淮,拿了清客妓女数十余人,交与礼部拣选。前日验他色艺,都只平常,还有几个有名的,都是杨龙友旧交,求情免选,下官只得勾去。昨见贵阳相公说道:"教演新戏是圣上心事,难道不选好的,倒选坏的不成。"只得又去传他,尚未到来。今乃乙酉新年人日佳节,下官约同龙友,移樽赏心亭,邀俺贵阳师相,饮酒看雪。早已吩咐把新选的妓女,带到席前验看。正是:花柳笙歌隋事业,谈谐裙屐晋风流。(下)(老旦扮卞玉京道妆背包急上)

【黄莺儿】家住蕊珠宫,恨无端业海风,把人轻向烟花送。喉尖唱肿,裙腰舞松,一生魂在巫山洞。俺卞玉京,今日为何这般打扮?只因朝廷搜拿歌妓,逼俺断了尘心。昨夜别过姊妹,换上道妆,飘然出院,但不知那里好去投师。望城东云山满眼,仙界路无穷。

(飘摇下)(副净、外、净扮丁继之、沈公宪、张燕筑三清客上)

【皂罗袍】(副净)正把秦淮箫弄,看名花好月,乱上帘栊。凤纸签名唤乐工③,南朝天子春心动。我丁继之年过六旬,歌板久抛,前日托过杨老爷,免我前往,怎的今日又传起来了?(外、净)俺两个也都是免过的,不知又传,有何话说?(副净拱介)两位老弟,大家商量,我们一班清客,感动皇爷,召去教歌,也不是容易的。(外、净)正是。(副

净)二位青年上进,该去走走,我老汉多病年衰,也不望甚么际遇了。今日我要躲过,求二位遮盖一二。(外)这有何妨,太公钓鱼,愿者上钩。(净)是,是! 难道你犯了王法,定要拿去审问不成?(副净)既然如此,我老汉就回去了。(回行介)急忙回首,青青远峰。逍遥寻路,森森乱松。(顿足介)若不离了尘埃,怎能免得牵绊。(袖出道巾、黄绦换介)(转头呼介)二位看俺打扮罢,道人醒了扬州梦[④]。(摇摆下)

(外)咦! 他竟出家去了,好狠心也。(净)我们且坐廊下晒暖,待他姊妹到来,同去礼部过堂。(坐地介)(小旦扮寇白门)(丑扮郑妥娘)(杂扮差役跟上)(小旦)桃片随风不结子,(丑)柳绵浮水又成萍。(望介)你看老沈、老张不约俺一声儿,先到廊下向暖,我们走去,打他个耳刮子。(相见诨介)(外问杂介)又传我们到那里去?(杂)传你们到礼部过堂,送入内庭教戏。(外)前日免过俺们了。(杂)内阁大老爷不依,定要借重你们几个老清客哩。(净)是那几个?(杂)待我瞧瞧票子。(取票看介)丁继之、沈公宪、张燕筑。(问介)那姓丁的如何不见?(外)他出家去了。(杂)既出了家,没处寻他,待我回官罢!(向净、外介)你们到了的,竟往礼部过堂去。(净)等他姊妹们到齐着。(杂)今日老爷们秦淮赏雪,吩咐带着女客,席上验看哩。(外、净)既是这等,我们先去了。正是:传歌留乐府,擪笛傍宫墙[⑤]。(下)(杂看票问小旦介)你是寇白门么?(小旦)是。(杂问丑介)你是卞玉京么?(丑)不是,我是老妥。(杂)是郑妥娘了。(问介)那卞玉京呢?(丑)他出家去了。(杂)咦! 怎么出家的都配成对儿?(问介)后边还有一个脚小走不上来的,想是李贞丽了?(小旦)不是,李贞丽从良去了!(杂)我方才拉她下楼,她说是李贞丽,怎的又不是?(丑)想是她女儿顶名替来的。(杂)母子总是一般,只少不了数儿就好了。(望介)她早赶上来也。

【忒忒令】(旦)下红楼残腊雪浓,过紫陌早春泥冻。不惯行走,脚儿十分痛。传凤诏选蛾眉[⑥],把丝鞭,骑骄马,催花使乱拥。

奴家香君,被捉下楼,叫去学歌,是俺烟花本等,只有这点志气,就死不磨。(杂喊介)快些走动!(旦到介)(小旦)你也下楼了,屈尊,屈尊。(丑)我们造化,就得服侍皇帝了。(旦)情愿奉让罢。(同行介)(杂)前面是赏心亭了,内阁马老爷,光禄阮老爷,兵部杨老爷,

少刻即到。你们各人整理伺候。(杂同小旦、丑下)(旦私语介)难得他们凑来一处,正好吐俺胸中之气。

【前腔】赵文华陪着严嵩,抹粉脸席前趋奉。丑腔恶态,演出真《鸣凤》[7]。俺做个女祢衡,挝渔阳[8],声声骂,看他懂不懂。(净扮马士英)(副净扮阮大铖)(末扮杨文骢)(外、小生扮从人喝道上)(旦避下)

(副净)琼瑶楼阁朱微抹,(末)金碧峰峦粉细勾。(净)好一派雪景也。(副净)这座赏心亭,原是看雪之所。(净)怎么原是看雪之所?(副净)宋真宗曾出周昉雪图,赐与丁谓。说道:"卿到金陵,可选一绝景处张之。"因建此亭。(净看壁介)这壁上单条,想是周昉雪图了。(末)非也。这是画友蓝瑛新来见赠的。(净)妙,妙!你看雪压钟山,正对图画,赏心胜地,无过此亭矣。(末吩咐介)就把炉、榼、游具,摆设起来。(外、小生设席坐介)(副净向净介)荒亭草具,恃爱高攀,着实得罪了。(净)说那里话。可笑一班小人,奉承权贵,费千金盛设,十分丑态,一无所取,徒传笑柄。(副净)晚生今日扫雪烹茶,清谈攀教,显得老师相高怀雅量,晚生辈也免了几笔粉抹。(净)呵呀!那戏场粉笔,最是厉害,一抹上脸,再洗不掉,虽有孝子慈孙,都不肯认做祖父的。(末)虽然厉害,却也公道,原以儆戒无忌惮之小人,非为我辈而设。(净)据学生看来,都吃了奉承的亏。(末)为何?(净)你看前辈分宜相公严嵩,何尝不是一个文人,现今《鸣凤记》里抹了花脸,着实丑看,岂非赵文华辈奉承坏了。(副净打恭介)是,是!老师相是不喜奉承的,晚生惟有心悦诚服而已。(末)请酒!(同举杯介)(副净问外介)选的妓女,可曾叫到了么?(外禀介)叫到了。(杂领众妓叩头介)(净细看介)(吩咐介)今日雅集,用不着他们,叫他礼部过堂去罢。(副净)特令到此伺候酒席的。(净)留下那个年小的罢。(众下)(净问介)他唤什么名字?(杂禀介)李贞丽。(净笑介)丽而未必贞也。(笑向副净介)我们扮过陶学士了,再扮一折党太尉何如[9]?(副净)妙,妙!(唤介)贞丽过来斟酒唱曲。(旦摇头介)(净)为何摇头?(旦)不会。(净)呵呀!样样不会,怎称名妓?(旦)原非名妓。(掩泪介)(净)你有甚心事,容你说来。

【江儿水】(旦)妾的心中事,乱似蓬,几番要向君王控。拆散夫

妻惊魂迸，割开母子鲜血涌，比那流贼还猛。做哑装聋，骂着不知惶恐。

(净)原来有这些心事。(副净)这个女子却也苦了。(末)今日老爷们在此行乐，不必只是诉冤了。(旦)杨老爷知道的，奴家冤苦，也值当不的一诉。

【五供养】堂堂列公，半边南朝，望你峥嵘。出身希贵宠，创业选声容，《后庭花》又添几种。把俺胡撮弄，对寒风雪海冰山，苦陪觞咏。

(净怒介)哇！这妮子胡言乱道，该打嘴了。(副净)闻得李贞丽，原是张天如、夏彝仲辈品题之妓，自然是放肆的。该打，该打！(末)看他年纪甚小，未必是那个李贞丽。(旦恨介)便是他待怎的！

【玉交枝】东林伯仲，俺青楼皆知敬重。干儿义子从新用，绝不了魏家种。(副净)好大胆，骂的是那个？快快采去丢在雪中。(外采旦推倒介)(旦)冰肌雪肠原自同，铁心石腹何愁冻。(副净)这奴才，当着内阁大老爷这般放肆，叫我们都开罪了。可恨，可恨！(下席踢旦介)(末起拉介)(净)罢，罢！这样奴才，何难处死，只怕妨了俺宰相之度。(末)是，是！丞相之尊，娼女之贱，天地悬绝，何足介意。(副净)也罢！启过老师相，送入内庭，拣着极苦的脚色，叫他去当。(净)这也该的。(末)着人拉去罢。(杂拉旦介)(旦)奴家已拚一死。吐不尽鹃血满胸[10]，吐不尽鹃血满胸。(拉旦下)

(净)好好一个雅集，被这奴才搅乱坏了。可笑，可笑！(副净、末连三揖介)得罪，得罪！望乞海涵，另日竭诚罢。(净)兴尽宜回春雪棹，(副净)客羞应斩美人头。(净、副净、从人喝道下)(末吊场介)可笑香君才下楼来，偏撞两个冤对，这场是非免不了的。若无下官遮盖，香君性命也有些不妥哩。罢，罢！选入内庭，倒也省了几日悬挂。只是媚香楼无人看守，如何是好？(想介)有了，画友蓝瑛托俺寻寓，就接他暂住楼上，待香君出来，再作商量。

赏心亭上雪初融，煮鹤烧琴宴巨公。

恼煞秦淮歌舞伴，不同西子入吴宫。

〔注〕 ① 供奉：以某种技艺侍奉帝王。唐宋时职官亦有供奉之名。 ② 贵阳相公：指马士英。马为贵州贵阳人。 ③ 凤纸：绘有金凤的名贵纸张，唐时文武官诰及道教青词用之。

后亦代指帝王诏旨。 ④ 扬州梦：典出唐杜牧《遣怀》诗："十年一觉扬州梦，赢得青楼薄幸名。" ⑤ 擪(yè)笛：指吹奏笛子。擪，按。 ⑥ 凤诏：帝王的诏书。晋陆翙《邺中记》："石季龙与皇后在观上，为诏书五色纸，著凤口中，凤既衔诏，侍人放数百丈绯绳，辘轳回转，凤凰飞下，谓之凤诏。" ⑦ 鸣凤：明代传奇《鸣凤记》，作者佚名，或谓王世贞作，写杨继盛、邹应龙等与奸臣严嵩父子的斗争。 ⑧"俺做"二句：祢衡，东汉末人，性孤傲，孔融荐之于曹操，自称狂病，不肯屈就。曹操命其作鼓吏，欲辱之于众前。祢衡乃裸身击鼓，作《渔阳参挝》，复于营门前捶地骂曹。 ⑨"我们"二句：陶学士，即宋初名臣陶穀，曾仕周为翰林学士，党太尉即宋初功臣党进，封太尉。陶穀曾得党进家姬，一日以雪水烹茶，问其党家有此风味否，家姬答称党氏粗人，但知销金帐下浅斟低唱饮美酒而已。 ⑩ 鹃血：传说杜鹃鸟为古蜀君杜宇之魂所化，其声凄苦，常啼至血出。

前面《哄丁》、《侦戏》诸出均为复社文士对阮大铖所作所为之嘲骂。其实，比起阮大铖来，权位更高的马士英，其贪鄙奸诈皆有过之无不及。弘光朝之迅速土崩瓦解，马士英应负主要责任。孔尚任之所以要虚构《骂筵》这出并无历史依据的戏，就是为了对马士英作正面的口诛笔伐。如果不设计这一规定情景，对马士英真太便宜了。回答"三百年之基业，隳于何人？败于何事？消于何年？歇于何地"等问题，便有欠完整。因此《骂筵》实为填补此空白而作，决非可有可无也。

阮大铖有才无德，所作《燕子笺》、《春灯谜》等传奇在明代末年确是相当突出的，很注意结构上的严密，其喜剧风格、喜剧效果一时之间无人能企及。现在从弘光帝一心贪恋女色歌舞引出阮大铖以传奇献媚，为了取得最佳演出效果，又征选秦淮名妓排练。这些情节孔尚任倒是设计得天衣无缝，顺理成章，很经得起推敲。

阮大铖邀杨文骢，原在意中。第一，杨文骢懂得场上歌舞，是个行家。第二，杨文骢和秦淮众歌妓本来就是怪熟悉的老相识。第三，杨文骢是马士英的妹婿，又是阮大铖的盟弟，与阮大铖私交相当不错，在这种场合，少了杨文骢，也会使阮大铖十分不爽。

当然还要邀请马士英，首先是向马士英献媚；其次要让弘光帝观看演出的话，先由马士英看排练，也等于是一次审查。可以看到阮大铖想得相当周到。

一面听唱，一面饮酒赏雪，明明是奸佞勾结，却还假作风雅，令人齿冷。阮大铖自谓："花柳笙歌隋事业，谈谐裙屐晋风流。"隋炀帝在扬州贪恋烟花，终于亡国，前一句还恰如其分；后一句则未免自我感觉太好了，令人作呕。马士英、阮大铖辈较晋代王谢之文采风流相去甚远，无法类比也。

明末民间艺人、歌妓之民族思想均较强烈，在一般大名士忝颜惜命，甚至卖友求荣，甘为马士英辈做鹰犬之际，他们不约而同走上了出世的道路，或隐居，或皈依释道。《骂筵》穿插卞玉京的"飘然出院"，丁继之的"要躲过"，首先是以实际

行动，反对阮大铖他们迎合弘光帝的荒淫享乐，也是为李香君、侯方域后来的入道作必要的铺垫。

《骂筵》者，歌妓李香君骂筵席上的马士英、阮大铖等衮衮诸公也。丁继之唱【皂罗袍】时，尚未开宴。“凤纸签名唤乐工，南朝天子春心动”两句，指弘光皇帝之荒淫无道。崇祯帝吊死煤山之后，南京拥立新的皇帝，对抗南下的清军，原是必要的措施。但在众多皇子皇孙之中究竟立谁，大有选择的余地。马士英辈迎立福王，原非为社稷计，乃是从自己的利益出发。弘光帝就位，对马士英辈感激万分，弘光热衷声色，马士英辈百计迎合，正所谓沆瀣一气。当清兵压境，南京危殆之际，弘光帝居然有闲情逸致，亲笔下诏召乐工，其昏庸荒唐可谓旷古罕有。可以认为丁继之已经在骂了，不过骂得文雅些、含蓄些，实际上是为李香君的骂筵先来一支序曲。

众歌妓先后奉诏来到时，香君是最后才到，这样让她处于引人注目的地位。差役们由此有所议论，她究竟是李贞丽？还是李香君？谁都吃不准。这一穿插，和《守楼》有关的曲文、科介是彼此呼应的。

香君得知马士英、阮大铖等即将来到，反倒很高兴。因为“他们凑在一起，正好吐俺胸中之气”。她唱了一曲【忒忒令】，骂阮大铖对马士英就如“赵文华陪着严嵩，抹粉脸席前趋奉”，真的像把《鸣凤记》重新搬上了舞台一样。这时香君已下了决心，打算学一学东汉末年击鼓骂曹操的祢衡，痛骂权奸一番。

为了使细节上也能前后有更多的贯串，此前孔尚任让马士英和阮大铖也议论起严嵩来，还谈到了《鸣凤记》。阮大铖为严嵩开脱，说严嵩原是文人，被赵文华等奉承坏了事，并恬不知耻地说马士英是不喜欢奉承的，他阮大铖也没有奉承，只是对老师相“心悦诚服而已”。这原是比一般谄媚之言更肉麻的套话，手法也不新鲜，但马士英听得十分舒服，也实在可笑。

李香君所唱【江儿水】，是骂的开始，控诉情侣拆散之苦、母女离别之恨，妙在不提罪魁祸首，因此马、阮全被蒙在鼓里，没什么气恼的反应。马士英只说：“原来有这些心事。”阮大铖则叹道：“这个女子却也苦了。”倒是杨文骢怕她再唱下去会出事，忙道：“老爷们在此行乐，不必只是诉冤了。”

李香君这下就把问题挑开：“杨老爷知道的。”可想而知，杨文骢这时必定十分尴尬。接下去香君唱一曲【五供养】，把锋芒直指“堂堂列公”，斥责马、阮辈不应该“出身希贵宠，创业选声容”。这时马士英受不了了，发怒惊呼：“该打嘴了。”

阮大铖在边上说了两句话，道李贞丽（其实是李香君）“自然是放肆的”，似乎是为之缓颊，但“该打，该打”的附和，却表明他对唱曲的女子没有什么同情心。

把事情扯到张溥、夏允彝等复社领袖人物身上去，更见出他的险恶用心，他巴不得马士英扩大对东林党遗老与复社文人的打击面。

李香君再唱【玉交枝】："东林伯仲，俺青楼皆知敬重。干儿义子从新用，绝不了魏家种。"因为阮大铖是直接的迫害者，所以成了被骂的重点人物。阮大铖比马士英听了也更不受用，心生恶念，欲置李香君于死地，唤人将她"丢在雪中"，并跑上去狠狠地踢了几脚。幸得杨文骢有心回护，拉开阮大铖，香君才没受更多的苦楚。

马士英也很气恼，但他自命不凡，作出不屑与小女子计较之态，说："这样奴才，何难处死，只怕妨了俺宰相之度。"杨文骢见势，忙顺着他的意思说："丞相之尊，娼女之贱，天悬地绝，何足介意。"阮大铖恨犹未消，提了一个处置办法，将她"送入内庭，拣着极苦的脚色，叫他去当。"这样，香君总算保住性命。

有人认为孔尚任写此一出《骂筵》是受了明徐渭所作杂剧《四声猿》中《狂鼓史渔阳三弄》的影响，有此可能。但《骂筵》情节较曲折，而且所骂更出被骂者意料之外，戏剧性更强。

（蒋星煜）

桃　花　扇

孔尚任

第二十八出　题　　画

（小生扮山人蓝瑛上）美人香冷绣床闲，一院桃开独闭关。无限浓春烟雨里，南朝留得画中山。自家武林蓝瑛[①]，表字田叔，自幼驰声画苑。与贵筑杨龙友笔砚至交，闻他新转兵科，买舟来望，下榻这媚香楼上。此楼乃名妓香君梳妆之所，美人一去，庭院寂寥，正好点染云烟，应酬画债。不免将文房画具，整理起来。（作洗砚、涤笔、调色、揩盏介）没有净水怎处？（想介）有了，那花梢晓露，最是清洁，用他调丹濡粉，鲜秀非常。待我下楼，向后园收取。（手持色盏暂下）（生新衣上）

【破齐阵】地北天南蓬转，巫云楚雨丝牵[②]。巷滚杨花，墙翻燕子，认得红楼旧院。触起闲情柔如草，搅动新愁乱似烟。伤春人正眠。

小生在黄河舟中，遇着苏昆生，一路同行，心忙步急，不觉来到南京。昨晚旅店一宿，天明早起，留下昆生看守行李；俺独自来寻香君，且喜已到院门之外。

【刷子序犯】只见黄莺乱啭，人踪悄悄，芳草芊芊。粉坏楼墙，苔痕绿上花砖。应有娇羞人面，映着他桃树红妍[3]。重来浑似阮刘仙[4]，借东风引入洞中天。

(作推门介)原来双门虚掩，不免侧身潜入，看有何人在内。(入介)

【朱奴儿犯】呀，惊飞了满树雀喧，踏破了一墀苍藓。这泥落空堂帘半卷，受用煞双栖紫燕。闲庭院，没个人传。蹑踪儿回廊一遍，直步到小楼前。

(上指介)这是媚香楼了。你看寂寂寥寥，湘帘昼卷，想是香君春眠未起。俺且不要唤他，慢慢的上了妆楼，悄立帐边。等他自己醒来，转睛一看，认得出是小生，不知如何惊喜哩！(作上楼介)

【普天乐】手拽起翠生生罗襟软，袖拨开绿杨线。一层层栏坏梯偏，一桩桩尘封网罥。艳浓浓楼外春不浅，帐里人儿腼腆。(看几介)从几时收拾起银拨冰弦，摆列着描春容脂箱粉盏，待做个女山人画叉乞钱[5]。

(惊介)怎的歌楼舞榭，改成个书院画轩？这也奇了。(想介)想是香君替我守节，不肯做那青楼旧态，故此留心丹青，聊以消遣春愁耳。(指介)这是香君卧室，待我轻轻推开。(推介)呀！怎么封锁严密，倒像久不开的。这又奇了，难道也没个人看守。(作背手徬徨介)

【雁过声】萧然，美人去远，重门锁云山万千。知情只有闲莺燕。尽着狂尽着颠，问着他一双双不会传言。熬煎，才待转，嫩花枝靠着疏篱颤。(下听介)帘栊响，似有个人略喘。

(瞧介)待我看是谁来。(小生持盏上楼)(惊见介)你是何人，上我寓楼？(生)这是俺香君妆楼，你为何寓此？(小生)我乃画士蓝瑛。兵科杨龙友先生送俺来寓的。(生)原来是蓝田老，一向久仰。(小生问介)台兄尊号？(生)小生河南侯朝宗，亦是龙友旧交。(小生惊介)呵呀！文名震耳，才得会面。请坐请坐！(坐介)(生)我且问你，俺那香君那里去了？(小生)听说被选入宫了。(生惊介)怎、怎的被选入宫了？几时去的？(小生)这倒不知。(生起掩泪介)

【倾杯序】寻遍，立东风渐午天，那一去人难见。(瞧介)看纸破窗棂，纱裂帘幔。裹残罗帕，戴过花钿，旧笙箫无一件。红鸳

衾尽卷，翠菱花放扁[⑥]。锁寒烟，好花枝不照丽人眠。

想起小生定情之日，桃花盛开，映着簇新新一座妆楼，不料美人一去，零落至此。今日小生重来，又值桃花盛开，对景触情，怎能忍住一双眼泪。（掩泪坐介）

【玉芙蓉】春风上巳天[⑦]，桃瓣轻如剪。正飞绵作雪，落红成霰。不免取开画扇，对着桃花赏玩一番。（取扇看介）溅血点作桃花扇，比着枝头分外鲜。这都是为着小生来。携上妆楼展，对遗迹宛然，为桃花结下了死生冤。

（小生）请教这扇上桃花，何人所画？（生）就是贵东杨龙友的点染。（小生）为何对之挥泪？（生）此扇乃小生与香君订盟之物。

【山桃红】那香君呵，手捧着红丝砚[⑧]，花烛下索诗篇。（指介）一行行写下鸳鸯券。不到一月，小生避祸远去，香君闭门守志，不肯见客，惹恼了几个权贵，放一群吠神仙朱门犬。那时硬抢香君下楼，香君着急，把花容呵，似鹃血乱洒啼红怨。这柄诗扇恰在手中，竟为溅血点坏。（小生）可惜可惜！（生）后来杨龙友添上梗叶，竟成了几笔折枝桃花。（拍扇介）这桃花扇在，那人阻春烟。（小生看介）

画的有趣，竟看不出是血迹来。（问介）这扇怎生又到先生手中？（坐）香君思念小生，托他师父到处寻俺，把这桃花扇当了一封锦字书。小生接得此扇，跋涉来访，不想香君又入宫去了。（掩泪介）（末扮杨龙友冠带）（从人喝道上）台上久无秦弄玉[⑨]，船中新到米襄阳[⑩]。（杂人报介）兵科杨老爷来看蓝相公，门外下轿了。（小生慌迎见介）（末上楼见生）（揖介）侯兄几时来的？（生）适才到此，尚未奉拜。（末）闻得一向在史公幕中，又随高兵防河。昨见塘报[⑪]，高杰于正月初十日，已为许定国所杀，那时世兄在那里来？（生）小弟正在乡园，忽遇此变，扶着家父逃避山中，一月有余。恐为许兵踪迹，故又买舟南来。路遇苏昆生，持扇相访，只得连夜赴约。竟不知香君已去。（问介）请问是几时去的？（末）正月人日被选入宫的。（生）到几时才出来？（末）遥遥无期。（生）小生只得在此等他了。（末）此处无可留恋，倒是别寻佳丽罢。（生）小生怎忍负约，但得他一信，去也放心。

【尾犯序】望咫尺青天，那有个瑶池女使[⑫]，偷递情笺。明放着

花楼酒榭，丢做个雨井烟垣。堪怜！旧桃花刘郎又撚[13]，料得新吴宫西施不愿。横揣俺天涯夫婿，永巷日如年。

(末)世兄不必愁烦，且看田叔作画罢。(小生画介)(生、末坐看介)这是一幅《桃源图》？(小生)正是。(末问介)替那家画的？(小生)大锦衣张瑶星先生[14]，新修起松风阁，要裱做照屏的。(生赞介)妙妙！位置点染，别开生面，全非金陵旧派[15]。(小生作画完介)见笑，见笑！就求题咏几句，为拙画生色如何？(生)不怕写坏，小生就献丑了。(题介)原是看花洞里人，重来那得便迷津。渔郎诳指空山路，留取桃源自避秦[16]。归德侯方域题。(末读介)佳句。寄意深远，似有微怪小弟之意。(生)岂敢！(指画介)

【鲍老催】这流水溪堪羡，落红英千千片。抹云烟，绿树浓，青峰远。仍是春风旧境不曾变，没个人儿将咱系恋。是一座空桃源，趁着未斜阳将棹转。(起介)

(末)世兄不要埋怨，而今马、阮当道，专以报仇雪恨为事，俺虽至亲好友，不敢谏言。恰好人日设席，唤香君供唱，那香君性气，你是知道的，手指二公一场好骂。(生)呵呀！这番遭他毒手了。(末)亏了小弟在旁，十分劝解，仅仅推入雪中，吃了一惊。幸而选入内庭，暂保性命。(向生介)世兄既与香君有旧，亦不可在此久留。(生)是，是！承教了。(同下楼行介)

【尾声】热心肠早把冰雪咽，活冤业现摆着麒麟楦[17]。(收扇介)俺且抱着扇上桃花闲过遣。(竟下介)

(末)我们别过蓝兄，一同出去罢。(生)正是忘了作别。(作别介)请了！(小生先闭门下)(生、末同行介)

(生)重到红楼意惘然，(末)闲评诗画晚春天。

(生)美人公子飘零尽，(末)一树桃花似往年。

〔注〕 ① 武林：即今浙江杭州。 ② 巫云楚雨：喻男女欢爱。典出战国楚宋玉《高唐赋序》。 ③“应有”二句：唐孟启《本事诗》载士人崔护清明游都城南庄，扣门求饮，有送水女子眉目传情；次年复至，则门墙如故，而其人不可复见，因题诗于门曰：“去年今日此门中，人面桃花相映红。人面不知何处去，桃花依旧笑春风。” ④ 阮刘：东汉人阮肇、刘晨。传说他们入天台山采药迷路，遇二仙女，留居半载，及归家，则时已入晋，子孙已历七世。 ⑤ 画叉：宋苏轼与秦观书曾言己初贬黄州，恐月钱不够用，遂将四千五百钱平分三十份悬于梁上，每日以画叉挑取一份用之，有余则积存起来，待客至之时再用。词即用此典。 ⑥ 菱花：指镜子。 ⑦ 上

巳：节日名，旧历三月的第一个巳日，古时有在这天修禊玩赏的习俗。魏晋以后此节固定为三月三日。 ⑧ 红丝砚：一种名砚，产于山东益都，装入墨盒，磨好的墨汁可数日不干。 ⑨ 秦弄玉：即春秋时秦穆公的女儿弄玉，嫁善吹箫的萧史为妻，从之学吹箫作凤鸣，一日吹箫引凤，双双仙去。后因以"弄玉"代指精于音乐的女子。 ⑩ 米襄阳：北宋著名书画家米芾，祖籍太原，迁居襄阳，后定居润州，号襄阳漫士、鹿门居士、海岳外史，世称米襄阳。此代指蓝瑛。 ⑪ 塘报：明朱国桢《涌幢小品·塘报》："今军情紧急走报者，国初有刻期百户所，后改曰塘报。" ⑫ 瑶池：传说中神仙所居之地。 ⑬ 桃花刘郎：用唐刘禹锡事。刘禹锡被贬谪朗州，十年后奉召回京，作诗云："玄都观里桃千树，尽是刘郎去后栽。"遭政敌攻击，再贬远州。后复被召回京任职，又作诗云："种桃道士归何处？前度刘郎今又来。" ⑭ 大锦衣：指锦衣卫都指挥。锦衣卫与东、西厂为明代著名的特务机构。 ⑮ 金陵旧派：指五代宋初画家巨然为代表的南方山水画派。因巨然为江宁人，又因清初画坛有金陵八家，故此派称"金陵旧派"。 ⑯"原是"四句：此为题《桃源图》之绝句，句意自晋陶渊明《桃花源记》生发出。 ⑰ 麒麟楦：喻徒有其表而不中用的人。唐冯贽《云仙杂记·麒麟楦》引《朝野佥载》："唐杨炯每唤朝士为麒麟楦。或问之，曰：'今假弄麒麟者，以修饰其形，覆之驴上，宛然异物。及去其皮，还是驴耳。"

《桃花扇》一剧中，在侯、李分别后，《守楼》、《寄扇》等出都是写香君对侯方域的刻骨相思，而离开南京北上的侯方域对香君又何尝忘情呢？但是大半部戏过去了，却没有一出戏对此展开充分的描写，直到第二十八出《题画》才有了交代。

此前的一出为《逢舟》，携桃花扇去为香君寻访侯方域的苏昆生，在兵荒马乱中居然遇到了侯方域。至于先遇到的李贞丽，她自己称："妾心厌倦烟花，伴着老兵度日，却也快活。"也算是有了归宿，作者就不再在她身上花笔墨了。

此刻侯方域回南京，当然仍有危险，但留在河南，也不安全，许定国手下人不会放过他。既然香君万分惦念着他，那么就与苏昆生一起回南京也好。他哪里知道苏昆生离南京北上之后，香君又受了那么许多折磨！

侯方域清早到达旧院门外之时，这"巷滚杨花，墙翻燕子"的烂漫春光，使他觉得"红楼旧院"还是和从前一样可爱。想起两情缱绻的往事，他感到心如柔草，但别后世事多变，国步维艰，又让他愁似乱烟。行到院门前，他又想象心上人伤春伤别，正倦而卧眠。

由于香君被选进内府之后，喜欢书画的杨文骢请画家蓝瑛来此暂住，所以里里外外并没有显露出十分荒芜、冷落的气氛。但是，"人踪悄悄，芳草芊芊"，终觉静得出奇。"应有娇羞人面"，事实上却没有。侯方域没有想到此来已是"人面不知何处去"，仍一步一步往香君原来的香闺走去。

周遭依然没见一个人，庭院成了莺儿和燕子的乐园了。即使香君迟睡未起，那么也应该有人通报一声有客来访啊！但是"闲庭院，没个人传"，不免令侯方域感到困惑。

不过他想，据苏昆生所说，香君仍应在媚香楼，不管怎样，上去就能见到她了。于是他轻脚轻手走上楼去，准备给香君一个意外的惊喜。

哪知却是侯方域自己感到意外。原来屋中有了一些显著的变化。楼梯栏杆坏了也没人修理，四处都是积尘蛛网也没有人打扫。再看几上陈设，也和从前不同，乐器也不摆在那里了，却放着些作画的颜料。他起初怀疑香君在学画以排遣春愁。直到推不开香君原来的卧室，他才断定“美人去远”了。

一直以为能够马上和心上人会面的侯方域来到这里，却发现自己的满心希望竟然完全落空，自然惆怅万分。他叹息“知情只有闲莺燕”，“问着他一双双不会传言”，令自己心中如受熬煎。直到和被杨文骢请来照看媚香楼的蓝瑛见面，他才知道香君已被选入宫中，但详情则仍不得而知。想到当初两人定情之时正是桃花盛开的春日，如今重来，又值桃花绽放，怎能不触绪伤怀，忍不住“取开画扇，对着桃花赏玩一番”。他和香君，可以说是“为桃花结下死生冤”。

如此，仍不足以写尽侯方域相思之苦，于是作者让蓝瑛对侯方域连发“请教这扇上桃花何人所画”、“为何对之挥泪”二问，侯方域则唱【山桃红】作答，这样侯方域就有充分发挥的余地。

揆作者之意，本出的一个作用是对侯方域的品格作一定程度的修补。《却奁》出中侯方域立场不坚定，有失正直之士的风范，香君则坚决不收受阮大铖的馈赠（也就是不接受阮大铖的收买），退掉妆奁，显得大义凛然。《题画》出中，让侯方域单独出面，一抒对香君的思念，也就完成了对男主人公忠于爱情的人物形象的完满刻画。

侯方域这次重到媚香楼，目睹人去楼空，感情悲戚出乎内心。他决心在媚香楼耐心等待香君出宫，不辜负香君对他的一片真心。这时杨文骢乘官轿来看蓝瑛，与侯方域重又相见。作为原介绍人的杨文骢居然劝侯方域：“此处无可留恋，倒是别寻佳丽罢。”这两句话哪有丝毫人情味，更不说名士风度了。

侯方域毕竟不肯做负心汉，【尾犯序】再一次咏叹触景伤怀、生离死别之痛苦。知道香君归来难有确期，这苦苦等待的日子实在难以度过。

杨文骢不理解侯方域、李香君之间的相爱真情，十分轻巧地劝他：“不必愁烦，且看田叔作画罢。”侯方域就不和他多谈了。

正好蓝瑛画的是《桃源图》，还请侯方域为之题诗一首。侯方域为《桃源图》题了诗，相当含蓄地批评了杨文骢，表示自己仍旧清醒得很，不会糊涂到随便轻信“渔郎”的指点。

杨文骢察觉到了侯方域“似有微怪小弟之意”，怕他把自己视为马、阮的走

狗，便向他表白一番，说当时“十分劝解”，为香君说了许多好话，才使她保住性命。并告诉他“既与香君有旧，亦不可在此久留”。杨文驄的这几句话，倒也是好意，侯方域遂应道“是，是！承教了”，唱出“俺且抱着扇上桃花闲过遣”而结束【尾声】。

过去曾有人认为《题画》可有可无，若干改编本也常不保留此一关目。笔者则以为此出决不可少。为与《寄扇》前后呼应计，为渲染悲剧气氛计，为使侯方域人物性格完整计，为使全剧组织结构严密无间计，《题画》均不可少也。

（蒋星煜）

桃　花　扇　　　孔尚任

第三十八出　沉　　江

（外扮史可法毡笠急上）（回头望介）

【锦缠道】望烽烟，杀气重，扬州沸喧。生灵尽席卷，这屠戮皆因我愚忠不转。兵和将，力竭气喘，只落了一堆尸软。俺史可法率三千子弟，死守扬州，那知力尽粮绝，外援不至。北兵今夜攻破北城，俺已满拚自尽，忽然想起明朝三百年社稷，只靠俺一身撑持，岂可效无益之死，舍孤立之君。故此缒下南城，直奔仪真[①]，幸遇一只报船，渡过江来。（指介）那城阙隐隐，便是南京了。可恨老腿酸软，不能走动，如何是好？（惊介）呀！何处走来这匹白骡，待俺骑上，沿江跑去便了。（骑骡）（折柳作鞭介）跨上白骡鞯，空江野路，哭声动九原[②]。日近长安远[③]，加鞭，云里指宫殿。

（副末扮老赞礼背包裹跑上）残年还避乱，落日更思家。（外撞倒副末介）（副末）呵哟哟！几乎滚下江去。（看外介）你这位老将爷好没眼色！（外下骡扶起介）得罪，得罪！俺且问你，从那里来的？（副末）南京来的。（外）南京光景如何？（副末）你还不知么，皇帝老子逃去两三日了。目下北兵过江，满城大乱，城门都关的。（外惊介）呵呀，这等去也无益矣！（大哭介）皇天后土，二祖列宗，怎的半壁江山也不能保住呀！（副末惊介）听他哭声，倒像是史阁部。（问介）你是史老爷么？（外）下官便是。你如何认得？（副末）小人是太常寺一个老赞礼，曾在太平门外伺候过老爷的。（外认介）是呀！那日恸哭先帝，便是老兄了。（副末）不敢。请问老爷，为何这

般狼狈？（外）今夜扬州失陷，才从城头缒下来的。（副末）要向那里去？（外）原要南京保驾，不想圣上也走了。（顿足哭介）

【普天乐】撇下俺断篷船，丢下俺无家犬。叫天呼地千百遍，归无路，进又难前。（登高望介）那滚滚雪浪拍天，流不尽湘累怨[④]。（指介）有了，有了！那便是俺葬身之地。胜黄土，一丈江鱼腹宽展。（看身介）俺史可法亡国罪臣，那容的冠裳而去。（摘帽脱袍靴介）摘脱下袍靴冠冕。（副末）我看老爷竟像要寻死的模样。（拉住介）老爷三思，不可短见呀！（外）你看茫茫世界，留着俺史可法何处安放？累死英雄，到此日看江山换主，无可留恋。（跳入江翻滚下介）

（副末呆望良久抱靴帽袍服哭叫介）史老爷呀，史老爷呀！好一个尽节忠臣，若不遇着小人，谁知你投江而死呀！（大哭介）（丑扮柳敬亭携生忙上）偷生辞狱吏，避乱走天涯。（末扮陈贞慧）（小生扮吴应箕）（携手忙上）日日争门户，今年傍那家？（生呼介）定兄，次兄，日色将晚，快些走动。（末、小生）来了。（丑）我们出狱，不觉数日，东藏西躲，终无栖身之地。前面是龙潭江岸，大家商量，分路逃生罢！（末）是，是。（见副末介）你这位老兄，为何在此恸哭？（副末）俺也是走路的，适才撞见史阁部老爷投江而死，由不的伤心哭他几声。（生）史阁部怎得到此？（副末）今夜扬州城陷，逃到此间，闻的皇帝已走，跺了跺脚，跳下江去了。（生）那有此事？（副末指介）这不是脱下的衣服靴帽么！（丑看介）你看衣裳里面，浑身朱印。（生）待俺认来。（读介）钦命总督江北等处兵马内阁大学士兼兵部尚书印。（生惊哭介）果然是史老先生。（末）设上衣冠，大家哭拜一番。（副末设衣冠介）（众拜哭介）

【古轮台】（合）走江边，满腔愤恨向谁言？老泪风吹面，孤城一片，望救目穿。使尽残兵血战，跳出重围，故国苦恋。谁知歌罢剩空筵，长江一线，吴头楚尾路三千。尽归别姓，雨翻云变。寒涛东卷，万事付空烟。精魂显，《大招》声逐海天远[⑤]。（生拍衣冠大哭介）

（丑）阁部尽节，成了一代忠臣。相公不必过哀，大家分手罢！（生指介）你看一望烟尘，叫小生从那里归去？（末）我两人绕道前来，

只为送兄过江，今既不能北上，何不随俺南行。（生）这纷纷乱世，怎能终始相依？倒是各人自便罢。（小生）侯兄主意若何？（生）我和敬亭商议，要寻一深山古寺，暂避数日，再图归计。（副末）我老汉正要向栖霞山去，那边地方幽僻，尽可避兵，何不同往？（生）这等极妙了。（末、小生）侯兄既有栖身之所，我们就此作别罢！（拜别介）伤心当此日，会面是何年？（末、小生掩泪下）（生问副末介）你到栖霞山中，有何公干？（副末）不瞒相公说，俺是太常寺一个老赞礼，只因太平门外哭奠先帝之日，那些文武百官，虚应故事；我老汉动了一番气恼，当时约些村中父老，捐施钱粮，趁着这七月十五日，要替崇祯皇帝建一个水陆道场。不料南京大乱，好事难行，因此携着钱粮，要到栖霞山上，虔请高僧，了此心愿。（丑）好事，好事！（生）就求携带同行便了。（副末）待我收拾起这衣服靴帽着。（丑）这衣服靴帽你要送到何处去？（副末）我想扬州梅花岭[6]，是他老人家点兵之所，待大兵退后，俺去招魂埋葬，便有史阁部千秋佳城了。（生）如此义举，更为难得。（副末背袍靴等）（生、丑随行介）

【余文】山云变，江岸迁，一霎时忠魂不见，寒食何人知墓田[7]？

（副末）千古南朝作话传， （丑）伤心血泪洒山川。

（生）仰天读罢《招魂》赋[8]，（副末）扬子江头乱暝烟。

〔注〕 ① 仪真：即今江苏仪征。 ② 九原：九州大地。 ③“日近”句：南朝刘义庆《世说新语·夙惠》：“晋明帝数岁，坐元帝膝上。有人从长安来，元帝问洛下消息，……因问明帝：‘汝意谓长安何如日远？’答曰：‘日远。不闻人从日边来，居然可知。’”长安古时多代指京城，此指南京。 ④ 湘纍（lěi）：指战国楚赴水自尽的屈原。湘，湘水。纍，无罪冤死之人。 ⑤ 大招：《楚辞》篇名，汉王逸说是“屈原所作”，后人有不同看法。招，指招魂。 ⑥ 梅花岭：在扬州广储门外，上有史可法衣冠冢。《明史·史可法传》载史可法就义次年，“家人举袍笏招魂，葬于扬州郊外之梅花岭”。 ⑦ 寒食：节日名，清明节前的一天或两天，当天禁火冷食。俗传为纪念介之推而设。 ⑧ 招魂：《楚辞》篇名，汉王逸说是宋玉哀屈原“魂魄放佚”而作，近人则多认为是屈原所作。

《沉江》为《桃花扇》第三十八出，以后还有《入道》、《栖真》、《余韵》三出，但这三出合起来，也并没有多少复杂的情节，只是全剧的篇幅较大的尾声。也就是说《沉江》实际上是全剧的结束了。以桃花扇为信物的这一场风流韵事由于国破家亡而无法再延续下去，而代表明朝坚决抗清的史可法曾经起过较大的作用，曾经被视作民族精神的象征，此时此刻，一切希望均已破灭，于是沉江自尽。从此，南

明弘光朝成了陈迹。

史可法为明朝鞠躬尽瘁，但事与愿违，前面《誓师》一出，他在【贺圣朝】曲中就唱出“两年吹角列营，每日调马催征。军逃客散鬓星星，恨在广陵城”，苍凉悲壮，已预示了其悲剧性结局。

《沉江》实际上是虚构的情节，假定史可法本还寄一线希望于弘光帝，当从他人口中得知南京城破之前，弘光小朝廷已树倒猢狲散，弘光帝本人也早逃窜出城时，他才决定沉江以殉国。从逻辑上说，这样的虚构还是可以成立的。

【天下乐】一曲，史可法把自己比作“断篷船”和“无家犬”，是十分形象化的比喻。船仗篷帆受风而进，史可法在绝望之中，无一事能鼓其劲，无一事不泄其气，确如船之断篷，寸步难进。犬效忠之对象为主人，弘光朝土崩瓦解，使史可法感到已无可以为之效忠的对象，产生了“无家犬”式的幻灭感。认为亡国之臣，不配穿戴冠裳而死，自责甚严。这全方位地塑造了一个穷途末路的忠臣的悲壮形象。

南明弘光朝的事不可为，在扬州城破之前，早就可以看出种种迹象。而根据大量史籍（如全祖望《梅花岭记》等）的记载，史可法是在扬州城破时就以身殉国的，并无脱走欲往南京保驾之事。清代所修《明史》，史可法有传，亦未讳言史可法为清兵所杀。有过一些谣传，称史可法逃出扬州，并未死难，这原是部分民间抗清武装所散布，借以为唤起抗清斗争之手段。孔尚任对这一重要人物的事迹肯定进行过认真的研究，不可能不知他是怎么死的。他在剧中单列《沉江》一出，原有不得已的苦衷。直写史可法死于清兵之手，深恐得罪于朝廷，他出于无奈，才用了这一构思。

由于孔尚任本人在《凡例》中强调：“朝政得失，文人聚散，皆确考时地，全无假借。”所以《桃花扇》一剧向来被推为历史剧的典范。身为历史学家的梁启超注释《桃花扇》时，在此出即大发议论：“云亭著书在康熙中叶，不应于此等大节目尚未考定”，“既作历史剧，与历史事实太违反之纪载终不可为训。”笔者则认为写史可法死于扬州，势必出现清将清兵，场面处理十分困难，得罪朝廷在所难免。在权衡之后，他才采用沉江之说，并不是他认为史可法死于龙潭也。这一苦衷，按常理说，梁启超也应该能理解才对，加以苛责，实在没有必要。

老赞礼的出场，是为了要他作为史可法投江尽忠的目击者，好让他告诉陆续到此的柳敬亭、陈贞慧、吴应箕、侯方域诸人。

史可法跳江自沉，既是虚构，自然孔尚任可以多发挥一点想象力。扬州梅花岭史可法的墓是衣冠冢，孔尚任从此得到启发，处理为脱下冠服而跳江。再就是在场诸人本有“史阁部怎得到此”的疑虑，所以又查看了脱下的衣裳，果然发现

“钦命总督江北等处兵马内阁大学士兼兵部尚书印”，这样的虚构给了人们以铁证如山的印象。

【古轮台】曲是众人为史可法所唱悼歌，又是为明皇朝唱的挽歌。声泪俱下，令人百感凄恻。孔尚任仍旧小心谨慎，避免接触民族矛盾，把清代的取代明朝避重就轻地说成是“尽归别姓”，其实又何止是别姓而已。

剧中安排柳敬亭等人作为史可法沉江的见证，史可法的沉江乃为写他们的归隐或出家增加了砝码，因为史可法这位忠贞的大臣原是他们对明朝的最后一线希望之所系，这最后一线希望既破灭，对尘世也就再无留恋之余地了。

（蒋星煜）

【戏曲家小传】

顾 彩

(1650—1718) 字天石，号补斋、湘槎，又号梦鹤居士。无锡(今属江苏)人。贡生。尝应衍圣公孔毓圻之请，为曲阜孔府西宾。性疏阔，无心仕进，喜读书远游，足迹遍海内。工诗，得力于李白、杜甫、韩愈。尤擅词曲。清康熙二十七年(1688)结识正在淮扬治水的孔尚任，此后交谊日密。孔在京购得唐代胡琴小忽雷，据其本事结构故事，顾氏撰写曲文，合作完成传奇《小忽雷》，今存，又合作了杂剧《大忽雷》，今残存二折。又改孔作《桃花扇》为《南桃花扇》传奇，令生、旦当场团圆，以快观者之目；并作有《楚辞谱》、《后琵琶记》等，皆佚。另有《往深斋诗集》、《鹤边词》存世。编有《草堂嗣响》。

小 忽 雷 孔尚任 顾 彩

第三十二出 秋 宫 拨 怨

（场上设妆台、床、帐等物）（旦宫妆上）

【古调笑】梧桐夜雨寂寞，听来都是魂消。咫尺家园路遥。遥路，遥路，插翅也难飞去！（作挑灯向绣窗针指介）

奴家自入深宫，忽经数载。身在歌楼舞院，心依裙布荆钗。虽蒙圣上恩许放归，未知何日！那梁郎自从宜春院中一番相见，此后信息杳然。料他绝意姻缘，谁敢向宫闱问信！好不伤情也呵。（停针泪介）今昔宫门深闭，秋雨濛濛，灯焰无光，庭梧乱坠。才向绣床针

指，不觉睡魔到来。（欠伸介）不免解去罗衣，且向牙床歇息。（作卸妆解衣就床欲睡介）（内打一更介）（旦睡又起钩帐揩泪介）听外边风雨之声，一发大了。睡又睡不成，满腔心事，欲诉无因，不免取过小忽雷，悄弹一曲。正是：人间无限伤心事，尽在梧桐夜雨中。（起取小忽雷坐床上身拥半衾低弹唱介）

【北一枝花】则听这潇潇雨打窗，淅淅风吹叶。孤灯荧一点，倦眼晕双遮。仇恨千叠，心绪倩谁说！拥寒衾把半幅儿轻拽，那悉阑珊檐马无情也[①]，助俺一声声痛咽！

这小忽雷呵，

【梁州第七】瘦岿岁檀槽漫挟[②]，侧楞筝玉柱偷捻[③]，乍横来膝上浑如铁。把冰弦暗整，纤指轻揲。宫商悄换，角徵微叶[④]。待弹个古明妃出塞分别，待弹个小文姬思汉呜咽，待弹个绿珠儿楼坠伤嗟。便弹得弦断心绝，怎诉尽其中郁结！叹生来命薄无如妾，欲诉除非天也。待叫破层云帝座彻，俺又怕雷迅风烈。

想起梁郎那亲事呵，

【牧羊关】生小联鸳谱，婴年受凤牒。须不是无媒少聘莽饶舌，现放着同气连枝，亲交喜帖。俺不曾窥墙私见影[⑤]，掷果偶逢车[⑥]。闻说他少年人多才俊，因此上梦魂中心愿惬。（内打二更介）（旦又弹介）

【菩萨梁州】这段姻缘甫能宁贴，谁料中途顿起磨蜇[⑦]。惨可可将奴凌逼向丹穴[⑧]，声言另许仇门者。那才郎去后音尘绝，要相见甚时节？俺有口浑身怎辩折，泪眼乜邪[⑨]。

可恨哥哥，见奴不肯另配，竟自报名选册，被仇士良那厮，生生上门抢入宫来。

【哭皇天】越越的闷葫芦难猜破，没头鹅生吃跌。送俺去教吹弹是前世孽，投着个女先生当了今世爷。每日价将丝桐不舍。他道俺忒聪明又色艺绝。要博得天颜欢悦，抛闪下共枕同穴。

最可怜是梁郎在宜春院相见之时也！

【乌夜啼】檀郎睹面难亲热[⑩]，好一似梦迷离月被云遮，待近身

未语先呜咽。这时节偷转双睫，眉锁千叠，心系百结，肠又摧裂。那旁人纵是石和铁也，须揾不尽衫襟血！他那里正难决，我这里又遭灭，怕这一番相逢，断送了他少年也。（悲介）（略住又弹介）

【骂玉郎】荒鸡梦冷深深夜[11]，没意绪转伤嗟，照人愁只有那朦胧月。静悄悄针剪歇，闷腾腾理衣褶，扑簌簌泪满颊！

【感皇恩】甚日里槛凤离车，囚鸾遇赦？俺把这歌扇儿停，舞扇儿脱，梅装儿卸[12]。又则怕东君去意决[13]，玉貌易衰歇。生为永巷妾[14]，死葬玉钩斜[15]，魂带杜鹃血。（内打三更介）

（净雨帽、雨衣引一小太监自打雨伞上）闲房灯闪闪，别院鼓沉沉。料得怀春女，秋宵也动心。咱仇士良秋夜巡宫，听得小忽雷音韵枨枨[16]，敢是盈盈未睡？此时皇爷正在观文殿看书，不免引他进御，皇情必然大悦也。（揭帘入介）（旦）仇公公因何深夜至此？（净）万岁爷独坐无聊，有旨选你去侍寝。（旦惊介）呀，前日已有圣旨，教成弟子，放奴出宫，如何矫诏宣我？

【四块玉】你好语支离心乖劣，不奉君王诏，擅将湘帘揭。（净）实是奉旨宣你，你敢抗违不去么？（旦）便做抗违时，咱自有因由说。仇士良快去，这不是你跕的所在！（净怒介）你不奉旨，咱扯也扯你去！（扯介）（旦大怒介）你敢辄近身胡乱扯，俺待把把这忽雷撇！（将小忽雷掷净落地介）（净惊掩额介）

好利害，咱家的头都打破了！（就地拾起小忽雷）（怒介）呵呀呀，好大胆，了不得，把这匙头都掷损了！郑中丞，这是前朝宝器，你敢损坏，当得何罪？扯你见驾去！（旦）便去，谁怕你来！（整衣下床同净行）（做到宫门介）（净）你且在此跪着候旨，咱启奏去！（下）（旦跪介）

【黄庭尾】恨今宵恰把这权奸惹，教俺战兢兢小胆儿难收摄。你看玉墀下多陨叶，长门内少明月。苔茵上没些热，罗袜里湿半截。长夜漏滴不竭，冷萤火明复灭。吓得我发凛凛似鬼拽，心趯趯像虫啮[17]。一阵阵暗风踅[18]，一点点细雨撇。那奸臣正饶舌，怕君王没分别。俺生死关节，只争今夜。这便是做官人

伏侍君王的活罪业！

(净持小忽雷上)圣上有旨:“郑盈盈擅损乐器,念系失手,姑不究。这小忽雷着送往赵二家修去[19]!”咦,造化你了,回院去罢!(旦叩头谢恩下)(净吊场冷笑介)咦,有这等事!俺里边三千宫女,熬的头白眼暗,不能勾见天子之面。这妮子是郑注之妹,俺好意引他进御,他反这等无礼!皇上不赐处分也罢,还叫俺包修乐器。这场愤恨,永世难消!(下)

〔注〕①阑珊:零星。檐马:挂于檐角的铁片,亦称铁马,风吹则作响。②崱屴(zè lì):高耸貌。檀槽:此指小忽雷。③侧楞筝:横扁状。玉柱:筝瑟之类乐器的弦柱,以玉为之。④角徵:中国古代音乐中宫、商、角、徵、羽五声中的二声。叶(xié):同协,指音律协调。⑤窥墙:女子登墙偷看所爱慕的男子。典出宋玉《登徒子好色赋》:“臣里之美者,莫若臣东家之子……然此女登墙窥臣三年,至今未许也。”故后人以为女子爱慕追求男子之典。⑥掷果:《晋书·潘岳传》:“(潘岳)少时挟弹出洛阳道,妇人遇之者,皆连手萦绕,投之以果,遂满载以归。”⑦磨蜇:磨难。⑧丹穴:借为丹炉。此处暗用贞女清之典,喻盈盈守贞难犯。司马迁《史记·货殖列传》:“而巴蜀寡妇清,其先得丹穴,而擅其利数世,家亦不訾。清,寡妇也,能守其业,用财自卫,不见侵犯。秦皇帝以为贞妇而客之,为筑女怀清台。”⑨乜邪:同乜斜,眯着眼斜视。⑩檀郎:此指梁郎。晋人潘岳,小字檀奴,姿仪秀美,故后世以“檀郎”为美男子的代称。⑪荒鸡:半夜不按正常时间啼鸣的鸡,古人以为不祥。⑫梅装:即梅花妆。据唐人韩鄂《岁华纪丽》载,相传南朝宋武帝之女寿阳公主人日卧于含章殿檐下,梅花落于公主额上,成五出之花,拂之不去,故此后遂有梅花之妆。⑬东君:司春之神。⑭永巷:本汉宫中长巷,吕后曾将戚夫人囚禁于此。武帝时,改永巷为掖庭,并设监狱,为幽禁嫔妃宫女之地。后称嫔妃住地,亦名永巷。⑮玉钩斜:地名,在今扬州,相传为隋代埋葬宫女之地。⑯枨(chéng)枨:弦索声。⑰趯(tì):跳。⑱踅(xué):盘旋,来回走。⑲赵二家:唐段安节《乐府杂录》:“郑尝弹小忽雷,偶以匙头脱,送崇仁坊南赵家修理。大约造乐器悉在此坊,其中二赵家最妙。”

孔尚任与顾彩合著的《小忽雷》传奇,叙演唐朝元和年间,有一秀才梁厚本,文武全才。草头医生郑注主动攀亲,要将胞妹郑盈盈许配于他,与之订了婚约。不久,梁生买得一把名贵琵琶“小忽雷”(古代西北少数民族弹拨弦鸣乐器,唐段安节《乐府杂录》:“内库有二琵琶,号大、小忽雷。”),竟为宫中太监仇士良仗势抢去,由此结下冤仇。而郑注却逢迎权奸仇士良,为其烧丹炼汞,还要将盈盈许配仇氏之侄。盈盈矢志不从,郑注便对她百般折磨,罚其看守丹炉。盈盈怒而推倒丹炉,遭到郑注残酷打骂。适逢淮西节度使吴元济叛乱,梁生挟策从军平叛。虽然屡建奇功,取得全胜,但叙功本上名字却被仇太监换成亲信郑注。梁生无奈,愤而赴京赶考。虽然中得进士,却又被仇太监斥落榜外。而仇太监为邀宠固权,又为皇帝广选秀女。郑注便将盈盈报名入选。仇士良将盈盈抢入宫中,充任挡

弹宫女。因其色艺双全，被封为女中丞，为皇帝弹奏小忽雷。但她一心思念梁生。梁生不知，落榜之后，去郑府认亲，却被郑注逐出府门。梁生于宜春院中偶遇盈盈，彼此正欲诉说情怀，却被仇太监发现，将梁生毒打逐出。而且，仇氏迁怒于盈盈，逼其为皇帝侍寝。盈盈怒而反抗，以所弹小忽雷击破仇氏之头。因此，仇氏更加恼恨盈盈。郑注闻之，唯恐受到连累，特设甘露之计，意欲杀死仇士良。结果反被仇氏挟持皇帝，发动甘露之变，杀死郑注及不少朝臣。又将盈盈缢杀，放入木箱，投之御河。幸梁生于河旁垂钓，将木箱打捞上岸，发现盈盈心口微温，忙将其救活，遂结为夫妻。一夕月下，盈盈偷弹小忽雷，被太监听到，报于皇帝。皇帝得知梁生平叛有功，已中进士，与盈盈原有婚约，便封官加爵，钦赐婚配。仇太监为之贺喜，受到梁、郑夫妇严厉谴责。

在全剧之中，第三十二出《秋宫拨怨》是最为精彩的重场戏，塑造了郑盈盈坚贞不屈、光彩照人的艺术形象。她的魅力，并不在于其外表之美，“色艺尤绝”，作者并没有把她只描绘成一个天姿国色的绝代佳人，而是浓彩重笔集中刻画其内在的精神之美，亦即忠于爱情、坚贞不渝的情操和不畏权奸、勇于斗争的可贵品质。而这种情操和品质，正是通过“秋宫拨怨”的抒情描写和反抗侍寝的典型情节表现出来的。

那是一个凄风冷雨灯孤衾寒的暮秋之夜，有家难归、有夫难见的孤苦弱女郑盈盈，被幽禁深宫之中，辗转难眠，百感交集，既有插翅难飞的忧愁悲伤，也有姻缘难就的痛苦怨恨，满腔心事，“愁恨千叠”，举目无亲，向谁诉说！只能是独自悄弹小忽雷，秋宫拨怨！然而，弹奏何曲，又能诉尽无限伤心事呢？待弹个《明妃曲》吧，那西汉宫女王昭君，怀抱琵琶，以身和亲，背井离乡，远嫁匈奴，塞外风寒，青冢寂寞，留下的不也是千古遗恨么？待弹个《文姬思汉》吧，那博学能文、精通音律的东汉才女蔡文姬，夫亡之后，为乱兵所掠，远嫁匈奴，尔后虽由曹操捐金赎回，但所生二子却隔绝于异国他乡，不也是千秋悲愤传至今么？待弹个《绿珠坠楼曲》吧，想当初豪贵石崇对其歌妓绿珠是何等宠爱，但嬖臣孙秀亦垂涎绿珠，索求不得，便唆使赵王司马伦逮捕石崇，绿珠只得跳楼自杀，留下的不也是生离死别的千古悲歌么？然而，即使弹遍这些红颜薄命的悲歌哀曲，又怎能诉尽心中的“郁结”呢？

因为这“郁结”的核心是“想起梁郎那亲事”。她想起彼此的姻缘，并非是窥墙相见、逢车投果的私自相爱，而是不悖于礼有媒有证的合法婚姻。她爱梁生“少年人多才俊”，两人的爱情有坚实的基础，因此盼望“心愿惬”；她想到自己被逼守炉炼丹、另许仇门、幽禁深宫的不幸遭遇，为“博得天朝欢悦”，却忍受着“抛

闪下共枕同穴”爱人的锥心刺骨之苦，不但表明了誓与梁生共生死的坚贞不屈，也流露了对君王的满腔愤懑之情。特别是与梁生在宜春院邂逅相遇时“眉锁千叠，心系百结，肠又摧裂”的生离死别情景，尤其令人刻骨难忘；她盼望“槛凤离车，囚鸾遇赦”，挣脱牢笼，飞出深宫，否则便只能是“生为永巷妾，死葬玉钩斜，魂带杜鹃血”，像汉代戚夫人那样永远囚禁宫中牢狱，像隋代宫女那样葬身扬州荒郊玉钩斜，像亡国之君杜宇死后所化杜鹃那样日夜哀鸣以至嘴边带血。

表面看来，这些描写，仅只是盈盈一人独奏独唱，而且是从【古调笑】至【感皇恩】连唱九支曲子，似乎是无戏可看。但是，曲中所写悲凄的自然景物与唱者的悲愤之情构成充满诗情画意的意境，并且盈盈坚贞不渝的情操，与观者在前数出中所见盈盈当郑注逼其改嫁仇侄时所表现的义正辞严、理直气壮；当偶遇梁生时所发出的“今生不得相从，愿结姻缘于来世”的衷心誓盟；当身陷宫禁、危及贞节时“甘愿一死”的决绝反抗，都是前后一致能相互印证强化的。在婚姻爱情上，她的确是“心如铁石贞”、“生死不相负”的。因而她那如泣如诉的自弹自唱，“声声痛咽”，便能使观众回肠荡气，触动心弦。

特别是此出接下去所写盈盈与仇太监的正面冲突，进而突出了她不畏权奸、勇于斗争的精神，尤为感人之至。剧中仇士良是一个奸慝狠毒、飞扬跋扈的宦官头目。攫取高官厚禄是其全部言行的枢纽，而狐假虎威、媚上欺下则是他实现其狼子野心的根本手段。所以，他对皇帝的荒淫纵乐推波助澜，与其亲信郑注所说“咱们内管家，答应万岁爷，并不消治国安邦的道理。只是炼些长生药，合些采战方，迎合他老人家的意思，便是功劳了”，就是他媚上之术的自我招供。而抢得小忽雷进献皇帝，便加官进爵；广选美女，并以小儿心肝合成春药进献，即得宠左右朝政，便是这番自供的最好注脚。他对忠良贤士残酷迫害，无所不用其极。毒打梁生，抹其军功，斥落榜外，将其“置于死地”；强逼盈盈入宫，逼其侍寝，将其缢杀投河；甘露之变中，“索性把满朝文武杀个绝尽，也教天下晓得咱老子的辣手”等等，都是其狠毒残忍的有力证明。而郑盈盈对权奸仇士良的反动本性具有比较清醒的认识，对其狐假虎威的惯技保持着高度警觉。所以，当他假传圣旨选她“侍寝”时，立即识破了矫诏强宣坏其贞节的阴谋诡计，而有力质问：“如何矫诏宣我？”当仇氏以“抗违”圣旨之罪威吓时，她斩钉截铁地回答：“便做抗违时，咱自有因由说。”当仇氏恼羞成怒强行拉扯时，她把手中小忽雷作为防身之器，击破了仇氏之头，俨然是威武不屈的英勇斗士。当仇氏黔驴技穷唯以“见驾”威胁时，她无所畏惧，从容镇定，“整衣下床”，面君力争。因为她知道自己与仇氏之间是一场“怨如海深，恨似天高”的生死搏斗，虽然敌我之间强弱悬殊，但是自己胸怀浩然

之气，“自有因由说”。在这“只争今夜”的“生死关节”，唯有以死抗争，才能保持“冰清玉洁的心肠”、“顶天立地的名节”。

应该指出，作者对仇士良的揭露，真实地反映了唐代后期宦官专权的社会现实。然而，作者之意却绝非仅限于此，他是借唐代的伤心事来抒发明清易代之际的“万恨千悲”。由凤阳总督马士英与阉党余孽阮大铖狼狈为奸把持朝政的南明弘光小朝廷，其卖官鬻爵、搜刮金银、选歌征舞、捉拿复社文人，同仇太监之流诛杀朝臣、广选美女、迫害梁生、盈盈，阴谋同样奸险，手段同样毒辣。从仇士良身上，可以看到阮大铖的影子。作者对其罪行的揭露，深刻揭示了南明覆亡的原因，热情歌颂了反对权奸误国的斗争精神和不屈志节。这正是《小忽雷》的思想意义的根本所在。而此出则是表现这一题旨的重头戏。（徐振贵）

小 忽 雷　　孔尚任 顾 彩

第三十六出 钓 鱼 得 配

【单调风云会】(生上)世途穷，枳棘栖鸾凤，老却多情种。嗏，短褐杖孤筇，磨灭煞荒丘断垄。小生客寄于此，多亏白、元诸公，时常把酒论诗，聊以度日。只是年过三十，一事无成，想起来不觉百忧交集也。冷淡心情，做不上扬州梦[①]。门前一带流水，直通着御河。喜得今夜月华如昼，不免垂钓一回，多少是好。奚童，取钓竿过来！(丑上)额间包网子，颔下长胡须。大叔无缘叫，奚童照旧呼[②]。相公，钓竿在此！(生垂钓介)咳，俺那有心期伴钓筒，爱的这水面微波皱晚风。(丑旁看指介)

呀，相公你看上流头，黑碌碌的淌出一件四方东西来了！(生收钓介)(内作推箱从右流出介)(生)原来是一支乌箱。奚童，打捞起来，看有何物在内。(丑扯不动介)咦，重得紧哩，相公帮一帮！(生、丑作抬上岸介)(丑)造化，造化！想是那班里一只戏箱，戏台沿河倒在水里，至少也有几件行头在内[③]。明日晒干了，拿到当典里去，就是银子。(生)休多话，打开我瞧。(丑开箱喜介)

【三学士】我说箱儿甚沉重，果然铺绣堆红。你看箱盖紧密，水灌不进，衣服都是干的。(作逐件衣检出介)哎也，一发造化！其间又有金和玉，环佩钗梳百样工。(次取出簪环等物介)咦，下边还有衣服哩。(提介)越发沉沉提不动。(见旦大惊介)摸着一个死人了！甚

尸骸在个中？（生前看介）

呀，谁家一个死女子？月光之下，见他一貌如花，想是死不多时，还好救活。自古道：救人一命，胜造七级浮屠[4]。奚童，你与我挡他起来。（丑怕介）相公莫惹祸！不知谁家尸首，万一有人知道，倒吃人命官司。不如留下他衣服钗环，仍旧放他淴水罢[5]！（生）胡说！半夜三更，有谁知道！且救一救，若救不活，掘坑葬之。（丑作抱旦出箱）（旦略动）（丑惊跌介）哎哟，活鬼动手了！（生摸介）原来颈上有系帛，是缢死的。心口微温，好救，好救！奚童，放正了他，待我接一口气。（丑扶旦）（生接气介）（徐徐解去系帛介）（旦作活微咯介）（丑）好了，活转来了！（生）美人苏醒！（旦微开眼介）

【香柳娘】（低唱）是何人唤侬？是何人唤侬？气回心痛，沉沉半晌浑如梦。（丑）好奇怪，竟说出话来了！（生）此处风露不可停留，和你扶这小娘子到草堂中，灌些汤水去。（丑背衣包同生扶旦缓行作到介）（丑进汤介）娘子请还魂汤！（旦略饮介）（生）小娘子是谁家宅眷？因甚浮尸御河？请道其详！（旦）低声些！念无端薄命，念无端薄命，被遣在深宫，将奴一灵送！（生）原来是一位宫女。可怜，可怜！想皇恩失宠，想皇恩失宠。（旦）奴家虽在宫中，一向为夫守节，誓不进御。（生）一发可敬了！觑着你月貌花容，原来是失群鸾凤。

敢问小娘子尊姓芳名？（旦）奴家郑注之妹，小字盈盈。（生惊细认）（悲介）原来就是盈盈小姐，我的妻呵！（旦认生介）原来官人就是梁郎！（哭介）（生）小姐，我和你自宜春院一见之后呵，

【秋夜月】信不通，宫禁无丝缝。只索打并鬼儿向鸳鸯冢[6]，拚来生和你吹箫共[7]。那离愁万种，说将来泪涌。（旦泣介）

如此说来，郎君信有情人也。使妾闻之，不觉泪下！（生）娘子，从前的话，也不必提了。请问进宫之后何如？

【东瓯令】（旦）奴也曾金阶奏，动圣衷，恩许他年放出宫。（生）既然天恩许放，为何勒死？（旦）郎君不知，只为甘露之变，俺哥哥全家被戮，仇士良矫称奸人之妹，不可存留，逼令勒死，投尸御河。那知道倩金沟一道凉波送。（生）原来如此，谢天谢地！娘子可记得润娘么？（旦）润娘是奴师傅，如何不记得！他与我恩私重。（生）润娘在此，与小生比屋而居。可请他过来，与你梳洗。（旦）正要见他哩，旧人

何得相逢,逢怕是梦魂中。

(生)奚童,快请润娘来!(丑向内介)老娘有请!

【刘泼帽】(小旦上)比邻何事呼声动?天街上画鼓三鼕[8]。(见旦惊介)呀,这是盈盈贤弟,怎得到此?(泪介)(旦)师傅,奴的苦一言难尽。(生)说也话长。只是小生今夜无意中夫妇相逢,润娘,你道喜也不喜?(小旦)贤弟呵,则喜你出离宫禁君恩重。(生)他生不能来,死向御河涛涌。

(小旦)原来是御河流出,死而复苏。怪道你云鬓蓬松,衣裙折绉。待老身与你梳洗整衣则个!(替旦梳髻整衣介)

【泼帽落东瓯】(旦)妆台重整衣衫缝,修饰起倦淡花容。这的是一宵再返华胥梦[9],向人间再得惺松。只是梳洗好了,师傅你送我那里去,避难好潜踪?

(小旦)你二人原是夫妻,今夜天缘配合,十分侥幸。老身做媒,就此星月之卡,成了亲罢!(生)润娘言之有理!(旦)使不得。奴是赐死之人,恐有仇家跟寻到此,累及郎君。再过几时,打听没事才好!(生)这是幽僻之处,谁来寻你!还是依了润娘罢!(旦羞介)(丑)没有傧相,便是我奚童也会赞礼!(小旦)一发好了!(扶旦与生同拜)(丑赞礼介)

【金钱花】(合)星前月下相逢,相逢。夫妻合卺匆匆[10],匆匆。何须花烛影摇红。没傧相,请奚童,新房是草堂中。

【尾声】新人本是娇鸾凤,怎直待摽梅过了嫁东风[11],只落得被底恩情别样浓。(生、旦先下)(小旦吊场)

奚童哥,这段相逢,是怎生起的?(丑)老娘,我也倦得紧了。今晚请回,明日慢慢与你说。

(丑)银河西畔月如钩, 风送飞花水上浮。

(小旦)自是湘灵能鼓瑟[12],烟波无恙钓纶收。

〔注〕 ① 扬州梦:唐代诗人杜牧随牛僧孺出镇扬州时,曾出入青楼,尔后分务洛阳,常追思感旧,谓繁华如梦。故写诗云:"十年一觉扬州梦,赢得青楼薄幸名。" ② 奚童:小奴。③ 行头:演戏所用道具、服装。清李斗《扬州画坊录》载,"戏具谓之行头。行头分衣、盔、杂、把四箱……此之谓江湖行头。盐务自制戏具,谓之内班行头。" ④ 浮屠:即塔。梵语"窣堵坡"。最初为供奉佛骨之用,后来也用于供奉佛像、存藏佛经或保存僧人遗体。 ⑤ 溶水:溶于水,

指任其漂流。涺，溶字之误。《字汇补》："涺，唐穆宗子安王溶，一本作'涺'，盖传写之误也。" ⑥ 鸳鸯冢：指夫妻合葬之墓。晋干宝《搜神记》载，宋康王欲夺韩凭之妻何氏，何氏不从，夫妇自杀。康王故意将二人分葬二坟，相望而不可及。但一夜之间，"便有大梓木生于二冢之端，旬日而大盈抱。屈体相就，根交于下，枝错于上。又有鸳鸯，雌雄各一，恒栖树上，晨夕不去，交颈悲鸣，音声感人"。故称鸳鸯冢。 ⑦ 吹箫共：即共吹箫，指结为夫妻。《列仙传》载，春秋时人萧史，善吹箫作凤鸣。秦穆公以女弄玉妻之，为作凤凰台以居。一夕吹箫引凤，与弄玉共升仙而去。 ⑧ 天街：京城中的街道。画鼓：即更鼓，击之报更。 ⑨ 华胥梦：美梦。《列子·黄帝》："(黄帝)昼寝而梦，游于华胥氏之国……其国无师长，自然而已；其民无嗜欲，自然而已；不知乐生，不知恶死，故无夭殇；不知亲己，不知疏物，故无爱憎；不知背逆，不知向顺，故无利害。" ⑩ 合卺：旧时婚礼饮交杯酒的礼节。把瓠分成两个瓢，叫卺。新婚夫妇各拿一瓢来饮酒，故称合卺。 ⑪ 摽(biào)梅：《周礼·地官·媒氏》："中春之月，令会男女。于是时也，奔者不禁。司男女之无夫家者而会之。"故在此聚会上，女子歌《诗经·召南·摽有梅》"摽有梅，其实七兮。求我庶士，迨其吉兮"，要求男子不要错过择偶的吉日佳期。摽，打落。 ⑫湘灵：湘水女神，传为舜之二妃娥皇、女英死后所化。《楚辞·远游》："使湘灵鼓瑟兮，令海若舞冯夷。"

表面看来，《小忽雷》传奇的结局，是文武全才的才子梁厚本终于荣立军功、科试及第、封官加爵；色艺双全的佳人郑盈盈死而复生，诰命霞帔。才子佳人被钦赐婚配，这似乎也没有脱离"大团圆"的窠臼。而此出正是"大团圆"结局的重要组成部分。但是，实际上，因"钓鱼"而"得配"，却是可传之"奇"，为他剧所罕见。"传奇者，传其事之奇焉者也，事不奇则不传。"(孔尚任《桃花扇小识》)《小忽雷》之奇，莫过于此出。此剧之所以"演未三旬"，观者已有"移情之叹"(《小忽雷·博古闲情》)，与此出情节出奇大有关系。

一般说来，历代王朝的众多宫女之中，禁锢永巷、老死冷宫，或被杀遭刑者不止一二，但将宫女缢死且投尸御河者，却并非常见，此是一奇；不幸女子，死而复生者，或许亦有，但大都是以鬼魂形象出现，而作为活人复苏，却属罕见，此是二奇；即使死而复苏者不乏其例，而侥幸生还，却恰遇所爱郎君，则尤为偶然，此是三奇；与生离死别之郎君邂逅相遇，或有可能，但方始遇救生还，惊魂未定，便喜结连理，则更令人讶异，此是四奇；临河钓鱼者不乏其人，钓出金龟，钓出异物，或许会有，但钓鱼"钓"出佳偶，却是奇中之奇，此是五奇。而五奇能集于一戏，聚于一出之中，可谓此剧之奇了。而耐看之"戏"，恰恰正是从此"奇"中生出。因为对于观众而言，戏剧是"一次性"的，不像欣赏书画文学那样便利。倘若没有生动有趣、曲折奇特的故事情节，便不可能有非看不可的艺术魅力。元杂剧已具有这种特点，"元之大家，必胸中先具一大结构，玲玲珑珑，变变化化，然后下笔，方得一出变幻一出，令观者不可端倪，方为作手"(明柳浪馆《〈紫钗记〉评点本总评》)。明清传奇，尤其重视"非奇不传"。即李渔所说："古人呼剧本为传奇者，因其事甚

奇特，未经人见而传之，是以得名，可见非奇不传，新即奇之别名也”（《闲情偶寄》）。孔尚任继承并发扬了这种优秀传统。

新奇固然要在“必使人猜不着，必不使人猜得着”（毛声山《第七才子书总论》）。亦即孔尚任所说“排场有起伏转折，俱独辟境界，突如而来，倏然而去，令观者不能预拟其局面。凡局面可拟者，即厌套也”（《桃花扇凡例》）。但其前提是“惊奇而不失其真”，新奇必须建立在生活与艺术相结合的真实的基础之上。“钓鱼得配”一出，并非作者面壁杜撰，而是有案可稽的。唐段安节《乐府杂录》云：“时有权相旧吏梁厚本，……垂钩之际，忽见一物浮过，长五六尺许，上以锦绮缠之。令家僮接得就岸，即秘器也。及发棺视之，乃一女郎，妆饰俨然，以罗领巾系其颈。解其领巾，伺之，口鼻有余息，即移入室中。将养经旬，乃能言，云是内弟子郑中丞也，昨以忤旨，命内官缢杀，投于河中。锦绮，即弟子相赠尔。遂垂泣感谢，厚本即纳为妻。”作者孔尚任任京都国子监博士时，偶然购得了唐制乐器小忽雷，又根据唐人《乐府杂录》所记真实故事，本着“确考时地”的原则加以创作，自然能够避免闭门造车之妄了。

而且，作者在“钓鱼得配”一出之前，已经对此事的真实可信预先作了有力铺垫。第三十一出《寒馆评诗》中，写梁生曾对友人表白说，自己虽然立功古郡，却未能名标麒麟阁；满腹经纶，却难以蟾宫折桂；自幼聘定的娇妻，却被幽禁深宫，以至“富贵姻缘全无份”，只能是穷居荒墅，卖文卒岁。所以“从此后纶竿把稳，等一派茫茫春水去钓鳌鳞”。这番意欲春水垂钓的表白，已为“钓鱼得配”埋下了伏线。第三十五出《系颈泄仇》中，在盈盈被太监缢杀投尸御河之后，同情其悲惨遭遇的宫女在【尾声】中唱道：“从今后，小忽雷遗响谁传？便咽断声声幽涧泉，可有日水府还魂重活转？”此出下场诗亦云：“泪洒茫茫东逝波，明珰尽解赠湘娥。生前无分题红叶，死后亲身出御河。”盼望盈盈死而复生，像红叶传书那样，有情人终成眷属，既是宫女也是观众的善良愿望，也预示其后剧情必定另生波澜，自应成为“钓鱼得配”的必然结局。因而此出故事情节新奇且令人深信不疑。这也正是此出的成功之处，有“戏”耐看之处。

同时，此之前的两出戏《甘露伏兵》和《系颈泄仇》，叙演甘露之变中仇士良血腥杀戮朝臣，泄恨而缢杀盈盈，气氛是剑拔弩张，充满刀光剑影，令观者触目惊心，悲愤交加；及至此出，却是惊疑、惊喜之余，终于是花前月下，夫妻合卺，草堂茅屋，倾诉衷情。犹如《秋宫拨怨》一出，前半部分是盈盈独自抒情，基调舒缓；后半部分则是与仇敌针锋相对地激烈斗争。全都是一张一弛，疏密相间，冷热相济，悲喜交替，足见作者构思布局之妙。

至于词曲，按说梁生"钓鱼得配"是天大的意外之喜，盈盈因祸得偶是天大的飞来之幸。前者是文采炳焕的才子，后者为不乏才情的佳人。如此二人惊喜相逢，喜结良缘，于悲喜交集感慨万端之际，不可能没有雅俗共赏的曲文出自肺腑。而且，作者亦有如此才能。譬如，在本书所选的上一出《秋宫拨怨》中，凡十一支曲，极能表情达意，足见作者工力。特别是《乌夜啼》一曲，既恪守格律，凛尊曲谱，典雅清丽，又融化古人诗词，纯任自然，含情蓄意，余味无穷。故孔尚任云："今《小忽雷》清词丽句，大似粲花(明戏曲家吴炳号粲花主人)。而《秋宫》一折，直夺关(汉卿)、马(致远)之席。此道茫茫，斯为绝唱。"(《博古闲情自注》)梁启超亦说，《小忽雷》词曲之美，"不事雕琢，纯任自然。无一饾饤之句，无一强押之韵，真如弹丸脱手，春莺啭林，流离轻圆，令人色授魂与"(《桃花扇著者略历及其他著作》)。然而在《钓鱼得配》一出中，总共才有九支曲子，而且，都甚简短。当梁、郑彼此相认之后，梁生只有【秋夜月】一支短曲："信不通，宫禁无丝缝。只索打并鬼儿向鸳鸯冢，拚来生和你吹箫共。那离愁万种，说将来泪涌。"虽然已将他之相思之深、痴情之坚、离愁万种，表述无遗了，但读者似乎有些情不尽意之感，嫌其曲文未免过简了。甚至，或许会认为渊博如孔尚任者，有时也会江郎才尽。其实，并非如此。因为，全戏共四十出，至第三十六出《钓鱼得配》，已接近收煞，不可拖泥带水，不许节外生枝，不能重复前意。因为观众只要一看到梁、郑结婚，便如愿以偿，准备离开剧场了，再要长歌当哭、慢曲抒情，谁还耐看耐听呢？ (徐振贵)

【戏曲家小传】

万 树

(约1625—1688) 字花农，一字红友，号山翁、山农。宜兴(今属江苏)人。监生。为剧作家吴炳之外甥。少年聪慧，有才名。早年即从事戏曲创作，与无锡望族侯杲、侯文灿父子交好，得以观摩并参与侯氏家班与侯氏亦园中的戏曲演出活动。康熙十六年(1677)起，因妻死家贫，外出游历五六年。后回乡，居堆絮园。不久两广总督吴兴祚延其入幕，遂赴端州。吴府亦有家班，并汇聚了戏曲家多人。在此又完成数种剧作。亦工词，所撰《词律》考订格律，有功词坛，与康熙敕编《词谱》齐名。一生共作杂剧《三茅庵》、《玉山宴》、《青钱赚》、《珊瑚球》、《焚书闹》、《舞霓裳》、《骂东风》、《藐姑仙》等八种，均未刻。传奇九种，《空青石》、《念八翻》、《风流棒》今存，总名《拥双艳三种曲》，都是写一名才子与两位佳人的离奇遇合，深受吴炳影响。另有《璇玑碎锦》、《香胆词选》，今存；《堆絮园集》，已佚。

风　流　棒　　万　树

第二十六出　打　喜

【南吕引子满园春】(生冠带花红上)一首新诗几赓和[①],今才得两边成果。堪憎野蔓牵缠,无计将他逃躲。

下官为着林风小姐,受尽风波。今日方得成亲,不胜欣幸。只为赖家,苦苦将女儿挨送上门,好不惹厌。似这般人物,我便鳏居一世,也不敢领教,何况要来与谢小姐珠玉相形,甚么要紧! 今日已约谢家先送亲来,吉时已至,你看,好一轮明月也。(乐人鼓吹)(副净同丑扮老妪送正旦冠帔盖头上)(杂扮傧相喝拜介)(杂、众下)(旦坐介)(生)我荆茶郎,今夜好侥幸。

【过曲梁州新郎】初辞琴枕,新离书卧,乍向温柔乡过。那小姐的姿色,自然好似旧日所见的,但不知怎样一个宠儿,可及得倪菊人否?(剔灯介)把金灯花剪,(揭方巾介)轻挑云髻红罗。呀,好一个绝色佳人也! 真是花能解语,玉可生香,怪道珠为唾。(副净)荆爷,似俺这一位小姐,也配得你来么?(生)似蕊珠宫殿里[②],彩云窝。羞杀我薄福人来窥月娥。小姐,下官为你寺壁一诗,害了两年的相思病儿。宵废寝,朝忘饿。看啼痕滴得青衫破,今始得斟凤斝,手持贺[③]。

(旦)当初家父呵,

【前腔】桓温清鉴[④],延明高座,谓得睢鸠声和[⑤]。谁知薄幸,飘然飞絮随波。(生)下官归去的缘故,去年蹇舅翁已曾说明。近日下官,又在岳父前表过,此乃认差,非关薄幸。(旦)还说不薄幸么? 你为何方婿寒门,又图赖女? 既要重攀豆蔻[⑥],别采芙蓉,何必到此处葳蕤锁[⑦]?(生)此事下官原是深恨痛绝的,被那老赖歪缠不过,苦苦要送上门来,岂是下官情愿?(旦)胡说! 我闻得你前在他家,赋诗求配,今日还敢抵赖? 那里是泰山能压卵,强丝萝,你亲把催妆新句哦。(生)赋诗求配,是去年的话。后来访实,他那女儿貌丑,所以逃去的。(旦)既是貌丑,你如今为何就他的亲? 岂非哄我?(生)阿呀,夫人! 这个人是你在浔州亲眼见得的,我肯娶他么? 如今也不消辩得,等

那边送亲来后，请夫人自去一看，便明白了，料想不会换得一副好面孔。(旦)你的瞒天谎，那里听得？丫环们，把他重打一顿，推出房去！(副净、丑应介)(各持棒槌扯生介)(生)这、这、这使不得。少停请看，若不是那个丑女儿，便是下官欺心，任凭打一千一万，杀我剐我，也不敢辞。(跪介)(旦)且先打个样棒儿。(副净、丑欲打)(生扯旦)(旦不理介)(副净、丑)荆爷，这棒儿叫做风流棒，请尝一尝滋味。(打介)(生叫痛介)怎么认真打起来？(副净)从来做新郎，有打喜的旧例，要挨两下儿的。(打介)我且问你，我家如此阀阅名门[8]，你怎么骗结成婚，临时逃走？(丑)如今不过打几下哩，去年老爷曾吩咐飞飞儿要来杀你。(生)也几乎领教了。(副净、丑)可又来，今索认，风流过。试娘行下马威风大，原是你，自招祸。(推生出介)(旦、副净、丑下)

(生)那里说起！不曾做亲，先打这一场。(外上)门迎百两虽重喜，碗放双匙却可忧。老爷，快些请出去，赖家送亲来了。(乐人鼓吹)(丑扮梅香、净扮老妪送小旦冠帔盖头上)(杂扮傧相喝拜介)(杂众下)(小旦坐介)(生)好无谓得紧，多此一事，真个可厌！

【前腔换头】苦埋怨贾客腾那，不揣量自家行货。上门来挜卖[9]，主顾强拖。我如今出去了罢。(欲下)(净、丑拦介)荆爷到那里去？还不替新娘子揭了方巾。(生冷笑介)这方巾不揭倒也罢了，只合添来遮面，留取笼头，怎揭处当灯火。(揭介)呀！这女子十分美貌，不是在谢家花园所见的。哦！这个正是梁溪月下所遇之人。好奇怪，怎么连婆对我说小姐无貌的话，竟不相干了？还有一说，若说是倪小姐，他已嫁童同绰，怎么在此？难道看差了不成？把眯瞍双色眼，再摩挲。(看介)果然是他，比前越发标致了，比旧日愁颜风韵多。(问丑)这位小姐是那一个？(丑)问得奇怪，这便是我家能文小姐了，还有谁？(生)敢是天念我，愁无那。遣篱花变作芳兰朵，这疑怪事，怎猜破？

(小旦)相公，你怎么作此光景？婚姻一事，当初原是你来相求，不是强挨与你的。

【前腔】霍先生特为持柯[10]，梁溪上亲曾掷果。前番临期逃去，如今又见面猜疑，是何主意？想为我家父是军员三品，不及文科。就是奴家待你之情，也可谓不薄，不记寒添红袖，医倩青囊，还把资

斧归途佐[11]。(生)小姐这些恩德,下官时刻在心。只为那一晚连婆与下官说,本家小姐才貌欠佳,向来诗稿,都是表妹倪菊人代作,月夜相遇的,乃是倪小姐。下官闻之,惊慌而去。那知此言却是哄我。(小旦)胡说!奴家自幼粗学篇章,虽不为佳,何至央人代作?香奁常费却墨千螺,岂有代捉刀人入幕么?你难道不知倪家舍表妹久已出阁,怎说月夜相遇的是他?若果倪小姐赠衣赠金,为何不说出自己名姓?这都是你造出来的话。丫环们,把他重打一顿,推出房去。(丑、净应介)(生)怎么,又是一家要打?这等看来,我不是做亲,竟是解到衙门审录了。(丑、净持棒打介)(生)住手!打喜一说,原是取笑,怎生认起真来?(丑、净)荆爷,你不要怪小姐发怒。若依你那日逃去不来,叫我家小姐替你守活寡不成?那日多少文武官员都来道喜,却弄了一个空。你这般羞辱我家,自己说该打不该打?(生跪介)夫人不要动气,下官认罪。打是该打得紧的,但求宽恕。(丑、净打介)(生叫痛介)(合)花烛礼,都停妥。把诸侯相戏燃烽火,今日也,受折挫。

(生起介)这样葫芦提事[12],真正冤屈无伸。(老旦暗上立生后介)(生)都是连妈妈传语差讹,以致如此。(指内)我好恨,你那嚼舌根的老婆子!(老旦扯生袖介)荆爷好骂。(生见介)呀!你来得好,我正要问你。(指小旦)这是谁?(老旦)你会也会过多时了,怎么问我?这便是能文小姐了。(生)既如此,你怎哄我说小姐并无才貌?(老旦)不差,能文小姐委实才貌欠佳些。(生)好糊涂话,教我如何分解?我为你这一哄,打得我好不疼痛,还不快快说明。(老旦笑介)

【节节高】良缘百岁和,你自差讹,如何蓦地埋怨我?(生)打的这般光景,不恨你恨谁?(老旦)罢罢罢,你也被他们作弄的够了,我与你说明了罢!(指小旦)这个,乃是倪菊人小姐,当初赠衣赠金的,都是他。只因小姐不肯说出真名,弄得差错到底。(生)如此说,那配与姓童的,又是那个?(老旦)这倒是我家老爷的亲瓜葛,真俊娥,赔钱货。(生)呀,呸!原来你们把我瞒在鼓里边,如何知道!(老旦)如今不骂老身了么?(生)虽然说明,想起从前到今,受累不少,也还要骂。(老旦)荆爷且不要骂,今日两处成亲,请问你如何安顿?此间纵得团栾卧,那厢怎遣凄凉坐?(生)便是,这节事还需做个调停。若谢小

姐来，见不是个丑女，教我如何分辩？妈妈，烦你到谢小姐处，说个明白才好。（老旦）荆爷这等要骂，老身还管这闲事？（生）妈妈，适才取笑，我受你大恩，正思图报，怎敢骂你？如今还要求你哩。（揖介）（老旦笑介）下气甘心把咱求，前何倨傲今何懦。

也罢，待我去把谢小姐也请来，三面对证。（下）（生）夫人，那谢小姐来时，求你和气些相待。（小旦）这个未必。（老旦同旦上）

【前腔】（老旦）谁知背地和，偏要打砂锅，把脏诬言语将他。（见介）（旦、小旦福介）（旦）呀，这位女娘是那里来的？（生躬身介）这、这、这便是赖、赖小姐。（旦怒介）你说赖小姐容貌欠佳，为何如此绝色？（生）我又说差了，是赖家来的，却实是倪小姐。（旦）这等说，越发可恶了。若是赖家，还说曾有旧约，也罢了；怎么你另寻了一人，却哄我说是赖家苦苦挨送上门的，又道原是我见过的丑女，如今却没得辩了。分明设下鬼计来奚落我，怎肯干休？准准要打三百风流棒。（生跪介）这个那里当得起？（旦）叫丫环，拿家法过来！曾言过，不是他，凭杀剐。（生）且请息怒。（招老旦介）连妈妈，你快来一说！（老旦）我不晓得甚么。（生）真正刁难杀人了。大风掀倒江中舸，你舟师还不把艄头舵？（老旦）小姐，看老身薄面，饶过荆爷罢。（三旦、丑、净俱笑介）（老旦扯生起介）任你书呆弄聪明，将他闺阁奸谋堕。

荆爷，听我与你实说。他两个前日相会，把旧事细细说明，彼此都十分贤慧，私下已打了和局，只为你颠狂了两年，特地备下两对风流棒儿，替你把风病医治一医治。（生）啐，这一班恶人，这般可恶，下官使出新理刑的势来，都要重处！（老旦）你才得轻松，又想放肆了。我对你说，这风流棒是家常茶饭哩。（众笑介）

【尾声】（合）人生福气那有这书生大，喜孜孜晓奁边双描翠蛾，便把那风流棒每日价暮打朝捶情愿呵。

天南旅舍叹羁栖，欲写风情笔懒提。
慧舌未能莲出土，禅心已作絮沾泥。
秋波一转闻公案，春色三分觅旧题。
花底迷藏原韵事，方山曾是受青藜[13]。

〔注〕 ① 赓和（gēng hè）：用他人诗的原韵或据其题意唱和。 ② 蕊珠宫殿：道家经典中所言仙宫，此泛指仙人居处。 ③ 凤斝（jiǎ）：指精美的酒具。斝，古代盛酒的器具，圆口，三

足。　④ 桓温清鉴：桓温，东晋大臣，官至大司马。清鉴，善于明察，有高明的鉴别力。这里借以赞谢父识才。　⑤ 雎（jū）鸠声和：《诗经·周南·关雎》有"关关雎鸠，在河之洲。窈窕淑女，君子好逑"句。此句谓婚姻和谐美满。　⑥ 豆蔻（kòu）：一种多年生草本植物，古代诗文中常用以比喻少女。　⑦ 葳蕤（wēi ruí）锁：《太平广记》引《录异传·刘照》谓建安中河间太守刘照妇亡，后太守梦一妇人，遗一双锁，太守不能名，妇曰："此萎蕤锁也，以金缕相连，屈伸在人，实珍物。吾方当去，故以相别，慎无告人。"萎蕤，同葳蕤。唐韩翃《江南曲》："春楼不闭葳蕤锁，绿水回通宛转桥。"　⑧ 阀阅：祖先有功业的世家、巨室。　⑨ 掗（yà）卖：强行出卖。　⑩ 持柯：做媒。典出《诗经·豳风·伐柯》："伐柯如何？匪斧不克。取妻如何？匪媒不得。"柯，斧柄。　⑪ 资斧：指旅费。　⑫ 葫芦提事：犹糊涂事。　⑬ 青藜：《三辅黄图》载，汉刘向校书天禄阁，夜有老人持青藜杖，叩阁而进。见向暗中独坐诵书，老人吹杖端，烟燃，因见向，授《五行洪范》之文。此作者自谓作曲得异人神助。

《风流棒》是清万树戏曲集《拥双艳三种》之一，另两种为《空青石》、《念八翻》。三部传奇都叙写一才子娶二佳人的故事，故称"拥双艳三种"。其剧情表现才子佳人的离奇遇合，表达封建时代文人对人生理想的追求与憧憬。究其主旨，则如清吴棠桢《空青石序》所云："要其注意，大抵言情。"

《风流棒》共二卷二十六出，作于清康熙二十五年（1686）春。剧中叙书生荆瑞草去杭州应试，于佛殿壁上见才女谢林风题诗而生爱慕之意。入试时，他将谢诗誊录于试卷，并和诗一首。试毕追踪谢女，情急误登贵州参将赖尊贤之舟被擒，赖之侄女倪菊人怜而释之。荆生感其美丽善良，顿生爱慕之情。试官因赏识荆生的文才，为其外甥女谢女作媒，荆误以为是赖家丑女而出逃；又误以倪为赖女而向赖府求婚，后闻其女甚丑而复逃离。几经波澜周折，荆生终于娶谢、倪二女为妻。二女约定于新婚之夜，命侍女以棒责其薄情之举，故传奇题名曰《风流棒》。

《打喜》是《风流棒》的最后一出，亦即"大收煞"，描叙双打风流棒，乃一剧点睛之笔。一夫二妇大团圆即所谓"拥双艳"的结局，反映出封建士大夫风流自赏的趣味。

"打喜"一词，原本贺喜之意。明汤显祖《紫箫记·假骏》："再过一日，俺约同石子英、尚子毗同到霍府来打喜。"清李渔《意中缘·悟诈》："元翁又来取笑，新夫人娶来一向了，倒还问起小弟来，想是怕我打喜么？"剧中真的在洞房花烛之夜棒打薄情的新郎，并美其名曰"打喜"，实在颇带喜剧意味。全剧敷演"双打风流棒"，并因此题名《风流棒》，则更具幽默滑稽色彩。

"洞房花烛夜，金榜题名时"，封建时代的文人无不将之视作人生最快意之事。而剧中主人公荆生怎么也不会料到，此时此刻等待他的却是双艳预谋的"双打风流棒"。

一打风流棒，打在与谢小姐成亲时。荆生“受尽风波”，终得与谢小姐喜结连理，无限欣喜之情溢于言表。但他又为赖家“苦苦将女儿挨送上门”而“好不惹厌”。这一“喜”一“厌”，便将新郎荆生置于两难境地：他“不胜欣幸”，今夜终于与爱慕已久，为之“害了两年相思病儿”的谢小姐成婚；同时又“深恨痛绝”，那访实“貌丑”的赖女“苦苦要送上门来”。他喜滋滋地“把金灯花剪”，“轻挑云髻红罗”，发现新娘谢小姐果然“好一个绝色佳人”。正庆幸“今夜好侥幸”时，不料新娘追究起他当日的“薄幸”，指责他“飘然飞絮随波”，并向赖女“赋诗求配”。他巧言力辩，却被新娘判为“瞒天谎”，责令丫鬟们把他“重打一顿，推出房去”。他只得下跪，着实领教了风流棒的滋味。这一棒，是打他“方婿寒门，又图赖女”的“薄幸”之举。

谁知一波未平，一波又起。他刚被推出门外，又传“赖家送亲来了”，他正想溜之大吉，却被送亲的梅香和老妪挡驾，等候他的是二打风流棒。这二打，是打在与假赖小姐、真倪小姐成婚时。他无可奈何地替赖家送来的新娘揭下头巾，却发现“这女子十分美貌，不是在谢家花园所见的”，“正是梁溪月下所遇之人”——倪小姐。他向梅香探问，却道“这便是我家能文小姐了，还有谁”。他甚觉“疑怪”，可怎么也难“猜破”。新娘只是一味认定他的辩说都是“造出来的话”，同样责令丫鬟们把他“重打一顿，推出房去”。他满身是嘴也说不清，只得跪地认罪求饶。好在连婆及时出场，说明“这个，乃是倪菊人小姐，当初赠衣赠金的，都是他。只因小姐不肯说出真名，弄得差错到底”，这场误会才算消释。

然而事情还远未了结，荆生方才还对谢小姐说赖家送来的是丑女赖小姐，眼前却证实前来成亲的是美女倪小姐，并且连婆还要“把谢小姐也请来，三面对证”。这一“请”，险些引致三打风流棒。荆生明白，这“对证”必定激化矛盾，他慌忙央求倪小姐对谢小姐“和气些相待”，倪小姐却答以“这个未必”，真正难煞了荆生！而谢小姐出场，劈头便诘问：“呀，这位女娘是那里来的？”荆生嗫嚅道：“这便是赖、赖小姐。”可谢小姐又逼问：“你说赖小姐容貌欠佳，为何如此绝色？”这一问，直逼得荆生无地自容，只得从实招来：“我又说差了，是赖家来的，却实是倪小姐。”然而不说还罢，越说越糟。谢小姐一时只觉“越发可恶”，认为荆生“分明设下鬼计来奚落我”，扬言“准准要打三百风流棒”，并喝令丫鬟“拿家法过来”。只吓得荆生一面请谢小姐“息怒”，一面央连婆“快来一说”。连婆假意推托一番后，出面打圆场：“看老身薄面，饶过荆爷罢。”在众人的笑声中，这三打风流棒方才饶过。连婆抖出包袱：“他两个前日相会，把旧事细细说明，彼此都十分贤慧，私下已打了和局。”荆生这才如梦初醒，连呼“这一班恶人，这般可恶”，声言“都要重

处”。连婆却说“这风流棒是家常茶饭哩”，众人又大笑，道是“晓奁边双描翠蛾”乃“人生福气”，“便把那风流棒每日价暮打朝捶情愿呵”。至此，云消雾散，这一番看似无情的“双打风流棒”，原来是一场浸透爱情蜜汁的轻喜剧：双艳以棒打善意地惩戒了夫婿由误会引致的“薄情”，也宽容地显示了她们对夫婿的原宥和爱意。

在清代曲坛，万树被某些人目为一大名家，甚至有“六十年来第一手”之誉（吴秉钧《拥双艳三种序》引吴棠桢语）。《风流棒》传奇则以情节奇幻、人物刻画逼真取胜。吴秉钧《拥双艳三种序》云：“游思运腕，出奇无穷，径愈折而愈幽，蕊愈吐而愈艳。茶郎之颠，林风之韵，菊人之挚，以及连、霍之周圆，童、赖之丑报，刻画毕肖。本言情之书，而不落冷淡生活，引人入胜，雅俗共赏，可称观止矣。”《打喜》一出系为明范文若传奇《鸳鸯棒》的翻案，虽俱演新婚之夜责打新郎故事，但将岳丈真打变心的女婿，改为二妇假打被误认作薄情的夫婿，柔美宛转，颇富情致。剧中关目多用元关汉卿《拜月亭》杂剧等剧作开创的“错认”法，以此作彼，以彼为此，激起情节波澜。《打喜》一出，作为全剧高潮和结局，则将“错认”推向极致：洞房之夜荆生仍将倪小姐错认为赖小姐，并企图再施逃婚故技，而倪小姐则将错就错，一再以赖小姐自称，于是重演一出棒打风流郎的喜剧；而且，谢小姐又因荆生说是娶赖小姐，结果却迎来倪小姐，又要责打之，引来又一次戏剧高潮。如此以误为真，以真作误，曲折离奇，极富戏剧性，在古代才子佳人传奇中确实别开生面。其语言以清雅典丽见长，音律精严。如《打喜》中过曲【梁州新郎】唱词：“初辞琴枕，新离书卧，乍向温柔乡过。把金灯花剪，轻挑云髻红罗。真是花能解语，玉可生香，怪道珠为唾。似蕊珠宫殿里，彩云窝。羞杀我薄福人来窥月娥。宵废寝，朝忘饿，看啼痕滴得青衫破。今始得斟凤斝，手持贺。”文辞清丽秀雅，韵律谐和婉美，曲尽荆生洞房花烛之夜的欢悦之情。

吴秉钧《风流棒·拥双艳三种序》赞万树多溢美之辞，然许其所作“风流蕴藉”，则当无异议。

（林　笛）

念　八　翻　　　　万　树

第九出　商　　骗

【仙吕入双调过曲字字双】（副净上）狗行蛇心两般兼，叨占。逢财遇色定须沾，无厌。只装道学假清严①，堪厌。腹中文学实非谦，全欠。

区区程道脉,胡短鼻头赤。本是光棍徒,强作斯文客。既不会诗词,又未读史册。只假道学名,要把时人吓。大袖长海青[2],方知高一尺。拱手走方路,脚着方朱舄。正心与诚意,腐谈偏夺席。哄人来应举,卷子常曳白。抢菜如饿鬼,放屁像打麦。形状似端方,做事最狼籍。好色更贪财,暗地多诡谲。名为陈仲子[3],实是柳盗跖。人家请我做同窗,这样良朋有何益?学生钻刺了张太史的荐书,侥幸做虞公子的同事。但他是风流才学之士,见我这道学臭味不同,那晓学生这道学,原不是真的,只是乍交,少不得装些假面孔。其实帮嫖扎赌,我那一件不在行,初意只道慢慢儿引他入彀,便可暗地弄他,不想那虞少卿触忤了总宪寇公,入牢待罪,昨日书来,小虞竟星夜飞奔去了。撇我在此,甚没兴头,不如回去。只是出门已久,情兴勃然,不免与月多叙叙旧好再处。今早去寻他,道往祝府去了,他还不知小虞之事,回时必来相会,我便留他在此,取乐一取乐,岂不妙哉。

【前腔】(小丑上)我做尼姑嘴儿甜,能谄。趁他堂客不憎嫌,科敛。中年主顾越多添,难掩。似我这般脚色甚贞廉,(指面介)花脸。

(白)前日承虞公子所托之事,今日特来回复。(入见副净)程相公独坐在此,那虞公子呢?我特来回他的话,要他谢媒人。(副净)棺材出了门,讨挽歌钱。虞公子此时走了二百里了。(小丑)怎么去了,那姻事竟不管了么?(副净)你且说姻事,如何回复?(小丑)前日去还书时,就先与小姐细细说公子之情,他见了响泉琴,十分欢喜,说道此事须母亲做主。我才与夫人说及求亲,夫人心上也自情愿,道等我合一合八字,若合得来,自然应允。我便走来回复,不想二位俱不在寓中。昨日再到祝家,夫人道合过,婚姻大吉,教公子竟来行聘便是。因留我吃杯喜酒,不觉大醉,就睡在他家,今日才来。小姐将羊脂玉壶一把以为答礼。且道他乐府唤做玉壶,故以此为喻相赠。(出壶介)(副净接看介)好一个玉壶!(小丑)是这一件好事,怎么丢了就去?(副净)还说甚么好事哩,他的祸事来了。(小丑)为何?(副净)他父亲与权冠寇总宪作对,今奉旨将虞少卿下了天牢,此事十分不佳,只怕那老头儿要送命哩。小虞得了家书,如飞去了。(小丑)这等说起来,虞公子事不成了,须去回绝祝

家。(欲下)(副净扯介)且住,不要管别人家闲事,我正有要紧事与你说。(小丑)有何话说?(副净)我程相公自离了家呵,

【中吕过曲驻云飞】客思恹恹,不禁浑身火上炎。这一向要与你叙叙旧情,因小虞这个厌物相随,不得其便,今日正在此想你。独坐清清店,怎免劳劳念。(抱小丑介)(小丑推介)我如今受了戒,不干这事了。(副净)精油嘴,什么受戒?一夜不知几个和尚哩。(自脱衣赤身并脱小丑衣裙介)(小丑)白日里怕有人来。(副净)这房里再没有人来的。(掩门介)我且掩上门儿。(小丑笑介)好个道学先生,嗏!把诚意正心拈,常夸行检[4]。(副净抱小丑坐膝上介)(小丑左手扯副净须右手打巴掌介)为甚的一去三年,薄幸相抛闪?(合)今日重谐比翼鹣[5]。

【前腔】(净、旦扮报子上)流汗沾渐,红纸先将户上粘。俺们是报录的[6],第三名虞柯住在此处。(旦推门介)青天白日为何闭了门?(净)打进去不妨。(打进见副净、小丑介)(副净、小丑)不好了。(各躲介)(旦)呀,原来有人在此,干这桩事哩。(净扯小丑介)咦,是个光头的,好高兴嗄。欲火摩登焰,甘露菩提点。(扯副净介)你这个胡贼头,是什么人在此奸尼姑?嗏!何处老骚髯?偷香窃艳。(打介)(副净)不要动手,我是科举相公。(旦唱)便是书生,白璧应瑕玷。(净)叫什么名字?(副净背介)且哄他一哄。(对净)我叫虞柯。(净、小生)呀,如此得罪了,相公高中第三名经魁,有条子在此。(出纸条介)(旦)相公请就去赴鹿鸣宴[7]。(副净)且慢些,等我家人来随去。你们的报钱,也等停一会奉送。(旦笑介)既如此,请把这篇文章做完了,我们且到别家去,相公自到布政司前来罢。(净)人说尼姑最钝,今朝倒利市起来。(摸小丑头介)(合)且等我摸,一摸光头利市尖。(下)

(小丑)我说怕有人来,弄出这场把戏。(副净)我被他一吓,吓软了,晚上到你庵里来罢。(小丑)我便到祝家去。(副净)住了,我还有一个想头在此,和你商量,我想那虞少卿犯了大对头,自然性命难保。

【前腔】吉网罗钳[8],罪重难逃国法严。古人云:破巢之下无完卵。婚姻之事,小虞也不能成了,今祝家尚然不知此变,我竟顶了他的名儿,去与他结亲,等他许定了,就娶将回去。隔府路远,那小姐又不认得小

虞，且做了亲，到后来便认我姓程，也只索罢了。暗把花窝占，谁识香名僭？（小丑）此事倒也做得，那大人说虞公子新中举人，自然一发情愿。只是一向说虞公子怎样风流美貌，如何就变了一个水墨钟馗⑨？嗏，错认旧陶潜，恁般风欠⑩。还怕面试诗文，墨水全无点。（副净）到了我家，还怕他飞上天去！你不要虑，竟去说成便是。（小丑）我就去便了，只是要重谢媒人。（副净）这不消说了，今夜呵，先浇取梅根雨露霑。（副净）走了虞生，顶了老程。（小丑）你莫要得他新好，忘却旧情。（下）

〔注〕 ① 清严：清高严肃。 ② 长海青：青色长衫，为明清时秀才常穿的服装。 ③ 陈仲子：战国齐人。以兄食禄万钟为不义，至楚国，居于於陵，号於陵仲子。楚王欲以为相，不就，与妻逃去，为人灌园。 ④ 行检：行为检点。 ⑤ 鹣：比翼鸟。似凫，青赤色。两鸟并行乃飞。 ⑥ 报录：古代科举放榜时向中榜人家报喜的人。 ⑦ 鹿鸣宴：科举时代乡试放榜后所举行的宴会，由州府长官宴请考官、学政以及中式诸生。唐时宴会用少牢，歌《诗经·小雅·鹿鸣》之章，故有此名。 ⑧ 吉网罗钳：唐天宝初，奸相李林甫用酷吏吉温、罗希奭为御史，二人秉承李之旨意，陷害无辜，刑狱严酷，时称“吉网岁钳”。见《旧唐书·酷吏传》。 ⑨ 水墨钟馗：喻相貌黑丑。 ⑩ 风欠：风颠，痴呆。元明人俗语。

万树著有传奇二十余种，今仅存《风流棒》、《空青石》、《念八翻》三种，康熙丙寅年合刻为《拥双燕三种》，上海图书馆、南京图书馆皆有藏本。吴秉钧在《风流棒序》中评其剧云：“……得观所谱诸剧，无不推陈标新，另辟生面，不袭元人之貌，而实彻元人之髓。字义精粲，宫律谐婉，极贞朴而不腐，极瑰幻而不诡，极裔艳而不饾饤，极旖旎而不淫靡，极淘写冷笑而不伤刻虐，所谓风流蕴藉，谈笑微中者欤？”万树在词学上也有很大的贡献，他所编纂的《词律》被学者俞樾誉为：“规矩先民，张皇幽眇，为词家功臣。”

《念八翻》共计二十八出，剧写鹿邑人虞柯，字上枝，至开封乡试，爱上了祝翰林遗女凤车，通过女尼月多暗通款曲。妓女阮霞边爱虞柯风流多才，邀会虞生，托以终身。其时，虞生之父虞云卿，任大理寺少卿，刚正不阿，得罪了都御史寇源，源构陷云卿，且令狱卒置之于死地，又追捕虞柯。虞云卿得义士鲍不平替死相救，潜往五台山为僧。虞柯则逃往他乡，为豪商郭有心之账房。后绿林好汉方畸人上奏皇上，诉虞云卿父子冤情。皇上知道真相后，将寇源谪戍边地，升云卿为兵部侍郎，令其率兵讨吐蕃。方畸人授游击将军从征，助主帅擒获敌酋，大获全胜。

起初，虞柯学友程道脉处处以道学面目出现，要求虞柯戒色正心，然当虞家

遭难后，他却落井下石，往官府告发虞柯。又强娶虞柯恋人祝凤车。婚夕，凤车刺杀道脉。时虞柯会试及第，授翰林院编修，于是分别娶凤车、霞边，为正房侧室。至此，合家团圆。

该剧以功罪、邪正、师弟、奴主、贞淫、老少、贫富、贵贱、僧俗、痴慧、生死、男女、慈忍、文武等二十八种相互颠倒、翻转的社会现象，编为故事，用以抨击那些名实不符的作恶犯奸之人，热情地歌颂那些履道坚贞而不事张扬的忠臣义士。比如满嘴正心诚意的道学家程道脉却是个坑蒙拐骗之流，受了戒的尼姑月多则是个色中饿鬼，而妓女阮霞边守贞如玉，乞丐鲍不平能舍生取义，豪商郭有心弃利得道，都与其本来的身份相反，故全剧以“念（廿）八翻”为名，“翻”者，反也。作者在剧中明确地表明了自己的创作意图，云：“人世原同傀儡棚，衣冠优孟善言情。兴观解得风人旨，何必空争道学名。”

《商骗》是此剧的第九出，集中表现了外表道貌岸然，内里却肮脏卑劣的伪君子的丑陋面目。程道脉口口声声以道学自居，批评虞柯不该娱情遣兴，将兴趣放在女色上，教导虞柯说：“既为士君子，须致力于心性工夫。”（第二出《闻艳》）但实际上他并非真个是道学君子，用他自己的评价是“好色更贪财，暗地多诡谲。名为陈仲子，实是柳盗跖。”他在虞柯面前装模作样，一是为了取得虞柯的信任，便于他长期地攫取利益。二是掩盖他道德腐败的真实面目，占住学友的位置。但当虞柯家庭遭难后，他觉得没有必要再这样费力地伪装下去，立即露出了本色，马上想去与相识的尼姑月多鬼混。尽管是白天，他也没有克制住淫欲，以致月多也嘲笑他的言行虚伪：“把诚意正心拈，常夸行检。”当他们的苟合被报录的发现之后，他并无半点羞耻之心，反而谎称自己是虞柯，让清白的虞柯牵连上不名誉之事。不仅如此，他得寸进尺，乘人之危，向月多提出，让他冒充虞柯，骗娶祝凤车。月多担心凤车发现真相，程道脉竟说：“到了我家，还怕他飞上天去！”破坏别人美好的姻缘，强娶同窗的未婚妻，却无一点罪恶感，真是无耻至极。该剧就是以这样的情节彻底地揭露了社会上一些伪道学的丑恶嘴脸，有力地鞭挞了其肮脏的灵魂。

万树所痛斥的假道学在当时并非是个别现象，而是一种社会风气。明末清初，王学末流弃礼法而恣心性，虽然嘴上仍讲天理良知，然为官者，贪墨枉法，草菅人命；为学者，浮而不实，挟妓呼卢；为绅者，欺凌乡民，鱼肉百姓。在他们的影响下，社会是非颠倒，黑白混淆，士人的操守岌岌可危。对于这样的情形，有良知的知识分子痛心疾首，或上书朝廷，希望自上而下地挽救颓败的道德；或倡导实学，摒弃华而不实的学风，养成心口如一的诚信精神。而万树这样的文士，则借

助于戏剧这一形式，挖扬重礼义廉耻的传统价值观念，批判虚伪诞妄的处世态度，企图改变社会道德沦丧的状况。

该剧在编剧的技巧上表现出了较高的水平，每一出的情节都是整个故事不可缺少的一环，承上而启下，将全剧勾连成一个结构严密的有机整体。在之前，程道脉与月多有过奸情已作了交待，并说虞柯到开封是为乡试而来；这样，程道脉再次与月多苟合就不显得突兀，而在苟合中被报录人撞破便成了合情理之事。程道脉谎称自己是虞柯，倒启发了他自己冒名娶亲，于是便有了之后强娶凤车和被凤车杀死的情节。由于针线严密，前后因果关系清楚，故而，情节的展示像行云流水，自然而流畅。

(朱恒夫)

【戏曲家小传】

唐 英

(1682—1756) 字俊公，一字叔子，号蜗寄居士。奉天(今辽宁沈阳)人，隶汉军正白旗。十六岁即入值内廷。授内务府员外郎。雍正六年(1728)奉命监督江西景德镇御器厂窑务，随即兼九江关监督。后又历监粤海关、淮安关，任满复督九江关窑务，卒于任所。讲求制陶法，所督造陶瓷，世称"唐窑"。擅书画，工戏曲。重修九江琵琶亭，常于此与文人学士游宴唱酬。与戏曲家张坚、蒋士铨等相友善。家蓄戏班，常搬演自制新曲以娱宾。所作戏曲今存十七种，原总称《灯月闲情》，后亦总称《古柏堂传奇》、《古柏堂曲》、《古柏堂乐府》。其中，自创者有《转天心》、《笳骚》、《虞兮梦》、《佣中人》四种，对前人旧作增改而成的有《清忠谱正案》、《长生殿补阙》、《女弹词》三种，将地方戏曲改编成昆腔的有《芦花絮》、《三元报》、《巧换缘》、《英雄报》、《双钉案》、《十字坡》、《天缘债》、《梅龙镇》、《面缸笑》、《梁上眼》等十种。其剧目有通俗浅易、便于演出之长。另有《陶人心语》、《陶人心语续选》。

转 天 心

唐 英

第二十一出 代 孝

(小生上)

【忆秦娥前】娘恩浩，乘鸾归去儿悲悼[①]。儿悲悼，接木移枝，一般色笑。

我吴定儿,自在乱葬坑中驮回何母之后,侍奉犹如生母,承欢不异亲娘。怎奈他老人家年迈跌伤,筋骨疼痛,日夕呻吟不止。昨日求得一个郎中,到我窑中看视,布施了两服舒筋活血、续命安神的药剂。又在街市上讨化了些上白的陈米,以便煎口粥汤,与母亲调一调胃。服这两剂,安一安神。若得他精神康健,也好让我多奉养几年,尽我这点不了的孝心,岂不是好?不免扶母亲出来坐坐,以便用粥服药。嗄,母亲,今日天气晴暖,请你出来坐坐。(扶老旦上)

【忆秦娥后】龙钟老惫遭颠倒,有生没奉悲无靠。悲无靠,得遇恩儿,克承奇孝。

嗄,我儿,我被逆子抛弃,蒙你救归。奉养朝昏,过于亲母。闻知我那恶子已被天雷殛死,此乃报应昭昭,丝毫不爽。但你乃系求讨度日,一身尚且费力,那里来这些余茶余饭赡养到我?古语说得好:宁添一斗,不添一口。况我身体受伤,每日呼疼叫痛,岂不有累于你?倒不如我早早入土,眼闭心安,也免得你牵挂费力。(小生)嗄,母亲,你说那里话来!从来人各有亲,孝心则一。况你在何府做太夫人的时节,受用的锦衣玉食,坐享的大厦高堂,今日跟着我这样叫化的儿子,孩儿还恐怕奉侍不到,有伤母心,怎么母亲反说出这样话来?自今以后,求母亲一视同仁,再不必提起什么亲生异养,若再提时,越添你孩儿不孝之罪了。(老旦)儿嗄!今既蒙你这番好意,但我皮骨伤残,遍身疼痛,况是九十七岁的人,只怕也朝不保暮了。(小生)母亲放心。孩儿求得两服药在此,又化得些白米,待孩儿熬些粥汤与母亲和一和胃,再把药儿服下,自然就好了。(老旦)我儿,生受你。(小生)母亲请坐在此,待孩儿先把粥汤熬起来。(作煮粥介)(唱)

【红衲袄】劝娘亲你不须自闷焦,待儿行把粥汤儿慢煎好。并不是味浓肥甘脆肴,不过是代饔飧塞饥饱[②]。只为你老年人胃欠调,润一润枯肠儿除闷搅。我还要到口先尝也,好辨个冷和温,代娘亲舌试劳。(老旦唱)

【前腔】觑着你意殷勤我转泪抛,纵亲生也难似你承欢笑。又不曾怀十月胎中抱,又不曾乳三年费我的襁褓劳。(小生)请母亲用些粥汤。(老旦吃介)这粥儿看你亲手熬,就这点米和柴都是

你沿门讨。似你这苦奔波肯念我衰年也，几度思量难受消。

(小生)待孩儿煎起药来。(作煎药介)这药呵，(唱)

【前腔】配君臣离坎交[3]，舒筋骨把劳伤疗。虽没有参苓值价高，用著些制当归，少不了炙甘草。(低白)我母亲服药之后，好了便罢，若不好时，从此呵，我还要拜星垣叩斗杓[4]，爇心香把神佛祷[5]。只求算减我的年华也，增续娘亲寿考高。

药已好了，母亲请用。(老旦唱)

【前腔】这药性儿按古制炮，对着那症源儿能治疗。似我这暮年人肠胃硗，怕只怕病膏肓难言效。(小生)母亲请用药。待孩儿与母亲遍体抚摩一回。(老旦吃药介)吃一口热烘烘从喉下浇，忽觉得暖融融把心肺绕。儿嗄，吃药下去，甚觉爽快。(小生)请母亲多吃几口。(老旦唱)那里是药物儿真个灵丹也，多分你这孝心儿感开了天眼瞧。

儿嗄，吃下药去，觉疼痛顿减，经络渐舒，想有些生机了。(小生)谢天地！(老旦唱)

【铧锹儿】谢得你代人行孝，秉血诚艰辛暮朝。我呵，又何曾就湿移干，又何曾问饥视饱？你呵，溉人家闲萱草，我这旁枝怎消？似你这情缘少，天地高。愿来生做你亲儿，好把这深恩答报。(小生唱)

【前腔】娘言休道，谁不受父母劬劳？何须定破肚开肠，那定得亲生必孝？再休提隔肚胞，我还恨报刘日少[6]。且喜得母病调，身渐好。母亲，请到里面安置安置罢！还愿你福共天长，寿比着南山不老。(同下)(净扮钟馗跳上)

琼林宴上状元郎[7]，天子嫌我貌不扬。身死金阶一日愤，千秋留得气昂藏。吾乃钟馗是也。以貌取人，状元不中丑鬼；因心锡福，上帝收录遗才。只因俺正直聪明，敕命游行宇内，扶正除邪，享受那万家香火。这也不在话下。今有黄州府劣绅何时贤之母，供吾神像多年，朝昏顶礼，香火虔诚。近因何逆弃亲，已遭天殛。彼母命危将绝，有本地乞丐吴定儿义救驮回，奉如亲母。吾神因念他往日诚心，且日后尚有福缘未尽，暗中时加卫护，保其残年。岂料那吴

定儿身非所出，孝胜亲生。方才照鉴他劝飧进药，百种真诚，丝毫不假。吾神见闻既确，必须上奏天庭，以彰善类。叫小鬼！(鬼上)有！(净)与我鞁上蹇驴伺候者。(鬼应下)(净)想那吴定儿呵，(唱)

【雁儿落】身贫品行高，义举循天道。不虚邀那乡党名，烂缦天真孝。代慈亲生替身，胜刻木丁兰巧⑧。种瓜田长豆苗，这伦常把乞丐标。凌霄，急向那天庭得这报。嗳呀，吴定儿呀，只要你，坚牢，到得那转天心立看福报好。(作骑驴)(小鬼随跳舞下)

拾得人娘代本生，残羹剩饭养精诚。

只缘不了终身慕，呼到娘声动至情。

〔注〕 ① 乘鸾归去：犹言仙逝。 ② 饔飧(yōng sūn)：早饭和晚饭。 ③ 君臣离坎：君臣，中医方剂中的主药与辅药。离坎，为八卦中的两卦，离代表火，坎代表水，道教练丹家以“坎男”借指汞，以“离女”借指铅，谓配之可以成丹。唐吕岩《百字碑》：“气回丹自结，壶中配坎离。”坎离，同离坎。 ④ “我还”句：拜星垣与叩斗杓，指向天上的星宿(古人认为每一星宿都有相应的神)祈求禳解灾祸。 ⑤ 心香：佛教语，指内心虔诚礼敬，如供佛焚香。 ⑥ 报刘：晋李密《陈情表》：“祖母刘愍臣孤弱，躬亲抚养，……至于成立。……乌鸟私情，愿乞终养。”原典谓奉养祖母，此移用于母亲。 ⑦ 琼林宴：宴新科进士的酒席。 ⑧ 刻木丁兰：三国魏曹植《灵芝篇》：“丁兰少失母，自伤早孤茕。刻木当严亲，朝夕致三牲。”丁兰，汉时人，少丧父母，及成年，雕刻木像拟父母，事之如生。

《转天心》传奇是唐英剧作中规模最大的一种，共三十八出。故事来源于明末清初艾衲居士小说《豆棚闲话》中的《小乞儿真心孝义》。全剧故事梗概是：湖广黄冈县书生吴明满腹诗书，却屡试不第，穷困潦倒，心生怨气，声言或作忘荣忘辱的乞丐，或作至尊至贵的玉帝。玉帝大怒，罚其投胎妾身，变为乞丐。出世后其母遵夫临终所嘱，取名定儿。母子俩孤苦无依，只得沿门讨乞度日。定儿成人后，持心守正，笃行孝道，乞讨奉母。母病故后，守庐三年，朝夕相伴。一日祭拜后拾得一包银子，足有三百两。定儿如数归还了来此寻银的客商胡楚生，并拒收酬谢，在二公人的劝说下方收下一锭二两小银。之后又义救遭二歹徒劫持的弱女孟窈娘，送她平安回家，又拒不受谢。当地有个在朝的二品官何时贤，因大肆搜刮民财，民怨沸腾，有官拟对其弹劾，为逃避被劾，他以“终养”九十二岁老母为由上疏回乡。两年后，风声已过，然其老母并未去世，他复官心切，急不可耐地假报“丁忧”。挨过了廿七个月，又虚报“服满”，欺骗朝廷，得以复官。后丑行败露，重打百棍，革职回乡。返家后仍不思悔改，大骂其母，直至将老母推入乱葬坑中。

幸被行乞过此的吴定儿救出，驮回家中，拜为母亲供养。何时贤大逆不道，玉帝震怒，令雷神将其击毙。黄冈县贫民裴泌无力还债，被逼插标卖子。定儿大义相助，不料反被债主诬陷。知县包明正查明真相，深受感动，亲自为媒，将孟窈娘嫁与定儿为妻。粉罗天王罗玉佩起兵造反，围困德州城，朝廷降旨招军。吴定儿在义母和娘子的鼓励下，前去投军，并得上界剑仙相助，勇力大增，探营平寇，一举成功，被授平寇义勇将军，特赐旌表。乡邻野老们抬送“行转天心”的匾额齐来祝贺，豆花使者率众豆神手执灿灿彩灯起舞，共庆丰登。

这里选的《代孝》是《转天心》的第二十一出，列卷下第二。此前，本剧两个鲜明对照的正反主角，已经一步一步地有了相当充分的表演，禽兽不如的恶官何时贤也已在卷下首出《殛逆》中被雷电击毙，完成了“恶有恶报”的结局。而本剧的主角吴定儿也已历经行乞奉母、拜舞请寿、守庐三年等克行孝道的敷演，又有拾金还金、护救弱女等义行，一个孝义为人的正面人物形象已令人难忘。特别是何时贤推母害母之后，定儿闻声相救，并拜其为母，“驮回去奉养”，充分表现了吴定儿“老吾老，以及人之老”的崇高思想境界。俗话说“救人容易养人难”，定儿能否像对其生母一样奉养何母呢？这一悬念在本出《代孝》中作了至善至美的解答。

本出的剧情大致可分三个层次。开头吴定儿上场，通过一曲【忆秦娥】唱词和道白，表现了他悲悼生母、喜奉义母的心情，交代了驮回何母“侍奉犹如生母，承欢不异亲娘”之情事。接着说出现已乞讨到药剂和陈米，要为义母治伤调养，于是请出何母。何母出场后一段同调唱词及道白，谴责了逆子弃己，理应遭雷殛死；赞扬了吴定“恩儿，克承奇孝”，侧面烘托主人公的正面形象。同时，通过母子间的对白，细腻入微地坦露了二人的心曲：何母耽心让恩儿受苦受累，于心不忍，宁愿“早早入土，眼闭心安”；定儿则唯恐“奉侍不到，有伤母心”，朴素无华的语言中闪耀着令人动容的光彩。

第二层，写定儿为何母熬粥煎药。通过母子间深情厚意的对唱和对白，进一步描画了吴定儿笃行孝义的感人精神和细致入微的奉老之举，有力地展现了人世间最美好最善良的敬老行孝的一幕。定儿先尝冷温，道“代娘亲舌试劳”，何母叹“觑着你意殷勤我转泪抛，纵亲生也难似你承欢笑”；定儿又道“只求算减我的年华也，增续娘亲寿考高”，“母亲请用药。待孩儿与母亲遍体抚摩一回”，何母再叹“那里是药物儿真个灵丹也，多分你这孝心儿感开了天眼瞧”，“谢得你代人行孝，秉血诚艰辛暮朝”，“愿来生做你亲儿，好把这深恩答报”；定儿忙说“娘言休道”，接唱“且喜得母病调，身渐好。还愿你福共天长，寿比着南山不老”。这些唱词，句句精彩，字字情深，淋漓尽致地表现了人性中最本原的亲情孝义，是作者浓

墨重彩精心塑造主人公的生花妙笔，富有感人肺腑的张力。

第三层写钟馗出场，自报山门后，道出“敕命游行宇内，扶正除邪”，“近因何逆弃亲，已遭天殛。彼母命危将绝，有本地乞丐吴定儿义救驮回，奉如亲母”，“孝胜亲生。方才照鉴他劝飧进药，百种真诚，丝毫不假”。故而“必须上奏天庭，以彰善类”。并以一曲【雁儿落】唱出了对吴定儿的称赞和期待：“身贫品行高，义举循天道。不虚邀那乡党名，烂缦天真孝。”“坚牢，到得那转天心立看福报好。”作者通过这一层，借钟馗这位老百姓深为尊爱的正直无私、捉鬼护民的神灵之口，在宣扬“善有善报，恶有恶报”之天理的同时，也进一步托起了主人公吴定儿的动人形象，并为全剧此后的情节发展铺下伏笔，又点出了本剧“转天心”的剧名和主旨，一石数鸟，干净利落，可谓是言简意赅，颇见匠心。

中国古代的戏曲家具有优良的传统，往往满怀强烈的使命感，以惩恶劝善、匡正时弊为己任，善于表现民心民意。唐英这位清代中后期的剧作家，为官正直，长期担任窑务、关务监督，比较接近人民，在《转天心》这部剧作中，通过塑造吴定儿与何时贤这两个天差地别的人物形象，有力地鞭挞了那些身在高位却不孝不忠、寡廉鲜耻的官僚们，赞扬了像吴定儿这样纯孝大义、品行高尚的平民百姓，很好地表达了人民群众的爱憎和愿望，这是十分难能可贵的。当然，从全剧的构思来看，作者确有宣扬“天道恢恢，善恶有报”的因果报应思想，但这也是当时社会的主流民意，不必以现代的眼光来斥责作者。同时，剧本以“转天心”为名，副末开场的唱词中有“天堂地狱寸心间，心转天心即转”之句，结尾乡老送上“行转天心”的匾额等，表现了作者高人一筹的哲理思想：天心也是可以通过人的行为而改变的！不必“人定胜天”，但是“人可动天”。说明人的命运其实还是掌握在自家手里！这是很有积极意义的，也正是《转天心》这部剧作的亮点所在。

（张涤云）

巧　换　缘　　　　唐　英

第六出　旅　　换

（旦上）（白）花娇柳软可怜人，恶雨蛮风断送春。蕊落絮飘谁是主？色香拼作陌头尘。小奴张氏蕴珠，金陵人也。命生淹蹇，早谢椿萱[①]。舅氏相依，及笄未字。岂料天灾岁歉，比户啼饥。大户小家，卖男鬻女。母舅毛义，贪酒赌钱，不谋生理。近因缺少赌本酒赀，遂将奴身卖与常州马木匠为妻。谁想是个年过半百，粗蠢盂浪之人！俗气喷人，形容似鬼。咳！这样人教奴家如何跟着他谋生

过活？昨日兑银立契，将奴交付与他。幸而他因旅舍中人多，此身保得未遭玷污。从初更时动身，走了一夜一天，今晚投宿在这旅店之中。我想今夜男女联床，怎还脱得过这蛮人狠手！且喜他吃得大醉，人事不知。店主人扶他到床上去睡了。我想他酒醒转来，必要动手动脚。到那时教奴家怎生躲闪？千思万想，不如死休。因此悄地出房，寻一个了身之计罢！不知这天有什么时候了？（内打三更介）呀！已是半夜了。咳！槌心更漏声声，促命催魂；障眼星河黯黯，愁天恨地。咳，天嗄！苦煞我张蕴珠也！

【小桃红】（唱）恶风暴雨妒柔香，说不尽凄凉况也！痛早年怙恃双抛，谁把明珠擎掌？蓦忽的罹灾殃。（老旦上）（作小解窃听介）（旦唱）怎教我咏《桃夭》伴村夫荐枕衾相依傍也！憔悴煞柳嫩花芳。（白）咳！张蕴珠，张蕴珠！不想你生在金陵，今日却死于客舍。趁此夜深人静，不免悬梁自尽了罢！你看那壁厢有空房一间，就是我绝命之所了。（唱）倒不如向泉台，皈清净作收场。（作自缢）（老旦作打门入）（救下介）

（白）小娘子！醒来！为何寻此短见？你是谁家的宅眷？

【下山虎】（老旦唱）恁般凄怆，底事悲伤？有甚衷肠事，何妨直讲？（白）小娘子，为何寻此短见？（旦白）小奴张蕴珠，年方一十八岁。幼丧双亲，守贞待字。因被无良舅氏贪钞卖奴，嫁配一个五十多岁的村夫，此心不愿，为此投缳毕命，免致辱身。（老旦唱）原来有这段根由，愁深恨长。惨切切把红颜付土壤！叹杀你花枝样，怎嫩蕊娇香委路旁？且把愁怀放，从容慢商。（白）呀，原来你的事儿是与我相反的。（旦）你的什么事情？（老旦）小娘子，听老身告诉。（唱）这其间恰颠倒姻缘事两桩。

（旦）请问婆婆，有什么颠倒姻缘事两桩？（老旦）不瞒小娘子说，我乃金陵城外的个老寡妇周氏。因岁歉家贫，不能度日。虽有个侄儿，又不能养赡。只得与他商量，自己卖身，将身价与侄儿活命，以全宗祀。谁想遇着个买主洪相公，是个少年秀才。他被店主欺骗，先将幼女相看，成交兑银后，临出门的时节，却把老身掉换。行至中途，被他看出，十分吃恼。他要把老身撇下，回去告官。是我再三哀求，情愿作仆妇伏侍他，他方才肯带我回去。一路上恨天怨

地，甚不相安。如此看起你这件事来，岂不是与我是相反的么？

【五般宜】（老旦唱）你是个怕风雨梨花海棠，我却是强牵缠枯藤嫩杨。这其间颠倒费商量。（白）哦，有了！（唱）驳倒那月老冰人[2]，解赤绳换郎[3]。（白）小娘子，我倒有一计在此。（旦）但不知有何妙计？（老旦）我想姻缘配偶，也要年貌相当。我是个老人家，那洪相公是个青年秀士，实在不堪配偶。你乃黄花少女，又有如此容貌，怎嫁个年老的村夫！老身如今行个移花接木之计，趁你那人睡熟，将你换转过来，竟改嫁与洪生。老身不着将这衰朽残躯竟硬赖在那年老的村夫身上，与他做一对白头夫妻。此乃老身可怜你少年美貌，难中寻死的苦恼，故行此两全之策。你道好不好？（旦）嗄！婆婆，蒙你一番美意，救奴于生死患难之中，感之不尽！但想那洪相公呵，（唱）身列在泮水宫墙，肯拾取村花路旁？怕只怕对面无缘，这话头儿空自讲。

（老旦）不妨。待我请他出来，你二人当面一见。若两相情愿，就好商量。洪相公！洪相公！（小生作困态怒容上）

【山麻秸】（唱）对午夜，孤灯朗。叵耐这闷绕胸头，难觅黄粱。（白）咳！你这老婆子好没道理！如此夜深，唤我出来则甚？（老旦唱）商量，（小生白）还有什么商量？（老旦唱）有个人儿李代桃僵。（小生）什么人？在那里？（老旦）诺！在这里。待我取个火来。（取火上）洪相公，你来在这灯下，大家一看。（小生）待我来看。呀！（唱）何处来娇容玉质？敢则是花妖月魅，幻相乔装？（老旦）并不是什么花妖月魅嘘！（小生）是什么人家宅眷？（老旦）他乃金陵张蕴珠，被母舅卖与个年老的村夫，他不情愿，在此寻死上吊，是老身救了下来。我见他如此容貌，正是洪相公的对头。我如今欲将他掉换过来，与你作合，我竟跟了那年老的村夫回去。岂不是两边都合了式么？（小生）他乃有丈夫的，如何使得？况又有婚书为证，他的丈夫岂肯甘心？（老旦）那里什么丈夫！他二人尚未成亲，也是和你我一般的。如今那人烂醉如泥，睡在房里。但不知他的婚书藏在何处？若能够到手，你是个识字能文的，只消把婚书略加改换改换，有那个知道？到后来无事便罢，倘有些不妥当之处，只要我们三个人一口同音，再有了婚书作证，还怕他怎的？（旦）婚书在他被囊里，奴家可以取得来。（小生）如此甚妙，小娘子快去取来。（旦下）（老旦）洪相公，你可到你房中取笔砚出来，好改

呀。(小生)是了！只道老将至，谁知美在斯。(下)(老旦)你看这小娘子去了这一会，也该出来了。(旦上)千金一刻睡，片纸百年期。(老旦)小娘子，婚书得了不曾？(旦)得了，在此。(老旦)如此随我来。(低声介)唯，洪相公，快来！(小生上)来了！(老旦)如今婚书是有了。你且看来。(小生念介)立婚书人毛义。今有甥女张氏，年一十八岁。幼失父母，母舅主张，凭媒说合，接受财礼银一十六两，聘与马冲霄为妻。两相情愿，财礼收足。成交之后，任凭带回原籍，并无异说。立此存照。(小生)这婚书写得详细明白。一两个字是断断改不来的。(向老旦白)就是你我的婚书，大意也与此相同，也是改不来的。要做此事，必须另写两张，将这两张婚书烧毁了，方才妥当。只是小生一个人的笔迹，看去相同，如何使得？这便怎么处？(老旦)果然，这却怎么好？(旦)这倒不妨，奴家颇识几字，将就也可以书写。那马冲霄是不识字的，如今照此婚书的款式，换了男女的姓氏、年庚，写起两张，将奴家的给与洪相公，老婆婆的给与马冲霄，仍旧放在他的被囊里，此事就妥当了。(小生)妙嗄！你我就写起来，不可迟误。(老旦)阿呀！只是那里讨得这两个红全简帖？(小生)小生拜匣里尽有。这是我们秀才家出门的行头，待我取来。(取介)红全简帖在此。(老旦)待我磨起墨来。(小生、旦同写介)

【缕缕金】(合唱)这婚姻事，破天荒。老幼随心换，恰相当。谢你接木移花计，恩高义广。男愁女恨尽销亡，快事真奇创，快事真奇创。

(老旦白)可将我的拿了来，待我依旧放在他被囊里便了。你们也把婚书收好，不必耽搁。趁那人未醒，天已将明，你二人就此骑上驴儿，快快去罢。(小生、旦)婆婆请上，受我二人一拜！

【江头送别】(合拜唱)感谢你女陈平堪称智囊，撮合得齐眉案梁孟相庄④。欢腾不怕路途长，似和鸣比翼双双，

(小生向内白)店家，我要早行趱路，开了店门。房钱在桌儿上。(内应介)外面有人开门，请便。(小生)昨日老来少，今朝并蒂莲。(同旦下)(老旦)哈哈！你看他二人欢天喜地的去了。老身这件事做得也觉爽快新样！只是那姓马的睡醒，只怕有些磨嘴。呸！这有何难？趁他未醒，老身到他床上，拿出那少年时的本事来，大大

的搬弄他一场。到天明，就是看破了，生米已成熟饭，老身硬赖在他身上，怕他飞上天去不成？一定是这个主意。（作羞介）嗳！只是一件，

【尾声】（唱）我多年冷落孤帏帐，旧伎俩生疏久旷。（白）如今也说不得了，倒要下点工夫去对付他。（唱）拚我这老蚌重开旧日的荒。（下）

〔注〕 ① 椿萱：指父母。古时人们以椿喻父，以萱喻母。早谢椿萱，指父母早亡。② 冰人：《晋书·索统传》："孝廉令狐策梦立冰上，与冰下人语，统曰：'冰上为阳，冰下为阴，阴阳事也。士如归妻，迨冰未泮，婚姻事也。君在冰上与冰下人语，为阳语阴，媒介事也。君当为人作媒，冰泮而婚成。'"后遂以冰人代称媒人。 ③ 赤绳：唐李复言《续玄怪录》记月下老人囊中有赤绳，"以系夫妻之足，及其生，则潜用相系，虽仇敌之家，贵贱悬隔，天涯从宦，吴楚异乡，此绳一系，终不可逭。" ④ 齐眉案：用东汉梁鸿、孟光夫妻恩爱，进食时孟光举案齐眉献予梁鸿之典。

本传奇末出【尾声】云："灯窗雪夜闲情寄，《巧换缘》新词旧戏。问周郎比那梆子秦腔那燥脾？"可见《巧换缘》是唐英根据地方戏曲改编而成的。传奇叙金陵连年灾荒，灾民被迫贱价聘卖妇女。青年秀才洪遇托客店主张小桥代为访求美妻。张小桥与挑伕小李儿串通，以自己俏丽的女儿张芳玉为相亲的幌子，暗中调换小李儿的老年寡婶周氏。洪遇受骗，怨天恨地。老木匠马冲霄却买得娇美少女张蕴珠，欣喜若狂。洪遇与周氏、马冲霄与张蕴珠两对怨偶同宿一家旅舍。蕴珠拒绝与老木匠成亲，悬梁自尽。幸被周氏救活。周氏自愿与蕴珠互换丈夫，洪遇与蕴珠当然乐意，三人合谋偷改婚书。老木匠因娇妻被换成老妇，告到丹徒县。县令根据婚书和三人相同的口供，又按照夫妻年貌相当的常理推断，斥逐老木匠。木匠受屈，耿耿于怀。洪遇赴试得官，以财物补偿老木匠和周氏。张芳玉当初与洪遇一见钟情，不愿别嫁，洪遇也常忆芳玉倩影。洪妻蕴珠遂玉成其事。

《巧换缘》乃一本喜剧。凡十二出。剧中两桩不般配的买卖婚姻，经过移花接木，换成两对年貌相当的夫妻，手段虽属捉弄，结果倒合人情，并且得到官府确认。作品借一群小人物的错婚纠葛对妇女被"贱价聘卖"的苦难遭遇寄予深切同情。故事的戏剧性在于两次"掉包"。第一次掉包是张小桥与小李儿欺骗洪遇，将老妇周氏偷换闺女芳玉，有悖情理。第二次掉包则是洪、周与马、张两对怨偶的互换，把"颠倒姻缘"重新颠倒过来。第六出《旅换》就是敷演第二次掉包事。

弱女张蕴珠被母舅换了赌本酒资，落入老木匠之手。她见到木匠不仅年迈，而且"粗蠢孟浪"，"俗气喷人"，不堪忍受而又无力逃避，便在木匠酒醉未醒之时，

自缢以求解脱。幸得周氏救下。周氏闻知蕴珠与己一样困于错婚,因同病而相怜,便心生一计,要"驳倒那月老冰人,解赤绳换郎"。经过周密安排,在蕴珠和洪遇的配合下,换郎终获成功。在此过程中,作者描写了周氏这个平凡而又智谋过人的下层妇女形象。

周氏年过半百,无后孀居,靠侄子小李儿赡养,偏遇年荒岁歉,故自愿卖身,保全婶、侄两条命。她以亲情为重,牺牲自己。不料她受侄子之骗被掉包,险遭洪遇怒撇。她不得不恳求洪遇允许她充当一名仆妇。善良忠厚的周氏从苦难的经历中磨炼得聪明起来,一手策划起换婚,也是采用掉包计。她玉成了一对少年夫妻,首先惠及他人,连带着改变自己仆妇的身份,成为木匠老婆。周氏自保的努力得到提升,进而争取自身晚年的生存保障。她在催促洪遇夫妇速速上路后,不禁笑云:"你看他二人欢天喜地的去了。老身这件事做得也觉爽快新样!"周氏的襟怀志趣不俗。

洪遇夫妇离店后,周氏才为如何自处犯难。她当机立断,赶在木匠酒醒之前,主动上他的床,在暗夜里糊里糊涂成婚,制造既成事实。对于封建社会里一个劳动妇女而言,此举不仅见智,又是见勇了。

在下半本戏里,周氏顺利通过丹徒县的堂审,正式做了木匠妻。木匠有恨难消,回家后不断向妻子寻衅。周氏体谅丈夫的心情,总是和颜悦色,委曲求全。她吃苦耐劳,一心一意跟着木匠过穷日子。周氏自此复归于平凡。此种处世态度,又何尝不是人生的智慧。可以说《巧换缘》中周氏的形象在中国古典戏剧作品中是颇见特色。

(宋光祖)

双 钉 案 唐 英

第二十一出 庙 控

(外扮包公无须、冠带)(同众役上)

【朝元歌】(合)纶音钦奉,黄堂五马荣[①]。威严人从,青衣腰带红。(外)下官包拯是也。少年科甲,出仕临民。叨蒙圣恩,初授定远县知县。因鲠介性成,清操夙秉,今蒙圣恩,特授河南开封府知府。到任旧例,该谒庙"宿三"。左右!打道往城隍庙去。(众应介)(唱)须信人神精诚堪动,惟思扬善锄凶。举错凭公,视民如子察隐痌。官能自饬躬,神明自感通。可知道阴阳互用,分明赫赫,苍生为重,苍生为重。

(副庙祝上)本庙庙祝跪接太老爷。请太老爷拈香。(吹打)(拈香介)书吏过来。今日本府在此"宿三",理宜清肃,其放告另示日期。可把告条黏贴头门:凡一应闲人,不许擅入。(末照前吩咐介)(内白)请太夫人下轿。(老旦上)(向内白)梅香,院子,你们都在那里看守轿子伺候,不必跟随。待我自己进庙烧香了愿。(内应)晓得。

【虞美人前】(老旦)奇冤匍匐廉明控,要雪亡儿痛。

(白)老身夜来明明梦见我二孩儿,啼哭诉说身死不明,被恶媳王氏毒谋惨害,教我与他伸雪报仇。又说要洗沉冤,只在城隍庙里,自然明白。我因此对大孩儿说,路上曾许下愿心,一到祥符,要在本县城隍庙烧香了愿。来此已是庙门首了。你看:人从如云,青衣排列,果有官府在内。不知是那一位官府?那边有告条黏贴,待我上前看来:"本府正堂包示:一切告状人等,俱候放告日期,具状呈诉,毋得在此扰乱干咎。"又有对联一对,不免看来:"昼夜理刑名,人鬼皆归王法;阴阳齐审断,死生尽在权衡。"啊唷!好大的口气!且住,我闻得这个包公,日断阳,夜断阴,廉明公正。作知县时,天下闻名。难道就是他不成?若果然是他,我亡儿的沉冤就得昭雪了。但他告条上写着放告另有日期。我如今也不管他放告不放告,不免喊起冤来。阿呀,青天爷爷!伸冤嗄!(杂)噻!你这老婆子,没有眼睛,也有耳朵的,本府太老爷在此"宿三",有告条张挂,放告另有日期,你怎么在此喊叫?(老旦)阿呀,大哥!我这冤情与别人的不同,别人是替人伸冤,我是替鬼伸冤的,务必要见太老爷,伸冤雪枉,是等不得放告日期的。(外上)什么人在外面喧嚷?(杂)禀太老爷:有个喊冤的老婆子,小的回他放告自有日期,他说是替鬼伸冤,等不得放告日期的。(外)好奇怪!这告状的题目新奇。带进来!(杂扯老旦进介)喊冤人进。喊冤人当面。(外)嗄!你这老婆子好没分晓,本府尚未到任,放告自有日期,你有什么状词,何不在县中去告?为什么在此越诉喧哗?(老旦)阿呀,太老爷在上,老婆子的冤情比别个的不同,是县官自己不能处断的。除了太老爷,别的衙门里也是告不得的。(外)你方才在外面说什么替鬼伸冤?你且讲上来。

【孝南枝】(老旦)康孀妇,孤又穷。(外)可有儿子?(老旦)冢男操篆本县中[②]。(外)既是本县知县,又是你的儿子,你为何告他?(老

旦)他身荣只认妻,不把亲娘奉。(外)他怎么不奉养你?(老旦)他暗将妻子接来任所,共享荣华,把老婆子抛弃在家,一年有余。因着次子江芋呵,辞亲探兄,千里关山,贫无随从。到县之日,被恶媳王氏毒计阴谋,把杀机暗动。儿身死,冤海同。老婆子盼次子年余,不见归家,无人奉养,只得亲身到此找寻。昨晚呵,鬼声哀,诉向三更梦。

(外)老人家,你方才告的这些言语,可都是真的么?(老旦)句句皆真。(外)本县知县江芸,果然是你亲生儿子么?(老旦)是亲生的儿子。(外立介)年伯母请起。(老旦)老婆子不敢。(外)江知县与小侄同榜同门,你正是老伯母了。快请起。(老旦起介)多谢大人。(外)老伯母在上,听小侄一言。(老旦)敬听大人吩咐。(外)我想江年兄既是读书科甲,现今出仕临民,岂不知父母之恩昊天罔极,怎肯做那败伦弃母、纵妻杀弟的事?方才听年伯母之言,竟是忤逆不赦之罪了!况那谋害杀命一事,又是梦里鸣冤,鬼魂泣告,既无实据,又无证见,那里作得准?依小侄看起来,不过是年伯母恼江年兄迎接的迟了些,所以把这样大题目来告他。(老旦)实系真情,并非诬告。(外)年伯母,听小侄之言,请息尊怒。母子之情,出于天性,断不可因家庭的小忿,弄到后边做出大事来,后悔无及。还是请回,母子和顺,调处了的好。叫左右!快传轿送江太夫人回县衙去。(老旦发急介)阿呀,人人都说包公断事如神,况且你头门上写什么"人鬼皆归王法"!今日里恰遇怨鬼沉冤,你竟不能审断,何必如此夸口!

【前腔】(老旦)我那亡儿呵,冤沉海,恨贯虹,极天冤恨鬼窟中。昨夜呵,梦里诉幽衷,惨死无门讼。特向神明叩公,指望拨雾瞻天,黄泉春动。谁知一味模棱,全无作用!说什么阴阳断,人鬼同?你若不准,我鼓击登闻,把天阍控!

(外)听年伯母之言,情词激切,其中必有冤情。年伯母既要小侄判断,也要预先讲过,这件事关忤逆,又有一条人命在内,小侄若勘问起来,事若不实,年伯母有个诬告卑幼之罪,也还担得起;若事情果真,小侄秉公执法,只怕江年兄与年嫂大有干系。年伯母,到那时不要懊悔。(老旦)只求老大人明断。使亡儿沉冤得雪,老身再不

懊悔的。(外)既如此,年伯母请在耳房少坐,候本府审断便了。(老旦)全仗大人。(下)(外)听差的过来!(杂)有!(外)可拿我名帖,请本县江老爷会话。(杂)晓得。(下)(同生上)(生白)龙虎榜中同甲第,冠裳队里别尊卑。(见外介)大人在上,卑县禀叩。(外)年兄到了?(生拜介)堂尊属吏,共榜同年。(外答拜介)天理人情,公先私后。(外)年兄请坐。(生)告坐了。(外)年兄,昔为一榜之弟兄,今作同舟之僚友。君亲生成之恩,愿与年兄共勉。(生)幸叨宇下,还望指迷。闻年兄大人荣任驾临,例合远迎叩谒。因读大人所颁示谕"僚属一概免参,不许出郭迎接",谨遵宪谕,有失远迎。今蒙呼唤,不知有何台谕?(外)一路而来,闻得年兄牧民有法,听断详明。弟初莅此邦,未悉舆情风土,因此特请年兄到来,领教一二。方才有一老婆子投词哭诉,告一个有品级的人,弃母败伦,纵妻杀弟一事,不知那律条上该如何审断?年兄长才久任,必有高见。望乞赐教。(生)阿唷,世上竟有这一种人!败伦弃母,纵妻杀弟,依卑县判断,若系平民,先治以不孝之罪,再审被杀之人,尸伤果实,应拟以知情故杀律。若有品级的人,必要题参革职,加倍治罪。(外)律上该如此断法么?(生)必该如此断法,方为合律。(外)年兄见教极是。年兄,你道这所告的是何人?(生)卑县不知。(外)今日所告的,就是年兄。不知怎么个断法才好?(生不悦介)大人言重。卑职读书明理,忝与大人同登科甲,怎么拿这样败伦伤化的事污蔑起卑县来?岂有此理!(外)年兄不要动气,现有告状人在此作证。(生)不信有这等大胆告谎状的人!须是拿下,发与卑县去审问。(外)告状的人,弟已拿下了。左右,把适才告状的人带过来。(众扶老旦上)一指啮来十指痛,贱儿死去贵儿昏。(杂)告状人当面。(外)嗄!年兄,这不是告你的原告么?(生作急迫状介)(外)江年兄,今日你母子是弟案下原、被告状人。王法无亲,弟只得要得罪了。(入公座介)(生)阿呀,母亲嗄!怎么瞒着孩儿,到此处来告什么状?(老旦)你还来问我?只因你兄弟身死不明,昨夜梦中哭诉,说你妻子将他谋死。你不究不察,死鬼含冤,我怎么不告?(生)阿呀,母亲嗄!兄弟身死之故,孩儿实在不知。今日母亲面控包公,只怕连孩儿的功名性命,都付之流水了嘘!如今兄弟虽死,还有孩儿在膝下侍奉。若孩儿再正了国典,母亲身后之事,

却教谁人料理？母亲何不三思？（哭介）（老旦）嗄，儿嗄！你兄弟性命是你妻子谋杀的，与你什么相干？我今日只求包公审问你妻子抵偿，你的功名性命，有何妨碍？（生）阿呀，母亲嗄！孩儿是做官的人，有罪例该加等。就是妻子有罪，这失察之罪也是断断逃不过的。况包公比不得平常官府，铁面无私，秉公执法，倘任起性来，只怕你孩儿这纵妻故杀的绞罪是不能免的了。（哭跪介）（老旦）你且起来。若如此说，难道你也不得活了？（生）王章凛凛，律法煌煌，自然是不得活的了。

【前腔】（生唱）娘年迈，子舍空，典章王法律不容。禄位付东流，缳首秋风送。娘谁送终？弟死兄随，郊祁同梦[3]。母亲嗄！铁石心肠，还留隙缝。无儿痛，伯道同。母亲须是念江门，宗祧重。

（老旦）我儿不必啼哭。我原是告你妻子谋死你兄弟，不知竟要连累到你。等我诉明包大人，求他开豁你就是了。嗄，大人，大人！谋死次男，是我恶媳王氏乘他丈夫下乡，瞒人做的事，与我大孩儿无干。还求大人详情度理，开祝网之仁。（外怒介）吋[4]，你说那里话来！不告状，由得你；既告在本府案下，就是公事了，那里还顾得你儿女私情？

【锁南枝】（外唱）膺王命，秉至公，既鸣冤要归律法中。舐犊是私情，我诛孽把王章奉。休琐碎，免唧哝！（生）还求大人格外开恩。（外）要平反，审察情轻重。（白）年伯母，你今日既到法堂，就由你不得了。但你次子尸柩现停何所？（老旦）现在县衙东书房。（外）叫左右，打道往县中去。

【神仗儿】（外、生、老旦、众役同唱）从随人众，前呼后拥，捕影追风。为官原期无讼，怨鬼抱沉冤，凶身难纵。准备着问形踪，准备着问形踪。

（外入公座）（生、老旦侍立介）（外）请县夫人。（杂向内白）县夫人，有请！（旦上）

【虞美人前】（唱）琴堂何事人喧哄？顿使心惊恐。（生）夫人过来，见了包大人。（旦）包大人在上，贱妾拜见。（外）且不消行礼。嗄！王夫人，有人告你谋杀小叔，此事可是真么？（旦）好没来由！我夫主科

甲县令，我乃堂堂命妇，谁人敢告我？有何对证？（外）你道没有对证么？你婆婆现告你谋死子命，怎么赖得过？（旦）这是那里说起？

【锁南枝】（唱）夫冠盖，妇受封，位崇官藐体统同。内外不通风，杀命言何重！况小叔身死，临棺殓，是他骨肉兄。有甚事难明，相劳动？

（外）你随身伏侍是什么人？（旦）婢子互儿。（外）带互儿！（杂）互儿当面。（小旦）互儿叩头。（外）嗄！互儿，你家太夫人告你主婢同谋，杀死子命。你可从实招来，免受刑法。

【前腔】（小旦）身为婢，性蠢庸，扫除呼应小女童。二主人呵，身死病灾攻，家主呵，视殓亲棺赗[5]。无他故，众眼同。系无辜，不怕王章重。

（外）说得好干净！难道你太夫人肯告谎状么？（小旦）谎状不谎状，小婢子那里晓得？只是既无证见，又未见伤痕，把一个病死的人，平白地赖人谋害，这场官司教小婢子从那里招起？（外）好利口！本府少不得要开棺相验。如有真伤，你主人又不在家，这谋死之事自然有下落了。（小旦）老爷只管开棺相验，若果有真伤，那时再赖人也不迟。（老旦）大人，亡儿惨死，不忍开棺相验。（外）若不相验，何以见伤？若不见伤，何以治罪？况相验不过命仵作验看有无伤痕，又非煮骨蒸皮，分尸刷肉。不妨，验得的。（老旦）听凭大人。（外）传仵作。（净上）仵作叩头。（外）你叫什么名字？（净）小的名字叫做丁不三。（外）你可去将县主胞弟的尸棺打开，细心相验。（净）是。（内介）禀太老爷：相验无伤。（外）好狗才！粗心草率，相验不实。暂且记责，可再去细验。（净又介）禀太老爷：实系无伤。（外）扯下去重打四十！（净）太老爷，小的有下情。（外）有话快讲上来！（净）太老爷，非关小的不细心相验，只因他停柩之处廊深屋暗。此时日已沉西，尸在棺内，小的看不真切。求太老爷宽限，容小的明日午时，日光明朗，再细心相验。如再有错误，凭太老爷责处。（外）你这狗才，人命重情，岂有无伤能死之理？也罢！就限你明日午堂再验。验出伤痕，必加重赏；若仍前混报，抬口棺木来伺候！（净）是。（出介）这是那里说起？（下）（外）年兄，今日已晚，小弟暂且回庙，明日午堂再审。暂别同年署，重临断鬼台。（同

众下)(旦、小旦下)(生)嗄！母亲，方才开棺相验，并无伤证，可知兄弟还是病死的。(老旦)你说那里话！梦中苦诉是真情，(生)验看无伤事怎生？(老旦)作恶人心欺屋漏，举头三尺有神明。(同下)

〔注〕 ① 黄堂：古代太守衙中的正堂。范成大《吴郡志》："黄堂，……春申君子假君之殿也。后太守居之，以数失火，涂以雌黄，遂名黄堂，即今太守正厅是也。今天下郡治，皆名黄堂，昉此。"五马：借指太守的车驾。语出《日出东南隅行》："使君从南来，五马立踟蹰。" ② 冢男：长子。 ③ 郊祁：北宋宋庠(初名郊)、宋祁兄弟的并称，俱以文学知名，同时举进士。后世常以"郊祁"称美人之兄弟。 ④ 吋(dòu)：叱声。 ⑤ 赗(fèng)：以车马等物助丧家送丧。《礼记·既夕礼》："公赗，玄纁束，马两。"郑玄注："赗，所以助主人送葬也。"

本传奇末出【尾声】云："双钉旧剧由来久，不似这排场节奏。要唱得那梆子秦腔尽点头。"可见《双钉案》是唐英根据梆子、秦腔旧有剧目改编的。而剧中故事，早已在民间广泛流传。《太平广记》有类似记载。如今仍有《钓金龟》、《行路哭灵》等京剧老旦折子见于舞台。

《双钉案》演的是：江芸秋试得中，除授河南祥符县县令。他派人送信到淮阴老家，接老母康氏、弟江芋、妻王氏到任所团聚。王氏在娘家先接到江芸家书，便瞒过婆、叔，独自去了祥符县。康氏在家靠二儿江芋钓鱼糊口。一天，江芋钓到一只金龟，它能撒碎金块，从此母子柴米无忧。江芋又得知兄长做了祥符县正堂，并已接走嫂子，便告诉母亲。康氏为大儿弃母迎妻生怒，命二儿赴祥符探访。兄弟见面，江芋责备兄长"重妻轻母，身贵忘亲"。江芸虽然不承认，尚愿受责。江芋又责备王氏"藏匿家书，先来任所"，王氏兀自强辩。王氏忌恨江芋，又贪图他的金龟，就图谋将他杀害。她听了侍女互儿的主意，乘江芋酒醉时用大铁钉打入江芋头顶，——互儿曾见其母荀氏用此法杀死她的第十八个丈夫而再得改嫁。一年后，康氏也来到祥符县署。她严厉训斥了儿、媳。当晚，她守在江芋灵柩旁，江芋向康氏托梦，诉说被恶嫂谋害之事，求母亲向开封府包公控告。包公开棺验尸，仵作丁不三查出江芋头颅中的铁钉。丁不三此番验尸受教于其妻荀氏。包公得知，连带破了荀氏钉死前夫的旧案。王氏、荀氏、互儿三人伏法。江芋得神仙施法复活，与江芸同娶告老归里的学士王彦龄二女。婚礼上，包公教训江芸反省"忘恩弃母，纵妻杀弟"之过，从此做一个好官。

本剧包含三重奇特的情节。其一，金龟的来龙去脉，金龟治病，江芋前世造孽、今生报应及转世回生等等；其二，江氏兄弟与王氏姊妹双双联姻；其三，两件铁钉凶杀案连带发生又连带勘破。以上三重情节，金龟事多荒诞迷信，双婚事落

了大团圆窠臼，双钉事乃唐英写恶妇人剧作中最突出的一个，也只是案子较奇而已。真正有价值的情节是褒扬江芋贫困奉母，康氏早寡抚孤，年迈而为子伸冤，鞭挞江芸漠视伦理道德。作者借此故事倡导孝顺父母、爱弟敬兄的美德。这也是古代劳动人民的传统道德。而责“身列冠裳，治民食禄”的官吏不奉公守法，力行孝悌，“如何做得官？如何治得民”，问题提得十分尖锐深刻。

《双钉案》凡二十六出。本文试析第二十一出《庙控》。

康氏得知次男病故，极其悲伤，根据江芋托梦，即以烧香还愿为名，来到城隍庙向包公告状。特授开封府知府的包拯上任伊始，照例往谒城隍庙，不理词讼。康氏声称“替鬼伸冤”，等不得放告日期，非见官不可。此语引起包拯好奇，允许康氏进见。包拯听了康氏的诉讼情由，以为江芸既为官员，不至于忤逆，况鬼魂托梦，无证无据，无非是家庭纠纷，不宜小题大做，婉劝康氏息讼。康氏不听。她要求包拯言行一致，兑现门联中“人鬼皆归王法”的话，为怨鬼伸冤。否则，她就要叩阙击那登闻鼓。包拯见康氏情词激切，终于准状。

康氏凭着一腔义愤，打动包拯，准下状子。作者就此把康氏推到了矛盾的漩涡中。康氏控告的对象是恶媳，却难免牵涉到儿子的功名和性命，“就是妻子有罪，这失察之罪也是断断逃不过的”。江芸向老母哭诉：“娘年迈，子舍空，典章王法律不容。禄位付东流，缳首秋风送。娘谁送终?”康氏原先没想那么多，此刻也惴惴不安起来，忙向包拯求情。包公声色俱厉地予以拒绝：“既告在本府案下，就是公事了，那里还顾得你儿女私情?”这些情节既刻画了康氏一身正气，坚决与犯罪行为进行斗争的精神，同时也真实地反映出她作为一个民妇不谙律条的窘境，以及作为一个母亲不忍因告状而牵累儿子的心态。但康氏没有懊悔。传统剧目中有一类深明大义的老妇形象，令人敬佩，康氏便是这个人群中的一个。

江芸被描写成一个庸人、懦者，他违背孝悌之道而不自知。当包拯点明被告就是他时，他还不曾理会，以至于动起怒来。他见是母亲告状，吓得跪哭哀告，毫无一点敢于承担责任的丈夫气概。剧作对江芸性格的定位十分恰当。世上忤逆不孝之子是少数，但常有一些子女自以为孝顺父母，其实并未尽心竭力，难以与父母对子女之爱相比，造成实际上的失责。把这种社会现象集中于江芸身上，当收警世之效。

包拯的形象颇有新意。他在启动办案程序后，公正无私，执法如山，有敏锐的感觉和判断力。这是传统的包公形象，为观众所熟悉。另一方面，他在私人交往中，也能循常情常理。他对作为进士同年的江芸之母，执晚辈之礼。他不希望一位同年的家事闹上公堂，触动刑律，以至于不可收拾。他还明确区分罪与非罪

的界限，对王氏的罪行予以惩办，对江芸的过失给予训诫。作者把包拯如实地当作一个“人”来写。

传奇末出，包拯作合两对婚姻，并亲临婚礼，一为祝贺，二为与江芸谈心。似兄如师，循循善诱，鞭辟入里，令江芸心悦诚服，痛哭流涕。谈话的要旨，着眼于不当孝子，难成好官。且听这一番诤言：“家庭骨肉，尚且如此，若是那民间有些奇冤极枉的事，你如何审讯？如何判断？似你这样的人，如何做得官？如何治得民？”不过剧终大段说理，置于案头尚可，若搬演于戏场，恐怕留不住观众。

（宋光祖）

梁 上 眼　　　　唐 英

第六出 堂　证

（净扮知县）（吏役、门子随上）

【上林春】（净唱）琢玉操刀民社寄，才长短尽心勤力。平情百姓无冤，不负排衙编里。

（白）下官昆山县知县刘清是也。前日准得蔡朱氏告他父亲谋杀丈夫一状。我想世间那有亲丈人谋害女婿之理？况看那朱茂卿，却不像个凶恶之徒。也没有个亲女儿忍告亲老子的道理，细看那朱氏，却又是个聪明伶俐的女子。这件事看来倒有些磨嘴。下官看他原被告父女的情形，还是在朱氏身上研磨追究，或者寻得个头绪出来，也不可知。他就是个哭主尸亲，也说不得要难为他些了。（老旦上）（喊冤介）青天爷爷，冤枉嗄！冤枉嗄！（净）什么人喊冤？（杂）是朱茂卿的妻子。（净）带上来。（杂带老旦跪介）（净）老婆子，你有什么冤枉？诉上来。

【催拍】（老唱）茂卿妻哀哀诉词，黑天冤求爷主持。半子如儿，半子如儿。衰年缺嗣，舐犊情移。纵是乡愚，性岂鸮鸱[①]？何凭据见证赃尸？真凶犯，望追提。

（净白）老婆子，你女儿告你丈夫谋杀女婿，今据你说“真凶犯，望追提”，敢是杀你女婿的人有了么？（老）老爷，杀我女婿的人有了。（净）有？在那里？（老）现在监中。（净）哈！怎么？现在监中？（老）昨日我与丈夫来送饭，监中有犯夜的窃贼，名叫魏打算，他说我女婿蔡鸣凤是他杀的。求老爷提上堂来审问，便知情由。（净）

把这老婆子带下去。左右,监中提出犯夜的窃贼魏打算来听审!(杂应带丑上)(副郑屠窥探)(丑遥见背白)咦!那不是那郑胡子么?他倒先在这里了。好,好,好!(杂)嚎!什么"好"?(丑改口介)(白)我说老爷今日坐堂好热闹。(杂带丑跪介)(白)魏打算当面。(净)你就叫做魏打算么?(丑)小的就叫做魏打算。(净)你前夜倒底是犯夜?倒底是做贼?(丑)前夜小的走错了路,走到人家厨房里,见一壶现成的热酒,借他的出来,在月光之下吃一口儿过中秋。原想酒吃完了,那把酒壶原要送还他。不想被巡夜的拿住了,就不曾送去。若说是犯夜,是做贼,连小的也不敢定,只求老爷公断。(净)如此说,你是个贼了?(丑)听凭老爷吩咐,小的就是个贼罢了。(净)据你现在偷的,不过是一把酒壶。以窃盗论,也还没什么大罪。你怎么将朱茂卿谋财杀命的这件大案,自己首告出来?蔡鸣凤果然是你杀的么?(丑)是小的杀的。(净作惊讶介)(白)哈!你自己杀了人,无人追究,你为什么倒自己首告出来?(丑)我亲身到、亲眼见的事,为什么不首告出来?(净)既是你自己首告,可将杀蔡鸣凤的始末根由与尸赃凶器,明白招承取出,免得本县动刑拷问。(丑)若要尸赃凶器,都有在那里,但此时且不便取来。若问杀蔡鸣凤的事,自然有个始末根由,也不便于此时就说。(净拍案怒介)(白)吋[②]!我把你这该死的狗头!你既自行出首,怎么本县当堂审问,反倒支吾闪烁,不肯实招?左右,与我用短夹棍夹起来!(丑立起大笑介)哈哈哈!好老爷,好老爷!(净)吋!你这狗头,难道我老爷有什么不好之处,惹你这样大笑么?(丑)那个敢笑老爷,小的在这里赞老爷。(净)你怎么样个赞我老爷?(丑)小的赞老爷"清似水,白似面"。这两句赞的如何?(净)这两句赞的倒也好。(丑)还有好的呢:"搅在锅里成一片,告示封条唾沫粘,裱匠铺里堆满案!"(净拍案怒介)(白)了不得!了不得!这狗头竟把我老爷比作一盆糨糊了!左右,扯下去重打四十再讲!(杂应)(扯丑)(丑拦喊介)(白)老爷暂且息怒,容小的说几句话。说完了,莫说是打,就是杀了,小的也是情愿的。(净)左右,且放他起来,看他还有什么话讲!(杂放丑介)(丑白)老爷,你们做官的人,须要平心秉公,爱惜百姓,才是个民的父母。那里有你这样浮燥酷刑的,做得出个好官来?(净)我老爷那一件浮燥?那一件酷刑?你讲上

来!(丑)老爷既然做官,自然该详情度理。即如小的做贼的人,就是扠了人家一只鸡,剪了人家一个绺,那人家若知觉了赶来,小的还要拚命的跑了躲避他,怎肯把这图财害命,没头儿的官司兜揽在身上?难道我活的不耐烦了,要去望乡台上打能能不成[3]?这其中必定有个缘故,老爷该细心体查,从容办理,才得个明白妥当。老爷只管拍桌打凳的使性子,倒要拿夹棍来夹我,这岂不是浮燥酷刑么?再请问老爷:我魏打算犯的不过是件偷酒壶的窃盗罪名,这杀命的重案,是老爷访的我?还是有人告的我?(净)这是你自己首告的。(丑)可又来。难道我自己既肯首告,反倒不肯说出来么?只是这件事如今是说不得的。就是说出来,重重絮絮,翻翻覆覆,好像那乱谈梆子腔的戏文一样,唠叨个不了,有什么好看?(净)依你便怎么样?(丑)依小的,一些也不难。前日老爷接的状词上,自然有原告、被告。立刻提来,当堂一审,这事就明白了。(净)倘若审不明白,这件事却怎么样呢?(丑)当堂若审不明白,那时节你可该审我、打我、夹我了。包管你个水落石出,真赃实犯。(净点头作喜介)(白)是了,是了,我老爷有些省得了!你且下去,一旁伺候。待我老爷审到那要紧用着你的时候,叫你上来对证。(丑)晓得。(下)(净)左右,带谋财杀婿一案上堂听审!(杂应)(带外、旦、老同上跪)(净点名介)朱茂卿!(外)有。(净)朱氏!(旦)有。(净)王氏!(老)有。(净)朱茂卿、王氏下去。朱氏跪上来。(旦上跪介)(净)朱氏,将你丈夫出外远归,你父亲如何图财害命的缘由,细细的诉将上来。若有扳扯诬赖之处,你是以女告父,比平人诬告加三等的不同。左右!(杂众)有!(净)看拶指伺候!(旦)爷爷容禀!(净看原状介)

【前腔】(旦唱)痛儿夫三年旅羁,奔家乡囊携重赀。外父心欺,外父心欺。暗室东床,命送阴司。忍女孀嫠,义断恩亏。眼流血泣诉因伊,望秦镜[4],照无私。

(净白)朱氏,据你这状词口供,你丈夫是你父亲图财谋死了。可是你亲眼见的,还是有人来告诉你的?(旦)小妇人不曾看见,也无人来告诉。(净)你既不曾亲见,又无人来告诉,怎么就执定了告你父亲谋害的?(旦)小妇人的丈夫回来,并无第二个人知道。据小妇人的父亲八月十六日到小妇人家说,女婿十五夜在他家饮酒,至今

并不见回家，老爷上裁，不是他谋害，小妇人的丈夫却往那里去了？(净)朱氏下去。带朱茂卿上来。(外跪介)(白)爷爷，冤枉嗄！(净)朱茂卿，你女婿蔡鸣凤八月十五夜果然在你家吃酒来么？(外)果然在小人家吃酒来。(净)吃到什么时候回家去的？(外)吃到一更多天回家去的。(净)你家与蔡鸣凤家相离有多远？(外)相离有三里路。(净)这途路间可有什么渡口、桥梁、庵堂、林木么？(外)一望平坦，并没有什么渡口、桥梁、庵堂、林木。(净)如此说，路途上是没有什么阻隔稽留的了。朱茂卿，你女婿到你家，止有你一人看见？还有何人看见？(外)还有小人的妻子王氏一同看见的。(净)带王氏。(杂带老上)(跪介)(净)王氏，你女婿蔡鸣凤到你家，你可曾看见么？(老)八月十五夜，女婿到小妇人家，同丈夫留他吃酒到一更后，方才回家去，实是看见的。(净)朱茂卿，你女婿远归，并无第二个人看见。你留他在家吃酒，又是你到你女儿家亲口说的。到如今，人无影响，以致你女儿告你图财害命。你可有什么折辩？(外)女婿到小人家是有的，若谋财害命，是极天冤枉的！念小人呵，

【前腔】(外唱)婿翁情三年阔离，喜中秋人乘月归。沽酒衔杯，沽酒衔杯。漏转谯楼，树影阶移。婿女团圞，二老舒飞。天祸孽海风吹，身虽死，鬼含悲。

(净白)朱氏，你告你父亲谋杀你丈夫。你父亲抵死不招，只怕你这状告谎了。(旦)人命重情，老爷不动大刑，他如何肯招？(净)自有动大刑的时候。今日当堂，你父女对质一番，本县自有道理。(旦)爹爹，你既谋杀了女婿，今日当着青天爷爷在上，料想逃不过去。况你是个老年之人，也死的着了。倒不如一了百了，招承了，也免得动刑受苦。(外)嗳呀，儿嗄！你做爹爹的生平连鸡也不会杀一只，怎忍得把个亲女婿杀死？(旦)你为了那三百两银子动了火，那里还顾什么亲女婿不亲女婿！(外)嗳呀，儿呀，我那里晓得他有三百两银子？这岂不冤枉煞了人！(净)朱茂卿，你女儿状上告你为了这三百两银子，害了你女婿的性命，你怎么倒说不晓得他有银子？(外哭介)(白)嗳呀，天嗄！活活冤枉死了人！小的并不知他有多少银子。这明明是女儿逼我的性命了。(净)朱氏，你丈夫前日回来，你可曾见他么？(旦)小妇人不曾见他。(净)前日你父亲

到你家,可曾对你提过这三百两银子么?(旦)嗳呀,青天爷爷,他为了这三百两银子,才谋杀女婿,他那里还肯对小妇人提银子的话?他一句也不曾提起!(净)我且问你:这三百两银子之数,你父亲既不曾对你讲,你又不曾见你丈夫,你却如何晓得?(旦)是、是、是……(净)是什么?(旦)是七月间丈夫带过一次家信来,上面写着在外赚了银子三百两,八月间一定回家。为此晓得的。(净)家信是何人带到?可将家信与那带信之人寻取来,当堂对证。(旦)那带家信是个过路的客人,那家信看过就烧毁了,教小妇人那里去寻取?(净笑白)带信的客人去了,家信又烧毁了。辩的倒也干净,只是情理上说不去。我且问你:你丈夫十五夜在你父亲家吃酒,你晓得不晓得?(旦)小妇人不晓得。(净)十六日你父亲到你家,说你丈夫回来了。你因丈夫不曾回到家中,疑你父亲谋害死了,所以扭到县中告状。可是么?(旦)正是嗄!爷爷!(净)朱茂卿,你女儿扭你上县的时节,路途上可在那里停留?(外)一直到县,并没停留。(净)你女儿可曾央烦人写状子?(外)并不曾见他央烦人写状子。(净)朱氏,你这状子是什么时候、是何人与你写的?(旦)是、是、是……(净)又是什么?(旦)是小妇人在家与父亲闹喊的时候,有个打抱不平的好街邻,他可怜我丈夫死的苦,替我写了,递与小妇人的。(净)你可认得这好街邻么?他姓甚名谁?(旦)嗳呀,爷爷!我是个妇人家,不出闺门,那里认得那街邻上的男子?爷爷,这件事不用过费天心。我父亲乃是个年老乡愚,最是软弱小胆的。只求爷爷一动大刑,他再没个不招承的。(外大哭介)(白)嗳呀,青天爷爷!这是小人亲生的女儿要杀亲父了,养女儿的,都来看样嗄!(净拍案怒介)(白)察言观色,朱氏的情形全然败露。左右!与我拶起来!(旦)老爷!世间那有拶原告的理?(净)只怕你这原告,倒是个的的确确的被告呢!本县只问你:你丈夫蔡鸣凤是何人谋害了?你其中的真情实事,从实招来!(旦)嗳呀,爷爷!我的丈夫被人谋杀,倒教我招些什么?(净)你不肯招?左右!上了拶,着实的敲!(杂喊堂)(拶旦)(敲介)(净)问他招不招?(杂)快招!(旦)教我招什么?(净)既不肯招,再敲!(杂敲)(旦大喊介)

【前腔】(旦唱)拶尸亲情亏理亏,法堂中将公变私。杀我男儿,

杀我男儿。虽然父女,恩断情离。不究夫冤,反拷孀妻。这刑法杜撰新奇。(净)你丈夫是怎么样谋害的?快快从实招来!若不招,我将你的十指拶折!(旦唱)咳!折双手,口难移。(丑旁观介)

(背白)嗳呀呀,好利害老婆,怪不得做出这样的狠事来!你看他抵死不肯招认,且看堂上老爷如何料理。(净背介)(白)好个练刑的狠妇人!这样的敲拶,铁口不移,这便怎么处?哦,我有道理。左右!将朱氏连拶指带在丹墀下去。(杂应)(带旦下)(净)左右,带朱茂卿上来。(杂带外上)(跪介)(净)朱茂卿,你女婿倒底往那里去了?(外)小人不知。(净)你说不知?或者是你谋害了,也不可知。左右!拿夹棍来,将朱茂卿夹起来!(杂众取上夹棍)(扯外鞋袜作夹介)(丑)不好了,不好了,老爷没了主意,蛮做起来了!这老头子可是受得起刑的?该我出马了。(丑上)(作自扯鞋袜倒地伸腿)(喊介)拿夹棍来!快套上,快套上!(净)你是魏打算嗄?(丑)我是魏打算。(净)你这是什么意思?(丑)我没有什么意思,如今该夹我了。(净)怎么?如今该夹你了?(丑)这件事全是我与朱氏亲眼亲手做的,与那朱茂卿毫没相干。如今拶了朱氏,自然该夹我了。怎么夹起他来?(净)魏打算,这件事你既自己首告出来,本县也不夹你。(丑)夹不夹,在老爷。我倒底要让让,是个礼性儿。(丑起)(跪介)(净)魏打算,这件事你既揽在身上,必须有据有证才好。(丑)若是无据无证,我就是实讲了,老爷你也不肯信。自然要还你个有据有证。(净)既然如此,你可讲来。(丑)如今还讲不得。(净)怎么还讲不得?(丑)老爷要我讲,须是将他父女们带下去。待我把始末根由细细的先讲与老爷听明白了,方好究问审断。(净)左右,将朱氏放了拶,暂时关锁在东班房里。朱茂卿夫妇放在西班房里。两处不许闲杂人等近前。(杂应)(带外等下)(净)魏打算,如今可讲得了?(丑)还有一件。(净)又有什么一件?(丑向前低语介)(白)老爷,你这衙门里还有什么官儿没有?(净)本县属官,还有县丞、典史二员。(丑)老爷暗暗的委典史老爷,带了朱茂卿,立刻到朱氏家,传齐了保长、乡邻。在朱氏床底下与他屋后小院子里,有三件东西埋在土中。刨刷出来,飞马送到堂上来。此时,把头门、二门俱用封条锁闭了。衙门里外不许一人出入。待我一头说,老爷一头拿人,一头相验,这件事立刻就可以完结了。(净

写字一封付门子）（白）你立刻带了朱茂卿，到四老爷衙门内，教四老爷照帖行事，不可错误，说我在此立等。（门子应介）（下）（净）左右！将头门、二门立刻封锁，不许放一人出入！（众应）（封门）（副欲出）（众作封门不放出介）（净）魏打算，如今是说得了？（丑）还说不得。有个要紧人没拿到，就是说了，这场官司完的不爽快。（净）书办，立刻出签拿去。（丑）不用，不用。老爷差一个衙役同小的去，立刻就拿到。（净）皂隶过来一名！本县标你硃臂，同魏打算去拿人。（标杂臂）（同丑下堂介）（丑）老哥，这人不须出外去捉拿，他现混在里面，看审官司。诺，那土地祠门口，墩着吃烟，大鹰钩糟鼻满脸毛的就是他。你且暗暗的押住了他，此时且不必带上堂去。等叫到他的时节，我来招呼你。（杂应下）（丑上堂）（净白）魏打算，如今说得了？你可细细的说上来。（丑）禀老爷，这件事我先说个真情大意与老爷听了，老爷得了主意，少刻将原、被告犯人一齐带上堂来，待小的再将情由细细的说出，也省的老爷费心与他们唠叨磨嘴。（净）你就先把真情大意说出来，与我老爷知道。（丑）实回老爷罢，那蔡鸣凤是朱氏亲手谋杀的，是小的亲眼看见的。（净）他为何谋杀他？（丑）为的是奸情。（净）你怎么得看见？（丑）为的是偷盗。这就是一案官司的真情大意。老爷可把那原、被告人提上堂来。老爷细心审问，到那要紧的时候，小的从旁作证，自然就明白了。（杂役禀介）禀老爷，外面传话进来，四老爷奉老爷札谕，在蔡鸣凤家起得三宗物件，特来呈堂缴谕。（净）四老爷回衙理事，起出的三宗物件，着保长、乡邻堂下伺候。分付开门。将朱氏一案带上堂来！（杂应）（带旦、外、老上）（跪介）（净）朱茂卿、王氏下去。（外、老下）（净）朱氏，你告你父亲图财杀婿，按律是应该偿命的了。本县念他年老无儿，止生你一女，今因你亲女告他，使他偿命身死，心下不忍，意欲将这三百两银子在你父亲身上追赔出来给你。你递一张"丈夫身尸未得，生死未定，暂且停讼"的呈词，你父亲就可以保全了。（旦）老爷在上，这银子，小妇人一定是要的；那停讼的呈词，小妇人断不能递。（净）却是为何？（旦）自古杀人偿命，欠债还钱。这银子原是我丈夫的，被他杀命谋去，自然该给还小妇人的。至于杀人偿命，乃朝廷的王法国典，但凭老爷徇私卖法，小妇人却不敢。（净拍案怒介[⑤]）（白）吋！你这妇人好歪派！本县好意

将伦常情理开导于你，你反道本县徇私卖法。这等可恶！本县若凭着你一纸呈词，就把你父亲问了抵偿，倘他正法之后，你丈夫若有命回来，朱茂卿的这条性命，却教谁偿？（旦）老爷但请放心，小妇人的丈夫就是一千年也不得回家的了。万一丈夫日后有命回来，小妇人情愿与父亲偿命。（丑旁拍手笑介）（白）哈哈哈！好狠！原告句句话倒像真情，这话才回的结实！（净）魏打算，你说他句句话像真情，难道你晓得他的真情么？（丑）小的只怕有些晓得。（净）你既晓得，你就替他把真情讲上来。（丑）罢了，老爷既叫我替他讲真情，（向旦白）唯！大娘子，老爷着我替你讲真情。讲的不是了，任凭你折辩；若讲的是了，你可不要发赖。（旦）啐！你是何人？我并不认识你。旁不相干，怎么替我讲什么真情！（丑）讲真情那里在乎认识不认识！越是旁不相干，讲的才是的的确确的真情呢！（向净白）老爷，今日既要说真情，索性把朱茂卿夫妻一齐带上堂来，大家说个痛快，也免得糊里糊涂打了这样没头儿的官司。（净）左右，带朱茂卿夫妻上来！（外、老上跪介）（丑向净介）（白）今日这案内还有一个要紧人，现在阶下。待小的叫了他来，三面对证，一审就明白了。（净）快带上来！（丑作下阶招呼前皂隶介）（白）大哥，把那胡子带上来，老爷立等问话。（杂应在下场门用锁套副副喊介）（白）你为什么锁我？（杂）老爷传你说话！（副）传我说话，怎么上起锁来？（杂）郑胡子拿到。（副跪介）（白）老爷在上，小的在这里看老爷坐堂审官司，并不曾多嘴生事。他平白的锁拿了小的来，扰害良民，求老爷作主。（净）你姓甚名谁？那里人氏？做何生理？（副）小的叫作郑打雷，本县良民，屠户生理。（净）哦！你就是郑打雷么？（副）小的是郑打雷。（净）你且跪在一边，看本县审完了这案事，责处锁拿你的衙役。（副下）（旁坐）（旦见惊慌介）（白）嗳呀，你来做什么？（副低白）是拿了我来的。敢是你扳出我来了么？（旦）啐！那个扳出你来了？（丑）如今人犯都齐了，该我替你们讲真情了。（净）魏打算，你替他们把这案的真情，从实讲上来！（丑）要我讲真情，先有段开场的故事，须是讲明白了，然后才好讲真情。（净）也罢，就容你讲故事。（丑）我前日从北边往南方来，路上经过一个县分。（净）是那一府那一县？（丑）老爷，这县名与故事内许多人的名姓，小的一张口照顾不来。待我把故事说完了，慢

慢的指说出来，自然明白。（净）如此，且随你说来。（丑）那县里有个买卖人，往外经商。去了三年，赚得有几百两银子回家，路途上遇着个梁上君子。（净）什么是“梁上君子”？（丑）就是那些挖壁爬墙朋友们的美号。那梁上君子要掏摸他些银子用用，暗中跟了他行走。一路上竟不能下手，直跟到他家里。那晚恰是中秋夜。一更多天了，那买卖人叩门进去，那梁上君子也暗暗的随了进去，爬在他家梁上藏躲。只见那买卖人到了家中，见了妻子，好不欢喜高兴，将一个随身的箱子递与他妻子，说道：“这箱子里有三百余两银子，是我在外三年赚来的。娘子收好了。”（此处往后旦、副俱作惊慌变色不安状）他妻子收了银子，摆出许多瓜饼酒果，与他丈夫吃酒。散吃了许多不算，末后取出个大茶杯来，说与丈夫接风洗尘，敬了三茶杯。又说发财贺喜，敬了三茶杯。又说团圆佳节，敬了三茶杯。把个丈夫灌了个稀泥烂醉，替他脱去衣裳，扶到床上去睡了。只道他是好意，谁知他在床底扯出个胡子来！两个人商量了会子什么长头夫妻、短头夫妻，他妻子拿出把切菜的大刀来，磨了个锋快，叫那胡子动手。谁知那胡子是个绒打瓦的，三回四次竟杀不下去。嗳呀，口渴了，口渴了，嗓子发干，说不出话来了。（净）左右，赏他杯茶吃。（丑吃茶介）（旦跪上喊介）（白）老、老、老、老爷坐堂审事，不替小民们伸冤理枉，倒在公堂上听这样无赖之人说故事。这样的砢碜话，听他作什么！（净）吋！胡说！不要作声！左右，拉下去！再要作声，掌嘴。（杂众应介）（旦不言介）（丑）倒被他打断我的话头。我方才说到那里了？（想介）哦！有了，那胡子杀不下去，倒是他妻子好个英勇的妇人！脱了长衫，提了提鞋子，绾了绾头发，说道：“既动了这念头，罢不得手了！”拿起刀来，撩起帐子，只听得砢叱的一声！（旦叫一声）（伏地）（外、老、副俱作惊战介）（净）砢叱一声怎么样？（丑）杀了！（净）人既杀了，那尸首与银箱、凶器，却在那里？（丑）尸首煮烂，汤肉喂了猪，骨头埋在屋后院子里。银箱、凶器藏在床底下。（净）这节事，你怎么知道的？（丑）是那梁上君子告诉小的的。（净）这起人犯，你可认得么？（丑）小的认得。（净）如今都在那里？（丑）远在千里，近在眼前。（净）既在眼前，你可指将出来。（丑作看外、老、副、旦介）（白）嗳！杀了自己的丈夫，又拉出个至亲骨肉来替他顶缸偿命。老爷，你道冤枉不

冤枉？亏了遇着个青天，今日教我一个个指出他来。我也只得要秉公了。(净)你可指出来，那被害的买卖人是谁？(丑)就是那穿珠的蔡鸣凤。(净)那奸夫是谁？(丑)就是这个胡子郑大哥。(净)那淫妇是谁？(丑)就是这位蔡大娘子。(净)那顶缸的至亲骨肉是谁？(丑)就是这朱阿爹。(净)那青天是谁？(丑)难道老爷还算不的个青天？(净)那梁上君子是谁？(丑)不敢欺，就是小的。(净)朱氏，这段故事就是你的真情实事了？你还有何说？快快招来！(旦)老、老、老、老爷！这一派胡言乱语，有何凭据？(净)你道没有凭据？左右！叫衙役乡保将那三宗物件取过来！(杂众应)(上介)(净)蔡鸣凤家起出来的物件共几宗？(杂众)共三宗。(净)这些物件是在何处起出来的？(杂众)这银箱与菜刀，在朱氏床底下起出来的；这罐内煮熟的人骸骨，在他家屋后小院子里刨出来的。(净)书办，照单点验。(书办念介)红漆小箱一个，内大小七封共银三百零八两。账簿一本。戥子一杆。大小碎珠一包，共九十三粒。瓦罐一个，内煮熟的人骸骨一全分。切菜大刀一把。(净)朱氏，这些东西都是在你家起出来的，你还有何辩？(旦)这些东西并不是小妇人在家眼同起出来的，那里作得准？(净)作不得准？叫左右！(众杂)有！(净)朱氏上了拶，郑打雷用短夹棍夹起来！(众杂喊堂)(夹副拶旦介)(副)嗳呀，受不得了！受不得了！愿招！愿招！(净)既愿招承，松了刑，画供！(松刑)(旦向副介)(白)呸！没用的东西！我舍着两只手，你舍着两条腿，大家救性命要紧，怎么就轻易招承了？(副)咳！大娘子，天网恢恢，疏而不漏。我当初原说这伤天理的事是做不得的，你讹定了教我做。你看，这些物件都已起出，摆在公堂之上，你我还赖到那里去？倒不如爽爽快快的招承了，也免得熬刑受苦。(旦长叹介)(白)咳！罢罢罢！我们招承了罢！(旦、副跪上)(白)结交奸夫，谋杀亲夫，情实愿招！(净)画供上来！(旦、副画供介)

【一撮棹】(净唱)今日里，冤孽解狐疑。奸杀案，天地自难欺。(外、老合唱)覆盆下，红日照无私。愿恩官，福寿与天齐。(众合唱)官清正，黎民免灾戾。(净、众合唱)全亏了，梁上眼儿窥。(净)众犯跪上前来！听本县审单判语。(众上)(跪介)(净)勘得蔡鸣凤妻朱氏，良人远出，淫妇行奸。既败蔡氏之门风，复戕丈夫之性命。纤

纤女手，操刀处胆胜屠丁；远远归人，中酒时身投鼎镬。更思诬父灭口，埋骨藏奸。洵伦常之大变，闺阁之奇凶也！凌迟处死，尚有余辜。勘得屠丁郑打雷，放下屠刀，不想佛成立地；怂恿色胆，妄思鬼伎瞒天。淫其妻而杀其夫，是可忍也？助彼女而诬彼父，有是理乎？无天无法，视人命等于猪羊；有证有赃，论案情甚于贼盗。判依律斩，情以罪平。勘得朱茂卿，年老无儿，爱女以及其婿，几成李代桃僵；冤蒙骨肉，奇屈忽得奇伸，恰似云开日见。诬告加等，应悔育女之心；省释宁家，反喜更生之乐。清白良民，脱然无累。勘得魏打算，鼠窃狗偷，不比江洋大盗；穿窬挖壁，律当笞杖轻刑。首己窃掏之案，雪人谋杀之冤。功浮于罪，私变乎公。从轻末减，姑免深求。代赏宽刑，驱逐出境。其银三百两，与碎珠、菜刀等物，入官贮库。外零银八两，著落朱茂卿具领，为埋葬蔡鸣凤骸骨之用。此案供判已定，待本县申详各上司，具本达部。待部覆到日，依律典刑正法。朱氏、郑打雷，上了刑具，带去收监。（杂带旦、副下）（净）朱茂卿夫妇，释放宁家。（外、老）多谢爷爷！（净）魏打算，逐出境外。（丑立起）（跺脚大喊大哭介）（白）我的黑天黄天月白天的老爷！你这案官司断的都好，只单单的坑杀我魏打算了！（净）哈！本县免你的罪责，从轻释放，你怎么倒说坑了你？（丑）小的有下情回老爷。（净）有什么下情？讲来！（丑）小的自从八月十五日到了这昆山县，那晚就被巡夜的捉住，关锁在牢里。抢点子牢饭吃，胡乱度命。幸喜遇着朱茂卿夫妇，每日送饭，着我和他同吃。吃了些现成茶饭，比那做贼偷来的十分安稳受用。因前者看见朱氏杀他丈夫，今日又见他二人定了砍头剐肉的罪名，吓的心灰胆破。自古道：惧法的朝朝快乐，玩法的日日担忧。做贼那里有庆八十的？想要从此洗了手，做个好人。不想你们这官司完的这样快，剐的剐，杀的杀，放的放，他们的官司倒完的干净！如今单单把我逐出境外，我又无家可归，贼又不愿意做了，出了这牢门，饭又没得吃了。弄得个半死不活，岂不是坑了我？（净）依你，要怎么样？（丑）若依小的，求老爷的恩典，还把小的搁在牢里，算个没罪的囚犯。每日抢点子牢饭吃，也好混过这下半世。（净）胡说！那里有个没罪的囚犯！我且问你，你可会锄田耕地？（丑）不会。（净）你可会手艺经商？（丑摇手介）（白）这些事一概不会。（净）你到底会做什么？（丑）我自幼儿就是会做贼。（净）这便怎么处？哦！我有道理。朱茂卿！（外）有。（净）你这场官司，全亏了魏打算救你的性命，你可晓得么？（外）活命之

恩,终身不敢有忘。(净)你既感他活命之恩,他无家,你无子,何不认他做个螟蛉义子,倒是两家有益的事。(外)小人情愿,但不知他肯不肯。(净)魏打算,你心下如何?(丑)做老子的肯了,那有个做儿子的倒不肯起来?肯!肯!肯!若撒谎,是忘八的儿子!(外)什么说话!老爷在上,但恐他自幼做贼惯了的,到了小人家日后再做起贼来,岂不连累小人?(净)魏打算,你听他说的倒是。你切不可连累于他。(丑)若不信,求老爷赏一盆水,小的就在当堂洗了这双贼手,再也不偷了!(净)左右,赏他一盆水。(杂取水盆)(丑洗半面粉墨介)(净笑介)(白)哈哈!你看他面上的黑黑白白,竟洗去了一半。这也奇了!(丑)这就是福随貌转了。(外、老、杂众白)果然奇事!(净)唯!魏打算,索性将这边的黑黑白白也洗净了,岂不是副好嘴脸?(丑)那洗得去的是一副贼嘴脸,这一边是我的本来面目,那里洗得去!(净)魏打算,过来,就在当堂拜认了父母。本县看你悔心改过,将来还是个好人,就充你做个本县的马快,每月支领工食,养你的父母。你可用心当差,替本县拿奸捕盗。(丑笑叩头介)(白)老爷放心!自古道:蛇钻的窟窿蛇知道。以贼拿贼,是小的熟路。这差事小的与老爷出力报效!(丑)爹妈在上,儿子叩头。(外、老)我儿,你我先叩谢了老爷,然后再拜我二老。(外、老、丑同拜介)

【江头送别】(合唱)谢爷爷奇冤雪天青日光,明如镜照秋毫人难欺诳。似这等孤茕保护儿孙样,惟愿祝于公门驷马其昌。

(净)朱茂卿等赶出去,掩门!(下)(丑)爹爹,妈妈,咱们回家去罢。(外、老)儿嗄!你不认得家,随着我二老一同回去。(丑)我怎么不认得,前八月十五夜,我还进去吃过一壶酒来呢!(诨下)

〔注〕 ① 鸮鸱:猫头鹰一类的鸟,古人认为是恶鸟。 ② 吋(dòu):叱声。 ③ 望乡台:旧时迷信说法中阴间的高台,鬼魂可以登台眺望阳世家中的情况。 ④ 秦镜:传说秦始皇有一宝镜,能照见人的肠胃五脏,能照出人疾病所在,能照出女子的邪心。事见旧题汉刘向《西京杂记》。 ⑤ 恕:当作怒,原本误刊。

《梁上眼》传奇凡八出。故事来源于花部剧目,作者舍弃了原剧故事的某些糟粕,如蔡鸣凤在外经商时与店主婆通奸,并杀害店主,及店主鬼魂与窃贼魏打算一起追随蔡鸣凤至昆山等。本来这个情节是要表明蔡回家后被奸妇奸夫所杀是对其恶行的报应,故京剧同题材剧目叫《循环报》(亦名《串珠记》)。湘剧、秦腔、桂剧、楚剧均有此剧,剧名不一。

《梁上眼》的戏剧情节大致如下：商人蔡鸣凤经营珠宝，攒了三百多两银子，回转昆山县家中。不料被其妻朱蔷薇伙同与之通奸的屠夫郑打雷所杀害。朱氏又诬告老父朱茂卿图财害婿。此案难住了知县刘清。窃贼魏打算曾尾随蔡鸣凤至其家，躲在屋梁上伺机行窃，恰目睹凶杀始末。他主动出首，协助知县破案惩凶。

此剧案情并不复杂离奇，却能引起人们观赏的兴趣，是因为在剧中巧妙地设置了悬念——魏打算一路尾随蔡鸣凤而行，他到底偷到了蔡的银子没有？及至魏打算目睹凶杀以后，又产生新的悬念——魏站出来告发作证没有？他若竟然见义勇为，岂不暴露自己的窃贼行径？此剧不仅以悬念胜，更以人物胜。它塑造了知县刘清和窃贼魏打算两个独特的人物形象。刘清没有才智过人的禀赋，而是“才短心长”、“勤和恭慎”。他为人和而恭，为官勤而慎，理刑不主观臆断，不滥用刑罚，而是虚心请教幕友，重物证和人证。他是一位“好官”，与人们习见的清官形象有所不同。魏打算有小恶却有大善，又能改恶从善。他在离开蔡家后因犯夜被捕，在狱中巧遇朱茂卿，受一饭之恩，起不平之感，毅然挺身为朱老伯辩诬。第六出《堂证》就是描写魏打算如何在公堂上出首，知县又如何信任和依靠魏打算审清命案的。

在《堂证》中，至监狱送饭的朱茂卿妻由魏打算授意，上公堂喊冤，说在牢房见到谋害蔡鸣凤的“真凶犯”，是凶犯本人招认的，请求知县提审。知县照办了。魏若无此惊人之语，便不能引起知县重视，离牢房，到公堂，参与官府破案。此着是魏初显机智。

魏出得堂来，爽快地交代自己的劣迹——在犯夜前偷过人家一壶酒。知县以为偷酒无大碍，要魏把杀害蔡的始末根由和赃物凶器明白招承取出。魏对此支吾其词，以致触怒知县欲动刑。魏毫无惧色，哈哈大笑，讽刺老爷糊涂，好比一盆浆糊。魏开导知县：谁肯把图财害命的官司揽在身上？其中必有缘故。既愿自首，岂有不肯说出之理？只是现在说不得而已。老爷只管照常审问，案情自会大白。如此，魏实际上推翻了自认的“真凶犯”身份，取得证人资格，退至一旁静静观审。按照常人的做法，魏应利用来之不易的出堂机会，及早把梁上所见和盘托出，既为朱茂卿解难，又撇清了自己。但若急于交底，空口无凭，于事无补，反而可能搅浑了水。掌握火候，是魏的成功之道。这也是作者的匠心所在：刻画了魏的老谋深算，同时描写了刘清从善如流，情节在曲折地发展着。

知县似有所悟。他不再追究出首之人，转而审问朱氏怎样知道三百两银子之数，她的状子系何人何时代写。谁知朱氏强词夺理，强忍拶刑，让人奈何不得。

知县只得逼问朱茂卿。魏怕朱老受刑不起，竭力加以阻止。于是知县又叫他陈述案情，他还是不能从命。他要求知县做两项准备工作。其一，派县吏到蔡家取来死者遗骨、作案凶器和银子三件物证；其二，派衙役盯住混在观审人群中的郑屠户（魏在上堂时就已经瞥见了郑）。诸事很快就绪。魏仍不细述，仅仅三言两语点明朱氏因奸情而杀夫，并请知县提原、被告继续审问，自己会适时介入。

果然，当知县试图在原、被告之间进行调解，遭到原告朱氏断然拒绝和严厉指责，审问难以为继时，魏正式出马了。出马之初，他还做了最后一项准备工作——叫衙役锁拿郑屠户并带上堂来。人犯到齐，三件物证也早已取来，魏方才开始陈述案情。魏的陈述方式很特别。他没有直陈其事，而是假托讲故事，姑隐其名，讲得绘声绘色，最后才一一指名道姓。整出戏从魏出堂伊始，观众就期待着他指认朱氏为真凶，这种期待是借助知县的催促加以表达的。可是魏应作的陈述被再三延宕，真相大白被置于最后一刻，从而长久地维持着观众的兴趣。作者的叙事技巧是高超的。

延宕陈述不仅为了蓄势以加强高潮情节，更是为了刻画魏的性格特征。作者对人物性格有明确的设计。魏打算乃吴语“会打算”的谐音，干练而有心计之谓也。魏的作证是那样有条不紊，滴水不漏，一切都在他的掌握之中。他只是一个证人，限于配合知县审问，而在实际上，他反倒像个主审官，让知县听从他的调度。

叙一个机智小人物大胆揭发一件惨案，协助官府惩办凶犯，这个故事本身已富于传奇性和思想意义。然而作品的主旨不止于此。选择魏充当传奇的主角，其间有深意存焉。魏原非正人君子，手上不干不净，他除了偷窃，一无所长。幸而他的良心尚未泯灭，他能分辨善恶，懂得知恩图报，故能代人辩诬，甚至不惜暴露自己的窃贼嘴脸，终于立志改恶向善。其转变的契机则是眼见朱氏犯法终被制裁，深受震惊，始悟：“惧法的朝朝快乐，玩法的日日担忧。做贼那里有庆八十的?”作者借一个集善恶于一身的复杂形象的幡然醒悟，昭示一个做人的道理，比较地有震撼力和说服力，同时展现了生活的复杂性。

魏是个喜剧人物，由丑角扮演，其科诨甚妙。如魏洗手不干偷窃勾当，当堂洗净半脸粉墨，暗寓“洗心革面”之意。知县叫他把另半边脸也洗净了，魏答道：“那洗得去的是一副贼嘴脸，这一边是我的本来面目，那里洗得去!”虽为自嘲，却也有理。

知县刘清的“好官”形象主要也是在这一出《堂证》中最终塑造成型的。魏以自首为由出堂，出堂后却改口了，魏阻止刑讯朱老，魏迟迟不作陈述，对于这一

切，知县都容忍了，并不以为被要弄。知县受魏嘲笑，虽生恼怒，仍允许魏申辩。他确实做到了为人和而恭。知县甚至听得进魏的教训。魏道："老爷，你们做官的人，须要平心秉公，爱惜百姓，才是个民的父母。那里有你这样浮燥酷刑的，做得出个好官来?"知县听罢，叫魏指陈浮燥(躁)和酷刑的事例。这一番言论不大可能出自一个窃贼之口，倒是衬托了知县容人的雅量，寄托了作者对为官者的忠告。在判决后，知县见魏无家可归，便叫朱茂卿收养他。见魏弃窃后无业可从，便叫他留衙当差。"以贼拿贼"正是用其所长，何况魏已表现了出色的办案才能。知县善于识人敢于用人，而且颇有人情味。

反面人物朱氏极其恶毒，毫无人性亲情，且擅强辩，能熬刑。如此描写朱氏的性格固然出于演绎故事的需要，为魏打算揭露真相作出充分铺垫，但是否过于夸张了些?

(宋光祖)

【戏曲家小传】

张 坚

(1681—1763) 字齐元，号漱石，又号洞庭山人、三崧先生。江宁(今江苏南京)人。清诸生。博学多才，工文章词赋。早岁知名，但屡应乡试不中，穷困潦倒，乃焚所作时文稿，转徙齐、鲁、燕、豫间十余年。归而闲居，写作抒怀，广交文人墨客。清乾隆初开律吕馆，辞不赴召。后入九江关监督戏曲家唐英幕。少喜读《西厢》、《拜月》等剧，十九岁即撰《梦中缘》传奇。所作戏曲力图熔汤显祖之词美与沈璟之律精为一炉。时人杨楫《梦中缘序》谓"漱石四种，则合女烈臣忠，配以义侠，参之仙佛，而总基于一情"。除《梦中缘》外，另作有传奇《梅花簪》、《怀沙记》、《玉狮坠》，合称《玉燕堂四种》，今存。

梅 花 簪

张 坚

第十出 抢 亲

【中吕引子菊花新】(旦上)怪无端忽地起风波，凝盼官前事若何?我想自古及今，多少娇娥，偏是我招灾惹祸。

不知那里说起!甚么山东巡抚公子，道俺貌美，顿起邪心，串同地棍都来德，诈为媒妁，捏告原聘在先;贪官枉法，竟欲将奴断归胡姓。父亲一时言词激烈，反触其怒，益难挽回。今早又往府中击鼓

鸣冤去了，不知可能济事？好忧闷人也！

【过曲好事近】生小绣房窝，终日和影儿独坐。又不曾楼头陌上，向风前笑举轻罗。因何劣仪容，直恁的风声播[1]？怎知俺白璧难磨，誓不把青蝇自污[2]！想来就告府状，也是无用的。怕则怕官官相护，他倚势偻啰[3]。

【南吕过曲香柳娘】（末上）控官前转来，控官前转来，气填胸隘，好一个明明白白清平界！（作急叩门）（旦开见介）爹爹愁容满面，想是又不济事了。（末）不要说起，那府官呵，更糊涂不开，更糊涂不开，趋势更贪财，一样将情卖。（旦）怎么批词？（末）批甚么词！那府官接了状子，不问真假，反道胡家原聘在先，自然该他迎娶，竟扯破状呈，将我叱辱出衙。这分明那厮势力通天，上下贪财枉法，便有屈也无处伸了！（旦哭介）这等如何是好？（末）恨孤穷力怯，恨孤穷力怯，怕他倚势扛抬[4]，竟来无碍。

【前腔】（旦）一闻言似呆，一闻言似呆，这奇灾怎解？信前生结下冤愆债。孩儿幼蒙爹爹严训，岂不闻忠臣不事二君，烈女不更二夫。若是事到其间，只得自甘一死。恨官官爱财，恨官官爱财，不顾女裙钗，逼上黄泉界。（末）若是徐郎在家，连夜成亲，那厮也无之奈。如今呵，不能彀就回，不能彀就回，远隔天涯，怎救得此身狼狈！

【前腔】（外上）不堤防这灾，不堤防这灾，公平何在？只消他钱行十万通神快。（外、末见介）（旦掩泪避下）（外）府中告状又不准，如何是好！（末）适才小女闻言，急欲自尽，小弟正在此解劝。只怕这一条性命，终断送在这奸贼手内了。（泪介）（外泪介）贤哉妇也！只恨小儿没福，远出不归。依小弟看来，令爱到是好好的嫁他为妙。更无从布摆，更无从布摆，远去不归来，怎留得良缘在？（末不悦介）徐兄说那里话！小女呵，矢共姜自挨[5]，矢共姜自挨，他若想和谐，除是桑田变海。

（外）杜兄止知其一，不知其二。自古常则守经，变则达权。昔者齐景公[6]，涕出而女于吴，称为顺天。胡贼乃严嵩门下[7]，倚着权势，何所不为。令爱若不嫁彼，那厮焉肯甘心？白白送了身家性命，令

爱依旧不能保全，岂不反为识者所笑？就使令爱矢死靡他，抑思全贞难以全孝，何不忍辱屈从，以保亲命？其人可事则事之，如不可事，倘小儿异日侥幸得志，难道破镜不可以重圆？断丝终难以再续，小弟已写下退婚一纸，与吾兄相劝令爱放心前去便了。（末）咳！俺家从无犯法之男、再婚之女。小弟何等样人，肯教女儿改嫁强徒，玷辱名教！这个断然使不得！（外）咳！兄若不听吾言，就是小儿回来，也一定不娶令爱的。（末惊介）吾兄何出此言？（外）小儿若娶了令爱，那厮闻知呵，

【前腔】巧机关暗来，巧机关暗来，将人坑害，干戈未可诗书代。趁而今细裁，趁而今细裁，免惹祸和灾，彼此图安泰。（末）小女贞烈性成，这话如何向他开得口！（外）杜兄，纵难将口开，纵难将口开，事到头来，这也无如之奈！

小弟句句良言，退婚在此，就请收下。（末不接介）岂有此理！（外掷书于地介）罢！此书留在此间，但凭吾兄便了。丈夫有志宁轻丧，天道无知只泪垂。（忿恨下）（末）徐兄转来，徐兄转来！呀，看他竟将此书丢下去了。这是那里说起！（拾书泪介）（旦上）带泪衔新恨，含情忆旧缘。爹爹，手中拿的是甚么？（末）咳！我儿，这是你公公……（住口泪介）（旦）爹爹为何欲言又止？（末哭介）我儿！叫你爹爹如何说得出！（旦急介）爹爹为何如此？快说与女孩儿知道！（末掷书出介）也罢！你自去看便了。（旦看书惊哭介）呀！原来是一纸休书！兀的不痛杀我也！（倒介）（末惊哭介）我儿醒来！（扶起介）

【双调过曲江头金桂】【五马江儿水】（旦哭唱）红丝割断[8]，不由人血泪涟。又不曾犯了七出之愆[9]，为甚写离书如等闲？我晓得了！【柳摇金】他怕我不贤，将豪门欣恋。自古道：一丝为定，千金不移。虽未同衾共枕，一般的义重情坚，怎忍把结发夫妻生弃捐！【桂枝香】俺柏舟勤念[10]，俺柏舟勤念，此心无变。恨绵绵，且看松柏凌霜劲，休认杨花逐水颠。

爹爹，那梅花簪今在何处？（末）已被那知县当堂断还你公公收去了。（旦）咳！孩儿闻仁者不以盛衰改节，义者不因常变易心。孩儿生是徐郎妻，死是徐家鬼。纵然公公退了孩儿，孩儿决不改嫁他

人的！（哭介）（末）我儿放心。虽是你公公之意，你爹爹立身名教，若将你改嫁豪门，不但徐郎回来无颜相对，便死亦难见祖宗于地下矣。那厮若来强娶，我便拚此一条性命，对付他便了！（旦）那厮势力通天，爹爹若与争衡，真是以卵投石。爹爹若有不幸，孩儿焉能独全？不如待孩儿寻个自尽，绝了那厮念头，爹爹便可安然无事了。（末抱哭介）我那儿嗄！你母亲自幼丢下了你，你与我朝夕相依，不离左右。只望你与徐郎早完姻事，慰我暮年。谁知遭此强徒，变生一旦。你若守节捐躯，不但我舍不得你，就是你也怎么舍我作爹爹的下！（旦哭介）爹爹，孩儿岂不知此？怎奈事不由人，这也说不得了。

【前腔】说甚么沉鱼落雁，芳容与祸连。（背哭介）徐郎，我与你空结良姻，未能偕愿。怎想到而今一旦竟成永诀了！纵有修眉未画，冶态谁怜？不能彀好夫妻一宿缘。自古道才子缘悭，佳人命蹇。何不折罚做村夫野妇，到有个久地长天！从今后倩谁把断头香再燃？似今生分浅，似今生分浅，愿结做他生美眷。枉痛煎，料难免祸营三窟[11]，惟有招魂赴九原[12]。

想你一去多时，此时也不知在于何处。

【前腔】不能彀和伊一面，云山四野连。奈没个乌鸦传信，寄与君边。问你可暗心惊旅梦牵？便把这秘学精传，救不得彝伦攸变[13]。纵归来奠雁[14]，怕妻难相见。空恨杀久留连。奴家死后呵，料芳魂不远，料芳魂不远。把山河绕遍，少不得到君前。春风梦里眠蝴蝶，明月山头泣杜鹃。

（旦哭介）爹爹善保暮年，你女孩儿不能奉你终身了！（旦撞地）（末抱住哭介）孩儿休便如此！

【前腔】（末）虽则是灾危不免，全贞一命捐。但你呵，才似娇花乍吐，嫩蕊堪怜。紧追随绕膝前，忍叫你误了芳年。思量起越添悲怨，到不如我先一命早赴幽泉，省见你生和死苦万千。（末撞地）（旦抱住哭介）爹爹休要如此！我不能扶伊衰倦，我不能扶伊衰倦，忍累你更遭危难。异日徐郎回来，若念孩儿为他守节而死，可叫他养你暮年。孩儿死在九泉，亦能瞑目。（合）痛冤缠，宁甘

抱恨同香碎，怎忍含羞独瓦全！（净披红插花）（领众提灯鼓乐上）

（末惊介）呀，一派鼓乐之声，那厮竟自倚强而来，气杀我也！（昏倒介）（旦惊哭介）爹爹苏醒！事已甚迫，不免触阶而死！（旦一面撞地）（净一面打进）（见旦惊抱介）小娘子，休要如此！（旦）住了！我乃儒门之女，岂受你强暴之污！明有王法，暗有鬼神，还不快快回避！（净笑介）这些果子话儿，今后请收起了！

【川拨棹】（旦）休痴念，倚豪强把礼义捐。俺自有交颈文鸳[15]，俺自有交颈文鸳，岂容你山鸡翼连！（抱末哭介）爹爹！你女儿如今顾你不得了！拚一命赴重泉，再相见是何年！（旦欲撞地）（众拦介）

（末醒介）呀！朗朗日月，荡荡乾坤，你这一伙强徒，抢夺良家女子！我杜继牧虽是一介寒儒，生不能报仇雪耻，便死在九泉之下，决不饶你！罢罢罢！拚着这一条老命，对付你罢了！（做撞净）（净推末跌地死介）（旦惊哭倒介）（众）呀，这老儿一头触在阶石上，血流身死了！（净）这老儿死了到干净！小厮们，拿帖子到县里，差人押着掩埋便了。把那女子唤醒，扶上花轿。（众唤旦醒）（哭介）俺那爹爹嗄！

【前腔】忍见你碎首庭阶腥血染，为着孩儿损暮年。（众围旦）（旦急介）天那！恨不得早早归泉，恨不得早早归泉。苦咽在心头万千。俺那爹爹嗄！这残生怎再延？誓相随在目前。

（净）小厮们，抢上花轿！

【卜算子】（旦）恨极力难支，痛绝魂离体。断送娇姿不自持，拚做含冤鬼！

（众扯旦上轿）（行介）

【园林好】（众）摆花灯火光烛天，休冷落合欢夜宴。顾不得玉人悲怨，管今夜效双鸳，管今夜效双鸳。

【尾声】倾财公子真欢忭，只愿恶姻缘变好姻缘，这亲迎人都索酒钱。

一霎罡风走黑沙[16]，道旁年少莫矜夸（许浑）。

多愁自是身无主（曹堂），留得春情待押衙（许浑）。

〔注〕① 风声：声誉。　② 青蝇自污：汉王充《论衡·累害》：“清受尘，白取垢；青蝇所污，常在练素。”　③倿啰：亦作“倿㑩”、“倿罗”。意为为人狡猾，使用不道德的手段。明郎瑛《七修类稿·辨证》：“俗云倿㑩，演义谓干办集事之称。《篇海》训㑩字谓健而不德。据是二说，皆狡猾能事意也。”　④ 扛抬：此指强行抬花轿抢亲。　⑤ 共姜：周时卫世子共伯之妻。共伯早死，她誓不改嫁。《诗经·鄘风·柏舟》毛序：“卫世子共伯蚤死，其妻(共姜)守义。父母欲夺而嫁之，誓而弗许。”后常用为女子守节的典故。　⑥ 齐景公：春秋时齐国君主，名杵臼，齐庄公异母弟。大夫崔杼杀庄公后，立他为君。公元前547—前490年在位。　⑦ 严嵩：明朝大奸臣。曾入阁任首辅，先后专国政二十余年。后被革职，家产籍没，病死。　⑧ 红丝：传说月下老人以赤绳系夫妻之足，虽仇家异域，此绳一系，终不可避。后世因以红丝为婚姻的代称。⑨ 七出：古代丈夫遗弃妻子的七种理由。《孔子家语·本命解》：“妇有七出三不去。七出者：不顺父母者，无子者，淫僻者，嫉妒者，恶疾者，多口舌者，窃盗者。”　⑩ 柏舟：《诗经·鄘风》篇名。其序云：“柏舟，共姜自誓也。”共姜，卫世子共伯妻。参见注⑧。　⑪ 三窟：三个洞穴。《战国策·齐策四》：“冯谖曰：‘狡兔有三窟，仅得免其死耳。今君有一窟，未得高枕而卧也。请为君复凿二窟。’”后用来比喻多种图安避祸的方法。　⑫ 九原：九泉，黄泉，指阴间。　⑬ 彝伦：天地人之常道。　⑭ 奠雁：即“献雁”。古时婚礼，新郎向新娘家迎娶，先进献雁为礼。《仪礼·士昏礼》：“主人升，西面；宾升，北面，奠雁，再拜稽首。”又，“下达，纳采，用雁”，注：“用雁为贽者，取其顺阴阳往来。”　⑮ 文鸳：即鸳鸯。　⑯ 罡(gāng)风：劲风。

《梅花簪》传奇为清张坚《玉燕堂四种》(另三种为《梦中缘》、《怀沙记》、《玉狮坠》)之一，约作于乾隆十七年(1752)。其本事出自《遁叟随笔》，而剧情多套用元末柯丹丘南戏《荆钗记》。王鲁川《梦中缘跋》云：“先生传奇四种，《梦中缘》、《梅花簪》、《怀沙记》、《玉狮坠》，曰‘梦’、‘梅’、‘怀’、‘玉’，盖寓意深远矣。《梅花簪》久为优伶购去，易名《赛荆钗》，登场搬演，一时风动，啧啧称奇。”唐英《玉燕堂四种序》也极口赞誉《梦中缘》、《梅花簪》、《怀沙记》、《玉狮坠》四种传奇，谓其“结构新奇，文辞雅艳，被诸管弦，悦耳惊眸，风流绝世”。剧中《抢亲》、《闻嫁》、《遣刺》、《舟误》等出戏，至今仍不断在戏曲舞台搬演。

《梅花簪》全剧共四十出，以贯穿始末的定情信物梅花簪为线索，写明朝粤东惠州书生徐苞与杜冰梅、巫素媛二女的情爱遇合，赞扬了杜冰梅几经逆境磨难而始终贞烈自守的节操。惠州儒生徐庭臣以梅花簪为信物，为其子徐苞聘定邻里同学好友杜继牧之女冰梅。为求取功名，徐苞外出游学。山东巡抚巫涣不满奸臣严嵩擅政，告病养闲，举家回归故里。胡维继任山东巡抚，其子胡型奉命至广东迎亲，但其岳父、广东镇海将军汪直民已于抵御倭寇进犯时阵亡，其岳母与未婚妻亦遭杀戮。他见冰梅貌美，欲强占为妻，便串通当地恶棍都来德为其伪造婚书，诈言早已与冰梅订婚在先，又以重金贿赂府官。府官贪财枉法，将冰梅判给胡型为妻，并命杜继牧将梅花簪退还徐家。杜继牧不服上告，被逐出衙门。徐庭臣怕惹祸上身，上门退婚。冰梅闻讯欲自尽，被父劝止。胡型至杜家逼婚，抢走

冰梅，杜继牧阻挡不及，触阶身亡。徐苞归而携梅花簪追寻冰梅，见巫涣所乘之舟悬旗书“山东巡抚”四字，误以为即胡家父子船，错将梅花簪投给随父归里的巫涣之女素媛。窥见巫涣之侄巫天成夫妇在船舱中戏耍，又误以为冰梅已从胡型，心中怀恨。冰梅闻知胡型派人追杀徐苞，佯允顺从，用酒灌醉胡型，将他缢杀，事发被执入狱。徐苞入京，得中进士，授山东巡抚，发现冰梅在押，一怒将其判成死刑。狱头郭宗解同情冰梅，将其男扮女装，夤夜越狱。二人改名换姓潜逃，偶遇入京拜相的巫涣，得其赏识，被举荐出使日本。徐苞因误投梅花簪，与巫涣之女素媛成婚，方知误会冰梅。冰梅、郭宗解完成使命，赐爵关内侯。冰梅奏请皇上处斩徐苞，素媛击鼓鸣冤，皇上亲临审案，真相大白，钦赐徐苞与冰梅、素媛二夫人团圆。柴次山《梅花簪序》云：“若张子漱石《梅花簪》，乃极尽文章奇事矣。本非夫也，竟嫁；谓之夫矣，竟杀。本非妻，呼而求其近；既见妻，仇而迫之远。”“夫簪以梅名，即以梅喻孤芳，嚼雪而弥烈”。道出了此剧“极尽”“奇事”的特色和“梅喻孤芳”的主旨。

《抢亲》是全剧第十出。作者以“闺忧”、“败诉”、“退婚”、“抢亲”四个关目，层层铺垫，步步深入，重笔浓墨地表现了杜冰梅“香而不淫，艳而不妖，处冰霜凛冽之地，而不与众卉逞芳妍”的“贞情”。

“闺忧”——这场戏，先以杜冰梅的内心独白开场，揭橥“闺忧”的所在，暗逗“抢亲”的缘起。一场“无端”的“风波”，“忽地”而起，搅乱了冰梅“生小绣房窝，终日和影儿独坐”的平静，给她带来始料不及的灾祸：“什么山东巡抚公子”，见自己“貌美”，“顿起邪心”，“串同地棍”，“诈为媒妁，捏告原聘在先”；“贪官枉法”，竟将她“断归胡姓”；而父亲不服，“言词激烈，反触其怒”，“又往官府击鼓鸣冤”。她真不明白，何以“自古及今，多少娇娥，偏是我招灾惹祸”！她“凝盼官前事若何”，“不知可能济事”；担忧“官官相护”，胡公子“倚势偻啰”，胡作非为。心头千头万绪，迸发成一句“好忧闷人也”，道出了闺中少女的深深忧愁。她端庄矜持，“不曾楼头陌上，向风前笑举轻罗”；又冰清玉洁，以“白璧”自况，“誓不把青蝇自污”。贞洁的操守，刚烈的禀性，预示着“抢亲”的势不可免。

“败诉”——杜父继牧“控官前转来”，那“气填胸隘”、“愁容满面”的模样，已自透露“败诉”的事实。他对着女儿冰梅，连声痛斥那官府“更糊涂不开”，“趋势更爱财”，“一样将情卖”。原来，官府受了胡家重金打点，竟“贪财枉法”，判决“胡家原聘在先，自然该他迎娶”，又“扯破状呈”，将杜继牧“叱辱出衙”。“败诉”使杜继牧恨、怕交加：恨只恨“孤穷力怯”，怕只怕胡家“倚势扛抬，竟来无碍”。冰梅“一闻言似呆”，面对这“奇灾”，“不知怎解”。她铭记父亲的“严训”：“忠臣不事二

君，烈妇不更二夫”，表示：若是胡家“倚势扛抬”，“自甘一死”，以死殉节。她“矢死靡他”，决心已定，做好了对付“抢亲”的最后准备。

“退婚”——让杜氏父女万万意想不到的正是徐父的退婚之举。徐父确实“不堤防这灾”，所以他大声叩问“公平何在”，谴责“钱行十万通神快”。但为了免祸消灾，他还是怀揣“休书”，上门退婚。听到亲家杜继牧告知“适才小女闻言，急欲自尽”时，他并不着急，而是一面称赞“贤哉妇也”，遗憾“只恨小儿没福”，一面又劝说杜父“令爱到是好好嫁他（胡公子）为妙”，甚至匪夷所思地开导杜父说：“令爱若不嫁彼，那厮焉肯甘心？白白送了身家性命，令爱仍旧不能保全，岂不反为识者所笑？”又提出“全贞难以全孝”的两难之论，觉得还是弃贞全孝，“忍辱屈从，以保亲命”为好。为解除杜女“不贞”之虞，他“已写下退婚一纸”，让杜父携以劝导女儿“放心前去便了”。如果说，此时徐父的言词，还处处打着为杜女贞节着想的幌子，那么，当杜父申言“教女儿改嫁强徒”，“这个断然使不得”时，他索性直言：“兄若不听吾言，就是小儿回来，也一定不娶令爱的。”理由很简单：为了“免惹祸和灾，彼此图安泰”，怕“那厮闻知”，“巧机关暗来”，将自己“坑害”。得知杜女“贞烈性成”，他仍扬言“退婚在此，就请收下”，杜父不接，他竟然将休书掷于地，扬长而去。这休书，对于杜氏父女，不啻是晴天霹雳。冰梅“看书惊哭”：“兀的不痛杀我也！”立即昏倒过去。但她醒来，首先想到公公“他怕我不贤，将豪门欣恋”，再次表白“孩儿生是徐郎妻，死是徐郎鬼”的决心：“纵然公公退了孩儿，孩儿决不改嫁他人的！”杜父表示：“那厮若来强娶，我便拚此一条性命，对付他便了！”冰梅则提出：“不如待孩儿寻个自尽，绝了那厮念头，爹爹便可安然无事了。”冰梅情辞悲恸，抒发了对“不能彀好夫妻一宿缘”的徐郎的深挚情意。突如其来的“退婚”，对杜氏父女，直如釜底抽薪，是其心灵上一次致命重创。女“撞地”，父“抱住哭”；父“撞地”，女“抱住哭”，父女争相赴死，难舍难分。此情此景，感天泣地。一场“退婚”风波，烛照出人情冷暖，世态炎凉，徐父的薄情，杜父的亲情，冰梅的贞情，无不一一毕现。

“抢亲”——府官的贪财枉法，胡公子的有恃无恐，徐父的退婚避祸，杜父的笃守名教，冰梅的贞洁自守，这一切，注定了胡家必定会“倚强”抢亲。杜父闻听鼓乐，始则惊呼“气杀我也”，继而当场“昏倒”。冰梅则一边惊哭，呼唤“爹爹苏醒”，一边“撞地”，欲一死殉节。胡公子见状“惊抱”，急呼：“小娘子，休要如此！”冰梅义正词严地斥道：“我乃儒门之女，岂受你强暴之污！”她只想撞地而死，却被众人拦下。杜父则“一头触在阶石上，血流身死”。最后，冰梅被胡家强行抢上花轿，她虽挣脱不得，但仍发誓“拚做含冤鬼”，决不屈服。“一霎罡风走黑沙”，一场

抢亲的悲剧，以胡公子的恃强得逞而告终。

这一出戏名曰“抢亲”，作者却并不急于表现一个“抢”字，而是通过“闺忧”点出“抢亲”的缘起（冰梅的貌美、胡公子的邪心）；通过“败诉”交代“抢亲”的可能（官府的贪赃枉法和糊涂判决），通过“退婚”暗示“抢亲”的必然（公公的退婚、爹爹的名教观、冰梅的贞烈操节），层层铺垫，步步蓄势，最后才揭出这出戏的题面——“抢亲”的过程（冰梅撞地求死未遂，爹爹被胡公子推地致死，胡公子抢亲而归）。究其原委，盖在“立主脑”三字。正如清代戏剧家李渔《闲情偶寄》论戏剧“立主脑”时所言：“古人作文一篇，定有一篇之主脑。主脑非他，即作者立言之本意也。传奇亦然。一本戏中有无数人名，究竟俱属陪宾，原其初心，止为一人而设；即此一人之身，自始至终，离合悲欢，中具无限情由，无穷关目，究竟俱属衍文，原其初心，又止为一事而设；此一人一事，即作传奇之主脑也。然必此一人一事果然奇特，实在可传而后传之，则不愧传奇之目，而其人其事与作者姓名皆千古矣。”此剧主脑，即表现冰梅的“贞情”。作者以为：“夫玉不磨，安知其不磷？素不涅，安见其不淄？世途之坎壈，人心之崄巇，造化弄人之巧毒，惟不失其正。乃履艰蒙难，百折而其情不移。”（《梅花簪》自序）于是将冰梅“处冰霜凛冽之地”，在“闺忧”的愁闷、“败诉”的明志、“退婚”的求死中充分展示冰梅高洁的贞女形象。而这出戏的重点，则在矛盾冲突最为激烈的“退婚”：杜氏父女重贞节、名教和对恶势力的极力抗争，徐父的苟全避祸、临危脱逃，无不表现俱足。作者是“主情”派，主张“天地以情生万物，情主于感，故可以风”（《梅花簪》自序）。剧中以情为轴心，导情为正，写情“皆能不失其正而可以风”。这一出戏中，人物善恶的对比、场景哀乐的映衬，处处渗透作者的爱憎和道德取向。尤其是“退婚”一节中，杜氏父女抱哭的场景和其中充溢的人间至情，真可以感泣天地鬼神。无怪乎作者的好友柴次山读至此，情不自禁地批曰：“一字一泪！”然而，作者的思想局限在封建名教观念，一味强调“烈女不更二夫”的“贞情”，使婚姻缺乏互相恋慕的感情基础。这一点，较之《西厢记》、《牡丹亭》明显是退了一步。但其中表现出的对于官场腐败的揭露和对于恶势力的抗争，仍不乏光芒。

（吉明周）

梦中缘　　张 坚

第十出 奇　逢

（末上）主人甘隐遁，院子也清闲。自家文府中老院子是也。俺老爷吴门访婿未回，今已清明，小姐要往夫人坟上祭扫，着俺备了祭礼同来。车夫们，快些走动。（旦、贴乘车）（杂挑酒果同行上）

【仙吕过曲皂罗袍】林树娇莺鸣清昼,绕横塘曲涧,水带花流。扑面芳尘景清幽,提壶挈盒人驰骤。香车骏马,纷纷陌头。王孙公子,翩翩胜游。望墓头青草孤云覆。

(末)已到坟前,请小姐拜奠。(车夫下)(旦哭拜介)我那亲娘!

【前腔】当日个翠阁珠帷消受,痛而今晨风暮雨,三尺孤邱。问你稳睡泉台可心忧[1]?撇下失慈哺弱质怎厮守?频频哀叫,双双泪流。草随肠断,香和怨浮。娘呵,怎再不来纱窗午课勤教绣[2]?

(末叩头)(贴跪哭介)夫人那夫人,你在生时节,与小姐寸步不离,止愿他招一个好姐夫。谁知你一去呵,

【羽调排歌】盼不着喜婿过门,尝不着执羔献酒,可听得一声声伤情弱女啼红袖?夫人有灵呵,向阴空保佑他谐佳偶,便泉路宽心得瞑眸。(末)请小姐焚帛。(合)椒浆奠[3],泪共流,纸飞蝴蝶挂松楸。堪叹生如梦,不到头,落得凄凉地下独含愁。

(末)安童收过祭礼[4]。(杂彻酒果下)(旦哭贴劝介)小姐休要过伤,看损了身体。

【前腔】(旦)有几个寒食沉烟[5]?几回来清明荐酒?白杨花落空回首。(末)此地幽僻无人,小姐请漫漫游玩一会。小人们山下等候便了。(末先下)(贴)小姐,那一带绿柳依依,俺要子去来。(同行介)原来凄凉古径也春光透,一般花自芳菲水自流。松径窄,鸾带钩,蜻蜓飞上玉搔头。人语静,鸟声幽,远山残翠未全收。(旦扶贴下)(生上)

花面微红柳眼青,旅愁春恨两难禁。早知今日醒难梦,翻悔当时梦易醒。小生前因蔡都督哄就婚姻,幸而知觉,逃至金陵,将一座秦淮堤踏破,也不见梦中人一些形影。今乃清明佳节,郊外士女如云,好笑这些游玩女子,却也比蔡小姐都差不远。我想佳人淑女,大都性厌繁华,情耽幽静,天台洛下[6],何必不在人间?须是水尽山穷,别有洞天仙境,且检冷僻之处,漫漫踅将前去。

【香遍满】青郊游遍,早望见长干塔影圆[7]。过了长干里,又是普德禅林[8],且转到后山一望。刚绕过梵王钟鼓琉璃殿[9],只见青山

数点尖，水流花放远。(旦、贴上)腰细病同纤柳绿，黛残愁共远山青。(做见生避下)(生惊介)呀，垂垂绿树边，蓦忽的云英现[10]。

峰回路转，忽睹奇姿，人耶仙耶？

【懒针线】【懒画眉】好一似若耶溪畔遇神仙[11]，不由人痒入心窝魂半天。似曾相识漫俄延。(点头惊认介)【针线箱[12]】呀，兀的不就是梦中美人来？分明梦中偷识春风面，觑娇姿风流越显。淡梳妆掩映霓裳浅，又不是出现蟾宫云彩偏[13]。空林畔，却怎生霞光笼定，兀的不引得人眼花旋。

待小生再近前去看他如何。(虚下)

【刘衮】(旦、贴上)绛纱遮，绛纱遮，怕见生人面。(觑生惊认介)呀，这分明梦里书生，恁般活现。(贴惊介)呀，原来小姐就梦见这生。(笑介)真好俊秀人儿也。可知你镇朝昏印来心坎，今日呵，又不是幻影成桥，恰双双魂飞野堑。

小姐，待轻云问他一声姓钟不姓钟。(旦)痴丫头，被人看见成甚模样！老院子等急，快下山去罢。(集唐)薄暮空潭曲，清明烟火新。(贴笑介)小姐你，相看两不厌，俱是梦中人。(旦回顾)(同贴下)(生上)那美人好不留盼小生也！

【大胜高】【大胜乐】美人呵，不记得梦儿中半晌欢眠，为甚么顾仙郎还靦腆？看他眉间隐约春如线。【节节高】娇又软，俏偏妍，香还艳。秋波转处开纨扇，翩跹雅态惊鸿燕。(内)请小姐上轿。(生望介)呀，看、看他竟、竟自上轿去了！怎生发付小生也？只见长松鸦噪夕阳烟，武陵一座登时变[14]。

美人，美人，我为你费尽神思找寻到此，刚刚相遇，不能勾如凌波仙子遗珮江皋[15]，怎一似藐姑山人潜身云外[16]？叫我寂寂空山，茫茫离恨，不知何地再得与你相会也！

【东瓯莲】【东瓯令】遥天暮，芳径闲，美人呵，到又撇下相思事半天。反不如梦中欢会多留恋，终无奈谎桃源[17]。莫不今日还是梦呢？这分明穿花莺燕影翩翩。【金莲子】一阵阵麝兰香飘送远，莲步草芊芊。

且住，那美人淡妆素服，必因祭扫而来。看上面一座坟茔，并无碑

碣，天色已晚，且到明日询问土人这是谁家坟墓，便可知那美人下落了。

【尾声】寻归路足倒颠，今日呵，不枉把空花盼杀眼儿穿，谢天天那梦模糊怎敌得今番这一见。

闺中环珮度空山（戎昱），　几许幽情欲话难（魏扶）。

陌上相逢遽相识（卢照邻），碧桃何处更骖鸾（薛逢）？

〔注〕①泉台：犹阴间。②课：督促。③椒浆：用花椒浸制的酒，古时常用于祭奠。④安童：童仆。⑤寒食：节日名，在清明节前一天或两天，当天禁火冷食，故称“寒食”。俗传为纪念介之推而设此。⑥天台：天台山，相传东汉刘晨、阮肇入此山采药迷路，寻水得溪，遇二仙女，留居半载始出，及归里，则时已入晋，子孙已历七世。洛下：此谓洛水之滨。用三国魏曹植《洛神赋》典，指遇到洛水女神宓妃。⑦长干：古建康城里巷名，故址在今江苏南京，亦可代指南京。⑧禅林：寺院。⑨梵王钟鼓：佛寺的钟鼓。梵王，本指色界初禅天的大梵天王，借指佛。⑩云英：唐裴铏《传奇》记书生裴航于蓝桥驿见美女云英，终娶之为妻，双双超为上仙。⑪若耶溪：传说春秋末越国美女西施浣纱的清溪。⑫针线箱：此曲牌原刊本漏，据曲谱补。⑬蟾宫：月宫，此喻女主人公似月中仙子嫦娥。⑭武陵：本指武陵溪，相传刘晨、阮肇入天台山采药迷路，于此溪旁得遇仙女。此言“一座”，则应是代指天台山。⑮凌波仙子：本指洛水女神宓妃，因曹植《洛神赋》有“凌波微步，罗袜生尘”之语，故称；此处下文云“遗珮江皋”，则另指江妃二女。遗珮江皋：汉刘向《列仙传》：“江妃二女者，不知何所人也，出游于江汉之湄。逢郑交甫，见而悦之，不知其神人也，谓其仆曰：‘我欲下请其佩。’……遂手解佩与交甫。”⑯藐姑山人：即藐姑射山的神人，典出《庄子·逍遥游》：“藐姑射之山有神人居焉，肌肤若冰雪，绰约若处子。”后常以之代指仙女。⑰桃源：晋陶渊明《桃花源记》中避秦人所居之地，为想象中的人间乐土。

《梦中缘》是清代戏曲家张坚作于康熙三十八年（1699）的一部传奇，为《玉燕堂四种曲》之一，凡二卷四十六出。剧写明朝苏州士子钟心天资颖异，与同窗贾俊才借读虎丘寺院。一日苦读生倦，倚案小眠，梦入秦淮河边一花园，与一美女相见，互生爱慕之心，醒来后发誓要找到梦中女娶之为妻。翰林学士文岸不满宦官刘瑾专权，弃官归里，隐居金陵，其女媚兰也在梦中与一自报姓名为钟心的年少才子两情相悦。适文岸阅诸生行卷，颇赏钟心之文，欲择之为婿，遣杨谷说亲，媚兰不免窃喜。然钟心思念梦中女子，又不知此女即为媚兰，遂拒媒聘。媚兰失望之余，题诗于帕，以遣愁怀。钟生寻梦中之地至镇江，左都督蔡节谓己女亦有梦会书生之事，哄其允婚，钟生不察被骗。及见蔡女甚丑，急忙逃走。文岸仍欲嫁女于钟心，往虎丘寻之，而钟心已寻梦远去。贾俊才竟冒名顶替，终被识破。钟心辗转来到金陵文家，在花园中捡到媚兰所失诗帕，方悟彼即为梦中之女，遂在帕上题和诗一首，请入园寻帕的轻云转交小姐。小姐览诗甚欢，遂嘱轻云将此

帕赠与钟心，以为信物，并要他赶快寻杨谷前来提亲。钟心旅资耗尽，仍未找到杨谷，便往淮安投奔做武官的姑父阴红，又对阴红之女丽娟心生爱慕，丽娟亦钟情于钟心，乃私订终身之盟。后杨谷遇到钟心，告诉他文岸仍对贾俊才假冒一事心存芥蒂，劝他不如改名齐谐应考，若得中式，求婚当无不谐。钟心从其言，果高中状元，讨平崆峒山造反的兵马，迎娶媚兰、丽娟二女。

此剧作者自序谓"感于梦而作者也"，并在序中讲了一个梦中的故事，文笔颇类唐人的传奇小说。序末，他又说"情真则无梦非真，梦幻则无情不幻"，可谓深于情而谙于梦者。作者"憔悴江海，不合于时"(孙楷第《戏曲小说书录解题》)，盖以此情梦真幻之作为己之名山事业也。

这里我们选的是剧中的第十出《奇逢》(按：原刊本误"十"为"九"，今径改)。这一出写文岸前往苏州寻访钟心后，媚兰独自在家，十分寂寞，清明之日便往亡母坟头祭扫一番，而钟心恰巧寻到此处，于是便有了一番巧遇，引出此后拾帕、题帕、还帕、赠帕等一系列情事。因此，说这一出是钟生与媚兰爱情的转捩点，实不为过。

本出一开始便是末所扮的文府老院子上场，不同于全剧的"开场"、"家门"的是，末在此并不是以诗词吟诵而是以说白来交待原委、引出下文。"俺老爷吴门访婿未回，今已清明，小姐要往夫人坟上祭扫，着俺备了祭礼同来"，几句话表明此出将在清明扫墓这一特定的情境中展开，暗示了此出悲喜交集的氛围。接着小姐上场，唱了一支【皂罗袍】曲，曲辞华美流丽，将春日的良辰美景刻画得十分精妙。林啼黄莺，涧落红花，陌上车马奔驰，"王孙公子，翩翩胜游"，果然热闹得很。但末一句"望墓头青草孤云覆"顿时给一曲赏春之词蒙上了一层阴影，为下文的哭奠定下了悲凉的基调。而细味曲文，写他人之"香车骏马，纷纷陌头"，其实也是一种反衬，相形之下益见媚兰身心的孤寂。于是，下面又一曲【皂罗袍】中，媚兰忍不住哭诉失去慈母之爱的痛苦。限于身份，她并不能在母亲墓前直接诉求母亲在天之灵保佑她早结良缘，但她的仆人、婢女则没有这种顾忌，贴所扮的丫鬟轻云哭唱一支【羽调排歌】，表达了媚兰之母生前"愿他招一个好姐夫"，死后"有灵呵，向阴空保佑他谐佳偶"的祝愿。正因有了这一层描写，此次清明扫墓便显得非同一般。

祭奠终于结束，在轻云的劝解下，媚兰心情逐渐平静下来，仆人也很知情识趣，退下让小姐"漫漫游玩一会"。这里作者再用一支【羽调排歌】描写小姐在"幽僻无人"、"绿柳依依"之处的观感："原来凄凉古径也春光透，一般花自芳菲水自流。"此处原刊本评语云："'原来'二字神吻与《还魂》(即汤显祖《牡丹亭》)'不到

园林，那知春色如许'同一感慨，然彼于园林热闹处见春光之烂漫，此于山水冷落处见春色之幽闲，俱各极其妙。"所言甚是。此处"蜻蜓飞上玉搔头"是唐刘禹锡《和乐天春词》诗中的成句，刘此诗另有"深锁春光一院愁"之句，都与曲中女主人公的幽怨合拍。这时，媚兰、轻云下场，生扮钟心上台，先以一段说白交代前事，反照后文，颇见出作者的细密文心。"我想佳人淑女，大都性厌繁华，情耽幽静"，"且检冷僻之处，漫漫踅将前去"，有这种想法，足证钟生胸襟不凡，决非附庸风雅之徒。接下去的一曲【香遍满】中，先是钟心唱出"青郊游遍，早望见长干塔影圆。刚绕过梵王钟鼓琉璃殿，只见青山数点尖，水流花放远"，为自然景色的美丽而心旷神怡，但一旦巧遇漫游山林的媚兰，他便为"垂垂绿树边，蓦忽的云英现"而惊喜，乃至发出"人耶仙耶"的感叹。旧评曰："珊珊而来，胡然天帝，那得不令人惊魂荡漾！"语谑而能得其实。再接下去，当然便写钟生认出媚兰就是"梦中美人"，但作者下笔很有讲究，先说忽见美人，再说认出"梦中美人"，层次十分清楚合理，"淡梳妆掩映霓裳浅"句亦能切合祭扫人物的素白服饰。明知不是"蟾宫云彩偏"却仍觉得她身上"霞光笼定"而令己"眼花旋"，更是将恋慕媚兰如痴如醉的心理写透了。

钟心的表演够充分了，该轮到媚兰表现她的恋情了，但读者可能会失望：丫鬟轻云倒是在媚兰认出钟生就是"梦里书生"后非常起劲地说："小姐，待轻云问他一声姓钟不姓钟。"可小姐反而斥道："痴丫头，被人看见成甚模样！老院子等急，快下山去罢。"其实这样的安排最合理不过，一则古代有文化的女子受传统礼教束缚，即便心仪某男子，也会下意识地对他保持距离，以防人非议；二则女性多是怕羞的，时至今日，仍有不少女子见了她所爱慕的男子会心怯，何况古人。不过，【刘衮】一曲中轻云唱的"可知你镇朝昏印来心坎，又不是幻影成桥，恰双双魂飞野堑"数句，同"且回顾"的科介，分明已经点出了媚兰的真实心意。随着媚兰的下场，钟心又成了场上的独角，他唱一曲【大胜高】表达了自己的眷恋之情，留在他心中的，是"好不留盼小生"的佳人"为甚么顾仙郎还觍腆"的疑团，以及她"娇又软，俏偏妍，香还艳"的体态和眉眼间的春意，这时，他觉得眼前乌啼日暮的景致直令自己惆怅难禁，发出"不知何地再得与你相会也"的长叹！这次巧遇，匆匆一瞥，正如下一曲【东瓯莲】所唱的"反不如梦中欢会多留恋"，竟令他生出"莫不今日还是梦呢"的疑心。但他铁了心要与梦中美人结良缘，是不会轻易放弃努力的，静下来一想，认为此女"淡妆素服，必因祭扫而来"，只要"到明日询问土人这是谁家坟墓"，便能探得她的居处。于是，【尾声】一曲中钟心又觉得今日"不枉把空花盼杀眼儿穿"，"梦模糊怎敌得今番这一见"！显然，比起刚出场时，他对自

己的追求不但更具信心，而且粗有把握。读者的阅读期待，观众的观赏期待，也被作者的生花妙笔吊得高高的，后面的一切写起来已可以势如破竹了。（庞　坚）

【戏曲家小传】

夏　纶

（1680—1753后）　字言丝，号惺斋，又号瘫叟。钱塘（今浙江杭州）人。诸生。屡应乡试不售。年过四十，遂纳资捐郎，挠于铨吏，未实授。乾隆元年（1736）举博学鸿词，时已年近六旬，人或谓其宜隐不宜出，乃归山以著述自娱。所作戏曲皆六十以后课读之余而成，意主劝惩。举忠、孝、节、义，各撰一种，作传奇《无瑕璧》、《杏花村》、《瑞筠图》、《广寒梯》，加传奇《南阳乐》，合为《惺斋五种曲》，后又增刊传奇《花萼吟》，编为《惺斋新曲六种》。今皆存。

南　阳　乐　　　夏　纶

第十八出　掘　　冢

（净蟒袍将巾）（外、末扮二卒引上）曹瞒狡猾世无俦，费尽心机死未休。此日扬灰申国法，空将疑冢诳千秋。下官魏延是也，前者同将军马岱，奉诸葛丞相将令，命俺二人分兵两路，俺从子午谷进兵①，以袭司马懿之后，马将军从斜谷进兵②，以遏司马懿之前。果然一举成功，杀了司马昭，擒了司马懿，长驱直入，势如破竹，轻轻把个许昌攻破了。可笑曹丕那逆贼缒城逃走，仍被姜将军拿获，解送前来。丞相道此系篡逆重犯，理应解京献俘，暂且监禁。只命下官，把曹氏亲丁族党，凡生擒者，一概先行斩首示众。并将曹家宗庙，拆为白地，改作圊坑③。这也可为大快人心之极了。丞相又道，曹操平日欺君不法，威逼献帝，惨弑母后，罪重恶极，岂容保其首领于九泉之下，理应锉骨扬灰。特命下官开棺戮尸，以彰国法。只是曹操临终，早虑后人发掘，遗令设立空茔七十二座，一般形状，杂一真冢在内，立碑示后，名曰“疑冢”，使人无从测其藏尸之处。这怎么处？也罢，且到讲武城外，细细察访一番，或者有些消息，也未可知。左右，带马过来。（卒应介）（净上马行介）（场后高处设疑冢碑介）呀，才出得城来，你看老树遮山，颓垣映水，几处乌鸦争祭肉，数

声黄犬吠游人，又另是一番景象也。

【仙吕入双调过曲二犯江儿水】只见长松如盖，看夭矫长松如盖，更垂杨把枝乱摆。叹青山不改，荒冢争埋，叫我泪珠儿风外洒。远远望见高冈之上，果有一碑，不免打着马儿，慢慢走上山去。按辔步苍苔，早穹碑晓雾开。（到介）此处是了，待俺看来。（下马看念介）疑冢。呀，疑冢原来在此。只是坟茔纍纍，你看一望真假难分，好叫人疑惑也。双眼频揩，四顾疑猜，这暗机关真费解。奸雄旧骸，问何处奸雄旧骸？搜寻宁耐，且款款搜寻宁耐。料不把臭皮囊掷水涯。

看了好一会，并无踪影，如何是好？左右，可快唤守坟军士过来，问他一个明白。（卒）禀上老爷，那些守坟军士，国破之日，早已逃散，那里还有处去找寻。（净）既无守坟之人，可唤附近居民过来，待我缓缓问他，不可惊唬了他们。（卒应下）（净）咳，俺记得曹操在日，曾对俺昭烈皇帝道："天下英雄，唯使君与操耳！"可见他的见识，也不是等闲之辈，只可恨他用心差了。

【前腔】他聪明无赛，真个是聪明无赛，兵机谈笑解。肯韬锋敛采，不逞雄才，这能臣何处买？可奈他一朝得志，做尽了彻底小人。只据当年陈琳檄文上，说他生平惯喜发掘先朝陵寝，设立发邱中郎将、摸金校尉等项名色，即此一事，便罪不容诛了。他发冢置专差，皇陵觅货财。到如今呵，自惹殃灾，朽骨空埋，化飞灰羞万载。（卒带副净、丑扮居民上）听得将军叫，慌忙走来到。老爷在上，小民叩头。（净）罢了。俺且问你，那些坟冢，那一冢是实在曹操埋尸之所？（副净、丑）小民虽傍坟居住，却不知详细，不敢妄对。（净）莫不是你们替他隐瞒么？（副净、丑）将军差矣。曹操身为国贼，罪恶如山，小民世受汉恩，恨不得寝皮食肉，岂肯为他遮盖！但老奸既有此诡计，即满朝文武，窃恐未必深知，何况山野愚民，从那里去探听虚实？将军现有千军万马，何不把这七十二冢尽行发掘，其中必有一真冢掘出，便可戮尸示众了。（净）此言有理。俺回去禀明丞相，即刻起兵前来发掘便了。汝等好好去罢。（副净、丑）善恶到头终有报，只争来早与来迟。（下）（净）咳，曹操，曹操，俺少刻再来，把你这些疑冢一齐发掘，看你那死尸怎生保得全也。头悬藁街[4]，看转眼头悬藁街。冠裳消败，管弹指冠裳消

败，但剩些烂尸骸污草莱。

带马过来，待俺见丞相去。(卒应介)(净上马介)正是：龙剑未消心底恨，马蹄先踏垅头云。(卒引净下)(副净、丑改扮二卒携锄上)(副净)祸兮福所基，(丑)福兮祸所伏。(副净)祸福两无常，(丑)循环如转毂。(合)我们都是镇北将军魏老爷部下军士。我老爷奉了丞相钧旨，发掘曹操疑冢七十二座，吩咐下来，着我们军士每一冢用一百个人，限两个时辰，掘取尸骸回报。为此各各端正家伙，只候老爷到来动手。(副净)哥，我们总是空闲在此，何不将曹操恶迹编成歌儿，大家痛骂他一场，出出气。你道如何？(丑)妙极了！就是你先起。(副净)占了。(吴歌)我说曹操奸雄藐至尊，手移汉鼎付儿孙。那知僭窃难长久，朽骨今朝也勿剩半根。你来。(丑)(吴歌)我说罪恶滔天是老瞒，几多陵树被摧残？那知报应偏能速，疑冢开来端然土未干。(内吆喝介)你听喝道之声，想是老爷到了。(前二卒又引净上)

【仙吕引子鹊桥仙】芳郊如绣，柳欹花亸，未许奸雄点涴。埋羞笑尔计差讹，奋楚墓钢鞭留我[5]。

下官奉丞相钧旨，叫把曹操疑冢尽数发掘。军士们，可都到齐了么？(卒)都到齐了。(净)既如此，可就分头动手，发掘起来。(四卒)得令！(喊下)(净)咳，俺想曹操平日呵，

【仙吕过曲桂枝香】把奸谋藏过，学王莽谦恭遥播[6]。尽一生狡诈欺瞒，骗上了巍巍高座。叹身犹未死，身犹未死，先防殃祸。留一个疑团难破。岂知今日呵，运蹉跎，四下里手到翻新冢，任你魂归泣旧窠。

(四卒上)禀老爷，小的们已经发掘大半，俱系空茔，并无尸首。(净)少不得他的尸骸，只在此七十二堆之内。且待掘完，自有分晓。你们再去用心发掘，取尸回报。(四卒)得令！(再喊下)(净)俺看从来最公道不过的，莫如是个上面的天。出尔反尔，丝毫不爽。当日曹操专惯发冢取财，到临死的时节，才晓得身后自有报应，设此奸计，迷惑后人。人都说他用心乖巧，俺道适见其愚耳。

【前腔】皇天加祸，偏宽愚懦。看历劫报应分明，几曾把凶顽饶

过？纵施奸弄巧，施奸弄巧，冢儿千个。只怕终难僵卧。（内喊介）听喧呵，早知死后全躯少，空向生前狡计多。

（卒上）禀上老爷，曹操尸骸已经掘出了，当日系用水银殓过，原体丝毫无损。请令定夺。（净）快取过来！（卒下）（内预扎一尸卒抬上）曹操当面。（净大笑介）阿呀，曹操，曹操！你欺君盗国，大罪千条，幸漏生诛，终遭死戮。今日一抔不保，三尺难逃。平昔威风安在哉？军士们，可将他千刀万剐，锉骨扬灰，只留首级回缴。（卒）得令！（抬尸下）（随取首上）禀老爷，献首级。（净）你们可随俺丞相辕门缴令去。（卒应介）（净）

玉匣珠襦化晓烟，　　竿头悬首血犹鲜。
青梅煮酒遗言在，　　枉负英雄亦可怜。

〔注〕 ① 子午谷：即子午道，从关中至汉中的南北通道。古人以北为子，以南为午，故名。南口在今陕西安康市，北口在今陕西西安市长安区东。 ② 斜(yé)谷：斜谷道，在今陕西眉县西南，即褒斜道的斜谷一部分。 ③ 圊(qīng)坑：粪坑。圊，厕所。 ④ 藁(gǎo)街：汉时京城长安街名，在南门内，为属国使节馆舍所在地，时斩杀戎虏之酋，常悬首于此街。 ⑤ 楚墓：指春秋时楚平王之墓。楚平王时，伍子胥父兄受谗被杀，伍子胥逃到吴国，发誓覆楚报仇，后果率吴军攻破郢都，时平王已死，子胥遂掘其墓，鞭其尸以泄恨。 ⑥ 王莽：西汉末人，为汉元帝皇后之侄，成帝时封新都侯。以谦恭伪善收揽人心，终篡汉自立，国号新，后农民起义爆发，他被攻入长安的绿林军杀死。

《南阳乐》清乾隆时夏纶作。为夏氏所撰新曲六种之一。全剧三十二出，称"补恨传奇"。叙诸葛亮在五丈原病笃，祈天借寿。天帝认为兴废虽由天命，予夺亦顺民情，岂能固执三分之局，有拂四海生民之心。为此特沛殊恩，召名医华佗速往蜀营，暗施神药，为诸葛丞相疗病。诸葛服药之后，其病顿愈。遂使魏延、马岱分兵两路伐魏，大破魏兵，诛司马师，杀司马昭，擒司马懿，并长驱直入，竟灭魏国。魏帝曹丕在许昌缒城逃走时，亦被捕获。其后，东吴陆逊来攻，与北地王蜀汉刘谌作战，刘谌得关羽神灵暗助，击败吴兵，陆逊自杀，孙权出降。诸葛亮以统一大业告成，归老南阳，以乐余年。后主禅位于刘谌。新帝深念诸葛亮之功勋，遥望南阳致敬，故此剧名为《南阳乐》。

按此剧为翻案剧，作者称此剧意在补恨，即补蜀汉未能一统天下之遗恨。壶天隐叟序云："本剧所以遂卧龙之愿，而慰天下之心也。"梁廷枏《藤花亭曲话》云："合三分为统一，允称快笔。"而日本学者青木正儿则谓其"意取美满，故作诳语，究属无味。特传奇家风气所尚，不自知其非耳"（《中国近世戏曲史》）。然纶所撰

曲，词意谐稳，颇称人心，故在九江、白下、海宁等地上演，为夏氏诸作中颇受欢迎者。

这里所选《掘冢》一出，乃是全剧中最能大快人心的一出，登场人物，主要是魏延一人，配角是跟随出场的士卒等。全出可分四个层次：一、掘冢缘由，二、寻冢经过，三、尽掘疑冢，四、戮尸示众。剧作者在开场时，通过魏延的一番说白，叙述他和将军马岱，奉了丞相将令分兵两路，他从子午谷进军，抄司马懿的后路，马岱从斜谷进兵，击司马懿军于前，果然一举成功，俘杀了司马懿父子，并荡平许昌，拿获曹丕，遵丞相手令，即将献俘京师。其余被擒贼党，则一一先行处决，并捣毁曹家宗庙，改作粪坑。这已是大快人心之极了。但丞相指示：曹操是首恶，“平日欺君不法，威逼献帝，惨弑母后，罪重恶极，岂容保其首领于九泉之下”，理应开棺戮尸，以快人心，这样就顺理成章地揭示《掘冢》这出戏的主旨和掘冢的缘由，使读者看到此处，期待更大的欢快场面。

曹操是个极具心机的人。人们都知道“曹瞒狡猾世无俦，费尽心机死未休”。他在临终之前，曾遗令设空茔七十二座，一般形状，夹一真冢在内，名为“疑冢”，使人无从测知其藏尸之处。疑冢在彰德府讲武城外。于是魏延奉令，先到讲武城外，细细察看一番。在查探过程中，剧中穿插了这里场景的描绘。近处是“老树遮山，颓垣映水，几处乌鸦争祭肉，数声黄犬吠游人”。远处是白杨衰草，青松如盖，只见那高岗之上果然树有一碑，标名“疑冢”，但荒坟纍纍，真假难分，守冢士卒，早已逃散，询问近旁居民，他们也不知底细，不敢妄对。当魏延怀疑他们是否隐瞒时，居民激动地说：“曹操身为国贼，罪恶如山，小民世受汉恩，恨不得寝皮食肉，岂肯为他遮盖！”接着村民献计：“将军现有千军万马，何不把这七十二冢尽行发掘，其中必有一真冢掘出，便可戮尸示众了。”魏延觉得村民所言有理，于是便回营禀明丞相，照计施行。

魏延在路上深感重任在肩，在“龙剑未消心底恨，马蹄先踏垅头云”的情况下，随即领来了大队掘冢士兵，并分冢安排掘发人数，各自准备家伙等待发掘命令。在场地上的军士正在休息的时候，穿插了士兵唱吴歌两曲痛骂曹操的细节，使剧情产生一波三折、澜翻不已的效果。试听吴歌之一：“我说曹操奸雄藐至尊，手移汉鼎付儿孙。那知僭窃难长久，朽骨今朝也勿剩半根。”吴歌之二：“我说罪恶滔天是老瞒，几多陵树被摧残？那知报应偏能速，疑冢开来端然土未干。”

那曹操在世，惯爱发掘先朝陵寝，搜觅财货，曾设“发邱中郎将”、“摸金校尉”等项名目。如今皇天有眼，他自己的埋尸之处，也将夷为平地，岂非天理昭彰，罪有应得！这一细节的穿插，和前面村民痛骂曹操的细节，互相映衬，表明人们对

曹操恨之入骨，不发冢戮尸，无以平公愤。接着作者更通过魏延道白，说明“从来最公道不过的，莫如是个上面的天”，“当日曹操专惯发冢取财，到临死的时节，才晓得身后自有报应，设此奸计”，“适见其愚耳”！警示世人，不可作恶。真是“早知死后全躯少，空向生前狡计多”，“看历劫报应分明，几曾把凶顽饶过”。

在掘冢令下达之后，军士们分头动手，但发掘了大半均系空茔，魏延坚信曹操尸骸，只在此七十二冢之内，下令“且待掘完，自有分晓”。终于，在军士们一片欢呼声中，真冢掘到了，那曹瞒尸体，当日用水银殓过，丝毫无损。此时，魏延下令：“军士们，可将他千刀万剐，锉骨扬灰，只留首级回缴。”那曹操逃得过生诛，避不过死戮。一抔不保，三尺难逃。真乃：善恶到头终有报，只争来早与来迟。随后，魏延率领众军士到丞相辕门缴令，一同下场。

这出戏以“玉匣珠襦化晓烟，竿头悬首血犹鲜。青梅煮酒遗言在，枉负英雄亦可怜”一诗作结，语言谐谑，摇曳生姿，并不流于单纯的说教。曹操当年煮酒论英雄，曾对刘备说：“天下英雄，使君与操，余子不足道也。”表明他颇有见识。但如此英雄，却走向奸雄的道路，只落得遗臭万年的下场，可怜亦复可笑。

综观这出戏，剧情并不复杂，在编写中极易流于叙事平泛、质朴无文。但经过作者的精心处理，基本上能做到情景交融，波澜层出，理趣横生，使铺叙中寓有华彩，平易中颇见曲折。开场时交代当时的局势，把一个千军万马的场面，通过魏延出场时一小节道白便交代清楚，省却了许多笔墨。魏都既已荡平，敌方领袖，俱已就戮就擒，本已大快人心。但经诸葛丞相的一番指示，便表明了曹操这一巨奸，安能不受严惩，任其保全首领于地下。这就严正地明示掘冢戮尸这一情节的缘由，使人极为信服。在寻冢掘冢的过程中，穿插了景物的描绘，避免了单纯叙事的枯燥乏味。而村民的献计，是从侧面另作补充，既令掘冢的必要性更显明确，也起了自然地串联剧情的作用。结处更用嘲讽口吻的下场诗，谐中寓庄，以自命为天下英雄的曹操因心术不正终得果报之事，警告乱臣贼子休得作恶，寓意非常深刻。

当然《南阳乐》一剧教化的色彩过于浓厚，今日观之，自然颇觉无谓。但民间向来喜欢刘备的仁义、关羽的忠勇，敬佩诸葛亮的鞠躬尽瘁、死而后已，厌恶曹操的奸邪、司马懿的谲险，《南阳乐》的“补恨”显然也符合他们的爱憎观念，所以此剧仍受群众欢迎。正如元杂剧《秦太师东窗事发》（元人孔文卿撰）一样，使秦桧和王氏死后遍历地狱的极刑，其实也是为了“补恨”。则知补恨之作，也不是从惺斋开始。盖传奇之著作，往往不避虚构，大抵也是一种艺术风气。

（马祖熙）

【戏曲家小传】

王 筠

(1749—1819)　字松坪，号绿窗女史。长安(今陕西西安)人。生于书香门第，其父王之常为乾隆十三年(1748)进士，工诗文。得父指授，书史过目辄解，为诗亦工。秉慧性异质，每以身列巾帼，不能掇巍科、取显宦为憾，遂作传奇《繁华梦》以自抒胸臆，朱珪、曹仁虎为之题词。后又作传奇《全福记》。今皆存。

繁 华 梦

王 筠

第二十四出　出　梦

(生急立起叫介)夫人转来，二姬慢去。(作呆状)(四顾忽惊介)咳呀，好奇怪呵！这是什么所在？我方才身在书房，怎么得到此处？(起身四望介)咦，看此情境，竟是闺阁中的光景了。(看自身惊介)呀，我的须髯冠带怎么都不见了？好生奇怪，是什么原故呢？(作呆想介)(忽大叫介)哦！我省得了，原来半世功名竟是一场大梦。(作闷倒介)(坐地缓唱)

【端正好】梦迷离，神颠倒，猛惊回魂魄飞摇。俺向那睡乡中觅了些虚欢笑，怪转眼乾坤悄。

(起叹介)咳！可惜我二十年的爱眷，竟逐浮云空矣。(泪介)(唱)

【滚绣球】痛花枝空里簪，叹月光水底捞。未卜得再生缘今生已了，思量起恨茫茫蝶翅飞飘①。(哭介)俺撇了效齐眉的孟光②，抛下了抱衾裯的二乔③。眼睁睁问不着故人消耗④，闪杀咱地远天高。看了这一庭花影帘前转，恰似我半世功名醒后消。只落得怨气冲霄。

(试目看画)(惊介)呀，我看这画上佳人分明是我妻房谢氏。(拍桌哭介)阿呀，夫人嗄！(唱)

【叨叨令】这姻缘魂招和那梦招，一灵儿赴天台乘风到。这莽红尘谁识得旧蓝桥⑤？空想你鸾飞鹤去三山杳⑥。曾记得那梦里的情苗，伊是咱金兰琴瑟的真同调⑦。今做了花残和那露消，断送得啼鹃频向斜阳叫。兀的不痛杀人也么哥，兀的不恨

杀人也么哥。闪得我形影萧条，似这等悲悲切切的悼。

想起胡、黄二姬，甚因缘竟为我妾？（悲唱）

【脱布衫】醒无缘月下吹箫，睡偏能金屋藏娇[8]。空和恁梦魂中红依翠靠，只落得觉来时影形相吊。

（拍书恨介）咦，则被这案上诗书误了我也。（掷砚笔）（唱）

【小梁州】恨冲冲击砚抛书掷彩毫，（泣介）做不得投笔班超[9]。空向那梦里占金鳌，虚荣耀，回首处泪滔滔。咳！我如今便对人言有谁相信？不若隐之于心罢了。（叹介）天那！从此后宵长昼永，无赖无聊。好梦成空，风流难再，教我如何挨得过也？（泣介）（唱）

【么篇】没来由花前午梦迷心窍，枉添番怨绪与愁苗，忘不了二十年风流调。叹茫茫人间天上，此恨怎能消！

嗳呀，我那夫人嗄！我那二妾嗄！（唱）

【快活三】念前缘冉冉，追往境恨迢迢。（白）如今画图虽识春风面，只是环佩难归月夜魂了[10]。（唱）问嫦娥何时再降碧云霄？可念我一点痴心儿临风吊。

【朝天子】慕淳于境迢，羡卢生入道[11]，这闹尘中难寻到。似这等一枕浮云游魂的飘渺，怎能够了尘缘归玄妙！梦去难招，愁来谁扫？此日凄凉，惨东风落照残霞老。（泣介）泪洒衣袍，魂消芳草。好把这一觉繁华，做一个天荒地老的痴情稿。（下）

〔注〕 ① 蝶翅飞飘：用《庄子·齐物论》梦中化为蝴蝶，醒来后不知自己做梦变成蝴蝶，还是蝴蝶做梦变成自己的典故。 ② 孟光：东汉梁鸿之妻，她事夫恭敬尽礼，每日具食进梁鸿，皆举案齐眉。后世以之为贤妻典范。 ③ 二乔：东汉末孙策、周瑜的妻子。大乔嫁孙策，小乔嫁周瑜。 ④ 消耗：音信。 ⑤ 蓝桥：唐裴航遇仙女云英处。见唐裴铏《传奇》。 ⑥ 三山：传说中海上的三座仙山，即蓬莱、方丈、瀛洲。 ⑦ 金兰：指结拜兄弟。 ⑧ 金屋藏娇：汉武帝小时候曾对他姑母长公主嫖说："若得阿娇（长公主的女儿）作妇，当作金屋贮之也。"见旧题汉班固《汉武帝故事》。 ⑨ 投笔班超：东汉班超早年贫困，经常为做官的人家抄书养家，十分辛苦，曾掷笔叹道："大丈夫无他志略，犹当效傅介子、张骞立功异域，以取封侯，安能久事笔研（砚）间乎！"见《后汉书·班超传》。 ⑩ "如今"二句：唐杜甫《咏怀古迹》其三："画图省识春风面，环佩空归月夜魂。" ⑪ "慕淳于"二句：淳于，淳于棼，南柯梦故事的主人公。卢生，黄粱梦故事的主人公。二人都是在梦中享尽荣华富贵，醒后悟浮生若梦，遂看破红尘。见唐李公佐《南柯太守传》与沈既济《枕中记》。

"闺阁沉埋十数年，不能身贵不能仙。读书每羡班超志，把酒长吟太白篇。

怀壮志，欲冲天，木兰崇嘏事无缘。玉堂金马生无分，好把心情付梦诠。”清代女剧作家王筠的这首《鹧鸪天》词，已把她创作传奇《繁华梦》的缘由和盘托出。

王筠之父王元常是清乾隆十三年(1748)进士，官翰林，工诗，其兄王百龄是嘉庆七年(1802)进士，官至保定知府。这是一个典型的通过科举入仕而光耀门户的书香之家。生长在这样的家庭，王筠饱读诗书，恃才自负。“怀壮志，欲冲天”，她欣羡汉代班超投笔从戎，在一望无垠的戈壁上，驰骋战马，追杀胡兵；她心仪唐代李白把酒长吟，不为权贵所摧眉折腰，鲲鹏展翅，笑傲江湖。显然，这是一个“纵使裙钗难弃去，我心向往作男儿”的女子。但传统礼教对女性的种种束缚，注定了她不可能享有和男性同等的权利，也不可能同男性一样求取功名，光宗耀祖。女扮男装代父从军杀敌立功的花木兰和女扮男装赴京赶考一举夺魁的黄崇嘏，都与她无缘。现实和理想的冲突，使王筠只好“把心情付梦诠”——现实中无法实现的理想，只有在梦境可以寄托，于是创作《繁华梦》自抒胸臆，剧中主人公王梦麟实为作者之化身。

《繁华梦》中的主人公王梦麟，常怨恨自己生为女儿身，终日悲叹。一天春日昼寝时，梦见自己变成男儿，不胜欢喜，遂告辞双亲外出游学，游西湖时遇胡梦莲，纳为妾；游苏州时遇黄梦兰，又聘为妾。不久赴京应试，高中状元，荣归故里时始知父母已为其聘谢翰林之女梦凤为妻。谢梦凤知王梦麟私纳二妾后，并无妒意，妻妾共处，恩恩爱爱，共享荣华富贵二十年，最后王梦麟官至吏部侍郎。然而一觉醒来，却发现这不过是一场繁华梦，于是痛不欲生。最后被神仙麻姑下凡点化，成仙而去。《繁华梦》完稿于乾隆三十三年(1768)，上下两卷，凡二十五出，第二十四出《出梦》写的就是王梦麟梦醒后的悲痛心情。尽管只是主人公王梦麟的独脚戏，但由于曲白相生，唱与做相协调，很好地表现了心中的重重郁积，那沸腾于胸中的情感岩浆喷涌而出，淋漓尽致，动人情怀。

首先看美梦初醒时配合旁白的一系列动作：从“急立起叫介”到“作呆状，四顾忽惊介”，再到“看自身惊介”和“作呆想介，忽大叫介”，这一系列动作，传神表达了从美好梦境到半梦半醒到最后全部清醒的过程，主人公的心情，也经历一个从荣耀富贵的欢乐到半信半疑的惊奇再到最后彻底破灭的痛苦的变化过程。“泣”、“泪”、“悲”、“叹”等一系列表情和动作，为这一出戏定下了情感基调。

接着看唱词中所表达的情感历程：【滚绣球】“痛花枝空里簪”，悲叹的主要是“二十年功名”和“二十年的爱眷”的烟销云散；【叨叨令】“这姻缘魂招和那梦招”，悲叹的是梦中夫人谢梦凤的不再出现；【脱布衫】“醒无缘月下吹箫”，悲叹的是梦中胡、黄二妾的消失无影。把组成“繁华梦”的一个个梦境分别拿出来一一

击破，很像把美好的花朵一瓣瓣撕揉最后全部毁坏。这种把美好的东西一点点毁灭给人看所产生的悲剧美，真是荡气回肠，哀感顽艳："没来由花前午梦迷心窍，枉添番怨绪与愁苗，忘不了二十年风流调。叹茫茫人间天上，此恨怎能消！"

"梦去难招，愁来谁扫？此日凄凉，惨东风落照残霞老。"无限的悲凉中蕴藏着深重的怨愤。

作为一个封建时代的人物，王梦麟所追求的理想自然逃不出光宗耀祖、妻妾成群、荣华富贵等窠臼，剧中主人公也不可能找到造成这种悲剧的社会原因，因而只能简单地将之归罪于男女性别的差异。然而正是这种不满，这种追求，已隐含着一种抗争，一种争取消灭性别歧视，求得与男子同等社会地位的抗争。

在中国古代，追求名利是士子的专利，用唐传奇《枕中记》中卢生所说，那就是"士之生世，当建功树名，出将入相，列鼎而食，选声而听，使族益昌而家益肥"。而妇女只能幽居深院，相夫教子，与功名利禄无关涉。"妇人不做功名梦，闲看南柯蚁往来"，元代郑允瑞《庭槐》的这两句诗，甚至把妇女们做功名梦的权力都给剥夺了。而王筠《繁华梦》剧中的女主人公王梦麟，不仅做了功名梦，而且对梦的破灭深感悲伤，这一切都说明了剧作家已具有一种朦胧的男女平等意识，这实在是非常可贵的。

梦是中国古代作家们百写不厌的一个题材，从古代诗词中那么多的"记梦"、"春梦"、"旅梦"就不难看出。究其原因，除了梦作为一种非自觉的思维形式与文学创作有相通之处外，更重要的还在于现实社会中有太多的理想无法实现，只好通过写梦来寄托、宣泄和补偿。然而，只要是梦，就有醒过来的时候，而此时此刻，梦境与现实产生强烈反差，理想在现实面前仍归破碎，在这样急剧的变化中，人的情感特征往往得到很好的凸现。"世间真荣真贵亦不过野马浮云，谁保百年长在"（第二十五出《仙化》），无奈之中，得道成仙或退隐出家是一个必然的归宿，这正是中国传统的"穷则独善其身，达则兼善天下"（《孟子·尽心上》）两种处世哲学对文人影响的结果。《繁华梦》中的女主人公王梦麟，最后随麻姑成仙而去，正是这种传统处世哲学的又一次印证。

由于《繁华梦》主人公王梦麟是女性，所以此剧与一般以男性为主人公的写梦传奇结构有所不同。一般传奇的人物出场次序往往是先生后旦，而此剧第二出王梦麟初出场时为旦，第三出入梦后则变为生，李调元在《雨村曲话》中谓此为"变例"。此外，才女王筠擅长词曲，兼之此剧又经过其父王元常的"细加删润"（《繁华梦》后序），所以文字优美，形象生动。正如张凤孙在《繁华梦序》中所赞誉的："谱《繁华》之一梦，证因果于三生。藻采纷披，齐赴生花之管；丝桐迭奏，都成

绕梁之音。"这从《出梦》一出的曲白科介相辅相成，音乐南北合套全由具体表现需要而定等艺术表现中，不难窥一斑而知全豹。只是这一部戏曲没能在舞台上演出，实在是一件憾事。

（农作丰）

蒋士铨

(1725—1785) 字心余，一字苕生，号清容，晚号藏园、定甫，别署离垢居士。铅山（今属江西）人，祖籍长兴（今属浙江）。其先世姓钱氏，明末迁铅山后，始姓蒋。清乾隆十二年(1747)举人。选授内阁中书。二十二年成进士选庶吉士，散馆授编修。二十九年因开罪权贵，乞归奉母。后历主绍兴蕺山、杭州崇文、扬州安定三书院。四十三年复入京充国史馆纂修官，四十六年为候补御史，旋以病归。为人刚直，关心民瘼，但用世之志从未舒展。为清代多种文学体裁皆有较高造诣的文学家。诗沉雄苍莽，与袁枚、赵翼并称"乾隆三大家"，古文则雅正有法。词恣肆豪宕，上追陈维崧。又是乾隆时代最负盛名的戏曲家，杨恩寿《词余丛话》比之于盛唐之诗，李调元《雨村曲话》称其曲"为近时第一"。其作品思想正统而文采斐然。作剧三十余种，今存十六种，其中杂剧有《一片石》、《四弦秋》、《第二碑》、《康衢乐》、《忉利天》、《长生箓》、《升平瑞》（以上四种即《西江祝嘏》，系为皇太后祝寿之剧）、《采石矶》、《庐山会》，总名《藏园九种曲》；传奇有《空谷香》、《桂林霜》、《雪中人》、《临川梦》、《香祖楼》、《采樵图》、《冬青树》。散曲集有《南北杂曲》。另有《忠雅堂文集》、《忠雅堂诗集》、《铜弦词》等。

冬 青 树

蒋士铨

第二十九出 柴 市

（净引刀斧手上）白日暗幽州[①]，山崩海倒流。孤臣扶气运，千古有《春秋》[②]。俺元朝总管。奉旨今日处决文丞相。咳！看他平居百折不回，今日一尘不染。若论主持风教，正该成全他忠义之心，以励我国臣寮之节。惜朝内无人匡谏，以致成彼高名，玷俺君德。俺一个武臣，也不敢多口了。（杂）禀爷，午时三刻了。（净）快请文丞相到来。（杂）是。（分下）（刽子押生上）

【北黄钟醉花阴】三载淹留事才了[3]，展愁眉仰天而笑。眼睁睁天柱折，地维摇[4]，旧江山瓦解冰销。问安身那家好？急煎煎盼到今朝，刚得向转轮边头一掉[5]。

(杂)丞相爷，前面就是柴市了。

【喜迁莺】(生)都认做鬼门关程途幽渺，那知是俺上青云梯磴逍遥。休也波焦，不能勾沙场自了，累伊们举手为俺劳。只因他天不饶，差派俺邯郸一觉[6]，向血光中寻个收梢[7]。

(杂)这是留丞相送来筵席[8]，请爷用些。(生)那个留丞相？(杂)就是留梦炎，也是南朝来的。(生)留梦炎那贼子的酒食，怎敢排在这里！(踢翻介)

【刮地风】嗳呀，见了这狼籍杯盘和浊醪，枉铺陈旨酒嘉肴。可知是阴为恶木泉为盗[9]，这其间多少脂膏。(杂)这是赵学士筵席[10]，请爷用些。(生)那个赵学士？(杂)也是南朝来的，叫做赵孟頫。(生)咳！子昂也是一代文人，又为宗室，因何失足至此？可惜，可惜！俊王孙一代风骚，枉了他墨妙挥毫。为甚么弃先茔，忘旧族，也修降表？图一个美官衔学士高，全不管万千年遗臭名标。(各神暗上)

(净引仗上)来此已是法场，顷刻间，为何天昏地黑起来？(作风雨声介)(生)苍天苍天！这风雷来迟了！

【四门子】呀，倘若你真心帮助人家赵，可怜他基业飘飖。也不合厓山雷电将他闹[11]，做海底月空捞。打杀他元帅骄，殛死他将士枭，却不保全了官闱命几条。到今日鼓乱敲，镜四招，怒轰轰何关紧要。

(净)丞相有甚么遗言告诉下官？少刻代你奏上。(生大笑介)你怎知俺的就里来。

【水仙子】呀呀呀，呀你舌苦饶，俺俺俺，俺与你那皇爷有甚瓜和葛？嘱嘱嘱，嘱付他宵旰勤劳[12]，切切切，切莫要荒淫无道。休休休，休似那前车覆辙撬，庶庶庶，庶不致依然送掉，那那那，那里有万岁千秋神器牢[13]？算算算，算唐虞到此多移调[14]。但但但，但能勾承天眷便永宗祧[15]。

(杂)时刻已到,请丞相爷归天罢。(生大笑介)俺文天祥死得好明白也。

【尾煞】幸不到灰囊扑面排墙倒[16],须知俺万苦千辛才领这一刀,休笑俺个送头颅的文少保。(押下斩介)(扮一龙冲上)(龙神护引下)(雷电风雨绕不止)(净伏几下颤介)

(内官骑马上)奉旨摆设御筵,将此新封官职的神牌供起来。(设祭介)(生灵上立高处)(风伯撤神牌送生碎裂掷下介)(净)不好了,神牌掣上天去,扯碎了!(官)待我启奏去。(驰下)(神绕场不散介)(内官上)奉旨,将此神牌供奉。(净)这上面写着什么?(官)那是:宋少保信国公大丞相文山先生位。(供介)(生领神下)(净)呵呀,一刻天清气朗了,吓杀人也!正是:新朝爵秩忠臣贱,异代芳名后世传。(下)

〔注〕 ① 幽州:指大都,即今北京。 ②《春秋》:孔子修撰的史书,记春秋时大事件,以褒忠善贬奸恶为宗旨。 ③ 三载:指至元十六年(1279)到至元十九年(1282)。 ④"眼睁睁"二句:天柱,撑天之柱。地维,系地之绳。古人认为天圆地方,天地交接处,有柱子撑住天,有大绳系住地。这两句谓宋朝灭亡,天翻地覆。 ⑤ 转轮:佛家认为世界上有生命之物辗转生死于天道、人道、阿修罗道、饿鬼道、畜生道、地狱道中,如车轮旋转。 ⑥ 邯郸一觉:唐沈既济《枕中记》写卢生追求功名富贵,在邯郸旅舍得吕翁所授仙枕,卧而成梦,梦中历尽人生荣华富贵,醒来,发现睡前主人所煮黄粱米饭还未熟,遂悟道而去。此喻指所经历的事如同一场梦。 ⑦ 收梢:下场,结果。 ⑧ 留丞相:即留梦炎,宋衢州人,字权辅,淳祐进士,德祐元年(1275)拜右丞相兼枢密使,进左丞相,都督诸路军马,元军逼近临安,弃官逃归家乡。衢州陷后降元。文天祥被捕后,宋降臣王积翁等议请释文天祥为道士,他坚决反对。后官至礼部尚书、翰林学士承旨。 ⑨"阴为"句:比喻以不正当手段得来的利益。正人君子讲究节操,应该再渴也不喝名叫"盗泉"的泉水,再热也不到恶木的树荫下休息乘凉。 ⑩ 赵学士:即赵孟頫,宋宗室,宋亡家居,元世祖征为兵部郎中,官至翰林学士承旨。谥文敏。 ⑪ 厓山:宋军与元军决战之处,在今广东新会南。宋景炎四年(1279)厓山破,陆秀夫负帝昺投海,南宋亡。 ⑫ 宵旰(gàn):即宵衣旰食,天不亮就穿衣起身,天晚了才吃饭,比喻勤于政事。 ⑬ 神器:指帝位。 ⑭ 唐虞:唐尧、虞舜,均为远古贤君。 ⑮ 天眷:上天的关爱、恩眷。宗祧(tiāo):宗庙。 ⑯ 灰囊扑面:指用袋子盛土灰压面部而死。排墙:推倒墙压死。都是古代监狱中的私刑。

《冬青树》是根据《宋史·文天祥传》等史籍敷演而成。全剧以文天祥事迹为主线,塑造了南宋覆亡前后的动乱时局中的一批忠臣义士的形象,具有强烈的崇高美、悲剧美。剧情基本上根据文天祥进行抗元斗争的事迹组织安排,以《勤王》、《留营》、《局逃》、《得朋》、《疑逐》、《航海》、《开府》、《转战》、《抗节》、《小楼》、《浩歌》、《柴市》诸出,概括了文天祥投身到抗元斗争后的主要经历:起兵勤王,

使元被扣，中途脱险，领兵抗元，兵败被执，坚守节操，慷慨就义。凡此种种，突出了他百折不挠、宁死不屈的民族气节。剧中另以《卖卜》、《却聘》、《饿殉》三出，表现了谢枋得不事新朝，绝食殉节的感人事迹。以此为主，反映了一批忠义之士的高尚情操和坚贞气节，批判了觍颜事敌、卖身求荣的可耻行为，描述了宋室后妃宫嫔的悲惨遭遇，赋予全剧以浓烈的凄怆悲壮的悲剧色彩。剧本因元江南释教都总统杨琏真珈挖掘宋帝陵墓，抛撒帝后尸骨，而义士唐珏等人收骨埋葬，并植冬青树以为标记，故名。经霜不凋的冬青树，同时又象征着忠臣义士的坚贞节操。

全剧排比史事，臧否人物，不屑于描头画脚；它慷慨歌呼，健笔凌云，绝无衰颓萧瑟气象，读后令人感奋。故梁廷枏《曲说》评价它说："忠魂烈魄，一入腕中，觉满纸飒飒，尚余生气。"

《柴市》这一出戏描写了文天祥在柴市英勇就义的悲壮情景。高风亮节者的魅力，甚至使他的敌人也尊敬他、佩服他！从杀害文天祥的监斩官元朝总管的口中，我们更了解文天祥"百折不回"、"一尘不染"的高洁品格，我们也明白文天祥这种高尚的人格，打动了这个赳赳武夫。在这一出中，文天祥在元朝的监狱中已经整整关押了三年，他拒绝卖身投靠，也曾多次自杀。宋王室瓦解冰消后，面对着山河沦陷，国破家亡的惨痛景象，文天祥无意苟活，唯愿一死，以身殉国。幽暗恐怖的鬼门关，令人不寒而栗，心存畏惧，可是忠臣烈士却能视死如归，为国捐躯，他的精神将永存，他的英名将流芳百世！但在文天祥直面死亡，"展愁眉仰天而笑"的大义凛然的气概之中，又蕴藏着多少无奈和哀伤："眼睁睁天柱折，地维摇，旧江山瓦解冰销。"既然不能挽狂澜于既倒，那么，让自己早些以身殉国吧！"急煎煎盼到今朝"，这是怎样的一种献身精神！剧情紧接着叙述两个降元旧臣留梦炎、赵孟頫送来筵席与文天祥"饯别"，文天祥义愤填膺，对贪生怕死、卖身求荣的留梦炎表现出切齿痛恨，而对于恋慕富贵、背祖忘本的赵孟頫则是无限惋惜。这两个"贰臣"与文天祥恰恰形成了鲜明的对比，更加衬托了文天祥高洁的品格。

老天爷似乎也为文天祥感动，当他被押送到法场时，突然间天昏地暗，风雷滚滚。面对浩浩苍天，文天祥仰面叹息：老天爷呀，你为什么不助我大宋？反而让台风覆灭了我们的水军，泯灭了宋王朝复国的最后一丝希望，以至宋帝被逼蹈海而亡！你的风雷闪电为何不去击死凶猛的元兵，保护宋皇室几条性命？老天爷呀，这风雷来迟了！当监斩官询问文天祥可有遗言留与新朝皇帝，文天祥断然表示自己与元王朝新统治者毫无瓜葛，他警告元朝皇帝"切莫要荒淫无道"，否

则，元王朝也很快会重蹈亡国覆辙。

就义的时刻终于来到，但忠烈之士的精魂是不灭的，在龙神的护引下，他升上了天堂。当元朝统治者给文天祥封上元朝官职并写上神牌供奉时，文天祥精魂不散，裹着雷电风雨，把这违背他意愿的牌位卷上半空，摔个粉碎。一旦牌位换写上文天祥在宋朝故国的职名，立刻便天清气朗，这表现了文天祥对故国虽死不渝的忠贞。这正是“新朝爵秩忠臣贱，异代芳名后世传”。

《柴市》这一出通过一系列情节凸现了文天祥忠贞爱国的伟大形象：敌人对文天祥的肃然起敬，文天祥对卖国奸贼的鄙夷不屑，上天为文天祥风雷震动，文天祥忠魂不愿元朝官职污辱他的姓名。这里，有正面的歌颂，也有反面的衬托，有逼真的写实场景，也有浓郁的奇幻色彩，让人读后油然而生悲壮之情。给读者、观众的感受不是低徊惆怅，而是慷慨激昂，这就是本剧的成功之处。

（胡淑芳）

冬　青　树　　蒋士铨

第三十三出　碎　　琴

（末花白须道士装抱琴上）

【仙吕北点绛唇】燕市徜徉[1]，金台凝望[2]。心凄怆，恁地收场，老作西湖长。

俺汪水云，北游十有余年，历尽悲凉苦楚。昨者乞恩，得以黄冠归里[3]。闻得南宋宫人王清惠等今日在梁家园置酒高会，为我饯行，只得抱琴前去。（下）（小旦、老旦、旦道装）（净、中净、丑尼装同上）

【南剑器令】联袂困殊方，思往事只添惆怅。羡他行，独归田里，临岐断尽人肠。

（小旦）我王清惠。（老旦）我何凤仪。（旦）我蒋懿顺。（净）我方妙静。（中净）我林顺德。（丑）我袁正正。（小旦）我等同是南宋宫人，被掳北庭，各自出家于尼庵道院，十有余载。闻琴师汪先生今日南归，我等置酒梁家园，与他饯行，你看汪先生早则到来也。

【北混江龙】（末上）天空云旷，俺归心已逐雁鸿翔。记来时身轻似叶，到如今发白如霜。列位娘子请了。（众）先生稽首[4]。（末）咳！看了你星冠霞帔水田衣[5]，可怜俺麻鞋布衲蹇驴缰。附浮萍聚北隅，随斗柄又指南方。只落得天涯白首空吟望，却便是

舟沉陆海，抵多少鹤返辽阳[6]。

(小旦)先生且免愁烦，请满引此杯。(奉酒定席介)(合)

【南桂枝香】阳关同唱，离樽分饷。旅愁依塞草荣枯，乡梦与江潮消长。念梧宫久荒[7]，念梧宫久荒。若个晓随天仗[8]，空说露凝仙掌[9]。漫思量，那些儿宫女牵回辇，只剩你遗民哭战场。

(末)重劳列位娘子，老夫何以克当。

【北油葫芦】羞煞俺老戴黄冠去故乡，抱枯桐[10]，成独往。只好买半间茅屋祀昭王[11]，也则索吹箫乞食西湖上[12]。说与他旧君王身无恙，着袈裟自合如来掌，草蒲团这便是当时御床，把龙楼凤阁换了个新方丈，叫人民此后莫思量。(众同哭介)

(外僧上)汪先生，俺奉合尊大师之命[13]，来送先生。

【南八声甘州】他苦念旧宫墙，赋三秋桂子，八月荷香。裙腰草绿，六桥辇路应荒[14]。有诗一首赐与先生。(末展吟介)寄语林和靖，梅花莫更开。黄金台下客，应是不归来[15]。(大哭介)(外)俺大师呵，盼断了旌旗日暖龙蛇漾，宫殿风微燕雀翔。昏黄，记暗香疏影凄凉。

(末)长老，你与我回奏大师，说俺汪大有呵，

【北天下乐】怎忍说身系南天梦朔方？思也么量，思量敢便忘？抵多少流水咽空堂。那德寿宫中蔓草荒，听不得南内空阶夜雨凉。那里有舞袖歌裙记曲娘[16]，只留下水晶帘一片蛛丝网。

俺有奉和昭仪娘子诗一首[17]，聊申别意。(小旦接读介)愁到浓时酒自斟，挑灯看剑泪痕深。黄金台愧少知己，碧玉调将空好音。万叶秋风孤馆梦，一灯夜雨故人心。庭前昨夜梧桐语，劲气萧萧入短襟。(泪介)

【南醉扶归】这是《念家山破》难重唱[18]，一声《河满》泪千行[19]。漫说道遥望并州是故乡，苦追思汴州明月杭州舫。劝君临别尽离觞，只怕故人从此多黄壤。

(末泪介)今日知音永别，俺则索为列位鼓琴一曲[20]，酬折柳之意。

【北寄生草】三叠胎仙舞[21]，漫天柳絮飏。便成连哭倒在君山上[22]，师襄泪溢沧溟涨[23]，伯牙只合江潮葬。这七条瘦玉苦低

昂。俺索把金徽玉轸都抛漾。(碎琴)(众同大哭介)

(末)娘子们保重。(径下)(众)先生行矣。

【南尾声】明朝风雨西施葬,怎能勾斜抱云和坐月光㉔。汪先生呀,抵多少"一曲《伊州》泪万行"㉕。(下)

〔注〕 ① 燕市:春秋战国时燕国的国都。即今北京市。 ② 金台:即黄金台。战国时燕昭王所筑,置千金于台上,以招天下贤士。 ③ 黄冠:指道士,因道士所戴之冠为黄色,故称。 ④ 稽首:道士举一手向人行礼。 ⑤ 星冠:道士所戴七星冠。霞帔:道士之服。水田衣:僧尼法衣用一块块方形小布连缀缝成,形似一块块水田。 ⑥ 鹤返辽阳:传说汉辽东人丁令威学道于灵虚山,成仙后化鹤飞回故乡,落城门华表柱上,有少年弯弓欲射之,乃歌曰:"有鸟有鸟丁令威,去家千年今始归。城郭如故人民非,何不学仙冢累累。"遂高飞而去。见晋陶渊明《搜神后记》。 ⑦ 梧宫:战国时齐国宫名,代指南宋宫殿。 ⑧ 天仗:指皇帝的仪仗。 ⑨ 露凝仙掌:汉武帝曾铸金铜仙人,手托铜盘收集天上甘露。 ⑩ 枯桐:即焦桐。东汉蔡邕用烧焦的桐木制琴,音色极美。此用"枯桐"代指琴。 ⑪ 昭王:指春秋楚昭王。《穀梁传·定公四年》:"庚辰,吴入郢。……(昭王)曰:'寡人不肖,亡先君之邑,父老反矣,何忧无君。寡人且用此入海矣。'父老曰:'有君如此其贤也,以众不如吴,以必死不如楚。'相与击之,一夜而三败吴人,复立。"唐韩愈《题楚昭王庙》:"犹有国人怀旧德,一间茅屋祭昭王。"此代指宋恭帝赵㬎。 ⑫ 吹箫乞食:春秋时伍子胥父兄被楚平王听信谗言杀害,他立誓覆楚报仇,逃到吴国,在吴市吹箫乞食。后借吴兵攻破楚都郢,时平王已死,遂掘平王之墓,鞭其尸以泄恨。 ⑬ 合尊大师:即南宋恭帝赵㬎。投降后,元朝封他为瀛国公,后出家为僧,称合尊大师。 ⑭ 六桥:即杭州西湖苏堤上的映波、锁澜、望山、压堤、东浦、跨虹六桥。 ⑮ "寄语"四句:此为赵㬎《在燕京作》诗。林和靖,即林逋。北宋时人,隐居杭州西湖孤山,种梅养鹤,有"梅妻鹤子"之称。 ⑯ 记曲娘:唐段安节《乐府杂录》记唐大历时张红红,曾在屏风后听曲,用小豆记节拍,乐工歌毕,即于屏风后复唱,一声不差。入宫后,人称"记曲娘子"。 ⑰ 昭仪:皇帝妃嫔名号之一。 ⑱《念家山破》:乐曲名,南唐后主李煜作。宋马令《南唐书·后主书》谓"其声焦杀,而其名不祥,乃败征也"。 ⑲《河满》:即《河满子》,乐曲名。唐张祜《宫词二首》其一:"故国三千里,深宫二十年。一声何满子,双泪落君前。" ⑳ 则索:须得。 ㉑ 胎仙:指鹤。古人或以为鹤是胎生的仙禽。胎仙舞,即鹤舞。 ㉒ 成连:春秋时著名琴师。传说伯牙曾向他学琴,三年未精,成连便带伯牙往听海水激荡、林鸟悲鸣之声以移其情,伯牙技乃大进。 ㉓ 师襄:春秋时卫国乐官。传说孔子曾向他学琴。 ㉔ 云和:山名,所产之木为制琴瑟的良材,因此成为琴瑟的代称。 ㉕《伊州》:唐时曲调名,为商调大曲。"一曲《伊州》泪万行"为唐温庭筠《弹筝人》诗中的句子。

《碎琴》这一出叙写的是一次离别宴会。一提到离别,总令人忧伤。中国古人灞桥折柳,唱《阳关三叠》,要表达的无非就是"多情自古伤离别"的意绪。可是《碎琴》要表现的不仅仅是"西出阳关无故人"的寂寞,"俞伯牙摔琴谢知音"式的失落,更为重要的,是要倾诉亡国亡家者的满腹心酸。

这是一次离别的宴会,也是一次避世隐遁的僧道的聚会,与会者本应该抛却

尘世一切烦恼，力求六根清净，心境平和。可是这又是一场亡国遗民的聚会，与会者的心中充满了失国的痛苦忧伤，也充满了对韶光易逝、繁华不再的无奈。南宋宫廷琴师汪元量被元人掳至北方十余年，终于获准南归。同样遭遇的旧日南宋后妃宫人却依然只能滞留北方。她们置酒高会，为汪元量饯别送行。这一些飘泊在异地他乡的宋室孑遗并没有向征服者屈服，也没有改变对故国的不二忠心，他们出家于尼庵道院，显示出与新王朝拒不合作的决心。此情此景之中，我们可以看到：汪元量流落北方十几年，终于可以回归故乡，他的心中，虽有归家的急切——“归心已逐雁鸿翔”，却更多的是今昔对比的感伤——“记来时身轻似叶，到如今发白如霜”。从前的皇宫佳丽，如今穿上了道服缁衣；自己本为宫廷供奉，如今却布衲麻鞋，浪迹四方。自己孤独地回到故乡，将给江南人民带回旧宋君王的消息：原来的皇帝赵㬎已出家为僧，一切平安，“叫人民此后莫思量”。可是，怎么能够不思量？即使自己回到故乡，想起跼蹐朔方的君王，还是会辛酸欲绝。回到故乡，再看见破败的南宋宫殿，“那德寿宫中蔓草荒，听不得南内空阶夜雨凉。那里有舞袖歌裙记曲娘，只留下水晶帘一片蛛丝网”，更加会肝肠寸断。趁着这最后的聚会，且弹奏一曲哀歌，从此以后，砸碎瑶琴，让它永成绝响！这不仅是因为今朝一别，知音难觅，更是因为亡国之臣所奏琴音太过哀伤，实在令人“泪溢沧溟涨”——眼泪流得太多，使大海都会涨水啊。所以不如“金徽玉轸都抛漾”，把琴摔碎。汪元量即将返回故乡，但他没有快乐的欢笑，只有感伤的眼泪。可他毕竟是回归故土，这令依然羁留北地的南宋宫人多么羡慕！她们酌酒为汪先生送别，挥不去的是对故乡的满怀相思，是对昔日繁华的无尽追忆。【南桂枝香】、【南八声甘州】、【南醉扶归】三支曲子，反复吟唱的是同一个主题：“念梧宫久荒”，“苦念旧宫墙”，“苦追思汴州明月杭州舫”。昔日的繁华已经远逝，可是梦魂中，故国“三秋桂子，八月荷香。裙腰草绿，六桥辇路”仍然历历在目，从前风光美丽，如今一派荒凉，“只剩你遗民哭战场”，这怎么不叫人泪下千行！送别筵前，“劝君临别尽离觞”，畅饮这些离别酒，只恐怕从此一别，今生难会。岁月风雨的侵袭之中，昔日美丽红颜已经凋谢，而生命亦将走到尽头！这一次离别宴会，有送别故人留恋难舍的感伤，也有时光流逝红颜不再的痛苦，更多的是亡国破家背井离乡者的辛酸！

《碎琴》这一出，并不以情节取胜而重在抒情。通过今昔对比和对前事的追忆抒发了兴亡之感、家国之恨。在音乐上，作者采用了南北合套的方式，以末扮汪元量唱慷慨激昂的北曲，其他角色唱低徊婉转的南曲，情致虽然感伤，却并未流于衰飒。怀旧念今的曲词清丽凄美，极为感人。如【南八声甘州】“他苦念旧宫

墙，赋三秋桂子。八月荷香，裙腰草绿，六桥辇路应荒”数语，历数故国旧日美景，却以“应荒”两个字一下打住，让人油然而生悲怆之情，显示了作者的匠心独运，为这出戏抹上了浓重的凄凉色彩，令读者、观众感受到深刻的悲剧美。

（谢柏梁 胡淑芳）

空 谷 香

蒋士铨

第七出 饮 刃

（小旦布衣上）

【商调过曲山坡羊】注姻缘早安排的八字，没商量任摧残的人事。傍鸾皇不幸中的遂心，掌氤氲惜苦命的人间使[①]。前日爹爹在大名回来，说道因红丝姑夫作伐[②]，将我许聘钱唐顾家做妾，不日就要送去。（叹介）咳！奴家身同断梗，命比黄杨[③]，此事久已在我意中。却幸嫁得一个书生，终身有托。与为俗物之妻，宁作文人之妾。看他定情笺上，缠绵数语，料不是个薄倖儿郎。咳！姚梦兰，姚梦兰，这便是你安身立命的所在，休要等闲轻觑了也。我情一丝，今后呵，随着东风为定止。或者他秋来将我做齐纨视[④]，我也甘心为他憔悴死。前日女先生算我有大难临身，天那！你好不慈悲哟。（悲介）难支，叹浮生已若斯。何辞，痛亡亲不佑儿。（虚下）（外扮老院公引杂推车上）

【越调本宫赚】转过明湖，认垂垂柳下三间屋。我乃府衙院子，向与孙虎相好，老夫人故令我来，接取他女儿进衙。车夫，你看他终朝闭门，寂静静，茅檐对着荷香路。（叩门介）开门。（小旦上）是谁？（外）是你张老伯伯。（小旦开介）张老伯，何事出衙来？昨日我爹爹为甚不回家呢？（外）再不要提起，你爹爹昨晚，因多吃了一杯酒，好端端错步一跌，霎时痰涌起来。我们救了半夜，竟是中风不语，只将手指在枕头上写着要见女儿一面。又不敢抬他出来，为此老夫人呵，令我来迎汝。那，那不是碧幔青油一辆车。（小旦看外介）张老伯，这话是真的么？（外）老人家若骗你，就活不到一百岁。（小旦背介）呀！教人展转添疑虑。（思介）不去使不得。也罢，凭着我的见识，就去何妨。我自能区处，恃聪明须不比痴儿女。待我锁了门儿就去。（外）足见大姐孝心。（小旦锁门）（登车介）便登舆去，（杂推小旦下）（外）你

看他竟登舆去。(笑下)(净老夫人、老旦养娘)(旦梅香随上)

(净)万顺千随慈母意,三妻四妾大人家。娇儿若要天边月,扒上胡梯取与他。养娘,大爷此刻腰痛好些么?(老旦)一发叫得利害了。(净)少刻新人到府,他不能出来,只好另日送房了。(旦)老夫人,我听得孙家女儿性子不好,虽然哄了他进来,只怕他变了脸,却也喥气。(净)痴丫头。小家儿女,看见官府人家这样光景,只怕口也要笑歪了,有甚气喥?(外上)启夫人,孙家女儿进来了,须要小心。(净)有我主张,不妨。(小旦上)(外)过来见了老夫人。(小旦)夫人万福。(净)罢了。(外伸舌暗下)(小旦转问介)张老伯,我爹爹在何处?(净)姐儿,平日闻你长成,十分标致,你可知道么?你父亲得了公子二百两银子,送与公子做妾,怕你不肯进来,

【前腔】因此单遣香舆,未将鼓乐来迎娶。你看,我府中丫鬟使女,都是遍体绫罗,何况于你。只要你颦工笑妍,真个是,一身宠爱全家惧。(小旦作喜色介)原来如此。这是夫人抬举,只恐贫家女子,没福承当。(福介)蒙看觑,从此把布袄藜簪弃路衢。(净)你情愿么?(小旦)我们小户人家,得进官衙,若再不情愿,还有甚出头日子。只求你始终怜念蓬门女。(净)好个乖巧女儿!你们看看,我说他再没有不喜欢的。(小旦)只是有一句话,要禀过夫人。(净)乖儿子,你说来。(小旦)方才起身匆促,一切衣履俱未收拾。望夫人放我回去片时,将琐屑之物结束好了,一齐带了进来。(净)我府中何物不有,你那些旧衣衫要他怎么?(小旦)不是这等说。女儿家随身有多少要紧东西?是断断丢不下的。(净)也罢,叫人替你取来如何?(小旦)哎呀!女孩儿箱笼,除了母亲之外,就是做爹爹的,也必须回避,别人如何取得!夫人若不放心,就着养娘同去何如?(净)这也使得。养娘,你就帮他去收拾,快来。(老旦)是。(小旦)多谢夫人!(净)姐儿,休耽误,悄地把凤头鞋先换取。(老旦)去罢。和你共登舆去,(小旦)试看我竟登舆去。(共老旦下)

(净)好个伶俐女子。梅香,看他如此欢喜,方才倒不该冷清清哄他进来。你去吩咐院子,速备鼓乐彩轿,就去接他。(旦)是。(下)(净)我且去告诉儿子,叫他止止疼痛。(下)(杂推老旦、小旦同车上)

【水底鱼儿】(小旦)地网天罗,轻轻一走脱。(老旦)养娘随着,权充傧相婆。(小旦)渔舟稳坐,凭他风卷波。(老旦)今宵孤卧,灯花没奈何。

(杂)到了,请下车。(二旦下车)(杂暗下)(小旦开门同入)(小旦正坐、老旦旁坐介)大姐,快些收拾罢。(小旦)收拾什么?(老旦)收拾箱子,进衙内去呀。(小旦怒介)呀啐!爹爹将我已许顾家,你主人身为民牧⑤,怎敢强夺良家子女!(老旦)阿呀!大姐此言,方才何不向夫人面前一说呢?(小旦)咳呀,呸!那一班醉生梦死的狗男女,叫我从何处与他说起哟。(哭介)

【小桃红】自来世上苦人多,悔不来投生错也。我是一朵火中莲,从心苗直苦到枝柯,怎扭做并头荷?(老旦)那顾家又不聘你做正室,一般作妾,何必固执如此?(小旦)你却知道什么来!女儿家烈肝肠,你也慢调和。乔心性,肯教胡颠簸也。只好自扪心自己评度。(老旦)这是你爹爹主张,还当以父命为重。(小旦悲介)我那亲爹爹呀!既没个养娘儿,又生我待如何!

(老旦)方才夫人何等爱惜你,你也该回想一想。(小旦)咳!

【下山虎】他一谜的欺人软懦,信口挑唆。认做闲花朵,轻团乱搓。怎知我心比金坚,命如纸薄,觑不上骇女痴儿锦绣窝。(老旦)你看他们,穿得何等整齐,吃得何等香美。(小旦)尽他一家儿吃与着,把百姓膏脂尽量敲。将赤子皮肤剥,裁成段罗。我是个无福人儿怕折磨。

(老旦)你纵然不爱穿吃,我家大爷是一个豪华公子,难道不比那穷秀才风流些,你也该审量审量。(小旦冷笑介)

【五般宜】可知他伴青灯秀才风魔,不及你醉红妆公子憨哥。则他向金阶轻把笔尖呵,抹煞你铜斗家私,琼筵糟粕。(老旦)大姐,不可这等鄙薄他,他有的是黄金白璧,怕娶不出几个绝世佳人?这是与你有缘,你休误了自己。(小旦)可又来。他自有雌雄一窠,受用着金镶玉裹。成就了富贵的姻缘,要穷人做甚么!

(老旦)大姐不可执性,你若不肯进去,看他何等声势,不但累你爹爹吃亏,只恐好姻缘变做恶姻缘,不信你会插翅飞了天上去。(小

旦大笑介）这样话，只好向第一等没志气的下流说，可能够吓得我姚梦兰一吓儿。

【五韵美】道得他网弥天，张着弋人罗[6]，却不道鸟自高飞奈我何。纵修翎飞不上青天阔，地窟里犹堪过活。甚大事直得将牙闲嗑，况没个亲和眷难舍割，即便死还留得个清清白白的我。（外院公领花轿乐人吹打上）

（外）住了吹打。（打门介）养娘开门，花轿来了。（老旦立介）大姐，快些收拾罢。待我开门。（小旦立介）且慢。（哭介）咳！苍天呀！

【江头送别】穷命运限煞人，如之奈何！好世界逼得奴，没个腾挪。是苍天不肯容人活，教奴怎样逃躲。

（丑扮卜驼婆一面上）为甚隔壁孙家有花轿到门？难道大姐出嫁么？（见外介）你们是何处来的？（外）是本府太爷公子娶小。（丑）开门，开门。（又吹打介）（小旦）阿呀！也罢，也罢！姚梦兰，你好痴也！

【雁过南楼】问伊流连怎么，细思量有甚延俄。年光一睃，耐尽凄惶，谁料做这般结果。（老旦）大姐且免伤心。（小旦）咳！残生几何，容我伤心犹可。养娘，这些没要紧的东西，也不要他了。你去开门，就是这等去罢。（老旦）好大姐，这便才是。（转身介）（小旦向桌上取刀介）大烦恼倩钢刀一割。（自刎跌地）

（老旦回看惊介）阿呀，不好了！（开门急出）（丑入撞跌）（老旦出扯外介）不好了！逼出人命来了！快走，快走！（众散下）（丑挣介）这个伴婆是个冒失鬼，又不杀了人，这等乱跑。（扒起介）咳！新娘子哭晕了。（扶介）大姐，不要哭，女先生算你该做妾，哭个什么。（看介）咳呀！吐了血了。（再看介）不好了！自刎了。（急出介）娶亲的都溜了。老儿快来！（净扮卜医生上）妈妈如何慌张？（丑说不出）（扯净入内指地介）那，那，那！（净）阿呀！孙大姐如何自刎了？（丑）方才本府鼓乐到门迎娶，我走来望望，一入门来，不知什么缘故，大姐死在地下，众人俱已星散。（净）这明明是威逼不从致死的。（丑）你看看，还救得么？（净）还好，不曾割断气管。你来扶着，待我先拔了刀子。（丑坐地扶小旦靠起）（净拔刀介）阿哟哟！女儿家有这等烈性子，可敬，可敬！（丑）阿弥陀佛！

【蛮牌令】(净)一个纤纤脖,混把珮刀戳。不成交颈鸟,险做没头鹅。(丑)这用得着你的海上奇方,刀口药了。(净)幸而带在身边。(取药出介)不枉了灵丹自合,管教他小命重活。哧!这样小娃娃,一定要卖与人做小,傣个意思!老孙真真不是个人了。心肠坏,天折磨。只要他终年吃药那怕钱多。(净作敷药)(丑用帕札介)(中净孙虎上)

【山麻秸】性命贱,姻缘恶。人去财空,好事多磨。这是那里说起!方才迎亲人回衙去说,我女儿自刎身死。大爷立刻将二百两银子,搜了转去,赶我出来。我明日拚了一条性命,这个济南知府怕不断送在我手里。且回家去一看,再作道理。(入介)呀!卜大哥,卜大嫂,我女儿怎的了?(丑)咦!亏你做得好事!不是我老夫妻在此替你救救,又要出脱一副棺材银子呢。(净)恭喜令爱气管未断,鼻中尚有呼吸。我已上了刀口药,明日下午,就有声息了。(中净)这样不知好歹的东西,死了倒干净。(净)什么说话!娇娥,一星星,性命是你扶持大,又不是螟蛉蜾蠃[7]。(中净)教我如何气得过?大嫂,烦你同我搀他到床去。(丑)使得。(净)还要把风霜回避,饮食调和。(中净、丑扶小旦下)

(中净)多谢大哥!另日送药资来。(净)谁望你的钱来!

【尾声】我功成只愿刀痕合,才显得神医妙药。你与其把银钱来送我,不如买些适口的东西将养着。

请了。(分下)

〔注〕 ① 掌氤氲:指氤氲大使,传说中掌婚姻的神。宋陶穀《清异录·仙宗》:"世人阴阳之契,有缱绻司总统,其长官号'氤氲大使'。" ② 红丝:犹红绳。唐李复言《续玄怪录》载唐韦固将游清河,旅次宋城南,夜见一老人倚布囊坐阶上,向月检书。因问老人囊中何物,老人答曰:"赤绳子耳,以系夫妇之足。及其生,则潜用相系,虽仇敌之家,贵贱悬隔,天涯从宦,吴楚异乡,此绳一系,终不可逭。"作伐:作媒。《诗经·豳风·伐柯》:"伐柯如此?匪斧不克。取妻如何?匪媒不得。"后因以"作伐"代指作媒。 ③ 黄杨:古人认为黄杨难长,且遇闰年不仅不长长,反而要缩短,谓之"黄杨厄闰"。后多以"命比黄杨"喻命苦。 ④ 齐纨:指齐纨做的团扇。汉班婕妤《怨歌行》:"新裂齐纨素,鲜洁如霜雪。裁为合欢扇,团团似明月。出入君怀袖,动摇微风发。常恐秋节至,凉飙夺凉热。弃捐箧笥中,恩情中道绝。"后世因以"齐纨"喻妇人遭弃。 ⑤ 民牧:地方长官。 ⑥ 弋人罗:指抓捕人的圈套。弋,带引绳的箭,射鸟所用。罗,捕鸟的网。 ⑦ 螟蛉蜾(guǒ)蠃(luǒ):蜾蠃为一种寄生蜂,其卵产于螟蛉(一种鳞翅目昆虫)的幼虫体内,卵孵化后即以所寄生之虫为食。古人不察,误以为蜾蠃收养螟蛉为己子,遂以蜾蠃代指

养父，以螟蛉代指养子。《诗经·小雅·小宛》："螟蛉有子，蜾蠃负之。"

《空谷香》是蒋士铨于乾隆十九年(1754)所作的一部传奇，取材于顾孝威妾姚梦兰之事。钱塘人顾孝威因无子嗣，礼聘海宁孙虎之继女姚梦兰为妾。不料孙虎乃贪财势利之徒，为私利而悔婚，视继女为摇钱树，将其另行许配给恶少吴赖。梦兰以智相斗，以死相抗，幸免凌辱。后得扬州知府鲁学连之助，顾孝威终与梦兰结成连理。其后，梦兰生下一子，不久因病去世，魂归仙界。

《饮刃》是《空谷香》的第七出。此前，继父孙虎经不住纨绔子弟吴赖的威逼利诱，软硬兼施，毁弃与顾孝威所订婚约，欲将梦兰嫁给吴赖。吴赖手下设计，以孙虎病倒在吴府为由，骗梦兰前去探望其父，逼其就范。《饮刃》表现了吴赖实施阴谋与梦兰应对奸人的全部过程。作者紧紧抓住梦兰贞烈和机智的性格特征，来展开激烈的戏剧冲突，取得了良好的效果。

梦兰甫出场就带来一种悲凉的气氛。一曲商调过曲【山坡羊】尽述命运不能自主的无限哀愁。算命先生曾算她将有大难临头，这使原本郁闷的梦兰胆颤心惊。此时吴赖家人依计前来，把早已编好的故事向梦兰重复了一遍。梦兰虽为深闺女子，但绝不幼稚，对此事感到颇为蹊跷。吴赖家人诡辩道："老人家若骗你，就活不到一百岁。"这就令聪明的梦兰更生疑惑。但作为孝女，她在犹豫之后，抱着"宁可信其有，不可信其无"的态度，还是决定去走一趟。她对自己的应付能力很自信："也罢，凭着我的见识，就去何妨。"至此，梦兰的形象由凄苦柔弱一变而为从容果敢，这就引出其如何对付这一圈套的戏剧悬念。

作者接下来写了一场斗智场面，表现了梦兰过人的智慧。斗智的地点是在吴府。梦兰的对手首先不是吴赖，而是吴赖之母吴老夫人。一个是初出闺房的少女，一个是城府甚深的妇人，这不能不让读者为梦兰担心。吴老夫人一见梦兰，便不加掩饰地向她交了底："你可知道么？你父亲得了公子二百两银子，送与公子做妾。"这两句话，于平和、客气中展示其毋庸置疑的权威。一般女孩遇到这种情况可能会嚎啕大哭、寻死觅活，但蒋士铨却写梦兰面带喜色地回复老夫人："原来如此。这是夫人抬举，只恐贫家女子，没福承当。""原来如此"，语带讥讽，绵里藏针，不露声色地休现出梦兰对吴府卑鄙阴谋的愤恨。梦兰委婉地回绝了老夫人，但老夫人仍不死心，再次追问："你情愿么？"梦兰为稳住老夫人，一面假意答应，一面暗思脱身之策。她请求回家拿些东西，但马上就被老谋深算的老夫人拒绝。聪明的梦兰灵机一动："不是这等说。女儿家随身有多少要紧东西？是断断丢不下的。"老夫人只想差人去取，梦兰又故意使出孩子气，要养娘与她同去，以使老夫人放下心来。她虽然身处逆境，但临危不惧，以智脱身，机敏之处令

人赞叹。可以说，这一斗智场面充满了一种危急中的喜剧气氛。老夫人看上去工于心计，充满威严，但却在小黄毛丫头梦兰面前败下阵来。鲁迅说："喜剧就是把无价值的东西撕破给人看。"老夫人精心策划的阴谋，就这样被梦兰轻而易举地化解了，看到这里，读者或观众当会发出会心的微笑。

回家后，面对养娘的再三催促，梦兰胸中积压已久的怒火不可遏止地喷发出来："呀啐！爹爹将我已许顾家，你主人身为民牧，怎敢强夺良家子女！"不仅如此，梦兰还由个人的遭遇想到了黎民百姓："尽他一家儿吃与着，把百姓膏脂尽量歃。将赤子皮肤剥，裁成段罗。"在这里，蒋士铨借梦兰之口，愤怒谴责和抨击了社会的黑暗和不公，这使得剧本的立意跃上了一个新高度，从而有别于一般宣扬礼义廉耻、纲常伦理的剧本。

尽管梦兰的愤怒之火是如此的强烈，但和强大的黑暗势力相比依然是那么脆弱。当吴府家人再一次来到她家门外催逼时，别无脱身之计的梦兰，只有一声悲叹："穷命运限煞人，如之奈何！好世界逼得奴，没个腾挪。是苍天不肯容人活，教奴怎样逃躲。"从梦兰的逻辑出发，维护自己的节烈才是最高的人生价值所在，她只能选择以死相拚。趁人不注意，梦兰毫不犹豫地操刀自刎。这一情节把整出戏的矛盾冲突推向了高潮。至此，作者完成了对梦兰"智"和"烈"的刻画。时人点评《饮刃》时说："前半写兰娘之智，后半写兰娘之烈，惟智故能烈，非烈不成智。苦心孤诣，惨淡经营。"此言确实精辟。前半场因智而显出一种喜剧色彩，后半场则因烈而生出一种悲剧气氛。从主观的一面看，显然梦兰的悲剧是她维护自己坚贞人格的必然结果，用王国维的话来说，就是"虽有恶人交构其间，而其蹈汤赴火者，仍出于其主人翁之意志"。蒋士铨通过梦兰这个艺术形象，赞颂了贞、烈、善、美的道德情操。

此出结束时，蒋士铨还运用了又一层对比手法来写两个人对梦兰自刎的不同态度。孙虎虽是梦兰继父，但并没有什么父女之情。梦兰的自刎，使他失去了到手的二百两银子，这令他十分恼恨。当他得知女儿还没死时，竟破口骂道："这样不知好歹的东西，死了倒干净。"真可谓丧尽天良。相反，不是梦兰亲人的卜医生，却在全力抢救梦兰，这就在冷酷的家庭与社会环境下，使人感受到一丝暖意，也表明了蒋士铨对下层善良百姓的同情和尊重。

还值得一提的是，全出语言极为本色，符合人物的心理和性格。孙虎骂女儿"不知好歹"，而卜医生救人不为利，正色道："谁望你的钱来！"这就显出了对待钱财的不同态度、不同境界，在语气的鲜明对比中强化了人物的价值取向与道德评价。

（艾立中）

香祖楼　　蒋士铨

第十七出　守　情

(老旦上)美人抱瑶琴,哀怨弹《别鹤》[①]。雌雄南北飞,一旦异栖托。生为并蒂花,亦有先后落。犹欲悟君心,朝朝佩兰若[②]。老身鱼妈妈,生长海滨,住居闽地。我这隔壁李银匠,孤身出外多年,忽然带了家眷回来,终日逼他女儿改嫁,已经两次上吊,都是我过去帮他救活,得以不死。但不知他在外面曾嫁何人,不便闲管。今日老李夫妻烧香还愿去了,不免走去,细细问他一回则个。(下)(小旦病装上)

【南吕步蟾宫】今生不死难消受,算死到而今八九。耐时光兀自为郎留,可是相逢能彀?茱萸匣中镜,欲照心还懒。本是细腰人,别来罗带缓。离君出门后,不奏云和管[③]。妾意冷如簧,遥遥望君暖。心期梦中见,路永痴魂短。怨坐泣西风,秋窗月华满。小奴若兰,勉作离鸾,遂怀破镜[④]。忽被盲风怪雨吹下嵩山,便乘骇浪惊涛飘来闽海。两番求死,眼中那有金夫;一息尚存,腔内难消铁胆。咳!这黑暗狱中,好长日子也。(伏案上泣介)我那夫人呀!

【渔灯儿】思量着明明的人上妆楼,思量着依依的花傍帘钩。思量着生生的将奴笑留,思量着把心肠猜透,乍相逢恁地绸缪。

后来呵,(起立作势唱介)

【前腔】安排着宽宽的一副衾裯,安排着酥酥的各样温柔。安排着臻臻的三花并头,安排着千般生受,兴心儿万种风流。

仲郎呵,

【前腔】难忘你银灯下眼内心头,难忘你幽兰底钗拾鞋兜。难忘你薰笼畔情倾意投,难忘你偎依红袖,絮叨叨不许人愁。

咳!此时夫人与仲郎,不知如何思念小奴哩。(坐介)

【前腔】怎知我呆呆的人似穷鸠,怎知我痴痴的身似槼囚。怎知我睁睁的凝穿泪眸,腔腔的空床劳嗽,急煎煎心逐浮沤。

想起那日荷花池畔三人联句光景,宛在目前,奴家手录词笺,尚在袖中,不免追和一阕,倘得寄与仲郎,亦可表奴心迹。(研墨拂纸频

写频吟介)余生虽在,有啼痕洗面,者般悲戚。暱枕低帷成隔世,梦里几番啾唧。烛泪将灰,蚕丝已尽,今世无人惜。痴魂销矣,夜台谁许郎觅。　　可叹雉落深罗,蛛牵密网,都是愁丝织。此夜孤鸿支漏苦,当日文鸳三只。泻露分珠,抽刀断水,哭问天何必。黄沙掩鬓,明妃小像非昔[5]。(泣介)咳! 情文互生,声泪俱下。仲郎,仲郎,李若兰未尝负你的恩情也。

【锦渔灯】鸩鹊渡[6],隔断这参辰卯酉。杜鹃枝,尽由俺格磔钩辀[7]。盼牵牛[8],便地下伤春也白头。何处觅昆仑来到[9],含笑看吴钩[10]。

(老旦上)欲听伤心语,来窥薄命人。(入介)姐姐,这两日身子清爽些么?(小旦)深感妈妈垂念,请坐了。(老旦旁做介)既是精神欠好,不要看这书,写这字罢。(小旦)咳! 妈妈,不写字看书,叫我怎生挣扎。(老旦)这也由你。一向不曾问得姐姐,你在河南嫁与甚人? 因何离散? 却又苦苦守着他来呢?(小旦泪介)问他则甚。

【锦上花】我有个风情伴,静好俦。禽比翼,花并头。恰正好鸳鸯眠稳仲家楼。一旦的巫云散,峡雨收[11]。遭魔障,被鬼囚。抛闪了绣檀回枕玉雕镂,东下更西游。

(老旦)原来如此。那仲郎何等样人? 住居何地?(小旦)他是兵部郎官,告假在籍,住在永城县前。(老旦)呵呀,永城县。我儿子小雁儿,向在永城做买卖,一年来往两遍,明日就要起身。姐姐,你何不写封书信,付小雁儿带去? 叫仲爷想个法儿,接你回去。(小旦喜立出席介)嗯,妈妈的令郎,恰好往永城去。谢天地! 我好喜也。(老旦)快写起书来。(小旦)我的病,此刻竟减了几分哩。

【锦中拍】只道是蓬山外徒闻九州[12],在云天尽头。不料这泛碧海双鱼竟有[13]。急切里殷勤通候,(研墨介)把松烟慢揉。(拈笔介)霜毫自抽,怎样写奴身别后? 怎样写奴心乱愁? 一片繁忧,万般僝僽。便扫尽益州笺,意完否。(搁笔介)

咳! 万绪千头,从何写起? 罢罢罢! 只将这一首词儿,封寄与他罢。(泣介)

【锦后拍】这是我别来时,苦心情苦根由。只剩奄奄病骷髅,再休题消瘦,再休题消瘦。明晓得残生暂延不久,仲家尸,央及

你仲家收。奠杯酒，也是你心疼的皮肉。早难道棺材不见泪难流。

(老旦)恁的苦恼。姐姐，我想单单寄这一首词儿，叫他怎么猜度？你在花笺背后，多寡写两句，也使他知你下落。(小旦)妈妈，你叫我写些甚的来？罢罢罢！(疾写介)

【北骂玉郎带上小楼】恨煞俺惜别无能学坠楼[14]，被一朵兰花笑，替奴羞。怎知俺眼穿肠断为牵牛，暂偷生因甚淹留？挂轻缳两投，挂轻缳两投。思量，好没来由。若是夫人恩爱，更难报答，愿他生稍酬，愿他生稍酬。做儿女重沾乳彀[15]，做婢妾分承箕帚[16]。(放笔加封介)书已封完。(起福介)拜恳妈妈，交付令郎收好了。(老旦接书介)但请放心。(小旦洒泪介)妈妈，这一封书呵，有鸳鸯小印绸缪，有鸳鸯小印绸缪。切莫被霜华卷角，寒具沾油。但愿你小雁儿身体安，脚力健，早到中州[17]。寻着那武选司[18]，郎官第，交与我儿夫自手。(再福介)

(老旦)不消丁宁，老身告辞了。(小旦)妈妈，失送呀。(老旦下)

(小旦)但得仲郎知奴此心，万死何恨。咳！这书儿时才得到呵？

【尾声】抵多少行人临发开封又，算程期应只在重阳节后，还怕他两个人儿哭倒了香祖楼。(下)

〔注〕 ①《别鹤》：《别鹤操》，琴曲名。晋崔豹《古今注》谓乃商陵牧子所作，云："(牧子)娶妻五年而无子，父兄将为之改娶。妻闻之，中夜起，倚户而悲啸。牧子闻之，怆然而悲，乃歌曰：'将乖比翼隔天端，山川悠远路漫漫，揽衣不寝食忘餐。'后人因为乐章焉。"后言夫妻别离常用此典。 ② 兰若：两种香草，兰草与杜若。 ③ 云和管：云和，山名，所产木材常用于制作琴瑟。《周礼·春官·大司乐》："孤竹之管，云和之琴瑟。"此处系将孤竹之管与云和之琴瑟配成新组合。管，笛、箫之类管乐器。 ④ 破镜：南朝陈将亡时，驸马徐德言担心其妻子乐昌公主会在兵荒马乱中为人掠去，遂破一铜镜，夫妇各执其半，将来如遇不测而分离，则于正月十五卖镜于市，凭此相认。后乐昌公主归隋越国公杨素，徐德言依前约赴市，果有人持乐昌公主破镜叫卖，遂悲而题诗。公主见诗泣下，杨素知之，乃将公主放还。见唐孟启《本事诗》。 ⑤ 明妃：即汉代远嫁西域和亲的王昭君。 ⑥鸩鹊渡：传说天上牛郎、织女为银河所分隔，每年七月七日凭鹊鸟架桥才能相会一次。鸩鹊，即喜鹊；鸩鹊渡，即牛郎、织女相见之处。 ⑦ 格磔(zhé)钩辀(zhōu)：鹧鸪的叫声，也作"钩辀格磔"，唐李群玉《九子坡闻鹧鸪》诗："方穿诘曲崎岖路，更听钩辀格磔声。"此泛指鸟叫声。 ⑧ 牵牛：即牛郎星。 ⑨ 昆仑：指能高来高去的昆仑奴磨勒。唐裴铏《传奇》载磨勒背负崔生逾十重垣入某一品勋臣府第，与崔生所恋之妓人相会，又负二人而出。后事为一品勋臣所知，遣甲士往捕，磨勒又持匕首如飞鸟般跃出高垣，箭如雨下，亦不能中。 ⑩ 吴钩：一种如剑而其首弯曲如钩的兵器，初产于春秋吴国，故称"吴钩"。

⑪“一旦的”二句：战国楚宋玉《高唐赋序》记楚怀王游高唐，梦一女自称“巫山之女”，愿荐枕席，遂幸之。女临去时曰：“妾在巫山之阳、高丘之阻，旦为朝云，暮为行雨，朝朝暮暮，阳台之下。”此处“巫云”、“峡雨”即指男欢女爱。 ⑫蓬山：即蓬莱，传说中海上的仙山之一。九州：相传夏禹治洪水后，划分天下为冀、兖、青、徐、扬、荆、豫、梁、雍九州，见《尚书·禹贡》。 ⑬双鱼：指书信。典出古乐府《饮马长城窟行》：“客从远方来，遗我双鲤鱼。呼儿烹鲤鱼，中有尺素书。” ⑭坠楼：晋石崇有美妓绿珠，甚为宠爱。权臣孙秀向石崇求取绿珠，石崇不肯，孙秀怒，遂矫诏杀之，绿珠乃跳楼相殉。 ⑮乳鷇(kòu)：母鸟哺食的幼雏。 ⑯箕帚：打扫卫生用的畚箕和扫帚。古时女子任家中洒扫之事，故以“箕帚”喻女子事夫。 ⑰中州：中原。 ⑱武选司：全称为武选清吏司，明清兵部所属四司之一，掌武职官员的选授、品级、封赠、袭荫等事。

《香祖楼》是清乾隆间著名诗人蒋士铨所撰的一部传奇，又名《转情关》，为《红雪楼九种曲》之一。此剧作于乾隆三十九年(1774)，全剧三十二出，分上下两卷。这里所选的《守情》是《香祖楼》的第十七出，也是下卷的第一出。上卷最后两出是《缘终》、《恨始》，所以这卷写女主角若兰在恨境中遭受多次磨折苦难，仍旧守情不移。作者认为唯情痴者能守情，自古忠孝节义之士，莫不有情，亦莫不守情，若兰也是如此。

《香祖楼》剧曲中的人物，皆系虚构。按《兰谱》：“兰之紫者、黄者、白者，皆有姓名也，害兰者则蚓与蚁也。架高则免焉。而又护之以风幡，培之以九畹，自能展其媚而扬其芬也。”由此而知剧中之李蚓、邱氏、马义等，皆为害兰者；高驾、扈蕃、裴畹等人名，皆据《兰谱》而附会，并为护兰之人。全剧假托欲界天中帝释与其夫人为发放一桩公案，让兰花仙中的紫兰，转生于人世为男，黄兰、素兰分别转生为其妻妾，又让蚓蚯、蚂蚁、虱子转生为素兰的生母邱氏、继父李蚓及海盗马义等，造成素兰的劫难，又让其他仙人转生为县令、总兵、义仆，作为兰仙的保护者，他们共同下凡，完成一番因果。于是紫兰转生于河南永城为仲文，早年进士及第，并曾观政兵部三年，后乞假回原籍，在故里建成一座小楼，与黄兰转生之夫人曾氏住在其中。仲文的好友永城县令裴畹赠送兰花一盆，摆在楼中，使满室生香，于是此楼便命名为“香祖楼”。

仲家隔壁，有个福建人李蚓为银匠，他娶松江一位寡妇邱氏为妻，邱氏带有前夫的一个女儿名叫若兰。这李蚓为人奸诈，因倾销制作假银被官府逮捕。仲文念及邻居情分，致函县令裴畹，将其释放。李蚓带着邱氏及若兰，至仲家谢相救之恩。仲夫人曾氏见到若兰，顿生怜惜之心。若兰原来曾做梦到一座楼，见到一位紫衣少年和一位女子，此日见到仲文和曾氏，有似曾相识之感，看到楼中兰花，更觉非常留恋。于是经曾氏提议代仲文下聘银一千两娶若兰为妾，三人相处甚得。一个月后，仲文见池中并蒂莲花盛开，赏玩之余作《百字令》词，曾氏与若

兰同时联咏,若兰之词句意蕴凄婉。不久李蚓因赌博输尽银钱,遂与邱氏定计,提出仲文当以若兰为正妻,向仲文勒索白银五千两,并扬言仲文若不允,他就向官府控告仲文霸占民女为妾。裴畹为顾全仲文名声,私下劝仲文将若兰送还李蚓。仲文既筹不出五千两银子,迫于无奈,只得送若兰回家,并约定以一年为期,再图重聚。若兰发誓不再另嫁,咽泪而别。接着李蚓和邱氏带着若兰回福建原籍,之后几次逼迫若兰改嫁,多方虐待,若兰守情不移,以死相拒,重又陷入苦海之中。

若兰在苦海中深忆旧情,并且深信仲文和曾夫人,也一定在怀思自己,然而河南与福建相距数千里,她现时的苦况,仲文夫妇是无从知晓的。所以《守情》这出戏一开头,就描写鱼妈妈对她的关心。鱼妈妈是李蚓隔壁邻居,通过她登场的道白"我这隔壁李银匠,孤身出外多年,忽然带了家眷回来,终日逼他女儿改嫁,已经两次上吊,都是我过去帮他救活,得以不死。但不知他在外面曾嫁何人","今日老李夫妻烧香还愿去了,不免走去,细细问他一回则个",引入本文若兰登场自诉的情节。若兰是一个钟情的女子,始终守情不渝,剧中她一出场,表明她自被迫离开仲家之后,一直处于愁病之中,求生不得,求死不成,"耐时光兀自为郎留,可是相逢能彀?"一息尚存,虽身在暗无天日之地,但心念旧情,坚贞之忱,愈痴愈笃。剧中写道:"离君出门后,不奏云和管。妾意冷如篑,遥遥望君暖。心期梦中见,路永痴魂短。怨坐泣西风,愁窗月华满。"她积恨难消,度日如年,唯其守情,故存在"遥遥望君暖"的希望。她不忘旧恩,首先想到的是仲夫人待她的一段情谊,在【渔灯儿】一曲中,她唱道:"思量着明明的人上妆楼,思量着依依的花傍帘钩。思量着生生的将奴笑留,思量着把心肠猜透,乍相逢恁地绸缪。"这是想到来仲家之始,仲夫人便对她十分怜惜,使她在孤零中得到深情的抚慰,在一颗芳洁的心灵中,注入了点点的甘霖。接着仲夫人更为她下聘,她来到仲家,又受到仲夫人热情的照顾。

下面她接着唱道:"安排着宽宽的一副衾裯,安排着酞酞的各样温柔。安排着臻臻的三花并头,安排着千般生受,兴心儿万种风流。"一个遭逢不幸的弱女,在仲夫人如此礼遇之下,可说是三生有幸,这两曲唱词,如蚕吐丝,诉说了她心灵中无限的感激之情。

紧接着她想念仲郎待她的真情,如胶如漆,不以她出身卑贱,对她"结终身信守之约,誓情天慧海之真",她想到临离仲家,曾誓约以一年为期,力图相救;她想到她在仲家,只有九十天,这九十天中,她享受着爱情的幸福,难道这"春光九十,便算一生;恩爱万千,竟成永诀"?

于是她咽泪唱道："难忘你银灯下眼内心头，难忘你幽兰底钗拾鞋兜。难忘你薰笼畔情倾意投，难忘你偎依红袖，絮叨叨不许人愁。"

由于自己怀念仲郎夫妇，她长叹一声，想到此刻夫人和仲郎一定也在想念自己。这样转折一笔，使"守情"信念，更深入一层，人生得一知己，便是莫大幸福，仲夫人是闺中知己，仲郎钟情纯正，更是理想中的夫婿，仲郎甘心遣己，实受李蚓的要挟，当时必是心摧肠断的。思念及此，若兰之柔肠自然也寸寸断了。痛别之后，他真不知如何思念奴家哩！又怎知奴家目前的处境呢！

她忍泪苦诉道："怎知我呆呆的人似穷鸠，怎知我痴痴的身似鬃囚。怎知我睁睁的凝穿泪眸，腔腔的空床劳嗽，急煎煎心逐浮沤。"所谓"人生有情泪沾臆"，但愿仲郎夫妇，知道我是痴心相守，若兰也便心甘情愿了。思量至此，若兰不由地想起当日荷花池畔，三人联咏并蒂莲花的情景，而手录的《百字令》词笺，尚在袖中，不免打起精神追和一阕，倘得寄与仲郎，也可表达若兰的心迹呵！这一首词写得悲怆凄酸，哀感顽艳，充分抒发了她无限的痛苦。

此时鱼妈妈登场，询及若兰过去曾嫁何人，因何离散又缘何苦苦守情。经鱼妈妈一再询问，于是若兰含哀吐诉，借【锦上花】一曲，表明她有个"风情伴，静好俦。禽比翼，花并头。恰正好鸳鸯眠稳仲家楼"。但好景不长，不久便被恶魔（指李蚓）设计拆散，重又堕入苦海。由此鱼妈妈得知若兰所嫁之人，是兵部郎官，现时告假在籍的河南永城仲文，并得悉仲文和夫人曾氏对待若兰甚有情谊，使她深心铭感。那仲郎因无法筹措李蚓勒索的巨额银两，只好生生地忍痛割爱，后来李蚓又逼她同来福建，屡次逼她改嫁。鱼妈妈是一位忠厚的老妇人，闻此顿生怜悯之情。恰好鱼妈妈的儿子雁儿一向在永城一带经商，现在雁儿正要重去永城，便要若兰从速作一书函，由雁儿代为传递，令仲文夫妇及早得知她的苦情，尽快设法相救。这一情节作者设计得非常巧妙，有顺理成章水到渠成之致，也使读者沉重的心情，忽然感到开朗。

鱼妈妈的一番话，喜得若兰谢天谢地，顿时觉得病情减了几分。绝望中顿生希望，于是她在【锦中拍】曲中不由地唱道："只道是蓬山外徒闻九州，在云天尽头。不料这泛碧海双鱼竟有。急切里殷勤通候，把松烟漫揉。"然而这千头万绪，从何写起？开始时她只想先将一首词儿封寄，表明她别后苦情。鱼妈妈认为单寄一词，叫他们怎生猜度？还是在花笺上多写几句的好，也使他们知道详情。于是若兰奋笔疾书，以【北骂玉郎带上小楼】一曲，吐诉她对仲文的痴情，对曾夫人的思念。她在信末再盖上鸳鸯小印，并祝愿雁儿早到中州，能寻着武选司郎官第，把书信尽快交到仲郎夫妇手中。在【尾声】中若兰更低声唱道："抵多少行人

临发开封又，算程期应只在重阳节后，还怕他两个人儿哭倒了香祖楼。"这唱词缠绵悱恻，不尽余情，最后一句，更从仲文夫妇接信后着想，显示出若兰宅心之纯厚。

综观《守情》这出，在《香祖楼》全剧中，可说是最为关键的一出。有了这出，才显出若兰守志不辱的坚贞和心地的芳洁。全出登场人物，仅鱼妈妈这一配角和主角若兰二人。通过鱼妈妈出场时的一段道白，才使人们知道若兰离开仲家以后，便由李蚓和邱氏带回福建，几次遭受李蚓逼嫁，曾两次投环自尽，幸亏鱼妈妈就近相救，始得不死。现时是身陷苦海，愁病交加，度日如年。有此补白，便省却许多文字。再由鱼妈妈探问若兰的往事，引出若兰"守情"自诉的情节，作为这出戏的主体。作者在剧曲【渔灯儿】中，运用大型排比的艺术手法，令真挚淳厚的情感，愈写愈深。同时，更使情随境发，谊因爱增，缠绵婉转，而一一出于至诚。在忆念仲夫人的两支曲中，先用四个"思量着"写相见之始，便受到仲夫人的爱怜；再以四个"安排着"，倾诉来到仲家之后，仲夫人更以姊妹之礼相待。在怀思仲文的时候，连用四个"难忘你"，表白仲文对她的爱怜体贴，情倾意投。接着【前腔】又用三个"怎知我"吐诉自己目前的处境，恰好和前面的怀人之情形成对比，这种以血泪写成的文字，可谓感人至深。而前三曲的温柔缠绵，又和第四曲的哀伤酸楚在风格上形成对比，更增添了守情不渝的力度。而若兰回忆中从前荷花池畔三人同咏并蒂莲花的欢乐之境，与如今凄凄切切重作《百字令》词的悲苦之情，也形成强烈的反差，令人为之欷歔不已。可见作者写此一出戏，真是费尽心思。

在诉情之后，剧中更安排了【锦鱼灯】一曲，展示若兰盼救的心情。在这种特定的情境下，作者刻意安排鱼妈妈和雁儿作为传递音信的媒介，使若兰在黑暗中陡然见到一线光明这一转折，设计得非常巧妙，由此引出了仲文夫妇收到书信后的那些戏，展开了《香祖楼》下卷许多大起大落的情节。此剧除关目安排极具匠心之外，宾白、曲词都非常得体，既自然本色，又不乏文采，剧情起伏跌宕，人物刻画深沉细致，故能使读者深受感染。

明清传奇作者，大多致力于传奇艺术道德化，而蒋氏的戏曲作品，也有其维护道德风尚的用心。《香祖楼》的主题，一般人认为是"妾薄命"，其实歌颂女子守情不移的高尚节操，才是作者之深意。在作者看来，有情之人，始能成为忠臣孝子仁人义士，而守情不移，更是人生最宝贵的情操。苏武出使被扣，因能守情，所以才能表现出凛然的民族气节，张巡、许远，因能守情，才能始终沥血抗贼，名彪青史，推之诸葛武侯的鞠躬尽瘁，文文山的正气高歌，无一不以守情为其高尚人

格之体现。若兰因能守情，所以成为值得歌颂的坚贞女子，“时穷节乃见”正是所有守情者的归宿。蒋氏之传奇，殆无不以歌颂守情为主体，以笔墨化工求世道人心之正。读《香祖楼》传奇，当作如是观。（马祖熙）

雪　中　人　　蒋士铨

第五出　联　　狮

（场中设神幔，左地上覆一大钟，右设坐具四个）（中净、末、老旦、杂儒扮上）

【越调过曲忆多娇】司马迁班孟坚[①]，各自收藏丹与铅[②]，他为虚名我为钱。摆手摇肩，摆手摇肩，名士风流自然。

（末）请了。（中净）我辈乃一代名公，同时才子。蒙湖州庄员外卑礼厚币延请到他家去修书，为此结伴同往。喂，列兄，这是于忠肃公的庙[③]，向来求梦，灵验非常，我辈何不暂住一宵，各人求他一梦何如？（众）甚好。就此进去。（入揖神介）（净持酒肉醉行上）枕曲藉糟三顿饱，幕天席地一宵眠。（入庙）（放酒肉地下坐吃介）（中净）呀，这花子龌龌龊龊，怎么来此坐着？（净）嗄！你坐你的，我坐我的，干你甚事？（中净）阿哟！好硬呀。（净）俺从不会软的，你要怎么？（末）兄不要睬他，我们这边自坐了。（净自吃介）（中净）我想于忠肃公当初若与曹吉祥、石亨结交一番[④]，一同建立了夺门的大功，则复辟之后，依然不失富贵。未免见识差了些儿。（末）此事错在不该弃了旧君，拥立新主，独断独行，不曾思前想后。假如与曹、石后来结交，只怕也迟了。（老旦）这是阴饴甥现成方儿，不料竟受其害。可见医士汤头、兵书古法，俱未可全用。总要看得活相，方才稳当。（净怒掷破碗）（众骇愕介）（净）哎，好不耐烦！这等混帐的话，说他则甚！（中净）哇！你知道甚么！我辈文人论断史事，各出特见，上下千古，你敢来插嘴，放肆，可恶！（净）俺不晓得甚文人，只不许你说话。（末）这也奇了，你吃你的酒，我说我的话，干你甚事？（净起介）俺听了你们的说话，就厌烦恼躁起来。你们要说，可到别处去说，不许在此胡讲。（中净）了不得！这庙宇难道是你花子的香火，敢来霸占？（作要打净）（众拦介）（净）你要打么，待俺收了酒肉来。（掀钟藏酒肉介）（老旦）阿呀，这口大钟千把斤重，怎的轻轻掀起来！你这东西，真不是个人了。（末）俗极，俗极。

这等蠢才，睬他怎么。(老旦)我们清谈雅兴，被他杀了风景，且向五柳居饮酒作乐[5]，明日再来求梦罢。(末)有理。就此去罢。正是：文人遇见俗子，(中净摇扇介)恨不将他敲死。(老旦)雅士遇见粗人，(杂)只好忍气吞声。(各摇摆下)(净目送大笑介)这一班废物，被我赶去了，好不爽快！俺想忠肃公一代重臣，千秋庙食，真是一个大丈夫。俺吴六奇这般光景，怎生是了也！

【仙吕桂枝香】英雄贫贱，泥涂轩冕[6]。苦将这醉梦支吾[7]，怎得个风云排遣？也罢，待我拜求忠肃公，示我一个梦兆。(拜介)尊神在上，恨乾坤一圈，恨乾坤一圈。罗城八面，葫芦几串。若六奇日后果然有所成就呵，望你示机缘。可能觳红裙夜识营门虎，金申分司煅匠钱？(倒地卧介)(仪从引外幞头白袍花白须神装上)

【前腔】神霄旗箭，湖阴台殿。吾神于谦是也，生秉刚贞，死谥忠肃，适才会议天门，旋车享殿。呀，这是何人鼾卧阶下？(扮梦神上)梦神启上庙主，此乃铁丐吴六奇，在此求梦。(外)原来是他。叹今朝半菽疗饥，羡他日千夫传膳。(梦神)他日后有何好处？(外)尔等那里晓得，他将来禄享千钟，勋阶一品，福寿绵长，儿孙贵显。此时命运未通，故尔饥寒交迫。是天公妙权，是天公妙权。将人磨炼，谁能参辨？天机不可泄漏，也罢。待我叫守门二狮子据其胸腹，隐隐许他一品功臣服色便了。(升座介)鬼使，将六奇睡魔揭起。(鬼擒净跪介)六奇当面。(外拍案介)哇！大胆贱丐，你乃一介小民，怎敢妄求非分？传唤守门两个狮子进来，将他压死者。(净叩首介)哎呀，小人冒犯神威，伏望慈悲饶恕！(外)闲说！漫纠缠，安排腹背遭狮夹，打叠头颅枕剑眠。(杂扮二狮子上与净斗)(净倒地狮坐背上介)(净翻刻仰卧，又一狮坐胸上介)

(外)叉出去。(鬼叉净出)(跌地)(外引众下)(净大叫)(滚地醒介)阿呀救人呀！(丑僧披衣急上)是谁是谁？啐！一个花子在此发梦颠，吓煞我也！(净立呆介)你是谁？(丑)啐！你是谁？(净)呀，元来做如此一个恶梦。(丑)你也求梦，好没分晓！我且问你，梦见讨了几碗饭？(净)咳！和尚，你怎知我的就里？(丑)你且说说，偌子梦？做我不着，替你圆一圆。(净)好。

【解三酲】正鼾齁黑甜身倦[8]，(丑)梦见偌子人？(净)听喧哗，牙

爪传宣。(丑)神道叫你,说些傣子话?(净)怒吽吽骂我卑田贱。(丑)骂得不错。(净)登时叫进两个守门狮子来,金睛闪,绿毛拳。(丑)咦?两个狮子做傣?(净)只听得说:快将他压死者。(丑怕介)阿唷!(净作势介)则见他口中吐火烧来便,掌内抛球打得颠。俺斗他不过,被他踢倒,一个坐在俺的背上,俺尽力翻转身来,那一个又来坐在我心口上。和尚,你可当得起?(丑)阿唷!这一夹,把和尚头儿的脑浆,都湿漉漉夹出来哩。(净)神魂战,料凶多吉少,望你参圆。

(丑)我圆了一世梦,今番被你考倒哩。慢些,待我想想看。两个狮子,嗯!想是你将来要被两个狮子夹煞之局。(净)这是梦境,毕竟神道还有甚隐而不露的意思。(丑)有傣隐而不露,直头夹煞了歇作。(净)咳!神道呀,

【前腔换头】俺指望斩蛟射虎功名建,谁道是粉骨亡躯性命捐。说甚么将军羽插天山箭,脱不得狮王吼火轮间。罢,罢!俺去也。(揭钟取酒肉介)(丑)傣子,这口大钟,你竟弄得他动!完了!我们斋菩萨,都被你这腊傏物事厌秽了[9]。怎好?(净笑介)和尚,也算俺钟鸣鼎食还了平生愿。(丑)你单吃这肉,为傣没有一口饭在里面?(净)俺若吃饭,还怕你寺壁纱笼要化日后缘[10]。(出介)咦!这门前不是两个狮子么?哇!你在梦中欺俺太甚,待俺提起来,摔碎了你这两个业障罢。(丑)动不得,动不得,这是城隍山脚底大财主喜助的。(净)咳!罢,罢!平恩怨,不过是梦中威力,舞爪张拳。(下)

(丑)这花子好大力气!为傣不去当兵?倒来讨饭?想来天生是个讨饭胚。阿弥陀佛。(下)

〔注〕 ① 班孟坚:即班固,孟坚为其字,为《汉书》的作者,与司马迁齐名。 ② 丹与铅:古时点勘书籍用的红色的丹砂和白色的铅粉。 ③ 于忠肃公:即于谦,字廷益,号节庵,明浙江钱塘(今杭州)人。永乐进士,官兵部侍郎。土木堡之变,英宗被瓦剌所俘,于谦力排南迁之议,坚守京师,并与诸大臣立郕王为帝,进尚书。亲自督战,击退瓦剌军。后英宗复辟,石亨等捏造罪名诬陷他,被害。万历时谥忠肃。 ④ 曹吉祥:明永平滦州人,宦官,景泰八年(1457)与石亨迎英宗复辟,进司礼太监,权倾一时,与石亨并称"曹石"。石亨败,内不自安,欲谋反,事泄被诛。石亨:明渭南人,以军功封武清侯。代宗病笃,与曹吉祥等迎英宗复辟,进兴国公。诬杀于谦,张权市利,渐为英宗所恶,终以谋反论斩,瘐死狱中。 ⑤ 五柳居:酒店的名字。按晋陶渊明自号"五柳先生",此处酒店名"五柳居",显然有讽刺中净等所扮儒士附庸风雅之意。⑥ 泥涂轩冕:谓视高官厚爵为污浊。泥涂,污泥。轩冕,古时大夫以上官员的车乘和冕服。宋范仲淹《桐庐郡严先生祠堂记》:"得圣人之清,泥涂轩冕,天下孰加焉?" ⑦ 支吾:应付。

⑧ 黑甜：指梦。 ⑨ 腊傞(sà)：肮脏。 ⑩ 纱笼：唐王播少孤贫，尝客扬州惠昭寺，随僧用餐。诸僧厌之，提前开饭，及王播至，食已尽。后王播以重位出镇此地，则当时所题之诗已用碧纱罩护。王播遂题诗叹道："二十年来尘扑面，如今始得碧纱笼。"见五代王定保《唐摭言》。

《雪中人》是蒋士铨的一部很有特色的传奇，素材取自蒲松龄《聊斋志异》中的《铁丐》，敷演一个乞丐发迹的故事。剧情梗概如下：明末潮州人吴六奇，因家业衰落而四处飘荡。他虽文武兼备，但不满等级森严的官场，毅然辞官以乞讨为生。在海宁时，因在名士查培继门下避雪，被查氏发现，双方一见如故，互相引为知己。吴六奇后投军，屡立奇功，官至水陆提督。康熙初庄廷铣明史案发，查培继受到牵连入狱，吴六奇为查氏力辩，终得免祸。

《雪中人》全剧十六出，《联狮》是第五出，故事冲突很富戏剧性，具有较高的欣赏价值。

此出剧中人的活动之地在于忠肃公（于谦）的祠庙，也是乞丐吴六奇栖居之地。先登场的四个书生，是庄家请来修史的文人，照理应是满腹才学，在戏中却分别由中净、末、老旦、杂来扮演，出语鄙陋。这些角色本身缺少书卷气，再经作者刻意安排，又借乞丐之口予以讥讽，确是神来之笔。四个书生上场后所唱的一曲越调过曲【忆多娇】，揭出了此次修史的内幕——"他为虚名我为钱"，既暴露了这些无行文人丑陋的内心世界，也点出了有钱人出资编书意在求名，只不过是附庸风雅之举。接着作者继续写他们自鸣得意地高唱："摆手摇肩，摆手摇肩，名士风流自然。"这更形象地刻画出四个假名士滑稽可笑的姿态。

正在四人进庙拜神时，叫花子吴六奇拿着酒肉醉醺醺地进了庙。作者不写吴六奇初见书生们的神态，而写他放下酒肉后旁若无人，放肆地坐吃起来。许是因为庙中常有人来拜神，来者不足为奇；加上醉眼朦胧，也无暇顾及他人，故吴六奇根本没有向那些文人打招呼的意思。但自命不凡的书生们面对吴六奇的如此形迹，却很是不满，由中净扮的那位书生忍不住说吴六奇"龌龌龊龊"，率先挑起了口角。吴六奇第一次回话很尖锐："嗄！你坐你的，我坐我的，干你甚事？"第二次回话又很冷静："俺从不会软的，你要怎么？"两次回话我们可以感受到他性格中既有刚烈的一面，也有沉稳的一面，斗争起来既针锋相对，又有理有节，此时已略显他日后成为文武全才的大将的端倪。

一波初平，一波又起。第二次冲突的起因在于那个书生对于谦的评价："我想于忠肃公当初若与曹吉祥、石亨结交一番，一同建立了夺门的大功，则复辟之后，依然不失富贵。未免见识差了些儿。"此番发言赢得了其他三个书生的赞同。不难看出，这四个书生都是自私自利、贪生怕死的人，没有正义感，没有原则性，

其言实令人作呕。这也和开头他们自我表白的“他为虚名我为钱”相呼应。

秉性耿直的吴六奇听到这几个家伙妄议于谦，再也忍不住怒火，将破碗一掷，大骂道：“哎，好不耐烦！这等混帐的话，说他则甚！”一个“掷”字显示了他的愤怒是何等强烈。如果说第一次冲突他反应较为平静，在于书生们只是侮辱了他个人；此番如此愤怒，则在于书生们侮辱了他所崇拜的大忠良，这在后面哭像中可得到映证。他是如此地尊敬于谦，因此对这帮混账文人的信口雌黄怒不可遏，即刻发出了逐客令：“你们要说，可到别处去说，不许在此胡讲。”那个书生一听此言，便想上前狠揍吴六奇。这时，作者并没写吴六奇如何摆开架势应战，只写了吴六奇泰然自若的反应：“你要打么，待俺收了酒肉来。”片刻之间，奇迹出现了：只见吴六奇把一口千斤重的大钟轻轻掀起来，细心地把酒肉藏进去。这一不动声色的功夫展示，使整出戏的情节出现了戏剧化的转变。书生们目睹此景，知道己方虽然人多，但决不是乞丐的对手，顿时由狂妄嚣张变得目瞪口呆，只得无可奈何地离去。这一细节足称妙笔。首先，掀钟的动作以小见大，让人们去想象吴六奇高超的武艺；第二，写掀钟而不写打斗，突出了吴六奇的镇定自若。这令人想起《水浒传》中鲁智深倒拔垂杨柳吓倒诸痞子的场面，二者可谓异曲同工。同时，这段描写也和前面他怒火中烧的形象形成鲜明对比，有冷热相济之效。

外在冲突结束后，吴六奇的内心深处又掀起了激烈的波澜。想到于谦的功名大业，对比自己的落魄现状，他心中的悲凉之感油然而生：“英雄贫贱，泥涂轩冕。苦将这醉梦支吾，怎得个风云排遣？”为了进一步刻画吴六奇的内心活动，作者运用虚幻的梦境来自由挥洒。有趣的是，作者别出心裁地安排了一段人和狮子的打斗场面。狮子既是庙门口石狮的幻化，又是武官服上的图案，这就预示了吴六奇飞黄腾达的官运。这一段人狮打斗其实来源于民间的舞狮、耍狮表演，从而使整出戏的后半部分充满了强烈的动感，避免了一般梦境戏偏于幽冷枯寂的陈套。可以看出，蒋士铨正试图借鉴民间歌舞技艺来丰富、活跃日益单调的昆曲舞台表演，这足见他的良苦用心和胆识。

一般的英雄落魄戏多写得凄凉、悲苦，本出戏却写得豪迈、奇幻。外在冲突与内心想象虚实相生，这一切为吴六奇日后的时来运转设下了奇妙的伏笔，作出了精彩铺垫。

（谢柏梁　艾立中）

临　川　梦　　　　蒋士铨

第二出　隐　奸

（净披巾素氅苍髯扮隐士上）妆点山林大架子，附庸风雅小名家。

终南捷径无心走[1]，处士虚声尽力夸[2]。獭祭诗书充著作[3]，蝇营钟鼎润烟霞[4]。翩然一只云间鹤，飞去飞来宰相衙。老夫陈继儒，字仲醇，别号眉公，江南华亭人也。少年颇工八股文字，做秀才时，与董思白、王辰玉两人齐名学校[5]。年未三十，焚弃儒冠，自称高隐。你道这是什么意思？并非薄卿相而厚渔樵，正欲借渔樵而哄卿相，骗得他冠裳动色，怎知俺名利双收！又得董思白极力推尊，更托王太仓多方延誉。以此费些银钱饭食，将江浙许多穷老名士养在家中，寻章摘句，别类分门，凑成各样新书，刻板出卖。吓得那一班鼠目寸光的时文朋友，拜倒辕门，盲称瞎赞，把我的名头传播四方。而此中黄金白镪不取自来。你道这样高人隐士做得过做不过！我又想道：单是士大夫敬重，弄钱毕竟有限，因而把饮食、衣服、器皿各件东西，设法改造新样，骗那市井小人，遂致财源滚滚。所以古有东坡之肉，今有眉公之糕。古有李斯狗枷，今有眉公马桶。（笑介）竟弄得海外闻名，朝端推重。由他地方官、钦差官，荐举争来；自比康斋翁、白沙翁[6]，征召不动。而且记私仇，常时倾陷正人；借清议，暗里把持朝局。（大笑介）自古至今一个穷工极巧的买卖，竟被我陈眉公做化了。即使天下后世有人看破行藏，又当不得我的书画实在精妙，他们也不忍一笔抹倒。何况我的香火子孙布满艺林，这一个隐逸之名，真个安如泰山，稳如磐石也。（丑僮上）文章不贱卖，金帛难强求。小人回来了。（净）那毛文龙怎么讲[7]？（丑）他说：一篇寿文怎要得一万银子？况且你那一位山人，又不是举人进士，想来文字也甚平常。我如今用一副表礼，便可去求状元的佳作。——爷，他如今不要你做了哩。（净怒介）阿呀，这匹夫好无礼也！

【仙吕入双调风入松】他能开神臂万钧弓[8]，那识毛锥轻重。多年海上貔貅拥，岂没有金沙银汞。（丑）爷本来要得太多了。（净）狗才，你知道甚么！自仇鸾以来，边将虚报钱粮十分得利[9]，这万金何足为多。（丑）便是这等，也是他的财喜，与爷何干？（净）狗才，我的文章，当今王侯将相谁不敬重？他一个边将，敢来戏弄，此仇必报。（丑）这有甚么仇恨，他的钱在，爷的货在，不过是做买卖，何必生此闲气。（净）狗才，多讲！罢了！待我想一个法儿，不论迟早，总斩他这颗首级下来，才知我做山人的辣手呢。慢慢的做含沙射工，飞暗箭叫你

战袍红[10]。

(小净上)穷酸倔强难抬举,富贵通融易作成。眉公先生有么?(净)呀,原来是不痴老丈,请坐。连日有何贵干?不见枉驾。(小净)说起来,气煞人!(净)请教。(小净)只因舍侄公相,今科要选一个真正才子中状元,弟当日在芜阴,认得一个江西人,好意举荐他,他反妆乔,不肯承受,说出许多迂阔可笑的话来。你道可恼不可恼?(净)是何名姓?(小净)叫做汤显祖。(净惊介)此人乃天下狂妄之徒,如何算得才子?老丈错认了人,当得发恼。(小净)他的才学是有一无二的,先生不要说坏他。只是为人情性古怪,总由福薄所致。(净)不瞒老丈说,老夫向年大受厥累,他却也被我作弄的不小。(小净)有这等事?愿闻其略。(净)那一日在太仓家中相见,太仓说:此乃当今第一才人,是我的门生。(小净)如何?(净)我见他身材短小,面庞清瘦,如何看得上眼。因新造了一所书房,要他题一匾额,他欣然把笔而写。(小净)所写何字?(净)他写的是可以栖迟四字[11]。(小净)这也罢了。(净)老丈,你怎知其中就里。

【前腔】他毫端有鬼笔如风,暗里包藏讥讽。他说我与王衡相好,就暗用上文衡门之下骂我。我二人本是文章道义金兰重[12],岂燕子依人梁栋。(小净)这就实在轻薄可恶了。(净)不但此也,又一日,我自称山人,他道:山人为何不在山中,却在宰相门下?——老丈,你说叫我如何当得起。(小净)这等说,他竟把一个高人认做篾片了[13]。(净)可不是么。骂得我巢由耳聋[14],就是娄师德也难容[15]。

(小净)先生怎的处置他?(净)我看太仓意思,必定要中他会元[16],被我费尽心机,用水磨功夫,今日一句,明日一句,才把太仓激恼了。我——

【急三枪】将贝锦把他文章掩[17],将簧口把他名声乱,才障子眼纱红。恰好太仓入场做总裁,不料这狗头篇篇锦绣,十八房一齐叹赏[18],太仓便硬了肠子,老了脸皮,吹毛求疵,抹了一两句,说此卷文字虽佳,却有语病,留在下科去中罢。因此把温岐黜,方干放,孟郊逐,刘几困[19],落得骂冬烘。

(小净)妙阿!小弟也是这个法子,舍侄公相分付考官,寻他卷子涂

坏，不料遍寻不见，想是头场被贴了[20]。及昨日把点名册子吊来一看，竟连他的姓名也没有了，岂非真正古怪乎！（内鼓吹介）（丑上）新状元游街了。（小净）我与先生上楼去，凭栏一看。（净）使得。（内鼓吹）（小生、小旦、正旦冠带簪花引队子绕场下）（小净）那那那，那个榜眼就是舍侄公相的公子张嗣修了？（净）妙呀！

【风入松】风标毕竟不相同，信是当朝相种。那两个是谁？（小净）状元是宣城沈懋学，也是了不得的大才，探花是敝同乡曾朝节。（净）恭喜鼎甲三人贵乡竟有两个[21]。（小净）这也是一定之理。先生不见前朝江西人当国，那一科不是一个两个。最可笑的是永乐二年，三鼎甲皆是吉安人，真正没天理。如今还算公道呢。由来衣钵师生重，是气运轮流翻弄。（下楼介）（净）小厮，明日备礼物去，贺喜张太师。（小净）不劳费心，告辞了。（净）老丈，你对令侄说：那汤显祖下科也不要中他方好。（小净）这个自然。总是舍侄公相在一日，他一日休想。（净）前日看令侄八字，还有五十年富贵。（小净）如此说，汤生今世休想了。叫红杏飘他坟冢[22]，才见得主司公。

请了。（下）（净）小厮，今夜查清缙绅上衙门官职，叫长班开清街道寓所，明日从大学士起一顺拜去，不可遗漏一家，方见我做隐士的周到。（丑）晓得。（净）文人武将恨难忘，自有稀奇报怨方。他日毛文龙见杀，算来要靠董其昌。

〔注〕 ① 终南捷径：唐时卢藏用隐居京城长安附近的终南山，以期被朝廷征召，后来果然被召入朝中为官。后因以“终南捷径”指求官的便捷途径。　② 处士：古称有才德而隐居不仕的人。　③ 獭祭：传说水獭贪食，捕了鱼就陈列在水边，好像陈列祭祀的物品，故称。比喻多用典故，堆砌成文。　④ 蝇营：像苍蝇一样营营往来，追腥逐臭。钟鼎：钟鸣鼎食。形容贵族奢华的排场。　⑤ 董思白：即董其昌，明代著名书画家。王辰玉：即王衡，是内阁首辅太仓人王锡爵的儿子，少有文名。　⑥ 康斋公：即吴与弼，号康斋。白沙翁：即陈献章，他是广东新会白沙里人。两人都是屡辞朝廷征召，授官不就的明代学者。　⑦ 毛文龙：字镇南，明崇祯初，官左都督，镇守皮岛（今属朝鲜）。后为袁崇焕所杀。　⑧ 神臂弓：宋代的一种强弩。　⑨ 仇鸾：明代因贪虐被革职的武官，由于重金贿赂严世蕃复官，于是变本加厉搜刮钱财。　⑩ 含沙射工：射工，即蜮。相传能含沙射人或人影，使人得病。比喻暗中伤害人。　⑪ 可以栖迟：《诗经·陈风·衡门》：“衡门之下，可以栖迟。”指在简陋的居室中可以休息。这里借来讽刺陈继儒依附于首相儿子王衡门下。　⑫ 金兰：金喻坚，兰喻香。指友情深笃。《周易·系辞上》：“二人同心，其利断金，同心之言，其臭如兰。”　⑬ 篾片：指富豪之家帮闲凑趣的门客。　⑭ 巢由：巢父和许由，都是上古的隐士。　⑮ 娄师德：唐郑州原武人，字宗仁，贞观进士，武周时为凤阁鸾台平章事、天兵军大总管。性宽厚，喜怒不形于色，有被人唾面而自干的雅量。　⑯ 会元：

科举时代每三年一次聚各省举人到京城会考称“会试”，会试第一名称“会元”。 ⑰ 贝锦：喻罗织罪名诬陷他人。典出《诗经·小雅·巷伯》：“萋兮斐兮，成是贝锦。彼谮人者，亦已大甚。” ⑱ 十八房：明清会试，以同考官十八员协助总裁分阅五经，称十八房。试卷先由同考官批阅，选荐给总裁，以备录取。 ⑲“因此”四句：温岐，即晚唐诗人温庭筠，因作诗得罪宰相令狐绹，故仕途颇不得意。方干，唐诗人，大中时应进士试，因貌丑落第，隐居会稽镜湖。孟郊，中唐诗人，少时隐居嵩山，近五十岁时才中进士。刘几，宋人，因为文喜用险怪之语，而为欧阳修所厌恶，应试落第。 ⑳ 被贴：被取消录取资格。 ㉑ 鼎甲：明清科举考试殿试一甲取三名，俗称状元、榜眼、探花。 ㉒ 红杏：进士考试三月放榜，正是杏花盛开之时。

《临川梦》是根据汤显祖生平事迹，捏合“临川四梦”中人物创作而成的一部带有人物传记性质的戏剧，以汤显祖一生中的重要经历构成全剧主线。故事叙明万历五年(1577)汤显祖赴京参加会试，首辅张居正以状元为诱饵，拉拢汤显祖，被汤显祖拒绝。直到六年后张居正去世，汤显祖才考中进士，又因不肯依附当朝权贵，只担任南京太常寺博士这一闲职。由于汤显祖对当权者的恣意妄为不满，上疏指斥时政，抨击朝臣，被贬为广东徐闻县典史。在徐闻县，汤显祖创建书院，教化民众，移风易俗，受到当地人民的爱戴。后来升任浙江遂昌知县，常行善政。率众捕捉害人的猛虎，春节放囚犯回家团圆，一时传为美谈。后辞官归家二十余年，养亲教子，潜心著述。终其一生，表现了刚正不阿的性格。剧中以《谱梦》、《改梦》、《续梦》等出，叙写了汤显祖《牡丹亭》、《紫钗记》、《邯郸记》、《南柯记》的创作过程，并且打破时间、空间的限制，让这“四梦”中的人物直接登场，并让汤显祖本人也进入梦境，亦幻亦真，极富浪漫意味。全剧又以娄江女子俞二姑为副线，撰写了《想梦》、《殉梦》、《寄曲》、《访梦》、《了梦》诸出。而俞氏对《牡丹亭》的迷恋，对汤显祖的崇拜更烘托了汤显祖高洁的人品、出众的才华。最后，作者让俞氏之魂与汤显祖长子之魂，及“临川四梦”中的几个主要人物相会于天王殿前，与汤显祖梦魂相聚，完结全篇。

《临川梦》塑造了汤显祖耻附权门，守正不阿的刚直形象。《隐奸》这一出最有代表性。作者采用“背面敷粉”的方法，以两个阴险小人对汤显祖的言行心存不满，于是背后攻击，密谋谗害作为描写重点，反衬出汤氏刚直清正的性格。有意思的是，作者还刻画了一个名为隐士高人实为奸佞小人的“隐奸”——陈继儒的形象(按：剧中陈继儒的艺术形象与真实的历史人物陈继儒是有差别的，请读者注意鉴别)。

《隐奸》这一出的出目很有意思：“隐”即隐士，“奸”即奸贼。高洁的隐士如何竟是无耻的奸人？且看剧中所演。

陈继儒在舞台上一亮相，只见他“披巾素氅苍髯”，俨然一副山人隐士派头。

但他的上场诗和自白，却与他的外在形象充满矛盾，活现出一个自命出尘脱俗其实追名逐利的士人的丑恶嘴脸。蒋士铨谓其如“翩然一只云间鹤，飞去飞来宰相衙”，真是入木三分。想象一下，一只在天地之间自由翱翔的仙鹤，并不是游于江海，歇于大沼，却自甘堕落，在贵官衙门飞出飞进，是多么可笑可怜！从陈继儒口中，我们还知道他的五个特点：其一，藉渔樵而哄卿相。自诩啸傲林泉，自得其乐，其实是欺世盗名，哄骗达官贵人，以期名利双收。其二，网罗穷老名士，编撰书籍出版，仍然名利双收。其三，把饮食衣服器皿，改造新样，推向市场，谋求暴利，玷污隐士高洁声名。其四，虽然朝廷“征召不动”，不去做官，却记私仇时常倾陷正人，借清议暗里把持朝政。其五，借着书画精妙作幌子，在人品遭受非议时，就将此拿出来唬人。对这五个特点的描绘，作者并非是平均笔墨，而是着重在一、四两点的具体表现，对其他三点则一笔带过。

且说陈继儒正在自言自语，书僮前来报告，说守边大将毛文龙嫌一万两银子一篇诗文太贵，宣称只要“用一副表礼，便可去求状元的佳作”。这里，鲜明的对比形成讽刺：状元“佳作”价值微不足道，山人隐士诗文却明码标价万金。陈继儒借隐士名义自高身份，诈取钱财，其贪婪成性的形象已呼之欲出。毛文龙由此惹恼了陈继儒，陈恨恨不已，决心痛下杀手：“飞暗箭叫你战袍红。”“待我想一个法儿，不论迟早，总斩他这颗首级下来，才知我做山人的辣手呢。”只是由于诈财不遂，便要置一个手握重兵的武将于死地，陈继儒这个“不问世事”、“厌弃红尘”的“隐士”多么可怕！

陈继儒心怀鬼胎，正在暗自盘算报复毛文龙时，张不痴由于帮张居正拉拢汤显祖不遂碰壁而返，气愤愤地来到陈家。他与曾受汤氏奚落的陈继儒一拍即合。二人不约而同指斥汤显祖，这就形成了反衬：以张不痴对汤显祖拒绝做张首辅家座上宾的愤恨，反衬汤的不贪荣利，品格高尚；以陈继儒对汤显祖用“衡门之下，可以栖迟”语典讽刺他奔走于宰相儿子王衡门下的恼羞成怒，反衬汤氏的坦率正直、嫉恶如仇。当陈继儒说到当年挟嫌向当朝王锡爵进谗，以至汤显祖名落孙山时，张不痴居然拍手称快。两个小人一唱一和，为打击汤显祖得逞而自鸣得意，正好将自身的恬不知耻暴露无遗。

最可笑的是陈、张二人观看状元游街，在此他们对荣华富贵的垂涎欲滴的丑态被勾画得惟妙惟肖。更具有讽刺意味的是：陈继儒这个所谓的隐士山人，不仅要准备礼物恭贺首辅公子高中“榜眼”，而且要挨家拜访朝中贵官，“从大学士起一顺拜去，不可遗漏一家”。这哪里还像一个隐士，分明一个追名逐利的市侩！一个名副其实的“隐奸”！

《隐奸》是一出喜剧,出场的是两个反面人物,一个是所谓的诗画名家,自称山人隐士的陈继儒,一个是首辅张居正的族叔,也是张家说客的张不痴。作者运用对比、反衬、讽刺等艺术手法,把陈继儒的阴毒贪狠,张不痴的痴愚势利一一展示在观众面前,同时烘托出汤显祖德才兼备的高尚形象。场上二净的拙劣表演,令人捧腹喷饭,极具喜剧意味。作者还抨击了晚明边将"虚报钱粮"、贪污公款的丑恶现象,也揭露了明代科场的弊端,具有深刻的现实批判意义。

(谢柏梁 胡淑芳)

临 川 梦 蒋士铨

第四出 想 梦

(老旦上)情花开意蕊,智果发心香。不信相思字,中含泪万行。老身乃娄江俞家一个养娘便是,我家员外安人早年去世,只留一女,名唤二姑,系我乳养扶持,今年一十七岁,娇艳聪明,多愁善病。终年终日,守着两架遗书,翻阅不倦。比那做秀才的赶科场,还加紧要。常时叫我到街坊上购买诗书,以供消遣。前日老身不合买了一本新曲,叫做什么《牡丹亭》,说是江西一个才子做的,他便朗诵低吟,忘餐废寝。不但凄凄楚楚,感叹那做梦的美人;更是痴痴迷迷,要我访问那填词的才子。你道偌大世界,我是一个女流,从何问起?被他唧唧哝哝,絮聒不了。因而想道:他既是文人,必然读书应举,为此去托东邻张元长、许子洽两个相公代为寻觅[①]。方才伏侍二姑梳洗已完,只得回去走遭。正是:梦里难完心上事,眼前谁是意中人?(下)(左右设两书案)(小旦持曲本上)

【青玉案】心头魆地添留恋[②],没理会愁千片。几度寻愁寻不见,疑真认假,从因生现,空际思量遍。

(坐介)梅花落尽柳成丝,云雨荒台岂梦思[③]。万古骚人心不死,文章做到返魂时。奴家俞氏,小名二姑,苏州娄江人也。年方十七。不幸双亲早逝,孤苦伶仃,依着一个养娘,读书度日。前日购得《牡丹亭》曲本,乃是江西汤显祖所著。看他文字之中,意旨之外,情丝结网,恨泪成河。我想此君胸次,必有万分感叹,各种伤怀。乃以美人香草,寄托幽情。所谓嬉笑怒骂皆是微词。咳!非我佳人,莫之能解。汤君那汤君,你有这等性情了悟,岂是雕虫篆刻之辈[④]。世上那些蠢才,看了此曲,不以为淫,必讥其艳,说你不过是一个词

章之士。何异痴人说梦，那里晓得你的文章，都是《国风》、《小雅》之变相来哟。

【梁州新郎】春云无着，微风舒卷，摇曳文心幽倩。发挥奇妙，中藏万古情天。是你参寻知觉，打破虚空，笔下开生面。笑他虫儿求配偶，蚁儿旋，都向声闻结幻缘[5]。咳！但不识汤君是个古人还是个今人？令我有生不同时之叹。男女慕，人天愿。无端魂梦随君颤，何必做柳郎眷。

(向左案坐介)昨日将此曲，用蝇头细字批注一过。幽思苦韵，更比原文沉痛。可惜作者不能一见。(展曲观介)即以事迹而论，这杜丽娘，毕竟是个痴人，方才生出种种情境来哟。

【渔灯儿】他一不合银钩写锦字松烟，二不合《关雎》咏郑注毛笺[6]。三不合菱花照容光自怜[7]，四不合欢无人瞧见，说春风误了婵娟。(作支颐睡介)(扮睡魔引柳生、杜女上场立定)(睡魔先下)(柳、杜顾盼迷离携手下)

(小旦醒起立作态介)呀，方才矇眬中，明明看见柳生与丽娘，在那里做梦。

【前腔】那不是暗伤怀柳畔梅边，却怎的苦思量死后生前。为甚么泉下难忘梦里缘？便做到坟开活现，也亏他土儿中睡满三年。(坐右案睡介)(扮疙童荷锄)(柳生持香)(石姑、春香扶旦绕场下)

(小旦醒介)咦咦咦！杜丽娘真个活转来也。(起立作态唱)

【锦渔灯】这一个软丢搭手扶肩，支不住前合后偃。那一个笑迷奚口粘唇，度不了热气香涎。偎着他半冷肌肤似裹绵，刚熨转冻秋波一线，可认得是人间。(坐左案睡介)(生、旦携手)(引春香、石姑、舟子摇船绕场下)

(小旦醒介)今番真个成了夫妻，向杭州去也。(起立作态唱)

【锦上花】朝同坐，夕共眠。成人后，情更颠。还记得春蚕死后吐丝缠，辞了地，瞒过天。脱鬼趣，想夫怜。说甚的天公不老月难圆，只要寸心坚。(坐右案睡介)(扮杜宝、柳生冠带同行)(陈黄门捧镜退行)(照丽娘冠带绕场下)

(小旦笑醒介)啧啧啧！好笑那杜平章与黄门官一对蠢才[8],全没些儿见识哩。

【锦中拍】弄得个鬼和人向天门闹喧,看人鬼相悬。比似你人做鬼怕君王看见,不许他鬼为人识爹娘颜面。问平章甚件?闺门恁偏,管不住娇儿梦眩,燮理得阴阳倒颠。鬼把人缠,人将鬼恋,毕竟是鬼三台家教浅[9]。

(老旦上)访来倔强真名士,归告书呆女秀才。二姑,你在此则甚?(小旦)我在此做梦。(老旦)青天白日做甚么梦?敢看见杜丽娘和柳梦梅么?(小旦笑介)倒被你猜着了。(老旦)我方才去见张元长相公,问他可晓得个汤显祖,他说道:此人乃当今无双才子,表字叫做汤若士,年纪不上三十岁,是一个倔强男儿。道犹未了,那许子洽相公恰好来访,便一同坐了闲话。老身就问:那汤若士可是个秀才?张相公说:他二十岁中了举人,其时因张居正阁老要他拜在门下[10],中他状元。他却耻附权门,不待会试[11],一直走了。在家闲居六载,直待去年张阁老死后,他今年方去会试,簇簇新新中了进士呢。(小旦点头介)果然如我所料。(老旦)你如何晓得?(小旦)大凡人之性情气节,文字中再掩不住。我看这本词曲,虽是他游戏之文,然其中感慨激昂,是一个有血性的丈夫。他写杜女痴情,至死不变,正是借以自况。所谓其愚不可及也。

【锦后拍】他怎肯没来由受人怜,守着这无瑕白璧自安眠。靠天教活转,靠天教活转。只这些儿不许阎罗轻贱。御袍红那借丈人牵。就是权相不死,终身不中,汤先生自有千古者在,一个甲科何足为先生重乎。可笑那杜丽娘呵,识见浅,要夫婿宫花双颤,险些儿被桃条打散梦中缘[12]。

(老旦)许相公还说道:今科新进士中,张甲徵、申用懋二人,俱是当朝宰相之子。那张四维、申时行两位相爷,素知汤爷大才,要他去见年伯[13],那里晓得这位汤爷说道:我若肯登宰相之堂,前七年已及第了。(小旦喜介)好一个汤先生也!

【北骂玉郎带上小楼】他定力能持志节全,一任青云际,雁序联。独向那慈恩寺里避同年[14],说平生看尽云烟。因此一番芥蒂,不但不能得一馆职[15],就是京曹官也不能彀[16],竟把他除授了一个南

京太常寺博士[17]。(小旦泪介)咳！可怜。(老旦)试当朝相权，试当朝相权，教你往留都冷坐寒毡。汤爷全不介意，即便赴任去了。束琴书半肩，束琴书半肩。自去扫高皇陵殿[18]，自去办南朝祭典。守容台一代官悬，守容台一代官悬。领受着王涯乐府[19]，周泽斋钱[20]。张相公又说道：似这等铁心肠江西老，倔强难缠。怪得把杜平章柳衙内向毫端放匾。(小旦闷绝坐介)

(老旦)二姑，怎听了这些说话，发起闷来？待我去取茶来你吃。(下)(小旦长叹介)咳！汤先生，汤先生，我俞二姑一片柔情，从今被你收摄去了也。

【尾声】他只怕姓名附入权臣传，受凄惶甘心贫贱。我俞二姑若能与你添香磨墨，死也甘心。打叠起一片春魂向临川身畔展。(下)

〔注〕 ① 张元长：即张大复，字元长，号病居士，昆山人。工为文，有《梅花草堂集》。许子洽：即许重熙，常熟人。 ② 魆地：指暗中。 ③“云雨”句：此为唐杜甫《咏怀古迹》(其二)诗中的一句。云雨，喻男女欢爱，典出战国楚宋玉《高唐赋序》。 ④ 雕虫篆刻：汉扬雄《法言·吾子》:“或问:‘吾子少而好赋?’曰:‘然，童子雕虫篆刻。’俄而曰:‘壮夫不为也。’”按：篆书、刻符为汉学童所习的两种书体。 ⑤ 声闻：佛教语，与缘觉、菩萨合称三乘，悟苦、集、灭、道四谛称“声闻乘”。 ⑥ 关雎(jū)：《诗经》的首篇，中有“窈窕淑女，君子好逑”之句，为后世怀春儿女所乐道。郑注：汉郑玄对《诗经》的注解，一般称“郑笺”。毛笺：汉毛公(毛亨)对《诗经》所作的注解，一般称“毛传”。 ⑦ 菱花：指镜子。 ⑧ 杜平章：杜丽娘的父亲杜宝。平章，官名，唐同中书门下平章事为宰相。黄门官：宫中奏事官。 ⑨ 三台：星名，象征三公。 ⑩ 阁老：明代内阁大学士相当于宰相，尊称阁老。 ⑪ 会试：春季在京城礼部举行的科举考试，参加者为前一年秋参加乡试中式的举人。 ⑫ 桃条：桃枝。古代认为桃木有辟邪驱鬼的功能。⑬ 年伯：同榜进士称对方的长辈为“年伯”。汤显祖与宰相张四维之子张甲徵、申时行之子申用懋为同科进士，故云。 ⑭ 慈恩寺：唐贞观时建于长安(今西安)的佛寺，寺内有大雁塔。唐时新科进士由皇帝赐宴曲江池，题其名于雁塔。同年：同榜进士互称“同年”。 ⑮ 馆职：翰林院、詹事府的职位。 ⑯ 京曹：六部司以下的朝官称“京曹”。 ⑰ 太常寺博士：正七品，掌祭祀礼乐，为闲官。 ⑱ 高皇陵殿：即南京钟山南麓明太祖朱元璋的孝陵。 ⑲ 王涯：唐太原人，贞元进士，文宗时官太常卿，借鉴开元时雅乐作《云韶乐》，为帝所赏。 ⑳ 周泽：东汉北海安丘人，官太常，常卧疾斋宫。妻窥问其苦，周泽责其触犯斋禁，送之系狱谢罪。见《后汉书·周泽传》。

《临川梦》创作上的一个突出特点是亦幻亦真，让汤显祖作品中的人物直接登场，使现实与梦境相胶结，显示出多姿多彩的舞台画面。最能体现这一特点的是《想梦》一出。

一个年青美丽、多愁多病又饱读诗书的女孩子，她失去了父母双亲，也没有

兄弟姐妹，在奶娘的陪伴下，寂寞地打发着难捱的时光。在这个时候，奶娘给她买回了一本新曲，叫做《牡丹亭》。于是她便朗诵低吟，废寝忘食。不但凄凄楚楚，感叹那因梦结欢的杜丽娘，更是痴痴迷迷，满腔真情倾向新曲的作者汤显祖。这个痴情的才女就是娄江女子俞二姑。她的心中郁结着哀怨情愁，牵惹着两般心事：她醉心《牡丹亭》，于是"蝇头细字"，详加批注。她渴慕填词才子，于是遣奶娘四处打听，多方寻访。她可真是一个多情多才的女子。

俞二姑热爱《牡丹亭》，叹息杜丽娘"是个痴人"，甚至煞有介事地批评丽娘不应该吟咏"关关雎鸠，在河之洲。窈窕淑女，君子好逑"这样的爱情诗句，引动春心；也不该在深闺感叹寂寞孤独，顾影自怜，"说春风误了婵娟"。这正是当局者迷。她自己又何尝不是牵挂汤君，心心念念"男女慕，人天愿。无端梦魂随君颤"！

俗话说："日有所思，夜有所梦。"可是由于太过迷恋《牡丹亭》，俞二姑竟然青天白日做起梦来。于是，在她情思昏昏的朦胧状态中，《牡丹亭》中的人物出现了：杜丽娘与柳梦梅幽会！这情节在俞二姑脑海中一闪而逝。她又梦见柳梦梅带人从坟墓中挖出已死三年的丽娘，丽娘复活了！这真是个奇迹！二姑惊叹："为甚么泉下难忘梦里缘？便做到坟开活现，也亏他土儿中睡满三年。"柳梦梅带着还魂的丽娘双双去了杭州！二姑十分羡慕："朝同坐，夕共眠。成人后，情更颠。"最终，杜丽娘凤冠霞帔，夫妻美满情景再现时，俞二姑满心欢喜，竟然乐得从梦中笑醒过来。这个多情善感的女孩与杜丽娘同愁同喜，同忧同乐。由此我们也可以看到这个娇艳聪明的少女在现实中有着与杜丽娘同样的情感的压抑与青春的躁动。

俞二姑因为喜爱《牡丹亭》，因而对它的作者汤显祖十分崇拜。也许有人贬斥《牡丹亭》是淫词艳曲，可是俞二姑并不这么看。她认为汤显祖的胸中，必有万分感叹，各种伤怀，于是"以美人香草，寄托幽情"，并且"嬉笑怒骂"，"皆是微词"——他是像屈原那样，借词曲文章，抒发一腔愤郁之情！俞二姑才真正理解汤显祖，她才真正是汤显祖的知音！

奶娘终于打听到了汤显祖的真实消息。俞二姑不必感叹"生不同时"！汤显祖就是一位"年纪不上三十岁"的青年才俊！他刚正不阿，拒绝趋附权门；他年轻有为，"簇簇新新中了进士"！俞二姑心中释然："果然如我所料。"从词曲文字中，她早就看出汤君"感慨激昂，是一个有血性的丈夫"，这样一个德才兼备的君子，"就是权相不死，终身不中"科举，也可以凭借他才华横溢的词章名垂千古！想到这里，俞二姑甚至嘲笑杜丽娘"识见浅，要夫婿宫花双颤"，太在意俗世的功名。

最终,俞二姑深情地表白自己"一片柔情",从今被汤君"收摄"而去,"打叠起一片春魂向临川身畔展",将一颗痴心寄托在汤显祖身上！直至最后像杜丽娘一样,因为见不到心爱的人而郁郁以终。她也像杜丽娘一样"幸运",幽魂在天国找到了自己一往情深的人。

《想梦》这一出在艺术上的突出特点是浪漫主义色彩十分浓郁。它重点表现了一个年轻美丽的少女的一系列梦境,梦中出现的又是另一个年轻美丽的少女离奇的爱情故事。《牡丹亭》中的主要情节,一一在俞二姑心海中浮现,也一一展示在舞台上。一个支颐冥想的少女,两个卿卿我我的恋人,同时出现在观众面前,表现的又是不同空间的故事,似幻似真,有动有静,风光旖旎。由于梦境是具有连续性的四个场景,场面既富于变化,又井然有序。同时,语言轻丽流转,咏叹《牡丹亭》情事非常切合原作,又能从中翻出新意。

(胡淑芳)

【戏曲家小传】

方成培

(1731—1789)　字仰松,号岫云。徽州(今安徽歙县)人。幼多病,遂无心举业,习医多年,肆力倚声。与曲家周皑交游。出游中,卒于汉口。工诗词,精乐律。作有传奇《雷峰塔》、《双泉记》,前一种今存,是白蛇故事流变中的重要作品;后一种清代被列为"违碍书籍"禁毁。另有《香研居词麈》、《听奕轩小稿》、《味经堂词稿》等。

雷　峰　塔　　方成培

第六出　舟　　遇

(丑摇船随生上)

【中吕过曲泣颜回】(生)绿柳绕回廊,无限景光骀荡①。惜花心性,似游丝空际悠扬。我许宣。今日清明佳节,往爹娘坟上,祭扫而归。你看湖光似镜,车马如云,好不可爱！为此唤小艇,慢慢地一路游玩回去。(丑摇船唱杭州歌)(诨介)(生)看雕鞍骏马,会王孙贵戚多欢畅。倒金樽沉醉花前,听笙歌十里画塘。(下)(贴随旦上)

(贴)娘娘看脚下。

【换头】(旦)轻移莲步芳心痒,急追随飞度锦塘。青儿,我看那些

游人，尽是凡夫俗子，只有方才祭扫坟墓的那生，风流俊雅，道骨非凡，若得相遂奇缘，不枉奴家来此。(贴)娘娘，看他独坐在舟，我每如何得近他呢？(旦)不妨，待我顿摄骤雨，那生必定停舟。那时和你上前，只说附舟，你须要随机应变。(贴)晓得。(旦作起风雨介)(合)千红万紫湿，清芬一时争放。(生、丑上)(丑)好大雨呵！(生)阴晴无定，一霎时潇潇飒飒倾盆盎。(丑)官人，这里歇船哉。(生)使得。(丑)让我带好子缆。(贴)船家，你每往那里去的？(丑)到草桥门去。(贴)船家，草桥门是顺路，可搭了我每去。(丑)使勿得，我舱里有位官人，勿便介。(贴)你看这等大雨，又无处躲避，烦你对船内官人说，望行方便则个。(丑)是哉，让我问看。官人，岸上有两位标致堂客[2]，也要到草桥门去的，顺便搭子去罢。(生)何妨。天上人间，方便第一，快请他每下来。(丑)是哉。两位娘娘，官人肯哉。等我打子扶手下船来。(贴)娘娘，待青儿先上船去。为东君了却宿缘[3]，(旦上船冲介)(生扶)(旦作羞)(背唱介)你漫盼行云打叠停当[4]。

(贴)娘娘，我每就在此间站一站罢。(生)二位小娘子，外边风雨甚大，请到舱中来。(贴)这是官人叫的宝舟，怎好有僭？(生)说那里话？还是请到里面坐。(贴)娘娘，既蒙官人美情，我每暂且进舱去。(旦)青儿，与我多多致谢官人。(贴)晓得。官人，我家娘娘多多致谢！(生)些须小事，何谢之有？请坐了。(旦)中途遇雨，幸附宝舟得免狼狈，实荷高情。(生)岂敢。(旦)请问官人上姓？(生)小生姓许名宣，表字晋贤。(旦)尊居何处？(生)在铁线巷中。(贴)请问宅上娘娘今年多少年纪了？(生)小生只为家贫，尚未婚娶。(贴)聘是聘下的了？(生)唔，也还未。(贴)娘娘，官人这等青年，还是形单影只，可怪那月下老人[5]，太不均匀了些！(生)姐姐，请问你家娘娘上姓？(贴)我家娘娘么，是原任杭州白太守的小姐。先老爷在日，将我家娘娘招赘于此。(生)尊居何处？(贴)在荐桥双茶坊巷裘王府隔壁。(生)原来是位千金小姐，失敬了。(旦)不敢。(生)小姐，想是踏青而回？(贴)不是，只为祭扫我家姑爷坟墓。(生)咳，原来你家姑爷去世了。(旦)官人听禀。(生)愿闻。

【黄钟降黄龙】(旦)忆昔才郎，谁料分鸳，拆散鸾凰。时时念想，(悲介)无限凄惶，泪雨千行。(生)请免愁烦。(旦)仓皇，春霖忽

降。幸君家宝舟附往，顿教奴如承宠贶。纵无端邂逅，怎敢相忘？

(丑)雨止哉，待我解子缆。呀，好滑。开船哉！

【前腔】(生)听伊行教人泪汪，轻俏声儿细诉衷肠，使我心儿悒怏。想他鸾雁孤飞，较我更凄凉。痴想，我愿把……(贴)官人有何说话？(生微笑介)(贴)啐！(生背唱)愿把誓盟深讲。怎能彀双双同效鸾凰？细思之恐伊家不允，空使我徊惶。

(丑)到哉！上岸罢。(旦)青儿，清早出门，忘带零钱，你可问许官人借应，到家奉还。(生)何妨。船家，二位小娘子的舟金，都在此，请收了。(丑)多谢官人。(生)请上岸罢。(贴)娘娘，你看雨又不止，到家尚远，怎么处？(旦)便是。(生)不妨，小生有把旧伞，寄在前面朋友人家。二位在此少待，我去取来，与二位打了回去罢。(旦、贴)如此甚好，只是不当。(生)好说。船家，我去就来，烦你暂等片时。(丑应介)(生下)(贴)娘娘，你看那许官人好不十分有情，他方才呵，

【黄龙滚】私怀暗忖量，你两下春心荡。天赐相逢，难舍多情况，真个是德容工貌[⑥]，恰遇着恭俭温良。若得一朝呵，两相当，配成双，便是我青儿也觉心欢畅。(生持伞上)

(贴)许官人来了。(生)正是。伞儿在此，请二位上岸罢。(丑)要打子扶手。(生)不消，有我在此。(丑)看仔细。(上岸介)(丑先下)(旦)只是种种承情，如何是好？(生)岂敢。(旦)这伞待奴明日着青儿送还罢。(生)不消费心，小生明日还要到府奉拜，何劳青姐贵步？(旦)只是那有反劳之理？(生)好说。(贴)既如此，明早我在门首等候许官人便了。(生)天色已晚，恕不远送，请行罢。

【尾声】(生)天仙何意从天降，(旦、贴)空拾得百般愁况。(下)(生)看仔细，慢慢儿行。哈哈哈，妙呵！不期今日无意中遇此佳人，叙出许多衷曲，又约我明早到彼相会。阿呀，只是今夜叫我怎生睡得着也？怎捱得玉漏深沉午夜长。

况遇天仙隔锦屏(裴　航)，一溪风月共清明(许　坚)。

鸳鸯自解分明语(南溟夫人)，何必崎岖上玉京(樊夫人)。

〔注〕 ① 骀(dài)荡：和畅。 ② 堂客：女客。 ③ 东君：日神，或春神。 ④ 行云：即云雨之事。典出宋玉《高唐赋序》。 ⑤ 月下老人：唐李复言《续玄怪录》记唐韦固旅次宋城南店，见一老人月下倚布囊检书，问其所检何书，老人答曰乃天下之婚牍。又问其囊中何物，老人答曰囊中为赤绳，男女生时，即暗以此绳系双方之足，定其婚姻，而不论贵贱、亲仇、遐迩。后因称媒人为"月下老人"。 ⑥ 德容工貌：即古时妇女的四德。

方成培的水竹居本《雷峰塔》传奇共四卷三十四出，乃据梨园抄本改写而成。相对于黄图珌的看山阁本《雷峰塔》传奇和梨园抄本来说，方本最成熟，影响也最大。其故事梗概是：白蛇仙白云仙姑慕"红尘胜景，锦绣繁华"，下了凡界，收服青蛇青儿。主仆二人游西湖时，白蛇爱上了许宣，她故招骤雨，和意中人同舟攀谈，又约他至住处相会，并赠银定亲。不料，因为她所赠的乃是盗取的库银，许宣不得不在姐夫的安排下避祸去了苏州。白蛇追到姑苏，和心上人结成良缘，还开了一家药材铺以为生计。在她的精心打理下，店铺生意兴隆，小日子甚是美满。但由于僧人法海的挑拨离间，白蛇在端阳节禁不住许宣的软磨硬缠，强饮雄黄酒，不慎露出原形，吓死了丈夫。她不顾身怀六甲，到嵩山南极仙翁处求取还魂草，救了许宣一命。无奈风波不断，不久许宣又由于佩带盗自豪门的八宝明珠巾而被官府发配镇江。白蛇又急忙赶往镇江寻夫，不得已力战法海，水漫金山，好不容易才和丈夫重逢于断桥。不久，白蛇产下一子，正自欣喜，却被法海收入钵内，镇压在雷峰塔下。许宣负情忘义，出家避世。十六年后，白蛇之子许士麟得中状元，母子团圆。不久，许士麟娶了姑母的女儿，白蛇则重归仙班。

《舟遇》是全剧的第六出，在传奇关目上占有重要地位。

在情节上，《舟遇》采用典型的"仙女下凡嫁俗子"的故事模式，和大家所熟悉的牛郎织女或七仙女下嫁董永的故事无甚二致。男女主人公由于身份的悬殊，天然形成"郎无意，妾有心"的对应心理状态，具有较强的戏剧性。清明佳节，西子湖边游人如织，刚刚下凡的白娘娘唯独对"风流俊雅，道骨非凡"的许宣青眼有加。她故摄骤雨，以附舟避雨为名，和许宣同船共渡。她先假称自己是前任太守之女，年轻寡居，身世凄凉："忆昔才郎，谁料分鸳，拆散鸾凰。时时念想，无限凄惶，泪雨千行。"然后又对许宣的助人为乐表示深深的感谢："仓皇，春霖忽降。幸君家宝舟附往，顿教奴如承宠贶。纵无端邂逅，怎敢相忘？"最后这一句"怎敢相忘"悄然吐露了她的幽微心事。于是，这个美丽幽怨、恰如梨花一枝春带雨的白衣女子引起了许宣的同情："听伊行教人泪汪，轻俏声儿细诉衷肠，使我心儿悒快。想他鸾雁孤飞，较我更凄凉。"又令他心生恋慕之意，起了"怎能彀双双同效鸾凰"的念头。只不过，他担心自己高攀不上闺阁千金，尚不敢贸然求婚："细思之恐伊家不允，空使我徊惶。"

交谈中,船已靠岸,白蛇倍觉路短情长,实在舍不得就此便和许宣分手,于是赶紧替自己制造能够和心上人多盘桓一会儿的借口,她假意对侍女说:"青儿,清早出门,忘带零钱,你可问许官人借应,到家奉还。"许宣闻言,不等青儿回答,就急忙将自己和她们主仆的船金一并付了,无言地表露了自己的心迹,于是在雨丝风片之中,气氛开始热烈起来。聪明的青儿见状,灵机一动,不失时机地给初初燃烧的情焰添上了一把火,她说:"娘娘,你看雨又不止,到家尚远,怎么处?"当然,这话明着是说给白蛇听的,实际上是冲着许宣讲的。许宣自然心领神会,忙表示愿意到朋友那里取伞来给她们使用。

趁许宣上岸去拿雨伞的时机,青儿悄悄打趣白蛇说:"娘娘,你看那许官人好不十分有情。"点出两人"私怀暗忖量,你两下春心荡。天赐相逢,难舍多情况。"在小青儿看来,"德言容工"四德俱全的白蛇和个性谦和、"恭俭温良"的许宣正好是天造地设的一对儿,所以她又为他们祝福道:"若得一朝呵,两相当,配成双,便是我青儿也觉心欢畅。"

在这出戏里,白蛇和许宣自然是主角,不过,青儿也很重要。主观上,她毫无疑问是推动故事情节发展的紧要关纽,而在客观上,聪明伶俐、活泼俏皮的她也和温雅端庄、矜持腼腆的白蛇形成鲜明的对比,正好构成一花旦、一青衣的格局,十分有利于场上的表演。同时,在热心肠的青儿身上,我们还可以隐约看到王实甫《西厢记》里小红娘的娇俏影子。可以说,方成培笔下的青儿是在继承前人创作成就的基础上加以合理变化的结果。

这时,许宣拿着雨伞回来了,殷勤道:"伞儿在此,请二位上岸罢。"白蛇再次对他表示谢意,并又借机为自己制造以后和意中情郎碰面的机会,她说:"这伞待奴明日着青儿送还罢。"许宣听了,急忙表示不必,因为他想第二天就登门拜访她们主仆。白蛇闻听此言,知道意中檀郎已经落入自己的"彀中",不由地暗暗欢喜,于是便不加推辞,和许宣订下了翌日之约,为下一出里双方的"订盟"打下了良好的基础。

《舟遇》既是白蛇和许宣爱情故事的开端,也是作者塑造女主角白娘娘美好形象的开端,是为整部剧作张本的一出戏。因为剧本的题材本身规定了在这场传奇性很强的人蛇恋爱中,白蛇始终处于主动位置,所以剧作家就采用人性和神性相结合的方法,在凸显白蛇作为"人"的多情的同时,也适当地表现女主角作为蛇仙的神通广大,让一场"及时雨"成为了剧情的导火索和助推器,既增强了作品的传奇性,体现了题材的神话背景,又使人物形象立体而丰满,具有相当的艺术感染力。

特别值得一提的是，作者在行文中紧紧抓住人物的心理，用外在的动作和语言刻画他们细微的心理变化，丝丝入扣，极具分寸感和真实性，不愧为优秀的场上之曲。比如白蛇虽然主动追求许宣，但她假托的公开身份毕竟是青春守寡的宦门千金，所以在船上她虽和意中人近在咫尺，但和许宣的直接交谈并不多，大部分话都是由青儿作“二传手”转达的。青儿在上船前曾受白蛇的吩咐，要她“随机应变”，所以她恪尽职守，一会儿替白蛇感谢许宣的遇雨搭船之恩：“官人，我家娘娘多多致谢！”一会儿又替主人问许宣一个最关键的问题：“请问宅上娘娘今年多少年纪了？”在明了许宣家世的同时，又颇为自然地引得许宣动问白娘娘的姓氏，为白蛇虚构凄凉身世，引得许宣由怜生爱作了良好的铺垫。这样，既维护了白氏作为大家闺秀的端庄矜持，又表现出白氏智慧的一面，使读者和观众完全相信许宣有爱上这个萍水相逢的女子的可能，增强了剧情的真实性。与此同时，白蛇的端庄稳重和青儿的活泼伶俐相映成趣，白蛇的“志在必得”和许宣的“被动生情”也形成了鲜明的对比，使这出戏的关目安排极富戏剧性。另外，作者运用犯调的度曲手法，把分属【仙吕宫】和【黄钟宫】的若干曲牌有机地组合起来，融为一套，在语言上，生、旦二人唱词的典雅整饬和老艄翁吴语宾白的通俗有趣也相辅相成，衬着雨中西湖的大好春光，四个角色将一台戏唱得有声有色。所以，这出戏不仅男女主人公的形象血肉丰满，而且配角也骨肉匀停。舞台上，红颜与鹤发相映，诗情共画意并存，人情味和神怪性交相辉映，动感十足，视觉和听觉的效果也非常不错，向来深受观众的欢迎和喜爱。现在各剧种常常演出的白蛇故事中的“游湖”或“借伞”一折，就往往是以这出《舟遇》为蓝本的。 （郭 梅）

雷 峰 塔

方成培

第十三出 夜 话

【越调引子霜蕉叶】【霜天晓角】（旦上）帘波窗琐，桂影纷纷堕[①]。【金蕉叶】是事芳心可可[②]，恁无端临风感多。

【调笑令】罗袖，罗袖，又值清和时候。金猊小篆烟轻[③]，闲望空阶月明。明月，明月，好似峨眉积雪。奴家自与许郎迁居之后，聊为市隐，亦足幽栖。问皋桥之遗迹，良人雅慕伯鸾[④]；效举案之齐眉，贱妾能师孟女[⑤]。彼唱我随，式歌且舞，可谓极琴瑟之欢，遂于飞之愿矣[⑥]。但是记得别我道兄下山，自临安到此，经历多少风波，转瞬间不觉又是夏初天气，红尘中日子，真过得好疾也呵！（行介）

【过曲小桃红】亲裁团扇试宫罗，又一番新妆裹也。落尽残红，茂草成窠，(倚栏望月介)乌兔疾如梭。俺这里浸空庭滉金波，他那里洞门边云深锁也。自别了同道哥哥，旧山中光景竟如何？

(贴上)茶香飘紫笋[7]，花蔓缀金钿。呀，娘娘独自在此，官人有事，还没进来。青儿泡得绝好细茶，请娘娘先吃一盏儿。(旦)好。(坐饮介)(贴)娘娘，如此好天良夜，为甚徙倚回栏，若有所思？敢是有甚心事？何不说与青儿知道。(旦)青儿，念我呵，

【下山虎】暗思掷果[8]，好事多磨，行藏每怕人瞧破。纵欣女萝[9]，得附乔松，尚愁折挫。(贴)娘娘请放心。凡事有青儿帮衬，断不决撒。(旦)慢道恩情忒煞多，猛然念故我，似孤云闲涧过。一自因缘合，叶辞故柯，未识将来事则那。

(贴)娘娘，若不道及，青儿也不敢问。当日娘娘在峨眉山修炼多年，因何忽动红尘之念？

【集曲山桃红】【下山虎】难道是前因后果，注定丝萝？(旦)这个我那里知道？(贴)难道是久静芳心簸，独眠奈何？(旦)胡说！【小桃红】(贴)你本不受世尘涴，(旦)果然我一向潜修，最耽幽静，后来出山，亦偶然耳。(贴)又不是扑灯蛾，却怎生反将身热闹场中躲也？(旦背介)这丫头，倒也说得有理。只是一入红尘，欲罢不能，教我也没奈何了。【下山虎】(贴)不过是出洞闲云风搅破，有甚愁无那？你试觑波，今夜里人月盈盈莫负他。

【罗帐里坐】(旦)青儿你那里知道，风流配偶，人道是情多累多。须知自古，有缘皆颇。(贴)古来像娘娘与官人这等奇逢，也还有么？(旦)天台里有两个胡麻饭熟[10]，瑶台上有一个踏月听歌[11]，数不尽蓝桥给饮鹊填河[12]。那天孙仙媛[13]，尚然各偕伉俪，况于我辈？(贴)是呵。(旦)怕甚么耐守寡的孀娥笑我。

【江头送别】(贴)连环路，思胜景，云霞锦拖。(旦)他年那，拟双双跨凤同过。(合)学吹箫秦女芳声播[14]，似仙葩并蒂缃荷。

(生上)娘子失陪了。(旦)官人，今夜因何来得恁迟？(生)卑人只为店务羁身，是以来迟，得罪了。(旦)好说。(生)娘子，你每方才

说些甚么？(旦)爱他月明如水，偶然在此闲谈。(生)妙呵，如此月色，岂可辜负。青姐，你去暖壶好酒，放在房中，待我与娘娘庭前步月，回来同酌。(贴应下)(生)安排共醉玉东西，芳雾空濛乐倡随。(旦)春动红生双笑靥，莲开绿印小香綦。(生)娘子，你看冰轮皎洁，万籁无声，空中更没些儿云彩，真个好一天夜景也！(旦)果然好不可爱。(生携旦手同行介)

【山麻秸】(生)朱扉静锁，正庭际空明，行来婀娜。冷浸佳人，淡脂粉娇多。娘子。(旦)官人。(生)不要说卑人爱你，嫦娥也移花影，斜簪你云鬟低亸。玉粳香唾[15]，斗牛私誓，缓蹴凌波。

【铧锹儿】这风光魂销奈何，心里没些裁夺。禁不得乜斜星眼，忍笑微睃。(旦)官人。(指月介)圆缺恨娑罗[16]，休轮到我。(生)娘子，我和你与月呵，本殊科，又何须虑过。(旦)夜深了。(生)正是，夜深了。(旦)去罢。(合)好同把鸳鸯梦做。

(贴内叫介)请官人娘娘回房罢。(生、旦)来了。

【尾声】(旦)文书针线都休课，(生)照解语娇花一朵[17]，(合)更同看清影团圞枕上过。

(旦)重重履迹在莓苔(李频)，月会深情借艳开(陆龟蒙)。

(生)酒面浮花应是喜(白居易)，倚风含笑向楼台(秦韬玉)。

〔注〕 ① 桂影：月影。 ② 可可：不经心貌。此用宋柳永《定风波》"自春来、惨绿愁红，芳心事事可可"词意。 ③ 金猊：炉盖作狻猊形的铜质香炉。狻(suān)猊，中国古代神话传说中的神兽，形如狮子。 ④ 伯鸾：东汉梁鸿的字，他是当时著名的志行高洁的隐士。 ⑤ 孟女：即梁鸿之妻孟光。 ⑥ 于飞：《诗经·大雅·卷阿》："凤皇于飞，翙翙其羽。"本指凤凰相偕而飞，后多指夫妻相亲相爱。 ⑦ 紫笋：紫笋茶，唐肃宗时被定为贡茶，出于阳羡(今江苏宜兴)。 ⑧ 掷果：晋潘岳貌美，少时挟弹出洛阳道，妇人见之心悦，皆投以果，遂满载而归。见《晋书·潘岳传》。 ⑨ 女萝：一种低等攀援植物。古时多以女萝附乔木喻女子之事夫。 ⑩ 天台：东汉刘晨、阮肇入天台山采药迷路，遇二仙女，留居半载，归乡时已入晋，子孙已历七世。见南朝宋刘义庆《幽明录》。 ⑪ 瑶台：传说中的神仙居处。唐李白《清平调》其一："若非群玉山头见，会向瑶台月下逢。" ⑫ 蓝桥给饮：唐书生裴航于蓝桥驿求浆，得见云英，遂向其祖母提亲，并按其祖母的要求弄到玉杵臼，捣药百日，终于娶到云英。后二人入玉峰洞中饵丹修真，超为上仙。见唐裴铏《传奇》。鹊填河：传说每年农历七月七日有喜鹊在银河上搭桥，令牵牛(即牛郎)、织女相会。 ⑬ 天孙：指织女，传说她是天帝的孙女。 ⑭ 秦女：指秦穆公之女弄玉，好音乐，嫁萧史为妻，穆公筑凤台让他们夫妇居住。萧史善吹箫，能作凤鸣，弄玉从其学，一日他们吹箫引来凤鸟，乘之仙去。 ⑮ 玉粳：比喻女子洁白细密的牙齿。 ⑯ 娑罗：谓月中桂树，代指月。宋洪迈《容斋四笔》："世俗多指言月中桂为娑罗树，不知所起。"按："娑罗"

本为柳安木的梵语译音，后附会为七叶树或月中桂树。 ⑰ 解语娇花：会说话的花。唐玄宗时，太液池秋日有千叶白莲数枝盛开，众人见之无不赞赏。久之，玄宗指杨贵妃曰："争如我解语花？"见五代王仁裕《开元天宝遗事》。

这是方本《雷峰塔》传奇的第十三出，承上启下，在戏剧关纽和人物形象的塑造方面都具有一定的重要性。方氏曾在序言中写道："中间芟去八出，《夜话》及首尾两折与集唐下场诗，悉余所增入者。"说明此出乃梨园抄本和黄本所无，是体现作者的戏剧眼光和独立创作功力的一出戏。

白娘娘和许宣在苏州成婚后，为谋生计，由她做主，夫妻俩开了家药材店。她施展法术，将店铺门面弄得颇为华丽，生意也很兴隆，小两口的日子仿佛蜜里调油，十分温馨美满，"可谓极琴瑟之欢，遂于飞之愿矣"。转眼间，已是春去夏来，白蛇居安思危，心中隐忧颇深。在一个月色溶溶的初夏之夜，她"芳心可可"，独自临风感怀，叹时光易逝，忆前尘旧事，感慨万千。青儿送茶上来，见白蛇愁锁眉头，不解地问："娘娘，如此好天良夜，为甚徙倚回栏，若有所思？敢是有甚心事？"白蛇答道："暗思掷果，好事多磨，行藏每怕人瞧破。"——原来，她是担心自己的异类身份一旦被揭穿，这已经享有的幸福就将随之被无情地断送。

由于年龄和经历、性格的关系，小青并不能够完全理解白娘子的幽微心事，也不知道该怎么有效地加以劝慰。但毕竟姐妹情深，她自然不能袖手旁观，所以爽性就来了个大包大揽："娘娘请放心。凡事有青儿帮衬，断不决撒。"不过，她毕竟年纪还小，好奇心重，忍不住试探着又问："娘娘，若不道及，青儿也不敢问。当日娘娘在峨眉山修炼多年，因何忽动红尘之念？"

青儿这一问，引发了白娘子更悠长的慨叹："风流配偶，人道是情多累多。须知自古，有缘皆颇。"当然，这种担心多情却被无情恼的烦忧愁思，不曾体验过爱与被爱的小青是不可能懂得的。再加上这份心事又是绝对不能够对许宣言说的，所以，白蛇在身边没有可倾诉、可宣泄之对象的情况下，只有把满腹忧思紧锁在心底，以至于纵然面对美景良辰，也兴致索然，心事重重。不过，她并没有一丝一毫的后悔，因为仙女们也常常思凡，不顾一切地追求美满姻缘，何况她只是一名小小的蛇仙："天台里有两个胡麻饭熟，瑶台上有一个踏月听歌，数不尽蓝桥给饮鹊填河。那天孙仙媛，尚然各偕伉俪，况于我辈？"故而，白蛇对小青表明了自己的决心："怕甚么耐守寡的孀娥笑我。"

这一段主要是在对比中使青白二蛇互相映衬，突出了她们的个性。白蛇的温婉贤淑和小青的刚健伉爽相反相成，成为一对反差很大的姐妹花，颇富戏剧性。

这时，许宣从店里回来了。他压根儿不明了妻子的心境，一心只想好好消受眼前月明如水的美景，故吩咐小青道："如此月色，岂可辜负。青姐，你去暖壶好酒，放在房中，待我与娘娘庭前步月，回来同酌。"于是，小青悄然退场，把与白娘娘"夜话"的机会让给了许宣，剧本的舞台调度可谓十分自然灵巧。

白蛇见丈夫如此多情，芳心暗喜，也就暂时抛开了满腹烦恼，和许宣携手缓步，共赏碧天月色。许宣见月光遍洒庭除，花影斜移，仿佛插在妻子的鬓边，使她倍添妩媚，于是更加温情脉脉，情话绵绵，柔声道："不要说卑人爱你，嫦娥也移花影，斜簪你云鬟低亸。"说着，他不禁心花怒放："这风光魂销奈何，心里没些裁夺。禁不得乜斜星眼，忍笑微睃。"

白蛇当然没有丈夫那样轻松乐观，她见许宣陶醉得有些忘形，禁不住手指天上明月，含蓄地道出了自己的心里话："圆缺恨娑罗，休轮到我。"——其实，她这是在暗示许宣，人有悲欢离合、月有阴晴圆缺，明朝的月色未必便一如今宵。她是多么希望月儿长圆人长聚呵，却唯恐难以如愿！可是，沉浸在幸福中的许宣哪里听得出妻子的言外之意？他说："我和你与月呵，本殊科，又何须虑过。"——在许宣眼里，高挂苍穹的月儿和他们夫妻毫无关系，所以殷勤相劝妻子不要平白无端地去关心月轮的圆缺，以至于徒惹烦恼。

白娘娘见许宣根本不理解自己月缺月圆的暗喻，心里明白这个话题是不宜深入的了，于是，她怅然地主动结束了这场月下夜话。

《夜话》这出戏在关目上明显地分为前后两个部分，而绾合这两部分的戏剧焦点自然是女主人公白蛇，换言之，是白蛇变化幽微的心理活动串联了整出戏。

戏的前半场是白娘娘和青儿的主仆"夜话"，话题的中心是白蛇为什么要放弃神仙生涯，与凡夫俗子的许宣缔婚。舞台上，这边厢，是白蛇情真意坚，为今后的生活蹙损蛾眉；那边厢，则是青儿天真烂漫，姐妹情深，竭尽为白蛇分忧之能事。她们一个是心事重重，一个是强作解人，形成了一定的矛盾冲突和相当的张力，戏便显得既好看又耐看。当然，青儿毕竟不是白蛇，她们姐妹的心境不同，经历也不相同，小青之酒杯便注定浇不了白蛇之块垒，于是，白娘娘便只能带着满腹忧思进入后半场的夫妻"夜话"了——这样，前后两个半场也就很自然地衔接起来了。

戏的后半场是白娘娘和许宣的"夜话"，随着对话之人的改换，话题的中心也随之而由白蛇的人生抉择和心头忧虑转变为少年夫妻之间的互诉衷情。于是，舞台上姐妹促膝谈心的温馨所呈现的对比中的和谐，转变为新婚夫妇喁喁情话的风光旖旎而略带香艳。不过，白蛇的心境并没有随着心上人的出现而有很大

的改变，于是乎她的隐含心事成为后半段故事的戏核。小夫妻俩一个是忧心忡忡，却不敢直接表露，另一个则兀自沉浸在燕尔新婚的甜蜜之中，浑然不察妻子的隐忧，只顾玩赏调笑。这样，在人物心理上形成了较强的对比性，戏剧冲突颇强，使《夜话》这出在动作性上“先天不足”的“温”戏显得有声有色，既有浓郁的诗情画意，又有一定的戏剧冲突和张力，不仅适于案头的阅读，也适于场上的演出。

同时，白蛇的心事还是引出后面情节的重要线索，所以这出戏还起到了承前启后，绾合全部剧情，为主题的升华作铺垫的作用。

另外，这出戏的细节和语言也是它成功的一个重要因素。比如，在这场戏即将拉上帷幕的时候，作者没有忘了让早就已经退下的青儿在内叫道：“请官人娘娘回房罢”，这样短短一句“内白”既恰到好处地替与丈夫话不投机的白蛇解了围，使夫妇俩顺理成章地结束了“夜话”，戏的收煞十分自然和谐，而且还巧妙地借机提醒读者和观众不要忘了青儿也是这出戏里的人物，让前后两部分更为有机地联成一体。还有，它较多地在同一支曲子里面夹入道白，间唱间白，有意识地增强了作品在场上的表现力，如集曲【山桃红】在采用集曲形式的同时也加进不少道白，让青儿和白蛇一个唱一个说，深入细致地透露了白蛇下凡的心态；又如，“罗袖，罗袖，又值清和时候”，“明月，明月，好似峨眉积雪”（【调笑令】），这样的曲辞不乏宋人小令的神韵；“亲裁团扇试宫罗，又一番新妆裹也。落尽残红，茂草成窠，乌兔疾如梭”（过曲【小桃红】），这样的唱词又让人想起《西厢记》里崔莺莺所唱“花落水流红，闲愁万种，无语怨东风”的名句，颇具元曲丰采，让人读来有齿颊留香之感。

（郭　梅）

雷　峰　塔　　　方成培

第二十五出　水　　斗

（旦上）（贴摇船随上）

【黄钟北醉花阴】（旦）恩爱夫妻难撇掉，因此上慌忙来到。只怕他听萋菲把奴抛①，枉耽着一向勤劳。奴家只为许郎要往金山寺中拈香，不能劝止。虽经嘱咐莫至讲堂听那法海之言，他虽允从而去，奴家到底不能放心，为此同着青儿，乘风鼓棹而来，接他回去。（贴）娘娘，官人的磨折，不是一次了，为何今番这般着急？（旦）你不知，这金山寺中有个法海禅师，法力无边，不比凡僧。许郎倘被他点悟，我终身就无结局了。（贴）娘娘，倘官人听信法海言语，竟不回来，怎么处？我每想个计策，好歹弄他回来才好。（旦）我早已安排计较，且到彼再处。

(贴)待我将船儿掉过去。(旦)咳!许郎,俺和恁非关小[②],当面的嘱咐伊多遭,我只怕猛回头归佛教。

(贴)娘娘,已到金山了。(旦)把船儿挽住山前,你放喊叫官人出来便了。(贴)是。官人快些出来!娘娘在此迎接你回去,快些出来!(丑上)谁人山门前喊叫?原来是两位娘娘,你呵,是烧香个?(贴)不是。(丑)还愿个?(贴)也不是。(丑)介也差异哉,弗是烧香,又弗是还愿,娘娘家到和尚寺做僐[③]?(贴)啐!我家官人在里面拈香,烦你快唤他出来。(丑)人多得极,哓得那个是你官人?(贴)叫许宣。(丑)嗄!有个。我禅师弗肯叫渠下山哉。(旦、贴急介)却是为何?(丑)禅师说渠有甚妖怪。(旦、贴)呵?(丑)勿是,有甚白蛇青蛇缠扰渠。你官人一心要出家,勿肯归来哉,你每归去罢。(旦)哇!胡说!人家夫妇,怎生擅自拆散?你快去报与法海知道,若不放出官人,叫你每一寺的和尚……(丑)敢是有僐布施?(旦)俱是个死!(丑)哎哟,凶得紧!我去报与禅师知道。禅师有请!(外引生上)

【南画眉序】(外)忽听语声嘈,想是此妖前来到。(丑)禅师,山门前有两个堂客[④],要寻许官人的,口中好生利害。(生)此妖来了,怎么处?(外)不妨,你且躲在里面,待我去会他。(生)是。(下)(外)慧澄,取我随身的法宝来!(丑应介)(持钵盂禅杖随上)(外)他便有毒龙般伎俩,俺只做蝘蜓相瞧[⑤]。(贴)秃驴!快唤俺官人出来!(外)唔?(旦)老禅师,快叫我官人出来回去。(外)孽畜呵,孽畜!你爱河里欲浪滔滔,早回头免生悲悼。(旦)你若不放我官人,决不与你干休!(外)劝伊休得胡厮闹,现形时被人惊笑。

【北喜迁莺】(旦)恁休把虚脾来掉[⑥],恁休把虚脾来掉。(外)你丈夫已皈依三宝了[⑦]。(旦)口咄咄装甚么的幺?(转对贴介)怎不心焦!(贴)老师父,还俺官人罢。(外)此处是庄严佛地,休得在此胡缠。(旦)哎呀,急得我满胸中气恼,怎把俺恩爱儿夫来蔽着!秃驴,你快还我丈夫便罢!(外)不放便怎么?(旦)你若不放我丈夫,教你性命霎时休矣!(外)你有甚道术,辄敢大言?(旦)阿呀,心懊恼,你明欺俺道术细小。恁如今自把灾招,恁如今自把灾招。

【南画眉序】(外)伊慢肆炰烋[⑧],一味逞能施强暴。(贴)老师父,

还俺官人罢！（外）他被你妖氛缠惹，怎不想开交？叹孽缘数尽难逃，他似梦南柯被咱推觉。（旦）快还俺官人的好！（外）自今休想仙郎面，不回头取祸非小。

（旦）秃驴这等无理，俺来擒你也。（外将拂一指介）咗！（丑暗下）护法神何在？（内应介）来也。（旦、贴作圆望）（上船疾摇下）（杂扮众神将上）禅师有何法旨？（外）今有妖魔，在此作耗，与我速速擒来！（众）领法旨。（旦、贴杀上）（败下）（二神上）启禅师，妖魔遁去也。（内作水声介）（龟蟹上舞下）（旦、贴上）秃驴，快快还我官人来！（外）孽畜，凭你有甚妖法，何怯于汝？我已将他皈依三宝，再不回来了。（旦）真个？（外）真个。（旦）果然？（外）果然。

【北出队子】（旦）咦，休得把胡言乱诡，为了俺意中人将你命轻抛。（贴）娘娘，还是好好去求他，或者肯放官人，亦未可知。（旦）也说得是。嗄！老禅师，你是佛门弟子，岂无菩提之心？望恁个发慈悲方便放渠曹，（拜介）俺这里，俺这里礼拜焚香折柳腰。（外）我已将你妖变的根由，一一点明。他害怕，不肯与你为夫妇，你只管苦苦缠他怎的？（旦、贴起介）（旦）呵唷，我这般哀求，只是不肯放还。你拆散人家夫妻，天理何在？（外）你这妖孽，既知天理，为何在人间害人？（旦）我敬夫如天，何曾害他？你明明煽惑人心，使我夫妻离散。你既不仁，罢罢，我和你誓不两立矣！（贴）娘娘，与这秃驴见个高下。（旦）只看俺女罗刹⑨，把恁万剐凌迟，将皮来剥。

（外）妖孽，你这等猖狂，好生交架俺青龙禅杖者！（丢杖介）（旦接旋下）

【南滴溜子】（外、众合）一任你，任你妖氛混绕，俺自有佛力至妙。何必向吾作耗？威风只么休，踊跃何堪诮。宝杖降魔，怎肯轻饶了。

（旦、贴上）秃驴，你将青龙禅杖来降俺，俺岂惧汝！（外）俺佛力无边。

【北刮地风】（旦）呀，恁道佛力无边任逍遥，俺也能飞度冲霄。休言大觉无穷妙，只看俺怯身躯也不怕分毫。恁是个出家人，为甚么铁心肠生擦擦拆散了俺凤友鸾交？把活泼泼好男儿坚

牢闭着。把那佛道儿絮絮叨叨,我不耐吁喳喳这般烦挠。你若放我夫妇团圆,万事全休。(外)我不放便怎么?(旦)咳,秃驴嗄!你若执意如此,管教恁一寺尽嚎啕!(外)他如今似梦断方醒,(旦)只怕你要夜迢迢,梦断魂消。

【南滴滴金】(外)劝伊行不必心焦躁,似春蚕空吐情丝自缠扰。夫妻恩爱虽非小,你丈夫呵,悟邪魔在山中藏躲着。你便是钟情年少,何须恁殷勤来细讨。掘树寻根,枉想在这遭。

(旦)你不还我丈夫,咦,我恨不得食汝之肉!(外)只管胡缠,护法神与我将风火蒲团祭起空中者!(众)领法旨。(风火神上)(战介)(败下)(旦、贴上)秃驴,你的法宝安在?(贴)老禅师,放还俺官人罢!(外)胡说!(旦)你这无知的秃驴呵,

【北四门子】快送出共衾同枕人来到,快送出共衾同枕人来到。(外)你早早回头,免生后悔。(旦)哎啃啃,我恨恨恨,恨恁个不动摇,怪他个遮遮躲躲装圈套。怎怎怎,怎不容俺共入鲛绡[10]?(外)你何苦执迷,快回峨眉修炼去罢!(旦)恁教俺回峨眉别岫飘,把恩爱抛,便作恁活弥陀也动不的俺心儿似漆胶。望恁个放儿夫相会早。细思量这牵情心肠怎掉?

【南鲍老催】(外)直恁泪浇,翻波欲海孽浪高,泥犂堪悲苦怎熬[11]?渺茫茫,多罪业,难消缴。腾腾烈焰如焚燎,我把他迷途救出缘非眇,庶不负大悲心如来教。

(旦)秃驴,你执意如此,罢,说不得了。水族每!(内应)(蟹虾龟螃上)湖主有何吩咐?(旦)与我把水势大作,漫过金山,救俺官人便了。(众)得令!

【北水仙子】(合)恨恨恨,恨佛力高。怎怎怎,怎教俺负此良宵好?悔悔悔,悔今朝放了他前来到。只只只,只为怀六甲把愿香还祷。他他他,他点破了欲海潮。俺俺俺,俺恨妖僧谗口调刁。这这这,这痴心好意枉徒劳。是是是,是他负心自把恩情剿。苦苦苦,苦的咱两眼泪珠抛。(下)

(丑上)呵呀,禅师不好了!江中水势大作,一直漫上山来了。(外)不妨。此乃妖魔法术,把我这袈裟罩住山头,水势自然退去矣。

(丑应下)(外)护法神,速将水族驱除者!(二神将)领法旨。(追杀蟹虾龟螃下)(外)护法神,与我将此钵盂罩住此妖!(众)领法旨。(旦、贴杀上)(贴暗下)(杂祭钵)(净魁星上)(旦遁下)(净随下)(众)启禅师,才祭起宝钵,忽被文曲星托住⑫,不能罩住此妖。(外)嗄!原来如此。与我收回宝钵者。速退。(众应下)(丑上)如今是好了,几乎做子汤团。(外)请许宣出来。(丑)许官人有请。(生上)禅师,可曾收那妖孽?(外)这孽畜,腹中怀孕,不能收取。(生)他如今往那里去了?(外)他此去,必往临安,到你姐丈家中安身。待我送你到彼,了此孽缘。(生)阿呀,禅师,他此去必然怀恨于我,想此番见面,必然害我残生。弟子宁死江心,决不与他相聚的嘘!(外)不妨。你与他宿缘未满,决无相害之心。倘有甚言语,总推在老僧身上便了。待他到家分娩之后,可于净慈寺寻我,那时我自有处。(生)多谢禅师。

【双声子】(外)缘未了,缘未了,同六甲文星照⑬。休急暴,休急暴,且速往伴陪告。待分娩满月到,付伊钵将他收罩,罩此妖娆。

【尾声】(生)急急离了金山道,赴临安途路非遥,幸遇禅师将缘孽惊觉。

(外)妖精鬼魅斗神通(许碏),云水升沉一会中(李商隐)。

(生)他日愿师容一榻(李洞),满帆还有济川功(韩宗)。

〔注〕①萋菲:本作萋斐,花纹错杂貌,典出《诗经·小雅·巷伯》:"萋兮斐兮,成是贝锦。彼谮人者,亦已大甚。"后以之代指谗言。　②恁(nín):你。　③倸(shá):啥。　④堂客:女客。　⑤蝘蜓(yǎn diàn):壁虎。《荀子·赋》:"螭龙为蝘蜓,鸱枭为凤皇。"　⑥虚脾:虚情假意。　⑦三宝:佛教语,指佛、法、僧。　⑧炰烋(páo xiāo):指人嚣张或暴怒。《诗经·大雅·荡》:"咨汝殷商,女炰烋于中国,敛怨以为德。"　⑨罗刹(chà):梵文音译,全称"罗叉娑"或"阿落刹娑"。印度神话中的恶鬼,亦为佛教所沿用。　⑩鲛绡:传说中海里鲛人所织的薄纱,此指罗帐。　⑪泥犁:佛教语,指地狱。　⑫文曲星:又称"文昌星",简称"文星",主持文运科名的星神。　⑬六甲:道教神名,与六丁合称"六丁六甲",六丁为阴神,六甲为阳神,能行风雷,为天帝所役使。道士可凭借符箓召之禳灾驱鬼。

这是方本《雷峰塔》传奇的第二十五出,也是全剧的高潮。

这出戏一开场就呈现了激烈的戏剧冲突,虽然是单线结构,头绪单纯,但故事却一波三折,绝无一览无余之弊。

许宣被法海骗上金山，白蛇为寻夫去到金山寺院，要求法海归还丈夫。不料法海得意扬扬地告诉她："你丈夫已皈依三宝了。"白蛇闻言心急如焚，不知道法海用什么卑鄙的手段蒙蔽了许宣，让他无情地抛弃了恩爱的妻子和温馨的家庭。她忍不住骂了一声"秃驴"，厉声道："你若不放我丈夫，教你性命霎时休矣！"说着，她挺身欲擒法海。随侍一旁的青儿见白娘娘救夫心切，失去了冷静，竟不顾自己身怀六甲，要与法海动刀兵，十分担心她的身体会吃不消，便急忙在一旁劝道："娘娘，还是好好去求他，或者肯放官人，亦未可知。"白蛇听了，强压心头怒火，躬身向法海行礼，恳求道："望恁个发慈悲方便放渠曹。俺这里，俺这里礼拜焚香折柳腰。"可是，法海根本不为所动。白蛇忍无可忍，斥责道："呵唷，我这般哀求，只是不肯放还。你拆散人家夫妻，天理何在？"

法海自然不会认错，狡辩道："你这妖孽，既知天理，为何在人间害人？"白蛇理直气壮地反驳："我敬夫如天，何曾害他？"法海理屈词穷，只得挥舞禅杖，喝道："俺佛力无边。"白蛇浑然不惧，回敬道："恁道佛力无边任逍遥，俺也能飞度冲霄。休言大觉无穷妙，只看俺怯身躯也不怕分毫。"

眼看着双方的冲突即将达到最高潮，而作者的高妙之处也就在这关键时刻显现出来了。他没有马上写白蛇和法海双方各显道行展开殊死搏斗，而是笔锋一顿，继续安排女主人公和拆散她恩爱夫妻的仇人"文斗"——因为，白蛇嘴上虽然说"俺怯身躯也不怕分毫"，但她这时对法海还存有一丁点幻想，仍试着和他讲道理。她问："恁是个出家人，为甚么铁心肠生擦擦拆散了俺凤友鸾交？"然后当发现道理完全讲不通时，她才毫不犹豫地正告法海，如果他肯放还许宣，让她夫妇团圆，那么万事全休，否则，"管教恁一寺尽嚎啕"！于是，白娘娘个性的刚柔相济，以及她怀着对丈夫深深的爱，甘愿委曲求全的曲折心态，都被表现得十分婉曲细腻而生动形象。

当然，法海是极其顽固的，他毫不理会白娘娘的哀恳，马上施法术招来护法神对付这个寻夫心切的女人；白蛇也不示弱，她以牙还牙，招来蟹、虾、龟、蚌等水族助阵，于是，戏剧冲突在这里达到了高潮。只听白蛇一声令下，众水族水漫金山，和法海一方展开了激烈的争斗。那法海见水势大作，忙命手下用自己的袈裟罩住山头，退去大水，又令两个护法神追杀众水族并用钵盂罩住白蛇。法海来势汹汹，白蛇抵敌不了，险些失手被擒。好在她腹中胎儿是文曲星，钵盂无法施展魔法，法海的阴谋才未能得逞。最后，白娘娘战败，只得无奈地放弃与丈夫相会的初衷，和青儿退往临安。

按照常理，这出戏写到这里可以顺理成章地结穴了，但作者意兴犹酣，别出

心裁地继续酿造双方的矛盾冲突——那法海一计不成又生一计，唤出许宣，安排他和自己同往临安，并叮嘱许宣在妻子分娩后马上到法海挂单的净慈寺通报消息，法海将立刻用钵盂收服白蛇。于是，这出戏在负心的许宣接受了法海恶毒的安排之后拉上了帷幕，让读者和观众带着担心白蛇将接受更严峻的考验和磨难的紧张心理继续戏剧欣赏的旅程。换言之，作者在单线结构中运用了并不简单的艺术手法，成功地调动了读者和观众的欣赏期待感，为全本传奇的成功作出了关键性的贡献。这样，不仅使这出戏更加波澜起伏，张弛有度，而且还替后面的几出戏埋下了很好的伏笔，可谓一箭双雕。

《水斗》是一出热闹的打斗戏，和《夜话》这样的文戏相比，它比较容易出彩。不过，单纯的打斗只能增加一点戏剧的可看性，对人物性格和形象的塑造却并没有多大帮助。所以，方成培除了竭尽“优化”情节的单线结构之能事以外，还巧妙地通过语言描写和细节描写，使人物的心理，尤其是女主人公白蛇的心理得到了恰如其分的外化。比如，和第十三出《夜话》里小青不懂得白娘娘为什么要凭栏蹙眉，有异曲同工之妙的是，这出戏里青儿也同样不理解白蛇何以在许宣离家不久就急急忙忙出来寻找，她问道：“娘娘，官人的磨折，不是一次了，为何今番这般着急?”白蛇回答说是因为金山寺里有一个法海禅师，法力无边，若许宣被他点化，自己的幸福就将付之东流。这个细节不仅又一次揭示了小青和白蛇在身份和心理等方面的差异，也说明了白蛇见识深，料事明，金山之行志在必得。正由于如此，白蛇其实在出门前就已经想好了对付法海的策略，她完全是有所备而往的。不过，到了目的地之后，白蛇并没有马上召集众水族部下攻打寺院，而是情辞恳切地和法海讲道理，先礼后兵，有理有节，显得她最后的水漫金山之举完全是迫不得已的，让人十分理解和同情。而她的形象则既英姿飒爽，又楚楚动人，令人敬佩，惹人怜惜。当然，这样的安排对于主题的深化起到了相当的作用。

同时，场上三个主要角色白蛇、青儿和法海之间的关系也颇耐人寻味——一方面是整本传奇开戏以来一直在进行的青白二蛇的互相映衬与对比，另一方面又是白蛇和法海之间真挚的“情”与僵死的“理”的殊死较量、委曲求全与铁石心肠的强烈反差和“好人”之善良、“坏人”之凶恶的鲜明对比，于是，在小青的正面映衬和法海的反面映衬下，白蛇既多情又刚烈的主体形象显得极为丰满，栩栩如生。

另外，必须指出的是，《水斗》里的套数是南北合套，曲辞颇具语言功力，为整出戏增色不少，其最突出的特点就是大量运用了反复和重言的修辞技法，例如，【北喜迁莺】的开头是两句“恁休把虚脾来掉”，最后是两句“恁如今自把灾招”，而【北四门子】的开头是两句“快送出共衾同枕人来到”，【双声子】的前面两句则是：

“缘未了,缘未了,同六甲文星照。休急暴,休急暴,且速往佯陪告。”这几处运用的修辞手法都是句子的连续反复,既加强了语气,又使人物性格得到了凸显。

更典型的例子则是【北水仙子】:“恨恨恨,恨佛力高。怎怎怎,怎教俺负此良宵好?悔悔悔,悔今朝放了他前来到。只只只,只为怀六甲把愿香还祷。他他他,他点破了欲海潮。俺俺俺,俺恨妖僧谗口调刁。这这这,这痴心好意枉徒劳。是是是,是他负心自把恩情剿。苦苦苦,苦的咱两眼泪珠抛。”这一曲一共九个句子,每句开头一律是四个叠字,声急切、调悲怆,把白娘娘的悲愤点染得十分浓郁、凄凉,阅读时已经能够让人感到强烈的震撼,而一旦诉诸于听觉,这一支曲子则更加具有非凡的艺术感染力。

(郭　梅)

雷　峰　塔　　方成培

第二十六出　断　　桥

(旦、贴上)

【商调山坡羊】(旦)顿然间鸳鸯折颈,奴薄命孤鸾照命[①]。好教我心头暗哽,怎知他一旦多薄幸。(贴)娘娘,吃了苦了。(旦)青儿,不想许郎听信法海言语,竟不下山。我和他争斗,奈他法力高强,险被擒拿。幸借水遁,来到临安,哎呀,不然险遭一命。(贴)娘娘,仔细想将起来,都是许宣那厮薄幸。若此番见面,断断不可轻恕!(旦)便是。(贴)如今我每往那里去藏身才好?(旦)我向闻许郎有一姐姐,嫁与李仁,在此居住。我和你且投奔到彼。(贴)只是从未识面,倘不相留,如何是好?(旦)我每到彼,再作区处。(贴)如此,娘娘请。(旦行)(作腹痛介)哎哟!(贴)娘娘为甚么呵?(旦)青儿,我腹中疼痛,寸步难行,怎生捱得到彼?(贴)只怕要分娩了。前面已是断桥亭,待我且扶到亭内,少坐片时,再行便了。(旦)咳!许郎呵,我为你恩情非小,不想你这般薄幸。阿呀,好不悽惨人也!(贴)可怜!(旦)歹心肠铁做成,怎不教人泪雨零!奔投无处形怜影,细想前情气怎平?(合)凄清,竟不念山海盟。伤情,更说甚共和鸣。(同下)(生随外上)

(外)许宣,你且闭着眼。

【前腔】一程程钱塘将近,蓦过了千山万岭。锦重重遥望层城,虚飘飘到来俄顷。许宣,来此已是临安了。(生惊介)果然是临安了。奇呵!(外)你此去若见此妖,不必害怕。待他分娩之后,你可到净

慈寺来，付汝法宝收取便了。(生)是。待弟子相送到彼。(外)不消。你可作速归家，方才之言不可忘了！记此行漏言祸匪轻。(下)(生)前情往事重追省，只怕他怨雨愁云恨未平。萍梗，叹阽危命欲倾。伤情，痛遭魔心暗惊。

(旦、贴内)许宣，你好狠心也！(生跌介)阿呀，吓吓死我也！你看那边，明明是白氏青儿，哎哟，我今番性命休矣！

【仙吕宫引五供养】今朝蹭蹬[②]，(旦、贴内)许宣，你好薄情也！(生)忽听他怒喊连声。遥看妖孽到，势难撄。空叫苍天，更没处将身遮隐。怎支撑？不如拚命向前行。(奔下)(贴扶旦上)

【仙吕过曲玉交枝】(旦)轻分鸾镜，那知他似狼心性。思量到此真堪恨，全不念伉俪深情。(贴)娘娘，你看许宣见了我每，略不回头，潜身逃避。咦，好不可恨！(旦)不必多言，我和你急急急赶上前去。恶狠狠裴航翻欲绝云英[③]，喘吁吁叹苏卿倒赶不上双渐的影[④]。(闪介)(贴)娘娘看仔细。(旦)哎哟，望长堤疾急前征，顾不得绣鞢帮褪。(同下)(生上)阿呀，阿呀！

【川拨棹】真不幸，共冤家狭路行。吓得我气绝魂惊，吓得我气绝魂惊。且住，方才禅师说：此去若遇妖邪，不必害怕。那、那、那，看他紧紧追来，如何是好？也罢，我且上前相见，生死付之天命便了！我向前时，又不觉心中战兢。(旦、贴上)(旦)谢伊家曩日多情，恨奴家平日无情。

(见生扯住介)许宣，你还要往那里去？你好薄幸也！(哭介)(生)阿呀娘子，为何这般狼狈？(旦、贴)你听信谗言，把夫妇恩情，一旦相抛，累我每受此苦楚，还来问甚么？(生)娘子，请息怒。你且坐了，听卑人一言相告。(贴)那，那，他又来了。(生)那日上山之时，本欲就回，不想被法海那厮，将言煽惑，一时误信他言，致累娘子受此苦楚，实非卑人之故嘘！(哭介)(贴)啐！你且收了这假慈悲。走来，听我一言。(生)青姐，有何说话？(贴)我娘娘何等待你？(生)娘子是好的呵。(贴)可又来，也该念夫妻之情，亏你下得这般狠心！(生)阿呀冤哉！(贴)于心何忍呢？(生)青姐，这都是那妖僧不肯放我下山。(贴回头不理介)(生)娘子，望恕卑人之罪！

(旦)咳,许郎呵!(贴代旦挽发介)

【商调集曲金落索】【金梧桐】(旦)我与你噰噰弋雁鸣,永望鸳交颈。不记当时,曾结三生证[5]。如今负此情,【东瓯令】背前盟。(生)卑人怎敢?(旦)贝锦如簧说向卿[6],因何耳软轻相信?(拭泪起唱介)【针线箱】催挫娇花任雨零,【解三醒】真薄幸。【懒画眉】你清夜扪心也自惊。(生)是卑人不是了。【寄生子】(旦)害得我飘泊零丁,几丧残生,怎不教人恨恨!(转坐哭介)

(贴揉旦背介)娘娘,不要气坏了身子。

【前腔】(生)愁烦且暂停,念我诚堪悯。连理交枝,实只愿偕欢庆。风波意外生,望委曲垂情。(旦)你既知夫妇之情,怎么听信秃驴言语?(生)叵耐妖僧忒杀狠,教人怎不心儿惊。听他一划胡言,我合受惩。(旦)阿哟,气死我也!(生)只看平日恩情呵,求容忍。(旦)啐!(贴)这时候陪罪,可不迟了?(生)善言劝解全赖你娉婷,蹙眉山泪雨休零[7],且暂消停。(跪介)

(旦)下次可再敢如此?(生)再不敢了。(旦)起来,起来,起来耶。(生)多谢娘子。(贴气介)咳!(旦)只是如今我每向何处安身便好?(生)不妨,请娘子权且到我姐丈家中住下,再作区处。(旦)此去切不可说起金山之事,倘若泄漏,我与你决不干休!(贴)与你定不干休!(生)谨依尊命。青姐,我和你扶娘娘到前面去。(贴不应介)(生)娘子,你看青姐,总是怨着卑人,怎么处?(旦)青儿,青儿。(贴)娘娘。(旦)我想此事,非关许郎之过,多是法海那厮不好,你也不要太执性了。(贴)娘娘,你看官人,总是假慈悲,假小心,可惜辜负娘娘一点真心。(旦)咳!(生)娘子请。(旦)哎哟,只是我腹中十分疼痛,寸步难行。(生)不妨,我和青姐且扶到前面,唤乘小轿而行便了。

【尾声】(旦)此行休似东君泄漏柳条青[8],(生)还学并蒂芙蓉交映,(合)再话前欢续旧盟。

(旦)还恐添成异日愁(温庭筠),(贴)朝成恩爱暮仇雠(翁绶)。

(生)当年顾我长青眼[9](许浑),　　纵杀微躯未定酬(方干)。

〔注〕 ① 孤鸾:星名,古人以为命犯孤鸾就会没有配偶。 ② 蹭蹬(cèng dèng):遭遇挫折。 ③ 裴航:唐书生,他在蓝桥驿求饮,遇仙女云英,心生爱慕,遂向其祖母提亲,按云英祖母的要求弄到玉杵臼,终得与云英成婚。见唐裴铏《传奇》。 ④ 苏卿:苏小卿。明梅鼎祚《青

泥莲花记》:“苏卿,庐州娼也,与书生双渐交昵,情好甚笃,渐出外,久之不还,小卿守志待之,不与他人狎。其母私与江右茶商冯魁定计,卖与之。……渐后成名,经官论之,还为夫妇。” ⑤ 三生:前生、今生、来生。 ⑥ 贝锦:织有贝纹图案的锦缎。《诗经·小雅·巷伯》:“萋兮斐兮,成是贝锦。彼谮人者,亦已大甚。”后因以之代指谗言。 ⑦ 眉山:女子的秀眉。汉卓文君貌美,脸若芙蓉,眉如远山。后因以“眉山”称女子的秀眉。 ⑧ 东君:春神。 ⑨ 青眼:三国魏阮籍对自己不喜欢的庸俗之徒白眼相对,见到志趣相投的嵇康则青眼相对。后因以“青眼”称对人的喜爱或重视。

这是方本《雷峰塔》的第二十六出,也是全剧艺术成就最高的一出。

《断桥》在剧情上紧承《水斗》,而在艺术气氛上则和《水斗》大异其趣。相对于《水斗》的剑拔弩张,《断桥》抒情凄婉,进一步深入刻画了主人公白娘娘忠于爱情、忍辱负重的主体形象,使剧本主题得到了升华。而且,这样的安排对于观众欣赏心理的照顾也是十分妥帖的。

话说白蛇在金山铩羽败逃,借着水遁,回到了和许宣初识的临安城。旧地重游,她不禁触景生情,和小青同声谴责许宣的薄幸。“奔投无处形伶影,细想前情气怎平?”端的是凄凄惨惨,冷冷清清,如果没有青儿的陪伴服侍,她真不知道自己会怎么样。就在这时,姐妹俩突然看到了许宣的身影,不由地怒火冲天,大叫一声:“许宣,你好薄情也!”许宣理亏心虚,非常害怕白氏主仆,闻声赶紧躲避。白娘娘又急又气,拖着即将临盆的身躯气喘吁吁地追上前去,一把扯住许宣,骂道:“我与你噰噰弋雁鸣,永望鸳交颈。不记当时,曾结三生证。如今负此情,背前盟。”那青儿更是火冒三丈。许宣见妻子和小青盛怒,赶紧拚命作低服小,把责任一股脑儿都推到了法海身上,然后又跪在妻子面前苦苦求饶。青儿一眼看穿他是假慈悲、假小心,毫不留情地道破其底细,不管许宣如何哀恳,都不予理睬。白蛇则痛心疾首,哀伤欲绝,只顾责备许宣的负心薄幸:“害得我飘泊零丁,几丧残生,怎不教人恨恨!”言语间,她不禁涕泗滂沱。青儿见状,急忙替白娘娘揉背,劝慰道:“娘娘,不要气坏了身子。”

许宣在道行高深的白氏主仆面前不敢造次,一个劲儿求恳白蛇,希望她看在夫妻情分上饶恕了他:“愁烦且暂停,念我诚堪悯。连理交枝,实只愿偕欢庆。风波意外生,望委曲垂情。”白蛇闻言,伤心地问:“你既知夫妇之情,怎么听信秃驴言语?”许宣急忙再为自己开脱罪责:“叵耐妖僧忒杀狠,教人怎不心儿惊。听他一刬胡言,我合受惩。”对他这番话,嫉恶如仇的小青哪里肯信,立即讽刺道:“这时候陪罪,可不迟了?”但白娘娘夫妻情深,见丈夫双膝跪地软语相求,心肠不由地就软了下来,不仅自己马上宽恕了许宣,还代他向青儿求情:“我想此事,非关许郎之过,多是法海那厮不好,你也不要太执性了。”小青无奈,又见白娘娘腹痛难忍,只得暂

不追究许宣的罪过，和他一起扶着即将临盆的亲人去往许宣姐姐家暂且安身。

和《水斗》一样，《断桥》也是由二女一男三个主要人物撑起的一出戏。不过，白蛇姐妹虽然未变，《水斗》里的法海却换成了许宣。于是，随着男性人物和女性角色关系的改变，戏剧矛盾的性质也就完全不同了。在金山寺前，白娘娘面对拆散她和许宣的法海是仇恨满腔，毫无犹豫和彷徨，表现出她刚烈坚强的一面；但在断桥之塊，白娘娘面对负心郎许宣，却是又恨又气，又爱又怜，心里充满了矛盾，无论如何硬不起心肠和许宣彻底决裂，表现出她温柔善良的一面。也正因为这样，《水斗》里敌我双方的刀光剑影就变成了《断桥》里小夫妻之间的口角纷争。作者为了强调这一点，在剧情的安排上可谓用心良苦。一开始，他自然是让受尽颠连的青白二蛇同仇敌忾，薄情寡义的许宣则落了单，舞台上形成明显的二比一；然后，白娘娘听信了许宣的表白，反过来帮助丈夫向青儿求情，场上依旧是三个人，依旧是二比一，但形势却完全逆转了。这个改变，和白蛇一贯以来的个性和对爱情的忠贞不二是一致的；换言之，剧情在此处的急转直下不是不自然的，也不是不符合逻辑的。同时，也正因为剧情在这里的逆转，三个人物的形象，尤其是女主人公白娘娘的形象得到了很好的塑造和烘托，显得十分丰满。最后，反倒是刚直忠诚、热心无私的青儿落了单，她出于对白娘娘的深厚情谊，只得权且隐忍，于是一家人暂得团圆。而男主人公许宣懦弱无能、缺乏主见的性格也跃然纸上，为后文他去净慈寺报信，引来法海，害得白娘娘被压雷峰塔底的情节埋下了伏笔。

在这出戏里，除了走过场的法海以外，其他三个人物都得到了浓墨重彩的描写刻画，几乎没有主次之分。白蛇自不必说，作为一个中华传统妇女的典型形象，她的坚韧、温柔和自我牺牲精神在这出戏里得到了充分的表现。还有青儿，她在这出戏里面，夹在许宣和白氏夫妇之间，一会儿义愤填膺、口舌如刀，一会儿无可奈何、摇头叹息，情绪起伏很大。但是，值得注意的是她所做的一切，无不是为了白蛇，她自已绝对没有丝毫的私心在里面。于是，青儿的形象在这里得到了最后定型式的塑造，她忠诚无私而爽朗的个性也得到了精彩的定格，给人留下了极其深刻的印象。可以说，没有青儿就没有白娘娘和《断桥》，也不会有《雷峰塔》。另外，整本传奇也通过这一出《断桥》使主要人物回到了剧情开始的西子湖畔，让同样的背景展示人物前后不同的心境；于是，传奇的结构更加完整和圆融，人物和主题则更加立体饱满、深刻动人。

一直以来，《断桥》都是各剧种的保留剧目和经典剧目，如京昆舞台上的《断桥》，其演出本就是以方本《雷峰塔》的《断桥》一出为底本的。当然，《断桥》的成功并不完全是因为人物形象的鲜明丰满和传奇关目的合理巧妙，应该说，在这方

面舞台提示和曲辞、宾白也有不少功劳。首先,这出戏的舞台提示在全剧中算是比较细致复杂的。如白娘娘的“见生扯住介”和“转坐哭介”,动作幅度较大,细腻地体现出白氏当时当地复杂幽怨的心境;而青儿的“贴扶旦上”、“贴回头不理介”、“贴代旦挽发介”、“贴揉旦背介”和“贴不应介”等动作,则恰如其分地表现出了青儿对白蛇的体贴入微和对许宣的痛恨恼怒,十分传神。

同时,《断桥》的语言已臻化境,简直无一处不符合人物的心情和处境。而且,和《夜话》里面颇为典雅整饬的曲辞相比,《断桥》的唱词则是绚烂之极归于平淡,除了在仙吕过曲【玉交枝】里用了双渐和苏小卿的爱情故事等典故以外,整出戏的语言几乎全是极浅显的,连唱词也是口语化的,不仅一看就懂,而且一听也能够就懂,但又绝对不失之于粗俗无味。如商调【山坡羊】的结句:“凄清,竟不念山海盟。伤情,更说甚共和鸣。”对偶,押韵,既显得精巧,又耐得咀嚼,还明白易懂,的确是上佳的场上之曲。又如【川拨棹】的煞拍:“谢伊家曩日多情,恨奴家平日无情。”似反语又非反语,曲折细致地体现了白娘娘感情上遭受重大挫折后蓦然与许宣重逢时候的复杂心境。

另外,这出戏在创作手法上形式多样,不拘一格。比如,它用借宫的方法,糅商调和仙吕宫于一体;同时还采用集曲的形式,将一支白蛇谴责许宣薄幸的商调集曲【金络索】写得既婉约又淋漓,哀怨动人,艺术感染力很强。　　(郭　梅)

【戏曲家小传】

沈起凤

(1741—1802)　字桐威,号蒉渔、蓉洲,又号红心词客。吴县(今江苏苏州)人。清乾隆三十三年(1768)举人。五应会试皆报罢,年未四十即绝意仕进,以著作自娱。善戏曲,四十五年、五十九年清高宗南巡时,参与编写扬州盐政、苏杭织造所备迎銮供御大戏。五十三年起,任安徽祁门、全椒教谕。晚年皈佛,卒于北京。性脱略,向有狂名,一生失意,寄情于文艺。曾与戏曲家石韫玉等结碧桃诗社,与友人吴翌凤等结水村诗社。多才艺,诗词并工。一生剧作不下三四十种,曾风行大江南北,惜不自收拾,大多亡佚。今存传奇有《报恩缘》、《才人福》、《文星榜》、《伏虎韬》、《云龙会》五种,前四种合称《蒉渔四种曲》(又名《红心词客四种》、《古香林四种》、《沈氏四种》)。此外,存目者有《泥金带》、《千金笑》、《桐桂缘》、《黄金屋》数种。另有《红心词》,又作有文言小说集《谐铎》。此外尚有《人鹄》、《十三经管见》,均佚。

才 人 福 沈起凤

第十三出 宴 谑

(副净扮刑厅上)未向东床夸坦腹[①],且来西馆看招贤。下官秦伯达,昨日听子奶奶勾说话,聘定仔张幼于,今日备仔酒席,接渠到衙门里来,请唐伯虎得陪渠。吓,贵歇天色夜拉里哉[②]! 那说还勿来? 来人介!(副上应)打发衙役再去邀。(副应)(丑执帖子,旦男装,小生扮书童,副小生扮唐寅上)

【引】兔眼醉迷离,不辨雌雄偶[③]。(小生)可笑凤凰群,今日居牛后[④]。

(丑)那位在?(副)什么人?(丑)张师爷同唐大爷都到了。(副)请少待。(禀介)(副净)道有请! 张先生、年兄请!(旦、副小)请!(旦)老公祖请上[⑤],治晚生有一拜。(副净)岂敢! 小弟也有一拜。(旦)平安书记,愧无杜牧之才[⑥];(副净)寂寞衙斋,幸下陈蕃之榻[⑦]。(副小)年兄,治弟平原介绍[⑧],幸不辱命。(副净)足见年兄雅爱。请坐!(各坐打恭介)(副小)书童呢? 过来叩见秦老爷。(小生背介)呸这促掐人[⑨],就来奚落我了! 说不得。(转身介)秦老爷!(欲叩介)书童参……(副净)罢哉!(小生)唐大爷,秦老爷免了。(副小)你的造化!(副净)革位阿是张先生勾管家啥[⑩]?(副小)这是幼于心爱之仆也。(副净)本来好。你叫啥勾?(小生)这……(副小)你叫什么名字? 快对秦老爷说吓!(旦)吓,老公祖,小价名唤俊才[⑪]。(副净)吓,俊才! 看伊革副聪明面孔,怪弗得先生欢喜。(副小)不瞒年兄说,这小厮风流美貌,是天生的了。(副净)好乩[⑫]!(副小)更有一段极有趣的美处哩!(副净)还有啥勾美处?(副小)他素有龙阳之癖[⑬],夜夜与幼于同榻的。(副净)哈哈! 年兄说搂话哉[⑭]!(末、丑)酒完了。(副净)看酒!(旦)不必行此大礼罢。(副小)说得极是。我每知心相叙[⑮],休拘俗套。况且幼于最是脱俗的,何须拘此! 摆下罢!(副净)介没先生从直哉嘘[⑯]! 摆下。(旦)岂敢。(副净)请吓!(旦、副小)请!

【梁州序】花台月座,金昆玉友,清谈挥麈风流[⑰]。行厨竹里[⑱],参军录事都休[⑲]。(副净)衙役筛酒!(末、丑应)(副小)住了!(副

净)住子！(副小)年兄，我等文人筵宴，何用衙役喧呶？况幼于兄的家童，颇谙酒政，倒借重他斟酒，岂不为快！(副净)弗好得罪客人革管家滑！(副小)幼于是极有趣之人，决不见怪的。(副净)先生……(旦)老公祖！(副净)年兄是介说没，先生弗见怪革哉。(旦低头不语介)(副净)衙役拿酒壶交拉小管家[20]，大钟放拉间向[21]，听厾出去嘿哉[22]！(末、丑下)(副净)小管家，听来。(副小)俊才，秦老爷叫你。(小生)老爷有何分付？(副净)筛仔酒勒，送拉听厾相公。(小生)阿呀！秦老爷，我家相公，天性不会饮酒的。(副净)啥说话！敬过去，敬过去！(旦)老公祖……(副净)岂敢，岂敢！(旦)治晚生自来不胜杯酌。(副净)年兄那撇断[23]。(副小)幼于又来作客了！你的酒量，弟所佩服，怎向知己面前支吾起来？年兄先罚他三大杯，干了再讲！(副净)快点送过去。(旦)老公祖不要听他撒谎！(副净)年兄老实人，从来勿说谎个。请干仔。(旦)阿呀，这一大杯吃下去，只怕就坐不住了。(副净)啥说话！大量，勿吃酒没埋灭忒哉[24]。(旦)既承台命谆谆，不好故违。容治晚生慢慢的全此一大杯便了。(副净)勿能慢慢能勾[25]！(副小)幼于，若再迟捱，我来灌了嘘！(旦)咳！你是什么意思吓？(副小)无非要你吃酒，什么意思？你若不干，果真要灌了！(旦)使不得！(小生)秦老爷，我家相公在此饮了。(副净)快点快点！(副小立起)(小生扯住副小)唐大爷，这是使不得的！(旦)待小弟干就是了。(副净)好厾好厾！(副小)哈哈！年兄可是海量。(副净)好！果然大量。(副小)名不虚传吓！(副净)俊才官再筛！(小生应)如今是唐大爷来了。(副净)再送拉听厾相公！(小生急状)老爷，我家相公真勾不会饮酒的！(旦)阿呀，老公祖！治晚生才这一杯，已勉强之至矣。(小生)是勉强的。(旦)取酒来！待治晚生转敬一杯。(副净)张先生请用仔此杯，小弟就受罚嘿哉。(小生)我家相公真个不饮的。(旦)老公祖，这杯不能遵命了。(副净)先生执意勿用没，小弟自家来手奉哉！(旦慌状)阿呀，使不得！快接了杯儿。老公祖请坐，待治晚生舍命便了。(副净)小弟打鼓催哉！一鼓，二鼓，三鼓……(旦)慢些慢些！(副净)弗干是要罚十大钟厾！(小生)求老爷缓些！(旦又照干)(醉介)(副小)还有一杯。(旦)实在吃不得了！(副小)书童代劝。(小生)唐大爷和老爷各用一杯，我家相公是不能饮了。(副净)既是小管家筛仔，年兄，我搭听奉陪张先生一杯[26]。(副小)遵命。幼于如若不干，又要罚三大杯的嘘！(旦)在朋友面上，为何如此作难

吓！（副小）请吓！（旦伏桌介）一任杯倾绿蚁[27]，风动红鳞，漉尽泉明酒[28]。金焦交捧处[29]，罄三瓯，同向花前数酒筹[30]。（末持帖子上）启爷：沈大老爷差两名管家，押一个大胡子道人，说在沈府门首，手拿木鱼，口诵什么化婆经。沈大老爷闻之大怒，特送到老爷这里，严刑处治。有帖在此。（副小背介）哦，我晓得一定是祝蹉弄出事来了[31]。不要管，要他一要。（副净）阿唷！有这样放肆的野道，家婆啥化得起来革？传齐衙役，即刻坐堂处治。（副小）住了！年兄出堂，不必细问。且将他枷号头门[32]，明日早堂听审。我辈花间雅集，岂易得哉？君若出堂担搁，岂不扫兴？（副净）年兄见教得极是。失陪！出去一歇就来勾。分付开门。（内应鼓）（开门介）（下）（副小）年兄速去速来。幼于请吓！（小生）还要吃什么酒！（副小）你看斜阳没，花阴覆。青灯红烛明如昼，休辞醉尽三斗。

（内）掩门！（副净上）年兄，遵命枷号拉厾哉。（副小）吓！枷号了？（副净）我俚再吃酒[33]，再吃酒。（小生）老爷，我家相公已醉得睡熟了。（副净）果真醉哉。（副小）我每且散一散，少顷再饮罢。（副净）既然是介，且散一散。（副小）年兄来！（副净）年兄啥勾？（副小）你看幼于的样儿呵。（副净）那呢[34]？

【前腔】（副小）乌巾微岸，青衫斜纽，欲开又合星眸。小弟到有个比方在此。（副净）年兄啥个比方？（副小）好似沉香亭上[35]，海棠未醒温柔。（副净）年兄，那说拿张先生比起杨贵妃来！依小弟看起来，直头像当初革李太白[36]。（副小）好！年兄说得一些也不差。当日太白在沉香亭畔，曾有力士为之脱靴，今日小弟情愿效劳。（小生）阿呀，唐大爷！我相公被你灌得如此大醉，还要缠什么介！（副小）我与你相公相交不同，你这小厮晓得什么！何者为好友呢？一定要脱的！（副净）要脱勾，要脱勾！（小生）唐大爷像什么模样！（副小）只待蛮靴小稔[37]，玉趾轻拈，把力士微劳奏。（旦）阿呀，怎么这等胡闹起来介？（小生）如此胡缠，成甚解元体统[38]，莫非也醉了？（副净）也醉哉！（副小）哈哈哈！我果然醉得软了。（副净）醉哉！（副小）此时寸步难移，如何回去？（副净）居去勿得哉[39]！（副小）今夜要与幼于同榻的了。（小生）咳！这是那里说起。（副净）哈哈哈！好吓！哑厾两位好朋友，今夜头抵足谈心，革是极妙勾哉。（小生）阿呀，这怎么处！（副净）小管家，

点灯到书房里去。请唐大爷、大家、呧𠻘相公安置罢！（小生）阿呀呀！这个断断使不得！（副净）为啥使勿得？（小生）唐大爷虽是一位风流才子，（副净）才子！（小生）却算得个惧内的班头。（副净）啧啧啧！（小生）前日同一位姓祝的出去游山，担搁了一夜，他家奶奶认他是走了斜路，率领了一班丫环仆妇，登和尚之堂，（副净）阿呀！（小生）进和尚之房，（副净）阿呀！（小生）上和尚之床，（副净）阿呀！（小生）弄出一场大笑话。可是留他住不得的。（副小）嗨嗨嗨！小厮胡说，胡说。（副净）是介说起来，连我也有点胆寒，弗敢相留年兄住哉。人来！掌灯送唐大爷回府。（丑上应）（副小）放著。（副净）放拉𠻘[40]。年兄恕送，明朝会。（副小）年兄请便。（副净）张先生，请到革荅书房里坐坐罢[41]。请吓！（旦）请！（下）（副小）俊才小厮呢？（小生）又是什么？（副小）掌灯送我唐大爷回府！（小生扶唐出门）走走走！好吓，你拿我两人开了半日的寡心！我受你的气也就彀了，倒亏你想得出这样痴念头那！好好的自己拿了灯回去，改日与你理论。我要伏侍灵娘去也。（奔下）（副小）哓哓哓！好放肆的小厮！哈哈哈！你看幼于畅好情痴也！无端改抹起旧儒流，只为寻思鸾凤俦。哈哈哈！我到好笑此时自己拿灯走回去，好个解元的体统！（内打一更）呀！听谯楼鼓，黄昏后。那里有金莲宝炬天家授[42]，落学士自家手。（下）

（生带枷）（副押上）走走走！瘟道士记里是班房门首。呧等拉革荅，我去赊一碗夜饭，吃仔勒再商量吓。（下）（生）咳！倒受这小人的气。（生坐左角板凳）（副小上）咦！你看那边一个枷号的人儿，不知可就是祝蹇？若果是他，只索大大打趣他一番。那边枷号的是什么样人吓？（生）伯虎！（副小）阿呀，元来是希哲兄！（生）你何事从衙门里出来？（副小）吓！今日敝同年请我赴席，此时酒散返舍了。（生）好受用吓！（副小）你在这里偏背我吃独桌，难道倒不受用？（生）嗨嗨嗨！快些走罢，不要在此讨厌了！（副小）我且问你，你那日在幼于店中，与我赌气，定要骗我表妹为继室，今日骗得可好呢？（生）可知塞翁失马，焉知非福？不劳你替我担忧。（副小）好！你还是这般嘴硬。（生）我为何不嘴硬呢？（副小）咳！

【节节高】你思量赚翠楼，卖风流，无端闯入闲机彀。招风口，犯罪由，权消受。（生）赤绳系颈君知否[43]？蓝桥配递从来有[44]。

(副小)看你这踱头,干得出甚么巧事来?人家千金小姐,你扮了道士,嘿,难道竟骗得到手的?岂不是踱头之所为!你虽不要我为媒,我老唐岂忍坐视?(生)凭你罢了!(副小)反道旁人何用苦担忧,请了,明日恭候好音!(生)这却是你的盛情?(副小)少不得解铃再试来朝手。(下)

(副上)一勾肚皮饱俚哉。道士造化,呒拉班房里过子夜罢!可恨顽涎道士,犯罪一钱不使。(生)明朝花面官儿[45],认取风流才子。(副)只怕弗是才子,只算得一个枷人哉!(下)

〔注〕 ① 东床夸坦腹:典出南朝宋刘义庆《世说新语·雅量》:"郗太傅在京口,遣门生与王丞相书,求女婿。丞相语郗信:'君往东厢,任意选之。'门生归白郗曰:'王家诸郎亦可嘉。闻来觅婿,咸自矜持;唯有一郎在东床上坦腹卧,如不闻。'郗公云:'正此好!'访之,乃逸少(即王羲之),因嫁女与焉。"后以"东床坦腹"代指女婿。 ② 贵歇:苏州方言。此时,这时候。③"兔眼"二句:北朝乐府民歌《木兰诗》:"雄兔脚扑朔,雌兔眼迷离。两兔傍地走,安能辨我是雄雌?"这里用其语意,指名妓李灵芸女扮男装。 ④"可笑"二句:凤凰:比喻才德高尚的人。牛后:语出《战国策·韩策一》:"宁为鸡口,无为牛后。"这里张敉自诩才德杰出,反而屈居一般人名妓李灵芸之下。 ⑤ 公祖:旧时士绅对知府以上地方官的尊称。 ⑥ 杜牧之才:指执掌书记的才能。唐代诗人杜牧曾为江西、宣歙观察使沈传师和淮南节度使牛僧孺的幕僚,历团练判官、节度推官、掌书记。 ⑦ 陈蕃之榻:《后汉书·徐稺传》载,东汉时陈蕃为太守,在郡府不接待宾客,唯徐稺来特设一榻,徐稺去则将榻悬起。后因以"陈蕃之榻"为礼贤下士的典故。⑧ 平原:指门客。 ⑨ 呒:苏州方言。你。促掐人:指刻薄、爱捉弄人的人。 ⑩ 革位:苏州方言。这位。 ⑪ 小价:对自己的仆人的谦称。 ⑫ 丟(dū):苏州方言。语气词。⑬ 龙阳之癖:指男同性恋。龙阳,战国时魏君的男宠龙阳君。 ⑭ 说搂话:苏州方言。胡说,乱说。 ⑮ 每:今通作们。 ⑯ 介没:苏州方言。那么。 ⑰ 挥麈:晋人清谈时常挥动麈尾以为谈助,后因称谈论为挥麈。 ⑱ 行厨竹里:指魏晋时竹林七贤携酒饮于竹间。行厨,谓出游时携带酒食。 ⑲ 参军录事:俱为职官名。东汉末有参军事之名,即参谋军务,简称参军。录事,晋时置录事参军,掌总录众官署文簿,举弹善恶。 ⑳ 拉:苏州方言。在。 ㉑ 间向:苏州方言。这边,这儿。 ㉒ 呒(wǔ)丟:苏州方言。你们。呒,你。 ㉓ 撇断:苏州方言。彻底摆脱干系。 ㉔ 埋灭忒:苏州方言。埋没掉。 ㉕ 能:苏州方言。副词或形容词后缀,然。勾:苏州方言。语气词,的。 ㉖ 搭呒:苏州方言。同你、与你。 ㉗ 绿蚁:酒上浮起的绿色泡沫。这里为酒的代称。 ㉘ 泉明酒:泉明,指晋陶渊明。唐时避高祖李渊讳,改"渊"为"泉"。陶渊明好饮酒,其《五柳先生传》云:"性嗜酒,家贫,不能常得。亲旧知其如此,或置酒而招之。造饮辄尽,期在必醉。既醉而退,曾不吝情去留。" ㉙ 金焦:古代金属炊器,军中用以夜间敲击报更。 ㉚ 酒筹:饮酒时用以计数或行令的筹子。 ㉛ 祝踱:指祝枝山。踱,苏州方言,痴呆、呆笨的人。 ㉜ 枷号:古代一种刑法,将木枷套在犯人颈上,写明罪状示众。㉝ 我俚:苏州方言,俚亦可作里。我们。 ㉞ 那呢:苏州方言。怎么样啊。 ㉟ 沉香亭:唐玄宗命移植牡丹(木芍药)于沉香亭前,供杨贵妃共赏。曾召李白,命作新词。李白醉中稍醒,援笔作《清平调》三章,有"解释东风无限恨,沉香亭北倚阑干"句。 ㊱ 直头:苏州方言。实

在，确实。　㊲ 蛮靴：舞鞋，多用麂皮制成。　㊳ 解元：科举时，乡试第一名称解元。　㊴ 居去：苏州方言。回去。　㊵ 放拉玐：苏州方言。放在这儿。　㊶ 革答：苏州方言。这儿，这里。　㊷ 金莲宝炬：金饰莲花形火炬。唐裴廷裕《东观奏记》上："上将命令狐绹为相，夜半，幸含春亭召对，尽蜡烛一炬，方许归学士院，乃赐金莲花烛送之。院吏忽见，惊报园中曰：'驾来。'"天家：帝王之家。　㊸ 赤绳系颈：赤绳，唐人小说所记司婚姻之神（月下老人）的法宝，凡遇有缘男女，即以赤绳系两人之足，最终必成夫妇。这里将"系足"改为"系颈"，寓祝允明为求婚反戴枷锁的调侃意味。　㊹ 蓝桥：桥名，在今陕西蓝田县东南蓝溪之上。传说其地有仙窟，即唐裴航遇仙女云英处。后常用作男女约会之处。配递：古代发配罪犯，途中逐站递解，称配递。两句语出明汤显祖《牡丹亭·硬拷》："天呵，系颈的是定昏店，赤绳羁凤；解领的是蓝桥驿，配递乘龙。"　㊺ 花面：传统戏曲角色"净"的俗称，因其以粉墨涂面得名。

《才人福》传奇为《红心词客四种》（包括《报恩猿》、《才人福》、《文星榜》、《伏虎韬》）之一，是清代戏曲家沈起凤的传奇代表作。作者以奇笔写奇事，虚构了"才人福分从来少，喜洞房金榜都邀"（第三十二出《福圆》）的情事。其第一出《双奔》有云："笑当场游戏谁人懂？须不是说鬼坡仙万事空，也只愿天下才人将福分拥。"道破了作者谱此传奇的旨意——"愿天下才人将福分拥"。

此剧二卷，共三十二出。叙写神仙萧史、王子晋尘世情根未断，诱仙界芙蓉城女子瑶英、绣贞一同下凡，四人分别转生为苏州才子张敉（字幼于）、祝允明（字希哲）、四府理刑秦伯达之女秦晓霞、前礼部侍郎沈道宗之女沈梦兰。张敉与秦晓霞，祝允明与沈梦兰，双双缔结姻缘。玉皇闻讯敕旨，另派杖藜老人、写韵仙子下凡，转生为才子唐寅（字伯虎）、名妓李灵芸，助成其事。张敉与李灵芸志趣相投，同在虎丘设肆专医诗病。四府理刑秦伯达欲聘一才子为书记，兼有择婿之意，唐寅力荐张敉。秦伯达亲自登门造访，张敉正好外出，李灵芸女扮男装，假充张敉应聘。秦伯达对其甚为满意，请其次日进府，盛情款待。当日，张敉仍让李灵芸扮自己，自己则假扮书童随行。受命作陪的唐寅见状，乘机在宴间喜谑逗乐。祝允明为谋娶沈梦兰，扮成道士至沈府念"化婆经"化缘，被枷号于衙门前示众，后因奉旨钦召进京识别太学古碑篆字而被释。唐寅向沈道宗说明情由，沈道宗亦因女儿梦兰喜祝允明诗而许婚。祝允明与沈梦兰终成眷属。秦伯达欲以女晓霞许配，假张敉却一口回绝，其意在让真张敉不再迷恋儿女私情，而立志博取功名前程。祝允明、唐寅知其用意，假称晓霞已与沈公子定婚，灵芸亦随嫁为其妾。张敉在晓霞等人的激励下，发奋自强，赴京殿试中式，得授翰林学士。祝允明、唐寅又告知张敉，晓霞与沈公子结婚，强请他出席喜宴，实为他举办婚礼。最后真相大白，张敉与晓霞喜结良缘。

清石韫玉《乐府解题四则》云："《才人福》，慰穷士也。识字如祝希哲，工诗如张幼于，一沉于卑位，一困于诸生。特著此剧，以为才人吐气。若唐时方干等十

五人，死后始成进士，奚不可者？”以虚幻的福禄，慰藉沉沦于卑位、困顿于场屋的才人，使之吐气扬眉。这正见出作者的良苦用心和在残酷现实面前的空想与无奈。

《宴谑》为全剧第十三出，是其中最精彩的折子之一。叙秦伯达为聘书记兼选婿，相定女扮男装的李灵芸所扮张敉，邀其进府，以酒宴款待。唐寅受秦伯达之请至秦府作陪，见李灵芸装张敉，张敉扮书童，真、假张敉逢场作戏，便乘机逗谑，却又并不说破。祝允明为谋娶沈梦兰，扮成道士至沈府念“化婆经”化缘，被枷号于衙门前示众，唐寅却幸灾乐祸，隔岸观火，演绎了一出谐趣横生的喜剧。无怪乎近人吴梅《〈才人福〉跋》评谓：“《宴谑》一折，亦令人绝倒。”

这一折戏，展现了才人之间轻松欢快的氛围，突出表现了苏州才子唐寅的谐谑天性：

他对张敉(扮书童)一味嬉谑：先是唤其叩见。进得秦府，明知张敉为接近秦女晓霞而不惜屈尊扮书童，他却有意拿张敉开涮，当他人之面任意使唤：“书童呢？过来叩见秦老爷。”张敉明知他是“促掐人”，“奚落”自己，却又哑巴吃黄连，“说不得”。秦老爷让张敉“罢哉”，唐寅咒了句“你的造化”，便又生一计，当面胡诌出所谓“更有一段极有趣的美处”，说什么张敉“素有龙阳之癖”，“夜夜”与假张敉、真灵芸“同榻”，连秦伯达也笑怪他“说搂话(胡说)哉”。继而命其斟酒。秦伯达命衙役筛酒，他却自作主张说“住了”，理由是“我等文人筵宴，何用衙役喧呶”，又赞假书童张敉“颇谙酒政”，说是“倒借重他斟酒，岂不为快”，硬要张敉这位才子为他斟酒；更以“幼于是极有趣之人，决不见怪的”为由，封住假张敉(李灵芸)的口，害得她只能“低头不语”，任他摆弄。最后令其送行。唐寅已不胜酒力，自己也承认“哈哈哈！我果然醉得软了”，可是当秦伯达唤衙役“掌灯送唐大爷回府”时，他还忘不了“俊才(张敉所扮书童名)小厮”，命其“掌灯送我唐大爷回府”。张敉一边扶他出门，一边大出怨气：“好吓，你拿我两人开了半天的寡心！我受你的气也就彀了，倒亏你想得出这样痴念头哪！”要他“好好的自己拿了灯回去”，悻悻然表示“改日”再与他“理论”。别人恼怒，他却仍是哈哈大笑道：“好放肆的小厮！”

他又对李灵芸(扮张敉)放肆逗乐：先是不断给她灌酒。明知李灵芸不会酒，张敉已着急地申明“阿呀！秦老爷，我家相公，天性不会饮酒的”，李灵芸也连连声言“治晚生自来不胜杯酌”，他却恣意戏谑道：“幼于又来作客了！”说什么：“你的酒量，弟所佩服，怎向知己面前支吾起来？”不论青红皂白，竟要秦伯达“先罚他三大杯，干了再讲”。李灵芸讨饶：“阿呀，这一大杯吃下去，只怕就坐不住

了。”但碍于面子，她又不得不答应“慢慢的全此一大杯便了”。但他仍不依不饶：“若再迟捱，我来灌了嘘！”见李灵芸认罚，应诺“干就是了”，他更在一旁推波助澜，大赞其“海量”、“名不虚传”。李灵芸已醉，他却道“还有一杯”；李灵芸“实在吃不得了”，他又要“书童代劝”，又要“罚三大杯”；李灵芸已摊牌：“在朋友面上，为何如此作难吓！”他还是大呼小喝“请吓”、“请吓”，直到把李灵芸灌得“伏桌”“睡熟”。继而提出为她脱靴。李灵芸终于被他灌得醉倒，他见李灵芸“乌巾微岸，青衫斜纽，欲开又合星眸”，醉态可怜，忽然“有个比方”，故意说是她“好似沉香亭上，海棠未醒温柔”，使人想到醉酒的美人“杨贵妃”，暗示她是女儿身。秦伯达不察，反说“直头（实在）像当初革（的）李太白”。他闻此大喜，灵机一动，说是“当日太白在沉香亭畔，曾有力士为之脱靴，今日小弟情愿效劳”，急得张敉忙加阻拦。他却故意喝道：“我与你相公相交不同，你这小厮晓得什么！”声称“一定要脱的”，吓得李灵芸惊呼：“阿呀，怎么这等胡闹起来介？”张敉也大呼：“如此胡缠，成甚解元体统。”然而，他并不善罢甘休，还想加码，只是心有余而力不足，因为“果然醉得软了”，才中止了这场使李灵芸难堪的闹剧。最后竟戏说要与她同榻。酒宴一场大闹，他自己也醉得“寸步难移”，不能回去了。此时他又忽生“今夜要与幼于同榻”的酸主意，张敉听了惊呼：“咳！这是那里说起。”秦伯达不知就里，竟连声附和说：“好吓！啀厾（你们）两位好朋友，今夜头（里）抵足谈心，革（这）是极妙勾（的）哉。”又吓得张敉大呼：“阿呀，这怎么处（办）！”秦伯达却吩咐张敉“点灯到书房里去”，请大家“安置”，急得张敉大呼：“这个断断使不得！”幸得张敉急中生智，临时编派出唐寅“风流”而“惧内”，“出去游山，担搁了一夜”，引发他家奶奶（夫人）“率领了一班丫环仆妇”，“登和尚之堂”，“进和尚之房”，“上和尚之床”的“大笑话”，使得秦伯达“有点胆寒，弗敢相留”，才打住了又一场更使李灵芸不堪的恶作剧。

他更对祝允明恣意耍弄：先是让他枷号门头。祝允明因为求婚，特意装成大胡子道人在沈府门口诵“化婆经”化缘，被押送刑厅听候“严刑处置”。唐寅明知“一定是祝蹿弄出事来了”，却又幸灾乐祸，决意“不要管，耍他一耍”。秦伯达要“传齐衙役，即刻坐堂处治”，他却建议“不必细问”，“且将他枷号头门，明日早堂听审”，害得祝允明硬是冤枉地多关押了一夜。他自己则与人“花间雅集”，酒宴上快活。继而对他打趣一番。唐寅酒醉回舍，见那边一个枷号的人儿，还不知是否就是祝允明，心中已暗自打定主意，“若果是他，只索大大打趣他一番”。两人相认，打过招呼，他告知祝允明“今日敝同年请我赴席，此时酒散返舍”。祝允明满腹怨恨，只没好气地咒他“好受用吓”。他明知祝允明独受枷号，吃尽苦头，

却打趣道:“你在这里偏背我吃独桌,难道倒不受用?”直气得祝允明连连赶他“快些走”,“不要在此讨厌了”。可他还是不放过,竟哪壶不开提哪壶,问起祝允明与己“赌气”“定要骗”唐寅表妹为继室事。祝允明则反唇相讥,“嘴硬”道:“可知塞翁失马,焉知非福?不劳你替我担忧。”最后坐视他羁押受罪。唐寅笑祝允明这“踱头(呆子)”干不出什么“巧事”,为了“赚翠楼”,竟“卖风流”,“无端闯入闲机彀”;他冷眼旁观祝允明“招风口,犯罪由,权消受”,落得“赤绳系颈”受罪吃苦的可悲下场,心中窃喜,嘴上却道“我老唐岂忍坐视”。祝允明自认晦气,口说“凭你罢了”,其实想他从速解救。哪知唐寅却让他“明日恭候好音”,道:“少不得解铃再试来朝手。”其实是坐视不管,任他被羁押一夜。祝允明知道这是唐寅的“盛情”,却丝毫奈何不得。

一味地戏谑,放肆地逗乐,恣意地耍弄,轻世傲物,放浪不羁,不修小节,不同俗流,这就是《宴谑》中名士风流的唐伯虎!不管他人窘迫,不顾他人尴尬,不理他人难堪,只要自由自在的乐,只要开心解颐的笑,追求快乐,宣泄感性,才人们要的就是幽默的情调,要的就是浪漫的氛围。这里没有讽刺喜剧所承负的批判指向,而是以一种近乎玩笑的心态,酿造出诙谐、滑稽的热闹与轻松。以出奇制胜的笔墨,写古怪离奇的才人,唤醒心灵的麻木,驱除世俗的沉闷,激活生命的快乐。《宴谑》的喜剧审美价值也许就在此。

近人吴梅《〈才人福〉跋》云:“此记以张敉为主,而以唐寅、祝允明为辅。其事虽臆造,而文心如剥蕉抽茧,愈转愈奇,总不出一平笔,传奇至此,极才人之能事矣。”读《宴谑》,看唐、张、祝三人的调笑戏谑,不难体会作者创作手段的精妙。而这一切,又多依赖淋漓尽致的科介与鲜活而富有表现力的对白来实现。试看最后祝允明与衙役的一段对白:“(生)明朝花面官儿,认取风流才子。(副)只怕弗是才子,只算得一个枷人哉!”以枷人(谐音“佳人”)对才子,幽默诙谐,令人喷饭。这样的对白,直如清李渔《闲情偶寄》所云:“妙在水到渠成,天机自露。我本无心说笑话,谁知笑话逼上来。”吴梅曾谓:“余尝谓薲渔(沈起凤)之才,既不可及,而用笔之妙,尤非藏园(蒋士铨)、倚晴(黄燮清)所能。笠翁(李渔)自负科白为一代能手,平心论之,应让薲渔。”(《〈才人福〉跋》)《宴谑》一折总共才四五支曲子,几乎全是科白。而剧中人的谐谑风采,作者的喜剧天才,正是通过传神入化的科白(尤其是让人忍俊不禁的苏白)得以展示。李渔有句精辟的比喻:“科诨非科诨,乃看戏人之人参汤也。养精益神,使人不倦,全在于此,可作小道观乎?”(《闲情偶寄》)看来,《宴谑》这折戏是承袭李渔重科诨的艺术思想,而将喜剧的宣泄、娱乐功能发挥到了极致。

(林　笛)

文　星　榜　　沈起凤

第二十五出　骂　　婚

（生急上）

【端正好】败伦常，伤风化。咻！平白地败伦常，没来由伤风化。（末跟跄上）阿呀呀！大相公，是不是且听老奴一言？想甘员外既把女儿改嫁，就去争闹，也无济于事。况且有向府的势头，决无善言相待，断断去不得的。（小生）嗳！他就仗了向老贼的势头，敢奈何了我？咻！想我堂堂七尺，岂可受人如此欺侮？且让我前去。（末急扯介）阿呀呀！大相公还是不去的好。（小生）阿呀！苍头[1]，激得人咬碎钢牙，便是俺鬼名儿罪犯如天大，吓吓，怎就的重婚嫁。

放手！放手！（末）阿呀，这是老奴决不放大相公去的。（小生）哇！谁要你来管我？（推跌末）（急下介）（末）阿呀，你看大相公竟自去了，此时我就赶上前去，断然不肯回来嘎！不免急急到甘二员外家中，教他劝转大相公便了。正是：只为冤遭狴犴[2]，咻，致兴意外风波。不免就去，不免就去。（下）（净上）哈哈哈！好快活。早完婚嫁事，（丑上）杜绝是非门。员外，事体真正殼弗定扨？那说我俚囡吜[3]，出去寻寻死路，恰好㨪著子向公子[4]，救子转来，个歇看里倒心愿诚服[5]，肯嫁勾哉。个呷天从人愿扨嘘。（净）正是。即是向亲家昨夜来会我，说王又恭倒出子罪，放子出来哉。恐防俚晓得子要来淘气[6]，所以叫我趁勾今朝好日，就拿俚阿郎入舍子进门罢。我已经打发乐人傧相去接新官人哉。即勿知吜里向勾事体，阿会才端正扨来。（丑）勿劳吜费心，老太婆主分得停停当当扨哉。（净）好极哉！介嘿我搭吜专等新官人到门[7]。（小生上）阿唷！好恼吓，好恼！

【滚绣球】笑他行井底蛙，敢阴含鬼蜮沙[8]。吜，灭人伦目无王法，逼娇儿另抱琵琶[9]。（丑）个歇辰光也该来哉唅。（净）雄新妇，没嗜担搁勾[10]，即日到耶。（小生）来此已是甘家了。吓，怎么张灯结彩在此？嗄！一定知我出狱，故此急急的把女儿改嫁了。不要管他，我且进去。（作急进介）（净、丑作惊介）吓！是罗个直闯个进来哉？（小生）老甘！难道你不认得我王相公了么？（净）咦！吜是王又恭？吜今日再到我里来做嗜？（丑）对吜说，自从吜犯子死罪，我里搭吜割断勾哉嘘！

(小生)哈哈哈！你们道我犯了死罪,所以公然竟把女儿改嫁么?(净、丑)介嘿勿是啥?(小生)我虽然被捉拿,也不曾受刑罚。(丑)完哉！贴准要紧头上,刚刚碰个冤家来哉。(净)原是,那嘿那处[11]?(小生)恁只道下蚕室已同司马[12],那知死灰燃安国还家。(净)小中生[13],实是我俚囡吔重新扳仔向翰林丢哉,就算吔放子出来,我也弗怕吔。(丑)好哙！老实说,谅吔也使弗出啥法来。(小生)阿呀呀！哇！老甘,我把你这势利小人……(净)阿唷！好壮骂！(丑)而且骂得触心。(小生)敢把纱帽势头来压量我王相公么?一任恁妖狐遇虎威能假,只看俺赤手何曾畏爪牙。吓！笑杀恁谄附豪华。

(杂上)员外,员外！向老爷来哉。(净)亲家公来哉。(丑)好哉,个勾大势头来子,就弗怕个小中生哉。(小生背介)原来这老贼来了,正要他来。(外吉服上)缘合何妨真作假,情痴反使喜成忧。(净)亲家老先生！(外)亲家！(净作悄语)王又恭拉丢里向,个嘿那处?(外)嗄！他已来了?不妨,有我在此。(净)嗄嗄！极好个哉！院君,亲家老先生进来哉！(外)亲母！(丑)阿呀！亲家公！(小生)吓吓！好个老无耻。(外)吓！王年侄怎么也在此吓！敢是你知道小儿今日入赘,特来作贺?(小生作大怒介)吓！吓！向太虚,你这老贼！我因你是个父执[14],故此暂停片刻辱骂,怎么反来奚落我?呀呸！真乃衣冠禽兽,狗彘不如也。(外)吓！吓！我有何罪过,竟骂我衣冠禽兽?(小生)老贼！你纵子为恶,谋娶我的原聘,还不是衣冠禽兽?(外)嗄！哈哈哈！如此说,你骂差了。这样事情,正是我衣冠中人才干得出。哈哈！(小生)阿呀！你这丧心病狂的老贼！(丑向净)奇怪哉！那说向亲家说话,有点没头烂舌勾。

【叨叨令】(小生)恁休将面目佯装假,在人前巧说出痴呆话。谁不知使奸谋暗地通姻娅[15],笑衣冠败类一味价行奸诈。(净)哙！小畜生！吔看看人勒骂咭。(外)哈哈哈！亲家不要管,由他骂。(小生)兀的不气杀人也么哥,兀的不恼杀人也么哥。怎教俺把姻缘一旦儿轻撇下。

(内吹打)(众扮乐人)(傧相拥小旦纱帽圆领金花披红)(丑仍扮书僮上)(小旦)才喜开笼飞彩凤,还思投饵钓神鳌。(进见介)岳父母请上,待小婿拜见。(小生)哇！小畜生！谁是他家女婿！谁是他

家女婿！（小旦）阿呀！原来是王兄。只为你做不成这里的女婿，因此费尽心机，特来代劳，怎么反来骂我？岂不可笑？（小生）哇！好畜生，你把我聘定的妻室公然谋娶，还敢这等强辩！（小旦）吓！只因你犯了死罪，故此岳翁把小姐许配与我，怎说是我谋娶？（小生）哇！还说不是谋娶的？

【脱布衫】恁只待赴天台偷折桃花，不顾俺旧刘郎合饭胡麻[16]。（小旦）住了！便算我谋娶了你的妻子，谅你一个穷措大怎生奈何得我[17]？（小生大怒介）阿唷！可恨他莽张骞硬犯星槎，敢只怕俏天孙鹊桥愁骂[18]。

（小旦笑摇摆介）不敢欺，小弟此刻便要与令正成亲了。（净、丑）贤婿，弗要理个主穷鬼，里向去拜堂罢。（外）亲家请！（齐下）（小生呆看）（大怒介）阿哟哟，罢了！罢了！

【小梁州】他拆散连枝重开并蒂花，赋桃夭宜室私夸[19]。（内细乐拜堂）（小生指恨介）激得我怒气填膺四体麻。这情魔难禁架，真个是路窄遇冤家。

我如今也顾不得了，直赶进去骂他！（二杂）啥个，呒还想逗进去来？（作推小生出）（小生奋力推二杂跌地）（竟奔下）（二杂）勿好哉！快点去扯俚出来。（进下）（内奏乐）（众持烛引旦、小旦上）（坐席揭方巾介）（众乐人作唱"攀桂步蟾宫"二句）（小生冲上作打乐人介）狗才！不许唱！不许吹！（乐人逃下）（小生）嗄嗄嗄！你竟失身从贼了。（顿足介）咳！我原想这花面老儿，生不出什么好女儿来。

【么篇】恨文姬忍耻竟把单于嫁，玷芳名枉谱胡笳[20]。怎不效望夫石山头化[21]？辱抹煞千金声价，那些个美玉点无瑕。

（小旦）咳！我看你自己一身尚且这般偃蹇[22]，还要与人争什么妻子！（小生大怒介）哇！难道我王相公是久居人下的人么？（小旦）看来也不见得十分发达。

【满庭芳】（小生）伊休恁装孤做大，俺一似龙潜浅水，受困鱼虾。（小旦）你这样人，焉有出头之日？（小生）禁声！看指日趁扶摇万里风云驾，徙南溟鹏运堪夸[23]。管取宴红绫玉鞭骄马，看遍了上苑名花。那时节春风无价，才显得文光千丈，旧是秀才家。

（小旦离位介）我想你此时纵然夸口，徒增笑柄。（小生）吓！你道

我徒增笑柄？走来！你敢与我打个掌儿么？（小旦）我怎么不敢？（打掌介）（小旦）你若果然有日衣锦荣归，罢！我那日便把妻子加倍还你！（小生）呀呀呀！呸！

【上小楼】恨狂夫将人揠𧄍[24]。俺若果玉堂金马，怕没有阆苑仙姝，绣阁娇娥，肯重寻败柳残花？我若不报此仇呵，怎见得旧书痴乘骢马，英雄志大！（小旦冷笑介）只怕没有这一日！（小生）伊休得似淮阴甘心辱胯[25]。

（净上）那说做花烛革时节，放仔俚里向来，快点赶俚出去。（众应）（推小生）（小生喝介）哇！谁敢动手？老贼，你恃着一班狼仆，将我凌轹。我王相公有日功名到手，把你们这些伤风败俗的禽兽呵，

【么篇】乞恩纶尽数拿[26]，一个个刑法加。划除你狗党狐群，管甚么螓首蛾眉[27]，象简乌纱。非见差，才把咱胸中怒雪。（净气介）个是落里说起，将新人送入洞房，一面叉俚出去。（众应）（吹打引小旦、旦齐下）（小生）笑煞他逞雄威，兀自将咱叱咤。（二杂扯小生出介）（二杂下）

（老生上）七纵七擒成妙计，一真一假结奇缘。（见介）阿呀！贤侄婿：为何这般模样？（小生作生气噎介）老、老、老伯，我、我、我如今不是你的侄婿了。（老生佯惊介）嗄！为什么呢？（小生）阿呀！老伯！他们已成了亲了。（老生）嗄！有这等事？（小生）

【朝天子】阿恨狼心女娃，做他人浑家。恼得俺一晌痴魂化。（老生）这个怪不得你著恼。咳！如今生米已成熟饭，与他们说也无益了。（小生叹气介）叹从前空将玉树倚蒹葭[28]，今日里羞惭煞。算只为带锁披枷，听候随衙，因此被他行使奸猾。（老生）既如此，老夫也不进去了。此地不是讲话之处，且到舍下去从容商议。（小生）老伯，我难道还与他争此失节之妇？只可恨这些狗男女，（指内介）一般笑咱，一般慢咱。几时得请上方[29]，鼒斩了诸奸诈[30]。（老生扯小生下）

〔注〕 ① 苍头：古时称私家所蓄的奴仆。 ② 狴犴（bì àn）：传说中兽名，形似虎，常装饰于监狱大门上，后因指牢狱。 ③ 囡呒（wǔ）：苏州方言。女儿。 ④ 搒（pèng）：碰的俗写。 ⑤ 里：同俚，本篇中作俚。苏州方言。他或她。 ⑥ 淘气：捣乱，找麻烦。 ⑦ 介嘿（mò）：苏州方言。那么。 ⑧ 鬼蜮沙：鬼、蜮俱为古代传说中暗地伤害人的精怪。蜮能在水中含沙射影，使人生病甚至死亡。 ⑨ 另抱琵琶：指妇女改嫁。明孟称舜《鹦鹉墓贞文记·哭墓》："琵琶别抱归南浦，负却当年鸾锦书。" ⑩ 啥（shá）：同啥。 ⑪ 那处：苏州方言。怎么

办。 ⑫ 蚕室：古代执行宫刑及受宫刑者所居之狱室。以其避风宜于养伤疮，如养蚕之室，故称。司马：指汉代司马迁，曾因为李陵辩解，得罪下狱，受宫刑。这里比喻受污辱下狱。 ⑬ 小中生：苏州方言。小畜生。 ⑭ 父执：父亲的朋友。 ⑮ 姻娅(yā)：指婚姻。 ⑯“恁只待”二句：相传东汉刘晨、阮肇天台山采药，遇二仙女，留住半年回家，时已入晋，子孙已历七世。刘郎，指刘晨，这里以刘晨自喻。 ⑰ 穷措大：古时讥称贫困失意的读书人。 ⑱“可恨”二句：星槎，晋张华《博物志》载有人乘槎入海，海通天河，去十余日，至一处，有城郭屋舍，见织妇与牵牛人。还至蜀郡问严君平，曰：“某年月日有客星犯牵牛宿。”计年月，正是此人到天河时。天孙，即织女，传为天帝之孙女。鹊桥，民间传说织女七夕渡银河与牛郎相会，喜鹊飞来，为之搭桥。 ⑲ 桃夭宜室：指夫妇和睦。语出《诗经·周南·桃夭》：“桃之夭夭，灼灼其华。之子于归，宜其室家。” ⑳“恨文姬”二句：文姬，名琰，字文姬，汉末女诗人，蔡邕之女。夫亡，为乱军所掳，嫁南匈奴左贤王，居匈奴十二年，后被曹操以金璧赎归，再嫁董祀。胡笳：指乐府《琴曲》歌辞《胡笳十八拍》，相传为蔡文姬所作，叙其悲惨身世。 ㉑ 望夫石：民间传说，谓妇人伫立山头望夫，日久而化为石。 ㉒ 偃蹇(yǎn jiǎn)：困顿的样子。 ㉓“看指日”二句：《庄子·逍遥游》：“鹏之徙于南冥也，水击三千里，抟扶摇而上者九万里。”这二句自诩前程远大。 ㉔ 挜㔶(yǎ bà)：摆布。 ㉕ 淮阴：指汉韩信，少时曾受屠中少年之辱，俯身出其胯下。后辅佐刘邦建立汉朝，封淮阴侯。 ㉖ 恩纶：犹恩诏，皇帝降恩的诏书。《礼记·缁衣》：“王言如丝，其出如纶。” ㉗ 螓(qín)首蛾眉：谓额广如螓，眉弯如蛾。借指美女。螓，蝉的一种，较小，色绿，方头广额。 ㉘ 玉树倚蒹葭(jiān jiā)：典出南朝宋刘义庆《世说新语·容止》：“魏明帝使后弟毛曾与夏侯玄共坐，时人谓‘蒹葭依玉树’。”蒹葭，芦苇。 ㉙ 上方：上方剑，也称尚方剑，常被皇帝授与可以全权处理大事的官员，得先斩后奏。 ㉚ 馘(guó)：古时战争中割取所杀敌人或俘虏的左耳以计数献功，称“馘”。

《文星榜》是一本公案剧，演绎由佳人卞芳芝爱慕才子王又恭而引发的一桩冤案。主要关目系取材于《聊斋志异》中的《胭脂》，只是改易姓名，增饰若干情节。此剧开篇演天界蕊珠宫掌书仙子吴彩鸾奉天帝旨令填写天榜事：原本应填为第一名状元的杨仲春士行有亏，照理应予黜落，但因其祖上阴功，仍置榜末；第二名的王又恭升补状元，但因其父居官严酷，故中魁之前须先受牢狱之苦。剧中一切因果报应，都由天界文星榜而定，故剧名《文星榜》。

吴中书生王又恭聪敏好学，入试得中第一名秀才。乡宦向诰赏识其文采风流，欲招之为婿，但又恭已聘定同邑富家之女甘碧云，故未允。其女向采苹因仰慕又恭才华，女扮男装会见又恭，假称为其妹(实为自己)做媒，愿使其妹与甘家小姐同嫁又恭，亦未成。医士卞翁之女卞芳芝也爱慕又恭，邻里薛鸾姐知其私情，愿为做媒。又恭的好友杨仲春与薛有染，得知此事，深夜假冒又恭之名前往相会求欢，遭芳芝坚拒。杨仲春夺得芳芝手帕而去，不慎丢失，被同里无赖王六訌拾得。王六訌乘机携帕潜入卞家骗奸，因路径不熟，误至卞翁住所。卞翁发觉，以为盗贼，持刀追赶。王六訌情急夺刀杀死卞翁，弃刀而逃，而将手帕失落。芳芝据帕认定又恭为凶手，告至官府，将其捉拿归案。又恭惧刑成招，下狱。甘

府逼女改嫁，其女碧云连夜出走，途遇新任理刑厅方鲁山的官轿仪仗，被带回衙中。向采苹冒充向家公子往甘家求亲，势利的碧云父母欣然允诺。为搭救又恭，向采苹又至理刑厅，请求将其开释。杨仲春闻知又恭被冤，投案自首，凶手王六訌也因典当血衣被扭送公堂，又恭获释。向诰、采苹、碧云皆大喜。采苹、芳芝因又恭无意于功名，便瞒着甘氏夫妇，策划一场假凤虚凰的婚礼，激励又恭赴京应试。又恭不知真情，闻讯闯入甘府，骂婚被逐。知情的碧云之叔甘二员外出面劝解，欲将卞芳芝嫁与又恭。又恭答应婚事，又在芳芝劝说之下，立志赴考，后高中状元。同榜杨仲春中三甲第十名进士。芳芝、采苹、碧云三女同嫁又恭。

此剧上、下二卷，共三十二出。《骂婚》为其中第二十五出，叙王又恭冤情大白后出狱，闻说甘府背信悔约，将女儿改嫁，一气之下，直闯甘府骂婚。由于作者巧设误会，剧情真真假假，假假真真，真中有假，假中有真，精彩纷呈，颇具戏剧性。

这出戏由“骂婚前”、“骂婚”、“骂婚后”三个片段构成。

“骂婚前”是这出戏的开场，交待“骂婚”的缘由。一开场，王又恭“急上”，活现出一种心急火燎之态。他是听说甘府“平白地败伦常”、“没来由伤风化”，毁约“重婚嫁”，急忙前往“骂婚”的。尽管老仆劝说他“争闹”“无济于事”，“况且有向府的势头”，“断断去不得的”，他还是怒火冲天，激愤难按。“堂堂七尺，岂可受人如此欺侮”？他“推跌”老仆，急去甘府“争闹”。一个“急”字，奠定了王又恭的性格特征和“骂婚”这出戏的基调。

“骂婚”是这出戏的高潮，也是全剧精彩所在。正当甘氏夫妇“张灯结彩”，美滋滋地幻想“早完婚嫁事，杜绝是非门”，祝祷“天从人愿”之时，半途杀出个早已“割断”亲事的“冤家”王又恭。他是有备而来“骂婚”，清算甘氏夫妇“灭人伦目无王法，逼娇儿另抱琵琶”的丑恶行径的。然而，随着与婚事相关的人物一一登场，他的“骂”遂一发而不可收，以至于一而再，再而三，将甘氏夫妇、甘氏“亲家公”向采苹父、女扮男装的“新郎”向采苹、“新娘”甘碧云，统统痛快淋漓地骂了个遍。

一骂甘氏夫妇。王又恭平反后，“死灰燃安国还家”，原本想重续姻缘，谁知甘氏夫妇把女儿“重新扳仔向翰林”，不由得破口大骂甘氏是“势利小人”，“把纱帽势头来压量我王相公”，“妖狐遇虎威能假”，“谄附豪华”，一时劈头盖脑，骂得他俩直呼“阿唷！好壮骂”、“骂得触心”。王又恭理直气壮，“赤手何曾畏爪牙”；甘氏夫妇理屈词穷，口称“弗怕”，其实心虚胆怯，无言以对。这一骂，骂者与被骂者各恶语相对，可谓针尖对麦芒。

二骂甘氏“亲家公”向采苹父。向父早已获悉这场婚礼，其实是女儿预谋的一场假凤虚凰戏，但为了教训未来的东床婿，不得不“缘合何妨真作假”，在假戏

中客串角色，让王又恭"情痴反使喜成忧"。然而，王又恭并不知就里，他将向父视作"纵子为恶"、"谋取我的原聘"的帮凶，所以一口一个"老贼"、"老无耻"、"衣冠禽兽"，又骂他"丧心病狂"、"狗彘不如"。向父并不生气，反倒戏称又恭"知道小儿今日入赘，特来作贺"，有意挑起又恭的心火。又恭愈骂，他愈显得平静，不但不回嘴，反而一忍再忍，笑道"你骂差了"，"这样事情，正是我衣冠中人才干得出来"，弄得甘氏夫妇也丈二和尚摸不着头脑，"奇怪""那说向亲家说话，有点没头烂舌"。又恭愈骂愈烈，甘氏夫妇威吓他"看看人勒骂"，向父不但不气恼，反而要"亲家不要管，由他骂"，激得又恭大呼"兀的不气杀人也么哥，兀的不恼杀人也么哥"。这一骂，骂者兴师问罪，大动干戈，被骂者虚与委蛇，不动声色，一真一假，煞是好看。

三骂女扮男装的"新郎"向采苹。向采苹生性聪慧，婚礼上"还思投饵钓神鳌"。为激励又恭求取功名，她不惜女扮男装，冒充"向公子"与甘碧云假婚，但又恭并不知情。他一见傧相拥着"纱帽圆领金花披红"的"向公子"拜见岳父母，便大骂"小畜生"，连声责问："谁是他家女婿！""向公子"只觉"可笑"，更以"只为你做不成这里的女婿，因此费尽心机，特来代劳"相刺激，气得又恭又是大骂她"好畜生"，又是斥责她"公然谋娶"自己"聘定的妻室"。"向公子"并不示弱，直言"便算我谋娶了你的妻子，谅你一个穷措大怎生奈何得我"，并扬言"小弟此刻便要与令正成亲了"，把又恭激得"怒气填膺四体麻"，决意"赶进去骂他"。这一骂，骂者妒火中烧，怒不可遏，被骂者火上加油，恣意撩拨，读来真是饶有兴味。

四骂"新娘"甘碧云和"新郎"向采苹。碧云和采苹都是这出假婚礼的策划者，所以碧云扮"新娘"，任凭又恭破口大骂她"失身从贼"，"这花面老儿，生不出什么好女儿来"，她都不作声，只是由"新郎"代为回应。又恭声言自己不会"久居人下"，"管取宴红绫玉鞭骄马，看遍了上苑名花"，"新郎"全然不顾他的脸面，依旧用尖刻的话语步步进逼，狠狠挖苦和刺激：什么"我看你自己一身尚且这般偃蹇，还要与人争什么妻子"啦，什么"看来也不见得十分发达"啦，什么"你这样人，焉有出头之日"啦，什么"你此时纵然夸口，徒增笑柄"啦。最后，才亮出自己的本意："你若果然有日衣锦荣归，罢！我那日便把妻子加倍还你！"其实是暗示自己也要嫁给又恭。但又恭不解，反而怒吼要"报此仇"。"向公子"则一脸冷笑："只怕没有这一日！"这一骂，骂者气急败坏，指天起誓，不料已中被骂者预设的圈套，正是愈骂愈觉意趣无穷。

"骂婚后"是这出戏的煞尾，点明"骂婚"的结果。又恭"骂"犹未尽，却因新人进洞房而被逐门外，"骂婚"被迫终止。此时参与策划假婚的甘二员外及时出现，

点醒婚礼“七纵七擒成妙计，一真一假结奇缘”的真正旨意。他对“贤侄婿”又恭关怀备至，宽慰有加：一是明知故问“为何这般模样”，二是故作惊诧“有这等事”，三是息事宁人，谓“生米已成熟饭”，“说也无益”，四是请又恭“且到舍下去从容商议”，终于让“骂婚”的又恭有个台阶下。又恭还是难咽这口气，“只可恨这些狗男女，一般笑咱，一般慢咱”，他许下宏愿，“几时得请上方，臧斩了诸奸诈”。这当然是气话，但此愿也只有在他“衣锦荣归”时才能实现——而这，正是所有策划这场假婚者的初衷。

近人吴梅《文星榜跋》云：“观其结构，煞费经营，生、旦、净、丑、外、末诸色，皆分配劳逸，不使偏颇，而用意之深，如入武夷九曲。《赚姻》、《骂婚》二出，非慧心人必不能作，通本遂玲珑剔透矣。”道出了这出“慧心”之作的警绝之处。这场“骂婚”，实在是一面明镜，烛照出所有骂者与被骂者的心。王又恭的正直，向采苹的聪颖，向诰的雅量，甘二的仁爱，甘氏夫妇的势利，无不呈示无遗。值得一提的是，剧中净、丑、杂诸角说白吴语化，富有浓厚的苏州地方色彩，风趣生动，寓机锋于笑料，突现了人物的性格特征。如：王又恭上门责问，甘氏夫妇见了“作惊介”：“吓！是罗个(哪个)直闯个进来哉?”赖婚时口称：“对匹(你)说，自从匹(你)犯子(了)死罪，我里(我们)搭(和)匹(你)割断勾哉嚏(了呀)！”还厚颜承认道：“介嘿勿是嗜(怎么不是嘛)。”吴语化的说白，活画出他们势利、耍赖、无耻的嘴脸，有助于人物的刻画和主旨的揭示。

此剧的主旨在于“惩隐慝”。诚如清石蕴玉《乐府解题四则》所云：“《文星榜》，惩隐慝也。杨生命本大魁，以淫行被黜。王生士行无玷，又因其父居官严酷，几以冤狱丧身。士大夫观此，皆当自首。”作者场屋失意，遂借传奇《文星榜》写其渴望仕进的幻想，虽社会内容和思想意义不免苍白与平庸，但苦心经营的曲折情节、缜密结构、雅丽文词，仍具有较高的艺术性。 (林 笛)

【戏曲家小传】

仲振奎

(1749—1811) 字春龙，号云涧，又号红豆山樵。泰州(今属江苏)人。监生。以游幕为业，曾游川、鄂等地。晚年由赣入粤，入其弟兴宁知县仲振履幕。喜作戏曲，亦工诗文。所作传奇多达十三种(一说十六种)，惜多散佚。清嘉庆三年(1799)，据小说《红楼梦》及逍遥子序本《后红楼梦》故事，谱成《红楼梦》传奇。同时还作有《怜春阁》传奇，两种均存。存目尚有《诗囊梦》一种。另有《绿云红雨山房诗钞》。

红　楼　梦　　　仲振奎

第七出　葬　花

（生携书上）

【商调过曲山坡五更】忒匆匆韶春已暮，乱纷纷落花如雨。急煎煎子规唤人，闷恹恹一腔心事和谁语。小生与林妹妹两小无猜，同心已久，自谓今生得一知己，可以无憾。不料他搬进园来，性格忽然一变，若远若近，若喜若嗔，倒教小生无从揣度。偏遇这暮春时候，一片风花，好难消遣也。心缘在，信誓虚，情怀误。只为神光离合[①]，离合无凭据。长恨绵绵，那和春去。

因此携着这《会真记》[②]，出得怡红院来，不免依花藉草，披阅一番，以解闷怀则个。（坐地看书介）

【前腔】破苍苔斜依花树，对香词细参宫羽[③]。问东风吾生奈何，逐游丝芳踪多怅纱窗阻。（风起举袖介）呀！早落的满身花片也！我想美女名花，皆天地至灵之气，那美人全在温存，这花片岂宜践踏，待我送入沁芳桥下，做个水葬湘妃[④]，也不枉怜香惜玉一场。（兜衣起介）（放书介）（行介）只是这地上的还得扫起才好。（抛花介）花鲜润，水洁清，无尘污。你看明霞千点，千点随波去。流出仙源[⑤]，知他何处？（复坐看书介）（旦珠笠云肩荷花锄，锄上悬纱囊，手持帚上）

【北越调斗鹌鹑】则俺是瑶岛司花[⑥]，常惦记珠宫艳友[⑦]。眼看着搓粉揉香，还说甚红肥绿瘦。这些时拾翠精神，变做了伤春症候。因此上丢不下惜花的心，放不落拈花的手。准备着护胭脂药圃云锄，拨动俺扫天门零陵凤帚[⑧]。

【紫花儿序】早贮过绛纱囊丹砂几斗。回避了催花雨过眼缤纷，又遇着妒花风拂面飕飔。不分明芳春竟去，无倒断花梦谁留[⑨]？飘流，这是薄命红颜榜样不？怎怪的烟荒月瘦，燕懒莺痴，蝶怨蜂愁。

宝哥哥看什么书呢？（生起介）妹妹来得正好，我和你将这落花扫起者。（旦）且慢，将书来看。（生藏介）没有什么书吓。（旦）你又

来了，一本书儿，也这样藏头露尾，若不拿来，我就恼了。（生笑介）哦，恼了，妹妹如何恼得？（送旦介）请看。（旦看介）是好文字也呵！

【天净沙】这的是艳盈盈《金荃集》上词头[10]，俊翩翩《玉台咏》里风流[11]，著超超红豆场中圣手[12]。原来词曲之中，也有天仙化人手段[13]。好一似锦翻翻飞琼回袖[14]，韵悠悠霓裳在月殿龙楼。

（生）妹妹看得好快。（旦笑介）你道俺女孩儿家便无一目十行的本事么？（看完介）（生）妹妹你道好不好？（旦笑介）果然有趣。（生笑介）我是个多愁多病身，你便是倾国倾城貌了[15]。（旦怒掷书介）呀！

【调笑令】你怎生信口便胡诌，道倾国倾城病与愁？（哭介）甚心肠爱把奴欺负？好端端少年的心友[16]，定要到参辰路儿相背走[17]，问哥哥作甚来由？

我去告诉舅舅，看你如何？（生急介）（扯旦介）妹妹，饶过这次罢，以后再不敢了！

【小桃红】（旦）白没事恁将人轻薄肯干休？到高堂你亲口回尊舅。（生连揖介）妹妹饶了罢！（旦冷笑介）你仗着礼体斯文把罪名救，百妆出假温柔。我问你，怎没遮拦，还认取年华幼？（生）小生怎敢欺负妹妹？只不过一时间语言昏愦。倘属有心，便堕落沁芳桥下。（旦掩生口介）禁声！做甚便盟神立咒，敢则你失心中酒[18]。（笑介）呸！兀的不是个银样蜡枪头[19]！（生痴介）

（旦）我们扫花去来。（生应）（拾书藏介）（荷锄携囊介）（旦持帚扫介）（生装花入囊介）

【秃厮儿】扫不尽锦阑前蜂衔雀耨，只免了锦鞵边玉躏香蹂。恨则恨东风薄幸不耐久。（生）妹妹，我想这花瓣儿和美人一般，岂宜践踏？你未来之先，我已兜了一衣襟送入沁芳桥下去了。如今也送到桥下去罢。（旦）此间水气虽清，但是流出园门，便有许多秽浊，岂不污了此花？（生）是吓！这便怎样呢？（旦）我在那湖山背后立了一个花

家，尽使碎绿残红，皈依净土，你道何如？（生笑介）我宝玉也算惜花，怎及妹妹这般精细！（旦笑介）免劳谬奖。但教归净土，较胜付东流沉浮。

来此已是，大家葬花则个。（葬花介）（旦泪介）（生惊介）妹妹为何掉下泪来？（旦）偶有所感耳！（背介）

【圣药王】则这花一丘，土一丘，知他能共我合山丘？便道情不休，意不休，不休休到底也休休。那不为花愁？（转介）

（生）妹妹珍重玉体，切莫常常愁闷。（为旦拭泪介）（亦自掩泪介）（贴上）风回裙蝶舞，花绕鬓云香。我晴雯为寻二爷，来到园中，怎奈百寻不着，不知往那里去了？呀，原来和林姑娘在此葬花。二爷，太太请你呢！（生）如此，我去了。妹妹也回去罢。（旦）知道。哥哥请。（生）香词归绣口，花梦隔琴心[20]。（带贴下）（旦）宝玉去了，不免回转潇湘馆去者。（荷锄持帚介）（叹介）侬今葬花人笑痴，他年葬侬知是谁？一朝春尽红颜老，花落人亡两不知！（泪介）

【麻郎儿】我好似雨中花香蔫玉愁，水中萍蒂小枝浮。百忙里芳心厮耨[21]，又何曾性格钩辀[22]。

【么篇】只为的面羞，事丑，众口，做不的雾非花夜度明休[23]。待博个水和鱼天长地久，不堤防喜成嗔薰香犹臭[24]。

【络丝娘】他其实克性儿言投意投，他料不至将无作有。只是我呵，话到了咽喉，却难剖，闪的他一场消瘦[25]。（内唱“如花美眷”一曲介[26]）（旦痴听出神介）（锄帚堕地介）（软瘫坐介）（泪介）

（杂旦上）水流云不定，花落鸟空啼。我紫鹃为寻姑娘到此。呀，怎生痴痴流泪，是谁得罪了也？（旦）非也。我触景伤情，你那里知道！扶我回去罢。（杂旦取锄帚扶旦介）（旦嗽介）（杂旦惊介）姑娘，嗽病又起了？（旦叹介）

【煞尾】柔肠断尽由他嗽，甚年光商量健否？（杂旦）姑娘，到底为着何来？（旦）你待要叩根原下一个解愁方，只问取惹烦冤那三尺扫花帚。

饯春何早得春迟，独许芳心燕子知。

闲扫落花流水外，百愁如雨病慵时。（扶旦下）

〔注〕 ① 神光：谓精神。三国魏曹植《洛神赋》："徙倚彷徨，神光离合，乍阴乍阳。" ② 会真记：即唐元稹所作传奇小说《莺莺传》，因文中有"会真"诗三十韵，故又称《会真记》。金人董解元、元人王实甫把其中故事分别演为诸宫调和杂剧，名为《西厢记》。这里指元王实甫的杂剧《西厢记》。 ③ 宫羽：古代五音中的宫音和羽音，此指声调。 ④ 湘妃：指舜二妃娥皇、女英。相传二妃没于湘水，遂为湘水之神。 ⑤ 仙源：指晋陶渊明《桃花源记》中的桃花源。 ⑥ 瑶岛：传说中的仙岛。司花：司花女，管理百花的女神。 ⑦ 珠宫：指龙宫。 ⑧ 零陵：古地名，在今湖南宁远东南，相传舜帝葬于此。 ⑨ 倒断：终止，完结。 ⑩ 的是：确实是。《金荃集》：指唐温庭筠词集《金荃词》。温词多写闺情，风格秾艳。 ⑪《玉台咏》：指南朝陈徐陵编选的诗集《玉台新咏》。选录自汉迄梁有关妇女及男女恋情的诗歌，大多风格绮艳。 ⑫ 红豆：红豆树结的子，其色鲜红，古时常作爱情象征。 ⑬ 化人：劝化人，教化人。 ⑭ 飞琼：仙女许飞琼，后泛指仙女。 ⑮"我是"二句：元王实甫《西厢记》第一本第四折："小子多愁多病身，怎当他倾国倾城貌。"张生自称"多愁多病身"，赞莺莺是"倾国倾城貌"。这里宝玉以张生自比，而将黛玉比为莺莺。 ⑯ 心友：知心的朋友。 ⑰ 参(chēn)辰：参星与辰星，分别在东方与西方，出没各不相见，因以比喻彼此隔绝。 ⑱ 失心：精神失常。中酒：醉酒。 ⑲ 银样蜡枪头：比喻表面看似不错，实则中看不中用的人。语出元王实甫《西厢记》第四本第二折，这里黛玉用《西厢记》中的原话对宝玉反唇相稽。 ⑳ 琴心：犹春心。相传汉司马相如尝以琴音挑动卓文君与其私奔，后因有此喻。 ㉑ 耨(nòu)：形容男女狎昵之态。 ㉒ 钩辀(zhōu)：象声词，形容某些南方方言语音的诘屈聱牙。这里指性格、脾气不合。 ㉓"做不的"句：唐白居易《花非花》诗："花非花，雾非雾。夜半来，天明去。来如春梦几多时，去似朝云无觅处。"此檃括其诗意，指男女幽会情事。 ㉔ 薰香犹臭：薰，香草名，一名蕙草。"犹"同"莸"(yóu)。《左传·僖公四年》："一薰一莸，十年尚犹有臭。"杜预注："薰，香草；莸，臭草。十年有臭，言善易消，恶难除。"此谓己善反蒙上恶名。 ㉕ 闪的：害得。 ㉖ 如花美眷：指明汤显祖《牡丹亭·惊梦》出【山桃红】曲中"如花美眷，似水流年"之句。

有清一代，以戏曲敷演《红楼梦》故事者，今存十种。其中，谱《红楼梦》全书者三种，即：仲振奎的《红楼梦》传奇、石韫玉的《红楼梦》传奇和陈钟麟的《红楼梦》传奇。仲氏所谱《红楼梦》传奇作于嘉庆三年(1798)，是较早较成功的一种。同时人春舟居士云："今世艳称《红楼梦》，小说家之别事也。其书有正有续，积卷凡百五六十。前梦未圆，后梦复入，虽有佳梦，何其多也。吾友仲子云涧以玉茗才华，游戏笔墨，取是书前后梦删繁就简，谱以宫商，合成新乐五十六剧。关目备，情韵流，可使寻其梦者一炊黍顷而无不了然。"(《后红楼传奇序》)时隔四年，嘉庆七年(1802)春，"淮阴使者，已命小部按拍于红毡上矣"(清许兆桂《〈绛蘅秋〉序》)，开红楼戏曲舞台搬演的先河。

据《红楼梦传奇·自序》，作者为《红楼梦》作传奇，源于乾隆五十七年(1792)秋末捧读《红楼梦》之后激发的强烈爱憎，"哀宝玉之痴心，伤黛玉、晴雯之薄命，恶宝钗、袭人之阴险"；更有《红楼梦》自身艺术魅力的深深吸引，"喜其书之缠绵悱恻，有手挥目送之妙"。而直接的动因，则是同社友人刘宗梁的相请。应其所

请，作者先写了“葬花”一出，因公事繁忙，“不遑搦管”，遂告中止。嘉庆元年(1796)作客扬州，读到逍遥子序本《后红楼梦》，演黛玉、晴雯死后复生，因果报应，顿觉“大可为黛玉、晴雯吐气”，因而产生“合两书度曲之意”。次年，他病愈得暇，得以重操笔翰，历时四十日告竣，时已在嘉庆三年(1798)。成书之日，作者“挑灯漉酒，呼短童吹玉笛调之，幽怨呜咽，座客有潸然沾襟者”，传奇的悲戚感人之深，不言而喻。

《红楼梦》传奇全剧上、下两卷，共五十六出，系合前、后《红楼梦》而成。作者《红楼梦传奇·凡例》云：“前《红楼梦》读竟令人悒快，于心十日不快，仅以前书度曲，则歌廷将阑，四座无色，非酒以合欢之义，故合后书为之，庶几拍案叫快，引觞必满也。”又云：“《红楼梦》篇帙浩繁，事多人众，登场演戏，既不能悉载其事，亦不能偏及其人，故事如赏花联吟，人如宝琴、岫烟、香菱、平儿、鸳鸯等，亦不得不概行删去。要之，此书不过传宝玉、黛玉、晴雯之事而已。”上卷自“原情”至“遣袭”，演《红楼梦》事，叙宝玉梦游太虚幻境及宝、黛爱情悲剧的始末；下卷自“补恨”至“勘梦”，系敷演《后红楼梦》事，叙史湘云受警幻仙姑之命为宝、黛补恨情缘，其间警幻仙姑遣神将救出被和尚、道士诱拐卖于戏班的宝玉，饮恨而亡的黛玉也因得练容金鱼之助复生，由史湘云撮合，宝、黛终成眷属。

“葬花”为全剧第七出，表现“黛玉葬花”这一凄美动人的情境。“黛玉葬花”，出于《红楼梦》第二十七回《滴翠亭杨妃戏彩蝶，埋香冢飞燕泣残红》，是《红楼梦》最感人至深的故事之一。今传清代十种《红楼梦》传奇，九种有以“葬花”为题材的折子，孔昭虔甚至就以“葬花”单独填词。仲氏妙于剪裁，另糅入《红楼梦》第二十二回《西厢记妙词通戏语，牡丹亭艳曲警芳心》的内容，以葬花为线索，以共读《西厢》为契机，突出宝、黛青梅竹马、两小无猜的儿女深情，增添了故事的戏剧性，显示出独特的匠心和精到的构思。

整出戏，包含“水葬湘妃”、“共读《西厢》”、“同埋花冢”、“独泣残红”四个部分。

“水葬湘妃”实即“宝玉葬花”，起因于宝玉对黛玉的爱恋情怀。他与黛玉“两小无猜，同心已久”，自以为“今生得一知己，可以无憾”。谁知黛玉搬进大观园以后，“性格忽然一变，若远若近，若喜若嗔”，宝玉反而“无从猜度”。他慨叹“心缘在，信誓虚，情怀误”，感伤“神光离合，离合无凭据”，因而“长恨绵绵”，“好难消遣”。他携着《会真记》，出得怡红院，“依花藉草，批阅一番，以解闷怀”。他久久沉浸于“香词”之中，却不知“早落的满身花片”。他想到“美女名花，皆天地至灵之气”，顿生“怜香惜玉”之心。为避免花片遭人“践踏”，他用衣兜起身上的落花，

又将地上的落花扫起，抛入沁芳桥下，让落花如“明霞千点”“随波去”。他将如此葬花，诗意地称之为“水葬湘妃”。因爱恋生怅恨，因怅恨生闷郁，因闷郁生怜香惜玉之意，由人及花，由花及人，表达了宝玉对黛玉的深挚情意。宝玉的葬花，其实是发抒其怜香惜玉之情。

“共读《西厢》”，是宝、黛心心相印的真情交流。宝玉葬罢落花，“复坐看书”，黛玉“珠笠云肩荷花锄，锄上悬纱囊，手持帚上”，她是“常惦记珠宫艳友”，“眼看着搓粉揉香”，“变做了伤春症候”，“丢不下惜花的心，放不落拈花的手”，才来探看园中花的。她有一种天然的惜花情结，更有“无倒断”的“花梦”。在她的心目中，这遭遇“催花雨”、“妒花风”而“飘流”的落花，竟是“薄命红颜”的“榜样”。眼前的“烟荒月瘦”、“燕懒莺痴”、“蝶怨蜂愁”，无不注入了她的悲思和感伤。是宝玉正在披阅的一部闺中禁书《西厢记》，打断了她的愁思。宝玉起初还想“藏头露尾”，遮掩过去，但经不住黛玉的作“恼”，便将书递给黛玉看。其实，宝、黛的心是相通的，他深知黛玉绝不会嗔怪自己私读禁书的。黛玉一看，连称“好文字”，的是“艳盈盈”的词采，“俊翩翩”的“风流”，“著超超红豆场中圣手”，极力叹赏其“果然有趣”。为试探黛玉，宝玉借用《西厢记》中的唱词，不真不假、亦真亦假地对她说：“我是个多愁多病身，你便是倾国倾城貌。”黛玉一听，先怒后哭，道是“甚心肠爱把奴欺负”，声言要去“告诉舅舅”，吓得宝玉又是讨饶，又是“盟神立咒”，直称“以后再也不敢了”。一场平地风雷，原来是黛玉演的一出戏。解铃还须系铃人，这小小风波，还是凭黛玉一声笑语“呸！兀的不是个银样蜡枪头”，瞬间化解。共读《西厢》，一个是出于少男的信任和率真，以直语表真心；一个则碍于少女的羞涩和矜持，以假言掩真情。重要的是灵犀相通，宝玉用戏语勇敢地表白了爱意，黛玉则藉以深入地了解了宝玉的真实内心。

“同埋花冢”，是黛玉用自己独特的惜花方式，表达对命运的哀悯和生死的感伤。她见宝玉痴立一旁，便提出一起去扫花。为着落花免遭蜂雀骚扰，舄履蹂躏，他们边扫边把落花装入花囊。宝玉惜花，是将这落花瓣儿视作“和美人一般”，要兜了“送入沁芳桥下去”；黛玉则只恨“东风薄幸”，春花“不耐久”，故“在那湖山背后立了一个花冢”，要“尽使碎绿残红，皈依净土”。她以为，“但教归净土，较胜付东流沉浮”，不会“有许多秽浊”，“污了此花”。她边葬花，边“掉下泪来”。因为，她由葬花想到了自己：“则这花一丘，土一丘，知他能共我合山丘?”又由花期的短暂，想到“情”和“意”的短暂：“便道情不休，意不休，不休休到底也休休”。她为花愁，其实是为己愁啊！这里，花即人，人即花，难怪黛玉会“常常愁闷”，为落花掉泪。宝玉虽然为她拭泪，“亦自掩泪”，但他怎么能理解黛玉此刻葬花落泪

的隐情呢?

“独泣残红”,是黛玉葬花隐情的真实吐露,也是她对宝玉爱意的真心自白。由于父母找寻,宝玉被晴雯唤回,只剩下黛玉一人独泣残红。她“荷锄持帚”,叹道:“侬今葬花人笑痴,他年葬侬知是谁?一朝春尽红颜老,花落人亡两不知!”叹毕泪下。这四句诗,出自小说中著名的《葬花词》。原诗五十二句,名为咏花,实为叹己,如泣如诉,铁恨吞声,是《红楼梦》中最感人的诗篇。这里撷取其中四句,原诗一、二句与三、四句并不相连,但经仲氏截出拼合,恰成一首七言小诗。黛玉由今日自己葬花,想到他年身后谁人葬己;由眼前的春尽而花落,想到他年的红颜老而人亡,无尽的凄楚无端奔赴面前。她自比是“香蔫玉愁”的“雨中花”,又自喻为“蒂小枝浮”的“水中萍”。扪心自问,自己与宝玉相好,“芳心厮耨”,并无“性格钩辀”,只是因为自己怕“面羞,事丑,众口”,“做不的雾非花夜度明休”的风流事,才落得“喜成嗔薰香犹臭”的难堪局面。她明知宝玉“克性儿言投意投”,“料不至将无作有”,怪只怪自己“话到了咽喉,却难剖”,害得宝玉“一场消瘦”。她自闻,自责,自疚,一曲“如花美眷”,竟使她“痴听出神”,“锄帚堕地”,“软瘫”于地,“痴痴流泪”,最后由前来寻她的紫鹃扶回潇湘馆。坦诚的内心独白,剖析了黛玉痛苦而复杂的心境,活现出一位孤独、寂寞、凄冷、烦恼、伤感的少女面对前途暗淡、理想破灭的绝望和悲哀。

“葬花”是仲氏《红楼梦》传奇中最先谱就的一出,也是他最经意的折子,向为选家所重。这固然是因为其构思之妙和剪裁之工,同时,因为仲氏注重传奇的表演性,以优美的唱词抒情写意。如:宝玉出场的商调过曲【山坡五更】,一连串的叠词“忒匆匆”、“乱纷纷”、“急煎煎”、“闷恹恹”,情景交融,淋漓酣畅地表达了宝玉“好难消遣”的愁绪恨意。又如黛玉读《西厢》时的一番赞词“艳盈盈”、“俊翩翩”、“著超超”、“锦翻翻”、“韵悠悠”,尖新秀隽,活泼泼地呈示了黛玉难以掩饰的愉悦心情。仲氏还善于以宾白刻画人物的内心。如宝玉的开场白把他隐藏在心底的对黛玉的爱,毫无遮碍地和盘托出;黛玉内心独白的葬花诗“侬今葬花人笑痴,他年葬侬知是谁?一朝春尽红颜老,花落人亡两不知”,剪裁得度,寥寥四句,深刻而细微地道出了黛玉葬花的主旨。更值一提的是剧中的科介富有动作性和感染力。如黛玉聆听“如花美眷”一曲时,“痴听出神介”,“锄帚堕地介”,“软瘫坐介”,“泪介”,一连串的动作,细腻传神,把一位深受心灵创伤的少女刻画得生动感人。难怪剧成后不断搬演,后世《红楼》戏曲亦多以其为蓝本。近人王季烈、刘富梁编《集成曲谱》,还将“葬花”与“扇笑”、“听雨”、“补裘”收入,抄本《红楼曲谱》也将“葬花”与“合锁”二出收入。　(吉明周)

黄燮清

(1805—1864) 原名宪清,字韵珊,又字韵甫,号两园主人、茧情生。海盐(今属浙江)人。清道光十五年(1835)举人。屡应会试不第。咸丰二年(1852)分发湖北为知县,因病未仕,家居著书。后太平军攻克海盐,遂于同治元年(1862)赴湖北,任宜都、松滋知县。同治三年夏卸任居鄂,同年病故。才力富赡,工诗词,善绘事,为著名诗人、词家、画家,作品不少表现了爱国思想,戏曲亦然。尤以戏曲名家,精审音律,所作对剧坛有一定影响,时人比之尤侗。作有《倚晴楼七种曲》(传奇《帝女花》、《桃溪雪》、《茂陵弦》、《凌波影》、《脊令原》、《鸳鸯镜》、《居官鉴》)及传奇《玉台秋》、《绛绡记》,皆存。另有《倚晴楼诗集》、《倚晴楼诗余》,编有《国朝词综续编》。

居 官 鉴

黄燮清

第五出 愤 边

(丑上)好笑好笑,颠倒颠倒,遇喜成悲,因欢反恼。区区非别,乃王老爷亲随家丁赵忠便是。你道为何道这几句?只因我家老爷,办事忠勤,上司们却都看重,把他差委军前,好生劳苦。现在岛夷受抚,少不得一番保举,指日高升。那知老爷自江上回来,疯疯颠颠,哭一回,怒一回,倒反闹出一场病来,你道好笑不好笑,颠倒不颠倒!今日天气晴和,不免请他出来散荡则个。(下扶生上)

【双调海棠春】(生)一腔抑塞难消遣,惭愧煞风尘颜面,搔首问苍苍,元发忧时变。

下官王文锡,扬帆海岛,磨盾军门[①],指望力保危疆,痛歼海逆。岂料孤城绝援,三帅捐躯,妖氛既逼于甬东,毒焰更流于京口。方谓戈矛偕作,共切同仇[②],不辞犬马之劳,誓捣鲸鲵之穴。不意未伸挞伐,遽事抚绥,国家养士数百年,难道竟无一人制敌?说起来好不痛愤也呵。

【桂枝香】跳梁未翦[③],背城忘战。不由人斫地哀歌[④],谁解我登楼悲叹[⑤]?(丑)老爷,甚么悲叹不悲叹,如今的公事,都不过是个混字,只要卸得肩子,升官发财就是了,若要顶真起来,只怕叹一百年还叹

不了呢。(生拍案怒介)(丑作惊介)怎么又生气了?(生)莫胡言乱言,莫胡言乱言。都似恁贪庸私见,怎得承平清晏。(丑)这是小人的朋友,都是恁般说,爷不要错了念头,生些瞎气。(生)多讲! 际时艰,但谋利禄非吾事,无益君民负此官。

那日江上议抚,下官滥厕随员,见诸酋叠骑入城,欣欣自得,真乃令人发指也。

【前腔】鬈毛鬼眼,居然骄蹇。这就是老令公单骑输诚[⑥],很单于五原纳款[⑦]。(丑)那时小人看了,倒也热闹有趣。(生)罢楼船战船,罢楼船战船。总说是东风无便[⑧],南人不反[⑨]。看龙泉[⑩],欲填恨海惭精卫[⑪],立解围城愧仲连[⑫]。

(小生上)间关离虎穴,辛苦访鸥盟。来此已是九兄门首,里面有人么?(丑)是那个?(小生)你对主人说,禾中秦少雯奉访,有名帖在此。(丑接帖介)请少待。(转对生介)禀爷,禾中秦爷拜访。(生看帖介)原来少雯到此,说我出迎。(丑)家爷出迎。(相见介)(小生)王兄别来无恙。(生)小弟郁病多时,今日才觉好些。良友远来,深慰饥渴,看坐。(各坐介)(生)舟山一别,忽忽至今,后来城陷之时,不知吾兄怎生得脱?(小生)不要说起。那时三镇临危,孤城垂陷,小弟驾舟偷渡,求援大营,不想路阻风涛,救应不及。以后情事,就不可复问矣。

【前腔】重洋绝援,余生幸免。射潮儿半渡无功[⑬],背水阵孤军不返。我扁舟幸还,我扁舟幸还。惶愧煞包胥泪眼[⑭],霁云神箭[⑮]。小弟躬当险阻,亲见乱离,悲郁之怀,无可与语,今日顺道奉访,正须一倾磊块。苦颠连,生惭赵璧无奇士[⑯],不是吴钩负少年[⑰]。

近日岛夷议抚,外边舆论,是非不一,未知吾兄高见,以为何如?(生)那岛夷意在通商,本无大志,譬如猛兽得肉,不杂噬人。只是未经痛惩,兵威不振,窃恐戎心易启,边徼从此多事矣。

【前腔】未伸国宪,先言柔远。纵然是鬼母藏锋[⑱],保不定蚩尤乘间[⑲]。(小生)吾兄远识,亦是至言,杞人之忧[⑳],自今难免。(生)我怀郁郁,正复无聊,吾兄惠然肯来,且在敝斋留连信宿,也好彼此排遣则个。(小生)愿聆高论,深惬鄙衷。(生)如此便请书斋小叙,藉良朋晤

言，藉良朋晤言。且自消磨诗卷，商量文宴。共流连，治安可有长沙策[21]？慷慨应歌老杜篇。

秦兄请。(小生)请。(同下)(丑)晦气晦气！我家老爷，连日纳闷，正摸不著头路，今日来了个朋友，正该说说笑笑，宽解一番，那知这位秦官人，也是个不会快活的人儿，唠唠叨叨，闹了半天的闷葫芦。隔壁帐，如今不要管他，且去多烫几壶好酒，把他肚子里的牢骚痞块洗涤一番，好教他们高高兴兴做起人来。正是：愁人莫对愁人说，心病还将心药医。(下)

〔注〕 ① 磨盾：在盾牌上磨墨，指在军中做文职工作。 ②“方谓”二句：用《诗经·秦风·无衣》“修我戈矛，与子同仇”、“修我矛戟，与子偕作”语典。 ③ 跳梁：猖狂跋扈之徒。《汉书·萧望之传》：“今羌虏一隅小夷，跳梁于山谷间。” ④ 斫地：表示激愤。唐杜甫《短歌行赠王郎司直》：“王郎酒酣拔剑斫地歌莫哀，我能拔尔抑塞磊落之奇才。” ⑤ 登楼：汉末王粲《登楼赋》：“登兹楼以四望兮，聊暇日以销忧。” ⑥ 老令公：宋初名将杨业，通俗小说及戏曲中呼为“杨老令公”。 ⑦ 五原纳款：《汉书·匈奴传下》：“呼韩邪单于款五原塞，愿朝三年正月。”五原，古关塞名，即汉五原郡之榆柳塞，在今内蒙古五原县。纳款，归顺、降服。此处是说反话。 ⑧ 东风无便：唐杜牧《赤壁》诗：“东风不与周郎便，铜雀春深锁二乔。” ⑨ 南人不反：三国时蜀汉丞相诸葛亮南征，七纵七擒孟获，孟获心服，称：“南人不复反矣。”见《三国志·蜀书·诸葛亮传》引《汉晋春秋》。 ⑩ 龙泉：宝剑名，传为晋张华遣雷焕掘丰城县狱基所得，其剑气可以上达牛斗二星。 ⑪ 精卫：神话中的鸟名，据《山海经·北山经》记载，此鸟为炎帝女游东海溺死后所化，常衔西山木石以填东海。 ⑫ 仲连：即鲁仲连，战国时齐人，常游历各国，排难解纷而不取酬。赵孝成王七年(前259)，秦围赵都邯郸，魏将新垣衍劝赵尊秦为帝以解围，他力陈其害，加以劝阻，秦将闻之，退兵五十里，会魏信陵君夺魏将晋鄙军驰援赵国，秦军遂解围去。见《史记·鲁仲连邹阳列传》。 ⑬ 射潮儿：五代吴越王钱镠曾引强弩数百射钱塘江潮头，以遏制潮势，筑堤修塘，见《宋史·河渠志》。 ⑭ 包胥：春秋时楚臣申包胥。伍子胥为父兄复仇，引吴军破楚都郢，申包胥为求秦国出兵救楚，“依于亭墙而哭，日夜不绝声”，终于感动秦君，答应出兵。见《左传·定公四年》。 ⑮ 霁云：唐南霁云，张巡的部将。张巡守睢阳抗安禄山叛军，遣其求救于河南节度使贺兰进明，“知贺兰终无为云出师意，即驰去，将出城，抽矢射佛寺浮图，矢著其上砖半箭，曰：‘吾归破贼，必灭贺兰，此矢所以志也！’”见唐韩愈《张中丞传后叙》。 ⑯ 赵璧：战国时赵国所拥有的楚和氏璧。秦国曾企图以欺骗手段夺取此宝，蔺相如奉璧出使秦国，以其智勇力挫秦王，终完璧归赵。见《史记·廉颇蔺相如列传》。 ⑰ 吴钩：春秋时吴国出产的一种兵器，似剑而头曲如钩。后世多以之代指宝剑。 ⑱ 鬼母：南朝梁任昉《述异记》：“南海小虞山中，有鬼母，能产天下鬼。一产千鬼，朝产之，暮食之。今苍梧有鬼姑神是也，虎头、龙足、蟒目、蛟眉。”佛教典籍中则有鬼子母，喜食人子。 ⑲ 蚩(chī)尤：上古九黎族首领，与黄帝战于涿鹿，失败被杀。后世多作为恶人的代称。又古时传有凶神名蚩尤神，一说龟足蛇首，一说人身牛蹄，四目八手。 ⑳ 杞人之忧：谓不必要的忧虑。典出《列子·天瑞》：“杞国有人忧天地崩坠。” ㉑ 长沙策：西汉贾谊年少有才，文帝初召为博士，迁太中大夫，为周勃、灌婴等所嫉，贬为长沙王太傅，后人因称其为“贾长沙”。他曾多次上疏言事，切中时弊，今

传《治安策》等。

《居官鉴》成书于清咸丰四年(1854)前后,共二十六出。作者采撷时事,作为剧本创作的素材,如以友人福建王雪轩家传《居官宝鉴》为原型,假托王文锡为官清正廉明的事迹,自述心愿,所谓"出山心事为苍生,不取人间显宦名"。希望通过改良吏治,以挽回晚清岌岌可危的局势,同时通过剧作,谴责了英帝国主义为维护鸦片贸易而发动的侵略战争。道光二十二年(1842)七月,英海军相继陷吴淞、上海,直逼南京,从而签订了丧权辱国的《南京条约》。此为中国近代史上第一个不平等条约,从此中国开始沦为半封建半殖民地社会。作者对英帝国主义的侵略义愤填膺,对鸦片的为害则深恶痛绝,认为只有"斩除鸩毒",才能保障国家的元气。在1900年之前,这类题材的剧作所见不多,除了钟祖芬的《招隐居》、洪炳文的《芙蓉孽》外,黄燮清的这部《居官鉴》可说是直接反映鸦片战争的"时事剧",它讴歌了一种可贵的民族气节,客观上也起着激励、鼓舞反侵略斗争的作用。此剧《曲录》著录。

《居官鉴》共二卷二十六出,这里选了第五出《愤边》。本出没有曲折复杂的情节,也没有紧锣密鼓的场面,但因上一出《议抚》以所谓"仍许通商"、"以待修好"的苟安投降而结束,令守卫边防的爱国抗敌将士精神上深受打击,故本出中主人公王文锡痛感时局艰危,满腔义愤难以抑制,曲白气韵苍凉,自有强烈的艺术感染力。由于作者将"伐"与"抚"的矛盾焦点贯串于剧中,不仅突出了人物性格,同时形成一种强烈的冲突态势,从而奠定了痛愤的情感基调,激昂慷慨,扣人心弦。

开场通过丑扮家丁赵忠的道白,先从反面施墨,"好笑"、"颠倒"虽近似谐谑打趣,而客观上却起到了反衬对比的作用,突出了王文锡是一位耿介正直的有志有识之士。

生扮王文锡唱的【海棠春】曲,以沉郁的格调,抒发了因无力阻止"议抚"而深感惭愧,不由人陡生有志难伸、报国无门之恨的感慨,接着通过自问自答,一层一转,一转一深,由满怀"指望"到"岂料"再到"不意"的失望,对于这种"未伸挞伐,遽事抚绥"的投降行为,寸心如割,郁气难平。

第二支【桂枝香】曲则是对这种丧权辱国的"痛愤"之情的集中抒发。"背城"化用《左传·成公二年》"背城借一"的典故,原意为可以在自己的城下与敌人决一死战,但如今却屈膝议和而坐失战机。"不由人"、"谁解我",一腔心事无人知,只得"斫地哀歌",有如汉末著名文学家王粲因遭逢世乱壮志未酬,作《登楼赋》以抒幽怀。"际时艰,但谋利禄非吾事,无益君民负此官"的唱词,虽是针对剧中丑

的“升官发财就是了”而发，但正显示其为官清廉正直的精神风貌，这也正是他以天下为己任的思想基础。

接着的【前腔】，避实就虚，采取追溯式的叙述，补写了“议抚”的屈辱场面和“诸酋”傲慢骄横的嚣张气焰。“这就是老令公单骑输诚，很单于五原纳款”，相传宋杨老令公为了表达诚意，孤军误入狼牙谷，为辽兵所围，最后撞李陵碑而死，而辽的首领表面上佯装归顺降服，实是阴险狡诈。此典指明了所谓“议抚”实是一厢情愿，客观上是引狼入室，饱含着对投降派卖国行为的痛斥和批判。“看龙泉，欲填恨海惭精卫，立解围城愧仲连”，一个“看”字，表明只能望剑兴叹，对传说中精卫衔微石以填沧海的毅力和历史上鲁仲连义不帝秦请援救赵的壮举，深感惭愧，这不仅表达了人物内心的痛愤，而且深切地反映了当时的社会现实。

而第二支【前腔】则为小生秦少雯所唱，他一介书生，出于卫国大义，受命于三镇临危之际，求援于孤城重陷之时，“重洋绝援”，“扁舟幸还”，其境况和遭际可想而知。但他对时局仍具有清醒认识和抗争勇气，“生惭赵璧无奇士，不是吴钩负少年”，正表达出其炽热的爱国赤诚和御侮壮志。他与王文锡志向相投，正须互诉衷肠，一吐心中块垒。

最后一曲【前腔】，王文锡进一步指明“议抚”投降的实质，在于置国家的“国宪”于不顾，其结果是导致“纵然是鬼母藏锋，保不定蚩尤乘间”。“鬼母藏锋”，指侵略者掩盖其穷凶极恶的面目，假装真诚善良。“蚩尤乘间”，指侵略者会钻国人失去警惕、心无斗志的空子再肆荼毒。只求苟安，后果将不堪设想！面对列强的侵略，清统治者一味屈辱求和，这不能不引起一切爱国人士的愤懑和忧虑，作者正是通过笔下人物之口表达了忧国伤时的情怀：“治安可有长沙策？慷慨应歌老杜篇。”

结场仍以丑扮赵忠的道白收束，与开场遥相呼应，抑扬之间，对比十分强烈鲜明，从而借助外表的不协调来突出王、秦爱国忧民的精神风貌，起到了正反相衬的作用。

从全剧的情节关目来看，“愤边”愤的就是“议抚”，没有上一场的“议抚”就难以理解王文锡的愤懑感情，从而构成“伐”与“抚”的矛盾冲突，把人物置于冲突的情境之中，来推动剧情的发展，正如黑格尔所说：“充满冲突的情境，特别适宜于用作剧艺的对象。”（《美学》第一卷）同时整出戏在戏剧空间结构上，于实处化虚，虚处带实，虚实结合，从而将抒愤的场面通过唱词一一带出，与所抒发的愤懑情感交错递进，使全出笼罩在苍凉激楚的氛围之下，具有较高的认识价值和审美价值。

（胡雪冈）

帝　女　花　　黄燮清

第二出　宫　　叹

（贴、小旦引旦宫装上）

【商调引子风马儿】顾影闲阶整绣衣，珮环声近瑶池。听东风卷入花阴里。一双么凤[1]，不住向人啼。

（坐介）流苏宝帐郁金香，铜漏声中罢晓妆。昨夜五更寒透梦，一庭红雨饯东皇。我坤兴公主，名唤微娖，年方三五，当今皇帝之长女，国母周皇后所产也。圣善承休，皇枝托体。陪禊期之祓水[2]，助茧馆以条桑[3]。翠沼鸳鸯，待订氤氲之牒[4]；上林桃李，早分雨露之华。只是运值坎坷，生逢患难。干戈四起，焰逼神京；鼙鼓一鸣，声闻内阙。将相失职，儿女担忧。梅未子而先酸，楝初花而已苦。时事如此，将来不知怎生结局也。

【金络索】青销镜里眉，红湿衫中泪。风雨楼台，小苑边愁入。茫茫事可知，待何为？生恐长安似弈棋。倘有些儿不测，我朱微娖呵，都分是五更残魄归消歇，那里有三月花旛紧护持。空悲切，帝王家世太凌夷[5]。闹轰轰几个兵儿，醉昏昏几个官儿，伤尽了元阳气！（内细乐）（二内侍引正旦后服，二宫女持扇随上）

（内侍）皇后娘娘驾到。（小旦、贴禀旦介）启公主，皇后娘娘驾到。（旦）随俺迎接。（跪接正旦介）孩儿迎接母后。（正旦）平身。（内侍）平身。（旦起立）（正旦中坐）（旦叩首介）母后在上，孩儿叩头，愿母后千岁！（正旦）起来。（旦起介）千千岁！（正旦）我儿，今日万岁命掌礼之官，诏司仪之监，妙选良家，将你许尚太仆公子都尉周世显为配，不日便当下嫁了。（旦）母后，方今国家多故，戎务倥偬，当以天下大事为重，儿女婚姻，尚可俟之异日，何苦这等急迫呵！

【前腔】苍鹰击殿飞，铁骑连云起。破坏乾坤，急切难收拾。况且目下，闻得这些百姓们纷纷避难，室家不能相顾。对此茫茫，尤为心痛。民间夫与妻，尽流离，那里有双宿双飞命共依。念孩儿呵，不能做平阳跃马亲锋矢[6]，忍学那嬴女骑凰赋倡随[7]。艰难际，红裙嫁杏不妨迟。颤巍巍一座城池，乱横横一个朝墀，且

慢议因缘事。

(正旦)虽则如此,这是你终身大事,也不可耽误了。

【前腔】妆烦阿母催,花待亲兄赐。儿女伤心,大事诚何济。匆匆理嫁资,莫延迟,打叠鸾凰一处飞。东风早遂周郎意⑧,银汉休愆织女期⑨。安排起,不须深锁上阳眉⑩。是亲娘一片心儿,是亲生一个孩儿,早嫁与封侯婿。

好生保重,我回宫去也。(起引介)(旦)孩儿叩送母亲。(跪送介)(正旦)罢了。正是:娇儿怜宛转,国事费忧煎。(引内侍宫女下)(旦呆立介)呀!百忙里忽闻此事,这心绪好生缭乱也。

【前腔】眉衔一段悲,语杂三分喜。有个人儿,添入心窝里。婚姻值乱离,好惊疑,向烽火堆中系彩丝。惟愿取聘钱十万充军费,不烦他宫女三千作嫁衣。朱微娖吓,朱微娖!你虽身有所归,只是又添许多挂碍了。从今起,便庄生化蝶也向他飞⑪。渺茫茫一点情儿,荡悠悠一缕魂儿,须索要跟随你。(引贴、小旦下)

〔注〕 ① 么凤:鸟名,即桐花凤。宋苏轼《次韵李公择梅花》诗:"故山亦何有?桐花集么凤。" ② 禊期之祓水:古代民俗,每年于春季上巳日(三月三)在水边举行祭祀,祓除不祥。③ 茧馆:宫廷中饲蚕的蚕室。《汉书·元后传》:"春幸茧馆,率皇后列侯夫人桑。" ④ 氤氲之牒:指婚书。氤氲,天地阴阳交合貌。东汉班固《白虎通·嫁娶》引《易》云:"天地氤氲,万物化淳。" ⑤ 凌夷:衰落。 ⑥ 平阳:指唐高祖第三女平阳公主,嫁柴绍为妻,其父起兵反隋后,她散家财聚众以应,屡挫隋军,拥军数万,所部号"娘子军"。 ⑦ 嬴女:指春秋时秦穆公之女弄玉,她好音乐,嫁善吹箫的男子萧史,穆公筑凤楼让他们夫妇居住,弄玉向萧史学吹箫作凤鸣,一日吹箫引凤,双双乘之仙去。见旧题汉刘向《列仙传》。 ⑧ 周郎:指三国吴周瑜。唐杜牧《赤壁》诗:"东风不与周郎便,铜雀春深锁二乔。" ⑨ 织女期:指七夕织女与牵牛在鹊桥上一年一度的相会,代指婚期。 ⑩ 上阳:唐高宗所建宫名,在洛阳禁苑之东。 ⑪ 庄生化蝶:庄生,即庄子。《庄子·齐物论》:"昔者庄周梦为胡蝶,栩栩然胡蝶也,自喻适志与,不知周也。俄然觉,则蘧蘧然周也。不知周之梦为胡蝶与?胡蝶之梦为周与?"此处只取"化蝶"的字面意义。

《帝女花》传奇作于清咸丰七年(1857),取材于明末史实:李自成军攻占北京承天门时,穷途末路的明崇祯帝持剑砍杀家人,然后在煤山自缢,而长平公主受伤后却没有死。清兵入关后,为了收揽人心,便找出长平公主,让她与周世显履行原先订定的婚约。婚后,公主终因国破家亡,忧思难解,抑郁而亡。作者在《帝女花自序》中曾说:"俯仰兴亡,宇宙皆贮悲境。"言外自有深意。此剧案头场上,颇受欢迎,沈全蕊在该剧题词中说:"蛮笺新擘谱笙簧,唱遍江南齿颊香。"据

孙恩保《桃溪雪》题词自注云："韵珊前制《帝女花》出，日本人咸购诵之。"1979年该剧曾在香港演出，可见其在海外也有一定的影响。著录此剧的专著有《今乐考证》、《曲录》等。

《帝女花》共二十出，《宫叹》为其中的第二出。上场主要人物仅二人，旦扮帝女朱微娖，正旦扮皇后。这出戏是全剧情节发展的动因，也是朱微娖性格的集中展示。

【风马儿】曲，通过"顾影"、"整绣衣"、轻步"珮环声近"三个连续性的动作，描述了作为"帝女"的身姿形态，"顾影"透露了自怜之意。接着写所见所闻，东风骀荡，娇鸟啼鸣，点明时序正是春季三月，景致虽美，但女主人公的一腔愁闷，却尽在不言中。

紧接着一段道白，避实就虚，可分为三个层次。第一层，概括补叙了自怜愁闷的思绪："昨夜五更寒透梦，一庭红雨饯东皇。""透梦"，谓惊梦，"寒"乃心寒。"红雨"喻落英缤纷，这里暗寓时局情势。"东皇"乃司春之神，借指朝廷。写来含蓄蕴藉，既反映出怨嗟之情，又烘染了一种伤感的环境氛围。第二层，介绍身份乃"当今皇帝之长女"，原本过着禊期祓水和蚕室条桑的平静生活。接着表露了少女的春情："翠沼鸳鸯，待订氤氲之牒；上林桃李，早分雨露之华。""氤氲"原指天地间阴阳之气的聚合，这里撷取宋代陶穀《情思录・仙宗》称媒妁之神为"氤氲大使"的典故，所谓"诸夙缘冥数当合者，须鸳鸯牒乃成"。而上林苑的桃李早已沾上雨露的光华，则化用《诗经・召南・何彼秾矣》"何彼秾矣，华如桃李"。以"桃李"比拟女子的青春年华，曲折地透露了对爱情的憧憬和期盼。第三层通过"只是"陡然一转，抒发对时局情势的忧虑，"运值坎坷，生逢患难。干戈四起，焰逼神京"，真是"时事如此，将来不知怎生结局也"。这段宾白，骈散互用，一气呵成，"妙有关照"(眉批语)，别具匠心，使伤春的情怀和时局的危急相互生发交织，相得益彰，这比一般传奇的"自报家门"更具情趣和意蕴，同时起到承前启后的作用。

【金络索】曲集中抒发了对时局的感慨和忧伤。"镜里"的青眉减损，"衫中"的红泪湿透，"楼台"在风雨飘摇之中，境况凄凉。"小苑边愁入"，化用杜甫《秋兴八首》之六"芙蓉小苑入边愁"；"生恐长安似弈棋"，化用杜甫《秋兴八首》之四"闻道长安似弈棋"，喻国事反复不定而岌岌可危。"五更残魄归消歇"，谓如遇不测之变，身死魂飞，无庸招魂，亦无可奈何，流露出一片凄苦哀怨的愁绪，既照应了"昨夜五更寒透梦"，也用来反跌下文，从而引发出无限感慨："帝王家世太凌夷。闹轰轰几个兵儿，醉昏昏几个官儿，伤尽了元阳气！""凌夷"指由盛到衰，"闹轰

轰”、“醉昏昏”的巧妙组合，揭示了满朝文武官员的腐败和无能，正如眉批所云：“明季朝局如画。”“伤尽了元阳气”，国事已成了一蹶不振的残局，衰颓之势已无法挽回，不由人不感慨万千。

接着通过道白，介绍母后的莅临是为了传谕“将你许尚太仆公子都尉周世显为配”的旨意，这确乎是意料之外的事，故朱微媞深感当今“戎务倥偬”，“何苦这等急迫”。皇帝急不可待地择婿嫁女，正从一个侧面反映了时局的危急情势。

接着【前腔】一曲，把朱微媞心存家国的情怀淋漓尽致地和盘托出，不仅“乾坤急切难收拾”，简直是每况愈下，在这种情势下，“民间夫与妻”都纷纷避难流离，“那里有双宿双飞命共依”。这是客观现实向她的昭示，也是必须面对的问题。她表白自己的心迹：“不能做平阳跃马亲锋矢，忍学那嬴女骑凰赋倡随。”“平阳”即平阳公主，唐高祖李渊第三女，在太原曾随其父反隋，置幕府，手下有兵勇数万人，时称“娘子军”。“嬴女”句则化用“弄玉吹箫”的典故。有萧史者，善吹箫，秦穆王以女弄玉妻之，“不下数年，一日皆随凤凰飞去”，因穆王姓嬴，故又称为“嬴女”。“忍学那”即不忍学，倾诉了胸中难言的哀怨和苦衷，写来丝丝入扣，而化用的典故，对表现人物的处境和心态，十分契合。她的忧思是那么深切，所以委婉地提出“红裙嫁杏不妨迟”，“且慢议因缘事”。

正旦扮皇后的【前腔】一曲，除了表白做娘的“一片心儿”外，只是一味地催促，“莫延迟”、“安排起”、“早嫁与封侯婿”。其急迫无奈的心态跃然纸上，不过“娇儿怜宛转，国事费忧煎”一转，从皇后的眼中，反映了朱微媞在处理个人婚姻问题上是识理达情、深明大义的。“宛转”《庄子·天下》成玄英疏：“变化也。”这里指时局的急遽变化。为国事而忧闷如受煎熬，这正是朱微媞将国事置于儿女私情之上的难能可贵之处。

最后一曲【前腔】，则抒发了朱微媞复杂矛盾的心理活动，所谓既悲又喜。所喜者“有个人儿，添入心窝里”，这原也是这位深宫少女所期盼的。而所悲者，则时局乱离，有如“烽火堆中系彩丝”，前途渺茫难卜，悲怆之情溢于言表。接着直抒胸臆：“惟愿取聘钱十万充军费，不烦他宫女三千作嫁衣。”体现了她系心家国、蒿目时艰的精神风貌。至此作者似言有未尽，乃借《庄子·齐物论》“庄生梦为蝴蝶”的典故，表露既定姻缘则心系夫婿，愿与之患难与共的心迹。“渺茫茫，一点情儿”与“荡悠悠，一缕魂儿”，都“须索要跟随你”，写来要眇深婉，跌宕多姿，尤其在心态刻画上，几多惆怅，几多情思，惟妙惟肖地展现出来，令人读后感到眉眼生动，哀婉感人。

作品在一定程度上反映了晚明的时事，寄寓了作者的“故国之感”，人物形象

鲜明独特，富于个性。曲词语言华丽哀艳，对仗工整，声律和谐，雅俗兼备，如“闹轰轰几个兵儿”、“醉昏昏几个官儿”，别有一番意趣。尤其在道白的运用上有所发展和突破，既符合人物的心态和声口，也富于表现力，使曲白循环间用，相互引带，使叙事抒情化，唯用典似嫌过多，可谓美中不足。（胡雪冈）

【戏曲家小传】

陈　烺

（1822—1903）　字叔明，号潜翁，又号玉狮老人、云石山人。阳湖（今江苏常州）人。诸生。应乡试屡次报罢。壮年客游安徽、广东，以课徒为生。年五十，始在浙江任盐官，署理三江场、龙山盐务，调桐庐关。然浮沉下僚，颇不如意。精于绘画。擅戏曲，人有“音节苍凉，情词宛转”之评，然不便于舞台演出。作有传奇《仙缘记》、《蜀锦袍》、《燕子楼》、《海虬记》、《梅喜缘》、《同亭宴》、《回流记》、《海雪吟》、《负薪记》、《错姻缘》，合为《玉狮堂十种曲》，今存。另有《石云山房剩稿》、《读画辑略》。

海　雪　吟　　　　陈　烺

第八出　殉　　琴

（小生上）

【霜天晓角】风声鹤唳[①]，四野烟尘起。天末征鸿远滞，行程未卜归期。

小生顾天民，自与邝兄一别，倏忽五年。音问难通，行踪莫定。所喜冤枉已为申雪，复还衣衿[②]，其子亦能成立，可谓不负良朋之托了。争奈地方不靖，烽火逼近粤中，困守危城，杞忧时切[③]。意欲偕邝兄之子，逃避他乡，又不知何处是乐土！

【前腔】中原鼎沸，搅得人心碎。难道是劫历红羊未已[④]，都成瓦砾残灰？

咳！愁亦无益，身体乏倦，不免隐几闲睡片时[⑤]。（作入梦介）（净扮冥判执笔持簿，鬼卒引上）

【前腔】刀兵烽燧，在数应难避。堪笑人生似蚁，祸临头莫识危机。

俺乃本境城隍殿下一个稽察司判官便是。运本循环,水火刀兵,历劫皆由天数;途分善恶,殃祥祸福,挽回自在人心。当此变革之秋,难免屠戮之惨。破军星再世[6],社稷倾危;恶煞神降生[7],人民涂炭。此地合当被劫,城隍命俺勾查册簿,凡在数不在数的,悉于簿上注明。此间有一邝生,一生正直,死当为神,并留他一脉,以为忠直之报。其友顾生,诚笃堪嘉,可免此劫。就此前去提醒他一番。(作推醒介)顾生听者:

【黄龙醉太平】【降黄龙】唤醒痴迷,谁佞谁忠?辨是论非。莫道是天心愦愦,空设阎罗,妄说泥犁[8]。【醉太平】休悔,人生徒逞万般机,当不得劫尘燹毁。也难逃避,暗里神明默运,莫自迟回。

此地当有厄难,汝速去毋违。(引卒下)(小生惊醒介)呀,方才梦中神明指示,说此处有兵灾,叫我速去。难道危城竟不能保么?神言宜信,作速收拾行李,偕邝兄之子权避他乡。(急下)(生上)

【前腔】故国生回,满地烽尘,宿草凄迷。好一似归来令威[9],城郭人民,景物全非。曾记,乌衣门巷掩斜阳,睹燕子重寻旧垒[10]。韶光经岁,为甚梁空月冷,各自分飞?

我邝湛若自整归鞍,一路水驿山程,行来已是匝月。途中将频年游历之所,山川人物风俗,著成《赤雅》二卷,携回以供览玩。讵料历尽艰辛,来至东粤,始知广州被陷,无家可归。四面烟氛,叫我从何躲避!与其惨遭毒手,不如洁赴清流,大海茫茫,正是我邝湛若葬身之地!古琴视同性命,何忍相离,不免与他同殉便了。呵哟,琴呀!

【黄龙衮】天涯远共携,天涯远共携。生死毋轻弃,碧海青天,夜夜鱼龙戏。皎月西升,洪波东逝。朱弦激,玉柱沉,湘灵起[11]。

咳,死便死矣,只恐遗稿遽遭湮没,不免赋《抱琴歌》一章。并交奚童,或能逃出重围,留传于后,方见我邝湛若不虚生一世也。(作写诗唱介)峄阳之桐何铿锵[12],生不逢时兮心且伤。一弹再鼓兮仪凤凰,凤凰不来兮徒彷徨。抱琴而死兮海波扬,吁嗟琴兮毋相忘。(作掷笔抱琴投海介)(二水卒上引下)(判上)善哉,善哉!邝生愤

激殉难，上帝悯其忠诚，封为本境城隍。鬼卒们，速具衣冠，前去迎接上任。

【尾声】护持不负皇天意，吐抑郁胸中奇气，这是我激浊扬清的借喻词。

戏场面目本非真，旧事翻成曲谱新。
莫道架空难尽信，传来也自费精神。

〔注〕 ① 风声鹤唳：《晋书·谢玄传》载前秦国主苻坚率大军伐东晋，号称百万之众，气势甚盛，东晋将领谢玄等引精兵八千渡淝水击之，大捷，前秦军溃退，“闻风声鹤唳，皆以为王师已至”。此借喻兵荒马乱。 ② 复还衣衿：指恢复原已革去的生员名籍。 ③ 杞忧：《列子·天瑞》：“杞国有人忧天地崩坠，身亡所寄，废寝食者。”此指忧南明终遭灭亡。 ④ 红羊：红羊劫，指国难。古人认为丙午、丁未是国家遭难的年份。丙丁为火，色应红，未属羊，故称。 ⑤ 隐几：靠着几案。隐，旧读去声。 ⑥ 破军星：北斗的第七星，主破军杀将。 ⑦ 恶煞神：凶神。 ⑧ 泥犁：佛教语，地狱。《翻译名义集·地狱篇》：“地狱，此方名。梵称泥犁。”亦作泥梨、泥黎。 ⑨ 令威：即丁令威，辽东人，据《搜神后记》载，他“学道于灵虚山，后化鹤归辽，集城门华表柱。时有少年举弓欲射之，鹤乃飞，徘徊空中而言曰：‘有鸟有鸟丁令威，去家千年今始归。城郭如故人民非，何不学仙冢累累。’遂高上冲天”。 ⑩“乌衣”二句：化用唐刘禹锡《金陵五题·乌衣巷》诗：“朱雀桥边野草花，乌衣巷口夕阳斜。旧时王谢堂前燕，飞入寻常百姓家。” ⑪ 湘灵：湘水女神，或谓即帝舜之二妃娥皇、女英。 ⑫ 峄阳之桐：峄山南部所产的优质梧桐，宜于制琴。峄山，在今山东邹城东南，又名邹山、邹峄山、邾峄山。

《海雪吟》为晚清江苏阳湖（今常州）剧作家陈烺所著传奇《玉狮堂十种曲》之第八种，作于光绪十六年（1890），共八出。剧中叙写明末南海（今广东广州）人邝露，字湛若，为诸生，家中藏有古琴一具，音质清越。他平时常以才略自负，为人耿介，琴艺高超，远近闻名。附庸风雅的知县想通过结交邝露赢得清誉，几次邀请赴会，均遭邝露拒绝。知县一怒之下，革去了邝露的功名，并要逮捕治罪。无奈之下，邝露只好逃到粤西（今广西），游于瑶僮土司间，教土司之女云亸娘抚琴，为云亸娘掌书记。逃亡五年后回广州，写下了《赤雅》一书，记录粤西瑶僮的山川风物、民俗风情。后来当年冤案虽得昭雪，但清兵南下，广州城陷落。国破家亡的现实使邝露悲愤已极，遂赋《抱琴歌》一章，抱琴投海而死。第八出《殉琴》是《海雪吟》的最后一出，描写的就是邝露抱琴投海前的悲愤绝望心情。

《殉琴》一开始，并不是主人公邝露的直抒胸臆，而是其好友顾天民出场，交代了邝露回广州时的时局。“所喜冤枉已为申雪，复还衣衿，其子亦能成立，可谓不负良朋之托了。争奈地方不靖，烽火逼近粤中，困守危城，杞忧时切。意欲偕邝兄之子，逃避他乡”，小生的出场独白，把邝露远遁他乡五年来的大致情况叙述

了出来,交代了个人冤情虽得到昭雪,但随即而来的却是国破家亡的严峻现实,为本出剧的最后结局奠定了基础。

接着,净所扮的阴曹判官手持生死簿第二个出场,再一次说明了广州“刀兵烽燧,在数应难避”,并通过阴曹判官之口,对邝露及其好友顾天民的一生进行了评判:“此间有一邝生,一生正直,死当为神,并留他一脉,以为忠直之报。其友顾生,诚笃堪嘉,可免此劫。”为剧中主人公的最后命运作了预示。

最后,生所扮的邝露登场了,这就引出了全剧的高潮。邝露的唱词和独白充满了悲愤的亡国之痛:“故国生回,满地烽尘,宿草凄迷。好一似归来令威,城郭人民,景物全非。”“与其惨遭毒手,不如洁赴清流,大海茫茫,正是我邝湛若葬身之地!古琴视同性命,何忍相离,不免与他同殉便了。”这里,邝露的悲伤看似为琴所发,实际上乃是为自身命运所发,为国家命运所发。“皮之不存,毛将焉附”,国将破家将亡,以才略自负的诗人自当无颜面对,被诗人视同性命的古琴当然也会一同毁灭。此时此刻的心情,与当年屈子临汨罗而悲叹,誓言“吾将从彭咸之所居”(《楚辞·离骚》)何其相似乃尔!

“天涯远共携,天涯远共携。生死毋轻弃,碧海青天,夜夜鱼龙戏。皎月西升,洪波东逝。朱弦激,王柱沉,湘灵起。”这段唱词既揭示了主人公对古琴的深厚感情,又表明了主人公的心志,同时预示着一生高洁、不为恶势力所屈的主人公和他心爱的古琴,将会与碧海同在,与日月同光。这里,古琴的命运正是主人公的命运,也是家国之命运,一种悲怆沉重的殉国之情跃然纸上。主人公抱琴投海前所赋的《抱琴歌》,其情志也同类于此:“峄阳之桐何铿锵,生不逢时兮心且伤。一弹再鼓兮仪凤凰,凤凰不来兮徒彷徨。抱琴而死兮海波扬,吁嗟琴兮毋相忘。”《尚书·禹贡》有“峄阳孤桐”之语,传云:“峄山之阳,特生桐,中琴瑟。”以峄山南坡生长的桐树所作之琴,当然是非比寻常之琴,但这样的一把好琴却出不逢时,只能令人心伤。“凤凰不来”句则化用了《论语·子罕》的典故:“子曰:凤鸟不至,河不出图,吾已矣乎。”用琴的出不逢时,表达了主人公邝露的生不逢时,借伤琴以伤己,如此琴人合一,深深表现了一种悲愤绝望之情,读之令人悲叹,令人同情,更令人感到一种把美好的东西毁灭给人看的悲剧美。

俞樾在为陈烺《玉狮堂传奇》撰写的总序中认为:“虽词曲小道,而于世道人心,皆有关系。可歌可泣,卓然可传。余尤喜其《蜀锦》、《海虬》二种,音节苍凉,情词婉转。”其实,在陈烺的《玉狮堂传奇十种》中,尽管各种传奇所表现的题材内容各异,但“音节苍凉,情词宛转”却是一个共同的风格,这种风格也突出表现在《海雪吟》中。造成这种共同风格的原因,除了俞樾所说的陈烺“负干济之才,篮

仕吾浙，浮沉下僚，温温无所试，乃以声律自娱”(《玉狮堂传奇总序》)的个人际遇外，还与当时风雨飘摇时局所催生的悲愤、幽苦、苍茫的末代情绪有关。在这样一个内忧外患的时代，在这样一个两千年封建制度即将土崩瓦解的前夜，心灵敏感的剧作家不可能对此置之度外，麻木不仁。而此时此刻，陈烺在传奇《海雪吟》中，选择了明清之际一个性格耿介自负、宁死不屈的奇人邝露为主人公，而这个邝露又是一个被人称为“虽《小雅》之怨悱，《离骚》之忠爱，无以尚之”(屈大均《广东新语》)的诗人，如此看来，陈烺创作此剧的寓意确是十分深远的，难怪杨葆光在为《海雪吟》所作序中说：“玉狮堂诸曲，俱有遥情，而《海雪》一吟，凄凉独绝。”

《殉琴》一出的剧情并不复杂，整出剧按出场先后主要有三个人物：第一个是邝露的好友顾天民，通过顾之独白交代了前因后果，使整部传奇故事前后呼应，环环相扣；第二个是冥间的稽察司判官，通过鬼神之口对传奇主人公一生进行评判；第三个是主人公邝露，表现他不忍见故国沦陷而抱琴投海。在这样一个貌似简单的剧情中，其表现的内容和手法却经历了现实——浪漫——现实的三种不同的变化过程，尤其是第二个扮判官的“净”的出场，使这出戏增添了几分浪漫色彩，获得了“看似寻常最奇崛”的表达效果。　（农作丰）

【戏曲家小传】

杨恩寿

(1835—1891)　字鹤俦，号蓬海、朋海。长沙(今属湖南)人。同治九年(1870)举人。充湖南郴州府教席，游幕云南、贵州。后官詹事府主簿，授湖北盐运使衔，又为候补知府、护贡使。工诗文，自称生平所造以戏曲为最，诗次之，古赋、骈文又次之，其余不足观。擅长戏曲理论批评，著有《词余丛话》。其戏曲创作体格步趋蒋士铨，而更讲究排场设置与宾白技巧。所作以传奇《再来人》、《桂枝香》二种最得佳评，另有杂剧《姽婳封》、《桃花源》与传奇《理灵坡》、《麻滩驿》，加前两种，合称《坦园六种曲》，今存。另有《坦园文录》、《诗录》、《词录》及《坦园日记》等。

再　来　人　　杨恩寿

第十三出　奇　　逢

(丑扮家童，提灯引小生便衣上)

【南吕引子称人心】繁华如梦，喜筵开锦屏鸾凤①，寿筵开翠馆丝

桐[②]。闹纷纷，心骨痛。因此呵，自把笼开了，白鹇偷纵[③]。下官季毓英，典试福州，论文锁院[④]，虽说所取之士，俱是真才，苦的半月闱中，不遑昕夕[⑤]。放榜之后，即行入赘完姻，贰室馆甥，非常热闹，只因使旋复命，程限綦严，不敢久延。过了三朝[⑥]，移家舟次。今乃九月十五，正是生辰，恰值二十年头，俗称整寿。岳父以次，下至门生，无不制锦称觞，登舟作贺，下官只推卧病，伏在船舱。来往纷纷，自朝至暮。今夜月明如昼，照透篷窗。新夫人不在船中，回家叙别去了，下官偶动清兴，上岸闲行。散步而来，不觉到了郊外。呀，这个小小巷儿，好生熟习。（想介）怎么不记得是何时来过的？（丑）老爷拜客，总在热闹地方，这等偏僻巷儿，几时到过？（小生）山川云树，宛若重游，便是屈折湾环，处处记得清楚。我今夜拚着多走数里，倒要看过分明。（丑）老爷回船去罢，烛也快完了。（小生）不妨。何须要烛影摇红，好良宵自有那月轮相送。（同下）（场上设神主[⑦]，书故夫陈公仲英神主）

（老旦破衣扶杖哭上）夫哪！

【过曲香遍满】凄凉万种，照神牌，寒灯一穗红。老身钟氏，先夫陈仲英，亡故了二十个年头，今日是他忌辰，本应日间设个祭祀，因无钱米，只得罢休。儿子陈忠仁，向人借贷，去了一日，尚未回来。媳妇带着孙儿，回母家去了，只有老身，一人在家。便想向神主磕个头儿，也不能彀。好不伤心也！（哭介）哀哀的手拍灵床长号恸，并不曾设下伊蒲供[⑧]。浇将浊酒钟，便是这白打灰飞纸变铜，也没有一文钱将鬼哄。（伏几哭坐介）

【朝天懒】（小生上）惝恍迷离疑梦中，踪迹分明在，碧薜中。（指介）这树儿也还在么。垂杨几树夜摇风，转过了屋西东。这屋儿好像是自己的，待我闯将进去。荒阶印月无情白，（老旦哭介）（小生）呀，野哭当花有泪红。（作入屋介）

喂，老人家，何哭之哀也？（老旦惊起介）君子何来？有劳顾问。（小生）刚才步月，适闻哭声，入耳伤心，寻声至此。（老旦）先夫陈仲英，侯官老儒。今日是他忌辰，儿孙均不在家，日间不曾设祭，现已夜深，想觅杯酒为奠亦不能得。伤心一哭，有溷清闻，实深惶愧。（小生）悲从中来，情不能止，便夜哭何妨哪。（老旦）既劳枉顾，就请小坐片时。（取破椅上）（小生）有劳了。（作打照面）（小生想介）

这老人家好生面善，仿佛自己家眷一般。好奇怪也。

【二犯梧桐树】人从隔世逢，爱自前生种。虽然是白发龙钟，犹记得风飑鸦鬟动。是了，去年假满入都，曾得一梦，梦里他还叫我做……（住口介）（背介）恍惚以夫妻相称，今夜呵，分明老泪弹灯下，早难道勾引离魂入梦中？（老旦哭介）（小生）情切切放声悲痛，便是改了旧花容，这声音俺尚懂。老人家不必过悲，请问尊夫，是几时亡故的？（老旦）成化五年九月十五日亥时去世，于今整整二十年了。（小生呆介）是成化五年九月十五日亥时去世么？（老旦）不错，正是成化五年九月十五日亥时呀。（小生惊介）怎么他的忌辰、我的生日都是成化五年九月十五日亥时呀！

【刘泼帽】儒童菩萨生天痛，便转轮岁月相同[9]。带累了阎罗两地忙迎送。他去路，我来踪，算骑箕岳降[10]，何曾有片刻光阴空！

【浣溪纱】（老旦）认仪容，浑不懂，看郎君风流矜重。（小生）生有自来，死有所归，难道我前生就是这老儒么？前因不昧，触境伤心，好凄断也。（泪介）（老旦）君子为何掉泪？与先夫呵，莫不是参苓曾入良医笼，桃李亲披绛帐风？（小生）我与尊夫并非师弟。（老旦）添悲痛，难道是为的邻笛山阳弄[11]？（小生）也非朋友。（老旦）既无师友渊源，可不是怜我穷老么？（小生）不独此也，这个屋子，原是旧游之地，故尔伤怀。（老旦）先夫住在此屋，五十余年，从没见过君子。（小生）若不肯信，东边房内，有座破绳床，还有小书橱呀。（老旦惊介）一些也不错，若非紫燕红丝，怎能彀认熟帘栊？

（小生）尊夫他的著作，曾经交你，此刻可还收藏好么？（老旦）他临终之时，定要一火而焚，不留一字。老身再三苦劝，他便分咐：做个匣儿，埋在坟堆之侧。因此呵，

【秋夜月】零落碧苔封，付与埋文冢。（小生）还有不曾埋的，另有一包，难道尽遗失了吗？（老旦惊介）包儿却有一个，先夫坚嘱不许开的呀。纵然是生前文章无用，他缄封密裹多珍重。（小生）你且取来，待我观看。（老旦）使得。（取包与小生）（作指示介）这是他绝命诗自讽，付与你慧心人自懂。

(小生读介)拙守穷庐七十春,重来不复老儒身。烦君尽展生平志,还向遗编悟夙因。钝秀才封。再来人拆。——呀,原来如此批记,待我拆来。(且拆且唱介)

【东瓯令】行行字,密密封,爪迹依稀雪印鸿[12]。文章名贵云翔凤。(出书介)原来是个本儿,待我看来。(翻书大惊介)哎呀,我的游庠食饩、发解会试[13],以及廷试策、馆选论[14],一切应试得意之作,皆在本儿内面,从初迄末,一字不殊。好教我浑如醉浑如梦。纵或灵犀一点偶然通[15],又何至无语不雷同。

(老旦)君子见了此书,为何如此惊讶?(小生)下官非他,乃本科主考季毓英,即尊夫所谓再来人也。(老旦)先夫临终,原有再来之说,老身颇不深信,他便道:

【浣溪乐】【浣溪纱】衾相同,牢与共,教老身在他左臂之上,写了文福二字。抵临别赠言珍重。君子既道是再来人,可有此征么?(小生)怎么没有!(揎袖指示老旦)(看介)文福二字,笔画宛然。(哭介)果然老相公再来也!我这里三生啮臂牵蚕蛹[16],你那里两字钤题护守宫[17]。【普天乐】到今日一帆风送,果然是文章福命,偿了冬烘。(大哭介)

(小生)尊夫读书七十年,老而不遇,我虽隔世借著文章,才得科第。若不大兴前生之门,生既负心,死且失信。你不须悲啼,我必当从丰图报,方才使天下老儒,闻之一齐吐气也。(老旦福介)多谢君子。(小生取书再看介)前因后果,到眼分明,想起穷愁潦倒之时,犹令人肝肠寸断也。(泪介)

【完纱刘月莲】【浣溪纱】眼儿红,心儿痛,乐丰年亏的是隔年培壅。这文章经我手写过,便看来匣中宝剑神先动,若在他手中呵,奈听到灶下琴材耳尽聋[18]。(翻看介)【刘泼帽】这一篇泮池早岁芹香拥[19],这一篇木樨禅独证蟾宫[20],这一篇万言射策江都董[21],【秋夜月】这一篇仙风吹向蓬山送。羞煞我词林供奉,凭蓝本将人哄。【金莲子】平步上登科第,可知笔墨两无功。

这个本儿,下官带了回去。你赶急找著儿孙回来,我自有一番周恤也。(老旦)多谢了。

【春太平】【宜春令】生和死，判穷通，老身今年八十岁了，耐得饥寒不死侬。则羡你披来一领宫袍，暖了前生冻。算性情隔世犹同，谢富贵两家与共。【醉太平】老相公呀，你恁般冤屈，恁般悲愤，到今日也消融。

（小生）夜已深了，老年人早些安歇罢，下官去也。

【尾声】到明朝荒坟宰树封，语任幽明哄。（老旦）则亏了生孟光等着死梁鸿。（丑提灯暗上）（随小生分下）

〔注〕 ① 鸾凤：喻成婚的男女。 ② 丝桐：指琴。 ③ 白鹇（xián）：又名银雉，一种可畜养观赏的鸟。雄鸟两翼羽毛白色，鸟冠与下腹等部位蓝黑色，非常美丽，古时常作为贡品。④ 锁院：指科举考场。科举考试时，考生入考场后即锁上大门，禁内外出入，以防作弊，故称。⑤ 昕（xīn）夕：晨昏，早晚。昕，太阳将要升起时。 ⑥ 三朝：指婚后第三日，宋吴自牧《梦粱录·嫁娶》："三日，女家送冠花、彩段、鹅蛋……并以茶饼鹅羊果物等合送去婿家，谓之送三朝礼也。" ⑦ 神主：此指家中供着的已故亲人的牌位。 ⑧ 伊蒲供：素食供品。 ⑨"儒童"二句：儒童菩萨，指管士子的神灵。明清时凡应试录取为生员的士子，皆称童生，别称儒童，不论年龄。转轮，即轮回，亦指转世。 ⑩ 骑箕：典出《庄子·大宗师》："夫道，……傅说得之，以相武丁，奄有天下，乘东维，骑箕尾，而比于列星。"箕，箕星。尾，尾星。后亦以"骑箕"代指去世。岳降（jiàng）：典出《诗经·大雅·崧高》："维岳降神，生甫及申。"后世因以"岳降"代指诞生。 ⑪ 邻笛山阳：晋向秀过山阳，经友人嵇康、吕安旧庐，"邻人有吹笛者，发声寥亮。追思曩昔游宴之好，感音而叹"，遂作《思旧赋》。事见《思旧赋序》。 ⑫"爪迹"句：宋苏轼《和子由渑池怀旧》诗："人生到处知何似？应似飞鸿踏雪泥。泥上偶然留指爪，鸿飞那复计东西。" ⑬ 游庠：指作为生员在县学或府学读书。食饩（xì），明清廪生享受的廪膳补贴。发解：指明清时科举考试乡试考中第一名举人。会试：明清时科举考试分几级进行，会试是乡试的上一级，在京师礼部举行，亦称礼闱、春闱。每三年一次，由中式为举人的士子参加，考中者称贡士，再参加同年由皇帝主持的殿试，考试内容为时务策论，中者即为进士。 ⑭ 廷试：即殿试。参见注⑬。馆选：明清二、三甲进士多先选为翰林院庶吉士，三年期满考试，按其成绩授新职，此即"馆选"。 ⑮ 灵犀一点：唐李商隐《无题》诗："身无彩凤双飞翼，心有灵犀一点通。"旧说谓犀牛角中有白纹直通两头，感应灵敏，故云，后多以之喻两心相通。 ⑯ 三生：分属过去、现在、将来的前生、今生、来生。啮臂：咬手臂出血，以示诚信。 ⑰ 守宫：壁虎的一种。古有将壁虎以朱砂喂之，捣烂制为宫砂，点处女臂以验其守贞之说。 ⑱ 灶下琴材：《后汉书·蔡邕传》："吴人有烧桐以爨者，邕闻火烈之声，知其良木，因请而裁为琴，果有美音，而其尾犹焦，故时人名曰'焦尾琴'焉。" ⑲ 泮（pàn）池：古时学官前的水池，形如半月。此代指泮宫，即学官。⑳ 独证蟾宫：犹言蟾宫折桂，指考中进士。 ㉑ 江都董：指西汉著名学者董仲舒，他曾官江都相，世称董江都。武帝时，他上《天人三策》，主张罢黜百家，独尊儒术，其言为帝所纳。

《再来人》是杨恩寿所撰《坦园传奇六种》之一。题材出自清初沙张白《再来诗谶记》（见《虞初新志》卷九），另外叶氏《闽事记》及张氏《感应篇广注》也有记述。此剧据原故事加以铺张，并虚拟了人物姓名。所谓"再来人"，是古代一种迷

信的说法，认为每个人都有前生、今生、来生三代，前世转生为今世某人，即称为再来人。此剧写福建侯官人陈仲英毕生致力于举业，却屡考不中，多年来以坐馆教书为生，穷困不堪。他于明朝成化五年(1469)九月十五日去世，死前嘱咐老伴钟氏把自己的文稿封存珍藏，又让在自己的臂上写“文福”二字。转轮王殿前掌禄籍判官知陈仲英平生行善好学，判他转生为溧阳人季承纶之子；又因陈仲英生前爱水仙花并作有一篇《水仙花赋》，就让水仙花史转生为楚人王畹翰之女，与他配为夫妻。就在陈仲英去世的那一天那一时辰，季承纶得一子，取名毓英，幼时聪明过人，被称为神童，十五岁赴乡试中解元，二十岁即中进士，初为翰林编修，后出任福建乡试主考官。王畹翰是季承纶的朋友，此时官为福建巡抚，其女名叫玉涤，与季毓英同生辰，由父亲做主与季毓英已订婚约。九月十五日季毓英生日这天，亲友及新科举人们都来祝贺，季毓英却托病躲在船上，夜晚趁着月色上岸散步，走到陈仲英生前所居之处，发现这里的环境好像自己亲身经历过似的，又遇见陈仲英的老妻钟氏，明白了自己就是陈仲英的“再来人”。《奇逢》一出就是写季毓英偶然散步到陈家与陈妻钟氏相遇的一场戏，是此剧的重点场次，离奇巧合，令人惊叹，也引人对人世的穷通否泰进行深刻的思考。

本出开场第一支曲子【称人心】是季毓英所唱。他少年登第，年方二十就任福建乡试主考官，可谓春风得意，但是，此时他对官场的客套应酬已开始感到厌烦了。“繁华如梦”四字发人深省，只有身处繁华场中而又能保持清醒头脑和独立人格者才能发出如此深沉的慨叹。以下几句述说寿筵景况，尽管排场热闹，在季毓英眼中却只是感到“闹纷纷”，使他“心骨痛”，因此他要抽身退出来，独自一人带着书僮到外边走一走。这片刻的自由，使他有鸟儿出笼之感。接下去的一段道白，进一步明确地交待出他对于寿筵的内心感受，以及他上岸之后一路上看到的景物，那僻巷，那荒野，那山川云树，他觉得好像亲身经历过似的。当书僮说灯笼里的蜡烛已快要燃尽，让他返回，他却说即使没有蜡烛也要借着月色再往前走。这段曲词是季毓英的内心剖白，也由此引出下文，引出他和陈仲英的老妻相见的一段机缘。

这时，在陈仲英的旧茅屋中，钟氏正在安排酒水并焚纸祭奠亡夫。她唱【香遍满】一曲，表达她的怀念与哀痛之情。钟氏在丈夫死后生计艰难，加上年老体衰，日子甚是悲苦，她只有向亡夫哭诉来表达她的悲哀。季毓英散步来到这里，一路上被熟悉的景物引到茅屋跟前。他唱【朝天懒】一曲，自述他此时的感觉好像在梦中一样，眼前的石径苔藓，垂杨旧屋，依稀是自己曾经生活过的地方。“荒阶印月无情白，野哭当花有泪红”二句甚为精练警辟，表述季毓英来到旧居跟前

并听到哭声时的感受非常贴切。而且，此二句文采华美，出自季毓英这样的年轻进士之口，又非常切合人物身份。当季毓英和钟氏相见并询问她哭祭的情由的时候，他唱【二犯梧桐树】一曲，抒发他的内心感受。他虽然和钟氏没有见过面，但初次接触，即有似曾相识之感。他看到钟氏的白发枯颜与龙钟老态，想起他去年曾经做过的一个梦，那次梦中他曾见过她，而且她对他夫妻相称。因此，当他现在听到钟氏的哭声时，这哭声中隐含着的悲哀和思念之情他能够体察和理解。季毓英向钟氏询问得知，陈老先生是成化五年九月十五日亥时去世的，而这一天的这一时辰正是自己的生辰，这一奇妙的巧合让他吃惊。他唱【刘泼帽】一曲，自陈他的惊奇的心情和他对于这一巧合的思考。一死一生，岁月和时辰如此一样，这究竟是什么缘故呢？季毓英是个有学问的聪明人，他不能不思索自己和这死去的老儒究竟是什么关系。

就在季毓英打量钟氏、暗中思考的时候，钟氏也在打量眼前这位年轻而英俊的官人。她唱【浣溪纱】一曲，前两句表述她对于季毓英的直接印象，“风流矜重”四字是赞许之词，也含有怜爱之意。她看到季毓英因伤感而掉泪时，用唱词表达她的询问，猜测季毓英是自己死去的丈夫的弟子还是朋友。季毓英回答说都不是，而是看到眼前这屋子里的景象好像是旧游之地，因此不免伤感。他的回答引起了钟氏的怀疑，因为她从来没有见过他到过这间屋子。这时，更奇妙的事情发生了，季毓英竟然能够知道这屋子里有小绳床和小书橱。钟氏更加奇怪了，她心想，如果不是像她这样的厮守终生的结发妻子，是不可能对这屋子里的情况了解得如此详细的。而且，季毓英还进一步提出问题，问她的丈夫临终之时把所写著作交她收存而如今是否还在。她马上唱【秋夜月】一曲予以回答，说她已经把那些文稿装在一个匣中埋在坟墓旁边了，另外的一包也严密封好保存在家里。季毓英让她取出来看时，就读到了陈仲英临终时写的那首诗：“拙守穷庐七十春，重来不复老儒身。烦君尽展生平志，还向遗编悟夙因。”诗后并有“钝秀才封。再来人拆”字样，这分明标示出死去的老儒和眼前这位年轻官员的特殊关系。

季毓英看到这些文稿和诗篇，他更加惊奇了，他边看边唱【东瓯令】一曲，自谓他好像体会到了陈老先生当初保存这些文稿时的心态。继续翻看文稿，他又发现了自己中秀才、中解元以及会试、殿试的文章都在这里，竟然一字不差。这时，他明白了，自己就是已死去的这位老儒的“再来人”。钟氏听他说出这层关系，既感到惊讶，又好像突然醒悟。她回想老伴临终之时曾有“再来”之说，当时她还不以为然，如今听到季毓英一语点明，她便唱【浣溪乐】联套曲，对季毓英的话寻求证据。前半段【浣溪纱】一曲，追述当时老伴的嘱咐，并说当时老伴还让她

在臂上写了“文福”二字。当钟氏验看季毓英的左臂果然有此二字之后，原来的疑惑得到了证实，相信眼前的这位官人正是自己死去的老伴的“再来人”。后半段【普天乐】一曲，表达出钟氏对于季毓英就是陈仲英再来人一事的确认，于是，钟氏忍不住开启了感情的闸门，放声大哭起来。她是为自己丈夫过去的不幸命运而哀痛，也是为自己现在孤凄的生活而哀痛，同时也是为眼前与季毓英突然的奇逢而激动。季毓英为她的情绪所感染，他向钟氏表示，自己承认同陈仲英的这种前生后世的关系，并要对钟氏予以报答。他唱【浣纱刘月莲】套曲，是对前面钟氏所唱【浣溪乐】套曲的回应，因此也采取联套的形式，即由【浣溪纱】、【刘泼帽】、【秋夜月】、【金莲子】四支曲子串联而成。曲词先是叙说他看见那些文稿的时候，想到它们都是自己的前世人陈仲英的手笔，而陈仲英已长眠于地下，看不到他今日的成功，因而不免伤感。接着，他看到自己中秀才、中举人、中进士的文章都在这里，原来也都是自己凭着前世人的文章而获取了功名，并不是自己这一世的真本事，又不免感到惭愧。这时，他向钟氏表示，要把这些文稿带回去收藏，其用意虽未明言，但两人都能意会。季毓英既然认同了自己同陈仲英的前世今生关系，也必然认同他和钟氏的特殊关系并承担照顾钟氏及其子孙的责任。

钟氏对于季毓英的态度充满了感激之情。她唱【春太平】曲作答，这又是和前面的【浣溪乐】、【浣纱刘月莲】体制相似的联套曲，标示着前后内容的连贯性。前半段【宜春令】一曲，钟氏自谓她和陈仲英夫妻一场，却受尽饥寒，没想到在他死去二十年后竟然遇到了他的“再来人”，并且得到再来人的恩惠，这令她喜出望外。后半段【醉太平】一曲，她对陈仲英地下的幽魂予以告慰，说他能得知他的再来人少年登第、青云得志的消息，原来一生中的冤屈与悲愤也应该化解了。此时已是夜深人静之时，季毓英和钟氏告别，他离去时唱的【尾声】一曲，是本出的收场，也是他和钟氏这一次奇逢的终结。他想到自己去后，明天这里将依然只是荒草孤坟，死去的老儒陈仲英同自己依然分别处于幽明两个世界中，孤坟边只有他的老妻钟氏陪伴着他。结句“生孟光等着死梁鸿”一语奇警深沉，饱含着苍凉的感伤意味，也流露出人生无奈的叹息之声。

本出标为《奇逢》，精彩之处在于一个“奇”字。陈仲英终生苦读求仕却未能如愿，含恨而殁，季毓英少年得志并主试一方，其人奇；前世人转为再来人，并有密切关联的确凿依据，其事奇；季毓英偶然散步竟得和钟氏相见，好像有鬼使神差一般，其遭遇亦奇。这样的奇逢，在今天看来确实充满了迷信色彩，但在剧中写起来却循序渐进，信而有征，人物相逢的情景、谈话的过程及情感的交流符合事物发展的逻辑。今人读起来如入山阴道中，一路行来奇峰突兀，美不胜收，若

能临场观演，也定会扣人心弦、引人入胜。从这一出可以窥见《再来人》全剧的文采风格和艺术境界，也能反映出杨恩寿剧作的整体水平和他对戏剧精神的追求。杨恩寿《词余丛话》中说："凡词曲皆非浪填。胸中情不可说、眼前景不可见者，则借词曲以咏之。若叙事，非宾白不能醒目也。"这一出的曲词和宾白的安排即体现了杨恩寿的这一观点。人物的唱词切合人物身份，心中的隐情及对往事的回忆都用唱词来表达，交代事件发展的过程及人物之间的动作联系则用宾白来表述，彼此配合，相得益彰。同样的文章，陈仲英不能凭之登第，而其转世的再来人季毓英却能凭之年方弱冠即中进士，作者固然认为那是命中注定，但今之读者体会到的，却是封建末世科举制度的僵死与腐恶。 （王永宽）

桂　枝　香　　　杨恩寿

第五出　憨　　侦

(小旦男装上)［集句］射策天门路①，簪缨踵世科。文章千古事，数问夜如何？侬李桂芳，自遇田君，久称莫逆，诗文动相劝戒，朝夕未曾稍离。昨因会试文章，准可入彀②，一时榜下，花费必多，为此预往通州，搜罗旧债，一臂效些须之力，千秋博豪侠之名。不惮星驰，倏当日暮。今日是四月十一，正是放榜之期，不料禁城已关，只得在屯子里借宿一夜。科名动念，得失萦怀，就是我局外之人，今夜怎能睡得著呀！(内起更介)(小旦)你看这月儿十分清朗，照见写榜之时，我的春航，若是中了，你何不早些把个信来？

【紫苏丸】嫦娥若与人方便，蹑踪儿悄来锁院。姓和名暗地偷传，不枉你蟾宫桂籍称仙眷③。(内打二更介)

(小旦)此时棘闱将撤④，华烛高烧，填榜之人，非常热闹。若春航果然中了，姓名写出，房考传观⑤，万丈文光，顿成异彩，煞是仙凡界别矣！

【醉罗歌】九天雷雨鱼龙变，万道光华姓氏鲜。生来自恨优伶贱，也应顶谢向朱衣殿。春航从前写字虽工，尚嫌不入时样，我曾向词林诸公，借得殿试大卷，每日饭后，逼他摹写几行。亏他天性聪明，笔资秀丽，写得来如时花美女，独出擅场，将来大廷对策之时，定能问鼎。墨丸揉碎，笔锋舒展。手披黄诏，春生红砚，不负我簪毫拂纸殷殷劝。金作马，玉为鞭，我亲见他作五百名中第一仙。(内打

三更介）

（小旦）我想科名得失，最难预定。刘蕡下第[6]，韩昶登科[7]，今古才人，同声一哭。春航虽然文章新隽，经策湛深，若遇了瞎眼房官，未必珠沉海底。

【醉归花月渡】金银眯了青盲眼，教人何处代鸣冤？文章自古不操权，刖夫曾泣荆山下[8]。心牵，惹旁人一般宵不眠。叹霎时得失升沉判。怕春风辜负三年，看人赴曲江宴[9]。倘若春航失意，就枉我一片柔情了。同沦落天涯恨，应难免青衫泪溅。若这样文字，尚落孙山[10]，免不得刘蜕埋文哭向天[11]。我也不干这生涯了，抛弃却舞扇歌裙旧翠钿。（内打四更）

（小旦剔灯介）你看这灯花结的可爱，想是报春航的喜讯也。

【罗袍歌】卜佳兆芙蓉镜面，慰宵来魂梦，且叠金钱[12]。若非瑞彩灿金莲，灯花何事开双瓣[13]？此时抄榜题名录，纷纷叫卖矣，愿春航姓名喧嚷，文章传遍。门闾喜溢，旁人苦羡。只恨我不曾件件当场见。这些走报的人，必然拥挤满屋的呀。飞骏马，报红笺，泥金帖子杏花前。那些知道我的，必说是桂芳桂芳，你的赏识不错呀！有热肠，具只眼，向长安人海把才怜。

千回万转，触绪纷来，怎得天就放明，好去进城看榜。

【前腔】小住谁家庭院，怪恼人天气，夜永如年。（内打五更介）茅檐斜月射寒烟，城头莲漏丁东转。想这些听榜的，也有孜孜意切，家人眼穿。纷纷传说，故人问遍。那知更有我一个，情儿更热心儿乱。明月下，榜台边，神魂彻夜与周旋。（内发擂介）晓钟迟，仙仗远，天鸡啼出日轮圆。

待我唤起车夫，赶进城去，打听他的消息便了。

【尾声】干卿甚事意悬悬，怪不得局中得失心难遣。春航呵，但愿他同咏霓裳会众仙。

〔注〕 ① 射策：汉代考试取士之法。颜师古注《汉书》，以为："射策者，谓为难问疑义书之于策，量其大小署为甲乙之科，列而置之，不使彰显。有欲射者，随其所取得而释之，以知优劣。射之言投射也。"后泛指考试。 ② 入彀（gòu）：指中进士。五代王定保《唐摭言·述进士》："（唐太宗）私幸端门，见新进士缀行而出，喜曰：'天下英雄入吾彀中矣。'"彀，箭的射程。 ③ "不枉"句：谓嫦娥既为月宫之神仙，与号称"蟾宫（即月宫）折桂"的进士自然是"仙

卷”。 ④ 棘闱：进行科举考试的试院。为防范作弊，围墙插满棘条，阻人攀越。 ⑤ 房考：乡试、会试时分房阅卷的考官。 ⑥ 刘蕡：唐昌平人，字去华，大和二年(828)策试贤良，“言论激切，士林感动”，考官“叹服嗟悒，以为汉之晁、董，无以过之”，“时登科者二十二人，而中官(宦官)当途，考官不敢留蕡在籍中，物论喧然不平之”。下第即指此。 ⑦ 韩昶：唐文豪韩愈之子，唐李绰《尚书故实》记其“性颇闇劣，尝为集贤校理，史传中有说金根车处，皆臆断之曰：‘岂其误欤？必金银车。’悉改根字为银字。”但他却顺利地登进士第。 ⑧ 刖(yuè)夫：受刖刑被砍去脚的人，指春秋时的卞和。他两次献璞玉给楚王，都被认为是假冒，先后被砍去双足。新王立，他抱璞玉哭于荆山下。新王知之，乃遣人治璞，得美玉，号为和氏璧，珍为国宝。 ⑨ 曲江宴：唐新进士在放榜后大宴于曲江亭。曲江，即曲江池，在今陕西西安东南，唐时为都人游春之地。此泛指进士之宴。 ⑩ 孙山：宋范公偁《过庭录》：“吴人孙山，滑稽才子也。赴举他郡，乡人托以子偕往。乡人子失意，山缀榜末，先归。乡人问其子得失，山曰：‘解名尽处是孙山，贤郎更在孙山外。’” ⑪ 刘蜕：唐散文家，桐庐人，一说长沙人。大中四年(850)以荆解中进士，因其所在地区数十年没人考上，他是第一个，时号“破天荒”。唐刘蜕《梓州兜率寺文冢铭》：“文冢者，长沙刘蜕复愚为文不忍弃其草，聚而封之也。” ⑫ 叠金钱：指用金钱占卜。 ⑬ “灯花”句：灯花爆出双瓣被古人认为是吉兆。

《桂枝香》是据晚清陈森所作小说《品花宝鉴》改编的一部传奇，是一个别具一格的才子佳人剧，讲述年轻士生田春航与京师名旦李桂芳相好，情意缠绵。当田春航参加会试不中，处于困厄之中时，李桂芳毅然取私房钱万金捐助，激励他发奋苦读，后来田春航终于高中状元，李桂芳被称为状元夫人，于是皆大欢喜。之所以说它是一个别具一格的才子佳人剧，是因为剧中的佳人李桂芳是一位男性优伶，杨恩寿在剧中赞颂优伶李桂芳慧眼识名士，讽刺世间庸人冷眼的同时，也以有似两性间的风流缠绵描写了田春航与李桂芳之间的感情。

《憨侦》一出说的是李桂芳为准备田春航揭榜之后的花费，去通州索债，归来时城门已关，夜宿城外屯子里以焦虑的心情想象着田春航的考试结果。整出戏以城内打更声为时间线索，将李桂芳的感情波澜逐渐推进，越是接近天明，欲知考试结果的愿望也越是强烈，读者或是观众的欣赏心理也随之起伏不平。

当夜色渐浓，更声初起的时候，李桂芳情急之中，希望晴朗的明月照见榜上有田春航的名字，早些捎个信来。怎奈时间无情，走得依然不急不慢。待到二更时分，李桂芳思绪万千，先想着那填榜的地方一定是“华烛高烧”、“非常热闹”，若是“春航果然中了，姓名写出，房考传观，万丈文光，顿成异彩，煞是仙凡界别矣”。想到这里，不禁又回忆起自己“向词林诸公，借得殿试大卷”，每天吃完饭后，就逼着田春航摹写几句，终于让他“写得来如时花美女，独出擅场”。也正因为田春航的科举前途渗透着自己的全部情感和心血，所以对于田春航的成败得失更是在意。然而，越是在意，越担心失败，于是，在三更鼓响的时候，对于失败的担心便充斥着李桂芳的心田。

对于失败的担心当然不是对田春航的实力缺乏信心，而是因为科举场上能者落第、庸者题名的事常有发生。“春航虽然文章新隽，经策湛深，若遇了瞎眼房官，未必珠沉海底”，“倘若春航失意，就枉我一片柔情了”。想到这些，李桂芳焦虑难安，眼前浮现出田春航失意的情形：“同沦落天涯恨，应难免青衫泪溅。”“免不得刘蜕埋文哭向天。”要是那样的话，李桂芳也心灰意冷了：“我也不干这生涯了，抛弃却舞扇歌裙旧翠钿。”

前后两层，都是对于田春航考试结果的联想，正反两面，竭尽遐想，剧中主人公提不起放不下的焦虑和不安让人心动。金圣叹在评点《西厢记》第二本《楔子》时，称这种手法为“倩女离魂法”，钱锺书先生在《管锥编》中称其为“相思飞翔而造诗境”，并说：“己思人，乃想人亦思己；己视人，适见人亦视己；此地想异地之思此地，今日想他日之忆今日。诗文中写这种往复回旋的思绪，时空交织，别饶情味。”李桂芳思绪的回旋往复为读者和观众营造的正是这样的诗一般的境界。

想明月捎信不成，念田春航考试成败而坐卧不宁的时候，忽见彻夜未灭的灯盏里爆出双瓣灯花，李桂芳不禁满怀欢欣：“想是报春航的喜讯也。”迷信总是在无法把握命运变幻时产生，在无法获知田春航发榜的准确消息的情形下，双瓣灯花给了李桂芳吉祥的预兆，当然让他兴奋不已，眼前随之出现一系列激动人心的场景：抄春榜题名录的，已经纷纷叫卖，而其中田春航的名字被喧嚷传送，门庭里洋溢着欢庆的气氛，人们艳羡不已。而随着报喜的骏马飞驰而至，面对泥金的喜帖，那些知道事情缘由的，都说李桂芳有热心肠，有识人的慧眼，在茫茫人海中结识田春航，果然“赏识不错”。恍惚间又回到现实，却发现：“小住谁家庭院，怪恼人天气，夜永如年。”

就在这个时候，五更的钟声终于响起，“明月下，榜台边，神魂彻夜与周旋”的李桂芳赶紧“唤起车夫，赶进城去，打听他的消息”去了。

一出戏，一个人物，一个场景，但是由于曲作者高超的排场和宾白技巧，整体上并不让人感到单调，因为剧中人物的思绪已经把观众一起带到抄榜、发榜的地方以及田春航所在之处去感受得意的快乐和失意的苦痛，去体会夜永如年的焦虑不安的心情。

同时，由于作者多年的科场沉浮，对科举制度的种种弊端有深切的感受，所以，在《憨侦》这出戏里，通过李桂芳的叙述，作者把晚清时代科举考试中摹写样卷的风气、怀才不遇的不公、世态炎凉的恶习展示得淋漓尽致，观者甚至也可以把它当作晚清社会的文化史来读。

（戴元初）

【戏曲家小传】

许善长

(1823—1890后) 字季仁,号玉泉樵子、西湖长。仁和(今浙江杭州)人。祖父许宗彦以经学名家,祖母梁德绳亦为诗人,虽父母早逝,但受此环境影响,少年即工诗能文。为优贡生,曾官江西建昌、信州知府等。作有传奇《瘗云岩》、《胭脂狱》、《茯苓仙》、《神山引》、《风云会》,另作有杂剧《灵娲石》,为十二种单折短剧之合称,今皆存。另有笔记集《碧声吟馆谈麈》。生平著作辑为《碧声吟馆丛书》。

胭脂狱

许善长

第十一出 覆 勘

(末纱帽上)

【南仙吕引子胡捣练】膺赤紧,领黄堂,繁区深愧菲材当。束缚衣冠勤典谒,纷糅庶狱费平章。

自叹劳劳役簿书,十年驰骋短辕车。丹忱未必人知道,趵突泉清定鉴余。下官吴南岱,调任济南知府。家传诗礼,惭叨甲乙榜之名;位绍龚黄[①],勉守清白吏之志。自笑才非肆应,出纳偏握微权;深知政拙抚循,讼狱尤多发审。昨日柏署发下聊城县一案[②],图奸未成,拒杀事主。凶犯虽已弋获,案情颇觉含糊。匆匆过堂,未及细讯。看那凶犯,是一瘦怯书生,绝不类杀人者,因此迟疑。今早遣一亲信家丁,潜往狱中察访,待他转来,或可略知端绪。(副末家丁上)殷勤承主命,宛转访囚情。老爷,小人狱中回来了。(末)怎么讲?(副末)小人只做点验犯人,到了鄂秋隼。小人说:你年纪轻轻,犯了什么罪?他对小人道:〔西江月〕平素束身圭璧,向来守分黉宫。妻丧扫墓出城东,路过卞家小弄。　遇见闺娃是实,图奸进院全空。无端拷打当真凶,只得承招忍痛。　小人不敢多问,便说:堂上大老爷是青天,你有冤不妨实诉。(末)好!你即传谕外厢,我即刻升堂。(副末)是。(下)(末)看这情形,其中必有冤枉了。

【仙吕入双调柳摇金】情多凄怆,辞多渺茫,牢补早亡羊。珠失空罗蚌,枢机全隐藏,擘空风浪,贼胆忒猖狂。岂瘦怯书生,如

斯胆壮？凶锋莫当，诡状难详，诡状难详，祸根孰酿？（下）（各役照常上立）

（末更衣出介）未必温犀能照耀[③]，但将秦镜自摩挲[④]。（坐介）带聊城县案犯听审。（役带生、旦上）（跪介）（吏唱）卞氏胭脂。（旦）有。（吏）鄂秋隼。（生）有。（末）将鄂秋隼带过一旁。（生下）（旁坐地介）（末）胭脂。（旦）有。（末）那鄂生与你订约后，可有人知道？（旦）无人知道。（末）你与鄂生相遇时，可有别人？（旦）并无别人。（末）带鄂秋隼。（生上）（末）鄂秋隼。（生）有。（末）我看你是个瘦弱书生，你将始末根由缓缓诉来。我这里不轻易用刑，你无须害怕。（生）青天大老爷在上：小人那日扫墓回来，路过北巷，见旧邻王氏，与一少女站在门前。小人瞥见，即趋步而过，并未交接一言。以后在家，凭空县役到来，拿去拷问。小人受刑不过，只得承招。实不知道此中情节，求大老爷作主。（末对旦介）胭脂，你方才说，遇鄂生时，并无别人。他怎么招出旧邻王氏？（旦）虽有王氏，与他实无干涉。（末）那王氏现住那里？（旦）在小女子对门。（末）将二人带下去。（生、旦下）（末抽签标付役介）立传王氏听审。限三日到案，不准与胭脂见面。（杂应下）（末）王氏不知何等样人，看起来必是知情的了。

【淘金令】蜂儿浪飞，蜜语招冤障。莺儿善鸣，巧舌成虚诓。暗地雌黄，胡言谈讲。把个关天性命，戏侮荒唐，反做了无事人儿观一傍。良心尽丧，天道终彰。一任颠狂，难逃罗网。（暂下）

（杂带贴上）连去带来五百里，有餐无宿一双人。好差使，三日工夫，足不停趾。堂上大老爷性急，只得日夜奔波。好了，已到衙门口了！那位伙计在？（杂上）什么事？（杂）托你看好犯人，我进去禀明。（下）（内传介）伺候升堂。（众役上）（末上坐介）（杂）禀大老爷，王氏带到。（末）带上来。（贴跪介）（末）王氏。（贴）有。（末）那卞家杀人，凶手是谁？（贴）小妇人不知道。（末）胭脂供说，杀他父亲之事，汝悉知之，何得隐匿？（贴）冤哉！淫婢自思男子，小妇人虽有媒合之言，不过一时游戏。他自引奸夫入院，小妇人何从知道？（末）你如何与他戏言？一一讲来。（贴）那日胭脂送小妇人出门，适鄂生路过。胭脂颇为留情，小妇人说：此人是我旧邻，新有

妻丧，当寄语委冰。后来胭脂患病，小妇人戏之，说：何不招来一叙？这话是有的，以后情节，小妇人实不知道。（末）带胭脂。（役带旦上跪）（末）你说王氏无相干涉，何以他倒招出撮合之辞？看大刑来！（旦哭叩介）话诚有之。小女子自己不肖，致父惨死。讼结不知何年，何忍再累他人？求大老爷开恩！（末点首介）唔！且带下去。（旦下）（末）王氏，你与胭脂戏言，曾向何人说来？（贴）并未告人。（末拍案介）夫妻在床，应无不言者。看拶！（贴）丈夫久客未归。（末）虽然，戏人者，笑人之愚，以炫己之慧，更不向一人言？将谁欺？械其十指。（役拶介）（贴呼痛介）求大老爷开恩，小妇人愿招。（末）松拶。讲！（贴）曾向旧邻宿介言之。（末）宿介何人？（贴）亦是秀才。（末）旧邻何得言隐事？其为通奸无疑。（贴俯首小语）有奸。（末）带去管押。（贴下）（末抽签标付役介）立拿宿介到案。仍限三日，毋得迟延！（杂应下）（末）好了，鄂生有命矣！

【四块金】登徒恋奸[⑤]，意外添魔障。王魁负义[⑥]，法外偏无恙。掀成平地浪，惹来罹难殃。他自履康庄，人遭罗网，教我费推详，险些儿把一个桀骜轻放。（暂下）

（杂带中净上）飞风持一票，带露走三天。到了！伙计有么？（杂上）（杂）又是一个。你看好了，我进去销差。（下）（内传介）众役伺候！（众役上）（末上坐介）（杂）禀大老爷，宿介拿到。（末）带上来。（中净跪）（末）宿介，那王氏招得与你通奸。（中净）大公祖，《摽梅》云："求我庶士，迨其吉兮。"他既来求，何可相负？（末）胡说！王氏又招得，卞家命案，你尽知之，从实说来！（中净）大公祖，那王氏与生员总角惯兮，（挺胸介）突而便兮[⑦]。那卞氏与生员，素未谋面。（摊手介）谁知乌之雌雄？（末拍案介）谁与你掉文！宿娼者必无良士，将他衣衿褫去[⑧]，重责四十板！（役去衣巾）（打介）（中净）上帝板板，要下民卒瘅了[⑨]，其实难受。（跪介）小人招了！（末）讲。（中净）那日王氏说起胭脂有情于鄂生，小人一时兴发，便冒充鄂生，逾墙进院。那知胭脂病重，不能成欢。小人赚了他绣鞋，且图后会。谁知转来，便将绣鞋遗失。失鞋而后，未敢再往。杀人之事，实不知道。（末）逾墙者无所不为，还敢抵赖！与我用夹棍夹起来！（役上夹棍）（中净作晕）（渐苏介）小人承认便了。（末）供。（中净）二次进院，遇他父亲拦挡，小人将他一刀砍死。（末）令他画

供。(中净画介)(末)带鄂生、卞氏上来。(生、旦上)(末)鄂秋隼，你冤枉了。杀人正凶在此，你可认识？(生顾中净)这是同学宿兄。(末)便是他冒你名儿，做得好事。如今你且回去，我移文学中，复你衣衿。(生叩头介)谢青天大老爷，恩深再造。(旦愕介)原来不是他！(向生痛哭)(生回顾下)(末)胭脂，你黑夜认不明白，我与你宛曲审问，方得其实。有了正凶，便可结案矣！(旦)多谢青天大老爷。(末)下去。(旦下)(末)将这要犯押在死囚监里，不可疏脱。(役应)(带中净下)

【摊破金字令】(末)奸情叵测，巧诈难名状。民嵒可畏，曲折须裁量。正直无私，鬼神来饷。那堪深文锻炼，威权标榜，生灵荼毒膺巨创。冤魂泣那厢，爰书定这厢[10]。不是矜张，便涉荒唐，草菅人命相和唱。

(众役跪介)小人们伺候多任，不曾见大老爷这样青天。今日审明此案，衙前老幼，欢欣鼓舞，俱颂扬大老爷神明。(末)这也难得。大凡人生精力有限，爱惜者多。果能悉心体察，定得真情。本府亦期于无枉无纵，何尝以察察为明。

【金风曲】听言观色，真伪宜评量。揆情度理，方寸须凝想，偶尔诚求当。敢说是得民情，折狱无亏，心镜悬明朗。严条赦善良，谀词谢颂扬，还愧我莫弛成汤网。

退堂！(末下)(众役同下)

〔注〕 ① 龚黄：东汉龚遂、黄霸的并称，二人是著名的循吏。 ② 柏署：御史官署的别称。 ③ 温犀：东晋温峤曾燃犀角下照采石矶水中怪物。事见《晋书·温峤传》。 ④ 秦镜：传说秦始皇有一宝镜，能照见人的肠胃五脏，能照出人疾病所在，能照出女子的邪心。事见旧题汉刘歆《西京杂记》。 ⑤ 登徒：指好色之徒。典出战国楚宋玉《登徒子好色赋》。 ⑥ 王魁：民间故事(后也作为小说、戏曲的题材)中的薄情郎负约(抛弃敫桂英)遭恶报的典型人物。 ⑦ 突而便兮：此与上句之“总角惯兮”皆戏摹《诗经·齐风·甫田》“婉兮娈兮，总角丱兮。未几见兮，突而弁兮”而成。总角，古时男孩束的丫角发式。 ⑧ 衣衿褫去：指削去生员的名分。 ⑨ 下民卒瘅：此与上句之“上帝板板”为《诗经·大雅·板》的首两句。“板”本义为反，此戏言吃板子。 ⑩ 爰书：记录囚犯供词的文书。

许善长《胭脂狱》传奇，凡十六出。据蒲松龄《聊斋志异·胭脂》改编。作者赞赏原著“层折颇多，奇冤超雪，且有施愚山(闰章)先生一判，脍炙人口”(《自序》)，故情节悉依原著，唯新增《绎供》、《提鞫》二出，以补小说之未详，使叙事

连贯。

《胭脂狱》叙卞氏胭脂，待字闺中。一日，与闺友王氏在家门前邂逅秀才鄂秋隼。胭脂见鄂生清秀温婉，顿生爱意。王氏语于情夫宿介。宿介起了觊觎之心，夜入卞宅，冒充鄂生向胭脂求欢，遭拒，遂解卞女一鞋而去。此绣鞋被宿介失落，又被浪荡汉毛大拾得。毛大重施宿介故伎，却误叩卞父房门。卞父追贼，反被贼害。毛大慌忙中又失落此鞋。聊城县知县胡图凭失落现场的绣鞋和胭脂所述鄂生解履事，认定鄂生图奸未成、砍杀卞父之罪。济南知府吴南岱复审鄂生，涉及王氏，王氏供出宿介。吴为鄂生昭雪冤案，却又冤枉了宿介。宿介上诉于学使施愚山。施细研卷宗，发现可疑者数端。当堂面鞫，牵扯出毛大。复假托神明以智审，毛大招供服罪，宿介无罪释放。

传奇第十一出《覆勘》叙济南知府吴南岱复审聊城县错案，纠错又出错，从而塑造出一个复杂的官员形象，给人以深刻的警示。吴南岱勤政有为，不庸不贪，勉守清白之志。但是清白不等于清明，即使清明，一旦产生思想方法上的片面性，仍然会出错。所以断狱务必慎之又慎。以此而言，《覆勘》蕴涵的思想艺术价值可谓是永恒的。

吴南岱接手聊城县一案，颇觉初审含糊，决定仔细复勘。他先暗遣亲信家丁，潜往狱中察访，得知鄂生有冤。又于堂审中抚慰鄂生，使他消除顾虑，诉说始末根由，这才了解到鄂生邂逅胭脂时有王氏在场。吴重视鄂生供词，走上了梳理复杂案情的正确思路，因为鄂生为辩冤必然愿意提供有关线索。吴于是传讯王氏，迈出纠正错案的第一步。王氏乃弱女子，不会是凶手，但她可能招引凶手。而要王氏供出宿介，必涉及奸情，当非易事。吴循“戏人者，笑人之愚，以炫己之慧”，必定会将之告人这一生活逻辑，紧紧逼问，配合施刑，终于奏效。

吴南岱不但以情理逼人，也以情理恕人。作为原告的胭脂，由于担心连累王氏，只说遇见鄂生时无人在场，有意掩盖事实真相。但在胭脂解释自己的苦衷以后，吴便不予追究。

吴南岱办案雷厉风行。他接连传讯王氏和宿介，都限三日到案。济南与聊城两地来回五百里，衙役日夜奔波，有餐无宿，吃尽辛苦，方才不误限期。

吴南岱审问宿介，宿介招认逾墙赚鞋，但因失鞋，未曾二次前往。这是实话。然而吴以“逾墙者无所不为”，推断宿介即为杀人凶手，屈打成招。审案少不了推理，但推理必须深入周密，若将复杂的事情简单化，难免要犯错误。若说宿介是凶手，便不能解释他二入卞宅，何以误叩卞父房门。吴复勘此案，浅尝辄止，开释一个，冤判一个，其错在性质上与胡图是相同的。但是吴毕竟有值得肯定之处，

而且他犯的这个错误也不奇怪。以认识论而言，人们认识复杂事物的过程是要经过反复的，往往不能一次完成，重要的是总结经验教训，改正错误。

本出末尾，众役齐颂“大老爷神明”，吴也颇为自得。寓贬于褒，是作者对于吴的嘲讽。

作者笔下的宿介不但长期与王氏私通，而且得陇望蜀，竟冒充鄂生图奸，是个无行文人。不仅无行，而且以丑为美。吴向他指出，“那王氏招得与你通奸，”他答道：“《摽梅》云：‘求我庶士，迨其吉兮。’他既来求，何可相负？”《诗经·召南·摽有梅》中“求我”句，是说希望有心追求自己的男子们不要错过吉日良辰。虽然宿介的言语是插科打诨，其功能是在严肃的正剧中营造一丝喜剧气氛，但他引用古代一首美好的情歌来描写自己的丑事，贴金于脸，可谓无耻之尤。并且在庄严的公堂上作为一个案犯居然如此说话，还显示了他的狂妄。同样，王氏原是肇事者，是她教唆胭脂与陌生男子幽会，是她托付宿介传话给鄂生，她负有道义上的责任。王氏明明知道胭脂断然拒绝私约，却在公堂上恶骂胭脂：“淫婢自思男子，”“她自引奸夫入院。”其悍泼若此。此语无异夫子自道。以三言两语勾勒出人物性格特征，显示了作者的艺术功力。论者以为“其为词，以细意熨贴为主”（庄一拂《古典戏曲存目汇考》），甚是。 （宋光祖）

【戏曲家小传】

钟祖芬

(1845—1911) 字云舫，号落落居士。江津（今属重庆）人。廪生。幼时遭后母虐待，饱受摧残。年稍长即游学外省，庠中每试名皆列前。年逾三十，以应乡试屡不中，遂弃帖括业。晚岁讲学山中，年五十复遇家变，蒙不白之冤，流亡他乡。好学多才，三教九流之书无不涉猎。以性刚见嫉，故终生偃蹇。作有传奇《招隐居》，今存。另有《振业堂集》。

招　隐　居　　钟祖芬

第十六出　封　　馆

（龚而安冠带职事上）少年榜竟登龙虎[①]，中路俦偏引凤凰。铁面人钦骢马使[②]，荒郊夜走牵牛郎。小生龚而安随父巡方，回乡中式，莺盟方缔，虎榜旋登。只因魏小姐日夜哭念爹娘，小生沐恩方回，父亲即命往寻岳父，须索连夜走者。（下）（魏之闻冠带职事上）

一家联受苦中苦，万事不明天外天。犁牛早死骍角在，辛勤只为我耕田。小生魏之闻，自从卖到牛家，与小姐私偕鱼水，将老儿气一个十生九死，使小人转效了七夕双星③。念我同庚，收为半子。明知我爹妈受苦，不敢道出真情，亦不敢涉身过问。今幸皇天有眼，使我平地一声，纳粟成均，登科故里。飞鸿甫递，老牛已尸。那一牢遭瘟的六畜，被那温官重责追赃④，已死者死，亡者亡。闻得我二老受尽酸辛，岂可不去探望？今日沐恩归来，不免脱空前去迎请来家，同享富贵。（下）

【正宫端正好】（甄氏上）绿璃灯，乌衣巷，阴风惨晦日无光。飞来天祸谁能挡？都因烟孽障。

病躯穷骨两支离，风雨严寒夜苦饥，寄语儿家亲阿母，而今瘦损好花枝。奴家自从移到祖山，两遭盗窃，家如水洗，官人每日不归，独守空山，好不凄恻人也呵。

【滚绣球】（以下皆甄氏一人唱）我儿也两分张，女也随风浪。锦江山他人执掌。破床头只留得旧日鸳鸯。你看那荒郊一带，都是青冢迷离⑤，棠梨淡淡妆，饥鸢处处翔。做成个凄怆榜样，不由人痛裂肝肠。（魏上）（甄）官人你过瘾没有？（魏）我哪里有钱？娘子，你吃饭没有？（甄）哪里有米？（魏）我两夫妇到如此度日，这哪里是个了局？趁今你尚青年，我未白发，不如你早打主意，图个下半截受用。已将娘子醮与鄢聪为配⑥，特回来报知。（甄）猛听得疾雷半响。惊魂丧魄，不由人心头荡荡，眼泪汪汪。此话怎当？

【叨叨令】奴本是金镶玉镶，配不着妖妖娆娆的相。又不同桃香李香，上不得风风流流的榜。纵然是家亡子亡，也要模正正经经的样。犯不着心长语长，不许伊慢慢悠悠的讲。兀的不气煞人也么哥，气煞人也么哥。只望你将父纲夫纲，气平时静静悄悄的想。

（魏）我也是上天无路，入地无门了。

【脱布衫】大丈夫经济文章，助朝廷燮理阴阳⑦，那有个终日眠烟障。昏沉沉一枝枪，神魂失丧。

【小凉州】终朝僵卧不离床，虚度时光。臭人闻得粪坑香，形骯

脏，柳叶染衣裳。

【后调】一人一口相推让，诸判官围着冥王。灯放光，盘放光。个个吹箫弄笛，娱乐夜无央。

【下小楼】你只道春光朗朗，百花常放。绿乱青迷，花筛柳摆，蝶醉蜂狂。每夜里灿银灯毫光万丈，谁料得烟销灭这般情况？

【后调】你轻结发甘离丧。全不想这番狼狈，三春蛱蝶，百岁鸾凰。你平日，掷朱提，挥白镪[8]，莺来燕往。值此大军情，谁与你输粮助饷？

(魏)你说了许久，肚皮饿了没有？若能饿了不吃，便可白头厮守，那些已往之事，何必再提？你只算眼前的帐就是。

【满庭芳】和盘算帐，也早知道牛郎织女，要作参商。若不是烟云好友相赓唱，怎能得憔悴姬姜[9]？虽是相守得一时半晌，也不复走章台，学画眉张敞[10]。前事空惆怅，千思万想，倒不如早将命丧。(撞头介)

(魏拉哭跪介)娘子，你要顾节，难道我不想顾名？你有偕老之情，难道我无结发之谊？你舍不得我，难道我又舍得你？只念我大仇未报，要留此微躯，两死无益。你我做个左伯桃、羊角哀[11]，方才济事。你而今如此固执，倒不如我先死了。(亦撞头介)(甄拉介)

【快活三】他若把头撞，我亦把身戕，侬争一节两相伤。罢罢罢，这是我前生欠下今生帐。

(背介)我不如允了，暗藏剪刀一把在身，待到了鄢家，然后抹喉自尽。我亦全节，他亦得银，岂不更妙。(叹介)奴家也无奈了，只得依从罢了。(共扶起介)

【朝天子】明晃晃银河，乱慌慌打桨。别离船，东西向，一篙拨散鸳鸯舫。听骊歌，凄惨唱，只为着床上一灯，灯前一棒。棒一家妻离夫旷。一个羞惭，一个悲伤。这般情，真苦状。

我有一言，夫君谨记。烟签烟盒二字，乃两个排戈，一人一口血，此后若想报仇，还要减烟为是。(魏)娘子之言，自当铭腑。但我与鄢家约下今晚接亲，须早打点。(甄)呵呀。

【四边静】霎时车御百两，便当走文君，远嫁王嫱[12]。一室清酸，

大家是心头着痛难搔痒。此后庞儿空留想象,魂梦里,来相访。

【般涉耍孩儿】鱼水恩深如海样,谁料着望夫山上,秋风千里雁南翔。未飞时也自悲伤。分明潮送人双桨,不获分离酒半觞。春无主,花飘荡。凄凄芳草,惨惨斜阳。

【五煞】子离娘,奴去主,女悲母,妇辞郎。一时哭泣声悲壮,老天作事心何莽?浩劫催人祸不常,依门空怨望。春风苦短,秋夜偏长。

【四煞】你平日,戒烟方,千金药,应亲尝。如何一梦久黄粱?自把葫芦紧紧装。良田美宅并收藏,未死身先葬。落得个夫啼妻泣,我只人双。

(魏)我一失脚,遗误终身,而今你有新夫,我无旧侣,也自惨伤不了,还经得你这样唠叨?(甄)贫家夫妇离别,也要欢饮一场。我三日不尝茶饭,干哭一场,从此分袂,这别离也忒仓卒也呵!

【三煞】昨宵还共泪双行,今夜凄然天一方,旧情新谊争消长。倘得个苍头白发生相傍,就使我裙布荆钗死不妨。别离增惘惘。你看那坟前衰草,冢上枯杨。

【二煞】儿女在何乡?夫妻此一场。奴去矣,病体残躯须保养,燕朋燕群交休广,秋雨秋风各自凉。雌雄今不两,愿你早登黄甲⑬,再续红妆。

(八将抬轿上)今番又来此处接亲,莫要又被抢了。(魏)门外喧嚷,接亲的来了。

【一煞】心头惊鹿撞,世事等羊亡,顷刻飘零在异乡。这是我前世烧了断头香⑭,今生遇着无情障。门外何喧嚷?自是生离夫妇,死隔阴阳。

(执手捶胸大哭介)官人,要看我多看两眼,今生不能再见面了。(魏)娘子,前途保重,这不是小生误你,乃是洋烟误你。(登轿介)(八将抬轿下)(魏)俺如今只得称孤道寡了。

【尾声】(魏)家园田产空飘荡,夫妻儿女各分张。诸君望望,这便是我服烟人的好下场!

孤寒已作朝飞雉，醒眼当为夜处鳏。葛枕锦衾谁独旦？绵绵秋夜影初单。（魏之闻领众仆上）（见介）爹爹，近日安好？（魏作羞惭满面状，又作惊喜状）一息尚存，孤身无靠。（之闻）妈妈此时哪里去了？（魏）到你姨娘家去了。（之闻）孩儿先年，不曾闻有姨母。（魏）才认的疏房。（之闻）孩儿今已高中，老牛已死，特来迎接爹娘，仍回老屋，同享田园。母子多年不见，所以夤夜奔来，望爹爹速去接回。（哭介）（魏）接不回来了，而今他得了安乐窝也。（之闻）这又是何道理？望爹爹即速收拾起程，且到儿家商议。（魏）家囊一空，何物尚须收拾？（行介）占水鸳鸯平地散，破空龙虎自天来。伤心孝子难寻母，累我狂夫瞪目猜。（下）（龚而安领众上）金灯闪照新郎轿，铁面喧传御史威。猎猎征旗飘半夜，鹣鹣奇鸟待双飞[15]。（八将抬轿上）（轿内大哭介）（八将）前面巡方御史来了，请娘子止哭。（轿内愈作大哭介）（八将弃轿各逃介）（众）禀贵人，前面有人弃了花轿而走。（而安）扛回舟去。（龚御史领家人众仆上）吩咐天厨烹犬豕，安排家宴会鸳鸯。（而安见介）孩儿行至中途，拾得花轿一乘，回请大人发落。（龚）家人与我开看者。（众婢开轿介）（甄出持刀自刎介）抢接我来，终非汝福。（之见突出抱哭介）妈妈不必如此。（甄张目介）孩儿，你如何在此？（之见指介）蒙姨爹姨妈打救。（甄上跪谢介）（甄夫人扶起介）因何狼狈至此？（甄）拙夫被鄢之使所害，将奴醮与鄢聪为室，奴心不甘，故寻自尽。（龚）与我请魏秀才来。（众仆上报介）房门关锁，不知何处去了。（魏之闻上）御史威仪居上辈，少年科第喜同乡。门上有人么？（仆）来系何人？（之闻）新孝廉拜会同年。（仆）外面有新贵人来拜会大同年。（龚）请。（见介）（甄突出抱哭介）我的孩儿，你妈只恐今生不见你面，你爹爹不知怎样下落？（之闻）现在儿家。（龚）速去请来。（魏芝生上）无能养妻子，羞面见尊官。（见介）（龚）下官有心与兄结戚，未知尊意若何？（魏）活命之恩，有何异说。（龚）我兄聪明秀士，也被此道沉迷，看来此物利害，须先灭此而后花烛，家人与我尽行拿来。（堂官上）大隐在朝市，小隐在山林。一世乡中隐，非我不生存。（众上拿介）（并拿八将上禀介）拿下鄢之屎。（龚）与我投诸水火。（堂）我烟之屎得了水火，更是得其所哉了。（众人将烟之屎、八将捶碎）（内用黄烟烘下）（龚）将招隐居概行封了。（众仆应

诺)(回禀介)概行封锁。(龚向魏介)此物危害中国,不早收除,眼见中国土地人民,房廊货宝,必然被他收尽。烦吾兄尽情编一告示,道出其中利害。吾兄过来人,不用推辞。(魏)小弟因作戒烟歌,然遭此大劫,而今再不敢恨他了。近闻钟芸舫先生作下《火坑莲》劝戒洋烟,可以请他出示。(龚)与我请来。(向回报介)而今钟芸舫先生已成高隐了,不可见了。(龚)看来此物是个劫数了,只好听其自然。惟令郎虽与牛女成亲,并非明婚正娶。可收拾两付洞房,着他郎舅双偕花烛。(两新贵各拜天地)(同下)

大劫昏天地,瞢腾无贱贵。
我亦过来人,狂言休见罪。
一人发浩歌,万众醒瞌睡。
须识荒唐言,都是伤心泪。

〔注〕 ① 登龙虎:指科举及第。《旧唐书·欧阳詹传》:"詹与韩愈、李观……联第,皆天下选,时称龙虎榜。" ② 骢马使:即骢马御史。《后汉书·桓典传》:"拜侍御史,常乘骢马,京师畏惮,为之语曰:行行且止,避骢马御史。"此处指龚而安之父巡方御史龚则说。 ③ 七夕双星:即神话故事牛郎星织女星七夕鹊桥相会事。 ④ 温官:指剧中当地糊涂县县官温朱。 ⑤ 青冢:本指汉王昭君坟,此泛指坟墓。 ⑥ 醮(jiào):《仪礼·士昏礼》:"庶妇则使人醮之。"注:"酒不酬酢曰醮。"此指再嫁于人为偏房。 ⑦ 燮理阴阳:《尚书·周官》:"兹惟三公,论道经邦,燮理阴阳。"孔传:"燮理者,和调之也。" ⑧ "掷朱提"二句:朱提、白镪皆指银钱。《汉书·地理志》:"犍为郡朱提山出银。"《食货志》:"朱提银重八两为一流。"故世称银子为朱提。镪,本作丝旁,为贯钱之索,俗改从金,故称银为白镪。 ⑨ 姬姜:《左传·成公九年》:"虽有姬姜,无弃蕉萃。"注:"姬姜,大国之女。"此甄氏自指。 ⑩ "也不复"二句:章台,章台街,汉长安街道名,多妓馆,后泛指冶游处。张敞,汉人,为京兆尹,在家善为其妇画眉,京中盛传"张京兆眉怃(妩)"。见《汉书·张敞传》。 ⑪ 左伯桃、羊角哀:战国时一对生死之交的朋友,互为对方而死。 ⑫ "便当"二句:文君,卓文君,汉临邛人,守寡在家,受司马相如琴心所挑,夜奔之,离家同归成都。王嫱,字昭君,汉元帝宫女,赐匈奴呼韩邪单于和亲。 ⑬ 登黄甲:指科举高中。汉唐举子考试均有甲乙丙等科,甲科为高。发榜时以黄纸张贴,故云登黄甲。 ⑭ 断头香:中途熄灭的香。迷信谓再烧此香是对神佛不敬,必受恶惩。 ⑮ 鹣鹣奇鸟:《尔雅·释地》:"南方有比翼鸟焉,不比不飞,其名谓之鹣鹣。"后喻感情深厚的夫妇。

《招隐居》是近代文学史上最早反映鸦片毒害的重大社会问题剧,对其后同类题材剧作的产生和创作,具有示范的意义和积极的影响。全剧共十六出,故事梗概是:儒生魏芝生谨身诗礼,极力反对吸食鸦片。烟神发动众神以酒色财气百般诱惑,他也不为所动。后魏生罹疾,在奄奄一息之时,在受骗的妻子劝说下,终于为治病而吸食鸦片。病虽治好,但已养成毒瘾。遂为吸毒所害,百万家财倾

荡殆尽，不得不出卖儿女妻子，落得个家败人散、一文不名的可悲下场。最后，幸其子反奴为主，其女被巡方至此的龚御史相救，一门重新团圆，烟馆招隐居也被禁封，魏芝生总算脱出于水深火热之中。本剧运用神话的形式，离奇的情节，象征的手法，夸张的笔调，为时人演出了一幕具有悲剧意义的讽刺活剧，具有鲜明的艺术特色。

全剧第一出《排将》便以神话的形式开场，由堂官鄢(烟)之使上场自报家门："十殿森罗地狱开，灯光暗淡鬼齐来。烽烟逗起无名火，要把生灵化劫灰。"声言奉燕(烟)王之命，"来此开馆，取名招隐(瘾)居，招纳四方隐(瘾)士，收取中国土地人民，房廊货宝"。于是召集燕(烟)邦八将(烟灯、烟壶、烟签、烟刀、烟枪、烟盘、烟石、烟盒)商量打理。第二出《诫子》针锋相对，写魏芝生坚决反对吸烟，作长篇千余字的《戒烟歌》严诫子女。第三出《开馆》再通过燕(烟)王之口，点明已"与那府厅州县勾合。竭彼脂膏，耗其精血，孤想不出百年，此方生灵，可以收拾净尽"。入木三分地揭露了西方列强勾结晚清官员输入鸦片，毒害中国人民的险恶用心。之后，经《试坚》、《驱神》、《再试》、《三试》、《骗阵》、《再骗》、《三骗》诸出的敷演，堂官派出心腹谋士费无极、鄢将师等，竭尽引诱、欺骗之能事，终于将病中的魏芝生陷入"与烟魁共枕眠"的困境。第十一出《入阵》以荒诞、夸张的手法，极写堂官与烟兵烟将折磨、收服魏芝生的情形。至此，芝生终于一头钻进烟葫芦中，成为不折不扣的烟鬼。尔后第十二出《弃产》，写魏芝生"洋烟上瘾，债逼如焚"，只得变卖家产田地，又受骗遭窃，于是"税亩租田今尽矣，安排此生作贫民"。此后复经《涉讼》、《鬻子》、《嫁女》三出，魏芝生已是家破子散、一文不名的潦倒烟鬼了。

这里所选的第十六出《封馆》，是全剧的终结。从其关目来看，可分为先悲后喜的上下两部分。上半部着重写魏芝生深陷鸦片毒瘾之中不能自拔，只得将妻子典卖于他人为配，夫妻悲痛告别的情景。主要通过魏妻甄氏的多段唱词，来表现内心凄苦恻怆、悲痛欲绝之情。魏妻上场后，相继以【端正好】、【滚绣球】两曲唱出了魏家如今的惨状及其罪魁祸首："绿璃灯，乌衣巷，阴风惨晦日无光。飞来天祸谁能挡？都因烟孽障。""我儿也两分张，女也随风浪……你看那荒郊一带，都是青冢迷离……不由人痛裂肝肠。"当魏芝生上场告知出于无奈"已将娘子醮与鄢聪为配"后，魏妻猛听得如"疾雷半响。惊魂丧魄"，"眼泪汪汪"。接着连唱【叨叨令】等七首曲子，抒发内心不愿相信、不满丈夫的悲愤心情。最后伤痛不能自已，猛然一头撞墙以求早死。此时魏芝生又拉又哭，又跪又劝，又自己撞墙，以示先死。这时魏妻反过来拉他，心想不如成全其夫得银，自己到鄢家后再抹脖子

自尽。夫妻相互扶起之后，甄氏悲痛欲绝，又连唱【朝天子】等七曲，呼天抢地，将自己痛苦万端、心如乱麻的情感推向高潮。同时，又深情苦劝其夫减烟戒烟，叮嘱他“病体残躯须保养，燕（烟）朋燕（烟）群交休广”，并“愿你早登黄甲，再续红妆”，充分表现了难舍其夫、关怀体贴、真心期待的深情苦意和敦厚、善良的性格，实在动人心弦。当鄢家来轿抬人之际，鄄氏“执手捶胸大哭”道：“官人，要看我多看两眼，今生不能再见面了。”魏芝生无可奈何地说：“娘子，前途保重，这不是小生误你，乃是洋烟误你。”甄氏走后，魏芝生一边自嘲“俺如今只得称孤道寡了”，一边唱了一曲【尾声】：“家园田产空飘荡，夫妻儿女各分张。这便是我服烟人的好下场！”至此，魏芝生因堕入鸦片迷障而发生的人生悲剧已进入结局，这也是本剧的高潮所在，从而使本剧“鸦片毒害人”的主旨得到了充分的体现，剧作家也完满地完成了自己的社会使命。

本出的下半部风云突变，剧情出现了一百八十度的大转折。先写反奴为主的儿子魏之闻登科返故里，率领众仆前来迎接父母回居老屋；接着写已经救下魏女的龚御史之子龚而安又救下魏妻，于是母女重逢，魏妻甄氏且与龚御史之妻甄夫人原是姐妹；再写魏之闻前来拜会龚御史，母子得以重逢，并接来魏芝生，于是魏家重又团圆。真是苦尽甘来，令人唏嘘。最后，写巡方来此的龚御史决心灭了害人的洋烟，派人拿下堂官鄢（烟）之使及手下八将，禁封了“招隐居”；然后为其子而安与魏女子见、魏子之闻与牛员外之女双谐花烛，交拜成亲，全剧以大团圆的喜庆结尾落下帷幕。

这一部分是全剧的结尾，是本剧故事的结局，但它并未按照人物故事发展的内在逻辑走向终局，而是笔锋突转，来了个与前相反的大转折。笔者以为这并非本剧的败笔，而是作者精心构思之作：一来可以体现作家自己和人民大众的愿望与理想，反映广大有识之士力主戒烟的正义呼声，深化了本剧的主旨；二来在当时鸦片横行、国衰民病的年代，不啻振聋发聩，为社会指明了正确的方向，具有引人向上的积极意义。从戏曲创作的角度看，也是继承中国传统剧作艺术的成功之作。众所周知，我国的戏曲不像西方传统戏剧那样明确划分悲剧、喜剧的界线，两者有着不可逾越的鸿沟；而是悲中有喜，喜中有悲，即使是悲剧也往往有大团圆的结局，体现了华夏民族积极乐观和淳真善良的心性。这本《招隐居》以主要的篇幅敷演了魏芝生被骗吸毒、妻离子散的悲剧故事，揭示了鸦片的危害与贩毒的罪恶，深刻地教育了吸毒者和广大官民；同时又让魏家重新团圆，并禁封了烟馆，以喜剧的形式结尾，从而表现了对弱者的同情，对邪恶的惩罚，很好地体现了人民群众的愿望。另外，全剧也有讽刺闹剧的色彩，对以燕（烟）王为代表的西

方列强及其爪牙，以温朱为代表的贪官污吏及其喽啰，以牛员外为代表的土豪劣绅及其帮凶，嬉笑怒骂，调侃嘲讽，起到了巧妙地为全剧烘托氛围、增添趣味的作用。

（张涤云）

【戏曲家小传】

洪炳文

(1848—1918) 字博卿，号楝园，别署祈黄楼主、悲秋散人、绮情生、好球子等。瑞安(今属浙江)人。清光绪十七年(1891)贡生，宣统元年(1909)曾授余姚教谕兼训导，旋辞职，平生以教馆、游幕为业。曾入江西余江县衙为幕宾，又任教于瑞安县中学、浙江省第十中学，亦曾应冒广生之聘至瓯隐园中授课。民国初参与修纂《瑞安县志》，任总采访。好欧美新法，家富藏书，学识博杂。为南社社员。系近代杰出的戏剧作家，创作始于甲午战争，意在唤醒民众，使发愤图强。其作品数量之多、题材之广、表现形式之多样，晚清几乎无人比肩。共作有传奇、杂剧及时调新剧共三十六种，其中传世者二十一种，有《悬岙猿》、《警黄钟》、《秋海棠》、《后南柯》、《电球游》等。又作有《散曲》一卷。其他著述有《花信楼文稿》、《诗稿》、《词稿》等，多不全。今人辑有《洪炳文集》。

警　黄　钟

洪炳文

第七出　闺　侠

(武旦短衣窄袖负剑作回旋势上)(跳舞一回)(中立介)参横斗转月光寒[1]，独坐闺中把剑看。应有壮怀消不得，夜深飞梦斩楼兰[2]。(坐介)奴家竺氏，表字凌霄，黄封国人也。少读儒书，长耽道味。幼遇异人，授以剑术。飞行绝迹，慕红线之奇才[3]；驭气排空，师隐娘之绝技[4]。属因中原多故，朝政日非，隐身花房，杜门不出，日以品花炼蜜为事。蠖屈多时[5]，蛰藏愈密[6]。昨日闻人说，胡封国掠取东山花粮，遣公使来吾国议和。当时东宫太子，率领谢、苏二女士伏阙上书，极言和议靠不住。奈主上惑于蜜部大臣及提督之甘言，依议签字。不料胡封国暗地与元封国密谋，分据东山、西山等处，各分地划界，密立和约。将该处居民逼令他徙。警报至吾国，主上召该大臣及提督，那大臣声言愿往迎敌，径投他国去了。提督

无奈,领兵前往,上阵未战,兵溃而逃,该督亦为他活擒而去。咳!时事如此,好不气煞人也!

【越调小桃红】汉家东北起烟尘,昨已得卢龙信也[7]。乌、黑二臣径投他国,无颜还朝,生降竟作李将军[8]。多是虏骑纷纷,二国连兵,彼此相应,恰便似学连衡,师仪秦[9],演常山长蛇阵地[10]。恨奴家尚是钗裙[11],(指剑介)愿持我太阿锋[12],去枭此负恩人。

今日特遣人请谢、苏二女士来此计议,未知肯来否?看来吾国之中,除二女士及东宫外,无人留心国事。二女士上年曾在酒楼与奴家纵谈时局,极为热肠,故此相请,敢就来也。(小旦、贴华服,老旦侍婢上)(报介)(武旦出迎介)(入相见分坐介)(小旦、贴)敢问姐姐持柬相邀,有何贵事?(武旦)非为别事,只因胡封国败盟背约,该大臣迎敌投降,本提督生擒而去。大事如此,不可收拾,如何是好?

【下山虎】开门揖盗,召此胡氛。御敌筹长策,竟无一人!依样胡芦,满城畜粉。那二臣呵,既负生灵又负君。我如今一晌儿来探信,一晌儿来叩门。国事如何办?忠奸莫分,真个热血淋漓白地喷。

(小旦、贴惊介)哎哟,不好了!前日小妹同东宫奏对之时,明说该大臣反相已露,今日果然降敌,这还了得!大姐素具侠肠,又有剑术,此时难道坐视不成?(武旦)吾练习此剑呵,

【五韵美】霜镡铦电光喷[13],匣中宝气收护谨。闪长空每见七星滚。几回耐忍,无力报朝廷缺恨。蓄新忿,对故人,怎能够把贼子头颅,一刀斩尽?

(小旦、贴)好好!待妹妹领姐姐去见东宫,为之保奏。如此大才,岂堪短用。如蒙拔擢,何患大事不成呢。快走快走。(同下)(正旦同宫监上)(坐介)(探马上报介)(跪介)今日探得蜜部大臣偷生降敌,黑提督兵溃被擒,请圣上快快召大臣商议防御要事便了。探马去也。(起)(急策马下)(正旦惊介)呀!这两个贼子卖国偷生,甘心降敌,不肯练兵,临阵被虏,辱国殃民,一至于此,可恨可恨!(顾宫监介)速召东宫来此计议。(内监应下)(领旦宫装上)(报介)(旦叩见介)臣东宫琼英见驾。(正旦)免礼,旁坐罢。(旦)近日探报敌情底细如何?(正旦太息介)不消说起,气煞人也。那蜜部大臣呵,

【五般宜】当日个倡和戎自招寇氛[14]，今日里托对敌竟投贼军。有什么面目作逋臣？今日军情，千紧万紧无如此紧，那二臣呵，辜恩溺职，令人难忍。把吾国受厚禄的官儿，好名声扫地尽。那提督呵，

【山麻秸】厚犒饷，虚糜尽。十万兵弁，训练无人。三军，临兵阵，一个个逗遛不进。只剩下那厮系将铁索，穿来囚服，乞作降臣。

(旦)臣本日正要入宫，奏明此事。昔日奏对之时，早知二臣阴有反心，岂能为国家办事。果然负恩辱国，坐误戎机，真正可恨！(正旦)今日传集大臣，许久未至。事已至此，计将安出？(旦)听奏：

【前调】满朝官，卑污甚。虏马临江，御敌无人。钗裙，如三臣者，一个个热肠有分。查有谢探花使瑶芳、苏蜜官长蕴香及竺女士凌霄，真正是一条侠骨，一腔热血，一腹经纶。

(正旦)快为吾宣召前来。(旦)那谢、苏二臣旧登仕版，主上加恩，令其出山，决无不肯。独竺女士是近方外的人[15]，不愿仕进，虽厚禄高官，他总不要。幸他素具侠肠，仗二臣之力，劝之出山，或可俯就。(正旦)那竺女士有何本事？(旦)他——

【黑麻令】做一个奇人侠人，每思量离尘出尘。他的剑术好似风轮火轮，他生平权奇任侠不怕千军万军。(正旦)他的本事你可试过么？(旦)一定是千真万真，不像是他身我身。总会那腾云降云，血淋淋手剑奔驰，愿杀却奸臣佞臣。

(正旦)如此甚好。吾儿出与二臣去请竺女士帮同办理便了。(旦)请母王出旨一道，封他官职，令其统兵同往。臣亦愿亲征，所有军中事宜，随时商酌，方为妥善。(正旦)言之有理，先行还宫，随后有旨。(同二监下)(旦随下)(外冠带苍髯上)俺乃吏部尚书黄通理是也。今日愿见圣上，保奏谢、苏二臣，才兼文武，可任专阃之职[16]。(生冠带执笏上)俺乃刑部尚书封体坚是也。今日愿见圣上，奏参蜜部大臣乌里瓜通番降敌，罪不容诛；提督黑心干营务废弛，失机被擒。请将二臣家属严行监禁定罪。请了，前面便是午门，不免径入。(叩见介)(奏介)(内)准奏。(外、生)谢万万岁！(起下)(小旦、贴、武旦三人上)(分坐介)(小旦)昨闻东宫太子保奏吾姐妹三

人，出山为国家办事，未知主上意下如何？倘或圣旨下时，（对武旦介）姐姐不可推却。（武旦）愚妹略知剑术，未习戎略。两军相对，用不着小术。随同在营观战则可，若封官受职，断乎不便。（小旦、贴）姐姐道术高强，此时不为国家出力，更有何用？（武旦）堂堂黄封大国，岂有对垒之时而行聂、荆之事⑰，如公法何！（小旦、贴）此事不能，愿思其次。（武旦）道家规矩，只有代天行化，若既已称兵，便不许再行暗计。（小旦、贴）国事如此，还顾什么术家。愚妹二人此时未受朝廷之命，早以国事为心，姐姐如再三推辞，妹等只有行过大礼罢。（跪介）（武旦惊扶介）呀！姐姐何必如此，愚妹遵命就是了。（小旦、贴）好，明日你我三人同见东宫，情愿投营效力，岂不甚美。（武旦）有理。

【江神子】（小旦）我只道和戎召寇氛，（贴）我只道御侮无人，（小旦）我只道出师失却将军。（武旦）谁知道东宫保奏荷恩纶，（众合）待明日睹天颜日近。

（外扮圣旨官上）圣旨下，跪听宣读。（小旦、贴、武旦同跪介）制曰：照得胡封、元封二国，密谋领兵，分占东、西两山，背约失和，兵端已启。朝廷特命东宫出师亲征，封为大元帅。东宫专折保奏前探花使谢瑶芳、前蜜官长苏蕴香，才兼文武，忠荩勤能。又保女士竺凌霄，深通剑术，奇才异能。廷臣会推⑱，均无异议。其封谢、苏二臣为副元帅，竺女士为参谋。克敌有功，再行升用。钦哉。谢恩。（小旦、贴、武旦）谢万万岁！（起送圣旨官下介）

【尾声】（小旦）须眉巾帼端详认，（贴）须记取东宫情分，（武旦合）如今正是作一个侠烈男儿女士身。（同下）

〔注〕　① 参横斗转：参，星宿名，二十八宿之一；斗，星宿名，指北斗星。参星横斜，北斗转向，表示天将明。　② 楼兰：古西域国名，遗址在今新疆维吾尔自治区若羌县境，罗布泊西。汉时傅介子受命斩其国王归，立功封侯，后因以为杀敌立功的典故。　③ 红线：传说中的唐代女侠，为潞州节度使薛嵩的婢女，魏博节度使田承嗣欲犯边时，曾自请为薛解忧，潜入田营盗取金盒而归，田大惧，退兵而去。见唐袁郊《甘泽谣》。　④ 隐娘：即聂隐娘，传说中的唐代女侠，身怀绝顶武功，身轻如风，能飞掠。精剑术，使剑刺禽兽无不中，刺人于都市，人莫能见。见唐裴铏《传奇》。　⑤ 蠖（huò）屈：比喻人不得志时屈居下位或隐退。蠖，尺蠖，一种生长于树上的虫类，爬行时一屈一伸。　⑥ 蛰藏：比喻如动物冬眠，隐藏不出。　⑦ 卢龙：古塞名，指卢龙塞道，在今河北喜峰口附近一带，汉时属右北平郡，地势险要，为古代北方军事重镇。李广曾为右北平太守，匈奴数年不敢攻扰，称为“飞将军”。　⑧ 李将军：指汉将李陵，武帝时为骑都

尉，率兵出击匈奴，战败投降，后病死匈奴。 ⑨“恰便”二句：连衡，即连横。战国时张仪游说六国共同奉事秦国，称为“连横”。仪秦，指战国时纵横家张仪、苏秦。张仪，战国时魏国贵族后代，曾任秦相，执政时采用连横策略，游说各国服从秦国。苏秦，战国时东周人，曾任齐相，约五国合纵攻秦，后被车裂而死。 ⑩常山长蛇阵：古时一种阵法。其阵势如常山之蛇能首尾互相救应，故云。 ⑪钗裙：犹言女子。 ⑫太阿：古宝剑名，相传为春秋时欧冶子、干将所铸。此泛指锋利的宝剑。 ⑬镡(xín)：古代兵器，似剑而小。铦(xiān)：锐利。 ⑭和戎：此指与别国媾和修好。 ⑮方外：世外。 ⑯专阃(kǔn)：指将帅统兵在外。阃，郭门。《史记·张释之冯唐列传》：“阃以内者，寡人制之；阃以外者，将军制之。” ⑰聂荆：指战国时著名的刺客聂政、荆轲。聂政为韩大臣严遂刺杀韩相侠累，荆轲为燕太子丹刺秦王政，未遂。 ⑱会推：共同推荐选任。

《闺侠》选自作者所作传奇《警黄钟》。全剧十出，此为第七出。

《警黄钟》载清光绪三十年(1904)六月至三十一年五月《新小说》第九号至十七号。剧中叙黄封国内政不修，外交失策，国势衰弱，军备空虚。胡封国领兵元帅辛螯乘机侵袭黄封国，占领东山，元封国统兵将军孟毒也举兵入侵，夺取西山。后胡封国又将元封国逐出，独占西山，大肆掠取花粮。黄封国蜜部大臣乌里瓜迫于胡封国的凶焰，苟安议和，东宫太子琼英率领前探花使谢瑶芳、前蜜官长苏蕴香二女士伏阙上书，极力反对。女主高密受奸臣蔽惑，依准和议，签订丧权辱国条约。胡封国毁盟背约，勾结元封国，瓜分黄封国土。国家危亡之际，黄封国蜜部大臣乌里瓜偷生投敌，提督黑心干兵溃被擒。太子琼英奏请女主，启用谢瑶芳、苏蕴香、竺凌霄三女士，统兵亲征，团结御侮，终以计谋大胜敌国，收复国土，奏捷还朝。

《闺侠》一出，描写国难当头之时闺中三女子竺凌霄、谢瑶芳、苏蕴香挺身而出，为国请缨的侠烈精神。这出戏，以“闺阁计议”、“东宫奏荐”、“受封出山”三个片段，着力呈现了闺中女侠竺凌霄的爱国情怀和英雄形象。

“闺阁计议”一节，展现竺凌霄的忠义侠肠和奇才绝技。一开场她便以“短衣窄袖”的装束和“负剑”“回旋”“跳舞”的矫健之姿亮相，一位武艺高绝、英气逼人的奇女子呼之欲出。接着，又以热血赤胆、冲天凌云的独白坦露内心郁愤，呈示了一位爱国志士忧国忧民、悲歌慷慨的情怀。她武功非凡，能“飞行绝迹”，“驭气排空”。她“慕红线”，“师隐娘”，“具侠肠”，有“消不得”的“壮怀”，有“斩楼兰”的豪情，有“闺中把剑看”的悲慨。她“留心国事”，为国事的“不可收拾”而“气煞”，为朝廷的“忠奸莫分”而忧愤。她痛恨奸佞“开门揖盗”招致“胡氛”，抱憾朝廷“御敌筹长策，竟无一人”，只怨自己是“钗裙”，“无力报朝廷”。她邀来同样“极为热肠”，曾把酒“纵谈时局”的闺中密友谢瑶芳、苏蕴香，共商“怎能够把贼子头颅，一刀斩尽”的大计。二人提议“去见东宫”，求为“保奏”“拔擢”，图谋报效国家。这

一番“闺阁计议”，议国事，商大计，斥奸佞，抒豪情，浓墨重彩地凸现了竺凌霄这位忧国忧民、有胆有识的女中豪杰的形象。

“东宫奏荐”一节，表现竺凌霄的权奇任侠和超人剑术。黄封国女主高密闻知乌、黑二卖国贼子“辱国殃民”，一个“卖国偷生，甘心降敌”，一个“不肯练兵，临阵被虏”，直呼“可恨可恨”，急忙召来东宫太子琼英，询问“事已致此，计将安出”。琼英将“满朝官，卑污甚。虏马临江，御敌无人”，与“钗裙，如三臣者，一个个热肠有分”对照，凸显谢瑶芳、苏蕴香、竺凌霄三女士的“一条侠骨，一腔热血，一腹经纶”；更极口称誉竺凌霄是“奇人奇侠”，剑术“好似风轮火轮”，“权奇任侠不怕千军万军”，“总会那腾云降云，血淋淋手剑奔驰，愿杀却奸臣佞臣”，但又虑及她“近方外”，“不愿仕进”，因而力请母王“出旨”，封以“官职”，令其出山。女主与太子的话语，将乱臣贼子的卑污与巾帼豪杰的英迈作了鲜明对照，从侧面显示出三女子尤其是竺凌霄的侠烈和刚毅。

“受封出山”一节，表现竺凌霄的深明大义和慷慨赴国。闻知东宫保奏三人“出山为国家办事”，谢瑶芳、苏蕴香二人力劝竺凌霄圣旨下时“不可推却”，竺凌霄以“未习戎略”，不便“封官受职”，又以“道家规矩”，主张“称兵”“对垒”时，“便不许再行暗计”，谢绝出山。但二密友晓之以“此时不为国家出力，更有何用”，“国家如此，还顾什么术家”，劝勉她“以国事为心”。二人反复强调“国家”，又跪地“行过大礼”，这就由不得她不“遵命”，“情愿投营效力”，领旨受封，表示“如今正是作一个侠烈男儿女士身”，当随东宫出征。在权衡一己之私与一国之公时，无条件服从国家利益，体现了女中英杰竺凌霄难能可贵的爱国情志和精神人格。

这出《闺侠》，倾力塑造竺凌霄为代表的闺阁侠烈的英雄形象，高度赞扬女子的杰出才能，在重男轻女的封建社会里有其积极思想意义。而全剧寓言闺阁，抨击男儿不如女的社会现实，亦寄托礼失求诸野的义蕴，感慨遥深。

此剧篇后《总束》云：“举世滔滔我独醒，黄封耻作小朝廷。蜂群借作人群看，午夜钟声仔细听。”“蜂蚁由来团体坚，《南柯记》后此余篇。若教警醒黄民梦，待谱新声入管弦。”深刻揭橥此剧的寓意所在。其《自序》又云：“他日者，梨园子弟弦管登场，使观者恍然于黄种之受制白种，殆如黄蜂之受困胡蜂，而急思有以挽回之、振作之，则忠君爱国之念，油然而生。彼蜂群尚如此，而况人群？女子尚如此，而况男子？”可见作者是用黄封谐音黄蜂，胡封谐音胡蜂，又用黄蜂影射黄种人，胡蜂影射白种人，来形象地寄托他的爱国忧时之心的。而“彼蜂群尚如此，而况人群”，则提示用蜜蜂的“团体坚”，比况人类的自强以御侮，团结以卫国。“女子尚如此，而况男子”，则点出剧中黄封国以女主临朝，并将英雄人物都塑造成女

子，是因为感慨世间须眉不如巾帼，又切合蜂群中以雌蜂为主，采花酿蜜皆为雌蜂的自然现象。其主旨则在激励黄种人"油然而生""忠君爱国之念"，"挽回""黄种之受制白种"的厄运，"振作"黄帝之裔黄种中国人的精神。全剧系感怀而作，假借蜜蜂团结御敌的寓言故事讽喻时政，揭露帝国主义列强瓜分中国的侵略野心，指斥清政府的腐败无能，宣传抵御外侮、爱国图存的进步思想。回溯清末中国遭受列强瓜分的历史，不难联想，剧中的黄封国的女主高密即慈禧太后，东宫太子琼英则是"幽居深宫，未亲国政"的光绪皇帝，而元封国和胡封国自分别影射当时占有辽东半岛的日本和侵占新疆的俄国。由于作者巧于构思，设喻颖异，剧中人物和情事无不关合蜂类：如女主临朝、女子参政出征，与蜂类活动以雌为主契合；"隐身花房"、"品花炼蜜为事"、"掠夺花粮"诸事俱为蜂类特有；"蜜部大臣"、"探花使"、"蜜官长"等官名又是司蜂国之职。亦蜂亦人，蜂、人莫辨，读来兴味盎然。

作者自云："《警黄钟》者何？警黄种之钟也，黄种何警乎尔？以白种强而黄种弱也。黄种何以弱？以吾四百兆人，如燕雀之处堂，醯鸡之舞瓮，不自知其弱，遂终不能强。吁，可怜已！怜之，故设法以警之。"又云："词曲者，诗之余，其佳者能激发人心，动人以忠爱之念。"（《警黄钟》自序）作者愿以此剧为"警钟"，警醒"日醉生梦死于名缰利锁之中而不自知"的黄种人，"激发人心，动人以忠爱之念"，正道出了其创作《警黄钟》传奇的警世宗旨和良苦用心。

此剧着力表现巾帼侠烈，故全剧旦角尤多，为区别起见，作者借用了花部戏曲演出中"正旦"、"武旦"等旦角名目。"盖舍传奇而从梨园名目，以便于派角色也"（卷首《例言》）。这在传奇创作中也是一种创新。但纵观全剧，情节较为单薄，戏剧性也不强，艺术上欠缺动人的魅力，因而只能是一部供案头阅览之作，虽慷慨激昂，终难付梨园管弦，粉墨登场。（吉明周）

悬　岙　猿　　洪炳文

第三出　岛　　别

（小生巾服上，丑青衣随上）望帝春心托杜鹃[①]，萍踪倏忽到南天。不将热血酬知己，枉向人间作少年。（坐介）小生罗伦，字子木，溧阳人氏。上年张阁部煌言师出长江，曾上书通谒，颇蒙嘉许，欲留小生入幕。那时有老父在堂，未能从命。适郑氏成功开藩海上，强小生奉父与参军事，小生不欲在其幕府，因奉父北行，来投阁部。不料猝遇北兵，相斗堕水，遇救得生，而老父已为敌兵掠去。当时

北向一恸，呕血倾盆，几濒于死。及得遇阁部，命小生立功，即为复仇，此计甚是。及鲁王薨逝[2]，无主可奉，无家可归，乃散军归田。兵士大率改装他去，阁部亦匿迹不出，惟小生及其仆人杨冠玉探寻到此。（顾丑介）你可晓得主人果否在此岛，抑或他往？（丑）闻主人临行时说，此处有一茅庵清净，欲于此披剃，未免即在此地呢。（小生惊介）呀！阁部呵，你如何——

【仙吕北点绛唇】蜃海汪洋，蜾虮凝望情悲壮。末路收场，竟作头陀样[3]？

（丑）吾主人不是遁入空门，皈依外教，因时不可为，隐身方外，心坎中那里一日忘却中原呵！

【南剑器令】人世感沧桑，抚时局倍增凄怆。令三军并归田里，叫做是悬崖骏马收缰。（同行介）（到介）

（小生）这里一座茅庵甚是清雅，想你主人有在内么？（内猿鸣介）（众惊介）（沙弥上介）（小生递帖介）报老阁部说，有江南溧阳罗参军，已在庵外，禀请进见。（沙惊介）我这里并无阁部。（丑）你晓得阁部是何名色？（沙想介）有了，想是盛器物的架子，及挑泥土的箁子。（丑笑介）不是，不是，却不是东西，是大官的名头。（沙）大柑出在东瓯，这里一发没有。（小生）阁部是做官的人。（沙）这是做柑饼的人，本处没得。（丑笑介）更不是，这做官乃是朝廷的官，不是东瓯的柑。（沙）鲁王崩后，那里还有朝廷，还有官呢？（小生）鲁王虽崩，那旧日的官儿还是有的。（沙）吾这里只有一个和尚，不诵经，不吃素的，是官不是官，是阁部不是阁部，吾请他出来，凭你自认。（小生喜介）好了。（沙下）（领生上）（小生相见抱哭介）（丑哭介）老爷，你好好坐在这里，小人寻得好苦呢！（生）自别以来，你两人走在那里呢？我此番呵，

【北混江龙】天空海旷，蓦高飞比作鹤翱翔。记昔时提兵海上，到如今息影禅堂。试看我袈裟百衲水田衣，可怜你麻鞋布袜旧书囊。哀王孙泣路隅，不相见疑似参商。只剩有天涯回首空延望，虽则是皈依释氏，却不曾瞻礼空王[4]。（沙掌灯上）

（小生）原来阁部在此已有一月，今日天气已晚，明日细谈罢。（同下）（四杂摇船上）俺乃张阁部之旧将，阁部命我至宁波籴米，配足

之后，即便开行。（挂帆介）（摇船下介）（副净僧装上）某乃张阁部之旧校，奉主帅之命，假意削发为僧，使居普陀，伺阁部动静。（遥望介）呀，好了！那悬岙有船来了。（躲在场角介）（杂摇船上）（副净向杂介）来船到悬岙呢？（杂）正是。（副净）出家人欲赴悬岙，愿赐方便，求得附船。（杂沉吟介）（副净）吾乃出家之人，附船何妨！（杂）既是出家之人，许你附载。（副净上船介）（摇船介）（副净出刀介）哇！你等要命，快去快去！（杂惊介）不好了，这一定是歹人无疑！（副净乱杀介）（杂赴水介）（一杂）和尚究竟何事杀人？（副净）吾明告你，吾非和尚，乃是浙江提台差我去取张阁部的。（一杂）阁部畜有双猿，日在木杪瞭望，舟在十里之外，猿便高叫，得以准备，不必费心干此勾当。（副净）原来如此，吾当从山背而入，领手下四名，改扮僧装，乘夜到寺便了。（摇船下）（副净领四杂内穿号衣外披僧衣僧帽作暗中摸索上介）（叩门介）（内应介）你是何人？（杂）昨夜航海遭风的僧人，要在此借宿一宵，明日便去的。（内）你的船只何在？（杂）船只已坏。（末上）（开门迎入介）呀，原来四人，何以多是北音？（杂）多是北直人，现在苏州寒山寺，放海到普陀遭风的。（末）列位僧众，如何黄夜到来？（副净）不干你事！为我请本年来的和尚出来便是。（末下）（领生掌灯同上）（生惊介）你如何如此打扮，亦到这里？（副净）不瞒阁部说，昨晚附船到此，忝在旧部，私以情告。现在北帅久仰大名，待公已久，公至帅幕，决不加害。（生怒介）我若怕死，决不敢履险如夷；我若求荣，更不甘隐身在此。（小生、丑同上介）呀，今夜已深，将官来此有何公干？（副净）主帅相请阁部前去议事。（生）亡国大夫，已为不祥之人，议甚么事？（小生）晓得了。主帅知阁部在此，不明不白，是以相请，正欲成他的名。（副净）正是。将来开国元勋，非阁部是谁？（小生）胡说！阁部流离转徙，蒙难艰贞，是文山后一人，将来要仿柴市的故事⑤，乃是千载流芳的。开国元勋，让尔辈为之！（副净怒拔刀欲杀介）（小生格住介）（四杂脱僧衣帽露出号衣）（绑小生、丑介）（副净）哇！好话不听，尚要讥我，快快带下船去！（小生笑介）好！我巴不得去！文山就义只一人，现在阁部有了随员了！（末慌跪生介）求阁部暂依，免致佛门遭祸。（生点头介）是了。（转介）你要我去不妨，依我三事便是。（副净打恭介）不敢造次得罪阁部，请问哪三件？

(生)头一件,你手下兵士不许擅伤寺中人物,此事与彼无干。第二件,我在此已有月余,一切资粮,均累僧众,今当远去,理当设席话别,以酬地主之情。第三件,罗参军及杨仆二人在途,不许你兵士们凌辱,如有此情,到你主帅面前告诉。(副净)是,是,是。(向小生、丑松绑介)得罪,得罪。(生)你们退去一箭之地,待吾与僧众一别。(副净、四杂远站两旁介)(末叩头介)多谢阁部吩咐,保全佛地,徒弟正拟为阁部饯行,何必自备。(生)岂敢。(众僧摆酒席推生首座)(小生陪坐介)(丑立后介)(生)今日理应我为主人,岂有反客为主?(众僧)闻阁部远行,理应奉饯。(生、小生)不敢。(行酒定席介)

【南桂枝香】(生)骊歌同唱[6],螺杯分饷,年华感蓬鬓萧疏,时局比江潮消长。念南朝凄怆,念南朝凄怆。昔日仰瞻仙仗,此地近依方丈,酌离觞。迩来岁月奔如驶,此去关山路正长。(众又奉酒介)

【北油葫芦】(生)不能够乞戴黄冠返故乡,望江山心怅惘,只好借蒲团面壁涸流光。休笑我儒冠换了袈裟样,旧须眉原无恙。闭双眸无我无人相,盼金门谁代祝舵楼露香?问弹琴饯别恨少个汪元量[7],觉当筵情景更凄凉。(众又奉酒介)

【南八声甘州】(生)我苦念旧君王,曾旅行英霍,道出枞杨[8]。间关历碌,梦魂逐雁南翔。既到此间,只有朝来静对金轮相,夜起微闻宝鼎香,思量到别离凄断人肠。

老夫也应奉敬师父一杯。(末)贫僧向奉戒律,不茹荤酒。(沙弥奉茶介)(生斟茶与末介)(末)多谢,想阁部呵,

【北天下乐】我和你身在南天梦帝乡,九曲回肠,回肠怎许长?犹想着往事更凄惶。昔天水江山自雁翔,更谁晓夜雨昭陵玉匣凉[9]。算只有柴市文山正气扬,恨不尽谢延平如意西台上[10]。

(副净)天已明了,请早些完席下船去。(生起)(众同起介)(生)呀,那猿儿哪里去?(僧向内叫介)(双猿上打滚介)(生)猿呀,你主人今日呀,

【南醉扶归】刀环他日难重唱,《伊》《凉》一曲泪千行[11],你且认

瞿塘是故乡。休思量，滩头戏嬉枝头望。故山风月任徜徉，只怕你主人不日归黄壤。(猿垂泪攀生衣介)(哀鸣介)(杂、净搭扶手)(生下船介)(众另下船)(绕场行介)(猿欲上船副净止介)(猿哀鸣介)(船行介)(猿哀叫跳下水介)(生惊介)(众作蒿捞猿介)(猿死捞获上船介)

(生、小生各惊介)(生)呀，不好了！这双猿是——

【北寄生草】能解听经慧，非同抱木狂。便一朝殉主在沧江上，代主人地下先供帐。快快叫人，将二猿瘗之山麓，封作一家，交代僧众，不可忘却。(丑应)有。(末上)(惊介)果有此事，埋碣一节，老僧任之，阁部诸位，切切放心。(负猿上岸介)(生)哀公合向青山葬，这孤坟三尺傍禅堂，待我游魂化鹤来探望⑫。(生、小生在船掩泪与僧众作别介)(副净等摇船绕场下)

(末目送下)(转介)哎哟，天哪！若不是张爷肯去，几乎弄出事来。你看他——

【尾声】柔情肫挚刚肠壮，那正气能争日月光，今日方晓得他是烈烈轰轰阁部堂。

(合掌介)南无阿弥陀佛！(下)

〔注〕 ① 望帝：即古蜀帝杜宇，传让位于相而隐，死后其魂化为杜鹃鸟，悲鸣不已。此为唐李商隐《锦瑟》诗成句，喻自己内心悲痛。 ② 鲁王：明太祖九世孙，名以海。南明福王政府覆灭后，张国维等迎鲁王于绍兴，称鲁监国。后被清兵所克，逃亡海上，至金门依郑成功。不久，死于海中。 ③ 头陀：梵语，亦作杜多。后俗用作称行脚乞食之僧人。 ④“虽则是”二句：释氏，指佛祖释迦牟尼。空王，诸佛之通称。《圆觉经》：“佛为万法之王，又曰空王。” ⑤“是文山”二句：文山，南宋末文天祥的号。柴市，地名，在北京教忠坊西北隅，为南宋丞相文天祥就义殉国处，明初在此建文丞相祠。 ⑥ 骊歌：《大戴礼记》载有逸诗《骊驹》篇，客欲去，歌之，后遂称告别之歌为骊歌。 ⑦ 汪元量：号水云，南宋末年供奉内廷的琴师。元兵灭宋，随三宫被虏北上，亲身体验亡国之痛，写了组诗《湖州歌》等许多沉痛纪实的诗篇。 ⑧“曾旅行”二句：英霍、枞杨，当是四地名。疑指英州(今广东英德)、霍山(今广东龙川境北)、枞阳(今属安徽)、杨林渡(今安徽和县东) ⑨ 昭陵：唐太宗的陵墓，在今陕西礼泉九嵕山。玉匣：亦作玉柙，《后汉书·梁竦传》李贤注：“王侯葬，腰以下玉为札，长尺，广二寸半；为匣，下至足，缀以黄金缕为之。匣字或作柙也。” ⑩ 谢延平：指宋末爱国文人谢翱。宋末文天祥兴兵勤王，开府延平(今福建南平)时，谢翱率乡兵数百人投之。后闻天祥死，悲不自禁，登严子陵西台(在浙江桐庐富春江畔)设神主祭奠，痛哭号泣，以竹如意击石，歌招魂之词，作《西台恸哭记》。 ⑪《伊》《凉》：即《伊州》、《凉州》二曲，唐时的乐曲。据传其调皆悲凉。 ⑫ 化鹤：晋干宝《搜神记》载辽东人丁令威学仙成道后化鹤归来，曾有“城郭如故人民非”之叹。后“化鹤”

一般用于婉称人死，犹言仙逝。

《悬忝猿》是洪炳文根据沈梅史《胜国传略》中所载南明张煌言(苍水)抗清殉国史迹创作的传奇，共五出，依次是《岛栖》、《诫猿》、《岛别》、《归神》、《展墓》。其故事梗概是：南明兵部尚书张煌言抗清兵败，时值鲁王去世，南明无主，煌言只得在南田悬忝岛散军归田，自己落发隐身于古刹之中，冀望有日重图恢复。身边畜有双猿，颇解人意，每日在树杪瞭望，为之警戒。后为已投降清军的某旧校窥得动静，率兵丁改扮僧众寻入，以武力强行带走煌言。双猿垂泪哀鸣，被阻上船后，跳水殉主。煌言被带到杭州清军大营后，不为清将多方劝降所动，坚贞不屈，慷慨就义。死后被玉帝封为悬忝之神，众义士为之礼葬于西湖旁南屏山麓，受后人凭吊礼赞。全剧关目紧凑，排场妥帖并有创意，曲词宾白悲壮苍凉，流畅优雅，被当时评论家陈茗香、凤林誉为乃明徐渭《四声猿》之嗣响，堪与“《四声(猿)》称妙绝”。

《岛别》是《悬忝猿》的第三出，是全剧的剧眼。从本出的内容看，可分为四层。一开场，旧部参军罗伦偕旧仆杨冠玉上岛来寻张煌言阁部，几经周折，终于相见。相互间惊喜交集，煌言一曲【北混江龙】唱道：“记昔时提兵海上，到如今息影禅堂……只剩有天涯回首空延望，虽则是皈依释氏，却不曾瞻礼空王。”初步向二人交代了别后的行踪，坦露了自己的心声。因天色已晚，相约明日细谈。这一层是本出故事的开端。接着写煌言旧部某校已投清军，奉浙江提台之命，扮为僧人居普陀，阴探阁部下落。一日终于发现并混上阁部派往宁波籴米的船只，带领手下杀了船上诸人，问知阁部畜有双猿瞭望警戒，便改装僧众混入悬忝寺中，找到了张煌言。于是展开了一场剧烈的冲突。先是旧校利诱劝降：“现在北帅久仰大名，待公已久，公至帅幕，决不加害。”“将来开国元勋，非阁部是谁?”遭煌言严词怒斥和罗参军尽情嘲讽后，旧校恼羞成怒，拔刀胁迫，下令带走。当旧校带来的四个兵丁要捆绑罗伦、杨冠玉之时，老僧慌忙跪求“阁部暂依，免致佛门遭祸”。煌言为了古刹僧众，点头答应，并向旧校提出：“你要我去不妨，依我三事便是。”即不许擅伤寺中人物；须与僧众设席话别，以谢月余来的照应；罗参军、杨仆二人在途，不许凌辱。充分表现了已将自己生命置之度外的张煌言，唯知关心他人的崇高精神。此层是本出故事的发展。

第三层是本出故事的高潮，十分令人感动。先写煌言欲设席谢别众僧，而老僧深谢阁部保全佛地，执意设宴为之饯行。席上煌言连唱【南桂枝香】、【北油葫芦】、【南八声甘州】三支曲子，抒发内心百感交集、悲愤凄怆之情：“年华感蓬鬓萧疏，时局比江潮消长。念南朝凄怆，念南朝凄怆。”“望江山心怅惘，只好借蒲团面

壁澜流光”。“我苦念旧君王……间关历碌，梦魂逐雁南翔”。酒将罢天已明，旧校催逼下船启程。煌言呼唤双猿上场与之告别，以一曲【南醉扶归】告嘱二猿：“你且认瞿塘是故乡。休思量，滩头戏嬉枝头望。故山风月任徜徉，只怕你主人不日归黄壤。”此时一幕十分动人的情景忽然展现：通灵性的双猿一边垂泪，一边攀阁部之衣，哀鸣不止。当煌言登船时，双猿亦欲随之上船，被旧校制止后，再次哀鸣不止。船开行后，双猿大声哀叫突然跳入水中。煌言大惊失色，心知其“一朝殉主在沧江上，代主人地下先供帐”，一边流泪，一边急急命人“将二猿瘗之山麓，封作一冢，交代僧众，不可忘却”。并唱道：“袁公合向青山葬，这孤坟三尺傍禅堂，待我游魂化鹤来探望。”充分表达了对双猿跳水义殉之举的敬佩和悲痛，以及对它们恋恋不舍的情谊。作者将剧名题为《悬岙猿》，又安排了第二出《诫猿》的敷演，可见对双猿形象的高度看重；对读者、观众而言，面对双猿垂泪、投水殉主的情节，必定大有出乎意料之感，必定深受感动，唏嘘不已。无疑，剧作家精心塑造的双猿形象是全剧的一大亮点，这里的双猿之死是本曲故事的高潮，也是全剧高潮之所在。本出最后一层是尾声，写老僧目送船只离去，感慨万千，唱了一曲【尾声】，对煌言作了由衷的赞扬：“柔情肫挚刚肠壮，那正气能争日月光，今日方晓得他是烈烈轰轰阁部堂。”

洪炳文是近代戏曲史上杰出的作家，不仅剧本数量多，而且题材广泛，形式多样，构思精巧，曲词优美，在许多方面对传统戏曲的发展与变革作出了突出的贡献。这本《悬岙猿》是他当时站在时代思潮前列，宣传反清革命、歌颂民族气节的代表作品之一，并被搬上舞台演出，起到了积极的作用。在艺术构思方面，也有独特的创新之处。全剧是颂扬南明抗清英雄张煌言坚守民族气节、慷慨赴义崇高精神的，取材于他抗清兵败隐身悬岙岛至慷慨就义这段事迹，如果直写史实，难免会平铺直叙，比较一般化、概念化，难以收到好的艺术效果。作者抓住有猿为煌言守望这一传闻，精心塑造了双猿的艺术形象，以之作为艺术创作的中心，立即为全剧增添了不同寻常的光彩，收到了极好的效果。细品双猿形象，应有三方面的意义。其一，以猿写人。作者描绘双猿节义在心、跳水殉主的动人情节，正是为了突出张煌言坚守民族气节、大义凛然的崇高精神。正如凤林在本剧题词中所云：“乐府谱成哀猿词，托兴亦是风人思。”同时，作者在全剧中特意安排了第二出《诫猿》，让煌言面对双猿述怀交流，连唱七支曲子，将内心悲痛凄迷的心情、隐身为僧的无奈、冀望将来重图的期待、对双猿煞有情义的赞扬勉诫、对那些望风降敌狗彘不若之辈的愤恨，一一尽情吐出，成功地揭示了主人公张煌言的心曲，为正面人物的塑造增辉添彩。其二，以猿讽人。塑造义猿的形象，也是为

了讽刺鞭挞那些不忠不义、变节求荣的民族败类，让那些“兽心人面”之徒在“人心兽面”的双猿面前原形毕露，无地自容；并教育讽喻那些气节不坚、是非淡漠的人警醒，做个“人面人心”之人。其三，以猿动人。本出中双猿出台，先是聆听煌言述怀勉诫，不断点头、打滚；后是垂泪攀衣、跳水殉主，十分令人感动，令人惊奇，收到了撼动人心的艺术效果。同时，演员扮演双猿活跃于戏剧舞台，新奇有趣，大大增强了本剧的生动性。这确是作者匠心独运的创新之处。（张涤云）

【戏曲家小传】

刘清韵

(1841—1916)　原名古香，小字观音。行三，又称刘家三妹。海州(今江苏东海)人。盐商刘蕴堂之女。早慧，工吟咏、擅丹青。十八岁适沭阳钱梅坡，钱才名甚著，然犹自愧不若其妻，夫妇相得，所居称小蓬莱仙馆。光绪二十四年(1898)，沭阳遭洪灾，流落江南，得友人帮助以印行文稿筹资方得返乡。晚景凄凉。作有戏曲二十四种，大部分漂没于洪水，仅传奇《黄碧签》、《丹青剑》、《炎凉券》、《鸳鸯梦》、《氤氲钏》、《英雄配》、《天风引》、《飞虹啸》及杂剧《千秋泪》、《镜中圆》等十种今存，合称《小蓬莱仙馆传奇》。另有《小蓬莱仙馆诗钞》、《瓣香阁词》。《全清散曲》辑录其散曲五套。

鸳　鸯　梦　　　刘清韵

第十出　殉　　玉

（旦淡妆带老旦、贴上）

【步步娇】刚把那一点惊心才宁帖，蒙恩旨放归金阙，谁料奇灾先降也。痛杀严亲，身藏墓穴。可怜奴家，离恨一襟赊，只落得杜鹃晓夜啼红血①！

奴家崔莹，得放还家，严亲已殁，本是痛不欲生，只因养娘苦苦相劝，院子又述爹爹遗命②，因此拜辞坟墓，买舟前来，可巧仍泊在春间那个地方。已打发院子到唐六如那里去了。（叹介）咳，春间尚有爹爹同行，今日只身来此。（哭介）我那爹爹哟！

【江儿水】方幸天伦聚，何期成永诀，剩这茕茕弱女谁提挈？只

身儿小舟趁一叶，寸心儿柔丝萦万结。这已断姻缘能联接，双亲何故，不得再教生活！

(老旦)小姐，不要思前想后，保重玉体要紧。将来夫妻和美，老爷太太在阴间也是欢喜的。(旦)养娘，你教我怎不思想哟？爹妈如在，今日岂要奴家自主？只是院子也该回来了。(末上见介)小姐，老奴回来了。(旦)你听唐相公说甚么来？(末)没甚么说的。唐相公因今儿晚了，明日相见，还教老奴劝劝小姐，不要烦恼。(旦惊介)此话我不明白，你可细细说来。(末)没甚么说的，明儿唐相公来就晓得了。(旦怒介)大胆奴才，你敢搪塞我么？(末叩介)老奴不敢。(旦)你可细细说来，不许含糊一字。(末)老奴说便说，千祈小姐不要烦恼。那张相公已于前月初旬死了。唐相公说，虽是气数使然，还是张相公没造化。(旦呆介)(末)养娘，好生小心陪伴小姐。(末下)(老旦)小姐且自宽怀，可记得那日老爷说的：并未传红下定[③]，不必认真。有小姐这般才貌，怕没个王孙公子？多是那人无福消受，所以死了。咱们明日回去罢。(旦不语)(忽正色介)呀，崔莹，崔莹，你好痴也！

【清江引】今生为底多磨折？分明总是前生孽。倒要拿定主见，作事勿稽迟[④]，为人毋懦怯，拚得个腻粉弱脂铸成铁。

养娘，传语院子，明早安排香烛酒果，随我到张相公坟上致祭。叫侍儿同去，你在船上照看行李。唐相公来，我还有些言语，不好当面说得，妆盒里面有封字，你拿给他看，他就明白了。(老旦)小姐放心，老身知道。只是明日小姐设祭过，早些回来，好一同回去哟。(旦微笑介)明日正是我回去的时候了。(同下)(末捧香烛引旦孝服带贴上)

【香柳娘】看秋容惨冽，看秋容惨冽，似为人添悲助咽。只是奴家此时呵，不特中怀少凄切，倒转觉心神爽澈，转觉心神爽澈。堪叹人生幻影，空花易消灭。纵上寿百年，也无非一瞥，也无非一瞥。少缓须臾，便与古人同列。

(末指介)前面那块新碑，不是张相公的坟么？

【前腔】(旦)正肝肠迸裂，正肝肠迸裂。分明在那，又断肠碑碣。咳，崔莹，更有何话说，更有何话说？想彼祝英台，千古擅

含嬌不敢攬
君袖

芳烈。况没甚牵缠扯掣，况没甚牵缠扯掣。一意孤行，自甘澌灭。

(末)到了，等老奴排列停当，小姐再拜奠。(旦)排列好了，不必在此伺候。去请唐相公上船，再来接我。(末)是。(作排列介)(向贴介)收拾齐备了。你好生伺候小姐，我请唐相公去来。(下)(旦上香介)

【前腔】把清香敬爇[5]，把清香敬爇。(跪介)低鬟拜者，愿英灵鉴此微忱竭。奴与郎君，虽丝萝未结[6]，虽丝萝未结，才子光仪[7]，画里每相接。(哭介)况严亲曾择[8]，况严亲曾择。地下寻盟，庶几无慝。(贴劝介)

(旦起拭泪介)侍儿，那边远远开的是甚么花？倒也可爱。(贴)想是野菊。(旦)你去采些带回船，我在这里等你。(贴)小姐就在这石上坐坐罢。(旦)不要多管，快采花去。(贴应下)(旦化纸介)

【忆多娇】灰飏处，飞乱蝶，(浇酒介)一盏椒浆浇马鬣[9]。浇奠已毕，早些寻个归著罢！(徘徊四望介)四顾茫茫何处歇？呀，那边好一带枫林，看赤似丹霞，看赤似丹霞，不如就到那里去罢。(行介)林呵，林呵，借重你成就我从夫大节。(作到)(解帕向鬼门结扣介[10])

【斗黑麻】款解冰绡，向枝头牢将扣结。为判阴阳，故此关特设。(回望介)只怕养娘要来，急忙的催返楫。想此时唐六如不知已到船来？我身后诸般，要伊打叠[11]。崔莹，崔莹，你俄延怎的？就此去罢。(理扣介)不由人将身一撇，须臾魂销气又灭，含笑从容向泉台去也。(缢下)

(末上)在下崔家院子崔恩的便是。奉小姐之命，将唐相公请到，随即赶来接小姐回船。呀，小姐、梅香，一齐往那里去了？(望介)(贴执花上)(末)姐姐，采那野花做甚么？小姐呢？(贴)小姐说此花开得别致，教我采些带回去。小姐在石上坐著等你呢。(末惊介)不好了！快快寻去。(同行四望介)(贴)不是小姐么？原来在那里玩野景儿呢。(末)在那里？(贴指介)那树边立的不是么？(末急行向鬼门看)呵呀，唬杀我也！原来小姐自缢死了。好个才智兼全的烈女！(向贴介)你在此守著小姐，我去报与唐相公知道。(急下)

（贴哭介）我那小姐人儿也！我那有仁有义的小姐人儿也！（哭下）

〔注〕①啼红血：传说上古蜀君杜宇死后化为杜鹃鸟，至春而鸣，其声凄切，啼至血出乃止。　②院子：看院的仆人。　③传红：订婚时男女两家互相送交约书和信物。因女家用泥金红柬书年庚八字交媒人送男宅，故称。亦谓之下定。见孙锦标《通俗常言疏证·妇女》引《金陵杂志》。　④稽迟：延迟，拖延。　⑤爇（ruò）：点燃。　⑥丝萝：菟丝与女萝，两种低等植物，蔓生，常缠绕在草树上，不易分开，故常用以比喻婚姻。　⑦光仪：光彩的仪容。汉祢衡《鹦鹉赋》："侍君子之光仪。"　⑧严亲：父亲。　⑨椒浆：用椒浸制的酒，古时常用于祭奠。《楚辞·九歌·东皇太一》："奠桂酒兮椒浆。"马鬣：坟墓封土的一种形状，诗文中常泛指坟墓。宋刘克庄《沁园春》词："雁山马鬣，吊客谁经？"　⑩鬼门：即鬼门道，戏台上场、下场之门。元柯九思《论曲》："构肆中戏房出入之所，谓之'鬼门道'。言其所扮者皆已往昔人，出入于此，故云'鬼门'。"　⑪打叠：打理，安排。

《鸳鸯梦》是晚清女子刘清韵《小蓬莱传奇》十种的第四本，故事发生在明代：才子张灵风流放诞，自比李白，一心想觅一个崔莺莺似的女子为妻。一日，他放浪形骸，扮成乞丐在苏州虎丘游春，巧遇一位佳丽，惊为天人，爱慕甚深。于是他拜托好友唐寅代为寻访佳人并作伐。恰巧那美人崔莹的父亲崔文博路遇唐寅和祝允明，看到了唐寅为张灵所画的《行乞图》，非常欣赏画中"神彩矫矫"的少年书生，意欲将爱女许配给他，故携画而归。崔小姐见画亦深爱张生，并在画上题诗一首，以明心志。不料，宁王朱宸濠为了谋反，大肆搜罗美女进献皇帝，崔莹被逼入宫。这时唐寅正在南昌的宁王府做画师，见了崔莹后，忙带了她的画像和《行乞图》赶回苏州给张灵报信。张灵见画，知道姻缘无望，竟一恸而亡。不久，宁王起兵作乱，崔莹遂得归故里。她为酬夙愿，在张灵墓前自缢身亡，一对有情人终于在九泉之下结成了神仙眷属。

《殉玉》是《鸳鸯梦》的第十出，具有很强的抒情性和悲剧色彩，是全剧的高潮。

崔莹当初是带着对老父亲的深切挂念和对张灵的无限爱恋被强迫送入宁王府的，进而她又被逼去了北京，进了皇宫。在这段苦难的日子里，是对父亲和张灵的牵挂支撑着她艰难地活下去。最后，她侥幸脱离了苦海，带着对亲人和恋人的深深萦念和对未来幸福生活的憧憬回到了家乡。可是，家破人亡，物是人非，等待她的不是期盼已久的父女团圆，而是父亲已不在人世的噩耗！"刚把那一点惊心才宁帖，蒙恩旨放归金阙，谁料奇灾先降也。痛杀严亲，身藏墓穴。离恨一襟赊，只落得杜鹃晓夜啼红血！"（【步步娇】）崔莹痛不欲生，在养娘和院公的苦苦劝慰下，才勉强节哀。根据父亲的遗命，她拜别新坟，从南昌赶到苏州找唐寅，希望通过唐寅成全自己和张灵的婚事——父亲既然撒手人寰，张灵便成了崔莹仅

剩的依靠和希冀。连养娘都说:“将来夫妻和美,老爷太太在阴间也是欢喜的。”崔莹自己心中更是充满了期待。

孰料,等待崔莹的是又一次严重的打击。院公从唐寅府上回来,告诉小姐“张相公已于前月初旬死了”。崔莹闻言如雷击顶,呆了半晌,不言不语,良久,她才忽然正色道:“呀,崔莹,崔莹,你好痴也!”——红颜薄命,鸳鸯梦碎,好姻缘化作了镜花水月,这种和意中人张灵阴阳永隔的极端痛苦彻底击垮了崔莹。就在这一瞬间,失去了最后希望的崔莹决定放弃生命,到九泉之下去寻找情郎,以圆鸳鸯之梦。于是,她收拾起眼泪,十分镇定地吩咐养娘和院公做好翌日祭扫张灵坟墓的准备工作。十分关心爱护崔莹的养娘殷勤道:“小姐放心,老身知道。只是明日小姐设祭过,早些回来,好一同回去哟。”崔莹微笑回答:“明日正是我回去的时候了。”

这里值得注意的是,在崔莹得知张灵死讯之时,作者并没有按照常规浓墨重彩地用大段唱词描写她的心理活动,而只是强调她的表情——先是“呆介”,然后是“不语,忽正色介”,最后是“微笑介”。从惊闻噩耗呆住了,到面露镇静的微笑,这对于一个历尽磨难,体验了“哀莫大于心死”的少女来说,是多么复杂的心理变化过程呀!作者完全可以用几支曲子的篇幅详细渲染女主人公的悲戚心理。可是刘清韵却举重若轻,主要选择了强调人物动作和表情的方法外化崔莹的心路历程,简约而不简单,既节省了篇幅,又为后面情节的发展作了良好的铺垫。

第二天,崔莹在养娘和院公的伺候下到张灵坟墓前祭奠未婚夫。在这里作者不再节约笔墨,让崔莹一连唱了三支【香柳娘】,以倾诉其衷怀。她面对张灵的墓碑,肝肠寸断,死志已坚,心境就像民间故事里的祝英台:“正肝肠迸裂,正肝肠迸裂。分明在那,又断肠碑碣。更有何话说,更有何话说?想彼祝英台,千古擅芳烈。况没甚牵缠扯掣,况没甚牵缠扯掣。一意孤行,自甘澌灭。”不过,她知道只要养娘和院公在身边,她就不能够从容赴死,实现自己的愿望,所以她借故分别支开了两位老仆,然后徘徊四望,见一片枫林“赤似丹霞”,就决定借助红如鲜血的枫林结束自己的生命,相从张灵于地下。只见她“款解冰绡,向枝头牢将扣结”,不一会儿便“魂销气又灭,含笑从容向泉台去也”。

这出戏到了这儿,读者和观众才完全明白崔莹对养娘说的那句“明日正是我回去的时候了”的真实含义,也明白了她在刚刚得知张灵死讯的时候所唱的那支【清江引】的真正分量:“作事勿稽迟,为人毋懦怯,拚得个腻粉弱脂铸成铁。”——原来,这个外表纤秀的弱女子在严酷命运的重压下却是外柔内刚,早就打定了为张灵殉身的主意,然后又不动声色地排除障碍,付诸行动。而养娘和院公既是剧

情所需的必要配角，又是塑造崔莹性格形象的重要陪衬，其戏剧结构的安排不可谓不细致。于是，女主角崔莹不慕荣华、忠于爱情的感人形象在这一出戏里被最终塑造完成，整部传奇歌颂纯洁爱情、抨击强权的主题也在这一出戏里得到了进一步的升华。

如果将这出《殉玉》和写张灵为崔莹断送了年轻生命的第八出《恸逝》联系起来看，则更加能够体现出作者安排关目的匠心。可以说，《恸逝》和《殉玉》是全剧的两个高潮，是传奇主旋律的最强音。

除了戏剧关目设置的巧妙以外，《殉玉》在曲辞上也颇有造诣。比如在三支【香柳娘】和一支【忆多娇】里作者多次成功运用了反复的修辞手法——如第一支【香柳娘】的开头是“看秋容惨冽，看秋容惨冽”，第三支【香柳娘】的开头是“把清香敬爇，把清香敬爇”，而【忆多娇】的中间则有两句“看赤似丹霞”。这种句子的连续反复虽然是曲律所规定的，但写得好不好却得靠作者的一支笔；而作者确实有生花妙笔，令曲辞声情凄切，既适于场上的演出，也深化了曲子的主旨，具有较强的艺术感染力。

当然，在艺术上作者还有借鉴之功。比如它的主要情节和人们耳熟能详的梁祝故事有着异曲同工之妙，而这出戏的最后崔莹从容赴死的细节则和汉代著名的《古诗为焦仲卿妻作》里面的相关细节差相仿佛，读来耐人回味。

（郭 梅）

天 风 引 刘清韵

第八出 荣 骋

（小生扎巾鬼脸骑海马执令旗上）众鲛人听者[①]：大王有令，今日驸马爷来游海市，尔等广列奇珍，大呈异宝，兼设蜃楼，不得违慢取究。（内嗷应介）（小生下）（丑扮鲛人头领引众鲛人推车载宝上）（众）哥，俺们这海市每年一次，亘古如斯。不问九州万国人士，五湖四海龙王，自去自来，各随其便，从无干涉。为何今日先期传令，莫非要来抽税么？（丑）不是，不是。俺昨日进城候朋友，适值驸马在南海赴宴回来，说不尽马上弹筝，车中奏玉，那样尊荣显贵。随溜过去一张，原来就是那日三世子在这里带去的那个贫子。俺私问人道：好好的一个玉叶金枝，放着许多龙子龙孙不给，将来配他，岂不委曲？那人伸伸舌头，说：你不要看轻了这位驸马爷，只因作了一篇《海市赋》，不独俺们王爷十分爱重，就连四海龙君也一

般景仰。只三日光景，把绝大才名四海都传遍了。王爷还要大开海市给他散心呢！（众）既如此，俺们就将宝摆列起来罢。（丑）慢些，慢些！蜃哥快来！（净扮蜃精上）云雾随时吐，楼台顷刻成。鲛哥，俺老蜃又没奇珍异宝，只有一口假气，你们要他何用？难道有人买假气不成？（丑）少说闲话。大王有令，令你工工致致结一座大城，将俺这海市围住城内。还要六街三市，万户千门，种种精奇，不得违误。（净屈指数介）一、二、三、四、五、六、七，海市只得今儿一天了。呸！那里是他传令，分明你拿我开心！（欲走）（丑扯住介）谁来哄你！委实是大王令旨，命你点缀好，待驸马爷游玩的。（净）列位，俺那口假气只可搪塞一时，岂能拿他靠实吗？（丑）不错呵！这怎么处，这怎么处？（净）你们只管将宝排列齐整，俺吐些雾气罩住，等驸马爷将近的时候，再照你式样办理，又变幻，又新奇。（众拍手狂笑介）好想头，好想头！真个有趣。兄弟们，快来动手呵！（场后列高台三层）（众取宝排列）（净放烟出黑纱幔将台遮住介）（丑远看介）妙，妙，妙！俺们且去歇息歇息。（引众同下）（小丑、末、杂、外、老旦扮各路客人上）海市要完，俺们再去买几样，也好收拾回去了。（抬头惊介）海市收了吗？（外）记得还有一天，待俺问来。（向内介）鲛哥，鲛哥，俺们来收买珍宝的。（内应介）来了，来了。（丑上）（向外细看介）你们可是罗刹国来的？（外、小丑、末）正是。（丑）你那贵友招了宫主，做了驸马，少刻来游。他到了才开市呢，诸位略等一等。（外向小丑、末介）且船上去等，来时好细问问龙宫景致。（小丑）少要做梦，他此刻还有工夫理你哩！（外）马大夫不是那样人。（丑）咳！此一时彼一时，你又那能拿得稳？（外叹介）说的也是，待临时看光景就晓得了。（丑）我们昔日与他是"贫贱他人合"，只怕他今日待我们就要"富贵故交疏"了。（同诨下）（生上）〔谒金门[②]〕红偎翠倚，一枕春魂莺唤起。惝恍迷离，只觉春风溢两眉。　绣帏香暖，软软浓浓情意款。真个消魂，不是朝朝暮暮云。　小生马龙媒，蒙东阳君十分宠待，配以爱女。今复大开海市，令俺游览遣怀。（叹介）虽是他宫禁恩深，争奈俺乡园念切。昨晚于灯下作一平安家禀，带往海市，好觅便寄归，以慰父母。（贴、小旦艳妆上）（跪启介）请驸马爷后宫早膳。（引生下）（末、小生二侍臣引生乘马上）

【懒画眉】论文敢说马卿工[③]，姓字风传四海中，水云影里骋花骢。（内喧哗赞叹介）马头到处人争拥，抵多少得意花看上苑红。

（二武士上跪介）守城员役迎接驸马爷。（末）起去。（二武士下）（生抬头看介）

【前腔】曈昽佳气郁葱葱[④]，楼橹森严雉堞雄，更有那黄旗摇曳漾和风。招引我无端豪气连云耸，几忘身居碧海中。

（生鞭指介）前面一带，红光闪闪，紫气腾腾，是个甚么所在？（末）是珊瑚林。（生）内府尚以七尺珊瑚为希世之宝，岂知此处竟有如许之多，如许之大，真奇观也！（末）世人用尽心机，将铁网沉入海中，不过取些顶上嫩枝儿，这大的怎能到手？

【前腔】（生）遥观如火似霞烘，原来是万树珊瑚列道中。不特多，而且大，更且长得扶疏偃仰，各各不同。有回枝曲干偃虬龙，也有亭亭婉约疏而耸。想那王恺、石崇当时光景，真不值一粲，恰似拥著那敝帚千金意自雄。

（二杂上跪介）守珊瑚林员役迎接驸马爷。（小生）起去。（二杂下）（生徘徊抚玩介）（小生）这个没趣。（指介）那灵珠圃才好耍子哩！（丑、净）守灵珠圃员役迎接驸马爷。（小生）起去伺候。（净、丑起）（立鬼门边吹画角）（下）（生指介）那一带水晶短垣，想就是了。（策马欲前）（小生）驸马爷不要前进，珊瑚林宜近观，灵珠圃宜远玩。一到跟前，反没情趣了。（生立马遥望介）你听那，

【前腔】悠悠画角数声终，仔见那瑞霭霏霏起圃中。猛可的明珠万粒荡灵风，高低错落如丸弄，陡一闪散作繁星丽碧空。

（生且行且看赞介）妙呵！真个灵奇有趣，眼界一新。（向末介）那座小山，为何皆是砂砾所成？（末笑介）那是精卫鸟儿思量填海衔的西山木石[⑤]，日积月累，竟成一个小小山儿。（生叹介）咳！

【前腔】零砂碎砾积成峰，恰费冤禽几许功。叹西山木石岂能穷，何须苦把精神用！可晓得沧海桑田少定踪。（策马行介）

（末指介）那边有真正道地古董，驸马爷不可不赏鉴赏鉴。（生立马介）在那里？（小生）不要理他。（指介）就是那个枯树与那个破船，没有看头的，还是到海市去瞧热闹罢。（末以鞭拂小生介）你懂得甚么？这是当年徐福载着五百童男女求仙的船[⑥]，这是张

骞乘着探河源的槎[7]，怎么还说不是古董！（生鞭指介）咳！始皇呵始皇，

【前腔】你翦除六国逞残凶，逞到坑儒事未穷。长城一筑血膏空，逼得那民愁神怒天心痛，平白又仙药思求碧海东。（策马转身徘徊细看介）

【前腔】这楂枒老栟偃泥中，古色斑斓碧藓封。每想那河源那得与天通，今见此槎信不诬矣！槎呵，当年情事君曾共，我待细问支机旧日踪。

（忽抬头念介）琵琶亭，呀！（沉吟介）记得琵琶亭在江州呵。（末）这是王昭君的琵琶亭，不是江州故事。昭君亡后，琵琶沦入沧海，俺王爷特地为他建亭，以昭珍重。（生）原来明妃手泽尚存，倒要领略领略。（下马抚玩掩泪介）咳！明妃，明妃！想你生前虽然出塞，这也是——

【前腔】佳人薄命古今同，莫把图形怨画工。倘若是当年宠冠六宫中，怎及这千秋青冢人知重！琵琶呵，琵琶！虽是你物因人重，想明妃那时，不知怎地悲怆凄凉？恰也亏你在马上替他切切凄凄诉曲衷。

（徘徊雪涕介）明妃不肯赂毛延寿，以假容貌见斥汉宫；俺马龙媒因遭飓风，以真面目见摈鬼国。虽是两般情概，恰一样悲凉也！（忽失声大恸介）（末、小生劝介）明妃身死名留，足可无憾，请爷启行。（生上马回顾拭泪策马行介）（忽立马四顾介）呀，碧水潾潾，繁花袅袅，古树森排，小桥斜跨，是好个所在也！呵，你看那——

【前腔】数椽茅屋翠阴中，青粉围墙碧藓封。（听介）若不是隐居避世有儒宗，怎得这书声朗朗随风送？顿使我受教殷殷礼意崇。

此地何名？（指介）那是何人居址？（末）此是清水洋。苏老泉相公爱其幽静，卜居于此已数百年了。（生）老泉先生还在？今日便道不恭，明日再来拜谒罢！（行介）那边一座白玉牌楼，祥云缭绕，瑞霭缤纷，又是甚么奇异？（小生）那是通天河。过了牌楼，便是天界。（末前望惊介）记得过了清水洋不远的就是海市，怎今日只见茫茫烟雾，恰是为何？（小生）难道走错了路不成？（末）胡说。（同

立马迟疑介）（净立鬼门放烟上）（取幔下）（丑率众鲛人跪生马前介）鲛人迎接驸马爷。（末）起去。（小生）快些开市，好待俺爷游览。（生）妙呵！果然是海市蜃楼，一转眼间就有。

【前腔】层轩广厦互相通，异宝奇珍列满中，只觉晶莹璀灿影浮空。那些明珠美玉倒也不足为奇，最奇的是：天成百物皆生动，不借些儿斲削功。

（丑、末、外、四杂上跪介）海外诸路客商迎接驸马爷。（末）起去，照常交易。（众）是。（生见丑、末、外下马执手介）诸位与龙媒是贫贱之交，怎么也行此礼？不敢当，请起，请起。想龙媒那时，

【前腔】栖栖海畔泣途穷，深荷提携涸辙中[8]。报琼有志久蟠胸[9]，今日呵，酬恩愧乏千金奉。（袖出锦匣送介）这是夜光珠十粒、龙脑香十帖、通天分水犀各四枝，望诸君笑纳还祈恕不恭。

（丑、末、外）吾侪小人，日受大夫之赐，正欲在海市购些珍玩相奉，怎敢复承厚惠。（生）聊以将意，幸勿过辞。（众叩介）多谢大夫。（生复出匣介）这是送与执戟郎的[10]，烦诸君代为寄上。说龙媒呵，

【前腔】虽然身隔水云重，把厚德深铭五内中。每向那屋梁落月忆音容，（指匣介）这戋戋菲薄交情重[11]。还望诸君与龙媒，代把愚衷宛曲通。

（众）小人们理会得。前日大夫欲寄家报，现有往贵国船只，可将书付小人，交他带去。（生）竟有便船，俺好喜也！

【前腔】家山久付梦魂中，天外何期得便鸿[12]？凝然喜色上眉峰。（掩泪介）悄然双泪如泉涌，天吓，天吓！求你赐一阵饱送蒲帆百尺风[13]。

这封家报，必须面交，船在那里？（众指介）就在那边。（生）乡书才待发，旅梦已先归。（同下）

〔注〕 ① 鲛人：传说中居于水中的人鱼，善织绡，滴泪则化为珠。 ② 谒金门：按，检“红偎翠倚”八句，词调当为〔减字木兰花〕，非〔谒金门〕。 ③ 马卿：指汉辞赋家司马相如（字长卿）。 ④ 曈昽：日初升渐明貌。 ⑤ 精卫：《山海经·北山经》：“发鸠之山，其上多柘木。有鸟焉，其状如乌，文首白喙赤足，名曰精卫，其鸣自设。是炎帝之少女，名曰女娃。女娃游于东海，溺而不返，故为精卫，常衔西山之木石，以堙于东海。” ⑥ 徐福：秦时方士。《史记·秦始皇本纪》：“齐人徐市等上书，言海中有三神山，名曰蓬莱、方丈、瀛洲，仙人居之。请得斋戒，与

童男女求之。于是遣徐市发童男女数千人,入海求仙人。"按:市,亦作福,《史记·淮南衡山列传》:"又使徐福入海求神异物。" ⑦张骞:西汉人,以通西域功封博望侯。宋胡仔《苕溪渔隐丛话》引南朝梁宗懔《荆楚岁时记》:"张华《博物志》:汉武帝令张骞穷河源,乘槎经月而去,至一处,见城郭如官府,室内有一女织,又见一丈夫牵牛饮河。骞问云:'此是何处?'答曰:'可问严君平。'织女取楮机石与骞而还。" ⑧涸辙:喻困境,典出《庄子·外物》:"周昨来,有中道而呼者。周顾视车辙中,有鲋鱼焉。周问之曰:'鲋鱼来!子何为者邪?'对曰:'我东海之波臣也。君岂有斗升之水而活我哉?'周曰:'诺。我且南游吴越之王,激西江之水而迎子,可乎?'鲋鱼忿然作色曰:'吾失我常与,我无所处。吾得斗升之水然活耳,君乃言此,曾不如索我于枯鱼之肆。'" ⑨报琼:报答他人的美意,《诗经·卫风·木瓜》:"投我以木瓜,报之以琼琚。匪报也,永以为好也。" ⑩执戟郎:指宫廷侍卫。秦汉时宫廷侍卫执戟值勤,故称。 ⑪戋(jiān)戋:浅小,细微。 ⑫便鸿:指家书。鸿,谓雁书,即雁足所系,飞行传递之书信。 ⑬蒲帆:以蒲草编织成的船帆。

《天风引》是刘清韵《小蓬莱传奇》十种里面的第七本,其故事梗概是:书生马俊表字龙媒,出生在福建莆田的一个商人家庭。他虽然"风神俊爽,才调纵横",但在父母的安排下却只得弃儒从商。不料,他第一次出海经商便遭遇风暴,不得已流落到了大罗刹国。那大罗刹国中人人以美为丑,以丑为美,马俊一次醉后,偶然戏涂花面,竟然被认作美男子,官至下大夫。在朝中,他明白了"花面逢迎,世情如鬼,举世皆然,又岂特一罗刹国乎"的道理,决意辞官不做,找机会返回故乡。这时,他偶然结识了东阳君的三世子,旋即因一篇《海市赋》博得了东阳君的欢心,被招为驸马。然后,马俊接来父母双亲,一家团圆,共享荣华。

《天风引》一共十出,《荣骋》是第八出,情节热闹离奇,富有传奇色彩和象征意味。

这出说的是马俊入赘后甚得宠幸,龙王大开海市替他散心。在海市上,春风得意马蹄疾的马俊见到了无数的奇珍异宝和文物古迹。比如,有一片红珊瑚林,既多且大,"长得扶疏偃仰,各各不同",马俊不禁联想到了《世说新语》里石崇与王恺争豪的故事,感慨道:"想那王恺、石崇当时光景,真不值一粲。"——这一段名为咏物,实为咏史,寄托了作者对于物我关系的看法,表达出不慕富贵名利的淡泊高雅;另外,精卫鸟填海而成的一座小山也让马俊感叹不已,同样从一定角度体现了作者的人生观。

当然,更令马俊唏嘘万端的是一些人文遗迹。比如,当他看到徐福当年带着五百童男童女海上求仙所乘的船只,就想到了曾经叱咤风云的秦始皇,忍不住批评始皇穷兵黩武,焚书坑儒,刮尽了民脂民膏,派徐福求取长生不老药的举动更是不得人心:"你翦除六国逞残凶,逞到坑儒事未穷。长城一筑血膏空,逼得那民

愁神怒天心痛，平白又仙药思求碧海东。”——这实际上是一篇怀古的作品，从一个特定的角度表达了作者的历史观。

其后，马俊看到了琵琶亭，从人告诉他，当年王昭君香消玉殒之后，其琵琶沦入沧海，龙王特地建造了这座亭子以示珍重。马俊面对昭君亭，不免又发了一番感慨：“佳人薄命古今同，莫把图形怨画工。倘若是当年宠冠六宫中，怎及这千秋青冢人知重！”——这又是一首咏古的诗歌，表达了作者对王昭君的悲悯与敬重，其意见颇不同于流俗。当然，这也是作者作为女性曲家之女性观、情爱观和婚姻观的独特表露。

然后，马俊到了清水洋，从人告知此乃苏洵的幽居之所。马俊听得书声琅琅，十分景仰，唱道：“数椽茅屋翠阴中，青粉围墙碧薜封。若不是隐居避世有儒宗，怎得这书声朗朗随风送？顿使我受教殷殷礼意崇。”不过，他觉得对苏老泉应该是特地拜访才显得尊重和恭敬，所以过门不入。——这既在剧作的内容上鲜明地表明了作者对儒释道三教的态度，反映了封建时代一个知识分子最基本的人生立场，又在传奇的关目上避免了让苏洵真正出场的尴尬和情节、表演上的不方便，可谓一举两得。

在阅尽奇珍、饱览古迹之后，马俊遇到了他贫贱之时的故交，于是欣然温旧雨，好不开心；同时，他又如愿以偿地找到了替他捎带家书的便船，看到了和父母团聚的希望，不由地喜上眉梢。

这出戏的情节其实非常简单，讲的就是主人公马俊思乡心切，郁郁寡欢，故而去海市游玩散心，并借机寻找传递家书的“信使”。但是，作者匠心独具，巧妙地化中心情节为中心线索，以马俊的游踪为核心，借助以物喻人和以古比今的传统手法，串连起一长串咏物、怀古的珠子，使得这些本来风马牛不相及的片段形散而神不散，结合成一个有机的整体，成为作者思想观念的良好载体。换言之，即借剧中主人公马俊之酒杯，浇作者刘清韵之块垒，曲辞反映的不仅是剧中主角的情感和心志，更是作者刘清韵的人生态度和观念。联系到作者所生活的十九世纪后期的社会状况，读者和观众可以很清晰地从中看到刘清韵看不惯官场腐败的丑恶现实，洁身自好、清高脱俗的品行和人格，以及她对一些社会现象的独到见解，有一定的深刻性。

当然，值得注意的还有作者在这出戏里所表现出来的借鉴和隐括的高超手法。比如，从整体上来讲，《天风引》的情节和李汝珍的长篇小说《镜花缘》有异曲同工之妙，而《荣骋》的主体部分也是构架在大胆的虚拟和想象的基础上的，具有浓厚的浪漫主义韵味。也就是说刘清韵熟悉并喜爱李汝珍的创作成

就，在自己的传奇里面有意识地借鉴了《镜花缘》的某些艺术因子。在这里，还不妨顺便提一下，李汝珍从事创作的嘉庆年代只比刘清韵所生活的晚清时期早大约半个世纪，而且刘清韵和李汝珍的继室许氏夫人都是海州人，李汝珍又曾经长期寄居岳家，所以，刘清韵较多较早地受到李汝珍作品的影响的可能性是极大的。

在主配角的搭配上，这出戏也颇具匠心。舞台上，马俊无疑是唯一的主要人物，但是，独木不成林，除了由小生扮演的马俊以外，还有丑、末和外扮演的三个配角，红花、绿叶安排得当，配合协调，突出了马俊以及马俊所代表的生活理念。于是，这出《荣骋》就和前面的《具掷》等出一起凸显了传奇的主题。

另外，也不妨注意一下，《荣骋》全出只用了一个曲牌，也就是说，它是由十三支【懒画眉】组成的。而且，它的舞台提示十分丰富、详细，一一规定了人物的动作、表情，颇有利于剧情的发展和人物形象的塑造，对主题的表达也有一定的强化作用。

（郭　梅）

【戏曲家小传】

古越嬴宗季女

姓名及生平事迹均不详。当为浙江人。传奇《六月霜》的作者题名。1907年7月秋瑾被害，同年9月，演其事迹的传奇《六月霜》即由上海改良小说社出版单行本。后来静观子又将其改编为同名小说，由同一出版社于1911年4月出版。

六　月　霜　　古越嬴宗季女

第十二出　对　簿

（众拥旦上）（旦唱引）

【金珑璁】蛾眉高自许，论风裁，端不愧男儿。今日事，元无预。便杀身，夫何惧！

（白）俺秋竞雄，虽属女儿之身，夙坚殉国之志。今缘皖案，无辜被拘。人皆争惜其蒙冤，己独不祈其幸免。死生祸福，一听当途便了。（唱）

【点绛唇】发排枪，擅杀生徒。女书生岂意，一旦被野蛮人捕。

黑暗山阴路，天日都无。覆盆下①，争许把沉冤诉。（净冠带扮绍兴府知府、末扮山阴县知县）（从人喝道上）（杂扮吏役四人持刑具罗列介）（净升堂正坐末旁坐介）（众拥旦上）

（禀介）禀大人，女匪秋瑾已经拿到，候大人发落。（净）带上来。（众）吓！（押旦带锁上）（跪介）（净看审问介）你就是秋瑾么？现在有人告发你和徐某同党，于皖案有连，从实供来，免受刑拷。（旦唱）

【寄生草】狗至士人室，女为君子儒。枭鸾共穴元难处，薰莸异器宜相妒②，者萋菲告密浑无据③。俺秋瑾呵，檀心一点向人开④，尽自知光明磊落公知否？

（净）你和徐某向来认识么？（旦）数载前在海上曾经一面，近年来并书札亦绝往还。（唱）

【幺篇】略涉葭莩谊⑤，稀通竹报书⑥。他双旌千里应官去⑦，我数载一面还乡住，便杆枝百节难牵附。论人间主宾中表亦寻常，问使君何曾见得交通处⑧？

（净）你不是主张革命的吗？（旦）余所主者，乃男女平权之革命，而非政治种族之革命。（净出扇一柄示旦介）这是你的亲笔，岂非你主张革命的真凭实据吗？（旦唱）

【幺篇】酷吏同文狱，阎摩变相图⑨。（净逼旦书供）（旦不从介）俺非是无才无识的群雌伍，那里有知情知罪的亲供语！（净苦逼旦）（旦始大书一“秋”字）（复逼之始大书“秋风秋雨愁煞人”七字）（高举示场下介）单则是秋风秋雨的销魂句。可笑他觍然人面俨然官，明欺我只身无助的伶仃女。

（净白）速上刑具，带去收监。（众钉镣介）（净、末退堂介）（旦唱）

【幺篇】一苟余皆苟，名如实不如。僵桃代李诚无与⑩，摧花斫柳夫何取？维桑与梓谁相助⑪？忍人间关头铁血此须臾，问须眉男子羞颜否？（众拉旦下）

〔注〕　① 覆盆：晋葛洪《抱朴子·辨问》：“其可以圣人所不为，便云天下无仙，是责三光不照覆盆之内也。”后多以之喻沉冤无处申诉、难以昭雪。　② 薰莸（yóu）：薰，一种香草；莸，一种臭草。喻好人与坏人。　③ 萋菲：即萋斐，花纹交错貌。《诗经·小雅·巷伯》：“萋兮斐兮，成是贝锦。彼谮人者，亦已大甚。”后因以之喻谗言。　④ 檀心：犹赤心。檀木色紫红，故云。

⑤ 葭莩(jiā fú)：芦苇秆内腔的薄膜。喻亲戚关系疏远。《汉书·中山靖王刘胜传》："今群臣非有葭莩之亲，鸿毛之重，群居党议，朋友相为，使夫宗室摈却，骨肉冰释。" ⑥ 竹报书：指报平安的书信。唐段成式《酉阳杂俎续集·支植下》："卫公(李德裕)言北都惟童子寺有竹一窠，才长数尺。相传其寺纲维每日报竹平安。" ⑦ 双旌：唐代节度使的仪仗。《新唐书·百官志四下》："节度使掌总军旅，颛(专)诛杀。……辞日，赐双旌双节。"后多用为太守、知府故事。此指做地方官。 ⑧ 使君：指知府。 ⑨ 阎摩：阎罗。变相图：佛教语，指描绘地狱形象的画。⑩ 僵桃代李：即李代桃僵。古乐府《鸡鸣》："桃生露井上，李树在桃旁。虫来啮桃根，李树代桃僵。"后多以之喻替人受过。 ⑪ 维桑与梓：《诗经·小雅·小弁》："维桑与梓，必恭敬止。"后因以之喻故乡。

《六月霜》是古越嬴宗季女(姓名生平不详)的历史短剧，写的是女侠秋瑾的故事，共十四出。

这部戏写清朝末年，秋瑾看到"外侮交侵，祖国陆沉"，遂萌生了去日本留学追求真理的念头，但遭到了丈夫的坚决反对。于是，秋瑾毅然和丈夫离了婚，自筹旅费，只身东渡。她学成归国后，又"愤男儿之专制，欲抑男权；痛女界之昏蒙，思兴女报"。在绍兴明道女学堂担任教师，并办起女报，以唤醒妇女为己任。不久，徐锡麟刺杀安徽巡抚恩铭一案发生，清政府为了杀绝革命党人，把秋瑾也逮捕杀害了。秋瑾牺牲后，重登仙界。而绍兴的民众痛其蒙冤，为她开了追悼会。

《对簿》是全剧的第十二出，也是比较重要的一出。写秋瑾被捕，绍兴府知府和山阴县知县提审她，她陈述自己的冤枉，表现出大无畏的精神。

秋瑾在剧中是当之无愧的主角，幕一开，她便在众人簇拥下上场，唱一支【金珑璁】："蛾眉高自许，论风裁，端不愧男儿。今日事，元无预。便杀身，夫何惧！"唱罢又加道白："俺秋竞雄，虽属女儿之身，夙坚殉国之志。"这一唱一白，仿佛便是女侠自己笔下诗文的再现，亦是女侠心志气度的折射——秋瑾女士慷慨任侠，有"貂裘换酒也堪豪"的气度，其诗文熔豪侠工丽于一炉，在当时就颇为人所传诵。如她著名的《满江红》词有云："身不得，男儿列。心却比，男儿烈。"《鹧鸪天》则道："祖国沉沦感不禁，闲来海外觅知音。金瓯已缺总须补，为国牺牲敢惜身！嗟险阻，叹飘零，关山万里作雄行。休言女子非英物，夜夜龙泉壁上鸣。"

这两首词作都表达了秋瑾投身革命，巾帼不让须眉的豪情壮志。而《对簿》一出为秋瑾设计的唱词和道白，仿佛就是秋瑾作品心声的"曲"化翻译，是由词变成了曲——在艺术手法上，这便仿佛著名戏曲家洪昇在《长生殿》第二十四出《惊变》里，将诗仙李白的三首《清平调》化为了一曲【泣颜回】，是戴着镣铐跳舞，既符合剧本曲体的要求，又不失诗词的原味，是比单纯的创作难度更

大的艺术创造。

然后，秋瑾表述自己沉冤难诉。

【点绛唇】："发排枪，擅杀生徒。女书生岂意，一旦被野蛮人捕。黑暗山阴路，天日都无。覆盆下，争许把沉冤诉。"——她知道，这山阴大堂黑暗沉沉，没有法理可讲，她是做好了舍身成仁的思想准备的。

不过，秋瑾虽然已经准备为革命献出生命，但还是明明白白地向昏官庸吏剖白自己的冤枉。她说，自己和徐锡麟虽然是亲戚，但关系疏远，只是"数载前在海上曾经一面，近年来并书札亦绝往还。"她唱【幺篇】："略涉葭莩谊，稀通竹报书。他双旌千里应官去，我数年一面还乡住，便杆枝百节难牵附。论人间主宾中表亦寻常，问使君何曾见得交通处？"

这一番辩驳义正辞严，掷地有声。可是，社会黑暗，世道不公，她在官府淫威相逼下，写下了"秋风秋雨愁煞人"七个大字，作为供词。端的是"可笑他靦然人面俨然官，明欺我只身无助的伶仃女"。

最后，秋瑾又被戴上刑具，"带去收监"。她再唱【幺篇】："一苟余皆苟，名如实不如。僵桃代李诚无与，催花斫柳夫何取？维桑与梓谁相助？忍人间关头铁血此须臾，问须眉男子羞颜否？"

这一段其实是作者古越嬴宗季女的夫子自道，是点明了剧本的主题——作者认为秋瑾被杀实属冤枉："吾乡秋瑾女士之狱起，申江舆论，咸以为冤，几于万口一辞。而吾乡士夫，顾噤若寒蝉，仆窃深以为耻。会坊贾以采摭秋事演为传奇，仆以同乡同志之感情，固有不容恝然者。重以义务所在，益不能以不文辞。"——他（她）觉得秋瑾作为一个弱女子被冤杀，绍兴人却都噤若寒蝉，不闻不问，是可忍孰不可忍？！作为同乡、同志，有责任将秋瑾的冤情发之于文字，故而"竭一星期之力，撰成十四折，即付手民"。

秋瑾女侠的慷慨就义是当时震惊朝野的大事，戏剧作为最面向大众的传统的通俗文学样式，很自然地成为表现这个事件的载体，在剧坛上，描写秋瑾的作品纷纷出现，除了古越嬴宗季女的《六月霜》以外，还有洪炳文的《秋海棠》等。其中，《六月霜》主题明确，文辞流畅，是写得比较好的一种。但是，也应该指出，事实上，秋瑾并非如剧中所言"余所主者，乃男女平权之革命，而非政治种族之革命"，她与革命党徐锡麟也是有密切联系的，曾与之商定在安徽、浙江分头起义。她的案子不是所谓"冤案"，表彰其人，应赞其革命之刚烈，而不应只痛其冤。所以，《六月霜》只强调秋瑾的"冤"，却没有充分肯定她的革命精神，具有一定的局限性。

（郭　梅）

吴 梅

(1884—1939) 字瞿安，一作癯庵，又字灵鸡，号霜厓，一作霜崖。长洲(今江苏苏州)人。年十八补诸生。两应乡试报罢，赴上海，于东文学社习日文。历任东吴大学堂教习、存古学堂检察官。加入南社。入民国，先后在南京第四师范、上海民立中学、北京大学、北京高等师范、东南大学、中山大学、光华大学、中央大学、金陵大学任教。抗日战争爆发，避迁西南，途中病卒于云南大姚。为近代著名曲学大师，制谱、填词、按拍，一身任之。工诗词，诗风神散朗，词高逸不凡，俱足名家。所作戏曲，人以为可以上追南洪北孔。作有传奇《风洞山》、《苌弘血》、《双泪碑》、《血花霏》、《绿梦怨》、《东海记》，杂剧《暖香楼》、《湘真阁》、《无价宝》、《义士记》、《惆怅爨》、《轩亭秋》、《白团扇》、《落溷记》。另有《霜厓诗录》、《词录》及《顾曲麈谈》、《中国戏曲概论》、《南北词简谱》等。今人辑有《吴梅全集》。

风 洞 山 吴 梅

第十四出 拒 诱

(副净时服引众上)

【引】打破南朝，定危乱功臣元老。

咱定南王便是。桂林已破，瞿阁部早晚将到[①]，且在此等著者。(南面高坐介)(众骑押外、小生上)(小生)

【步步娇】万古纲常留忠孝，一死应该早。雄心守护牢，两颗头颅，怎算奇宝？寻个好收梢[②]，(指外介)领了先生教。(见副净背立介)

(副净起立介)那一位是瞿阁部先生？(外)我留守阁臣瞿式耜也。中国人不惯席地坐，城既陷矣，惟求速死耳！(副净)先生不必过虑，事到如今，降了就好。(外)这是那里说起？留守者，留守封疆，封疆已失，我便是个罪臣，那有偷生之理。

【沉醉东风】送江山骂名怎逃，问天地罪名非小。却要我辞故国，拜新朝。那知我守志坚牢，劝伊行不烦开导。壮心已消，苦心暗焦。坚贞自守，不许君家再动摇。

如今别无他求，惟求速死耳。（副净）我在湖南，已知有留守在城中；我至此地，即知有两公不怕死的。我断不杀忠臣，何必求死？甲申闯贼之变[3]，大清为先帝发丧，祭葬成礼，固人人所当感谢者。今人事如此，天意可知，阁部勿自苦。今而后我掌钱粮，阁部掌兵马，无殊在明可耳。（外大怒介）我为永历帝供职[4]，岂为犬羊供职耶[5]！（副净）我居王位，于阁部亦非轻。（外）禄山、朱泚皆自以为王[6]，一何王之多也！

【金娥神】你本是鸡鸣狗盗，还说甚胙土分茅[7]！（副净）阁部怎同我顽起来[8]？我封侯拜爵，汗马功绩高。因此圣眷重，你谅也知道。

况且我先圣之裔[9]，势会所迫，已至今日，阁部何太执耶？（小生冷笑介）你要算先圣后裔么？我劝你不认的为妙。（副净）什么道理？（小生）你呵，

【月上海棠】门第高，毛家父子堪依靠[10]。为甚的要算先圣的苗裔起来？况尼山风雨[11]，久已萧条。你想孔圣人的清苦，怎及那毛文龙的富贵呢！便是你考宗支把谱牒推敲，怎比得依声势将身家荣耀？定计应须早，两处徘徊，那就差了！

（副净大怒介）竖儒怎敢揭吾短处！左右，将他绑下！（众绑小生介）（小生挣脱介）（众执小生臂，小生挣不脱介，臂断介）（众向小生乱敲介）（小生左目受伤介）（外向副净介）此宫詹司马张同敞也。与我同来，当与我同死，尔等焉可无礼！（副净佯惊介）原来就是张先生。（喝众住手介）（向小生施礼介）适才冒犯，尚祈恕罪！（小生）何前倨而后恭也？（副净）二公皆聪明人，还是降了罢。（小生长叹介）咳！

【五供养】半生潦倒，故国河山，满地枪刀。天心无定局，人事也徒劳。果然给我一死，就感恩不浅了！孤忠自矢，我钝司马也黄泉含笑。做一个他乡鬼，也只为大明朝，把纲常名教一肩挑！（副净皱眉介）

（向外介）阁部究竟如何？（外）你何苦如此，我是至死不变的！

【玉抱肚】坚持贞操，莽男儿忠心自宝。（副净）依阁部之言，只是要死，岂不可惜！（外）生死关不妨参透，戏文场就此收梢。可怜

我流离困苦太无聊，不妨的为着朝廷吃一刀！

(副净)二公苦心咱已知道，再不敢相强了。左右，取酒饭来，咱同二位爷要欢叙一番哩！(向外介)(又向小生介)

【水红花】你枯肠聊借酒杯浇，醉醇醪，何妨谈笑。你欢场休把泪珠抛，荐嘉肴，何须烦恼。可知悲欢无定，消长似春潮。二位呵，及时行乐莫心焦，也罗！

(外)犬豕之食，如何污我！(副净)阁部太使性了。

【侥侥令】心思多执拗，意气太粗豪。况且是酒食追陪无妨碍，可怪你书生忒絮叨。

既然如此，且将酒席撤去。(众撤席介)(副净)左右，把二位押将进去，须要小心管待。(众押外、小生下)(副净)咳！这两个人可敬也。

【尾声】虽则是擎天铜柱从今倒，他万年自然声名好，试看这桂林城外将星高。

千古忠臣不肯降，孤怀苦节世无双。

岁寒松柏谁人识？岂是惺惺装假腔。

〔注〕 ① 阁部：明清时内阁大臣的别称。瞿式耜官文渊阁大学士，故称他为"阁部"。 ② 收梢：收场。 ③"甲申"句：指明崇祯十七年(1644)，该年是农历甲申年，李自成大顺军攻陷北京，明崇祯帝被迫自缢于煤山之事。 ④ 永历帝：明万历帝孙、崇祯帝从弟。崇祯九年(1636)封永明王。南明隆武时袭封桂王。隆武二年(1646)受瞿式耜等拥戴，监国于肇庆，旋登帝位，建元永历。永历十五年(1660)被缅甸人献与清军，清平西王吴三桂将其杀害于昆明。 ⑤ 犬羊：指异族外敌，是一种蔑称。宋陈与义《伤春》诗："稍喜长沙向延阁，疲兵敢犯犬羊锋。" ⑥ 禄山：安禄山，唐柳城胡人，本姓康，名轧荦山，母改嫁突厥人安延偃，遂改姓安。天宝间官至平卢、范阳、河东节度使，封东平郡王，天宝十四载(755)与部将史思明发动叛乱(史称"安史之乱")，次年自称"雄武皇帝"。至德二年(757)为其子安庆绪杀死。朱泚：唐昌平人，大历七年(772)幽州卢龙节度使朱希彩被杀，部众推其为节度留后，后任节度使。以功加太尉、中书令。弟朱滔反，他遭软禁。建中四年(783)泾原节度使姚令言部兵变，拥泚为大秦皇帝，建元应天。事败，为部下所杀。按：安、朱二人《新唐书》都列入《逆臣传》。 ⑦ 胙(zuò)土：君主将土地赏赐予有功之臣或自己的宗亲。胙，赐与，亦训酬报。分茅：君主分封藩王公侯。因古时行分封之礼，君主以白茅包土授受封者，故称。 ⑧ 顽：同玩。 ⑨ 先圣：指孔子。 ⑩ 毛家父子：毛文龙父子。毛文龙，明仁和人，字振南，万历时以都司援朝鲜，留辽东。后官总兵，驻皮岛，晋左都督。崇祯二年(1629)督师袁崇焕恶其骄横，杀之。按：孔有德本辽东人，努尔哈赤陷辽东，孔往投皮岛毛文龙。 ⑪ 尼山：山名，也称尼丘。在山东曲阜东南，传孔子之父叔梁纥与母颜氏祷于此而生孔子。

《风洞山》是近代著名曲学家和作家吴梅的代表性作品，剧本根据瞿锡元《庚寅始安事略》所记载的有关瞿式耜抗清殉节的故事铺叙而成。全剧沿两条线索展开：一条线索描写南明文渊阁大学士瞿式耜坚守桂林情事，在桂林已是一座危城的时候，镇守边防的滇营三将胡一清、赵印选、王永祚挟私人恩怨而相互掣肘以至相互攻讦，最终导致桂林陷落，瞿式耜与学生兵部右侍郎张同敞一起被清兵俘获。面对威逼利诱，瞿式耜师生坚贞不屈，从容殉国。另一条线索叙述少女于绀珠与王永祚之子王开宇之间的感情纠葛。于绀珠之父于元烨为获得主子的恩宠，毁弃前约将女儿另许他人，在国难当头之际，两个青年男女，一人香销玉殒，一人落发为僧。随着剧情发展，两条线索平行推进，终以悲剧结局，给人以强烈的心灵震撼。

《拒诱》是全剧中戏剧冲突最为激烈、人物形象最为鲜明的一出，充分反映出桂林陷落之后，瞿式耜、张同敞师生二人被清兵押到营寨，面对利诱威逼，坚守民族气节，嬉笑怒骂，让丑类心虚的英雄气概。其中凝聚了作者强烈的创作激情和悲剧意识，同时也闪耀着作者炽热的爱国情怀。

本出戏以强烈的戏剧冲突开始，场景是攻城掠寨的清兵大营，人物身份一方是替清王朝“打破南朝”的“功臣元老”、原明登州参将孔有德（副净扮），一方是城池已失的南明留守大臣瞿式耜（外扮）、张同敞（小生扮）；人物动作一方是南面高坐，一方是束手被擒。本来在这样的情形下，力量的强弱、气势的高下可谓不言自明。孔有德在瞿式耜师生二人到来之前也确实是踌躇满志，对于劝降也仿佛胸有成竹，可是一旦双方相遇，情势便急转直下，一出戏也从此展开。

双方一见面，孔有德尽力掩饰自己作为胜利者的得意之情，通过一句问话“哪一位是瞿阁部先生”开始了拉近与瞿式耜关系的努力，然而碰到的却是一个软钉子：“中国人不惯席地坐。”瞿式耜的答话既表明民族自尊和气节没有任何可以回旋的余地，同时也是对同是汉人却为清朝卖命的孔有德深及骨髓的针砭，无奈丧失民族精神已久的败类并不能领会其中的意味，还一个劲地劝道：“事到如今，降了就好。”得到的回答是两次断然的“惟求速死耳”！到这里为止，一方在试探深浅，一方是坚如磐石；一方苦劝不舍，一方忍无可忍。戏曲的冲突从碰撞发展成交锋，于是冲突又进了一层。

孔有德见空口劝说无效，便以利禄作为诱饵开始新一轮的说服：“今而后我掌钱粮，阁部掌兵马，无殊在明可耳。”在孔氏看来，如此利禄何其厚也，殊不知在瞿式耜看来，不仅轻如草芥，而且无异于“为犬羊供职”，所以，瞿式耜不禁大怒，从“惟求速死”的信念表白到对“鸡鸣狗盗”的怒骂痛斥，将孔有德比作安禄山、朱

洮之流，矛盾冲突进一步升级。这个时候，孔有德强压怒气，以一副“识时务者为俊杰”的架势，现身说法，道：“况且我先圣之裔，势会所迫，已至今日，阁部何太执耶?”此言一出，立即引发瞿式耜的学生张同敞一番更为激烈的讽刺和鞭笞，矛盾冲突进一步向高潮推进。

在前两轮冲突中一直未出声的张同敞，见对方这般厚颜无耻，忍不住冷笑：卖身求荣的民族败类竟然要把自己打扮成“先圣后裔”，简直是对强调“夷夏之辨”的先圣的侮辱。所以马上奉劝孔有德“不认的为妙”。岂知对方丝毫没有察觉张同敞话语中的言外之意，还追问起“什么道理”，于是就有了一段大快人心的讥讽和揭露：为了荣华富贵，投靠明朝叛将毛文龙并以父子相称的孔有德，早已忘记自己的姓氏，今天竟然用这种辱没祖先的行为作为劝降的手段，真可谓卑鄙之极。所以张同敞反过来劝他“定计应须早，两处徘徊，那就差了”。本来居高临下的孔有德以为劝降过程中应该稳掌主动权的，没想到遭遇这样一番抢白，正好揭了他的短处，于是恼羞成怒，利诱不成，改换威逼，喝令左右：“将他绑下！”张同敞威武不屈，断臂不从。矛盾冲突进入高潮。

视民族大义重于生死的瞿式耜师生二人当然不会在孔氏的威胁之下举止失措。瞿式耜大义凛然，从容而道：“此宫詹司马张同敞也。”这一句既是交代身份，更是表明归属，言外之意是，大明王朝的官员岂可无端侮辱；所以才有了接下来的两句：“与我同来，当与我同死，尔等焉可无礼！”民族气节和民族尊严洋溢其中。

一计不成，又生一计，孔有德佯装吃惊，企图再次以规劝的方式使对方降服，可是，伎俩已经用尽，再也找不出更好的理由，于是只好满面尴尬地说：“二公皆聪明人，还是降了罢。”说这话的时候已经毫无底气了。张同敞明确表示：“做一个他乡鬼，也只为大明朝，把纲常名教一肩挑！”瞿式耜亦重申：“坚持贞操，莽男儿忠心自宝。”这时，孔氏终于知道自己劝降的企图没有任何希望了。于是又想采取迂回战术，开始从长计议，吩咐左右：“取酒饭来，咱同二位爷要欢叙一番哩！”不料迎来的依然是瞿式耜的铮铮铁语：“犬豖之食，如何污我！”彻底打消了孔有德的劝降梦。最后，他只好让左右“把二位押将进去，须要小心管待”。但是，他心里明白：“万年名声好”的将是瞿式耜师生二人，而不是如今气焰嚣张的他孔有德，瞿、张就义后的第二年，他就被南明李定国军围于桂林，势穷自杀，结束了其丑恶的一生。

整出戏在预设场景中将矛盾冲突层层推进，且张弛有度，显示出极高的戏剧结构技巧。当然，要准确地理解这出戏中所蕴涵的民族感情，还必须把它还原到

吴梅创作时的情境中。

《风洞山》创作发表的时间是在1906年前后，中华民族正处在极其腐败的清朝廷统治下，面临着被帝国主义列强瓜分的危急关头。在“驱除鞑虏，恢复中华”，进行民族革命的旗帜下，一批觉悟的中国知识分子开始用文学的方式做唤醒人民的努力。当时作为进步戏剧社团“南社”的中坚人物，吴梅创作了一系列饱含爱国激情的戏剧作品，包括《雪花霏》传奇、《轩亭秋》杂剧等，而《风洞山》是他最耗心血的作品，全剧写作费时十二个月，“往往一字之音，至午夜而仍未妥者”(《风洞山》例言)，而在《风洞山》自序中，作者更明确表示：“庾子山云：惟以悲哀为主。嗟乎，嗟乎！桥山弓剑，古洛衣冠。荒土一抔，夕阳千古。兴亡离合，余亦不知其所以然也。风雨如晦，翛焉寡欢。略抒鄙怀，长歌当哭。”《风洞山》一剧中作者所寄托的情怀于此可见一斑。循此心境重读《风洞山》，特别是《拒诱》这一出，悲剧感和英雄气就会同时撞击心灵，让人在获得审美感受之余，得到灵魂的洗礼。

（戴元初）

附录

读曲常识(南戏、传奇部分)

【南曲】 宋元以来南方戏曲、散曲所用各种曲调的统称,同北曲相对。大都渊源于唐宋大曲、唐宋词和南方民间曲调。用韵以南方(今江浙一带)语音为标准,有平上去入四声。音乐上用五声音阶,以箫笛伴奏,声调柔缓婉转,与北曲风格迥异。南曲在组曲方式上,也采用曲牌联套,但与北曲有所不同。早期南曲不讲究宫调,然套数中曲牌的排列仍有一定规律。后期南曲有了宫调的规范,但突破了北曲一套仅用一宫调的限制,在一个套曲中可用两个或三个宫调,从而增强了南曲音乐的表现力。南曲在其发展过程中还充分吸收北曲的长处,大量运用北曲曲调,形成了“南北合套”等形式。清人编定的《九宫大成南北词宫谱》所收南曲曲牌有一千五百十三个(包括集曲)。南曲在与各地民间音乐相互融合的过程中,产生出很多具有地方色彩的声腔。明初以来,海盐腔、余姚腔、弋阳腔、昆山腔的先后广泛传播,进一步扩大了南曲的影响。宋元南戏、明清传奇都以南曲为主,明清散曲亦常用南曲。

【北曲】 宋元以来北方戏曲、散曲所用各种曲调的统称,同南曲相对。大都渊源于唐宋大曲、唐宋词、诸宫调、转踏、唱赚等传统音乐艺术,并吸收了金元时期流行的民间音乐,包括汉族民歌及北方少数民族民歌的曲调。用韵以元周德清《中原音韵》为准,分阴平、阳平、上、去四声,无入声。音乐上用七声音阶,声调遒劲朴实,以弦乐器伴奏,故有“弦索调”之称;一说也用笛伴奏。北曲在组曲方式上,采用曲牌联套,每个套曲只限一个宫调,结构严谨。清人编定的《九宫大成南北词宫谱》所收北曲曲牌有五百八十一个。北曲盛行于金元,明清传奇与散曲也部分使用北曲曲牌。

【南戏】 宋元时用南曲演唱的戏曲形式。亦称“戏文”。由宋杂剧、唱赚、宋词、里巷歌谣等综合发展而成,流传于东南沿海及长江中下游一带。明祝允明《猥谈》:“南戏出于宣和之后,南渡之际,谓之‘温州杂剧’。”徐渭《南词叙录》:“南戏始于宋光宗朝,永嘉人所作《赵贞女》、《王魁》二种实首之”,“号曰‘永嘉杂剧’。”可见南戏大体形成于南宋前期,又称“温州杂剧”、“永嘉杂剧”。南戏作品,依据著录

统计，约为三百种左右，但全本留传者仅有《张协状元》、《小孙屠》、《宦门子弟错立身》、《拜月亭》、《荆钗记》、《白兔记》、《杀狗记》、《琵琶记》等，而且大都经过明人改编。残曲有近人钱南扬《宋元戏文辑佚》，收录颇为详备。

【戏文】 见“南戏”。

【温州杂剧】 见“南戏”。

【永嘉杂剧】 见“南戏”。

【传奇】 原指唐宋文言小说。宋元以降，诸宫调、南戏、元杂剧也可以称为传奇。明中叶以来，传奇是指不限出数，篇幅较长，各类脚色都可以唱，以演唱南曲为主的戏曲剧本。明吕天成《曲品》卷上说：“金、元创名杂剧，国初演作传奇。”清李渔《闲情偶寄·词曲部·结构第一》说：“古人呼剧本为传奇者，因其事甚奇特，未经人见而传之，是以得名。可见非奇不传。”孔尚任《桃花扇小识》也说：“传奇者，传其事之奇焉者也，事不奇则不传。”传奇由南戏发展而来，结构与南戏大致相同，但更为紧凑、整齐，情节更复杂，人物刻画也更加细致。曲调、脚色行当、表演艺术等也都有进一步发展。吸收、继承一部分元杂剧的遗产，兼用一些北曲曲调。盛行于明嘉靖至清乾隆年间，花部兴起后其势渐衰。

【南词】 即南曲，宋元以来南方戏曲、散曲所用各种曲调的统称。也有用来称呼南戏的。魏良辅《南词引正》、沈璟《南词韵选》、沈自晋《南词新谱》，指的是南曲；徐渭《南词叙录》指的是南戏。

【海盐腔】 戏曲声腔。形成于浙江海盐，与余姚腔、弋阳腔、昆山腔并称为明代南戏四大声腔。其渊源可以追溯到南宋张镃在海盐“作园亭自恣，令歌儿衍曲，务为新声，所谓海盐腔也”(明李日华《紫桃轩杂缀》)。元代，海盐人杨梓父子善音律，与曲家贯云石、鲜于必仁切磋，以北曲唱法对南曲加以改造，并由杨梓家僮演唱，发展成为“体局静好”的新腔。入明以后，遂成为南戏主要声腔之一。至嘉靖、隆庆间，海盐腔已流布于嘉兴、湖州、温州、台州、松江、苏州、南京，远及江西宜黄、北京等地，对弋阳腔、昆山腔的演变产生了深远影响。

【余姚腔】 戏曲声腔。形成于浙江余姚，为明代南戏四大声腔之一。其渊源不可考。据明陆容《菽园杂记》，明成化年间，绍兴府余姚县已“有习为倡优者，名曰戏文子弟，虽良家子不耻为之”，所唱当即为余姚腔。至嘉靖年间，已流传到常州、润州(今江苏镇江)、池州、太平(今安徽当涂)、扬州、徐州等地，在江苏、安徽一带相当有影响。余姚腔主要活跃于民间，保持文辞通俗的特色，不断吸收民间歌谣小曲，并运用了“杂白混唱”、“以曲代言”的“滚调”唱法。明末以后，余姚腔衰落，在安徽发展成为青阳腔，另有人认为，从明末流行至今的浙江调腔(新昌高腔和宁海平调)也是余姚腔的遗响。

【弋阳腔】 戏曲声腔。又称“弋腔”。形成于江西弋阳一带，为明代南戏四大声腔之一。它是宋元南戏流传至弋阳一带后，与当地方言、民间音乐结合，并吸收北曲演变而成，至迟在元代后期已经出现。弋阳腔的基本特点是“其节以鼓，其调喧”(汤显祖《宜黄县戏神清源师庙记》)，“句

调长短，声音高下，可以随心入腔”（凌濛初《谭曲杂劄》），“字多音少，一泄而尽，又有一人启口，数人接腔者，名为一人，实出众口”（李渔《闲情偶寄·词曲部·音律第三》），即一人独唱，众人帮腔，只用打击乐伴奏，并运用“滚调”唱法。明初至明中叶一百余年间，弋阳腔已流行于今之安徽、浙江、江苏、湖南、湖北、福建、广东、云南、贵州以及南京、北京等地，并且和当地地方曲调结合，逐渐发生变化。嘉靖年间，弋阳腔在赣东北的乐平衍变为“乐平腔”，在徽州衍变为“徽州调”，在池州青阳衍变为“青阳腔”，或名“池州调”。万历年间，又出现“稍变弋阳，而令人可通”的“四平腔”（顾启元《客座赘语》）。此外，一般认为属弋阳腔蕃衍而来的声腔剧种还有义乌腔、太平腔。这些剧种都兴起于赣东北、皖南、浙西南广大地区，在南方造成了一种民间戏曲兴旺发达的局面，产生了深远的影响。

【昆山腔】 戏曲声腔。又称“昆腔”。形成于江苏昆山一带，为明代南戏四大声腔之一。在清代多称之为“昆曲”。据明魏良辅《南词引正》云：“元朝有顾坚者，虽离昆山三十里，居千墩，精于南词，……善发南曲之奥，故国初有昆山腔之称。”明周玄玮《泾林续记》亦载，明太祖曾问昆山耆老周寿谊：“闻昆山腔甚佳，尔亦能讴否？”嘉靖、隆庆年间，居住在太仓的魏良辅在张野塘、谢林泉等民间艺术家的帮助下，借鉴北曲演唱艺术，吸取海盐、弋阳等腔的长处，对昆腔进行改革，总结出一系列唱曲理论，从而建立了细腻宛转、号称“水磨腔”的昆腔演唱体系。稍后，昆山人梁辰鱼，继承魏良辅的成就，与郑思笠、唐小虞等对昆腔作进一步研究，并创作了第一部用改革后的昆腔演唱的传奇《浣纱记》。这部传奇的成功演出，扩大了昆腔的影响，文人学士争用昆腔新声创作传奇，而研习昆腔演唱者也日益增多。到万历年间，已是“四方歌曲必宗吴门”，并且形成了众多流派，一跃而居四大声腔之首，逐渐发展成为全国性剧种，称为“官腔”。从明万历中至清康熙末的一百多年，是昆腔的兴盛时期。汤显祖、沈璟、李玉、李渔、洪昇、孔尚任等名家活跃于剧坛，《牡丹亭》、《清忠谱》、《长生殿》、《桃花扇》等名作先后问世。表演艺术也达到高峰，为后人留下了丰富的遗产。

【昆腔】 见“昆山腔”。

【昆曲】 见“昆山腔”。

【吴歌】 吴地歌调。昆腔兴起后，也用来作为昆腔的代称。明屠隆有《长安元夕听武生吴歌》诗，“吴歌”即指昆腔。

【吴歈】 吴歌。楚辞《招魂》：“吴歈蔡讴，奏大吕些。”左思《吴都赋》：“荆艳楚舞，吴歈越吟。”此后一直沿用。昆腔兴起后，也用来作为昆腔的代称。明屠隆《长安元夕听武生吴歌》诗云：“千人楚调谁堪和，一曲吴歈总断魂。”“吴歈”即指昆腔。明周之标编有《吴歈萃雅》，附有点板，也是可用昆腔清唱的散曲、戏曲选本。

【水磨调】 指明魏良辅所改革的昆腔的唱法，亦作为昆曲唱腔的别名。明沈宠绥《度曲须知·曲运隆衰》：“嘉、隆间有豫章魏良辅者，流寓娄东鹿城之间，生而审音，愤南曲之讹陋也，尽洗乖声，别开堂奥。调用水磨，拍捱冷板，声则平上去入

之婉协，字则头腹尾音之毕匀。功深镕琢，气无烟火。启口轻圆，收音纯细。……要皆别有唱法，绝非戏场声口，腔曰昆腔，曲名时曲。声场禀为曲圣，后世依为鼻祖。盖自有良辅，而南词音理，已极抽秘逞妍矣。”“水磨调”指明了昆腔委婉细腻、流丽悠远的歌唱特色，最初适用于清曲演唱；经梁辰鱼《浣纱记》用以演唱剧曲，很快成为昆曲传奇的唱腔。

【宫调】　我国古代音乐，凡以“宫”音为主音的调式，称宫调式，简称为“宫”；凡以“商、角、徵、羽”音为主音的调式，分别称商调式、角调式、徵调式、羽调式，简称为“调”。合称为“宫调”，即指其为调式而言。从理论上讲，以七声配十二律，则得八十四宫调；以五声古音阶配十二律，则得六十宫调。但实际上并不全用，元北曲只用五宫七调（周德清《中原音韵》、朱权《太和正音谱》），元末南曲只用十三调（明蒋孝旧谱），而明清以来南北曲常用者仅五宫四调，俗称“九宫”。各宫调所表现的声情不同，元燕南芝庵《唱论》、周德清《中原音韵》等均有论述。

【九宫】　南北曲常用曲牌所属的宫调，有仙吕宫、南吕宫、中吕宫、黄钟宫、正宫、大石调、双调、商调、越调等五宫四调，通称为“九宫”或“南北九宫”。元周德清《中原音韵》所附北曲曲牌宫调常用的“九宫”即此；明沈璟修订“蒋孝旧谱”的南曲“九宫”亦同。唯南曲独有“仙吕入双调”，其曲牌原可归入“仙吕”和“双调”，而可与北曲双调之曲牌联成南北合套。

【十三调】　南曲曲牌所归属的宫调。据明钮少雅《九宫正始》所引的元天历间《十三调谱》和《九宫谱》二书所收的南曲宫调，有黄钟宫、正宫、仙吕宫、中吕宫、南吕宫、道宫、大石调、商调、羽调、越调、双调、般涉调、小石调、商黄调、高平调等，凡十五。其中“商黄调”为燕乐所无，乃取商调、黄钟两宫之曲，或合成一曲，或联成一套；“高平调”虽出于燕乐，亦仅能借用各宫调之曲，此二调不计，故云“十三调”。但常用的南曲宫调，只有“九宫”。

【滚调】　简称“滚”。是明代弋阳诸腔音乐上的重大发展。它突破了曲牌联套的固有格式，从中插进一段或多段接近口语的词句，用“滚唱”的方法，使它与曲牌曲词联成一体。滚唱的词句是以齐整对称的上下句为基本结构，其中以七字句居多，运用起来极为自由。滚调有两种形式：一种是“畅滚”，用在曲牌之外，有大段的滚唱；另一种是“加滚”或“夹滚”，用在曲牌之内，插进若干句滚唱。其唱法，大多板急调促，字多腔少，如明王骥德《曲律》卷二《论板眼》所云：“今至弋阳、太平之衮唱，而谓之‘流水板’。”滚调不仅产生了新的节奏形式，增加了刻画戏剧人物和表现戏剧情绪的艺术手段，丰富了演唱艺术的表现力；同时也促使传奇的文学体裁发生变化，在长短句的曲文中增加了三、五、七言的偶句或大段类似说唱体的七字句唱词，能使曲情发扬尽善，使曲意发挥透彻，更加通俗化，易为广大观众所接受。若用滚调来念白，则称为“滚白”，即用快节奏带歌腔性的念白，然后接唱曲牌。

【滚】　见“滚调”。

【滚唱】　见“滚调”。

【滚白】　见“滚调”。

【宫调声情】 元燕南芝庵《唱论》对北曲宫调调性作了概括性说明:“仙吕调唱,清新绵邈。南吕宫唱,感叹伤悲。中吕宫唱,高下闪赚。黄钟宫唱,富贵缠绵。正宫唱,惆怅雄壮。道宫唱,飘逸清幽。大石唱,风流酝藉。小石唱,旖旎妩媚。高平唱,条物滉漾。般涉唱,拾掇坑堑。歇指唱,急并虚歇。商角唱,悲伤宛转。双调唱,健捷激袅。商调唱,凄怆怨慕。角调唱,呜咽悠扬。宫调唱,典雅沉重。越调唱,陶写冷笑。”燕南芝庵此论,大致概括了各宫调的基本感情色彩,可供参考,但亦不可拘泥。如王骥德,一方面强调选用宫调必须同剧情相称:“用宫调,须称事之悲欢苦乐,如游赏则用仙吕、双调等类,哀怨则用商调、越调等类,以调合情,容易感动得人。”(《曲律》卷三《论剧戏》)另一方面又认为对于宫调的声情,不宜看得过死;“《中原音韵》十七宫调,所谓‘仙吕宫清新绵邈’等类,盖谓仙吕宫之调,其声大都清新绵邈云尔。至弇州(王世贞)加一‘宜’字,则大拂理矣!岂作仙吕曲与唱仙吕曲者,独宜清新绵邈,而他宫调不必然?”(《曲律》卷三《杂论上》)这一看法是比较辩证的。

【曲名理趣】 明魏良辅对各种曲牌风格趣味的一种概括。其《南词引正》:“唱曲俱要唱出各样曲名理趣,宋元人自有体式。如【玉芙蓉】、【玉交枝】、【玉山颓】、【不是路】,俱要驰骋;如【针线箱】、【黄莺儿】、【江头金桂】,要规矩;如【二郎神】、【集贤宾】、【月云高】、【本序】、【刷子序】、【狮子序】,要悠扬;如【扑灯蛾】、【红绣鞋】、【麻婆子】,虽疾而无腔有板,板要下得匀净,方好。”演唱时注意曲名理趣,有助于掌握节奏变化和分寸感,取得理想的演唱效果。

【曲韵】 用于唱曲和念白的音韵。曲韵与古代诗韵一脉相承,又根据曲的具体情况而有所不同。北曲用韵以元周德清《中原音韵》为准,南曲用韵经明清两代多人考订,至清乾隆年间沈乘麐《韵学骊珠》始成规范。简言之,北曲韵十九部,平分阴阳,入派三声,叶北音;南曲韵二十一部,入声韵单列八部,四声分阴阳,叶南音。

【四声】 古代汉语平、上、去、入四种声调的总称。北曲没有入声,入声字分别归入平、上、去三声。南曲有四声。对于四声的用法,有一定的要求。

【平仄】 汉语的声调,平指平声,仄是上、去、入三声的总称。王骥德《曲律》卷一《论平仄》云:“曲有宜于平者,而平有阴、阳;有宜于仄者,而仄有上、去、入。乖其法,则曰拗嗓。”

【阴阳】 阴调与阳调的合称。平、上、去、入四声因受声母清浊不同的影响,可分阴阳两类。清声母的字为阴调,浊声母的字为阳调。在戏曲韵书中,元周德清《中原音韵》首先将平声区分阴阳,后人渐扩大至四声。王骥德《曲律》卷一《论阴阳》强调作曲要讲阴阳,“阴阳一欺,则调必不和。欲诎调以就字,则声非其声;欲易字以就调,则字非其字矣。毋论听者迕耳,抑亦歌者棘喉”。

【曲牌】 曲调的名称。有一定的调子、唱法;字数、句法、平仄、用韵都有基本定式,可据以填写新曲词。曲牌大都来自

民间，一部分由词牌转变而来。每个曲牌都从属于一定的宫调。南曲曲牌分引子、过曲、尾声三类；北曲无引子，仅支曲、尾声二类。

【引子】 古称“慢词”。南曲引子的牌名和句法，本于宋词，或半或全，不同旧谱。原各有宫谱，今多失传，《九宫大成南北词宫谱》依昆曲谱式逐一谱出，做出场引导过曲之用，或引起下文。引子有长有短，传奇第一出正生上场多用悠长引子，如【满庭芳】、【东风第一枝】等。在一出戏中，一人只能用一引子，而数人可以合用一引子，但不宜超过三支。引子贵短、忌晦。引子与过曲同宫为好，也可以不同宫。引子一般是散板干唱，所以字句可以简省，也有可上笛的。有以小快板代引子者，即为“冲场曲”。也有南曲过曲不用引子者，但其首曲数句必为散板。

【慢词】 见“引子”。

【过曲】 古称“近词”，大约元代始有“过曲”之名，是南曲套曲的主要部分。过曲结构，一类为正曲，包括令、引、近、慢等；一类为集曲，大致都以声情、笛色归属各宫调。过曲性质，有粗细之分，细曲有赠板，节奏缓；可粗可细之曲，赠板可有可无，节奏次之；粗曲有板无眼，节奏急。粗曲不入套数，为非套数曲；细曲与可粗可细之曲都入套数，为套数曲。粗曲专供净丑用，生旦万不可用；细曲专供生旦诉情之用；可粗可细之曲一般情况下都可用。联套时须先缓后急，亦可视剧情而调节。若就文字言之，大曲宜施文藻，然忌太深；小曲宜用本色，然忌太俚。

【近词】 见“过曲”。

【尾声】 戏曲、散曲及诸宫调、唱赚的大多数套曲中最末一曲的泛称。北曲黄钟、中吕、商调、越调等宫调中有以【尾声】为名的曲牌，字数大致相同。另有些曲牌专作尾声之用，如【随煞】、【赚煞】、【煞尾】等。南曲各宫调均有【尾声】曲牌，字数亦大致相同，均系十二板，故又称【十二时】，也有称【情不尽】、【意有余】、【余文】、【余音】的。明王骥德《曲律》卷三《论尾声》：“尾声以结束一篇之曲，须是愈著精神，末句更得一极俊语收之，方妙。”

【十二时】 ① 曲牌名。即南曲【尾声】别名。② 曲牌名。属南曲商调，用作引子。

【主曲】 在传奇的曲牌联套中，必有一支或几支曲牌决定着这一联套的性格、风格和运用范围，这样的曲牌，即为这一联套的主曲。如《琵琶记》“杏园春宴”用【引】、【山花子】四支、【太和佛】、【舞霓裳】、【红绣鞋】、【尾声】，主曲【山花子】为声情欢乐之曲，整个联套便成欢乐之套。如【琵琶记】“糟糠自厌”用【山坡羊】二支、【孝顺歌】四支、【雁过沙】四支、【玉抱肚】三支，主曲【山坡羊】为声情悲哀之曲，整个联套便成悲哀之套。

【重头】 在曲牌联套中有一种叠用【前腔】的形式，凡叠用曲牌的字格和唱腔旋律首尾相同的，叫做“重头”。如《玉簪记》“琴挑”所用【懒画眉】四支和【朝元令】四支，都是重头。

【换头】 在曲牌联套中叠用【前腔】，凡叠用曲牌的字格和唱腔旋律有改变的，叫做“换头”。如《长生殿》“惊变”所用【泣颜回】二支，前支是正格，后支首句增加一

个二字句，其余句法相同，但唱腔旋律则变化很大，后支曲便叫做“换头”。

【合头】 凡叠用【前腔】，前后曲末尾一、二句唱词和唱腔旋律相同的，这相同的词曲就叫做“合头”，也可以简写为“合”。从第二次出现起，可以写“合前”而曲文不再重出。合头可以和正曲连唱，也可以分开单唱。

【合】 南曲中的“合”字有二义。① 指同唱。如《琵琶记》“高堂称寿”中，【宝鼎现】曲末“（合）愿岁岁年年人在，花下常斟春酒”，便是同唱。② 指“合头”。如《琵琶记》“高堂称寿”中，【锦堂月】曲末“（合）酌春酒，看取花下高歌，共祝眉寿”，便是合头，以下叠用，便只写“合前”。

【本牌序】 凡一调名而二用，以此词调作引曲，亦以此词调作过曲，必为“本牌序”，也省书为“本序”。如《元本琵琶记校注》第二十七出，第一支【念奴娇】（楚天过雨）是引子，后面的【念奴娇序】（长空万里）是过曲，即是“本牌序”，省书为“本序”。常用的本牌序尚有【惜奴娇序】、【祝英台序】、【尾犯序】、【高阳台序】、【夜行船序】等，亦可以用他调引曲，但过曲之“序”字不可省，因过曲之“序”已实非本牌句法。

【集曲】 南曲犯调谓之集曲。吴梅《顾曲麈谈·论宫调》：“南曲有集曲之法……所谓集曲者……取一宫中数牌，各截数句而别立一新名是也。”所截数句，也可属于同一笛色的不同宫调。同宫调曲相集的称为犯本宫，不同宫调曲相集的称为犯别宫。集曲命名有三种情况：一是自所用曲牌名中各取一二字串合而成，如集【昼锦堂】、【月上海棠】而成者即名【锦堂月】，集【驻马听】、【金蕉叶】、【小桃红】而成者即名【驻马摘金桃】；二是在所集曲中主要曲牌名上加“犯”字，如本曲【江儿水】而串入二别曲，则曰【二犯江儿水】，本曲【集贤宾】而串入三别曲，则曰【三犯集贤宾】；三是计数立名，如【解三醒】、【三学士】、【急三枪】集曲取名为【九回肠】，【三仙桥】、【白练序】、【醉太平】、【普天乐】、【犯胡兵】、【香遍满】、【琐窗寒】、【刘泼帽】、【三换头】、【贺新郎】、【节节高】、【东瓯令】十二曲的集曲取名为【十二峰】等等。

【犯调】 词和曲皆有犯调。曲中犯调一般指南曲中的“集曲”。一说兼指北曲中的“借宫”，即在某宫调套曲内借用另一宫调曲牌的联套方法。见吴梅《顾曲麈谈·论宫调》。

【摊破】 即南曲犯调。原为填词术语，南曲沿用，称犯调之曲为“摊破”。清杨恩寿《续词余丛话》卷一：“又有以‘摊破’二字概之者，如本曲【簇御林】、本曲【锦地花】而串入别曲，则曰【摊破簇御林】、【摊破锦地花】之类，较更浑脱。”

【南北合套】 在一个套曲里兼用南曲和北曲的一种体式。由于音乐特性不同，最初南北曲的曲牌不能出现于同一套曲内。据元钟嗣成《录鬼簿》说：“以南北调合腔，自和甫始，如《潇湘八景》、《欢喜冤家》等曲，极为工巧。”按和甫为元中叶散曲作家沈和字，其所作《潇湘八景》为散曲。现知在戏曲中最早运用南北合套者，为南戏《小孙屠》，明清时在戏曲中广为运用。构成合套的南曲、北曲必须同一宫

调，又多以两个调式为主，如【粉蝶儿】合套以徵调式、角调式为主，【醉花阴】合套又以宫调式、羽调式为主。合套的形式由各不相重的南曲和北曲交替出现，可先北后南，也可先南后北。通常是一北一南间用，但也有加叠前曲后再一北一南，也可南、北曲各自加叠，也可间入带过曲。然亦有特殊用法，在一套北曲里反复间入同一南曲，如《小孙屠》第九出在北【新水令】套中，反复间入南【风入松】；也可在一套北曲里插入几支不同的南曲曲牌，如《长生殿》"絮阁"在北【醉花阴】套中，插入南曲【画眉序】、【滴溜子】、【滴滴金】、【鲍老催】、【双声子】等五支。

【移宫换韵】 在南曲中，有时戏剧情节的发展可以用同宫曲牌旋律的变化来适应，也可以用移宫的方法来表现，改变调性、调高，运用调的对比表现情绪气氛的变化。南北曲都要求一套曲同宫同韵，但在南曲中出现"移宫转调"时，为了适应剧情的变化，同时可以改换韵脚，增加对比色彩。如《长生殿》"埋玉"，开场羽林军干念南吕过曲【金钱花】，用鱼模韵；待唐明皇、杨贵妃等上场时，改用中吕【粉孩儿】套，定小工调，用家麻韵；当杨贵妃死后，矛盾平息，情绪、节奏有较大变化，就转入仙吕入双调过曲【朝元令】，改定乙字调，用廉纤韵，同场齐唱。这是较为典型的移宫、转调、换韵的例子。

【务头】 曲学术语。最早见于元周德清《中原音韵》，其意义大致指曲中词采音节兼长，精彩动听之处。《中原音韵·作词十法》："要知某调、某句、某字是务头，可施俊语于其上。"明王骥德《曲律》卷二《论务头》："系是调中最紧要句字，凡曲遇揭起其音，而宛转其调，如俗之所谓'做腔'处，每调或一句、或二三句，每句或一字、或二三字，即是务头。"《论字法》："务头须下响字，勿令提挈不起。"清李渔《闲情偶寄·词曲部·音律第三》："曲中有务头，犹棋中有眼，有此则活，无此则死。进不可战，退不可守者，无眼之棋，死棋也。看不动情，唱不发调者，无'务头'之曲，死曲也。一曲有一曲之'务头'，一句有一句之'务头'。字不聱牙，音不泛调，一曲中得此一句，即使全曲皆灵；一句中得此一二字，即使全句皆健者，'务头'也。"吴梅《顾曲麈谈·论北曲作法》："'务头'者，曲中平、上、去三声联串之处也。……每一曲中必须有三音相连之一、二语或二音（或去上、或去平、或上平，看牌名以定之）相连之一、二语，此即为'务头'处。"以上诸家之说，不尽相同，或较为宽泛，或较为具体，可以参看。

【江湖十二脚色】 清代组成昆曲戏班的基本脚色阵容。见于清李斗《扬州画舫录》卷五："梨园以副末开场为领班，副末以下，老生、正生、老外、大面、二面、三面七人谓之男脚色。老旦、正旦、小旦、贴旦四人谓之女脚色。打诨一人，谓之杂。此江湖十二脚色，元院本旧制也。"其实金元院本并非如此，而是反映了明清时代大剧种较正规戏班的脚色配备。明王骥德《曲律》卷三《论部色》："今之南戏，则有正生、贴生（原注：或小生）、正旦、贴旦、老旦、小旦、外、末、净、丑（原注：即中净）、小丑（原注：即小净）共十二人或十一人，与古小异。"可能和后来所谓十二脚色有关。

【正生】 戏曲脚色行当。明王骥德《曲律》卷三《论部色》有正生、贴生(原注:或小生)而无老生,则正生似是老生;清李斗《扬州画舫录》卷五有老生、正生而无小生,则正生似是小生。近代戏曲正生一般指老生,如昆剧《牧羊记》的苏武。

【冠生】 一作"官生"。昆剧脚色行当。小生的一支。扮演帝王、官吏一类社会地位较高的人物,如《琵琶记》的蔡伯喈、《荆钗记》的王十朋、《千忠禄》的建文帝、《长生殿》的李隆基等。

【巾生】 戏曲脚色行当。多为小生中风流倜傥的书生,爱情故事的主角,如《牡丹亭》中的柳梦梅,《玉簪记》中的潘必正等。因手中常持折扇,故又称"扇子生"。

【鞋皮生】 昆剧脚色行当。多为穷愁潦倒的书生或下层善良的市民。鞋皮生的妆扮多敷色浅淡,头戴低压的玄色高方巾,身穿"富贵衣",以示一朝时来运转必定富贵,如《绣襦记》"教歌"的郑元和、《彩楼记》"拾柴泼粥"的吕蒙正等。

【雉尾生】 戏曲脚色行当。属小生中一类,多为武将,因头插雉尾,故名。其表演不重武功,而重在气质。如《连环记》"小宴"的吕布等。

【末】 戏曲脚色行当。元杂剧中有正末、外末,分别扮演剧中主要男性人物、次要男性人物。在明清戏曲中,末逐渐演变为指生行的次要脚色,自成一类,近似于元杂剧中的外末。如《琵琶记》的张太公即由末扮演。

【外】 戏曲脚色行当。元代戏曲中有外末、外旦、外净等,大致是指末、旦、净等行当的次要脚色。明清以来"外"逐渐成为专演老年男子的脚色。一般挂白满须,又称"老外"。如《琵琶记》的蔡公即由外扮演。

【老外】 "外"的别称。见该条。

【闺门旦】 戏曲脚色行当。旦行的一支。在昆剧中也称"五旦"、"小旦"。主要扮演居于闺门内室的未婚少女,如《牡丹亭》的杜丽娘。《长生殿》的杨玉环,依旧例亦由闺门旦扮演。

【五旦】 "闺门旦"的别称。见该条。

【小旦】 "闺门旦"的别称。见该条。

【刺杀旦】 戏曲脚色行当。旦行的一支。在昆剧中也称"四旦"。扮演有刺杀性动作的女性形象,演员需要掌握一定的跌扑功夫和特技表演技巧。昆剧中有"三杀三刺"的名目,即《义侠记》"杀嫂"的潘金莲、《水浒记》"杀惜"的阎婆惜、《翠屏山》"杀山"的潘巧云、《一捧雪》"刺汤"的雪艳、《渔家乐》"刺梁"的邬飞霞、《铁冠图》"刺虎"的费贞娥。

【四旦】 "刺杀旦"的别称。见该条。

【贴旦】 戏曲脚色行当。旦行的一支。在昆剧中也称"六旦"。钞本上省写为"占"。明徐渭《南词叙录》:"旦之外,贴一旦也。"指同一剧中的次要旦角。重在做功表演,故又称"作旦"或"风月旦"。如《琵琶记》的牛小姐、《牡丹亭》的春香、《西厢记》的红娘、《钗钏记》的云香都由贴旦扮。

【作旦】 "贴旦"的别称。见该条。

【六旦】 "贴旦"的别称。见该条。

【占】 戏曲脚色行当。原为戏剧抄本中对"贴旦"的"贴"字的省写。如明沈

采所作传奇《千金记》第六出中扮演漂母的脚色，富春堂本是“贴旦”，或简作“贴”，《六十种曲》本写作“占旦”，或作“占”。相沿成习后，也用“占”代替“旦”，近代戏曲界也称“旦行”为“占行”。

【老旦】 戏曲脚色行当。扮演老年妇女。如《荆钗记》的王母、《牡丹亭》的杜母，都由老旦扮演。

【夫】 戏曲脚色行当。与“老旦”意义相同，都是扮演老年妇女。如明代弋阳腔剧本《珍珠记》的老奴、《和戎记》王昭君的母亲，都由“夫”扮演。

【大面】 戏曲脚色行当。也称“正净”，俗称“大花面”。扮演净脚中地位较高的人物，如《千金记》的项羽、《单刀会》的关羽等。

【正净】 “大面”的别称。见该条。

【白面】 昆剧脚色行当。也称“白净”。因于面部涂白粉而得名，多扮演《鸣凤记》的严嵩一类人物。清李斗《扬州画舫录》卷五：“白面之难，声音气局必极其胜，沉雄之气寓于嘻笑怒骂者，均于粉光中透出。”

【白净】 “白面”的别称。见该条。

【二面】 昆剧脚色行当。又称“副”，由副净演化而来。如《燕子笺》“狗洞”的鲜于佶、《西厢记》“游殿”的法聪、《连环记》“议剑献剑”的曹操等。

【副】 “二面”的别称。见该条。

【小面】 昆剧脚色行当。“小花面”的简称。也称“三面”、“丑”。多扮演社会地位较低或品行不轨的脚色，重在插科打诨。如《寻亲记》“茶坊”的茶博士、《孽海记》“下山”的本无、《义侠记》的武大郎等。也可扮演具有此类性格特点的女性脚色，如《风筝误》的詹爱娟等。

【三面】 “小面”的别称。见该条。

【中净】 南戏脚色行当。明王骥德《曲律》卷三《论部色》说中净就是丑。

【小净】 南戏脚色行当。明王骥德《曲律》卷三《论部色》说小净就是小丑。

【丑】 戏曲脚色行当。扮演喜剧性人物。在南戏中又称“中净”、“小净”，在昆剧中又称“小面”、“三面”。

【杂】 戏曲脚色行当。名称来源于元杂剧中的“杂当”，扮演剧中不重要或不知名的配角。演变至清代，据李斗《扬州画舫录》卷五载：“打诨一人，谓之杂。”已成为专门行当。

【齣】 戏曲术语。“出”的繁体字。

【出】 戏曲术语。南戏、传奇结构的一个段落。明王骥德《校注古本西厢记凡例》：“元人从折，今或作出，又或作齣。”“出”既是传奇的一个剧情段落，又是一个完整的音乐段落，传奇的联套方式比较灵活，不限于一个宫调，曲文也可以换韵。宋元南戏、早期传奇并不分“出”，更无标目，如《永乐大典戏文三种》之《小孙屠》(不分出)及元刊本《琵琶记》(不标目)等均是如此。某些情节集中的“出”有时也可单独上演，称单出戏或出头戏，也称折子戏。

【折子戏】 戏曲术语。明清传奇每本都有几十出，全本演出所需时间甚长。约自明中叶起，出现了选取情节相对完整、表演比较精彩的一出或数出单独上演的形式，称为折子戏。折子戏由于经常演出，不断加工，有不少成为精品，受到广大

观众的欢迎。清乾隆年间玩花主人编选的《缀白裘(新集)》,收录折子戏四百九十三折,较全面地反映了当时折子戏演出剧目的状况。

【格局】 戏曲术语。戏曲的布局格式。清李渔《闲情偶寄·词曲部》中专列“格局第六”一节,指出:“传奇格局,有一定而不可移者;有可仍可改,听人自为政者。”具体说来,“开场用末,冲场用生;开场数语,包括通篇,冲场一出,蕴酿全部:此一定不可移者”。至于“开手宜静不宜喧,终场忌冷不忌热,生、旦合为夫妇,外与老旦非充父母,即作翁姑,此常格也;然遇情事变更,势难仍旧,不得不通融兑换而用之:诸如此类,皆其可仍可改,听人为政者也”。传奇的具体格局,李渔从“家门”、“冲场”、“出脚色”、“小收煞”、“大收煞”等方面一一加以说明。

【家门】 戏曲术语。南戏、传奇常用的格式。通常第一出标题为“家门”,作全剧的开端。由副末上场,用两首词(或一词一曲,也有只用一首的)向观众介绍作剧宗旨和剧情梗概,以引起观众兴趣,最后用五、七言诗扣题作结。“家门”还有其他多种名目,如“副末开场”(《琵琶记》)、“开场始末”(《幽闺记》)、“家门大意”(《鸣凤记》)、“敷演家门”(《彩毫记》)、“开场家门”(《灌园记》)、“开宗”(《千金记》)、“提纲”(《精忠记》)、“标目”(《玉簪记》)等,意义相同。由于已成为固定格式,有些剧本省略此出,只注“问答照常”。这种形式在宋元南戏中已经出现,有人认为来自宋代歌舞的勾队、放队,也有人认为来自宋代勾栏的“开呵”。另有“自报家门”一语,与“家门”含义不同,系指脚色向观众的自我介绍。

【副末开场】 见“家门”。

【家门大意】 见“家门”。

【自报家门】 见“家门”。

【冲场】 戏曲术语。传奇剧本的第二出。清李渔《闲情偶寄·词曲部·格局第六》:“开场第二折,谓之‘冲场’。冲场者,人未上而我先上也。必用一悠长引子。引子唱完,继以诗、词及四六排语,谓之‘定场白’。”冲场的作用,是以概括的语言,介绍登场人物的身份、性格、环境和当时的思想,并且酝酿全剧的精神,埋伏下全剧的重要节目。冲场与“家门”的不同,在于“家门”是用旁观者的口吻,而冲场是剧中人的自述。

【吊场】 戏曲术语。在南戏、传奇中当剧情告一段落,多数脚色已下场时,留一二脚色于场上吊住场子,作承前启后的交代。可用于一出戏结束时。如《宦门子弟错立身》第十二出:“生旦下。净末卜吊场,下。”也可用在一出的中间。如《寻亲记》“告借”:“(老旦下。净吊场)着意种花花不活,无心插柳柳成阴。(老旦暗上听介)”近代演出折子戏,往往在开场时设一小场次,通过一二次要脚色的对话、独白为剧情发展进行铺垫,也称为“吊场”。如《长生殿》“惊变”中李隆基、杨玉环登场前高力士上场的念诗和独白,就属于吊场。

【出脚色】 戏曲术语。指传奇中的脚色第一次出场。一般说来,传奇中的主要脚色要在前几出即出场,以便观众记忆。

【小收煞】 戏曲术语。传奇剧本例

分上下两部，情节发展至上半部末出，略作收煞，名为“小收煞”。清李渔《闲情偶寄·词曲部·格局第六》指出，小收煞“宜紧忌宽，宜热忌冷，宜作郑五歇后，令人揣摩下文，不知此事如何结果”。这一出不仅要对前半剧情作一小结，而且要设置悬念，使观众继续关注下半部剧情的发展。

【大收煞】 戏曲术语。传奇全本收场，名为“大收煞”。清李渔《闲情偶寄·词曲部·格局第六》指出：“此折之难，在无包括之痕，而有团圆之趣。如一部之内要紧脚色共有五人，其先东、西、南、北，各自分开，到此必须会合。”所谓“无包括之痕”，李渔认为是“其会合之故，须要自然而然，水到渠成，非由车戽。最忌无因而至、突如其来与勉强生情、拉成一处”；所谓“有团圆之趣”，李渔认为是“水穷山尽之处，偏宜突起波澜。或先惊而后喜，或始疑而终信，或喜极信极而反致惊疑。务使一折之中，七情俱备，始为到底不懈之笔，愈远愈大之才”。传奇剧情大多为历尽悲欢离合，全家团圆，故大收煞亦称“大团圆”。

【大团圆】 见“大收煞”。

【宾白】 戏曲剧本中的说白。明徐渭《南词叙录》：“唱为主，白为宾，故曰宾白。”姜南《抱璞简记》：“两人对说曰宾，一人自说曰白。”宾白可以分为韵白、散白两大类，两大类中各自又可分为若干小类。宾白在剧本创作中极为重要，明王骥德《曲律》卷三《论宾白》云：“句字长短平仄，须调停得好，令情意宛转，音调铿锵，虽不是曲，却要美听。诸戏曲之工者，白未必佳，其难不下于曲。”清李渔《闲情偶寄·词曲部·宾白第四》指出：“宾白一道，当与曲文等视。有最得意之曲文，即当有最得意之宾白。但使笔酣墨饱，其势自能相生。”据此，李渔提出“声务铿锵”、“语求肖似”、“词别繁减”、“字分南北”、“文贵洁净”、“意取尖新”、“少用方言”、“时防漏孔”诸条，作为对宾白创作的具体要求。

【散白】 戏曲中半文半白、句式参差、没有韵脚、不讲对仗的念白，与“韵白”相对。散白比较接近生活语言，但同样经过精心提炼，具有节奏感和音乐性。

【韵白】 戏曲中合辙押韵、讲究平仄对仗的韵律化念白，与“散白”相对。文句较雅，多用于主要人物上下场时所念的诗、词、骈文、诗对等。净丑所念的干牌子、顺口溜之类也属韵白。

【口白】 散白的一种。是一种接近口语的生活化念白，多用于丑脚和身份地位低微的平民百姓，语言活泼风趣，近于俚俗。

【方音白】 戏曲念白的一种。特点是用乡土音来念，可以是非韵律化的口白，也可以是韵律化的韵白。

【赋体白】 韵白的一种，俗称为“赋”。由汉魏大小赋和唐说唱体“赋”演变而来，句式整齐，排偶、叠句、叠字多，一般为三四联四六句，且可以散语与骈语相间，大多用于气势恢宏的长篇定场白。最著名者为四赋：《琵琶记》“丹陛陈情”之“黄门赋”，《单刀会》之“荆州赋”，《西川图》“三闯”之“辕门赋”，《邯郸记》“度世”之“纯阳赋”。此外，《莲花宝筏》“北饯”和《鸣凤记》“辞阁”也各有大段赋体长白。

【内白】 散白的一种，即“内云”。一

种是幕后人物应答场上人物，早在宋元南戏中就有此种内白。如《张协状元》“圆梦”中：“（末）……且待男女叫一声：先生在？（丑在内应）谁谁？（末）有少事相烦歇子。（丑）惭愧！二十四个月日，没一人上门。”一种是幕后似有人在，与场上一呼一应做戏，揭示人物心态。如《浣纱记》“吴刎”中，写吴王逃到他杀公孙圣的阳山，想起其死前谏言，“净作呼公孙圣，内作应，三呼三应介。净仰天大呼介……对内作礼介。”刻画吴王失魂落魄的惊恐心态，极其传神。

【夹白】 散白的一种，即在一段唱词中夹着念白。它又分两种情况：一种是“带白”，即“带云”，主唱脚色自己在唱曲中带入说白，再接唱词。如《琵琶记》“糟糠自厌”中赵五娘唱【山坡羊】：“滴溜溜难穷尽的珠泪，乱纷纷难宽解的愁绪，骨崖崖难扶持的病身，战兢兢难捱过的时和岁。这糠，我待不吃你呵，教奴怎忍饥？我待吃你呵，教奴怎生吃？思量起来，不如奴先死，图得不知他亲死时。”其中“这糠，我待不吃你呵”、“我待吃你呵”便是带白。一种是“插白”，是其他脚色的插话。如《琵琶记》“糟糠自厌”中赵五娘唱【孝顺歌】：“（旦）这是谷中膜，米上皮。（外）呀！这便是糠，要他何用？（旦）将来併饿堪疗饥。（净）咦！这糠只好将去喂猪狗，如何把来自吃？（旦）尝闻古贤书，狗彘食人食，也强如草根树皮。……”其中外、净的念白便是插白。

【带白】 见“夹白”。

【插白】 见“夹白”。

【定场诗】 亦称“坐场诗”。剧中人物自我介绍的程式之一。指剧中主要脚色第一次上场念完引子以后所念的诗或词。内容大都是概括人物总貌、介绍规定情境。所念的诗有五言诗，如《寻亲记》“对雪”周羽所念：“不爨井晨冻，无衾床夜寒。囊空恐羞涩，留得一钱看。”有七言诗，如《浣纱记》“游春”范蠡所念：“少小豪雄侠气闻，飘零仗剑学从军。何年事了拂衣去，归卧荆南梦泽云。”有词，如《琵琶记》“高堂称寿”蔡伯喈所念【鹧鸪天】：“宋玉多才未足称，子云识字浪传名。奎光已透三千丈，风力行看九万程。　经世手，济时英，玉堂金马岂难登？要将莱彩欢亲意，且戴儒冠尽子情。”

【定场白】 亦称“坐场白”。剧中人物自我介绍的程式之一。指剧中主要脚色第一次上场念完引子和定场诗以后所念的一段独白，用韵白中的散语和骈语，自叙身世及当时情境、事件过程等。它是定场诗的进一步具体化，须点明问题或揭示矛盾。李渔《闲情偶寄·词曲部·格局第六》论定场白作用曰：“言其未说之先，人不知所演何剧，耳目摇摇；得此数语，方知下落，始未定而今方定也。”

【上场白】 韵白的一种。剧中人物自我介绍的程式之一。比“定场诗”、“定场白”简单，前面没有引子，人物上场就念诗或对，念诗的称“上场诗”，念对的称“上场对”。一般用于剧中次要脚色上场时。如《长生殿》“疑谶”郭子仪上场念“壮怀磊落有谁知，一剑防身且自随。整顿乾坤济时了，那回方表是男儿”，即是上场诗；“献发”杨国忠上场念“天有不测风云，人有旦夕祸福”，即是上场对。上场白形式多样，

不限五七言，不限诗和对，也可用词调，如【西江月】、【临江仙】之类。若几个人物同时上场，可以分念，也可以合念，或采用一人独念、众人附和的方式。

【上场诗】 见“上场白”。

【上场对】 见“上场白”。

【下场白】 韵白的一种。它与上场白相对，用于人物下场时所念诗或对，念诗的称“下场诗”，念对的称“下场对”。其主要作用是抒发对已发生事件的感慨，也可暗示未来的情节发展。明王骥德称下场诗为“落诗”，其《曲律》卷三《论落诗》云：“落诗，亦惟《琵琶》得体。每折先定下古语二句，却凑二语其前，不惟场下人易晓，亦令优人易记。”如《琵琶记》“官媒议婚”蔡伯喈所念：“君王诏旨不相从，明日应须奏九重。有缘千里能相会，无缘对面不相逢。”后来下场诗有集唐诗成句的，如《牡丹亭》、《长生殿》每出皆是。下场白形式多样，不限五七言，也不限在每出结尾，凡人物下场时都可以用。若几个人物同时下场，可以分念，也可以合念，或采用一人独念、众人附和的方式，或不用下场白，以唱曲下场。

【下场诗】 见“下场白”。

【下场对】 见“下场白”。

【落诗】 见“下场白”。

【卷场诗】 韵白的一种，亦属下场诗的一种。但只限于全剧结束时人物下场用，以概括全剧并揭示全剧主旨，有“篇末点题”和“曲终奏雅”的意义。如《桃花扇》卷场诗云：“渔樵同话旧繁华，短梦寥寥记不差。曾恨红笺衔燕子，偏怜素扇染桃花。笙歌西第留何客？烟雨南朝换几家？传得伤心临去语，年年寒食哭天涯。”而李渔《风筝误》则在卷场诗中阐明他的戏曲创作主张：“传奇原为消愁设，费尽杖头歌一阕。何事将钱买哭声，反令变喜成悲咽。惟我填词不卖愁，一夫不笑是吾忧。举世尽成弥勒佛，度人秃笔始堪投。”

【介】 戏曲术语。南戏、传奇剧本里关于动作、表情、效果等的舞台指示。如坐、见面、笑、悲伤以及风起、鸟惊等，剧本里分别写作“坐介”、“见介”、“笑介”、“作悲介”、“风起介”、“鸟声惊介”。与元杂剧剧本中的“科”相同。

【科诨】 “插科打诨”的略称。戏曲里各种使观众发笑的穿插。“科”多指滑稽动作，“诨”多指滑稽语言。

【打背供】 一作“打背躬”，戏曲表演的一种虚拟假定形式。通常为举起一臂，以衣袖挡住场上其他脚色，表示已与同台其他脚色隔离开，其演唱、念白、动作不为其他脚色所见闻，这是表现人物内心活动的一种方式。如《十五贯》“廉访”：“（外）还有一说：这个人家可是姓‘游’么？（丑）你是那里晓得？（外）老鼠最喜偷油，故尔晓得。（丑背介）这不是拆字的先生，竟是仙人了！”

【南戏十要】 明孙鑛提出的戏曲创作的十项艺术标准。语见吕天成《曲品》卷下：“我舅祖孙司马公谓予曰：凡南戏，第一要事佳，第二要关目好，第三要搬出来好，第四要按宫调、协音律，第五要使人易晓，第六要词采，第七要善敷衍——淡处作得浓、闲处作得热闹，第八要各脚色分得匀妥，第九要脱套，第十要合世情、关风化。持此十要以衡传奇，靡不当矣。第

今作者辈起，能无集乎大成？十得六七者，便为巩璧；十得三四者，亦称翘楚；十得一二者，即非碱砆。具只眼者，试共评之。”孙鑛的“南戏十要”，包括戏曲创作的选材、关目、结构、词采、音律、搬演诸项，既涉及戏曲的文学性，又涉及戏曲的舞台性，确实是戏曲创作经验的全面总结。故而吕天成《曲品》品评戏曲作家作品时，就以此“十要”为准则。

【南戏门类】 南戏、传奇内容的大致分类。语见吕天成《曲品》卷下：“括其门类，大约有六：一曰忠孝，一曰节义，一曰仙佛，一曰功名，一曰豪侠，一曰风情。元剧之门类甚多，而南戏至此矣。”

【本色】 古典戏曲评论用语。这个概念自诗论引入，意为本来之色。在戏曲评论中，多指曲文质朴自然，接近生活语言，而少用典故及骈词俪语的修辞方法和风格。明代中后期，为克服戏曲创作中的“时文气”和“道学气”，曲论家曾围绕曲的本色问题广泛展开讨论，但各家理解不尽相同。何良俊认为曲文“清丽”、“简淡”、“全不费词”，就是本色；如果语带脂粉或卖弄学问，就离开了本色。徐渭认为本色即不虚伪不雕琢的“正身”，亦即“真性”，可以概括为“宜俗宜真”四字。沈璟所标举的本色以宋元“古剧”为榜样，主张戏曲创作适合演唱要求，力求语言质朴通俗并且严守音律。王骥德则认为语言的或雅或俗只是“一知半解之悟”，戏曲的总体精神、根本特征才是“透彻之悟”，他独特地提出，“才情在浅深、浓淡、雅俗之间”的汤显祖，才是本色的典范。约而言之，何良俊是以语言清淡为重的本色派，徐渭是以表现真我为宗旨的本色派，沈璟是以标举返古守律为特色的本色派，王骥德则是注重总体把握的本色派。一些曲论家论“本色”又常常与论“当行”相结合，并称“本色当行”。

【当行】 古典戏曲评论用语。这个概念自诗论引入，意为行家的创作。在戏曲评论中，通常指的是作家能够掌握戏曲艺术自身的规律和特点，创作的剧本适合于舞台演出。王骥德《曲律》卷三《论剧戏》云：“其词、格俱妙，大雅与当行参间，可演可传，上之上也。”这里的“词”指戏曲剧本的文学性，“格”指戏曲剧本的舞台性。“词”妙则为“大雅”，可以“传”；“格”妙则为“当行”，可以“演”。“当行”与“本色”关系密切，如沈璟论本色时实已兼论当行。吕天成《曲品》卷上更对二者关系进行了辨析：“当行兼论作法，本色只指填词。当行不在组织饾饤学问，此中自有关节局段，一毫增损不得；若组织正以蠹当行。本色不在摹剿家常语言，此中别有机神情趣，一毫妆点不来；若摹剿正以蚀本色。”二者既有区别，又有联系：“果属当行，则句调必多本色矣；果具本色，则境态必是当行矣。”李渔《闲情偶寄·词曲部》关于戏曲创作的论述可以视为戏曲当行论的集大成者。

【意趣神色】 明汤显祖标举的文艺创作精神。语见汤显祖《答吕姜山》：“凡文以意趣神色为主，四者到时，或有丽词俊音可用，尔时能一一顾九宫四声否？如必按字模声，即有窒滞迸拽之苦，恐不能成句矣。”意，作品的立意，所要表达的情思；趣，生趣，生动的情趣；神，风神，艺术

的灵性；色，气色，明快的艺术风格。汤显祖认为这四者比“丽词俊音”、“九宫四声”更为重要，应当是作家创作过程中的主要追求。从总体上看，意趣神色指的是作者的艺术创造精神、气质、才能，及其在作品中的独特体现。汤显祖强调意趣神色，就是强调作家的主体精神和艺术创作个性，这对图解封建伦理观点的概念化流弊和束缚创作个性的过多限制是一个有力的冲击。

【双美】　明万历年间，沈璟重“声情”，重“条法”，汤显祖重“才情”，重“文采”，在当时剧坛各树一帜。一部分曲家经过研究，提出兼取两家之长的主张。吕天成《曲品》卷上：“予谓二公譬如狂狷，天壤间应有此两项人物。不有光禄（沈璟），词硎弗新；不有奉常（汤显祖），词髓孰抉？倘能守词隐先生之矩矱，而运以清远道人之才情，岂非合之双美者乎？”王骥德《曲律》卷四《杂论下》也主张兼取沈、汤之长，使“法与词两擅其极”。祁彪佳、冯梦龙、凌濛初等人的主张亦与此近似。

【用事】　在诗、词、曲写作中运用古籍记载的人、事、物的典故，称为用事，亦称使事。曲的用事与诗、词相比，更强调明白易晓。元周德清《中原音韵》谓：“明事隐使，隐事明使。”明王骥德《曲律》卷三《论用事》亦谓：“明事暗使，隐事显使，务使唱去人人都晓，不须解说。又有一等事，用在句中，令人不觉，如禅家所谓撮盐水中，饮水乃知咸味，方是妙手。”王骥德认为《西厢记》、《琵琶记》“用事甚富，然无不恰好，所以动人”，《玉玦记》“句句用事，如盛书柜子、翻使人厌恶”。

【机趣】　曲家对戏曲语言的要求之一。明王骥德《曲律》卷三《杂论上》：“《拜月》语似草草，然时露机趣。”清李渔《闲情偶寄·词曲部·词采第二》对此作了更加深入的阐发：“‘机趣’二字，填词家必不可少。‘机’者，传奇之精神；‘趣’者，传奇之风致。少此二物，则如泥人土马，有生形而无生气。”“机趣”二字，大略包括戏曲词采的内在精神与外部风致两方面。“机”指内在精神，创作的灵性；“趣”指外部风貌，形式的生动性、趣味性。李渔提出戏曲语言“重机趣”，要注意“勿使有断续痕，勿使有道学气”。无断续痕，就是要有内在精神维系全剧，“承上接下，血脉相连”；无道学气，就是要有情趣，“非但风流跌宕之曲，花前月下之情，当以板腐为戒；即谈忠孝节义与说悲苦哀怨之情，亦当抑圣为狂，寓哭于笑”。这样的戏曲语言，才能引起观众的兴趣。

【关目】　戏曲术语。一般指戏曲情节的构思和安排。明李贽《幽闺记拜月亭序》：“此记关目极好，说得好，曲亦好，真元人手笔也。”《焚书·杂述》评《红拂记》：“此记关目好，曲好，白好，事好。”今存元刊杂剧剧本的扉页，常常冠以“新编关目”字样，以表明戏曲情节的新奇独到。明清戏曲也沿用此术语。清李渔《闲情偶寄·演习部·脱套第五》：“戏场关目，全在出奇变相，令人不能悬拟。”

【结构】　戏曲术语。指戏曲总体构思和布局设想。清李渔在《闲情偶寄·词曲部》中专列“结构第一”一节，表现了对结构问题的高度重视。李渔指出：“填词首重音律，而予独先结构者，以音律有书

可考,其理彰明较著。……至于'结构'二字,则在引商刻羽之先,拈韵抽毫之始。如造物之赋形:当其精血初凝,胞胎未就,先为制定全形,使点血而具五官百骸之势。倘先无成局,而由顶及踵、逐段滋生,则人之一身,当有无数断续之痕,而血气为之中阻矣!工师之建宅亦然:基址初平,间架未立,先筹何处建厅,何方开户,栋需何木,梁用何材;必俟成局了然,始可挥斤运斧。倘造成一架而后再筹一架,则便于前者不便于后,势必改而就之,未成先毁;犹之筑舍道旁,兼数宅之匠资,不足供一厅一堂之用矣。故作传奇者不宜卒急拈毫,袖手于前,始能疾书于后。有奇事方有奇文,未有命题不佳而能出其锦心、扬为绣口者也。尝读时髦所撰,惜其惨淡经营,用心良苦,而不得被管弦、副优孟者,非审音协律之难,而结构全部规模之未善也。"李渔以"造物之赋形"和"工师之建宅"为喻,说明剧作家在拈韵抽毫之前,必须经过充分的酝酿,先有一番"制定全形"、"成局了然"的"结构"。他认为这种"全部规模"的"结构",应当包括多方面,其中主要的是"立主脑"、"脱窠臼"、"密针线"、"减头绪"等。

【立主脑】 戏曲术语。清李渔提出的戏曲创作要求之一。语见《闲情偶寄·词曲部·结构第一》。李渔指出:"古人作文一篇,定有一篇之主脑。主脑非他,即作者立言之本意也。传奇亦然。一本戏中,有无数人名,究竟俱属陪宾,原其初心,止为一人而设。即此一人之身,自始至终,离合悲欢,中具无限情由、无穷关目,究竟俱属衍文,原其初心,又止为一事而设。此一人一事,即作传奇之主脑也。然必此一人一事果然奇特,实在可传而后传之,则不愧传奇之目;而其人其事与作者姓名皆千古矣!"简单地说,"主脑"就是全剧构思布局的一个"经穴"所在,是能够扣住全剧间架的一个"结"。如李渔指出《琵琶记》的主脑就是蔡伯喈重婚牛府,《西厢记》的主脑就是张君瑞白马解围。

【脱窠臼】 戏曲术语。清李渔提出的戏曲创作要求之一。语见《闲情偶寄·词曲部·结构第一》。"窠臼",指老套子,陈旧的固定格式。李渔认为传奇创作应当出新,"若此等情节业已见之戏场,则千人共见,万人共见,绝无奇矣,焉用传之"?作家创作之前,要"先问古今院本中曾有此等情节与否。如其未有,则急急传之。否则枉费辛勤,徒作效颦之妇"。李渔批评当时一些剧作家"盗袭窠臼","取众剧之所有,彼割一段,此割一段,合而成之,即是一种传奇,但有耳所未闻之姓名,从无目不经见之事实"。李渔主张"洗涤窠臼",创作出令人耳目一新的作品。

【密针线】 戏曲术语。清李渔提出的戏曲创作要求之一。语见《闲情偶寄·词曲部·结构第一》。李渔指出:"编戏有如缝衣,其初则以完全者剪碎,其后又以剪碎者凑成。剪碎易,凑成难。凑成之工,全在针线紧密;一节偶疏,全篇之破绽出矣。"这就是说,作家既要注意素材的提炼和剪裁,又要讲究关目的内部衔接和结构的严谨周密。为此,就要在关目的"穿插联络"上下功夫,注意"照映埋伏","每编一折,必须前顾数折,后顾数折。顾前者欲其照映,顾后者便于埋伏。照映埋

伏，不止照映一人，埋伏一事，凡是此剧中有名之人、关涉之事，与前此后此所说之话，节节俱要想到；宁使想到而不用，勿使有用而忽之”。可见密针线就是要注意前后的照应和一致，无论事件的描叙，还是人物的刻画，均是如此。

【减头绪】 戏曲术语。清李渔提出的戏曲创作要求之一。语见《闲情偶寄·词曲部·结构第一》。李渔认为“头绪繁多，传奇之大病也”，“事多则关目亦多，令观场者如入山阴道中，人人应接不暇”。他指出《荆钗记》、《刘知远白兔记》、《拜月亭》、《杀狗记》等南戏名著之所以盛传于世，一个重要原因就是“一线到底，并无旁见侧出之情。三尺童子观演此剧，皆能了了于心，便便于口；以其始终无二事，贯串只一人也”。为此他断定“作传奇者能以‘头绪忌繁’四字刻刻关心，则思路不分，文情专一；其为词也，如孤桐劲竹，直上无枝，虽难保其必传，然已有《荆》、《刘》、《拜》、《杀》之势矣”。

【结穴】 戏曲术语。指情节结构中的一种归结，即对以前发生的种种情节，在发展关键之处，点破其所以然。清兰雪堂本《桃花扇》“却奁”出总评曰：“秀才之打也，公子之骂也，皆于此折结穴。”前面情节有文庙丁期典礼，阮大铖祭孔，遭五秀才之打；又有三公子在鸡鸣埭小饮，阮大铖借与家班助兴，反惹三公子听曲谩骂。此出借李香君大义却奁，点破阮大铖趋附权奸，廉耻丧尽，妇人女子，无不唾骂之由，从而使秀才之打、公子之骂的原因俱豁然开朗，故此出为前几出的“结穴”。

【关纽】 戏曲术语。指情节发展承上启下的关键之处，诸线索于此处会合，实现情节的“突转”。清兰雪堂本《桃花扇》“辞院”出总评曰：“左右奇偶，男女贤奸者皆会此折。离合之情于此折尽矣，而未尽也；兴亡之感于此折动矣，而未动也。承上启下又一关纽。”这一出写文武百官商议对付左良玉大军东下之事，偏又会议不成。阮大铖乘机散布谣言，说侯方域私通左良玉暗为破城内应。史可法不信拂袖而去，马士英派人访拿侯方域，杨龙友辩护不得即去报信。侯方域闻讯，告别李香君，去扬州投奔史可法。对于贤奸斗争与侯李姻缘来说，这一出均是转折的关键，所以称为“关纽”。

【越中派】 明代戏曲创作流派。明王骥德《曲律》卷四“杂论下”说：“吾越故有词派。”他列举明代后期活跃在以会稽、余姚为中心的越中地区的一批戏曲家。其代表人物有徐渭、史槃、王澹、叶宪祖、吕天成、钱直之，再加上王骥德本人及其同时或稍后的单本、祁彪佳、孟称舜、袁于令等。此派曲家以徐渭为帜志，创作数量丰富，理论上亦多建树。杂剧创作，徐渭的《四声猿》最有影响，叶宪祖、吕天成、孟称舜亦有佳作。传奇创作，叶宪祖、孟称舜、袁于令成就较高。在理论上，徐渭标举本色，反对骈绮作风，并对作为民间艺术的南戏进行了专门研究，写出了《南词叙录》。吕天成《曲品》，王骥德《曲律》，祁彪佳《远山堂曲品》、《远山堂剧品》都是中国古代戏曲理论的重要著作。明万历年间，沈璟重“声情”、重“条法”，汤显祖重“才情”、重“文采”，越中派曲家则持论较为公允，如王骥德主张“必法与词两擅其

极”，吕天成提倡“守词隐先生之矩矱，而运以清远道人之才情”，以达到“双美”的境界。越中派曲家的戏曲创作，大体能实践其理论主张，文学性与舞台性结合较好。

【吴江派】 明代戏曲创作流派。明代万历年间，吴江戏曲家沈璟以其戏曲创作和曲学研究的成就，成为曲坛有影响的人物。沈璟的戏曲理论著作《南九宫谱》、《唱曲当知》、《词隐先生论曲》等，成为当时作曲、度曲的基本教材，被誉为“词林指南车”。沈璟主张“词人当行，歌客守腔，大家细把音律讲”，强调作曲者应“审音”、“当行”，唱曲者要“晓文”、“守腔”，从而把戏曲创作和演唱当作一个整体来看待。沈璟要求戏曲创作体现“场上之曲”的特点，提倡拙朴通俗的语言风格，提倡戏曲保持古南戏的民间色彩。当时，有一些戏曲家深受沈璟影响，创作旨趣与沈璟相近，被后人称为“吴江派”，或依沈璟堂名称为“属玉堂派”。关于吴江派的成员，历来说法不一，若从“守律”和“本色”两方面考虑，并结合家世、师承、交游情况考察，应包括顾大典、卜世臣、汪廷讷、冯梦龙、沈自晋、沈自征、范文若、袁于令等。

【属玉堂派】 见“吴江派”。

【临川派】 明代戏曲创作流派。明代万历年间，临川戏曲家汤显祖以其传奇杰作“玉茗堂四梦”轰动剧坛，并以倡导“意趣神色”的创作思想为众多曲家所重视。汤显祖之后，慕其名而效仿者，被人们称为“临川派”，或依汤显祖堂名称为“玉茗堂派”。根据部分学者的意见，可以归入“临川派”的作家，有吴炳、孟称舜、阮大铖等人。他们的主要特点是张扬才情，善于细致地表现人物丰富的情感，讲究辞藻，注重创造作品的诗意美。

【玉茗堂派】 见“临川派”。

【苏州派】 戏曲创作流派。明末清初，苏州地区以李玉为代表的一批戏曲作家，如朱𡺿、朱佐朝、毕魏、叶时章、张彝宣、丘园等，经常在一起切磋曲学，探讨创作，被后人称为“苏州派”。这一派作家以绝意仕进的布衣为主，其中大部分人可以说是专业戏曲家，以向戏班提供剧本作为重要经济来源，在创作上也常采取个人与群体相结合的方式。他们关心社会现状，熟悉下层社会，所以创作贴近现实，有时还能及时反映重大政治事件，同时具有浓厚的生活气息，反映了市民阶层的情趣和愿望。他们熟悉戏曲舞台，因此剧作舞台性强，构思新人耳目，结构紧凑集中，语言本色当行，属于典型的“场上之曲”。苏州派作家的剧作，如李玉的“一人永占”和《清忠谱》，朱𡺿的《十五贯》，朱佐朝的《渔家乐》，叶时章的《琥珀匙》，张彝宣的《醉菩提》，丘园的《虎囊弹》等，都脍炙人口，盛演不衰。苏州派的曲学研究也很有成就，李玉的《北词广正谱》、张彝宣的《寒山堂曲谱》，都是有影响的曲学专著。

【沈氏三凤】 明代万历年间，吴江沈璟及其族侄沈自征、沈自晋，均精于曲学，在戏曲创作和研究中各有建树，时人有“沈氏三凤”之说，见《苏州府志》。

【南洪北孔】 清初戏曲家洪昇、孔尚任的合称。因洪昇为钱塘（今浙江杭州）人，孔尚任为曲阜（今属山东）人，故称。

【荆刘拜杀】 明清人对南戏《荆钗记》、《刘知远白兔记》、《拜月亭》、《杀狗记》四剧的并称和评价。明王骥德《曲律》卷三《杂论上》:“古戏如《荆》、《刘》、《拜》、《杀》等,传之几二三百年,至今不废;以其时作者少,又优人戏单无此等名目,便以为缺典,故幸而久传。”明凌濛初《谭曲杂劄》:“曲始于胡元,大略贵当行不贵藻丽。其当行者曰‘本色’。盖自有此一番材料,其修饰词章,填塞学问,了无干涉也。故《荆》、《刘》、《拜》、《杀》为四大家,而长材如《琵琶》犹不得与,以《琵琶》间有刻意求工之境,亦开琢句修词之端,虽曲家本色故饶,而诗余驽末亦不少耳。”

【蔡荆刘杀】 明清人对南戏《琵琶记》、《荆钗记》、《刘知远白兔记》、《杀狗记》四剧的并称和评价。明吕天成《曲品》卷下评《白兔》云:“世称《蔡》、《荆》、《刘》、《杀》,又云《荆》、《刘》、《拜》、《杀》。”《蔡》即《蔡伯喈琵琶记》。

【荆刘蔡杀】 明清人对南戏《荆钗记》、《刘知远白兔记》、《琵琶记》、《杀狗记》四剧的并称和评价。《曲海总目提要》卷四“白兔”条云:“元明以来,相传院本上乘,皆曰《荆》、《刘》、《拜》、《杀》……又曰《荆》、《刘》、《蔡》、《杀》。《蔡》谓《琵琶》也。乐府家推此数种,以为高压群流;李开先、王世贞辈议论,亦大略如此。盖以其指事道情,能与人说话相似,不假词采绚饰,自然成韵。犹论文者谓西汉文能以文言道世事也。”

【临川四梦】 明汤显祖所作《紫钗记》、《牡丹亭》、《南柯记》、《邯郸记》四种传奇的总称,又称“玉茗堂四梦”。汤显祖为江西临川人,家有玉茗堂,且四剧皆有梦境,故名。明王思任《批点玉茗堂牡丹亭词叙》云:“若士自谓一生‘四梦’,得意处惟在《牡丹》。”清黄周星《制曲枝语》云:“曲至元人,尚矣。若近代传奇,余惟取汤临川‘四梦’。”

【玉茗堂四梦】 见“临川四梦”。

【一人永占】 明末清初李玉所作传奇《一捧雪》、《人兽关》、《永团圆》、《占花魁》的合称。《曲海总目提要》卷十九“一捧雪”条云:“苏州人李元玉撰。与《人兽关》、《永团圆》、《占花魁》共四种,所谓‘一人永占’也。”初次刊行于明崇祯年间,题《一笠庵四种曲》,影响很大。(赵山林)

明清传奇编年

说 明

1. 本编年起于明代开国的1368年，迄于清代灭亡的1911年。作家活动、作品创作及刊刻情况主要集中于这段时期内。
2. 本编年主要包括以下内容：明清传奇作家的生平事迹、交游及著述情况，传奇作品的写作时间、刊刻及演出情况，对作家戏曲活动以外的行实酌情予以记述。史实部分主要记载明清两代与传奇发展有关的政治、文化、军事诸方面简要史实，一般用不同的字体放在该年戏曲作家、作品编年之前。
3. 本编年中述及年月，以阴历为主。对公历、阴历之间年底、年初的跨年问题，一般都参考有关资料予以划定。作家的事迹与著作有年代可考者，编入该年内；无年代可考者，一般系于其卒年叙述；如卒年仍不详，而其在世时有事年份明确，则将其主要情况系于该年叙述；如作家的生卒年、生平事迹俱无年代可考，而可断定某一朝代者，则将其系于某朝代加以叙述。

明洪武元年(1368)　　戊申

正月初四日，朱元璋于南京称帝，国号大明，年号洪武。是为明太祖。

九月，明太祖下诏求贤，罗致人才，并令天下府州县开设学校。禁止优人参加科举考试。

十一月，朝廷诏令恢复中华衣冠服饰，其中对乐工优人服饰的规定异于常人。洪武三年五月，明太祖诏令制作“四方平定巾”，天下士民皆可戴，但优伶皂隶仍戴旧式样。洪武十二年，明太祖又诏令教坊优人常服绿头巾，以别士庶之服，优人的行动也受到限制与约束。

明洪武三年(1370)　　庚戌

高明约卒于本年。明(1305?—1370?)字则诚，一字晦叔，浙江瑞安人。作有南戏《琵琶记》、《闵子骞单衣记》，前一种今存。

明洪武六年(1373)　　癸丑

二月，明太祖发布禁止戏曲扮演古代帝王圣贤的诏令。次年，明太祖命撰《回銮乐歌》，其辞皆有规谏，对明代戏曲重视讽谏功能产生了一定的影响。

明太祖与周寿谊谈及昆山腔问题。

明洪武十一年(1378)　　戊午

是年起，受封的明太祖诸子陆续到封地建藩。据传亲王之国时明太祖赐予他们的词曲有一千七百本之多。

明洪武二十二年(1389)　　己巳

三月二十五日，京师奉圣旨出榜严禁军官、军人唱曲，违者割舌、断手脚。明太祖下诏禁止武臣子弟嗜酒博弈、歌唱词曲。

八月，更定《大明律》，严禁杂剧、戏文装扮历代帝王、圣贤，其神仙道扮及义夫节妇孝子顺孙劝人为善者，不在禁限之列。

明洪武三十年(1397)　　丁丑

五月，《御制大明律》正式颁布，内中《禁止搬做杂剧律令》条：“凡乐人搬做杂剧戏文，不许妆扮历代帝王后妃、忠臣节

烈、先圣先贤神像,违者杖一百。官民之家容令扮者与同罪。其神仙道扮及义夫节妇、孝子顺孙、劝人为善者不在禁限。”《御制大明律》中的有关条文,把明代统治者鄙弃俗曲、贱视优伶的思想观念通过法律的形式显示出来。

兰茂生。

明洪武三十一年(1398)　　戊寅

闰五月初十日,明太祖去世。闰五月十六日,皇太孙朱允炆即帝位,以明年为建文元年。

朱权《太和正音谱》、《琼林雅韵》、《务头集韵》成书。

明建文四年(1402)　　壬午

六月,燕军陷京师(今南京),宫中火起,建文帝死之。七月初一日,燕王朱棣即帝位,是为成祖,以明年为永乐元年。

明永乐六年(1408)　　戊子

十二月,《永乐大典》编成。其中收杂剧101种,戏文34种。现仅存戏文《小孙屠》、《张协状元》、《宦门子弟错立身》三种。

明永乐九年(1411)　　辛卯

七月初一日,朝廷出榜禁词曲。除以律神仙道扮、义夫节妇、孝子顺孙、劝人为善及欢乐太平不禁外,但有亵渎帝王圣贤之词曲驾头杂剧,非律所该载者,不准收藏、传诵、印卖,违者全家处死。此后杂剧、传奇出现大量歌功颂德之作。

明永乐十九年(1421)　　辛丑

丘濬生。

明永乐二十二年(1424)　　甲辰

七月十八日,明成祖去世。八月十五日,太子朱高炽即皇帝位,是为明仁宗,以明年为洪熙元年。

十一月,朝廷诏令禁教坊司乐人衣帽靴违式。

永乐年间,昆山腔、海盐腔、弋阳腔等已有较大发展,尤其以昆山腔的影响最大。

明洪熙元年(1425)　　乙巳

五月十二日,明仁宗去世。六月十二日,太子朱瞻基即帝位,是为宣宗,以明年为宣德元年。

《录鬼簿续编》约成书于本年后不久,是研究元明杂剧、散曲作家的重要著作。

明宣德十年(1435)　　乙卯

正月初三日,明宣宗去世,正月初十日,太子朱祁镇即帝位,是为英宗,以明年为正统元年。

明正统九年(1444)　　甲子

秋,丘濬应乡试,以第一名中举。

明正统十二年(1447)　　丁卯

春,丘濬应会试,报罢。得校官不就,就学国子监。

明正统十四年(1449)　　己巳

八月,“土木堡之变”发生,英宗在怀来县土木堡被瓦剌俘。九月,郕王朱祁钰即帝位,是为代宗,遥尊英宗为太上皇,以明年为景泰元年。

明景泰五年(1454)　　甲戌

春,丘濬成进士。其所著笔记《钟情丽集》,最迟作于中进士之前。

兰茂以道家吐纳修炼之法,作《性天风云通玄记》传奇。此后杨慎据此改作《宴清都洞天玄记》杂剧。

明天顺元年(1457)　　丁丑

正月十七日,英宗复辟,改景泰八年为天顺元年,杀兵部尚书于谦等人。史称

"夺门之变"。

五月，宫廷放教坊司乐工乐妇四百八十六人。此为明宫中第二次发放乐工乐妇，第一次为宣德十年。七月，朝廷再次诏令限定宫中乐工乐妇服饰，庶使贵贱有别，服饰有等。

明天顺六年(1462) 壬午

徐霖生。

明天顺八年(1464) 甲申

正月十七日，明英宗去世。正月二十二日，太子朱见深即帝位，是为宪宗，以明年为成化元年。

丘濬充经筵讲官。

成化至弘治年间，传奇创作开始逐渐兴盛起来。

明成化五年(1469) 己丑

丘濬丁内艰守制。

邵璨约于本年前后在世。璨字文明，号半江，常州宜兴(今属江苏)人。作有《香囊记》传奇。

明成化十年(1474) 甲午

六月三十日，丘濬入朝复职，参与编纂《宋元续通鉴纲目》。

王济生。

明成化十二年(1476) 丙申

兰茂卒。茂(1397—1476)字廷秀，号止庵。云南曲靖人。作有《性天风月通玄记》传奇。

明成化十四年(1478) 戊戌

《新编刘知远还乡白兔记》传奇约刊于本年前后，为今日所能见到的年代最早的戏文刊本。

明成化二十二年(1486) 丙午

徐霖本年前后因任傲不谐俗，遭诬黜落。

明成化二十三年(1487) 丁未

八月二十二日，明宪宗去世，九月初六日，太子朱祐樘即帝位，是为孝宗，以明年为弘治元年。据说朱见深非常爱好词曲，注意收集词本。成化年间词曲的写作及演出比前朝活跃，与宪宗的喜好大有关系。

十一月，丘濬升礼部尚书，掌詹事府事。进呈《大学衍义补》，受到孝宗赞赏。

沈鲸成化间为嘉兴府知事。鲸字涅川，浙江平湖人，作有传奇《双珠记》、《鲛绡记》、《分鞋记》、《青琐记》，前三种今存，后一种仅存残出，载晚明戏曲选集中。

郑若庸约生于此年。若庸字仲伯，一作中伯，号虚舟，苏州昆山(今属江苏)人。作有传奇《玉玦记》、《大节记》、《珠球记》，前一种今存。

姚茂良，字静山，浙江德清人，生卒年及生平事迹不详，约成化间在世。作有《双忠记》传奇，今存。

明弘治六年(1493) 癸丑

三月，朝廷举行会试，丘濬为殿试读卷官。四月，太医院院判刘文泰弹劾吏部尚书王恕，时舆论认为刘文泰受丘濬指使，丘濬的声望因此大受影响。丘濬上疏申辩，请求致仕。孝宗不允其请。

徐霖作《绣襦记》传奇约在本年前。

王济为诸生，以高赀入太学。

明弘治七年(1494) 甲寅

二月，丘濬再次上疏请求致仕，孝宗不许。八月，加少保兼太子太保、户部尚书、武英殿大学士，上书请求致仕，孝宗仍不允。

六月，陆粲生。

明弘治八年(1495)　乙卯

二月初四日，丘濬卒。濬(1421—1495)字仲深，号琼台，别署赤玉峰道人。谥文庄，广东琼山(今海南海口)人。作有传奇《五伦全备忠孝记》、《投笔记》、《举鼎记》、《罗囊记》，前三种今存。

秋，王济初应乡试不售，以后试秋闱屡蹶。

明弘治十年(1497)　丁巳

三月十二日，毕尚忠卒。尚忠(1416—1497)字号不详，安徽歙县人。作有传奇《七国志》、《红笺记》，今佚。

陆采生。

明弘治十一年(1498)　戊午

白云散仙作《琵琶记》序，认为故事主角为慕容喈，因改此剧名为《重订慕容喈琵琶记》，并指出该剧的作者为高明。

明弘治十五年(1502)　壬戌

八月二十九日，李开先生。

明弘治十六年(1503)　癸亥

丘濬《钟情丽集》刊行。

徐霖为盱眙陈氏所藏宋人书《南华经》；又考论宋黄庭坚所书《清公颂》，议宋濂误失。

明弘治十七年(1504)　甲子

郑若庸为诸生，三试皆名列榜首。

王应山约生于本年。作有《千斛记》传奇，今佚。

周礼，字德恭，号静轩，籍里不详。作有《东窗记》传奇。

明弘治十八年(1505)　乙丑

五月初七日，明孝宗去世。五月十八日，太子朱厚照即帝位，是为武宗，以明年为正德元年。登位后，宦官刘瑾等八人，号“八虎”，导武宗游戏，内府支出大增，政务日益荒怠。

弘治年间，海盐腔有较大发展，浙江嘉兴、绍兴、宁波、台州、温州等地学戏者日趋增多，名“戏文子弟”。

明正德二年(1507)　丁卯

秋，郑若庸应乡试报罢，隐居于太湖边支硎山。

明正德三年(1508)　戊辰

七月，武宗谕钟鼓司太监康能等，让庆成宴选用杂戏。因宫中教坊司优人不够指派，诏令礼部征选各地工技百戏入京。宫中俳优队伍空前增大。

明正德五年(1510)　庚午

四月十六日，大理寺右评事罗侨上疏批评宫中演戏，被贬为吉安府教授。

十一月四日，沈龄(1470?—1523后)与唐寅等人联句。龄字寿卿，一字元寿，号练塘渔者。苏州嘉定(今属上海)人。诗文有《练堂吟草》、《南游草》、《春蚓遗音》等。据吕天成《曲品》著录，作有传奇《娇红记》、《银瓶记》、《龙泉记》、《三元记》等。又为杨一清作《四喜记》以供奉武宗南巡御筵，作传奇《还带记》为杨一清祝寿。

明正德七年(1512)　壬申

六月十九日，谢谠生。

明正德十年(1515)　乙亥

陆采作《明珠记》传奇成，苏州曲师为其订正腔拍，教伶工试演。

是年，琼州在丘濬故乡建景贤祠，以配宋学士苏轼，风示天下。

明正德十二年(1517)　丁丑

八月，武宗微服出京，闰十二月立春

日在宣府迎春，备有戏曲，嬉笑作乐，并夜入民宅，大肆淫乐。

正月，臧贤编《盛世新声》十二卷成，作《盛世新声引》。《盛世新声》是现存最早一部兼收元明两代戏曲单折曲词及散曲套数、小令的曲选，文献价值极高。

明正德十三年(1518)　　戊寅

六月初三日，教坊司乐官臧贤以疾乞休，礼部复奏，武宗不许。臧贤受武宗宠信，声势赫然，至此极盛。

郑若庸游丹阳。

二月初二日，秦鸣雷生。

九月二十四日，郑之珍生。

明正德十四年(1519)　　己卯

八月二十二日，武宗开始南巡。

八月二十四日，教坊司乐官臧贤因与宁王朱宸濠勾结事发，被廷杖，后发配广西驯象卫戍边，行至张家湾，宁王使盗往杀之以灭口。

十月，徐霖被武宗招至临清，授教坊司官，不拜。除夕，武宗召徐霖至行宫试诗。

秋，陆采应乡试报罢，例升太学。

陆粲所编《庚已编》约成于本年。

梁辰鱼约生于本年。

明正德十五年(1520)　　庚辰

正月，武宗在南京迎春，演剧作乐。徐霖、杨循吉等奉命为制乐曲。十月二十六日，武宗还京。武宗此次南巡一年有余，其间留意词曲，收罗了不少词本。

正月，武宗在南京召见徐霖，并两次幸临徐霖宅第。后徐霖随武宗至京城，被授锦衣镇抚职。

闰八月十八日，武宗过镇江，幸致仕大学士杨一清第。沈龄应杨一清之请，撰《四喜记》传奇以献，受到武宗赏识。

明正德十六年(1521)　　辛巳

三月十四日，明武宗去世，四月二十二日，兴王朱厚熜即帝位，是为世宗，以明年为嘉靖元年。

十二月，魏校任广东提学兼提刑副使，发布的谕民公告中有禁演戏曲、当铺不准贩卖曲本的条文。

三月，徐霖在武宗死后，失宠，几及于祸。赖友人帮助，力为保全，遂得释放回家。

是年，王济任广西横州通判，摄知州事。

郑若庸被黜学籍，避仇河南，馆赵康王朱厚煜处，为其辑类书《类隽》。

二月初四日，徐渭生。刚满百日，父亲便去世。

曹大章生。

陈罴斋，名与籍里不详。作有传奇《风云记》、《跃鲤记》，前一种今佚。

沈采约于本年前后在世。采字练川，苏州嘉定(今属上海)人。作有传奇《千金记》、《还带记》、《四节记》。或谓《临潼记》亦为其所作。

明嘉靖元年(1522)　　壬午

明世宗接受建议，对教坊司用于承应的乐舞加以限制，对用于祭献的乐章曲名予以革新。

王济以母老乞归。构横山堂以宴客。作传奇《连环记》成。

范受益嘉靖初为太学生。受益，江苏吴县(今苏州)人。作有传奇《玉鱼记》、《寻亲记》、《还璧记》，今佚。

明嘉靖二年(1523)　　癸未

春,顾梦圭成进士。

沈龄作《还带记》传奇为杨一清祝寿。

李开先娶妻张氏。喜好游乐,常终日下棋或编曲,受到张氏规劝。

明嘉靖四年(1525)　　乙酉

秋,陆粲乡试中举。

陆采作《怀香记》传奇约在本年。

郑若庸,作《拟新庙成颂》。

十二月二十七日(公历已入1526年),祝允明卒。允明(1460—1526)字希哲,号枝山。苏州长洲(今江苏苏州)人。著作繁富,其中有不少戏曲史料。

明嘉靖五年(1526)　　丙戌

春,陆粲成进士。

十一月初五日,王世贞生。

明嘉靖六年(1527)　　丁亥

十一月,陆粲授工科给事中。

秋,王乾章生。乾章字顺卿,号震所,浙江金华人。曾取梁灏故事谱为传奇,令人演唱。然不见于曲目书籍著录,剧名亦不详。

十月,李贽生。

张凤翼生。

高濂约生于本年。

明嘉靖七年(1528)　　戊子

四月,陆粲以工科给事中典试浙江。

秋,李开先乡试中举。

陆采校勘《艺文类聚》一百卷毕,并作跋。

明嘉靖八年(1529)　　己丑

春,李开先成进士。

七月,陆粲以言事下诏狱,被杖,还职。八月十三日,上书弹劾张璁、桂萼罔上私行,专权纳贿。世宗罢免张璁,又以"不早日纠弹"为罪,将陆粲逮捕下狱勘问。九月,谪为贵州都匀驿丞,赴任途中著《左氏春秋镌》。

明嘉靖九年(1530)　　庚寅

更定孔庙祀典,尊孔子为至圣先师。

李开先奉命饷边至上谷。

徐霖为文徵明《东园图卷》篆额。

陆弼生。

明嘉靖十年(1531)　　辛卯

春,李开先饷边至西夏,深感边事堪忧,慨然有"扫除天下,安事一室之志"。往返途中与康海、王九思结识,成为至交。此后,李开先生活态度及词曲创作颇受康、王两人的影响。归后得病,一病年余。

七月,陆粲自贵州都匀驿丞量移江西永新知县。自贵州晋京,便道归家。

七月,《雍熙乐府》编成付刻(原书不题编者姓名,近代考证为明人郭勋所编)。共二十二卷,收录金、元、明三代杂剧、传奇、诸宫调等套曲一千一百二十一套,南北曲小令一千八百九十七首,为今知明嘉靖以前最大规模的曲文选集。

徐霖于其所居快园丽藻堂开七十寿宴,召妓女百人称觞上寿。是年出游桐城,作《桐城归舟漫兴》诗纪行。

秋,陆采五应乡试报罢。

明嘉靖十一年(1532)　　壬辰

李开先病愈回京,任户部云南清吏司主事。

陆粲调任江西永新知县,善治盗,有政绩。

陈鹤年世袭广东南海卫百户。

明嘉靖十二年(1533) 癸巳

十一月十九日，李开先受皇帝褒奖，“廉慎自持，克修厥职”，敕命为承德郎，文名与才干颇为时人所重。约在此时被列为“八才子”之一。

冬，陆粲上疏乞休，即日就道，士民空巷相送，数百里不绝。

史槃约生于本年。

明嘉靖十三年(1534) 甲午

春，李开先调吏部，任考功清吏司主事。

陆粲自永新知县任归田，郑若庸时常相访、会谈。

秋，陆采六应乡试报罢。与兄陆粲合作传奇《明珠记》、《南西厢记》。编次所作诗文为《天池山人小稿》。

明嘉靖十四年(1535) 乙未

陆采所著《揽胜纪谈》十卷刊行。《南西厢记》传奇约成于本年，因不满李日华所作传奇《南西厢记》裁割原作以入南词反失其意，故率以己意重新创作。

郑若庸游扬州，作《澹仙赋》、《遂初园记》。

秋，王稚登生。

明嘉靖十六年(1537) 丁酉

秋，谢谠乡试中举。

十二月十五日，李开先再次被敕封为奉直大夫。

九月二十二日，陆采卒。采(1497—1537)字子元，一作子玄，号天池，苏州长洲(今江苏苏州)人。作有传奇《存孤记》、《明珠记》、《南西厢记》、《怀香记》、《分鞋记》、《椒觞记》等。

明嘉靖十七年(1538) 戊戌

春，谢谠应会试不售。

七月二日，徐霖卒。霖(1462—1538)字子仁，号髯仙。松江华亭(今上海松江)人，徙居金陵(今南京)。作有传奇《绣襦记》、《柳仙记》、《三元记》、《枕中记》、《留鞋记》、《梅花记》、《种瓜记》、《两团圆》，今仅存《绣襦记》(与薛近兖剧作同名)、《三元记》。

顾懋宏生。

明嘉靖十八年(1539) 己亥

二月，李开先为世宗南巡随驾官之一参与护驾。

王世贞读王守仁著作，手不释卷，爱之出于三苏之上。

明嘉靖十九年(1540) 庚子

三月二十四日，李开先由吏部文选司郎中升为太常寺少卿提督四夷馆。

李日华、崔时佩改本《南西厢记》传奇成书约在本年之前。日华，苏州人。所作传奇《南西厢记》今存，另作有《四果记》，今佚。时佩，浙江海盐人。

王世贞学《易》于浙江山阴(今绍兴)骆行简。

陈鹤年不乐操弓矢，弃官，着山人服，游吴渡越。

陆粲著《左传补注》五卷成。

八月十九日，王济卒。济(1474—1540)字伯雨，号雨舟，晚号白铁道人，浙江桐乡人。作有《碧梧馆传奇》三种，今仅存《连环记》。

孙柚生。

明嘉靖二十年(1541) 辛丑

春，谢谠应会试再次报罢。

四月，李开先因得罪权臣夏言罢官归。五月，即被乡里文友邀请加入词社。

十一月，撰成《画品》。

八月二十一日，顾大典生。

明嘉靖二十一年(1542)　壬寅

王骥德约生于本年。

六月二十五日，屠隆生。

明嘉靖二十二年(1543)　癸卯

春，王世贞补廪膳生员。秋，应乡试中举。学作诗。

魏良辅改革昆山腔，作《南词引正》。

梁辰鱼《浣纱记》传奇约作于本年前后。

明嘉靖二十三年(1544)　甲辰

二月，李开先作于嘉靖十年的散曲《卧病江皋》，由门人为之刊行并作序。其《中麓小令》亦作成于本年。

春，秦雷鸣成一甲第一名进士。授翰林院修撰。

春，谢谠成进士，作《宴鹿鸣篇》。

春，王世贞应会试报罢。

二月二十三日，陈与郊生。

明嘉靖二十四年(1545)　乙巳

张凤翼约在本年作传奇《红拂记》。一月而成。

谢谠任泰兴知县。

明嘉靖二十五年(1546)　丙午

秋，张凤翼应乡试报罢。

明嘉靖二十六年(1547)　丁未

春，王世贞、汪道昆、李先芳成进士。四月，王世贞试政大理寺左评事，与同年山东濮州(今河南范县)人李先芳结识。通过李先芳居中介绍，王世贞与李攀龙熟识，为其后正式订交打下基础。

夏，李开先作传奇《宝剑记》、《登坛记》成，后一种今佚。

何良俊校勘汉代刘向《说苑》二十卷、《新序》十卷。

七月初七日，林世吉生。

明嘉靖二十七年(1548)　戊申

秋，王世贞被任命为刑部主事，持法唯谨。严嵩重其名，欲收之门下，意不善之。由李先芳介绍，加入同事吴维岳、王宗沐等人所组建的诗社。所作诗颇得吴维岳赞赏。读李梦阳及“唐宋派”诸子之作，或有所疑，或意不快，且不满吴中文人陈袭六朝文风之习，又不欲掇宋人理学之遗，遂与李攀龙相互切磋“西京、建安、开元语”。众异议纷起。王世贞妻魏氏携女至京团聚。

十二月二十日，谢谠妻去世，缘不能媚俗，被人中伤，弃官归。

《新刊元本蔡伯喈琵琶记》刊于本年。今人一般认为，此本为传奇《琵琶记》版本系统中来源较早、较接近于原作的版本。

马守真生。

明嘉靖二十八年(1549)　己酉

九月，李开先托人将《宝剑记》传奇送于王九思，九思作《书宝剑记后》。

是年，王世贞与李攀龙等人相会于北京，王世贞、李攀龙定交。

蒋孝《旧编南九宫谱》成书于本年。蒋孝为南九宫六百五十二曲补上曲文，十三调五百零三曲却依旧只存目录。孝，常州人。

谢谠弃官山居，以著述吟咏自遣，间为乐府。

正月初三日，梅鼎祚生。

八月，周履靖生。

明嘉靖二十九年(1550)　庚戌

春，王世贞病休，作诗忆吴中同乡诸

文友。

何良俊刻《何氏语林》三十卷，又为顾从敬所刊《类编草堂诗余》作序。

二月初十日，臧懋循生。

八月十四日，汤显祖生。

明嘉靖三十年(1551)　辛亥

二月，谢廷谅生。廷谅(1551—?)字友可，江西金溪人。作有传奇《纨扇记》、《诗囊记》、《离魂记》。

王世贞以三年考满，升任刑部员外郎。

春，谢谠作《龙王堂碑记》，记述"未第时，梦示庇佑意"。所著《四喜记》传奇第二出宋祁自述因梦兆而托生，得中状元，与谢谠因梦兆而登进士相类。

十二月二十五日(公历已入1552年)陆粲卒。粲(1494—1552)字子余，一字浚明，号贞山，苏州吴县(今江苏苏州)人，陆采兄。曾协助陆采撰成《明珠记》传奇。

胡应麟生。

林章生。

明嘉靖三十一年(1552)　壬子

春，郑若庸应赵康王朱厚煜聘请，北上至彰德，客王邸，成为赵王的记室和清客。闻陆粲卒，作文为祭，其情甚挚。

六月，李开先母去世，作诗志哀。十二月，编成《中麓山人拙对》。

王世贞、宗臣、梁有誉、谢榛、李攀龙等聚于北京，结成志在复古的文学流派，并延请画工作《六士图》。王世贞以刑部员外郎出京决庐州、扬州、凤阳、淮安四郡之狱，作诗留别诸子，心甚怏悒。李攀龙、吴国伦、宗臣等作诗相送。

徐渭作《玉禅师》(又名《翠乡梦》)杂剧约在本年，此时寄居于杭州玛瑙寺。

明嘉靖三十二年(1553)　癸丑

春，张翀成进士，授刑部主事。

秋，梁辰鱼游浙江，至兰溪、永嘉等地。

王世贞启程赴京师，时已迁刑部郎中。文征明、彭年等人有诗画为赠。抵京，作诗感叹仕途困顿。在京结识张献翼。

《风月锦囊》三刻本刊于本年。其中共收剧目四十七种，包括元杂剧三种，元南戏十六种，元南戏明代改本四种，明初南戏十九种，明传奇三种，另二种待考。

二月十四日，沈璟生。

明嘉靖三十三年(1554)　甲寅

秋，郑若庸北游京师，因拒绝严嵩父子之邀请，旋即返回。

梁辰鱼游中州，以词曲享盛誉。

李开先有侄在抗倭中阵亡，为文详记其事。

王稚登作《海夷》诗，记述长江南北倭患。

明嘉靖三十四年(1555)　乙卯

秋，梁辰鱼自吴地溯江而上，作湘鄂游。至于汨罗江，作诗与散曲吊屈原。

七月，李开先作《诗禅》成，自为序。其中有一些以戏曲为谜底或谜面者。

十月，原兵部员外郎杨继盛弃市，王世贞酹酒泣奠之，与吴国伦、宗臣为之殓葬，悲愤成病。又代杨继盛妻草讼冤疏，由是为严嵩所恶。推为督学副使，为严嵩所格，补青州兵备使。

明嘉靖三十五年(1556)　丙辰

十月，王世贞升山东按察司副使兼青

州兵备副使，于次年春到任。王世贞因杨继盛事得罪严嵩，遂受到排挤。作【水仙子】《丙辰偶成》曲，以泄心中不平，嘲骂严嵩，又好使酒骂座，抵掌谈论世事，人称“敖士”，作《敖士赞》。

梁辰鱼散曲集《江东白苎》刊于本年或略后。

本年前后，谢谠曾专心钻研昆腔，得魏良辅之传。

张凤翼捐赀入南京国子监，为《江东白苎》作序。

潘之恒生。

明嘉靖三十六年(1557)　丁巳

二月，王世贞刚到任所，便奉命募兵三千从征，作诗《发青州兵有感》。本年，开始撰写《艺苑卮言》。

七月，李开先《闲居集》编成，自为序，收入所作诗文，共四集。刊刻则自次年始。

谢谠作传奇《四喜记》在本年或略后。

徐渭入胡宗宪杭州军幕。作《四声猿》杂剧及《西厢记》评注。

陈价夫生。

王澹约生于本年。

明嘉靖三十七年(1558)　戊午

三月二十八日，张翀在刑部主事任上，上疏弹劾严嵩，受杖责，被谪贵州都匀。

六月，王世贞作《艺苑卮言》成，有自序，言“欲为一家言”，补徐祯卿、杨慎、严羽三氏著述“所未备者”。冬，世贞由青州兵备任上至章丘访李开先。开先设宴相款待，并出家庭戏班演出。王世贞评开先所作《宝剑记》传奇。

秋，张凤翼应乡试不售。

李开先会见冯惟敏，两人引为同调。

郑若庸撰文并作《五福记》传奇为赵王朱厚煜祝寿。

王骥德游于徐渭之门。

明嘉靖三十八年(1559)　己未

春，王世贞仍在青州兵备任上，再次至章丘访李开先。是年，世贞将自己在青州任上所作诗文编为《海岱集》十二卷，并作自序，记叙到青州任职后情形甚详。又撰笔记《少阳丛谈》二十卷，并作自序。五月初十日，王世贞的父亲以滦河战事失利下狱。王世贞以父难赴京师，作诗与李攀龙等人别，悲愤之情溢于辞表。欲与弟上书代父难，未果。乞严嵩及诸权贵，请为救助。七月，以家难休官。

卢柟卒。柟字少楩、子木，河南濬县(今浚县)人。作有《想当然》传奇。

陈与郊为郡诸生，就婚金坛。

六月，徐渭《南词叙录》似在福建成书。

明嘉靖三十九年(1560)　庚申

十月，王世贞父因罪弃市。世贞与弟世懋哀痛欲绝，共扶父柩回原籍。

十月，赵王朱厚煜卒，郑若庸离开王府居山西清源。中复还居彰德，辑《北游漫稿》。

十二月，李开先杂剧集《一笑散》最迟在此时完成。其中《打哑禅》、《园林午梦》两种首先付刻，自为序。但原刻本今未见，唯钞本传世。

海盐腔约在本年传入江西。

陈鹤卒。鹤(1516—1560)字鸣野，号海樵，浙江绍兴人。作有传奇《孝泉记》，

已佚。

汪宗姬生。宗姬(1560—?)字肇邰,一字师文,号休吾子,安徽歙县人。作有《续缘记》、《丹管记》传奇。

龙膺生。膺(1560—?)初字君善,改字君御,号朱陵,又号愓庵、纶叟,湖广常德(今属湖南)人。作有传奇《蓝桥记》、《金门记》,今佚。

徐复祚生。

明嘉靖四十年(1561)　辛酉

秋,顾大典应乡试再次报罢,作《秋怀赋》,以抒感慨。

秋,张凤翼乡试再次报罢。游太仓,访王世贞。

周履靖父去世,约于本年被迫放弃科举。从此开始钟情于道家的出世思想。

王骥德将其祖《红叶记》改成《题红记》传奇。

明嘉靖四十一年(1562)　壬戌

春,王乾章成进士。乾章,字顺卿,号震所,浙江金华人。曾将宋梁太素事编为传奇,按部拍板,令优人习之。然不见于曲目书籍著录,剧名亦不详。

秋,梁辰鱼游金华,欲入胡宗宪幕府,未果。王稚登作《送梁伯龙谒胡尚书》诗。

十一月,胡宗宪被逮下狱,徐渭失去依靠,返回故乡,尔后又寄居金陵。

汤显祖从泰州学派王艮三传弟子罗汝芳读书。又从徐良傅学习古文辞。本年应岁试。

梅鼎祚从宁国知府罗汝芳游。

孙柚至京师,游太学。

屠隆馆于龙游,以教学为生。

陆弼为欧大任弟子。欧大任时任江都训导,开竹西社,陆弼与诸名士为文酒会。

单本约生于本年。

明嘉靖四十二年(1563)　癸亥

王世贞丁忧服阕,闲居在家,时与吴中文士诗文唱和。张凤翼兄弟亦与王世贞往来密切。

林章上书督抚,陈平倭之策。

汤显祖补县弟子员。

明嘉靖四十三年(1564)　甲子

秋,张凤翼乡试中举,其弟燕翼亦同榜中举。

秋后,梁辰鱼与王世贞昆仲会于虎丘,送张凤翼等北上会试。

王世贞仍家居,决意寄情山水,终老林下。与李开先有书信往来,与张凤翼时常诗词唱和,并送之赴试。

王稚登游京师,客大学士袁炜家,颇受器重,将荐之直史馆,校修《永乐大典》。因遭父丧,离京归里。

梅鼎祚入学。

张瑀,字号不详,真定(今河北正定)人。作有《还金记》传奇。

钮格生。

明嘉靖四十四年(1565)　乙丑

春,张凤翼应会试报罢。是科秦鸣雷为会试知贡举官。

七月初七日,秦鸣雷由礼部左侍郎转吏部左侍郎,兼翰林院学士,掌詹事府事,被委任总校《永乐大典》。

王世贞《艺苑卮言》前六卷刊行。

明嘉靖四十五年(1566)　丙寅

十二月十四日,明世宗去世。十二月二十六日裕王朱载垕即帝位,是为穆宗,

改明年为隆庆元年。

三月，王世贞念父亲冤狱未得昭雪，作诗《寒食志感示儿辈》。是年仍家居，始营别业于隆福寺西，建阁藏经，名之曰“小祇林”。作诗送梁辰鱼北游。

四月十二日，秦鸣雷受任教习庶吉士，兼翰林院侍读。五月即罢官。自此优游林下，构精舍以居，诗酒自乐。

闰十月，李开先编《张小山小令》，作序付刻，深表推崇。

王稚登访慈溪、宁波，归著《客越志》。

徐渭因胡宗宪案精神失常，狂疾发作，曾用利斧击破自己头部，又用铁钉刺入耳中。怀疑继妻张氏不贞而击杀之，被捕下狱，革去生员籍。

叶宪祖生。

明隆庆元年（1567）　丁卯

正月，王世贞上书为父鸣冤，诏复官职。

三月，李开先编《乔梦符小令》，作序付刻，深表推崇。

七月，徐渭仍在狱中，谢谠前去探望。

秋，汤显祖因病不赴乡试。

秋，顾大典、陈与郊应乡试中举。

秋，梅鼎祚应乡试报罢。

高濂纳赀入北京国子监，屡赴秋试失利。

秋，梁辰鱼、莫是龙、孙七政等人在金陵结鹫峰诗社，秉烛觞咏，放荡不羁。

王稚登再至京，辑此期诗为《燕市后集》。

张翀被召至京师，复官吏部主事，再迁大理少卿。

魏良辅约于本年前后在世。他吸收海盐腔、弋阳腔之长，对流行于昆山一带的南曲声腔进行加工定型，形成一种以“水磨调”为特色的新调，即“昆山腔”。良辅字尚泉，江西南昌人，寄居太仓。有《曲律》（又名《南词引正》）。

正月十三日，佘翘生。

明隆庆二年（1568）　戊辰

春，顾大典成进士，授绍兴府学教授。本年冬，有庐山之行。

三月，王世贞因皇帝诏书“朝政许诸人直言无隐”，上《应诏陈言书》，提出八条建议。四月十日，以言官荐起为河南按察使司副使，整饬大名兵备；以病辞让，朝廷不允。本年偕戚继光访梁辰鱼，八月二十四日到任。十二月除夕，得迁浙江布政使司左参政之报，寄书于友人，盛赞李攀龙诗文。

春，张翀以右佥都御使巡抚南赣，率部镇压江西、广东交界处寇盗。移抚湖广，召拜大理卿，进兵部右侍郎。

沈璟入学籍，奉归安唐枢、陆稳为师。沈璟、沈瓒从沈侃作西湖游。

春，张凤翼、陈与郊应乡试报罢。

梅鼎祚为府学廪生。

王稚登撰《青雀集》。

二月，李开先卒。开先（1502—1568）字伯华，号中麓，山东章丘人。尝精选元剧十六种刊为《改定元贤传奇》，作有院本《园林午梦》六种，杂剧有《皮匠参禅》，传奇有《宝剑记》、《断发记》，又有《登坛记》，已佚。另有论曲著作《词谑》。

明隆庆三年（1569）　己巳

正月，王世贞从大名启程赴任，十六日至齐河（今属山东）与李攀龙相会，互有

诗作相赠。四月，王世贞抵任，分守杭、嘉、湖三府，任所在湖州。到任裁抑贪吏巨室，访游浙中名胜。秋，在湖州救水灾，捐俸助赈，颇有政绩与声誉。于浙中修复岳飞、于谦墓祠。时有衰颓之叹，意欲归隐。冬，得转山西按察司报，作诗自嘲。因母病，上疏乞归，返里侍奉。

是年，汤显祖友帅机，讲古今文字声歌之学，并开始读《文选》。

孙柚筑室秦坡涧下，作《藤溪记》。其传奇《琴心记》成于本年前。

谢谠卒。谠(1512—1569)字献忠，浙江上虞人。作有《四喜记》传奇。

郑国轩，字号不详，浙江人。作有传奇《白蛇记》、《牡丹记》，后一种今佚。

汪廷讷约生于本年。

明隆庆四年(1570)　　庚午

四月，王世贞升任山西按察使，六月启程，七月十六日到任，八月监乡试，十月，因母病上疏乞休，即日南行，至泽州而讣告至，兼程奔丧。经理丧事毕，家居守制。

秋，顾大典应聘为江西秋试房考官。

秋，汤显祖乡试中举。时方二十一岁，诗文已负盛名。

秋，屠隆、梅鼎祚应乡试报罢。

秋，高濂应乡试报罢，复遭丧妻之痛。《玉簪记》传奇作于本年。

沈璟补廪生。

本年，梁辰鱼由金陵返回故乡昆山，专心钻研昆山腔，得魏良辅之传。此后，又与郑思笠等人共同研究乐理，将昆山腔进一步完善。《浣纱记》传奇约作于本年至万历元年之间(1570—1572)。

明隆庆五年(1571)　　辛未

春，汤显祖应会试报罢。

春，张凤翼三应会试报罢。

春，陈与郊应会试又报罢。

五月初一日，秦鸣雷被起用为南京礼部右侍郎，未及赴任即擢礼部尚书。

五月，顾大典改调处州推官，徐渭有诗送行。

王稚登旅无锡。

臧懋循补邑庠生。

高濂作《节孝记》传奇。

明隆庆六年(1572)　　壬申

五月二十六日，明穆宗去世。六月初十日，太子朱翊钧即帝位，以明年为万历元年。

夏，王世贞《艺苑卮言》最后编定。增益为八卷，附录四卷，自为序。

八月十五日，秦鸣雷上疏乞休，不允。

十一月，朝廷诏举逸才，王稚登被举荐，辞不就。又被举荐修国史，亦不就。

高濂入赀候选鸿胪寺。

顾允默约卒于本年前后。允默字懋仁，一作茂仁，苏州昆山(今属江苏)人。作有传奇《五鼎记》，仅存残曲。

郑之文约生于本年。

明万历元年(1573)　　癸酉

正月，王世贞服阕，四月，抵都下，起补为湖广按察使，作诗《闻补楚宪之命》。夏，由京城抵达武昌，监湖广乡试。十月，擢升广西右布政使，十二月，再擢升为太仆寺卿。

正月，秦鸣雷受弹劾而被迫上疏请求致仕。二月，辞官归，在乡终老。

秋，林章、沈璟、臧懋循乡试中举。

秋，梅鼎祚乡试报罢。

冬，戏曲选本《词林一枝》刊行。另一种戏曲选本《八能奏锦》亦于本年刊行。两种选本选辑部分明人所作传奇摘出，表明此时戏曲的流行与时人对新调的崇尚。

鲁怀德作《藏珠记》传奇成。

何良俊续《四友斋丛说》，卒于本年六月。良俊（1505—1573）字元朗，号柘湖，松江华亭（今上海松江）人。所撰《四友斋丛说》卷三七“词曲”有关于戏曲的论说，在明清曲学界颇有影响，近人辑之为《四友斋曲说》。

明万历二年（1574）　甲戌

春，沈璟成进士，任兵部职方司主事。

春，林章应会试报罢。

三月，王世贞至京，到太仆寺任。九月，迁都察院右副都御使，抚治郧阳，提督军务，至冬赴任。十一月，为郑若庸《类隽》作序。

春，顾大典改官南京刑部主事，调兵部。

春，陈与郊成进士，观政工部营缮司。

春，汤显祖、臧懋循应会试报罢。

春，张凤翼应会试报罢。归途中访太白楼。

十二月，张翀授漕运总督巡抚凤阳。

章大伦，名一作大纶，字金庭，浙江钱塘（今杭州）人。作有《符节记》传奇。

春，冯梦龙生。

明万历三年（1575）　乙亥

夏，徐渭获释。秋，往游天目山。冬，往南京，登燕子矶，作诗纪之。

秋，王世贞作《思归吟》等诗以明志。将其诗文编定为《弇州山人四部稿》。

史槃以《破瑟赋》受知于徐渭。

汤显祖《红泉逸草》刊行，为其最早结集刊刻的诗文集。

陈与郊除河间府推官。冬，丁内艰去官。

曹大章卒。大章（1521—1575）字一呈，号含斋，常州金坛（今属江苏）人。作有《雁书记》传奇，今佚。

马佶人约生于本年。佶人字吉甫，一字更生，号斐堂，别署撷芳主人，苏州吴县（今江苏苏州）人。作有传奇《荷花荡》、《十锦塘》、《梅花楼》、《借东风》、《白鹤图》，合称《餐霞馆传奇五种》。

韩上桂生。

明万历四年（1576）　丙子

二月二十日，张翀因病辞官归。

春，汤显祖客宣州，宿开元寺，与梅鼎祚订交。旋入南京国子监读书，在报恩寺翻读藏经。十一月，北上赴试。

六月十五日，王世贞以抚治郧阳右副都御史升任南京大理寺卿。九月，张居正授意南京给事中杨节上疏弹劾，王世贞得旨回籍，听候别用。自此栖息于弇山园。刊刻《弇州山人四部稿》。

秋，梅鼎祚应乡试报罢。与修《宁国府志》成。

秋，屠隆乡试中举。十二月，北上应次年春会试，除夕抵达扬州。

郑若庸所辑《类隽》三十卷在山西清源刊出。

李贽开始研究佛学，认为儒、释、道三教无异同。调任云南姚安府知府。

明万历五年（1577）　丁丑

春，屠隆成进士。十一月，抵颍上任

知县。

春,张凤翼应会试再次报罢,不及放榜,舟行南归,从此不再涉足科场,居家养母,以布衣终老。

春,汤显祖因拒绝宰相张居正的延揽而会试报罢。经南京回江西临川。在南京游国子监,作《广意赋》,意近《离骚》,后以"海若"为别号。

八月中秋,王稚登赴常州,作《中秋马驮沙看月记》等文。编次在靖江时所作为《明月篇》二卷。

顾大典编《清音阁集》成。

王世贞家居,结识胡应麟,于其诗文持论多有重誉之辞。屠隆寄书自通,且以诗为赠,遂与之订交。

陈与郊授河间府推官。

潘之恒在常州,与昆山腔艺人徐宗南、潘大、褚养心过从甚密。

林章幕游戚继光蓟北军中。

郑若庸卒。若庸(1487? —1577)字中伯,号虚舟,苏州昆山(今属江苏)人。作有传奇《玉玦记》、《大节记》、《五福记》、《珠球记》,后三种今佚。

明万历六年(1578)　　戊寅

正月,梁辰鱼与王世贞宴集于昆山周氏园中。

八月,王世贞起补应天府府尹,遂上书请致仕,不允。赴任途中,南京兵部给事中王良心、福建道御史王许之交章弹劾王世贞。遂令回籍听用。亲赴江西吊唁知交徐子与。

屠隆至太仓访王世贞,世贞与谈甚欢,多所推许。

张凤翼作《虎符记》传奇。

顾大典作《听秋蛩赋》。

周履靖编辑刊行养生导引书《赤凤髓》。

车任远,字远之,浙江上虞人。作有传奇《蕉鹿记》、《高唐梦》、《邯郸梦》、《南柯梦》,合称《四梦记》,又有传奇《弹铗记》,今皆佚。

金怀玉,字尔音,浙江会稽(今绍兴)人。作有传奇十种,今存《望云记》、《妙相记》、《桃花记》三种,余皆佚。

十月十二日,许自昌生。

明万历七年(1579)　　己卯

二月,史槃侍师徐渭,游禹迹寺。

十二月,屠隆由颍上知县调任青浦知县。作诗与函劝张凤翼明春赴试。莅任之初,顺道往谒王世贞。

秋,顾大典在南京同梅鼎祚相会,王稚登以诗相赠。

汤显祖《紫箫记》传奇约万历五年至本年秋作于临川,自此开始戏曲创作生涯。

梅鼎祚往南京应乡试,成《南游集》,往谒王世贞。

潘之恒游吴地,与张凤翼、王稚登等人结交。

沈璟补礼部仪制司主事,旋擢员外郎。

李日华作《梅墟先生别录》一卷,记周履靖事迹。

徐渭《四声猿》杂剧及《选古今南北剧》等,作于嘉靖四十二年至本年之间。

秋,龙膺乡试中举。

张翀卒。翀(? —1579)字子仪,号鹤楼,广西马平(今柳州)人。作有传奇《锦

囊记》、《玉钩记》，今均佚。

明万历八年(1580)　庚辰

二月，王世贞造访王锡爵，报谢其女王焘贞，自是湎于王焘贞所为仙道事，决意奉道。秋，《曲藻》刊行。

春，龙膺成进士，授徽州府推官，主白榆社。潘之恒等人加入该社，辑行《白榆社稿》。

春，臧懋循成进士。

春，汤显祖因再次拒绝张居正的延揽而会试报罢，四月，游南京国子监。

春，张凤翼对科举心灰意懒，以母老，不复应会试。王世贞作诗致意。自此，不与贵人交，家居卖文，自定《处实堂集》。

五月，屠隆将为官颍上、青浦时诗文结为《由拳集》印行。因收入与王世贞等名公酬和之作，一时声名大噪。

王稚登至青浦访屠隆。刊刻《竹箭编》。

梁辰鱼客杭州，与沈懋学、冯梦祯等相会。

五月，凌濛初生。

吕天成生。

明万历九年(1581)　辛巳

五月，王世贞为胡应麟《少室山房类稿》作序。

八月，臧懋循赴荆州府学教授任。

冬，屠隆游京口三山，序《三山志》。《由拳集》刊行。

是年，梅鼎祚以母病辞副贡。

沈璟调吏部稽勋司员外郎。

郑若庸所作传奇《玉玦记》刊行。

朱鼎，字永怀，苏州昆山(今属江苏)人。作有《玉镜台记》传奇，今存。

程文修，字仲先，又字子叔。浙江仁和(今杭州)人。作有传奇《望云记》、《玉香记》，今佚。

明万历十年(1582)　壬午

六月，陈与郊擢吏科给事中。

秋，郑之珍为传奇《目连救母劝善记》作自序。

秋，臧懋循分校南闱归，迁夷陵知县。秋至南京，与欧大任、郭第等会。

秋，佘翘应乡试报罢。

沈璟调吏部考功司员外郎，旋改验封司员外郎。十月，丁外艰回籍。

梁辰鱼游青浦，知县屠隆上演辰鱼所作《浣纱记》传奇，并序其诗集。

十一月，屠隆改官礼部仪制司主事，梁辰鱼作《送屠长卿游上京》诗为其送行。赴京途中，与王世贞、王世懋、陈继儒、王衡等会。

叶宪祖父改任郧阳知府，宪祖游学南监或自此始。

顾大典、张献翼等人集会于金陵沈氏东园。

吴世美约在本年前后去世。世美字叔华，浙江乌程(今湖州)人。作有《惊鸿记》传奇，今存。

明万历十一年(1583)　癸未

正月，屠隆在北京。秋，升礼部主事。序王骥德所作传奇《题红记》。

春，汤显祖成进士。宰相张四维、申时行慕显祖之才，令其子与显祖交，且欲将之招入门下，显祖未允。被斥不予馆选，观政于礼部。

春，王乾章罢官归，始有余暇从事戏曲创作。

秋冬间，张凤翼作传奇《祝发记》。

臧懋循调任南京国子监博士。

沈璟以亲丧暂居吴江故里。

王骥德所作《题红记》传奇约刊于本年。

龙膺往访张凤翼。

九月十八日，沈自晋生。

明万历十二年(1584)　　甲申

正月，王世贞被起用为应天府尹，二月，擢南京刑部右侍郎。先后具疏以病辞，得旨准在籍调理。

二月，顾大典任山东按察司副使，作《将隐斋图》。

七月，汤显祖除南京太常寺博士。

十一月，刑部主事俞显卿弹劾屠隆"淫纵"，因罢官归。（此前屠隆曾作套曲《逍遥令》隐诋俞显卿，自鸣高逸）回乡途经青浦，父老为敛田千亩，请徙居。隆不许，欢饮三日离去。

梅鼎祚作《玉合记》传奇约在本年。

梁辰鱼居昆山故里，与友人游马鞍山。

龙膺以诗酒罣误，罢官。过吴，经汪道昆介绍，与王世贞相会，世贞赠之以诗。自歙赴京，汪道昆、潘之恒等举白榆社作别。

江楫，字葵南，号百莱主人，湖广荆门（今属湖北）人。作有《芙蓉记》传奇，今存。

王玉峰本年前后尚在世。玉峰，松江华亭（今上海松江）人，或谓月榭主人即其别号。作有传奇《焚香记》，或谓传奇《羊觚记》、《三生记》亦为其所作。

冯之可，江西彭泽人。作有传奇《姻缘记》、《护龙记》，今佚。

明万历十三年(1585)　　乙酉

二月，梁辰鱼会梅鼎祚于虎丘。

三月，臧懋循在南京国子监因狎娈童遭言官弹劾，罢官归。

六月，顾大典调福建提学副使。

秋，徐复祚应乡试报罢，被人攻击贿买科场，官司屡问不能结，直至次年才断明为诬告。奉父命，往苏州拜谒戚继光。

秋，沈璟起复，仍补验封司员外郎。

潘之恒客居南京，收集戏曲演员及伶工艺事资料，准备撰写剧论。

秋，梅鼎祚应乡试报罢。

秋，佘翘二应乡试报罢。

吏部验封司郎中司汝霖致书汤显祖，劝与执政通，可升为吏部主事，重入北京。显祖作书拒之。

冬，孙柚贫甚，以别业售于人，寓居长洲。柚（1540—1585后）字梅锡，号遂初，苏州常熟（今属江苏）人。作有传奇《琴心记》、《昭关记》，前一种今存。

张四维，字治卿，号午山，大名元城（今河北大名）人。作有传奇《双烈记》、《章台柳》、《螭璋记》，前一种今存，清钞本题作《麒麟记》。

明万历十四年(1586)　　丙戌

正月，陈与郊疏请严禁馈遗。三月，为会试房考官，事毕归省。

正月，顾大典调任福建学政。

二月，沈璟上《定大本详大典疏》，请立储，为皇长子生母王恭妃请封号。忤旨，左迁行人司司正。

八月，汤显祖度三十七岁诞辰，作诗述怀，并为梅鼎祚所作《玉合记》传奇题

词。复书屠隆,对其被罢官表示同情。时罗汝芳至南京讲学,显祖日往讨论。

八月,梅鼎祚访汤显祖于南京,乞其为《玉合记》传奇作序。冬,全剧刻成。

王澹作《三十生辰》诗,自伤沉沦不遇。

王骥德馆山阴知县毛氏宅,自此同沈璟交往。

龙膺罢官归里。

明万历十五年(1587)　　丁亥

春,顾大典以拒受请托为忌者中伤,追论其在南京为官时风流放佚,贬禹州知州。遂弃官归。

十月,王世贞补南京兵部右侍郎,未赴。上疏为父奏请褒恤,得赠兵部尚书,作《恭谢天恩疏》。

十月,梅鼎祚作诗招屠隆,屠隆为其序《玉合记》传奇。本年副贡庐州,中途病归。

秋,汤显祖赴京接受京察,旋归家省亲,约于年底前返任所。《紫钗记》传奇约于本年前后完成,系《紫箫记》传奇之改作。

朱期《玉丸记》传奇约于本年前后完成。期,字号不详,浙江上虞人。

叶良表,字正之,籍里不详。作有《分金记》传奇。

阮大铖生。

明万历十六年(1588)　　戊子

二月,王世贞就任南京兵部右侍郎。事务繁杂,寝食不遑。六月,弟世懋卒,世贞哀毁至极,加之晚年多病,心情沉郁。秋,梅鼎祚、潘之恒等来南京探望。

春,汤显祖改任南京詹事府主簿。

春、夏间,张凤翼撰《灌园记》传奇成。

八月,沈璟回朝任光禄寺丞,旋任顺天乡试同考官。

八月,王骥德在杭州拜冯梦祯为师。

十月,陈与郊擢吏科都给事中。其编选的《古名家杂剧》由新安徐氏刊印。

秋,顾懋宏乡试中举。

秋,梅鼎祚应乡试报罢,从王世贞游,并于汤显祖署宅同佘翘相会。

秋,佘翘三应乡试报罢,谒汤显祖于南京。

顾大典回吴江,筑谐赏园,日与宾客觞咏不辍。作《谐赏园记》。

王应山卒于本年前后。应山字懋宣,籍里未详。作有《千斛记》传奇,今佚。

杨珽,字夷白,浙江钱塘(今杭州)人。作有传奇《锦带记》、《龙膏记》,后一种今存。

明万历十七年(1589)　　己丑

二月,王骥德与冯梦祯在绍兴相会。

二月,王世贞为潘之恒诗集《东游集》作序。六月,擢南京刑部尚书。遭南京广西道御史黄仁荣弹劾,上疏申辩。冬,上乞休疏,不允。

三月,陈与郊为春试房考官。年底先后受到吴正志、王汝训弹劾,引起一场持续数年之久的朝廷党争风波。

春,汤显祖迁南京礼部祠祭司主事。

夏,梅鼎祚函邀屠隆至南京相叙,并告以《广桑子》读后感。

沈璟以疾病辞官,其中原因或与上年参与主持顺天乡试舞弊有关。其戏曲创作自此始。《红蕖记》传奇约成于本年。

龙膺授温州府学教授,旋迁国子监

博士。

明万历十八年(1590) 庚寅

正月初九日,陈与郊再次被弹劾,朝廷党争风波犹未平息。同月十九日,升太常寺少卿提督四夷馆。告归省母,途中闻讣。

王世贞三上乞休疏,终得请。三月,去官。十一月二十七日,卒。世贞(1526—1590)字元美,号凤洲,苏州太仓(今属江苏)人。所撰《艺苑卮言》对南北曲渊源及特点时有独到见解。或谓《鸣凤记》传奇为其所作。

七月,吴世美《惊鸿记》传奇原刻本行世。世美字叔华,号多口洞天人,浙江乌程(今湖州)人。

十二月,汤显祖会紫柏禅师,后来往密切,受其思想影响。

《水浒记》传奇在南京刊行。作者或谓许自昌,或谓王元(无)功,由许自昌改订。

秋,李贽《焚书》在湖北麻城刻成。

张凤翼作传奇《灌园记》成。

梅鼎祚补恩贡。

范文若生。

明万历十九年(1591) 辛卯

二月,高濂所作《玉簪记》传奇在苏州洞庭东山演出。

年初,屠隆往太仓吊王世贞之丧。

闰三月,汤显祖上《论辅臣科臣疏》,对朝政直抒己见,锋芒所向,刺及重臣甚至神宗本人。五月,贬为徐闻典史,随即离开南京,取道杭州,并于家小住。十二月初到达徐闻任所。

四月,梅鼎祚游国子监,宰相申时行疏荐之,辞不就。秋,应顺天府乡试仍报罢,十二月自京师南归。

春,凌濛初入学。

秋,佘翘乡试中举。访张凤翼于苏州。

九月初九日,史槃携酒蟹探望徐渭,徐渭作画题诗相赠。

龙膺上《选宫女疏》、《请转题灾异疏》,约万言,中有纵情溺爱、繁刑税多等语,几遭杀身大祸。幸得宰相申时行之救,获免。

马守真诗集二卷编成,王稚登作序。

陈与郊丁内艰居家,专意著述,闭门不出。

秋,郑之珍乡试中举。

梁辰鱼约卒于本年。辰鱼(1519?—1591?)字伯龙,号少伯,一号仇池外史,苏州昆山(今属江苏)人。作有《浣纱记》传奇,今存,另有《鸳鸯记》传奇,今佚。

明万历二十年(1592) 壬辰

正月,陈与郊被免官。《古名家杂剧》或辑于此后。

春,屠隆撰《南北备倭策》,辑《汉魏丛书》二百五十种。

春,汤显祖自徐闻归临川,取道肇庆,会见意大利传教士利玛窦。晋京得量移遂昌知县。

春,顾大典携家乐入城。作《青衫记》传奇成。

春,佘翘应会试报罢。

龙膺调礼部祠祭司主事,为同官所嫉,旋谪为江浙盐运判,不赴。

王稚登为顾大典作《谐赏园赋》。

史槃淹留京师,失意欢场,作《宜春

令》套曲。

陆华甫，字号不详，江宁（今江苏南京）人。作有《双风记》传奇。

袁于令生。

明万历二十一年(1593)　　癸巳

三月十八日，汤显祖调任遂昌知县。到任后，政简刑轻，与当地文人诗酒唱和，重建相圃射堂和学社，颇为惬意。一时循吏声为两浙冠。

张凤翼为顾大典《青衫记》传奇作序，又为前南京礼部尚书秦鸣雷作行状。

史槃作《鹣钗记》传奇。

许自晋翻刻《分类补注李太白诗》二十五卷，时年十六。

沈璟被罢官。是年，胡文焕编《群英类选》成，沈璟所作传奇《红蕖记》、《十孝记》、《分钱记》三种入选。

七月初七日，秦鸣雷卒。鸣雷（1518—1593）字子豫，号华峰，浙江临海人。作有《合钗记》（又名《清风亭》）传奇，今佚，唯《缀白裘》第十一集收有《赶子》一出。

徐渭卒。渭（1521—1593）字文清，更字文长，号天池，浙江山阴（今绍兴）人。作有《四声猿》杂剧，或谓《歌代啸》杂剧亦为其所作。另有戏曲专著《南词叙录》。

明万历二十二年(1594)　　甲午

秋，叶宪祖、韩上桂乡试中举。

秋，周履靖游华亭，与陈继儒等人唱和，诗酒留连，自得其乐。

秋，梅鼎祚致书屠隆，告以与修国史之事。客居南京。

汪廷讷往南京参加秋试。

龙膺中蜚言，谪两淮军判官，未赴，改浙江盐运判官。秋，分校南闱。事毕，游扬州，与陆弼等结横山社。

明万历二十三年(1595)　　乙未

正月，汤显祖上计至京，三月，与袁宏道同行南归。时宏道授吴县知县，离京赴任。

春，谢廷谅成进士。

六月，屠隆往太仓吊王锡爵母丧。秋，至遂昌访汤显祖。显祖陪同游览遂昌名胜古迹，诗酒盘桓多日。

吕天成作小说《绣榻野史》、《闲情别传》。

龙膺移谪西宁，任巩昌府通判。

春，韩上桂应会试报罢。

三月初四日，郑之珍卒。之珍（1518—1595）字汝席，号高石，徽州祁门（今属安徽）人。编有《目连劝善记》（又名《目连救母劝善戏文》），今存，另有《五福记》传奇，今佚。

春，薛近兖成进士。近兖字信余，常州武进（今江苏常州）人。作有《绣襦记》传奇，今存。

四月初七日，吴炳生。

明万历二十四年(1596)　　丙申

春，汤显祖作诗寄孙如法、吕允昌。表明他以官为隐，对政事并不十分关心，时常寄兴山水，以诗酒自娱。

吕天成始为沈璟所知。

佘翘出其《翠微集》向梅鼎祚求序。

臧懋循举家迁居南京，与友人陈学铨等结成诗社，流连山水，联吟酬唱。

是年，《群英类选》编定刊行。为戏曲、散曲选本。全书分官腔类（指昆山腔）二十六卷、诸调类（指多种地方剧曲）四卷、北腔类（指北剧散出、北散曲）六卷、清

腔类(指南散曲)八卷及续选二卷。选录元明杂剧、传奇单出和散曲,保存了许多已佚作品的片段。

顾大典卒。大典(1540—1596)字道行,号衡宇,苏州吴江(今属江苏)人。作有传奇《青衫记》、《葛衣记》、《义乳记》、《风教编》,合称《清音阁四种》,前两种今存,《风教编》仅存少量佚曲。

王国柱,号澹生老人,浙江钱塘(今杭州)人。作有传奇《海棠诗》、《碧珠记》、《鸳簪记》。

明万历二十五年(1597)　丁酉

汪廷讷寓居金陵。秋应乡试,不终场而归。

凌濛初补廪生。

许自昌游学南京国子监,秋应乡试报罢。

秋,陈汝元乡试中举。

周履靖刻所辑《夷门广牍》一百零六种,凡一百六十二卷。

张凤翼传奇集《阳春堂五传》在本年前已完成。

郑之文作《白练裙》杂剧嘲讽马守真、王稚登、屠隆等,在南京引起轰动。

屠隆废官十三年,朝廷忽诏复冠带,乃具袍服头踏,携妓至官厅调笑表演,六院哄传,以为笑柄。

汪拱恕,字号、里居不详。作有《全德记》传奇。

月榭主人,姓名、籍里不详。作有《钗钏记》传奇。

七月,张岱生。

明万历二十六年(1598)　戊戌

春,汤显祖至京述职,不顾同僚挽留,向吏部坚决要求辞官。未等答复,即回故乡临川。本年秋,《牡丹亭》传奇完成。

九月,屠隆作《昙花记》传奇成,在杭州刊行。

是年,陈与郊致信屠隆索《昙花记》,并求屠隆为其奏疏《黄门集》作序。

冯梦龙为新兴知县。

李日华客苏州,以长歌记吴中新兴乐器三弦。

陈汝元任陕西清涧知县。

汪廷讷捐赀官盐科提举司。

龙膺参巡抚田药戎幕。会榨松山等处大捷,因功特荐,遂被叙用,官南京户部员外郎。归里视亲。

罗懋登为《香山记》传奇作自序。懋登字澄之,号二南里人,陕西人。作有传奇《香山记》,并为《西厢记》、《琵琶记》、《拜月亭》作过音释。

钱直之,字海屋,浙江会稽(今绍兴)人。作有《忠节记》传奇,今佚。

明万历二十七年(1599)　己亥

正月,汤显祖送达观禅师访白云、石门,往吊罗汝芳。作《答吕姜山》,阐释其作曲以"意、趣、神、色为主"的主张。

龙膺赴南京户部任。

王稚登为张丑所辑《名山藏》作序。

谢天瑞撰《新镌补遗诗余图谱序》。天瑞字起龙,号思山,浙江钱塘(今杭州)人。作有传奇《狐裘记》、《分钗记》、《忠烈记》、《靖虏记》、《剑丹记》、《白兔记》、《泣庭记》、《覆鹿记》等,今存《剑丹记》及署名"谢天佑校"之《刘智远白兔记》两种,余皆佚。

高濂所作传奇《节孝记》、《玉簪记》有

本年继志斋刊本。

林章卒。章(1551—1599)字初文,福建福清人。作有《观灯记》传奇,今佚。

丁耀亢生。

明万历二十八年(1600)　庚子

夏至,汤显祖完成《南柯记》传奇,作《南柯梦记题词》。

屠隆编定所著《白榆集》,刊刻所评《董西厢》。《彩毫记》传奇约成于本年前后。

梅鼎祚为《青泥莲花记》作序。

汪廷讷本年起构筑坐隐园。

龙膺告假归里。

《乐府菁华》刊行,多采用明人传奇作品,共十二卷,保存了丰富的戏曲史料。

王恒,字伯贞,号少谷,浙江奉化人。作有《合璧记》传奇,有屠隆作序,今仅存佚出。

叶倖,字侍山,号水云散人,浙江台州人。作有《钗书记》传奇,今存。

杨柔胜,字新吾,常州武进(今江苏常州)人。作有传奇《玉环记》、《绿绮记》,前者存,后者仅存残曲。

刘还初,字慈水,号天放道人、海日先生,浙江宁波人。作有《李丹记》传奇,又名《再来人》,今存。

孟称舜生。

明万历二十九年(1601)　辛丑

正月,汤显祖归家三年后,吏部考察谓其"浮躁",被朝廷正式解职,在家闲居。八月十四生辰日作《邯郸记题词》。《邯郸记》传奇成于本年。

梅鼎祚得吕胤昌所赠汤显祖《牡丹亭》传奇,拟为作序,并作书慰汤显祖罢职,约明年秋在南京相会。

陈与郊往谒王锡爵,贺其子进士及第。

叶宪祖与修《余姚县志》。

陈贞贻,字孙谋,常州宜兴(今属江苏)人。作有《当垆记》传奇,今佚。

张太和,字幼于,号屏山,浙江钱塘(今杭州)人。作有《红拂记》传奇,今佚。

赵于礼,字心云,浙江上虞人。作有传奇《溉园记》、《画莺记》,均佚。

沈君谟,字苏门,苏州吴江(今属江苏)人。作有传奇《一合相》、《风流棒》,今存。

吴德修,名一作德甫,号建民,徽州歙县(今属安徽)人。作有《偷桃记》传奇,今存。

七月四日,查继佐生。

明万历三十年(1602)　壬寅

三月十五日,李贽在狱中自尽。

三月,汤显祖得知李贽自杀,作《叹卓老诗》哀之。

九月前,沈璟作《义侠记》传奇成。不久即在舞台上演出。

九月,屠隆作客嘉兴,家乐于烟雨楼演《昙花记》传奇。本年秋,又率家乐于杭州西湖大演《昙花记》,一时传为美谈。

秋,臧懋循挈家由南京返家乡长兴,致力于戏曲活动和刊刻书籍。

龙膺回南京任户部河南司郎中,上《乞信诏旨疏》。未两月,丁外艰归里。

吕天成《曲品》成稿。

胡应麟卒。应麟(1551—1602)字元瑞,号少室山人,浙江兰溪人。所著《少室山房笔丛》中的《庄岳委谈》下卷,有不少

谈论戏曲的材料，具有相当高的学术价值。

金怀玉，字尔音，浙江会稽（今绍兴）人。作有传奇十种，仅《望云记》、《桃花记》两种存。

十一月二十三日（公历已入1603年），祁彪佳生。

王翃生。

刘方约生于本年。方字地如，又字晋充，苏州长洲（今江苏苏州）人。作有传奇《天马媒》、《女丈夫》、《小桃园》、《罗衫合》，前一种今存。

明万历三十一年(1603)　癸卯

春，郑之文完成传奇《旗亭记》。

八月十五日，屠隆在福建参加乌石山邻霄台词人集会。梨园数部，观者如堵，盛况空前。

秋，汤显祖闻达观禅师在北京监狱中遇害，作《西哭》诗三首悼之。汤显祖为郑之文《旗亭记》传奇题词亦在本年。

张凤翼完成《平播记》传奇，今无传本。

臧懋循居南京六年后挈家返里。纂辑《诗所》成。

吕天成完成《三星记》、《神镜记》、《四相记》三部传奇。本年春，过吴江访沈璟，不遇。沈璟寄赠《江头金桂》套曲，对其文才给予高度的赞扬。秋，吕天成应乡试报罢。

许自昌刻所编《十二家唐诗》，重校刊唐陆龟蒙《甫里集》。

高濂约卒于本年。濂（1527？—1603？）字深甫，号瑞南道人、湖上桃花渔，浙江钱塘（今杭州）人。作有传奇《玉簪记》、《节孝记》，今存。

明万历三十二年(1604)　甲辰

春，陈与郊完成传奇《樱桃梦》，请齐懑作序。本年自序《诊痴符》传奇四种。

冬，王骥德赴北京，作《男王后》杂剧，作套曲赠燕市胡姬。

屠隆作《修文记》传奇。

龙膺《金门记》传奇约完成于本年。

冯梦龙在沈德符处见到小说《金瓶梅》钞本，怂恿其刊刻出版，被德符拒绝。

许次纾卒。次纾（1549—1604）字然明，号南华，浙江仁和（今杭州）人。作有传奇《合璧记》，今佚。

秋，马守真卒。守真（1548—1604）字月娇，小字玄儿，号湘兰。金陵（今南京）名妓。作有《三生传》传奇，全本不传，《群音类选》题作《三生传玉簪记》，收有《玉簪赠别》、《学习歌舞》等出曲文。

邓志谟所作小说《铁树记》等于本年前后刊行。志谟，字景南，号竹溪散人、百拙生，江西鄱阳人。作有《五局传奇》传奇，分《玉莲环记》、《并头花记》、《玛瑙簪记》、《凤头鞋记》、《八珠环记》五段，今存。

明万历三十三年(1605)　乙巳

五月，王骥德出都南归。客居京师期间，生活潦倒，而又迷花醉酒，皆取资于青楼，歌妓以其曲增身价。

六月，郑之文完成《芍药记》传奇。

秋末，汪廷讷作《长生记》传奇。明年又加修订。

佘翘《赐环记》传奇约作于本年，完稿后曾寄梅鼎祚。

凌濛初母蒋氏病故，在家守制。

八月二十五日，屠隆卒。隆（1542—

1605)字长卿,号赤水,浙江鄞县(今宁波)人。作有传奇《昙花记》、《修文记》、《彩毫记》,总称《凤仪阁乐府》,今存。或谓《水浒记》传奇亦为其所作。

吴德修,字德甫,号建民,徽州歙县(今属安徽)人。作有《偷桃记》传奇,今存。

明万历三十四年(1606)　　丙午

秋,范文若乡试中举。组织拂水山房社,以诗文奇异名噪一时。

汤显祖《临川汤海若玉茗堂文集》刊刻于南京,由友人帅机等选定。计赋二卷,诗十三卷。

秋,龙膺改官陕西按察司佥事,备兵甘州,复至张掖、酒泉,甫驰入境,即有暖泉之捷。所著《九芝集》在友人帮助下于南京刊行。

沈璟《南九宫十三调曲谱》出版。传奇《埋剑记》、《双鱼记》完成。

陈汝元所作传奇《金莲记》刊行。

窦彦斌编《词林白雪》刊行。是书为散曲、戏曲选集,凡八卷。以"美丽"、"闺情"、"闺怨"、"咏物"、"宴赏"、"栖逸"等题材分类编排,第七、第八卷选传奇散出。

苏元俊,字汉英,号太初,又号不二道人,福建莆田人。作有《梦境记》传奇,今存。

明万历三十五年(1607)　　丁未

三月,汤显祖往游南昌,孙如法以沈璟《南九宫十三调曲谱》寄汤显祖,显祖作《答孙俟居》,反对沈璟将戏曲曲律绝对化。

春,施凤来成一甲第二名进士,授翰林院编修。

夏,佘翘完成《量江记》传奇。

八月,吕天成校订沈璟《义侠记》传奇,并作序。

龙膺又有麻山之捷,斩获虏首数千级。

沈璟《义侠记》传奇刊行,复作《坠钗记》传奇。其改写汤显祖《牡丹亭》传奇为《同梦记》,约在本年或略后。

吴炳作《一种情》传奇,其时年仅十三。

许自昌入赀为文华殿中书舍人。

叶宪祖《鸾鎞记》传奇完成于本年前后。

陈汝元官易州知州。

六月十九日,傅山生。

王铣生。

明万历三十六年(1608)　　戊申

春,王骥德离开京师南归。此前在北京湛园米家讲《西厢记》。至秋卧病,作曲寄诸友。

春,佘翘为《量江记》传奇作自序。《量江记》在南京刊行。

五月,汪廷讷《三祝记》传奇在南京刊行,有《环翠堂乐府》本。

许自晋作《水浒记》传奇。

冯梦龙《双雄记》传奇约成于本年,创作过程中曾求教于沈璟。结识在苏州任知县的湖北麻城人陈以闻。

周履靖《锦笺记》传奇在南京刊行。

汤显祖至芜湖,与汪廷讷登临鸠兹清风楼,联句作诗。并作《坐隐乩笔记》,阐扬汪廷讷事迹。

徐复祚《宵光记》传奇约成于本年前后。

沈璟作《博笑记》传奇。病中审阅王骥德《西厢记》杂剧校注。

王稚登作《道本上人施粥疏》，反映江南水灾为患，百姓生活痛苦。

七月，顾懋宏卒。懋宏（1538—1608）字靖甫，号蓉山，苏州昆山（今属江苏）人。作有《椒觞记》传奇，未见传本，仅有少量曲文存于一些戏曲选本中。或谓《长命缕》传奇亦为其所作。

明万历三十七年（1609） 己酉

春，凌濛初居南京珍珠桥。秋应乡试中副榜。

夏，韩上桂自岭南至南京，潘之恒安排艺人傅灵修等演出韩上桂所作《相如记》传奇。傅灵修兄妹同台献艺，四座为之倾倒。

秋，王稚登于杭州遇周朝俊。时周朝俊已完成《红梅记》传奇，王稚登为之题序。

汪廷讷刊行《坐隐先生订谱全集》。

李维桢侨居广陵，陆弼应招入淮南社。

徐复祚因兄弟矛盾，家破兄死，大受刺激。其传奇《宵光记》约成于本年前后。

梅鼎祚约焦竑、赵琦共为钞书会，三年一集，互钞异书。

吴伟业生。

明万历三十八年（1610） 庚戌

春，叶宪祖应会试报罢。

春，郑之文成进士，授南京工部主事。

七月，徐复祚完成《红梨记》传奇，署名忍辱头陀。所作诸剧刊行后，见嫉于人，被指为谤讪朝政，遂停止戏曲创作。

十一月，王骥德之戏曲研究专著《曲律》完稿，作自序。

十二月，吕天成《曲评》定稿，作自序。

袁于令完成传奇《西楼记》，相传为作者之自传。

龙膺为整饬甘山兵备分巡道副使，往来甘州、西宁间。被劾，乞休官。《蓝桥记》传奇在本年前完成。

王稚登辑旅杭所作为《越吟》。

春，谢国中武科状元。国一名弘仪，浙江会稽（今绍兴）人。约生于万历初年，卒于清顺治初年。作有《蝴蝶梦》传奇，今存。

正月十六日，沈璟卒。璟（1553—1610）字伯英，号宁庵，又号词隐生，苏州吴江（今属江苏）人。曾增补校订《九宫十三调》。又有《论词六则》、《唱曲当知》等戏曲论著。作有传奇《红蕖记》、《埋剑记》、《分钱记》、《双鱼记》、《合衫记》、《桃符记》、《义侠记》、《鸳衾记》等十七种，总称《属玉堂传奇》，今存七种。又曾改汤显祖《牡丹亭》为《同梦记》。

十二月初四日（公历已入1611年），陈与郊卒。与郊（1544—1611）字广野，号禺阳，又号玉阳仙史，浙江海宁人。本高氏，赘于陈氏，因以为姓。作有传奇《樱桃梦》、《灵宝刀》、《麒麟罽》、《鹦鹉洲》，总名《诊痴符传奇》，今存。

明万历三十九年（1611） 辛亥

春，龚正我编《摘锦奇音》刊出。是书为明代传奇散出选本。

春，汪廷讷为其所编订付刻的陈铎《陈大声乐府全集》作序。

秋，徐复祚为《红梨记》传奇作自序。

单本作《蕉帕记》传奇约在本年。

祁彪佳随父寓南京。

董应翰，字号、籍里不详。作有《易鞋记》传奇。

狄玄集，字玉峰，苏州昆山（今属江苏）人。作有传奇《四贤记》、《猇亭记》，前一种今存。

八月初七日，李渔生。

黄周星生。

李玉约生于本年。

明万历四十年(1612)　　壬子

徐复祚所作传奇《投梭记》、《梧桐雨》约于本年前后完成。

汤显祖陪同其子往南京应乡试。

八月初十日，佘翘卒。翘（1567—1612）字聿云，号燕南，池州贵池（今属安徽）人。作有传奇《量江记》、《赐环记》，后一种今佚。

王异卒于本年前后。异一名权，字无功，陕西郃阳（今合阳）人。剧作家王元寿之弟。作有传奇《看剑记》、《玛瑙簪》、《检书记》三种。改定他人剧作《水浒记》、《百花记》、《种玉记》、《弄珠楼》、《灵犀佩》等。

明万历四十一年(1613)　　癸丑

春，吕天成对《曲品》进行增补。

春，臧懋循取道湖北麻城，从刘延伯家借得元人杂剧二三百种，开始编选《元曲选》。

九月，王骥德《新校注古本西厢记》成书。

叶宪祖改编坊间俗本《刘香女修行宝卷》为《双修记》传奇。

张岱在绍兴天章寺侧访得兰亭真址，作《古兰亭辨》。

正月，王稚登卒。稚登（1535—1613）字伯谷，号玉遮山人，常州江阴（今属江苏）人，移居吴县（今苏州）。作有《全德记》传奇、《相思谱》杂剧。或谓其尚作有《彩袍记》传奇，已佚。

张凤翼卒。凤翼（1527—1613）字伯起，号灵墟，又号冷然居士，苏州吴县（今江苏苏州）人。所作传奇合刊为《阳春六集》，包括《红拂记》、《祝发记》、《窃符记》、《虎符记》、《灌园记》与今存残出之《扊扅记》、《平播记》。

明万历四十二年(1614)　　甲寅

春，王骥德《新校注古本西厢记》付刻，自为序。

十二月，汤显祖母卒。与友人拟立栖贤莲社，结伴隐居庐山，作《续栖贤莲社求友文》。后未果。

梅鼎祚约汤显祖往聚，不果。显祖派遣宜伶至。

臧懋循在华亭东园养病，旋返回钱塘。

九月初九日，陈价夫卒。价夫（1557—1614）字伯孺，福建闽县（今福州）人。作有《异梦记》传奇。

张琦于本年辑元明丽情散曲为《吴骚初编》，后续出二、三集。琦字楚叔，号骚隐生，浙江钱塘（今杭州）人。作有传奇《明月环》、《诗赋盟》、《灵犀锦》、《郁轮袍》、《金钿盒》、《题塔记》，前五种合称《白雪楼五种曲》。

杨珽，字夷白，浙江钱塘（今杭州）人。作有《龙膏记》传奇，今存；另有《锦带记》传奇，今佚。

朱鼎，字永怀，苏州昆山（今属江苏）人。作有《玉镜台记》传奇。

明万历四十三年(1615)　乙卯

春,臧懋循寓杭州昭庆寺,将所编《元曲选》五十种先付刻,作《元曲选序》,派专人往南京销售。

秋,吴炳、魏浣初乡试中举。

苏元俊所作《梦境记》传奇刊行。

郑之文改官芜湖关监督,令约风清,见重当世。

王骥德至通州游览。

胡文焕升兴宁知县。文焕字德甫,号全庵,又号抱琴居士,浙江仁和(今杭州)人。作有传奇《奇货记》、《犀佩记》、《三晋记》、《余庆记》,今佚。另编有戏曲选集《群英类选》。

梅鼎祚作传奇《长命缕记》。八月二十四日,梅鼎祚卒。鼎祚(1549—1615)字禹金,号汝南,宁国宣城(今属安徽)人。作有传奇《玉合记》、《长命缕》,今存。

陆弼卒。弼(1530—1615)字无从,扬州江都(今属江苏)人。作有《存孤记》传奇,今佚。

明万历四十四年(1616)　丙辰

正月初一,努尔哈赤在赫图阿拉(今辽宁新宾)称大汗,国号金,史称后金,建元天命,金后改为清,是为清太祖高皇帝。

正月,许自昌所作《橘浦记》传奇刊行。

春,魏浣初、阮大铖成进士。

春,臧懋循编成《元曲选》后集,收元杂剧五十种,与前集合为百种。

张岱学琴于绍兴著名琴师王侣鹅。

郑之珍擢真定知府。

龙膺官山西参政,分守河东道。

韩上桂以亲老家贫,迁定州学政。

清余居士作《月露音》序。《月露音》为戏曲、散曲选集,分庄、骚、愤、乐四卷,摘录明人传奇百余种曲文,具有较高戏曲史料价值。

六月六日,汤显祖卒。显祖(1550—1616)字义仍,号若士,又号清远道人,江西临川(今抚州)人。作有传奇《紫箫记》、《紫钗记》、《牡丹亭》、《南柯记》、《邯郸记》,后四种总称《临川四梦》或《玉茗堂四梦》。

六月初八日,林世吉卒。世吉(1547—1616)字天迪,号泰华,福建闽县(今福州)人。作有传奇《玉枚记》、《合剑记》,前一种佚,后有曲文收入《群英类选》。

明万历四十五年(1617)　丁巳

陈与郊所作传奇《灵宝刀》刊刻。

郑之珍被劾,罢官归。

徐复祚《南北词广韵选》编于本年或略后。又重新动笔,创作杂剧《一文钱》、《梧桐雨》与《投梭记》传奇。

春,吴炳成进士。

龙膺移官宁武。

赵琦美于本年底前完成脉望馆所藏古今杂剧作品的钞校工作。

徐复祚《南北词广韵选》成于本年或略后。

韩上桂丁内艰去职。

陈汝元擢延绥城堡厅同知,其《太霞记》传奇作于本年前后。汝元字起侯,号太乙,别署燃黎仙客、函三主人,浙江山阴(今绍兴)人,一说仁和(今杭州)人。作有传奇《金莲记》、《太霞记》、《紫环记》,后两种今佚。

陈轼生。

丘园(丘一作邱)生。

明万历四十六年(1618)　　戊午

春,陈价夫所作传奇《异梦记》刊行,卷首有托名玉茗堂之《异梦记总评》。

五月,臧懋循改编汤显祖《临川四梦》成,有臧氏原刻《玉茗堂四种传奇》本。

秋,祁彪佳乡试中举。

九月,孙钟龄为《东郭记》传奇作自序。钟龄字仁孺,号峨眉子,又号白雪道人,籍里不详。作有传奇《东郭记》、《醉乡记》,合称《白雪楼二种》,今存。

王骥德作《哭吕勤之》套曲,哀悼吕天成。

张岱学琴于王本吾,半年得二十余曲。

龙膺任南京太常寺卿。

王元寿《异梦记》传奇有本年序刻本。元寿字伯彭,陕西郃阳(今合阳)人。作有传奇二十三种,今存《异梦记》、《石榴花》、《梨花记》三种,另《鸳鸯被》仅存残曲。

吕天成卒。天成(1580—1618)字勤之,号棘津,浙江余姚人。作有传奇《神女记》、《金合记》、《蓝桥记》等十三种,除《神剑记》今存曲文一支外,余均佚。另著有《曲品》,具有较高的戏曲史料价值与理论价值。

闰四月二十四日,尤侗生。

明万历四十七年(1619)　　己未

春,叶宪祖成进士。

春,吴炳成进士。

春,范文若成进士。

王澹应邀至香河修县志。王骥德为王澹《墙东集》作序。

丁耀亢负笈远游,在江南结纳高士,游览名区。

钮格作《磨尘鉴》传奇约在本年。

凌濛初本年前后作《绝交举子书》,产生断绝功名的念头,作归隐打算。

龙膺卒于此年后。膺(1560—?)字君御,湖南武陵(今常德)人。作有传奇《蓝桥记》、《金门记》,今皆佚。

明万历四十八年(1620)　　庚申

七月二十一日,明神宗去世。八月初一日,太子朱常洛即帝位,是为光宗。仅过一月,明光宗亦去世,九月初六日,长子朱由校即位,是为熹宗。诏当年八月以后为泰昌元年,明年改天启元年。

二月二十一日,臧懋循卒。懋循(1550—1602)字晋叔,号顾渚,浙江长兴人。曾校订、删改传奇《玉茗堂四梦》、《昙花记》、《古本荆钗记》等,编印《元曲选》。

吴炳授蒲圻知县,作《西园记》传奇。

冯梦龙馆麻城,刊行《麟经指月》与改本《北宋三遂新平妖传》。重刻《古今谭概》,改名《古今笑》。应当地士绅田氏之邀,为子弟讲授《春秋》。

丁耀亢在苏州同赵古白、赵凡夫结山中诗社,又游于董其昌门下。

王澹约于本年后去世。澹(1557—1620后)字澹翁,号雪渔,浙江会稽(今绍兴)人。作有传奇《孝感记》、《金碗记》、《紫袍记》、《双合记》、《兰佩记》,今皆佚。

正月十九日,沈谦生。

明天启元年(1621)　　辛酉

叶宪祖授新会知县。

史槃作《吐红记》传奇。

范文若授汶上知县,治民严刻。

冯梦龙所编撰之《情史类略》成书于

本年后。

丁耀亢在江南，与赵宧光、陈元素等缔交。

华山居士，晚明人，姓名、字号、籍里不详。作有《投笔记》传奇。

许三阶，字号、里居不详。作有《节侠记》传奇，今存；另有传奇《红丝记》、《鸳鸯被》，今佚。

明天启二年(1622)　　壬戌

春，祁彪佳成进士。

春夏之际，潘之恒卒。之恒(1556—1622)字景生，号鸾啸生，又号冰华生，徽州歙县(今属安徽)人。所著《亘史》、《鸾啸小品》中有论述戏曲的内容，今人辑之为《潘之恒曲话》。

范文若改官秀水知县，同年又调任光化知县。

韩上桂参与平定山东白莲教起事。

毕魏约生于本年。魏字万后，又字晋卿，号姑苏第二狂，苏州吴县(今江苏苏州)人。作有传奇《三报恩》、《竹叶舟》，今存；另有传奇《红芍药》、《呼卢报》、《万人敌》、《杜鹃声》，今佚。曾助李玉作传奇《清忠谱》。

明天启三年(1623)　　癸亥

正月，张岱在故乡绍兴观剧。秋，所校辑之《徐文长逸稿》刊行。

祁彪佳官福建兴化府推官。

凌濛初打消归隐之念，入都就选。

汪廷讷搜集陈铎所作词曲，编为《陈大声乐府全集》刊行。

六月十日，许自昌卒。自昌(1578—1623)字玄祐，号樗斋，别署梅花墅主人，苏州吴县(今江苏苏州)人。作有传奇《水浒记》、《橘浦记》，今存。

秋，王骥德卒。骥德(1542?—1623)字伯良，号方诸生，别署秦楼外史、鹿阳外史，浙江会稽(今绍兴)人。作有《题红记》传奇，今存，另《双环记》仅存残曲。或谓传奇《天福记》、《题曲记》、《裙钗婿》、《百合记》亦为其所作，未见传本。所作《曲律》为明代最重要的曲论著作之一，影响深远。

明天启四年(1624)　　甲子

春，吏科都给事中缺，阮大铖依次当迁，东林党人左光斗招之，而赵南星、高攀龙、杨涟等谓大铖轻躁不可任，欲用魏大中。大铖至，使补工科。大铖心恨，阴结魏忠贤阻止推举魏大中，吏部不得已，改用大铖。然畏东林攻己，未一月即请归。

秋，吴炳再次担任湖北乡试考官。调任刑部主事。

秋，丁耀亢初应乡试报罢。

十二月，冯梦龙编刊《警世通言》四十卷，由南京兼善堂刊行。

许自昌所作传奇《灵犀配》有本年查味芹钞本。

沈自徵游幕东北边塞。

汪廷讷天启间官长汀县丞。廷讷(1569?—1628后)字昌期，号无如，又号坐隐、清痴叟、无无居士，徽州休宁(今属安徽)人。作有传奇《狮吼记》、《种玉记》、《彩舟记》、《投桃记》、《三祝记》、《义烈记》、《天书记》，今存。

金圣叹约于本年补长洲县学生员。

叶时章约生于本年。

周朝俊约卒于本年后。朝俊字夷玉，一作仪玉，浙江鄞县(今宁波)人。作有

《红梅记》传奇，今存。

明天启五年(1625)　　乙丑

七月，东林党人杨涟、左光斗、魏大中遭魏忠贤迫害死于狱中，阮大铖告假家居，闻讯后喜形于色，对客自诩其能，谓坐运机智，杀人于千里外。

吴炳因与东林党诸君子交好，受魏党排挤，由刑部主事改调工部都水司。

二月十五日，冯梦龙为王骥德《曲律》作序。

叶宪祖考选为上上，魏忠贤忌其为东林党人黄尊素姻娅，左迁大理寺评事。

查继佐坐馆教授生徒，恐学生昏聩失听，常以演戏所用胡须作醒神之具。

许恒约生于本年。恒(1625？—？)字南言，江苏苏州人。作有《二奇缘》传奇。

明天启六年(1626)　　丙寅

八月，后金努尔哈赤去世，第八子皇太极继汗位，年号天聪。

十二月，张岱同家班伶人登龙山，于城隍庙门唱曲。

冯梦龙寓居余姚蒋珣三径斋，辑成《智囊》二十八卷，又为侯岐曾《西堂初稿》、王敬臣《俟后编》作序。

阮大铖召为太常寺少卿，事魏忠贤极谨，然阴虑其不足恃，每进谒，辄厚赂看门人还其名刺。居数月，复乞归。

叶宪祖迁工部虞衡司主事，因不满并嘲笑魏忠贤造生祠，削籍回乡。

冯梦龙辑《太平广记钞》成。因友人周顺昌遭阉党逮捕入狱，亦受牵连，一度筑室山中避祸。

郑之玄，字号、籍里不详。作有《红杏记》传奇。

徐沁生。

明天启七年(1627)　　丁卯

八月二十二日，明熹宗去世。八月二十四日，信王朱由校继帝位，是为思宗，改明年为崇祯元年。

十一月，朝廷宣布魏忠贤罪状，寻命逮治。魏忠贤闻之，自缢而死。

八月，冯梦龙编《醒世恒言》四十卷刊行，又编散曲集《太霞新奏》。到平湖治平寺，与浙江僧人养素相见。《墨憨斋改定传奇定本》当成于本年之前。

吴炳擢工部员外郎。

凌濛初编辑《南音三籁》、《拍案惊奇》成书。秋应乡试报罢。

沈自晋《望湖亭》传奇作于本年后。

徐复祚作《家儿私语》一卷，交代生母早死及徐氏家难情况，以免子孙以讹传讹。笔记杂著《花当阁丛谈》约成书于本年。

明崇祯元年(1628)　　戊辰

正月，阮大铖上疏弹劾魏忠贤及东林党人，得任光禄寺卿。

三月，施凤来素无节概，以和柔媚世，被罢官归里。凤来，字羽玉，号立斋，浙江平湖人。作有《三关记》传奇，一名《金锏记》，全本今不传，仅存残出于戏曲选集中。或谓另有《五节记》传奇，今佚。

祁彪佳丁外艰归，守丧四年。其间游历浙中名胜，喜谈修身养性。

吴炳上《亲贤远佞疏》，要求澄清吏治、革除官场弊端。

梅孝巳作《洒雪堂》传奇成。冯梦龙对其评价甚高，加以改订后收入《墨憨斋定本传奇》中。孝巳，名未详，以字行，号

情痴，自谓西陵（今浙江杭州）人。

秦子陵作《如意珠》传奇约在本年。子陵字莲香，扬州如皋（今属江苏）人。

王抃生。

明崇祯二年（1629） 己巳

复社在苏州府吴江县成立。

三月，阮大铖被朝廷列为逆党中第五等，坐徒三年。赎买为民，流寓南京，治亭榭，蓄声伎自娱。自此收敛行迹，深居简出。

八月，张岱在南京秦淮河观竞渡，在镇江金山龙王堂大殿演《双烈记》传奇，秋至山东兖州上演所作《冰山记》传奇，为其父祝寿。

吴炳授福州知府。

孟称舜与其兄称尧本年加入复社。杂剧《桃花人面》、《死里逃生》收入《盛明杂剧》。

单本所作传奇《风筝记》、《跃剑记》、《宫花记》完成于本年之前。

叶宪祖编《盛明杂剧》一、二集问世。杂剧《玳瑁梳》、《冥勘陈玄礼》作于本年前。

沈谦十岁，不愿应童子试，延祝慎庵为师。

吴伟业加入复社。

秋冬间，朱京藩作《风流院》传奇成。京藩字介人，籍里不详。另作有《半缥记》传奇，今佚。

童养中，字号、籍里不详。作有《胭脂记》传奇，今存。

明崇祯三年（1630） 庚午

春，吴伟业应试至南京，与陈子龙、黄宗羲等人集会，召开复社金陵大会。秋，乡试中举。

刘方作《天马媒》传奇成，将付刻，自为序。方，字晋充，又字地如，苏州吴县（今江苏苏州）人。作有传奇《天马媒》、《罗衫合》，今存；另有《女丈夫》、《小桃园》，今佚。

吴炳为福建乡试科场诉讼事，不肯徇私，愤然托病辞官回里，作《情邮记》传奇。

叶宪祖起复为南京刑部主事。

查继佐赴乡试，与乞儿陆晋结识。

冯梦龙为贡生，年五十七。研读《春秋》。

孙钟龄《醉乡记》传奇有本年刻本。

七月二十九日，张大复卒。大复（1554—1630）字元长，号病居士，苏州昆山（今属江苏）人。所撰《梅花草堂笔谈》保存了相当多的戏曲史料。

徐复祚约卒于本年。复祚（1560—1630?）字阳初，号三家村老，别署破悭道人，苏州常熟（今属江苏）人。所撰《花当阁丛谈》谈论戏曲创作，颇多精辟见解。作有传奇《宵光记》、《红梨记》、《投梭记》，今存。或谓《题塔记》、《雪樵记》、《闹中牟》、《题桥记》等亦为其所作。

史槃卒。槃（1533? —1630）字叔考，浙江绍兴人。作有传奇《樱桃记》、《吐绒记》、《鹣钗记》，今存，另《合纱记》、《梦磊记》，仅存佚曲；《朱履记》、《青蝉记》等皆佚。

明崇祯四年（1631） 辛未

春，吴伟业成一甲二名进士，授翰林院编修。朝廷给假使回乡完婚，礼仪隆盛。

冬，祁彪佳擢右佥都御史，至京就任。

得冯梦龙所赠《太霞新奏》。

叶宪祖出为顺庆知府。

冯梦龙约于本年任丹徒县训导。

张岱在无锡访愚公谷遗址，作记。

凌濛初以副贡选授上海县丞，署海防事，清理盐场积弊。

明崇祯五年(1632)　　壬申

五月，范文若作《梦花酣》传奇成。另《鸳鸯棒》传奇作于天启初年至崇祯五年间。

袁于令所作《西楼记》传奇在京师演出。

冬，凌濛初编撰《二刻拍案惊奇》成，附《宋公明闹元宵》杂剧。

冯梦龙与彭天锡、虞来初等会于镇江北固山甘露寺。

吴伟业自京师南还回太仓，为复社广收成员。

祁彪佳得旨履西台，巡视京城。在京观看徐复祚《一文钱》杂剧。此年日记记观剧事甚详。

李素甫，字位行，苏州吴江(今属江苏)人。作有传奇《元宵闹》、《再生莲》、《稻花劫》、《落花风》、《卖愁村》，前一种今存。

明崇祯六年(1633)　　癸酉

十一月，复社举行苏州虎丘大会，与会者数千人。

正月，祁彪佳上疏论民间疾苦，三月，奉命巡按苏松，至宜兴，劾罢在籍激起民变的翰林陈于鼎。在京师时，先后观看《香囊记》、《红拂记》、《彩楼记》、《灌园记》、《狮吼记》、《鹣钗记》等剧演出。

三月，阮大铖作《春灯谜》传奇成。本年仍家居。

夏，孟称舜编成《古今名剧合选》并付刻，自为序。

秋，冯梦龙偕阮大铖同游镇江北固山。受知于巡按祁彪佳。

吴炳作《绿牡丹》传奇。或谓此剧有诽谤复社之意，张溥、张采因请查禁之。

朱葵心，字号不详，苏州吴县(今江苏苏州)人。作有《回春记》传奇，今存。

邹玉卿，字崑圃，苏州长洲(今江苏苏州)人。作有传奇《双螭璧》、《青虹啸》，今存。

范世彦，字君澂，号槜李闇父，浙江秀水(今嘉兴)人。作有《磨忠记》传奇，今存。

黄祖颛约生于是年。

明崇祯七年(1634)　　甲戌

夏，王翃作《红情言》传奇成，据史槃《吐绒记》传奇改写而成。

六月，冯梦龙在寿宁知县任上，《智囊补》二十卷成书，并编辑民歌集《山歌》、《桂枝儿》。

八月十五日，张岱仿效苏州故事，招友人会于绍兴蕺山亭，并演剧十余出，十月，与彭天锡等会于杭州，串演本腔戏。

凌濛初以副贡选授上海县丞。

明崇祯八年(1635)　　乙亥

正月，阮大铖于元旦日作《雨中试笔》诗。为避李自成、张献忠兵乱，举家移住南京，构园名石巢，蓄声伎自娱。为东山再起，巴结复社诸君子，倾资延纳朝绅。冬，编成《咏怀堂诗》。

三月，路迪作《鸳鸯绦》传奇成。迪字惠期，号海来道人，常州宜兴(今属江

苏)人。

四月，祁彪佳有感于官场腐败与仕途艰难，决计辞官，归家养母。四月十五日南还途经天津时观《白梅记》传奇演出；五月中旬经杭州，与沈德符同观《双串记》传奇演出，又观传奇《梅花记》、《秋箫记》、《宝函记》、《题塔记》等演出。七月，回到绍兴。

是年，张岱在绍兴故里与祁彪佳相会，并于张岱家演《双红记》。

叶宪祖任湖广按察司副使，备兵辰沅，立有军功。转四川参政，分守建昌。

吴炳被荐举为杭州府推官，因有人借旧例而横生议论，吏部未能给予任命，乃家居。所作《画中人》传奇在绍兴演出。

吴伟业入京师，充实录纂修官。

冯梦龙作《万事足》传奇约在本年。

李渔应童子试于金华，以五经见拔。

魏浣初任广东右参政。浣初字仲雪，苏州常熟(今属江苏)人。曾校订谢天瑞之传奇《八黑剑丹记》、《七红宝钏记》，更名为《八黑记》、《七红记》，今佚。

明崇祯九年(1636)　　丙子

四月，皇太极祭告天地，受尊号为宽温仁圣皇帝，是为清太宗，改国号为清，改元崇德。

正月起，祁彪佳在故里闲居，偶观戏自娱。

秋，吴伟业主湖广乡试，所拔多知名士。

秋，王光鲁作《想当然》传奇成。

吴炳补官浙江盐运使。

冬，傅山约集通省诸生百余人赴京营救为阉党诬陷下狱的山西提学佥事袁继咸。

单本约卒于本年后。本字槎先，浙江会稽(今绍兴)人。作有传奇《蕉帕记》、《露绶记》、《风筝记》、《跃剑记》(与人合作)、《宫花记》，除前一种外，余皆不传。或谓其尚作有传奇《合钗记》、《菱镜记》、《鼓盘记》，合《蕉帕记》、《露绶记》总称《漱虹传奇》。

明崇祯十年(1637)　　丁丑

冯梦龙刊《寿宁待志》。

吴伟业充东宫讲读官。

叶宪祖擢四川参政，改广西按察使。不赴，告归。

张岱、祁彪佳、倪元璐在张岱家举枫社，演出《红丝记》传奇。

祁彪佳《全节记》传奇约在本年前后问世。本年仍家居，频观戏曲演出。

李渔为府学生员。

尤侗补诸生。

沈谦父筑章庆堂成，随叔父沈体仁学书法。

嵇永仁生。

范文若传奇《鸳鸯棒》在绍兴演出。本年夏，遭苍头之变，遇刺身亡。文若(1590—1637)字香令，号吴侬荀鸭，松江华亭(今上海松江)人。作有传奇十六种，其中《梦花酣》、《花筵赚》、《鸳鸯棒》合称《博山堂三种曲》，今存。其他作品或仅存残曲，或全本不传。

明崇祯十一年(1638)　　戊寅

五月，叶宪祖以女婿黄宗羲科场事有求于祁彪佳，遭婉拒。时祁彪佳解官归，家居绍兴，留意戏曲一如既往。

五月，孟称舜作《娇红记》传奇成，请

祁彪佳作序，遭婉拒，遂自为序。

八月，复社成员顾杲等人聚讲南京，恶阮大铖甚，作《留都防乱公揭》，逐阮大铖。大铖惧，乃闭门谢客，隐居于南京城南牛首山之祖堂寺。每晚与马士英等人聚合，挑灯作传奇，达旦不寐，《石巢四种》约在此种情况下写成。冬，编定《咏怀堂诗外集》，收入近两年所作诗歌，卷前有自序。

是年，查继佐仍为馆师，开始组成家庭戏班。

冯梦龙解寿宁知县任归吴县，以诗稿寄祁彪佳。

张岱客南京，听柳敬亭说《武松打虎》，作记。九、十月间，访阮大铖于祖山堂，并留宿、观剧。

明崇祯十二年(1639)　　己卯

夏，李渔赴省城杭州拟应乡试，有怀才不遇之叹。途中遇盗，幸免于难。

夏，沈宠绥《弦索辨讹》、《度曲须知》皆成书。

秋，张岱、李长祚乡试中举。

是年，吴伟业升南京国子监司业。

查继佐从苏州回浙江，组织旦社。

王铣以《礼经》拟魁，旋以词赋见黜。

姚子翼传奇《上林春》有本年钞本。子翼字襄侯，号仁山，浙江嘉兴人。作有传奇《上林春》、《遍地锦》、《祥麟现》，今存；另《白玉堂》今佚。

明崇祯十三年(1640)　　庚辰

正月元日，李渔在金华或杭州，作《凤凰台上忆吹箫》词，叹功名不就。

春，查继佐应会试报罢。

春，黄周星成进士。

春，陈轼成进士。授海南知县。

尤侗、汤传楹在故里长洲结匡社。

祁彪佳仍家居，整理所作《远山堂曲品》、《远山堂剧品》。春，有司严禁优伶，祁彪佳观剧极少。

周履靖卒。履靖(1549—1640)字逸之，号梅墟、眉居士等，浙江秀水(今嘉兴)人。作有《锦笺记》传奇，今存。

龙燮生。

明崇祯十四年(1641)　　辛巳

春，傅山染病，因受道法于还阳真人。

春夏间，越中发生饥荒，饥民抢劫成风。祁彪佳伴陈子龙巡赈，设粥厂病坊药局救济灾民。陈子龙以云间讨阉党朱国盛檄文示彪佳。祁彪佳至诸暨，游五泄。

查继佐客扬州，大会文士。

尤侗作《游虞山记》。

八月六日，叶宪祖卒。宪祖(1566—1641)字美度，号六桐，别署槲园居士、紫金道人，浙江余姚人。作有传奇《鸾鎞记》、《金锁记》，另有传奇《玉麟记》、《双卿记》、《双修记》、《宝铃记》，今佚。

明崇祯十五年(1642)　　壬午

夏，毕魏作《三报恩》传奇成，冯梦龙为之作序。

十月前，阮大铖作《燕子笺》传奇成。

冬，清兵入诸城，丁耀亢仓皇出逃，寄身商船。其弟、侄参与守城抗清，死难。兵乱过后，丁家虽有人丁伤亡而财产损失却不大，同邑大姓遂唆使民众哄抢丁家财物。遭此浩劫，家遂败落。

冬，祁彪佳被起用为河南道御史，前往京城。此前一直在故乡赋闲、观剧。

秋，傅山应乡试报罢，在三立书院

讲学。

李渔欲再应乡试,中途闻警折返。

沈谦补县学生员,与丁澎、张丹、毛先舒、陆圻、柴绍炳等人友善,号“西泠十子”。

凌濛初擢徐州州判,分署房村,负责治理黄河河道。

吴炳所作《粲花斋新乐府》陆续刊行,包括传奇《绿牡丹》、《画中人》、《疗妒羹》、《西园记》、《情邮记》。

张岱游金陵,随礼官入明孝陵,观飨殿,作记。后自金陵至雅安,会祁彪佳。

冯梦龙《新列国志》约于本年完成。为《三报恩》传奇作序。

乔莱生。

明崇祯十六年(1643)　　癸未

八月,清太宗皇太极去世,子福临继位,是为世祖,改明年为顺治元年。

五月初五日,袁于令访祁彪佳。两人相别八年,相见甚欢。

十月,祁彪佳因公南下,过苏州,回绍兴,因陈子龙等人之请,在绍兴组织乡勇,制压饥民。

春,孟称舜作《二胥记》传奇成。夏,作《贞文记》传奇成。

秋,薛旦作《续情灯》传奇成,自为序。

十月,许恒所作《二奇缘》传奇付刻。

冬,查继佐作《梅花谶》传奇成。

凌濛初上剿寇十策于淮徐兵备道何腾蛟,遂入其幕。单骑说土寇来降,以功授楚中监军佥事,不赴,仍留房村。

李玉所作《一捧雪》传奇在苏州演出。

黄周星授户部主事。

丁耀亢《赤松游》传奇草创于本年,完成于顺治六年。

冬末,王抃补诸生,父陪其至苏州请客演戏。

郑之文以南京工部郎中権芜湖关,迁真定知府。

春,秦之鉴成进士,授仁和知县。之鉴字尚明,常州武进(今江苏常州)人。作有传奇《翻西厢》、《卖相思》,后一种今佚。或谓此二剧为沈谦所作,又一说谓《翻西厢》为研雪子所作。研雪子,吴县人,姓名不详。

李长祚应会试,列副榜第一,怀才不遇,隐居以终。长祚字延明,扬州兴化(今属江苏)人。作有传奇《千祥记》、《梅雪缘》、《翠烟记》、《红叶记》,今佚。

王镃明末在世。镃字剑池,浙江钱塘(今杭州)人。作有传奇《春芜记》、《双缘舫》,及改编宋元戏文而成的《寻亲记》、《彩楼记》,后一种今佚。

明崇祯十七年(1644)　　清顺治元年　甲申

三月十九日,李自成军陷京师,明思宗朱由检自缢。四月二十九日李自成称帝。

五月,凤阳总督马士英等人迎福王朱由崧入南京,称监国。五月十五日,朱由崧即帝位,改明年为弘光元年。

十月,皇太极第九子福临即帝位,定国号为大清,建元顺治。

正月,凌濛初抵抗李自成军,呕血而死。濛初(1580—1644)字玄房,号初成,别署即空观主人,浙江吴兴(今湖州)人。作有传奇《衫襟记》、《雪荷记》、《合剑记》,今佚。另编有散曲、戏曲选集《南音三

籁》,卷首附论曲著作《谈曲杂札》。

正月,傅山受阁部李建泰聘,参与征剿李自成。二月初八日,太原被李自成攻陷,傅山奉母避乱。转徙于平定、寿阳等地,所至皆有诗。

五月,祁彪佳授京畿道御史,巡按苏、常等地。六月,升大理寺丞,转都察院右佥都御史,巡抚苏、松等处,不数月,又进阶右副都御史,政绩显著。但受到阮大铖、马士英排挤,遂愤而引疾辞归故里。

六月,阮大铖受马士英举荐,经反复争议,至九月被任命为兵部右侍郎。上"守江策",大谈"三要、两合、十四隙疏",并自命孤忠,极力挑拨福王,使其结怨东林。购女妓供福王朱由崧享乐,于宫中演出《麒麟阁》传奇。

夏、秋之间,朱葵心作《回春记》传奇,描写本年时事。葵心,江苏吴县(今苏州)人,字号、生卒年及生平事迹不详。

十二月,成都知县吴继善全家被张献忠所杀,丘园闻讯后作《蜀鹃啼》传奇。

冯梦龙屡次和许琰绝命诗,又作挽诗四首。访沈自晋等,议增修沈璟《南九宫十三调曲谱》。辑《中兴实录》。

吴伟业闻李自成入京师,崇祯皇帝死,痛哭欲自缢,为其母所劝止。

王铣本年应清豫王试,授鹿城知县。为投靠新朝较早的汉族文人之一。

丁耀亢闻李自成军席卷诸城,载粮逃入海岛,其巨宅膏田一任农民军分割。十月,向南明王朝奏请趁李自成军牵制清军主力之时,乘机出兵,收复山东、河北,被朝廷束之高阁,致失良机。

韩上桂闻李自成攻陷北京,痛哭不食自缢。上桂(1575—1644)字孟郁,号月峰,别署天游子。广东番禺(今广州)人。作有《凌云记》传奇,另有《青莲记》,今佚。

沈谦在明亡后隐于医,绝口不谈时务,与毛先舒、张丹南楼长啸,赋诗为乐。合称"南楼三子"。

杨弘,字景夏,号脉望子,松江青浦(今属上海)人。生卒年及生平事迹不详。曾协助沈自晋纂《南词新谱》。作有传奇《认毡笠》、《后精忠》,今佚。

陈六龙,字号、籍里不详。作有传奇《雷峰记》,对清代黄图珌、陈嘉言、方成培等改编创作诸本《雷峰塔》起过重大影响。

裘琏生。

清顺治二年(1645)　南明弘光元年　乙酉

五月,清兵渡江。南明弘光帝出逃。清豫亲王多铎入南京,南明弘光朝灭亡。

六月,张煌言、钱肃乐等拥立明鲁王朱以海在绍兴监国。

闰六月,黄道周、郑芝龙等扶立明唐王朱聿键监国于福州,旋即帝位,建元隆武。

正月,冯梦龙往游湖州、杭州,经吴江,访沈自晋,督促其纂新谱。秋,复辑《中兴伟略》,又自刻所著《甲申纪事》十三卷。

二月,阮大铖擢南明兵部尚书。卖官鬻爵,大肆报复东林党人。

七月,王铣由鹿城知县迁昆山知县,擢刑部员外郎。

李渔匿居浙江金华,避兵山中,作《避兵行》诗。乱后无家,入许檄彩幕。十月

纳妾曹氏。除夕饮酒吟诗。

袁于令在北京演所作《西楼记》传奇以媚新朝权贵，旋代苏州豪绅起草降表。

尤侗以明诸生应清吏考试，入清学籍。

沈自晋至苏州，得范文若所作曲集稿本归。是年起，弃学籍，自号鞠通生。

吴伟业匿居陈墓。

丁耀亢以刘泽清降，弃海州职，还山东诸城。为田产事讼于官。借监事为由入都，实为避祸。

谢国以中府都督佥事招抚广西，加右都督兼右副都御史。

祁彪佳殉明。彪佳（1603—1645）字虎子，号世培，别署远山主人，浙江山阴（今绍兴）人。有《远山堂剧品》、《远山堂曲品》，均为研究明代戏曲的重要史籍。作有《玉节记》传奇，今佚。

卜世臣卒。世臣（1572—1645）字大荒，号蓝水，浙江秀水（今嘉兴）人。作有传奇《冬青记》、《乞摩记》、《四劫记》、《双串记》，唯《冬青记》存。

郑之文卒。之文（1572？—1645）字应尼，号豹卿、愚公，江西南城人。作有传奇《旗亭记》、《芍药记》，前一种今存。

沈嵊卒。嵊（1610—1645）字孚中，一字会吉，号唵庵，浙江钱塘（今杭州）人。作有传奇《息宰河》、《绾春园》，今存；另有《宰戍记》，今佚。

沈受宏生。

七月初一日，洪昇生。

清顺治三年（1646）　南明隆武二年　丙戌

十月，明桂王朱由榔在肇庆监国。十一月，唐王朱聿粤于广州称帝，建元绍武。朱由榔闻讯，遂于肇庆称帝，建元永历。

十二月，吴炳在江西学使任，永历帝即立后任兵部右侍郎，后官至户部尚书兼东阁大学士。

吴伟业作《琵琶行》诗。

冯梦龙卒。梦龙（1574—1646）字犹龙，号墨憨斋主人、顾曲散人、无碍居士，苏州长洲（今江苏苏州）人。编著有《三言》、《山歌》等，又修改汤显祖、李玉、袁于令等人戏曲作品多种，合称《墨憨斋定本传奇》。作有传奇《双雄记》、《万事足》等。

阮大铖卒。大铖（1587—1646）字集之，号圆海、石巢，安庆怀宁（今属安徽）人。作有传奇《燕子笺》、《春灯谜》、《牟尼合》、《双金榜》、《老门生》、《赐恩环》等十一种，前四种称《石巢四种》，后七种今佚。

郑小白明末清初在世。小白，扬州江都（今属江苏）人，生卒年及生平事迹不详。作有传奇《金压瓶记》、《金瓶梅》。

清顺治四年（1647）　南明永历元年　丁亥

正月，制订《大清律》成，即日颁行中外。其中规定：凡乐人搬做杂剧戏文，不许装扮历代帝王后妃及先圣先贤忠臣烈士神像，违者杖一百，官民之家，容令装扮者与同罪。其神仙道扮及义夫节妇、孝子顺孙、劝人为善者，不在禁限。又严禁城市乡村，当街搭台悬灯唱演夜戏，违者杖一百，枷号一个月。对不行查拿之责的地方保甲、文武各官，也作了处罚规定。又严禁八旗官兵出入戏园酒馆，有违禁之人，官员参处，兵丁责革。

八月，永明王奔湖南靖江，吴炳扈从

世子，被清兵执送衡阳。

查继佐自抗清军中出走回原籍，作《玉琢缘》传奇。

七月，沈自晋编纂《南词新谱》成稿，李玉为参阅人。

袁于令官荆州知府。

丁耀亢客泰州。

李渔作《剃发有感》诗，对清廷剃发令表示无奈。

王光鲁有诗送其师周亮工官闽。光鲁字汉恭，扬州江都（今属江苏）人。作有《想当然》传奇。

清顺治五年（1648）　南明永历二年戊子

一月，吴炳为清将孔有德所俘，自缢死。炳（1595—1648）字可先，号石渠，又号粲花主人，常州宜兴（今属江苏）人。作有传奇《绿牡丹》、《疗妒羹》、《画中人》、《情邮记》、《西园记》，合称《粲花别墅五种》。

尤侗为拔贡。

沈永令中副贡，选授陕西韩城知县。

丁耀亢泛舟淮海，孑然南游，以排遣愁闷。《化人游》传奇写于南游之时。欲举家南移，不果。本年为拔贡，充镶白旗教习，改镶红旗。

黄周星从福建至浙江，游食杭州。

李渔本年移家杭州后，其亲自设计的伊山别业建成，开始了专业戏曲家的活动生涯。

叶承宗卒。承宗（1602—1648）字奕绳，号泺湄啸史，山东历城（今济南）人。作有传奇《百花洲》、《芙蓉剑》，今佚。

九月十七日，孔尚任生。

清顺治六年（1649）　南明永历三年己丑

丁耀亢作《赤松游》传奇成。

孟称舜为贡生，授松阳训导，修学建田，以教化为己任。

顾景星在苏州，取毛晋刻《六十种曲》及坊刻曲本，删存三十四种，编为《传世丽则》。

清顺治七年（1650）　南明永历四年庚寅

余怀自南京出行，至苏州作《采茶记》，至松江观《拜月亭》、《两世姻缘》剧，至太仓访吴伟业。回苏州，撰《三吴游览志》。

沈自晋为虞来初七十寿撰传奇《耆英会》上演。

吴伟业、尤侗、毛奇龄、朱彝尊等在嘉兴南湖举十郡大社。吴伟业在常熟观毛晋所藏书，作《汲古阁歌》诗。

朱皠《十五贯》传奇有本年精抄本。

李渔居家杭州，卖赋为生。

顾彩生。

查慎行生。

吕履恒生。

清顺治八年（1651）　南明永历五年辛卯

嵇永仁在淮安读书，喜读宋元词曲小说。

王翃游粤。

尤侗因谋出身至北京，作《骡车》、《渡泗》等诗。

李渔在湖南东安，作《黑山记》。其第一部传奇《怜香伴》撰成。

浣霞子所作传奇《雨蝶痕》成于本年

春之前。浣霞子,姓名、里居、生卒年及生平事迹不详。另作有《雨蝶痕》传奇,今存。

秋,丁耀亢八应乡试报罢。

钮格九易其稿,撰成《汇纂元谱南曲九宫正始》。

王续古顺治间在世。续古字香裔,苏州人,生卒年及生平事迹不详。曾与冯梦龙、袁于令、李平等共同参阅《南词新谱》。作有传奇《非非想》、《黄金台》、《燕子矶》。

清顺治九年(1652) 南明永历六年 壬辰

本年,清廷禁刻琐语淫词。

沈谦与其师祝慎庵游盐官寺。

查继佐在西湖讲学,纂《通鉴严》。

王翃南行至广州。

尤侗以贡生谒选,授永平府推官。

李渔在杭州,作《风筝误》传奇成。

吴伟业馆嘉兴万寿宫,辑《绥寇纪略》,作《南湖春雨图》。又作《秣陵春》传奇,一名《双影记》。尝寒夜命小鬟歌演,填《金人捧露盘》词。

钮格于本年后去世。格(1564—1652?)字少雅,苏州长洲(今江苏苏州)人。有《汇纂元谱南曲九宫正始》。作有传奇《磨尘鉴》等四种,今存《磨尘鉴》。另为汤显祖《牡丹亭》谱曲,称为《格正还魂记》。

李素甫明末清初在世。素甫字位行,苏州吴江(今属江苏)人。生卒年及生平事迹不详。作有传奇《元宵闹》、《落花风》、《卖愁村》、《稻花初》、《再生莲》,仅前一种今存。

钱肇修生。

清顺治十年(1653) 南明永历七年 癸巳

吴伟业受清廷逼迫,不得已出仕。入京时道经苏州虎丘,邀集江南诸郡各文社名士举行大会。会后继续北行。其《秣陵春》传奇作于本年之前。

丁耀亢作《西湖扇》传奇成。

袁于令被控侵占钱粮,撤职南还。

李玉作《两须眉》传奇。

李渔作《意中缘》传奇问世。本年游江苏南通。

四月,王翃自粤还,卒于途。翃(1602—1653)字翀文,号介人,浙江嘉兴人。作有传奇《博浪沙》、《纨扇记》、《榴巾怨》、《红情言》等,前三种今佚。

张大复约于此年前后在世。大复又名彝宣,字心其,一作心期,号寒山子,苏州吴县(今江苏苏州)人。生平所作传奇极多,今仅《醉菩提》、《如是观》、《金刚凤》、《快活三》、《海潮音》等十种存有钞本,另有十九种已佚或仅存残出。另编有《寒山堂曲谱》等四种曲谱。

清顺治十一年(1654) 南明永历八年 甲午

洪昇从陆繁弨受业。

丁耀亢赴容城任教谕。

黄周星登南京雨花台。是年改名黄人,字略似。作《黄人谣》诗,抒发鼎革之痛愤。

吴伟业授秘书院侍讲。

查继佐在杭州创办敬修堂,授徒讲学。

尤侗作《散米谣》诗。

李玉作传奇《眉山秀》、《万里圆》,又

与朱佐朝合作传奇《一品爵》、《埋轮亭》。

傅山在明亡后隐居山林，拜道士郭静中为师，道号真山。被指控与南方抗清组织有牵连，下狱。

吴绮荐授弘文院中书舍人，升兵部职方司主事。

周楫本年后尚在世。楫字清源，号济川子，杭州人。作有《洒雪记》传奇，今佚。

薛旦于本年又赴昌平童子试。旦字既扬，号听然子，或作䜣然子，苏州长洲（今江苏苏州）人。作有传奇十七种，今存《续情灯》、《鸳鸯梦》、《醉月缘》、《齐天乐》，余皆佚。

清顺治十二年（1655）　南明永历九年　乙未

查继佐开始撰写《罪惟录》，至康熙十四年（1675）完稿。

傅山得纪映钟等营救出狱。

李渔在杭州，作《玉搔头》传奇。

孙郁《绣帏灯》传奇作于本年后。

沈自晋刻所撰《南词新谱》。

吴伟业作歌行《临淮老妓行》，追写降将刘泽清秽行。

清顺治十三年（1656）　南明永历十年　丙申

十月十日，吴伟业嗣母张氏卒，因乞假归，岁末获准离京。

吴绮遵清世祖旨意，据杨继盛事迹作《忠愍记》传奇。

尤侗因按律治罪违法旗丁，被解职回苏州。作《读离骚》杂剧。

丁耀亢撰《出劫纪略》。

李渔小说《无声戏》问世。

孟称舜自松阳县学训导辞归，《贞文记》传奇作于归后。

黄鉽生。

清顺治十四年（1657）　南明永历十一年　丁酉

李渔自此年起侨居南京，以芥子园名经营刻书业。《奈何天》传奇问世。小说《无声戏》第二集问世。

丁耀亢遵清世祖旨意，据杨继盛事迹作《蚺蛇胆》传奇。

二月，吴伟业抵家。作《矾清湖》诗，追述十余年前陈墓抗清事；又作《茸城行》诗，揭露提督马逢知在松江残酷剥削的劣迹。

王抃等人从吴伟业学。

尤侗因科场不公饱受压抑、困顿之苦，作《钧天乐》传奇，刺江南科场情弊。

何蔚文在南明永历朝开科考试中取为第二名。

洪昇因表丈钱开宗罹江南科场案被斩，对清廷暴行感受深切。

清顺治十五年（1658）　南明永历十二年　戊戌

正月，清廷重治科场狱。罪及北闱、江南、陕西、山东主考官并有关御使等官员。十一月，清廷就丁酉科场舞弊案诸人定罪。顺天举人二十余人流放。斩江南两主考，十八房考除一人已死外，余均绞决。涉案之举人长流宁古塔，父母兄弟妻子均流放。

丁耀亢解河北容城教谕职后回山东，编此时所作诗为《椒丘集》。

吴绮因作《忠愍记》传奇得宠于清世祖，由兵部主事升任员外郎。

尤侗因上演所作《钧天乐》传奇有讽

刺科场语，为地方官所疑，欲立案逮捕，遂走避北京。为谋复职找宋琬，时宋琬官永平。

李渔作小说《十二楼》成，署名觉世稗官，杜濬加评。小说《无声戏全集》问世。

陈子玉清初在世。子玉字希甫，苏州吴县(今江苏苏州)人。作有传奇《玉殿缘》、《三合笑》、《欢喜缘》，前一种今存。

曹寅生。

清顺治十六年(1659) 南明永历十三年 己亥

洪昇从毛先舒、朱之京学。毛先舒为明遗民，洪昇受其影响颇深，故少作已隐含兴亡之感。

傅山在郑成功围攻南京前后，秘密南行江南，作诗牵念南方军事。

袁于令从杭州回南京，路过吴江，访沈自晋，互叹衰老。

丁耀亢患目疾，自号木鸡道人，旋出任福建惠安知县。

李渔《李氏五种》问世，为其第一部传奇集。作《蜃中楼》传奇成。

毛晋卒。晋(1599—1659)字子晋，苏州常熟(今属江苏)人。所刻《六十种曲》，对戏曲整理出版有重要贡献。

徐旭旦生。

清顺治十七年(1660) 南明永历十四年 庚子

八月初七日，李渔庆祝五十寿诞。在严陵游湖，作《严陵西湖记》。纂辑《尺牍初征》告成，吴伟业为之作序。

丁耀亢在广东惠安知县任上被劾。罢职后自粤北还，在杭州与李渔、邱象随等泛舟西湖。

尤侗登松江秦驻山观海，作《大江》诗。

查继佐携家眷侨寓常州。

来集之为宋琬《安雅堂诗》作序。

李玉约于本年编成《北词广正谱》十八卷。

嵇永仁《葭秋堂诗》编定，金人瑞作序。

吴伟业为苏昆生作《楚两生行》诗，时苏昆生客太仓。

清顺治十八年(1661) 南明永历十五年 辛丑

正月，清世祖去世，子玄烨即位，是为圣祖，以明年为康熙元年。

二月，江南奏销案起，清制定巡抚以下、州县以上催征钱粮处分例。嗣后，各省追征欠赋，被累之人极多。江南尤烈。苏、松、常、镇欠赋之文武缙绅共一万三千五百十七人，指为“抗粮”，全部褫革，发本处枷责。

袁于令来游西湖，洪昇从之。

傅山至河南辉县访理学家孙奇逢。

李渔作《比目鱼》传奇。八月，游桐庐严陵西湖。

李玉《万里缘》传奇在太仓演出。

尤侗游常熟拂水岩后作杂剧《吊琵琶》，后至昆山看当地杂剧演出。

吴伟业为邹式金《杂剧新编》作序。

五月，金人瑞因“哭庙案”被杀。人瑞(1608—1661)字圣叹，本名采，字若采，又名喟，苏州吴县(今江苏苏州)人。批注《离骚》、《庄子》、《史记》、《杜诗》、《水浒》、《西厢》，合称“六才子书”，影响巨大。

包燮此年前后在世。燮字惕三，号芦

中人，宁波人。作有《云石会》传奇。

高奕此年前后在世。奕字晋音，一字太初，浙江会稽（今绍兴）人。作有传奇《春秋笔》、《双奇侠》、《貂裘赚》、《千金笑》、《一鞭仇》、《聚兽牌》等十四种。另著有《新传奇品》，以续吕天成《曲品》。

清康熙元年(1662)　　壬寅

尤侗经浙江南游福建，后回长洲。

袁于令至扬州访王士禛，参与红桥诗会。

李渔本年秋携家由杭州移居南京。

张匀清初在世。匀字宣衡，号鹊山，浙江嘉兴人。作有传奇《十眉图》、《长生乐》。

清康熙二年(1663)　　癸卯

五月二十六日，庄廷鑨明史案定谳。戮庄廷鑨尸，杀其弟庄廷钺。作序、参阅者凌迟处死，刻工、印刷、书贾、藏书者斩。株连七百余家，死七十余人。

禁私刻琐语淫词。

查继佐因庄廷鑨明史案株连入狱，赖清将吴六奇营救得免。

沈受宏屡试不第，从吴伟业学诗。

苏昆生应聘为王时敏家班教曲。

尤侗作《桃花源》杂剧。

李渔纂辑《资治新书》初集成。编辑《求生录》并作序。

秋，乔莱乡试中举。

朱九经《崖山烈》传奇有本年钞本。九经，字无期，里居、生卒年不详。

清康熙三年(1664)　　甲辰

王鑨以佥事任提督学道。

丁耀亢为躲避文祸，削发为僧，出家流亡。

沈谦十余年间，数遭丧事，渐成疾。

尤侗作《黑白卫》杂剧。

李渔著《笠翁论古》六种，王仕云为作序。

七月，洪昇与黄兰次成婚，贺喜文士各作《同生曲》，赞美两人。

春，孙郁成进士。授桐乡知县。半年即为事罢去。郁字雪崖，别署苏门啸侣。大名人。作有传奇《绣帏灯》、《双鱼佩》、《天宝曲史》，合称《漱玉堂三种传奇》。

清康熙四年(1665)　　乙巳

春，李渔重游扬州，冬游杭州。《笠翁增订论古》四卷问世，《凰求凤》传奇脱稿，一名《鸳鸯赚》。

八月，丁耀亢因作小说《续金瓶梅》被逮罪候旨，至冬蒙赦得放，在京狱一百二十日。此后丧明逃禅，自署木鸡道人。《续金瓶梅》被焚毁。

丘园《党人碑》传奇约作于本年之前。

尤侗刊行《钧天乐》传奇、《读离骚》杂剧。

查继佐至淮安，与张新标宴集曲江楼。撰《鲁春秋》，记朱以海监国始末。

万树游陕西兴平石亭，作《游石亭记》。

黄祖颛《迎天榜》传奇有本年刻本。

沈自晋卒。自晋(1583—1665)字伯明，号鞠通生，苏州吴江（今属江苏）人。撰有《广辑词隐先生南九宫十三调词谱》。又作有传奇《望湖亭》、《翠屏山》、《耆英会》，前二种存，后一种仅存残曲。

清康熙五年(1666)　　丙午

洪昇读书于南屏僧舍。

吴绮任湖州知府，余怀往访。

吴伟业游松江，后至青浦，作《九峰草堂歌》诗。

万树编《璇玑碎锦》一百图成。

裘琏作《绣当垆》传奇，邀请邑中歌社耆旧、名人来指点。外祖父太仆冯家桢亲点乐句拍板。另《醉书箴》传奇作于本年前。

李渔《凰求凤》传奇在山西平阳上演。在平阳纳乔姬。李渔从北京经平阳到西安，得各方赠送颇多。返回途中游华山，作纪事诗。

周稚廉生。

清康熙六年(1667)　　丁未

春，乔莱成进士。授内阁中书，乞养归。

李渔作《慎鸾交》传奇。刻所辑《资治新书》二集。本年由西安上至兰州，作甘肃巡抚刘斗座上客。纳王姬，随乔姬学戏。五月，又转赴陕北之甘泉，为甘肃提督张勇座上客。至秋返宁，途中冰雪交阻，滞留徐州度岁。

查继佐复至淮安坐幕。

李玉为《南音三籁》作序。

苏昆生经吴伟业介绍，到如皋冒襄处说曲。

嵇永仁为淮海道官员作祭海神庙文。

盛际时清初在世。际时字昌期，苏州吴县(今江苏苏州)人。作有传奇《人中龙》、《胭脂雪》、《飞龙盖》、《双虬判》，前二种存。与朱皠等合作《四大庆》传奇，今存。

石庞(1667—?)生。庞字晦村，号天外生，安徽太湖人。作有传奇《因缘梦》、《后西厢》、《壶中天》、《无因种》、《诗囊恨》、《薄命缘》，均佚。

清康熙七年(1668)　　戊申

元日，李渔在徐州，至春回家。作《巧团圆》传奇，一名《梦中楼》、《巧会合》。家班女戏登台演出。春末由水路沿长江、西江南下，经大庾岭至广州及粤东、粤西各地。

吴伟业自定《梅村集》四十卷。

张雍敬《醉高歌》传奇作于本年前后。

洪昇赴北京国子监肄业。

尤侗在真定作《清平调》杂剧，在当地上演。

吴绮为纪念明诗人孙一元，在吴兴建太白楼，吴伟业等人应邀来游。

李漫翁清初在世。漫翁生卒年、籍里不详。作有传奇《御炉香》，今存。

黄之隽生。

倪蜕生。

清康熙八年(1669)　　己酉

四月，李渔结束南游回江宁。初夏，芥子园落成。

九月，洪昇与洪云来相偕南返。在京逾年，自伤不遇，情甚抑郁。

黄周星避地出走，明亡以前诗稿尽失。

丁耀亢定三年所作诗为《听山亭草》，卒于本年。耀亢(1599—1669)字西山，号野鹤等，山东诸城人。作有传奇《化人游》、《赤松游》、《西湖扇》、《蚺蛇胆》，今存；另有《非非梦》、《星汉槎》等九种，今佚。

陆世廉卒。世廉(1585—1669)字起玩，号生公，苏州吴县(今江苏苏州)人。作有《八叶霜》传奇，今佚。

清康熙九年(1670)　　庚戌

三月,孙郁《双鱼佩》传奇成。

吴绮解职寓居苏州。

顾景星为《虎媒记》传奇作序。

李渔编次所作诗文为《笠翁一家言》,挟稿赴闽谋刊行。在福州度六十寿辰,受到福建总督刘耀薇等款待。至冬季始返。

吴伟业、余怀等人为尤侗小像题辞。

裘琏随岳父胡亦堂至江西,时胡任宜丰知县。于除夕前五日至正月初九作成《四韵事》杂剧四种。

洪昇自秋冬至明春,往来于恩县、大名、长垣、滑县等地,凭吊往古遗迹,多兴亡之思,而又自伤不遇。

朱云从《儿孙福》传奇有本年钞本。云从生卒年不详,字际飞,吴县(今江苏苏州)人。顺治、康熙间在世。作传奇《龙灯赚》、《儿孙福》,今存;另有《一笑缘》、《二龙山》、《人面虎》、《别有天》等,今佚。

沈谦卒。谦(1620—1670)字去矜,号东江,浙江仁和(今杭州)人。作有传奇《翻西厢》、《美唐风》、《对玉环》、《胭脂婿》等,今仅前一种存。

陈二白清初在世。二白字于令,苏州长洲(今江苏苏州)人。作有传奇《称人心》、《双冠诰》,今存;另《彩衣双》仅存佚曲,《昼锦归》今佚。

清康熙十年(1671)　　辛亥

本年,京师内城,不许开设戏馆,永行禁止。城外戏馆,如有恶棍借端生事,该司坊官查拿。

初夏,李渔、余怀在苏州拙政园观演《牡丹亭》传奇,各作纪事词。尤侗、余怀在李渔苏州寓所观演《明珠记》传奇中《煎茶》一出。李渔著《闲情偶寄》于冬季成书,并遣使至京分送《闲情偶寄》数十部,刊行其所辑《四六初征》,并为尤侗校雠《钧天乐》传奇。

八月十五日,孙郁作《天宝曲史》传奇成。

洪昇返回杭州,不久又南下游越中,在绍兴与戏曲家吴棠祯订交。此后又前往中州开封。

嵇永仁《扬州梦》传奇约在本年完成。

陈子升卒于本年后。子升(1611—1671后)字乔生,号中州,广东南海(今广州)人。作有《金琅玕》传奇。

五月,李长祚卒。长祚(1598—1671)字延初,扬州兴化(今属江苏)人。作有传奇《梅雪缘》、《千详记》、《翠烟记》、《红叶记》,均佚。

十二月二十四日(公历已入1672年),吴伟业卒。伟业(1609—1672)字骏公,号梅村,苏州太仓(今属江苏)人。作有《秣陵春》传奇及杂剧《临春阁》、《通天台》。

岳端生。

王铳卒。铳(1608—1671)字子陶,号大愚,河南孟津人。作有传奇《秋虎丘》、《双蝶梦》,今存;另有《司马衫》、《华山缘》、《大孝子》,今佚。

清康熙十一年(1672)　　壬子

春,周亮工、吴冠五等人在李渔芥子园观诸姬演剧。李渔由金陵溯江而上,经九江,遍历汉口、汉阳、武昌、荆州、桃源等地。与顾景星在武昌相会,初刊《笠翁一家言》。乔姬病故,自汉阳返回。

嵇永仁应乡试不售,感叹数奇,决计耕读卖药,隐而不出。

王抃多次参加乡试，皆不中，至老仍为太学生。

袁于令卒。于令（1592—1672）原名韫玉，一名晋，字令昭、凫公，别署幔亭仙吏、吉衣道人，苏州吴县（今属江苏）人。作有传奇《西楼记》、《鹔鹴裘》、《金锁记》、《长生乐》，另《玉符记》、《合浦记》等或全佚，或仅存残出。

黄祖颛卒。祖颛（1633？—1672）字项传，号愈园主人，苏州太仓（今属江苏）人。作有《迎天榜》传奇。

清康熙十二年（1673） 癸丑

洪昇写成《长生殿》传奇初稿，名《沉香亭》。

尤侗在苏州参修《苏州府志》，撰山水、人物二志。

龙燮援河工例入国学。

李渔因乔复生去世而返金陵。夏间再度去燕京，并留彼度岁。

王抃作《玉阶怨》杂剧一折。

嵇永仁、许旭赴福建，依总督范承谟。协助办理军政事务。

周杲清初在世。杲字坦纶，号果庵，苏州昆山（今属江苏）人。作有传奇十四种，今存《玉鸳鸯》，余皆佚。

清康熙十三年（1674） 甲寅

春，嵇永仁被在福建起兵反清的靖南王耿精忠所拘，在狱中作《续离骚》杂剧和《双报应》传奇。

六月至初冬，王抃作《戴花刘》杂剧，又在王昊协助下，撰《舜华庄》传奇。

黄鉽作《四友堂里言》传奇成。

洪昇因家难，抵京师，凄惶无依，以诗卷投李天馥。天馥深赞之，遂馆于其家。

李渔自北京回南京，南京书商刊其所编《笠翁诗韵》。

万树至无锡，与侯文灿同订《词律》。

尤侗、彭定求在苏州故里举行斋醮，并以诗文宣扬道教。尤侗时年五十七岁，作《吾年五十七》诗。

清康熙十四年（1675） 乙卯

正月，王抃在九弟王抑堂中演《舜华庄》传奇，四月初开始创作《筹边楼》传奇。

三月，洪昇离京返杭。编《啸月楼集》成。秋，自杭返京。李天馥以洪昇诗示王士禛，士禛颇赏识，寻从士禛受业，过从甚密。十二月，又与成边之父于除夕在京相会。作《天涯泪》传奇，抒发家难引发之激愤。

春，李渔离开南京至浙江，为浙江巡抚陈可贞祝寿。

黄周星作《人天乐》传奇。

吴绮至宜兴访陈维崧，作《订交篇》诗。

龙燮《江花梦》传奇问世，剧无所本，系以自身经历为蓝本创作而成。

徐石麒约于本年后去世。石麒字又陵，号坦庵，原为湖北人，流寓扬州。作有传奇《珊瑚鞭》、《九奇逢》、《九奇缘》、《胭脂虎》、《辟寒钗》等，今仅前一种存。

清康熙十五年（1676） 丙辰

十一月，裘琏作《女昆仑》传奇成，有自序。

万树本年起开始漂泊流浪生活，历尽风霜劳碌，饥寒辛苦。

洪昇为何源浚作《回龙记》传奇。

王抃作《筹边楼》传奇成。与诸兄弟相聚，演《筹边楼》，观者如堵。

王铣《秋虎丘》传奇有本年刻本，附有薛奋生《秋虎丘序》。

黄周星作《人天乐》传奇，一名《北俱庐》。

查继佐卒。继佐(1601—1676)字伊璜，号与斋，浙江海宁人。作有传奇《眼前因》、《梅花谶》等四种，皆佚。

九月十七日，嵇永仁卒。永仁(1637—1676)字留山，号抱犊山农，苏州无锡(今属江苏)人。作有传奇《双报应》、《扬州梦》。

李玉约在本年后去世。玉(1602?—1676?)字玄玉，又作元玉，号苏门啸侣、一笠庵主人，苏州吴县(今江苏苏州)人。撰有《北词广正谱》，取华亭徐于室原稿改编。作有传奇四十多种，现存十九种，著名的有《一捧雪》、《人兽关》、《永团圆》、《占花魁》、《清忠谱》、《千钟禄》等。前四种合称《一笠庵四种曲》。

清康熙十六年(1677)　　丁巳

正月，李渔自南京移家回杭州，居层园。游吴兴，旅中编纂《一家言》二集，作有诗文甚多。生活穷困，曾向江宁故旧求援。

夏，洪昇染病，秋闻女儿夭折，痛不欲生，决计离京南返。

范希哲明末清初在世。希哲，浙江钱塘(今杭州)人。今存《湖上李笠翁先生阅定绣刻传奇八种》，包括《万全记》、《十醋记》、《补天记》、《双瑞记》、《偷甲记》、《四元记》、《双锤记》、《鱼篮记》，或谓均系范希哲所作。

清康熙十七年(1678)　　戊午

春，李渔病中为徐治公《香草吟》传奇作序。所作《耐歌词》刊行，附有《窥词管见》二十二则。立秋日，为《笠翁别集》撰写弁言。

九月十二日，孔尚任游曲阜北石门山，谋选胜结庐。乡试数次落选，心情不快。

洪昇携家至京，准备应博学鸿词科，因无人荐举，无法应试。生计困顿，以卖文为生。曾助陆次云辑《皇清诗选》。

顾彩于本年前后拔贡入监，授内阁中书。

孔传鋕生。

清康熙十八年(1679)　　己未

三月初一日，诏试内外诸臣荐举博学鸿词一百四十三人于体仁阁，清圣祖康熙亲试，取一等乔莱等二十八人，二等尤侗等三十人。俱授翰林院官职，与修《明史》。

三月，尤侗举博学鸿词，授翰林院检讨，与修《明史》。刊刻《西堂杂俎三集》。

龙燮举博学鸿词，授翰林院检讨，与修《明史》。

乔莱举博学鸿词，列一等，授翰林院编修，与修《明史》。

徐沁应博学鸿词报罢，归故乡，著述终老。

傅山被荐试博学鸿词，至京称病，未试而归。

十一月四日，李渔作《芥子园画传序》，并为毛声山评《四大奇书第一种》(《三国志演义》)作序。

洪昇修改《长生殿》传奇初稿《沉香亭》，改名《舞霓裳》，与赵执信为友，同论诗于王士禛宅中。冬，洪昇父以事遣戍，母亦同戍，因徒跣号泣，白于显贵；以旬日

余奔回杭州，侍其亲北行。驰走焦苦，面目黧黑。旋遇赦，得免。

王抃作《鹫峰缘》传奇，同年演出。

李玉《清忠谱》传奇在如皋上演。

张岱卒。岱(1597—1679)字石公，又字宗子，号陶庵，浙江山阴(今绍兴)人。作有《冰山记》传奇，今佚。

清康熙十九年(1680)　　庚申

尤侗撰《明史文苑传》、《明史外国传》，作《周顺昌传》亦在本年。

乔莱典试广西。还，升翰林院侍读。

洪昇与友人吴仪一在北京寓所共同讨论《牡丹亭》传奇。

黄周星卒。周星(1611—1680)字景虞，号九烟，入清改名黄人，字略似，号半非，又号圃庵，湖广湘潭(今属湖南)人，原籍应天上元(今江苏南京)。幼育于周姓，后复本姓。作有《人天乐》传奇，卷首附刊其戏曲理论著作《制曲枝语》。

正月十三日，李渔卒。渔(1611—1680)字笠鸿，号笠翁、觉世稗官等，浙江兰溪人。作有传奇《怜香伴》、《风筝误》、《意中缘》、《玉搔头》、《蜃中楼》、《奈何天》、《比目鱼》、《凰求凤》、《慎鸾交》、《巧团圆》，合称《笠翁十种曲》。另撰有《闲情偶寄》，其中论戏曲部分亦为人辑出，名之曰《李笠翁曲话》。

李式玉明末清初在世。式玉(1621—?)字东琪，浙江钱塘(今杭州)人。作有传奇《女董永》、《香梦楼》。

夏纶生。

吴震生生。

清康熙二十年(1681)　　辛酉

春，尤侗子尤珍成进士，选翰林院庶吉士，尤侗遂告老辞归。

周稚廉作《元宝媒》传奇，求正于吴绮。其《珊瑚玦》传奇约作于本年以前。

吴绮自苏州回扬州原籍居住。

孔尚任纳赀为国子监生。

赵瑜清初在世。瑜字瑾叔，杭州人。作有传奇《青霞锦》、《翠微楼》，今皆佚。

张坚生。

清康熙二十一年(1682)　　壬戌

尤侗以修史所见资料，作《明史乐府》一百首。

查慎行自贵州归来，从学于黄宗羲。

傅山为尤侗作《鹤栖堂图》。

王抃作《浩气吟》传奇，并在是年上演。

万树为两广总督吴兴祚幕僚，暇日作剧本，由吴家伶人搬演。传奇《玉双飞》、《空青石》、《黄金瓮》等成稿。

五月初五日，唐英生。

清康熙二十二年(1683)　　癸亥

查慎行到苏州游览。

吴绮在苏州观看《邯郸梦》传奇演出，然后与龚贤等同赴广州，又与屈大均往观虎门。

孔尚任在曲阜修《阙里志》，并为衍圣公府监造乐器，训练乐舞。

万树纂定所著《词律》。

尤侗告假回苏州，家居二十余年而卒。

徐沁卒。沁(1626—1683)字冰浣，号野畦，浙江绍兴人。作有传奇《香草吟》、《载花舲》，合称《曲波园传奇》。或谓传奇《广寒香》、《丰乐楼》、《芙蓉楼》、《易水歌》等亦为其所作。

汪光被康熙间为岁贡生。光被字幼安，安徽歙县人。作有传奇《芙蓉楼》、《广寒香》、《易水恨》，均存。

清康熙二十三年(1684)　　甲子

岳端受封为多罗郡王。

九月，清圣祖南巡过山东，举行祭孔大典。孔尚任主持祭祀，得帝褒奖，特简为国子监博士。尚任感激涕零，作《出山异数记》。

尤侗携童仆七人至福州交显贵，不遇而返。

秋，程镳乡试中举。

傅山卒。山(1606—1684)字青主，号啬庐、朱衣道人等，山西阳曲(今太原)人。作有《红罗镜》传奇。

孟称舜卒。称舜(1600—1684)字子若，又字子适，号卧云子，浙江山阴(今绍兴)人。辑有《古今名剧合选》，分《柳枝》、《酹江》两集。曾校刻元钟嗣成《录鬼簿》。作有传奇《娇红记》、《二胥记》、《贞文记》，今存；另有《二乔记》、《赤伏记》，今佚。

清康熙二十四年(1685)　　乙丑

正月，孔尚任进京就职，受到特殊礼遇。

洪昇作《回文锦》传奇成，又作《天涯泪》杂剧，以寓思亲之意。

曹寅自金陵回北京，任内务府郎中。

万树所作一些小剧，如《骂东风》、《青钱赚》等先后上演，所作传奇《锦尘帆》、《十串珠》、《金神凤》等都有传稿。

乔莱充日讲起居注官，旋迁侍讲，转侍读。

清康熙二十五年(1686)　　丙寅

二月，洪昇归里觐省，毛奇龄等以诗赠别。秋，客游衢州。

七月，孔尚任奉命随孙在丰南行勘察河工，设署泰州，旋至扬州，与冒襄、邓汉仪会晤，主动结交当地或流寓的名士，结成诗社，相互倡酬，诗作颇丰。

万树作《风流棒》传奇。

尤侗初刻《西堂全集》。

吴绮序《记红集》，是年刊行。

查慎行馆北京明珠家，著《人海记》。

清康熙二十六年(1687)　　丁卯

夏，洪昇应江阴知县陆次云邀请，客居江阴半载。是年，洪昇以所作诸种传奇征吴绮题，有诗纪事。吴绮亦至江阴与洪昇会晤。

朱容等编定洪昇诗为《稗畦集》，《啸月楼集》中所收"颂圣"之作悉删去。

裘琏经黄宗羲荐，与修《大清一统志》。撰写《三楚志》。

乔莱在京被解职回宝应，以司马光败于党争自比，作《耆英会记》传奇。

孔尚任作《西团记》，因治河事赴兴化。冒襄对孔尚任谈南明史实、侯方域与李香君交往历史，对孔尚任创作《桃花扇》传奇影响很大。

万树所撰《词律》二十卷刊行。

清康熙二十七年(1688)　　戊辰

正月，洪昇自江阴至于北京。经扬州，为徐旭旦校《灵秋会》剧。至京改传奇《舞霓裳》为《长生殿》，与徐麟审音协律，无一字不慎。既出，传唱甚盛。时《闹高堂》、《孝节坊》诸剧亦已完成。

吴绮患耳聋，作《听翁自传》，并与余怀、张芳在苏州集饮，作《三老二百二十岁》诗。

孔尚任居扬州天宁寺官舍，与吴绮时相过从，又与顾彩相识，此后交往日密。

查慎行南还，过宝应时与乔莱会晤。

冒襄家戏班演出吴伟业《秣陵春》传奇。

万树卒。树（？—1688）字红友，号山农，苏州宜兴（今属江苏）人。作有传奇九种，今存《空青石》、《念八翻》、《风流棒》，总名《拥双艳三种曲》。

清康熙二十八年（1689）　　己巳

八月，洪昇招伶人于宅中演《长生殿》。值佟皇后于上月病逝，犹未除服，给事中黄六鸿劾洪昇等于国恤日张乐为“大不敬”。洪昇因此下刑部狱。狱决，革去国子监学籍。与会者朱典、赵执信等革职，查慎行、陈奕培亦革去国子监学籍。

十二月，孔尚任河局事毕回北京前往游南京。凭吊明故宫与明孝陵。自南京回扬州，途经栖霞山，至白云庵访故明大锦衣张薇，听说南明故事，准备作《桃花扇》。

乔莱以家乐供奉清圣祖南巡，蒙赐银项圈，因名其部曰“赐金班”。

冒襄家戏班上演万树《空青石》传奇，又上演王续古所作《非非想》传奇。

周稚廉客扬州，与孔尚任、吕履恒等作诗会。本年冬归里。

沈玉亮《鸳鸯冢》传奇作于本年除夕之前。玉亮字瑶岑，一字瑶琴，号一村、亦村，浙江武康人。作有传奇《鸳鸯冢》、《春富贵》，均存。

清康熙二十九年（1690）　　庚午

二月，孔尚任回京，仍任国子监博士，颇有冷遇之感。

曹寅到苏州任织造，与尤侗、余怀等会见。

查慎行辑此时诗作为《橘社集》。

洪昇因《长生殿》之祸，萌生避世之念，欲向佛门求解脱。经僧友智朴开导，情绪稍有缓解。

乔莱所纂《宝应县志》刊行。

朱雝与李书云合编《音韵须知》。

尤侗与毛奇龄会饮于杭州湖舫。

丘（丘一作邱）园卒。园（1617—1690）字屿雪，号坞丘山人，苏州常熟（今属江苏）人。作有传奇《党人碑》、《百福带》、《幻缘箱》，今存；与人合作《四大庆》等，另《蜀鹃啼》已佚。

朱佐朝约卒于本年前后。佐朝（？—1690?）字良卿，苏州吴县（今江苏苏州）人。作有传奇三十多种，今全本存者有《渔家乐》、《艳云亭》、《吉庆图》、《朝阳凤》、《夺秋魁》、《乾坤啸》、《石麟现》、《五代荣》等十六种。

清康熙三十年（1691）　　辛未

春，洪昇自京南归，家属仍留京师。至秋，赴京接家眷。既抵京，旋即携家眷返里。

孔尚任仍任国子监博士，在京得小忽雷乐器。

周稚廉客扬州，与孔尚任、吕履恒等作诗会。

岳端由郡王降为贝子。

张三异卒。三异（1609—1691）字鲁如，号禹木，湖北汉阳人。作有《五伦镜》传奇。

春，钱肇修成进士。肇修（1652—?）字石辰，号杏山，浙江钱塘（今杭州）人。

作有《芙蓉峡》传奇，今存残本。

清康熙三十一年(1692) 壬申

春，洪昇作《西湖竹枝词》诗。夏，与刘廷玑同至虎跑烹茶。

五月，尤侗、余怀、曹寅等会苏州揖青亭看菜花。

曹寅被正式任命为江南织造，直至病死。在苏州上演所作《北红拂记》杂剧，尤侗为作《题北红拂记》。又上演王续所作杂剧《清平调》。

邹玉卿《双螭璧》传奇有本年抄本。玉卿，字昆圃，江苏长洲(今苏州)人。另有《青虹啸》传奇，今存。

清康熙三十二年(1693) 癸酉

顾彩在北京，所作《楚辞谱》杂剧在北京上演。

秋，查慎行应乡试中举。

秋，夏纶应乡试不售，其后八试秋闱，皆报罢。

周公鲁康熙间在世。公鲁字公望，江苏昆山人。作有《锦西厢》传奇。

李凯生。

清康熙三十三年(1694) 甲戌

正月，孔尚任仍在北京国子监博士任上。作《燕台杂兴》诗四十章，并与顾彩合撰《小忽雷》传奇。由孔尚任构思情节，顾彩执笔填词。

春，吕履恒成进士。

秋冬间，洪昇往合肥访李天馥。过苏州，有诗题唐寅墓。返里后，于孤山筑稗畦草堂以居。

徐旭旦官兴化县丞，后擢知县。

吴绮卒。绮(1619—1694)字丰南，又字薗次，号绮园，扬州江都(今属江苏)人。曾奉诏作《忠愍记》传奇，另作有传奇《啸秋风》、《绣平原》，今佚。

乔莱卒。莱(1642—1694)字子静，号石林，江南宝应(今属江苏)人。作有《耆英会记》传奇。

周稚廉卒。稚廉(1666—1694)字冰持，号可笑人，江南华亭(今上海松江)人。作有传奇数十种，今存《珊瑚玦》、《元宝媒》、《双忠庙》三种，合称《容居堂三种曲》。

陈轼卒。轼(1617—1694)字静机，福建侯官(今福州)人。作有传奇、杂剧多种，今存抄本《续牡丹亭》传奇。

清康熙三十四年(1695) 乙亥

顾彩离京赴潮阳，孔尚任作诗相送。

洪昇《长生殿》传奇授梓，门人汪熷为之作序，毛奇龄抵杭州，洪昇又乞其为《长生殿》作序。

查慎行自北京游汴后回浙江。

孔尚任迁户部主事，任宝泉局监铸。撰《人瑞录》。

余怀卒。怀(1616—1695)字澹心，号曼翁，福建莆田人，流寓南京。作有《板桥杂记》，对明末清初南京的戏曲演员颇多评介。

吴骐卒。骐(1620—1695)字日千，号铠龙，又号九峰遗黎，江南华亭(今上海松江)人。作有传奇《蓝桥月》、《金钱记》、《天台梦》、《碧霞记》，皆不存。

吴震生生。

清康熙三十五年(1696) 丙子

洪昇往游金陵。

冬，孔尚任寄张潮一札，并王士禛十三种书稿。

尤侗因家仆打死人发生讼案，江苏巡抚宋荦力为解脱。

清康熙三十六年(1697)　　丁丑

孔尚任与顾彩合作之《小忽雷》传奇在京上演。

春，洪昇、吴仪一与赵执信遍游西湖诸胜。秋，洪昇至苏州，时吴中之好事者正演《长生殿》，江苏巡抚宋荦主之，极一时之盛。请尤侗作《长生殿序》。

唐英入值内廷，车尘马足，栉风沐雨，几无一息之暇。

龙燮卒。燮(1640—1697)字理侯，号雷岸，江南望江(今属安徽)人。作有传奇《江花梦》、《琼花梦》。

清康熙三十七年(1698)　　戊寅

四月，岳端因事革贝子爵，作《扬州梦》传奇寄慨。

顾彩、张潮为陈鼎《留溪外传》作序。

沈永令卒。永令(1614—1698)字文人，号一枝，江南吴江(今江苏苏州市吴江区)人。作有《桃花寨》传奇，今佚。

清康熙三十八年(1699)　　己卯

三月初三日，孔尚任与社友城南修禊，有诗纪事。六月六日，孔尚任撰传奇《桃花扇》成。七月，接张潮书札，并《出山异数记》及《人瑞录》印样。秋，康熙命内侍索剧本观之。

吕履恒作《洛神庙》传奇。

尤侗在清圣祖南巡至苏州时，献《平朔颂万寿诗》，帝嘉之，赐御书"鹤栖堂"匾额。

张坚游南郊归，因梦作《梦中缘》传奇，剧成，不肯轻售，携之出游四方。

何蔚文卒。蔚文(1625—1699)字稚元，云南洱源人。作有传奇《插一脚》、《摄身光》、《笔花梦》、《吹更弹》、《缅瓦十四片》五种，均佚。

崔应阶生。

清康熙三十九年(1700)　　庚辰

正月，孔尚任邀友人集岸堂，赋诗，奏《桃花扇》新曲。三月，在京草桥与万斯同等十五人修禊，作诗纪事。三月中旬，升户部广东司员外郎，不久，孔尚任以"疑案"(论者或谓与其创作《桃花扇》有关)被罢官。

五月，洪昇与友人泛舟西湖。

尤侗刻朱彝尊所辑宋尤袤《梁溪遗稿》。

程镳作《蟾宫操》传奇成，时在京城。

黄图珌生。

清康熙四十年(1701)　　辛巳

三月，洪昇与毛奇龄、朱襄等二十三人集杭州城东药园送春，分韵赋诗。秋，应王泽弘之邀，往江宁。冬末，自江宁返回，于杭州度岁。

查慎行到北京，请禹之鼎作《初白庵图》。本年前后作《阴阳判》传奇。

朱皠约于此年后去世。皠(?—1701?)字素臣，号笙庵，以字行，江南吴县(今江苏苏州)人。协助李玉参订《北词广正谱》。所作传奇十九种，今存十三种，内与人合作三种，代表作为《十五贯》、《未央天》、《翡翠园》等。

商盘生。

清康熙四十一年(1702)　　壬午

夏，洪昇往游江宁，以《长生殿》示王廷谟。廷谟大为赞赏，为之作序。

八月，许廷录作传奇《五鹿块》成。

张大复所作《紫琼瑶》传奇刊行。

查慎行因荐入直内廷南书房。

冬，孔尚任返回山东曲阜过隐居生活，直至去世。

王抃卒。抃（1628—1702）字怿民，号巢松，江苏太仓人。作有传奇四种，《筹边楼》今存，《舜华庄》、《浩气吟》、《鹫峰缘》已佚。

清康熙四十二年（1703）　癸未

正月，孔尚任家居，祝老母八十一岁寿。

春，查慎行成进士。

八月，许廷录作《五鹿块》传奇成。

曹寅以所作杂剧《太平乐事》寄洪昇，洪昇为之作序。

洪昇作《四婵娟》杂剧成。为吕熊评小说《女仙外史》，且欲取书中练霜飞、刘松碧事为作传奇。《长生殿》在好友吴焯料理下，本年刻完上半部，下半部亦付刻，但在逝世前未能看到《长生殿》全部刊行。

清圣祖南巡，尤侗接驾称旨，授翰林院侍讲。

裘琏于本年及后年两次赴杭州，向南巡的清圣祖献《迎銮赋》等作品。

李本宣生。

清康熙四十三年（1704）　甲申

三月，洪昇应江南提督张云翼之聘，往游松江。云翼延为上宾，为演《长生殿》侑觞。曹寅闻之，亦迎洪昇至江宁，为演《长生殿》剧。每演一出，洪昇即与曹寅校对剧本，以合节奏，凡三昼夜始毕，一时传为盛事。六月初一日，洪昇自江宁返，行经乌镇，酒后登舟，坠水而卒。昇（1645—1704）字昉思，号稗畦，浙江钱塘（今杭州）人。作有《长生殿》传奇，另有《四婵娟》杂剧。

五月初五日，孔尚任目睹二麦歉收，饿殍载道，作《端午有感》诗。九月十七日，孔尚任作《自寿》诗二首，抒写平生感慨。《桃花扇》在苏州上演。

七月，查慎行作传奇《阴阳判》成。

顾彩作《悲哉行》诗记灾。

尤侗卒。侗（1618—1704）字同人，号西堂，江南长洲（今江苏苏州）人。作有《钧天乐》传奇，另有杂剧《读离骚》、《吊琵琶》、《桃花源》、《黑白卫》、《清平调》五种。

岳端卒。岳端（1670—1704），或作蕴端，字正子，一字兼山，号红兰主人，又号玉池生。作有《扬州梦》传奇，主编《南词定律》。

清康熙四十四年（1705）　乙酉

三月，孔尚任家居，闻清圣祖南巡，泊舟济宁，随衍圣公前往接驾，希图再起，终失望而归。

曹寅受命在扬州设局编纂《全唐诗》，于扬州天宁寺成立《全唐诗》书局，由彭定求等九人分任编校。

顾彩客湖南桃源。

黄鈜卒于本年后。鈜（1656—1705后）字招愔，号雁翁，浙江山阴（今绍兴）人。作有《四友堂里言》传奇。

清康熙四十五年（1706）　丙戌

九月，孔尚任游恒山，后寓真定刘中柱署中，观看《桃花扇》演出。

曹寅《楝亭十二种》刊于扬州，又在南京刻印《广韵》、《玉篇》。

许廷录作《两种情》传奇。

孔传鋕袭五经博士，授通议大夫。

程镳于本年官粤西白州。镳字介溟，号瀛鹤，浙江杭州人。作有《蟾宫操》传奇，今存。

本年，张蘩应征北上，设帐王府，暇时作戏曲消遣。蘩字采于，女，江苏苏州人。作有《双叩阍》传奇。

路术淳康熙间在世。术淳，山东安丘人。作有《玉马佩》传奇。

清康熙四十六年(1707)　丁亥

冬，孔尚任助知府刘棨修《平阳府志》。

曹寅年五十岁，醵金重修仪征县学，以为称寿之举。

顾彩客曲阜孔尚任家，撰写剧本。

叶时章约卒于本年。时章(1624?—1707?)字稚斐，号牧拙，以字行，江南吴县(今江苏苏州)人。作有传奇九种，《琥珀匙》、《英雄概》今存，余皆佚。另与人合作《四大庆》。

清康熙四十七年(1708)　戊子

二月，孔尚任与修《平阳府志》成，返曲阜。三月，天津佟鋐游曲阜时访孔尚任，对《桃花扇》赞叹不已，愿出资刊行。尚任遂酌定全文，并作《桃花扇小识》、《桃花扇本末》诸文，付梓。

八月，朱彝尊遵曹寅之嘱，编成《两淮盐策志》二十卷。又编《曝书亭集》八十卷成。

清康熙四十八年(1709)　己丑

严禁满洲人演戏、学唱、戏耍，又严禁戏女进城演唱。

春，张照成进士。

五月，孔尚任游大梁、武昌等地。

顾彩编成《草堂嗣响》。

王墅所作《拜针楼》传奇由贵德堂刊刻。事无所本，或为作者自身写照。墅字北畴，安徽芜湖人。作有传奇两种，《拜针楼》今存，《后牡丹亭》已佚。

清康熙四十九年(1710)　庚寅

正月，孔尚任客武昌，旋归曲阜。三月，同人游石门山，有诗纪行。

黄之隽至京，馆于陈元龙家。

吴庞，字士科，号名翰，江西临川(今抚州)人。作有传奇《合欢图》、《金不换》、《没名花》、《红莲案》。

石子斐康熙间在世。子斐字成章。浙江绍兴人。作有传奇《正昭阳》、《龙凤衫》、《镇灵山》，后两种今佚。

清康熙五十年(1711)　壬卯

戴名世《南山集》狱起。

江南科场案起。

初夏前，孔传鋕作《软羊脂》传奇成。

夏、秋之交，孔尚任为泰山、历下之游。

黄之隽随陈元龙赴桂林。

孙钟龄所作《醉乡记》传奇在淮安上演。

张澜官曲阳知县，《万花台》传奇作于本年。澜字观生，号张呆，可能为浙江绍兴人。所作传奇十三种，总名《巧十三传奇》。今存《千里驹》、《万花台》、《三世因》三种，另《一笑缘》、《二篷媒》、《四才子》、《五色旗》、《六图终》、《七宝钗》、《八洞天》、《九华山》、《十锭金》、《百岁坊》已佚。

清康熙五十一年(1712)　壬辰

三月，孔尚任应莱州知府陈谦聘，往莱州助修《莱州府志》。

裘琏作《万寿升平乐府》十二出，称颂

皇帝功德，进献给清圣祖。

七月二十三日，曹寅卒。寅（1658—1712）字子清，号楝亭，原籍直隶丰润（今属河北），一说为辽阳。先世为汉族，自其祖父起为满洲贵族包衣，隶属于正白旗。作有《虎口余生》传奇，已佚，另有《续琵琶记》传奇、《北红拂记》及《太平乐事》杂剧，今存。

清康熙五十二年（1713）　癸巳

查慎行解京职后回浙江，杜门著书。

孔尚任卸莱阳知府幕职，回曲阜。

姚子懿，浙江嘉兴人。作有《后寻亲》传奇。

清康熙五十三年（1714）　甲午

十一月下旬，孔尚任到淮南，访问神交已久的淮徐道观察刘廷玑，相互选订诗集。尚任纂类书《稗海》，有部分成稿。

裘琏蹭蹬场屋者五十余年，其间先后在广陵杨家、昌安余家、歙县潘家、南屏戴家、海昌陈家坐馆课童，代人撰文，编纂方志，聊以为生。本年始举顺天乡试。

清康熙五十四年（1715）　乙未

春，裘琏成进士。

四月，孔尚任重游扬州，泛舟红桥。

程镳离开广西赴京接受新职。

张雍敬约卒于康熙间。雍敬字珩佩，又字简庵，浙江秀水（今嘉兴）人。作有传奇《醉高歌》、《千秋恨》、《再生缘》、《仙筵投李》等，仅前一种今存。

清康熙五十五年（1716）　丙申

毛奇龄卒。奇龄（1623—1716）字大可，号西河，浙江萧山人。作有传奇《放偷记》、《买家记》。

任炎作《菩提村》传奇成。炎字半舟，号岁寒居士，江南上元（今江苏南京）人。

韩锡胙生。

徐昆生。

清康熙五十六年（1717）　丁酉

胡士瞻，字云壑，号蘅洲，浙江杭州人。作有《后一捧雪》传奇，今存。

谢宗锡，字浩然，浙江绍兴人。作有《玉楼春》传奇，今存。

顾森生。

清康熙五十七年（1718）　戊戌

正月，孔尚任卒。尚任（1648—1718）字聘之，一字季重，号东塘，又号云亭山人，山东曲阜人。作有《桃花记》传奇，另与人合作《小忽雷》传奇。

春，朱瑞图《封禅书》传奇有本年朱勋题之序。瑞图字积之，号杏花使者，江苏常熟人。作有传奇四种，仅《封禅书》今存。

黄之隽自桂林回华亭，筑唐堂，旋因陈元龙召，赴北京。《忠孝福》传奇约作于本年之前。

吕履恒本年被罢官。

顾采卒。采（1650—1718）字天石，号梦鹤居士，江南无锡（今属江苏）人。作有传奇《南桃花记》、《后琵琶记》，并与人合作《小忽雷》传奇。

清康熙五十八年（1719）　己亥

吕履恒卒。履恒（1650—1719）字元素，号坦庵，河南新安人。作有《洛神庙》传奇，今存。

十二月，金兆燕生。

清康熙五十九年（1720）　庚子

崔应阶以父荫官顺天府通判。

徐旭旦卒。旭旦（1659—1720）字浴

咸,号西泠,浙江钱塘(今杭州)人。作有《芙蓉楼》传奇,今佚。

清康熙六十年(1721) 辛丑

春,黄之隽成进士。

张九钺生。

清康熙六十一年(1722) 壬寅

十一月十三日,清圣祖去世。十二月二十日,皇四子雍亲王胤祯即帝位,是为世宗,以明年为雍正元年。

裘琏拟进京祝清圣祖七十寿诞,至杭州闻帝崩乃止。

沈受宏卒。受宏(1645—1722)字台臣,江南太仓(今属江苏)人。作有《海烈妇》传奇,今存。

清雍正元年(1723) 癸卯

黄之隽奏文称旨,授翰林院编修。

唐英授内务府员外郎,兼佐领。

清雍正二年(1724) 甲辰

十一月,清世宗谕令禁止丧殡演戏,外官蓄养优伶。

张照典试福建。

黄振生。

清雍正三年(1725) 乙巳

清世宗谕令禁止盛京演戏。又谕令禁止江南苏松两府因蠲免浮粮而聚会演戏。

十月二十八日,蒋士铨生。

清雍正四年(1726) 丙午

查慎行因受查嗣庭试题狱牵连,在京被捕入狱。

黄之隽回北京,参与纂修《明史》。

李漫翁所作《御炉香》传奇刊刻。

夏秉衡生。

吕公溥生。

清雍正五年(1727) 丁未

本年,清廷禁演关羽戏。

五月,查嗣庭案结案,查慎行获释。

黄之隽因官福建时旧案,被弹劾落职,回原籍松江华亭。

查慎行卒。慎行(1650—1727)初名嗣琏,字夏重,后改今名,字悔余,号他山,又号初白,浙江海宁人。作有《阴阳判》传奇。

清雍正六年(1728) 戊申

三月,清世宗诏谕,称民间演戏,“国法无一概禁止之理”,“凡属演戏皆为犯法,国家无此科条”。

秋,张照奉师曾静之命,化名张倬,投书川陕总督岳钟琪,劝其反清,被告发下狱。

唐英调江西景德镇窑务监督。

黄图珌入都谒选,得官杭州府同知。

裘琏获罪系狱,罪状不明,或谓与昆山三徐有关涉。

清雍正七年(1729) 己酉

五月,曾静、吕留良文字狱起。

李应桂《梅花诗》传奇作于本年。应桂字叶梦,号蕊庵,浙江绍兴人。作有传奇《梅花诗》、《小河洲》、《盖世雄》,后一种今佚。

裘琏因死京中。琏(1644—1729)字殷玉,号未亭,浙江慈溪人。作有传奇《女昆仑》、《混元盒》、《醉书箴》、《绣当垆》,后三种今佚。

清雍正八年(1730) 庚戌

春,商盘成进士。

李渔诗文集《笠翁一家言》刊行。

春,李凯成进士。

张照官内阁学士。

清雍正九年(1731)　　辛亥

黄之隽撰《江南古今地名考》。应聘赴南京,编纂《江南通志》。

李凯《寒香亭》传奇作于本年之前。

孔传鋕卒。传鋕(1678—1731)字振文,号西铭,山东曲阜人。作有传奇《软羊脂》、《软邮筒》、《软锟鋙》,今存。

金兆燕父金榘授经扬州钞关河下罗宅,兆燕随往读书。

方成培生。

张埙生。

清雍正十年(1732)　　壬子

八月,孙埏作《锡六环》(一名《弥勒记》)传奇成。

秋,张应楸乡试中举。

周淦雍正、乾隆间在世。淦字渔村,号铁笛道人,江苏长洲(今苏州)人。作有《定天山》传奇。

周昂生。

徐爔生。

清雍正十一年(1733)　　癸丑

黄之隽所作《忠孝福》传奇在浙江刊行。合前所作杂剧四种合称《唐堂乐府》。

张九钺年十三,作《登采石谪仙楼放歌》诗。

夏,蔡应龙作《琵琶重光记》传奇成,系补元高则诚《琵琶记》戏文而作。

金兆燕为应童子试,常客滁州,与州中名士纳交。

永恩封贝勒。

张照官刑部左侍郎。

清雍正十二年(1734)　　甲寅

张照擢刑部尚书。

黄之隽《香屑集》刊行。

十二月初五日,李调元生。

清雍正十三年(1735)　　乙卯

八月,清世宗去世,九月,皇太子弘历即帝位,是为高宗,定明年为乾隆元年。

本年,清廷定律条例,严禁百姓借丧事招集亲邻,杂陈百戏,敕督、抚严加查拿,违者治罪;严禁城市乡村当街搭台演唱夜戏,否则将为首者杖一百,枷号一月。对地方保甲及负责的文武各官,也作了相应的处罚规定。

五月,蒋士铨随父母游燕、赵、秦、魏、齐、梁、吴、楚间。后寓居山西泽州。

八月,蔡应龙作《紫玉记》传奇成。应龙字潜庄,号吟颠,别署玉麈山人。作有传奇《琵琶重光记》、《紫玉记》,今存。

张照出任抚定苗疆大臣。乾隆改元,召还,未至,被逮下刑部狱,又被劾縻饷百万,狱成。

董榕为拔贡。

邹山约卒于本年前后。山(1645—1735?)字峄佣,号无声讴者,别署桃花溪上人,江西宜黄人。作有《双星图》传奇。

清乾隆元年(1736)　　丙辰

五月,江西巡抚俞兆岳奏,禁扮演淫戏,以厚风俗。清高宗谕令:忠孝节义,固足以发人之善心,而猥亵之词,亦足以动人心之公愤,此《郑》、《卫》之风,孔子所以存而不删也。若能不行抑勒,而令人皆喜忠孝节义之戏,而不观淫秽之戏,亦移风易俗之一端也。

九月,试博学鸿词,取十五人。

唐英改任淮安关监督。

黄之隽以荐试博学鸿词,因年老目

眵，不能终卷，罢归。

夏纶本拟应博学鸿词，有阻之者，因归山，以著述自娱。

张照狱廷议当斩，清高宗特命赦免。

张旺奉命制作院本进呈，以备乐部演习。

孙埏中副贡。埏字上登，号碧溪，浙江奉化人。作有传奇《锡六环》、《两重天》，后一种今佚。

清乾隆二年（1737）　　丁巳

九月，张照复被起用为内阁学士。

周皑，字用昭，号梅花词客，安徽歙县人。作有传奇《黄鹤楼》、《滕王阁》。

清乾隆三年（1738）　　戊午

八月，黄图珌作传奇《雷峰塔》成。

张雍敬所作传奇于本年有灵雀轩刻本。雍敬字珩佩，浙江嘉兴人。作有《醉高歌》传奇，今存，另《十二奇踪记》传奇等均佚。

清乾隆四年（1739）　　己未

黄之隽作《飞鸿堂记》。

唐英调回景德镇，仍监窑务，并兼九江关监督。

蒋士铨受业于山西王允升。学诗，读李商隐诗集，爱之，积成四百首而病卧。

金兆燕为廪生。

清乾隆五年（1740）　　庚申

清高宗下令禁止杂剧戏文扮演历代帝王后妃及先贤先圣、忠臣烈士神像。

黄图珌量移衢州同知，迁河南卫辉府知府。

宋廷魁《介山记》传奇作于本年或稍前。

十二月十四日（公历已入1741年），钱维乔生。

姜兆翀生。

清乾隆六年（1741）　　辛酉

清高宗敕纂《九宫大成南北词宫谱》。

张照总管律吕正义馆，为清廷作御用剧曲。续修《律吕正义》，将仅有五卷的原书增编至一百二十卷。

张照荐黄之隽入律吕正义馆，之隽坚辞不就。

李本宣为吴敬梓《文木山房集》作序。

韩锡胙为拔贡，补八旗教习。

张九钺为拔贡，充教习。

黄图珌作《栖云石》传奇成。

金兆燕随父客扬州，凡三年，以后又各馆他舍。

沈起凤生。

清乾隆七年（1742）　　壬戌

本年，清高宗命设立乐部，专典祭祀、朝会、燕飨中演乐及审定乐器、音律等事务，奏乐旧用戏曲者均改撰乐章。

唐英作《笳骚》演蔡文姬事。剧成，曾由家伶阿雪歌唱，合以洞箫。

张照复官刑部尚书，兼管乐部，供奉内廷。

冬，黄之隽作《冬夜雨寮记》。

郑兆龙生。

瞿颉生。

清乾隆八年（1743）　　癸亥

唐英督造景德镇官窑，撰《陶冶图说》。

宋廷魁为《介山记》传奇作《或问》。廷魁字其英，号竹溪，山西介休人。作有《介山记》传奇，今存。

陈烺（字士辉）生。

清乾隆九年(1744)　甲子

蒋士铨随父至山西,游太行山后复还江西。

唐英作《转天心》传奇。

张九钺在京任官学教习。

程嗣立卒。嗣立(1688—1744)字风衣,号水南,江苏安东(今涟水)人。作有《双簪记》传奇。

倪蜕约卒于本年后。蜕(1668—1744后)本名羽,字振九,改今名,号蜕翁,江苏松江(今属上海)人。作有《情中侠》传奇,今佚。

清乾隆十年(1745)　乙丑

十二月,张照奔丧南还,道经宿迁发病卒。照(1691—1745)字得天,号泾南,又号天瓶居士,江苏娄县(今上海松江)人。编有宫廷大戏《升平宝筏》、《劝善金科》,各为二百四十出之巨制。

清乾隆十一年(1746)　丙寅

五月,蒋士铨还铅山应童子试,为弟子员。本年读书宜园,始肆力于诗。

本年,周祥钰等奉敕编撰《九宫大成南北词宫谱》成。祥钰,江苏常州人。曾参与编制宫廷大戏《忠义璇图》、《鼎峙春秋》。

傅玉书生。

孔广林生。

清乾隆十二年(1747)　丁卯

秋,蒋士铨、金兆燕、韩锡胙乡试中举。

黄之隽编定所著《唐堂集》,并作自传文《冬录》。

许廷录卒。廷录(1678—1747)字升闻,号适斋,一名逸,江苏常熟人。作有传奇《五鹿块》、《两种情》,今存;另有《五虎山》,已佚。

清乾隆十三年(1748)　戊辰

春,蒋士铨应会试报罢。九月与唐英同南返。

春,金兆燕应会试报罢。初来京师,广交朋友,省父安徽休宁县学训导署中。

沈起凤初应童子试。

黄之隽卒。之隽(1668—1748)字石牧,号唐堂,江苏华亭(今上海松江)人。作有《忠孝福》传奇。

姜鸿儒卒。鸿儒(?—1748)字锡璜,江苏华亭(今上海松江)人。作有《赤壁记》传奇,今存。

黎简生。

清乾隆十四年(1749)　己巳

冬,唐英移任广东海关,并在九江重修琵琶亭。

张坚应九江关监督唐英之邀,入幕。

夏纶《无瑕璧》传奇作于本年前。《南阳乐》传奇初稿于雍正五年(1727),再稿于乾隆九年,本年成第三稿定本。

张应楸作《鸳鸯帕》传奇成。

夏秉衡作《八宝箱》传奇成。

黄图珌作《双痣记》传奇成。

程枚生。

仲振奎生。

王筠生。

清乾隆十五年(1750)　庚午

正月,蒋士铨由江西巡抚彭家屏推荐,为《南昌县志》协裁。在南昌初见西洋油画,作诗志之。

唐英为张坚刻其所作《梦中缘》传奇,芮宾王为之作跋。

张坚本年起至乾隆二十一年客居浙江。

夏纶将乾隆十一年至十四年所作传奇《无瑕璧》、《杏花村》、《瑞筠图》、《广寒梯》、《南阳乐》付刻，名为《惺斋五种》。

金兆燕就芜湖馆。

李斗生。

清乾隆十六年(1751)　　辛未

春，蒋士铨在南昌志局任职，作杂剧《一片石》、《康衢乐》、《忉利天》、《长生箓》、《升玉瑞》五种。

董榕作《芝龛记》传奇。

张九钺在昆明作《游铜瓦寺记》。

夏秉衡刻所辑《清绮轩词选》三十卷。

张坚作《玉狮坠》传奇。

左潢生。

清乾隆十七年(1752)　　壬申

春，夏纶撰《花萼吟》传奇，次年《花萼吟》与《惺斋五种》合刻为《新曲六种》。

夏，蒋士铨再赴京师应礼部恩科会试，九月报罢。馆青州，所作《一片石》杂剧在南昌上演。

张九钺在云南作《一片石歌》诗寄蒋士铨。

张坚约于本年作《梅花簪》传奇。

金兆燕三应会试，仍落第，于冬初还里。

永恩袭封康亲王。

清乾隆十八年(1753)　　癸酉

七月，清高宗下令禁止将《水浒传》、《西厢记》等汉文小说、戏曲译成满文。

秋，夏秉衡乡试中举。

唐英成《虞兮梦》传奇初稿。

韩锡胙《渔村记》传奇成于本年。

金兆燕至休宁省父，即往湖北谋食。中经九江，访九江关监督唐英。

夏纶约于此年后去世。纶(1680—1753?)字言丝，号惺斋，浙江钱塘(今杭州)人。作有《新曲六种》，包括《无瑕璧》、《杏花村》、《瑞筠图》、《广寒梯》、《南阳乐》(以上五种合称《惺斋五种》)和《花萼吟》六种传奇。

范鹤年生。

杨瑛昶生。

董达章生。

杨芳灿生。

清乾隆十九年(1754)　　甲戌

春，金兆燕四应会试仍落第。归里后家无半岁之储，冒暑至扬州，与吴敬梓寓所相近，昕夕过从。残冬风雪，典裘而归。除夕，一家惨然不乐。

春，蒋士铨入会试仍报罢，由举人官内阁中书，入阁管汉票签事。九月，告假回江西，途中作《空谷香》传奇。

李凯官绍兴教谕。

黄图珌秩满入觐。

和睦州《一江风》传奇约成于本年或稍前。睦州字愉斋，号霁园，别署蛾述斋主人。

张坚作《怀沙记》传奇。

唐英《巧换缘》传奇作于本年之前。《天缘债》传奇也约作于本年之前。

清乾隆二十年(1755)　　乙亥

正月，金兆燕又出门谋事，先后在芜湖、苏州两地为客。四月，游幕石门。

张九钺在南京观金陵杂技，作长歌纪事，旋赴苏州游览。

钱维乔补博士弟子员，娶妻汪氏。

清乾隆二十一年(1756)　丙子

九月二十六日，蒋士铨全家登舟经淮徐北行，打冰渡河时翻车几死，作《覆车纪行》诗。

金兆燕客仪征知县署，时往扬州，与程廷祚、郑燮、王文治等人欢饮。

唐英卒。英(1682—1756)字俊公，号蜗寄居士，辽宁沈阳人，隶汉军正白旗。所作戏曲今存十九种，原总称《灯月闲情》，也称《古柏堂传奇》。其中包括传奇五种《转天心》、《巧换缘》、《天缘债》、《双钉案》、《梁上眼》，今存。

张衢生。

石韫玉生。

清乾隆二十二年(1757)　丁丑

春，蒋士铨成进士，朝考列第一，改翰林院庶吉士。在翰林院，作《岁暮行》诗诉贫。

春，金兆燕五应会试仍落第。客昭文知县官署。

清乾隆二十三年(1758)　戊寅

正月，蒋士铨作套曲题陈其年《填词图》。张埙至京，喜为长歌。

冬，金兆燕入两淮盐运使卢见曾幕，开始作传奇《旗亭记》，有依附俳谐以适主人意之悲。

清乾隆二十四年(1759)　己卯

金兆燕《旗亭记》传奇刻成，卢见曾为序，病其头绪之繁，宫商未协，“间出醉笔挥洒胸臆”，加以修正。冬，金兆燕归省。

蔡应龙所作《紫玉记》传奇有本年清梦山房刊本。应龙，字潜庄，号吟颠，江苏江宁(今南京)人。除《紫玉记》外，另作有《全琵琶重光记》传奇。

清乾隆二十五年(1760)　庚辰

蒋士铨授翰林院编修，充武英殿纂修官。就北京风俗及杂技作《京师乐府》。

钱维乔不习举子业。本年授徒里中，曾侨寓扬州累月。

春，金兆燕迫于父命，进京六应会试，不第。

周书《鱼水缘》传奇有本年博文堂刻本。书字天一，号澹庐，江苏宝山(今属上海)人。作有《鱼水缘》传奇，今存。

董榕卒。榕(1711—1760)字念青，号恒岩，直隶丰润(今河北唐山)人。作有《芝龛记》传奇。

沈少云约生于本年，卒于道光初年。作有《一合相》传奇，今存。

王昙生。

庄逵吉生。

清乾隆二十六年(1761)　辛巳

本年开太后七旬万寿恩科，金兆燕七应会试，仍落第。六月，南归至扬州，《旗亭记》在扬州上演。仍在两淮盐运使署，继任者为赵恒斋。父亡，治丧甫毕，饥驱而出。

朱杏芳本年入扬州盐运使卢见曾署，作《玉尺楼》传奇成。杏芳字山渔，又字云裁，浙江长兴人。撰有《宫调谱》。

李凯卒。凯(1693—1761)字图凌，号雪崖，浙江鄞县(今宁波)人。作有《寒香亭》传奇。

清乾隆二十七年(1762)　壬午

清高宗令顺天府各衙门出示晓谕，张贴各戏院、酒馆，禁止旗人出入；又禁五城寺观僧尼开场演剧，谓“败俗酿弊，所关非细”。

秋，钱维乔、张九钺乡试中举。

八月，蒋士铨充顺天乡试同考官，有纪事诗六首。旋参与修纂《续文献通考》。名动京师，公卿争以识面为快。

仲冬，徐昆作《雨花台》传奇成。

清乾隆二十八年(1763)　　癸未

正月十三日，蒋士铨在厂甸得顾贞观、顾彩等旧所题史可法遗像家书卷子，为之作跋。充《续文献通考》纂修官。

春，钱维乔应会试报罢。

春，李调元成进士。

夏秉衡官蒲城知县。

张坚卒。坚(1681—1763)字齐元，号漱石，江苏江宁(今南京)人。作有传奇《梦中缘》、《梅花簪》、《怀沙记》、《玉狮坠》，合称《玉燕堂四种曲》。

陈钟麟生。

清乾隆二十九年(1764)　　甲申

四月二十日，蒋士铨因得罪权贵，乞归养母。侨居江宁，与袁枚为邻，时相过从，诗酒唱和。

黄振在里中与汪之珩、江干等举诗文社。

李斗《扬州画舫录》开始撰稿。

清乾隆三十年(1765)　　乙酉

春，张应楸成进士。应楸字松崖，直隶玉田(今属河北)人。作有《鸳鸯帕》传奇，今存。

三月，蒋士铨奉母还乡，赎南昌旧宅修葺之，作《赎老屋》诗，旋还铅山扫墓。

周昂得选贡，廷试授安徽宁国县训导。

秋，傅玉书乡试中举。

程廷祚以所作《莲花岛》传奇寄金兆燕，兆燕为作序。

夏秉衡任陕西盩厔知县，两年后离任。

夏大观为拔贡。大观字临次，号枫江，湖南湘潭人。作有传奇《陆判记》、《珠鞋记》，今存。

清乾隆三十一年(1766)　　丙戌

春，钱维乔再应会试报罢。南还后，栖于故里。

春，金兆燕八应会试，成进士。五月出都，南归仍留滞扬州。

春，王学淳成进士。授大邑知县。学淳字莘园，号听翁，浙江仁和(今杭州)人。作有《再生缘》传奇。

春，余集成进士。

徐昆作《碧天霞》传奇成。

张蘩应征北上，设帐宁王府。蘩字采玉，女，江苏苏州人。作有《双叩阍》传奇。

清乾隆三十二年(1767)　　丁亥

春，钱维乔赴京应选内阁中书之试，落选。

秋，夏秉衡作《双翠园》传奇成。

沈起凤与长洲吴翌凤、林蕃钟等结水村诗社，作《夜作昼》诗。

崔应阶作《双仙记》传奇，与吴恒宣合作。

商盘卒。盘(1701—1767)字苍雨，号宝意，浙江会稽(今绍兴)人。作有传奇《唐昌观》、《妙高台》。

程廷祚卒。廷祚(1691—1767)字启生，号绵庄，江苏上元(今南京)人。作有《莲花岛》传奇。

清乾隆三十三年(1768)　　戊子

正月初七日，蒋士铨赴杭州主崇文书

院讲席。三月，仍回绍兴，主讲蕺山书院。

四月，钱维乔丧妻，馆如皋。好神仙长生之言，作传奇《碧落缘》、《鹦鹉媒》。

春，金兆燕出任扬州府学教授。

秋，沈起凤乡试中举。后五应会试皆报罢。

秋，瞿颉乡试中举。后屡应会试皆报罢。

崔广阶官刑部尚书，转左都御史。

王筠《繁华梦》传奇完稿，由其父元常删改润色。

蒋士铨为袁枚作《题随园雅集图》。

清乾隆三十四年(1769)　　己丑

春，钱维乔三应会试报罢。南还后，仍馆如皋。

春，沈起凤应会试报罢。

韩锡胙作《渔村记》传奇。

吴震生卒。震生(1695—1769)字长公，号可堂，安徽歙县人。作有传奇《换身荣》、《天降福》、《世外欢》、《秦州乐》、《成双谱》、《乐安春》、《生平足》等十三种，总称《太平乐府玉勾十三种》，今存。

清乾隆三十五年(1770)　　庚寅

张九钺服阕，授广东始兴知县，复知保昌、海阳。

钱德苍选刻刊行最早收录清代地方戏曲剧目的《缀白裘》。

沈起凤作《泥金带》传奇成。

秋，周昂、姜兆翀乡试中举。

李本宣《玉剑缘》传奇约成于本年之前。

黄振作《石榴记》传奇成。

石琰所作传奇《天灯记》、《忠烈传》成于本年之前。

吴恒宣入漕督崔应阶幕。恒宣字来旬，号郁州山人，江苏海州(今东海)人。作有传奇《义贞记》、《双仙记》(与崔应阶合作)、《火牛石琰阵》、《玉燕钗》，后二种今佚。

秋，徐昆乡试中举，选阳城教谕。

清乾隆三十六年(1771)　　辛卯

春，钱维乔应试太后八旬万寿恩科，报罢。以明年有会试正科，遂留都不返。

沈起凤应试太后八旬万寿恩科，报罢。

蒋士铨初开安定书院讲席，金兆燕往见，相交甚欢。五月，在绍兴蕺山书院作《桂林霜》传奇成，有自序。

方成培据梨园演出本作《雷峰塔》传奇。

汪柱《梦里缘》传奇成于本年春之前。

秋，李树穀乡试中举。树穀字季芳，号东川，河南夏邑人。作有传奇《三忠国》、《云来梦》。

秋，王筠作《全福记》传奇成。

张九钺游惠阳，访苏轼遗闻，拟作《六如亭》传奇。

石琰《锦香亭》传奇成于本年前。琰字紫佩，号恂斋，江苏吴县(今苏州)人。作有传奇《天灯记》、《忠烈传》、《锦香亭》、《酒家佣》、《两度梅》，前四种合称《石恂斋传奇四种》。

黄图珌卒于此年后。图珌(1698—1771后)字容之，号守真子，江苏华亭(今上海松江)人。作有传奇《雷峰塔》、《栖云石》、《解金貂》、《温柔乡》、《梦钗缘》、《双痣记》。

陈文述生。

清乾隆三十七年(1772)　　壬辰

正月,清高宗命各省督、抚会同学政搜辑古今群书,将各书叙例、目录、朝代、作者、提要等具奏。又命在京成立《四库全书》馆,纂修《四库全书》。

三月,蒋士铨应两淮盐运使之聘,至扬州掌教安定书院。九月,《四弦秋》杂剧费时五日而成,金兆燕为题词。

春,沈起凤三应会试报罢。

周昂引疾归,以著述自娱。

胡业宏寄居天津。

黄振作《石榴记》传奇成。卒于本年后。振(1724—1772后)字瘦石,号柴湾村农,江苏如皋人。

陆继辂生。

清乾隆三十八年(1773)　　癸巳

春,蒋士铨与袁枚等同游扬州建隆寺,与老僧分韵赋送春诗。十二月,蒋士铨作《雪中人》传奇,八日脱稿。

十一月,傅玉书作《鸳鸯镜》传奇成。

石韫玉补县学生员。

韩锡胙署松太道,寻升苏松督粮道。

清乾隆三十九年(1774)　　甲午

正月,蒋士铨在扬州撰《铁丐传》。春,作传奇《香祖楼》、《临川梦》,有序。所作《四弦秋》杂剧在扬州演出。

十月十六日,李调元典试广东,过南昌,蒋士铨长子知廉往谒,并以《空谷香》、《冬青树》、《香祖楼》、《雪中人》四剧本贻之。

十二月,胡业宏客居津门,受友人怂恿而作《珊瑚鞭》传奇,蒋士铨为作序。业宏,别署小新丰山人,安徽桐城人。

李斗开始出游,从浙闽南下至广东,然后经江西、浙江返家。

夏秉衡作《诗中圣》传奇。秉衡(1723—?)字平千,号谷香子,江苏华亭(今上海松江)人。作有传奇《八宝箱》、《双翠圆》、《诗中圣》,合称《秋水堂传奇》。

宫敬轩游云南,与永恕庵订交。

清乾隆四十年(1775)　　乙未

春,吴锡麒成进士。

春,钱维乔六应会试报罢。出都赴陕西视侄婿崔龙见夫妇。本年以例入资为知县。

春,沈起凤四应会试报罢。客如皋,居冒襄水绘园故址。

六月初二日,蒋士铨自扬州扶母柩溯江返铅山归葬。此后三年,居丧在家。

八月,宫敬轩作《海岳圆》传奇。

九月,周昂作《玉环缘》传奇成。

清乾隆四十一年(1776)　　丙申

秋,蒋士铨作《第二碑》杂剧。冬,病中临《黄庭经》,并作自跋。

初秋,钱维乔复北上,九月,发往浙江试用。

程枚始作《一斛珠》传奇。

崔应阶调左都御史,加太子太保。

永恩作《五虎记》传奇成。

韩锡胙卒。锡胙(1716—1776)字介屏,号湘岩,浙江青田人。作有《渔村记》传奇与杂剧《南山法曲》、《砭真记》。

朱凤森生。

清乾隆四十二年(1777)　　丁酉

清廷设局于扬州修改戏曲,总校黄文旸,分校凌廷堪等。

清廷颁布禁止搬演戏曲律例,其中规定,凡旗员赴园看戏者,照违制律杖一百,

失察官员，交部议处。

二月，蒋士铨作《瓯北诗序》。

秋，左潢乡试中举。授丹阳教谕。

秋，陈烺乡试中举。

程枚从本年至乾隆四十六年与黄文旸、李经、凌廷堪等，奉命于扬州甄查古今剧曲。

方成培《香研居词麈》刊行。

钱维乔摄杭州总捕同知。

杨芳灿为拔贡。

清乾隆四十三年(1778)　　戊戌

春，蒋士铨还京为国史院纂修官，专修《开国方略》十四卷。为胡业宏《珊瑚鞭》传奇作序。

夏，汪柱作《诗扇记》传奇成。柱字石坡，号洞圆山人。原籍安徽，寓居无锡。作有传奇《梦里缘》、《诗扇记》，合称《砥石斋二种曲》，今存。另有杂剧六种。

王元常将女儿王筠所作《繁华梦》传奇转交张藻过目，大受赞赏，得资助刊行。

吴恒宣刻所作传奇《义贞记》。

春，沈起凤五应会试报罢。此后不再赴会试。

永思复号礼亲王。

李斗游江宁，不久北上抵京师。

汤贻汾生。

清乾隆四十四年(1779)　　己亥

五月，钱维乔调摄吴兴县事，冬，复调摄长兴县事。

秋，范鹤年、石韫玉乡试中举。

冬，金兆燕迁国子监博士。

徐爔刻所作《镜花缘》传奇。

程镆父程树榴罹文字狱被杀，镆亦被判斩监候，然迁延久未行刑。

王筠《全福记》传奇得朱珪等人捐金刊刻。

沈起凤客扬州盐政幕，编写迎銮供御大戏。

蒋士铨与翁方纲、程晋芳、张埙、吴锡麒共结诗社，邀请洪亮吉入会。

顾森作《回春梦》传奇。

清乾隆四十五年(1780)　　庚子

十一月，清高宗密令两淮盐运使伊龄阿甄查古今戏曲剧本，删改有碍清朝统治的小说戏曲，要求“留心查察，有应删改及抽撤者，务为斟酌妥办。并将查出原本，暨删改抽撤之篇，一并黏签解京呈览。但须不动声色，不可稍略张皇”。

七月，蒋士铨乞假，将南归。

沈起凤应苏州、扬州地方官聘，为作迎銮供御大戏，成《极恩缘》传奇。

应逵吉成《秣陵秋》传奇初稿。

金兆燕任国子监博士，兼四库馆缮书处分校官，分任校对之事。与蒋士铨、张埙等在翁方纲家相会。李斗作诗赠金兆燕。

程枚在扬州词曲局甄查古今戏曲，任分校。

谢庭作《彩毫缘》传奇，有本年自序。庭字兰阶，号玉亭、澧浦，籍里不详。

周若霖，字蕙钟，号雨岩，江苏嘉定(今属上海)人。作有传奇《玉钗怨》、《祀招财》，今皆佚。

崔应阶致仕归里，卒于途。应阶(1699—1780)字吉升，号拙圃，湖北武昌(今武汉)人。与人合作《双仙记》传奇，另作有杂剧《研露楼二种曲》。

石琰约卒于本年。琰(1700?—

1780?)字紫佩,江苏吴县(今苏州)人。作有传奇《天灯记》、《二度梅》、《忠烈传》、《锦香亭》、《酒家佣》,今存。前四种合称《石恂斋传奇四种》。

刘赤江约生于本年。

清乾隆四十六年(1781)　　辛丑

两淮巡盐御史长白伊龄阿奉旨查办戏曲违碍字句,奏称:办得《鸣凤记》、《金雀记》等戏数十种,均缮写呈览,候旨查禁。是年多有文字狱。

蒋士铨保送御史引见,名列第四,奉旨著记名以御史补用。充国史馆纂修官,专修《开国方略》第十四卷。是年中风,归南昌。八月初,病中作传奇《冬青树》、《采樵图》等。九月九日,一日间成《采石矶》传奇。

凌廷堪受聘参与修改古今戏曲。在扬州曲馆与阮元相识。

张九钺在扬州,作《关山月曲》。

冬,周昂作《西江瑞》传奇成。

金兆燕辞官南归,仍至扬州,客扬州大盐商江春之康山草堂。冬,作《婴儿幻》传奇成。作《三凤缘传奇题词》。

春,徐昆成进士,授内阁中书。昆字后山,一作厚山,山西临汾人。作有传奇《雨花台》、《碧云霞》、《合欢竹》,后一种今佚。

沈起凤客苏州织造全德署中,参与奉旨查勘曲谱之事。

李斗南游苏州。

吕公溥作《弥勒笑》传奇成。

清乾隆四十七年(1782)　　壬寅

黄文旸在扬州修改古今剧曲,就所见编《曲海》二十卷。

李本宣八十寿诞,在金陵以《乘槎图》征题。本宣(1703—?)字蘧门,江苏江都人。作有《玉剑缘》传奇。

沈起凤在里与石韫玉等七人结碧桃诗社。

癯道人所作《如意缘》传奇有本年忠孝堂抄本。癯道人,姓名、籍里不详。

清乾隆四十八年(1783)　　癸卯

清高宗南巡,江南昆曲名班遴选优秀艺人,组成"集秀班",加紧排练,对后来昆曲演出颇有影响。

张九钺因海阳盗窃案牵连落职,游嵩、梁、巩、洛间。

春,蒋士铨因右身麻痹,回南昌居住。

李调元写成《雨村曲话》,下卷谈明清戏曲作品。

清乾隆四十九年(1784)　　甲辰

正月,沈起凤又应苏州、扬州地方官之请,为作迎銮戏曲。

春,凌廷堪应会试报罢,南还至扬州,金兆燕招饮。

三月,袁枚过蒋士铨家,喜甚,作平原十日饮。

姜兆翀由景山官学教习改官舒城县学教谕。

黄振官掘港营都阃。

张九钺作《煤窑行》。《六如亭》传奇作于本年或稍后。

张埙《论明诗绝句》,评价刘基、高启以下十六家诗歌。

清乾隆五十年(1785)　　乙巳

有司禁演秦腔,"概令改归昆、弋两腔"。

沈起凤查勘词曲,阅传奇作品七百余种。

蔡廷弼《晋春秋》传奇约作于本年。廷弼(1741—?)号看云主人,浙江德清人。

二月二十四日,蒋士铨卒。士铨(1725—1785)字心余,又字苕生,号清容,又号藏园、离垢居士,江西铅山人。作有戏曲十六种,其中传奇有《空谷香》、《桂林霜》、《雪中人》、《彩石砚》、《临川梦》、《香祖楼》、《采樵图》、《冬青树》,今皆存。

彭剑南生。

清乾隆五十一年(1786)　丙午

石韫玉在和州,作《萍舫记》。

春,钱维乔任鄞县知县,以林栖居士名作《乞食图》传奇。

刘可培作《槎合记》传奇。可培字阮山,江苏常州人。作有传奇《槎合记》、《绣旗记》,合称《筠心阁两种》。或谓其尚作有传奇《精卫石》、《绣图鉴》。

张九钺作《禹州谣》诗。

清乾隆五十二年(1787)　丁未

潘炤作《乌阑誓》传奇。炤号鸾坡,又号桃源渔者,江苏吴江人。作有《乌阑誓》传奇,今存。

冬,周昂作《西江记》传奇。

清乾隆五十三年(1788)　戊申

秋,钱维乔引疾归,于邗溪之北,买地十余亩。

周昂所作传奇《玉环缘》、《兕觥记》刊行。

沈起凤授祁门教谕。

黎简为拔贡。

勺园主人乾隆间作有传奇《可怜虫》、《青楼烈》、《隔叶花》,今存稿本。

清乾隆五十四年(1789)　己酉

春,范鹤年成进士。

徐爔所作《写心杂剧》十六种刊行。

黎简为拔贡。当北行,会丁外艰,中辍。

张新梅作《百花梦》传奇成。新梅字玉堂,别署江南游子,籍里不详。

金兆燕约于本年后去世。兆燕(1719—?)字仲槭,号棕亭,安徽全椒人。作有《旗亭记》传奇。或谓《婴儿幻》传奇亦其所作。

张埙编次所著为《竹叶庵文集》,旋卒。埙(?—1789)字商言,号瘦铜,江苏吴县(今苏州)人。作有传奇《督亢图》、《中郎女》,后一种今佚。

方成培卒。成培(1731—1789)字仰松,号岫云,安徽歙县人。作有传奇《雷峰塔》、《双泉记》,后一种被禁毁。

清乾隆五十五年(1790)　庚戌

本年,四大徽班相继入京,继秦腔之后,在京师剧坛称盛。后与此同时其他剧种混合,在嘉庆、道光间产生京剧。

春,石韫玉成一甲一名进士,授翰林院编修。

张锦作《新西厢》传奇。

休休居士《凤栖亭》传奇有本年序。休休居士,姓名不详,江苏仪征人。

吕公溥于本年后去世。公博(1726—1790后)字仁原,号寸田,河南新安人。作有《弥勒笑》传奇。

清乾隆五十六年(1791)　辛亥

周昂所编《中州全韵》刊行。

张衢《芙蓉楼》传奇有本年原刻本。

沈起凤仍在祁门教谕任上,作《千金笑》传奇。应门人胡文水之请,将历年所撰文言短篇小说编为《谐铎》,付刻。

清乾隆五十七年(1792)　　壬子

正月,叶堂作《纳书楹〈四梦〉全谱》自序。春,纂《纳书楹曲谱》成,作自序。

石韫玉任福建乡试正考官。编定所著《独学庐初稿》。旋视学湖南。

司马章所作传奇《双星会》、《花间乐》(合称《种石山房二种曲》)有本年刻本。章字石圃,江苏江宁人。

傅玉书以家贫,赴京谒选。

清乾隆五十八年(1793)　　癸丑

石韫玉官湖南学政。

秋,傅玉书乡试中举,选江西安福知县,未三年即罢去。

陈烺官德化训导,不半载谢病归,授徒自给。作《紫霞巾》传奇。

钝夫所撰《离骚影》传奇有本年正气楼刻本。钝夫号楚客,江西大庾(今大余)人。

清乾隆五十九年(1794)　　甲寅

八月,王昙中甲寅恩科举人。

秋,孔广林《斗鸡忏》传奇定稿。本剧初创于乾隆四十一年。

苏州宝研斋选订李玉所作传奇《一捧雪》、《人兽关》、《永团圆》、《占花魁》,刊为《一笠庵四种曲》,即世所谓"一人永占"。

李斗三至粤西,七游闽浙,一往事楚豫,两上京师后,本年归里,建自然庵,从此不再远游。

清乾隆六十年(1795)　　乙卯

石韫玉续定所著诗文为《独学庐》二稿至五稿。

李斗著《扬州画舫录》完稿,共十八卷。

黄文旸为《赤城缘》传奇作跋。

周昂刻《此宜阁增订金批西厢记》。

姜兆翀辞职返里。《孔雀记》传奇作于乾隆四十九年至六十年(1784—1795)之间,时任舒城教谕。

周皑《黄鹤楼》传奇有本年荫槐堂刻本。

江周卒于本年后。周(1746—?)字不详,号云岩山人,安徽歙县人,侨寓扬州。作有《赤城缘》传奇。

清嘉庆元年(1796)　　丙辰

正月,清高宗禅位于皇太子颙琰,自为太上皇。颙琰即帝位,是为仁宗,建元嘉庆。

石韫玉充日讲起居注官。在吴县参与修纂《苏州府志》。

瞿颉作《鹤归来》传奇,周昂为校评。

周皑作《滕王阁》传奇成。皑字用昭,安徽歙县人。作有传奇《黄鹤楼》、《滕王阁》。

高宗元,字伯扬,号求诲居士,浙江山阴(今绍兴)人。作有传奇《续琵琶》、《新增南西厢》、《增改玉簪记》。

七月初十日,严保庸生。

陈森生。

梁廷枏生。

王曦生。

清嘉庆二年(1797)　　丁巳

程镁免死减等,戍黑龙江齐齐哈尔,后卒于戍所。

戴思望,字怀台,安徽休宁人。作有传奇《三侠剑》、《岳阳楼》。

汤贻汾袭云骑尉职。

李斗《扬州画舫录》刻成,前后历时三十余年。

清嘉庆三年(1798)　戊午

石韫玉入直南书房。

仲振奎作《红楼梦》传奇,署名红豆村樵。又作《怜春阁》传奇。

瞿颉作《元圭记》传奇。

冬,程瑛作《龙沙剑》传奇成。

刘熙堂所作《游仙梦》传奇有本年敦美堂刻本。熙堂号群玉山樵,江苏江宁(今南京)人。

赵对澂生。

清嘉庆四年(1799)　己未

春,陈钟麟成进士。

李斗在扬州参加演戏,并邀请友人观看。

沈起凤调任全椒教谕,作《贤侯怒》诗讽刺地方官得咎。

石韫玉任重庆知府,有能吏誉。

瞿颉以王抃《好气吟》传奇为蓝本作《鹤归来》传奇。又作《雁门秋》传奇。

顾森卒于本年后。森(1717—1799后)字廷培,一字锦柏,号云庵,江苏长洲(今苏州)人。作有《回春梦》传奇。

黎简卒。简(1748—1799)字简民,号二樵,广东顺德人。作有《芙蓉亭》传奇。

张锦所作传奇《新琵琶》有本年贮书楼刻本。锦字菊如,山西阳城(今太原)人。另作有《新西厢》传奇。

万承纪授江苏丹徒知县。承纪字廉山,江西南昌人。作有《护花幡》传奇。

清嘉庆五年(1800)　庚申

秋,陆继辂乡试中举,选授合肥县学训导。

汤贻汾任京口守备,在王文治家观剧,作诗纪事。

万荣恩谱《红楼梦》、《后红楼梦》小说为《醒石缘》传奇。车持谦为作序,李荚为题词。荣恩字玉卿,号青心居士,江苏江宁(今南京)人。作有《醒石缘》传奇,今存;另有《谪花楼》传奇,今佚。

黄文旸在曲阜孔宅见孔尚任旧藏汉尺,作《初建铜尺歌》考其事。

沈起凤为友人左潢所作《兰桂仙》传奇正谱。

蔡廷弼《晋春秋》传奇有本年太虚斋刻本。

张衢《玉节记》传奇约成于本年。

左潢《兰桂仙》传奇作于本年及次年间。

冬,董达章作《琵琶侠》传奇成。

清嘉庆六年(1801)　辛酉

春,朱凤森成进士。

吴锡麒授国子监祭酒。

沈起凤解全椒教谕职。

三月,周昂卒。昂(1732—1801)字千若,号少霞,江苏常熟人。作有传奇《西江瑞》、《玉环缘》、《兕觥记》、《两孝记》,后两种今佚。

经济生。

清嘉庆七年(1802)　壬戌

李斗由阮元推荐担任重修两淮盐法志总纂。

王文治卒。文治(1730—1802)字禹卿,号梦楼,江苏丹徒(今镇江)人。曾参与《纳书楹曲谱》的修订。清高宗南巡杭州时,大吏曾聘其编新戏《三农得》、《龙井茶歌》等九折,今存。

沈起凤卒。起凤(1741—1802)字桐威,号蒉渔,又号红心词客,江苏吴县(今苏州)人。作有传奇《报恩缘》、《才人福》、

《文星榜》、《伏虎韬》，合称《沈蒉渔四种》，另有传奇《黄金屋》、《泥金带》、《千金笑》、《桐桂缘》，今佚。

沈锜生。

清嘉庆八年(1803) 癸亥

清仁宗谕令严禁官员改装潜往戏院酒馆，着步军统领衙门五城巡城御使，随时查察，据实查参。

冬，李斗应人请，作《岁星记》传奇，谱东方朔事。持蟹十余斤，招待重游扬州的孙星衍。

王昙在苏州，陪同赵翼游太湖东、西山。

张九钺卒。九钺(1721—1803)字度西，号紫岘，又号陶园，湖南湘潭人。作有传奇《六如亭》、《双虹碧》，后一种今佚。

十二月二十一日(公历已入1804年)，李调元卒。调元(1734—1804)字羹堂，号雨村，又号童山、蠢翁，四川绵阳人。有《两村曲话》、《剧话》。作有《春秋配》传奇。

张新梅《百花梦》传奇有本年隐庄刻本。新梅，号玉堂，籍里不详。

郑兆龙卒于本年(或1806)之前。兆龙(1742—1803前)字功伟，号秋槎、二泉，浙江镇海人。作有《大金钱》传奇。

清嘉庆九年(1804) 甲子

李斗将所作诗、散曲、传奇及笔记合编为《永报堂集》刊行。

汤贻汾作《米贵》诗。

范鹤年任衡阳知县，以常平谷石不加额，监司持之。

清嘉庆十年(1805) 乙丑

春，周济成进士，授淮安府教授。

焦循著《剧说》。

瞿颉作《紫云回》传奇，今佚。

王昙移家杭州。

永恩卒。永恩(1727—1805)字蕙周，号兰亭主人，清宗室。作有传奇《五虎记》、《四友记》、《三世记》、《双兔记》，合称《漪园四种》。

范鹤年为监司所究，罢官，忧惧而卒。鹤年(1753—1805)字青子，号观云，山西洪洞人。作有《桃花影》传奇。

李文瀚生。

姚燮生。

十月二十三日，黄燮清生。

清嘉庆十一年(1806) 丙寅

清仁宗谕令禁止官员蓄养优伶。严禁旗人演唱戏文，谕令将演剧之旗人按名指出，以便究办。

瞿颉任鄞都知县。

王昙游天台、雁宕后回杭州。

钱维乔卒。维乔(1741—1806)字树参，又字季木，号竹初，又号曙川，江苏武进(今常州)人。作有传奇《碧落缘》、《鹦鹉媒》、《乞食图》，合称《竹初乐府三种》，前一种已佚。

吴兰征卒。兰征(？—1806)原名兰馨，字轶燕，女，安徽歙县人。作有传奇《三生石》、《降蘅秋》，后一种今存。

清嘉庆十二年(1807) 丁卯

九月，石韫玉调任山东按察使，作《竹石图》。

徐爔卒。爔(1732—1807)字鼎和，号榆村，江苏吴江人。作有传奇《镜光缘》、《双环记》、《联芳楼》，前一种今存。

清嘉庆十三年(1808) 戊辰

春，仲振履成进士。

陈烺《花月痕》传奇成于本年之前。

杨瑛昶卒。瑛昶(1753—1808)一作映昶,字印蘧,号米人,安徽桐城人。作有《双珠记》传奇,今佚。

裳华所作《皇华记》传奇有本年耀紫轩刻本。

清嘉庆十四年(1809)　己巳

金兆燕所作《旗亭记》传奇在苏州上演。

仲振履任广东恩平县知县。

王昙在京师与龚自珍结为忘年交。

春,许树棠成进士。树棠字思召,号憩亭,浙江海宁人。作有《鹔鹴记》传奇。

姜兆翀卒于本年以后。兆翀(1740—1809后)字孺山,江苏华亭(今上海松江)人。作有《孔雀记》传奇。

黄钧宰生。

清嘉庆十五年(1810)　庚午

朱凤森任河南濬县知县,后改任固始知县。

四月,刘赤江任湖北安陆知县。

傅玉书卒于本年后。玉书(1746—1810后)字素安,号竹庄,贵州瓮安人。作有《鸳鸯镜》传奇,今存。

程枚卒于本年后。枚(1749—1810后)字时斋,号苍梧寄客,江苏海州(今连云港)人。作有传奇《一斛珠》、《蓬莱会》、《法轮游》,前一种今存。

清嘉庆十六年(1811)　辛未

汤贻汾任广东兴宁县都司,作《种蔗行》诗,反映蔗农生活。另作《剑人缘》传奇。

秋,王昙在京应会试落第后南归。

仲振奎卒。振奎(1749—1811)字春龙,号云涧,又号红豆山樵,江苏泰州人。作有传奇十三种(或曰十六种),唯《红楼梦》、《怜春阁》今存。

左潢《桂花塔》传奇作于本年冬与次年之间。左潢约于此年后去世。潢(1751?—?)字巽轂,号古塘樵子,安徽桐城人。作有传奇《兰桂仙》、《桂花塔》,今存。

清嘉庆十七年(1812)　壬申

石韫玉刻所著《袁文笺正》。

程锳卒。瑛(?—1812)字星华,号瑞头陀,安徽天长人。作有《龙沙剑》传奇。

刘永安,字古山,汉军旗人。作有传奇《一亭霜》、《冰心册》、《鸳鸯扇》,今存。

清嘉庆十八年(1813)　癸酉

清廷查禁扮演好勇斗狠之戏曲。

陆继辂作《诋鹦鹉》诗讽刺时事。

孔广林卒于本年以后。广林(1746—1813后)字丛伯,号幼髯,山东曲阜人。作有《东城老父斗鸡忏》传奇。

董达章卒。达章(1753—1813)字超然,号定园,江苏武进(今常州)人。作有传奇《琵琶侠》、《花月屏》,后一种已佚。

庄逵吉卒。逵吉(1760—1813)字伯鸿,江苏阳湖(今常州)人。与人合作《秣陵秋》传奇,另有《江上缘》传奇。

清嘉庆十九年(1814)　甲戌

春,彭剑南作《影梅庵》传奇成。

王昙侨寓苏州,作自传文《虎邱山窀室铭》。

汤贻汾所编《画筌析览》刊行。

清嘉庆二十年(1815)　乙亥

石韫玉刊张问陶《船山诗草》成。

杨芳灿卒。芳灿(1753—1815)字才

叔，一字香叔，号蓉裳，江苏金匮（今无锡）人。作有《罗襦记》传奇，今佚。

潘炤为己之《乌阑誓》传奇作序。

清嘉庆二十一年(1816) 丙子

王昙作《苍梧异松图》。

仲振履迁东莞知县，寻调南澳同知。

清嘉庆二十二年(1817) 丁丑

李斗卒。斗（1750—1817）字北有，号艾塘，江苏仪征人。所撰笔记《扬州画舫录》具有很高的戏曲史料价值。作有传奇《岁寒星》、《奇酸记》。

王昙卒。昙（1760—1817）字仲瞿，号蠡舟，浙江秀水（今嘉兴）人。作有传奇《归农乐》、《玉钩洞天》、《万花缘》、《辽萧皇后十香》（一名《回心院》）、《鱼龙串》，均佚。

清嘉庆二十三年(1818) 戊寅

汤贻汾改官山西灵丘都司，为胡式钰作《嘲雪图》。时胡式钰因科场文字案发配山西浑源。

瞿颉在苏州平江书院执教。颉（1742—?）字孚若，号菊亭，江苏常熟人。作有传奇《鹤归来》、《雁门秋》、《元圭记》、《桐泾月》，今存；另有传奇《紫云回》、《锦衣树》、《玄书记》，今佚。

吴锡麒卒。锡麒（1746—1818）字圣徵，号穀人，浙江钱塘（今杭州）人。作有《渔家傲》传奇，今佚。

清嘉庆二十四年(1819) 己卯

石韫玉作《红楼梦》传奇，署名花韵庵主。

焦循撰《花部农谭》、《孟子正义》。

陆继辂选合肥县学训导。

黄燮清应童子试，以年少而能词章，颇自矜异。

秋，严保庸以第一名中举。

王筠卒。筠（1749—1819）字松坪，女，陕西长安（今西安）人。作有传奇《繁华梦》、《全福记》、《合仙记》，后一种今佚。

范文亨生。

清嘉庆二十五年(1820) 庚辰

七月，清仁宗去世，八月，其第二子智亲王旻宁即帝位，是为宣宗，改明年为道光元年。

三月，朱凤森作《才人福》（与沈起凤之作同名）传奇成。

陆继辂在合肥任教，作《包拯画像记》。

言尚炽作《才人监》传奇。

仲振履刻新作《双鸳祠》传奇，署名群玉山农。

黄文旸约卒于此年前后。文旸（1736—1820?）字时若，号秋平，江苏甘泉（今扬州）人。曾拟将所见杂剧、传奇之作者姓名、剧情梗概编为《曲海》，现仅存目录，一般称作《曲海总目》。

焦循卒。循（1763—1820）字里堂，江苏甘泉（今扬州）人。有《花部农谭》、《剧说》等曲论著作，近人又将其著作中的有关戏曲论述摘录成书，名《易余曲录》。

清道光元年(1821) 辛巳

清宣宗令缩减宫廷演戏机构，将景山府合并于南府，并将南府民籍学生全数退出，南府降格为升平署。又下令严禁士民挟优醵饮，嗣后有征逐歌场、招摇侈肆者，随时严拿查办，以杜奢靡而端习尚。

仲振履复任东莞，以疾告归。

张道生。

俞樾生。

清道光二年(1822) 壬午

石韫玉元旦宴请潘世恩、吴廷琛、吴信中三位同乡状元,四人席间酬唱,辑为《状元会唱和诗》刊行。

汤贻汾在灵邱任都司,作《逍遥巾》杂剧。

仲振履卒。振履(1759—1822)字监侯,号云江,江苏泰州人。作有传奇《冰绡帕》、《双鸳祠》,后一种今存。

陈烺(字叔明)生。

清道光三年(1823) 癸未

谢堃客居淮安。

陈森以汪氏尚书性好戏曲,作《梅花梦》传奇,倍受尚书赞许。

许善长生。

清道光四年(1824) 甲申

清宣宗令禁京师外城添设戏园戏庄,禁太监在戏园酒肆饮酒听戏;并禁旗人登台卖艺,违者连子孙一并销除旗档。

陆继辂编成《安徽通志》艺文志。是年皖中旱,有《祷雨叹》诗。

清道光五年(1825) 己酉

秋,黄燮清应乡试报罢。

张梦祺作《玉指环》传奇成。

王曦应郯城知县周履端之请动笔作《东海记》传奇。

彭剑南作《香畹楼》传奇。

于有声,字号不详,陕西安康人。作有《双缘帕》传奇,今存。

江义田,字晴帆,江苏上元(今南京)人。作有《丹桂传》传奇。

清道光六年(1826) 丙戌

陈森至北京,携所作诗稿访陆继辂。

陆继辂在北京,作诗送朝鲜使者回国。

谢堃《春草堂诗》订定。

姚燮补县学生员。

彭剑南合所作传奇《影梅庵》、《香畹楼》为《茗雪山房二种曲》,付刻。剑南(1785—?)字梅垞,江苏溧阳人。

胡盍朋生。

清道光七年(1827) 丁亥

包世臣作《书桃花扇传奇后》。

汤贻汾作《归云庵观孙太初诗迹》。

陈烺卒。烺(1743—1827)字士辉,号东村,福建福州人。作有传奇《紫霞巾》、《花月痕》,今存。

清道光八年(1828) 戊子

石韫玉所作《多识录》刊行。

秋,黄燮清应乡试,仍报罢。

秋,李文瀚乡试中举,后六赴会试皆报罢。

清道光九年(1829) 己丑

春,严保庸成进士,选庶吉士。

周乐清于北上途中作杂剧八种,合编为《补天石传奇》。

谢堃客潮州。

汤贻汾作《官船谣》。

王曦完成《东海记》传奇,包世臣为作序。

陆继辂在安庆邓廷桢幕中,助之编纂《安徽通志》。

清道光十年(1830) 庚寅

三月十六日,清宣宗令将盛京城内外所有戏班概行驱逐。

谢堃在曲阜衍圣公府供职,作《黄河远》传奇。

陆继辂以修志叙劳，选授贵溪知县。

黄燮清《茂陵弦》传奇问世。本年科考列为一等。

俞樾受业于戴贻仲，始习为时文。

郑由熙生。

魏熙元约生于本年。

清道光十一年(1831)　　辛卯

黄燮清参加乡试恩科，仍报罢。

三月二十四日，朱凤森卒。凤森(1776—1831)字韫山，广西桂林人。有《韫山六种曲》，内含传奇《才人福》、《十二钗》二种，系与其妻姚氏合作。

汤世潆作《东厢记》传奇成。世潆字回川，江西南丰人。

清道光十二年(1832)　　壬辰

春，黄燮清馆于杭州。秋，应正科乡试，复报罢。作《帝女花》传奇，弥月而完稿。

朱绍颐生。

清道光十三年(1833)　　癸巳

六月，沈筠作《千金寿》传奇成。

黄燮清科考一等，补廪生。

严保庸授山东栖霞知县，以官署为词场歌榭。

李文瀚本年至道光十五年在京充任觉罗正黄旗教习。

清道光十四年(1834)　　甲午

二月二十五日，清宣宗令禁坊肆刊刻售赁传奇、演义及一切“淫书小书”，务须连版销毁。

秋，姚燮乡试中举。后屡应会试不第。

梁廷枏中副榜贡生，先选州判，后改教职。

秋，黄燮清应乡试，仍报罢。作传奇《脊令原》、《鸳鸯镜》与《凌波影》杂剧。

黄钧宰为贡生。

陆继辂卒。继辂(1772—1834)字祁孙，一作祁生，号修平，江苏阳湖(今常州)人。作有传奇《洞庭缘》、《碧桃记》。

清道光十五年(1835)　　乙未

秋，黄燮清乡试中举。所作《茂陵弦》、《帝女花》、《脊令原》、《鸳鸯镜》、《凌波影》五剧均于是年刊行。《帝女花》出，日本人咸购诵之。

石韫玉《古香林丛书》十种刊行。

陈钟麟在广州刻所著《红楼梦》传奇。

蒋士铨《四弦秋》杂剧在京师上演。

梁廷枏入广东海防书局。

李文瀚入漕运总督恩特亨额幕，随侍南下至淮南。

俞樾随父至常州读书，粗通群经大义。

宣鼎生。

杨恩寿生。

清道光十六年(1836)　　丙申

春，黄燮清在京参加恩科会试，报罢。与姚燮订交。

俞樾补县学生员。

梁廷枏任广州越华书院监院。

张衢约于本年后去世。衢字越西，号情斋，浙江萧山(今杭州)人。作有传奇《芙蓉楼》、《玉节记》。

清道光十七年(1837)　　丁酉

李文瀚以知县分发陕西，署乐城知县，有政声。

姚燮《梅心雪》传奇约作于本年。

石韫玉卒。韫玉(1756—1837)字执

如，号琢堂，江苏吴县（今苏州）人。作有《红楼梦》传奇。

汪宗沂生。

清道光十八年(1838)　　戊戌

春，黄燮清应会试，仍报罢。

梁廷枏应聘为粤海关志局总纂，与方东树等人同修《粤海关志》。

姚燮以誊录例选候补知县。

李文瀚春闱落第后在京谒选，得知县，分发陕西。作《紫荆花》传奇。

春，张梦祺成进士。梦祺号兰坡，安徽含山人。作有《玉指环》传奇。

清道光十九年(1839)　　己亥

四月二十二日，钦差大臣林则徐、两广总督邓廷桢在广东虎门销毁收缴的英商走私鸦片，史称"虎门销烟"。

五月，黄燮清至嘉兴。在杭州主书院讲习。汤贻汾在南京寓所演唱所谱《剑人缘》、《逍遥巾》等剧。

周济卒。济(1781—1839)字保绪，号未斋，又号止庵、介存居士，江苏宜兴人。作有传奇《海燕记》。

清道光二十年(1840)　　庚子

五月二十二日，英国军舰侵入广东海面，鸦片战争爆发。

春，黄燮清参加本年会试正科试，仍落第。留居都门。"自悔少作，忏其绮语，毁板不存"。剧作题材多取世事，充满凄伤情调。

俞樾因病不能应乡试，以写《日知录》自遣。《曲园杂纂》中的《日知录小笺》一卷，即始于是时。

是年，谢堃以所作传奇《黄河远》、《绣帕楼》、《血梅记》、《十二金钱》合为《春草堂曲四种》刊行。

清道光二十一年(1841)　　辛丑

黄燮清参加会试恩科，仍落第，充实录馆誊录。

蒋敦复十年前因被讥"倚声门外汉"，便不再填词。本年始恢复作词，曾在一夜之间和宋张炎《中山白云词》三十余首。

梁廷枏授澄海训导，十月又奉调回广州。撰成《海国四说》。

范文亨《空山梦》传奇作于本年前后。

李文瀚作《胭脂舄》传奇。

陈钟麟于本年后去世。钟麟(1763—1841后)字肇嘉，号厚甫，江苏苏州人。作有《红楼梦》传奇。

刘清韵生。清韵(1841—1916)原名古香，小字观音，江苏东海人。盐商刘蕴堂之女。作有传奇二十四种，仅《黄碧签》、《丹青副》、《炎凉券》、《鸳鸯梦》、《氤氲钏》等十种传世，合称《小蓬莱仙馆传奇》。

清道光二十二年(1842)　　壬寅

七月二十四日，《中英南京条约》签订，第一次鸦片战争结束。

四月，黄燮清在英军陷乍浦、逼海盐时，曾一度避乱嘉兴，备尝艰辛。

胡盍朋补生员，后屡应乡试不售。

陈烺馆赵氏，后游幕安徽。

李文瀚传奇《紫荆花》、《胭脂舄》有本年味尘轩刊本。

椿轩居士卒于本年后。椿轩居士(？—1842后)，姓名、籍里不详。作有传奇《凤凰琴》、《双龙珠》、《金榜山》、《四贤配》、《孝感天》，合为《椿轩五种曲》。

清道光二十三年(1843)　　癸卯

姚燮年初北上，应会试又报罢，遂绝

意仕进。

许善长初应乡试不售。

蒋敦复在牛鉴被问罪革职、刘光斗去官后还俗。

谢堃作《血梅记》传奇成，道光二十五年刊。

清道光二十四年(1844)　　甲辰

清政府自道光十四年(1834)发布禁毁传奇、演义板书的通谕以来，再次大规模查禁戏曲、小说图书。

年初，黄燮清偕任沛霖同伴入都会试正科，仍落第。是为五上春闱。

梁廷枏在广东刊行《耶稣教难入中国说》、《合省国说》、《奥道贡国说》。

赵对澂本年任广德学政，擢知县，未行。

姚燮会试再报罢，遂绝意仕进，居家著述授徒，作文鬻画自给。

刘伯友作《花里钟》传奇成。

谢堃卒。堃(1784—1844)字佩禾，号春草词人，江苏扬州人。作有传奇《黄河远》、《十二金钱》、《绣帕记》、《血梅记》，合刊为《春草堂四种曲》，今存。

徐鄂生。

清道光二十五年(1845)　　癸卯

上海上演时装新剧《烟鬼叹》。

三月，黄燮清游上海。因父丧，未参加本年会试恩科考试。

三月，李文瀚作《银汉槎》传奇成。

谢堃《十二金钱》、《绣帕记》二传奇本年作为《春草堂四种曲》之二刊行。

陈文述卒。文述(1771—1845)字退庵，号云伯，浙江钱塘(今杭州)人。与查揆合撰《影梅庵》传奇。查揆，字伯葵，号梅史，浙江海宁人。嘉庆九年(1804)举人。作有《桃花影》传奇，又与陈文述合撰《影梅庵》传奇。

钟祖芬约生于本年。

清道光二十六年(1846)　　丙午

冬，黄燮清谱《桃溪雪》传奇二十出。日成一出，不一月而稿成。此剧清末在上海丹桂茶园分头、二本演出。本年为会试正科，燮清以丁艰未应试。

胡盍朋作《海滨梦》传奇成。

杨祖荣与表兄随官东流县教谕的舅父方士鼐赴任。

梁廷枏作《兰伦偶说》，并与前年所作《耶稣难入中国说》等三文合刊为《海国四说》。

范文亨选优第一，中副车。

清道光二十七年(1847)　　丁未

冬，李文瀚作《凤飞楼》传奇二十出。

王曦约于本年后去世。曦字季旭，江苏太仓人。作有《东海记》传奇，今存。

清道光二十八年(1848)　　戊申

二月，李文瀚调任长安知县。

五月，黄燮清应李蔼如之聘为幕宾，赴江苏赣州、南昌，又随至安徽。

洪炳文生。炳文(1848—1918)字博卿，号楝园。浙江瑞安人。作有传奇、杂剧及时调新剧共三十六种，传世者二十一种，著名者有《悬岙猿》、《警黄钟》等。

清道光二十九年(1849)　　己酉

黄钧宰本年拔贡，任奉贤县学训导。

梁廷枏任越华书院正监，并助两广总督徐广缙襄办团练，曾组织士绅参与广州人民反对英人入城的斗争。

许善长以优贡应乡试不售，后由训导

改官内阁中书，奉旨以同知在任候选。

清道光三十年(1850)　庚戌

正月十四日，清宣宗去世。正月二十六日，皇四子奕詝立为皇太子，即帝位，是为文宗，改明年为咸丰元年。

十二月初十日，洪秀全在金田村起事，建号“太平天国”。

十二月，清政府任命前两江总督李星沅为钦差大臣，赴广西办理军务。

年初，黄燮清北上参加会试，仍报罢。除去乙巳、丁未两年以丁忧未参加外，至本年庚戌科已为六上春闱，此后不复应试。

春，俞樾成进士。

梁廷枏《夷氛闻记》五卷成书于本年前后。

刘赤江卒于本年后。赤江(1780?—1850后)号七余散人，浙江镇海人。作有《一片心》传奇，编辑传奇剧本集《续缀白裘新曲九种》。

经济约卒于本年。济(1801—1850?)字子通，号芙蓉山樵，江苏甘泉(今扬州)人。作有《合浦珠》传奇，今存。

彭剑南约卒于本年。剑南(1785—1850?)字梅垞，一字小陆，号稚观山人，江苏溧阳人。作有传奇《影梅庵》、《香畹楼》，今存。

清咸丰元年(1851)　辛亥

黄燮清在安徽按察使李本仁幕中，携家至安庆。

梁廷枏授内阁中书，加侍读衔。

李文瀚召对乾清宫，称旨，擢升成都府遗缺知府。

胡盍朋作《汨罗江》传奇成。

王增年作《暗香楼》传奇成。

杨组荣在安徽定远县，与表兄有扶乩之戏。

清咸丰二年(1852)　壬子

正月十一日，清文宗发布严禁演戏令，如有违旨，即将开设园庄之人，严拿惩办。

三月二十日，黄燮清由皖入都谒选，以实录馆誊录议叙知县，授湖北知县，旋因太平军扼据长江，称病未赴，家居。在京谒选时作《绛绡记》传奇。

秋，范元亨应乡试中举。

杨恩寿创作《鸳鸯带》传奇，友人觉其语有过激，劝其焚之以免祸，故剧本不传。

俞樾授编修。

杨组荣居合肥，作《佛门缘》传奇。

傅培基生。

林纾生。纾(1852—1924)字琴南，号畏庐、冷红生、蠡叟、补柳翁，福建闽县(今闽侯)人。作有传奇《蜀鹃啼》、《合浦珠》、《天妃庙》，今存。

清咸丰三年(1853)　癸丑

春，范文亨入京会试落第，即绝意于功名。

三月，太平军攻入南京，朱绍颐与妻同赴水求死，遇救得免，遂矢志守义，作《孤鸿篇》以见意，由是鳏处终身。

李文瀚补嘉定知府。

三月，太平军破南京，汤贻汾投水死。谥贞愍。贻汾(1778—1853)字若仪，号粥翁，江苏武进(今常州)人。作有《剑人缘》传奇，今佚。

王增年本年在世。生卒年不详。增年字逸兰，天津人。作有《暗香媒》传奇，

今存。

清咸丰四年(1854)　　甲寅

三月,朱绍颐作《红羊劫》传奇成。

黄燮清家居。作《五十初度》诗,多牢骚困苦之语。本年前后作《居官鉴》传奇。

范文亨家园毁于太平军,遂流寓广丰为幕僚。为谋划方略,不行,乃辞去。

蒋敦复为上海制造局英国传教士艾约瑟西席,与法兰西学士院教授儒莲通讯,讨论中国文学,帮助他翻译《大唐西域记》。

五月十九日,严保庸卒。保庸(1796—1854)字伯常,号问樵,江苏丹徒(今镇江)人。作有《兰花步》传奇,今佚。

清咸丰五年(1855)　　乙卯

俞樾任国史馆协修,出任河南学政。被御史曹登弹劾"试题割裂经义",罢归。自此侨居苏州,购地筑"曲园",终身从事著述与讲学。

李文瀚署夔州知府,不久捐升道员,留四川候补。

范文亨卒。文亨(1819—1855)字直侯,号问园主人,江西德化人。作有传奇《空山梦》、《秋海棠》,后一种未见传本。

吴承烜生。承烜(1855—1935 后)字伍佑,号东园,安徽歙县人。作有传奇《绿绮琴》(未完)、《星剑侠》、《花茵侠》、《慧镜智珠录》,今存。

清咸丰六年(1856)　　丙辰

九月,第二次鸦片战争爆发。

许善长入都供职,任内阁中书。

李文瀚卒。文瀚(1805—1856)字云生,号莲舫,安徽宣城人。作有传奇《紫荆花》、《胭脂舄》、《银汉槎》、《凤飞楼》,合称《味尘轩四种曲》,今存。

清咸丰七年(1857)　　丁巳

黄燮清编《国朝词综续编》二十四卷成。刻《倚晴楼诗集》十二卷、《倚晴楼七种曲》,至此黄氏剧作全部刊行。

胡盍朋试朐山,以《立石赋》见称。

清咸丰八年(1858)　　戊午

四月,黄燮清在上海,作《洋泾竹枝词》七绝二十四首,颇受称誉。

夏,俞樾寓吴,开始写作《群经评议》、《诸子评议》。

秋,魏熙元乡试中举。官桐乡教谕。应会试,未中。

杨恩寿为优贡。

清咸丰九年(1859)　　己未

冬,张道作《梅花梦》传奇成。

俞樾刻所著《日损益斋诗》。

姜继襄生。继襄(1859—1924 后)号劲草词人,又号曙叟,安徽怀宁人。作有杂剧《汉江泪》、《金陵泪》与《松坡楼》传奇,合称《劲草堂曲稿》,今存。

文镜堂道光、咸丰间在世。镜堂,号秋江居士,江西人。作有《苏台雪》传奇,未完。

清咸丰十年(1860)　　庚申

二月,太平军攻广德,知州出逃,赵对澂不知,急诣州署商议防守,途中被杀。对澂(1798—1860)字子征,号野航,安徽合肥人。作有《酬红记》传奇。

六月,魏熙元在太平军攻杭州后,家产荡然,稿遂零落。

杨恩寿取材《红楼梦》第七十八回,作《姽婳封》传奇。

陆和钧作《如梦缘》传奇,有本年

自序。

江顺诒咸丰前后在世。顺诒字子谷，号秋珊，安徽旌德人。作有《镜中泪》传奇，今佚。

清咸丰十一年(1861)　辛酉

七月十七日，清文宗去世，十月初九日，其子载淳即帝位，是为穆宗，改明年为同治元年。

九月三十日，慈禧太后等发动北京政变，宣布怡亲王载垣，郑亲王端华等专擅等罪。任命奕䜣为议政王，两太后垂帘听政。

十月十五日，黄燮清因太平军攻占其家乡海盐，倚晴楼毁于兵火，所刻诗词戏曲，悉归一炬。辗转杭州、宁波至上海，寓于同里金振华之楼。十一月，访宝山蒋敦复于沉香阁修志局。二人神交二十多年，至此始得一晤。

俞樾为避战乱，移居浙江上虞，借得《学海堂经解》半部读之。

魏熙元家人全死于战乱。只身以逃，浪迹异乡。

张云骧约于此年前后在世。云骧，直隶文安(今属河北)人。作有《芙蓉碣》传奇。

梁廷枏卒。廷枏(1796—1861)字章冉，号藤花主人，广东顺德人。有《藤花亭曲话》。戏曲有《藤花亭四种》，包括杂剧《断缘梦》、《江梅梦》、《昙花梦》、《圆香梦》，另有《了缘记》传奇，今佚。

清同治元年(1862)　壬戌

九月，黄燮清就任宜都知县。

俞樾避乱自上海至天津。夏，天津流行瘟疫，俞樾闭门不出，潜心著述。

姚燮所撰《今乐考证》约成书于此年之前，道光二十三年(1843)之后。

杨恩寿充任湖南郴州知州魏镜余府中教席。

沈筠卒。筠(1802—1862)字实甫，号浪仙，浙江平湖人。作有《千金寿》传奇。

张道卒。道(1821—1862)字伯几，号少南，浙江杭州人。作有《梅花梦》传奇，今存。

清同治二年(1863)　癸亥

秋后，黄燮清改官松滋知县。

清同治三年(1864)　甲子

汪宗沂为优贡。

俞樾自本年起，历主苏州紫阳、上海求志、德清清溪、归安龙湖等书院讲习，又主杭州诂经精舍，以实学课诸生。

冬，黄燮清卒。燮清(1805—1864)字韵珊，一字韵甫，号吟香诗舫主人，浙江海盐人。作有传奇《帝女花》、《茂陵弦》、《脊令原》、《桃溪雪》、《居官鉴》、《鸳鸯镜》、《玉台秋》、《绛绡记》，今存。

陆和钧卒。和钧(？—1864)字伯和，号菊笙，浙江萧山(今杭州)人。作有《如梦缘》传奇，今存。

姚燮卒。燮(1805—1864)字梅伯，号复庄，浙江镇海人。作有传奇《香山愿》、《退红衫》、《梅心雪》，前一种今佚，后二种今存稿本。另作有《今乐考证》、《今乐府选》，前者为著录、考证古今曲目的专著，后者选入金元明清诸宫调、杂剧、散曲、传奇达四百多种。

清同治四年(1865)　己丑

春，汪叙畴成进士。叙畴生卒年不详，约卒于光绪初年，字莼庵，号桃潭歌

者，四川长寿人。作有《梅花梦》传奇。

杨恩寿随六兄彤寿赴广西北流县，办理刑名、钱粮、税关诸事务。

俞樾回吴寓，主紫阳书院讲席。

陈时泌约生于本年。

清同治五年(1866)　　丙寅

本年，第一座近代剧场兰心戏院在上海建立。

陈烺游幕广东。

魏熙元应乡试落第，落魄不能归，遂滞留北京。

杨组荣之父任职教谕，杨组荣随往。

胡盍朋卒。盍朋(1826—1866)字子寿，号小樵亭主人，江苏沭阳人。作有传奇《海滨梦》、《汨罗沙》、《鹤相知》、《中庭笑》，后二种已佚。

四月十六日，吴趼人生。

清同治六年(1867)　　丁卯

十一月，上海道台禁"淫戏"，颁发永禁碑式。

俞樾《群经平议》刻成，遂锐意成《诸子平议》。

蒋敦复卒。敦复(1808—1867)字剑人，号丽农山人，初名金和，字纯甫，中改名尔谔，字子文，江苏宝山(今属上海)人。作有《群珠碎》传奇。

清同治七年(1868)　　戊辰

三月初十日，清穆宗发布禁毁传奇小说通谕，谓："邪说传奇，为风俗人心之害，自应严行禁止，着各省督抚饬属一体查禁焚毁，不准坊肆售卖，以端士习而正民心。"

四月十五日、二十一日，江苏巡抚丁日昌先后两次发出禁毁小说、戏曲的通告。

俞樾赴杭州诂经精舍主讲，此后长达三十一年之久。

许善长本年夏有岭南之游。

陈学震《双旌记》传奇成于去年与本年间，又名《忠烈记》。

杨组荣卒。组荣(1827—1868)字小坡，又作筱坡，号岚楼，安徽怀远人。作有《佛门缘》传奇，又名《鹦鹉媒》，今存。

清同治八年(1869)　　己巳

本年，清穆宗谕令禁止妇女入庙观戏，又禁止寺庙开场演戏借端敛钱。

许善长奉檄至江西，摄河口镇牙厘局事。

陈学震《生佛碑》传奇有本年自序。学震字子扬，江苏山阳(今淮安)人，咸丰、同治间在世。作有传奇《双旌记》、《生佛碑》、《水月缘》，后一种今佚。

刘伯友约于本年去世。伯友(1797? —1869?)字竹斋，安徽阜阳人。作有《花里钟》传奇。

曼陀居士约卒于本年后。曼陀居士，姓名、籍里不详。作有《三斛珠》传奇，今存。

清同治九年(1870)　　庚午

秋，杨恩寿、傅培基乡试中举。

俞樾编定自著《春在堂词录》三卷。

十月，宣鼎作《返魂香》传奇。

许善长作《瘗云岩》传奇。

杨恩寿取材《明史》，作《理灵坡》传奇。其《桂枝香》传奇也成于本年。

陈森卒于本年前后。森(1796—1870?)字少逸，号采玉山人，江苏武进(今常州)人。作有《梅花梦》传奇。

丁传靖生。传靖(1870—1930)字秀甫,号闇公,又号松隐行脚僧,江苏丹徒(今镇江)人。作有传奇《霜天碧》、《沧桑艳》、《七昙果》,今存。

袁蟫生。蟫(1870—1912后)字祖光,号瞿园,安徽太湖人。作有传奇《双合镜》、《支机石》、《鸱夷恨》、《红娘子》,未刊;另有杂剧集《瞿园杂剧》及《续编》。

清同治十年(1871)　　辛未

六月初八日,清穆宗发出禁毁小说书版的通谕。又禁止京师内城设戏院。

俞樾成《第一楼丛书》三十卷。

夏,杨恩寿传奇《理灵坡》、《双清影》刊行。

味兰簃主人《侠女记》传奇成于本年,有本年自序。十二月,《烈女记》传奇成。味兰簃主人卒于本年以后,姓名、籍贯、生卒年及生平事迹均不详。所作传奇两种合称《味兰簃传奇》,今存。

清同治十一年(1872)　　壬申

曾朴生。朴(1872—1935)字孟朴,江苏常熟人。作有《雪昙梦》传奇,今存。

清同治十二年(1873)　　癸酉

汪宗沂《后缇萦》传奇成于本年。

黄燮清所辑《国朝词综续编》二十四卷刊行。

梁启超生。启超(1873—1929)字卓如,号任公,广东新会人。作有传奇《新罗马》、《侠情记》、《劫灰梦》(皆未完)。

清同治十三年(1874)　　甲戌

傅培基于本年(一说同治十年)成进士。

清光绪元年(1875)　　乙亥

上年十二月初五日(公历已入1875年),清穆宗去世,正月二十日,载湉即帝位,是为清德宗,以当年为光绪元年。慈禧太后再度垂帘听政。

本年前后,髦儿戏活跃在江浙一带大城市,演员全部由青少年女子组成。

九月,严保庸《盂兰梦》传奇刊于《四溟琐记》第九集。

许善长于本年恩科充江西内帘监视。

杨恩寿佐幕云南,未几授湖北盐运使。作《桃花源》传奇。又作《再来人》、《麻泽滩》二传奇。

谈小莲本年前后在世。小莲,女,籍里不详。作有《孝娥记》传奇,今佚。

张元骧本年拔贡。元骧字南湖,顺天(今北京)人。作有《芙蓉碣》传奇,今存,另有《桃花源》杂剧,今佚。

陈祖昭光绪初在世。祖昭字子宣,号枫江渔子,江苏吴县(今苏州)人。作有传奇《瓮中天》、《镜重圆》,今存。

清光绪二年(1876)　　丙子

秋,朱绍颐、汪宗沂乡试中举。

许善长擢江西建昌府知府。作《茯苓仙》传奇,有本年冬自序。

郑由熙作《雾中人》传奇成。

黄钧宰约于本年前后去世。钧宰(1809—1876?)原名振宰,字宰平,又字仲衡,号天河生,江苏淮安人。作有传奇《十二红》、《鸳鸯印》、《呼梦么》、《双烈祠》,合称《比玉楼四种》,今存。

清光绪三年(1877)　　丁丑

春,朱绍颐应礼部试,报罢。

俞樾撰成《曲园杂纂》五十卷。

杨恩寿奉旨为湖北护贡使,与越南贡部正使斐文祀晨夕晤对一月有余。作《风

云会》传奇。

陈家鼎生。家鼎(1877—1928)字汉元,别署铁郎、毅君,湖南宁乡人。作有《邯郸梦》传奇,今存。

章鸿宾约生于本年。鸿宾(1877? —1918)字履平,江苏无锡人。作有《冲冠怒》传奇,仅存残稿一二出。

清光绪四年(1878)　　戊寅

曾传钧署广西林县知县。

朱绍颐馆于金坛,历时二年。

张云骧《芙蓉碣》传奇刊行,有本年作者自序。云骧,字南湖,直隶文安(今属河北)人,同治、光绪间在世。另作有《桃花源》杂剧,未有传本。

何傭,一名镛,字桂笙,号高昌寒食生,浙江绍兴人。生卒年不详,约同治、光绪间在世。作有《乘龙佳话》传奇,今存。

清光绪五年(1879)　　己卯

俞樾撰成《俞楼杂纂》五十卷。

贡少芹生。少芹(1879—1923?)名璧,以字行,别署天忏生等,江苏江都人。作有传奇《苏台柳》、《刀环梦》。

陈栩生。栩(1879—1940)字昆叔,又字栩园,号蝶仙,别署天虚我生,原名寿嵩,浙江钱塘(今杭州)人。作有传奇《落花梦》、《桃花梦》、《桐花笺》、《花木兰》、《自由花》、《媚红楼》。

清光绪六年(1880)　　庚辰

春,朱绍颐应礼部试,又报罢。卒。绍颐(1832—1880)字子期,号劫余道人,江苏溧水人,世居江宁(今南京)。作有《红羊劫》传奇,今存。

春,魏熙元作《酸儒福》传奇。

秋,汪宗沂成进士。

俞樾删改《三侠五义》,撰《茶香室丛钞》。

许善长署广信知府,添信江、双桂、灵山三书院膏火。

黄燮清《玉台秋》传奇十八出刊出,为作者之友吴康甫悼念亡妻所作。

宣鼎卒。鼎(1835—1880)字瘦梅,安徽天长人。作有《返魂香》传奇。

王钟麒生。钟麒(1880—1914)字毓仁,号旡生,又号天僇生。安徽歙县人,寓居扬州。作有《血泪痕》传奇。

张长约生于本年。长(1880? —1934?)字洗桐,又字心芜,更名一鸣,号湘灵子、桐花馆主,浙江桐乡人。作有《轩亭冤》传奇,今存。

清光绪七年(1881)　　辛巳

冬及次年春,陈烺《幻缘记》传奇成,原名《仙猿记》,又名《碧玉环》。

江顺诒约卒于本年前后。顺诒(1822—1881?)字子谷,号秋珊,安徽旌德人。作有《镜中泪》传奇,未见传本。

曾传钧卒。传钧(1827—1881)字茶村,一字文劭,湖南善化(今长沙)人。作有《蕙兰芳》传奇,今佚。

清光绪八年(1882)　　壬午

秋,林纾乡试中举。后数次赴礼部试,皆报罢。

十月,俞樾欲停止作文三年,凡以碑传序记求者,一概不应,然总不能谢绝。

陈烺《蜀锦袍》传奇成于本年之前,光绪十七年刊出。

清光绪九年(1883)　　癸未

七月,许善长作《灵娲石》剧,名为传奇,实为十二种各自独立的杂剧作品的

合集。

夏，俞樾为日本诗人选定诗集四十卷，补遗四卷，是为日本选诗之始。

吴趼人离家赴沪谋事，先投靠同乡江裕昌茶庄，旋入江南制造军械局为书记。

欧阳淦生。

清光绪十年(1884)　　甲申

《点石斋画报》在上海创刊，对晚清小说、戏曲的影响颇大。

梁启超补生员，后就学于广州学海堂。

傅培基改授知县，分发直隶，补南皮知县，兴利除弊，颇有政声。

许善长复事广信府，作《胭脂狱》传奇。另《神仙引》传奇作于本年之前。

邯郸梦醒人《梦中缘》传奇成稿于本年，次年刊出。

王蕴章生。蕴章(1884—1942)字莼农，号西神，又号二泉亭长。江苏无锡人。作有《绿绮台》传奇，今存。另有杂剧《碧血花》、《霜华影》、《香桃骨》、《铁云山》(仅成一折)、《可中亭》，今存。

庞树柏生。树柏(1884—1916)字檗子，号芑庵、龙禅居士，江苏常熟人。作有传奇《花月痕》(未完)、《玉钩痕》(与人合作)，另有《碧血碑》杂剧，今存。

七月二十二日，吴梅生。梅(1884—1939)字瞿安，号霜厓，江苏长洲(今苏州)人。作有传奇《风洞山》、《镜因记》(完成九出)、《血花飞》、《义士记》，前二种今存；另作有杂剧《湘真阁》、《无价宝》、《惆怅爨》、《双泪碑》，今存。

清光绪十一年(1885)　　乙酉

秋，徐鄂乡试中举，游幕东北、河北、山东、河南、江西等地数十年。

许善长充武闱监试，旋办湖口釐务。

陈烺《燕子楼》传奇本年刊出。

清光绪十二年(1886)　　丙戌

十二月，徐鄂《梨花雪》传奇成，有本年大同书局石印。

宗山卒。宗山(？—1886)字小梧，姓鲁氏，盛京铁岭(今属辽宁)人，隶内务府镶黄旗汉军。作有《并蒂莲》传奇，已佚。

清光绪十三年(1887)　　丁亥

三月，许善长《风月云》传奇刊出。

三、四月间，徐鄂作《白头新》传奇成。

清光绪十四年(1888)　　戊子

郑由熙作《木犀香》传奇成。另《雁铭霜》传奇也成于本年。

魏熙元卒于本年后。熙元(1830？—1888后)字玉岩，号玉玲珑馆主人，浙江仁和(今杭州)人。作有传奇《犁乐轩》、《玉堂春》、《西楼梦》、《宝石庄》，合称《餐英馆乐府四种》，已毁于战乱。晚年作《儒酸福》传奇，今存。

邹铨生。铨(1888—1913)字亚云，号天一子，别署民铎，江苏青浦(今属上海)人。作有《杨白花》传奇，今存。

清光绪十五年(1889)　　己丑

秋，梁启超乡试中举，旋与陈千秋拜谒康有为，执弟子礼。

冬月前，陈烺作《回流记》传奇成。

唐咏裳本年任浙江大学堂监学官。咏裳(？—1936)字健伯，浙江杭州人，作有传奇《名场债》、《淄川梦》。

清光绪十六年(1890)　　庚寅

曾朴由京回乡应童子试，以县试第一名，府试第二名，院试第七名取为生员，同

年与汪圆姗成婚。完成第一部诗集《未理集》、骈散文集《推十合一室文存》及读书札记《执丹璅语》。

俞樾撰笔记小说《右仙馆笔记》十六卷成。

陈烺督严州关。其《同亭宴》传奇成于本年之前，《海雪吟》、《错姻缘》传奇成于本年。

郑由熙《暗香楼乐府》刊于本年，收传奇《雾中人》、《雁鸣霜》、《木樨香》。

何墉《乘龙佳话》传奇成于本年。

许善长卒于本年后。善长（1823—1890后）字季仁，号玉泉樵子，浙江仁和（今杭州）人。作有传奇《瘗云岩》、《胭脂狱》、《茯苓仙》、《神山引》、《风云会》，另有《灵娲石》杂剧，皆收入《碧声吟馆丛书》中。

傅培基约卒于本年。培基（1852—1890?）字笃初，号小樵，云南昆明人。作有《芙蓉剑》传奇。

清光绪十七年(1891)　　辛卯

春，梁启超入万木草堂，从康有为学经世之学，思想为之一变。

秋，曾朴乡试中举。十一月，夫人圆姗产后亡故，遗女旋夭折，悼亡深痛，作《雪昙梦》传奇以寄托哀思。

冬，范文亨《空山梦》传奇刊出，附录于《问园遗集》中。

洪炳文为贡生，以教馆、游幕为业。

陈烺《海虬记》传奇刊于本年，《梅喜缘》传奇也在本年刊出。

杨恩寿卒。恩寿（1835—1891）字鹤俦，号坦园，湖南长沙人。作有传奇《姽婳封》、《麻滩驿》、《桂枝香》、《桃花源》、《理灵坡》、《再来人》、《双清影》、《鸳鸯带》，前六种合称《坦园六种曲》。《鸳鸯带》因剧中插叙时事，语多过激，以朋友之劝焚毁不传。另有戏曲理论批评著作《词余丛话》。

清光绪十八年(1892)　　壬辰

春，曾朴迫于父命，北上应礼部试，以墨污考卷，名落孙山。其父为之捐官内阁中书，留京供职。

秋，陈家鼎乡试中举。

秋，陈栩曾乡试中副榜，不喜仕宦，遂弃举子业而专心著述，初以诗词投稿于上海《同文沪报》等报刊。

姚鹓雏生。鹓雏（1892—1954）名锡钧，以字行，江苏松江（今属上海）人。作有《菊影记》传奇和杂剧《沈家园》、《红薇记》。

清光绪十九年(1893)　　癸巳

陈烺署理三江场盐务，次年卸任。

罗梅江光绪间在世。梅江，号琴山梅畔人，四川成都人。作有传奇《逍遥亭》、《敬寿碑》、《三缘报》、《雁停楼》，前三种合称《红雨绿雪楼三种》。

清光绪二十年(1894)　　甲午

正月，梁启超至北京应试，宣传变法维新。

杨组荣《佛门缘》传奇由上海宝文书局刊出，绘图石印，每出配一图。

春，姜继襄成进士。

钟祖芬《招隐居》传奇成于本年。

清光绪二十一年(1895)　　乙未

春，梁启超赴京会试，随康有为联合各省会试举子千余人，发起“公车上书”。八月，加入强学会，任书记，创办《中外纪

闻》。

汪宗沂由安徽学政保举学行，特旨赏加五品卿衔。

曾朴入同文馆学习法文。

陈栩任杭州《大观报》主编，并著《潇湘影弹词》等。

清光绪二十二年(1896)　丙申

钟祖芬所作《招隐居传奇》在重庆刻印。

吴趼人秋至宜昌奔季父丧。

梁启超至上海创办《时务报》，宣传维新变法。

曾朴欲应总理衙门章京之试，因内阁未予保举，愤而归里。

陈栩《落花梦》传奇初稿完成，民国二年修饰改写。

张懋畿同治、光绪间在世。懋畿字蓟云，别号木瓜道人，四川成都人。作有传奇《袁浦花》、《闹科场》、《菊花仙》、《点鬼簿》，仅前一种存。

清光绪二十三年(1897)　丁酉

吴趼人脱离江南制造军械局，任《字林沪报》副刊《消闲报》编辑。此后历主《采风报》、《奇新报》、《寓言报》笔政。

十月，梁启超应湖南巡抚陈宝箴之聘，主湖南时务学堂讲席。

曾朴奉父命赴沪办实业。适逢谭嗣同等友人谋维新变法，遂参与其事。

陈烺署龙山盐务。

丁传靖本年为副贡。

郑由熙约于本年后去世。由熙(1830—?)字晓涵，号啸岚。安徽歙县人。作有传奇《雾中人》、《雁鸣霜》、《木樨香》，合称《暗香楼乐府》。

清光绪二十四年(1898)　戊戌

四月二十三日，清德宗下诏“明定国是”，宣布变法。从即日至八月初六日慈禧太后发动政变为止，历时一百零三天，史称“百日维新”。“戊戌六君子”被杀，康有为、梁启超被通缉。

陈栩撰长篇小说《泪珠缘》，为鸳鸯蝴蝶派小说之滥觞。

洪炳文作《挞秦鞭》四出，历数秦桧叛卖祖国的种种罪行，借以发泄对朝政国事之愤懑。

庞树柏父因争漕赋触怒清吏，被系入狱，忧愤而死，母钱氏亦以身殉。靠亲戚资助，就读于江苏师范学校。本年至上海。

梁启超入京，参与新政。曾联合举人百余人上书，请废八股取士之制。戊戌政变后，流亡日本，在日本创办《清议报》，进行维新变法的启蒙思想宣传。

陈烺调监桐庐关盐务。

清光绪二十五年(1899)　己亥

五月初六日，康有为在日本和加拿大等地创办保皇会。

梁启超在日本撰《夏威夷游记》，正式提出“诗界革命”、“文界革命”的口号，反对桐城派古文，主张以欧西及日本诗文为榜样，变革中国诗文。

正月至二月，林纾翻译《巴黎茶花女遗事》由福州索隐书屋出版，引起轰动。自此专心教书与翻译。本年移家杭州，掌杭州东城书舍。

曾朴上年因归里营父墓葬，幸免戊戌政变之难。本年与同乡友人张鸿等创办常熟第一所新式小学中西学社。

洪炳文作《水岩宫》传奇成。

清光绪二十六年(1900) 庚子

七月二十日,八国联军攻入北京,次日凌晨,慈禧太后挟光绪皇帝微服逃走。九月初四日,慈禧等经大同、太原逃至西安。史称“庚子事变”。

春,《小蓬莱仙馆传奇》由上海藻文馆石印刊行。收入刘清韵创作的传奇十种,卷首有俞樾所作的序。

庞树柏与黄人结三千剑气文社。

陈栩《桃花梦》传奇本年在杭州《大观报》刊出。

清光绪二十七年(1901) 辛丑

吴趼人作小说《恨海》,反映庚子事变的动乱情况。

林纾本年起居住北京,在五城中学、金台书院、实业学校、闽学堂等处任教,兼任京师译书局笔述,同时从事文学创作和翻译活动。作《蜀鹃啼》传奇。

陈时泌应聘至湖南常宁襄校试卷。作《武陵春》传奇成。

陈烺辞官归里,参究佛学。

陈栩在杭州创设萃利公司,经营文具纸张、化学仪器、留声机、无声影片等。

清光绪二十八年(1902) 壬寅

吴梅以第一名补长洲县学生员,得食廪饩。

秋,王蕴章乡试中举。官直隶州州判。

陈家鼎东渡日本,入早稻田大学攻读法律。

陈栩创办石印局,不久毁于一炬。

曾朴至苏州、无锡调查丝茧情况,继赴上海经营丝业,年余蚀本而归。

俞樾以本年乡试重逢,诏复原官。所作传奇《骊山传》、《梓潼传》刊出。两剧以戏曲形式作考据文章。

正月初一日,梁启超在日本主编《新民丛报》半月刊,又于十月十五日主编《新小说》月刊,倡导小说界革命。梁启超在《新民丛报》创刊号上发表《劫灰梦》传奇楔子《独啸》一出,借剧中人物之口,倡导用戏剧来开启民智。五月十五日起,梁启超在《新民丛报》上连载《新罗马传奇》前七出,又在《新小说》创刊号上发表《侠情记》传奇第一出。

清光绪二十九年(1903) 癸卯

正月十四日,麦仲华《血海花》传奇载《新民丛报》第二十五号,仅完成第一出《嚼血》。仲华,号玉瑟斋主人,籍里不详。

四月,吴趼人《曾芳四》传奇发表,仅成三出。

五月初一日,欧阳淦、旅生、遁庐合撰的《维新梦》传奇开始在《绣像小说》第一至第六期、第九期、第十九期至二十五期、第二十七、二十八期上发表。

闰五月初一日,横江健鹤《新中国》传奇载《江苏》第四期,仅成《楔子》一出。横江健鹤,姓名、籍里不详。

八月初一日,浴血生《革命军》传奇载《江苏》第六期。浴血生,姓名、籍里不详。

八月初一日,佚名《陆沈痛》传奇载《汉声》第七、八合期。

八月十五日,吴趼人《二十年目睹之怪现状》在《新小说》第八号开始连载。赴日本一游。

八月十五日,春梦生《团匪魁》传奇在《新小说》第八号上发表。春梦生,姓名、

籍里不详。

吴梅赴上海东文学社习日文。《血花飞》(一名《苌弘血》)传奇完成,《风洞山》传奇初稿于本年,首折《先导》在《中国白话报》第四期(十二月十五日,1904 年 1 月 31 日)上发表。光绪三十一年(1905)修改。

袁蟫本年成进士,官吏部主事,随班入值。性情洒落,淡泊自甘,不事竞奔。

陈烺卒。烺(1822—1903)字叔明,号云石山人。江苏常州人。作有传奇《仙缘记》、《蜀锦记》、《燕子楼》、《海虬记》、《梅喜缘》、《同亭宴》、《回流记》、《海雪吟》、《负薪记》、《错姻缘》,合称《玉狮堂十种曲》,今存前四种又称《玉狮堂四种曲》。

徐鄂卒。鄂(1844—1903)字午阁,号棣亭,别号汗漫生。上海嘉定人。作有传奇、杂剧集《诵荻斋曲》,其中传奇《梨花雪》、《白头新》今存。

清光绪三十年(1904)　甲辰

三月,王钟麒《血泪痕》传奇发表。

五月起,遁庐《童子军》传奇载《绣像小说》第二十九至五十四期(光绪三十年至三十一年六月)。遁庐,姓名、籍里不详。曾以同一笔名发表小说《学生现形记》,并与欧阳巨源等合作《维新梦》传奇。

六月,陈家鼎《邯郸梦》传奇发表于《觉民》第九、第十期合本上。

七月初一日,陈伯平《同情梦》传奇刊于《女子世界》第八期。

春,陈时泌作《非熊梦》传奇八出。

吴梅在《中国白话报》第四、第六期刊出《风洞山》传奇《先导》、《忧国》二出。

六月,洪炳文作《警黄钟》传奇十出,连载于《新小说》第九号至第十七号。又有光绪三十二年十月新小说排印本。本年作《悬岙猿》传奇成。

八月初一日,陈独秀所作《论戏曲》在《安徽俗话报》第十一期发表,提出对戏曲改良的五项措施。

九月,《二十世纪大舞台》月刊在上海创刊。陈去病、柳亚子等主编。

九月,欧阳巨源作《新上海》传奇,发表于《二十世纪大舞台》第一期。仅《观赛》一折。

十一月十五日起,皖江忧国士《胭脂梦》传奇连载于《安徽俗话报》第十八、十九期。皖江忧国士,姓名、籍里不详。

曾朴与徐念慈等人在上海创办《小说林》社,后又创办《小说林》月刊,从事小说创作。

清光绪三十一年(1905)　己巳

正月,洪炳文作《后南柯》传奇。

七月至十二月,筱波山人《爱国魂》传奇连载于《新小说》第十九至二十四号。筱波山人,四川人,姓名不详。

曾朴撰小说《孽海花》初集和二集,共二十回,由小说林社出版。

吴梅至东吴大教堂任教,改定《风洞山》传奇。

吴趼人应聘至汉口任美商英文《楚报》中文版编辑,为反对美国禁约华工,毅然辞职返沪。

邹铨就读于黎里自治学社,师事金天翮,与柳亚子同学。

清光绪三十二年(1906)　丙午

九月十五日,署名“社员某”的《宝带缘》传奇发表于《月月小说》第一、五、六

号，五出，未完。

十月，浴日生《海国英雄记》传奇发表于《民报》第九、第十三期（次年三月）。浴日生，姓名、籍里不详。

十一月起，浴日生传奇《海国英雄记》传奇连载于《民报》第九、第十三期。

吴梅《风洞山》传奇由小说林社刊出。

陈栩《自由花》传奇刊于《著作林》第一期至第五期，剧作似未完。另有同名《自由花》传奇，仅完成一折。《桐花笺》传奇刊登在《著作林》第二期至第九期上，第十二期又续登《传概》一出。《花木兰》传奇六出发表于《著作林》第十三到十六期。

林纾本年起任京师大学堂教习，以文章鸣海内。

汪宗沂卒。宗沂（1837—1906）字仲伊，号弢庐，安徽歙县人。作有《后缇萦》传奇，今存。

支碧湖《春坡梦》传奇刊出。碧湖，河南洛阳人。

陈时泌约卒于本年后。时泌（1865？—？），湖南武陵人。作有传奇《武陵春》、《非熊梦》，今存。

王钟麒赴上海，充《申报》笔政。入国学保存会，在《国粹学报》上发表反清文章。

吴趼人任《月月小说》总撰述。

清光绪三十三年（1907）　　丁未

由王钟声与从日本回国的春柳社社员任天知所组织的春阳社成立，演出《黑奴吁天录》、《张文祥刺马》及《迦因小传》等。春阳社的成立，对我国早期话剧的提倡具有开拓的作用。

正月初三日，吴梅作《奢摩他室曲话》，并作序。刊于《小说林》第二、三、四、六、八、九期。本月，《暖香楼》（《湘真阁》初稿）杂剧刊于《小说林》第一期。九月，《轩亭秋》杂剧楔子刊于《小说林》第六期。

七月起，因秋瑾被害，激起国人对清廷的愤恨，以秋瑾、徐锡麟为题材的戏曲一时众多，传奇有古越嬴宗季女《六月霜》（改良小说会本，九月刊出）、张长《轩亭冤》（完成于本年九月九日）、华伟生《开国奇冤》（次年刊出）等。

十一月十五日，吴趼人《邬烈士殉路》传奇发表于《月月小说》第十一号、第十二号上，仅二出。

陈栩主编《著作林》杂志在杭州创刊。

孙雨林本年在安徽巡警学堂任教员，曾目睹徐锡麟刺杀恩铭事，作传奇《皖江雪》。雨林，安徽六合人，清末至民初在世。

华伟生本年在安徽巡警学堂任司务。徐锡麟刺杀恩铭时，华伟生亦在场，事后被疑为徐党，逃往上海以笔墨为生。

二月五日，俞樾卒。樾（1821—1907）字荫甫，号曲园，浙江德清人。作有传奇《骊山传》、《梓潼传》，今存。

欧阳淦卒。淦（1883—1907）字巨源，一作巨元，号蘧园、惜秋，江苏苏州人。与人合作传奇《玉钩痕》、《维新梦》，今存；另有《新上海》杂剧，仅成一折。

清光绪三十四年（1908）　　戊申

十月二十一日，清德宗去世。

十一月初九日，溥仪即帝位，以明年为宣统元年。

正月初七日，王钟麒在《月月小说》发表《剧场之教育》一文，论述戏曲的教育

作用。

四月，陈栩《媚红楼》传奇载于《月月小说》第十六号（第二年第四期）。

四月，庞树柏撰《碧血碑》杂剧一折载于《小说林》第十一期。

夏，丁传靖作《沧桑艳》传奇成。

八月，陈啸庐《轩亭血》传奇载于《小说林》第十二期。仅成楔子及第一出《侠泪》。啸庐清末民国初在世，名铁侠，笔名啸庐，江苏苏州人。

伤时子《苍鹰击》传奇约成于本年。伤时子，姓名、籍里不详。

张长《轩亭冤》传奇成于本年或稍晚。

吴兴太瘦生《防城血》二十出有本年安雅报局本，卷首有作者自序。吴兴太瘦生，姓名不详，浙江湖州人。

清宣统元年（1909）　己酉

十月初一日，陈去病、高旭、柳亚子等发起、组织的南社在苏州成立。

本年上海姚桂生、朱双云、任天知等人将几个较小的演剧演出团体联合组成上海演剧联合会。

曾朴任两江总督端方幕僚，理财政文案。

陈栩先后在绍兴、靖江、淮安等县充幕僚。

吴子恒《花茵侠》传奇本年有扬子江小说日报馆排印本。

庞树柏为南社本年苏州虎丘首次雅集与会者之一，被推为词选编辑。

清宣统二年（1910）　庚戌

本年，上海王钟声、陆镜若、徐半梅联合组织文艺新剧场，演出《猛回头》等剧。

本年，任天知集中优秀演员汪优游、陈大悲、顾无为、许啸天等成立进化团，巡回演出于大江南北，旗帜标明"天知派新剧"，演出《新茶花》、《共和万岁》、《都督梦》、《黄金赤血》等剧，很有声誉。

七月二十五日，王蕴章应上海商务印书馆之聘赴沪创办《小说月报》，并任主编，本年加入南社。

九月二十日至十一月二十五日，丁传靖《沧桑艳》传奇发表于《民立报》第十二至四十七号上。本年，由陈宝琛荐任礼学馆纂修。

王钟麒由朱少屏、柳亚子介绍加入南社，前后任发审委员、宁波清理绿营官地局会办。

吴宓作《陕西梦》传奇一出《梦忧》。

九月十九日，吴趼人卒。趼人（1866—1910）名沃尧，字趼人，一字小允，号我佛山人，广东南海（今广州）人。作有传奇《曾芳四》（未完）。

清宣统三年（1911）　辛亥

八月十九日，武昌起义爆发。革命党人成立中华民国湖北军政府，废除宣统年号，改国号为"中华民国"。各省新军相继起义，成立军政府。上海、贵州等省市相继光复，独立各省代表推举武昌军政府为中央军政府。

十一月十二日，各省代表会议决定改用阳历，以1912年1月1日为中华民国元年1月1日。

二月二十一日至三月二十四日，孙雨林《皖江血》传奇连载于《申报》上。雨林清末民国初在世，安徽六合人。

三月，陆恩煦《朝鲜李范晋殉国传奇》载于《东方杂志》第八卷第二号上，仅一

出。另《血手印》一出，载于《小说月报》第二年第四期，本年四月刊。恩煦清末民国初在世，字采臣，浙江杭州人。

闰六月二十五日，王蕴章《碧血花》传奇刊登于《小说月报》临时增刊上。

冬，吴梅作《落茵记》杂剧一折，载于《小说月报》第四卷第一号。《双泪碑》杂剧作于本年秋，因故中辍，续成于民国二年。

曾朴于浙江光复后即回沪。

邹铨在武昌起义爆发后，弃学至沪，助陈布雷编《天铎报》，并加入南社，与柳亚子、陈去病、高旭等过从甚密。

钟祖芬约于本年去世。祖芬(1845？—1911?)字云舫，四川江津人。作有传奇《招隐居》，今存。　(程华平)

主要参考书目：

齐森华、陈多、叶长海主编《中国曲学大辞典》，浙江教育出版社，1997年。

王永宽、王钢著《中国戏曲编年》(元明卷)，中州古籍出版社，1994年。

吴文治著《中国文学史大事年表》(下)，黄山书社，1993年。

庄一佛编著《古典戏曲存目汇考》，上海古籍出版社，1982年。

徐朔方著《晚明曲家年谱》，浙江古籍出版社，1993年。

郭英德编著《明清传奇综录》，河北教育出版社，1997年。

傅惜华著《明代传奇全目》，人民文学出版社，1959年。

陆萼庭著《清代戏曲家丛考》，学林出版社，1995年。

钱谦益著《历朝诗集小传》，上海古籍出版社，1983年新1版。

邓长风著《明清戏曲家考略》，上海古籍出版社，1994年。

邓长风著《明清戏曲家考略续编》，上海古籍出版社，1997年。

邓长风著《明清戏曲家考略三编》，上海古籍出版社，1999年。

梁淑安、姚柯夫著《中国近代传奇杂剧经眼录》，书目文献出版社，1996年。

赵景深、张增元编《方志著录元明清曲家传略》，中华书局，1987年。

王利器编《元明清三代禁毁小说戏曲史料》(增订本)，上海古籍出版社，1981年。

叶德均著《戏曲小说丛考》，中华书局，1979年。

胡忌、刘致中著《昆剧发展史》，中国戏剧出版社，1989年。

郭英德著《明清传奇史》，江苏古籍出版社，1999年。

陆萼庭著《昆剧演出史稿》，上海文艺出版社，1980年。

胡世厚、邓绍基主编《中国古代戏曲家评传》，中州古籍出版社，1992年。

冯君实主编《中国历史大事年表》，辽宁人民出版社，1985年。

明清传奇书目

说　明

一、本书目收录历代有关明清传奇之总集、个人剧作汇编与单行本、评论及参考资料之现存者。同一类中，大致以年代先后为序。各书之著录，先书名、次编撰评注者、次卷数、次版本。1911年以前书目尽量注出收藏单位。

二、各书书名，大致以原书卷端所题著录。转录他书，不知原题，仅知简名者，权以简名著录，简名加括号。题名相同、版本不同者省略题名，以“又，”表示。

三、凡撰者皆著录其本名，不题别号或字，其题名用别号，或后人编辑时题别名者，均予划一。著者无考或待考者，题“佚名撰”，如属清以后人，不再注出时代。

四、同一书题名不同者，各自列条，各条中依次列出不同版本。题名相同，版本不同者，不再标出撰者；卷数同上者，亦不再标出卷数。同类的研究著作排列在一起。

五、明清传奇与其他著作合编者，择其关系较大者著录，一般只列明清传奇之剧目。评论及参考资料，亦择其关系密切者收录。

六、本书目以书出目，不以剧名出目，故凡收入总集、个人剧作汇编中之剧本，不再单列版本。民国以来近人所编之丛书，如《暖红室汇刻传奇》、《古本戏曲丛刊》、《善本戏曲丛刊》等，因其所收皆有所本，且原本多存世，故不列子目，其零本著录时同时注明收入某丛书。散出曲集不列子目。

七、本书目编写过程中参考了《古本戏曲丛刊》，《善本戏曲丛刊》，庄一拂《古典戏曲存目汇考》，郭英德《明清传奇综录》，齐森华、陈多、叶长海主编《中国曲学大辞典》，李修生主编《古本戏曲剧目提要》，《中国丛书综录》，《中国古籍善本书目》，《中国国家书目》，《全国总书目》等资料，谨此致谢。

八、台湾地区部分书目由蔡欣欣教授提供，谨表谢忱。

九、本书目收书年限截至2018年。

总　集

绣刻演剧十本　明佚名辑。二十八卷。明金陵唐氏富春堂刻本。南京图书馆藏。子目：① 新刻出像音注宋江水浒青楼记（明佚名撰）四卷。② 新刻出像音注花将军虎符记（明张凤翼撰）二卷。1954年《古本戏曲丛刊初集》据之影印。③ 新刻出像音注薛仁贵跨海征东白袍记（明佚名撰）二卷。④ 新刻出像音注苏英皇后鹦鹉记（明佚名撰）二卷。⑤ 新刻出像点板音注李十郎紫箫记（明汤显祖撰）四卷。⑥ 新刻出像音注韦皋玉环记（明佚名撰）四卷。⑦ 新刻出像音注花栏韩信千金记（明沈采撰）四卷。1954年《古本戏曲丛刊初集》据之影印。⑧ 新刊出像音注齐世子灌园记（明张凤翼撰）二卷。1954年《古本戏曲丛刊初集》据之影印。⑨ 新刻出像音注花栏

裴度香山还带记(明沈采撰)二卷。⑩ 新刻出像音注刘汉卿白蛇记(明郑国轩撰)二卷。

六合同春　明佚名辑。十二卷。明书林萧腾鸿刻、清乾隆十二年修文堂印本。中国国家图书馆、北京大学图书馆藏。子目:① 鼎镌西厢记(元王德信撰,明陈继儒评)二卷。② 鼎镌幽闺记(元施惠撰,明陈继儒评)二卷。③ 鼎镌琵琶记(元高明撰,明陈继儒评)二卷。④ 鼎镌红拂记(明张凤翼撰,明陈继儒评)二卷。⑤ 鼎镌玉簪记(明高濂撰,明陈继儒评)二卷。⑥ 鼎镌绣襦记(明徐霖撰,明陈继儒评)二卷。

墨憨斋十种传奇　二十卷。明末刻本。中国社会科学院文学研究所、中国艺术研究院图书馆、上海图书馆、复旦大学图书馆藏。子目:① 墨憨斋新灌园传奇(明张凤翼撰。明冯梦龙更定)二卷。1955 年《古本戏曲丛刊二集》据之影印。② 墨憨斋详定酒家佣传奇(明陆弼、钦虹江撰。明冯梦龙更定)二卷。1955 年《古本戏曲丛刊二集》据之影印。③ 墨憨斋重定女丈夫传奇(明张凤翼、刘方撰。明冯梦龙更定)二卷。④ 墨憨斋重定量江记传奇(明佘翘撰,明冯梦龙更定)二卷。⑤ 墨憨斋新订精忠旗传奇(明李梅实撰,明冯梦龙更定)二卷。1955 年《古本戏曲丛刊二集》据之影印。⑥ 墨憨斋重定双雄记传奇(明冯梦龙撰)二卷。1955 年《古本戏曲丛刊二集》据之影印。⑦ 墨憨斋订定万事足传奇(明冯梦龙撰)二卷。1955 年《古本戏曲丛刊二集》据之影印。⑧ 墨憨斋重定梦磊记传奇(明史槃撰,明冯梦龙更定)二卷。1955 年《古本戏曲丛刊二集》据之影印。⑨ 墨憨斋新定洒雪堂传奇(明梅孝己撰,明冯梦龙更定)二卷。1955 年《古本戏曲丛刊二集》据之影印。⑩ 墨憨斋重定西楼楚江情传奇(清袁于令撰,明冯梦龙更定)二卷。　又,明末刻清铁瓶书屋印本。北京大学图书馆、清华大学图书馆藏。子目同上。

墨憨斋定本传奇　明冯梦龙编撰。1960 年中国戏剧出版社影印本。收《新灌园》、《酒家佣》、《女丈夫》、《量江记》、《精忠旗》、《梦磊记》、《洒雪堂》、《楚江情》、《风流梦》、《邯郸梦》、《人兽关》、《永团圆》、《双雄记》、《万事足》等十四种。　又,1992 年黄山书社影印本。收《新灌园》、《酒家佣》、《女丈夫》、《量江记》、《精忠旗》、《双雄记》、《万事足》、《梦磊记》、《洒雪堂》、《楚江情》、《风流梦》、《邯郸梦》、《人兽关》、《永团圆》等十四种。

墨憨斋新曲十种　二十卷。明末刻、清乾隆五十七年重修本。中国国家图书馆、上海图书馆、中山大学图书馆藏。子目同《墨憨斋十种传奇》。　又,明末刻本。存四种八卷。中国国家图书馆藏。子目:① 墨憨斋重定三会亲风流梦(明汤显祖撰,明冯梦龙更定)二卷。1954 年《古本戏曲丛刊初集》据之影印。② 墨憨斋重定邯郸梦传奇(明汤显祖撰,明冯梦龙更定)二

卷。③ 墨憨斋重定双雄传奇(明冯梦龙撰)二卷。④ 墨憨斋订定万事足传奇(明冯梦龙撰)二卷。

绣刻演剧十本　明毛晋编。明末毛氏汲古阁刻本。一百二十卷。北京市文物局藏全本,中国国家图书馆、浙江图书馆藏残本。子目:① 琵琶记(元高明撰)二卷。② 荆钗记(明柯丹邱撰)二卷。③ 香囊记(明邵灿撰)二卷。④ 浣纱记(明梁辰鱼撰)二卷。⑤ 寻亲记(明王錂撰)二卷。⑥ 千金记(明沈采撰)二卷。⑦ 精忠记(明佚名撰)二卷。1954 年《古本戏曲丛刊初集》据之影印。⑧ 鸣凤记(明佚名撰)二卷。1954 年《古本戏曲丛刊初集》据之影印。⑨ 三元记(明沈受卿撰)二卷。1954 年《古本戏曲丛刊初集》据之影印。⑩ 八义记(明徐元撰)二卷。⑪ 西厢记(明崔时佩、李日华撰)二卷。⑫ 幽闺记(元施惠撰)二卷。⑬ 明珠记(明陆采撰)二卷。1954 年《古本戏曲丛刊初集》据之影印。⑭ 玉簪记(明高濂撰)二卷。⑮ 红拂记(明张凤翼撰)二卷。⑯ 还魂记(明汤显祖撰,明徐日曦删定)二卷。⑰ 紫钗记(明汤显祖撰)二卷。⑱ 邯郸记(明汤显祖撰)二卷。⑲ 南柯记(明汤显祖撰)二卷。⑳ 西厢记(元王德信撰)二卷。㉑ 春芜记(明王錂撰)二卷。1955 年《古本戏曲丛刊二集》据之影印。㉒ 琴心记(明孙柚撰)二卷。1955 年《古本戏曲丛刊二集》据之影印。㉓ 玉镜台记(明朱鼎撰)二卷。1955 年《古本戏曲丛刊二集》据之影印。㉔ 怀香记(明陆采撰)二卷。1954 年《古本戏曲丛刊初集》据之影印。㉕ 彩毫记(明屠隆撰)二卷。1954 年《古本戏曲丛刊初集》据之影印。㉖ 运甓记(明吾邱瑞撰)二卷。㉗ 鸾锟记(明叶宪祖撰)二卷。1955 年《古本戏曲丛刊二集》据之影印。㉘ 玉合记(明梅鼎祚撰)二卷。㉙ 金莲记(明陈汝元撰)二卷。1955 年《古本戏曲丛刊二集》据之影印。㉚ 四喜记(明谢谠撰)二卷。1955 年《古本戏曲丛刊二集》据之影印。㉛ 绣襦记(明徐霖撰)二卷。㉜ 青衫记(明顾大典撰)二卷。1955 年《古本戏曲丛刊二集》据之影印。㉝ 红梨记(明徐复祚撰)二卷。㉞ 焚香记(明王玉峰撰)二卷。㉟ 霞笺记(明纪振伦校正)二卷。㊱ 西楼记(明袁于令撰)二卷。㊲ 投梭记(明徐复祚撰)二卷。1957 年《古本戏曲丛刊三集》据之影印。㊳ 玉环记(明杨柔胜撰)二卷。㊴ 金雀记(明无心子重编)二卷。㊵ 赠书记(明佚名撰)二卷。㊶ 锦笺记(明周履靖撰)二卷。㊷ 蕉帕记(明单本撰)二卷。㊸ 紫箫记(明汤显祖撰)二卷。㊹ 水浒记(明许自昌撰)二卷。1954 年《古本戏曲丛刊初集》据之影印。㊺ 玉玦记(明郑若庸撰)二卷。㊻ 灌园记(明张凤翼撰)二卷。㊼ 种玉记(明汪廷讷撰)二卷。㊽ 双烈记(明张四维撰)二卷。1955 年《古本戏曲丛刊二集》据之影印。㊾ 狮吼记(明汪廷讷撰)二卷。1955 年《古本戏曲丛刊二集》据之影印。㊿ 义侠记

(明沈璟撰)二卷。51 白兔记(佚名撰)二卷。1954年《古本戏曲丛刊初集》据之影印。52 杀狗记(元〈别题明〉徐畛撰,明冯梦龙重订)二卷。1954年《古本戏曲丛刊初集》据之影印。53 昙花记(明屠隆撰)二卷。54 龙膏记(明杨珽撰)二卷。1955年《古本戏曲丛刊二集》据之影印。55 飞丸记(明秋郊子撰)二卷。56 东郭记(明孙钟龄撰)二卷。57 节侠记(明许三阶撰,明许自昌改定)二卷。58 双珠记(明沈鲸撰)二卷。1954年《古本戏曲丛刊初集》据之影印。59 四贤记(明狄玄集撰)二卷。60 还魂记(明汤显祖撰)二卷。

六十种曲 明毛晋编。一百二十卷。明末清初毛氏汲古阁刻本。北京大学图书馆、中国人民大学图书馆、北京师范大学图书馆、上海图书馆、华东师范大学图书馆、上海辞书出版社图书馆、浙江大学图书馆、天津图书馆、山西省图书馆、黑龙江大学图书馆、南京图书馆、湖南省图书馆、广西桂林图书馆、重庆市图书馆藏全本,天一阁文物保管所、河南修武县文化馆藏残本。2002年上海古籍出版社《续修四库全书》据之影印。子目:〔子集〕① 双珠记(明沈鲸撰)二卷。② 寻亲记(明王錂撰)二卷。③ 东郭记(明孙钟龄撰)二卷。④ 金雀记(明无心子重编)二卷。⑤ 焚香记(明王玉峰撰)二卷。〔丑集〕⑥ 荆钗记(明柯丹邱撰)二卷。⑦ 霞笺记(明纪振伦校正)二卷。⑧ 精忠记(明佚名撰)二卷。⑨ 浣纱记(明梁辰鱼撰)二卷。⑩ 琵琶记(元高明撰)二卷。〔寅集〕⑪ 西厢记(明崔时佩、李日华撰)二卷。⑫ 幽闺记(元施惠撰)二卷。⑬ 明珠记(明陆采撰)二卷。⑭ 玉簪记(明高濂撰)二卷。⑮ 红拂记(明张凤翼撰)二卷。〔卯集〕⑯ 还魂记(明汤显祖撰)二卷。⑰ 紫钗记(明汤显祖撰)二卷。⑱ 邯郸记(明汤显祖撰)二卷。⑲ 南柯记(明汤显祖撰)二卷。⑳ 西厢记(元王德信撰)二卷。〔辰集〕21 春芜记(明王錂撰)二卷。22 琴心记(明孙柚撰)二卷。23 玉镜台记(明朱鼎撰)二卷。24 怀香记(明陆采撰)二卷。25 彩毫记(明屠隆撰)二卷。〔巳集〕26 运甓记(明吾邱瑞撰)二卷。27 鸾镍记(明叶宪祖撰)二卷。28 玉合记(明梅鼎祚撰)二卷。29 金莲记(明陈汝元撰)二卷。30 四喜记(明谢谠撰)二卷。〔午集〕31 三元记(明沈受卿撰)二卷。32 投梭记(明徐复祚撰)二卷。33 鸣凤记(明佚名撰)二卷。34 飞丸记(明秋郊子撰)二卷。35 红梨记(明徐复祚撰)二卷。〔未集〕36 八义记(明徐元撰)二卷。37 西楼记(明袁于令撰)二卷。38 还魂记(明汤显祖撰,明徐日曦删定)二卷。39 绣襦记(明徐霖撰)二卷。40 青衫记(明顾大典撰)二卷。〔申集〕41 锦笺记(明周履靖撰)二卷。42 蕉帕记(明单本撰)二卷。43 紫箫记(明汤显祖撰)二卷。44 水浒记(明许自昌撰)二卷。45 玉玦记(明郑若庸撰)二卷。〔酉集〕46 灌园记(明张

凤翼撰)二卷。㊼ 种玉记(明汪廷讷撰)二卷。㊽ 双烈记(明张四维撰)二卷。㊾ 狮吼记(明汪廷讷撰)二卷。㊿ 义侠记(明沈璟撰)二卷。〔戌集〕 51 千金记(明沈采撰)二卷。52 杀狗记(元〈别题明〉徐畛撰,明冯梦龙订定)二卷。53 玉环记(明杨柔胜撰)二卷。54 龙膏记(明杨珽撰)二卷。55 赠书记(明佚名撰)二卷。〔亥集〕 56 昙花记(明屠隆撰)二卷。57 白兔记(佚名撰)二卷。58 香囊记(明邵灿撰)二卷。59 四贤记(明狄玄集撰)二卷。60 节侠记(明许三阶撰,明许自昌改定)二卷。　又,明末毛氏汲古阁刻本、清石韫玉批校。复旦大学图书馆藏。存《幽闺记》等二十六种五十二卷。　又,清乾隆同德堂藏版刻本。　又,清道光二十五年重修本。又,1919 年成都存古书局刻本。又,叶圣陶等校。1935 年上海开明书店出版。　又,吴晓铃校点。1955 年北京文学古籍刊行社出版。1958 年、1982 年中华书局重印。　又,江巨荣、李平校点。1997 年海南出版社《传世藏书》本。

六十种曲评注　明毛晋原编。蒋星煜顾问。黄竹三、冯俊杰主编。2001 年吉林人民出版社出版。子目:① 琵琶记评注(元高明撰,冯俊杰评注)二卷。② 荆钗记评注(明柯丹邱撰,姚玉光、白秀芹评注)二卷。③ 香囊记评注(明邵灿撰,张仁立、张仁明评注)二卷。④ 浣纱记评注(明梁辰鱼撰,周华斌、吕文丽评注)二卷。⑤ 寻亲记评注(明范受益〈别题明王錂〉撰,宁希元、宁恢评注)二卷。⑥ 千金记评注(明沈采撰,安国梁、张秀华评注)二卷。⑦ 精忠记评注(明佚名撰,陈绍华评注)二卷。⑧ 鸣凤记评注(明佚名撰,延保全评注)二卷。⑨ 八义记评注(明徐元撰,明光评注)二卷。⑩ 三元记评注(明沈受先撰,徐志啸评注)二卷。⑪ 南西厢记评注(明李日华〈与崔时佩〉撰,何根德评注)二卷。⑫ 幽闺记评注(明施惠撰,谭源材、黄竹三评注)二卷。⑬ 明珠记评注(明陆采撰,张树英评注)二卷。⑭ 玉簪记评注(明高濂撰,麻国钧评注)二卷。⑮ 红拂记评注(明张凤翼撰,王强评注)二卷。⑯ 还魂记评注(明汤显祖撰,黄竹三评注)二卷。⑰ 紫钗记评注(明汤显祖撰,曲家源、白照芹评注)二卷。⑱ 邯郸记评注(明汤显祖撰,李晓评注)二卷。⑲ 南柯记评注(明汤显祖撰,王安庭评注)二卷。⑳ 西厢记评注(元王德信撰,周锡山评注)二卷。㉑ 春芜记评注(明王錂撰,苏涵评注)二卷。㉒ 琴心记评注(明孙柚撰,苏涵评注)二卷。㉓ 玉镜台记评注(明朱鼎撰,窦楷、曹飞评注)二卷。㉔ 怀香记评注(明陆采撰,曹飞评注)二卷。㉕ 彩毫记评注(明屠隆撰,许建中评注)二卷。㉖ 运甓记评注(明吾邱瑞撰,李强评注)二卷。㉗ 鸾镵记评注(明叶宪祖撰,詹怡萍评注)二卷。㉘ 玉合记评注(明梅鼎祚撰,陈桂声评注)二卷。㉙ 金莲记评注(明陈汝元撰,黄

崇浩评注)二卷。㉚ 四喜记评注(明谢谠撰,李蹊、谭莉芳评注)二卷。㉛ 绣襦记评注(明徐霖撰,王福才、王星荣评注)二卷。㉜ 青衫记评注(明顾大典撰,彭会资、黄桂玲、黄立业评注)二卷。㉝ 红梨记评注(明徐复祚撰,陈绍华评注)二卷。㉞ 焚香记评注(明王玉峰撰,黄明评注)二卷。㉟ 霞笺记评注(明佚名撰〈别题明纪振伦校正〉,许建中评注)二卷。㊱ 西楼记评注(明〈清〉袁于令撰,陈多评注)二卷。㊲ 投梭记评注(明徐复祚撰,孙京荣评注)二卷。㊳ 玉环记评注(明杨柔胜撰,奚海评注)二卷。㊴ 金雀记评注(明无心子撰。迟乃鹏评注)二卷。㊵ 赠书记评注(明佚名撰,李正明、曹凌燕评注)二卷。㊶ 锦笺记评注(明周履靖撰,王廷信评注)二卷。㊷ 蕉帕记评注(明单本撰,迟万兴评注)二卷。㊸ 紫箫记评注(明汤显祖撰,曲家源评注)二卷。㊹ 水浒记评注(明许自昌撰,周锡山、黄明评注)二卷。㊺ 玉玦记评注(明郑若庸撰,黄仕忠评注)二卷。㊻ 灌园记评注(明张凤翼撰,车文明评注)二卷。㊼ 种玉记评注(明汪廷讷撰,赫崇政评注)二卷。㊽ 双烈记评注(明张四维撰,张一平评注)二卷。㊾ 狮吼记评注(明汪廷讷撰,黄飙评注)二卷。㊿ 义侠记评注(明沈璟撰,车文明评注)二卷。(51) 白兔记评注(明佚名撰,谭源材评注)二卷。(52) 杀狗记评注(元〈别题明〉徐畛撰,孙安邦、孙蓓评注)二卷。(53) 昙花记评注(明屠隆撰,田同旭评注)二卷。(54) 龙膏记评注(明杨埏撰,李蹊、谭莉芳评注)二卷。(55) 飞丸记评注(明张景〈别题明秋郊子〉撰,梁归智、尚丽新评注)二卷。(56) 东郭记评注(明孙钟龄撰,董竞成、杨矗评注)二卷。(57) 节侠记评注(明许三阶撰,明许自昌改定,安国梁、张秀华评注)二卷。(58) 双珠记评注(明沈鲸撰,张继红评注)二卷。(59) 四贤记评注(明佚名〈别题狄玄集〉撰,刘崇德评注)二卷。(60) 还魂记评注(明汤显祖撰,明徐日曦删定,于铁丘评注)二卷。

十种传奇 明末刻本。二十二卷。中国国家图书馆藏。子目:① 喜逢春(题明清啸生撰)二卷。1934 年长乐郑氏《汇印传奇》第一集、1955 年《古本戏曲丛刊二集》据之影印。② 咏怀堂新编十错认春灯谜记(明阮大铖撰)二卷。③ 鸳鸯棒(明范文若撰)二卷。④ 望湖亭记(明沈自晋撰)二卷。1955 年《古本戏曲丛刊二集》据之影印。⑤ 荷花荡(明马佶人撰)二卷。1955 年《古本戏曲丛刊二集》据之影印。⑥ 山水邻新镌花筵赚(明范文若撰)二卷。⑦ 长命缕(明梅鼎祚撰)二卷。⑧ 金印合纵记(明高一苇撰)二卷。⑨ 评点凤求凰(明陈玉蟾撰)二卷。1955 年《古本戏曲丛刊二集》据之影印。⑩ 山水邻新镌出像四大痴传奇(明李逢时等撰)四卷。

玉夏斋传奇 二十二卷。明末刻本(或谓清初刻本)。首都图书馆藏。子目同上。

十分春色　二十二卷。清初刻本。子目同上，唯顺序有异。

会真六幻（或称《六幻西厢记》）　明闵齐伋辑。十二卷。另明李开先撰《园林午梦》一卷。明崇祯吴兴闵氏朱墨套印本。中国国家图书馆藏。子目：① 会真记（唐元稹撰）一卷。② 董解元西厢记二卷。③ 西厢记（元王德信撰）四卷。④ 续西厢记（元关汉卿撰）一卷。附明闵齐伋《五剧笺疑》一卷。⑤ 南西厢记（明崔时佩、李日华撰）二卷。⑥ 南西厢记（明陆采撰）二卷。

演剧十三种（别题《南府钞曲稿十三种》）　清佚名辑。清钞本。中国国家图书馆藏。子目：① 圣世寿征二册。② 草木衔恩二册。③ 百子呈祥一册。④ 丰乐秋登二册。⑤ 寿叶三朋一册。⑥ 盛世新声一册。⑦ 永祝长清一册。⑧ 箕畴五福一册。⑨ 寿征福辏一册。⑩ 太平有象一册。⑪ 多寿记一册。⑫ 斗金瓶十册。⑬ 玉狮记十册。

环翠山房十五种曲　清钞本。二十九卷。法国巴黎国家图书馆藏。子目：① 锦西厢（明周公鲁撰）二卷。1986年《古本戏曲丛刊五集》据之影印。② 胭脂雪（清盛际时撰）二卷。③ 万寿冠（清朱佐朝撰）二卷。1986年《古本戏曲丛刊五集》据之影印。④ 朝阳凤（清朱㿥撰）二卷。⑤ 文星现（清朱㿥撰）不分卷。1986年《古本戏曲丛刊五集》据之影印。⑥ 琥珀匙（清叶稚斐撰）二卷。⑦ 如是观（清张彝宣撰）二卷。⑧ 一品爵（清李玉等撰）二卷。1986年《古本戏曲丛刊五集》据之影印。⑨ 风云会（清李玉等撰）二卷。1986年《古本戏曲丛刊五集》据之影印。⑩ 元宝媒（清周稚廉撰）二卷。⑪ 天成福（清佚名撰）二卷。1986年《古本戏曲丛刊五集》据之影印。⑫ 四合奇（清佚名撰）二卷。1986年《古本戏曲丛刊五集》据之影印。⑬ 月华缘（清佚名撰）二卷。1986年《古本戏曲丛刊五集》据之影印。⑭ 盘陀山（清佚名撰）二卷。1986年《古本戏曲丛刊五集》据之影印。⑮ 十美图（清佚名撰）二卷。1986年《古本戏曲丛刊五集》据之影印。

车王府曲本　清钞本。首都图书馆、中国国家图书馆等分藏。　又，重抄副本。中山大学语言研究所藏。

车王府曲本菁华（元明卷）　刘茂烈等编。1992年中山大学出版社出版。

车王府曲本菁华（明清卷）　刘茂烈等编。1992年中山大学出版社出版。

车王府曲本菁华（先秦两汉卷）　刘茂烈等编。1993年中山大学出版社出版。

车王府曲本菁华（隋唐宋卷）　刘茂烈等编。1993年中山大学出版社出版。

车王府曲本菁华（综合卷）　刘茂烈等编。1993年中山大学出版社出版。

盛世新声　明臧贤辑。十二卷。明正德十二年刻本。中国国家图书馆、天一阁文物保管所藏全本，河北大学图书馆藏残本。　又，明嘉靖刻本。上海图书馆藏全本，中国社会科学院文学研究所藏残本。　又，明万历二十四

年刻本。北京大学图书馆藏。 又，1955年文学古籍刊行社影印本。

盛世词林 明佚名辑。十二卷。明钞本。中国国家图书馆藏。

词林摘艳 明张禄辑。十卷。明嘉靖四年原刻本。中国国家图书馆藏。1955年文学古籍刊行社、2002年上海古籍出版社《续修四库全书》据明嘉靖刻本影印。 又，明嘉靖三十年徽藩刻本。中国国家图书馆（一本有曹元忠、吴梅跋）、中国艺术研究院图书馆藏全本，浙江省临海县博物馆藏残本。 又，明万历二十五年内府刻本。中国国家图书馆、北京大学图书馆藏。 又，1936年石印本。

重刊增益词林摘艳 明张禄辑。十卷。明嘉靖十八年刻本。

雍熙乐府 明郭勋辑。二十卷。明嘉靖十年刻本。北京大学图书馆藏。 又，明嘉靖十九年楚藩刻本。北京大学图书馆、群众出版社图书馆藏。 又，明嘉靖四十五年荆聚刻本。中国国家图书馆、北京大学图书馆、清华大学图书馆、中国科学院图书馆、中国艺术研究院图书馆、山西省图书馆、浙江图书馆、南京图书馆（有丁丙跋）、重庆市图书馆藏全本，天一阁文物保管所藏残本。1934年上海商务印书馆《四部丛刊续编》、2002年上海古籍出版社《续修四库全书》据明嘉靖刻本影印。 又，题海西广氏编。十三卷。明万历刻本。上海图书馆藏。1997年齐鲁书社《四库全书存目丛书》据之影印。

新刊耀目冠场擢奇风月锦囊正杂两科全集（别题《全家锦囊》） 明徐文昭辑。四十一卷。明嘉靖三十二年书林詹氏进贤堂重刻本。西班牙埃斯科里亚尔圣·劳伦左皇家图书馆藏。1987年台湾学生书局有影印本，收入《善本戏曲丛刊》第四辑。2002年上海古籍出版社《续修四库全书》据明嘉靖刻本影印。

风月锦囊笺校 明徐文昭辑。四十一卷。孙崇涛、黄仕忠笺校。2000年中华书局出版。

新编南九宫词 明佚名辑。九卷。明万历刻本。1930年长乐郑氏影印本。

新镌绣像评点玄雪谱 明末锄兰忍人辑。媚花香史批评。四卷。明崇祯刻本。1987年台湾学生书局有影印本，收入《善本戏曲丛刊》第四辑。

新刻京板青阳时调词林一枝 明黄文华辑，明郄绣甫同纂。四卷。明万历闽建书林叶志元刻本。日本内阁文库藏。1984年台湾学生书局有影印本，收入《善本戏曲丛刊》第一辑。2002年上海古籍出版社《续修四库全书》据明万历刻本影印。

新锲精选古今乐府滚调新词玉树英 明黄文华辑。五卷。有残缺。明万历书林余绍崖刻本。丹麦哥本哈根皇家图书馆藏。1993年上海古籍出版社《海外孤本晚明戏剧选集三种》据之影印。

梨园会选古今传奇滚调新词乐府万象新 明阮祥宇辑。八卷。有残缺。明万历书林刘龄甫刻本。丹麦哥本哈根

皇家图书馆藏。1993年上海古籍出版社《海外孤本晚明戏剧选集三种》据之影印。

精刻汇编新声雅杂乐府大明天下春 明佚名辑。存四至八卷。明末刻本。奥地利维也纳国家图书馆藏。1993年上海古籍出版社《海外孤本晚明戏剧选集三种》据之影印。

听秋轩精选万锦娇丽 题玉茗堂主人点辑。仅存一册，题《风集》。明末(?)刻本。1984年台湾学生书局有影印本，收入《善本戏曲丛刊》第二辑。

新刻群英类选 明胡文焕辑。存三十九卷。明万历文会堂辑刻《格致丛书》本。南京图书馆、首都图书馆藏残本。1980年中华书局将两地藏本合并影印。1987年台湾学生书局有影印本，收入《善本戏曲丛刊》第四辑。2002年上海古籍出版社《续修四库全书》据明万历刻本影印。

选古今南北剧 题明徐渭辑。十卷。明万历清选斋刻本。中国国家图书馆藏。

吴歈萃雅 明周之标辑。明古吴隐之道民校点。四卷。明万历四十四年长洲周氏刻本。中国国家图书馆、首都图书馆、清华大学图书馆、中国人民大学图书馆、中国社会科学院文学研究所、复旦大学图书馆、天津图书馆、重庆市图书馆藏。1984年台湾学生书局有影印本，收入《善本戏曲丛刊》第二辑。

新刻出像点板增订乐府珊珊集 明周之标增订。四卷。明崇祯刻本。中国国家图书馆藏一至二卷。1984年台湾学生书局有影印本，收入《善本戏曲丛刊》第二辑。

新镌乐府清音歌林拾翠 明佚名辑。二集。清金陵奎壁斋刻本(版片后归宝圣楼，封面改刻为“宝圣楼梓”)。1984年台湾学生书局有影印本，收入《善本戏曲丛刊》第二辑。

新镌出像点板北调万壑清音 明止云居士辑。八卷。明天启四年西爽堂刻本。中国国家图书馆、中国艺术研究院图书馆藏。

万壑清音 明止云居士辑。八卷。钞本。日本京都大学人文科学研究所藏。又，1987年台湾学生书局《善本戏曲丛刊》第四辑影印本。

鼎锲徽池雅调南北官腔乐府点板曲响大明春(别题《新调万曲长春》) 明程万里辑。六卷。明万历福建书林金魁刻本。日本尊经阁文库藏。1984年台湾学生书局有影印本，收入《善本戏曲丛刊》第一辑。2002年上海古籍出版社《续修四库全书》据明万历刻本影印。

新刊徽板合像滚调乐府官腔摘锦奇音 明龚正我辑。六卷。明万历三十九年书林敦睦堂张三怀刻本。日本内阁文库、中国艺术研究院图书馆藏。1984年台湾学生书局有影印本，收入《善本戏曲丛刊》第一辑。2002年上海古籍出版社《续修四库全书》据明万历刻本影印。

鼎刻时兴滚调歌令玉谷新簧 明吉州景居士辑。五卷。明万历三十八年书

林刘次泉刻本。日本内阁文库藏。1984年台湾学生书局有影印本，收入《善本戏曲丛刊》第一辑。

月露音 明李郁尔等辑。四卷。明万历刻本。大连市图书馆藏。1984年台湾学生书局有影印本，收入《善本戏曲丛刊》第二辑。

新镌出像词林白雪 明窦彦斌辑。八卷。明万历三十四年刻本。

新镌汇选辨真昆山点板乐府名词 明佚名辑。二卷。明万历书林周敬吾刻本。中国国家图书馆藏。

新刻点板乐府南音 明洞庭萧士辑。明湖南主人校点。二卷。明万历刻本。1987年台湾学生书局有影印本，收入《善本戏曲丛刊》第四辑。

词林逸响 明许宇辑。四卷。明天启三年刻本。中国国家图书馆、首都图书馆、中国科学院图书馆、中国艺术研究院图书馆、上海图书馆、吉林省图书馆、东北师范大学图书馆、山东大学图书馆、南京图书馆、浙江图书馆、广东中山图书馆藏全本，中国社会科学院文学研究所、上海辞书出版社图书馆藏残本。1984年台湾学生书局有影印本，收入《善本戏曲丛刊》第二辑。

鼎镌昆池新调乐府八能奏锦 明黄文华辑。六卷。明万历书林爱日堂蔡正河刻本。日本内阁文库藏。1984年台湾学生书局有影印本，收入《善本戏曲丛刊》第一辑。

秋夜月 四卷。明万历燕石居刻本。中国国家图书馆藏。子目：① 新锓天下时尚南北新调尧天乐（明殷启圣辑）二卷。② 新锓天下时尚南北徽池雅调（明熊稔寰辑）二卷。民国间程氏餐秀簃有影印本，每月古书社有影印本。1984年台湾学生书局有影印本，收入《善本戏曲丛刊》第一辑。

新镌出像点板怡春锦曲（别题《新镌出像点板缠头百练》） 明冲和居士辑。六卷。明崇祯刻本。中国科学院图书馆藏全本，中国国家图书馆、上海图书馆藏残本。1984年台湾学生书局有影印本，收入《善本戏曲丛刊》第一辑。2002年上海古籍出版社《续修四库全书》据明崇祯刻本影印。又，清乾隆刻本。

新镌出像点板缠头百练二集 明冲和居士辑。六卷。明崇祯刻本。中国国家图书馆藏全本，上海图书馆藏残本。

新选南北乐府时调青昆 明黄儒卿辑。四卷。明末（或云清初）书林四知馆刻本。台湾故宫博物院藏。1984年台湾学生书局有影印本，收入《善本戏曲丛刊》第一辑。

彩云乘新镌乐府遏云编 明槐鼎、吴之俊辑。三卷。明末刻本。南京图书馆藏。2002年上海古籍出版社《续修四库全书》据明末刻本影印。

新锲梨园摘锦乐府菁华 明刘君锡辑。十二卷。明万历二十八年书林三槐堂王会云刻本。英国牛津波德利安图书馆藏。1984年台湾学生书局有影印本，收入《善本戏曲丛刊》第一辑。

新刊分类出像陶真选粹乐府红珊　明纪振伦辑。十六卷。明万历三十年金陵唐振吾刻本。1984 年台湾学生书局有影印本，收入《善本戏曲丛刊》第二辑。2002 年上海古籍出版社《续修四库全书》据明万历刻本影印。又，清嘉庆五年积秀堂覆刻本。大英图书馆藏。

冰壶玉屑　不分卷。明刻本。上海图书馆藏。

赛征歌集　明佚名辑。六卷。明万历刻巾箱本。1987 年台湾学生书局有影印本，收入《善本戏曲丛刊》第四辑。

万锦清音　四卷。明末刻本。中国国家图书馆、中国艺术研究院图书馆藏。

方来馆合选古今传奇万锦清音　题明玉茗堂主人辑。四卷。清顺治十八年方来馆刻本。中国国家图书馆、上海图书馆藏残本。

来凤馆合选古今传奇　题邀月主人辑。四卷。存一卷。清初刻本。中国国家图书馆藏。

新镌乐府争奇　明佚名辑。三卷。存二卷。明汪公亮刻本。中国国家图书馆藏。

古今奏雅　明吴长公辑。六卷。明崇祯九年刻本。

新镌乐府遴奇　明佚名辑。三卷。明新都汪公亮刻本。增补一卷。明新都崇义堂刻本。

新刻出像点板时尚昆腔杂曲醉怡情　题菰芦钓叟辑。八卷。清初古吴致和堂刻本。首都图书馆、中国人民大学图书馆、上海图书馆、天津师范大学图书馆、吉林省图书馆藏。1987 年台湾学生书局有影印本，收入《善本戏曲丛刊》第四辑。　又，清刻本。中国社会科学院文学研究所、上海图书馆、上海辞书出版社图书馆、哈尔滨市图书馆、山东省图书馆、杭州市图书馆、安徽省图书馆、湖南省图书馆、四川省图书馆藏。

南音三籁　明凌濛初辑。四卷。明崇祯刻本。上海图书馆藏全本，南京图书馆、河南省图书馆藏残本。1953 年上海古籍书店有影印本。　又，明凌濛初辑。清袁志学增订。四卷。附《谭曲杂札》一卷、《曲律》一卷。清康熙七年刻本。中国国家图书馆藏。1987 年台湾学生书局有影印本，收入《善本戏曲丛刊》第四辑。2002 年上海古籍出版社《续修四库全书》据清康熙刻本影印。

曲选　明佚名辑。不分卷。明钞本。中国国家图书馆藏。

新镌歌林拾翠　题粲花主人辑。西湖漫史点评。六卷。明崇祯刻本。中国国家图书馆、浙江图书馆藏。

征歌集□　明佚名辑。存一卷。明汪光华玩虎轩刻本。中国国家图书馆藏。

新刻精选南北时尚昆弋雅调　清佚名辑。四集。清初刻本。

南北词广韵选　明徐复祚辑。十九卷。清初钞本。中国国家图书馆藏。2002 年上海古籍出版社《续修四库全书》据清钞本影印。

新镌南北时尚青昆合选乐府歌舞台　明佚名辑。四卷。残本。清书林郑元

美刻本。英国牛津大学龙彼得教授藏。1987年台湾学生书局有影印本，收入《善本戏曲丛刊》第四辑。

新刻时尚乐府千家合锦 清佚名辑。清乾隆苏州王君甫刻袖珍本。1987年台湾学生书局有影印本，收入《善本戏曲丛刊》第四辑。

新编时尚乐府新声(别题《万家合锦》) 清佚名辑。不分卷。清乾隆苏州王君甫刻袖珍本。1987年台湾学生书局有影印本，收入《善本戏曲丛刊》第五辑。

新镌缀白裘合选 清郁冈樵隐、积金山人辑。四卷。清康熙翼圣堂刻本。北京大学图书馆藏全本，中国国家图书馆藏残本。

新刻校正点板昆腔杂剧缀白裘全集 清陈二球参定，清玩玉楼主人重辑。四集。清康熙三十三年刻本。 又，清乾隆四年据康熙三十三年原刻本翻印本。路工旧藏。

重订缀白裘新集合编 清钱德苍辑。十二集四十八卷。清乾隆四十六年集古堂刻本。上海图书馆藏。2002年上海古籍出版社《续修四库全书》据清乾隆刻本影印。

缀白裘 清钱德苍辑。十二集四十八卷。清乾隆三十九年苏州宝仁堂刻本。首都图书馆、大连图书馆藏。 又，清乾隆四十二年鸿文堂刻本。1987年台湾学生书局有影印本，收入《善本戏曲丛刊》第五辑。 又，1937年上海中华书局出版汪协如校订本。

新缀白裘 清钟骏文编。二册。清光绪刻本。南京图书馆藏。

词余偶抄 清彭翊辑并评。不分卷。稿本。吴梅跋。中国国家图书馆藏。

审音鉴古录 清佚名辑。不分卷。清道光十四年王继善刻本。首都图书馆、清华大学图书馆、中国艺术研究院图书馆、上海辞书出版社图书馆、厦门大学图书馆、湖北省图书馆、四川省图书馆、重庆市图书馆藏。1987年台湾学生书局有影印本，收入《善本戏曲丛刊》第五辑。2002年上海古籍出版社《续修四库全书》据清道光刻本影印。

昆弋腔选曲 清佚名辑。不分卷。清四色钞本。河北大学图书馆藏。

名曲选尤 清佚名辑。不分卷。清钞本。清王文治跋。山东省图书馆藏。

暖红室汇刻传奇 刘世珩辑。六十余种。清末民初贵池刘氏暖红室陆续印行。中国国家图书馆、上海图书馆、华东师范大学图书馆、上海师范大学图书馆、上海辞书出版社图书馆、山东大学图书馆、南京图书馆、浙江大学图书馆等藏。 又，1978—1990年江苏广陵古籍刻印社用刘氏原版校订并补刊印本。

奢摩他室曲丛第一集 吴梅辑。三卷。清宣统二年长洲吴氏灵鸩刻本。中国国家图书馆、上海图书馆、复旦大学图书馆、华东师范大学图书馆、辽宁省图书馆、吉林大学图书馆、甘肃省图书馆、山东大学图书馆、南京大学图书馆、苏州市图书馆、浙江图书馆、浙江大学图书馆、河南省图书馆、

四川省图书馆、四川大学图书馆藏。

奢摩他室曲丛第二集 吴梅辑。四十卷。1928年上海商务印书馆影印、排印本。中国国家图书馆、北京师范大学图书馆、清华大学图书馆、上海图书馆、复旦大学图书馆、华东师范大学图书馆、上海师范大学图书馆、上海辞书出版社图书馆、辽宁省图书馆、吉林大学图书馆、哈尔滨市图书馆、甘肃省图书馆、山东省图书馆、山东大学图书馆、南京图书馆、南京大学图书馆、苏州市图书馆、浙江大学图书馆、福建师范大学图书馆、武汉大学图书馆、四川省图书馆、重庆市图书馆、四川大学图书馆、青海省图书馆、宁夏回族自治区图书馆藏。

玉生香传奇四种曲 佚名辑。1919年碧梧山庄石印本。

古今名剧选 吴梅编。1932年北京大学排印出版。

传真社三种曲 六卷。1932年传真社据明刻本影印。北京师范大学图书馆、上海图书馆、复旦大学图书馆、山东大学图书馆、南京大学图书馆、云南省图书馆藏。

长乐郑氏汇印传奇第一集 郑振铎编。十二卷。1934年长乐郑氏影印本。北京师范大学图书馆、上海图书馆、复旦大学图书馆、上海师范大学图书馆、上海辞书出版社图书馆、吉林大学图书馆、山东大学图书馆、南京图书馆、浙江大学图书馆、福建师范大学图书馆藏。

中国戏曲选 孙俍工、孙思潮编。1934年中华书局出版。

戏曲选 姜亮夫辑。1934年上海北新书局出版。

古本戏曲丛刊初集 郑振铎主编。古本戏曲丛刊编刊委员会辑。一百种。二百三十七卷。一百二十四册。1954年上海商务印书馆影印本。

古本戏曲丛刊二集 郑振铎主编。古本戏曲丛刊编刊委员会辑。一百种。二百〇二卷。一百二十册。1955年上海商务印书馆影印本。

古本戏曲丛刊三集 郑振铎主编。古本戏曲丛刊编刊委员会辑。一百种。一百九十四卷。一百二十册。1957年文学古籍刊行社有影印本。

古本戏曲丛刊五集 吴晓铃主编。古本戏曲丛刊编刊委员会辑。八十五种。一百七十九卷。一百二十册。1986年上海古籍出版社影印本。

古本戏曲丛刊六集 中国社会科学院文学研究所编。一百零九种。一百八十册。2016年国家图书馆出版社影印本。

古本戏曲丛刊七集 中国社会科学院文学研究所编。九十二种。一百七十册。2018年国家图书馆出版社影印本。

古本戏曲丛刊九集 古本戏曲丛刊编刊委员会编。十种。八十本另二十七段另六卷。一百二十四册。1964年中华书局上海编辑所影印本。

明清传奇选 赵景深、胡忌编注。1957年中国青年出版社出版，1981年修订再版。

古代戏曲选注 胡忌编注。1959—1962年中华书局出版。

明清文学丛钞·传奇杂剧卷 阿英编。1962年中华书局出版。

明清闽南戏曲四种 吴守礼编。1976年台湾联禾出版社出版。

红楼梦戏曲集 阿英编。1978年中华书局出版。

元明清戏曲选注 1979年台湾学海出版社出版。

元明清戏曲选 隗芾编。1981年吉林人民出版社出版。

岳飞故事戏曲说唱集 李润海编。1981年台湾明文书局股份有限公司出版。

明清传奇选注 罗锦堂编。1982年台湾中华民俗艺术基金会出版。

古代戏曲名著选读 张月中、许秀京编。1982年河北人民出版社出版。

中国十大古典喜剧集 王季思主编。1982年上海文艺出版社出版。

中国十大古典悲剧集 王季思主编。1982年上海文艺出版社出版。

全明传奇 1983年台湾天一出版社出版。

明代戏曲选注 冯金起编注。1983年上海古籍出版社出版。

中国古典戏剧选注 曾永义编。1983年台湾"国家出版社"出版。

聊斋志异戏曲集 关德栋、车锡伦编。1983年上海古籍出版社出版。

善本戏曲丛刊(一、二、三辑) 王秋桂主编。1984年台湾学生书局影印本。

善本戏曲丛刊(四、五、六辑) 王秋桂主编。1987年台湾学生书局影印本。

明清戏曲珍本辑选 孟繁树、周传家编校。1985年中国戏剧出版社出版。

明本潮州戏文五种 1985年广东人民出版社影印本。

中国戏曲选 王起主编。1985年人民文学出版社出版。

水浒戏曲集(二) 傅惜华编。1985年上海古籍出版社出版。

元明清戏曲赏析 宋绵有编。1985年南开大学出版社出版。

剧曲选注 赖桥本编注。1985年台湾学生书局出版。

宋元四大南戏读本 俞为民编注。1988年江苏古籍出版社出版。

中国十大古典悲喜剧集 郭汉城主编。1989年上海文艺出版社出版。

明清传奇选刊 1988年起中华书局陆续出版。

重订增注中国十大古典喜剧集 王季思主编。1991年齐鲁书社出版。

四大名剧 王季思、黄天骥主编。1992年岳麓书社出版。

中国古代十大喜剧赏析 叶桂刚、王贵元主编。1993年北京广播学院出版社出版。

中国古代十大悲剧赏析 叶桂刚、王贵元主编。1993年北京广播学院出版社出版。

海外孤本晚明戏剧选集三种 [俄]李福清、[中]李平编。1993年上海古籍出版社影印本。

中国四大名剧 1994年中州古籍出版社出版。

中国古典文学分类集成·戏曲卷 1994年百花文艺出版社出版。

十大古典戏曲名著　翁敏华等校点。1994年上海古籍出版社出版。

中国古代十大名剧　章自福整理。1995年贵州人民出版社出版。

四大名剧　1996年新疆人民出版社出版。

明清抄本孤本戏曲丛刊　首都图书馆编。1996年线装书局影印本。

四大名剧传抄本导读　江天编校。1998年中国文联出版公司出版。

五大南戏　张桂喜等校点。1998年岳麓书社出版。

中国古代四大名剧　1998年江苏古籍出版社出版。

中国四大古典名剧　吴佩鸿编。1998年巴蜀书社出版。

四大古典名剧　江苏广陵书社编。1999年江苏古籍出版社出版。

昆剧手抄曲本一百册　《昆剧手抄曲本一百册》编辑委员会、中国昆曲博物馆编。2009年广陵书社出版。

稀见明代戏曲丛刊　廖可斌主编。2018年东方出版中心出版。

个人剧作单行本与汇编一

新刊元本蔡伯喈琵琶记　元高明撰。二卷。清康熙十三年陆贻典据元本及明嘉靖二十七年郡肆翻刻本抄校本。中国国家图书馆藏。1954年《古本戏曲丛刊初集》据陆贻典本影印。1993年上海古籍出版社出版《四部精要》影印本。2002年上海古籍出版社《续修四库全书》据陆贻典本影印。

新刊巾箱蔡伯喈琵琶记　元高明撰。二卷。明嘉靖苏州坊刻本。

李卓吾先生批评琵琶记　元高明撰。明李贽批评。二卷。明虎林容与堂刻本。中国国家图书馆、中国历史博物馆、上海图书馆藏。1954年《古本戏曲丛刊初集》据明容与堂本影印。

汤海若先生批评琵琶记　元高明撰。明汤显祖批评。明万历刘次泉刻本。

新刻重订出像附释标注琵琶记　元高明撰。明戴君赐注释。四卷。明金陵唐晟刻本。中国国家图书馆、北京大学图书馆藏。

蔡中郎忠孝传(即《琵琶记》)　元高明撰。四卷。明万历刻本。中国国家图书馆藏。

鼎镌陈眉公先生批评琵琶记　元高明撰。明陈继儒批评。二卷。释义二卷。明书林萧腾鸿师俭堂刻本。中国国家图书馆藏。

元本出相琵琶记　元高明撰。三卷。明刻本。清顺治十二年直水杞人凌文蔚跋。原凌文蔚旧藏,已残,据新版《琵琶记》补抄。复旦大学图书馆藏。

元本出相点板琵琶记　元高明撰。三卷。明黄正位尊生馆刻本。中国国家图书馆藏。

校梓注释圈证蔡伯喈(即《琵琶记》)　元高明撰。明刘弘毅注。三卷。明万历五年金陵唐氏富春堂刻本。保定市图书馆藏。

元本大板释义全像音释琵琶记　元高明撰。三卷。明云林别墅刻本。中国国家图书馆藏。

重校琵琶记　元高明撰。四卷。释义大

全一卷。明万历二十六年金陵陈氏继志斋刻本。中国国家图书馆、日本内阁文库藏。 又,四卷。明汪云鹏集义堂刻本。日本蓬左文库藏。

伯喈定本(即《琵琶记》) 元高明撰。明槃薖硕人改定。二卷。明刻本。中国国家图书馆藏。另,日本东京大学藏钞本疑即此种。

重订元本评林点板琵琶记 元高明撰。二卷。明万历元年闽建书林种德堂熊冲宇刻本。上海图书馆藏。

三先生合评元本琵琶记 元高明撰。明李贽、汤显祖、徐渭评。二卷。明末刻本。刘之泗跋。中国国家图书馆藏。

新刻魏仲雪先生批评琵琶记 元高明撰。明魏浣初评。二卷。明书林余少江刻本。首都图书馆藏。中国国家图书馆藏(?)。 又,清初书林维新堂刻本。南京图书馆藏。 又,明魏浣初评。明李衣萫注。二卷。明末刻本。中国国家图书馆藏。

鼎镌琵琶记 元高明撰。明陈继儒评。二卷。明书林萧腾鸿师俭堂刻本。中国国家图书馆、上海图书馆、华东师范大学图书馆藏。

琵琶记 元高明撰。三卷。明万历二十五年汪光华玩虎轩刻本。中国国家图书馆、上海博物馆藏。 又,明刻本。复旦大学图书馆、上海辞书出版社图书馆、浙江图书馆藏。 又,明凌濛初评。四卷。附录一卷。明凌濛初刻朱墨套印本。中国国家图书馆、中国社会科学院文学研究所、北京师范大学图书馆、上海图书馆、辽宁省图书馆、吉林大学图书馆、浙江图书馆、安徽省博物馆藏。 又,民初王季烈螾隐庐影印凌氏刻本。中国社会科学院文学研究所、上海图书馆藏。 又,三卷。附释义一卷。明刻本。中国国家图书馆、中国社会科学院文学研究所、中国艺术研究院图书馆、上海图书馆、上海博物馆、苏州市文物管理委员会藏。 又,一卷。清钞本。中国国家图书馆藏。 又,五卷。清宣统二年天隐阁刻本。中国社会科学院文学研究所藏。 又,明陈继儒评。二卷。1925年上海扫叶山房石印本。 又,朱益明标点。1932年上海广益书局出版。 又,1947年上海世界书局出版。 又,钱箕校注。1958年中华书局出版。又,钱箕校注。1960年中华书局出版。 又,李芳民改编。1997年陕西人民出版社出版。 又,1997年吉林文史出版社出版。 又,徐明校点。1998年辽宁教育出版社出版,收入《新世纪万有文库》。 又,黄仕忠导读,2001年黄山书社出版,收入《中国古典名剧导读丛书》。

蔡伯喈(即《琵琶记》) 不分卷。明嘉靖钞本。1958年出土于广东省揭阳市渔湖乡西寨村。广东省博物馆藏。又,1985年广东人民出版社出版《明本潮州戏文五种》影印本。

元本出相南琵琶记 元高明撰。明王世贞、李贽评。三卷。起凤馆刻本。

元本南琵琶记 元高明撰。二卷。明刻

本。日本静嘉堂文库藏。

三订琵琶记　元高明撰。明朱冲怀订正。二卷。明会泉余氏刻本。日本德山毛利栖息堂藏。另日本蓬左文库藏《三订琵琶记》二卷疑即此种。

袁了凡先生释义琵琶记　元高明撰。明汪廷讷校。二卷。明环翠堂刻本。日本京都大学藏。

硃订琵琶记　元高明撰。明孙鑛批订。二卷。明刻本。日本静嘉堂文库藏。

绘风亭评第七才子书琵琶记　元高明撰。清毛纶评。清陈方平辑。六卷。释义一卷。才子琵琶写情篇一卷。清映秀堂刻本。清华大学图书馆、中国历史博物馆、上海图书馆、上海辞书出版社图书馆、黑龙江大兴安岭地区图书馆、福建省图书馆、武汉图书馆、华中师范大学图书馆、湖南省图书馆藏。　又，清映秀堂刻、三多斋印本。北京大学图书馆、上海图书馆、青海省图书馆藏。　又，清书林龙文堂刻本。福建师范大学图书馆藏。

镜香园毛声山评第七才子书（即《琵琶记》）　明高明撰。清毛纶评。十二卷。首一卷。清张元振刻聚锦堂印本。北京市文物局、辽宁省图书馆、福建省图书馆藏。　又，清张元振刻三益堂印本。上海图书馆藏。

镜香园传奇第七才子书（即《琵琶记》）　元高明撰。清毛纶评。从周增订。十二卷。清天籁堂刻本。中国社会科学院文学研究所藏。

成裕堂绘像第七才子书（即《琵琶记》）　元高明撰。清毛纶评。六卷。清雍正十三年程士任成裕堂刻本。上海图书馆、上海师范大学图书馆等藏。　又，清宏道堂刻本。上海图书馆藏。

绘像第七才子书琵琶记（即《琵琶记》）　元高明撰。六卷。清雍正十三年吴门课花书屋刻本。上海图书馆等藏。　又，民国文宜书局石印本。

翻刻第七才子书（即《琵琶记》）　元高明撰。清毛纶评。六卷。清雍正十三年两仪堂刻本。山西师范大学图书馆等藏。

芥子园绘像第七才子书（即《琵琶记》）　元高明撰。六卷。清雍正十三年程氏芥子园苏州刻袖珍本。上海图书馆藏。

新刊巾箱蔡伯喈琵琶记（即《琵琶记》）　元高明撰。二卷。清道光二十二年刻本。华东师范大学图书馆等藏。　又，武进董氏诵芬室据黄丕烈士礼居藏元刊本(?)影刻。中国社会科学院文学研究所藏。　又，民国上海蟫隐庐影印本。

陈眉公批评琵琶记　元高明撰。明陈继儒评。二卷。1954年北京文学古籍刊行社出版。

批评释义音字琵琶记　元高明撰。明陈继儒评。民国贵池刘氏《暖红室汇刻传奇》本。

暖红室汇刻琵琶记　元高明撰。刘世珩辑。1919年贵池刘氏《暖红室汇刻传奇》本。1980年江苏广陵古籍刻印社重印。子目：① 明新安汪氏玩虎轩琵琶记全图。② 陈眉公先生批评琵琶记二卷。③ 琵琶记札记二卷。

④ 陈眉公先生琵琶记释义二卷。

高则诚集 元高明撰。张宪文、胡雪冈辑校。1992年浙江古籍出版社出版。

鼎镌陈眉公先生批评幽闺记 元施惠撰。明陈继儒评。二卷。释义二卷。明书林萧腾鸿师俭堂刻本。中国国家图书馆藏。

鼎镌幽闺记 元施惠撰。明陈继儒评。二卷。明书林萧腾鸿师俭堂刻本。中国国家图书馆、华东师范大学图书馆、南京图书馆藏。

新刊重订出相附释标注拜月亭记 元施惠撰。二卷。明万历十七年世德堂刻本。中国国家图书馆藏。1954年《古本戏曲丛刊初集》据之影印。2002年上海古籍出版社《续修四库全书》据之影印。

李卓吾先生批评幽闺记 元施惠撰。明李贽批评。二卷。明虎林容与堂刻本。中国国家图书馆、中国历史博物馆藏。1954年《古本戏曲丛刊初集》据之影印。 又,1919年贵池刘氏《暖红室汇刻传奇》本。1980年江苏广陵古籍刻印社重印。

重校拜月亭记 元施惠撰。二卷。明万历金陵唐氏文林阁刻本。中国国家图书馆藏。 又,元施惠撰。明罗懋登注释。二卷。明德寿堂刻本。中国国家图书馆(有王国维跋)、重庆市图书馆藏。 又,民国贵池刘氏《暖红室汇刻传奇》本。

幽闺怨佳人拜月亭记 元施惠撰。四卷。明凌延喜刻朱墨套印本。上海图书馆藏。 又,1923年影印本。 又,1927年武进陶氏涉园《喜咏轩丛书》乙编石印本。

注释拜月亭记 元施惠撰。明罗懋登注释。二卷。附音释。清宣统元年贵池刘氏暖红室刻本。

(幽闺记) 元施惠撰。二卷。附注板眼。清康熙五十五年沈兆熊钞本。原怀宁曹氏旧藏,后归中国艺术研究院图书馆。

幽闺记(又名《拜月亭》) 元施惠撰。吕薇芬校点。1998年辽宁教育出版社出版。

新刻原本王状元荆钗记 明柯丹邱撰。明梦仙子校正。影抄明姑苏叶氏刻本。中国国家图书馆藏。1954年《古本戏曲丛刊初集》据之影印。

重校古荆钗记 明柯丹邱撰。二卷。明金陵唐氏文林阁刻本。中国国家图书馆、济南市图书馆藏。

新刻出像音注节义荆钗记 明柯丹邱撰。四卷。残本。明万历前期金陵唐氏富春堂刻本。

李卓吾先生批评古本荆钗记 明柯丹邱撰。明李贽批评。二卷。补刻舟中相会旧本荆钗记一卷。明刻本。中国国家图书馆藏。

古本荆钗记 明柯丹邱撰。明屠隆评。二卷。明刻本。上海图书馆藏。1954年《古本戏曲丛刊初集》据之影印。 又,明刻本。吴梅、金兆蕃跋。中国国家图书馆藏。

节义荆钗记 明柯丹邱撰。四卷。明万历十三年金陵世德堂刻本。日本阿波国文库藏。

荆钗记　明柯丹邱撰。二卷。清乾隆刻本。上海师范大学图书馆藏。　又，1919年贵池刘氏《暖红室汇刻传奇》本。1980年江苏广陵古籍刻印社重印。

新编刘知远还乡白兔记　佚名撰。明成化间北京永顺堂刻本。1967年上海嘉定县澄桥宣姓墓出土。上海博物馆藏。1979年文物出版社《明成化说唱词话丛刊》据之影印。　又，一卷。1980年江苏广陵古籍刻印社校补刻本。

新刻出像音注增补刘知远白兔记　佚名撰。明谢天祐增订。二卷。明万历金陵富春堂刻本。中国国家图书馆、上海图书馆藏。1954年《古本戏曲丛刊初集》据之影印。　又，1919年贵池刘氏《暖红室汇刻传奇》本。1980年江苏广陵古籍刻印社重印。

白兔记　佚名撰。中山大学中文系五五级明清传奇校勘小组整理。1959年中华书局出版。

白兔记简注　佚名撰。俞海宜注。1988年宝文堂书店出版。

杀狗记　元(别题明)徐畛撰。明冯梦龙订。二卷。清宣统元年、1919年贵池刘氏《暖红室汇刻传奇》本。1980年江苏广陵古籍刻印社重印。　又，中山大学中文系五五级明清传奇校勘小组整理。1960年中华书局出版。　又，俞为民校。1992年上海古籍出版社出版。

重校苏季子金印记　明苏复之撰。二卷。明金陵陈氏继志斋刻本。中国国家图书馆藏。

李卓吾先生批评金印记　明苏复之撰。明李贽批评。二卷。明刻本。北京市文物局、上海图书馆藏。

重校金印记　明苏复之撰。明罗懋登释义。二卷。明万历刻本。1954年《古本戏曲丛刊初集》据之影印。

金印记　题无名氏撰。孙崇涛点校。与《连环记》合印。1988年中华书局出版，收入《明清传奇选刊》。

性天风月通玄记　明兰茂撰。清乾隆五十七年钞本。1984年《古本戏曲丛刊五集》据之影印。

新刊重订附释标注出相伍伦全备忠孝记　明丘濬撰。四卷。明万历金陵唐氏世德堂刻本。1954年《古本戏曲丛刊初集》据之影印。

新刊重订出相附释标注香囊记　明邵灿撰。四卷。明万历金陵唐氏世德堂刻本。中国国家图书馆、北京大学图书馆藏。

重校五伦传香囊记　明邵灿撰。二卷。明万历金陵陈氏继志斋刻本。中国国家图书馆藏。1954年《古本戏曲丛刊初集》据之影印。

李卓吾先生批评香囊记　明邵灿撰。明李贽批评。二卷。明刻本。台湾中央图书馆藏。

新刻出像音注张许双忠记　明姚茂良撰。二卷。明万历金陵唐氏富春堂刻本。中国国家图书馆、北京大学图书馆、上海图书馆藏。1954年《古本戏曲丛刊初集》据之影印。

(双忠记)　明姚茂良撰。二卷。清钞本。

未知题名。

双忠记 明姚茂良撰。王锳点校。与《高文举珍珠记》合印。1988年中华书局出版,收入《明清传奇选刊》。

重校班仲升投笔记 明华山居士撰。二卷。明金陵陈氏继志斋刻本。中国国家图书馆藏。

重校投笔记 明华山居士撰。明罗懋登注。二卷。明刻清重修本。浙江图书馆藏。

新刻魏仲雪先生批评投笔记 明华山居士撰。明魏浣初批评。明李裔藩注。明万历书林存诚堂刻本。中国国家图书馆藏。1954年《古本戏曲丛刊初集》据之影印。

新镌徽板音释评林全像班超投笔记 明华山居士撰。二卷。明万历三十八年三槐堂刻本。 又,1924年番禺许之衡环翠楼抄校本。未知题名。

新刻出像音注岳飞破虏东窗记 明周礼撰。二卷。明万历金陵唐氏富春堂刻本。中国国家图书馆、北京大学图书馆藏。1954年《古本戏曲丛刊初集》据之影印。

连环记 明王济撰。不分卷。清钞本。中国国家图书馆藏。1954年《古本戏曲丛刊初集》据之影印。 又,二卷。清钞本。中国国家图书馆、首都图书馆藏。1996年线装书局《明清抄本孤本戏曲丛刊》据之影印。2002年上海古籍出版社《续修四库全书》据之影印。 又,一卷。清钞本。中国国家图书馆藏。 又,张树英点校。与《金印记》合印。1988年中华书局出版,收入《明清传奇选刊》。

重校千金记 明沈采撰。二卷。明万历刻本。中国艺术研究院图书馆藏。

鼎镌出相点板千金记 明沈采撰。二卷。明崇文堂刻本。中国国家图书馆藏。 又,二卷。明刻清初读书坊重修本。中国国家图书馆藏。

仇实父绘像千金记 明沈采撰。二卷。明万历刻本。

新刊重订出相附释标注千金记 明沈采撰。四卷。明万历金陵唐氏世德堂刻本。

(千金记) 明沈采撰。二卷。清钞本。中国国家图书馆藏。 又,清咸丰、同治瑞鹤山房钞本。北京大学图书馆藏。 又,二卷。残存上卷。清康熙内府钞本。 又,清康熙五十三年盛紫仙钞本。 又,不分卷。清乾隆内府钞本。

新刊重订出相附释标注裴度香山还带记 明沈采撰。二卷。明万历十四年金陵唐氏世德堂刻本。北京大学图书馆藏。1934年长乐郑氏《汇刻传奇》第一集据之影印。1954年《古本戏曲丛刊初集》据之影印。

(还带记) 明沈采撰。不分卷。清顺治十年钞本。 又,不分卷。红格钞本。 又,二卷。近人番禺许之衡饮流斋钞本。

双珠记 明沈鲸撰。二卷。清康熙五十九年盛端卿钞本。中国艺术研究院图书馆藏。 又,清咸丰、同治瑞鹤山房钞本。北京大学图书馆藏。 又,旧钞本。首都图书馆藏。1996年

线装书局《明清抄本孤本戏曲丛刊》据之影印。

鲛绡记　明沈鲸撰。二卷。清顺治七年沈仁甫钞本。中国艺术研究院图书馆藏。1954 年《古本戏曲丛刊初集》据之影印。　又,平湖陆氏求是斋钞本。上海图书馆藏。

鲛绡记传奇　明沈鲸撰。二卷。前孔德学校钞本。首都图书馆藏。1996 年线装书局《明清抄本孤本戏曲丛刊》据之影印。

新刻出像音注花栏南调西厢记　明崔时佩、李日华撰。二卷。明万历金陵唐氏富春堂刻本。1954 年《古本戏曲丛刊初集》据之影印。

仇池洞天李西厢藏本　明崔时佩、李日华撰。明梁辰鱼批订。二卷。南京图书馆藏。

南西厢记　明崔时佩、李日华撰。二卷。明刻本。中国国家图书馆藏。疑即《会真六幻》本。　又,1919 年贵池刘氏《暖红室汇刻传奇》本。1979 年江苏广陵古籍刻印社重印。

新刊合并李日华西厢记　明崔时佩、李日华撰。二卷。明万历周居易校刻本。

南西厢记　明崔时佩、李日华撰。张树英点校。与《明珠记》合印。2000 年中华书局出版,收入《明清传奇选刊》。

新刻出像音注释义王商忠节癸灵庙玉玦记　明郑若庸撰。四卷。明万历九年金陵唐氏富春堂刻本。北京大学图书馆藏。1954 年《古本戏曲丛刊初集》据之影印。

新镌王商玉玦记　明郑若庸撰。二卷。明刻本。中国国家图书馆藏。

重校玉玦记　明郑若庸撰。二卷。明刻本。上海图书馆藏。

李卓吾先生批评无双传明珠记　明陆采撰。明李贽批评。二卷。明刻本。大连市图书馆藏。

宝晋斋明珠记　明陆采撰。二卷。明刻清初读书坊重修本。中国国家图书馆藏。　又,明汤显祖评。二卷。明刻本。上海图书馆藏。

明珠记　明陆采撰。明陈继儒评。二卷。明金陵萧腾鸿师俭堂刻本。中国社会科学院文学研究所、南京图书馆藏。　又,明末杨龄生刻本。上海图书馆藏。　又,明末清初纫椒兰馆刻本。　又,五卷。王元双传一卷。明刻朱墨套印本。辽宁省图书馆藏。又,明末吴兴闵氏校刻朱墨套印本。日本内阁文库藏。疑即前种。　又,明万历刻本。日本神田喜一郎藏。未知题名。

明珠记　明陆采撰。张树英点校。与《南西厢记》合印。2000 年中华书局出版,收入《明清传奇选刊》。

新刊合并陆天池西厢记　明陆采撰。二卷。明万历周居易刻本。中国国家图书馆藏。1954 年《古本戏曲丛刊初集》据之影印。

南西厢记　明陆采撰。1919 年贵池刘氏《暖红室汇刻传奇》本。1979 年江苏广陵古籍刻印社重印。

新编林冲宝剑记　明李开先撰。二卷。明嘉靖二十六年自刻本。中国国家图书馆藏。1954 年《古本戏曲丛刊初

集》据之影印。2002年上海古籍出版社《续修四库全书》据之影印。 又，不分卷。1959年中华书局出版路工辑校《李开先集》本。

李卓吾先生批评宝剑记 明李开先撰。明李贽批评。明刻本。台湾中央图书馆藏。

宝剑记传奇 明李开先撰。二卷。1985年上海古籍出版社出版傅惜华辑校《水浒戏曲集·第二集》本。

新刊重订出相附释标注裴淑英断发记 明李开先撰。二卷。明万历十四年金陵唐氏世德堂刻本。日本有藏本。又，1984年《古本戏曲丛刊五集》影印本。

断发记 明李开先撰。卜健点校。与《金丸记》合印。2000年中华书局出版，收入《明清传奇选刊》。

李开先集 明李开先撰。路工辑校。1959年中华书局出版。按：是书除诗文外收李开先所撰《宝剑记》及《新刻精选南北青崑徽池雅调》所载《剪发记》中《德武离婚》一折。

新刻出像音注姜诗跃鲤记 明陈罴斋撰。四卷。明万历金陵唐氏富春堂刻本。北京大学图书馆、上海图书馆藏。1954年《古本戏曲丛刊初集》据之影印。

(跃鲤记) 明陈罴斋撰。不分卷。清钞本。中国国家图书馆藏。 又，二卷。残存上卷。清乾隆内府钞本。疑即前种。

新编目连救母劝善戏文 明郑之珍撰。三卷。明万历十年郑氏高石山房刻本。中国国家图书馆、首都图书馆、北京大学图书馆、中共中央党校图书馆、中国科学院图书馆、中国社会科学院文学研究所、中国艺术研究院图书馆、中国历史博物馆、公安部群众出版社、复旦大学图书馆、上海戏剧学院图书馆、天津图书馆、河北大学图书馆、陕西师范大学图书馆、陕西省考古研究所、甘肃省图书馆、新疆大学图书馆、山东省图书馆、山东大学图书馆、山东师范大学图书馆、南京大学图书馆、浙江图书馆、安徽省图书馆、安徽师范大学图书馆、安徽省博物馆、福建省图书馆、郑州大学图书馆、湖北大学图书馆、湖南省图书馆、四川省图书馆、四川大学图书馆藏。1954年《古本戏曲丛刊初集》据之影印。2002年上海古籍出版社《续修四库全书》据之影印。 又，明万历十年郑氏高石山房刻清修本。上海图书馆、南京图书馆、南京师范大学图书馆藏。

新刻出相音注劝善目连救母行孝戏文 明郑之珍撰。八卷。明金陵唐氏富春堂刻本。中国国家图书馆、中国艺术研究院图书馆、上海图书馆藏全本，北京大学图书馆藏残本。

(目连救母劝善记) 明郑之珍撰。三卷。清会文堂刻本。 又，三卷。清道光间刻本。 又，四卷。清光绪二十年上海书局石印本。 又，四卷。1912年上海变记书庄石印本。 又，三卷。民国初年维新书局木刻本。 又，四卷。1919年上海马启新书局石

印本。

重刻吴越春秋浣纱记 明梁辰鱼撰。二卷。明万历三十六年武林阳春堂刻本。台北图书馆藏。

重刻出像浣纱记 明梁辰鱼撰。四卷。明万历金陵唐氏富春堂刻本。中国国家图书馆、日本京都帝国大学图书馆藏。 又,明万历金陵唐氏文林阁刻本(?)。中国国家图书馆藏。

重校浣纱记 明梁辰鱼撰。四卷。明万历金陵陈氏继志斋刻本。中国国家图书馆藏。

新刻吴越春秋乐府 明梁辰鱼撰。二卷。明刻本。存下卷。中国国家图书馆藏。

李卓吾先生批评浣纱记 明梁辰鱼撰。明李贽评。二卷。明末刻本。中国国家图书馆、上海图书馆藏。 又,明李贽评。二卷。明万历刻本。台北国家图书馆藏。

怡云阁浣纱记 明梁辰鱼撰。二卷。明末读书坊刻本。中国国家图书馆、重庆市图书馆藏。1954年《古本戏曲丛刊初集》据之影印。

浣纱记 明梁辰鱼撰。二卷。清康熙钞本。中国国家图书馆藏。 又,二卷,残存卷上。清乾隆内府钞本。中国国家图书馆藏。 又,二卷,残存卷下。清乾隆二十五年龚天佑抄本。中国艺术研究院图书馆藏。 又,二卷。清咸丰、同治瑞鹤山房钞本。北京大学图书馆藏。 又,中山大学中文系五五级明清传奇校勘小组整理。1959年中华书局出版。 又,二卷。1998年上海古籍出版社出版吴书荫辑校《梁辰鱼集》本。

浣纱记校注 明梁辰鱼撰。张忱石等校注。1994年中华书局出版。

梁辰鱼集 明梁辰鱼撰。吴书荫辑校。1998年中华书局出版。按:是书除收入梁辰鱼的诗集、散曲集外,还收入《浣纱记》。

还金记 明张瑀撰。二卷。清初钞本。北京大学图书馆藏。

重校红拂记 明张凤翼撰。二卷。明万历二十九年金陵陈氏继志斋刻本。中国国家图书馆、上海图书馆藏。

新镌红拂记 明张凤翼撰。二卷。明汪氏玩虎轩刻本。中国国家图书馆藏,残存一卷。

李卓吾先生批评红拂记 明张凤翼撰。明李贽评。二卷。明万历杭州容与堂刻本。中国国家图书馆、中国历史博物馆、上海图书馆藏。

刻李卓吾先生批评红拂记 明张凤翼撰。明李贽评。二卷。明书林游敬泉刻本。上海图书馆藏。

鼎镌红拂记 明张凤翼撰。明陈继儒评。二卷。明书林萧腾鸿刻本。中国国家图书馆藏。 又,1919年贵池刘氏《暖红室汇刻传奇》本。1982年江苏广陵古籍刻印社重印。

红拂记传奇 明张凤翼撰。二卷。明末刻本。中国国家图书馆藏。

红拂记 明张凤翼撰。明汤显祖评。四卷。明末吴兴凌玄洲刻朱墨套印本。中国国家图书馆、上海图书馆、湖南省图书馆藏。1954年《古本戏曲丛刊

初集》据之影印。

重校注释红拂记　明张凤翼撰。二卷。明万历金陵唐氏文林阁刻本。

新刻出像音注点板徐克孝义祝发记　明张凤翼撰。二卷。明万历金陵唐氏富春堂刻本。中国国家图书馆、上海图书馆藏。1954年《古本戏曲丛刊初集》据之影印。

重校孝义祝发记　明张凤翼撰。二卷。明万历金陵陈氏继志斋刻本。中国国家图书馆藏。　又,二卷。明万历汪氏玩虎轩刻本,残存卷上。

重校窃符记　明张凤翼撰。二卷。明万历新安汪氏环翠堂刻本。

窃符记　明张凤翼撰。二卷。清雍正沈氏钞本。1957年《古本戏曲丛刊三集》据之影印。　又,清怀宁曹氏藏钞本。

(虎符记)　明张凤翼撰。二卷。清延陵喜兴钞本。　又,清钞本。　又,朱格钞本。

新刊音注出像齐世子灌园记　明张凤翼撰。二卷。明金陵唐氏富春堂刻本。北京大学图书馆藏。

张凤翼戏曲集　明张凤翼撰。隋树森、秦学人、侯作卿校点。1994年中华书局出版。按:是书收张凤翼戏曲五种,附一种。

重校玉簪记　明高濂撰。二卷。明万历金陵陈氏继志斋刻本。1954年《古本戏曲丛刊初集》据之影印。2002年上海古籍出版社《续修四库全书》据之影印。

重校玉簪记(又名《新镌绣像玉簪记》)　明高濂撰。二卷。明长春堂刻本。中国艺术研究院图书馆藏。　又,明万历文林阁刻本。

新镌女贞观重会玉簪记　明高濂撰。二卷。明万历二十六年观化轩刻本。上海图书馆藏。　又,明刻本。郑振铎跋。中国国家图书馆藏。

李卓吾先生批评玉簪记　明高濂撰。明李贽评。二卷。明末新都青藜馆刻本。上海图书馆藏。

鼎镌玉簪记　明高濂撰。明陈继儒评。二卷。明万历书林萧腾鸿刻本。中国国家图书馆、中国艺术研究院图书馆、华东师范大学图书馆、大连市图书馆、南京图书馆藏。

玉簪记　明高濂撰。明万历金陵唐氏广庆堂刻本。　又,二卷。明金陵唐氏世德堂刻本。日本长泽规矩也藏。

一笠庵批评玉簪记　明高濂撰。二卷。明崇祯苏州宁致堂刻本。日本宫内省图书寮藏。

三会贞文庵玉簪记　明高濂撰。二卷。明万历刻白绵纸印本。

陈眉公先生批评玉簪记　明高濂撰。二卷。明金陵刻本。华东师范大学图书馆藏。

玉簪记传奇　明高濂撰。二卷。清乾隆十年钞本。中国艺术研究院图书馆藏。　又,残存下卷。清康熙内府钞本。

新刻重会女贞观玉簪记大全　明高濂撰。二卷。明刻清印本。

玉簪记　明高濂撰。黄裳校注。1956年上海古典文学出版社出版。　又,中

山大学中文系五五级明清传奇校勘小组整理。1959年中华书局出版。

锲重订出像注释节孝记　明高濂撰。二卷。明万历金陵唐氏世德堂刻本。中国国家图书馆藏。1954年《古本戏曲丛刊初集》据之影印。

节孝记传奇(一名《黄孝子传奇》)　明高濂撰。二卷。旧钞本。首都图书馆藏。1996年线装书局《明清抄本孤本戏曲丛刊》据之影印。

新刻出像音注刘汉卿白蛇记　明郑国轩撰。二卷。明万历金陵唐氏富春堂刻本。北京大学图书馆藏。1954年《古本戏曲丛刊初集》据之影印。

李卓吾先生批评绣襦记　明徐霖撰。明李开先评。明刻本。台湾中央图书馆藏。

重校绣襦记　明徐霖撰。二卷。明金陵唐氏文林阁刻本。上海图书馆藏。

鼎镌绣襦记　明徐霖撰。明陈继儒评。二卷。明书林萧腾鸿刻本。中国社会科学院文学研究所、华东师范大学图书馆、南京图书馆藏。

宝晋斋绣襦记　明徐霖撰。二卷。明刻清初读书坊重修本。中国国家图书馆藏。

绣襦记　明徐霖撰。四卷。明末刻朱墨套印本。中国国家图书馆藏全本,天一阁文物保管所藏残本。1954年《古本戏曲丛刊初集》据之影印。　又,二卷。明刻本。辽宁省图书馆藏。又,清康熙五十九年沈氏咏凤堂钞本。未知题名。　又,四卷。1926年武进陶氏涉园《喜咏轩丛书》乙编石印本。

双烈记　明张四维撰。二卷。清康熙十一年吴郡甘淡道人钞本。　又,旧钞本。亦题《麒麟记》。

藏珠记　明鲁怀德撰。不分卷。旧钞本。中国国家图书馆藏。

新刻全像胭脂记　明童养中撰。二卷。明万历金陵唐氏文林阁刻本。北京大学图书馆藏。1954年《古本戏曲丛刊初集》据之影印。　又,明童养中撰。近人海盐朱希祖过录许之衡校本。

刻新编奇遇玉丸记　明朱期撰。二卷。明万历武林刻本。中国国家图书馆、上海图书馆藏。1954年《古本戏曲丛刊初集》据之影印。

芙蓉记　明江楫撰。二卷。清康熙末年刻本。中国社会科学院文学研究所藏。1984年《古本戏曲丛刊五集》据之影印。

芙蓉屏记　明边□撰。一卷。据明万历四年冉梦松序刻本抄录本。日本东京大学东洋文化研究所藏。

新刻增补全像乡谈荔枝记　明李氏撰。四卷。明万历九年朱氏与耕堂刻本。奥地利维也纳国家图书馆藏。1985年广东人民出版社出版《明本潮州戏文五种》据之影印。

新刻出相点板樱桃记　明史槃撰。二卷。明末刻本。中国国家图书馆藏,1955年《古本戏曲丛刊二集》据之影印。

新刻宋璟鹈钗记　明史槃撰。二卷。明末书林杨居寀刻本。中国国家图书馆藏。1957年《古本戏曲丛刊三集》

据之影印。 又，明史槃撰。二卷。清初林玉森钞本。中国艺术研究院图书馆藏。

新刻出相点板唾红记 明史槃撰。二卷。明忠贤堂刻本。中国艺术研究院图书馆藏。

吐绒记 明史槃撰。二卷。清咸丰五年曹春山钞本。1957年《古本戏曲丛刊三集》据之影印。

重校白傅青衫记 明顾大典撰。二卷。明万历金陵凤毛馆刻本。

葛衣记 明顾大典撰。二卷。清钞本。中国艺术研究院图书馆藏。1984年《古本戏曲丛刊五集》据之影印。

新刻出像音注司马相如琴心记 明孙柚撰。四卷。明万历金陵唐氏富春堂刻本。北京大学图书馆藏。

昙花记 明屠隆撰。二卷。明万历武林天绘楼刻本。中国国家图书馆藏。1954年《古本戏曲丛刊初集》据之影印。

新镌全像昙花记 明屠隆撰。二卷。明万历翁文源(?)刻本。中国国家图书馆藏(?)。

玉茗堂重校音释昙花记 明屠隆撰。二卷。明万历刻本。南京图书馆藏。

昙花记 明屠隆撰。明臧懋循评。四卷。存二卷。明刻朱墨套印本。中国国家图书馆藏。

修文记 明屠隆撰。二卷。明万历刻本。1932年上海传真社《传奇三种》据之影印。1954年《古本戏曲丛刊初集》据之影印。

重校锦笺记 明周履靖撰。二卷。明万历三十六年金陵陈氏继志斋刻本。中国国家图书馆藏。1955年《古本戏曲丛刊二集》据之影印。 又，明万历金陵唐氏文林阁刻本。北京大学图书馆藏。 又，明汤显祖评。明末刻本。

李卓吾先生批评锦笺记 明周履靖撰。明李贽批评。二卷。明末刻本。中国国家图书馆藏。

樱桃梦 明陈与郊撰。二卷。明万历四十四年海昌陈氏原刻本。浙江图书馆(有姚燮校并跋)、南京图书馆藏。1955年《古本戏曲丛刊二集》据之影印。

灵宝刀 明陈与郊撰。二卷。明万历四十五年自刻本。中国国家图书馆藏。1955年《古本戏曲丛刊二集》据之影印。 又，明万历四十八年自刻本。上海图书馆藏。 又，1985年上海古籍出版社出版傅惜华辑校《水浒戏曲集·第二集》本。

麒麟罽 明陈与郊撰。二卷。明万历海昌陈氏原刻本。1955年《古本戏曲丛刊二集》据之影印。 又，明清白堂刻本。中国国家图书馆藏(有吴梅跋)。 又，明陈继儒评。明金陵萧腾鸿师俭堂刻本。上海图书馆藏。

鹦鹉洲 明陈与郊撰。二卷。明万历四十四年自刻本。中国国家图书馆、南京大学图书馆藏。1955年《古本戏曲丛刊二集》据之影印。 又，明万历四十八年林于阁刻本。日本神田喜一郎藏。 又，明金陵萧腾鸿师俭堂刻本。上海图书馆藏。 又，明万历

刻本。 又，清钞本。中国国家图书馆藏。

玉合记 明梅鼎祚撰。二卷。明万历金陵唐氏世德堂刻本。中国国家图书馆藏。 又，明徐肃颖删润。明陈继儒评。二卷。明刻本。中国国家图书馆藏。

李卓吾先生批评玉合记 明梅鼎祚撰。明李贽评。二卷。明杭州容与堂刻本。中国国家图书馆藏全本，安徽省图书馆藏残本。1954年《古本戏曲丛刊初集》据之影印。

重校玉合记 明梅鼎祚撰。四卷。明万历金陵陈氏继志斋刻本。中国国家图书馆藏。

长命缕 明梅鼎祚撰。二卷。明末刻本。中国社会科学院文学研究所、中国艺术研究院图书馆藏。

新刻牡丹亭还魂记 明汤显祖撰。四卷。明万历金陵唐氏文林阁刻本。中国国家图书馆、北京大学图书馆、南京师范大学图书馆(有吴梅跋)藏。

还魂记 明汤显祖撰。明臧懋循订。二卷。明万历刻本。华东师范大学图书馆、西北师范大学图书馆、宁夏大学图书馆、南京图书馆、南京博物院、浙江图书馆、安徽师范大学图书馆、广西民族学院图书馆藏全本，中国艺术研究院图书馆藏残本。 又，1919年贵池刘氏《暖红室汇刻传奇》本。

牡丹亭还魂记 明汤显祖撰。二卷。明万历刻本。中国国家图书馆、中国艺术研究院图书馆、上海图书馆、复旦大学图书馆、甘肃省图书馆、浙江图书馆、天一阁文物保管所、安徽省图书馆、重庆市图书馆藏。2002年上海古籍出版社《续修四库全书》据之影印。 又，明万历刻槐塘九我堂印本。安徽省博物馆藏。 又，明刻本。中国国家图书馆、中国科学院图书馆、上海图书馆、复旦大学图书馆、天津图书馆、哈尔滨市图书馆、西南师范大学图书馆藏。 又，明刻玉海堂印本。首都图书馆、青岛市博物馆藏。 又，明朱元镇校刻、清怀德堂印本。北京大学图书馆、清华大学图书馆、中国社会科学院文学研究所、中国艺术研究院图书馆、华东师范大学图书馆、上海博物馆、辽宁省图书馆、辽宁省博物馆、西北大学图书馆、南京图书馆、浙江大学图书馆、广东中山图书馆藏。 又，明沈际飞评点。明崇祯刻《独深居点定玉茗堂传奇》本。中国国家图书馆藏。 又，四卷。明天启五年梁台卿刻《词坛双艳》本。中国国家图书馆藏。 又，八卷。清康熙五十九年钞本。南京图书馆藏。 又，清怡府刻本。吴梅跋。中国国家图书馆藏。 又，二卷。清光绪十二年同文书局石印巾箱本。 又，清光绪三十四年上海群益书社铅印本。 又，三卷。清光绪三十四年上海同文咏记石印本。 又，四卷。1931年上海扫叶山房石印本。

批评玉茗堂还魂记 明汤显祖撰。明柳浪馆刻本。

牡丹亭 明汤显祖撰。明茅暎、臧懋循

评。四卷。明泰昌茅暎刻朱墨套印本。中国国家图书馆、中国社会科学院文学研究所藏。1954年《古本戏曲丛刊初集》据之影印。1993年上海古籍出版社《四部精要》据之影印。又，陶柴勤重编。1929年上海大中书局出版。 又，陶乐勤标点。1932年上海大东书局出版。 又，鲍赓生标点。1932年上海新文化书店出版。又，1936年上海商务印书馆出版。又，1947年上海世界书局出版。又，1954年北京文学古籍刊行社出版。 又，徐朔方、杨笑梅校注。1958年古典文学出版社出版。1963年人民文学出版社出版，1978年重版，收入《中国古典文学读本》丛书。又，张秀芬校。1997年花山文艺出版社出版。 又，吟溪校注。1998年浙江古籍出版社出版。 又，李娜等注。2000年华夏出版社出版，收入《中国古代戏曲经典丛书》。

批点牡丹亭记 明汤显祖撰。明袁宏道评。二卷。明刻本。中国国家图书馆藏。

还魂记传奇 明汤显祖撰。明王思任批点。二卷。明安雅堂刻本。北京大学图书馆藏。

清晖阁批点玉茗堂还魂记 明汤显祖撰。二卷。明天启四年会稽张弘毅著坛刻本。中国国家图书馆（有郑振铎跋）、首都图书馆、中国社会科学院文学研究所、中国艺术研究院图书馆、南京图书馆藏。

玉茗堂丹青记 明汤显祖撰。明徐肃颖删润。明陈继儒评。二卷。明刻本。中国国家图书馆藏。

还魂记定本 明汤显祖撰。二卷。清初刻本。中国国家图书馆藏。

汤义仍先生还魂记 明汤显祖撰。清初竹林堂刻《玉茗堂四种曲》本。

玉茗堂还魂记 明汤显祖撰。二卷。清乾隆五十年冰丝馆刻本。中国国家图书馆（一本有吴梅批校并跋）、首都图书馆、北京大学图书馆、北京师范大学图书馆、中国艺术研究院图书馆、中国历史博物馆、上海图书馆、复旦大学图书馆、华东师范大学图书馆、上海师范大学图书馆、天津师范大学图书馆、山西省文物局、山西师范大学图书馆、锦州市图书馆、山东省图书馆、南京图书馆、扬州市图书馆、扬州大学图书馆、苏州市文物管理委员会、安徽师范大学图书馆、江西省图书馆、郑州市图书馆、郑州大学图书馆、湖北省图书馆、武汉大学图书馆、广东中山图书馆、四川省图书馆、江苏省出版总社（有吴梅跋）藏。

钮少雅格正牡丹亭 明汤显祖撰。清钮少雅格正。二卷。清康熙三十三年胡介祉谷园刻本。中国国家图书馆、上海图书馆藏。 又，清康熙间精钞本。

吴吴山三妇合评牡丹亭还魂记 明汤显祖撰。清陈同、谈则、钱宜评点。二卷。附清吴仪一撰或问一卷。清康熙梦园刻本。中国国家图书馆（有吴梅跋并题诗）、首都图书馆、中国历史博物馆、上海图书馆、华东师范大学

图书馆、上海师范大学图书馆、上海辞书出版社图书馆、山西省图书馆、哈尔滨市图书馆、佳木斯市图书馆、山东省图书馆、山东大学图书馆、南京大学图书馆、南京师范大学图书馆、浙江图书馆、天一阁文物保管所、安徽省图书馆、安徽师范大学图书馆、湖北大学图书馆、武汉市文物商店、湖南省图书馆、广西壮族自治区图书馆、广西师范大学图书馆、云南省图书馆藏。 又,清康熙刻、乾隆绿野山房印本。山东大学图书馆、山东师范大学图书馆、武汉大学图书馆、湖北大学图书馆、武汉市文物商店、湖南省图书馆藏。

笺注牡丹亭 明汤显祖撰。题清笠阁渔翁笺注。不分卷。清乾隆二十七年刻本。中国国家图书馆(一本有吴梅跋)、上海图书馆藏。

(牡丹亭) 明汤显祖撰。二卷。明末蒲水斋校刻本。 又,八卷。清雍正芥子园刻本。

绘图绣像牡丹亭 明汤显祖撰。民国间进步书局出版。

牡丹亭选评 明汤显祖撰。赵山林选评。2002 年上海古籍出版社出版,收入《新世纪古典文学经典读本》丛书。

国家图书馆藏《牡丹亭》珍本丛刊 2018 年国家图书馆出版社出版。

重校紫钗记(或云题《出像点板霍小玉紫钗记定本》) 明汤显祖撰。二卷。明万历三十年金陵陈氏继志斋刻本。中国国家图书馆藏。

紫钗记 明汤显祖撰。明臧懋循订。二卷。明万历刻本。中国国家图书馆(有吴梅批点并跋)、中国历史博物馆、南开大学图书馆、东北师范大学图书馆、南京图书馆、南京师范大学图书馆、安徽省博物馆藏。 又,明汤显祖撰。二卷。明刻《玉茗堂全集》本。中国国家图书馆藏。 又,不分卷。清光绪钞本。上海图书馆藏。 又,胡士莹校注。1982 年人民文学出版社出版。

柳浪馆批评玉茗堂紫钗记 明汤显祖撰。二卷。明末柳浪馆刻本。中国国家图书馆、上海图书馆藏。1954 年《古本戏曲丛刊初集》据之影印。

(紫钗记) 明汤显祖撰。二卷。明崇祯刻《独深居点定玉茗堂四种曲》本。 又,清初竹林堂辑刻《玉茗堂四种曲》本。 又,民国初年成都存古书局刻本。

邯郸记 明汤显祖撰。明臧懋循订。二卷。明万历刻本。北京大学图书馆、吉林大学图书馆、西北师范大学图书馆、扬州大学图书馆、浙江图书馆、浙江大学图书馆藏。 又,明汤显祖撰。中山大学中文系五六级明清传奇校勘小组整理。1960 年中华书局出版。

邯郸梦 明汤显祖撰。二卷。明刻《玉茗堂全集》本。中国国家图书馆、广西桂林图书馆藏。 又,明万历刻本。中国国家图书馆、上海图书馆藏。 又,明汤显祖撰。三卷。附唐沈既济《枕中记》一卷。明天启元年闵光瑜刻朱墨套印本。中国国家图书馆、辽

宁省图书馆、南京图书馆藏。1954 年《古本戏曲丛刊初集》据之影印。

邯郸梦传奇 明汤显祖撰。二卷。清大知堂十二种曲刻本。上海图书馆藏。

柳浪馆批评玉茗堂邯郸记 明汤显祖撰。二卷。明末柳浪馆刻本。

(邯郸梦) 明汤显祖撰。二卷。明崇祯刻《独深居点定玉茗堂四种曲》本。又,清覆刻清晖阁本。　又,清刻巾箱本。

汤义仍先生邯郸梦记 明汤显祖撰。二卷。清初竹林堂辑刻《玉茗堂四种曲》本。

镌新编出像南柯梦记 明汤显祖撰。二卷。明万历金陵唐振吾(广庆堂)刻本。

柳浪馆批评玉茗堂南柯梦记 明汤显祖撰。二卷。明末刻本。中国国家图书馆藏。

南柯梦 明汤显祖撰。二卷。明刻《玉茗堂全集》本。中国国家图书馆藏。又,明刻本。中国国家图书馆藏。又,郑振铎藏明万历刻本。1954 年《古本戏曲丛刊初集》据之影印。疑即前二种之一种。

(南柯梦) 明汤显祖撰。二卷。明崇祯刻《独深居点定玉茗堂四种曲》本。

南柯记 明汤显祖撰。明臧懋循订。二卷。明万历刻本。中共中央党校图书馆、中国艺术研究院图书馆、中国历史博物馆、华东师范大学图书馆、锦州市图书馆、南京师范大学图书馆、浙江图书馆、华中师范大学图书馆、四川师范学院图书馆藏。　又,明汤显祖撰。二卷。清坊刻巾箱本。又,1928 年上海扫叶山房石印明万历刻本。　又,中山大学中文系五六级明清传奇校勘小组整理。1960 年中华书局出版。

南柯梦记 明汤显祖撰。二卷。清初竹林堂辑刻《玉茗堂四种曲》本。　又,钱南扬校注。1981 年人民文学出版社出版。

南柯记传奇 明汤显祖撰。二卷。清大知堂十二种曲刻本。上海图书馆等藏。

新刻出像点板音注李十郎紫箫记 明汤显祖撰。四卷。明万历金陵唐氏富春堂刻本。中国国家图书馆藏。1954 年《古本戏曲丛刊初集》据之影印。

新锲出像注释李十郎霍小玉紫箫记 明汤显祖撰。二卷。明万历二十四年金陵唐氏世德堂刻本。大连市图书馆藏。

玉茗堂四种传奇 明汤显祖撰。八卷。明末刻本。中国国家图书馆、上海图书馆、辽宁省图书馆、西北大学图书馆藏全本,上海辞书出版社图书馆藏残本。子目:① 汤义仍先生还魂记二卷。② 汤义仍先生紫钗记二卷。③ 汤义仍先生邯郸记二卷。④ 汤义仍先生南柯记二卷。　又,明汤显祖撰。明臧懋循订。八卷。明万历刻、清乾隆二十六年书业堂重修本。中国国家图书馆、北京大学图书馆、北京师范大学图书馆、中国科学院图书馆、中国艺术研究院图书馆、上海图书馆、广东省社会科学院图书资料室

藏。子目：① 还魂记二卷。② 紫钗记二卷。③ 邯郸记二卷。④ 南柯记二卷。

暖红室汇刻临川四梦　明汤显祖撰。1919年贵池刘氏暖红室刻本。1981、1990年江苏广陵古籍刻印社重印。子目：① 玉茗堂还魂记二卷。② 玉茗堂南柯记二卷。③ 玉茗堂紫钗记二卷。④ 玉茗堂邯郸记二卷。

汤若士全集　明汤显祖撰。洪莨卿校。1936年上海杂志公司出版。

汤显祖集　明汤显祖撰。徐朔方、钱南扬校点。1962年中华书局出版。按：是书除诗文外，收汤显祖所撰戏曲四种附一种。　又，1973年上海人民出版社据1962年中华书局本重版。

汤显祖戏曲集　明汤显祖撰。钱南扬校点。1978年上海古籍出版社出版。

汤显祖全集　明汤显祖撰。徐朔方笺校。1999年北京古籍出版社出版。按：是书除诗文外，收汤显祖所撰戏曲四种，附一种。

重校十无端巧合红蕖记　明沈璟撰。二卷。明万历金陵陈氏继志斋刻本。中国国家图书馆藏。1957年《古本戏曲丛刊三集》据之影印。

红蕖记　明沈璟撰。不分卷。1991年上海古籍出版社出版《中国古典文学丛书》本。

桃符记　明沈璟撰。一卷。清钞本。上海图书馆藏。　又，不分卷。清乾隆宋体字精钞本。1954年《古本戏曲丛刊初集》据之影印。　又，二卷。前孔德学校图书馆钞本。首都图书馆藏。1996年线装书局《明清抄本孤本戏曲丛刊》据之影印。　又，不分卷。1991年上海古籍出版社出版《中国古典文学丛书》本《沈璟集》收录。

桃符记传奇　明沈璟撰。二卷。清钞本。中国艺术研究院图书馆藏。

重校埋剑记　明沈璟撰。二卷。明万历金陵陈氏继志斋刻本。北京大学图书馆藏。1930年北平图书馆据之影印。1954年《古本戏曲丛刊初集》据之影印。

埋剑记　明沈璟撰。不分卷。1991年上海古籍出版社出版《中国古典文学丛书》本《沈璟集》收录。

新刻博笑记　明沈璟撰。二卷。明天启三年刻本。中国艺术研究院图书馆藏。1932年上海传真社《传奇三种》据之影印。1954年《古本戏曲丛刊初集》据之影印。2002年上海古籍出版社《续修四库全书》据之影印。

博笑记　明沈璟撰。1991年上海古籍出版社出版《中国古典文学丛书》本《沈璟集》收录。

重校义侠记　明沈璟撰。二卷。明万历四十年金陵陈氏继志斋刻本。北京大学图书馆藏。1954年《古本戏曲丛刊初集》据之影印。

刻全像点板武松义侠记　明沈璟撰。二卷。明万历金陵唐氏文林阁刻本。

(义侠记)　明沈璟撰。明万历环翠堂刻本。　又，清咸丰、同治瑞鹤山房钞本。北京大学图书馆藏。

义侠记　明沈璟撰。不分卷。1991年上海古籍出版社出版《中国古典文学丛

书》本《沈璟集》收录。

义侠记传奇 明沈璟撰。二卷。1985 年上海古籍出版社出版傅惜华辑校《水浒戏曲集·第二集》本。

重校双鱼记 明沈璟撰。二卷。明万历金陵陈氏继志斋刻本。中国国家图书馆藏。1954 年《古本戏曲丛刊初集》据之影印。 又,海盐朱希祖据继志斋本影抄本。

双鱼记 明沈璟撰。不分卷。1991 年上海古籍出版社出版《中国古典文学丛书》本《沈璟集》收录。

坠钗记(即《一种情》) 明沈璟撰。二卷。清顺治七年桃月钞本。傅惜华旧藏。又,清咸丰、同治瑞鹤山房钞本。北京大学图书馆藏。 又,不分卷。1991 年上海古籍出版社出版《中国古典文学丛书》本《沈璟集》收录。

一种情传奇 明沈璟撰。二卷。清康熙二十八年王献若钞本。姚华校并跋。中国国家图书馆藏。1954 年《古本戏曲丛刊初集》据之影印。

一种情 明沈璟撰。二卷。清钞本。日本长泽规矩也旧藏,今归东京大学。

沈璟集 明沈璟撰。徐朔方辑校。1991 年上海古籍出版社出版,收入《中国古典文学丛书》。按:是书所收以戏曲、散曲为主,收沈璟所撰戏曲七种,另收九种戏曲的辑佚。

个人剧作单行本与汇编二

新镌赵状元三错认红梨记 明徐复祚撰。二卷。明万历洛涌生原刻本。中国国家图书馆藏(有吴梅跋)。 又,明万历海阳范氏校刻本。傅惜华旧藏。中国艺术研究院图书馆藏,疑即傅藏本。 又,明刻本。中国国家图书馆藏(有郑振铎跋)。疑即前二种版本之一。

校正原本红梨记 明徐复祚撰。四卷。附元张寿卿撰《红梨花》杂剧一卷。明末刻朱墨套印本。中国国家图书馆藏。1954 年《古本戏曲丛刊初集》据之影印。

红梨记 明徐复祚撰。二卷。清钞本。中国国家图书馆藏。 又,二卷,残存下卷。清乾隆内府钞本。 又,不分卷。清康熙钞本。傅惜华旧藏。 又,清雍正十年钞本。北京大学图书馆藏。 又,二卷。清乾隆五十年环翠山房刻巾箱本。北京大学图书馆藏。 又,姜智校点。与《西楼记》合印。1988 年中华书局出版,收入《明清传奇选刊》。

新刻出相点板宵光记 明徐复祚撰。二卷。明万历金陵唐振吾刻本。中国国家图书馆藏,存上卷。1954 年《古本戏曲丛刊初集》据之影印上卷。

宵光剑 明徐复祚撰。二卷。番禺许之衡饮流斋钞本。1954 年《古本戏曲丛刊初集》据之影印下卷。 又,曲庵钞本。

新刻全像易鞋记 明董应翰撰。二卷。明万历金陵唐氏文林阁刻本。中国国家图书馆、北京大学图书馆藏。1954 年《古本戏曲丛刊初集》据之影印。 又,旧钞本。未知题名。

刻全像点板五闹蕉帕记 明单本撰。二卷。明万历金陵唐氏文林阁刻本。1955年《古本戏曲丛刊二集》据之影印。

新编五闹蕉帕记 明单本撰。二卷。明刻本。上海图书馆藏。

新编磨尘鉴第四种 明钮格撰。二卷。玉霜簃抄本。1957年《古本戏曲丛刊三集》据之影印。

鸾锟记 明叶宪祖撰。二卷。清红格钞本。中国艺术研究院图书馆藏。又,魏奕祉校点。与《醉菩提》合印。1996年中华书局《明清传奇选刊》本。

金锁记 明叶宪祖撰(别题袁于令撰)。二卷。清内府精钞本。1957年《古本戏曲丛刊三集》影印本。 又,清康熙钞本。 又,不分卷。清乾隆四年朱瑞琛钞本。中国艺术研究院图书馆藏。 又,清咸丰、同治瑞鹤山房钞本。北京大学图书馆藏。 又,二卷。程砚秋旧藏钞本,现存中国艺术研究院图书馆。 又,吴梅旧藏钞本,现存中国国家图书馆。 又,题明袁于令撰。李复波点校。与《醉乡记》合印。2000年中华书局出版,收入《明清传奇选刊》。

新刻出像音注管鲍分金记 明叶良表撰。四卷。明万历金陵唐氏富春堂刻本。北京大学图书馆、上海图书馆、浙江图书馆藏。

新镌量江记 明佘翘撰。二卷。明万历三十六年金陵陈氏继志斋刻本。中国国家图书馆藏。1955年《古本戏曲丛刊二集》据之影印。

环翠堂新编狮吼记 明汪廷讷撰。二卷。明万历汪氏环翠堂原刻本。日本京都帝国大学藏。

狮吼记 明汪廷讷撰。一卷。清内府五色钞本。中国艺术研究院图书馆藏。又,清同治元年瑞鹤山房钞本。北京大学图书馆藏。

投桃记 明汪廷讷撰。二卷。明万历汪氏环翠堂原刻本。中国国家图书馆藏。1955年《古本戏曲丛刊二集》据之影印。 又,近人王孝慈鸣晦庐精钞本。

三祝记 明汪廷讷撰。二卷。明万历三十六年汪氏环翠堂原刻本。中国国家图书馆藏(有吴梅跋,姚华题诗)。1955年《古本戏曲丛刊二集》据环翠堂本影印。

彩舟记 明汪廷讷撰。二卷。明万历汪氏环翠堂原刻本。中国国家图书馆藏。1955年《古本戏曲丛刊二集》据环翠堂本影印。

义烈记 明汪廷讷撰。二卷。明汪氏环翠堂原刻本。中国国家图书馆藏。

重订天书记 明汪廷讷撰。二卷。明万历汪氏环翠堂原刻本。中国国家图书馆藏。1955年《古本戏曲丛刊二集》据环翠堂本影印。

(天书记) 明汪廷讷撰。二卷。清康熙钞本。 又,清乾隆十四年钞本。 又,近人朱希祖藏钞本。

七国传(一名《天书记》) 明汪廷讷撰。二卷。红格钞本。

玉茗堂批评种玉记 明汪廷讷撰。明许自昌改订,明汤显祖评。二卷。明崇

祯刻本。中国国家图书馆、南京图书馆藏。1955 年《古本戏曲丛刊二集》据之影印。

金莲记 明陈汝元撰。二卷。明万历三十四年陈氏函三馆原刻本。中国国家图书馆、天一阁文物保管所藏。

冬青记 明卜世臣撰。二卷。附明卜世臣撰《谈词》一卷。明万历原刻本。中国国家图书馆藏。1955 年《古本戏曲丛刊二集》据之影印。

凌云记 明韩上桂撰。二卷。1932 年重抄本。香港大学中文系教授罗忼烈藏。1984 年《古本戏曲丛刊五集》据之影印。

重校韩夫人题红记 明王骥德撰。二卷。明万历金陵陈氏继志斋刻本。中国国家图书馆藏。1955 年《古本戏曲丛刊二集》据之影印。

重校旗亭记 明郑之文撰。二卷。明万历金陵陈氏继志斋刻本。中国国家图书馆藏。1955 年《古本戏曲丛刊二集》据之影印。

旗亭记 明郑之文撰。二卷。清乾隆三十四年扬州刻本。上海师范大学图书馆藏。

水帘馆新编芍药记 明郑之文撰。二卷。明万历金陵陈氏继志斋刻本。青岛市博物馆藏。

水浒记 明许自昌撰。四卷。明万历十八年金陵唐氏世德堂刻本。日本东京私立御茶水图书馆藏本题《□锲重订出像注释水浒记题评》(?)。 又,二卷。清康熙四十五年永睦堂龚氏钞本。 又,1912 年上海藜光社石印本。 又,1919 年成都存古书局刻本。 又,1985 年上海古籍出版社出版傅惜华辑校《水浒戏曲集·第二集》本。

橘浦记 明许自昌撰。二卷。明万历四十四年刻本。1929 年日本京都九皋会影印。上海师范大学图书馆等藏。1954 年《古本戏曲丛刊初集》据之影印。

灵犀佩 明许自昌撰。二卷。明天启四年查味芹钞本。1957 年《古本戏曲丛刊三集》据之影印。

玉茗堂批评节侠记 明许三阶撰。明许自昌改定,明汤显祖批评。二卷。明崇祯刻本。中国国家图书馆、上海图书馆藏。1954 年《古本戏曲丛刊初集》据之影印。

新锲重订出像附释标注惊鸿记 明吴世美撰。二卷。明万历金陵唐氏世德堂刻本。北京大学图书馆、重庆市图书馆藏。1955 年《古本戏曲丛刊二集》据之影印。

惊鸿记 明吴世美撰。二卷。明万历十八年原刻本。 又,明万历金陵唐氏文林阁刻本。未知题名。 又,清咸丰、同治瑞鹤山房钞本。北京大学图书馆藏。

李卓吾评焚香记 明王玉峰撰。二卷。明万历刻本。

新刻玉茗堂批评焚香记 明王玉峰撰。明汤显祖批评。二卷。明末刻本。中国国家图书馆藏。1954 年《古本戏曲丛刊初集》据之影印。

焚香记 明王玉峰撰。吴书荫点校。与

《偷甲记》合印。1989年中华书局《明清传奇选刊》本。

镌新编全像三桂联芳记　明纪振伦校正。二卷。明德寿堂刻本。中国国家图书馆藏。1955年《古本戏曲丛刊二集》据之影印。

新镌武侯七胜记　明纪振伦校正。二卷。明万历金陵唐振吾(广庆堂)刻本。中国艺术研究院图书馆藏。1955年《古本戏曲丛刊二集》据之影印。

新刊校正全相音释折桂记(或云题《出相点板梁状元折桂记》)　明纪振伦校正。二卷。明万历金陵唐氏广庆堂刻本。中国国家图书馆、日本京都大学图书馆藏。　又,碧蕖馆过录明万历金陵唐氏广庆堂刻本。

新编全相点板西湖记　明纪振伦校正。二卷。明万历金陵唐振吾(广庆堂)刻本。中国国家图书馆藏。1955年《古本戏曲丛刊二集》据之影印。

新刻出相点板八义双杯记　明纪振伦校正。二卷。明万历金陵唐振吾(广庆堂)刻本。中国社会科学院文学研究所、上海图书馆藏。1955年《古本戏曲丛刊二集》据之影印。

新刻出像葵花记　明纪振伦校正。二卷。中国国家图书馆藏,存上卷十七出。明万历金陵唐氏广庆堂刻本。

二刻京本出像音释高彦真葵花记全传　明纪振伦校正。二卷,明刻本。中国国家图书馆藏,上卷缺前三出,下卷至第三十一出,末有缺页。

镌新编全相霞笺记　明纪振伦校正。二卷。明万历金陵唐氏广庆堂刻本。又,1919年贵池刘氏《暖红室汇刻传奇》本。

五局传奇　明邓志谟撰。十卷。存八卷。清玉芝斋抄本。中国国家图书馆藏。子目:① 并头花记二卷。② 玛瑙簪记二卷。③ 凤头鞋记二卷。④ 新锲乐府人氏生八珠环记二卷。

新刻出相双凤齐鸣记　明陆士璘撰。二卷。明万历金陵唐氏世德堂刻本。1955年《古本戏曲丛刊二集》据之影印。

新刻狄梁公返周望云忠孝记　明金怀玉撰。二卷。明万历金陵唐氏文林阁刻本。1955年《古本戏曲丛刊二集》据之影印。

新锲徽本图像音释探花合襟桃花记　明金怀玉撰。二卷。明刻本。中国国家图书馆藏。残存卷下,自第十八出至第三十五出。

新刻出像音注观世音修行香山记　明罗懋登撰。二卷。明万历金陵唐氏富春堂刻本,有缺页。1955年《古本戏曲丛刊二集》据之影印。

新刻出相音释点板东方朔偷桃记　明吴德修撰。二卷。明万历金陵唐振吾(广庆堂)刻本。中国国家图书馆藏。1955年《古本戏曲丛刊二集》据之影印。

(偷桃记)　明吴德修撰。二卷。清钞本。

龙膏记　明杨珽撰。二卷。清光绪上海飞影阁石印本。

彩楼记　明王錂改订。不分卷。清内府钞本。1955年《古本戏曲丛刊二集》据之影印。　又,中山大学中文系五

六级明清传奇校勘小组整理。1960年中华书局出版。　又，题明佚名撰。黄裳校注。1956年古典文学出版社出版。

新镌图像音注周羽教子寻亲记　明王錂重订。四卷。明万历金陵唐氏富春堂刻本。中国国家图书馆、北京大学图书馆藏。1954年《古本戏曲丛刊初集》据之影印。

(寻亲记)　明王錂重订。二卷。清世德堂卫氏钞本。　又，清同治元年瑞鹤山房钞本。北京大学图书馆藏。

新刊出相点板红梅记　明周朝俊撰。二卷。明万历金陵唐氏广庆堂刻本。

玉茗堂批评红梅记　明周朝俊撰。明汤显祖批评。二卷。明末刻本。中国国家图书馆、中国艺术研究院图书馆、北京市文物局、上海图书馆、浙江图书馆藏。1954年《古本戏曲丛刊初集》据之影印。2002年上海古籍出版社《续修四库全书》据之影印。

新刻袁中郎先生批评红梅记　明周朝俊撰。二卷。明崇祯三元堂刻本。北京大学图书馆藏。

剑啸阁新改红梅记　明周朝俊撰。明袁于令改订。二卷。明末刻本。

红梅记　明周朝俊撰。王星琦校注。1985年上海古籍出版社出版，收入《古代戏曲丛书》。

新刻出相音释点板留伯仁八黑收精剑丹记　明谢天瑞(或误作谢天佑)撰。二卷。明万历金陵唐振吾广庆堂刻本。上海图书馆藏。

新刻出像点板吕真人梦境记　明苏元俊撰。二卷。明万历四十三年百岁堂原刻本。

重校吕真人黄粱梦境记　明苏元俊撰。一卷。明万历金陵陈氏继志斋刻本。中国国家图书馆藏。1954年《古本戏曲丛刊初集》据之影印。

李丹记　明刘还初撰。明陈继儒评。二卷。明刻本。上海图书馆藏。1984年《古本戏曲丛刊五集》据之影印。　又，明刘还初撰。明陈继儒、彭幼朔评。二卷。明万历刻朱墨套印本。中国艺术研究院图书馆藏上卷。中国国家图书馆藏上卷残部。　又，明刘还初撰。二卷。传抄本。

再来人(即《李丹记》)　明刘还初撰。二卷。传抄本。

新刻全像点板刘文叔云台记　明蒲俊卿撰。二卷。明万历金陵唐氏文林阁刻本。1955年《古本戏曲丛刊二集》据之影印。

(云台记)　明蒲俊卿撰。二卷。传抄本。未知题名。

八义记　明徐元撰。二卷。清乾隆二十年钞本。　又，听雨楼查有炘藏钞本。　又，清钞本。

新编全像点板窦禹钧全德记　明王稚登(或云汪拱恕)撰。二卷。明万历金陵唐氏广庆堂刻本。中国国家图书馆藏。1954年《古本戏曲丛刊初集》据之影印。

全德记　明王稚登(或云汪拱恕)撰。不分卷。清初钞本。南京图书馆藏。

奇梦记　明季世儒撰。二卷。明万历刻本。傅惜华旧藏，存下卷。

钗钏记　明月榭主人撰。二卷。清康熙钞本。1955年《古本戏曲丛刊二集》据之影印。　又，清乾隆四十六年邹玉麟钞本。

新镌全像蓝桥玉杵记　明云水道人(别题杨之炯)撰。二卷。附一卷。明万历三十四年浣月轩刻本。中国国家图书馆藏。1954年《古本戏曲丛刊初集》据之影印。

玉杵记　明云水道人(别题杨之炯)撰。二卷。明书林萧腾鸿师俭堂刻本。美国国会图书馆藏。

重校剑侠传双红记　明更生氏撰。二卷。明万历文林阁刻本。1955年《古本戏曲丛刊二集》据之影印。　又，明万历聚德堂刻本。　又，清咸丰、同治瑞鹤山房钞本。北京大学图书馆藏。

新刻全像包龙图公案袁文正还魂　明欣欣客撰。二卷。明万历金陵唐氏文林阁刻本，有缺页。1955年《古本戏曲丛刊二集》据之影印。

妆楼记　明玩花主人撰。二卷。明万历刻本。中国国家图书馆藏。1955年《古本戏曲丛刊二集》据之影印。

新编何文秀玉钗记　明陈则清撰。一卷。稿本。上海图书馆藏。

新刻出像音注何文秀玉钗记　明陈则清撰。四卷。明万历金陵唐氏富春堂刻本。中国国家图书馆藏。1954年《古本戏曲丛刊初集》据之影印。

镌唐韦状元自制箜篌记　明证圣陈生撰。二卷。明万历会稽商氏半野堂刻本。中国国家图书馆藏。1955年《古本戏曲丛刊二集》据之影印。

新编孔夫子周游列国大成麒麟记　明寰宇显圣公撰。明万历长庚馆刻本。中国国家图书馆、浙江图书馆藏。1955年《古本戏曲丛刊二集》据之影印。

酒家佣　明陆弼、钦虹江撰。明冯梦龙更定。三卷。清初刻本。吉林大学图书馆藏。

精忠旗　明李梅实撰。明冯梦龙更定。二卷。清内府钞本。中国国家图书馆藏。

墨憨斋订定人兽关传奇　清李玉撰。明冯梦龙更定。二卷。明崇祯墨憨斋刻本。

墨憨斋重订永团圆传奇　清李玉撰。明冯梦龙更定。二卷。明崇祯墨憨斋刻本。中国国家图书馆藏。

剑啸阁自订西楼梦传奇　清袁于令撰。二卷。明剑啸阁原刻本。上海图书馆藏。1955年《古本戏曲丛刊二集》据之影印。

临川玉茗堂批评西楼记　清袁于令撰。题汤显祖批评。二卷。明末刻本。中国国家图书馆、南京图书馆藏全本，中国艺术研究院图书馆、上海图书馆藏残本。

西楼记传奇　清袁于令撰。明陈继儒评。二卷。明萧腾鸿师俭堂刻本。中国艺术研究院图书馆藏。　又，清袁于令撰。二卷。清顺治两衡堂刻本。上海图书馆藏。

怡云阁西楼记　清袁于令撰。二卷。明刻清初读书坊重修本。中国国家图书馆藏。

西楼记　清袁于令撰。清乾隆五十五年宁我斋刻巾箱本。中国艺术研究院图书馆、上海图书馆藏。　又，李复波校点。与《红梨记》合印。1988年中华书局《明清传奇选刊》本。

剑啸阁鹔鹴裘记　清袁于令撰。二卷。明末剑啸阁原刻本。浙江图书馆藏。1955年《古本戏曲丛刊二集》据之影印。

长生乐　清袁于令（别题张匀）撰。二卷。1957年《古本戏曲丛刊三集》据之影印。

长生乐全本　清袁于令（别题张匀）撰。不分卷。清乾隆四十年耕心草舍钞本，同治四年曹春山校订。中国艺术研究院图书馆藏。　又，清钞本。中国国家图书馆藏。

滑稽馆新编三报恩传奇　清毕魏撰。明冯梦龙改定。明崇祯十五年序刻本。中国国家图书馆藏。1955年《古本戏曲丛刊二集》据之影印。

竹叶舟传奇　清毕魏撰。二卷。梦香堂钞本。中国国家图书馆藏。1955年《古本戏曲丛刊二集》据之影印。

盐梅记　明青山高士撰。二卷。明刻本。日本山口大学图书馆藏。

孤本明传奇《盐梅记》　明青山高士撰。1998年北京图书馆出版社据日本山口大学图书馆藏明刻本影印本。

玉茗堂批评异梦记　明王元寿撰。题明汤显祖批评。二卷。明万历四十六年刻本。中国国家图书馆藏（有郑振铎跋）。1955年《古本戏曲丛刊二集》据之影印。　又，明王元寿撰。明汤显祖评。二卷。明刻本。中国国家图书馆藏（有吴梅跋）。

异梦记　明王元寿撰。明徐肃颖删润。明陈继儒评。二卷。明书林萧腾鸿师俭堂刻本。中国国家图书馆藏。

红梨花记　明王元寿撰。二卷。明万历书林杨居寀刻本。中国国家图书馆藏。1954年《古本戏曲丛刊初集》据之影印。

快活庵批评红梨花记　明王元寿撰。二卷。明刻本。中国国家图书馆藏。

景园记传奇（一名《石榴花》、《巧联缘》）　明王元寿撰。二卷。旧钞本。1957年《古本戏曲丛刊三集》据之影印。

蝴蝶梦　明谢国撰。二卷。明崇祯柱笏斋刻本。上海图书馆藏。1957年《古本戏曲丛刊三集》据之影印。

如意珠传奇　明秦子陵撰。四卷。稿本。南京图书馆藏。

红罗记传奇　明秦子陵撰。四卷。稿本。南京图书馆藏。

望湖亭记　明沈自晋撰。二卷。清初刻本。中国国家图书馆、首都图书馆、上海图书馆藏。　又，1919年贵池刘氏《暖红室汇刻传奇》本。

翠屏山传奇　明沈自晋撰。二卷。清雍正九年葛氏瑞宜堂钞本。中国艺术研究院图书馆藏。1955年《古本戏曲丛刊二集》据之影印。

石巢传奇四种　明阮大铖撰。八卷。明崇祯吴门毛恒刻本。中国国家图书馆藏（有吴梅跋）。1955年《古本戏曲丛刊二集》据毛刻本影印。子目：① 咏怀堂新编勘蝴蝶双金榜记二卷。

②咏怀堂新编燕子笺记二卷。③咏怀堂新编十错认春灯谜记二卷。④遥集堂新编马郎侠牟尼合记二卷。

重刊石巢传奇四种　明阮大铖撰。八卷。1919年董康诵芬室刻本。子目同上。

咏怀堂新编十错认春灯谜记　明阮大铖撰。二卷。明崇祯吴门毛恒刻《石巢传奇四种》本。中国国家图书馆、中国艺术研究院图书馆、天津图书馆、南京图书馆藏。　又,清初《十种传奇》刻本。中国国家图书馆藏。

新编十错认春灯谜记　明阮大铖撰。二卷。民国初贵池刘氏《暖红室汇刻传奇》本。

春灯迷传奇　明阮大铖撰。二卷。清康熙四十年张深仙钞本。中国艺术研究院图书馆藏。

春灯谜　明阮大铖撰。二卷。1993年黄山书社《阮大铖戏曲四种》本。

咏怀堂新编勘蝴蝶双金榜记　明阮大铖撰。二卷。明崇祯吴门毛恒刻《石巢传奇四种》本。中国国家图书馆藏。　又,1919年董康诵芬室刻《重刊石巢传奇四种》本。　又,北京富晋书社刻本。上海师范大学图书馆藏。

双金榜　明阮大铖撰。二卷。1993年黄山书社《阮大铖戏曲四种》本。

咏怀堂新编燕子笺记　明阮大铖撰。二卷。明崇祯吴门毛恒刻《石巢传奇四种》本。中国国家图书馆藏。　又,1919年董康诵芬室刻《重刊石巢传奇四种》本。

怀远堂批点燕子笺　明阮大铖撰。二卷。明崇祯刻本。中国国家图书馆藏(有吴梅跋)、上海图书馆、上海博物馆、天一阁文物保管所、广西壮族自治区图书馆藏。1955年《古本戏曲丛刊二集》据明崇祯刻本影印。2002年上海古籍出版社《续修四库全书》据明崇祯刻本影印。

雪韵堂批点燕子笺记　明阮大铖撰。二卷。明末刻本。中国国家图书馆(有清李慈铭跋并题诗)、北京大学图书馆、上海图书馆、复旦大学图书馆、华东师范大学图书馆、天津图书馆、东北师范大学图书馆、哈尔滨市图书馆、南京图书馆藏。　又,清同治十三年寄傲山房刻本。上海图书馆、山西师范大学图书馆等藏。　又,清末贵池刘氏《暖红室汇刻传奇》本。　又,旧钞本。上海图书馆藏。

批点燕子笺　明阮大铖撰。二卷。清宣统二年、1919年贵池刘氏《暖红室汇刻传奇》本。　又,1917年扫叶山房石印本。

绣像绘图燕子笺传奇　明阮大铖撰。二卷。民国上海进步书局石印本。

详注评点燕子笺传奇　明阮大铖撰。罗宝珩注释,汤寿铭校点。1926年上海会文堂书局出版。

燕子笺　明阮大铖撰。刘一禾注,张安全校。1986年上海古籍出版社出版,收入《古代戏曲丛书》。　又,明阮大铖撰。蔡毅点校。与《翡翠园》合印。1988年中华书局出版,收入《明清传奇选刊》。　又,1993年黄山书社出版《阮大铖戏曲四种》本。

遥集堂新编马郎侠牟尼合记　明阮大铖

撰。二卷。明崇祯吴门毛恒刻《石巢传奇四种》本。中国国家图书馆(有王立承跋)、北京大学图书馆、浙江图书馆藏。又,1919年董康诵芬室刻《重刊石巢传奇四种》本。

牟尼合 明阮大铖撰。二卷。1999年中州古籍出版社出版《阮大铖戏曲四种》本。

阮大铖戏曲四种 明阮大铖撰。徐凌云、胡金望点校。周中明、沙宗复审订。1993年黄山书社出版。按:是书收阮大铖戏曲四种。

石巢传奇校注 明阮大铖撰。蔡毅校注。1999年光明日报出版社出版。

花筵赚 明范文若撰。二卷。明崇祯博山堂原刻本。1955年《古本戏曲丛刊二集》据之影印。

丽句亭评点花筵赚乐府 明范文若撰。二卷。明末乌衣巷刻本。

梦花酣 明范文若撰。二卷。明崇祯博山堂原刻本。1955年《古本戏曲丛刊二集》据之影印。

鸳鸯棒 明范文若撰。二卷。明崇祯博山堂原刻本。1955年《古本戏曲丛刊二集》据之影印。

鸳鸯棒传奇 明范文若撰。二卷。明末刻本。中国艺术研究院图书馆藏。

丽句亭评点鸳鸯棒乐府 明范文若撰。二卷。清初乌衣巷刻本。上海图书馆藏。

范氏博山堂三种曲 明范文若撰。六卷。与明朱权撰《北曲谱》十二卷合印。明末刻清初芥子园印本。中国国家图书馆、上海图书馆藏。子目:① 鸳鸯棒二卷。② 花筵赚二卷。③ 梦花酣二卷。

东郭记 明孙钟龄撰。二卷。明万历四十六年原刻本(此或即《白雪楼二种》之一)。1955年《古本戏曲丛刊二集》据之影印。 又,明末映旭斋刻本。中国社会科学院文学研究所藏。又,明刻本。上海图书馆藏。 又,清致和堂刻本。中国国家图书馆、北京大学图书馆、吉林省社会科学院图书馆、厦门大学图书馆藏。 又,清初文茂堂刻本。 又,清道光二十六年达观堂刻本。 又,清同治十一年经纶堂刻本。 又,中山大学中文系五五级明清传奇校勘小组整理。1959年中华书局出版。

白雪楼二种 明孙钟龄撰。四卷。明崇祯刻本。中国国家图书馆(有郑振铎跋)、中国艺术研究院图书馆、上海图书馆藏全本,中国国家图书馆、北京师范大学图书馆、中国社会科学院文学研究所、上海松江博物馆藏残本。子目:① 东郭记二卷。1955年《古本戏曲丛刊二集》据之影印。② 醉乡记二卷。1955年《古本戏曲丛刊二集》据之影印。 又,明孙钟龄撰。四卷。明崇祯刻清梦园印本。中国国家图书馆藏(有吴梅跋)。子目同上。

醉乡记 明孙钟龄撰。张树英点校。与《金锁记》合印。2000年中华书局出版,收入《明清传奇选刊》。

白雪斋新乐府(一名《白雪楼五种曲》) 明张琦(一名楚)撰。十卷。明末刻本。中国国家图书馆藏。子目:

① 明月环传奇二卷。1955 年《古本戏曲丛刊二集》据之影印。② 诗赋盟传奇二卷。1955 年《古本戏曲丛刊二集》据之影印。③ 灵犀锦传奇二卷。1955 年《古本戏曲丛刊二集》据之影印。④ 郁轮袍传奇二卷。1955 年《古本戏曲丛刊二集》据之影印。⑤ 金钿盒传奇二卷。1955 年《古本戏曲丛刊二集》据之影印。

粲花斋新乐府　明吴炳撰。八卷。明崇祯金陵书坊两衡堂刻本。中国国家图书馆、北京大学图书馆、清华大学图书馆、中国艺术研究院图书馆、上海图书馆、辽宁省图书馆、浙江图书馆藏全本，首都图书馆、山东大学图书馆藏残本。子目：① 绿牡丹传奇二卷。1957 年《古本戏曲丛刊三集》据之影印。② 疗妒羹记二卷。1957 年《古本戏曲丛刊三集》据之影印。③ 画中人传奇二卷。1957 年《古本戏曲丛刊三集》据之影印。④ 西园记二卷。1957 年《古本戏曲丛刊三集》据之影印。　又，明末三美堂刻本。中国社会科学院文学研究所、山东师范大学图书馆藏。子目同上。　又，明吴炳撰。八卷。清初刻本。中国国家图书馆藏。子目同上。

粲花斋五种　明吴炳撰。刘世珩辑。1919 年贵池刘氏《暖红室汇刻传奇》本。1980 年、1990 年江苏广陵古籍刻印社据之影印。子目：① 西园记二卷。② 情邮记二卷。③ 绿牡丹二卷。④ 画中人传奇二卷。⑤ 疗妒羹记二卷。

情邮传奇　明吴炳撰。二卷。明崇祯三年刻本。中国国家图书馆(一本有吴梅跋)、中国艺术研究院图书馆、浙江图书馆、天一阁文物保管所藏。1957 年《古本戏曲丛刊三集》据之影印。又，1928 年吴梅校辑《奢摩他室曲丛》排印本。

情邮　明吴炳撰。二卷。清青萝书屋刻本。中国国家图书馆、中国艺术研究院图书馆藏。

情邮记新谱　明吴炳撰。二卷。旧钞本。首都图书馆藏。1996 年线装书局《明清抄本孤本戏曲丛刊》据之影印。

绿牡丹　明吴炳撰。二卷。1928 年吴梅校辑《奢摩他室曲丛》排印本。　又，明吴炳撰。罗斯宁校注。1985 年上海古籍出版社出版，收入《古代戏曲丛书》。

疗妒羹记　明吴炳撰。二卷。存卷上。传抄本。上海图书馆藏。

疗妒羹　明吴炳撰。二卷。1928 年吴梅校辑《奢摩他室曲丛》排印本。

画中人　明吴炳撰。二卷。1928 年吴梅校辑《奢摩他室曲丛》排印本。

西园记　明吴炳撰。二卷。1928 年吴梅校辑《奢摩他室曲丛》排印本。

新镌节义鸳鸯冢娇红记　明孟称舜撰。明陈洪绶评点。二卷。明崇祯刻本。中国国家图书馆藏。1955 年《古本戏曲丛刊二集》据之影印。

娇红记　明孟称舜撰。欧阳光注。1988 年上海古籍出版社出版，收入《古代戏曲丛书》。　又，明孟称舜撰。卓连营注。2000 年华夏出版社出版，收

入《中国古代戏曲经典丛书》。

新镌二胥记 明孟称舜撰。二卷。明崇祯十七年刻本。日本长泽规矩也旧藏,今归日本台北大学。北京图书馆据之影抄。1957 年《古本戏曲丛刊三集》据影抄本影印。

张玉娘闺房三清鹦鹉墓贞文记 明孟称舜撰。二卷。明崇祯刻本。浙江图书馆藏。1955 年《古本戏曲丛刊二集》据之影印。 又,明孟称舜撰。明祁彪佳评。二卷。明崇祯金陵石渠阁刻本。 又,明孟称舜撰。二卷。传抄本。

红情言 明王翃撰。二卷。清初刻本。浙江图书馆藏。1957 年《古本戏曲丛刊三集》据之影印。

谭友夏钟伯敬先生批评绾春园传奇 明沈嵊撰。二卷。明钟惺、谭元春批评。明末蝍蟒斋刻本。中国国家图书馆、上海图书馆藏。1955 年《古本戏曲丛刊二集》据之影印。

(绾春园) 明沈嵊撰。二卷。旧钞本。郑振铎旧藏,今存中国国家图书馆。

且居批评息宰河传奇 明沈嵊撰。二卷。明末且居刻本。南京师范大学图书馆藏。

小青娘风流院 明朱京藩撰。二卷。附《小青传》一卷,明冯小青撰《小青焚余》一卷。明崇祯德聚堂刻本。中国国家图书馆藏(有吴梅跋)。1955 年《古本戏曲丛刊二集》据之影印。

天马媒 清刘方撰。二卷。明崇祯四年章庆堂刻本。中国国家图书馆藏。 又,民初贵池刘氏《暖红室汇刻传奇》本。1957 年《古本戏曲丛刊三集》据之影印。

白罗衫(一名《罗衫记》、《罗衫合》) 清刘方(别题佚名)撰。二卷。清内府钞本。中国艺术研究院图书馆藏。又,清中叶钞本。中国艺术研究院图书馆藏。

罗衫记(一名《白罗衫》、《罗衫合》) 清刘方(别题佚名)撰。二卷。旧钞本。1957 年《古本戏曲丛刊三集》据之影印。

罗衫合(一名《白罗衫》、《罗衫记》) 清刘方(别题佚名)撰。二卷。旧钞本。

鸳鸯绦传奇 明路迪撰。明醉竹居士评。二卷。明崇祯八年刻本。中国国家图书馆藏(有王立承跋)。1926 年武进陶氏涉园《喜咏轩丛书》乙编石印本。1955 年《古本戏曲丛刊二集》据之影印。

谭友夏批点想当然传奇 明王光鲁(别题卢柟)撰。明谭元春批点。二卷。明崇祯茧室刻本。中国国家图书馆藏。1930 年北平图书馆石印本。1954 年《古本戏曲丛刊初集》据之影印。

丹桂记 明周朝俊撰。明徐肃颖删润。明陈继儒评。二卷。明书林宝珠堂刻本。中国国家图书馆藏。

弄珠楼 明王异(一名权)撰。二卷。明崇祯杭州凝瑞堂刻本。浙江图书馆藏,有残缺。1957 年《古本戏曲丛刊三集》据之影印。

新镌磨忠记 明范世彦撰。二卷。明崇祯刻本。1955 年《古本戏曲丛刊二集》据之影印。

评点凤求凰　明陈玉蟾撰。二卷。明崇祯刻本。中国国家图书馆(有吴梅、卢前跋)、中国艺术研究院图书馆、上海图书馆藏。

玉茗堂批评新著续西厢升仙记　明黄粹吾撰。明汤显祖批评。二卷。明崇祯来仪山房刻本。北京大学图书馆藏。1954年《古本戏曲丛刊初集》据之影印。

荷花荡(一名《莲盟记》)　明马佶人撰。二卷。明末刻本。中国艺术研究院图书馆、上海图书馆藏。　又,1919年贵池刘氏《暖红室汇刻传奇》本。

十锦塘　明马佶人撰。二卷。旧钞本。1955年《古本戏曲丛刊二集》据之影印。

金印合纵记　明高一苇重订。二卷。明崇祯刻本。　又,清康熙十七年钞本。　又,民国初贵池刘氏《暖红室汇刻传奇》本。

上林春　明姚子翼撰。二卷。明崇祯十二年钞本。吴兴周氏言言斋旧藏。又,清钞本。中国国家图书馆藏。1955年《古本戏曲丛刊二集》据之影印。

遍地锦　明姚子翼撰。二卷。清康熙钞本。1955年《古本戏曲丛刊二集》据之影印。

祥麟现(一名《七子圆》)　明姚子翼撰。二卷。清钞本。中国艺术研究院图书馆藏。

串本祥麟现　明姚子翼撰。二卷。清钞本。中国艺术研究院图书馆藏(似仅存上卷)。

七子圆(一名《祥麟现》)　明姚子翼撰。二卷。中国国家图书馆藏。

笔耒斋订定二奇缘传奇　明许恒撰。二卷。明崇祯十六年笔耒斋刻本。浙江图书馆藏。1957年(古本戏曲丛刊三集)据之影印。

新刻回春记　明朱葵心撰。一卷。明崇祯十七年序刻本。上海图书馆藏。1957年《古本戏曲丛刊三集》据之影印。

蝴蝶梦(一名《蝴蝶记》)　明陈一球撰。清光绪十七年钞本。浙江温州图书馆藏。

金瓶梅　明郑小白(或云张陆舟)撰。二卷。旧钞本。傅惜华、郑振铎旧藏。1957年《古本戏曲丛刊三集》据之影印。　又,清乾隆钞本。中国艺术研究院图书馆藏,仅存下卷。

元宵闹传奇(一名《翠云楼》、《玉麒麟》)　明李素甫撰。二卷。清钞本。中国艺术研究院图书馆藏。1955年《古本戏曲丛刊二集》据之影印。

元宵闹(一名《翠云楼》、《玉麒麟》)　明李素甫撰。二卷。清雍正钞本。梅兰芳旧藏。1955年《古本戏曲丛刊二集》据雍正钞本过录本影印。　又,近人许之衡饮流斋抄校本。　又,1985年上海古籍出版社出版傅惜华辑校《水浒戏曲集·第二集》本。

翠云楼(一名《元宵闹》、《玉麒麟》)　明李素甫撰。二卷。清钞本。

厓山烈传奇　明朱九经撰。二卷。清康熙二年□起贞钞本。中国国家图书馆藏。1955年《古本戏曲丛刊二集》

据之影印。 又,近人许之衡饮流斋抄校本。 又,近人海盐朱希祖抄藏本。

进瓜记 明王昆玉(或云佚名)撰。不分卷。清乾隆内府四色钞本,清许叶芬跋。上海图书馆藏。

续精忠 明汤子垂撰。二卷。清钞本。1955年《古本戏曲丛刊二集》据之影印。

青虹啸(一名《青缸啸》、《檐水头》) 明邹玉卿撰。二卷。清癸酉仲秋上浣吴趋迂客手录钞本。 又,传抄本。1955年《古本戏曲丛刊二集》据之影印。

双螭璧 明邹玉卿撰。二卷。清康熙三十一年钞本。1957年《古本戏曲丛刊三集》据之影印。

三社记 明□其沧撰。清李渔评。二卷。明崇祯七年必自堂刻本。1957年《古本戏曲丛刊三集》据之影印。

立命说 明蒙春园主撰。二卷。清刻本。中国社会科学院文学研究所藏,有残缺。

泊庵芙蓉影 明西冷长撰。明崇祯刻本。中国国家图书馆藏。1955年《古本戏曲丛刊二集》据之影印。

全本千祥记 明无心子撰。二卷。清康熙六十一年芸晖堂钞本。中国艺术研究院图书馆藏。1955年《古本戏曲丛刊二集》据之影印。

千祥记传奇 明无心子撰。二卷。前北京孔德学校图书馆钞本。首都图书馆藏。1996年线装书局《明清抄本孤本戏曲丛刊》据之影印。 又,古吴莲勺庐钞本。 又,缀玉轩钞本。

新镌点板金雀记 明无心子重编。二卷。明刻清初读书坊重修本。中国国家图书馆藏。

识闲堂第一种翻西厢 明研雪子撰。二卷。明崇祯十六年刻本。1957年《古本戏曲丛刊三集》据之影印。

才貌缘 明东山痴野撰。二卷。明末漱余轩刻本。中国国家图书馆藏。1986年《古本戏曲丛刊五集》据之影印。

玉镜台 明清远堂撰。清内府精钞本。中国艺术研究院图书馆藏,存残本。

金丸记(一名《妆盒记》、《金弹记》) 明佚名撰。二卷。清康熙钞本。1954年《古本戏曲丛刊初集》据之影印。 又,红格钞本。 又,许之衡饮流斋钞本。上海图书馆藏。 又,王锳点校。与《断发记》合印。2000年中华书局出版,收入《明清传奇选刊》。

高文举还魂记 明佚名撰。二卷。1957年抄邵画堂同治八年王右生藏本,题《水云亭》。安徽省徽剧团藏。

新刻出像音注商辂三元记 明佚名撰。二卷。明万历金陵唐氏富春堂刻本。1934年长乐郑氏《汇印传奇》第一集据之影印。1954年《古本戏曲丛刊初集》据之影印。

新刻出像音注薛仁贵跨海征东白袍记 明佚名撰。二卷。明万历金陵唐氏富春堂刻本。北京大学图书馆藏。1954年《古本戏曲丛刊初集》据之影印。

新刻出像音注王昭君出塞和戎记 明佚

名撰。二卷。明万历金陵唐氏富春堂刻本。1955 年《古本戏曲丛刊二集》据之影印。

重刊五色潮泉插科增入诗词北曲勾栏荔镜记戏文　明佚名撰。不分卷。明嘉靖四十五年新安余氏刻本。日本天理大学图书馆、英国牛津大学图书馆藏。1985 年广东人民出版社《明本潮州戏文五种》据之影印。

韦凤翔古玉环记　明佚名撰。二卷。明万历慎余馆刻本。中国国家图书馆藏。1954 年《古本戏曲丛刊初集》据之影印。

新刻出像音注韩湘子九度文公升仙记　明佚名撰。二卷。明万历金陵唐氏富春堂刻本。1954 年《古本戏曲丛刊初集》据之影印。

重补摘锦潮调金花女大全　明佚名撰。二卷。明万历刻本。日本东京大学东洋文化研究所藏。1976 年台湾联禾美术印刷厂《明清闽南戏曲四种》据之影印。1985 年广东人民出版社《明本潮州戏文五种》据之影印。

新刻全像高文举珍珠记　明佚名撰。二卷。明万历金陵唐氏文林阁刻本。中国国家图书馆藏。1955 年《古本戏曲丛刊二集》据之影印。

高文举珍珠记　明佚名撰。吴书荫点校。与《双忠记》合印。1988 年中华书局出版，收入《明清传奇选刊》。

新刻全像观音鱼篮记　明佚名撰。二卷。明万历金陵唐氏文林阁刻本。北京大学图书馆藏。1955 年《古本戏曲丛刊二集》据之影印。

新刻全像古城记　明佚名撰。二卷。明万历刻本。1954 年《古本戏曲丛刊初集》据之影印。　又，明万历金陵唐氏文林阁刻本。中国国家图书馆藏。

古城记　明佚名撰。不分卷。清乾隆内府钞本。中国国家图书馆藏。

新刻出像音注刘玄德三顾草庐记　明佚名撰。四卷。明万历金陵唐氏富春堂刻本。北京大学图书馆藏。1954 年《古本戏曲丛刊初集》据之影印。

新刻出像音注薛平辽金貂记　明佚名撰。四卷。明万历金陵唐氏富春堂刻本。北京大学图书馆、上海图书馆藏。1954 年《古本戏曲丛刊初集》据之影印。近人番禺许之衡环翠楼有过录本。

金貂记　明佚名撰。二卷。清康熙内府钞本。　又，清乌丝阑钞本。　又，上海图书馆藏清初钞本一卷、中国科学院图书馆藏清钞本二卷，亦或即上述两种。

新刊校正全相音释青袍记　明佚名撰。二卷。明万历金陵唐氏文林阁刻本。上海图书馆藏。1955 年《古本戏曲丛刊二集》据之影印。

重校四美记　明佚名撰。二卷。明万历金陵唐氏文林阁刻本。中国国家图书馆、中国社会科学院文学研究所藏。1955 年《古本戏曲丛刊二集》据之影印。

精忠记　明佚名撰。二卷。明末毛氏汲古阁刻《绣刻演剧》本。中国国家图书馆藏(有吴梅跋)。　又，中山大学中文系五五级明清传奇校勘小组整

理。1959年中华书局出版。

宝晋斋鸣凤记 明佚名撰。二卷。明刻清初读书坊重修本。中国国家图书馆藏。

鸣凤记 明佚名撰。一卷。清刻本。首都图书馆藏。 又,清乾隆内府钞本,残存卷上。中国国家图书馆藏。又,清清河郡黑格钞本,首载《鸣凤记院本考》一文。北京大学图书馆藏。又,清咸丰、同治瑞鹤山房钞本。北京大学图书馆藏。 又,中山大学中文系五五级明清传奇校勘小组整理。1959年中华书局出版。

新刊出像音注韩朋十义记 明佚名撰。明罗祐音注。二卷。明万历金陵唐氏富春堂刻本。上海图书馆藏。1954年《古本戏曲丛刊初集》据之影印。

新刊韩朋十义记 明佚名撰。二卷。明万历十四年新安余氏自新斋刻本。法国巴黎国家图书馆藏。

举鼎记传奇 明佚名撰。二卷。旧钞本。1954年《古本戏曲丛刊初集》据之影印。

新刻出像音注苏英皇后鹦鹉记 明佚名撰。二卷。明万历金陵唐氏富春堂刻本。中国国家图书馆藏。1954年《古本戏曲丛刊初集》据之影印。

新刻出像音注范雎绨袍记 明佚名撰。四卷。明万历金陵唐氏富春堂刻本。中国国家图书馆、上海图书馆藏。1955年《古本戏曲丛刊二集》据之影印。

新刻浙江新编出像题评范雎绨袍记 题明顾觉宇撰。二卷。明书林朱仁斋刻本。中国国家图书馆藏。

四英传(一名《后武香球》) 明佚名撰。存十出。清曹茂林钞本。梅兰芳纪念馆藏。

续武香球传奇 明佚名撰。存五出。清钞本。梅兰芳纪念馆藏。

新录全福百顺记全本 明佚名撰。清乾隆懋德堂钞本。中国艺术研究院图书馆藏。 又,清钞本。中国艺术研究院图书馆藏。未知题名。

新刻全像点板张子房赤松记 明佚名撰。二卷。明万历金陵唐氏文林阁刻本。1955年《古本戏曲丛刊二集》据之影印。近人海盐朱希祖有过录本。

钵中莲 明佚名撰。不分卷。明万历四十七年钞本。中国艺术研究院图书馆藏。 又,1933年《剧学月刊》第2卷第4期排印本。

双璧记 明佚名撰。影抄本。天津图书馆藏。

楚香记 明佚名撰。明万历刻本。郑振铎旧藏,今存中国国家图书馆。

黄孝子传奇 明佚名改编。二卷。旧钞本。1954年《古本戏曲丛刊初集》据之影印。

苏六娘 明佚名撰。明万历刻本。附刻于《金花女》戏文上栏。1985年广东人民出版社《明本潮州戏文五种》据之影印。

颜臣 明佚名撰。明嘉靖四十五年建阳余氏刻本,附于《荔镜记》戏文上栏。1985年广东人民出版社《明本潮州戏文五种》据之影印。

刘希必金钗记　明佚名撰。不分卷。明宣德钞本。1975年广东潮安县明墓出土,潮州市博物馆藏。1985年广东人民出版社《明本潮州戏文五种》据之影印。

宣德写本金钗记　明佚名撰。刘念兹校注。1985年广东人民出版社出版。

鼎镌郑道圭先生评点红杏记　明佚名撰。明郑之玄评点。明谢维升注。二卷。明天启潭阳黄氏存诚堂刻本。中国国家图书馆藏。

金花记传奇　明佚名撰。二卷。传抄本。郑振铎旧藏。1957年《古本戏曲丛刊三集》据之影印。　又,红格钞本。梅兰芳旧藏。

衣珠记　明佚名撰。二卷。清初钞本。1957年《古本戏曲丛刊三集》据之影印。

南楼传　明佚名撰。不分卷。清钞本。中国国家图书馆藏。　又,1917年陈优优钞本,穆藕初旧藏。

烂柯山　明佚名撰。二卷。清康熙六十年陈益儒钞本。中国艺术研究院图书馆藏。

桃林赚传奇　明佚名撰。二卷。旧钞本。1955年《古本戏曲丛刊二集》据之影印。

东吴记(别题《锦囊记》)　明佚名撰。不分卷。清乾隆百本张钞本。中国艺术研究院图书馆藏。

倒浣纱传奇　明佚名撰。二卷。缀玉轩钞本。1957年《古本戏曲丛刊三集》据之影印。

醒世魔传奇　明佚名撰。一卷。清钞本。中国国家图书馆藏。

幻奇缘　明佚名撰。二卷。清钞本。上海图书馆藏。

刻李九我先生批评破窑记　明佚名改编。明书林陈含初、詹林我刻本。中国国家图书馆藏。1954年《古本戏曲丛刊初集》据之影印。

苏武牧羊记　明佚名改编。二卷。清咸丰八年宝善堂钞本。1954年《古本戏曲丛刊初集》据之影印。

雷峰塔　明佚名撰。二卷。明嘉靖十年杭州汲古斋刻本。杭州吴敬唐(叩天生)藏。　又,1921年杭州宋经楼书局石印本,叩天生跋。

白娘子永镇雷峰塔传奇　明佚名撰。二卷。明嘉靖十一年刻本。

麟阁待　明佚名撰。二卷。明末刻本。苏州戏剧研究室藏,有残缺。

三义记　明佚名撰。明刻本。日本内阁文库藏。

八阵图　明佚名撰。旧钞本。

全家庆　明佚名撰。旧钞本。清升平署旧藏。

鸳鸯笺　明佚名撰。旧钞本。

醉太平　明佚名撰。旧钞本。中国国家图书馆藏。

江天暮雪　明佚名撰。旧钞本。

百子图　明佚名撰。旧钞本。梅兰芳纪念馆藏。

赠书记　明佚名撰。二卷。清刻本。上海图书馆藏。

四喜记　明佚名撰。二卷。松韵堂刻本。华东师范大学图书馆藏。

个人剧作单行本与汇编三

一笠庵四种曲 清李玉撰。八卷。清乾隆五十九年宝研斋刻本。中国国家图书馆、南京图书馆、湖北省图书馆藏。子目：① 一笠庵新编一捧雪传奇二卷。② 墨憨斋订定人兽关传奇二卷。③ 墨憨斋重订永团圆传奇二卷。④ 一笠庵新编占花魁传奇二卷。

一笠庵新编一捧雪传奇 清李玉撰。二卷。明崇祯（或云清初）刻本。中国国家图书馆、中国社会科学院文学研究所、中国艺术研究院图书馆、山东大学图书馆藏。1957年《古本戏曲丛刊三集》据之影印。2002年上海古籍出版社《续修四库全书》据之影印。又，清李玉撰。二卷。存卷下。清刻本。

一捧雪 清李玉撰。欧阳代发校注。1989年上海古籍出版社出版，收入《古代戏曲丛书》。

一笠庵新编人兽关传奇 清李玉撰。二卷。明崇祯（或云清初）刻本。中国国家图书馆、中国社会科学院文学研究所、华东师范大学图书馆藏。1957年《古本戏曲丛刊三集》据之影印。又，清刻本。上海图书馆藏，存卷上。

墨憨斋重订永团圆传奇 清李玉撰。明冯梦龙改订。二卷。明末刻本。中国国家图书馆、北京大学图书馆、清华大学图书馆、中国艺术研究院图书馆藏。

一笠庵新编永团圆传奇 清李玉撰。二卷。明崇祯（或云清初）刻本。中国国家图书馆、上海图书馆、浙江图书馆藏。1957年《古本戏曲丛刊三集》据之影印。

一笠庵新编占花魁传奇 清李玉撰。二卷。明崇祯刻本。1957年《古本戏曲丛刊三集》据之影印。 又，清初萃锦堂刻本。中国国家图书馆（一本有吴梅批注并跋）、中国艺术研究院图书馆、上海图书馆藏。

（占花魁） 清李玉撰。二卷。旧钞本。中国社会科学院文学研究所藏。

一笠庵新编两须眉传奇 清李玉撰。二卷。清顺治十年序刻本。中国国家图书馆藏。1957年《古本戏曲丛刊三集》据之影印。

一笠庵新编第七种传奇眉山秀 清李玉撰。二卷。清顺治十一年序刻本。中国国家图书馆、北京大学图书馆藏。1957年《古本戏曲丛刊三集》据之影印。

（眉山秀） 清李玉撰。二卷。吴梅钞本。南京图书馆藏。

一笠庵汇编清忠谱传奇 清李玉撰。二卷。清康熙初苏州树镃堂原刻本。中国艺术研究院图书馆藏。1957年《古本戏曲丛刊三集》据之影印。2002年上海古籍出版社《续修四库全书》据之影印。 又，清康熙苏州霜英堂据原刻翻印本。中国国家图书馆、上海图书馆、台湾大学图书馆藏。

（清忠谱） 清李玉撰。二卷。旧钞本。中国戏曲学院藏。 又，吴梅钞本。南京图书馆藏。

清忠谱　清李玉撰。中山大学中文系五五级明清传奇校勘小组整理。1959年中华书局出版。　又，张清华校注。1982年中州书画社出版，收入《中国古典戏曲丛书》。　又，王毅校注。1990年人民文学出版社出版。

麒麟阁　清李玉撰。二卷。清初钞本。上海图书馆藏。1957年《古本戏曲丛刊三集》据之影印。　又，不分卷。清康熙十七年钞本。中国社会科学院文学研究所藏。　又，二卷。清南府钞本，残存十三出。中国艺术研究院图书馆藏。

太平钱　清李玉撰。二卷。清钞本。中国国家图书馆藏。1957年《古本戏曲丛刊三集》据之影印。　又，一卷。清初内府四色精钞本。台湾中央研究院傅斯年图书馆藏。　又，清钞本。上海图书馆藏。

千钟禄　清李玉撰。二卷。旧钞本。程砚秋玉霜簃旧藏。1957年《古本戏曲丛刊三集》据之影印。　又，不分卷。清康熙四十七年钞本。中国艺术研究院图书馆藏。

千忠录(一名《千忠戮》、《千钟禄》)　题清徐子超撰。周妙中点校。与《未央天》合印。1989年中华书局出版，收入《明清传奇选刊》。

万里圆　清李玉撰。二卷。旧钞本。程砚秋玉霜簃旧藏。1957年《古本戏曲丛刊三集》据之影印。

牛头山　清李玉撰。二卷。清钞本。中国国家图书馆藏。1957年《古本戏曲丛刊三集》据之影印。

昊天塔　清李玉撰。清康熙钞本。中国艺术研究院图书馆藏。　又，清嘉庆六年四知堂钞本。梅兰芳纪念馆藏。

风云会　清李玉撰。一卷。清乾隆内府钞本。中国国家图书馆藏。　又，清同治十二年升平署钞本。故宫博物院图书馆藏。

五高风传奇　清李玉撰。二卷。前孔德学校图书馆钞本。首都图书馆藏。1986年《古本戏曲丛刊五集》据之影印。1996年线装书局《明清抄本孤本戏曲丛刊》据之影印。

五高风　清李玉撰。二卷。旧钞本。北京大学图书馆藏。　又，旧钞本。中国艺术研究院图书馆藏。　又，旧钞本。中国国家图书馆藏。

连城璧　清李玉撰。不分卷。清南府钞本。中国艺术研究院图书馆藏。　又，旧钞本。中国戏曲学院藏。

七国传　清李玉撰。不分卷。缀玉轩据清乾隆十四年钞本过录本。中国艺术研究院图书馆藏。

一品爵传奇　清李玉撰。旧钞本，残存上卷十六出。梅兰芳纪念馆藏。

埋轮亭　清李玉等撰。残存八出。清升平署钞本。中国国家图书馆藏。

醉菩提传奇　清张彝宣撰。二卷。精钞本。中国国家图书馆藏。1957年《古本戏曲丛刊三集》据之影印。

醉菩提　清张彝宣撰。二卷。怀宁曹氏藏钞本。中国艺术研究院图书馆藏。　又，朱格钞本。中国艺术研究院图书馆藏。　又，旧钞本，残存上卷十九出。中国国家图书馆藏。　又，旧钞

本，残存上卷十八出。中国艺术研究院图书馆藏。　又，周巩平校点。与《鸾镜记》合印。1996年中华书局出版，收入《明清传奇选刊》。

如是观　清张彝宣撰。二卷。清康熙五十三年马子元钞本。中国艺术研究院图书馆藏。1957年《古本戏曲丛刊三集》据之影印。

金刚凤传奇　清张彝宣撰。二卷。稿本。上海图书馆藏。1957年《古本戏曲丛刊三集》据之影印。

金刚凤　清张彝宣撰。不分卷。清钞本。中国国家图书馆藏（有吴梅跋）。又，旧钞本。中国国家图书馆藏。

快活三传奇　清张彝宣撰。二卷。明崇祯八年卞端甫钞本。中国艺术研究院图书馆藏。

快活三　清张彝宣撰。二卷。清钞本。中国国家图书馆藏（有吴梅跋）。1957年《古本戏曲丛刊三集》据之影印。　又，红格钞本。北京大学图书馆藏。　又，民国间海盐朱希祖钞本。中国国家图书馆藏。

海潮音　清张彝宣撰。二卷。旧钞本。程砚秋玉霜簃旧藏，今存中国艺术研究院图书馆。1957年《古本戏曲丛刊三集》据之影印。

钓鱼船　清张彝宣撰。二卷。清康熙钞本，傅惜华旧藏。1957年《古本戏曲丛刊三集》据之影印。　又，清康熙五十五年集贤堂钞本。程砚秋玉霜簃旧藏。　又，红格钞本。中国艺术研究院图书馆藏。　又，莲勺庐钞本。北京大学图书馆藏。

双福寿　清张彝宣撰。二卷。旧钞本。梅氏缀玉轩旧藏。1957年《古本戏曲丛刊三集》据之影印。　又，一卷。清南府钞本。故宫博物院图书馆藏。

读书声　清张彝宣撰。二卷。旧钞本。程砚秋玉霜簃旧藏。1957年《古本戏曲丛刊三集》据之影印。

吉祥兆　清张彝宣撰。二卷。旧钞本。吴晓铃藏。1957年《古本戏曲丛刊三集》据之影印。

抄正紫琼瑶全目　清张彝宣撰。二卷。清康熙四十一年天喜楼钞本。中国国家图书馆藏。1957年《古本戏曲丛刊三集》据之影印。　又，清雍正八年唐子钤钞本。中国艺术研究院图书馆藏。　又，清钞本。日本长泽规矩也旧藏。

化人游词曲　清丁耀亢撰。一卷。清顺治五年野鹤斋刻本。中国国家图书馆、中国社会科学院文学研究所、中国艺术研究院图书馆、上海图书馆藏。1986年《古本戏曲丛刊五集》据之影印。　又，1999年中州古籍出版社出版《丁耀亢全集》本。

化人游　清丁耀亢撰。一卷。清康熙煮茗堂刻《丁野鹤先生诗词稿》本。中国国家图书馆藏。

赤松游传奇　清丁耀亢撰。三卷。清顺治九年序刻本。中国国家图书馆、中国社会科学院文学研究所、中国艺术研究院图书馆、上海图书馆、哈尔滨市图书馆藏。1986年《古本戏曲丛刊五集》据之影印。

赤松游　清丁耀亢撰。三卷。清康熙煮

茗堂刻《丁野鹤先生诗词稿》本。中国国家图书馆藏。　又，1999年中州古籍出版社出版《丁耀亢全集》本。

西湖扇传奇　清丁耀亢撰。二卷。清康熙十三年重刻本。中国国家图书馆、中国社会科学院文学研究所、上海图书馆藏。1986年《古本戏曲丛刊五集》据之影印。

西湖扇　清丁耀亢撰。二卷。1999年中州古籍出版社出版《丁耀亢全集》本。

新编杨椒山表忠蚺蛇胆（别题《新修杨忠愍蚺蛇胆表忠记》）　清丁耀亢撰。二卷。清顺治十六年序刻本。中国国家图书馆、中国社会科学院文学研究所、中国艺术研究院图书馆、上海图书馆、陕西省图书馆藏。1986年《古本戏曲丛刊五集》据之影印。　又，1999年中州古籍出版社出版《丁耀亢全集》本。

表忠记　清丁耀亢撰。二卷。清康熙煮茗堂刻《丁野鹤先生诗词稿》本。中国国家图书馆藏。

表忠记传奇　清丁耀亢撰。二卷。清同治十一年湖北崇文书局刻《杨忠愍公全集》附录。上海图书馆藏。

杨忠愍蚺蛇胆表忠记　清丁耀亢撰。佚名批。二卷。清钞本。山东省博物馆藏。　又，清同治十一年重刻本。上海图书馆、上海师范大学图书馆藏。

丁耀亢全集　清丁耀亢撰。李增坡主编。张清吉校点。1999年中州古籍出版社出版。按：是书收丁耀亢所作戏曲四种。

秋虎丘　清王铣撰。二卷。清康熙十五年序刻本。中国国家图书馆藏。1957年《古本戏曲丛刊三集》据之影印。

双蝶梦　清王铣撰。二卷。清初刻本。中国国家图书馆藏。1957年《古本戏曲丛刊三集》据之影印。

秣陵春传奇　清吴伟业撰。二卷。清顺治振古斋刻本。中国国家图书馆等藏。1957年《古本戏曲丛刊三集》据之影印。2002年上海古籍出版社《续修四库全书》据之影印。　又，清初刻本。首都图书馆、清华大学图书馆、中国社会科学院文学研究所、上海图书馆、天津图书馆、天津师范大学图书馆、西北大学图书馆、南京师范大学图书馆、天一阁文物保管所藏。　又，清初刻乾隆五十九年重修本。中国国家图书馆藏（有吴梅批跋并题诗）。　又，1916年董康刻《梅村先生乐府三种》本，收入《诵芬室丛刊初编》。　又，民国贵池刘氏《暖红室汇刻传奇》本。　又，1990年上海古籍出版社出版《吴梅村全集》本。

笠翁传奇十二种曲　清李渔撰（末二种明汤显祖撰）。二十四卷。清大知堂刻本。湖北宜昌师范专科学校藏全本，上海图书馆藏残本。子目：① 怜香伴传奇二卷。② 风筝误传奇二卷。③ 意中缘传奇二卷。④ 蜃中楼传奇二卷。⑤ 凰求凤传奇二卷。⑥ 奈何天传奇二卷。⑦ 比目鱼传奇二卷。⑧ 玉搔头传奇二卷。⑨ 巧团圆传奇二卷。⑩ 慎鸾交传奇二卷。⑪ 邯郸梦传奇二卷。⑫南柯梦传奇二卷。

又，清经木堂刻袖珍本。中国国家图书馆藏。子目同上。

笠翁十二种 二十四卷。清李渔撰（末二种明汤显祖撰）。清光绪十四年文林堂刻巾箱本。上海师范大学图书馆藏。子目同上。

笠翁传奇十种 清李渔撰。二十卷。清康熙金陵翼圣堂刻本。首都图书馆、北京市文物局、浙江图书馆藏。子目同《笠翁传奇十二种曲》之前十种。 又，清康熙金陵世德堂刻本。北京师范大学图书馆、上海图书馆、天津图书馆、内蒙古图书馆、吉林大学图书馆、山东省图书馆、南京图书馆、安徽省图书馆、浙江大学图书馆、武汉大学图书馆、四川省图书馆、重庆市图书馆、四川大学图书馆、广西壮族自治区图书馆藏。子目同上。 又，清康熙刻本。上海图书馆、南开大学图书馆、山西省图书馆、浙江图书馆、杭州市文管会、厦门大学图书馆、河南省图书馆、郑州大学图书馆、河南大学图书馆、中山大学图书馆、广西壮族自治区图书馆、成都市图书馆、四川大学图书馆、重庆师范学院图书馆藏。子目同上。 又，清刻本。浙江金华图书馆、江西大学图书馆、上海师范大学图书馆藏。子目同上，排序有异。 又，清步月楼刻本。中国艺术研究院图书馆藏。 又，佐荣、陈庆惠点校。1992年浙江古籍出版社出版《李渔全集》本。

笠翁十种曲 清李渔撰。二十卷。清康熙刻本。中国国家图书馆藏。子目同上。 又，清全相堂刻本。北京师范大学图书馆藏。 又，清藻文堂刻本。首都图书馆藏。

李笠翁十种曲 清李渔撰。二十卷。清大文堂刻本。中国艺术研究院图书馆藏。子目同上。 又，1918年上海朝记书庄石印本。

风筝误传奇 清李渔撰。二卷。2002年上海古籍出版社《续修四库全书》据中国艺术研究院藏清刻本影印。

绣像风筝误 清李渔撰。八卷。清嘉庆十五年涑芳阁刻本。上海图书馆藏。

风筝误 清李渔撰。不分卷。清光绪十三年上海点石斋石印本。中国国家图书馆、上海图书馆等藏。 又，二卷。旧钞本。存上卷，上海图书馆藏。 又，湛伟恩校注。1985年上海古籍出版社出版，收入《古代戏曲丛书》。

意中缘传奇 清李渔撰。二卷。清顺治刻本。中国国家图书馆藏。 又，清李渔撰。禾中女史评。二卷。清乾隆刻本。上海图书馆藏。

意中缘 清李渔撰。一卷。清钞本。中国国家图书馆藏。

凰求凤传奇 清李渔撰。二卷。清初刻本。华东师范大学图书馆藏。

比目鱼传奇 清李渔撰。二卷。清顺治十八年刻本。上海图书馆藏。

李笠翁喜剧选 黄天骥、欧阳光选注。1984年岳麓书社出版。按：是书选李渔所撰戏曲《风筝误》、《蜃中楼》、《奈何天》三种。

五伦镜定本 清张三异撰。二卷。清初

爱日堂刻本。中国艺术研究院图书馆藏。

夏为堂人天乐传奇　清黄周星撰。二卷。清初夏为堂刻本。上海图书馆、浙江图书馆藏。1957年《古本戏曲丛刊三集》据之影印。　又，清康熙二十七年刻《夏为堂集》本。

党人碑　清丘园（丘或作邱）撰。二卷。旧钞本。中国国家图书馆藏。1957年《古本戏曲丛刊三集》据之影印。又，张树英点校。与《琥珀匙》合印。1988年中华书局出版，收入《明清传奇选刊》。

御袍恩　清丘园（丘或作邱）撰。二卷。旧钞本。中国国家图书馆藏。1957年《古本戏曲丛刊三集》据之影印。又，梅氏缀玉轩钞本。中国艺术研究院图书馆藏。　又，仅存七出。清钞本。中国艺术研究院图书馆藏。

幻缘箱传奇　清丘园（丘或作邱）撰。二卷。旧钞本。中国国家图书馆藏。1957年《古本戏曲丛刊三集》据之影印。

幻缘箱　清丘园（丘或作邱）撰。不分卷。清钞本。中国艺术研究院图书馆藏。

曲波园传奇　清徐沁撰。四卷。清康熙徐氏曲波园刻本。中国国家图书馆、北京大学图书馆、中国社会科学院文学研究所、上海图书馆、南京图书馆、南京博物院藏全本，吉林大学图书馆藏残本。子目：① 香草吟传奇二卷。② 载花舲传奇二卷。

珊瑚鞭　清徐石麒撰。清袁于令评。二卷。附《采石红》一卷。清钞本。上海图书馆藏。1986年《古本戏曲丛刊五集》据之影印。

钧天乐　清尤侗撰。二卷。清康熙聚秀堂原刻《西堂全集·西堂乐府》本。中国国家图书馆（一本有吴梅批注并跋）、北京师范大学图书馆、清华大学图书馆、上海图书馆、复旦大学图书馆、华东师范大学图书馆、上海师范大学图书馆、上海辞书出版社图书馆、天津图书馆、辽宁省图书馆、吉林省图书馆、吉林大学图书馆、甘肃省图书馆、山东省图书馆、南京图书馆、南京大学图书馆、安徽省图书馆、浙江图书馆、福建省图书馆、福建师范大学图书馆、河南省图书馆、江西省图书馆、四川省图书馆、重庆市图书馆、四川大学图书馆、黑龙江省图书馆、宁夏回族自治区图书馆、中央民族大学图书馆藏。1986年《古本戏曲丛刊五集》据之影印。2002年上海古籍出版社《续修四库全书》据之影印。又，民国上海文瑞楼石印《西堂全集·西堂乐府》本。

传奇采珍（即《钧天乐》）　清尤侗撰。二卷。清光绪十九年红薇馆石印本。

续牡丹亭传奇　清陈轼撰。二卷。旧钞本。中国艺术研究院图书馆藏。

琥珀匙传奇　清叶稚斐撰。二卷。清康熙四十六年杨俊生钞本。中国艺术研究院图书馆藏。1957年《古本戏曲丛刊三集》据之影印。　又，吴书荫点校。与《党人碑》合印。1988年中华书局出版，收入《明清传奇选刊》。

英雄概传奇　清叶稚斐撰。二卷。旧钞

本。中国国家图书馆藏。1957年《古本戏曲丛刊三集》据之影印。

英雄盖　清叶稚斐撰。二卷。清乾隆升平署钞本。中国国家图书馆藏。

扬州梦　清嵇永仁撰。二卷。清康熙葭秋堂刻本。中国国家图书馆、首都图书馆、中国艺术研究院图书馆、上海图书馆、上海师范大学图书馆、天一阁文物保管所、中山大学图书馆藏。1928年上海商务印书馆《奢摩他室曲丛》第一集据之影印。1986年《古本戏曲丛刊五集》据之影印。

双报应　清嵇永仁撰。二卷。清康熙葭秋堂刻本。中国国家图书馆、首都图书馆、清华大学图书馆、中国社会科学院文学研究所、中国艺术研究院图书馆、上海图书馆、上海辞书出版社图书馆藏。1928年上海商务印书馆《奢摩他室曲丛》第一集据之影印。1986年《古本戏曲丛刊五集》据之影印。

筹边楼　清王汴撰。清康熙刻本。中国国家图书馆藏。

拥双艳三种　清万树撰。六卷。清康熙二十五年万氏粲花别墅刻本。中国国家图书馆、首都图书馆、北京大学图书馆、中国社会科学院文学研究所、中国艺术研究院图书馆、中国历史博物馆、上海辞书出版社图书馆、上海师范大学图书馆、山东大学图书馆、浙江图书馆(有吴梅跋)、南京图书馆、南京师范大学图书馆、南京博物院、四川省图书馆藏全本,上海图书馆、华东师范大学图书馆藏残本。子目:① 风流棒传奇二卷。② 念八翻传奇二卷。③ 空青石传奇二卷。

锦衣归　清朱㿥撰。二卷。清钞本。中国国家图书馆藏。1957年《古本戏曲丛刊三集》据之影印。　又,二卷。清钞本。中国艺术研究院图书馆藏。

未央天　清朱㿥撰。不分卷。清钞本。中国国家图书馆藏。　又,王永宽点校。1989年中华书局出版,收入《明清传奇选刊》。

未央天传奇　清朱㿥撰。二卷。旧钞本。吴晓铃藏。1957年《古本戏曲丛刊三集》据之影印。

聚宝盆　清朱㿥撰。不分卷。清乾隆、嘉庆钞本。中国艺术研究院图书馆藏。又,梅氏缀玉轩钞本。中国艺术研究院图书馆藏。1957年《古本戏曲丛刊三集》据之影印。

十五贯　清朱㿥撰。二卷。清顺治七年精钞本。中国艺术研究院图书馆藏。1957年《古本戏曲丛刊三集》据之影印。2002年上海古籍出版社《续修四库全书》据之影印。　又,清钞本。中国艺术研究院图书馆藏。　又,清雍正、乾隆钞本,有残缺。中国艺术研究院图书馆藏。　又,清钞本。许之衡旧藏,今存中国艺术研究院图书馆。

十五贯校注　清朱㿥撰。张燕瑾、弥松颐校注。1983年上海古籍出版社出版,收入《古代戏曲丛书》。

新编龙凤钱　清朱㿥撰。二卷。旧钞本。中国国家图书馆藏。1957年《古本戏曲丛刊三集》据之影印。

朝阳凤 清朱皠撰。二卷。旧钞本。傅惜华旧藏，今存中国艺术研究院图书馆。1957年《古本戏曲丛刊三集》据之影印。 又，旧钞本。许之衡旧藏，今存中国国家图书馆。

秦楼月 清朱皠撰。二卷。附清陈素撰《二分明月集》一卷，《名媛题咏》一卷。清康熙文喜堂刻本。中国国家图书馆（有吴梅题诗、王立承跋）、天津图书馆藏。1957年《古本戏曲丛刊三集》据之影印。 又，1926年武进涉园影印本。

万年觞 清朱皠撰。二卷。清钞本。中国国家图书馆藏。1957年《古本戏曲丛刊三集》据之影印。

翡翠园 清朱皠撰。二卷。稿本。上海图书馆藏。 又，旧钞本（似为影抄本）。中国国家图书馆藏。1957年《古本戏曲丛刊三集》据之影印。 又，不分卷。节选本。清三庆班精钞本。中国艺术研究院图书馆藏。 又，王永宽点校。与《燕子笺》合印。1988年中华书局出版，收入《明清传奇选刊》。

四奇观 清朱皠等撰。旧钞本。程砚秋旧藏。

四大庆 清朱皠等撰。存二本。旧钞本。中国艺术研究院图书馆藏。1986年《古本戏曲丛刊五集》据之影印。 又，四本。梅氏缀玉轩钞本。中国艺术研究院图书馆藏。1986年《古本戏曲丛刊五集》据之影印。

莲花筏 清朱佐朝撰。二卷。旧钞本。傅惜华旧藏，今存中国艺术研究院图书馆。1986年《古本戏曲丛刊五集》据之影印。

锦云裘 清朱佐朝撰。二卷。清钞本。傅惜华旧藏。

御雪豹 清朱佐朝撰。二卷。清初钞本。中国艺术研究院图书馆藏。1957年《古本戏曲丛刊三集》据之影印。 又，清内府钞本。故宫博物院图书馆藏。

御雪豹传奇 清朱佐朝撰。存上卷十七出。中国艺术研究院图书馆藏。

石麟镜 清朱佐朝撰。二卷。清钞本。中国艺术研究院图书馆藏。1957年《古本戏曲丛刊三集》据之影印。

九莲灯 清朱佐朝撰。二卷。清钞本，存上卷十六出。中国艺术研究院图书馆藏。1986年《古本戏曲丛刊五集》据之影印。 又，清道光九年钞本，存卷下四出。中国国家图书馆藏。1986年《古本戏曲丛刊五集》据之影印。 又，清钞本。梅兰芳旧藏，今存中国艺术研究院图书馆。

璎珞会 清朱佐朝撰。二卷。清钞本。中国国家图书馆藏。1957年《古本戏曲丛刊三集》据之影印。

乾坤啸 清朱佐朝撰。二卷。清乾隆钞本。中国艺术研究院图书馆藏。 又，旧钞本。郑振铎旧藏，今存中国国家图书馆。1957年《古本戏曲丛刊三集》据之影印。

艳云亭 清朱佐朝撰。二卷。乌丝栏钞本。中国艺术研究院图书馆藏。 又，旧钞本。吴晓铃旧藏。1957年《古本戏曲丛刊三集》据之影印。

又,清钞本。陈万里跋。上海图书馆藏。 又,清康熙、雍正间芸辉堂钞本,存卷下六出。中国艺术研究院图书馆藏。

夺秋魁 清朱佐朝撰。不分卷。清永庆堂钞本。中国艺术研究院图书馆藏。又,二卷。清平妖堂钞本。北京大学图书馆藏。1957 年《古本戏曲丛刊三集》据之影印。 又,清钞本。日本天理图书馆藏。

双和合 清朱佐朝撰。二卷。旧钞本,有残缺。程砚秋玉霜簃旧藏,今存中国艺术研究院图书馆。1957 年《古本戏曲丛刊三集》据之影印。

五代荣 清朱佐朝撰。二卷。旧钞本。程砚秋玉霜簃旧藏,今存中国艺术研究院图书馆。1957 年《古本戏曲丛刊三集》据之影印。

牡丹图 清朱佐朝撰。旧钞本。程砚秋旧藏,今存中国艺术研究院图书馆。

渔家乐 清朱佐朝撰。二卷。清钞本。程砚秋原藏,中国艺术研究院 1960 年据之过录,今存中国艺术研究院图书馆。 又,近人葛缉甫钞本。苏州图书馆藏。 又,清钞本。法国巴黎国家图书馆藏。 又,旧钞本。赵景深旧藏。

血影石传奇 清朱佐朝撰。二卷。旧钞本。吴晓铃藏。1957 年《古本戏曲丛刊三集》据之影印。

吉庆图 清朱佐朝撰。一卷。清嘉庆二十四年钞本。中国艺术研究院图书馆藏。1957 年《古本戏曲丛刊三集》据之影印。

轩辕镜 清朱佐朝撰。不分卷。旧钞本。程砚秋玉霜簃旧藏。1957 年《古本戏曲丛刊三集》据之影印。

轩辕镜传奇 清朱佐朝撰。二卷。清钞本。首都图书馆藏。1996 年线装书局《明清抄本孤本戏曲丛刊》据之影印。

龙灯赚 清朱云从撰,二卷。清初钞本。上海图书馆藏。 又,旧钞本。中国国家图书馆藏。1957 年《古本戏曲丛刊三集》据之影印。 又,清钞本。首都图书馆藏。1996 年线装书局《明清抄本孤本戏曲丛刊》据之影印。

儿孙福 清朱云从撰。清康熙十年钞本。傅惜华旧藏。

称人心 清陈二白撰。二卷。清钞本。吴晓铃旧藏。1957 年《古本戏曲丛刊三集》据之影印。

双冠诰 清陈二白撰。二卷。稿本。天一阁文物保管所藏。 又,旧钞本。中国艺术研究院图书馆藏。1957 年《古本戏曲丛刊三集》据之影印。

人中龙 清盛际时撰。二卷。清钞本。中国国家图书馆藏。1957 年《古本戏曲丛刊三集》据之影印。

新编胭脂雪传奇 清盛际时撰。二卷。旧钞本。中国艺术研究院图书馆藏。1957 年《古本戏曲丛刊三集》据之影印。

胭脂雪 清盛际时撰。二卷。清内府四色钞本,存下卷。山东省博物馆藏。

非非想 清王续古撰。二卷。旧钞本。中国国家图书馆藏。1957 年《古本戏曲丛刊三集》据之影印。

玉鸳鸯　清周杲撰。三卷。旧钞本。中国国家图书馆藏。1957年《古本戏曲丛刊三集》据之影印。

续情灯传奇　清薛旦撰。二卷。明崇祯十六年绣霞堂刻本。上海图书馆藏。

醉月缘传奇　清薛旦撰。二卷。清初绣霞堂刻本。上海图书馆藏。

齐天乐　清薛旦撰。二卷。清乾隆、嘉庆间钞本，存上卷十三出。梅兰芳纪念馆藏。　又，清康熙四十九年钞本。

采芝客初编鸳鸯梦传奇　清采芝客撰。清墨仙氏评。二卷。清初介寿堂刻本。1957年《古本戏曲丛刊三集》据之影印。

合剑传奇　清刘键邦撰。二卷。清初刻本。中国社会科学院文学研究所藏。

倒鸳鸯传奇　清朱英撰。二卷。清顺治七年序田氏玉啸堂刻本。1957年《古本戏曲丛刊三集》据之影印。

闹乌江传奇　清朱英撰。二卷。清顺治十年序田氏玉啸堂刻本，存上卷。日本长泽规矩也旧藏。

云石会　清包燮撰。二卷。清顺治刻本。傅惜华旧藏。

新刻出像传奇云石会　清包燮撰。二卷。清康熙刻本。中国国家图书馆藏。1986年《古本戏曲丛刊五集》据之影印。

迎天榜传奇　清黄祖颛撰。二卷。清康熙刻本。吴晓铃旧藏。1986年《古本戏曲丛刊五集》据之影印。

金銮殿（别题《御殿圆》）　清陈子玉撰。二卷。旧钞本。怀宁曹氏旧藏，今存中国国家图书馆。

传奇十一种　清范希哲撰。十九卷。清初刻本。中国国家图书馆藏全本，北京大学图书馆、中国社会科学院文学研究所、中国艺术研究院图书馆、上海图书馆、浙江图书馆藏残本。子目：① 万全记二卷。② 双锤记二卷。③ 四元记二卷。④ 双瑞记二卷。⑤ 补天记二卷。⑥ 偷甲记二卷。⑦ 鱼篮记二卷。⑧ 十醋记二卷。⑨ 豆棚闲戏一卷。⑩ 万古情一卷。⑪万家春一卷。

绣刻传奇八种　清范希哲撰。清李渔阅订。十六卷。清康熙刻本。北京大学图书馆藏。子目：① 万全记（一名《富贵仙》）二卷。1986年《古本戏曲丛刊五集》据之影印。② 十醋记（一名《满床笏》）二卷。1986年《古本戏曲丛刊五集》据之影印。③ 补天记（一名《小江东》）二卷。1986年《古本戏曲丛刊五集》据之影印。④ 双瑞记（一名《中庸解》）二卷。1986年《古本戏曲丛刊五集》据之影印。⑤ 偷甲记（一名《雁翎甲》）二卷。1986年《古本戏曲丛刊五集》据之影印。⑥ 四元记（一名《小莱子》）二卷。1986年《古本戏曲丛刊五集》据之影印。⑦ 双锤记（一名《合欢锤》）二卷。1986年《古本戏曲丛刊五集》据之影印。⑧ 鱼篮记（一名《双错卺》）二卷。1986年《古本戏曲丛刊五集》据之影印。

笠翁传奇五种　清范希哲撰，托名清李渔。十卷。清金陵书肆刻本。中国国家图书馆等藏。子目：① 万全记二卷。② 十醋记二卷。③ 偷甲记二

卷。④ 双锤记二卷。⑤ 鱼篮记二卷。

笠翁三种传奇 清范希哲撰，托名清李渔。六卷。清初刻本。中国艺术研究院图书馆藏。子目：① 补天记二卷。② 双瑞记二卷。③ 四元记二卷。

万全记（一名《富贵仙》） 清范希哲撰。二卷。清初刻本。中国国家图书馆藏。

十醋记（一名《满床笏》） 清范希哲撰。二卷。清初刻本。中国国家图书馆藏。

（十醋记） 清范希哲撰。二卷。清钞本。中国艺术研究院图书馆藏。 又，清钞本，存十六出，中国艺术研究院图书馆藏。

补天记（一名《小江东》） 清范希哲撰。二卷。清康熙刻本。上海图书馆藏。

双瑞记（一名《中庸解》） 清范希哲撰。二卷。清初刻本。中国艺术研究院图书馆藏。 又，清康熙刻《绣刻传奇十种》本。中国艺术研究院图书馆藏。

偷甲记（一名《雁翎甲》） 清范希哲撰。二卷。清初棒瓮原刻单行初印本。中国艺术研究院图书馆藏。 又，清康熙刻《绣刻传奇十种》本。中国艺术研究院图书馆藏。 又，1985 年上海古籍出版社出版傅惜华辑校《水浒戏曲集·第二集》本。 又，题秋堂和尚撰。二卷。张树英点校。与《焚香记》合印。1989 年中华书局出版，收入《明清传奇选刊》。

四元记（一名《小莱子》） 清范希哲撰。二卷。清初刻本。中国艺术研究院图书馆藏。 又，二卷。清康熙刻《绣刻传奇十种》本。中国艺术研究院图书馆藏。

双锤记（一名《合欢锤》） 清范希哲撰。二卷。清初刻本。中国艺术研究院图书馆藏。 又，清康熙刻《绣刻传奇十种》本。中国艺术研究院图书馆藏。

龙改庵二种曲 清龙燮撰。三卷。清乾隆刻本。中国国家图书馆、北京大学图书馆藏。子目：① 江花梦二卷。② 芙蓉城记（杂剧）一卷。

异方便净土传灯归元镜三祖实录 清释智达撰。二卷。清顺治九年序刻本。日本东京大学东洋文化研究所仓石文库藏。 又，二卷，附录一卷。清康熙三十八年云栖寺刻本。上海戏剧学院图书馆、武汉大学图书馆藏。 又，二卷。清康熙四十八年重刻本。北京大学图书馆藏。 又，清刻本。中国人民大学图书馆藏。 又，清乾隆四十九年刻本。日本早稻田大学、大阪图书馆、仙台东北大学藏。 又，清光绪十一年重订十八年刻本。日本早稻田大学风陵文库藏。 又，清光绪十八年序刻本。日本天理图书馆藏。 又，苏州师林寺刻本。日本京都大学文学部藏。

增广归元镜 清释智达撰。清佚名增广。四卷。清乾隆钞本。吴晓铃藏。1986 年《古本戏曲丛刊五集》据之影印。

雨蝶痕传奇 清浣霞子撰。二卷。清顺治朗润斋刻本。上海图书馆、复旦大学图书馆藏。

雨蝶痕 清浣霞子撰。二卷。清康熙四十年重刻本。1986年《古本戏曲丛刊五集》据之影印。

鹣鹣会传奇 清云坡居士撰。二卷。清初钞本。南京图书馆藏。

花萼楼传奇 清昭亭有情痴撰。二卷。清顺治十年序亦园刻本。日本东京大学图书馆藏。

个人剧作单行本与汇编四

香雪亭新编耆英会记 清乔莱撰。二卷。清康熙来鹤堂刻光绪递修本。吴晓铃、复旦大学图书馆藏。1986年《古本戏曲丛刊五集》据之影印。 又,1931年乔氏来鹤堂刻本。上海图书馆、上海师范大学图书馆藏。

玉湖楼传奇第六种女昆仑 清裘琏撰。二卷。清是亦轩钞本。中国国家图书馆藏。1986年《古本戏曲丛刊五集》据之影印。

长生殿传奇 清洪昇撰。二卷。清康熙稗畦草堂刻本。中国国家图书馆、清华大学图书馆、中国艺术研究院图书馆、上海图书馆、天津图书馆、安徽大学图书馆藏。1954年人民文学出版社据之影印。1986年《古本戏曲丛刊五集》据之影印。2002年上海古籍出版社《续修四库全书》据之影印。 又,清乾隆十五年沈文彩钞本。中国艺术研究院图书馆藏。 又,四卷。清乾隆内府钞本。故宫博物院图书馆藏。 又,清同治九年玉芾斋钞本。中国艺术研究院图书馆藏。 又,清刻欣赏斋藏板袖珍本。中国国家图书馆藏。 又,清刻巾箱本。上海图书馆藏。 又,清刻本。中国国家图书馆、上海图书馆藏。 又,清文业堂刻本。上海图书馆藏。 又,清湖南坊刻本。上海图书馆藏。 又,二卷。清光绪十六年上海文瑞楼刻本。中国国家图书馆等藏。 又,1917年、1928年上海扫叶山房石印本。 又,1919年贵池刘氏《暖红室汇刻传奇》本。1993年上海古籍出版社《四部精要》据之影印。

长生殿 清洪昇撰。川剧研究社校订。1939年四川印刷局再版铅印本。 又,徐朔方校注。1958年人民文学出版社出版,1980年重版,收入《中国古典文学读本丛书》。 又,吴一仪评点。阎福玲校。1997年花山文艺出版社出版。 又,任少东校点。1997年辽宁教育出版社出版,收入《新世纪万有文库》。 又,詹怡萍注。2000年华夏出版社出版,收入《中国古代戏曲经典丛书》。 又,郑尚宪导读。2001年黄山书社出版,收入《中国古典名剧导读丛书》。 又,康保成校点。2002年岳麓书社出版。

长生殿通俗注释 蔡运长注。1987年云南人民出版社出版。

海烈妇传奇 清沈受宏撰。二卷。清道光二十一年梅花庵刻本。中国社会科学院文学研究所、上海图书馆藏。

双星图　清邹山撰。二卷。清康熙乐余园刻本。中国艺术研究院图书馆藏。1986年《古本戏曲丛刊五集》据之影印。

桃花扇传奇　清孔尚任撰。二卷。清康熙四十七年介安堂初刻本。北京大学图书馆藏。　又，清康熙末年重刻本。中国国家图书馆藏。1986年《古本戏曲丛刊五集》据之影印。　又，清康熙、雍正西园刻本。北京大学图书馆、上海图书馆等藏。2002年上海古籍出版社《续修四库全书》据之影印。　又，不分卷。清康熙四十八年王云津钞本。上海图书馆藏。　又，二卷。清据西园本覆刻本。山东省博物馆藏。　又，清同治间据西园本覆刻本。南京图书馆藏。　又，清乾隆七年泰州沈氏刻本。中国国家图书馆、南京图书馆藏。　又，清乾隆五十一年长洲叶起元序刻本。　又，清嘉庆刻本。中国国家图书馆（有吴梅跋）、南京图书馆、华东师范大学图书馆、山西师范大学图书馆等藏。又，清王萦绪重订。二卷。清许少怀燕山堂钞本。山东省图书馆藏。又，四卷。清道光十三年刻本。又，清光绪二十一年合肥李氏兰雪堂刻本。中国国家图书馆、上海图书馆、华东师范大学图书馆等藏。1993年上海古籍出版社《四部精要》据之影印。

兰雪堂重校刊桃花扇传奇　清孔尚任撰。四卷。首一卷。清光绪三十三年合肥李氏兰雪堂重校刻本。上海图书馆等藏。

桃花扇传奇后序详注　清孔尚任原撰。署吴穆撰、花庭闲客评注。四卷。清嘉庆二十一年刻本。首都图书馆、中山大学图书馆、华东师范大学图书馆藏。　又，听雨楼居士注。二卷。清听雨楼刻本。中国国家图书馆藏。

桃花扇　清孔尚任撰。二卷。清钞本。复旦大学图书馆藏。　又，四卷。清光绪二十年宝善书局石印本。中国国家图书馆、上海图书馆藏。　又，1919年贵池刘氏《暖红室汇刻传奇》本。1979年江苏广陵古籍刻印社据之校订重印。1990年江苏广陵古籍刻印社另有缩印本。　又，清孔尚任撰。二卷。1917年、1928年上海扫叶山房石印本。中国国家图书馆、上海图书馆等藏。　又，梁启超注。1954年文学古籍刊行社出版。　又，王季思、苏寰中注。1959年人民文学出版社出版，1980年人民文学出版社重版，注者补入杨德平，收入《中国古典文学读本丛书》。　又，迟崇起校。1997年花山文艺出版社出版。　又，吴书荫校点。1997年辽宁教育出版社出版，收入《新世纪万有文库》。又，1997年吉林文史出版社出版。又，吕维贤、陈平注。2000年华夏出版社出版，收入《中国古典戏曲经典丛书》。　又，黄维培导读。2001年黄山书社出版，收入《中国古典名剧导读丛书》。

小忽雷传奇　清顾彩、孔尚任撰。二卷。清康熙钞本。山东省博物馆藏。

又，清乾隆冯氏订义竹斋钞本。南京图书馆藏。　又，清钞本。清叶志铣跋。上海图书馆藏。　又，附《大忽雷》杂剧一卷。清嘉庆刘喜海味经书屋钞本。南京图书馆藏。　又，清宣统二年贵池刘氏《暖红室汇刻传奇》本。　又，王毅校注。1986 年中州古籍出版社出版。　又，戴胜兰、徐振贵校注。1988 年齐鲁书社出版。

如意册　清顾彩撰。六卷。旧钞本，残存卷二至卷五。周绍良藏。

洛神庙传奇　清吕履恒撰。二卷。清康熙刻本。中国国家图书馆、首都图书馆、北京大学图书馆、中国艺术研究院图书馆藏。1986 年《古本戏曲丛刊五集》据之影印。

阴阳判传奇　清查慎行撰。二卷。清初刻本。上海图书馆、上海戏剧学院图书馆藏。1986 年《古本戏曲丛刊五集》据之影印。　又，清康熙刻本。中国国家图书馆藏。　又，民国间排印本。

漱玉堂三种传奇　清孙郁撰。六卷。清康熙十四年稿本。中国国家图书馆藏。子目：① 绣纬灯传奇二卷。1957 年《古本戏曲丛刊三集》据之影印。② 新编双鱼珮传奇二卷。1957 年《古本戏曲丛刊三集》据之影印。③ 天宝曲史二卷。1957 年《古本戏曲丛刊三集》据之影印。

四友堂里言　清黄鉽撰。不分卷。传钞本。吴晓铃旧藏。1986 年《古本戏曲丛刊五集》据之影印。

续琵琶　清曹寅撰。二卷。旧钞本，有残缺。怀宁曹存旧藏，今存中国国家图书馆。1986 年《古本戏曲丛刊五集》据之影印。

容居堂三种曲　清周稚廉撰。六卷。清康熙书带草堂刻本。中国国家图书馆、首都图书馆、中国社会科学院文学研究所、中国社会科学院历史研究所、北京市文物局、上海图书馆、复旦大学图书馆、浙江图书馆藏。子目：① 珊瑚玦传奇二卷。1986 年《古本戏曲丛刊五集》据之影印。② 新编元宝媒传奇二卷。1986 年《古本戏曲丛刊五集》据之影印。③ 双忠庙传奇二卷。1986 年《古本戏曲丛刊五集》据之影印。

摘星楼传奇　清刘百章撰。二卷。清钞本。中国国家图书馆藏。1934 年长乐郑氏《汇印传奇》第一集据之影印。

瓦岗寨总本　清刘百章撰。旧钞本，存六出。北京师范大学图书馆藏。

翻天印　清刘百章撰。清钞本。梅兰芳纪念馆藏。

春富贵　清沈玉亮撰。清刻本。民间文学研究会藏。

正昭阳　清石子斐撰。二卷。清雍正二年沈闰生钞本。中国国家图书馆藏（有卢前题款）。1986 年《古本戏曲丛刊五集》据之影印。

风前月下填词　清曹岩撰。二卷。清初品香阁刻本。中国国家图书馆藏。1986 年《古本戏曲丛刊五集》据之影印。

忠孝福　清黄之隽撰。二卷。清康熙五十五年自刻本。中国国家图书馆、上

海图书馆藏。　又，清康熙五十五年自刻《唐堂乐府》本。中国国家图书馆藏。

扬州梦传奇　清岳端撰。二卷。清康熙四十年启贤堂自刻本。中国国家图书馆(一本有吴梅跋)、首都图书馆、清华大学图书馆、中国艺术研究院图书馆、上海图书馆、复旦大学图书馆、上海博物馆、湖南师范大学图书馆、四川省图书馆藏。

软羊脂传奇　清孔传鋕撰。二卷。稿本。清西峰樵人跋。上海图书馆藏。1986年《古本戏曲丛刊五集》据之影印。

软邮筒　清孔传鋕撰。二卷。稿本。上海图书馆藏。

软锟铻　清孔传鋕撰。二卷。民国钞本。山东省图书馆藏。1986年《古本戏曲丛刊五集》据之影印。

五鹿块传奇　清许廷录撰。二卷。清同治八年钞本。上海图书馆藏。1986年《古本戏曲丛刊五集》据之影印。

两种情传奇(一名《分煤恨》)　清许廷录撰。二卷。旧钞本。上海图书馆藏。1986年《古本戏曲丛刊五集》据之影印。

玉马佩银筝记　清路术淳撰。二卷。清康熙展谑斋刻本。中国国家图书馆藏，存上卷。

后寻亲记　清姚子懿撰。二卷。旧钞本。怀宁曹氏旧藏，今存中国国家图书馆。

蟾宫操传奇　清程镳撰。二卷。清康熙刻本。中国国家图书馆藏。1986年《古本戏曲丛刊五集》据之影印。

双叩阍　清张蘩撰。二卷。清乾隆宁府钞本。中国艺术研究院图书馆藏。

拜针楼　清王墅撰。清杨天祚批点。一卷。清康熙四十八年杨氏研露斋刻本。中国国家图书馆、中国艺术研究院图书馆藏。　又，清王墅撰。一卷。清贵德堂刻本。中国国家图书馆(吴梅改订)、上海图书馆藏。

赤壁记传奇　清姜鸿儒撰。二卷。清康熙九经堂刻本。上海图书馆藏。1986年《古本戏曲丛刊五集》据之影印。

千里驹　清张澜撰。清钞本。梅兰芳纪念馆藏。　又，二十七出。清抄昆弋本。梅兰芳纪念馆藏。　又，清咸丰元年抄刘廷鹤单词本。梅兰芳纪念馆藏。

万花台　清张澜撰。二卷。清康熙凝馥斋刻本。中国国家图书馆藏。1986年《古本戏曲丛刊五集》据之影印。

秘奇楼外书二卷封禅书乐府新编四卷　清朱瑞图撰。清康熙秘奇楼刻本。中国国家图书馆、清华大学图书馆藏。1986年《古本戏曲丛刊五集》据之影印。

鹦鹉梦　清赵开夏撰。二卷。中国国家图书馆藏，存下卷。

后一捧雪　清胡云壑撰。二卷。清康熙写刻本。中国国家图书馆藏。　又，清乾隆天枢阁刻本。中国国家图书馆、上海图书馆藏。

玉楼春　清谢宗锡撰。清钞本。吴晓铃藏。

合欢图　清吴庞撰。清乾隆钞本。北京

大学图书馆藏。　又，清钞本，存第三本、第四本。梅兰芳纪念馆藏。

定天山　清周淦撰。旧钞本。中国国家图书馆藏。

存庐新编宣和谱传奇　清介石逸叟撰。二卷。清康熙刻本。中国国家图书馆、上海图书馆藏。1986年《古本戏曲丛刊五集》据之影印。

(宣和谱)　清介石逸叟撰。二卷。清初金阊载道堂刻本。中国国家图书馆藏。

传奇翻水浒记　清介石逸叟撰。二卷。清初金阊载道堂刻本。中国国家图书馆藏。

新编双南记　清越雪山人撰。二卷。清康熙三十二年饮醇堂刻本。首都图书馆藏。1986年《古本戏曲丛刊五集》据之影印。

桃园记　清云槎外史撰。一本。清钞本。日本东京大学图书馆藏。

汜黄涛　清思斋主人撰。二卷。清钞本。中国国家图书馆藏。

双龙坠　清新都笔花斋撰。二卷。清顺治笔花斋刻本。中国国家图书馆藏，存上卷。

玉梅亭　清卧月楼主人撰。二卷。清初稿本。中国艺术研究院图书馆藏。又，旧钞本。中国国家图书馆藏。又，饮流斋钞本。1986年《古本戏曲丛刊五集》影印本。

广寒香传奇　清苍山子(或云即汪光被)撰。二卷。清康熙文治堂刻本。中国国家图书馆、北京大学图书馆、中国社会科学院文学研究所、上海图书馆、吉林省图书馆、江西上饶市图书馆藏。1986年《古本戏曲丛刊五集》据之影印。

芙蓉楼传奇　清双溪廌山(或云即汪光被)撰。二卷。清叩钵斋原刻初印本。中国国家图书馆藏。1986年《古本戏曲丛刊五集》据之影印。

虎口余生　清遗民外史撰。四卷。清乾隆钞本。云南大学图书馆藏。1986年《古本戏曲丛刊五集》据之影印。又，清坊刻巾箱本。北京师范大学图书馆藏。

惺斋五种曲　清夏纶撰。十一卷。清乾隆十五年夏氏世光堂刻本。上海图书馆、上海师范大学图书馆藏。子目：① 无瑕璧传奇二卷。② 杏花村传奇二卷。③ 瑞筠图传奇二卷。④ 广寒梯传奇二卷。补一卷。⑤ 南阳乐传奇二卷。

惺斋新曲六种(一名《惺斋五种续编一种》)　清夏纶撰。十三卷。清乾隆十八年夏氏世光堂刻本。中国国家图书馆、中国艺术研究院图书馆、首都图书馆、清华大学图书馆、上海辞书出版社图书馆、辽宁省图书馆、辽宁大学图书馆、西北师范大学图书馆、湖北大学图书馆、四川省图书馆藏。子目：① 无瑕璧传奇二卷。② 杏花村传奇二卷。③ 瑞筠图传奇二卷。④ 广寒梯传奇二卷。补一卷。⑤ 南阳乐传奇二卷。⑥ 花萼吟传奇二卷。

花萼吟传奇　清夏纶撰。二卷。清乾隆夏氏世光堂刻本。华东师范大学图

书馆藏。

南阳乐传奇 清夏纶撰。二卷。清乾隆十年叠翠书堂刻本。中国国家图书馆、清华大学图书馆、上海图书馆藏。

玉燕堂四种曲 清张坚撰。八卷。清乾隆刻本。中国国家图书馆、首都图书馆、上海图书馆、上海辞书出版社图书馆、哈尔滨市图书馆、南京师范大学图书馆、湖北省图书馆、湖南省图书馆、中山图书馆、四川省图书馆藏。子目：① 梦中缘二卷。② 梅花簪二卷。③ 怀沙记二卷。④ 玉狮坠二卷。

梅花簪 清张坚撰。二卷。清玉燕堂刻本。上海师范大学图书馆藏。

怀沙记 清张坚撰。二卷。清乾隆二十三年玉燕堂刻本。华东师范大学图书馆藏。

梦中缘 清张坚撰。二卷。清升平署抄本。中国国家图书馆藏。

灯月闲情(亦称《古柏堂传奇》、《古柏堂传奇杂剧》等) 清唐英撰。二十卷。清乾隆、嘉庆唐氏古柏堂刻本。中国国家图书馆藏十七种本、十五种本、十四种本及五种本。浙江省衢州市博物馆藏十六种本。2002 年上海古籍出版社据十七种本影印本。子目：① 转天心二卷。② 天缘债二卷。③ 英雄报一卷。④ 巧换缘一卷。⑤ 长生殿补阙一卷。⑥ 十字坡一卷。⑦ 梁上眼一卷。⑧ 清忠谱正案一卷。⑨ 芦花絮一卷。⑩ 三元报一卷。⑪ 佣中人一卷。⑫ 笳骚一卷。⑬ 女弹词一卷。⑭ 虞兮梦一卷。⑮ 梅龙镇一卷。⑯ 面缸笑一卷。⑰ 双钉案二卷。 又，1949 年后过录古柏堂刻本。中国艺术研究院图书馆藏。

古柏堂戏曲集 清唐英撰。周育德校点。1987 年上海古籍出版社出版。按：是书收唐英所作戏曲十七种。

转天心 清唐英撰。二卷。清钞本。首都图书馆藏。1996 年线装书局《明清抄本孤本戏曲丛刊》据之影印。又，1987 年上海古籍出版社出版周育德校点《古柏堂戏曲集》本。

巧换缘 清唐英撰。二卷。清钞本。首都图书馆藏。1996 年线装书局《明清抄本孤本戏曲丛刊》据之影印。又，1987 年上海古籍出版社出版周育德校点《古柏堂戏曲集》本。

天缘债(原名《张古董》) 清唐英撰。二卷。清钞本。首都图书馆藏。1996 年线装书局《明清抄本孤本戏曲丛刊》据之影印。 又，1987 年上海古籍出版社出版周育德校点《古柏堂戏曲集》本。

双钉案(原名《钓金龟》) 清唐英撰。二卷。清钞本。首都图书馆藏。1996 年线装书局《明清抄本孤本戏曲丛刊》影印本。 又，1987 年上海古籍出版社出版周育德校点《古柏堂戏曲集》本。

寒香亭传奇 清李凯撰。清范梧评。四卷。清乾隆怀古堂刻本。浙江大学图书馆藏。 又，清嘉庆二年友益斋刻巾箱本(据怀古堂本复刻)。中国国家图书馆藏。 又，清钞本。首都

图书馆藏。1996年线装书局《明清抄本孤本戏曲丛刊》据之影印。

太平乐府(别题《玉勾十三种》)　清吴震生撰。十四卷。清乾隆刻本。中国国家图书馆、南京图书馆藏。子目：①换身荣一卷。②天降福一卷。③世外欢一卷。④秦州欢一卷。⑤成双谱一卷。⑥乐安春一卷。⑦生平足一卷。⑧万年希一卷。⑨闹华州一卷。⑩临濠喜一卷。⑪人难赛一卷。⑫三多全一卷。⑬地行仙二卷。

地行仙　清吴震生撰。二卷。清乾隆刻本。浙江图书馆藏。

双仙记传奇　清崔应阶撰。二卷。清乾隆三十二年家刻本。中国国家图书馆藏。　又,清乾隆香雪山房刻本。中国国家图书馆、首都图书馆、清华大学图书馆、中国社会科学院文学研究所、中国艺术研究院图书馆、上海图书馆、复旦大学图书馆藏。　又,清乾隆刻《研露楼三种曲》本。

看山阁乐府　清黄图珌撰。四卷。清乾隆黄氏看山阁刻本。上海图书馆、南京图书馆藏全本,中国国家图书馆、浙江图书馆藏残本。子目：①雷峰塔二卷。②栖云石二卷。

雷峰塔　清黄图珌撰。二卷。1955年上海出版公司出版傅惜华辑校《白蛇传集》本,1958年中华书局重印,1981年上海古籍出版社再版。

解金貂　清黄图珌撰。清康熙(?)刻本。伪台北帝国大学东洋文学会藏。

温柔乡　清黄图珌撰。清康熙排闷斋刻本。伪台北帝国大学东洋文学会藏。

澄怀堂偶辑温柔乡传奇　清黄图珌(或云余怀)撰。二卷。清钞本,存上卷。中国国家图书馆藏。

梦钗缘　清黄图珌撰。二卷。清康熙五十七年排闷斋原刻本。首都图书馆藏。

双痣记传奇　清黄图珌撰。二卷。清乾隆十四年承恩堂刻本。上海图书馆藏。

御炉香　清李漫翁撰。二卷。稿本。中国国家图书馆藏(疑即下种抄本)。　又,清雍正四年序传抄本。中国国家图书馆藏。1986年《古本戏曲丛刊五集》据之影印。　又,清钞本。中国艺术研究院图书馆藏。

梅花诗　清李应桂撰。二卷。清康熙刻本。上海图书馆、吴晓铃旧藏。1986年《古本戏曲丛刊五集》据之影印。

小河洲传奇　清李应桂撰。二卷。清初刻本。上海图书馆藏。1986年《古本戏曲丛刊五集》据之影印。

锡六环(一名《弥勒记》)　清孙埏撰。二卷。清雍正十年刻本。上海图书馆藏。　又,清光绪四年孙学苏钞本。吴晓铃旧藏。1986年《古本戏曲丛刊五集》据之影印。　又,1916年奉化湖澜书塾刻本。中国国家图书馆、上海图书馆藏。

新制增补全琵琶重光记　清蔡应龙撰。二卷。附《摘锦弁言》一卷。清乾隆刻本。上海图书馆藏。

潜庄删订增补紫玉记　清蔡应龙撰。二卷。清乾隆四年清梦山房刻本。中

国国家图书馆、浙江图书馆、福建师范大学图书馆藏。1986年《古本戏曲丛刊五集》据之影印。

玉剑缘传奇 清李本宣撰。二卷。清乾隆十八年涵经堂刻本。中国艺术研究院图书馆藏。 又,清刻本。中国国家图书馆藏。

七子圆 清李栋撰。二卷。凝辉堂钞本。浙江图书馆藏。 又,《今乐府选》所收本。浙江图书馆藏。 又,不分卷。清钞本。中国国家图书馆藏。

芝龛记 清董榕撰。六卷。清乾隆十六年刻本。中国社会科学院近代史研究所、中国艺术研究院图书馆、上海图书馆、华东师范大学图书馆、上海师范大学图书馆、吉林市图书馆、宁夏回族自治区图书馆、福建师范大学图书馆、四川省图书馆藏。 又,清乾隆十六年刻、道光二年补刻本。上海图书馆藏。 又,清光绪十五年董氏重刻本。上海图书馆等藏。

升平宝筏 清张照撰。十本二十卷。清内府钞本。故宫博物院图书馆藏。1964年《古本戏曲丛刊九集》据之影印。 又,清钞本。中共北京市委图书馆藏。 又,清钞本(第一本卷下配另一清钞本)。中国国家图书馆藏。 又,清朱墨钞本,存十卷,一至九、十一。故宫博物院图书馆藏。 又,清钞本,存九卷,一至九。中国国家图书馆藏。 又,清钞本,存五卷,六至十。故宫博物院图书馆藏。 又,饮流斋主题识。八集。钞本。上海图书馆藏。

升平宝筏西游记 清张照撰。十二卷。清钞本。中国国家图书馆藏。 又,清钞本。首都图书馆藏。

劝善金科 清张照等撰。十本二十卷首一卷。清乾隆内府刻五色套印本。中国国家图书馆、首都图书馆、北京大学图书馆、中央戏剧学院图书馆、中国社会科学院文学研究所、中国艺术研究院图书馆、故宫博物院图书馆、中共北京市委图书馆、上海图书馆、上海辞书出版社图书馆、天津图书馆、辽宁省图书馆、吉林省图书馆、吉林市图书馆、青海省民族学院图书馆、南京图书馆、南京博物院、厦门大学图书馆、重庆市图书馆藏。1964年《古本戏曲丛刊九集》据之影印。 又,清钞本。首都图书馆藏。 又,清乾隆内府五色钞本。浙江大学图书馆藏。

鼎峙春秋 清周祥钰等撰。不分卷。清钞本。上海图书馆藏。 又,清南府钞本。故宫博物院图书馆藏。 又,清内府朱墨钞本。故宫博物院图书馆藏。 又,十卷。清内府钞本。首都图书馆藏。1964年《古本戏曲丛刊九集》据之影印。 又,清钞本,存卷一下至卷十。上海图书馆藏。 又,清朱墨钞本,存四卷,一上,二至四。中国国家图书馆藏。

忠义璇图 清周祥钰等撰。十本十卷。清内府钞本。中国国家图书馆藏。1964年《古本戏曲丛刊九集》据之影印。 又,不分卷。二十出。清钞本。首都图书馆藏。1996年线装书

局《明清抄本孤本戏曲丛刊》据之影印。

昭代箫韶　清王廷章、范闻贤等撰。十本二十卷首一卷。清嘉庆十八年内府刻朱墨套印本。中国社会科学院文学研究所、故宫博物院图书馆、中共北京市委图书馆、浙江图书馆、东北师范大学图书馆、南京图书馆、南京博物院藏。　又，清嘉庆十八年内府刻朱墨套印本。上海图书馆藏全本（有莫伯骥跋），中国国家图书馆藏残本（存十七卷，缺七下、八上、十上，有郑振铎跋）。1964年《古本戏曲丛刊九集》据之影印。　又，清朱墨钞本。中国国家图书馆藏。

渔村记　清韩锡胙撰。二卷。清乾隆妙有山房原刻本。中国艺术研究院图书馆、复旦大学图书馆、华东师范大学图书馆、上海戏剧学院图书馆、四川省图书馆、云南省图书馆藏。又，清咸丰五年石门山房覆刻本。北京师范大学图书馆、上海图书馆等藏。　又，清韩锡胙撰。二卷。清光绪二年括郡照水堂覆刻本。中国国家图书馆、上海图书馆等藏。

鸳鸯帕传奇　清张应楸撰。二卷。清乾隆十六年佩兰堂刻本。中国国家图书馆、中国艺术研究院图书馆、上海图书馆藏。

雨花台传奇　清徐昆撰。二卷。清乾隆贮书楼刻本。首都图书馆、中国艺术研究院图书馆、山西省图书馆藏。

碧天霞传奇　清徐昆撰。二卷。清乾隆三十一年刻本。首都图书馆、中国艺术研究院图书馆藏。

雨花台传奇　清瞿天赉撰。二卷。清一粟居刻本。上海图书馆藏。

旗亭记　清金兆燕撰。二卷。清乾隆二十四年卢氏雅雨堂刻本。中国国家图书馆、中国艺术研究院图书馆、上海图书馆、复旦大学图书馆、兰州大学图书馆藏。　又，清刻本。中国国家图书馆、首都图书馆、清华大学图书馆、中共中央党校图书馆、中国社会科学院文学研究所、上海图书馆、上海戏剧学院图书馆、吉林大学图书馆、浙江图书馆、中山大学图书馆、四川省图书馆藏。　又，清钞本，有罗振常跋。郑州大学图书馆藏。

婴儿幻传奇　清金兆燕撰。三卷。清乾隆刻本。中国国家图书馆藏。　又，清钞本。中国国家图书馆藏。

六如亭　清张九钺撰。二卷。清道光赐锦楼刻本。中国国家图书馆、上海图书馆等藏。

个人剧作单行本与汇编五

石榴记传奇　清黄振撰。四卷。清乾隆三十七年柴湾村舍刻本。上海图书馆、上海辞书出版社图书馆、华东师范大学图书馆、上海师范大学图书馆、天津师范大学图书馆、山西师范大学图书馆、哈尔滨市图书馆、齐齐哈尔市图书馆、湖北大学图书馆、四川省图书馆、云南省图书馆藏。

红雪楼九种曲（一名《清容外集》）　清蒋士铨撰。十三卷。清乾隆蒋氏红雪

楼刻本。北京师范大学图书馆、清华大学图书馆、上海图书馆、上海师范大学图书馆、河北大学图书馆、山西省图书馆、辽宁省图书馆、江西省图书馆、厦门大学图书馆、华侨大学图书馆、南京图书馆、湖北省图书馆、湖北沔阳县图书馆、华中师范大学图书馆、浙江图书馆、四川省图书馆、美国耶鲁大学图书馆藏全本,安徽大学图书馆藏残本。子目:① 冬青树一卷。② 雪中人一卷。③ 四弦秋一卷(杂剧)。④ 一片石一卷(杂剧)。⑤ 第二碑一卷(杂剧)。⑥ 香祖楼二卷。⑦ 空谷香二卷。⑧ 桂林霜二卷。⑨ 临川梦二卷。2002 年上海古籍出版社《续修四库全书》据之影印。

藏园九种曲 清蒋士铨撰。十三卷。清乾隆经伦堂刻本。北京大学图书馆、山西省图书馆藏。子目:① 香祖楼二卷。② 一片石一卷(杂剧)。③ 雪中人一卷。④ 空谷香二卷。⑤ 第二碑一卷(杂剧)。⑥ 冬青树一卷。⑦ 桂林霜二卷。⑧ 临川梦二卷。⑨ 四弦秋一卷(杂剧)。 又,清乾隆渔古堂刻本。子目同上,顺序不同。又,清乾隆焕乎堂刻本。子目同上,顺序不同。 又,约清嘉庆间红雪楼重刻本。子目同上。 又,1923 年上海朝记书庄石印本。

清容外集(一名《红雪楼九种曲》) 清蒋士铨撰。十三卷。清光绪十七年红雪楼刻本。华东师范大学图书馆藏。子目同《红雪楼九种曲》。

忠雅堂全集·清容外集 清蒋士铨撰。十三卷。清蒋知白广东刻本。子目同《红雪楼九种曲》。

蒋氏四种·蒋铅山九种曲(一名《清容外集》) 清蒋士铨撰。十三卷。清咸丰、同治蒋立昂补刻本。上海图书馆、天津图书馆、南京图书馆、河南省图书馆、辽宁省图书馆、吉林大学图书馆、山东大学图书馆藏。子目同《红雪楼九种曲》。

藏园十二种曲(亦名《清容外集》) 清蒋士铨撰。十六卷。清乾隆红雪楼原刻本。中国国家图书馆柏林寺分馆、北方昆曲剧院、江苏常熟市图书馆藏。子目:① 冬青树一卷。② 雪中人一卷。③ 四弦秋一卷(杂剧)。④ 一片石一卷(杂剧)。⑤ 第二碑一卷(杂剧)。⑥ 香祖楼二卷。⑦ 空谷香二卷。⑧ 桂林霜二卷。⑨ 临川梦二卷。⑩ 庐山会一卷(杂剧)。⑪ 采樵图一卷。⑫ 采石矶一卷。 又,清嘉庆刻本。

茗生曲 清蒋士铨撰。五卷。清刻本。中国国家图书馆藏。子目:① 冬青树一卷(杂剧)。② 空谷香二卷。③ 第二碑一卷(杂剧)。④ 采樵图一卷。

红雪楼逸稿 清蒋士铨撰。三卷。1936 年上海中华书局排印本。子目:① 庐山会一卷(杂剧)。② 采樵图一卷。③ 采石矶一卷。

蒋士铨戏曲集 清蒋士铨撰。周妙中点校。1993 年中华书局出版。按:是书收蒋士铨戏曲十六种。

冬青树 清蒋士铨撰。一卷。钞本。上

海图书馆藏。　又，邵海清校注。1988年上海古籍出版社出版，收入《古代戏曲丛书》。

临川梦　清蒋士铨撰。邵海清校注。1989年上海古籍出版社出版，收入《古代戏曲丛书》。

梅花缘　清任璇撰。清刻本(?)。贵州省图书馆藏。　又，黄永堂注。1988年贵州人民出版社出版。

八宝箱传奇　清夏秉衡撰。二卷。清乾隆清绮轩刻本。浙江图书馆藏。

秋水堂双翠圆传奇　清夏秉衡撰。二卷。清乾隆三十二年秋水堂刻本。首都图书馆、中国社会科学院文学研究所、中国艺术研究院图书馆、四川省图书馆藏。

秋水堂诗中圣传奇　清夏秉衡撰。二卷。清乾隆四十九年秋水堂刻本。上海图书馆、成都杜甫草堂藏。

介山记　清宋廷魁撰。二卷。清乾隆刻本。北京市西城区图书馆、清华大学图书馆、上海图书馆、复旦大学图书馆、天津图书馆、南开大学图书馆、山西省图书馆、山西大学图书馆藏。

一江风传奇　清和睦州撰。二卷。乾隆精抄稿本。中国国家图书馆藏。

鱼水缘传奇　清周书著。二卷。清乾隆二十六年博文堂刻本。首都图书馆、中国艺术研究院图书馆、上海图书馆、杭州市图书馆、湖北省图书馆、四川省图书馆藏全本，中国国家图书馆藏残本。　又，清乾隆四十四年知稼堂刻袖珍本。北京师范大学图书馆等藏。　又，清道光四年聚珍堂刻袖珍本。首都图书馆等藏。

玉尺楼传奇　清朱夰撰。二卷。清乾隆雅雨堂刻本。中国国家图书馆、清华大学图书馆、中国艺术研究院图书馆、上海图书馆藏。

玉尺楼　清朱夰撰。二卷。清钞本。上海图书馆藏。

凤凰楼传奇　清燕都撰。二卷。清双琥簃原藏稿本。上海图书馆藏。

幻姻缘传奇　清胡寯年撰。二卷。清乾隆刻本。中国社会科学院图书馆藏。

石恂斋传奇　清石琰撰。十二卷。清乾隆清素堂刻本。中国艺术研究院图书馆藏全本，中国国家图书馆、中国社会科学院文学研究所藏残本。子目：① 天灯记三卷。② 忠烈传三卷。③ 锦香亭三卷。④ 酒家佣三卷。

酒家佣(一名《香鞋记》)　清石琰撰。三卷。清乾隆刻本。上海图书馆藏。

两度梅　清石琰撰。三卷。清钞本。中国国家图书馆藏。

富贵神仙　清郑含成撰。二卷。清乾隆刻本。首都图书馆、上海图书馆藏。又，乌丝栏旧钞本。浙江图书馆藏。

雷峰塔传奇　清方成培撰。四卷。清乾隆三十七年水竹居刻本。中国国家图书馆(有吴梅跋)、首都图书馆、清华大学图书馆、中国艺术研究院图书馆、上海图书馆、复旦大学图书馆、华东师范大学图书馆、辽宁省图书馆藏。　又，1955年上海出版公司出版傅惜华辑校《白蛇传集》本，1958年中华书局重印，1981年上海古籍出版社再版。

雷峰塔 相传清陈嘉言父女改编。清乾隆梨园抄本。中国国家图书馆等藏。又,清方成培撰。李玫注。2000年华夏出版社出版。

扬州鹤传奇 清三原双生撰。三卷。清钞本。上海图书馆藏。

也春秋传奇 清花村居士撰。二卷。清乾隆钞本。中国艺术研究院图书馆藏。 又,清乾隆刻本,残存上卷十五出,下卷一出。浙江图书馆藏。

一篇锦 清抱影子撰。清钞本,存十一出。中国艺术研究院图书馆藏。

弥勒笑 清吕公溥撰。四十六出。清乾隆四十六年自序稿本。河南私藏。

鹦鹉媒 清钱维乔撰。二卷。清乾隆钱氏小林栖刻本。中国国家图书馆、江西师范大学图书馆、湖北省图书馆藏。

乞食图 清钱维乔撰。二卷。清乾隆钱氏小林栖刻本。中国国家图书馆(一本有吴梅跋)、中国历史博物馆、上海图书馆、复旦大学图书馆、南京图书馆、扬州大学图书馆、江西师范大学图书馆、湖北省图书馆、湖南省图书馆藏。

砥石斋二种曲 清汪柱撰。四卷。清乾隆松月轩刻本。中国国家图书馆藏。子目:① 诗扇记传奇二卷。② 梦里缘传奇二卷。

珊瑚鞭传奇 清胡业宏撰。二卷。清乾隆四十三年穿柳亭刻本。中国国家图书馆、中国艺术研究院图书馆、南京图书馆藏。

漪园四种 清永恩撰。八卷。附《度蓝关》一卷。清乾隆礼府刻本。中国国家图书馆、中国艺术研究院图书馆藏。子目:① 五虎记二卷。② 四友记二卷。③ 三世记二卷。④ 双兔记二卷。

四友记 清永恩撰。二卷。清钞本。中国国家图书馆藏。

仙游阁 清陆继放撰。二卷。稿本。中国艺术研究院图书馆藏。

海岳圆 清宫敬轩撰。二卷。旧钞本。中国国家图书馆藏。

义贞记 清吴恒宣撰。二卷。清乾隆四十三年锄月山房刻本。首都图书馆藏。

据梧玉环缘 清周昂撰。二卷。清乾隆五十三年此宜阁刻本。中国国家图书馆、北京大学图书馆、上海图书馆、复旦大学图书馆藏。

西江瑞传奇 清周昂撰。二卷。清乾隆此宜阁刻本。南京图书馆、复旦大学图书馆藏。

镜光缘传奇 清徐爔撰。二卷。清乾隆四十四年梦生堂刻本。中国国家图书馆、北京大学图书馆、中国社会科学院文学研究所、南京图书馆藏。

月中人 清月鉴主人撰。四卷。清乾隆乐真墅刻本。中国国家图书馆、吴晓铃旧藏。

如意缘 清瘿道人撰。二卷。清乾隆四十七年忠孝堂钞本。吴晓铃藏。又,清乾隆钞本。中国国家图书馆藏。 又,清道光十三年忠信堂钞本。中国艺术研究院图书馆藏。又,清钞本。北京大学图书馆藏。

画图缘传奇　清汾上谁庵撰。二卷。清乾隆五十二年宁拙斋刻本。北京大学图书馆藏。

凤栖亭　清休休居士撰。不分卷。清乾隆五十五年自序刻本。吴晓铃旧藏。

梦中因传奇　清龙泉山人撰。二卷。清乾隆五十五年蓝格稿本。中国艺术研究院图书馆藏。

谱定红香传　清卧云山人撰。不分卷。清红杏山房钞本。南京图书馆藏。

点金丹　清西泠词客撰。二卷。清乾隆刻本。中国国家图书馆、首都图书馆、中国社会科学院文学研究所、复旦大学图书馆藏。

梅花引　清云槎外史撰。一卷。清钞本。河南省图书馆藏。

奎星现(一名《教中稀》)　清积石山樵撰。二卷。旧钞本。1986年《古本戏曲丛刊五集》据之影印。

柴桑乐　清方轮子撰。一卷。稿本。南京图书馆藏。

玉门关　清青城山樵撰。二卷。清嘉庆、道光刻本。中国国家图书馆、上海图书馆藏。

六喻箴　清四中山客撰。一卷。清嘉庆八年钞本。中国国家图书馆、中国艺术研究院图书馆藏。　又，清徐爔撰。二卷。清嘉庆刻《蝶梦庵词曲》本。中国社会科学院文学研究所藏。

回春梦　清顾森撰。二卷。清道光三十年三鳣堂刻本。中国艺术研究院图书馆、上海图书馆藏。

彩毫缘传奇(一名《鸳鸯梦》)　清谢庭撰。稿本。上海图书馆藏。

乌阑誓　清潘炤撰。二卷。清嘉庆二十年刻《钓渭间杂脍》本。中国国家图书馆等藏。

孔雀记　清姜兆翀撰。二卷。清潄芳斋刻本。南京图书馆藏。

百花梦　清张新梅撰。二卷。清嘉庆八年市隐庄刻本。中国国家图书馆藏。

沈蒉渔四种曲　清沈起凤撰。八卷。清道光古香林刻本。中国国家图书馆、首都图书馆、中国社会科学院文学研究所、吉林大学图书馆、南京图书馆、上海辞书出版社图书馆、上海师范大学图书馆藏。1928年上海商务印书馆《奢摩他室曲丛》据之影印。子目：① 报恩缘二卷。② 才人福二卷。③ 文星榜二卷。④ 伏虎韬二卷。

报恩猿　清沈起凤撰。不分卷。清咸丰三年俟命室钞本。中国国家图书馆藏。

伏虎韬　清沈起凤撰。不分卷。清钞本。中国国家图书馆藏。

新撰云龙会传奇　清沈起凤撰，不分卷。旧钞本。中国艺术研究院图书馆藏。

七夕圆槎合记　清刘可培撰。二卷。清乾隆钞本。中国国家图书馆藏。

绣旗记　清刘可培撰。二卷。清钞本。中国国家图书馆藏。

黄鹤楼填词　清周皑撰。二卷。清乾隆六十年荫槐堂刻本。首都图书馆、中国艺术研究院图书馆、上海图书馆藏。

滕王阁填词　清周皑撰。二卷。清嘉庆荫槐堂刻本。中国国家图书馆藏。

月殿缘传奇　清程聪撰。二卷。清乾隆

稿本。中国社会科学院文学研究所藏。

种石山房二种曲 清司马章撰。清乾隆五十七年刻本。中国艺术研究院图书馆藏。子目：① 双星会。② 花间乐。

灵台记 清黄金台撰。二卷。清乾隆刻本。四川省图书馆藏。

双忠节 清郭宗林撰。清乾隆活字本。

一斛珠 清程枚撰。二卷。清乾隆五十九年刻本。北京师范大学图书馆、上海图书馆藏。

新西厢 清张锦撰。清范建杲评。二卷。清乾隆五十四年刻本。中国国家图书馆、上海图书馆藏。

新琵琶 清张锦撰。四卷。清乾隆刻本。吴晓铃藏。 又，清嘉庆四年贮书楼刻本。大连市图书馆藏。

碧桃记 清吴嵩梁撰。清钞本。南京图书馆藏。

元圭记 清瞿颉撰。二卷。乌丝栏钞本。上海图书馆藏。

鹤归来传奇 清瞿颉撰。二卷。清嘉庆秋水阁刻本。上海图书馆藏。 又，清光绪湖北官书处重刻本。中国国家图书馆、上海图书馆、上海师范大学图书馆藏。

雁门秋 清瞿颉撰。一卷。乌丝栏钞本。上海图书馆藏。

桐泾月 清瞿颉撰。一卷。乌丝栏钞本。上海图书馆藏。

大金钱 清郑兆龙撰。二卷。稿本。中国社会科学院文学研究所藏。

紫霞巾传奇 清陈烺(字东村)撰。二卷。清嘉庆六年自刻本。中国国家图书馆藏。 又，清嘉庆六年自刻本。中国国家图书馆藏(有吴梅跋)。

花月痕传奇 清陈烺撰。二卷。清道光七年家刻本。中国国家图书馆藏。

鸳鸯镜传奇 清傅玉书撰。不分卷。清光绪二十一年家刻本。中国国家图书馆、上海图书馆等藏。

贤贤堂芙蓉楼传奇 清张衢撰。二卷。清乾隆五十六年原刻本。中国社会科学院文学研究所、中国艺术研究院图书馆、华东师范大学图书馆藏。 又，清咸丰元年重刻本。中国国家图书馆等藏。

玉节记 清张衢撰。二卷。清嘉庆二十四年原刻本。中国国家图书馆等藏。 又，清咸丰元年重刻本。中国国家图书馆等藏。

东城老父斗鸡忏 清孔广林撰。四卷。清嘉庆十七年紫芝堂稿本。中国艺术研究院图书馆藏。

芙蓉亭 清黎简撰。钞本。中山大学冼玉清旧藏。

繁华梦 清王筠撰。二卷。清乾隆四十三年槐庆堂刻本。中国国家图书馆藏。

全福记 清王筠撰。二卷。清乾隆四十四年槐庆堂刻本。中国国家图书馆藏。

续琵琶 清高宗元撰。清嘉庆四年重刻本。北京大学图书馆藏。

晋春秋传奇 清蔡廷弼撰。二卷。清嘉庆五年太虚斋刻本。首都图书馆、中国社会科学院文学研究所藏。

赤城缘　清江周撰。二卷。清嘉庆六年稿本。

红楼梦传奇　清仲振奎著。二卷。清嘉庆四年绿云红雨山房刻本。中国国家图书馆等藏。　又,清同治十三年友于堂刻本。中国社会科学院文学研究所藏。　又,清同治十二年抱芳阁刻本。华东师范大学图书馆藏。　又,清光绪石印本。中国国家图书馆等藏。　又,清光绪三年上海印书局铅印本。上海图书馆等藏。

怜春阁传奇　清仲振奎撰。一卷。稿本。中国国家图书馆藏。

游仙梦　清刘熙堂撰。不分卷。清嘉庆三年敦美堂刻本。中国国家图书馆藏。

醒石缘(一名《红楼梦传奇》)　清万荣恩撰。二卷。清嘉庆八年青心书屋刻本。中国国家图书馆藏。

兰桂仙传奇　清左潢撰。清程秉铨评。二卷。曲谱二卷。清沈起凤撰。清嘉庆七年藤花书坊刻本。中国国家图书馆、上海图书馆藏。

桂花塔　清左潢撰。二卷。清嘉庆十七年天香馆刻本。中国国家图书馆、上海图书馆、复旦大学图书馆藏。

桃花影传奇　清范鹤年撰。二卷。清乾隆刻本。中国国家图书馆藏。　又,清嘉庆元年刻本。清齐舟批校并跋。山西省图书馆藏。

琵琶使　清董达章撰。二卷。清嘉庆十七年半野草堂刻本。浙江图书馆等藏。

岁星记传奇　清李斗撰。二卷。清嘉庆九年刻本。中国社会科学院文学研究所藏。

奇酸记　清李斗撰。四折。清嘉庆刻本。浙江图书馆藏。

永报堂集·传奇二种　清李斗撰。六卷。清乾隆、嘉庆刻本。中国国家图书馆、复旦大学图书馆藏。子目:① 奇酸记传奇四卷。② 岁星记传奇二卷。

绛蘅秋　清吴兰徵撰。二卷。清嘉庆十一年抚秋楼刻本。中国艺术研究院图书馆藏。

五香秋　清顾以恭撰。不分卷。精钞本。梅兰芳纪念馆藏。　又,二卷。存卷上。清钞本。中国国家图书馆藏。

武香球(一名《乌龙山传奇》)　清顾以恭撰。不分卷。清钞本。首都图书馆藏。1996年线装书局《明清抄本孤本戏曲丛刊》据之影印。

武香球(一名《乌龙山传奇》)　清顾以恭撰。不分卷。清钞本。中国艺术研究院图书馆藏。

乌龙山传奇(一名《武香球》)　清顾以恭撰。不分卷。清陈嘉梁钞本。中国艺术研究院图书馆藏。

红楼梦　清石韫玉撰。一卷。朱丝栏旧钞本。中国艺术研究院图书馆藏。　又,清嘉庆刻本。中国社会科学院文学研究所藏。

双鸳祠　清仲振履撰。一卷。清嘉庆二十五年咬得菜根堂刻本。中国社会科学院文学研究所、上海图书馆藏。

龙沙剑传奇　清程煐撰。二卷。清世瑞堂钞本。黑龙江省齐齐哈尔市图书馆藏。1986年黑龙江人民出版社据

之影印。 又，唐家祚、何凤奇注。1986年黑龙江人民出版社出版。

一合相（一名《破镜圆》） 清沈少云撰。二卷。旧钞本。中国国家图书馆藏。1986年《古本戏曲丛刊五集》影印本。

陆判记 清夏大观撰。传抄本。

珠鞋记 清夏大观撰。铅印本。首都图书馆、上海图书馆藏。

洞庭缘传奇 清陆继辂撰。二卷。清光绪六年嘉兴鸳湖刻本。中国国家图书馆、上海图书馆、华东师范大学图书馆等藏。 又，清钞本。中国艺术研究院图书馆藏。 又，二卷。清钞本。中国社会科学院文学研究所藏。

韫山六种曲 清朱凤森撰。八卷。清嘉庆二十五年刻本。中国国家图书馆藏。子目：① 才人福传奇二卷。② 辋川图传奇一卷。③ 金石录传奇一卷。④ 十二钗传奇二卷(以上传奇)。⑤ 平锞记传奇一卷。⑥ 守浚记传奇一卷(以上杂剧)。

皇华记 清裳华撰。二卷。清嘉庆十三年耀紫轩刻本。中国国家图书馆藏。

锦绣台传奇 清丁秉仁撰。一卷。清嘉庆二十一年涛音书屋刻本。中国艺术研究院图书馆、上海图书馆藏。

三星圆 清王懋昭撰。四集八卷。清嘉庆十五年尺木堂刻本。中国国家图书馆、中国社会科学院图书馆、华东师范大学图书馆、上海辞书出版社图书馆藏全本，首都图书馆藏残本。

一亭霜 清刘永安撰。二卷。清嘉庆钞本。中国国家图书馆藏。

鸳鸯扇 清刘永安撰。二卷。清嘉庆钞本。中国国家图书馆藏。

东海记 清陈宝撰。二卷。清嘉庆刻本。中国国家图书馆藏。

东海传奇 清陈宝撰。二卷。清钞本。中国社会科学院文学研究所藏。

红楼梦散套 清吴镐撰。一卷。清嘉庆蟾波阁刻本。中国国家图书馆等藏。

万寿图 清陈于垦撰。三卷。清钞本。中国国家图书馆藏。

两代奇 清孙为撰。稿本。

双奇遇 清戴春龙撰。二卷，旧钞本。中国艺术研究院图书馆藏。

鹔鹴裘传奇 清许树棠撰。二卷。清钞本。中国国家图书馆藏。

十出奇（一名《金弹楼》） 清周大榜撰。二卷。清钞本。中国国家图书馆藏。

酬红记 清赵对澂撰。一卷。清嘉庆金陵刻本。中国科学院图书馆、上海图书馆藏。 又，1914年上海扫叶山房石印本。中国国家图书馆、上海图书馆等藏。

马上缘 清吴梅岑撰。存十四出。清道光乌丝栏稿本《今乐府选》所收本。浙江图书馆藏。

贤星聚院本 清孤屿学人撰。二卷。存下卷。清钞本。中国国家图书馆藏。

一帘春传奇 清浒墨居士撰。二卷。清钞本。中国国家图书馆藏。

天人怨 清顾秋坪撰。二卷。稿本。上海图书馆藏。

梅花福 清卧园居士撰。二卷。清刻本。北京大学图书馆藏。

生生意 清松菊主人撰。二卷。清钞本。北京大学图书馆藏。

双奇会　清湖上逸人撰。存十八出。钞本。浙江图书馆藏。

游子鉴　清半隐主人撰。存九出。钞本。浙江图书馆藏。

茗雪山房二种曲　清彭剑南撰。四卷。清道光六年彭氏茗雪山房刻本。中国国家图书馆、北京师范大学图书馆、复旦大学图书馆藏。子目：① 影梅庵传奇二卷。② 香畹楼二卷。

影梅庵传奇　清彭剑南撰。二卷。清道光六年茗云山房刻本。上海图书馆藏。　又，清道光六年彭氏茗雪山房刻本。上海师范大学图书馆藏。　又，清道光十七年彭氏茗雪山房刻本。华东师范大学图书馆藏。

香畹楼　清彭剑南撰。二卷。清道光六年彭氏茗雪山房刻本。华东师范大学图书馆藏。

红楼梦传奇　清陈钟麟撰。八卷。清道光十五年广州汉青斋刻本。上海图书馆、华东师范大学图书馆、上海师范大学图书馆、辽宁省图书馆、湖北省图书馆、山西师范大学图书馆等藏。　又，清陈钟麟撰。清宗廷辅题记。八卷。清道光十五年刻本。上海图书馆藏。　又，清陈钟麟撰。清俞思谦评点。八卷。清刻巾箱本。上海师范大学图书馆藏。

鸳鸯剑　清徐绣山撰。一卷。清道光十五年布鼓轩誊清稿本。中国国家图书馆藏。

春草堂四种曲　清谢堃撰。八卷。清道光二十五年谢氏春草堂家刻本。中国国家图书馆等藏。子目：① 黄河远二卷。② 十二金钗二卷。③ 绣帕记二卷。④ 血梅记二卷。

黄河远传奇　清谢堃撰。二卷。清道光十年春草堂刻本。上海图书馆藏。

花里钟　清刘伯友撰。二卷。清道光二十八年刻本。中国国家图书馆藏。

梅花梦传奇　清陈森撰。稿本。清吴企宽、庄缙度、刘沅等题诗，魏憙音题词，张盛藻跋。中国国家图书馆藏。　又，二卷。清钞本。中国社会科学院文学研究所藏。　又，不分卷，清钞本。首都图书馆藏。1996年线装书局《明清抄本孤本戏曲丛刊》影印本。　又，二卷。民国影印本。上海图书馆等藏。

合浦珠传奇　清程瀚撰。二卷。清道光十六年刻本。中国国家图书馆藏。

千金寿　清沈筠撰。二卷。清道光十四年守经堂刻本。中国国家图书馆藏。

味尘轩曲四种　清李文瀚撰。八卷。清道光二十二至二十七年刻本。首都图书馆、上海图书馆、上海辞书出版社图书馆藏。子目：① 紫荆花传奇二卷。② 胭脂舄传奇二卷。③ 银汉槎传奇二卷。④ 凤飞楼传奇二卷。

胭脂舄传奇　清李文瀚撰，二卷。清道光二十二年《味尘轩曲四种》本。中国国家图书馆藏(有吴梅批点并跋)。

倚晴楼七种曲　清黄燮清撰。十二卷。清道光刻本。郑振铎旧藏，今存中国国家图书馆。子目：① 茂陵弦二卷。② 帝女花二卷。③ 脊令原二卷。④ 鸳鸯镜一卷。⑤ 凌波影一卷。⑥ 桃溪雪二卷。⑦ 居官鉴二卷。

倚晴楼集·倚晴楼七种曲 清黄燮清撰。十二卷。清咸丰同治海盐黄氏拙宜园刻本。首都图书馆、中国科学院图书馆、清华大学图书馆、上海图书馆、复旦大学图书馆、华东师范大学图书馆、上海辞书出版社图书馆、辽宁省图书馆、吉林大学图书馆、山东大学图书馆、安徽省图书馆、浙江图书馆、福建师范大学图书馆、四川大学图书馆藏。子目同上。

桃溪雪 清黄燮清撰。二卷。清道光二十七年刻本。上海图书馆藏。 又，清光绪元年云鹤仙馆刻本。上海图书馆藏。 又，清光绪指南报馆铅印本。上海图书馆藏。 又，清末石印本。 又，1919 年上海扫叶山房石印本。

玉台秋 清黄燮清撰。二卷。清光绪七年桐城吴氏琼笏山馆刻本。吴晓铃旧藏。

绛绡记 清黄燮清撰。一卷。红格稿本。中国艺术研究院图书馆藏。

帝女花传奇 清黄燮清撰。清查仲浩正谱。二卷。清刻本。上海师范大学图书馆藏。

居官鉴 清黄燮清撰。1995 年上海书店出版《中国近代文学大系·戏剧集》本。

梅沁雪 清姚燮撰。稿本。浙江图书馆藏。

褪红衫 清姚燮撰。稿本。浙江图书馆藏。

紫兰宫 清蒋学沂撰。一卷。钞本。中国艺术研究院图书馆藏。

祷冰河 清罗小隐撰。一卷。清道光刻本。中国国家图书馆藏。

青衿侠传奇 清纪圣宣撰。一卷。清道光五年钞本。山东省博物馆藏。

玉指环传奇 清张梦祺撰。四卷。稿本。吴梅跋。南京图书馆藏。

玉指环传奇 清张梦祺撰。四卷。清道光五年钞本。上海图书馆藏。

生辰纲 清金蕉云撰。二卷。清道光五年钞本。中国国家图书馆藏。

双帕缘 清于有声撰。二卷。清道光五年刻本。周贻白旧藏。

红楼佳话 清周宜撰。一卷。清道光六年赵麟趾钞本。北京师范大学图书馆藏。

丹桂传 清江义田撰。清道光十年彩笔堂刻本。中国国家图书馆藏。

碧玉玲珑 清程居易撰。不分卷。清道光十年钞本。中国艺术研究院图书馆藏。

东厢记 清汤世潆撰。一卷。清道光间原刻本。 又，清光绪申报馆排印本。中国国家图书馆、上海图书馆、上海师范大学图书馆藏。

东海记 清王曦撰。二卷。清道光十一年宛邻书屋刻本。中国国家图书馆藏。

青灯泪 清蒋恩涉撰。二卷。清道光二十二年钞本。中国社会科学院文学研究所藏。 又，清同治九年聚珍活字印本。中国国家图书馆藏。

石榴亭 清牛天宿撰。二卷。清道光二十六年钞本。吴晓铃旧藏。

蝶归楼 清黄治撰。二卷。旧钞本。南

京图书馆藏。 又,1917年上海中华书局出版。

桂香云影 清顾椿年撰。一卷。清道光刻本。中国国家图书馆藏。

双弦记传奇 清孙常翊撰。不分卷。清道光十七年钞本。山西省文物局藏。

天上有 清黄璞撰。二卷。清道光刻本。北京大学图书馆藏。

长生树传奇 清赵宜梅撰。不分卷。清钞本。吴梅跋。中国国家图书馆藏。

百宝箱 清梅窗主人撰。二卷。清嘉庆刻本。中国国家图书馆藏。 又,清光绪二十年据嘉庆刻本影印本。中国国家图书馆、上海图书馆藏。 又,民国石印本。

皖江雪 清孙雨林撰。一卷。旧钞本。阿英旧藏。

天随愿 清袁栐撰。一卷。清钞本。吴梅跋。中国国家图书馆藏。

拯西厢 清周冰鹤撰。一卷。稿本。浙江图书馆藏。 又,旧钞本。首都图书馆藏。1996年线装书局《明清抄本孤本戏曲丛刊》影印本。

坤灵扇 清黄其恕撰。一卷。旧钞本。中国国家图书馆藏。

梅花梦 清李冠瀛撰。二卷。旧钞本。中国艺术研究院图书馆藏。

西厢记后传 清王基撰。旧钞本。中国国家图书馆藏。 又,四卷。清光绪三十三年上海书局石印本。上海图书馆藏。

暗香梅 清王增年撰。一卷。清咸丰元年稿本。吴晓铃旧藏。

红雨绿雪楼三种 清罗梅江撰。三卷。稿本。中国国家图书馆藏。子目:①三缘报一卷。②敬寿碑一卷。③逍遥亭一卷。 又,清罗梅江撰。精钞本。三卷。中国艺术研究院图书馆藏。

雁停楼 清罗梅江撰。稿本。中国国家图书馆藏。

梦云楼 清王士鈖撰。稿本。浙江图书馆藏。

梅影楼 清王廷鉴撰。旧钞本。浙江图书馆藏。

秣陵秋 清徐鹤孙撰。一卷。旧钞本。南京图书馆藏。

鸳水仙缘 清杨云璈撰。不分卷。清钞本。中国国家图书馆藏。 又,清钞本。南京图书馆藏。

双合缘 清蔡如锡撰。旧钞本。中国国家图书馆藏。

一线春 清景让撰。旧钞本。

四香缘 清朱镜江撰。四卷。清咸丰十年石印本。中国艺术研究院图书馆藏。 又,清光绪四川钞本。四川省图书馆藏。

赏春歌 清黄云鹄撰。清同治九年刻本。中国艺术研究院图书馆藏。

比玉楼四种 清黄钧宰撰。清光绪二年刻本。子目:①十二红。②鸳鸯印。③呼梦幺(一名《旌节记》)。④双烈祠。

玉狮堂十种曲 清陈烺(字叔明)撰。十五卷。清光绪十七年刻本。中国科学院图书馆、北京师范大学图书馆、清华大学图书馆、上海图书馆、复旦大学图书馆、华东师范大学图书馆、

上海师范大学图书馆、上海辞书出版社图书馆、天津图书馆、辽宁省图书馆、吉林大学图书馆、哈尔滨市图书馆、山东大学图书馆、南京图书馆、南京大学图书馆、苏州市图书馆、浙江大学图书馆、福建师范大学图书馆、中山图书馆、四川大学图书馆、云南省图书馆、黑龙江省图书馆、青海省图书馆、山西师范大学图书馆藏。子目：① 仙缘记传奇二卷。② 蜀锦袍传奇二卷。③ 燕子楼传奇二卷。④ 海虬记传奇二卷。⑤ 梅喜缘传奇二卷。⑥ 同亭宴传奇一卷。⑦ 回流记传奇一卷。⑧ 海雪吟传奇一卷。⑨ 负新记传奇一卷。⑩ 错姻缘传奇一卷。

玉狮堂传奇五种　清陈烺（字叔明）撰。宗山校订。清光绪十一年武林刻本。华东师范大学图书馆藏。

空山梦　清范元亨撰。一卷。清光绪十七年范履福良乡景署刻本。中国国家图书馆藏。

梅花梦　清张道撰。二卷。清光绪二十年刻本。北京师范大学图书馆、上海图书馆、华东师范大学图书馆藏。

春在堂传奇　清俞樾撰。二卷。清光绪刻本。首都图书馆藏。子目：① 骊山传一卷。② 梓潼传一卷。

骊山传　清俞樾撰。一卷。清同治刻本。上海师范大学图书馆藏。　又，清光绪二十八年刻《德清俞荫甫所著书》本。

梓潼传　清俞樾撰。一卷。清光绪二十八年刻《德清俞荫甫所著书》本。

碧声吟馆丛书　清许善长撰。八卷。清光绪三至十一年仁和许氏刻本。中国国家图书馆、首都图书馆、中国科学院图书馆、北京师范大学图书馆、复旦大学图书馆、上海辞书出版社图书馆、天津图书馆、吉林大学图书馆、山东大学图书馆、南京图书馆、南京大学图书馆、浙江图书馆、中央民族大学图书馆藏。子目：① 瘗云岩传奇二卷。② 胭脂狱一卷。③ 茯苓仙一卷。④ 灵娲石一卷。⑤ 神仙引一卷。⑥ 风云会传奇二卷。

风云会传奇　清许善长撰。二卷。旧钞本。上海图书馆藏。

汨罗沙传奇　清胡盍朋撰。1916 年沭阳吴铁秋铅印本。上海图书馆藏。

汨罗沙　清胡盍朋撰。一卷。1916 年上海国光书局《古僮文献捃遗》本。上海师范大学图书馆等藏。

海滨梦　清胡盍朋撰。一卷。1916 年上海国光书局《古僮文献捃遗》本。中国国家图书馆藏。

暗香楼乐府　清郑由熙撰。三卷。清光绪十六年暗香楼刻本。首都图书馆、北京师范大学图书馆、上海师范大学图书馆、山东大学图书馆藏。子目：① 木樨香一卷。② 雁鸣霜（一名《花叶粉》）一卷。③ 雾中人一卷。

木樨香　清郑由熙撰。一卷。清光绪十六年暗香楼刻本。上海图书馆藏。

红羊劫传奇　清朱子期撰。二卷。旧钞本。周村旧藏。民国影印本。首都图书馆、上海图书馆、华东师范大学图书馆藏。

返魂香传奇　清宣鼎撰。四卷。清光绪三年申报馆排印本。首都图书馆、上海图书馆、上海师范大学图书馆等藏。

坦园传奇四种　清杨恩寿撰。四卷。清同治长沙杨氏刻本。上海图书馆藏。子目：① 姽婳封一卷。② 桃花源一卷。③ 桂枝香一卷。④ 理灵坡一卷。

坦园全集·坦园传奇六种　清杨恩寿撰。六卷。清光绪长沙杨氏刻本。中国国家图书馆、首都图书馆、中国科学院图书馆、北京大学图书馆、北京师范大学图书馆、清华大学图书馆、上海图书馆、上海辞书出版社图书馆、辽宁省图书馆、吉林大学图书馆、山东大学图书馆、南京图书馆、南京大学图书馆、苏州市图书馆、浙江图书馆、福建师范大学图书馆、中山图书馆、四川省图书馆、云南省图书馆、中央民族大学图书馆藏。子目：① 理灵坡一卷。② 再来人一卷。③ 麻滩驿一卷。④ 姽婳封一卷。⑤ 桃花源一卷。⑥ 桂枝香一卷。

杨氏曲三种　清杨恩寿撰。三卷。清同治九年刻本。子目：① 双清影一卷。② 桂枝香一卷。③ 姽婳封一卷。

桂枝香　清杨恩寿撰。1995 年上海书店出版《中国近代文学大系·戏剧集》本。

后缇萦　清汪宗沂撰。清夏嘉谷评点。一卷。清光绪十一年泰州夏氏刻本。中国国家图书馆、上海师范大学图书馆藏。

芙蓉碣传奇　清张云骧撰。二卷。清光绪九年自刻本。中国国家图书馆藏。又，清光绪四年刻本。上海图书馆藏。　又，清张云骧撰。王以慜评点。二卷。清光绪九年文安张氏鬘花行馆刻本。上海师范大学图书馆藏。

诵荻斋曲　清徐鄂撰。二卷。清光绪十二年大同书局石印本。中国国家图书馆、上海图书馆、复旦大学图书馆、上海师范大学图书馆、辽宁省图书馆、浙江图书馆藏。子目：① 梨花雪(一名《白霓裳》)一卷。② 白头新一卷(杂剧)。

梨花雪(一名《白霓裳》)　清徐鄂撰。不分卷。清光绪二十一年上海书局石印本。上海图书馆藏。　又，清光绪三十二年、宣统元年上海焕文书局石印本。上海图书馆藏。　又，清光绪十二年大同书局石印本。华东师范大学图书馆藏。　又，1995 年上海书店出版《中国近代文学大系·戏剧集》本。

合浦珠　清林纾撰。一卷。1917 年《妇女杂志》第三卷第四至七号载。1917 年上海商务印书馆排印本。吴晓铃旧藏。

天妃庙　清林纾撰。一卷。1917 年《小说海》二至三号载。1917 年上海商务印书馆排印本。吴晓铃藏。

蝶归楼　清林纾撰。一卷。中国国家图书馆藏。

蜀鹃啼　清林纾撰。1917 年 4 月至 5 月《小说月报》第八卷第四至五期载。

谭正璧旧藏。

苏台雪 清文镜堂撰。一卷。清光绪三十一年《娱闲日报》初载，未完。1915年《小说新报》第二至十一期连载。旧钞本。郑振铎旧藏，今存中国国家图书馆。

如梦缘 清陆如钧撰。二卷。清同治十一年钞本。中国国家图书馆藏。

探丽记 清徐祥元撰。二卷。清咸丰镜亭书屋刻本。严敦易旧藏。

生佛碑 清陈学震撰。一卷。清同治八年刻本。中国国家图书馆藏。

双旌忠节记（一名《忠烈记》） 清陈学震撰。二卷。清同治八年刻本。中国国家图书馆藏。

珠玉圆 清柳浦散撰。四卷。清同治十一年刻本。中国国家图书馆藏。

儒酸福 清魏熙元撰。二卷。清光绪十年玉玲珑馆刻本。中国国家图书馆、上海图书馆、华东师范大学图书馆、上海师范大学图书馆藏。

瓮中天 清陈祖昭撰。一卷。稿本。山东省图书馆藏。

镜重圆 清陈祖昭撰。二卷。稿本。中国国家图书馆藏。

支机石 清蔡荣莲撰。一卷。清光绪十七年蔡希邠刻本。中国国家图书馆藏。

乘龙佳话 清何墉撰。一卷。清光绪十七年石印本。中国国家图书馆藏。

双奇传 清沈振炤撰。二卷。清光绪十八年稿本。北京大学图书馆藏。

绘图佛门缘（一名《鹦鹉媒》） 清杨组荣撰。一卷。清光绪十一年申江石印局石印本。 又，清光绪二十年上海宝文书局石印本。中国国家图书馆、上海图书馆藏。

招隐居 清钟祖芬撰。二卷。清光绪二十年綦江吴氏刻本。四川省图书馆藏。 又，1995年上海书店出版《中国近代文学大系·戏剧集》本。

水岩宫 清洪炳文撰。二卷。清光绪二十五年油印本。南京图书馆、四川省图书馆藏。

警黄钟 清洪炳文撰。一卷。清光绪三十年六月至三十一年五月《新小说》第九号至第十七号连载。清光绪三十二年新小说社排印本。吴晓铃旧藏。

挞秦鞭 清洪炳文撰。清宣统三年新印书馆铅印本。浙江温州市图书馆藏。

秋海棠 清洪炳文撰。清宣统三年瑞安务本印书局石印本。浙江温州市图书馆藏。

后南柯 清洪炳文撰。一卷。1912年《小说月报》第一期至第六期连载。阿英旧藏。

芙蓉孽 清洪炳文撰。一卷。1913年温州公报馆石印本。浙江温州市图书馆藏。

普天庆 清洪炳文撰。旧钞本。浙江温州市图书馆藏。

白桃花 清洪炳文撰。旧钞本。浙江温州市图书馆藏。

小蓬莱仙馆传奇十种 清刘清韵撰。存八种八卷。清光绪二十六年上海藻文书局石印本。北京师范大学图书馆、上海图书馆、华东师范大学图书

馆、上海师范大学图书馆等藏。子目：① 黄碧签一卷。② 丹青副一卷。③ 炎凉券一卷。④ 鸳鸯梦一卷。⑤ 氤氲钏一卷。⑥ 英雄配一卷。⑦ 天风引一卷。⑧ 飞虹啸一卷。

望洋叹 清刘清韵撰。一卷。旧钞本。江苏省沭阳县谢方同藏。1990 年沭阳县诗词协会誊写印刷。

拈花悟 清刘清韵撰。一卷。旧钞本。江苏省沭阳县谢方同藏。1990 年沭阳县诗词协会誊写印刷。

镜中缘 清管兴宝撰。二卷。清光绪二十六年稿本。北京大学图书馆藏。

武陵春 清陈时泌撰。一卷。清光绪二十七年钞本。中国国家图书馆藏。又，清光绪排印本。 又，1962 年中华书局出版阿英编《庚子事变文学集》本。

非熊梦 清陈时泌撰。一卷。清光绪三十年湖南裕湘机器局刊本。

维新梦 清欧阳淦等撰。清光绪二十九年五月至三十年五月《绣像小说》第一至二十八期断续连载。赵景深旧藏。

春坡梦 清支恩撰。不分卷。清光绪三十二年刻本。 又，清光绪木活字本（疑即上种）。中国艺术研究院图书馆藏。

续牡丹亭 清孙镜寰撰。一卷。旧钞本。中国国家图书馆藏。

东郭传 清苏源撰。稿本。中国国家图书馆藏。

碧山楼 清夏仁虎撰。排印本。中国国家图书馆、上海图书馆藏。

苏台柳 清贡少芹撰。一卷。清宣统三年汉口《中西报》刻本。阿英旧藏。

情环劫 清黄剑庵撰。二卷。稿本。中国国家图书馆藏。 又，1931 年《戏剧月刊》三卷十期载。

东艳祸 清黄剑庵撰。一卷。刻本。上海图书馆藏。

南冠血 清黄剑庵撰。一卷。刻本。上海图书馆藏。

江夏剑庵二种曲 清黄剑庵撰。二卷。清（或云民国）钞本。中国艺术研究院图书馆、上海图书馆藏。子目：① 东艳祸一卷。② 南冠血一卷。

花茵侠 清吴子恒撰。一卷。1920 年《小说新报》第一至十二期连载。汉口扬子江小说日报馆排印本。赵景深旧藏。

星剑侠 清吴子恒撰。一卷。1915 年 3 月至 1920 年 1 月《小说新报》连载。《小说新报》合订本。赵景深旧藏。

亡国奴 清谈善吾撰。一卷。旧钞本。胡士莹旧藏。

镜圆记 清章庆思撰。一卷。旧钞本。浙江图书馆藏。

思子轩 清高树蔚撰。刻本。北京师范大学图书馆藏。 又，民国石印本。

曾芳四 清吴沃尧撰。清光绪三十三年四至九月《月月小说》第八、九号连载，未完。

雪昙梦 曾朴撰。1931 年真善美书店印本。

桃花梦 陈栩撰。清光绪二十六年杭州《大观报》刊本。

自由花 陈栩撰。清光绪末年《著作林》

第一至五期连载。

桐花笺 陈栩撰。清光绪末年《著作林》第二至九期连载，十二期补载。1913年至1914年《游戏杂志》第一至八期连载。

花木兰 陈栩撰。清光绪末年《著作林》第十三至十六期连载，未完。

血泪痕 王钟麒撰。剪报本。阿英旧藏。

中华第一女杰轩亭冤(一名《鉴湖女侠传奇》、《绘图秋瑾含冤传奇》) 张长撰。一卷。清光绪三十三年上小支卖社石印本。浙江绍兴市图书馆藏。又，1912年上海振兴图书社石印本。

玉钩痕 庞树柏、欧阳淦撰。清光绪《游戏报》载。

花月痕 清墨泪词人(一云即庞树柏)撰。载1915年至1916年《妇女杂志》第一卷第十至十二号，第二卷第六至七号，凡五出一楔子，未完。

病玉缘 陈尺山撰。一卷。1917年上海中华书局排印本。

霜天碧 丁传靖撰。一卷。清末民初《闇公杂著》本。

沧桑艳 丁传靖撰。二卷。清光绪三十四年《豹隐庐杂著》本。华东师范大学图书馆等藏。 又，1914年扫叶山房刻本。上海师范大学图书馆等藏。

开国奇冤 华伟生撰。二卷。1912年尚古山房石印本。

皖江雪 孙雨林撰。旧钞本。 又，1962年中华书局出版阿英编《晚清文学丛钞·传奇杂剧卷》本。

杨白花 邹铨撰。初载《天铎报》。 又，1913年上海国光书局《流霞书屋遗集》排印本。 又，民国间绘图石印本。

阿芙蓉 杨子元撰。二卷。1915年成都探源印刷局排印本。

风流配(卷下题《女新郎》) 清鹤苍子撰。二卷。民国松古斋红格钞本。中国艺术研究院图书馆藏。

椿轩六种曲 清椿轩居士撰。十四卷。清同治三年刻本。中国社会科学院文学研究所、上海图书馆藏。子目：① 凤凰琴二卷。② 双龙珠二卷。③ 金榜山四卷。④ 四贤配二卷。⑤ 孝感天二卷。⑥ 天感孝二卷。

卉中缘 清雪松撰。二卷。清道光稿本。中国艺术研究院图书馆藏。

双义缘 清覆庵撰。六卷。稿本。北京师范大学图书馆藏。

金陵恨 清浮槎仙客撰。一卷。稿本。上海图书馆藏。

味兰簃二种曲 清醉筠外史撰。二卷。清同治刻本。中国国家图书馆藏。子目：① 侠女记一卷。② 烈女记一卷。

味兰簃传奇 清醉筠外史撰。二卷。清光绪七年排印本。中国国家图书馆藏。子目同上。

侠女记 清醉筠外史撰。一卷。清末铅印本。上海图书馆藏。

烈女记 清醉筠外史撰。一卷。民国铅印本。上海图书馆藏。

极乐世界传奇 清观剧道人撰。试香女史参评。十三卷。清钞本。山东大学图书馆藏。 又，八卷。清道光二十年聚珍堂活字印本。华东师范大

学图书馆藏。 又，十三卷。清光绪七年聚珍堂活字印本。首都图书馆藏。

梦中缘 清邯郸梦醒人撰。四卷。清光绪十一年刻本。中国国家图书馆藏。

五代兴隆传 清天中生撰。四卷。清光绪二十一年博文书局石印巾箱本。谭正璧旧藏。

隔叶花 清勺园主人撰。四卷。清光绪三十年稿本。傅惜华旧藏。

青楼烈 清勺园主人撰。二卷。稿本。吴晓铃旧藏。

可怜虫 清勺园主人撰。二卷。稿本。吴晓铃旧藏。

三斛珠 清曼陀居士撰。一卷。旧钞本。1916年《春声》杂志第六集本。

童子军 清遯庐撰。清光绪三十年至三十一年《绣像小说》第二十九至五十四期连载。 又，民国上海商务印书馆单行本(与《云萍影》合印)。

海国英雄记 清浴日生撰。一卷。清光绪三十二年及三十三年《民报》第九期、十三期载。上海徐汇图书馆藏。

海侨春 清贺良朴撰。二卷。上海广智书局排印本。阿英旧藏。

衍波笺 清十万护花铃谒者撰。清光绪三十二年《新世小报》本。阿英旧藏。

六月霜 清嬴宗季女撰。一卷。清光绪三十三年改良小说会社本。浙江图书馆藏。

防城血 清太瘦生撰。二卷。清光绪三十四年安雅报局刻本。阿英、赵景深旧藏。

爱国魂 清筱波山人撰。一卷。清光绪三十一年《新小说》第十九至二十四号连载。

哭尸传 清痴窝二痴子撰。二卷。稿本。天津图书馆藏。

紫燕钗 清碧云词隐撰。一卷。稿本。吴晓铃旧藏。

勘离骚 清东皋顽仙撰。二卷。旧钞本。中国艺术研究院图书馆藏。 又，清钞本。存下卷。中国国家图书馆藏。

三国志 清维庵居士撰。二卷。旧钞本。中国艺术研究院图书馆藏。

玉梅香 清凤凰山民撰。四卷。旧钞本。南京图书馆藏。

小蓬莱 清旦阳老人撰。旧钞本。赵景深旧藏。

再生缘(一名《楚江清》) 清槐庭撰。旧钞本。中国国家图书馆藏。

指南公 清虞民撰。一卷。《河南》本。上海徐汇图书馆藏。

指南梦 清孤撰。一卷。剪报本。阿英旧藏。

碧天霄霞 清澹园老人撰。乌丝栏钞本。中国国家图书馆藏。

诗帕记 清织花吟客撰。一卷。旧钞本。叶德钧旧藏。

山人扇 清宛君撰。《小说月报》九卷本。

忠烈姻缘 清天外山樵撰。四卷。清光绪胥浦杨氏石印本。

玉庵恨 清劫余生撰。排印本。辽宁省图书馆藏。

个人剧作单行本与汇编六

意中人 清佚名撰。二卷。清顺治刻本。

中国国家图书馆藏。 又，清钞本。中国国家图书馆藏。1957年《古本戏曲丛刊》三集影印本。

双和合 清佚名撰。二卷。残缺。中国艺术研究院图书馆藏。

天宫宝传奇 清佚名撰。二卷。清初太原王氏曲局钞本。清姚燮跋。浙江图书馆藏。

锦蒲团(一名《金不换》) 清佚名(或曰吴庞)撰。二卷。旧钞本。1957年《古本戏曲丛刊三集》影印本。

三凤缘全传 清佚名撰。三卷。清康熙钞本。中国国家图书馆藏。1986年《古本戏曲丛刊五集》据之影印。

西楼梦 清佚名撰。二卷。清初耐闲堂刻本，存下卷。中国国家图书馆藏。

钟情缘传奇 清佚名撰。不分卷。清初钞本。复旦大学图书馆藏。

钟情缘 清佚名撰。二卷。清钞本。中国国家图书馆藏。

为善最乐 清佚名撰。三段。缀玉轩据康熙六十年钞本过录本。中国艺术研究院图书馆藏。

五福寿为先(一名《寿为先》) 清佚名撰。二卷。清钞本。浙江图书馆藏。

通天犀 清佚名撰。清升平署钞本。中国国家图书馆藏。

珊瑚帔 清佚名撰。二卷。缀玉轩据清康熙四十五年钞本过录本。梅兰芳纪念馆藏。

百子图 清佚名撰。二卷。旧钞本。梅兰芳纪念馆藏。

一文钱(一名《两生天》) 清佚名撰。一卷。清康熙钞本。中国艺术研究院图书馆藏。

后西游记(一名《阴阳二气山》) 清佚名撰。不分卷。清雍正二年沈氏变风堂钞本。卢前前款。中国国家图书馆藏。

西游记(即《后西游记》) 清佚名撰。不分卷。清钞本。中国艺术研究院图书馆藏。

重重喜 清佚名撰。一卷。旧钞本。中国国家图书馆藏。1957年《古本戏曲丛刊三集》据之影印。 又，清钞本。首都图书馆藏。1996年线装书局《明清抄本孤本戏曲丛刊》据之影印。

玉蜻蜓 清佚名撰。二卷。旧钞本。绥中吴氏旧藏。1986年《古本戏曲丛刊五集》据之影印。 又。缀玉轩钞本。中国国家图书馆藏。

两荣归 清佚名撰。二卷。清钞本。中国艺术研究院图书馆藏。

名花榜 清佚名撰。二卷。清道光十八年曹氏重订钞本。中国国家图书馆藏。

万倍利 清佚名撰。二卷。曹氏藏钞本。中国国家图书馆藏。

金兰谊 清佚名撰。二卷。清雍正十二年钞本。中国艺术研究院图书馆藏。又，旧钞本。吴晓铃藏。1986年《古本戏曲丛刊五集》据之影印。 又，旧钞本。郑振铎旧藏，今存中国国家图书馆。

出师表 清佚名撰。二卷。清钞本。中国国家图书馆藏。

合欢殿 清佚名撰。四卷。清内府钞本，残缺。中国艺术研究院图书馆藏。

蟠桃会　清佚名撰。二卷。清钞本。中国国家图书馆藏。　又,清初四色钞本,存一折。天一阁文物保管所藏。

庆有余　清佚名撰。二卷。清同治元年衡庵钞本。中国艺术研究院图书馆藏。　又,旧钞本。中国国家图书馆藏。

琼林宴　清佚名撰。不分卷。旧钞本。日本长泽规矩也旧藏,今存东京大学图书馆。　又,清钞本。中国艺术研究院图书馆藏。

群星辅(一名《龙凤祥》,又名《汉中兴》)　清佚名撰。旧钞本。中国艺术研究院图书馆藏。

顺天时(一名《三山关》)　清佚名撰。旧钞本。中国艺术研究院图书馆藏。

通仙枕(一名《双恩义》)　清佚名撰。二卷。怀宁曹氏重订钞本。中国国家图书馆藏。　又,清乾隆三十八年知止堂钞本,存下卷。中国艺术研究院图书馆藏。　又,仅存八出。清南府钞本。中国艺术研究院图书馆藏。

新编绣春舫　清佚名撰。二卷。清钞本。中国国家图书馆藏。　又,清乾隆钞本,存下卷十二出。中国艺术研究院图书馆藏。

文武状元(一名《文武闱》)　清佚名撰。旧钞本。首都图书馆藏。

怀古堂新编后渔家乐传奇　清佚名撰。二卷。旧钞本。中国艺术研究院图书馆藏。1957年《古本戏曲丛刊三集》据之影印。

杏花山　清佚名撰。二卷。梨园旧钞本。上海图书馆藏。　又,清钞本。苏州市图书馆藏。

庆龙归　清佚名撰。二卷。旧钞本。中国国家图书馆藏。

情中幻　清佚名撰。四卷。清乾隆元年钞本。怀宁曹氏旧藏。

续春秋　清佚名撰。二卷。清钞本。中国国家图书馆藏。

情中义传奇　清佚名撰。二卷。清初太原王氏钞本。浙江图书馆藏。

葫芦幻　清佚名撰。一卷。旧钞本。吴晓铃藏。1986年《古本戏曲丛刊五集》据之影印。

禅真逸史　清佚名撰。不分卷。清康熙、乾隆钞本。中国国家图书馆藏。

双金牌　清佚名撰。清雍正、乾隆钞本。梅兰芳纪念馆藏。　又,二卷。缀玉轩钞本。梅兰芳纪念馆藏。

酒色财气　清佚名撰。四卷。清雍正七年钞本。　又,民国松古斋红格钞本。

挟忠烈传奇　清佚名撰。二卷。清乾隆十三年淳朴堂杨耀章钞本。中国艺术研究院图书馆藏。

义忠恩(即《挟忠烈》)　清佚名撰。二卷。清乾隆南府钞本。中国国家图书馆藏。

江流记　清佚名撰。不分卷。清乾隆内府五色精钞本。上海图书馆藏。

大造化　清佚名撰。二卷。残缺。旧钞本。中国国家图书馆藏。

一诺媒　清佚名撰。二卷。清乾隆五十七年钞本。中国艺术研究院图书馆藏。

三笑姻缘(一名《天缘合》)　清佚名撰。

二卷。清乾隆钞本。中国艺术研究院图书馆藏。 又,不分卷。清钞本。中国艺术研究院图书馆藏。

千秋鉴 清佚名撰。不分卷,清钞本。中国国家图书馆藏。 又,清佚名撰。二卷。清乾隆洪善堂钞本。中国艺术研究院图书馆藏。 又,清钞本。首都图书馆藏。1996年线装书局《明清抄本孤本戏曲丛刊》据之影印。

秋竹山房传奇二种 清佚名撰。二卷。清秋竹山房刻本。中国国家图书馆藏。子目:① 阿修罗一卷。② 背子崖一卷。

千秋鉴 清佚名撰。清钞本,存上卷一至十七出。中国艺术研究院图书馆藏。 又,清钞本,存二十一至三十一出。中国艺术研究院图书馆藏。

飞影石 清佚名撰。一卷。清乾隆钞本。中国艺术研究院图书馆藏。

福寿荣 清佚名撰。清乾隆内府精钞本。中国国家图书馆藏。

六美图(一名《瑞香球》) 清佚名撰。不分卷。清道光三十年载福堂钞本。中国国家图书馆藏。

龙凤配 清佚名撰。二卷。清乾隆钞本。中国国家图书馆藏。

兴唐传 清佚名撰。不分卷。清乾隆钞本。梅兰芳纪念馆藏。

银瓶牡丹(一名《玉龙珠》) 清佚名撰。二卷。清乾隆钞本。梅兰芳纪念馆藏。 又,三卷。清雍正、乾隆钞本。梅兰芳纪念馆藏。

玉宝瓶 清佚名撰。五卷。清乾隆钞本,缺第四卷。梅兰芳纪念馆藏。 又,存第四卷。中国艺术研究院图书馆藏。

玉杯记 清佚名撰。二卷。清乾隆升平署钞本。中国国家图书馆藏。

中州愍烈记 清佚名撰。二卷。存下卷。清乾隆钞本。中国国家图书馆藏。 又,旧钞本。郑振铎旧藏,今存中国国家图书馆。

紫玉花 清佚名撰。二卷。清乾隆刻本。浙江图书馆藏。

新编义忠烈 清佚名撰。四卷。清钞本。中国国家图书馆藏。

雪里梅 清佚名撰。二卷。清乾隆钞本。傅惜华旧藏。

雄精剑 清佚名撰。存二本、三本。旧钞本。傅惜华旧藏。

螭虎钏 清佚名撰。存九出。《轻清雅韵》本。 又,清佚名撰。陈金雀重订。存六出。清末敦伦堂钞本。

八方向化 清佚名撰。一卷。清南府钞本。故宫博物院图书馆藏。

下河东 清佚名撰。一卷。清南府钞本。故宫博物院图书馆藏。

下南唐 清佚名撰。二卷。清南府钞本。故宫博物院图书馆藏。

神天叶庆 清佚名撰。不分卷。清南府钞本。故宫博物院图书馆藏。

斗婵娟传奇 清佚名撰。不分卷。清乾隆钞本。中国艺术研究院图书馆藏。 又,清钞本。中国国家图书馆藏。

如意宝册 清佚名撰。十本不分卷。清内府钞本。首都图书馆藏。1964年《古本戏曲丛刊九集》据之影印。

楚汉春秋 清佚名撰。十卷。清内府钞

本。中国国家图书馆藏。1964年《古本戏曲丛刊九集》据之影印。

铁旗阵　清佚名撰。十五本不分卷。至德周氏几礼居传抄清内府钞本。上海图书馆藏。1964年《古本戏曲丛刊九集》据之影印。　又，清南府抄、光绪升平署外学增补本。故宫博物院图书馆藏。

封神天榜　清佚名撰。十本。清内府钞本，佚第二本二十四出。中国国家图书馆藏。1964年《古本戏曲丛刊九集》据之影印。

盛世鸿图　清佚名撰。清内府钞本，前部存十二段九十六出，后部存六卷七十出。中国国家图书馆藏。1964年《古本戏曲丛刊九集》据之影印。　又，清内府钞本，存六卷。中国艺术研究院图书馆藏。

东周列国传奇　清佚名撰。不分卷。清升平署钞本。首都图书馆藏。　又，二卷。梨园旧钞本。天津图书馆藏。

忠义传　清佚名撰。十八本不分卷。清南府钞本，佚第十六本。故宫博物院图书馆藏。

金龙印　清佚名撰。一百出。清乾隆钞本。中国国家图书馆藏。

牧羊记　清佚名撰。二卷。清内府钞本，存下卷。中国国家图书馆藏。　又，不分卷。清钞本。中国国家图书馆藏。　又，二卷。清宝善堂钞本。中国艺术研究院图书馆藏。

征西异传　清佚名撰。不分卷。清光绪内府钞本。中国国家图书馆藏。

金龙印　清佚名撰。不分卷。清钞本。中国国家图书馆藏。

折桂传　清佚名撰。二卷。清咸丰二年曹春山钞本。中国艺术研究院图书馆藏。

锦绣旗　清佚名撰。一卷。清钞本。中国国家图书馆藏。　又，二卷。清钞本。马廉旧藏，今存北京大学图书馆。　又，旧钞本。郑振铎旧藏，今存中国国家图书馆。

珍珠旗　清佚名撰。十段八十二出。钞本。中国艺术研究院图书馆藏。又，十段八十二出。传抄本。北京大学图书馆藏。

平妖传　清佚名撰。不分卷。清钞本。梅兰芳纪念馆藏。

玉麒麟　清佚名撰。清钞本。梅兰芳纪念馆藏。

珍珠塔　清佚名撰。二卷。清钞本。梅兰芳纪念馆藏。

一匹布　清佚名撰。清嘉庆、道光钞本。中国艺术研究院图书馆藏。

安天会　清佚名撰。旧钞本。中国艺术研究院图书馆藏。

倭袍记　清佚名撰。清嘉庆、道光钞本。梅兰芳纪念馆藏。　又，清钞本。中国国家图书馆藏。

金琬钗　清佚名撰。清乾隆、嘉庆刻本。南开大学图书馆藏。

刘海圆　清佚名撰。二卷。清乾隆、嘉庆钞本。梅兰芳纪念馆藏。　又，清钞本。马廉旧藏，今存北京大学图书馆。

双美缘　清佚名撰。二卷。清乾隆、嘉庆钞本。中国艺术研究院图书馆藏。

又，缀玉轩钞本。中国国家图书馆藏。

小金钱 清佚名撰。二卷。清乾隆、嘉庆钞本。中国艺术研究院图书馆藏。又，清嘉庆蒋氏三径堂钞本。中国国家图书馆藏。

串本凤凰台 清佚名撰。不分卷。清乾隆钞本。中国艺术研究院图书馆藏。

前后赤壁赋 清佚名撰。二卷。清嘉庆十五年钞本。中国国家图书馆藏。

双玉镯 清佚名撰。一卷。清嘉庆十八年钞本。日本东京大学东洋文化研究所藏。

称心缘 清佚名撰。二卷。清嘉庆二十一年三槐堂王氏钞本。中国国家图书馆藏。

十媚图 清佚名撰。二卷。清嘉庆钞本。吴晓铃旧藏。

四美图 清佚名撰。二卷。清嘉庆钞本。中国艺术研究院图书馆藏。 又，不分卷。旧钞本。中国国家图书馆藏。

紫薇照 清佚名撰。八卷。清嘉庆蒋氏三径堂钞本。中国国家图书馆藏。又，旧钞本。中国艺术研究院图书馆藏。

凤雏圆 清佚名撰。二卷。《今乐府选》本。浙江图书馆藏。

达观记 清佚名撰。二卷。清钞本。上海图书馆藏。

财星照 清佚名撰。二卷。清钞本。上海图书馆藏。

虹霓关 清佚名撰。一卷。清嘉庆二十五年钞本。中国艺术研究院图书馆藏。

睢阳节 清佚名撰。不分卷。清同治六年曹春山订本。中国国家图书馆藏。

定风珠 清佚名撰。二卷。清钞本。卢前题款。中国国家图书馆藏。

宜男佩 清佚名撰。四本。缀玉轩红格钞本。中国艺术研究院图书馆藏。

迷楼现 清佚名撰。一卷。旧钞本。中国国家图书馆藏。

恒娘记 清佚名撰。一卷。钞本。吴晓铃旧藏。

三世姻缘 清佚名撰。二卷。清钞本。中国国家图书馆藏。

三义节 清佚名撰。不分卷。清道光二十年钞本。中国国家图书馆藏。

火焰山 清佚名撰。不分卷。清钞本。中国艺术研究院图书馆藏。

天门关 清佚名撰。一卷。清升平署钞本。故宫博物院图书馆藏。

天星聚 清佚名撰。四卷。清同治十年曹氏钞本。中国国家图书馆藏。

不夜天 清佚名撰。二卷。清咸丰钞本。中国国家图书馆藏。

中秋会 清佚名撰。一卷。清钞本。上海图书馆藏。

月香亭新编传奇育英才 清佚名撰。不分卷。清钞本。中国国家图书馆藏。

育英才 清佚名撰。一卷。钞本。北京大学图书馆藏。

平龄会 清佚名撰。十卷。清钞本。中国国家图书馆藏。

平蛮图 清佚名撰。二卷。清钞本。中国国家图书馆藏。

再生缘传奇 清佚名撰。不分卷。清钞本。卢前题款。中国国家图书馆藏。

百鸟阵　清佚名撰。一卷。清钞本。上海图书馆藏。

多福缘　清佚名撰。不分卷。清钞本。宁夏回族自治区博物馆(?)藏。

享千秋　清佚名撰。不分卷。清钞本。卢前题款。中国国家图书馆藏。

叶长林　清佚名撰。一卷。清内府钞本。故宫博物院图书馆藏。

贞节报　清佚名撰。不分卷。清钞本。中国国家图书馆藏。

雪梅教子　清佚名撰。不分卷。清钞本。中国国家图书馆藏。

琉璃塔　清佚名撰。不分卷。清钞本。中国国家图书馆藏。

阴阳钟　清佚名撰。不分卷。清道光十八年钞本。中国国家图书馆藏。

游龙传　清佚名撰。不分卷。清钞本。中国国家图书馆藏。　又,清钞本。中国艺术研究院图书馆藏。

浑仪镜　清佚名撰。不分卷。清咸丰五年钞本。中国国家图书馆藏。

黄土关　清佚名撰。不分卷。清钞本。中国国家图书馆藏。

盛世奇英　清佚名撰。三卷。清钞本。中国国家图书馆藏。

辟兵珠传奇　清佚名撰。十卷。清钞本。首都图书馆藏。1996年线装书局《明清抄本孤本戏曲丛刊》据之影印。

福星照　清佚名撰。不分卷。清同治十年钞本。中国国家图书馆藏。

调元乐　清佚名撰。不分卷。清钞本。中国国家图书馆藏。

庆安澜传奇　清佚名撰。二卷。清钞本。中国国家图书馆藏。

锋剑春秋　清佚名撰。五卷。清钞本。中国国家图书馆藏。

德政芳　清佚名撰。十六卷。清升平署钞本。首都图书馆藏。

旧邑讴思长庚永庆　清佚名撰。不分卷。清钞本。中国国家图书馆藏。

双珠球　清佚名撰。不分卷。清钞本。中国国家图书馆藏。

双红丝传奇　清佚名撰。二卷。清超然阁钞本。首都图书馆藏。1996年线装书局《明清抄本孤本戏曲丛刊》据之影印。

锁阳关　清佚名撰。一卷。清升平署钞本。故宫博物院图书馆藏。

宝藏　清佚名撰。不分卷。清钞本。中国国家图书馆藏。

绣鞋记　清佚名撰。一卷。清钞本。上海图书馆藏。

续琵琶　清佚名撰。二卷。清钞本。中国国家图书馆藏。

铁冠图　清佚名撰。一卷。清刻本。首都图书馆藏。

封神榜　清佚名撰。存四本、五本(六十一至一百出)。清钞本。

玉龙环　清佚名撰。存八出。清内府精钞本。

自燃鼎　清佚名撰。二卷。存上卷三十一出。旧钞本。

碧玉钏　清佚名撰。二卷。存下卷十三出。清钞本。　又,存八出。清咸丰五年钞本。怀宁曹氏旧藏。

碧玉串(即《碧玉钏》)　清佚名撰。存十二出。清咸丰五年载福堂钞本。

百花亭新剧　清佚名撰。清光绪六年稿

本。中国艺术研究院图书馆藏。

宝镜祥开 清佚名撰。精钞本。中国艺术研究院图书馆藏。

报恩缘(一名《攀桂图》) 清佚名撰。清咸丰三年俟命室钞本。中国艺术研究院图书馆藏。

碧帘洞 清佚名撰。清内府钞本。中国艺术研究院图书馆藏。

婵娟兆 清佚名撰。二卷。清致恭堂钞本。中国艺术研究院图书馆藏。

沉香池 清佚名撰。三卷。钞本。中国艺术研究院图书馆藏。

重圆镜 清佚名撰。二卷。绿丝栏旧钞本。

春秋配 清佚名撰。缀玉轩红格钞本。中国艺术研究院图书馆藏。

大名府 清佚名撰。存头本。清钞本。中国艺术研究院图书馆藏。

大红袍 清佚名撰。清钞本。中国艺术研究院图书馆藏。

呆中福 清佚名撰。二卷。清钞本。中国艺术研究院图书馆、北京师范大学图书馆藏。

丹凤忠 清佚名撰。钞本。浙江图书馆藏。

定心猿 清佚名撰。钞本。浙江图书馆藏。

斗金牌 清佚名撰。一卷。钞本。中国艺术研究院图书馆藏。

独占鳌头 清佚名撰。二卷。钞本。中国艺术研究院图书馆藏。

多寿记 清佚名撰。清内府钞本。

樊榭记 清佚名撰。一卷。钞本。浙江图书馆藏。

粉妆楼 清佚名撰。五卷。缀玉轩钞本。中国国家图书馆藏。 又,钞本。中国艺术研究院图书馆藏。

凤奇缘 清佚名撰。存十三出。钞本。中国艺术研究院图书馆藏。

富贵仙 清佚名撰。十卷。钞本。浙江图书馆藏。

富贵图 清佚名撰。钞本。中国艺术研究院图书馆藏。

富贵双全 清佚名撰。清咸丰五年燕翼堂钞本。中国艺术研究院图书馆藏。

傅萝葡 清佚名撰。清内府钞本。中国国家图书馆、中国艺术研究院图书馆藏。

孤山梦 清佚名撰。一卷。钞本。浙江图书馆藏。

广武山 清佚名撰。钞本。中国戏曲学院图书馆藏。

广武胜迹 清佚名撰。清刻本。中国艺术研究院图书馆藏。

桂花亭 清佚名撰。二卷。清光绪钞本。中国艺术研究院图书馆藏。

海仙缘 清佚名撰。一卷。精钞本。吴晓铃藏。

红菱艳 清佚名撰。钞本。北京师范大学图书馆藏。

红蛇记 清佚名撰。一卷。钞本。中国国家图书馆藏。

呼雷豹 清佚名撰。残本。清蓝丝栏钞本。中国艺术研究院图书馆藏。

蝴蝶梦 清佚名撰。存八出。清道光二十八年处德堂钞本。中国艺术研究院图书馆藏。

花神报 清佚名撰。钞本。浙江图书书

馆藏。

画锦堂 清佚名撰。钞本。首都图书馆藏。

黄金蝠 清佚名撰。四本。钞本。中国艺术研究院图书馆藏。

黄袍郎 清佚名撰。清至德书屋钞本。中国艺术研究院图书馆藏。

祭泸江 清佚名撰。钞本。中国国家图书馆藏。

贾家楼 清佚名撰。清内府钞本。中国艺术研究院图书馆藏。

金兰谱 清佚名撰。钞本。中国艺术研究院图书馆藏。

金镯记 清佚名撰。钞本。中国艺术研究院图书馆藏。

金铃关 清佚名撰。清咸丰八年云和堂朱记钞本。

金一定 清佚名撰。二卷。钞本。中国国家图书馆藏。

金玉坠 清佚名撰。一卷。钞本。中国国家图书馆藏。

金钱豹 清佚名撰。二卷。钞本。中国社会科学院文学研究所藏。

景玉缘 清佚名撰。一卷。钞本。中国国家图书馆藏。

镜里花 清佚名撰。二卷。钞本。天一阁旧藏。

镜中明 清佚名撰。福谦堂刻本。中国国家图书馆藏。

琉璃塔 清佚名撰。二卷。尾残。清钞本。

兴隆传 清佚名撰。存四本。清钞本。

巧奇缘 清佚名撰。清钞本。

靖逆记 清佚名撰。清光绪刻本。北京大学图书馆藏。

昆山记 清佚名撰。一卷。民国敦荣棠钞本。谭正璧旧藏。

离燕京 清佚名撰。1921 年石印本。首都图书馆藏。

耒阳判 清佚名撰。钞本。中国艺术研究院图书馆藏。

莲花会 清佚名撰。一卷。钞本。中国艺术研究院图书馆藏。

莲花塘 清佚名撰。二本。钞本。中国艺术研究院图书馆藏。

烈女缘 清佚名撰。钞本。北京大学图书馆藏。

临潼会 清佚名撰。二本。钞本。中国艺术研究院图书馆藏。

麟阁记 清佚名撰。二卷。钞本。中国艺术研究院图书馆藏。

菱花赚 清佚名撰。钞本。中国艺术研究院图书馆藏。

落金扇 清佚名撰。一卷。钞本。中国艺术研究院图书馆藏。 又，缀玉轩钞本。中国国家图书馆藏。

梅玉配 清佚名撰。二卷。钞本。中国艺术研究院图书馆藏。 又，清同治三年皖江潜邑张远定钞本。

梅花韵 清佚名撰。清道光元年序刻本。首都图书馆藏。

人如愿 清佚名撰。一卷。旧钞本。

双飞石 清佚名撰。存十七出。旧钞本。

七子图 清佚名撰。二卷。怀宁曹氏旧藏。

维多利亚宝带缘 清佚名撰。五出。未完。清光绪三十二年九月至三十三年二月《月月小说》第一、五、六号

刊载。

梅映雪 清佚名撰。钞本。中国艺术研究院图书馆藏。

南征记 清佚名撰。清咸丰九年稿本。吴晓铃旧藏。

南北渡江 清佚名撰。钞本。中国国家图书馆藏。

难中福 清佚名撰。清光绪石印本。北京大学图书馆藏。

琵琶怨 清佚名撰。钞本。

平巢记 清佚名撰。二卷。钞本。中国国家图书馆藏。

棋盘山 清佚名撰。旧钞本。

前世因 清佚名撰。二卷。钞本。中国艺术研究院图书馆藏。

潜龙佩 清佚名撰。一卷。钞本。北京大学图书馆藏。

秦淮河(一名《贪欢报》) 清佚名撰。钞本。中国艺术研究院图书馆藏。

青石山 清佚名撰。二卷。清道光二十年钞本。中国艺术研究院图书馆藏。

清风山 清佚名撰。存七出。钞本。中国艺术研究院图书馆藏。

群英会 清佚名撰。清道光七年钞本。中国艺术研究院图书馆藏。

如意针 清佚名撰。四本。钞本。中国艺术研究院图书馆藏。

三多福 清佚名撰。七本。清钞本。中国艺术研究院图书馆藏。

三农得澍 清佚名撰。清钞本。中国艺术研究院图书馆藏。

三皇宝剑(一名《三皇剑》) 清佚名撰。四卷。清道光、咸丰钞本。中国艺术研究院图书馆藏。

三奇侠 清佚名撰。二卷。缀玉轩红格钞本。中国艺术研究院图书馆藏。又,清古吴莲勺庐钞本。北京大学图书馆藏。

麝尘香 清佚名撰。清光绪三十二年《新世界小说报》本。阿英旧藏。

神虎报 清佚名撰。清升平署钞本。故宫博物院图书馆藏。

十全福 清佚名撰。六卷。缀玉轩据同治元年陈金雀钞本过录本。中国艺术研究院图书馆藏。

书囊记 清佚名撰。三卷。旧钞本。首都图书馆藏。

双合印 清佚名撰。清南府钞本。中国艺术研究院图书馆藏。

双龙剑(一名《双鹤记》) 清佚名撰。钞本。中国艺术研究院图书馆藏。

双节烈 清佚名撰。二卷。钞本。中国艺术研究院图书馆藏。

双剑圆 清佚名撰。钞本。中国艺术研究院图书馆藏。

双清影 清佚名撰。二卷。清同治九年刻本。北京大学图书馆藏。

双贵图 清佚名撰。一卷。钞本。谭正璧旧藏。

顺风旗 清佚名撰。三本。缀玉轩红格钞本。中国艺术研究院图书馆藏。

桃叶记 清佚名撰。二卷。清钞本。中国艺术研究院图书馆藏。

天门阵 清佚名撰。二卷。清钞本。中国艺术研究院图书馆藏。

天医扇 清佚名撰。二卷。残。清钞本。中国艺术研究院图书馆藏。

天豹图 清佚名撰。二卷。存下卷。清

钞本。中国艺术研究院图书馆藏。

天香庆节　清佚名撰。清升平署钞本。中国戏曲学院图书馆藏。　又,不分卷。清钞本。首都图书馆藏。1996年线装书局《明清抄本孤本戏曲丛刊》据之影印。

铁公鸡　清佚名撰。清光绪石印本。北京大学图书馆藏。

铁旗阵　清佚名撰。十六出。清钞本。中国艺术研究院图书馆藏。

涂蜜汁(一名《灭虢国》)　清佚名撰。四本。钞本。中国艺术研究院图书馆藏。

统坤国　清佚名撰。二卷。钞本。中国艺术研究院图书馆藏。

万珠袍(一名《万珠夜》)　清佚名撰。二卷。缀玉轩钞本。中国艺术研究院图书馆藏。

万花图　清佚名撰。二卷。钞本。浙江图书馆藏。

温凉盏　清佚名撰。二卷。钞本。中国国家图书馆藏。

无底洞　清佚名撰。钞本。中国国家图书馆、中国艺术研究院图书馆藏。

五义风　清佚名撰。二卷。缀玉轩钞本。中国艺术研究院图书馆藏。

西川图　清佚名撰。钞本。中国戏曲学院图书馆藏。

仙梦缘　清佚名撰。旧钞本。北京大学图书馆藏。

献长安　清佚名撰。钞本。中国艺术研究院图书馆藏。

孝子报　清佚名撰。清光绪间石印本。北京大学图书馆藏。

新桃花扇　清佚名撰。二卷。清宣统元年石印本。周村藏。

心田福　清佚名撰。二卷。钞本。赵景深旧藏。

雄黄阵　清佚名撰。钞本。中国国家图书馆藏。

延五关　清佚名撰。稿本。中国艺术研究院图书馆藏。

摇钱树　清佚名撰。存前十五出。钞本。中国艺术研究院图书馆藏。　又,存八出。清道光八年春生堂钞本。

异艳堂　清佚名撰。钞本。中国社会科学院文学研究所藏。

姻缘扇　清佚名撰。存十八出。钞本。中国艺术研究院图书馆藏。

英雄谱　清佚名撰。四本。存三本。钞本。中国艺术研究院图书馆(或云梅兰芳纪念馆)藏。

英节烈　清佚名撰。钞本。中国艺术研究院图书馆藏。

鱼肠剑　清佚名撰。二卷。存上卷十四出。清道光钞本。中国艺术研究院图书馆藏。

御龙珠(一名《玉龙珠》)　清佚名撰。二卷。清嘉庆、道光钞本。中国艺术研究院图书馆藏。　又,清和春班钞本。

御果园　清佚名撰。二卷。钞本。中国艺术研究院图书馆藏。

玉狮记　清佚名撰。十段。钞本。中国艺术研究院图书馆藏。

玉英镜(一名《玉容镜》)　清佚名撰。钞本。中国艺术研究院图书馆藏。

玉麟阁　清佚名撰。二卷。清南府钞本。

中国艺术研究院图书馆藏。

玉镜记 清佚名撰。二卷。缀玉轩钞本。中国艺术研究院图书馆藏。

玉镜记传奇 清佚名撰。二卷。清钞本。首都图书馆藏。1996年线装书局《明清抄本孤本戏曲丛刊》据之影印。

玉带山 清佚名撰。一卷。钞本。中国艺术研究院图书馆藏。

鸳鸯楼 清佚名撰。清道光二十年钞本。吴晓铃旧藏。

鸳鸯带 清佚名撰。二卷。钞本。中国社会科学院文学研究所藏。

袁浦花 清佚名撰。二卷。钞本。首都图书馆藏。

云外飘香 清佚名撰。民国石印本。首都图书馆藏。

月中桂 清佚名撰。存二段。清南府钞本。中国艺术研究院图书馆藏。

月容镜 清佚名撰。四本。存三本。李乾山钞本。中国艺术研究院图书馆藏。

毡笠缘 清佚名撰。清光绪稿本。程守中旧藏。

贞女恨 清佚名撰。油印本。首都图书馆藏。

镇冤塔 清佚名撰。油印本。上海图书馆藏。

中兴图 清佚名撰。存二段。清南府钞本。中国艺术研究院图书馆藏。

忠义图 清佚名撰。五卷。钞本。中国艺术研究院图书馆藏。

祝福记 清佚名撰。钞本。吴晓铃旧藏。

紫金门 清佚名撰。一卷。钞本。中国国家图书馆藏。

紫府得道遥京院 清佚名撰。一卷。养和堂钞本。日本东京大学东洋文化研究所藏。

自然犀 清佚名撰。二卷。钞本。中国艺术研究院图书馆藏。

财星照 清佚名撰。二卷。精钞本。吴兴周氏旧藏,有王国维印。

指南梦 清佚名撰。1962年中华书局出版阿英编《晚清文学丛钞·传奇杂剧卷》本。

亡国恨 清佚名撰。1962年中华书局出版阿英编《晚清文学丛钞·传奇杂剧卷》本。

曲谱、评论与资料一

旧编南九宫谱 明蒋孝辑。不分卷。明嘉靖刻本。南京图书馆、天一阁文物保管所藏。 又,明蒋孝辑。十卷。明三径草堂刻本。南京图书馆藏。1948年国立中央图书馆《玄览堂丛书》三集据之影印。1984年台湾学生书局《善本戏曲丛刊》第三辑据之影印。 又,明万历皇荂子(何钫)刻本。中国国家图书馆藏。

增定南九宫曲谱(一名《南曲全谱》、《南九宫谱》、《新定九宫词谱》、《南九宫十三调曲谱》) 明沈璟撰。二十一卷。附录一卷。明永新龙骧丽正堂刻本。北京大学图书馆、上海图书馆、复旦大学图书馆、吉林大学图书馆、陕西师范大学图书馆、山东省图书馆、浙江图书馆、安徽省博物馆、湖北安陆市图书馆、云南省图书馆藏。1984年

台湾学生书局《善本戏曲丛刊》第三辑据之影印。 又,明文治堂刻本。中国国家图书馆、中国社会科学院文学研究所藏。 又,明三乐斋刻本。首都图书馆、北京大学图书馆、浙江图书馆、湖北省图书馆藏。

南九宫十三调曲谱(一名《南曲全谱》、《南九宫谱》、《新定九宫词谱》、《增定南九宫曲谱》) 明沈璟撰。张汉据《啸余谱》重校。二册。北京大学石印本。

广辑词隐先生增定南九宫词谱(一名《南词新谱》) 明沈璟撰。清沈自晋重定。二十六卷。清顺治十二年沈氏不殊堂刻本。中国国家图书馆、北京大学图书馆、浙江图书馆、四川省图书馆藏。1984年台湾学生书局《善本戏曲丛刊》第三辑据之影印。2002年上海古籍出版社《续修四库全书》据之影印。

南词新谱 明沈璟撰。清沈自晋重定。二十六卷。1934年影印本。 又,1981年北京中国书店影印本。

啸余谱 明程明善辑。六十八卷。明万历刻本。中国国家图书馆、北京大学图书馆、北京师范大学图书馆、中央民族大学图书馆、中国科学院图书馆、中国社会科学院图书馆、中国艺术研究院图书馆、故宫博物院图书馆、中共北京市委图书馆、上海图书馆、复旦大学图书馆、上海辞书出版社图书馆、天津图书馆、山东省图书馆、南京图书馆、浙江图书馆、福建师范大学图书馆藏全本,首都图书馆、湖南省图书馆藏残本。1997年齐鲁书社《四库全书存目丛书》据之影印。子目:① 玉川子啸旨(宋佚名撰)一卷。② 皇极声音数(宋祝泌撰)一卷。③ 律吕一卷。④ 乐府原题(宋郑樵撰)一卷。⑤ 诗余谱二十五卷。⑥ 致语一卷。⑦ 北曲谱(明朱权撰)十二卷。⑧ 中原音韵(元周德清撰)二卷。⑨ 南曲谱(明沈璟撰)二十二卷。⑩ 中州音韵一卷。⑪ 司马温公切韵(宋司马光撰)一卷。 又,明程明善辑。清张汉校。六十八卷。清康熙刻本。中国国家图书馆、首都图书馆、清华大学图书馆、上海图书馆、复旦大学图书馆、上海师范大学图书馆、天津图书馆、吉林大学图书馆、山东大学图书馆、浙江图书馆藏。子目同上。

汇纂元谱南曲九宫正始 明徐庆卿撰。清钮少雅订。不分卷。清顺治精钞本。中国国家图书馆藏。1936年北平戏曲文献流通会据之影印。1984年台湾学生书局《善本戏曲丛刊》第三辑据之影印。2002年上海古籍出版社《续修四库全书》据之影印。 又,清钞本。上海戏剧学院图书馆藏。

南九宫十三调曲谱 明程允昌撰。四卷。首一卷。附《中原音韵》一卷。明末刻本。上海图书馆藏全本,中国国家图书馆藏残本。

南九宫谱大全 明沈自晋撰。清胡介祉增补。稿本,存七卷。中国国家图书馆藏。 又,十六册。稿本。南京图

书馆藏。

重录南九宫曲谱 清佚名辑。三卷。清康熙五十年靳嘉璧钞本。上海图书馆藏。

南词便览 清张彝宣撰。不分卷。清钞本。中国国家图书馆藏。

寒山堂曲谱 清张彝宣撰。不分卷。钞本。北京大学图书馆藏。2002年上海古籍出版社《续修四库全书》据之影印。 又,旧钞本,存四册。中国国家图书馆藏。

寒山堂新定九宫十三摄南曲谱 清张彝宣撰。五卷。钞本。中国艺术研究院图书馆藏。2002年上海古籍出版社《续修四库全书》据之影印。 又,旧钞本,存四册。北京大学图书馆藏。 又,旧钞本,存六册。中国音乐学院图书馆藏。

九宫谱定 清查继佐、鸳湖散人辑。十二卷。总论一卷。清初金阊绿荫堂刻本。中国国家图书馆、清华大学图书馆、吉林省图书馆、浙江衢州市博物馆、福建省图书馆藏全本,南京博物院藏残本。

新编南词定律 清吕士雄等编。十三卷。首一卷。清康熙五十九年刻朱墨套印本。中国国家图书馆(有吴梅批注)、首都图书馆、中国社会科学院文学研究所、中国艺术研究院图书馆、大连市图书馆、南京图书馆、浙江衢州市博物馆、湖南师范大学图书馆藏。2002年上海古籍出版社《续修四库全书》据之影印。 又,清康熙五十九年芸香阁刻本。北京大学图书馆、群众出版社、中共北京市委图书馆、上海图书馆、复旦大学图书馆、上海戏剧学院图书馆、上海辞书出版社图书馆、辽宁省图书馆、中山大学图书馆、四川师范大学图书馆藏。

新定十二律京腔谱 清王正祥撰。十六卷。清康熙二十三年停云室刻本。中国国家图书馆、北京师范大学图书馆、南京图书馆、湖南省图书馆藏全本,中国科学院图书馆藏残本。2002年上海古籍出版社《续修四库全书》据之影印。

新定十二律昆腔谱 清王正祥撰。十六卷。清康熙停云室刻本。中国国家图书馆、北京大学图书馆、北京师范大学图书馆、中国艺术研究院图书馆、辽宁省博物馆藏全本,首都图书馆藏残本。1958年古典文学出版社据之影印。 又,民国贵池刘氏《暖红室汇刻传奇》附刻本。

御制南调宫词乐谱 四卷。清乾隆四十七年三保钞本。中国国家图书馆藏。

曲谱大成总论 清佚名辑。八册。残本。旧钞本。首都图书馆藏。

曲谱大成 清佚名辑。四册,旧钞本。首都图书馆藏。 又,残本,存十四卷。郑振铎旧藏,今存中国国家图书馆。

曲谱(一名《钦定曲谱》) 清王奕清等撰。十二卷。首一卷。末一卷。清康熙内府刻朱墨套印本。中国国家图书馆、首都图书馆、清华大学图书馆、中央民族大学图书馆、中国艺术研究院图书馆、中共北京市委图书馆、上海图书馆、复旦大学图书馆、华东师范

大学图书馆、中国科学院上海图书馆、上海博物馆、天津图书馆、辽宁省图书馆、吉林省图书馆、吉林大学图书馆、南京图书馆、浙江图书馆、安徽省图书馆、湖北襄樊市图书馆、湖南省图书馆、重庆市图书馆藏。民国间扫叶山房、中国书店据之影印。又,1934年上海商务印书馆出版。

新定九宫大成南北词宫谱　清周祥钰、邹金生等辑。八十一卷。闰一卷。总目三卷。清乾隆十一年允禄刻朱墨套印本。中国国家图书馆、首都图书馆、北京师范大学图书馆、中国科学院图书馆、中国艺术研究院图书馆、故宫博物院图书馆、上海图书馆、复旦大学图书馆、天津图书馆、辽宁省图书馆、沈阳音乐学院图书馆、陕西省图书馆、青海民族学院图书馆、山东省图书馆、南京图书馆、苏州大学图书馆、南京博物院、浙江图书馆、安徽师范大学图书馆、江西师范大学图书馆、华中师范大学图书馆、湖南省图书馆、中山大学图书馆、四川省图书馆、重庆市图书馆、四川南充师范学院图书馆藏。1923年古书流通处据之影印。1987年台湾学生书局《善本戏曲丛刊》第六辑据之影印。2002年上海古籍出版社《续修四库全书》据之影印。

纳书楹曲谱　清叶堂撰。正集四卷。续集四卷。补遗四卷。外集二卷。纳书楹《玉茗堂四梦》全谱八卷。清乾隆五十七年、五十九年长洲叶氏纳书楹刻本。北京大学图书馆、清华大学图书馆、中国科学院图书馆、中国艺术研究院图书馆、南开大学图书馆、山西省图书馆、太原市图书馆、山西省文物局、辽宁省图书馆、宁夏回族自治区图书馆、青海省图书馆、浙江诸暨市图书馆、福建省图书馆、武汉图书馆、华中师范大学图书馆、湖北财经学院图书馆、湖南省图书馆、广东潮安县博物馆、桂林图书馆、广西民族学院图书馆、四川大学图书馆、贵州大学图书馆藏全本,中央教育科学研究院、上海图书馆、华东师范大学图书馆、天津师范大学图书馆、保定市图书馆、沈阳音乐学院图书馆、青海省民族学院图书馆、江西临川市图书馆、厦门大学图书馆、湖北省图书馆、湖北大学图书馆、中山大学图书馆、广西艺术学院图书馆、四川省图书馆藏残本。1961年台湾生斋出版社据之影印。1987年台湾学生书局《善本戏曲丛刊》第六辑据之影印。2002年上海古籍出版社《续修四库全书》据之影印。

纳书楹曲谱全集　清叶堂撰。正集四卷。续集四卷。外集二卷。补遗四卷。纳书楹《玉茗堂四梦》全谱八卷。清道光二十八年重刻本。华东师范大学图书馆等藏。

玉尺楼曲谱　清卢见曾撰。六卷。清钞本。上海图书馆藏。

吟碧居曲谱　清秦恩福辑。八卷。清钞本。山东省图书馆藏。

吟香堂曲谱　清冯起凤撰。四卷。清乾隆五十四年吟香堂刻本。首都图书

馆、北京大学图书馆、中国艺术研究院图书馆、上海图书馆、辽宁省图书馆、浙江衢州市博物馆藏全本，福建省图书馆藏残本。

遏云阁曲谱 清王锡纯、李秀云辑。不分卷。清同治九年刻本。2002年上海古籍出版社《续修四库全书》据之影印。 又，清光绪十九年刻本。中国国家图书馆、华东师范大学图书馆等藏。1973年中华书局据之影印。 又，1925年上海著易堂本。

白雪新声 清青莲道人辑。不分卷。清钞本。复旦大学图书馆藏。

漪兰雅操 清杨承晋辑。四卷。稿本。复旦大学图书馆藏。

梦余老人曲谱大成 清逸甫辑。六卷。清钞本。安徽省图书馆藏。

连城璧曲谱 清佚名撰。不分卷。清钞本。中国艺术研究院图书馆藏。

味余山馆曲谱 清佚名撰。不分卷。清钞本。复旦大学图书馆藏。

芥舟书舍全集曲谱 清佚名撰。八卷。存七卷。清钞本。中国国家图书馆藏。

金声玉振 清佚名辑。不分卷。清钞本。重庆市图书馆藏。

伶官曲谱 清佚名撰。不分卷。清嘉庆刘氏积善堂钞本。上海图书馆藏。

红楼梦曲谱 清佚名撰。三种十一卷。蟾波阁刻本。

霓裳文艺全谱 清佚名撰。四卷。清光绪二十二年新建石印本。

异同集 清末听涛主人抄录。六百四十五出。清宣统元年钞本。

昆曲粹存 殷溎深订。清宣统元年昆山国乐保存会编。1924年、1929年校经山房成记书局石印本初版、二版。

春雪阁曲谱 殷溎深传谱。张余荪编。1921年上海朝记书庄石印本。

六也曲谱初集 殷溎深撰。张芬(怡庵)校订。清光绪三十四年苏州振新书社印行。华东师范大学图书馆等藏。

六也曲谱 殷溎深撰。张芬校订。四集。1922年上海朝记书庄石印本。 又，殷溎深撰。张芬校订。四集。1939年校经山房石印本。

天韵社曲谱 杨荫浏编订。1921年油印本。

南曲谱 张汉撰。二十二卷。石印本。华东师范大学图书馆藏。

道和曲谱 1922年上海天一书局印本。

昆曲掇锦 杨荫浏正谱并手录。稿本。1926年无锡五大印务局套色石印本。

昆曲大全 张芬辑。殷溎深订谱。四集。1925年上海世界书局石印本。

新谱六种 徐镜清订谱。稿本。

集成曲谱 王季烈、刘富梁编订。四集。1925年、1931年上海商务印书馆石印本。

与众曲谱 王季烈辑订。1940年合笙曲社石印本。

南北词简谱 吴梅撰。稿本。中国国家图书馆藏。1939年北京大学石印本。 又，1980年华东师范大学中文系油印本。

昆曲集净 褚民谊编。溥西园点正。钢笔影钞本。 又，1943年乐天居士石印本。

琵琶全记曲谱　殷溎深撰。四卷。1921年上海朝记书庄石印本。

拜月亭记曲谱　殷溎深撰。1921年上海朝记书庄石印本。

西厢记曲谱(南)　殷溎深撰。1921年上海朝记书庄石印本。

牡丹亭曲谱　殷溎深撰。1921年上海朝记书庄石印本。

荆钗记曲谱　殷溎深撰。1924年上海朝记书庄石印本。

长生殿曲谱　殷溎深撰。1924年上海朝记书庄石印本。　又,石成甫编。1932年群众图书馆出版。

正俗曲谱　王季烈编订。1947年上海锦章书局印本。

南曲板式为曲句述例　陆思涌撰。1942年国立暨南大学文学院编印。

梦园曲谱　徐仲衡编。1932年晓星书店出版。

粟庐曲谱　俞宗海口授。俞振飞辑订。1953年影印本。1991年台湾中华民俗艺术基金会重印。

振飞曲谱　俞振飞、陆兼之等辑订。1982年上海音乐出版社出版。

昆曲传统曲牌选　高景池传谱。樊步义编。1981年人民音乐出版社出版。

昆曲格律　王守泰撰。1982年江苏人民出版社出版。

全本双金榜传奇曲谱　刘有恒撰。1989年刘有恒于台湾出版。

中国古典戏剧曲谱丛刊　刘有恒编。1990年刘有恒于台湾出版。

昆曲曲牌及套数范例集(南套)　王守泰主编。八集十六卷。1994年上海文艺出版社出版。

昆曲曲牌及套数范例集(北套)　王守泰主编。1997年学林出版社出版。

曲谱研究　周维培撰。1997年江苏古籍出版社出版。

昆弋身段谱甲编　清佚名撰。不分卷。清钞本。上海图书馆藏。

昆弋身段谱乙编　清佚名撰。不分卷。清钞本。上海图书馆藏。

升平署脸谱　清佚名撰。不分卷。清彩色绘本。中国国家图书馆藏。

昆曲身段试谱　张元和撰。1972年台湾蓬瀛曲社出版。

中原音韵　元周德清撰。不分卷。明刻本。王礼培跋。湖南省图书馆藏。又,元周德清撰。二卷。明正统刻本。中国社会科学院文学研究所藏。1978年中华书局影印本。　又,明宝翰楼刻本。中国科学院图书馆、北京市文物局藏。　又,明刻本。中国国家图书馆藏。　又,元周德清撰。明王文璧增注。二卷。明刻本。故宫博物院图书馆、上海图书馆、南开大学图书馆、南京图书馆、厦门大学图书馆、四川省图书馆藏。　又,明三槐堂刻本。天津图书馆藏。　又,元周德清撰。题信天山民补注。二卷。稿本。上海图书馆藏。

中州音韵　元周德清撰。明王文璧增注。不分卷。明弘治十七年张疊刻本。钱式嘉跋。上海图书馆藏。

元本中原音韵　元周德清撰。1922年古里瞿氏铁琴铜剑楼影印本。

中原音韵研究　赵荫棠撰。1936年上海

商务印书馆出版。

中原音韵音系 杨耐思撰。1981年中国社会科学出版社出版。

中原音韵音系研究 李新魁撰。1983年中州书画出版社出版。

中原音韵表稿 宁继福撰。1986年吉林人民出版社出版。

论中原音韵 周维培撰。1990年中国戏剧出版社出版。

中州全韵 明范善溱辑。十九卷。清钞本。首都图书馆藏。2002年上海古籍出版社《续修四库全书》据之影印。

中州全韵 清周昂辑。二十二卷。首一卷。清乾隆此宜阁刻本。中国艺术研究院图书馆、复旦大学图书馆藏。

韵学要指 清毛奇龄撰。十一卷。清康熙刻本。 又,清乾隆重刻《西河合集》本。

音韵须知 清李书云辑。清朱䧺校。二卷。清刻本。上海辞书出版社图书馆等藏。2002年上海古籍出版社《续修四库全书》据之影印。

韵学骊珠 清沈乘麟辑。二卷。清嘉庆元年枕流居刻本。华东师范大学图书馆等藏。2002年上海古籍出版社《续修四库全书》据之影印。

中州音韵辑要 清王鵕撰。二十一卷。清乾隆四十九年昆山载德堂刻本。上海辞书出版社图书馆等藏。2002年上海古籍出版社《续修四库全书》据之影印。

词林韵释 不分卷。清马氏小玲珑山馆钞本。清翁同书校并跋。中国国家图书馆藏。

新定考正音韵大全一卷 新定重较问奇一览二卷 清康熙停云室刻本。中国国家图书馆、首都图书馆、北京大学图书馆、南京图书馆藏。

中州切音谱赘论 清刘禧延撰。成书于清光绪二十六、二十七年间。

曲韵举隅 卢冀野撰。1937年上海中华书局出版。

曲韵探骊 项衡方撰。二卷。1944年贵阳铅印本。

曲韵五书 汪经昌编。1961年台湾王道荣印行出版。

曲韵易通 项衡方撰。1963年中华书局出版。

曲海韵珠 王熙之撰。1979年台湾学生书局出版。

曲谱、评论与资料二

曲律 明王骥德撰。四卷。明天启四年方诸馆刻本。中国国家图书馆、上海图书馆藏。2002年上海古籍出版社《续修四库全书》据之影印。 又,清康熙二十八年苏州绿荫堂重印明方诸馆刻本。 又,清道光间钱熙祚辑刊《指海》第七集本。

王骥德曲律 明王骥德撰。陈多、叶长海注。1983年湖南人民出版社出版。

王骥德曲律研究 叶长海撰。1983年中国戏剧出版社出版。

王骥德曲论研究 李惠绵撰。1992年台湾大学出版委员会出版。

王骥德论曲斟疑 杨振良撰。1944年台湾里仁书局出版。

度曲须知　明沈宠绥撰。二卷。明崇祯十二年原刻初印本。1922年上海商务印书馆据之影印。

度曲须知二卷　弦索辨讹二卷　明沈宠绥撰。明崇祯十二年自刻清顺治六年沈标重修本。中国国家图书馆、北京大学图书馆、清华大学图书馆、中共中央党校图书馆、北京师大附中图书馆、中国艺术研究院图书馆、中共北京市委图书馆、天津图书馆、辽宁省图书馆、青海省图书馆、南京图书馆、浙江图书馆、福建省图书馆、湖南省图书馆、湖南省社会科学院图书馆藏全本，中国科学院图书馆、中国社会科学院文学研究所、上海图书馆、复旦大学图书馆、华东师范大学图书馆、上海音乐学院图书馆、山西省图书馆、吉林省图书馆、吉林大学图书馆、陕西师范大学图书馆、天一阁文物保管所、厦门大学图书馆、重庆市图书馆、云南省图书馆藏残本。1997年齐鲁书社《四库全书存目丛书》据之影印。

魏良辅曲律　明魏良辅撰。载《吴歈萃雅》卷首。明万历四十四年刻本。　又，明崇祯十年刻本。

昆腔原始（即《魏良辅曲律》）　明魏良辅撰。载《词林逸响》卷首。明天启三年刻本。

南词引正　明魏良辅撰。明吴昆麓校正。清初张丑《真迹日录》二集据明文徵明手书真迹过录本。路工旧藏。1961年《戏剧报》第七、八期合刊发表钱南扬校注本。1980年上海文艺出版社出版钱南扬《汉上宧文存》收入。1985年上海古籍出版社出版路工《访书见闻录》收入。1996年江苏教育出版社出版吴新雷《中国戏曲史论》收入校点本。

何元朗徐阳初曲论　明何良俊、徐复祚撰。二卷。1912年上海国粹学报社《古学汇刊》第二集本。

曲论　明何良俊撰。自《四友斋丛说》辑录而成。　又，明徐复祚撰。自《三家村老委谈》（一名《花当阁丛谈》）辑录而成。

曲藻　明王世贞撰。自《艺苑卮言》辑录而成。明万历茅一相编《欣赏续编》本。　又，明末《锦囊小史》刻本。

鸾啸小品　明潘之恒撰。十二卷。明崇祯二年刻本。上海图书馆藏。

潘之恒曲话　明潘之恒撰。汪效倚辑注。1988年中国戏剧出版社出版。

顾曲杂言　明沈德符撰。一卷。清钞本。清李文田校注并跋。中国国家图书馆藏。

曲品　明吕天成撰。二卷。清初钞本。中华书局图书馆藏。　又，三卷。清乾隆五十六年杨志鸿钞本。清华大学图书馆藏。2002年上海古籍出版社《续修四库全书》据之影印。　又，二卷。清河郡黑格钞本。北京大学图书馆藏。　又，明吕天成撰。民国贵池刘氏《暖红室汇刻传奇》本。1922年、1935年上海来清阁重印。

曲品（附传奇品二卷）　明吕天成撰。吴梅校。1918年北京大学出版社出版。

曲品校注　明吕天成撰。吴书荫校注。

1990年中华书局出版。

远山堂曲品 明祁彪佳撰。一卷。稿本。清祁晋批。中国国家图书馆藏。2002年上海古籍出版社《续修四库全书》据之影印。 又，明末祁氏远山堂钞本。上海图书馆藏。 又，清初祁氏起元社刻本。中国国家图书馆藏。

远山堂剧品 明祁彪佳撰。一卷。明末祁氏远山堂钞本。中国国家图书馆藏。2002年上海古籍出版社《续修四库全书》据之影印。

远山堂明曲品剧品校录 明祁彪佳撰。黄裳校录。1955年上海出版公司出版。

谭曲杂札 明凌濛初撰。明崇祯刻《南音三籁》卷首。 又，《寒山堂曲谱》本。

乐府传声 清徐大椿撰。不分卷。清乾隆十三年丰草亭原刻本。清华大学图书馆、中国艺术研究院图书馆、上海辞书出版社图书馆、浙江图书馆、湖北省图书馆藏。2002年上海古籍出版社《续修四库全书》据之影印。 又，清道光四年徐培重刻本。 又，清咸丰九年真州吴桂重刻本。1917—1924年北京肇新印刷局石印本。 又，《正觉楼丛书》本。清光绪崇文书局刻本。中国国家图书馆、天津图书馆、上海图书馆等藏。

乐府传声译著 清徐大椿撰。吴同宾、李光译撰。1982年中国戏剧出版社出版。

闲情偶寄 清李渔撰。十六卷。清康熙十年翼圣堂刻本。题《笠翁秘书第一种》。 又，六卷。清雍正八年芥子园刻《笠翁一家言全集》本。改名《笠翁偶集》。 又，十六卷。1936年上海贝叶山房排印《中国文学珍本丛书》本。 又，单锦珩校点。1985年浙江古籍出版社出版。 又，江巨荣、卢寿荣校注。2000年上海古籍出版社出版。

李笠翁曲话 清李渔撰。曹聚仁校订。1925年上海梁溪图书馆排印《文艺丛书》本。 又，民国上海启智书局排印本。 又，《戏剧研究》编辑部编。1959年中国戏剧出版社出版。 又，陈多注释。1980年湖南人民出版社出版。

李笠翁曲话注释 清李渔撰。徐寿凯注释。1981年安徽人民出版社出版。

李笠翁曲话译注 清李渔撰。李德原译注。1988年天津古籍出版社出版。

南曲入声客问 清毛先舒撰。一卷。清张潮辑《昭代丛书》本，康熙间刻。清华大学图书馆、复旦大学图书馆等藏。 又，清张潮辑《昭代丛书》本，道光吴江沈氏世楷堂刻。中国国家图书馆、上海图书馆、南京图书馆等藏。

雨村曲话 清李调元撰。二卷。《函海》本。清李调元辑《函海》本，乾隆绵州李氏万卷楼刻嘉庆十四年李鼎元重校印。中国国家图书馆、上海图书馆等藏。 又，清李调元辑《函海》本，清光绪七年至八年广汉钟登甲乐道斋刻。中国国家图书馆、上海图书馆等藏。

曲话 清梁廷枏撰。五卷。《藤花亭合刻

十种》本，清道光十年刻。湖北省图书馆藏。　又，《藤花亭十七种》本，清道光八年至十三年刻。中国国家图书馆、上海图书馆等藏。　又，1916年上海有正书局出版。

剧说　清焦循撰。六卷。稿本。中国国家图书馆藏。2002年上海古籍出版社《续修四库全书》据之影印。

顾误录　清王德晖、徐元澂撰。一卷。清咸丰元年北京篆云斋刻本。中国艺术研究院图书馆藏。2002年上海古籍出版社《续修四库全书》据之影印。

古人传奇总目　明末清初佚名撰。传抄本。附于《曲品》与《新传奇品》之间。

新传奇品　清高奕撰。传抄本。与《曲品》、《新传奇品》合抄。　又，清高奕撰。清末贵池刘氏暖红室刻本。吴梅校本。

传奇汇考标目　清佚名撰。传抄本。附于《传奇汇考》前。

传奇汇考　清佚名撰。八卷。传抄本。　又，八卷。1914年古今书室出版。　又，1994年书目文献出版社影印本。

重订曲海总目　清黄文旸撰。一卷。《扬州画舫录》卷五转载本。　又，清黄文旸撰。清无名氏重订。清同治二年《销夏录旧五种》稿本。

乐府考略　清佚名撰。不分卷。清钞本。中国国家图书馆藏。　又，清钞本。上海图书馆藏。　又，清钞本。南京图书馆藏。

曲海总目提要　清佚名撰。王国维、董康、吴梅等校订。四十六卷。1928年上海大东书局排印本。　又，1959年人民文学出版社出版。　又，1992年天津古籍出版社影印本。

曲海总目提要拾遗　杜颖陶编。1936年上海世界书局出版。

曲海总目提要补编　杜颖陶编。1959年人民文学出版社出版。

曲目新编　清支丰宜撰。一卷。清道光二十三年朴存堂刻本。中国国家图书馆藏。

曲目表（即《曲目新编》）　清支丰宜撰。清末刻本。

笠阁批评旧戏目提要　清笠阁渔翁撰。清乾隆二十七年刻《笺注牡丹亭》本。

今乐考证　清姚燮撰。十二卷。稿本。1935年北京大学据之影印。2002年上海古籍出版社《续修四库全书》据之影印。

菉漪室曲话　姚华撰。四卷。

顾曲麈谈　吴梅撰。1916年商务印书馆出版。　又，1983年中国戏剧出版社出版《吴梅戏曲论文集》本。

螾庐曲谈　王季烈撰。四卷。1922年附于《集成曲谱》各卷卷首出版。　又，1934年上海商务印书馆出版。

读曲丛刊　董康辑。1917年诵芬室刻本。子目：① 魏良辅曲律（明魏良辅撰）一卷。② 曲律（明王骥德撰）四卷。③ 顾曲杂言（明沈德符撰）一卷。④ 衡曲麈谭（明张琦撰）一卷。⑤ 南词叙录（明徐渭撰）一卷。⑥ 新编录鬼簿（元钟嗣成撰）二卷。⑦ 剧说（清焦循撰）六卷。

曲学通论　吴梅撰。1935年上海商务印书馆出版。

曲律易知 许之衡撰。1922年饮流斋印《饮流斋丛书》本。

曲苑 陈乃乾辑。1921年海宁陈氏影印本。子目：① 江东白苧（明梁辰鱼撰）二卷。续二卷。② 剧说（清焦循撰）六卷。③ 曲话（清梁廷枏撰）五卷。④ 曲品（明吕天成撰）三卷。⑤ 新传奇品（清高奕撰）一卷。续一卷。⑥ 曲录（王国维撰）二卷。⑦ 南词叙录（明徐渭撰）一卷。⑧ 旧编南九宫目录（明蒋孝辑）一卷。⑨ 十三调南曲音节谱（明蒋孝辑）一卷。⑩ 衡曲麈谭（明张琦撰）一卷。⑪ 魏良辅曲律（明魏良辅撰）一卷。⑫ 顾曲杂言（明沈德符撰）一卷。⑬ 雨村曲话（清李调元撰）二卷。⑭ 曲目表（清支丰宜辑）一卷。

重订曲苑 陈乃乾辑。1925年石印本。子目：① 新编录鬼簿（元钟嗣成撰）二卷。② 中原音韵（元周德清撰）一卷。③ 南词叙录（明徐渭撰）一卷。④ 旧编南九宫目录（明蒋孝辑）一卷。⑤ 十三调南吕曲音节谱（明蒋孝辑）一卷。⑥ 衡曲麈谭（明张琦撰）一卷。⑦ 魏良辅曲律（明魏良辅撰）一卷。⑧ 曲律（明王骥德撰）四卷。⑨ 顾曲杂言（明沈德符撰）一卷。⑩ 度曲须知（明沈宠绥撰）二卷。⑪ 曲品（明吕天成撰）三卷。⑫ 新传奇品（清高奕撰）一卷，续一卷。⑬ 曲话（清梁廷枏撰）五卷。⑭ 雨村曲话（清李调元撰）二卷。⑮ 剧说（清焦循撰）六卷。⑯ 词余丛话（清杨恩寿撰）三卷。⑰ 曲目表（清支丰宜撰）一卷。⑱ 曲录（王国维撰）六卷。⑲ 戏曲考原（王国维撰）一卷。⑳ 曲目韵编（董康撰）二卷。

增补曲苑 民国古书流通处辑。民国正音学会增辑。1922年上海六艺书局排印本。子目：〔金集〕① 碧鸡漫志（宋王灼撰）五卷。② 乐府杂录（唐段安节撰）一卷。③ 羯鼓录（唐南卓撰）一卷。④ 新编录鬼簿（元钟嗣成撰，王国维校注）二卷。⑤ 衡曲麈谭（明张琦撰）一卷。⑥ 顾曲杂言（明沈德符撰）一卷。〔石集〕⑦ 南词叙录（明徐渭撰）一卷。⑧ 旧编南九宫目录（明蒋孝辑）一卷。⑨ 十三调南曲音节谱（明蒋孝辑）一卷。⑩ 曲品（明吕天成撰）三卷。⑪ 新传奇品（清高奕撰）一卷，续一卷。⑫ 曲目韵编（董康撰）二卷。〔丝集〕⑬ 曲律（明王骥德撰）四卷。⑭ 魏良辅曲律（明魏良辅撰）一卷。〔竹集〕⑮ 雨村曲话（清李调元撰）二卷。⑯ 曲话（清梁廷枏撰）五卷。⑰ 词余丛话（清杨恩寿撰）三卷。⑱ 曲谈（王季烈撰）一卷。〔匏集〕⑲ 剧说（清焦循撰）六卷。〔土集〕⑳ 唐宋大曲考（王国维撰）一卷。㉑ 戏曲考原（王国维撰）一卷。㉒ 古剧脚色考（王国维撰）一卷。㉓ 优语录（王国维辑）一卷。㉔ 录曲余谈（王国维撰）一卷。〔革集〕㉕ 宋元戏曲考（王国维撰）一卷。〔木集〕㉖ 曲录（王国维撰）六卷。

新曲苑 任讷辑。1940年上海中华书局排印本。子目：① 唱论（元芝庵撰）一卷。② 中州乐府音韵类编（元卓从

之撰)一卷。③ 辍耕曲录(元陶宗仪撰)一卷。④ 丹丘先生曲论(明朱权撰)一卷。⑤ 四友斋曲说(明何良俊撰)一卷。⑥ 王氏曲藻(明王世贞撰)一卷。⑦ 三家村老曲谈(明徐复祚撰)一卷。⑧ 少室山房曲考(明胡应麟撰)一卷。⑨ 尧山堂曲纪(明蒋一葵撰)一卷。⑩ 周氏曲品(明周晖撰)一卷。⑪ 梅花草堂曲谈(清张大复撰)一卷。⑫ 客座曲语(明顾启元撰)一卷。⑬ 程氏曲藻(明程羽文撰)一卷。⑭ 九宫谱定总论(清查继佐撰)一卷。⑮ 太霞曲语(明冯梦龙撰)一卷。⑯ 制曲枝语(清黄周星撰)一卷。⑰ 笠翁剧论(清李渔撰)二卷。⑱ 南曲入声客问(清毛先舒撰)一卷。⑲ 在园曲志(清刘廷玑撰)一卷。⑳ 大成曲谱论例(清周祥钰撰)一卷。㉑ 易余曲录(清焦循撰)一卷。㉒ 乐府传声(清徐大椿撰)一卷。㉓ 雨村曲话(清李调元撰)二卷。㉔ 艾塘曲录(清李斗撰)一卷。㉕ 书隐曲说(清袁栋撰)一卷。㉖ 两般秋雨庵曲谈(清梁绍壬撰)一卷。㉗ 北泾草堂曲论(清陈栋撰)一卷。㉘ 京尘剧录(清杨懋建撰)一卷。㉙ 曲概(清刘熙载撰)一卷。㉚ 中州切音谱赘论(清刘禧延撰)一卷。㉛ 曲海一勺(姚华撰)一卷。㉜ 曲稗(徐珂撰)一卷。㉝ 菉漪室曲话(姚华撰)四卷。㉞ 霜厓曲跋(吴梅撰)三卷。附：曲海扬波(任讷撰)六卷。

中国古典戏曲论著集成　中国戏曲研究院编。十集。1959、1960 年中国戏剧出版社出版。子目：〔第一集〕① 教坊记(唐崔令钦撰)一卷。② 乐府杂录(唐段安节撰)一卷。③ 碧鸡漫志(宋王灼撰)五卷。④ 唱论(元燕南芝庵撰)一卷。⑤ 中原音韵(元周德清撰)不分卷。〔第二集〕⑥ 青楼集(元夏庭芝撰)一卷。⑦ 录鬼簿(元钟嗣成撰)二卷。⑧ 录鬼簿续编(明佚名撰)一卷。〔第三集〕⑨ 太和正音谱(明朱权撰)二卷。⑩ 南词叙录(明徐渭撰)一卷。⑪ 词谑(明李开先撰)不分卷。〔第四集〕⑫ 曲论(明何良俊撰)一卷。⑬ 曲藻(明王世贞撰)一卷。⑭ 曲律(明王骥德撰)四卷。⑮ 顾曲杂言(明沈德符撰)一卷。⑯ 曲论(明徐复祚撰)一卷。⑰ 谭曲杂札(明凌濛初撰)。⑱ 衡曲麈谭(明张琦撰)一卷。〔第五集〕⑲ 曲律(明魏良辅撰)一卷。⑳ 弦索辨讹(明沈宠绥撰)不分卷。㉑ 度曲须知(明沈宠绥撰)二卷。〔第六集〕㉒ 远山堂曲品(明祁彪佳撰)一卷。㉓ 远山堂剧品(明祁彪佳撰)一卷。㉔ 曲品(明吕天成撰)二卷。㉕ 新传奇品(清高奕撰)。附录：古人传奇总目(清佚名撰)。〔第七集〕㉖ 闲情偶寄(清李渔撰)选前五卷。㉗ 制曲枝语(清黄周星撰)一卷。㉘ 南曲入声客问(清毛先舒撰)一卷。㉙ 看山阁集闲笔(清黄图珌撰)摘录。㉚ 乐府传声(清徐大椿撰)不分卷。㉛ 传奇汇考标目(清佚名撰)二卷。㉜ 笠阁批评旧戏目(清笠阁渔翁撰)。㉝ 重订曲海总目(清黄文旸撰)一卷。㉞ 也是园藏

古今杂剧目录(清黄丕烈撰)。〔第八集〕㉟ 雨村曲话(清李调元撰)二卷。㊱ 剧话(清李调元撰)二卷。㊲ 剧说(清焦循撰)六卷。㊳ 花部农谭(清焦循撰)一卷。㊴ 曲话(清梁廷枏撰)五卷。〔第九集〕㊵ 梨园原(清黄幡绰撰)一卷。㊶ 顾误录(清王德晖、徐沅澂撰)一卷。㊷ 艺概(清刘熙载撰)摘录。㊸ 曲目新编(清支丰宜撰)一卷。㊹ 小栖霞说稗(清平步青撰)一卷。㊺ 词余丛话(清杨恩寿撰)三卷。㊻ 续词余丛话(清杨恩寿撰)三卷。〔第十集〕㊼ 今乐考证(清姚燮撰)十二卷。

戏曲演唱论著辑释 周贻白辑释。1962年中国戏剧出版社出版。

曲学例释 汪经昌撰。1963年台湾中华书局出版。

曲论初探 赵景深撰。1980年上海文艺出版社出版。

中国戏剧批评的产生与发展 夏写时撰。1982年中国戏剧出版社出版。

曲话 宋成萃撰。1983年台湾黎明出版社出版。

中国古代编剧理论初探 陈衍编撰。1984年湖北人民出版社出版。

中国古典编剧理论资料汇辑 秦学人、侯作卿编。1984年中国戏剧出版社出版。

曲论探胜 齐森华撰。1985年华东师范大学出版社出版。

古典戏曲导演学论集 高宇撰。1985年中国戏剧出版社出版。

中国戏曲理论研究文选 中国艺术研究院戏曲研究所编。1986年中国戏剧出版社出版。

中国戏剧学史稿 叶长海撰。1986年上海文艺出版社出版。

古典戏曲编剧六论 祝肇年撰。1986年中国戏剧出版社出版。

中国历代剧论选注 陈多、叶长海选注。1987年湖南文艺出版社出版。

安徽明清曲论选 赵山林选注。1987年黄山书社出版。

历代咏剧诗歌选注 赵山林选注。1988年书目文献出版社出版。

论中国戏剧批评 夏写时撰。1988年齐鲁书社出版。

中国古典戏曲序跋汇编 蔡毅编。1989年齐鲁书社出版。

中国古代戏曲序跋集 吴毓华编。1990年中国戏剧出版社出版。

金圣叹与中国戏曲批评 谭帆撰。1992年华东师范大学出版社出版。

古典戏曲美学资料集 隗芾、吴毓华编。1992年文化艺术出版社出版。

中国古典戏剧理论史 谭帆、陆炜撰。1993年中国社会科学出版社出版。

中国古典戏曲学论稿 谭源材撰。1993年春风文艺出版社出版。

曲律与曲学 叶长海撰。1993年台湾骆驼出版社出版。

古典戏曲美学史 吴毓华撰。1994年文化艺术出版社出版。

戏曲理论史述要 傅晓航撰。1994年文化艺术出版社出版。

中外戏剧美学比较简论 牛国玲撰。1994年中国戏剧出版社出版。

中西戏剧美学思想比较研究　彭修银撰。1994年武汉出版社出版。

戏曲美学　苏国荣撰。1995年文化艺术出版社出版。

中国戏剧学通论　赵山林撰。1995年安徽教育出版社出版。

昆曲理论史稿　詹慕陶撰。1996年杭州大学出版社出版。

戏曲的美学品格　沈达人撰。1996年中国戏剧出版社出版。

中国古代曲学史　李昌集撰。1997年华东师范大学出版社出版。

中国戏剧美学的文化阐释　姚文放撰。1997年中国人民大学出版社出版。

戏剧与戏剧美学　李晓撰。1998年四川人民出版社出版。

元明清戏曲搬演论研究——以曲牌体戏曲为范畴　李惠绵撰。1998年台湾文史哲出版社出版。

戏曲美学　陈多撰。2001年四川人民出版社出版。

中国小说戏曲理论的近代转型　程华平撰。2001年华东师范大学出版社出版。

戏曲批评概念史考论　李惠绵撰。2002年台湾里仁书局出版。

20世纪中国古代文学研究史·戏曲卷　黄霖主编。2006年东方出版中心出版。

南戏接受研究　王良成撰。2018年中国社会科学出版社出版。

戏剧、小说与民间信仰：中国传统文学和文化的域外观照　赵晓寰撰。2018年复旦大学出版社有限公司出版。

国立北平图书馆戏曲音乐展览会目录　1934年国立北平图书馆出版。

国剧学会图书馆书目　傅惜华编。1935年北平国剧学会出版。

北平图书馆藏升平署曲本目录　王芷章编。1936年中华书局出版。

西谛所藏善本戏曲目录　郑振铎编。民国影印手稿本。

晚清戏曲小说目　阿英编。1957年古典文学出版社出版。

明代传奇全目　傅惜华撰。1959年人民文学出版社出版。

古典戏曲存目汇考　庄一拂编撰。1982年上海古籍出版社出版。

中国古典名剧鉴赏辞典　徐培均、范民声主编。1990年上海古籍出版社出版。

车王府曲本提要　郭精锐等编撰。1989年中山大学出版社出版。

中国近代戏曲论著总目　傅晓航、张秀莲主编。1994年文化艺术出版社出版。

古本戏曲剧目提要　李修生主编。1997年文化艺术出版社出版。

明清传奇综录　郭英德撰。1997年河北教育出版社出版。

中国近代传奇杂剧经眼录　梁叔安、姚柯夫撰。1996年书目文献出版社出版。

南戏大典：资料编·明代卷　俞为民、洪振宁主编。2012年黄山书社出版。

南戏大典：资料编·清代卷　俞为民、洪振宁主编。2012年黄山书社出版。

曲谱、评论与资料三

中国戏曲概论　吴梅撰。1926年上海大

东书局出版。1964年香港太平书局影印本，1976年重印。

南北戏曲源流考　［日］青木正儿撰。江侠庵译。1928年上海商务印书馆出版。1967年台湾商务印书馆重版。

中国戏剧概评　培良撰。1929年上海泰东图书馆出版。

中国戏剧概论　卢前撰。1934年上海世界书局出版，1944年新一版。

缀玉轩藏曲志　傅惜华撰。1934年出版。

清代燕都梨园史料　张江裁编。1934年北平邃雅斋出版。1988年中国戏剧出版社出版。

读曲随笔　赵景深撰。1936年北新书局出版。

读曲小识　卢前撰。1937年上海商务印书馆出版。

戏曲丛谭　华连圃撰。1937年上海商务印书馆出版。

小说戏曲新考　赵景深撰。1939年世界书局出版。

中国伶人血缘之研究　潘光旦撰。1941年上海商务印书馆出版。1991年上海书店影印。

戏曲论丛　叶德均撰。1947年上海日新出版社出版。

中国戏曲论丛　周贻白撰。1952年中华书局出版。

元明清戏曲研究论文集　作家出版社编辑部编。1957年作家出版社出版。

王国维戏曲论文集　1957年中国戏剧出版社出版，1984年新一版。

明清曲谈　赵景深撰。1957年古典文学出版社出版。

元明清三代禁毁小说戏曲史料　王利器辑。1958年作家出版社出版。1981年上海古籍出版社重版。

元明南戏考略　赵景深撰。1958年作家出版社出版。

曲海燃藜　周贻白撰。1958年中华书局出版。

读曲小识　赵景深撰。1959年中华书局出版。

中国戏曲论集　周贻白撰。1960年中国戏剧出版社出版。

戏曲笔谈　赵景深撰。1962年中华书局出版。

中国戏曲　祝肇年撰。1962年作家出版社出版。

中国戏曲总目汇编　罗锦堂编撰。1966年香港万有图书公司出版。

戏曲辞典　王沛纶撰。1969年台湾中华书局出版。

中国古典戏剧论集　曾永义撰。1975年台湾联经出版事业公司出版。

说戏曲　曾永义撰。1976年台湾联经出版事业公司出版。

乾隆时期剧场活动之研究　朱川海撰。1977年台湾华冈出版社出版。

锦堂论曲　罗锦堂撰。1977年台湾联经出版事业公司出版。

小说戏曲丛考　叶德均撰。1979年中华书局出版。

中国古典戏曲名著简论　钟林斌撰。1979年春风文艺出版社出版。

怎样看懂中国戏——中国戏曲的理解与欣赏　田士林撰。1979年台湾芬芳宝岛杂志社出版。

宋元明清剧曲研究论丛　存萃学社编辑。周康燮主编。1979年香港大东图书公司印行。

曲学　卢元骏撰。1980年台湾黎明出版社出版。

汉上宧文存　钱南扬撰。1980年上海文艺出版社出版。

玉轮轩曲论　王季思撰。1980年中华书局出版。

戏曲艺术论　张庚撰。1980年中国戏剧出版社出版。

中国戏曲曲艺词典　上海艺术研究所、中国剧协上海分会编。1981年上海辞书出版社出版。

戏曲剧目论集　郭汉城撰。1981年上海文艺出版社出版。

戏文概论　钱南扬撰。1981年上海古籍出版社出版。

论戏说剧　黄美序撰。1981年台湾经世出版社出版。

戏曲词语汇释　陆澹安撰。1981年上海古籍出版社出版。

中国戏曲史钩沉　蒋星煜撰。1982年中州书画社出版。

周贻白戏剧论文选　1982年湖南人民出版社出版。

戴不凡戏曲研究论文集　1982年浙江人民出版社出版。

元明清戏曲论集　严敦易撰。1982年中州书画社出版。

中国戏曲艺术　张赣生撰。1982年百花文艺出版社出版。

中国戏剧　田士林撰。1983年台湾中广出版社出版。

戏文概论　钱南扬撰。1981年上海古籍出版社出版。

昆曲漫谈　邱恕鉴撰。1983年台湾中国礼乐学会出版。

冷暖集　黄天骥撰。1983年花城出版社出版。

吴梅戏曲论文集　王卫民编。1983年中国戏剧出版社出版。

中国戏曲初考　赵景深撰。1983年中州书画出版社出版。

玉轮轩曲论新编　王季思撰。1983年中国戏剧出版社出版。

中国大百科全书·戏曲曲艺卷　中国大百科全书总编辑委员会戏曲曲艺卷编委会、中国大百科全书出版社编辑部编。1983年中国大百科全书出版社出版。

曲海蠡测　谭正璧、谭寻撰。1983年浙江人民出版社出版。

说剧——中国戏剧史专题研究论文集　董每戡撰。1983年人民文学出版社出版。

《红楼梦》与戏曲比较研究　徐扶明撰。1984年上海古籍出版社出版。

五大名剧论　董每戡撰。1984年人民文学出版社出版。

中国古典戏剧论集　张敬等撰。1985年台湾幼狮文化事业公司出版。

中国戏曲史探微　蒋星煜撰。1985年齐鲁书社出版。

中国古代戏曲十九讲　周续赓等编写。1986年北京出版社出版。

古典戏曲十讲　沈达人、颜长珂主编。1986年中华书局出版。

中国剧诗美学风格　苏国荣撰。1986年上海文艺出版社出版。

中国戏曲丛谈　赵景深撰。1986年齐鲁书社出版。

戏曲文物丛考　刘念兹撰。1986年中国戏剧出版社出版。

元明清戏曲探索　徐扶明撰。1986年浙江古籍出版社出版。

中国的戏剧　彭飞撰。1986年中国青年出版社出版。

戏曲音乐散论　何为撰。1986年人民音乐出版社出版。

戏曲与戏曲文学论稿　沈尧撰。1986年中国戏剧出版社出版。

周贻白小说戏曲论集　沈燮元编。1986年齐鲁书社出版。

中国古代戏曲论集　王季思等撰。1986年中国展望出版社出版。

明代传奇之剧场及其艺术　王安祈撰。1986年台湾学生书局出版。

明清传奇导论　张敬撰。1986年台湾华正书局有限公司出版。

中国戏曲剧种手册　李汉飞编。1987年中国戏剧出版社出版。

明清传奇概说　朱承朴、曾庆全撰。1987年台湾沧浪出版社出版。1988年广东人民出版社出版。

方志著录元明清曲家传略　赵景深、张增元编。1987年中华书局出版。

中国戏剧史论集　赵景深、李平、江巨荣撰。1987年江西人民出版社出版。

中国戏剧文学的瑰宝——明清传奇　王永健撰。1989年江苏教育出版社出版。

中国戏剧通论　张庚、郭汉城主编。1989年上海文艺出版社出版。

传统文化与古典戏曲　郑传寅撰。1990年湖北教育出版社出版。

中国戏曲观众学　赵山林撰。1990年华东师范大学出版社出版。

明代戏曲五论　王安祈撰。1990年台湾大安出版社出版。

中国古典戏剧的认识与欣赏　曾永义撰。1991年台湾正中书局出版。

昆曲清唱研究　朱昆槐撰。1991年台湾大安出版社出版。

王季思学术论著自选集　王季思撰。1991年北京师范学院出版社出版。

中国历代诗词曲论专著提要　霍松林主编。1991年北京师范学院出版社出版。

中国古代戏曲　周传家编撰。1991年商务印书馆出版。

中国十大古典喜剧论　周国雄撰。1991年暨南大学出版社出版。

昆剧折子戏初探　陈为瑀撰。1991年中州古籍出版社出版。

戏曲美学散论　屈江吟撰。1992年辽宁教育出版社出版。

中西喜剧研究：喜剧性与笑　于成鲲撰。1992年学林出版社出版。

论戏曲观众　刘景亮编撰。1992年河南人民出版社出版。

明代戏剧研究概述　宁宗一等撰。1992年天津教育出版社出版。

明清文人传奇研究　郭英德撰。1992年北京师范大学出版社出版。

折子戏论集　林逢源撰。1992年台湾雄

复文书局出版。

中国古代戏曲家评传 胡世厚、邓绍基主编。1992年中州古籍出版社出版。

明清戏曲家考略 邓长风撰。1992年上海古籍出版社出版。

南戏研究变迁 金宁芬撰。1992年天津教育出版社出版。

中州戏曲历史文物考 杨健民撰。1992年文物出版社出版。

中国古代戏剧辞典 张月中主编。1993年黑龙江人民出版社出版。

晚明曲家年谱 徐朔方撰。1993年浙江古籍出版社出版。

徐朔方集 徐朔方撰。1993年浙江古籍出版社出版。

中国戏曲文化概论 郑传寅撰。1993年武汉大学出版社出版。

京都古戏楼 周华斌撰。1993年海洋出版社出版。

昆曲唱腔研究 武俊达撰。1993年人民音乐出版社出版。

清徽学术论文集 张敬撰。1994年台湾华正书局有限公司出版。

剧史新说 陈多撰。1994年台湾骆驼出版社出版。

清风亭下梧桐雨：中国古典戏曲卷 王卫民、王林编撰。1994年陕西人民教育出版社出版。

晚明戏曲剧种及声腔研究 林鹤宜撰。1994年台湾学海出版社出版。

戏曲(《中国古代文体丛书》) 幺书仪撰。1994年人民文学出版社出版。

古代戏曲思想艺术论 江巨荣撰。1995年学林出版社出版。

中国戏曲文化 周育德撰。1995年中国友谊出版公司出版。

中国戏曲剧种大辞典 《中国戏曲剧种大辞典》编委会编。1995年上海辞书出版社出版。

栏杆拍遍：古代剧作家心路 刘彦君撰。1995年文化艺术出版社出版。

中国的戏曲文化 陈抱成撰。1995年中国戏剧出版社出版。

清代戏曲家丛考 陆萼庭撰。1995年学林出版社出版。

中国戏曲 翁敏华撰。1996年上海古籍出版社出版，收入《中华文明宝库》。

中国戏曲史论 吴新雷撰。1996年江苏教育出版社出版。

中国古代戏曲 周传家撰。1996年商务印书馆出版。

中国昆曲艺术 钮骠等撰。1996年北京燕山出版社出版。

铜琵铁琶与红牙象板：元杂剧和明清传奇比较 幺书仪撰。1997年河南教育出版社出版。

中国曲学大辞典 齐森华、陈多、叶长海主编。1997年浙江教育出版社出版。

明清戏曲家考略续编 邓长风撰。1997年上海古籍出版社出版。

中国戏曲史研究 黄仕忠撰。1997年中山大学出版社出版。

中国古代戏剧统论 徐振贵撰。1997年山东教育出版社出版。

晋昆考 张雨林撰。1997年中国电影出版社出版。

祝肇年戏曲论文选 麻国钧、祝海威选编。1998年文化艺术出版社出版。

戏剧艺术概论 洪忠煌撰。1998 年浙江教育出版社出版。

清代以来的北京剧场 李畅撰。1998 年北京燕山出版社出版。

中国戏曲文化概论(修订本) 郑传寅撰。1998 年文化艺术出版社出版。

明清戏曲国际研讨会论文集 华玮、王瑷玲主编。1998 年台湾"中央研究院"中国文哲研究所筹备处出版。

明清传奇名作人物刻画之艺术性 王瑷玲撰。1998 年台湾书店出版。

苏州梨园 李嘉球撰。1998 年福建人民出版社出版。

清代中期燕都梨园史料评艺三论研究 潘丽珠撰。1998 年台湾里仁书局出版。

中国戏曲 章怡和主编。1999 年文化艺术出版社出版。

中国戏曲文化论 焦垣生撰。1999 年陕西人民出版社出版。

明清戏曲家考略三编 邓长风撰。1999 年上海古籍出版社出版。

说破、虚假、团圆:中国民族戏剧艺术表现 洛地撰。1999 年吉林美术出版社出版。

明清传奇结构研究 许建中撰。1999 年中州古籍出版社出版。

中国戏 徐城北撰。1999 年海燕出版社出版。

浓梦清歌:中国文人戏曲 路应昆撰。1999 年吉林美术出版社出版。

戏史辨 胡忌主编。1999 年中国戏剧出版社出版。

戏剧:中国与东西方 廖奔撰。1999 年台湾学海出版社出版。

明传奇排场三要素发展历程之研究 徐子汉撰。1999 年台湾大学文学院出版。

徐朔方说戏曲 徐朔方撰。2000 年上海古籍出版社出版。

明清之际苏州作家群研究 李玫撰。2000 年中国社会科学出版社出版。

乾隆时期的北京剧坛 陈芳撰。2000 年台湾学海出版社、2001 年文化艺术出版社出版。

乾隆时期戏曲活动研究 丘慧莹撰。2000 年台湾文津出版有限公司出版。

戏曲文学:语言托起的综合艺术 门岿撰。2000 年广西师范大学出版社出版。

乾嘉时期昆剧艺人在表演艺术上因应之探讨 汪诗佩撰。2000 年台湾学海出版社出版。

绍兴古戏台 谢涌涛、高军撰。2000 年上海社会科学出版社出版。

剧种、剧目、剧人:中国传统戏曲知识简介 麻国钧等撰。2000 年大众文艺出版社出版。

中国戏曲声腔剧种考 苏子裕撰。2001 年新华出版社出版。

清代宫廷演戏 赵杨编撰。2001 年紫禁城出版社出版。

近代传奇杂剧研究 左鹏军撰。2001 年广东高等教育出版社出版。

古代戏曲论坛 吴敢、杨胜生主编。2001 年江苏古籍出版社出版。

洛地文集·戏剧卷 洛地撰。2001 年艺术与人文科学出版社出版。

戏曲源流新论　曾永义撰。2001年文化艺术出版社出版。

戏史辨(第二辑)　胡忌主编。2001年中国戏剧出版社出版。

二十世纪戏曲文物的发现与曲学研究　车文明撰。2001年文化艺术出版社出版。

南戏论丛　孙崇涛撰。2001年中华书局出版。

寻梦六百年:昆曲盛衰史探幽　陈益撰。2002年上海辞书出版社出版。

明代戏曲评点研究　朱万曙撰。2002年安徽教育出版社出版。

中国剧场史资料总目　朱联群、周华斌编。2002年北京广播学院出版社出版。

中国古代小说戏曲关系论　许并生撰。2002年文化艺术出版社出版。

中国戏曲小说初论　王汉民撰。2002年江苏古籍出版社出版。

清代戏曲研究五题　陈芳撰。2002年台湾里仁书局出版。

从腔调说到昆剧　曾永义撰。2002年台湾国家出版社出版。

清人戏曲序跋研究　罗丽容撰。2002年台湾里仁书局出版。

山西戏曲碑刻辑考　冯俊杰主编。2002年中华书局出版。

戏剧与考古　冯俊杰撰。2002年文化艺术出版社出版。

徽州古戏台　陈琪、张小平、章望南撰。2002年辽宁人民出版社出版。

晚清民国传奇杂居考索　左鹏军撰。2005年人民文学出版社出版。

南戏通论　俞为民撰。2008年浙江人民出版社出版。

元明清戏曲考论　程芸撰。2013年中国社会科学出版社出版。

明清戏曲:剧目、文本与演出研究　江巨荣撰。2014年上海古籍出版社出版。

明清才子佳人剧研究　王永恩撰。2014年上海古籍出版社出版。

明清戏曲文学与文献探考　郑志良撰。2014年中华书局出版。

明清传奇与地方声腔关系考论　黄振林撰。2014年上海人民出版社出版。

戏曲研究(1—62辑)　中国艺术研究院(原文化部文学艺术研究院)戏曲研究所编。1980年创刊。第1—3辑由文化部文学艺术研究院戏曲研究所与《社会科学战线》编辑部编,第4辑始由中国艺术研究院戏曲研究所编。第1—3辑由吉林人民出版社出版,第4—55辑由文化艺术出版社出版,第56辑始由中国戏剧出版社出版。

中华戏曲(1—29辑)　山西师范大学戏曲文物研究所编。第5辑始由中国戏曲学会与山西师范大学戏曲文物研究所合编。1986年创刊。第1—12辑由山西人民出版社出版,第13—22辑由山西古籍出版社出版,第23辑始由文化艺术出版社出版。

戏曲论丛(1—2辑)　第1辑赵景深主编,1986年甘肃人民出版社出版。第2辑叶开源主编,1989年兰州大学出版社出版。

曲苑(1—2辑)　《曲苑》编辑部(扬州师范学院中文系词曲研究室)编。1984、

1986年江苏古籍出版社出版。

《琵琶记》讨论专刊　《剧本月刊》编。1956年人民文学出版社出版。

《琵琶记》简说　董每戡撰。1957年作家出版社出版。

论古典名剧《琵琶记》　戴不凡撰。1957年中国青年出版社出版。

琵琶记考述　张棣华撰。1966年台湾嘉新水泥文化基金会出版。

琵琶记之研究　田之仁撰。1974年台湾华冈出版部出版。

高则诚和《琵琶记》　侯百朋撰。1984年陕西人民出版社出版。

高则诚和《琵琶记》　蓝凡撰。1989年上海古籍出版社出版。

琵琶记资料汇编　侯百朋编。1989年书目文献出版社出版。

琵琶记研究　王永炳撰。1994年北京出版社出版。

《琵琶记》研究　黄仕忠撰。1996年广东高等教育出版社出版。

《风月锦囊》考释　孙崇涛撰。2000年中华书局出版。

《金钗记》及其研究　陈历明撰。1992年广西师范大学出版社出版。

明嘉靖荔镜记戏文校理（闽南方言研究史丛刊）　吴守礼撰。2001年台湾从宜工作室发行。

邱文庄公年谱　清王国栋辑。一卷。清光绪二十四年研经书院木活字本。华东师范大学图书馆藏。

汤显祖及其牡丹亭　张友鸾撰。1930年上海光华书局出版。

汤显祖年谱　徐朔方撰。1958年中华书局出版。

论汤显祖剧作四种　侯外庐撰。1962年中国戏剧出版社出版。

汤显祖南柯记考述　吕凯撰。1974年台湾嘉新水泥文化基金会出版。

论汤显祖及其他　徐朔方撰。1983年上海古籍出版社出版。

汤显祖研究论文集　江西省文艺研究所编。1984年中国戏剧出版社出版。

汤显祖传　黄文锡、关凤雏撰。1986年中国戏剧出版社出版。

汤显祖传　龚重谟等撰。1986年江西人民出版社出版。

东方戏剧艺术巨匠汤显祖　朱学辉、季晓燕撰。1986年江西人民出版社出版。

汤显祖研究资料汇编　毛效同编。1986年上海古籍出版社出版。

紫箫记与紫钗记两剧的比较研究　梁冰撰。1986年台湾台南友宁出版有限公司出版。

《牡丹亭》研究资料考释　徐扶明编撰。1987年上海古籍出版社出版。

汤显祖论稿　周育德撰。1991年文化艺术出版社出版。

汤显祖编年评传　黄芝冈撰。1992年中国戏剧出版社出版。

牡丹亭研究　杨振良撰。1992年台湾学生书局出版。

汤显祖与《牡丹亭》　徐扶明撰。1993年上海古籍出版社出版。

汤显祖评传　徐朔方撰。1993年南京大学出版社出版。

汤显祖　王小宁撰。1996年中国华侨出版社出版。

超越生死的爱情:《牡丹亭》导读　谭坤编撰。1997年四川教育出版社出版。

汤显祖的戏曲艺术　陈美雪撰。1997年台湾学生书局出版。

汤显祖的情与梦　邹元江撰。1998年南京出版社出版。

《牡丹亭》与明清女性情感教育　谢雍君撰。2008年中华书局出版。

明代汤显祖之研究　龚重谟撰。2014年台湾花木兰文化出版社出版。

汤学刍议　叶长海撰。2015年上海人民出版社出版。

汤显祖研究论集　江巨荣撰。2015年上海人民出版社出版。

汤显祖:戏梦人生与文化求索　郑培凯撰。2015年上海人民出版社出版。

汤显祖新论　邹元江撰。2015年上海人民出版社出版。

沈璟评传　朱万曙撰。1992年中国戏剧出版社出版。

沈璟现存传奇研究　余蕙静撰。2012年台湾花木兰文化出版社出版。

冯梦龙散论　陆树仑撰。1993年上海古籍出版社出版。

冯梦龙的生平系年　容肇祖编。秦翰才抄本。上海图书馆藏。

祁忠敏公年谱　明王思任编。清梁廷枏、龚源补编。一卷。1937年绍兴县修志委员会排印本。华东师范大学图书馆等藏。

孟称舜及其戏曲研究　罗秋昭撰。1990年台湾启业书局有限公司出版。

南剧六十种曲情节俗曲谚语方言研究　黄丽贞撰。1972年台湾商务印书馆出版。

李玉和《清忠谱》　苏宁撰。1980年中华书局出版。

李玉评传　颜长珂、周传家撰。1985年中国戏剧出版社出版。

《十五贯》戏曲资料汇编　路工、傅惜华编。1957年作家出版社出版。

《十五贯》研究　王世德撰。1981年上海文艺出版社出版。

李渔研究　黄丽贞撰。1974年台湾纯文学出版社出版。

论李渔的戏剧美学　杜书瀛撰。1982年中国社会科学出版社出版。

李渔评传　肖荣撰。1985年浙江文艺出版社出版。

李渔传　单锦珩撰。1986年四川文艺出版社出版。

李渔《闲情偶寄》曲论研究　俞为民撰。1994年江苏教育出版社出版。

李渔研究　黄强撰。1996年浙江古籍出版社出版。

李渔新论　沈新林撰。1997年苏州大学出版社出版。

李渔评传　沈新林撰。1998年南京师范大学出版社出版。

李渔研究　张成全撰。2017年中国社会科学出版社出版。

悔庵年谱　清尤侗自撰。二卷。附年谱图诗一卷。清康熙刻《西堂全集·西堂余集》本。　又,民国上海文瑞楼石印《西堂全集·西堂余集》本。

尤侗论稿　薛若邻撰。1989年中国戏剧出版社出版。

洪稗畦先生年谱　陈万鼐编。六卷。

1976年台湾文史哲出版社出版。收入1981年台湾天一出版社出版的《洪昇传记资料》。

洪昇年谱 章培恒编。1979年上海古籍出版社出版。

洪昇年谱 曾永义编。1981年台湾天一出版社出版《洪昇传记资料》本。

洪昉思年谱 曾永义编。1981年台湾天一出版社出版《洪昇传记资料》本。

清洪昉思先生昇年谱 曾永义撰。1981年台湾商务印书馆出版。

洪昇传记资料 1981年台湾天一出版社出版。

长生殿研究 曾永义撰。1969年台湾商务印书馆出版。

梧桐雨与长生殿比较研究 黄敬钦撰。1979年台湾嘉新水泥文化基金会出版。

洪昇和《长生殿》 王永健撰。1982年上海古籍出版社出版。

洪昇与《长生殿》研究 孟繁树撰。1985年中国戏剧出版社出版。

《长生殿》讨论集 中山大学中文系编。1988年文化艺术出版社出版。

双忽雷本事 刘世珩辑。清宣统三年贵池刘氏暖红室石印本。

孔东塘先生年谱稿 陈万鼐编。1970年台湾《中山学术文化集刊》第五集收录。1970年台湾商务印书馆《中国名人年谱集成》第七辑收录。1981年台湾天一出版社《孔尚任传记资料》收录。

孔尚任年谱(附交游考) 袁世硕编撰。1962年山东人民出版社出版。1987年齐鲁书社出版。

孔尚任和《桃花扇》 曹增祥撰。1961年中华书局出版。

孔尚任诗和《桃花扇》 刘叶秋撰。1982年中州书画社出版。

孔尚任和《桃花扇》 胡雪冈撰。1985年上海古籍出版社出版。

孔尚任与《桃花扇》 洪柏昭撰。1988年广东人民出版社出版。

桃花扇底送南朝:《桃花扇》导读 王喜林、邸艳姝编撰。1997年四川教育出版社出版。

细说桃花扇——思想与情爱 廖玉蕙撰。1997年台湾三民书局出版。

孔尚任评传 徐振贵撰。2002年南京大学出版社出版。

孔尚任和《桃花扇》新论 徐爱梅撰。2013年山东大学出版社出版。

蒋士铨剧作研究 熊澄宇撰。1988年中国戏剧出版社出版。

蒋士铨研究论文集 张玉奇编。1989年江西人民出版社出版。

白蛇传索引 马骏撰。民国排印本。

雷峰塔传奇叙录及其他 阿英编。1955年上杂出版社出版。1960年中华书局出版。

姚大梅先生年谱 瓠庐编。稿本。上海图书馆藏。

姚燮评传 洪克夷撰。1987年浙江古籍出版社出版。

王静安年谱 赵万里编。台湾商务印书馆《新编中国名人年谱集成》第二辑。

王国维年谱 王德毅编撰。1967年台湾"中国学术著作奖助委员会"出版。

王国维年谱新编 孙敦恒编。1991年中国文史出版社出版。

王国维年谱 陈鸿祥编。1991年济南出版社出版。

王国维评传 萧艾撰。1983年浙江文艺出版社出版。

吴梅评传 王卫民撰。1995年社会科学文献出版社出版。2002年河北教育出版社出版。

吴梅研究 王卫民撰。1996年学海出版社出版。

吴梅和他的世界 王卫民编。2002年河北教育出版社出版。

戏曲史 许之衡撰。民国初年排印本。

中国剧 ［日］辻武雄撰。1920年北京顺天时报社出版。

中国戏剧史略 周贻白撰。1936年、1940年上海商务印书馆出版。

中国戏剧史 徐慕云撰。1938年上海世界书局出版。1945年永祥印书馆出版。 又，徐慕云撰。躲斋导读。2001年上海古籍出版社出版。

中国戏剧小史 周贻白撰。1945年永祥印书馆出版。

中国戏剧简史 董每戡撰。1949年上海商务印书馆出版。

中国戏剧史 周贻白撰。1953年中华书局出版。

中国戏剧史讲座 周贻白撰。1958年中国戏剧出版社出版。

中国戏曲史长编 周贻白撰。1960年人民文学出版社出版。

中国戏剧史 邓绥宁撰。1971年台湾国立艺专出版。

中国戏剧发展史 田士林撰。1972年台湾商务印书馆出版。

中国戏曲发展史纲要 周贻白撰。1979年上海古籍出版社出版。

中国戏曲史 孟瑶撰。1979年台湾传记文学出版社出版。

中国戏曲通史 张庚、郭汉城主编。1980—1981年中国戏剧出版社初版，1992年中国戏剧出版社第二版。

中国戏曲史漫话 吴国钦撰。1980年上海文艺出版社出版。

中国戏曲史话 彭隆兴编撰。1985年知识出版社出版。

中国古代戏曲史初稿 唐文标撰。1984年台湾联经出版事业公司出版。

中国古代戏剧史 唐文标撰。1985年中国戏剧出版社出版。

中国戏剧文化史述 余秋雨撰。1985年湖南人民出版社出版。

中国戏曲简史 杨世祥撰。1989年文化艺术出版社出版。

戏曲史简编 隗芾撰。1990年吉林大学出版社出版。

中国古代戏曲简史 俞为民撰。1991年江苏文艺出版社出版。

中国戏剧史 魏子云撰。1992年台湾学生书局出版。

中国戏曲史略 余从、周育德、金水撰。1993年人民音乐出版社出版。

中国戏曲史话 刘士杰撰。1995年上海文艺出版社出版。

中国古代戏剧 郭英德、陶庆梅编撰。1995年北京科学技术出版社出版。

中国戏曲演义 罗晓帆撰。1995年上海

文艺出版社出版。

中国戏曲简史 叶树发撰。1997年江西高校联合出版社出版。

中国戏曲史 麻文奇等撰。1998年文化艺术出版社出版。

中华文化通志·戏曲志 廖奔撰。1998年上海人民出版社出版。

中国戏曲发展史 廖奔、刘彦君撰。2000年山西教育出版社出版。

中国古典戏剧 王廷信撰。2000年中国少年儿童出版社出版。

中国戏剧史 [日]田仲一成撰。云贵彬、于允译。2002年北京广播学院出版社出版。

中国近代戏曲史 郑震编译。1933年北新书局出版。

中国近世戏曲史 [日]青木正儿撰。王古鲁译。1936年商务印书馆出版。1956年上海文艺联合出版社出版。1958年作家出版社出版。

明清戏曲史 卢前撰。1933年钟山书局出版。1935年上海商务印书馆出版。

明代戏曲史 朱尚文撰。1959年作者在台湾出版。

清代戏曲史 周妙中撰。1987年中州古籍出版社出版。

中国戏曲史编年:元明卷 王永宽、王钢撰。1994年中州古籍出版社出版。

昆曲皮黄盛衰变迁史 鹿原学人撰。1928年太平洋书局出版。

中国剧场史 周贻白撰。1936年上海商务印书馆出版。

元明清剧曲史 陈万鼐撰。1974年台湾鼎文出版社出版。

昆剧演出史稿 陆萼庭撰。赵景深校。1980年上海文艺出版社出版。

昆剧史补论 顾笃璜撰。1987年江苏古籍出版社出版。

昆剧发展史 胡忌、刘致中撰。1989年中国戏剧出版社出版。

中国戏曲文学史 李庆蕃撰。1991年花山文艺出版社出版。

中国戏班史 张发颖撰。1991年沈阳出版社出版。

中国悲剧史纲 谢柏梁撰。1993年学林出版社出版。

中国戏曲文学史 许金榜撰。1994年中国文学出版社出版。

中国古典悲剧史 杨健文撰。1994年武汉出版社出版。

中国古代戏剧文学史 邓涛、刘立文撰。1994年北京广播学院出版社出版。

优伶史 谭帆撰。1995年上海文艺出版社出版。

戏曲优伶史 孙崇涛、徐宏图撰。1995年文化艺术出版社出版。

中国戏剧图史 廖奔撰。1996年河南教育出版社出版。

中国古代剧场史 廖奔撰。1997年中州古籍出版社出版。

中国喜剧史 隗芾主编。1998年汕头大学出版社出版。

明清传奇史 郭英德撰。1999年江苏古籍出版社出版。

中国分体文学史:戏曲卷 李修生、赵义山撰。2001年上海古籍出版社出版。

中国家乐戏班 张发颖撰。2002年学苑出版社出版。

福建戏史录　福建省戏曲研究所编。1983年福建人民出版社出版。

湖南戏曲史稿　龙华撰。1988年湖南大学出版社出版。

泽州戏曲史稿　李近义撰。1989年山西人民出版社出版。

杭州市戏曲志　《杭州市戏曲志》编辑室编。1991年浙江文艺出版社出版。

大连市戏曲志　《大连市戏曲志》编委会编。1991年大连出版社出版。

密县戏曲志　密县文化广播电视局《密县戏曲志》编辑组编。1991年中州古籍出版社出版。

沧州戏曲春秋　《沧州戏曲志》编辑部编。1991年中国戏剧出版社出版。

丹东市戏曲志　《丹东市戏曲志》编辑部编。1993年春风文艺出版社出版。

陕西省戏剧志·安康地区卷　鱼讯主编。1994年三秦出版社出版。

陕西省戏剧志·咸阳市卷　鱼讯主编。1994年三秦出版社出版。

陕西省戏剧志·宝鸡市卷　鱼讯主编。1996年三秦出版社出版。

陕西省戏剧志·铜川市卷　鱼讯主编。1996年三秦出版社出版。

陕西省戏剧志·汉中地区卷　鱼讯主编。1997年三秦出版社出版。

陕西省戏剧志·商洛地区卷　鱼讯主编。1997年三秦出版社出版。

陕西省戏剧志·延安地区卷　鱼讯主编。1997年三秦出版社出版。

苏州戏曲志　钱璎主编。1998年古吴轩出版社出版。

上海昆曲志　《上海昆曲志》编辑部编。1998年上海文化出版社出版。

太原戏剧史　太原市艺术研究所编。1999年山西古籍出版社出版。

中国戏曲志·湖南卷　中国戏曲志编辑委员会编。1990年文化艺术出版社出版。

中国戏曲志·山西卷　中国戏曲志编辑委员会编。1990年文化艺术出版社出版。

中国戏曲志·天津卷　中国戏曲志编辑委员会编。1990年文化艺术出版社出版。

中国戏曲志·福建卷　中国戏曲志编辑委员会编。1990年文化艺术出版社出版。

中国戏曲志·河南卷　中国戏曲志编辑委员会编。1990年文化艺术出版社出版。

中国戏曲志·江苏卷　中国戏曲志编辑委员会编。1992年中国ISBN中心出版。

中国戏曲志·湖北卷　中国戏曲志编辑委员会编。1993年文化艺术出版社出版。

中国戏曲志·吉林卷　中国戏曲志编辑委员会编。1993年中国ISBN中心出版。

中国戏曲志·安徽卷　中国戏曲志编辑委员会编。1993年中国ISBN中心出版。

中国戏曲志·广东卷　中国戏曲志编辑委员会编。1993年中国ISBN中心出版。

中国戏曲志·河北卷　中国戏曲志编辑

委员会编。1993 年中国 ISBN 中心出版。

中国戏曲志·西藏卷　中国戏曲志编辑委员会编。1994 年文化艺术出版社出版。

中国戏曲志·辽宁卷　中国戏曲志编辑委员会编。1994 年中国 ISBN 中心出版。

中国戏曲志·黑龙江卷　中国戏曲志编辑委员会编。1994 年中国 ISBN 中心出版。

中国戏曲志·山东卷　中国戏曲志编辑委员会编。1994 年中国 ISBN 中心出版。

中国戏曲志·内蒙古卷　中国戏曲志编辑委员会编。1994 年中国 ISBN 中心出版。

中国戏曲志·云南卷　中国戏曲志编辑委员会编。1994 年中国 ISBN 中心出版。

中国戏曲志·四川卷　中国戏曲志编辑委员会编。1995 年中国 ISBN 中心出版。

中国戏曲志·广西卷　中国戏曲志编辑委员会编。1995 年中国 ISBN 中心出版。

中国戏曲志·陕西卷　中国戏曲志编辑委员会编。1995 年中国 ISBN 中心出版。

中国戏曲志·新疆卷　中国戏曲志编辑委员会编。1995 年中国 ISBN 中心出版。

中国戏曲志·甘肃卷　中国戏曲志编辑委员会编。1995 年中国 ISBN 中心出版。

中国戏曲志·宁夏卷　中国戏曲志编辑委员会编。1996 年中国 ISBN 中心出版。

中国戏曲志·上海卷　中国戏曲志编辑委员会编。1996 年中国 ISBN 中心出版。

中国戏曲志·浙江卷　中国戏曲志编辑委员会编。1997 年中国 ISBN 中心出版。

中国戏曲志·江西卷　中国戏曲志编辑委员会编。1998 年中国 ISBN 中心出版。

中国戏曲志·海南卷　中国戏曲志编辑委员会编。1998 年中国 ISBN 中心出版。

中国戏曲志·青海卷　中国戏曲志编辑委员会编。1998 年中国 ISBN 中心出版。

中国戏曲志·贵州卷　中国戏曲志编辑委员会编。1999 年中国 ISBN 中心出版。

中国戏曲志·北京卷　中国戏曲志编辑委员会编。1999 年中国 ISBN 中心出版。

（车文明编，慕池增补）

明清南曲曲谱简编

说　明

一、本编采用明清传奇所用之南曲曲牌，按宫调排列。罕用曲牌不列。明清传奇所用之北曲曲牌，可参阅《元曲鉴赏辞典》附录《元北曲谱简编》。

二、每一曲牌列正格或常用体式。旧谱慢词、近词归入引子、过曲。不录曲词，仅标字声和韵叶，并加新式标点。其中顿号"、"仅为标明句法结构。每曲略加说明。

三、南曲衬字"衬不过三"，衬字宜少，可在板密处加衬字，用"○"号标出。亦可不加衬字。

四、南曲仄声分上去入三声。须用上去、去上声处特作说明。原谱入作平处一律标平声，特用黑体以醒目。原谱可平可仄处标"×"，连标"×"处，须调平仄。

五、每曲首次韵位用"韵"表示，叶韵处用"叶"表示，可叶可不叶和暗韵处特作说明。

六、南曲之"前腔换头"，选常用的曲牌列出。常用体式选择列出"又一体"。

七、南曲之赚曲，俗称"不是路"，为过曲之间的过渡之曲，不入套。各宫调之赚曲虽有"本宫赚"，大多以本宫调过曲变化而成；各宫调之赚曲虽有名目，亦调平仄，然少有变化。本编不列。

八、南曲之尾曲，俗称"尾声"，又称"十二时"，各宫调"尾声"各有名目，然有一定之规律，以七字句为主，三句十二板。各宫调"尾声"，须调平仄，可加衬字，首句可作六字折腰句，第二句亦可作六字句，唯重末句平煞、仄煞之区别。本编不列。

九、本编以沈谱系列的《南九宫谱》、《南词新谱》为依据，并参照《九宫正始》、《钦定曲谱》、《南词简谱》考订。

黄钟宫

绛都春　引子。与词调同，无换头。第三句用平平平仄亦可。第七句第二字、第九句第三字俱改用平声乃叶。

平平去上（韵），上平去去平，平去平平（叶）。上去平平，平平平去平平上（叶）。○○○平平上去，○○平去上（叶），上上去、平平平去（叶）。○○○上平上去，平平上入，去平平去（叶）。

瑞云浓　引子。

平平去上（韵），×去上平平上（叶）。×上平平去平上（叶），平平上上，去×上、平平平上（叶）。平去（叶），去平去、平平去上（叶）。

女冠子　引子。与词调同，与〔南吕〕【小女冠子】不同。此曲皆用入声韵。第六、八句可叶，平声转入声。

上平平入（韵），平平平上平入（叶）。平平去入（叶），平平平上，去平入去，平去平平，平平平去入（叶）。去平平去平平，平平平入（叶）。去平平平入（叶），平上平平，去平平入（叶）。

玩仙灯　引子。

平入平平，○平上上平平去（韵）。去平平、平平去上（叶），去去去上平平，○平平平去（叶）。入上平平，○平平平平去上

(叶)。

点绛唇 引子。与词调同,与北曲不同。北曲第四句平仄平平,而南曲则为仄平平仄。北曲无换头,南曲有换头。北曲第一、二句皆用韵,南曲第三句始用韵。

入去平平,去平平上,平平上(韵)。去平平上(叶),上上平平上(叶)。

前腔换头 引子。

入入平平,去上平平上(韵)。平平上(叶),去平平去(叶),上去平平上(叶)。

西地锦 引子。第三句为七字,余皆为六字句。

×去平平平去(韵),×平入上平平(叶)。平平平去平平去(叶),上平×入平平(叶)。

玉漏迟 引子。与词调同,无换头。

平平平上上(韵),〇平平×上,平平平上(叶)。×去平平,×入上平平上(叶),×上平平去去,×入去平平平去(叶)。平去上(叶),×入去平平上(叶)。

绛都春序 过曲。曲中二字句第一字改平声乃叶。

平平上上(韵),去平平、上平平平,上去(叶)。上去平平,上入平平平平上(叶)。入平入上平平上(叶),上去上平平平去(叶)。上平平去,平平去去,上平平去(叶)。

绛都春犯 过曲。集曲。《南词新谱》题【绛都春影】。本调取《九宫正始》题名。第三句上一下六句法。

(绛都春换头)平去(韵),平平去上(叶),去去上平平平平,平去(叶)。去入平平,上入平平平平去(叶)。平平去去平平去(叶),上平去、平平平上(叶)。(疏影)去平,〇平入平〇平,〇〇去平平去(叶)。

疏影 过曲。首句第四字唱作去声乃叶。

平平上平(韵),入平平、去上平入(叶)。平去平平平去去(叶),平平上入平平去(叶),去上平平去去平(叶)。去上,平入去平平,上平平去(叶)。

前腔换头 过曲。

平平(韵),平平去上(叶),去平平、去平平入(叶)。去去平平平平去(叶),平平〇去上平平去(叶),平上平平去去平(叶)。去上,平入去平平,上平平去(叶)。

出队子 过曲。快板曲。可叠用。首句亦可叠,不用韵亦可。

平平平去(韵),×去平平上去平(叶)。×平上上上平平(叶),平去平平平去×(叶)。上入平平,平入去平(叶)。

闹樊楼 过曲。第七句有在第五字下增七字句者,误。

平平去入平平入(韵),去平平去,上平平平(叶)。去上平平入(叶),去上平平入(叶)。入平平平去,入平上、平去平平(叶),入平平、上平平去去入(叶)。

下小楼 过曲。北有【上小楼】,南有【下小楼】,曲不同。首句、第六句可叶可不叶。第三句上一下五句法。

去平(韵),平平平去(叶)。去平平×上平(叶),平平平入上平平(叶)。×上,平平去(叶),×平×去平平(叶)。

画眉序 过曲。宜叠用。第七句第一字用去声为妙,第二字后可叶暗韵。第三句上一下四句法。

上平平(韵),去上平平上平平(叶)。去平平平上,去入平平(叶)。去平入、平上平

平,入×去、平平上去(叶)。去平平去平平入,平平去平平去(叶)。

又一体 过曲。首句五字。

××去平平(韵),去入平平去平去(叶)。去平平平去,去上平平(叶)。平×去、×入平平,平×去、×平平去(叶)。去平×去平平去,平平去入平平(叶)。

画眉上海棠 过曲。集曲。犯〔仙吕〕入〔双调〕。第三句上一下四句法。

(画眉序)○○去平平(韵),去入平平去平平(叶),上平平平上,上去平平(叶)。平平去、上去平平,入入入、平平平上(叶)。(月上海棠)平平去(叶),○○平去平平、上平平去(叶)。

画眉姐姐 过曲。集曲。犯〔仙吕〕入〔双调〕。末句第三字改平声乃叶。第二句可用仄韵。第四、七句可不用韵。第三句前五字上一下四句法。

(画眉序)○○入平平(韵),入上平平上平平(叶),去平平入入、去平平平(叶)。去去上入入平平(叶),平去入、去平平上(叶)。(好姐姐)平平上(叶),去去入平平平上(叶),平入上平上平(叶)。

滴滴金 过曲。第二句亦可作七字。

平平去入平平去(韵),○○×入平×去上(叶)。×平○上×平平去(叶),去平平平上上(叶)。平平上上(叶),去平○上平平去上(叶)。上×上平,平入○去平(叶)。

滴溜子 过曲。此曲变体多,仅收《九宫正始》正格。首句叠,亦可不拘。

平×上,平×上,去入去上(韵);上平去,上平去,去上去平(叶),去平(叶)。

○平平平上,平平去上×(叶)。平去×(叶),上入平平,平××平(叶)。

双声子 过曲。快板曲。第二、五、八、十句为叠句,叠句亦可减省。此曲三字句平仄自叶即可。收《九宫正始》正格。与【双声叠韵】别处。

平平上(韵),平平上(叶),平去平平去(叶)。平去平(叶),平去平(叶),平去平平上(叶)。上去平(叶),上去平(叶);上去平(叶),上去平(叶)。○平上平平,去平去平(叶)。

神仗儿 过曲。可叠用。别体繁多,仅收《九宫正始》正格。首句叠,亦可不拘。末句叠,可平煞,亦可仄煞。

上去去平(韵),平平平去(叶)。平平去去(叶),上平平平入去(叶)。○平平去入,去平平上(叶)。平去平、上平平(叶),平去平、上平平(叶)。

鲍老催 过曲。别有一体在中吕宫。首句首字去声发调妙甚。第七句第四字改用仄声尤叶。前三句押韵可平可仄。

去平去入(韵),平×去去平×入(叶)。平平去入平×入(叶),○平××,去×平,平平入(叶)。平平上平平平入(叶),×平×上平平入(叶),××上、平平入(叶)。

啄木儿 过曲。可叠用。末句可用上三下四句法,亦可仄煞。第五句亦可用平仄平平。第六句前四字用去平去平;第七句前四字用平平上平;第三句第六、七字,第四句第四、五字用去上声,皆绝妙。

平平去,平去平(韵),×去○平平平去上(叶)。去去平、○去上平平,上上○去平上(叶)。○○去上去上平平去(叶),平平上平平平去(叶)。○○上上平平平去

平(叶)。

三段子 过曲。可叠用。首四句作扇面对。此曲去声上声甚好,勿轻易改。第五句前四字可用平平仄仄。

去平上上(韵),去平平、平平去平(叶)。去上上平(叶),去平平、平平去平(叶)。○去平上平平平去(叶),平平上上平平去(叶),○○上去平平平入上(叶)。

归朝欢 过曲。第二、六句叠。首八句作扇面对。此调格律从《九宫正始》。

平平入,平平入,上上去平(韵),上平去、平平上上(叶);平平入,平平入,去平上平(叶),上平平、○○○平平○去上(叶)。○○去平去平平平去(叶),平平上去平平上(叶),○○○去入平平上去平(叶)。

水仙子 过曲。快曲。例有二换头,《九宫正始》始辨有三换头。

上去平,平平去(韵),去平平、去平上去(叶)。平平○上上平平,去平平去(叶)。平平,去上平平去平(叶)。

前腔换头 过曲。此为二换头。

上平去平平平去(韵),去平上去,入入平○去平(叶)。平平平,上平平○平去(叶)。上上平平○○去平(叶)。

前腔换头 过曲。此为三换头。第三句作六字折腰句法。

平平去,去上平(韵),○去平平去平平(叶)。上上上平平,平平上平上(叶)。平去去(叶),去平平入平入去,去平平、去上平平(叶),上去平平平去平(叶)。

刮地风 过曲。第三、九句毋易。末句四字平煞为是,或有作六字者。第四句亦可用仄仄平平仄仄平。第二句作六字折腰句法。

×上○平平平去×(韵),×平去上平上(叶)。○○×平×平平去(叶),平平×去去平平(叶)。平平入平去(叶),平上平×(叶)。去平平,上平平、去×平去(叶)。平平去入平去平(叶),○上去平平(叶)。

降黄龙 过曲。可叠用。例带【前腔换头】,二曲对照亦见平仄可错综用之。末句不若用仄平平仄为妙。

去入平平,×去平平,去入平平(韵)。平平××,○去入平平,平去平平(叶)。平×(叶),上平平去,○○×上○平平平上(叶)。去平平,平平入去,上平去平(叶)。

前腔换头 过曲。

平平(韵),上×去×,入入平平,上平平去(叶)。平平×上,去○去平平、平平平上(叶)。平×(叶),×平×上,去×平平×去(叶)。上上去,平平×上,上去平平(叶)。

黄龙衮 过曲。可叠用。俗名【衮遍】,此格为正体,时人多用此体。第二句叠前句,亦可不叠。第六句亦可平仄平平。末三字三句平仄无定,唯结韵须去声。

平平×去平(韵),平平×去平(叶),×上平平上(叶)。○去上平平,○○○×上平平上(叶)。去平平去,×平×上(叶)。平平去,去去平,平平去(叶)。

黄龙醉太平 过曲。集曲。犯正宫。

(降黄龙)平平(韵),入去平平,上上平平,○去平平上(叶)。平平去上(叶),○去上平平,平去平平(叶)。(醉太平)平上(叶),入平平去去平平(叶),上去去、去平平去(叶)。去平平去(叶),○上平上上,

上去平平(叶)。

黄龙捧灯月　过曲。集曲。

(降黄龙)平上平平(韵),〇入去平平,去上平去(叶)。平平上上,上上平平,平去平平(叶)。(灯月交辉)去平平、去上平平(叶),平上入、平平平上(叶)。平入去,去平平,平平去平(叶)。

狮子序　过曲。《九宫正始》谓此曲原属南吕宫。

平平去,××平(韵),去平平,〇〇〇平平上平(叶)。上平×平去,×去平平(叶),×去×平去上(叶),平×去平平,去平平,×平平(叶),×平平去(叶)。〇〇〇上平×上,×入平平(叶)。

太平歌　过曲。《九宫正始》谓第二句为五字句,第一、二字非衬字,为南吕宫【东瓯令】。第三句亦可叶平韵。中间七字句可对。全曲以单句结。

〇平平上,〇〇上平平(韵)。×上平平平上去(叶),〇平平去×平平去(叶)。×平平上平平去(叶),〇〇×平×上去平平(叶)。×入上平平(叶)。

赏宫花　过曲。可叠用。此曲联在【狮子序】、【太平歌】后只用一支。首句第一、二字用平声,则第四字亦可用上声;若第二字用仄声,则第四字切不可用仄声。第二句亦可作六字折腰句法。

〇平入上平(韵),〇平平入去平(叶)。平上平平去,〇〇上平平(叶)。〇上去去平平去去,〇〇平平平去上平平(叶)。

玉漏迟序　过曲。首句第二字改用平声乃叶。第二句上一领下二句四字句。第五、六句宜对。

平上去入(韵),上平平去平,平平平去(叶)。去上平平,去平去上平去(叶)。去平上、平平去平(叶),去平上、平平平上(叶)。平平上,去入去、去平平去(叶)。

传言玉女　过曲。首四句宜作扇面对。第九句第一、二、三字用平平仄亦可。第十二句上一领下二句四字句。

平平去上(韵),×平平上(叶)。去上平平,平平去上(叶)。去平平、去平平上(叶),×上上平平(叶),×去平平入平平(叶)。〇平平平去入平平(叶),去平平、上平平去(叶)。×平平上去平平(叶),入平平、×上平上(叶)。去平平入去,×上平平(叶)。上上平平,入平平去(叶)。

月里嫦娥　过曲。第五句用六字折腰句法。

〇〇〇×去平平(韵),×去平平(叶)。平平去入,平平去上(叶),去平平去平平(叶)。平平去入,平〇×上(叶),平平入、去上平平(叶)。入平平、去去去平平(叶),平平平去,〇〇〇去上平平(叶)。

正　宫

七娘子　引子。末句第四字用上声为妙。

平平去入平平上(韵),去平平去平入平(叶)。×去平平,平平平去(叶),×平平上平平去(叶)。

梁州令　引子。与词调同。第三句首四字亦可用仄平平仄。末句可用去声煞。首句第四、五字,第四句第二、三字用上去声;第三句四、五字,第五句第二、三字用去上声,为妙。沈谱第四句作五字欠叶。

平平入上去平平(韵),去平去平平(叶)。

平平平去上平平(叶)。平上去,平去上,去平平(叶)。

破阵子 引子。与词调同。第三句若用平平仄仄平平仄,即谬矣。第三句第六、七字与第四句第五、六字用去上声为妙。首句不用韵更妙。

入去平平平上(韵),平平上入平平(叶)。去去平平平去上,平去平平去上平(叶)。平平平去平(叶)。

喜迁莺 引子。与词调同,无换头。第二句第二、三字,第四、七、八句第一、二字用去上声;第三句第一、二字用上去声,为妙。

平平平上(韵),去去上平平,上去平平(叶)。去去平平,平平平上,平去去入平平(叶)。〇去上平平平去,〇去上平上平平(叶)。去上平,去平平入去,平平平去(叶)。

瑞鹤仙 引子。与词调同,无换头。第九句第一、二字用上去声,第十一句首字用去声、末字用上声,为妙。第二、五、九句皆为上一下四句法。

×上平平上(韵),去平平入入,平平平上(叶)。平平去平入,去平平入上,平平去×(叶)。平平入去(叶),×平平平×去(叶)。上去平平上,平平×去,去平平上(叶)。

齐天乐 引子。与词调同,无换头。第二句第一、二字,第五句第五、六字用上去声;第六句第三、四字,末句第四、五字用去上声,为妙。第七句上一下四句法。

×平平去平平去(韵),×去去平平去(叶)。上入平平,平平平去,平去平平上去(叶)。平平去上(叶),去×去平平,×入平平(叶)。×上平平,×平平去上平平(叶)。

锦缠道 过曲。可叠用。第二句前三字用律句即可。第六句末二字用去上声,第八句第二、三字用上去声,为妙。第五、六句本上三下四句法,亦有作十字一句者。末句或有作七字、六字、五字者,其第二字可叶暗韵。

去平平(韵),平×入、平平去平(叶)。平平去平上(叶),去平平,平×去、入平平上(叶)。平平去、平平去上(叶),×平入、去平平上(叶)。×上去平平(叶),平平入入,平平去去平(叶)。×平上平平去(叶),×平、平入去平去(叶)。

刷子序 过曲。首句有作五字者,非正格。末二句须对。第五句第三、四字,第九句第一、二字用去上声;第二、三字用上去声,为妙。

平平去上(韵),平平上上,平去平入(叶)。×去平平,平平去上平平(叶)。平平(叶),平去入、平平平上(叶),去平平、平上平平(叶)。去上去、去去平平,上入平、平上平平(叶)。

玉芙蓉 过曲。可叠用。首二句与第五、六句宜对。第六句前四字有作仄仄平平,此独用平平去平更发调。此曲多用阴声字,否则碍口。首句第三、四字,第三句第四、五字,第四句第一、二字用去上声;末句第七、八字用上去声,为妙。

平平〇去上平(韵),入去〇平平上(叶)。去平平×上,去×平×(叶)。〇×平×去平平去(叶),〇平平去上×去平(叶)。平

平去(叶),去平平去平(叶),去平平、×平×上去平平(叶)。

朱奴儿　过曲。可叠用。一名【红娘子】。首二句宜对。

×平去、平平去×(韵),平平去、上×平×(叶)。×上平平上去平(叶),去平×、去入平×(叶)。平平去(叶),平平上平(叶),××去、平平去(叶)。

普天乐　过曲。此曲别体多,多衬字。或谓此体为换头。第七句后七字用入平平平上平平亦可。第五句第四、五字,第六句第二、三字,第九句第三、四字,末句第一、二字用去上声,为妙。

○○○去平平(韵),○○○平平上(叶)。上平平上○平平去(叶),平平去入去平平(叶)。平上去、去上平平(叶),平去上、平去(叶)。上平去、入去平平平平上(叶),○○平平去、平去平去(叶)。○○平平○去上,去平平,去上平去平上(叶)。

锦芙蓉　过曲。集曲。第八句上一下四句法。

(锦缠道)去平平(韵),上平平、平平去平(叶)。平去上平平(叶),去平平、平平去上平平(叶)。去平平、平平○去×(叶),平平去、上×平×(叶)。(玉芙蓉)平平去(叶),入平平上×(叶),上平平、去平平去去平平(叶)。

刷子带芙蓉　过曲。集曲。末句前五字为上一下四句法。

(刷子序)平上上平平(韵),平平去平,平去平平(叶)。○○○上去平平,平去上上平平(叶)。平平(叶),平去上、平平平去(叶),平平去、平平平去(叶)。(玉芙蓉)去平上去(叶),上平平去平、平入上平平(叶)。

朱奴插芙蓉　过曲。集曲。第五句亦可不叶。

(朱奴儿)去平上、平平去入(韵),上上入、入平平上(叶)。去去平平去平上(叶),平平去、去平平去(叶)。(玉芙蓉)平平去(叶),入平平、去平(叶)。上平平,上平平上去平平(叶)。

普天带芙蓉　过曲。集曲。首三句协调为正格。第九句第四字改平声尤妙。

(普天乐)上平平,平平上(韵),平入上、平平去(叶)。去平平、平去平平,平平去、去入平平(叶)。平上去、○平平去(叶),去上平平○平平去(叶)。去平平、平去平平(叶),平去平去上平(叶)。(玉芙蓉)去平平、去平平去去平平(叶)。

雁过声　过曲。此体为【雁过声】换头,用于联套,唯首三句与正格不同。或曰【摊破雁过声】,别名甚多。第二、四、八句第三、四字,第七句第四、五字,末句末二字用去上声,末句第二、三字用上去声,为妙。第七句第二字可叶暗韵。

平平(韵),×入去上(叶),平平上、平平去平(叶)。平平×上平平去(叶),去平平、去平平(叶)。去×平、○○×上平平(叶),平平、平去上(叶)。上平去上○平平去(叶),×○上去×平去上(叶)。

四边静　过曲。此曲用入声韵,《九宫正始》此曲用仄声韵。第四句和末句四声不可混。

○○平平上、去平平入(韵),平平去平入(叶)。上去上平平,平平○上平入(叶)。

平平去入(叶),去平上入(叶)。上去入平平,上去上平入(叶)。

福马郎 过曲。可作干板曲。若用入声韵,则后三韵须入作平。

○平×平平○平去入(韵),○○去上上平去(叶)。平去入(叶),平平×、上平平(叶)。平去去平平(叶),平平去、○○上平平(叶)。

小桃红 过曲。与越调【小桃红】不同。首二句可对可不对,七字三句可作扇面对。第三句第三、四字用去上声,末字用去声接;第四句第四字用去声,末字用上声接,俱绝妙。

去入去、平平上(韵),上入上、平平去(叶)。平平去上平平去(叶),平平入去平平上(叶),×平×去平平去(叶)。上平平、○○×上平平(叶)。

桃红芙蓉 过曲。集曲。首句第二、三字,第二句第一、二字用去上声,第二句第二、三字,第四句第三、四字用上去声,为妙。曲中去声上声勿轻易改。

(小桃红)去去上、平平上(韵),去上去、平平去(叶)。平平平入平平上(叶),平平上去平平去(叶),平平平入平平上(叶)。(玉芙蓉)去平平、上平上去○○去平平(叶)。

绿襕衫 过曲。《九宫正始》题作【绿襕踢】。他谱将末句移作【三字令】首句,《九宫正始》改正。

平平去,平平去(韵),入上去平上(叶)。平去上平平(叶),平平去平○上(叶)。上平平去,平平上平平(叶)。○○去平上(叶),去去平、上平上(叶)。

前腔 过曲。此曲遵《九宫正始》。吴梅认为此二曲皆为换头,另有正格,末句为五字,传奇中不用正格一体。

去平上,平平去(韵),○○○平平××平(叶)。平上上平上(叶),平上去平去(叶)。入平平、去○平,去上平、去平平,去去平、○○去平去(叶)。

三字令 过曲。遵《九宫正始》。

平平上(韵),平平去(叶),平平上(叶),平上去平平(叶)。平平上平去(叶),去平去,平平去平去(叶)。上平平,平平去平平(叶);去去平,○平平上平去(叶)。去平平,上平上平去(叶)。

一撮棹 过曲。此曲以三、五字句为主。可代尾声。

平平上(韵),平平上平平(叶);○平平上,○平平去平平(叶)。平平上,平平○上平平(叶)。平平上,×去上平平(叶)。上入平平上,平平去平去(叶)。平去上,×入去平平(叶)。

泣秦娥 过曲。首句可作平平仄仄平平仄。第三句作上一下四句法。

上平入平去平上(韵),○○上平平去,平入平平(叶)。上入平平上,○○○平平上上平去上(叶),去平去、去上平平(叶)。平去平平去上,上入平、平上平平上(叶)。去平去、上入平平,○平去上平平上(叶)。

倾杯序 过曲。古体首句四字、第二句七字为定例,自杨慎首句作七字、第二句作五字,后人多从之。可叠用,有三换头,第一、二句和末句皆有变化。首句与第三、四句第一、二字用去上声,第八句末字与第九句首字用上去声,为妙。第九句末字改用上声

尤妙。

去上平×，〇去入平平×平去(韵)。去上平平，去上平平(叶)。上入平平，平入平平(叶)。平平去入，去平平上(叶)。去平平去(叶)，上平平(叶)，去平平去去平平(叶)。

前腔换头　过曲。此曲为二换头。第二句第一、二字，第八句第三、四字，第九句末字第十句首字用去上声，末句第四、五字用上去声，俱妙。第十句末字改用上声尤妙。第三句作上一下六句法，后六字为六字折腰句法。

平平(韵)，去上平平，〇上平平去、平平去(叶)。×上平平，上上平平(叶)。×平×去，×入平平(叶)。平平去上，上平×去，上平平入(叶)。上平平，上平平上去平平(叶)。

前腔换头　过曲。此曲为三换头。

平平(韵)，去去平，上去平(叶)，上去平平上(叶)。去上平平，平去平平(叶)。去上平平，去上平平(叶)。平平去入，平平平上，去平平去(叶)。去平平(叶)，去平上上上平平(叶)。

前腔换头　过曲。此曲为四换头。末句节读不同，为此格独有。第十一句末字改用上声，尤妙。第十二句作上一下四句法。

平平(韵)，去上去，上上平(叶)，平入平平去(叶)。去入平平，去上平平不(叶)。去入平平，去平平上(叶)。平平去上，去入平平，去平平去(叶)。去平平去上(叶)，平去入入平(叶)。

倾杯赏芙蓉　过曲。集曲。第十句第三、四字改用仄平乃叶。

(倾杯序)去入平平去去平(韵)，平入平平去(叶)。〇〇入上平平，去入平平，去上平平，去上平平(叶)。(玉芙蓉)平平去上平平去(叶)，〇平上去上去去平(叶)。平平去，〇平平上上(叶)，平平平上(叶)，平去去平平(叶)。

白练序　过曲。可叠用。首句有作三字者，如散曲“窥青眼”。曲中短句须格外留意。第六句第一、二字，第七句第五、六字用上去声为妙。

平平×去(韵)，上入平平去去×(叶)。平平上，平平去平平去(叶)。平平(叶)，上去平(叶)，〇×上平平上去平(叶)。平平去，〇〇平平上×，去平平上(叶)。

前腔换头　过曲。此为换头正体。换头体式不一，句字多变化，略。

平平(韵)，去去平(叶)，平入去×(叶)。平平上，平去去上平上(叶)。平平(叶)，上去平(叶)，××平平×去×(叶)。平平去，平平入×，上平平上(叶)。

醉太平　过曲。本调首句四字起，亦有不叶韵者。此曲叶入声韵，大多叶仄韵。第二句第四、五字用上去声，第五句第三、四字用去上声，为妙。第二句作上一下四句法。

平平×入(韵)，去平平上去，平平平入(叶)。平平去去，平平去上平平(叶)。平平(叶)，×平平去去上平(叶)，去平×、上平平入(叶)。入平平去(叶)，平平去×，×去平平(叶)。

前腔换头　过曲。第三句作上一下四句法。第十一句第三、四字用上去声为妙。

平入(韵)，平平去入(叶)，去平平入去，×

上平平(叶)。○×平去×,×平×入平平(叶)。平平(叶),×平×去去平平(叶),去平平、上平平入(叶)。上平平入(叶),平平上去,×上平平(叶)。

洞仙歌　过曲。第三句为四字句,不可作六字句。第三、七句第一、二字用去上声,第五句第二、三字用上去声,为妙。

○平平平上平(韵),去平平上平(叶)。○○去上平平,上平平上×(叶)。平上去平去(叶),平平平上平(叶),去上平平去(叶)。

雁过沙　过曲。可作快板曲。第五句第三、四字,末句第六、七字用去上声为妙。

○平平去平平(韵),平平○上平平(叶)。○平平去×平去×(叶),平平上、去上平平上(叶)。平平○上上平平去(叶),○上平○平上、平去上×(叶)。

雁渔锦　过曲。集曲。由五支曲组成,为一组集曲套。沈谱五段题名【雁过声】、【二犯渔家傲】、【二犯渔家灯】、【喜渔灯犯】、【锦缠道犯】,叶谱始以数字标明五段。各谱句格小异,《九宫正始》有详析。曲中上去、去上声不轻易移。各段末二句上句可叶可不叶。第二段第六、七、八、九句各句第三字藏短韵,不可不知。

第一段

【雁过声】(全支)平平去×平去平(韵),○平平去入平平去(叶)。×上○×平×平去(叶),○○上平平,上平平(叶),去平平、○×去平平(叶)。平平×上平(叶),○○平○平去入平平上(叶)。○○×去去平○○平上去(叶)。

第二段

【雁过声换头】(首二句)平平(叶),去入平平(叶),【渔家傲】(第四句)○×平○○○×上平平去(叶)。(雁过声第六、七句)平平去上(叶),×平○×去平平去(叶)。【锦缠道】(第五句)×平上、平去上平(叶),【山渔灯】(第三句)×平上、平平去平(叶),【雁过声】(第四、五句)上平×、去平平(叶),平去上、○○×上平平(叶)。【山渔灯】(第七句)平平、平平○上平(叶)。【雁过声】(第七句至末)○○○×入去平○平平入,○○○×去×平○平去平(叶)。

第三段

【雁过声换头】(首二句)平平(叶),去去平平(叶),【渔家傲】(第四句)○○○平平上去平平上(叶)。【倾杯序】(第三至六句)去上平平,上上×去,去去平平,×去平平(叶)。【雁过声】(第六句)平平去上(叶),【山渔灯】(第六句)去平平去、○○去平平去(叶)。【雁过声】(第七句至末)○○○平平入去平平上(叶),○○去上×平上去平(叶)。

第四段

【喜渔灯】(首句)×平×上,×平×去(叶)。【山渔灯】(第二句)○○○×平去去、○去×平去(叶)。【朱奴儿】(第六句)○平平去平(叶),【玉芙蓉】(第六句)○○平平去×去平(叶)。【渔家傲】(第四至六句)○○×平×入平平去,去平上、去平平去(叶),×上上入平平(叶)。【雁过声】(第七句至末)○○○平平去入平平去(叶),○○○×入平平×去平(叶)。

第五段

【锦缠道】(首至第七句)去平×(叶),上平平、平平去平(叶)。×上去平平(叶),上平平、平平上上平平(叶)。去平平、平平去平(叶),×入上、去平○平平(叶)。×去○去平平(叶),【雁过声】(第七句至末)○○×平入上平平入,入上平平上去平(叶)。

仙吕宫

卜算子　引子。与词调同。首句不用韵,妙;用仄仄平平仄亦可。第三句亦可叶韵。×入去平平(韵),×去平平去(叶)。平去平平入上平,×上平平上(叶)。

番卜算　引子。第三句不用韵亦可。【卜算子】第三句用平仄平平仄仄平,此曲用仄平平仄仄平平,故名。

平上去平平(韵),上上平平入(叶)。去平平上去平平(叶),上去平平入(叶)。

小蓬莱　引子。首句第二、三字用上去声,第四句末二字用去上声,为妙。

×上去平平去(韵)。去×平、去入平平(叶)。○平平平入(叶),平平去上(叶),平去平平(叶)。

探春令　引子。首句第三、四字用去上声妙。第三句末字可用去声。第二句上一下四,第三句上一下七句法。

平平去上去平平(韵)。去平平平上(叶),去平平平上平平入(叶),上入去平平去(叶)。

鹊桥仙　引子。与词调同。首句第三字用平声,第四句第五字用去声,为妙。末句第二、三字用去上声妙。末句上一下六句法。

平平平去(韵),去平平上(叶)。去去平平上去(叶)。平平平去去平平(叶),去去上平平平上(叶)。

金鸡叫　引子。第三句第一、二字,末句第二、三字用去上声,为妙。

×去平平上(韵),去×平、去平平上(叶)。去上平平平×上(叶),×去平平(叶),×去上平去(叶)。

奉时春　引子。首句第五、六字,第三句第一、二字用去上声;第二句第三、四字用上去声,为妙。

×去平平去上平(韵),××上、去平平上(叶)。去上平平(叶),平平×上(叶),平平平去平平去(叶)。

紫苏丸　引子。首句第三、四字用去上声,第三句四、五字用上去声,为妙。入声韵可用去声。

平平去上平平入(韵),去平平、入平平入(叶)。去×平、×去上平平(叶),×平×去平平入(叶)。

似娘儿　引子。第三句第四字,第五句第三、四字用上声,为妙。

×上去平平(韵),平去上、平去平平(叶),上平×上平平去(叶)。平平去入,平平上上,去去平平(叶)。

望远行　引子。首句第三、四字,第三句第一、二字,第五句第一、二字用去上声;第六句第一、二字,第五、六字用上去声,为妙。

平平去上(韵),×去平平平上(叶)。去上平平(叶),×入去平平上(叶)。去上平去平平(叶),上去平平上去(叶),×入上、平平平去(叶)。

鹧鸪天　引子。与词调同。首句第五、六字，第三句第三、四字，第五句第二、三字用去上声，为妙。曲中上声字俱妙，毋轻易。

×上平平去上平（韵），×平平去入平平（叶）。平平去上平平上（叶），×上平平×上平（叶）。（换头）平去平（叶），去平平（叶），〇〇上平×去上平平（叶）。×平入上平平去（叶），×去平平×上平（叶）。

光光乍　过曲。快板曲。末句用仄仄平平平平仄亦可。第三句末字用上声，末句末字用去声，为妙。

×上上平平（韵），×入上平平（叶）。×入平平平×上（叶），去平去平平平去（叶）。

铁骑儿　过曲。快板曲。一名【檐前马】。第三句用平平上去亦可。第三句末字用上声；第四句第二、三字用去上声；第五句第三、四字，末句第二、三字用上去声，为妙。

上平平，上平平，入去平平（韵）。×去上平平（叶）。平平上去，×上去平平（叶）。

大斋郎　过曲。快板曲。首句一、二字用平仄亦可。第三句第三、四、五字用去上去声，末句第四、五字用去上声，为妙。

去平平（韵），上平平（叶），平平去上去平平（叶）。上平平上平平去，平平平去上平平（叶）。

胜葫芦　过曲。快板曲。一名【大河蟹】。第二句第二、三字，第四句第三、四字用上去声为妙。

入上平平入平平（韵），平上〇去平平（叶）。去平平平〇平平去（叶）。平平上去，〇〇平上去平平（叶）。

又一体　过曲。快板曲。第三句用九字句法。首句用韵乃妙。第三句第五、六字用去上声，第四句第三、四字用上去声，为妙。

入入平平去平平（韵），平入〇去平平（叶）。入去平平、去上平平去（叶）。平平上去，〇〇平平去平平（叶）。

青哥儿　过曲。快板曲。或谓【福青歌】，非也。首句第五字改平声乃顺。末句末字用上声妙。

平平上、去去平去（韵），去平平、上平平去（叶）。平平平去去平平（叶）。平平去上，上去平平平上（叶）。

又一体　过曲。快板曲。第三句不用韵。少第四句。

平平上、平平平去（韵），去上平、平平平去（叶）。平平×入去平平，平平去平平去（叶）。

五方鬼　过曲。快板曲。末句第五、六字用上去声妙。

×平入平入，×上平平（韵）。×去平平，×去平平（叶）。×入平平上平平（叶），平平上入平平（叶），×去平平、上去去平（叶）。

番鼓儿　过曲。快板曲。或不叠唱首句，却叠唱第三句，非也。第六句第五字可用仄声，第七句可用仄仄平平，第八句第一、二字可用仄平、第五字可用平声，乃叶。

上上平（韵），上上平（叶），平上平平去（叶）。去平平、平平入平（叶），去入平平，去入平平平去（叶）。上平平入，平入平、平上上上（叶）。上入上入去平平（叶），上平平、平平去平（叶）。

光葫芦 过曲。集曲。末句二衬字变在第二字下。

(光光乍)平上去平平(韵),上去上平平(叶)。○○平去平平平入上(叶)。(胜葫芦)平去○平平平入去(叶)。入平上去,平平○○去平平(叶)。

上马踢 过曲。第四句第四、五字,第七句第一、二字用去上声;第三字用上声,为妙。

平平去去平,平去平平去(韵)。平平平去平,去平平去上(叶)。×上平平,平去平平上(叶)。去上上平(叶),×入平平,×去平平去(叶)。

月儿高 过曲。可叠用。一名【误佳期】。此为本调,皆五字句。其余皆犯别调。首句用平声,第四句第一字用上声,乃叶。第三、五、七句不用韵。下曲同。

×去平平上(韵),平平去平上(叶)。去去平平去,×去平平去(叶)。×上去平平,平平去平去(叶)。去×平入去,×去平平去(叶)。

又一体 过曲。旧题【摊破月儿高】,变为四、五字句。第二句第三、四、五字用上平去,第六句第三、四、五字用去平上,俱妙甚。末句用仄仄平平仄亦可。

上入平平(韵),××上平去(叶)。去上平平去,平平平去(叶)。×入平平,平平去平上(叶)。○×去平平去,上平去平平(叶)。

二犯月儿高 过曲。集曲。犯〔南吕〕。第十句为独字句,可叠用前句末字;亦可用他字,须叶;亦可用"嗏"字代,可不叶。第十一句第三字用上声妙。

【月儿高】去入平平上(韵),平平去平上(叶)。×上平平去,×去平平去(叶)。×去平平,平入○去平去(叶)。【五更转】平平去入平平上(叶)。○○○上去平平,平平平上(叶)。【红叶儿】上(叶),平去上平平(叶)。【月儿高】○○上去平平,平平去平去(叶)。

月上五更 过曲。集曲。犯〔南吕〕。第三句第四、五字改用平去声乃叶。

【月儿高】平去平平去(韵),平平去平上(叶)。入上平上平,去入平平去(叶)。○○×上平平,平平去平上(叶)。【五更转】平平上入平平去(叶)。去上平平,平平平去(叶)。入去平,平平去,平平上(叶),平平入入○○平平去(叶)。上上平平,去平平上(叶)。

蛮江令 过曲。

×上平平去(韵),平平平×上(叶)。上平平入上,入平平平去(叶)。×上×上,×入去平平(叶)。×去平平去,×上平平去(叶)。

腊梅花 过曲。

平平平去○平入平(韵),平平上上平平去(叶)。×去平平去平(叶),平平平去,去平平平去平平(叶)。

撼亭秋 过曲。此为正格。

平平去上平去平(韵),平平去上上平平(叶)。上上平平平上去(叶),平平去上平平去(叶)。平上平,上上平(叶),上平平入上(叶)。

撼亭秋(又一体) 过曲。此曲以入声韵混代平上去三声,乃变体。第二句第二、三字可用平仄二声。

上平平平〇〇〇平上入(韵),平上平去平入(叶)。〇上上平平平去入(叶),平平上上平平入(叶)。平平上,平去平,平上平平入(叶)。

望吾乡 过曲。可叠用。第七句叶平声韵佳。

上去平平(韵),平平去去平(叶)。平平去上平平去(叶),上平平去平平上,平上入平平去(叶)。平平去,去去入(叶),〇平上平平去(叶)。

望吾乡(又一体) 过曲。用入声韵。第五句变为五字句。

去去平入(韵),平平去去入(叶)。平上上平平平入(叶),去去平平平平入,上平平平入(叶)。平平上,平上入(叶),去上平平入(叶)。

油核桃 过曲。此为正格。第四句末字定格用"也"字。末句用平煞。

平平入去平平(韵),去平平入平平(叶)。去入平平〇平平上(叶),平平上也,去平平平上平(叶)。

油核桃(又一体) 过曲。末句用仄煞。

去平入去〇平平(韵),去入〇平平平去(叶)。去入平平〇〇平平去(叶),平平去,平去平平去上(叶)。

木丫叉 过曲。可与【油核桃】联用。第八句上一下六句法。

入入平平去上(韵),平平去入,平平〇去去(叶)。平平上、入入平平(叶),去平平、平上〇去上(叶)。〇〇去上平平平上上,〇平上平平平上平(叶),去平上上平平上(叶)。〇上去平平上去平(叶)。

小措大 过曲。宜写羁旅之情。例用在【长拍】、【短拍】之前。第五句上一下五句法。

去平平去,去平平上平平(韵)。平去去平,平入平平(叶)。去平去上平平(叶)。〇平平去(叶),平平上上平上(叶)。〇〇〇上上平平平去上(叶),平上平(叶)。去上平平平去平(叶),上去入(叶)。去平平、去平平入(叶),平平去入平平(叶)。

长拍 过曲。例与【短拍】相联。首句四字可叠。第五句须四上声字连用为佳,亦可因难而省。第十句第五字不可误用平声。第八句上一下四句法。

平入平平,平平平去,平上上平平去(韵)。平平平上,上上上上,平平去入平平(叶)。平入去平平(叶),去上平上上,上去平去(叶)。上上平平上去入,〇平入去平平(叶),平上上平平平(叶)。〇上去上平,去入平平(叶)。

短拍 过曲。首句四字可叠。例用在【长拍】之后。

〇〇平上去上,〇〇平平去入,平平上〇上平平(韵)。〇〇〇平去去平平(叶),〇去入上平、平平上上(叶)。去入平上上,平去平去去上平(叶)。

醉扶归 过曲。可叠用。首句首字用上声,第三句前四字用去上平平,俱妙。第三句前四字或用平平仄仄,非也;第五字切不可用平声。

〇上平入入平平去(韵),〇〇〇平平去去入平平(叶)。〇去上平平〇去平平(叶),〇〇去平上上平平去(叶)。〇〇入平平去上平平(叶),〇上去平平去(叶)。

醉扶归(又一体) 过曲。首句第一、二字叠用,第二句第一、二字叠用,此变体

也。首句第二字须用入作平，可叠用去入，第二句第一、二字须用入作平，可叠用入入，皆妙甚；切不可用上声或去声。第三句用上去平平上平平妙。

去平去入平平去(韵)，平平入入去平平(叶)。上去平平上平平(叶)，上平上上平上(叶)。平平〇上去上平平(叶)，〇入去上、〇平平上(叶)。

皂罗袍　过曲。可叠用。此为正格。第四句亦可用仄仄平平仄平平。曲中连用四字四句者宜用扇面对。

去上平平平上(韵)，上平平去，上去平平(叶)。平平去去去平平(叶)，平平入去平去(叶)。平平平去，去平去平(叶)；平平平去，去平平入(叶)。平平去上平平去(叶)。

皂罗袍(又一体)　过曲。

去去〇〇平平平去(韵)，去平去、去平平上平平(叶)。去平平去去平平(叶)，平平入上平平去(叶)。平平平去，去平去平(叶)；平平平去，去平平入(叶)。平平去上平平去(叶)。

羽调排歌　过曲。可叠用。四字起。原为〔羽调〕本调，例入〔仙吕〕。首字上声，若去声则不协。首二句宜对。第二句第三、四字，第八句第四、五字，第十句第二、三字皆用去上声妙。第六句三字作平平仄亦可。

上上平平，平平去上(韵)，平平上入平平(叶)。平平平入上平平(叶)，×去平平入去平(叶)。平上平，平上平(叶)，〇〇平平×去上平平(叶)。平平去，平去×(叶)，入平平去上平平(叶)。

三叠排歌　过曲。即【道和排歌】。亦属〔羽调〕，例入〔仙吕〕。他调犯【排歌】皆犯此体。入平平(韵)，平去平(叶)，去上平平去(叶)。平上〇上平平，平去〇上平平(叶)。

去平〇平上，入平〇平去，入平平上去平(叶)。平平平去去平平(叶)，平上平平上入平(叶)。平平去，平去平(叶)，平平平去去平平(叶)。平平上，上去平(叶)，平平平入〇去平平(叶)。

傍妆台　过曲。可叠用。一名【临镜序】。此为本调。首句末字即起调。第三句至第六句作式不一，或作六字二句，或作七字二句。第四句第二、三字，第八句第一、二字，末句第四、五字用上去声；第八句第二、三字，末句第三、四字用去上声，为妙。

去平平(韵)，×平平去去平平(叶)。〇入去平平上，〇平上去平平(叶)。〇〇入去平平上，〇〇〇入上平平去(叶)。平平去，上去上(叶)，平平×上去平平(叶)。

二犯傍妆台　过曲。集曲。第六句第六、七字，末句第四、五字用去上声；第七句第六字、第八句第一字用去声；第八句末字、第九句第一、三字用上声，俱妙。

【傍妆台】去平平(韵)，×平平入〇〇上平平(叶)。〇〇去上×平去(叶)，〇平去去平平(叶)。【八声甘州】平平〇去平平去上(叶)，〇〇平去平平上去平(叶)。

【皂罗袍】〇去平平上，上平上平(叶)。

【傍妆台尾】平平×去上平平(叶)。

掉角儿　过曲。

上平平、平平去上(韵)，上平入、去平平上

(叶)。去平平、平平去平,去平平、上平平平(叶)。去平平、平平入、去平平(叶),平平去、去去平平(叶)。上平去上,平平去去,去平平、平平上上、去平平去(叶)。

八声甘州 过曲。可叠用。首句四字起调。第四句第三、四字去上声妙甚。第五句第四字入作平尤妙。第三句可不用韵。末句上一下六句法。

平平上上(韵),去上平、入上上入平平(叶)。平平平去(叶),上平〇去上平平(叶)。平平上平平上平(叶),〇〇上去平平去上平(叶)。平平(叶),去上平平去平平(叶)。

前腔换头 过曲。首句换二字句起调。末句上一下六句法。

平平(韵),〇平平上去(叶),去平入、平平去上平平(叶)。平平上去(叶),上平〇平去平平(叶)。平平上平平上上(叶),〇〇去去平平平去平(叶)。平平(叶),去平平上去平平(叶)。

甘州歌 过曲。集曲。可叠用。第五句第二、三字用去上声,第六句第三、四字用上平声,第六字用去声发调,第十句第四、五字用上去声,为妙。第二句上一下四句法。

【八声甘州】平平去上(韵),去去平平上,平入平平(叶)。平平平去,平去上平平去(叶)。平平上平平去入,入去平平平去平(叶)。【排歌】平平去,平上平(叶),平平平上去平平(叶)。平平上,平去平(叶),去平平上入平平(叶)。

前腔换头 过曲。首句换五字句起调,作平平仄仄平。首句第二字切不可作去声唱,而第五句第六字用去声发调,乃妙。首句第三、四字,第四句第三、四字,第五句第三、四字,第十一句第二、三字,用去上声为妙。第二句上一下四句法。

【八声甘州】平平去上平(韵),上入平平入,平平平去(叶)。平平平去,平去去上平平(叶)。平平去上平去平,〇〇〇上去平平平去去(叶)。【排歌】平平上,平上平(叶),入平平入去平平(叶)。平平去,平去上(叶),平平平上上平平(叶)。

桂枝香 过曲。可叠用。叠用后可联【长拍】、【短拍】。第五句第三、四字用去上声为妙。第五、六句用韵亦可。第九句不用韵亦可。第三、四句亦可作上三下四七字句。末句可作七字句,可平煞,亦可仄煞。

平平平去(韵),平平平去(叶)。入上上入平平,去去〇平平平去。〇平平去上,平平去上,平平平去(叶),平平平去(叶)。〇去平平(叶),〇〇〇去上平平上,平平去去平(叶)。

二犯桂枝香 过曲。集曲。

【桂枝香】平平平去(韵),平平平去(叶)。平平去入平平,入入〇平平平去(叶)。【花锦添】平平(叶),平平去入上入平(叶),平平上平上平去(叶),去平平、平入平(叶)。【皂罗袍】平平平去,平平上平(叶);平平平去,平平上平(叶)。【桂枝香尾】〇〇〇去去平平去,〇〇〇平平去去平(叶)。

一封书 过曲。一名【秋江送别】。此曲单用不入套。例作书信存古意。叠用时可作对话。首句第三句应用上三下二句法。首四句可作扇面对。

第二、四句亦可作七字句。

平平上去平(韵),上平平平去上(叶);平平去上平(叶),上平平平去平(叶)。去入平平平去去,入上平平平去平(叶)。去平平,上平平(叶),入上平平入去平(叶)。

解三酲　过曲。可叠用。此为本调正格。切莫与南吕【针线箱】混。例叠用二支。首二句必对。第五、七句可不叶。

上平上、去平平去(韵),上平上、去入平去(叶)。上平○去平平平上(叶),去平上去平平(叶)。去入平平去上平(叶),○○平入平平平去平(叶)。平平去(叶),入上○去入,上入平平(叶)。

前腔换头　过曲。首二句换作上四下三句法,首句可不用韵。

○○上入平平平去上(韵),○○○平去平平上去平(叶)。○平平上入平平去(叶),○○○去平去、○○上平平(叶)。入去○平平上去平,○○○平去平平平去平(叶)。平平上(叶),平平去入,上去平平(叶)。

解酲歌　过曲。集曲。首二句宜对。

【解三酲】上平平、入平去上(韵),平上上、平上平平(叶)。平平入去平平上(叶),平平去入平平(叶)。上平去入平平去,上上平平上去平(叶)。【排歌】平平去,上入×(叶),平平去去上平平(叶)。平平去,上去平(叶),上平平去去平平(叶)。

掉角儿序　过曲。可叠用。第三句后四字平仄可同第一句后四字。中间四句三字句可作六字折腰二句,可二、四句叶,亦可三、四句叶,亦可省一句或二句。第三句及四句三字句以不用韵为佳。第十句第一字、末句第一字切不可用平声。第九句四字亦可用仄仄平平。

上平平、平平去上(韵),去平去、去平平去(叶)。上平平、平平去平,去平平、上平平去(叶)。入平平,平平上,去平平,平平去,上平平去(叶)。上平去上(叶),平平去平(叶)。去平平,平平上上,去平平去(叶)。

惜黄花　过曲。末句应上一下四句法。第九句三字可用平平仄。

平平去去×平(韵),平去平平上(叶)。入平平×上×,平平平上(叶)。上上上入平去(叶),上平去平去×(叶)。上平去上平平(叶),去平去,入平平(叶)。平去去平平,去平平平去(叶)。

春从天上来　过曲。单用曲。不叶处切不可用韵。首句第三、四字,第二句第一、二字,第七句末二字,第八句第一、二字,第九句第四、五字,第六句末二字皆去上声;第六句第一、二字,第七句第一、二字皆上去声,为妙。

平平去上,去上、去去平(韵)。平平去入平平上(叶),入上平平,去平上去去平平(叶)。上去平平去平(叶),上去平平平去上(叶)。去上平平,入平平、去上平(叶)。平平去上(叶),平平上平(叶),平平○○平上○平平去(叶)。

南吕宫

恋芳春　引子。与词调同,无换头。首二句必对。末二句或作六字四字二句。首句第一、二字,第二句末字与第三句首字作上去声;第四句第一、二字,

末字与第五句首字，第六句第一、二字作去上声，为妙。

上去平平，去平入上(韵)，去平入去平平(叶)。去上平平入去，上入平平(叶)。去上平平去上，去平上平平平去(叶)。平平上(叶)，平去平平，去平平去平平(叶)。

虞美人 引子。与词调同，无换头。一调二韵，引子中最有古意者。首二句叶仄韵，第三、五句叶平韵。末句可作上二下七句法。

平平平上平平上(韵)，去去平平上(叶)。×平平上上平平(韵)，×上平平，平去上平平(叶)。

步蟾宫 引子。与词调同，无换头。

平平×去平平上(韵)，去×去、平平平上(叶)。上平平、平上去平平(叶)，×上平平平上(叶)。

生查子 引子。与词调同，换头字句与此同。首句作平平平去平亦可。末句末字改用上声尤妙。

平入入平平(韵)，去上平平去(叶)。平去入平平，上上平平去(叶)。

小女冠子 引子。与〔黄钟〕【女冠子】不同。换头同。

×平×入平平去(韵)，××去，上平平(叶)。去平平、×上平平去(叶)，入平去上平平去(叶)。

临江仙 引子。与词调同，换头同。

×上平平平上去(韵)，×平×去平平(叶)。平平×去上平平(叶)，平平平去上，×上去平平(叶)。

一枝花 引子。与词调【满路花】同，无换头。

平平平上上(韵)，×去平平上(叶)；×平平去上，上平平(叶)。×去平平，×去平平去(叶)。去平平去上，去去平平，○○去入平、平平去(叶)。

挂真儿 引子。第二句第四、五、六、七字若用仄平平仄，则如【大圣乐】。首句第五、六字，第二句第四、五字，末句第一、二字用去上声；第五句第三、四字用上去声，为妙。

去去平平去上上(韵)，平平上、去上平平(叶)。×上平平，平平上去(叶)，去上平平×去(叶)。

意难忘 引子。与词调同，无换头。第二句第四、五字，第三句第一、二字，第五句第二、三字用去上声；第四句第四、五字用上去声，为妙。第二句为上一下四句法。

×去平平(韵)，上平平去上，去上平平(叶)。平平平上去，×去上平平(叶)。平去去，上平平(叶)，去平上平平(叶)。入上平、平平去入，×上平平(叶)。

三登乐 引子。《九宫正始》认为本调正格为首句六字，次句四字。第二句第六、七字，第三句第四、五字，第五句第二、三字用去上声；第三句第五、六字用上去声，为妙。

去去平平(韵)，去入去、平平去上(叶)。入平平、去上去平(叶)，去平平，平去上，平去平平(叶)。平平上上，○平平上上(叶)。

梁州序 过曲。宜叠用。一名【梁州第七】。用《九宫正始》本调。第三句用仄仄平平平仄亦可。

○平平×上(韵)，平平平上(叶)，×平×去平平(叶)。○○平平×去，×上×平

〇〇平平(叶)。×去〇×平平平去(叶),×上平平,×去平平去(叶)。×去平平〇〇×平×(叶),×去平平×去平,〇××去,×平×(叶)。

前腔换头　过曲。此为三换头。二换头与本调正格同,四换头与三换头同。或称此四曲为【古梁州】。第三句为上一下四句法。

〇〇×××、×上平平(韵),×××、×平×上(叶)。去平平×去,〇〇〇×入平×(叶)。×去平平平去(叶),〇×去平平,去平平平去(叶)。×上平平〇〇去平×(叶),×去平平〇〇去去平(叶),××上、上平×(叶)。

贺新郎　过曲。宜叠用。本调为正格。末句亦可作上三下五、上五下三或上一下七和一般七字句法。第五句第五、六字用上去声;第六句第六、七字,末句第二、三字用去上声,为妙。

×入平平,入平平、上平平上(韵)。去平平、×平平上(叶)。平平×,×入平平上去平(叶),×平×、×平去上(叶)。××上,平平上(叶)。入平平、去入平平上(叶),平去上、去平上(叶)。

梁州新郎　过曲。集曲。宜叠用。用《九宫正始》本调。换头格与【梁州序】本调同。第十三句上一下七句法。第八句第一、二字,第十一句第二、三字用上去声;第九句第四、五字用去上声,为妙。

【梁州序】平平×入,平平平去(韵),×上平平平去(叶)。平平平去,×平去入平平(叶)。×去平平平上,×入平平,上去平平上(叶)。×平平去上,上平平,×去平平×去平(叶)。【贺新郎】×上去,平平去(叶)。去平平入上平平去(叶),平去去、×平去(叶)。

节节高　过曲。快板曲。可叠用。首句、第八句第三、四字用去上声,末句第一、二、三、四字作平平去平为妙,作平平仄仄亦可。

平平去上平(韵),上平平(叶),平平×去平平去(叶)。平平去(叶),×上平(叶),平平去(叶),×平×入平平去(叶),×平去上平平去(叶)。入上平平去平平,平平去平平平去(叶)。

奈子花　过曲。快板曲。可叠用。第三句八字若用平平仄仄平平仄七字,更古。

去平平、平上平平(韵),去平平、×去×平(叶)。平平去平、平平平去(叶),平平平去平平去(叶)。平上(叶),平入去上平平上(叶)。

大圣乐　过曲。可叠用。一名【大胜乐】。此调为正格,变格多。第二、六、九句末字可用平声韵。第四句亦可作仄平仄、仄平平。第五句亦可作平平仄仄平平仄。

×平〇×去平平(韵),去平平、〇〇×去上(叶)。×平×去平平去(叶),平入平、去平去(叶)。〇〇〇平平平上平平去,〇〇×去平平上去上(叶)。平平去去(叶),〇〇〇平平×入,平上〇平上(叶)。

青衲袄　过曲。吴梅《南词简谱》备一说:【青衲袄】、【红衲袄】实为一曲。第一、四、九句末字俱可用上声韵,但不可用去声韵。

上平平、×上平(韵),上平平、平×入

(叶)。○○去去平平去平去(叶),平平去上○○平去平(叶)。○○○○去平去、平上平(叶),去平上、平入上(叶)。平平上去平平,去上平平(叶),平平去、○平去平(叶)。

红衲袄 过曲。宜叠用。此为本调通行之曲。此调与【青衲袄】常被妄改字句,正衬错乱,变体多。故本调与【青衲袄】二曲衬字格严,不宜乱施。吴梅《南词简谱》首二句作三字句。第七句“也”字为字格,“也”字前一字可叶可不叶。

○○○去平平、×去平(韵),○○○入平平、平×去(叶);○○○×平○×上平平上,○○○×平○×上平去平(叶)。去×平、○×上平(叶),去×平、○××上(叶)。○○○上上平平、上去○○平平也,去平平、平去平(叶)。

一江风 过曲。可叠用。此调或有省第六句,或有叠唱第八句者,皆古调也。

去平平(韵),×入○平平去(叶),×上○平平去(叶)。去平平(叶),去上○平平,×上○平平,×○去平平入(叶)。平平○×上平(叶),平平×去平(叶),×上去、平平去(叶)。

香柳娘 过曲。可叠用。此调变格多,古调无叠句。从俗有三叠句,即第一、四、七句各叠前句,为上一下四句法。《九宫正始》叠句全入唱。第三句亦有作八字句者。

去平平去×,去平平去×,上平平去(韵),×平×上平平上(叶)。○○去平平上×,去平平上×,○×上上平平(叶),×平去平去(叶)。去平平去上(叶),去平平去上(叶),○○平平上平(叶),平平平去(叶)。

女冠子 过曲。可叠用。或谓【古女冠子】,非也。第二句为上一下六句法。第五句应平仄仄平。

×平入去平平上(韵),去平入去平平上(叶)。×平×去平平上(叶),去去上、去平平(叶),平×去×(叶),入平平去(叶)。○○平平去×平平去(叶),○○去上平平上去平(叶)。上上(叶),上去去平平上(叶)。

大迓鼓 过曲。可叠用。此非本调,自《琵琶记》盛行,本调不行,而通行此体。第五句可作平平仄仄平平仄,若作仄平平仄平平仄尤妙。末句原作七字,从《琵琶记》。

平平(韵),×去平(叶),×平×去,去上平平(叶)。×平×上平平上(叶),×平○×入去平平(叶)。○×上平平,×上去平(叶)。

绣带儿 过曲。可叠用。或谓【绣带儿】犯【太师引】,非也。《玉簪记》“难提起”一曲少二句,作又一体,可也;或谓【素带儿】,非。第四句第三四字用去上声妙。末句末四字用仄仄平平亦可。

平平上、平平上上(韵),×去平平平×(叶)。平××、○○入上平平,○入去○去上平平(叶)。平平(叶),×平×去平上上(叶),×平上、上平○平去(叶)。平平(叶),平平去平(叶),平×去,入平○○平×平去(叶)。

前腔换头 过曲。第三句第三、四字用上去声;第四句第二、三字用去上声;第

九句第五字用平声，为妙。末句末四字用仄仄平平亦可。

平平(韵)，平平去、平平去去(叶)，×入×平平去(叶)。○○平××、入上平平，×平×去平平(叶)。平平(叶)，×平○×去平去去(叶)，○×平×、去平平去(叶)。平平去(叶)，××上平(叶)，平×去，平平平×平去(叶)。

宜春令　过曲。宜叠用。第三句第六、七字用去平声，发调。第五句首四字用仄仄平平亦可。第六、七句宜对。第八句用上去声妙，不可作衬字。末句末字若用去声妙。

平平入，×上平(韵)，去平平、平平去平(叶)。×平×上，×平平去平平去上(叶)。×平×、○○×入平平，×平×、平平平去(叶)。上去(叶)，×去○○平平，去平平上(叶)。

太师引　过曲。宜叠用。此体为正格。例叠用二支。古体首二句可作六字折腰句法。第三句可不叶。第六句亦可作上三下四句法。第三句第四、五字，第六句末二字，末句第二、三字，俱用去上声为妙。

××平(韵)，平平上(叶)，××平、去上○去平(叶)。×去平、×平○平去(叶)，上平平、○上入平平(叶)。平平去入平去上(叶)，平去去、上入○平平(叶)。○平平上(叶)，上平去平(叶)，平去上，平平平去○平入(叶)。

琐窗寒　过曲。可叠用。此体《九宫正始》作正格。第二句有作六字折腰句法。第三句不如用平平仄仄为顺。末第二句不可于第二字用韵，改作二句。

去平平、×○上平平(韵)，×去平平平去平(叶)。○平平平平，×入平平(叶)。×平×入，×平平平(叶)，上××、×平×上(叶)。○○上平×入去平平(叶)，×平×去平平(叶)。

琐窗郎　过曲。集曲。宜叠用。可作快板曲。第三至第六句八字二句有改为上三下四句法七字二句者。

【琐窗寒】平平×上平平(韵)，入平×、×上平(叶)。×平×上，×去平平(叶)，×平○×入，平平×去(叶)。【贺新郎】○○平平×去×平去(叶)，平入上，去平去(叶)。

三学士　过曲。宜叠用。第三、四句能对尤佳，第三句末字可叶可不叶。第一句第六、七字，第四句第五、六字，第五句第六、七字，俱用去上声为妙。

×入平平×去上(韵)，××去去平平(叶)。×平×上平平入，平去○平平去上平(叶)。入×上平平去上(叶)，平平入，○平去×(叶)。

刮鼓令　过曲。可叠用。第一句作上三下二句法。第六句亦可作仄仄平平仄仄平，亦可改作八字句，后四字作平平去上。

平平去去平(韵)，去平平、×去上(叶)。××入、平平平去，去平平、×去平(叶)。×入○上平平(叶)，平平上平平去平(叶)。×平×上上平平(叶)，○×平×上去平平(叶)。

金莲子　过曲。此体末二句原作七字句，通行作五字句，上句上三下二，下句上二下三句法。第三句第三字原作

句中暗韵。前腔同。第三句第二、三字,第五句第四、五字用上去声;第四句第二、三字用去上声,为妙。

上平平(韵),××〇入去×去平(叶)。〇平上去(叶),平去上平(叶)。〇平平平上去,××上平平(叶)。

前腔换头 过曲。首句换作七字句。第二、四、五句末二字俱用去上声,为妙。

×平〇去×平〇去平(韵),××〇入去×去上(叶)。〇平平去(叶),××〇去上(叶)。×平平去上,平去去平上(叶)。

香罗带 过曲。可叠用。此体两"也"字为格,后一"也"字亦有用一仄声字者。第七句八字二句亦有作七字一句者。

平平平去平(韵),平平去平(叶)。平平入平平去平(叶),〇〇×平×入上平平(叶)也。〇〇平平上,去平平(叶)。平平〇上上,平去上平(叶)。×入平平(叶)也,入去〇平平〇平去平(叶)。

罗江怨 过曲。集曲。一名【罗带风】。此体"也"字为格。

【香罗带】平平平去平(韵),平去上平(叶)。平平去上平去平(叶),平平平去去平平(叶)也。【一江风】去上平平,上平平去上(叶)。平平平去平(叶),平平平上平(叶)。【怨别离】去入平平平去(叶)。

香遍满 过曲。可叠用。此曲多别体。不用衬字。第二句末字平叶为正,亦可用上声,勿用去声。第六句宜作平平仄仄平。末句末字改作去声尤妙。

平平平去(韵),平平去平平去平(叶)。×去平平平×去(叶),去平平入×(叶)。×平平去×(叶),入去上去平(叶),上上去、平平上(叶)。

懒画眉 过曲。宜叠用。此调第一字平仄不拘,第二字必用仄声,第三、四字必用平声,此乃正格。末句末字必用平声,或可用入声。

×入平平上平平(韵),〇上入平平×去平(叶),×平×去去平平(叶)。〇〇×〇去平平去(叶),×〇去平平×去平(叶)。

浣溪纱 过曲。沈谱云首句用韵妙。第三句后四字可用仄仄平平,此句亦有作六字句者。第七句或以仄仄平平仄平平七字句者为正格。

平去平(韵),平平去(叶)。去平去上平平去(叶),×平×上平平去(叶),〇〇〇×去平平×去平(叶)。平×上(叶),〇〇〇平平去、平平平(叶),×××上平平(叶)。

秋夜月 过曲。可叠用。末句上一下四为通行句法,亦可作上二下三句法。第五句、末句第四、五字用去上声为妙。又一体首句改为四字句。

×去平(韵),×上平平去(叶)。×入平平平平去(叶),平平×入平平去(叶)。×平×去上(叶),去平平去上(叶)。

东瓯令 过曲。一名【金瓯令】。此体为正格,别体亦多。第三句可叶仄韵,末三字为平仄仄,末句亦可叶去声韵,末三字为平平去,此二句究以平韵为是。

平×去,上平平(韵),×入平平×去平(叶)。平平×去平平去(叶),×入〇平平去(叶)。×平×入上平平(叶),×去去平平(叶)。

刘泼帽 过曲。可叠用。第一句第二字

可用暗韵。第四句三字句为格，叶韵；亦有作四字、五字句者，可不叶韵。

去平上上平平去(韵)，×××、去上平平(叶)。×平去上平平去(叶)，入去平(叶)，×入○平平去(叶)。

金钱花 过曲。干板曲。此体为正格，别体多。末句末字平煞，亦可仄煞。第二、四句各为上句末二字叠句。

×上平入平平(韵)，平平(叶)。去入平入平平(叶)，平平(叶)。×上上去上平平(叶)，平平去、上平平(叶)，上上去、上平平(叶)。

五更转 过曲。宜叠用。一名【五更传】。第四、十句可剖为上四下五句法。第五、六句可合为七字上三下四句法。

去×平，平平去(韵)，平平×上平(叶)。×平上上○○平平去(叶)，×入平平，入平平去(叶)。○×平去，×入平，平平去(叶)。×平上×○○平平去(叶)。×上平平，×平平去(叶)。

三换头 过曲。集曲。可叠用。《九宫正始》订为集曲。第六句宜叶，亦可不叶。末句可作七字仄仄平平平仄平上四下三句法。

【五韵美】平平去×(韵)，○○平平×去(叶)。【蜡梅花】○平平去入，×平○去平(叶)。○×平去×(叶)，去平平、××上(叶)，入×平、×平去×(叶)。【梧叶儿】×入○平平上，去平×去×(叶)。×去平平，上入×、平平○去平(叶)。

红衫儿 过曲。例用【前腔换头】。此曲各谱有异，《九宫正始》有详解，以其订谱为准。第三句可叶，亦有作六字句者。曲中去上、上去声处甚妙，前腔同。

○平去○平平平入去(韵)，去上平平(叶)。○上平平去，○上平去平(叶)。○去平平上平平，入去○去平(叶)。○入去○去去○平平(叶)，○○平平上去(叶)。

前腔换头 过曲。第三句作七字句法。

入上○平上去(韵)，○去入平平去(叶)。○○○上上平平去平平(叶)，平平○上去平×(叶)。上平平(叶)，○○去去去上平平(叶)，平平○去×(叶)。上去○去上平×(叶)，○平平○上去(叶)。

针线箱 过曲。别体多。此曲与【解三醒】实不同。第四句六字在【解三醒】作六字折腰平叶句法，在此作总一句仄叶。

去入平、上平平去(韵)，平入上、平平平×(叶)。去平平、去入平平去(叶)，入入去平平入(叶)。×平○×上○平平上(叶)，○○平上平平○平上平(叶)。平平上(叶)，○平平平去，平去平平(叶)。

古针线箱 过曲。此曲与【针线箱】大不同。第四句有作六字句者。第七句两入声字有作衬字者。

去上平平(韵)，去上平平去上平(叶)。入平上去平平上，平上入、×去平平(叶)。上平平、平平上×(叶)，平平去、上上○平平(叶)。入入去平平(叶)，上平平去，平上平平(叶)。

单调风云会 过曲。集曲。犯〔中吕宫〕。【一江风】去平平(韵)，○上去平平去(叶)，○去去平平上(叶)。【驻云飞】嗏，平入去平平(叶)，平平平去(叶)。○上去平平，去入平平去(叶)。○入入平平平上

平(叶),上上〇平平上去平(叶)。

中吕宫

粉蝶儿 引子。与词调同。第四、五句宜对。第六句有作四字句叶仄韵。末句有作七字上三下四句法。

上上平平,平去上平平去(韵),去平平、去平平去(叶)。上平平,平上上,去平平去上平平(叶),平平去平平去(叶)。

四园春 引子。第五句第四字改作仄声尤妙。

去去平平平上平(韵),平平入去上平平(叶)。平平入去去平平(叶),去上平平平去平(叶)。入平平平去(叶),平去入平平(叶)。

满庭芳 引子。与词调同。虽有换头,然少用。曲中去上、上去声俱妙。

×去平平,平平×上,平平平上平平(韵),平平平入,平去入平平(叶)。×上平平去上,去平平、平去平平(叶)。平平去,去平去上,平去上平平(叶)。

前腔换头 引子。首句第二字可叶。第四句为上一下四句法。

平平平上入,×平平去,×去平平(韵)。去平去平平,×上平平(叶)。×去平平去上,平去平、上去平平(叶)。平平去,上平×上,×去去平平(叶)。

菊花新 引子。第一、二句与词调不同,用仄仄平平仄仄平,平平仄平仄平平亦可。末句末字用去声更妙。

平平×去去平平(韵),×去平平平去平(叶)。×入上平平(叶),平×上去平平入(叶)。

青玉案 引子。与词调同,换头同。第五句可叶可不叶。

平平×入平平上(韵),去入平平去平去(叶)。×去平平平平上(叶),平平平入,上平平上(叶),去入平平上(叶)。

尾犯 引子。与词调同,无换头。第一句第一、二字,第二、六句第二、三字用上去声;第六句末二字用去上声,为妙。

上去入平平(韵),×上去平,平平平去(叶)。入去平平,〇平平平去(叶)。平上去、平平去上,去平平、平平去平(叶)。平平去,平平上入,入去平平上(叶)。

泣颜回 过曲。可叠用。第二句可用平平平仄平平,第六句可用平平仄,末句或用平平仄仄平平平。前腔同。

×上去平平(韵),×去平平平上(叶)。平平×去,平×上入平上(叶)。平平去上,去平平,×上平平上(叶)。去平平、去上平平,去平×、上平平上(叶)。

前腔换头 过曲。换头首句变为七字二韵格,切不可连为七字句,宜审之。第七、八句宜作上三下五句法。

平平(韵),×去去平平(叶),〇〇〇×上平平平上(叶)。平平×去,平平去平平上(叶)。×平去上,去平平去入,〇平平上(叶)。上平平、×去平平,上平×、去入平上(叶)。

石榴花 过曲。此体为正格,别体多。大致为:第二句、末句可作六字折腰句法,第四句可作上三下四或上四下四句法,第七句九字三句或并作七字一句。第二句第四、五字,第五句第五、六字用去上声,为妙。

平平上上〇〇上平平(韵),〇〇去平平去

上平平(叶)。去平平去去平平,〇平平入入〇〇上平平(叶)。〇平平上平去上平(叶),去平平、〇去平平平(叶)。平平去,去平平,去平平(叶),入平平去入平平(叶)。

榴花泣　过曲。集曲。第二、六句第四、五字用去上声为妙。第二句亦可作六字折腰句法。末句亦可用仄平平仄仄平平。第六句为上一下七句法。

【石榴花】〇〇〇平平×去去平平(韵),×平平去上平平(叶)。去平平去去平平(叶),〇平平去入〇〇去平平(叶)。【泣颜回】平平上平(叶),去平平去上平平去(叶)。上平平、上入平平(叶),平平去、上平平去(叶)。

驻马听　过曲。此体为正格,别体多。第二句末字可用上声。第三、四、五句宜用鼎足对。第六、七句亦宜对。第二句有作八字二句者。第七、八句亦有作四字八字者,下八字二句用平平仄仄,仄平平仄;亦有作五字七字者,上五字用平平去平平。

×去平平(韵),入上平平×去平(叶)。〇〇〇平平×上,〇〇〇×入平平,〇〇去上平平(叶)。×平×去去平平(叶),×平×上平平上(叶)。去去平平(叶),〇×平去上〇〇〇〇×平去(叶)。

驻云飞　过曲。可叠用。第二句末字用平声妙,切不可用去声。第六句四字亦可用仄仄平平,又一体作仄平平三字句。末句可重叠唱一句。曲中"嗏"字为格。

×去平平(韵),×上平平平去上(叶)。×去平平去(叶),×去平平去(叶)。嗏,×入去平平(叶),去平平上(叶)。×去平平,×入平平去(叶),平上平平×去平(叶)。

倚马待风云　过曲。集曲。犯〔南吕宫〕。曲中"嗏"字为格。

【驻马听】去上平平(韵),去上平平平去平(叶)。平去平平平去,去入平平,平上平(叶)。平平平去入平平(叶),平平去入平平去(叶)。【一江风】平平上入平(叶),平平去入平(叶),入去平平去(叶)。【驻云飞】嗏,上去去平平(叶),去平平(叶)。去上平平,上去平平去(叶),上去平平平去平(叶)。

古轮台　过曲。可叠用。此曲大抵用在〔大石调〕【念奴娇】后。第十一句合头为上一下六句法。

去平平(韵),平平上上入平平(叶),〇〇去入平平去(叶),平平平去(叶)。〇去上平平(叶),去上平平平去(叶)。平上平平,上平入法(叶)。〇平平平去〇上平平(叶),平平上上(叶)。平去平平去平平(叶),上平上入,去平平去,平平平上(叶)。上上上平平(叶),平平上(叶),入平平上去平平(叶)。

前腔换头　过曲。第一至第四句为换头格。第九句较正格为变格。第十一句合头为上一下六句法。

平平(韵),入上平入〇平平(叶),平去上、平入平平,平平平去(叶)。平去平平(叶),去去〇平平平去(叶)。〇〇平去平平,上平去去(叶)。〇〇入上平平去平去(叶),平平入去(叶)。上上平平上平平(叶),平平平去,平平平入,平平平去(叶)。上去上平平(叶),〇〇平平上

(叶),上平去入去平平(叶)。

扑灯蛾 过曲。干板曲。别体多。首句可叠唱。又一体前三句有作六字句者。第四句末有用也字煞,可有可无,原非定式。第六句作仄仄平平仄平平为佳。

去平平去×,平平上平去(韵)。去平入平平,入上上平平入(叶)。〇〇平平〇〇上上(叶),入上平、平平平平(叶)。去平平、平平去上(叶)。上平平,上平平去去平平(叶)。

大和佛 过曲。唢呐曲。一名【和佛儿】。别体第二、四句有作五字者。第三句第一、二字可作平去。第七句末三字可作平平去。末句首四字可作入上平平。

去去平平平去×(韵),平去×(叶)。〇去去上上上平×(叶),去平平(叶)。平平上上平平去,去平平入入平平(叶)。〇〇平平入上上平平(叶),入上平平平去(叶)。平平上,去平平上去平平(叶)。

粉孩儿 过曲。快曲。末句前三字亦可作仄平平。

平平上、去平平、平入上(韵)。〇平平上上,×平平上(叶)。〇平平入×平去平(叶),入平平、去上平平(叶),去平平、×去平平,平平去、平去平上(叶)。

红芍药 过曲。与〔南吕宫〕【红芍药】不同。快曲。末句后四字亦可作仄平平仄。

平×上、上入平平(韵),平平×、入去平平(叶)。×去平平去平去(叶),去平平、上平平去(叶)。平平,入去上×平(叶),×平平、去平×去(叶)。入平×、上入平平(叶),去×平、平去入去(叶)。

耍孩儿 过曲。快曲。沈谱讹处甚多,正衬断句有误,坊本亦如是。用《九宫正始》。

〇入平平入去(韵),去入平平去,上去去、去入平平(叶)。〇平平平,上去〇、平上平平去(叶)。〇去〇平、去入平平去(叶),平平〇、入上平平去(叶)。

会河阳 过曲。快曲。沈谱讹,坊本亦如是。用《九宫正始》。末句叠前句。

上去平平上入平(韵),平平平上上平平(叶)。平平(叶),平去平平,〇去平上平(叶)。平平去、平平平去(叶),去平平入〇平平去(叶),去平平入〇平平去(叶)。

缕缕金 过曲。快曲。别体多。第三句或可作仄仄平平仄。末句叠前句。

平×去,去平平(韵)。×平平入去,去平平(叶)。去上平平去,平平平去(叶)。〇平平×去去平平(叶),平平去平去(叶),平平去平去(叶)。

越恁好 过曲。快曲。别体多。此体用于【粉孩儿】套。第二句叠前句。末七字二句应对,亦有作九字二句上三下六句法者。

×平平入,×平平入,上入入×平(韵)。去平×上,平平上(叶),〇〇上平平(叶)。平平去入平去平(叶),平平去上(叶)。平平〇去上〇平平去(叶),上平〇去入〇平平去(叶)。

又一体 过曲。快曲。此体用于【泣颜回】套。第二、七、十句皆叠前句。第六、七、九、十、十四句皆为上一下四句法。

去平平去,去平平去,去平平、上去平

(韵)。上平平上去,平上×、去平上(叶)。去平平上平(叶),去平平上平(叶),〇去平平、上平平、平去去平(叶)。上平平去平,上平平去平,去平平、上平平、平去去平(叶)。平平上、去去平,上去平平上(叶)。去平平去上,上去平去(叶)。

红绣鞋 过曲。快曲。别体多。多接用【尾声】。末句坊本大多改作去平平上平平六字句。第二、四句和末句二字叠前句末二字。

上平平去平平(韵),平平(叶)。×平×上平平(叶),平平(叶)。平去去,〇去平平(叶),平上去,入平平(叶)。去平平上上平平(叶),平平(叶)。

又一体 过曲。快曲。末句为七字句。

×平去去平平(韵),平平(叶)。×平×去平平(叶),平平(叶)。上去平,〇〇×平去(叶),平平去,去平平(叶)。×平×上去平平(叶)。

渔家傲 过曲。

〇〇去去平平去上平(韵),〇〇〇上〇去平平,平平去平(叶)。去入去平平平去,平平平去(叶)。平平上、平入平平,平上去平(叶),〇〇〇去入平平上上平(叶)。

又一体 过曲。增第八、九句。凡犯【渔家傲】者多用此体。

〇〇〇上去平平平去平(韵)。〇〇去入平平,平平去平(叶)。去平去上平平去,〇平平平去(叶)。去上平、平去平平,〇平平去平(叶)。上平平、〇上去平平,平平上平(叶),〇〇〇入上〇平平去去平(叶)。

剔银灯 过曲。第三句亦可用平平仄仄平平仄。末句有作仄仄平、平平仄仄七字句者。

平平去、平平〇上×(韵),平平去、平平平去(叶)。入上〇〇入平平平去(叶),平去平、〇入平平去(叶)。平平(叶),平平去×(叶),×上去、平平〇〇去去平(叶)。

渔家灯 过曲。集曲。宜叠用。第五句第二字可用暗韵。

【渔家傲】入平上、去入平平(韵),〇〇〇去去平平(叶)。去平去、去上平平,〇〇〇平上平平(叶)。【剔银灯】〇去平入上平平去(叶),去平去、入平平上(叶)。〇平平(叶),〇上去上平(叶),上平去、平平去上(叶)。

前腔 过曲。集曲。第五句第二字可用暗韵。

【渔家傲】平平上、去平平去(韵),〇〇〇平去平平(叶)。去平去、平去平平,〇〇〇平去平平(叶)。【剔银灯】去平平入平平去(叶),上去平、平去平平(叶)。〇平平平平〇平去(叶),去平平、去平平〇上(叶)。

摊破地锦花 过曲。此曲别体首句作仄平二字,余皆同。

去平平(韵),平入入、平上上(叶)。平去去×(叶),平平上、去上平平(叶)。去上平平,去上平平(叶)。去平平(叶),平入平、去平平(叶)。

麻婆子 过曲。第一、三句首二字用叠字,别体亦有径作五字或七字句者。末句可用平平平仄平。

去平去平平平去,平平上去平(韵)。去上去上平平去,平平上去平(叶)。平平入入上平平(叶),平平入上〇去平去(叶)。上上平平上(叶),〇〇平入去平平(叶)。

尾犯序 过曲。宜叠用。此曲字格有严有宽。严者,第三句第一、二字用上去声;第七句第六、七字,末句第三、四字用去上声;末句第五字用上声。此调末句七字为定格,勿妄作九字二句。第三句可作平仄平平或仄平平仄。第五句可作仄平平仄。第七句首三字可作仄平平。第八句末字用去声为佳。

平去入平平(韵),上入平平,平去平×(叶)。上去平平,〇平平入×(叶)。平×(叶),平入去、平平去上,平入去、平平上上(叶)。平平去,平平去上〇〇上平平(叶)

前腔换头 过曲。此第二换头起句七字二韵,正合换头句法。第八句首三字可平仄仄。第九句首三字可仄仄×。此调第三、四换头起句用平平×去平与平平平去上五字,与第二换头不同。

平平(韵),上×去平平(叶)。入去×平,平去平×(叶)。〇×平平平,〇平×平平(叶)。平去(叶),上平去、平平去上,〇〇去平上、平平×去(叶)。平×上(叶),平平×上,〇〇〇上平平(叶)。

尾犯芙蓉 过曲。集曲。第七句为上一下六句法。

【尾犯序】上去去平平(韵),平平上平,平上平平(叶)。平上平平,〇〇平平平上(叶)。平平(叶),平上上、平平去平(叶),上平平、平平上上(叶)。〇平平去(叶),【玉芙蓉】〇平平上上(叶)。去平平,去平平上去平平(叶)。

永团圆 过曲。《九宫正始》以此体为正格。此曲在套数中下接尾曲。第三句可叶可不叶。又一体同。

平平上入平去上(韵),平去平、上平平(叶)。去平去、平平上(叶),去去去、平平上(叶)。平平去上(叶),平去上平平去上(叶)。平入平平上(叶),平平去上,平上上、上平平(叶)。去上平平去(叶),平入平平上(叶)。平平去,平去平(叶)。去平平平去(叶),平上〇去平平(叶)。

永团圆(又一体) 过曲。

平平去上平上上(韵),上平去、去平平(叶)。平平去入平去去(叶),去平去、上平去(叶)。〇平平上去(叶),平平上上平上去(叶),去上平平去(叶)。平平去去(叶),平平去平平(叶)。去去平平上,平平上(叶),入平去上(叶)。去入平平去(叶),去上平平去(叶)。

舞霓裳 过曲。《南词简谱》以此体为正格。

平上平平平去平(韵),平去平(叶)。平平平入去平平(叶),上平平(叶)。平平去入平平去(叶),〇平平平去去平平(叶),〇平平上去上平平(叶)。去去去、平平平去(叶),平平去,去上平平去平上(叶)。

舞霓裳(又一体) 过曲。此体为叠字式。第二、四句叠前句末三字。

去上平平去平平(韵),去平平(叶)。上上平平去平平(叶),去平平(叶)。平平平去平平去(叶),〇〇平平平去去平平(叶)。去去去、平平平去(叶),平平去,〇入去平平去平去(叶)。

山花子 过曲。宜叠用。

×平平去平平上(韵),平去上入〇平平(叶)。上平平、平×上平(叶),〇平平去

入平平(叶)。去平平、平平上平(叶),平平去、入平去平(叶)。平平上平平去平(叶),平上平平,去上平平(叶)。

前腔换头　过曲。此为第三换头。第二曲与第一曲同,第四曲与第三曲同,故不录。

平平去平(韵),平上平平去(叶),平平上入平平(叶)。去平平、×平去平(叶),○平平去上平平(叶)。去平平、平平上平(叶),平平去、入平去平(叶)。平平上平平去平(叶),平上平平,去上平平(叶)。

千秋岁　过曲。可叠用。例用二支。第五句叠前句。

去平平(韵),去入平平入(叶),×上上、平×平上(叶)。×上平平,×上平平,××入、××平平平去(叶)。平平去,平平去(叶),×平去,平平去(叶)。去去平平上(叶),○平平去×,×上平平(叶)。

大影戏　过曲。快板曲。第三句有作上入去平平平六字句者。末三句有删去者。其换头格,用去上、平平平上六字二韵起句。

○○平平平去(韵),平去上、入平平(叶)。去平上入平平去(叶),平平平、○去平平去(叶)。入去○入平去上○平(叶),去去平平,去去平平(叶)。平平○上去(叶),○○上平○平,去平上、上入去(叶)。

大石调

东风第一枝　引子。与词调同,叶韵平仄异。

平入平平,平平入上,×平×去平平(韵)。去平平入平平,平平去入平平(叶)。平平平上,×平去上去平平(叶)。上去平、入上平平,上平×上平平(叶)。

玉楼春　引子。与词调同。

平平上去平平入(韵),去上平平平去入(叶)。○平平平去入平平,○去去上平平去入(叶)。

念奴娇　引子。与词调同,无换头。第二句上一下四句法。

×平去上,去平平入入,平平平去(韵)。×去平平平上上,上去×平平上(叶)。×去平平,平平去上,平去平平上(叶)。平平平上,上平平去平去(叶)。

少年游　引子。第六句上一下四句法。

平入平平(韵),去上平,平去平去(叶)。平平平,去×去上(叶)。上平平平去,平平上去,上平平、平平上去(叶)。

又一体　引子。

去上平平,平平上上(韵),平去上平平(叶)。上平上平,平平去去(叶),去去上平平(叶)。

念奴娇序　过曲。宜叠用。此曲例下接中吕【古轮台】。第二句上一下四句法。第一句第三、四字,第十句第四、五字,第十一句第二、三字用去上声;第二句第四、五字,第五句第二、三字,第十二句第三、四字用上去声,为妙。

平平去上,去平平上去,平平入上平×(韵)。入去平平,平上去,×去平入平×(叶)。平去(叶),平去平平,×平×上,×平×去上平×(叶)。平去上,平平上去,平入平平(叶)。

前腔换头　过曲。此为第二换头,第三句上一下四句法。末三句合唱同前。第二句第三、四字,第五句第一、二字

用去上声，第十一句第四、五字用上去声，为妙。

平上(韵)，平平去上(叶)，去平平平上，平平×上平×(叶)。去上平平，平去去，×入平平平×(叶)。平上(叶)，平去平平，×平×去，×平×上去平×(叶)。平去上，平平上去，平入平平(叶)。

前腔换头 过曲。此为第三换头，第四换头与此同，不录。第五句三字可叠。末三句合唱同前。第四句第四、五字用去上声为妙。

平去(韵)，○○×去平平，平平×去，×平×去上平平(叶)。平去入，○×去平×平平(叶)。平去(叶)，平去平平，×平×去，×平×上上平×(叶)。平去上，平平上去，平入平平(叶)。

赛观音 过曲。可叠用。第四句上一下六句法。

上平平，平平去(韵)，平去上、平平去平(叶)。上去去平平平去(叶)，上入平平去平平(叶)。

人月圆 过曲。

平去上，平上平平上(韵)。上去平平平平上(叶)，平平上入平平去(叶)，○平去平平平去上(叶)。平平去。平平平，去上平去平平(叶)。

催拍 过曲。快板曲。可叠用。一名【急板令】。叠用前腔第三句可不叶。第四句叠前句。

去平平、平平去平(韵)，入平平、平×去平(叶)。○○平平上平(叶)，平平上平(叶)，○○去×平入，去上平平(叶)。×入平平，×上平平(叶)。平平去、×上平平(叶)，平平去、去平平(叶)。

沙塞子 过曲。一名【玉河滚】。例用前腔换头。第十句有作四字句者。

上上平平去上(韵)，去平平入，入去平平(叶)。去去上、平平去去，平平去上平上(叶)。平去(叶)，平平去上，平平平去，去平平去，去去平平平去(叶)。平平去入，平平平去，去去平平，平上平平(叶)。

前腔换头 过曲。第三、四换头与此同。第九句有作四字句者。

平平(韵)，上上平平平去(叶)，平平去上去平平(叶)。去平平、平平去上，平平平去平上(叶)。平平(叶)，去平平上，平平去上，平平平入，平平入平平上(叶)。平平去入，平平平去，去入平平，平上平平(叶)。

沙塞子急 过曲。例用前腔换头。

上入平平，去入平平上(韵)。去去去平平，去入平平(叶)。去上平去上，平平去去，入去上平平去(叶)。平平上去平平，去平平上(叶)，平去上平上(叶)。

前腔换头 过曲。

平平上平，上平入平平上(韵)，去入去平平去平(叶)。○去上平平，上上平平(叶)。去去平去上(叶)，平平去上、○○上平平去(叶)。平平上入平平，平上平平(叶)，平去去平上(叶)。

商 调

绕池游 引子。俗谓【绕地游】，误。第四、五句可对。首句、第四句第三、四字用上去声为妙。第三句上一下六句法。

平平上去(韵)，去入平平上(叶)，去平平上平平上(叶)。平平去上(叶)，○○○×

平平去(叶),去平平、平×去平(叶)。

凤凰阁 引子。末句末二字作去平佳。第三句又一体改作六字折腰句法。第三句第四、五字,末句第一、二字用上去声,末句第二、三字用去上声,为妙。末句末二字用去平声佳,亦可仄煞。

平平平去(韵),去去平平××(叶)。去平平上去平平(叶),×去入平平去(叶)。去平平去(叶),上去上、平平上平(叶)。

风马儿 引子。与越调【风马儿】不同。此调别体多。首句第六、七字用平上声,末句用去平平去平平六字,亦可。亦有在首句后增六字折腰一句者,不叶韵。

×上平平去上平(韵),平平去、去平平(叶)。去平平、平去平平去(叶),平平入入,平上去平平(叶)。

高阳台 引子。与词调同,换头不用亦可,换头略。第七句上一下六句法。

×上平平,平平上上,平××去平平(韵)。平上平平,×平×上平平(叶)。×平去上平平上,去去××去平平(叶)。上平平,×上平平,去×平×(叶)。

忆秦娥 引子。与词调同。一名【秦楼月】。首句第三字可不用韵。

平平去(韵),×平×去平平去(叶)。平平去(叶),×平×去,×平平去(叶)。

前腔换头 引子。首句、第四句末字俱可用去声。

平平×去平平入(韵),平平×上平平去(叶)。平平去(叶),×平平入,〇〇平平平去(叶)。

二郎神慢 引子。与词调同。此调亦有用入声韵者,如《拜月亭记》。曲中作上去声、去上声处俱妙,前腔同。

平平去(韵),去去上、平平平上(叶)。去去上、平平平去上(叶),平平上、平平平去(叶)。平去平平平上上(叶),去去入、平平入去(叶)。平平去,平平去去,上上平平平去(叶)。

前腔换头 引子。第八句上一下四句法。

平上(韵),平平上上,上平平去(叶)。去上去、平平平去上(叶),平上去、平平平去(叶)。去入平平平上去(叶),去平去、平平上去(叶)。去平去平平,去入平平,平平平去(叶)。

逍遥乐 引子。第二句末三字可用去平平。

×上平平上(韵),平上平平平平上(叶),平平×去上平平(叶)。平平上上,去上平平,×上平平(叶)。

十二时 引子。此为本调古体。第五句又一体分作二句,为去入平平入,入去入平去。

平去平去入(韵),去上入、平平平上(叶)。去去平平,平平上上,去入平平上〇平平(叶)。平上上平去去(叶)。

高阳台序 过曲。宜叠用,入套不接尾声。第七句句末也字为定式。第八句末四字用去平平去亦可。此调自《琵琶记》用入声韵后,尽仿效,可用入声韵。

×上平平,平平平去,平×去×平去(韵)。×去平平,×平×上平平(叶)。平平(叶),平平×入平×也,去××、××平平(叶)。上平平(叶),平平入去,去×平平(叶)。

前腔换头 过曲。

平×(韵),×去平平,平平×去,平平去上平平(叶)。×去平平,×平×上平平(叶)。平平(叶),平平×入平去上,入××、上平平去(叶)。上平平(叶),平平入去,去×平平(叶)。

山坡羊 过曲。宜叠用。一名【山坡里羊】。此为本调古体,十一句者。或为十二句十三句者。别体多,皆为增添字句正衬之别。

×上平平平去(韵),×去平平平去(叶),平平×上平平去(叶)。×去平(叶),○平平×去平(叶)。×平上上平平去(叶),×去平平×去平(叶)。平平(叶),平平入上平(叶)。平平(叶),平平去上平(叶)。

山羊转五更 过曲。集曲。一名【五羊裘】。曲中【山坡羊】为别体。

【山坡羊】上平平、平平平去(韵),去平平、平平平去(叶)。平入平、平平上平,上平平、○○平平上(叶)。○○去上平,○平平上去平(叶),去平上去○○平平去(叶)。【五更转】平入○平平,平平入上(叶)。平上平,平去平,○平平去(叶),○平平去去○○平平上(叶)。○○平上平,○○平平平上(叶)。

水红花 过曲。宜叠用。一名【折红莲】。前六句可对。曲中"也罗"二字为定式,亦可用仄平二字代之。第九句有作七字加"也罗"者。

×平×上去平平(韵),去平平(叶),×平平去(叶)。平平×上去平平(叶),去平平(叶),平平平去(叶)。上×平平×去,×去去平平(叶),○○○×上去平平(叶)也罗。

梧叶儿 过曲。宜叠用。此曲体格颇有争议,第四、五句有作七字、五字二句者,有作三字二句者,视作别体。此体用《九宫正始》。

平平去,去×平(韵),入×平××平(叶)。平平上去,平平上上(叶)。去去平平(叶),×上○平平入去上(叶)。

金井水红花 过曲。集曲。宜叠用。一名【梧蓼金罗】。第八句本五字,有作六字折腰句法者。曲中【柳摇金】四字四句可对,首末二句可加衬字,中间二句不可加。而【皂罗袍】四字四句一般不加衬字。

【梧叶儿】○○平平去,○○入×平(韵),×上去平平(叶)。【水红花】入平平(叶),平平平去(叶)。去入平平平去,×入去平平(叶)。○入×上平平(叶)也罗。【柳摇金】平平去入,去去平平,去入平平,○○平平平去(叶)。【皂罗袍】○○×平×去,○○平平去平(叶)。○○×平×上,○○平平去平(叶)。平平×上○○平平去(叶)。

梧桐树 过曲。此曲为古体。第六句应作七字句。

平平上去平(韵),上入平平上(叶)。上去○平平,上去平平去(叶),×上×上平平上(叶)。去去○平平去入×(叶),去上平平,×上平平去(叶),平平○○去去平平上(叶)。

金梧桐 过曲。第五句第一、二字用平平乃叶。

×平×上平,××平平去(韵)。×上○平平,×上○平平去(叶)。○××去去平,○去上平平去(叶)。×去平平,上去○平

平去(叶)。上平○×入平平去(叶)。

梧桐花　过曲。曲中作上去、去上声处俱妙。

上平平,平平上(韵),入上平平去上去(叶)。平平入去平平去(叶),○去入平平去平平(叶)。○○上去平平去上去(叶),上平○平平去(叶)。

金梧系山羊　过曲。集曲。

【金梧桐】平平上去平(韵),去去平平去(叶)。去去平平,去去平平去(叶)。平平入上平,去去平平上(叶)。去去平平,平入平平去(叶)。【山坡羊】平平(叶),○平平平入平(叶)。平平(叶),○平平平去平(叶)。

金络索　过曲。集曲。宜叠用。此曲犯〔南吕〕。一名【金落索】。或谓【金索挂梧桐】,《九宫正始》曰非也。第五、六句有合作七字一句,与下句成一联者。末第二句叠上句,亦可另作他句。末三句亦有作二句者。

【金梧桐】平平入去平(韵),上上平平上(叶)。○○××平平,×去○平平上(叶),平平去去平,【东瓯令】○上○平×(叶)。平去○平平上去×(叶),○○○平平上上平平入(叶)。【针线箱】○○○×上平平○○平上上(叶)。【金莲子】平平去(叶),【懒画眉】○平平○○○平入上平平(叶)。【寄生子】×平平、×去平平(叶),○○○×去平平(叶),○平入平平去(叶)。

字字锦　过曲。此体取《九宫正始》,不取沈谱俗谱叠字叠句格。唯第七句第一、二字叠上句末二字。第十二句第三、四字叠上句末二字。第十四句上一下四句法。

平平去上平(韵),平入平平上(叶)。平平上上平,平上平平去(叶)。上平平(叶),○○去去平平,平平去、去平,上平去平(叶)。平平(叶),平平去入,○○平去去平(叶),平平去平○○平平去(叶)。平入去、上平去平(叶),去平平上上(叶)。平去平平,平平上去,平平上上,○○○平平上上,平平去去,○入去○去平平去(叶)。

满园春　过曲。一名【雪狮子】,或名【鹊踏枝】,或名【遍地锦】。此为古曲古体。第五、九句各叠前句。第十一句首二字倒上句首二字。第一、二句可作六字折腰二句。第六句有作五字句者。末句可作七字上三下四句法。第三句可叶可不叶。末句末三字可作去平平。

平上去平平(韵),入上去平平(叶)。平平去入平平去,平平去,平平去,平上平平(叶)。平入上、去平平(叶)。×平平去平(叶),×平平去平(叶)。上上平平,上上平平,平平去上(叶)。去入去平平去(叶)。

前腔换头　过曲。第五、九句各叠上句。第十一句首二字倒上句首二字。第二句有作七字上三下四句者。第四句仍有作三字句者。末句可作七字上三下四句法。

平平去、×平去(韵),上平×、上平平(叶)。平平去入平平上,平平平去,平平平去,上入平平(叶)。去入上、去平平(叶)。×平平去平(叶),×平平去平(叶)。上上平平,上上平平,平平去上(叶)。去入去平平去(叶)。

二郎神　过曲。曲中去上、上去声为美听处不可轻易。此调《琵琶记》妙甚，全在于此。末三句因正衬不同故，有变体：或作平平，去仄仄，仄平×仄平平；或作去平平，去仄仄，平平仄仄平平。连用二曲，末三句上下曲可同。

平平上（韵），去平平、○平平上去（叶）。○去×平平平入去（叶），平平○去去，平平×去平平（叶）。○×入平平平去上（叶），平××、×平上上（叶）。入去○平平（叶），入上上，平平去入平平（叶）。

前腔换头　过曲。

平平（韵），平平去上，×平上上（叶）。○×入平平平去去（叶），○平平去上，平平○×去平平（叶）。○○○×去平平○平去×（叶），入×上、×平○×去（叶）。○上去平平（叶），上平平，去去○平平去上平平（叶）。

集贤宾　过曲。宜叠用。第二句上一下四，亦有作上一下五句法者。末句用去声韵更佳。首句第三、四字，第三句第六、七字，第五句第三、四字，第六句第一、二字用去上声；第二、三字连用上去声，为妙。

平平去上平去平（韵），去×去平平（叶）。×入平平平去上（叶），去平平、×上平平（叶）。平平去上，去上去平平平去（叶）。平去上（叶），○×去去平平上（叶）。

二犯集贤宾　过曲。集曲。沈谱题【二犯二郎神】，《九宫正始》订正。第二句上一下四句法。

【集贤宾】平平去上平去平（韵），去平去平（叶）。去去平平平去上（叶），去上平、平平平去（叶）。【二郎神】○平去平平平去去（叶），去平平、平平去上（叶）。去平去（叶），○○去入平平，上平平去（叶）。

莺啼序　过曲。此曲首句七字；或谓首句六字，七字可作换头。第二句上一下四句法，有作×平×仄平平六字。第四句有作××仄平×仄。第五、六句首三字有作仄平平。末句有作仄平×、×平平仄七字句者。第五句或不叶韵。

平平上入平去平（韵），去平去平平（叶）。去平平、×入平平（叶），去平平上平平（叶）。×上去、平平去去（叶），平去上、平平×上（叶）。平去上（叶），入去上平平去（叶）。

莺啼序（又一体）　过曲。首句六字。第七句四字。第二句上一下四句法。

平平入上平平（韵），去去入平平（叶）。去平平、上去平平（叶），上上平去平平（叶）。去平平、○平平去上，去去入、平平平去（叶）。○平平去上（叶），入平○去平平平（叶）。

莺啼春色中　过曲。集曲。第三句首三字用去平平尤佳。

【莺啼序】平平平入平去上（韵），入平上平平（叶）。○○平平入、去上平平，上上○平去平平（叶）。×入平、平平去上，平去上、去平×去（叶）。【绛都春序】去平平上，×平×去，上平平去（叶）。

黄莺儿　过曲。宜叠用。一名【金衣公子】。此为古曲古体。第三、四句宜对。第五句用去声韵佳。第七句第三、四字用去上声为佳。末句有作五字句平去上平平或×上去平平。×

去上平平(韵),去平平、×去平(叶),×平×上平平去(叶)。平平去平(叶),平×去平(叶),○○○×平×去平平上(叶)。去平平(叶),○平平上入,××○去上平平(叶)。

四犯黄莺儿　过曲。集曲。沈谱云此调前六句分明【黄莺儿】,后三句殊不可晓,仍旧名。《九宫正始》考证后三句,仍沿旧名。在散曲中另有【四犯黄莺儿】,略。第六句有作去平平、平去平平去者。第八句后两入声可作平声。后三句有作上去平去,平平平入,去入平平去入者。

【黄莺儿】○平去去平平(韵),上平平、平上平(叶),×上○上上平平入(叶)。○××去平(叶),○××上平(叶),○○○上平平去去平上(叶)。【四边静】去去平平(叶),去去入入,【黄莺儿】入平平平去平(叶)。

啭林莺　过曲。此为古曲古体,或谓集曲,实不必。第四句首三字可作平平上。末句有作上四下五句法者。

平平去平平上上(韵),××平去平平(叶)。○×平○×入平平去(叶),去平上、○上×平平(叶)。○平平上×,○入×上、×平×上(叶)。去平平(叶),去上×、平平去去平平(叶)。

簇御林　过曲。此为古曲古体,或谓集曲,实不必。第三、五句为六字折腰句法不可易,为此调定式。第七句第三、四字有作上去声,亦可。

平平去,×上平(韵),上平平、×上平(叶)。×平×入平平去(叶),○○○上去上、平平去(叶)。去平平(叶),平平去入,×入上平平(叶)。

推破簇御林　过曲。集曲。

【簇御林】平平去,去上平(韵),【啄木儿】去去平平×去平(叶)。上入平、上去平平,平入上×平平(叶)。×平去平平平上(叶),入平去平平平去(叶)。【簇御林尾】上平平(叶),平平入上,平上上平平(叶)。

莺集御林春　过曲。集曲。

【莺啼序】平平○去上平平(韵),○去平平去平(叶)。【集贤宾】上去○平平平去入(叶),×平×、○上平平入(叶)。○○平平上×(叶),【簇御林】○○○去平×去平平入(叶)。【三柳春】平去上,去平平,×平○○×,○上平平、去平入(叶)。

莺簇一金罗　过曲。集曲。此调中不用【金凤钗】,而用【四时花】者,题名【莺花皂】或【黄林封花袍】。本调用《九宫正始》谱。

【黄莺儿】○平去去平平(韵),去平平,平去平(叶)。【簇御林】上平平上平平去(叶),去上平,平平去(叶)。【一封书】上平平(叶),去平平(叶)。【金凤钗】平平去平平入平(叶),平上去平平去平(叶)。【皂罗袍】上平平去,平平去平(叶)。平平平上,平平去平(叶),○上平平入平平去(叶)。

琥珀猫儿坠　过曲。可叠用。首句用平韵亦可。第三句第六字可用上声,末字可用平韵。第六句四字平仄不易。末三句,若第一句用平韵,则末句用仄韵,反之亦可。

××入去,×入去平平(韵)。×上平平×去去(叶),×平×去去平平(叶)。平×(叶),去入平平,○入上平×(叶)。

清商七犯　过曲。集曲。吴梅《南词简谱》与此曲稍有不同。

【簇御林】平平上，平去去(韵)。上平平，○平去平(叶)。【莺啼序】平平平、去上平平，入平平、平去平去(叶)。【高阳台】平平(叶)，平平去上平入上(叶)，上去平、去上平平(叶)。【猫儿坠】平入(叶)，上入平平，平入平平(叶)。【二郎神】平去上、去入平上(叶)。【集贤宾】去去入、○○上去平平(叶)，平平去上(叶)，去平上、○去平平去(叶)。【梧叶儿】去平平(叶)，平去上、平平入平(叶)。

五团花　过曲。第五句可不叶。

上平平上平(韵)，入平平、平去平(叶)。○○平上上平平(叶)，上去平平入去(叶)。去平平去去(叶)，上平平去上(叶)。平平去(叶)，去平平去平(叶)。上去平平去(叶)。

吴小四　过曲。快板曲。第三、六句有作七字者。

去平平(韵)，入去平(叶)。平平○○平去平(叶)，平去去平平去上(叶)。上平平平去去平(叶)，平入平、平去平(叶)。

越　调

霜天晓角　引子。与词调同。应用两叠。

平平上去(韵)，平去平平去(叶)。去上平平上上(叶)，平平去，去平平(叶)。

前腔换头　引子。首句二字应叶仄声。

上平(韵)，平去平(叶)，去平平上上(叶)。去平平平上上(叶)，平平去，上平平(叶)。

金蕉叶　引子。首句必用叠语，第二、三句必对。首句第一、三字，第三句第六字用去声；第二句第六字、末句第六字用上声字，为妙。

去平去平(韵)，上平平、平平上平(叶)。上平去、平平去平(叶)，去平平、平平上上(叶)。

杏花天　引子。

平平×去平平上(韵)，去平平、平平去平(叶)。×平上上平平去，×上入、平平去平(叶)。

祝英台近　引子。与词调同。凡引子皆曰慢词，过曲皆曰近词。此曲应曰【祝英台慢】，因出自词调，原曰【祝英台近】，毋敢妄改。

入平平，平去上，平去上平上(韵)。×入平平，×上去平去(叶)。上平上去平平，平平平去，上平去、平平平去(叶)。

小桃红　过曲。可叠用。此调为古体，作古体以此为式。别体句式变化甚多，均非一律。曲中“也”字为格。首句有作四字二句、末句有作七字二句者。第六句可作平平仄。

×平入上上平平(韵)，○上入平平去(叶)也。去去平平，去上平平(叶)。×去去平平(叶)，○○○去平平(叶)，去平平(叶)，上平平(叶)，平平去(叶)也。平去去、上平平，上平平、去平平(叶)。

又一体　过曲。此调为时体。首句亦可作七字句。曲中“也”字为格。

×平×入，×入平平(韵)，○上○上平平去(叶)也。○○平平×，××○去平平(叶)。○○○去上去平平(叶)，○○○去平平(叶)，去平平(叶)，平平上(叶)，○○○平入去(叶)也。去入○入上平平(叶)，○○○上平平、○○○上平平(叶)。

下山虎　过曲。此体为正格。别体多，字

句变化亦多。首句首字用去声发调,佳。第八句五字用×去×平上亦可。末句有作八字二句者。

去平○×去(韵),×入平平(叶)。×上平平去(叶),×平去平(叶)。○○○×上平平,×平上×(叶),○去上平平平入平(叶)。去平上去上(叶),○○上平平、平去平(叶)。去入平平去,去平上平(叶),上入平平平去平(叶)。

山桃红　过曲。集曲。宜叠用。第十句中的上声字可用平声。曲中"也"字为格。第二、五、十一句第一、二字,第十句第六、七字用去上声,为妙。

【下山虎头】×平×去(韵),○去上平平(叶)。○×上平平去(叶),×平去平(叶)。【小桃红中】○去上×平上(叶),○○○去平平(叶)。○○去×平(叶),去×平(叶),○○平平去(叶)也。【下山虎尾】去去○上上×去上(叶)。去上平平上(叶),××上平(叶),×去平平×上平(叶)。

五韵美　过曲。一名【醉归迟】,或名【恨薄情】。第七句宜作仄仄平平仄仄平。又一体同。

×平×(韵),×平去(叶),去去上、平平去平(叶)。上平上平平(叶),平平○上×(叶)。平上上、平入平平(叶),○平平平去平去上(叶)。入上平平,×平去平(叶)。

又一体　过曲。

××平(韵),×平去(叶),平平去入平××(叶)。入平平、去上平平(叶),○○平平去去(叶)。平去上、入平平上(叶),○○上平平平○平去平(叶)。○入去平平,×平去上(叶)。

五般宜　过曲。此曲别体正衬甚异。末句有增×平平、平仄×六字折腰句煞者。第七句为上一下四句法。

平去上、去平平、去平平(韵)。平去上、平上上、去平平(叶)。平平上、平○去平去平(叶),去平平、平平上平(叶)。○○平平平去(叶),平平○○去平(叶)。○去去平平平,平去平平(叶)。

山麻秸　过曲。一名【山麻客】。《九宫正始》列入越调,而吴梅《南词简谱》列入羽调,并云越调无换头,羽调有换头。宜叠用。末三句宜对,末二句必对。此曲录自古曲《磨勒传》。第五句上一下四句法。

平平去上(韵),○去入平平,平平平去(叶)。去上平平,去平去平平(叶)。平去(叶),去平平上,○○平平平去(叶)。上平平上,上平平入,平上平平(叶)。

前腔换头　过曲。第二换头。第六句上一下四句法。

平去(韵),上入上平(叶),○上平平入,入平平平(叶)。入上平平,去平上平平(叶)。平平(叶),上平平入,○○平平平去(叶)。上平平去(叶),去平平去,平去平平(叶)。

前腔换头　过曲。第三换头。第七句上一下四句法。

平去(韵),去去平,平平去平,上上平平,○平去平平(叶)。入入平平,去平平平上(叶)。平平(叶),去平平去,平平平去(叶)。上平平去,去平平去,平去平去(叶)。

前腔换头　过曲。第四换头。第七句上

一下四句法。

平平(韵),去入平,平平去,平入平平,○平去平平(叶)。去上平平,去平上平平(叶)。平平(叶),去平平去,平平平去(叶)。上平平上,去平平平,平去平平(叶)。

蛮牌令　过曲。可叠用。此为古体本调,有别体。第四句可作仄仄仄平平五字句。第五句后四字可作平平仄平或仄平平仄。第六句可作仄平平、仄×仄平。第七、八句可作平平仄,平仄平。

×去去平平(韵),○×入上平平(叶)。平平平去去,上平平(叶)。××去、平平平入,×平去、×去平平(叶)。平去平,上平平(叶),○○○×平×入,○○×上平平(叶)。

山虎嵌蛮牌　过曲。集曲。

【下山虎】平平平去(韵),去上平平(叶)。去上○平平去,去平去平(叶)。○○○平去平平,平平去平(叶),平入平平平去去(叶)。【蛮牌令】平平平去上,○○上平平(叶)。入平平、平平去入(叶),去平平、平入○平平(叶)。【下山虎】去入平平去(叶),上平去平(叶),平入平平平去平(叶)。

江头送别　过曲。末句有作七字平煞者。第二、五句可叠前句亦可不叠。第七句亦可仄仄平平平平仄。

平平去,平××,去平××(韵)。平平去,×平×,去平×上(叶)。平平去上平平去(叶),平×去上平上(叶)。

亭前柳　过曲。此调首四句须对。勿多衬字。第五句二字可叶可不叶。末句有作上去平平,去平上去平平四六句式。

平上入平平(韵),○平○上去平平(叶)。×平平上入,平×去平平(叶)。去平(叶),去×平×去(叶)。上平平(叶),上平平、上去平平(叶)。

亭前送别　过曲。集曲。

【亭前柳】入上上平平(韵),去上去平平(叶)。○○平平平入入(叶),平去去平平(叶)。【江头送别】去平上入平平去(叶),去平平去去平平(叶)。

江神子　过曲。此体为正格。

○○○平平平去平(韵),入入去、去上平平(叶),○○○上平去入平平(叶)。平平平去去平平(叶),○○○平平去上(叶)。

又一体　过曲。

上平平(韵),平平上(叶),上平平去平平上(叶),去平平去平平上(叶)。○○上平平去去平平(叶),平去上(叶)。

铧锹儿　过曲。此调非正宫【划锹儿】。各谱有别,取《九宫正始》。

○平平上×(韵),○○平平平上(叶)。○○○去入上上,××平平(叶)。○○○平平上入去(叶),平平上×(叶)。×上去(叶),平上平(叶),去平○上去(叶),○○平平去上(叶)。

忆多娇　过曲。可叠用。此体叶平韵。第六句叠前句,亦可不叠。

×去平(韵),×上平(叶)。平上平平×入平(叶),×上平平平去平(叶)。平入平平(叶),平入平平(叶),×去平平去平(叶)。

又一体　过曲。此体叶入声韵。第六句叠前句,亦可不叠。

○×上入(韵),○×上入(叶)。平平去上

○○平去入(叶)，上去平平○平○平入(叶)。上平平入(叶)，上平平入(叶)，上上平平去入(叶)。

忆虎序　过曲。集曲。第八句可叠。

【下山虎】○平平上上(韵)，○○○平平去上(叶)。○○○入入上平平，上平平上(叶)。○○○平平平去，去平平去(叶)。【狮子序】○○○入平去，平去平(叶)。【忆多娇】入去平平，○○○平平入去(叶)。

忆莺儿　过曲。集曲。第三、四句有作平平上上平上平，去入平平平平去。末句有作平平去入平平六字句者。

【忆多娇】平去平(韵)，平去平(叶)。上去平平去上平(叶)，入上平平平去平(叶)。【黄莺儿】平平去平(叶)，平平去平(叶)。○去平×上平平去(叶)。上平平(叶)，×平去上，平去上平平(叶)。

斗黑麻　过曲。宜叠用。一名【斗蛤蟆】。叶平韵，则前腔皆平韵；叶入声韵，则前腔皆入声韵。第十一句可叠。

×上平平，×平上平(韵)。×入平平，○×平上平(叶)。平平去，去上平(叶)，×去平平，×去×平(叶)。平平去平(叶)，平平×去平(叶)。×入平平，○○×平去平(叶)。

祝英台　过曲。宜叠用。一名【祝英台序】。换头首二字必用平仄，不可用平平或仄仄或仄平。此曲平仄毋轻易。

上×平(韵)，○平入上，×去上平平(叶)。×上去平，×去平平，×入去平平平(叶)。平平(叶)，×平○×入平平，○○平平平上(叶)。上平×，×上平平平去(叶)。

前腔换头　过曲。第二换头。

平去(韵)，○○去平平，平上去，×上去平上(叶)。○○×去去平，×上平平，×去去平平平(叶)。平上(叶)，平平×上平平，×平○○平上(叶)。去平平，平平×去平平(叶)。

前腔换头　过曲。第三换头。第四换头同此曲，略。

平上(韵)，○×平×上平平，×上去平平(叶)。×入去平，×上平平，×去上平平(叶)。平平(叶)，×平×入平平，○○平平平去(叶)。去平平，○○×入平平平去(叶)。

绵搭絮　过曲。宜叠用。此体为本调。时调第一句有作四、五字二句者，第三句有作七字句者。

×平平上去平平(韵)。○○去上平平(叶)，去平平、平去平(叶)。○去平平(叶)，×上平平(叶)。○○×平平上，去入平平(叶)。○○○平去平平，平去平平平上平(叶)。

梅花酒　过曲。首句亦可不叶。第三句末字可用去声。第四句三字有作平入上者。末句从俗可叠前句。

平平去平(韵)，去平平去(叶)，平平去入平平上(叶)。平平入，去平平(叶)，○去平平、平去上(叶)。××上平平(叶)，×平去平(叶)，去平平、去平上(叶)，去平平、去平上(叶)。

园林杵歌　过曲。此曲蒋谱题【园林中好】。沈谱收录时谱，《九宫正始》录古体，皆将换头并作一曲。《九宫大成谱》、《南词简谱》则分出换头为

二曲。

去平平(韵),○○平去平(叶),去入○平平去(叶)。去去平平平去平(叶),○○上去平平,去平去平(叶)。○○○上平平,平上上,平平上平(叶)。

前腔换头 过曲。

去上平(韵),去上平(叶),去去平、去上○平上(叶)。上平×入平平,去平去平(叶)。○○○上平平,平上上,平平上平(叶)。

越调排歌 过曲。第三句上一下四句法。

入去平平,上平去平(韵),去平平上去(叶)。平平上去(叶),去平平去平(叶),入去平平平去上(叶)。平平去,入去平(叶),上入上、平平去(叶)。平平去,平去平(叶),平去去、平平去(叶)。

前腔换头 过曲。

平上平平去去平(韵),去入平平平去平(叶)。平平去上(叶),去平平去平(叶),上上平平平去平(叶)。平平去,入去平(叶),上入上、平平去(叶)。平平去,平去平(叶),平去去、平平去(叶)。

二犯排歌 过曲。集曲。第八、九句有作平上去平四字一句者。

【越调排歌】平平去平(韵),上平去平(叶)。【江神子】上平去(叶),平平去(叶),入上去入○○平去○去(叶)。上入○平平○平去平(叶),○平上平平入去平(叶)。【园林杵歌】上平平(叶),上去平(叶),○平平去、○○○入上平平(叶)。上○去平、去平去上,去上去平(叶)。

罗帐里坐 过曲。首句末字可用上声。第三句末二字亦可用去平。第四句末字亦可用去声。

○平平去平,○○平平去平(韵)。平平上入,上平平上(叶)。○平平○×上,上入平×(叶)。上平×入去平平(叶),○上去平、平平去×(叶)。

章台柳 过曲。

○○平上平(韵),○○平上平(叶),○平入平平上入平(叶)。平平平去平(叶),○○入去平平上去平(叶)。平去入平平(叶),平入去,○○上上平平去(叶)。

醉娘子 过曲。一名【似娘儿】,与〔仙吕宫〕不同。第二句末字可用平韵。第三句末二字可用平去声。

○平平平,上平平平上上(韵)。○○去平平、入去平(叶),平平○去去平(叶)。○○○去平平入去(叶),平平○去上平平去(叶)。

雁过南楼 过曲。第一句有重叠唱者。第一句首二字、第二句首三字可做衬字。第二、三、四句俱可用仄韵。末二句俱可用平韵。

上平平平上平(韵),去平平、上上平平(叶)。平平去平(叶),平上去平(叶),平平上、去平平上(叶)。平平上平(叶),平平去上(叶),平平去、○去平平去(叶)。

绣停针 过曲。第五句用韵亦可。末句第三、四字用去平亦可。

去上平平(韵),平上平平入去平(叶)。上平上去平平去(叶),平上○去平平平(叶)。去平入、平平去上(叶),平平去、上上○平×(叶)。上平平去平平上(叶),平平平去上平平(叶),×去入去平×(叶)。

鲍子令 过曲。快曲。或谓【包子令】,或谓【豹子令】,《九宫正始》以为皆非。第三、五句叠前三字。末句叠前句。

平入平平平上上(韵),平上上(叶)。平平平去去平平(叶),去平平。上平入入平上平(叶),平平平上上平平(叶)。〇〇平平平上去平平(叶),〇〇平平平上去平平(叶)。

梨花儿　过曲。快曲。曲中"嗏"字为格。

平去上平平去平(韵),平平入去平平去(叶)。入去〇平平平去平(叶),嗏,平平入上〇平平去(叶)。

水底鱼　过曲。快曲。一名【水底鱼儿】。实为唐谱歌楼格之古调【比目鱼】,八句六韵。时谱常作四句。第二、六、八句俱可用上声韵。第五句四字有作平平上入者。末句第一、二字有作去上声。第四句不可重唱,末句可重唱。第三、五、七句可不叶。

平去平平(韵),×平平去平(叶)。平平平去(叶),去平平上平(叶)。上上上上(叶),上平平去平(叶)。平平×去(叶),上平平去平(叶)。

引军旗　过曲。快曲。第二句末三字可用平平去。

上平去〇平平平上(韵),去上去平平(叶)。入平〇上去平平去,×平平去平平上(叶)。×平平去平平去,平平上去平×(叶)。

前腔换头　过曲。

去平入平平(韵),上去平平去(叶)。平上入平平平入,平平平入〇平平去(叶)。×平平去平平去,平平上去平×(叶)。

赵皮鞋　过曲。快曲。

上去〇〇平上平(韵),入去平×平去平(叶)。去平平上去平平(叶),〇平入平平平去上(叶)。

入破第一　过曲。此为宋大曲遗音,【入破】以下一套七支联用,无可增减。【入破】、【出破】散板,【破第二】下半起板无赠。曲中去上、上去声处俱妙,务必遵之。

去平平、去平上(韵),平入平平上(叶),平平平、平平入(叶),去平平去平去(叶)。平入平平(叶),平上平平平上,上上去上,平去平平,平平上去(叶),去平平(叶),入入平平平上(叶),入去平平去(叶)。去去上、入平上(叶),平平去、平上平上(叶)。入上平平(叶),去上平平平去(叶)。去平平(叶),上去平平,平平去去(叶)。

破第二　过曲。

去平去平,平上平平上(韵)。上平平去,平平平上平去(叶)。去平平上,入平平去,平平上上(叶)。平去平平,平平上上(叶)。

衮第三　过曲。第七句五字句,时谱作六字句,末二字作去上声,实于格不谐。

去去上平,去平入,平入平平去(韵)。平平上平,平去平,平去去(叶)。去入平平上(叶),平上平平,平上平平平去(叶)。去上平(叶),〇平上平平,〇平平上去(叶)。

歇拍　过曲。《南词简谱》题【歇拍第四】,误。此为大曲歇拍处。

入去去上,上平平去(韵)。平去去平,平平上,平上去,去平平(叶)。平上平平,入去平平平上(叶),去上平(叶)。上入平平,平平去平(叶)。

中衮第四　过曲。

平上去平,平平上,入入平平去(韵)。平去去平,平平平(叶),平平入(叶),去平平

(叶)。入入平平,上平平,上去平(叶)。平上平平,平平上平(叶)。

煞尾 过曲。

○平去去平(韵),平入平平上(叶)。平平去,平去平,上平上,入平平(叶),上平平(叶)。平平去去,平上平平平去(叶)。上平平(叶),平去平平,平平上上(叶)。

出破 过曲。【入破】套曲至此而止。第六句末二字有作上去声。

平平去平上平平,平去去平去(韵)。去上平,平平去去(叶),平平上(叶)。平平去、平平去去,入入平平平去(叶)。

双 调

捣练子 引子。第三句若用仄仄平平仄仄平,便成词调。

平入去,去平平(韵),入平入去入平去(叶)。去上平平平去上(叶),平平平上上平平(叶)。

又一体 引子。第三句叶平韵。末句为六字句。

平入入,去平平(韵),平平平去去平平(叶)。入去平平平入去(叶),去入入去平平(叶)。

真珠帘 引子。此系古调。第二句三字可作上平平。第二、四、六句末字不叶韵亦可。第五句作上一下四句法。第八句二字叠前句末二字。时调略变,不用叠句,第三句改为七字句作上三下四句法,末二句四字句前增一句三字句。

平平去上平入去(韵),去平上(叶),去入平平平上(叶)。平去去平平(叶),上去平平上(叶)。上去平平平上上(叶),去入去、平平平去(叶),平去(叶)。○平平平入,平平平上(叶)。

花心动 引子。此系时调。按古本止有前六句,时调续后五句。第二句作上一下四句法。第六句有作六字句者。第七句前四字用仄平平仄或平平仄仄俱可。

×上平平(韵),去平平平去,去平平平(叶)。×上去平,平去平平,上平去、入平平上(叶)。入去平平平平上(叶),平平去、平平平上(叶)。上去平(叶),○平平平上,去入平平(叶)。

谒金门 引子。与词调同。

平去去(韵),平去×平平去(叶)。平去平平平去上(叶),去平平入去(叶)。

前腔换头 引子。

上去平平入上(韵),入入×平平去(叶)。×入平平平去去(叶),上平平上去(叶)。

惜奴娇 引子。第四句不用韵亦可。第五句有作五字句者。

上上平平,去平×、平平去(韵),去平平、平平去上(叶)。去去平平(叶),上平平上(叶)。平去(叶),上去入、平平去去(叶)。

宝鼎现 引子。此系古调。或谓【宝鼎儿】,误。第八句作上一下六句法。时调首句作四字句,第六句作八字句,末二句作五字、四字、四字三句。

上平平去上,平平平上,平平平去(韵)。平上去、平平平去,平去平、平平平去(叶)。去上○平平平上入(叶),上入平平去去(叶)。去去去平平平去,平去平平平去(叶)。

金珑璁 引子。此调第五句以下作前腔。

平平平去上(韵),○○×去平平(叶)。平入去,上平平(叶)。平平平上去(叶),×平×入平平(叶)。平去入,上平平(叶)。

风入松　引子。沈谱题【风入松慢】。第二句作入去上平平五字句亦可。

平平去上去平平(韵),平上平平(叶)。去平平上平平去(叶),平平去、平平平去(叶)。×去去平×上,平平平去平平(叶)。

夜行船　引子。第三句用韵亦可。

平入平平平去上(韵),平平去、去上平平(叶)。平上平平,平平平入(叶),×去上平平去(叶)。

夜游湖　引子。或谓【夜游朝】,误。首句作上三下四句法,第二句后四字作仄平仄平,此即与【夜行船】区别处。坊本将第二句后四字改作去上平平,类同【夜行船】,非。作者不可不审,唱者不可不知。

平上平、平平去去(韵),○○平平去、去平上平(叶)。去入平平,平平入上,平○上上平平去(叶)。

贺圣朝　引子。末句作上一下四句法。

上平平上平平(韵),平平平去平平(叶)。上○平平去去平平(叶),去平入平平(叶)。

秋蕊香　引子。旧谱谓【秋蕊叶】,误。沈谱以衬字作正字,第二句作平平入、去入平平,末句作入去上、平平去上。

去上平平平去(韵),平平○去入平平(叶)。入上平平去平去(叶),入去○平平○上(叶)。

梅花引　引子。与词调同,无换头。第五句末字改作平声,第七句三字改作平上去声,尤妙。

平平上入去平平(韵),去平平(叶),去平平(叶)。平上平平,平入去平去(叶)。去入平平平去上,去平去,上平○去入平(叶)。

昼锦堂　过曲。可叠用。此为本调。第七、八句勿倒误。第三句后四字可作去平平去。

×入平平,×上去入,平平上去平平(韵)。×入平平,×上上平平去(叶)。平×(叶),上去平平平去上,×平入入平平上(叶)。平平上(叶),○○×去平平,×去×平平上(叶)。

前腔换头　过曲。第八、九句勿倒误。第四句后四字可作去平平去。

平上(韵),×上平平(叶),×上去×,平平去上平平(叶)。×上平平,×去上平平上(叶)。平平(叶),上上平平平去上,入平平去平平上(叶)。平平上(叶),○○×去平平,×去×平平上(叶)。

姐姐上锦堂　过曲。集曲。一名【锦堂姐】。曲首【昼锦堂】用换头。

【昼锦堂】平去(韵),平入平平(叶)。平平上入,平平去入平去,平入平平,平上○去平平去(叶)。【月上海棠】去入平去入平平,去入上、平×平上(叶)。【好姐姐】平平去(叶),上去去入平平去(叶),上上平平平去平(叶)。

锦堂月　过曲。集曲。宜叠用。少用衬字,多作偶句。

【昼锦堂】×去平平(韵),平平去上,平平去平平去(叶)。×去平平,×上去平入平(叶)。

【月上海棠】平×上、×去平平,×去×、×

平×上(叶)。平平上(叶),○○×去平平,×平平去(叶)。

前腔换头 过曲。集曲。第八句第四字用平声尤妙。

【昼锦堂换头】平×(韵),×去平平(叶),平平去上,平平去入平平(叶)。○×上平平,平平去去平上(叶)。【月上海棠】平×上、×上平平,×去×、×平×去(叶)。平平上(叶),○○×去平平,×平平去(叶)。

红林檎 过曲。此曲首句用二字,似换头,本调首曲无考。第二、三句《南词简谱》衬字作正,为上三下五句法。第八、九句须对。第十一句后四字有作上上平平。

平平(韵),○平平去上,平平去(叶),平平去(叶)。平去上,平平入去,去上平平(叶)。上平平、上上平平(叶),平去上、平平去(叶)。平去上(叶),平上平平上上,平去平平(叶)。

醉公子 过曲。俗谓【醉翁子】,非。宜叠用。此曲本调罕用,联套常用换头。第三句上一下四句法,领字宜用去声,第九句首字有作衬字者,换头同。

平平平去,上上平平上(韵)。平×去平平,去去平平(叶)。平×(叶),×上平平,×上平平×去平(叶)。平×去,○上×上平平,×入平平(叶)。

前腔换头 过曲。

平×(韵),去×平、平平去上(叶)。入×入平平,上平平平(叶)。平×(叶),○×入平平,×入平平×去平(叶)。平去上,去○×上平平,×入平平(叶)。

侥侥令 过曲。可叠用。一名【彩旗儿】,与正宫不同。第三句前四字用去去平平甚妙。末句律止七字,或有作×仄仄平平、上去平八字,可视为又一体。此曲平煞,稀作仄煞者。

×平平上去(韵),×上上平平(叶)。○○去去平平平平去,去上平平平去平(叶)。

醉侥侥 过曲。集曲。一名【醉侥令】。首曲【醉公子】或用换头,为又一体。第三句上一下四句法。末句或用七字,第三字作衬字。

【醉公子】平上去平,上平平平去(韵)。上平上平平,入平平去(叶)。平去(叶)。【侥侥令】○○○平去平平平平去,上入上平平、平上平(叶)。

孝顺歌 过曲。宜叠用。此曲为本调。第二句为本调要紧处,平仄不易,第四字须平声,若用仄声不发调,第五字切不可用上声、去声字。末句首二字,有作衬字者。

×平去,去去平(韵),平平上平平去平(叶)。××去平平(叶),××去平去(叶),×平去上(叶)。上上平平,平平×上(叶)。×上平平,×平去去平平(叶)。

前腔换头 过曲。末句首二字有作衬字者。

○×平去上,×平去上平(韵)。×去上平平(叶),×去上平平(叶),×上去平(叶)。×去平平,平平×去(叶)。上入平平,入平去入平平(叶)。

锁南枝 过曲。宜叠用。此为本调。第三句第四、五字皆用平声,为妙。第四句按律为六字句。

平平去,×入平(韵),平平上平平上平(叶)。××平入○平平,入○去平平去(叶)。×上平,○○○×去×(叶)。○○

上平平,去平去(叶)。

前腔换头 过曲。换头与本调格律不同,此定体也。第四句首二字有作衬字者。

平平上平去(韵),○○平平×上平(叶)。入去平平平去,平上去平平,×去平平去(叶)。×上平,×去×。○○上平平,去平上(叶)。

南枝映水清 过曲。集曲。一名【二犯孝顺歌】,非。第五句后三字坊本作上平平,不发调矣。第十句末字用入声,毋轻改。第六句上一下四句法。末句可仄平仄。

【锁南枝】平平去,去去平(韵),平平去平平去平(叶)。【五马江儿水】去入平平,○○○去上平去平(叶)。去平平去上,去去平平(叶)。【锁南枝】×入平,×去×(叶)。去平入,平去平(叶)。

孝南枝 过曲。集曲。可叠用。一名【孝南歌】。第三句第三、四字用上平声妙甚。第五句末三字有作仄平平者。

【孝顺歌】平平去,×去上(韵),平平上平×去上(叶)。×上上平平(叶),×上平平去(叶)。【锁南枝】×上平,×去×(叶)。○去×○平,去×○上(叶)。

又一体 过曲。

【孝顺歌】平平去,×上平(韵),平平去上×去上(叶)。×去上平平(叶),××去平平(叶)。平平上上(叶),×上平平(叶),平平×去(叶)。【锁南枝】去入平入平平(叶),入上平平去(叶)×上平,×去×(叶)。去×平,去平去(叶)。

孝顺儿 过曲。集曲。一名【孝江水】。首句不用韵更妙。第四句第二字用平声乃叶。

【孝顺儿】平平上(韵),○○×上平(叶),平平去×○×去上(叶)。平×上平去(叶),○○○平×去平去(叶)。平×去平(叶)。【江儿水】上去平平平平去(叶),○○×平去入平平上(叶)。上×平平平去(叶),上去平平,平入○平平平上(叶)。

武陵花 过曲。一名【武陵春】。此曲独用,须联用前腔,加尾声即成一套。叠字叠句不可改。各体字句平仄有异,本曲用《长生殿·闻铃》,平煞。此调亦有用入声韵煞。第十四句叠前句末三字,第二十句叠前句,"也么哥"为格。

去上平平(韵),×上平平平去平(叶)。○平平平入去,去上去平平去(叶)。平平入入××平(叶),平平平去×平上(叶)。×上平平去,去平平(叶)。○○上上平去,○○×去平(叶)。上上平平(叶),去平入平平上(叶)。上上平平上去平(叶),上去平(叶)。○○平平去去×平平(叶),×平去平,×平去入,×平平去平(叶)。兀的不去平平也么哥,兀的不去平平也么哥,平平去×(叶),×平平去上平去(叶),×上平平×去平(叶)。

前腔 过曲。此曲与本调联用,字格句格与本调不尽相同,可视为又一体。第七句叠前句。第十五句叠前句末三字。

××平平(韵),×去平平平去平(叶)。○○×平去去,去平平上,平上平平(叶)。入上平平去平平(叶),入上平平去平平(叶),○平平入去平平去(叶)。×去平平去,○○入平平(叶)。××平入上去平

(叶),○○平平平上(叶)。上上平平○○入去平(叶)。×上平平去上平(叶),去上平(叶)。○入去平平○○○入去平(叶)。上平平(叶),平平上上去平平(叶)。×去平平入,××平平(叶),×去平平(叶),去上平平去上平(叶)。

仙吕入双调

柳摇金 过曲。旧谱乃犯别调,沈谱订正。第三、四、五句可作鼎足对,或第四、五句对亦可。第十二句叠前句。又一体第六、七句改作两句七字句。

平平平去(韵),平平上平(叶)。平上去平平(叶),平去平平上(叶),平平×去平(叶)。○○○平平平上,去上入平平(叶)。○○去入平平,平平去上(叶)。平平去入,去入平平(叶),去入平平(叶),○○上平平上(叶)。

四块金 过曲。首四句可作扇面对。第五、六句与第七、八句可对亦可不拘。第七句不叶为佳。末句沈谱作上五下四句法,实际应作七字句。

平平上平,×入平平去(韵)。平平上×,×上平平去(叶)。平平去去平(叶),去×平×上(叶)。上去平平(叶),去平平去(叶)。上平平(叶),○○○入平平○×平平去(叶)。

金风曲 过曲。集曲。第十句叠前句。

【四块金】平平上入,去×○平平上(韵)。平平去上,去×○平平上(叶)。【一江风】入入○平平去(叶),○○上平平(叶)。○○平去平(叶),入上平平去(叶)。平平上去平(叶),平平上去平(叶),平平去去平(叶),○入去平平去(叶)。

五马江儿水 过曲。沈谱中间少三句,《九宫正始》补上第六、七、八句。第八句有作去上平平去者。第九句或叶。

○○平平平去(韵),平平×去平(叶)。○×平平去,去上平平(叶),去×平、×上平(叶)。去平平去入,去上平平(叶),○×平平去平(叶)。○×平×上,×去平平(叶)。去上平平入上,去上平×(叶),平平去×平去平(叶)。○○平平去入,去去平平(叶),入上平平,上平×上(叶)。

五马渡江南 过曲。集曲。

【五马江儿水】○○平平平上,平平×上平(韵)。○×平平去,去入平平(叶),上平平去上(叶)。去平平×去,去×平×(叶)。【锁南枝】○○×去平,○○×去入(叶)。

江头金桂 过曲。集曲。宜叠用。中间【金字令】,《九宫正始》作【淘金令】。首句第六句可不叶韵。《琵琶记》用闭口韵甚妙。

【五马江儿水】○○○平平平去(韵),○○○平平×去平(叶)。○○×平×去,去上平平(叶),去平平、×去平(叶)。【金字令】○○○去上平平(叶),××平去(叶)。○○入去平平平去,上去平平(叶)。○××○去平○平去平(叶)。【桂枝香】○平平上去,平平×去(叶)。去平平,○○○×入平平去,○○平平入去平(叶)。

二犯江儿水 过曲。集曲。宜叠用。首句第十一句可不叶韵。第十一句可叠,前三字可作××仄。末句有作六字折腰句法者。

【五马江儿水】〇〇平平×去(韵),平平×去上(叶)。〇平平×去,上上平平(叶),上平〇×去平(叶)。【金字令】×上上平平(叶),平平×去平(叶)。平去平平(叶),去去平平(叶),〇平平去×平入〇上(叶)。【朝天歌】上上平、平平上平(叶),××上、平平平去(叶)。平入〇〇去平平去平(叶)。

月上海棠 过曲。可叠用。第三句上一下四句法。第五句可叶。第五、六句前三字平仄可互换。末句有作平平仄仄平平仄七字句者,有作×平×仄×仄平平八字句者。

×去×(韵),×去×上平平上(叶)。去平平×入,〇〇×去平平(叶)。去平平、×上×平,××入、×平平去(叶)。平×上(叶),入去去平平上(叶)。

海棠醉春风 过曲。集曲。一名【月上沉醉】。末句有作平平去平四字句者。

【月上海棠】×去平(韵),去平平去平平去(叶)。去平平×去,去上平平(叶)。上平平、上去平平,平×入、平平平上(叶)。【沉醉东风】×平去平(叶),×平去平(叶)。×平×去,平平去上平(叶)。

姐姐插海棠 过曲。集曲。末句可作×仄平平。

【好姐姐】×平(韵),平平入×(叶),平×去、平平×上(叶)。【月上海棠】去平平×去,×入平平(叶)。上平平、×去×平,××去、平平平去(叶)。平平上(叶),〇×入×平,去平平去(叶)。

三月海棠 过曲。第三句上一下四句法。第八、九句勿并作六字句或七字句。

×去平(韵),×平×入平平去(叶)。上平平×去,×上平平(叶)。平×(叶),去去平平×上上,〇〇×平×入平平去(叶)。平入平平去,上平平(叶),×上×去去平上(叶)。

夜雨打梧桐 过曲。时人疑为犯调,古本原题本调。第三句第三字、第四句第一字用上声字甚妙。

平平去,平入平(韵),入入上平平(叶),上平平(叶)。平平平去(叶),去入平平平去,去上平平(叶)。平平去去平去平(叶),〇平平去入平平上(叶),平平上去(叶)。去平平(叶),上去平平上,平平平去平(叶)。

朝天歌 过曲。与【娇莺儿】实同一曲。旧谱谓【朝元令】,非。第五、六句宜部分字叠,参照旧曲。末句可作平平去去平平六字折腰句法。

平平入去(韵),平平上去平(叶),平×上平平(叶)。〇〇〇平平平去,×平平×上(叶)。×平〇平上上(叶),×平〇去平平(叶)。入平去、〇〇上去平平,去平去、〇〇去入〇平去,上去平平去平平(叶)。

朝元令 过曲。宜叠用。一名【朝元歌】。叠用方法有三:本调四曲,无换头;本调,换头,第三、四曲同换头;本调,三换头各各不同。曲中上去、去上声处俱妙,末句叠前句后四字,换头同。本调首句第三句第三字用去声,第二、四句末字用上声,为妙。第七句有作×平仄仄平平者。

平平去平(韵),×上平平上(叶)。平平去平(叶),×去平平上(叶)。×去平平(叶),上上平平上(叶),×去平平×上(叶)。×去平平(叶),平平去平平去平

(叶)。×上去平平(叶),平平×去平(叶)。平平去上(叶),××去、去平平去(叶),去平平去(叶)。

前腔换头 过曲。第二换头。

〇〇平平平去(韵),平平去去平(叶),×去上平平(叶)。平平去上(叶),×平平上平(叶)。上入平平平上(叶),〇×去平平(叶),〇平平上去平去平(叶)。×上上平平(叶),平平×上平(叶)。平平去上(叶),××去、去平平去(叶),去平平去(叶)。

前腔换头 过曲。第三换头。第六句作平平平仄平尤妙。

〇〇平平平上(韵),平平去上平(叶)。平平平去(叶),×上平平(叶),去平平、×去平(叶)。×上上平平(叶),×平×去平(叶)。〇〇×平平去(叶),×平平去平(叶)。×去去平平(叶),平平×上平(叶)。平平去上(叶),××去、去平平去(叶),去平平去(叶)。

前腔换头 过曲。第四换头。第七句作上平平去平平去尤妙。

〇〇平平平上(韵),平平去去平(叶)。〇平去上平平(叶),去入平平上(叶),平平上去平(叶)。×去上平平(叶),上去平平平去平(叶)。×去去平平(叶),平平×去平(叶)。平平去上(叶),××去、去平平去(叶),去平平去(叶)。

风云会四朝元 过曲。集曲。宜叠用。此调用古本《九宫正始》。沈谱和《南词简谱》集调为【五马江儿水】、【桂枝香】、【柳摇金】、【驻云飞】、【一江风】、【朝元令】。吴梅曰:第五句原应六字,因《琵琶记》用五字,后人依之;末句应上三下四句法。末句有作四字二句者,即以衬字作正字。第六句可叠句,末句后四字亦可叠句。末句前二字衬字叠正字。

【四朝元】平平平去(韵),平平去上平(叶)。去×平×去,×入平上(叶),×上平去上(叶)。去平平去上,【会河阳】〇〇上入平平,上去平平(叶)。【朝元令】×入平平,平平×去(叶),【驻云飞】×去平平去(叶)。嗏,×上〇去平平,【一江风】入去平平,×去平平去(叶)。平平去上×(叶),×平×平上(叶)。【四朝元】平平去入,平〇上〇×平平去(叶)。

江儿水 过曲。可叠用。一名【岷江绿】。此调别体多。首二句可对。第三、四、五句可作鼎足对,或第四、五句对。

平去平平去,平平上上平(韵)。×平入入平平去(叶),×平去入平平上(叶),×平上去平平去(叶)。×上平平平上(叶)。×上平平,×〇去〇平平平上(叶)。

又一体 过曲。首句有作三字者,第二句有加二衬字,与首句对。第三、四、五句可作鼎足对,或第四、五句对。第四句应作×平仄仄平平仄。

×入平平去,×去平(韵)。×平去去平平去(叶),×入平平平平去(叶),×平去上平平上(叶)。×上平平平去(叶)。

古江儿水 过曲。集曲。《九宫正始》云旧称【四犯岷江绿】。首句或叶韵。沈谱未作集曲,第一、二句断为四字二句,非。

【双劝酒】平平去,平去平平上(韵)。【江

儿水】○平平○平去○○平平入,【玉抱肚】上平平平去平平(叶)。【沉醉东风】平平去平(叶),平平去平(叶),【玉交枝】去平平、平平去上(叶)。

销金帐　过曲。别体多。首句用韵尤妙。第三句末字可用平声。第七句末句前二衬字各叠前句末二字,是为格。

平平上上,去上平平上(韵)。上平平、平×入(叶),×去去平平入,去平平去(叶)。平平上上,○○平平去上(叶)。×去平平,上○平平上(叶)。平平上平,○○平平去去(叶)。

灞陵桥　过曲。可叠用。第五句作平仄仄平平亦可。末二句沈谱作平○去去平平,且曰末字可用仄韵。《九宫正始》云首曲平煞,后曲可以入代平。

去×平去平(韵),○○上平平,入去○平平去(叶)。平上○平平,平平上去上(叶)。○○入平平,平上平平去(叶)。嗏,平平去,去平平、去平(叶)。

叠字锦　过曲。此调极为难订,别体多。句法长短,各各不同,故有赠句格、减句格。此曲用《杀狗记》,是为正格。曲中“也”、“嗏”、“兀的不是”,皆为格。“也”,亦可作“也么”。

去上平也嗏(韵),去上平也嗏(叶),○上上平、入去平平去(叶)。平去○平平入去平,○平平平平○○平平去(叶)。兀的不是上入平也平平(叶)。

叠字锦(又一体)　过曲。首句不叠。曲中赠句。

兀的不是去入平也么嗏(韵)。上平平,平去○平去去(叶)。○○○上平去上平,平去○平平○○去上平(叶),○上入平、平平去○平(叶)。去上平,平去去上平(叶),去上去、去平平(叶)。嗏,○○上平平、平平去上,平平去入,平平去上,平平去上,上去平平去(叶)。兀的不是上入平也么平平(叶)。

雌雄画眉　过曲。沈谱不分前腔。此调叠字叠句、拗句多,不容易作。第三句前五字叠字。第六句三字叠前句。

去平上上,平平上上(韵)。入入平、平平上,入去平平(叶)。入平上,入平上,平平○平上(叶),去平平、平去平(叶)。上平去入去平平(叶),平平平去上平(叶)。平平去(叶),入去平去平上(叶)。上上去平平,平去平平(叶)。

前腔第二　过曲。此曲止用得前曲前八句,不可晓。

○○○平上去平,平去去平(韵)。入入平、平平去,入入平平(叶)。平上去,平平去,平平平上(叶)。

前腔第三　过曲。此曲同上,止于平煞,增七字一句。

去上上平,平平去平(韵)。入入平、平平去,平上平平(叶)。平平去,平平去,平平入去(叶)。上○去平上上平平(叶)。

山东刘衮　过曲。第二句三字叠前句。

入平上(韵),入平上(叶),平上上、去平平(叶)。○○上去平平,入平平去平(叶)。上上去平平(叶),○○○入平平、○去去入平平,平入去平平(叶)。去上入、○平去平平(叶),○○入去上平(叶)。入去○上平,○上去平平(叶)。上平平、○平去上平(叶),○○平入入、○平去上(叶)。

黑麻序　过曲。一名【虾蟆序】,《九宫正始》题【虾蟆吟】。此曲用于【夜行船

序】后止用换头一曲，若置首列，须两支全用。本调与换头本自不同，故录本调。第二、四句上一下四句法。

平入平平(韵)，去平平×入，×上平平(叶)。去平平去上，××平去(叶)。平×(叶)，平平×上平(叶)，平平×去平(叶)。上平平(叶)，○○平平平去，去上平平(叶)。

前腔换头 过曲。第三、五句上一下四句法。第四句应用平韵。

平×(韵)，入去平平(叶)，去平平×上，×上××(叶)。去平平上入，平×平去(叶)。平×(叶)，平平×上平(叶)，平平×去平(叶)。上平平(叶)，○○平平平去，去上平平(叶)。

又一体 过曲。此曲为换头，字句有变化。第九句上一下四句法。

平×(韵)，去上平，平平去(叶)，平去上平(叶)。去去平，上入平上平去(叶)。平×(叶)，平平×上平，平×上去平(叶)。去平平(叶)，○○入入平平，上平平去(叶)。

惜奴娇序 过曲。宜叠用。曲名不可缺序字。《琵琶记》此曲不用二字格，不可从。第二、三句可作上平平平去，上平平去。

○○×去平平(韵)，入平上去，平入平平(叶)。×平×去，××○去入平平(叶)。平平(叶)，上去平平平平去(叶)，去平平、平平上(叶)。上去平(叶)，○○○平平平上，去入平平(叶)。

前腔换头 过曲。第三句可作上平平平上。

平平(韵)，×入平平(叶)，○平平平去，×入平平(叶)。○平平×上，平×去入平平(叶)。平平(叶)，入上平平平平去(叶)，去平平、×平上(叶)。上去平(叶)，○○○平平平上，去入平平(叶)。

锦衣香 过曲。别体多。首二句有作七字一句者。第三、四句有减去者。第三句可不叶。第五句有作四字者。第十句上一下四句法。第十一句可作平平仄平。第十句有作四字、第十一句有作六字；此二句有改变句式作上一下七、下四者。

××平(韵)，平平去(叶)。××平(叶)，平平去(叶)。××上入平平，×平平去(叶)。×平平去去平平(叶)，平平×入，去入×平(叶)。入平平去×，去平平、平去平平(叶)。×去平平去(叶)，○×平平去(叶)。平平×入，平平入去(叶)。

浆水令 过曲。首二句宜对。第四、五句可作平平仄仄，仄仄平平。第十一句可作仄平仄仄。第十、十三句须叠前句。别体多，有赠句格。第二句后有赠二句上三下四句者。

去平平、平平去×(韵)，去平平、××去平(叶)，×平×上去平平(叶)。平去上平，去去平去(叶)。平平去，××平(叶)，平×去平平平去(叶)。平平上，平平上，平去上平(叶)。平平去，平平去，去入平平(叶)。

嘉庆子 过曲。别体多。首句有变为八字二句仄仄平平，平平仄平。末二句可叠用。

○×平×平平上去(韵)，×上×、平×上平(叶)，×入○平平○去(叶)。××去，去平平(叶)。××入，去平平(叶)。

尹令 过曲。首二句必对。第三句可叠。

首二句或首三句可作七字句上三下四句法。首三句亦可作鼎足对。

××××平×去(韵),××××平×去(叶),××××平×去(叶)。平平上平,去去平平去上平(叶)。

品令　过曲。别体多。有第五、六句并作七字一句者。有第五至第八句皆作四字句者。有第七、八句作七字一句者。

平平去平,〇×去入平平(韵)。平平×上,×平上平平(叶)。平平×上,上平平平上(叶)。平平×上,×去×平平去(叶)。×上平平,上上平平上平〇平(叶)。

幺令　过曲。此曲或谓【六幺令】,或谓【二犯六幺令】,皆误。实谓古本旧曲【幺令】。

×平去上(韵),入××、平去平平(叶)。〇〇××〇去×去平平(叶),上××、〇〇入平〇去平(叶)。〇〇上××,〇〇〇平平去平(叶)。

幺令(又一体)　过曲。此曲第三第四句字句变化多,选录一体。

〇〇×平平上(韵),入××、平平去平(叶)。〇平×上、×上平平,×入平平(叶)。入××、×平×上,×平×平(叶)。×上上平平(叶),去×去、平平去平(叶)。

豆叶黄　过曲。第三、七句可叠前句,可止叠一处,亦可皆为六字句。此曲别体多,字句变化亦多。第三、四句可作四字二句。第五句可作六字。第六句可作四字二句。

〇×平×去,×去平平(韵)。〇平×去、去×平平,〇〇平平平上(叶)。×平平入,×平上平(叶)。平×去、×平×入,×上〇平平,×去平平(叶)。

六幺令　过曲。可叠用。一名【六幺歌】。首句可用平平×仄。第二、三句有并作七字一句者。末句叠前句,连用本调时亦有不叠者。

平平去×(韵),去去平平,×上平平(叶),×平×入去平平(叶)。〇平平去,入平平(叶)。×平×去平平上(叶),×平×去平平上(叶)。

福青歌　过曲。此曲字句变化多,所谓一曲而二式。此体用无衬字古体。第五句有作上平平平平上上七字句者。第六句上一下四句法。

去平上平(韵),平×去×(叶)。平上平、平平×去(叶),去平平、入平平(叶)。上平平、去平平(叶),去×平去×(叶)。去平平,平去入、平平入去(叶)。

窣地锦裆　过曲。快板曲。末句亦可仄煞。

平平×去入平平(韵),平入平平去入平(叶)。平平平入去平平(叶),平上平平平去平(叶)。

哭歧婆　过曲。快板曲。

×平上上,平平平去(韵)。平平上上(叶),平平×去(叶)。平平平入去平平(叶),平去上平平去上(叶)。

双劝酒　过曲。快板曲。末句有作上平上入平平上七字者。或有第五句七字入平去上上平平,末句五字平入入平平者。

平×去平(韵),平平××(叶)。〇平×去平(叶),×平平去(叶)。×平〇入×平×

(叶),去〇平去上平平(叶)。

字字双 过曲。快板曲。

上去平平去平平(韵),平去(叶)。入平入入上平平(叶),平去(叶)。平平去入入平×(叶),×去(叶)。〇〇上去平平去平×(叶),平上(叶)。

三棒歌 过曲。快板曲。第二句用韵尤妙。曲中“也”字为格。第三句用平平去上四字亦可。此曲连用四曲时,第一、三曲第三句用三字,第二、四曲第三句用四字。末二句除第二字外叠用。

×平平入去平平(韵),×平上入平平也,平去平(叶)。×平去平(叶),×平去×(叶),平去平(叶)。平平〇上去平平也,平平去平(叶),平入去平(叶)。

柳絮飞 过曲。快板曲。

平平平、去平平(韵),平平(叶)。上上平上平平(叶),平平(叶)。去平平上平平去(叶),平去平平入平平(叶)。平去上平上(叶),平平〇去平平(叶)。

普贤歌 过曲。快板曲。

平平上去上平平(韵),去上平平平去平(叶)。平去上去平(叶),去平平去平(叶)入上平平平去×(叶)。

雁儿舞 过曲。快板曲。第五、六句勿并作七字一句。

平去平平,上平去上(韵)。〇平去平平,去平平去(叶)。去平平去,平入去平(叶),平去〇平平去平上(叶)。

倒拖船 过曲。快板曲。

平平上去平平去(韵),平平去(叶)。平平〇平上上平去(叶),上平去(叶)。〇上平去去平平平(叶),平平平上上平平(叶)。平平入(叶),入平平(叶),〇平平去去上平平(叶)。

又一体 过曲。与前曲大不同。

入去上平平(韵),上上平(叶),平平平去上平平(叶)。上平平(叶),平上平平上去平(叶)。平平上,〇〇去平平(叶),去平平去入平平(叶)。去平平(叶),去入去、平平上(叶)。

打球场 过曲。快板曲。末句可平煞。《九宫正始》为本调。作引子者,大谬。

去平平(韵),平平平(叶),入平上去平平(叶)。去上去、平去平(叶),去平平、上〇平去(叶)。

风入松 过曲。宜叠用。与词调同。第二句后四字可作平平仄仄或仄仄平平。第三句可作×平×仄平平仄。第五句有作六字仄仄平平仄仄。末句句读可为一般六字句。

〇×平×上去平平(韵),×平平上(叶)。平去去平〇〇平平上(叶),××上、平平平上(叶)。平平去、平平上平(叶),〇〇平平入、〇上×平(叶)。

急三枪 过曲。俗名【急三枪】。《九宫正始》考证为【犯衮】,即犯【黄龙衮】,又有【犯朝】、【犯欢】、【犯声】三体,皆用于【风入松】套内。凡连用【风入松】四曲,第一、四曲不附连此曲,第二、三曲则必附连此曲,是为格。

〇〇〇平×去,平平上,平平去(韵)。平平去,上平平(叶)。〇〇×平上,〇平上,×平×(叶)。〇〇平平去,〇〇入平平(叶)。

好姐姐 过曲。可叠用。第三句七字格

为本调正格。末二句可对。

×入平平去平(韵)。×平去、×平×平(叶),平平上入×上平(叶)。平平去(叶),平平×入平平去(叶),去去平平去去平(叶)。

又一体　过曲。首句第二字可叶韵。第三句平仄仄平佳,亦可作仄平平仄。第六句前四字去上去平妙甚,亦可平平×仄,然不成调。末二句可对。

×平,平平上上(韵)。×平去、○平平×去(叶),平上上平,×平×去×(叶)。平平上(叶),去上去平平平去(叶),上去平平上去平(叶)。

桃红菊　过曲。一名【莺踏花】。第三句可叠。

上平平、平平○去平(韵),上平平、平平去上(叶)。去平平、上平平去,去平上、平平去平(叶)。

锦上花　过曲。此曲乃古本,与时谱句法不同。

平平上,去平平(韵)。平入去、上平平(叶),○上平平、平平入上(叶)。上上平、平平平上(叶),平去入、上平平(叶),入入上平○○平上平(叶)。上入上、上平平,平平去、上去○平(叶)。平入平平,上平上、平入平平,上平平、平去平(叶)。

一机锦　过曲。此曲乃古体正格,时谱大不同。曲中"也"字为格。第二句有作六字者。第八句后四字有作去平平三字者。末二句有并作仄仄平平仄仄平七字一句者。

平上平,平去平(韵),平平平去平(叶)。去入平平入去平(叶),入平去,去去平(叶)。上平平、入去平(叶),平平平、去上平平,上上平平也。入平平、去入平(叶),上平平、平平去(叶)。

步步娇　过曲。可叠用。第四、五句勿增为五字二句,勿并作七字一句。有作四字五字二句者。第六句亦可不叶。末二句有作七字一句者。

○×上平平○平平去(韵),×上平平上(叶)。×平上去平(叶),○○×上平平,×平平去(叶)。×去上平平(叶),×上平平上(叶)。

忒忒令　过曲。首二句可对。第三、四句有并作上三下四句式,可与第二句对,亦可首三句成鼎足对。第五句以六字折腰为格,或叶,亦可作五字句。又一体同。

上平平、平平去平(韵),上平平、×平平×(叶)。×平平去,平去平去(叶)。××去、去平×,×平×,×平入,平平去平(叶)。

又一体　过曲。别体多,录一格。末句五字应全仄,末二字用去上声尤佳,发调。

上×平、平平○去平(韵),×去上、×平平上(叶)。○○×平平上,○平○平去(叶)。○○○去平上平平,平平去,平平上,平去平上上(叶)。

沉醉东风　过曲。可叠用。首二句宜对。末二句有作六字,亦有作七字上三下四者。

上平平、×平上平(韵),×平×、入平○平去(叶)。平×去、上平平(叶),○××平去(叶)。去平平、×平平去(叶)。×平去平(叶),×平去平(叶),×平×去,平平○去平(叶)。

园林好　过曲。可叠用。首二句宜对，第二句偶可叶上声韵。末二句可对，亦可用叠句。又有偶用去声韵者。

×平×、○平平去平(韵)，×平×、○平平去平(叶)。○××平平平去(叶)，平×去、入平平(叶)，平×上、入平平(叶)。

五供养　过曲。此调为正格。别体亦多。第二、三句可并作七字上三下四句法。第八、九句亦可作×平平仄仄，×仄仄平平十字二句者。末句有作仄仄平平，仄平平去八字二句者。

×平○去上(韵)，×入平平，×去平平(叶)。×平平去入，○×去去平平(叶)。平平去上，去平×、平平平去(叶)。○×上平平去，上平平(叶)，去平平去上平平(叶)。

玉交枝　过曲。可叠用。一名【玉娇枝】。第四句有作七字上三下四句法。第五句第三、四、五、六字用仄平平仄妙甚。第五、六句可对。末二句可对，亦可叠。若平声前用仄，用去声字为佳。

平平平去(韵)，上平平、平平去平(叶)。×平×去平平去(叶)，○平×○×上平上(叶)。平平去平平上平(叶)，平平×上平平上(叶)。去×平、平平去平(叶)，去×平、平平去平(叶)。

玉抱肚　过曲。或谓【玉胞肚】，误；“抱肚”即带，“玉抱肚”即玉带也。首句第三字必用平声。第二句后四字应用平平仄平。第三句后四字应×仄平平。此二句可对，二句句末应一仄一平。第三、四句亦有六字句者。在第四、五句之间多有增平平×仄四字一句者，亦可。

平平平去(韵)，×平平、平平去×(叶)。××平、××平入，入平平、×去平平(叶)。×平×上○○○去平平(叶)，入去平平×去平(叶)。

玉肚交　过曲。集曲。

【玉抱肚】平平平去(韵)，×平平、平平去平(叶)。平平上去平平，×平上上平平(叶)。【玉交枝】平平上平平去平(叶)，平平×上平平去(叶)。【玉抱肚】入去平平×去平(叶)。

又一体　过曲。集曲。末句叠前句。

【玉抱肚】平平平上(韵)，×平平、平平曲平(叶)。平平上去平平，×平去上平平(叶)。【玉交枝】○平平上平平去平(叶)，○平平×去平平去(叶)。上××、平平去平(叶)，上××、平平去平(叶)。

玉山供　过曲。集曲。或谓【玉山颓】，误。末句第二字用平声乃叶。

【玉抱肚】平平平去(韵)，×平平、平平去平(叶)。上平平、○平上平平，○上平平、×入平上(叶)。【五供养】×平上去(叶)，去××、平平平去(叶)。×上平平去，○上平平(叶)，去×平入上平平(叶)。

川拨棹　过曲。可叠用。首句应三字，勿多用衬字。第二句末字可用平声字。第三、四句叠，亦有不叶韵者。末二句亦可叠。

平平上(韵)，入平平、×去上(叶)。去×平、×去平平(叶)，去×平、×去平平(叶)，×平×、平平上平(叶)。上平平、×去平(叶)，入平平、×去平(叶)。

前腔换头　过曲。或谓此曲为【嘉庆子】，大谬。叠用二支时，亦可不用换头。第三、四句叠，亦有不叶韵者。末二句亦可叠。

×入平平×去平(韵)，上平平、×去平(叶)。上××、×上平平(叶)，上××、×上平平(叶)，×平×、平平上平(叶)。上平平、×去平(叶)，入平平、×去平(叶)。

十二娇　过曲。此曲句法整炼。第三句叶韵亦可。

平平去平平去(韵)，上×去上平×(叶)。平平去上平平去，×平×，×平×(叶)。平上去平平(叶)，平平去平平(叶)。

(李　晓)

明末书林戏曲选本九种折子戏表

所选何出＼选本名称／所选剧名	词林一枝	八能奏锦	玉谷调簧	歌林拾翠二集	尧天乐	徽池雅调	大明春	时调青昆	昆弋雅调
狮吼记	夫妻闹祠	陈慥惧内顶灯、陈慥变形为羊							
三桂记	杜氏勘问小桃				焚香谐偶、小桃诉衷、荣归见子				
罗帕记	王可居逼妻离婚、王可居翁婿逃难	王可居夫妻游戏、勘问姜维			翁婿逃难	迎母受责、神女调戏			
胭脂记	观灯、赴约					观灯、赴约			
玉簪记	陈妙常空门思母、潘必正姑阻佳期、陈妙常月夜焚香	执诗求合、姑阻佳期、秋江哭别	词馆私合（执书求合）、秋江哭别	借宿、谈棋、会友、投姑、对操、相思、窃词、姑阻、逼试、哭别	空门思母、姑阻归期、妙常拜月	临安赴试	妙常思母、茶叙芳心、饯别潘生、秋江泣别		姑阻归期、秋江送别
藏珠记	夫妻私会、妒妾争宠	申澶夫妇私会			夫妻幽会				
红拂记	红拂私奔	红拂私奔、姊妹伤春			仗剑渡江、红拂私奔				拂女私奔、李靖渡江
灌园记	辱骂齐王				投衣御寒				
奇逢记（幽闺记、拜月记）	蒋世隆旷野奇逢				旷野奇逢、误接丝鞭				世隆成婚、旷野奇逢
古城记	关羽闻信权降、关云长秉烛达旦			开宴、劫营、却印、重遇、饯别、独行、斩蔡、聚会	叔嫂降曹、独行千里		张飞祭马		独行千里

（续表）

所选何出 选本名称 / 所选剧名	词林一枝	八能奏锦	玉谷调簧	歌林拾翠二集	尧天乐	徽池雅调	大明春	时调青昆	昆弋雅调
昙花记	关羽显圣				真君显圣				
金貂记（征辽记、白袍记）	胡敬德假装疯魔	敬德南山牧羊	敬德牧羊、敬德钓鱼（辽王访友）、桑园戏弟、敬德耕田（与樵伴话）、南山斗草	桑园、打朝、耕田、钓鱼、牧羊、装疯、犒赏三军			敬德南山牧羊		
三关记	焦光赞建祠祭主								
荆钗记	王十朋南北祭江	往京途中遇雪	十朋母子相会		绣房议亲、官亭遇雪	承局送书、汝权卖花		十朋祭江	
五桂记	加官进禄	万俟传枪投考			加官进禄		窦仪加官进禄、一家五喜临门、四花精游花园、窦仪素娥问学		加官进禄
教子记（寻亲记）	周羽别妻					周羽别妻			郭子诉鬼、周羽别妻
长城记（寒衣记）	姜女送衣				姜女送衣		姜女送衣		
升仙记（升天记、蓝关记）	文公责侄	尼姑下山、文公责侄、元旦上寿	雪拥蓝关		雪拥蓝关	雪拥蓝关			
投笔记	命子求名、西域赏月	班母命子求名、二娘途中自叹	西域探友、班超西域赏月、父老饯别、二娘采桑（激夫）、班母金钱问卜			奋志投笔、别亲应募、西域赏月、遣媳上京			

（续表）

所选何出 选本名称 / 所选剧名	词林一枝	八能奏锦	玉谷调簧	歌林拾翠二集	尧天乐	徽池雅调	大明春	时调青昆	昆弋雅调
目连记（救母记）				发誓、诉苦、见母		花园发咒	罗卜思亲描容、罗卜祭奠母亲		
西厢记	俏红娘堂前巧辩	莺莺月下赴约	莺红月夜听琴、红娘递简传情、莺莺夜赴佳期	佛殿、联吟、闹会、请宴、听琴、寄柬、窃柬、跳墙、问病、佳期、巧辩、送别、惊梦、缄愁	长亭送别、泥金报捷	月下佳期	莺生隔墙酬和、君瑞托红寄柬	乘夜逾墙	红娘请宴、堂前巧辩、莺莺听琴
雕弓记	李巡打扇	李巡打扇							
断发记	割耳全节	哭付尸囊						拒父问答	德武离婚
白兔记	刘智远夫妻观花	承祐巡山打猎	智远夫妻观花	沽酒、扫地、话别、出猎、汲水、传书、回猎、磨房		汲井遇兔、磨房相会、打猎遇母			游山打猎、义井传书、磨房相会
琵琶记	赵五娘临妆感叹、蔡伯喈中秋赏月、赵五娘画真容、牛氏诘问幽情、赵五娘书阁题诗	伯喈长亭分别、五娘中途自叹、五娘书馆题诗、伯喈华堂庆寿、五娘临妆感叹、丞相听女迎亲、太公扫墓遇使	五娘长亭送别、伯喈书馆思亲、蔡状元牛府成亲、伯喈上表辞官		伯喈赏月、描画真容、五娘往京	五娘描容、五娘画、五娘旌墓、五娘请粮、嘈闹饥荒、爹娘托梦、李正抢粮、伯喈长亭送别、牛氏为夫排闷、牛氏诘问幽情		书馆相逢、中秋赏月	识破衷情

（续表）

所选何出 选本名称 / 所选剧名	词林一枝	八能奏锦	玉谷调簧	歌林拾翠二集	尧天乐	徽池雅调	大明春	时调青昆	昆弋雅调
金印记	苏季子逼妻卖钗、苏季子中途自叹	周氏临妆感叹、周氏当钗见诮、周氏对月思夫、一家封赠团圆、命婢洒扫花亭、三叔阳关饯别、苏秦途中自叹、苏秦奉觞庆寿	叔婶泥金报捷、周氏对月忆夫	开宴、预占、卖钗、求名、唐二、当钗、不第、回家、西游、拜月、蹈雪、团圆	周氏当钗、途中自叹、焚香拜月		周氏对镜梳妆、周氏当钗见诮、周氏中秋拜月		往魏求名、周氏拜月、周氏投水
妆盒记	寇承御计诓太子	计安太子	陈琳妆盒救主		御园拾盒	诓出太子、妆盒潜龙、计救太子	陈琳救主		
千金记					咸阳夜宴				遇贤赠剑、渭滨垂钓
卖水记	董月英生祭彦贵	生祭彦贵							生祭彦贵
和戎记	王昭君和亲单于					昭君和番			昭君出塞
四节记	兴游赤壁	兴游赤壁、邀宾宴乐			邮亭适奂	词赠弱兰			
杀狗记	破窑取第								
木梳记		宋公明智激李逵							
五关记		关云长灞桥饯别							
题红记（红叶记）	四喜四爱	四喜四爱	四喜四爱（金盆捉月）		韩许自叹、御沟拾叶	红叶相怜	四喜四爱、予佑红叶还题		御沟拾叶
风月记							姜女恩情		

（续表）

所选何出＼选本名称／所选剧名	词林一枝	八能奏锦	玉谷调簧	歌林拾翠二集	尧天乐	徽池雅调	大明春	时调青昆	昆弋雅调
双节记		叔贞灯下裁衣							
三元记		雪梅商门、吊孝、雪梅坟头吊孝	雪梅观画有感（小姐私睹丹青）、雪梅断机教子（节妇立志训儿）	邀赏、观画、遗嘱、送殡、生路、托梦、断机、捷报	忆子得捷	爱玉成婚		书馆观画、香闺寄衫	香闺寄衫、雪梅观画
题莺记		偷看莺诗							
金箭记		私下三关							
草庐记		议请孔明、踏雪空回							
绣楼记（破窑记、绣球记）		吕蒙正回窑居止、刘氏采芹遇婢					蒙正夫妻祭灶、小姐破窑闻捷	刘茂逐婿	蒙正游街
织锦记（槐荫记、织绢记）		董永槐荫分别		槐荫分别			仙姬天街重会		
水浒记		夫妻拆散							活捉三郎
六恶记			三打应龙						
复仇记								伍员定计过关、伍员访友策后	
风情记							香闺自叹		
续缘记（王环记）			玉箫送别渭河				玉箫送别韦皋		
返魂记			文正托梦救妻						
祝寿记（太和记）			绿野堂祝裴公寿（僚友祝裴公寿诞）、绿野堂中侍宴						

（续表）

所选何出 选本名称 / 所选剧名	词林一枝	八能奏锦	玉谷调簧	歌林拾翠二集	尧天乐	徽池雅调	大明春	时调青昆	昆弋雅调
思婚记			尼姑下山						
萃盘记			状元加官进禄						
谪仙记							李白草诏		
同心记							送别情人		
绣襦记（剔目记）		元和卖仆		鬻仆、乞迁、打子、剔目					
金锁记				卖药、鞫问、探狱、赴法					
葵花记				训子、割股、寻夫、计害、诉冤、相会、托梦、考察		日红托梦		女官考察	懿旨考察、日红往京
红梅记				折梅、游湖、算命、幽会、鬼辩、调婢、寻遇、判奸		西窗幽会		平章游湖	
百花记				计议、赴试、赏春、借贷、问罪、得职、私奔、教剑、计害、赠剑、拜将、点将					花亭赠剑
金台记					乐毅分别、乐毅赏月				
宝剑记					计赚林冲				智深救契、林冲夜奔

（续表）

所选何出 选本名称 / 所选剧名	词林一枝	八能奏锦	玉谷调簧	歌林拾翠二集	尧天乐	徽池雅调	大明春	时调青昆	昆弋雅调
香山记					观音扫殿、南园采芹				
阳春记					类妃进谏点化阳明				
同窗记					河梁分袂	山伯分别			
卧冰记					王祥求鲤	推车自叹			
桃花记								逾楼夜窃	
长生记								王道士斩妖	关公斩妖、八仙庆寿
绿袍记								掷钗佳媾	凤娘掷钗
黄袍记									雪夜访贤
百箭记									令公托梦
报喜记									观音送子
铁冠图									白氏尽节
报复记									程婴藏孤
完璧记									廉蔺争功
焦帕记									花园晚会
征东记									仁贵自叹
蝴蝶梦									取脑还魂
金牌记									继盛修本
青袍记						衣锦还乡、八状元			太素荣归、梁灏游街
赤壁记									华容释曹
采毫记									贵妃醉酒
三春梦									借梦重逢、怒夺漳泉、指点迷津、天陛陈情
鲤鱼记							鱼精迷惑张真		鲤鱼变化

(续表)

所选何出＼选本名称 所选剧名	词林一枝	八能奏锦	玉谷调簧	歌林拾翠二集	尧天乐	徽池雅调	大明春	时调青昆	昆弋雅调
红楼记									洞房花烛
十义记									父子相逢
鹦哥记					寿田思妻				
烈女记					秋胡戏妻				
白雁记					苏武牧羊				
炼丹记						咎嬉嫖落			
兴刘记							武侯平蛮		
投桃记		黄裳元旦家庆、小姐拒父不遂							
浣纱记		越王别吴归国、吴王打围	吴王游赏(吴王游湖、姑苏玩赏)		送别越王				吴王打围
四德记		饯别娶妻	投店拾金		投宿还金				
香囊记		琼林赴宴	舍生待友		忆子平明				
饭袋记		乞食见妻							
三国志(三国记)		张飞言威祭马、关羽私刺颜良	周瑜定计河梁会、云长河梁救驾、曹掭灞桥饯别				鲁肃求计国公		
结义记							云长训子		
娇红记		申生赴约							
双杯记		王宪嗟乏麟儿							
征蛮记							武侯出师		
分鞋记		朋举谒韩求荐							
米糷记		鞫问老奴	鞫问老奴、书馆逢夫(文举遇妻)				鞫问老奴		

（续表）

所选何出 选本名称 / 所选剧名	词林一枝	八能奏锦	玉谷调簧	歌林拾翠二集	尧天乐	徽池雅调	大明春	时调青昆	昆弋雅调
跃鲤记		姜门逐出庞氏							
洛阳记	兴宗过关	邀女还家	邀女还家、命子造桥（端明问母）、迁渡救众		邀女还家				

（蒋星煜）

（录自《明末书林戏曲选本》，原载《文学遗产》增刊十八辑）

清乾隆以来戏曲选本五种折子戏表

所选何出 选本名称 所选剧名	纳书楹曲谱	缀白裘	审音鉴古录	六也曲谱	集成曲谱
气英布	赚布				
货郎旦	女弹				女弹
红梨花	卖花				
马陵道	摆阵　孙诈　擒庞				孙诈
昊天塔	五台	盗骨			五台
两世姻缘	离魂				离魂
苏武还朝	告雁　还朝				
古城记	挑袍				
单刀会	单刀				训子　单会
四声猿	骂曹				骂曹
莲花宝筏[一]	北饯	北饯			北饯
不伏老	北诈				北诈
风云会[二]	访普	访普			访普
东窗事犯	扫秦				扫秦
虎囊弹	山亭	山门			山亭
琵琶记	称庆　规奴　逼试 分别　训女　登程 梳妆　饥荒　陈情 吃饭　吃糠　赏荷 思乡　剪发　赏秋 描容　盘夫　谏父 廊会　书馆　扫松 别丈　愁配　关粮	辞朝　盘夫　逼试 规奴　赏荷　坠马 廊会　书馆　扫松 训女　剪发　卖发 称庆　谏父　描容 别坟　分别　长亭 别丈　思乡　饥荒 拐儿　请郎　花烛 吃饭　吃糠	称庆　规奴 嘱别　南浦 吃饭　噎糠 赏荷　思乡 盘夫　贤遘 书馆　扫松 训女　镜叹 辞朝　嗟儿		称庆　规奴　逼试 嘱别　南浦　训女 登程　梳妆　坠马 饥荒　议婚　愁配 辞朝　关粮　抢粮 请郎　花烛　吃饭 吃糠　赏荷　思乡 剪发　赏秋　描容 别坟　盘夫　谏父 回话　弥陀寺 遗像　廊会　题真 书馆　扫松　别丈 旌奖

（续表）

所选何出 选本名称 / 所选剧名	纳书楹曲谱	缀白裘	审音鉴古录	六也曲谱	集成曲谱
浣纱记	前访 访圣 后访 分纱 储谏 赐剑 思越 泛湖 采莲 “誓师”（初）	进施 寄子 赐剑 前访 回营 姑苏 采莲		越寿 前访 拜施 分纱	前访 越寿 行成 回营 离国 劝伍 养马 打围 后访 歌舞 寄子 别施 进美 采莲 储谏 赐剑 思越 泛湖
幽闺记	结盟 走雨 出关 踏伞 驿会 拜月 店会	拜月 走雨 踏伞 大话 上山 请医			结盟 走雨 出关 踏伞 驿会 拜月
南西厢	听琴 惊梦 游殿 酬韵 请宴 寄柬 送方 佳期 长亭 跳墙	惠明 佳期 请宴 拷红 游殿 寄柬 跳墙 着棋 长亭	游殿 惠明 佳期 拷红 伤离 入梦	“跳墙 着棋”（初）	请宴 听琴 寄柬 跳墙 佳期 拷红 长亭 惊梦
桃花扇	访翠 寄扇 题画			访翠 寄扇 题画	访翠 寄扇 题画
祝发记	祝发 渡江	做亲 败兵 渡江		做亲 败兵	祝发 渡江
西楼记	侠试 楼会 错梦 载月 会玉 觅缘 空泊 集艳	楼会 拆书		楼会 拆书 玩笺 错梦	督课 楼会 拆书 空泊 玩笺 错梦 打妓 侠试 赠马 邸合
红梨记	问情 诗要 拘禁 访素 赶车 草地 路叙 托寄 窥醉 亭会 咏梨 花婆 三错 “解妓”	赏灯 踏月 窥醉 盘秋 亭会 访素 草地 北醉隶 花婆 赶车 解妓	访素 草地 问情 窥醉 亭会 卖花	访素 赶车 踏月 窥醉	诗要 赏灯 拘禁 访素 赶车 草地 路叙 盘秋 托寄 窥醉 亭会 醉皂 咏梨 花婆 三错
长生殿	定情 春睡 幸恩 献发 复召 疑谶 制谱 夜怨 絮阁 侦报 窥浴 密誓 惊变 骂贼 闻铃 情悔 哭像 尸解 弹词 见月 怂合 雨梦 得信 重圆 闻乐 偷曲 合围 冥追 神诉 觅魂 补恨	絮阁 弹词 定情 闻铃 醉妃 惊变 埋玉 酒楼	定情 赐盒 疑谶 絮阁 闻铃 弹词	定情 疑谶 夜怨 絮阁	定情 春睡 酒楼 闻乐 制谱 偷曲 舞盘 合围 夜怨 絮阁 侦报 窥浴 密誓 惊变 埋玉 骂贼 闻铃 哭像 神诉 弹词 见月 雨梦 觅魂 补恨 重圆
玉簪记	手谈 佛会 茶叙 琴挑 偷诗 阻约 秋江	催试 秋江 送别 琴挑 姑阻 失约		茶叙 问病 催试 秋江	手谈 佛会 茶叙 琴挑 偷诗 阻约
红梅记	脱阱 鬼辩	算命			脱阱 鬼辩

（续表）

所选何出 选本名称 / 所选剧名	纳书楹曲谱	缀白裘	审音鉴古录	六也曲谱	集成曲谱
眉山秀	婚试　诏赋　游湖				衡文　婚试
太平钱	缀帽　窥妆　种瓜				
牧羊记	小逼　牧羊　望乡　煎粥　告雁	庆寿　颁诏　小逼　望乡　大逼　看羊　遣妓　告雁		小逼　大逼　牧羊　遣妓	小逼　看羊　望乡　告雁
金印记	逼钗　背剑　刺股　封赠	封赠　不第　投井　逼钗		逼钗　寻夫　刺股　金圆	逼钗　背剑
白兔记	麻地　养子	养子　回猎　麻地　相会　送子　闹鸡		赛愿　养子　出猎　回猎	麻地
千金记	追信　点将　虞探	跌霸　别姬　楚歌　探营　起霸　撇斗　拜将		鸿门　撇斗　追信　拜将	追信　拜将　虞探　别姬
连环记	北拜　拜月　问探　赐环	议剑　梳妆　掷戟　起布　问探　赐环　拜月　小宴　大宴		起布　议剑　献剑　问探	赐环　拜月　问探　小宴　大宴　梳妆　掷戟
三国志㊂	训子　挑袍	刀会　负荆　训子		训子　刀会	
宵光剑	救青　功宴	相面　扫殿　闹庄　救青　功宴			扫殿　救青　功宴
唐三藏	回回㊃				回回
天宝遗事	马践				
渔樵记	渔樵　逼休　寄信				北樵
一捧雪	祭姬	送杯　搜杯　刺汤　祭姬　换监　杯圆　审头　边信　代戮		换监　代戮　刺汤　祭姬	饯别　拜别　路遇　豪宴　露杯　换监　代戮　株连　审头　刺汤　祭姬　边信　坟遇　杯圆
永团圆	述缘　闺艳　双合	逼离　击鼓　计代　堂婚　闹宾馆		逼离　赚契　击鼓　堂配	会衅　逼离　击鼓　计代　堂配
占花魁	劝妆　一顾　再顾　探芳　醉归　独占　巧遇　赎身	劝妆　种情　串戏　雪塘　独占　酒楼		卖油　湖楼　受吐　独占	劝妆　品花　卖油　湖楼　定愿　受吐　独占
水浒记	前诱　刘唐　活捉　借茶　后诱	借茶　刘唐　杀惜　活捉　前诱　后诱　拾巾		借茶　拾巾　杀惜　放江	刘唐　前诱　后诱　活捉
西游记	撇子　认子　胖姑　伏虎　女还　借扇　“思春”　饯行　定心　揭钵　女国				撇子　认子　胖姑　借扇　思春

（续表）

所选何出 选本名称 / 所选剧名	纳书楹曲谱	缀白裘	审音鉴古录	六也曲谱	集成曲谱
焚香记	阳告　阴告	阳告		阳告　阴告	勾证　回生
疗妒羹	题曲	题曲		题曲　浇墓	梨梦　题曲
燕子笺	写像				写像　拾笺　奸遁　诰圆
郁轮袍	假伶				
红拂记	靖渡				靖渡　私奔
荆钗记	议亲　绣房　闺思　忆母　女祭　发书　回书　男祭　夜香　开眼　上路　女舟　“钗圆”　回门　赴试　前拆　别任　大逼　见娘	参相　见娘　舟会　说亲　绣房　别祠　送亲　改书　别任　前拆　女祭　开眼　上路　男舟　遣仆　回门　哭鞋　男祭　迎亲	议亲　绣房　别祠　参相　见娘　男祭　上路　舟中	议亲　绣房　见娘　男祭	眉寿　议亲　绣房　别祠　送亲　迎请　回门　赴试　闺思　参相　改书　前拆　别任　大逼　投江　忆母　哭鞋　女祭　见娘　发书　梅岭　回书　夜香　男祭　开眼　上路　拜冬　女舟
跃鲤记	思母　看谷	看谷			忆母　芦林　看谷
琥珀匙	山盟　立关				
珍珠衫	歆动　诘衫				
金锁记	私祭　斩窦	送女　探监　法场　私祭　思饭　羊肚		说穷　羊肚　探监　斩娥	私祭　斩娥
千钟禄	惨睹　归国　庙遇　打车	奏朝　草诏　搜山　打车			惨睹　搜山　打车
彩楼记	泼粥　彩圆	拾柴　泼粥		拾柴　泼粥	
葛衣记	嘲笑	走雪			
金雀记	乔醋　竹林　玩灯　觅花　庵会　醉圆	乔醋			觅花　庵会　乔醋　醉圆
狮吼记	梳妆　跪池　梦怕	梳妆　跪池		梳妆　跪池　梦怕　三怕	梳妆　游春　跪池　三怕
寻亲记	跌包　荣归　饭店	饭店　茶坊　跌书包　荣归　前索　出罪　府场　刺血　遣青　杀德　送学		送学　跌包　复学　茶访	荣归　饭店
双红记	显技　青门　猜谜			谒见　猜谜　击犬　盗绡	摄盒　谒见　猜谜　击犬　盗绡　青门
艳云亭	痴诉　点香	痴诉　点香		放洪　杀庙	痴诉　点香

（续表）

所选何出 选本名称 / 所选剧名	纳书楹曲谱	缀白裘	审音鉴古录	六也曲谱	集成曲谱
牟尼合	渡江				
明珠记	侠隐　煎茶　假诏				
清忠谱	骂祠	书闹　拉众　鞭差　打尉			
春灯谜	游街				
万里圆	三溪	打差　三溪　跌雪			
江天雪	走雪				
金不换	自惩　侍酒				守岁　侍酒
蕉帕记	闹题				
风云会	送京	送京			送京
翠屏山	反诳	反诳　交账　戏叔　送礼　酒楼　杀山		交帐　送礼　反诳　杀山	
风筝误	婚闹　诧美　茶圆　惊丑　逼婚	惊丑　前亲　逼婚　后亲		惊丑　前亲　逼婚　后亲	惊丑　梦验　前亲　导淫　拒奸　逼婚　诧美　茶圆
醉菩提	打坐　伏虎　醒妓　换酒　佛圆	付笸　打坐　石洞　醒妓　天打			打坐　伏虎　醒妓　当酒　嗔救　佛圆
一种情	冥勘　拾钗				冥勘
渔家乐	卖书　纳姻　藏舟	藏舟　相梁　刺梁　羞父　纳姻		卖书　赐针　纳姻　羞父	逃宫　端阳　藏舟　侠代　刺梁　营会
烂柯山	前逼　痴梦　泼水　悔嫁	寄信　相骂　逼休　痴梦　悔嫁　北樵　泼水		前逼　悔嫁　痴梦　泼水　“后逼　寄信”(初)	悔嫁　痴梦　泼水
铁冠图	询图　夜觇　刺虎	守门　杀监　别母　乱箭　借饷　刺虎　探营　询图　观图　夜乐	借饷　别母　乱箭　守宫　煤山　刺虎	“询图　观图　守门　杀监”(初)	探山　别母　乱箭　守门　刺虎
鸣凤记	写本	写本　辞阁　严寿　河套　醉易　放易　吃茶　夏驿　斩杨	辞阁　吃茶　河套　写本		写本
杀狗记	雪救				雪救
绣襦记	剔目　劝嫖　打子　莲花	坠鞭　入院　打子　收留　鹅雪　扶头　卖兴　乐驿　当巾　教歌　剔目		聘乐　乐驿　坠鞭　入院	莲花　剔目

（续表）

所选何出 选本名称 / 所选剧名	纳书楹曲谱	缀白裘	审音鉴古录	六也曲谱	集成曲谱
双冠诰	夜课	蒲鞋 夜课 借债 见鬼 荣归 赉诏 诰圆		做鞋 夜课 荣归 诰圆	借贷 舟访
吟风阁	罢宴				罢宴
昙花阁	点迷				
八义记	医桑 付孤 观画	遣钽 上朝 扑犬 吓痴 翳桑 闹朝 盗孤 观画			付孤 观画
四才子	冶游 婉讽 索姝 艳醋 双圆				
玉合记	笺允	往边			
四弦秋	送客				送客
如意珠	密订				
虎符记	劝降				
宝剑记	夜奔				
义侠记	打虎	戏叔 别兄 挑帘 做衣 捉奸 服毒 打虎		诱叔 别兄 显魂 杀嫂	打虎 挑帘 裁衣
人兽关	前设 后设	演官		演官 幻骗 恶梦	演官 恶梦
后寻亲	后索	后索债 后府场 后金山			
十五贯	判斩 见都 踏看 测字	见都 访鼠 测字 判斩 勘问 拜香		见都 踏勘 访鼠 测字	判斩 见都
钗钏记	谒师	谒师 相约 相骂 讲书 落园 会审 观风 赚赃 出罪		相约 讲书 落园 讨钗	相约 讲书 落园 谒师
如是观	刺字 败金				
乾坤啸	劝酒				
牡丹亭	全谱	冥判 拾画 叫画 学堂 游园 惊梦 寻梦 圆驾 劝农 离魂 问路 吊打	劝农 学堂 游园 惊梦 寻梦 离魂 冥判 吊打 圆驾		训女 学堂 劝农 游园 惊梦 寻梦 写真 离魂 冥判 拾画 叫画 魂游 前媾 后媾 回生 婚走 问路 急难 硬拷 圆驾

（续表）

所选何出＼选本名称 所选剧名	纳书楹曲谱	缀白裘	审音鉴古录	六也曲谱	集成曲谱
南柯记	全谱				情著　就征　尚主 之郡　花报　瑶台 召还　芳陨　寻悟 情尽
邯郸记	全谱	扫花　三醉　捉拿 法场　仙圆	扫花　三醉 番儿　仙圆		扫花　三醉　授枕 入梦　骄宴　外补 凿陕　番儿　云阳 功白　生寤　仙圆
紫钗记	全谱				述婚　议婚　就婚 折柳　阳关　陇吟 军宴　避暑　边愁 移参　裁诗　拒婚 哭钗　侠评　遇侠 钗圆
儿孙福		别弟　报喜　势僧 下山　宴会	报喜　宴会 势僧　福圆	别弟　报喜 势僧　宴会	势僧
惊鸿记					吟诗
双珠记		汲水　诉情　杀克 卖子　舍身　天打 二探　月下		诉情　杀克 卖子　投渊	投渊
蝴蝶梦		叹骷　搧坟　毁扇 病幻　吊孝　说亲 回话　做亲　劈棺		访师　吊奠 说亲　回话	叹骷　扇坟　毁扇 吊奠
吉庆图		扯本		“扯本 醉监”（初）	扯本　醉监
慈悲愿[四]		认子　回回		撇子　诉因 认子　北饯	
鸾钗记		遣义　杀珍　探监 拔眉		遣义　杀珍 拔眉　探监	
翡翠园		预报　拜年　谋房 谏父　切脚　恩放 自首　副审　封房 盗牌　杀舟　脱逃		盗令　吊监 杀舟　游街	
党人碑		打碑　酒楼　计赚 闭城　杀庙　赚师 拜师		打碑　酒楼 请师　拜师	
西川图		芦花荡		三闯　败惇	
鲛绡记		草相　写状　狱别 监绑		写状　别狱 监绑　草相	

（续表）

所选何出 选本名称 / 所选剧名	纳书楹曲谱	缀白裘	审音鉴古录	六也曲谱	集成曲谱
九莲灯		火判 问路 闯界 求灯		火判 指路 闯界 求灯	
还金镯				分镯 诉魁 天打	
香囊记		看策			
精忠记		秦本 扫秦 交印 刺字			
百顺记		召登 荣归 贺子 三代			
四节记		嫖院			
雁翎甲		盗甲			
节孝记		春店			
彩毫记		吟诗 脱靴			
青冢记		送昭 出塞			
望湖亭		照镜			照镜
草庐记					花荡
钧天乐					诉庙
红楼梦				扫红 乞梅	葬花 扇笑 听雨 补裘
修箫谱					拥髻 访星
茂陵弦					买赋
十面埋伏					十面
衣珠记		折梅 坠水 园会 埋怨 关粮 私嘱 堂会		园会 饥荒 衙叙 珠圆	
盘陀山		拜香			
淤泥河		番衅 败虏 屈辱 计陷 血疏 乱箭 哭夫 显灵			
白罗衫	井遇	贺喜 请酒 游园 看状 井会		游园 看状 详梦 报冤	井遇 游园 看状
一文钱	济贫	舍财 烧香 罗梦		烧香 罗梦 济贫	

（续表）

所选何出＼选本名称 所选剧名	纳书楹曲谱	缀白裘	审音鉴古录	六也曲谱	集成曲谱
满床笏	纳妾　跪门	笏圆　卸甲		纳妾　跪门 后纳　笏圆	郊射　龚寿　醉荐 纳妾　跪门　求子 参谒　后纳　祭旗 卸甲　赐婚　笏圆
麒麟阁	三挡	扬兵　反牢　激秦 三挡			三挡
雷峰塔	法海	水漫　断桥		烧香　水斗 断桥　合钵	水斗　断桥
孽海记	思凡　僧尼会	思凡　下山			
散曲	兀的不　归来乐 百岁　柳飞　枕痕 咏蝶　咏花　红日 紫甸　小十面				
时剧(杂出)	小妹子　罗梦 来迟　孟姜女 崔莺莺　闺思 闺怨　怀春 金盆捞月　醉杨妃 烹茶寻夫　私推 夏得海　昭君 小王昭君　琵琶词 芦林　踏伞　磨斧 借靴　拾金　花鼓	赏雪　小妹子 八仙上寿		赐福　福辏 上寿　送子	
梆子腔		落店　偷鸡　花鼓 买胭脂　途叹 问路　雪拥　点化 探亲　相骂　过关 安营　点将　水战 擒么　堆仙　上街 连相　杀货　打店 借妻　回门　月城 堂断　猩猩　看灯 闹灯　抢甥　瞎混 赶子　请师　斩妖 闹店　夺林　缴令 擂台　大战　回山 戏凤　私行　算命 别妻　斩貂　上坟 除盗　磨房　串戏 打面缸　宿关 逃关　二关			

（续表）

所选何出 选本名称 / 所选剧名	纳书楹曲谱	缀白裘	审音鉴古录	六也曲谱	集成曲谱
乱弹腔		阴送　搬场　拐妻　挡马			
高腔		借靴			

㈠《莲花宝筏》,《缀白裘》作《安天会》。

㈡《风云会》,《纳书楹》作《雍熙乐府》,大约叶堂未见《风云会》一剧,仅依据《雍熙乐府》而选《访普》一折,故径名为《雍熙乐府》也。

㈢《纳书楹》与《六也曲谱》所选之《三国志》,均有《刀会》一出,此出在《纳书楹》乃为《单刀会》之一折,本应改正移到《单刀会》下面,因演者相沿混入已久,姑不更动。

㈣《慈悲愿》之《撇子》、《认子》数出,皆即为《西游记》之文,不知此二剧是否即为一种,今姑两列之。又《缀白裘》所录之《慈悲愿》,有《回回》一出,前半与《纳书楹》所录《唐三藏》一剧中《回回》一折略异,后半则全同;不知是伶人混入,或是《慈悲愿》作者原来引用。

（郑振铎）

（录自《中国戏曲的选本》,原载一九二七年六月《小说月报》十七卷号外,后收入《郑振铎古典文学论文集》）

图书在版编目(CIP)数据

明清传奇鉴赏辞典：新一版 / 上海辞书出版社文学鉴赏辞典编纂中心编. —上海：上海辞书出版社，2019(2022.6 重印)

ISBN 978 - 7 - 5326 - 5324 - 9

Ⅰ. ①明… Ⅱ. ①上… Ⅲ. ①传奇剧(戏曲)—剧本—文学欣赏—中国—明清时代—词典 Ⅳ. ①I207.37 - 61

中国版本图书馆 CIP 数据核字(2019)第 043328 号

明清传奇鉴赏辞典(新一版)

上海辞书出版社文学鉴赏辞典编纂中心　编

责任编辑　吴艳萍
装帧设计　姜　明

出版发行　上海世纪出版集团
上海辞书出版社(www.cishu.com.cn)
地　　址　上海市闵行区号景路 159 弄 B 座(邮编 201101)
印　　刷　上海盛通时代印刷有限公司
开　　本　890×1240 毫米　1/32
印　　张　61.75
字　　数　2 150 000
版　　次　2019 年 6 月第 1 版　2022 年 6 月第 2 次印刷
书　　号　ISBN 978 - 7 - 5326 - 5324 - 9/ I · 436
定　　价　168.00 元